Bundespersonalvertretungsgesetz
Basiskommentar mit Wahlordnung
und ergänzenden Vorschriften
für Gerichte, Bahn, Post, Bundeswehr und NATO

Lothar Altvater
Eberhard Baden
Michael Kröll

Bundespersonalvertretungsgesetz

Basiskommentar
mit Wahlordnung
und ergänzenden Vorschriften
für Gerichte, Bahn, Post,
Bundeswehr und NATO

6., überarbeitete und erweiterte Auflage

Bibliografische Information der Deutschen Bibliothek
Die Deutsche Nationalbibliothek verzeichnet diese Publikation
in der Deutschen Nationalbibliografie; detaillierte bibliografische Daten
sind im Internet über http://dnb.d-nb.de abrufbar.

6., überarbeitete und erweiterte Auflage 2012
©1991 by Bund-Verlag GmbH, Frankfurt am Main
Herstellung: Birgit Fieber
Umschlag: Ute Weber, Geretsried
Satz: Satzbetrieb Schäper, Bonn
Druck: Druckerei C.H. Beck, Nördlingen
Printed in Germany 2012
ISBN 978-3-7663-6168-4

Alle Rechte vorbehalten,
insbesondere die des öffentlichen Vortrags,
der Rundfunksendung
und der Fernsehausstrahlung,
der fotomechanischen Wiedergabe,
auch einzelner Teile.

www.bund-verlag.de

Vorwort

Dreieinhalb Jahre nach der 5. Auflage erscheint die 6. Auflage des Basiskommentars zum Bundespersonalvertretungsgesetz und zu den ergänzenden Vorschriften für die Gerichte des Bundes, die privatisierten Unternehmen von Bahn und Post, die Bundeswehr und die Stationierungsstreitkräfte der NATO. Die neue, überarbeitete und erweiterte Auflage beruht auf dem Ende Dezember 2011 erreichten Stand der Rechtsetzung und Rechtsprechung. Außer den jüngeren gerichtlichen Entscheidungen, vorrangig denen des Bundesverwaltungsgerichts und des Bundesarbeitsgerichts, sind insbesondere die relevanten Änderungen des Beamten- und Personalvertretungsrechts durch das Dienstrechtsneuordnungsgesetz und die Neuregelungen des Sozialgesetzbuches II über die Personalvertretung in den Jobcentern eingearbeitet.

Der Basiskommentar enthält knappe und praxisnahe Erläuterungen. In seinem Aufbau und seinen Aussagen orientiert er sich wie bisher an dem Kommentar für die Praxis von *Altvater/Baden/Kröll/Lemcke/Peiseler*, der zuletzt im Jahr 2011 in 7. Auflage erschienen ist. Der Basiskommentar kann und soll aber weder diesen noch die anderen großen Kommentare zum BPersVG ersetzen. Vielmehr ist er wegen seines handlichen Taschenbuchformats und seines auf das Wesentliche komprimierten Inhalts zugeschnitten auf die praktischen Bedürfnisse von Leserinnen und Lesern, die auch außerhalb ihres Büros einen verständlichen und verlässlichen juristischen Ratgeber zur Hand haben wollen.

Um die Verwendbarkeit des Basiskommentars zu verbessern, werden mit der Neuauflage zwei Neuerungen eingeführt: Zum einen werden Gerichtsentscheidungen nicht nur wie bisher mit Datum und Aktenzeichen, sondern erstmals auch mit einer Fundstelle zitiert. Zum anderen wird im Unterschied zu den Vorauflagen auf Literaturhinweise nicht mehr gänzlich verzichtet. Hauptsächlich dort, wo bestimmte Aussagen als streitig gekennzeichnet sind, finden sich jetzt weiterführende Hinweise auf das einschlägige Schrifttum. Dabei wird wegen der formalen und inhaltlichen Verknüpfung des Basiskommentars mit dem großen Kommentar von *Altvater u. a.* regelmäßig auf diesen Kommentar für die Praxis verwiesen.

Überdies soll die Lesbarkeit durch Änderungen der Textgestaltung verbessert werden: namentlich durch Konkretisierungen der Kolumnentitel, durch die Nummerierung der Sätze der Paragrafen und ihrer Unterglie-

Vorwort

derungen sowie durch die Herausnahme der zahlreichen Rechtsprechungs- und Literaturhinweise aus dem Fließtext und deren Darstellung in Fußnoten. Näheres dazu und zum Aufbau und zur Gestaltung des Basiskommentars findet sich in den nachfolgenden Vorbemerkungen (S. 7 ff.).

Das Autorenteam des Basiskommentars hat sich in seiner Zusammensetzung geändert. Manfred Peiseler, der an der 2. bis 5. Auflage mitgewirkt hat, ist aus Altersgründen ausgeschieden. Als neue Mitverfasser hinzugekommen sind Eberhard Baden und Michael Kröll, die auch zu den Mitautoren des BPersVG-Kommentars für die Praxis gehören. Anders als in den Vorauflagen wird nunmehr in einem Bearbeiterverzeichnis (S. 17) angegeben, welche Teile des Basiskommentars von wem bearbeitet worden sind.

Auch in seiner neuen Auflage soll der Basiskommentar eine schnelle, verständliche und zuverlässige Orientierung für alle bieten, die mit dem Bundespersonalvertretungsgesetz und den ergänzenden vertretungsrechtlichen Vorschriften arbeiten müssen. Nach wie vor soll er vor allem die Arbeit der Interessenvertretungen und ihrer Mitglieder unterstützen: insbesondere die Aktivitäten der Personalvertretungen im Bereich des Bundes, der Betriebsräte in den Postnachfolgeunternehmen und der Betriebsvertretungen bei den Stationierungsstreitkräften der NATO.

Anregungen und Kritik sind auch künftig stets willkommen.

Im Februar 2012
Die Verfasser

Vorbemerkungen

Der nunmehr in 6. Auflage vorliegende Basiskommentar erläutert in seinem **Hauptteil** die Vorschriften des Bundespersonalvertretungsgesetzes (BPersVG) in der zuletzt durch das Dienstrechtsneuordnungsgesetz vom 5.2.2009 geänderten Fassung. In seinem **Anhang** enthält er den Text der Wahlordnung zum BPersVG und erläutert darüber hinaus weitere vertretungsrechtliche Vorschriften.

Das **BPersVG** und die in den **Anhang II bis VI** aufgenommenen Vorschriften werden in der durch das jeweilige Gesetz vorgegebenen Paragrafenfolge kommentiert. Vor der Kommentierung eines **Paragrafen** wird dessen amtlicher Text wiedergegeben. Die nicht mit amtlichen Überschriften versehenen Paragrafen des BPersVG haben i.d.R. nichtamtliche **Überschriften** erhalten, die in eckige Klammern gesetzt sind. In Paragrafen oder in Untergliederungen von Paragrafen, die jeweils aus mehreren **Sätzen** bestehen, sind diese Sätze in der Weise fortlaufend nummeriert, dass an den Satzanfängen nichtamtliche **hochgestellte Ziffern** hinzugefügt sind. Die **Erläuterungen** sind nach Absätzen gegliedert, die mit fortlaufenden **Randnummern** bezeichnet sind. Um den Vergleich mit der Vorauflage zu erleichtern, sind Umnummerierungen nur dort vorgenommen worden, wo dies wegen des Änderungsumfangs oder aus Gründen der Übersichtlichkeit geboten erschien. Im Allgemeinen haben hinzugefügte oder neugebildete Absätze jedoch eine Randnummer mit Buchstabenzusatz erhalten. Enthält ein Paragraf mehrere Absätze, wird der Kommentierung des jeweiligen Absatzes i.d.R. ein auf den Absatz hinweisender halbfetter **Klammervermerk** – z.B. »(Abs. 1)« – vorangestellt. Ist ein Paragraf oder ein Absatz nach Nummern untergliedert, wird dies meistens durch einen entsprechenden Zusatz – z.B. »(Nr. 2)« oder »(Abs. 2 Nr. 3)« – gekennzeichnet.

Die Texte der Paragrafen sind in **halbfetter Schrift**, die sich jeweils anschließenden Erläuterungen grundsätzlich in magerer Schrift gedruckt. Um die Übersicht über die Erläuterungen zu erleichtern, sind dort Leitbegriffe durch halbfetten Druck hervorgehoben. Bestimmte Wörter und Textpassagen sind durch **Kursivschrift** gekennzeichnet. Dabei handelt es sich vor allem um aufgehobene, außer Kraft gesetzte oder gegenstandslos gewordene Rechtsvorschriften (z.B. die §§ 110 und 111 BPersVG), um in die Erläuterungen eingefügte längere Zitate, insbesondere von Rechtsvor-

Vorbemerkungen

schriften oder aus Parlamentsdrucksachen (vgl. z. B. § 47 BPersVG Rn. 2 und Anh. VI Rn. 20), sowie bei Hinweisen auf Rechtsprechung und Literatur um die Namen der Gerichte und Autoren. Die im Kommentar verwendeten **Abkürzungen** sind im alphabetischen Abkürzungs- und Literaturverzeichnis erläutert. Angeführte Paragraphen ohne Gesetzesangabe sind solche des BPersVG.

Der Basiskommentar beschränkt sich darauf, den **wesentlichen Gehalt der gesetzlichen Vorschriften** zu erläutern. In seinem Aufbau und seinen Aussagen orientiert er sich an dem Kommentar für die Praxis von *Altvater/Baden/Kröll/Lemcke/Peiseler*, der zuletzt im Jahr 2011 in 7. Auflage erschienen ist. Er kann und soll aber weder diesen noch die anderen **großen Kommentare** zum BPersVG (*Fischer/Goeres/Gronimus; Ilbertz/Widmaier; Lorenzen; Richardi*) ersetzen. Vielmehr ist er wegen seines handlichen Taschenbuchformats und seines auf das Wesentliche komprimierten Inhalts zugeschnitten auf die praktischen Bedürfnisse von Lesern, die auch außerhalb ihres Büros, zumal bei auswärtigen Besprechungen einen verständlichen und verlässlichen juristischen Ratgeber zur Hand haben wollen.

In den Erläuterungen des Basiskommentars wird weiterhin auf besonders bedeutsame **gerichtliche Entscheidungen** – hauptsächlich solche des *Bundesverwaltungsgerichts* und des *Bundesarbeitsgerichts* – hingewiesen. Die Entscheidungen werden wie bisher mit **Datum** und **Aktenzeichen** zitiert, erstmals aber auch – einem Wunsch der Praxis entsprechend – mit einer **Fundstelle**. Bei jüngeren Entscheidungen zum Personalvertretungsrecht wird dabei vorwiegend auf die Zeitschrift »Der Personalrat« (PersR) verwiesen, bei älteren verwaltungsgerichtlichen Entscheidungen in erster Linie auf die Zeitschrift »Die Personalvertretung« (PersV). Entscheidungen des Bundesarbeitsgerichts werden primär nach »Arbeitsrechtliche Praxis« (AP) zitiert. Die beibehaltene Angabe von Datum und Aktenzeichen soll das Auffinden in anderen als den angegebenen Fundstellen erleichtern.

Einem weiteren Wunsch der Praxis folgend, wird mit der Neuauflage auch der bisherige fast völlige Verzicht auf **Literaturnachweise** aufgegeben. Vor allem dort, wo bestimmte Aussagen als streitig (str.) gekennzeichnet sind, finden sich jetzt weiterführende Hinweise auf einschlägiges Schrifttum. Wegen der formalen und inhaltlichen Verknüpfung des Basiskommentars mit dem großen Kommentar von *Altvater u. a.* wird dabei regelmäßig auf diesen Kommentar für die Praxis (zitiert: KfdP-*Bearbeiter*) verwiesen, wo dann wiederum weitere Literatur nachgewiesen ist.

Im Unterschied zur Vorauflage sind die Hinweise auf die Rechtsprechung (und nunmehr auch die Literatur) nicht mehr als Klammervermerke in den Fließtext eingefügt, sondern in **Fußnoten** dargestellt; dabei steht der Fußnotentext am Ende derselben Seite wie das Fußnotenzeichen. Die Fußnoten sind, mit jedem Teil und Kapitel des Gesetzes neu beginnend, fortlaufend nummeriert.

Die **Rahmenvorschriften** des BPersVG für die Personalvertretungen in

Vorbemerkungen

den Ländern (§§ 94 bis 106), die sich ausschließlich an die Landesgesetzgeber richten, sind mit Ausnahme der §§ 94 und 104 lediglich im Wortlaut wiedergegeben und nicht kommentiert (vgl. § 94 Rn. 12). Von den **Schlussvorschriften** sind die §§ 113 und 114 (mit Änderungen des Deutschen Richtergesetzes und des Kündigungsschutzgesetzes) sowie der gegenstandslos gewordene § 118 (mit der Berlin-Klausel) nicht abgedruckt.

Anhang I enthält den Text der **Wahlordnung** zum BPersVG. Erläuterungen dazu finden sich in den meisten vorstehend genannten großen Kommentaren (nicht im *Richardi*).

Anhang II kommentiert den § 53 des Deutschen Richtergesetzes, der das BPersVG insoweit ergänzt, als er die Wahrnehmung gemeinsamer Aufgaben von Personalvertretung und **Richterrat** bei den Gerichten des Bundes und in den Geschäftsbereichen jener Bundesministerien normiert, denen diese Gerichte zugeordnet sind.

Anhang III erläutert die im Zusammenhang mit der Privatisierung der Bundeseisenbahnen erlassenen, im **Deutsche Bahn Gründungsgesetz** enthaltenen Sondervorschriften für die Personalvertretung jener Beamten des Bundeseisenbahnvermögens, die der Deutsche Bahn AG zugewiesen sind.

Anhang IV kommentiert die in Verbindung mit der Privatisierung der Post geschaffenen, im **Postpersonalrechtsgesetz** enthaltenen Sonderregelungen für die betriebliche Interessenvertretung der Beschäftigten bei den Postnachfolgeunternehmen.

Anhang V behandelt das Personalvertretungsrecht bei der **Bundeswehr**. Er enthält in **Abschnitt A** Erläuterungen der §§ 35 und 91 des **Soldatengesetzes**, in **Abschnitt B** einen Kurzkommentar des **Soldatenbeteiligungsgesetzes** und in **Abschnitt C** einen Kurzkommentar des **Kooperationsgesetzes** der Bundeswehr. Detaillierte Erläuterungen des Soldatenbeteiligungsrechts finden sich u. a. im BPersVG-Kommentar für die Praxis von *Altvater u. a.* (dort im Anhang V) sowie – noch ausführlicher – in den Kommentaren zum Soldatenbeteiligungsgesetz von *Gronimus* und *Stauf*.

Anhang VI kommentiert die im Unterzeichnungsprotokoll zu Art. 56 Abs. 9 des Zusatzabkommens zum NATO-Truppenstatut im Einzelnen geregelte Betriebsvertretung der zivilen Arbeitskräfte bei den Verwaltungen und Betrieben der in der Bundesrepublik Deutschland stationierten **Streitkräfte der NATO-Staaten**, die sich grundsätzlich nach dem – durch eine Reihe von Abwandlungen eingeschränkten – BPersVG richtet.

Der **Wortlaut bestimmter das BPersVG ergänzender Vorschriften** ist **im Rahmen der Kommentierung** des BPersVG abgedruckt. Das gilt z. B. für einen Auszug aus dem Zweiten Abschnitt des Kündigungsschutzgesetzes (§§ 15 und 16) über den Kündigungsschutz im Rahmen der Betriebsverfassung und Personalvertretung (vgl. § 47 BPersVG Rn. 2).

Vorbemerkungen

Der Aufbau des Basiskommentars folgt der Systematik des BPersVG und der dieses ergänzenden Rechtsvorschriften. Den Zugang dazu soll das alphabetische **Stichwortverzeichnis** erleichtern.

Männliche **Bezeichnungen von Personen und Personengruppen** (z. B. der Beamte, die Beamten) werden – soweit sie nicht ausnahmsweise geschlechtsspezifische Bedeutung haben – durchweg als **geschlechtsneutrale Begriffe** verstanden, mit denen sowohl Männer als auch Frauen gemeint sind. Aus Gründen der Lesbarkeit wird davon abgesehen, Paarformeln (z. B. Arbeitnehmer und Arbeitnehmerin, Arbeitnehmer und Arbeitnehmerinnen), Schrägstrich-Kombinationen mit maskuliner Grundform und femininer Endung (z. B. Arbeitnehmer/in, Arbeitnehmer/innen) oder Schreibweisen mit großem Binnen-I (z. B. BeamtIn, BeamtInnen) zu verwenden. Ausnahmen können dann vorkommen, wenn kommentierte oder in Bezug genommene Vorschriften männliche und weibliche Bezeichnungen additiv aufführen. Amtsbezeichnungen mit der Endsilbe »-mann« werden in der Regel durch entsprechende auf »-frau« endende Bezeichnungen ergänzt, es sei denn, dass sich solche Bezeichnungen (wie z. B. Vertrauensmann der Zivildienstleistenden) ausschließlich auf Männer beziehen.

Die Kommentierung beruht auf dem **Ende Dezember 2011** erreichten **Stand** der Rechtsetzung und berücksichtigt grundsätzlich die bis dahin veröffentlichte Rechtsprechung, insbesondere die des *Bundesverwaltungsgerichts* und des *Bundesarbeitsgerichts*.

Inhaltsverzeichnis

Vorwort 5
Vorbemerkungen 7
Bearbeiterverzeichnis 17
Abkürzungs- und Literaturverzeichnis 18

Bundespersonalvertretungsgesetz
– Gesetzestext mit Erläuterungen – 31

Erster Teil: Personalvertretungen im Bundesdienst

Erstes Kapitel: Allgemeine Vorschriften

§	1	Geltungsbereich – Bildung von Personalvertretungen	33
§	2	Grundsätze der Zusammenarbeit, Zugangsrecht der Gewerkschaften	40
§	3	Keine abweichende Regelung durch Tarifvertrag	46
§	4	Beschäftigte im öffentlichen Dienst	46
§	5	Gruppen	55
§	6	Dienststellen	56
§	7	Dienststellenleiter und Vertreter	61
§	8	Behinderungs-, Benachteiligungs- und Begünstigungsverbot	63
§	9	Übernahme von Auszubildenden	66
§	10	Schweigepflicht	79
§	11	Unfallfürsorge	89

Zweites Kapitel: Personalrat, Stufenvertretung, Gesamtpersonalrat, Personalversammlung

Erster Abschnitt: Wahl und Zusammensetzung des Personalrates

§	12	Bildung von Personalräten	91
§	13	Wahlberechtigung	93
§	14	Wählbarkeit	99
§	15	Sondervorschriften für die Wählbarkeit	102

Inhaltsverzeichnis

§ 16	Zahl der Personalratsmitglieder	104
§ 17	Sitzverteilung auf die Gruppen, Beschäftigungsarten und Geschlechter	105
§ 18	Abweichende Sitzverteilung und gruppenfremde Kandidatur	109
§ 19	Wahlverfahren	111
§ 20	Bestellung des Wahlvorstands bei Bestehen eines Personalrats	117
§ 21	Bestellung des Wahlvorstands bei Fehlen eines Personalrats	121
§ 22	Bestellung des Wahlvorstands durch den Dienststellenleiter	122
§ 23	Aufgaben des Wahlvorstands	122
§ 24	Wahlschutz und Wahlkosten	124
§ 25	Wahlanfechtung	128

Zweiter Abschnitt: Amtszeit des Personalrates

§ 26	Amtszeit	133
§ 27	Wahlzeiten	136
§ 28	Ausschluss von Mitgliedern und Auflösung des Personalrats	140
§ 29	Erlöschen der Mitgliedschaft	142
§ 30	Ruhen der Mitgliedschaft	147
§ 31	Ersatzmitglieder	148

Dritter Abschnitt: Geschäftsführung des Personalrates

§ 32	Vorstand und Vorsitzender	150
§ 33	Erweiterter Vorstand	157
§ 34	Sitzungen des Personalrats	159
§ 35	Nichtöffentlichkeit und Zeitpunkt der Personalratssitzungen	164
§ 36	Teilnahme der Beauftragten der Gewerkschaften an den Personalratssitzungen	165
§ 37	Beschlüsse des Personalrats	167
§ 38	Gemeinsame und Gruppenbeschlüsse	171
§ 39	Aussetzung von Beschlüssen	175
§ 40	Teilnahme der Jugend- und Auszubildendenvertretung, der Schwerbehindertenvertretung und der Vertreter der nichtständig Beschäftigten an den Personalratssitzungen	179
§ 41	Sitzungsniederschrift	181
§ 42	Geschäftsordnung	184
§ 43	Sprechstunden	185
§ 44	Kosten und Sachaufwand des Personalrats	188
§ 45	Verbot der Beitragserhebung	204

Inhaltsverzeichnis

Vierter Abschnitt: Rechtsstellung der Personalratsmitglieder

§ 46	Ehrenamt, Arbeitszeitversäumnis, Freizeitausgleich, Freistellung, Schulung und Bildung	205
§ 47	Kündigungs-, Versetzungs- und Abordnungsschutz für Personalratsmitglieder	225

Fünfter Abschnitt: Personalversammlung

§ 48	Teilnehmer und Durchführung der Personalversammlung	239
§ 49	Ordentliche und außerordentliche Personalversammlung	241
§ 50	Personalversammlung und Arbeitszeit	243
§ 51	Aufgaben und Befugnisse der Personalversammlung . .	246
§ 52	Teilnahme sonstiger Personen an der Personalversammlung	248

Sechster Abschnitt: Stufenvertretungen und Gesamtpersonalrat

§ 53	Errichtung von Stufenvertretungen	251
§ 54	Amtszeit und Geschäftsführung der Stufenvertretungen	255
§ 55	Errichtung des Gesamtpersonalrats	256
§ 56	Wahl, Amtszeit und Geschäftsführung des Gesamtpersonalrats	257

Drittes Kapitel: Jugend- und Auszubildendenvertretung, Jugend- und Auszubildendenversammlung

§ 57	Errichtung von Jugend- und Auszubildendenvertretungen	259
§ 58	Wahlberechtigung und Wählbarkeit	261
§ 59	Größe und Zusammensetzung der Jugend- und Auszubildendenvertretung	263
§ 60	Wahlvorschriften, Amtszeit, Vorsitzender	264
§ 61	Aufgaben und Befugnisse, Zusammenarbeit mit dem Personalrat	268
§ 62	Entsprechend anwendbare Vorschriften	274
§ 63	Jugend- und Auszubildendenversammlung	277
§ 64	Bezirks-, Haupt- und Gesamt-Jugend- und Auszubildendenvertretung	280

Viertes Kapitel: Vertretung der nichtständig Beschäftigten

§ 65	. . . .	284

Fünftes Kapitel: Beteiligung der Personalvertretung

Erster Abschnitt: Allgemeines

Vorbemerkungen vor § 66 289

Inhaltsverzeichnis

§ 66	Zusammenarbeit mit der Dienststelle	296
§ 67	Behandlung der Angehörigen der Dienststelle sowie politische und gewerkschaftliche Betätigung	303
§ 68	Allgemeine Aufgaben der Personalvertretung, Informationspflichten der Dienststelle	315

Zweiter Abschnitt: Formen und Verfahren der Mitbestimmung und Mitwirkung

§ 69	Verfahren der Mitbestimmung	331
§ 70	Initiativrecht des Personalrats	357
§ 71	Einigungsstelle	363
§ 72	Verfahren der Mitwirkung	374
§ 73	Dienstvereinbarungen	382
§ 74	Durchführung von Entscheidungen	391

Dritter Abschnitt: Angelegenheiten, in denen der Personalrat zu beteiligen ist

§ 75	Angelegenheiten der uneingeschränkten Mitbestimmung	392
§ 76	Angelegenheiten der eingeschränkten Mitbestimmung	470
§ 77	Mitbestimmung in Personalangelegenheiten – besondere Gruppen von Beschäftigten, Versagungskatalog	502
§ 78	Angelegenheiten der Mitwirkung und Anhörung	513
§ 79	Beteiligung bei Kündigungen und fristlosen Entlassungen	527
§ 80	Beratende Teilnahme an Prüfungen	546
§ 81	Beteiligung beim Arbeitsschutz	549

Vierter Abschnitt: Beteiligung der Stufenvertretungen und des Gesamtpersonalrates

§ 82		556

Sechstes Kapitel: Gerichtliche Entscheidungen

§ 83	Zuständigkeit und Verfahren der Verwaltungsgerichte	566
§ 84	Bildung und Besetzung der Fachkammern und Fachsenate	570

Siebentes Kapitel: Vorschriften für besondere Verwaltungszweige und die Behandlung von Verschlusssachen

§ 85	Bundespolizei	575
§ 86	Bundesnachrichtendienst	584
§ 87	Bundesamt für Verfassungsschutz	594
§ 88	Sozialversicherung und Bundesagentur für Arbeit	596
§ 89	Deutsche Bundesbank	606

Inhaltsverzeichnis

§ 89a	*[aufgehoben]*	609
§ 90	Deutsche Welle	610
§ 91	Dienststellen des Bundes im Ausland	623
§ 92	Geschäftsbereich des Bundesministeriums der Verteidigung	630
§ 93	Behandlung von Verschlusssachen	634

Zweiter Teil: Personalvertretungen in den Ländern

Erstes Kapitel: Rahmenvorschriften für die Landesgesetzgebung

§ 94	Rahmenvorschriften	637
§ 95	Personalvertretungen, Jugend- und Auszubildendenvertretungen, Schwerbehindertenvertretung	642
§ 96	Aufgaben der Gewerkschaften und Arbeitgeberverbände	642
§ 97	Verbot abweichender Regelung	643
§ 98	Wahlgrundsätze, Gruppen und Geschlechter	643
§ 99	Schutz der Personalvertretungen und Jugend- und Auszubildendenvertretungen	643
§ 100	Ehrenamt, Verbot wirtschaftlicher Nachteile, Kostentragung	643
§ 101	Sitzungen, Schweigepflicht, Unterlagen	644
§ 102	Neuwahl, Auflösung, Ausschluss	644
§ 103	Überwachungspflicht	644
§ 104	Beteiligungsrechte	644
§ 105	Gleichheitsgrundsatz, politische Betätigung	651
§ 106	Zuständigkeit der Verwaltungsgerichte	652

Zweites Kapitel: Unmittelbar für die Länder geltende Vorschriften

§ 107	Behinderungs-, Benachteiligungs- und Begünstigungsverbot, Übernahme von Auszubildenden	653
§ 108	Beteiligung bei Kündigungen	654
§ 109	Unfallfürsorge	655

Dritter Teil: Strafvorschriften

§ 110	*[außer Kraft]*	657
§ 111	*[außer Kraft]*	657

Vierter Teil: Schlussvorschriften

§ 112	Religionsgemeinschaften	658
§ 113	Änderungen des Deutschen Richtergesetzes	658
§ 114	Änderungen des Kündigungsschutzgesetzes	658
§ 115	Ermächtigung zum Erlass einer Wahlordnung	659

Inhaltsverzeichnis

§ 116	Erste regelmäßige Wahlen – Übergangsvorschriften	659
§ 116a	Erstmalige Wahlen der Jugend- und Auszubildendenvertretungen – Übergangsvorschriften	660
§ 116b	Verlängerung der Amtszeit der Personalräte – Folgeänderungen	661
§ 117	Verweisung in anderen Vorschriften	662
§ 118	*[gegenstandslos]*	662
§ 119	Inkrafttreten	662

Anhang I:	Wahlordnung zum Bundespersonalvertretungsgesetz	665
Anhang II:	Deutsches Richtergesetz – § 53 mit Erläuterungen –	692
Anhang III:	Deutsche Bahn Gründungsgesetz – Auszüge mit Erläuterungen –	696
Anhang IV:	Postpersonalrechtsgesetz – Auszüge mit Erläuterungen –	708
Anhang V:	Personalvertretungsrecht bei der Bundeswehr	746
Abschnitt A:	Soldatengesetz – §§ 35 und 91 mit Erläuterungen –	746
Abschnitt B:	Soldatenbeteiligungsgesetz – Gesetzestext mit Erläuterungen –	749
Abschnitt C:	Kooperationsgesetz der Bundeswehr – Gesetzestext mit Erläuterungen –	846
Anhang VI:	Betriebsvertretungsrecht bei den Stationierungsstreitkräften der NATO: Unterzeichnungsprotokoll zu Artikel 56 Absatz 9 des Zusatzabkommens zum NATO-Truppenstatut – Text mit Erläuterungen –	857

Stichwortverzeichnis 879

Bearbeiterverzeichnis

Der Basiskommentar ist ein Gemeinschaftswerk.

Die Bearbeitung im Einzelnen lag bei:

Lothar Altvater	§§ 1–3, 6–8, 10, 11, 46, 53–56, 65–72, 74, 75, 79–82, 85–119 Anhang II–VI Endredaktion
Eberhard Baden	§§ 76, 78, 83, 84
Michael Kröll	§§ 4, 5, 9, 12–45, 47–52, 57–64, 73, 77

Zitiervorschlag:

Altvater/Baden/Kröll, BPersVG, Basiskommentar, § 1 Rn. 1

Abkürzungs- und Literaturverzeichnis

AA	Auswärtiges Amt
a. A.	anderer Ansicht
a. a. O.	am angeführten Ort
abgedr.	abgedruckt
ABl.	Amtsblatt
ABM	Arbeitsbeschaffungsmaßnahme
Abs.	Absatz
Abschn.	Abschnitt
abw.	abweichend
a. E.	am Ende
AEUV	Vertrag über die Arbeitsweise der Europäischen Union
a. F.	alte Fassung
AFG	Arbeitsförderungsgesetz
AG	Aktiengesellschaft
AGG	Allgemeines Gleichbehandlungsgesetz
AiB	Arbeitsrecht im Betrieb (Zeitschrift)
AktG	Aktiengesetz
Alt.	Alternative
Altvater u. a.	*Altvater/Baden/Kröll/Lemcke/Peiseler*, Bundespersonalvertretungsgesetz mit Wahlordnung und ergänzenden Vorschriften, Kommentar für die Praxis mit vergleichenden Anmerkungen zu den Landespersonalvertretungsgesetzen, 7. Aufl. 2011 (zit.: KfdP-*Bearbeiter*)
ÄndG	Änderungsgesetz
ÄndTV	Änderungstarifvertrag
Anh.	Anhang
Anl.	Anlage
Anm.	Anmerkung
AP	Arbeitsrechtliche Praxis (Nachschlagewerk des Bundesarbeitsgerichts)
AP-mDBPolV	Verordnung über die Ausbildung und Prüfung für den mittleren Polizeivollzugsdienst in der Bundespolizei

Abkürzungs- und Literaturverzeichnis

ArbG	Arbeitsgericht
ArbGG	Arbeitsgerichtsgesetz
ArbMedVV	Verordnung zur arbeitsmedizinischen Vorsorge
ArbNErfG	Gesetz über Arbeitnehmererfindungen
ArbSchG	Arbeitsschutzgesetz
ArbStättV	Arbeitsstättenverordnung
ArbZG	Arbeitszeitgesetz
Art.	Artikel
ASiG	Arbeitssicherheitsgesetz
AT	Allgemeiner Teil
AÜG	Arbeitnehmerüberlassungsgesetz
AuR	Arbeit und Recht (Zeitschrift)
ausf.	ausführlich
AVwV	Allgemeine Verwaltungsvorschrift(en)
AZO	Arbeitszeitordnung
AZO Kr	Verordnung über die Arbeitszeit in Krankenanstalten
AZV	Arbeitszeitverordnung
BA	Bundesagentur für Arbeit
BAG	Bundesarbeitsgericht
BAköV	Bundesakademie für öffentliche Verwaltung
BAnstPT	Bundesanstalt für Post und Telekommunikation Deutsche Bundespost
BAT	Bundes-Angestelltentarifvertrag
Battis	*Battis*, Bundesbeamtengesetz
Bay	Bayern
BayPVG	Bayerisches Personalvertretungsgesetz
BayVGH	Bayerischer Verwaltungsgerichtshof
BB	Der Betriebs-Berater (Zeitschrift)
BBankG	Gesetz über die Deutsche Bundesbank
BBesG	Bundesbesoldungsgesetz
BBG	Bundesbeamtengesetz
Bbg	Brandenburg
BBiG	Berufsbildungsgesetz
BDG	Bundesdisziplinargesetz
BDiG	Bundesdisziplinargericht
BDiszNOG	Gesetz zur Neuordnung des Bundesdisziplinarrechts
BDSG	Bundesdatenschutzgesetz
BeamtStG	Beamtenstatusgesetz
BeamtVG	Beamtenversorgungsgesetz
BeamtVGVwV	Allgemeine Verwaltungsvorschrift zum Beamtenversorgungsgesetz
BEEG	Bundeselterngeld- und Elternzeitgesetz
Bek.	Bekanntmachung

Abkürzungs- und Literaturverzeichnis

ber.	berichtigt
Beschl.	Beschluss, Beschlüsse
BesHPR	Besonderer Hauptpersonalrat (beim BEV)
BesPV	Besondere Personalvertretung(en) (beim BEV)
BetrAVG	Gesetz zur Verbesserung der betrieblichen Altersversorgung
BetrVerf-Reformgesetz	Gesetz zur Reform des Betriebsverfassungsgesetzes
BetrVG	Betriebsverfassungsgesetz
BetrVR	Betriebsverfassungsrecht
BEV	Bundeseisenbahnvermögen
BEV-DBP-StruktG	Gesetz zur Verbesserung der personellen Struktur beim Bundeseisenbahnvermögen und in den Unternehmen der Deutschen Bundespost
BEV-PNU-StruktG	Gesetz zur Verbesserung der personellen Struktur beim Bundeseisenbahnvermögen und in den Postnachfolgeunternehmen
BEZNG	Gesetz zur Zusammenführung und Neugliederung der Bundeseisenbahnen
BFDG	Bundesfreiwilligendienstgesetz
BFQG	Bildungsfreistellungs- und Qualifizierungsgesetz
BfV	Bundesamt für Verfassungsschutz
BG	Beteiligungsgesetz
BGB	Bürgerliches Gesetzbuch
BGBl.	Bundesgesetzblatt
BGG	Behindertengleichstellungsgesetz
BGleiG	Bundesgleichstellungsgesetz
BGremBG	Bundesgremienbesetzungsgesetz
BGS	Bundesgrenzschutz
BGSG	Bundesgrenzschutzgesetz
BGSG 1972	Bundesgrenzschutzgesetz v. 18.8.72
BGSNeuRegG	Bundesgrenzschutzneuregelungsgesetz
BHO	Bundeshaushaltsordnung
BildscharbV	Bildschirmarbeitsverordnung
BImA	Bundesanstalt für Immobilienaufgaben
BJAV	Bezirks-Jugend- und Auszubildendenvertretung(en)
BK	Bundeskanzleramt
BLBV	Bundesleistungsbesoldungsverordnung
Bln	Berlin
BlnPersVG	Berliner Personalvertretungsgesetz
BLV	Bundeslaufbahnverordnung
BMBF	Bundesministerium für Bildung und Forschung
BMF	Bundesministerium der Finanzen
BMG	Bundesministerium für Gesundheit
BMI	Bundesministerium des Innern

Abkürzungs- und Literaturverzeichnis

BMJ	Bundesministerium der Justiz
BMPT	Bundesministerium für Post und Telekommunikation
BMVBS	Bundesministerium für Verkehr, Bau und Stadtentwicklung
BMVg	Bundesministerium der Verteidigung
BND	Bundesnachrichtendienst
BNDG	Gesetz über den Bundesnachrichtendienst
BNichtrSchG	Bundesnichtraucherschutzgesetz
BNV	Bundesnebentätigkeitsverordnung
BpB	Bundeszentrale für politische Bildung
BPersVG	Bundespersonalvertretungsgesetz
BPersVG 1974	Bundespersonalvertretungsgesetz vom 15. 3. 1974
BPersVR	Bundespersonalvertretungsrecht
BPersVWO	Wahlordnung zum Bundespersonalvertretungsgesetz
BPOL	Bundespolizei
BPolBG	Bundespolizeibeamtengesetz
BPR	Bezirkspersonalrat(-räte)
BR-Drs.	Bundesratsdrucksache
Brem	Bremen
BremPersVG	Bremisches Personalvertretungsgesetz
BRHG	Bundesrechnungshofgesetz
BRKG	Bundesreisekostengesetz
BR-PlPr	Bundesrats-Plenarprotokoll
BRRG	Beamtenrechtsrahmengesetz
BSHG	Bundessozialhilfegesetz
BT-Drs.	Bundestagsdrucksache
BT-PlPr	Bundestags-Plenarprotokoll
Buchh	Buchholz, Sammel- und Nachschlagewerk der Rechtsprechung des Bundesverwaltungsgerichts
Buchst.	Buchstabe
BUKG	Bundesumzugskostengesetz
Bundesgesetzbl.	Bundesgesetzblatt
BUrlG	Bundesurlaubsgesetz
BVerfG	Bundesverfassungsgericht
BVerfGE	Entscheidungen des Bundesverfassungsgerichts (amtliche Sammlung)
BVerfGG	Bundesverfassungsgerichtsgesetz
BVerfSchG	Bundesverfassungsschutzgesetz
BVerwG	Bundesverwaltungsgericht
BVerwGE	Entscheidungen des Bundesverwaltungsgerichts (amtliche Sammlung)
BW	Baden-Württemberg
BwDLZ	Bundeswehr-Dienstleistungszentrum
BwKoopG	Kooperationsgesetz der Bundeswehr

Abkürzungs- und Literaturverzeichnis

BWVPr	Baden-Württembergische Verwaltungspraxis (Zeitschrift)
BZRG	Bundeszentralregistergesetz
bzw.	beziehungsweise
CA	Canada
ChBK	Chef des Bundeskanzleramts
DAI	Deutsches Archäologisches Institut
DB	Der Betrieb (Zeitschrift); Deutsche Bahn, Deutsche Bundesbahn
DB AG	Deutsche Bahn Aktiengesellschaft
DBAGZustV	DBAG-Zuständigkeitsverordnung
DBGrG	Deutsche Bahn Gründungsgesetz
DBP	Deutsche Bundespost
DDR	Deutsche Demokratische Republik
DGIA	Deutsche Geisteswissenschaftliche Institute im Ausland
DGIAG	Gesetz zur Errichtung einer Stiftung DGIA
DGleiG	Gleichstellungsdurchsetzungsgesetz
DNeuG	Dienstrechtsneuordnungsgesetz
DO	Dienstordnung
DÖD	Der Öffentliche Dienst (Zeitschrift)
Dok. Ber.	Dokumentarische Berichte aus dem BVerwG
Doppelbuchst.	Doppelbuchstabe
DR	Deutsche Reichsbahn
DRadio	Deutschlandradio
DRiG	Deutsches Richtergesetz
DRK	Deutsches Rotes Kreuz
Drs.	Drucksache
DRV	Deutsche Rentenversicherung
DV	Datenverarbeitung
DVBl.	Deutsches Verwaltungsblatt (Zeitschrift)
DW	Deutsche Welle
DWG	Deutsche-Welle-Gesetz
DW-SVV	DW-Sitzverlegungsverordnung
DWV	Dienstwohnungsvorschriften
ebd.	ebenda
EDV	Elektronische Datenverarbeitung
EG	Europäische Gemeinschaft(en)
EGr.	Entgeltgruppe
EGStGB	Einführungsgesetz zum Strafgesetzbuch
EGV	Vertrag zur Gründung der Europäischen Gemeinschaft
EinsatzVVerbG	Einsatzversorgungs-Verbesserungsgesetz

Abkürzungs- und Literaturverzeichnis

einschl.	einschließlich
ENeuOG	Eisenbahnneuordnungsgesetz
EntsR	Entsendungsrichtlinien
Erl.	Erläuterungen
ESZB	Europäisches System der Zentralbanken
EU	Europäische Union
EuGH	Europäischer Gerichtshof
EUrlV	Erholungsurlaubsverordnung
EV	Einigungsvertrag
evtl.	eventuell(e)
f., ff.	folgend(e)
F.	Fassung
Feldes	*Feldes/Kamm/Peiseler/Rehwald/v. Seggern/ Westermann/Witt*, Schwerbehindertenrecht, Basiskommentar zum SGB IX mit Wahlordnung, 10. Aufl. 2009
FFG	Frauenfördergesetz
Fischer/Goeres/Gronimus	*Fischer/Goeres/Gronimus*, Gesamtkommentar Öffentliches Dienstrecht, Band V: Personalvertretungsrecht des Bundes und der Länder, Loseblattwerk, 1974 ff.
FVG	Gesetz über die Finanzverwaltung
FWDL	Soldaten, die freiwillig (zusätzlichen) Wehrdienst leisten
GAD	Gesetz über den Auswärtigen Dienst
GBl.	Gesetzblatt
GbR	Gesellschaft bürgerlichen Rechts
gem.	gemäß
GenDG	Gendiagnostikgesetz
GESTA	Stand der Gesetzgebung des Bundes
GewO	Gewerbeordnung
GG	Grundgesetz
ggf.	gegebenenfalls
GJAV	Gesamt-Jugend- und Auszubildenden- vertretung(en)
GleiBG	Gleichberechtigungsgesetz
GKV	Gesetzliche Krankenversicherung
GmbH	Gesellschaft mit beschränkter Haftung
GMBl.	Gemeinsames Ministerialblatt
GmS-OGB	Gemeinsamer Senat der obersten Gerichtshöfe des Bundes
GPR	Gesamtpersonalrat(-räte)

Abkürzungs- und Literaturverzeichnis

Gronimus	*Gronimus,* Die Beteiligungsrechte der Vertrauenspersonen in der Bundeswehr, Erläuterungen zum Soldatenbeteiligungsgesetz, 6. Aufl. 2009
GSG	Grenzschutzgruppe
GVBl.	Gesetz- und Verordnungsblatt
GVG	Gerichtsverfassungsgesetz
GVPA	Gesamtvertrauenspersonenausschuss
GVPAV	Verordnung über Wahl, Organisation und Aufgabengebiete des Gesamtvertrauenspersonenausschusses beim Bundesminister der Verteidigung sowie über die Rechtsstellung seiner Mitglieder
GWDL	Grundwehrdienstleistende
Halbs.	Halbsatz
HebG	Hebammengesetz
Hess	Hessen
HessLAG	Hessisches Landesarbeitsgericht
HessVGH	Hessischer Verwaltungsgerichtshof
HGrG	Haushaltsgrundsätzegesetz
Hinw.	Hinweis(e)
HJAV	Haupt-Jugend- und Auszubildendenvertretung(en)
h. M.	herrschende Meinung
Hmb	Hamburg
HmbOVG	Hamburgisches Oberverwaltungsgericht
HmbPersVG	Hamburgisches Personalvertretungsgesetz
HPR	Hauptpersonalrat(-räte)
Hs.	Halbsatz
i. d. F.	in der Fassung
i. d. R.	in der Regel
i. E.	im Einzelnen
i. e. S.	im engeren Sinne
Ilbertz / Widmaier	*Ilbertz / Widmaier,* Bundespersonalvertretungsgesetz mit Wahlordnung unter Einbeziehung der Landespersonalvertretungsgesetze, Kommentar, 11. Aufl. 2008
insb.	insbesondere
i. S.	im Sinne
i. S. d.	im Sinne des (der)
ISDN	Integrated Services Digital Network (Dienste integrierendes Digitalnetz)
i. S. v.	im Sinne von
IuK	Information und Kommunikation

Abkürzungs- und Literaturverzeichnis

i. V. m.	in Verbindung mit
i. w. S.	im weiteren Sinne
Jarass/Pieroth	*Jarass/Pieroth*, Grundgesetz für die Bundesrepublik Deutschland, Kommentar, 11. Aufl. 2011
JArbSchG	Jugendarbeitsschutzgesetz
JAV	Jugend- und Auszubildendenvertretung(en)
jew.	jeweils
JFDG	Jugendfreiwilligendienstegesetz
juris	juris Rechtsprechung (Datenbank der juris GmbH)
JVEG	Justizvergütungs- und -entschädigungsgesetz
Kap.	Kapitel
KBV	Kassenärztliche Bundesvereinigung
KfdP	s. *Altvater u. a.*
KG	Kommanditgesellschaft
krit.	kritisch
KrPflG	Krankenpflegegesetz
KSchG	Kündigungsschutzgesetz
KSchR	*Kittner/Däubler/Zwanziger,* KSchR – Kündigungsschutzrecht, Kündigungen und andere Formen der Beendigung des Arbeitsverhältnisses, Kommentar für die Praxis, 8. Aufl. 2011 (zit.: KSchR-*Bearbeiter*)
KZBV	Kassenzahnärztliche Bundesvereinigung
LAG	Landesarbeitsgericht
Lakies/Malottke	*Lakies/Malottke,* BBiG – Berufsbildungsgesetz mit Kurzkommentierung des Jugendarbeitsschutzgesetzes (JArbSchG), Kommentar für die Praxis, 4. Aufl. 2011
LBG	Landesbeamtengesetz
LeistungsTV-Bund	Tarifvertrag für das Leistungsentgelt für die Beschäftigten des Bundes
LKdo	Landeskommando
Lorenzen	*Lorenzen/Etzel/Gerhold/Schlatmann/Rehak/Faber,* Bundespersonalvertretungsgesetz, Kommentar, Loseblattwerk, 1975 ff. (zit.: Lorenzen-*Bearbeiter*)
LPersVG	Landespersonalvertretungsgesetz
LPersVR	Landespersonalvertretungsrecht
LPVG	Landespersonalvertretungsgesetz
LRiG	Landesrichtergesetz
Ls.	Leitsatz (Leitsätze)
LSA	Sachsen-Anhalt
l. Sp.	linke Spalte

Abkürzungs- und Literaturverzeichnis

LSVMG	Gesetz zur Modernisierung des Rechts der landwirtschaftlichen Sozialversicherung
m. a. W.	mit anderen Worten
MBG Schl-H	Mitbestimmungsgesetz Schleswig-Holstein
MDR	Mitteldeutscher Rundfunk
MinBlFin.	Ministerialblatt des Bundesministers der Finanzen
MitbestG	Mitbestimmungsgesetz
m. N.	mit Nachweisen
MTArb	Manteltarifvertrag für Arbeiterinnen und Arbeiter des Bundes und der Länder
MTB II	Manteltarifvertrag für Arbeiter des Bundes
MuSchEltZV	Mutterschutz- und Elternzeitverordnung
MuSchG	Mutterschutzgesetz
m. w. N.	mit weiteren Nachweisen
NATO	North Atlantic Treaty Organization
NDR	Norddeutscher Rundfunk
Nds	Niedersachsen
NdsOVG	Niedersächsisches Oberverwaltungsgericht
n. F.	neue Fassung
NJW	Neue Juristische Wochenschrift
Nr., Nrn.	Nummer, Nummern
NTS	NATO-Truppenstatut
n. v.	nicht veröffentlicht
NW	Nordrhein-Westfalen
NZA	Neue Zeitschrift für Arbeitsrecht
NZA-RR	NZA-Rechtsprechungs-Report Arbeitsrecht
NZWehrr	Neue Zeitschrift für Wehrrecht
o. a.	oben angeführt
o. g.	oben genannt
OHG	Offene Handelsgesellschaft
ORB	Ostdeutscher Rundfunk Brandenburg
Os.	Orientierungssätze der Richterinnen und Richter des BAG
OVG	Oberverwaltungsgericht
ParteiG	Parteiengesetz
PC	Personalcomputer
PersBG	Personalrechtliches Begleitgesetz zum Telekommunikationsgesetz
PersR	Der Personalrat (Zeitschrift)
PersV	Die Personalvertretung (Zeitschrift)
PersVG	Personalvertretungsgesetz
PersVG 1955	Personalvertretungsgesetz vom 5. 8. 55

Abkürzungs- und Literaturverzeichnis

PersVR	Personalvertretungsrecht
PM	Pressemitteilung
1. PostPersRÄndG	Erstes Gesetz zur Änderung des PostPersRG
PostPersRG	Postpersonalrechtsgesetz
PostUmwG	Postumwandlungsgesetz
PostVerfG	Postverfassungsgesetz
PR	Personalrat(-räte)
PSV	Personalstammdatenverwaltung
PTNeuOG	Postneuordnungsgesetz
RBB	Rundfunk Berlin-Brandenburg
RBerG	Rechtsberatungsgesetz
RDG	Rechtsdienstleistungsgesetz
RdSchr.	Rundschreiben
RegTP	Regulierungsbehörde für Telekommunikation und Post
RiA	Recht im Amt (Zeitschrift)
Richardi	*Richardi/Dörner/Weber*, Personalvertretungsrecht – Bundespersonalvertretungsgesetz und Personalvertretungsgesetze der Länder, Kommentar, 3. Aufl. 2007 (zit.: Richardi-*Bearbeiter*)
RL	Richtlinie
Rn.	Randnummer(n)
RP	Rheinland-Pfalz
Rspr.	Rechtsprechung
r. Sp.	rechte Spalte
RVG	Rechtsanwaltsvergütungsgesetz
RVO	Reichsversicherungsordnung
RVOrgG	Gesetz zur Organisationsreform in der gesetzlichen Rentenversicherung
S.	Satz; Seite
Sabottig	*Sabottig*, Entscheidungen des Bundesverwaltungsgerichts zum Personalvertretungsrecht, Entscheidungssammlung in Leitsätzen und Stichworten, 1993 (zit.: Sabottig ES)
SächsOVG	Sächsisches Oberverwaltungsgericht
Sachs	Sachsen
SBG	Soldatenbeteiligungsgesetz
SBG 1991	Soldatenbeteiligungsgesetz v. 16.1.91
1. SBGÄndG	Erstes Gesetz zur Änderung des Soldatenbeteiligungsgesetzes v. 20.2.97
SBGWV	Wahlverordnung zum Soldatenbeteiligungsgesetz
Schl-H	Schleswig-Holstein
Schr.	Schreiben

Abkürzungs- und Literaturverzeichnis

SDGleiG	Soldatinnen- und Soldatengleichstellungsdurchsetzungsgesetz
SFB	Sender Freies Berlin
SG	Soldatengesetz
SGB	Sozialgesetzbuch
SGleiG	Soldatinnen- und Soldatengleichstellungsgesetz
SLV	Soldatenlaufbahnverordnung
sog.	so genannt
SprAuG	Sprecherausschussgesetz
SR	Sonderregelungen
Stauf	*Stauf*, Soldatenbeteiligungsgesetz, Kommentar, 2. Aufl. 2000
StGB	Strafgesetzbuch
str.	streitig
st. Rspr.	ständige Rechtsprechung
StV	Staatsvertrag
STzV	Soldatinnen- und Soldatenteilzeitbeschäftigungsverordnung
SÜG	Sicherheitsüberprüfungsgesetz
SUrlV	Sonderurlaubsverordnung
SUV	Soldatenurlaubsverordnung
SVG	Soldatenversorgungsgesetz
TDG	Truppendienstgericht
teilw.	teilweise
TGV	Trennungsgeldverordnung
Thür	Thüringen
ThürPersVG	Thüringer Personalvertretungsgesetz
TOP	Tagesordnungspunkt
TV	Tarifvertrag
TVAL II	Tarifvertrag für die Arbeitnehmer bei den Stationierungsstreitkräften im Gebiet der Bundesrepublik Deutschland
TVAöD	Tarifvertrag für Auszubildende des öffentlichen Dienstes
TV-BA	Tarifvertrag für die Arbeitnehmerinnen und Arbeitnehmer der Bundesagentur für Arbeit
TVG	Tarifvertragsgesetz
TVLohngrV	Tarifvertrag über das Lohngruppenverzeichnis des Bundes zum MTArb
TV-L	Tarifvertrag für den öffentlichen Dienst der Länder
TVöD	Tarifvertrag für den öffentlichen Dienst
TVPöD	Tarifvertrag für Praktikantinnen/Praktikanten des öffentlichen Dienstes

Abkürzungs- und Literaturverzeichnis

TVÜ-Bund	Tarifvertrag zur Überleitung der Beschäftigten des Bundes in den TVöD und zur Regelung des Übergangsrechts
Tz.	Teilziffer
TzBfG	Teilzeit- und Befristungsgesetz
u.	und
u. a.	unter anderem
unstr.	unstreitig
UP	Unterzeichnungsprotokoll zum Zusatzabkommen zum NATO-Truppenstatut
Urt.	Urteil(e)
USA	United States of America
usw.	und so weiter
u. U.	unter Umständen
UVAV	Unfallversicherungs-Anzeigeverordnung
UVEG	Unfallversicherungs-Einordnungsgesetz
v.	vom
v. a.	vor allem
VBG	Verwaltungs-Berufsgenossenschaft
VBI	Vertreter des Bundesinteresses beim BVerwG
VBlBW	Verwaltungsblätter für Baden-Württemberg (Zeitschrift)
ver.di	Vereinte Dienstleistungsgewerkschaft
VergGr.	Vergütungsgruppe
VG	Verwaltungsgericht
VGH	Verwaltungsgerichtshof
vgl.	vergleiche
VKA	Vereinigung der kommunalen Arbeitgeberverbände e. V.
VkBl.	Verkehrsblatt
VMBl.	Ministerialblatt des Bundesministeriums der Verteidigung
VMWG	Vertrauensmänner-Wahlgesetz
VöI	Vertreter des öffentlichen Interesses
Voraufl.	Vorauflage
Vorbem.	Vorbemerkung(en)
VPWV	Vertrauenspersonenwahlverordnung
VR	Vorschussrichtlinien
VS	Verschlusssache
VwGO	Verwaltungsgerichtsordnung
VwO	Verwaltungsordnung
VwVfG	Verwaltungsverfahrengesetz

Abkürzungs- und Literaturverzeichnis

WahlO Post	Verordnung zur Durchführung der Betriebsratswahlen bei den Postunternehmen
WBeauftrG	Gesetz über den Wehrbeauftragten des Deutschen Bundestages
WBO	Wehrbeschwerdeordnung
WDO	Wehrdisziplinarordnung
WEU	Westeuropäische Union
WO	Wahlordnung
WO BetrVG	Erste Verordnung zur Durchführung des Betriebsverfassungsgesetzes (Wahlordnung – WO)
WPflG	Wehrpflichtgesetz
WSG	Wehrsoldgesetz
ZA	Zusatzabkommen zum NATO-Truppenstatut
z. B.	zum Beispiel
ZBR	Zeitschrift für Beamtenrecht
ZDF	Zweites Deutsches Fernsehen
ZDG	Zivildienstgesetz
ZDv	Zentrale Dienstvorschrift
ZDVG	Zivildienstvertrauensmanngesetz
ZfPR	Zeitschrift für Personalvertretungsrecht
Ziff.	Ziffer
zit.	zitiert
ZPO	Zivilprozessordnung
z. T.	zum Teil
ZTR	Zeitschrift für Tarif-, Arbeits- und Sozialrecht des öffentlichen Dienstes

Gesetzestext mit Erläuterungen

Bundespersonalvertretungsgesetz (BPersVG)

vom 15. März 1974 (BGBl. I S. 693)

Geändert durch

- Art. 287 Nr. 4 des Einführungsgesetzes zum Strafgesetzbuch (EGStGB) vom 2. März 1974 (BGBl. I S. 469),
- Art. 3 des Gesetzes zur Änderung des Soldatengesetzes und des Vertrauensmänner-Wahlgesetzes vom 25. April 1975 (BGBl. I S. 1005),
- Art. 5 des Dritten Gesetzes zur Änderung dienstrechtlicher Vorschriften vom 10. Mai 1980 (BGBl. I S. 561),
- Art. 5 des Fünften Gesetzes zur Änderung dienstrechtlicher Vorschriften vom 25. Juli 1984 (BGBl. I S. 998),
- Beschluss des Bundesverfassungsgerichts vom 16. Oktober 1984 (BGBl. I S. 1436),
- Art. 4 des Ersten Gesetzes zur Änderung des Schwerbehindertengesetzes vom 24. Juli 1986 (BGBl. I S. 1110),
- Art. 1 des Gesetzes zur Bildung von Jugend- und Auszubildendenvertretungen in den Verwaltungen vom 13. Juli 1988 (BGBl. I S. 1037),
- Art. 4 Abs. 2 des Poststrukturgesetzes vom 8. Juni 1989 (BGBl. I S. 1026),
- Art. 1 des Gesetzes zur Änderung des Bundespersonalvertretungsgesetzes vom 10. Juli 1989 (BGBl. I S. 1380, berichtigt S. 1473),
- Art. 4 des Fünften Gesetzes zur Änderung besoldungsrechtlicher Vorschriften vom 28. Mai 1990 (BGBl. I S. 967),
- Art. 3 Nr. 5 des Gesetzes über die Beteiligung der Soldaten und der Zivildienstleistenden (Beteiligungsgesetz – BG) vom 16. Januar 1991 (BGBl. I S. 47),
- Art. 3 des Zehnten Gesetzes zur Änderung dienstrechtlicher Vorschriften vom 20. Dezember 1993 (BGBl. I S. 2136),
- Art. 6 Abs. 20 des Gesetzes zur Neuordnung des Eisenbahnwesens (Eisenbahnneuordnungsgesetz – ENeuOG) vom 27. Dezember 1993 (BGBl. I S. 2378),

Bundespersonalvertretungsgesetz (BPersVG)

- Art. 6 des Gesetzes zur Durchsetzung der Gleichberechtigung von Frauen und Männern (Zweites Gleichberechtigungsgesetz – 2. GleiBG) vom 24. Juni 1994 (BGBl. I S. 1406, berichtigt S. 2103),
- Art. 12 Abs. 13 des Gesetzes zur Neuordnung des Postwesens und der Telekommunikation (Postneuordnungsgesetz – PTNeuOG) vom 14. September 1994 (BGBl. I S. 2325),
- Art. 2 § 3 des Gesetzes zur Neuregelung der Vorschriften über den Bundesgrenzschutz (Bundesgrenzschutzneuregelungsgesetz – BGSNeuRegG) vom 19. Oktober 1994 (BGBl. I S. 2978),
- Art. 9 des Gesetzes zur Einordnung des Rechts der gesetzlichen Unfallversicherung in das Sozialgesetzbuch (Unfallversicherungs-Einordnungsgesetz – UVEG) vom 7. August 1996 (BGBl. I. S. 1254),
- Art. 2 des Ersten Gesetzes zur Änderung des Soldatenbeteiligungsgesetzes vom 20. Februar 1997 (BGBl. I S. 298),
- Art. 12 Abs. 2 des Gesetzes zur Reform des öffentlichen Dienstrechts (Reformgesetz) vom 24. Februar 1997 (BGBl. I S. 322),
- Art. 2 § 1 des Gesetzes über den deutschen Auslandsrundfunk vom 16. Dezember 1997 (BGBl. I S. 3094),
- Art. 9 des Gesetzes zur Neuordnung des Bundesdisziplinarrechts vom 9. Juli 2001 (BGBl. I S. 1510),
- Art. 17 des Dritten Gesetzes für moderne Dienstleistungen am Arbeitsmarkt vom 23. Dezember 2003 (BGBl. I S. 2848),
- Art. 3a des Gesetzes zur wirkungsgleichen Übertragung von Regelungen der sozialen Pflegeversicherung in das Dienstrecht und zur Änderung sonstiger dienstrechtlicher Vorschriften vom 4. November 2004 (BGBl. I S. 2686),
- Art. 5 des Gesetzes zur Reform des Reisekostenrechts vom 26. Mai 2005 (BGBl. I S. 1418),
- Art. 11 des Gesetzes zur Umbenennung des Bundesgrenzschutzes in Bundespolizei vom 21. Juni 2005 (BGBl. I S. 1818),
- Art. 8 des Gesetzes zur Reorganisation der Bundesanstalt für Post und Telekommunikation Deutsche Bundespost und zur Änderung anderer Gesetze vom 14. September 2005 (BGBl. I S. 2746),
- Art. 3 Abs. 4 des Gesetzes zur Umsetzung europäischer Richtlinien zur Verwirklichung des Grundsatzes der Gleichbehandlung vom 14. August 2006 (BGBl. I S. 1897) und
- Art. 7 des Gesetzes zur Neuordnung und Modernisierung des Bundesdienstrechts (Dienstrechtsneuordnungsgesetz – DNeuG) vom 5. Februar 2009 (BGBl. I S. 160, ber. 462).

Erster Teil
Personalvertretungen im Bundesdienst

Erstes Kapitel
Allgemeine Vorschriften

§ 1 [Geltungsbereich – Bildung von Personalvertretungen]

¹In den Verwaltungen des Bundes und der bundesunmittelbaren Körperschaften, Anstalten und Stiftungen des öffentlichen Rechts sowie in den Gerichten des Bundes werden Personalvertretungen gebildet. ²Zu den Verwaltungen im Sinne dieses Gesetzes gehören auch die Betriebsverwaltungen.

Der **räumliche Geltungsbereich** des BPersVG ist nicht ausdrücklich geregelt. Da das Gesetz insoweit keine Einschränkungen festlegt, gilt es im gesamten Gebiet der Bundesrepublik Deutschland. Mit den in § 91 geregelten Abweichungen gilt es auch für Dienststellen des Bundes im Ausland. Auf Seeschiffen des Bundes gilt das BPersVG ohne Einschränkungen, weil es – anders als die §§ 114 bis 116 BetrVG – für die Seeschifffahrt keine Sonderregelungen enthält. 1

Der **sachliche Geltungsbereich** erfasst die Verwaltungen und Betriebsverwaltungen des Bundes und der bundesunmittelbaren Körperschaften, Anstalten und Stiftungen des öffentlichen Rechts – also derjenigen juristischen Personen des öffentlichen Rechts, die der Staatsaufsicht des Bundes unterstehen – sowie die Gerichte des Bundes. Er wird durch § 91 Soldatengesetz (SG) für die dort beschäftigten Beamten und Arbeitnehmer auf die militärischen Dienststellen und Einrichtungen der Bundeswehr ausgedehnt (vgl. Rn. 4a). 2

Verwaltungen i. S. v. S. 1 sind alle Einrichtungen des Bundes und der bundesunmittelbaren juristischen Personen des öffentlichen Rechts, die Aufgaben der öffentlichen Verwaltung wahrnehmen. Die Verwaltungen des Bundes sind die Behörden, Verwaltungsstellen und sonstigen Einrichtungen der öffentlichen Verwaltung, deren Rechtsträger der Bund ist. Diese zur unmittelbaren Bundesverwaltung gehörenden **bundeseigenen Verwaltungen** sind horizontal nach Aufgabenbereichen (im Allgemeinen nach den Ressorts der Ministerien) und innerhalb einiger dieser Bereiche vertikal nach Stufen (Zentralstufe, Mittelstufe, Unterstufe) gegliedert. Dabei besteht zwischen den Verwaltungen auf den verschiedenen Stufen ein hierarchisches Verhältnis der Über- und Unterordnung und des Instanzen- 3

§ 1 Geltungsbereich – Bildung von Personalvertretungen

zuges. In der unmittelbaren Bundesverwaltung ist der klassische dreistufige Aufbau der staatlichen Verwaltungen nur ausnahmsweise verwirklicht, weil in den meisten Ressorts des Bundes Mittelbehörden und Unterbehörden nicht gebildet sind. Auf der **Zentralstufe** bestehen oberste Bundesbehörden, Bundesoberbehörden, welche einer obersten Bundesbehörde unmittelbar nachgeordnet und für das ganze Bundesgebiet zuständig sind, sowie nicht rechtsfähige Bundesanstalten, denen bestimmte, zentral wahrzunehmende, nicht gesetzesgebundene Aufgaben obliegen. Auf der **Mittelstufe** und der **Unterstufe** bestehen Bundesbehörden, die im Allgemeinen einer obersten Bundesbehörde, im Ausnahmefall einer Bundesoberbehörde nachgeordnet und i. d. R. nur für einen bestimmten Teil des Bundesgebietes zuständig sind.

4 Zu den Verwaltungen i. S. d. BPersVG gehören nach S. 2 auch die **Betriebsverwaltungen**, also jene Betriebe, deren Rechtsträger der Bund oder eine bundesunmittelbare juristische Person des öffentlichen Rechts ist.

4a Anders als die **Bundeswehrverwaltung** gehören die **Streitkräfte**, die zusammen mit der Bundeswehrverwaltung die **Bundeswehr** bilden, als eine der Verwaltung nebengeordnete Form der vollziehenden Gewalt nicht zur Verwaltung und damit nicht zu dem in § 1 abgegrenzten sachlichen Geltungsbereich des BPersVG. Das Soldatengesetz (SG) bestimmt jedoch in § 91 Abs. 1, dass für die bei militärischen Dienststellen und Einrichtungen der Bundeswehr beschäftigten **Beamten, Angestellten und Arbeiter** das BPersVG gilt und dehnt insoweit den sachlichen Geltungsbereich dieses Gesetzes auf die Streitkräfte aus (vgl. Anh. V A § 91 SG Rn. 1). Außerdem legt das Soldatenbeteiligungsgesetz (SBG) in § 49 Abs. 1 fest, dass die **Soldaten** (obwohl diese keine »Beschäftigten« i. S. d. BPersVG sind; vgl. Rn. 11) in den dort bezeichneten Dienststellen und Einrichtungen Personalvertretungen wählen, und stellt in § 48 S. 2 (auch) insoweit die Streitkräfte der Verwaltung gleich (vgl. Anh. V B § 48 SBG).

5 **Gerichte** sind staatliche Einrichtungen, denen die Rechtsprechung obliegt. Gerichte des Bundes sind das Bundesverfassungsgericht und die obersten Gerichtshöfe des Bundes, also Bundesgerichtshof, Bundesverwaltungsgericht, Bundesfinanzhof, Bundesarbeitsgericht und Bundessozialgericht, ferner das Bundespatentgericht und die Truppendienstgerichte. Die übrigen staatlichen Gerichte sind Gerichte der Länder.

6 **Körperschaften des öffentlichen Rechts** sind mitgliedschaftlich organisierte, rechtsfähige Verbände des öffentlichen Rechts, die bestimmte öffentliche Aufgaben i. d. R. mit hoheitlichen Befugnissen unter staatlicher Aufsicht erfüllen. Bundesunmittelbare Körperschaften des öffentlichen Rechts sind z. B. die Bundesagentur für Arbeit und verschiedene Träger der Sozialversicherung. **Anstalten des öffentlichen Rechts** sind von einem Träger öffentlicher Verwaltung zur Erfüllung bestimmter Verwaltungsaufgaben errichtete Organisationen, die nicht mitgliedschaftlich organisiert sind und auf deren Willensbildung der Anstaltsträger i. d. R. maß-

Geltungsbereich – Bildung von Personalvertretungen § 1

gebenden Einfluss nimmt. In S. 1 sind nur vollrechtsfähige Anstalten aufgeführt, also nur solche, die durch Gesetz als juristische Personen des öffentlichen Rechts geschaffen oder zugelassen sind. Vollrechtsfähige bundesunmittelbare Anstalten des öffentlichen Rechts sind z. B. die Deutsche Bundesbank und die Bundesanstalt für Immobilienaufgaben. **Stiftungen des öffentlichen Rechts** sind rechtsfähige Organisationen zur Verwaltung und Verwertung eines Vermögensbestandes für einen vom Stifter bestimmten Zweck, welcher der dauernden und nachhaltigen Erfüllung einer öffentlichen Aufgabe von besonderem Interesse dient. Eine bundesunmittelbare Stiftung des öffentlichen Rechts ist z. B. die Stiftung Preußischer Kulturbesitz.

Zum Geltungsbereich des BPersVG gehört auch die **Rundfunkanstalt** 7 **»Deutsche Welle«**, eine der Rechtsaufsicht der Bundesregierung unterstehende gemeinnützige Anstalt des öffentlichen Rechts (vgl. § 90). Entsprechende Anwendung findet das BPersVG (teils modifiziert) kraft staatsvertraglicher Vereinbarungen auf folgende Einrichtungen des Rundfunks:

- die von den Ländern errichtete gemeinnützige rechtsfähige Körperschaft des öffentlichen Rechts **»Deutschlandradio«** (DRadio);
- die von den Ländern Sachsen, Sachsen-Anhalt und Thüringen errichtete gemeinsame gemeinnützige rechtsfähige Anstalt des öffentlichen Rechts **»Mitteldeutscher Rundfunk«** (MDR);
- die von den Ländern Hamburg, Mecklenburg-Vorpommern, Niedersachsen und Schleswig-Holstein getragene gemeinnützige Anstalt des öffentlichen Rechts **»Norddeutscher Rundfunk«** (NDR);
- die von den Ländern Berlin und Brandenburg errichtete gemeinnützige Anstalt des öffentlichen Rechts **»Rundfunk Berlin-Brandenburg«** (RBB).

Während die Staatsverträge über das DRadio, den MDR und den NDR von § 71 Abs. 1 S. 4 abweichende Regelungen über die Bestellung des Vorsitzenden der Einigungsstelle enthalten (vgl. § 71 Rn. 12), sieht der Staatsvertrag über den RBB vor, dass abweichend von den §§ 75 und 77 sich das Recht des PR zur Mitbestimmung auch auf den Fall der ordentlichen Kündigung erstreckt (näher dazu § 90 Rn. 29).

Für **bestimmte Verwaltungszweige** gelten die allgemeinen Vorschriften 8 des BPersVG nur mit den im Siebenten Kapitel des Ersten Teils geregelten **Abweichungen und Maßgaben**. Diese beziehen sich auf: Bundespolizei (§ 85); Bundesnachrichtendienst (§ 86); Bundesamt für Verfassungsschutz (§ 87); bundesunmittelbare Körperschaften und Anstalten des öffentlichen Rechts im Bereich der Sozialversicherung sowie Bundesagentur für Arbeit (§ 88); Deutsche Bundesbank (§ 89); Deutsche Welle (§ 90); Dienststellen des Bundes im Ausland (§ 91); Geschäftsbereich des Bundesministeriums der Verteidigung (§ 92).

Der **persönliche Geltungsbereich** des Ersten Teils des BPersVG ist in § 4 9

§ 1 Geltungsbereich – Bildung von Personalvertretungen

festgelegt. Nach § 4 Abs. 1 sind »Beschäftigte im öffentlichen Dienst im Sinne dieses Gesetzes«, also in jenen Einrichtungen, die zum räumlichen und sachlichen Geltungsbereich des Ersten Teils des Gesetzes gehören, grundsätzlich nur die **Beamten und Arbeitnehmer** einschl. der zu ihrer Berufsausbildung Beschäftigten (näher dazu § 4 Rn. 1 ff.).

10 **Richter** sind nach § 4 Abs. 1 nur in zwei Fällen Beschäftigte i. S. d. BPersVG: zum einen, wenn sie an eine der in § 1 genannten Verwaltungen des Bundes oder der bundesunmittelbaren juristischen Personen des öffentlichen Rechts abgeordnet sind, zum anderen, wenn sie zur Wahrnehmung einer nichtrichterlichen Tätigkeit an ein Gericht des Bundes abgeordnet sind. Abgesehen davon ist die Vertretung der Interessen der Richter an den zum sachlichen Geltungsbereich des BPersVG gehörenden Gerichten des Bundes im **Deutschen Richtergesetz** geregelt (vgl. dazu auch Anh. II).

11 Auf **Soldaten** findet das BPersVG grundsätzlich keine Anwendung, da sie keine Beschäftigten i. S. d. § 4 sind (vgl. § 4 Rn. 3). Die Beteiligungsrechte der Soldaten regelt das **Soldatenbeteiligungsgesetz** (SBG). Vgl. dazu i. E. Anh. V A § 35 SG und Anh. V B.

12 Auch für **Zivildienstleistende** gilt das BPersVG grundsätzlich nicht. Ihre Beteiligung regelt das Gesetz über den Vertrauensmann der Zivildienstleistenden (**Zivildienstvertrauensmann-Gesetz** – ZDVG). Die Anwendung des ZDVG ist jedoch seit dem 1. 1. 12 bis auf Weiteres gegenstandslos geworden, weil mit dem Gesetz zur Einführung eines Bundesfreiwilligendienstes v. 28. 4. 11[1] die Verpflichtung zur Ableistung des Zivildienstes zum 1. 7. 11 ausgesetzt worden ist und bereits einberufene Zivildienstleistende gem. § 83 ZDG spätestens zum 31. 12. 11 zu entlassen waren.

13 Für die auf dem Gebiet der Bundesrepublik Deutschland liegenden Verwaltungen und Betriebe **ausländischer Staaten** sowie **internationaler und supranationaler Organisationen** und ihre Beschäftigten gilt das BPersVG schon deshalb nicht, weil diese Einrichtungen nicht zum deutschen öffentlichen Dienst gehören. Wenn sie – anders als die diplomatischen Vertretungen – nicht den Schutz der Exterritorialität genießen und wenn keine abweichenden Regelungen getroffen sind, unterfallen sie dem Betriebsverfassungsgesetz (BetrVG). Für die Beschäftigten der Verwaltungen und Betriebe der **Europäischen Union** gilt Europäisches Gemeinschaftsrecht.

14 Auf die **zivilen Arbeitskräfte** bei den **ausländischen Streitkräften der NATO-Staaten** im Bundesgebiet ist nach Art. 56 Abs. 9 des Zusatzabkommens zum NATO-Truppenstatut und dem auf diesen Artikel Bezug nehmenden Abschnitt des Unterzeichnungsprotokolls grundsätzlich das – allerdings modifizierte – BPersVG anzuwenden (näher dazu Anh. VI).

15 Für die **Abgrenzung** der Anwendungsbereiche **des BetrVG und des BPersVG** kommt es ausschließlich auf die Rechtsform der Einrichtung,

---

1 BGBl. I S. 687.

Geltungsbereich – Bildung von Personalvertretungen § 1

nicht aber auf ihre Funktion an.[2] Ist der Träger der Verwaltung oder des Betriebs eine **juristische Person des öffentlichen Rechts**, findet somit das PersVR Anwendung (entweder das BPersVG oder das betreffende LPersVG). Die sog. **Eigenbetriebe** und **Regiebetriebe** unterliegen daher dem PersVR. Ist dagegen der Träger eine **natürliche oder juristische Person des Privatrechts** (z. B. eine AG oder GmbH) oder eine **Personengesellschaft** (z. B. eine GbR, OHG oder KG), gilt das BetrVG. Die Verwaltungen der **Betriebskrankenkassen**, die rechtsfähige Körperschaften des öffentlichen Rechts sind (§§ 147 ff. SGB V i. V. m. § 29 Abs. 1 SGB IV), gehören unabhängig davon zum Geltungsbereich des PersVR, ob es sich bei ihnen um Betriebskrankenkassen öffentlicher Verwaltungen handelt oder ob sie von Arbeitgebern privaten Rechts errichtet sind.[3] Sind an einem **gemeinschaftlichen Betrieb** sowohl eine juristische Person des Privatrechts als auch eine solche des öffentlichen Rechts beteiligt, findet das BetrVG Anwendung, wenn sich die Betriebsführung mangels entgegenstehender Anhaltspunkte auf der Grundlage einer privatrechtlichen Vereinbarung in der Rechtsform einer BGB-Gesellschaft vollzieht.[4]

Die **Religionsgemeinschaften** und ihre karitativen und erzieherischen Einrichtungen sind unabhängig von ihrer Rechtsform nach § 118 Abs. 2 BetrVG und § 112 BPersVG sowohl aus dem Geltungsbereich des BetrVG als auch aus dem des PersVR ausgeklammert. **16**

Geht eine Verwaltung oder Betriebsverwaltung aus der Trägerschaft einer juristischen Person des öffentlichen Rechts (des Bundes, eines Landes, einer Gemeinde, eines Gemeindeverbandes oder einer sonstigen Körperschaft, Anstalt oder Stiftung des öffentlichen Rechts) in die Trägerschaft einer natürlichen oder juristischen Person des Privatrechts oder einer Personengesellschaft über, so verlässt sie mit dieser **Privatisierung** ohne Weiteres den durch die §§ 1 und 95 BPersVG abgegrenzten Geltungsbereich des PersVR und tritt als Betrieb in den durch die §§ 1 und 130 BetrVG bestimmten Geltungsbereich des BetrVG ein. Während das – nach den Vorschriften des PersVR auszuübende – Amt des PR mit dem Vollzug der Privatisierung automatisch erlischt, muss die Wahl des Betriebsrats aber erst noch eingeleitet und durchgeführt werden. Damit die Interessen der Arbeitnehmer auch in der Zeit bis zur Konstituierung des Betriebsrats wirksam vertreten werden können, steht dem bisherigen PR ein nach den Vorschriften des BetrVG wahrzunehmendes **Übergangsmandat** zu. Für bestimmte Fälle der Privatisierung hat der Gesetzgeber dies ausdrücklich geregelt, in jüngerer Zeit z. B. in § 7 BwKoopG (vgl. dazu Anh. V C). Solche **spezialgesetzlichen Vorschriften** entsprechen dem durch das **17**

---

2 BVerwG v. 9.12.80 – 6 P 23.79 –, PersV 81, 506.
3 BVerwG v. 12.1.06 – 6 P 6.05 –, PersR 06, 164; BAG v. 10.10.06 – 1 AZR 811/05 –, PersR 07, 209.
4 BAG v. 24.1.96 – 7 ABR 10/95 –, PersR 97, 26; BVerwG v. 13.6.01 – 6 P 8.00 –, PersR 01, 418.

§ 1 Geltungsbereich – Bildung von Personalvertretungen

BetrVerf-Reformgesetz v. 23.7.01[5] geschaffenen § 21a BetrVG, der ein **allgemein gültiges Übergangsmandat für den Betriebsrat** vorsieht. Bereits vor dieser Ergänzung des BetrVG ließ sich aus den bis dahin getroffenen einzelgesetzlichen Regelungen aufgrund einer **Gesamtanalogie** ableiten, dass der PR generell in Fällen der Privatisierung kraft eines Übergangsmandats vorübergehend die Aufgaben des Betriebsrats wahrnimmt.[6] Nach dem Inkrafttreten des § 21a BetrVG ist es auch aufgrund des **Gleichheitssatzes** geboten, ein allgemein gültiges Übergangsmandat des PR bei Privatisierungen anzuerkennen, weil sonst eine Schutzlücke für die betroffenen Beschäftigten einträte, die sachlich nicht gerechtfertigt wäre.[7]

18 Das Gesetz stellt in § 1 den **allgemeinen Grundsatz** auf, dass in allen zu seinem Anwendungsbereich gehörenden Verwaltungen und Gerichten **Personalvertretungen gebildet** werden. Dieser Grundsatz wird in den Vorschriften, die für die verschiedenen Arten von Personalvertretungen jeweils gelten, konkretisiert. Ihre Legitimation erhalten die Personalvertretungen dadurch, dass sie von den Beschäftigten (periodisch wiederkehrend) gewählt werden. Die Vorschriften zur Bildung von Personalvertretungen sind **zwingend**. Das Gesetz sieht jedoch keine Sanktion vor, falls mangels hinreichender Bereitschaft der wahlberechtigten und wählbaren Beschäftigten eine vorgesehene Personalvertretung nicht gebildet wird. Dies hat für die betroffenen Beschäftigten allerdings erhebliche **Nachteile** bei der Wahrung und Durchsetzung ihrer Interessen zur Folge.

18a Der in § 1 verwendete Begriff der **Personalvertretungen** umfasst als Oberbegriff folgende **Arten** von Vertretungen:

- In allen Dienststellen i. S. d. § 6, die i. d. R. mindestens fünf Wahlberechtigte beschäftigen, von denen drei wählbar sind, werden nach § 12 Abs. 1 (örtliche) **Personalräte** (PR) gebildet. Das Nähere regeln die §§ 12 bis 47. In den Fällen des § 6 Abs. 3, in denen Nebenstellen oder Teile einer Dienststelle als selbständige Dienststellen gelten, wird neben den einzelnen PR ein **Gesamtpersonalrat** (GPR) gebildet (§§ 55, 56). Für den Geschäftsbereich mehrstufiger Verwaltungen werden **Stufenvertretungen**, und zwar bei den Behörden der Mittelstufe **Bezirkspersonalräte** (BPR), bei den obersten Dienstbehörden **Hauptpersonalräte** (HPR) gebildet (§§ 53, 54).

- In Dienststellen, bei denen PR gebildet sind und denen i. d. R. mindestens fünf wahlberechtigte Beschäftigte angehören, die das 18. Lebensjahr

---

5 BGBl. I S. 1852.
6 Str.; offengelassen in *BAG* v. 31.5.00 – 7 ABR 78/98 –, PersR 01, 131, sowie nicht ausgeschlossen in *BAG* v. 27.1.11 – 2 AZR 825/09 –, NZA 11, 798 [zu III 2b cc]; a. A. *LAG Köln* v. 11.2.00 – 4 TaBV 2/00 – u. v. 10.3.00 – 13 TaBV 9/00 –, PersR 00, 378 u. 380.
7 Näher zu dem nach den Vorschriften des BetrVG auszuübenden generellen Übergangsmandat des PR: KfdP-*Altvater*, Rn. 9e–9g.

Geltungsbereich – Bildung von Personalvertretungen § 1

noch nicht vollendet haben oder die sich in einer beruflichen Ausbildung befinden und das 25. Lebensjahr noch nicht vollendet haben, werden als Sondervertretungen **Jugend- und Auszubildendenvertretungen** (JAV) gebildet. Das Nähere regeln die §§ 57 bis 62. In den Fällen des § 6 Abs. 3 wird neben den einzelnen Jugend- und Auszubildendenvertretungen eine **Gesamt-Jugend- und Auszubildendenvertretung** (GJAV) gebildet (§ 64 Abs. 2). Für den Geschäftsbereich mehrstufiger Verwaltungen werden, soweit Stufenvertretungen bestehen, bei den Behörden der Mittelstufe **Bezirks-Jugend- und Auszubildendenvertretungen** (BJAV) und bei den obersten Dienstbehörden **Haupt-Jugend- und Auszubildendenvertretungen** (HJAV) gebildet (§ 64 Abs. 1).

- Als weitere Sondervertretungen werden nach § 65 eine **Vertretung der nichtständig Beschäftigten**, nach § 85 Abs. 2 in der Bundespolizei ein **Vertrauensmann der Polizeivollzugsbeamten** und nach § 91 Abs. 2 in Dienststellen des Bundes im Ausland ein **Vertrauensmann der Ortskräfte** gewählt.

Der PR ist innerhalb der Dienststelle **Repräsentant** der Gesamtheit der Beschäftigten. Er hat die Aufgabe, die Beteiligung der Beschäftigten an der Regelung des Dienstes und der Dienst- und Arbeitsverhältnisse zu verwirklichen und die Interessen der Beschäftigten zu vertreten, soweit sie von der Tätigkeit in der Dienststelle berührt werden.[8] In dieser Funktion steht er dem Leiter der Dienststelle gegenüber, der nach § 7 S. 1 als Repräsentant des Dienstherrn und öffentlichen Arbeitgebers Partner des PR ist (vgl. § 7 Rn. 1). Für die dienststellenübergreifenden Personalvertretungen GPR, BPR und HPR gilt dies innerhalb ihres jeweiligen Zuständigkeitsbereichs entsprechend. **19**

Die Personalvertretungen PR, GPR, BPR und HPR besitzen nach h. M. ebenso wie der Betriebsrat **keine eigene Rechtspersönlichkeit** und sind grundsätzlich nicht rechtsfähig und nicht vermögensfähig. Im Rahmen ihrer gesetzlich zugewiesenen Aufgaben können und sollen sie jedoch als Repräsentativorgane der Beschäftigten gegenüber den jeweiligen Repräsentanten des Dienstherrn und Arbeitgebers wirksame Erklärungen abgeben und mit ihnen Vereinbarungen – z. B. Dienstvereinbarungen nach § 73 – schließen. Insoweit stehen den Personalvertretungen materielle Rechte zu, die sie im eigenen Namen geltend machen und nach Maßgabe der §§ 83 und 84 i. V. m. den Vorschriften des ArbGG im personalvertretungsrechtlichen Beschlussverfahren vor dem Verwaltungsgericht durchsetzen können. Auch wenn das PersVR der Personalvertretung keine generelle Rechts- und Vermögensfähigkeit verleiht, ist sie insoweit als **teilrechtsfähig** und **partiell vermögensfähig** anzusehen (zur Befugnis des PR zum Abschluss von Geschäftsbesorgungsverträgen mit Rechtsanwälten vgl. § 44 **19a**

---

8 Vgl. *BVerfG* v. 26.5.70 – 2 BvR 311/67 –, AP GG Art. 9 Nr. 18.

§ 2 Zusammenarbeit – Zugangsrecht der Gewerkschaften

Rn. 9).[9] Soweit den Personalvertretungen materielle und prozessuale Rechte übertragen sind, sind sie auch **Träger von Grundrechten** und grundrechtsgleichen Rechten.[10]

19b Die Personalvertretung steht dem Dienststellenleiter bei der Ausübung ihrer Funktion als **gleichberechtigter Partner** gegenüber (vgl. § 2 Rn. 4).[11] Sie bestimmt selbständig und **eigenverantwortlich** – d.h. ohne den Weisungen oder der Rechtsaufsicht des Dienststellenleiters zu unterliegen – darüber, wie sie ihre Geschäfte führt und die ihr obliegenden Aufgaben und Befugnisse wahrnimmt.[12] Die **Unabhängigkeit** und Funktionsfähigkeit der Personalvertretung als Institution soll ebenso wie die ihrer Mitglieder durch verschiedene **Schutzvorschriften** gewährleistet werden: v.a. durch die Verbote der Behinderung, Benachteiligung und Begünstigung (§ 8), die diese Verbote konkretisierenden Spezialvorschriften (vgl. § 8 Rn. 1) und die Bestimmungen über die Rechtsstellung der PR-Mitglieder (§§ 46 u. 47).

20 Die gesetzlichen Regelungen über die Bildung der Personalvertretungen beruhen auf dem **Sozialstaatsprinzip** (Art. 20 Abs. 3 GG) und auf den **Grundrechtsverbürgungen** der Art. 1 (Schutz der Menschenwürde), Art. 2 Abs. 1 (Recht auf die freie Entfaltung der Persönlichkeit), Art. 5 Abs. 1 (Recht der freien Meinungsäußerung) und Art. 12 Abs. 1 (Recht der Berufsfreiheit) des Grundgesetzes.[13] Die Personalvertretung dient der Verwirklichung der Grundrechte der Beschäftigten (zu den verfassungsrechtlichen **Grundlagen und Grenzen der Mitbestimmung** vgl. vor § 66 Rn. 8ff.).

§ 2 [Grundsätze der Zusammenarbeit – Zugangsrecht der Gewerkschaften]

(1) Dienststelle und Personalvertretung arbeiten unter Beachtung der Gesetze und Tarifverträge vertrauensvoll und im Zusammenwirken mit den in der Dienststelle vertretenen Gewerkschaften und Arbeitgebervereinigungen zum Wohle der Beschäftigten und zur Erfüllung der der Dienststelle obliegenden Aufgaben zusammen.

(2) Zur Wahrnehmung der in diesem Gesetz genannten Aufgaben und Befugnisse der in der Dienststelle vertretenen Gewerkschaften ist deren Beauftragten nach Unterrichtung des Dienststellenleiters oder seines Vertreters Zugang zu der Dienststelle zu gewähren,

---

9 Näher dazu *BVerwG* v. 9.3.92 – 6 P 11.90 –, PersR 92, 243; *BAG* v. 20.10.99 – 7 ABR 25/98 – u. 24.10.01 – 7 ABR 20/00 –, AP BetrVG 1972 § 40 Nr. 67 u. 71; KfdP-*Kröll*, vor § 32 Rn. 3ff. m.w.N.
10 Str.; näher dazu KfdP-*Altvater*, Rn. 13b, 15ff.
11 *BVerwG* v. 12.3.86 – 6 P 5.85 –, PersR 86, 116.
12 *BVerwG* v. 24.11.86 – 6 P 3.85 –, PersR 87, 84.
13 *BVerfG* v. 26.5.70, a.a.O., u. v. 18.12.85 – 1 BvR 143/83 –, NJW 86, 1601.

Zusammenarbeit – Zugangsrecht der Gewerkschaften § 2

soweit dem nicht unumgängliche Notwendigkeiten des Dienstablaufs, zwingende Sicherheitsvorschriften oder der Schutz von Dienstgeheimnissen entgegenstehen.

(3) Die Aufgaben der Gewerkschaften und der Vereinigungen der Arbeitgeber, insbesondere die Wahrnehmung der Interessen ihrer Mitglieder, werden durch dieses Gesetz nicht berührt.

(Abs. 1) Der in Abs. 1 normierte **Grundsatz der vertrauensvollen Zusammenarbeit** zwischen Dienststelle und Personalvertretung ist keine Beschreibung der sozialen Wirklichkeit, sondern ein Gebot des Gesetzgebers. Es handelt sich um **unmittelbar geltendes und zwingendes Recht**.[14]   **1**

Das **Gebot** der vertrauensvollen Zusammenarbeit richtet sich sowohl an den **Dienststellenleiter**, der als Repräsentant des Dienstherrn und öffentlichen Arbeitgebers für die Dienststelle handelt (vgl. § 7 Rn. 1), als auch an die **Personalvertretung**, die Repräsentantin der Beschäftigten der Dienststelle ist (vgl. § 1 Rn. 19). Es ändert nichts an den **unterschiedlichen Funktionen** beider Adressaten, also nichts daran, dass der Dienststellenleiter die Verantwortung für die Erfüllung der Aufgaben der Dienststelle trägt, während die Personalvertretung das gesetzlich vorgesehene Organ zur Interessenvertretung der Beschäftigten der Dienststelle ist. Aus diesen unterschiedlichen Funktionen ergeben sich jeweils **spezifische Interessen**, deren Verfolgung zu Konflikten führen kann. Für das Austragen dieser Konflikte der beiden »**Gegenspieler**«[15] schreibt das Gesetz einen **institutionellen Weg** vor. Dieser besteht in einem ständigen **Dialog** zwischen der Personalvertretung und dem Dienststellenleiter und in der Beteiligung der Personalvertretung an Entscheidungen in innerdienstlichen, sozialen und personellen Angelegenheiten der Beschäftigten einschl. der Möglichkeit, in den Fällen der Mitbestimmung eine unabhängige Einigungsstelle zur Schlichtung anzurufen. Das Gebot der vertrauensvollen Zusammenarbeit ist ein Ausdruck der dem Gesetz zugrunde liegenden Konzeption einer **Konfliktlösung durch Kooperation**.   **2**

Ziele der Zusammenarbeit sind zum einen das Wohl der Beschäftigten und zum anderen die Erfüllung der der Dienststelle obliegenden Aufgaben. Das **Wohl der Beschäftigten** besteht in der Wahrung ihrer sozialen Interessen. Die **Aufgaben der Dienststelle** sind durch deren Bindung an Gesetz und Recht vorgegeben. Ihre Erfüllung liegt im Interesse des Gemeinwohls. Beide Ziele sind **gleichrangig**.[16] Beiden Seiten ist vorgegeben, bei der Wahrnehmung der von ihnen jeweils zu verfolgenden Interessen die **Interessenlage der anderen Seite** nicht auszublenden.   **3**

---

14 *BVerwG* v. 24.10.69 – VII P 14.68 –, PersV 70, 131.
15 *BVerwG* v. 21.10.93 – 6 P 18.91 –, PersR 94, 165.
16 Vgl. *BVerwG* v. 25.6.84 – 6 P 2.83 –, PersV 84, 500.

§ 2 Zusammenarbeit – Zugangsrecht der Gewerkschaften

4 Das Gebot der vertrauensvollen Zusammenarbeit ist ein **allgemeines Verhaltensgebot.**[17] Es soll sicherstellen, dass jede Seite es der anderen ermöglicht, die ihr obliegenden Aufgaben zu erfüllen, und dass Meinungsverschiedenheiten in den vom Gesetz vorgesehenen Formen ausgetragen werden.[18] Es verpflichtet zu Verhaltensweisen, die geeignet sind, Vertrauen beim jeweils anderen zu bilden. Zu diesen Verhaltenspflichten gehört das Gebot einer **fairen Verfahrensweise** und das Verbot jeglicher Schikane sowie die in § 66 Abs. 1 S. 3 konkretisierte jederzeitige **Gesprächsbereitschaft** (vgl. § 66 Rn. 8). Dabei stehen sich Dienststellenleiter und Personalvertretung als grundsätzlich **gleichberechtigte Partner** gegenüber.[19]

5 Das Gebot der vertrauensvollen Zusammenarbeit verpflichtet zu gegenseitiger **Rücksichtnahme** und zu **rechtmäßigem Verhalten**. Dazu gehört die Bereitschaft, gesetzliche Verpflichtungen einzuhalten und rechtliche Grenzen zu akzeptieren. So hat der Dienststellenleiter z. B. alles in seiner Macht Stehende zu tun, um sicherzustellen, dass die Personalvertretung ihre Beteiligungsrechte wahrnehmen kann,[20] und alles zu unterlassen, was der Ausübung dieser Rechte entgegensteht.[21] Das Gebot bindet Dienststellenleiter und Personalvertretung hinsichtlich der Art und Weise ihres gesamten personalvertretungsrechtlichen Tätigwerdens. Es beinhaltet auch eine **Auslegungsregel** für die im BPersVG konkret normierten Rechte und Pflichten von Dienststelle und Personalvertretung.[22] Dem kommt besondere Bedeutung dort zu, wo das Gesetz Spielräume für die Ausformung der Aufgaben und Befugnisse der Personalvertretung und der damit korrespondierenden Verpflichtungen der Dienststelle bietet, v. a. im Anwendungsbereich der in den §§ 66 bis 68 enthaltenen allgemeinen Vorschriften über die Beteiligung des PR.

6 Abs. 1 schreibt Zusammenarbeit »**unter Beachtung der Gesetze und Tarifverträge**« vor. Gesetze i. S. d. Abs. 1 sind alle **Gesetze im materiellen Sinne**. Dazu gehören das Grundgesetz, grundsätzlich alle Gesetze im formellen Sinne (entgegen der h. M. mit Ausnahme der Haushaltsgesetze[23]), die Rechtsverordnungen, die öffentlich-rechtlichen Satzungen (z. B. die Dienstordnungen von Sozialversicherungsträgern), das Verwaltungsgewohnheitsrecht, das arbeitsrechtliche Gewohnheitsrecht, das unmittelbar anzuwendende Recht der EU sowie allgemeinverbindliche Entscheidungen des Bundesverfassungsgerichts, die Gesetzeskraft haben. **Tarifverträge** sind privatrechtliche Verträge zwischen Gewerkschaften

---

17 *BVerwG* v. 9.3.90 – 6 P 15.88 –, PersR 90, 177, u. v. 12.11.02 – 6 P 2.02 –, PersR 03, 152.
18 *BVerwG* v. 26.2.60 – VII P 4.59 –, PersV 60, 152, v. 23.5.1986 – 6 P 23.83 –, PersR 86, 233, u. v. 12.11.02, a.a.O.
19 *BVerwG* v. 12.3.86 – 6 P 5.85 –, PersR 86, 116.
20 *BVerwG* v. 15.11.95 – 6 P 2.94 –, PersR 96, 278.
21 Insoweit str.; vgl. KfdP-*Altvater/Peiseler*, Rn. 8.
22 *BVerwG* v. 9.3.90 – 6 P 15.88 –, PersR 90, 177.
23 Vgl. KfdP-*Altvater/Peiseler*, Rn. 15.

Zusammenarbeit – Zugangsrecht der Gewerkschaften § 2

einerseits und einzelnen Arbeitgebern oder Vereinigungen von Arbeitgebern andererseits, die in ihrem normativen Teil Rechtsnormen enthalten, die den Inhalt, den Abschluss und die Beendigung von Arbeitsverhältnissen sowie betriebliche und betriebsverfassungsrechtliche Fragen ordnen können.

Abs. 1 sieht vor, dass die Zusammenarbeit von Dienststelle und Personalvertretung im **Zusammenwirken mit** den in der Dienststelle vertretenen **Gewerkschaften und Arbeitgebervereinigungen** erfolgt. Für die Definition dieser Organisationen gelten grundsätzlich die für das Arbeitsrecht maßgeblichen Begriffsbestimmungen. Eine **Gewerkschaft** im arbeitsrechtlichen Sinne ist nach st. Rspr. des *BAG*,[24] der das *BVerwG*[25] für das PersVR gefolgt ist, eine Arbeitnehmervereinigung, die tariffähig ist. Sie muss sich als satzungsgemäße Aufgabe die Wahrnehmung der Interessen ihrer Mitglieder in deren Eigenschaft als Arbeitnehmer gesetzt haben und willens sein, Tarifverträge abzuschließen. Sie muss frei gebildet, gegnerfrei, unabhängig und auf überbetrieblicher Grundlage organisiert sein und das geltende Tarifrecht als verbindlich anerkennen. Damit sie ihre Aufgabe als Tarifpartnerin sinnvoll erfüllen kann, muss sie Durchsetzungskraft gegenüber dem sozialen Gegenspieler haben und über eine leistungsfähige Organisation verfügen, aber auch[26] die Bereitschaft und Fähigkeit zum Arbeitskampf besitzen. Besonderheiten gelten jedoch für die **Vereinigungen der Beamten.** Da das gegenwärtige Recht es nach h. M. nicht zulässt, die Arbeits- und Wirtschaftsbedingungen der Beamten durch den Abschluss von Tarifverträgen zu gestalten, und den Beamtenstreik verbietet,[27] sieht die Rspr. auch solche Vereinigungen, die sich ausschließlich aus Beamten zusammensetzen und die weder tariffähig noch streikbereit sind, als Gewerkschaften i. S. d. PersVR an, vorausgesetzt, dass ihr Zweck darauf gerichtet ist, gegenüber dem Dienstherrn die Interessen ihrer Mitglieder bei der Gestaltung der beamtenrechtlichen Beziehungen zu vertreten und sich für deren wirtschaftliche Belange einzusetzen, und dass sie die für ernsthafte Verhandlungen erforderliche Durchsetzungskraft besitzen.[28] **Arbeitgebervereinigungen** sind freiwillige Zusammenschlüsse von einzelnen Arbeitgebern, deren Aufgabe darin besteht, die Arbeits- und Wirtschaftsbedingungen ihrer Mitglieder gegenüber den Gewerkschaften insb. durch die Aushandlung von Tarifverträgen zu fördern. Der Bund gehört keiner Arbeitgebervereinigung an.

Abs. 1 sieht ein Zusammenwirken mit den »**in der Dienststelle vertre-**

7

8

---

24 Vgl. Beschl. v. 14.12.04 – 1 ABR 51/03 – u. v. 28.3.06 – 1 ABR 58/04 –, AP TVG § 2 Tariffähigkeit Nr. 1 u. 4.
25 Beschl. v. 25.7.06 – 6 P 17.05 –, PersR 06, 512.
26 Entgegen der Rspr. des *BAG* (vgl. Beschl. v. 9.7.68 – 1 ABR 2/67 –, AP TVG § 2 Nr. 25); vgl. KfdP-*Altvater/Peiseler*, Rn. 22.
27 Abw. *VG Kassel* v. 27.7.11 – 28 K 1208/10.KS.D –, PersR 11, 472; dazu *Lörcher*, PersR 11, 452.
28 *BVerwG* v. 23.11.62 – VII P 4.62 –, PersV 63, 159, u. v. 25.7.06, a.a.O.

§ 2 Zusammenarbeit – Zugangsrecht der Gewerkschaften

tenen« Gewerkschaften und Arbeitgebervereinigungen vor. Bei Letzteren ist diese Voraussetzung erfüllt, wenn der Rechtsträger der Dienststelle als öffentlicher Arbeitgeber Mitglied der Vereinigung ist. Bei Gewerkschaften ist entscheidend, dass ihnen mindestens ein Mitglied angehört, das i. S. d. § 4 Beschäftigter der Dienststelle ist[29] und nach der Satzung der Gewerkschaft von dieser nicht offensichtlich zu Unrecht als Mitglied aufgenommen wurde, wobei es bei einer Gewerkschaft i. S. d. Arbeitsrechts nicht darauf ankommt, ob diese für die Dienststelle tarifzuständig ist.[30]

9 Das Zusammenwirken von Dienststelle und Personalvertretung mit den Koalitionen (Gewerkschaften und Arbeitgebervereinigungen) erfolgt i. d. R. durch **getrennte Kontakte** des Dienststellenleiters mit der Arbeitgebervereinigung sowie der Personalvertretung mit den Gewerkschaften. Es bezieht sich nicht nur auf die Fälle des § 36, des § 39 Abs. 1 S. 2 und des § 52 Abs. 1 S. 1 und 2, in denen das BPersVG dies ausdrücklich vorsieht, sondern erstreckt sich auf den **gesamten Zuständigkeitsbereich der Personalvertretung**. Diese kann sich damit einer umfassenden **Unterstützungsfunktion der Gewerkschaften** bedienen.[31]

10 (**Abs. 2**) In Abs. 2 ist ausdrücklich festgelegt, dass die **Gewerkschaften** (vgl. Rn. 7), die in der Dienststelle vertreten sind (vgl. Rn. 8), zur Wahrnehmung ihrer im BPersVG genannten Aufgaben und Befugnisse ein **Zugangsrecht zur Dienststelle** haben. Da das BPersVG keine erschöpfende Aufzählung dieser Aufgaben und Befugnisse enthält (vgl. Rn. 9), ist ein Zugangsrecht auch in jenen, im Gesetz nicht aufgeführten Fällen gegeben, die in einem »inneren Zusammenhang« mit dem BPersVG stehen und an deren Lösung die in der Dienststelle vertretenen Gewerkschaften ein berechtigtes Interesse haben.[32]

11 Das Zugangsrecht wird von **Beauftragten** ausgeübt, deren **Auswahl** allein Sache der entsendenden Gewerkschaft ist.[33] Beabsichtigt die Gewerkschaft, einen Beauftragten zu entsenden, hat sie den Dienststellenleiter oder dessen Vertreter (i. S. v. § 7 S. 2 bis 4) vor dem Besuch zu **unterrichten**, wenn nicht der Dienststellenleiter darauf verzichtet hat. Das Zugangsrecht besteht nicht, soweit dem einer der in Abs. 2 abschließend aufgezählten **Gründe entgegensteht**. Diese sind wegen ihres Ausnahmecharakters eng auszulegen und haben kaum praktische Bedeutung. Soweit das BPersVG den Gewerkschaften in § 36 und § 52 Abs. 1 (sowie in darauf verweisenden

---

29 *BVerwG* v. 11. 2. 81 – 6 P 20.80 –, PersV 82, 112.
30 *BAG* v. 10. 11. 04 – 7 ABR 19/04 –, AP BetrVG 1972 § 17 Nr. 7, u. v. 13. 3. 07 – 1 ABR 24/06 –, AP TVG § 2 Tarifzuständigkeit Nr. 21.
31 Das *BVerwG* (Beschl. v. 25. 7. 06 – 6 P 17.05 – u. v. 16. 12. 10 – 6 PB 18.10 –, PersR 06, 512, u. 11, 120) hat jedoch ein allgemeines Kontrollrecht der Gewerkschaften auf Einhaltung der Bestimmungen des PersVR verneint.
32 Vgl. *BAG* v. 26. 6. 73 – 1 ABR 24/72 –, AP BetrVG 1972 § 2 Nr. 2, u. v. 17. 1. 89 – 1 AZR 805/87 –, PersR 89, 138; str., vgl. KfdP-*Altvater/Peiseler*, Rn. 37 m. w. N.
33 *BVerwG* v. 14. 6. 68 – VII P 21.66 –, PersV 68, 276.

Zusammenarbeit – Zugangsrecht der Gewerkschaften § 2

Vorschriften) **Teilnahmerechte** an Sitzungen der Personalvertretungen und an Personalversammlungen einräumt, handelt es sich um **Sonderregelungen**, aus denen sich unmittelbar auch ein Recht der zu diesen Sitzungen oder Versammlungen entsandten Gewerkschaftsbeauftragten auf ungehinderten Zutritt zur Dienststelle ergibt, für das die in Abs. 2 enthaltenen Einschränkungen nicht gelten.

(Abs. 3) Nach Abs. 3 werden die **koalitionspolitischen Aufgaben** der Gewerkschaften und Arbeitgebervereinigungen durch das BPersVG nicht berührt. Das gilt nach dem Gesetzeswortlaut insb. für die Wahrnehmung der Interessen der Mitglieder der Koalitionen. Die Vorschrift hat klarstellenden Charakter und ist v. a. für die Gewerkschaften von Bedeutung. Sie wird u. a. durch § 66 Abs. 2 S. 3 ergänzt, wonach Arbeitskämpfe tariffähiger Parteien durch das an Dienststelle und Personalvertretung gerichtete Arbeitskampfverbot nicht berührt werden (vgl. § 66 Rn. 13). Der Schutz umfasst nach neuerer Rspr. des *BVerfG* **alle koalitionsspezifischen Verhaltensweisen**.[34] Dazu gehören v. a. das Aushandeln und der Abschluss von Tarifverträgen und ggf. die darauf abzielende Führung von Arbeitskämpfen, die Überwachung der Einhaltung der Tarifverträge, die Information, Schulung und Beratung der Mitglieder und die Vertretung ihrer auf das Arbeitsverhältnis bezogenen Interessen gegenüber dem Arbeitgeber sowie ihre Prozessvertretung. Für die Beamten gilt das entsprechend mit den durch das geltende Beamtenrecht bedingten Abweichungen (vgl. Rn. 7). Besonders bedeutsame koalitionsspezifische Verhaltensweisen sind auch die Mitgliederwerbung in der Dienststelle[35] und die Tätigkeit der **gewerkschaftlichen Vertrauensleute**, die Beschäftigte der Dienststelle sind. Zur Wahrnehmung koalitionsspezifischer Aufgaben, insb. zur Information und Betreuung der Mitglieder und zur Durchführung von Maßnahmen der Mitgliederwerbung, haben nicht in der Dienststelle beschäftigte Gewerkschaftsbeauftragte ein allgemeines **koalitionsrechtliches Zugangsrecht** zur Dienststelle. Die dieses Recht einschränkende ältere Rspr. des *BVerfG*[36] und die daran anknüpfende Rspr. des *BAG*[37] sind durch die neuere Rspr. des *BVerfG*[38] überholt.[39] Eine tarifzuständige Gewerkschaft ist aufgrund ihrer verfassungsrechtlich geschützten Betätigungsfreiheit grundsätzlich berechtigt, **E-Mails zu Werbezwecken** auch ohne Einwilligung des Arbeitgebers und ohne Aufforderung durch die Arbeitnehmer an die betrieblichen E-Mail-Adressen der Beschäftigten zu versenden.[40]

12

---

34 Beschl. v. 14.11.95 – 1 BvR 601/92 –, PersR 96, 131.
35 Vgl. *BVerfG* v. 14.11.95, a.a.O.
36 Beschl. v. 17.2.81 – 2 BvR 384/78 –, AP GG Art. 140 Nr. 9.
37 Beschl. v. 19.1.82 – 1 AZR 279/81 –, AP GG Art. 140 Nr. 10.
38 Beschl. v. 14.11.95, a.a.O.
39 Vgl. *BAG* v. 28.2.06 – 1 AZR 460/04 –, AP GG Art. 9 Nr. 127, u. (zur Häufigkeit des Zutritts) v. 22.6.10 – 1 AZR 179/09 –, NZA 10, 1365 (einmal im Kalenderhalbjahr).
40 *BAG* v. 20.1.09 – 1 AZR 515/08 –, AP GG Art. 9 Nr. 137.

§ 4 Beschäftigte im öffentlichen Dienst

§ 3 [Keine abweichende Regelung durch Tarifvertrag]
Durch Tarifvertrag kann das Personalvertretungsrecht nicht abweichend von diesem Gesetz geregelt werden.

1 Die Möglichkeiten zur tarifvertraglichen Regelung personalvertretungsrechtlicher Fragen sind durch § 3 nicht gänzlich ausgeschlossen, sondern nur **eingeschränkt**.[41] Verboten sind lediglich Tarifverträge, die vom BPersVG abweichen, nicht aber solche, die den gesetzlichen Rahmen nur ausfüllen.

2 **Zulässig** sind Tarifverträge, die die gesetzlichen Bestimmungen **konkretisieren**, z. B. indem sie die allgemeine Aufgabe des PR zur Behandlung von Beschwerden nach § 68 Abs. 1 Nr. 3 ausgestalten (so durch die Einrichtung paritätischer betrieblicher Kommissionen nach **§ 17 Abs. 2 S. 4 bis 6 TVöD** oder **§ 14 Abs. 1 LeistungsTV-Bund**[42]) oder indem sie die Informationspflichten der Dienststelle nach § 68 Abs. 2 S. 1 und 2 präzisieren (etwa in Bezug auf die Aufteilung des für das Leistungsentgelt nach **§ 18 TVöD** zur Verfügung stehenden Entgeltvolumens gem. **§ 9 Abs. 4 LeistungsTV-Bund**). Nicht ausgeschlossen sind außerdem tarifvertragliche Bestimmungen, die neben einer Regelung für den Inhalt der **Einzelarbeitsverhältnisse** auch eine Beteiligung des PR vorsehen, vorausgesetzt, dass die Tarifvertragsparteien den materiellen Gehalt der betreffenden Regelung selbst vorgeben;[43] Beispiele dafür sind **§ 3 Abs. 4 S. 2 TVöD** (Bestimmung eines »beauftragten Arztes«) und **§ 10 Abs. 6 TVöD** (Einrichtung eines Langzeitkontos). Bei Privatisierungen sind lückenschließende tarifvertragliche Vereinbarungen zur Schaffung von **Übergangsmandaten** von Personalvertretungen möglich.[44]

3 **Unzulässig** sind aber Tarifverträge, welche die gesetzlich festgelegte Organisation der Personalvertretung ändern oder die gesetzlich vorgesehenen Beteiligungsrechte des PR erweitern oder einschränken oder neue Beteiligungsrechte schaffen.[45]

§ 4 [Beschäftigte im öffentlichen Dienst]
(1) Beschäftigte im öffentlichen Dienst im Sinne dieses Gesetzes sind die Beamten und Arbeitnehmer einschließlich der zu ihrer Berufsausbildung Beschäftigten sowie Richter, die an eine der in

---
41 Anders aber die h. M.; vgl. dazu KfdP-*Altvater/Peiseler*, Rn. 3 ff.
42 *BVerwG* v. 27.8.08 – 6 P 3.08 –, PersR 08, 500.
43 *BAG* v. 10.10.06 – 1 AZR 822/05 –, PersR 07, 209.
44 Vgl. KfdP-*Altvater*, § 1 Rn. 9 g.
45 *BAG* v. 20.3.74 – 4 AZR 266/73 –, AP MTB II § 29 Nr. 2, v. 15.7.86 – 1 AZR 654/84 –, AP LPVG Bayern Art. 3 Nr. 1, u. v. 10.10.06, a. a. O.; ferner *BVerwG* v. 27.8.08, a. a. O. (keine »Definitionshoheit« der Tarifvertragsparteien über die Mitbestimmungstatbestände).

§ 1 genannten Verwaltungen oder zur Wahrnehmung einer nichtrichterlichen Tätigkeit an ein Gericht des Bundes abgeordnet sind.

(2) Wer Beamter ist, bestimmen die Beamtengesetze.

(3) ¹Arbeitnehmer im Sinne dieses Gesetzes sind Beschäftigte, die nach dem für die Dienststelle maßgebenden Tarifvertrag oder nach der Dienstordnung Arbeitnehmer sind oder die als übertarifliche Arbeitnehmer beschäftigt werden. ²Als Arbeitnehmer gelten auch Beschäftigte, die sich in einer beruflichen Ausbildung befinden.

(4) *(aufgehoben)*

(5) Als Beschäftigte im Sinne dieses Gesetzes gelten nicht

1. Personen, deren Beschäftigung überwiegend durch Beweggründe karitativer oder religiöser Art bestimmt ist,
2. Personen, die überwiegend zu ihrer Heilung, Wiedereingewöhnung, sittlichen Besserung oder Erziehung beschäftigt werden.

Die Vorschrift definiert den Kreis der »Beschäftigten im öffentlichen Dienst« i. S. d. BPersVG und legt damit den **persönlichen Geltungsbereich** des Gesetzes fest. Sie wird ergänzt durch § 5, der die Gliederung der Beschäftigten in **Gruppen** vorsieht. Nachdem das BPersVG in seiner **ursprünglichen Fassung** zwischen **Beamten, Angestellten und Arbeitern** unterschieden hatte, hat der Bundesgesetzgeber in Art. 8 des Gesetzes v. 14. 9. 05[46] mit Wirkung zum 1. 10. 05 personalvertretungsrechtliche Konsequenzen daraus gezogen, dass die bisherige Unterscheidung zwischen Angestellten und Arbeitern mit dem **Tarifvertrag für den öffentlichen Dienst** (TVöD) v. 13. 9. 05 aufgegeben worden ist. Dabei hat er die für die Personalvertretungen im Bundesdienst geltenden Vorschriften des Ersten Teils so modifiziert, dass unter Beibehaltung der **Gruppe der Beamten** nunmehr alle tarifrechtlich Beschäftigten in der **Gruppe der Arbeitnehmer** zusammengefasst worden sind. In § 4 sind Abs. 1 und 3 geändert und Abs. 4 aufgehoben worden. 1

(Abs. 1) Beschäftigte i. S. d. BPersVG sind grundsätzlich alle Personen, die persönlich auf der Grundlage eines Beamtenverhältnisses, eines Arbeitsverhältnisses oder eines Berufsausbildungsverhältnisses – in Ausnahmefällen aufgrund eines Richterverhältnisses – in eine Dienststelle eingegliedert sind und durch ihre Tätigkeit an der Erfüllung der Aufgaben der Dienststelle mitwirken oder sich im Rahmen einer Berufsausbildung auf eine solche Mitwirkung vorbereiten.[47] Dazu gehört, von Ausnahmen abgesehen, auch der Dienststellenleiter (vgl. § 7 Rn. 1). In der Regel müssen die **rechtliche Zugehörigkeit** zur Dienststelle und die durch die **tatsächliche Beschäftigung** bewirkte Eingliederung in die Dienststelle gleichzeitig vorliegen. 2

---

46 BGBl. I S. 2746.
47 Vgl. *GmS-OGB* v. 11. 3. 87 – 6/86 –, PersR 87, 263.

§ 4 Beschäftigte im öffentlichen Dienst

Die Beschäftigteneigenschaft kann ausnahmsweise aber auch dann gegeben sein, wenn nur eines dieser beiden Merkmale vorliegt. Die rechtliche Zugehörigkeit reicht z. B. aus, wenn ein Beamter oder Arbeitnehmer unter Wegfall der Bezüge längere Zeit **beurlaubt** ist[48] oder die **Elternzeit** (§§ 15 ff. BEEG bzw. § 6 MuSchEltZV) in Anspruch nimmt oder wenn er zu einer anderen Dienststelle **abgeordnet** oder einer anderen Einrichtung **zugewiesen** ist; das gilt auch dann, wenn der Beschäftigte durch seine Abwesenheit sein Wahlrecht in der (alten) Dienststelle verliert (vgl. § 13 Rn. 12 ff.).[49] Andererseits reicht die tatsächliche Beschäftigung aus, wenn die zur Berufung in das Beamtenverhältnis erforderliche **Ernennung nichtig oder rücknehmbar** (vgl. Rn. 5) ist oder wenn lediglich ein **faktisches Arbeitsverhältnis** (vgl. Rn. 12) vorliegt.

3 **Berufsrichter**, die als Richter auf Lebenszeit, auf Zeit, auf Probe oder kraft Auftrags (§ 8 DRiG) in einem vom Beamtenverhältnis zu unterscheidenden öffentlich-rechtlichen Dienstverhältnis stehen, sind grundsätzlich keine Beschäftigten i. S. d. BPersVG (vgl. auch Anh. II). Etwas anderes gilt nach Abs. 1 nur für solche Richter, die entweder an eine nach § 1 zum Geltungsbereich des BPersVG gehörende Verwaltung (z. B. an das BMJ) oder zur Wahrnehmung einer nichtrichterlichen Tätigkeit (insb. als wissenschaftliche Mitarbeiter) an ein Gericht des Bundes abgeordnet sind. Personalvertretungsrechtlich sind diese Richter nach § 5 S. 2 der Gruppe der Beamten zugeordnet. Dagegen sind die ebenfalls in einem öffentlich-rechtlichen Dienstverhältnis eigener Art stehenden **Soldaten** (Berufssoldaten, Soldaten auf Zeit und Soldaten, die aufgrund des Wehrpflichtgesetzes Wehrdienst leisten) sowie **Zivildienstleistenden** in keinem Fall Beschäftigte i. S. d. BPersVG (zu ihrer Interessenvertretung vgl. Anh. V A § 35 SG u. Anh. V B bzw. § 1 Rn. 12).[50]

3a **Ortskräfte** in **Dienststellen des Bundes im Ausland** sind gem. § 91 Abs. 1 Nr. 1 nicht Beschäftigte i. S. d. § 4 (vgl. § 91 Rn. 2). Zu ihnen gehören auch die im Bereich des Bundeswehrkommandos USA/CA tätigen Zivilpersonen, deren Beschäftigung auf einem vom BMVg eingeführten Musterarbeitsvertrag beruht; sie haben den Status von **örtlichen zivilen Arbeitskräften** i. S. v. Art. IX Abs. 4 NTS.[51]

4 **(Abs. 2)** Wer Beamter i. S. d. BPersVG ist, bestimmen die **Beamtengesetze**, nämlich das Bundesbeamtengesetz (BBG), das Beamtenstatusgesetz (BeamtStG) und die Beamtengesetze der Bundesländer, die übergangsweise noch ergänzt werden durch das (im Übrigen am 1. 4. 09 außer Kraft

---

48 *BVerwG* v. 15. 11. 06 – 6 P 1.06 –, PersR 07, 119.
49 Vgl. *BVerwG* v. 15. 5. 02 – 6 P 8.01 –, PersR 02, 434.
50 Vgl. *BVerwG* v. 18. 5. 94 – 6 P 6.92 – u. – 6 P 3.93 –, PersR 94, 459 u. 463, bzw. *BayVGH* v. 8. 12. 88 – Nr. 17 88.02494 –, RiA 89, 305, u. *BAG* v. 19. 6. 01 – 1 ABR 25/00 –, AP BetrVG 1972 § 99 Einstellung Nr. 35.
51 *OVG NW* v. 5. 5. 11 – 16 A 1175/09.PVB –, juris. Zu Art. IX Abs. 4 NTS vgl. auch KfdP-*Altvater*, Anh. VII A Rn. 9–12.

Beschäftigte im öffentlichen Dienst § 4

getretene) Beamtenrechtsrahmengesetz (BRRG). Für die **Beamten des Bundes** gilt das durch Art. 1 Dienstrechtsneuordnungsgesetz (DNeuG) v. 5.2.09[52] neu gefasste **Bundesbeamtengesetz (§ 1 BBG)**. Sie stehen nach § 4 BBG zu ihrem **Dienstherrn** – nämlich dem Bund oder einer sonstigen (nach § 2 BBG) dienstherrnfähigen bundesunmittelbaren Körperschaft, Anstalt oder Stiftung des öffentlichen Rechts – in einem öffentlich-rechtlichen Dienst- und Treueverhältnis (Beamtenverhältnis). Das Beamtenverhältnis kann auf Lebenszeit, auf Zeit, auf Probe oder auf Widerruf begründet sein (§ 6 Abs. 1–4 BBG). Auch wer als Ehrenbeamter berufen ist (§ 6 Abs. 5 BBG), gehört dazu. Die Beamteneigenschaft eines **Landesbeamten**, der zu einer Dienststelle im Geltungsbereich des BPersVG abgeordnet ist (vgl. § 14 BeamtStG), bestimmt sich nach dem für ihn geltenden LBG. Keine Beamten sind die **Ruhestandsbeamten**, weil ihr Beamtenverhältnis mit dem Eintritt oder der Versetzung in den Ruhestand geendet hat (§ 30 Nr. 4, §§ 50ff. BBG). Keine Beamten sind ferner Berufsrichter, Soldaten und Zivildienstleistende (vgl. Rn. 3), **DO-Angestellte** (vgl. Rn. 8) sowie Amtsträger, die – wie z. B. die Mitglieder der Bundesregierung – in einem **öffentlich-rechtlichen Amtsverhältnis besonderer Art** stehen.

Die Beschäftigteneigenschaft der Beamten wird i. d. R. durch die **Ernennung** zur Begründung eines Beamtenverhältnisses (§ 10 Abs. 1 Nr. 1 BBG) und die tatsächliche Aufnahme der **Beschäftigung** erworben und endet mit der **Beendigung** des Beamtenverhältnisses (vgl. § 29 Rn. 4). Ist die Ernennung nichtig oder rücknehmbar (§§ 13, 14 BBG), wird die Beschäftigteneigenschaft allein durch die Aufnahme der Beschäftigung begründet und endet erst dann, wenn die Feststellung der Nichtigkeit oder die Rücknahme der Ernennung bestandskräftig oder rechtskräftig wird. 5

(Abs. 3) Arbeitnehmer i. S. d. Arbeitsrechts sind Beschäftigte, die in einem privatrechtlichen Arbeitsverhältnis zum Rechtsträger der Dienststelle stehen. Dabei handelt es sich um Personen, die aufgrund eines Arbeitsvertrages im Dienste eines anderen (des Arbeitgebers) zur Leistung fremdbestimmter Arbeit in persönlicher Abhängigkeit verpflichtet sind. Vom freien Dienstverhältnis unterscheidet sich das Arbeitsverhältnis durch den Grad der persönlichen Abhängigkeit, in welchem der zur Dienstleistung Verpflichtete jeweils zum Dienstberechtigten steht. Im Hinblick darauf ist Arbeitnehmer, wer seine Dienste (Arbeit) gegenüber einem Dritten (Arbeitgeber) im Rahmen der von diesem Dritten bestimmten Arbeitsorganisation erbringt. Dabei wird die Eingliederung in die Arbeitsorganisation der Dienststelle besonders dadurch deutlich, dass der Arbeitnehmer gem. § 6 Abs. 2 i. V. m. § 106 GewO hinsichtlich Inhalt, Ort und Zeit der Arbeitsleistung einem umfassenden Weisungsrecht des Arbeitgebers unterliegt.[53] 6

Der seit dem 1.10.05 geltende § 4 Abs. 3 n. F. enthält eine **Definition des** 7

---

52 BGBl. I S. 160.
53 Vgl. *BAG* v. 29.1.92 – 7 ABR 27/91 –, AP BetrVG 1972 § 7 Nr. 1; *BVerwG* v. 18.6.02 – 6 P 12.01 – u. v. 8.1.03 – 6 P 8.02 –, PersR 02, 467, u. 04, 148.

§ 4 Beschäftigte im öffentlichen Dienst

Begriffs der Arbeitnehmer i. S. d. BPersVG. Sie ist an die Stelle der vorher geltenden Definitionen der Begriffe der Angestellten und Arbeiter in § 4 Abs. 3 und 4 a. F. getreten. Die neue Definition ist allerdings misslungen, weil sie (anders als die vergleichbaren Vorschriften der LPersVG) wie bisher vorrangig auf den für die Dienststelle maßgebenden Tarifvertrag verweist und ergänzend lediglich die Dienstordnung sowie die Eigenschaft eines übertariflich beschäftigten Arbeitnehmers oder eines Beschäftigten in einer beruflichen Ausbildung für maßgeblich erklärt. Betrachtet man eine Dienststelle, für die der **TVöD** der maßgebende Tarifvertrag ist, dann sind nach dem Wortlaut des § 4 Abs. 3 S. 1 n. F. jene Beschäftigten, die nach dem TVöD Arbeitnehmer sind, auch Arbeitnehmer i. S. d. BPersVG. Der TVöD sagt indessen nicht, welche Beschäftigten Arbeitnehmer »sind«, sondern legt lediglich fest, dass er – soweit es nicht um den Bereich der VKA geht – (grundsätzlich) für solche Arbeitnehmer (i. S. d. Arbeitsrechts) »gilt«, die in einem Arbeitsverhältnis zum Bund stehen (§ 1 Abs. 1 TVöD), und dass er (ausnahmsweise) für i. E. aufgeführte Gruppen dieser Arbeitnehmer nicht gilt (§ 1 Abs. 2 TVöD). Folgt man der wohl überwiegend vertretenen Ansicht, dass § 4 Abs. 3 S. 1 n. F. auf **§ 1 Abs. 1 und 2 TVöD** verweist, dann wären an sich nur solche Beschäftigten Arbeitnehmer i. S. d. BPersVG, die entweder in den persönlichen Geltungsbereich des TVöD einbezogen sind oder für die dieser Tarifvertrag gem. § 1 Abs. 2 Buchst. b TVöD nur deshalb nicht gilt, weil sie ein über das Tabellenentgelt der Entgeltgruppe 15 hinausgehendes regelmäßiges Entgelt erhalten und somit als **übertarifliche Arbeitnehmer** beschäftigt sind. Einer solchen Betrachtung steht jedoch entgegen, dass der Gesetzgeber dann unzulässigerweise nicht selbst darüber entscheiden würde, welche als Arbeitnehmer i. S. d. Arbeitsrechts anzusehenden Beschäftigten zum persönlichen Geltungsbereich des BPersVG gehören sollen. Dies widerspräche auch der bisherigen Rspr. des *BVerwG*, wonach ein Tarifvertrag nicht durch Ausschluss von seiner Regelung Angehörige des öffentlichen Dienstes dem personalvertretungsrechtlichen Schutz entziehen darf.[54] Ein solches gegen den Gleichheitssatz des Art. 3 Abs. 1 GG verstoßendes Ergebnis lässt sich (nur) vermeiden, wenn man der (mit dem Wortlaut des Gesetzes freilich nur schwer zu vereinbarenden) Ansicht folgt, die auch die in § 1 Abs. 2 Buchst. a und c bis t TVöD aufgeführten **außertariflichen Arbeitnehmer** personalvertretungsrechtlich den in § 1 Abs. 2 Buchst. b TVöD genannten übertariflichen Arbeitnehmern gleichstellt und ebenfalls als Arbeitnehmer i. S. d. BPersVG ansieht. Unabhängig davon, wie man die Verweisung auf den für die Dienststelle maßgebenden Tarifvertrag versteht, ist jedenfalls davon auszugehen, dass es für die Eigenschaft von Arbeitnehmern i. S. d. BPersVG letztlich nicht auf die Bestimmungen des TVöD ankommt, sondern auf die in der Rspr. des *BAG* entwickelten Grundsätze zur Bestimmung der Arbeitnehmereigenschaft.[55]

---

54 Beschl. v. 5. 5. 78 – 6 P 8.78 –, PersV 79, 286, u. v. 15. 3. 94 – 6 P 24.92 –, PersR 94, 288.
55 Vgl. zu den Details: KfdP-*Lemcke*, Rn. 18 ff. m. w. N.

Beschäftigte im öffentlichen Dienst § 4

Nach Abs. 3 S. 1 sind auch diejenigen Beschäftigten Arbeitnehmer i. S. d. **8**
BPersVG, die nach der **Dienstordnung** Arbeitnehmer sind. Bei diesen
DO-Angestellten handelt es sich um Beschäftigte v. a. von Berufsgenossenschaften sowie Orts- und Innungskrankenkassen, deren Dienstverhältnis auf einem privatrechtlichen Arbeitsvertrag beruht, aber durch eine vom Versicherungsträger als autonomes Satzungsrecht erlassene, inhaltlich weitgehend dem Beamtenrecht entsprechende Dienstordnung ausgestaltet ist (§§ 144 ff. SGB VII bzw. §§ 351 ff. RVO).

Für die Arbeitnehmereigenschaft sind der Umfang der wöchentlichen oder **9**
täglichen **Arbeitszeit** und die Höhe des **Arbeitsentgelts** unerheblich.[56]
Deshalb sind auch **Teilzeitkräfte**, **Abrufkräfte** und **geringfügig** Beschäftigte i. S. d. § 8 Abs. 1 SGB IV Beschäftigte i. S. d. BPersVG.[57] Auch auf die **Dauer** des Arbeitsverhältnisses kommt es nicht an. Deshalb sind auch Arbeitnehmer in einem **befristeten** Arbeitsverhältnis Beschäftigte.[58] Das gilt auch für Personen, die im Rahmen einer **Arbeitsbeschaffungsmaßnahme** beschäftigt werden (§ 260 Abs. 1 Nr. 4 SGB III),[59] sowie für »**erwerbsfähige Leistungsberechtigte**« (in der Grundsicherung für Arbeitsuchende), die keine Arbeit finden und nach § 16 d SGB II Arbeitsgelegenheiten in einem **sozialversicherungspflichtigen Beschäftigungsverhältnis** (Entgeltvariante) oder in einer Arbeitsbeschaffungsmaßnahme wahrnehmen,[60] nicht jedoch für sog. Ein-Euro-Jobber (vgl. Rn. 14). Da für die Zugehörigkeit zur Dienststelle nicht das Tätigwerden in deren Räumlichkeiten, sondern die Eingliederung in ihre Arbeitsorganisation entscheidend ist, gehören zu den Beschäftigten auch im **Außendienst** eingesetzte Arbeitnehmer[61] sowie **Telebeschäftigte**, die z. B. in ihrer Wohnung oder in einem Satellitenbüro unter Verwendung neuer Informations- und Kommunikationstechniken im Online- oder Offlinebetrieb für die Dienststelle tätig sind.

Leiharbeitnehmer, die in einem **unechten Leiharbeitsverhältnis** ste- **10**

---

56 So im Grundsatz auch *BVerwG* v. 25. 9. 95 – 6 P 44.93 –, PersR 96, 147.
57 *BVerwG* v. 3. 2. 93 – 6 P 28.91 –, PersR 93, 260, u. v. 25. 9. 95, a. a. O.
58 A. A. *BVerwG* v. 25. 9. 95, a. a. O., für Tätigkeiten von nicht mehr als zwei Monaten; vgl. KfdP-*Lemcke*, Rn. 26 m. w. N.
59 Vgl. *BVerwG* v. 15. 3. 94 – 6 P 24.92 –, PersR 94, 288; *BAG* v. 10. 3. 04 – 7 ABR 49/03 –, AP BetrVG 1972 § 7 Nr. 8. Das arbeitsmarktpolitische Instrument der Arbeitsbeschaffungsmaßnahmen ist mit Änderung des SGB III zum 1. 4. 12 weggefallen (Aufhebung des 6. Kapitels [mit den §§ 260–271] und Einfügung von Übergangsregelungen in § 443 n. F. durch Art. 2 Nr. 19 u. 110 des Gesetzes v. 20. 12. 11 [BGBl. I S. 2854]; vgl. BT-Drs. 17/6277, S. 109).
60 Vgl. zum früheren § 19 BSHG: *BVerwG* v. 26. 1. 00 – 6 P 2.99 –, PersR 00, 243. Entsprechendes gilt für die Beschäftigung von zugewiesenen erwerbsfähigen Leistungsberechtigten in einem Arbeitsverhältnis, das nach der zum 1. 4. 12 eingeführten **Neuregelung in § 16e SGB II** (i. d. F. von Art. 5 Nr. 7 des Gesetzes v. 20. 12. 11 [BGBl. I S. 2854]) gefördert wird (vgl. dazu BT-Drs. 17/6277, S. 116; *Voelzke*, NZA 12, 177 [182 m. w. N.]).
61 Vgl. *BAG* v. 29. 1. 92 – 7 ABR 27/91 –, AP BetrVG 1972 § 7 Nr. 1.

§ 4 Beschäftigte im öffentlichen Dienst

hen und von einem privaten Arbeitgeber (als Verleiher) »im Rahmen seiner wirtschaftlichen Tätigkeit« (ab 1.12.11 gem. § 1 Abs. 1 S. 1 AÜG n. F. nicht mehr »gewerbsmäßig«) einem Dritten (als Entleiher) zur Arbeitsleistung überlassen werden, bleiben nach § 14 Abs. 1 AÜG auch während der Zeit ihrer Arbeitsleistung bei dem Entleiher Angehörige des entsendenden Betriebes des Verleihers. Das schließt aber nicht aus, dass sie während der Zeit ihrer Überlassung in betriebsverfassungs- bzw. personalvertretungsrechtlicher Hinsicht auch Arbeitnehmer im aufnehmenden Betrieb bzw. in der aufnehmenden Dienststelle des entleihenden Unternehmens bzw. des entleihenden Trägers der Dienststelle sind.[62] Eine solche **Doppelzugehörigkeit** ist deshalb zu bejahen, weil die Leiharbeitnehmer arbeitsrechtliche Beziehungen sowohl zum verleihenden Arbeitgeber als auch zum entleihenden Arbeitgeber haben, wobei die Arbeitgeberfunktion v. a. in der Weise aufgespalten ist, dass dem Entleiher das Weisungsrecht hinsichtlich der Ausführung der Arbeitsleistung zusteht und der Verleiher für die Zahlung der Vergütung und die Erfüllung der sozialversicherungs- und steuerrechtlichen Pflichten einzustehen hat. Die nach § 14 Abs. 4 AÜG für die Anwendung des BPersVG sinngemäß geltenden Vorschriften des § 14 Abs. 1 und 2 S. 1 und 2 sowie Abs. 3 AÜG stehen der **Beschäftigteneigenschaft** von unechten Leiharbeitnehmern in der aufnehmenden Dienststelle nicht entgegen. Zwar schließt § 14 Abs. 2 S. 1 AÜG die Wählbarkeit zum PR der aufnehmenden Dienststelle aus; zur Wahlberechtigung und zur Betriebs- bzw. Dienststellenzugehörigkeit ist damit jedoch nichts gesagt (vgl. § 13 Rn. 7). Auch Leiharbeitnehmer, die in einem **echten Leiharbeitsverhältnis** stehen und vom Inhaber eines Betriebes privaten Rechts nicht »im Rahmen seiner wirtschaftlichen Tätigkeit« an den Träger der Dienststelle »verliehen« werden, sind aus den gleichen Gründen wie unechte Leiharbeitnehmer Beschäftigte der Entleiher-Dienststelle.[63]

11 Dagegen sind Arbeitnehmer eines anderen – privaten oder öffentlichen – Arbeitgebers, die nur nach dessen Weisungen zur Ausführung eines mit dem Träger der Dienststelle vereinbarten Dienst- oder Werkvertrages in der Dienststelle eingesetzt werden, bei einem solchen **Fremdfirmeneinsatz** lediglich **Erfüllungsgehilfen** (§ 278 BGB) ihres Arbeitgebers und keine Beschäftigten i. S. d. BPersVG.[64] Etwas anderes gilt dann, wenn ein **Schein-Dienstvertrag** bzw. **Schein-Werkvertrag** deshalb vorliegt, weil

---

62 Str.; a. A. *BAG* v. 16.4.03 – 7 ABR 53/02 –, AP BetrVG 1972 § 9 Nr. 7, u. v. 22.10.03 – 7 ABR 3/03 –, AP BetrVG 1972 § 38 Nr. 28; zum PersVR wie hier *VG Frankfurt a. M.* v. 3.11.08 – 23 K 1568/08.F.PV – PersR 09, 84, u. *HessVGH* v. 18.11.10 – 22 A 959/10.PV –, PersR 11, 85; vgl. KfdP-*Lemcke*, Rn. 29 m. w. N.
63 Ebenfalls str.; a. A. *BAG* v. 10.3.04 – 7 ABR 49/03 –, AP BetrVG 1972 § 9 Nr. 11; vgl. KfdP-*Lemcke*, Rn. 30 m. w. N.
64 Vgl. *NdsOVG* v. 15.9.93 – 18 L 1684/93 –, PersR 94, 469; *BAG* v. 18.10.94 – 1 ABR 9/94 –, PersR 95, 269; *BVerwG* v. 8.1.03 – 6 P 8.02 –, PersR 04, 148.

die dabei eingesetzten Personen so in die Arbeitsorganisation der Dienststelle eingegliedert sind, dass der Dienststellenleiter die für den Arbeitseinsatz typischen Arbeitgeberentscheidungen trifft. Keine Arbeitnehmer und damit keine Beschäftigten sind die aufgrund eines freien Dienstvertrages tätig werdenden **freien Mitarbeiter**[65] und die aufgrund von freien Dienstverträgen oder von Werkverträgen tätigen, aber wirtschaftlich abhängigen und vergleichbar einem Arbeitnehmer sozial schutzbedürftigen **arbeitnehmerähnlichen Personen** i. S. d. § 12 a TVG.

Die Beschäftigteneigenschaft der Arbeitnehmer wird i. d. R. durch den **Abschluss eines Arbeitsvertrages** und die tatsächliche Aufnahme der vorgesehenen **Tätigkeit** erworben. Sie erlischt mit der **Beendigung** des Arbeitsverhältnisses (vgl. § 29 Rn. 5). Ist der Arbeitsvertrag anfechtbar oder nichtig, wird die Beschäftigteneigenschaft allein durch die Aufnahme der Tätigkeit begründet.[66] Sie besteht dann so lange, bis das durch die Arbeitsaufnahme entstandene **faktische Arbeitsverhältnis** durch die Anfechtung des Vertrages oder die Berufung auf seine Nichtigkeit beendet wird. **Gekündigte** Arbeitnehmer, die aufgrund eines im Kündigungsrechtsstreit ergangenen Urteils oder eines Widerspruchs des PR nach § 79 Abs. 2 weiterbeschäftigt werden, sind nach dem Ablauf der Kündigungsfrist für die Dauer ihrer tatsächlichen Beschäftigung auch dann Beschäftigte, wenn später rechtskräftig festgestellt wird, dass die Kündigung rechtswirksam ist (vgl. § 79 Rn. 33).[67]

Die in Abs. 1 enthaltene Wendung »**einschließlich der zu ihrer Berufsausbildung Beschäftigten**« gilt nicht für Personen, die sich als Beamte auf Widerruf in der Ausbildung für eine Beamtenlaufbahn befinden und deshalb bereits wegen ihrer Eigenschaft als Beamte nach Abs. 1 i. V. m. Abs. 2 zu den Beschäftigten i. S. d. BPersVG zählen (vgl. Rn. 4). Gemeint sind vielmehr Personen, die in einem **privatrechtlichen Ausbildungsverhältnis** zum Träger der Dienststelle stehen. Diese Beschäftigten gelten nach Abs. 3 S. 2 als Arbeitnehmer i. S. d. BPersVG. Das sind nicht nur Auszubildende, die aufgrund eines Berufsausbildungsvertrages nach den §§ 10 bis 25 BBiG in einem anerkannten Ausbildungsberuf i. S. d. § 4 BBiG ausgebildet werden, sondern auch Personen in Ausbildungsverhältnissen anderer Art, so z. B. Schülerinnen und Schüler in Ausbildungsverhältnissen nach dem Krankenpflegegesetz oder dem Hebammengesetz oder einem vergleichbaren Spezialgesetz für einen nichtakademischen Gesundheitsfachberuf,[68] Personen, die sich in einer Maßnahme der beruflichen Umschulung nach § 62 BBiG befinden, aber auch Anlernlinge, Volontäre und Praktikanten, für die § 26 BBiG gilt.[69] Ob die zu ihrer Berufsaus-

---

65 Vgl. *BAG* v. 29. 1. 92 – 7 ABR 27/91 –, AP BetrVG 1972 § 7 Nr. 1.
66 Vgl. *BVerwG* v. 27. 11. 91 – 6 P 4.92 – u. v. 20. 5. 92 – 6 P 4.90 –, PersR 92, 198 u. 405.
67 *BAG* v. 15. 1. 91 – 1 AZR 105/90 –, PersR 91, 307.
68 Vgl. KfdP-*Altvater/Peiseler*, § 9 Rn. 2 a.
69 Vgl. *BAG* v. 17. 7. 07 – 9 AZR 1031/06 –, AP BBiG § 19 Nr. 3.

§ 4 Beschäftigte im öffentlichen Dienst

bildung beschäftigten Personen vom Arbeitgeber eine Geldleistung erhalten, ist für ihre Beschäftigteneigenschaft unerheblich.[70] **Werkstudenten** und **Schüler** werden regelmäßig nicht zu ihrer Berufsausbildung, sondern in einem Arbeitsverhältnis beschäftigt, wenn die Tätigkeit neben dem Studium bzw. der Schulausbildung ausgeübt wird.[71] Die für die Beschäftigteneigenschaft erforderliche Eingliederung der zu ihrer Berufsausbildung Beschäftigten in die Dienststelle ist nach der Rspr. nur dann gegeben, wenn die Berufsausbildung ihrem **Gegenstand** nach geeignet ist, die Auszubildenden auf einen Beruf vorzubereiten, in dem sie an der Erfüllung der Aufgaben mitwirken können, die der Dienststelle obliegen.[72] Die Beschäftigteneigenschaft der Auszubildenden wird regelmäßig durch den **Abschluss eines Ausbildungsvertrages** und die tatsächliche Aufnahme der vorgesehenen **Ausbildung** erworben. Sie erlischt mit der **Beendigung** des Ausbildungsverhältnisses.

14 **(Abs. 5)** Mit den inhaltsgleichen Regelungen in § 5 Abs. 2 Nr. 3 BetrVG und in Abs. 5 Nr. 1, nach denen Personen, deren Beschäftigung überwiegend durch **Beweggründe karitativer oder religiöser Art** bestimmt ist, nicht als Arbeitnehmer bzw. Beschäftigte gelten, werden nicht nur **Geistliche, Mönche, Ordensschwestern und Diakonissen** aus dem persönlichen Geltungsbereich des BetrVG und des BPersVG herausgenommen, sondern nach übereinstimmender, aber abzulehnender Rspr. des *BAG*[73] sowie des *BVerwG*[74] auch **Rote-Kreuz-Schwestern**, gleichgültig, ob sie in einem DRK-Krankenhaus beschäftigt sind oder ob sie aufgrund eines Gestellungsvertrages im Krankenhaus eines Dritten tätig sind. Die dem § 5 Abs. 2 Nr. 4 BetrVG entsprechende Vorschrift des Abs. 5 Nr. 2, wonach auch Personen, die vorwiegend zu ihrer **Heilung, Wiedereingewöhnung, sittlichen Besserung oder Erziehung** beschäftigt werden, nicht als Beschäftigte gelten, hat klarstellende Bedeutung. Sie kommt nicht zum Zuge, wenn die Beschäftigung in einem echten Arbeitsverhältnis erfolgt, sondern nur, wenn sie vorrangig als Mittel zur Behebung physischer, psychischer oder sonstiger in der Person des Beschäftigten liegender Mängel eingesetzt wird.[75] Das trifft u. a. zu bei Kranken und Behinderten in ärztlich angeordneten **arbeitstherapeutischen Maßnahmen** und bei Arbeitsunfähigen in Beschäftigungen zur stufenweisen **Wiedereinglie-**

---

70 Vgl. *BAG* v. 10.2.81 – 6 ABR 86/78 – u. v. 25.10.89 – 7 ABR 1/88 –, AP BetrVG 1972 § 5 Nr. 25 u. 40.
71 Vgl. *BAG* v. 11.11.08 – 1 ABR 68/07 –, AP BetrVG 1972 § 99 Eingruppierung Nr. 127.
72 *BVerwG* v. 19.6.80 – 6 P 1.80 –, PersV 81, 368, v. 18.3.82 – 6 P 8.79 –, PersV 83, 69, v. 3.7.84 – 6 P 39.82 –, ZBR 84, 382, u. v. 23.10.84 – 6 P 15.84 –, Buchh 238.32 § 3 Nr. 1; bestätigt durch *GmS-OGB* v. 11.3.87 – 6/86 –, PersR 87, 263.
73 Beschl. v. 20.2.86 – 6 ABR 5/85 –, AP BetrVG 1972 § 5 Rotes Kreuz Nr. 2, u. v. 6.7.95 – 5 AZB 9/93 –, AP ArbGG 1979 § 5 Nr. 22.
74 Beschl. v. 29.4.66 – VII P 16.64 –, PersV 66, 131.
75 *BVerwG* v. 26.1.00 – 6 P 2.99 –, PersR 00, 243.

derung nach § 74 SGB V.[76] **Keine Beschäftigten** i. S. d. BPersVG sind auch **Helfer im freiwilligen sozialen oder ökologischen Jahr**, die in einem Rechtsverhältnis eigener Art stehen (vgl. § 13 JFDG),[77] **Freiwillige im Bundesfreiwilligendienst** (vgl. § 13 BFDG) sowie »**erwerbsfähige Leistungsberechtigte**« (in der Grundsicherung für Arbeitsuchende), die nach § 16 d S. 2 SGB II im Rahmen von Arbeitsgelegenheiten im öffentlichen Interesse liegende, zusätzliche Arbeiten leisten und zuzüglich zum Arbeitslosengeld II »eine angemessene Entschädigung für Mehraufwendungen« erhalten (»**Ein-Euro-Jobs**«, die kein Arbeitsverhältnis i. S. d. Arbeitsrechts, sondern ein von Rechtssätzen des öffentlichen Rechts geprägtes Sozialrechtsverhältnis begründen[78]; zur Mitbestimmung des PR bei der Einstellung von Ein-Euro-Kräften vgl. § 75 Rn. 17).

§ 5 [Gruppen]

¹Die Beamten und Arbeitnehmer bilden je eine Gruppe. ²Die in § 4 Abs. 1 bezeichneten Richter treten zur Gruppe der Beamten.

Durch Art. 8 Nr. 2 des Gesetzes v. 14. 9. 05[79] ist § 5 S. 1 mit Wirkung zum 1. 10. 05 in der Weise geändert worden, dass die Angabe »Beamten, Angestellten und Arbeiter« durch die Wörter »Beamten und Arbeitnehmer« ersetzt worden ist (vgl. § 4 Rn. 1). Personalvertretungsrechtlich sind damit unter Beibehaltung der **Gruppe der Beamten** die bisherigen Gruppen der Angestellten und Arbeiter zur neuen **Gruppe der Arbeitnehmer** zusammengefasst worden. Die Zugehörigkeit der Beschäftigten zu diesen Statusgruppen richtet sich nach § 4 Abs. 2 und 3. Die Gruppeneinteilung ist zwingend vorgeschrieben und kommt in vielen Einzelvorschriften zum Ausdruck (vgl. §§ 17, 18, 19 Abs. 2, § 20 Abs. 1 S. 2, §§ 32, 38 Abs. 2 u. 3, § 39 Abs. 1 u. 2, § 71 Abs. 1 S. 3, § 75 Abs. 1, § 76 Abs. 1).

1

Im Vergleich zu den das gesamte PersVR prägenden Regelungen zur Berücksichtigung der Statusgruppen Beamte und Arbeitnehmer enthält das BPersVG nur wenige Vorschriften, die sich auf die **Repräsentanz der Geschlechter** in der Personalvertretung beziehen (vgl. dazu die Soll-Vorschriften des § 17 Abs. 7 u. des § 20 Abs. 1 S. 3).

2

---

76 Vgl. zu Letzteren *BAG* v. 29. 1. 92 – 5 AZR 37/91 – u. v. 19. 4. 94 – 9 AZR 462/92 –, AP SGB V § 74 Nr. 1 u. 2.
77 *BAG* v. 12. 2. 92 – 7 ABR 42/91 –, AP BetrVG § 5 Nr. 52.
78 Vgl. *BAG* v. 8. 11. 06 – 6 AZR 35/05 –, AP ArbGG 1979 § 2 Nr. 89, sowie v. 26. 9. 07 – 5 AZR 857/06 – u. v. 20. 2. 08 – 5 AZR 290/07 –, AP SGB II § 16 Nr. 3 u. 4. Entsprechendes gilt für die Beschäftigung von erwerbsfähigen Leistungsberechtigten, die nach der zum 1. 4. 12 eingeführten **Neuregelung in § 16 d SGB II** (i. d. F. von Art. 5 Nr. 7 des Gesetzes v. 20. 12. 11 [BGBl. I S. 2854]) in Arbeitsgelegenheiten mit Mehraufwandsentschädigung zugewiesen sind (näher dazu BT-Drs. 17/6277, S. 115; *Voelzke*, NZA 12, 177 [182 m. w. N.]).
79 BGBl. I S. 2746.

§ 6 Dienststellen

3 **Richter,** die an eine der in § 1 genannten Verwaltungen oder zur Wahrnehmung einer nichtrichterlichen Tätigkeit an ein Gericht des Bundes abgeordnet und damit nach § 4 Abs. 1 Beschäftigte i. S. d. BPersVG sind, gehören nach § 5 S. 2 zur Gruppe der Beamten. Die **Soldaten,** die nach § 49 Abs. 1 S. 1 SBG Personalvertretungen wählen, bilden nach § 49 Abs. 2 S. 1 SBG eine weitere Gruppe (vgl. Anh. V B § 49 SBG Rn. 5).

§ 6 [Dienststellen]

(1) Dienststellen im Sinne dieses Gesetzes sind die einzelnen Behörden, Verwaltungsstellen und Betriebe der in § 1 genannten Verwaltungen sowie die Gerichte.

(2) [1]**Die einer Behörde der Mittelstufe unmittelbar nachgeordnete Behörde bildet mit den ihr nachgeordneten Stellen eine Dienststelle; dies gilt nicht, soweit auch die weiter nachgeordneten Stellen im Verwaltungsaufbau nach Aufgabenbereich und Organisation selbständig sind.** [2]**Behörden der Mittelstufe im Sinne dieses Gesetzes sind die der obersten Dienstbehörde unmittelbar nachgeordneten Behörden, denen andere Dienststellen nachgeordnet sind.**

(3) [1]**Nebenstellen und Teile einer Dienststelle, die räumlich weit von dieser entfernt liegen, gelten als selbständige Dienststellen, wenn die Mehrheit ihrer wahlberechtigten Beschäftigten dies in geheimer Abstimmung beschließt.** [2]**Der Beschluss ist für die folgende Wahl und die Amtszeit der aus ihr hervorgehenden Personalvertretung wirksam.**

(4) Bei gemeinsamen Dienststellen des Bundes und anderer Körperschaften gelten nur die im Bundesdienst Beschäftigten als zur Dienststelle gehörig.

1 **(Abs. 1)** Die Vorschrift umschreibt den **Begriff der Dienststelle** und definiert damit jene Organisationseinheit, in der unter den Voraussetzungen des § 12 Abs. 1 ein (örtlicher) PR gebildet wird und in der dieser als Repräsentant der Beschäftigten seine gesetzlichen Aufgaben und Befugnisse wahrnimmt (vgl. § 1 Rn. 19). Besondere Vorschriften gelten für den Bundesnachrichtendienst (§ 86 Nr. 1), für die bundesunmittelbaren Körperschaften und Anstalten des öffentlichen Rechts im Bereich der Sozialversicherung und die Bundesagentur für Arbeit (§ 88 Nr. 1), für die Deutsche Bundesbank (§ 89) sowie für die Deutsche Welle (§ 90 Nr. 1).

2 Als **Dienststellen** i. S. d. BPersVG sind diejenigen von einer juristischen Person des öffentlichen Rechts getragenen und innerhalb der Verwaltungsorganisation verselbständigten Einheiten anzusehen, in denen die dort Beschäftigten mit Hilfe von sächlichen und immateriellen Mitteln Aufgaben der öffentlichen Verwaltung oder andere arbeitstechnische Zwecke

Dienststellen § 6

fortgesetzt verfolgen und ihr Einsatz von einer einheitlichen Leitung gesteuert wird. Abs. 2 S. 1 Hs. 2 enthält eine allgemeine Umschreibung des Dienststellenbegriffs. Danach sind alle diejenigen organisatorischen Einheiten Dienststellen i. S. d. BPersVG, die nach Aufgabenbereich und Organisation selbständig sind. Entscheidend für die Dienststelleneigenschaft ist dabei nicht die von einer Organisationseinheit jeweils wahrzunehmende Aufgabe, sondern ihre **organisatorische Selbständigkeit**. Diese ist nur dann gegeben, wenn der Leiter der Einheit – in den Grenzen der für die öffentliche Verwaltung allgemein bestehenden Weisungsgebundenheit – hinsichtlich der Mehrzahl der bedeutsamen personellen, sozialen, organisatorischen und sonstigen innerdienstlichen Angelegenheiten einen eigenen Entscheidungs- und Handlungsspielraum hat und somit einer Personalvertretung als verantwortlicher Partner gegenübertreten kann.[80] Fehlt dem Leiter der Einrichtung ein derartiger Spielraum, ist diese auch dann keine Dienststelle i. S. d. BPersVG, wenn sie räumlich und hinsichtlich ihrer Aufgabenstellung von anderen Einrichtungen des gleichen Verwaltungsträgers abgetrennt ist.[81] Zu den Besonderheiten bei den sog. Beschäftigungsdienststellen im Bereich der **Bundeswehr** vgl. § 92 Rn. 2 a.

Bei organisatorischer Selbständigkeit (vgl. Rn. 2) sind die in Abs. 1 aufgeführten Behörden, Verwaltungsstellen und Betriebe der in § 1 genannten Verwaltungen sowie Gerichte Dienststellen i. S. d. BPersVG. Während **Behörden** staatliche Verwaltungsaufgaben wahrnehmen[82] und **Verwaltungsstellen** andere Aufgaben der öffentlichen Verwaltung erfüllen, üben **Betriebe** keine materielle Verwaltungstätigkeit aus, sondern verfolgen – wie Betriebe eines privaten Rechtsträgers – andere arbeitstechnische Zwecke, v. a. solche der öffentlichen Versorgung.[83] Da die von einer Organisationseinheit wahrzunehmende Aufgabe für ihre Eigenschaft als Dienststelle unerheblich ist, kommt es letztlich nicht entscheidend darauf an, wie die in Abs. 1 aufgeführten Einrichtungen voneinander abgegrenzt sind. Träger der Behörden, Verwaltungsstellen und Betriebe muss allerdings immer der Bund oder eine andere der in § 1 aufgeführten juristischen Personen des öffentlichen Rechts sein. Soweit es sich um die **Gerichte** handelt, sind nur die bei den Gerichten des Bundes zur Unterstützung der Rechtsprechung geschaffenen nichtrichterlichen Verwaltungsapparate gemeint. Das folgt daraus, dass die dort gebildeten PR nach § 4 Abs. 1 grundsätzlich nur die Beamten und Arbeitnehmer und nur ausnahmsweise Richter vertreten (vgl. § 1 Rn. 5, 10; § 4 Rn. 3). Die aus dem Bundes-

2a

---

80 *BVerwG* in st. Rspr., vgl. Beschl. v. 18. 1. 90 – 6 P 8.88 –, PersR 90, 108, v. 2. 3. 93 – 6 P 34.91 –, PersR 93, 266, v. 29. 3. 01 – 6 P 7.00 –, PersR 01, 298, u. v. 25. 6. 03 – 6 P 1.03 –, PersR 03, 361.
81 *BVerwG* v. 13. 8. 86 – 6 P 7.85 –, PersR 87, 20.
82 Vgl. *BVerwG* v. 12. 9. 02 – 6 P 11.01 –, PersR 03, 30, m. w. N.
83 Vgl. *BVerwG* v. 13. 8. 86 – 6 P 7.85 – u. v. 10. 1. 08 – 6 P 4.07 –, PersR 87, 20, u. 08, 342 Ls. [zu II 2 b cc (1)].

§ 6 Dienststellen

kanzler und den Bundesministern bestehende **Bundesregierung** (Art. 62 GG) ist keine Dienststelle i. S. d. BPersVG.[84]

3 (Abs. 2) Das BPersVG folgt grundsätzlich dem klassischen **dreistufigen Aufbau der Verwaltungsorganisation**. Es unterscheidet dabei oberste Dienstbehörden, Behörden der Mittelstufe und Dienststellen der unteren Stufe (vgl. Rn. 4–4 b). Ist der Geschäftsbereich einer Verwaltung in dieser Weise dreistufig aufgebaut, so werden zusätzlich zu den nach § 12 Abs. 1 bei allen Dienststellen i. S. d. Abs. 1 zu errichtenden örtlichen PR nach § 53 Abs. 1 bei den Behörden der Zentralstufe und der Mittelstufe **Stufenvertretungen** gebildet: bei den Behörden der Mittelstufe je ein BPR und bei der obersten Dienstbehörde ein HPR. Ist der Geschäftsbereich nur zweistufig aufgebaut, so wird neben den örtlichen PR nur ein HPR gebildet.

4 **Oberste Dienstbehörde** der Beamten ist nach § 3 Abs. 1 BBG die oberste Behörde des Dienstherrn, in deren Geschäftsbereich sie tätig sind. Das gilt für Arbeitnehmer entsprechend. In der unmittelbaren Bundesverwaltung sind insb. die Bundesministerien oberste Dienstbehörden. Bei bundesunmittelbaren juristischen Personen des öffentlichen Rechts sind es diejenigen Behörden oder Verwaltungsstellen, die nach dem jeweiligen Errichtungsgesetz oder Organisationsstatut vorgesehen sind. Bei einem mehrstufig aufgebauten Sozialversicherungsträger ist dessen Hauptverwaltungsstelle, bei der Bundesagentur für Arbeit deren Zentrale oberste Dienstbehörde (vgl. § 88 Rn. 3 f.).[85]

4 a **Behörden der Mittelstufe** sind nach Abs. 2 S. 2 die der obersten Dienstbehörde unmittelbar nachgeordneten Behörden, denen wiederum andere Dienststellen i. S. d. Abs. 1 nachgeordnet sind. Das ist z. B. der Fall bei den Bundesfinanzdirektionen, dem Bundespolizeipräsidium, den Wasser- und Schifffahrtsdirektionen und den Wehrbereichsverwaltungen. Sondervorschriften enthält das Gesetz in § 88 Nr. 1 für die bundesunmittelbaren Körperschaften und Anstalten des öffentlichen Rechts im Bereich der Sozialversicherung und die Bundesagentur für Arbeit (vgl. § 88 Rn. 3) sowie in § 89 Nr. 1 für die Deutsche Bundesbank (vgl. § 89 Rn. 4). Sind einer Behörde, die einer obersten Dienstbehörde unmittelbar nachgeordnet ist, keine weiteren Dienststellen nachgeordnet, so handelt es sich bei ihr nicht um eine Behörde der Mittelstufe. Das trifft v. a. zu bei **Bundesoberbehörden**, aber auch bei den obersten Gerichtshöfen des Bundes (vgl. § 1 Rn. 5).

4 b Nach Abs. 2 S. 1 Hs. 1 bildet die einer Behörde der Mittelstufe unmittelbar nachgeordnete Behörde grundsätzlich mit den ihr nachgeordneten Stellen eine Dienststelle. Das hat zur Folge, dass der PR bei der Dienststelle der **unteren (dritten) Stufe der Verwaltungsorganisation** grundsätzlich auch das Repräsentativorgan der Beschäftigten ist, die den nachgeordneten

---

84 Vgl. *BVerwG* v. 8. 10. 08 – 6 PB 21.08 –, PersR 08, 507.
85 *BVerwG* v. 8. 10. 80 – 6 P 16.79 –, PersV 82, 503.

Stellen angehören. So bildet etwa in der Bundesfinanzverwaltung das Hauptzollamt mit den ihm nachgeordneten Zollämtern eine einheitliche Dienststelle mit einem einzigen PR für alle Beschäftigten dieser Verwaltungseinheiten. Das gilt nach Abs. 2 S. 1 Hs. 2 jedoch nicht, soweit auch die weiter nachgeordneten Stellen im Verwaltungsaufbau nach Aufgabenbereich und Organisation selbständig sind (vgl. Rn. 2). In solchen Fällen ist auch bei den weiter nachgeordneten Dienststellen je ein PR zu bilden. Dadurch wird den Besonderheiten **mehr als dreistufig** aufgebauter Verwaltungen – aber auch denen der Bundeswehr (vgl. § 92 Rn. 2a) – Rechnung getragen.

(Abs. 3) Die in Abs. 3 geregelte **Ausnahme** von dem Grundsatz, dass bei 5
jeder selbständigen Dienststelle nur ein örtlicher PR zu bilden ist, bezieht sich auf Nebenstellen und Teile einer Dienststelle, die von dieser räumlich weit entfernt liegen. **Nebenstellen** sind wegen der Art der von ihnen wahrzunehmenden, örtlich oder sachlich abgegrenzten Aufgaben räumlich aus der Hauptstelle ausgegliedert. **Teile einer Dienststelle** sind Untergliederungen (z. B. Abteilungen), die aus organisatorischen, technischen oder räumlichen Gründen von den übrigen Untergliederungen abgegrenzt sind.[86] Für die Anwendung des Abs. 3 kommt es auf eine genaue Unterscheidung zwischen den dort genannten Bestandteilen einer Dienststelle nicht an.[87]

Voraussetzung für die Bildung eines eigenen PR ist – neben dem Beschluss 6
der dort Beschäftigten (vgl. Rn. 7) – die **»räumlich weite« Entfernung** der Nebenstelle oder des Dienststellenteils von der (Haupt-)Dienststelle. Für deren Beurteilung kommt es nicht allein auf die geographische Entfernung, sondern auch auf die bestehenden **Verkehrsverhältnisse** an.[88] Ob unter Beachtung dieser Aspekte eine räumlich »weite« Entfernung gegeben ist, hängt davon ab, ob die Kommunikation der Beschäftigten untereinander und der Kontakt zur Hauptdienststelle sowie zwischen dem dortigen PR und den Beschäftigten in dem von der Hauptstelle räumlich getrennten Bestandteil der Dienststelle derart erschwert ist, dass die sachgerechte Wahrnehmung der Aufgaben des PR darunter leidet.[89] Das ist zu bejahen, wenn der Zeitaufwand für das Zurücklegen des Weges zwischen der Hauptstelle und dem räumlich entfernten Bestandteil der Dienststelle in keinem angemessenen Verhältnis zu der eigentlichen PR-Arbeit steht.[90] Da eine nach Abs. 3 verselbständigte Teileinheit personalvertretungsrechtlich wie eine Dienststelle i. S. d. Abs. 1 zu behandeln ist, hängt ihre Verselbständigungsfähigkeit neben ihrer räumlich weiten Entfernung von zwei **weiteren Voraussetzungen** ab, ohne deren Erfüllung ein PR nicht tätig

---

86 Vgl. *NdsOVG* v. 1. 4. 98 – 17 L 5256/96 –, PersR 98, 428, m. w. N.
87 *BVerwG* v. 26. 11. 08 – 6 P 7.08 –, PersR 09, 267.
88 *BVerwG* v. 29. 5. 91 – 6 P 12.89 –, PersR 91, 334.
89 *BVerwG* v. 26. 11. 08, a. a. O.
90 *BVerwG* v. 14. 7. 87 – 6 P 9.86 –, PersR 87, 195; vgl. KfdP-*Altvater*, Rn. 11 m. w. N.

§ 6 Dienststellen

werden kann. Zum einen müssen dort nach § 12 Abs. 1 i.d.R. mindestens fünf Wahlberechtigte beschäftigt sein, von denen drei wählbar sind.[91] Zum anderen muss dort ein Leiter vorhanden sein, der nach § 7 als Dienststellenleiter fungieren kann.[92] Dass diesem »personalvertretungsrechtlich relevante Befugnisse« zustehen, ist dagegen keine »ungeschriebene« Voraussetzung.[93] Die **gemeinsame Verselbständigung** mehrerer Nebenstellen oder Dienststellenteile ist nicht zulässig.[94]

7 In Abs. 3 ist als weitere Voraussetzung festgelegt, dass die Beschäftigten der Nebenstelle oder des Dienststellenteils einen **Verselbständigungsbeschluss** fassen. Dieser Beschluss bedarf der **Mehrheit** der Stimmen der vorhandenen wahlberechtigten Beschäftigten. Es genügt nicht allein die Mehrheit der sich an der Abstimmung beteiligenden Beschäftigten. Die Abstimmung findet **gemeinsam** statt. Sie kann von jedem Beschäftigten der Nebenstelle bzw. des Dienststellenteils veranlasst werden. Der Verselbständigungsbeschluss ist nur für die **nächste PR-Wahl** und die Amtszeit der aus ihr hervorgehenden Personalvertretung wirksam.[95] Wird ein Verselbständigungsbeschluss gefasst und wirksam, so ist für die so geteilte Einheit der (Gesamt-)Dienststelle, in der nunmehr mehrere PR bestehen, ein **GPR** zu bilden (§ 55). Dadurch soll eine lückenlose Interessenvertretung der Beschäftigten in den verselbständigten Nebenstellen und Dienststellenteilen gewährleistet werden (vgl. § 55 Rn. 3).

8 **(Abs. 4)** Abs. 4 trägt dem Umstand Rechnung, dass es **gemeinsame Dienststellen** des Bundes oder von bundesunmittelbaren juristischen Personen des öffentlichen Rechts einerseits und eines Landes oder einer juristischen Person des öffentlichen Rechts des Landesrechts andererseits geben kann. Bei ihnen bestehen i.d.R. zwei PR, von denen einer die im Bundesdienst Beschäftigten vertritt. Die Vorschrift war in der Zeit vor dem 1.1.08 v. a. für solche **Oberfinanzdirektionen** bedeutsam, die damals als Behörden sowohl der Bundesfinanzverwaltung als auch der Landesfinanzverwaltung eingerichtet waren (vgl. §§ 7, 8 Abs. 2, § 9 Abs. 2 FVG in der vor Inkrafttreten des Gesetzes v. 20.12.07[96] geltenden Fassung). Die Regelung in Abs. 4 gilt nur für **gemeinsame Dienststellen von Rechtsträgern verschiedener Rechtskreise**, also von Rechtsträgern, die einerseits auf Bundesrecht, andererseits auf Landesrecht beruhen. Sie gilt somit nicht für gemeinsame Dienststellen des Bundes und anderer Körperschaften

---

91 *BVerwG* v. 29.5.91, a.a.O., v. 7.1.03 – 6 P 7.02 –, PersR 03, 153, u. v. 26.11.08, a.a.O.
92 Str.; wie hier *BVerwG* v. 29.5.91, a.a.O.; a. A. jetzt aber *BVerwG* v. 13.9.10 – 6 P 14.09 –, PersR 10, 494; vgl. auch *OVG NW* v. 30.10.09 – 16 A 1027/09.PVB –, PersR 11, 44 (beim Fehlen eines Leiters vor Ort kann der Leiter der Gesamtdienststelle auch Leiter einer verselbständigten Nebenstelle sein).
93 *BVerwG* v. 29.5.91, a.a.O.
94 Str.; vgl. KfdP-*Altvater*, Rn. 12 m.w.N.
95 Näher dazu *BVerwG* v. 26.1.00 – 6 P 3.99 –, PersR 00, 371.
96 BGBl. I S. 2897.

im Geltungsbereich des BPersVG. Bei ihnen ist nur ein (gemeinsamer) PR zu bilden.

§ 7 [Dienststellenleiter und Vertreter]

¹Für die Dienststelle handelt ihr Leiter. ²Er kann sich bei Verhinderung durch seinen ständigen Vertreter vertreten lassen. ³Bei obersten Dienstbehörden kann er auch den Leiter der Abteilung für Personal- und Verwaltungsangelegenheiten, bei Bundesoberbehörden ohne nachgeordnete Dienststellen und bei Behörden der Mittelstufe auch den jeweils entsprechenden Abteilungsleiter zu seinem Vertreter bestimmen. ⁴Das gleiche gilt für sonstige Beauftragte, sofern der Personalrat sich mit dieser Beauftragung einverstanden erklärt.

Der **Dienststellenleiter** ist **Repräsentant des Arbeitgebers** bzw. **Dienstherrn** im Bereich der Dienststelle, für die der örtliche PR gebildet ist, oder in dem Geschäftsbereich, für den der GPR, BPR oder HPR errichtet ist. Nach S. 1 ist grundsätzlich nur er befugt, im Rahmen des BPersVG rechtswirksam für die Dienststelle zu handeln.[97] Wer Dienststellenleiter ist, muss den Vorschriften entnommen werden, die die **Organisationsstruktur** der Verwaltungen und Gerichte des Bundes sowie der in § 1 genannten juristischen Personen des öffentlichen Rechts regeln.[98] Dienststellenleiter ist, wem nach diesen Vorschriften die Kompetenz zur **verantwortlichen Leitung des gesamten Dienstbetriebes** zusteht. Bei verselbständigten Nebenstellen oder Dienststellenteilen (§ 6 Abs. 3) ist deren Leiter Dienststellenleiter i. S. d. BPersVG (vgl. § 6 Rn. 6). Der **dienstrechtliche Status** einer Person ist für die Eigenschaft als Leiter der Dienststelle unerheblich. Sie muss in der Dienststelle (bei verselbständigten Nebenstellen oder Dienststellenteilen: in der Gesamtdienststelle [vgl. § 6 Fn. 92]) tätig sein, ohne zugleich nach § 4 Beschäftigter i. S. d. BPersVG sein zu müssen. Zu den Besonderheiten bei den Sozialversicherungsträgern und der Bundesagentur für Arbeit vgl. § 88 Nr. 2, zur Bundesbank vgl. § 89 Nr. 3 und zur Deutschen Welle vgl. § 90 Nr. 4. 1

Nach S. 2 darf sich der Dienststellenleiter bei **Verhinderung**, die tatsächliche oder rechtliche Gründe haben kann, durch seinen **ständigen Vertreter** vertreten lassen. Das ist nur derjenige, der den Dienststellenleiter nach dem Organisationsplan laufend vertritt und i. d. R. die Befugnis hat, »in Vertretung« zu zeichnen. Obwohl der ständige Vertreter nicht nur Abwesenheitsvertreter ist,[99] darf er gegenüber der Personalvertretung nur handeln, wenn der Dienststellenleiter verhindert ist. Mit Vorbesprechungen oder Vorverhandlungen können auch andere Beschäftigte beauftragt werden. Das gilt jedoch nicht für die Vornahme von Handlungen im 2

---
97 *BVerwG* v. 6. 4. 89 – 2 C 26.88 –, PersR 89, 203.
98 *BVerwG* v. 26. 8. 87 – 6 P 11.86 –, PersR 88, 45.
99 Vgl. *BAG* v. 27. 5. 81 – 4 AZR 1079/78 –, PersV 83, 294.

§ 7 Dienststellenleiter und Vertreter

Beteiligungsverfahren.[100] Bei obersten Dienstbehörden kann sich der Dienststellenleiter im Verhinderungsfall nicht nur durch seinen ständigen Vertreter (z. B. der Minister durch den Staatssekretär) vertreten lassen, sondern nach S. 3 auch durch den **Leiter der Abteilung für Personal- und Verwaltungsangelegenheiten.** Dessen Vertreter wiederum ist aber kein »ständiger Vertreter« i. S. v. S. 2.[101] Bei **Bundesoberbehörden** ohne nachgeordnete Dienststellen und bei **Behörden der Mittelstufe** (zu denen nach § 6 Abs. 2 S. 2 auch Bundesoberbehörden gehören, denen Dienststellen nachgeordnet sind) kann der Dienststellenleiter die Leiter jener Abteilungen zu seinen Vertretern bestimmen, die für Personal- und/oder Verwaltungsangelegenheiten zuständig sind.

3 S. 4 lässt mit Einverständnis des »Personalrats« auch eine Vertretung durch **sonstige Beauftragte** zu. Die gesetzestechnisch missglückte Vorschrift gilt zum einen für alle Arten von Personalvertretungen (unstr.) und zum anderen nicht nur für die in S. 3 genannten, sondern für alle Dienststellen.[102] Die Einverständniserklärung ist kein laufendes Geschäft i. S. d. § 32 Abs. 1 S. 4 und bedarf deshalb eines Beschlusses der Personalvertretung. Das Einverständnis kann auf einen Einzelfall, auf bestimmte Angelegenheiten oder auf eine bestimmte Zeit begrenzt werden. Die Personalvertretung kann ihr Einverständnis jederzeit widerrufen. Sonstiger Beauftragter kann nur ein Beschäftigter der Dienststelle sein. Bei Erteilung seines Einverständnisses wird die Personalvertretung darauf zu achten haben, dass der sonstige Beauftragte vom Dienststellenleiter mit den notwendigen Entscheidungsbefugnissen ausgestattet ist. Der sonstige Beauftragte kann nur dann tätig werden, wenn der Dienststellenleiter verhindert ist.[103]

4 Im Verfahren der förmlichen Beteiligung des PR führt eine **Verletzung der Vertretungsregelung** des § 7 dazu, dass das Verfahren nicht ordnungsgemäß eingeleitet ist. Die Personalvertretung muss die fehlerhafte Vertretung jedoch innerhalb der für das jeweilige Verfahren geltenden Äußerungsfrist **wirksam rügen,** damit sie sich im Verhältnis zur Dienststelle darauf berufen kann. Unterlässt sie dies, dann wird der Verfahrensmangel unabhängig von der Art des Beteiligungsrechts auch im Verhältnis zwischen der Dienststelle (oder dem Arbeitgeber bzw. Dienstherrn) und dem von der beteiligungspflichtigen Maßnahme betroffenen Beschäftigten unbeachtlich (vgl. § 69 Rn. 18).[104]

---

100 Str.; vgl. KfdP-*Altvater*, Rn. 7 a m. N.
101 *BAG* v. 29.10.98 – 2 AZR 61/98 –, PersR 99, 135.
102 Str.; a. A. *BAG* v. 26.10.95 – 2 AZR 743/94 –, PersR 96, 129; vgl. KfdP-*Altvater*, Rn. 6 m. w. N.
103 *BAG* v. 26.10.95, a. a. O.
104 Vgl. *BVerwG* v. 6.4.89 – 2 C 26.88 –, PersR 89, 203; *BAG* v. 25.2.98 – 2 AZR 226/97 –, PersR 97, 298, v. 6.7.06 – 2 AZR 442/05 – u. – 2 AZR 443/05 –, NZA 07, 139 bzw. 197, sowie v. 19.4.07 – 2 AZR 180/06 –, NZA-RR 07, 572.

§ 8 [Behinderungs-, Benachteiligungs- und Begünstigungsverbot]

Personen, die Aufgaben oder Befugnisse nach diesem Gesetz wahrnehmen, dürfen darin nicht behindert und wegen ihrer Tätigkeit nicht benachteiligt oder begünstigt werden; dies gilt auch für ihre berufliche Entwicklung.

§ 8 ist eine Schutzvorschrift, die inhaltlich mit der für die Länder unmittelbar geltenden Bestimmung des § 107 S. 1 übereinstimmt. Die in § 8 enthaltenen **Verbote der Behinderung, Benachteiligung und Begünstigung** schützen alle Personen, die Aufgaben oder Befugnisse wahrnehmen, die im PersVR vorgesehen sind. Die allgemeine Schutzvorschrift des § 8 wird durch verschiedene **Spezialvorschriften** konkretisiert. Dabei handelt es sich v. a. um die Verbote der Wahlbehinderung und sittenwidrigen Wahlbeeinflussung sowie der Wahlrechtsbeschränkung in § 24 Abs. 1 S. 1 und 2 sowie um die Vorschriften über den Schutz vor wirtschaftlichen und beruflichen Nachteilen in § 46, vor Versetzungen und Abordnungen in § 47 Abs. 2 und vor Kündigungen in den §§ 15, 16 KSchG und § 47 Abs. 1 sowie über die Weiterbeschäftigung von Auszubildenden in § 9.

Der durch § 8 **geschützte Personenkreis** ist umfassend, weil in ihn alle Personen einbezogen sind, die Aufgaben oder Befugnisse nach dem PersVR wahrnehmen. Dazu gehören insb. die Mitglieder und Ersatzmitglieder der Personalvertretungen i. w. S. (PR, GPR, BPR und HPR; JAV, GJAV, BJAV und HJAV) einschl. der Vertreter der nichtständig Beschäftigten, des Vertrauensmanns der Polizeivollzugsbeamten in der Bundespolizei und des Vertrauensmanns der Ortskräfte in Auslandsdienststellen, die Mitglieder des VS-Ausschusses, die Mitglieder und Ersatzmitglieder der Wahlvorstände und Abstimmungsvorstände, der Dienststellenleiter und seine Vertreter in ihrer personalvertretungsrechtlichen Funktion, die Beauftragten von Gewerkschaften und Arbeitgebervereinigungen, der Vorsitzende und die Beisitzer der Einigungsstelle, der Präsident des Bundesverwaltungsgerichts bei der Bestellung des Vorsitzenden der Einigungsstelle, die vom Richterrat in die Personalvertretung entsandten Mitglieder dieses Organs, die Vertrauensperson der schwerbehinderten Menschen, die Teilnehmer von Personalversammlungen und Jugend- und Auszubildendenversammlungen, die Besucher von Sprechstunden des PR und der JAV sowie Beschäftigte, die sich mit Anregungen und Beschwerden an den PR oder die JAV wenden. Zum Schutzbereich des § 8 gehören nicht nur Einzelpersonen, sondern auch alle personalvertretungsrechtlichen **Institutionen**. Dazu zählen die Personalvertretungen i. w. S., die Personalversammlung und die Jugend- und Auszubildendenversammlung, die Einigungsstelle sowie die Wahl- und Abstimmungsvorstände.

Die Verbote des § 8 richten sich gegen **jedermann**. Zu ihren Adressaten gehören v. a. der Dienststellenleiter und seine Vertreter sowie die überge-

§ 8 Behinderungs-, Benachteiligungs- und Begünstigungsverbot

ordneten Dienststellen, aber auch die Beschäftigten und die Personalvertretungen sowie außenstehende Stellen.

4 Der Begriff der **Behinderung** i. S. d. § 8 ist umfassend auszulegen. Er umfasst jede unzulässige Form der Beeinträchtigung der Wahrnehmung personalvertretungsrechtlicher Aufgaben oder Befugnisse, von der Erschwerung und Störung bis zur Verhinderung.[105] Eine Behinderung kann durch **positives Tun** oder, soweit eine Pflicht zum Handeln besteht, durch **Unterlassen** erfolgen. Eine Behinderungsabsicht oder ein Verschulden ist nicht erforderlich.[106] Es genügt vielmehr eine **objektiv feststellbare** unzulässige Beeinträchtigung. **Beispiele** einer Behinderung des PR durch die Dienststelle sind: Verhinderung der Abhaltung von oder der Teilnahme an PR-Sitzungen; Ablehnung von Freistellungen zur Wahrnehmung von PR-Aufgaben; Hinderung von Beschäftigten am Besuch der Sprechstunde des PR; Weigerung der Übernahme der durch die PR-Tätigkeit entstandenen Kosten oder der Bereitstellung der notwendigen Räume oder des Geschäftsbedarfs; Nichterfüllung von Informationspflichten; Unterbindung der Weiterleitung einer Bekanntmachung des PR im zulässigerweise mitbenutzten dienststelleninternen E-Mail-System.[107] Bei der Frage, ob die Aufzeichnung der **Telefondaten** gegen das Behinderungsverbot verstößt, ist nach der Rspr. wie folgt zu differenzieren: Bei Haus-, Orts-, und Nahgesprächen ist die Aufzeichnung nicht zulässig.[108] Dagegen soll die Speicherung der Zielnummern von Ferngesprächen des PR nebst Zeitpunkt und Dauer der Gespräche zum Zwecke der Kostenkontrolle zulässig sein, weil dies eine fachliche Kontrolle durch den Dienststellenleiter ausschließe und es diesem nicht ermöglicht werde, sich ein Bild von dem Inhalt der Gespräche zu verschaffen.[109]

5 Bei **Verstößen gegen das Behinderungsverbot** haben die davon betroffenen Personen und Institutionen einen Anspruch auf **Beseitigung der Beeinträchtigung** und **Unterlassung**,[110] der nach § 83 Abs. 1 Nr. 3, Abs. 2 im Beschlussverfahren vor dem Verwaltungsgericht durchsetzbar ist. Besteht der Verstoß in einem Unterlassen (vgl. Rn. 4), ist ein **Anspruch auf Erfüllung** gegeben, der ebenfalls im personalvertretungsrechtlichen Beschlussverfahren geltend gemacht werden kann.[111]

5a Ob **Anordnungen des Dienststellenleiters**, die gegen das Behinderungsverbot verstoßen, bis zu einer gerichtlichen Entscheidung befolgt

---

105 *BVerwG* v. 27. 8. 90 – 6P 26. 87 –, PersR 90, 327.
106 Vgl. *BAG* v. 12. 11. 97 – 7 ABR 14/97 –, AP BetrVG 1972 § 23 Nr. 27.
107 *BVerwG* v. 27. 10. 09 – 6 P 11. 08 –, PersR 10, 74 [zu II 3 a].
108 *BAG* v. 1. 8. 90 – 7 ABR 99/88 –, PersR 91, 35.
109 *BVerwG* v. 28. 7. 89 – 6 P 1. 88 –, PersR 89, 297; *BAG* v. 18. 1. 89 – 7 ABR 38/87 –, n. v., u. v. 1. 8. 90, a. a. O.; str.; krit. dazu KfdP-*Peiseler*, Rn. 10 m. w. N.
110 Vgl. *BAG* v. 12. 11. 97, a. a. O., u. v. 3. 9. 03 – 7 ABR 12/03 –, AP BetrVG 1972 § 40 Nr. 78.
111 Vgl. KfdP-*Peiseler*, Rn. 11.

Behinderungs-, Benachteiligungs- und Begünstigungsverbot § 8

werden müssen, ist umstritten. Dabei wird überwiegend die Auffassung vertreten, innerhalb der Ordnung der öffentlichen Verwaltung seien dienstliche Weisungen vorläufig bindend. Zur Begründung wird auf die Weisungsgebundenheit (Gehorsamspflicht) der Beamten nach § 62 Abs. 1 S. 2 BBG (Folgepflicht) verwiesen. Eine entsprechende Pflicht gilt für die Arbeitnehmer des öffentlichen Dienstes jedoch nicht. Davon abgesehen wird das Verhältnis der Dienststellenleitung zu den personalvertretungsrechtlichen Institutionen und Funktionsträgern durch den Grundsatz der **gleichberechtigten Partnerschaft** geprägt (§ 1 Rn. 19 b). Im Hinblick darauf brauchen jedenfalls solche dienstlichen Anweisungen nicht befolgt zu werden, die offensichtlich gegen das Behinderungsverbot verstoßen.[112]

Das **Benachteiligungs- und Begünstigungsverbot** untersagt jede nicht gerechtfertigte ungleiche Behandlung der durch § 8 geschützten Personen gegenüber anderen vergleichbaren Beschäftigten. Benachteiligung ist dabei jede Zurücksetzung oder Schlechterstellung, Begünstigung jede Besserstellung oder Vorteilsgewährung. Für den Verstoß reicht die **objektiv ungleiche Behandlung** aus. Eine Absicht zur Benachteiligung oder Begünstigung oder ein Verschulden ist nicht erforderlich.[113] Als verbotene **Benachteiligungen** kommen z.B. in Betracht: die Umsetzung auf einen geringerwertigen Dienstposten oder Arbeitsplatz; die Zuweisung einer weniger angenehmen Arbeit; der Ausschluss von der Beförderung oder Höhergruppierung; die Kündigung des Arbeitsverhältnisses oder die Entlassung aus dem Beamtenverhältnis (zur Übernahme der auf die Erstattung von Unterkunftskosten entfallenden Lohnsteuer- und Sozialversicherungsanteile vgl. § 44 Rn. 13 b). Verbotene **Begünstigungen** sind z.B. sachlich unbegründete Beförderungen oder Höhergruppierungen sowie die Zahlung überhöhter Entschädigungen für Auslagen oder Reisekosten.[114] Keine unzulässige Privilegierung von PR-Mitgliedern liegt in der **Inanspruchnahme von gesetzlich zuerkannten Rechten**.[115]

§ 8 Hs. 2 – stellt klar, dass das Benachteiligungs- und Begünstigungsverbot auch für die **berufliche Entwicklung** der personalvertretungsrechtlich tätigen Personen gilt, und hebt damit die besondere Bedeutung dieses Aspektes hervor. Danach darf z.B. einem PR-Mitglied eine konkrete Chance in der beruflichen Entwicklung nicht vereitelt werden (für freigestellte PR-Mitglieder wird § 8 Hs. 2 durch § 46 Abs. 3 S. 6 ergänzt; vgl. § 46 Rn. 22). Eine ehrenamtliche personalvertretungsrechtliche Tätigkeit

---

112 Zu den Details vgl. KfdP-*Peiseler*, Rn. 12.
113 *BAG* v. 19.8.92 – 7 AZR 262/91 –, PersR 93, 85, v. 16.2.05 – 7 AZR 95/04 –, PersR 05, 500, u. v. 7.11.07 – 7 AZR 820/06 –, PersR 08, 203; ebenso *BVerwG* v. 1.2.10 – 6 PB 36.09 –, PersR 10, 167, m.N. der überholten älteren Rspr.
114 Vgl. *BAG* v. 29.1.74 – 1 ABR 34/73 –, AP BetrVG 1972 § 37 Nr. 8, v. 23.6.75 – 1 ABR 104/73 –, AP BetrVG 1972 § 40 Nr. 10, u. v. 16.2.05 – 7 AZR 590/04 –, PersR 05, 500.
115 Zu weiteren Beispielen vgl. KfdP-*Peiseler*, Rn. 14 a–16.

§ 9 Übernahme von Auszubildenden

darf i. d. R. weder in einem Arbeitszeugnis noch in einer dienstlichen Beurteilung erwähnt werden.[116]

8 Da § 8 ein Schutzgesetz i. S. d. § 823 Abs. 2 BGB ist, können **Verstöße gegen das Verbot der Benachteiligung oder Begünstigung**, wenn sie schuldhaft (d. h. vorsätzlich oder fahrlässig) begangen worden sind und dadurch ein materieller Schaden verursacht worden ist, **Schadensersatzansprüche** des Verletzten auslösen.[117] Es kommen aber auch **Beseitigungs- und Unterlassungsansprüche** entsprechend § 1004 BGB in Betracht, ohne dass es insoweit auf ein Verschulden ankommt (vgl. Rn. 6). Unzulässige **rechtsgeschäftliche Handlungen**, insb. Personalmaßnahmen des Arbeitgebers gegenüber einem Arbeitnehmer, die gegen das Verbot der Benachteiligung oder Begünstigung verstoßen, sind nach § 134 BGB **nichtig**. Unzulässige **Verwaltungsakte**, z. B. solche des Dienstherrn gegenüber einem Beamten, sind zwar nur ausnahmsweise nichtig, ansonsten jedoch **anfechtbar**; Letzteres gilt grundsätzlich auch für **andere Formen hoheitlichen Handelns**.[118]

§ 9 [Übernahme von Auszubildenden]

(1) Beabsichtigt der Arbeitgeber, einen in einem Berufsausbildungsverhältnis nach dem Berufsbildungsgesetz, dem Krankenpflegegesetz oder dem Hebammengesetz stehenden Beschäftigten (Auszubildenden), der Mitglied einer Personalvertretung oder einer Jugend- und Auszubildendenvertretung ist, nach erfolgreicher Beendigung des Berufsausbildungsverhältnisses nicht in ein Arbeitsverhältnis auf unbestimmte Zeit zu übernehmen, so hat er dies drei Monate vor Beendigung des Berufsausbildungsverhältnisses dem Auszubildenden schriftlich mitzuteilen.

(2) Verlangt ein in Absatz 1 genannter Auszubildender innerhalb der letzten drei Monate vor Beendigung des Berufsausbildungsverhältnisses schriftlich vom Arbeitgeber seine Weiterbeschäftigung, so gilt zwischen dem Auszubildenden und dem Arbeitgeber im Anschluss an das erfolgreiche Berufsausbildungsverhältnis ein Arbeitsverhältnis auf unbestimmte Zeit als begründet.

(3) Die Absätze 1 und 2 gelten auch, wenn das Berufsausbildungsverhältnis vor Ablauf eines Jahres nach Beendigung der Amtszeit der Personalvertretung oder der Jugend- und Auszubildendenvertretung erfolgreich endet.

(4) [1]Der Arbeitgeber kann spätestens bis zum Ablauf von zwei

---

116 *BAG* v. 19.8.92 – 7 AZR 262/91 –, PersR 93, 85; *BVerwG* v. 7.11.91 – 1 WB 160.90 –, PersR 92, 195.
117 *BAG* v. 9.6.82 – 4 AZR 766/79 –, AP BPersVG § 107 Nr. 1.
118 Näher zu den Rechtsfolgen von Verstößen KfdP-*Peiseler*, Rn. 18–22.

Wochen nach Beendigung des Berufsausbildungsverhältnisses beim Verwaltungsgericht beantragen,

1. festzustellen, dass ein Arbeitsverhältnis nach den Absätzen 2 oder 3 nicht begründet wird, oder

2. das bereits nach den Absätzen 2 oder 3 begründete Arbeitsverhältnis aufzulösen,

wenn Tatsachen vorliegen, auf Grund derer dem Arbeitgeber unter Berücksichtigung aller Umstände die Weiterbeschäftigung nicht zugemutet werden kann. ²In dem Verfahren vor dem Verwaltungsgericht ist die Personalvertretung, bei einem Mitglied der Jugend- und Auszubildendenvertretung auch diese beteiligt.

(5) Die Absätze 2 bis 4 sind unabhängig davon anzuwenden, ob der Arbeitgeber seiner Mitteilungspflicht nach Absatz 1 nachgekommen ist.

Der dem § 78a BetrVG entsprechende § 9 BPersVG[119] sieht einen besonderen Schutz solcher Mitglieder oder ehemaliger Mitglieder einer Personalvertretung oder JAV vor, die in einem **befristeten Berufsausbildungsverhältnis** nach dem Berufsbildungsgesetz (BBiG), dem Krankenpflegegesetz (KrPflG) oder dem Hebammengesetz (HebG) stehen. Da ihr Ausbildungsverhältnis i. d. R. mit dem Ablauf der Ausbildungszeit oder mit dem Bestehen der Abschlussprüfung vor Ablauf der Ausbildungszeit endet, ist ein solcher Schutz erforderlich, damit sie ihr personalvertretungsrechtliches Amt ohne Furcht vor Nachteilen für ihre zukünftige berufliche Entwicklung ausüben können. § 9 enthält deshalb eine im Sozialstaatsprinzip begründete **spezielle Ausformung des Benachteiligungsverbots** des § 8.[120] Der **Schutzzweck** des § 9 hat eine **individualrechtliche** und eine **kollektivrechtliche** Komponente. Zum einen soll § 9 Auszubildende vor Personalmaßnahmen bewahren, die sie an der Ausübung ihrer PR- oder JAV-Arbeit hindern oder ihre Unabhängigkeit in dieser Arbeit beeinträchtigen können: **Schutz der beruflichen Entwicklung vor nachteiligen Folgen der Amtsausübung**. Zum anderen soll § 9, indem er (i. d. R.) zugleich die amtierende Personalvertretung oder JAV vor dauernden oder vorübergehenden Änderungen ihrer Zusammensetzung schützt, auch der Kontinuität von Gremienarbeit dienen: **Schutz der Kontinuität der Vertretungsorgane und ihrer Funktionsfähigkeit**.[121] Bei der Anwendung des § 9 sind beide Schutzzwecke zu beachten. Da jedoch der »Schutz der Ämterkontinuität« (ggf.) nur die mittelbare Folge des Schutzes der beruflichen Entwicklung ist, steht nicht der kollektivrecht-

1

---

119 Geändert durch Art. 1 Nr. 1 des Gesetzes v. 13.7.88 (BGBl. I S. 1037); vgl. KfdP-*Altvater/Peiseler*, Rn. 1 a.
120 *BVerwG* v. 15.10.85 – 6 P 13.84 –, PersR 86, 173.
121 Vgl. insb. *BVerwG* v. 1.12.03 – 6 P 11.03 – u. v. 1.11.05 – 6 P 3.05 –, PersR 04, 60, u. 06, 382.

§ 9 Übernahme von Auszubildenden

liche, sondern der **individualrechtliche Schutz im Vordergrund**, jedenfalls dann, wenn der kollektivrechtliche Schutz – wie beim nachwirkenden Übernahmeschutz nach § 9 Abs. 3 (bzw. § 78a Abs. 3 BetrVG) – überhaupt nicht realisierbar ist, was in der Rspr. sowohl des *BAG* zu § 78a BetrVG als auch des *BVerwG* zu § 9 BPersVG bisher nicht hinreichend beachtet wird[122] (unten Rn. 9).

2 (**Abs. 1**) Zu dem durch § 9 geschützten Personenkreis gehören Beschäftigte, die in einem Berufsausbildungsverhältnis nach dem BBiG, dem KrPflG oder dem HebG stehen und die das Gesetz durch den Klammervermerk in Abs. 1 als »**Auszubildende**« definiert. Für Auszubildende in Berufsausbildungsverhältnissen, die nicht im KrPflG oder HebG, sondern in anderen **Spezialgesetzen** geregelt sind, die in ihren wesentlichen Elementen den Ausbildungen nach dem BBiG, dem KrPflG und dem HebG vergleichbar ist, insb. für Auszubildende für nichtakademische **Gesundheitsfachberufe**, ist § 9 entsprechend anzuwenden.[123]

2a Zu den Auszubildenden i. S. d. § 9 gehören nicht nur Personen, die sich in einer Erstausbildung befinden, sondern auch solche, die für einen anerkannten Ausbildungsberuf nach § 60 BBiG umgeschult werden.[124] Nicht dazu gehören dagegen Personen, die in einem **anderen Vertragsverhältnis** i. S. d. § 26 BBiG eingestellt sind, um berufliche Kenntnisse, Fertigkeiten oder Erfahrungen zu erwerben, insb. Anlernlinge, Volontäre oder Praktikanten, sowie Beschäftigte, deren Berufsausbildung in einem **öffentlich-rechtlichen Dienstverhältnis** erfolgt (vgl. § 3 Abs. 2 Nr. 2 BBiG).

3 Die Vorschrift schützt Auszubildende, die **Mitglied einer Personalvertretung oder einer JAV** sind. Da die JAV ausdrücklich aufgeführt ist, ist »Personalvertretung« i. e. S. zu verstehen. Gemeint sind damit PR, GPR, BPR und HPR. Mit JAV ist auch die GJAV, BJAV und HJAV gemeint. Die Vorschrift schützt auch Auszubildende, die als **Ersatzmitglied** nur vorübergehend für ein zeitweilig verhindertes ordentliches Mitglied in eine Personalvertretung bzw. JAV eingerückt sind. Das gilt für die Dauer des Einrückens,[125] aber auch für die Zeit eines Jahres nach der Beendigung des Vertretungsfalls. **Wahlbewerber** genießen nicht den Schutz des § 9.[126]

4 Im Unterschied zu § 78a BetrVG hängt die Anwendung der Schutzvorschrift des § 9 BPersVG von der **erfolgreichen Beendigung** des Berufsausbildungsverhältnisses ab. Diese Voraussetzung liegt dann vor, wenn der Auszubildende (nach dem KrPflG oder dem HebG) die **staatliche Prüfung** oder (nach dem BBiG) die **Abschlussprüfung** bestanden hat. Das Ausbildungsverhältnis endet grundsätzlich mit dem Ablauf der Ausbildungszeit (§ 21 Abs. 1 S. 1 BBiG; § 14 Abs. 1 KrPflG; § 17 Abs. 1 HebG),

---

122 Vgl. KfdP-*Altvater/Peiseler*, Rn. 1.
123 Vgl. KfdP-*Altvater/Peiseler*, Rn. 2a.
124 *BVerwG* v. 31. 5. 90 – 6 P 16.88 –, PersR 90, 256.
125 *BVerwG* v. 25. 6. 86 – 6 P 27.84 –, PersR 86, 218.
126 *BVerwG* v. 20. 11. 07 – 6 PB 14.07 –, PersR 08, 80.

Übernahme von Auszubildenden § 9

im Falle der Stufenausbildung mit Ablauf der letzten Stufe (§ 21 Abs. 1 S. 2 BBiG). Besteht der Auszubildende bereits vor Ablauf der Ausbildungszeit die Abschlussprüfung, so endet das Berufsausbildungsverhältnis i. S. d. BBiG nicht mehr (wie nach § 14 Abs. 2 BBiG a. F.) »mit Bestehen der Abschlussprüfung«, sondern (nach § 21 Abs. 2 BBiG n. F.) »mit Bekanntgabe des Ergebnisses durch den Prüfungsausschuss«.[127] Besteht der Auszubildende die Abschlussprüfung nicht, so verlängert sich das Berufsausbildungsverhältnis gem. § 21 Abs. 3 BBiG auf sein Verlangen bis zur nächstmöglichen **Wiederholungsprüfung**, höchstens um ein Jahr, wobei es für die Frage des Zeitpunktes des Bestehens entsprechend § 21 Abs. 2 BBiG wiederum auf die Bekanntgabe des Ergebnisses durch den Prüfungsausschuss ankommt.[128]

Beabsichtigt der Arbeitgeber, einen durch § 9 geschützten Auszubildenden 5 nach erfolgreicher Beendigung des Berufsausbildungsverhältnisses nicht in ein Arbeitsverhältnis auf unbestimmte Zeit zu übernehmen, so ist er verpflichtet, ihm das Auszubildenden spätestens drei Monate vor Beendigung des Ausbildungsverhältnisses schriftlich mitzuteilen. **Arbeitgeber** ist derjenige, mit dem der Ausbildungsvertrag geschlossen und mit dem bei der Übernahme der Arbeitsvertrag abzuschließen ist.[129] Das ist die sog. Anstellungskörperschaft, im Geltungsbereich des Ersten Teils des BPersVG also der Bund oder eine andere der in § 1 aufgeführten juristischen Personen. Für den Arbeitgeber hat – so das *BVerwG*[130] – derjenige zu handeln, der nach den allgemeinen Regelungen berechtigt ist, die Anstellungskörperschaft in ihrer Arbeitgeberfunktion zu vertreten. Er hat die **schriftliche Mitteilung** zu unterzeichnen (§ 126 Abs. 1 BGB), die dem Auszubildenden spätestens drei Monate vor Beendigung des Ausbildungsverhältnisses (vgl. Rn. 4 u. 7) zugehen muss (§ 130 Abs. 1 BGB). Die **Dreimonatsfrist** ist eine Mindestfrist.[131] Die in Abs. 1 festgelegte Mitteilungspflicht des Arbeitgebers hängt mit dem Recht des Auszubildenden nach Abs. 2 zusammen, seinerseits innerhalb von drei Monaten vor Beendigung des Berufsausbildungsverhältnisses schriftlich vom Arbeitgeber die Weiterbeschäftigung zu verlangen. Der Auszubildende kann die Übernahme allerdings auch dann verlangen, wenn der Arbeitgeber seiner Mitteilungspflicht nach Abs. 1 nicht nachgekommen ist (vgl. Rn. 7 f.). Besteht der Auszubildende die Abschlussprüfung nicht und verlängert sich das Ausbildungsverhältnis (vgl. Rn. 4), so muss ggf. – wiederum unter Beachtung der Dreimonatsfrist – eine **erneute Mitteilung** des Arbeitgebers erfolgen.[132]

Die Mitteilung des Arbeitgebers muss sich auf ein **Arbeitsverhältnis auf** 6 **unbestimmte Zeit** beziehen. Darunter ist eine auf Dauer angelegte Vollzeitbeschäftigung zu verstehen, die der Ausbildung des Auszubildenden

---

127 *BVerwG* v. 12.10.09 – 6 PB 28.09 –, PersR 10, 30.
128 Näher dazu KfdP-*Altvater/Peiseler*, Rn. 4 m. w. N.
129 Vgl. *BVerwG* v. 19.1.09 – 6 P 1.08 –, PersR 09, 205, m. w. N.
130 Beschl. v. 16.9.96 – 6 P 16.94 –, PersR 97, 161.
131 Richardi-*Treber*, Rn. 27.
132 Vgl. KfdP-*Altvater/Peiseler*, Rn. 5 m. w. N.

§ 9 Übernahme von Auszubildenden

entspricht und diesen sowohl hinsichtlich der rechtlichen Ausgestaltung des Arbeitsverhältnisses als auch der Bezahlung und der beruflichen Entwicklungsmöglichkeiten einem Beschäftigen gleichstellt, der vom Arbeitgeber für eine **vergleichbare Tätigkeit** ausgewählt und eingestellt wird.[133] Die Mitteilungspflicht des Arbeitgebers entfällt nicht, wenn er den Auszubildenden nur in ein befristetes Arbeitsverhältnis, in ein Teilzeitarbeitsverhältnis oder ein nicht ausbildungsadäquates Arbeitsverhältnis übernehmen will.[134]

7 Nimmt der Arbeitgeber die vorgeschriebene **Mitteilung nach Abs. 1 nicht oder nicht fristgerecht** vor, und sieht der Auszubildende infolgedessen von einem solchen Verlangen ab, so führt dies allein[135] grundsätzlich nicht dazu, dass das Weiterbeschäftigungsverlangen als form- und fristgerecht erklärt anzusehen ist.[136] Der Arbeitgeber kann sich aufgrund des Rechtsgedankens des § 162 Abs. 1 BGB nur dann nicht auf ein fehlendes Weiterbeschäftigungsverlangen berufen, wenn er den Auszubildenden durch die Nichtinformation **bewusst davon abgehalten** hat, das Weiterbeschäftigungsverlangen geltend zu machen.[137] Deshalb empfiehlt es sich, dass der Auszubildende seine **Weiterbeschäftigung in jedem Fall form- und fristgerecht verlangt** (näher dazu Rn. 8 ff.). Die Nichtmitteilung durch den Arbeitgeber kann ggf. **Schadensersatzansprüche** des Auszubildenden auslösen.[138]

8 (Abs. 2) Der Auszubildende, der Mitglied einer Personalvertretung oder einer JAV ist, kann **innerhalb der letzten drei Monate** vor der Beendigung des Ausbildungsverhältnisses schriftlich vom Arbeitgeber seine **Weiterbeschäftigung in einem unbefristeten Vollzeitarbeitsverhältnis verlangen**. Das Weiterbeschäftigungsverlangen muss **schriftlich erklärt** werden. Damit ist die gesetzliche Schriftform des § 126 Abs. 1 BGB gemeint.[139] Das bedeutet, dass die Erklärung des Auszubildenden von diesem eigenhändig durch Namensunterschrift unterzeichnet werden muss. Eine Mitteilung per Telefax, E-Mail oder Computerfax genügt nicht.[140] Ein bereits **früher erklärtes** Weiterbeschäftigungsverlangen ist unwirksam[141] und ist innerhalb der Dreimonatsfrist zu **wiederholen**.[142] Ein vor Fristbeginn gestelltes Weiterbeschäftigungsverlangen kann jedoch nach Auffassung des *BVerwG* ausnahmsweise als fristgerecht gestellt behandelt werden,

---

133 *BVerwG* v. 15.10.85 – 6 P 13.84 –, PersR 86, 173.
134 *Richardi-Treber*, Rn. 24.
135 Anders als hier in den Vorauflagen vertreten.
136 *BVerwG* v. 31.5.05 – 6 PB 1.05 –, PersR 05, 323, m.w.N.
137 Vgl. KfdP-*Altvater/Peiseler*, Rn. 7 m.w.N.
138 Vgl. KfdP-*Altvater/Peiseler*, a.a.O.
139 *BVerwG* v. 18.8.10 – 6 P 15.09 –, PersR 10, 488.
140 Vgl. KfdP-*Altvater/Peiseler*, Rn. 8 a m.w.N.
141 *BAG* v. 10.2.88 – 7 AZR 607/86 –, PersR 88, 161, u. v. 12.11.97 – 7 ABR 73/96 –, AP BetrVG 1972 § 78 a Nr. 31.
142 Vgl. *BVerwG* v. 22.4.87 – 6 P 15.83 –, PersR 87, 189.

wenn Arbeitgeber und Auszubildender dies innerhalb der Dreimonatsfrist ausdrücklich oder stillschweigend vereinbart haben[143] oder wenn die Grundsätze von Treu und Glauben dies bei Vorliegen besonderer Umstände gebieten.[144] Solche Umstände hat das *BVerwG* indessen nur dann bejaht, wenn das Verhalten des Arbeitgebers darauf abzielt, den Auszubildenden von einer fristgerechten Wiederholung seines verfrühten Weiterbeschäftigungsverlangens abzuhalten, obwohl die hieraus dem Auszubildenden entstehenden Nachteile für den Arbeitgeber vorhersehbar waren und deren Abwendung dem Arbeitgeber möglich und zumutbar gewesen wäre. Für die **Berechnung der Dreimonatsfrist** war nach bisheriger Rspr. sowohl des *BAG*[145] als auch des *BVerwG*[146] auf das Bestehen der Abschlussprüfung abzustellen. Nach der Reform des Berufsbildungsrechts ist dagegen der Tag der **Bekanntmachung des Ergebnisses der bestandenen Abschlussprüfung** durch den Prüfungsausschuss maßgebend (vgl. dazu Rn. 4). Die Dreimonatsfrist ist von diesem Tag an zurückzurechnen.

Mit dem form- und fristgerecht erklärten Weiterbeschäftigungsverlangen des Mitglieds der Personalvertretung oder der JAV entsteht im unmittelbaren Anschluss an das erfolgreich beendete Berufsausbildungsverhältnis ein **unbefristetes Vollzeitarbeitsverhältnis** zwischen dem Arbeitgeber und dem Mandatsträger. Es steht allerdings unter dem **Vorbehalt** einer vom Arbeitgeber nach Abs. 4 Nr. 2 beantragten (späteren) **Auflösung durch das Verwaltungsgericht**.[147] Dieses Arbeitsverhältnis kommt auch dann zustande, wenn der Arbeitgeber bereits vorher nach Abs. 4 Nr. 1 beim Verwaltungsgericht die Feststellung beantragt hat, dass ein Arbeitsverhältnis nicht begründet wird, über diesen Antrag aber bei Beendigung des Ausbildungsverhältnisses noch nicht entschieden ist.[148]

8a

Das Verlangen nach Abs. 2 erstreckt sich auf die **Weiterbeschäftigung bei dem Arbeitgeber**, und zwar vorrangig (aber nicht allein) bei der Dienststelle, der der Auszubildende angehört. Das *BVerwG*[149] hat allerdings entschieden, dass der Weiterbeschäftigungsanspruch grundsätzlich auf die **Ausbildungsdienststelle** beschränkt sei, also auf die Dienststelle, bei der das Mitglied der Personalvertretung oder der JAV seine Berufsausbildung erhalten hat. Diese Beschränkung entspricht der st. Rspr. des *BAG*,[150] die den Weiterbeschäftigungsanspruch nach § 78a BetrVG ausschließlich auf den **Ausbildungsbetrieb** bezieht. Die **restriktive Rspr.** wird im Wesentlichen damit begründet, dass die Pflicht des Arbeitgebers zur Weiter-

9

---

143 Beschl. v. 2.11.94 – 6 P 39.93 –, PersR 95, 170.
144 Beschl. v. 9.10.96 – 6 P 20.94 –, PersR 97, 163.
145 Urt. v. 31.10.85 – 6 AZR 557/84 –, AP BetrVG 1972 § 78a Nr. 15.
146 Beschl. v. 22.4.87, a.a.O.
147 Vgl. *BVerwG* v. 1.11.05 – 6 P 3.05 –, PersR 06, 382.
148 Vgl. *BAG* v. 11.1.95 – 7 AZR 574/94 –, PersR 95, 223.
149 Insb. Beschl. v. 15.10.85 – 6 P 13.84 –, PersR 86, 173, v. 1.11.05, a.a.O., u. v. 19.1.09 – 6 P 1.08 –, PersR 09, 205.
150 Insb. Beschl. v. 15.11.06 – 7 ABR 15/06 –, AP BetrVG 1972 § 78a Nr. 38.

§ 9 Übernahme von Auszubildenden

beschäftigung des Auszubildenden nur bei Fortbestehen des durch § 78a Abs. 1 BetrVG (bzw. § 9 Abs. 1 BPersVG) geschützten Mandats gerechtfertigt sei. Nur dann könnten beide (als gleichrangig angesehene) Schutzzwecke der Norm erreicht werden, also die Gewährleistung der Ämterkontinuität der (in § 78a Abs. 1 BetrVG bzw. § 9 Abs. 1 BPersVG genannten) Gremien der Interessenvertretung sowie der Schutz des Amtsträgers vor nachteiligen Folgen bei der Amtsführung während der Berufsausbildung (vgl. oben Rn. 1). Diese Rspr. ist jedoch **bereits im Ansatz verfehlt**, weil sie verkennt, dass die beiden Schutzzwecke des § 78a BetrVG und des § 9 BPersVG nicht »gleichberechtigt nebeneinander« stehen, sondern dass zwischen ihnen ein Rangverhältnis besteht, in dem der **Schutz des Auszubildenden vorrangig** und der **Schutz der Ämterkontinuität nachrangig** ist.[151] Ohne seinen als verfehlt zu kritisierenden Ansatz aufzugeben, hat das BVerwG im Jahr 2009 seine bisherige Rspr. dadurch modifiziert, dass es nun die Besonderheiten einer Mitgliedschaft eines nach § 9 geschützten Auszubildenden in einer **dienststellenübergreifenden Personalvertretung bzw. JAV** berücksichtigt.[152] Danach bezieht sich bei einem Mitglied einer **Stufenvertretung** (BPR oder HPR) oder einer **Jugend- und Auszubildendenstufenvertretung** (BJAV oder HJAV) der Weiterbeschäftigungsanspruch auf **alle Dienststellen im Geschäftsbereich der übergeordneten Dienststelle**, bei der die jeweilige Vertretung (BPR oder HPR bzw. BJAV oder HJAV) gebildet ist. Bei einem Mitglied eines **GPR** oder einer **GJAV** bezieht er sich auf **alle Dienststellen im Bereich der Gesamtdienststelle**. Letzteres hat das BVerwG zwar bisher nicht ausdrücklich ausgesprochen, ist aber eine Konsequenz aus seiner Rspr. zum Weiterbeschäftigungsanspruch von Mitgliedern von Stufenvertretungen.

9a Das Weiterbeschäftigungsverlangen bezieht sich nicht auf die Beschäftigung an einem bestimmten Arbeitsplatz. Die **Arbeitsbedingungen** in dem sich anschließenden unbefristeten Arbeitsverhältnis haben aber denen **vergleichbarer Arbeitnehmer** mit betriebsüblicher beruflicher Entwicklung zu entsprechen. Die Weiterbeschäftigung hat vorrangig im erlernten Beruf zu erfolgen. Das Mitglied der Personalvertretung oder der JAV darf nicht auf eine **ausbildungsfremde, geringerwertige Beschäftigung** verwiesen werden, wenn es ausbildungsgerecht beschäftigt werden könnte.[153] Der Arbeitgeber kann den Wirkungsbereich des Weiterbeschäftigungsanspruchs nicht dadurch einschränken, dass er für die Weiterbeschäftigung besondere Qualifikationsanforderungen aufstellt[154] (vgl. aber Rn. 16). Ist allerdings ein freier, ausbildungsgerechter Arbeitsplatz nicht vorhanden und hat sich der Auszubildende **hilfsweise** bereit erklärt, auch eine **nicht ausbildungsadäquate Tätigkeit** anzunehmen, so muss der Arbeitgeber prüfen, ob eine

---

151 Näher dazu KfdP-*Altvater/Peiseler*, Rn. 9 m. w. N.
152 Beschl. v. 19. 1. 09, a. a. O.
153 *BVerwG* v. 15. 10. 85 – 6 P 13.84 –, PersR 86, 173.
154 *BVerwG* v. 24. 4. 91 – 6 PB 18.90 –, PersR 91, 409.

Übernahme von Auszubildenden § 9

anderweitige Beschäftigung möglich ist.[155] Seine Bereitschaft zu einer solchen Weiterbeschäftigung zu anderen Bedingungen muss der Auszubildende dem Arbeitgeber **unverzüglich** nach dessen Nichtübernahmeerklärung mitteilen; eine Einverständniserklärung im gerichtlichen Verfahren über den Auflösungsantrag genügt nicht.[156] Der Weiterbeschäftigungsanspruch richtet sich auf ein **unbefristetes Vollzeitarbeitsverhältnis**.[157] Will der Arbeitgeber den Anspruch auf Übernahme in ein unbefristetes Vollzeitarbeitsverhältnis nicht erfüllen, weil er aus betrieblichen Gründen nur ein befristetes oder nur ein Teilzeitarbeitsverhältnis anbieten kann, muss er das Verfahren nach Abs. 4 betreiben (vgl. Rn. 11 ff.).

(Abs. 3) Auch **ehemalige Mitglieder** einer Personalvertretung oder JAV haben nach Maßgabe der Abs. 1 und 2 den Übernahmeanspruch, sofern das Berufsausbildungsverhältnis **vor Ablauf eines Jahres** nach Beendigung der Amtszeit erfolgreich endet. Für die Berechnung des einjährigen nachwirkenden Schutzes ist die Beendigung der **persönlichen Mitgliedschaft** in dem jeweiligen personalvertretungsrechtlichen Organ maßgebend; entsprechend § 15 Abs. 2 S. 2 Hs. 2 KSchG ist der nachwirkende Übernahmeschutz jedoch ausgeschlossen, wenn die Beendigung der Mitgliedschaft auf einer gerichtlichen Entscheidung beruht.[158] Der nachwirkende Schutz gilt auch für ein **endgültig nachgerücktes Ersatzmitglied**, das mit dem Einrücken in die Personalvertretung oder JAV zum ordentlichen Mitglied dieses Gremiums geworden ist.[159] Auch das **vorübergehend nachgerückte Ersatzmitglied** kann den nachwirkenden Schutz in Anspruch nehmen, sofern das Berufsausbildungsverhältnis innerhalb eines Jahres nach dem (letzten) Vertretungsfall erfolgreich abgeschlossen wird.[160]

10

(Abs. 4) Der Arbeitgeber kann, sofern die Weiterbeschäftigung nach Abs. 2 oder Abs. 3 verlangt worden ist, den Übergang des Ausbildungsverhältnisses in ein Arbeitsverhältnis nur durch die **Anrufung des Verwaltungsgerichts** und durch einen für ihn erfolgreichen Ausgang des Gerichtsverfahrens verhindern. Abs. 4 sieht zwei Arten von möglichen Anträgen des Arbeitgebers vor: einen **Feststellungsantrag** (Nr. 1) und einen **Auflösungsantrag** (Nr. 2). Über diese Anträge ist im **personal-**

11

---

155 *BAG* v. 6.11.96 – 7 ABR 54/95 –, PersR 97, 409.
156 *BAG* v. 8.9.10 – 7 ABR 33/09 –, NZA 11, 221.
157 *BVerwG* v. 15.10.85, a.a.O.; *BAG* v. 13.11.87 – 7 AZR 246/87 –, AP BetrVG 1972 § 78a Nr. 18.
158 Vgl. *BAG* v. 21.8.79 – 6 AZR 789/77 –, AP BetrVG 1972 § 78a Nr. 6; str.; vgl. KfdP-*Altvater/Peiseler*, Rn. 10 m.w.N.
159 *BVerwG* v. 22.4.87 – 6 P 15.83 –, PersR 87, 189.
160 Vgl. *BAG* v. 15.1.80 – 6 AZR 726/79 –, AP BetrVG 1972 § 78a Nr. 8, u. v. 13.3.86 – 6 AZR 381/85 –, PersR 86, 216; zu eng hingegen *BVerwG* v. 25.6.86 – 6 P 27.84 –, PersR 86, 218, wonach der Weiterbeschäftigungsanspruch nicht besteht, wenn ein vorübergehend nachgerücktes Ersatzmitglied nur an wenigen, zeitlich weit auseinander liegenden Sitzungen teilgenommen hat; vgl. KfdP-*Altvater/Peiseler*, a.a.O. m.w.N., insb. zur OVG-Rspr.

§ 9 Übernahme von Auszubildenden

vertretungsrechtlichen Beschlussverfahren zu entscheiden.[161] Der Antrag auf Feststellung, dass ein Arbeitsverhältnis nicht begründet wird, soll das Zustandekommen eines Arbeitsverhältnisses verhindern, während der Antrag, das bereits begründete Arbeitsverhältnis aufzulösen, auf das rechtsgestaltende Eingreifen des Verwaltungsgerichts in das bestehende Arbeitsverhältnis abzielt.[162]

12 Im Verfahren nach § 9 Abs. 4 handelt für den **Arbeitgeber** nur derjenige, der ihn gerichtlich zu vertreten hat.[163] Nach st. Rspr. des *BVerwG* muss innerhalb der zweiwöchigen **Ausschlussfrist** von Abs. 4 S. 1 (vgl. Rn. 14) eine verantwortliche Entscheidung desjenigen vorliegen, der den Arbeitgeber gerichtlich vertritt.[164] Diese Voraussetzung ist erfüllt, wenn die innerhalb der Ausschlussfrist eingegangene Antragsschrift vom **gesetzlichen Vertreter des Arbeitgebers** unterzeichnet ist. Eine rechtzeitige Antragstellung ist aber auch durch eine Antragsschrift möglich, die durch einen **nachgeordneten Bediensteten** unterschrieben ist; dieser muss dann allerdings seine Vertretungsbefugnis innerhalb der Ausschlussfrist durch **Vorlage einer Vollmacht** – und zwar im Original – nachweisen, die vom gesetzlichen Vertreter des Arbeitgebers unterzeichnet ist.[165] Das gilt auch, wenn sich der Arbeitgeber zur Antragstellung nach Abs. 4 S. 1 eines **Rechtsanwalts** bedient.[166] Soll zur gerichtlichen Vertretung des öffentlichen Arbeitgebers **anstelle des Behördenleiters ein Abteilungsleiter** berufen sein, so müssen für eine wirksame Antragstellung nach Abs. 4 S. 1 die **delegierenden Bestimmungen** (wie z. B. Geschäftsordnung, Aufgabenverteilungsplan, Tätigkeitsbeschreibung) entweder **veröffentlicht** sein oder innerhalb der zweiwöchigen Antragsfrist dem Gericht **vorgelegt** werden.[167] Eine **Generalprozessvollmacht** berechtigt als solche nicht zur Antragstellung nach Abs. 4 S. 1.[168] Das **Verwaltungsgericht** ist nicht gehalten, den öffentlichen Arbeitgeber innerhalb der zweiwöchigen Ausschlussfrist auf etwaige **Bedenken** hinsichtlich einer wirksamen Antragstellung hinzuweisen und auf die rechtzeitige Behebung des Mangels hinzuwirken.[169]

13 Der **Feststellungsantrag** kommt **vor der Beendigung des Ausbildungsverhältnisses** in Betracht. Voraussetzung ist, dass der Auszubildende

---

161 *BVerwG* v. 26.6.81 – 6 P 71.78 –, PersV 83, 14, u. v. 26.5.09 – PB 4.09 –, PersR 09, 367.
162 *BVerwG* v. 30.10.87 – 6 P 25.85 –, PersR 88, 47.
163 *BVerwG* v. 1.12.03 – 6 P 11.03 –, PersR 04, 60, v. 1.11.05 – 6 P 3.05 –, PersR 06, 382, u. v. 8.7.08 – 6 P 14.07 –, PersR 08, 374.
164 Vgl. zum Folgenden KfdP-*Altvater/Peiseler*, Rn. 11 a m.w.N.
165 *BVerwG* v. 19.8.09 – 6 PB 19.09 –, PersR 09, 420, v. 18.9.09 – 6 PB 23.09 –, PersR 09, 509, u. v. 21.2.11 – 6 P 12.10 –, PersR 11, 271, jew. m.w.N.
166 *BVerwG* v. 18.8.10 – 6 P 15.09 –, PersR 10, 488, u. v. 3.6.11 – 6 PB 1.11 –, PersR 11, 390.
167 *BVerwG* v. 18.9.09, a.a.O.
168 *BVerwG* v. 21.2.11, a.a.O.
169 *BVerwG* v. 19.8.09, a.a.O.

Übernahme von Auszubildenden § 9

das Weiterbeschäftigungsverlangen erklärt hat. Einem Feststellungsantrag, den der Arbeitgeber stellt, bevor der Auszubildende überhaupt seine Weiterbeschäftigung verlangt hat, fehlt es anfänglich regelmäßig am Rechtsschutzbedürfnis; es reicht (entgegen der Voraufl.) jedoch aus, wenn dieses nachträglich – durch ein Weiterbeschäftigungsverlangen – entsteht, und spätestens im Zeitpunkt der letzten mündlichen Verhandlung vorliegt.[170] Ein vom Arbeitgeber zulässigerweise und rechtzeitig eingeleitetes Feststellungsverfahren nach Abs. 4 Nr. 1, das bis zur Beendigung des Ausbildungsverhältnisses noch nicht abgeschlossen ist, verhindert indessen nicht den Eintritt der gesetzlichen Fiktion, dass ein Arbeitsverhältnis begründet wird. Wie der Auflösungsantrag nach Abs. 4 Nr. 2 zielt auch der Feststellungsantrag auf eine rechtsgestaltende gerichtliche Entscheidung, die ihre Wirkung erst mit ihrer Rechtskraft für die Zukunft entfaltet.[171]

13 a Da ein vom Arbeitgeber rechtzeitig eingeleitetes Feststellungsverfahren nach Abs. 4 Nr. 1 nicht den Eintritt der Fiktion verhindert, dass nach Abs. 2 ein Arbeitsverhältnis begründet wird (vgl. Rn. 13), besteht für jedes Mitglied einer Personalvertretung oder JAV, das die Weiterbeschäftigung form- und fristgerecht verlangt hat, ein Anspruch auf **vorläufige, ausbildungsadäquate Beschäftigung**, bis über den Antrag des Arbeitgebers rechtskräftig entschieden ist.[172] Dieser Anspruch kann nach § 2 Abs. 1 Nr. 3 ArbGG im **arbeitsgerichtlichen Urteilsverfahren** geltend gemacht werden; i. d. R. wird auch der Erlass einer **einstweiligen Verfügung** auf vorläufige Weiterbeschäftigung begründet sein.[173]

14 **Nach der Beendigung der Ausbildungszeit** und dem erfolgten Übergang in ein unbefristetes Arbeitsverhältnis kommt grundsätzlich nur der **Auflösungsantrag** in Betracht.[174] Dieser Antrag kann nur **bis zum Ablauf von zwei Wochen** nach Beendigung des Berufsausbildungsverhältnisses gestellt werden. Dabei handelt es sich um eine **Ausschlussfrist**, die nicht verlängerbar ist, weil sie nicht nur prozessuale, sondern auch materiell-rechtliche Bedeutung hat.[175] Hat der Arbeitgeber bereits vor der Beendigung des Berufsausbildungsverhältnisses einen Feststellungsantrag gestellt, wandelt sich dieser in einen Auflösungsantrag um, ohne dass dies einer förmlichen Antragsänderung bedarf, wenn das Ausbildungsverhältnis während des Laufs des Gerichtsverfahren endet.[176] Stellt der Arbeitgeber nach der gesetzlichen Begründung des Arbeitsverhältnisses einen Antrag auf Feststellung, dass ein Arbeitsverhältnis auf unbestimmte Zeit nicht begründet worden ist, so ist dieses Begehren als Auflösungsantrag auszulegen,

---

170 *BVerwG* v. 2.11.94 – 6 P 39.93 –, PersR 95, 170.
171 *BAG* v. 29.11.89 – 7 ABR 67/88 –, PersR 91, 104.
172 *BAG* v. 29.11.89, a.a.O.; *LAG Brem* v. 12.6.85 – 2 Sa 236/84 –, PersR 86, 175.
173 Teilw. str.; näher dazu KfdP-*Altvater/Peiseler*, Rn. 13 m.w.N.
174 *BVerwG* v. 26.6.81 – 6 P 71.78 –, PersV 83, 14.
175 Vgl. *BVerwG* v. 1.12.03 – 6 P 11.03 –, PersR 04, 60.
176 *BVerwG* v. 1.12.03, a.a.O.

§ 9 Übernahme von Auszubildenden

wenn in der Antragsbegründung ausschließlich die Unzumutbarkeit der Weiterbeschäftigung geltend gemacht wird.[177]

14a Das Verwaltungsgericht muss den Auflösungsantrag unter zwei Voraussetzungen **prüfen**: ob ein **Arbeitsverhältnis gem. Abs. 2 zustande gekommen** ist und ob Tatsachen vorliegen, auf Grund derer dem Arbeitgeber unter Berücksichtigung aller Umstände die **Weiterbeschäftigung nicht zugemutet** werden kann.[178] Da nur ein zustande gekommenes Rechtsverhältnis auflösbar ist, kann das Gericht von der Beantwortung der **Vorfrage**, ob ein Arbeitsverhältnis gem. Abs. 2 überhaupt zustande gekommen ist, nicht absehen (vgl. auch unten Rn. 17).[179] Ist der Auflösungsantrag erfolgreich, endet das Arbeitsverhältnis mit der **Rechtskraft** des Beschlusses, der die Auflösung ausspricht.[180] Bis zu diesem Zeitpunkt hat ein **wirksames Arbeitsverhältnis** bestanden. Bei der Prüfung, ob eine Beschäftigungsmöglichkeit besteht, ist aber auch beim Auflösungsantrag auf den Zeitpunkt abzustellen, zu dem das Berufsausbildungsverhältnis geendet hat.[181]

15 Das Verwaltungsgericht darf dem Feststellungs- oder Auflösungsantrag des Arbeitgebers nur stattgeben, wenn Tatsachen vorliegen, aufgrund derer ihm unter Berücksichtigung aller Umstände eine **Weiterbeschäftigung nicht zugemutet** werden kann. Obwohl sich diese Formulierung an die Regelung des § 626 BGB über die außerordentliche Kündigung aus wichtigem Grund anlehnt, ist sie mit ihr nicht identisch.[182] Dennoch ist eine an § 626 BGB orientierte Auslegung gerechtfertigt, dass die Weiterbeschäftigung dem Arbeitgeber nur bei Vorliegen **außerordentlicher Gründe** nicht zumutbar ist. Dafür kommen grundsätzlich nur **schwerwiegende Gründe persönlicher Art** in Betracht[183] (vgl. auch Rn. 16). **Dringende betriebliche Gründe** können die Unzumutbarkeit der Weiterbeschäftigung des Auszubildenden begründen, wenn zum Zeitpunkt der Beendigung des Berufsausbildungsverhältnisses **kein ausbildungsadäquater, auf Dauer angelegter und gesicherter freier Arbeitsplatz** vorhanden ist, wobei es auf das Vorhandensein einer freien Planstelle nicht notwendig ankommt.[184] Derartige Gründe müssen im jeweiligen Einzelfall nachvollziehbar dargetan und im Zweifelsfall vom Arbeitgeber auch bewiesen werden.[185]

---

177 *BVerwG* v. 28.7.06 – 6 PB 9.06 –, PersR 06, 429.
178 *BVerwG* v. 31.5.90 – 6 P 16.88 –, PersR 90, 256.
179 *BVerwG* v. 22.4.87 – 6 P 20.84 –, PersR 87, 191, sowie v. 9.10.96 – 6 P 20.94 – u. – 6 P 21.94 –, PersR 97, 163 u. 165.
180 Vgl. *BAG* v. 15.1.80 – 6 AZR 361/79 –, AP BetrVG 1972 § 78a Nr. 9.
181 St. Rspr. des *BVerwG;* vgl. Beschl. v. 12.10.09 – 6 PB 28.09 –, PersR 10, 30, m.w.N.
182 *BVerwG* v. 26.6.81 – 6 P 71.78 –, PersV 83, 14.
183 Vgl. *BAG* v. 16.1.79 – 6 AZR 153/77 –, AP BetrVG 1972 § 78a Nr. 5.
184 *BVerwG* v. 9.9.99 – 6 P 5.98 –, PersR 00, 156, v. 17.5.00 – 6 P 8.99 –, PersR 00, 419, v. 1.11.05 – 6 P 3.05 –, PersR 06, 382, u. v. 19.1.09 – 6 P 1.08 –, PersR 09, 205.
185 *VG Frankfurt a.M.* v. 16.5.94 – 22 K 4/94 (V) –, PersR 94, 477.

Übernahme von Auszubildenden § 9

Die Weiterbeschäftigung ist dann unzumutbar, wenn dem Auszubildenden im Zeitpunkt des Ausbildungsendes **lediglich vorübergehend** ein Arbeitsplatz bereitgestellt werden kann; daran ändert sich nichts, wenn später der Wechsel auf einen Dauerarbeitsplatz in Betracht kommt.[186] Der Arbeitgeber ist allerdings nicht verpflichtet, einen Arbeitsplatz einzurichten, um seiner Weiterbeschäftigungspflicht nachkommen zu können.[187] Da er jedoch innerhalb von drei Monaten vor Ausbildungsende mit einem Übernahmeverlangen des geschützten Auszubildenden rechnen muss, ist es ihm regelmäßig zuzumuten, den Auszubildenden auf Dauer in einem Arbeitsverhältnis zu beschäftigen, wenn er einen innerhalb dieses Zeitraums frei gewordenen Arbeitsplatz nicht für den Auszubildenden **freihält**, sondern anderweitig sofort wieder besetzt und dies nicht durch dringende betriebliche Erfordernisse geboten ist.[188]

Eine vom **Haushaltsgesetzgeber** für alle freien oder frei werdenden Stellen ausgesprochene **Wiederbesetzungssperre** macht dem Arbeitgeber die Weiterbeschäftigung unzumutbar.[189] Unterliegt die Ausbildungsdienststelle bei der Stellenbewirtschaftung **keinen Vorgaben des Haushaltsgesetzgebers** in Bezug auf berufliche Qualifikation und Fachrichtung (weil ihr im Rahmen eines Systems der dezentralen Verantwortung ein leistungsorientiertes Globalbudget zugewiesen ist), so ist sie bei der Festlegung des Anforderungsprofils der zu besetzenden Stellen durch § 9 nicht gebunden; die Wirkung des § 9 erschöpft sich hier in einer gerichtlichen Missbrauchskontrolle.[190] Hat sich der Arbeitgeber entschlossen, einen Teil der anfallenden Arbeitsaufgaben künftig **Leiharbeitnehmern** zu übertragen, so wird ihm die Übernahme eines geschützten Auszubildenden nicht allein deshalb unzumutbar.[191] Die Weiterbeschäftigung eines geschützten Auszubildenden hat aber keinen Vorrang vor der Übernahme von Beschäftigten im **Personalüberhang**.[192] Wird eine im Zeitpunkt des Ausbildungsendes unbesetzte Stelle für eine aus dem **Erziehungsurlaub** – jetzt der **Elternzeit** – zurückkehrende Beschäftigte freigehalten, steht sie

15a

---

186 *BVerwG* v. 11.3.08 – 6 PB 16.07 –, Buchh 250 § 9 Nr. 30 Nr. 15.
187 *BVerwG* v. 15.10.85 – 6 P 13.84 –, PersR 86, 173, u. v. 1.11.05, a.a.O.
188 *BVerwG* v. 1.11.05, a.a.O., v. 29.3.06 – 6 PB 2.06 –, PersR 06, 308, u. v. 12.10.09 – 6 PB 28.09 –, PersR 10, 30; vgl. *BAG* v. 12.11.97 – 7 ABR 63/96 –, AP BetrVG 1972 § 78a Nr. 30.
189 *BVerwG* v. 30.10.87 – 6 P 25.85 –, PersR 88, 47, v. 13.3.89 – 6 P 22.85 –, PersR 89, 132, v. 13.9.01 – 6 PB 9.01 –, PersR 01, 524, u. v. 30.5.07 – 6 PB 1.07 –, PersR 07, 355.
190 *BVerwG* v. 1.11.05 – 6 P 3.05 –, PersR 06, 382; v. 11.3.08 – 6 PB 16.07 –, Buchh 250 § 9 Nr. 30 Nr. 15; v. 26.5.09 – PB 4.09 –, PersR 09, 367; v. 12.10.09 – 6 PB 28.09 –, PersR 10, 30.
191 Vgl. *BAG* v. 16.7.08 – 7 ABR 13/07 – u. v. 25.2.09 – 7 ABR 61/07 –, AP BetrVG 1972 § 78a Nr. 50 u. 52.
192 *BVerwG* v. 4.6.09 – 6 PB 6.09 –, PersR 09, 370, u. v. 6.9.11 – 6 PB 10.11 –, PersR 11, 450 Ls.

§ 9 Übernahme von Auszubildenden

nicht als Dauerarbeitsplatz für einen geschützten Auszubildenden zur Verfügung.[193]

16 Stehen für die an einer Weiterbeschäftigung interessierten Ausgebildeten nicht genügend ausbildungsadäquate Arbeitsplätze zur Verfügung, können zu den Gründen persönlicher Art, aus denen eine Weiterbeschäftigung eines (früheren) Mitglieds der Personalvertretung oder der JAV unzumutbar sein kann, auch wesentliche Unterschiede in der **Eignung und Befähigung** der Bewerber gehören. Das ergibt sich aus dem in Art. 33 Abs. 2 GG festgelegten Leistungsprinzip, das nach der Rspr. des *BVerwG* neben dem Sozialstaatsprinzip zu beachten ist.[194] Danach gilt Folgendes: Besteht bei einem Leistungsvergleich zwischen dem (früheren) Mitglied der Personalvertretung oder der JAV und seinen Mitbewerbern kein Unterschied, so ist dem Ersteren der Vorrang zu geben, weil sich andernfalls eine Benachteiligung wegen der Tätigkeit in der Personalvertretung oder der JAV nicht ausschließen lässt. Anders ist es dagegen, wenn Mitbewerber objektiv wesentlich fähiger und geeigneter sind. Dies ist der Fall, wenn das (frühere) Mitglied der Personalvertretung oder der JAV in der Abschlussprüfung um deutlich mehr als eine Notenstufe schlechter abgeschnitten hat als der schwächste sonstige Bewerber, wobei die Differenz mindestens das 1,33-fache dieser Notenstufe betragen muss. In den Eignungsvergleich sind grundsätzlich nur die Mitbewerber aus der Ausbildungsdienststelle einzubeziehen; geht es um die Übernahme eines Mitglieds einer Stufenvertretung (BPR oder HPR) oder einer Jugend- und Auszubildendenstufenvertretung (BJAV oder HJAV) erstreckt sich der Vergleich dagegen auf die Bewerber aus allen Dienststellen, die zum Geschäftsbereichs der übergeordneten Dienststelle gehören.[195]

17 Bestreitet der öffentliche Arbeitgeber, dass ein **Arbeitsverhältnis nach Abs. 2 oder 3 überhaupt begründet** worden ist, so kann er – jedenfalls in Kombination mit einem hilfsweise verfolgten Auflösungsbegehren nach Abs. 4 Nr. 2 – einen dahingehenden **negativen Feststellungsantrag** stellen.[196] Für dieses Feststellungsbegehren gilt die Zweiwochenfrist des Abs. 4 S. 1 (vgl. Rn. 14) nicht; für eine analoge Anwendung fehlt es an einer planwidrigen Lücke.[197]

18 In dem **personalvertretungsrechtlichen Beschlussverfahren**, in dem festgestellt werden soll, dass ein Arbeitsverhältnis nicht begründet wird, oder in dem ein bereits begründetes Arbeitsverhältnis wieder aufgelöst werden soll, ist außer dem Arbeitgeber als Antragsteller und dem die Weiterbeschäftigung verlangenden (früheren) Auszubildenden gem. Abs. 4 S. 2 auch die **Personalvertretung beteiligt**. Das gilt unabhängig davon,

---

193 *BVerwG* v. 11.3.08, a.a.O.
194 Beschl. v. 9.9.99 – 6 P 5.98 – u. v. 17.5.00 – 6 P 9.99 –, PersR 00, 156 u. 419.
195 *BVerwG* v. 19.1.09 – 6 P 1.08 –, PersR 09, 205.
196 *BVerwG* v. 18.8.10 – 6 P 15.09 –, PersR 10, 488, m.w.N.
197 *BVerwG* v. 18.8.10, a.a.O.

ob sich das Verfahren gegen das Mitglied der Personalvertretung oder der bei ihr bestehenden JAV richtet. Ist ein Verfahren nach Abs. 4 gegen ein JAV-Mitglied anhängig, so ist neben der Personalvertretung **auch die JAV** beteiligt.

(Abs. 5) Die Schutzvorschriften der Abs. 2 bis 4 gelten auch dann, wenn der Arbeitgeber seiner in Abs. 1 festgelegten **Mitteilungspflicht nicht nachgekommen** ist. Auch in diesem Fall kann – i. d. R.: muss – der Auszubildende innerhalb der letzten drei Monate vor Beendigung des Berufsausbildungsverhältnisses seine Weiterbeschäftigung verlangen. Tut er dies nicht, weil der Arbeitgeber ihn durch die Nichtinformation bewusst davon abgehalten hat, ist er so zu stellen, als ob er das Weiterbeschäftigungsverlangen form- und fristgerecht erklärt hätte mit der Folge, dass ein unbefristetes Arbeitsverhältnis zustande gekommen ist (vgl. Rn. 7).

19

§ 10 [Schweigepflicht]

(1) ¹**Personen, die Aufgaben oder Befugnisse nach diesem Gesetz wahrnehmen oder wahrgenommen haben, haben über die ihnen dabei bekanntgewordenen Angelegenheiten und Tatsachen Stillschweigen zu bewahren.** ²**Abgesehen von den Fällen des § 68 Abs. 2 Satz 3 und des § 93 gilt die Schweigepflicht nicht für Mitglieder der Personalvertretung und der Jugend- und Auszubildendenvertretung gegenüber den übrigen Mitgliedern der Vertretung und für die in Satz 1 bezeichneten Personen gegenüber der zuständigen Personalvertretung; sie entfällt ferner gegenüber der vorgesetzten Dienststelle, der bei ihr gebildeten Stufenvertretung und gegenüber dem Gesamtpersonalrat.** ³**Satz 2 gilt auch für die Anrufung der Einigungsstelle.**

(2) **Die Schweigepflicht besteht nicht für Angelegenheiten oder Tatsachen, die offenkundig sind oder ihrer Bedeutung nach keiner Geheimhaltung bedürfen.**

§ 10 BPersVG regelt die **personalvertretungsrechtliche Schweigepflicht**. Daneben besteht für die Beschäftigten aufgrund ihres Dienst- oder Arbeitsverhältnisses die **beamtenrechtliche oder arbeitsvertragliche Schweigepflicht**. Die Verschwiegenheitspflicht der Bundesbeamten ist nunmehr geregelt in § 67 Bundesbeamtengesetz v. 5. 2. 09[198], der die bisherige Regelung in § 61 Bundesbeamtengesetz i. d. F. v. 31. 3. 99[199] – mit späteren Änderungen – am 12. 2. 09 abgelöst hat. Die wichtigsten Regelungen, die inhaltlich dem § 61 Abs. 1 BBG a. F. entsprechen, sind enthalten in **§ 67 Abs. 1 und 2 S. 1 Nr. 1 und 2 BBG n. F.** Sie lauten wie folgt:

1

---
198 BGBl. I S. 160.
199 BGBl. I S. 675.

§ 10 Schweigepflicht

»(1) ¹Beamtinnen und Beamte haben über die ihnen bei oder bei Gelegenheit ihrer amtlichen Tätigkeit bekannt gewordenen dienstlichen Angelegenheiten Verschwiegenheit zu bewahren. ²Dies gilt auch über den Bereich eines Dienstherrn hinaus sowie nach Beendigung des Beamtenverhältnisses.

(2) ¹Absatz 1 gilt nicht, soweit

1. *Mitteilungen im dienstlichen Verkehr geboten sind,*
2. *Tatsachen mitgeteilt werden, die offenkundig sind oder ihrer Bedeutung nach keiner Geheimhaltung bedürfen, oder*

…«

Im Unterschied zu dieser umfassend angelegten »Amtsverschwiegenheit« der Beamten erstreckt sich die Verschwiegenheitspflicht der Arbeitnehmer nicht auf alle bei ihrer dienstlichen Tätigkeit bekannt gewordenen Angelegenheiten. So bestimmt etwa **§ 3 Abs. 1 TVöD**:

»Die Beschäftigten haben über Angelegenheiten, deren Geheimhaltung durch gesetzliche Vorschriften vorgesehen oder vom Arbeitgeber angeordnet ist, Verschwiegenheit zu wahren; das gilt auch über die Beendigung des Arbeitsverhältnisses hinaus.«

§ 5 Abs. 1 TVAöD legt fest:

»Auszubildende haben in demselben Umfang Verschwiegenheit zu wahren wie die Beschäftigten des Ausbildenden.«

Dabei sind mit »Beschäftigten« die zum Geltungsbereich des TVöD gehörenden Arbeitnehmer gemeint (vgl. § 1 Abs. 1 TVAöD i. V. m. § 1 Abs. 1 TVöD). Fehlen entsprechende tarifvertragliche Bestimmungen über die Schweigepflicht, besteht eine vergleichbare, aus § 242 BGB abgeleitete arbeitsvertragliche **Nebenpflicht**.

2 Die personalvertretungsrechtliche Schweigepflicht ist der beamtenrechtlichen Schweigepflicht nachgebildet. § 10 legt in Abs. 1 S. 1 (entsprechend § 61 Abs. 1 S. 1 BBG a. F. bzw. § 67 Abs. 1 BBG n. F.) den **Grundsatz** der Schweigepflicht fest (vgl. Rn. 6 ff.) und schränkt diesen Grundsatz in Abs. 1 S. 2 und 3 sowie in Abs. 2 (entsprechend § 61 Abs. 1 S. 2 BBG a. F. bzw. § 67 Abs. 2 S. 1 Nr. 1 und 2 BBG n. F.) durch Ausnahmen ein. Dabei handelt es sich bei den **Ausnahmen** in Abs. 1 S. 2 und 3 (entsprechend dem beamtenrechtlichen Ausnahmetatbestand »Mitteilungen im dienstlichen Verkehr«) um **Mitteilungen im personalvertretungsrechtlichen Verkehr** (vgl. Rn. 10 ff.) sowie bei den Ausnahmen in Abs. 2 (in nahezu wörtlicher Übereinstimmung mit den entsprechenden beamtenrechtlichen Ausnahmetatbeständen) um **offenkundige** Angelegenheiten oder Tatsachen und um **ihrer Bedeutung nach keiner Geheimhaltung bedürftige** Angelegenheiten oder Tatsachen (vgl. Rn. 22 f.). Die Verpflichtung zur Wahrung des **Datengeheimnisses** ist im Datenschutzrecht geregelt (vgl. Rn. 24).

3 Die Schweigepflicht nach § 10 korrespondiert mit der **Informations-**

pflicht der Dienststelle nach § 68 Abs. 2 S. 1 und 2.[200] Der Dienststellenleiter soll nicht Informationen zurückhalten, weil er befürchten müsste, dass deren Weitergabe an Unbefugte Nachteile für die Dienststelle oder ihren Rechtsträger nach sich zieht.

Das den Mitgliedern der Personalvertretung und den übrigen nach Abs. 1 S. 1 verpflichteten Personen (vgl. Rn. 6 f.) zustehende **Grundrecht der Meinungsfreiheit** nach Art. 5 Abs. 1 S. 1 GG[201] wird durch § 10 – der ein allgemeines Gesetz i. S. d. Art. 5 Abs. 2 GG ist – zulässigerweise eingeschränkt. Nach dem Grundsatz der Verhältnismäßigkeit ist bei der Anwendung des § 10 im Einzelfall jedoch abzuwägen zwischen dem Zweck der Schweigepflicht (vgl. Rn. 5) und dem Grundrecht der Meinungsfreiheit, wobei dessen überragender Rang im freiheitlichen demokratischen Staat zu berücksichtigen ist. Diese Wechselwirkung ist v. a. dann zu beachten, wenn es um die Frage geht, ob der Ausnahmetatbestand »Angelegenheiten oder Tatsachen, die ihrer Bedeutung nach keiner Geheimhaltung bedürfen« vorliegt (vgl. Rn. 23).[202]

Die Schweigepflicht nach § 10 soll nicht nur die **dienstlichen Interessen** schützen, sondern auch die **persönlichen Interessen** der einzelnen Beschäftigten sowie das **Interesse der Personalvertretung** an der vertraulichen und ungestörten Meinungs- und Willensbildung, die auch durch den Grundsatz der Nichtöffentlichkeit ihrer Sitzungen gewährleistet werden soll (vgl. Rn. 15, 17).

(Abs. 1) Zur Bewahrung des Stillschweigens sind nach Abs. 1 S. 1 **alle Personen** verpflichtet, die Aufgaben oder Befugnisse nach dem BPersVG wahrnehmen oder wahrgenommen haben. Dazu gehören insb.:

- die Mitglieder und eingetretenen Ersatzmitglieder der Personalvertretungen i. w. S. (PR, GPR, BPR, HPR, JAV, GJAV, BJAV, HJAV einschl. der Vertreter der nichtständig Beschäftigten, des Vertrauensmanns in der Bundespolizei und des Vertrauensmanns der Ortskräfte in Auslandsdienststellen);
- die Mitglieder und eingetretenen Ersatzmitglieder der Wahlvorstände und Abstimmungsvorstände sowie die Wahlhelfer;
- der Dienststellenleiter und seine Vertreter in ihrer personalvertretungsrechtlichen Funktion[203] sowie sachbearbeitende Beschäftigte, die zu gemeinschaftlichen Besprechungen hinzugezogen werden (vgl. § 66 Rn. 4);
- die Beauftragten von Gewerkschaften und Arbeitgebervereinigungen;
- der Vorsitzende und die Beisitzer der Einigungsstelle;
- die in die Personalvertretung entsandten Mitglieder des Richterrats;

---

200 Vgl. *BVerwG* v. 23. 1. 02 – 6 P 5.01 –, PersR 02, 201.
201 Zweifelnd *BVerwG* v. 11. 1. 06 – 6 PB 17.05 –, PersR 06, 300 [zu 3 b cc].
202 Im Ergebnis ebenso *BVerwG* v. 11. 1. 06, a. a. O.
203 Vgl. *VG Darmstadt* v. 19. 6. 97 – 23 LG 861/97 (1) –, PersR 98, 171.

§ 10 Schweigepflicht

- die Vertrauensperson der schwerbehinderten Menschen, der Sprecher der Versammlung der Vertrauenspersonen der Soldaten, die Vertrauenspersonen der Soldaten, die aufgrund des Wehrpflichtgesetzes Wehrdienst leisten, sowie der Vertrauensmann der Zivildienstleistenden, soweit sie personalvertretungsrechtlich geregelte Aufgaben oder Befugnisse wahrnehmen, z. B. dann, wenn sie an der Sitzung einer Personalvertretung teilnehmen;[204]

- die von der Personalvertretung hinzugezogenen Auskunftspersonen und Sachverständigen;[205]

- die den Personalvertretungen oder den Wahlvorständen zur Verfügung gestellten Bürokräfte;

- Beschäftigte, die an Personalversammlungen oder an Jugend- und Auszubildendenversammlungen teilnehmen, die die Sprechstunden des PR oder der JAV aufsuchen oder die sich mit Anregungen und Beschwerden an den PR oder die JAV wenden (str.; vgl. KfdP-*Altvater*, Rn. 7).

7 Zu dem Personenkreis i. S. d. Abs. 1 S. 1 gehören dagegen nicht **Rechtsanwälte**, die die Dienststelle oder die Personalvertretung beraten oder in einem personalvertretungsrechtlichen Beschlussverfahren vertreten, weil sie nach § 43a Abs. 2 BRAO einer umfassenden berufsrechtlichen Schweigepflicht unterliegen.[206] Nicht dazu gehören auch die **ehrenamtlichen Richter** der Fachkammern bei den Verwaltungsgerichten und der Fachsenate bei den Oberverwaltungsgerichten, weil ihnen eine richterliche Aufgabe obliegt und weil sie aufgrund richterrechtlicher Vorschriften (§ 45 Abs. 1 S. 2 i. V. m. § 43 DRiG) das Beratungsgeheimnis zu wahren haben.[207] Das gilt auch für die **Berufsrichter** der Fachkammern und der Fachsenate sowie des für Personalvertretungssachen zuständigen Revisionssenats beim Bundesverwaltungsgericht. Etwas anderes gilt jedoch für den **Präsidenten des Bundesverwaltungsgerichts**, soweit er bei der Bestellung des Vorsitzenden der Einigungsstelle nach § 71 Abs. 1 S. 4 tätig wird, weil es sich dabei nicht um einen Akt der Rechtsprechung handelt (vgl. § 71 Rn. 11).

8 **Gegenstand der Schweigepflicht** sind die Angelegenheiten und Tatsachen, die den in Abs. 1 S. 1 genannten Personen (vgl. Rn. 6) bei der Wahrnehmung ihrer Aufgaben oder Befugnisse nach dem BPersVG bekannt geworden sind. Ob es sich um **dienstliche** oder **private** Angelegenheiten und Tatsachen oder um solche aus dem **internen** Bereich der Personalvertretung handelt, ist unerheblich (vgl. Rn. 5). Die Schweigepflicht erstreckt sich aber nur auf Angelegenheiten und Tatsachen, die den in Abs. 1 S. 1 genannten Personen »dabei«, d. h. bei der Wahrnehmung

---

204 *VG Frankfurt a. M.* v. 16.10.03 – 23 LG 5583/03 (V) –, ZfPR 04, 201.
205 *BVerwG* v. 8.11.89 – 6 P 7.87 –, PersR 90, 102.
206 Str.; vgl. KfdP-*Altvater*, Rn. 8.
207 Str.; vgl. KfdP-*Altvater*, a. a. O.

von Aufgaben oder Befugnissen nach dem BPersVG **bekannt geworden** sind. Erforderlich ist deshalb, dass die Kenntnisnahme mit einer personalvertretungsrechtlichen Tätigkeit zusammenhängt. Es ist unerheblich, ob auf die Schweigepflicht **hingewiesen** worden ist.

Stillschweigen zu bewahren heißt, eine Angelegenheit oder Tatsache nicht zu offenbaren, d. h., sie Dritten weder schriftlich noch mündlich noch in anderer Form mitzuteilen. Aus der Wendung »wahrgenommen haben« ergibt sich, dass die **Dauer der Schweigepflicht nicht begrenzt** ist. Sie endet nicht dadurch, dass die personalvertretungsrechtliche Tätigkeit, bei deren Wahrnehmung die Angelegenheit oder Tatsache bekannt geworden ist, nicht mehr wahrgenommen wird. **9**

Die Schweigepflicht besteht **grundsätzlich gegenüber jedermann**. Ausnahmen gelten nach Abs. 1 S. 2 und 3 für **Mitteilungen im personalvertretungsrechtlichen Verkehr** (vgl. Rn. 11 ff.) sowie vor Gericht (vgl. Rn. 21). Die durch Abs. 1 S. 2 und 3 zugelassenen **Ausnahmen** sind notwendig, um die Funktionsfähigkeit der Personalvertretung zu gewährleisten. Sie sollen es den Personen und Organen, die personalvertretungsrechtliche Aufgaben und Befugnisse wahrnehmen, ermöglichen, im Rahmen ihrer jeweiligen Zuständigkeiten den Informationsaustausch zu pflegen, der zur sachgerechten Wahrnehmung dieser Aufgaben und Befugnisse erforderlich ist.[208] **10**

Die Ausnahmen nach Abs. 1 S. 2 und 3 gelten »abgesehen von den Fällen des § 68 Abs. 2 S. 3 und des § 93«. Nach **§ 68 Abs. 2 S. 3** dürfen **Personalakten** nur mit Zustimmung des Beschäftigten und nur von den von ihm bestimmten Mitgliedern der Personalvertretung eingesehen werden (vgl. § 68 Rn. 32 f.). Deshalb dürfen die durch die Einsichtnahme bekannt gewordenen Angelegenheiten und Tatsachen ohne Zustimmung des betroffenen Beschäftigten den zur Einsichtnahme nicht ermächtigten Mitgliedern der Personalvertretung nicht offenbart und auch sonst im personalvertretungsrechtlichen Verkehr nicht mitgeteilt werden. Soweit dies dem betroffenen Beschäftigten gegenüber vertretbar und zur sachgerechten Beratung in der Personalvertretung erforderlich ist, ist es allerdings zulässig (und geboten), Schlussfolgerungen aus den durch die Einsichtnahme gewonnenen Kenntnissen mitzuteilen (vgl. § 68 Rn. 33). Der einschränkende Hinweis auf die **Fälle des § 93** bezieht sich auf die Vorschriften für die Behandlung von **Verschlusssachen** mindestens des Geheimhaltungsgrads »VS-VERTRAULICH« (vgl. § 93 Rn. 5). Eine weitere Einschränkung besteht aufgrund des **§ 75 Abs. 2 S. 2**, wonach in bestimmten **sozialen Angelegenheiten** nur der Vorstand mitbestimmt (vgl. § 75 Rn. 59). In diesen Fällen ist hinsichtlich der Einzelheiten nur ein Informationsaustausch innerhalb des Vorstands und im Stufenverfahren zwischen den Vorständen der beteiligten Personalvertretungen zulässig. **11**

---

[208] Vgl. *BVerwG* v. 21.10.93 – 6 P 18.91 –, PersR 94, 165.

§ 10 Schweigepflicht

12 Nach Abs. 1 S. 2 Hs. 1 Alt. 1 gilt die Schweigepflicht nicht für die Mitglieder der Personalvertretung (PR, GPR, BPR, HPR) und der Jugend- und Auszubildendenvertretung (JAV, GJAV, BJAV, HJAV) gegenüber den **übrigen Mitgliedern der Vertretung.** Damit ist das Verhältnis zwischen den Mitgliedern derselben Personalvertretung gemeint.[209] Die Schweigepflicht entfällt auch gegenüber **zeitweilig verhinderten Mitgliedern** und gegenüber **Ersatzmitgliedern,** wenn und solange diese in die jeweilige Vertretung eingerückt sind, nicht aber gegenüber ausgeschiedenen Mitgliedern und gegenüber nur zeitweilig eingetretenen Ersatzmitgliedern nach Ende des Vertretungsfalls. Die Regelung des Abs. 1 S. 2 Hs. 1 Alt. 1 gilt aber auch für **ausgeschiedene Mitglieder** (bzw. Ersatzmitglieder) gegenüber den übrigen Mitgliedern der Vertretung, der sie angehört haben, hinsichtlich solcher Angelegenheiten und Tatsachen, die ihnen während ihrer Mitgliedschaft (bzw. Ersatzmitgliedschaft) bekannt geworden sind.[210] Da der Informationsaustausch innerhalb der Personalvertretung i.d.R. in den **Sitzungen** stattfindet (vgl. § 34 Rn. 10), hat dies zur Folge, dass die Aufhebung der Schweigepflicht durch Abs. 1 S. 2 Hs. 1 Alt. 1 auch gegenüber solchen **Sitzungsteilnehmern** gilt, die zwar der Vertretung nicht angehören, aber berechtigterweise an der Sitzung teilnehmen (vgl. § 34 Rn. 7 f.).

13 Nach Abs. 1 S. 2 Hs. 1 Alt. 2 gilt die Schweigepflicht nicht für »die in Satz 1 bezeichneten Personen«, also für alle Personen, die Aufgaben oder Befugnisse nach dem BPersVG wahrnehmen oder wahrgenommen haben (vgl. Rn. 6), gegenüber der **zuständigen Personalvertretung**, wobei hier die jeweils zuständige Personalvertretung i.w.S. (PR, GPR, BPR, HPR, JAV, GJAV, BJAV, HJAV) gemeint ist.

14 Nach Abs. 1 S. 2 Hs. 2 entfällt die Schweigepflicht ferner gegenüber der **vorgesetzten Dienststelle**, der bei ihr gebildeten **Stufenvertretung** (BPR oder HPR) und gegenüber dem **GPR**. Das gilt aber nur, wenn diese Personalvertretungen im Rahmen ihrer Aufgaben und Befugnisse eingeschaltet werden.[211] Nach Abs. 1 S. 3 gilt die in S. 2 geregelte Ausnahme von der Schweigepflicht auch für die Anrufung der **Einigungsstelle**, deren Verhandlung nach § 71 Abs. 2 S. 1 nicht öffentlich ist (vgl. § 71 Rn. 20).

15 Auch gegenüber der vorgesetzten Dienststelle, einer anderen Personalvertretung oder der Einigungsstelle entfällt die Schweigepflicht der Mitglieder (und Ersatzmitglieder) einer Personalvertretung aber nicht hinsichtlich solcher Angelegenheiten und Tatsachen, die zum **internen Bereich der Personalvertretung** gehören (vgl. Rn. 5). Das betrifft v. a. den Prozess der Meinungs- und Willensbildung in der PR-Sitzung, für die der Grundsatz der **Nichtöffentlichkeit** gilt (vgl. § 35 Rn. 1). Die durch die Beachtung dieses Grundsatzes zu gewährleistende unbeeinflusste Beratung und Be-

---

209 *BayVGH* v. 8.12.99 – 17 P 99.1582 –, PersR 00, 423.
210 Str.; vgl. KfdP-*Altvater*, Rn. 13.
211 Str.; vgl. KfdP-*Altvater*, Rn. 15.

Schweigepflicht § 10

schlussfassung wäre in Frage gestellt, wenn ein PR-Mitglied damit rechnen müsste, dass sein Verhalten in der Sitzung – insb. seine Diskussionsbeiträge und sein Abstimmungsverhalten – Dritten gegenüber offengelegt würde. Deshalb sind solche Interna unbedingt vertraulich zu behandeln.[212] Zu diesen Interna gehören auch solche **Angelegenheiten einzelner Beschäftigter**, deren vertrauliche Behandlung sich aus der Natur der Sache ergibt oder dem Beschäftigten zugesagt worden ist.

Die in Abs. 1 S. 2 und 3 enthaltenen ausdrücklichen Regelungen über Ausnahmen von der Schweigepflicht sind auf bestimmte **andere Mitteilungen im personalvertretungsrechtlichen Verkehr** entsprechend anzuwenden, weil auch sie zur Aufrechterhaltung der Funktionsfähigkeit der Personalvertretung notwendig sind. Danach gilt die Schweigepflicht grundsätzlich nicht im Verhältnis zwischen der Personalvertretung und dem Leiter der Dienststelle, bei der sie gebildet ist (vgl. Rn. 17), sowie den in der Dienststelle vertretenen Gewerkschaften (vgl. Rn. 18) und außerdem nicht gegenüber   16

- dem **PR einer (nachgeordneten) Dienststelle**, soweit die Stufenvertretung oder der GPR ihm nach § 82 Abs. 2 oder 3 Gelegenheit zur Äußerung zu geben hat;
- dem für die Geschäftsführung vorgesehenen **obersten Organ** einer Körperschaft, Anstalt oder Stiftung des öffentlichen Rechts, soweit dieses im Verfahren der Mitbestimmung nach § 69 Abs. 3 S. 2 oder der Mitwirkung nach § 72 Abs. 4 S. 3 angerufen wird;
- den für den **Arbeitsschutz** in Betracht kommenden Stellen, soweit die PR-Mitglieder ihre Unterstützungsaufgabe nach § 81 Abs. 1 wahrnehmen (vgl. § 81 Rn. 6);
- einem **Rechtsanwalt**, den die Personalvertretung zur Rechtsberatung oder Rechtsverfolgung hinzugezogen hat (vgl. § 44 Rn. 15 f.);
- einem **Sachverständigen**, den die Personalvertretung zur gutachterlichen Beratung hinzugezogen hat (vgl. § 44 Rn. 18);
- dem **Verwaltungsgericht**, soweit dieses in einer personalvertretungsrechtlichen Streitigkeit zu entscheiden hat, und gegenüber den Beteiligten des personalvertretungsrechtlichen Beschlussverfahrens.

Die Schweigepflicht gilt grundsätzlich nicht im Verhältnis zwischen der Personalvertretung und dem **Leiter der Dienststelle**, bei der sie gebildet ist. Dieses Verhältnis wird nach § 2 Abs. 1 durch den Grundsatz der vertrauensvollen Zusammenarbeit bestimmt (vgl. § 2 Rn. 4). Der Dienststellenleiter ist nach § 68 Abs. 2 S. 1 und 2 verpflichtet, die Personalver-   17

---

212   BVerwG v. 11.1.06 – 6 PB 17.05 –, PersR 06, 300; BayVGH v. 31.7.85 – Nr. 17 C 85 A. 1513 –, PersV 87, 22, u. v. 14.11.01 – 17 P 01.1526 –, ZfPR 02, 172; NdsOVG v. 15.12.97 – 18 M 4676/97 –, PersV 98, 427; OVG NW v. 8.5.61 – CB 3/61 –, PersV 63, 111.

§ 10 Schweigepflicht

tretung zur Durchführung ihrer Aufgaben rechtzeitig und umfassend zu unterrichten und ihr – mit Ausnahme der Personalakten – die hierfür erforderlichen Unterlagen vorzulegen (vgl. § 68 Rn. 22 ff.). Seine Informationspflicht erstreckt sich allerdings nicht auf die verwaltungsinterne Vorbereitung seiner Entscheidungen (vgl. § 68 Rn. 29). Umgekehrt dürfen Angelegenheiten und Tatsachen, die zum internen Bereich der Personalvertretung gehören, dem Dienststellenleiter nicht mitgeteilt werden (vgl. Rn. 15). Die Teilnehmer an gemeinschaftlichen Besprechungen zwischen Personalvertretung und Dienststellenleiter (vgl. § 66 Rn. 3 f.) sind hinsichtlich der Angelegenheiten und Tatsachen, die ihnen durch ihre Teilnahme bekannt geworden sind, nach Abs. 1 S. 1 zur Verschwiegenheit verpflichtet, soweit kein die Mitteilung gestattender Ausnahmetatbestand (vgl. Rn. 2, 22 f.) eingreift.

18 Gegenüber dem Beauftragten einer in der Dienststelle vertretenen **Gewerkschaft**, der Aufgaben oder Befugnisse nach dem BPersVG wahrnimmt, sind die Mitglieder der Personalvertretung nicht zur Verschwiegenheit verpflichtet. Das ergibt sich bereits aus dem in § 2 Abs. 1 vorgesehenen Zusammenwirken zwischen Personalvertretung und Gewerkschaft (vgl. § 2 Rn. 7 ff.) sowie daraus, dass der Gewerkschaftsbeauftragte als eine der unter Abs. 1 S. 1 fallenden Personen gegenüber der zuständigen Personalvertretung ebenfalls keine Schweigepflicht hat (vgl. Rn. 13). Auch wenn Gewerkschaftsbeauftragte nicht an einer PR-Sitzung teilgenommen haben, dürfen PR-Mitglieder ihre Gewerkschaft über die bei der Sitzung behandelten Themen in allgemeiner Form unter Wahrung der Anonymität hinsichtlich personeller Angelegenheiten informieren. Soweit es sich nicht um personenbezogene Daten handelt, sind die Gewerkschaftsbeauftragten ihrerseits nicht verpflichtet, gegenüber ihrer Organisation zu schweigen. Da den Organisationen selbst personalvertretungsrechtliche Aufgaben und Befugnisse zugewiesen sind, müssen die Gewerkschaftsbeauftragten ihrer Organisation zur koalitionsinternen Willensbildung berichten können.[213]

19 Bei der **Information der Beschäftigten** – insb. durch den Tätigkeitsbericht in der Personalversammlung (vgl. § 49 Rn. 1 f.), durch Bekanntmachungen und Anschläge an den Schwarzen Brettern, durch die Herausgabe von Informationsschriften oder in elektronischer Form (vgl. § 44 Rn. 35 f.) – hat der PR die Schweigepflicht nach Abs. 1 S. 1 zu beachten. Die Ausnahmen von der Schweigepflicht, die sich unter dem Oberbegriff »Mitteilungen im personalvertretungsrechtlichen Verkehr« zusammenfassen lassen (vgl. Rn. 2, 10), gelten dafür nicht. Dem Informationsbedürfnis der Beschäftigten ist jedoch bei der Auslegung der Ausnahmetatbestände des Abs. 2 Rechnung zu tragen (vgl. Rn. 22 f.). Wendet sich der PR – z. B.

---

213 Str.; a. A. *BayVGH* v. 9.12.65 – Nr. 4 IX 65 –, PersV 66, 256; vgl. KfdP-*Altvater*, Rn. 19.

Schweigepflicht § 10

durch eine Pressemitteilung oder Pressekonferenz – an die **Öffentlichkeit** (vgl. § 66 Rn. 17), so ist er auch dabei an die Schweigepflicht gebunden.[214]

Die Beschäftigten haben bei ihrer **Kommunikation mit dem PR** grundsätzlich die beamtenrechtliche oder arbeitsvertragliche Schweigepflicht zu beachten (vgl. Rn. 1). Dies gilt aber dann nicht, wenn Beschäftigte dem PR in einer (auch) sie betreffenden Angelegenheit ansprechen, bei der dem PR allgemeine Aufgaben obliegen oder spezielle Beteiligungsrechte zustehen. In einem solchen Fall ist die Kommunikation mit dem PR als »dienstlicher Verkehr« i. S. d. § 67 Abs. 2 S. 1 Nr. 2 BBG anzusehen.[215] **20**

Ob und unter welchen Voraussetzungen eine Person, die der personalvertretungsrechtlichen Schweigepflicht unterliegt, zur Aussage vor Gericht verpflichtet ist, ist im **gerichtlichen Verfahrensrecht** geregelt. Dabei ist zwischen den Vorschriften für den Strafprozess und für den Zivilprozess zu unterscheiden. **21**

- Im **Strafverfahren** ist ein **Zeugnisverweigerungsrecht** für Personen i. S. d. Abs. 1 S. 1 in § 53 Abs. 1 StPO nicht vorgesehen. Einer **Aussagegenehmigung** nach § 54 Abs. 1 StPO bedarf es für diese Personen grundsätzlich nicht. Handelt es sich bei einer personalvertretungsrechtlichen Angelegenheit aber gleichzeitig um eine dienstliche Angelegenheit, auf die sich die beamtenrechtliche Schweigepflicht erstreckt, ist eine Aussage erst möglich, wenn dem Beamten nach § 67 Abs. 3, § 68 BBG die Aussagegenehmigung des Dienstvorgesetzten erteilt worden ist.

- Im **Zivilprozess** ist nach § 383 Abs. 1 Nr. 6 ZPO ein **Zeugnisverweigerungsrecht** auch für Mitglieder von Personalvertretungen i. w. S. (PR, GPR, BPR, HPR, JAV, GJAV, BJAV, HJAV) vorgesehen. Nach § 385 Abs. 2 ZPO dürfen sie das Zeugnis jedoch nicht verweigern, wenn sie **von der Verpflichtung zur Verschwiegenheit entbunden** sind. Diese Befreiung kann nur von demjenigen erteilt werden, dem das Recht auf Verschwiegenheit zusteht. Das sind je nach den Umständen sowohl der PR als auch der Dienststellenleiter und ggf. – insb. in Personalangelegenheiten – die betroffenen einzelnen Beschäftigten. Handelt es sich gleichzeitig um eine Angelegenheit, die der beamtenrechtlichen Schweigepflicht unterliegt, ist nach § 376 Abs. 1 ZPO i. V. m. § 67 Abs. 3 BBG auch die **Aussagegenehmigung** des Dienstvorgesetzten erforderlich. Die Vorschriften des § 376 Abs. 1, § 383 Abs. 1 Nr. 6 und § 385 Abs. 2 ZPO gelten entsprechend für das **personalvertretungsrechtliche Beschlussverfahren** (§ 83 Abs. 2 BPersVG i. V. m. § 80 Abs. 2 und § 46 Abs. 2 ArbGG), das **arbeitsgerichtliche Urteilsverfahren** (§ 46 Abs. 2 ArbGG) und das **verwaltungsgerichtliche Klageverfahren** (§ 98 VwGO).

(Abs. 2) Die Schweigepflicht besteht nicht für Angelegenheiten oder **22**

---

214 Vgl. *BAG* v. 16. 9. 87 – 5 AZR 254/86 –, PersR 89, 14.
215 Teilw. str.; vgl. KfdP-*Altvater*, Rn. 21.

§ 10 Schweigepflicht

Tatsachen, die **offenkundig** sind. Der Begriff »offenkundig« ist in Anlehnung an das Prozessrecht (vgl. § 291 ZPO, § 244 Abs. 3 S. 2 StPO) und das Verwaltungsverfahrensrecht – das zwischen »allgemeinkundig« und »gerichtskundig« bzw. »amtskundig« (»behördenkundig«) unterscheidet – als Oberbegriff zu verstehen, der die Begriffe »allgemeinkundig« und »dienststellenkundig« umfasst.[216] Angelegenheiten oder Tatsachen sind **allgemeinkundig**, wenn sie allgemein, also auch außerhalb der Dienststelle, bekannt oder jederzeit feststellbar sind. Sie sind **dienststellenkundig**, wenn sie innerhalb der Dienststelle jedem Beschäftigten bekannt oder für ihn jederzeit erkennbar sind. Bei Allgemeinkundigkeit entfällt die Schweigepflicht gegenüber der gesamten Öffentlichkeit, also gegenüber jedermann. Bei (bloßer) Dienststellenkundigkeit entfällt sie nur gegenüber der auf die Dienststelle beschränkten Öffentlichkeit, also nur gegenüber ihren Beschäftigten.[217]

23 Nach Abs. 2 besteht die Schweigepflicht auch nicht für Angelegenheiten oder Tatsachen, die ihrer **Bedeutung** nach keiner Geheimhaltung bedürfen. Ob diese Voraussetzung vorliegt, ist nach den Umständen des Einzelfalls zu beurteilen. Der Geheimhaltung bedürfen keinesfalls Angelegenheiten oder Tatsachen, die von so **geringem Gewicht** sind, dass weder der Dienststellenleiter noch die Personalvertretung noch ein einzelner Beschäftigter ein nennenswertes Interesse daran hat, dass sie nicht bekannt werden. Handelt es sich um Angelegenheiten oder Tatsachen von **größerem Gewicht**, sind alle Umstände zu berücksichtigen und gegeneinander abzuwägen. Das gilt insb. bei Angelegenheiten, die – wie z. B. geplante Vorhaben zur Änderung der Dienststellenstruktur oder zur Neuordnung der Arbeitsorganisation – mit **nachhaltigen Wirkungen für die Beschäftigten** verbunden sind.[218] In solchen Fällen kann es nicht nur zulässig, sondern geboten sein, dass die Personalvertretung die Beschäftigten in der Personalversammlung über das Vorhaben unterrichtet und mit ihnen darüber diskutiert, weil die Teilnehmer dieser Versammlung selbst der personalvertretungsrechtlichen Schweigepflicht und darüber hinaus i. d. R. auch der beamtenrechtlichen oder arbeitsvertraglichen Schweigepflicht unterliegen (vgl. Rn. 1, 6) und weil ihnen dabei auch das Grundrecht der Meinungsfreiheit zusteht (vgl. Rn. 4). So kann einerseits das Interesse der Dienststelle, die **öffentliche Verbreitung interner Vorgänge zu verhindern**, gewahrt und andererseits dem Interesse der Beschäftigten und ihrer Personalvertretung, den für die **demokratische Interessenvertretung** unerlässlichen Informations- und Meinungsaustausch zu ermöglichen, entsprochen werden.

24 Die Personalvertretungen haben bei der Verarbeitung personenbezogener Daten die **Vorschriften über den Datenschutz** zu beachten. Ihren

---

216 Str.; vgl. KfdP-*Altvater*, Rn. 23.
217 *OVG NW* v. 8. 4. 81 – CB 28/80 –.
218 Vgl. *HessVGH* v. 12. 8. 81 – BPV TK 2/82 –.

Mitgliedern ist es nach § 5 S. 1 BDSG ebenso wie allen anderen bei der Datenverarbeitung beschäftigten Personen untersagt, personenbezogene Daten unbefugt zu erheben, zu verarbeiten oder zu nutzen.[219] Dieses nach § 5 S. 3 BDSG auch nach Beendigung ihrer Tätigkeit fortbestehende Gebot zur **Wahrung des Datengeheimnisses** steht wegen seines eigenständigen Regelungsinhalts neben der personalvertretungsrechtlichen Schweigepflicht.[220] Eine förmliche Verpflichtung von Mitgliedern der Personalvertretungen auf das Datengeheimnis kommt schon deshalb nicht in Betracht, weil eine solche Verpflichtung in § 5 S. 2 BDSG nur für Personen vorgesehen ist, die bei nicht-öffentlichen Stellen beschäftigt werden.

Die **Verletzung der Schweigepflicht** kann bei Mitgliedern der Personalvertretung eine grobe Pflichtverletzung i. S. d. § 28 Abs. 1 sein und zum **Ausschluss aus der Personalvertretung** oder zu deren Auflösung führen.[221] **Disziplinarmaßnahmen** gegenüber Beamten oder **Abmahnungen** oder **Kündigungen** gegenüber Arbeitnehmern können nur in Betracht kommen, wenn außer der personalvertretungsrechtlichen Schweigepflicht zugleich die beamtenrechtliche oder arbeitsvertragliche Schweigepflicht verletzt worden ist.[222] Da § 10 ein Schutzgesetz i. S. d. § 823 Abs. 2 BGB ist, kann seine Verletzung auch **Schadensersatzansprüche** auslösen, wobei die Schadensersatzpflicht gegenüber dem Träger der Dienststelle oder gegenüber demjenigen eintreten kann, dessen Angelegenheit offenbart worden ist. Unter bestimmten Voraussetzungen kann die Verletzung der Schweigepflicht auch **strafrechtliche Folgen** haben. In Betracht kommen die Bestrafung wegen der Offenbarung oder Verwertung eines fremden Privatgeheimnisses nach § 203 Abs. 2 Nr. 3, Abs. 4, 5 und §§ 204, 205 StGB oder wegen der Verletzung einer besonderen Geheimhaltungspflicht nach § 353b Abs. 1 Nr. 3, Abs. 3, 4 StGB.[223]

§ 11 [Unfallfürsorge]

Erleidet ein Beamter anlässlich der Wahrnehmung von Rechten oder Erfüllung von Pflichten nach diesem Gesetz einen Unfall, der im Sinne der beamtenrechtlichen Unfallfürsorgevorschriften ein Dienstunfall wäre, so sind diese Vorschriften entsprechend anzuwenden.

§ 11 legt fest, dass die von einem Beamten ausgeübte personalvertretungsrechtliche Tätigkeit hinsichtlich der Unfallfürsorge wie eine beamtenrechtliche Tätigkeit behandelt wird. Wer **Beamter** i. S. d. § 11 ist, richtet sich nach den Beamtengesetzen (vgl. § 4 Rn. 4 f.). **Richter** sind zwar keine

---

[219] Näher dazu KfdP-*Altvater*, Rn. 37–55.
[220] Vgl. KfdP-*Altvater*, Rn. 25.
[221] *BVerwG* v. 15.3.68 – VII P 22.66 –, PersV 68, 190, v. 23.1.02 – 6 P 5.01 –, PersR 02, 201, u. v. 11.1.06 – 6 PB 17.05 –, PersR 06, 300.
[222] Im Ergebnis str.; vgl. KfdP-*Altvater*, Rn. 26.
[223] Näher dazu KfdP-*Altvater*, Anh. VIII.

§ 11 Unfallfürsorge

Beamten, für ihre Unfallfürsorge gelten aufgrund der Verweisungen in den §§ 46, 71a DRiG aber die beamtenrechtlichen Vorschriften entsprechend. Obwohl **DO-Angestellte** nach § 4 Abs. 2 Arbeitnehmer i. S. d. BPersVG sind, gelten sie aufgrund der jeweiligen Dienstordnung als Beamte i. S. d. § 11.

2 § 11 bezieht sich auf **alle personalvertretungsrechtlichen Rechte und Pflichten**, die im Rahmen des BPersVG wahrgenommen werden. Voraussetzung für die entsprechende Anwendung der beamtenrechtlichen Unfallfürsorgevorschriften ist ein **Unfall**, der bei unmittelbarer Anwendung dieser Vorschriften ein Dienstunfall i. S. d. § 31 BeamtVG wäre. Bei einem derartigen Unfall erhält ein Beamter die **Unfallfürsorge**, die nach § 30 BeamtVG bei einem Dienstunfall vorgesehen ist. Da ein Unfall nur bei einem Körperschaden vorliegt, können **Sachschäden** grundsätzlich nicht ersetzt werden. Nur wenn bei einem Unfall Kleidungsstücke oder sonstige Gegenstände, die der Betroffene mit sich geführt hat, beschädigt oder zerstört worden oder abhanden gekommen sind, kann dafür nach § 32 S. 1 BeamtVG Ersatz geleistet werden. Die Ansprüche auf Unfallfürsorge richten sich gegen den Dienstherrn.

3 § 11 gilt nicht für **Arbeitnehmer** (falls diese keine DO-Angestellten sind [vgl. Rn. 1]). Sie sind als Beschäftigte kraft Gesetzes in der **gesetzlichen Unfallversicherung** versichert (§ 2 Abs. 1 Nr. 1 SGB VII). Zu der versicherten Tätigkeit gehört nicht nur ihre Beschäftigung als Arbeitnehmer, sondern auch die Wahrnehmung von Rechten und die Erfüllung von Pflichten nach dem PersVR. Versicherungsfälle, die Ansprüche auf Leistungen begründen, sind Unfälle infolge einer versicherten Tätigkeit, sog. **Arbeitsunfälle**, oder auf einem mit der versicherten Tätigkeit zusammenhängenden Weg nach und von dem Ort der Tätigkeit, sog. **Wegeunfälle** (§ 8 SGB VII). Die Versicherungsleistungen sehen keinen Ersatz für und keine Entschädigung von Sachschäden vor (§ 26 SGB VII; Ausnahme nach § 13 SGB VII nur bei Hilfeleistungen). Die Ansprüche richten sich gegen den jeweils zuständigen Unfallversicherungsträger.

4 Ein Ersatz von **Sachschäden** kommt – von der in § 32 S. 1 BeamtVG geregelten Ausnahme abgesehen (vgl. Rn. 2) – nur auf der Grundlage des § 44 Abs. 1 S. 1 in Betracht (vgl. § 44 Rn. 24).

Zweites Kapitel
Personalrat, Stufenvertretung, Gesamtpersonalrat, Personalversammlung

Erster Abschnitt
Wahl und Zusammensetzung des Personalrates

§ 12 [Bildung von Personalräten]

(1) In allen Dienststellen, die in der Regel mindestens fünf Wahlberechtigte beschäftigen, von denen drei wählbar sind, werden Personalräte gebildet.

(2) Dienststellen, bei denen die Voraussetzungen des Absatzes 1 nicht gegeben sind, werden von der übergeordneten Dienststelle im Einvernehmen mit der Stufenvertretung einer benachbarten Dienststelle zugeteilt.

(**Abs. 1**) Nach Abs. 1 sind Dienststellen unter zwei Voraussetzungen **personalratsfähig**: Sie beschäftigen in der Regel mindestens **fünf Wahlberechtigte** (§ 13), und von diesen Wahlberechtigten sind mindestens **drei wählbar** (§§ 14, 15). Dienststellen sind alle Organisationseinheiten i. S. d. § 6, also auch Nebenstellen und Teile von Dienststellen, die nach § 6 Abs. 3 verselbständigt sind,[1] sowie Dienststellen, die nicht auf Dauer, sondern nur vorübergehend errichtet werden. Erfüllt eine Dienststelle die in Abs. 1 festgelegten Mindestvoraussetzungen nicht, ist Abs. 2 anzuwenden (vgl. dazu Rn. 3 f.). **Soldaten** sind bei der Prüfung der Personalratsfähigkeit der Dienststelle nicht mitzuzählen, so dass die Voraussetzungen des Abs. 1 in Dienststellen mit Soldaten nur durch Beamte und Arbeitnehmer erfüllt werden können.[2] **Sinkt die Zahl** der in der Regel beschäftigten Wahlberechtigten während der Amtszeit des PR nicht nur vorübergehend **unter fünf**, so endet das Amt des PR, weil die Dienststelle dann nicht mehr personalratsfähig ist.[3] Tritt dieser Fall ein, ist Abs. 2 anzuwenden. Das Amt des PR endet dagegen nicht, wenn nur die Zahl der wählbaren Beschäftigten **unter drei** sinkt, weil dieses Erfordernis lediglich dazu dient, den Wählern im Zeitpunkt der Wahl eine Auswahl unter verschiedenen Personen zu ermöglichen.

1

---

[1] *BVerwG* v. 29.5.91 – 6 P 12.89 –, PersR 91, 334.
[2] *BVerwG* v. 7.1.03 – 6 P 7.02 –, PersR 03, 153.
[3] *BVerwG* v. 13.7.11 – 6 P 16.10 –, PersR 11, 443 [zu II 4b aa]; *VGH BW* v. 13.11.84 – 15 S 2525/83 –, ZBR 85, 232.

§ 12 Bildung von Personalräten

2 Das Gesetz stellt auf die Zahl der »**in der Regel**« Beschäftigten ab. Den Sinn und Zweck dieses Kriteriums – das auch für die Größe des PR (vgl. § 16 Rn. 1) und für seine Zusammensetzung (vgl. § 17 Rn. 2) gilt – sieht das *BVerwG* darin, einen aktualisierten, von zufälligen Verzerrungen bereinigten Regelstand der Beschäftigten zu bestimmen.[4] Danach ist zwar in erster Linie, aber nicht ausschließlich vom **Stellenplan** der Dienststelle auszugehen. Abweichungen ist in der Weise Rechnung zu tragen, dass der **tatsächliche Beschäftigtenstand** zugrunde gelegt wird, wie er während des **überwiegenden Teils der Amtszeit** des (ggf.) zu wählenden PR voraussichtlich bestehen wird. Um dies beurteilen zu können, bedarf es sowohl eines Rückblicks auf die Vergangenheit als auch einer Einschätzung der kommenden Entwicklung. Bei der Feststellung des tatsächlichen Beschäftigtenstandes sind z. B. **mitzuzählen**: Teilzeitbeschäftigte; Beschäftigte, die erkrankt sind oder sich im Urlaub befinden; Beschäftigte im Mutterschutz oder in der Elternzeit; Beschäftigte, die nicht nur vorübergehend zur Dienststelle abgeordnet sind (wobei andererseits Beschäftigte, die längerfristig zu einer anderen Dienststelle abgeordnet sind, nicht mitzuzählen sind); Aushilfskräfte, wenn sie regelmäßig beschäftigt werden und nicht zur Vertretung bestimmter, mitzuzählender Beschäftigter eingestellt sind; ABM-Kräfte, die nicht nur vorübergehend beschäftigt werden; zu ihrer Berufsausbildung Beschäftigte mit der Besonderheit, dass die in § 13 Abs. 3 aufgeführten Beschäftigten nur bei ihrer Stammbehörde mitzuzählen sind. Bei der Feststellung der Zahl der »in der Regel« Beschäftigten sind immer nur solche Personen mitzuzählen, die nach § 4 Beschäftigte i. S. d. BPersVG sind (und die, soweit es um die Anwendung des Abs. 1 geht, außerdem nach § 13 wahlberechtigt sind).

3 (**Abs. 2**) Für Dienststellen, bei denen eine der in Abs. 1 genannten Voraussetzungen nicht vorliegt, schreibt Abs. 2 vor, dass sie von der übergeordneten Dienststelle im Einvernehmen mit der Stufenvertretung **einer benachbarten Dienststelle zugeteilt** werden. Die dafür zuständige übergeordnete Dienststelle ist die nächsthöhere Dienststelle, bei der eine Stufenvertretung (BPR oder HPR) besteht. Die zuständige Behörde ist zur Zuteilung verpflichtet, kann darüber aber nur mit der Zustimmung der bei ihr gebildeten Stufenvertretung entscheiden.

3a Als **aufnehmende Dienststellen** kommen alle Dienststellen in Betracht, die zum Geschäftsbereich der zuständigen Behörde gehören und in der räumlichen Nähe der zuzuteilenden Dienststelle liegen. Die Zuteilung kann auch zu einer anderen Kleindienststelle erfolgen, wenn diese dadurch personalratsfähig wird.[5]

4 Mit der Zuteilung werden die Beschäftigten der zugeteilten Dienststelle unter den Voraussetzungen der §§ 13 bis 15 in der aufnehmenden Dienst-

---

4 Beschl. v. 3. 7. 91 – 6 P 1.89 – u. v. 19. 12. 06 – 6 PB 12.06 –, PersR 91, 369, u. 07, 125.
5 Str.; vgl. KfdP-*Lemcke*, Rn. 8 m. w. N.

stelle wahlberechtigt und wählbar und der dort gebildete PR wird auch für die Vertretung dieser Beschäftigten zuständig. Die Zuteilung ändert aber nichts daran, dass beide Dienststellen in verwaltungsorganisatorischer Hinsicht als getrennte Dienststellen mit jeweils eigenem Leiter weiterhin existieren. Dem **gemeinsamen PR** steht deshalb **jeder Dienststellenleiter** im Rahmen seiner jeweiligen Zuständigkeiten als Repräsentant des Arbeitgebers bzw. Dienstherrn gegenüber.

Die Zuteilung kann nur durch die Behörde **aufgehoben** werden, die sie angeordnet hat; dafür ist wiederum das Einvernehmen mit der Stufenvertretung notwendig. Sie wird allerdings automatisch wirkungslos, sobald die Kleindienststelle durch **Anwachsen der Beschäftigtenzahl** die Voraussetzungen des Abs. 1 für die Bildung eines eigenen PR erfüllt hat und aufgrund dessen ein eigener PR gewählt worden ist.[6]

§ 13 [Wahlberechtigung]

(1) ¹Wahlberechtigt sind alle Beschäftigten, die am Wahltage das 18. Lebensjahr vollendet haben, es sei denn, dass sie infolge Richterspruchs das Recht, in öffentlichen Angelegenheiten zu wählen oder zu stimmen, nicht besitzen. ²Beschäftigte, die am Wahltage seit mehr als sechs Monaten unter Wegfall der Bezüge beurlaubt sind, sind nicht wahlberechtigt.

(2) ¹Wer zu einer Dienststelle abgeordnet ist, wird in ihr wahlberechtigt, sobald die Abordnung länger als drei Monate gedauert hat; im gleichen Zeitpunkt verliert er das Wahlrecht bei der alten Dienststelle. ²Das gilt nicht für Beschäftigte, die als Mitglieder einer Stufenvertretung oder des Gesamtpersonalrates freigestellt sind. ³Satz 1 gilt ferner nicht, wenn feststeht, dass der Beschäftigte binnen weiterer sechs Monate in die alte Dienststelle zurückkehren wird. ⁴Hinsichtlich des Verlustes des Wahlrechts bei der alten Dienststelle gelten die Sätze 1 und 3 entsprechend in Fällen einer Zuweisung nach § 29 des Bundesbeamtengesetzes oder auf Grund entsprechender arbeitsvertraglicher Vereinbarungen.

(3) Beamte im Vorbereitungsdienst und Beschäftigte in entsprechender Berufsausbildung sind nur bei ihrer Stammbehörde wahlberechtigt.

Die Vorschrift regelt die **Wahlberechtigung** oder, anders ausgedrückt, das **aktive Wahlrecht** zum PR. Es muss **am Tag der Wahl** gegeben sein. Erstreckt sich die Stimmabgabe über mehrere Tage, reicht es aus, wenn die Wahlberechtigung an einem dieser Tage besteht.

(Abs. 1) Nach Abs. 1 S. 1 sind grundsätzlich **alle Beschäftigten** wahl-

---

6 A. A. *OVG NW* v. 4.11.05 – 1 A 4756/04.PVB –, juris (Aufhebungsentscheidung erforderlich); vgl. KfdP-*Lemcke*, Rn. 10 m. w. N.

§ 13 Wahlberechtigung

berechtigt, die am Wahltag das **18. Lebensjahr** vollendet, d. h. spätestens an diesem Tag ihren 18. Geburtstag haben (§ 187 Abs. 2 S. 2 BGB). Sind die in § 4 definierte Beschäftigteneigenschaft und das Mindestalter gegeben, besteht die Wahlberechtigung unabhängig von der Staatsangehörigkeit, der Beschäftigungsart, der Dauer des Beschäftigungsverhältnisses, der Dauer der Arbeitszeit, der Höhe der Bezüge oder der in der Dienststelle ausgeübten Funktion. Wahlberechtigt sind deshalb auch **ausländische** und staatenlose Beschäftigte. Das Gleiche gilt für **leitende** Beschäftigte, also für den Dienststellenleiter und seinen ständigen Vertreter, sowie für die mit **Personalangelegenheiten** befassten Personen i. S. d. § 14 Abs. 3.

3 Die Wahlberechtigung zum PR besteht in derjenigen **Dienststelle** i. S. d. § 6, der die Beschäftigten angehören.[7] Ist eine Dienststelle gem. § 12 Abs. 2 einer benachbarten Dienststelle zugeteilt, so sind ihre Beschäftigten in der aufnehmenden Dienststelle wahlberechtigt. Personen, die gleichzeitig mehreren Dienststellen als Beschäftigte angehören, haben in jeder dieser Dienststellen das aktive Wahlrecht.[8]

4 Die für die Wahlberechtigung in einer bestimmten Dienststelle erforderliche **Dienststellenzugehörigkeit beginnt** grundsätzlich mit dem Eintritt in die Dienststelle. Dieser kann insb. auf einer Einstellung oder einer Versetzung beruhen. Für die Fälle der Abordnung und der Zuweisung gelten die Sonderregelungen des Abs. 2 (vgl. Rn. 12 f.).

5 Die **Dienststellenzugehörigkeit endet** mit dem Ausscheiden aus der Dienststelle (vgl. § 29 Rn. 6) oder mit der Beendigung des Dienst- bzw. Arbeitsverhältnisses (vgl. § 29 Rn. 4 f.). Ein Ausscheiden aus der Dienststelle erfolgt insb. durch eine Versetzung zu einer anderen Dienststelle, nach der Rspr. des *BVerwG* auch mit dem Eintritt in die Freistellungsphase des nach dem Blockmodell vereinbarten **Altersteilzeitarbeitsverhältnisses**.[9] Ein schwebendes **Disziplinarverfahren** hat auf die Wahlberechtigung eines Beamten auch dann keinen Einfluss, wenn der Beamte während des Disziplinarverfahrens vorläufig des Dienstes enthoben ist; das Gleiche gilt, wenn dem Beamten die Führung der Dienstgeschäfte verboten ist (vgl. § 30 Rn. 2). Nach der **Kündigung des Arbeitsverhältnisses** bleibt der ordentlich oder außerordentlich gekündigte Arbeitnehmer über den Ablauf der Kündigungsfrist bzw. über den Zugang der Kündigung hinaus dann wahlberechtigt, wenn er die Kündigung beim Arbeitsgericht angegriffen hat und während des Kündigungsschutzprozesses **weiterbeschäftigt** wird. Anders ist es bei gekündigten Arbeitnehmern, die während des Kündigungsrechtsstreits **nicht weiterbeschäftigt** werden. Bei ihnen ist zwischen aktivem und passivem Wahlrecht zu unterscheiden. Sie sind mangels ihrer tatsächlichen Eingliederung in die Dienststelle nicht wahlberechtigt, blei-

---

7 *BVerwG* v. 21.11.58 – VII P 3.58 –, ZBR 59, 337, u. v. 15.5.02 – 6 P 8.01 –, PersR 02, 434.
8 *VGH BW* v. 9.9.86 – 15 S 2643/85 –, PersR 87, 176 Ls.
9 Beschl. v. 15.5.02, a. a. O.

Wahlberechtigung § 13

ben aber in den PR wählbar, weil die rechtswirksame Beendigung des Arbeitsverhältnisses durch die Kündigung bis zum rechtskräftigen Abschluss des Kündigungsrechtsstreits in der Schwebe bleibt.[10] Bei einem Beamten, der gegen seine Entlassung oder seine Versetzung in den **Ruhestand** Rechtsmittel eingelegt hat, ist es sachgerecht, ähnlich zu differenzieren. Hat das Rechtsmittel aufschiebende Wirkung, bleibt der Beamte wahlberechtigt. Ist jedoch die sofortige Vollziehung angeordnet, ist er nicht wahlberechtigt, wohl aber wählbar.

Personen, die **regelmäßig wiederkehrend** nur an einzelnen Tagen in der Dienststelle beschäftigt sind und hierzu jeweils **befristete Arbeitsverträge** abschließen, sind zur Wahl des PR auch dann wahlberechtigt, wenn sie am Wahltag nicht in der Dienststelle tätig sind.[11] **6**

Leiharbeitnehmer (vgl. § 4 Rn. 10) haben unabhängig davon, ob sie nach dem BetrVG zum Betriebsrat des Verleiherbetriebes wahlberechtigt sind, unter den Voraussetzungen des entsprechend anzuwendenden Abs. 2 (vgl. Rn. 12 ff.) die Wahlberechtigung zum PR der Entleiherdienststelle.[12] Das gilt auch dann, wenn es sich um Leiharbeitnehmer handelt, die der Dienststelle im Rahmen eines unechten Leiharbeitsverhältnisses zur Arbeitsleistung überlassen sind. **7**

Beschäftigte, die aus persönlichen Gründen (z. B. Krankheit, Erholungsurlaub, Dienst- oder Arbeitsbefreiung, Urlaub unter Fortzahlung der Bezüge) oder aus dienstlichen Anlässen (z. B. Fortbildungsveranstaltung, Dienstreise) am Wahltag **abwesend** sind, verlieren dadurch ihre Wahlberechtigung nicht. Das gilt auch für Telebeschäftigte, die ihre Arbeit (ggf. zeitweise) außerhalb der Dienststelle verrichten (vgl. § 4 Rn. 9). Für die Fälle der Beurlaubung unter Wegfall der Bezüge, der Abordnung und der Zuweisung gelten die Sonderregelungen in Abs. 1 S. 2 und Abs. 2 (vgl. Rn. 10–13). **8**

Nicht wahlberechtigt sind Beschäftigte, die infolge **Richterspruchs** nicht das Recht besitzen, in öffentlichen Angelegenheiten zu wählen oder zu stimmen (vgl. dazu § 45 Abs. 5, § 45a StGB u. § 39 Abs. 2 BVerfGG). Ebenfalls nicht wahlberechtigt sind entsprechend § 13 Nr. 2 Bundeswahlgesetz Beschäftigte, für die das Vormundschaftsgericht nach den §§ 1896 ff. BGB nicht nur durch einstweilige Anordnung einen **Betreuer** zur Besorgung aller ihrer Angelegenheiten bestellt hat. **9**

Nach Abs. 1 S. 2 sind Beschäftigte, die am Wahltag seit mehr als sechs Monaten **unter Wegfall der Bezüge beurlaubt** sind, nicht wahlberechtigt. Aus welchen Gründen die Beurlaubung ohne Dienstbezüge erfolgte, **10**

---

10 Vgl. *BAG* v. 10.11.04 – 7 ABR 12/04 –, AP BetrVG 1972 § 8 Nr. 11; str.; dazu KfdP-*Lemcke*, Rn. 8 m. w. N.
11 *BVerwG* v. 8.12.67 – VII P 17.66 –, PersV 68, 114.
12 Str.; wie hier *VG Frankfurt a. M.* v. 3.11.08 – 23 K 1568/08.F.PV – u. *HessVGH* v. 18.11.10 – 22 A 959/10.PV –, PersR 09, 84, u. 11, 85; vgl. KfdP-*Lemcke*, Rn. 10 m. N.

§ 13 Wahlberechtigung

ist für die Frage der Wahlberechtigung grundsätzlich ohne Bedeutung (vgl. aber Rn. 11). In Betracht kommen z. B. **»familienbedingte Beurlaubung«** nach § 92 Abs. 1 Nr. 2 BBG oder **»Beurlaubung ohne Besoldung«** nach § 95 BBG, ferner – soweit nicht von der Möglichkeit der Teilzeitbeschäftigung Gebrauch gemacht wird – **Elternzeit** nach den §§ 15 ff. BEEG oder den §§ 6 ff. MuSchEltZV[13] oder auch **»Urlaub in anderen Fällen«** nach § 13 SUrlV oder nach entsprechenden tarifvertraglichen Regelungen, z. B. **»Sonderurlaub«** gem. § 28 TVöD. Als Beurlaubung betrachtet das *BVerwG*[14] auch das in tarifvertraglichen Bestimmungen vorgesehene **Ruhen des Arbeitsverhältnisses wegen Beziehens einer befristeten Rente** wegen verminderter Erwerbsfähigkeit. Gleiches soll auch dann gelten, wenn ein arbeitsunfähig erkrankter Arbeitnehmer keine Bezüge von seinem Arbeitgeber bezieht und dieser für die Dauer der **Arbeitsunfähigkeit** auf sein Weisungsrecht aus dem Arbeitsvertrag verzichtet.[15] Ist ein Beschäftigter am Wahltag seit mehr als sechs Monaten ausnahmsweise **unter Fortzahlung der Bezüge beurlaubt**, geht die Wahlberechtigung nicht verloren (vgl. Rn. 5).[16]

11 Die Streitfrage, ob und wie sich die Einberufung zum **Grundwehrdienst**, zu einer **Wehrübung** oder zum **Zivildienst** auf die Wahlberechtigung auswirkt (vgl. dazu die Voraufl.), hat sich mit der Aussetzung der Wehrpflicht und des Zivildienstes (als Wehrersatzdienst) durch Art. 1 Wehrrechtsänderungsgesetz 2011 v. 28. 4. 11[17] und durch Art. 2 und 3 Bundesfreiwilligendienstgesetz v. 28. 4. 11[18] bis auf Weiteres erledigt.

12 **(Abs. 2)** Nach Abs. 2 S. 1 wird ein Beschäftigter, der zu einer Dienststelle **abgeordnet** ist, in ihr wahlberechtigt, sobald die Abordnung **länger als drei Monate** gedauert hat (zum Begriff der Abordnung vgl. § 75 Rn. 43 und § 76 Rn. 27). In diesem Zeitpunkt verliert er das Wahlrecht in der alten Dienststelle. Wird ein Beschäftigter nacheinander zu **mehreren Dienststellen** abgeordnet, ohne dass er zwischendurch zu seiner Ursprungsdienststelle zurückkehrt, bleibt er dort wahlberechtigt, wenn der Aufenthalt in keiner der anderen Dienststellen länger als drei Monate dauert.[19] Abs. 2 S. 2 stellt klar, dass Abs. 2 S. 1 für jene Beschäftigten nicht gilt, die als **Mitglied** einer **Stufenvertretung** oder des **GPR** vom Dienst **freigestellt** sind, weil deren verwaltungsmäßige Zuordnung zu einer anderen Dienststelle nicht zu einer echten Eingliederung führt. Der Erwerb

---

13 *BVerwG* v. 15. 5. 02 – 6 P 8.01 –, PersR 02, 434; a. A. bezüglich der Elternzeit *VG Frankfurt a. M.* v. 25. 7. 05 – 22 K 1568/05 –, PersR 06, 174 (unzulässige mittelbare Diskriminierung wegen des Geschlechts).
14 Beschl. v. 15. 5. 02 – 6 P 18.01 –, PersR 02, 438.
15 *OVG NW* v. 15. 4. 03 – 1 A 3281/02.PVB –, PersR 03, 415.
16 *BVerwG* v. 15. 5. 02 – 6 P 8.01 –, PersR 02, 434, das jedoch die Freistellungsphase nach dem Blockmodell der Altersteilzeit als Freizeitausgleich ansieht.
17 BGBl. I S. 678.
18 BGBl. I S. 687.
19 *VGH Freiburg* v. 30. 10. 57 – 100/P 57 –, PersV 58, 19.

Wahlberechtigung § 13

der Wahlberechtigung in der neuen Dienststelle und der Verlust der Wahlberechtigung in der alten Dienststelle treten nach Abs. 2 S. 3 auch dann nicht ein, wenn spätestens bei Ablauf der Dreimonatsfrist feststeht, dass der Beschäftigte **binnen weiterer sechs Monate** in die alte Dienststelle **zurückkehren** wird.

Wird ein Beschäftigter **von einer Dienststelle im Geltungsbereich eines LPersVG** zu einer Dienststelle im Geltungsbereich des BPersVG **abgeordnet**, so wird er nach Abs. 2 S. 1 und 3 in der neuen Dienststelle wahlberechtigt, sobald die Abordnung länger als drei Monate gedauert hat, vorausgesetzt, dass bei Ablauf der Dreimonatsfrist nicht feststeht, dass er binnen weiterer sechs Monate in die alte Dienststelle zurückkehren wird. Zu welchem Zeitpunkt er das Wahlrecht in der alten Dienststelle verliert, hängt von den dafür einschlägigen Vorschriften des für diese Dienststelle geltenden LPersVG ab.   **12a**

Auf den Fall der für Beamte in § 27 Abs. 1 S. 2 und Abs. 2 S. 1 BBG ausdrücklich geregelten **Teilabordnung** (vgl. § 76 Rn. 27) sind die Vorschriften des BPersVG über den Erwerb und Verlust des Wahlrechts nicht uneingeschränkt anwendbar, da der Beschäftigte dabei nur einen Teil seiner Arbeitszeit vorübergehend für Dienste bei einer anderen Dienststelle zu erbringen hat, den übrigen Teil seiner Arbeitszeit aber weiterhin bei seiner Stammdienststelle abzuleisten hat. Dem ist dadurch Rechnung zu tragen, dass die Regelungen in Abs. 2 S. 1 und 3 zwar für den **Erwerb des Wahlrechts in der anderen Dienststelle** anzuwenden sind, dass sie aber **keinen Verlust des Wahlrechts in der bisherigen Dienststelle** zur Folge haben und der teilabgeordnete Beschäftigte somit in beiden Dienststellen wahlberechtigt ist.[20]   **12b**

Abs. 2 S. 4 sieht für die Fälle einer **Zuweisung** nach § 29 BBG (vgl. dazu § 76 Rn. 30) oder aufgrund entsprechender arbeitsvertraglicher Vereinbarung die entsprechende Anwendung der für die Abordnung geltenden Sätze 1 und 3 vor. Sie ist im Hinblick auf ihre Zweckbestimmung (wahlrechtliche Gleichstellung von zwei Maßnahmen der Personalüberlassung, die zu einer vergleichbaren Abschwächung der Eingliederung der Betroffenen in die abgebende Dienststelle führen) auch dann anzuwenden, wenn die Zuweisung eines Arbeitnehmers nicht auf einer einzelvertraglichen Abmachung, sondern auf einer tarifvertraglichen Bestimmung (z.B. § 4 Abs. 2 oder 3 TVöD) beruht, und zwar auch dann, wenn es sich um eine anders bezeichnete Maßnahme (wie z.B. die **Personalgestellung** nach § 4 Abs. 3 TVöD) handelt, welche in ihrer die Dienststellenzugehörigkeit betreffenden Wirkung der beamtenrechtlichen Zuweisung entspricht (vgl. § 75 Rn. 48 f.). Der zugewiesene Beschäftigte verliert die Wahlberechtigung bei seiner alten Dienststelle, sobald die Zuweisung zu der aufnehmenden Einrichtung länger als drei Monate gedauert hat, es sei denn, es   **13**

---

20 Im Ergebnis ebenso *VG Düsseldorf* v. 13.9.11 – 39 L 775/11.PVB –, PersR 12, 27 (zur Teilabordnung u. Teilzuweisung); *Fischer/Goeres/Gronimus*, Rn. 24a a.E.

§ 13 Wahlberechtigung

steht fest, dass er binnen weiterer sechs Monate in die alte Dienststelle zurückkehren wird. Ob der Zugewiesene ein dem Wahlrecht nach dem BPersVG entsprechendes **Wahlrecht in der aufnehmenden Einrichtung** erwirbt, ist dabei unerheblich. Allerdings kommt dieser Problematik seit der Änderung des § 5 Abs. 1 BetrVG durch Art. 9 des Gesetzes v. 29. 7. 09[21] keine besondere Bedeutung mehr zu, soweit es um Zuweisungen zu **Betrieben im Geltungsbereich des BetrVG** geht. Beim Einsatz in Betrieben privatrechtlich organisierter Unternehmen gelten Beamte, Soldaten und Arbeitnehmer des öffentlichen Dienstes (einschl. der zu ihrer Berufsausbildung Beschäftigten) nunmehr nach § 5 Abs. 1 S. 3 BetrVG als Arbeitnehmer i. S. d. BetrVR. Sie sind zum dortigen Betriebsrat wahlberechtigt und wählbar.[22]

13 a Soweit für die Zuweisung von Beschäftigten des Bundes (oder von bundesunmittelbaren Körperschaften, Anstalten oder Stiftungen des öffentlichen Rechts) zu privatrechtlich organisierten Einrichtungen **gesetzliche Sondervorschriften** bestehen, gehen diese als Spezialregelungen den allgemeinen Vorschriften des § 13 Abs. 2 vor.[23] Das gilt z. B. für Beschäftigte der **Bundeswehr,** denen unter Beibehaltung ihres Dienst- oder Arbeitsverhältnisses zum Bund eine Tätigkeit in einem mit der Bundeswehr **kooperierenden Wirtschaftsunternehmen** zugewiesen ist. Sie bleiben nach § 2 BwKoopG zum PR ihrer Dienststelle wahlberechtigt (vgl. Anh. V C).

13 b Auch bei der (auf der Grundlage von § 44g Abs. 1 S. 1 SGB II erfolgten) **gesetzlichen Zuweisung** von Tätigkeiten bei einem als gemeinsame Einrichtung nach § 44b SGB II organisierten **Jobcenter** (vgl. § 88 Rn. 14) geht das Wahlrecht nach § 13 Abs. 2 S. 4 erst verloren, wenn die Zuweisung länger als drei Monate angedauert hat und feststeht, dass der Beschäftigte nicht binnen weiterer sechs Monate in die alte Dienststelle zurückkehren wird.[24]

13 c Eine **Teilzuweisung** hat ebenso wie eine Teilabordnung in der bisherigen Dienststelle keinen Verlust des Wahlrechts zur Folge (vgl. Rn. 12 b).[25]

14 **(Abs. 3) Beamte im Vorbereitungsdienst** und Beschäftigte in entsprechender Berufsausbildung sind nach Abs. 3 nur bei ihrer Stammbehörde wahlberechtigt. Die Regelung beruht v. a. auf der Erwägung, dass die genannten Beschäftigten ihre berufliche Ausbildung in mehreren Dienststellen (Stationen) erhalten und es deshalb sinnvoll ist, sie personalvertretungsrechtlich ausschließlich einer einzigen Dienststelle zuzuordnen.[26]

---

21 BGBl. I S. 2424.
22 *BAG* v. 15. 12. 11 – 7 ABR 65/10 – [PM 95/11], NZA 1/12, VI; vgl. KfdP-*Lemcke*, Rn. 20 m. N.
23 Vgl. KfdP-*Lemcke*, vor § 12 Rn. 5 m. N.
24 *OVG NW* v. 20. 6. 11 – 16 B 271/11.PVB –, PersR 11, 386.
25 Vgl. dazu auch *VG Düsseldorf* v. 13. 9. 11, a. a. O, zur Teilzuweisung nach § 44g Abs. 1 S. 1 SGB II.
26 *BVerwG* v. 11. 9. 07 – 6 PB 9.07 –, PersR 07, 484.

Wählbarkeit § 14

Welche Dienststelle als **Stammbehörde** anzusehen ist, kann der Dienstherr durch verwaltungsorganisatorische Maßnahmen auch mit personalvertretungsrechtlicher Wirkung festlegen.[27] Dafür kommt v. a. die zentrale Dienststelle in Betracht, welche die wesentlichen die Ausbildung betreffenden Entscheidungen trifft und auch sonst in Personalangelegenheiten der Auszubildenden zuständig ist,[28] oder die Dienststelle, denen die Auszubildenden zugeteilt sind.

Der **Vorbereitungsdienst** ist die für Laufbahnbewerber vorgeschriebene Ausbildung der Beamten (§ 17 BBG). Die Probezeit (§ 11 BBG, §§ 28 ff. BLV) und die Einführungszeiten für Aufstiegsbeamte (§§ 35 ff. BLV) gehören nicht dazu. Beschäftigte in **entsprechender Berufsausbildung** sind solche nach § 4 Abs. 3 S. 2 als Arbeitnehmer i. S. d. BPersVG geltenden Beschäftigten, deren Ausbildung mit der des Vorbereitungsdienstes vergleichbar ist. Diese Voraussetzung liegt bei Auszubildenden, die fest in eine Dienststelle eingegliedert sind, und damit insb. bei Auszubildenden i. S. d. Berufsbildungsgesetzes grundsätzlich nicht vor.[29]

15

§ 14 [Wählbarkeit]

(1) ¹Wählbar sind alle Wahlberechtigten, die am Wahltage

1. seit sechs Monaten dem Geschäftsbereich ihrer obersten Dienstbehörde angehören und

2. seit einem Jahr in öffentlichen Verwaltungen oder von diesen geführten Betrieben beschäftigt sind.

²Nicht wählbar ist, wer infolge Richterspruchs die Fähigkeit, Rechte aus öffentlichen Wahlen zu erlangen, nicht besitzt.

(2) Die in § 13 Abs. 3 genannten Personen sind nicht in eine Stufenvertretung wählbar.

(3) Nicht wählbar sind für die Personalvertretung ihrer Dienststelle die in § 7 genannten Personen sowie Beschäftigte, die zu selbständigen Entscheidungen in Personalangelegenheiten der Dienststelle befugt sind.

Die Vorschrift regelt zusammen mit § 15 die **Wählbarkeit** oder, anders ausgedrückt, das **passive Wahlrecht** zum PR. Dieses muss **am Tag der Wahl** gegeben sein. Erstreckt sich die Stimmabgabe über mehrere Tage, muss die Wählbarkeit mindestens am letzten Tag der Wahl bestehen.

1

(**Abs. 1**) Wählbar sind – vorbehaltlich einer davon abweichenden spezialgesetzlichen Regelung (vgl. Rn. 8) – **alle Wahlberechtigten** (§ 13), die

2

---

27 *BVerwG* v. 11. 3. 66 – VII P 8.65 –, PersV 66, 85, u. v. 6. 6. 91 – 6 P 8.89 –, PersR 91, 337.
28 So *BVerwG* v. 18. 9. 03 – 6 P 2.03 –, PersR 03, 500.
29 *BVerwG* v. 11. 9. 07, a. a. O.

§ 14 Wählbarkeit

am Wahltag grundsätzlich alle jene Voraussetzungen erfüllen, die in Abs. 1 S. 1 Nr. 1 und 2 aufgestellt sind, und bei denen keiner der Tatbestände vorliegt, die nach Abs. 1 S. 2, Abs. 2 oder 3 die Wählbarkeit ausschließen. Dabei sind die Ausschlusstatbestände wegen ihres Charakters als Ausnahmevorschriften eng auszulegen. Daraus ergeben sich u. a. folgende Konsequenzen: **Ausländische Beschäftigte** sind unter den gleichen Voraussetzungen wählbar wie deutsche (vgl. auch § 86 Rn. 3). Beschäftigte, die bereits **Mitglied des bisherigen PR** waren, können wieder gewählt werden. Das gilt auch für Beschäftigte, die aus dem PR **ausgeschlossen** worden sind oder die einem **aufgelösten** PR angehört haben.[30] Auch Beschäftigte, die schon Mitglied einer **anderen Personalvertretung**, z.B. eines GPR, BPR oder HPR sind, sind wählbar. Das Gleiche gilt für Beschäftigte, die dem **Wahlvorstand** angehören.[31] Ein **gekündigter Arbeitnehmer** bleibt auch dann wählbar, wenn er Kündigungsschutzklage erhoben hat und nicht weiterbeschäftigt wird (vgl. § 13 Rn. 5).[32] Ein Beschäftigter, der in **mehreren Dienststellen** wahlberechtigt ist (vgl. § 13 Rn. 3), ist – bei Vorliegen der weiteren Wählbarkeitsvoraussetzungen – in jeder dieser Dienststellen auch wählbar, kann also ein Doppelmandat erwerben.[33] Die **Gleichstellungsbeauftragte** und ihre Stellvertreterin dürfen nach § 16 Abs. 5 BGleiG keiner Personalvertretung angehören. Wird die Gleichstellungsbeauftragte oder ihre Stellvertreterin zum PR gewählt, muss sie sich entscheiden, welches der beiden Ämter sie ausüben will.[34]

3 **(Abs. 1 S. 1 Nr. 1)** Die Wahlberechtigten müssen am Wahltag **seit sechs Monaten dem Geschäftsbereich ihrer obersten Dienstbehörde angehören**. Diese Voraussetzung ist gegeben, wenn die Wahlberechtigten in den sechs Monaten, die dem Wahltag vorausgegangen sind, dem Geschäftsbereich ununterbrochen als Beschäftigte i. S. d. § 4 angehört haben.[35] Unerheblich sind Unterbrechungen der tatsächlichen Beschäftigung. Das Gleiche gilt für Abwesenheiten aufgrund von Abordnungen oder von Beurlaubungen unter Wegfall der Bezüge, solange die Wahlberechtigung im Geschäftsbereich der höheren obersten Dienstbehörde fortbesteht. Nach Beendigung einer Abwesenheit, die zum Verlust der Wahlberechtigung im Geschäftsbereich geführt hat, **beginnt die Sechsmonatsfrist grundsätzlich neu zu laufen**;[36] das gilt aber ausnahmsweise dann nicht, wenn die Unterbrechung auf einer mehr als sechs Monate andauernden Beurlaubung ohne Bezüge beruht, weil dies mit dem »Stichtagscharakter«

---

30 Vgl. *BVerwG* v. 23.11.62 – VII P 2.62 –, PersV 63, 62, v. 26.9.69 – VII P 13.68 –, PersV 70, 89, u. v. 7.5.03 – 6 P 17.02 –, PersR 03, 313.
31 *BVerwG* v. 12.1.62 – VII P 10.60 –, PersV 62, 66.
32 Vgl. *BAG* v. 14.5.97 – 7 ABR 26/96 – u. v. 10.11.04 – 7 ABR 12/04 –, AP BetrVG 1972 § 8 Nr. 8 u. 11.
33 Vgl. *BAG* v. 11.4.58 – 1 ABR 2/57 –, AP BetrVG § 6 Nr. 1.
34 Vgl. *VG Gelsenkirchen* v. 20.7.04 – 12 L 933/04 –, PersV 05, 116.
35 *BVerwG* v. 4.2.10 – 6 PB 38.09 –, PersR 10, 260.
36 *BVerwG* v. 4.2.10, a.a.O.

Wählbarkeit § 14

der Regelung in § 13 Abs. 1 S. 2 nicht vereinbar wäre.[37] Die zusätzliche Wählbarkeitsvoraussetzung des Abs. 1 S. 1 Nr. 1 entfällt, wenn einer der **Ausnahmefälle** des § 15 Abs. 1 vorliegt (vgl. § 15 Rn. 2 f.).

(Abs. 1 S. 1 Nr. 2) Die Wahlberechtigten müssen am Wahltag **seit einem Jahr in öffentlichen Verwaltungen oder von diesen geführten Betrieben beschäftigt** sein. Diese Voraussetzung entfällt, wenn der **Ausnahmefall** des § 15 Abs. 2 vorliegt (vgl. § 15 Rn. 4). Erforderlich ist eine **tatsächliche Beschäftigung für die Dauer eines Jahres**. Allerdings wird die Jahresfrist durch kürzere Fehlzeiten (innerhalb des rechtlich fortbestehenden Dienst-, Arbeits- oder Ausbildungsverhältnisses) wie Krankheit, Urlaub oder Streik nicht unterbrochen, sondern lediglich gehemmt. Demnach werden zwar die Fehlzeiten in die Jahresfrist nicht eingerechnet, die vor ihnen liegenden Beschäftigungszeiten werden jedoch mitgerechnet (§ 209 BGB). Zu den in Abs. 1 S. 1 Nr. 2 genannten Einrichtungen zählen nicht nur die nach § 1 zum sachlichen Geltungsbereich des BPersVG gehörenden Verwaltungen und Betriebe, sondern alle als **öffentliche Verwaltungen und Betriebe** anzusehenden Organisationseinheiten des Bundes und aller Bundesländer sowie sämtlicher bundesunmittelbarer und bundesunmittelbarer juristischer Personen des öffentlichen Rechts. Öffentliche Verwaltungen sind dabei auch die **Gerichte** des Bundes und der Länder. Gleiches gilt für die militärischen Dienststellen und Einrichtungen der **Bundeswehr** (vgl. § 91 Abs. 1 SG und § 48 S. 2 SBG). **Betriebe** i. S. d. Abs. 1 S. 1 Nr. 2 sind grundsätzlich nur solche des öffentlichen Rechts (Eigenbetriebe und Regiebetriebe); eine Ausnahme gilt für Beschäftigte der Bundeswehr in Betrieben von **kooperierenden Wirtschaftsunternehmen** (§ 3 S. 2 BwKoopG; vgl. dazu Anh. V C).

4

(Abs. 1 S. 2) Nicht wählbar sind Beschäftigte, die infolge **Richterspruchs** die Fähigkeit, Rechte aus öffentlichen Wahlen zu erlangen, nicht besitzen (vgl. dazu § 45 Abs. 1, 2, § 45 a StGB u. § 39 Abs. 2 BVerfGG).

5

(Abs. 2) Der in der **ursprünglichen Fassung** des Abs. 2 enthaltene S. 1, wonach Beschäftigte, die **wöchentlich regelmäßig weniger als 18 Stunden beschäftigt** waren, nicht wählbar waren, ist durch Art. 3 a des Gesetzes v. 4.11.04[38] aufgehoben worden.

6

Nach dem ursprünglichen S. 2, der inzwischen zum einzigen Satz des Abs. 2 geworden ist (vgl. Rn. 6), sind **Beamte im Vorbereitungsdienst** und **Beschäftigte in entsprechender Berufsausbildung** (vgl. § 13 Rn. 14 f.) in eine **Stufenvertretung** (BPR oder HPR) nicht wählbar. Dagegen ist ihre Wählbarkeit in den örtlichen PR der Stammbehörde und ggf. in einen dort zu bildenden GPR nicht ausgeschlossen.

7

Unechte **Leiharbeitnehmer** (vgl. § 4 Rn. 10 u. § 13 Rn. 7) sind nach § 14

8

---

37 Str.; vgl. KfdP-*Lemcke*, Rn. 5.
38 BGBl. I S. 2686.

101

§ 15 Sondervorschriften für die Wählbarkeit

Abs. 2 S. 1 und Abs. 4 AÜG in der Entleiherdienststelle nicht wählbar. Nach der Rspr. des *BAG*[39] gilt dies auch für echte Leiharbeitnehmer.

9 (Abs. 3) Nicht wählbar »für die Personalvertretung ihrer Dienststelle« – d. h. für den bei dieser Dienststelle gebildeten örtlichen PR, GPR, BPR oder HPR – sind die in § 7 genannten Personen sowie Beschäftigte, die zu selbständigen Entscheidungen in Personalangelegenheiten der Dienststelle befugt sind. Bei den in § 7 genannten Personen handelt es sich um den **Leiter der Dienststelle**, seinen **ständigen Vertreter**, die in § 7 S. 3 aufgeführten **Abteilungsleiter** und die nach § 7 S. 4 bestimmten **sonstigen Beauftragten**, wobei Abteilungsleiter und sonstige Beauftragte nur dann nicht wählbar sind, wenn sie den Dienststellenleiter nicht nur in bestimmten Einzelfällen und nicht nur vorübergehend vertreten können. In nach § 6 Abs. 3 verselbständigten **Nebenstellen** oder Teilen einer Dienststelle sind deren Leiter und ihr ständiger Vertreter ohne Rücksicht auf die ihnen zustehenden Entscheidungsbefugnisse nicht wählbar.[40]

10 Bei den Beschäftigten, die zu **selbständigen Entscheidungen in Personalangelegenheiten** der Dienststelle befugt sind, muss sich die Entscheidungsbefugnis auf Personalangelegenheiten beziehen, die in § 75 Abs. 1 und § 76 Abs. 1 aufgezählt sind.[41] Befugnisse zur Abgabe dienstlicher Beurteilungen und zur Erteilung von Urlaub oder Arbeits- bzw. Dienstbefreiung sind dagegen nicht gemeint.[42] Die selbständige Entscheidungsbefugnis braucht sich nicht auf sämtliche in Betracht kommenden Personalangelegenheiten zu erstrecken. Sie ist allerdings nicht deswegen zu verneinen, weil der Beschäftigte an **Richtlinien und Weisungen** des Dienststellenleiters und der übergeordneten Dienststelle gebunden ist.[43] Erforderlich ist die **planmäßige Ausübung** der selbständigen Entscheidungsbefugnis, eine nur vertretungsweise Wahrnehmung reicht nicht aus.[44] Die Befugnis muss **auf Dauer angelegt** sein, mithin zu den regulären Aufgaben des betroffenen Beschäftigten gehören.[45]

§ 15 [Sondervorschriften für die Wählbarkeit]

(1) Besteht die oberste Dienstbehörde oder die Dienststelle weniger als ein Jahr, so bedarf es für die Wählbarkeit nicht der Voraussetzung des § 14 Abs. 1 Nr. 1.

(2) Die Voraussetzung des § 14 Abs. 1 Nr. 2 entfällt, wenn nicht mindestens fünfmal soviel wählbare Beschäftigte jeder Gruppe vorhanden wären, als nach den §§ 16 und 17 zu wählen sind.

---

39 Beschl. v. 17.2.10 – 7 ABR 51/08 –, AP BetrVG 1972 § 8 Nr. 14.
40 *BVerwG* v. 22.6.62 – VII P 9.61 –, PersV 62, 257.
41 Vgl. *BVerwG* v. 11.3.82 – 6 P 8.80 –, PersV 83, 405.
42 *BVerwG* v. 10.5.82 – 6 P 2.81 –, PersV 83, 194.
43 *BVerwG* v. 17.5.10 – 6 P 7.09 –, PersR 10, 364.
44 Vgl. *BVerwG* v. 22.6.05 – 6 P 8.04 –, PersR 05, 414, m.w.N.
45 *BVerwG* v. 6.9.05 – 6 PB 13.05 –, PersR 06, 37.

Sondervorschriften für die Wählbarkeit § 15

Die Vorschrift legt **Ausnahmen von den** in § 14 Abs. 1 S. 1 geregelten **1**
Voraussetzungen der Wählbarkeit fest. Für die Frage, ob einer der
Ausnahmetatbestände des Abs. 1 oder 2 gegeben ist, kommt es auf die
Verhältnisse am **Tag der Wahl** an. Erstreckt sich die Stimmabgabe über
mehrere Tage, ist auf den letzten Tag der Stimmabgabe abzustellen.[46]

(Abs. 1) Die in § **14 Abs.** 1 S. 1 **Nr.** 1 festgelegte Wählbarkeitsvoraus- **2**
setzung der mindestens sechsmonatigen Zugehörigkeit zum Geschäftsbereich der obersten Dienstbehörde entfällt, wenn entweder die oberste
Dienstbehörde, zu deren Geschäftsbereich diejenige Dienststelle gehört, in
welcher der PR zu wählen ist, oder diese Dienststelle selbst **weniger als ein
Jahr besteht**. Eine **Dienststelle** besteht i. d. R. von dem Tag an, an dem
sie die ihr obliegenden Dienstgeschäfte aufgenommen hat. Eine **oberste
Dienstbehörde** besteht von dem Tag an, an dem sie diejenigen Dienstgeschäfte aufgenommen hat, die sie aufgrund ihrer Funktion als oberste
Dienstbehörde wahrzunehmen hat. Wird eine **Nebenstelle** oder ein Teil
einer Dienststelle erstmals oder nach einer Unterbrechungszeit erneut nach
§ 6 Abs. 3 zu einer Dienststelle im personalvertretungsrechtlichen Sinne
verselbständigt, besteht diese neue Dienststelle von dem Tag an, an dem die
(erstmalige oder erneute) Entscheidung über die Verselbständigung wirksam wird (vgl. § 6 Rn. 7).[47] Daraus folgt, dass dann immer der Ausnahmefall
des Abs. 1 gegeben ist.

Ist eine bereits seit mindestens einem Jahr bestehende Dienststelle innerhalb **3**
der letzten sechs Monate vor der Wahl dem Geschäftsbereich **einer anderen obersten Dienstbehörde zugeordnet** worden (die ebenfalls schon
seit mindestens einem Jahr besteht), so ist die Ausnahmeregelung des Abs. 1
entsprechend anzuwenden, weil andernfalls die Wahl des PR daran scheitern würde, dass bei keinem wahlberechtigten Beschäftigten die Wählbarkeitsvoraussetzung des § 14 Abs. 1 S. 1 Nr. 1 vorläge. Eine entsprechende
Anwendung des Abs. 1 ist auch dann geboten, wenn eine bisher selbständige Dienststelle in eine Dienststelle im Geschäftsbereich einer anderen
obersten Dienstbehörde eingegliedert wird.[48] Obwohl in einem solchen
Fall die Wahl des PR wegen des Vorhandenseins wählbarer Beschäftigter
der aufnehmenden Dienststelle nicht unmöglich ist, erscheint es nicht
gerechtfertigt, diesen Fall anders zu behandeln als den Fall der Zusammenlegung von zwei bisher selbständigen Dienststellen zu einer neuen Dienststelle, bei dem die Ausnahmeregelung des Abs. 1 ohne Weiteres anwendbar
ist, zumal sich beide Fälle in der Praxis nicht immer klar voneinander
abgrenzen lassen (vgl. § 78 Rn. 16, 19).

(Abs. 2) Die in § **14 Abs.** 1 S. 1 **Nr.** 2 festgelegte Wählbarkeitsvoraus- **4**
setzung, seit einem Jahr in öffentlichen Verwaltungen oder von diesen
geführten Betrieben beschäftigt zu sein, entfällt, wenn in der Dienststelle

---
46 Str.; vgl. KfdP-*Lemcke*, Rn. 1 m. N.
47 *BVerwG* v. 26. 1. 00 – 6 P 3.99 –, PersR 00, 371.
48 Str.; vgl. KfdP-*Lemcke*, Rn. 4 m. N.

§ 16 Zahl der Personalratsmitglieder

nicht mindestens fünfmal so viel wählbare Beschäftigte jeder Gruppe vorhanden wären, als nach den §§ 16 und 17 PR-Mitglieder zu wählen sind. Das gilt unabhängig davon, ob der PR in Gruppenwahl oder in gemeinsamer Wahl gewählt wird. Auch wenn nur in einer Gruppe die Zahl von mindestens fünfmal so viel wählbaren Beschäftigten nicht erreicht wird, führt das dazu, dass die Bewerber der anderen Gruppen ebenfalls nicht seit einem Jahr in öffentlichen Verwaltungen oder von diesen geführten Betrieben tätig sein müssen.[49]

§ 16 [Zahl der Personalratsmitglieder]

(1) ¹Der Personalrat besteht in Dienststellen mit in der Regel

5 bis 20 wahlberechtigten Beschäftigten	aus einer Person,
21 Wahlberechtigten bis 50 Beschäftigten	aus drei Mitgliedern,
51 bis 150 Beschäftigten	aus fünf Mitgliedern,
151 bis 300 Beschäftigten	aus sieben Mitgliedern,
301 bis 600 Beschäftigten	aus neun Mitgliedern,
601 bis 1 000 Beschäftigten	aus elf Mitgliedern.

²Die Zahl der Mitglieder erhöht sich in Dienststellen mit 1 001 bis 5 000 Beschäftigten um je zwei für je weitere angefangene 1000, mit 5001 und mehr Beschäftigten um je zwei für je weitere angefangene 2000.

(2) Die Höchstzahl der Mitglieder beträgt einunddreißig.

1 Die **Zahl der Mitglieder des PR** ergibt sich grundsätzlich aus der in Abs. 1 festgelegten Staffel. Sie wird durch die in Abs. 2 bestimmte **Höchstzahl** von 31 Mitgliedern nach oben begrenzt. Die **Staffel** stellt bei Dienststellen mit bis zu 21 wahlberechtigten Beschäftigten auf die Zahl der **Wahlberechtigten** ab, bei den übrigen auf die Zahl der **Beschäftigten** (einschl. der nicht wahlberechtigten). Dabei ist jeweils die Zahl der »**in der Regel**« Wahlberechtigten bzw. Beschäftigten zugrunde zu legen (vgl. zu diesem Kriterium § 12 Rn. 2). Die Stufe, von der ab **allein die Zahl der Beschäftigten** maßgebend ist, beginnt mit 51 Beschäftigten. Sind in einer Dienststelle mit bis zu 50 Beschäftigten weniger als 21 Wahlberechtigte vorhanden, besteht der PR nur aus einer Person (vgl. § 2 Abs. 1 S. 2 WO). In einer Dienststelle mit mindestens 21 Wahlberechtigten und höchstens 50 Beschäftigten erhöht sich die in der Staffel vorgesehene Zahl von drei Mitgliedern seit der Zusammenfassung der Angestellten und Arbeiter in der Gruppe der Arbeitnehmer nicht mehr nach § 17 Abs. 4 auf **vier Mitglieder**, weil diese Ausnahmevorschrift gegenstandslos geworden ist (vgl. § 17 Rn. 7).

---

49 Str.; vgl. KfdP-*Lemcke*, Rn. 6 m. N.

Sitze für Gruppen, Beschäftigungsarten und Geschlechter § 17

Die in § 16 enthaltenen Regelungen über die Größe des PR sind zwingend. **2**
Jedoch sind **Abweichungen** dann zulässig, wenn weniger wählbare Beschäftigte vorhanden sind, als an sich zu wählen wären, oder wenn die Vorschlagslisten zuwenig Kandidaten enthalten oder bei Personenwahl zuwenig Kandidaten eine Stimme erhalten haben oder wenn von den in ausreichender Zahl gewählten Bewerbern und Ersatzmitgliedern so viele die Wahl ablehnen, dass die gesetzliche Zahl der Mitglieder des PR unterschritten wird. In diesen Fällen besteht der PR aus der **höchstmöglichen Zahl** von Mitgliedern; ggf. auch aus einer geraden Anzahl. Zu der Frage, wann in dem zuletzt genannten Fall nach § 27 Abs. 2 Nr. 2 eine Neuwahl notwendig werden kann, vgl. § 27 Rn. 5.

Bei Dienststellen, in denen die **Soldaten** nach § 49 Abs. 1 SBG Personalvertretungen wählen, sind die **Sondervorschriften** des § 51 Abs. 2 SBG zu beachten (vgl. Anh. V B § 51 SBG Rn. 3). **3**

§ 17 [Sitzverteilung auf die Gruppen, Beschäftigungsarten und Geschlechter]

(1) [1]Sind in der Dienststelle Angehörige verschiedener Gruppen beschäftigt, so muss jede Gruppe entsprechend ihrer Stärke im Personalrat vertreten sein, wenn dieser aus mindestens drei Mitgliedern besteht. [2]Bei gleicher Stärke der Gruppen entscheidet das Los. [3]Macht eine Gruppe von ihrem Recht, im Personalrat vertreten zu sein, keinen Gebrauch, so verliert sie ihren Anspruch auf Vertretung.

(2) Der Wahlvorstand errechnet die Verteilung der Sitze auf die Gruppen nach den Grundsätzen der Verhältniswahl.

(3) Eine Gruppe erhält mindestens
bei weniger als 51 Gruppenangehörigen einen Vertreter,
bei   51 bis   200 Gruppenangehörigen zwei Vertreter,
bei 201 bis   600 Gruppenangehörigen drei Vertreter,
bei 601 bis 1 000 Gruppenangehörigen vier Vertreter,
bei 1 001 bis 3 000 Gruppenangehörigen fünf Vertreter,
bei 3 001 und mehr Gruppenangehörigen sechs Vertreter.

(4) [1]Ein Personalrat, für den in § 16 Abs. 1 drei Mitglieder vorgesehen sind, besteht aus vier Mitgliedern, wenn eine Gruppe mindestens ebensoviel Beschäftigte zählt wie die beiden anderen Gruppen zusammen. [2]Das vierte Mitglied steht der stärksten Gruppe zu.

(5) [1]Eine Gruppe, der in der Regel nicht mehr als fünf Beschäftigte angehören, erhält nur dann eine Vertretung, wenn sie mindestens ein Zwanzigstel der Beschäftigten der Dienststelle umfasst. [2]Erhält sie keine Vertretung und findet Gruppenwahl statt, so kann sich jeder Angehörige dieser Gruppe durch Erklärung gegenüber dem Wahlvorstand einer anderen Gruppe anschließen.

§ 17 Sitze für Gruppen, Beschäftigungsarten und Geschlechter

(6) Der Personalrat soll sich aus Vertretern der verschiedenen Beschäftigungsarten zusammensetzen.

(7) Die Geschlechter sollen im Personalrat entsprechend dem Zahlenverhältnis vertreten sein.

1 Die Vorschrift bezieht sich auf PR, die nach § 16 aus **drei oder mehr Mitgliedern** bestehen. Sie regelt in Abs. 1 bis 5 die Verteilung der Sitze auf die in § 5 definierten Gruppen und enthält in Abs. 6 und 7 Regelungen über die Berücksichtigung der Beschäftigungsarten und der Geschlechter. Die Bestimmungen über die Vertretung nach **Gruppen** sind grundsätzlich zwingend. Von ihnen kann aber nach § 18 Abs. 1 abgewichen werden. Dagegen enthalten die als Soll-Vorschriften gefassten Bestimmungen über die Vertretung der **Beschäftigungsarten** und der **Geschlechter** kein zwingendes Recht. Mit Ausnahme von Abs. 5 S. 2 gelten alle Bestimmungen des § 17 unabhängig davon, ob der PR nach § 19 Abs. 2 in **Gruppenwahl** oder in **gemeinsamer Wahl** gewählt wird. In Dienststellen, in denen **Soldaten** nach § 49 Abs. 1 SBG Personalvertretungen wählen, gilt § 17 mit den Maßgaben, die in den **Sondervorschriften** des § 51 Abs. 2 SBG festgelegt sind (vgl. Anh. V B § 51 SBG Rn. 3). Nach § 5 WO ist es **Aufgabe des Wahlvorstands,** auf der Grundlage des § 17 Abs. 1 bis 5 die PR-Sitze auf die Gruppen zu verteilen.

2 (Abs. 1) Besteht der PR aus mindestens drei Mitgliedern und sind in der Dienststelle Angehörige verschiedener **Gruppen** (also Beamte und Arbeitnehmer) beschäftigt, muss nach **Abs. 1 S. 1** jede dieser Gruppen entsprechend ihrer **zahlenmäßigen Stärke** im PR vertreten sein. Die Stärke dieser Gruppen richtet sich nach der Zahl der Gruppenangehörigen, die »in der Regel« (vgl. dazu § 12 Rn. 2) beschäftigt sind. Auf die Wahlberechtigung kommt es dabei nicht an.

3 Nach § 16 besteht der PR aus einer ungeraden Zahl von Mitgliedern. Deshalb können zwei Gruppen, die die gleiche Zahl von Angehörigen haben, nicht mit der gleichen Zahl von Mitgliedern im PR vertreten sein. In einem solchen Fall ist **Abs. 1 S. 2** anzuwenden. Danach entscheidet bei **gleicher Stärke der Gruppen** das Los, welcher Gruppe die höhere Zahl von Sitzen zufällt. Nach § 5 Abs. 4 WO ist es Aufgabe des Wahlvorstands, den erforderlichen **Losentscheid** durchzuführen. Dabei ist jedes Verfahren zulässig, welches geeignet ist, ein nicht beeinflussbares Zufallsergebnis herbeizuführen, und den daran Teilnehmenden gleiche Chancen gibt.[50]

4 Abs. 1 S. 3 regelt den Fall, dass **eine Gruppe von ihrem Recht,** im PR vertreten zu sein, **keinen Gebrauch macht.** Dies kann z.B. dadurch geschehen, dass

- die Gruppe keine wählbaren oder zur Kandidatur bereiten Angehörigen

---

50 *BVerwG* v. 15.5.91 – 6 P 15.89 –, PersR 91, 411.

Sitze für Gruppen, Beschäftigungsarten und Geschlechter § 17

hat und die nach § 18 Abs. 2 mögliche Aufstellung gruppenfremder Bewerber unterbleibt oder

- die Gesamtheit der Angehörigen der Gruppe durch ausdrückliche Erklärung auf ihre Vertretung im PR verzichtet. Eine derartige Erklärung muss auf einer einstimmigen Willensbildung beruhen und gegenüber dem Wahlvorstand abgegeben werden.[51]

Macht eine Gruppe von ihrem Vertretungsrecht keinen Gebrauch, **verliert sie ihren Anspruch auf Vertretung** für die Dauer der Amtszeit des zu wählenden PR. Die von dieser Gruppe nicht beanspruchten Sitze werden der anderen Gruppe zugeteilt.[52] Die Angehörigen der Gruppe, die ihren Vertretungsanspruch verloren hat, haben nicht die Möglichkeit, sich der anderen Gruppe anzuschließen.[53] Schlägt eine Gruppe **weniger Bewerber** zur Wahl vor, als ihr nach den gesetzlichen Vorschriften an Sitzen zustehen, verliert sie nur insoweit ihren Anspruch auf Vertretung im PR. In diesem Fall werden die verbleibenden Sitze dieser Gruppe mit (gewählten) Bewerbern der anderen Gruppe besetzt (vgl. § 26 Abs. 2 u. § 27 Abs. 2 WO).

(Abs. 2) Falls nicht der Ausnahmefall zweier gleich starker Gruppen vorliegt (vgl. Rn. 3), hat der Wahlvorstand gem. Abs. 2 nach den **Grundsätzen der Verhältniswahl** zu errechnen, wie sich die Sitze auf die Gruppen verteilen. § 5 Abs. 2 WO schreibt vor, dass dabei das **Höchstzahlverfahren nach d'Hondt** anzuwenden ist. Danach werden die Zahlen der in der Dienststelle in der Regel beschäftigten Beamten und Arbeitnehmer nebeneinandergestellt und der Reihe nach durch die Zahlen 1, 2, 3 usw. geteilt. Auf die jeweils höchste Teilzahl (Höchstzahl) wird so lange ein Sitz zugeteilt, bis alle nach § 16 ermittelten Sitze verteilt sind. Auf die größte Höchstzahl entfällt der erste Sitz, auf die zweitgrößte Höchstzahl der zweite Sitz usw. Jede Gruppe erhält so viele Sitze, wie Höchstzahlen auf sie entfallen. Nach § 5 Abs. 2 S. 4 WO entscheidet das **Los**, wenn **bei gleichen Höchstzahlen nur noch ein Sitz** zu vergeben ist (zum Losentscheid vgl. Rn. 3).

(Abs. 3) Das Gesetz sieht in Abs. 3 eine Mindestvertretung der Gruppen vor. Fallen einer Gruppe nach dem d'Hondt'schen System (vgl. Rn. 5) weniger Sitze zu, als in Abs. 3 vorgesehen sind, so erhält sie die dort vorgeschriebene **Mindestzahl von Sitzen,** wobei sich die Zahl der Sitze der größeren Gruppe entsprechend vermindert (§ 5 Abs. 3 WO).

(Abs. 4) Die in Abs. 4 enthaltene **Sonderregelung für PR, für die in § 16 Abs. 1 drei Mitglieder vorgesehen sind,** dient dem Schutz der Mehrheitsgruppe vor einer Majorisierung durch kleinere Gruppen. Da sie nur angewendet werden kann, wenn in einer Dienststelle drei Gruppen vorhanden sind, ist sie mit der Zusammenfassung der Angestellten und

---

51 Str.; vgl. KfdP-*Lemcke*, Rn. 5 m. N.
52 *BVerwG* v. 23.10.70 – VII P 3.70 –, PersV 71, 135.
53 *BayVGH* v. 19.3.97 – 18 P 96.4276 –, PersR 97, 490.

§ 17 Sitze für Gruppen, Beschäftigungsarten und Geschlechter

Arbeiter zur Gruppe der Arbeitnehmer durch das Gesetz v. 14.9.05[54] **gegenstandslos** geworden. Auch in den Dienststellen, in denen Soldaten Personalvertretungen wählen, bleibt für die Anwendung des § 17 Abs. 4 kein Raum, weil für diese Fälle die Sonderregelung des § 51 Abs. 2 S. 3 SBG gilt (vgl. Anh. V B § 51 SBG Rn. 3).

8 **(Abs. 5)** Das Gesetz sieht in Abs. 5 sieht eine **Ausnahmeregelung** für Gruppen vor, denen in der Regel nicht mehr als fünf Beschäftigte angehören. Eine solche **Kleinstgruppe** erhält nach **Abs. 5 S. 1** nur dann eine Vertretung im PR, wenn sie mindestens ein Zwanzigstel der Beschäftigten der Dienststelle umfasst. Gehören einer mindestens ein Zwanzigstel der Beschäftigten umfassenden Kleinstgruppe weniger als drei wahlberechtigte Beschäftigte an, kann ihre Vertretung im PR allerdings an der Regelung des § 19 Abs. 4 S. 2 (vgl. § 19 Rn. 10) scheitern.[55]

9 Damit die Angehörigen einer von der Vertretung im PR ausgeschlossenen Kleinstgruppe auch bei Gruppenwahl ihr Wahlrecht ausüben können, sieht **Abs. 5 S. 2** die Möglichkeit des **Anschlusses an eine andere Gruppe** vor. Danach kann sich – falls Gruppenwahl stattfindet – jeder Angehörige einer solchen Kleinstgruppe durch Erklärung gegenüber dem Wahlvorstand einer anderen Gruppe anschließen. Damit wird der Beschäftigte für die bevorstehende Wahl Angehöriger der Gruppe, der er sich anschließt. Dadurch erhöht sich die Zahl der wahlberechtigten Beschäftigten dieser Gruppe, ohne dass dies jedoch zu einer Änderung der Sitzverteilung führt.[56] Mit der Zusammenfassung der Angestellten und Arbeiter zur Gruppe der Arbeitnehmer durch das Gesetz v. 14.9.05[57] ist die Regelung des Abs. 5 S. 2 allerdings **gegenstandslos** geworden, soweit es sich bei der Kleinstgruppe um die Gruppe der Beamten oder der Arbeitnehmer handelt, weil in einem solchen Fall nach § 19 Abs. 2 automatisch gemeinsame Wahl stattfindet (vgl. § 19 Rn. 5a). Sie ist jedoch aufgrund der Verweisung in § 51 Abs. 2 Abs. 1 SBG weiterhin anwendbar, falls in einer Dienststelle i.S.d. § 49 Abs. 1 SBG die Gruppe der Soldaten wegen ihrer zu geringen Größe ausnahmsweise keine Vertretung im PR erhält (vgl. Anh. V B § 51 SBG Rn. 3).

10 **(Abs. 6)** Die Soll-Vorschrift des Abs. 6 richtet sich an die Vorschlagsberechtigten und die Wähler, die darauf achten sollen, dass sich der PR soweit wie möglich aus Vertretern der verschiedenen **Beschäftigungsarten** (Berufsgruppen und Tätigkeitsbereiche) zusammensetzt, die in der Dienststelle vorhanden sind. Die Bestimmung soll gewährleisten, dass der PR bei seiner Meinungs- und Willensbildung die Besonderheiten der einzelnen Beschäftigungsarten berücksichtigt und die von seinen Entscheidungen ausgehenden Wirkungen auf die Beschäftigungsarten beachtet. Die

---

54 BGBl. I S. 2746.
55 Vgl. KfdP-*Lemcke*, Rn. 11a m. N.
56 *BVerwG* v. 10.5.82 – 6 P 40.80 –, PersV 83, 155.
57 BGBl. I S. 2746.

Abweichende Sitzverteilung und gruppenfremde Kandidatur § 18

Nichtbeachtung dieser **Soll-Vorschrift** hat keinen Einfluss auf die Gültigkeit der Wahl.

(Abs. 7) Die Soll-Vorschrift des Abs. 7 trägt dem »Gleichberechtigungsgebot« des Art. 3 Abs. 2 GG Rechnung, der den Staat ausdrücklich verpflichtet, die tatsächliche Durchsetzung der Gleichberechtigung von **Frauen und Männern** zu fördern und auf die Beseitigung bestehender Nachteile hinzuwirken. Abs. 7 soll damit der ungenügenden Berücksichtigung von Frauen im PR entgegenwirken. Dies erfordert es, dass die Geschlechter grundsätzlich entsprechend ihrem Zahlenverhältnis im PR vertreten sind. Dieser Zielsetzung dient auch § 6 Abs. 2 Nr. 2a und 5a WO. Ausnahmsweise erfolgende Abweichungen begründen wegen des Charakters als **Soll-Vorschrift** eine Wahlanfechtung nicht.

11

§ 18 [Abweichende Sitzverteilung und gruppenfremde Kandidatur]

(1) Die Verteilung der Mitglieder des Personalrates auf die Gruppen kann abweichend von § 17 geordnet werden, wenn jede Gruppe dies vor der Neuwahl in getrennter geheimer Abstimmung beschließt.

(2) ¹Für jede Gruppe können auch Angehörige anderer Gruppen vorgeschlagen werden. ²Die Gewählten gelten als Vertreter derjenigen Gruppen, für die sie vorgeschlagen worden sind. ³Satz 2 gilt auch für Ersatzmitglieder.

(Abs. 1) Die Vorschrift eröffnet den in der Dienststelle vorhandenen Gruppen (den Beamten und den Arbeitnehmern sowie in den Fällen des § 49 Abs. 1 SBG den Soldaten [vgl. Anh. V B § 51 SBG Rn. 1 ff.]) die Möglichkeit, eine von der gesetzlichen Regelung des § 17 **abweichende Verteilung der Mitglieder des PR auf die Gruppen** festzulegen. Diese Möglichkeit ist unabhängig davon gegeben, ob der PR nach § 19 Abs. 2 in Gruppenwahl oder in gemeinsamer Wahl gewählt wird. Die im Gesetz festgelegte Gesamtzahl der PR-Mitglieder kann nicht verändert werden.

1

Um eine abweichende Sitzverteilung herbeizuführen, ist es erforderlich, dass jede Gruppe dies vor der Neuwahl des PR in getrennter geheimer Abstimmung beschließt. Die Initiative zu einer solchen **Vorabstimmung** kann von jedem Beschäftigten der Dienststelle, aber auch von jeder in der Dienststelle vertretenen Gewerkschaft ausgehen. Aufgrund der unterschiedlichen Abgrenzung des Kreises der Abstimmungsberechtigten (vgl. Rn. 3) kann diese Vorabstimmung nicht mit der Vorabstimmung über die gemeinsame Wahl nach § 19 Abs. 2 verbunden werden (vgl. § 19 Rn. 5). Die zu fassenden Beschlüsse müssen inhaltlich übereinstimmen. Sie müssen die abweichende Sitzverteilung durch die **konkrete zahlenmäßige Angabe** der auf die Gruppen entfallenden Sitze eindeutig festlegen. Es sind stets entsprechende **Beschlüsse aller Gruppen**, die in der Dienststelle vorhanden sind, erforderlich. Das gilt bei einer Wahl unter Beteiligung

2

§ 18 Abweichende Sitzverteilung und gruppenfremde Kandidatur

von Soldaten als dritte Gruppe (vgl. Anh. V B § 51 SBG Rn. 3) auch dann, wenn die gesetzlich festgelegte Sitzverteilung nur für zwei der drei Gruppen geändert werden soll.

3 **Abstimmungsberechtigt** sind nicht nur die wahlberechtigten, sondern alle Gruppenangehörigen. Welche **Mehrheit** zur Annahme eines Vorschlags für eine abweichende Sitzverteilung erforderlich ist, sagt das Gesetz im Unterschied zu der Beschlussfassung über die gemeinsame Wahl (vgl. § 19 Abs. 2 S. 2) nicht. Daraus ist zu folgern, dass es ausreicht, wenn sich die Mehrheit aller Gruppenangehörigen in jeder Gruppe an der Abstimmung beteiligt und sich die Mehrheit der Abstimmenden in jeder Gruppe für den Vorschlag ausspricht.[58]

4 Die erfolgreiche Vorabstimmung kann nach § 4 Abs. 1 WO nur berücksichtigt werden, wenn ihr Ergebnis dem **Wahlvorstand** binnen sechs Arbeitstagen nach der Bekanntmachung des Wahlvorstands über seine Zusammensetzung vorliegt und diesem die korrekte Durchführung der Vorabstimmung glaubhaft gemacht wird. Unabhängig von ihrem positiven oder negativen Ausgang gilt die Vorabstimmung nur für die **bevorstehende PR-Wahl**.

5 **(Abs. 2)** Abs. 2 S. 1 sieht die Möglichkeit vor, dass für jede Gruppe **auch Angehörige anderer Gruppen vorgeschlagen**, d. h. in einen Wahlvorschlag aufgenommen werden. So kann z. B. ein Arbeitnehmer als Wahlbewerber für die Gruppe der Beamten vorgeschlagen werden. Da ein Beschäftigter nach § 19 Abs. 7 aber nur auf *einem* Wahlvorschlag benannt werden kann, kann ein gruppenfremder Bewerber nicht gleichzeitig auf einem Wahlvorschlag seiner eigenen Gruppe kandidieren. Die gruppenfremde Kandidatur ist sowohl bei Gruppenwahl als auch bei gemeinsamer Wahl (vgl. § 19 Abs. 6) zulässig.

6 Gruppenfremde Bewerber bleiben Angehörige der Gruppe, der sie aufgrund ihrer **dienst- bzw. arbeitsrechtlichen Stellung** nach § 5 i. V. m. § 4 Abs. 2 und 3 zugeordnet sind. Sie sind deshalb nur in ihrer eigenen Gruppe wahlberechtigt und können deshalb bei Gruppenwahl den Wahlvorschlag, in dem sie benannt worden sind, weder unterzeichnen noch bei der Stimmabgabe mit ihrer Stimme unterstützen.

7 Werden gruppenfremde Bewerber in den PR gewählt, gelten sie nach Abs. 2 S. 2 als **Vertreter derjenigen Gruppe, für die sie vorgeschlagen worden sind**. Das gilt nach S. 3 auch für Ersatzmitglieder i. S. d. § 31. So gilt etwa ein für die Arbeitnehmergruppe gewählter Beamter im PR als Vertreter der Gruppe der Arbeitnehmer. Als Vertreter dieser Gruppe kann er z. B. nach § 32 Abs. 1 S. 3 in den Vorstand des PR gewählt werden. Von ihrer personalvertretungsrechtlichen Funktion abgesehen, bleiben gruppenfremde PR- und Ersatzmitglieder weiterhin Beschäftigte der Gruppe,

---

58 Anders aber die h. M., die die absolute Mehrheit der Abstimmungsberechtigten verlangt; vgl. KfdP-*Lemcke*, Rn. 4 m. N.

Wahlverfahren § 19

der sie aufgrund ihres dienst- bzw. arbeitsrechtlichen Status angehören. Wechselt dieser Status und damit die Gruppenzugehörigkeit nach der Wahl (z. B. dadurch, dass ein Arbeitnehmer Beamter wird), bleibt das PR- bzw. Ersatzmitglied im PR Vertreter derjenigen Gruppe, für die es gewählt worden ist (vgl. § 29 Abs. 2 und § 31 Abs. 3).

§ 19 [Wahlverfahren]

(1) Der Personalrat wird in geheimer und unmittelbarer Wahl gewählt.

(2) [1]Besteht der Personalrat aus mehr als einer Person, so wählen die Beamten und Arbeitnehmer ihre Vertreter (§ 17) je in getrennten Wahlgängen, es sei denn, dass die wahlberechtigten Angehörigen jeder Gruppe vor der Neuwahl in getrennten geheimen Abstimmungen die gemeinsame Wahl beschließen. [2]Der Beschluss bedarf der Mehrheit der Stimmen aller Wahlberechtigten jeder Gruppe.

(3) [1]Die Wahl wird nach den Grundsätzen der Verhältniswahl durchgeführt. [2]Wird nur ein Wahlvorschlag eingereicht, so findet Personenwahl statt. [3]In Dienststellen, deren Personalrat aus einer Person besteht, wird dieser mit einfacher Stimmenmehrheit gewählt. [4]Das gleiche gilt für Gruppen, denen nur ein Vertreter im Personalrat zusteht.

(4) [1]Zur Wahl des Personalrates können die wahlberechtigten Beschäftigten und die in der Dienststelle vertretenen Gewerkschaften Wahlvorschläge machen. [2]Jeder Wahlvorschlag der Beschäftigten muss von mindestens einem Zwanzigstel der wahlberechtigten Gruppenangehörigen, jedoch mindestens von drei Wahlberechtigten unterzeichnet sein. [3]In jedem Fall genügt die Unterzeichnung durch 50 wahlberechtigte Gruppenangehörige. [4]Die nach § 14 Abs. 3 nicht wählbaren Beschäftigten dürfen keine Wahlvorschläge machen oder unterzeichnen.

(5) Ist gemeinsame Wahl beschlossen worden, so muss jeder Wahlvorschlag der Beschäftigten von mindestens einem Zwanzigstel der wahlberechtigten Beschäftigten unterzeichnet sein; Absatz 4 Satz 2 bis 4 gilt entsprechend.

(6) [1]Werden bei gemeinsamer Wahl für eine Gruppe gruppenfremde Bewerber vorgeschlagen, muss der Wahlvorschlag von mindestens einem Zehntel der wahlberechtigten Angehörigen der Gruppe unterzeichnet sein, für die sie vorgeschlagen sind. [2]Absatz 4 Satz 3, 4 gilt entsprechend.

(7) Jeder Beschäftigte kann nur auf einem Wahlvorschlag benannt werden.

(8) [1]Besteht in einer Dienststelle kein Personalrat, so können die in

§ 19 Wahlverfahren

der Dienststelle vertretenen Gewerkschaften zur Wahl des Personalrates Wahlvorschläge machen. ²Auf diese Wahlvorschläge sind die Absätze 4 bis 6 nicht anzuwenden.

(9) ¹Jeder Wahlvorschlag einer Gewerkschaft muss von zwei Beauftragten unterzeichnet sein; die Beauftragten müssen Beschäftigte der Dienststelle sein und einer in der Dienststelle vertretenen Gewerkschaft angehören. ²Bei Zweifeln an der Beauftragung kann der Wahlvorstand verlangen, dass die Gewerkschaft die Beauftragung bestätigt.

1 Die Vorschrift enthält **grundlegende Vorschriften** für die Wahl des PR. Sie wird ergänzt durch die ins Einzelne gehenden Bestimmungen der **Wahlordnung** (WO), die die Bundesregierung aufgrund des § 115 erlassen hat und die im Anhang I abgedruckt ist. Falls nach § 49 Abs. 1 SBG auch **Soldatenvertreter** zu wählen sind, hat dies nach § 51 Abs. 1 S. 1 SBG in einem **getrennten Wahlgang** zu geschehen (vgl. dazu Anh. V B § 51 SBG Rn. 1 f.).

1a Die ursprüngliche Fassung des § 19 ist **wiederholt geändert** worden. Das *BVerfG* entschied mit **Beschl. v. 16. 10. 84** – 2 BvL 20/82, 2 BvL 21/82 –[59], dass Abs. 4 S. 2 und Abs. 5 a. F. mit Art. 3 Abs. 1 GG unvereinbar und nichtig waren, soweit danach Wahlvorschläge von mindestens einem Zehntel der wahlberechtigten Gruppenangehörigen oder mindestens einem Zehntel der wahlberechtigten Beschäftigten unterzeichnet sein mussten. Durch **Art. 1 des Gesetzes v. 10. 7. 89**[60] wurden daraufhin Abs. 4 und 5 neu gefasst und darüber hinaus mit Abs. 9 eine neue Regelung über das Wahlvorschlagsrecht der Gewerkschaften eingefügt. Zuletzt wurde durch **Art. 8 Nr. 3 des Gesetzes v. 14. 9. 05**[61] Abs. 2 S. 1 in der Weise geändert, dass die Angabe »Beamten, Angestellten und Arbeiter« durch die Wörter »Beamten und Arbeitnehmer« ersetzt wurde (vgl. § 4 Rn. 1).

2 (Abs. 1) Die Wahlen zum PR sind **geheim** durchzuführen. Das bedeutet, dass die Stimmabgabe so zu erfolgen hat, dass nicht festgestellt werden kann, wie ein einzelner Wähler abgestimmt hat. Sie muss durch vorgedruckte **Stimmzettel** erfolgen, die der Wähler unbeobachtet kennzeichnen kann. Welche Vorkehrungen ansonsten für die Geheimhaltung zu treffen sind, regelt die Wahlordnung (vgl. §§ 15–19 WO). Die Nutzung elektronischer Abstimmungsverfahren ist nicht möglich, da die Wahlordnung die Verwendung von Stimmzetteln, aber auch von Wahlumschlägen und Wahlurnen vorschreibt (vgl. § 15 Abs. 2 S. 1 u. § 16 Abs. 1 S. 2 WO).

2a Der PR ist **unmittelbar** zu wählen. Damit wird eine Wahl über Wahlmänner oder eine andere Vertretung der Wahlberechtigten ausgeschlossen. Jeder Wähler hat seine Stimme **persönlich** abzugeben. Der Grundsatz der

---
59 BGBl. I S. 1436; PersR 84, 93.
60 BGBl. I S. 1380, ber. S. 1473.
61 BGBl. I S. 2746.

Wahlverfahren § 19

Unmittelbarkeit schließt die Briefwahl nicht aus. Die Verpflichtung zur persönlichen Stimmabgabe gilt nur dann nicht, wenn der Wähler wegen einer körperlichen Behinderung seine Stimme nur mit Hilfe einer Person seines Vertrauens abgeben kann (vgl. § 16 Abs. 2 WO).

Die Wahl des PR muss nicht nur – wie in Abs. 1 ausdrücklich normiert – geheim und unmittelbar, sondern nach dem ungeschriebenen Verfassungsrecht des Bundes auch **allgemein, frei und gleich** sein.[62] **2b**

(Abs. 2) Der (nicht nur aus einer Person bestehende) PR ist grundsätzlich **3** in **Gruppenwahl** zu wählen, wenn in der Dienststelle die zwei Gruppen der **Beamten** und **Arbeitnehmer** (§ 5) vorhanden sind und diese nach den §§ 17 und 18 Abs. 1 im PR vertreten sein müssen. Bei der Gruppenwahl wählen die wahlberechtigten Beamten und Arbeitnehmer ihre Vertreter in getrennten Wahlgängen.

Von der Gruppenwahl kann nur dann abgewichen werden, wenn vor der **4** Neuwahl die wahlberechtigten Angehörigen jeder der zwei Gruppen die **gemeinsame Wahl** beschließen (vgl. aber Rn. 5 a). Bei der gemeinsamen Wahl wählen die Beamten und die Arbeitnehmer ihre Vertreter in einem gemeinsamen Wahlgang. Die nach § 17 Abs. 1 bis 5 und § 18 Abs. 1 festgelegte Aufteilung der PR-Sitze auf die zwei Gruppen ändert sich dabei nicht. Jedoch können alle Beschäftigten gemeinsam über die Vertreter beider Gruppen im PR entscheiden.

In den in § 49 Abs. 1 SBG definierten Dienststellen werden die Soldaten **4a** (i. d. R. Berufssoldaten und Soldaten auf Zeit) durch Personalvertretungen vertreten und bilden eine weitere Gruppe i. S. d. § 5 (vgl. Anh. V B § 49 Rn. 2, 5). Nach § 51 Abs. 1 S. 1 SBG werden die **Soldatenvertreter im PR** gleichzeitig mit den Vertretern der Beamten und Arbeitnehmer, jedoch in einem **getrennten Wahlgang,** gewählt. Da einerseits § 19 Abs. 2 BPersVG nicht allgemein von den Gruppen, sondern (nur) von den Beamten und Arbeitnehmern spricht, andererseits das SBG die entsprechende Anwendung des § 19 Abs. 2 BPersVG nicht ausdrücklich bestimmt und überdies auch selbst keine Ausnahme von der Festlegung eines getrennten Wahlgangs der Soldaten vorsieht, kann eine gemeinsame Wahl der Beschäftigten i. S. d. BPersVG (Beamte und Arbeitnehmer) sowie der Soldaten nach gegenwärtiger Rechtslage (noch) nicht stattfinden (vgl. Anh. V B § 51 Rn. 1).[63]

Die für eine gemeinsame Wahl erforderlichen Beschlüsse müssen recht- **5** zeitig vor der PR-Wahl im Rahmen einer **Vorabstimmung** unter der Leitung eines Abstimmungsvorstands in geheimen und nach Gruppen getrennten Abstimmungen herbeigeführt werden. Die **Initiative** dazu kann von jedem Wahlberechtigten, aber auch von jeder in der Dienststelle

---

62 *BVerfG* v. 23. 3. 82 – 2 BvL 1/81 –, PersV 82, 329; *BVerwG* v. 29. 8. 00 – 6 P 7.99 –, PersR 00, 513; vgl. KfdP-*Altvater*, § 98 Rn. 4.
63 Str.; dazu KfdP-*Lemcke*, Rn. 5 a m. N.

§ 19 Wahlverfahren

vertretenen Gewerkschaft ausgehen.[64] Es ist nicht zulässig, die Vorabstimmung nach § 19 Abs. 2 mit der in § 18 Abs. 1 vorgesehenen Vorabstimmung über eine von § 17 abweichende Sitzverteilung zu verbinden (vgl. § 18 Rn. 2). **Abstimmungsberechtigt** sind nur die nach § 13 wahlberechtigten Angehörigen der Gruppen der Beamten und der Arbeitnehmer. Die gemeinsame Wahl ist beschlossen, wenn jede der beiden Gruppen mit der **Mehrheit** aller (nicht nur der an der Abstimmung teilnehmenden) wahlberechtigten Gruppenangehörigen dafür gestimmt hat. Die erfolgreiche Vorabstimmung kann nach § 4 Abs. 1 WO nur berücksichtigt werden, wenn ihr Ergebnis dem **Wahlvorstand** innerhalb von sechs Arbeitstagen seit der Bekanntgabe seiner Mitglieder vorliegt und wenn ihm innerhalb dieser Frist glaubhaft gemacht wird, dass die Vorabstimmung – die schon vor Bestellung des Wahlvorstands stattfinden kann – ordnungsgemäß durchgeführt worden ist. Der Beschluss über die gemeinsame Wahl gilt nur für die **bevorstehende PR-Wahl**.

5a Sind in der Dienststelle zwar Angehörige der Gruppen der Beamten und der Arbeitnehmer beschäftigt, gehören jedoch einer dieser Gruppen so wenige Wahlberechtigte an, dass dieser Gruppe nach **§ 17 Abs. 5 S. 1** keine eigene Vertretung im PR zusteht, so ist eine Vorabstimmung entbehrlich, weil dann **automatisch eine gemeinsame Wahl** der Beamten und der Arbeitnehmer durchzuführen ist (vgl. § 17 Rn. 8 f.).

6 **(Abs. 3)** Unabhängig davon, ob der PR in Gruppenwahl oder gemeinsamer Wahl zu wählen ist, kommt eine Wahl nach den Grundsätzen der **Verhältniswahl (Listenwahl)** oder nach denen der **Personenwahl (Mehrheitswahl)** in Betracht. Da im Falle der Gruppenwahl die wahlberechtigten Angehörigen jeder Gruppe ihre Vertreter in getrennten Wahlgängen wählen, muss die Frage, ob die Wahl als Verhältniswahl oder Personenwahl durchgeführt wird, für jeden Wahlgang gesondert beurteilt werden.

7 Verhältniswahl **(Listenwahl)** findet statt, wenn bei gemeinsamer Wahl für die Wahl mehrerer PR-Mitglieder oder bei Gruppenwahl für die Wahl mehrerer Gruppenvertreter mehr als ein gültiger Wahlvorschlag eingereicht wird (§ 25 Abs. 1 WO). Bei der Verhältniswahl hat der Wähler **nur eine Stimme**, die er nur für einen Wahlvorschlag (Vorschlagsliste) abgeben kann (§ 25 Abs. 1 u. 3 WO).

8 Personenwahl **(Mehrheitswahl)** ist vorgeschrieben, wenn

- für den PR nur ein Mitglied zu wählen ist,

- bei Gruppenwahl für eine Gruppe nur ein Vertreter zu wählen ist,

- bei Gruppenwahl für eine Gruppe mehrere Vertreter zu wählen sind, aber nur ein gültiger Wahlvorschlag eingereicht worden ist,

---

64 Letzteres str.; vgl. KfdP-*Lemcke*, Rn. 6 m. N.

- bei gemeinsamer Wahl nur ein gültiger Wahlvorschlag eingereicht worden ist.

Bei der Personenwahl kann der Wähler **höchstens so viele Wahlbewerber** auf dem Stimmzettel **ankreuzen**, wie PR-Mitglieder oder Gruppenvertreter zu wählen sind (§ 28 Abs. 2, § 30 Abs. 3 WO).

(Abs. 4) Als PR-Mitglieder können nur Beschäftigte gewählt werden, die wählbar (vgl. §§ 14 u. 15) und auf einem Wahlvorschlag benannt worden sind. Dabei ist es nach § 18 Abs. 2 zulässig, für jede Gruppe auch Angehörige anderer Gruppen vorzuschlagen. **Abs. 4 S. 1** legt fest, dass **Wahlvorschläge** für die Wahl des PR sowohl von wahlberechtigten Beschäftigten als auch von den in der Dienststelle vertretenen **Gewerkschaften** gemacht werden können (vgl. Rn. 16–22). Die Wahlvorschläge der **wahlberechtigten Beschäftigten** (i. S. d. § 13) müssen von einer bestimmten Mindestanzahl von Wahlberechtigten unterschrieben sein, die in Abs. 4 S. 2 bis 4 und in Abs. 5 und 6 festgelegt ist (vgl. Rn. 10–14).

9

Nach **Abs. 4 S. 2** muss bei **Gruppenwahl** jeder von wahlberechtigten Beschäftigten gemachte Wahlvorschlag von mindestens einem Zwanzigstel der wahlberechtigten Gruppenangehörigen, jedoch mindestens von drei wahlberechtigten Gruppenangehörigen unterzeichnet sein. Nach **Abs. 4 S. 3** genügen in jedem Fall 50 Unterschriften.

10

Ein wahlberechtigter Beschäftigter kann seine Unterschrift rechtswirksam **nur für *einen*** **Wahlvorschlag** abgeben (vgl. § 9 Abs. 3 S. 1 u. § 10 Abs. 4 WO). Auch **Wahlvorstandsmitglieder** und **Wahlbewerber** dürfen Wahlvorschläge unterzeichnen.[65] Dagegen dürfen Beschäftigte, die nach § 14 Abs. 3 nicht wählbar sind, nach **Abs. 4 S. 4** keine Wahlvorschläge machen oder unterzeichnen.

11

(Abs. 5) Bei **gemeinsamer Wahl** muss jeder von wahlberechtigten Beschäftigten gemachte Wahlvorschlag von einem Zwanzigstel der wahlberechtigten Beschäftigten, jedoch mindestens von drei Wahlberechtigten unterzeichnet sein. Es genügen jedoch in jedem Fall die Unterschriften von 50 Wahlberechtigten. Auf die Gruppenzugehörigkeit der Unterzeichner kommt es dabei grundsätzlich nicht an (vgl. aber Rn. 13 f.).

12

(Abs. 6) Ein zusätzliches Erfordernis besteht für einen Wahlvorschlag von wahlberechtigten Beschäftigten, in dem **bei gemeinsamer Wahl gruppenfremde Wahlbewerber** vorgeschlagen werden. Für einen derartigen Wahlvorschlag reichen die in Abs. 5 (vgl. Rn. 12) geforderten Unterschriften nicht aus. Hinzukommen muss, dass von den Angehörigen jeder Gruppe, für die gruppenfremde Bewerber vorgeschlagen werden, mindestens ein Zehntel den Wahlvorschlag unterzeichnen, wobei in jedem Fall jedoch 50 Unterschriften der **wahlberechtigten Gruppenangehörigen** genügen.[66]

13

---

65 Vgl. KfdP-*Lemcke*, Rn. 21.
66 *BVerwG* v. 3.2.88 – 6 P 12.86 –, PersR 88, 156.

§ 19 Wahlverfahren

14 Die in Abs. 6 **zusätzlich verlangte Zahl von Unterschriften** muss nicht durch weitere Unterschriften erbracht werden, die in der nach Abs. 5 verlangten Zahl von Unterschriften noch nicht enthalten sind. Es genügt vielmehr, wenn die zusätzlich geforderte Zahl der Unterschriften der jeweils wahlberechtigten Gruppenangehörigen in der Gesamtzahl der geleisteten Unterschriften der wahlberechtigten Beschäftigten enthalten ist.

15 (**Abs. 7**) Nach Abs. 7 kann jeder Beschäftigte **nur auf *einem* Wahlvorschlag benannt** werden (vgl. auch § 9 Abs. 1 u. § 10 Abs. 3 WO). Er darf aber gleichzeitig als Wahlbewerber für verschiedene Personalvertretungen (örtlicher PR, GPR, BPR oder HPR) benannt werden.

16 (**Abs. 8**) Mit der Änderung des Abs. 4 durch Gesetz v. 10. 7. 89 (vgl. Rn. 1 a) ist die bisherige Regelung in Abs. 8 überflüssig geworden. Das **Recht von Gewerkschaften, Wahlvorschläge zu machen**, richtet sich auch in Dienststellen, bei denen kein PR besteht, ausschließlich nach Abs. 4 S. 1 und Abs. 9.

17 (**Abs. 9**) Auch eine Gewerkschaft ist bei der Ausübung ihres Wahlvorschlagsrechts an die **allgemeinen Voraussetzungen** für die Aufstellung und Einreichung von Wahlvorschlägen gebunden. Sie braucht aber für ihre Wahlvorschläge **keine Unterschriften der wahlberechtigten Beschäftigten** oder Gruppenangehörigen beizubringen. Nach § 9 Abs. 3 S. 2 WO kann eine vorschlagsberechtigte Gewerkschaft **nur *einen* Wahlvorschlag für jede Gruppe** einreichen.

18 Nur eine **in der Dienststelle vertretene Gewerkschaft** (vgl. dazu § 2 Rn. 7 f.) hat ein Wahlvorschlagsrecht. Hat der Wahlvorstand Zweifel, ob es sich um eine Gewerkschaft handelt oder ob sie unter den Beschäftigten der Dienststelle vertreten ist, haben die Unterzeichner des Wahlvorschlags die erforderlichen Nachweise zu führen.

19 Das Gesetz verlangt die Unterschriften von **zwei Beauftragten** der Gewerkschaft. Trägt der Wahlvorschlag einer Gewerkschaft nur eine Unterschrift, so ist er **ungültig**. Beauftragt werden können nur **Beschäftigte** der Dienststelle, für die die Wahl stattfindet. Wird ein PR in einem verselbständigten Dienststellenteil gewählt, so können nur Beschäftigte dieses Dienststellenteils beauftragt werden. Bei Wahlen zum GPR, BPR oder HPR setzt die Beauftragung eine Zugehörigkeit zur Gesamtdienststelle bzw. zum Geschäftsbereich der Mittelbehörde oder der obersten Dienstbehörde voraus. Die Beauftragten müssen **Mitglied der Gewerkschaft** sein, die den Wahlvorschlag einreicht.

20 Die zur Unterschrift beauftragten Beschäftigten brauchen jedoch **nicht wahlberechtigt** und auch **nicht Angehörige der Gruppe** zu sein, für die sie bei Gruppenwahl den Wahlvorschlag unterzeichnen.[67] Beabsichtigt eine Gewerkschaft, für mehrere im PR vertretene Gruppen Wahlvorschlä-

---

67 *BVerwG* v. 3. 2. 95 – 6 P 5.93 –, PersR 95, 522.

Bestellung des Wahlvorstands § 20

ge einzureichen, so können diese von den gleichen Beauftragten unterzeichnet werden.

Ein Wahlvorschlag, der von **zwei oder mehr** – in der Dienststelle vertretenen – **Gewerkschaften** gemeinsam gemacht werden soll, ist nicht ausgeschlossen. Für jede Gewerkschaft müssen dann jedoch mindestens zwei Beauftragte unterzeichnen, so dass insgesamt mehr als zwei Unterschriften – nämlich mindestens vier – erforderlich sind.[68] 21

Hat der Wahlvorstand **Zweifel an der Beauftragung**, dann kann diese nur durch eine Bestätigung der Gewerkschaft nachgewiesen werden. Wer diese Bestätigung abzugeben hat, bestimmt sich danach, wer nach der Satzung der Gewerkschaft zu ihrer Vertretung befugt ist. Hat der Wahlvorstand Zweifel, ob einer der Beauftragten Mitglied der einreichenden Gewerkschaft ist, kann er verlangen, dass die Gewerkschaft die Mitgliedschaft bestätigt. 22

§ 20 [Bestellung des Wahlvorstands bei Bestehen eines Personalrats]

(1) ¹Spätestens acht Wochen vor Ablauf der Amtszeit bestellt der Personalrat drei Wahlberechtigte als Wahlvorstand und einen von ihnen als Vorsitzenden. ²Sind in der Dienststelle Angehörige verschiedener Gruppen beschäftigt, so muss jede Gruppe im Wahlvorstand vertreten sein. ³Hat die Dienststelle weibliche und männliche Beschäftigte, sollen dem Wahlvorstand Frauen und Männer angehören. ⁴Je ein Beauftragter der in der Dienststelle vertretenen Gewerkschaften ist berechtigt, an den Sitzungen des Wahlvorstandes mit beratender Stimme teilzunehmen.

(2) ¹Besteht sechs Wochen vor Ablauf der Amtszeit des Personalrates kein Wahlvorstand, so beruft der Leiter der Dienststelle auf Antrag von mindestens drei Wahlberechtigten oder einer in der Dienststelle vertretenen Gewerkschaft eine Personalversammlung zur Wahl des Wahlvorstandes ein. ²Absatz 1 gilt entsprechend. ³Die Personalversammlung wählt sich einen Versammlungsleiter.

Der **Wahlvorstand** ist das vom Gesetz bestimmte Organ zur Durchführung der Wahl des PR. Seine **Bestellung** ist in den §§ 20 bis 22 und 23 Abs. 1 S. 2 und 3 und § 28 Abs. 2 geregelt. Seine **Aufgaben** sind in § 23 und in der nach § 115 erlassenen Wahlordnung (WO; abgedr. im Anh. I) festgelegt. 1

(Abs. 1) Der **PR** hat den Wahlvorstand rechtzeitig vor der Wahl zu bestellen. Für den Regelfall bestimmt Abs. 1 S. 1, dass er dies **spätestens acht Wochen vor dem Ablauf seiner Amtszeit** (§ 26) zu tun hat. Ist der 1a

---

68 Vgl. *OVG LSA* v. 6.3.02 – 5 L 7/01 –, PersV 02, 511.

§ 20 Bestellung des Wahlvorstands

PR in den Fällen des § 27 Abs. 2 Nr. 1 bis 3 neu zu wählen, hat der bisherige PR, der nach § 27 Abs. 3 die Geschäfte weiterführt, den Wahlvorstand **unverzüglich**, d. h. ohne schuldhaftes Zögern (§ 121 Abs. 1 S. 1 BGB), zu bestellen. Die gleiche Verpflichtung obliegt dem Rest-PR, wenn nach § 27 Abs. 4 eine vorzeitige Neuwahl der Vertreter einer Gruppe durchzuführen ist (vgl. § 27 Rn. 10). Über die Bestellung des Wahlvorstands entscheidet der PR durch **Beschluss**. Da es sich um eine **gemeinsame Angelegenheit** der Beamten und Arbeitnehmer handelt, muss gemeinsam beraten und beschlossen werden.[69] Ein bestimmtes **Verfahren** zur Bestimmung der Mitglieder des Wahlvorstands ist nicht vorgeschrieben. Über die vorgeschlagenen Mitglieder kann deshalb einzeln oder »en bloc« abgestimmt werden. Für die Beschlussfassung gelten die Regelungen in § 37 und § 38 Abs. 1. Es ist demnach erforderlich, dass jedes zu bestellende Mitglied des Wahlvorstands die **einfache Stimmenmehrheit** der anwesenden PR-Mitglieder erhält.[70]

1b Gehören dem PR auch Vertreter der **Soldaten** an, nehmen diese nicht nur an der Beratung, sondern auch an der Beschlussfassung teil, weil die Wahl der Soldatenvertreter seit der Änderung des Soldatenbeteiligungsgesetzes durch das 1. SBGÄndG nicht mehr von einem eigens bestellten Wahlvorstand vorzubereiten und durchzuführen ist, sondern nach § 51 Abs. 1 S. 2 SBG von einem für die Wahl des gesamten PR zuständigen **gemeinsamen Wahlvorstand** (vgl. Rn. 2c).

2 Der PR bestimmt die Mitglieder des Wahlvorstands und eines von ihnen als Vorsitzenden. Der Wahlvorstand besteht i. d. R. aus **drei Mitgliedern** (vgl. aber Rn. 2c). Ihm können nur **wahlberechtigte** Beschäftigte der Dienststelle, die aber nicht wählbar zu sein brauchen, angehören. Sind in der Dienststelle wahlberechtigte Angehörige verschiedener Gruppen (seit dem 1. 10. 05 nur noch Beamte und Arbeitnehmer; vgl. § 4 Rn. 1) beschäftigt, so muss nach Abs. 1 S. 2 **jede Gruppe** im Wahlvorstand vertreten sein. Dabei ist es unerheblich, ob die Gruppe im PR vertreten sein wird.[71] Ist allerdings kein wahlberechtigter Angehöriger einer Gruppe bereit, Mitglied des Wahlvorstands zu werden, so bleibt sie unberücksichtigt.[72] Bei der Bestellung des dritten Wahlvorstandsmitglieds ist der PR an die Gruppenzugehörigkeit nicht gebunden. Der durch Gesetz v. 24. 6. 94[73] eingefügte Abs. 1 S. 3 sieht vor, dass dann, wenn die Dienststelle weibliche und männliche Beschäftigte hat, dem Wahlvorstand **Frauen und Männer** angehören sollen. S. 2 ist zwar nicht zwingend, jedoch für den Regelfall verpflichtend. Das Gesetz schreibt nicht vor, dass die in der Dienststelle vertretenen **Gewerkschaften** durch ein Mitglied im Wahlvorstand vertreten sein

---

69 *BVerwG* v. 5. 2. 65 – VII P 10. 64 –, PersV 65, 109.
70 Vgl. KfdP-*Lemcke*, Rn. 4.
71 *BVerwG* v. 27. 11. 59 – VII P 18. 58 –, PersV 60, 18.
72 Vgl. *BVerwG* v. 20. 6. 58 – VII P 13. 57 –, ZBR 58, 279; *HmbOVG* v. 7. 8. 91 – Bs PB 2/90 –, PersV 92, 477.
73 BGBl. I S. 1406, ber. S. 2103.

müssen.[74] Aus § 1 Abs. 3 WO ergibt sich, dass auch **Ersatzmitglieder** im Wahlvorstand tätig werden können.[75] Auch sie werden vom PR bestimmt. Auch **Mitglieder des amtierenden PR** können als Wahlvorstandsmitglieder oder Ersatzmitglieder bestellt werden. Ebenso dürfen auch Mitglieder und Ersatzmitglieder des Wahlvorstands als **Wahlbewerber** für den PR kandidieren.[76]

Der PR hat eines der Wahlvorstandsmitglieder durch gesonderten, nach § 37 und § 38 Abs. 1 zu fassenden Beschluss zum **Vorsitzenden** des Wahlvorstands zu bestimmen. Hat er nicht von vornherein die **Vertretung** des Vorsitzenden im Verhinderungsfalle – z. B. durch Bestellung eines stellvertretenden Vorsitzenden – geregelt, muss er dies erforderlichenfalls nachholen.[77] **2a**

Das **Amt** des Wahlvorstands **beginnt** mit der vom PR vorzunehmenden Mitteilung an die Mitglieder des Wahlvorstands über ihre Bestellung. Mit diesem Zeitpunkt beginnt auch der besondere Kündigungs-, Versetzungs- und Abordnungsschutz (vgl. dazu § 24 Rn. 5). Das Amt **endet** grundsätzlich mit der Wahl des Wahlleiters in der konstituierenden Sitzung des neugewählten PR (vgl. § 34 Rn. 2). **2b**

In Dienststellen, in denen die Soldaten nach § 49 Abs. 1 SBG Personalvertretungen wählen, werden die **Soldatenvertreter** nach § 51 Abs. 1 S. 1 SBG zwar in einem getrennten Wahlgang, aber gleichzeitig mit den Vertretern der Beamten und der Arbeitnehmer gewählt. Diese Wahlen sind nach § 51 Abs. 1 S. 2 SBG von einem **gemeinsamen Wahlvorstand** vorzubereiten und durchzuführen (vgl. Rn. 1 b), für dessen Zusammensetzung § 20 Abs. 1 BPersVG mit der Maßgabe gilt, dass sich die **Zahl der Mitglieder** auf **fünf** erhöht (vgl. Anh. V B § 51 SBG Rn. 2). Sind in einer solchen Dienststelle wahlberechtigte Angehörige von drei Gruppen vertreten (Beamte, Arbeitnehmer und Soldaten), so muss grundsätzlich jede dieser drei Gruppen mit mindestens einem Mitglied im Wahlvorstand vertreten sein (vgl. Rn. 2). Die zu diesen drei Mitgliedern hinzukommenden zwei weiteren Mitglieder des Wahlvorstands können unabhängig von ihrer Gruppenzugehörigkeit bestellt werden. **2c**

Beauftragte der in der Dienststelle vertretenen **Gewerkschaften** (vgl. dazu § 2 Rn. 7 f.) können nach Abs. 1 S. 4 an den **Sitzungen** des Wahlvorstands mit beratender Stimme teilnehmen. Jede Gewerkschaft kann nur **einen Beauftragten** entsenden. Sie ist in der Auswahl ihres Vertreters frei. Sie kann einen bei ihr hauptamtlich Tätigen entsenden, es kann sich aber auch um ein in der gleichen oder einer anderen Dienststelle beschäftigtes Mitglied handeln. **3**

---

74 Vgl. *BVerwG* v. 23. 9. 66 – VII P 14.65 –, ZBR 67, 26.
75 Vgl. *BVerwG* v. 5. 11. 57 – VII P 4.57 –, PersV 59, 209.
76 Vgl. *BVerwG* v. 12. 1. 62 – VII P 10.60 –, PersV 62, 66; KfdP-*Lemcke*, Rn. 11.
77 Näher dazu KfdP-*Lemcke*, Rn. 12.

§ 20 Bestellung des Wahlvorstands

4 Die Teilnahme der Gewerkschaftsbeauftragten dient nur zur **Beratung** des Wahlvorstands. Sie haben daher kein Antrags- oder Stimmrecht bei den vom Wahlvorstand zu fassenden Beschlüssen.

5 **(Abs. 2)** Hat der PR seine in Abs. 1 festgelegte Pflicht zur Bestellung eines Wahlvorstands sechs Wochen vor Ablauf seiner Amtszeit noch nicht erfüllt, sieht Abs. 2 die Möglichkeit zur Wahl des Wahlvorstands durch eine **Personalversammlung** vor. Diese Regelung ist entsprechend anwendbar, wenn der PR in den Fällen des § 27 Abs. 2 Nr. 1 bis 3 neu zu wählen ist und der nach § 27 Abs. 3 die Geschäfte weiterführende PR innerhalb einer Frist von zwei Wochen nach Eintritt der Voraussetzungen der Neuwahl noch keinen Wahlvorstand bestellt hat. Entsprechendes gilt auch im Falle des § 27 Abs. 4, wenn der Rest-PR es versäumt hat, einen Wahlvorstand zu bestellen. Die Personalversammlung ist vom **Dienststellenleiter** einzuberufen, der allerdings nicht von Amts wegen tätig werden darf, sondern **nur auf Antrag** von mindestens drei Wahlberechtigten (i. S. d. § 13) oder einer in der Dienststelle vertretenen Gewerkschaft (vgl. § 2 Rn. 7 f.).

6 Die nach Abs. 2 einzuberufende Personalversammlung ist **nicht öffentlich** (§ 48 Abs. 1 S. 3). Sie ist regelmäßig als **Vollversammlung,** bei Vorliegen der Voraussetzungen des § 48 Abs. 2 (vgl. § 48 Rn. 5) aber in der Form von **Teilversammlungen** durchzuführen.[78] Zu ihr sind unabhängig von ihrer Wahlberechtigung alle Beschäftigten und ggf. auch die vom PR zu vertretenden Soldaten (vgl. Rn. 1b u. 2c) einzuladen. Die ordnungsgemäß einberufene Versammlung ist unabhängig von der Zahl der teilnehmenden Beschäftigten (und ggf. Soldaten) **beschlussfähig.** Der **Dienststellenleiter** hat die Personalversammlung lediglich einzuberufen und zu eröffnen. Sie wählt sich dann formlos aus ihrer Mitte einen **Versammlungsleiter.** Dieser hat die **Wahl des Wahlvorstands und seines Vorsitzenden** durchzuführen. Für die **Größe und Zusammensetzung** des zu wählenden Wahlvorstands und für die Bestimmung des Vorsitzenden und von Ersatzmitgliedern gilt das Gleiche wie bei der Bestellung des Wahlvorstands durch den PR (vgl. Rn. 2 ff.). Ein bestimmtes Wahlverfahren ist nicht vorgeschrieben. Der Versammlungsleiter sollte aber die Wahl jedes Wahlvorstandsmitglieds gesondert durchführen. Unabhängig davon ist zur **Bestimmung des Vorsitzenden** des Wahlvorstands ein eigener Wahlgang erforderlich. Gewählt ist, wer jeweils die Mehrheit der abgegebenen Stimmen erhalten hat, wobei Stimmenthaltungen nicht mitgezählt werden.[79]

7 Findet die in § 20 Abs. 2 vorgesehene Personalversammlung nicht statt oder wählt sie keinen Wahlvorstand, ist der **Dienststellenleiter** gem. § 22 **auf Antrag** verpflichtet, den **Wahlvorstand** zu bestellen (vgl. § 22 Rn. 1).

---

78 Näher dazu KfdP-*Lemcke*, Rn. 24 u. 28 b.
79 Str.; vgl. KfdP-*Lemcke*, Rn. 26 a.

§ 21 [Bestellung des Wahlvorstands bei Fehlen eines Personalrats]

¹Besteht in einer Dienststelle, die die Voraussetzungen des § 12 erfüllt, kein Personalrat, so beruft der Leiter der Dienststelle eine Personalversammlung zur Wahl des Wahlvorstandes ein. ²§ 20 Abs. 2 Satz 3 gilt entsprechend.

Die Bestimmung regelt die Bestellung des Wahlvorstands für personalratsfähige Dienststellen, die – aus welchen Gründen auch immer – **keinen PR** haben. Die Vorschrift erfasst nicht die Fälle, in denen der PR noch **geschäftsführend** im Amt ist (§ 27 Abs. 2 Nr. 1–3). Hier hat der PR selbst nach § 20 Abs. 1 den Wahlvorstand zu bestellen. Ist der PR durch gerichtliche Entscheidung **aufgelöst** worden (§ 27 Abs. 2 Nr. 4), setzt der Vorsitzende der Fachkammer des Verwaltungsgerichts nach § 28 Abs. 2 S. 1 den Wahlvorstand ein (vgl. § 27 Rn. 7 u. § 28 Rn. 6). 1

Der **Dienststellenleiter** ist verpflichtet, von Amts wegen eine **Personalversammlung** zur Wahl eines Wahlvorstands einzuberufen. Für die **Einberufung und Durchführung** der Personalversammlung gilt das Gleiche wie im Falle des § 20 Abs. 2. Durch die in S. 2 bestimmte entsprechende Anwendung des § 20 Abs. 2 S. 3 wird lediglich klargestellt, dass die Versammlung von einem von ihr zu wählenden **Versammlungsleiter** geleitet wird. Obwohl eine Verweisung auf § 20 Abs. 1 fehlt, gilt wie im Falle des § 20 Abs. 2 auch für die **Größe und Zusammensetzung des Wahlvorstands** sowie für die Bestimmung seines Vorsitzenden und von Ersatzmitgliedern nichts anderes als bei der Bestellung des Wahlvorstands durch den PR. 2

Findet die in § 21 vorgesehene Personalversammlung nicht statt oder wählt sie keinen Wahlvorstand, ist der **Dienststellenleiter** gem. § 22 **auf Antrag** verpflichtet, den **Wahlvorstand** zu bestellen (vgl. § 22 Rn. 1). 2a

Ist in einer personalratsfähigen Dienststelle die Wahl des PR am **mangelnden Interesse** der Beschäftigten gescheitert, so ist der Dienststellenleiter zur Einberufung einer Personalversammlung gem. § 21 verpflichtet, sobald ihm bekannt wird, dass inzwischen Interesse an der Wahl eines PR besteht, oder andernfalls dann, wenn die nächsten regelmäßigen PR-Wahlen nach § 27 Abs. 1 anstehen.[80] 3

Kommt der Dienststellenleiter seiner Verpflichtung zur Einberufung einer Personalversammlung nicht nach, so können die zur Wahlanfechtung Berechtigten (vgl. § 25 Rn. 7) beim **Verwaltungsgericht** ein personalvertretungsrechtliches Beschlussverfahren einleiten, das darauf gerichtet ist, dem Dienststellenleiter aufzugeben, die Personalversammlung einzuberufen.[81] 4

---

80 Str.; vgl. KfdP-*Lemcke*, Rn. 1 m. N.
81 Teilw. str.; vgl. KfdP-*Lemcke*, Rn. 5 m. N.

Dabei kann auch der Erlass einer **einstweiligen Verfügung** beantragt werden (§ 83 Abs. 1 Nr. 2, Abs. 2).

§ 22 [Bestellung des Wahlvorstands durch den Dienststellenleiter]

Findet eine Personalversammlung (§ 20 Abs. 2, § 21) nicht statt oder wählt die Personalversammlung keinen Wahlvorstand, so bestellt ihn der Leiter der Dienststelle auf Antrag von mindestens drei Wahlberechtigten oder einer in der Dienststelle vertretenen Gewerkschaft.

1 Die Vorschrift setzt voraus, dass eine **Personalversammlung** zur Wahl eines Wahlvorstands gem. § 20 Abs. 2 oder § 21 **nicht zustande gekommen** oder deshalb gescheitert ist, weil die Versammlung **keinen Wahlvorstand gewählt** hat. Nur dann ist der **Dienststellenleiter** berechtigt und verpflichtet, einen Wahlvorstand zu bestellen, falls von mindestens drei Wahlberechtigten der Dienststelle (i. S. d. § 13) oder einer in der Dienststelle vertretenen Gewerkschaft (vgl. § 2 Rn. 7 f.) ein entsprechender **Antrag** gestellt wird. Wird ein solcher Antrag hingegen nicht gestellt, kann bis auf Weiteres kein Wahlvorstand bestellt und letztlich auch kein PR gewählt werden.[82]

2 Ist dem Dienststellenleiter ein zulässiger und begründeter Antrag zugegangen, ist er verpflichtet, **unverzüglich** – d. h. ohne schuldhaftes Zögern (§ 121 Abs. 1 S. 1 BGB) – unter Beachtung der **Regeln des § 20 Abs. 1** tätig zu werden. Für die Größe und Zusammensetzung des zu bestellenden Wahlvorstands und für die Bestimmung des Vorsitzenden und von Ersatzmitgliedern gilt das Gleiche wie bei der Bestellung des Wahlvorstands durch den PR (vgl. § 20 Rn. 2 ff.). Bei der **Auswahl** der Mitglieder des Wahlvorstands ist der Dienststellenleiter nicht an die Vorschläge der Antragsteller gebunden.

3 Kommt der Dienststellenleiter der Verpflichtung, einen Wahlvorstand zu bestellen, nicht unverzüglich nach, können diejenigen, deren nach § 22 gestelltem Antrag nicht entsprochen worden ist, beim **Verwaltungsgericht** ein personalvertretungsrechtliches Beschlussverfahren einleiten, das darauf gerichtet ist, dem Dienststellenleiter aufzugeben, den Wahlvorstand zu bestellen.[83] Dabei können sie auch den Erlass einer **einstweiligen Verfügung** beantragen (§ 83 Abs. 1 Nr. 2, Abs. 2).

§ 23 [Aufgaben des Wahlvorstands]

(1) ¹**Der Wahlvorstand hat die Wahl unverzüglich einzuleiten; sie soll spätestens nach sechs Wochen stattfinden.** ²**Kommt der Wahlvorstand dieser Verpflichtung nicht nach, so beruft der Leiter der**

---

82 *OVG NW* v. 25. 5. 05 – 1 B 453/05 –, ZTR 05, 496.
83 So für die antragsberechtigte Gewerkschaft *BVerwG* v. 16. 12. 10 – 6 PB 18.10 –, PersR 11, 120 [zu 1 b cc].

Dienststelle auf Antrag von mindestens drei Wahlberechtigten oder einer in der Dienststelle vertretenen Gewerkschaft eine Personalversammlung zur Wahl eines neuen Wahlvorstandes ein. ³§ 20 Abs. 2 Satz 3 und § 22 gelten entsprechend.

(2) ¹Unverzüglich nach Abschluss der Wahl nimmt der Wahlvorstand öffentlich die Auszählung der Stimmen vor, stellt deren Ergebnis in einer Niederschrift fest und gibt es den Angehörigen der Dienststelle durch Aushang bekannt. ²Dem Dienststellenleiter und den in der Dienststelle vertretenen Gewerkschaften ist eine Abschrift der Niederschrift zu übersenden.

Der Wahlvorstand hat die Wahl des PR vorzubereiten und durchzuführen. Welche **Aufgaben** ihm dabei im Einzelnen obliegen, ist – von Ausnahmen abgesehen – nicht im Gesetz geregelt, sondern in der nach § 115 erlassenen **Wahlordnung** (WO) festgelegt (abgedr. im Anh. I). Bei der Wahrnehmung seiner Aufgaben ist der Wahlvorstand **unabhängig**, also weder an Weisungen der Dienststelle noch an solche des PR gebunden.

(Abs. 1) Nach Abs. 1 S. 1 Hs. 1 ist der Wahlvorstand verpflichtet, unverzüglich nach seiner Bestellung, d. h. ohne schuldhaftes Zögern (§ 121 Abs. 1 S. 1 BGB), die **Wahl des PR einzuleiten**. Dies erfolgt mit dem Erlass des Wahlausschreibens (§ 6 Abs. 5 WO). Nach Abs. 1 S. 1 Hs. 2 soll die **Wahl »spätestens nach sechs Wochen«** – d. h. spätestens sechs Wochen nach Bestellung des Wahlvorstands[84] – stattfinden. Die Einhaltung dieser Frist ist aber nicht möglich, weil der Wahlvorstand das Wahlausschreiben spätestens sechs Wochen vor dem letzten Tag der Stimmabgabe zu erlassen hat (§ 6 Abs. 1 S. 1 WO) und dies nicht unmittelbar nach seiner Bestellung, sondern erst nach Durchführung verschiedener vorbereitender Aufgaben geschehen kann. Das Überschreiten der Sechswochenfrist ist kein Grund für eine Wahlanfechtung.[85]

Für den Fall, dass der Wahlvorstand seiner Verpflichtung, die Wahl unverzüglich einzuleiten, nicht nachkommt, sieht Abs. 1 S. 2 die Möglichkeit vor, in einer **Personalversammlung** einen **neuen Wahlvorstand** zu wählen. Diese Möglichkeit besteht auch dann, wenn der Wahlvorstand nach Einleitung der Wahl den Fortgang des Wahlverfahrens verzögert. Die Personalversammlung zur Wahl eines neuen Wahlvorstands ist vom Leiter der Dienststelle auf **Antrag** von mindestens drei Wahlberechtigten (i. S. d. § 13) oder einer in der Dienststelle vertretenen Gewerkschaft (vgl. § 2 Rn. 7 f.) einzuberufen. Dafür, für die Durchführung der Versammlung und für die **Wahl** des Wahlvorstands gelten die gleichen Regeln wie im Falle des § 20 Abs. 2 (vgl. § 20 Rn. 6). Die Personalversammlung hat nur die Möglichkeit, den bisherigen Wahlvorstand durch einen **vollständigen neuen Wahlvorstand** zu ersetzen. Einzelne Mitglieder können nicht

---

84 Str.; vgl. KfdP-*Lemcke*, Rn. 2a.
85 BVerwG v. 27.11.59 – VII P 18.58 –, PersV 60, 18.

§ 24 Wahlschutz und Wahlkosten

ausgetauscht, jedoch in den neuen Wahlvorstand gewählt werden. Scheitert ein Versuch zur Wahl eines neuen Wahlvorstands durch eine Personalversammlung, so kommt nach dem gem. Abs. 1 S. 3 entsprechend anwendbaren § 22 eine **Ersatzbestellung durch den Dienststellenleiter** in Betracht.

2a Das Amt des bisherigen Wahlvorstands endet mit der Wahl des neuen Wahlvorstands. Der neue Wahlvorstand hat die **Wahlvorbereitungen** dort **fortzusetzen**, wo die Arbeit des bisherigen Wahlvorstands geendet hat; evtl. Fehler sind zu **korrigieren.** Ggf. muss er ein **neues Wahlausschreiben** erlassen und damit die Wahl neu einleiten, insb. wenn er feststellt, dass der bisherige Wahlvorstand hierbei Fehler gemacht hat, die nicht mehr korrigiert werden können.

3 **(Abs. 2)** Unverzüglich nach Abschluss der Wahl hat der Wahlvorstand öffentlich die **Auszählung der Stimmen** vorzunehmen. Öffentlich bedeutet, dass die Beschäftigten der Dienststelle dabei anwesend sein können. Auch die in der Dienststelle vertretenen Gewerkschaften können dazu Vertreter entsenden.[86] Das Wahlergebnis, das die Zahl der insgesamt abgegebenen sowie der gültigen und ungültigen Stimmen, die Zahl der auf die Listen bzw. Bewerber entfallenen Stimmen sowie die Namen der zu PR-Mitgliedern gewählten Bewerber umfasst,[87] ist in einer **Niederschrift** festzuhalten und den Angehörigen der Dienststelle durch **Aushang** bekanntzugeben (§§ 21, 23 WO). Eine **Abschrift** der Niederschrift ist dem Dienststellenleiter und den in der Dienststelle vertretenen Gewerkschaften zu übersenden.

§ 24 [Wahlschutz und Wahlkosten]

(1) [1]**Niemand darf die Wahl des Personalrates behindern oder in einer gegen die guten Sitten verstoßenden Weise beeinflussen.** [2]**Insbesondere darf kein Wahlberechtigter in der Ausübung des aktiven und passiven Wahlrechts beschränkt werden.** [3]**§ 47 Abs. 1, 2 Satz 1 und 2 gilt für Mitglieder des Wahlvorstandes und Wahlbewerber entsprechend.**

(2) [1]**Die Kosten der Wahl trägt die Dienststelle.** [2]**Notwendige Versäumnis von Arbeitszeit infolge der Ausübung des Wahlrechts, der Teilnahme an den in den §§ 20 bis 23 genannten Personalversammlungen oder der Betätigung im Wahlvorstand hat keine Minderung der Dienstbezüge oder des Arbeitsentgeltes zur Folge.** [3]**Für die Mitglieder des Wahlvorstandes gelten § 44 Abs. 1 Satz 2 und § 46 Abs. 2 Satz 2 entsprechend.**

1 (Abs. 1) Die in Abs. 1 S. 1 enthaltenen Verbote der Wahlbehinderung und

---

86 Vgl. *BAG* v. 16. 4. 03 – 7 ABR 29/02 –, AP BetrVG 1972 § 20 Nr. 21.
87 *BVerwG* v. 23. 10. 03 – 6 P 10.03 –, PersR 04, 35.

der sittenwidrigen Wahlbeeinflussung sollen die **Freiheit der Wahl** schützen. Sie richten sich gegen **jedermann** und wenden sich deshalb z. B. an den Leiter der Dienststelle, den Wahlvorstand, den PR, die Gewerkschaften und die Wahlbewerber.[88] Sie beziehen sich auf die **gesamte Wahl** und damit auf alle mit ihr zusammenhängenden und ihr dienenden Handlungen und Betätigungen.[89] Auch Vorabstimmungen (§ 6 Abs. 3, § 18 Abs. 1 u. § 19 Abs. 2) gehören dazu.[90]

Das Verbot der **Wahlbehinderung** soll die ungehinderte Durchführung der Wahl gewährleisten. Eine Wahlbehinderung liegt vor, wenn der Ablauf der Wahl erschwert, verzögert oder unmöglich gemacht wird. Auf eine Behinderungsabsicht oder ein Verschulden kommt es dabei nicht an. Das Verbot der gegen die guten Sitten verstoßenden **Wahlbeeinflussung** soll die freie Wahlentscheidung schützen. Eine solche Wahlbeeinflussung ist gegeben, wenn eine Maßnahme nach ihrem Inhalt, Beweggrund und Zweck gegen das »Gefühl aller billig und gerecht Denkenden« verstößt. Ob das zutrifft, hängt von den Umständen des Einzelfalls ab. Das in Abs. 1 S. 2 enthaltene Verbot der **Wahlrechtsbeschränkung** ist ein besonderer Tatbestand der in Abs. 1 S. 1 festgelegten Verbote. Eine Wahlrechtsbeschränkung und zugleich eine Wahlbehinderung liegt z. B. vor, wenn der Dienststellenleiter einen Beschäftigten daran hindert, sich als Kandidat aufstellen zu lassen, eine Wahlrechtsbeschränkung und zugleich eine sittenwidrige Wahlbeeinflussung, wenn er einem Beschäftigten für den Fall, dass dieser nicht wählt oder in einem bestimmten Sinne wählt, Vorteile verspricht oder gewährt oder Nachteile androht oder zufügt. **2**

Zur Wahl, deren Freiheit durch die Verbote des Abs. 1 S. 1 und 2 geschützt werden soll, gehört auch die **Wahlwerbung**. Die **Beschäftigten** und die in der Dienststelle vertretenen **Gewerkschaften** (vgl. § 2 Rn. 7 f.) dürfen in der Dienststelle durch das Verteilen von Handzetteln, das Aushängen von Plakaten und auf andere Weise für sich selbst oder bestimmte Kandidaten oder Wahlvorschläge werben, aber auch Propaganda gegen andere Bewerber oder Vorschläge machen. Werbemaßnahmen sind nicht nur während der Arbeitspausen sowie vor und nach der Arbeit, sondern auch während der Arbeitszeit zulässig, soweit der Dienstbetrieb nicht erheblich beeinträchtigt wird. Die Dienststelle hat für alle Wahlbewerber und Wahlvorschläge Zugang zu entsprechenden Werbeflächen zu gewähren; neben der Bereitstellung von Anschlagflächen und der Zulassung zur Nutzung der Hauspost gehört dazu auch die Gestattung der Nutzung vorhandener moderner Kommunikationsmedien wie E-Mails und ggf. Intranet.[91] Das Recht zur Wahlwerbung ist **verfassungsrechtlich geschützt**: durch das **3**

---

88 Vgl. *BVerwG* v. 7. 11. 69 – VII P 2.69 –, PersV 70, 155.
89 Vgl. *OVG NW* v. 13. 6. 60 – CL 1/60 –, PersV 61, 65.
90 *BayVGH* v. 24. 4. 79 – Nr. 18.C 564/79 –, PersV 80, 333.
91 Vgl. KfdP-*Lemcke*, Rn. 5 m. N.; zur zulässigen Versendung von E-Mails durch die Gewerkschaften vgl. *BAG* v. 20. 1. 09 – 1 AZR 515/08 –, AP GG Art. 9 Nr. 137.

§ 24 Wahlschutz und Wahlkosten

Grundrecht der allgemeinen Meinungsfreiheit (Art. 5 Abs. 1 S. 1 GG) und für die Gewerkschaften zusätzlich durch das Grundrecht der Koalitionsfreiheit (Art. 9 Abs. 3 GG)[92] sowie – wenn in Betriebszeitungen geworben wird – darüber hinaus durch das Grundrecht der Pressefreiheit (Art. 5 Abs. 1 S. 2 GG).[93] Eine Schranke der Meinungs- und Pressefreiheit besteht nach Art. 5 Abs. 2 GG im Recht der persönlichen Ehre; diffamierende oder grob wahrheitswidrige Propaganda ist unzulässig.[94] Dem **Leiter der Dienststelle**, der nicht wählbar ist (§ 14 Abs. 3) und auch keine Wahlvorschläge machen oder unterzeichnen darf (§ 19 Abs. 4 S. 4), steht das Recht zur Wahlwerbung nicht zu. Als »Gegenspieler« des PR hat er sich strikt **neutral** zu verhalten. Das gilt auch für die **übrigen leitenden Beschäftigten**, die nach § 14 Abs. 3 nicht wählbar sind.

4 Keine sittenwidrige Wahlbeeinflussung i. S. d. Abs. 1 S. 1 und keine Wahlrechtsbeschränkung i. S. d. Abs. 1 S. 2 liegt vor, wenn eine **Gewerkschaft** verlangt, dass ihre Mitglieder nur auf der von ihr aufgestellten Wahlvorschlagsliste kandidieren, und ihnen bei einer Kandidatur auf einer **konkurrierenden Liste** den Ausschluss oder ein gewerkschaftliches Funktionsverbot androht. Das ergibt sich daraus, dass die Funktion der Gewerkschaften, die Arbeits- und Wirtschaftsbedingungen ihrer Mitglieder zu fördern und zu wahren, durch Art. 9 Abs. 3 GG geschützt ist und dass die Fähigkeit zur wirksamen Wahrnehmung dieser Funktion von der Solidarität ihrer Mitglieder und der Geschlossenheit ihres Auftretens abhängt.[95] Eine sittenwidrige Wahlbeeinflussung durch eine Gewerkschaft liegt auch dann nicht vor, wenn deren Wahlwerbung außerhalb des Wahllokals und in unmittelbarer Nähe zu diesem erfolgt und dabei **Geschenke von geringem Wert**, wie Bonbons oder Kugelschreiber, abgegeben werden.[96]

5 Arbeitnehmer, die Mitglied des Wahlvorstands oder Wahlbewerber sind, genießen nach § 15 Abs. 3 S. 1 KSchG **Kündigungsschutz** (vgl. § 47 Rn. 7, 9). Danach ist die **ordentliche Kündigung** grundsätzlich unzulässig. Die **außerordentliche Kündigung** bedarf nach Abs. 1 S. 3 i. V. m. § 47 Abs. 1 S. 1 der Zustimmung der zuständigen Personalvertretung (vgl. § 47 Rn. 14 ff.). Zuständig ist dabei nicht der Wahlvorstand, sondern ausschließlich der PR, für den die Wahl durchgeführt wird.[97] Allerdings kann das Verwaltungsgericht nach Abs. 1 S. 3 i. V. m. § 47 Abs. 1 S. 2 die fehlende Zustimmung auf Antrag des Dienststellenleiters durch Beschluss ersetzen, wenn die außerordentliche Kündigung unter Berücksichtigung aller Umstände gerechtfertigt ist. Das gilt auch für Dienststellen, in denen bisher kein PR besteht.[98] Der Kündigungsschutz der Mitglieder des Wahl-

---

92 Vgl. *BVerfG* v. 30.11.65 – 2 BvR 54/62 –, AP GG Art. 9 Nr. 7.
93 Vgl. *BVerfG* v. 8.10.96 – 1 BvR 1183/90 –, NJW 97, 386.
94 Vgl. *BVerwG* v. 27.6.07 – 6 A 1.06 –, PersR 07, 443.
95 Vgl. *BVerfG* v. 24.2.99 – 1 BvR 123/93 –, NZA 99, 713.
96 *LAG RP* v. 17.3.11 – 11 TaBV 45/10 –, juris [zu II 2.2.2].
97 *BVerwG* v. 9.7.80 – 6 P 43.79 –, PersV 81, 370.
98 Vgl. *BAG* v. 30.5.78 – 2 AZR 637/76 –, AP KSchG 1969 § 15 Nr. 4.

Wahlschutz und Wahlkosten § 24

vorstands **beginnt** mit ihrer Bestellung bzw. Wahl, der der Wahlbewerber mit der Aufstellung des Wahlvorschlags.[99] Der volle Kündigungsschutz **endet** grundsätzlich mit der Bekanntgabe des Wahlergebnisses nach § 23 Abs. 2 S. 1 BPersVG i. V. m. § 23 WO.[100]

Innerhalb von sechs Monaten nach Bekanntgabe des Wahlergebnisses bzw. **6** nach der Amtsniederlegung eines Wahlvorstandsmitglieds besteht nach § 15 Abs. 3 S. 2 Hs. 1 KSchG ein **nachwirkender Kündigungsschutz**.[101] Während dieses Zeitraums ist die ordentliche Kündigung grundsätzlich weiterhin unzulässig. Die allein zulässige außerordentliche Kündigung bedarf jedoch nicht der Zustimmung des PR oder des Verwaltungsgerichts; insoweit ist lediglich das Anhörungsrecht des PR nach § 79 Abs. 3 zu beachten.

Abs. 1 S. 3 sieht i. V. m. § 47 Abs. 2 S. 1 und 2 einen **Versetzungs- und** **7** **Abordnungsschutz** für Mitglieder des Wahlvorstands und Wahlbewerber vor. Diese dürfen gegen ihren Willen nur dann versetzt oder abgeordnet werden, wenn dies aus wichtigen dienstlichen Gründen unvermeidbar ist. Als Versetzung in diesem Sinne gilt auch die mit einem Wechsel des Dienstortes verbundene Umsetzung in derselben Dienststelle, wobei das Einzugsgebiet i. S. d. Umzugskostenrechts zum Dienstort gehört (vgl. § 47 Rn. 22 ff.).

(Abs. 2) Die nach Abs. 2 S. 1 von der Dienststelle zu tragenden Kosten der **8** Wahl sind alle notwendigen **sächlichen und persönlichen Kosten**, die aufgrund wahlrechtlicher Vorschriften durch die Vorbereitung und Durchführung der Wahl entstehen, einschl. der Kosten etwaiger Personalversammlungen und Vorabstimmungen. Obwohl Abs. 2 nicht auf § 46 Abs. 6 verweist, hat die Dienststelle auch die Kosten zu tragen, die den Wahlvorstandsmitgliedern durch die Teilnahme an erforderlichen **Schulungsveranstaltungen** entstehen.[102]

Ist der Wahlvorstand als Antragsteller oder sonstiger Beteiligter nach § 83 **9** Abs. 1 Nr. 1 oder 2, Abs. 2 an einem **personalvertretungsrechtlichen Beschlussverfahren** zur Klärung seiner Befugnisse oder zur Abwehr von Wahlbehinderungen oder sittenwidrigen Wahlbeeinflussungen beteiligt und entstehen ihm dabei durch die Hinzuziehung eines Rechtsanwalts notwendige außergerichtliche Kosten, sind diese als Kosten der Wahl von der Dienststelle zu tragen.[103] Das gilt nur dann nicht, wenn die Rechtsverfolgung von vornherein aussichtslos (haltlos) oder mutwillig war (vgl. § 44 Rn. 15). Von diesen Ausnahmen abgesehen, können zu den von der Dienststelle zu tragenden Kosten auch die notwendigen außergerichtlichen

---

99 Vgl. KfdP-*Lemcke*, Rn. 9.
100 Vgl. KfdP-*Lemcke*, Rn. 10.
101 Vgl. *BAG* v. 9.10.86 – 2 AZR 650/85 –, AP KSchG 1969 § 15 Nr. 23.
102 Vgl. *BAG* v. 7.6.84 – 6 AZR 3/82 –, AP BetrVG 1972 § 20 Nr. 10; *BayVGH* v. 10.9.86 – 17 C 86.02076 –, PersV 88, 181; KfdP-*Lemcke*, Rn. 15.
103 Vgl. *BAG* v. 8.4.92 – 7 ABR 56/91 –, AP BetrVG 1972 § 20 Nr. 15.

§ 25 Wahlanfechtung

Kosten eines **Wahlanfechtungsverfahrens** gehören.[104] Das Gleiche gilt für sonstige gerichtliche Verfahren zur Klärung von Streitfragen im Laufe des Wahlverfahrens, z. B. für ein von einer Gewerkschaft oder einem Beschäftigten eingeleitetes Verfahren zur Durchsetzung ihrer bzw. seiner im Zusammenhang mit der PR-Wahl stehenden personalvertretungsrechtlichen Rechte.[105]

10 Nach Abs. 2 S. 2 hat notwendige **Versäumnis von Arbeitszeit** infolge der Ausübung des Wahlrechts, der Teilnahme an den Personalversammlungen nach den §§ 20 bis 23 oder der Betätigung im Wahlvorstand keine Minderung der Bezüge zur Folge. Insoweit gilt das Lohnausfallprinzip (vgl. § 46 Rn. 4). Zur Ausübung des Wahlrechts gehört z. B. auch die Teilnahme an einer Vorabstimmung – als Abstimmender, aber auch als Mitglied des Abstimmungsvorstands –, das Tätigwerden als Listenvertreter (vgl. § 8 Abs. 4 WO) oder das Sammeln von Stützunterschriften für einen Wahlvorschlag.[106] Zur Betätigung im Wahlvorstand gehört auch die Tätigkeit von Wahlhelfern (vgl. § 1 Abs. 1 S. 2 und 3 WO). Für das **Verlassen des Arbeitsplatzes** gelten die gleichen Regeln wie bei Mitgliedern des PR (vgl. § 46 Rn. 3). Mitglieder des Wahlvorstands und Wahlhelfer erhalten bei Reisen, die zur Erfüllung ihrer Aufgaben notwendig sind, nach Abs. 2 S. 3 i. V. m. § 44 Abs. 1 S. 2 **Reisekostenvergütungen** nach dem Bundesreisekostengesetz (vgl. § 44 Rn. 11 ff.; § 1 Abs. 1 S. 3 WO). Werden sie durch die Erfüllung ihrer Aufgaben ausnahmsweise über die regelmäßige Arbeitszeit hinaus beansprucht, ist ihnen nach Abs. 2 S. 3 i. V. m. § 46 Abs. 2 S. 2 **Freizeitausgleich** zu gewähren (vgl. § 46 Rn. 5 f.).

§ 25 [Wahlanfechtung]

Mindestens drei Wahlberechtigte, jede in der Dienststelle vertretene Gewerkschaft oder der Leiter der Dienststelle können binnen einer Frist von zwölf Arbeitstagen, vom Tage der Bekanntgabe des Wahlergebnisses an gerechnet, die Wahl beim Verwaltungsgericht anfechten, wenn gegen wesentliche Vorschriften über das Wahlrecht, die Wählbarkeit oder das Wahlverfahren verstoßen worden und eine Berichtigung nicht erfolgt ist, es sei denn, dass durch den Verstoß das Wahlergebnis nicht geändert oder beeinflusst werden konnte.

1 Die Vorschrift regelt die beim **Verwaltungsgericht** im Rahmen eines personalvertretungsrechtlichen Beschlussverfahrens durchzuführende **Anfechtung** einer fehlerhaften PR-Wahl (vgl. Rn. 3 ff.). Sie schließt die Möglichkeit nicht aus, Streitfragen, die im Laufe des Wahlverfahrens auf-

---

104 Vgl. *BAG* v. 7. 7. 99 – 7 ABR 4/98 –, PersR 99, 541; *BVerwG* v. 29. 8. 00 – 6 P 7.99 – u. v. 11. 10. 10 – 6 P 16.09 –, PersR 00, 513, u. 11, 33.
105 Vgl. *BAG* v. 16. 4. 03 – 7 ABR 29/02 –, AP BetrVG 1972 § 20 Nr. 21.
106 Letzteres str.; vgl. KfdP-*Lemcke*, Rn. 17.

Wahlanfechtung § 25

treten, bereits vor dessen Abschluss durch Entscheidung des Verwaltungsgerichts zu klären und insb. durch den Erlass einer **einstweiligen Verfügung** zu entscheiden (vgl. Rn. 15). Die ausnahmsweise in Betracht kommende **Nichtigkeit** der Wahl ist nicht gesetzlich geregelt (vgl. Rn. 2).

Die **Nichtigkeit der Wahl** des PR ist nur in ganz besonderen Ausnahmefällen gegeben, nämlich nur dann, wenn in so hohem Maße gegen allgemeine Grundsätze jeder ordnungsgemäßen Wahl verstoßen worden ist, dass selbst der Anschein einer dem Gesetz entsprechenden Wahl nicht mehr vorliegt.[107] Es muss ein sowohl offensichtlicher als auch besonders grober Verstoß gegen Wahlvorschriften vorliegen.[108] Die Nichtigkeit kann von jedermann jederzeit und in jeder Form geltend gemacht werden. Ist die Wahl nichtig, sind alle Beschlüsse und sonstigen Rechtshandlungen des PR unwirksam.

Die **Anfechtung der Wahl** des PR ist begründet, wenn die folgenden drei, im Gesetz abschließend genannten **Anfechtungsvoraussetzungen** gegeben sind: Verstoß gegen wesentliche Vorschriften über das Wahlrecht, die Wählbarkeit oder das Wahlverfahren (vgl. Rn. 4), nicht erfolgte Berichtigung des Verstoßes (vgl. Rn. 5), Möglichkeit der Änderung oder Beeinflussung des Wahlergebnisses (vgl. Rn. 6).

Wesentliche Vorschriften sind alle zwingenden Vorschriften des Gesetzes und der Wahlordnung (WO). Gegen wesentliche Vorschriften über das **(aktive) Wahlrecht** (§ 13) wird z. B. dadurch verstoßen, dass Wahlberechtigte zur Wahl nicht zugelassen werden. Wesentliche Vorschriften über die **Wählbarkeit** (§§ 14, 15) sind z. B. verletzt, wenn wählbare Beschäftigte nicht zugelassen werden. Verstöße gegen wesentliche Vorschriften über das **Wahlverfahren** können alle Regelungen des BPersVG und der WO zur Vorbereitung und Durchführung der Wahl betreffen.[109]

Liegen Verstöße gegen wesentliche Vorschriften vor, die ohne Weiteres behoben werden können, kann der Wahlvorstand eine **Berichtigung** vornehmen. Das gilt etwa für die Nichtberücksichtigung gültiger Stimmen bei der Feststellung des Wahlergebnisses. Die Berichtigung erfolgt durch Beschluss des Wahlvorstandes.

Ist ein – nicht berichtigter – Verstoß gegen eine wesentliche Vorschrift gegeben, ist die Wahlanfechtung trotzdem unbegründet, wenn durch den Verstoß das **Wahlergebnis nicht geändert oder beeinflusst** werden konnte. Dafür genügt die theoretische Möglichkeit der Beeinflussung aufgrund eines konkreten Sachverhalts.[110] Eine nur denkbare Möglichkeit reicht aber nicht aus, wenn sie nach der Lebenserfahrung vernünftigerweise

---

107 *BVerwG* v. 13.5.87 – 6 P 20.85 –, PersR 87, 193.
108 Vgl. *BAG* v. 19.11.03 – 7 ABR 24/03 –, AP BetrVG 1972 § 19 Nr. 54.
109 *BVerwG* v. 26.11.97 – 6 P 12.95 – u. v. 27.6.07 – 6 A 1.06 –, PersR 98, 162, u. 07, 443.
110 *BVerwG* v. 8.10.75 – VII P 15.75 –, PersV 76, 420, u. v. 21.12.83 – 6 PB 18.83 –, Sabottig ES Nr. 593 Ls.

§ 25 Wahlanfechtung

nicht in Betracht zu ziehen ist.[111] Demnach bleiben abstrakt nicht auszuschließende, nach der Lebenserfahrung aber unwahrscheinliche Kausalverläufe unberücksichtigt, wenn für ihren Eintritt keine tatsächlichen Anhaltspunkte bestehen.[112]

7 Die **Anfechtungsberechtigten** sind abschließend aufgezählt. Anfechtungsberechtigt sind zunächst alle **Beschäftigten**, die bei der Wahl unstreitig **wahlberechtigt** waren,[113] aber auch jene, die zwar nicht zur Wahl zugelassen waren, jedoch mit beachtlichen Gründen geltend machen, dass ihnen das Wahlrecht zustand.[114] **Mindestens drei** von ihnen müssen während des gesamten Anfechtungsverfahrens als Antragsteller auftreten.[115] Ob die Anfechtenden ihr Wahlrecht ausgeübt haben, ist dabei ebenso unerheblich wie ihre Gruppenzugehörigkeit.[116] Auch wenn die Anfechtenden nach der Wahl aus der Dienststelle ausscheiden, bleiben sie nach der Rspr. des *BVerwG*[117] weiter anfechtungsbefugt.[118] Anfechtungsberechtigt ist ferner jede in der Dienststelle vertretene **Gewerkschaft** (vgl. § 2 Rn. 7f.), wobei es darauf ankommt, dass ihr ein Beschäftigter der Dienststelle, der aber nicht wahlberechtigt zu sein braucht, nicht nur zum Zeitpunkt der Antragstellung, sondern während des ganzen Anfechtungsverfahrens als Mitglied angehört.[119] Anfechtungsberechtigt ist schließlich der **Dienststellenleiter**, wobei die Anfechtungsbefugnis nicht an die Person des jeweiligen Amtsinhabers, sondern an das Amt gebunden und demnach ein Wechsel in der Person auf das Anfechtungsverfahren ohne Einfluss ist.[120]

8 Die Wahl kann nur innerhalb der **Anfechtungsfrist** von **zwölf Arbeitstagen** angefochten werden. Die Frist wird vom Tag der Bekanntgabe des Wahlergebnisses (vgl. § 23 Rn. 3) an gerechnet. Sie ist eine **Ausschlussfrist**, die nicht verlängert werden kann und gegen deren Versäumung eine Wiedereinsetzung in den vorigen Stand (§ 233 ZPO) nicht möglich ist. Wird die Frist **versäumt**, ist der Anfechtungsantrag unbegründet.[121] Ist keine Wahlanfechtung erfolgt und die Wahl nicht ausnahmsweise nichtig (vgl. Rn. 2), so wird ein Rechtsverstoß, der eine Wahlanfechtung begrün-

---

111 *BVerwG* v. 23.9.66 – VII P 14.65 –, PersV 66, 276, u. v. 7.5.03 – 6 P 17.02 –, PersR 03, 313.
112 *BVerwG* v. 26.11.08 – 6 P 7.08 – u. v. 11.8.09 – 6 PB 16.09 –, PersR 09, 267 u. 418.
113 *BVerwG* v. 27.4.83 – 6 P 17.81 –, PersV 84, 322.
114 *BVerwG* v. 26.11.08, a.a.O.
115 *BVerwG* v. 8.2.82 – 6 P 43.80 –, PersV 83, 63.
116 *BVerwG* v. 20.6.90 – 6 P 2.90 –, PersR 90, 291.
117 Beschl. v. 27.4.83, a.a.O.
118 Zur teilw. abw. Rspr. des *BAG* vgl. KfdP-*Lemcke*, Rn. 9 m.N.
119 *BVerwG* v. 11.5.62 – VII P 6.61 –, PersV 62, 211; ferner *BAG* v. 21.11.75 – 1 ABR 12/75 –, AP BetrVG 1972 § 118 Nr. 6; teilw. str.; vgl. KfdP-*Lemcke*, Rn. 10.
120 *BVerwG* v. 10.8.78 – 6 P 37.78 –, PersV 79, 417.
121 *BVerwG* v. 23.10.03 – 6 P 10.03 –, PersR 04, 35.

Wahlanfechtung § 25

den würde, unbeachtlich, so dass der PR mit allen personalvertretungsrechtlichen Befugnissen im Amt bleibt.[122]

Örtlich zuständig ist das Verwaltungsgericht, in dessen Bezirk der Sitz der **Dienststelle** liegt, in der die Wahl stattgefunden hat (§ 82 S. 1 ArbGG). Das gilt grundsätzlich auch für die Anfechtung der Wahl des PR bei einer nach § 6 Abs. 3 **verselbständigten Teildienststelle**.[123] **9**

Der **Gegenstand der Anfechtung** wird durch den innerhalb der Anfechtungsfrist (vgl. Rn. 8) zu stellenden Anfechtungsantrag bestimmt. Die Anfechtung richtet sich grundsätzlich gegen die Gültigkeit der Wahl des **gesamten PR**. Bei Gruppenwahl kann sie ausnahmsweise auf die Wahl der **Vertreter einzelner Gruppen** beschränkt werden, wenn der geltend gemachte Verstoß das Wahlergebnis in den übrigen Gruppen nicht beeinflussen konnte.[124] Die Wahl eines **einzelnen PR-Mitglieds** kann nicht angefochten werden, wenn es sich dabei nicht um den einzigen Vertreter einer Gruppe handelt (vgl. dazu aber § 29 Abs. 1 Nr. 7).[125] Eine Wahl kann u. U. auch mit dem Antrag angefochten werden, ihr Ergebnis zu **berichtigen**.[126] **9a**

Für das **Verfahren** vor dem Verwaltungsgericht gelten die Vorschriften des Arbeitsgerichtsgesetzes über das Beschlussverfahren entsprechend (§ 83 Abs. 2). Danach gilt für die **Aufklärung des Sachverhalts** ein **eingeschränkter Untersuchungsgrundsatz** (§ 83 Abs. 1 ArbGG). Im Rahmen der gestellten Anträge ermittelt das Gericht den Sachverhalt **von Amts wegen**. Auch wenn das Gericht nicht verpflichtet ist, ungefragt sämtlichen hypothetischen Wahlrechtsverstößen nachzugehen, ist es nicht an den Vortrag der Antragsteller und an die von ihnen angeführten Anfechtungsgründe gebunden und damit nicht auf die von ihnen gerügten Mängel beschränkt.[127] Von der Einstellung des Verfahrens aufgrund der Zurücknahme des Anfechtungsantrags abgesehen kommen folgende **Entscheidungen** in Betracht: Das Gericht kann den Antrag als unzulässig oder unbegründet **zurückweisen**, die Wahl des PR insgesamt oder in einer Gruppe **für ungültig erklären**, das Wahlergebnis **berichtigen** oder das Vorliegen eines Verstoßes gegen wesentliche Wahlvorschriften **feststellen**. Die Erklärung der Ungültigkeit der Wahl und die Berichtigung des Wahlergebnisses sind gestaltende Entscheidungen, die gegen jedermann wirken. **10**

---

122 *BVerwG* v. 23. 10. 03 – 6 P 10.03 – u. v. 13. 7. 11 – 6 P 21.10 –, PersR 04, 35, u. 11, 443.
123 Teilw. str.; vgl. KfdP-*Lemcke*, Rn. 14 m. N.
124 *BVerwG* v. 6. 6. 91 – 6 P 8.89 – u. v. 26. 11. 08 – 6 P 7.08 –, PersR 91, 337, u. 09, 267.
125 *BVerwG* v. 8. 6. 62 – VII P 7.61 – u. v. 7. 11. 75 – VII P 11.74 –, PersV 62, 236, u. 77, 22.
126 *BVerwG* v. 8. 5. 92 – 6 P 9.91 –, PersR 92, 311.
127 *BVerwG* v. 13. 5. 98 – 6 P 9.97 – u. v. 28. 5. 09 – 6 PB 11.09 –, PersR 98, 516, u. 09, 364.

§ 25 Wahlanfechtung

11 Die **Feststellung eines Wahlrechtsverstoßes** kommt ausnahmsweise dann in Frage, wenn einerseits während des Anfechtungsverfahrens die Amtszeit des PR endet, andererseits aber eine hohe Wahrscheinlichkeit dafür spricht, dass der Vorgang, der die Anfechtung ausgelöst hat, sich wiederholen wird und die mit ihm verknüpften Rechtsfragen sich unter denselben Verfahrensbeteiligten erneut stellen werden.[128]

12 Die Wahlanfechtung hat **keine aufschiebende Wirkung**. Sie hat keinen Einfluss auf den Beginn der Amtszeit des aus der Wahl hervorgegangenen PR. Erst wenn das Verwaltungsgericht die Wahl für **ungültig** erklärt hat und diese Entscheidung **rechtskräftig** wird, endet das Amt des PR. Die erfolgreiche Wahlanfechtung wirkt nur **für die Zukunft**. Beschlüsse und sonstige Rechtshandlungen des PR aus der Zeit vor dem Eintritt der Rechtskraft der gerichtlichen Entscheidung bleiben wirksam.[129]

13 Wird die **Wahl des gesamten PR rechtskräftig für ungültig erklärt**, so ist der PR – anders als bei der gerichtlichen Auflösung (§ 28 Abs. 1 i. V. m. § 27 Abs. 2 Nr. 4) – nicht neu zu wählen, vielmehr ist die für ungültig erklärte fehlerhafte **Wahl zu wiederholen**. Da das Gesetz für diesen Fall eine dem § 28 Abs. 2 entsprechende Regelung nicht vorsieht, tritt eine **personalratslose Zeit** ein, die mit der Rechtskraft der gerichtlichen Entscheidung und dem dadurch eintretenden Ende des Amtes des PR (vgl. Rn. 12) beginnt und erst mit der Konstituierung des aus der Wiederholungswahl hervorgehenden PR endet. Der **Wahlvorstand** für die zu wiederholende Wahl ist unverzüglich durch die Personalversammlung (§ 21), ausnahmsweise durch den Dienststellenleiter (§ 22), zu bestellen. Er hat die Wiederholungswahl grundsätzlich unter den **ursprünglichen Bedingungen** unter **Vermeidung der früheren Fehler**, also soweit wie möglich nach den tatsächlichen und rechtlichen Verhältnissen der für ungültig erklärten Wahl, durchzuführen.[130] Die Wiederholungswahl verlängert die ursprüngliche **Amtszeit** nicht.

14 Wird die **Wahl in einer Gruppe rechtskräftig für ungültig erklärt**, ist sie nur für diese Gruppe zu wiederholen. Der PR selbst bleibt im Amt. Dies gilt auch dann, wenn die verbleibenden Mitglieder die Mindestzahl nach § 27 Abs. 2 Nr. 2 nicht mehr erreichen. Der **Rest-PR** hat unverzüglich einen Wahlvorstand zu bestellen (§ 20 Abs. 1).

15 **Streitigkeiten** über die Wahlberechtigung und die Wählbarkeit sowie über die Wahl des PR können auch **im Laufe des Wahlverfahrens** nach § 83 Abs. 1 Nr. 1 bzw. 2, Abs. 2 zum Gegenstand eines personalvertretungsrechtlichen Beschlussverfahrens gemacht werden (vgl. § 83

---

128 *BVerwG* v. 5. 10. 89 – 6 P 2.88 –, PersR 89, 362, v. 6. 6. 91 – 6 P 8.89 –, PersR 91, 337, u. v. 26. 11. 97 – 6 P 12.95 –, PersR 98, 161.
129 *BVerwG* v. 20. 3. 59 – VII P 12.58 –, PersV 59, 280; zu einem Ausnahmefall vgl. *BVerwG* v. 10. 8. 78 – 6 P 37.78 –, PersV 79, 417.
130 St. Rspr. des *BVerwG* (vgl. Beschl. v. 19. 12. 06 – 6 PB 12.06 –, PersR 07, 125, m. w. N.).

Rn. 4 f.). Entscheidungen und Maßnahmen des Wahlvorstands sind auch bereits vor Abschluss der Wahl gerichtlich angreifbar.[131] **Antragsberechtigt** ist außer den Anfechtungsberechtigten (vgl. Rn. 7) jeder, der durch die Handlungen oder Unterlassungen des Wahlvorstands in seinem aktiven oder passiven Wahlrecht betroffen ist. Die gerichtliche Klärung der auftretenden Streitfragen ist häufig so dringlich, dass der Erlass **einstweiliger Verfügungen** in Betracht kommt. Dafür sind jedoch strenge Anforderungen zu stellen.[132] Die **Erklärung der Ungültigkeit** der Wahl kann nicht durch einstweilige Verfügung ausgesprochen werden.[133] Ein **Abbruch der Wahl** ist nur dann vertretbar, wenn zuverlässig Rechtsmängel festgestellt werden, die so schwerwiegend sind, dass die Fortführung der Wahl deren Nichtigkeit zur Folge hätte.[134] Dagegen sind nicht zur Aussetzung der Wahl führende »Leistungsverfügungen«, die in das Wahlverfahren lediglich **berichtigend eingreifen**, indem sie dem Wahlvorstand bestimmte Maßnahmen aufgeben oder untersagen, dann als zulässig anzusehen, wenn dadurch eine fehlerhafte Wahl vermieden werden kann.[135] Zulässig sind auch einstweilige Verfügungen, durch die dem Dienststellenleiter **Behinderungen oder sittenwidrige Beeinflussungen der Wahl untersagt** werden.[136]

Zweiter Abschnitt
Amtszeit des Personalrates

§ 26 [Amtszeit]

¹**Die regelmäßige Amtszeit des Personalrates beträgt vier Jahre. ²Die Amtszeit beginnt mit dem Tage der Wahl oder, wenn zu diesem Zeitpunkt noch ein Personalrat besteht, mit dem Ablauf seiner Amtszeit. ³Sie endet spätestens am 31. Mai des Jahres, in dem nach § 27 Abs. 1 die regelmäßigen Personalratswahlen stattfinden.**

Die Vorschrift legt die **Dauer der regelmäßigen Amtszeit** des PR fest und bestimmt Beginn und Ende der Amtszeit. Die regelmäßige Amtszeit betrug nach der ursprünglichen Fassung des BPersVG drei Jahre. Sie wurde durch Gesetz v. 10.7.89[137] auf **vier Jahre** festgesetzt. Aufgrund der Über- 1

---

131 Vgl. *BAG* v. 15.12.72 – 1 ABR 8/72 –, AP BetrVG 1972 § 14 Nr. 1.
132 Vgl. *BVerwG* v. 14.4.08 – 6 P 6.08 –, PersR 08, 417.
133 *BayVGH* v. 29.7.87 – 17 CE 87.01548 –, PersR 88, 138 Ls.
134 Str.; wie hier *BVerwG* v. 14.4.08, a.a.O.; *LAG Köln* v. 29.3.01 – 5 TaBV 22/01 –, AiB 01, 602; *LAG BW* v. 25.4.06 – 21 TaBV 4/06 –, AiB 06, 638; vgl. auch *LAG Hmb* v. 26.4.06 – 6 TaBV 6/06 –, NZA 06, 936 (Abbruch bei rechtsmissbräuchlichem, willkürlichem Vorgehen des Wahlvorstands).
135 Vgl. *BayVGH* v. 27.2.02 – 17 PE 02.509 –, PersR 03, 121; *SächsOVG* v. 27.4.07 – PL 9 BS 83/07 –, PersR 07, 251.
136 *VG Potsdam* v. 8.6.06 – 21 L 339/06.PVL –, PersV 07, 33.
137 BGBl. I S. 1380, ber. 1473.

§ 26 Amtszeit des Personalrats

gangsregelungen im Amtszeiten-Gesetz v. 11.12.90[138] werden die Personalvertretungen seit dem Frühjahr 1992 für vier Jahre gewählt.

2 Die **Dauer der tatsächlichen Amtszeit** kann von der Dauer der regelmäßigen Amtszeit abweichen. Sie kann **kürzer** sein, z.B. wenn ein nach § 27 Abs. 2 gewählter PR nach § 27 Abs. 5 S. 1 neu zu wählen ist. Sie kann **länger** sein, wenn ein nach § 27 Abs. 2 gewählter PR nach § 27 Abs. 5 S. 2 neu zu wählen ist (vgl. Rn. 5).

3 Der **Beginn der Amtszeit** ist in S. 2 festgelegt. Besteht am Tag der Wahl – gemeint ist der (letzte) Tag der Stimmabgabe[139] – noch ein PR, beginnt die Amtszeit des neu gewählten PR mit dem **Ablauf der Amtszeit des bisherigen PR** (zweite Alternative des S. 2). Besteht dagegen am Tag der Wahl kein PR, z.B. weil die Amtszeit des bisherigen PR schon vorher abgelaufen war, beginnt die Amtszeit des neu gewählten PR mit dem (letzten) **Tag der Wahl** (subsidiäre erste Alternative).

4 Die **regelmäßige Amtszeit endet** mit Ablauf von vier Jahren seit ihrem Beginn. Für die Berechnung gilt § 188 Abs. 2 Hs. 2 BGB.

5 Handelt es sich um einen **nach § 27 Abs. 2 gewählten PR**, dessen Amtszeit nach § 27 Abs. 5 entweder kürzer oder länger ist als die regelmäßige Amtszeit von vier Jahren, kommt die Regelung des S. 3 zum Zuge. Danach endet die Amtszeit eines solchen PR immer am **31. Mai** desjenigen Jahres, in dem im Falle des § 27 Abs. 5 S. 1 die nächsten oder im Falle des § 27 Abs. 5 S. 2 die übernächsten regelmäßigen PR-Wahlen stattfinden, ohne dass es darauf ankommt, an welchem Tag der nachfolgende PR gewählt wird.[140] Das gilt allerdings nur unter der Voraussetzung, dass nicht in der Zwischenzeit eine erneute Neuwahl nach § 27 Abs. 2 stattfindet.

6 S. 3 ist nicht anwendbar, wenn die regelmäßige Amtszeit des PR zu einem Zeitpunkt endet, zu dem **noch kein neuer PR gewählt** worden ist. Die Amtszeit verlängert sich dann nicht bis zum 31. Mai. Nach Ablauf der Amtszeit vorgenommene Rechtshandlungen des PR sind unwirksam. Jedermann kann sich jederzeit auf die Unwirksamkeit berufen.[141]

7 Für das **vorzeitige Ende** der Amtszeit **in anderen Fällen** als dem des § 27 Abs. 5 S. 1 gilt Folgendes: Ist der PR in den Fällen des § 27 Abs. 2 Nr. 1 bis 3 neu zu wählen, endet die Amtszeit des die Geschäfte weiterführenden bisherigen PR grundsätzlich mit der Wahl des neuen PR (vgl. § 27 Rn. 9). Wird die Wahl des PR aufgrund einer Wahlanfechtung nach § 25 für ungültig erklärt oder wird der PR nach § 28 Abs. 1 aufgelöst, endet dessen Existenz mit dem Eintritt der Rechtskraft der verwaltungsgerichtlichen Entscheidung. Legen alle Mitglieder und Ersatzmitglieder des PR ihr Amt nieder, hört der PR mit der letzten Amtsniederlegung zu bestehen

---

138 BGBl. I S. 2682, 2689. Abgedr. u. erläutert in KfdP, § 116b Rn. 2ff.
139 Str.; vgl. KfdP-*Kröll*, Rn. 3.
140 *BVerwG* v. 10.6.98 – 6 P 7.97 –, PersR 98, 520.
141 *BAG* v. 15.1.74 – 1 AZR 234/75 –, PersV 75, 36.

Amtszeit des Personalrats § 26

auf. Wird die Dienststelle aufgelöst, in eine andere Dienststelle eingegliedert oder mit einer anderen Dienststelle zusammengelegt, geht der PR mit dem Vollzug einer solchen Maßnahme grundsätzlich unter.[142]

Damit die Auflösung, Eingliederung oder Zusammenlegung von Dienststellen (vgl. Rn. 7) nicht zu Lücken in der personalvertretungsrechtlichen Interessenvertretung führt, ist – wie im Falle der Privatisierung (vgl. § 1 Rn. 17) – ein **Übergangsmandat des bisherigen PR** erforderlich. Der durch das BetrVerf-Reformgesetz v. 23.7.01[143] eingeführte § 21a BetrVG sieht bei Umstrukturierungen von Betrieben, die zu einer Änderung der Betriebsidentität führen, ein **allgemeines betriebsverfassungsrechtliches Übergangsmandat** vor. Bei einer **Spaltung** des Betriebes besteht es nach § 21a Abs. 1 BetrVG darin, dass der Betriebsrat im Amt bleibt und die Geschäfte für die ihm bislang zugeordneten Betriebsteile weiterführt, soweit diese betriebsratsfähig sind und nicht in einen Betrieb eingegliedert werden, in dem ein Betriebsrat besteht. Der Betriebsrat hat insb. unverzüglich Wahlvorstände für die Wahl neuer Betriebsräte zu bestellen. Sein Übergangsmandat endet, sobald in den Betriebsteilen ein neuer Betriebsrat gewählt und das Wahlergebnis bekannt gegeben ist, spätestens jedoch sechs Monate nach der Spaltung. Bei einer **Zusammenfassung** von Betrieben oder Betriebsteilen nimmt nach § 21a Abs. 2 BetrVG der Betriebsrat des nach der Zahl der wahlberechtigten Arbeitnehmer größten Betriebs oder Betriebsteils das Übergangsmandat wahr. Bereits vor der Schaffung des § 21a BetrVG hatte das *BAG*[144] aufgrund einer Rechtsanalogie zu den seit 1990 erlassenen einschlägigen einzelgesetzlichen Regelungen (vgl. § 1 Rn. 17) im Wege der richterlichen Rechtsfortbildung ein generelles Übergangsmandat des Betriebsrats anerkannt. Da die Schutzbedürftigkeit der Beschäftigten im Geltungsbereich des BPersVG nicht geringer ist als die der Arbeitnehmer im Anwendungsbereich des BetrVG, ist im Wege der Gesamtanalogie auch ein entsprechendes **allgemeines personalvertretungsrechtliches Übergangsmandat** des PR zu bejahen, falls für die Umstrukturierung der betroffenen Dienststellen keine einzelgesetzliche Regelung eines Übergangsmandats erfolgt.[145]

Das vom Übergangsmandat zu unterscheidende **Restmandat des PR** einer aufgelösten Dienststelle – das im BPersVG ebenfalls nicht geregelt, aber von der Rspr. anerkannt ist – besteht darin, bestimmte mit dem Wegfall der Dienststelle verbundene, noch fortbestehende Aufgaben abzuwickeln. Dazu kann z.B. die Ausübung des Mitbestimmungsrechts bei der Aufstellung eines Sozialplans nach § 75 Abs. 3 Nr. 13 gehören, aber auch die Geltendmachung von Kostenerstattungsansprüchen einzelner PR-Mitglieder nach § 44 Abs. 1.

---

142 Vgl. *BVerwG* v. 18.1.90 – 6 P 8.88 –, PersR 90, 108, u. (für den Fall einer Privatisierung) *BAG* v. 27.1.11 – 2 AZR 825/09 –, NZA 11, 798.
143 BGBl. I S. 1852.
144 Beschl. v. 31.5.00 – 7 ABR 78/98 –, PersR 01, 131.
145 Str.; a.A. bisher die OVG-Rspr.; vgl. KfdP-*Kröll*, Rn. 9 m.N.

§ 27 Zeiten der Wahl des Personalrats

Diese Aufgaben gehen auf den PR der neuen Dienststelle nicht über, weil dieser nicht der Rechts- oder Funktionsnachfolger des PR der aufgelösten Dienststelle ist.[146] Das Restmandat erstreckt sich – im Unterschied zum Übergangsmandat – nicht auf die neue Dienststelle. Für den Betriebsrat ist ein Restmandat in dem ebenfalls durch das BetrVerf-Reformgesetz (vgl. Rn. 8) eingefügten § 21b BetrVG ausdrücklich geregelt.[147]

§ 27 [Wahlzeiten]

(1) Die regelmäßigen Personalratswahlen finden alle vier Jahre in der Zeit vom 1. März bis 31. Mai statt.

(2) Außerhalb dieser Zeit ist der Personalrat zu wählen, wenn

1. mit Ablauf von vierundzwanzig Monaten, vom Tage der Wahl gerechnet, die Zahl der regelmäßig Beschäftigten um die Hälfte, mindestens aber um 50 gestiegen oder gesunken ist oder

2. die Gesamtzahl der Mitglieder des Personalrates auch nach Eintreten sämtlicher Ersatzmitglieder um mehr als ein Viertel der vorgeschriebenen Zahl gesunken ist oder

3. der Personalrat mit der Mehrheit seiner Mitglieder seinen Rücktritt beschlossen hat oder

4. der Personalrat durch gerichtliche Entscheidung aufgelöst ist oder

5. in der Dienststelle kein Personalrat besteht.

(3) In den Fällen des Absatzes 2 Nr. 1 bis 3 führt der Personalrat die Geschäfte weiter, bis der neue Personalrat gewählt ist.

(4) Ist eine in der Dienststelle vorhandene Gruppe, die bisher im Personalrat vertreten war, durch kein Mitglied des Personalrates mehr vertreten, so wählt diese Gruppe neue Mitglieder.

(5) ¹Hat außerhalb des für die regelmäßigen Personalratswahlen festgelegten Zeitraumes eine Personalratswahl stattgefunden, so ist der Personalrat in dem auf die Wahl folgenden nächsten Zeitraum der regelmäßigen Personalratswahlen neu zu wählen. ²Hat die Amtszeit des Personalrates zu Beginn des für die regelmäßigen Personalratswahlen festgelegten Zeitraumes noch nicht ein Jahr betragen, so ist der Personalrat in dem übernächsten Zeitraum der regelmäßigen Personalratswahlen neu zu wählen.

1 (Abs. 1) Das Gesetz schreibt periodisch wiederkehrende Wahlen des PR in

---

146 Vgl. *BVerwG* v. 3.10.83 – 6 P 23.81 –, Buchh 238.3A § 83 Nr. 22; *BayVGH* v. 5.4.95 – 18 P 94.2942 –, PersR 95, 436.
147 Vgl. dazu *BAG* v. 14.8.01 – 1 ABR 52/00 –, AP BetrVG 1972 § 40 Nr. 71, u. v. 26.7.07 – 8 AZR 769/06 –, AP BGB § 613a Nr. 324.

Zeiten der Wahl des Personalrats § 27

einem festen Zeitraum vor. In seiner ursprünglichen Fassung legte Abs. 1 einen dreijährigen Turnus fest, der im Jahr 1976 begann (vgl. § 116). Durch Gesetz v. 10.7.89[148] wurde Abs. 1 dahin geändert, dass die **regelmäßigen PR-Wahlen** alle vier Jahre stattfinden. Dieser **Vier-Jahres-Turnus** hat aufgrund des Amtszeiten-Gesetzes v. 11.12.90[149] im Jahr 1992 begonnen; demnach sind künftig regelmäßige Wahlen in den Jahren 2012, 2016 usw. durchzuführen. Der **Wahltag** wird vom Wahlvorstand festgelegt. Er muss im Jahr der regelmäßigen PR-Wahlen **innerhalb des Zeitraums vom 1. März bis 31. Mai** liegen; das gilt für eine an mehreren Tagen stattfindende Wahl für alle Wahltage.[150] Die Wahl kann jedoch bereits vor dem 1. März vorbereitet und eingeleitet werden.

(Abs. 2) Die Fälle, in denen der PR **außerhalb des regelmäßigen Wahlzeitraums neu zu wählen** ist, sind in Abs. 2 abschließend aufgeführt. Nicht erwähnt ist die erfolgreiche Wahlanfechtung, die nicht zu einer Neuwahl, sondern zu einer Wiederholung der angefochtenen Wahl führt (vgl. § 25 Rn. 13). **2**

In den Fällen der Nr. 1 bis 3 führt der PR nach Abs. 3 die Geschäfte so lange weiter, bis der neue PR gewählt ist. In diesen Fällen wird der **Wahlvorstand** durch den noch amtierenden PR (vgl. Rn. 9), im Fall der Nr. 4 durch den Vorsitzenden der Fachkammer des Verwaltungsgerichts (§ 28 Abs. 2) und im Fall der Nr. 5 durch die Personalversammlung (§ 21) bestellt bzw. gewählt. Bei der Vorbereitung und Durchführung der Wahl ist in den Fällen der Nr. 1 bis 5 von den **zur Zeit der Neuwahl bestehenden Verhältnissen** auszugehen. **3**

(Abs. 2 Nr. 1) Der PR ist neu zu wählen, wenn sich die **Zahl der regelmäßig Beschäftigten** mit Ablauf einer bestimmten Frist, die etwa der Hälfte der regelmäßigen Amtszeit entspricht, **erheblich verändert** hat. Maßgebender Stichtag ist der Ablauf von 24 Monaten seit dem Tag der Wahl. Ist diese an mehreren Tagen durchgeführt worden, ist (entgegen der Vorаufl.) der letzte Tag der Wahl maßgebend.[151] Die **Frist von 24 Monaten** ist nach § 187 Abs. 2 i. V. m. § 188 Abs. 2 BGB zu berechnen.[152] Am Stichtag müssen gleichzeitig zwei Voraussetzungen erfüllt sein: Zum einen muss die Zahl der regelmäßig Beschäftigten **um die Hälfte gestiegen oder gesunken** sein und zum zweiten muss dieser Anstieg oder Rückgang **mindestens 50** betragen. Dabei werden immer nur die »in der Regel« Beschäftigten (vgl. § 12 Rn. 2) unabhängig von ihrer Wahlberechtigung berücksichtigt. Ob sich die Verteilung der regelmäßig Beschäftigten auf die Gruppen verändert hat oder ob die Zu- oder Abnahme der Beschäftigten- **4**

---

148 BGBl. I S. 1380, ber. 1473.
149 BGBl. I S. 2682, 2689. Abgedr. u. erläutert in KfdP, § 116b Rn. 2 ff.
150 Str.; vgl. KfdP-*Kröll*, Rn. 3.
151 Vgl. KfdP-*Kröll*, Rn. 6.
152 Str.; vgl. KfdP-*Kröll*, Rn. 7.

§ 27 Zeiten der Wahl des Personalrats

zahl zu einer Veränderung der Zahl der PR-Mitglieder führt, ist unerheblich.

5 (**Abs. 2 Nr. 2**) Der PR ist neu zu wählen, wenn die **Gesamtzahl der Mitglieder des PR** auch nach Eintreten sämtlicher Ersatzmitglieder **um mehr als ein Viertel** der vorgeschriebenen Zahl **gesunken** ist. Ob dies der Fall ist, ergibt sich aus einem Soll-Ist-Vergleich. **Sollgröße** ist dabei grundsätzlich die in § 16 und § 17 Abs. 4 vorgeschriebene Zahl der PR-Mitglieder. Handelt es sich um einen PR, dem nach § 49 Abs. 1 und 2 SBG Soldatenvertreter als weitere Gruppe angehören, ist Sollgröße die Zahl der PR-Mitglieder, die in § 51 Abs. 2 SBG i.V.m. § 16 und § 17 Abs. 4 vorgeschrieben ist (vgl. Anh. V B § 51 SBG Rn. 2).[153] **Istgröße** ist die Zahl der PR-Mitglieder, die sich aufgrund eines nach der Wahl des PR erfolgenden dauernden Ausscheidens mindestens eines PR-Mitglieds unter Hinzurechnung aller nach § 31 eingetretenen Ersatzmitglieder ergibt. Beträgt die **Differenz** zwischen Sollgröße und Istgröße mehr als ein rechnerisches Viertel der Sollgröße, muss der PR neu gewählt werden.[154] Im Unterschied zu Abs. 2 Nr. 1 kommt es nicht darauf an, zu welchem nach der Wahl des PR liegenden **Zeitpunkt** der Fall des Abs. 2 Nr. 2 eintritt. Ist ein PR gewählt worden, dessen Mitgliederzahl von Anfang an um mehr als ein Viertel niedriger ist als die vorgeschriebene Zahl (vgl. § 16 Rn. 2), hat eine Neuwahl nach Abs. 2 Nr. 2 erst dann zu erfolgen, wenn ein Mitglied ausscheidet, für das kein Ersatzmitglied nachrückt.[155] Ist die Gesamtzahl der Mitglieder des PR nach erfolgreicher Anfechtung der Wahl einer **Gruppe** um mehr als ein Viertel der vorgeschriebenen Zahl gesunken, findet lediglich eine Wiederholungswahl der Gruppe statt, deren Wahl für ungültig erklärt worden ist (vgl. § 25 Rn. 14). Das Eintreten der Ersatzmitglieder richtet sich nach § 31. Dabei darf nach h.M. nicht auf Ersatzmitglieder anderer Listen zurückgegriffen werden, wenn die maßgebliche Liste erschöpft ist, also keine weiteren Ersatzmitglieder mehr hat.[156]

6 (**Abs. 2 Nr. 3**) Der PR ist neu zu wählen, wenn er mit der Mehrheit seiner Mitglieder seinen **Rücktritt** beschlossen hat. Für den Beschluss reicht die Mehrheit der anwesenden PR-Mitglieder nicht aus; die Mehrheit aller seiner Mitglieder ist erforderlich. Der Rücktrittsbeschluss wirkt auch gegen diejenigen Mitglieder des PR, die ihm nicht zugestimmt haben, und auch gegen die Ersatzmitglieder. Der Rücktritt ist jederzeit möglich. Aus welchen Gründen er erfolgt, ist unerheblich; eine gerichtliche Überprüfung auf Ermessensfehler findet nicht statt.[157]

---

153 Ferner *VGH BW* v. 26.9.95 – PB 15 1138/95 –, PersR 96, 63.
154 *BayVGH* v. 26.10.94 – 17 PC 94.2893 u. 94.2485 –, PersR 95, 432.
155 Vgl. *BVerwG* v. 20.6.90 – 6 P 2.90 –, PersR 90, 291.
156 *BVerwG* v. 16.7.63 – VII P 10.62 –, PersV 63, 233, u. v. 30.11.10 – 6 PB 16.10 –, PersR 11, 73; vgl. KfdP-*Kröll*, Rn. 11a.
157 *BVerwG* v. 26.11.92 – 6 P 14.91 – u. v. 7.5.03 – 6 P 17.02 –, PersR 93, 119, u. 03, 313.

(Abs. 2 Nr. 4) Der PR ist neu zu wählen, wenn er durch gerichtliche Entscheidung **aufgelöst** ist. Das ist nur dann der Fall, wenn das Verwaltungsgericht die Auflösung nach § 28 Abs. 1 beschlossen hat und dieser Beschluss rechtskräftig geworden ist. Endet dagegen das Amt des PR dadurch, dass seine Wahl aufgrund einer Wahlanfechtung nach § 25 für ungültig erklärt wird, so führt dies nach h. M. nicht zur Neuwahl, sondern lediglich zur Wiederholung der fehlerhaften ursprünglichen Wahl (vgl. § 25 Rn. 13).

(Abs. 2 Nr. 5) Der PR ist neu zu wählen, wenn in der Dienststelle **kein PR besteht**. Von den Tatbeständen der Auflösung durch gerichtliche Entscheidung und der erfolgreichen Wahlanfechtung abgesehen, ist Abs. 2 Nr. 5 auf alle Fälle des Nichtbestehens eines PR anwendbar. Er enthält einen **generalklauselartigen Auffangtatbestand**,[158] der sicherstellt, dass in allen personalratsfähigen, aber personalratslosen Dienststellen auch außerhalb der in Abs. 1 geregelten regelmäßigen Wahlzeiträume ein PR gewählt werden kann (vgl. § 21 Rn. 3).

(Abs. 3) In den Fällen des Abs. 2 Nr. 1 bis 3 hat der bisherige PR die **Geschäfte weiterzuführen**, bis der neue PR gewählt ist. Diese Geschäftsführungsbefugnis ist umfassend. Sie erstreckt sich auf die Wahrnehmung aller gesetzlichen Aufgaben und Befugnisse und schließt die Pflicht ein, unverzüglich einen Wahlvorstand zu bestellen (vgl. § 20 Rn. 1 a u. 5).

(Abs. 4) Die Vorschrift regelt die vorzeitige **Neuwahl der Vertreter einer Gruppe**, die im PR nicht mehr vertreten ist. Sie dient dazu, die Repräsentanz dieser Gruppe wiederherzustellen. Hat eine Gruppe von ihrem Recht, im PR vertreten zu sein, keinen Gebrauch gemacht (§ 17 Abs. 1 S. 3; vgl. § 17 Rn. 4) oder hat sie mangels ausreichender Größe keine Vertretung erhalten (§ 17 Abs. 5 S. 1; vgl. § 17 Rn. 8 f.), ist die Regelung nicht anwendbar. Eine bereits bisher im PR nicht vertretene Gruppe ist durch kein Mitglied des PR mehr vertreten, wenn alle ihre Mitglieder und Ersatzmitglieder aus dem PR ausgeschieden sind. Die Gründe des Ausscheidens sind grundsätzlich unerheblich. Wird jedoch aufgrund einer Wahlanfechtung nach § 25 die Wahl in einer Gruppe rechtskräftig für ungültig erklärt, so ist keine Neuwahl nach Abs. 4, sondern eine Wiederholungswahl durchzuführen (vgl. § 25 Rn. 14). Sind die in Abs. 4 genannten Voraussetzungen gegeben, ist die vorzeitige Neuwahl der Vertreter einer Gruppe auch dann durchzuführen, wenn der PR in gemeinsamer Wahl gewählt worden ist.[159] Hat allerdings das Ausscheiden aller Mitglieder und Ersatzmitglieder einer Gruppe dazu geführt, dass die Gesamtzahl der Mitglieder des PR um mehr als ein Viertel der vorgeschriebenen Zahl gesunken ist, findet nach Abs. 2 Nr. 2 eine vorzeitige Neuwahl des gesamten PR statt.[160] Die vorzeitige Neuwahl der Vertreter einer Gruppe findet

---

158 Lorenzen-*Schlatmann*, Rn. 40.
159 Str.; vgl. KfdP-*Kröll*, Rn. 24 m. N.
160 *BVerwG* v. 18. 3. 82 – 6 P 30.80 –, PersV 83, 71.

§ 28 Ausschluss von Mitgliedern und Auflösung des Personalrats

auch dann als Gruppenwahl statt, wenn der PR in gemeinsamer Wahl gewählt wurde. Es ist die gleiche Anzahl von Gruppenvertretern zu wählen wie bei der vorausgegangenen PR-Wahl. Die Wahl erfolgt für den Rest der Amtszeit des PR.

11 (Abs. 5) Grundsätzlich sind auch die nach Abs. 2 zwischenzeitlich gewählten PR im **nächsten Zeitraum der regelmäßigen PR-Wahlen** neu zu wählen. Ihre Amtszeit endet dann – falls nicht in der Zwischenzeit eine erneute Neuwahl nach Abs. 2 stattfindet – nach § 26 S. 3 immer am 31. Mai des Jahres, in dem die nächsten turnusmäßigen PR-Wahlen stattfinden (vgl. § 26 Rn. 5). Ist jedoch der neu gewählte PR am 1. März des Jahres, in dem die nächsten regelmäßigen PR-Wahlen durchgeführt werden, noch nicht ein Jahr im Amt, wird er erst im **übernächsten Zeitraum** der regelmäßigen PR-Wahlen neu gewählt. In diesem Falle endet seine Amtszeit – wiederum vorausgesetzt, dass nicht in der Zwischenzeit eine erneute Neuwahl nach Abs. 2 stattfindet – immer am 31. Mai des Jahres, in dem die übernächsten PR-Wahlen stattfinden. Für **Gruppenvertreter**, die nach Abs. 4 neu gewählt worden sind, verlängert sich die Amtszeit auch dann nicht, wenn diese Wahl zu Beginn des nächsten Zeitraums der regelmäßigen PR-Wahl noch kein Jahr zurückliegt. Ihre Amtszeit endet immer mit dem Ablauf der Amtszeit des PR. Auch die nach § 25 aufgrund einer Wahlanfechtung durchgeführte **Wiederholungswahl** des PR oder einer Gruppe (§ 25 Rn. 13 f.) führt nicht zu einer Verlängerung der Amtszeit.

§ 28 [Ausschluss von Mitgliedern und Auflösung des Personalrats]

(1) ¹Auf Antrag eines Viertels der Wahlberechtigten oder einer in der Dienststelle vertretenen Gewerkschaft kann das Verwaltungsgericht den Ausschluss eines Mitgliedes aus dem Personalrat oder die Auflösung des Personalrates wegen grober Vernachlässigung seiner gesetzlichen Befugnisse oder wegen grober Verletzung seiner gesetzlichen Pflichten beschließen. ²Der Personalrat kann aus den gleichen Gründen den Ausschluss eines Mitgliedes beantragen. ³Der Leiter der Dienststelle kann den Ausschluss eines Mitgliedes aus dem Personalrat oder die Auflösung des Personalrates wegen grober Verletzung seiner gesetzlichen Pflichten beantragen.

(2) ¹Ist der Personalrat aufgelöst, so setzt der Vorsitzende der Fachkammer des Verwaltungsgerichtes einen Wahlvorstand ein. ²Dieser hat unverzüglich eine Neuwahl einzuleiten. ³Bis zur Neuwahl nimmt der Wahlvorstand die dem Personalrat nach diesem Gesetz zustehenden Befugnisse und Pflichten wahr.

1 (Abs. 1) Während der laufenden Wahlperiode kann der PR nach Abs. 1 nur wegen grober Vernachlässigung seiner gesetzlichen Befugnisse oder wegen grober Verletzung seiner gesetzlichen Pflichten und nur durch eine

Ausschluss von Mitgliedern und Auflösung des Personalrats § 28

Entscheidung des **Verwaltungsgerichts** aufgelöst werden. Das Gleiche gilt für den Ausschluss einzelner PR-Mitglieder. Da der PR kein imperatives, sondern ein **repräsentatives Mandat** hat,[161] ist seine Abberufung durch ein Misstrauensvotum der Personalversammlung ebenso ausgeschlossen wie die Amtsenthebung seiner Mitglieder durch einen Beschluss der Personalversammlung oder des PR.

Das Verwaltungsgericht kann über die Auflösung des PR oder den Ausschluss eines Mitglieds nur auf Antrag entscheiden. Der Kreis der **Antragsberechtigten** und die **Gründe** eines Auflösungs- oder Ausschlussantrags sind in Abs. 1 abschließend festgelegt. Ein **Viertel der Wahlberechtigten** i. S. d. § 13 und jede in der Dienststelle vertretene **Gewerkschaft** (vgl. § 2 Rn. 7 f.) können nach Abs. 1 S. 1 sowohl wegen grober Vernachlässigung der gesetzlichen Befugnisse als auch wegen grober Verletzung der gesetzlichen Pflichten die Auflösung des PR oder den Ausschluss einzelner PR-Mitglieder beantragen. Dementsprechend kann der **PR** nach S. 2 aus den gleichen Gründen den Ausschluss eines seiner Mitglieder beantragen. Dagegen kann der **Leiter der Dienststelle** (vgl. § 25 Rn. 7) nach S. 3 nur wegen grober Verletzung der gesetzlichen Pflichten die Auflösung des PR oder den Ausschluss eines PR-Mitglieds beantragen. **2**

Materiell-rechtliche Voraussetzung für die Auflösung des PR oder den Ausschluss eines PR-Mitglieds ist die grobe Vernachlässigung gesetzlicher Befugnisse oder die grobe Verletzung gesetzlicher Pflichten. Da der Dienststellenleiter einen Auflösungs- oder Ausschlussantrag nur auf eine grobe Verletzung gesetzlicher Pflichten, nicht aber auf eine grobe Vernachlässigung gesetzlicher Befugnisse stützen kann, ist es erforderlich, zwischen beiden Tatbeständen zu unterscheiden. Dabei ist es geboten, den Begriff der **Verletzung gesetzlicher Pflichten** eng auszulegen und auf solche Pflichten zu begrenzen, die der PR bzw. das PR-Mitglied (auch) gegenüber dem Leiter der Dienststelle zu erfüllen hat. Dagegen ist die **Vernachlässigung gesetzlicher Befugnisse** auf diejenigen Befugnisse zu beziehen, die dem PR zur Vertretung der Interessen der Beschäftigten der Dienststelle eingeräumt sind. Das sind pflichtgebundene Rechte, deren Nichtausübung eine Pflichtverletzung gegenüber den Beschäftigten darstellen kann. **3**

Eine **grobe** Pflichtverletzung liegt nur dann vor, wenn sie **objektiv schwerwiegend** ist. Der Verstoß gegen gesetzliche Pflichten muss von solchem Gewicht sein, dass er das Vertrauen in eine künftige ordnungsgemäße Amtsführung zerstört oder zumindest schwer erschüttert.[162] Das kann auch bei einem einmaligen Verstoß der Fall sein.[163] Auch eine grobe Vernachlässigung gesetzlicher Befugnisse ist nur dann gegeben, wenn sie **4**

---

161 BVerfG v. 27.3.79 – 2 BvR 1011/78 –, AP GG Art. 9 Nr. 31.
162 BVerwG v. 22.8.91 – 6 P 10.90 – u. v. 14.4.04 – 6 PB 1.04 –, PersR 91, 417, u. 04, 268.
163 BVerwG v. 15.12.61 – VII P 3.61 –, PersV 62, 65, u. v. 13.6.88 – 6 PB 5.88 –, PersR 1988, 336 Ls.

§ 29 Erlöschen der Mitgliedschaft im Personalrat

objektiv schwerwiegend ist. Für den Ausschluss eines PR-Mitglieds ist zur Bejahung einer groben Verletzung gesetzlicher Pflichten bzw. einer groben Vernachlässigung gesetzlicher Befugnisse zusätzlich ein **schuldhaftes** – also vorsätzliches oder fahrlässiges – **Verhalten** erforderlich.[164]

5 Stellt das **Verwaltungsgericht** fest, dass eine grobe Verletzung gesetzlicher Pflichten bzw. eine grobe Vernachlässigung gesetzlicher Befugnisse vorliegt, muss es die Auflösung des PR bzw. den Ausschluss einzelner Mitglieder aus dem PR beschließen. Ein Ermessen steht ihm dabei nicht zu.[165] Eine Erklärung, sich künftig den gesetzlichen Vorschriften entsprechend zu verhalten, wird als unbeachtlich angesehen.[166] Mit dem Eintritt der Rechtskraft des **Beschlusses über den Ausschluss** endet das Amt des betreffenden PR-Mitglieds (§ 29 Abs. 1 Nr. 6). Es wird nach § 31 Abs. 1 S. 1 durch ein Ersatzmitglied ersetzt. Mit dem Eintritt der Rechtskraft des **Auflösungsbeschlusses** endet die Amtszeit des PR und erlöschen die Mitgliedschaften sämtlicher PR-Mitglieder (§ 29 Abs. 1 Nr. 6). Ersatzmitglieder treten nicht ein (§ 31 Abs. 4).

6 (Abs. 2) Wird der PR aufgelöst, so ist er neu zu wählen (§ 27 Abs. 2 Nr. 4). Sobald der Auflösungsbeschluss rechtskräftig geworden ist, hat der **Vorsitzende der Fachkammer** des Verwaltungsgerichts nach Abs. 2 S. 1 einen **Wahlvorstand** einzusetzen. Das gilt auch dann, wenn das Verfahren in einer höheren Instanz beendet worden ist. Für die Größe und Zusammensetzung des Wahlvorstands sowie für die Bestimmung seines Vorsitzenden und von Ersatzmitgliedern gilt nichts anderes als bei der Bestellung durch den PR (vgl. § 20 Rn. 2 ff.). Der eingesetzte Wahlvorstand hat zwei **Aufgaben** zu erfüllen: Zum einen hat er nach Abs. 2 S. 2 die Neuwahl des PR unverzüglich einzuleiten und durchzuführen, zum anderen nimmt er nach Abs. 2 S. 3 bis zur Neuwahl die dem PR nach dem BPersVG zustehenden Befugnisse und Pflichten wahr.

§ 29 [Erlöschen der Mitgliedschaft]

(1) Die Mitgliedschaft im Personalrat erlischt durch

1. Ablauf der Amtszeit,

2. Niederlegung des Amtes,

3. Beendigung des Dienstverhältnisses,

4. Ausscheiden aus der Dienststelle,

5. Verlust der Wählbarkeit mit Ausnahme der Fälle des § 14 Abs. 2 Satz 1,

---

164 *BVerwG* v. 22.8.91, a.a.O.
165 *BVerwG* v. 27.11.81 – 6 P 38.79 –, PersV 83, 408.
166 Vgl. *BVerwG* v. 14.2.69 – VII P 11.67 –, PersV 70, 60, v. 6.2.79 – 6 P 14.78 –, PersV 80, 196, u. v. 14.4.04, a.a.O.

Erlöschen der Mitgliedschaft im Personalrat § 29

6. gerichtliche Entscheidung nach § 28,

7. Feststellung nach Ablauf der in § 25 bezeichneten Frist, dass der Gewählte nicht wählbar war.

(2) Die Mitgliedschaft im Personalrat wird durch einen Wechsel der Gruppenzugehörigkeit eines Mitgliedes nicht berührt; dieses bleibt Vertreter der Gruppe, die es gewählt hat.

(Abs. 1) Abs. 1 zählt **Tatbestände** auf, die zum Erlöschen der Mitgliedschaft im PR führen. Er gilt entsprechend für nicht gewählte Wahlbewerber, die nach § 31 eine Anwartschaft auf eine **Ersatzmitgliedschaft** im PR haben.[167] In den Fällen des Abs. 1 Nr. 1 bis 5 erlischt die Mitgliedschaft unmittelbar **kraft Gesetzes** mit dem Eintritt der Voraussetzungen des Erlöschenstatbestandes, in den Fällen des Abs. 1 Nr. 6 und 7 erlischt sie dagegen erst mit dem Eintritt der **Rechtskraft der gerichtlichen Entscheidung**.   1

(Abs. 1 Nr. 1) Der Tatbestand erfasst den **Ablauf der regelmäßigen Amtszeit** des nach § 27 Abs. 1 gewählten PR (vgl. § 26 Rn. 4) sowie den **Ablauf der verkürzten oder verlängerten Amtszeit** des nach § 27 Abs. 2 gewählten PR (vgl. § 26 Rn. 5). Dem Tatbestand lassen sich auch die Fälle zuordnen, in denen die **Amtszeit vorzeitig endet**, weil die Dienststelle die PR-Fähigkeit verliert (vgl. § 12 Rn. 1), weil sie aufgelöst oder in eine andere Dienststelle eingegliedert wird oder weil die Wahl des gesamten PR aufgrund erfolgreicher Wahlanfechtung für ungültig erklärt wird (vgl. § 26 Rn. 7). Endet die Amtszeit des PR, so erlischt die Mitgliedschaft aller PR-Mitglieder. Ersatzmitglieder rücken nicht nach.   2

(Abs. 1 Nr. 2) Die **Amtsniederlegung** ist jederzeit, auch ohne Begründung, möglich.[168] Das PR-Mitglied muss sie gegenüber dem PR oder dem Vorsitzenden erklären, bei einem aus einer Person bestehenden PR gegenüber dem Ersatzmitglied.[169] Fehlt bei einem einköpfigen PR das Ersatzmitglied, kann die Erklärung (insb. durch Aushang am Schwarzen Brett) gegenüber der Belegschaft oder, wenn diese (im Falle eines Restmandats [vgl. § 26 Rn. 9]) nicht mehr existiert, gegenüber dem Dienststellenleiter abgegeben werden.[170] Hat sich der PR noch nicht konstituiert, ist die Erklärung an den Wahlvorstand zu richten.[171] Die Erklärung ist an keine Form oder Frist gebunden und muss lediglich den Willen, aus dem PR auszuscheiden, eindeutig erkennen lassen.[172] Das Amt erlischt mit Zugang   3

---

167 *BVerwG* v. 4.9.95 – 6 P 20.93 –, PersR 96, 115.
168 *BVerwG* v. 16.7.63 – VII P 10.62 –, PersV 63, 233, u. v. 28.2.90 – 6 P 21.87 –, PersR 90, 133.
169 *NdsOVG* v. 9.9.94 – 17 L 2835/93 –, PersR 94, 564; *OVG LSA* v. 26.10.94 – 5 M 1/94 –, PersR 95, 138.
170 Vgl. *BAG* v. 12.1.00 – 7 ABR 61/98 –, AP BetrVG 1972 § 24 Nr. 5; KfdP-*Kröll*, Rn. 6.
171 *BVerwG* v. 9.10.59 – VII P 1.59 –, PersV 60, 19.
172 *NdsOVG* v. 9.9.94 u. *OVG LSA* v. 26.10.94, jew. a.a.O.

§ 29 Erlöschen der Mitgliedschaft im Personalrat

der Erklärung beim Erklärungsempfänger, es sei denn, das PR-Mitglied hat einen späteren Zeitpunkt bestimmt. Das Mitglied kann sein Amt nicht vorübergehend niederlegen. Die Erklärung der Amtsniederlegung ist eine **einseitige rechtsgestaltende Willenserklärung**. Sie kann nicht unter einer Bedingung abgegeben und nach ihrem Zugang weder zurückgenommen noch widerrufen noch angefochten werden.[173]

4 (Abs. 1 Nr. 3) Der Tatbestand der **Beendigung des Dienstverhältnisses** bezieht sich sowohl auf Beamte als auch auf Arbeitnehmer.[174] Das **Beamtenverhältnis** endet außer durch Tod v. a. durch Entlassung (kraft Gesetzes oder durch Verwaltungsakt), Verlust der Beamtenrechte, Entfernung aus dem Beamtenverhältnis nach dem Bundesdisziplinargesetz oder Eintritt oder Versetzung in den Ruhestand (vgl. §§ 30 ff. BBG). Es endet auch durch die Feststellung der Nichtigkeit oder die Rücknahme der Ernennung (§§ 13 ff. BBG), sofern sie sich auf die Begründung des Beamtenverhältnisses bezieht.[175]

5 Bei **Arbeitnehmern** endet das Dienstverhältnis (Arbeitsverhältnis) außer durch Tod durch Auflösungsvertrag, Fristablauf, Zweckerreichung, Kündigung, Erreichen der Altersgrenze oder wegen Erwerbsminderung (vgl. z. B. Abschn. V TVöD), ferner durch erfolgreiche Anfechtung oder Feststellung der Nichtigkeit des Arbeitsvertrages. Einem PR-Mitglied kann ordentlich nur bei einer Stilllegung des Betriebes oder einer Betriebsabteilung und außerordentlich nur mit Zustimmung des PR oder mit einem die fehlende Zustimmung ersetzenden rechtskräftigen Beschluss des Verwaltungsgerichts gekündigt werden (vgl. § 47 Rn. 1 ff.). Erhebt es gegen eine vom Arbeitgeber ausgesprochene Kündigung **Kündigungsschutzklage** vor dem Arbeitsgericht, bleibt deren Rechtswirksamkeit bis zur rechtskräftigen Entscheidung des Kündigungsschutzprozesses offen. Bis zu dieser Entscheidung ist das PR-Mitglied grundsätzlich an der Ausübung seines Amtes gehindert, so dass an seiner Stelle nach § 31 ein Ersatzmitglied in den PR eintritt. Wird rechtskräftig festgestellt, dass die Kündigung rechtsunwirksam ist, steht fest, dass das Arbeitsverhältnis fortbesteht und das PR-Mitglied somit sein PR-Amt nicht verloren hat. Im umgekehrten Fall steht fest, dass die Mitgliedschaft erloschen ist und dass das Ersatzmitglied demnach endgültig in den PR eintritt.[176]

5a Wird ein **Arbeitnehmer in das Beamtenverhältnis übernommen**, endet zwar das Arbeitsverhältnis, nicht jedoch das Dienstverhältnis, das in veränderter Form fortgesetzt wird. Die Mitgliedschaft im PR bleibt hiervon unberührt (vgl. Rn. 10). Das Gleiche gilt, wenn ein **Auszubildender** nach dem Berufsbildungsgesetz, dem Krankenpflegesetz oder dem Hebammengesetz im Anschluss an das Berufsausbildungsverhältnis ohne Unter-

---

173 Teilw. str.; vgl. KfdP-*Kröll*, Rn. 7.
174 *BVerwG* v. 4. 9. 95 – 6 P 20.93 –, PersR 96, 115.
175 Vgl. KfdP-*Kröll*, Rn. 9.
176 Vgl. KfdP-*Kröll*, Rn. 11.

brechung **im Arbeitsverhältnis weiterbeschäftigt** wird. Das Dienstverhältnis endet ebenfalls nicht, wenn ein befristetes **Arbeitsverhältnis verlängert** oder unmittelbar in ein unbefristetes umgewandelt wird.

Elternzeit und **Pflegezeit** führen lediglich zum Ruhen der gegenseitigen Hauptleistungspflichten und beenden nicht das Arbeits- bzw. Dienstverhältnis.[177] **5b**

(Abs. 1 Nr. 4) Der Tatbestand »**Ausscheiden aus der Dienststelle**« liegt **6** nur dann vor, wenn das PR-Mitglied bei fortbestehendem Dienstverhältnis aus derjenigen Dienststelle endgültig ausscheidet, bei welcher der PR besteht, dem es angehört. Dies kann insb. (unter Beachtung der Schutzvorschriften des § 47 Abs. 2 u. 3 S. 3) durch **Versetzung**, nicht dagegen durch Abordnung oder Zuweisung (bzw. Personalgestellung) erfolgen.[178] Eine Abordnung oder Zuweisung (Personalgestellung) kann allerdings wegen des Verlustes der Wählbarkeit (vgl. Rn. 7) zum Erlöschen der Mitgliedschaft im PR führen. Haben sich Teile einer Dienststelle oder Nebenstellen gem. § 6 Abs. 3 verselbständigt, so führt eine dauernde **Umsetzung** innerhalb der Dienststelle zum Ausscheiden aus einem örtlichen PR, wenn das PR-Mitglied in den Zuständigkeitsbereich eines anderen örtlichen PR bei der Dienststelle umgesetzt wird. Die Mitgliedschaft im GPR wird dadurch nicht berührt. Ein Fall des Ausscheidens aus der Dienststelle liegt nach der Rspr. des BVerwG[179] auch dann vor, wenn ein Beschäftigter in die **Freistellungsphase der Altersteilzeit** nach dem Blockmodell überwechselt. Dem Tatbestand des Abs. 1 Nr. 4 lässt sich auch der Fall zuordnen, dass durch eine organisatorische Maßnahme der **Dienststellenteil ausgegliedert** wird, in dem das PR-Mitglied beschäftigt ist.

Scheiden Mitglieder von **Stufenvertretungen** aus der Dienststelle aus, **6a** erlischt ihre Mitgliedschaft in der Stufenvertretung (BPR, HPR, BJAV, HJAV) nicht, wenn sie in eine Dienststelle im Geschäftsbereich der übergeordneten Dienststelle, bei der die Stufenvertretung besteht, wechseln.[180]

(Abs. 1 Nr. 5) Der Tatbestand erfasst alle diejenigen Fälle des **nachträg- 7 lichen Verlustes der Wählbarkeit**, die nicht durch die Beendigung des Dienstverhältnisses oder durch das Ausscheiden aus der Dienststelle (vgl. dazu Rn. 4–6a) eintreten. Dazu gehören u.a. auch jene Fälle der **Abordnung** und **Zuweisung**, bei denen der Beschäftigte gem. § 13 Abs. 2 das Wahlrecht bei der alten Dienststelle verliert, sobald die Abordnung oder Zuweisung länger als drei Monate gedauert hat und feststeht, dass der Beschäftigte nicht binnen weiterer sechs Monate in die alte Dienststelle

---

177 Näher dazu KfdP-*Kröll*, Rn. 15a m. N.
178 Str.; vgl. KfdP-*Kröll*, Rn. 16b f.
179 Beschl. v. 15.5.02 – 6 P 8.01 –, PersR 02, 434.
180 *BVerwG* v. 29.4.81 – 6 P 37.79 –, PersV 82, 406, u. v. 19.1.09 – 6 P 1.08 –, PersR 09, 205 [zu II 3 a bb]; *BAG* v. 11.7.90 – 7 ABR 52/89 –, PersR 90, 338.

§ 29 Erlöschen der Mitgliedschaft im Personalrat

zurückkehren wird (vgl. § 13 Rn. 12–13 c).[181] Eine nach der Wahl ausgesprochene **Beurlaubung** ohne Bezüge für mehr als sechs Monate führt (im Hinblick auf den »Stichtagscharakter« der Regelung in § 13 Abs. 1 S. 2) nicht zum Verlust der Mitgliedschaft.[182] Das gilt auch für die nach dem Wahltag erfolgende Inanspruchnahme von **Elternzeit**.[183] Der durch Gesetz v. 24.6.94[184] eingefügte Zusatz »**mit Ausnahme der Fälle des § 14 Abs. 2 S. 1**« ist mit der Aufhebung des § 14 Abs. 2 S. 1 a. F. durch Gesetz v. 4.11.04[185] gegenstandslos geworden (vgl. § 14 Rn. 6).

8 (Abs. 1 Nr. 6) Durch die rechtskräftige **Auflösung** des PR erlöschen die Mitgliedschaften aller PR-Mitglieder und zugleich alle Anwartschaften auf eine Ersatzmitgliedschaft, durch den rechtskräftigen **Ausschluss** erlischt lediglich die Mitgliedschaft des ausgeschlossenen PR-Mitglieds (vgl. § 28 Rn. 5).

9 (Abs. 1 Nr. 7) Der Tatbestand betrifft – im Unterschied zu Abs. 1 Nr. 5 – den Fall, dass ein PR-Mitglied **am Tag der Wahl nicht wählbar** war und damals nicht hätte gewählt werden dürfen. Ist dieser Mangel im Rahmen der Wahlanfechtung nach § 25 nicht geltend gemacht worden, kann nach § 83 Abs. 1 Nr. 1, Abs. 2 jederzeit beim Verwaltungsgericht die Feststellung beantragt werden, dass der Gewählte nicht wählbar war.[186] Antragsbefugt sind die auch im Wahlanfechtungsverfahren Antragsberechtigten (vgl. § 25 Rn. 7).[187] Die nachträgliche Feststellung der Nichtwählbarkeit ist jedoch ausgeschlossen, wenn der anfänglich gegebene Mangel nicht mehr vorliegt (so ausdrücklich § 24 Nr. 6 BetrVG).

9a Im Katalog der Tatbestände des Abs. 1 fehlt der Fall, dass das Verwaltungsgericht aufgrund einer erfolgreichen Wahlanfechtung die **PR-Wahl in einer Gruppe für ungültig erklärt** (vgl. § 25 Rn. 9a, 14). Sobald diese Entscheidung rechtskräftig wird, erlöschen sowohl die Mitgliedschaften aller PR-Mitglieder der betreffenden Gruppe als auch alle Anwartschaften auf eine Ersatzmitgliedschaft in der Vertretung dieser Gruppe.

10 (Abs. 2) Abs. 2 Hs. 1 stellt klar, dass die Mitgliedschaft im PR nicht dadurch erlischt, dass nach der Wahl die **Gruppenzugehörigkeit** des PR-Mitglieds wechselt. Abs. 2 Hs. 2 bestimmt sinngemäß, dass das PR-Mitglied in einem solchen Fall Vertreter der Gruppe bleibt, für die es gewählt ist. Die Regelung gilt vor dem Eintritt des Ersatzmitglieds in den PR entsprechend (§ 31 Abs. 3).

---

181 Zu **weiteren Fällen** des nachträglichen Verlustes der Wählbarkeit vgl. KfdP-*Kröll*, Rn. 19a.
182 *BVerwG* v. 28.3.79 – 6 P 86.78 –, PersV 80, 428.
183 Vgl. *VGH BW* v. 26.9.95 – PB 15 S 1138/95 –, PersR 96, 63.
184 BGBl. I S. 1406, ber. 2103.
185 BGBl. I S. 2686.
186 *BVerwG* v. 7.11.75 – VII P 11.74 –, PersV 77, 22.
187 Str., wie hier *BVerwG* v. 17.3.83 – 6 P 30.82 –, PersV 84, 320; vgl. KfdP-*Kröll*, Rn. 21 m.w.N.

§ 30 [Ruhen der Mitgliedschaft]

Die Mitgliedschaft eines Beamten im Personalrat ruht, solange ihm die Führung der Dienstgeschäfte verboten oder er wegen eines gegen ihn schwebenden Disziplinarverfahrens vorläufig des Dienstes enthoben ist.

Diese Bestimmung gilt nur für Beamte. Das **Verbot der Führung der Dienstgeschäfte** ist in den §§ 15 und 66 BBG geregelt. Für die in § 13 Abs. 1 und § 14 BBG normierten Fälle der Nichtigkeit und der Rücknahme der erstmaligen Ernennung sieht § 15 S. 1 und 2 BBG im Wesentlichen vor, dass der Dienstvorgesetzte nach Kenntnis des Grundes der Nichtigkeit dem Ernannten jede weitere Wahrnehmung der Dienstgeschäfte zu verbieten hat. Des Weiteren kann die oberste Dienstbehörde oder die von ihr bestimmte Behörde nach § 66 S. 1 BBG dem Beamten aus zwingenden dienstlichen Gründen die Führung seiner Dienstgeschäfte verbieten. Die **vorläufige Dienstenthebung** ist eine in den §§ 38, 39 BDG geregelte beamtenrechtliche Maßnahme des Disziplinarrechts. Sie kann von der für die Erhebung des Disziplinarklage zuständigen Behörde angeordnet werden, wenn im Disziplinarverfahren voraussichtlich auf Entfernung aus dem Beamtenverhältnis oder auf Aberkennung des Ruhegehalts erkannt werden wird, wenn bei einem Beamten auf Probe oder einem Beamten auf Widerruf voraussichtlich eine Entlassung nach § 5 Abs. 3 S. 2 BDG i. V. m. § 34 Abs. 1 S. 1 Nr. 1 oder § 37 Abs. 1 S. 1 BBG erfolgen wird oder wenn durch das Verbleiben des Beamten im Dienst der Dienstbetrieb oder die Ermittlungen wesentlich beeinträchtigt würden und die vorläufige Dienstenthebung zu der Bedeutung der Sache und der zu erwartenden Disziplinarmaßnahme nicht außer Verhältnis steht (§ 38 Abs. 1 BDG). 1

Die **Mitgliedschaft im PR ruht**, wenn und solange das Verbot der Führung der Dienstgeschäfte oder die Anordnung der vorläufigen Dienstenthebung wirksam besteht. Während dieser Zeit bleibt der betroffene Beamte Mitglied des PR. Er ist jedoch zeitweilig **gehindert**, sein PR-Amt auszuüben, so dass vorübergehend ein **Ersatzmitglied** an seine Stelle tritt (§ 31 Abs. 1 S. 2). Das Ruhen der Mitgliedschaft berührt weder die **Wahlberechtigung** noch die **Wählbarkeit** zum PR. Das PR-Mitglied bleibt gem. § 47 Abs. 2 gegen Versetzung, Abordnung und Umsetzung auch während der Zeit des Ruhens geschützt. Für Beamte, die als nicht gewählte Wahlbewerber nach § 31 eine Anwartschaft auf eine **Ersatzmitgliedschaft** im PR haben, gilt die Regelung des § 30 mit der Maßgabe, dass ihre **Anwartschaft ruht**.[188] 2

---

188 Vgl. KfdP-*Kröll*, Rn. 7.

§ 31 Ersatzmitglieder des Personalrats

§ 31 [Ersatzmitglieder]

(1) ¹Scheidet ein Mitglied aus dem Personalrat aus, so tritt ein Ersatzmitglied ein. ²Das gleiche gilt, wenn ein Mitglied des Personalrates zeitweilig verhindert ist.

(2) ¹Die Ersatzmitglieder werden der Reihe nach aus den nicht gewählten Beschäftigten derjenigen Vorschlagslisten entnommen, denen die zu ersetzenden Mitglieder angehören. ²Ist das ausgeschiedene oder verhinderte Mitglied mit einfacher Stimmenmehrheit gewählt, so tritt der nicht gewählte Beschäftigte mit der nächsthöheren Stimmenzahl als Ersatzmitglied ein.

(3) § 29 Abs. 2 gilt entsprechend bei einem Wechsel der Gruppenzugehörigkeit vor dem Eintritt des Ersatzmitgliedes in den Personalrat.

(4) Im Falle des § 27 Abs. 2 Nr. 4 treten Ersatzmitglieder nicht ein.

1 (Abs. 1) **Ersatzmitglieder** sind die Wahlbewerber, die bei der Wahl zunächst kein Mandat erhalten haben, die aber gewählte PR-Mitglieder nach deren Ausscheiden oder bei deren Verhinderung im PR ersetzen.[189] Die Ersatzmitglieder treten bei Ausscheiden oder zeitweiliger Verhinderung eines PR-Mitglieds **kraft Gesetzes**, also ohne dass es dazu einer förmlichen Benachrichtigung bedarf, in den PR ein.[190]

2 Ein **Ausscheiden** aus dem PR ist in den Fällen des § 29 Abs. 1 Nr. 2 bis 7 – mit Ausnahme des Falles der gerichtlichen Auflösung – gegeben. Eine **zeitweilige Verhinderung** liegt vor, wenn ein Mitglied aus rechtlichen oder tatsächlichen Gründen sein Amt vorübergehend nicht ausüben kann.[191] **Rechtliche Gründe** für eine zeitweilige Verhinderung sind z. B. gegeben, wenn in einer PR-Sitzung Angelegenheiten behandelt werden, die die persönlichen Interessen des PR-Mitglieds betreffen (vgl. § 37 Rn. 6). **Tatsächliche Gründe** für eine zeitweilige Verhinderung liegen z. B. vor, wenn das PR-Mitglied sein Amt wegen Krankheit oder Urlaubs nicht ausüben kann oder ihm die Ausübung des Amts aus diesen Gründen nicht zumutbar ist.[192] Liegt ein Verhinderungsfall vor, so ist das PR-Mitglied **nicht verpflichtet, grundsätzlich aber auch nicht berechtigt**, seine personalvertretungsrechtlichen Aufgaben und Befugnisse wahrzunehmen; **Ausnahmen** können jedoch für Sitzungen und Personalversammlungen gelten, an denen das PR-Mitglied je nach den Umständen des Einzelfalls auch während eines Erholungsurlaubs, einer krankheitsbeding-

---

189 *BVerwG* v. 27. 9. 84 – 6 P 38.83 –, PersV 86, 468.
190 *BVerwG* v. 24. 10. 75 – VII P 14.73 –, PersV 77, 18; *BAG* v. 17. 1. 79 – 5 AZR 891/77 –, AP KSchG 1969 § 15 Nr. 5.
191 Vgl. *BVerwG* v. 24. 10. 75, a. a. O.
192 Vgl. *BayVGH* v. 14. 9. 88 – Nr. 17 B 88.02465 – u. v. 23. 7. 03 – 17 P 03.18 –, PersR 89, 342 Ls., u. 04, 224; *BAG* v. 20. 8. 02 – 9 AZR 261/01 –, AP BetrVG 1972 § 38 Nr. 27; *LAG Düsseldorf* v. 6. 1. 04 – 6 Sa 1387/03 –, AiB 04, 753.

Ersatzmitglieder des Personalrats § 31

ten Arbeitsunfähigkeit oder einer Elternzeit teilnehmen kann.[193] Ein Verhinderungsfall kann **nicht willkürlich** dadurch herbeigeführt werden, dass ein PR-Mitglied trotz seiner Anwesenheit in der Dienststelle aus **persönlichen Gründen** einer Sitzung fernbleibt.

Scheidet ein Mitglied aus dem PR aus, so tritt ein Ersatzmitglied als **ständiges Mitglied** mit allen Rechten und Pflichten anstelle des ausgeschiedenen Mitglieds in den PR ein. Ist ein PR-Mitglied zeitweilig verhindert, tritt für die Dauer der Verhinderung ein nicht gewählter Wahlbewerber anstelle des verhinderten Mitglieds in den PR ein. Dieses Ersatzmitglied erwirbt keine eigene Mitgliedschaft, sondern hat lediglich als **Stellvertreter** alle Rechte und Pflichten aus der Mitgliedschaft des Verhinderten vorübergehend wahrzunehmen.[194] Das ständig oder zeitweilig in den PR einrückende Ersatzmitglied übernimmt nicht automatisch die besonderen Funktionen des ausgeschiedenen oder vertretenen Mitglieds, wie z. B. dessen Mitgliedschaft im Vorstand oder dessen Freistellung. **3**

(**Abs. 2**) Ist der PR oder die jeweilige Gruppe in **Personenwahl** gewählt worden (§ 19 Abs. 3 S. 2–4), so tritt das Ersatzmitglied mit der **nächsthöheren Stimmenzahl** für das verhinderte oder ausgeschiedene PR-Mitglied ein (vgl. § 29 WO). Hat hingegen **Listenwahl** stattgefunden (§ 19 Abs. 3 S. 1), so rückt nur ein Ersatzmitglied der Liste nach, der das betroffene PR-Mitglied angehört. Dabei tritt das Ersatzmitglied in den PR ein, das auf der Liste **als nächstes hinter den PR-Mitgliedern** und bereits berücksichtigten Ersatzmitgliedern steht (vgl. § 26 Abs. 3 bzw. § 27 Abs. 3 WO). Ist die **Liste erschöpft**, kann auf andere Wahlvorschläge nicht zurückgegriffen werden. Auch die Heranziehung von Ersatzmitgliedern aus einer **anderen Gruppe** ist bei Erschöpfung der Liste der eigenen Gruppenersatzmitglieder nicht möglich.[195] Ist das nach der Reihenfolge heranzuziehende **Ersatzmitglied** ebenfalls **verhindert**, so tritt das nächstfolgende Ersatzmitglied so lange in den PR ein, bis die Verhinderung des vorausgehenden Ersatzmitglieds oder die des PR-Mitglieds beendet ist.[196] **4**

(**Abs. 3**) Auch beim Ersatzmitglied ist ein nach der Wahl eintretender **Wechsel der Gruppenzugehörigkeit** unerheblich (vgl. § 29 Rn. 10). **5**

(**Abs. 4**) Im Falle der **gerichtlichen Auflösung** des PR rücken Ersatzmitglieder nicht nach (vgl. § 28 Rn. 5). **6**

---

193 Str.; vgl. KfdP-*Kröll*, Rn. 5 a m. N.
194 *BVerwG* v. 27.4.79 – 6 P 4.78 –, PersV 80, 237, u. v. 27.9.84, a. a. O.
195 *BVerwG* v. 16.7.63 – VII P 10.62 –, PersV 63, 233, u. v. 30.11.10 – 6 PB 16.10 –, PersR 11, 73.
196 Näher dazu KfdP-*Kröll*, Rn. 13 f.

§ 32 Vorstand und Vorsitzender des Personalrats

Dritter Abschnitt
Geschäftsführung des Personalrates

§ 32 [Vorstand und Vorsitzender]

(1) ¹Der Personalrat bildet aus seiner Mitte den Vorstand. ²Diesem muss ein Mitglied jeder im Personalrat vertretenen Gruppe angehören. ³Die Vertreter jeder Gruppe wählen das auf sie entfallende Vorstandsmitglied. ⁴Der Vorstand führt die laufenden Geschäfte.

(2) ¹Der Personalrat bestimmt mit einfacher Mehrheit, welches Vorstandsmitglied den Vorsitz übernimmt. ²Er bestimmt zugleich die Vertretung des Vorsitzenden durch seine Stellvertreter. ³Dabei sind die Gruppen zu berücksichtigen, denen der Vorsitzende nicht angehört, es sei denn, dass die Vertreter dieser Gruppen darauf verzichten.

(3) ¹Der Vorsitzende vertritt den Personalrat im Rahmen der von diesem gefassten Beschlüsse. ²In Angelegenheiten, die nur eine Gruppe betreffen, vertritt der Vorsitzende, wenn er nicht selbst dieser Gruppe angehört, gemeinsam mit einem der Gruppe angehörenden Vorstandsmitglied den Personalrat.

1   Die Vorschrift trifft in Abs. 1 S. 1 bis 3 Regelungen über die Bildung und Zusammensetzung des **Vorstands** des PR, die durch § 33 ergänzt werden, und bestimmt in Abs. 1 S. 4, dass der Vorstand die laufenden Geschäfte des PR führt. Sie regelt in Abs. 2 die Wahlen des **Vorsitzenden** und seiner Stellvertreter und legt in Abs. 3 die Vertretung des PR fest. Besteht der PR nur aus einem **einzigen Mitglied**, nimmt dieses zugleich die Aufgaben wahr, die das Gesetz dem Vorstand und dem Vorsitzenden zuweist.

2   Die **Wahlen** der Mitglieder des Vorstands sowie des Vorsitzenden und seiner Stellvertreter sind nach der Neuwahl des PR in der nach § 34 Abs. 1 vom Wahlvorstand einzuberufenden **konstituierenden Sitzung** des neugewählten PR durchzuführen. Falls während der Amtszeit des PR Nachwahlen notwendig werden, finden sie in einer der nach § 34 Abs. 2 einzuberufenden **weiteren Sitzungen** des PR statt.

3   Bei den Wahlen nach Abs. 1 sind nur die Vertreter der jeweiligen Gruppe **vorschlags- und abstimmungsberechtigt**, bei den Wahlen nach Abs. 2 und § 33 dagegen alle PR-Mitglieder. Dabei wird ein zeitweilig verhindertes PR-Mitglied durch das nach § 31 Abs. 1 S. 2 vorübergehend nachgerückte Ersatzmitglied vertreten. **Wählbar** sind nur ordentliche PR-Mitglieder. Über das **Abstimmungsverfahren** entscheiden die PR-Mitglieder, die im jeweiligen Wahlgang abstimmungsberechtigt sind. Falls ein im jeweiligen Wahlgang abstimmungsberechtigtes PR-Mitglied dies beantragt, ist **geheim** abzustimmen (näher dazu § 37 Rn. 3). Da die Wahlen Akte der Geschäftsführung des PR sind, gelten auch für sie die Regelungen

des § 37 über die Beschlussfassung.[197] Nach § 37 Abs. 1 ist für die Wahl die **einfache Mehrheit** der Stimmen der anwesenden Abstimmungsberechtigten erforderlich (vgl. § 37 Rn. 5). Steht mehr als ein Kandidat zur Wahl und erreicht keiner der Kandidaten die erforderliche Mehrheit, findet eine **Stichwahl** statt, an der i. d. R. die zwei Kandidaten beteiligt sind, die die meisten Stimmen erhalten haben. Haben ausnahmsweise mehr als zwei Kandidaten die höchste oder zweithöchste Stimmenzahl erreicht, findet die Stichwahl zwischen ihnen statt. Ergibt die Stichwahl Stimmengleichheit, ist ein **Losentscheid** geboten.[198] Über das Ob und das Wie des Losverfahrens entscheiden die im jeweiligen Wahlgang Abstimmungsberechtigten. Zulässig ist jedes Verfahren, das den Kandidaten gleiche Chancen einräumt (vgl. § 17 Rn. 3).

(Abs. 1) Die **Größe des Vorstands** hängt davon ab, wie viele Gruppen im PR vertreten sind und wie viele Mitglieder ihm angehören. Der Vorstand besteht nach Abs. 1 S. 2 aus einem Mitglied jeder im PR vertretenen Gruppe – den sog. **Gruppenvorstandsmitgliedern** –, zu denen nach § 33 S. 1 in PR mit elf oder mehr Mitgliedern zwei weitere Mitglieder – die sog. zugewählten Vorstandsmitglieder oder **Ergänzungsmitglieder** – hinzukommen. I. d. R. können im PR bis zu **zwei Gruppen** (nach § 5 Beamte und Arbeitnehmer) vertreten sein. In den in § 49 Abs. 1 SBG definierten Dienststellen, in denen auch Soldaten Personalvertretungen wählen, können es bis zu **drei Gruppen** sein, weil dort die Soldaten nach § 49 Abs. 2 S. 1 SBG eine weitere Gruppe i. S. d. § 5 bilden und die Soldatenvertreter nach § 49 Abs. 2 S. 2 SBG grundsätzlich die gleiche Rechtsstellung haben wie die Vertreter der Beamten und Arbeitnehmer (vgl. Anh. V B § 49 SBG Rn. 5 f.). Die Zahl der Vorstandsmitglieder beträgt somit mindestens eins und i. d. R. höchstens vier, in den Dienststellen i. S. d. § 49 Abs. 1 SBG aber höchstens fünf. Ist in einem PR mit weniger als elf Mitgliedern nur eine Gruppe vertreten, besteht der Vorstand aus der **Mindestzahl von einem Mitglied**. Gehören dagegen einem mindestens elfköpfigen PR Vertreter aller zwei oder (in Dienststellen i. S. d. § 49 Abs. 1 SBG) aller drei Gruppen an, besteht der Vorstand aus der **Höchstzahl von vier bzw. fünf Mitgliedern**.

Nach Abs. 1 S. 2 erhält jede Gruppe ein Vorstandsmitglied, das nach S. 3 von den Vertretern der jeweiligen Gruppe gewählt wird. Zum **Gruppenvorstandsmitglied** kann dabei nur ein Vertreter der jeweiligen Gruppe gewählt werden.[199] Hat eine Gruppe **nur einen Vertreter** im PR, ist dieses automatisch Vorstandsmitglied.[200] Hat eine Gruppe **zwei Vertreter** und können diese sich nicht einigen, welches von ihnen Vorstandsmitglied

---

197 Vgl. *BVerwG* v. 3.8.83 – 6 P 15.81 –, PersV 85, 69, u. v. 15.5.91 – 6 P 15.89 –, PersR 91, 411.
198 *BVerwG* v. 15.12.61 – VII P 3.61 –, PersV 62, 65.
199 *BVerwG* v. 3.10.58 – VII P 12.57 –, PersV 59, 42, 161.
200 *BVerwG* v. 28.2.79 – VII P 81.78 –, PersV 80, 427, u. v. 4.10.05 – 6 P 12.04 –, PersR 06, 76.

§ 32 Vorstand und Vorsitzender des Personalrats

wird, ist ein Losentscheid (vgl. Rn. 3) geboten.[201] Ist im PR **nur eine Gruppe** vertreten, ist das einzige nach Abs. 1 zu bestimmende Vorstandsmitglied von allen Mitgliedern des PR zu wählen, weil diese zugleich die Vertreter der einzigen Gruppe sind.[202] Obwohl das Gesetz dazu schweigt, ist es statthaft und empfehlenswert, dass jede Gruppe bereits in der konstituierenden Sitzung vorsorglich ein **Ersatzvorstandsmitglied** wählt, das bei einer Verhinderung des Gruppenvorstandsmitglieds dessen Aufgaben und Befugnisse im Vorstand wahrnimmt.[203]

6 Die Wahl als Vorstandsmitglied erfolgt grundsätzlich bis zum Ende der Amtszeit des PR. Jedoch **endet das Amt vorzeitig**, wenn die Mitgliedschaft im PR vorher erlischt (vgl. dazu § 29 Abs. 1 Nr. 2–7 u. § 29 Rn. 9a), wenn das Vorstandsmitglied sein Amt niederlegt oder wenn es aus diesem Amt abberufen wird. Die **Niederlegung** des Vorstandsamtes ist jederzeit möglich. Die **Abberufung** kann jederzeit (in einer nach § 34 Abs. 2 rechtzeitig und ordnungsgemäß einberufenen Sitzung des PR) ohne besondere Begründung durch einen Beschluss erfolgen, der mit einfacher Mehrheit der Stimmen der anwesenden Vertreter der betreffenden Gruppe zu fassen ist.[204] Hat das Amt eines Vorstandsmitglieds vorzeitig geendet, ist unverzüglich eine **Nachwahl** durchzuführen.

7 Nach Abs. 1 S. 4 obliegt es dem Vorstand, die **laufenden Geschäfte** zu führen. Diese Aufgabe besteht im Wesentlichen darin, in technischer, organisatorischer und büromäßiger Hinsicht die **Beschlüsse des PR vorzubereiten und durchzuführen**.[205] Dabei hat er zu beachten, dass das Gesetz die Erledigung bestimmter Geschäfte ausschließlich dem Vorsitzenden zuweist (vgl. Rn. 15). Die Ausübung der Beteiligungsrechte und der damit verbundenen Entscheidungsbefugnisse des PR gehört nicht zu den laufenden Geschäften.[206] Auch die monatlichen Besprechungen mit dem Dienststellenleiter nach § 66 Abs. 1 gehören nicht zu den laufenden Geschäften (vgl. § 66 Rn. 3).

8 Da die Zuweisung der laufenden Geschäfte an den Vorstand ausschließlich der Geschäftserleichterung des PR dient, ist dieser befugt, im Einzelfall jederzeit ein laufendes Geschäft **an sich zu ziehen** und im Plenum zu behandeln. Das gilt allerdings nicht für die dem Vorsitzenden gesetzlich zugewiesenen Aufgaben und für die dem Vorstand nach § 75 Abs. 2 S. 2 Hs. 2 zustehenden Mitbestimmungsrechte. Der PR kann auch – z.B. im Rahmen der Geschäftsordnung (vgl. § 42) – einen **Geschäftsverteilungs-**

---

201 Richardi-*Jacobs*, Rn. 23.
202 *BVerwG* v. 27.8.97 – 6 P 11.95 –, PersR 98, 113.
203 *BVerwG* v. 21.4.92 – 6 P 8.90 –, PersR 92, 304.
204 *BVerwG* v. 23.10.70 – VII P 5.70 –, PersV 71, 140.
205 *BVerfG* v. 19.12.94 – 2 BvL 8/88 –, PersR 95, 165; *BVerwG* v. 5.2.71 – VII P 17.70 – PersV 71, 271; *HessVGH* v. 22.5.74 – BPV TK 3/74 –, PersV 75, 64.
206 *BVerwG* v. 7.11.69 – VII P 3.69 – u. v. 11.10.72 – VII P 2.72 –, PersV 71, 15, u. 73, 48; vgl. aber § 75 Abs. 2 S. 2 Hs. 2.

plan aufstellen, in dem die vom Vorstand wahrzunehmenden Geschäfte auf die einzelnen Vorstandsmitglieder zur vorbereitenden Bearbeitung verteilt werden.[207] Die Arbeitsverteilung innerhalb des Vorstands ändert nichts daran, dass dieser seine Aufgaben als **Gremium** zu erfüllen hat. Dazu muss er Sitzungen durchführen und Beschlüsse fassen,[208] für die die §§ 34 ff. sinngemäß gelten.

Zur vorbereitenden Bearbeitung bestimmter Teilaufgaben kann der PR einzelne seiner Mitglieder als **Beauftragte** einsetzen oder besondere, ausschließlich aus PR-Mitgliedern bestehende **Ausschüsse** bilden,[209] wobei dem Vorstand jedoch der überwiegende Teil der laufenden Geschäfte vorbehalten bleiben muss.[210] Die Bildung **gemeinsamer Ausschüsse** von PR und Dienststelle mit ausschließlich beratender Funktion ist ebenfalls zulässig. **9**

(Abs. 2) Für die in Abs. 2 geregelten **Wahlen des Vorsitzenden und seiner Stellvertreter** können je nach Fallkonstellation nicht nur die nach Abs. 1 gewählten Gruppenvorstandsmitglieder, sondern auch die nach § 33 gewählten Ergänzungsmitglieder wählbar sein (vgl. Rn. 11 u. 13). Deshalb ist es bei mindestens elfköpfigen PR teils notwendig, teils sinnvoll, die Wahlen der Ergänzungsmitglieder vor denen des Vorsitzenden und der Stellvertreter durchzuführen. Entgegen der älteren Rspr. des *BVerwG*[211] sollten die Wahlen nach Abs. 2 deshalb grundsätzlich erst im Anschluss an die Wahlen nach § 33 durchgeführt werden. **10**

Nach Abs. 2 S. 1 bestimmt der PR mit einfacher Mehrheit, welches Vorstandsmitglied den **Vorsitz** übernimmt. Dabei sind grundsätzlich alle Vorstandsmitglieder gleichrangig. Für PR mit mindestens elf Mitgliedern hat jedoch das *BVerwG* aus dem Gruppenprinzip abgeleitet, dass die **Gruppenvorstandsmitglieder** Vorrang vor den Ergänzungsmitgliedern haben.[212] Nur wenn alle Gruppenvorstandsmitglieder auf die Wahl zum Vorsitzenden verzichten, kann auf die **Ergänzungsmitglieder** zurückgegriffen werden. Bei PR, in denen **nur eine Gruppe vertreten** ist, fällt die Wahl des Gruppenvorstandsmitglieds und die Wahl des Vorsitzenden in einem Akt zusammen.[213] Das gilt auch dann, wenn ein solcher PR aus mindestens elf Mitgliedern besteht. **11**

Die **Wahl der stellvertretenden Vorsitzenden** ist in Abs. 2 S. 2 und 3 **12**

---

207 *BVerwG* v. 20.3.64 – VII P 3.63 – u. v. 7.11.69 – VII P 3.69 –, PersV 64, 110, u. 71, 15.
208 *BVerwG* v. 16.9.77 – VII P 1.75 –, PersV 78, 353.
209 *BVerwG* v. 13.6.69 – VII P 15.68 – u. v. 5.2.71 – VII P 12.70 –, PersV 70, 15, u. 72, 36.
210 Vgl. *BAG* v. 19.9.85 – 6 AZR 476/83 –, PersR 86, 159.
211 Beschl. v. 13.6.57 – II CO 3.56 –, BVerwGE 5, 118.
212 Beschl. v. 13.6.57, a.a.O., v. 10.10.57 – II CO 3.57 –, Sabottig ES Nr. 7 Ls., v. 24.10.57 – II CO 7.57 –, PersV 58, 41, v. 13.5.66 – VII P 4.66 –, PersV 66, 181, u. v. 7.6.84 – 6 P 29.83 –, Buchh 238.3A § 32 Nr. 4.
213 *BVerwG* v. 27.8.97 – 6 P 11.95 –, PersR 98, 113.

§ 32 Vorstand und Vorsitzender des Personalrats

geregelt. Bei PR, die aus Vertretern von zwei oder drei Gruppen bestehen, sind grundsätzlich die **Gruppen** zu berücksichtigen, denen der Vorsitzende nicht angehört. Etwas anderes gilt nur dann, wenn die Vertreter dieser Gruppen darauf verzichten, wenn also kein der jeweiligen Gruppe angehörendes PR-Mitglied bereit ist, das Amt eines Stellvertreters zu übernehmen.[214] Die **Zahl der Stellvertreter** ist nicht ausdrücklich festgelegt. Um die Handlungsfähigkeit des PR sicherzustellen, ist es erforderlich, **mindestens** einen Stellvertreter zu wählen. Das gilt in einem PR, in dem zwei Gruppen (im Regelfall Beamte und Arbeitnehmer) vertreten sind, unabhängig davon, ob die Vertreter der Gruppe, welcher der Vorsitzende nicht angehört, auf die Wahl eines Stellvertreters aus ihrer Gruppe verzichten. Sind im PR drei Gruppen vertreten (in Dienststellen i. S. d. § 49 Abs. 1 SBG Beamte, Arbeitnehmer und Soldaten) und verzichten die Vertreter der Gruppen, denen der Vorsitzende nicht angehört, nicht, sind mindestens zwei Stellvertreter zu wählen. Die Zahl der Stellvertreter ist jedoch nicht auf die Zahl der im PR vertretenen Gruppen begrenzt. Es ist deshalb z. B. durchaus möglich, in einem PR mit einem vier- oder fünfköpfigen Vorstand drei bzw. vier Stellvertreter zu wählen.[215] Darüber hat der PR nach Zweckmäßigkeitserwägungen zu entscheiden.

13 Bei der Wahl der Stellvertreter ist es nicht ausgeschlossen, dass ein nicht dem Vorstand angehörendes PR-Mitglied gewählt wird. Allerdings ist auch hier die **Gleichrangigkeit der Kandidaturen eingeschränkt**. Nach der Rspr. des *BVerwG* sind die nicht zum Vorsitzenden bestimmten **Gruppenvorstandsmitglieder** die »geborenen« Stellvertreter, die Vorrang vor allen anderen (potenziellen) Bewerbern haben.[216] Sind im PR **zwei Gruppen** (im Regelfall Beamte und Arbeitnehmer) vertreten, ist das nicht zum Vorsitzenden bestimmte Gruppenvorstandsmitglied **automatisch erster Stellvertreter**, es sei denn, dass es dieses Amt ablehnt. Sind im PR **drei Gruppen** (Beamte, Arbeitnehmer und Soldaten) vertreten (vgl. Rn. 4), hat der PR i. d. R. durch einen mit einfacher Mehrheit zu fassenden Beschluss festzulegen, welches der nicht zum Vorsitzenden bestimmten Gruppenvorstandsmitglieder **erster Stellvertreter** und welches **zweiter Stellvertreter** wird. Bei Stimmengleichheit ist die Reihenfolge durch Losentscheid festzulegen.[217] Nur wenn ein Gruppenvorstandsmitglied das Amt des stellvertretenden Vorsitzenden ablehnt, kann der PR ein **anderes PR-Mitglied der Gruppe**, dem der Vorsitzende nicht angehört, zum ersten oder zweiten Stellvertreter bestimmen. Dabei muss ein aus mindestens elf Mitgliedern bestehender PR zunächst auf ein nach § 33 gewähltes **Ergänzungsmitglied** der betreffenden Gruppe zurückgreifen.[218] Ist ein solches

---

214 *BVerwG* v. 7. 6. 84, a. a. O.
215 Vgl. *BVerwG* v. 24. 10. 57, a. a. O.
216 Beschl. v. 1. 8. 58 – VII P 21.57 –, PersV 59, 114.
217 *BVerwG* v. 1. 8. 58, a. a. O.
218 *BVerwG* v. 24. 10. 57 – II CO 7.57 –, PersV 58, 41; *BayVGH* v. 8. 12. 99 – 17 P 98.3412 –, PersR 00, 251.

Ergänzungsmitglied nicht vorhanden oder nicht zur Übernahme des Amtes des ersten oder zweiten Stellvertreters bereit, kommt für die Wahl in dieses Amt auch ein die betreffende Gruppe vertretendes **PR-Mitglied ohne Vorstandsamt** in Betracht. Lehnen alle PR-Mitglieder, die die noch nicht berücksichtigte Gruppe vertreten, das Amt eines Stellvertreters ab, kann der PR dieses Amt **ohne Rücksicht auf die Gruppenzugehörigkeit** besetzen. Dabei haben wiederum die **Ergänzungsmitglieder** Vorrang vor den **weiteren PR-Mitgliedern**.[219]

14 Der Vorsitzende und seine Stellvertreter werden grundsätzlich bis zum Ende der Amtszeit des PR gewählt. Jedoch **endet ihr Amt vorzeitig**, wenn ihre Mitgliedschaft im PR erlischt oder wenn sie ggf. ihr Vorstandsamt durch Niederlegung oder Abberufung verlieren (vgl. Rn. 6). Sie können aber auch ihr Amt als Vorsitzender oder Stellvertreter jederzeit **niederlegen** oder aus diesem Amt grundsätzlich jederzeit **abberufen** werden, ohne dass dadurch ihre Mitgliedschaft im PR und ggf. ihr Vorstandsamt berührt wird. Im Hinblick auf den Vorrang der Gruppenvorstandsmitglieder (vgl. Rn. 13) sind die Stellvertreter jedoch nur eingeschränkt abrufbar. Hat das Amt als Vorsitzender oder Stellvertreter vorzeitig geendet, ist unverzüglich eine **Neuwahl** durchzuführen.

15 (Abs. 3) Die **Aufgaben und Befugnisse des PR-Vorsitzenden** sind in verschiedenen Vorschriften des Gesetzes geregelt. Bestimmte Kompetenzen sind ihm zur **eigenständigen Wahrnehmung** zugewiesen. Die wichtigsten sind die Anberaumung der **weiteren Sitzungen des PR** einschl. der Festsetzung der Tagesordnung und der Einladung der PR-Mitglieder und weiterer Teilnahmeberechtigter (§ 34 Abs. 2 u. 3) sowie der Benachrichtigung der Gewerkschaften (§ 36 Hs. 2) und des Dienststellenleiters (§ 34 Abs. 4), die Leitung dieser Sitzungen (§ 34 Abs. 2 S. 2) und die Unterzeichnung der Niederschriften (§ 41 Abs. 1 S. 2) sowie die Leitung der **Personalversammlungen** (§ 48 Abs. 1 S. 2).

16 Nach Abs. 3 S. 1 **vertritt der Vorsitzende den PR** »im Rahmen der von diesem gefassten Beschlüsse«. Als Vollzugsorgan und Sprachrohr des PR hat er dessen Beschlüsse auszuführen und nach außen zum Ausdruck zu bringen.[220] Dabei muss er erkennbar im Namen des PR handeln.[221] Auch wenn der Vorsitzende **keine selbständige Entscheidungsbefugnis** hat, kann der PR ihm in konkreten Einzelfällen durch **Alternativ-** oder **Grundsatzbeschlüsse** für Verhandlungen mit der Dienststelle einen Spielraum einräumen.[222] Die Vertretungsbefugnis des Vorsitzenden erstreckt sich auch auf die **Entgegennahme von Erklärungen**, die dem PR gegenüber

---

219 *BVerwG* v. 27.8.97 – 6 P 11.95 –, PersR 98, 113.
220 Vgl. *BVerwG* v. 21.7.82 – 6 P 14.79 –, PersV 81, 316; *BAG* v. 13.10.82 – 7 AZR 617/80 –, AP LPVG Niedersachsen § 40 Nr. 1; *BVerfG* v. v. 19.12.94 – 2 BvL 8/88 –, PersR 95, 165.
221 Vgl. *BAG* v. 24.5.06 – 7 AZR 201/05 –, AP BetrVG 1972 § 29 Nr. 5.
222 Vgl. KfdP-*Kröll*, Rn. 30 a.

§ 32 Vorstand und Vorsitzender des Personalrats

abzugeben sind.[223] Da der Vorsitzende lediglich Vertreter in der Erklärung ist, kann der PR in Einzelfällen von der Regel des Abs. 3 S. 1 abweichen und ein **anderes PR-Mitglied** mit seiner Vertretung beauftragen, was z. B. in gerichtlichen Verfahren sachgerecht sein kann.[224]

17 Nach Abs. 3 S. 2 ist die **alleinige Vertretungsbefugnis** des Vorsitzenden in Angelegenheiten, die nur eine Gruppe betreffen, **eingeschränkt**. Gehört er dieser Gruppe nicht selbst an, vertritt er den PR gemeinsam mit einem der Gruppe angehörenden Vorstandsmitglied. **Angelegenheiten, die nur eine Gruppe betreffen**, sind solche, in denen nach § 38 Abs. 2 S. 1 nur die Vertreter dieser Gruppe zur Beschlussfassung berufen sind. Dazu gehören bei PR in Dienststellen i. S. d. § 49 Abs. 1 SBG auch jene nur die **Soldaten** betreffenden Angelegenheiten (mit Ausnahme der Angelegenheiten nach der WBO und der WDO), in denen die Soldatenvertreter gem. § 52 Abs. 1 S. 1 SBG die Befugnisse einer Vertrauensperson haben (vgl. Anh. V B § 52 SBG Rn. 3).[225] Nach der Rspr. des *BVerwG*[226] kann die **Mitvertretung** grundsätzlich nur durch das jeweilige Gruppenvorstandsmitglied erfolgen. Ein der betreffenden Gruppe angehörendes Ergänzungsmitglied darf nur dann beteiligt werden, wenn das Gruppenvorstandsmitglied nicht zur Verfügung steht. Um jederzeit die rechtmäßige Vertretung in Gruppenangelegenheiten zu gewährleisten, muss der PR mindestens ein Ersatzvorstandsmitglied wählen (vgl. Rn. 5 u. § 33 Rn. 1). Handelt es sich um eine Angelegenheit, die i. S. d. § 38 Abs. 3 **nur zwei Gruppen** betrifft (vgl. § 38 Rn. 10 f.), und gehört der Vorsitzende selbst keiner dieser Gruppen an, muss der PR gemeinsam mit je einem Vorstandsmitglied der betreffenden Gruppen vertreten werden. Erklärungen, die unter **Missachtung** der Regelung des Abs. 3 S. 2 abgegeben werden, sind **unwirksam**.[227]

18 Die **stellvertretenden Vorsitzenden** haben die **Aufgabe**, den Vorsitzenden – in der vom PR beschlossenen Reihenfolge – zu vertreten, wenn dieser zeitweilig verhindert ist (vgl. zu diesem Begriff § 31 Rn. 2). Das Gleiche gilt, wenn das Amt des bisherigen Vorsitzenden vorzeitig geendet hat, in der Zeit bis zur Neuwahl des Vorsitzenden (vgl. Rn. 14). Dabei wird die Vertretung immer nur von einem Stellvertreter allein wahrgenommen.

---

223 *OVG Bln* v. 18. 12. 02 – 4 S 41.02 –, PersR 03, 163.
224 *BVerwG* v. 21. 7. 82, a. a. O.
225 *BVerwG* v. 20. 6. 05 – 1 WB 60.04 –, PersR 05, 458.
226 Beschl. v. 16. 9. 77 – VII P 1.75 – u. v. 18. 10. 77 – VII P 23.75 –, PersV 78, 353, u. 79, 71.
227 *BVerwG* v. 14. 7. 86 – 6 P 12.84 – u. v. 21. 4. 92 – 6 P 8.90 –, PersR 86, 233, u. 92, 304; *BAG* v. 24. 4. 79 – 6 AZR 409/77 –, PersV 80, 328, u. v. 13. 10. 82 – 7 AZR 617/80 –, AP LPVG Niedersachsen § 40 Nr. 1.

§ 33 [Erweiterter Vorstand]

¹Hat der Personalrat elf oder mehr Mitglieder, so wählt er aus seiner Mitte mit einfacher Stimmenmehrheit zwei weitere Mitglieder in den Vorstand. ²Sind Mitglieder des Personalrates aus Wahlvorschlagslisten mit verschiedenen Bezeichnungen gewählt worden und sind im Vorstand Mitglieder aus derjenigen Liste nicht vertreten, die die zweitgrößte Anzahl, mindestens jedoch ein Drittel aller von den Angehörigen der Dienststelle abgegebenen Stimmen erhalten hat, so ist eines der weiteren Vorstandsmitglieder aus dieser Liste zu wählen.

Der den § 32 ergänzende § 33 sieht in S. 1 vor, dass ein aus mindestens elf Mitgliedern bestehender PR zusätzlich zu den nach § 32 Abs. 1 zu wählenden Gruppenvorstandsmitgliedern **zwei weitere Mitglieder** – sog. **Ergänzungsmitglieder** – in den Vorstand wählt, und legt dafür in S. 2 einen besonderen **Minderheitenschutz** fest. Die Wahl der Ergänzungsmitglieder ist in der konstituierenden Sitzung nach der Wahl der Gruppenvorstandsmitglieder und grundsätzlich vor der Bestimmung des Vorsitzenden und des bzw. der stellvertretenden Vorsitzenden durchzuführen (vgl. § 32 Rn. 10). Sie wird vom gesamten PR vorgenommen und kann in einem gemeinsamen Wahlgang[228] oder in getrennten Wahlgängen erfolgen (zu weiteren Einzelheiten vgl. § 32 Rn. 3). Es empfiehlt sich, für jedes Ergänzungsmitglied vorsorglich ein **Ersatzvorstandsmitglied** zu wählen, das das Ergänzungsmitglied im Falle seiner Verhinderung vertritt (vgl. § 32 Rn. 5).

Die Ergänzungsmitglieder werden grundsätzlich bis zum Ende der Amtszeit des PR gewählt. Jedoch **endet das Amt vorzeitig**, wenn die Mitgliedschaft im PR vorher erlischt, wenn das Vorstandsmitglied sein Amt niederlegt oder wenn es (vom gesamten PR) aus diesem Amt abberufen wird (vgl. § 32 Rn. 6). Hat das Amt eines Ergänzungsmitglieds vorzeitig geendet, ist unverzüglich eine **Nachwahl** durchzuführen; das gilt jedoch nicht, wenn die Zahl der PR-Mitglieder sich inzwischen auf unter elf verringert hat.

Die Ergänzungsmitglieder haben grundsätzlich die gleiche **Rechtsstellung** wie die Gruppenvorstandsmitglieder. Sie können jedoch bei der Wahl des Vorsitzenden und seiner Stellvertreter nur nachrangig berücksichtigt werden (vgl. § 32 Rn. 11, 13). Das gilt auch bei der Mitvertretung des PR (vgl. § 32 Rn. 17) und bei der Freistellung von PR-Mitgliedern (vgl. § 46 Rn. 17).

Bei der Wahl der Ergänzungsmitglieder sind die Auswahlmöglichkeiten des PR durch den in S. 2 geregelten **Minderheitenschutz** eingeschränkt. Sind Mitglieder des PR

- aus Wahlvorschlagslisten mit verschiedenen Bezeichnungen gewählt und

---

228 Str.; vgl. KfdP-*Kröll*, Rn. 2 m. N.

§ 33 Erweiterter Vorstand des Personalrats

- hat die Liste mit der zweitgrößten Stimmenzahl mindestens ein Drittel aller in der Dienststelle abgegebenen Stimmen (einschl. ungültiger Stimmen) erhalten und

- sind PR-Mitglieder dieser Liste nach § 32 Abs. 1 im Vorstand nicht vertreten,

so muss der PR **eines der zwei Ergänzungsmitglieder aus dieser Liste** wählen.

5 Nach der Rspr. des *BVerwG*[229] sind von Beschäftigten eingereichte Wahlvorschläge, die **dieselbe Bezeichnung** tragen und damit eine einheitliche **Interessenausrichtung** erkennen lassen, über die Gruppengrenzen hinweg als eine Liste zu behandeln. Dabei können nur Wahlvorschlagslisten, die dasselbe Kennwort haben (vgl. § 12 Abs. 2 WO), zusammengefasst werden.[230] Sind im Vorstand bereits Gruppenvorstandsmitglieder aus der Vorschlagsliste (oder der Einheit mehrerer Listen) vertreten, die sowohl die zweitgrößte Anzahl als auch mindestens ein Drittel aller abgegebenen Stimmen erhalten hat, findet S. 2 keine Anwendung. Dies gilt auch dann, wenn eines der Gruppenvorstandsmitglieder zwar in Personenwahl gewählt worden ist, jedoch auf einem Wahlvorschlag benannt wurde, der deshalb der Listeneinheit zuzuordnen ist, weil dieser Wahlvorschlag mit demselben Kennwort versehen war.

6 **Welches Mitglied** der PR aus der nach S. 2 zu berücksichtigenden Wahlvorschlagsliste als Ergänzungsmitglied wählt, ist grundsätzlich nicht vorgegeben. Verabreden jedoch die aus einer nach S. 2 zu berücksichtigenden Liste oder Listeneinheit gewählten PR-Mitglieder, dass **nur eines** von ihnen für das Amt eines weiteren Vorstandsmitglieds **zur Verfügung steht**, so führt dies nach Auffassung des *BVerwG*[231] dazu, dass dieses PR-Mitglied in den Vorstand gelangt, ohne dass es einer Wahl bedarf.[232]

7 Der spätere **Übertritt** eines nach S. 2 gewählten Ergänzungsmitglieds zu einer Gewerkschaft oder einem Verband, der eine andere Wahlvorschlagsliste getragen hat, führt nicht zur nachträglichen Ungültigkeit seiner Wahl in den erweiterten Vorstand.[233]

8 Die Vorschrift des S. 2 ist nur zu beachten, wenn der **gesamte PR** in den Fällen des § 27 Abs. 1 oder 2 neu gewählt worden ist.

---

229 Beschl. v. 23. 2. 79 – 6 P 39.78 –, PersV 81, 241.
230 Str.; wie hier *BayVGH* v. 6. 7. 79 – Nr. 17. C-459/79 –, PersV 80, 335; vgl. KfdP-*Kröll*, Rn. 8 m. w. N.
231 Beschl. v. 28. 2. 79 – 6 P 81.78 –, PersV 80, 427.
232 Anders aber *BayVGH* v. 10. 9. 86 – Nr. 17 C 86.02134 –, PersR 87, 176 Ls.
233 Vgl. *BVerwG* v. 12. 6. 84 – 6 P 13.83 –, PersV 86, 162; KfdP-*Kröll*, Rn. 13 m. w. N.

§ 34 [Sitzungen des Personalrats]

(1) Spätestens sechs Arbeitstage nach dem Wahltage hat der Wahlvorstand die Mitglieder des Personalrates zur Vornahme der vorgeschriebenen Wahlen einzuberufen und die Sitzung zu leiten, bis der Personalrat aus seiner Mitte einen Wahlleiter bestellt hat.

(2) ¹Die weiteren Sitzungen beraumt der Vorsitzende des Personalrates an. ²Er setzt die Tagesordnung fest und leitet die Verhandlung. ³Der Vorsitzende hat die Mitglieder des Personalrates zu den Sitzungen rechtzeitig unter Mitteilung der Tagesordnung zu laden. ⁴Satz 3 gilt auch für die Ladung der Schwerbehindertenvertretung, der Mitglieder der Jugend- und Auszubildendenvertretung und der Vertreter der nichtständig Beschäftigten, soweit sie ein Recht auf Teilnahme an der Sitzung haben.

(3) Auf Antrag eines Viertels der Mitglieder des Personalrates, der Mehrheit der Vertreter einer Gruppe, des Leiters der Dienststelle, in Angelegenheiten, die besonders schwerbehinderte Beschäftigte betreffen, der Schwerbehindertenvertretung oder in Angelegenheiten, die besonders die in § 57 genannten Beschäftigten betreffen, der Mehrheit der Mitglieder der Jugend- und Auszubildendenvertretung hat der Vorsitzende eine Sitzung anzuberaumen und den Gegenstand, dessen Beratung beantragt ist, auf die Tagesordnung zu setzen.

(4) Der Leiter der Dienststelle nimmt an den Sitzungen, die auf sein Verlangen anberaumt sind, und an den Sitzungen, zu denen er ausdrücklich eingeladen ist, teil.

(Abs. 1) Die **erste (konstituierende) Sitzung** des neu gewählten PR dient der Vornahme der in den §§ 32 und 33 vorgeschriebenen Wahlen. Sie muss spätestens am sechsten Arbeitstag (vgl. § 52 S. 2 WO) nach dem (letzten) Wahltag stattfinden und ist auch dann fristgerecht durchzuführen, wenn der bisherige PR noch im Amt oder die Wahl des neuen PR angefochten ist (vgl. § 25 Rn. 12). Die **Einberufung** obliegt dem **Wahlvorstand**. Die Einladung ist v. a. an die gewählten Mitglieder des PR und ggf. an die nach § 31 Abs. 1 an deren Stelle tretenden Ersatzmitglieder zu richten. Einzuladen sind außerdem ein Vertreter der JAV und die Schwerbehindertenvertretung (vgl. § 40 Rn. 1 u. 4), aber auch die Beauftragten der im PR vertretenen Gewerkschaften, soweit dies nach § 36 beantragt ist.[234] Da die Gegenstände der konstituierenden Sitzung in Abs. 1 abschließend festgelegt sind, bedarf es keiner besonderen **Tagesordnung**. 1

Der **Wahlvorstand**, üblicherweise der Vorsitzende, hat die **Sitzung zu leiten**, bis der PR aus seiner Mitte einen Wahlleiter bestellt hat. Er hat deshalb die Sitzung zu eröffnen, die Anwesenheit der Eingeladenen fest- 2

---

234 Str.; vgl. KfdP-*Kröll*, Rn. 4 m. N.

§ 34 Sitzungen des Personalrats

zustellen und auf die **Bestellung des Wahlleiters** hinzuwirken. Als Wahlleiter kann nur ein Mitglied des PR – oder ggf. ein eingetretenes Ersatzmitglied – bestellt werden. Dies hat nach § 37 Abs. 1 durch einen mit einfacher Stimmenmehrheit zu fassenden Beschluss zu geschehen (vgl. § 37 Rn. 5; ferner zum Nichtzustandekommen der Bestellung KfdP-*Kröll*, Rn. 6 a). Sobald der PR einen Wahlleiter bestellt hat, übernimmt dieser die Sitzungsleitung. Damit **endet das Amt des Wahlvorstandes**. Seine Mitglieder sind nicht berechtigt, an der weiteren Sitzung teilzunehmen.[235]

3 Der **Wahlleiter** hat die in den §§ 32 und 33 vorgeschriebenen **Wahlen** durchzuführen. Nach deren Abschluss ist die konstituierende Sitzung beendet. Sie kann nur dann mit erweiterter Tagesordnung unter der Leitung des zuvor gewählten **Vorsitzenden** als **Arbeitssitzung** fortgesetzt werden, wenn alle PR-Mitglieder – ggf. vertreten durch Ersatzmitglieder – anwesend und mit der Erweiterung einverstanden sind. Ist die Amtszeit des bisherigen PR noch nicht abgelaufen, darf der neu gewählte PR jedoch nicht in dessen Amtsgeschäfte eingreifen.[236] In diesem Falle kann er nur über seine **internen Angelegenheiten**, z. B. über eine Geschäftsordnung, beschließen.

4 (Abs. 2) Die **Anberaumung der weiteren Sitzungen** des PR ist nach Abs. 2 S. 1 Sache des **PR-Vorsitzenden**. Soweit der PR in der Geschäftsordnung oder durch gesonderten Beschluss keine turnusmäßigen Sitzungen festgelegt hat, entscheidet der Vorsitzende nach pflichtgemäßem Ermessen, ob und wann eine Sitzung stattfindet. Dabei kann sein Ermessen durch einen nach Abs. 3 gestellten Antrag eingeschränkt sein (vgl. Rn. 11 f.). Der Vorsitzende hat stets dann eine Sitzung – ggf. auch eine Sondersitzung – anzuberaumen, wenn dies zur Behandlung fristgebundener Angelegenheiten erforderlich ist.

5 Der Vorsitzende setzt nicht nur den Zeitpunkt und Ort, sondern nach Abs. 2 S. 2 auch die **Tagesordnung** für die jeweilige Sitzung fest. Auch darüber entscheidet er nach pflichtgemäßem Ermessen. Die Tagesordnung muss **sämtliche Punkte** enthalten, die behandelt werden sollen, und diese so **detailliert** benennen, dass die PR-Mitglieder sich aufgrund dieser Angaben ein genaues Bild von den zu behandelnden Angelegenheiten machen und sich auf deren Behandlung sachgerecht vorbereiten können.[237] Beabsichtigte beteiligungspflichtige Maßnahmen sind präzise und konkret zu bezeichnen.[238] Nach Abs. 2 S. 3 und 4 hat der Vorsitzende die Mitglieder des PR und die übrigen Teilnahmeberechtigten zu den Sitzungen **rechtzeitig unter Mitteilung der Tagesordnung zu laden**; dabei ist die

---

235 *BVerwG* v. 18. 4. 78 – 6 P 34. 78 –, PersV 79, 194.
236 *BVerwG* v. 9. 10. 59 – VII P 1. 59 –, PersV 60, 19.
237 *BayVGH* v. 4. 2. 04 – 18 P 03.692 –, PersV 04, 308.
238 St. Rspr.; vgl. *BVerwG* v. 29. 8. 75 – VII P 2.74 –, PersV 76, 385; *NdsOVG* v. 20. 9. 95 – 17 M 826/95 –, PersR 96, 35; *BAG* v. 28. 10. 92 – 7 ABR 14/92 –, AP BetrVG 1972 § 29 Nr. 4.

Sitzungen des Personalrats § 34

Tagesordnung im Regelfall in Schriftform (§ 126 BGB) oder in Textform, z. B. in der Variante der E-Mail (§ 126 b BGB), zu fixieren. **Änderungen und Ergänzungen**, die sich u. a. aus Anträgen nach Abs. 3 (vgl. Rn. 11 f.) oder aus der zwischenzeitlichen Einleitung neuer Beteiligungsverfahren durch die Dienststelle ergeben können, müssen rechtzeitig und hinreichend detailliert vor Sitzungsbeginn nachgereicht werden (zu den Auswirkungen auf die ordnungsmäßige Beschlussfassung vgl. § 37 Rn. 8).

Die PR-Mitglieder und sonstigen Teilnahmeberechtigten haben keinen (gesetzlichen) Anspruch darauf, dass ihnen mit der Tagesordnung Abschriften oder Kopien aller **Unterlagen** übersandt werden, die dem Vorstand zu den angekündigten Punkten vorliegen.[239] Da die Sitzung die Informationsquelle für die PR-Mitglieder ist (vgl. Rn. 10), haben sie nach bisheriger Rspr. des *BVerwG*[240] auch kein entsprechendes Einsichtsrecht.[241] Der PR kann das Einsichtsrecht und die Übersendung von Unterlagen aber in der Geschäftsordnung (§ 42) regeln und konkretisieren. Ansonsten hat der Vorstand nach pflichtgemäßem Ermessen zu entscheiden, ob, in welchem Umfang und in welcher Weise er **Vorabinformationen** zur Verfügung stellt. Wird eine Vorabinformation erteilt, müssen alle Teilnahmeberechtigten gleichbehandelt werden.[242] Das gilt auch für **Unterlagen in Dateiform**, die auf Datenträgern gespeichert sind (vgl. dazu § 41 Rn. 5 m. N.). **6**

Einzuladen sind grundsätzlich alle ordentlichen **PR-Mitglieder** und, wenn dem Vorsitzenden die Verhinderung von PR-Mitgliedern bekannt ist, die jeweiligen, nach § 31 Abs. 1 S. 2 eintretenden **Ersatzmitglieder** sowie folgende Personen und Stellen: **7**

- nach Abs. 2 S. 4 i. V. m. § 40 Abs. 1 S. 1 die **Schwerbehindertenvertretung** zu allen Sitzungen;

- nach Abs. 2 S. 4 i. V. m. § 40 Abs. 1 S. 1 **der von der JAV benannte Vertreter** zu allen Sitzungen;

- nach Abs. 2 S. 4 i. V. m. § 40 Abs. 1 S. 2 **alle Mitglieder der JAV** zu Sitzungen, in denen Angelegenheiten behandelt werden, die besonders Beschäftigte i. S. v. § 57 betreffen;

- nach Abs. 2 S. 4 i. V. m. § 40 Abs. 2 die **Vertreter der nichtständig Beschäftigten** zu Sitzungen, in denen Angelegenheiten behandelt werden, die besonders die nichtständig Beschäftigten betreffen;

- nach § 53 Abs. 1 DRiG die vom **Richterrat** zu entsendenden Mitglieder dieses Organs sowie nach § 95 Abs. 4 S. 1 Hs. 1 SGB IX die **Schwerbehindertenvertretung der Richter**, wenn und soweit über die Wahr-

---

239 *BVerwG* v. 29. 8. 75 – VII P 13.73 – u. – VII P 2.74 –, PersV 76, 305 u. 385; *SächsOVG* v. 2. 2. 10 – PL 9 B 393/08 –, PersR 10, 505.
240 Beschl. v. 29. 8. 75, a. a. O.; ebenso *SächsOVG* v. 2. 2. 10, a. a. O.
241 Str.; vgl. KfdP-*Kröll*, Rn. 11 a m. w. N.; *Hohmann*, PersR 11, 55.
242 *BVerwG* v. 29. 8. 75 – VII P 13.73 –, a. a. O.; *BayVGH* v. 13. 7. 94 – 18 P 94.2 –, PersR 95, 87.

§ 34 Sitzungen des Personalrats

nehmung einer gemeinsamen Aufgabe von Richterrat und PR beraten oder beschlossen werden soll (vgl. Anh. II Rn. 4);

- nach § 85 Abs. 2 Nr. 5 S. 4 der **Vertrauensmann in der Bundespolizei** (vgl. § 85 Rn. 18);

- nach § 34 Abs. 5 S. 2 SBG der **Sprecher der Versammlung der Vertrauenspersonen der Soldaten des Verbandes** (gem. § 32 Abs. 1 SBG), wenn und soweit bei der Behandlung gemeinsamer Angelegenheiten Interessen der von ihm Vertretenen berührt sind (vgl. Anh. V B § 34 SBG Rn. 5);

- nach § 49 Abs. 3 SBG die **Vertrauenspersonen der Soldaten, die aufgrund des Wehrpflichtgesetzes Wehrdienst leisten**, wenn und soweit bei der Behandlung bestimmter Angelegenheiten die Interessen ihrer Wählergruppe berührt sind (vgl. Anh. V B § 49 SBG Rn. 8);

- nach Abs. 4 der **Leiter der Dienststelle** zu den Sitzungen, die auf sein Verlangen anberaumt sind oder zu denen er ausdrücklich eingeladen werden soll (vgl. Rn. 13);

- nach § 36 Hs. 2 der Beauftragte einer im PR vertretenen **Gewerkschaft**, wenn ein Viertel der PR-Mitglieder oder die Mehrheit einer Gruppe dessen beratende Teilnahme beantragt hat.

Falls das Teilnahmerecht der vorstehend genannten Personen oder Stellen auf einen Teil der Sitzung begrenzt ist, ist ihnen nur der **entsprechende Teil der Tagesordnung** mitzuteilen. Personen oder Stellen, denen ein Teilnahmerecht zusteht, sind auch dann zur Teilnahme berechtigt, wenn sie **nicht eingeladen** worden sind.[243]

8 **Beschäftigte, Sachverständige** oder **Auskunftspersonen**, deren Hinzuziehung der PR oder der Vorstand beschlossen hat (vgl. § 35 Rn. 1), hat der Vorsitzende ebenfalls einzuladen und ihnen dabei mitzuteilen, worüber sie gehört werden sollen. Das gilt auch für die **Gleichstellungsbeauftragte** (vgl. § 68 Rn. 19). Die Tagesordnung darf diesen Personen nicht mitgeteilt werden.

9 Nach Abs. 2 S. 2 obliegt dem Vorsitzenden auch die **Leitung der Sitzung**. Er eröffnet die Sitzung, stellt die Anwesenheit fest, führt die Rednerliste, erteilt das Wort, ruft ggf. zur Ordnung und entzieht – nach erfolgloser Abmahnung – das Wort, stellt die Beschlussfähigkeit fest, führt die Abstimmungen – auch die der Gruppen – durch und stellt deren Ergebnisse fest, sorgt für die Aufnahme der Sitzungsniederschrift und die Eintragungen in die Anwesenheitsliste und schließt die Sitzung. Ihm steht im Sitzungszimmer das **Hausrecht** zu.[244]

10 Die PR-Mitglieder – und ggf. die sonstigen stimmberechtigten Teilnehmer – haben einen umfassenden **Informationsanspruch**, der **während der**

---

243 Vgl. BVerwG v. 24.10.75 – VII P 14.73 –, PersV 77, 18.
244 Näher dazu KfdP-*Kröll*, Rn. 19.

Sitzung vom Vorstand zu erfüllen ist (vgl. Rn. 6). Gelangt der PR zu der Auffassung, dass er noch weitere Unterlagen und Auskünfte benötigt, kann er den Vorstand durch Beschluss verpflichten, sie einzuholen.[245]

(Abs. 3) Das Ermessen des Vorsitzenden nach Abs. 2 S. 1 und 2 wird durch die in Abs. 3 geregelten **Antragsrechte** zur Anberaumung einer Sitzung des PR und zur Aufnahme eines bestimmten Beratungsgegenstandes in die Tagesordnung eingeschränkt. Der Kreis der dort aufgeführten **Antragsberechtigten**[246] ist abschließend. Ein einzelnes PR-Mitglied kann dem Vorsitzenden lediglich unverbindliche Anregungen zukommen lassen.[247] Einem Viertel der PR-Mitglieder, der Mehrheit der Vertreter einer Gruppe und dem Leiter der Dienststelle steht **in allen Angelegenheiten** ein Antragsrecht zu. Dagegen haben die anderen Antragsberechtigten nur **in bestimmten Angelegenheiten** ein Antragsrecht. Die Mehrheit der JAV-Mitglieder hat es in Angelegenheiten, die besonders Beschäftigte i. S. v. § 57 betreffen (vgl. dazu § 40 Rn. 2). Entsprechend § 95 Abs. 4 S. 1 Hs. 2 SGB IX hat die Schwerbehindertenvertretung ein Antragsrecht in Angelegenheiten, die besonders schwerbehinderte Beschäftigte betreffen, d. h. deren spezifische Interessen berühren.

11

Der Antrag nach Abs. 3 kann darauf gerichtet sein, eine Sitzung des PR anzuberaumen und den Gegenstand, dessen Beratung gefordert wird, auf die Tagesordnung dieser **eigens anzuberaumenden Sitzung** zu setzen. Er kann sich aber auch darauf beschränken, den geforderten Beratungsgegenstand in die Tagesordnung der **nächsten Sitzung** aufzunehmen, die vom Vorsitzenden noch anzuberaumen oder bereits anberaumt ist oder die turnusmäßig stattfindet.[248] Der Antrag, für den keine bestimmte Form vorgeschrieben ist, ist an den **Vorsitzenden** zu richten. Dieser hat zu prüfen, ob die gesetzlichen Voraussetzungen des Antrags vorliegen, und, wenn dies zu bejahen ist, dem Antrag zu entsprechen.

12

(Abs. 4) Der **Leiter der Dienststelle** kann nur an den Sitzungen des PR **teilnehmen**, die in Abs. 4 genannt sind (vgl. § 35 Rn. 1). Dabei handelt es sich zum einen um Sitzungen, die nach Abs. 3 **auf sein Verlangen anberaumt** oder mit einer Tagesordnung einberufen sind, die von ihm beantragte Beratungsgegenstände enthält (vgl. Rn. 11 f.), zum anderen um Sitzungen, zu denen er ausdrücklich **eingeladen** ist, wobei die Einladung auf bestimmte Tagesordnungspunkte begrenzt sein kann. Der Dienststellenleiter hat in den Fällen des Abs. 4 nicht nur das Recht, sondern die Pflicht zur Teilnahme. Bei der Behandlung der Gegenstände, die auf sein Verlangen in die Tagesordnung aufgenommen sind oder zu deren Erörterung er ausdrücklich eingeladen ist, hat er ein **Äußerungsrecht**. Auf

13

---
245 *BVerwG* v. 29.8.75 – VII P 13.73 –, PersV 76, 305, u. v. 19.7.94 – 6 P 12.92 –, PersR 94, 518.
246 Näher dazu KfdP-*Kröll*, Rn. 22 f.
247 *BVerwG* v. 15.12.78 – 6 P 10.78 –, PersV 80, 105.
248 *BVerwG* v. 29.8.75 – VII P 2.74 –, PersV 76, 385.

§ 35 Nichtöffentlichkeit und Zeitpunkt der Personalratssitzungen

Verlangen des Vorsitzenden muss er die Sitzung verlassen, wenn der PR (weiter) beraten oder beschließen will.

§ 35 [Nichtöffentlichkeit und Zeitpunkt der Personalratssitzungen]

¹Die Sitzungen des Personalrates sind nicht öffentlich; sie finden in der Regel während der Arbeitszeit statt. ²Der Personalrat hat bei der Anberaumung seiner Sitzungen auf die dienstlichen Erfordernisse Rücksicht zu nehmen. ³Der Leiter der Dienststelle ist vom Zeitpunkt der Sitzung vorher zu verständigen.

1 Nach S. 1 Hs. 1 sind die **Sitzungen des PR nicht öffentlich**. Daraus folgt, dass an ihnen grundsätzlich nur die **Mitglieder des PR** und ggf. die nach § 31 Abs. 1 eingetretenen Ersatzmitglieder teilnehmen dürfen. **Andere Personen** können nur teilnehmen, soweit sie ein gesetzlich geregeltes Teilnahmerecht haben (vgl. dazu § 34 Rn. 7). Das *BVerwG*[249] hält es deshalb für unlässig, dass ein nicht dem PR angehörender Beschäftigter als **Schriftführer** oder **Schreibhilfe** zur Sitzung hinzugezogen wird. Nicht ausgeschlossen ist es allerdings, dass ein schwerbehindertes PR-Mitglied, soweit erforderlich, von einer **Hilfsperson**, etwa einem Gebärdensprachdolmetscher, begleitet wird. Zulässig ist auch die Hinzuziehung einzelner **Beschäftigter** der Dienststelle zu einer Anhörung in ihren eigenen Angelegenheiten sowie von (u. U. auch nicht der Dienststelle angehörenden) **Auskunftspersonen** und **Sachverständigen** (vgl. § 44 Rn. 18).[250] Handelt es sich um sachkundige Mitarbeiter der Dienststelle, bedarf die Hinzuziehung i. d. R. der Zustimmung des Dienststellenleiters.[251] Das gilt aber nicht für den (behördlichen/betrieblichen) **Beauftragten für den Datenschutz** und die **Gleichstellungsbeauftragte**, weil sie in der Ausübung ihrer Fachkunde bzw. ihrer Tätigkeit weisungsfrei sind (§ 4f Abs. 3 S. 2 BDSG, § 18 Abs. 1 S. 5 BGleiG). Hinzugezogene Beschäftigte, Auskunftspersonen und Sachverständige dürfen bei der Beratung und Beschlussfassung des PR nicht anwesend sein.

2 Nach S. 1 Hs. 2 finden die Sitzungen des PR i. d. R. **während der Arbeitszeit** statt. Davon kann nur ausnahmsweise aufgrund der besonderen Verhältnisse der Dienststelle abgewichen werden. Wird im Schichtdienst gearbeitet und gehören die PR-Mitglieder verschiedenen Schichten an, ist es jedoch nicht zu vermeiden, dass die Sitzung nicht für alle PR-Mitglieder innerhalb ihrer individuellen Arbeitszeit stattfindet. Das kann auch bei teilzeitbeschäftigten PR-Mitgliedern der Fall sein.

---

249 Beschl. v. 14.7.77 – VII P 24.76 –, PersV 78, 126, v. 27.11.81 – 6 P 38.79 –, PersV 83, 408, u. v. 2.1.92 – 6 PB 13.91 –, PersR 93, 383 Ls.
250 Vgl. *BVerwG* v. 8.11.89 – 6 P 7.87 –, PersR 90, 102.
251 Vgl. *OVG NW* v. 13.8.96 – 1 A 91/95.PVL –, PersR 97, 173.

Die **Anberaumung** der auf die konstituierende Sitzung folgenden weiteren Sitzungen des PR obliegt nach § 34 Abs. 2 S. 1 dem Vorsitzenden des PR. Dabei hat er nach § 35 S. 2 auf die **dienstlichen Erfordernisse** Rücksicht zu nehmen. Vor der Festlegung des Sitzungstermins hat er deshalb zu prüfen, ob dringende dienstliche Erfordernisse dem geplanten Zeitpunkt entgegenstehen.   3

Die Festlegung des Sitzungstermins ist allein Sache des PR-Vorsitzenden. Nach S. 3 ist jedoch der **Leiter der Dienststelle** vom Zeitpunkt der anberaumten Sitzung vorher zu **verständigen**.[252] Diese vom PR-Vorsitzenden rechtzeitig vorher vorzunehmende Unterrichtung soll es dem Dienststellenleiter ermöglichen, rechtzeitig erforderliche Vorkehrungen zu treffen, z. B. für Vertretungen der Sitzungsteilnehmer während der Dauer der Sitzung zu sorgen. Ist der Dienststellenleiter der Ansicht, der Zeitpunkt einer Sitzung sei ohne Rücksicht auf dienstliche Erfordernisse festgelegt worden, kann er anregen, den Termin zu verlegen. Er darf die Sitzung aber **nicht eigenmächtig unterbinden** oder Teilnahmeberechtigte von der Teilnahme abhalten, sondern kann allenfalls versuchen, nach § 83 Abs. 1 Nr. 3 und Abs. 2 BPersVG i. V. m. § 85 Abs. 2 ArbGG im personalvertretungsrechtlichen Beschlussverfahren vor dem Verwaltungsgericht den Erlass einer einstweiligen Verfügung zu erwirken, mit der der Sitzungstermin aufgehoben wird.   4

§ 36 [Teilnahme der Beauftragten der Gewerkschaften an den Personalratssitzungen]

Auf Antrag von einem Viertel der Mitglieder oder der Mehrheit einer Gruppe des Personalrates kann ein Beauftragter einer im Personalrat vertretenen Gewerkschaft an den Sitzungen beratend teilnehmen; in diesem Falle sind der Zeitpunkt der Sitzung und die Tagesordnung der Gewerkschaft rechtzeitig mitzuteilen.

Die in § 36 geregelte beratende Teilnahme von Gewerkschaftsbeauftragten an PR-Sitzungen beruht darauf, dass von Fall zu Fall eine bestimmte qualifizierte **Minderheit von PR-Mitgliedern** einen entsprechenden Antrag stellt (vgl. Rn. 2 ff.) oder der PR einen entsprechenden Beschluss fasst (vgl. Rn. 5).   1

Den **Antrag** auf Hinzuziehung eines Beauftragten einer Gewerkschaft kann entweder **ein Viertel der PR-Mitglieder** oder die **Mehrheit einer Gruppe im PR** stellen. Für die Berechnung der Zahl der PR-Mitglieder, die den Antrag stellen müssen, kommt es nicht darauf an, wie viele Mitglieder der PR nach § 16 und § 17 Abs. 4 haben müsste (Sollstärke), sondern darauf, wie viele Mitglieder er zur Zeit der Antragstellung tatsächlich hat (Iststärke).   2

---

252 Näher zum Folgenden KfdP-*Kröll*, Rn. 8–8 b.

§ 36 Teilnahme der Gewerkschaften an den Personalratssitzungen

3 Zur beratenden Teilnahme können nur Beauftragte von **Gewerkschaften** (vgl. § 2 Rn. 7) hinzugezogen werden, die **im PR vertreten** sind. Das ist bei einer Gewerkschaft der Fall, der mindestens ein PR-Mitglied angehört. Gehört einer Gewerkschaft lediglich ein Ersatzmitglied an, ist sie während des Zeitraums im PR vertreten, in dem dieses Ersatzmitglied nach § 31 Abs. 1 S. 2 vorübergehend in den PR eingerückt ist. Sind im PR mehrere Gewerkschaften vertreten, kann der Antrag auf eine **bestimmte Gewerkschaft** beschränkt werden.[253] Die Antragsteller können deshalb verlangen, einen Beauftragten nur einer im PR vertretenen Gewerkschaft oder je einen Beauftragten mehrerer oder aller im PR vertretenen Gewerkschaften hinzuziehen.

4 Der Antrag muss sich auf eine **bestimmte PR-Sitzung** (oder auf mehrere bestimmte Sitzungen) beziehen. Er kann auf **bestimmte Tagesordnungspunkte** oder Beratungsgegenstände beschränkt werden. Soweit sich der Antrag auf eine weitere Sitzung i. S. d. § 34 Abs. 2 bezieht, ist er an den Vorsitzenden des PR zu richten. Für den Antrag ist weder eine bestimmte **Form** noch eine bestimmte **Frist** festgelegt. Im Hinblick auf die Regelung in Hs. 2 sollte er aber rechtzeitig vorher gestellt werden. Kann einem in der bereits begonnenen Sitzung gestellten Antrag nicht sofort entsprochen werden, haben die Antragsteller keinen Anspruch darauf, dass der PR die Sitzung unterbricht oder vertagt oder die einschlägigen Tagesordnungspunkte absetzt.

5 Liegt ein ordnungsgemäß gestellter Antrag vor, bedarf es zu dessen Umsetzung weder eines bestätigenden Beschlusses des PR noch ist dieser befugt, die Umsetzung abzulehnen.[254] Allerdings ist es dem PR nicht verwehrt, selbst einen **Beschluss** zur Hinzuziehung des oder der Beauftragten einer bzw. mehrerer oder aller im PR vertretenen Gewerkschaften zu fassen. Dabei handelt es sich nach § 38 Abs. 1 um einen Beschluss in einer gemeinsamen Angelegenheit, der nur zustande kommen kann, wenn der PR nach § 37 Abs. 2 beschlussfähig ist und die einfache Stimmenmehrheit der anwesenden Mitglieder des gesamten PR nach § 37 Abs. 1 erreicht wird. In einem solchen Beschluss ist immer auch ein entsprechendes Votum von (mindestens) einem Viertel der Mitglieder des PR enthalten.

6 Bei Vorliegen eines Antrags nach Hs. 1 oder eines entsprechenden Beschlusses des PR sind der betreffenden Gewerkschaft (ggf. den Gewerkschaften) nach Hs. 2 der Zeitpunkt der Sitzung und die Tagesordnung rechtzeitig mitzuteilen. Diese einer Einladung gleichkommende **Mitteilung** hat der Vorsitzende vorzunehmen (vgl. § 34 Rn. 7).

7 Die **Gewerkschaft**, deren Hinzuziehung nach Hs. 1 beantragt oder beschlossen worden ist, ist berechtigt, aber nicht verpflichtet, einen von ihr auszuwählenden **Beauftragten** (nicht mehrere) zu entsenden. Der Beauf-

---
253 *BVerwG* v. 16.6.82 – 6 P 63.78 –, PersV 83, 195.
254 Vgl. *OVG NW* v. 8.5.95 – 1 A 146/92.PVL –, PersR 96, 202.

tragte braucht weder Angestellter noch Mitglied der entsendenden Gewerkschaft zu sein. Der Dienststellenleiter muss ihm den ungehinderten **Zutritt zur Dienststelle** gestatten. Dies ergibt sich unmittelbar aus § 36. Da dieser gegenüber § 2 Abs. 2 eine Sonderregelung enthält, kann der Zutritt auch nicht aus den dort genannten Gründen verweigert werden. Eine Verweigerung kann lediglich unter dem Gesichtspunkt des Rechtsmissbrauchs nur unter ganz außergewöhnlichen Umständen in Betracht kommen.[255]

In Ausübung seines Rechts der **beratenden Teilnahme** kann der Gewerkschaftsbeauftragte sich ebenso wie ein PR-Mitglied aktiv an den Beratungen des PR beteiligen. Er hat den gleichen Anspruch auf Informationen einschl. des Rechtes, die Sitzungsunterlagen einzusehen. Ihm stehen zwar kein Stimmrecht und kein Antragsrecht zu, er darf jedoch Anregungen zur Stellung von Anträgen geben und auch während der Abstimmungen anwesend sein. Der Gewerkschaftsbeauftragte unterliegt nach § 10 der **Schweigepflicht**. Sein Recht zur beratenden Teilnahme besteht auch, soweit in der Sitzung (nicht offenkundige) **personenbezogene Daten** erörtert werden und der Betroffene der Teilnahme (und der Mitteilung oder Erörterung seiner Daten) nicht ausdrücklich zugestimmt hat.[256]

8

§ 37 [Beschlüsse des Personalrats]

(1) ¹Die Beschlüsse des Personalrates werden mit einfacher Stimmenmehrheit der anwesenden Mitglieder gefasst. ²Stimmenthaltung gilt als Ablehnung. ³Bei Stimmengleichheit ist ein Antrag abgelehnt.

(2) Der Personalrat ist nur beschlussfähig, wenn mindestens die Hälfte seiner Mitglieder anwesend ist; Stellvertretung durch Ersatzmitglieder ist zulässig.

Besteht der PR aus mehr als einer Person, bildet er seinen Willen durch **Beschlüsse**. Das Gesetz sieht u. a. vor, dass die Beschlüsse »nach gemeinsamer Beratung« (§ 38 Abs. 1 und 2 S. 1) mit einfacher Stimmenmehrheit der »anwesenden« Mitglieder gefasst werden (§ 37 Abs. 1 S. 1). Daraus und aus dem Fehlen einer Ausnahmeregelung (wie z. B. in Art. 37 Abs. 3 BayPVG) ergibt sich, dass die Beschlussfassung nur in einer **Sitzung des PR** (bei körperlicher Anwesenheit der Teilnehmer) erfolgen kann. Auch wenn alle Mitglieder des PR dem zustimmen, ist eine Beschlussfassung außerhalb einer Sitzung, z. B. im Wege der fernmündlichen, telegrafischen oder schriftlichen Umfrage oder per E-Mail, Internet oder Intranet oder durch Telefon- oder Videokonferenz, unzulässig. Die Sitzung des PR muss unter Beachtung der Vorschriften des § 34 anberaumt worden sein. Dazu gehört die ordnungsgemäße und rechtzeitige **Ladung** aller Mitglieder des PR oder ggf. der nach § 31 Abs. 1 eintretenden Ersatzmitglieder sowie aller

1

---

255 Vgl. KfdP-*Kröll*, Rn. 11.
256 Str.; vgl. KfdP-*Kröll*, Rn. 13.

§ 37 Beschlüsse des Personalrats

sonstigen Stimmberechtigten, so z. B. der Mitglieder oder ggf. Ersatzmitglieder der JAV, sofern diese nach § 40 Abs. 1 S. 3 Stimmrecht haben. Ist eine solche Ladung nicht erfolgt, kann dieser Mangel nur dadurch geheilt werden, dass alle zu ladenden Personen anwesend und ohne Ausnahme mit der Abhaltung der Sitzung einverstanden sind. Außerdem ist die ordnungsgemäße und rechtzeitige Mitteilung der **Tagesordnung** mit hinreichend genauer Bezeichnung des Punktes erforderlich, über den beschlossen werden soll (vgl. § 34 Rn. 5). Ist dies nicht geschehen, kann der betreffende Punkt nur dann behandelt werden, wenn die vollzählig versammelten Mitglieder bzw. Ersatzmitglieder des PR und ggf. auch die sonstigen Stimmberechtigten dem einstimmig zustimmen.[257]

2 Die **Beschlussfähigkeit** des PR ist nach Abs. 2 nur gegeben, wenn mindestens die Hälfte der Mitglieder des PR anwesend ist. Weicht die Zahl seiner Mitglieder von der gesetzlich vorgesehenen Mitgliederzahl ab, kommt es bei der Berechnung der Hälfte auf die tatsächliche Stärke des PR an. Bei der Berechnung der Zahl der anwesenden Mitglieder werden (wie Abs. 2 Hs. 2 klarstellt) die vorübergehend eingetretenen Ersatzmitglieder mitgezählt (bei Gerichten ggf. auch die nach § 53 DRiG in den PR entsandten Mitglieder des Richterrats [str.; vgl. Anh. II Rn. 4[258]]). Nicht berücksichtigt werden dagegen die sonstigen Stimmberechtigten, also z. B. nicht die nach § 40 Abs. 1 S. 3 stimmberechtigten Mitglieder bzw. Ersatzmitglieder der JAV. Die Regelung des Abs. 2 gilt auch für die Beschlussfassung in **Gruppenangelegenheiten** nach § 38 Abs. 2 und 3. Eine (zusätzliche) gesonderte Beschlussfähigkeit der jeweiligen Gruppen ist für Gruppenbeschlüsse nicht erforderlich.[259] Die Beschlussfähigkeit muss im **Zeitpunkt der Beschlussfassung** vorliegen.

3 Das **Abstimmungsverfahren** ist im Gesetz nicht festgelegt. Zulässig ist jedes Verfahren, mit dem sich eindeutig feststellen lässt, ob die erforderliche Mehrheit erreicht ist. Die Einzelheiten können nach § 42 in der Geschäftsordnung geregelt oder im Einzelfall vom PR beschlossen werden. Falls nichts anderes festgelegt ist, wird **grundsätzlich offen** abgestimmt. Eine **geheime** Abstimmung ist stets durchzuführen, wenn der PR dies mit einfacher Stimmenmehrheit der anwesenden PR-Mitglieder beschließt. Allein **auf Antrag eines einzelnen PR-Mitglieds** ist entgegen verbreiteter Ansicht nicht in jedem Falle, sondern nur bei solchen Gegenständen geheim abzustimmen, bei denen dies zum Schutz der Abstimmungsfreiheit erforderlich ist.[260] Das ist der Fall bei der Vornahme der in den §§ 32, 33 vorgeschriebenen **Wahlen**, ferner bei Entscheidungen, die **einer Wahl vergleichbar** sind (insb. bei Abberufungen aus den nach den §§ 32, 33

---

257 Vgl. *BayVGH* v. 4. 2. 04 – 18 P 03.692 –, PersV 04, 308; *BAG* v. 24. 5. 06 – 7 AZR 201/05 –, AP BetrVG 1972 § 29 Nr. 5.
258 KfdP-*Kröll*, Rn. 5 m. N.
259 Str.; wie hier *OVG RP* v. 6. 2. 90 – 5 A 9/89 –, PersR, 91, 221; vgl. KfdP-*Kröll*, Rn. 6 m. w. N.
260 Näher dazu KfdP-*Kröll*, Rn. 10.

Beschlüsse des Personalrats § 37

vergebenen Ämtern, bei Anträgen auf Ausschluss von PR-Mitgliedern gem. § 28 Abs. 1, bei der Auswahl von nach § 46 Abs. 3 freizustellenden PR-Mitgliedern und der Entsendung von PR-Mitgliedern zu erforderlichen Schulungs- oder Bildungsveranstaltungen nach § 46 Abs. 6) und schließlich bei Entscheidungen, welche die **individuellen Sonderinteressen** eines PR-Mitglieds unmittelbar berühren (und an denen dieses Mitglied wegen Befangenheit nicht mitwirken darf; vgl. Rn. 6).

3a Der Wortlaut der Beschlüsse und die Stimmenmehrheit, mit der sie gefasst sind, sind nach § 41 Abs. 1 S. 1 in die **Niederschrift** aufzunehmen. Der Dienststellenleiter kann vom PR keine Informationen darüber verlangen, auf welche Weise und mit welcher Stimmenmehrheit ein Beschluss zustande gekommen ist (vgl. auch § 34 Rn. 13).[261]

4 Wer **stimmberechtigt** ist, hängt von der Angelegenheit ab, in der beschlossen werden soll. In gemeinsamen Angelegenheiten nach § 38 Abs. 1 sind alle anwesenden **Mitglieder des PR** und alle anwesenden Ersatzmitglieder, die nach § 31 Abs. 1 S. 2 vorübergehend in den PR eingetreten sind, stimmberechtigt. In Gruppenangelegenheiten nach § 38 Abs. 2 oder 3 sind dagegen nur diejenigen anwesenden Mitglieder und Ersatzmitglieder des PR stimmberechtigt, die **Vertreter der betroffenen Gruppe oder Gruppen** sind. In einer Angelegenheit, die überwiegend Beschäftigte i. S. d. § 57 betrifft, haben nach § 40 Abs. 1 S. 3 auch alle anwesenden **JAV-Mitglieder** und ggf. JAV-Ersatzmitglieder Stimmrecht (vgl. § 40 Rn. 3). In einer gemeinsamen Angelegenheit von PR und Richterrat sind die nach § 53 DRiG in die Sitzung **entsandten Mitglieder des Richterrats** ebenfalls stimmberechtigt (vgl. Anh. II Rn. 4). In einer Angelegenheit, an welcher der BPOL-PR nach § 85 Abs. 1 Nr. 3 mitwirkt, ist nach § 85 Abs. 2 Nr. 5 S. 4 Hs. 2 der **Vertrauensmann in der Bundespolizei** stimmberechtigt (vgl. § 85 Rn. 18). Soweit bei der Behandlung einer gemeinsamen Angelegenheit von (zivilen) Beschäftigten und Soldaten Interessen der Soldaten berührt sind, die von der nach § 32 Abs. 1 SBG gebildeten **Versammlung der Vertrauenspersonen der Soldaten des Verbandes** vertreten werden, ist nach § 34 Abs. 5 S. 2 SBG auch deren **Sprecher** stimmberechtigt (vgl. Anh. V B § 34 SBG Rn. 5). Soweit die Interessen ihrer Wählergruppe berührt sind, sind nach § 49 Abs. 3 SBG ferner die **Vertrauenspersonen der Soldaten, die aufgrund des Wehrpflichtgesetzes Wehrdienst leisten**, stimmberechtigt (vgl. Anh. V B § 49 SBG Rn. 8). In allen diesen Fällen haben die Stimmen aller Stimmberechtigten das **gleiche Gewicht**.

5 Die Beschlüsse des PR werden nach Abs. 1 S. 1 mit **einfacher Stimmenmehrheit der anwesenden Mitglieder** gefasst, soweit das Gesetz (wie in § 27 Abs. 2 Nr. 3 und § 42) nichts anderes bestimmt. Bei der **Berechnung der Stimmenmehrheit** der anwesenden Mitglieder ist die Zahl aller jeweils anwesenden Stimmberechtigten zugrunde zu legen, und zwar unter

---

261 *OVG NW* v. 15.11.78 – CL 12/78 –.

§ 37 Beschlüsse des Personalrats

Einbeziehung jener Stimmberechtigten, die sich der Stimme enthalten.[262] Außer den anwesenden, nach § 38 jeweils stimmberechtigten Mitgliedern und Ersatzmitgliedern des PR sind dabei ggf. auch die anwesenden sonstigen Stimmberechtigten mitzuzählen. Aus dem Erfordernis der Stimmenmehrheit der anwesenden Mitglieder ergibt sich nicht nur, dass (wie in Abs. 1 S. 3 klargestellt) ein Antrag bei **Stimmengleichheit** abgelehnt ist, sondern auch (wie in Abs. 1 S. 2 ausdrücklich bestimmt), dass **Stimmenthaltung** sich als Ablehnung auswirkt.

6 Das BPersVG enthält keine Regelung darüber, dass ein PR-Mitglied bei der Beratung und Beschlussfassung über solche Maßnahmen und Regelungen nicht mitwirken darf, die es individuell und unmittelbar betreffen. Aus dem allgemeinen verfahrensrechtlichen Grundsatz, dass zur Vermeidung von Interessenkollisionen niemand »Richter in eigener Sache« sein kann, ist jedoch abzuleiten, dass ein PR-Mitglied in derartigen Fällen der **Befangenheit** von der Beratung und Beschlussfassung ausgeschlossen ist.[263] Das gilt allerdings nur bei individuellen Sonderinteressen des PR-Mitglieds,[264] nicht dagegen bei den internen Wahlen nach den §§ 32 und 33 oder bei Beschlüssen zur Organisation und Geschäftsführung des PR, die (wie z. B. solche nach § 46 Abs. 3 und 6) mit einer personellen Auswahl verbunden sind. Darf ein PR-Mitglied wegen Befangenheit an der Beratung und Beschlussfassung nicht mitwirken, muss es die Sitzung verlassen. Da es aus rechtlichen Gründen zeitweilig verhindert ist, tritt für die Zeit seiner Verhinderung nach § 31 Abs. 1 S. 2 ein **Ersatzmitglied** ein.

7 Ein Beschluss, der unter Beachtung der gesetzlichen Vorschriften gefasst ist, wird **wirksam**, sobald der Vorsitzende das Abstimmungsergebnis festgestellt hat. Solange er noch nicht vollzogen ist und noch keine Rechtswirkung nach außen erlangt hat (z. B. durch Mitteilung an den Leiter der Dienststelle), kann der PR ihn jederzeit – unter Beachtung der für jede gültige Beschlussfassung geltenden Regeln – **ändern** oder **aufheben**. Dies kann auch schon in derselben Sitzung geschehen.[265]

8 Beschlüsse des PR sind **nichtig**, d. h. von Anfang an rechtsunwirksam, wenn sie einen **gesetzwidrigen Inhalt** haben oder wenn bei ihrem Zustandekommen ein besonders schwerwiegender und offenkundiger **Verfahrensfehler** begangen wurde. Letzteres ist nach allgemeinen verfahrensrechtlichen Grundsätzen zu beurteilen, die der Regelung des § 44 VwVfG über die Nichtigkeit von Verwaltungsakten zu entnehmen sind.[266] Formelle Mängel berühren die Gültigkeit der Beschlüsse aber nur dann, wenn nicht ausgeschlossen werden kann, dass das Beschlussergebnis ohne

---

262 Vgl. *OVG LSA* v. 25. 4. 01 – 5 L 12/00 –, PersR 01, 485.
263 Vgl. *BAG* v. 3. 8. 99 – 1 ABR 30/98 –, AP BetrVG 1972 § 25 Nr. 7; *BVerwG* v. 28. 4. 67 – VII P 11.66 –, PersV 68, 109.
264 Vgl. *VGH BW* v. 23. 2. 96 – PL 15 S 3328/94 –, DÖD 96, 154.
265 *BVerwG* v. 5. 5. 89 – 6 P 13.86 –, PersR 89, 273.
266 *BVerwG* v. 13. 10. 86 – 6 P 14.84 –, PersR 06, 76.

Gemeinsame und Gruppenbeschlüsse § 38

den Formverstoß ein anderes gewesen wäre.[267] Die Rechtmäßigkeit der Beschlüsse des PR kann **gerichtlich überprüft** werden. Im **personalvertretungsrechtlichen Beschlussverfahren** nach § 83 Abs. 1 Nr. 3, Abs. 2 kann die Feststellung der Unwirksamkeit eines Beschlusses (als Hauptfrage) beantragt werden. Außerdem kann die Rechtmäßigkeit eines Beschlusses in jedem **anderen gerichtlichen Verfahren** als Vorfrage überprüft werden, v. a. auf Klage eines Beamten im allgemeinen Verfahren vor dem Verwaltungsgericht oder eines Arbeitnehmers im Urteilsverfahren vor dem Arbeitsgericht.

§ 38 [Gemeinsame und Gruppenbeschlüsse]

(1) Über die gemeinsamen Angelegenheiten der Beamten und Arbeitnehmer wird vom Personalrat gemeinsam beraten und beschlossen.

(2) [1]In Angelegenheiten, die lediglich die Angehörigen einer Gruppe betreffen, sind nach gemeinsamer Beratung im Personalrat nur die Vertreter dieser Gruppe zur Beschlussfassung berufen. [2]Dies gilt nicht für eine Gruppe, die im Personalrat nicht vertreten ist.

(3) Absatz 2 gilt entsprechend für Angelegenheiten, die lediglich die Angehörigen zweier Gruppen betreffen.

Die Vorschriften des § 38 ergänzen die allgemeinen Bestimmungen des § 37 über die Beschlussfassung des PR. Die in Abs. 2 und 3 getroffene Regelung über die **getrennte Beschlussfassung in Gruppenangelegenheiten** ist eine besonders stark ausgeprägte Folgerung aus dem Gruppenprinzip (vgl. § 5 Rn. 1). **1**

Durch Art. 8 des Gesetzes v. 14. 9. 05[268] ist das Gruppenprinzip im BPersVG in der Weise modifiziert worden, dass die bisherigen Gruppen der Angestellten und Arbeiter zur jetzigen Gruppe der **Arbeitnehmer** zusammengefasst worden sind, die Gruppe der **Beamten** aber beibehalten worden ist (vgl. § 5 Rn. 1). Im Rahmen dieser Neuregelung ist § 38 Abs. 1 durch Art. 8 Nr. 4 des genannten Gesetzes so geändert worden, dass er jetzt nicht mehr die gemeinsamen Angelegenheiten der »Beamten, Angestellten und Arbeiter«, sondern die der »Beamten und Arbeitnehmer« betrifft. **1a**

Gehören einem PR in einer in § 49 Abs. 1 SBG definierten Dienststelle neben Vertretern der Gruppen der (zivilen) Beschäftigten (Beamten und Arbeitnehmer) auch Vertreter der **Soldaten** an, so sind nach § 49 Abs. 2 S. 3 SBG die Vorschriften des § 38 anzuwenden, soweit es sich nicht ausnahmsweise um Angelegenheiten nach der WBO oder der WDO handelt (vgl. Anh. V B § 49 SBG Rn. 7). **1b**

---

267 *VG Saar* v. 2. 9. 09 – 9 K 463/09 –, PersR 10, 40.
268 BGBl. I S. 2746.

§ 38 Gemeinsame und Gruppenbeschlüsse

2 Die Vorschriften des § 38 schreiben ausnahmslos für alle Angelegenheiten eine der Beschlussfassung vorausgehende **gemeinsame Beratung des PR** vor. An dieser Aussprache können sich alle anwesenden Mitglieder und Ersatzmitglieder des PR beteiligen. Das Gleiche gilt für alle anderen Personen, soweit sie zur beratenden Teilnahme an der Sitzung zugelassen sind. Im Einzelnen sind dies:

- stets der **Vertreter der JAV** (§ 40 Abs. 1 S. 1) und die **Vertrauensperson der schwerbehinderten Menschen** bzw. das stellvertretende Mitglied der Schwerbehindertenvertretung (§ 40 Abs. 1 S. 1 i. V. m. § 95 Abs. 4 S. 1 SGB IX) mit einem uneingeschränkten Beratungsrecht;

- im BPOL-PR stets der **Vertrauensmann in der Bundespolizei** (§ 85 Abs. 2 Nr. 5 S. 4) mit einem uneingeschränkten Beratungsrecht (vgl. § 85 Rn. 18);

- ggf. die entsandten **Mitglieder des Richterrats** (§ 53 DRiG) hinsichtlich der Punkte der Tagesordnung, die gemeinsame Aufgaben von PR und Richterrat betreffen, mit einem Beratungsrecht, das sich aus dem insoweit bestehenden Stimmrecht ergibt (vgl. Anh. II Rn. 4);

- ggf. die **Schwerbehindertenvertretung der Richter** (§ 95 Abs. 4 S. 1 Hs. 1 SGB IX) ebenfalls hinsichtlich der Punkte der Tagesordnung, die gemeinsame Aufgaben von PR und Richterrat betreffen (vgl. Anh. II Rn. 4);

- ggf. alle anwesenden **Mitglieder und Ersatzmitglieder der JAV** (§ 40 Abs. 1 S. 2) hinsichtlich der Angelegenheiten, die besonders Beschäftigte i. S. d. § 57 betreffen;

- ggf. die **Vertreter der nichtständig Beschäftigten** (§ 40 Abs. 2) hinsichtlich der Angelegenheiten, die besonders die nichtständig Beschäftigten betreffen;

- ggf. der **Sprecher der Versammlung der Vertrauenspersonen der Soldaten des Verbandes** (§ 32 Abs. 1 u. § 34 Abs. 5 S. 2 SBG), wenn und soweit bei der Behandlung gemeinsamer Angelegenheiten Interessen der von ihm Vertretenen berührt sind (vgl. Anh. V § 34 SBG Rn. 5);

- ggf. die **Vertrauenspersonen der Soldaten, die aufgrund des Wehrpflichtgesetzes Wehrdienst leisten** (§ 49 Abs. 3 SBG), hinsichtlich der Angelegenheiten, die auch die Interessen ihrer Wählergruppe berühren (vgl. Anh. V B § 49 SBG Rn. 8);

- ggf. die **Beauftragten von** im PR vertretenen **Gewerkschaften** (§ 36), bei denen der PR das Recht zur beratenden Teilnahme auf bestimmte Punkte der Tagesordnung oder bestimmte Beratungsgegenstände beschränken kann (vgl. § 36 Rn. 4).

Dagegen erstreckt sich das Teilnahmerecht des **Leiters der Dienststelle** (§ 34 Abs. 4) weder auf die Beschlussfassung noch auf die ihr vorausgehende Beratung des PR (vgl. § 34 Rn. 13).

Gemeinsame und Gruppenbeschlüsse § 38

Die **Abgrenzung** von gemeinsamen Angelegenheiten und Gruppenangelegenheiten richtet sich danach, **welche Interessen unmittelbar berührt** werden.[269] Sind unmittelbar die Interessen der Angehörigen aller im PR vertretenen Gruppen (Beamte und Arbeitnehmer sowie ggf. Soldaten) berührt, handelt es sich um eine gemeinsame Angelegenheit. Sind dagegen unmittelbar allein die Interessen der Angehörigen einer Gruppe berührt und allenfalls mittelbar die Interessen der Angehörigen der anderen Gruppe(n), liegt eine Angelegenheit vor, die lediglich die Angehörigen einer Gruppe betrifft. Entsprechendes gilt, wenn unmittelbar nur die Interessen der Angehörigen zweier Gruppen berührt sind (Näheres bei Rn. 4–6).[270]

(Abs. 1) Zu den **gemeinsamen Angelegenheiten**, in denen vom PR nicht nur gemeinsam beraten, sondern auch gemeinsam beschlossen wird, gehören i. d. R. die beteiligungspflichtigen Angelegenheiten nach § 75 Abs. 2 und 3 (mit Ausnahme von Abs. 3 Nr. 6 und u. U. von Nr. 7–9), § 76 Abs. 2 (u. U. mit Ausnahme von Nr. 1–3), § 78 Abs. 1 Nr. 1 und 2, Abs. 3 bis 5, §§ 80 und 81 sowie die im Rahmen der Geschäftsführung zu regelnden Angelegenheiten.

(Abs. 2) Zu den **Gruppenangelegenheiten**, in denen gem. Abs. 2 S. 1 nach gemeinsamer Beratung nur die Vertreter der betroffenen Gruppe beschließen, gehören v. a. die beteiligungspflichtigen personellen Einzelmaßnahmen nach § 75 Abs. 1, § 76 Abs. 1, § 78 Abs. 1 Nr. 3 bis 5 und § 79 Abs. 1 und 3,[271] aber auch auf bestimmte Gruppen zugeschnittene generelle Regelungen in Personalangelegenheiten, so u. U. die Fälle nach § 75 Abs. 3 Nr. 6 bis 9 und § 76 Abs. 2 Nr. 1 bis 3 (vgl. dazu aber Rn. 6a).

Ob die Interessen nur einer Gruppe oder die zweier Gruppen unmittelbar berührt sind (vgl. Rn. 3), kann insb. bei bestimmten personellen Einzelmaßnahmen fraglich sein. Das gilt v. a. für Maßnahmen, die mit einem Gruppenwechsel eines Beschäftigten verbunden sind. Dabei kommt es entscheidend darauf an, welchen **Rechtscharakter** die Maßnahme hat, auf die sich die Beschlussfassung bezieht.[272] Soll z. B. ein Arbeitnehmer in das Beamtenverhältnis übernommen werden, hat der PR nach § 76 Abs. 1 Nr. 1 bei der Ernennung mitzubestimmen, nicht jedoch bei dem kraft Gesetzes eintretenden Erlöschen des Arbeitsverhältnisses. Deshalb sind nur die Vertreter der aufnehmenden Gruppe der Beamten, nicht dagegen die der abgebenden Gruppe der Arbeitnehmer zur Beschlussfassung berufen.[273]

---

269 *BVerwG* v. 21.12.06 – 6 PB 17.06 – u. v. 16.4.08 – 6 P 8.07 –, PersR 07, 169, u. 08, 418.
270 Vgl. *BVerfG* v. 19.12.94 – 2 BvL 8/88 – m. w. N.
271 Vgl. *BVerwG* v. 5.2.71 – VII P 11.70 –, PersV 71, 300, v. 23.2.92 – 6 P 30.90 –, PersR 92, 302, v. 21.4.92 – 6 P 8.90 –, PersR 92, 304, u. v. 28.10.93 – 6 P 25.91 –, PersR 94, 119.
272 *BVerwG* v. 6.3.62 – VII P 5.60 – u. v. 5.2.71 – VII P 11.70 –, PersV 62, 231, u. 71, 300.
273 *BVerwG* v. 6.3.62, a. a. O.

§ 38 Gemeinsame und Gruppenbeschlüsse

6a Beabsichtigt die Dienststelle eine **gruppenübergreifende inhaltsgleiche generelle Regelung** in einer Personalangelegenheit, bei welcher der PR hinsichtlich der Arbeitnehmer uneingeschränkt, hinsichtlich der Beamten aber nur eingeschränkt mitzubestimmen hat, so handelt es sich (jedenfalls zunächst) um eine gemeinsame Angelegenheit, weil die **Abgrenzung nicht norm-, sondern maßnahmebezogen** zu erfolgen hat.[274]

7 Die **Beschlussfassung** der Vertreter einer Gruppe kann nur in der Sitzung des gesamten PR und nur nach gemeinsamer Beratung erfolgen. Nach § 37 Abs. 2 muss der PR im Zeitpunkt der Beschlussfassung **beschlussfähig** sein; eine gesonderte Beschlussfähigkeit der Gruppe(n) ist hingegen nicht erforderlich (str.; vgl. § 37 Rn. 2). Stimmberechtigt sind grundsätzlich nur diejenigen anwesenden Mitglieder und Ersatzmitglieder des PR, die **Vertreter der betroffenen Gruppe** sind (vgl. § 37 Rn. 4). Handelt es sich bei der zu beschließenden Gruppenangelegenheit zugleich um eine Angelegenheit, die überwiegend Beschäftigte i. S. d. § 57 betrifft, haben nach § 40 Abs. 1 S. 3 auch alle anwesenden **JAV-Mitglieder** und ggf. JAV-Ersatzmitglieder Stimmrecht (vgl. § 40 Rn. 3). Ist die Gruppenangelegenheit ausnahmsweise nach § 53 DRiG zugleich eine gemeinsame Angelegenheit von PR und **Richterrat**, sind auch die in die Sitzung entsandten Mitglieder des Richterrats stimmberechtigt (vgl. Anh. II Rn. 2 ff.). In Angelegenheiten, die nur die **Soldaten** betreffen, können nach § 34 Abs. 5 S. 2 SBG auch der Sprecher der Versammlung der Vertrauenspersonen der Soldaten des Verbandes sowie nach § 49 Abs. 3 SBG die Vertrauenspersonen der Soldaten, die aufgrund des Wehrpflichtgesetzes Wehrdienst leisten, stimmberechtigt sein (vgl. Anh. V B § 34 SBG Rn. 5 bzw. § 49 SBG Rn. 8). Handelt es sich um eine Gruppenangelegenheit, an welcher der BPOL-PR nach § 85 Abs. 1 Nr. 3 mitwirkt, ist nach § 85 Abs. 2 Nr. 5 S. 4 Hs. 2 auch der Vertrauensmann in der **Bundespolizei** stimmberechtigt (vgl. § 85 Rn. 6 u. 18). Auch der Gruppenbeschluss ist ein **Beschluss des PR**. Er ist nach § 32 Abs. 3 S. 2 vom Vorsitzenden des PR (ggf. gemeinsam mit einem der Gruppe angehörenden Vorstandsmitglied) im Namen des PR für und gegen diesen auszuführen (vgl. § 32 Rn. 17).[275]

8 Findet in einer Gruppenangelegenheit eine gemeinsame Abstimmung des PR statt, so führt dieser Verfahrensfehler dann zur **Unwirksamkeit** des Beschlusses, wenn Auswirkungen auf das Abstimmungsergebnis nicht auszuschließen sind. Das ist jedoch i. d. R. nicht der Fall, wenn der gemeinsame Beschluss einstimmig zustande gekommen ist.[276] Anders ist es dann, wenn die betroffene Gruppe an der Beschlussfassung nicht teilgenommen hat (vgl. Rn. 9).

---

274 So im Gegensatz zur bisherigen Kommentarliteratur *BVerwG* v. 16. 4. 08 – 6 P 8.07 –, PersR 08, 418, bezüglich der Mitbestimmung für Arbeitnehmer nach § 75 Abs. 3 Nr. 8 und für Beamte nach § 76 Abs. 2 Nr. 2; vgl. dazu KfdP-*Kröll*, Rn. 6.
275 *BVerwG* v. 28. 10. 93 – 6 P 25.91 –, PersR 94, 119.
276 *BVerwG* v. 10. 4. 84 – 6 P 10.82 –, Buchh 238.38 § 36 Nr. 1.

Für eine **Gruppe, die im PR nicht vertreten ist**, bestimmt Abs. 2 S. 2, dass die in Abs. 2 S. 1 getroffene Regelung über die getrennte Beschlussfassung in Gruppenangelegenheiten nicht gilt. Dies hat zur Folge, dass nach Abs. 1 über die Angelegenheiten dieser nicht vertretenen Gruppe vom PR gemeinsam beschlossen wird. Nach Auffassung des BVerwG[277] liegt der Ausnahmefall des Abs. 2 S. 2 jedoch nicht vor, wenn und soweit die Vertreter einer Gruppe an der Sitzung nicht teilnehmen. Danach soll ein gleichwohl vom gesamten PR gefasster Beschluss selbst dann unwirksam sein, wenn er einstimmig zustande gekommen ist und wenn der (einzige) Gruppenvertreter erkrankt und ein Ersatzmitglied nicht vorhanden ist. **9**

(Abs. 3) Die Regelung des Abs. 2 (vgl. Rn. 5–9) gilt nach Abs. 3 entsprechend für **Angelegenheiten, die lediglich die Angehörigen zweier Gruppen betreffen** (vgl. Rn. 3). Abs. 3 setzt voraus, dass der PR aus Vertretern von mehr als zwei Gruppen besteht. Er ist als Konsequenz aus der Zusammenfassung der bisherigen Gruppen der Angestellten und Arbeiter zur jetzigen Gruppe der Arbeitnehmer (vgl. Rn. 1a) nicht aufgehoben worden. Von praktischer Bedeutung ist er noch für jeden PR, dem außer Vertretern der Beamten und Arbeitnehmer auch Vertreter der Soldaten angehören (vgl. Rn. 1b). **10**

Sind in einer Dienststelle i.S.d. § 49 Abs. 1 SBG im PR drei Gruppen vertreten, und hat der PR in einer Angelegenheit zu beschließen, die lediglich die Angehörigen zweier Gruppen betrifft, so sind entsprechend Abs. 2 S. 1 alle anwesenden Vertreter der zwei betroffenen Gruppen (sowie ggf. weitere Stimmberechtigte) zur Beschlussfassung berufen (vgl. Rn. 10). Für einen Beschluss ist die einfache Stimmenmehrheit dieser Stimmberechtigten erforderlich, wobei es unerheblich ist, ob in jeder der zwei Gruppen eine einfache Stimmenmehrheit erreicht wird. Sind nur die Vertreter einer Gruppe anwesend, so beschließen sie allein. Das gilt jedoch nicht, wenn **eine der zwei Gruppen im PR nicht vertreten** ist. In einem solchen Fall ist nach Abs. 2 S. 2 stets nur ein gemeinsamer Beschluss des gesamten PR zu fassen. **11**

§ 39 [Aussetzung von Beschlüssen]

(1) [1]**Erachtet die Mehrheit der Vertreter einer Gruppe oder der Jugend- und Auszubildendenvertretung einen Beschluss des Personalrates als eine erhebliche Beeinträchtigung wichtiger Interessen der durch sie vertretenen Beschäftigten, so ist auf ihren Antrag der Beschluss auf die Dauer von sechs Arbeitstagen vom Zeitpunkt der Beschlussfassung an auszusetzen.** [2]**In dieser Frist soll, gegebenenfalls mit Hilfe der unter den Mitgliedern des Personalrates oder der Jugend- und Auszubildendenvertretung vertretenen Gewerkschaf-**

---

277 Beschl. v. 23.3.92 – 6 P 30.90 –, PersR 92, 302.

§ 39 Aussetzung von Beschlüssen des Personalrats

ten, eine Verständigung versucht werden. ³Die Aussetzung eines Beschlusses nach Satz 1 hat keine Verlängerung einer Frist zur Folge.

(2) ¹Nach Ablauf der Frist ist über die Angelegenheit neu zu beschließen. ²Wird der erste Beschluss bestätigt, so kann der Antrag auf Aussetzung nicht wiederholt werden.

(3) Die Absätze 1 und 2 gelten entsprechend, wenn die Schwerbehindertenvertretung einen Beschluss des Personalrates als eine erhebliche Beeinträchtigung wichtiger Interessen der Schwerbehinderten erachtet.

1 Die Vorschriften des § 39 ergänzen die Regelungen der §§ 37 und 38 über die Willensbildung des PR, indem sie in Abs. 1 der Mehrheit der Vertreter einer Gruppe (vgl. Rn. 3 f.) und der Mehrheit der JAV sowie in Abs. 3 der Schwerbehindertenvertretung (vgl. Rn. 13) ein **Einspruchsrecht** gegen solche Beschlüsse des PR einräumen, in denen diese Interessenvertreter eine erhebliche Beeinträchtigung wichtiger Interessen der durch sie vertretenen Beschäftigten sehen. Der als **Antrag auf befristete Aussetzung eines Beschlusses** ausgestaltete Einspruch löst ein Verfahren aus, in dem die bisherige Beschlussfassung überprüft und nach Möglichkeit eine **Verständigung** der Beteiligten erreicht werden soll. Dieses aufschiebende Veto dient nicht nur dem Gruppen- und Minderheitenschutz, sondern soll auch sachgerechte Entscheidungen des PR fördern.[278]

2 Als **Gegenstand eines Antrags** auf Aussetzung kommt grundsätzlich jeder **Beschluss des PR** in Betracht, unabhängig davon, ob er nach § 38 Abs. 1 gemeinsam oder nach § 38 Abs. 2 oder 3 von den Vertretern einer oder zweier Gruppen gefasst worden ist. Da der Antrag jedoch nur mit der Beeinträchtigung von Interessen der von den jeweiligen Antragstellern vertretenen Beschäftigten begründet werden kann (vgl. Rn. 4), muss es sich um einen Beschluss handeln, der die nach den §§ 66 bis 81 wahrzunehmende **Beteiligung** des PR in den Angelegenheiten der Beschäftigten betrifft. Ausgenommen sind alle Akte der Willensbildung des PR, die dessen Geschäftsführung oder Rechtsstellung betreffen. **Beschlüsse des PR-Vorstandes** können nicht ausgesetzt werden.

3 Nach **Abs. 1** ist u. a. die **Mehrheit der Vertreter einer Gruppe** (vgl. dazu § 36 Rn. 2) berechtigt, einen Antrag auf Aussetzung eines Beschlusses des PR zu stellen. Ein Antrag dieser Antragsberechtigten kann sich **grundsätzlich gegen jeden Beschluss** in Beteiligungsangelegenheiten richten (vgl. Rn. 2). Nur bei einem nach § 38 Abs. 2 gefassten Beschluss in den Angelegenheiten lediglich einer Gruppe ist die Mehrheit dieser (also der eigenen) Gruppe dann nicht zur Stellung eines Aussetzungsantrags befugt, wenn die Vertreter dieser Gruppe insoweit **zur alleinigen Beschlussfassung berufen** waren. Diese – sich aus der Unzulässigkeit widersprüch-

---

278 BVerwG v. 29. 1. 92 – 6 P 17.89 –, PersR 92, 208.

Aussetzung von Beschlüssen des Personalrats § 39

lichen Verhaltens ergebende – Ausnahme gilt allerdings bei solchen Beschlüssen einer einzigen Gruppe nicht, bei denen nach § 40 Abs. 1 S. 3 auch die Mitglieder der JAV stimmberechtigt waren. An einem zulässigen Aussetzungsantrag ihrer Gruppe können sich auch solche Gruppenvertreter beteiligen, die dem Beschluss zugestimmt haben, dessen Aussetzung beantragt wird. Antragsberechtigt ist immer nur die Mehrheit der Vertreter »einer« Gruppe. Für **Anträge aus verschiedenen Gruppen** ist in jeder dieser Gruppen eine Mehrheit ihrer Vertreter erforderlich.

Voraussetzung eines Antrags auf Aussetzung eines Beschlusses ist, dass die Antragsteller den Beschluss als eine **erhebliche Beeinträchtigung wichtiger Interessen** der durch sie vertretenen Beschäftigten, also der Angehörigen ihrer Gruppe, erachten. Dabei kommt es darauf an, ob die Vertreter der Gruppe aufgrund ihrer subjektiven Einschätzung eine solche Beeinträchtigung für gegeben halten; wichtige Interessen können auch die nur mittelbar berührten Interessen der Gruppe sein.[279]   **4**

Für den an den Vorsitzenden des PR zu richtenden Antrag ist weder eine bestimmte **Form** noch eine bestimmte **Frist** vorgeschrieben. Er kann aber nur so lange gestellt werden, solange der angegriffene Beschluss noch nicht vollzogen und damit wirksam geworden ist und solange nicht mehr als sechs Arbeitstage vom Zeitpunkt der Beschlussfassung an vergangen sind (vgl. Rn. 7).   **5**

Die Entscheidung über den Aussetzungsantrag obliegt dem **Vorsitzenden**.[280] Dieser hat aber lediglich zu **prüfen**, ob die **gesetzlichen Voraussetzungen** für den Antrag vorliegen (Rechtzeitigkeit, Antragsberechtigung, erforderliche Mehrheit der Antragsteller und deren Berufung auf die gesetzlichen Antragsgründe). Liegt eine dieser Voraussetzungen nicht vor, ist der Antrag zurückzuweisen. Eine Zurückweisung wegen Nichtvorliegens der gesetzlichen Antragsgründe ist allerdings nur dann zulässig, wenn der Antrag **offensichtlich unbegründet** oder **rechtsmissbräuchlich** gestellt ist.   **6**

Wird ein rechtmäßiger Aussetzungsantrag gestellt, ist der Vorsitzende verpflichtet, den beanstandeten Beschluss **auf die Dauer von sechs Arbeitstagen** vom Zeitpunkt der Beschlussfassung an **auszusetzen**. Die rechtliche Wirkung der Aussetzung besteht darin, dass der (weiterhin existente) Beschluss während der Dauer seiner Aussetzung **nicht vollzogen** werden darf. Die Berechnung der Dauer der Aussetzung richtet sich nach § 187 Abs. 1 und § 188 Abs. 1 BGB; dabei ist es sachgerecht, den in § 52 S. 2 WO definierten Begriff des Arbeitstages zugrunde zu legen.   **7**

Nach **Abs. 1 S. 3** hat die Aussetzung **keine Verlängerung einer Frist** zur Folge. Praktische Bedeutung hat dies v. a. für die Einhaltung von Äußerungsfristen im Beteiligungsverfahren. Wegen der Kürze dieser Fristen   **8**

---

279 *BVerwG* v. 29. 1. 92, a. a. O.
280 Näher dazu *BVerwG* v. 29. 1. 92, a. a. O.

§ 39 Aussetzung von Beschlüssen des Personalrats

kann das während der Aussetzung bestehende Vollzugsverbot (vgl. Rn. 7) dazu führen, dass eine Äußerungsfrist nicht eingehalten werden kann und die vom Dienststellenleiter beabsichtigte Maßnahme als gebilligt gilt. Dem lässt sich dadurch Rechnung tragen, dass man jedenfalls in einem solchen Fall die einvernehmliche Verlängerung zulässt.[281]

9 Nach **Abs. 1 S. 2** soll innerhalb der Aussetzungsfrist versucht werden, eine **Verständigung** herbeizuführen. Dieser **Versuch** ist vom Vorsitzenden zu organisieren. Dabei kann auch die Hilfe der unter den PR-Mitgliedern vertretenen **Gewerkschaften** (vgl. § 36 Rn. 3) in Anspruch genommen werden. Dies kann in der Weise geschehen, dass jedes PR-Mitglied von sich aus seine Gewerkschaft einbezieht.

10 Das Aussetzungsverfahren kann noch vor Ablauf der Aussetzungsfrist abgeschlossen werden, sobald eine **Verständigung erreicht** wird. Besteht diese darin, dass die Antragsteller ihre Bedenken nicht aufrechterhalten und ihren **Antrag zurücknehmen**, ist das Verfahren damit beendet mit der Folge, dass der ausgesetzte Beschluss nunmehr vollzogen werden kann. Geht die Verständigung dahin, dass der bisherige Beschluss aufgehoben oder geändert werden soll, bedarf es dazu einer **erneuten Beschlussfassung** im Rahmen einer förmlichen Sitzung des PR, die nach ordnungsgemäßer Anberaumung unverzüglich stattfinden kann.

11 Auch wenn eine **Verständigung nicht erreicht** wird, ist über die Angelegenheit erneut zu beschließen. Nach **Abs. 2 S. 1** kann diese **erneute Beschlussfassung** erst in einer unmittelbar **nach Ablauf der Frist** anberaumten PR-Sitzung erfolgen.[282] Dabei ist über den bisherigen Beschluss zu entscheiden. Dieser kann bestätigt oder geändert oder aufgehoben werden.

12 Wird der **erste Beschluss bestätigt**, so ist der Einspruch damit zurückgewiesen. Dies hat zum einen zur Folge, dass der Beschluss ausgeführt werden kann, zum anderen (so **Abs. 2 S. 2**), dass der **Antrag auf Aussetzung nicht wiederholt** werden kann, und zwar auch nicht von anderen Antragstellern. Wird der erste Beschluss dagegen (nicht nur unerheblich) **geändert**, ist ein **neuer Aussetzungsantrag** nicht ausgeschlossen. Von den bisherigen Antragstellern kann dieser aber nur gestellt werden, wenn sie durch den neuen Beschluss in einem noch nicht beanstandeten Punkt beschwert sind.[283]

13 Nach **Abs. 1 S. 1** bzw. **Abs. 3** steht der **Mehrheit der JAV** und der **Schwerbehindertenvertretung** ein dem Einspruchsrecht der Mehrheit der Vertreter einer Gruppe entsprechendes **Einspruchsrecht** zu. Dabei müssen von der Mehrheit der JAV wichtige Interessen der Beschäftigten i. S. v. § 57 und von der Schwerbehindertenvertretung wichtige **Interessen** der schwerbehinderten Menschen als erheblich beeinträchtigt erachtet

---

281 Str.; vgl. KfdP-*Kröll*, Rn. 12 m. N.
282 Str.; vgl. KfdP-*Kröll*, Rn. 17 m. N.
283 Str.; vgl. KfdP-*Kröll*, Rn. 18 m. N.

werden. Letztere kann den Aussetzungsantrag nach Abs. 4 S. 2 Hs. 1 des § 95 SGB IX auch darauf stützen, dass sie entgegen Abs. 2 S. 1 dieser Vorschrift vom Arbeitgeber **nicht beteiligt** worden ist. Gegenstand eines **Aussetzungsantrags** kann jeder Beschluss in Beteiligungsangelegenheiten sein (vgl. Rn. 2). Obwohl § 95 Abs. 4 S. 2 Hs. 1 SGB IX eine Frist von einer Woche vorsieht, beträgt die **Aussetzungsfrist** aus Gründen der Gleichbehandlung entsprechend Abs. 1 S. 1 auch für die Schwerbehindertenvertretung sechs Arbeitstage.[284]

Auf Beschlüsse in gemeinsamen Angelegenheiten von PR und Richterrat nach § 53 DRiG ist § 39 entsprechend anzuwenden (vgl. Anh. II Rn. 4). Dabei gelten die in den PR entsandten Mitglieder des Richterrats als Vertreter einer (weiteren) Gruppe. Daraus folgt, dass insoweit der **Mehrheit der entsandten Mitglieder des Richterrats** das gleiche Einspruchsrecht zusteht wie der Mehrheit der Vertreter einer Gruppe des PR nach Abs. 1 S. 1. Ggf. gilt § 39 auch für die nach § 94 Abs. 1 S. 2 oder 3 SGB IX gebildete **Schwerbehindertenvertretung der Richter** entsprechend. **14**

§ 40 [Teilnahme der Jugend- und Auszubildendenvertretung, der Schwerbehindertenvertretung und der Vertreter der nichtständig Beschäftigten an den Personalratssitzungen]

(1) ¹Ein Vertreter der Jugend- und Auszubildendenvertretung, der von dieser benannt wird, und die Schwerbehindertenvertretung können an allen Sitzungen des Personalrates beratend teilnehmen. ²An der Behandlung von Angelegenheiten, die besonders die in § 57 genannten Beschäftigten betreffen, kann die gesamte Jugend- und Auszubildendenvertretung beratend teilnehmen. ³Bei Beschlüssen des Personalrates, die überwiegend die in § 57 genannten Beschäftigten betreffen, haben die Jugend- und Auszubildendenvertreter Stimmrecht.

(2) An der Behandlung von Angelegenheiten, die besonders die nichtständig Beschäftigten betreffen, können die in § 65 Abs. 1 bezeichneten Vertreter mit beratender Stimme teilnehmen.

§ 40 **Abs. 1** sieht zur Wahrung der spezifischen Interessen der in § 57 genannten jugendlichen und auszubildenden Beschäftigten, die von der JAV vertreten werden, **abgestufte Rechte der JAV** zur Einflussnahme auf die Meinungs- und Willensbildung des PR vor. **Abs. 1 S. 1** legt fest, dass **ein Vertreter der JAV**, der von dieser benannt wird, an **allen Sitzungen des PR** beratend teilnehmen kann. Dieses Recht besteht unabhängig davon, welche Gegenstände in der PR-Sitzung behandelt werden. Es gilt auch für die in § 34 Abs. 1 geregelte konstituierende Sitzung des PR. Besteht die JAV aus mehreren Mitgliedern, hat sie durch Beschluss entwe- **1**

---

284 Str.; vgl. KfdP-*Kröll*, Rn. 21 m. N.

§ 40 Teilnahme an Personalratssitzungen

der für alle künftigen Sitzungen oder von Fall zu Fall eines ihrer Mitglieder als ihren Vertreter zu bestimmen und dieses dem Vorsitzenden des PR zu **benennen**. Besteht die JAV nur aus einem einzigen Mitglied, kann dieses als »geborener Vertreter« ohne Weiteres an allen PR-Sitzungen teilnehmen. Das Recht der **beratenden Teilnahme** besteht auch dann, wenn die erforderliche Ladung (vgl. § 34 Rn. 1 u. 7) nicht erfolgt ist. Es bezieht sich auf alle Beratungsgegenstände und hat den gleichen Inhalt wie das entsprechende Recht der Gewerkschaftsbeauftragten (vgl. dazu § 36 Rn. 8). Der JAV-Vertreter kann auch während der Abstimmungen anwesend sein. Es besteht allerdings **keine Teilnahmepflicht**.

2 Nach **Abs. 1 S. 2** kann die **gesamte JAV** an der Behandlung von Angelegenheiten teilnehmen, die **besonders die in § 57 genannten Beschäftigten** betreffen. Dabei reicht es aus, dass entweder die jugendlichen oder die auszubildenden Beschäftigten besonders betroffen sind. Eine besondere Betroffenheit kann grundsätzlich dann unterstellt werden, wenn eine Angelegenheit schützenswerte Interessen von Jugendlichen oder Auszubildenden berührt.[285] Die besondere Betroffenheit ist v. a. bei Fragen des Jugendarbeitsschutzes und der Berufsbildung und bei allen weiteren allgemeinen Aufgaben der JAV (§ 61 Abs. 1) zu bejahen. Es kann auch bei personellen Einzelmaßnahmen gegeben sein. Das Recht der gesamten JAV zur **beratenden Teilnahme** besteht auch dann, wenn die nach § 34 Abs. 2 S. 4 erforderliche Ladung der JAV-Mitglieder unterblieben ist.

3 Nach **Abs. 1 S. 3** haben die Mitglieder der JAV bei Beschlüssen, die **überwiegend die in § 57 genannten Beschäftigten** betreffen, **Stimmrecht** (vgl. § 37 Rn. 4 u. § 38 Rn. 7). Eine überwiegende Betroffenheit wird i. d. R. gegeben sein, wenn bei der gegenseitigen Interessenabwägung Belange von in § 57 genannten Beschäftigten gegenüber denen der übrigen Beschäftigten ein stärkeres Gewicht haben. Das ist insb. bei personellen Maßnahmen[286] und bei Fragen des Jugendarbeitsschutzes und der Berufsausbildung der Fall.[287] Das Stimmrecht gilt für alle Beschlüsse, die überwiegend in § 57 genannte Beschäftigte betreffen. Da auch die Beschlüsse einer oder mehrerer Gruppen Beschlüsse des PR sind, stimmen die Mitglieder der JAV ggf. auch hierbei mit. Ein Beschluss des PR in einer Angelegenheit, die überwiegend in § 57 genannte Beschäftigte betrifft, ist unwirksam, wenn den JAV-Mitgliedern die Ausübung ihres Stimmrechts nicht ermöglicht worden ist.[288]

4 Nach **Abs. 1 S. 1** kann die **Schwerbehindertenvertretung** an allen Sitzungen des PR beratend teilnehmen (so auch § 95 Abs. 4 S. 1 Hs. 1

---

285 *BVerwG* v. 8.7.77 – VII P 22.75 –, PersV 78, 309, u. v. 28.10.93 – 6 P 25.91 –, PersR 94, 119.
286 Str.; vgl. KfdP-*Kröll*, Rn. 5.
287 Vgl. *BVerwG* v. 8.7.77 u. v. 28.10.93, jew. a.a.O.
288 *BVerwG* v. 8.7.77, a.a.O.

SGB IX). Sie hat aber auch dann kein Stimmrecht, wenn Beschlüsse gefasst werden, die überwiegend schwerbehinderte Menschen betreffen.

Nach **Abs. 2** sind die **Vertreter der nichtständig Beschäftigten** (§ 65 Abs. 1) berechtigt, an der PR-Sitzung beratend teilzunehmen, soweit Angelegenheiten behandelt werden, die besonders die nichtständig Beschäftigten betreffen. Dieses Recht entspricht dem Teilnahmerecht der gesamten JAV nach Abs. 1 S. 2 (vgl. dazu Rn. 2). Ein Stimmrecht bei der Beschlussfassung des PR besitzen die Vertreter der nichtständig Beschäftigten nicht. 5

Bei der Wahrnehmung einer gemeinsamen Aufgabe von Richterrat und PR haben die nach § 53 Abs. 1 DRiG in den PR entsandten Mitglieder des **Richterrats** Beratungs- und Stimmrecht, während der **Schwerbehindertenvertretung der Richter** dabei nach § 95 Abs. 4 S. 1 Hs. 1 SGB IX (nur) das Recht der beratenden Teilnahme zusteht (vgl. Anh. II Rn. 4). 6

Der **Vertrauensmann in der Bundespolizei** kann nach § 85 Abs. 2 Nr. 5 S. 4 an den Sitzungen des BPOL-PR beratend teilnehmen und hat dort in den Fällen Stimmrecht, in denen es sich um Angelegenheiten handelt, die lediglich die Polizeivollzugsbeamten in der Grundausbildung betreffen und in denen er nach § 85 Abs. 1 Nr. 3 die Mitwirkung der BPOL-Personalvertretung beantragt hat (vgl. § 85 Rn. 6, 18). 7

Soweit bei der Behandlung einer gemeinsamen Angelegenheit von (zivilen) Beschäftigten und Soldaten Interessen der Soldaten berührt sind, die von der nach § 32 Abs. 1 SBG gebildeten **Versammlung der Vertrauenspersonen der Soldaten des Verbandes** vertreten werden, hat deren Sprecher nach § 34 Abs. 5 S. 2 SBG sowohl ein Recht zur beratenden Teilnahme als auch ein Stimmrecht. Das Gleiche gilt nach § 49 Abs. 3 SBG für die **Vertrauenspersonen der Soldaten, die aufgrund des Wehrpflichtgesetzes Wehrdienst leisten**, hinsichtlich der Angelegenheiten, die auch die Interessen ihrer Wählergruppe berühren (vgl. Anh. V B § 34 SBG Rn. 5 bzw. § 49 SBG Rn. 8). 8

§ 41 [Sitzungsniederschrift]

(1) [1]Über jede Verhandlung des Personalrates ist eine Niederschrift aufzunehmen, die mindestens den Wortlaut der Beschlüsse und die Stimmenmehrheit, mit der sie gefaßt sind, enthält. [2]Die Niederschrift ist von dem Vorsitzenden und einem weiteren Mitglied zu unterzeichnen. [3]Der Niederschrift ist eine Anwesenheitsliste beizufügen, in die sich jeder Teilnehmer eigenhändig einzutragen hat.

(2) [1]Haben der Leiter der Dienststelle oder Beauftragte von Gewerkschaften an der Sitzung teilgenommen, so ist ihnen der entsprechende Teil der Niederschrift abschriftlich zuzuleiten. [2]Einwendungen gegen die Niederschrift sind unverzüglich schriftlich zu erheben und der Niederschrift beizufügen.

§ 41 Sitzungsniederschrift

1 Nach **Abs. 1 S. 1** ist über jede »Verhandlung« des PR eine Niederschrift zu fertigen, die v. a. dazu dient, die vom PR gefassten Beschlüsse zu dokumentieren. Die Regelung gilt für die nach § 34 einberufenen **Sitzungen des PR**, aber auch für Sitzungen seines **Vorstandes** (vgl. § 32 Rn. 8), des nach § 93 Abs. 1 gebildeten **VS-Ausschusses** (vgl. § 93 Rn. 2) und der vom PR eingesetzten **beratenden Ausschüsse** (vgl. § 32 Rn .9), weil auch in diesen Sitzungen im Rahmen der Geschäftsführung oder zur Wahrnehmung von Beteiligungsrechten Beschlüsse gefasst werden können. Über sonstige Zusammenkünfte von PR-Mitgliedern und über die monatlichen Besprechungen mit dem Leiter der Dienststelle nach § 66 Abs. 1 brauchen keine Niederschriften gefertigt zu werden.[289] Auch für Personalversammlungen besteht keine Protokollierungspflicht.[290]

2 Die Niederschrift ist über die **gesamte Verhandlung** anzufertigen. Aus ihr muss sich ergeben, welche Gegenstände behandelt worden sind; die Tagesordnungspunkte sind aufzunehmen. Der **Ort** sowie das **Datum** und die **Uhrzeit** von Beginn und Ende der Sitzung sind stets anzugeben. Zwingend vorgeschriebener **Mindestinhalt** sind der Wortlaut der **Beschlüsse** und die Stimmenmehrheit, mit der sie gefasst sind. Dazu gehört auch der Wortlaut abgelehnter Anträge sowie in den Fällen des § 77 Abs. 2 und des § 79 Abs. 1 S. 3 die Angabe der zugrunde gelegten Tatsachen und der Zustimmungsverweigerungs- bzw. Einwendungsgründe. Ggf. ist auch anzugeben, dass es sich um den Beschluss der Vertreter einer oder zweier Gruppen gehandelt hat. Zur Angabe der **Stimmenmehrheit** gehört die Zahl der Ja- und Nein-Stimmen und der Stimmenthaltungen. **Erklärungen zu Protokoll** sind grundsätzlich zu vermerken. Eine Niederschrift ist auch dann zu fertigen, wenn nur Beratungen oder Verhandlungen stattgefunden haben. In diesem Fall ist zumindest die **Tagesordnung** wiederzugeben. Die Niederschrift ist unverzüglich, d. h. ohne schuldhaftes Zögern (§ 121 Abs. 1 S. 1 BGB), anzufertigen. Nach **Abs. 1 S. 2** ist sie vom Vorsitzenden und einem weiteren Mitglied des PR (ggf. von dem vom PR bestellten Schriftführer) zu **unterzeichnen**. Der PR kann in der Geschäftsordnung (§ 42) u. a. festlegen, dass ihm die Niederschrift in seiner nächsten Sitzung zur **Genehmigung** vorgelegt wird.[291]

3 Nach **Abs. 1 S. 3** hat sich jeder Sitzungsteilnehmer eigenhändig (handschriftlich und identifizierbar) in eine **Anwesenheitsliste** einzutragen. Das gilt auch für Sachverständige und Auskunftspersonen.[292] Bei Personen, die nur zeitweise an der Sitzung teilnehmen, muss auch die Zeit der Anwesenheit eingetragen werden. Die Anwesenheitsliste ist der Niederschrift als **Anlage** beizufügen.

4 Haben der **Leiter der Dienststelle** nach § 34 Abs. 4 oder **Beauftragte**

---

289 Str.; vgl. KfdP-*Kröll*, Rn. 1 a.
290 *NdsOVG* v. 18.3.92 – 17 L 31/90 –, PersR 93, 127.
291 *HessVGH* v. 15.3.78 – BPV TK 2/78 –, PersV 80, 468.
292 Str.; vgl. KfdP-*Kröll*, Rn. 5.

Sitzungsniederschrift § 41

von **Gewerkschaften** nach § 36 an der Sitzung des PR teilgenommen, so ist ihnen nach **Abs. 2 S. 1** der entsprechende Teil der Niederschrift als **Abschrift** (oder als Abdruck oder Fotokopie) zuzuleiten. Die **anderen Sitzungsteilnehmer** haben keinen Anspruch auf Zuleitung einer Abschrift. Die Übermittlung an die PR-Mitglieder ist jedoch nicht ausgeschlossen und sogar geboten, wenn vereinbart ist, dass die Niederschrift in der nächsten Sitzung zur Genehmigung vorgelegt wird. Einzelne **Beschäftigte** haben auch dann keinen Anspruch auf eine Abschrift, wenn in der Sitzung ein Beschluss gefasst worden ist, der ihre Angelegenheiten betrifft.[293]

Obwohl das Gesetz dies anders als § 34 Abs. 3 BetrVG nicht ausdrücklich bestimmt, haben die **PR-Mitglieder** ein unbeschränktes, jederzeitiges **Recht auf Einsicht** in die **Unterlagen des PR** und seines Vorstandes[294] (zu dem von der Rspr. verneinten Einsichtsrecht vor der Sitzung vgl. § 34 Rn. 6). Hierzu gehören auch die Niederschriften über PR-Sitzungen, und zwar auch solche über frühere Sitzungen.[295] Falls der PR keine andere Regelung getroffen hat, haben sie zwar kein Anspruch auf Zuleitung von Abschriften.[296] Sie können sich aber nicht nur Notizen machen, sondern auch Abschriften oder Kopien anfertigen. Nach der auf das PersVR übertragbaren Rspr. des *BAG*[297] erstreckt sich das Einsichtsrecht der Betriebsratsmitglieder auf **sämtliche Aufzeichnungen und Materialien**, die der Betriebsrat angefertigt hat und die ständig zur Verfügung stehen. Es besteht unabhängig davon, ob die Aufzeichnungen **in Papierform** verkörpert oder **in Dateiform** elektronisch auf Datenträgern gespeichert sind, und umfasst auch das **elektronische Leserecht** der Dateien und der E-Mail-Korrespondenz.[298]

5

Ersatzmitglieder haben in jedem Fall ein Einsichtsrecht in die Niederschriften der Sitzungen, an denen sie teilgenommen haben. Darüber hinaus dürfen sie Niederschriften anderer Sitzungen einsehen, soweit dies zur Vorbereitung auf eine Sitzung erforderlich ist, an der sie teilnehmen sollen.[299] **Sonstige Sitzungsteilnehmer**, die mit (mindestens) beratender Stimme teilgenommen haben, haben nur ein Einsichtsrecht in Niederschriften solcher Sitzungen, an denen sie teilgenommen haben. Waren sie dabei nur zeitweise anwesend, ist ihr Einsichtsrecht auf den entsprechenden Teil der Niederschrift beschränkt. Dienststellenleiter und Gewerkschaftsbeauftragte haben zusätzlich zu ihrem Anspruch auf Zuleitung einer Abschrift kein Einsichtsrecht. Sachverständigen und Auskunftspersonen ist ebenfalls kein Einsichtsrecht eingeräumt. Das gilt auch für **Beschäftigte**, deren Angelegenheiten in der Sitzung behandelt worden sind (vgl. Rn. 4).

5a

---

293 *BVerwG* v. 24.10.69 – VII P 9.68 –, PersV 70, 107.
294 Vgl. KfdP-*Kröll,* Rn. 8.
295 Offengelassen in *SächsOVG* v. 2.2.10 – PL 9 B 393/08 –, PersR 10, 505.
296 *BayVGH* v. 21.11.75 – Nr. 1 XII 74 –, ZBR 76, 373.
297 Beschl. v. 12.8.09 – 7 ABR 15/08 –, AP BetrVG 1972 § 34 Nr. 2.
298 Näher dazu KfdP-*Kröll,* Rn. 8a.
299 Str.; vgl. KfdP-*Kröll,* Rn. 9.

§ 42 Geschäftsordnung des Personalrats

6 **Einwendungen** gegen die Niederschrift sind nach **Abs. 2 S. 2** unverzüglich, also ohne schuldhaftes Zögern (§ 121 Abs. 1 S. 1 BGB), schriftlich zu erheben und der Niederschrift beizufügen. Das Recht zur Erhebung von Einwendungen steht allen Personen zu, die mit mindestens beratender Stimme an der Sitzung teilgenommen haben. Gegenstand von Einwendungen können die Richtigkeit, Vollständigkeit oder Ordnungsmäßigkeit der Niederschrift oder der Anwesenheitsliste sein. Einwendungen sind Gegendarstellungen, nicht aber Gegenprotokolle. Sie sind dem PR-Vorsitzenden grundsätzlich schriftlich zu übermitteln. Dieser hat sie der Niederschrift auch dann beizufügen, wenn er oder der PR sie für unzutreffend hält.[300] Wird dem PR die Niederschrift zur Genehmigung vorgelegt (vgl. Rn. 2), können dabei auch mündlich vorgebrachte Einwendungen berücksichtigt werden. Gibt der PR diesen Einwendungen nicht statt, sind sie ebenfalls der Niederschrift beizufügen.

7 Die Niederschrift kann vom Vorsitzenden und dem PR-Mitglied, das sie mit unterzeichnet hat, **berichtigt** werden. Das hat so zu geschehen, dass die Vornahme der Berichtigung erkennbar bleibt. Eine vom PR genehmigte Niederschrift darf nur mit seiner Zustimmung berichtigt werden. Falls ein Teil einer Niederschrift berichtigt wird, die dem Dienststellenleiter oder Gewerkschaftsbeauftragten abschriftlich zugeleitet worden ist, sind diese über die Berichtigung zu informieren.

8 Die Niederschrift ist **keine Wirksamkeitsvoraussetzung** für die Rechtsgültigkeit der in der Sitzung gefassten Beschlüsse. Sie erleichtert jedoch die **Beweisbarkeit** der Beschlussfassung.[301] Ihr Original ist als Bestandteil der Akten des PR **aufzubewahren**, solange ihr Inhalt von rechtlicher Bedeutung ist.

§ 42 [Geschäftsordnung]

Sonstige Bestimmungen über die Geschäftsführung können in einer Geschäftsordnung getroffen werden, die der Personalrat mit der Mehrheit der Stimmen seiner Mitglieder beschließt.

1 Die Vorschrift gibt dem PR die Befugnis, eine Geschäftsordnung zu beschließen und darin »**sonstige Bestimmungen über die Geschäftsführung**« zu treffen. Damit sind Bestimmungen gemeint, welche die Regelungen der §§ 32 bis 45 ergänzen. In der Geschäftsordnung dürfen aber auch gesetzliche Bestimmungen wiederholt werden. Dies kann sinnvoll sein, weil eine Zusammenfassung der für die Geschäftsführung geltenden Regelungen deren Handhabung erleichtert. Soweit die gesetzlichen Vorschriften zwingendes Recht enthalten, darf davon auch in der Ge-

---
300 *HessVGH* v. 15. 3. 78 – BPV TK 2/78 –, PersV 80, 468.
301 Vgl. KfdP-*Kröll*, Rn. 13 m. N.

schäftsordnung nicht abgewichen werden.³⁰² Regelungen, die der PR nur im Einvernehmen mit dem Dienststellenleiter treffen kann (vgl. etwa § 43 S. 2), können nicht in der Geschäftsordnung geregelt werden.

Ob der PR eine Geschäftsordnung beschließt und wie detailliert er sie ggf. ausgestaltet, liegt in seinem **Ermessen**. Für den Beschluss ist die Mehrheit der Stimmen aller seiner Mitglieder erforderlich. Für diese **absolute Mehrheit** kommt es nicht darauf an, wie viele Mitglieder der PR nach § 16 und § 17 Abs. 4 haben müsste (Sollstärke), sondern darauf, wie viele Mitglieder er zur Zeit der Beschlussfassung tatsächlich hat (Iststärke). **2**

Obwohl das BPersVG anders als § 36 BetrVG eine schriftliche Geschäftsordnung nicht ausdrücklich vorsieht, ist die **Schriftform** schon deshalb unerlässlich, weil der Beschluss nach § 41 Abs. 1 S. 1 im Wortlaut in die Sitzungsniederschrift aufzunehmen ist; ggf. durch Verweis auf eine der Niederschrift beigefügte Anlage. Die Geschäftsordnung bedarf zu ihrem Inkrafttreten keiner **Bekanntmachung**. Die Mitglieder des PR haben jedoch Anspruch auf Aushändigung einer Kopie.³⁰³ **3**

Die Geschäftsordnung ist statutarisches Recht.³⁰⁴ Sie **bindet** die einzelnen PR-Mitglieder, insb. den Vorsitzenden und den Vorstand, nicht aber den PR in seiner Gesamtheit. Dieser kann die Geschäftsordnung jederzeit – mit absoluter Mehrheit – **ändern** oder **aufheben** oder durch eine neue Geschäftsordnung ersetzen. Er ist auch – wiederum mit absoluter Mehrheit – befugt, im Einzelfall von ihr **abzuweichen**.³⁰⁵ Die Geschäftsordnung gilt **für die Dauer der Amtszeit** des PR.³⁰⁶ Der nachfolgende PR kann sie aber durch ausdrücklichen Beschluss unverändert (oder modifiziert) übernehmen. **4**

§ 43 [Sprechstunden]

¹Der Personalrat kann Sprechstunden während der Arbeitszeit einrichten. ²Zeit und Ort bestimmt er im Einvernehmen mit dem Leiter der Dienststelle.

Die Vorschrift bietet dem PR die Möglichkeit, unabhängig von der Größe der Dienststelle, Sprechstunden während der Arbeitszeit einzurichten. Diese dienen der **Kommunikation** zwischen dem PR und den von ihm repräsentierten Beschäftigten.³⁰⁷ Über die **Einrichtung von Sprechstunden** entscheidet der PR durch **Beschluss**. Diese Entscheidung liegt in **1**

---

302 *BVerwG* v. 7.11.69 – VII P 3.69 – u. v. 5.2.71 – VII P 17.70 –, PersV 71, 15, u. 271.
303 Vgl. *ArbG München* v. 12.4.89 – 26b BV 42/89 –, AiB 89, 351 Ls.
304 *BVerwG* v. 7.11.69, a.a.O.
305 H.M.; vgl. KfdP-*Kröll*, Rn. 7.
306 Str.; vgl. KfdP-*Kröll*, Rn. 8.
307 Vgl. *BVerwG* v. 12.12.05 – 6 P 7.05 –, PersR 06, 122.

§ 43 Sprechstunden des Personalrats

seinem pflichtgemäßen **Ermessen** und bedarf keiner Zustimmung des Leiters der Dienststelle. Die alleinige Entscheidungsbefugnis des PR erstreckt sich auch darauf, die Sprechstunden **während der Arbeitszeit** einzurichten. Der PR ist aber auch berechtigt, Sprechstunden **außerhalb der Arbeitszeit** abzuhalten.

2 **Zeit und Ort** der während der Arbeitszeit einzurichtenden Sprechstunden bestimmt der PR im **Einvernehmen mit dem Dienststellenleiter**, also mit dessen Zustimmung. Dadurch soll gewährleistet werden, dass dienstliche Erfordernisse nicht unberücksichtigt bleiben. Unter **Zeit** ist die Dauer, der Zeitpunkt (Tag und Uhrzeit) und die Häufigkeit der Sprechstunden zu verstehen. Mit **Ort** ist in erster Linie der Raum gemeint, in dem die Sprechstunden abgehalten werden. Dazu gehört in räumlich verzweigten Dienststellen aber auch die Frage, an welchen Stellen (zusätzlich zur Zentrale auch in entfernt liegenden Nebenstellen oder Dienststellenteilen) die Sprechstunden durchgeführt werden.

3 Die Abhaltung der eingerichteten Sprechstunden gehört nicht zu den vom Vorstand zu führenden laufenden Geschäften (vgl. § 32 Rn. 7), sondern ist eine **Aufgabe des PR**.[308] Soweit dazu in der Geschäftsordnung nichts Näheres geregelt ist (vgl. § 42 Rn. 1), entscheidet der PR durch gesonderten Beschluss. Er hat insb. festzulegen, welches oder **welche seiner Mitglieder** die Sprechstunden abhalten. Dabei kommt es auf Sachkunde und Beratungskompetenz, nicht aber auf die Gruppenzugehörigkeit an.[309] Der PR kann, wenn dies sachdienlich erscheint, im Einzelfall auch Beauftragte der in der Dienststelle vertretenen **Gewerkschaften** zur Sprechstunde hinzuziehen.[310] Das ergibt sich aus der in § 2 Abs. 1 normierten allgemeinen Unterstützungsfunktion dieser Gewerkschaften.[311] Führt die **JAV** keine eigenen Sprechstunden durch (vgl. § 62 Rn. 2), kann eines ihrer Mitglieder an der Sprechstunde des PR teilnehmen, soweit diese von jugendlichen oder auszubildenden Beschäftigten i. S. d. § 57 aufgesucht wird. Entsprechendes gilt hinsichtlich der **Vertrauensperson der schwerbehinderten Menschen**, wenn die Schwerbehindertenvertretung keine eigenen Sprechstunden eingerichtet hat.

4 **Gegenstand** der Sprechstunden können alle Angelegenheiten sein, die mit der Funktion des PR zur Vertretung der Interessen der Beschäftigten zusammenhängen. Im Hinblick auf die allgemeinen Überwachungsaufgaben des PR nach § 67 Abs. 1 S. 1 und § 68 Abs. 1 Nr. 2 gehört dazu auch die **Erörterung von Rechtsfragen**, welche die Beschäftigungsverhältnisse der die Sprechstunde aufsuchenden Beschäftigten betreffen.[312] Das ergibt sich aus § 2 Abs. 3 Nr. 3 des Rechtsdienstleistungsgesetzes (RDG),

---

308 Str.; vgl. KfdP-*Kröll*, Rn. 5 m. N.
309 Str.; vgl. KfdP-*Kröll*, a. a. O.
310 Str.; vgl. KfdP-*Kröll*, Rn. 6 m. N.
311 Vgl. *BAG* v. 17.1.89 – 1 AZR 805/87 –, PersR 89, 138.
312 Näher zum Folgenden KfdP-*Kröll*, Rn. 8 a f.

Sprechstunden des Personalrats § 43

das als Art. 1 des Gesetzes v. 12.12.07[313] erlassen worden und mit Wirkung vom 1.7.08 an die Stelle des bisherigen Rechtsberatungsgesetzes (RBerG) getreten ist. Zu einer **rechtlichen Hilfestellung** (die nicht in der gerichtlichen oder verwaltungsförmlichen Rechtsdurchsetzung besteht) ist der PR auch dann befugt, wenn es an einer konkreten beteiligungsbedürftigen Maßnahme der Dienststelle fehlt. Soweit das *BVerwG* früher[314] zur Zulässigkeit einer »akzessorischen Rechtsberatung« eine engere Ansicht vertreten hat, ist diese seit der Ablösung des RBerG durch das RDG überholt (vgl. auch § 68 Rn. 13).

Die Beschäftigten der Dienststelle sind berechtigt, die Sprechstunden des 5 PR **während ihrer Arbeitszeit aufzusuchen**, ohne dass es dafür einer Dienstbefreiung bedarf. Sie müssen sich allerdings rechtzeitig vorher bei ihrem unmittelbaren Vorgesetzten unter Angabe des Beginns und der voraussichtlichen Dauer ihrer Abwesenheit – nicht jedoch des Grundes für den Besuch – **abmelden** und nach ihrer Rückkehr wieder zurückmelden. Der Dienststellenleiter ist verpflichtet, dem einzelnen Beschäftigten **Gelegenheit zu geben**, die Sprechstunden des PR aufzusuchen.[315] Dazu hat er den ihm unterstellten Vorgesetzen die erforderlichen Anweisungen zu erteilen. Der Dienststellenleiter (oder der Vorgesetzte) kann allerdings die **Verschiebung** des Besuchs der Sprechstunde verlangen, wenn dies wegen **unaufschiebbarer dienstlicher Erfordernisse** geboten ist.[316] Untersagt der Dienststellenleiter (oder der Vorgesetzte) das Verlassen des Arbeitsplatzes, ohne dafür einen triftigen Grund zu haben, kann der betroffene Beschäftigte die Sprechstunde trotzdem aufsuchen (vgl. auch § 8 Rn. 5 a).[317]

Will der PR **einzelne Beschäftigte in die Sprechstunde einladen**, so 5 a gilt nach der Rspr. des *BVerwG*[318] Folgendes: Der PR muss sich zuvor **mit dem Dienststellenleiter abstimmen**. Ein Einvernehmen ist dabei allerdings nicht erforderlich. Weigert sich der PR, auf Einwände des Dienststellenleiters einzugehen, so kann dieser, wenn seine Einwände berechtigt sind, nach § 83 Abs. 1 Nr. 3, Abs. 2 effektiven Rechtsschutz im personalvertretungsrechtlichen Beschlussverfahren erlangen. Der Dienststellenleiter kann auch generell erklären, mit einer Einladung einzelner Beschäftigter durch den PR ohne vorherige Rücksprache einverstanden zu sein, vorausgesetzt, dass es ihm durch die gleichzeitige Mitteilung der Einladung ermöglicht wird, ggf. Einwände vorzubringen und die Verschiebung der Besprechung zu erreichen (»**antizipierte Benehmenserklärung**«). Für die Einladung zu einem anderen im PR-Büro stattfindenden Besprechungstermin gilt das Gleiche wie für die Einladung in die Sprechstunde.

---

313 BGBl. I S. 2840.
314 Beschl. v. 18.8.03 – 6 P 2.03 –, PersR 03, 498.
315 *BVerwG* v. 12.12.05 – 6 P 7.05 –, PersR 06, 122.
316 *BVerwG* v. 12.12.05, a.a.O.
317 Str.; vgl. KfdP-*Kröll*, Rn. 9.
318 Beschl. v. 12.12.05, a.a.O.

§ 44 Kosten und Sachaufwand des Personalrats (Abs. 1)

6 Zum Besuch der Sprechstunden sind **alle Beschäftigten** der Dienststelle berechtigt. Dazu gehören auch die in der Dienststelle tätigen Leiharbeitnehmer (vgl. § 4 Rn. 10). Für unechte Leiharbeitnehmer ist dies durch § 14 Abs. 2 S. 2 und Abs. 4 AÜG ausdrücklich klargestellt.

7 Die Einrichtung von Sprechstunden schließt Kontakte zwischen PR und einzelnen Beschäftigten zu anderen Zeiten und an anderer Stelle nicht aus. Kann z. B. ein Beschäftigter die Sprechstunde wegen Krankheit nicht aufsuchen, ist der PR berechtigt, eines seiner Mitglieder zu einem **Besuch im Krankenhaus** oder im Hause des Beschäftigten zu entsenden, wenn dieser den Besuch ausdrücklich wünscht und dafür ein konkreter, im Aufgabenbereich des PR liegender Anlass besteht.[319] Falls erforderlich, können die Beschäftigten den **PR außerhalb der Sprechstunden aufsuchen**, ohne dass der Dienststellenleiter dies verbieten darf.[320] Hinzu kommt die Möglichkeit des PR, **Beschäftigte an ihrem Arbeitsplatz aufzusuchen** (vgl. § 68 Rn. 39 f.).

8 Nach § 44 Abs. 1 und 2 trägt die Dienststelle die notwendigen **Kosten**, die durch die Einrichtung und Abhaltung der Sprechstunden entstehen. Sie hat insb. nach § 44 Abs. 2 in erforderlichem Umfang **Räume und Geschäftsbedarf** zur Verfügung zu stellen (vgl. § 44 Rn. 25 ff.). Sind in räumlich verteilten Dienststellen keine auswärtigen Sprechstunden eingerichtet, sind Beschäftigten aus den Außenstellen in entsprechender Anwendung des § 50 Abs. 1 S. 4 die durch den Besuch entstehenden **Fahrkosten** zu erstatten.[321] Das gilt auch für Telebeschäftigte.

9 Auch wenn das BPersVG dies anders als § 39 Abs. 3 BetrVG nicht ausdrücklich klarstellt, darf die Arbeitszeitversäumnis, die zum Besuch der Sprechstunde – oder aufgrund sonstiger Inanspruchnahme des PR – erforderlich ist, **keine Minderung der Dienstbezüge oder des Arbeitsentgelts** zur Folge haben.[322] Das gilt bei auswärtigen Beschäftigten auch für die Wegezeiten.

§ 44 [Kosten und Sachaufwand des Personalrats]

(1) ¹Die durch die Tätigkeit des Personalrates entstehenden Kosten trägt die Dienststelle. ²Mitglieder des Personalrates erhalten bei Reisen, die zur Erfüllung ihrer Aufgaben notwendig sind, Reisekostenvergütungen nach dem Bundesreisekostengesetz.

(2) Für die Sitzungen, die Sprechstunden und die laufende Geschäftsführung hat die Dienststelle in erforderlichem Umfang Räume, den Geschäftsbedarf und Büropersonal zur Verfügung zu stellen.

---

319 *BVerwG* v. 24.10.69 – VII P 14.68 –, PersV 70, 131.
320 Vgl. *BAG* v. 23.6.1983 – 6 ABR 65/80 –, AP BetrVG 1972 § 37 Nr. 45.
321 Str.; KfdP-*Kröll*, Rn. 12 m.N.
322 Vgl. KfdP-*Kröll*, Rn. 13.

Kosten des Personalrats (Abs. 1) § 44

(3) Dem Personalrat werden in allen Dienststellen geeignete Plätze für Bekanntmachungen und Anschläge zur Verfügung gestellt.

§ 44 bestimmt in **Abs. 1 S. 1**, dass die Dienststelle die durch die Tätigkeit des PR entstehenden Kosten trägt. Er konkretisiert diese Festlegung durch die Vorschriften in **Abs. 1 S. 2** hinsichtlich der Kosten notwendiger Reisen von PR-Mitgliedern, in **Abs. 2** hinsichtlich des erforderlichen Sachaufwandes und Büropersonals und in **Abs. 3** hinsichtlich geeigneter Plätze für Bekanntmachungen und Anschläge des PR. 1

(Abs. 1) Nach der **Grundnorm des Abs. 1 S. 1** hängt die Kostentragung durch die Dienststelle von zwei Voraussetzungen ab: Zum einen muss es sich um Kosten handeln, die durch die **Tätigkeit des PR** entstehen (vgl. Rn. 3), zum anderen müssen die entstehenden **Kosten notwendig** sein (vgl. Rn. 4). Darüber hinaus verlangt die Rspr. unter Berufung auf den von ihr entwickelten Grundsatz der Verhältnismäßigkeit, dass die Kosten **angemessen** sein müssen (vgl. Rn. 4), und lässt es u. U. zu, dass die Tragung notwendiger und angemessener Kosten mit der Begründung, die **Haushaltsmittel** seien erschöpft, abgelehnt werden kann (vgl. Rn. 7 f.). 2

Tätigkeit des PR i. S. d. Abs. 1 S. 1 ist nur diejenige, die zum **gesetzlichen Aufgabenkreis** des PR gehört, also eine Tätigkeit, mit der er seine Rechte wahrnimmt und seine Pflichten erfüllt.[323] Dies ist allein nach **objektiven Gesichtspunkten** festzustellen; ein Ermessen steht dem PR dabei nicht zu.[324] Insoweit gilt das Gleiche wie im Falle des § 46 Abs. 2 S. 1 (vgl. § 46 Rn. 2). 3

Ob die durch eine Tätigkeit des PR entstehenden **Kosten notwendig** sind, ist nicht im Rückblick von einem rein objektiven Standpunkt aus zu beurteilen, sondern es reicht aus, wenn der PR die Kosten im Zeitpunkt der Verursachung bei Würdigung der Umstände nach **pflichtgemäßer Beurteilung** der Sachlage für notwendig halten durfte.[325] Zu beachten hat er dabei nach der Rspr. des *BVerwG*[326] das Gebot der **sparsamen Verwendung öffentlicher Mittel** (vgl. § 6 HGrG, § 7 BHO) sowie den Grundsatz der **Verhältnismäßigkeit**, nach dem die anfallenden Kosten in einem angemessenen Verhältnis zu dem erstrebten und möglichen Nutzen stehen müssen. Der Maßstab der Verhältnismäßigkeit, gegen den wegen seiner Unbestimmtheit Bedenken bestehen, darf aber nicht dazu verwandt werden, die Aktivitäten des PR auf ein unteres Niveau festzuschreiben und die PR-Tätigkeit zu reglementieren. Um dies zu vermeiden, sind bei der vom PR zu treffenden Ermessensentscheidung noch **weitere Abwägungs-** 4

---

323 *BVerwG* v. 18. 6. 91 – 6 P 3.90 – u. v. 15. 4. 08 – 6 PB 3.08 –, PersR 91, 341, u. 08, 448.
324 *BVerwG* v. 18. 6. 91 u. v. 15. 4. 08, a. a. O.
325 *BVerwG* v. 22. 6. 62 – VII P 8.61 –, PersV 62, 180, v. 18. 6. 91, a. a. O., v. 9. 10. 91 – 6 P 1.90 –, PersR 92, 52, u. v. 15. 4. 08, a. a. O.
326 Beschl. v. 18. 6. 91, a. a. O., m. w. N.

§ 44 Kosten des Personalrats (Abs. 1)

gesichtspunkte zu berücksichtigen: die Ausübung der PR-Tätigkeit als unentgeltliches Ehrenamt nach § 46 Abs. 1, der Grundsatz der vertrauensvollen Zusammenarbeit nach § 2 Abs. 1 und das Benachteiligungsverbot nach § 8.[327] In dem vom Gesetz vorgegebenen Rahmen steht dem PR ein **Beurteilungsspielraum** zu.

5 Der PR hat selbständig und **eigenverantwortlich** darüber zu bestimmen, wie er seine Geschäfte führt und die ihm obliegenden Aufgaben wahrnimmt (vgl. § 1 Rn. 19b). Es ist deshalb allein seine Sache, über die Notwendigkeit der durch seine Tätigkeit entstehenden Aufwendungen zu entscheiden.[328] Obwohl er dazu keiner Zustimmung des Dienststellenleiters bedarf, ist er aufgrund des Gebots der **vertrauensvollen Zusammenarbeit** nach § 2 Abs. 1 (vgl. § 2 Rn. 4) jedoch zu einer Absprache mit dem Dienststellenleiter verpflichtet, bevor er außergewöhnliche, weit reichende oder besonders kostspielige Maßnahmen beschließt.[329]

6 Nach der Rspr. des *BVerwG*[330] besteht ein **Prüfungsrecht des Dienststellenleiters** dahingehend, ob die Kosten durch die Wahrnehmung der dem PR gesetzlich übertragenen Aufgaben entstanden sind und ob der PR bei seiner Entscheidung über die Erforderlichkeit und Angemessenheit der entstandenen Kosten die Grenzen seines Beurteilungsspielraums eingehalten hat. Der Grundsatz der vertrauensvollen Zusammenarbeit nach § 2 Abs. 1 und das Benachteiligungsverbot nach § 8 schließen jedoch eine zu kleinliche Prüfung von aufgabenbezogenen Aufwendungen des PR aus.[331]

7 Das *BVerwG* vertritt in seiner neueren Rspr.[332] den in der überwiegenden Kommentarliteratur geteilten Standpunkt, kostenwirksame Entscheidungen und Betätigungen des PR unterlägen im Prinzip denselben **haushaltsmäßigen Bindungen**, denen die Dienststelle insgesamt unterworfen sei, weil der PR weder rechtlich verselbständigt noch organisatorisch aus der Dienststelle ausgegliedert sei und demzufolge hinsichtlich der Haushalts- und Wirtschaftsführung einen Teil der Dienststelle bilde. Er sei verpflichtet, seinen voraussehbaren Finanzbedarf rechtzeitig vor Aufstellung des Haushaltsplans bei der Dienststelle geltend zu machen, ggf. einen die Ansätze des Haushaltsplans übersteigenden, unvorhersehbaren und unvermeidlichen Mittelbedarf zwecks Nachbewilligung von Haushaltsmitteln rechtzeitig anzuzeigen und seine Tätigkeiten auf den jeweiligen Mittelbestand einzurichten. Damit stellt das *BVerwG* die vollständige Erfüllung der Kostentragungspflicht der Dienststelle und damit zugleich die vollständige Wahr-

---

327 *OVG NW* v. 4.10.01 – 1 A 531/00.PVB –, PersR 02, 83.
328 *BVerwG* v. 22.6.62, a. a. O, u. v. 29.8.75 – VII P 13.73 –, PersV 76, 305.
329 *HessVGH* v. 29.10.86 – BPV TK 39/85 –, PersR 87, 175 Ls.
330 Beschl. v. 28.7.89 – 6 P 1.88 – u. v. 7.12.94 – 6 P 36.93 –, PersR 89, 297, u. 95, 179.
331 *BVerwG* v. 7.12.94 – 6 P 36.93 –, PersR 95, 179.
332 Vgl. Beschl. v. 24.11.86 – 6 P 3.85 –, PersR 87, 84, sowie v. 26.2.03 – 6 P 9.02 – u. – 6 P 10.02 –, PersR 03, 279 u. 276.

nehmung der gesetzlichen Aufgaben und Befugnisse des PR letztlich unter einen **Haushaltsvorbehalt**, der im BPersVG nicht vorgesehen ist und der mit der Funktion des PR, als Repräsentant der Beschäftigten deren Interessen zu vertreten (vgl. § 1 Rn. 19), nicht zu vereinbaren ist. Dieser Funktion wird nur dann entsprochen, wenn es **Sache des Trägers der Dienststelle** ist, durch geeignete organisatorische und haushaltsrechtliche Vorkehrungen sicherzustellen, dass die Dienststelle ihrer Pflicht zur Kostentragung genügen kann.[333]

Folgt man der h. M. (vgl. Rn. 7), so gilt Folgendes: Einerseits ist der **8** Dienststellenleiter nach § 2 Abs. 1 verpflichtet (vgl. § 2 Rn. 4), den PR rechtzeitig und gleichrangig bei der **Planung** der für seine Tätigkeit bestimmten Mittel und bei der **Bewirtschaftung** dieser Mittel zu beteiligen. Dazu gehört u. a. die Bedarfsermittlung vor Beginn des nächsten Haushaltsjahres sowie ggf. die Zulassung von Mehrausgaben durch Einsparungen bei anderen Ausgabetiteln oder durch Bewilligung überplanmäßiger Ausgaben. Andererseits hat sich der PR grundsätzlich weiterer kostenwirksamer Beschlüsse zu enthalten, wenn die in der Dienststelle für seine Tätigkeit verfügbaren **Haushaltsmittel erschöpft** sind. Ausnahmen von diesem Grundsatz gelten jedoch für solche Tätigkeitsbereiche, für die das PersVR strikte Festlegungen trifft, welche die **Funktions- und Arbeitsfähigkeit der Personalvertretung** sicherstellen und keinen zeitlichen Aufschub dulden, z. B. für die Durchführung einer regelmäßigen PR-Wahl oder die Einlegung einer vom Oberverwaltungsgericht zugelassenen Rechtsbeschwerde. Auch bei der Entsendung zu bestimmten Schulungsveranstaltungen kommen Ausnahmen in Betracht (vgl. Rn. 23). Liegt ein Ausnahmefall vor, hat die Dienststelle die notwendigen Kosten auch bei Fehlen von Haushaltsmitteln zu übernehmen.[334]

Obwohl Abs. 1 S. 1 nur von der »Tätigkeit des Personalrates« spricht, **9** erstreckt sich die Kostentragungspflicht der Dienststelle auch auf die **Tätigkeit einzelner PR-Mitglieder**.[335] Auch dies hängt davon ab, dass die kostenverursachende Tätigkeit des PR-Mitglieds zum gesetzlichen Aufgabenkreis des PR gehört (vgl. Rn. 3) und dass entweder der PR als Organ oder das PR-Mitglied die entstandenen Kosten im Zeitpunkt ihrer Verursachung nach pflichtgemäßer Beurteilung für notwendig und angemessen halten durfte (vgl. Rn. 4). Diese Beurteilung hat statt des Organs das Mitglied insb. dann vorzunehmen, wenn seine Tätigkeit darin besteht, eine Aufgabe zu erfüllen, die ihm vom Gesetz zur eigenständigen Wahrnehmung zugewiesen ist (wie bei bestimmten Aufgaben des Vorsitzenden; vgl. § 32 Rn. 15), oder wenn seine Tätigkeit auf einem Beschluss des PR

---

333 Insoweit im Ansatz zu Recht *BVerwG* v. 22. 6. 62 – VII P 8.61 –, PersV 62, 180, sowie ausdrücklich *BayVGH* v. 27. 1. 81 – Nr. 18 C 80 A. 2052 –, PersV 82, 291; näher dazu KfdP-*Kröll*, Rn. 12 ff.
334 *BVerwG* v. 26. 2. 03 – 6 P 9.02 –, PersR 03, 279.
335 *BayVGH* v. 23. 7. 03 – 17 P 03.18 –, PersR 04, 224.

§ 44 Kosten des Personalrats (Abs. 1)

(wie z. B. die Teilnahme an einer Prüfung nach § 80) oder einer Entscheidung des Vorsitzenden (wie z. B. die Teilnahme an einer PR-Sitzung) beruht. Da der PR wegen fehlender Vollrechtsfähigkeit (vgl. § 1 Rn. 19 a) grundsätzlich nicht Träger vermögensrechtlicher Ansprüche und Verpflichtungen sein kann, handelt es sich bei den durch seine Tätigkeit entstandenen und von der Dienststelle nach Abs. 1 S. 1 zu tragenden Kosten i. d. R. ohnehin um **Auslagen einzelner PR-Mitglieder**.[336] Etwas anderes gilt ausnahmsweise dann, wenn der **PR** aufgrund seiner Teilrechtsfähigkeit im personalvertretungsrechtlichen Beschlussverfahren einen Rechtsanwalt beauftragt hat und deshalb **allein und unmittelbar Anspruchsverpflichteter** dieses Rechtsanwalts ist[337] (vgl. dazu Rn. 15).

10 Hat die Dienststelle nach Abs. 1 S. 1 die **Kosten eines PR-Mitglieds** zu tragen und ist dieses entsprechende Verbindlichkeiten eingegangen, hat es gegen die Dienststelle einen **Anspruch auf Freistellung** von der Verbindlichkeit. Wenn es die Verbindlichkeit bereits erfüllt, also die Mittel dafür ausgelegt hat, steht ihm ein entsprechender Erstattungsanspruch, d. h. ein **Zahlungsanspruch**, zu.[338] Ist der **PR** selbst eine Verbindlichkeit eingegangen, indem er unter den Voraussetzungen des Abs. 1 S. 1 einen Rechtsanwalt beauftragt hat (vgl. Rn. 9, 15), hat er gegen die Dienststelle einen **Anspruch auf Freistellung** von dieser Verbindlichkeit.

11 Nach **Abs. 1 S. 2** erhalten Mitglieder des PR bei **Reisen**, die zur Erfüllung ihrer Aufgaben notwendig sind, Reisekostenvergütungen nach dem Bundesreisekostengesetz (BRKG). Diese Reisen sind **keine Dienstreisen**, weil keine Dienstgeschäfte wahrgenommen werden.[339] Wegen der Unabhängigkeit des PR (vgl. Rn. 5) bedürfen sie **keiner Genehmigung** oder Anordnung durch den »zuständigen Vorgesetzten« oder den Dienststellenleiter,[340] wobei in Zweifelsfällen eine vorherige Abklärung sinnvoll sein kann. Die PR-Mitglieder bedürfen für diese Reisen auch **keiner gesonderten Dienstbefreiung**, weil diese bereits nach § 46 Abs. 2 S. 1 erteilt ist (vgl. § 46 Rn. 3). Erforderlich ist aber grundsätzlich ein vom PR zu fassender **Beschluss**[341] und, dem Gebot der vertrauensvollen Zusammenarbeit entsprechend (vgl. § 2 Rn. 4), eine rechtzeitige **Anzeige** an die Dienststelle.

12 Reisekostenvergütungen erhalten PR-Mitglieder nach Abs. 1 S. 2 nur für solche Reisen, die **zur Erfüllung ihrer Aufgaben notwendig** sind.[342] Ob

---

336 *BVerwG* v. 27. 4. 79 – 6 P 24.78 –, PersV 81, 25, u. v. 9. 3. 92 – 6 P 11.90 –, PersR 92, 243.
337 *BVerwG* v. 9. 3. 92, a. a. O., u. v. 19. 12. 96 – 6 P 10.94 –, PersR 97, 309.
338 Vgl. *BAG* v. 27. 3. 79 – 6 ABR 15/77 –, AP ArbGG 1953 § 80 Nr. 7.
339 *BVerwG* v. 22. 6. 62 – VII P 8.61 –, PersV 62, 180, u. v. 12. 6. 84 – 6 P 34.82 –, Buchh 238.3A § 44 Nr. 11.
340 *BVerwG* v. 22. 6. 62, a. a. O., v. 27. 4. 83 – 6 P 3.81 –, PersV 84, 324, u. v. 12. 6. 84, a. a. O.
341 *BVerwG* v. 21. 7. 82 – 6 P 30.79 –, PersV 83, 372.
342 *BVerwG* v. 22. 6. 62, a. a. O., v. 24. 10. 69 – VII P 14.68 –, PersV 70, 131, u. v. 21. 7. 82, a. a. O.

Kosten des Personalrats (Abs. 1) § 44

es sich um eine Reise zur Erfüllung **personalvertretungsrechtlicher Aufgaben** handelt, richtet sich nach **objektiven Kriterien** (vgl. Rn. 3).[343] Ob eine Reise zur Aufgabenerfüllung **notwendig** ist, bestimmt sich dagegen danach, ob der PR sie nach pflichtgemäßer Prüfung aller Umstände für erforderlich halten durfte.[344] Dabei steht dem PR ein begrenzter **Beurteilungsspielraum** zu (vgl. Rn. 4).[345]

Nach Abs. 1 S. 2 richtet sich die Abgeltung der **reisebedingten Mehraufwendungen** ausschließlich nach dem – wegen der Eigenart der PR-Tätigkeit allerdings nur entsprechend anwendbaren[346] – **Bundesreisekostengesetz** (BRKG). Maßgeblich ist seit dem 1.9.05 das als Art. 1 des Gesetzes v. 26.5.05[347] verkündete BRKG. Es gilt (wie das vorherige BRKG i. d. F. v. 13.11.73[348], zuletzt geändert durch Gesetz v. 15.11.04[349]) ohne gruppenspezifische Differenzierungen unabhängig davon, ob es sich bei den PR-Mitgliedern um Beamte oder Arbeitnehmer handelt.[350] Die im BRKG getroffenen typisierenden und pauschalierenden Regelungen über die Ermittlung des erstattungsfähigen Reisekostenaufwandes und über Art und Umfang der Reisekostenvergütung sind auch bei der Ermittlung des erstattungsfähigen Reisekostenaufwandes von PR-Mitgliedern zugrunde zu legen.[351]

13

In seiner ursprünglichen Fassung bestimmte Abs. 1 S. 2 in einem **zweiten Halbsatz**: »die Reisekostenvergütungen sind nach den für Beamte der Besoldungsgruppe A 15 geltenden Bestimmungen zu bemessen«. Diese Vorschrift ist durch Art. 5 des Gesetzes v. 26.5.05 (vgl. Rn. 13) gestrichen worden, weil die im früheren Reisekostenrecht enthaltenen besoldungsgruppenabhängigen Erstattungstatbestände und **Reisekostenstufen abgeschafft** worden sind.

13a

Müssen freigestellte Mitglieder von Stufenvertretungen von dem ihnen bewilligten Trennungsgeld **Steuern und Sozialabgaben** entrichten, haben sie nach der Rspr. des *BVerwG* Anspruch auf **Ausgleich** der dadurch entstandenen Mehrbelastung. Dazu ist die Dienststelle zwar nicht nach

13b

---

343 *BVerwG* v. 27.4.79 – 6 P 24.78 – u. – 6 P 89.78 –, PersV 81, 25 u. 23, sowie v. 21.7.82, a.a.O., u. v. 1.8.96 – 6 P 21.93 –, PersR 96, 491.
344 *BVerwG* v. 27.4.79 – 6 P 89.78 – u. v. 21.7.82, a.a.O.
345 Näher zu Fahrten, die durch die PR-Tätigkeit verursacht sind: *BVerwG* v. 21.5.07 – 6 P 5.06 –, PersR 07, 387, u. v. 12.11.09 – 6 PB 17.09 –, PersR 10, 200; dazu und zu Reisen von PR-Mitgliedern zur Stufenvertretung oder zum GPR: KfdP-*Kröll*, Rn. 23 a f. m. w. N.
346 *BVerwG* v. 21.5.07, a.a.O., u. v. 15.4.08 – 6 PB 3.08 –, PersR 08, 448.
347 BGBl. I S. 1418.
348 BGBl. I. S. 1621.
349 BGBl. I S. 3396
350 *BVerwG* v. 20.11.03 – 6 PB 8.03 –, PersR 04, 59.
351 *BVerwG* v. 27.1.04 – 6 P 9.03 –, PersR 04, 152; vgl. KfdP-*Kröll*, Rn. 25 a–25 c.

§ 44 Kosten des Personalrats (Abs. 1)

Abs. 1 S. 2, wohl aber aufgrund der allgemeinen Kostenregelung des Abs. 1 S. 1 und des Benachteiligungsverbots des § 8 verpflichtet.[352]

14 Die Verpflichtung der Dienststelle zur Kostentragung nach **Abs. 1 S. 1** erstreckt sich auch auf die notwendigen **Kosten von Rechtsstreitigkeiten** des PR und seiner Mitglieder. Im personalvertretungsrechtlichen Beschlussverfahren können **außergerichtliche Kosten**, insb. durch die Beauftragung eines Rechtsanwalts (vgl. Rn. 15f.) entstehen. Diese hat die Dienststelle nach Abs. 1 S. 1 auch dann zu tragen, wenn sie in dem betreffenden Verfahren obsiegt hat. Die Pflicht zur Tragung von Rechtsanwaltskosten besteht grundsätzlich dann, wenn das Beschlussverfahren in Ausübung einer Tätigkeit des PR geführt wird, die zu seinem gesetzlich vorgegebenen Aufgabenbereich gehört, und der PR nach pflichtgemäßer Beurteilung der objektiven Sachlage die Verfahrenskosten für erforderlich halten durfte.[353]

15 Ist der **PR als Antragsteller oder sonstiger Beteiligter** an einem gerichtlichen Verfahren zur Durchsetzung, Klärung oder Wahrung seiner gesetzlichen Befugnisse und Rechte beteiligt, kann er dazu grundsätzlich einen **Rechtsanwalt** hinzuziehen, mit dem er aufgrund seiner insoweit bestehenden Teilrechtsfähigkeit einen entsprechenden Vertrag abschließen kann (vgl. Rn. 9). Dafür hat das *BVerwG* **Anforderungen** entwickelt, die der PR bei seiner nach pflichtgemäßem Ermessen zu treffenden Entscheidung beachten muss.[354] Dazu gehört **in verfahrensrechtlicher Hinsicht**, dass zunächst ein ernsthafter Einigungsversuch mit dem Dienststellenleiter unternommen und für die jeweilige Instanz ein ausdrücklicher Beschluss des PR gefasst wird.[355] **In materiellrechtlicher Hinsicht** darf die Rechtsverfolgung zudem nicht haltlos, d.h. nicht von vornherein offensichtlich aussichtslos, und nicht deshalb mutwillig sein, weil ein prozessual gleichwertiger, aber kostengünstigerer Weg beschritten werden kann.[356]

16 Zu den nach Abs. 1 S. 1 von der Dienststelle zu tragenden Kosten können auch die **Kosten von Rechtsstreitigkeiten einzelner PR-Mitglieder** gehören, wenn es sich dabei um Verfahren handelt, die ihre **Rechtsstellung** als Mitglied des PR betreffen. Das gilt etwa für ein personalvertretungsrechtliches Beschlussverfahren, das von einem PR-Mitglied als Antragsteller in Wahrnehmung seiner mitgliedschaftlichen Rechte betrieben wird, um die Rechtswidrigkeit eines PR-Beschlusses feststellen zu lassen,[357] oder für ein Verfahren, in dem die Nichtwählbarkeit des PR-Mitglieds

---

352 So *BVerwG* v. 27.1.04, a.a.O. (Trennungsübernachtungsgeld), u. v. 25.6.09 – 6 PB 15.09 –, PersR 09, 414 (Wegstreckenentschädigung).
353 Vgl. KfdP-*Kröll*, Rn. 28 m.w.N.
354 Vgl. v.a. Beschl v. 9.3.92 – 6 P 11.90 –, PersR 92, 243.
355 *BVerwG* v. 19.12.96 – 6 P 10.94 –, PersR 97, 309.
356 *BVerwG* v. 11.10.10 – 6 P 16.09 –, PersR 11, 33, m.w.N.; vgl. KfdP-*Kröll*, Rn. 29.
357 *BVerwG* v. 6.3.59 – VII P 5.58 –, PersV 59, 160; *BayVGH* v. 23.4.97 – 17 P 97.450 –, PersR 97, 404.

Kosten des Personalrats (Abs. 1) § 44

festgestellt werden soll und in dem dieses somit Beteiligter ist. Auch das PR-Mitglied kann sich in solchen Verfahren durch einen von ihm ausgewählten und beauftragten **Rechtsanwalt** vertreten lassen, wenn es die Hinzuziehung nach pflichtgemäßer Beurteilung der Sachlage für erforderlich halten darf und die Rechtsverfolgung weder haltlos noch mutwillig ist (vgl. Rn. 15). Dies soll allerdings nicht für die Kosten gelten, die einem ausgeschlossenen PR-Mitglied im **Ausschlussverfahren** nach § 28 Abs. 1 entstanden sind.[358] Streitig ist auch, ob sich die Regelung des Abs. 1 S. 1 auf Kosten von Rechtsstreitigkeiten erstreckt, die (nur) ihren **Ursprung im PersVR** haben. So werden in der Rspr. z. B. außergerichtliche Kosten, die im Zustimmungsersetzungsverfahren bei außerordentlicher Kündigung nach § 47 Abs. 1 entstehen, nicht als erstattungsfähig angesehen, weil das PR-Mitglied in diesen Verfahren lediglich seine persönlichen individualrechtlichen Interessen wahrnehme.[359]

Die Verpflichtung der Dienststelle zur Kostentragung nach Abs. 1 S. 1 erstreckt sich auch auf die notwendigen Kosten einer **anwaltlichen Vertretung des PR vor der Einigungsstelle**, die bei schwierigen Fragen rechtlicher oder tatsächlicher Art, mit denen kein PR-Mitglied oder keiner der vom PR bestellten Beisitzer vertraut ist, in Betracht kommt.[360] Darüber hinaus kann sie sich auch sonst auf die **anwaltliche Beratung des PR außerhalb eines gerichtlichen Verfahrens**, insb. im Vorfeld eines solchen Verfahrens, erstrecken. Zu Unrecht bejaht die bisherige überwiegende Rspr. dies allerdings nur unter sehr engen Voraussetzungen, zu denen insb. das vorherige Ausschöpfen aller sonstigen Informations- und Beratungsmöglichkeiten durch den PR gehört.[361] **17**

Hat die Dienststelle nach Abs. 1 S. 1 die Kosten der Hinzuziehung eines Rechtsanwalts zu tragen, so ist regelmäßig die **gesetzliche Vergütung** nach dem RVG – und nicht das in einer Vergütungsvereinbarung mit dem Anwalt vereinbarte Honorar – zu übernehmen.[362] **17a**

Obwohl das BPersVG keine dem § 80 Abs. 3 BetrVG entsprechende ausdrückliche Regelung enthält, ist es durch § 68 Abs. 2 nicht ausgeschlossen, dass der PR sich der **Beratung durch einen Sachverständigen** bedient, deren notwendige Kosten nach Abs. 1 S. 1 von der Dienststelle zu tragen **18**

---

358 *BVerwG* v. 26.10.62 – VII P 1.62 – u. v. 28.4.67 – VII P 11.66 –, PersV 63, 158, u. 68, 109; zu Recht a. A. *BAG* v. 19.4.89 – 7 ABR 6/88 –, AP BetrVG 1972 § 40 Nr. 29.
359 Vgl. *BVerwG* v. 25.2.04 – 6 P 12.03 –, PersR 04, 181, m. N. der st. Rspr. des *BAG*; krit. dazu KfdP-*Kröll*, Rn. 31 m. N.
360 Vgl. *BAG* v. 14.2.96 – 7 ABR 25/95 –, AP BetrVG 1972 § 76a Nr. 5; zu eng *HmbOVG* v. 15.1.90 – Bs PH 2/89 –, PersV 92, 530, u. *VG Hamburg* v. 16.8.91 – 1 VG FL 18/91 –, PersR 92, 29.
361 Vgl. u. a. *SächsOVG* v. 16.12.97 – P 5 S 29/96 –, PersR 99, 129, u. *VGH BW* v. 19.11.02 – PL 15 S 744/02 –, PersR 03, 204, jew. m. w. N.
362 *BVerwG* v. 29.4.11 – 6 PB 21.10 –, PersR 11, 341; näher dazu KfdP-*Kröll*, Rn. 34 ff.

§ 44 Kosten des Personalrats (Abs. 1)

sind.[363] Der PR muss jedoch auch insoweit zunächst die ihm zur Verfügung stehenden Hilfen zur Informationsbeschaffung und -verarbeitung nutzen, u. a. durch Einholen von Einzelauskünften der Dienststelle, Teilnahme an projektbezogenen Schulungsmaßnahmen, Selbstunterrichtung anhand von Fachliteratur und Erkundigungen bei Gewerkschaften.[364]

19 Nach Abs. 1 sind auch die Kosten, die durch die Teilnahme an einer **Schulungs- und Bildungsveranstaltung** i. S. d. § 46 Abs. 6 entstehen, von der Dienststelle zu tragen. Dabei ist der vom PR zu fassende **Entsendungsbeschluss** (vgl. § 46 Rn. 29) die PR-Tätigkeit, die die Kostentragungspflicht der Dienststelle auslöst.[365] Dieser Beschluss muss sich auf die besuchte Veranstaltung beziehen und vor dem Besuch gefasst worden sein.[366] Vermittelt eine Schulungsveranstaltung Kenntnisse, die nur teilweise für die PR-Tätigkeit erforderlich sind, so ist die Dienststelle zur **anteiligen Kostentragung** verpflichtet (vgl. § 46 Rn. 27).[367] **Inhaber des Kostentragungsanspruchs** ist das entsandte PR-Mitglied, dem die Kosten entstanden sind.[368] Die Dienststelle darf die Übernahme der Kosten nur ablehnen, wenn aus der Sicht eines objektiven Betrachters die Veranstaltung tatsächlich nicht erforderlich ist, wenn die Kosten in einem unangemessenen Verhältnis zu dem zu erwartenden Schulungseffekt stehen oder wenn keine Haushaltsmittel mehr vorhanden sind und der Schulungsbedarf nicht unaufschiebbar ist (vgl. Rn. 7 f. u. 23).[369]

20 Die **Höhe** der von der Dienststelle zu tragenden Kosten erforderlicher Schulungsveranstaltungen von PR-Mitgliedern richtet sich gem. Abs. 1 S. 2 nach dem BRKG (vgl. Rn. 13). Die danach zu zahlende **Reisekostenvergütung** umfasst bei Veranstaltungen i. S. d. § 46 Abs. 6 i. d. R. **Fahrkostenerstattung** und ggf. Wegstreckenentschädigung nach den §§ 4 und 5 BRKG, die **Kosten für Verpflegung und Unterkunft** (Tagegeld und Übernachtungsgeld) nach den §§ 6 und 7 BRKG sowie die als **Nebenkosten** nach § 10 Abs. 1 BRKG zu erstattenden notwendigen Auslagen, bei denen es sich um die **Seminargebühren** des Schulungsveranstalters handelt.[370] Die Pflicht zur Erstattung der Schulungskosten kann der Höhe

---

363 *BVerwG* v. 8. 11. 89 – 6 P 7.87 –, PersR 90, 102.
364 *BVerwG* v. 8. 11. 89, a. a. O., u. v. 18. 6. 91 – 6 P 3.90 –, PersR 91, 341; *OVG NW* v. 8. 11. 00 – 1 A 5943/98.PVL –, PersR 01, 211; *VGH BW* v. 19. 11. 02 – PL 15 S 744/02 –, PersR 03, 204.
365 *BVerwG* v. 27. 4. 79 – 6 P 45.78 –, PersV 80, 19, v. 7. 12. 94 – 6 P 36.93 –, PersR 95, 179, u. v. 26. 2. 03 – 6 P 9.02 –, PersR 03, 279.
366 *BVerwG* v. 9. 7. 07 – 6 P 9.06 –, PersR 07, 434; *BAG* v. 8. 3. 00 – 7 ABR 11/98 –, AP BetrVG 1972 § 40 Nr. 68.
367 *BVerwG* v. 14. 6. 06 – 6 P 13.05 –, PersR 06, 468.
368 *BVerwG* v. 27. 4. 79 – 6 P 17.78 –, PersV 81, 161, u. v. 22. 3. 84 – 6 P 5.82 –, PersV 86, 158.
369 *BVerwG* v. 7. 12. 94 u. v. 14. 6. 06, jew. a. a. O.
370 *BVerwG* v. 7. 12. 94 u. v. 26. 2. 03, jew. a. a. O.

nach **nicht durch interne Verwaltungsvorschriften begrenzt** werden.[371]

Die **Seminargebühren** gehören auch dann zu den von der Dienststelle zu tragenden Kosten, wenn eine **Gewerkschaft** Schulungsveranstalter ist und wenn nur Gewerkschaftsmitglieder zur Schulung zugelassen sind.[372] Allerdings soll die Kostentragungspflicht der Dienststelle entsprechend der Rspr. des *BAG* aufgrund des koalitionsrechtlichen **Verbots der Gegnerfinanzierung** insoweit eingeschränkt sein, als die Gewerkschaft aus der Schulungsveranstaltung keinen Gewinn erzielen darf.[373] Dieser Grundsatz soll auch für rechtlich selbständige, jedoch **gewerkschaftsnahe Schulungseinrichtungen** gelten, bei denen die Gewerkschaften kraft satzungsmäßiger Rechte oder personeller Verflechtungen maßgeblichen Einfluss auf den Inhalt, die Organisation und die Finanzierung der Bildungsarbeit nehmen können.[374] 21

Bei der Geltendmachung des Anspruchs auf Übernahme der Schulungskosten hat der PR bzw. das PR-Mitglied im Streitfall die Erstattungsfähigkeit der Kosten **nachzuweisen** und die Kosten für Verpflegung und Übernachtung sowie die Seminargebühren im Einzelnen **aufzuschlüsseln**.[375] 22

Beim **Fehlen von Haushaltsmitteln** sind die Kosten für die Teilnahme an einer erforderlichen Schulungsveranstaltung nach der Rspr. des *BVerwG* nur dann zu übernehmen, wenn der **Schulungsbedarf unaufschiebbar** ist.[376] Dies ist bei einer **Grundschulung** der Fall, wenn der Schulungsanspruch wegen Zeitablaufs unterzugehen droht.[377] Eine **Spezialschulung** ist unaufschiebbar, wenn das PR-Mitglied die dort vermittelten Kenntnisse benötigt, um einem akuten Handlungsbedarf auf Seiten des PR zu genügen.[378] 23

Eine dem Meinungs- und Erfahrungsaustausch dienende **Tagung** ist nach der Rspr. nicht als Schulungs- und Bildungsveranstaltung anzusehen.[379] Somit sind die einem PR-Mitglied durch die Teilnahme an einer solchen Tagung entstehenden Kosten keine Schulungskosten i. S. d. § 46 Abs. 6 und unter diesem Gesichtspunkt nicht von der Dienststelle zu tragen. Gleichwohl ist die Kostentragungspflicht nach Abs. 1 S. 1 dann zu bejahen, wenn die dem PR-Mitglied entstandenen Teilnahmekosten auf eine Tätigkeit des 23a

---

371 *BVerwG* v. 7.12.94, a.a.O.
372 *BVerwG* v. 27.4.79 – 6 P 45.78 –, PersV 80, 19.
373 Beschl. v. 15.1.92 – 7 ABR 23/90 –, v. 28.6.95 – 7 ABR 55/94 – u. v. 17.6.98 – 7 ABR 20/97 –, AP BetrVG 1972 § 40 Nr. 41, 48 u. 61.
374 *BAG* v. 30.3.94 – 7 ABR 45/93 –, AP BetrVG 1972 § 40 Nr. 42, v. 28.6.95, a.a.O., u. v. 17.6.98, a.a.O.
375 Vgl. *BAG* v. 15.1.92, 30.3.94, 28.6.95 u. 17.6.98, jew. a.a.O.
376 Beschl. v. 26.2.03 – 6 P 9.02 – u. – 6 P 10.02 –, PersR 03, 279 u. 276.
377 So *BVerwG* v. 26.2.03 – 6 P 9.02 –, a.a.O., wonach die Schulung eines im Mai erstmals in den PR gewählten Mitglieds spätestens bis zum Ende des auf das Wahljahr folgenden Kalenderjahres stattfinden muss.
378 So *BVerwG* v. 26.2.03 – 6 P 10.02 –, a.a.O.
379 *BVerwG* v. 27.4.79 – 6 P 89.78 –, PersV 81, 23, u. v. 14.11.90 – 6 P 4.89 –, PersR 91, 29.

§ 44 Sachwaufwand des Personalrats (Abs. 2)

PR zurückführbar sind und wenn der Besuch der Tagung objektiv zur Erfüllung der Aufgaben des PR und subjektiv für das vom PR entsandte PR-Mitglied erforderlich war.[380]

23 b Entstehen einem teilzeitbeschäftigten PR-Mitglied Kosten für die **Fremdbetreuung eines minderjährigen Kindes,** weil es außerhalb seiner persönlichen Arbeitszeit eine notwendige **PR-Tätigkeit** durchführt (z. B. indem es an einer Sitzung des PR teilnimmt), hat die Dienststelle in angemessener Höhe die Kinderbetreuungskosten zu tragen, wenn eine anderweitige Betreuung des Kindes nicht sichergestellt werden kann.[381] Entsprechendes gilt, wenn das teilzeitbeschäftigte PR-Mitglied außerhalb seiner persönlichen Arbeitszeit an einer erforderlichen **Schulungs- und Bildungsveranstaltung** i. S. d. § 46 Abs. 6 teilnimmt.[382]

24 Erleidet ein **Beamter** anlässlich der Wahrnehmung von Rechten oder der Erfüllung von Pflichten nach dem PersVR einen **Unfall,** finden nach § 11 die beamtenrechtlichen Unfallfürsorgevorschriften entsprechende Anwendung. Ist bei einem derartigen Unfall außer einem Körperschaden auch ein **Sachschaden** eingetreten, kann dafür nach § 32 S. 1 BeamtVG Ersatz geleistet werden (vgl. § 11 Rn. 2). Das muss aus Gründen der Gleichbehandlung auch bei **Arbeitnehmern** gelten, die gegen Körperschäden in der gesetzlichen Unfallversicherung versichert sind (vgl. § 11 Rn. 3). Für den Ersatz von **Sachschäden ohne Körperschaden,** die Beamte in Ausübung und infolge einer personalvertretungsrechtlichen Tätigkeit erleiden, kann ohne Anerkennung eines Rechtsanspruchs eine **Billigkeitszuwendung** gewährt werden. Dafür gelten die »Richtlinien für Billigkeitszuwendungen bei Sachschäden, die im Dienst entstanden sind«, v. 10.12.64.[383] Um eine nach § 8 verbotene Benachteiligung zu vermeiden, sind sie auch auf Sachschäden anzuwenden, die bei Wahrnehmung von personalvertretungsrechtlichen Tätigkeiten entstehen.[384] Das gilt nicht nur für Beamte, sondern auch für Arbeitnehmer, die PR-Tätigkeiten wahrnehmen und dabei einen Sachschaden ohne Körperschaden erleiden.

25 (Abs. 2) Nach Abs. 2 hat die Dienststelle für die Sitzungen, die Sprechstunden und die laufende Geschäftsführung in erforderlichem Umfang **Räume, Geschäftsbedarf und Büropersonal** zur Verfügung zu stellen. Für den Umfang dieses **Überlassungsanspruchs**[385] kommt es wie bei der

---

380 So *BVerwG* v. 1.8.96 – 6 P 21.93 –, PersR 96, 491, zu einer von einer Gewerkschaft veranstalteten (PR-)Konferenz u. *HessVGH* v. 24.2.05 – 22 TL 2161/03 –, PersR 05, 367, zu einem dem Meinungsaustausch unter Fachleuten dienenden Fachkongress.
381 Zum BetrVG nahezu unstr.; vgl. *BAG* v. 23.6.10 – 7 ABR 103/08 –, NZA 10, 1298.
382 Vgl. KfdP-*Kröll,* Rn. 42b m. w. N.
383 MinBlFin. 1965 S. 562; GMBl. 1965 S. 395.
384 RdSchr. des BMF v. 22.11.77 – II A 4 – BA 1011 – 2/77 –.
385 Vgl. *BAG* v. 21.4.83 – 6 ABR 70/82 –, AP BetrVG 1972 § 40 Nr. 62; *VG Ansbach* v. 6.11.89 – AN 8 P 89.01251 –, PersR 90, 147.

Sachaufwand des Personalrats (Abs. 2) § 44

Grundnorm des Abs. 1 S. 1 darauf an, was der PR bei Würdigung der Umstände, insb. seiner Geschäftsbedürfnisse, und unter Beachtung des Gebots der sparsamen Verwendung öffentlicher Mittel und des Grundsatzes der Verhältnismäßigkeit nach **pflichtgemäßer Beurteilung** für erforderlich und angemessen halten darf (vgl. Rn. 4).[386] Dem PR steht auch dabei ein **Beurteilungsspielraum** zu.[387]

Die Sitzungen, die Sprechstunden und die laufende Geschäftsführung müssen zur **Tätigkeit des PR**, also zu der nach objektiven Kriterien zu beurteilenden Wahrnehmung seiner gesetzlichen Aufgaben gehören (vgl. Rn. 3). Mit **Sitzungen** sind die Sitzungen des Plenums, des Vorstands und etwaiger Ausschüsse des PR gemeint, aber auch (mangels einer speziellen Regelung) die vom PR nach § 49 i. V. m. § 48 Abs. 1 S. 1 oder Abs. 2 einberufenen **Personalversammlungen**. Die **Sprechstunden** müssen auf der Grundlage des § 43 eingerichtet sein. Der Begriff der **laufenden Geschäftsführung** i. S. d. Abs. 2 ist weiter als der Begriff der laufenden Geschäfte i. S. d. § 32 Abs. 1 S. 4; er umfasst alle zum gesetzlichen Aufgabenkreis des PR gehörenden Tätigkeiten, die keine Sitzungen (bzw. Personalversammlungen) oder Sprechstunden sind. **26**

Bei den zur Verfügung zu stellenden **Räumen** handelt es sich um **Besprechungszimmer** oder **Sitzungssäle** für die durchzuführenden Sitzungen, Versammlungen und Sprechstunden sowie um **Büroräume** für die laufende Geschäftsführung des PR. Lage, Größe, Beschaffenheit und Ausstattung der Räume müssen unter Beachtung des Arbeitsstättenrechts für den jeweiligen Zweck **geeignet**, also funktionsgerecht und benutzbar, sein und dem in der Dienststelle üblichen Standard entsprechen. Sie müssen in aller Regel **innerhalb der Dienststelle** (im Dienstgebäude) liegen. Ob sie ständig oder (nur) zu bestimmten **Zeiten** zur Verfügung zu stellen sind, richtet sich nach dem Umfang der erforderlichen Nutzung. Die zum ständigen Gebrauch überlassenen Räume müssen **abschließbar** sein, in den zeitweise zugewiesenen Büroräumen muss sich ein abschließbarer (ausreichend großer) Aktenschrank zur alleinigen Nutzung befinden. Für die Dauer der Nutzung der Räume steht dem PR (i. d. R. seinem Vorsitzenden) das **Hausrecht** zu (vgl. § 34 Rn. 9; § 48 Rn. 3). **27**

Zum **Geschäftsbedarf** gehören – entsprechend dem in der Dienststelle üblichen Standard – alle **Büroeinrichtungen und -gegenstände**, die für die wirksame Wahrnehmung der Geschäfte des PR erforderlich sind,[388] insb. Schreibmaterialien, Diktiergeräte und Schreibmaschinen, Aktenordner, Stempel, Briefpapier, Briefumschläge und Briefmarken (oder die Mitbenutzung eines Freistemplers) sowie, je nach Größe der Dienststelle, ein eigenes Kopiergerät oder die Mitbenutzung der vorhandenen Kopiergeräte. **28**

---

386 *VGH BW* v. 9.10.01 – PL 15 S 2437/00 –, PersR 02, 126.
387 Vgl. *BAG* v. 12.5.99 – 7 ABR 36/97 – u. v. 9.6.99 – 7 ABR 66/97 –, AP BetrVG 1972 § 40 Nr. 65 u. 66.
388 *VGH BW* v. 20.6.89 – 15 S 2123/88 –, PersR 90, 183.

§ 44 Sachaufwand des Personalrats (Abs. 2)

Der Geschäftsbedarf des PR umfasst, soweit dies zur sachgerechten Erfüllung seiner Aufgaben erforderlich und angemessen ist, auch **Informations- und Kommunikationstechnik** (vgl. Rn. 29 ff.) sowie **Fachliteratur** (vgl. Rn. 31 ff.).

29 Der PR hat u. a. Anspruch auf einen **Telefonanschluss**, und zwar i. d. R. auf einen eigenen Nebenanschluss, nicht jedoch – auch nicht in größeren Dienststellen – auf einen eigenen Amtsanschluss[389] (zur Aufzeichnung von Telefondaten vgl. § 8 Rn. 4). Ist die Erreichbarkeit des PR (z. B. bei der Unterbringung der Dienststelle in weit auseinanderliegenden Gebäuden) besonders erschwert, kann auch ein Anrufbeantworter oder ein Mobiltelefon (Handy) erforderlich sein.[390] In größeren Dienststellen mit umfangreichem Briefverkehr ist ein eigenes **Telefaxgerät**, ansonsten die Mitbenutzung der dienststelleneigenen Faxgeräte erforderlich.[391]

30 Zum erforderlichen und angemessenen Geschäftsbedarf des PR gehört grundsätzlich auch ein **Personalcomputer (PC)** nebst Monitor und Drucker, Disketten- und CD-ROM-Laufwerk sowie Software zur Textverarbeitung und Tabellenkalkulation.[392] Ob ein **tragbarer PC** (Laptop, Notebook) in Dienststellen mit räumlich getrennten Dienstgebäuden erforderlich ist, hängt davon ab, ob diese mit stationären Computern ausgestattet sind, die auch dem PR zur Verfügung stehen.[393]

30a Wird in der Dienststelle ein **internes elektronisches Kommunikationssystem** eingesetzt und können die Beschäftigten über **E-Mail** und **Intranet** erreicht werden, hat der PR Anspruch darauf, dieses System ebenfalls zu nutzen[394] und dort eine eigene **Homepage** einzurichten, die er – unabhängig vom Dienststellenleiter – für Informationen an die Beschäftigten verwenden kann.[395] Des Weiteren kann der PR unter Berücksichtigung des technischen Ausstattungsniveaus der Dienststelle auch Anspruch auf Zugang zum **Internet** haben. Nach der auf das PersVR übertragbaren

---

389 Teilw. str.; vgl. *BAG* v. 1.8.90 – 7 ABR 99/88 – PersR 91, 35, v. 9.6.99 – 7 ABR 66/97 –, AP BetrVG 1972 § 40 Nr. 66, u. v. 8.3.00 – 7 ABR 73/98 –, AuR 00, 142; *HessVGH* v. 27.2.92 – HPV TL 2154/87 –, DB 92, 1787 Ls.; KfdP-*Kröll*, Rn. 55 m. w. N.

390 Vgl. *OVG NW* v. 3.7.95 – 1 A 1690/94.PVB –, PersR 96, 72; *ArbG Frankfurt a. M.* v. 12.8.97 – 18 BV 103/97 –, AiB 98, 223.

391 Teilw. str.; vgl. *VG Ansbach* v. 16.11.04 – AN 8 P 04.00877 –, juris; *LAG Nds* v. 27.5.02 – 5 TaBV 21/02 –, AiB 03, 555; KfdP-*Kröll*, Rn. 55a m. w. N.

392 Teilw. str.; vgl. *BAG* v. 11.3.98 – 7 ABR 59/96 –, AP BetrVG 1972 § 40 Nr. 57, v. 11.11.98 – 7 ABR 57/97 –, PersR 99, 407, v. 12.5.99 – 7 ABR 33/99 –, AP BetrVG 1972 § 40 Nr. 65, u. v. 16.5.07 – 7 ABR 45/06 –, AP BetrVG 1972 § 40 Nr. 90, sowie *VGH BW* v. 9.10.01 – PL 15 S 2437/00 –, PersR 02, 126: einzelfallbezogene Beurteilung.

393 Vgl. *LAG Köln* v. 17.10.97 – 11 TaBV 15/97 –, BB 98, 538.

394 *BVerwG* v. 27.10.09 – 6 P 11.08 –, PersR 10, 74.

395 Zum BetrVG vgl. *BAG* v. 3.9.03 – 7 ABR 12/03 – u. v. 1.12.04 – 7 ABR 18/04 –, AP BetrVG 1972 § 40 Nr. 78 u. 82.

Sachaufwand des Personalrats (Abs. 2) § 44

Rspr. des *BAG* zum BetrVG[396] ist ein Anspruch des PR zu bejahen, sofern die Nutzung des Internets der Informationsbeschaffung durch den PR und damit der Erfüllung der ihm obliegenden personalvertretungsrechtlichen Aufgaben dient und keine berechtigten Interessen der Dienststelle entgegenstehen; ist dies der Fall, bedarf es zur Begründung des Anspruchs nicht der Darlegung konkreter, aktuell anstehender Aufgaben, zu deren Erledigung der PR Informationen aus dem Internet benötigt. Ein Anspruch des PR auf die Einrichtung einer eigenen **Homepage** im (allgemein zugänglichen) Internet dürfte aufgrund der lediglich innerdienstlichen Aufgabenstellung des PR (vgl. § 66 Rn. 17) allerdings zu verneinen sein.[397]

Zu der zur Verfügung zu stellenden **Fachliteratur** gehören die für die PR-Arbeit erforderlichen **Texte von Gesetzen, Verordnungen und Verwaltungsvorschriften**, v. a. auf dem Gebiet des Beamten-, Arbeits- und Sozialrechts, sowie der für die Dienststelle maßgebenden **Tarifverträge, Unfallverhütungsvorschriften** und sonstigen **Arbeitsschutzvorschriften**. Die Möglichkeit zur Mitbenutzung der in der Dienststelle vorhandenen Textausgaben ist nur bei solchen Vorschriften ausreichend, die nur gelegentlich benötigt werden, und dies auch nur dann, wenn im Bedarfsfall die jederzeitige Einsichtnahme möglich ist. Der PR hat das Recht zur Auswahl.[398]

31

Ein **Kommentar zum BPersVG** gehört zum »unentbehrlichen Rüstzeug«, über das der PR jederzeit verfügen muss, wenn er seine Aufgaben ordnungs- und sachgemäß erfüllen will.[399] Wie viele Beschäftigte der PR vertritt, ist nicht entscheidend.[400] Da der Kommentar jederzeit ohne Zeitverlust verfügbar sein muss, ist dem PR i. d. R. ein Exemplar als Mindestausstattung zur alleinigen Nutzung zu überlassen. Sind mehrere Kommentare erschienen, steht dem PR das Wahlrecht zu.[401] Dabei hat er Anspruch auf einen Kommentar in aktueller Fassung. Außerdem ist für jedes PR-Mitglied die aktuelle Auflage des **Basiskommentars** zum BPersVG zur Verfügung zu stellen.[402] Vom PR ausgewählte **Kommentare zu anderen Rechtsvorschriften**, insb. zu den wichtigen arbeits-, sozial-, tarif- und beamtenrechtlichen Vorschriften, gehören jedenfalls dann zum erforderlichen Geschäftsbedarf des PR, wenn er diese Erläuterungswerke zur Erfül-

32

---

396 Vgl. Beschl. v. 20.1.10 – 7 ABR 79/08 –, AP BetrVG 1972 § 40 Nr. 99, m. w. N.
397 Vgl. *ArbG Paderborn* v. 29.1.98 – 1 BV 35/97 –, AiB 98, 282; KfdP-*Kröll*, Rn. 56b.
398 Vgl. *BAG* v. 24.1.96 – 7 ABR 22/95 –, PersR 96, 457.
399 *BVerwG* v. 25.7.79 – 6 P 29.78 –, PersV 80, 57.
400 *VG Ansbach* v. 8.2.88 – AN 7 P 87.01727 –, PersV 88, 265.
401 Vgl. *BAG* v. 26.10.94 – 7 ABR 15/94 –, AP BetrVG 1972 § 40 Nr. 43.
402 So zum BetrVG *ArbG Elmshorn* v. 19.2.91 – 1 d BV 10/91 –; dagegen soll es nach Ansicht des *VGH BW* (Beschl. v. 3.5.94 – PB 15 S 3048/93 –, PersR 1994, 375) ausreichen, wenn die PR-Mitglieder an jeder räumlich getrennten Außenstelle über einen Basiskommentar verfügen können.

§ 44 Sachwaufwand des Personalrats (Abs. 2)

lung seiner Aufgaben regelmäßig benötigt.[403] Der PR hat auch Anspruch auf von ihm ausgewählte – nicht nur juristische – **Spezialliteratur** zu bestimmten Sachbereichen, in denen ihm wesentliche Beteiligungsrechte zustehen.[404]

33 Zum erforderlichen Geschäftsbedarf des PR gehört unabhängig von der Größe der Dienststelle und der Zahl der vom PR vertretenen Beschäftigen auch eine für seine Arbeit einschlägige **Fachzeitschrift zum PersVR**.[405] Inhaltlich geeignet ist eine Zeitschrift, die durch aktuelle Veröffentlichungen über die personalvertretungsrechtliche Entwicklung informiert und sich nicht auf die Wiedergabe der Veröffentlichungen eines einzelnen Verbandes beschränkt.[406] Der PR hat das Recht, eine von mehreren geeigneten Fachzeitschriften auszuwählen.[407] Die Ansicht, dass die PR jedenfalls in kleineren Dienststellen auf ein Umlaufverfahren zusammen mit anderen PR und/oder der Dienststelle verwiesen werden könnten,[408] ist nicht sachgerecht.[409]

33a Zumindest in größeren Dienststellen kann auch die Bereitstellung beamten-, arbeits- und sozialrechtlicher **Entscheidungssammlungen** erforderlich sein, damit der PR auftretende Rechtsfragen unter Heranziehung einschlägiger Rechtsprechung eigenständig einschätzen kann.[410]

34 Die Dienststelle hat dem PR auch in erforderlichem Umfang **Büropersonal** zur Verfügung zu stellen. Die **Aufgaben** des Büropersonals umfassen nicht nur die reinen Schreibarbeiten, sondern auch die damit üblicherweise verbundenen Vor- und Nacharbeiten sowie andere Hilfstätigkeiten, nicht jedoch Sachbearbeiteraufgaben.[411] In welchem **Umfang** die Zuweisung von Büropersonal erforderlich ist, hängt vom Arbeitsanfall des PR ab[412] und ist von diesem darzulegen.[413] Ob und ggf. welche im Zusammenhang mit der PR-Arbeit anfallenden Bürotätigkeiten einer Bürokraft übertragen werden sollen, hat der PR zu entscheiden, wobei es nicht darauf ankommt, ob das PR-Büro mit PC und entsprechender Software ausgestat-

---

403 Vgl. *BVerwG* v. 21.1.91 – 6 P 13.89 – u. v. 16.5.91 – 6 P 13.90 –, PersR 91, 92 u. 333, zum früheren BAT und MTB II (jetzt TVöD); KfdP-*Kröll*, Rn. 59.
404 Vgl. KfdP-*Kröll*, Rn. 60.
405 *BVerwG* v. 29.6.88 – 6 P 18.86 –, PersR 88, 243, v. 5.10.89 – 6 P 10.88 –, PersR 90, 11, u. v. 19.8.94 – 6 P 25.92 –, PersR 94, 522.
406 *BVerwG* v. 29.6.88, a.a.O.
407 Einschränkend *BVerwG* v. 30.1.91 – 6 P 7.89 –, PersR 91, 213.
408 So *BVerwG* v. 30.1.91 u. v. 19.8.94, jew. a.a.O.
409 Vgl. KfdP-*Kröll*, Rn. 62.
410 Vgl. KfdP-*Kröll*, Rn. 62a m.w.N.
411 *BVerwG* v. 21.3.84 – 6 P 3.82 –, Buchh 238.37 § 40 Nr. 2; *BayVGH* v. 10.2.93 – 17 P 92.2698 –, PersR 93, 364; *OVG LSA* v. 30.7.03 – 5 L 5/02 –, PersR 03, 508.
412 *SächsOVG* v. 29.4.97 – P 5 S 40/96 –, PersR 98, 165; *OVG LSA* v. 30.8.00 – A 5 S 4/99 –, PersR 01, 118, u. v. 30.7.03, a.a.O.
413 *BayVGH* v. 8.4.08 – 18 P 07.1370 –, PersV 09, 466.

Bekanntmachungen des Personalrats (Abs. 3) § 44

tet ist.[414] Der PR hat bei der **Auswahl** des Büropersonals ein **Mitspracherecht**.[415] Jedenfalls kann er eine Bürokraft ablehnen, zu der er kein Vertrauen hat.[416]

(Abs. 3) Nach Abs. 3 werden dem PR in allen Dienststellen geeignete **35**
Plätze für Bekanntmachungen und Anschläge zur Verfügung gestellt. In welcher **Anzahl** und an welchen **Stellen** solche Plätze (Schwarze Bretter) bereitzustellen sind, richtet sich nach der Größe und den räumlichen Verhältnissen der jeweiligen Dienststelle. Die Plätze müssen ausreichend groß, für alle Beschäftigten leicht zugänglich und gut sichtbar sein.[417] Der PR entscheidet **eigenverantwortlich**, welche Informationen er in welcher Form und für welche Zeit an den Schwarzen Brettern bekannt macht (vgl. Rn. 5). Eine Inhaltskontrolle durch den Dienststellenleiter (in Form einer **Vor- oder Nachzensur**) ist unzulässig; dieser darf eine Bekanntmachung nur dann eigenmächtig entfernen, wenn dies der Abwehr einer strafbaren Handlung dient, und ist im Übrigen auf die Inanspruchnahme gerichtlichen Rechtsschutzes – einschl. der Möglichkeit einer einstweiligen Verfügung – verwiesen.[418]

Obwohl das BPersVG dies nicht ausdrücklich regelt, ist der PR nicht darauf **36**
beschränkt, die Beschäftigten zwischen den Personalversammlungen ausschließlich durch Bekanntmachungen und Anschläge an den Schwarzen Brettern über seine Tätigkeit zu unterrichten. Da sich diese Informationsform nur für Kurzmitteilungen eignet, ist er nach Abs. 1 S. 1 vielmehr auch zur Herausgabe von **Informationsschriften** berechtigt, wobei er über ihre Herausgabe, ihren Inhalt, ihre Form und ihren Umfang sowie den Zeitpunkt ihres Erscheinens **eigenverantwortlich** zu entscheiden hat (vgl. Rn. 5). Eine **Zensur** durch den Dienststellenleiter ist unzulässig (vgl. Rn. 35). Die **Kosten** der Vervielfältigung und Verteilung der Informationsschriften hat die Dienststelle zu tragen. Liegt der Inhalt einer Informationsschrift im Aufgabenbereich des PR, darf der Dienststellenleiter den Druck bzw. die Kostenübernahme dafür nur ausnahmsweise aus gewichtigen Gründen, z.B. bei einem Verstoß des Inhalts gegen gesetzliche Bestimmungen, ablehnen.[419] Neben den Formen der schriftlichen Information kann der PR auch die in der Dienststelle vorhandenen Möglichkeiten der **elektronischen Kommunikation** nutzen, wenn er auf diese Weise alle Beschäftigten erreichen kann (vgl. Rn. 30 a). Gestattet der Dienststellen-

---

414 Vgl. *BAG* v. 20.4.05 – 7 ABR 14/04 –, AP BetrVG 1972 § 40 Nr. 84.
415 *HessVGH* v. 20.2.80 – HPV TL 23/79 –, PersV 82, 161; a.A. *BVerwG* v. 21.3.84, a.a.O.
416 Vgl. *BAG* v. 5.3.97 – 7 ABR 3/96 –, AP BetrVG 1972 § 40 Nr. 56; vgl. KfdP-*Kröll*, Rn. 65.
417 *HmbOVG* v. 22.5.00 – 8 Bf 436/99.PVL –, PersR 01, 43.
418 *BVerwG* v. 27.10.09 – 6 P 11.08 –, PersR 10, 74.
419 *BVerwG* v. 10.10.90 – 6 P 22.88 –, PersR 91, 27; vgl. auch *OVG NW* v. 11.3.94 – 1 A 1423/91.PVL – u. v. 26.6.98 – 1 A 123/96.PVL –, PersR 94, 429, u. 98, 479.

§ 45 Verbot der Beitragserhebung

leiter dem PR die Mitbenutzung eines dienststelleninternen E-Mail-Systems, so darf er die Weiterleitung von Bekanntmachungen des PR – von den Fällen strafbaren Verhaltens abgesehen – nicht vom Ergebnis einer vorherigen **Inhaltskontrolle** abhängig machen.[420]

§ 45 [Verbot der Beitragserhebung]
Der Personalrat darf für seine Zwecke von den Beschäftigten keine Beiträge erheben oder annehmen.

1 Die Bestimmungen des § 44 sehen vor, dass die Dienststelle die durch die Tätigkeit des PR entstehenden Kosten trägt, die des § 46, dass durch die PR-Tätigkeit keine Minderung der Dienstbezüge oder des Arbeitsentgelts eintritt. Damit ist die Finanzierung der Tätigkeit des PR gewährleistet, ohne dass dieser auf Zuwendungen von Beschäftigten oder Dritten angewiesen ist. § 45 verbietet es dem PR, für seine Zwecke von den Beschäftigten Beiträge zu erheben oder anzunehmen. Dieses **Verbot** entspricht dem Grundsatz des unentgeltlichen Ehrenamts der PR-Mitglieder (§ 46 Abs. 1) und soll die Unabhängigkeit des PR und die seiner Mitglieder sichern. Seinem Wortlaut nach gilt es für Beiträge der **Beschäftigten** (vgl. § 4). Aufgrund ihrer Zwecksetzung ist die Verbotsvorschrift aber auf die Erhebung und Annahme von Beiträgen von **Dritten** – d. h. von Personen, die keine Beschäftigten sind, und von Organisationen, z. B. politischen Parteien oder Gewerkschaften – entsprechend anzuwenden.

2 Das Verbot erstreckt sich nicht nur auf Geldleistungen, sondern auf alle **Zuwendungen**, die der Finanzierung der Tätigkeit des PR dienen. Untersagt ist sowohl die **Erhebung**, also das Einziehen vom PR geforderter Beiträge, als auch die bloße **Annahme**, also die Entgegennahme freiwillig geleisteter Zuwendungen. Verboten ist lediglich die Beitragserhebung und -annahme für **Zwecke des PR**. Diese bestehen in der Wahrnehmung seiner gesetzlichen Aufgaben und Befugnisse. Sammlungen des PR oder seiner Mitglieder für **andere Zwecke** sind nicht unzulässig, wenn dabei insb. das Neutralitätsgebot des § 67 Abs. 1 S. 2 beachtet (vgl. § 67 Rn. 19) und die Unabhängigkeit des PR (vgl. § 1 Rn. 19b) nicht gefährdet wird. So ist z. B. nichts dagegen einzuwenden, dass der PR eine Sammlung für eine Kranzspende oder ein Geburtstagsgeschenk oder für ein Betriebsfest, dessen Organisation er übernommen hat, durchführt. Der PR ist allerdings nicht berechtigt, für solche zwischenmenschlichen Zwecke eine eigene Kasse zu unterhalten.[421] Ausnahmsweise können auch Sammlungen aus außerbetrieblichem Anlass, z. B. für Opfer einer Katastrophe, zulässig sein.[422]

---

420 *BVerwG* v. 27.10.09, a. a. O.
421 Richardi-*Jacobs*, Rn. 11.
422 Str.; vgl. KfdP-*Kröll*, Rn. 5.

Vierter Abschnitt
Rechtsstellung der Personalratsmitglieder

§ 46 [Ehrenamt, Arbeitszeitversäumnis, Freizeitausgleich, Freistellung, Schulung und Bildung]

(1) Die Mitglieder des Personalrates führen ihr Amt unentgeltlich als Ehrenamt.

(2) ¹Versäumnis von Arbeitszeit, die zur ordnungsgemäßen Durchführung der Aufgaben des Personalrates erforderlich ist, hat keine Minderung der Dienstbezüge oder des Arbeitsentgeltes zur Folge. ²Werden Personalratsmitglieder durch die Erfüllung ihrer Aufgaben über die regelmäßige Arbeitszeit hinaus beansprucht, so ist ihnen Dienstbefreiung in entsprechendem Umfang zu gewähren.

(3) ¹Mitglieder des Personalrates sind von ihrer dienstlichen Tätigkeit freizustellen, wenn und soweit es nach Umfang und Art der Dienststelle zur ordnungsgemäßen Durchführung ihrer Aufgaben erforderlich ist. ²Bei der Auswahl der freizustellenden Mitglieder hat der Personalrat zunächst die nach § 32 Abs. 1 gewählten Vorstandsmitglieder, sodann die nach § 33 gewählten Ergänzungsmitglieder und schließlich weitere Mitglieder zu berücksichtigen. ³Bei weiteren Freistellungen sind die auf die einzelnen Wahlvorschlagslisten entfallenden Stimmen im Wege des Höchstzahlverfahrens zu berücksichtigen, wenn die Wahl des Personalrates nach den Grundsätzen der Verhältniswahl durchgeführt (§ 19 Abs. 3 Satz 1) wurde; dabei sind die nach Satz 2 freigestellten Vorstandsmitglieder von den auf jede Wahlvorschlagsliste entfallenden Freistellungen abzuziehen. ⁴Im Falle der Personenwahl (§ 19 Abs. 3 Satz 2) bestimmt sich die Rangfolge der weiteren freizustellenden Mitglieder nach der Zahl der für sie bei der Wahl zum Personalrat abgegebenen Stimmen. ⁵Sind die Mitglieder der im Personalrat vertretenen Gruppen teils nach den Grundsätzen der Verhältniswahl, teils im Wege der Personenwahl gewählt worden, sind bei weiteren Freistellungen die Gruppen entsprechend der Zahl ihrer Mitglieder nach dem Höchstzahlverfahren zu berücksichtigen; innerhalb der Gruppen bestimmen sich die weiteren Freistellungen in diesem Fall je nach Wahlverfahren in entsprechender Anwendung des Satzes 3 und nach Satz 4. ⁶Die Freistellung darf nicht zur Beeinträchtigung des beruflichen Werdegangs führen.

(4) ¹Von ihrer dienstlichen Tätigkeit sind nach Absatz 3 ganz freizustellen in Dienststellen mit in der Regel

§ 46 Ehrenamt (Abs. 1)

300 bis 600 Beschäftigten	ein Mitglied,
601 bis 1 000 Beschäftigten	zwei Mitglieder,
1 001 bis 2 000 Beschäftigten	drei Mitglieder,
2 001 bis 3 000 Beschäftigten	vier Mitglieder,
3 001 bis 4 000 Beschäftigten	fünf Mitglieder,
4 001 bis 5 000 Beschäftigten	sechs Mitglieder,
5 001 bis 6 000 Beschäftigten	sieben Mitglieder,
6 001 bis 7 000 Beschäftigten	acht Mitglieder,
7 001 bis 8 000 Beschäftigten	neun Mitglieder,
8 001 bis 9 000 Beschäftigten	zehn Mitglieder,
9 001 bis 10 000 Beschäftigten	elf Mitglieder.

²In Dienststellen mit mehr als 10 000 Beschäftigten ist für je angefangene weitere 2000 Beschäftigte ein weiteres Mitglied freizustellen. ³Von den Sätzen 1 und 2 kann im Einvernehmen zwischen Personalrat und Dienststellenleiter abgewichen werden.

(5) ¹Die von ihrer dienstlichen Tätigkeit ganz freigestellten Personalratsmitglieder erhalten eine monatliche Aufwandsentschädigung. ²Nur teilweise, aber mindestens für die Hälfte der regelmäßigen Arbeitszeit freigestellte Personalratsmitglieder erhalten die Hälfte der Aufwandsentschädigung nach Satz 1. ³Die Bundesregierung bestimmt durch Rechtsverordnung, die nicht der Zustimmung des Bundesrates bedarf, die Höhe der Aufwandsentschädigung.

(6) Die Mitglieder des Personalrates sind unter Fortzahlung der Bezüge für die Teilnahme an Schulungs- und Bildungsveranstaltungen vom Dienst freizustellen, soweit diese Kenntnisse vermitteln, die für die Tätigkeit im Personalrat erforderlich sind.

(7) ¹Unbeschadet des Absatzes 6 hat jedes Mitglied des Personalrates während seiner regelmäßigen Amtszeit Anspruch auf Freistellung vom Dienst unter Fortzahlung der Bezüge für insgesamt drei Wochen zur Teilnahme an Schulungs- und Bildungsveranstaltungen, die von der Bundeszentrale für politische Bildung als geeignet anerkannt sind. ²Beschäftigte, die erstmals das Amt eines Personalratsmitgliedes übernehmen und nicht zuvor Jugend- und Auszubildendenvertreter gewesen sind, haben einen Anspruch nach Satz 1 für insgesamt vier Wochen.

1 **(Abs. 1)** Die mit § 37 Abs. 1 BetrVG inhaltsgleiche Bestimmung des Abs. 1 stellt den Grundsatz auf, dass das Amt des PR-Mitglieds ein **Ehrenamt** ist.[423] Das PR-Mitglied soll aus seiner Mitgliedschaft und durch seine Amtstätigkeit weder einen Vorteil haben noch einen Nachteil erleiden. **Unzulässige materielle Besserstellungen** sind z.B.: Zahlung von Dienstbezügen oder Arbeitsentgelt für nicht notwendige Arbeitszeitversäumnis;

---

423 Näher dazu KfdP-*Altvater/Peiseler*, Rn. 4–10.

Arbeitszeitversäumnis und Freizeitausgleich (Abs. 2) § 46

Freistellung ohne Vorliegen der Voraussetzungen von Abs. 3 oder 4; Zahlung von Mehrarbeitsvergütung für PR-Tätigkeit in der Freizeit; Zahlung einer höheren Vergütung als an vergleichbare Arbeitnehmer; bevorzugte Höhergruppierung oder Beförderung. **Kein unzulässiger Vorteil** liegt dagegen vor, wenn ein PR-Mitglied, das aufgrund der Wahrnehmung seines Amtes seine bisherige dienstliche Tätigkeit nicht mehr ausüben kann und deswegen auf einem schlechter bezahlten Arbeitsplatz tätig wird, weiterhin das bisherige Arbeitsentgelt erhält. Das Gleiche gilt, wenn unter den Voraussetzungen von Abs. 2 S. 2 ein bezahlter Freizeitausgleich erfolgt.

(Abs. 2) Die Vorschrift des **Abs. 2 S. 1** bestimmt, dass **Versäumnis von Arbeitszeit**, die zur ordnungsgemäßen Durchführung der Aufgaben des PR erforderlich ist, keine Minderung der Dienstbezüge oder des Arbeitsentgelts zur Folge hat. Sie geht – wie sich auch aus der Regelung über den Freizeitausgleich in Abs. 2 S. 2 ergibt – davon aus, dass die Aufgaben des PR i. d. R. während der Arbeitszeit wahrgenommen werden, und räumt der **Pflicht zur Erfüllung der PR-Aufgaben**, die sich aus dem Amt des PR-Mitglieds ergibt, den **Vorrang** vor der beamtenrechtlichen bzw. arbeitsvertraglichen Pflicht zur Erbringung der Dienst- bzw. Arbeitsleistung ein. Die Regelung des Abs. 2 S. 1 berechtigt die PR-Mitglieder, Arbeitszeit zu versäumen, soweit dies zur ordnungsgemäßen Durchführung der Aufgaben des PR erforderlich ist.[424] Die im Einzelnen durchzuführenden **Aufgaben des PR** und seiner Mitglieder ergeben sich in erster Linie aus dem BPersVG, aber auch aus anderen Rechtsvorschriften. Ob es sich bei der Tätigkeit eines PR-Mitglieds um die Wahrnehmung einer Aufgabe des PR handelt, ist nach **objektiven Kriterien** zu entscheiden. Handelt es sich um eine Aufgabe des PR, muss die Arbeitszeitversäumnis zur ordnungsgemäßen Durchführung dieser Aufgabe **erforderlich** sein. Die Erforderlichkeit lässt sich sowohl hinsichtlich der Zahl der tätig werdenden PR-Mitglieder als auch hinsichtlich der Dauer der Arbeitszeitversäumnis nur anhand der **konkreten Umstände** des Einzelfalls beurteilen. Dem PR-Mitglied steht dabei ein **Beurteilungsspielraum** zu. Da jedes PR-Mitglied berechtigt und – vom Fall seiner Verhinderung abgesehen – auch verpflichtet ist, an den **Sitzungen des PR** teilzunehmen, ist die dadurch verursachte Arbeitszeitversäumnis stets erforderlich. Es ist allein Sache des PR, darüber zu entscheiden, **welchen PR-Mitgliedern** welche Aufgaben innerhalb des PR zugewiesen werden (vgl. § 32 Rn. 9). Auch wenn freigestellte Mitglieder vorhanden sind, bleibt es ihm unbenommen, andere Mitglieder mit der Durchführung bestimmter Aufgaben zu beauftragen.

Liegen die Voraussetzungen vor, die das PR-Mitglied zur Arbeitszeitversäumnis berechtigen, ist es kraft Gesetzes unmittelbar **von der Arbeitspflicht befreit**, ohne dass es dazu einer förmlichen Dienst- oder Arbeitsbefreiung

2

3

---

424 Näher dazu KfdP-*Altvater/Peiseler*, Rn. 11–22.

§ 46 Arbeitszeitversäumnis und Freizeitausgleich (Abs. 2)

oder Zustimmung des Dienststellenleiters bedarf.[425] Das PR-Mitglied ist allerdings dem Dienstherrn bzw. Arbeitgeber gegenüber i. d. R. verpflichtet, sich rechtzeitig vor Verlassen des Arbeitsplatzes **unter Angabe von Ort, Beginn und voraussichtlicher Dauer** der beabsichtigten PR-Tätigkeit **abzumelden**.[426] Bei der Abmeldung sind Angaben zur **Art der beabsichtigten PR-Tätigkeit** nicht erforderlich, weil daraus Rechtfertigungszwänge entstehen können, die die Handlungsfreiheit des PR-Mitglieds beeinträchtigen und sich nachteilig auf die unabhängige Amtsführung auswirken können. Nach Beendigung der PR-Tätigkeit hat sich das PR-Mitglied **zurückzumelden**. Hiefür gilt das Gleiche wie für die Abmeldung.[427]

4 Sind die Voraussetzungen des Abs. 2 S. 1 gegeben, hat das PR-Mitglied für die versäumte Arbeitszeit **Anspruch auf die Bezüge** (d. h. die Dienstbezüge i. S. d. Beamtenrechts oder das Arbeitsentgelt i. S. d. Arbeitsrechts), die es erhalten würde, wenn es weitergearbeitet hätte.[428] Für diesen Anspruch gilt zwingend das **Lohnausfallprinzip**.[429] Danach ist eine **hypothetische Betrachtungsweise** dessen maßgeblich, was der Beschäftigte verdient hätte, wenn er nicht durch die Wahrnehmung von PR-Aufgaben an der Erbringung der Dienst- oder Arbeitsleistung gehindert gewesen wäre. Daraus ergibt sich, dass **Überstunden**, die ohne die PR-Tätigkeit geleistet worden wären, zu vergüten sind, und zwar auch dann, wenn diese nicht regelmäßig anfallen.[430] Wird in der Dienststelle **Gleitzeitarbeit** praktiziert, erstreckt sich der Anspruch auf die Zeitgutschrift über die Kernarbeitszeit hinaus auf die gesamte Gleitzeitspanne. Zu den fortzuzahlenden Bezügen gehören auch alle ohne Arbeitszeitversäumnis angefallenen **Nebenbezüge**, die Bestandteil der Besoldung oder der Arbeitsvergütung sind, wie z. B. Erschwerniszulagen, Leistungszulagen und Zuschläge für Mehr-, Nachtoder Sonntagsarbeit. Geldleistungen mit reinem **Aufwendungscharakter**, wie z. B. Wegegelder, Auslösungen oder Beköstigungszulagen, sind dagegen dann nicht fortzuzahlen, wenn das PR-Mitglied infolge der Arbeitszeitversäumnis keine entsprechenden Aufwendungen hat.[431] Ist eine hinreichend klare Aufspaltung einer Leistung zur einen oder anderen Seite nicht möglich, so ist sie insgesamt kein Aufwendungsersatz.[432]

5 **Abs. 2 S. 2** bestimmt, dass PR-Mitgliedern, die durch die Erfüllung ihrer Aufgaben **über die regelmäßige Arbeitszeit hinaus beansprucht** wer-

---

425 So *BVerwG* v. 12.6.84 – 6 P 34.82 –, Buchh 238.3A § 44 Rn. 11; str.; vgl. KfdP-*Altvater/Peiseler*, Rn. 23 m. w. N.
426 Vgl. *BAG* v. 15.3.95 – 7 AZR 643/94 –, AP BetrVG 1972 § 37 Nr. 105.
427 Vgl. *BAG* v. 13.5.97 – 1 ABR 2/97 –, AP BetrVG 1972 § 37 Nr. 119.
428 Näher dazu KfdP-*Altvater/Peiseler*, Rn. 28–31.
429 St. Rspr.; vgl. z. B. *BAG* v. 13.11.91 – 7 AZR 469/90 – u. v. 23.10.02 – 7 AZR 416/01 –, PersR 92, 418, u. 03, 247; *BVerwG* v. 13.9.01 – 2 C 34.00 –, PersR 02, 162.
430 *BAG* v. 29.6.88 – 7 AZR 651/87 –, PersR 89, 51.
431 Vgl. *BAG* v. 27.7.94 – 7 AZR 81/94 –, PersR 95, 142.
432 *BAG* v. 5.4.00 – 7 AZR 213/99 –, AP BetrVG 1972 § 37 Nr. 131.

Freistellung für Personalratsaufgaben (Abs. 3–5) § 46

den, **Dienstbefreiung** in entsprechendem Umfang zu gewähren ist.[433] Die Vorschrift gilt auch für **freigestellte PR-Mitglieder**, und zwar auch dann, wenn sie nicht nur teilweise, sondern ganz von ihrer dienstlichen Tätigkeit freigestellt sind.[434] Bei der Frage, ob die Beanspruchung durch eine PR-Tätigkeit über die regelmäßige Arbeitszeit hinausgeht, ist auf die **regelmäßige individuelle Arbeitszeit** des jeweiligen PR-Mitglieds abzustellen.[435] Abs. 2 S. 2 gilt auch für solche Tätigkeiten, die zwar für sich genommen keine PR-Tätigkeit sind, die jedoch in einem unmittelbar notwendigen und sachlichen Zusammenhang mit der PR-Tätigkeit stehen. Ein PR-Mitglied, das z. B. aus Anlass einer Sitzung **Reisezeiten** (oder zusätzliche Wegezeiten) außerhalb der Arbeitszeit aufwendet, hat deshalb Anspruch auf Dienstbefreiung in entsprechendem Umfang, ohne dass es darauf ankommt, ob eine entsprechende Dienstreise (oder ein Dienstgang) beamtenrechtlich oder tarifrechtlich als Arbeitszeit zu behandeln ist.[436] Die gegenteilige Rspr. des *BAG*,[437] die offenbar entscheidend darauf abstellt, dass PR-Mitglieder nicht bessergestellt werden sollen als Betriebsratsmitglieder, lässt den abweichenden Wortlaut des § 37 Abs. 3 S. 1 BetrVG außer Acht.[438]

Der vom PR-Mitglied geltend zu machende Anspruch auf Dienstbefreiung **6** ist ein **Anspruch aus dem Beamten- oder Arbeitsverhältnis**,[439] für den die beamten- bzw. arbeitsrechtlichen **Verjährungsvorschriften** ebenso gelten wie ggf. eine tarifvertragliche **Ausschlussfrist**.[440] Bei der **Gewährung der Dienstbefreiung** sind die Wünsche des PR-Mitglieds angemessen zu berücksichtigen. Eine **Frist**, innerhalb derer die Dienstbefreiung zu gewähren ist, legt das Gesetz nicht fest. Die Gewährung muss deshalb innerhalb einer angemessenen Frist erfolgen. Dafür kann die Jahresfrist des § 88 S. 2 BBG einen Anhalt bieten.[441] Mangels einer dem § 37 Abs. 3 S. 3 BetrVG vergleichbaren Vorschrift kann eine **Abgeltung** durch Zahlung einer der Mehrarbeitsvergütung entsprechenden Geldleistung nicht erfolgen.

(Abs. 3, 4) Zur ordnungsgemäßen Durchführung von PR-Aufgaben sieht **7**

---

433 Näher dazu KfdP-*Altvater/Peiseler*, Rn. 33–41.
434 Str.; vgl. KfdP-*Altvater/Peiseler*, Rn. 34, 74.
435 *BAG* v. 22.5.86 – 6 AZR 557/85 –, PersR 87, 107.
436 *BayVGH* v. 27.1.81 – Nr. 18 C 80 A. 1027 –, PersV 82, 289; *LAG RP* v. 12.12.84 – 6 Sa 804/84 –, PersR 85, 142.
437 Urt. v. 22.5.86 – 6 AZR 526/83 –, PersR 87, 86; ebenso *OVG M-V* v. 10.2.02 – 8 L 120/00 –, ZfPR 03, 139.
438 Vgl. auch *BAG* v. 16.4.03 – 7 AZR 423/01 –, AP BetrVG 1972 § 37 Nr. 138, v. 21.6.06 – 7 AZR 389/05 –, NZA 06, 1417, u. v. 12.8.09 – 7 AZR 218/08 –, NZA 09, 1284, wonach es für das Bestehen eines Anspruchs auf Freizeitausgleich gem. § 37 Abs. 3 BetrVG auf die maßgeblichen tarifvertraglichen oder betrieblichen Regelungen über die Durchführung von Dienstreisen im Betrieb des Arbeitgebers ankommt; vgl. auch KfdP-*Altvater/Peiseler*, Rn. 36.
439 *BAG* v. 26.2.92 – 7 AZR 201/91 –, PersR 92, 468; str.; vgl. KfdP-*Altvater/Peiseler*, Rn. 39 m.w.N.
440 *BAG* v. 16.4.03 – 7 AZR 423/01 –, AP BetrVG 1972 § 37 Nr. 138.
441 Vgl. KfdP-*Altvater/Peiseler*, Rn. 41.

§ 46 Freistellung für Personalratsaufgaben (Abs. 3–5)

§ 46 außer der in Abs. 2 S. 1 geregelten vorübergehenden Arbeitsbefreiung, die aus konkretem Anlass, also von Fall zu Fall erfolgt, in Abs. 3 und 4 die generelle **Freistellung** von der dienstlichen Tätigkeit vor. Die Freistellung kommt für regelmäßig anfallende (außerhalb der Sitzungen wahrzunehmende) Aufgaben in Betracht, bei denen die Zeit ihrer Erledigung im Voraus bemessbar ist,[442] insb. für die laufenden Geschäfte (vgl. § 32 Rn. 7) und das Abhalten von Sprechstunden (vgl. § 43 Rn. 3). Den freigestellten PR-Mitgliedern wird die Möglichkeit gegeben, sich besonders eingehend mit den Fragen des PersVR und den vom PR zu bearbeitenden Angelegenheiten zu befassen.[443] Für den **Umfang** der Freistellung enthält Abs. 3 S. 1 eine abstrakte Grundregel. Dabei nimmt Abs. 4 eine Konkretisierung insoweit vor, als sich die Mindestzahl der freizustellenden PR-Mitglieder unmittelbar aus der in dieser Vorschrift enthaltenen Tabelle ergibt. Die **Freistellungsstaffel** gilt aber nur für örtliche PR, nicht dagegen für Stufenvertretungen und GPR (vgl. § 54 Rn. 2 u. § 56 Rn. 8).

8 Nach der **Grundregel des Abs. 3 S. 1** sind Mitglieder des PR auf Antrag des PR von ihrer dienstlichen Tätigkeit freizustellen, wenn und soweit es nach Umfang und Art der Dienststelle zur ordnungsgemäßen Durchführung ihrer Aufgaben **erforderlich** ist.[444] Die Erforderlichkeit der Freistellung nach Abs. 3 S. 1 ist anhand der konkreten **Verhältnisse der einzelnen Dienststelle** zu prüfen.[445] Dabei sind die Kriterien **Umfang und Art der Dienststelle** besonders zu berücksichtigen. Dazu gehören v.a.: die Zahl der Beschäftigten, die Zusammensetzung der Beschäftigten (insb. die Anteile von jugendlichen und auszubildenden, schwerbehinderten und sonstigen schutzbedürftigen sowie ausländischen Beschäftigten), die räumliche Ausdehnung der Dienststelle (z.B. die Unterbringung in verschiedenen Dienstgebäuden oder das Vorhandensein nicht verselbständigter Nebenstellen oder räumlich entfernter Dienststellenteile), die betriebliche Gestaltung der Arbeitszeit (z.B. Arbeit im Schichtbetrieb). In seinem Antrag auf Freistellung muss der PR anhand der konkreten Verhältnisse der Dienststelle **genau darlegen**, welche Aufgaben (z.B. Vorbereitung von Sitzungen, Sprechstunden, Verhandlungen mit dem Dienststellenleiter) er zu erledigen hat und in welchem Umfang diese Aufgaben regelmäßig anfallen.[446]

9 **Abs. 4** legt für Dienststellen, die mindestens 300 in der Regel Beschäftigte (vgl. § 12 Rn. 2) haben, in **S. 1** eine nach der Anzahl dieser Beschäftigten gestufte **Freistellungsstaffel** fest, die von einem PR-Mitglied bis zu elf Mitgliedern bei in der Regel 9 001 bis 10 000 Beschäftigten reicht. Nach

---

442 *BVerwG* v. 15.6.80 – 6 P 82.78 –, PersV 81, 366, u. v. 22.4.87 – 6 P 29.84 –, PersR 87, 191.
443 *BVerwG* v. 12.1.09 – 6 PB 24.08 –, PersR 09, 126.
444 Näher dazu KfdP-*Altvater/Peiseler*, Rn. 44f.
445 *BVerwG* v. 22.4.87 – 6 P 29.84 –, PersR 87, 191.
446 *BVerwG* v. 22.4.87, a.a.O.; *BayVGH* v. 27.1.88 – Nr. 18 P 87.03600 –, PersR 88, 223 Ls.

Freistellung für Personalratsaufgaben (Abs. 3–5) § 46

S. 2 erhöht sich die Freistellungsstaffel in Dienststellen mit mehr als 10 000 Beschäftigten für je angefangene weitere 2 000 Beschäftigte um ein weiteres freizustellendes PR-Mitglied.[447]

Die Staffel des Abs. 4 enthält **Mindestzahlen** für die Freistellung, obwohl das BPersVG anders als das BetrVG nicht davon spricht, dass von ihrer beruflichen Tätigkeit »mindestens« eine bestimmte Anzahl von PR-Mitgliedern freizustellen ist.[448] Der Anspruch auf **zusätzliche Freistellungen** über die Staffel hinaus ergibt sich aus dem in Abs. 3 S. 1 enthaltenen Grundsatz, dass PR-Mitglieder freizustellen sind, wenn und soweit es nach Umfang und Art der Dienststelle zur ordnungsgemäßen Durchführung der PR-Aufgaben erforderlich ist.[449] Der PR hat daher Anspruch auf zusätzliche Freistellungen, wenn es den nach Abs. 4 freigestellten PR-Mitgliedern nicht möglich ist, die PR-Aufgaben ordnungsgemäß innerhalb der regelmäßigen Arbeitszeit zu erfüllen.[450] Der PR muss ggf. genau **darlegen**, dass, in welchem Umfang und warum zusätzliche Freistellungen erforderlich sind.[451]

10

Sind PR-Mitglieder nach Abs. 4 freizustellen, kann der PR anstelle einer Vollfreistellung auch entsprechende **Teilfreistellungen** wählen, wenn dies seiner Arbeit dienlich ist oder sonstige wichtige Gründe dafür sprechen.[452] Für den Betriebsrat hat das BetrVerf-Reformgesetz v. 23.7.01[453] diese Möglichkeit durch die ausdrückliche Regelung in § 38 Abs. 1 S. 3 und 4 BetrVG klargestellt. Nach bisheriger Rspr. des *BVerwG*[454] sollen Teilfreistellungen von PR-Mitgliedern grundsätzlich nicht zulässig sein. Eine Möglichkeit dafür hat das *BVerwG* aber dann eingeräumt, wenn nicht genügend PR-Mitglieder zu einer vollen Freistellung bereit sind, dienstliche Belange – wie z.B. die Erhaltung der beruflichen Praxis – die volle Freistellung verhindern oder die teilweise Freistellung nach dem Umfang der PR-Aufgaben erforderlich ist.[455]

11

Nach **Abs. 4 S. 3** kann von den in S. 1 und 2 festgelegten Freistellungszahlen **im Einvernehmen zwischen PR und Dienststellenleiter abgewichen** werden. Das »Einvernehmen« erfordert eine ausdrückliche Vereinbarung zwischen PR und Dienststellenleiter. Bedeutung hat die Möglichkeit der einvernehmlichen Abweichung insb. für die **Erhöhung**

12

---

447 Zur Staffel vgl. KfdP-*Altvater/Peiseler*, Rn. 46 ff.
448 Str.; vgl. KfdP-*Altvater/Peiseler*, Rn. 48 m. N.
449 A. A. *OVG NW* v. 16.1.84 – CL 29/82 –, ZBR 84, 234, das zu den mit Abs. 4 S. 1 und 2 wortgleichen Vorschriften des § 42 Abs. 4 S. 1 und 2 LPVG NW a. F. die Ansicht vertreten hat, dass es sich um feste Freistellungssätze handele, von denen nur im gegenseitigen Einvernehmen von Dienststelle und PR abgewichen werden könne.
450 Vgl. auch *BAG* v. 21.5.74 – 1 AZR 477/73 –, AP BetrVG 1972 § 37 Nr. 14.
451 *Richardi-Treber*, Rn. 51.
452 Näher dazu KfdP-*Altvater/Peiseler*, Rn. 49.
453 BGBl. I S. 1852.
454 Beschl. v. 22.5.83 – 6 P 15.80 –, PersV 84, 83.
455 *BVerwG* v. 22.4.87 – 6 P 29.84 –, PersR 87, 191.

§ 46 Freistellung für Personalratsaufgaben (Abs. 3–5)

der sich aus S. 1 oder 2 ergebenden Zahl der Vollfreistellungen bzw. der dementsprechenden Teilfreistellungen. Eine davon nach unten abweichende Vereinbarung ist mit Blick darauf, dass die Freistellungsstaffel **Mindestzahlen** enthält, nicht zulässig.[456] Wird ein Einvernehmen nicht erzielt, kann der PR die Erforderlichkeit nach § 83 Abs. 1 Nr. 3, Abs. 2 im **Beschlussverfahren** vor dem Verwaltungsgericht klären lassen.

13 Auch in Dienststellen mit **weniger als 300** in der Regel Beschäftigten können PR-Mitglieder von ihrer dienstlichen Tätigkeit ganz oder teilweise freigestellt werden, wenn und soweit es nach Umfang und Art der Dienststelle zur ordnungsgemäßen Durchführung der PR-Arbeit erforderlich ist.[457] Der Anspruch ergibt sich in einem solchen Fall aus Abs. 3, wobei jedoch eine Anlehnung an die Staffel nach Abs. 4 erfolgen kann.

14 Über die Inanspruchnahme der zulässigen Freistellungen[458] einschl. der Möglichkeit entsprechender Teilfreistellungen, über die Auswahl der Freizustellenden und über den an den Dienststellenleiter zu richtenden **Freistellungsantrag** entscheidet der PR jeweils durch **Beschluss**. Dabei handelt es sich immer um eine gemeinsame Angelegenheit, über die nach § 38 Abs. 1 gemeinsam zu beschließen ist. Zur Freistellung ist eine Entscheidung des **Dienststellenleiters** erforderlich. Diesem steht aber nur ein **eingeschränktes Prüfungsrecht** zu. Er kann die vom PR beantragten Freistellungen nur ablehnen, wenn entweder die Voraussetzungen des Abs. 3 S. 1 oder des Abs. 4 nicht vorliegen oder wenn unabweisbare Gründe, die sich aus den von ihm zu vertretenden dienstlichen Belangen oder aus seiner eigenen personalvertretungsrechtlichen Stellung ableiten, der Freistellung eines oder mehrerer der vom PR ausgewählten Mitglieder entgegenstehen.[459] Die auf Antrag des PR erfolgende **Freistellung** durch die Dienststelle ist dem vom PR ausgewählten PR-Mitglied gegenüber auszusprechen und dem PR mitzuteilen. Sobald die Freistellung ausgesprochen ist, entbindet sie den Betroffenen – je nach ihrem Umfang – ganz oder teilweise von der Dienst- oder Arbeitspflicht. Die Freistellung erfolgt grundsätzlich **für die gesamte Amtszeit** des PR.[460] Sie ist an die Person des jeweiligen PR-Mitglieds gebunden. Scheidet dieses aus dem PR aus oder ist es zeitweilig verhindert, überträgt sie sich nicht auf das an seiner Stelle in den PR eintretende Ersatzmitglied. Im Fall des **Ausscheidens aus dem PR** hat dieser unter Beachtung von Abs. 3 S. 2 bis 5 neu zu beschließen, welches PR-Mitglied künftig freizustellen ist; die Dienststelle hat auf Antrag des PR eine neue Freistellungsentscheidung zu treffen.[461] Wenn

---

456 Str.; vgl. KfdP-*Altvater/Peiseler*, Rn. 48, 51.
457 *BVerwG* v. 16.5.80 – 6 P 82.78 –, PersV 81, 366.
458 Näher dazu KfdP-*Altvater/Peiseler*, Rn. 53–59.
459 *BVerwG* v. 10.5.84 – 6 P 33.83 –, PersR 86, 15.
460 Zur möglichen Reduzierung der Freistellungen wegen erheblicher Unterschreitung des maßgeblichen Schwellenwertes vgl. *BVerwG* v. 9.7.08 – 6 PB 12.08 –, PersR 08, 415.
461 *BayVGH* v. 30.11.94 – 18 PC 94.3730 –, PersR 95, 435.

Freistellung für Personalratsaufgaben (Abs. 3–5)   § 46

ein aufgrund von Abs. 3 S. 2 freigestelltes PR-Mitglied (nur) **aus dem Vorstand ausscheidet,** geht dessen Freistellung nicht automatisch auf das neue Vorstandsmitglied über.[462] Ist ein PR-Mitglied nicht nur kurzzeitig verhindert, so kommt ausnahmsweise eine **Ersatzfreistellung** eines anderen PR-Mitglieds in Betracht.[463]

Über die **Auswahl** der Freizustellenden[464] entscheidet der PR grundsätzlich nach seinem **Ermessen.** Es ist sachgerecht, wenn er sich dabei an der Eignung und Bereitschaft der in Betracht kommenden Personen zur längerfristigen solidarischen und engagierten Interessenvertretung der Beschäftigten orientiert.[465] Jedoch hat der PR die in **Abs. 3 S. 2 bis 5** aufgestellten Regeln für die **Reihenfolge** der freizustellenden PR-Mitglieder zu beachten. Der PR ist allerdings berechtigt, von diesen Vorschriften **abzuweichen,** wenn die danach an sich freizustellenden PR-Mitglieder damit einverstanden sind. So ist es z. B. zulässig, dass der PR seinen Anspruch auf Freistellung eines seiner Mitglieder so verwirklicht, dass er die Freistellung **zeitlich aufspaltet** und alle seine Mitglieder nacheinander für einen befristeten Abschnitt der Amtszeit freistellen lässt, vorausgesetzt, kein Mitglied beanstandet diese »**rollierende Freistellung**«.[466]   **15**

Der Grundsatz, dass der PR nach seinem Ermessen festlegt, welche PR-Mitglieder freizustellen sind, wird durch die mit dem **Änderungsgesetz v. 10. 7. 89**[467] getroffenen Regelungen in Abs. 3 S. 2 bis 5 weitgehend durchbrochen. Diese Vorschriften engen die Möglichkeiten des PR zur **Auswahl** freizustellender Mitglieder noch stärker ein als das frühere Recht, weil dadurch die schon vorher im Gesetz enthaltene **Bevorzugung der Gruppen** mit einem **Listenprivileg** verbunden wird, das die einheitliche und effektive Vertretung der Interessen der Beschäftigten durch das Gesamtgremium erschwert.   **16**

Die Bestimmungen über die Auswahl der freizustellenden PR-Mitglieder sehen in **Abs. 3 S. 2** vor, dass der PR zunächst die nach § 32 Abs. 1 gewählten **Gruppenvorstandsmitglieder** und sodann die nach § 33 hinzugewählten Vorstandsmitglieder, die das Gesetz als **Ergänzungsmitglieder** bezeichnet, zu berücksichtigen hat. Von dieser Regelung kann auch beim Vorliegen stichhaltiger Gründe nicht zugunsten der Ergänzungsmitglieder abgewichen werden.[468] Kommt im Rahmen des zur Verfügung stehenden Kontingents die Freistellung **weiterer PR-Mitglieder** in Be-   **17**

---

462   *BayVGH* v. 30. 11. 94, a. a. O.
463   Vgl. *VG Köln* v. 20. 1. 06 – 33 K 5613/05.PVB –, PersV 06, 230; nach *BAG* v. 9. 7. 97 – 7 ABR 18/96 –, AP BetrVG 1972 § 38 Nr. 23, sind bei der Bemessung des Umfangs der Freistellung absehbare urlaubs-, krankheits- und schulungsbedingte Verhinderungen bereits berücksichtigt.
464   Näher dazu KfdP-*Altvater/Peiseler*, Rn. 60–70.
465   Vgl. *BVerwG* v. 21. 12. 94 – 6 P 12.93 –, PersR 95, 131.
466   *BVerwG* v. 10. 5. 84 – 6 P 33.83 –, PersR 86, 15.
467   BGBl. I S. 1380, ber. S. 1473.
468   *BVerwG* v. 12. 1. 09 – 6 PB 24.08 –, PersR 09, 126.

§ 46 Freistellung für Personalratsaufgaben (Abs. 3–5)

tracht, sind die auf die einzelnen Wahlvorschlagslisten bzw. die einzelnen Gruppen entfallenden Stimmen nach dem Grundsatz der Verhältniswahl zu berücksichtigen. Dabei ist dann, wenn ein Teil der Mitglieder nach den Grundsätzen der Verhältniswahl und der andere Teil in Personenwahl gewählt worden ist, wiederum die Anzahl der Sitze der Gruppen entscheidend. Diese Regelung kommt bei PR, die nach § 32 Abs. 1 Vertreter von zwei Gruppen in den Vorstand entsandt und nach § 33 Ergänzungsmitglieder gewählt haben, i. d. R. erst **ab der fünften Freistellung** zur Anwendung.

17a Reicht das **Kontingent an Freistellungen** nicht aus, um alle **Gruppenvorstandsmitglieder** zu berücksichtigen, so entscheidet der PR nach seinem Ermessen, welches oder welche Gruppenvorstandsmitglieder freizustellen sind (vgl. Rn. 15). Dabei liegt es nahe, in erster Linie den **Vorsitzenden** freizustellen; anders als die ursprüngliche Regelung in Abs. 3 S. 2 a. F. schreibt die geltende Regelung jedoch keinen Vorrang des Vorsitzenden vor anderen Gruppenvorstandsmitgliedern vor.[469] Reicht das nach der **absolut vorrangigen Freistellung der Gruppenvorstandsmitglieder**[470] noch verbleibende Freistellungskontingent nur noch zur Freistellung eines der zwei **Ergänzungsmitglieder** aus, so entscheidet der PR auch insoweit nach seinem Ermessen. Darüber hinaus ist bei der Freistellung nicht nur von Vorstandsmitgliedern, sondern auch von **anderen Mitgliedern des PR** angesichts der detaillierten Gesamtregelung in Abs. 3 S. 2 bis 5 davon auszugehen, dass das Gesetz das **Ermessen des PR bei der Personalauswahl** nur einschränkt, soweit es ausdrückliche Vorschriften für die Reihenfolge der Freizustellenden enthält.[471]

18 Sind nach den Gruppenvorstandsmitgliedern und den Ergänzungsmitgliedern **weitere PR-Mitglieder** freizustellen, so sind bei einem in **reiner Verhältniswahl** gewählten PR die Bestimmungen des **Abs. 3 S. 3** anzuwenden. Danach geben die auf die einzelnen Wahlvorschlagslisten entfallenden Stimmen den Ausschlag. Es sind nach dem Wortlaut des Gesetzes sämtliche auf eine mit derselben Bezeichnung bzw. demselben Kennwort versehene Wahlvorschlagsliste entfallenden Gesamtstimmen zu berücksichtigen. Das gilt auch dann, wenn eine solche einheitliche Wahlvorschlagsliste bei Gruppenwahl in jeder Gruppe vertreten war, aber nur in einer Gruppe Sitze errungen hat. Die auf die einzelnen Wahlvorschlagslisten entfallenden weiteren Freistellungen sind im Wege des **Höchstzahlverfahrens** zu ermitteln (vgl. § 17 Rn. 5). Ist eine Wahlvorschlagsliste nach den Grundsätzen der Verhältniswahl bei den weiteren Freistellungen zu berücksichtigen, erhält sie gleichwohl keine weitere Freistellung, wenn auf ihr gewählte Bewerber bereits als Vorstandsmitglieder bei der Freistellung berücksichtigt worden sind. Die weitere Freistellung geht dann auf die Wahlvorschlagsliste über, auf die nach den Grundsätzen der Verhältniswahl

---

469 Str.; vgl. KfdP-*Altvater/Peiseler*, Rn. 64a m. N.
470 *BVerwG* v. 12.1.09, a. a. O.
471 Vgl. dazu KfdP-*Altvater/Peiseler*, a. a. O.

Freistellung für Personalratsaufgaben (Abs. 3–5)   § 46

eine weitere Freistellung entfallen würde, sofern diese Liste nicht ebenfalls gewählte Bewerber enthält, die bereits als Vorstandsmitglieder freigestellt sind. Der PR in seiner Gesamtheit entscheidet, **welches Mitglied derjenigen Liste**, auf die die weitere Freistellung entfällt, freigestellt wird. Verabreden die Mitglieder der betroffenen Liste, dass nur eines von ihnen für die Freistellung zur Verfügung steht und die anderen ausdrücklich auf die Freistellung verzichten, ist zweifelhaft, ob der PR dadurch in seiner Entscheidung gebunden wird.

Ist in den Gruppen nach den Grundsätzen der **Personenwahl** (Mehrheitswahl) gewählt worden oder hat gemeinsame Wahl als Personenwahl stattgefunden, bestimmt sich die Rangfolge weiterer freizustellender PR-Mitglieder gem. **Abs. 3 S. 4** ausschließlich nach der **Zahl der Stimmen**, die sie bei der PR-Wahl erhalten haben. Verzichtet ein PR-Mitglied auf eine Freistellung, geht der Freistellungsanspruch auf das PR-Mitglied über, das die nächsthöhere Stimmenzahl erhalten hat.   **19**

Sind die Vertreter der Gruppen **teils** nach den Grundsätzen der **Verhältniswahl, teils** im Wege der **Personenwahl** gewählt worden, ist – anders als bei der Personenwahl oder Verhältniswahl in jeder Gruppe – gem. **Abs. 3 S. 5** zunächst festzustellen, wie viele Freistellungen auf die einzelnen Gruppen bei der Anwendung des Höchstzahlsystems entfallen. Danach ist zu prüfen, wie viele Freistellungen die Gruppen bereits durch die freigestellten Vorstandsmitglieder erhalten haben. Diese auf die Vorstandsmitglieder entfallenden Freistellungen werden von den Freistellungen abgezogen, die den Gruppen jeweils zustehen. Steht danach fest, ob und wie viele weitere Freistellungen eine Gruppe erhält, ist zu prüfen, ob ihre Mitglieder nach den Grundsätzen der Verhältniswahl oder der Mehrheitswahl gewählt worden sind. Bei Personenwahl ist ausschließlich auf die Stimmenzahl abzustellen (vgl. Rn. 19). Bei Verhältniswahl hat der PR bei der Auswahl der weiteren freizustellenden Personalratsmitglieder die Zugehörigkeit zu einer bestimmten Wahlvorschlagsliste für die jeweilige Gruppe zu berücksichtigen (vgl. Rn. 18).   **20**

Die Freistellung eines PR-Mitglieds bewirkt, dass dieses ganz oder teilweise **von seiner dienstlichen Tätigkeit entpflichtet** wird.[472] Die sonstigen Pflichten aus dem Dienst- bzw. Arbeitsverhältnis bestehen fort. Das freigestellte PR-Mitglied hat deshalb grundsätzlich die in der Dienststelle geltende regelmäßige **Arbeitszeit** einzuhalten[473] und dabei auch etwaige Arbeitszeiterfassungsgeräte zu benutzen. Wird in der Dienststelle Gleitzeitarbeit praktiziert, ist es berechtigt, seine PR-Arbeit im Rahmen der geltenden Gleitzeitregelung so wahrzunehmen, wie es ihm zur sachgerechten Aufgabenerfüllung am sinnvollsten erscheint. Wird ein freigestelltes PR-Mitglied durch die Erfüllung seiner Aufgaben über die regelmäßige Arbeitszeit hinaus beansprucht, steht ihm **Freizeitausgleich** nach Abs. 2 S. 2   **21**

---

472   *BVerwG* v. 14.6.90 – 6 P 18.88 –, PersR 90, 290.
473   Vgl. *BAG* v. 20.8.02 – 9 AZR 261/01 –, AP BetrVG 1972 § 38 Nr. 27.

§ 46 Freistellung für Personalratsaufgaben (Abs. 3–5)

zu (vgl. Rn. 5).[474] Da ein voll freigestelltes PR-Mitglied nicht in den Dienstablauf eingegliedert ist, kann es selbst festlegen, wann es den Freizeitausgleich nimmt.[475] Auch freigestellte PR-Mitglieder haben Anspruch auf die **Bezüge**, die sie erhalten würden, wenn sie wie bisher weitergearbeitet hätten. Auch insoweit gilt Abs. 2 S. 1 mit dem **Lohnausfallprinzip** (vgl. Rn. 4). Ausgangspunkt der gebotenen hypothetischen Betrachtungsweise ist i. d. R. der Zeitpunkt, zu dem das PR-Mitglied noch völlig unbehindert durch sein Amt in vollem Umfang berufstätig war. Das ist grundsätzlich der Zeitpunkt vor Beginn der Freistellung.[476] Das schließt aber nicht aus, dass der beruflichen Entwicklung vergleichbarer Beschäftigter Rechnung zu tragen ist (vgl. Rn. 22). Aus den **Verboten der Benachteiligung und Begünstigung** in § 8 (vgl. dort Rn. 6ff.) ergibt sich der Grundsatz, dass ein freigestelltes PR-Mitglied nicht schlechter, aber auch nicht besser behandelt werden darf, als dies ohne die Freistellung der Fall wäre. Es hat Anspruch auf alles, was ihm zur Abgeltung seiner Arbeitsleistung gewährt würde.[477]

22 Abs. 3 S. 6 bestimmt ausdrücklich, dass die Freistellung nicht zur Beeinträchtigung des **beruflichen Werdegangs** führen darf.[478] Die Vorschrift ist nicht nur ein **Schutzgesetz** i. S. d. § 823 Abs. 2 BGB, sondern auch eine unmittelbar **anspruchsbegründende Norm**, aus der sich ein Unterlassungs- oder Erfüllungsanspruch ergeben kann, der von einem Verschulden unabhängig ist.[479] Um eine Beeinträchtigung des beruflichen Werdegangs eines freigestellten PR-Mitglieds zu vermeiden, ist dieser Werdegang im Wege der **fiktiven Laufbahnnachzeichnung** so zu behandeln wie der nicht freigestellter Kollegen, die hinsichtlich ihrer Tätigkeit und Qualifikation vergleichbar sind.[480] Das kann auch bei einem teilweise freigestellten PR-Mitglied erforderlich sein, wenn die Arbeitszeit aufgrund der Teilfreistellung weitgehend reduziert ist.[481] Wird ein vergleichbarer Beschäftigter befördert oder höhergruppiert, so muss auch eine entsprechende **Beförderung** bzw. **Höhergruppierung** des freigestellten PR-Mitglieds vorgenommen werden, und zwar grundsätzlich auch dann, wenn dieses an der Freistellung festhält. Um eine Kollision zwischen dem Erprobungsgebot des Beamtenrechts und dem Benachteiligungsverbot des PersVR aufzulösen,

---

474 Inzwischen h. M., vgl. KfdP-*Altvater/Peiseler*, Rn. 74 m. N.
475 *OVG LSA* v. 26.6.95 – 5 L 3/95 –, PersR 95, 440.
476 *BAG* v. 7.2.85 – 6 AZR 72/82 –, AP BPersVG § 46 Nr. 3.
477 Vgl. *BAG* v. 7.11.07 – 7 AZR 820/06 –, PersR 08, 203; KfdP-*Altvater/Peiseler*, Rn. 76 m. w. N.
478 Näher dazu KfdP-*Altvater/Peiseler*, Rn. 77–81.
479 *BAG* v. 26.9.90 – 7 AZR 208/89 –, PersR 91, 305, v. 27.6.01 – 7 AZR 496/99 –, PersR 02, 39, u. v. 19.3.03 – 7 AZR 334/02 –, PersR 04, 272.
480 Vgl. *BAG* v. 29.10.98 – 7 AZR 676/96 –, PersR 99, 319, u. v. 14.7.10 – 7 AZR 359/09 –, PersR 11, 29; *OVG NW* v. 14.12.07 – 6 B 1155/07 –, PersR 08, 131.
481 Teilw. str.; vgl. *BAG* v. 19.3.03, a. a. O., u. *OVG NW* v. 2.3.06 – 1 B 1934/05 –, PersR 06, 527.

Erforderliche Schulungsveranstaltungen (Abs. 6) § 46

hat das *BVerwG*[482] entschieden, dass freigestellte PR-Mitglieder vor einer Beförderung nicht ausnahmslos verpflichtet sind, die Aufgaben eines höherwertigen Dienstpostens zum Zwecke der **Erprobung** tatsächlich wahrzunehmen und damit auf die Freistellung zu verzichten, sondern dass stattdessen auch eine »**fiktive Bewährungsfeststellung**« in Betracht kommen kann. **Nach Beendigung der Freistellung** kann das bisher freigestellte PR-Mitglied zwar i. d. R. nicht beanspruchen, auf dem vor der Freistellung innegehabten Arbeitsplatz beschäftigt zu werden. Es kann aber verlangen, dass ihm eine Tätigkeit übertragen wird, die der Besoldungs- oder Entgeltgruppe entspricht, die es vor oder während der Freistellung erreicht hat.[483]

(Abs. 5) Ganz oder mindestens für die Hälfte ihrer Arbeitszeit freigestellte PR-Mitglieder haben Anspruch auf eine **Aufwandsentschädigung**. Sie ist für den besonderen Aufwand bestimmt, der den freigestellten PR-Mitgliedern entsteht und den nicht nach § 44 von der Dienststelle zu tragen ist.[484] Nach der Verordnung v. 18. 7. 74[485], die durch Art. 7 des Gesetzes v. 3. 12. 01[486] geändert worden ist, beträgt die Aufwandsentschädigung für ganz von ihrer dienstlichen Tätigkeit freigestellte Mitglieder von PR, GPR, BPR und HPR 26 Euro monatlich. Mindestens für die Hälfte der regelmäßigen Arbeitszeit freigestellte Mitglieder dieser Personalvertretungen erhalten 13 Euro monatlich. Bei Freistellungen, die im Laufe eines Monats beginnen oder enden, ist die Entschädigung anteilig zu zahlen.[487]

23

(Abs. 6) Nach Abs. 6 – der dem § 37 Abs. 6 BetrVG entspricht – sind die Mitglieder des PR unter Fortzahlung der Bezüge für die Teilnahme an **Schulungs- und Bildungsveranstaltungen** vom Dienst freizustellen, soweit diese Kenntnisse vermitteln, die für die Tätigkeit im PR **erforderlich** sind. Abs. 6 regelt die **dienst- und arbeitsrechtlichen Fragen** der Teilnahme an solchen Veranstaltungen (Freistellung und Fortzahlung der Bezüge). Ob und wieweit die durch die Teilnahme entstehenden **Kosten** von der Dienststelle zu tragen sind, richtet sich nach § 44 Abs. 1 (vgl. dort Rn. 19 ff.). Zu der Thematik hat das *Bundesministerium des Innern* mit dem an die obersten Bundesbehörden gerichteten **RdSchr. v. 28. 4. 08**[488] durch »**Hinweise**« Stellung genommen. Dabei handelt es sich ebenso wie bei den Erlassen einzelner oberster Bundesbehörden um interne **Verwaltungsvorschriften,** an die weder die Personalvertretungen noch die Ge-

24

---

482 Urt. v. 21. 9. 06 – 2 C 13.05 –, PersR 07, 83.
483 *BVerwG* v. 9. 7. 08 – 6 PB 12.08 –, PersR 08, 415.
484 *BVerwG* v. 22. 6. 84 – 6 P 7.83 –, PersR 86, 16.
485 BGBl. I S. 1499.
486 BGBl. I S. 3306.
487 *BVerwG* v. 22. 6. 84, a. a. O.
488 GMBl. S. 406.

§ 46 Erforderliche Schulungsveranstaltungen (Abs. 6)

richte gebunden sind[489] und gegen die auch in inhaltlicher Hinsicht Bedenken bestehen.[490]

24a Der Begriff der **Erforderlichkeit** ist sach- und personenbezogen zu würdigen.[491] Die **Sachbezogenheit** stellt auf die objektive Erforderlichkeit für den PR, die **Personenbezogenheit** auf die subjektive Erforderlichkeit für das zu entsendende PR-Mitglied und damit auf dessen Schulungsbedürfnis ab. Danach muss eine Schulungs- und Bildungsveranstaltung **objektiv** von ihrer Thematik her die Vermittlung von Kenntnissen zum Gegenstand haben, die ihrer Art nach für die Tätigkeit des PR benötigt werden. Zum anderen muss sie für das zu entsendende PR-Mitglied **subjektiv** erforderlich sein, weil gerade dieses Mitglied eine Schulung in den Themenbereichen benötigt, die den Gegenstand der Veranstaltung bilden. Ein **Schulungsbedürfnis** kann nicht mit dem Argument verneint werden, das PR-Mitglied könne sich die erforderlichen Kenntnisse durch ein Selbststudium oder durch das Einholen von Informationen bei bereits geschulten PR-Mitgliedern verschaffen.[492] Unter der Voraussetzung der objektiven und subjektiven Erforderlichkeit kommt sowohl die Vermittlung von Kenntnissen in **Grundschulungen** als auch in **Spezialschulungen** in Betracht. Zu den zu vermittelnden Kenntnissen gehören dabei nicht nur **Rechtskenntnisse**, sondern auch **Sachkenntnisse** in den zur Tätigkeit des PR gehörenden Aufgabengebieten sowie **organisatorische und methodische Kenntnisse** über die sachgerechte Gestaltung der PR-Arbeit.

25 Grundkenntnisse des PersVR sind ihrer Art nach objektiv für jeden PR und subjektiv für jedes PR-Mitglied erforderlich, weil diese Kenntnisse benötigt werden, damit der PR seine gesetzlichen Aufgaben und Befugnisse und das PR-Mitglied seine allgemeinen mitgliedschaftlichen Rechte und Pflichten überhaupt sachgemäß wahrnehmen können.[493] PR-Mitglieder, die erstmals in den PR gewählt sind, können deshalb alsbald nach Beginn ihrer Amtszeit zu einer umfassenden personalvertretungsrechtlichen **Grundschulung** entsandt werden.[494] Bei erstmals gewählten PR-Mitgliedern sind alsbaldige Grundschulungen auch dann **unaufschiebbar,** wenn der Dienststelle dafür keine Haushaltsmittel zur Verfügung stehen[495] (vgl. auch § 44 Rn. 23). Auch Grundkenntnisse des **allgemeinen Arbeitsrechts** und des **Beamtenrechts** sind für jeden PR und für jedes PR-Mit-

---

489 Vgl. *BVerwG* v. 7.12.94 – 6 P 36.93 – u. v. 20.3.95 – 6 P 46.93 –, PersR 95, 179 u. 338 Ls.
490 Vgl. *Nielebock,* PersR 96, 417, *Altvater,* PersR 97, 205, u. *Noll,* PersR 09, 48, sowie Broschüre »*Seminarteilnahme von Personalratsmitgliedern – Erläuterungen zum Rundschreiben des BMI*«, ver.di Bildung + Beratung 2008.
491 Vgl. hierzu und zum Folgenden *BVerwG* v. 7.12.94 – 6 P 36.93 – u. v. 14.6.06 – 6 P 13.05 –, PersR 95, 179, u. 06, 468.
492 *BVerwG* v. 27.4.79 – 6 P 45.78 –, PersV 80, 19.
493 Näher dazu KfdP-*Altvater/Peiseler,* Rn. 90.
494 *BVerwG* v. 27.4.79, a.a.O.
495 *BVerwG* v. 26.2.03 – 6 P 9.02 –, PersR 03, 279.

Erforderliche Schulungsveranstaltungen (Abs. 6) § 46

glied erforderlich.[496] Dies wird in der Rspr. zum PersVR aber noch nicht hinreichend anerkannt. Zwar hat das *BVerwG* unter Aufgabe seiner früheren gänzlich ablehnenden Rspr.[497] inzwischen zugestanden, dass zum einen bei den **Arbeitnehmervertretern** im PR ein Schulungsbedarf eines neu gewählten PR-Mitglieds für Grundkenntnisse im Arbeitsrecht anzuerkennen sei, wenn und soweit die entsprechenden Kenntnisse nicht bereits in einer Grundschulung zum PersVR vermittelt worden seien, und dass zum anderen bei den **Beamtenvertretern** im PR ein vergleichbarer Schulungsbedarf für Grundkenntnisse im Beamtenrecht zu bejahen sei.[498] Bei dieser Differenzierung nach Gruppenvertretern ist es davon ausgegangen, dass nach § 38 Abs. 2 S. 1 nur die Arbeitnehmervertreter oder die Beamtenvertreter in personellen und anderen gruppenspezifischen Angelegenheiten der Arbeitnehmer bzw. der Beamten zur Entscheidung berufen seien. Das überzeugt jedoch nicht, weil auch der Beschlussfassung in Gruppenangelegenheiten stets eine gemeinsame Beratung des gesamten PR vorauszugehen hat, deren Qualität auch vom Sachverstand der nicht abstimmungsberechtigten PR-Mitglieder abhängig ist (vgl. § 38 Rn. 2ff.).

Grundsätzlich ist die Vermittlung von **Kenntnissen auf Spezialgebieten** für den PR objektiv erforderlich, wenn es sich dabei um Kenntnisse auf Sachgebieten handelt, die zur Tätigkeit des PR gehören und mit denen er sich nicht nur am Rande zu befassen hat, und wenn er diese Kenntnisse benötigt, um seine gegenwärtigen oder in naher Zukunft anfallenden gesetzlichen Aufgaben sachgerecht wahrnehmen zu können.[499] Spezialschulungen sind für das zu entsendende PR-Mitglied subjektiv erforderlich, wenn es die darin vermittelten Kenntnisse benötigt, um den besonderen Aufgaben, die ihm innerhalb des PR zukommen, gerecht werden zu können.[500] Für die Teilnahme kommen deshalb v. a. die PR-Mitglieder in Betracht, die im PR für die betreffenden Sachgebiete zuständig sind. Nicht sachgerecht ist jedoch die Ansicht, i. d. R. sei die subjektive Erforderlichkeit nur bei einem einzigen Mitglied des betroffenen PR gegeben, und dies auch nur dann, wenn kein anderes PR-Mitglied entsprechende Kenntnisse besitze.[501] Solche Einschränkungen widersprechen der autonomen Entscheidungsbefugnis des PR über seine Arbeitsverteilung und sachgerechte Aufgabenwahrnehmung. Das *BVerwG* hat jedoch in seiner jüngeren Rspr. daran festgehalten, dass die Teilnahme an Spezialschulungen – abhängig von der Größe der Dienststelle sowie Art und Umfang der beteiligungspflichtigen Angelegenheiten – regelmäßig auf **ein einziges**

26

---

496 Näher dazu KfdP-*Altvater/Peiseler,* Rn. 91.
497 Beschl. v. 27. 4. 79 – 6 P 17. 78 – u. v. 22. 7. 82 – 6 P 42.79 –, PersV 81, 161, u. 83, 374.
498 Beschl. v. 14. 6. 06 – 6 P 13.05 –, PersR 06, 468.
499 *BVerwG* v. 25. 6. 92 – 6 P 29.90 –, PersR 92, 365.
500 St. Rspr.; vgl. *BVerwG* v. 27. 4. 79 – 6 P 17.78 –, PersV 81, 161, u. v. 11. 7. 06 – 6 PB 8.06 –, PersR 06, 428.
501 So aber *BVerwG* v. 27. 4. 79, a. a. O., u. v. 22. 7. 82 – 6 P 42.79 –, PersV 83, 374.

§ 46 Erforderliche Schulungsveranstaltungen (Abs. 6)

PR-Mitglied oder mehrere einzelne PR-Mitglieder beschränkt sei, und dies u. a. mit der Fähigkeit von PR.-Mitgliedern, sich gegenseitig zu informieren und voneinander zu lernen, sowie mit dem Grundsatz der sparsamen Bewirtschaftung öffentlicher Mittel begründet.[502]

26a Bei Schulungen im Bereich **Arbeitsschutz und Unfallverhütung** bestehen **Besonderheiten**. Im Hinblick darauf, dass der PR in diesem Bereich nicht nur ein Mitbestimmungsrecht (§ 75 Abs. 3 Nr. 11), sondern spezielle Beteiligungsrechte hat, die unabhängig von der Art der Dienststelle kontinuierlich wahrzunehmen sind (§ 81), hat die Rspr. anerkannt, dass der PR in diesem Bereich **immer Grundkenntnisse** benötigt, ohne dass es eines aktuellen oder absehbaren dienststellen- oder personalratsbezogenen Anlasses bedarf. **Wie viele PR-Mitglieder** auf diesem Gebiet einer Schulung bedürften, sei von der Größe der Dienststelle und der Bedeutung von Arbeitsschutz und Unfallverhütung für die Dienststelle abhängig.[503]

26b Zu den **Themen**, die nach bisheriger Rspr. **Gegenstand von Spezialschulungen** sein können, gehören z. B. Teilgebiete des PersVR und des Arbeitsrechts, Stellung der Gewerkschaften in der Dienststelle, Tarifrecht, Eingruppierungsrecht, Allgemeines Gleichbehandlungsgesetz, Arbeitsschutz und Unfallverhütung, Alkohol und andere Suchtprobleme am Arbeitsplatz, Mobbing, Personalplanung und Arbeitsorganisation, Rationalisierung und EDV, Datenschutz, Kündigungsschutz, Schwerbehindertenrecht, Logistik sowie tarifliche und gesetzliche Rahmenbedingungen bei kontinuierlichem Personalabbau in der Bundeswehr, Novellierung des Krankenhausgesetzes (für den Vorsitzenden des PR an einer medizinischen Einrichtung), betriebliche Öffentlichkeitsarbeit, Mediation (mit systematischem Bezug zur Durchführung der PR-Aufgaben).[504]

26c Während der Amtszeit eines PR-Mitglieds kann dessen **Teilnahme an mehreren Schulungs- und Bildungsveranstaltungen** erforderlich sein, z. B. der Besuch einer oder mehrerer Grundschulungen und einer oder mehrerer Spezialschulungen zu jeweils unterschiedlichen Themen. **Wiederholungsschulungen** können erforderlich sein, wenn hierfür besondere Gründe bestehen.[505]

27 Die zulässige **Dauer** der Schulung ergibt sich aus der **Erforderlichkeit** der Kenntnisvermittlung.[506] Eine allgemein gültige Aussage ist dazu nicht möglich. Die zulässige Dauer hängt im Einzelfall v. a. von Inhalt, Umfang und Schwierigkeit der Thematik, von den dienstlichen Gegebenheiten und vom Kenntnisstand der Schulungsteilnehmer ab. Bei einer »**gemischten**« **Veranstaltung** fallen nur jene Teile der Veranstaltung unter Abs. 6,

---

502 Beschl. v. 11. 7. 06, a. a. O.
503 *BVerwG* v. 14. 6. 06 – 6 P 13.05 –, PersR 06, 468, m. w. N.
504 Näher zur Erforderlichkeit von Spezialschulungen KfdP-*Altvater/Peiseler*, Rn. 95–97.
505 Näher dazu KfdP-*Altvater/Peiseler*, Rn. 98.
506 Näher dazu KfdP-*Altvater/Peiseler*, Rn. 99 f.

Erforderliche Schulungsveranstaltungen (Abs. 6) § 46

die ausschließlich erforderliche Inhalte vermitteln.[507] Die Dauer einer **Grundschulung** ist nicht auf fünf bis sechs Kalendertage begrenzt;[508] nach dem Besuch einer ersten (von der Dienststelle als erforderlich behandelten) fünftägigen Grundschulung ist der Besuch einer weiteren Grundschulung sachlich gerechtfertigt, wenn diese zweite Schulung Wissen vermittelt, welches für eine ordnungsgemäße PR-Tätigkeit unentbehrlich ist.[509] Auch bei einer **Spezialschulung** besteht keine schematische Obergrenze.

Abs. 6 gilt seinem Wortlaut nach für **Mitglieder des PR**. Ebenso wie das BetrVG, aber anders als die meisten LPersVG sieht das BPersVG die Teilnahme von **Ersatzmitgliedern** an erforderlichen Schulungs- und Bildungsveranstaltungen nicht ausdrücklich vor. Trotzdem besteht grundsätzlich für das erste, ggf. auch für weitere Ersatzmitglieder Anspruch auf eine Schulung nach Abs. 6, weil diese für die Gewährleistung der Arbeitsfähigkeit des PR erforderlich ist.[510] 28

Es kommt i.d.R. nicht darauf an, wer **Träger** einer Schulungs- und Bildungsveranstaltung i.S.d. Abs. 6 ist. Ausschlaggebend ist der in der Veranstaltung angebotene und behandelte **Schulungsstoff**.[511] Es ist in erster Linie Sache des Veranstalters zu regeln, in welcher **Form** und nach welchen **didaktischen Gesichtspunkten** der Stoff vermittelt werden soll.[512] Die Veranstaltung muss die **Gewähr** für eine ordentliche und sachgerechte Schulung bieten. Der Veranstalter muss deshalb bestimmte Anforderungen im Hinblick auf Sachkompetenz und Organisationsmöglichkeiten erfüllen.[513] Hauptträger von Veranstaltungen i.S.d. Abs. 6 sind die **Gewerkschaften** (vgl. § 44 Rn. 21).[514] 28a

Bei der Entsendung zu Schulungs- und Bildungsveranstaltungen ist nach der Rspr. des *BVerwG* auch der Grundsatz der **Verhältnismäßigkeit**, insb. das Gebot der sparsamen Verwendung öffentlicher Mittel, zu beachten.[515] Deshalb ist zu prüfen, ob die entstehenden Kosten in einem angemessenen Verhältnis zu dem angestrebten Schulungseffekt stehen und ob vergleichbare Veranstaltungen durchgeführt werden, deren Besuch kostengünstiger 28b

---

507 *BVerwG* v. 14.6.06, a.a.O.
508 *BVerwG* v. 14.11.90 – 6 P 4.89 –, PersR 91, 29.
509 *BVerwG* v. 9.7.07 – 6 P 9.06 –, PersR 07, 434.
510 Ähnlich *OVG Brem* v. 1.2.91 – OVG PV-B 1/91 –, PersR 91, 176; *BAG* v. 15.5.86 – 6 ABR 64/83 –, PersR 88, 326, u. v. 19.9.01 – 7 ABR 32/00 –, AP BetrVG 1972 § 25 Nr. 9; a.A. *BVerwG* v. 27.4.79 – 6 P 4.78 –, PersV 80, 237, u. (für die Zeit vor dem Einrücken in den PR) v. 7.7.93 – 6 P 15.91 –, PersR 93, 457; vgl. KfdP-*Altvater/Peiseler*, Rn. 101.
511 *BVerwG* v. 27.4.79 – 6 P 45.78 –, PersV 80, 19.
512 *BVerwG* v. 14.11.90 – 6 P 4.89 –, PersR 91, 29.
513 *BVerwG* v. 27.4.79, a.a.O.
514 KfdP-*Altvater/Peiseler*, Rn. 104.
515 Vgl. Beschl. v. 27.4.79 – 6 P 45.78 –, PersV 80, 19, v. 14.11.90 – 6 P 4.89 –, PersR 91, 29, v. 7.12.94 – 6 P 36.93 –, PersR 95, 179, u. v. 14.6.06 – 6 P 13.05 –, PersR 06, 468.

§ 46 Erforderliche Schulungsveranstaltungen (Abs. 6)

wäre (vgl. § 44 Rn. 4, 19).[516] Ist eine Auswahl zwischen thematisch vergleichbaren **Schulungsangeboten konkurrierender Veranstalter** zu treffen, so zwingt dies nicht ohne Weiteres zu einer Entscheidung für die geringere Kosten verursachende und deshalb billigere Alternative, weil berücksichtigt werden muss, ob diese Alternative eine »ebenso gute« Schulungsveranstaltung bietet.[517] Allerdings ist der PR nicht berechtigt, ein **behördeninternes Fortbildungsangebot**, welches sich nicht bereits im Vorhinein nach den dazu in Betracht zu ziehenden Umständen als nicht gleichwertig erweist, zu Gunsten einer wesentlich kostenaufwendigeren gewerkschaftlichen Schulung auszuschlagen.[518]

29 Die Entscheidung darüber, ob ein PR-Mitglied und welches zu einer bestimmten Schulungs- und Bildungsveranstaltung nach Abs. 6 zu entsenden ist, liegt in der Hand des PR.[519] Der von ihm zu fassende **Entsendungsbeschluss** muss außer dem zu entsendenden PR-Mitglied und dem Thema der Veranstaltung auch deren Zeitpunkt, Dauer, Ort und Anbieter festlegen.[520] Der Beschluss begründet zugleich die Pflicht des PR-Mitglieds, an der Veranstaltung teilzunehmen.[521] Die Entsendung ist kein laufendes Geschäft, das nach § 32 Abs. 1 S. 4 vom Vorstand vorgenommen werden könnte, sondern bedarf nach § 37 i. V. m. § 38 Abs. 1 der Beschlussfassung durch das Plenum des PR. Bevor der PR den Entsendungsbeschluss fasst, hat er sorgfältig zu prüfen, ob die konkrete Schulungsveranstaltung objektiv für den PR und subjektiv für das auszuwählende und zu entsendende PR-Mitglied erforderlich ist. Dabei steht ihm ein **Beurteilungsspielraum** zu. Es genügt, wenn der PR die Schulung bei pflichtgemäßer Beurteilung der Sachlage für erforderlich halten darf (vgl. Rn. 2).[522] Der Beschluss des PR ist dem Dienststellenleiter rechtzeitig mitzuteilen. Dieser hat – so das *BVerwG* – das Recht und die Pflicht zur Prüfung der Erforderlichkeit der Schulung, obwohl der PR über die Teilnahme an Schulungsveranstaltungen in eigener Verantwortung zu befinden hat.[523] Der PR ist verpflichtet, »der Dienststelle mit der Übermittlung des Entsendungsbeschlusses alle Informationen zukommen zu lassen, die diese für die Beurteilung benötigt, ob ein verständiger PR mit Blick auf die Interessen der Beschäftigten einerseits und der Belange der Dienststelle andererseits die Teilnahme für erforderlich halten darf«.[524]

---

516 KfdP-*Altvater/Peiseler,* Rn. 105–107.
517 Zum Kriterium der **qualitativen Gleichwertigkeit** vgl. *BAG* v. 28.6.95 – 7 ABR 55/94 –, PersR 95, 533.
518 *BVerwG* v. 16.6.11 – 6 PB 5.11 –, PersR 11, 477; vgl. dazu *Noll*, PersR 11, 469.
519 Näher dazu KfdP-*Altvater/Peiseler,* Rn. 109–112.
520 *VG Braunschweig* v. 18.1.07 – 9 B 1/07 –, PersR 08, 32.
521 Vgl. *BVerwG* v. 27.4.79 – 6 P 45.78 –, PersV 80, 19.
522 *BVerwG* v. 14.6.06 – 6 P 13.05 – u. v. 9.7.07 – 6 P 9.06 –, PersR 06, 468, u. 07, 434.
523 Beschl. v. 25.6.92 – 6 P 29.90 –, PersR 92, 365.
524 *BVerwG* v. 9.7.07, a.a.O.

Geeignete Schulungsveranstaltungen (Abs. 7) § 46

Die dem Entsendungsbeschluss des PR entsprechende **Freistellung durch** **30**
die Dienststelle ist dem vom PR entsandten PR-Mitglied gegenüber
auszusprechen und dem PR mitzuteilen. Spricht der Dienststellenleiter
die Freistellung aus und sagt er die Übernahme der Kosten zu, so ist er
an diese Entscheidungen gebunden.[525] Verweigert er die Freistellung, ist das
betreffende PR-Mitglied nicht befugt, von sich aus dem Dienst fernzubleiben.[526] In diesem Fall kann der PR nach § 83 Abs. 1 Nr. 3, Abs. 2 im
personalvertretungsrechtlichen Beschlussverfahren vor dem Verwaltungsgericht verlangen, dass die Freistellung ausgesprochen wird. Zur Anrufung
des Verwaltungsgerichts ist auch das PR-Mitglied befugt, weil es durch den
Entsendungsbeschluss des PR einen Individualanspruch auf die Freistellung
erwirbt.[527] Damit die Durchsetzung des Freistellungsanspruchs nicht durch
Zeitablauf vereitelt wird, kann auch der Erlass einer einstweiligen Verfügung in Betracht kommen.[528]

PR-Mitglieder, die für die Teilnahme an einer Schulungs- und Bildungs- **31**
veranstaltung freigestellt sind, haben Anspruch auf **Fortzahlung der Bezüge**. Dafür gilt ebenso wie bei Freistellungen nach Abs. 3 oder 4 das
Lohnausfallprinzip (vgl. Rn. 4). Ein Anspruch auf **Freizeitausgleich** ist
jedoch nicht gegeben, weil Abs. 6 eine eigenständige Regelung enthält, die
auf Abs. 2 S. 2 nicht verweist.[529] Das gilt auch für teilzeitbeschäftigte PR-Mitglieder, was im Hinblick auf das Verbot der Diskriminierung wegen des
Geschlechts problematisch ist (vgl. § 67 Rn. 16). Die durch die Teilnahme
an einer Schulungs- und Bildungsveranstaltung i. S. d. Abs. 6 entstehenden
Kosten sind nach § 44 Abs. 1 von der Dienststelle zu tragen (näher dazu
§ 44 Rn. 19–23).

(Abs. 7) Unbeschadet der Regelung des Abs. 6 über die Freistellung von **32**
Mitgliedern des PR zur Teilnahme an erforderlichen Schulungs- und
Bildungsveranstaltungen hat nach Abs. 7 – der dem § 37 Abs. 7 BetrVG
entspricht – jedes Mitglied des PR Anspruch auf Freistellung zur **Teilnahme an geeigneten Schulungs- und Bildungsveranstaltungen**.
Dieser Anspruch ist zeitlich begrenzt. Er beträgt während der regelmäßigen
Amtszeit des PR-Mitglieds **drei Wochen**, bei Beschäftigten, die erstmals
das Amt eines PR-Mitglieds übernehmen und nicht zuvor Jugend- und
Auszubildendenvertreter waren, **vier Wochen**. Die Ansprüche auf Teilnahme an Schulungs- und Bildungsveranstaltungen nach Abs. 6 einerseits
und Abs. 7 andererseits bestehen selbständig und unabhängig voneinander
mit der Folge, dass ein PR-Mitglied, wenn es vom PR zu einer Schulung
nach Abs. 6 entsandt wird, von der Dienststelle nicht auf den »Bildungs-

---

525 *BVerwG* v. 7.12.94 – 6 P 36.93 – u. v. 9.7.07 – 6 P 9.06 –, PersR 95, 179, u.
     07, 434.
526 *OVG NW* v. 4.3.93 – CL 33/89 –, PersV 95, 463.
527 So auch *VGH BW* v. 8.6.82 – 15 S 2630/81 –, PersV 83, 468; str.; vgl.
     KfdP-*Altvater/Peiseler*, Rn. 115 m. w. N.
528 *OVG Brem* v. 1.2.91 – OVG PV-B 1/91 –, PersR 91, 176.
529 *BVerwG* v. 23.10.80 – 2 C 43.78 –, PersV 82, 63.

§ 46 Geeignete Schulungsveranstaltungen (Abs. 7)

urlaub« nach Abs. 7 verwiesen werden kann. Während der Anspruch nach Abs. 6 ein Kollektivanspruch des PR ist, handelt es sich bei Abs. 7 um einen **Individualanspruch** des einzelnen PR-Mitglieds.[530] Ein weiterer wesentlicher Unterschied zwischen Abs. 6 und 7 besteht darin, dass die Schulungs- und Bildungsveranstaltungen nach Abs. 7 keine Kenntnisse vermitteln müssen, die für die Tätigkeit des PR erforderlich sind, sondern dass sie lediglich **als geeignet anerkannt** sein müssen. Geeignet sind jedenfalls solche Schulungs- und Bildungsveranstaltungen, die **Kenntnisse** vermitteln, die **für die PR-Arbeit nützlich und förderlich** sind, ohne dass es darauf ankommt, dass diese Kenntnisse für die konkrete Arbeit des PR in der konkreten Dienststelle erforderlich sind.[531] Nach der Rspr. des *BAG* zu § 37 Abs. 7 BetrVG müssen die Veranstaltungen nach Zielsetzung und Inhalt darauf angelegt sein, für eine sach- und fachgerechte Erfüllung der im geltenden Recht vorgesehenen Aufgaben des Betriebsrats zu sorgen, und dürfen nicht vornehmlich anderen Zwecken, wie etwa einer gewerkschaftspolitischen, allgemeinpolitischen oder allgemeinbildenden Schulung, dienen.[532] Diese Rspr. ist im Grundsatz auf das BPersVG übertragbar. Der Notwendigkeit, Bildungsrückstände von Mitgliedern des Betriebsrats (bzw. des PR) gegenüber dem Arbeitgeber (bzw. dem Leiter der Dienststelle) und seinen Vertretern abzubauen, trägt sie allerdings nicht hinreichend Rechnung und erscheint deshalb als zu eng. Auch wenn man der Rspr. folgt, sind jedenfalls alle diejenigen Schulungs- und Bildungsveranstaltungen als geeignet anzusehen, deren Gegenstand das **PersVR** oder die **Sachbereiche** sind, in denen dem PR Aufgaben und Befugnisse zustehen, aber auch Veranstaltungen, die dem Erwerb **organisatorischer und methodischer Kompetenzen** dienen, die für die sachgerechte Wahrnehmung der Aufgaben und Befugnisse des PR förderlich sind. Eine entsprechende Schulungs- und Bildungsveranstaltung muss von der **Bundeszentrale für politische Bildung** (BpB) anerkannt sein.[533]

33 Die Teilnahme an einer Veranstaltung nach Abs. 7 bedarf **keines Entsendungsbeschlusses** des PR. Das einzelne PR-Mitglied hat vielmehr seinen Individualanspruch auf Freistellung gegenüber dem Dienststellenleiter geltend zu machen, wobei es sinnvoll ist, sich hinsichtlich der zeitlichen Lage der Veranstaltung vorher mit dem PR abzustimmen. Der **Antrag auf Freistellung** ist – dem Gebot der vertrauensvollen Zusammenarbeit nach § 2 Abs. 1 entsprechend – so rechtzeitig zu stellen, dass sich der Dienststellenleiter auf die Abwesenheit einstellen kann. Dabei ist ggf. durch Vorlage des Anerkennungsbescheids der BpB der Nachweis der Geeignetheit zu erbringen. Ist die Veranstaltung als geeignet anerkannt und ihre Dauer durch den (noch) zur Verfügung stehenden zeitlichen Umfang des Freistellungsanspruchs abgedeckt, darf die Freistellung nur dann **abgelehnt**

---

530 Vgl. *BAG* v. 28.8.96 – 7 AZR 840/95 –, AP BetrVG 1972 § 37 Nr. 117.
531 *BVerwG* v. 4.2.88 – 6 P 23.85 –, PersR 88, 128.
532 Beschl. v. 11.8.93 – 7 ABR 52/92 –, AP BetrVG 1972 § 37 Nr. 92.
533 Näher dazu KfdP-*Altvater/Peiseler*, Rn. 122 f.

werden, wenn ihr in dem gewünschten Zeitraum zwingende dienstliche Gründe entgegenstehen. Während der Zeit der Teilnahme an den Schulungs- und Bildungsveranstaltungen nach Abs. 7 hat das PR-Mitglied Anspruch auf **Fortzahlung seiner Bezüge**, aber keinen Anspruch auf **Freizeitausgleich**. Es besteht insoweit keine Abweichung zu den Veranstaltungen nach Abs. 6. Die **Fahrkosten** hat die Dienststelle auch bei Veranstaltungen nach Abs. 7 zu übernehmen.[534]

§ 47 [Kündigungs-, Versetzungs- und Abordnungsschutz für Personalratsmitglieder]

(1) ¹Die außerordentliche Kündigung von Mitgliedern des Personalrates, die in einem Arbeitsverhältnis stehen, bedarf der Zustimmung des Personalrates. ²Verweigert der Personalrat seine Zustimmung oder äußert er sich nicht innerhalb von drei Arbeitstagen nach Eingang des Antrages, so kann das Verwaltungsgericht sie auf Antrag des Dienststellenleiters ersetzen, wenn die außerordentliche Kündigung unter Berücksichtigung aller Umstände gerechtfertigt ist. ³In dem Verfahren vor dem Verwaltungsgericht ist der betroffene Arbeitnehmer Beteiligter.

(2) ¹Mitglieder des Personalrates dürfen gegen ihren Willen nur versetzt oder abgeordnet werden, wenn dies auch unter Berücksichtigung der Mitgliedschaft im Personalrat aus wichtigen dienstlichen Gründen unvermeidbar ist. ²Als Versetzung im Sinne des Satzes 1 gilt auch die mit einem Wechsel des Dienstortes verbundene Umsetzung in derselben Dienststelle; das Einzugsgebiet im Sinne des Umzugskostenrechts gehört zum Dienstort. ³Die Versetzung oder Abordnung von Mitgliedern des Personalrates bedarf der Zustimmung des Personalrates.

(3) ¹Für Beamte im Vorbereitungsdienst und Beschäftigte in entsprechender Berufsausbildung gelten die Absätze 1, 2 und die §§ 15, 16 des Kündigungsschutzgesetzes nicht. ²Absätze 1 und 2 gelten ferner nicht bei der Versetzung oder Abordnung dieser Beschäftigten zu einer anderen Dienststelle im Anschluß an das Ausbildungsverhältnis. ³Die Mitgliedschaft der in Satz 1 bezeichneten Beschäftigten im Personalrat ruht unbeschadet des § 29, solange sie entsprechend den Erfordernissen ihrer Ausbildung zu einer anderen Dienststelle versetzt oder abgeordnet sind.

§ 47 enthält verschiedene **Schutzvorschriften** für die Mitglieder des PR. **1** **Abs. 1** schützt PR-Mitglieder, die in einem Arbeitsverhältnis stehen, gegen außerordentliche Kündigungen (vgl. Rn. 2 ff.). **Abs. 2** schützt PR-Mit-

---

[534] Str.; vgl. BT-Drs. 7/1373, S. 5; a. A. *OVG NW* v. 2.9.92 – CB 2/90 –, PersR 93, 83, m. w. N.

§ 47 Kündigungsschutz (Abs. 1)

glieder unabhängig von ihrem Beschäftigtenstatus gegen Versetzungen, Abordnungen und Umsetzungen (vgl. Rn. 22 ff.). **Abs. 3** enthält Sonderregelungen für Beamte im Vorbereitungsdienst und Beschäftigte in entsprechender Berufsausbildung (vgl. Rn. 32 f.). Aufgrund der **Verweisungen** in § 54 Abs. 1, § 56, § 24 Abs. 1 S. 3 sowie § 62 S. 2 und 3 und § 64 Abs. 1 S. 2 und Abs. 2 S. 2 gelten die Vorschriften des § 47 für Mitglieder des BPR, des HPR und des GPR, für Mitglieder der JAV, der BJAV, der HJAV und der GJAV sowie zum Teil auch für Mitglieder von Wahlvorständen und für Wahlbewerber entsprechend. Die Anwendung der Schutzvorschriften des § 47 Abs. 1 und 2 ist **mangels Verweisung auf § 77 Abs. 1 S. 1 oder 2** auch bei den dort aufgeführten Beschäftigten nicht von einem Antrag des Betroffenen abhängig oder gar ganz ausgeschlossen. Im Bereich des **BND** wird § 47 durch die Sondervorschrift des § 86 Nr. 9 abgewandelt (vgl. § 86 Rn. 10a).

2 **(Abs. 1)** Die in § 47 Abs. 1 enthaltenen Schutzvorschriften ergänzen die Regelungen über den **besonderen Kündigungsschutz** von Funktionsträgern der Personalvertretung und von Wahlbewerbern im **Kündigungsschutzgesetz** (KSchG) i. d. F. v. 25. 8. 69,[535] zuletzt geändert durch Art. 3 des Gesetzes v. 26. 3. 08.[536] Soweit sich der **Zweite Abschnitt des KSchG** nicht ausschließlich auf die Betriebsverfassung bezieht, hat er folgenden Wortlaut:

»Kündigungsschutz im Rahmen der Betriebsverfassung und Personalvertretung

§ 15 Unzulässigkeit der Kündigung

(1) [Abs. 1 enthält Regelungen über den Kündigungsschutz im Rahmen der Betriebsverfassung.]

(2) ¹Die Kündigung eines Mitglieds einer Personalvertretung, einer Jugend- und Auszubildendenvertretung oder einer Jugendvertretung ist unzulässig, es sei denn, dass Tatsachen vorliegen, die den Arbeitgeber zur Kündigung aus wichtigem Grund ohne Einhaltung einer Kündigungsfrist berechtigen, und dass die nach dem Personalvertretungsrecht erforderliche Zustimmung vorliegt oder durch gerichtliche Entscheidung ersetzt ist. ²Nach Beendigung der Amtszeit der in Satz 1 genannten Personen ist ihre Kündigung innerhalb eines Jahres, vom Zeitpunkt der Beendigung der Amtszeit an gerechnet, unzulässig, es sei denn, dass Tatsachen vorliegen, die den Arbeitgeber zur Kündigung aus wichtigem Grund ohne Einhaltung einer Kündigungsfrist berechtigen; dies gilt nicht, wenn die Beendigung der Mitgliedschaft auf einer gerichtlichen Entscheidung beruht.

(3) ¹Die Kündigung eines Mitglieds eines Wahlvorstands ist vom Zeitpunkt seiner Bestellung an, die Kündigung eines Wahlbewerbers vom Zeitpunkt der Aufstellung des Wahlvorschlags an, jeweils bis zur Bekanntgabe des Wahlergebnisses unzulässig, es sei denn, dass Tatsachen vorliegen, die den Arbeitgeber zur Kündigung aus

---

535 BGBl. I S. 1317.
536 BGBl. I S. 444.

wichtigem Grund ohne Einhaltung einer Kündigungsfrist berechtigen, und dass die nach § 103 des Betriebsverfassungsgesetzes oder nach dem Personalvertretungsrecht erforderliche Zustimmung vorliegt oder durch eine gerichtliche Entscheidung ersetzt ist. ²Innerhalb von sechs Monaten nach Bekanntgabe des Wahlergebnisses ist die Kündigung unzulässig, es sei denn, dass Tatsachen vorliegen, die den Arbeitgeber zur Kündigung aus wichtigem Grund ohne Einhaltung einer Kündigungsfrist berechtigen; dies gilt nicht für Mitglieder des Wahlvorstands, wenn dieser durch gerichtliche Entscheidung durch einen anderen Wahlvorstand ersetzt worden ist.

(3 a) [Abs. 3 a enthält ausschließlich Regelungen über den Kündigungsschutz im Rahmen der Betriebsverfassung.]

(4) Wird der Betrieb stillgelegt, so ist die Kündigung der in den Absätzen 1 bis 3 genannten Personen frühestens zum Zeitpunkt der Stilllegung zulässig, es sei denn, dass ihre Kündigung zu einem früheren Zeitpunkt durch zwingende betriebliche Erfordernisse bedingt ist.

(5) ¹Wird eine der in den Absätzen 1 bis 3 genannten Personen in einer Betriebsabteilung beschäftigt, die stillgelegt wird, so ist sie in eine andere Betriebsabteilung zu übernehmen. ²Ist dies aus betrieblichen Gründen nicht möglich, so findet auf ihre Kündigung die Vorschrift des Absatzes 4 über die Kündigung bei Stilllegung des Betriebes sinngemäß Anwendung.

§ 16 Neues Arbeitsverhältnis, Auflösung des alten Arbeitsverhältnisses

¹Stellt das Gericht die Unwirksamkeit der Kündigung einer der in § 15 Abs. 1 bis 3 a genannten Personen fest, so kann diese Person, falls sie inzwischen ein neues Arbeitsverhältnis eingegangen ist, binnen einer Woche nach Rechtskraft des Urteils durch Erklärung gegenüber dem alten Arbeitgeber die Weiterbeschäftigung bei diesem verweigern. ²Im Übrigen finden die Vorschriften des § 11 und des § 12 Satz 2 bis 4 entsprechende Anwendung.«

Der besondere Kündigungsschutz im Rahmen der Betriebsverfassung und Personalvertretung ist ausgestaltet in **drei Varianten** von abgestufter Intensität:[537] als **voller Kündigungsschutz** während der Dauer der jeweiligen Funktion (vgl. Rn. 3–9 u. 14–21), als **nachwirkender Kündigungsschutz** für eine bestimmte Zeit nach Beendigung der Funktion (vgl. Rn. 10–12) sowie als **modifizierter Kündigungsschutz** im Fall einer Stilllegung des Betriebes oder einer Betriebsabteilung (Rn. 13).

2a

Arbeitnehmer, die Mitglied einer Personalvertretung oder einer Jugend- und Auszubildendenvertretung gleich welcher Ebene oder eines Wahlvorstands oder Wahlbewerber sind, genießen nach **§ 15 Abs. 2 S. 1 bzw. Abs. 3 S. 1 KSchG** einen **besonderen Kündigungsschutz** (Variante **voller Kündigungsschutz**). Danach ist die **ordentliche Kündigung** grundsätzlich unzulässig (zu den Ausnahmen vgl. Rn. 13). Unzulässig ist auch die **ordentliche Änderungskündigung**, nach h.M. auch dann, wenn es sich um eine betriebsbedingte Änderungskündigung entweder

3

---

537 Unterscheidung nach KSchR-*Deinert*, § 15 KSchG Rn. 3.

§ 47 Kündigungsschutz (Abs. 1)

als Einzelkündigung oder als Gruppen- oder Massenänderungskündigung handelt.[538] Die **außerordentliche Kündigung** aus wichtigem Grund ist nach den genannten Vorschriften des KSchG von der »nach dem Personalvertretungsrecht erforderlichen Zustimmung« abhängig. Dieser Vorbehalt wird durch § 47 Abs. 1 und die darauf verweisenden Vorschriften sowie – bezüglich der Personalvertretungen in den Ländern – durch § 108 Abs. 1 BPersVG ausgefüllt[539] (vgl. § 108 Rn. 2). Das gilt auch für die **außerordentliche Änderungskündigung**.[540]

4 Der besondere Kündigungsschutz (in der Variante voller Kündigungsschutz) nach § 15 Abs. 2 S. 1 bzw. Abs. 3 S. 1 KSchG i. V. m. § 47 Abs. 1 bzw. § 108 Abs. 1 BPersVG dient dem **Zweck**, die Wahl der Personalvertretungen und die Kontinuität ihrer Arbeit zu sichern. Die einzelnen Mandatsträger (einschl. der Wahlbewerber als potenzielle Mandatsträger) sollen ihre personalvertretungsrechtlichen Aufgaben und Befugnisse möglichst unabhängig und ohne Furcht vor dem Verlust ihres Arbeitsplatzes ausüben können; die Gremien der Personalvertretung sollen für die Dauer ihrer Amtszeit in ihrer personellen Zusammensetzung möglichst unverändert bleiben.[541] Die Vorschriften dienen damit sowohl dem **Individualinteresse** der betroffenen Arbeitnehmer als auch dem Schutz der **Funktionsfähigkeit** der Personalvertretung.

5 Den **Schutz gegen die außerordentliche Kündigung** nach § 15 Abs. 2 S. 1 bzw. Abs. 3 S. 1 KSchG genießen nur **Arbeitnehmer**. Das sind Beschäftigte, die in einem privatrechtlichen Arbeitsverhältnis stehen (vgl. § 4 Rn. 6 ff.) oder die sich als zu ihrer **Berufsausbildung** Beschäftigte in einem privatrechtlichen Ausbildungsverhältnis befinden (vgl. § 4 Rn. 13). Ausgenommen sind **DO-Angestellte** (vgl. § 4 Rn. 8), wenn für ihr Dienstverhältnis nach der Dienstordnung beamtenrechtliche Vorschriften gelten, nach denen sie entlassen werden sollen.[542] Außerdem sind nach § 47 Abs. 3 S. 1 BPersVG diejenigen zu ihrer Berufsausbildung Beschäftigten ausgenommen, deren Ausbildung jener der Beamten im **Vorbereitungsdienst** entspricht (vgl. Rn. 32 f.). Für personalvertretungsrechtlich tätige **Beamte** kann sich aus dem Benachteiligungsverbot des § 8 BPersVG ein relativer Schutz gegen eine Entlassung ergeben (vgl. § 8 Rn. 6).

6 Geschützt sind nach § 15 Abs. 2 S. 1 KSchG Arbeitnehmer, die **Mitglied einer Personalvertretung oder einer Jugend- und Auszubildendenvertretung** sind. Unter »Personalvertretung« sind PR, BPR, HPR und

---

538 Vgl. *BAG* v. 7.10.04 – 2 AZR 81/04 –, AP KSchG 1969 § 15 Nr. 56, u. v. 12.3.09 – 2 AZR 47/08 –, AP KSchG 1969 § 15 Nr. 63.
539 *BVerwG* v. 9.7.80 – 6 P 43.79 –, PersV 81, 370.
540 Vgl. *BAG* v. 17.3.05 – 2 ABR 2/04 –, AP KSchG 1969 § 15 Nr. 58.
541 *BAG* v. 18.9.97 – 2 ABR 15/97 –, AP BetrVG 1972 § 103 Nr. 35, u. v. 2.3.06 – 2 AZR 83/05 –, AP KSchG 1969 § 15 Nr. 61; *BVerwG* v. 28.1.98 – 6 P 2.97 –, PersR 98, 374, v. 30.4.98 – 6 P 5.97 –, PersR 98, 466, u. v. 25.2.04 – 6 P 12.03 –, PersR 04, 181.
542 *BAG* v. 5.9.86 – 7 AZR 193/85 –, AP KSchG 1969 § 15 Nr. 27.

Kündigungsschutz (Abs. 1) § 47

GPR zu verstehen, außerdem die Betriebsvertretung für die deutschen Arbeitnehmer bei den Stationierungsstreitkräften der NATO.[543] Mit »Jugend- und Auszubildendenvertretung« sind außer der örtlichen JAV auch BJAV, HJAV und GJAV gemeint. Der **Schutz beginnt** mit der Bekanntgabe des Wahlergebnisses (vgl. § 23 Abs. 2 S. 1 BPersVG i. V. m. § 23 BPersVWO). Er **endet** mit dem Erlöschen der Mitgliedschaft in der Personalvertretung oder der JAV (vgl. § 29).

Geschützt sind nach **§ 15 Abs. 3 S. 1 KSchG** auch Arbeitnehmer, die **Mitglied eines Wahlvorstands** sind (vgl. § 24 Rn. 5). Damit ist jeder Wahlvorstand zur Wahl einer Personalvertretung oder einer JAV gemeint. Der **Schutz beginnt** mit der Bestellung oder der Wahl des Wahlvorstands, bei gerichtlicher Bestellung (vgl. § 28 Abs. 2) mit der Verkündung des Einsetzungsbeschlusses.[544] Er **endet** grundsätzlich mit der Bekanntgabe des Wahlergebnisses (vgl. § 23 Abs. 2 S. 1 BPersVG i. V. m. § 23 BPersVWO). Endet das Amt des Wahlvorstands oder die Mitgliedschaft im Wahlvorstand bereits vorher, endet auch der besondere Kündigungsschutz des § 15 Abs. 3 S. 1 KSchG vorzeitig.

Ersatzmitglieder genießen den vollen Kündigungsschutz gem. **§ 15 Abs. 2 S. 1 bzw. Abs. 3 S. 1 KSchG**, wenn sie anstelle eines ausgeschiedenen oder zeitweilig verhinderten Mitglieds in eine Personalvertretung, eine JAV oder einen Wahlvorstand auf Dauer oder vorübergehend eingerückt sind (vgl. § 31 Rn. 3). Der **Schutz beginnt** an dem Tag, an dem das ordentliche Mitglied ausgeschieden oder erstmals verhindert ist. Liegt am Beginn eines Verhinderungsfalles eine Sitzung des Organs, beginnt der Schutz grundsätzlich schon mit der Ladung, damit sich das Ersatzmitglied vorbereiten kann.[545] Bei einem vorübergehend eingetretenen Ersatzmitglied erstreckt sich der Schutz auf die gesamte Dauer des Vertretungsfalls, also nicht nur auf die Tage, an denen tatsächlich Aufgaben des jeweiligen Organs wahrgenommen werden.[546] Der Schutz **endet** mit dem Ablauf des letzten Tages des Vertretungsfalles.

Arbeitnehmer, die **Wahlbewerber** für eine Personalvertretung oder eine JAV sind, gehören zu dem Personenkreis, der nach § **15 Abs. 3 S. 1 KSchG** gegen die außerordentliche Kündigung geschützt ist, nach h. M. jedoch nicht Arbeitnehmer, die Wahlbewerber für das Amt des Wahlvorstands sind.[547] Der **Schutz beginnt** mit der Aufstellung des Wahlvorschlags. Dies ist der Fall, sobald ein Wahlvorstand besteht und für den Bewerber entweder ein ordnungsgemäß unterzeichneter Wahlvorschlag einer in der Dienststelle vertretenen Gewerkschaft oder ein Wahlvorschlag der wahlberechtigten Beschäftigten vorliegt, der die erforderliche Mindestzahl von

---
543 *BAG* v. 2.3.06 – 2 AZR 83/05 –, AP KSchG 1969 § 15 Nr. 61.
544 *BAG* v. 26.11.09 – 2 AZR 185/08 –, AP KSchG 1969 § 15 Nr. 64.
545 Vgl. *BAG* v. 17.1.79 – 5 AZR 891/77 –, AP KSchG 1969 § 15 Nr. 5.
546 Vgl. *BAG* v. 17.1.79, a.a.O.
547 Vgl. KfdP-*Altvater/Kröll*, Rn. 11 m. N.

§ 47 Kündigungsschutz (Abs. 1)

Stützunterschriften aufweist.[548] Der Schutz **endet** mit der Bekanntgabe des Wahlergebnisses (vgl. § 23 Abs. 2 S. 1 BPersVG i. V. m. § 23 BPersVWO).

10 Nach dem Ende ihres vollen Kündigungsschutzes nach § 15 Abs. 2 S. 1 bzw. Abs. 3 S. 1 KSchG (vgl. Rn. 3 ff.) genießen die Arbeitnehmer nach **§ 15 Abs. 2 S. 2 bzw. Abs. 3 S. 2 KSchG** grundsätzlich einen **nachwirkenden Kündigungsschutz.** Dieser besteht darin, dass ihnen in einem bestimmten Zeitraum weiterhin nicht ordentlich, sondern nur außerordentlich aus wichtigem Grund gekündigt werden darf, ohne dass eine solche Kündigung aber an eine »nach dem Personalvertretungsrecht erforderliche Zustimmung« gebunden ist.[549] Da § 47 Abs. 1 BPersVG somit nicht anwendbar ist, ist insoweit lediglich das in **§ 79 Abs. 3 BPersVG** geregelte **Anhörungsrecht** des PR zu beachten (vgl. § 79 Rn. 36 ff.).[550]

11 Bei gewählten **Mitgliedern einer Personalvertretung oder einer JAV** beginnt der nachwirkende Kündigungsschutz nach **§ 15 Abs. 2 S. 2 KSchG** mit der »Beendigung der Amtszeit«. Darunter ist zunächst die Amtszeit des jeweiligen Organs zu verstehen. Endet die Mitgliedschaft in diesem Organ jedoch vorher, kommt es auf das Erlöschen der Mitgliedschaft (vgl. § 29 Abs. 1) an. Nach § 15 Abs. 2 S. 2 Hs. 2 KSchG ist der nachwirkende Kündigungsschutz **ausgeschlossen**, wenn die Beendigung der Mitgliedschaft auf einer **gerichtlichen Entscheidung** beruht.[551] Der **Nachwirkungszeitraum** beträgt **ein Jahr.** Der nachwirkende Kündigungsschutz gilt auch für **Ersatzmitglieder,** wobei es bei vorübergehend eingerückten Ersatzmitgliedern auf die Dauer der Vertretung nicht ankommt[552] und der Nachwirkungszeitraum von einem Jahr mit der Beendigung des jeweiligen Vertretungsfalles beginnt.

12 Bei **Mitgliedern eines Wahlvorstands** und bei nicht gewählten **Wahlbewerbern** beginnt der nachwirkende Kündigungsschutz nach **§ 15 Abs. 3 S. 2 KSchG** grundsätzlich mit der Bekanntgabe des Wahlergebnisses (vgl. § 23 Abs. 2 S. 1 BPersVG i. V. m. § 23 BPersVWO) oder – z. B. wenn sie ihr Amt niederlegen oder ihre Bewerbung zurücknehmen – mit dem Ausscheiden aus der jeweiligen Funktion. In entsprechender Anwendung des § 15 Abs. 3 S. 2 Hs. 2 KSchG (vgl. Rn. 11) gilt er aber nicht für Mitglieder eines Wahlvorstands, der nach § 23 Abs. 1 S. 2 BPersVG ersetzt worden ist.[553] Der **Nachwirkungszeitraum** beträgt **sechs Monate.**

13 Gegenüber Arbeitnehmern, die als Funktionsträger oder ehemalige Funktionsträger der Personalvertretung nach § 15 Abs. 2 bzw. Abs. 3 KSchG vollen oder nachwirkenden Kündigungsschutz genießen, ist eine **ordent-**

---

548 Vgl. *BAG* v. 4.3.76 – 2 AZR 620/74 –, AP KSchG 1969 § 15 Wahlbewerber Nr. 1.
549 *BAG* v. 18.5.06 – 6 AZR 627/05 –, AP KSchG 1969 § 15 Ersatzmitglied Nr. 2.
550 KfdP-*Altvater/Kröll*, Rn. 53.
551 Näher dazu KfdP-*Altvater/Kröll*, Rn. 14.
552 *BVerwG* v. 8.12.86 – 6 P 20.84 –, PersR 87, 110.
553 Vgl. KfdP-*Altvater/Kröll*, Rn. 15.

liche **Kündigung** nach § 15 Abs. 4 oder 5 KSchG nur bei einer **Stilllegung des Betriebes oder einer Betriebsabteilung** zulässig, im Bereich der öffentlichen Verwaltung nur bei einer Stilllegung (Auflösung) der Dienststelle oder eines einer Betriebsabteilung entsprechenden Teils der Dienststelle.[554] Insoweit steht dem PR das **Mitwirkungsrecht** nach § 79 **Abs. 1** zu, und zwar nach h. M. auch dann, wenn dem Funktionsträger wegen einzelvertraglich oder tarifvertraglich vereinbarter Unkündbarkeit nur außerordentlich gekündigt werden kann (vgl. § 79 Rn. 10).[555]

Beim **vollen Kündigungsschutz** nach § 15 Abs. 2 S. 1 bzw. Abs. 3 S. 1 **14** KSchG (vgl. Rn. 3 ff.) bedarf die außerordentliche Kündigung nach oder entsprechend § **47 Abs. 1 S. 1** der »**Zustimmung des Personalrates**«. Das Verfahren zur Herbeiführung dieser Zustimmung ist kein Verfahren der Mitbestimmung nach § 69, sondern ein **Verfahren eigener Art**, für das auch die Vorschriften des § 82 über die Abgrenzung der Zuständigkeiten zwischen den Personalvertretungen nicht gelten. Falls § 47 Abs. 1 S. 1 anzuwenden ist, findet die bei außerordentlichen Kündigungen ansonsten in § 79 Abs. 3 vorgesehene Anhörung des PR nicht statt.[556]

Das Zustimmungsverfahren ist nach der Rspr. des *BVerwG*[557] vom **Leiter** **15** **der Dienststelle** einzuleiten, die für das Aussprechen der außerordentlichen Kündigung zuständig ist. Falls er verhindert ist, kann er sich nach § 7 S. 2, 3 oder 4 vertreten lassen. Er hat bei dem **zuständigen Personalrat** einen Antrag auf Zustimmung zu der beabsichtigten Kündigung zu stellen. Das ist die Personalvertretung, zu der die personalvertretungsrechtlichen Beziehungen der Person bestehen, die gegen eine ungerechtfertigte außerordentliche Kündigung geschützt werden soll.[558] In der Regel handelt es sich um die Personalvertretung, der der betroffene Beschäftigte angehört.[559] Bei Beschäftigten, die – wie die Mitglieder einer JAV oder eines Wahlvorstands oder Wahlbewerber – keiner Personalvertretung angehören, ist jeweils die Personalvertretung zuständig, bei der die JAV besteht bzw. für welche die Wahl durchgeführt wird. Je nach Lage des Einzelfalles kann die Zustimmung mehrerer Personalvertretungen erforderlich sein.[560] Falls eine zuständige Personalvertretung nicht vorhanden oder funktionsunfähig sein sollte, ist § 47 Abs. 1 S. 2 anzuwenden (vgl. dazu Rn. 19).

Der Dienststellenleiter hat die Zustimmung des PR zu der beabsichtigten **16** außerordentlichen Kündigung unter genauer Angabe der Kündigungsgründe zu **beantragen**. Für die Unterrichtung gelten die gleichen Regeln wie

---

554 Näher dazu KfdP-*Altvater/Kröll*, Rn. 16 ff. u. 54.
555 *BAG* v. 18.9.97 – 2 ABR 15/97 –, AP BetrVG 1972 § 103 Nr. 35, u. v. 10.5.07 – 2 AZR 626/05 –, AP BGB § 626 Unkündbarkeit Nr. 1.
556 *BVerwG* v. 30.4.98 – 6 P 5.97 –, PersR 98, 466.
557 Beschl. v. 3.5.99 – 6 P 2.98 –, PersR 99, 494.
558 *BVerwG* v. 9.7.80 – 6 P 43.79 –, PersV 81, 370.
559 *BVerwG* v. 25.2.04 – 6 P 12.03 –, PersR 04, 181.
560 *BVerwG* v. 8.12.86 – 6 P 20.84 –, PersR 87, 110.

§ 47 Kündigungsschutz (Abs. 1)

bei der Anhörung des PR nach § 79 Abs. 3 (vgl. dort Rn. 39). Dementsprechend müssen dem PR die Gründe für den Kündigungsentschluss im Einzelnen mitgeteilt werden, also die Kündigungsabsicht, die Person des zu kündigenden Arbeitnehmers und die Kündigungsgründe. Dabei hat der Dienststellenleiter den PR über alle Aspekte zu unterrichten, die ihn zur beabsichtigten Kündigung veranlassen.[561] Der Antrag und die Unterrichtung müssen so **rechtzeitig** erfolgen, dass der Dienststellenleiter nach ordnungsgemäßer Durchführung des Zustimmungsverfahrens noch innerhalb der in § 626 Abs. 2 BGB vorgeschriebenen **Ausschlussfrist von zwei Wochen** bei erteilter Zustimmung die Kündigung aussprechen oder bei verweigerter Zustimmung gem. § 47 Abs. 1 S. 2 die Ersetzung der Zustimmung beim Verwaltungsgericht beantragen kann (vgl. Rn. 19 f.).

17 Will der PR zu dem Antrag des Dienststellenleiters Stellung nehmen, steht ihm dafür – wie sich aus § 47 Abs. 1 S. 2 ergibt – eine **Frist von drei Arbeitstagen** zur Verfügung (zu ihrer Berechnung vgl. § 69 Rn. 16 ff.). Dabei geht es nicht um eine Gruppenangelegenheit, sondern um eine **gemeinsame Angelegenheit**, über die nach § 38 Abs. 1 vom Plenum zu beraten und zu beschließen ist (vgl. § 38 Rn. 3 ff.). Ist ein Mitglied der JAV betroffen, haben deren Mitglieder nach § 40 Abs. 1 S. 2 und 3 nicht nur das Recht der beratenden Teilnahme, sondern auch Stimmrecht (vgl. § 40 Rn. 2 f.). Bezieht sich der Zustimmungsantrag auf die Kündigung eines Mitglieds des PR oder der JAV, so ist dieses rechtlich verhindert und darf deshalb weder beratend noch entscheidend mitwirken. Für das betroffene ordentliche Mitglied ist gem. § 31 Abs. 1 S. 2 ein **Ersatzmitglied** zu laden[562] (vgl. auch § 37 Rn. 6).

18 Der PR hat – wie aus § 47 Abs. 1 S. 2 ersichtlich – bei der Entscheidung über die Erteilung oder Verweigerung seiner Zustimmung zu prüfen, ob die beabsichtigte außerordentliche Kündigung »unter Berücksichtigung aller Umstände gerechtfertigt ist«. Hinsichtlich dieser Frage steht ihm ein **Mitbeurteilungsrecht** zu. Dabei hat er das **Individualinteresse** des betroffenen Arbeitnehmers und die Sicherung der **Funktionsfähigkeit** der Personalvertretung zu berücksichtigen (vgl. Rn. 4). Aufgrund einer bewertenden Beurteilung kann er beschließen, die Zustimmung zu erteilen oder zu verweigern. Die **Erteilung der Zustimmung** setzt einen wirksamen Beschluss des PR voraus,[563] der dem Dienststellenleiter formlos mitgeteilt werden kann.[564] Bei einer **Verweigerung der Zustimmung** kann der PR zu dem Antrag des Dienststellenleiters schweigen,[565] er kann aber auch (was zweckmäßig ist) ausdrücklich Bedenken geltend machen

---

561 Vgl. *BAG* v. 23.4.08 – 2 ABR 71/07 –, AP BetrVG 1972 § 103 Nr. 56.
562 Vgl. *BAG* v. 26.8.81 – 7 AZR 550/79 – u. v. 23.8.84 – 2 AZR 391/83 –, AP BetrVG 1972 § 103 Nr. 13 u. 17.
563 *BAG* v. 23.8.84, a.a.O.
564 *BAG* v. 4.3.04 – 2 AZR 147/03 –, AP BetrVG 1972 § 103 Nr. 50.
565 Vgl. *BAG* v. 18.8.77 – 2 ABR 19/77 –, AP BetrVG 1972 § 103 Nr. 10.

oder Widerspruch erheben, ohne dabei an den Zustimmungsverweigerungskatalog des § 77 Abs. 2 gebunden zu sein.

Hat der PR zugestimmt, kann der Arbeitgeber innerhalb der Ausschlussfrist des § 626 Abs. 2 BGB (vgl. Rn. 16) die außerordentliche **Kündigung aussprechen**. Eine Kündigung, die bereits vor dem Vorliegen der Zustimmung des PR ausgesprochen wird, ist jedoch **unwirksam**.[566] Nach § 4 S. 1 KSchG muss der gekündigte Arbeitnehmer allerdings innerhalb von drei Wochen nach Zugang der Kündigung deren Rechtsunwirksamkeit beim **Arbeitsgericht** geltend machen, weil die Kündigung sonst gem. § 7 KSchG als von Anfang an rechtswirksam gilt. **18a**

Verweigert der PR ausdrücklich die beantragte Zustimmung oder äußert er sich nicht innerhalb von drei Arbeitstagen nach Eingang des Antrags des Dienststellenleiters, so kann dieser nach **§ 47 Abs. 1 S. 2** das **Verwaltungsgericht anrufen** und beantragen, die verweigerte oder fehlende Zustimmung zu ersetzen. Der Antrag muss noch innerhalb der **Ausschlussfrist** des § 626 Abs. 2 BGB beim Verwaltungsgericht eingegangen sein und demnächst zugestellt werden.[567] Diese Frist wird nur durch einen **zulässigen Zustimmungsersetzungsantrag** gewahrt. Ein vom Dienststellenleiter vor Ablauf von drei Arbeitstagen nach Stellung des Zustimmungsantrags an den PR (vorsorglich) beim Gericht eingereichter Antrag ist unzulässig, wenn der PR noch keine Zustimmungsverweigerung erklärt hat; er wird auch nicht dadurch zulässig, dass nachträglich die Zustimmung des PR zu der beabsichtigten Kündigung verweigert wird.[568] Ist eine an sich zuständige Personalvertretung nicht, nicht mehr oder noch nicht vorhanden, hat der Dienststellenleiter sich so zu verhalten, als hätte die vorhandene Personalvertretung die Zustimmung nicht erteilt, und deshalb unmittelbar die Ersetzung der fehlenden Zustimmung beim Verwaltungsgericht zu beantragen.[569] Dies gilt auch, wenn eine vorhandene Personalvertretung funktionsunfähig ist, z.B. dann, wenn dem einzigen Mitglied eines PR gekündigt werden soll und ein Ersatzmitglied nicht vorhanden ist.[570] **19**

Das Verwaltungsgericht entscheidet gem. § 83 im **personalvertretungsrechtlichen Beschlussverfahren** (vgl. § 83 Rn. 3). An dem Verfahren ist außer dem Dienststellenleiter (als Antragsteller) und dem zuständigen PR nach § 47 Abs. 1 S. 3 auch der betroffene **Arbeitnehmer beteiligt**, weil das Verfahren auch für seinen Individualrechtsschutz von Bedeutung ist (vgl. Rn. 21). Das Verwaltungsgericht hat zu **prüfen**, ob die beabsichtigte **20**

---

566 Vgl. *BAG* v. 20.3.75 – 2 ABR 111/74 –, AP BetrVG 1972 § 103 Nr. 2.
567 Vgl. KfdP-*Altvater/Kröll*, Rn. 37 m.N.
568 *BAG* v. 7.5.86 – 2 ABR 27/85 – u. v. 24.10.96 – 2 AZR 3/96 –, AP BetrVG 1972 § 103 Nr. 18 u. 32.
569 Vgl. *BAG* v. 12.8.76 – 2 AZR 303/75 – u. v. 30.5.78 – 2 AZR 637/76 –, AP KSchG 1969 § 15 Nr. 2 u. 4.
570 Vgl. *OVG LSA* v. 5.5.04 – 5 L 6/03 –, PersR 05, 84; *BAG* v. 18.12.82 – 2 AZR 76/81 –, AP KSchG 1969 § 15 Nr. 13.

§ 47 Versetzungs- und Abordnungsschutz (Abs. 2)

außerordentliche Kündigung »unter Berücksichtigung aller Umstände gerechtfertigt ist«. Das ist nach der Rspr. des *BAG*[571] der Fall, wenn ein **wichtiger Grund i. S. d. § 626 Abs. 1 BGB** gegeben ist. Das Verwaltungsgericht hat die Kündigungsgründe zu prüfen und zu bewerten, die der Dienststellenleiter vorher mit seinem Zustimmungsantrag förmlich an den PR herangetragen hat.[572] Ein **Nachschieben** von Kündigungsgründen ist (nur) möglich, wenn der Dienststellenleiter unter Berufung darauf erneut und erfolglos die Zustimmung der Personalvertretung beantragt hat.[573] Dies muss ebenso wie die Einführung dieser Gründe in das gerichtliche Verfahren innerhalb der Frist des § 626 Abs. 2 BGB geschehen.[574] Das Gericht hat zu beachten, dass **Amtspflichtverletzungen** personalvertretungsrechtlicher Funktionsträger deren außerordentliche Kündigung grundsätzlich nicht rechtfertigen können.[575] Hält es die außerordentliche Kündigung für gerechtfertigt, hat es dem Antrag auf **Zustimmungsersetzung** stattzugeben.[576] Nach dem Eintritt der Rechtskraft oder Unanfechtbarkeit des Beschlusses muss der Arbeitgeber unverzüglich kündigen.[577]

21 Auch wenn das Verwaltungsgericht die Zustimmung rechtskräftig ersetzt hat, kann der Arbeitnehmer nach Ausspruch der außerordentlichen Kündigung Klage auf Feststellung der Unwirksamkeit dieser Kündigung vor dem **Arbeitsgericht** erheben. Mit der rechtskräftigen Zustimmungsersetzung ist jedoch die für den nachfolgenden **Kündigungsschutzprozess** im Grundsatz bindende Feststellung getroffen, dass die außerordentliche Kündigung unter Berücksichtigung aller Umstände gerechtfertigt ist.[578] Wegen dieser **Präklusionswirkung** kann der Arbeitnehmer in einem die außerordentliche Kündigung betreffenden Kündigungsschutzprozess die Unrichtigkeit der Entscheidung des Verwaltungsgerichts nur dann geltend machen, wenn er neue Tatsachen vorträgt, die im personalvertretungsrechtlichen Beschlussverfahren noch nicht berücksichtigt werden konnten, weil sie erst nach Abschluss dieses Verfahrens entstanden oder bekanntgeworden sind.[579]

22 **(Abs. 2)** Die Vorschrift des § 47 Abs. 2 sieht für **Mitglieder des PR** einen besonderen **Schutz gegen Versetzungen, Abordnungen und Umsetzungen** vor. Sie gilt in vollem Umfang entsprechend für Mitglieder des **BPR** und des **HPR** (§ 54 Abs. 1 Hs. 1) sowie des **GPR** (§ 56 i. V. m. § 54 Abs. 1 Hs. 1) und für Mitglieder der **JAV** (§ 62 S. 2), der **BJAV** und der

---

571 Vgl. Beschl. v. 22. 8. 74 – 2 ABR 17/74 –, AP BetrVG 1972 § 103 Nr. 1.
572 Vgl. *BayVGH* v. 22. 12. 82 – Nr. 17 C 82 A. 1979 –, PersV 84, 159.
573 Vgl. *BVerwG* v. 28. 1. 98 – 6 P 2.97 –, PersR 98, 374; *BAG* v. 23. 4. 08 – 2 ABR 71/07 –, AP BetrVG 1972 § 103 Nr. 56.
574 Vgl. KfdP-*Altvater/Kröll*, Rn. 47 m. N.
575 Str.; vgl. KfdP-*Altvater/Kröll*, Rn. 46 m. N.
576 Vgl. *BAG* v. 22. 8. 74 – 2 ABR 17/74 –, AP BetrVG 1972 § 103 Nr. 1.
577 Vgl. *BAG* v. 24. 4. 75 – 2 AZR 118/74 –, AP BetrVG 1972 § 103 Nr. 3.
578 *BAG* v. 24. 4. 75, a. a. O.
579 *BAG* v. 11. 5. 00 – 2 AZR 276/99 –, AP BetrVG 1972 § 103 Nr. 42; *BVerwG* v. 15. 10. 02 – 6 PB 7.02 – u. v. 25. 2. 04 – 6 P 12.03 –, PersR 03, 74, u. 04, 181.

Versetzungs- und Abordnungsschutz (Abs. 2) § 47

HJAV (§ 64 Abs. 1 S. 2 i. V. m. § 62 S. 2) sowie der **GJAV** (§ 64 Abs. 2 S. 2 i. V. m. 64 Abs. 1 S. 2 und § 62 S. 2), ferner für den **Vertrauensmann in der Bundespolizei** (§ 85 Abs. 2 Nr. 5 S. 2). Mit Ausnahme seines S. 3 gilt § 47 Abs. 2 entsprechend für Mitglieder von **Wahlvorständen** und für **Wahlbewerber** (§ 24 Abs. 1 S. 3 und Verweisungen in § 53 Abs. 3 S. 1 u, § 56 sowie § 62 S. 3 und Verweisungen in § 64 Abs. 1 S. 2 u. § 64 Abs. 2 S. 2). Im Bereich des **BND** wird § 47 Abs. 2 durch § 86 Nr. 9 abgewandelt (vgl. § 86 Rn. 10 a). In den **Auslandsvertretungen** im Geschäftsbereich des Auswärtigen Amts gilt § 47 Abs. 2 gem. § 91 Abs. 1 Nr. 3 S. 4 nicht für Beschäftigte, die zur Wahl des PR des AA wahlberechtigt sind (vgl. § 91 Rn. 7). Für Mitglieder von PR im **Geschäftsbereich des Bundesministeriums der Verteidigung im Ausland** gilt § 47 Abs. 2 gem. § 91 Abs. 1 Nr. 4 nur für die Dauer einer regelmäßigen Amtszeit in dem durch § 26 festgelegten Umfang (vgl. § 91 Rn. 7 b).

Der Schutz der Mitglieder des PR sowie – kraft Verweisung (vgl. Rn. 22) – **23** der Mitglieder der anderen Personalvertretungen, der Mitglieder der Jugend- und Auszubildendenvertretungen aller Ebenen sowie der Mitglieder von Wahlvorständen und von Wahlbewerbern gegen Versetzungen, Abordnungen und Umsetzungen erstreckt sich, soweit Abs. 3 keine Ausnahmen vorsieht, auf **alle Beschäftigten** unabhängig davon, ob es sich bei ihnen um Beamte oder Arbeitnehmer handelt. Der Personalvertretung angehörende **Soldatenvertreter** genießen nach § 51 Abs. 3 S. 1 SBG ebenfalls den Schutz des § 47 Abs. 2[580] (vgl. auch Anh. V B § 51 SBG Rn. 4).

Der besondere Versetzungs-, Abordnungs- und Umsetzungsschutz der **24** Mitglieder des PR und anderer Organe besteht **während der Mitgliedschaft** in dem jeweiligen Gremium. Die Vorschriften über den Beginn und das Ende des Kündigungsschutzes sind mangels Verweisung insoweit nicht anwendbar.[581] Der Schutz von Mitgliedern von **Personalvertretungen** und **Jugend- und Auszubildendenvertretungen** nach oder entsprechend § 47 Abs. 2 beginnt demnach nicht erst mit der Bekanntgabe des Wahlergebnisses, sondern bereits dann, wenn der Wahlvorstand das Wahlergebnis durch Beschluss festgestellt hat. Des Weiteren endet der Schutz von Mitgliedern von **Wahlvorständen** entsprechend § 47 Abs. 2 nicht schon mit der Bekanntgabe des Wahlergebnisses, sondern i. d. R. erst mit der Wahl des Wahlleiters in der konstituierenden Sitzung der gewählten Vertretung (vgl. § 34 Rn. 3). **Ersatzmitglieder** sind nach oder entsprechend § 47 Abs. 2 geschützt, wenn und solange sie anstelle eines ausgeschiedenen oder zeitweilig verhinderten Mitglieds in das jeweilige Gremium auf Dauer oder vorübergehend eingerückt sind.[582] Dafür sowie für den Versetzungs-, Abordnungs- und Umsetzungsschutz der **Wahlbewerber** gilt das zum Kündigungsschutz Gesagte sinngemäß (vgl. Rn. 8 bzw. 9).

---

580 Vgl. *BVerwG* v. 19. 2. 87 – 6 P 11.85 –, PersR 87, 187.
581 Str.; vgl. KfdP-*Altvater/Kröll*, Rn. 57 m. N.
582 *BVerwG* v. 27. 9. 84 – 6 P 38.83 –, PersV 86, 468.

§ 47 Versetzungs- und Abordnungsschutz (Abs. 2)

Ein an das Ende der Mitgliedschaft bzw. Ersatzmitgliedschaft anschließender **nachwirkender Schutz** ist – anders als bei der außerordentlichen Kündigung (vgl. Rn. 11 f.) – bei Versetzungen, Abordnungen und Umsetzungen nicht vorgesehen.[583]

25 Der **Zweck der Schutzvorschrift des § 47 Abs. 2** besteht darin, nicht nur den Verlust des PR-Amtes als Folge bestimmter dienstrechtlicher Maßnahmen zu verhindern, sondern darüber hinaus die ungestörte Ausübung dieses Amtes sicherzustellen und die PR-Mitglieder vor dienstlichen Maßnahmen zu bewahren, welche sie dauernd oder vorübergehend an der unabhängigen Ausübung ihres Amtes hindern könnten.[584] Das gilt für die Mitglieder aller Personalvertretungen und Jugend- und Auszubildendenvertretungen sowie für Wahlvorstände gleichermaßen. Die Vorschrift soll aber nicht nur die **Unabhängigkeit** des einzelnen Mitglieds, sondern auch die **Arbeitsfähigkeit** des jeweiligen Gremiums schützen.[585]

26 § 47 Abs. 2 schützt gegen **Versetzungen, Abordnungen und Umsetzungen**, die **gegen den Willen** des Betroffenen angeordnet werden sollen.[586] **Begrifflich** handelt es sich dabei grundsätzlich um jene Maßnahmen, die mit gleicher Bezeichnung in den Katalogen der mitbestimmungspflichtigen Personalangelegenheiten aufgeführt sind (hinsichtlich der **Beamten** vgl. § 76 Rn. 22 ff., 26 u. 27 ff., hinsichtlich der **Arbeitnehmer** vgl. § 75 Rn. 36 ff., 39 ff. u. 43 ff.). Die in den Mitbestimmungstatbeständen teilweise vorgesehenen **Einschränkungen** gelten jedoch nicht für den Schutz nach § 47 Abs. 2. Dieser besteht deshalb auch gegen **Abordnungen** für die Dauer von nicht mehr als drei Monaten. Die mit einem Wechsel des Dienstorts verbundene **Umsetzung** in derselben Dienststelle, die nach S. 2 des Abs. 2 als Versetzung i. S. d. S. 1 gilt, liegt auch dann vor, wenn sie nicht auf Dauer, sondern nur vorübergehend erfolgt.[587] Ebenfalls erfasst sind solche Versetzungen, Abordnungen und Umsetzungen, die nicht zu einem **Ausscheiden aus dem Geschäftsbereich** führen, für den das jeweilige Gremium gebildet ist.[588] Einen Schutz gegen **Zuweisungen**[589] sieht § 47 Abs. 2 nicht vor; ob eine analoge Anwendung dieser Schutzvorschrift in Betracht kommt, hat das *OVG NW*[590] offengelassen, für den Fall der (aufgrund von § 44 g Abs. 1 S. 1 SGB II erfolgten) gesetzlichen Zuweisung

---

583 Vgl. aber *BVerwG* v. 18.5.04 – 1 WDS-VR 1.04 –, PersR 05, 322.
584 *BVerwG* v. 27.9.84 u. v. 19.2.87, jew. a.a.O.
585 *BVerwG* v. 18.10.77 – VII P 14.75 –, PersV 79, 70, u. v. 18.5.04, a.a.O.
586 *BVerwG* v. 18.10.77 u. v. 18.5.04, jew. a.a.O.
587 *BVerwG* v. 29.4.81 – 6 P 34.79 –, PersV 82, 404.
588 So *BVerwG* v. 29.4.81 – 6 P 37.79 –, PersV 82, 406, zur Versetzung des Mitglieds einer Stufenvertretung, die nicht zum Verlust des Amtes in der Stufenvertretung führt.
589 Zur Mitbestimmung gem. § 75 Abs. 1 Nr. 4 a bzw. § 76 Abs. 1 Nr. 5 a vgl. § 75 Rn. 76 ff. u. § 76 Rn. 61 ff.
590 Beschl. v. 20.6.11 – 16 B 271/11.PVB –, PersR 11, 386.

Versetzungs- und Abordnungsschutz (Abs. 2) § 47

von Tätigkeiten bei einem als gemeinsame Einrichtung nach § 44b SGB II organisierten Jobcenter aber verneint.

Die in § 47 Abs. 2 aufgeführten Personalmaßnahmen können gegen den Willen des Mitglieds (oder Ersatzmitglieds) der **Personalvertretung** (oder der **Jugend- und Auszubildendenvertretung**) nur unter **zwei Voraussetzungen** getroffen werden: Erstens muss dies nach **S. 1** auch unter Berücksichtigung der Mitgliedschaft (bzw. Ersatzmitgliedschaft) in der jeweiligen Personalvertretung (bzw. Jugend- und Auszubildendenvertretung) aus wichtigen dienstlichen Gründen unvermeidbar sein, und zweitens muss nach **S. 3** die Personalvertretung der Maßnahme zugestimmt haben. Für Mitglieder von **Wahlvorständen** und für **Wahlbewerber** gilt nur die erste Voraussetzung, weil in § 24 Abs. 1 S. 3 bzw. § 62 S. 3 nicht auf § 47 Abs. 2 S. 3 verwiesen wird (vgl. Rn. 22). 27

Für die Erfüllung der **ersten (materiellen) Voraussetzung** (nach § 47 Abs. 2 **S. 1**) ist erforderlich, dass **wichtige dienstliche Gründe** die beabsichtigte Maßnahme erfordern. Darüber hinaus müssen diese Gründe so schwerwiegend sein, dass die Maßnahme auch unter Berücksichtigung der Mitgliedschaft in der jeweiligen Personalvertretung (oder Jugend- und Auszubildendenvertretung) **unvermeidbar** ist. Das ist nur dann zu bejahen, wenn der Einsatz gerade dieses Mitglieds der Personalvertretung auf einem anderen Dienstposten oder Arbeitsplatz zwingend erforderlich ist, um den Dienstbetrieb aufrechtzuerhalten.[591] 28

Die (für Mitglieder von Wahlvorständen und für Wahlbewerber nicht geltende) **zweite (verfahrensmäßige) Voraussetzung** (nach § 47 Abs. 2 **S. 3**) besteht in der **Zustimmung des PR**. Zuständig für deren Erteilung ist (wie im Falle des § 47 Abs. 1) die Personalvertretung, zu der die personalvertretungsrechtlichen Beziehungen des geschützten Beschäftigten bestehen[592] (vgl. Rn. 15). Der Antrag auf Zustimmung des PR ist auch hier vom **Leiter der Dienststelle** zu stellen, die für die Anordnung der beabsichtigten Versetzung, Abordnung oder Umsetzung zuständig ist (vgl. Rn. 15). 29

Das Verfahren zur **Herbeiführung der Zustimmung** des PR ist wie im Falle des § 47 Abs. 1 ein **Verfahren eigener Art**[593] (vgl. Rn. 14). Die Frage, ob wichtige dienstliche Gründe vorliegen, ist eine Rechtsfrage, bei deren Beantwortung dem PR ein **Mitbeurteilungsrecht** zusteht. Soweit Eignung, Befähigung und fachliche Leistung des betroffenen Beschäftigten zu bewerten sind, steht der Dienststelle allerdings ein Beurteilungsspielraum 30

---

591 Vgl. *VGH BW* v. 1.10.85 – 4 S 2143/84 –, VBlBW 87, 193; *ArbG Bonn* v. 9.9.99 – 3 Ga 25/99 –, PersR 99, 549; KfdP-*Altvater/Kröll*, Rn. 65 m. w. N.
592 *BVerwG* v. 10.7.64 – VII P 8.63 –, PersV 64, 228.
593 *BVerwG* v. 29.4.81 – 6 P 34.79 –, PersV 82, 404, u. v. 19.2.87 –, PersR 87, 167.

§ 47 Regelungen für Beamte im Vorbereitungsdienst u.a. (Abs. 3)

zu, der nach der Rspr. auch vom PR nur beschränkt nachprüfbar ist.[594] Andererseits ist dem PR ein solcher **Beurteilungsspielraum** bei der Prüfung der weiteren Frage einzuräumen, welche Auswirkungen die Maßnahme auf seine Arbeitsfähigkeit (bzw. die der JAV) hat und ob die Maßnahme unvermeidbar ist. Bei der vom PR zu treffenden Entscheidung handelt es sich um eine **gemeinsame Angelegenheit** i. S. d. § 38 Abs. 1.[595] Stimmt der PR der beabsichtigten Versetzung, Abordnung oder Umsetzung nicht zu, so kann die verweigerte oder fehlende Zustimmung – anders als in den Fällen des § 47 Abs. 1 – nicht durch das Verwaltungsgericht ersetzt werden.[596] Der PR hat somit ein absolutes Vetorecht.[597]

31 Falls die beabsichtigte Maßnahme zugleich einen der in § 75 Abs. 1 Nr. 3 oder 4 bzw. § 76 Abs. 1 Nr. 4 oder 5 geregelten Tatbestände der Mitbestimmung erfüllt, wird das nach § 69 unter Beachtung des § 82 durchzuführende **Mitbestimmungsverfahren** durch das in § 47 Abs. 2 vorgesehene Zustimmungsverfahren nicht ausgeschlossen.[598]

32 (Abs. 3) Für **Beamte im Vorbereitungsdienst** und **Beschäftigte in entsprechender Berufsausbildung** sieht § 47 Abs. 3 Sonderregelungen vor. Diese Beschäftigten sind, soweit es um die Personalvertretungen i. e. S. (PR, BPR, HPR, GPR) geht, nach **§ 13 Abs. 3** (und den Verweisungen in § 53 Abs. 1 S. 1 u. § 56) nur bei ihrer Stammbehörde wahlberechtigt (vgl. § 13 Rn. 14f.) und nach **§ 14 Abs. 2** nicht in eine Stufenvertretung (sondern nur in den PR und ggf. GPR bei ihrer Stammbehörde) wählbar (vgl. § 14 Rn. 7). Für die Wahlen der Jugend- und Auszubildendenvertretungen gilt Entsprechendes (vgl. § 58 Abs. 1 a). Die Sonderregelungen des § 47 Abs. 3 gelten unmittelbar für **Mitglieder des PR**. Sie gelten entsprechend für Mitglieder des **GPR** (§ 56 i. V. m. § 54 Abs. 1 Hs. 1) sowie für Mitglieder der **JAV** (§ 62 S. 2) und der **GJAV** (§ 64 Abs. 2 S. 2 i. V. m. Abs. 1 S. 2 u. § 62 S. 2).

33 § 47 Abs. 3 **S. 1** bestimmt, dass die Schutzvorschriften des § 47 Abs. 1 und 2 sowie der §§ 15 und 16 KSchG für diese Beschäftigten nicht gelten. Das hat zur Folge, dass zum einen alle diese Beschäftigten **keinen besonderen Schutz gegen Versetzungen, Abordnungen und Umsetzungen** haben (womit die Berufsausbildung unbedingten Vorrang vor der Ausübung der jeweiligen personalvertretungsrechtlichen Funktion erhält) und dass zum anderen die in einem privatrechtlichen Ausbildungsverhältnis stehenden »Beschäftigten in entsprechender Berufsausbildung« auch **keinen besonderen Kündigungsschutz** genießen (was im Hinblick auf den Gleich-

---

594 Vgl. *BVerwG* v. 26. 1. 94 – 6 P 21.92 –, PersR 94, 213; *VGH BW* v. 28. 3. 96 – 4 S 3185/95 –, PersV 98, 532 Ls.
595 *BVerwG* v. 18. 5. 04 – 1 WDS-VR 1.04 –, PersR 05, 322.
596 *BVerwG* v. 29. 4. 81 – 6 P 37.79 –, PersV 82, 406, u. v. 15. 7. 04 – 6 P 15.03 –, PersR 04, 434.
597 Vgl. dazu KfdP-*Altvater/Kröll*, Rn. 68 m. N.
598 Vgl. KfdP-*Altvater/Kröll*, Rn. 70.

heitssatz des Art. 3 Abs. 1 GG verfassungsrechtlich bedenklich ist).[599] § 47 Abs. 3 S. 2 legt fest, dass § 47 Abs. 2 ferner bei der **Versetzung oder Abordnung** zu einer anderen Dienststelle nicht gilt, wenn eine solche Maßnahme **im Anschluss an das Ausbildungsverhältnis** erfolgt (die Nennung des § 47 Abs. 1 ist ein Redaktionsversehen); damit soll eine an die Ausbildung anschließende und ihr entsprechende unverzügliche Verwendung gewährleistet werden. Während nach den allgemeinen Vorschriften die Versetzung (u. U. auch die Umsetzung) zum Ausscheiden aus der Dienststelle und damit zum Erlöschen der Mitgliedschaft im PR führt (§ 29 Abs. 1 Nr. 4; vgl. dort Rn. 6) und die Abordnung zum Verlust der Wählbarkeit und damit ebenfalls zum Erlöschen der Mitgliedschaft im PR führen kann (§ 29 Abs. 1 Nr. 5 i. V. m. § 14 Abs. 1 u. § 13 Abs. 2; vgl. § 29 Rn. 7, § 14 Rn. 2 u. § 13 Rn. 12), bestimmt die Sonderregelung des § 47 Abs. 3 **S. 3**, dass die **PR-Mitgliedschaft ruht**, solange Beamte im Vorbereitungsdienst und Beschäftigte in entsprechender Berufsausbildung **entsprechend den Erfordernissen ihrer Ausbildung zu einer anderen Dienststelle versetzt oder abgeordnet** sind. Während des Ruhens der Mitgliedschaft bleibt der betroffene Beschäftigte Mitglied des PR. Da er jedoch gehindert ist, sein Amt auszuüben, tritt für ihn nach § 31 Abs. 1 S. 2 ein Ersatzmitglied ein (vgl. § 31 Rn. 1 ff.).

Fünfter Abschnitt
Personalversammlung

§ 48 [Teilnehmer und Durchführung der Personalversammlung]

(1) ¹Die Personalversammlung besteht aus den Beschäftigten der Dienststelle. ²Sie wird vom Vorsitzenden des Personalrates geleitet. ³Sie ist nicht öffentlich.

(2) Kann nach den dienstlichen Verhältnissen eine gemeinsame Versammlung aller Beschäftigten nicht stattfinden, so sind Teilversammlungen abzuhalten.

Das Gesetz unterscheidet zwischen **ordentlichen Personalversammlungen** (Halbjahresversammlungen, § 49 Abs. 1) und **außerordentlichen** Personalversammlungen (§ 49 Abs. 2). Da ihre Durchführung eine notwendige Tätigkeit des PR ist, hat die Dienststelle nach § 44 Abs. 1 S. 1 die dadurch entstehenden **Kosten** zu tragen und nach § 44 Abs. 2 in erforderlichem Umfang geeignete **Räumlichkeiten** zur Verfügung zu stellen (vgl. § 44 Rn. 26 f.). Zuständig für die **Einberufung** der Personalversammlung ist – soweit es sich nicht um eine Personalversammlung zur Wahl eines Wahlvorstands handelt (vgl. § 20 Abs. 2, § 21 u. § 23 Abs. 1) – stets der PR,

1

---

599 Vgl. dazu KfdP-*Altvater/Kröll*, Rn. 73.

§ 48 Teilnehmer und Durchführung der Personalversammlung

also auch dann, wenn der Dienststellenleiter eine Personalversammlung verlangt.[600] Die Einberufung der Personalversammlung erfordert einen Beschluss des PR, in dem auch eine **Tagesordnung** festzulegen ist. Den Einberufungsbeschluss hat der PR-Vorsitzende den Beschäftigten rechtzeitig und in geeigneter Weise, z. B. durch Rundschreiben, **bekannt zu geben**.

2 (Abs. 1) Die Personalversammlung ist die **Versammlung der Beschäftigten** der Dienststelle. Gemeint sind alle Beschäftigten i. S. d. § 4 mit Ausnahme des Dienststellenleiters, für den die Regelung des § 52 Abs. 2 gilt (str.; vgl. § 52 Rn. 3). Auf die Wahlberechtigung kommt es nicht an. Teilnahmeberechtigt sind deshalb auch die jugendlichen Beschäftigten, diejenigen Beschäftigten, die zur Zeit der Personalversammlung wegen Urlaubs oder Abordnung in der Dienststelle keinen Dienst verrichten, sowie die in der Dienststelle tätigen Leiharbeitnehmer, was für die unechten Leiharbeitnehmer in § 14 Abs. 4 i. V. m. Abs. 2 S. 2 AÜG klargestellt ist. Soweit in einer Personalversammlung bei einem **Gericht** gemeinsame Angelegenheiten i. S. d. § 53 Abs. 1 DRiG behandelt werden, können die Richter ebenso wie die anderen Beschäftigten an der Versammlung teilnehmen (vgl. Anh. II Rn. 4a). In den in § 49 Abs. 1 SBG definierten Dienststellen, in denen auch **Soldaten** Personalvertretungen wählen, bilden die Soldaten gemeinsam mit den Beamten und Arbeitnehmern die Personalversammlung (vgl. Anh. V B § 49 SBG Rn. 5). Der Dienststellenleiter hat sicherzustellen, dass möglichst alle Beschäftigten an der Personalversammlung teilnehmen können.

3 Der **Vorsitzende** des PR, im Verhinderungsfall sein Stellvertreter (vgl. § 32 Rn. 18), **leitet** die vom PR einberufenen Personalversammlungen. Ihm steht das **Hausrecht** zu. Das Hausrecht des Dienststellenleiters ist für die Dauer der Versammlung hinsichtlich des Versammlungsraums ausgeschlossen und hinsichtlich der Nebenräume und Zugangswege entsprechend eingeschränkt; es kann ihm allenfalls bei nachhaltigen und groben, vom PR-Vorsitzenden nicht unterbundenen Störungen wieder zuwachsen.[601] Der PR-Vorsitzende hat für einen **ordnungsgemäßen Versammlungsablauf** zu sorgen. Er hat insb. die Personalversammlung zu eröffnen, das Wort zu erteilen, nicht zum Gegenstand der Versammlung gehörende oder unsachliche Redebeiträge zu unterbinden, die Abstimmungen zu leiten und deren Ergebnis festzustellen und bekannt zu geben sowie nach Behandlung der Tagesordnungspunkte die Versammlung zu schließen (vgl. § 51 Rn. 5).[602]

4 Die Personalversammlung ist **nicht öffentlich**. Dem Dienststellenleiter, den Beauftragten der in der Dienststelle vertretenen Gewerkschaften und ggf. einem Beauftragten der Arbeitgebervereinigung, der die Dienststelle

---

600 *BVerwG* v. 23. 5. 86 – 6 P 23.83 –, PersR 86, 233.
601 Vgl. KfdP-*Kröll*, Rn. 6 m. N.
602 KfdP-*Kröll*, a. a. O.

angehört, ist die Anwesenheit ebenso gestattet wie einem beauftragten Mitglied der Stufenvertretung bei der nächsthöheren Dienststelle, einem beauftragten Mitglied des GPR und einem Beauftragten der Dienststelle, bei der die Stufenvertretung besteht (vgl. § 52 Rn. 1 ff.). Der Gleichstellungsbeauftragten steht ein in § 20 Abs. 2 S. 6 BGleiG geregeltes Teilnahme- und Rederecht zu (vgl. § 52 Rn. 2a). Die **Teilnahme weiterer Personen** ist zulässig, soweit ein sachlicher Grund dafür vorliegt. Das kann der Fall sein, wenn bestimmte Personen eine enge sachliche Verbindung zu der Dienststelle und zu den Beschäftigten haben. Die Nichtöffentlichkeit der Personalversammlung schließt die Hinzuziehung von **Sachverständigen** oder **Auskunftspersonen**, deren Anwesenheit im Rahmen der Zuständigkeit der Personalversammlung sachdienlich ist, nicht aus, wenn der innerdienstliche Charakter der Personalversammlung dadurch nicht in Frage gestellt wird.[603] Das gilt auch für die Heranziehung von **dienststellenfremden Referenten**. **Presse, Funk und Fernsehen** hingegen dürfen nicht teilnehmen.[604]

(Abs. 2) Die Personalversammlung soll grundsätzlich als **Vollversammlung** aller Beschäftigten der Dienststelle durchgeführt werden. Nur wenn nach den dienstlichen Verhältnissen eine gemeinsame Versammlung aller Beschäftigten nicht stattfinden kann, sind ausnahmsweise **Teilversammlungen** abzuhalten.[605] Sie sind so festzulegen, dass alle Beschäftigten an einer dieser Versammlungen teilnehmen können. Teilnahmeberechtigt sind die Beschäftigten, für die die jeweilige Teilversammlung einberufen worden ist, sowie der Vorsitzende des PR und die weiteren Vorstandsmitglieder. Andere PR-Mitglieder haben bei den Teilversammlungen, die an verschiedenen Orten stattfinden, ohne Weiteres ein Teilnahmerecht, wenn sie dort beschäftigt sind, ansonsten immer dann, wenn ein sachlicher Grund gegeben ist.[606]

§ 49 [Ordentliche und außerordentliche Personalversammlung]

(1) Der Personalrat hat einmal in jedem Kalenderhalbjahr in einer Personalversammlung einen Tätigkeitsbericht zu erstatten.

(2) Der Personalrat ist berechtigt und auf Wunsch des Leiters der Dienststelle oder eines Viertels der wahlberechtigten Beschäftigten verpflichtet, eine Personalversammlung einzuberufen und den Gegenstand, dessen Beratung beantragt ist, auf die Tagesordnung zu setzen.

---

603 Str.; vgl. *BAG* v. 13.9.77 – 1 ABR 67/75 –, AP BetrVG 1972 § 42 Nr. 1; *BVerwG* v. 6.9.84 – 6 P 17.82 –, PersR 85, 44, v. 8.11.89 – 6 P 7.87 –, PersR 90, 102, v. 18.6.91 – 6 P 3.90 –, PersR 91, 341, u. v. 10.3.95 – 6 P 15.93 –, PersR 95, 489; KfdP-*Kröll*, Rn. 7f.
604 Vgl. KfdP-*Kröll*, Rn. 8a.
605 Näher dazu KfdP-*Kröll*, Rn. 10f.
606 Str.; vgl. KfdP-*Kröll*, Rn. 12.

§ 49 Ordentliche und außerordentliche Personalversammlung

(3) Auf Antrag einer in der Dienststelle vertretenen Gewerkschaft muß der Personalrat vor Ablauf von zwölf Arbeitstagen nach Eingang des Antrages eine Personalversammlung nach Absatz 1 einberufen, wenn im vorhergegangenen Kalenderhalbjahr keine Personalversammlung und keine Teilversammlung durchgeführt worden sind.

1 (Abs. 1) Der PR ist verpflichtet, einmal in jedem Kalenderhalbjahr eine Personalversammlung durchzuführen. Die Erstattung des **Tätigkeitsberichts** ist der Hauptzweck dieser **ordentlichen Personalversammlung**. Form und Inhalt des Tätigkeitsberichts sind zumindest in den Grundzügen vom PR zu beschließen.[607] Er ist i.d.R. vom PR-Vorsitzenden vorzutragen. Der PR kann damit jedoch auch ein anderes Mitglied beauftragen. Der Tätigkeitsbericht muss über die Arbeit des PR einen vollständigen Überblick geben. Dabei muss besonders über die Beteiligungsangelegenheiten, mit denen der PR im Berichtszeitraum befasst war, ausführlich berichtet werden. Dies gilt auch für die Information über die Bearbeitung von Anregungen und Anträgen vorangegangener Personalversammlungen. Darüber hinaus hat der PR über Maßnahmen der Dienststelle und Aktivitäten der Personalvertretung zu Fragen der Geschlechtergleichstellung und der Vereinbarkeit von Familie und Beruf zu berichten (vgl. § 51 Rn. 2). Der Tätigkeitsbericht sollte auch das Verhältnis zur Dienststelle darstellen und Meinungsverschiedenheiten aufzeigen. Das im PersVR enthaltene Partnerschaftsprinzip gestattet dabei auch sachliche Kritik an den Maßnahmen der Dienststelle und eine entsprechende Schärfe in der Redewendung.[608] Das Verhältnis zu den in der Dienststelle vertretenen Gewerkschaften und die Zusammenarbeit mit ihnen ist Bestandteil des Tätigkeitsberichts. Das gilt ggf. auch für die Zusammenarbeit mit den Stufenvertretungen und dem GPR.

1a Zur Erstattung des Tätigkeitsberichts gehört es, dass die Teilnehmer der Personalversammlung Gelegenheit erhalten, Rückfragen zum Bericht zu stellen, dazu Stellung zu nehmen und darüber zu **diskutieren**. Erläuterungen und Ergänzungen können nur abgelehnt werden, wenn dadurch die Schweigepflicht (§ 10) verletzt würde oder wenn dazu eine vorherige Klärung innerhalb des PR erforderlich ist. Eine **Entlastung** des PR kommt nicht in Betracht, weil der Tätigkeitsbericht kein Rechenschaftsbericht ist.[609]

1b Der Tätigkeitsbericht ist nicht alleiniger Gegenstand der ordentlichen Personalversammlung. Der PR kann – und muss ggf. in entsprechender Anwendung des Abs. 2 auf Antrag der dort genannten Antragsberechtigten (vgl. Rn. 2) – **weitere Punkte** in die Tagesordnung aufnehmen, die im Übrigen auch von der Personalversammlung selbst erweitert werden kann.

---

607 *BVerwG* v. 8.10.75 – VII P 16.75 –, PersV 76, 420.
608 Vgl. *BDiG* v. 17.8.93 – VI BK 8/93 –, PersR 94, 28; *HessVGH* v. 23.10.03 – 21 TK 3422/02 –, PersR 04, 155.
609 *BVerwG* v. 24.10.75 – VII P 11.73 –, PersV 76, 422.

(Abs. 2) Neben den in Abs. 1 vorgeschriebenen ordentlichen Personalversammlungen kann der PR aus eigener Initiative weitere Personalversammlungen (**außerordentliche Personalversammlungen**) durchführen, wenn es aus aktuellem Anlass erforderlich ist.[610] Auf Wunsch (d. h. auf Antrag) eines Viertels der wahlberechtigten Beschäftigten oder des Dienststellenleiters muss der PR eine außerordentliche Personalversammlung einberufen. Dabei hat er den Gegenstand, dessen Beratung von den Beschäftigten oder dem Dienststellenleiter beantragt ist, auf die Tagesordnung zu setzen. Er kann die Tagesordnung von sich aus erweitern.

(Abs. 3) Hat der PR im vorhergegangenen Kalenderhalbjahr keine Personalversammlung (sei es als Vollversammlung oder in Form von Teilversammlungen für alle Beschäftigten) durchgeführt, kann jede in der Dienststelle vertretene **Gewerkschaft** (vgl. dazu § 2 Rn. 7 f.) die Einberufung einer **ordentlichen Personalversammlung erzwingen**, also einer Versammlung, auf der der PR nach Abs. 1 einen Tätigkeitsbericht zu erstatten hat. Hat im vorhergegangenen Kalenderhalbjahr eine außerordentliche Personalversammlung stattgefunden, steht dies dem Erzwingungsrecht der Gewerkschaft nur dann entgegen, wenn auf ihr ein Tätigkeitsbericht erstattet worden ist. Der beim PR zu stellende Antrag kann jeweils nach dem 31. Dezember oder 30. Juni gestellt werden. Nach Eingang des Antrags ist der PR verpflichtet, die versäumte ordentliche Personalversammlung innerhalb von zwölf Arbeitstagen nicht nur einzuberufen, sondern auch durchzuführen.[611] Bei der Berechnung dieser Frist sind § 187 Abs. 1 und § 188 Abs. 1 BGB sowie § 52 S. 2 WO anzuwenden (vgl. § 39 Rn. 7).

§ 50 [Personalversammlung und Arbeitszeit]

(1) ¹Die in § 49 Abs. 1 bezeichneten und die auf Wunsch des Leiters der Dienststelle einberufenen Personalversammlungen finden während der Arbeitszeit statt, soweit nicht die dienstlichen Verhältnisse eine andere Regelung erfordern. ²Die Teilnahme an der Personalversammlung hat keine Minderung der Dienstbezüge oder des Arbeitsentgeltes zur Folge. Soweit in den Fällen des Satzes 1 Personalversammlungen aus dienstlichen Gründen außerhalb der Arbeitszeit stattfinden müssen, ist den Teilnehmern Dienstbefreiung in entsprechendem Umfang zu gewähren. ³Fahrkosten, die durch die Teilnahme an Personalversammlungen nach Satz 1 entstehen, werden in entsprechender Anwendung des Bundesreisekostengesetzes erstattet.

(2) ¹Andere Personalversammlungen finden außerhalb der Arbeitszeit statt. ²Hiervon kann im Einvernehmen mit dem Leiter der Dienststelle abgewichen werden.

---

610 Näher hierzu u. zum Folgenden KfdP-*Kröll*, Rn. 9 ff.
611 Str.; vgl. KfdP-*Kröll*, Rn. 12.

§ 50 Personalversammlung und Arbeitszeit

1 (Abs. 1) Die in § 49 Abs. 1 aufgeführten (einschl. der nach § 49 Abs. 3 beantragten) ordentlichen Personalversammlungen und die auf Wunsch des Dienststellenleiters einberufenen außerordentlichen Personalversammlungen finden nach Abs. 1 S. 1 i. V. m. § 48 Abs. 1 S. 1 grundsätzlich als **Vollversammlung während der Arbeitszeit** statt. Damit ist nicht die persönliche Arbeitszeit der Beschäftigten, sondern die dienststellenübliche Arbeitszeit gemeint,[612] bei gleitender Arbeitszeit die Kernarbeitszeit. Nur soweit die in der Eigenart der Dienststelle oder ihres Dienstbetriebs liegenden dienstlichen Verhältnisse zwingend eine andere Regelung erfordern, können diese Versammlungen **ausnahmsweise außerhalb der Arbeitszeit** durchgeführt werden. Stehen der Durchführung der Vollversammlung während der Arbeitszeit dienstliche Notwendigkeiten entgegen, hat der PR zunächst zu prüfen, ob **Teilversammlungen während der Arbeitszeit** durchgeführt werden können (vgl. § 48 Rn. 5). Nur wenn auch dies nicht möglich ist, kann nach dem Wortlaut des Abs. 1 S. 1 eine Personalversammlung i. S. d. Abs. 1 S. 1 **außerhalb der Arbeitszeit als Vollversammlung oder in Form von Teilversammlungen** stattfinden. Andererseits lässt sich dem § 48 Abs. 2 entnehmen, dass das Gesetz der Vollversammlung Vorrang vor den Teilversammlungen einräumt (vgl. § 48 Rn. 5). Ist es möglich, **entweder Teilversammlungen während der Arbeitszeit oder eine Vollversammlung außerhalb der Arbeitszeit** durchzuführen, erscheint es sachgerecht, einen **Ermessensspielraum des PR** anzuerkennen, der es diesem erlaubt, sich unter Berücksichtigung der konkreten Umstände für eine der beiden Möglichkeiten zu entscheiden. In Dienststellen mit **Schichtdienst** und täglich sich überschneidenden Dienststundenplänen wird der PR i. d. R. Teilversammlungen abhalten, um allen Beschäftigten die Teilnahme während ihrer individuellen Arbeitszeit zu ermöglichen.

1a Personalversammlungen sind ein gesetzlich vorgesehener Bestandteil des Arbeitslebens. Die dadurch verursachte **Störung des Dienstbetriebs** rechtfertigt deshalb für sich allein betrachtet noch nicht die Ansetzung der Personalversammlung außerhalb der Arbeitszeit. Störungen des Dienstbetriebs sind nach § 66 Abs. 2 S. 1 allerdings auf das Maß des Unvermeidbaren zu beschränken.[613] Die im öffentlichen Interesse liegende ununterbrochene **Aufrechterhaltung der Funktionsfähigkeit** bestimmter Dienststellen, z. B. von Krankenhäusern, kann es u. U. erforderlich machen, einen Notdienst zu organisieren. Die Wahl des Zeitpunktes der Personalversammlung liegt im **pflichtgemäßen Ermessen des PR**. Er bedarf dazu keiner Einwilligung des Dienststellenleiters. Es entspricht jedoch dem Grundsatz der vertrauensvollen Zusammenarbeit (§ 2 Abs. 1), sich **mit dem Dienststellenleiter ins Benehmen zu setzen.** Lässt sich dabei keine Einigkeit über den Versammlungstermin erzielen, weil der PR

---

612 Vgl. *BAG* v. 27.1.87 – 7 ABR 29/87 –, AP BetrVG 1972 § 44 Nr. 7.
613 *BVerwG* v. 25.6.84 – 6 P 2.83 –, PersV 84, 500.

Bedenken des Dienststellenleiters für nicht stichhaltig hält, steht dem PR das Letztentscheidungsrecht über den Zeitpunkt zu.[614]

Die **Dauer** der Personalversammlungen ist gesetzlich nicht vorgegeben. Es obliegt dem PR, die voraussichtliche Dauer so festzulegen, dass die Zeit zur Verfügung steht, die für die sachgerechte Durchführung der Versammlung erforderlich ist.[615] **1b**

Nach Abs. 1 S. 2 hat die Teilnahme an der Personalversammlung, soweit diese während der Arbeitszeit stattfindet, **keine Minderung der Dienstbezüge oder des Arbeitsentgelts** zur Folge. Beschäftigte, die an der Personalversammlung während der Arbeitszeit teilnehmen, erhalten als Beamte ihre Dienstbezüge, als Arbeitnehmer ihr Arbeitsentgelt unvermindert weiter. Dies gilt auch für Wegezeiten, die während der Arbeitszeit zurückgelegt werden müssen. Für den Anspruch auf Fortzahlung der Bezüge bzw. des Entgelts gilt das **Lohnausfallprinzip** (vgl. dazu § 46 Rn. 4). Nehmen Beschäftigte an einer Personalversammlung i. S. d. Abs. 1 S. 1 teil, die wegen der dienstlichen Verhältnisse außerhalb ihrer persönlichen Arbeitszeit stattfinden muss, ist ihnen nach Abs. 1 S. 3 **Dienstbefreiung** im entsprechenden Umfang zu gewähren. Durch Freizeit ist auch die Zeit der Personalversammlung abzugelten, die über die Arbeitszeit hinausgeht. Die wegen der Teilnahme an einer (innerhalb oder außerhalb der Arbeitszeit stattfindenden) Personalversammlung i. S. d. Abs. 1 S. 1 anfallenden **Fahrkosten** sind nach Abs. 1 S. 4 in entsprechender Anwendung des Bundesreisekostengesetzes zu erstatten. **2**

(Abs. 2) Außerordentliche Personalversammlungen, die nach § 49 Abs. 2 vom PR aus eigener Initiative oder auf Wunsch eines Viertels der wahlberechtigten Beschäftigten einberufen werden, finden nach Abs. 2 S. 1 grundsätzlich **außerhalb der Arbeitszeit** statt. Die hierfür von den Beschäftigten aufgewendete Zeit (einschl. der Wegezeit) wird nicht durch Dienstbefreiung abgegolten. Fahrkosten werden nicht erstattet. Nehmen Beschäftigte mit Zustimmung des Dienststellenleiters während ihrer persönlichen Arbeitszeit an einer außerhalb der dienststellenüblichen Arbeitszeit stattfindenden Personalversammlung teil, hat dies keine Minderung der Dienstbezüge oder des Arbeitsentgelts zur Folge. Mit dem Dienststellenleiter kann nach Abs. 2 S. 2 vereinbart werden, dass auch eine grundsätzlich außerhalb der Arbeitszeit abzuhaltende Personalversammlung ganz oder teilweise **während der Arbeitszeit** durchgeführt wird. Der Dienststellenleiter kann nach pflichtgemäßem Ermessen zu einer solchen Vereinbarung verpflichtet sein, wenn er (entsprechend § 49 Abs. 2) die Ergänzung der Tagesordnung der Versammlung beantragt (vgl. § 49 Rn. 1b). Erklärt er sein Einverständnis, so haben die Beschäftigten für die Zeit ihrer Teilnahme einschl. der Wegezeiten Anspruch auf Fortzahlung der Dienstbezüge bzw. **3**

---

614 *BVerwG* v. 12.12.05 – 6 P 7.05 –, PersR 06, 122.
615 Näher dazu KfdP-*Kröll*, Rn. 4a.

§ 51 Aufgaben und Befugnisse der Personalversammlung

des Arbeitsentgelts; ein Anspruch auf Dienstbefreiung nach Abs. 1 S. 3 oder auf Fahrkostenerstattung nach Abs. 1 S. 4 ist jedoch nicht gegeben.

§ 51 [Aufgaben und Befugnisse der Personalversammlung]

¹Die Personalversammlung kann dem Personalrat Anträge unterbreiten und zu seinen Beschlüssen Stellung nehmen. ²Sie darf alle Angelegenheiten behandeln, die die Dienststelle oder ihre Beschäftigten unmittelbar betreffen, insbesondere Tarif-, Besoldungs- und Sozialangelegenheiten sowie Fragen der Frauenförderung und der Vereinbarkeit von Familie und Beruf. ³§ 66 Abs. 2 und § 67 Abs. 1 Satz 3 gelten für die Personalversammlung entsprechend.

1 Die Personalversammlung ist ein **dienststelleninternes Forum der Information und Aussprache**, auf dem die Beschäftigten ihre Meinung äußern und durch Beschlüsse zum Ausdruck bringen können.[616] Sie ist aber kein dem PR übergeordnetes »Dienststellenparlament« und hat keine rechtliche Möglichkeit, diesen zu einem bestimmten Handeln oder Unterlassen zu verpflichten oder ihn oder eines seiner Mitglieder abzuberufen oder durch ein Misstrauensvotum zum Rücktritt zu zwingen. Nach § 51 S. 1 kann sie dem PR jedoch Anträge unterbreiten und zu seinen Beschlüssen Stellung nehmen.

1a Die Personalversammlung kann dem PR **Anträge** unterbreiten, die sich auf alle Angelegenheiten beziehen können, die zu den **Aufgaben und Befugnissen des PR** oder einer anderen (auch) für die Dienststelle zuständigen Personalvertretung gehören.[617] Ist eine **andere Personalvertretung** (BPR, HPR oder GPR) zuständig, hat der PR den Antrag an die zuständige Vertretung weiterzuleiten. Die Personalversammlung kann zu allen **Beschlüssen des PR** Stellung beziehen. Die **Stellungnahmen** können Bewertungen enthalten und mit Anträgen verknüpft sein. Die in seine Zuständigkeit fallenden Anträge und Stellungnahmen darf der PR trotz ihrer rechtlichen Unverbindlichkeit **nicht ignorieren;** er muss vielmehr nach pflichtgemäßem Ermessen prüfen und entscheiden, ob und ggf. welche Folgerungen er daraus ziehen will.

1b Anträge und Stellungnahmen sind Willenserklärungen der Personalversammlung, die durch **Beschluss** zustande kommen. **Antrags- und abstimmungsberechtigt** sind alle zu ihrem Teilnehmerkreis gehörenden Beschäftigten der Dienststelle (vgl. § 48 Rn. 2) mit Ausnahme des Dienststellenleiters (str.; vgl. § 52 Rn. 3). **Beschlussfähig** ist die (ordnungsgemäß einberufene) Personalversammlung unabhängig von der Zahl der anwesenden Beschäftigten. Die Beschlüsse werden mit der **Mehrheit der abge-**

---

616 Vgl. *BVerwG* v. 12.12.05 – 6 P 7.05 –, PersR 06, 122, m. w. N.
617 Vgl. *BVerwG* v. 12.12.05, a. a. O.

gebenen Stimmen gefasst, wobei Stimmenthaltungen nicht mitzuzählen sind.[618]

Der Hauptzweck der Personalversammlung besteht darin, den **Tätigkeitsbericht** des PR entgegenzunehmen und zu diskutieren (vgl. § 49 Rn. 1 f.). Sie kann dazu Anträge oder Stellungnahmen beschließen. Nach § 51 S. 2 darf die Personalversammlung darüber hinaus alle **Angelegenheiten** behandeln, **die die Dienststelle oder ihre Beschäftigten unmittelbar betreffen**. Dieses Recht ist nicht auf Mitbestimmungs- und Mitwirkungsrechte des PR oder auf die Zuständigkeit des Dienststellenleiters beschränkt. Insb. können die in § 52 S. 2 beispielhaft genannten **Tarif-, Besoldungs- und Sozialangelegenheiten** in der Personalversammlung behandelt werden, und zwar auch beabsichtigte Maßnahmen (z. B. sich in der parlamentarischen Behandlung befindende Gesetze), soweit die Beschäftigten hiervon unmittelbar betroffen sind.[619] Die Behandlung allgemeinpolitischer Fragen ist jedoch nicht zulässig.[620] Mit der Ergänzung der Gesetzesvorschrift durch das Zweite Gleichberechtigungsgesetz v. 24.6.94[621] sollte klargestellt werden, dass auch Fragen der **Frauenförderung** und der **Vereinbarkeit von Familie und Beruf** wichtige Themen der Personalversammlung sein können. Seit dem Erlass des Gleichstellungsdurchsetzungsgesetzes v. 30.11.01[622], das den als problematisch angesehenen Begriff der Frauenförderung aufgegeben hat, gilt dies nunmehr für die als durchgängiges Leitprinzip in allen Aufgabenbereichen der Dienststelle zu berücksichtigende Verpflichtung aller Beschäftigten, die **Gleichstellung von Frauen und Männern** zu fördern – sog. **Gender Mainstreaming** – (vgl. auch § 68 Rn. 19). **2**

Nach § 51 S. 3 sind die Vorschriften des § 66 Abs. 2 über die **Friedenspflicht** entsprechend anzuwenden. Deshalb darf das Verhalten der Versammlungsteilnehmer die Arbeit und den Frieden in der Dienststelle nicht beeinträchtigen (vgl. § 66 Rn. 9 ff.). Die Beschäftigten haben jedoch das **Recht**, in der Personalversammlung **ihre Meinung frei zu äußern**.[623] Sie sind berechtigt, nicht nur Missstände in der Dienststelle zu kritisieren, sondern auch an Personen Kritik zu üben, die für Missstände verantwortlich sind. Die Kritik darf allerdings nicht in einer unsachlichen, ehrverletzenden Weise geäußert werden.[624] Die Personalversammlung darf ihre Kritik am Verhalten des Dienststellenleiters auch nicht durch förmliche »Missbil- **3**

---

618 Str.; vgl. KfdP-*Kröll*, Rn. 2 c.
619 Str.; vgl. KfdP-*Kröll*, Rn. 4 a.
620 *BVerwG* v. 18.6.91 – 6 P 3.90 –, PersR 91, 341.
621 BGBl. I S. 1406, ber. 2103.
622 BGBl. I S. 3234.
623 Vgl. *BAG* v. 12.1.06 – 2 AZR 21/05 –, AP GG Art. 5 Meinungsfreiheit Nr. 19.
624 *BAG* v. 22.10.64 – 2 AZR 479/63 –, AP KSchG § 1 Verhaltensbedingte Kündigung Nr. 4, v. 15.1.86 – 5 AZR 460/84 –, AiB 89, 209 Ls., u. v. 12.1.06, a. a. O.; *HessVGH* v. 23.10.03 – 21 TK 3422/02 –, PersR 04, 155.

§ 52 Teilnahme sonstiger Personen an der Personalversammlung

ligungsbeschlüsse« zum Ausdruck bringen.[625] Sie kann auch nicht durch Beschluss dem PR das Vertrauen entziehen (vgl. Rn. 1).

4 Nach § 51 S. 3 gilt das in § 67 Abs. 1 S. 3 geregelte **Verbot parteipolitischer Betätigung** für die Personalversammlung entsprechend (vgl. § 67 Rn. 20 ff.). Durch diesen Verweis wird aber auch klargestellt, dass Tarif-, Besoldungs- und Sozialangelegenheiten, von denen die Dienststelle oder die Beschäftigten unmittelbar betroffen sind, auch dann behandelt werden können, wenn sie parteipolitisch umstritten sind.

5 Der Versammlungsleiter (i. d. R. der PR-Vorsitzende) hat darauf zu achten, dass der durch § 51 vorgegebene gesetzliche Rahmen der Personalversammlung eingehalten wird. Er hat die **Behandlung unzulässiger Themen zu unterbinden**. Er muss Teilnehmern, die das nicht beachten, das Wort entziehen und sie ggf. unter Berufung auf sein Hausrecht aus der Personalversammlung verweisen (vgl. § 48 Rn. 3).[626]

§ 52 [Teilnahme sonstiger Personen an der Personalversammlung]

(1) ¹**Beauftragte aller in der Dienststelle vertretenen Gewerkschaften und ein Beauftragter der Arbeitgebervereinigung, der die Dienststelle angehört, sind berechtigt, mit beratender Stimme an der Personalversammlung teilzunehmen.** ²**Der Personalrat hat die Einberufung der Personalversammlung den in Satz 1 genannten Gewerkschaften und der Arbeitgebervereinigung mitzuteilen.** ³**Ein beauftragtes Mitglied der Stufenvertretung oder des Gesamtpersonalrates sowie ein Beauftragter der Dienststelle, bei der die Stufenvertretung besteht, können an der Personalversammlung teilnehmen.**

(2) ¹**Der Leiter der Dienststelle kann an der Personalversammlung teilnehmen.** ²**An Versammlungen, die auf seinen Wunsch einberufen sind oder zu denen er ausdrücklich eingeladen ist, hat er teilzunehmen.**

1 (**Abs. 1**) Nach Abs. 1 S. 1 haben Beauftragte aller in der Dienststelle vertretenen **Gewerkschaften** (vgl. dazu § 2 Rn. 7 f.) das Recht, mit beratender Stimme an der Personalversammlung teilzunehmen. Dieses Teilnahmerecht erstreckt sich auf alle in § 49 bezeichneten ordentlichen und außerordentlichen Personalversammlungen unabhängig davon, ob sie nach § 48 Abs. 1 S. 1 als Vollversammlung oder nach § 48 Abs. 2 in Form von Teilversammlungen durchgeführt werden. Wer als **Beauftragter** entsandt wird, bestimmt ausschließlich die Gewerkschaft. Beauftragter kann z. B. auch ein ehrenamtlicher Funktionär sein. Die Gewerkschaft ist nicht darauf

---

625 *OVG NW* v. 19.3.79 – CL 21/78 –, ZBR 80, 131.
626 Näher dazu KfdP-*Kröll*, Rn. 7.

beschränkt, nur einen Vertreter zu entsenden. Der Dienststellenleiter muss den Gewerkschaftsbeauftragten den ungehinderten **Zutritt** zur Dienststelle gestatten. Dies ergibt sich unmittelbar aus Abs. 1 S. 1. Da dieser gegenüber § 2 Abs. 2 eine Sonderregelung enthält, sind die Beauftragten nicht verpflichtet, den Dienststellenleiter über ihre Teilnahme an der Personalversammlung zu unterrichten.[627] Sie nehmen an der Personalversammlung **mit beratender Stimme** teil. Ihr Beratungsrecht ist nicht auf einzelne Punkte der Tagesordnung beschränkt. Gehört die Dienststelle einer **Arbeitgebervereinigung** an, so ist auch ein Beauftragter dieser Vereinigung berechtigt, mit beratender Stimme an der Personalversammlung teilzunehmen. Nach Abs. 1 S. 2 hat der PR den in der Dienststelle vertretenen Gewerkschaften die Einberufung der Personalversammlung (unter Angabe von Zeit, Ort und Tagesordnung) rechtzeitig **mitzuteilen**. Das gilt ggf. auch gegenüber der Arbeitgebervereinigung.

Nach Abs. 1 S. 3 können ein beauftragtes Mitglied der Stufenvertretung **2** oder des GPR sowie ein Beauftragter der Dienststelle, bei der die Stufenvertretung besteht, an der Personalversammlung teilnehmen. Soweit diese nicht eindeutig gefasste Vorschrift von der Teilnahme eines Mitglieds der **Stufenvertretung** spricht, ist sie nach der Rspr. so zu verstehen, dass nur die Stufenvertretung bei der nächsthöheren Dienststelle gemeint ist, wobei ein Teilnahmerecht an Personalversammlungen der Dienststelle, bei der die Stufenvertretung besteht, verneint wird.[628] In den zum Wahlbereich eines **GPR** gehörenden Dienststellen kann auch die Teilnahme eines Mitglieds des GPR in Betracht kommen, und zwar auch dann, wenn gleichzeitig ein Mitglied der Stufenvertretung teilnimmt.[629] Teilnahmeberechtigt ist des Weiteren ein Beauftragter der (nächsthöheren) **Dienststelle, bei der die** (teilnahmeberechtigte) **Stufenvertretung gebildet ist**. Dagegen entfällt die Teilnahme eines (gesonderten) »Beauftragten« der Gesamtdienststelle schon deshalb, weil deren Leiter zugleich Leiter der Hauptdienststelle ist und die Leiter der verselbständigten Teileinheiten ohnehin dessen Beauftragte sind.[630] Der PR-Vorsitzende hat die Stufenvertretung der Dienststelle, bei der die Stufenvertretung besteht, sowie ggf. den GPR über Zeit, Ort und Tagesordnung der Personalversammlung rechtzeitig zu **informieren**. Über die **Entsendung** eines ihrer Mitglieder hat die Stufenvertretung bzw. der GPR in jedem Einzelfall durch gemeinsamen Beschluss des Plenums zu entscheiden.[631] Auch wenn die Stufenvertretung kein Mitglied entsendet, ist das Teilnahmerecht eines Beauftragten der Dienststelle, bei der die Stufenvertretung besteht, gegeben. Da den in Abs. 1 S. 3 aufgeführten Beauftragten **kein Beratungsrecht** zusteht, können sie sich

---

627 Vgl. KfdP-*Kröll*, Rn. 3 m. N.
628 *BVerwG* v. 18. 3. 81 – 6 P 85.78 –, PersV 82, 237.
629 *BVerwG* v. 30. 7. 10 – 6 P 11.09 –, PersR 10, 400.
630 Str.; vgl. KfdP-*Kröll*, Rn. 7 m. N.
631 *BVerwG* v. 18. 3. 81, a. a. O.

§ 52 Teilnahme sonstiger Personen an der Personalversammlung

nur dann äußern, wenn sie vom Versammlungsleiter oder durch Beschluss der Versammlung aufgefordert werden, das Wort zu ergreifen.[632]

2a Die Regelungen des Abs. 1 werden seit dem Erlass des Gleichstellungsdurchsetzungsgesetzes v. 30.11.01[633] durch die Vorschrift des § 20 Abs. 2 S. 6 BGleiG ergänzt. Danach kann die **Gleichstellungsbeauftragte** an Personalversammlungen in Dienststellen teilnehmen, für die sie als Gleichstellungsbeauftragte zuständig ist, und hat dort ein **Rederecht**, auch wenn sie nicht Angehörige dieser Dienststelle ist. Der PR-Vorsitzende hat die Gleichstellungsbeauftragte über Zeit, Ort und Tagesordnung der Personalversammlung rechtzeitig zu informieren.

3 (Abs. 2) Auch wenn der **Dienststellenleiter**, wie dies i.d.R. der Fall ist, nach § 4 Beschäftigter i.S.d. BPersVG ist, ergibt sich sein **Recht zur Teilnahme** an der Personalversammlung nicht bereits aus seiner Eigenschaft als Beschäftigter der Dienststelle,[634] sondern aus der Sonderregelung des Abs. 2 S. 1, die dem Umstand Rechnung trägt, dass der Dienststellenleiter in seiner Funktion als Repräsentant des Dienstherrn und Arbeitgebers (vgl. § 2 Rn. 2, § 7 Rn. 1) nicht nur »**Gegenspieler**« des PR ist,[635] sondern auch den übrigen Beschäftigten als **Interessenvertreter der Arbeitgeberseite** gegenübersteht. Das Teilnahmerecht nach Abs. 2 S. 1 bezieht sich auf alle Personalversammlungen i.S.d. §§ 48 und 49. Ob der Dienststellenleiter davon Gebrauch macht, entscheidet er nach pflichtgemäßem Ermessen. Über Zeit, Ort und Tagesordnung der Personalversammlung hat der PR-Vorsitzende ihn rechtzeitig zu informieren. Die **Pflicht zur Teilnahme** des Dienststellenleiters an Personalversammlungen ist in Abs. 2 S. 2 geregelt. Danach hat er an den Personalversammlungen teilzunehmen, die (nach § 49 Abs. 2) auf seinen Wunsch einberufen worden sind oder zu denen er ausdrücklich eingeladen worden ist. Eine solche Einladung kann vom PR, aber auch[636] von der Personalversammlung aufgrund eines ordnungsgemäß gefassten Beschlusses ausgesprochen werden.

4 Ist der Dienststellenleiter nach Abs. 2 S. 1 zur Teilnahme berechtigt, kann er sich bei Verhinderung nach § 7 S. 2 oder 3 **vertreten** lassen (vgl. § 7 Rn. 2). Ist er nach Abs. 2 S. 2 zur Teilnahme verpflichtet, muss er sich ggf. entsprechend vertreten lassen. Ein Recht der beratenden Teilnahme sieht das Gesetz für den Dienststellenleiter nicht vor. Aus dem Grundsatz der vertrauensvollen Zusammenarbeit (§ 2 Abs. 1) ist jedoch abzuleiten, dass er nicht nur ein Anwesenheitsrecht, sondern auch ein **Rederecht** hat. Daraus ergibt sich andererseits aber auch, dass er verpflichtet ist, auf alle Fragen aus der Personalversammlung einzugehen. Aus seiner Befugnis, nach § 49 Abs. 2 die Einberufung einer außerordentlichen Personalversammlung zu

---

632 Str.; vgl. KfdP-*Kröll*, Rn. 8 m.N.
633 BGBl. I S. 3234.
634 Str.; vgl. KfdP-*Kröll*, Rn. 9 m.N.
635 *BVerwG* v. 21.10.93 – 6 P 18.91 –, PersR 94, 165.
636 Insoweit str.; vgl. KfdP-*Kröll*, Rn. 10 m.N.

verlangen, folgt, dass er außerdem berechtigt ist, **Änderungen oder Ergänzungen der Tagesordnung** zu beantragen. Darüber hinaus hat er aber **kein Antragsrecht** und erst recht **kein Stimmrecht**.[637] Seine Anwesenheit ändert nichts daran, dass dem PR-Vorsitzenden als Versammlungsleiter das **Hausrecht** zusteht (vgl. § 48 Rn. 3).

Sechster Abschnitt
Stufenvertretungen und Gesamtpersonalrat

§ 53 [Errichtung von Stufenvertretungen]

(1) Für den Geschäftsbereich mehrstufiger Verwaltungen werden bei den Behörden der Mittelstufe Bezirkspersonalräte, bei den obersten Dienstbehörden Hauptpersonalräte gebildet.

(2) Die Mitglieder des Bezirkspersonalrates werden von den zum Geschäftsbereich der Behörde der Mittelstufe, die Mitglieder des Hauptpersonalrates von den zum Geschäftsbereich der obersten Dienstbehörde gehörenden Beschäftigten gewählt.

(3) ¹Die §§ 12 bis 16, § 17 Abs. 1, 2, 6 und 7, §§ 18 bis 21 und 23 bis 25 gelten entsprechend. ²§ 14 Abs. 3 gilt nur für die Beschäftigten der Dienststelle, bei der die Stufenvertretung zu errichten ist. ³Eine Personalversammlung zur Bestellung des Bezirks- oder Hauptwahlvorstandes findet nicht statt. ⁴An ihrer Stelle übt der Leiter der Dienststelle, bei der die Stufenvertretung zu errichten ist, die Befugnis zur Bestellung des Wahlvorstandes nach § 20 Abs. 2, §§ 21 und 23 aus.

(4) Werden in einer Verwaltung die Personalräte und Stufenvertretungen gleichzeitig gewählt, so führen die bei den Dienststellen bestehenden Wahlvorstände die Wahlen der Stufenvertretungen im Auftrage des Bezirks- oder Hauptwahlvorstands durch; andernfalls bestellen auf sein Ersuchen die Personalräte oder, wenn solche nicht bestehen, die Leiter der Dienststellen die örtlichen Wahlvorstände für die Wahl der Stufenvertretungen.

(5) ¹In den Stufenvertretungen erhält jede Gruppe mindestens einen Vertreter. ²Besteht die Stufenvertretung aus mehr als neun Mitgliedern, erhält jede Gruppe mindestens zwei Vertreter. ³§ 17 Abs. 5 gilt entsprechend.

Dem **hierarchischen Verwaltungsaufbau** entsprechend, können übergeordnete Dienststellen nachgeordneten Dienststellen bindende Weisun- 1

---

637 Str.; vgl. KfdP-*Kröll*, Rn. 11 m. N.

§ 53 Errichtung von Stufenvertretungen

gen erteilen und sich Entscheidungen vorbehalten, die nachgeordnete Dienststellen betreffen. Um trotzdem eine wirksame und lückenlose Vertretung der Interessen der Beschäftigten zu ermöglichen, sieht das Gesetz vor, dass auf der Ebene übergeordneter Dienststellen **Stufenvertretungen** gebildet werden.[638] Das sind die Bezirkspersonalräte (BPR) bei den Behörden der Mittelstufe und die Hauptpersonalräte (HPR) bei den obersten Dienstbehörden.

2 Die **Funktion** der Stufenvertretungen ergibt sich zum einen aus der Weisungsgebundenheit der nachgeordneten Dienststellen, zum anderen aus dem Entscheidungsvorbehalt der übergeordneten Dienststellen. Der **Weisungsgebundenheit** wird dadurch Rechnung getragen, dass die Stufenvertretungen in den Verfahren der Mitbestimmung und Mitwirkung tätig werden können, wenn in einer beteiligungspflichtigen Angelegenheit zwischen einer nachgeordneten Dienststelle und dem dort gebildeten örtlichen PR keine Einigung zustande gekommen ist (§ 69 Abs. 3 u. 4 bzw. § 72 Abs. 4). Dem **Entscheidungsvorbehalt** wird entsprochen, indem in Angelegenheiten, in denen die Dienststelle nicht zur Entscheidung befugt ist, an Stelle des PR die bei der zuständigen Dienststelle gebildete Stufenvertretung zu beteiligen ist (§ 82 Abs. 1). Die Stufenvertretungen sind jedoch **keine übergeordneten Personalvertretungen**. Ihnen stehen keine Aufsichtsbefugnisse gegenüber den Personalvertretungen bei nachgeordneten Dienststellen zu, und sie sind auch keine Beschwerdeinstanz für die Beschäftigten dieser Dienststellen.[639]

3 (Abs. 1) Die Regelung des Abs. 1 gilt für den Geschäftsbereich **mehrstufiger Verwaltungen**. Sie geht von dem klassischen dreistufigen Aufbau der staatlichen Verwaltung mit obersten Behörden auf der Zentralstufe, Mittelbehörden auf der Mittelstufe und unteren Behörden auf der Unterstufe aus (vgl. § 1 Rn. 3). Ist eine Verwaltung **dreistufig** aufgebaut, sind neben den bei allen Dienststellen einzurichtenden örtlichen PR bei den Mittelbehörden je ein BPR und bei der obersten Dienstbehörde ein HPR zu bilden. Ist eine Verwaltung nur **zweistufig** aufgebaut, ist neben den örtlichen PR nur ein HPR zu bilden. Ist eine Verwaltung **mehr als dreistufig** aufgebaut, weil z. B. zwischen der Mittelstufe und der Unterstufe noch eine oder mehrere zusätzliche Stufen bestehen, so wird bei diesen Zwischeninstanzen keine Stufenvertretung gebildet. Das Gleiche gilt, wenn der Mittelstufe nicht nur eine Unterstufe nachgeordnet ist und die Stellen auf der oder den weiter nachgeordneten Stufen nach Aufgabenbereich und Organisation selbständig sind (vgl. § 6 Rn. 4b; § 82 Rn. 17).

4 Ob eine Verwaltung mehrstufig gegliedert ist und wie viele Stufen ggf. vorhanden sind, ergibt aus sich aus den für sie maßgebenden Organisationsvorschriften. Die Regelung des Abs. 1 gilt **nicht nur im Bereich der unmittelbaren Bundesverwaltung**, sondern auch für Körperschaften,

---

638 Vgl. *BAG* v. 14.12.94 – 7 ABR 14/94 –, PersR 95, 308, m. w. N.
639 *BVerwG* v. 24.11.61 – VII P 10.59 –, PersV 62, 62.

Anstalten und Stiftungen des öffentlichen Rechts, wenn bei ihnen eine entsprechende Stufung besteht. Zu den Verwaltungen i. S. d. Abs. 1 gehören alle organisatorischen Einheiten, die nach § 6 als Dienststellen anzusehen sind, also auch Betriebe und Gerichte (vgl. § 6 Rn. 2 a). Entscheidend ist deshalb allein, ob ein **mehrstufiger Dienststellenaufbau** vorliegt.

Bei den **obersten Dienstbehörden** (vgl. § 6 Rn. 4) ist ein **HPR** zu bilden, 5
wenn es sich bei ihnen um Dienststellen i. S. d. BPersVG handelt, denen mindestens eine (weisungsabhängige) Dienststelle nachgeordnet ist, was z. B. beim Presse- und Informationsamt der Bundesregierung nicht der Fall ist. Bei den **Behörden der Mittelstufe** (vgl. § 6 Rn. 4 a), ist ein **BPR** zu bilden, und zwar auch dann, wenn ihnen nur eine Dienststelle i. S. d. BPersVG untersteht. Liegen die Voraussetzungen für die Bildung einer Stufenvertretung vor, ist diese, soweit das Gesetz nichts anderes bestimmt (vgl. Rn. 6), für den **gesamten Geschäftsbereich** der obersten Dienstbehörde bzw. der Mittelbehörde zu bilden, auch wenn dieser verschiedene Fachverwaltungen bzw. Verwaltungszweige umfasst. Dabei erstreckt sich der Geschäftsbereich einer Behörde nicht nur auf die nachgeordneten Dienststellen, sondern auch auf die eigene Dienststelle.[640] Ob bei allen zum Geschäftsbereich gehörenden Dienststellen die im Gesetz vorgesehenen Personalvertretungen gebildet sind, ist für die Bildung der Stufenvertretung unerheblich.

Besondere Vorschriften gelten für die Bundespolizei (§ 85 Abs. 1 Nr. 1), 6
den Bundesnachrichtendienst (§ 86 Nr. 8 S. 1), das Auswärtige Amt (§ 91 Abs. 1 Nr. 3 S. 2) und den Geschäftsbereich des Bundesministeriums der Verteidigung hinsichtlich der Streitkräfte (§ 91 Abs. 2 SG i. V. m. § 53 Abs. 2 SBG).

Soweit Stufenvertretungen i. S. d. Abs. 1 (BPR, HPR) bestehen, werden 7
für den Geschäftsbereich mehrstufiger Verwaltungen nach § 64 Abs. 1 grundsätzlich auch Jugend- und Auszubildendenstufenvertretungen gebildet, und zwar bei den Behörden der Mittelstufe **Bezirks-Jugend- und Auszubildendenvertretungen** (BJAV) und bei den obersten Dienstbehörden **Haupt-Jugend- und Auszubildendenvertretungen** (HJAV). Der BPR und der HPR haben mit der BJAV bzw. der HJAV eng zusammenzuarbeiten (vgl. § 68 Rn. 21).

Nach § 97 Abs. 3 SGB IX werden bei den Behörden der Mittelstufe und 8
bei den obersten Dienstbehörden grundsätzlich **Bezirksschwerbehindertenvertretungen** bzw. **Hauptschwerbehindertenvertretungen** gewählt. BPR und HPR haben mit der Bezirks- bzw. Hauptschwerbehindertenvertretung – nach § 97 Abs. 6 SGB IX u. U. ersatzweise mit der örtlichen Schwerbehindertenvertretung bei der obersten Dienstbehörde – eng zusammenzuarbeiten (vgl. § 68 Rn. 17).

---

640 BVerwG v. 14. 9. 77 – VII P 45.77 – u. v. 18. 10. 78 – 6 P 7.78 –, PersV 80, 102, u. 79, 500.

§ 53 Errichtung von Stufenvertretungen

9 (Abs. 2) Die Beschäftigten im Geschäftsbereich der Behörde der Mittelstufe wählen die Mitglieder des **BPR**. Auch die Beschäftigten der Mittelbehörde selbst haben das **Wahlrecht** zum BPR.[641] Für die Teilnahme an der Wahl zum BPR ist es ohne Bedeutung, ob die Beschäftigten des Geschäftsbereichs der Mittelbehörde in ihren Dienststellen einen PR gewählt haben oder gleichzeitig wählen. Auch wenn eine Dienststelle nach § 12 Abs. 1 nicht personalratsfähig ist, wählen deren Beschäftigte den BPR mit.

10 Die Mitglieder des **HPR** werden von den Beschäftigten im Geschäftsbereich der obersten Dienstbehörde gewählt. Auch die Beschäftigten der obersten Dienstbehörde selbst haben das **Wahlrecht** zum HPR.[642] Für die Bildung eines HPR ist nicht Voraussetzung, dass die Beschäftigten des Geschäftsbereichs bei ihren Dienststellen PR und ggf. BPR gewählt haben oder gleichzeitig wählen.

11 (Abs. 3) Für die **Wahl** und die **Zusammensetzung** der Stufenvertretungen gelten nach Abs. 3 S. 1 die in den §§ 12 bis 25 enthaltenen Vorschriften für die Wahl und die Zusammensetzung des (örtlichen) PR mit Ausnahme von § 17 Abs. 3 bis 5 und § 22 entsprechend, soweit in Abs. 3 S. 2 bis 4 nichts anderes bestimmt ist. Soweit es sich um die in der Wahlordnung enthaltenen Vorschriften über das **Wahlverfahren** handelt, sind für die Wahl des BPR nach § 32 WO die Vorschriften für die Wahl des PR (§§ 1–30 WO) und für die Wahl des HPR nach § 42 WO die Vorschriften für die Wahl des BPR (§§ 32–41) grundsätzlich entsprechend anzuwenden. In derselben mehrstufigen Verwaltung sollen die Wahlen der Stufenvertretungen **möglichst gleichzeitig** mit den Wahlen der örtlichen PR und etwaiger GPR durchgeführt werden (§ 36 WO u. Verweisungen in den §§ 42 u. 45 WO).

12 Nach Abs. 3 S. 2 sind die in § 14 Abs. 3 genannten Personen – der Leiter der Dienststelle und weitere leitende Beschäftigte (vgl. § 14 Rn. 9 f.) – zur Stufenvertretung nur dann **nicht wählbar**, wenn es sich bei ihnen um Beschäftigte der Dienststelle handelt, bei der die Stufenvertretung gebildet ist.

13 Der **Bezirkswahlvorstand** leitet die Wahl des BPR (§ 33 Abs. 1 S. 1 WO), der **Hauptwahlvorstand** die des HPR (§ 43 WO). Für die **Bestellung** dieser Wahlvorstände sind die für die Wahl des PR geltenden Vorschriften grundsätzlich entsprechend anzuwenden. Das gilt jedoch nach Abs. 3 S. 1 für die Vorschrift des § 22 nicht und nach Abs. 3 S. 3 für die Vorschriften des § 20 Abs. 2, des § 21 und des § 23 Abs. 1 S. 2 und 3 insoweit nicht, als diese eine Bestellung des Wahlvorstands durch die **Personalversammlung** vorsehen. Stattdessen legt Abs. 3 S. 4 fest, dass an Stelle der Personalversammlung der **Leiter der Dienststelle**, bei der die Stufenvertretung zu errichten ist, ggf. die Befugnis zur Bestellung des Wahlvorstands ausübt.

---

641 *BVerwG* v. 18. 10. 78, a. a. O.
642 *BVerwG* v. 14. 9. 77, a. a. O.

Amtszeit und Geschäftsführung der Stufenvertretungen § 54

(Abs. 4) In den einzelnen Dienststellen ist die Wahl des BPR oder HPR im Auftrag des Bezirks- oder Hauptwahlvorstands von **örtlichen Wahlvorständen** durchzuführen (§ 33 Abs. 1 S. 2 u. § 42 WO). Welche Wahlvorstände dabei als örtliche tätig werden, ist in Abs. 4 festgelegt. Werden in einer Verwaltung die örtlichen PR und die Stufenvertretungen **gleichzeitig** gewählt, so haben die bei den Dienststellen für die Wahlen der örtlichen PR bestehenden örtlichen Wahlvorstände die Wahlen zu den Stufenvertretungen durchzuführen. Werden dagegen die örtlichen PR und die Stufenvertretungen **nicht gleichzeitig** gewählt, so sind die örtlichen Wahlvorstände auf Ersuchen des Bezirkswahlvorstands bzw. des Hauptwahlvorstands von den örtlichen PR oder, wenn solche nicht bestehen, von den Dienststellenleitern zu bestellen.

14

(Abs. 5) In entsprechender Anwendung des § 17 Abs. 2 hat der Bezirks- bzw. Hauptwahlvorstand die **Verteilung der Sitze auf die Gruppen** grundsätzlich nach den Grundsätzen der Verhältniswahl zu errechnen (vgl. § 17 Rn. 5). Abweichend von § 17 Abs. 3 erhält jede Gruppe, die die Voraussetzungen des § 17 Abs. 5 erfüllt (vgl. § 17 Rn. 8), mindestens einen Sitz. Besteht die Stufenvertretung aus mehr als neun Mitgliedern, so hat jede dieser Gruppen Anspruch auf mindestens zwei Vertreter. Erhält eine Gruppe in der Stufenvertretung keinen Sitz und findet Gruppenwahl statt, kann sich jeder Angehörige dieser Gruppe entsprechend § 17 Abs. 5 S. 2 bei der Wahl einer anderen Gruppe anschließen (vgl. § 17 Rn. 9).

15

§ 54 [Amtszeit und Geschäftsführung der Stufenvertretungen]

(1) Für die Stufenvertretungen gelten die §§ 26 bis 39, 40 Abs. 1, §§ 41, 42, 44, 45, 46 Abs. 1 bis 3 und 5 bis 7, § 47 entsprechend, soweit in Absatz 2 nichts anderes bestimmt ist.

(2) § 34 Abs. 1 gilt mit der Maßgabe, daß die Mitglieder der Stufenvertretung spätestens zwölf Arbeitstage nach dem Wahltag einzuberufen sind.

Während § 53 die Bildung, Wahl und Zusammensetzung der Stufenvertretungen bestimmt, regelt § 54 ihre Amtszeit und Geschäftsführung und die Rechtsstellung ihrer Mitglieder, wobei er im Wesentlichen auf die für den PR geltenden Vorschriften verweist (vgl. Rn. 2). Darüber hinaus gelten für die Stufenvertretungen weitere Vorschriften: Die allgemeinen Vorschriften der §§ **1 bis 11** und der §§ **66 bis 68** gelten für »Personalvertretungen« und damit auch für die Stufenvertretungen unmittelbar.[643] Die Vorschriften des § **69 Abs. 3 und 4** und des § **72 Abs. 4** gelten für die Stufenvertretungen ebenfalls unmittelbar, wenn diese im Stufenverfahren der Mitbestimmung oder der Mitwirkung beteiligt sind. Die Vorschriften des § **82 Abs. 1, 2, 4 und 5** regeln, unter welchen Voraussetzungen und

1

---

643 Vgl. *BVerwG* v. 20.3.02 – 6 P 6.01 –, PersR 02, 302.

§ 55 Errichtung des Gesamtpersonalrats

mit welchen Maßgaben die Stufenvertretungen anstelle des örtlichen PR zu beteiligen sind und legen u. a. fest, dass für ihre Befugnisse und Pflichten dabei die §§ 69 bis 81 entsprechend gelten.

2 **(Abs. 1)** § 54 Abs. 1 sieht vor, dass folgende, für den PR geltende Vorschriften für die Stufenvertretungen entsprechend gelten: Für die **Amtszeit** die §§ 26 bis 31, für die **Geschäftsführung** die §§ 32 bis 45 mit Ausnahme des § 40 Abs. 2 und des § 43 sowie mit einer den § 34 Abs. 1 betreffenden (in § 54 Abs. 2 bestimmten) Maßgabe (vgl. Rn. 3) sowie für die **Rechtsstellung** die §§ 46 und 47 mit Ausnahme des § 46 Abs. 4.

3 **(Abs. 2)** Der Bezirks- bzw. Hauptwahlvorstand hat die Mitglieder des BPR bzw. HPR nach § 54 Abs. 1 und 2 i. V. m. § 34 Abs. 1 **spätestens zwölf Arbeitstage nach dem Wahltag** zur **konstituierenden Sitzung** einzuberufen. Da diese Einberufungsfrist doppelt so lang ist wie die für die örtlichen PR geltende Frist, können – wenn die Wahlen gleichzeitig stattgefunden haben – zunächst die konstituierenden Sitzungen der PR (vgl. § 34 Rn. 1 ff.) und danach (in der Zeit vom siebten bis zwölften Arbeitstag nach dem Wahltag) die konstituierenden Sitzungen der Stufenvertretungen stattfinden, wobei in dreistufigen Verwaltungen (nach Abstimmung zwischen den Bezirkswahlvorständen und dem Hauptwahlvorstand) die Sitzungen der BPR vor der des HPR terminiert werden können.

§ 55 [Errichtung des Gesamtpersonalrats]

In den Fällen des § 6 Abs. 3 wird neben den einzelnen Personalräten ein Gesamtpersonalrat gebildet.

1 Werden nach § 6 Abs. 3 Nebenstellen oder Teile einer Dienststelle, die räumlich weit von dieser entfernt liegen, verselbständigt (vgl. § 6 Rn. 5 ff.), so werden nach § 12 Abs. 1 im Bereich dieser aufgespaltenen Dienststelle – der sog. **Gesamtdienststelle** – folgende **örtliche PR** gebildet: ein PR in der Hauptdienststelle (einschl. der nicht verselbständigten Nebenstellen und Dienststellenteile) sowie jeweils ein PR in jeder verselbständigten Nebenstelle und in jedem verselbständigten Dienststellenteil. Außerdem wird nach § 55 neben den einzelnen örtlichen PR ein **Gesamtpersonalrat** (GPR) gebildet. Das gilt auch dann, wenn die Wahl eines oder mehrerer örtlicher PR nicht zustande kommt. Der GPR wird nach § 56 i. V. m. § 53 Abs. 2 von den zur Gesamtdienststelle gehörenden Beschäftigten gewählt.

2 Sonderregelungen gelten nach § 90 Nr. 1 S. 4, Nr. 2 S. 1 und 4 für die **Rundfunkanstalt »Deutsche Welle«** (vgl. § 90 Rn. 3, 5–10) sowie nach § 86 Nr. 12 für den **Bundesnachrichtendienst** (vgl. § 86 Rn. 2 a).

3 In den Fällen des § 6 Abs. 3 soll die Bildung des GPR eine **lückenlose Interessenvertretung** der Beschäftigten in den verselbständigten Nebenstellen und Dienststellenteilen sicherstellen (vgl. § 82 Rn. 15). Der GPR ist im Verhältnis zu den im Bereich der Gesamtdienststelle bestehenden ört-

Wahl, Amtszeit und Geschäftsführung des Gesamtpersonalrats § 56

lichen PR **keine übergeordnete Personalvertretung**. Insoweit gilt das Gleiche wie für die Stufenvertretungen (vgl. § 53 Rn. 2). Der auf der gleichen Ebene wie die örtlichen PR stehende GPR ist allerdings **keine Stufenvertretung** i. S. d. BPersVG; im Stufenverfahren nach § 69 Abs. 3 oder § 72 Abs. 4 ist er nicht beteiligt (vgl. § 69 Rn. 30).

§ 56 [Wahl, Amtszeit und Geschäftsführung des Gesamtpersonalrats]

Für den Gesamtpersonalrat gelten § 53 Abs. 2 und 3 und § 54 Abs. 1 Halbsatz 1 entsprechend.

Während **§ 55** bestimmt, in welchen Fällen ein GPR gebildet wird, regelt **§ 56** Wahl und Zusammensetzung sowie Amtszeit und Geschäftsführung des GPR und die Rechtsstellung seiner Mitglieder. Dabei verweist er im Wesentlichen auf die für die Stufenvertretungen geltenden Vorschriften. Darüber hinaus gelten für den GPR weitere Vorschriften: Die allgemeinen Vorschriften der **§§ 1 bis 11** und der **§§ 66 bis 68** gelten für »Personalvertretungen« und damit auch für den GPR unmittelbar. **§ 82 Abs. 3** regelt durch Verweisung auf § 82 Abs. 1 und 2, unter welchen Voraussetzungen und mit welchen Maßgaben der GPR anstelle des örtlichen PR zu beteiligen ist; **§ 82 Abs. 4** legt fest, dass für seine Befugnisse und Pflichten dabei die **§§ 69 bis 81** entsprechend gelten. 1

Nach § 56 i. V. m. § 53 Abs. 2 werden die Mitglieder des GPR von den zum **Geschäftsbereich der Gesamtdienststelle** gehörenden Beschäftigten **gewählt** (vgl. § 55 Rn. 1 u. § 53 Rn. 9 f.). Die Wahl des GPR ist auch dann durchzuführen, wenn in der oder den verselbständigten Nebenstellen bzw. Dienststellenteilen oder in der Hauptdienststelle ausnahmsweise kein PR gewählt wird. 2

Für die **Wahl** und die **Zusammensetzung** des GPR gelten nach § 56 die in § 53 Abs. 3 enthaltenen Vorschriften für die Stufenvertretungen entsprechend, die wiederum im Wesentlichen auf die in §§ 12 bis 25 enthaltenen Vorschriften für den (örtlichen) PR verweisen (vgl. § 53 Rn. 11 ff.). Soweit es sich um die in der Wahlordnung enthaltenen Vorschriften über das **Wahlverfahren** handelt, sind für die Wahl des GPR nach § 45 WO die Vorschriften über die Wahl des BPR (§§ 32–41 WO) entsprechend anzuwenden, die ihrerseits die Vorschriften für die Wahl des PR (§§ 1–30 WO) grundsätzlich für entsprechend anwendbar erklären. Die Wahl des GPR soll **möglichst gleichzeitig** mit der Wahl der PR in der Dienststelle durchgeführt werden (§ 45 i. V. m. § 36 WO). Für die Wahl des GPR ist ein besonderer Wahlvorstand – der sog. **Gesamtwahlvorstand** – zu bestellen, der die Wahl leitet und in dessen Auftrag die örtlichen Wahlvorstände die Wahl durchzuführen haben (§ 45 i. V. m. § 33 WO). 3

Die **Größe** und Zusammensetzung des GPR richtet sich grundsätzlich nach den für die Größe und Zusammensetzung des örtlichen PR geltenden 4

§ 56 Wahl, Amtszeit und Geschäftsführung des Gesamtpersonalrats

Vorschriften, die mit Ausnahme von § 17 Abs. 3 bis 5 entsprechend anwendbar sind. Da § 56 nicht auf § 53 Abs. 5 und auch nicht auf § 17 Abs. 3 verweist, fehlt eine Regelung für die **Mindestvertretung der Gruppen im GPR**. Das *BVerwG* sieht darin eine Gesetzeslücke, die es durch die Festlegung schließen will, dass eine kleine Gruppe, soweit sie die Voraussetzungen des § 17 Abs. 5 erfüllt, mindestens einen Vertreter im GPR erhält.[644]

5 **Wahlberechtigt** und **wählbar** zum GPR sind nach § 56 i. V. m. § 53 Abs. 3 und den §§ 13 bis 15 grundsätzlich alle Beschäftigten, die zu den einzelnen PR in der Dienststelle wahlberechtigt und wählbar sind. Ein Beschäftigter kann gleichzeitig in den GPR, den PR und die Stufenvertretungen gewählt werden. Auch Beamte im Vorbereitungsdienst und Beschäftigte in entsprechender Berufsausbildung sind in den GPR wählbar.

6 Der GPR ist grundsätzlich in **Gruppenwahl** zu wählen. Er kann in **gemeinsamer** Wahl gewählt werden, wenn dies vor der Neuwahl von jeder Gruppe in getrennten geheimen Abstimmungen beschlossen wird (§ 56 i. V. m. § 53 Abs. 3 u. § 19 Abs. 2). Auch eine abweichende Verteilung der GPR-Sitze ist zulässig, wenn dies in einer Vorabstimmung beschlossen wird (§ 56 i. V. m. § 53 Abs. 3 u. § 18 Abs. 1).

7 Spätestens sechs Arbeitstage nach dem letzten Wahltag hat nach Einberufung durch den Gesamtwahlvorstand die **konstituierende Sitzung des GPR** stattzufinden (§ 56 i. V. m. § 54 Abs. 1 Hs. 1 u. § 34 Abs. 1, §§ 32 u. 33). Für die **Amtszeit** des GPR gelten nach § 56 i. V. m. § 54 Abs. 1 Hs. 1 die die Amtszeit des PR regelnden Vorschriften der §§ 26 bis 31 entsprechend. Da die Wirksamkeit eines Verselbständigungsbeschlusses nach § 6 Abs. 3 nur für die folgende konkrete Wahl und die konkrete Amtszeit des aus dieser Wahl hervorgehenden PR der Hauptdienststelle gilt, hat das **Ende der Amtszeit des PR der Hauptdienststelle** automatisch nicht nur das Ende der Amtszeit der PR aller im Bereich der Gesamtdienststelle verselbständigten Nebenstellen und Dienststellenteile zur Folge, sondern auch das Ende der Amtszeit des GPR.[645]

8 Nach § 56 i. V. m. § 54 Abs. 1 Hs. 1 gelten für die **Geschäftsführung** des GPR die Vorschriften der §§ 32 bis 45 mit Ausnahme des § 40 Abs. 2 und des § 43 sowie für die **Rechtsstellung** des GPR die Vorschriften der §§ 46 und 47 mit Ausnahme des § 46 Abs. 4 entsprechend.

9 Der GPR hat mit der nach § 64 Abs. 2 gebildeten **GJAV** sowie mit der nach § 97 Abs. 1 S. 1 SGB IX gewählten **Gesamtschwerbehindertenvertretung** oder ggf. mit der nach § 97 Abs. 1 S. 2 SGB IX an deren Stelle tretenden örtlichen Schwerbehindertenvertretung eng zusammenzuarbeiten (vgl. § 68 Rn. 17, 21).

---

644 Beschl. v. 20. 11. 79 – 6 P 10.79 –, PersV 81, 284; str.; vgl. KfdP-*Altvater*, Rn. 9 m. w. N.
645 Vgl. *BVerwG* v. 26. 1. 00 – 6 P 3.99 –, PersR 00, 371.

Drittes Kapitel
Jugend- und Auszubildendenvertretung, Jugend- und Auszubildendenversammlung

§ 57 [Errichtung von Jugend- und Auszubildendenvertretungen]

In Dienststellen, bei denen Personalvertretungen gebildet sind und denen in der Regel mindestens fünf Beschäftigte angehören, die das 18. Lebensjahr noch nicht vollendet haben (jugendliche Beschäftigte) oder die sich in einer beruflichen Ausbildung befinden und das 25. Lebensjahr noch nicht vollendet haben, werden Jugend- und Auszubildendenvertretungen gebildet.

Das **Dritte Kapitel** des Ersten Teils enthält Vorschriften über die Vertretung der spezifischen Interessen der in § 57 definierten jugendlichen und auszubildenden Beschäftigten. Es regelt in den §§ 57 bis 62 die örtlichen Jugend- und Auszubildendenvertretungen (JAV), in § 63 die Jugend- und Auszubildendenversammlung, in § 64 **Abs. 1** die Jugend- und Auszubildendenstufenvertretungen (BJAV und HJAV) und in § 64 **Abs. 2** die Gesamt-Jugend- und Auszubildendenvertretung (GJAV). Die Vorschriften der §§ 57 bis 64 gelten nach § 85 Abs. 1 Nr. 5 und Abs. 3 nicht für die Polizeivollzugsbeamten und die Dienstleistenden in der **Bundespolizei**. 1

Die JAV ist kein selbständiges Organ mit eigenständigen Verhandlungs- und Beteiligungsrechten gegenüber der Dienststelle. Sie ist vielmehr **integrierter Bestandteil der Personalvertretung** und hat insoweit nur Rechte und Pflichten im Verhältnis zum PR, nicht aber zur Dienststelle.[1] Die Aufgaben und Befugnisse der JAV sind in die Arbeit des PR eingebettet.[2] Die Beteiligungsrechte gegenüber der Dienststelle werden auch für die **jugendlichen und auszubildenden Beschäftigten** vom PR wahrgenommen.[3] Die Aufgabe der JAV besteht darin, sich als zusätzliche Vertretung im PR für die **spezifischen Interessen** dieser Beschäftigten einzusetzen. In diesem Rahmen handelt die JAV nach eigenem pflichtgemäßen Ermessen. Der PR hat ihr gegenüber weder eine Vorgesetztenfunktion noch Weisungsbefugnis. Nach § 68 Abs. 1 Nr. 7 ist er zur **engen Zusammenarbeit** mit der JAV verpflichtet (vgl. § 68 Rn. 21). Das die Personalvertretung ansonsten prägende **Gruppenprinzip** gilt für die JAV nicht. 2

§ 57 regelt die **Voraussetzungen für die Bildung** von Jugend- und Auszubildendenvertretungen. Er schreibt ausdrücklich vor, dass diese nur 3

---
1 *BVerwG* v. 8.7.77 – VII P 22.75 –, PersV 78, 309.
2 *BVerwG* v. 19.1.09 – 6 P 1.08 –, PersR 09, 205.
3 Vgl. *BVerwG* v. 28.10.93 – 6 P 25.91 –, PersR 94, 119.

§ 57 Jugend- und Auszubildendenvertretungen: Errichtung

»in Dienststellen, bei denen Personalvertretungen gebildet sind«, gebildet werden. Damit sind **Dienststellen** i. S. d. § 6 (ggf. auch nach § 6 Abs. 3 verselbständigte Nebenstellen oder Dienststellenteile) gemeint, bei denen nach § 12 Abs. 1 **örtliche PR** bestehen. Außerdem ist erforderlich, dass einer solchen Dienststelle **in der Regel mindestens fünf in § 57 genannte Beschäftigte** angehören (vgl. dazu Rn. 4). Für das Verständnis des Kriteriums »in der Regel« gilt das zur Bildung des PR Gesagte entsprechend (vgl. § 12 Rn. 2). Daraus folgt, dass dieses Tatbestandsmerkmal auch dann erfüllt ist, wenn zum Zeitpunkt der Wahl weniger als fünf Beschäftigte i. S. d. § 57 der Dienststelle angehören, in ihr aber regelmäßig fünf oder mehr dieser Beschäftigten tätig sind.

4 Der Personenkreis der »**in § 57 genannten Beschäftigten**« umfasst zum einen alle Beschäftigten, die das 18. Lebensjahr noch nicht vollendet haben (und die in § 57 als »**jugendliche Beschäftigte**« bezeichnet sind) und zum anderen alle **nichtjugendlichen Beschäftigten**, die sich in einer beruflichen Ausbildung befinden und das 25. Lebensjahr noch nicht vollendet haben. Der Begriff der **Beschäftigten** ist in § 4 definiert. Wann das **18. bzw. 25. Lebensjahr vollendet** ist, bestimmt sich nach § 187 Abs. 2 S. 2 BGB (vgl. § 13 Rn. 2). Der Begriff »**berufliche Ausbildung**« umfasst nicht nur die Ausbildung in einem (von § 9 Abs. 1 erfassten) Berufsausbildungsverhältnis nach dem Berufsbildungsgesetz, dem Krankenpflegegesetz oder dem Hebammengesetz, sondern auch die berufliche Ausbildung in privatrechtlichen Ausbildungsverhältnissen anderer Art (vgl. § 4 Rn. 13) sowie die berufliche Ausbildung nach beamtenrechtlichen Vorschriften. Es kommt dabei nicht darauf an, ob es sich um eine Erstausbildung oder um eine weitere Ausbildung (z. B. eine Umschulung) handelt. In einer beruflichen Ausbildung befinden sich auch die Nachwuchskräfte für die Laufbahnen des mittleren und gehobenen Dienstes sowie Beamte, die für eine andere Laufbahn (z. B. Aufstieg vom einfachen in den mittleren Dienst) oder für eine von der Einheitslaufbahn abweichende Sonderlaufbahn ausgebildet werden, nicht hingegen Beamte, die im Rahmen einer »Zusatzausbildung« lediglich innerhalb ihrer Laufbahn gefördert werden sollen.[4]

5 Ein nach der Wahl der JAV eintretender **Wegfall des PR** führt nicht dazu, dass auch automatisch die JAV wegfällt. Dies ergibt sich im Fall einer gerichtlichen **Auflösung** des PR nach § 28 Abs. 1 bereits daraus, dass der nach § 28 Abs. 2 S. 1 eingesetzte Wahlvorstand nach § 28 Abs. 2 S. 3 bis zur Neuwahl des PR dessen Befugnisse und Pflichten wahrnimmt. Der Wahlvorstand tritt damit auch im Verhältnis zur JAV an die Stelle des PR. Somit bleibt auch die JAV voll funktionsfähig. Hat das Amt des PR aufgrund einer erfolgreichen **Wahlanfechtung** geendet mit der Folge, dass die Wahl des PR zu wiederholen ist (vgl. § 25 Rn. 13), oder ist der PR aus **anderen Gründen** weggefallen mit der Folge, dass nach § 27 Abs. 2 Nr. 5 eine

---

4 Vgl. *BVerwG* v. 10. 2. 67 – VII P 6.66 – u. – VII P 18.66 –, PersV 67, 179 u. 278.

JAV: Wahlberechtigung und Wählbarkeit § 58

Neuwahl des PR stattzufinden hat (vgl. § 27 Rn. 8), ist die JAV nur vorübergehend in ihrer Funktionsfähigkeit eingeschränkt und kann ihre Arbeit in vollem Umfang wieder aufnehmen, sobald der neue PR gewählt ist. Dabei ist es unerheblich, ob der PR »kurzfristig« oder »längerfristig« ausfällt, weil diese Kriterien für ein daraus abzuleitendes vorzeitiges Ende der JAV zu unbestimmt sind und deren regelmäßige Amtszeit mit zwei Jahren vergleichsweise kurz bemessen ist.[5] Anders ist es nur, wenn ein dauerhafter Wegfall des PR wegen der **Auflösung der Dienststelle** eintritt (vgl. § 26 Rn. 7); dann fällt auch die JAV weg. Besteht nach Ablauf der Amtszeit der JAV kein PR, ist eine Neuwahl nicht möglich. Nur der PR kann nach § 60 Abs. 1 den für die Wahldurchführung erforderlichen Wahlvorstand bestellen (vgl. § 60 Rn. 1 ff.).

Wenn die Zahl der der Dienststelle in der Regel angehörenden »in § 57 genannten Beschäftigten« (vgl. Rn. 3) nicht nur vorübergehend, sondern auf Dauer **unter fünf absinkt**, endet das Amt der JAV. **6**

§ 58 [Wahlberechtigung und Wählbarkeit]

(1) [1]**Wahlberechtigt sind alle in § 57 genannten Beschäftigten.** [2]**§ 13 Abs. 1 gilt entsprechend.**

(2) [1]**Wählbar sind Beschäftigte, die am Wahltage noch nicht das 26. Lebensjahr vollendet haben.** [2]**§ 14 Abs. 1 Satz 1 Nr. 1, Satz 2, Abs. 2 und 3 gilt entsprechend.**

(Abs. 1) Nach **Abs. 1 S. 1** sind grundsätzlich **alle in § 57 genannten Beschäftigten** (vgl. § 57 Rn. 4) zur JAV **wahlberechtigt**. Sie müssen der Dienststelle angehören, in der die JAV gewählt wird, wobei eine bestimmte Mindestdauer der **Zugehörigkeit zur Dienststelle** nicht erforderlich ist. Materielle Voraussetzung für die Wahlberechtigung ist bei jugendlichen Beschäftigten die Nichtvollendung des 18. Lebensjahrs und bei nichtjugendlichen Beschäftigten, die sich in einer beruflichen Ausbildung befinden, die Nichtvollendung des 25. Lebensjahrs. Maßgebend ist das Alter am (letzten) Tage der Wahl. Endet die berufliche Ausbildung zwischen der Vollendung des 18. und des 25. Lebensjahres, so erlischt damit auch das aktive Wahlrecht zur JAV. Beschäftigte, die das 18. Lebensjahr vollendet haben und sich in einer beruflichen Ausbildung befinden, besitzen neben dem Wahlrecht für die JAV auch das Wahlrecht für den PR (§ 13 Abs. 1), soweit sich nicht aus § 13 Abs. 2 und 3 etwas anderes ergibt. **1**

Nach **Abs. 1 S. 2 i. V. m. § 13 Abs. 1** hängt die Wahlberechtigung der in § 57 genannten Beschäftigten für die JAV davon ab, dass ihnen nicht durch **Richterspruch** das Recht aberkannt ist, in öffentlichen Angelegenheiten zu wählen und zu stimmen (vgl. § 13 Rn. 9), und dass sie am Wahltag nicht länger als sechs Monate unter Wegfall der Bezüge **beurlaubt** sind (vgl. § 13 **1a**

---
5 Str.; vgl. KfdP-*Kröll*, Rn. 6.

§ 58 JAV: Wahlberechtigung und Wählbarkeit

Rn. 10 f.). Mangels einer Verweisung auf § 13 Abs. 2 ist ein in § 57 genannter Beschäftigter im Falle seiner **Abordnung** grundsätzlich ohne Wartezeit (nur) in der neuen Dienststelle zur JAV wahlberechtigt. **Beamte im Vorbereitungsdienst** und Beschäftigte in entsprechender Berufsausbildung sind nur bei ihrer Stammbehörde wahlberechtigt (vgl. § 13 Rn. 14 f.). Auch wenn auf § 13 Abs. 3 nicht ausdrücklich verwiesen ist, folgt dies (unter Berücksichtigung der Verweisungen in Abs. 2 auf § 14 Abs. 2 und in § 62 S. 2 auf § 47 Abs. 3 S. 3) daraus, dass das Gesetz in allen anderen einschlägigen Vorschriften davon ausgeht, dass die Bindungen dieser Beschäftigten zu ihrer Stammbehörde stärker sind als ihre Bindungen zu jener Ausbildungsdienststelle, der sie (am Wahltag) nur kurzzeitig angehören und in die sie nach dem Wechsel in eine andere Ausbildungsstation möglicherweise gar nicht mehr zurückkehren werden.[6]

2 (**Abs. 2**) **Wählbar** sind nach **Abs. 2 S. 1** Beschäftigte, die am (letzten) Wahltag das **26. Lebensjahr noch nicht vollendet** haben. Vollendet ein Jugend- und Auszubildendenvertreter in der Zeit nach diesem Stichtag vor Beginn oder während der Amtszeit das 26. Lebensjahr, bleibt er bis zum Ablauf der Amtszeit Mitglied der JAV.[7] Nach **Abs. 2 S. 2** i. V. m. § 14 Abs. 1 S. 1 Nr. 1 ist für das passive Wahlrecht ferner grundsätzlich erforderlich, dass der betreffende Beschäftigte **seit sechs Monaten dem Geschäftsbereich seiner obersten Dienstbehörde angehört** (vgl. § 14 Rn. 3). Das gilt jedoch dann nicht, wenn die oberste Dienstbehörde oder die Dienststelle weniger als ein Jahr besteht (vgl. § 15 Abs. 1, auf den § 58 Abs. 2 lediglich aufgrund eines Redaktionsversehens nicht verweist). Für die JAV nicht wählbar sind nach Abs. 2 S. 2 i. V. m. § 14 Abs. 1 S. 2 Beschäftigte, die infolge Richterspruchs die **Fähigkeit, Rechte aus öffentlichen Wahlen zu erlangen**, nicht besitzen (vgl. § 14 Rn. 5). **Beamte im Vorbereitungsdienst** und Beschäftigte in entsprechender Berufsausbildung (vgl. § 13 Rn. 14 f.) sind zwar in die örtliche JAV und auch in die GJAV wählbar, nicht jedoch in eine Jugend- und Auszubildendenstufenvertretung (Abs. 2 S. 2 i. V. m. § 14 Abs. 2 u. § 13 Abs. 3). Nach Abs. 2 S. 2 i. V. m. § 14 Abs. 3 sind nicht nur der Dienststellenleiter und die anderen **in § 7 genannten Personen**, sondern auch Beschäftigte, die zu selbständigen **Entscheidungen in Personalangelegenheiten** der Dienststelle befugt sind, von der Wählbarkeit zur JAV ausgeschlossen (vgl. § 14 Rn. 9 f.).

3 **Doppelmitgliedschaft** in der JAV und im PR ist möglich. Ein PR-Mitglied, das gleichzeitig Mitglied der JAV ist, kann jedoch auch dann nur eine Stimme abgeben, wenn PR-Beschlüsse gefasst werden, bei denen die JAV stimmberechtigt sind (§ 40 Abs. 1 S. 3).

---

6 Str.; vgl. KfdP-*Kröll*, Rn. 2 b.
7 *BayVGH* v. 19. 12. 84 – Nr. 18 C 84 A. 2790 –, PersR 85, 62.

§ 59 [Größe und Zusammensetzung der Jugend- und Auszubildendenvertretung]

(1) Die Jugend- und Auszubildendenvertretung besteht in Dienststellen mit in der Regel

5 bis	20	der in § 57 genannten Beschäftigten aus einem Jugend- und Auszubildendenvertreter,
21 bis	50	der in § 57 genannten Beschäftigten aus drei Jugend- und Auszubildendenvertretern,
51 bis	200	der in § 57 genannten Beschäftigten aus fünf Jugend- und Auszubildendenvertretern,
201 bis	300	der in § 57 genannten Beschäftigten aus sieben Jugend- und Auszubildendenvertretern,
301 bis	1000	der in § 57 genannten Beschäftigten aus elf Jugend- und Auszubildendenvertretern,
mehr als	1000	der in § 57 genannten Beschäftigten aus fünfzehn Jugend- und Auszubildendenvertretern.

(2) Die Jugend- und Auszubildendenvertretung soll sich aus Vertretern der verschiedenen Beschäftigungsarten der der Dienststelle angehörenden, in § 57 genannten Beschäftigten zusammensetzen.

(3) Die Geschlechter sollen in der Jugend- und Auszubildendenvertretung entsprechend ihrem Zahlenverhältnis vertreten sein.

(**Abs. 1**) Die **Größe** der JAV ergibt sich unmittelbar aus dem Gesetz. Nach der Staffel des Abs. 1 besteht die JAV aus **mindestens einer Person** und **höchstens 15 Personen**. Maßgebend für die Zahl ihrer Mitglieder ist die Zahl derjenigen in § 57 genannten Beschäftigten, die »in der Regel« in der Dienststelle beschäftigt sind (vgl. § 57 Rn. 3 und § 12 Rn. 2). Anders als in § 16 Abs. 1 für den PR vorgeschrieben, kommt es auf die Zahl der vorhandenen Wahlberechtigten in keinem Falle an. Ein späteres Ansteigen oder Sinken der Zahl der in § 57 genannten Beschäftigten ist ohne Bedeutung, weil § 60 Abs. 2 S. 5 auf § 27 Abs. 2 Nr. 1 nicht verweist. Etwas anders gilt nur bei einem dauerhaften Absinken unter die für die Bildung der JAV erforderliche Mindestzahl von fünf (vgl. § 57 Rn. 6). 1

Kann die in Abs. 1 vorgeschriebene Zahl der JAV-Vertreter mangels ausreichender Kandidaturen nicht erreicht werden, kann eine JAV mit weniger Mitgliedern gebildet werden. In derartigen Fällen besteht die JAV aus der **höchstmöglichen Zahl von Mitgliedern** (vgl. § 16 Rn. 2). 1a

(**Abs. 2, 3**) Es gibt, anders als bei den Regelungen für den PR (vgl. § 17 Abs. 1–5), keine zwingende Bestimmung für die **Zusammensetzung** der JAV. Das Gesetz schreibt nicht vor, dass die (zu den Beschäftigten i. S. d. § 57 gehörenden) Beamten und Arbeitnehmer entsprechend ihrem zahlenmäßigen Verhältnis in der Dienststelle in der JAV vertreten sein müssen. Die JAV soll sich jedoch aus Vertretern der verschiedenen **Beschäfti-** 2

§ 60 JAV: Wahlvorschriften, Amtszeit, Vorsitzender

gungsarten der der Dienststelle angehörenden Beschäftigten i. S. d. § 57 zusammensetzen (vgl. § 17 Rn. 10). Darüber hinaus sollen die **Geschlechter** entsprechend ihrem Zahlenverhältnis vertreten sein (vgl. § 17 Rn. 11).

§ 60 [Wahlvorschriften, Amtszeit, Vorsitzender]

(1) ¹**Der Personalrat bestimmt den Wahlvorstand und seinen Vorsitzenden.** ²§ 19 Abs. 1, 3, 4 Satz 1, Abs. 5, 7 und 9, § 20 Abs. 1 Satz 3 und 4, § 24 Abs. 1 Satz 1 und 2, Abs. 2 und § 25 gelten entsprechend.

(2) ¹Die regelmäßige Amtszeit der Jugend- und Auszubildendenvertretung beträgt zwei Jahre. ²Sie beginnt mit dem Tage der Wahl oder, wenn zu diesem Zeitpunkt noch eine Jugend- und Auszubildendenvertretung besteht, mit dem Ablauf ihrer Amtszeit. ³Die regelmäßigen Wahlen der Jugend- und Auszubildendenvertretung finden alle zwei Jahre in der Zeit vom 1. März bis 31. Mai statt. ⁴Die Amtszeit endet spätestens am 31. Mai des Jahres, in dem nach Satz 3 die regelmäßigen Wahlen der Jugend- und Auszubildendenvertretung stattfinden. ⁵Für die Wahl der Jugend- und Auszubildendenvertretung außerhalb des Zeitraumes für die regelmäßigen Wahlen gilt § 27 Abs. 2 Nr. 2 bis 5, Abs. 3 und 5 entsprechend.

(3) Besteht die Jugend- und Auszubildendenvertretung aus drei oder mehr Mitgliedern, so wählt sie aus ihrer Mitte einen Vorsitzenden und dessen Stellvertreter.

(4) Die §§ 28 bis 31 gelten entsprechend.

1 (Abs. 1) Abs. 1 S. 1 legt fest, dass **der PR den Wahlvorstand und seinen Vorsitzenden bestimmt**. Da das Gesetz in Abs. 1 S. 2 insoweit nur auf § 20 Abs. 1 S. 3 und 4 verweist, sind die Personalversammlung oder der Dienststellenleiter dazu in keinem Falle befugt. In Anlehnung an § 20 Abs. 1 S. 1 erscheint es sachgerecht, die Bestimmung des Wahlvorstands **spätestens acht Wochen vor Ablauf der Amtszeit** der bestehenden JAV vorzunehmen. Ist die JAV nach Abs. 2 S. 5 i. V. m. § 27 Abs. 2 Nr. 2, 3 oder 5 zu wählen, hat der PR den Wahlvorstand **unverzüglich** zu bestimmen (vgl. § 20 Rn. 1a). Ist die JAV nach Abs. 4 i. V. m. § 28 Abs. 1 durch gerichtliche Entscheidung aufgelöst worden, setzt anstelle des PR der **Vorsitzende der Fachkammer des Verwaltungsgerichts** entsprechend § 28 Abs. 2 den Wahlvorstand für die nach Abs. 2 S. 5 i. V. m. § 27 Abs. 2 Nr. 4 durchzuführende Neuwahl ein.

2 Über die **Größe des Wahlvorstands** und die **Auswahl seiner Mitglieder** ist grundsätzlich nach pflichtgemäßem Ermessen zu entscheiden. Nach Abs. 1 S. 2 i. V. m. § 20 Abs. 1 S. 3 sollen dem Wahlvorstand **Frauen und Männer** angehören, wenn die Dienststelle weibliche und männliche Beschäftigte i. S. d. § 57 hat (vgl. § 20 Rn. 2). Nach § 46 Abs. 1 i. V. m. § 31

JAV: Wahlvorschriften, Amtszeit, Vorsitzender § 60

Abs. 1 S. 2 WO muss mindestens ein Beschäftigter in den Wahlvorstand berufen werden, der nach § 14 das **passive Wahlrecht zum PR** besitzt. Nach Abs. 1 S. 1 ist eines der Mitglieder des Wahlvorstands zu seinem **Vorsitzenden** zu bestimmen. Die Bestellung von **Ersatzmitgliedern** des Wahlvorstands ist zulässig und zweckmäßig (vgl. § 20 Rn. 2).

Über die Bestimmung des Wahlvorstands und seines Vorsitzenden entscheidet der PR nach § 37 durch **Beschluss**. Dabei handelt es sich um eine **gemeinsame Angelegenheit**, über die nach § 38 Abs. 1 der gesamte PR gemeinsam zu beraten und zu beschließen hat (vgl. § 20 Rn. 1 a), und zugleich um eine **Angelegenheit, die überwiegend in § 57 genannte Beschäftigte betrifft**, so dass – wenn bereits eine JAV besteht – nach § 40 Abs. 1 S. 3 alle JAV-Mitglieder bei der Beschlussfassung Stimmrecht haben. **3**

Der **Wahlvorstand** hat die Wahl der JAV vorzubereiten und durchzuführen. Welche **Aufgaben** ihm dabei im Einzelnen obliegen, ist in der nach § 115 erlassenen **Wahlordnung** (WO) festgelegt (abgedr. im Anh. I). Nach § 46 Abs. 1 WO sind im Wesentlichen die für die PR-Wahl geltenden Bestimmungen entsprechend anzuwenden. Gemäß Abs. 1 S. 2 i. V. m. § 20 Abs. 1 S. 4 ist je ein Beauftragter der in der Dienststelle vertretenen **Gewerkschaften** berechtigt, an den Sitzungen des Wahlvorstands mit beratender Stimme teilzunehmen (vgl. § 20 Rn. 3 f.). Nach Abschluss der Wahl hat der Wahlvorstand gem. § 61 Abs. 5 S. 1 Hs. 2 i. V. m. § 34 Abs. 1 die Mitglieder der JAV zur **konstituierenden Sitzung** einzuladen. **4**

Außer § 20 Abs. 1 S. 3 und 4 (vgl. Rn. 2 u. 4) gelten die folgenden, in Abs. 1 S. 2 genannten **Vorschriften für die Wahl** zum PR für die JAV-Wahl entsprechend: **5**

- Die JAV wird entsprechend § 19 Abs. 1 **geheim** und **unmittelbar** gewählt (vgl. § 19 Rn. 2 f.). Darüber hinaus muss auch ihre Wahl nach dem ungeschriebenen Verfassungsrecht des Bundes **allgemein, frei** und **gleich** sein (vgl. § 19 Rn. 2 b). Da es in der JAV keine Gruppen gibt, findet die Wahl immer als **gemeinsame Wahl** statt.[8] Entsprechend § 19 Abs. 3 ist **Verhältniswahl** (Listenwahl) durchzuführen, wenn mehrere JAV-Mitglieder zu wählen sind und mehr als ein gültiger Wahlvorschlag eingereicht wird; **Personenwahl** (Mehrheitswahl) ist durchzuführen, wenn nur ein JAV-Mitglied zu wählen ist oder wenn zwar mehrere JAV-Mitglieder zu wählen sind, aber nur ein gültiger Wahlvorschlag eingereicht wird (vgl. § 19 Rn. 6 ff.).

- Entsprechend § 19 Abs. 4 S. 1 können die nach § 58 Abs. 1 wahlberechtigten Beschäftigten und die in der Dienststelle vertretenen Gewerkschaften **Wahlvorschläge** machen (vgl. § 19 Rn. 9 ff.). Entsprechend § 19 Abs. 5 Hs. 1 muss jeder Wahlvorschlag der **Beschäftigten** von mindestens einem Zwanzigstel der Wahlberechtigten unterzeichnet sein, wobei einerseits in jedem Fall die Unterzeichnung durch mindestens drei

---

8 *BVerwG* v. 10.4.78 – 6 P 27.78 –, PersV 79, 154.

§ 60 JAV: Wahlvorschriften, Amtszeit, Vorsitzender

Wahlberechtigte erforderlich ist und die durch 50 Wahlberechtigte genügt (§ 19 Abs. 5 Hs. 2 i. V. m. Abs. 4 S. 2 u. 3) und andererseits Beschäftigte i. S. d. § 14 Abs. 3 Wahlvorschläge weder machen noch unterzeichnen dürfen (§ 19 Abs. 5 Hs. 2 i. V. m. Abs. 4 S. 4). Jeder Wahlvorschlag einer **Gewerkschaft** muss entsprechend § 19 Abs. 9 (vgl. 19 Rn. 17 ff.), von zwei Beauftragten unterzeichnet sein, die zur JAV-Wahl nicht wahlberechtigt sein müssen.[9] Entsprechend § 19 Abs. 7 darf ein Wahlbewerber **nur auf einem Wahlvorschlag benannt** werden (vgl. § 19 Rn. 15).

- Entsprechend § 24 Abs. 1 S. 1 und 2 darf die JAV-Wahl von niemandem **behindert** oder in einer gegen die guten Sitten verstoßenden Weise **beeinflusst** werden (vgl. § 24 Rn. 1–4). Wahlvorstandsmitglieder und Wahlbewerber genießen nach § 15 Abs. 3 KSchG und § 62 S. 3 i. V. m. § 47 Abs. 1 BPersVG **Kündigungsschutz** (vgl. § 24 Rn. 5 f.) und nach § 62 S. 3 i. V. m. § 47 Abs. 2 S. 1 und 2 **Versetzungs- und Abordnungsschutz** (vgl. § 24 Rn. 7).

- Die Dienststelle trägt entsprechend § 24 Abs. 2 die **Kosten** der JAV-Wahl einschl. der Kosten einer erforderlichen Schulung (§ 24 Abs. 2 S. 1; vgl. § 24 Rn. 8 f.) und der Reisekostenvergütungen bei erforderlichen Reisen der Wahlvorstandsmitglieder (§ 24 Abs. 2 S. 3 i. V. m. § 44 Abs. 1 S. 2). Notwendige Versäumnis von Arbeitszeit zur Ausübung des Wahlrechts oder der Betätigung im Wahlvorstand hat **keine Minderung der Bezüge** zur Folge (§ 24 Abs. 2 S. 2). Bei einer über die regelmäßige Arbeitszeit hinausgehenden Beanspruchung im Wahlvorstand ist **Dienstbefreiung** in entsprechendem Umfang zu gewähren (§ 24 Abs. 2 S. 3 i. V. m. § 46 Abs. 2 S. 2).

- Die Wahl der JAV kann entsprechend § 25 beim Verwaltungsgericht **angefochten** werden. Anfechtungsberechtigt sind mindestens drei nach § 58 Abs. 1 wahlberechtigte Beschäftigte, der Dienststellenleiter und eine in der Dienststelle vertretene Gewerkschaft (vgl. § 25 Rn. 3 ff.). Erklärt das Gericht die Wahl für ungültig und wird diese Entscheidung rechtskräftig, so ist die **JAV-Wahl zu wiederholen** (vgl. § 25 Rn. 13). Dafür hat der PR unverzüglich den Wahlvorstand zu bestimmen (vgl. Rn. 1 ff.).

6 **(Abs. 2 und 4)** Nach Abs. 2 S. 1 beträgt die **regelmäßige Amtszeit** der JAV **zwei Jahre**. Nach dem mit § 26 S. 2 inhaltsgleichen Abs. 2 S. 2 **beginnt** sie mit dem Tage der Wahl, oder wenn zu diesem Zeitpunkt noch eine JAV besteht, mit dem Ablauf der Amtszeit dieser JAV (vgl. § 26 Rn. 3). Nach dem mit § 26 S. 3 inhaltsgleichen Abs. 2 S. 4 **endet** die Amtszeit spätestens am 31. Mai des Jahres, in dem die regelmäßigen JAV-Wahlen stattfinden (vgl. § 26 Rn. 4–7).

7 Die **regelmäßigen JAV-Wahlen** finden nach Abs. 2 S. 3 **alle zwei Jahre in der Zeit vom 1. März bis 31. Mai** statt. Der Zweijahresrhythmus hat

---

9   *BVerwG* v. 3. 2. 95 – 6 P 5.93 –, PersR 95, 522.

JAV: Wahlvorschriften, Amtszeit, Vorsitzender § 60

im Jahr 1992 begonnen (§ 116a i.V.m. § 2 des Amtszeiten-Gesetzes v. 11.12.90[10]). Die regelmäßigen JAV-Wahlen finden somit **in jedem Jahr mit gerader Jahreszahl** statt. Der **Wahltag** wird vom Wahlvorstand festgelegt.

Außerhalb der Zeit der regelmäßigen JAV-Wahlen (vgl. Rn. 7) ist die JAV nach Abs. 2 S. 5 i. V. m. § 27 Abs. 2 Nr. 2 bis 5 in folgenden Fällen **neu zu wählen**: wenn die Gesamtzahl der JAV-Mitglieder auch nach Eintreten aller vorhandenen Ersatzmitglieder um mehr als ein Viertel der vorgeschriebenen Zahl gesunken ist (§ 27 Abs. 2 Nr. 2), wenn die JAV mit der Mehrheit ihrer Mitglieder ihren Rücktritt beschlossen hat (§ 27 Abs. 2 Nr. 3), wenn die JAV durch gerichtliche Entscheidung nach Abs. 4 i.V.m. § 28 Abs. 1 aufgelöst worden ist (§ 27 Abs. 2 Nr. 4) oder wenn in der Dienststelle keine JAV besteht (§ 27 Abs. 2 Nr. 5). Die nach einer erfolgreichen Wahlanfechtung gem. Abs. 1 S. 2 i.V.m. § 25 durchzuführenden Wiederholungswahl der JAV (vgl. Rn. 5) ist kein Fall der Neuwahl. Für die Fälle des § 27 Abs. 2 Nr. 2 oder 3 ist in Abs. 2 S. 5 i. V. m. § 27 Abs. 3 festgelegt, dass **die bisherige JAV die Geschäfte weiterführt**, bis die neue JAV gewählt ist. Ob die JAV nach einer zwischenzeitlichen Wahl **im nächsten oder übernächsten Zeitraum der regelmäßigen JAV-Wahlen neu zu wählen** ist, richtet sich nach dem gem. Abs. 2 S. 5 entsprechend anzuwendenden § 27 Abs. 5. **8**

Nach Abs. 4 i. V. m. § 28 Abs. 1 kann das Verwaltungsgericht die **Auflösung der JAV** wegen grober Vernachlässigung ihrer gesetzlichen Befugnisse oder wegen grober Verletzung ihrer gesetzlichen Pflichten beschließen. Antragsberechtigt sind ein Viertel der nach § 58 Abs. 1 wahlberechtigten Beschäftigten, eine in der Dienststelle vertretene Gewerkschaft und der Dienststellenleiter, wobei dieser die Auflösung nur wegen grober Verletzung der gesetzlichen Pflichten verlangen kann. Der PR ist nicht antragsbefugt.[11] Ist die JAV aufgelöst, setzt der Vorsitzende der Fachkammer des Verwaltungsgerichts nach Abs. 4 i.V.m. § 28 Abs. 2 einen Wahlvorstand ein, der zum einen unverzüglich die Neuwahl der JAV einzuleiten und durchzuführen und zum anderen die der JAV nach dem BPersVG zustehenden Befugnisse und Pflichten wahrzunehmen hat. **9**

Nach Abs. 4 i. V. m. § 28 Abs. 1 kann das Verwaltungsgericht den **Ausschluss eines JAV-Mitglieds** wegen grober Vernachlässigung seiner gesetzlichen Befugnisse oder wegen grober Verletzung seiner gesetzlichen Pflichten beschließen. Außer denjenigen, die auch die Auflösung der JAV beantragen können (vgl. Rn. 9), ist auch die JAV antragsbefugt, nicht dagegen der PR.[12] **10**

Nach dem gem. Abs. 4 entsprechend anzuwendenden § 29 Abs. 1 **erlischt die Mitgliedschaft** in der JAV in den dort genannten Fällen. Ein Erlöschen **11**

---

10 BGBl. I S. 2682, 2689. Abgedr. u. erläutert in KfdP, § 116 Rn. 2 ff.
11 Vgl. KfdP-*Kröll*, Rn. 13.
12 Vgl. KfdP-*Kröll*, Rn. 14.

§ 61   JAV: Aufgaben und Befugnisse, Zusammenarbeit

der Mitgliedschaft in der JAV wegen des Verlustes der Wählbarkeit entsprechend § 29 Abs. 1 Nr. 5 tritt aber nicht dadurch ein, dass ein gewähltes JAV-Mitglied vor Beginn oder im Lauf der Amtszeit der JAV das 26. Lebensjahr vollendet (vgl. § 58 Rn. 2). Die Mitgliedschaft eines Beamten in der JAV **ruht** nach Abs. 4 i. V. m. § 30 in den dort genannten Fällen. Scheidet ein Mitglied aus der JAV aus oder ist es zeitweilig verhindert, tritt nach Abs. 4 i. V. m. § 31 Abs. 1 und 2 ein **Ersatzmitglied** ein.

12 (**Abs. 3**) Besteht die JAV aus drei oder mehr Mitgliedern, so **wählt** sie aus ihrer Mitte einen **Vorsitzenden** und seinen **Stellvertreter**. Dies hat in getrennten Wahlgängen zu geschehen.[13] Auch die zur Wahl Vorgeschlagenen können mitwählen (vgl. § 37 Rn. 6). Die Wahlen finden in der konstituierenden Sitzung statt (vgl. Rn. 4). Über das Abstimmungsverfahren entscheidet die JAV. Falls ein JAV-Mitglied dies beantragt, ist geheim abzustimmen (vgl. § 37 Rn. 3). Gewählt ist, wer entsprechend § 37 Abs. 1 (vgl. § 61 Rn. 10) die einfache Mehrheit der Stimmen der anwesenden JAV-Mitglieder erhält (vgl. § 32 Rn. 3). Bei Stimmengleichheit entscheidet das Los (vgl. § 32 Rn. 3 u. § 17 Rn. 3). Hat die JAV **ausnahmsweise nur zwei Mitglieder** (vgl. § 59 Rn. 1 a), ist in entsprechender Anwendung des Abs. 3 ebenfalls ein Vorsitzender und ein Stellvertreter zu wählen; ggf. ist ein Losentscheid geboten (vgl. § 32 Rn. 5). Der Vorsitzende und sein Stellvertreter werden **für die Dauer der Amtszeit** der JAV gewählt. Das ihnen übertragene Amt endet jedoch vorzeitig, wenn sie es **niederlegen** oder wenn es ihnen durch Beschluss der JAV **entzogen** wird. Beides ist jederzeit und ohne Vorliegen besonderer Voraussetzungen möglich. Die JAV hat ggf. mit Wirkung für die restliche Dauer der Amtszeit eine **Neuwahl** durchzuführen (vgl. § 32 Rn. 14). Obwohl diese **Aufgabe** im Gesetz nicht ausdrücklich geregelt ist, hat der Vorsitzende die JAV im Rahmen der von ihr gefassten Beschlüsse zu vertreten und Erklärungen, die der JAV gegenüber abzugeben sind, entgegenzunehmen. Er lädt zu den JAV-Sitzungen ein und leitet diese Sitzungen (§ 61 Abs. 5 S. 1 Hs. 2 i. V. m. § 34 Abs. 2; vgl. § 61 Rn. 9) sowie die Jugend- und Auszubildendenversammlungen (§ 63 S. 3; vgl. § 63 Rn. 7). Die Bildung eines **Vorstands** ist nicht vorgesehen. Die JAV kann jedoch bei Bedarf **Ausschüsse** bilden (vgl. § 32 Rn. 9).

§ 61   [Aufgaben und Befugnisse, Zusammenarbeit mit dem Personalrat]

(1) Die Jugend- und Auszubildendenvertretung hat folgende allgemeinen Aufgaben:

1. **Maßnahmen, die den in § 57 genannten Beschäftigten dienen, insbesondere in Fragen der Berufsbildung, beim Personalrat zu beantragen,**

2. **darüber zu wachen, daß die zugunsten der in § 57 genannten**

---

13   Str.; vgl. KfdP-*Kröll*, Rn. 16 m. N.

JAV: Aufgaben und Befugnisse, Zusammenarbeit § 61

Beschäftigten geltenden Gesetze, Verordnungen, Unfallverhütungsvorschriften, Tarifverträge, Dienstvereinbarungen und Verwaltungsanordnungen durchgeführt werden,

3. Anregungen und Beschwerden von in § 57 genannten Beschäftigten, insbesondere in Fragen der Berufsbildung, entgegenzunehmen und, falls sie berechtigt erscheinen, beim Personalrat auf eine Erledigung hinzuwirken; die Jugend- und Auszubildendenvertretung hat die betroffenen in § 57 genannten Beschäftigten über den Stand und das Ergebnis der Verhandlungen zu informieren.

(2) Die Zusammenarbeit der Jugend- und Auszubildendenvertretung mit dem Personalrat bestimmt sich nach § 34 Abs. 3, §§ 39 und 40 Abs. 1.

(3) ¹Zur Durchführung ihrer Aufgaben ist die Jugend- und Auszubildendenvertretung durch den Personalrat rechtzeitig und umfassend zu unterrichten. ²Die Jugend- und Auszubildendenvertretung kann verlangen, daß ihr der Personalrat die zur Durchführung ihrer Aufgaben erforderlichen Unterlagen zur Verfügung stellt.

(4) Der Personalrat hat die Jugend- und Auszubildendenvertretung zu den Besprechungen zwischen Dienststellenleiter und Personalrat nach § 66 Abs. 1 beizuziehen, wenn Angelegenheiten behandelt werden, die besonders in § 57 genannte Beschäftigte betreffen.

(5) ¹Die Jugend- und Auszubildendenvertretung kann nach Verständigung des Personalrates Sitzungen abhalten; § 34 Abs. 1, 2 gilt sinngemäß. ²An den Sitzungen der Jugend- und Auszubildendenvertretung kann ein vom Personalrat beauftragtes Personalratsmitglied teilnehmen.

(Abs. 1) In Anlehnung an die allgemeinen Aufgaben des PR (§ 68 Abs. 1) sind in Abs. 1 die **allgemeinen Aufgaben** der JAV aufgeführt. Dabei handelt es sich um einen **nicht abschließenden Aufgabenkatalog**. Weitere Aufgaben ergeben sich z. B. daraus, dass die Mitglieder der JAV an der Willensbildung des PR in allen jenen Angelegenheiten durch ihr Mitberatungs- und Mitentscheidungsrecht mitwirken, die besonders bzw. überwiegend die in § 57 genannten Beschäftigten betreffen (vgl. Rn. 5; § 40 Rn. 2 f.). Durch die Hervorhebung der Berufsbildung in Abs. 1 Nr. 1 und 3 wird deutlich, dass in diesem Bereich einer der Schwerpunkte der Tätigkeit der JAV liegt. Diese nimmt ihre Aufgaben grundsätzlich nicht unmittelbar gegenüber dem Dienststellenleiter wahr, sondern über den PR.[14] Es gehört zu den Amtspflichten des PR, im Rahmen der Aufgaben der JAV mit ihr und für sie tätig zu werden, insb. gegenüber dem Dienststellenleiter.

1

---

14 Vgl. *BVerwG* v. 8.7.77 – VII P 22.75 –, PersV 78, 309, u. v. 19.1.09 – 6 P 1.08 –, PersR 09, 205.

§ 61 JAV: Aufgaben und Befugnisse, Zusammenarbeit

2 **(Abs. 1 Nr. 1)** Der JAV ist in Abs. 1 Nr. 1 ein **allgemeines Antragsrecht** eingeräumt. Sie kann beim PR alle Maßnahmen beantragen, die (zumindest auch) den in § 57 genannten Beschäftigten dienen. Zu den beispielhaft aufgeführten Fragen der **Berufsbildung** gehören neben Fragen der beruflichen Fortbildung und Umschulung v. a. solche der Berufsausbildung. Die Maßnahmen, die die JAV beim PR beantragt, müssen allerdings innerhalb der **Zuständigkeit des PR** liegen, um die Verpflichtung zu dessen Tätigwerden zu begründen. Einem Antrag nach Abs. 1 Nr. 1 muss ein entsprechender **Beschluss der JAV** vorausgehen (vgl. Rn. 10). Der **PR** hat die **Weiterverfolgung** eines Antrags nach pflichtgemäßem Ermessen zu prüfen und hierüber zu beschließen. Will der PR das Anliegen nicht übernehmen, hat er dies der JAV mitzuteilen und ihr gegenüber zu begründen, falls sie nicht an der Beratung teilgenommen hat. Betrifft eine Angelegenheit besonders die in § 57 genannten Beschäftigten, kann die Mehrheit der JAV-Mitglieder nach § 34 Abs. 3 beim PR beantragen, diese Angelegenheit in der nächsten PR-Sitzung zu behandeln. Bei dieser Behandlung haben dann die Jugend- und Auszubildendenvertreter nach § 40 Abs. 1 S. 2 das Recht der beratenden Teilnahme und, soweit der betreffende Punkt überwiegend in § 57 genannte Beschäftigte betrifft, nach § 40 Abs. 1 S. 3 Stimmrecht (vgl. § 40 Rn. 2 f.). Ggf. steht der Mehrheit der JAV-Mitglieder auch das Einspruchsrecht nach § 39 Abs. 1 und 2 zu (vgl. § 39 Rn. 13).

3 **(Abs. 1 Nr. 2)** Die JAV ist berechtigt und verpflichtet, darüber zu wachen, dass die in Abs. 1 Nr. 2 genannten Vorschriften durchgeführt werden. Ihrer Art nach handelt es sich um die gleichen Vorschriften, auf die sich die **Überwachungsaufgabe** des PR nach § 68 Abs. 1 Nr. 2 bezieht (vgl. § 68 Rn. 6 ff.), lediglich mit dem Unterschied, dass sie hier zugunsten der in § 57 genannten Beschäftigten gelten und dass die Unfallverhütungsvorschriften zusätzlich aufgeführt sind. Für die JAV von besonderer Bedeutung sind dabei die Bestimmungen des **Berufsbildungsrechts** und des **Jugendarbeitsschutzrechts** sowie die einschlägigen **Tarifverträge** (z. B. TVAöD und TVPöD). Es ist nicht erforderlich, dass diese Regelungen ausschließlich für in § 57 genannte Beschäftigte gelten, sondern es reicht aus, dass sie diese miterfassen. Im Rahmen ihrer Überwachungsaufgabe kann die JAV Beschäftigte an ihren Ausbildungs- oder Arbeitsplätzen aufsuchen (vgl. § 68 Rn. 39 f.).[15] Ist die JAV nach sorgfältiger Prüfung der Ansicht, dass eine Verletzung einer Vorschrift vorliegt, hat sie den PR einzuschalten, damit dieser – regelmäßig gegenüber der Dienststelle – für Abhilfe sorgt (vgl. Rn. 2).

4 **(Abs. 1 Nr. 3)** Ebenso wie die anderen Beschäftigten der Dienststelle können auch die in § 57 genannten Beschäftigten nach § 68 Abs. 1 Nr. 3 **Anregungen und Beschwerden** direkt an den PR richten (vgl. § 68 Rn. 14 f.). Sie können sich nach § 61 Abs. 1 Nr. 3 aber auch an die JAV

---

15 *BAG* v. 21.1.82 – 6 ABR 17/79 –, AP BetrVG 1972 § 70 Nr. 1.

wenden. Gegenstand dieser Anregungen und Beschwerden können persönliche, soziale, organisatorische oder sonstige innerdienstliche Angelegenheiten sein. Die beispielhafte Nennung von Fragen der **Berufsbildung** wie in Abs. 1 Nr. 1 (vgl. Rn. 2) zeigt, dass dieses Thema neben dem des Jugendarbeitsschutzes (vgl. Rn. 3) zum Schwerpunkt der Tätigkeit der JAV gehört. Diese hat die Anregungen und Beschwerden von den in § 57 genannten Beschäftigten **entgegenzunehmen** und **zu prüfen**, ob sie berechtigt erscheinen. Dies wird regelmäßig in einer Sitzung (vgl. Rn. 8 ff.) zu erfolgen haben. Hält sie die Anregung oder Beschwerde für berechtigt, ist sie verpflichtet, über den PR **darauf hinzuwirken**, dass die Angelegenheit weiterverfolgt und erledigt, d. h. im Sinne der jeweiligen Beschäftigten behandelt wird. Dabei hat auch der PR die Berechtigung zu prüfen. Bejaht er sie, kommen für ihn je nach der Art des Anliegens verschiedene **Handlungsmöglichkeiten** in Betracht: v. a. ein Antrag auf eine Maßnahme nach § 68 Abs. 1 Nr. 1, ein Initiativantrag nach § 70 Abs. 1 oder 2, eine Anregung nach § 81 Abs. 1 oder das Hinwirken auf eine Erledigung durch Verhandlung mit dem Dienststellenleiter nach § 68 Abs. 1 Nr. 3 (vgl. § 68 Rn. 15). Ist der Dienststellenleiter für die Erledigung nicht zuständig, hat der PR die Sache ggf. an die bei der zuständigen Dienststelle bestehende Stufenvertretung weiterzuleiten. Der PR muss der JAV berichten, wie er die Angelegenheit behandelt hat, und ihr ggf. das Ergebnis seiner Bemühungen mitteilen. Die JAV wiederum **unterrichtet** den oder die betroffenen Beschäftigten – das muss nicht allein der Anregende oder der Beschwerdeführer sein – (ggf. durch Zwischenbericht) über den Stand und das Ergebnis der Verhandlungen.

(Abs. 2) Die **Zusammenarbeit** zwischen PR und JAV bestimmt sich gem. Abs. 2 nach den Vorschriften des § 34 Abs. 3 und der §§ 39 und 40 Abs. 1. Damit wird die JAV in die **Willensbildung des PR** einbezogen. Weitere Regelungen über die Zusammenarbeit sind enthalten in § 61 Abs. 1 Nr. 1 und 3 und Abs. 3 bis 5 sowie in § 68 Abs. 1 Nr. 7. 5

(Abs. 3) Zur Durchführung ihrer Aufgaben ist die JAV **durch den PR** rechtzeitig und umfassend **zu unterrichten**. **Rechtzeitig** ist die Unterrichtung, wenn die JAV die erhaltenen Informationen ohne Zeitnot in ihre Willensbildung aufnehmen kann; die JAV darf keinesfalls vor vollendete Tatsachen gestellt werden. **Umfassend** ist die Unterrichtung, wenn die JAV alle Informationen erhält, die für eine sachgerechte Durchführung einer anstehenden Aufgabe erforderlich sind. Auch wenn die JAV gegenüber dem **Dienststellenleiter** keinen Informationsanspruch hat, kann dieser die JAV gleichwohl unmittelbar unterrichten. Dies ändert aber nichts daran, dass der Dienststellenleiter nach § 68 Abs. 2 S. 1 und 2 zur Unterrichtung des PR und dieser nach § 61 Abs. 3 zur Unterrichtung der JAV verpflichtet ist und dass diese Pflichten erfüllt werden müssen. Die Verpflichtung des PR zur umfassenden Unterrichtung der JAV ist **nicht von einem Antrag der JAV abhängig**. Erforderliche **Unterlagen** sind ihr, falls eine Einsichtnahme nicht ausreicht, auf Verlangen auf Zeit zu über- 6

§ 61 JAV: Aufgaben und Befugnisse, Zusammenarbeit

lassen. Geheimhaltungsgründe können dem nicht entgegengesetzt werden, weil auch die Mitglieder der JAV der **Schweigepflicht** nach § 10 unterliegen. Auch die Bestimmungen des Bundesdatenschutzgesetzes schränken die Informationsrechte der JAV nicht ein, insb. weil die JAV nicht »Dritter« i. S. d. § 3 Abs. 4 Nr. 3 BDSG ist (vgl. § 68 Rn. 37).

7 **(Abs. 4)** Nach Abs. 4 hat der PR die JAV zu den Besprechungen zwischen Dienststellenleiter und PR nach § 66 Abs. 1 (den sog. **monatlichen Besprechungen**) beizuziehen, wenn Angelegenheiten behandelt werden, die besonders in § 57 genannte Beschäftigte betreffen. Der PR-Vorsitzende muss die JAV rechtzeitig einladen, wenn bereits vor Beginn der Besprechung feststeht, dass ein Fall des Abs. 4 vorliegt. Andernfalls sind die Mitglieder der JAV noch während der Besprechung hinzuzuziehen, wenn Fragen angesprochen werden, die das Teilnahmerecht begründen. Da solche Fragen in aller Regel Gegenstand jeder monatlichen Besprechung sind, sollte die gesamte JAV grundsätzlich von Anfang an hinzugezogen werden. Ist dies nicht geschehen und ist es ggf. nicht möglich, die JAV noch kurzfristig hinzuzuziehen, muss der fragliche Besprechungspunkt abgesetzt und in der nächstfolgenden Besprechung unter Beteiligung der JAV behandelt werden. Die anwesenden JAV-Mitglieder können sich in gleicher Weise wie die PR-Mitglieder aktiv an der Diskussion beteiligen.

8 **(Abs. 5)** Besteht die JAV aus mehr als einer Person, muss sie zu **Sitzungen** zusammentreten. Abs. 5 S. 1 Hs. 1 legt fest, dass sie diese Sitzungen nach Verständigung des PR abhalten kann. Sie ist somit verpflichtet, den **PR** rechtzeitig über Zeitpunkt und Ort der beabsichtigten Sitzung zu **unterrichten**. Obwohl das Gesetz nicht auf § 35 S. 2 und 3 verweist, ist – wegen einer insoweit bestehenden Regelungslücke (vgl. Rn. 10) – auch bei der Anberaumung einer Sitzung der JAV auf die dienstlichen Erfordernisse Rücksicht zu nehmen; darüber hinaus ist der **Dienststellenleiter** vom Zeitpunkt der Sitzung rechtzeitig zu **verständigen** (vgl. § 35 Rn. 4).[16]

9 Für die Sitzungen der JAV legt Abs. 5 S. 1 Hs. 2 fest, dass § 34 Abs. 1 und 2 sinngemäß gilt. Demnach hat entsprechend § 34 Abs. 1 der Wahlvorstand für die JAV-Wahl (vgl. § 60 Rn. 1 ff.) die Mitglieder der JAV zu der spätestens sechs Arbeitstage nach dem Wahltag durchzuführenden **konstituierenden Sitzung** einzuladen (vgl. § 34 Rn. 1). Er hat die Sitzung zu leiten, bis die JAV aus ihrer Mitte einen Wahlleiter für die in § 60 Abs. 3 vorgeschriebenen Wahlen eines Vorsitzenden und eines Stellvertreters bestellt hat (vgl. § 34 Rn. 2). Nach Durchführung dieser Wahlen (vgl. § 60 Rn. 12) ist die JAV handlungsfähig. Hinsichtlich ihrer **weiteren Sitzungen** ist § 34 Abs. 2 sinngemäß anzuwenden. Es ist deshalb Sache des Vorsitzenden der JAV – im Falle seiner Verhinderung seines Stellvertreters – diese Sitzungen nach pflichtgemäßem Ermessen anzuberaumen, ihre Tagesordnung festzulegen, die JAV-Mitglieder und die übrigen Teilnahmeberechtigten (vgl. Rn. 10) rechtzeitig unter Mitteilung dieser Tages-

---

16 Teilw. str.; vgl. KfdP-*Kröll*, Rn. 9 m. N.

JAV: Aufgaben und Befugnisse, Zusammenarbeit § 61

ordnung einzuladen und die Sitzungen zu leiten (vgl. § 34 Rn. 4 ff., 9). Dabei hat der Vorsitzende ggf. die Beschlüsse der JAV über die Abhaltung einzelner oder regelmäßiger Sitzungen zu beachten. Da mangels einer Verweisung § 34 Abs. 3 nicht sinngemäß gilt, ist der Vorsitzende nicht verpflichtet, auf Antrag der dort Genannten – also auch nicht auf Antrag eines Viertels der Mitglieder der JAV oder des Leiters der Dienststelle – eine Sitzung anzuberaumen. Ein Antragsrecht auf Einberufung einer JAV-Sitzung steht auch dem PR nicht zu. Nach Abs. 5 S. 2 kann jedoch **ein vom PR beauftragtes PR-Mitglied** an den Sitzungen der JAV teilnehmen. Ob der PR von diesem Recht Gebrauch macht und welches seiner Mitglieder er beauftragt, entscheidet er nach pflichtgemäßem Ermessen durch Beschluss.

Das BPersVG enthält keine die Vorschriften des Abs. 5 ergänzenden Regelungen über die Sitzungen der JAV. Diese Lücke ist durch die **sinngemäße Anwendung der für den PR einschlägigen Bestimmungen** zu schließen, wobei zu beachten ist, dass es in der JAV keine Gruppen gibt und dass sie ihre Aufgaben gegenüber dem PR erfüllt. Danach gilt insb. Folgendes: **10**

- Die Sitzungen der JAV finden i. d. R. **während der Arbeitszeit** statt und sind **nicht öffentlich** (vgl. § 35 S. 1).

- Der **Dienststellenleiter** nimmt nur teil, wenn und soweit er ausdrücklich eingeladen ist (vgl. § 34 Abs. 4).

- Auf Antrag eines Viertels der JAV-Mitglieder kann von Fall zu Fall ein Beauftragter einer in der JAV – nicht im PR – vertretenen **Gewerkschaft** beratend teilnehmen (vgl. § 36).

- Die **Schwerbehindertenvertretung** ist nicht teilnahmeberechtigt, weil dies in § 95 Abs. 4 SGB IX nicht vorgesehen ist.[17] Auch die **Vertrauenspersonen der Soldaten, die aufgrund des Wehrpflichtgesetzes Wehrdienst leisten**, haben kein Teilnahmerecht.

- Die JAV ist **beschlussfähig**, wenn mindestens die Hälfte ihrer Mitglieder anwesend ist (vgl. § 37 Abs. 2). Ihre **Beschlüsse** werden grundsätzlich mit einfacher Stimmenmehrheit der anwesenden Mitglieder gefasst (vgl. § 37 Abs. 1). Ein JAV-Mitglied, das **befangen** ist, darf weder beratend noch entscheidend mitwirken (vgl. § 37 Rn. 6). Ein **Einspruchsrecht** entsprechend § 39 besteht nicht. Über jede Sitzung ist eine **Niederschrift** aufzunehmen (vgl. § 41).

- Sonstige Bestimmungen über die Sitzungen (und über weitere Fragen der Geschäftsführung) können in einer **Geschäftsordnung** getroffen werden,[18] die die JAV mit der Mehrheit der Stimmen ihrer Mitglieder beschließt (vgl. § 42).

---

17 Str.; vgl. KfdP-*Kröll*, Rn. 10 a m. N.
18 Str.; vgl. KfdP-*Kröll*, a. a. O.

§ 62 JAV: Entsprechend anwendbare Vorschriften

§ 62 [Entsprechend anwendbare Vorschriften]

¹Für die Jugend- und Auszubildendenvertretung gelten die §§ 43 bis 45, § 46 Abs. 1, 2, 3 Satz 1 und 6, Abs. 6, 7 und § 67 Abs. 1 Satz 3 sinngemäß. ²§ 47 gilt entsprechend mit der Maßgabe, daß die außerordentliche Kündigung, die Versetzung und die Abordnung von Mitgliedern der Jugend- und Auszubildendenvertretung der Zustimmung des Personalrates bedürfen. ³Für Mitglieder des Wahlvorstandes und Wahlbewerber gilt § 47 Abs. 1, 2 Satz 1 und 2 entsprechend.

1 § 62 enthält Regelungen über einzelne Fragen der **Geschäftsführung** der JAV und über die **Rechtsstellung** ihrer Mitglieder sowie über den **Kündigungs-, Versetzungs- und Abordnungsschutz** der Mitglieder der JAV und des Wahlvorstandes und der Wahlbewerber. Dabei verweist er auf Vorschriften, die für den PR und dessen Mitglieder gelten. Weitere Fragen der Geschäftsführung der JAV sind in den, wenn auch unvollständigen Bestimmungen des § 61 Abs. 5 über die Sitzungen geregelt (vgl. § 61 Rn. 8 ff.). Die Vorschriften der §§ 8 bis 11 über das **Behinderungs-, Benachteiligungs- und Begünstigungsverbot**, die **Weiterbeschäftigung** nach Ende des Ausbildungsverhältnisses, die **Schweigepflicht** und die **Unfallfürsorge** sowie die des § 67 Abs. 2 über die **gewerkschaftliche Betätigung** auch in der Dienststelle gelten auch für JAV-Mitglieder unmittelbar.

2 Die JAV kann nach S. 1 i. V. m. § 43 **Sprechstunden während der Arbeitszeit** einrichten. **Ob** sie von dieser Möglichkeit Gebrauch machen will, entscheidet die JAV nach pflichtgemäßem Ermessen allein. Ein Einverständnis des Dienststellenleiters oder des PR ist dafür nicht erforderlich. **Zeit und Ort** der Sprechstunden hat die JAV mit dem PR abzustimmen. Bei der Willensbildung des PR haben insoweit alle JAV-Mitglieder nach § 40 Abs. 1 S. 2 und 3 Beratungs- und Stimmrecht (vgl. § 40 Rn. 2 f.). Sind sich PR und JAV einig geworden, legt der PR im Einvernehmen mit dem Dienststellenleiter Zeit und Ort der Sprechstunden fest (vgl. § 43 Rn. 2). Für die **Durchführung** der Sprechstunden der JAV und ihren Besuch gilt das zu den Sprechstunden des PR Gesagte sinngemäß (vgl. § 43 Rn. 3 ff.). Führt die JAV keine eigenen Sprechstunden durch, kann ein von ihr beauftragtes Mitglied an den **Sprechstunden des PR** teilnehmen (vgl. § 43 Rn. 3).

3 Nach S. 1 i. V. m. § 44 hat die Dienststelle diejenigen durch die Tätigkeit der JAV oder eines ihrer Mitglieder entstehenden **Kosten** zu tragen, die zur Wahrnehmung der gesetzlichen Aufgaben und Befugnisse der JAV notwendig sind (§ 44 Abs. 1 S. 1; vgl. § 44 Rn. 2 ff.). Bei notwendigen **Reisen** erhalten die JAV-Mitglieder Reisekostenvergütungen (§ 44 Abs. 1 S. 2; vgl. § 44 Rn. 11 ff.).

4 Die Dienststelle muss der JAV für die Sitzungen, die Sprechstunden und die laufende Geschäftsführung in erforderlichem Umfang **Räume, Geschäftsbedarf und Büropersonal** zur Verfügung stellen (§ 44 Abs. 2; vgl. § 44 Rn. 25 ff.). Dabei ist auch zu prüfen, ob eine Mitnutzung der dem PR zur Verfügung stehenden Räume oder Sachmittel möglich ist, ohne dass die JAV dadurch behindert wird, was bei den Räumen für die Sitzungen und die Sprechstunden in Betracht kommen kann. Zum Geschäftsbedarf zählt auch die für die Arbeit der JAV erforderliche **Fachliteratur** wie z. B. Gesetzestexte und Kommentare der Vorschriften, die für die in § 57 genannten Beschäftigten gelten (vgl. § 44 Rn. 31 ff.; § 61 Rn. 3), soweit kein Rückgriff auf die Literatur des PR möglich und zumutbar ist.

Die Dienststelle muss der JAV geeignete Plätze für **Bekanntmachungen** 5 und **Anschläge** zur Verfügung stellen (§ 44 Abs. 3; vgl. § 44 Rn. 35), wobei i. d. R. die Mitbenutzung der dem PR zur Verfügung stehenden Schwarzen Bretter ausreichen wird. Darüber hinaus hat sie die Kosten für erforderliche **Informationsschriften** der JAV zu tragen (vgl. § 44 Rn. 36) und der JAV die Nutzung der in der Dienststelle vorhandenen Möglichkeiten der **elektronischen Kommunikation** zu gestatten (vgl. § 44 Rn. 30 a).

Nach S. 1 i. V. m. § 45 darf auch die JAV für ihre Zwecke von den 6 Beschäftigten **keine Beiträge** erheben oder annehmen.

Für die **Rechtsstellung** der JAV-Mitglieder gelten die Vorschriften des 46 7 ohne dessen Abs. 3 S. 2 bis 5 sowie Abs. 4 und 5 sinngemäß. Danach führen die JAV-Mitglieder ihr Amt unentgeltlich als **Ehrenamt** (§ 46 Abs. 1; vgl. § 46 Rn. 1). Soweit dies zur ordnungsgemäßen Durchführung der Aufgaben der JAV erforderlich ist, sind sie unter Fortzahlung der Bezüge **von der Arbeitspflicht befreit** (§ 46 Abs. 2 S. 1; vgl. § 46 Rn. 2 ff.). Werden sie durch die Erfüllung ihrer Aufgaben über ihre persönliche regelmäßige Arbeitszeit hinaus beansprucht, ist ihnen **Freizeitausgleich** in entsprechendem Umfang zu gewähren (§ 46 Abs. 2 S. 2; vgl. § 46 Rn. 5 f.).

Soweit dies nach Umfang und Art der Dienststelle zur ordnungsgemäßen 8 Durchführung ihrer Aufgaben erforderlich ist, sind JAV-Mitglieder nach dem sinngemäß geltenden § 46 Abs. 3 S. 1 von ihrer dienstlichen Tätigkeit ganz oder teilweise **freizustellen** (vgl. § 46 Rn. 7 ff.). Bei einer Teilfreistellung darf die Zeitdauer der Sitzungen der JAV nicht angerechnet werden.[19] Für das **Verfahren** gilt Folgendes: Über den Umfang der erforderlichen Freistellung und über die Frage, welches oder welche ihrer Mitglieder freigestellt werden sollen, beschließt die JAV nach pflichtgemäßem Ermessen.[20] Die Freistellungsentscheidung des Dienststellenleiters ist vom PR herbeizuführen. Dazu ist ein Beschluss des PR notwendig, bei dessen Zustandekommen alle JAV-Mitglieder nach § 40 Abs. 1 S. 2 und 3 Beratungs- und Stimmrecht haben (vgl. § 40 Rn. 2 f.). Die Freistellung darf

---

19 *BayVGH* v. 27. 1. 88 – Nr. 18 P 87.03600 –, PersV 89, 20.
20 Str.; vgl. KfdP-*Kröll*, Rn. 8.

§ 62 JAV: Entsprechend anwendbare Vorschriften

nicht zur Beeinträchtigung des **beruflichen Werdegangs** führen (§ 46 Abs. 3 S. 6; vgl. § 46 Rn. 22). Bei (noch) in Ausbildung stehenden JAV-Mitgliedern bedeutet das auch, dass eine Gefährdung der Ausbildungsziele vermieden werden muss.[21]

9 Wie der PR und der Dienststellenleiter hat nach S. 1 i. V. m. § 67 Abs. 1 S. 3 auch die JAV jede **parteipolitische Betätigung** in der Dienststelle zu unterlassen, wobei die Behandlung von Tarif-, Besoldungs- und Sozialangelegenheiten hiervon nicht berührt wird (vgl. § 67 Rn. 20 ff.).

10 Die Mitglieder der JAV sind nach S. 1 i. V. m. § 46 Abs. 6 unter Fortzahlung der Bezüge für die Teilnahme an **Schulungs- und Bildungsveranstaltungen** vom Dienst freizustellen, soweit diese Kenntnisse vermitteln, die für die Tätigkeit in der JAV **erforderlich** sind (vgl. § 46 Rn. 24 ff.). Ob dies der Fall ist, muss nach den gleichen Maßstäben beantwortet werden wie bei Schulungen von PR-Mitgliedern, also nach objektiven und subjektiven Kriterien. Da damit zwangsläufig auch der besonderen Stellung der JAV Rechnung getragen wird, sind strengere Anforderungen nicht zu stellen.[22] Zu den Gegenständen von **Grundschulungen**, die ihrer Art nach objektiv für jede JAV und subjektiv für jedes JAV-Mitglied erforderlich sind, gehören insb. Grundkenntnisse des PersVR unter besonderer Berücksichtigung der für die JAV geltenden Bestimmungen sowie Grundkenntnisse des allgemeinen Arbeitsrechts und des Beamtenrechts einschl. der für die Berufsbildung und den Jugendarbeitsschutz maßgeblichen Vorschriften (z. T. str.; vgl. § 46 Rn. 25). Als Gegenstände von **Spezialschulungen** kommen u. a. eingehende Kenntnisse des Berufsbildungsrechts und Jugendarbeitsschutzrechts in Betracht (vgl. § 46 Rn. 26). Bei **Ersatzmitgliedern** der JAV ist die Erforderlichkeit einer Schulungs- und Bildungsveranstaltung zu bejahen, wenn sie häufig oder für längere Zeit für ein verhindertes ordentliches Mitglied nachrücken (str.; vgl. § 46 Rn. 28).[23]

11 Für das **Verfahren** der Freistellung zu erforderlichen Schulungsveranstaltungen gilt Folgendes: Die JAV prüft und beschließt, welches ihrer Mitglieder an einer bestimmten Schulung teilnehmen soll. Teilnehmer und Veranstaltung teilt sie dem PR rechtzeitig mit.[24] Es ist dann Sache des PR, den **Entsendungsbeschluss** zu fassen (vgl. § 46 Rn. 29), bei dessen Zustandekommen alle JAV-Mitglieder nach § 40 Abs. 1 S. 2 und 3 Beratungs- und Stimmrecht haben (vgl. § 40 Rn. 2 f.). Dieser Beschluss begründet die Pflicht des JAV-Mitglieds zur Teilnahme an der Schulungsveranstaltung und ist die Grundlage für die vom Dienststellenleiter zu treffende **Freistellungsentscheidung** (vgl. § 46 Rn. 30). Wird die Freistellung verwei-

---

21 Vgl. KfdP-*Kröll*, Rn. 9.
22 Str.; vgl. KfdP-*Kröll*, Rn. 11 f.
23 Vgl. KfdP-*Kröll*, Rn. 13.
24 *VGH BW* v. 18. 6. 96 – PL 15 S 3314/95 –, n. v.

gert, so kann nicht die JAV, sondern nur der PR nach § 83 Abs. 1 Nr. 3 und Abs. 2 das Verwaltungsgericht anrufen.[25]

Nach S. 1 i. V. m. § 46 Abs. 7 hat jedes Mitglied der JAV während seiner regelmäßigen Amtszeit auch einen Anspruch auf Freistellung vom Dienst unter Fortzahlung der Bezüge für insgesamt drei Wochen zur Teilnahme an **Schulungs- und Bildungsveranstaltungen**, die von der Bundeszentrale für politische Bildung als **geeignet** anerkannt sind. Jugend- und Auszubildendenvertreter, die erstmals dieses Amt ausüben, haben einen Anspruch für insgesamt vier Wochen (vgl. § 46 Rn. 32f.). Für den Freistellungsanspruch von JAV-Mitgliedern reicht es aus, wenn die fragliche Veranstaltung als für die PR-Tätigkeit geeignet anerkannt ist.

Die **Schutzvorschriften** des § 47 gelten nach S. 2 für Mitglieder der JAV entsprechend. Danach bedürfen **außerordentliche Kündigungen** sowie **Versetzungen**, mit einem Wechsel des Dienstorts verbundene **Umsetzungen** und **Abordnungen**, die gegen den Willen eines JAV-Mitglieds angeordnet werden sollen, der Zustimmung des PR (vgl. § 47 Rn. 2ff., 22ff.). Dieser Schutz gilt auch für eingerückte Ersatzmitglieder (vgl. § 47 Rn. 8, 24). Bei der Beschlussfassung des PR über seine Zustimmung haben die JAV-Mitglieder nach § 40 Abs. 1 S. 2 und 3 Beratungs- und Stimmrecht (vgl. § 40 Rn. 2f.). Das betroffene und deshalb befangene JAV-Mitglied wird dabei nach § 60 Abs. 4 i. V. m. § 31 Abs. 1 S. 2 durch ein Ersatzmitglied ersetzt (vgl. § 61 Rn. 10 u. § 37 Rn. 6). Die **ordentliche Kündigung** eines JAV-Mitgliedes ist nach § 15 Abs. 2 KSchG grundsätzlich unzulässig (vgl. § 47 Rn. 3).

Für **Mitglieder des Wahlvorstands** zur Wahl der JAV und für **Wahlbewerber** zur JAV gelten nach S. 3 die Vorschriften des § 47 Abs. 1, 2 S. 1 und 2 über den **Schutz vor außerordentlichen Kündigungen, Versetzungen, Umsetzungen und Abordnungen** entsprechend. S. 3 ist mit § 24 Abs. 1 S. 3 inhaltsgleich (vgl. § 24 Rn. 7). Die **ordentliche Kündigung** eines Mitglieds des Wahlvorstands oder eines Wahlbewerbers ist nach § 15 Abs. 3 KSchG grundsätzlich unzulässig (vgl. § 47 Rn. 3).

§ 63 [Jugend- und Auszubildendenversammlung]

¹Die Jugend- und Auszubildendenvertretung hat einmal in jedem Kalenderjahr eine Jugend- und Auszubildendenversammlung durchzuführen. ²Diese soll möglichst unmittelbar vor oder nach einer ordentlichen Personalversammlung stattfinden. ³Sie wird vom Vorsitzenden der Jugend- und Auszubildendenvertretung geleitet. ⁴Der Personalratsvorsitzende oder ein vom Personalrat beauftragtes anderes Mitglied soll an der Jugend- und Auszubildendenversammlung teilnehmen. ⁵Die für die Personalversammlung geltenden Vorschriften sind sinngemäß anzuwenden. ⁶Außer der in

---

25 Vgl. *VGH BW* v. 18.6.96, a.a.O.; KfdP-*Kröll*, Rn. 14.

§ 63 Jugend- und Auszubildendenversammlung

Satz 1 bezeichneten Jugend- und Auszubildendenversammlung kann eine weitere, nicht auf Wunsch des Leiters der Dienststelle einberufene Versammlung während der Arbeitszeit stattfinden.

1 Soweit § 63 in S. 1 bis 4 und 6 nichts anderes bestimmt, sind gem. seinem S. 5 für die Jugend- und Auszubildendenversammlung die für die Personalversammlung geltenden Vorschriften (§§ 48–52) sinngemäß anzuwenden. Nach S. 5 i. V. m. § 48 Abs. 1 S. 1 besteht die Jugend- und Auszubildendenversammlung grundsätzlich aus den der Dienststelle angehörenden, in § 57 genannten Beschäftigten und den Mitgliedern der JAV. Sie ist ein **dienststelleninternes Ausspracheforum** der in § 57 genannten Beschäftigten, auf dem diese ihre speziellen Interessen und Probleme diskutieren und Beschlüsse fassen können, die für die JAV zwar rechtlich nicht verbindlich sind, aber für ihre Arbeit gleichwohl von erheblicher Bedeutung sein können (vgl. § 51 Rn. 1 ff.).

2 Die Jugend- und Auszubildendenversammlungen können nur **von der JAV einberufen** werden. Über die Einberufung entscheidet die JAV – wenn sie nicht nur aus einer Person besteht – durch **Beschluss** (vgl. § 48 Rn. 1), der mit dem PR abgestimmt werden sollte. Der JAV-Vorsitzende hat den in § 57 genannten Beschäftigten die Einberufung (mit Datum, Uhrzeit, Ort und Tagesordnung) rechtzeitig und in ausreichender Weise **bekannt zu geben** sowie darüber hinaus den PR und die Stellen zu unterrichten, die nach S. 5 i. V. m. § 52 ein Teilnahme- oder Entsendungsrecht haben (vgl. Rn. 9). Nach § 62 S. 1 i. V. m. § 44 Abs. 1 S. 1 bzw. Abs. 2 hat die Dienststelle die **Kosten** der Versammlung zu tragen und die dafür geeigneten Räumlichkeiten zur Verfügung zu stellen (vgl. § 62 Rn. 3 f.).

3 Nach S. 1 hat die JAV **einmal in jedem Kalenderjahr** eine **ordentliche Jugend- und Auszubildendenversammlung** durchzuführen, in der sie nach S. 5 i. V. m. § 49 Abs. 1 einen **Tätigkeitsbericht** zu erstatten hat (vgl. § 49 Rn. 1 f.). Die Tagesordnung kann weitere Punkte enthalten und überdies von der Versammlung selbst erweitert werden (vgl. § 49 Rn. 1 b). Die Versammlung findet nach S. 5 i. V. m. § 50 Abs. 1 S. 1 grundsätzlich **während der Arbeitszeit** statt (vgl. § 50 Rn. 1 f.). Über den Zeitpunkt beschließt die JAV nach pflichtgemäßem Ermessen. Dabei hat sie zu beachten, dass diese Versammlung nach S. 2 möglichst **unmittelbar vor oder nach einer ordentlichen Personalversammlung** i. S. d. § 49 Abs. 1 stattfinden soll.

4 Nach S. 6 kann außer der in S. 1 bezeichneten Jugend- und Auszubildendenversammlung in jedem Kalenderjahr eine **weitere** (nicht auf Wunsch des Leiters der Dienststelle einberufene) **Versammlung während der Arbeitszeit** stattfinden. Dabei handelt es sich um eine **ordentliche** Jugend- und Auszubildendenversammlung, über deren Notwendigkeit und Zeitpunkt die JAV nach pflichtgemäßem Ermessen entscheidet, wobei es zweckmäßig ist, auch diese Versammlung möglichst unmittelbar vor oder

Jugend- und Auszubildendenversammlung § 63

nach einer ordentlichen Personalversammlung anzuberaumen (vgl. Rn. 3). Nur soweit die dienstlichen Verhältnisse eine solche Regelung erfordern, kann die Versammlung nach S. 5 i. V. m. § 50 Abs. 1 S. 1 ausnahmsweise außerhalb der Arbeitszeit stattfinden (vgl. § 50 Rn. 1 f.). Auch auf dieser Versammlung hat die JAV nach S. 5 i. V. m. § 49 Abs. 1 einen **Tätigkeitsbericht** zu erstatten (vgl. Rn. 3).

Nach S. 5 i. V. m. § 49 Abs. 3 muss die JAV **auf Antrag einer** in der Dienststelle vertretenen **Gewerkschaft** innerhalb von zwölf Arbeitstagen eine **ordentliche** Jugend- und Auszubildendenversammlung einberufen, wenn im vorhergegangenen Kalenderjahr keine Jugend- und Auszubildendenversammlung stattgefunden hat (vgl. § 49 Rn. 3). Die Voraussetzung, in der Dienststelle vertreten zu sein, erfüllt eine Gewerkschaft auch dann, wenn ihr nur Beschäftigte angehören, die nicht in § 57 aufgeführt sind.[26] Auch diese Versammlung findet nach S. 5 i. V. m. § 50 Abs. 1 S. 1 grundsätzlich **während der Arbeitszeit** statt (vgl. § 50 Rn. 1). 5

Außer den ordentlichen kommen nach S. 5 i. V. m. § 49 Abs. 2 **außerordentliche** Jugend- und Auszubildendenversammlungen in Betracht. Zum einen ist die **JAV aus eigener Initiative** zur Einberufung einer solchen Versammlung berechtigt, zum anderen ist sie **auf Wunsch des Dienststellenleiters** oder **eines Viertels der** nach **§ 58 Abs. 1 wahlberechtigten Beschäftigten** verpflichtet, eine außerordentliche Versammlung einzuberufen und den Gegenstand, dessen Beratung beantragt ist, auf die Tagesordnung zu setzen (vgl. § 49 Rn. 2). Die auf Wunsch des Dienststellenleiters einzuberufende Versammlung findet nach S. 5 i. V. m. § 50 Abs. 1 S. 1 grundsätzlich während der Arbeitszeit statt (vgl. § 50 Rn. 1 f.), die anderen außerordentlichen Versammlungen sind dagegen nach S. 5 i. V. m. § 50 Abs. 2 grundsätzlich außerhalb der Arbeitszeit durchzuführen (vgl. § 50 Rn. 3). 6

Nach S. 3 wird die Jugend- und Auszubildendenversammlung **vom Vorsitzenden der JAV**, bei dessen Verhinderung vom stellvertretenden JAV-Vorsitzenden, **geleitet**. Als Versammlungsleiter steht ihm das **Hausrecht** zu (vgl. § 48 Rn. 3). 7

Nach S. 4 soll der **PR-Vorsitzende** oder ein vom PR **beauftragtes anderes PR-Mitglied** an der Jugend- und Auszubildendenversammlung teilnehmen. Über die **Teilnahme** muss der PR nach pflichtgemäßem Ermessen entscheiden. Im Hinblick auf die vom Gesetz geforderte enge Zusammenarbeit von PR und JAV (vgl. § 61 Abs. 1 Nr. 1 und 3, Abs. 2 bis 5, § 68 Abs. 1 Nr. 7) ist eine Teilnahme des PR-Vorsitzenden oder eines anderen PR-Mitgliedes in aller Regel geboten. 8

Aufgrund der nach S. 5 sinngemäß anzuwendenden Vorschriften für die Personalversammlung gelten für die Jugend- und Auszubildendenversammlung folgende weitere Regelungen: Die Versammlung ist **nicht** 9

---

26 *VGH BW* v. 21. 3. 88 – 15 S 2438/87 –, ZBR 89, 153.

öffentlich (§ 48 Abs. 1 S. 3). Sie ist grundsätzlich als **Vollversammlung** und nur unter den Voraussetzungen des § 48 Abs. 2 in Form von **Teilversammlungen** durchzuführen (vgl. § 48 Rn. 5). Die Teilnahme an den während der Arbeitszeit stattfindenden Versammlungen hat **keine Minderung der Dienstbezüge** oder des Arbeitsentgelts zur Folge (§ 50 Abs. 1 S. 2). Findet eine grundsätzlich während der Arbeitszeit durchzuführende Versammlung aus dienstlichen Gründen außerhalb der Arbeitszeit statt, ist den Teilnehmern **Dienstbefreiung** in entsprechendem Umfang zu gewähren (§ 50 Abs. 1 S. 3). **Fahrkosten**, die durch die Teilnahme an einer grundsätzlich während der Arbeitszeit durchzuführenden Versammlung entstehen, werden von der Dienststelle in entsprechender Anwendung des Bundesreisekostengesetzes erstattet (§ 50 Abs. 1 S. 4). Versammlungen, die grundsätzlich **außerhalb der Arbeitszeit** stattfinden, können im Einvernehmen mit dem Dienststellenleiter ganz oder teilweise **während der Arbeitszeit** durchgeführt werden (§ 50 Abs. 2). Die Versammlung kann zum einen dem PR und zum anderen der JAV **Anträge unterbreiten** und zu deren Beschlüssen **Stellung nehmen** (§ 51 S. 1). Sie darf **alle Angelegenheiten** behandeln, die die Dienststelle und die in § 57 genannten Beschäftigten unmittelbar betreffen. Dabei reicht es aus, dass es sich um Angelegenheiten handelt, von denen die Beschäftigten i. S. v. § 57 »auch« berührt sind.[27] Das gilt insb. für Tarif-, Besoldungs- und Sozialangelegenheiten sowie Fragen der Frauenförderung und der Vereinbarkeit von Familie und Beruf (§ 51 S. 2). Die Vorschriften des § 66 Abs. 2 über die **Friedenspflicht** und des § 67 Abs. 1 S. 3 über das **Verbot parteipolitischer Betätigung** gelten für die Versammlung entsprechend (§ 51 S. 3). Das Teilnahmerecht von Beauftragten der **Gewerkschaften** und der **Arbeitgebervereinigung** richtet sich sinngemäß nach § 52 Abs. 1 S. 1 und 2. Im Geschäftsbereich mehrstufiger Verwaltungen können ggf. ein von der **Jugend- und Auszubildendenstufenvertretung** beauftragtes Mitglied sowie ein Beauftragter der Dienststelle, bei der diese Vertretung besteht, an der Versammlung teilnehmen (§ 52 Abs. 1 S. 3). In Dienststellen, für die eine **GJAV** gebildet ist, kann ein von dieser beauftragtes Mitglied an der Versammlung teilnehmen (§ 52 Abs. 1 S. 3). Der **Dienststellenleiter** ist berechtigt, an jeder Versammlung teilzunehmen. Er ist verpflichtet, an Versammlungen teilzunehmen, die auf seinen Wunsch einberufen sind oder zu denen er ausdrücklich eingeladen ist (§ 52 Abs. 2).

§ 64 [Bezirks-, Haupt- und Gesamt-Jugend- und Auszubildendenvertretung]

(1) [1]**Für den Geschäftsbereich mehrstufiger Verwaltungen werden, soweit Stufenvertretungen bestehen, bei den Behörden der Mittelstufen Bezirks-Jugend- und Auszubildendenvertretungen und bei den obersten Dienstbehörden Haupt-Jugend- und Auszubilden-**

---

27 Vgl. KfdP-*Kröll*, Rn. 12.

Bezirks-, Haupt-, Gesamt-Jugend- u. Auszubildendenvertretung § 64

denvertretungen gebildet. ²Für die Jugend- und Auszubildendenstufenvertretungen gelten § 53 Abs. 2 und 4 sowie die §§ 57 bis 62 entsprechend.

(2) ¹In den Fällen des § 6 Abs. 3 wird neben den einzelnen Jugend- und Auszubildendenvertretungen eine Gesamt-Jugend- und Auszubildendenvertretung gebildet. ²Absatz 1 Satz 2 gilt entsprechend.

(Abs. 1) Nach **Abs. 1 S. 1** werden für den Geschäftsbereich mehrstufiger Verwaltungen, soweit dort Stufenvertretungen bestehen (vgl. dazu § 53 Rn. 3 ff.), entsprechende **Jugend- und Auszubildendenstufenvertretungen** gebildet, und zwar bei den Behörden der Mittelstufen, soweit dort BPR bestehen, **Bezirks-Jugend- und Auszubildendenvertretungen** (BJAV) und bei den obersten Dienstbehörden, soweit dort HPR bestehen, **Haupt-Jugend- und Auszubildendenvertretungen** (HJAV). Die BJAV ist dem jeweiligen BPR, die HJAV dem jeweiligen HPR zugeordnet (vgl. § 53 Rn. 7). Für die Jugend- und Auszubildendenstufenvertretungen gelten nach **Abs. 1 S. 2** die für die Stufenvertretungen geltenden Vorschriften des § 53 Abs. 2 und 4 sowie die für die örtlichen JAV geltenden Bestimmungen der §§ 57 bis 62 entsprechend. 1

Die Bildung einer Jugend- und Auszubildendenstufenvertretung hängt von zwei **Voraussetzungen** ab. Erstens muss nach Abs. 1 S. 1 im Falle der BJAV bei der jeweiligen Behörde der Mittelstufe ein **BPR** und im Falle der HJAV bei der jeweiligen obersten Dienstbehörde ein **HPR** bestehen. Zweitens müssen nach Abs. 1 S. 2 i. V. m. § 57 dem Geschäftsbereich der Behörde der Mittelstufe bzw. der obersten Dienstbehörde in der Regel **mindestens fünf in § 57 genannte Beschäftigte** angehören (vgl. § 57 Rn. 3). Ob in den Dienststellen im jeweiligen Geschäftsbereich örtliche JAV gebildet sind, ist dagegen unerheblich. 2

Die **Wahl** der BJAV und der HJAV richtet sich nach Vorschriften, auf die in Abs. 1 S. 2 verwiesen ist. Entsprechend § 53 Abs. 2 werden die Mitglieder der BJAV von den zum Geschäftsbereich der Behörde der Mittelstufe, die Mitglieder der HJAV von den zum Geschäftsbereich der obersten Dienstbehörde gehörenden, in § 57 genannten Beschäftigten gewählt (vgl. § 53 Rn. 9 f.). Für die **Wahlberechtigung** gilt § 58 Abs. 1, für die **Wählbarkeit** § 58 Abs. 2, für die **Zahl der zu wählenden Mitglieder** § 59 Abs. 1, für deren **Zusammensetzung** § 59 Abs. 2 und 3 und für das **Wahlverfahren** § 60 Abs. 1 entsprechend. Nach § 47 Abs. 1 S. 1 i. V. m. § 33 Abs. 1 S. 1 und § 43 WO wird die Wahl der BJAV von einem **Bezirkswahlvorstand**, die der HJAV von einem **Hauptwahlvorstand** geleitet. Der Bezirks- bzw. Hauptwahlvorstand und sein Vorsitzender sind entsprechend § 60 Abs. 1 S. 1 grundsätzlich vom BPR bzw. HPR zu bestellen. In den einzelnen Dienststellen ist die Wahl der BJAV bzw. der HJAV grundsätzlich im Auftrag des Bezirks- bzw. Hauptwahlvorstands von **örtlichen Wahlvorständen** durchzuführen, deren Bestimmung sich nach dem entsprechend anzuwendenden § 53 Abs. 4 richtet. Für **Mitglieder der** 3

§ 64 Bezirks-, Haupt-, Gesamt-Jugend- u. Auszubildendenvertretung

Wahlvorstände sowie für **Wahlbewerber** zur BJAV und HJAV gelten nach Abs. 1 S. 2 i. V. m. § 62 S. 3 die Vorschriften des § 47 Abs. 1, 2 S. 1 und 2 über den **Schutz vor außerordentlichen Kündigungen, Versetzungen, Umsetzungen und Abordnungen** entsprechend. Hinsichtlich der **Amtszeit** und der **Wahlzeiten** der BJAV und der HJAV verweist Abs. 1 S. 2 auf die für die örtliche JAV geltenden Bestimmungen des § 60 Abs. 2 und 4, die z. T. auf die für die örtlichen PR geltenden Vorschriften weiterverweisen (vgl. § 60 Rn. 6 ff.).

4 Auch hinsichtlich der **Geschäftsführung** der BJAV und der HJAV verweist Abs. 1 S. 2 auf die für die örtliche JAV geltenden Bestimmungen (vgl. § 60 Abs. 3 und § 62 S. 1 sowie § 60 Rn. 12 und § 62 Rn. 2–6). Für die **Rechtsstellung** der Mitglieder der BJAV und der HJAV gilt aufgrund der Verweisung auf § 62 S. 1 und 2 das Gleiche wie für die Mitglieder der JAV (vgl. § 62 Rn. 7–13). Die **allgemeinen Vorschriften** der §§ 8 bis 11 und des § 67 **Abs.** 2 gelten für die Mitglieder der BJAV und der HJAV unmittelbar (vgl. § 62 Rn. 1).

5 Für die **Aufgaben** der BJAV und der HJAV und für die der Erfüllung dieser Aufgaben dienenden **Befugnisse** gelten nach Abs. 1 S. 2 die Vorschriften des § 61 entsprechend. Soweit darin das **Zusammenwirken** der JAV mit dem PR geregelt ist, tritt an dessen Stelle der **BPR** bzw. der **HPR**, welchem die BJAV bzw. die HJAV jeweils zugeordnet ist.[28]

6 (Abs. 2) In den Fällen der **Verselbständigung von Nebenstellen und Dienststellenteilen** nach § 6 Abs. 3 wird nach Abs. 2 S. 1 neben den einzelnen örtlichen JAV auch eine **Gesamt-Jugend- und Auszubildendenvertretung** (GJAV) gebildet, die dem nach § 55 zu bildenden GPR zugeordnet ist. Nach Abs. 2 S. 2 gilt für die GJAV der für die Jugend- und Auszubildendenstufenvertretungen geltende Abs. 1 S. 2 entsprechend, der wiederum auf die Vorschriften des § 53 Abs. 2 und 4 für die Stufenvertretungen sowie die Bestimmungen der §§ 57 bis 62 für die örtlichen JAV verweist.

7 Vergleichbar der Bildung einer BJAV bzw. HJAV (vgl. Rn. 2) hängt nach dem entsprechend anzuwendenden § 57 auch die Bildung einer GJAV von zwei **Voraussetzungen** ab. Erstens muss in der Gesamtdienststelle ein **GPR** bestehen. Zweitens müssen der Gesamtdienststelle in der Regel **mindestens fünf in § 57 genannte Beschäftigte** angehören (vgl. § 57 Rn. 1). Ob in den einzelnen Dienststellen örtliche JAV gebildet sind, ist auch hier unerheblich, so dass eine GJAV auch dann zu bilden ist, wenn weder in der Hauptdienststelle noch in einer der verselbständigten Teileinheiten eine örtliche JAV besteht.[29]

8 Aufgrund der **Verweisung in Abs. 2 S. 2** auf den für die Jugend- und Auszubildendenstufenvertretungen geltenden Abs. 1 S. 2 gilt für die Wahl

---

28 Vgl. *BVerwG* v. 19.1.09 – 6 P 1.08 –, PersR 09, 205; KfdP-*Kröll*, Rn. 7.
29 Teilw. str.; vgl. KfdP-*Kröll*, Rn. 10.

und die Amtszeit der GJAV, für ihre Geschäftsführung, ihre Aufgaben und Befugnisse sowie für die Rechtsstellung ihrer Mitglieder das zur BJAV und HJAV Gesagte (vgl. Rn. 3–5) mit den Maßgaben entsprechend, die sich aus den **Besonderheiten** der GJAV ergeben. Zu diesen Maßgaben gehört u. a., dass die GJAV von den zur Gesamtdienststelle gehörenden, in § 57 genannten Beschäftigten gewählt wird, dass ihre Wahl von einem Gesamtwahlvorstand geleitet wird (vgl. § 47 Abs. 2 WO) und dass die gewählte GJAV mit dem GPR zusammenarbeitet, dem sie zugeordnet ist.

Für die Bildung einer GJAV bei der **Rundfunkanstalt »Deutsche Welle«** gelten die besonderen Vorschriften des § 90 Nr. 3 (vgl. § 90 Rn. 11).

Viertes Kapitel
Vertretung der nichtständig Beschäftigten

§ 65

(1) ¹Steigt während der Amtszeit des Personalrates die Zahl der Beschäftigten vorübergehend um mehr als 20 Personen, die voraussichtlich nur für einen Zeitraum von höchstens sechs Monaten beschäftigt werden, so wählen die nichtständig Beschäftigten in geheimer Wahl

bei	21 bis 50 nichtständig Beschäftigten	einen Vertreter,
bei	51 bis 100 nichtständig Beschäftigten	zwei Vertreter,
bei mehr als 100 nichtständig Beschäftigten		drei Vertreter.

²Der Personalrat bestimmt den Wahlvorstand und seinen Vorsitzenden. ³Im übrigen gelten für die Wahl der Vertreter § 13 Abs. 1 und 3, §§ 14, 17 Abs. 6 und 7, §§ 19, 24 Abs. 1 Satz 1 und 2, Abs. 2 und § 25 mit Ausnahme der Vorschriften über die Dauer der Zugehörigkeit zum Geschäftsbereich der obersten Dienstbehörde und zum öffentlichen Dienst entsprechend.

(2) ¹Die Amtszeit der in Absatz 1 bezeichneten Vertreter endet mit Ablauf des für die Beschäftigung der nichtständig Beschäftigten vorgesehenen Zeitraums oder mit Wegfall der Voraussetzungen für ihre Wahl. ²§ 26 Satz 2, § 27 Abs. 2 Nr. 2 bis 4, Abs. 3 und §§ 28 bis 31 gelten entsprechend.

(3) Für die in Absatz 1 bezeichneten Vertreter gelten §§ 43 bis 45, § 46 Abs. 1, 2, 3 Satz 1 und § 67 Abs. 1 Satz 3 sinngemäß.

(4) An den Sitzungen des Personalrates nehmen die in Absatz 1 bezeichneten Vertreter nach Maßgabe des § 40 Abs. 2 teil.

1 **(Abs. 1) Nichtständig Beschäftigte** sind solche Personen, die voraussichtlich nur für einen Zeitraum von höchstens sechs Monaten beschäftigt werden. Es kann sich dabei um Arbeitnehmer handeln, die aufgrund eines kalendermäßig befristeten oder zweckbefristeten Arbeitsvertrages beschäftigt sind (vgl. z. B. § 3 Abs. 1 TzBfG u. § 30 TVöD). Nicht dazu gehören Personen in anderen atypischen Beschäftigungsverhältnissen, also insb. nicht Beschäftigte in Teilzeitarbeit. Nichtständig Beschäftigte können aber auch abgeordnete Beschäftigte sein, ebenso Beamte im Vorbereitungsdienst und Beschäftigte in entsprechender Berufsausbildung, die einer Dienststelle nicht länger als sechs Monate zur Ausbildung zugewiesen sind. Auch nichtständig Beschäftigte haben – bei Vorliegen der sonstigen Voraussetzungen – grundsätzlich das **aktive Wahlrecht zum PR**, wenn sie am Tage der Wahl Beschäftigte der Dienststelle sind (zu den Ausnahmen

vgl. § 13 Abs. 2 u. 3). **Steigt** während der Amtszeit des PR **die Zahl der nichtständig Beschäftigten** vorübergehend **um mehr als 20 Personen**, so wählen die nichtständig Beschäftigten nach Abs. 1 S. 1 bis zu drei Vertreter. Bei der Prüfung der Frage, ob sich die Zahl der nichtständig Beschäftigten um mehr als 20 Personen erhöht hat, werden diejenigen nichtständig Beschäftigten gezählt, die seit Beginn der Amtszeit des PR vorübergehend eingestellt oder abgeordnet worden sind.

Liegen die Voraussetzungen für die Bildung einer Vertretung der nicht ständig Beschäftigten vor, so hat der PR den **Wahlvorstand** und dessen Vorsitzenden zu bestimmen. Obwohl Abs. 1 S. 2 nicht auf § 20 Abs. 1 verweist, sollte der PR die dort getroffenen Regelungen über die Größe und Zusammensetzung des die Wahl des PR vorbereitenden und durchführenden Wahlvorstands grundsätzlich entsprechend anwenden. Dabei hat er jedoch zu beachten, dass dem Wahlvorstand mindestens ein nach § 14 zum PR wählbarer Beschäftigter angehören muss (§ 31 Abs. 1 S. 2 WO). Der Wahlvorstand ist verpflichtet, die Wahl der Vertreter der nichtständig Beschäftigten vorzubereiten und durchzuführen. Die von ihm im Einzelnen zu erfüllenden Aufgaben werden – da Abs. 1 S. 3 nicht auf § 23 verweist – ausschließlich durch die Wahlordnung konkretisiert und präzisiert (vgl. § 31 WO). Ein Recht der in der Dienststelle vertretenen Gewerkschaften, je einen Beauftragten zur beratenden Teilnahme an den Sitzungen des Wahlvorstands zu entsenden, besteht nicht, weil die für die Wahl des PR geltende Vorschrift des § 20 Abs. 1 S. 4 nicht in Bezug genommen ist. Das schließt jedoch nicht aus, dass der Wahlvorstand Gewerkschaftsbeauftragte in der Eigenschaft als Sachverständige oder Auskunftspersonen hinzuzieht.

Wahlberechtigt sind alle nichtständig Beschäftigten, die das 18. Lebensjahr vollendet und nicht das Recht, in öffentlichen Angelegenheiten zu wählen und zu stimmen, verloren haben und die am Tage der Wahl der Dienststelle angehören (§ 13 Abs. 1). Dazu gehören auch diejenigen Beschäftigten, die bereits an der Wahl des PR teilgenommen haben.[1] Auch abgeordnete Beschäftigte, die zum Kreis der nichtständig Beschäftigten gehören, sind wahlberechtigt (Abs. 1 S. 3 verweist nicht auf § 13 Abs. 2). Hingegen sind Beamte im Vorbereitungsdienst und Beschäftigte in entsprechender Berufsausbildung nicht wahlberechtigt (§ 13 Abs. 3). **Wählbar** sind alle wahlberechtigten nichtständig Beschäftigten, die die Fähigkeit, Rechte aus öffentlichen Wahlen zu erlangen, nicht verloren haben (§ 14). Eine bestimmte Dauer der Zugehörigkeit zum Geschäftsbereich der obersten Dienstbehörde oder der Beschäftigung im öffentlichen Dienst ist nicht erforderlich. Bei der Festlegung der **Zahl der zu wählenden Vertreter** der nichtständig Beschäftigten ist die Zahl der nichtständig Beschäftigten zugrunde zu legen, die am Tage des Erlasses des Wahlausschreibens der

---

1 Str.; vgl. KfdP-*Altvater*, Rn. 8 m. N.

§ 65 Vertretung der nichtständig Beschäftigten

Dienststelle angehören.[2] Dabei sind auch diejenigen nichtständig Beschäftigten mitzuzählen, die bereits am Tage der Wahl des PR der Dienststelle angehörten.[3] Sind zwei oder drei Vertreter der nichtständig Beschäftigten zu wählen und findet Gruppenwahl statt, müssen die **Gruppen** entsprechend ihrer zahlenmäßigen Stärke bei der Vergabe der Sitze berücksichtigt werden (vgl. Rn. 4). Darüber hinaus soll sich die mehrköpfige Sondervertretung der nichtständig Beschäftigten aus Vertretern der verschiedenen **Beschäftigungsarten** zusammensetzen. Die **Geschlechter** sollen ihrem Zahlenverhältnis entsprechend vertreten sein (§ 17 Abs. 6 u. 7).

4 Die Vertreter der nichtständig Beschäftigten werden in **geheimer und unmittelbarer Wahl** (§ 19 Abs. 1) und bei Vorliegen mehrerer Wahlvorschläge nach den Grundsätzen der **Verhältniswahl** gewählt. **Mehrheitswahl** findet statt, wenn in einem Wahlgang lediglich ein Vertreter zu wählen ist oder wenn zwar mehrere Vertreter zu wählen sind, aber nur ein gültiger Wahlvorschlag vorliegt (§ 19 Abs. 3). Sind zwei oder drei Vertreter zu wählen, so findet die Wahl grundsätzlich als **Gruppenwahl** statt, es sei denn, dass die jeder Gruppe angehörenden wahlberechtigten nichtständig Beschäftigten vor der Wahl in getrennten geheimen Abstimmungen – jeweils mit der Mehrheit der Stimmen aller Wahlberechtigten der Gruppe – die **gemeinsame Wahl** beschließen (§ 19 Abs. 2). Findet Gruppenwahl statt, ist es notwendig, die zu vergebenden **Sitze auf die Gruppen zu verteilen**. Die den Gruppen zustehenden Vertreter sind – wenn nicht bei gleicher Stärke entsprechend § 5 Abs. 4 WO ein Losentscheid durchzuführen ist – ausschließlich nach dem d'Hondt'schen Höchstzahlverfahren zu verteilen (vgl. dazu § 17 Rn. 3 u. 5). Die gesetzlichen Vorschriften über den Minderheitenschutz im PR sind nicht anzuwenden (§ 31 Abs. 1 S. 1 WO). Zur Wahl der Vertreter der nichtständig Beschäftigten können nur die wahlberechtigten nichtständig Beschäftigten und die in der Dienststelle vertretenen Gewerkschaften **Wahlvorschläge** machen (§ 19 Abs. 4–9).

5 Die **Behinderung** und die **sittenwidrige Beeinflussung** der Wahl der Vertreter der nichtständig Beschäftigten sind verboten (§ 24 Abs. 1 S. 1 u. 2). Allerdings genießen die Mitglieder des Wahlvorstands und die Wahlbewerber keinen besonderen Kündigungs-, Versetzungs- und Abordnungsschutz, weil Abs. 1 S. 3 nicht auf § 24 Abs. 1 S. 3 verweist. Die Dienststelle trägt die **Kosten** der Wahl (§ 24 Abs. 2). Die Wahl der Vertreter der nichtständig Beschäftigten kann durch mindestens drei wahlberechtigte nichtständig Beschäftigte, jede in der Dienststelle vertretene Gewerkschaft oder den Leiter der Dienststelle binnen einer Frist von zwölf Arbeitstagen, vom Tage der Bekanntgabe des Wahlergebnisses an gerechnet, beim Verwaltungsgericht **angefochten** werden (§ 25).

6 (Abs. 2) Die Vertreter der nichtständig Beschäftigten werden anders als der PR nicht für eine regelmäßige, grundsätzlich gleich lange **Amtszeit** ge-

---

2 Str.; vgl. KfdP-*Altvater*, Rn. 10 m. N.
3 Str.; vgl. KfdP-*Altvater*, a. a. O.

wählt. Die Amtszeit beginnt mit dem Tage der Wahl oder, wenn zu diesem Zeitpunkt noch eine Vertretung der nichtständig Beschäftigten besteht, mit Ablauf von deren Amtszeit (§ 26 S. 2). Sie endet mit Ablauf des für die Beschäftigung der nichtständig Beschäftigten vorgesehenen Zeitraums oder mit Wegfall der Voraussetzungen für ihre Wahl. Der Ablauf der Amtszeit des PR führt nicht zur Beendigung der Amtszeit der Vertretung der nichtständig Beschäftigten.[4] Eine **Neuwahl** ist generell bei Vorliegen der Voraussetzungen notwendig, die eine Neuwahl des PR erforderlich machen (§ 27 Abs. 2 Nr. 2–4). In den Fällen des Absinkens der Mitgliederzahl und des Rücktritts führt die bisherige Vertretung die Geschäfte weiter, bis eine neue Vertretung gewählt ist (§ 27 Abs. 3). Bei grober Vernachlässigung gesetzlicher Befugnisse oder grober Verletzung gesetzlicher Pflichten kommt der **Ausschluss** eines Vertreters oder die **Auflösung** der Vertretung der nichtständig Beschäftigten in Betracht (§ 28). Die **Mitgliedschaft** in der Vertretung **endet** auch in den sonstigen in § 29 geregelten Fällen. Bei Beamten ist ein **Ruhen** der Mitgliedschaft möglich (§ 30). Das Nachrücken von **Ersatzmitgliedern** richtet sich nach § 31.

(Abs. 3) Für die **Geschäftsführung** und **Rechtsstellung** der Vertretung der nichtständig Beschäftigten gelten im Wesentlichen die entsprechenden Vorschriften für den PR (§§ 43–45, 46 Abs. 1, 2, 3 S. 1 u. § 67 Abs. 1 S. 3) sinngemäß. Soweit das Gesetz keine Festlegungen trifft, können die Vertreter der nichtständig Beschäftigten ihre Geschäftsführung selbständig regeln. Falls nicht nur ein Vertreter gewählt worden ist, gilt dies auch für **Zusammenkünfte** der (zwei oder drei) Vertreter, für die das Gesetz nicht auf die Vorschriften über die Sitzungen des PR verweist.[5] Da die Vertreter der nichtständig Beschäftigten Personen sind, die Aufgaben oder Befugnisse nach dem BPersVG wahrnehmen, gelten die Vorschriften des § 8 über das **Verbot der Behinderung, Benachteiligung und Begünstigung** und des § 10 über die **Schweigepflicht** unmittelbar für sie. Sie genießen zwar nicht den in den Bestimmungen der §§ 15 und 16 KSchG und des § 47 Abs. 1 vorgesehenen besonderen Kündigungsschutz und auch nicht den in § 47 Abs. 2 festgelegten besonderen Versetzungs- und Abordnungsschutz. Das Benachteiligungsverbot des § 8 gibt ihnen jedoch einen **relativen Kündigungs-, Versetzungs- und Abordnungsschutz**. 7

(Abs. 4) Die Vertreter der nichtständig Beschäftigten gehören nicht dem PR an. Sie nehmen jedoch an den **Sitzungen des PR** teil, allerdings nur nach Maßgabe des § 40 Abs. 2. Sie können deshalb an solchen PR-Sitzungen teilnehmen, in denen Angelegenheiten behandelt werden, die besonders die nichtständig Beschäftigten betreffen. Zu diesen Sitzungen sind sie vom Vorsitzenden des PR einzuladen (§ 34 Abs. 2 S. 4). Ein Stimmrecht steht ihnen nicht zu. Ihr Teilnahmerecht beschränkt sich auf die Behandlung der sie besonders betreffenden Angelegenheiten. Die Ver- 8

---

4 Str.; vgl. KfdP-*Altvater*, Rn. 15 a m. N.
5 Str.; vgl. KfdP-*Altvater*, Rn. 18 m. N.

§ 65 Vertretung der nichtständig Beschäftigten

treter der nichtständig Beschäftigten haben darauf hinzuwirken, dass die besonderen Belange der nichtständig Beschäftigten bei der **Beratung und Beschlussfassung** des PR berücksichtigt werden. Das beinhaltet Anregungen auf Aufnahme entsprechender Gegenstände in die **Tagesordnung**. Über solche Anregungen hat der Vorsitzende des PR nach pflichtgemäßem Ermessen zu entscheiden.

Fünftes Kapitel
Beteiligung der Personalvertretung

Erster Abschnitt
Allgemeines

Vorbemerkungen vor § 66

Das **Fünfte Kapitel** des Ersten Teils des BPersVG regelt in vier Abschnitten die **Beteiligung** der Personalvertretung. Der **Erste Abschnitt** (§§ 66–68) normiert die für die Beteiligung geltenden allgemeinen Rechte und Pflichten der Personalvertretung und der Dienststelle. Der **Zweite Abschnitt** (§§ 69–74) enthält Vorschriften über Formen und Verfahren der Mitbestimmung und Mitwirkung einschl. des Initiativrechts, über Dienstvereinbarungen und über die Durchführung von Entscheidungen. Der **Dritte Abschnitt** (§§ 75–81) legt im Wesentlichen die Angelegenheiten fest, in denen der PR zu beteiligen ist. Der **Vierte Abschnitt** (§ 82) regelt die Beteiligung der Stufenvertretungen (BPR, HPR) in mehrstufigen Verwaltungen und des GPR in personalvertretungsrechtlich aufgegliederten Dienststellen und die Abgrenzung der Zuständigkeiten dieser Personalvertretungen von der Zuständigkeit des (örtlichen) PR. **Modifikationen** der Beteiligungsvorschriften des Fünften Kapitels sind enthalten in den im **Siebenten Kapitel** (§§ 85–93) platzierten Vorschriften für **besondere Verwaltungszweige** und die Behandlung von **Verschlusssachen**. 1

Der **Begriff der Beteiligung** i. S. d. des BPersVG ist als Oberbegriff zu verstehen, der verschiedene Beteiligungsarten umfasst, insb. die Formen der Mitbestimmung, Mitwirkung und Anhörung.[1] Dagegen ist die bloße Information noch keine Beteiligung,[2] weil sie der Personalvertretung keine Möglichkeit gibt, auf die Willensbildung der Dienststelle Einfluss zu nehmen. Der Begriff der Beteiligung ist enger als die Begriffe »Aufgaben oder Befugnisse« i. S. d. §§ 8 und 10 Abs. 1 sowie »Rechte oder Pflichten« i. S. d. § 11. **Aufgaben** der Personalvertretung, die nicht zur Beteiligung i. S. d. §§ 66 bis 82 gehören, sind auch **in anderen Vorschriften des BPersVG** (so z. B. in § 20 Abs. 1 S. 1 [Bestellung des Wahlvorstands] und § 49 Abs. 1 [Einberufung einer Personalversammlung und Erstattung eines Tätigkeitsberichts]) sowie **außerhalb des BPersVG** (vgl. Rn. 6 a. E.) festgelegt. Davon und von den Maßgaben des Siebenten Kapitels (vgl. Rn. 1) abgesehen sind die **Beteiligungstatbestände** in den §§ 75 bis 81 **erschöpfend** 2

---

1 *BVerwG* v. 12.1.62 – VII P 1.60 –, PersV 62, 160.
2 So aber *BAG* v. 9.5.80 – 7 AZR 376/80 –, AP BPersVG § 108 Nr. 2.

Vor § 66 Beteiligung der Personalvertretung

und **zwingend** geregelt.[3] Eine **außergesetzliche Erweiterung oder Einschränkung** der Beteiligungsrechte oder eine über das Gesetz hinausgehende Selbstbindung der Verwaltung ist ausgeschlossen.[4] Entsprechende Dienstvereinbarungen, aber auch Tarifverträge sind nach den §§ 3 und 73 unzulässig (vgl. § 3 Rn. 1 ff.; § 73 Rn. 2 f.).

3 Die Beteiligungsvorschriften sind ebenso wie die anderen Vorschriften des BPersVG nach den **Regeln der Auslegung** zu interpretieren, die für alle Gesetze gelten. Sie sind deshalb nach ihrem Wortlaut, Sinn und Zweck, systematischen Zusammenhang und ihrer Entstehungsgeschichte auszulegen. Lassen die anerkannten Auslegungsregeln mehrere Deutungen zu, so ist eine Auslegung geboten, die mit dem Grundgesetz in Einklang steht. Diese **verfassungskonforme Auslegung** findet ihre Grenze aber dort, wo sie zu dem Wortlaut und dem klar erkennbaren Willen des Gesetzgebers in Widerspruch treten würde. Verwendet das BPersVG fest umrissene **Begriffe aus anderen Rechtsgebieten,** ist bei seiner Anwendung von diesen Begriffen auszugehen, es sei denn, es bestünden Anhaltspunkte für ein vom Gesetzgeber gewolltes abweichendes Verständnis der jeweiligen Begriffe.[5] Werden in den Beteiligungstatbeständen gleichlautende Begriffe aus einschlägigen **tarifvertraglichen und beamtenrechtlichen Vorschriften** verwendet, so kann grundsätzlich auf deren Verständnis und ihre Definitionen zurückgegriffen werden. Soweit es der mit der Beteiligung des PR verfolgte Gesetzeszweck jedoch gebietet, muss bei der personalvertretungsrechtlichen Beurteilung von dem tarifvertraglichen bzw. beamtenrechtlichen Verständnis abgewichen werden.[6] Hinsichtlich der Heranziehung der **Rspr. der Arbeitsgerichte zum BetrVR** ist nach der Rspr. des *BVerwG*[7] wie folgt zu differenzieren: Zwischen PersVR und BetrVR bestehen wesentliche **Strukturunterschiede,** die es rechtfertigen können, Parallelnormen in beiden Rechtsgebieten jeweils unterschiedlich auszulegen.[8] Wegen der **Ähnlichkeiten** beider Rechtsgebiete kann aber eine klare oder geklärte Rechtslage im BetrVR **Vorbildfunktion** für das PersVR entfalten, soweit für eine Abweichung sachliche Gründe nicht ersichtlich sind.

4 Im Bereich der Beteiligung kann auch die analoge Anwendung **zivilrechtlicher Grundsätze** in Betracht kommen, zumal das Gebot der vertrauensvollen Zusammenarbeit (§ 2 Abs. 1) auch als Ausprägung des Grundsatzes

---

3 *BVerwG* v. 28. 2. 58 – VII P 19.57 –, BVerwGE 6, 220, u. v. 26. 1. 68 – VII P 8.67 –, PersV 68, 136.
4 *BVerwG* v. 11. 12. 91 – 6 P 5.91 –, PersR 92, 104.
5 Vgl. *BVerwG* v. 28. 5. 02 – 6 P 9.01 – u. v. 12. 9. 02 – 6 P 11.01 –, PersR 02, 340, u. 03, 39, jew. m. w. N.
6 *BVerwG* v. 12. 9. 05 – 6 P 1.05 – u. v. 27. 8. 08 – 6 P 3.08 –, PersR 06, 72, u. 08, 500.
7 Vgl. Beschl. v. 17. 12. 03 – 6 P 7.03 –, PersR 04, 106.
8 So auch *GmS-OGB* v. 11. 3. 87 – 6/86 –, PersR 87, 263.

von **Treu und Glauben** (§ 242 BGB) verstanden werden kann.[9] Dazu gehört als Unterfall des **Verbots der unzulässigen Rechtsausübung** auch das **Verbot widersprüchlichen Verhaltens** und damit auch die **Verwirkung.** Ein Recht ist verwirkt, wenn der Berechtigte es längere Zeit hindurch nicht geltend gemacht hat und der Verpflichtete sich darauf eingerichtet hat und sich nach dem gesamten Verhalten des Berechtigten auch darauf einrichten durfte, dass dieser das Recht auch in Zukunft nicht mehr geltend machen werde. Hinsichtlich der Anwendung des Grundsatzes der Verwirkung im PersVR ist jedoch folgende Differenzierung notwendig: Eine Verwirkung von **Beteiligungsrechten** kann nicht eintreten, weil diese materiell im Interesse der Beschäftigten bestehen. Verwirkt werden können deshalb nur **verfahrensrechtliche Befugnisse.**[10]

Da die Beteiligungsrechte zur **Vertretung der Interessen der Beschäftigten** vorgesehen sind (vgl. § 1 Rn. 19 u. § 2 Rn. 2 f.), kann die Personalvertretung (ebenso wie der Betriebsrat) auf die Ausübung dieser Rechte **nicht verzichten,** sondern hat sie nach pflichtgemäßem Ermessen wahrzunehmen.[11] Sie kann deshalb ein Mitbestimmungsrecht auch **nicht** in der Weise ausüben, dass sie **dem Arbeitgeber oder Dienstherrn das alleinige Gestaltungsrecht** über den mitbestimmungspflichtigen Tatbestand **eröffnet** (vgl. § 75 Rn. 75). 5

Das BPersVG sieht folgende **Formen der Beteiligung** vor: 6

- die **Mitbestimmung**, deren Verfahren in den §§ 69 und 71 geregelt ist und bei der nach § 69 Abs. 4 i. V. m. § 71 Abs. 4 S. 2 zwei Varianten zu unterscheiden sind (vgl. § 69 Rn. 2): die **uneingeschränkte Mitbestimmung** in den Angelegenheiten des § 75 und die **eingeschränkte Mitbestimmung** in den Angelegenheiten des § 76 (vgl. aber Rn. 11 u. § 69 Rn. 40);

- die **Mitwirkung**, deren Verfahren in § 72 geregelt ist, in den Angelegenheiten des § 78 Abs. 1 und des § 79 Abs. 1 (vgl. § 72 Rn. 1 ff.);

- die **Anhörung**, deren Verfahren im BPersVG nicht umfassend geregelt ist (vgl. § 78 Rn. 4), in den Angelegenheiten des § 78 Abs. 3 bis 5 und des § 79 Abs. 3;

- das in § 70 in zwei Varianten ausgestaltete **Initiativrecht** (vgl. § 70 Rn. 1): nach § 70 Abs. 1 das **uneingeschränkte Initiativrecht** in den Angelegenheiten des § 75 Abs. 3 Nr. 1 bis 6 und 11 bis 17 (vgl. § 70 Rn. 6 ff.) und nach § 70 Abs. 2 das **eingeschränkte Initiativrecht** in den Angelegenheiten des § 75 Abs. 1, 2 und 3 Nr. 7 bis 10 und des § 76 (vgl. § 70 Rn. 12 ff.);

- die **speziellen Beteiligungsrechte** nach § 80 bei verwaltungsinternen

---

9   Näher dazu KfdP-*Altvater*, vor § 66 Rn. 4.
10 Vgl. *BVerwG* v. 9. 12. 92 – 6 P 16.91 –, PersR 93, 212.
11 Vgl. *BAG* v. 26. 4. 05 – 1 AZR 76/04 –, AP BetrVG 1972 § 87 Nr. 12.

Prüfungen (vgl. § 80 Rn. 1 ff.) und nach § 81 bei Arbeitsschutz und Unfallverhütung (vgl. § 81 Rn. 1);

- die **allgemeinen Aufgaben** nach § 67 Abs. 1 S. 1 und § 68 Abs. 1.

Zu diesen im BPersVG geregelten Beteiligungsrechten kommen **spezielle Beteiligungsrechte außerhalb des BPersVG** hinzu. Diese bestehen v. a. bezüglich der Beschäftigung und Integration schwerbehinderter Menschen nach § 93 SGB IX (vgl. § 68 Rn. 17) sowie in Fragen des Arbeitsschutzes (vgl. § 81 Rn. 3).

7 Durch das **Einverständnis** des oder der betroffenen Beschäftigten mit einer beabsichtigten Maßnahme der Dienststelle wird das jeweilige Beteiligungsrecht des PR nicht ausgeschlossen, weil dessen generelle Aufgabenstellung bei der Wahrnehmung sowohl kollektiver als auch individueller Interessen darin besteht, darauf hinzuwirken, dass zugunsten der Beschäftigten ein Rechtszustand aufrechterhalten oder hergestellt wird, der mit Rücksicht auf die einzelnen Regelwerke und den Gleichbehandlungsgrundsatz angezeigt ist.[12] Das gilt, wenn nichts anderes bestimmt ist (vgl. § 78 Abs. 1 Nr. 4), auch bei personellen Einzelmaßnahmen. Allerdings hängt die Beteiligung des PR in bestimmten Fällen der Mitbestimmung und Mitwirkung von einem **Antrag des Beschäftigten** ab (vgl. § 75 Abs. 2 S. 2 Hs. 1, § 76 Abs. 2 S. 2 u. § 78 Abs. 2 S. 2). Ein solcher Antrag ist nach § 77 Abs. 1 S. 1, § 85 Abs. 1 Nr. 7 und § 90 Nr. 7 Buchst. c S. 1 bei **besonderen Gruppen von Beschäftigten** in bestimmten Personalangelegenheiten immer erforderlich. Außerdem ist bei besonderen Personengruppen die Mitbestimmung oder Mitwirkung in bestimmten Personalangelegenheiten nach § 77 Abs. 2 S. 2, § 78 Abs. 2 S. 1, § 79 Abs. 1 S. 2 und § 90 Nr. 7 Buchst. a ganz ausgeschlossen oder wird die Mitbestimmung nach § 86 Nr. 9 und § 90 Nr. 7 Buchst. b durch die Mitwirkung ersetzt. Eine weitere Beschränkung der Mitbestimmung liegt darin, dass der PR in den Personalangelegenheiten nach § 75 Abs. 1 und § 76 Abs. 1 eine **Zustimmungsverweigerung** nur auf die in § 77 Abs. 2 aufgeführten Gründe stützen kann. Im Fall der Mitwirkung nach § 78 Abs. 1 Nr. 3 gilt dies gem. § 78 Abs. 2 S. 3 für etwaige Einwendungen z. T. entsprechend.

8 Die Mitbestimmung der Beschäftigten in Betrieben und Verwaltungen ist im Grundgesetz zwar nicht ausdrücklich vorgesehen und garantiert. Nach zutreffender Auslegung ist aber der **Gesetzgeber verfassungsrechtlich legitimiert und verpflichtet,** in den Betrieben privaten Rechts eine Betriebsverfassung sowie in den Betrieben und Verwaltungen öffentlichen Rechts eine Personalvertretung zu schaffen und aufrechtzuerhalten, die jeweils so ausgestaltet ist, dass die von den Beschäftigten gewählten Repräsentationsorgane (Betriebsräte und Personalvertretungen) die Arbeits-

---

12 Vgl. *BVerwG* v. 24. 10. 01 – 6 P 13.00 – u. v. 12. 9. 05 – 6 P 1.05 –, PersR 02, 21, u. 06, 72.

bedingungen der Beschäftigten mitgestalten können (vgl. Rn. 9).[13] Die verfassungsrechtlichen Grundlagen für diese Mitbestimmung sind das **Sozialstaatsprinzip** (Art. 20 Abs. 1, 28 Abs. 1 GG) sowie die Schutzpflicht des Staates für die **Grundrechte der Beschäftigten**, insb. die Grundrechte aus Art. 1 Abs. 1, Art. 2 Abs. 1, Art. 5 Abs. 1 und Art. 12 Abs. 1 GG (vgl. § 1 Rn. 20).

Das *BVerfG* hat in seinem zum MBG Schl-H ergangenen **Beschl. v. 24.5.95**[14] (näher dazu § 104 Rn. 5 f.) gesagt, das Grundgesetz lasse Raum für eine Beteiligung des PR zur Wahrung der Belange der Beschäftigten und zur Mitgestaltung ihrer Arbeitsbedingungen, gebe dem Gesetzgeber aber nicht vor, wie er innerhalb des ihm »gesetzten Rahmens« die Beteiligung im Einzelnen ausgestalte. Während es auf die unteren Grenzen der Beteiligung (i. S. eines verfassungsrechtlichen Minimums) nicht näher eingegangen ist, hat es andererseits sehr detaillierte Vorgaben zu den oberen Grenzen (i. S. eines verfassungsrechtlichen Maximums) gemacht. Dabei ist es einem rein **staatsrechtlichen Ansatz** gefolgt und hat in Abweichung vom bisherigen Inhalt der Rahmenvorschrift des § 104 S. 3, aber auch der für die Personalvertretungen im Bundesdienst geltenden Vorschrift des § 69 Abs. 4 die **oberen Grenzen verfassungsrechtlich zulässiger Mitbestimmung** grundsätzlich neu bestimmt. Aus den Entscheidungsgründen, in denen das *BVerfG* beispielhaft auf die im BPersVG enthaltenen Tatbestände der Mitbestimmung und der Mitwirkung verwiesen hat, lässt sich – bezogen auf BPersVG – Folgendes entnehmen: 9

- Der Gesetzgeber darf in den in **§ 75 Abs. 2** umschriebenen sozialen Angelegenheiten und in den in **§ 75 Abs. 3 (mit Ausnahme der Nrn. 10, 14 und 17)** umschriebenen innerdienstlichen Angelegenheiten einer **weisungsunabhängigen Einigungsstelle**, die nach oder entsprechend § 71 konstruiert ist, grundsätzlich die **Entscheidung** überlassen. Auch in diesen Fällen muss er aber Entscheidungen, die im Einzelfall wegen ihrer Auswirkungen auf das Gemeinwohl wesentlicher Bestandteil der Regierungsgewalt sind, einem parlamentarisch verantwortlichen Amtsträger vorbehalten, etwa dadurch, dass er der **obersten Dienstbehörde** ein Evokationsrecht einräumt (also ein Recht, die Entscheidung an sich zu ziehen). Diese Beteiligungsform lässt sich als **(nur) grundsätzlich uneingeschränkte Mitbestimmung** bezeichnen (im Unterschied zu der vom Gesetzgeber des BPersVG bisher vorgesehenen [ausnahmslos] uneingeschränkten Mitbestimmung).

- In allen **anderen innerdienstlichen Angelegenheiten**, die (auch) die Interessen der Beschäftigten berühren, darf der Gesetzgeber eine derartige **Einigungsstelle** in der Form in die Entscheidungsfindung einbeziehen, dass deren Entscheidung nur den Charakter einer **Empfehlung an die**

---

13 Für den öffentlichen Dienst offengelassen in *BVerfG* v. 27.3.79 – 2 BvL 2/77 –, PersV 79, 328, u. v. 24.5.95 – 2 BvF 1/92 –, PersR 95, 483.
14 *BVerfG* v. 24.5.95, a. a. O.

Vor § 66 Beteiligung der Personalvertretung

zuständige Dienstbehörde hat. Das ist die vom Gesetzgeber des BPersVG schon bisher vorgesehene Beteiligungsform der eingeschränkten Mitbestimmung (vgl. § 69 Rn. 39). Zu den Angelegenheiten, die einer solchen Mitbestimmungsform zugänglich sind, gehören nach dem Beschl. des *BVerfG* nicht nur die sonstigen nach § 75 Abs. **1 und 3 Nr. 10, 14 und 17** sowie § 76 der Mitbestimmung unterworfenen (aber vom *BVerfG* als nicht grundsätzlich uneingeschränkt mitbestimmungspflichtig angesehenen) Angelegenheiten, sondern auch die in § 78 Abs. **1 Nr. 1 bis 4** und § 79 aufgeführten mitwirkungspflichtigen Angelegenheiten sowie – noch weitergehend – alle **organisatorischen Maßnahmen** der Dienststelle, die für die Wahrnehmung des Amtsauftrags von erheblicher Bedeutung sind (und unvermeidlich auch die Interessen der Beschäftigten berühren).

10 Auch wenn sich die Entscheidung des *BVerfG* v. 24.5.95[15] in ihrer **unmittelbaren Wirkung** auf das MBG Schl-H beschränkt, bindet sie nach § 31 Abs. 1 BVerfGG gleichwohl die Verfassungsorgane des Bundes und der Länder sowie alle Gerichte und Behörden; das gilt auch für die tragenden Gründe der Entscheidung. Im Rahmen ihrer **Bindungswirkung für die gesetzgebenden Körperschaften** haben diese die Entscheidung zu respektieren. Zur bedingungslosen wortgetreuen Umsetzung der Entscheidung ist der Gesetzgeber aber nicht verpflichtet. Er hat vielmehr, ohne das BVerfG zu brüskieren, die sich aus der Verfassung ergebenden Folgerungen eigenverantwortlich zu konkretisieren.[16] Dabei besteht für neue Regelungen durchaus noch ein erheblicher **gesetzgeberischer Handlungsspielraum**, der sich insb. auf das Mitbestimmungsmodell, die Abgrenzung der mitbestimmungspflichtigen Angelegenheiten, und ihre Zuordnung zu den Legitimationsstufen, das Initiativrecht und das Evokationsrecht bezieht (vgl. § 104 Rn. 5). **Gesetzgeberische Konsequenzen** sind bislang in zwölf Ländern gezogen worden (näher dazu § 104 Rn. 7 a.E),[17] nicht jedoch für das BPersVG.

11 Die Frage nach den Auswirkungen des Beschlusses des *BVerfG* v. 24.5.95[18] hat in der **personalvertretungsrechtlichen Rspr.** eine erhebliche Rolle gespielt. Weitreichende Folgerungen hat dabei inzwischen das *BVerwG* gezogen. Es hat seit dem Jahre 2002 wiederholt entschieden, dass in den Fällen, in denen der Gesetzgeber nach der Rspr. des *BVerfG* die uneingeschränkte Mitbestimmung nicht vorsehen darf, die im jeweiligen Gesetz enthaltenen **Vorschriften über die eingeschränkte Mitbestimmung entsprechend anzuwenden** sind (vgl. § 69 Rn. 40; § 104 Rn. 7).

12 Erfüllt eine beabsichtigte Maßnahme der Dienststelle mehrere Beteiligungstatbestände, die mit unterschiedlich starken Beteiligungsrechten

---
15 *BVerfG* v. 24.5.95, a.a.O.
16 Rinken, PersR 99, 523, 526 f. [zu III].
17 Vgl. KfdP-*Altvater*, Einl. Rn. 28 ff. m.N.
18 *BVerfG* v. 24.5.95, a.a.O.

verknüpft sind, so stellt sich die Frage, wie die **Konkurrenz zwischen den Beteiligungsrechten** zu lösen ist. Nach der Rspr. des *BVerwG*[19] sind die Beteiligungsrechte **grundsätzlich nebeneinander** gegeben. Danach ist der PR beim Zusammentreffen verschiedenartiger Beteiligungsrechte regelmäßig in allen in Betracht kommenden Beteiligungsformen zu beteiligen. Dies sollte jedoch nach der älteren Rspr. des *BVerwG* dann nicht gelten, wenn der Gesetzgeber aus verfassungsrechtlichen Gründen (deren rahmenrechtliche Geltung aus § 104 S. 3 BPersVG folge) zur Wahrung der **Funktionsfähigkeit der Verwaltung** das stärkere Beteiligungsrecht nicht habe gewähren wollen. In einem solchen Fall werde **das stärkere durch das schwächere Beteiligungsrecht verdrängt,** wenn es um eine organisatorische Maßnahme gehe, die über den innerdienstlichen Bereich hinauswirke und auf die nach außen zu erfüllenden Aufgaben der Dienststelle in nicht nur unerheblicher Weise einwirke. Unter dieser Voraussetzung sollte das stärkere Beteiligungsrecht auch dann zurücktreten, wenn es sich dabei nur um ein eingeschränktes Mitbestimmungsrecht handelte.[20] Letzteres ist jedoch durch die neue Rspr. des *BVerwG,* mit der dieses Folgerungen aus dem Beschluss des *BVerfG* v. 24.5.95[21] gezogen hat (vgl. Rn. 11), **überholt.**[22]

Wird eine **beteiligungspflichtige Maßnahme ohne (fehlerfreie) Beteiligung** der zuständigen Personalvertretung getroffen, so ist zwischen personalvertretungsrechtlichen sowie arbeits- bzw. beamtenrechtlichen **Rechtsfolgen** zu unterscheiden. Die **Personalvertretung** kann nach § 83 Abs. 1 Nr. 3, Abs. 2 im personalvertretungsrechtlichen Beschlussverfahren vor dem Verwaltungsgericht die Feststellung beantragen, dass ihr Beteiligungsrecht durch die Maßnahme verletzt ist (vgl. § 83 Rn. 6).[23] Ist die Maßnahme tatsächlich und rechtlich rücknehmbar oder abänderbar, hat die Personalvertretung einen verfahrensrechtlichen Anspruch darauf, dass der Dienststellenleiter nachträglich ein (fehlerfreies) Beteiligungsverfahren einleitet oder fortsetzt, und kann diesen Anspruch mit einem Feststellungsantrag zur entsprechenden Verpflichtung des Dienststellenleiters geltend machen.[24] Zur Abwendung einer drohenden Verletzung ihres Beteiligungsrechts kann sie den Erlass einer einstweiligen Verfügung verfahrensrechtlichen Inhalts beantragen, mit der der Dienststellenleiter verpflichtet wird, das Beteiligungsverfahren einzuleiten oder fortzusetzen (vgl. § 69 Rn. 50). Welche Rechtsfolgen eine Verletzung des Beteiligungsrechts für die getroffene Maßnahme und damit für die von ihr betroffenen **Beschäf-**

13

---

19 Vgl. Beschl. v. 17.7.87 – 6 P 6.85 –, PersR 87, 220.
20 So *BVerwG* v. 7.2.80 – 6 P 35.78 –, PersV 80, 238, u. v. 17.7.87, a.a.O.
21 *BVerfG* v. 24.5.95, a.a.O.
22 *BVerwG* v. 28.1.04 – 6 PB 10.03 –, PersR 04, 179, m.w.N.; vgl. KfdP-*Altvater/Peiseler*, § 104 Rn. 34.
23 Vgl. KfdP-*Baden*, § 83 Rn. 45 a ff.
24 *BVerwG* v. 15.3.95 – 6 P 31.93 –, PersR 95, 423, u. v. 2.2.09 – 6 P 2.08 –, PersR 09, 164.

§ 66 Monatliche Besprechungen (Abs. 1)

tigten hat, hängt von der Rechtsnatur der Maßnahme und der Art des Beteiligungsrechts ab. Verallgemeinernde Aussagen sind dazu nur schwer möglich. **Arbeitsrechtliche Maßnahmen,** die den Arbeitnehmer belasten, sind grundsätzlich unwirksam. **Beamtenrechtliche Maßnahmen,** insb. Verwaltungsakte, sind grundsätzlich zwar wirksam, jedoch rechtswidrig und anfechtbar (vgl. zur Mitbestimmung § 69 Rn. 48, zur Mitwirkung § 72 Rn. 21 und zur Anhörung § 78 Rn. 5).

§ 66 [Zusammenarbeit mit der Dienststelle]

(1) ¹Der Leiter der Dienststelle und die Personalvertretung sollen mindestens einmal im Monat zu Besprechungen zusammentreten. ²In ihnen soll auch die Gestaltung des Dienstbetriebes behandelt werden, insbesondere alle Vorgänge, die die Beschäftigten wesentlich berühren. ³Sie haben über strittige Fragen mit dem ernsten Willen zur Einigung zu verhandeln und Vorschläge für die Beilegung von Meinungsverschiedenheiten zu machen.

(2) ¹Dienststelle und Personalvertretung haben alles zu unterlassen, was geeignet ist, die Arbeit und den Frieden der Dienststelle zu beeinträchtigen. ²Insbesondere dürfen Dienststelle und Personalvertretung keine Maßnahmen des Arbeitskampfes gegeneinander durchführen. ³Arbeitskämpfe tariffähiger Parteien werden hierdurch nicht berührt.

(3) Außenstehende Stellen dürfen erst angerufen werden, wenn eine Einigung in der Dienststelle nicht erzielt worden ist.

1 Die Vorschriften des § 66 konkretisieren und ergänzen den Grundsatz der **vertrauensvollen Zusammenarbeit** zwischen Dienststelle und Personalvertretung (vgl. § 2 Rn. 1 ff.). In Abs. 1 verwendet das Gesetz den Begriff »**Personalvertretung**« i. e. S. und meint damit außer dem örtlichen PR auch BPR, HPR und GPR (vgl. § 54 Rn. 1 u. § 56 Rn. 1), nicht jedoch JAV, BJAV, HJAV und GJAV (Umkehrschluss aus § 61 Abs. 4 und Verweisungen in § 64 Abs. 1 S. 2 u. Abs. 2 S. 2). Dagegen gelten die Abs. 2 und 3 für alle Personalvertretungen i. w. S., also auch für JAV, BJAV, HJAV und GJAV. »**Dienststelle**« i. S. d. § 66 ist stets die Dienststelle, bei der die jeweilige Personalvertretung besteht.

2 **(Abs. 1)** Nach Abs. 1 S. 1 sollen der Leiter der Dienststelle und die Personalvertretung **mindestens einmal im Monat** zu **Besprechungen** zusammentreten. Das Gesetz verwendet das Wort »**sollen**«, um eine Verpflichtung zu begründen, von der nur ausnahmsweise und im beiderseitigen Einvernehmen abgewichen werden darf. Andererseits ist aus dem Wort »mindestens« zu folgern, dass in einem Monat bei Bedarf auch eine oder mehrere **zusätzliche** Besprechungen stattfinden können. Dafür genügt es, dass eine der beiden Seiten den Bedarf geltend macht. Nur wenn ein solches

Verlangen rechtsmissbräuchlich sein sollte, braucht die andere Seite ihm nicht zu entsprechen.

Teilnehmer der Besprechungen sind einerseits der Leiter der Dienststelle und andererseits die Personalvertretung. Der **Dienststellenleiter** kann sich im Falle seiner Verhinderung nach § 7 durch eine zu seiner Vertretung berechtigte Person vertreten lassen (vgl. § 7 Rn. 2 ff.). Auf der Seite der **Personalvertretung** nehmen **alle Mitglieder** dieses Organs (gem. § 31 Abs. 1 S. 2 ggf. vertreten durch Ersatzmitglieder) an der Besprechung teil.[25] Nach § 95 Abs. 5 SGB IX ist die **Schwerbehindertenvertretung** zu allen Besprechungen beratend hinzuzuziehen. Werden Angelegenheiten behandelt, die besonders in § 57 genannte Beschäftigte betreffen, hat der PR die **JAV** hinzuzuziehen, indem er allen Mitgliedern (ggf. den Ersatzmitgliedern) der JAV die beratende Teilnahme ermöglicht (vgl. § 61 Rn. 7). Entsprechendes gilt für die Hinzuziehung der BJAV, HJAV oder GJAV durch den BPR, HPR oder GPR. Werden gemeinsame Aufgaben von Personalvertretung und Richterrat besprochen, so sind die in die Personalvertretung **entsandten Mitglieder des Richterrats** entsprechend § 53 Abs. 1 DRiG wie Mitglieder der Personalvertretung teilnahmeberechtigt (vgl. Anh. II Rn. 4 b). Der Teilnehmerkreis der monatlichen Besprechungen ist gesetzlich grundsätzlich **abschließend** geregelt.[26]

3

Die monatlichen Besprechungen sollen einen offenen und unbefangenen, auf die Verständigung beider Seiten abzielenden Informations- und Meinungsaustausch ermöglichen (vgl. Rn. 7 f.). Deshalb und im Hinblick auf die gesetzliche Festlegung des Teilnehmerkreises (vgl. Rn. 3) sind sie **nicht öffentlich**. **Andere Personen** können nur **im beiderseitigen Einvernehmen** zwischen Dienststellenleiter und Personalvertretung hinzugezogen werden,[27] z. B. sachbearbeitende Beschäftigte, Sachverständige und Auskunftspersonen, die Gleichstellungsbeauftragte, der Sprecher der Versammlung der Vertrauenspersonen der Soldaten, die Vertrauenspersonen der Soldaten, die aufgrund des Wehrpflichtgesetzes Wehrdienst leisten, Beauftragte von Gewerkschaften oder Arbeitgebervereinigungen. Ein allseitiges Einverständnis mit der Folge, dass der Widerspruch nur eines Teilnahmeberechtigten die Hinzuziehung verhindert, ist dagegen weder erforderlich noch sachgerecht.[28] Ggf. muss die Personalvertretung durch Beschluss entscheiden, ob (im Einvernehmen mit dem Dienststellenleiter) eine andere Person hinzugezogen werden kann.

4

Für die **Einberufung und Durchführung** der monatlichen Besprechungen enthält das Gesetz keine Vorschriften. **Ort** und **Zeitpunkt** der Besprechungen sind zwischen Dienststellenleiter und Personalvertretung zu

5

---

25 *BVerwG* v. 5.8.83 – 6 P 11.81 –, PersV 85, 71.
26 *BVerwG* v. 5.8.83, a.a.O.; *BAG* v. 14.4.88 – 6 ABR 28/86 –, PersR 88, 327.
27 *BAG* v. 14.4.88, a.a.O.
28 Str.; wie hier wohl auch *BVerwG* v. 5.8.83 u. *BAG* v. 14.4.88, jew. a.a.O.

§ 66 Monatliche Besprechungen (Abs. 1)

vereinbaren.[29] Das Gleiche gilt für die Frage, ob die **Leitung** der Besprechung dem Dienststellenleiter oder dem PR-Vorsitzenden obliegen soll; dabei dürfte ein turnusmäßiger Wechsel zweckmäßig sein. Empfehlenswert sind eine **Tagesordnung** und eine **Niederschrift**, in der die wesentlichen Inhalte der Besprechung festgehalten werden. Die Personalvertretung kann die Beschäftigten in einer **Bekanntmachung** darüber informieren, welche die Beschäftigten berührenden Vorgänge in einer monatlichen Besprechung besprochen worden sind; der Gesprächsverlauf unterliegt jedoch der Schweigepflicht (vgl. § 10 Rn. 8 ff.).[30]

6 Die monatliche Besprechung kann im **zeitlichen Zusammenhang mit einer Sitzung der Personalvertretung** abgehalten werden, also vorher oder nachher stattfinden. Sie kann jedoch nicht als Teil – also nicht »im Rahmen« – einer solchen Sitzung durchgeführt werden.[31]

7 **Gegenstand** der monatlichen Besprechung können entsprechend § 51 S. 2 **alle Angelegenheiten** sein, die die Dienststelle oder ihre Beschäftigten und die Personalvertretung unmittelbar betreffen (vgl. § 51 Rn. 2). In Abs. 1 S. 2 sind die **Gestaltung des Dienstbetriebs,** insb. alle Vorgänge, die die Beschäftigten wesentlich berühren, (nur) beispielhaft hervorgehoben. Dazu gehören auch Angelegenheiten, die schwerpunktmäßig die Erledigung von **Amtsaufgaben** betreffen, aber unvermeidlich auch die Interessen der Beschäftigten berühren (vgl. § 78 Rn. 10 a. E.). Es kann sich um Angelegenheiten handeln, die für **alle Beschäftigten,** für **Gruppen** von ihnen oder für **einzelne** Beschäftigte bedeutsam sind oder werden können. Aus § 67 Abs. 1 S. 3 Hs. 2 ist zu schließen, dass dazu **Tarif-, Besoldungs- und Sozialangelegenheiten** auch dann gehören können, wenn sie Gegenstand (partei-)politischer Kontroversen sind.[32] Auch Angelegenheiten, die nach den §§ 75 ff. der **Beteiligung** des PR unterliegen, können erörtert werden. Die Vorschriften des § 82 über die Verteilung der Zuständigkeiten zwischen verschiedenen Personalvertretungen gelten auch für die monatlichen Besprechungen (vgl. § 82 Rn. 1). Ist der Dienststellenleiter in einer bestimmten Frage **nicht entscheidungsbefugt,** schließt dies aber nicht aus, dass er sich der Angelegenheit annimmt.

8 Nach Abs. 1 S. 3 haben Dienststellenleiter und Personalvertretung über **strittige Fragen** mit dem ernsten Willen zur Einigung zu verhandeln und Vorschläge für die Beilegung von Meinungsverschiedenheiten zu machen. Beide Seiten haben eine **Einlassungs- und Erörterungspflicht.** Sie sollen bei Kontroversen eine Konfliktlösung suchen, die den Interessen beider Seiten gerecht wird (vgl. § 2 Rn. 2 ff.). Es besteht jedoch **keine**

---

29 *OVG NW* v. 4. 10. 90 – CL 42/88 –, PersR 91, 95.
30 *OVG Bln* v. 25. 10. 95 – OVG PV (Bln) 15.94 –, PersR 96, 396.
31 Str.; vgl. *OVG NW* v. 4. 10. 90, a. a. O.; ferner *VG Frankfurt a.M.* v. 23. 8. 10 – 22 K 1665/10.F.PV –, PersR 11, 265 (In Monatsgesprächen können keine PR-Beschlüsse gefasst werden.).
32 Str.; vgl. KfdP-*Altvater*, Rn. 7.

Friedenspflicht (Abs. 2) § 66

»**Kompromisspflicht**«. Auch nach intensiven Einigungsversuchen an einer als richtig erkannten Meinung festzuhalten, ist keine Pflichtverletzung.[33]

(**Abs. 2**) Nach Abs. 2 S. 1 haben Dienststelle und Personalvertretung alles zu unterlassen, was geeignet ist, die Arbeit und den Frieden der Dienststelle zu beeinträchtigen. Dieses Gebot, das in Abs. 2 S. 2 durch das Verbot des Arbeitskampfes konkretisiert wird (vgl. Rn. 12), soll zusammen mit dem Verbot der parteipolitischen Betätigung in § 67 Abs. 1 S. 3 (vgl. § 67 Rn. 20 ff.) die **personalvertretungsrechtliche Friedenspflicht** sichern. Diese ergänzt das Gebot der vertrauensvollen Zusammenarbeit in § 2 Abs. 1 und ist ein Ausdruck der Konzeption des PersVR, die unterschiedlichen Interessen des Dienststellenleiters und der Personalvertretung nur in den Formen und Verfahren zu verfolgen, die das Gesetz dafür vorsieht oder zulässt (vgl. § 2 Rn. 2 ff.). Das Gebot des Abs. 2 S. 1 richtet sich einerseits an die für die **Dienststelle** handelnden Personen, also an den Dienststellenleiter und seine Vertreter (vgl. § 7 Rn. 1 ff.), andererseits an die **Personalvertretung** als Organ und an ihre einzelnen Mitglieder, allerdings an Letztere nur in ihrer Eigenschaft als Organmitglieder, nicht etwa in ihrer Eigenschaft als Beschäftigte. Es gilt für die **Personalversammlung** und die **Jugend- und Auszubildendenversammlung** entsprechend (vgl. § 51 Rn. 3; § 63 Rn. 9). 9

Das Gebot des Abs. 2 S. 1 dient dem **Zweck**, die Arbeit und den Frieden der Dienststelle vor Beeinträchtigungen zu schützen. Mit »**Arbeit der Dienststelle**« ist der Dienstbetrieb in seiner Gesamtheit gemeint. Sein ungestörter Ablauf soll gewährleistet werden, damit die Dienststelle funktionsfähig bleibt und die ihr obliegenden Aufgaben erfüllen kann. Unter »**Frieden der Dienststelle**« ist das störungsfreie Zusammenleben in der Dienststelle zu verstehen, und zwar sowohl das zwischen Dienststellenleiter einerseits und PR sowie Beschäftigten andererseits als auch das der Beschäftigten untereinander. Da beide Schutzgüter summarisch und nicht kumulativ aufgeführt sind, ist alles zu unterlassen, was geeignet ist, die Arbeit der Dienststelle **oder** den Frieden der Dienststelle zu beeinträchtigen. Unter »alles« sind dabei **alle Betätigungen** zu verstehen. Zu unterlassen und damit verboten sind (anders als nach § 74 Abs. 2 S. 2 BetrVG) nicht nur Betätigungen, die tatsächlich eine **Beeinträchtigung** der Arbeit oder des Friedens der Dienststelle verursachen. Verboten sind vielmehr bereits Betätigungen, die (nur) **geeignet** sind, eine solche Beeinträchtigung hervorzurufen. Erforderlich ist eine **konkrete Gefahr**, die nur dann vorliegt, wenn aufgrund konkreter Anhaltspunkte mit hoher Wahrscheinlichkeit alsbald eine Beeinträchtigung zu erwarten ist, was insb. dann der Fall sein kann, wenn eine vergleichbare Betätigung schon einmal zu einer solchen Störung geführt hat. Abs. 2 S. 1 enthält ein **Unterlassungsgebot**, aber kein Handlungsgebot. Die Personalvertretung ist deshalb nicht ver- 10

---

33 Vgl. *OVG NW* v. 22.10.79 – CL 57/78 –; KfdP-*Altvater*, Rn. 8.

§ 66 Friedenspflicht (Abs. 2)

pflichtet, aktiv darauf **hinzuwirken,** dass die Beschäftigten die Arbeit oder den Frieden der Dienststelle nicht beeinträchtigen.[34]

11 Betätigungen, die geeignet sind, die **Arbeit der Dienststelle** zu beeinträchtigen, sind insb. einseitige Handlungen des PR, durch die dieser entgegen § 74 Abs. 2 in den Dienstbetrieb eingreift (vgl. § 74 Rn. 5), z. B. indem er dazu auffordert, bestimmte Arbeiten nicht mehr zu verrichten oder bestimmte Weisungen des Dienststellenleiters nicht mehr zu befolgen,[35] oder indem er zu einer innerhalb der Arbeitszeit durchzuführenden außerordentlichen Personalversammlung aufruft, ohne das dafür erforderliche Einvernehmen mit dem Dienststellenleiter hergestellt zu haben.[36] Dem PR ist es jedoch nicht untersagt, die Beschäftigten darauf hinzuweisen, dass arbeitsschutzrechtliche Vorschriften einzuhalten sind (vgl. § 81 Rn. 7) oder bestimmte Anordnungen wegen Verletzung seiner Beteiligungsrechte rechtswidrig sind (vgl. § 68 Rn. 13). Betätigungen, die geeignet sind, den **Frieden der Dienststelle** zu beeinträchtigen, können v. a. dann gegeben sein, wenn Dienststellenleiter und PR Auseinandersetzungen führen, die entweder keine Grundlage im Geschehen der Dienststelle haben oder die nicht in den vom Gesetz vorgesehenen oder zugelassenen Formen erfolgen, außerdem, wenn die Beteiligungsrechte des PR wiederholt missachtet werden, wenn eine Seite in den Zuständigkeitsbereich der anderen Seite eingreift oder wenn sie über die andere Seite bewusst wahrheitswidrige Behauptungen verbreitet. **Keine unzulässigen Betätigungen** i. S. d. Abs. 2 S. 1 liegen vor, wenn die Personalvertretung im Rahmen ihrer **gesetzlichen Aufgaben und Befugnisse** tätig wird, und zwar auch dann, wenn dies zu Unruhe in der Dienststelle führt oder den Dienststellenleiter stört.

12 Abs. 2 S. 2 schreibt vor, dass Dienststelle und Personalvertretung insb. **keine Maßnahmen des Arbeitskampfes gegeneinander** durchführen dürfen. Da dies bereits aus Abs. 2 S. 1 ableitbar ist, hat Abs. 2 S. 2 nur konkretisierende und klarstellende Bedeutung. Das Arbeitskampfverbot richtet sich an die gleichen **Adressaten** wie das Unterlassungsgebot des Abs. 2 S. 1 (vgl. Rn. 9). Dem Dienststellenleiter und seinen Vertretern einerseits sowie der Personalvertretung und ihren einzelnen Mitgliedern (und auch der Personalversammlung und der Jugend- und Auszubildendenversammlung) andererseits sind Arbeitskampfmaßnahmen untersagt, die den anderen Teil zu einem bestimmten personalvertretungsrechtlichen oder sonstigen Verhalten zwingen sollen.[37] Verboten sind **alle Maßnahmen des Arbeitskampfes,** nicht nur Streik und Aussperrung, sondern auch alle anderen kollektiven Maßnahmen zur Störung der Arbeitsbezie-

---

34 Str.; vgl. KfdP-*Altvater*, Rn. 12.
35 Vgl. *OVG RP* v. 26. 1. 82 – 5 A 10/81 –, PersV 83, 27.
36 *BVerwG* v. 19. 9. 84 – 1 D 38.84 –, PersV 85, 112.
37 Vgl. *BAG* v. 17. 12. 76 – 1 AZR 772/75 – u. v. 7. 6. 88 – 1 AZR 372/86 –, AP GG Art. 9 Arbeitskampf Nr. 52 u. 106.

Friedenspflicht (Abs. 2) § 66

hungen, durch die die Gegenseite absichtlich unter Druck gesetzt werden soll, um ein bestimmtes Ziel zu erreichen.

Nach Abs. 2 S. 3 werden **Arbeitskämpfe tariffähiger Parteien** durch das personalvertretungsrechtliche Arbeitskampfverbot **nicht berührt.** Tariffähige Parteien sind zum einen die Gewerkschaften, zum anderen die Arbeitgeberverbände oder einzelne Arbeitgeber (vgl. § 2 Rn. 7). Die Zulässigkeit dieser Arbeitskämpfe richtet sich allein nach den von der Rspr. entwickelten **arbeitskampfrechtlichen Grundsätzen.** Die **Personalvertretung als Organ** darf sich an Arbeitskämpfen tariffähiger Parteien **nicht beteiligen.** Sie darf solche Arbeitskämpfe weder unterstützen noch behindern.[38] Das gilt auch für die einzelnen **Mitglieder der Personalvertretung** in ihrer Eigenschaft als Organmitglieder.[39] In ihrer Eigenschaft **als Arbeitnehmer und Gewerkschaftsmitglieder** können sie sich aber – unabhängig davon, ob sie nach § 46 Abs. 3 freigestellt sind oder nicht – wie jeder andere Arbeitnehmer der Dienststelle an einem rechtmäßigen Arbeitskampf **beteiligen.** Allerdings dürfen sie ihr Amt in der Personalvertretung **nicht missbräuchlich** ausnutzen.[40]

13

Die **Rechtsstellung der Personalvertretung** wird durch einen Arbeitskampf i. S. d. Abs. 2 S. 3 grundsätzlich nicht berührt. Die **einzelnen Mitglieder** der Personalvertretung bleiben **mit allen Rechten und Pflichten im Amt**, und zwar auch dann, wenn sie am Arbeitskampf beteiligt sind. Während des Arbeitskampfes bleibt die **Personalvertretung** als Organ **funktionsfähig** und hat ihre Aufgaben und Befugnisse weiterhin wahrzunehmen, also insb. Sitzungen, Sprechstunden und ggf. Personalversammlungen durchzuführen sowie die – den Vorstandsmitgliedern obliegenden – laufenden Geschäfte zu führen. Damit streikende oder ausgesperrte PR-Mitglieder ihr Amt ausüben können, darf ihnen der **Zutritt zur Dienststelle** nicht verwehrt werden.

14

Auch die **Beteiligungsrechte** der Personalvertretung bleiben während des Arbeitskampfes grundsätzlich bestehen. Nach st. Rspr. des *BAG* zum BetrVG sollen einzelne Beteiligungsrechte des Betriebsrats allerdings dann **arbeitskampfbedingten Einschränkungen** unterliegen,[41] wenn die Gefahr besteht, dass der Betriebsrat eine dem Arbeitgeber im Arbeitskampf sonst mögliche Abwehrmaßnahme verweigert und dadurch zum Nachteil des Arbeitgebers in das Kampfgeschehen eingreift, was z. B. bei bestimmten Einstellungen und Versetzungen sowie vorübergehenden Änderungen der betriebsüblichen Arbeitszeit angenommen wird. Diese Rspr.

15

---

38 Vgl. *BVerwG* v. 27.10.09 – 6 P 11.08 –, PersR 10, 74 [zu 2 b].
39 Vgl. *BAG* v. 21.2.78 – 1 ABR 54/76 –, AP BetrVG 1972 § 74 Nr. 1, u. v. 10.12.02 – 1 ABR 7/02 –, AP BetrVG 1972 § 80 Nr. 59.
40 Enger die überwiegende Meinung zum BetrVG; noch enger zum BPersVG *BVerwG* v. 23.2.94 – 1 D 65.91 –, PersR 94, 515; vgl. KfdP-*Altvater*, Rn. 18.
41 Vgl. Beschl. v. 10.12.02, a. a. O, m. w. N.; bestätigt durch Beschl. v. 13.12.11 – 1 ABR 2/10 – [PM 93/11], NZA 1/12, VI.

§ 66 Anrufung außenstehender Stellen (Abs. 3)

ist abzulehnen, weil der Gesetzgeber trotz Kenntnis des Konflikts keine arbeitskampfbezogenen Sonderregelungen für das BetrVR getroffen hat.[42] Das gilt auch für das PersVR.[43] Im Übrigen ist anerkannt, dass die **Unterrichtungsansprüche** auch während des Arbeitskampfes nicht entfallen.[44] Die Regelung von **Notdienstarbeiten** (Notstands- und Erhaltungsarbeiten), die während des Arbeitskampfes zu leisten sind, ist keine Aufgabe der Personalvertretung, sondern Sache der kämpfenden Gewerkschaft und des Arbeitgebers.[45]

16 (**Abs. 3**) Nach Abs. 3 dürfen **außenstehende Stellen** erst **angerufen** werden, wenn eine Einigung in der Dienststelle nicht erzielt worden ist. Die Vorschrift gilt wie die des Abs. 2 S. 1 einerseits für den Dienststellenleiter und seine Vertreter, andererseits für die Personalvertretung und ihre Mitglieder (vgl. Rn. 9). Sie verdeutlicht, dass bei Meinungsverschiedenheiten zwischen ihnen zunächst die **dienststelleninternen Möglichkeiten zur Verständigung auszuschöpfen** sind. Erst wenn dies trotz ernsthafter Bemühungen beider Seiten erfolglos geblieben ist, kommt die Anrufung anderer, außerhalb der Dienststelle stehender Stellen in Betracht. Im Hinblick darauf sind außenstehende Stellen i. S. d. Abs. 3 nur solche **externen Einrichtungen**, denen vom Gesetz die Kompetenz zugewiesen ist, im Nichteinigungsfall Streitigkeiten zwischen Dienststelle und Personalvertretung beizulegen.[46] Dazu gehören insb. die übergeordneten Dienststellen und die bei ihnen gebildeten Stufenvertretungen, die Einigungsstelle und die Gerichte. Unter dem **Anrufen** dieser Stellen ist deren Einschaltung zur Vermittlung oder Entscheidung zu verstehen, nicht jedoch zur Beratung oder Auskunft.[47] **Keine außenstehenden Stellen** i. S. d. Abs. 3 sind: die **Gewerkschaften** und **Arbeitgebervereinigungen**;[48] der **Bundesbeauftragte für den Datenschutz und die Informationsfreiheit**;[49] die **Medien** (vgl. Rn. 17); der **Bundestag**, an den sich aufgrund des allgemeinen Petitionsrechts nach Art. 17 GG jedes einzelne PR-Mitglied, aber auch der PR als Gremium wenden kann.[50]

17 Obwohl die **Medien** (Presse, Hörfunk und Fernsehen) nicht zu den außenstehenden Stellen gehören, weil ihnen keine streitschlichtende Funktion zukommt, ist der Zugang des PR zu dieser dienststellenexternen Öffent-

---

42 Vgl. hierzu u. zum Folgenden KfdP-*Altvater*, Rn. 21.
43 Vgl. *VG Ansbach* v. 26.4.93 – AN 7 P 92.02065 –, PersR 93, 372.
44 Vgl. *BAG* v. 10.12.02, a.a.O.
45 Str.; vgl. *BAG* v. 31.1.95 – 1 AZR 142/94 –, AP GG Art. 9 Arbeitskampf Nr. 135; KfdP-*Altvater*, Rn. 22.
46 *OVG NW* v. 27.6.83 – CB 18/82 –, PersV 84, 464; *HessVGH* v. 23.11.88 – BPV TK 3408/87 –, ZTR 89, 159.
47 Vgl. KfdP-*Altvater*, Rn. 23.
48 *BayVGH* v. 27.1.81 – 18 C 80 A.1026 –, PersV 82, 287; *OVG NW* v. 27.6.83, a.a.O.
49 Vgl. BT-Drs. 11/6458, S. 32.
50 Vgl. KfdP-*Altvater*, Rn. 24.

lichkeit (v. a. durch Pressemitteilungen oder -konferenzen) nicht ohne Weiteres zulässig, sondern bedarf einer besonderen **Interessenabwägung**. Grundsätzlich ist die dienststellenexterne Öffentlichkeit dem PR zugänglich, wenn die Angelegenheit in seinen Zuständigkeitsbereich fällt, eine Einigung in der Dienststelle versucht, aber nicht erreicht worden ist, die Initiative des PR für den Dienststellenleiter aus dem Grundsatz der vertrauensvollen Zusammenarbeit heraus nicht überraschend kommt, die Schweigepflicht (§ 10 Rn. 19) und die Friedenspflicht (vgl. Rn. 9 ff.) nicht verletzt werden und nicht gegen das Gebot der objektiven und neutralen Amtsführung (vgl. § 67 Rn. 19) verstoßen wird.[51]

§ 67 [Behandlung der Angehörigen der Dienststelle sowie politische und gewerkschaftliche Betätigung]

(1) ¹Dienststelle und Personalvertretung haben darüber zu wachen, dass alle Angehörigen der Dienststelle nach Recht und Billigkeit behandelt werden, insbesondere, dass jede Benachteiligung von Personen aus Gründen ihrer Rasse oder wegen ihrer ethnischen Herkunft, ihrer Abstammung oder sonstigen Herkunft, ihrer Nationalität, ihrer Religion oder Weltanschauung, ihrer Behinderung, ihres Alters, ihrer politischen oder gewerkschaftlichen Betätigung oder Einstellung oder wegen ihres Geschlechts oder ihrer sexuellen Identität unterbleibt. ²Dabei müssen sie sich so verhalten, daß das Vertrauen der Verwaltungsangehörigen in die Objektivität und Neutralität ihrer Amtsführung nicht beeinträchtigt wird. ³Der Leiter der Dienststelle und die Personalvertretung haben jede parteipolitische Betätigung in der Dienststelle zu unterlassen; die Behandlung von Tarif-, Besoldungs- und Sozialangelegenheiten wird hierdurch nicht berührt.

(2) Beschäftigte, die Aufgaben nach diesem Gesetz wahrnehmen, werden dadurch in der Betätigung für ihre Gewerkschaft auch in der Dienststelle nicht beschränkt.

(3) Die Personalvertretung hat sich für die Wahrung der Vereinigungsfreiheit der Beschäftigten einzusetzen.

Der Paragraph enthält in **Abs. 1 S. 1** ein auf die Behandlung der Angehörigen der Dienststelle gerichtetes Überwachungsgebot (vgl. Rn. 2 ff.), in **Abs. 1 S. 2** ein Gebot der Objektivität und Neutralität der Amtsführung (vgl. Rn. 19), in **Abs. 1 S. 3** ein Verbot parteipolitischer Betätigung in der Dienststelle (vgl. Rn. 20 ff.), in **Abs. 2** eine Regelung zur gewerkschaftlichen Betätigung in der Dienststelle (vgl. Rn. 26 ff.) und in **Abs. 3** ein Gebot zur Wahrung der Koalitionsfreiheit (vgl. Rn. 30). Durch Art. 3 Abs. 4 des Gesetzes zur Umsetzung europäischer Richtlinien zur Verwirk-

1

---

51 Vgl. KfdP-*Altvater*, Rn. 25 m. N.

§ 67 Behandlung der Angehörigen der Dienststelle ...

lichung des Grundsatzes der Gleichbehandlung v. 14. 8. 06[52] hat Abs. 1 S. 1 eine **neue Fassung** erhalten (vgl. Rn. 7).

2 (Abs. 1 S. 1) Nach Abs. 1 S. 1 haben Dienststelle und Personalvertretung darüber zu wachen, dass alle Angehörigen der Dienststelle nach Recht und Billigkeit behandelt werden. Dieses **Überwachungsgebot** richtet sich an die für die **Dienststelle** handelnden Personen, also an den Dienststellenleiter und seine Vertreter (vgl. § 7 Rn. 1 ff.), sowie an die **Personalvertretung** als Organ und an ihre einzelnen Mitglieder, wenn und soweit diese personalvertretungsrechtliche Aufgaben wahrnehmen. Dabei sind unter »Personalvertretung« sowohl der örtliche **PR** als auch **BPR, HPR und GPR** zu verstehen (vgl. § 54 Rn. 1 u. § 56 Rn. 1). Nicht gemeint sind jedoch JAV, BJAV, HJAV und GJAV; das ergibt sich daraus, dass in § 62 S. 1 sowie § 64 Abs. 1 S. 2 und Abs. 2 S. 2 (unmittelbar oder mittelbar) nur auf § 67 Abs. 1 S. 3 verwiesen ist und dass JAV, BJAV, HJAV und GJAV keine selbständigen Personalvertretungen sind und gegenüber dem Dienststellenleiter keine eigenen Beteiligungsrechte haben (vgl. § 57 Rn. 2).[53]

3 Das Gebot des Abs. 1 S. 1 bezieht sich auf die Behandlung **aller Angehörigen der Dienststelle.** Dieser Personenkreis geht einerseits über den Kreis der **Beschäftigten** i. S. d. § 4 und der diesen nach § 49 Abs. 2 S. 1 SBG ggf. gleichgestellten **Soldaten** (vgl. Anh. V B § 49 SBG Rn. 5) hinaus, umfasst andererseits aber nicht alle in der Dienststelle tätigen Personen und weicht insoweit von der entsprechenden Vorschrift des § 75 Abs. 1 S. 1 BetrVG ab. Erforderlich ist bei fehlender Beschäftigteneigenschaft ein Minimum an Rechtsbeziehungen zwischen dem Träger der Dienststelle und der in der Dienststelle tätigen Person, auf deren Grundlage diese Person **vergleichbar einem Beschäftigten von der Dienststelle eingesetzt** wird. Dazu gehören außer den Personen, die nach § 4 Abs. 5 nicht als Beschäftigte gelten, auch Soldaten, die nach § 2 SBG Vertrauenspersonen wählen (vgl. Anh. V B § 2 SBG Rn. 1 ff., § 49 SBG Rn. 2 u. § 50 SBG Rn. 1 ff.), Helfer im freiwilligen sozialen oder ökologischen Jahr, Freiwillige im Bundesfreiwilligendienst und »erwerbsfähige Leistungsberechtigte« i. S. d. Grundsicherung für Arbeitsuchende (vgl. § 4 Rn. 14) sowie solche Personen, die von der Dienststelle aufgrund eines Gestellungs- oder Arbeitnehmerüberlassungsvertrages wie eigene Beamte oder Arbeitnehmer bzw. Auszubildende eingesetzt werden (vgl. § 75 Rn. 14 ff.). Nicht dazu gehören jedoch Arbeitnehmer eines anderen Arbeitgebers (z. B. Bau- oder Montagearbeitnehmer), die von diesem aufgrund eines mit dem Träger der Dienststelle abgeschlossenen Werk- oder Dienstvertrages als Erfüllungsgehilfen in der Dienststelle eingesetzt werden. Grundsätzlich gilt das Gebot des Abs. 1 S. 1 nicht für Personen, die **noch nicht** oder **nicht mehr** Angehörige der Dienststelle sind. Zu beachten ist es jedoch auch bei Entscheidungen über die Einstellung **externer Bewerber** (vgl. § 6 Abs. 1

---

52 BGBl. I S. 1897.
53 Str.; vgl. KfdP-*Altvater*, Rn. 2 m. N.

S. 2 AGG; § 75 Abs. 1 Nr. 1, § 76 Abs. 1 Nr. 1) oder über die betriebliche Altersversorgung **ausgeschiedener Beschäftigter** (vgl. § 75 Rn. 97, 103).

Das Gebot des Abs. 1 S. 1 dient dem **Schutz der Angehörigen der Dienststelle** in ihrer Eigenschaft als abhängig Beschäftigte i. w. S. Es begründet für den Dienststellenleiter und seine Vertreter und Beauftragten sowie für die Personalvertretung und ihre Mitglieder **die Pflicht und das Recht zur Überwachung** der Einhaltung der in der Vorschrift genannten allgemeinen Grundsätze. Beide Seiten müssen gemeinsam, aber auch jeweils für sich für die Einhaltung dieser Grundsätze Sorge tragen und sich bei deren Verletzung um Abhilfe bemühen (vgl. § 68 Rn. 13).[54] Dabei kann die Personalvertretung **unabhängig von konkreten Anlässen oder Beschwerden** betroffener Beschäftigter aktiv werden. Damit sie ihre Überwachungsaufgabe erfüllen kann, hat die Dienststelle ihr nach § 68 Abs. 2 S. 1 und 2 alle erforderlichen **Informationen** zur Verfügung zu stellen; dafür gilt das Gleiche wie für die Wahrnehmung der Überwachungsbefugnis nach § 68 Abs. 1 Nr. 2 (vgl. § 68 Rn. 12). Auch bei ihren **eigenen Entscheidungen** dürfen Dienststellenleiter und Personalvertretung nicht gegen die Grundsätze des Abs. 1 S. 1 verstoßen.[55]

Das Gebot des Abs. 1 S. 1 bezieht sich auf die Behandlung der Angehörigen der Dienststelle nach **Recht und Billigkeit**. Unter **Recht** sind die zugunsten der Dienststellenangehörigen geltenden geschriebenen und ungeschriebenen Rechtsnormen zu verstehen: die Gesetze i. S. d. § 2 Abs. 1 sowie die Normen in Tarifverträgen und in Dienstvereinbarungen (vgl. § 2 Rn. 6, § 73 Rn. 8). Die Beachtung des Rechts erfordert ein Verhalten, das in jeder Beziehung dem geltenden Recht entspricht, insb. dadurch, dass die Rechtsansprüche der Dienststellenangehörigen anerkannt und erfüllt werden. Mit **Billigkeit** ist die Gerechtigkeit im Einzelfall gemeint. Ihre Beachtung besteht darin, dass auf die berechtigten persönlichen, sozialen und wirtschaftlichen Belange des einzelnen Dienststellenangehörigen Rücksicht genommen wird, soweit dies im Rahmen des geltenden Rechts unter Wahrung der Funktionsfähigkeit der Dienststelle und der berechtigten Interessen anderer Dienststellenangehöriger möglich ist. Erhebliche Bedeutung kommt diesem Grundsatz zu, wenn Ermessensentscheidungen zu treffen sind.

Wichtige Bestandteile des Gebots zur Behandlung der Dienststellenangehörigen nach Recht und Billigkeit sind die **Grundsätze der Gleichbehandlung** abhängig Beschäftigter. In Betracht kommen:

- der **allgemeine Gleichheitssatz des Art. 3 Abs. 1 GG**, der eine Ungleichbehandlung ohne sachlichen Grund verbietet, der **Gleichberechtigungssatz des Art. 3 Abs. 2 GG**, der nicht nur eine ungleiche Behandlung von Männern und Frauen verbietet, sondern auch einen

---

54 *BVerwG* v. 27. 7. 83 – 6 P 42.80 –, PersV 85, 66.
55 Vgl. *BAG* v. 23. 3. 10 – 1 AZR 832/08 –, AP BetrVG 1972 § 75 Nr. 55.

§ 67 Behandlung der Angehörigen der Dienststelle ...

Auftrag zur Förderung der Gleichberechtigung enthält, und der **spezielle Gleichheitssatz des Art. 3 Abs. 3 GG**, der eine Benachteiligung oder Bevorzugung nach bestimmten, ausdrücklich genannten Merkmalen verbietet;

- das **Diskriminierungsverbot des Art. 9 Abs. 3 S. 2 GG**, wonach Abreden, die das in Art. 9 Abs. 3 S. 1 GG gewährleistete Grundrecht der Koalitionsfreiheit einschränken oder zu behindern suchen, nichtig und hierauf gerichtete Maßnahmen rechtswidrig sind;

- die **speziellen Gleichheitssätze des Art. 33 Abs. 2 und 3**, die die eignungswidrige Ungleichbehandlung beim Zugang zu öffentlichen Ämtern bzw. die religiöse oder weltanschauliche Ungleichbehandlung bei der Zulassung zu öffentlichen Ämtern und bei den im öffentlichen Dienst erworbenen Rechten verbieten;

- der im Privatrecht wurzelnde und auch für Arbeitsverhältnisse im öffentlichen Dienst geltende **arbeitsrechtliche Gleichbehandlungsgrundsatz**, der jede unsachliche Differenzierung zum Nachteil einzelner Arbeitnehmer oder Arbeitnehmergruppen verbietet, auch wenn sie nicht aus den Gründen des Art. 3 Abs. 3 GG erfolgt.

7   Der mit »insbesondere« beginnende Satzteil des Abs. 1 S. 1 enthält eine **Konkretisierung des Grundsatzes von Recht und Billigkeit.** Dazu hieß es in der ursprünglichen Fassung, dass »jede unterschiedliche Behandlung von Personen wegen ihrer Abstammung, Religion, Nationalität, Herkunft, politischen oder gewerkschaftlichen Betätigung oder Einstellung oder wegen ihres Geschlechtes unterbleibt«. In der durch das Gesetz v. 14.8.06 (vgl. Rn. 1) geschaffenen neuen Fassung wird zum einen »jede Benachteiligung« verboten, zum anderen ist die bisherige beispielhafte Aufzählung verbotener Unterscheidungsmerkmale durch eine entsprechende **beispielhafte Aufzählung unzulässiger Benachteiligungsgründe** ersetzt worden, in der zusätzlich die Merkmale Rasse, ethnische Herkunft, Weltanschauung, Behinderung, Alter und sexuelle Identität aufgeführt sind. Bei der Überwachung der Einhaltung der Benachteiligungsverbote haben Dienststellenleiter und Personalvertretung insb. die **Vorschriften des Allgemeinen Gleichbehandlungsgesetzes (AGG)** zu beachten. Den Begriffsbestimmungen des § 3 AGG, die aus den Antidiskriminierungsvorschriften der EG übernommen sind, lässt sich entnehmen, dass sowohl die unmittelbare als auch die mittelbare Benachteiligung verboten ist. Eine **unmittelbare Benachteiligung** liegt vor, wenn eine Person wegen eines in Abs. 1 S. 1 genannten Grundes eine weniger günstige Behandlung erfährt, als eine andere Person in einer vergleichbaren Situation erfährt, erfahren hat oder erfahren würde (vgl. § 3 Abs. 1 S. 1 AGG). Eine **mittelbare Benachteiligung** liegt vor, wenn dem Anschein nach neutrale Vorschriften, Kriterien oder Verfahren Personen wegen eines in Abs. 1 S. 1 genannten Grundes gegenüber anderen Personen in besonderer Weise benachteiligen können, es sei denn, die betreffenden Vor-

schriften, Kriterien oder Verfahren sind durch ein rechtmäßiges Ziel sachlich gerechtfertigt und die Mittel sind zur Erreichung dieses Ziels angemessen und erforderlich (vgl. § 3 Abs. 2 AGG). Eine Benachteiligung kann auch in einer **Belästigung** bestehen. Das ist grundsätzlich dann der Fall, wenn unerwünschte Verhaltensweisen, die mit einem in Abs. 1 S. 1 genannten Grund in Zusammenhang stehen, bezwecken oder bewirken, dass die Würde der betreffenden Person verletzt und ein von Einschüchterungen, Anfeindungen, Erniedrigungen, Entwürdigungen oder Beleidigungen gekennzeichnetes Umfeld geschaffen wird (vgl. § 3 Abs. 3 AGG). Die Vorschriften des AGG über den Schutz der Beschäftigten vor Benachteiligung enthalten **Ausnahmeregelungen über die zulässige unterschiedliche Behandlung** wegen beruflicher Anforderungen, wegen der Religion oder der Weltanschauung und wegen des Alters (§§ 8–10 AGG). Außerdem ist nach der allgemeinen Vorschrift über **positive Maßnahmen** eine unterschiedliche Behandlung auch zulässig, wenn durch geeignete und angemessene Maßnahmen bestehende Nachteile wegen eines in § 1 AGG genannten Grundes verhindert oder ausgeglichen werden sollen (§ 5 AGG).

Die Verwendung des Merkmals **Rasse** bedeutet keine Akzeptanz von Theorien über die Existenz verschiedener menschlicher Rassen, sondern soll – weil »Rasse« den sprachlichen Anknüpfungspunkt für »Rassismus« bildet – wegen seiner Signalwirkung für die konsequente Bekämpfung rassistischer Tendenzen genutzt werden. Mit dem Merkmal **ethnische Herkunft** soll vor Benachteiligung wegen des Herkommens aus bestimmten ethnischen Gruppierungen geschützt werden, nämlich aus Bevölkerungsteilen, die durch gemeinsame Herkunft, Geschichte, Kultur oder Zusammengehörigkeitsgefühl verbunden sind.   8

Unter **Abstammung** wird die biologische Beziehung eines Menschen zu seinen Vorfahren verstanden, unter sonstiger **Herkunft** insb. das durch die soziale Stellung der Eltern begründete Herkommen aus einer bestimmten sozialen Schicht sowie die eheliche oder nichteheliche Geburt. Das im Unterschied zu Art. 3 Abs. 3 S. 1 GG in Abs. 1 S. 1 nicht aufgeführte Merkmal der **Heimat** ist ein Unterfall der Herkunft, nämlich die örtliche Herkunft nach Geburt oder Ansässigkeit.   9

Unter der **Nationalität** ist die Staatsangehörigkeit zu verstehen. Einschränkungen des Verbots der Benachteiligung wegen der Nationalität ergeben sich jedoch aus dem Beamtenrecht (vgl. § 7 Abs. 1 Nr. 1, Abs. 2 u. 3 BBG sowie Art. 39 Abs. 4 EGV [jetzt Art. 45 Abs. 4 AEUV]).   10

Den Merkmalen **Religion und Weltanschauung** ist gemeinsam, dass ihnen eine Gewissheit über bestimmte Aussagen zum Weltganzen sowie zur Herkunft und zum Ziel menschlichen Lebens zugrunde liegt. Während der Begriff der Religion auf die Zugehörigkeit zu einer Kirche oder einer anderen christlichen oder nichtchristlichen Glaubensgemeinschaft zielt, bezieht sich der Begriff der Weltanschauung auf eine nicht religionsorien-   11

§ 67 Behandlung der Angehörigen der Dienststelle ...

tierte Sinndeutung, ohne dass es dabei auf die Zugehörigkeit zu einer Gemeinschaft ankommt.

12 Der Begriff **Behinderung** ist in § 2 Abs. 1 SGB IX und § 3 BGG definiert. Danach sind Menschen behindert, wenn ihre körperliche Funktion, geistige Fähigkeit oder seelische Gesundheit mit hoher Wahrscheinlichkeit länger als sechs Monate von dem für das Lebensalter typischen Zustand abweichen und daher ihre Teilhabe am Leben in der Gesellschaft beeinträchtigt ist. Eine Schwerbehinderung, die nach § 2 Abs. 2 SGB IX erst bei einem Grad der Behinderung von wenigstens 50 vorliegt, ist nicht erforderlich.[56] Das Diskriminierungsverbot wegen des Merkmals der Behinderung erstreckt sich auch auf selbst nicht behinderte Personen, die wegen ihrer Verbindung zu einem behinderten Menschen benachteiligt werden (**drittbezogene Benachteiligung**).[57]

13 Der Begriff **Alter** meint jedes Lebensalter. Das darauf bezogene Verbot des Abs. 1 S. 1 soll vor Benachteiligungen schützen, die an das jeweils konkrete Lebensalter anknüpfen, betrifft also nicht nur ältere Beschäftigte. Eine unterschiedliche Behandlung wegen des Alters ist (nur) unter den Voraussetzungen von § 5, § 8 Abs. 1 oder § 10 AGG zulässig.[58]

14 Unter **politischer Betätigung oder Einstellung** ist (anders als in Abs. 1 S. 3) nicht nur parteipolitische (vgl. Rn. 23), sondern jegliche politische Betätigung oder Einstellung zu verstehen, also auch eine solche, die parteiunabhängig erfolgt oder besteht. Das Benachteiligungsverbot des Abs. 1 S. 1 bezieht sich seinem Wortlaut nach sowohl auf das »Haben« politischer Überzeugungen (**Einstellung**) als auch auf das Verhalten, mit dem diese Überzeugungen geäußert und umgesetzt werden (**Betätigung**). Auch den Angehörigen des öffentlichen Dienstes ist die politische Betätigung nicht untersagt. Dazu gehören ggf. auch die Mitgliedschaft und die Mitarbeit in einer politischen Partei oder in einer anderen politischen Vereinigung. Allerdings haben Beamte nach § 60 Abs. 2 BBG bei politischer Betätigung diejenige **Mäßigung und Zurückhaltung** zu wahren, die sich aus ihrer Stellung gegenüber der Allgemeinheit und aus der Rücksicht auf die Pflichten ihres Amtes ergeben. Dieses Gebot der Mäßigung und Zurückhaltung soll nach der Rspr. des *BAG* auch für Angestellte des öffentlichen Dienstes gelten.[59] Außerdem müssen **Beamte** sich durch ihr gesamtes Verhalten zu der freiheitlichen demokratischen Grundordnung i. S. d. GG bekennen und für deren Erhaltung eintreten (§ 60 Abs. 1 S. 3 BBG; **Verfassungstreuepflicht**, die durch Art. 33 Abs. 2 u. 5 GG vorgegeben ist und überwiegend als »politische Treuepflicht« bezeichnet wird).[60] Auch für

---

56 Vgl. *BAG* v. 27.1.11 – 8 AZR 580/09 –, NZA 11, 737.
57 *EuGH* v. 17.7.08 – C-303/06 –, NZA 08, 932.
58 Vgl. KfdP-*Altvater*, Rn. 14.
59 Urt. v. 2.3.82 – 1 AZR 694/79 –, AP GG Art. 5 Meinungsfreiheit Nr. 8.
60 Vgl. *BVerfG* v. 22.5.75 – 2 BvL 13/73 –, BVerfGE 39, 334, u. *BVerwG* v. 10.5.84 – 1 D 7.83 –, DVBl. 84, 955.

Arbeitnehmer im öffentlichen Dienst besteht unabhängig von tarifvertraglichen Regelungen (vgl. § 41 S. 2 TVöD) eine aus Art. 33 Abs. 2 GG abzuleitende Verfassungstreuepflicht.[61]

Das in Abs. 1 S. 1 enthaltene Benachteiligungsverbot wegen **gewerkschaftlicher Betätigung oder Einstellung** entspricht dem verfassungsrechtlichen Diskriminierungsverbot des Art. 9 Abs. 3 S. 2 GG (vgl. Rn. 6). Das Adjektiv »**gewerkschaftlich**« bezieht sich auf Gewerkschaften i. S. d. Arbeitsrechts einschl. solcher Vereinigungen, die sich ausschließlich aus Beamten zusammensetzen und die mit Ausnahme der Tariffähigkeit und Streikbereitschaft alle sonstigen Voraussetzungen des arbeitsrechtlichen Gewerkschaftsbegriffs erfüllen (vgl. § 2 Rn. 7). Zur gewerkschaftlichen **Betätigung** gehört z. B. die Übernahme von Funktionen in gewerkschaftlichen Gremien, das Tätigwerden als gewerkschaftliche Vertrauensperson, die Teilnahme an gewerkschaftlichen Aktionen oder das Verteilen gewerkschaftlichen Informations- und Werbematerials. Zur gewerkschaftlichen **Einstellung** gehören nicht nur gewerkschaftliche Überzeugungen, sondern auch Handlungen, mit denen diese Überzeugungen nach außen kundgetan werden, wie z. B. das Vertreten von gewerkschaftlichen Positionen in Personalversammlungen oder in Publikationen. Nach h. M. soll das Kriterium der gewerkschaftlichen Einstellung auch die Ablehnung von gewerkschaftlichem Engagement umfassen. Das wird daraus abgeleitet, dass Art. 9 Abs. 3 GG nach der Rspr. des *BVerfG*[62] und des *BAG*[63] sowie der h. M. in der Literatur auch die **negative Koalitionsfreiheit** schützt, also das Recht, einer Gewerkschaft fernzubleiben oder aus ihr auszutreten. Kein Verstoß gegen das Benachteiligungsverbot des Abs. 1 S. 1 liegt jedoch vor, wenn den tarifgebundenen Arbeitnehmern das im **Tarifvertrag** vereinbarte Arbeitsentgelt, den nichttarifgebundenen dagegen ein niedrigeres Entgelt gezahlt wird, weil sich dies aus der Wirkung des Tarifvertrages ergibt, der auf dem Prinzip der Tarifgebundenheit beruht.[64]

15

Das in Abs. 1 S. 1 enthaltene Verbot der Benachteiligung wegen des **Geschlechts** entspricht dem speziellen verfassungsrechtlichen Gleichheitssatz des Art. 3 Abs. 3 S. 1 GG (vgl. Rn. 6). Dabei kommt dem Verbot der **mittelbaren Benachteiligung** besondere Bedeutung zu (vgl. Rn. 7). Unzulässige mittelbare Benachteiligungen liegen in aller Regel vor, wenn dabei zum Nachteil von Teilzeitbeschäftigten differenziert wird. Nach dem Geschlecht **differenzierende Regelungen** sind nur ausnahmsweise zulässig, »soweit sie zur Lösung von Problemen, die ihrer Natur nach nur entweder bei Männern oder bei Frauen auftreten können, zwingend er-

16

---

61 Vgl. *BVerfG* v. 22.5.75, a.a.O.; *BAG* v. 31.3.76 – 5 AZR 104/74 – u. v. 6.2.80 – 5 AZR 848/77 –, AP GG Art. 33 Abs. 2 Nr. 2 u. 5, sowie v. 6.6.84 – 7 AZR 456/82 –, AP KSchG 1969 § 1 Verhaltensbedingte Kündigung Nr. 11.
62 Urt. v. 1.3.79 – 1 BvR 532/77 u.a. – u. Beschl. v. 14.6.83 – 2 BvR 488/80 –, BVerfGE 50, 290, u. 64, 208.
63 Beschl. v. 29.11.67 – GS 1/67 –, AP GG Art. 9 Nr. 13.
64 Vgl. KfdP-*Altvater*, Rn. 16.

forderlich sind«.[65] Dagegen können funktionale Unterschiede zwischen den Geschlechtern, die durch die überkommene Rollenverteilung in Familie und Arbeitswelt bestimmt sind, Differenzierungen grundsätzlich nicht mehr rechtfertigen, es sei denn, dass es darum geht, diese Rollenverteilung durch Regelungen zu überwinden, die Frauen begünstigen sollen. Das ergibt sich aus dem verfassungsrechtlichen **Gleichberechtigungssatz des Art. 3 Abs. 2 GG.** Dieser begründet eine grundrechtliche Schutzpflicht zugunsten der Frauen und enthält den bindenden Auftrag, die Gleichberechtigung der Geschlechter in der gesellschaftlichen Wirklichkeit durchzusetzen, insb., indem faktische Nachteile, die typischerweise Frauen treffen, durch begünstigende Regelungen ausgeglichen werden.[66] Der Erfüllung dieses Verfassungsauftrags dienen das **Bundesgleichstellungsgesetz** (BGleiG) sowie die allgemeine Aufgabe der Personalvertretung nach § **68 Abs. 1 Nr. 5 a** und das Mitbestimmungsrecht nach § **76 Abs. 2 Nr. 10** (vgl. § 68 Rn. 19, § 76 Rn. 61). Hinzu kommen jene Vorschriften des **AGG** (vgl. Rn. 7), die den Schutz vor Benachteiligungen wegen des Geschlechts in Beschäftigung und Beruf gewährleisten sollen.

17 Zu der von Dienststelle und Personalvertretung zu überwachenden Einhaltung des Verbots der Benachteiligung wegen des Geschlechts gehört es auch, **sexuelle Belästigungen** von Dienststellenangehörigen nicht zuzulassen. Nach § 2 Abs. 1 Nr. 1 bis 4 i. V. m. § 3 Abs. 4 AGG ist eine sexuelle Belästigung eine Benachteiligung, wenn ein unerwünschtes sexuell bestimmtes Verhalten bezweckt oder bewirkt, dass die Würde der betreffenden Person verletzt wird.[67]

18 Das Verbot der Benachteiligung wegen der **sexuellen Identität** war bis zur Neufassung des Abs. 1 S. 1 im Verbot der Benachteiligung wegen des Geschlechts mit enthalten. Es bezieht sich auf diejenige sexuelle Ausrichtung, die als identitätsprägend wahrgenommen wird, und soll homosexuelle Männer und Frauen ebenso schützen wie transsexuelle, bisexuelle und heterosexuelle Menschen.

18a Die **Aufzählung unzulässiger Benachteiligungsgründe** in Abs. 1 S. 1 ist nur **beispielhaft**. Das Überwachungsgebot erstreckt sich auch darauf, dass Benachteiligungen aus **anderen Gründen** unterbleiben. Das gilt im Hinblick auf Art. 3 Abs. 3 S. 1 GG z. B. für die **Sprache**. Die Festlegung des Deutschen als Amtssprache und seine Kenntnis als Eignungsvoraussetzung wird jedoch nicht ausgeschlossen.[68] Das Überwachungsgebot bezieht sich auch auf die Beachtung des im **Gendiagnostikgesetz** normier-

---

65 *BVerfG* v. 28. 1. 92 – 1 BvR 1025/82 u. a. –, BVerfGE 85, 191.
66 *BVerfG* v. 28. 1. 92, a. a. O., sowie v. 16. 11. 93 – 1 BvR 258/86 – u. v. 24. 1. 95 – 1 BvL 18/93 u. a. –, BVerfGE 89, 276, u. 92, 91.
67 Vgl. *BAG* v. 9. 6. 11 – 2 AZR 323/10 –, NZA 11, 1342.
68 Vgl. KfdP-*Altvater*, Rn. 19; *BAG* v. 28. 1. 10 – 2 AZR 764/08 –, NZA 10, 625, (Beherrschung der deutschen Schriftsprache), u. v. 22. 6. 11 – 8 AZR 48/10 –, NZA 11, 1226 (Deutschkurs zum Erwerb arbeitsnotwendiger Sprachkenntnisse).

ten (für Beamte des Bundes entsprechend geltenden) arbeitsrechtlichen Benachteiligungsverbots (§§ 21, 22 GenDG), welches im Wesentlichen vorsieht, dass Arbeitnehmer (und Beamte) in ihrem Beschäftigungsverhältnis nicht wegen ihrer oder der **genetischen Eigenschaften** einer genetisch verwandten Person benachteiligt werden dürfen.[69]

(Abs. 1 S. 2) Nach Abs. 1 S. 2 müssen »sie«, d. h. Dienststelle und Personalvertretung, sich »dabei«, nämlich bei der Wahrnehmung ihrer in Abs. 1 S. 1 geregelten Überwachungsaufgabe, so verhalten, dass das Vertrauen der »Verwaltungsangehörigen« (d. h. der Angehörigen der Dienststelle i. S. d. Abs. 1 S. 1 [vgl. Rn. 3]) in die **Objektivität und Neutralität** ihrer Amtsführung nicht beeinträchtigt wird. Für die **Personalvertretung** ergibt sich dieses Gebot bereits daraus, dass sie die Repräsentantin aller Beschäftigten der Dienststelle ist (vgl. § 1 Rn. 19).[70] Sie muss deshalb alles unterlassen, was Zweifel an ihrer objektiven und neutralen Amtsführung aufkommen lassen könnte. Das gilt auf der anderen Seite auch für den **Dienststellenleiter,** der sich wegen seiner Funktion als Repräsentant des Arbeitgebers und Dienstherrn gegenüber den Beschäftigten strikt neutral zu verhalten hat (vgl. § 24 Rn. 3). Im Verhältnis zueinander sind Personalvertretung und Dienststellenleiter jedoch in einen natürlichen Interessengegensatz hineingestellt, der sie auch bei der Wahrnehmung ihrer Überwachungsaufgabe gem. Abs. 1 S. 1 zu »Gegenspielern« macht (vgl. § 2 Rn. 2).[71]

19

(Abs. 1 S. 3) Nach Abs. 1 S. 3 haben der Leiter der Dienststelle und die Personalvertretung grundsätzlich jede **parteipolitische Betätigung** in der Dienststelle zu unterlassen. Die Vorschrift gilt einerseits ebenso wie Abs. 1 S. 1 nicht nur für den **Dienststellenleiter,** sondern auch für seine **Vertreter,** weil sie in dieser Funktion wie der Dienststellenleiter für die Dienststelle handeln (vgl. Rn. 2). Andererseits gilt sie für die **Personalvertretung** als Organ und für ihre einzelnen Mitglieder in ihrer Eigenschaft als Organmitglieder (vgl. § 66 Rn. 9). Unter »Personalvertretung« sind nicht nur wie in Abs. 1 S. 1 örtlicher **PR, BPR, HPR und GPR** zu verstehen, sondern aufgrund der Verweisungen in § 62 S. 1 sowie § 64 Abs. 1 S. 2 und Abs. 2 S. 2 auch **JAV, BJAV, HJAV und GJAV.** Außerdem gilt Abs. 1 S. 3 für die **Personalversammlung** und die **Jugend- und Auszubildendenversammlung** entsprechend (vgl. § 51 Rn. 4; § 63 Rn. 9).

20

Das Verbot der parteipolitischen Betätigung in der Dienststelle dient ebenso wie die Friedenspflicht nach § 66 Abs. 2 Abs. 1 dem **Zweck,** die Arbeit und den Frieden der Dienststelle vor Beeinträchtigungen zu schützen (vgl. § 66 Rn. 10). Da das Gesetz den von Abs. 1 S. 3 erfassten Organen und Organmitgliedern eine parteipolitische Betätigung in der Dienststelle ge-

21

---
69 Vgl. BT-Drs. 16/10532, S. 39 [zu § 21].
70 *BVerwG* v. 10.10.90 – 6 P 22.88 –, PersR 91, 27, m. w. N.
71 *BVerwG* v. 21.10.93 – 6 P 18.91 –, PersR 94, 165.

§ 67 Objektivität und Neutralität, parteipolitische Betätigung

nerell untersagt, sieht es darin eine **abstrakte Gefahr für die Arbeit oder den Frieden der Dienststelle** und lässt diese genügen. Nach der Rspr. des *BVerfG*[72] ist die Vorschrift **verfassungsrechtlich** unbedenklich.

22 Die **parteipolitische Betätigung** ist von der politischen Betätigung i. S. d. Abs. 1 S. 1 zu unterscheiden (vgl. Rn. 14). Gemeint ist die Betätigung für oder gegen eine **politische Partei.** Dabei handelt es sich um Parteien i. S. d. Art. 21 GG und des § 2 ParteiG (einschl. verbotener verfassungswidriger Parteien und politischer Vereinigungen i. S. d. § 2 Abs. 2 und 3 ParteiG) sowie um sog. Rathausparteien und kommunale Wählervereinigungen.[73] Das *BAG*[74] und die h. M. sehen dagegen bereits in dem Eintreten für eine »**politische Richtung**« eine nach Abs. 1 S. 3 verbotene Betätigung. Das ist jedoch abzulehnen, weil damit die politische Betätigung schlechthin untersagt und die im BetrVG (vgl. § 74 Abs. 2 S. 3 sowie § 75 Abs. 1 u. § 118 Abs. 1 Nr. 1), in den PersVG (vgl. § 105 BPersVG) und in anderen Gesetzen (vgl. § 60 Abs. 2 BBG, § 33 Abs. 2 BeamtStG, § 15 SG, § 29 ZDG) vorgenommene Unterscheidung zwischen politischer und parteipolitischer Betätigung aufgehoben wird. Eine **Aufforderung zur Teilnahme an politischen Wahlen oder Abstimmungen** ist jedenfalls keine parteipolitische Betätigung.[75]

23 Verboten ist eine **Betätigung** mit parteipolitischem Inhalt. Darunter sind Formen der **Agitation und Propaganda** für oder gegen eine politische Partei zu verstehen, nicht jedoch das schlichte Äußern einer bestimmten Meinung im Gespräch. In Betracht kommt z. B. das Verteilen von Flugblättern und Zeitungen, das Aushängen von Plakaten, das Organisieren von Veranstaltungen, das Sammeln von Unterschriften oder Geld. Abs. 1 S. 3 enthält ebenso wie § 66 Abs. 2 S. 1 (nur) ein **Unterlassungsgebot** (vgl. § 66 Rn. 10). Grundsätzlich ist deshalb nur die aktive Unterstützung oder eindeutige Billigung einer parteipolitischen Betätigung unzulässig. Da Abs. 1 S. 3 unmittelbar oder entsprechend auch für **Organe** gilt (PR, BPR, HPR und GPR, JAV, BJAV, HJAV und GJAV, Personalversammlung, Jugend- und Auszubildendenversammlung), dürfen die jeweiligen Sitzungs- oder Versammlungsleiter eine parteipolitische Betätigung innerhalb dieser Organe aber **nicht dulden**. Den Mitgliedern dieser Organe ist die parteipolitische Betätigung nur in ihrer Eigenschaft als **Organmitglieder** untersagt. Die Betätigung darf deshalb nicht in unmittelbarem Zusammenhang mit ihrer Amtstätigkeit stehen, also z. B. bei der Durchführung der Sprechstunde oder der Leitung der Personalversammlung erfolgen.

24 Das Verbot des Abs. 1 S. 3 gilt für die parteipolitische Betätigung »**in der**

---
72 Beschl. v. 28. 4. 76 – 1 BvR 71/73 –, BVerfGE 42, 133.
73 Teilw. str.; vgl. KfdP-*Altvater*, Rn. 23 m. N.
74 Beschl. v. 21. 2. 78 – 1 ABR 54/76 – u. v. 12. 6. 86 – 6 ABR 67/84 –, AP BetrVG 1972 § 74 Nr. 1 u. 5.
75 *BAG* v. 17. 3. 10 – 7 ABR 95/08 –, AP BetrVG 1972 § 74 Nr. 12.

Dienststelle«. Damit sind die Räumlichkeiten der Dienststelle gemeint. Bei einer dienststellenübergreifenden Personalvertretung (**GPR, BPR und HPR sowie GJAV, BJAV und HJAV**) sind alle Dienststellen einbezogen, die zum Wahlbereich der Personalvertretung gehören. Nach Ansicht des *BAG*[76] ist auch die Betätigung **in unmittelbarer Nähe** der Dienststelle erfasst, wenn sie mit dem Ziel des Hineinwirkens in die Dienststelle erfolgt, so z. B. bei Verteilung von Flugblättern vor den Eingängen. **Außerhalb des räumlichen Bereichs** der Dienststelle(n) gilt das Verbot des Abs. 1 S. 3 nicht.[77]

Abs. 1 S. 3 Hs. 2 legt ausdrücklich fest, dass die **Behandlung von Tarif-, Besoldungs- und Sozialangelegenheiten** durch das grundsätzliche Verbot der parteipolitischen Betätigung in der Dienststelle nicht berührt wird. **Tarifangelegenheiten** sind jene Gegenstände, die in den für die Dienststelle maßgebenden Tarifverträgen geregelt werden. **Besoldungsangelegenheiten** betreffen die Regelungen über die Bezüge der Beamten und sonstigen Beschäftigten in öffentlich-rechtlichen Dienstverhältnissen. Der Begriff der **Sozialangelegenheiten** ist weit zu verstehen. Er umfasst alle gesetzlichen und sonstigen Regelungen, die die Rechtsstellung und den Schutz der Beschäftigten betreffen, insb. Regelungen des Beamten-, Arbeits- und Sozialrechts sowie der beruflichen Bildung. Die Behandlung dieser Angelegenheiten kann sich auf **bestehende und beabsichtigte Regelungen** beziehen. Dabei dürfen sich Dienststellenleiter und Personalvertretung unter Beachtung der Friedenspflicht nach § 66 Abs. 1 S. 1 auch mit Auffassungen der **politischen Parteien** (vgl. Rn. 22) auseinandersetzen (zur Personalversammlung vgl. § 51 Rn. 4). **25**

(Abs. 2) Das Gesetz legt in Abs. 2 ausdrücklich fest, dass **Beschäftigte, die Aufgaben nach dem BPersVG wahrnehmen,** dadurch in der **Betätigung für ihre Gewerkschaft** auch in der Dienststelle nicht beschränkt werden. Zu diesem **Personenkreis** gehören folgende Beschäftigte: die Mitglieder und eingetretenen Ersatzmitglieder der Personalvertretungen i. w. S. (PR, BPR, HPR und GPR sowie JAV, BJAV, HJAV und GJAV), die Vertreter der nichtständig Beschäftigten, der Vertrauensmann der Polizeivollzugsbeamten in der Bundespolizei, der Vertrauensmann der Ortskräfte in Auslandsdienststellen, die Mitglieder und eingetretenen Ersatzmitglieder der Wahlvorstände, die Wahlhelfer, der Versammlungsleiter einer Personalversammlung zur Wahl eines Wahlvorstands, der Dienststellenleiter und seine Vertreter sowie die Mitglieder der Einigungsstelle. **26**

Zu der gewerkschaftlichen Betätigung, deren Zulässigkeit auch in der Dienststelle in Abs. 2 klargestellt wird, gehören alle Handlungen und Maßnahmen, die vom Grundrecht der Koalitionsfreiheit nach Art. 9 Abs. 3 GG geschützt sind. Dieser Schutz bezieht sich nach der neueren Rspr. des **27**

---
76 Beschl. v. 21.2.78, a. a. O.
77 A. A. *OVG Bln* v. 19.9.75 – OVG II PV 17.75 (Bln.) –, PersV 77, 102, u. die h. M. im PersVR; vgl. KfdP-*Altvater*, Rn. 26 m. w. N.

§ 67 Gewerkschaftliche Betätigung

BVerfG[78] nicht nur auf einen Kernbereich der Koalitionsbetätigung, sondern umfasst **alle koalitionsspezifischen Verhaltensweisen** (vgl. Rn. 15) einschl. der Wahlwerbung vor PR- und JAV-Wahlen (vgl. § 24 Rn. 3) und der Mitgliederwerbung[79] sowie der Teilnahme am Streik (vgl. § 66 Rn. 13).

28 Betätigen sich Beschäftigte, die Aufgaben nach dem BPersVG wahrnehmen, in der Dienststelle für ihre Gewerkschaft, müssen sie sich dabei so verhalten, dass das Vertrauen der Beschäftigten in die **Objektivität und Neutralität** ihrer Amtsführung nicht beeinträchtigt wird (vgl. Rn. 19). Dieses Gebot beschränkt die **Art und Weise der koalitionsspezifischen Betätigung**. Nach der **Rspr.** des *BVerwG*[80] müssen Mitglieder der Personalvertretung bei ihrer gewerkschaftlichen Betätigung alles vermeiden, was geeignet ist, die Stellung der Personalvertretung als Repräsentantin der Gesamtheit der Beschäftigten und als neutrale Sachwalterin ihrer Interessen zweifelhaft erscheinen zu lassen, und dürfen insb. keine Beschäftigten mit dem Ziel des Anschlusses an eine Gewerkschaft unter Druck setzen. Die an sich zulässige **Werbung** eines Beschäftigten i. S. d. Abs. 2 sieht das *BVerwG*[81] dann als unzulässig an, wenn sie **nachhaltig** erfolgt und wenn im Zusammenhang mit ihr **Druck** auf den Beschäftigten ausgeübt wird. Diese Rspr. **überzeugt nicht**, weil sie nicht hinreichend zwischen der Ausübung der personalvertretungsrechtlichen und der gewerkschaftlichen Funktion unterscheidet und den Aspekt vernachlässigt, dass die Doppelfunktion in der Dienststelle ohnehin bekannt ist. Ein Verstoß gegen das Gebot der Objektivität und Neutralität ist nur dann gegeben, wenn ein Beschäftigter seine gewerkschaftliche Betätigung mit seiner personalvertretungsrechtlichen Funktion **verknüpft**, indem er z. B. sein Engagement als PR-Mitglied für bestimmte Belange eines Beschäftigten davon abhängig macht, dass dieser vorher einer Gewerkschaft beitritt, oder indem er Räume oder Sachmittel, die dem PR von der Dienststelle zur Verfügung gestellt worden sind, für gewerkschaftliche Werbezwecke nutzt.[82]

29 Abs. 2 verhält sich lediglich zur gewerkschaftlichen Betätigung »**in der Dienststelle**«. Damit ist wie in Abs. 1 S. 3 der räumliche Bereich der Dienststelle gemeint (vgl. Rn. 24). Allerdings darf auch eine gewerkschaftliche Betätigung **außerhalb der Dienststelle** nicht mit der personalvertretungsrechtlichen Funktion verquickt werden. So darf z. B. ein PR-Mitglied nicht versuchen, einen Beschäftigten für seine Gewerkschaft mit dem Hinweis zu werben, nur wenn er seiner Organisation beitrete, könne er als PR-Mitglied etwas für ihn tun. Das wäre **Amtsmissbrauch** und schon deshalb unzulässig.[83]

---

78 Beschl. v. 14. 11. 95 – 1 BvR 601/92 –, AP GG Art. 9 Nr. 80.
79 *BVerfG* v. 14. 11. 95, a. a. O.
80 Beschl. v. 22. 8. 91 – 6 P 10.90 –, PersR 91, 417.
81 A. a. O.
82 Vgl. KfdP-*Altvater*, Rn. 32 m. N.
83 Zu weitgehend *HessVGH* v. 11. 11. 87 – BPV TK 852/87 –, PersR 88, 77; vgl. *Plander*, PersR 89, 59.

Allgemeine Aufgaben, Informationspflichten § 68

(Abs. 3) Nach Abs. 3 hat sich die Personalvertretung für die **Wahrung der** 30 **Vereinigungsfreiheit** der Beschäftigten einzusetzen. Damit ist die durch Art. 9 Abs. 3 GG gewährleistete **Koalitionsfreiheit** gemeint, die auch den Arbeitnehmern im öffentlichen Dienst[84] und den Beamten zusteht[85] (vgl. auch § 116 BBG, § 52 BeamtStG). Die in Abs. 3 festgelegte **Verpflichtung der Personalvertretung** ist ausdrücklich nur ihr auferlegt und besteht in erster Linie **gegenüber dem Dienststellenleiter.** Nach h. M. – die auch die negative Koalitionsfreiheit als durch Art. 9 Abs. 3 GG geschützt ansieht (vgl. Rn. 15) – hat sie sich auch dafür einzusetzen, dass das Recht, einer Gewerkschaft fernzubleiben oder aus ihr auszutreten, respektiert wird.[86] Die Verpflichtung aus Abs. 3 gilt für alle Personalvertretungen i. e. S., also für **PR, BPR, HPR und GPR,** nicht jedoch für JAV, BJAV, HJAV und GJAV (vgl. Rn. 2). Sie obliegt der jeweiligen **Personalvertretung als Organ** und **ihren Mitgliedern** in ihrer personalvertretungsrechtlichen Funktion.

§ 68 [Allgemeine Aufgaben der Personalvertretung, Informationspflichten der Dienststelle]

(1) Die Personalvertretung hat folgende allgemeine Aufgaben:

1. **Maßnahmen, die der Dienststelle und ihren Angehörigen dienen, zu beantragen,**

2. **darüber zu wachen, daß die zugunsten der Beschäftigten geltenden Gesetze, Verordnungen, Tarifverträge, Dienstvereinbarungen und Verwaltungsanordnungen durchgeführt werden,**

3. **Anregungen und Beschwerden von Beschäftigten entgegenzunehmen und, falls sie berechtigt erscheinen, durch Verhandlung mit dem Leiter der Dienststelle auf ihre Erledigung hinzuwirken,**

4. **die Eingliederung und berufliche Entwicklung Schwerbehinderter und sonstiger schutzbedürftiger, insbesondere älterer Personen zu fördern,**

5. **Maßnahmen zur beruflichen Förderung Schwerbehinderter zu beantragen,**

5a. **die Durchsetzung der tatsächlichen Gleichberechtigung von Frauen und Männern insbesondere bei der Einstellung, Beschäftigung, Aus-, Fort- und Weiterbildung und dem beruflichen Aufstieg zu fördern,**

6. **die Eingliederung ausländischer Beschäftigter in die Dienststelle und das Verständnis zwischen ihnen und den deutschen Beschäftigten zu fördern,**

---

84 *BVerfG* v. 2. 3. 93 – 1 BvR 1213/85 –, PersR 93, 284.
85 *BVerfG* v. 30. 11. 65 – 2 BvR 54/62 – BVerfGE 19, 303.
86 Vgl. KfdP-*Altvater*, Rn. 34.

§ 68 Allgemeine Aufgaben (Abs. 1)

7. mit der Jugend- und Auszubildendenvertretung zur Förderung der Belange der in § 57 genannten Beschäftigten eng zusammenzuarbeiten.

(2) ¹Die Personalvertretung ist zur Durchführung ihrer Aufgaben rechtzeitig und umfassend zu unterrichten. ²Ihr sind die hierfür erforderlichen Unterlagen vorzulegen. ³Personalakten dürfen nur mit Zustimmung des Beschäftigten und nur von den von ihm bestimmten Mitgliedern der Personalvertretung eingesehen werden. ⁴Dienstliche Beurteilungen sind auf Verlangen des Beschäftigten der Personalvertretung zur Kenntnis zu bringen.

1 Die Vorschrift regelt in **Abs. 1** die allgemeinen Aufgaben der Personalvertretung (vgl. Rn. 2 ff.) und in **Abs. 2** die Informationspflichten der Dienststelle gegenüber der Personalvertretung (vgl. Rn. 22 ff.). »**Personalvertretung**« i. S. d. § 68 sind im Rahmen ihrer in § 82 geregelten Zuständigkeit sowohl der örtliche **PR** als auch **BPR, HPR** und **GPR**, nicht aber JAV, BJAV, HJAV und GJAV, deren allgemeine Aufgaben und Informationsrechte (unmittelbar oder durch die Verweisungen in § 64 Abs. 1 S. 2 und Abs. 2 S. 2) in § 61 Abs. 1 und 3 geregelt sind. Im Folgenden wird der Einfachheit halber i. d. R. der Begriff »**Personalrat**« (PR) verwendet.

2 (**Abs. 1**) Die in Abs. 1 aufgeführten **allgemeinen Aufgaben** geben dem PR die Befugnis, innerhalb seines Zuständigkeitsbereichs von sich aus zur Vertretung der spezifischen Interessen der Beschäftigten auch in den Fällen tätig zu werden, für die der Gesetzgeber eine spezielle Beteiligung nicht vorgesehen hat.[87] Sie eröffnen dem PR breite Handlungsspielräume. Initiativen, mit denen personelle Maßnahmen zugunsten einzelner, namentlich benannter Beschäftigter vorgeschlagen werden, sind dabei nicht ausgeschlossen.[88] Ein besonderes Verfahren ist für die Wahrnehmung der allgemeinen Aufgaben nicht vorgeschrieben (vgl. Rn. 5, 15). Können sich beide Seiten nicht einigen, entscheidet der Dienststellenleiter endgültig.

3 Die Vorschriften des § 82 über die Verteilung der **Zuständigkeiten** zwischen verschiedenen Personalvertretungen gelten auch für die Wahrnehmung der allgemeinen Aufgaben i. S. d. Abs. 1 (vgl. § 82 Rn. 1). Initiativen des PR müssen sich deshalb auf diejenigen Angelegenheiten beschränken, in denen der Leiter der Dienststelle zur Entscheidung befugt ist.[89] Liegt die Entscheidungsbefugnis bei einer anderen Dienststelle, kann der PR jedoch bei der dort bestehenden zuständigen Personalvertretung anregen, dort eine Initiative zu ergreifen.[90]

---

87 Vgl. *BVerwG* v. 26. 2. 60 – VII P 4.59 – u. v. 7. 3. 83 – 6 P 27.80 –, PersV 60, 152, u. 84, 241.
88 Vgl. *BVerwG* v. 24. 10. 01 – 6 P 13.00 –, PersR 02, 21.
89 *BVerwG* v. 13. 12. 74 – VII P 4.73 –, PersV 75, 178.
90 *BVerwG* v. 24. 10. 69 – VII P 9.68 –, PersV 70, 107; weitergehend Richardi-*Gräfl,* Rn. 11.

Allgemeine Aufgaben (Abs. 1) § 68

(**Abs. 1 Nr. 1**) Nach Abs. 1 Nr. 1 hat der PR die allgemeine Aufgabe, **Maßnahmen** zu **beantragen, die der Dienststelle und ihren Angehörigen dienen.** Dieses allgemeine Antragsrecht bezieht sich auf Maßnahmen, die einen konkreten Bezug zur Dienststelle und zu ihren Angehörigen haben. **Angehörige der Dienststelle** sind dabei außer den Beschäftigten i. S. d. § 4 auch alle sonstigen in der Dienststelle tätigen Personen, die von dieser vergleichbar einem Beschäftigten eingesetzt werden (vgl. § 67 Rn. 3). Nach dem Wortlaut des Abs. 1 Nr. 1 ist der PR zur Beantragung von Maßnahmen befugt, die sowohl der Dienststelle als auch ihren Angehörigen dienen. Dies entspricht der **Zielrichtung** des Grundsatzes der vertrauensvollen Zusammenarbeit (vgl. § 2 Rn. 2). Dementsprechend ist die Stellung von Anträgen, die allein den Angehörigen der Dienststelle dienen, dann nicht ausgeschlossen, wenn dabei die Interessenlage der Dienststelle nicht ausgeblendet wird. In Betracht kommen v. a. Anträge auf **Maßnahmen in innerdienstlichen, sozialen und persönlichen Angelegenheiten** der Angehörigen der Dienststelle (vgl. § 78 Rn. 10). Diese Maßnahmen können sich auf die Gesamtheit der in der Dienststelle tätigen Personen oder auf Gruppen von ihnen, aber auch auf **einzelne Personen** beziehen. Das gilt auch dann, wenn es sich um gerichtlich durchsetzbare individualrechtliche Belange handelt.[91]

4

Für einen **Antrag** nach Abs. 1 Nr. 1 ist ein **Beschluss des Plenums** des PR erforderlich. Der Antrag kann beim Dienststellenleiter **jederzeit schriftlich oder mündlich** gestellt werden. Dieser hat sich mit dem Antrag zu befassen. Will er ihm nicht entsprechen, ist es nach § 66 Abs. 1 S. 3 geboten, dass beide Seiten über die strittigen Fragen mit dem ernsten Willen zur Einigung **verhandeln** (vgl. § 66 Rn. 8). Danach hat der Dienststellenleiter in eigener Verantwortung über den Antrag zu entscheiden und dem PR einen **Bescheid** zu erteilen. Ist eine Einigung nicht zustande gekommen, kann ein Stufenverfahren nicht durchgeführt werden.[92]

5

(**Abs. 1 Nr. 2**) Nach Abs. 1 Nr. 2 hat der PR die allgemeine Aufgabe, darüber zu wachen, dass die zugunsten der Beschäftigten geltenden Gesetze, Verordnungen, Tarifverträge, Dienstvereinbarungen und Verwaltungsanordnungen durchgeführt werden. Diese **Überwachungsbefugnis** soll sicherstellen, dass alle **Rechts- und Verwaltungsvorschriften** zugunsten der Beschäftigten auch tatsächlich eingehalten und angewendet werden. Das Merkmal »**zugunsten der Beschäftigten**« ist weit auszulegen.[93] Es ist nicht nur bei Vorschriften zu bejahen, die den Schutz der Beschäftigten bezwecken, sondern auch bei Vorschriften, die sich zugunsten der Beschäftigten auswirken können.[94] Soweit es um die Beachtung der Gleichbe-

6

---

91 Vgl. KfdP-*Altvater*, Rn. 4.
92 *BVerwG* v. 20.1.93 – 6 P 21.90 –, PersR 93, 311.
93 Vgl. *BAG* v. 19.10.99 – 1 ABR 75/98 –, AP BetrVG 1972 § 80 Nr. 58.
94 Vgl. *BAG* v. 17.3.87 – 1 ABR 59/85 –, PersR 88, 73; in *BVerwG* v. 27.7.83 – 6 P 42.80 –, PersV 85, 66, offengelassen bei Regelungen, die den Beschäftigten »lediglich gewisse Vorteile bringen«.

§ 68 Allgemeine Aufgaben (Abs. 1)

handlungsgrundsätze und Benachteiligungsverbote geht, können sich die Überwachungsbefugnisse nach Abs. 1 Nr. 2 und nach § 67 Abs. 1 S. 1 (vgl. dort Rn. 2 ff.) überschneiden.

7 Zugunsten der Beschäftigen geltende **Gesetze und Verordnungen** sind Rechtsvorschriften, die enthalten sein können im Grundgesetz, in den vom Bund und vom jeweiligen Land erlassenen formellen Gesetzen und Rechtsverordnungen, in den öffentlich-rechtlichen Satzungen von Körperschaften, Anstalten und Stiftungen des öffentlichen Rechts (einschl. der von den Trägern der gesetzlichen Unfallversicherung als autonomes Recht erlassenen Unfallverhütungsvorschriften) sowie im unmittelbar anzuwendenden Recht der EU. Den Gesetzen und Verordnungen gleichgestellt sind die von der Rspr. entwickelten **allgemeinen arbeitsrechtlichen Grundsätze**.

8 Hinsichtlich der für die Arbeitnehmer der Dienststelle geltenden **Tarifverträge** (vgl. § 2 Rn. 6) erstreckt sich die Überwachung sowohl auf die normativen Bestimmungen als auch auf die schuldrechtlichen Regelungen, soweit sie sich zugunsten der Arbeitnehmer auswirken können.[95] Sie bezieht sich auch auf nachwirkende Tarifnormen. Bei fehlender Allgemeinverbindlichkeit werden Inhalts-, Abschluss- und Beendigungsnormen auch dann als zugunsten der Arbeitnehmer geltende Tarifverträge angesehen, wenn ihre Anwendung auf einer generellen einzelvertraglichen Vereinbarung beruht.[96] Ein Tarifvertrag kann die Überwachungsaufgabe des PR nach Abs. 1 Nr. 2 nicht aufheben oder einschränken.[97]

9 Die zugunsten der Beschäftigen geltenden **Dienstvereinbarungen** unterliegen der Überwachung durch den örtlichen PR auch dann, wenn sie für einen größeren Bereich gelten (vgl. § 73 Rn. 12). Die Überwachungsbefugnis bezieht sich nur auf ihre die Beschäftigten begünstigenden Regelungen.[98] Hinsichtlich der Überwachungsbefugnis sind **Einheitsregelungen** von Arbeitsbedingungen aufgrund gleich lautender Arbeitsverträge den Dienstvereinbarungen gleichzustellen. Der PR ist zu der Prüfung befugt, ob **Einzelverträge** mit zwingenden Arbeitsschutzvorschriften, insb. dem Gleichbehandlungsgrundsatz, im Einklang stehen.[99] Er hat auch die in **Formulararbeitsverträgen** enthaltenen Bestimmungen auf ihre Vereinbarkeit mit dem Recht der Allgemeinen Geschäftsbedingungen zu überwachen.[100]

10 **Verwaltungsanordnungen** i. S. d. PersVR sind verwaltungsintern verbindliche Regelungen, v. a. solche, die die Dienststelle in Wahrnehmung ihrer Aufgaben als Dienstherr oder Arbeitgeber gegenüber ihren Beschäf-

---

95 Vgl. *BAG* v. 11.7.72 – 1 ABR 2/72 –, AP BetrVG 1972 § 80 Nr. 1.
96 Vgl. *BAG* v. 18.9.73 – 1 ABR 7/73 – u. v. 6.5.03 – 1 ABR 13/02 –, AP BetrVG 1972 § 80 Nr. 3 u. 61.
97 Vgl. *BAG* v. 21.10.03 – 1 ABR 39/02 –, AP BetrVG 1972 § 80 Nr. 62.
98 BVerwG v. 27.7.83, a. a. O.
99 Vgl. *BAG* v. 30.9.08 – 1 ABR 54/07 –, AP BetrVG 1972 § 80 Nr. 71.
100 Vgl. *BAG* v. 16.11.05 – 7 ABR 12/05 –, AP BetrVG 1972 § 80 Nr. 64.

Allgemeine Aufgaben (Abs. 1) § 68

tigten getroffen hat (vgl. § 78 Rn. 7 ff.). Sie unterliegen auch dann der Überwachung durch den PR, wenn sie selbst keine Regelungen zugunsten der Beschäftigten treffen, wohl aber Bestimmungen zur Ausführung solcher Rechtsvorschriften enthalten.

Beabsichtigt die Dienststelle eine Maßnahme, die nach den §§ 75 bis 79 der **11** **Mitbestimmung, Mitwirkung oder Anhörung** des PR unterliegt, so hat dieser bei der Ausübung seines speziellen Beteiligungsrechts auch darauf zu achten, dass die für die jeweilige Maßnahme geltenden einschlägigen Rechts- und Verwaltungsvorschriften eingehalten werden. Das *BVerwG*[101] zieht daraus den Schluss, dass das spezielle Beteiligungsrecht in seinem Anwendungsbereich die allgemeine Aufgabe nach Abs. 1 Nr. 2 auch dann **verdrängt**, wenn es sich um ein antragsabhängiges Beteiligungsrecht handelt, das mangels eines Antrags des unmittelbar betroffenen Beschäftigten (z. B. des von der Dienststelle vorgeschlagenen Stellenbewerbers) nicht zum Zuge kommt (vgl. § 77 Rn. 7). Diese Rspr. überzeugt jedoch nicht, weil sie nicht hinreichend zwischen allgemeinen Aufgaben und speziellen Beteiligungsrechten unterscheidet.[102]

Die Überwachungsbefugnis nach Abs. 1 Nr. 2 und nach § 67 Abs. 1 S. 1 **12** (vgl. dort Rn. 2 ff.) macht den PR zwar nicht zu einem dem Dienststellenleiter übergeordneten **Kontrollorgan,** dem es obliegt, die Aufgabenerfüllung und den inneren Betrieb der Dienststelle allgemein zu überwachen.[103] Als Kollektivorgan der Beschäftigten, das auch und vorrangig dafür Sorge zu tragen hat, dass die gemeinsamen rechtlichen und sozialen Belange der Beschäftigten nach Recht und Billigkeit gewahrt werden, benötigt er jedoch den **Überblick** über alle Fakten und Vorhaben, die diese Belange berühren, um Rechtsverstößen und Unbilligkeiten nach Möglichkeit bereits im Vorfeld entgegenwirken zu können.[104] Die Dienststelle hat dem PR deshalb nach Abs. 2 S. 1 und 2 alle **Informationen** zur Verfügung zu stellen, die **erforderlich** sind, damit er seine Überwachungsbefugnis wahrnehmen kann (vgl. Rn. 22 ff.). In Sachzusammenhängen, die normalerweise außerhalb des Blickfelds des PR und der Beschäftigten liegen, braucht der PR nicht darzulegen, weshalb er eine Information benötigt.[105] So wird z. B. ein konkreter Anlass nicht verlangt für den Einblick in die Listen über die Bruttolöhne und -gehälter der Beschäftigten,[106] für die Unterrichtung über die Gewährung von Leistungszulagen[107]

---

101 Beschl. v. 20.3.02 – 6 P 6.01 –, PersR 02, 302.
102 Vgl. KfdP-*Altvater,* Rn. 11.
103 Vgl. *BVerwG* v. 29.8.90 – 6 P 30.87 –, PersR 90, 301; KfdP-*Altvater,* Rn. 12 m.w.N.
104 *BVerwG* v. 27.2.85 – 6 P 9.84 –, PersR 85, 124, v. 22.12.93 – 6 P 15.92 –, PersR 94, 78, u. v. 18.3.08 – 6 PB 19.07 –, PersR 09, 167.
105 *BVerwG* v. 22.12.93, a.a.O.
106 *BVerwG* v. 27.2.85, a.a.O., u. v. 22.4.98 – 6 P 4.97 –, PersR 98, 461.
107 *BVerwG* v. 22.12.93, a.a.O.

§ 68 Allgemeine Aufgaben (Abs. 1)

und für die dauerhafte Aushändigung von Personalbedarfsberechnungen und Stellenplänen an den PR-Vorsitzenden.[108]

13 Stellt der PR **Verstöße** gegen zugunsten der Beschäftigten geltende Rechts- oder Verwaltungsvorschriften fest, hat er dies schriftlich oder mündlich beim Dienststellenleiter zu **beanstanden** und auf Abhilfe zu dringen.[109] Hat er damit keinen Erfolg, müssen die Beschäftigten ihre **individualrechtlichen Ansprüche** ggf. selbst beim Arbeitgeber bzw. Dienstherrn geltend machen und gerichtlich durchsetzen.[110] Der PR hat kein Klagerecht gegen Maßnahmen des Dienststellenleiters, die dieser gegenüber Beschäftigten erlässt.[111] Auch für die Prozessvertretung von Beschäftigten ist der PR nicht zuständig. Er hat die betroffenen Beschäftigten jedoch über seine rechtliche Einschätzung zu informieren und sie auf die Möglichkeiten zur Rechtsdurchsetzung (einschl. der Inanspruchnahme des gewerkschaftlichen Rechtsschutzes) hinzuweisen (zur Zulässigkeit rechtlicher Hilfestellung vgl. auch § 43 Rn. 4).

14 **(Abs. 1 Nr. 3)** Nach Abs. 1 Nr. 3 hat der PR die allgemeine Aufgabe, **Anregungen und Beschwerden von Beschäftigten** entgegenzunehmen und auf ihre Erledigung hinzuwirken. **Beschwerden** von Beschäftigten sind Eingaben, die Missstände kritisieren und Abhilfe verlangen. Beschwerdegegenstand können individuelle Beeinträchtigungen sein, z. B. durch den Dienststellenleiter oder andere Beschäftige, aber auch allgemeine Missstände im gesamten Bereich der personellen, sozialen, organisatorischen und sonstigen innerdienstlichen Angelegenheiten, und zwar auch dann, wenn schwerpunktmäßig die Erledigung von Amtsaufgaben betroffen ist (vgl. vor § 66 Rn. 9, 12). Nicht erforderlich ist »ein gewisses persönliches Betroffensein des Beschwerde führenden Beschäftigten«.[112] **Anregungen** von Beschäftigten sind Vorschläge und Anträge, die unabhängig von einer Beschwerde an den PR gerichtet werden können und unstreitig ein persönliches Betroffensein nicht voraussetzen. Sie können sich auf alle personellen, sozialen, organisatorischen und sonstigen innerdienstlichen Angelegenheiten beziehen.

15 Die Anregungen und Beschwerden können **schriftlich** oder **mündlich** vorgebracht werden. Sie sind im **Plenum des PR** zu behandeln (vgl. § 32 Rn. 7).[113] Dieser hat zunächst zu prüfen, ob er nach § 82 für die Behandlung **zuständig** ist (vgl. Rn. 3). Trifft dies nicht zu, hat er die Anregung oder Beschwerde nach einem entsprechenden Beschluss entweder **zurück-**

---

108 *BVerwG* v. 23.1.02 – 6 P 5.01 –, PersR 02, 201.
109 Vgl. *BAG* v. 28.5.02 – 1 ABR 32/01 –, AP BetrVG 1972 § 87 Ordnung des Betriebes Nr. 39.
110 *VGH BW* v. 23.7.85 – 15 S 3062/84 –, ZBR 86, 90.
111 *BVerwG* v. 28.8.08 – 6 PB 19.08 –, PersR 08, 458.
112 Str.; zu eng *BVerwG* v. 21.2.80 – 6 P 77.78 –, PersV 80, 278, wonach ein »allgemeines Unbehagen« nicht ausreichen soll; vgl. KfdP-*Altvater*, Rn. 15.
113 *BVerwG* v. 20.3.59 – VII P 8.58 –, PersV 59, 187.

Allgemeine Aufgaben (Abs. 1) § 68

zugeben oder an die zuständige Personalvertretung **weiterzuleiten** und die betreffenden Beschäftigten über die Abgabe zu informieren.[114] Ist der PR zuständig, hat er zu prüfen und durch Beschluss zu entscheiden, ob die Beschwerde **berechtigt** bzw. die Anregung sinnvoll erscheint. Verneint er die Berechtigung, hat er die betreffenden Beschäftigten darüber zu informieren. Bejaht er sie, hat er bei einer Anregung, je nach der Art des Anliegens, verschiedene **Handlungsmöglichkeiten**: Initiativantrag nach § 70 Abs. 1 oder 2, Antrag nach Abs. 1 Nr. 1, Anregung nach § 81 Abs. 1 oder Hinwirken auf die Erledigung der Anregung durch **Verhandlung mit dem Dienststellenleiter**. Bei einer Beschwerde dürfte nur Letzteres in Betracht kommen. Zieht sich die Sache hin, hat der PR die betreffenden Beschäftigten über den Stand der Verhandlungen zu unterrichten (so ausdrücklich § 80 Abs. 1 Nr. 3 BetrVG). Falls kein Initiativantrag nach § 70 gestellt wird, ist die **Entscheidung des Dienststellenleiters** abschließend.[115] Nachdem der Dienststellenleiter dem PR seine Entscheidung mitgeteilt hat, hat dieser die betreffenden Beschäftigten über das Ergebnis der Verhandlungen zu **unterrichten**. Damit ist das Verfahren nach Abs. 1 Nr. 3 abgeschlossen. Wird einer Beschwerde nicht abgeholfen, kann der PR den oder die Beschwerdeführer auf die Möglichkeit der Inanspruchnahme der Gerichte hinweisen (vgl. Rn. 13).

(Abs. 1 Nr. 4) Nach Abs. 1 Nr. 4 hat der PR die allgemeine Aufgabe, die Eingliederung und berufliche Entwicklung Schwerbehinderter und sonstiger schutzbedürftiger, insb. älterer Personen zu fördern. **Schwerbehinderte** i. S. d. BPersVG sind schwerbehinderte und diesen gleichgestellte behinderte Menschen i. S. d. §§ 2, 68 SGB IX. **Sonstige schutzbedürftige Personen** sind Menschen, die aufgrund ihrer Lebenssituation oder der Verhältnisse in der Dienststelle besonderen Gefährdungen ausgesetzt sind und besonderen Schutzes bedürfen, um einen geeigneten Arbeitsplatz erlangen oder behalten zu können. Wer zu den **älteren Personen** gehört, hängt nicht von einem bestimmten Lebensalter ab, sondern ist von Fall zu Fall unter Berücksichtigung des Altersaufbaus in der Dienststelle sowie der Arbeitsanforderungen und altersbedingt nachlassenden Leistungsfähigkeit zu bestimmen. Die **Eingliederung** schutzbedürftiger Personen in die Dienststelle umfasst insb. die Einstellung, die Zuweisung einer angemessenen Tätigkeit, die Einarbeitung auf dem übertragenen Arbeitsplatz und die Eingewöhnung in das Arbeitsumfeld. Zur **beruflichen Entwicklung** gehört die Teilnahme an geeigneten Maßnahmen der beruflichen Bildung, v. a. an solchen der Anpassungs- und Aufstiegsfortbildung (vgl. § 76 Rn. 49), sowie der berufliche Aufstieg. Dem PR obliegt es, die Eingliederung und berufliche Entwicklung Schutzbedürftiger dadurch zu **fördern,** dass er nach Abs. 1 Nr. 2 über die Einhaltung spezifischer Schutzvorschriften wacht, bei der Wahrnehmung seiner speziellen Beteiligungsrechte nach den §§ 75 bis 81

16

---

114 Vgl. *BVerwG* v. 24.10.69 – VII P 9.68 –, PersV 70, 107.
115 Str.; vgl. KfdP-*Altvater*, Rn. 16.

§ 68 Allgemeine Aufgaben (Abs. 1)

die besondere Schutzbedürftigkeit beachtet sowie mittels seines Initiativrechts nach § 70 und seines allgemeinen Antragsrechts nach Abs. 1 Nr. 1 geeignete Förderungsprogramme und -maßnahmen vorschlägt. Dabei hat er darauf hinzuwirken, dass die Schutzbedürftigen bei der Einstellung und im Laufe ihrer beruflichen Entwicklung jeweils eine ihren Fähigkeiten und Kenntnissen entsprechende Beschäftigung erhalten. Die Aufgaben nach Abs. 1 Nr. 4 können sich, je nach den Umständen, auf **generelle Regelungen** oder auf **Einzelmaßnahmen** beziehen.

16a Bei der Wahrnehmung seiner Aufgaben nach Abs. 1 Nr. 4 hat der PR auch die **Vorschriften des Allgemeinen Gleichbehandlungsgesetzes (AGG)** zu beachten (vgl. § 67 Rn. 7). Ziel dieses Gesetzes ist es nach § 1 AGG, Benachteiligungen aus Gründen (auch) einer Behinderung oder des Alters zu verhindern oder zu beseitigen. An der Verwirklichung dieses Ziels hat der PR nach § 17 Abs. 1 AGG mitzuwirken.[116]

17 Soweit es sich um Schwerbehinderte handelt, hat der PR seine Förderungsaufgaben im **Zusammenwirken mit der Schwerbehindertenvertretung** wahrzunehmen. Auch nach § 93 SGB IX obliegt ihm die Aufgabe, die Eingliederung schwerbehinderter Menschen zu fördern. Er hat insb. darauf zu achten, dass die dem Arbeitgeber nach den §§ 71, 72 und 81 bis 84 SGB IX obliegenden **Verpflichtungen zur Beschäftigung und Integration schwerbehinderter Menschen** erfüllt werden. Darüber hinaus soll er auf die Wahl der Schwerbehindertenvertretung hinwirken (vgl. § 94 SGB IX). Besonders bedeutsam sind die Vorschriften des § 83 SGB IX über verbindliche **Integrationsvereinbarungen,** über die auf Antrag der Schwerbehindertenvertretung unter Beteiligung des PR zu verhandeln ist,[117] sowie die des § 84 Abs. 2 SGB IX über die Einleitung und Durchführung eines **betrieblichen Eingliederungsmanagements**, an dem der PR und bei schwerbehinderten Menschen die Schwerbehindertenvertretung zu beteiligen sind.[118]

18 (Abs. 1 Nr. 5) Die in Abs. 1 Nr. 5 aufgeführte Aufgabe des PR, im Zusammenwirken mit der Schwerbehindertenvertretung **Maßnahmen zur beruflichen Förderung Schwerbehinderter** zu beantragen, hat keine eigenständige Bedeutung, weil dies bereits in der Abs. 1 Nr. 4 genannten Aufgabe enthalten ist.

19 (Abs. 1 Nr. 5a) Mit der durch Art. 6 des Gesetzes v. 24.6.94[119] erfolgten Einfügung der Nr. 5a ist die **Förderung der Durchsetzung der tatsächlichen Gleichberechtigung** von Frauen und Männern in den Katalog der allgemeinen Aufgaben des PR aufgenommen worden. Diese Aufgabe geht weiter als die in § 67 Abs. 1 S. 1 festgelegte Verpflichtung von Dienststelle

---

116 Näher dazu KfdP-*Altvater*, Rn. 18a.
117 Näher dazu *Feldes*, § 83 Rn. 1 ff.
118 Vgl. *BVerwG* v. 23.6.10 – 6 P 8.09 –, PersR 10, 442; *BAG* v. 10.12.09 – 2 AZR 198/09 –, AP SGB IX § 84 Nr. 3; *Feldes*, § 84 Rn. 25 ff.
119 BGBl. I S. 1406, ber. S. 2103.

Allgemeine Aufgaben (Abs. 1) § 68

und Personalvertretung, darüber zu wachen, dass jede Benachteiligung von Personen wegen ihres Geschlechts unterbleibt (vgl. § 67 Rn. 6, 16). Gemäß Abs. 1 Nr. 5 a hat der PR neben seinem eingeschränkten Mitbestimmungsrecht nach § 76 Abs. 2 Nr. 10 die Handhabe, sich im **Vorfeld** einzelner Maßnahmen für eine gezielte Beförderungs- und Einstellungspolitik zur Durchsetzung der tatsächlichen Gleichberechtigung einzusetzen. Besondere Bedeutung hat dabei das **Bundesgleichstellungsgesetz**. Nach § 2 BGleiG ist die Verpflichtung aller Beschäftigten, die Gleichstellung von Frauen und Männern zu fördern, als durchgängiges Leitprinzip in allen Aufgabenbereichen der Dienststelle zu berücksichtigen, sog. **Gender Mainstreaming**. Im Hinblick auf die im Bereich der Gleichstellungspolitik zu verfolgenden gemeinsamen Ziele ist eine intensive **Zusammenarbeit zwischen PR und Gleichstellungsbeauftragter** (vgl. dazu §§ 16 bis 23 BGleiG) sinnvoll und notwendig.[120]

§ 80 Abs. 1 Nr. 2 b BetrVG sieht ausdrücklich vor, dass der Betriebsrat auch **19a** die allgemeine Aufgabe hat, »**die Vereinbarkeit von Familie und Erwerbstätigkeit zu fördern**«. Im Hinblick auf die Nennung der »Vereinbarkeit von Familie und Beruf« in § 51 S. 2 BPersVG (vgl. § 51 Rn. 2) und die Regelung in § 12 BGleiG über familiengerechte Arbeitszeiten und Arbeitsbedingungen lässt sich aus § 68 Abs. 1 Nr. 5 a BPersVG ableiten, dass auch der PR auf die Förderung der Vereinbarkeit von Familie und Erwerbstätigkeit hinzuwirken hat.[121]

(Abs. 1 Nr. 6) Nach Abs. 1 Nr. 6 hat der PR die allgemeine Aufgabe, die **20** Eingliederung **ausländischer Beschäftigter** in die Dienststelle und das Verständnis zwischen ihnen und den deutschen Beschäftigten zu fördern. Während er nach § 67 Abs. 1 S. 1 ebenso wie die Dienststelle darüber zu wachen hat, dass jede Benachteiligung von Personen wegen ihrer Nationalität unterbleibt (vgl. § 67 Rn. 10), ist er nach Abs. 1 Nr. 6 berechtigt und verpflichtet, durch aktives Handeln dazu beizutragen, dass Beschäftigte, die die deutsche Staatsangehörigkeit nicht besitzen, ihren deutschen Kollegen auch tatsächlich gleichgestellt werden. Der PR hat sich deshalb für die **Eingliederung** ausländischer Beschäftigter in die Dienststelle einzusetzen. Zu dieser Integration gehört insb. der Abbau sprachlicher Verständigungsprobleme. Darüber hinaus hat der PR auf ein besseres **Verständnis** zwischen ausländischen und deutschen Beschäftigten hinzuwirken. Dazu zählt der Abbau unbegründeter wechselseitiger Vorurteile ebenso wie das Vorgehen gegen betriebliche Erscheinungsformen von Ausländerfeindlichkeit.

(Abs. 1 Nr. 7) Nach Abs. 1 Nr. 7 hat der PR die allgemeine Aufgabe, **mit** **21** **der JAV** zur Förderung der Belange der in § 57 genannten Beschäftigten **eng zusammenzuarbeiten.** Dadurch soll eine wirksame Vertretung der spezifischen Interessen der jugendlichen und auszubildenden Beschäftigten gewährleistet werden. Zur **Förderung der Belange der in § 57 genann-**

---

[120] BVerwG v. 22.7.03 – 6 P 3.03 –, PersR 03, 495.
[121] Vgl. KfdP-*Altvater*, Rn. 22a; Richardi-*Gräfl*, Rn. 46.

§ 68 Informationspflichten der Dienststelle (Abs. 2 S. 1, 2)

ten Beschäftigten hat der PR aktiv darauf hinzuwirken, dass die JAV, wo immer das Gesetz dies vorsieht, auch tatsächlich gebildet wird (vgl. § 80 Abs. 1 Nr. 5 BetrVG). Die durch Abs. 1 Nr. 7 vorgegebene enge Zusammenarbeit von PR und JAV erschöpft sich nicht darin, die einschlägigen Einzelvorschriften des Gesetzes einzuhalten (vgl. § 61 Rn. 5). Der PR hat die JAV darüber hinaus in allen Angelegenheiten der jugendlichen und auszubildenden Beschäftigten zu beraten und ihr sachdienliche Hinweise zur Wahrnehmung ihrer Aufgaben zu geben.[122] Er kann von ihr auch Vorschläge und Stellungnahmen anfordern (vgl. § 80 Abs. 1 Nr. 5 BetrVG) und hat diese Voten dann (unter Beteiligung der JAV) in seine Meinungs- und Willensbildung einbeziehen.

22 (**Abs. 2**) Nach Abs. 2 S. 1 ist die Personalvertretung zur Durchführung ihrer Aufgaben rechtzeitig und umfassend zu unterrichten. Nach Abs. 2 S. 2 sind ihr die hierfür erforderlichen Unterlagen vorzulegen. Diese von der Dienststelle zu erfüllende **Informationspflicht** korrespondiert mit einem entsprechenden **Informationsanspruch** des PR.[123] Beide dienen dem **Zweck,** dem PR durch die Information über alle jeweils bedeutsamen Tatsachen und Gesichtspunkte die rechtzeitige und sachkundige **Erfüllung der Aufgaben** zu ermöglichen, die ihm nach dem BPersVG oder nach anderen Vorschriften obliegen.[124] Die Information und die in ihrem Rahmen erfolgende Vorlage von Unterlagen müssen jeweils im Zusammenhang mit einer **bestimmten Aufgabe** stehen, die der PR ohne die Information nicht oder nur unvollkommen wahrnehmen könnte.[125] Ein von einer konkreten Aufgabe unabhängiges umfassendes Informationsrecht steht dem PR dagegen nicht zu, weil er zu einer allgemeinen Kontrolle der Dienststelle nicht befugt ist (vgl. Rn. 12).[126] Bei einer anstehenden Aufgabe muss der PR so unterrichtet werden, dass er über den **gleichen Informationsstand** wie die Dienststelle verfügt[127] (vgl. Rn. 27). Hinsichtlich der Erforderlichkeit der Informationen kommt es auf den Standpunkt einer »**objektiven Personalvertretung**« an, wobei ausschlaggebend ist, was sie nach Lage der Dinge bei verständiger Würdigung für erforderlich halten darf.[128]

23 **Spezielle Informationsrechte** des PR sind hinsichtlich **sozialer Zuwendungen** in § 75 Abs. 2 S. 3 und 4 (vgl. § 75 Rn. 60) sowie bezüglich des **Arbeitsschutzes** in § 81 Abs. 2 bis 5 (vgl. § 81 Rn. 8 ff.) und in Vorschriften außerhalb des BPersVG (vgl. § 81 Rn. 3) festgelegt. Außer-

---

122 Vgl. *BAG* v. 10.5.74 – 1 ABR 47/73 –, AP BetrVG 1972 § 65 Nr. 2.
123 Vgl. *BAG* v. 30.9.08 – 1 ABR 54/07 –, AP BetrVG 1972 § 80 Nr. 71.
124 *BVerwG* v. 27.11.91 – 6 P 24.90 –, PersR 92, 153, m.w.N.
125 *BVerwG* v. 22.4.98 – 6 P 4.97 –, PersR 98, 461, m.w.N.
126 *BVerwG* v. 20.3.02 – 6 P 6.01 –, PersR 02, 302, u. v. 12.8.09 – 6 PB 18.09 –, PersR 09, 416.
127 *VGH BW* v. 24.6.97 – PL 15 S 261/96 –, PersR 98, 36.
128 *BVerwG* v. 26.1.94 – 6 P 21.92 – u. v. 9.10.96 – 6 P 1.94 –, PersR 94, 213, u. 97, 116.

Informationspflichten der Dienststelle (Abs. 2 S. 1, 2) § 68

dem bestehen Informationspflichten des Arbeitgebers über **Teilzeitarbeit** und **befristete Beschäftigung** nach § 7 Abs. 3 und § 20 TzBfG sowie über Vermittlungsvorschläge und vorliegende Bewerbungen **schwerbehinderter Menschen** und dazu getroffene Entscheidungen nach § 81 Abs. 1 S. 4 und 9 SGB IX.

Einschränkungen des Informationsrechts gelten nach § 93 Abs. 5 bei der Behandlung von **Verschlusssachen** (vgl. § 93 Rn. 6), nach § 86 Nr. 10 Buchst. b und Nr. 11 beim **Bundesnachrichtendienst** (vgl. § 86 Rn. 11a, 12) und nach § 87 Nr. 3 für das Bundesamt für **Verfassungsschutz** (vgl. § 87 Rn. 4). 24

Die in Abs. 2 S. 1 und 2 geregelte **Informationspflicht der Dienststelle** ist durch den Dienststellenleiter, seinen ständigen Vertreter oder eine andere vertretungsberechtigte Person zu erfüllen (vgl. § 7 Rn. 1 ff.). Obwohl das Gesetz zur **Form** der Unterrichtung nach Abs. 2 S. 1 nichts sagt, ist die Schriftform aus Gründen der Klarheit i.d.R. angebracht und bei umfangreichen und komplexen Tatbeständen geboten.[129] In welcher Weise die erforderlichen **Unterlagen** nach Abs. 2 S. 2 vorzulegen sind, hängt von der Art der Unterlage und der Häufigkeit ihrer Verwendung ab (vgl. Rn. 30). Die Dienststelle hat ihrer Informationspflicht **von sich aus** nachzukommen.[130] Hält der PR die gegebenen Informationen für nicht ausreichend, kann er eine entsprechende **Ergänzung verlangen**. Auch Informationen zur Durchführung seiner **allgemeinen Aufgaben** sind dem PR grundsätzlich unaufgefordert zur Verfügung zu stellen. Da der PR in diesem Aufgabenfeld meistens aus eigenem Entschluss aktiv wird (vgl. Rn. 2) und sein Informationsbedürfnis für die Dienststelle u.U. nicht ohne Weiteres erkennbar ist, muss er seinen Informationsanspruch ggf. **geltend machen**. Weshalb er die Information benötigt, braucht er dabei nur dann **darzulegen**, wenn es um die Überwachung nach Abs. 1 Nr. 2 oder § 67 Abs. 1 S. 1 hinsichtlich solcher Sachzusammenhänge geht, die im Blickfeld des PR oder der Beschäftigten liegen (vgl. Rn. 12).[131] 25

Nach Abs. 2 S. 1 ist der PR **rechtzeitig** zu unterrichten. Die Unterrichtung über eine von der Dienststelle beabsichtigte **beteiligungspflichtige Maßnahme** muss zu einem Zeitpunkt erfolgen, in dem die beabsichtigte Maßnahme noch **gestaltungsfähig** ist und nicht bereits durch Vorentscheidungen vollendete Tatsachen geschaffen worden sind.[132] Ist für die Stellungnahme des PR eine Äußerungsfrist festgelegt (wie in § 69 Abs. 2 S. 3 oder 4, in § 72 Abs. 2 S. 1 und in § 79 Abs. 3), erfolgt die Unterrichtung nur dann rechtzeitig, wenn der PR zugleich mit dem Zustim- 26

---

129 Vgl. *BAG* v. 30.9.08 – 1 ABR 54/07 –, AP BetrVG 1972 § 80 Nr. 71.
130 Vgl. *BAG* v. 6.5.03 – 1 ABR 13/02 – u. v. 21.10.03 – 1 ABR 39/02 –, AP BetrVG 1972 § 80 Nr. 61 u. 62.
131 *BVerwG* v. 22.12.93 – 6 P 15.92 –, PersR 94, 78.
132 Vgl. *BVerwG* v. 20.6.05 – 1 WB 60.04 – u. v. 18.3.08 – 6 PB 19.07 –, PersR 05, 458, u. 09, 167; *Richardi-Gräfl*, Rn. 59.

§ 68 Informationspflichten der Dienststelle (Abs. 2 S. 1, 2)

mungsantrag bzw. der **Bekanntgabe der beabsichtigten Maßnahme** alle erforderlichen Informationen erhält (vgl. § 69 Rn. 13, § 72 Rn. 6, § 78 Rn. 4, § 79 Rn. 39). Dabei sind insb. bei umfangreichen und komplexen Vorhaben und bei solchen, die längerfristig geplant werden, Informationen **schon vorher** erforderlich.[133] Zur Durchführung der **Überwachungsaufgaben** nach § 67 Abs. 1 S. 1 und der **allgemeinen Aufgaben** nach Abs. 1 muss die Dienststelle den PR so **zeitnah** unterrichten, dass diesem die wirksame Wahrnehmung dieser Aufgaben nicht erschwert oder gar unmöglich gemacht wird.[134]

27 Nach Abs. 2 S. 1 ist der PR **umfassend** zu unterrichten. Dafür ist entscheidend, was eine »objektive Personalvertretung« nach Lage der Dinge für **erforderlich** halten darf (vgl. Rn. 22). Davon ausgehend muss der PR über alle entscheidenden Tatsachen und Gesichtspunkte informiert werden, deren Kenntnis für die sachgerechte und uneingeschränkte Wahrnehmung seiner jeweils anstehenden Aufgabe von Bedeutung sein kann.[135] Bei einer beteiligungspflichtigen beabsichtigten Maßnahme hat die Dienststelle einen »**identischen Informationsstand**« herzustellen[136] (zu den Besonderheiten bei Kündigungen vgl. § 79 Rn. 11 ff.).

28 Nach Abs. 2 S. 2 sind dem PR die für dessen Unterrichtung erforderlichen **Unterlagen** vorzulegen. Dabei handelt es sich um sämtliche in stofflicher **Form** verkörperte oder abrufbare Informationsmaterialien gleich welcher Zusammensetzung, also nicht nur um Unterlagen in Papierform, sondern z. B. auch Daten, die in elektronischen Datenverarbeitungssystemen gespeichert sind.[137]

29 Die von der Dienststelle zu erfüllende **Vorlagepflicht** und der ihr entsprechende **Vorlageanspruch** des PR bestehen grundsätzlich unter den gleichen Voraussetzungen und in gleichem Umfang wie die Informationspflicht bzw. der Informationsanspruch nach Abs. 2 S. 1 (vgl. Rn. 22). Dabei kommt es neben der **Erforderlichkeit** der Vorlage auch auf die **Vorlagefähigkeit** der Unterlagen an.[138] Diese kann durch Rechtsvorschriften ausgeschlossen sein, so z. B. bei Personalakten (Abs. 2 S. 3) oder Sicherheits- und Sicherheitsüberprüfungsakten (§ 18 SÜG). Die Vorlagepflicht erstreckt sich auf Unterlagen, die in der Dienststelle **vorhanden** sind oder von ihr jederzeit erstellt oder beschafft werden können.[139] Dabei kommt es nicht darauf an, ob die Dienststelle zur Führung der Unterlagen verpflichtet ist.[140] Nicht vorlagepflichtig sind Unterlagen, die lediglich der **verwal-**

---

133 Str.; vgl. KfdP-*Altvater*, Rn. 30.
134 Vgl. KfdP-*Altvater*, a. a. O.
135 *BVerwG* v. 10. 8. 87 – 6 P 22.84 –, PersR 88, 18.
136 *BVerwG* v. 26. 1. 94 – 6 P 21.92 –, PersR 94, 213.
137 Vgl. *BAG* v. 17. 3. 83 – 6 ABR 33/80 – u. v. 30. 9. 08 – 1 ABR 54/07 –, AP BetrVG 1972 § 80 Nr. 18 u. 71.
138 *BVerwG* v. 26. 1. 94, a. a. O.
139 Enger *BAG* v. 30. 9. 08, a. a. O.; vgl. KfdP-*Altvater*, Rn. 33.
140 *BVerwG* v. 26. 2. 60 – VII P 4.59 –, PersV 60, 152, u. v. 26. 1. 94, a. a. O.

Informationspflichten der Dienststelle (Abs. 2 S. 1, 2) § 68

tungsinternen **Vorbereitung** einer Entscheidung des Dienststellenleiters dienen.[141] Anders ist es jedoch, wenn interne Unterlagen über die Verarbeitung bereits vorhandener Erkenntnisse einen eigenständigen Informationsgehalt haben.[142]

Nicht nur der Umfang, sondern auch die **Ausgestaltung der Vorlagepflicht** ist am Maßstab der Erforderlichkeit zu beurteilen. Wie die Dienststelle dieser Pflicht nachzukommen hat, hängt deshalb davon ab, wie eingehend und wie häufig sich der PR mit der Unterlage befassen muss. Die Möglichkeiten reichen von der Gewährung von Einblick in die Unterlagen über deren befristete Überlassung bis zu deren dauerhafter Aushändigung.[143] Grundsätzlich sind die Unterlagen dem PR als Gremium vorzulegen (vgl. § 34 Rn. 10). Steht dem PR aus datenschutzrechtlichen Gründen lediglich ein **Einsichtsrecht** zu, empfiehlt es sich, dieses von einem oder einigen wenigen PR-Mitgliedern wahrnehmen zu lassen.[144] Die Einsicht nehmenden PR-Mitglieder dürfen sich Notizen machen, die Unterlagen aber weder vollständig abschreiben noch fotokopieren.[145] Bei der Einsichtnahme dürfen keine Personen anwesend sein, die den PR überwachen oder mit seiner Überwachung beauftragt sind.[146] 30

Beispiele für besonders bedeutsame vorlagepflichtige Unterlagen: **Personalbedarfsberechnung** und **Stellenplan**;[147] **Personalbewirtschaftungslisten**;[148] **Bruttolohn- und -gehaltslisten**,[149] und zwar auch, wenn die Listen in einer EDV-Anlage gespeichert sind;[150] **Liste der Empfänger von Leistungszulagen**;[151] **Bewerbungsunterlagen** aller internen und externen Bewerber bei beteiligungspflichtigen personellen Maßnahmen, denen eine Auswahl unter mehreren Personen zugrunde liegt;[152] ferner **interne Unterlagen**, in denen vorhandene Erkenntnisse oder eingeholte Auskünfte zur Eignung, Befähigung und fachlichen Leistung von Bewerbern zusammengestellt und abgewogen werden;[153] Unterlagen über 31

---

141 *BVerwG* v. 27.11.91 – 6 P 24.90 –, PersR 92, 153.
142 *BVerwG* v. 26.1.94, a.a.O.
143 *BVerwG* v. 23.1.02 – 6 P 5.01 –, PersR 02, 201.
144 Vgl. *BVerwG* v. 27.2.85 – 6 P 9.84 –, PersR 85, 124.
145 *BVerwG* v. 22.12.93 – 6 P 15.92 –, PersR 94, 78.
146 Vgl. *BAG* v. 16.8.95 – 7 ABR 63/94 –, AP BetrVG 1972 § 80 Nr. 53.
147 *BVerwG* v. 23.1.02, a.a.O.
148 *BVerwG* v. 26.2.60 – VII P 4.59 –, PersV 60, 152.
149 *BVerwG* v. 27.2.85 – 6 P 9.84 –, PersR 85, 124, v. 22.4.98 – 6 P 4.97 –, PersR 98, 461, u. v. 16.2.10 – 6 P 5.09 –, PersR 10, 204.
150 *BAG* v. 17.3.83 – 6 ABR 33/80 –, AP BetrVG 1972 § 80 Nr. 18.
151 *BVerwG* v. 22.12.93 – 6 P 15.92 –, PersR 94, 78.
152 *BVerwG* v. 11.2.81 – 6 P 3.79 –, Buchh 238.36 § 67 Nr. 3, u. – 6 P 44.79 –, PersV 81, 320; *BAG* v. 17.6.08 – 1 ABR 20/07 –, AP BetrVG 1972 § 99 Versetzung Nr. 46.
153 *BVerwG* v. 26.1.94 – 6 P 21.92 –, PersR 94, 213; *BAG* v. 14.12.04 – 1 ABR 55/03 –, AP BetrVG 1972 § 99 Nr. 122.

§ 68 Personalakten (Abs. 2 S. 3)

Daten und Noten von Prüfungen und Beurteilungen;[154] Stellungnahme der Gleichstellungsbeauftragten;[155] **Hard- und Softwarebeschreibungen** und sonstige Unterlagen bei der Einführung von EDV-Systemen (vgl. § 75 Rn. 157).[156]

32 Die in Abs. 2 S. 2 getroffene Regelung über die Vorlage von Unterlagen gilt nicht für **Personalakten**. Diese werden für alle Beschäftigten i. S. d. BPersVG geführt. Während für die Personalakten der Beamten umfassende und detaillierte gesetzliche Regelungen gelten (vgl. §§ 106–115 BBG), bestehen für die Arbeitnehmer im Geltungsbereich des BPersVG i. d. R. nur fragmentarische tarifvertragliche Bestimmungen, deren Lücken durch die Anwendung allgemeiner arbeitsrechtlicher Grundsätze geschlossen werden müssen (vgl. § 3 Abs. 5 TVöD). Unabhängig von den beamten- oder tarifvertraglichen Bestimmungen über das Einsichtsrecht des Beschäftigten oder eines Bevollmächtigten in die Personalakten bestehen gesetzliche Vorschriften über die **Einsichtsrechte von Dritten**, die im Interesse des Beschäftigten tätig werden. Dazu gehört auch die Vorschrift des **Abs. 2 S. 3**, die bestimmt, dass Personalakten nur mit Zustimmung des Beschäftigten und nur von den von ihm bestimmten **Mitgliedern der Personalvertretung** eingesehen werden dürfen. Danach ist eine im Einzelfall erfolgte vorherige **Zustimmung** erforderlich, die dem Dienststellenleiter gegenüber ausdrücklich erteilt werden muss. Um Fehlinformationen auszuschließen, erstreckt sich die Zustimmung grundsätzlich auf die **gesamte Personalakte**. Sie bezieht sich auch auf die Daten, die in elektronischen Datenbanken gespeichert sind. Der Beschäftigte kann **einem, mehreren oder allen PR-Mitgliedern** die Einsicht gestatten. Die Personalakte darf den zur Einsichtnahme ermächtigten PR-Mitgliedern nicht überlassen werden.[157] Diese können sich **Notizen** zur Gedächtnisstütze machen, dürfen aber keine Abschriften oder Kopien anfertigen. Sie sind zur **Verschwiegenheit** verpflichtet, und zwar nach § 10 Abs. 1 S. 2 auch gegenüber denjenigen PR-Mitgliedern, denen die Einsichtnahme nicht gestattet worden ist (vgl. § 10 Rn. 11).

33 Stimmt ein Beschäftigter nach Abs. 2 S. 3 der Einsicht in seine Personalakten nicht zu, so ist der Dienststellenleiter nach Abs. 2 S. 1 gleichwohl berechtigt und verpflichtet, auch ohne Einwilligung des Beschäftigten **Auskünfte aus der Personalakte** zu geben, soweit dies zur Wahrnehmung einer bestimmten Aufgabe des PR erforderlich ist.[158] Das gilt insb. dann, wenn der PR bei Maßnahmen mitzubestimmen hat, die auf einer personellen Auswahl zwischen Personen beruhen, bei denen es sich (auch) um interne Bewerber handelt. Die fehlende Einwilligung des Betroffenen

---

154 *VGH BW* v. 24.6.97 – PL 15 S 261/96 –, PersR 98, 36.
155 *BVerwG* v. 20.3.96 – 6 P 7.94 –, PersR 96, 319.
156 Zu weiteren Beispielen vgl. KfdP-*Altvater*, Rn. 35.
157 Vgl. *BVerwG* v. 27.2.85 – 6 P 9.84 –, PersR 85, 124.
158 *BVerwG* v. 20.3.59 – VII P 11.58 –, BVerwGE 8, 219, v. 12.1.60 – VII P 1.60 –, PersV 62, 160, u. v. 26.1.94 – 6 P 21.92 –, PersR 94, 213.

steht der Auskunftserteilung nicht entgegen, weil der PR nicht als »Dritter«
i. S. d. § 111 Abs. 2 BBG handelt, wenn und soweit er an einer personellen
Maßnahme beteiligt ist.[159]

Abs. 2 S. 4 bestimmt, dass **dienstliche Beurteilungen** auf Verlangen des **34**
Beschäftigten der Personalvertretung zur Kenntnis zu bringen sind. Diese
Regelung gilt ohne Einschränkungen für alle dienstlichen Beurteilungen,
ohne dass es darauf ankommt, ob diese bereits zur (formellen) Personalakte
gelangt sind oder nicht. Nach den beamtenrechtlichen Vorschriften handelt es sich bei einer dienstlichen Beurteilung um eine Unterlage, die
den beurteilten Beamten betrifft und in einem unmittelbaren inneren
Zusammenhang zu seinem Dienstverhältnis steht. Sie ist deshalb ein **Personalaktendatum** i. S. d. § 106 Abs. 1 S. 4 BBG, das zur Personalakte im
materiellen Sinne gehört und in die Personalakte im formellen Sinne
aufzunehmen ist.[160]

Die Regelung des Abs. 2 S. 3, wonach grundsätzlich nur eine Einsicht in **35**
die gesamte Personalakte in Betracht kommt (vgl. Rn. 32), wird durch
Abs. 2 S. 4 abgewandelt, weil diese Vorschrift es zulässt, dass der PR nur
von einzelnen Bestandteilen der (materiellen) Personalakte (nämlich dienstlichen Beurteilungen) Kenntnis erhält. Anders als nach Abs. 2 S. 3 kann ein
Beschäftigter nach Abs. 2 S. 4 nur verlangen, dass der **gesamten Personalvertretung** eine oder mehrere seiner dienstlichen Beurteilungen zur
Kenntnis gebracht werden.[161] Diese Sonderregelung ermöglicht einem
beurteilten Beschäftigten zweierlei: Zum einen kann er sich bei **Gegenvorstellungen** gegen seine dienstliche Beurteilung vom PR unterstützen
lassen, zum anderen kann er dem PR (gezielt) Kenntnisse über seine
dienstliche(n) Beurteilung(en) vermitteln, die dieser bei seiner **Beteiligung
an bestimmten Personalmaßnahmen** verwenden kann. Das **Verlangen** nach Abs. 2 S. 4 ist **an den Dienststellenleiter** zu richten. Eine
bestimmte **Form** ist dafür nicht vorgeschrieben. Macht ein Beschäftigter
weder von der Möglichkeit des Abs. 2 S. 3 noch von der des Abs. 2 S. 4
Gebrauch, so kann die Dienststelle gleichwohl verpflichtet sein, dem PR
Unterlagen vorzulegen, in denen bestimmte **einzelne Aspekte als Ergebnis von Beurteilungen** zusammengestellt sind (vgl. Rn. 33).

Die Regelung des Abs. 2 S. 4 gilt nicht für vorbereitende Stellungnahmen **36**
und **Entwürfe von Beurteilungen**.[162] Anders als nach § 68 Abs. 3 LPVG
BW und § 69 Abs. 3 S. 6 LPersVG RP hat der PR auch dann keinen
Anspruch auf Teilnahme eines seiner Mitglieder an einem **Beurteilungsgespräch**, wenn der zu beurteilende Beschäftigte dies wünscht.[163]

---
159 *BVerwG* v. 26.1.94, a. a. O.; *VGH BW* v. 24.6.97 – PL 15 S 261/96 –, PersR
98, 36; vgl. KfdP-*Altvater*, Rn. 40.
160 Vgl. *BVerwG* v. 20.3.59 – VII P 11.58 –, AP PersVG § 57 Nr. 1.
161 *BVerwG* v. 11.3.83 – 6 P 23.80 –, PersV 84, 317.
162 BT-Drs. VI/3721 = 7/176, S. 33.
163 *BVerwG* v. 11.3.83, a. a. O.

§ 68 Recht zur Selbstinformation

37 Durch das **Bundesdatenschutzgesetz** wird das an die Voraussetzungen des Abs. 2 S. 1 und 2 gebundene Informationsrecht des PR nicht ausgeschlossen oder eingeschränkt. Als **bereichsspezifische Regelung** des Dienstrechts geht es einem etwa weiter reichenden Datenschutz vor.[164] Der Datenfluss zwischen Dienststelle und PR wird durch das Datenschutzrecht nicht berührt, weil der PR in seinem Verhältnis zur Dienststelle kein »Dritter« i. S. d. § 3 Abs. 4 Nr. 3 BDSG ist.

38 Der PR hat nicht nur einen Informationsanspruch gegenüber der Dienststelle, sondern auch ein **Recht zur Selbstinformation**. Für die Beschaffung von Informationen kommen verschiedene Möglichkeiten in Betracht, insb. die Einrichtung von **Sprechstunden** (vgl. § 43 Rn. 1 ff.), die Abhaltung der **Personalversammlungen** (vgl. § 51 Rn. 1 ff.), die Durchführung von **Fragebogenaktionen** unter den Beschäftigten,[165] das Einholen von Auskünften bei **außenstehenden Stellen** (vgl. § 66 Rn. 16), die Beratung durch die **Gewerkschaften** (vgl. § 2 Rn. 9) sowie die Hinzuziehung von **Auskunftspersonen** und **Sachverständigen** (vgl. § 35 Rn. 1; § 44 Rn. 18).

39 Besonders wichtige Formen der Selbstinformation sind Betriebsbegehungen und das Aufsuchen von Beschäftigten an ihrem Arbeitsplatz. **Betriebsbegehungen** dienen der Besichtigung der zur Dienststelle gehörenden Diensträume, insb. der Arbeitsräume und der in ihnen befindlichen Arbeitsplätze. Beim **Aufsuchen von Beschäftigten an ihrem Arbeitsplatz** geht es vorrangig darum, sich im Gespräch bei ihnen zu unterrichten oder sie zu beraten (vgl. § 43 Abs. 3 S. 1 PersVG Bbg). Ob dem PR ein von der Zustimmung des Dienststellenleiters unabhängiges **Zugangsrecht zu den Arbeitsplätzen** zusteht, ist umstritten. Während das *BAG* dies[166] bejaht hat,[167] hat das *BVerwG*[168] entschieden, dass der PR oder eines seiner Mitglieder das Recht auf Zugang zu Beschäftigten am Arbeitsplatz nur **im Einvernehmen mit dem Dienststellenleiter** hat, der allerdings, wenn er widerspricht, triftige Gründe geltend machen muss.

40 Folgt man der (zu engen) Rspr. des *BVerwG* (vgl. Rn. 39), dann gilt Folgendes: Damit der Dienststellenleiter sein aus dem Direktionsrecht abgeleitetes **Zustimmungs- bzw. Widerspruchsrecht** ausüben kann, hat der PR ihn über beabsichtigte Arbeitsplatzbesuche zu **unterrichten**. Dabei hat er mitzuteilen, zu welcher Zeit er welche Arbeitsplätze aufsuchen will, wobei er aber nicht im Einzelnen darlegen muss, aus welchem Anlass

---

164 *BVerwG* v. 22.12.93 – 6 P 15.92 –, PersR 94, 78, v. 9.10.96 – 6 P 1.94 –, PersR 97, 116, u. v. 23.1.02 – 6 P 5.01 –, PersR 02, 201.
165 Vgl. *BAG* v. 8.2.77 – 1 ABR 82/74 –, AP BetrVG 1972 § 80 Nr. 10; *VGH BW* v. 8.9.92 – PL 15 S 130/92 –, PersV 95, 121.
166 Mit Urt. v. 17.1.89 – 1 AZR 805/87 –, PersR 89, 138.
167 Vgl. zum BetrVG *BAG* v. 21.1.82 – 6 ABR 17/79 –, AP BetrVG 1972 § 70 Nr. 1, u. v. 13.6.89 – 1 ABR 4/88 –, AP BetrVG 1972 § 80 Nr. 36.
168 Beschl. v. 9.3.90 – 6 P 15.88 –, PersR 90, 177.

die Besuche stattfinden sollen und aus welchen Gründen er diese zur Erfüllung seiner Aufgaben für erforderlich hält. **Triftige Gründe,** die den Dienststellenleiter berechtigen, einem Arbeitsplatzbesuch zu widersprechen, können z. B. dann vorliegen, wenn »andernfalls eine nicht unerhebliche Störung der Ordnung und des Arbeitsablaufs zu besorgen ist« oder wenn »der Besuch offensichtlich rechtsmissbräuchlich wäre«. Sind triftige Gründe ausnahmsweise gegeben, kann der Dienststellenleiter den Arbeitsplatzbesuch aber nicht pauschal ablehnen, sondern ihm unter substanziierter Angabe der Gründe i. d. R. nur zu der dafür vorgesehenen Zeit widersprechen und eine **Verschiebung des Termins** oder einen **anderen zeitlichen Ablauf** vorschlagen. Der Dienststellenleiter kann gegenüber dem PR auch generell erklären, dass **das Einvernehmen als hergestellt gilt,** wenn er einem vom PR angemeldeten Arbeitsplatzbesuch bis zum Ablauf einer bestimmten, in der Erklärung festgelegten Frist nicht widersprochen hat.[169]

Zweiter Abschnitt
Formen und Verfahren der Mitbestimmung und Mitwirkung

§ 69 [Verfahren der Mitbestimmung]

(1) Soweit eine Maßnahme der Mitbestimmung des Personalrates unterliegt, kann sie nur mit seiner Zustimmung getroffen werden.

(2) [1]Der Leiter der Dienststelle unterrichtet den Personalrat von der beabsichtigten Maßnahme und beantragt seine Zustimmung. [2]Der Personalrat kann verlangen, daß der Leiter der Dienststelle die beabsichtigte Maßnahme begründet; der Personalrat kann außer in Personalangelegenheiten auch eine schriftliche Begründung verlangen. [3]Der Beschluß des Personalrates über die beantragte Zustimmung ist dem Leiter der Dienststelle innerhalb von zehn Arbeitstagen mitzuteilen. [4]In dringenden Fällen kann der Leiter der Dienststelle diese Frist auf drei Arbeitstage abkürzen. [5]Die Maßnahme gilt als gebilligt, wenn nicht der Personalrat innerhalb der genannten Frist die Zustimmung unter Angabe der Gründe schriftlich verweigert. [6]Soweit dabei Beschwerden oder Behauptungen tatsächlicher Art vorgetragen werden, die für einen Beschäftigten ungünstig sind oder ihm nachteilig werden können, ist dem Beschäftigten Gelegenheit zur Äußerung zu geben; die Äußerung ist aktenkundig zu machen.

(3) [1]Kommt eine Einigung nicht zustande, so kann der Leiter der Dienststelle oder der Personalrat die Angelegenheit binnen sechs

---

169 Vgl. auch *BVerwG* v. 12. 12. 05 – 6 P 7.05 –, PersR 06, 122.

§ 69 Verfahren der Mitbestimmung

Arbeitstagen auf dem Dienstwege den übergeordneten Dienststellen, bei denen Stufenvertretungen bestehen, vorlegen. ²In Körperschaften, Anstalten oder Stiftungen des öffentlichen Rechtes ist als oberste Dienstbehörde das in ihrer Verfassung für die Geschäftsführung vorgesehene oberste Organ anzurufen. ³In Zweifelsfällen bestimmt die zuständige oberste Bundesbehörde die anzurufende Stelle. ⁴Absatz 2 gilt entsprechend. ⁵Legt der Leiter der Dienststelle die Angelegenheit nach Satz 1 der übergeordneten Dienststelle vor, teilt er dies dem Personalrat unter Angabe der Gründe mit.

(4) ¹Ergibt sich zwischen der obersten Dienstbehörde und der bei ihr bestehenden zuständigen Personalvertretung keine Einigung, so entscheidet die Einigungsstelle (§ 71); in den Fällen des § 77 Abs. 2 stellt sie fest, ob ein Grund zur Verweigerung der Zustimmung vorliegt. ²Die Einigungsstelle soll binnen zwei Monaten nach der Erklärung eines Beteiligten, die Entscheidung der Einigungsstelle herbeiführen zu wollen, entscheiden. ³In den Fällen der §§ 76, 85 Abs. 1 Nr. 7 beschließt die Einigungsstelle, wenn sie sich nicht der Auffassung der obersten Dienstbehörde anschließt, eine Empfehlung an diese. ⁴Die oberste Dienstbehörde entscheidet sodann endgültig.

(5) ¹Der Leiter der Dienststelle kann bei Maßnahmen, die der Natur der Sache nach keinen Aufschub dulden, bis zur endgültigen Entscheidung vorläufige Regelungen treffen. ²Er hat dem Personalrat die vorläufige Regelung mitzuteilen und zu begründen und unverzüglich das Verfahren nach den Absätzen 2 bis 4 einzuleiten oder fortzusetzen.

1 § 69 regelt das **Verfahren** der Mitbestimmung des PR bei mitbestimmungspflichtigen Maßnahmen, die die Dienststelle beabsichtigt. Welche **Angelegenheiten** der Mitbestimmung unterliegen, ist in den §§ 75 und 76 festgelegt, wobei die Abweichungen für besondere Gruppen von Beschäftigten in § 77 Abs. 1 sowie für besondere Verwaltungszweige in § 85 Abs. 1 Nr. 6 und 7, § 86 Nr. 9, § 90 Nr. 7 und § 92 Nr. 2 zu beachten sind. Die Fälle der Zustimmung nach § 47 Abs. 1 und 2 S. 3 sowie des Einvernehmens nach § 12 Abs. 2 gehören nicht dazu. **Abs. 1** schreibt vor, dass eine mitbestimmungspflichtige Maßnahme nur mit Zustimmung des PR getroffen werden kann (vgl. Rn. 4 ff.). **Abs. 2** regelt, wie die Zustimmung des PR einzuholen ist, und bestimmt, unter welchen Voraussetzungen die Maßnahme als gebilligt gilt (vgl. Rn. 8 ff.). **Abs. 3** legt fest, wie das Verfahren nach verweigerter Zustimmung des PR fortzusetzen ist (vgl. Rn. 29 ff.). **Abs. 4** regelt die Anrufung und die Kompetenzen der Einigungsstelle und bestimmt dabei, in welchen Fällen die Einigungsstelle keine verbindliche Entscheidung trifft, sondern eine Empfehlung an die endgültig entscheidende oberste Dienstbehörde beschließt (vgl. Rn. 38 ff.). **Abs. 5** ermöglicht es dem Leiter der Dienststelle, bei unaufschiebbaren Maßnah-

Mitbestimmung: Zustimmungserfordernis (Abs. 1) § 69

men vorläufige Regelungen zu treffen (vgl. Rn. 41 ff.). Welche Rechtsfolgen eine **Verletzung des Mitbestimmungsrechts** hat, legt das BPersVG nicht fest (vgl. Rn. 47 ff).

Das BPersVG gebraucht den Begriff der Mitbestimmung für **zwei verschiedene Beteiligungsformen.** Sie werden i. d. R., ohne dass das Gesetz selbst diese Begriffe verwendet, einerseits als uneingeschränkte Mitbestimmung (oder volle Mitbestimmung), andererseits als eingeschränkte Mitbestimmung bezeichnet. Beide Formen unterscheiden sich durch die Art des Verfahrensabschlusses bei Nichteinigung zwischen Personalvertretung und Dienststelle (vgl. Rn. 39 f.). Bei der **uneingeschränkten Mitbestimmung** trifft die Einigungsstelle eine abschließende, die Beteiligten bindende Entscheidung (Abs. 4 S. 1 i. V. m. § 71 Abs. 4 S. 2). Bei der **eingeschränkten Mitbestimmung** beschließt die Einigungsstelle dagegen – wenn sie sich nicht der Auffassung der obersten Dienstbehörde anschließt – lediglich eine Empfehlung an die sodann endgültig entscheidende oberste Dienstbehörde (Abs. 4 S. 3 u. 4). Der in der **Kompetenz zur Letztentscheidung** liegende Unterschied zwischen den beiden Formen der Mitbestimmung wird verfahrensrechtlich erst nach der Anrufung der Einigungsstelle bedeutsam. Im **vorher durchzuführenden Verfahren** besteht jedoch zwischen uneingeschränkter und eingeschränkter Mitbestimmung **kein Unterschied.** In diesem Verfahren stehen sich der für die Dienststelle handelnde Dienststellenleiter (vgl. § 7 Rn. 1) und der PR als grundsätzlich **gleichberechtigte Partner** gegenüber.[170] 2

Unter »**Personalrat**« i. S. d. § 69 ist grundsätzlich der örtliche PR bei der betroffenen Dienststelle zu verstehen. Da jedoch nach den Vorschriften des § 82 die Erstzuständigkeit beim BPR, HPR oder GPR liegen kann und in diesem Fall die Vorschriften des § 69 entsprechend gelten (vgl. § 82 Rn. 16), ist mit »Personalrat« immer die jeweils **erstzuständige Personalvertretung** gemeint. In umgebildeten oder neu errichteten Dienststellen kann auch eine Übergangspersonalvertretung zuständig sein (vgl. § 26 Rn. 8). 3

(Abs. 1) Soweit eine Maßnahme (vgl. dazu Rn. 8 ff.) der Mitbestimmung des PR unterliegt, kann sie nur mit seiner Zustimmung getroffen werden. Ob und wieweit eine Maßnahme **mitbestimmungspflichtig** ist, richtet sich grundsätzlich nach den Vorschriften der §§ 75 und 76 (vgl. Rn. 1). Die mitbestimmungspflichtige Maßnahme bedarf der **Zustimmung der zuständigen Personalvertretung.** Dabei kommt es (zunächst) auf die Zustimmung des örtlichen PR oder des an dessen Stelle als **erstzuständige Personalvertretung** zu beteiligenden BPR, HPR oder GPR an (vgl. Rn. 3). Hat jedoch in einer mehrstufigen Verwaltung die erstzuständige Personalvertretung bei einer nachgeordneten Dienststelle die Zustimmung verweigert und wird nach Abs. 3 das Verfahren durch Einschaltung der übergeordneten Dienststelle fortgesetzt, so geht die Zuständigkeit auf 4

---

170 *BVerwG* v. 12. 3. 86 – 6 P 5.85 –, PersR 86, 116.

§ 69 Mitbestimmung: Zustimmungserfordernis (Abs. 1)

die **im Instanzenzug zu beteiligende Stufenvertretung** über (vgl. Rn. 29 ff.). Handelt es sich dabei um den BPR bei einer Mittelbehörde und verweigert auch dieser die Zustimmung, so geht die Zuständigkeit bei Fortsetzung des Verfahrens auf den HPR über, so dass es dann auf dessen Zustimmung ankommt (vgl. Rn. 36). Die **Zustimmung** der jeweils zuständigen Personalvertretung kann **ausdrücklich erteilt** werden. Sie kann aber auch **als erteilt gelten,** wenn sie nicht innerhalb der Äußerungsfrist des Abs. 2 S. 3 oder 4 rechtlich beachtlich verweigert wird (vgl. Rn. 23 ff.). Wird die Zustimmung von der (ggf. zuletzt) zuständigen Personalvertretung ordnungsgemäß verweigert, so kann nach Anrufung der Einigungsstelle gem. Abs. 4 die **fehlende Zustimmung ersetzt** werden, entweder (bei uneingeschränkter Mitbestimmung) durch einen bindenden Beschluss der **Einigungsstelle** oder (bei eingeschränkter Mitbestimmung) durch einen (der Auffassung der obersten Dienstbehörde folgenden) Beschluss der Einigungsstelle oder durch eine nach vorheriger Empfehlung der Einigungsstelle getroffene endgültige Entscheidung der **obersten Dienstbehörde** (vgl. Rn. 39 f.). Eine Ersetzung der fehlenden Zustimmung durch eine gerichtliche Entscheidung (entsprechend § 99 Abs. 4, § 100 Abs. 2 und 3 BetrVG) sieht das BPersVG nicht vor.

5 Die in Abs. 1 vorgeschriebene Zustimmung des PR muss zu dem Zeitpunkt vorliegen, zu dem die der Mitbestimmung unterliegende Maßnahme getroffen wird.[171] Erforderlich ist also eine **vorherige Zustimmung,** eine nachträgliche Zustimmung i. S. einer Genehmigung (entsprechend § 184 Abs. 1 BGB) ist nicht zulässig.[172] Eine Ausnahme besteht nur insoweit, als die Dienststelle bei Maßnahmen, die der Natur der Sache nach keinen Aufschub dulden, nach Abs. 5 ohne Zustimmung des PR vorläufige Regelungen treffen kann (vgl. Rn. 41 ff.).

6 Soweit es sich um Maßnahmen aus dem Bereich des Verwaltungsrechts, insb. des Beamtenrechts, handelt, deren Rechtmäßigkeit nach Durchführung eines Vorverfahrens im Verwaltungsrechtsweg überprüfbar sind, wird die Auffassung vertreten, eine vorherige Zustimmung des PR sei auch dann noch erfolgt, wenn diese **bis zum Erlass des Widerspruchsbescheides** herbeigeführt werde.[173] Dabei wird auf die Rspr. des *BVerwG* verwiesen, wonach die vor der Verfügung über die Entlassung unterbliebene Mitwirkung (anders als die Anhörung) noch während des Widerspruchsverfahrens mit heilender Wirkung nachgeholt werden könne.[174] Bei Maßnahmen, bei denen ein Letztentscheidungsrecht der Einigungsstelle nicht gegeben ist, bestehen jedoch gegen die Nachholbarkeit Bedenken, weil die

---

171 *BAG* v. 20. 2. 02 – 7 AZR 707/00 –, PersR 02, 355.
172 *BVerwG* v. 15. 11. 95 – 6 P 2.94 –, PersR 96, 278; *BAG* v. 20. 2. 02, a. a. O.
173 *SächsOVG* v. 15. 12. 93 – 2 S 343/93 –, PersR 94, 137; *OVG NW* v. 22. 3. 96 – 1 B 353/96 –, PersR 97, 252.
174 Urt. v. 1. 12. 82 – 2 C 59.81 –, PersV 85, 296, v. 24. 11. 83 – 2 C 9.82 –, DVBl. 84, 437, v. 9. 5. 85 – 2 C 23.83 –, PersR 86, 55, u. v. 24. 9. 92 – 2 C 6.92 –, PersR 93, 73.

Mitbestimmung: Ausgangsverfahren (Abs. 2) § 69

Beteiligung so zur bloßen Formsache abgewertet werden kann. Abzulehnen ist sie zumindest bei sofort vollziehbaren Entscheidungen, insb. bei Abordnungen und Versetzungen, bei denen der Widerspruch nach § 126 Abs. 4 BBG keine aufschiebende Wirkung hat.[175]

Die nach Abs. 1 erforderliche Zustimmung des PR kann sich immer nur auf eine **bestimmte Maßnahme** beziehen. Dabei kann es sich je nach Ausgestaltung des Mitbestimmungstatbestandes um eine Einzelmaßnahme oder eine generelle Regelung handeln (vgl. Rn. 8).[176] Sieht der einschlägige Tatbestand nur eine Mitbestimmung bei Einzelmaßnahmen vor, kann die Zustimmung **nicht im Voraus für jeden Einzelfall** erteilt werden.[177]

(Abs. 2) Gegenstand des Mitbestimmungsverfahrens ist die **beabsichtigte Maßnahme** der Dienststelle. Eine **Maßnahme i. S. d. PersVR** ist nach st. Rspr. des *BVerwG* jede Handlung oder Entscheidung, die den Rechtsstand (das Beschäftigungsverhältnis oder die Arbeitsbedingungen) der Beschäftigten oder eines einzelnen Beschäftigten berührt und auf eine Änderung des bestehenden Zustandes abzielt.[178] Dieser **strenge Maßnahmebegriff** gilt aber nicht in jedem Falle. Entscheidungen, die nicht auf eine Änderung abzielen, sind ausnahmsweise dann Maßnahmen i. S. d. PersVR, wenn es sich um Tatbestände handelt, die in den Katalogen der §§ 75 und 76 als mitbestimmungspflichtige Angelegenheiten enthalten sind. Derartige **Ausnahmen** bestehen insb. bei negativen und bei deklaratorischen Entscheidungen. **Negative Entscheidungen,** die die Unterlassung oder Ablehnung einer angeregten, beantragten oder in Betracht kommenden Veränderung des bestehenden Rechtsstandes beinhalten, sind zwar grundsätzlich keine Maßnahmen,[179] wohl aber in den Fällen des § 75 Abs. 1 Nr. 7, § 76 Abs. 1 Nr. 7 und 8, in denen die Versagung einer Genehmigung oder die Ablehnung eines Antrags ausdrücklich als mitbestimmungspflichtig ausgewiesen ist, oder im Falle des § 75 Abs. 2 S. 1 Nr. 1, wo der Sinn und Zweck des Tatbestandes »Gewährung von ... sozialen Zuwendungen« eine Auslegung gebietet, die sowohl den Bewilligungsfall als auch den Versagungsfall (und den Widerrufsfall) gleichermaßen erfasst[180] (näher dazu § 75 Rn. 57 m. w. N.). **Deklaratorische Entscheidungen** sind in solchen Fällen als Maßnahmen anzusehen, in denen die dafür vorgesehene

---

175 Vgl. KfdP-*Altvater*, Rn. 6.
176 *BVerwG* v. 17.12.03 – 6 P 7.03 –, PersR 04, 106.
177 Str.; wie hier *LAG Köln* v. 26.11.03 – 3 Sa 782/03 –, NZA-RR 04, 560; a. A. *HessVGH* v. 19.3.89 – BPV TK 2821/87 –, PersR 89, 162; offengelassen in *BVerwG* v. 3.2.93 – 6 P 28.91 –, PersR 93, 260.
178 Vgl. *BVerwG* v. 18.12.96 – 6 P 6.94 –, PersR 97, 210, v. 18.5.04 – 6 P 13.03 –, PersR 04, 349, u. v. 5.11.10 – 6 P 18.09 –, PersR 11, 38, jew. m. w. N.
179 *BVerwG* v. 1.8.83 – 6 P 8.81 –. PersV 85, 68, v. 12.8.83 – 6 P 9.81 –, PersV 85, 248, v. 18.12.96 – 6 P 6.94 –, PersR 97, 210, u. v. 29.1.03 – 6 P 15.01 –, PersR 03, 156.
180 So *BVerwG* v. 9.1.08 – 6 PB 15.07 –, PersR 08, 216 (zum Tatbestand »Gewährung von Leistungs- und Funktionszulagen« in § 87 Nr. 3 BlnPersVG).

§ 69 Mitbestimmung: Ausgangsverfahren (Abs. 2)

Mitbestimmung andernfalls vollständig leerlaufen würde.[181] Bei einer Maßnahme i. S. d. PersVR kann es sich um eine **Einzelmaßnahme** oder eine **generelle Regelung**, und zwar auch um eine Regelung in Form einer **Dienstvereinbarung**, handeln.[182] Auch **faktisches Handeln** des Dienststellenleiters kann eine Maßnahme sein.[183]

8a Handlungen, die lediglich der **Vorbereitung einer Maßnahme** dienen und den bestehenden Zustand noch nicht verändern, sind grundsätzlich noch keine mitbestimmungspflichtige Maßnahme (vgl. Rn. 11). Das gilt auch für **umsetzungsbedürftige Weisungen** einer übergeordneten Dienststelle[184] oder einer anderen externen Stelle[185] oder zwischen hierarchisch strukturierten Organen der Dienststellenleitung.[186] Anders ist es bei **Vorentscheidungen**, die eine Maßnahme vorwegnehmen oder unmittelbar festlegen,[187] sie z. B. so vorbereiten, dass sie sich nach einer gewissen Dauer wie von selbst vollzieht,[188] oder bei Handlungen, die Weichen stellende Vorwirkungen entfalten.[189] Das gilt auch für eine **versuchsweise** vorgenommene Maßnahme.[190]

9 Erforderlich ist eine **Maßnahme der Dienststelle**. Dabei muss es sich um eine eigenverantwortliche Maßnahme des **Dienststellenleiters** oder um eine ihm zuzurechnende Maßnahme handeln.[191] Zuzurechnen sind ihm Entscheidungen, die aufgrund einer **Delegation** von Befugnissen von nachgeordneten Beschäftigten oder von personalvertretungsrechtlich nicht verselbständigten Organisationseinheiten der Dienststelle getroffen wer-

---

181 So *BVerwG* v. 8. 11. 11 – 6 P 23.10 –, PersR 12, 36: obwohl die Übertragung einer bestimmten Tätigkeit im Wege der Automatik die Einreihung des Arbeitnehmers in das anzuwendende kollektive Entgeltschema auslöst, ist die aus Anlass der Übertragung – ausdrücklich oder konkludent – verlautbarte Zuordnung des Arbeitnehmers durch den Dienststellenleiter, also eine deklaratorische Folgeentscheidung (gem. § 75 Abs. 1 Nr. 2) als Ein-, Höher- oder Rückgruppierung der Mitbestimmung unterworfen.
182 *BVerwG* v. 17. 12. 03 – 6 P 7.03 –, PersR 04, 106.
183 *VG Bln* v. 20. 9. 06 – VG 61 A 7.06 –, PersR 07, 43, zur Einführung und Änderung eines Konzepts über Gesundheitszirkel.
184 *BVerwG* v. 2. 9. 09 – 6 PB 22.09 –, PersR 09, 458, zum Erlass einer obersten Dienstbehörde, der sich darin erschöpft, den nachgeordneten Dienststellen eine oder mehrere Weisungen zu erteilen, und ihnen auf dieser Grundlage die Durchführung überlässt.
185 *BVerwG* v. 13. 12. 74 – VII P 4.73 –, PersV 75, 178.
186 *BVerwG* v. 18. 12. 96 – 6 P 6.94 –, PersR 97, 210.
187 *BVerwG* v. 30. 11. 82 – 6 P 10.80 –, PersV 83, 411, v. 22. 2. 91 – 6 PB 10.90 –, PersR 91, 282, v. 27. 11. 91 – 6 P 24.90 –, PersR 92, 153, v. 18. 12. 96, a. a. O., u. v. 18. 3. 08 – 6 PB 19.07 –, PersR 09, 167.
188 *BVerwG* v. 19. 12. 75 – VII 15.74 –, PersV 76, 457.
189 *BVerwG* v. 26. 1. 00 – 6 P 2.99 –, PersR 00, 243.
190 *BVerwG* v. 15. 12. 78 – 6 P 13.78 –, PersV 80, 145; *VGH BW* v. 30. 6. 92 – 15 S 1578/91 –, PersR 93, 173.
191 *BVerwG* v. 27. 11. 91 – 6 P 24.90 –, PersR 92, 153.

Mitbestimmung: Ausgangsverfahren (Abs. 2) § 69

den.[192] Das gilt auch für Maßnahmen eines Dritten, zu deren **Duldung** der Dienststellenleiter die Beschäftigten anweist,[193] aber auch für Maßnahmen, die **ohne Wissen und Wollen** des Dienststellenleiters getroffen werden, weil dieser dafür verantwortlich ist, dass »unautorisierte« Entscheidungen im Bereich der Dienststelle unterbleiben.[194] Der Dienststellenleiter einer nachgeordneten Dienststelle trifft seine Entscheidungen innerhalb der Dienststelle und nach außen **eigenverantwortlich** auch dann, wenn sein Handeln ganz oder teilweise von **internen Weisungen** einer übergeordneten Dienststelle bestimmt wird.[195] Nur wenn diese eine unmittelbar gestaltende Anordnung trifft, die der nachgeordneten Dienststelle keinen eigenen Entscheidungsspielraum lässt und von ihr lediglich vollzogen wird, fehlt es an einer Maßnahme der nachgeordneten Dienststelle (vgl. § 82 Rn. 4).[196] Entsprechendes gilt für Maßnahmen, die **auf Veranlassung anderer Behörden** vorgenommen werden.[197] Eine eigenverantwortliche Maßnahme der Dienststelle liegt auch dann vor, wenn zu der Maßnahme das Einverständnis oder die **Zustimmung einer anderen Behörde** erforderlich ist[198] oder wenn der Träger Dienststelle damit eine schuldrechtliche Verpflichtung in einem rechtskräftigen **gerichtlichen Urteil** oder einem **gerichtlichen Vergleich** erfüllt.[199] Ob eine Maßnahme der Dienststelle vorliegt, hängt nicht davon ab, ob diese dazu **befugt** ist; es reicht aus, dass sie eine eigene Entscheidungsbefugnis in Anspruch nimmt (vgl. § 82 Rn. 4).

Eine lediglich **normvollziehende Entscheidung** ist auch dann eine Maßnahme der Dienststelle, wenn die anzuwendende gesetzliche oder tarifvertragliche Regelung der Dienststelle keinen Entscheidungsspielraum einräumt;[200] sieht der Gesetzgeber bei derartigen Maßnahmen die Mitbestimmung des PR vor, dann besteht diese in einer zusätzlichen Kontrolle der Richtigkeit der Rechtsanwendung.[201] Dagegen fehlt es an einer Maßnahme, wenn ein Sachverhalt **unmittelbar durch Gesetz oder Tarif-**

10

---

192 *BVerwG* v. 2.2.93 – 6 P 34.91 –, PersR 93, 266, u. v. 16.4.08 – 6 P 8.07 –, PersR 08, 418; *OVG NW* v. 20.1.00 – 1 A 128/98.PVL –, PersR 00, 456.
193 *BVerwG* v. 9.9.10 – 6 PB 12.10 –, PersR 10, 459, unter Hinw. auf *BAG* v. 27.1.04 – 1 ABR 7/03 –, AP BetrVG 1972 § 87 Überwachung Nr. 40.
194 Str.; a. A. *BVerwG* v. 15.11.95 – 6 P 2.94 –, PersR 96, 278; wie hier *OVG NW* v. 20.3.97 – 1 A 3775/94.PVL –, PersR 97, 253.
195 *BVerwG* v. 16.6.89 – 6 P 10.86 –, PersR 89, 296, v. 10.3.92 – 6 P 13.91 –, PersR 92, 247, u. v. 30.3.09 – 6 PB 29.08 –, PersR 09, 332.
196 *BVerwG* v. 10.3.92 u. v. 30.3.09, jew. a.a.O.
197 *BVerwG* v. 2.8.89 – 6 P 5.88 –, PersR 89, 303.
198 *BVerwG* v. 2.9.67 – VII P 14.66 –, PersV 68, 113, u. v. 26.1.94 – 6 P 21.92 –, PersR 94, 213.
199 *BVerwG* v. 25.8.88 – 6 P 36.85 –, PersR 88, 298.
200 *BVerwG* v. 29.8.01 – 6 P 10.00 –, PersR 01, 521, v. 12.8.02 – 6 P 17.01 –, PersR 02, 473, v. 18.5.04 – 6 P 13.03 –, PersR 04, 349, u. v. 16.4.08 – 6 P 8.07 –, PersR 08, 418.
201 *BVerwG* v. 13.2.76 – VII P 4.75 –, PersV 77, 183, u. v. 6.10.92 – 6 P 22.90 –, PersR 93, 74; bedenklich deshalb *BVerwG* v. 9.10.91 – 6 P 28.89 –, PersR 92, 20.

§ 69 Mitbestimmung: Ausgangsverfahren (Abs. 2)

vertrag geregelt ist und es deshalb zum Vollzug der Rechtsnorm keines Ausführungsaktes der Dienststelle bedarf.[202]

11 Eine Maßnahme ist **beabsichtigt**, sobald die Dienststelle aufgrund ihrer internen Willensbildung den Entschluss gefasst hat, die Maßnahme nach Abschluss des Mitbestimmungsverfahrens durchzuführen, also dann, wenn der **Willensbildungsprozess der Dienststelle abgeschlossen** ist.[203] Sobald die beabsichtige Maßnahme feststeht, ist das **formelle Mitbestimmungsverfahren einzuleiten**. Von Ausnahmen bei Vorentscheidungen abgesehen (vgl. Rn. 8), hat der PR keinen Anspruch darauf, an den die Maßnahme **vorbereitenden Handlungen** beteiligt zu werden.[204] Das gilt auch für die **dienststelleninterne Willensbildung,** die dem Entschluss zu einer Maßnahme vorausgeht. Die Rspr. hat deshalb ein Recht des PR verneint, an **Vorstellungsgesprächen** mit Bewerbern oder an **Arbeitsplatzüberprüfungen** zur Feststellung der Merkmale für die Eingruppierung teilzunehmen.[205] Das schließt allerdings nicht aus, dass die Dienststelle den PR an solchen Veranstaltungen teilnehmen lässt und dass zwischen Dienststelle und PR bereits vor dem Beginn des offiziellen Beteiligungsverfahrens **informelle Gespräche** geführt werden,[206] was v. a. bei komplexen Maßnahmen sinnvoll ist. Das formelle Mitbestimmungsverfahren ist **möglichst frühzeitig** einzuleiten.[207] Damit soll verhindert werden, dass das Mitbestimmungsrecht durch später kaum noch zu ändernde, vermeintlich beteiligungsfreie Vorentscheidungen eingeschränkt und weitgehend ausgehöhlt wird.[208] Ggf. ist der PR bereits vor Erteilung des Einverständnisses bzw. der Zustimmung einer **anderen Behörde** zu beteiligen.[209] Führt deren Einschaltung zu einer Änderung der beabsichtigen Maßnahme, ist er erneut zu beteiligen. Hat ein **anderes Verwaltungsorgan** als der Dienststellenleiter über die Maßnahme zu entscheiden – z. B. ein Selbstverwaltungsorgan einer Körperschaft des öffentlichen Rechts –, so hat der Dienststellenleiter das Mitbestimmungsverfahren bereits vor dessen Entscheidung einzuleiten.

12 **(Abs. 2 S. 1)** Das Mitbestimmungsverfahren wird dadurch **eingeleitet**, dass der Leiter der Dienststelle den PR von der beabsichtigten Maßnahme unterrichtet und seine Zustimmung beantragt. Eine bestimmte **Form** ist dafür nicht vorgeschrieben. Aus Beweisgründen empfiehlt sich jedoch die Schriftform. Erforderlich sind eine **umfassende Unterrichtung** (vgl.

---

202 *BVerwG* v. 13.2.76, a.a.O., v. 17.6.92 – 6 P 17.91 –, PersR 92, 451, u. v. 16.4.08, a.a.O.
203 *BVerwG* v. 18.3.08 – 6 PB 19.07 –, PersR 09, 167, m.w.N.
204 *BVerwG* v. 18.12.96 – 6 P 6.94 –, PersR 97, 210.
205 *BVerwG* v. 6.12.78 – 6 P 2.78 –, PersV 79, 504, u. v. 6.2.79 – 6 P 20.78 –, PersV 80, 421.
206 *BVerwG* v. 27.11.91 – 6 P 24.90 –, PersR 92, 153.
207 *BVerwG* v. 26.1.94 – 6 P 21.92 –, PersR 94, 213.
208 *BVerwG* v. 18.3.08 – 6 PB 19.07 –, PersR 09, 167.
209 *BVerwG* v. 26.1.94, a.a.O.

Mitbestimmung: Ausgangsverfahren (Abs. 2) § 69

Rn. 13) und ein **verbindlicher Zustimmungsantrag**.[210] Die Einleitung des Verfahrens hat durch den **Dienststellenleiter** oder im Falle seiner Verhinderung durch seinen **ständigen Vertreter** oder eine **andere vertretungsberechtigte Person** zu erfolgen (vgl. § 7 Rn. 1 ff.). Ist die Dienststelle **fehlerhaft vertreten,** muss der PR dies innerhalb der Äußerungsfrist des Abs. 2 S. 3 oder 4 **rügen,** damit er sich im weiteren Verfahren darauf berufen kann (vgl. Rn. 18). Zur **Entgegennahme** der Erklärungen des Dienststellenleiters (oder seines Vertreters), mit denen das Mitbestimmungsverfahren eingeleitet (und betrieben) wird, ist der Vorsitzende des PR befugt (vgl. § 32 Rn. 16; unten Rn. 17).

Für die **Unterrichtung** des PR nach Abs. 2 S. 1 gelten die Vorschriften des § 68 Abs. 2 S. 1 und 2, wonach die Personalvertretung zur Durchführung ihrer Aufgaben rechtzeitig und umfassend und unter Vorlage der hierfür erforderlichen Unterlagen zu unterrichten ist[211] (näher dazu § 68 Rn. 22 ff.). Die Unterrichtung soll dem PR die Kenntnisse vermitteln, die er zu einer sachgerechten Entscheidung über den Gegenstand des Mitbestimmungsverfahrens benötigt.[212] Dazu gehört eine **genaue Bezeichnung** der beabsichtigten Maßnahme.[213] Die Unterrichtung muss so **umfassend** erfolgen, dass der PR alle entscheidenden Gesichtspunkte kennt, die für seine Meinungs- und Willensbildung von Bedeutung sein können.[214] Im Einzelfall richtet sich der Umfang der Unterrichtung des PR jeweils danach, für welche Maßnahme die Zustimmung beantragt wird.[215] Dabei kommt es v. a. auf den Schutzzweck der Mitbestimmung und in den Fällen des § 75 Abs. 1 und des § 76 Abs. 1 auf die in § 77 Abs. 2 festgelegten Gründe für eine etwaige Zustimmungsverweigerung an.[216] Die Unterrichtung darf **keine unzutreffenden Behauptungen** enthalten.[217] Zu den nach § 68 Abs. 2 S. 2 vorzulegenden **Unterlagen** gehört ggf. auch ein von der Dienststelle eingeholtes Gutachten eines Sachverständigen.[218] Die Dienststelle hat die erforderlichen Unterlagen **von sich aus** vorzulegen. Die Unterrichtung ist nur dann **rechtzeitig,** wenn der PR mit dem Antrag auf Zustimmung zu der Maßnahme alle erforderlichen Informationen erhält. Geschieht dies erst nachträglich, beginnt die **Äußerungsfrist** des Abs. 2 S. 3 oder 4 erst mit dem Zeitpunkt zu laufen, zu dem der PR ausreichend unterrichtet worden ist (vgl. Rn. 17).

13

(Abs. 2 S. 2) Der PR kann vom Dienststellenleiter eine **Begründung** der

14

---

210 *VGH BW* v. 4.6.91 – 15 S 3176/90 –, PersV 92, 352.
211 *BVerwG* v. 26.1.94 – 6 P 21.92 –, PersR 94, 213.
212 *BVerwG* v. 10.8.87 – 6 P 22.84 –, PersR 88, 18.
213 *VGH BW* v. 12.4.83 – 15 S 744/82 –, ZBR 84, 216.
214 *BVerwG* v. 10.8.87, a. a. O.
215 *BVerwG* v. 10.8.87, a. a. O.
216 *BVerwG* v. 26.1.94, a. a. O.
217 *OVG NW* v. 22.3.96 – 1 B 353/96 –, PersR 96, 365 = 97, 252; *OVG Bln* v. 18.12.02 – 4 S 41.02 –, PersR 03, 163.
218 *BVerwG* v. 8.11.89 – 6 P 7.87 –, PersR 90, 102.

§ 69 Mitbestimmung: Ausgangsverfahren (Abs. 2)

beabsichtigten Maßnahme verlangen. Diese muss v.a. aufzeigen, warum der Entschluss zu der beabsichtigten Maßnahme zustande gekommen ist. Außerdem muss sie auf die Vor- und Nachteile der Entscheidung für den Arbeitgeber und die Beschäftigten eingehen und die Maßnahme in einen Gesamtzusammenhang einordnen. Für das **Verlangen** nach einer Begründung ist keine bestimmte **Form** vorgeschrieben; es kann mündlich oder schriftlich erfolgen. Das galt nach der ursprünglichen Fassung des Abs. 2 S. 2 auch für die Begründung. Seit seiner Neufassung durch das Änderungsgesetz v. 10.7.89[219] ist nach dem angefügten Hs. 2 der Dienststellenleiter auf Verlangen des PR jedoch zu einer **schriftlichen Begründung** verpflichtet, soweit es sich bei der beabsichtigten Maßnahme um **keine Personalangelegenheit** handelt, also nicht um eine Angelegenheit i.S.d. § 75 Abs. 1 oder des § 76 Abs. 1.[220] Auf den Ablauf der **Äußerungsfrist** des Abs. 2 S. 3 oder 4 hat das Verlangen des PR nach einer Begründung auch dann keinen Einfluss, wenn diese nicht oder nur unzureichend erfolgt;[221] der PR kann in einem solchen Fall jedoch die **Zustimmung verweigern** (vgl. aber Rn. 26).

15 Für das Mitwirkungsverfahren schreibt § 72 Abs. 1 vor, dass die beabsichtigte Maßnahme mit dem PR zur **erörtern** ist (vgl. § 72 Rn. 7). Obwohl für das Mitbestimmungsverfahren eine entsprechende Vorschrift fehlt, kann auch hier eine Erörterung geboten sein, insb. dann, wenn über die beabsichtigte Maßnahme zwischen Dienststellenleiter und PR Meinungsverschiedenheiten bestehen (vgl. § 66 Rn. 8). Entsprechend dem Grundsatz der vertrauensvollen Zusammenarbeit (vgl. § 2 Rn. 4) ist eine Erörterung deshalb immer dann durchzuführen, wenn eine der beiden Seiten sie wünscht.

16 (Abs. 2 S. 3–5) Die **Äußerungsfrist**, innerhalb derer der PR seinen Beschluss über die beantragte Zustimmung dem Dienststellenleiter mitzuteilen hat, ist grundsätzlich in **Abs. 2 S. 3** festgelegt. Durch das Änderungsgesetz v. 10.7.89[222] ist sie von ursprünglich sieben Arbeitstagen auf **zehn Arbeitstage** verlängert worden (vgl. aber Rn. 20). Es ist sachgerecht, entsprechend § 52 S. 2 BPersVWO die Wochentage Montag bis Freitag mit Ausnahme der gesetzlichen Feiertage auch als Arbeitstage i.S.d. § 69 anzusehen.[223] Für die **Berechnung der Frist** gelten die §§ 187 und 188 BGB. Der Arbeitstag, an dem der Zustimmungsantrag beim PR eingeht (vgl. Rn. 17), wird bei der Berechnung der Frist nicht mitgerechnet (§ 187 Abs. 1 BGB). Die Frist von zehn Arbeitstagen endet mit Ablauf (d.h. um 24 Uhr) des zehnten Arbeitstages nach dem Eingang des Zustimmungsantrags (§ 188 Abs. 1 BGB).

---

219 BGBl. I S. 1380, ber. S. 1473.
220 Vgl. *BVerwG* v. 11.3.82 – 6 P 8.80 –, PersV 83, 405.
221 *VGH BW* v. 12.4.83 – 15 S 744/82 –, ZBR 84, 216.
222 BGBl. I S. 1380, ber. S. 1473.
223 Str.; vgl. KfdP-*Altvater*, Rn. 21 m.N.

Mitbestimmung: Ausgangsverfahren (Abs. 2) § 69

Für den **Beginn der Äußerungsfrist** kommt es grundsätzlich auf den **17**
Zugang des Zustimmungsantrags beim PR an (vgl. aber Rn. 18).
Wird der Antrag **mündlich** gestellt, ist er mit der Erklärung gegenüber
dem Vorsitzenden oder, falls dieser verhindert ist, gegenüber dem stellvertretenden Vorsitzenden des PR zugegangen (vgl. § 32 Rn. 16, 18). Wird
er **schriftlich** gestellt, ist er dann zugegangen, wenn er so in den Bereich
des Vorsitzenden oder des PR als Gremium gelangt ist, dass der Vorsitzende
bzw. der PR unter normalen Verhältnissen die Möglichkeit hat, von dem
Inhalt der Erklärung Kenntnis zu nehmen (§ 130 Abs. 1 S. 1 BGB).[224]

Für den Beginn der Äußerungsfrist des PR ist der Eingang eines **ordnungs-** **18**
gemäß gestellten Antrags des Dienststellenleiters auf Zustimmung des
PR zu der beabsichtigten Maßnahme erforderlich. Das ist dann der Fall,
wenn der (schriftliche) Antrag vom Dienststellenleiter oder von einer zu
seiner Vertretung befugten Person unterschrieben ist (vgl. Rn. 12) und dem
PR mit dem Antrag die für seine Meinungs- und Willensbildung erforderlichen Informationen und Unterlagen übermittelt werden (vgl. Rn. 13).
Der PR muss eine **fehlerhafte Vertretung** allerdings innerhalb der Äußerungsfrist **rügen,** damit er sich dem Dienststellenleiter gegenüber darauf
berufen kann. Bei rechtzeitiger Rüge beginnt die Äußerungsfrist erst dann
zu laufen, wenn der Mangel geheilt ist. Bei fehlender oder verspäteter Rüge
wird der Mangel nicht nur für das weitere Mitbestimmungsverfahren
unbeachtlich, sondern auch im Verhältnis zwischen dem Arbeitgeber
bzw. Dienstherrn und dem betroffenen Beschäftigten.[225] Bei **unzureichender Information** ist der PR u. U. gehalten, noch innerhalb der
Äußerungsfrist ergänzende Informationen zu verlangen; das gilt insb. dann,
wenn der Dienststellenleiter dem PR eine auf den ersten Blick vollständige
Information gegeben hat, die nach Meinung des PR aber unzulänglich
ist.[226] Ist die Frage zwischen den Beteiligten streitig, empfiehlt es sich für
den PR, vorsorglich und rechtzeitig wegen unvollständiger Unterrichtung
die **Zustimmung zu verweigern** (vgl. Rn. 26) und dabei näher darzulegen, dass der Dienststellenleiter ihn über wesentliche Umstände nicht
unterrichtet hat.[227] Verweigert der PR endgültig die Zustimmung, soll es
nach abzulehnender Ansicht des *OVG NW* nur noch darauf ankommen, ob
diese Verweigerung mit einer beachtlichen Begründung erfolgt ist, nicht

---

224 *SächsOVG* v. 12.1.99 – P 5 S 30/96 –, PersR 00, 76; *OVG Bln* v. 18.12.02 – 4
S 41.02 –, PersR 03, 163.
225 *BVerwG* v. 26.8.87 – 6 P 11.86 – u. v. 23.2.89 – 2 C 8.88 –, PersR 88, 45, u.
89, 229; vgl. *BAG* v. 27.2.97 – 2 AZR 513/96 –, PersR 97, 314, sowie v.
6.7.06 – 2 AZR 442/05 – u. – 2 AZR 443/05 –, NZA 07, 139 u. 197.
226 *BVerwG* v. 11.11.09 – 6 PB 25.09 –, PersR 10, 169 [zu 3 a–c], unter Hinw. auf
die differenzierende Rspr. des *BAG* zu § 99 Abs. 3 BetrVG (Beschl. v. 14.3.89
– 1 ABR 80/87 – u. v. 14.12.04 – 1 ABR 55/03 –, AP BetrVG 1972 § 99
Nr. 64 u. 122); näher dazu KfdP-*Altvater,* Rn. 23 m. w. N.
227 *BVerwG* v. 29.1.96 – 6 P 38.93 –, PersR 96, 239.

§ 69 Mitbestimmung: Ausgangsverfahren (Abs. 2)

aber darauf, ob die Äußerungsfrist durch die erforderliche umfassende Unterrichtung in Lauf gesetzt worden ist.[228]

19 Nach h. M. ist die Äußerungsfrist eine gesetzliche **Ausschlussfrist,** bei deren Versäumung Wiedereinsetzung in den vorigen Stand nicht gewährt und die auch durch Vereinbarung zwischen PR und Dienststellenleiter nicht verlängert werden kann.[229] Zulässig sind jedoch zwischen Dienststellenleiter und PR getroffene Absprachen darüber, wie und wann das Mitbestimmungsverfahren in Gang gesetzt wird.[230]

20 Nach **Abs. 2 S. 4** kann der Dienststellenleiter **in dringenden Fällen** die Äußerungsfrist des PR von zehn auf **drei Arbeitstage** abkürzen. Dies ist nur zulässig, wenn außergewöhnliche Umstände vorliegen, insb. dann, wenn der dringende Entscheidungsbedarf durch vom Dienststellenleiter nicht beeinflussbare und nicht voraussehbare Entwicklungen entstanden ist.[231] Die Abkürzung der Frist ist dem PR gleichzeitig mit dem Zustimmungsantrag **mitzuteilen** und ihm gegenüber zu **begründen.** Liegt nach Ansicht des PR kein dringender Fall vor, muss er der Fristverkürzung innerhalb von drei Arbeitstagen **widersprechen**;[232] außerdem kann er vor Ablauf der regulären Frist die **Zustimmung verweigern,** wobei er in den Fällen des § 75 Abs. 1 und § 76 Abs. 1 einen in § 77 Abs. 2 aufgeführten Grund angeben muss (vgl. Rn. 26). Auf einen **kürzeren Zeitraum** als drei Arbeitstage kann die Frist nicht verkürzt werden.[233] Bei Unaufschiebbarkeit der Sache kann der Dienststellenleiter unter den Voraussetzungen des Abs. 5 eine **vorläufige Regelung** treffen (vgl. Rn. 41 ff.).

21 Ist eine **Stufenvertretung** oder der **GPR** als erstzuständige Personalvertretung zu beteiligen und hat diese nach § 82 Abs. 2 einem PR Gelegenheit zur Äußerung zu geben, so führt das zu einer **Verdoppelung der Fristen** des Abs. 2 S. 3 oder 4 **auf 20 bzw. 6 Arbeitstage.** Hat außerdem der von einer Stufenvertretung anzuhörende GPR einem örtlichen PR Gelegenheit zur Äußerung zu geben, so hat dies eine **Verdreifachung** der genannten Fristen **auf 30 bzw. 9 Arbeitstage** zur Folge (vgl. § 82 Rn. 14).

22 Die **Entscheidung über den Zustimmungsantrag** des Dienststellenleiters hat der PR nach pflichtgemäßem Ermessen zu treffen. Dabei handelt es sich um eine Befugnis, die nicht vom Vorstand, sondern vom **Plenum des PR** wahrzunehmen ist (vgl. § 32 Rn. 7). Ausnahmen gelten nur bei der Gewährung von sozialen Zuwendungen nach § 75 Abs. 2 S. 1 Nr. 1, bei

---

228 Beschl. v. 31.5.01 – 1 A 2277/99.PVL –.
229 Vgl. *BVerwG* v. 26.8.87 – 6 P 11.86 –, PersR 88, 45; offengelassen in *BVerwG* v. 9.12.92 – 6 P 16.91 –, PersR 93, 212; a. A. für das Mitwirkungsverfahren: *BAG* v. 14.1.93 – 2 AZR 387/92 –, PersR 93, 406.
230 *BVerwG* v. 9.12.92, a.a.O.; näher dazu KfdP-*Altvater*, Rn. 24f.
231 Vgl. *BVerwG* v. 15.11.95 – 6 P 4.94 –, PersR 96, 157; zu eng *VGH BW* v. 23.11.93 – PL 15 2876/92 –, PersR 94, 369.
232 *BVerwG* v. 15.11.95, a.a.O.
233 *BayVGH* v. 13.7.88 – Nr. 18 P 88.01415 –, PersR 89, 305.

Mitbestimmung: Ausgangsverfahren (Abs. 2) § 69

der nach § 75 Abs. 2 S. 2 Hs. 2 auf Verlangen des betroffenen Beschäftigten nur der **Vorstand** mitbestimmt (vgl. § 75 Rn. 59). Das Plenum kann seine Befugnisse in Angelegenheiten der Mitbestimmung nicht auf den Vorstand übertragen.[234] Für die Beratung und Beschlussfassung des Plenums gelten die allgemeinen Vorschriften, insb. die der §§ 37 und 38. Der PR kann betroffene Beschäftigte anhören (vgl. Rn. 28). Falls das Plenum (oder ggf. der Vorstand) nicht beschließt, gegenüber der Dienststelle keine Erklärung abzugeben (vgl. Rn. 23), hat der **Vorsitzende des PR** dem Dienststellenleiter den vom Plenum bzw. Vorstand gefassten Beschluss des PR mitzuteilen; in Angelegenheiten einer Gruppe, der der Vorsitzende nicht angehört, hat dies nach § 32 Abs. 3 S. 2 gemeinsam mit einem der Gruppe angehörenden Vorstandsmitglied zu geschehen (vgl. § 32 Rn. 16f.). Während die **Zustimmung** mündlich oder schriftlich und ohne Angabe von Gründen erklärt werden kann, ist in **Abs. 2 S. 5** vorgeschrieben, dass die **Verweigerung der Zustimmung schriftlich** unter Angabe der Gründe erfolgen muss, wobei zur Wahrung der Schriftform auch ein Telefax ausreicht.[235] Die Zustimmungsverweigerung muss der Dienststelle **vor Ablauf der Äußerungsfrist** (vgl. Rn. 16–21) zugehen. Eine mündliche Erklärung muss gegenüber dem Dienststellenleiter oder einer zu seiner Vertretung befugten Person abgegeben werden (vgl. Rn. 12). Eine **schriftliche Erklärung** geht mit der Aushändigung an eine dieser Personen[236] oder mit dem Eingang bei der hierfür in der Dienststelle eingerichteten Stelle zu.[237]

Erklärt der PR ausdrücklich seine **Zustimmung** zu der beabsichtigten Maßnahme, so ist das Mitbestimmungsverfahren mit dem Zugang dieser Erklärung auch dann abgeschlossen, wenn die Äußerungsfrist erst später abläuft. Sieht er von einer Erklärung ab, dann gilt sein **Schweigen** gem. Abs. 2 S. 5 nach Ablauf der Äußerungsfrist (vgl. Rn. 16–21) als Zustimmung. Erklärt der PR ausdrücklich, er werde sich zu der beabsichtigten Maßnahme nicht äußern, dann gilt die Maßnahme auch dann erst nach Ablauf der Äußerungsfrist als gebilligt, wenn dieser **Hinweis auf eine Nicht-Stellungnahme** vom PR für abschließend erklärt wird.[238] Sobald die Zustimmung erklärt ist oder als erteilt gilt, ist die Dienststelle **berechtigt, die beabsichtigte Maßnahme zu treffen.** Sie ist dazu aber grundsätzlich nicht verpflichtet (vgl. § 74 Rn. 2).

23

---

234 *BVerwG* v. 11.10.72 – VII P 2.72 –, PersV 73, 48, u. v. 19.7.94 – 6 P 12.92 –, PersR 94, 518.
235 Vgl. *BAG* v. 11.6.02 – 1 ABR 43/01 –, AP BetrVG 1972 § 99 Nr. 118; zu der im PersVR noch nicht geklärten Frage, ob für die Erfüllung des **Schriftlichkeitsgebots** in Abs. 2 S. 5 eine Mitteilung per **E-Mail** genügt, wenn diese den Erfordernissen der Textform des § 126b BGB entspricht, vgl. KfdP-*Altvater*, Rn. 27a m.w.N.
236 Vgl. *OVG NW* v. 10.2.99 – 1 A 800/97.PVL –, PersR 99, 316.
237 Vgl. *OVG Bln* v. 31.7.91 – OVG PV Bln 27.88 –, PersR 92, 270 Ls.
238 *BAG* v. 28.1.10 – 2 AZR 50/09 –, PersR 10, 305.

§ 69 Mitbestimmung: Ausgangsverfahren (Abs. 2)

24 Eine Zustimmung unter **Bedingungen** oder mit **Einschränkungen** steht jedenfalls dann einer **Ablehnung** gleich, wenn der Dienststellenleiter die Bedingungen oder Einschränkungen nicht akzeptiert (vgl. § 150 Abs. 2 BGB). Davon zu unterscheiden ist die **befristete Zustimmung** für die Dauer eines Pilotprojekts, weil hier die Maßnahme selbst zeitlich begrenzt ist.[239]

25 Die **Verweigerung der Zustimmung** kann nach Abs. 2 S. 5 nur schriftlich (vgl. Rn. 22) unter Angabe der Gründe erfolgen. Hinsichtlich der anzugebenden **Gründe** ist zu unterscheiden. In den **Personalangelegenheiten** nach § 75 Abs. 1 und § 76 Abs. 1 kann der PR seine Zustimmung nur aus den in § 77 Abs. 2 abschließend aufgeführten Gründen verweigern (vgl. dort Rn. 11 ff.). In den **übrigen Angelegenheiten** nach § 75 Abs. 2 und 3 und § 76 Abs. 2 ist er dagegen nicht an einen gesetzlich vorgegebenen Katalog von Verweigerungsgründen gebunden. Die erforderliche Angabe von Gründen dient der **Information des Dienststellenleiters.** Sie soll es ihm ermöglichen, zu erkennen, welche Einwendungen der PR gegen die beabsichtigte Maßnahme erhebt und auf welchen Erwägungen sie beruhen,[240] und ihn so in die Lage versetzen, sich über sein weiteres Vorgehen klar zu werden. Die Begründung genügt den rechtlichen Anforderungen, wenn sie deutlich macht, auf welchen **Mitbestimmungstatbestand** und (bei Personalangelegenheiten) welchen **Verweigerungsgrund** der PR seine Zustimmungsverweigerung stützt und mit welchem Ziel er eine Einigung anstrebt. Dabei kann er seiner Ablehnung auch andere als die von der Dienststelle angenommenen Mitbestimmungstatbestände zugrunde legen.[241] Der PR darf sich nicht auf eine nur formelhafte Begründung oder auf die Wiedergabe des Wortlauts eines gesetzlichen Versagungsgrundes beschränken, sondern muss den konkreten Anlass und damit auch den **Bezug zum konkreten Einzelfall** erkennbar machen.[242]

26 Ein **Verstoß** des Dienststellenleiters **gegen die Vorschriften über das Mitbestimmungsverfahren** ist nach h. M. kein Zustimmungsverweigerungsgrund i. S. d. § 77 Abs. 2 Nr. 1, weil allein deshalb die Maßnahme selbst nicht gegen das BPersVG verstößt (vgl. § 77 Rn. 18). In Personalangelegenheiten nach § 75 Abs. 1 und § 76 Abs. 1 können derartige Verfahrensverstöße deshalb mit der Zustimmungsverweigerung nicht ohne Weiteres geltend gemacht werden. Allerdings können Verfahrensverstöße wegen mangelnder Information oder Begründung zusammen mit anderen Umständen wegen der Besorgnis ungerechtfertigter Benachteiligung einen Verweigerungsgrund gem. § 77 Abs. 2 Nr. 2 ergeben.[243]

---

239 *OVG NW* v. 19. 2. 86 – CL 28/84 –, PersV 87, 203.
240 *BVerwG* v. 18. 4. 86 – 6 P 31.84 –, PersR 87, 134.
241 *BVerwG* v. 12. 3. 86 – 6 P 5.85 –, PersR 86, 116, u. v. 18. 4. 86, a. a. O.
242 *BVerwG* v. 29. 1. 96 – 6 P 38.93 –, PersR 96, 239.
243 Vgl. KfdP-*Altvater*, Rn. 31 m. N.

Mitbestimmung: Ausgangsverfahren (Abs. 2) § 69

Nach **st. Rspr.** des *BVerwG*[244] darf der **Dienststellenleiter** die vom PR **27** angegebenen Gründe darauf **prüfen,** ob sie sich dem in Anspruch genommenen Mitbestimmungstatbestand oder (in Personalangelegenheiten) dem in Anspruch genommenen (in § 77 Abs. 2 aufgeführten) gesetzlichen Verweigerungsgrund zuordnen lassen (vgl. Rn. 25). Kommt der Dienststellenleiter dabei trotz Anlegen eines großzügigen Maßstabs zu dem Ergebnis, das sei offensichtlich nicht der Fall, soll er berechtigt sein, sich über die Verweigerung der Zustimmung hinwegzusetzen. Die Rspr. des *BVerwG* – der die Instanzgerichte[245] und (für das PersVR) das *BAG*[246] sowie die h. M. in der Literatur folgen – ist zu kritisieren, weil sie dazu führt, dass Dienststellenleiter quasi als **Richter in eigener Sache** darüber entscheiden können, ob sie Mitbestimmungsverfahren weiterführen oder abbrechen. **Stattdessen** ist daran festzuhalten, dass die Entscheidung über die Beachtlichkeit der Begründung des PR im weiteren Mitbestimmungsverfahren getroffen werden muss. Eine Abbruchkompetenz des Dienststellenleiters widerspricht dem Grundsatz der gleichberechtigten Partnerschaft.[247]

(Abs. 2 S. 6) Die Dienststelle hat dem **betroffenen Beschäftigten** Ge- **28** legenheit zur Äußerung zu geben, also ihn **anzuhören,** soweit »dabei« Beschwerden oder Behauptungen tatsächlicher Art vorgetragen werden, die für den Beschäftigten ungünstig sind oder ihm nachteilig werden können. Die Vorschrift dient ebenso wie § 109 BBG dem **Persönlichkeitsschutz** des betroffenen Beschäftigten. Sie bezieht sich auf negative Äußerungen i. S. d. Abs. 2 S. 6, die der PR in einer schriftlichen Erklärung gegenüber dem Dienststellenleiter vorgetragen hat. Das gilt nach dem Wortlaut der Vorschrift für die Erklärung der **Zustimmungsverweigerung,** nach ihrem Zweck aber auch für die Erklärung der **Zustimmung**. Die **Anhörung** ist von der **Dienststelle** durchzuführen. Sie bezieht sich auf **negative Äußerungen,** die »tatsächlicher Art« sind, sich also auf Sachverhalte beziehen, und damit nicht auf Beurteilungen und Wertungen aufgrund solcher Fakten. Insoweit weicht Abs. 2 S. 6 von § 109 BBG ab. Die Stellungnahme des Beschäftigten bedarf nicht der Schriftform, sie ist jedoch, wenn sie mündlich abgegeben wird, auf jeden Fall schriftlich festzuhalten und nach Abs. 2 S. 6 Hs. 2 **aktenkundig** zu machen sowie dem betreffenden Vorgang beizufügen. Werden die negativen Äußerungen in die Personalakte aufgenommen, so ist auch die Gegenäußerung des Beschäftigten zur Personalakte zu nehmen (vgl. § 109 S. 2 BBG). Die Anhörungspflicht der Dienststelle nach Abs. 2 S. 6 schließt eine **Anhörung des betroffenen Beschäftigten durch den PR** nicht aus (vgl. § 35 Rn. 1).[248]

---

244 Z.B. Beschl. v. 20.6.86 – 6 P 4.83 –, PersR 86, 197, v. 30.4.01 – 6 P 9.00 –, PersR 01, 382, u. v. 15.11.06 – 6 P 1.06 –, PersR 07, 119.
245 Vgl. z.B. *OVG NW* v. 31.5.01 – 1 A 2277/99.PVL –, PersR 02, 215.
246 Vgl. Urt. v. 19.6.07 – 2 AZR 58/06 –, PersR 07, 429.
247 Vgl. KfdP-*Altvater,* Rn. 33 m.w.N.
248 *BAG* v. 19.9.85 – 6 AZR 476/83 –, PersR 86, 159; *OVG NW* v. 4.3.93 – CL 25/89 –, PersR 93, 400.

§ 69 Mitbestimmung: Stufenverfahren (Abs. 3)

29 (**Abs. 3**) Falls eine Einigung über eine vom Leiter der Dienststelle beabsichtigte mitbestimmungspflichtige Maßnahme zwischen ihm und dem PR oder einer anderen erstzuständigen Personalvertretung (vgl. Rn. 3) nicht zustande kommt, kann das **Mitbestimmungsverfahren** – von Ausnahmen abgesehen (vgl. Rn. 30 a. E.) – nach den Vorschriften des Abs. 3 **fortgesetzt** werden. Eine **Einigung** ist dann **nicht zustande gekommen,** wenn der PR nach Abs. 2 S. 5 innerhalb der Äußerungsfrist des Abs. 2 S. 3 oder 4 eine rechtlich beachtliche Zustimmungsverweigerung erklärt hat (vgl. Rn. 25–27).

30 Für den Fall der Nichteinigung sieht **Abs. 3 S. 1** vor, dass in **mehrstufigen Verwaltungen** der Leiter der Dienststelle oder der PR die Angelegenheit binnen sechs Arbeitstagen auf dem Dienstweg den übergeordneten Dienststellen vorlegen kann, bei denen Stufenvertretungen bestehen. Dabei ist ggf. die zur Entscheidung befugte **nächst übergeordnete Dienststelle** anzurufen, also entweder die **Mittelbehörde,** bei der ein BPR besteht, oder die **oberste Dienstbehörde,** bei der der HPR besteht (vgl. § 53 Rn. 3 ff.). Bei den in § 82 Abs. 5 geregelten Fällen sind **Besonderheiten** zu beachten (vgl. § 82 Rn. 20). Hat das Verfahren nach Abs. 2 auf der **Zentralstufe** zwischen der obersten Dienstbehörde und einer bei ihr bestehenden Personalvertretung (PR, GPR oder HPR) begonnen, kann es nur nach Abs. 4 mit der dort geregelten Anrufung der Einigungsstelle fortgesetzt werden. Hat die erste Phase des Verfahrens zwischen einer nach § 6 Abs. 3 **verselbständigten Teileinheit einer Dienststelle** und dem dortigen PR stattgefunden, kann die Gesamtdienststelle nicht angerufen werden, weil der bei ihr bestehende GPR keine Stufenvertretung ist (vgl. § 55 Rn. 3).

31 Nach Abs. 3 S. 1 sind beide Beteiligten der ersten Phase des Mitbestimmungsverfahrens **zur Vorlage berechtigt,** also sowohl der Leiter der Dienststelle als auch der PR. Für die Vorlage des PR ist ein Beschluss des Plenums oder (gem. § 75 Abs. 2 S. 2 Hs. 2) des Vorstands erforderlich (vgl. Rn. 22). Die **Vorlage** ist immer **an die jeweils anzurufende übergeordnete Dienststelle** (vgl. Rn. 30) zu richten, nicht an die dort gebildete Stufenvertretung. Dabei haben beide Seiten den **Dienstweg** einzuhalten. Dienststellen, die im hierarchischen Aufbau der Verwaltung zwischen der Ausgangsdienststelle und der anzurufenden Dienststelle liegen, dürfen nicht übersprungen werden. Bei einer Vorlage des PR führt der Dienstweg nicht über die »eigene« Dienststelle.[249] Die **Vorlage** bedarf der **Schriftform.** Ihr **Inhalt** ist nicht ausdrücklich festgelegt. Erforderlich ist zumindest eine umfassende Unterrichtung über die beabsichtigte Maßnahme sowie die Angabe der Gründe und des Tages der Zustimmungsverweigerung des PR. **Legt der Dienststellenleiter die Angelegenheit vor,** so hat er dies nach **Abs. 3 S. 5** dem PR unter Angabe der Gründe mitzuteilen.

---

249 A. A. BVerwG v. 20. 1. 93 – 6 P 21.90 –, PersR 93, 310, das aber übersieht, dass sich aus § 72 Abs. 4 S. 4 das Gegenteil ergibt.

Legt der PR die Sache vor, entspricht es dem Grundsatz der vertrauensvollen Zusammenarbeit (vgl. § 2 Rn. 4), dass er den Dienststellenleiter in entsprechender Weise unterrichtet. Für die Unterrichtung der anderen Seite empfiehlt sich die Schriftform. Solange die übergeordnete Dienststelle das Stufenverfahren noch nicht eingeleitet hat (vgl. Rn. 35), ist eine **Rücknahme** der Vorlage zulässig. Trotz der Vorlage können Dienststellenleiter und PR, solange das förmliche Mitbestimmungsverfahren noch nicht abgeschlossen ist, nach § 66 Abs. 1 S. 3 **weiterhin versuchen, eine Einigung zu erzielen.** Gelingt das, so wird das weitere Verfahren damit gegenstandslos.

Die Vorlage hat innerhalb einer **Frist von sechs Arbeitstagen** zu erfolgen. Ist eine Stufenvertretung oder der GPR als erstzuständige Personalvertretung beteiligt worden und hatte diese nach § 82 Abs. 2 einem PR Gelegenheit zur Äußerung zu geben, so führt das zu einer **Verlängerung** der Frist **auf zwölf Arbeitstage** (vgl. § 82 Rn. 14). Für die Berechnung der Frist gilt das Gleiche wie bei der Äußerungsfrist nach Abs. 2 S. 3 (vgl. Rn. 16). Die Frist ist gewahrt, wenn die Vorlage vor Ablauf der Vorlagefrist **abgesandt,** also auf den Dienstweg gebracht wird. Wird sie **versäumt,** so ist das Mitbestimmungsverfahren abgeschlossen und die beabsichtigte Maßnahme hat zu unterbleiben. Das schließt jedoch nicht aus, dass der Dienststellenleiter sich weiterhin um eine Einigung mit dem PR bemüht oder dass er durch einen neuen Zustimmungsantrag ein **neues Verfahren** einleitet.[250] Von Fällen des Rechtsmissbrauchs abgesehen, hat sich PR mit einer neuen Mitbestimmungsvorlage **auch bei unveränderter Sach- und Rechtslage** erneut zu befassen, wenn er den Eintritt der Billigungsfiktion nach Abs. 2 S. 5 (vgl. Rn. 23) vermeiden will.[251] Dabei kann sich der PR jedoch in den Fällen, in denen der Dienststellenleiter eine **Vorlage lediglich wiederholt,** ohne nennenswerte neue Gesichtspunkte zur Begründung anzuführen, darauf beschränken, die Zustimmung unter **Bezugnahme auf die Begründung für die erste Versagung** zu verweigern.[252]

32

Die angerufene **übergeordnete Dienststelle** entscheidet, ob das Mitbestimmungsverfahren fortgesetzt werden soll. Sie kann den Leiter der nachgeordneten Dienststelle anweisen, die Zustimmungsverweigerung des PR zu akzeptieren und damit das **Verfahren zu beenden.** Entschließt sie sich zur Fortsetzung, hat sie die Angelegenheit der bei ihr gebildeten Stufenvertretung (BPR oder HPR) **vorzulegen.**

33

Für das **weitere Verfahren** sind gem. **Abs. 3 S. 4** die für das Ausgangsverfahren geltenden Vorschriften des Abs. 2 entsprechend anzuwenden (vgl. Rn. 12–28). Dabei kann der Leiter der übergeordneten Dienststelle die vom Leiter der nachgeordneten Dienststelle beabsichtigte Maßnahme

34

---

250 *BVerwG* v. 11.4.91 – 6 P 9.89 –, PersR 91, 284.
251 *BVerwG* v. 12.9.11 – 6 PB 13.11 –, PersR 11, 530 (entgegen der überwiegenden Kommentarliteratur).
252 *BVerwG* v. 12.9.11, a.a.O.

§ 69 Mitbestimmung: Stufenverfahren (Abs. 3)

der Stufenvertretung auch **mit abgeändertem Inhalt** vorlegen. Die Stufenvertretung ist nicht nach § 82 Abs. 2 verpflichtet, den PR der nachgeordneten Dienststelle anzuhören (vgl. § 82 Rn. 9).[253] Sie kann allerdings **dem PR Gelegenheit zur Äußerung geben**, wenn sie dies für sinnvoll hält. Eine solche Anhörung führt jedoch nicht zu der in § 82 Abs. 2 S. 2 geregelten Verlängerung der Äußerungsfrist der Stufenvertretung. Diese ist weder an die Zustimmungsverweigerung noch an ein späteres Votum des PR gebunden, sondern entscheidet **in eigener Verantwortung**.[254]

35 Das **Stufenverfahren beginnt** erst dann, wenn der Stufenvertretung die beabsichtigte Maßnahme formell zur Unterrichtung und Zustimmung zugeleitet worden ist.[255] In diesem Zeitpunkt gehen mit der **Beteiligungszuständigkeit** auch die an eine beachtliche Zustimmungsverweigerung anknüpfenden **verfahrensrechtlichen Rechte** der erstzuständigen Personalvertretung auf die Stufenvertretung über.

36 Kommt in einer mehr als zweistufigen Verwaltung in einem nach Abs. 3 S. 4 i. V. m. Abs. 2 durchgeführten Stufenverfahren zwischen der Mittelbehörde und dem bei ihr bestehenden BPR eine Einigung nicht zustande, weil der BPR nach Abs. 3 S. 4 i. V. m. Abs. 2 S. 5 innerhalb der Äußerungsfrist die Zustimmung unter Angabe der Gründe schriftlich verweigert (vgl. Rn. 29), kann nach Abs. 3 S. 1 ein **zweites Stufenverfahren** dadurch in Gang gesetzt werden, dass der Leiter der Mittelbehörde oder der BPR die Angelegenheit binnen sechs Arbeitstagen der **obersten Dienstbehörde** vorlegt. Für Form und Inhalt der Vorlage und die Unterrichtung der anderen Seite sowie für den Lauf und die Einhaltung der Vorlagefrist gilt das zum ersten Stufenverfahren Gesagte entsprechend (vgl. Rn. 31 f.), wobei hier eine Verlängerung der Frist nach § 82 Abs. 2 S. 2 nicht in Betracht kommen kann (vgl. Rn. 34). Die oberste Dienstbehörde entscheidet, ob das Mitbestimmungsverfahren fortgesetzt werden soll. Entschließt sie sich dazu, hat ihr Leiter die Angelegenheit dem bei ihr gebildeten **HPR** vorzulegen (vgl. Rn. 33). Dafür und für das weitere Verfahren sind gem. **Abs. 3 S. 4** wiederum die für das Ausgangsverfahren geltenden Vorschriften des Abs. 2 entsprechend anzuwenden (vgl. Rn. 12–28 und 34 f.).

37 **Abs. 3 S. 2** enthält eine klarstellende Regelung für **Körperschaften, Anstalten und Stiftungen** des öffentlichen Rechts **mit mehrstufig aufgebauter Verwaltung** (vgl. § 53 Rn. 4). Danach ist im Mitbestimmungsverfahren bei ihnen als **oberste Dienstbehörde** ggf. das in ihrer Verfassung für die Geschäftsführung vorgesehene **oberste Organ** anzurufen.[256] Die »Verfassung« der meisten Körperschaften, Anstalten und Stiftungen ist in einem Gesetz oder in einer Satzung geregelt. In **Zweifelsfällen,** die v. a.

---

253 Str.; vgl. KfdP-*Altvater*, Rn. 42 m. N.
254 *BVerwG* v. 28.12.94 – 6 P 35.93 –, PersR 94, 209.
255 *BVerwG* v. 2.11.94 – 6 P 28.92 –, PersR 95, 83, v. 28.12.94, a.a.O., v. 22.10.07 – 6 P 1.07 –, PersR 08, 23, u. v. 7.4.10 – 6 P 6.09 –, PersR 10, 312.
256 Hierzu u. zum Folgenden KfdP-*Altvater*, Rn. 45.

Mitbestimmung: Einschaltung der Einigungstelle (Abs. 4) § 69

deshalb vorkommen können, weil es aus historischen Gründen an eindeutigen rechtlichen Festlegungen fehlt, ist die anzurufende Stelle nach **Abs. 3 S. 3** von der zuständigen **obersten Bundesbehörde** zu bestimmen; damit ist die Behörde gemeint, die mit der Rechtsaufsicht über die Körperschaft, Anstalt oder Stiftung betraut ist. Die Regelung des Abs. 3 S. 2 ist nicht anzuwenden für bundesunmittelbare Körperschaften und Anstalten des öffentlichen Rechts im Bereich der Sozialversicherung und für die Bundesagentur für Arbeit, für die Deutsche Bundesbank und für die Rundfunkanstalt des Bundesrechts »Deutsche Welle«, weil für sie jeweils **Sonderregelungen** gelten (§ 88 Nr. 3, § 89 Nr. 2 u. 3 sowie § 90 Nr. 4 S. 2). Die Vorschriften des Abs. 3 S. 2 und 3 beschränken sich auf die Festlegung des anstelle der obersten Dienstbehörde anzurufenden Organs. Ansonsten sind auch bei Körperschaften, Anstalten und Stiftungen die das **Stufenverfahren** regelnden Vorschriften in Abs. 3 S. 1, 4 und 5 anzuwenden.

(Abs. 4) Nach Abs. 4 S. 1 kann die **Einigungsstelle angerufen** werden, wenn sich zwischen der obersten Dienstbehörde und der bei ihr bestehenden zuständigen Personalvertretung **keine Einigung ergeben** hat (wobei in Körperschaften, Anstalten und Stiftungen des öffentlichen Rechts an die Stelle der obersten Dienstbehörde das in ihrer Verfassung für die Geschäftsführung vorgesehene oberste Organ tritt; vgl. Rn. 37). Die in Abs. 4 S. 1 vorausgesetzte Nichteinigung liegt vor, wenn die im bisherigen Mitbestimmungsverfahren zuletzt zuständige Personalvertretung nach Abs. 2 S. 5 oder nach Abs. 3 S. 4 i. V. m. Abs. 2 S. 5 eine rechtlich beachtliche Zustimmungsverweigerung erklärt hat (vgl. Rn. 25–27, 34, 36). Die Einigungsstelle wird nicht von Amts wegen tätig. Ist sie nicht auf Dauer errichtet, muss sie für den jeweiligen Streitfall gebildet werden (vgl. § 71 Rn. 4). Erforderlich ist nach Abs. 4 S. 2 die »Erklärung eines Beteiligten, die Entscheidung der Einigungsstelle herbeiführen zu wollen«. **Beteiligte** sind einerseits die oberste Dienstbehörde (oder bei Körperschaften, Anstalten und Stiftungen das oberste Organ; vgl. Rn. 37), andererseits die zuständige Personalvertretung bei der obersten Dienstbehörde. Die **Anrufung** der Einigungsstelle besteht in der Erklärung, deren Entscheidung herbeiführen zu wollen. Eine bestimmte Form ist dafür nicht vorgeschrieben. Die Personalvertretung hat ggf. einen Beschluss des Plenums oder (gem. § 75 Abs. 2 S. 2 Hs. 2) des Vorstands zu fassen (vgl. Rn. 22). Eine Anrufungsfrist sieht das Gesetz nicht vor. Durch längere Untätigkeit kann jedoch eine **Verwirkung** des Anrufungsrechts eintreten. Wird die Einigungsstelle angerufen, soll sie nach Abs. 4 S. 2 **binnen zwei Monaten entscheiden.** Die Nichtbeachtung dieser Soll-Vorschrift hat auf die Wirksamkeit der Entscheidung keinen Einfluss.

38

Die **Befugnis zur Anrufung** der Einigungsstelle steht sowohl der obersten Dienstbehörde (bzw. dem obersten Organ; vgl. Rn. 37) als auch der zuletzt zuständigen Personalvertretung (vgl. Rn. 38) zu. Sie bezieht sich auf alle Mitbestimmungsverfahren, deren Gegenstand eine von der Arbeitgeberseite beabsichtigte Maßnahme in einer Angelegenheit ist, die nach § 75 oder

38 a

Mitbestimmung: Einschaltung der Einigungstelle (Abs. 4) § 69

§ 76 der Mitbestimmung des PR unterliegt.[257] Solange die Einigungsstelle noch nicht entschieden hat, kann die oberste Dienstbehörde durch eine eigene Entscheidung die Zustimmungsverweigerung der zuletzt zuständigen Personalvertretung akzeptieren oder sich auf andere Weise mit dieser Personalvertretung einigen. Damit wird das **Einigungsstellenverfahren gegenstandslos** (vgl. Rn. 33). Das gilt auch dann, wenn sich die Beteiligten des Ausgangsverfahrens, d. h. der Leiter der Ausgangsdienststelle und die dort zuständige Personalvertretung, einigen (vgl. Rn. 31 a. E.).

39 Nach Abs. 4 S. 1 **entscheidet die Einigungsstelle grundsätzlich endgültig,** ob die Dienststelle die beabsichtigte Maßnahme wie beantragt oder mit Einschränkungen durchführen darf oder ob in den Fällen des § 77 Abs. 2 ein Grund zur Verweigerung der Zustimmung vorliegt. Bejaht sie das Vorliegen eines Verweigerungsgrundes i. S. d. § 77 Abs. 2, muss die Maßnahme unterbleiben, verneint sie das Vorliegen eines solchen Grundes, kann die Maßnahme getroffen werden. Diese **uneingeschränkte Mitbestimmung** (vgl. Rn. 2) sieht das Gesetz aber nur für die Angelegenheiten des § 75 vor. Dagegen sieht es in (oder entsprechend) Abs. 4 S. 3 und 4 für folgende Angelegenheiten nur die **eingeschränkte Mitbestimmung** vor: die Fälle des § **76,** des § **85 Abs. 1 Nr. 7** (vgl. § 85 Rn. 10) und des § **90 Nr. 7 Buchst. c** (vgl. § 90 Rn. 19 ff., 22) sowie nach dem für den »Mitteldeutschen Rundfunk« weiterhin anzuwendenden § **69 Abs. 4 S. 5 a. F.** die Fälle des § 75 Abs. 1, soweit es sich dabei um Angelegenheiten der an der Programmgestaltung maßgeblich mitwirkenden Beschäftigten dieser Einrichtungen des Rundfunks handelt (vgl. § 90 Rn. 24, 28). In diesen Fällen entscheidet die Einigungsstelle nur dann endgültig, wenn sie sich der Auffassung der obersten Dienstbehörde (oder des für die Geschäftsführung vorgesehenen obersten Organs; vgl. Rn. 37) anschließt.[258] Andernfalls beschließt sie lediglich eine **Empfehlung** an die oberste Dienstbehörde (bzw. das oberste Organ). Sodann **entscheidet die oberste Dienstbehörde** (bzw. das oberste Organ) **endgültig,** wobei sie die Empfehlung zwar zu würdigen hat, aber daran nicht gebunden ist. **Voraussetzung** für die Ausübung des Letztentscheidungsrechts durch die oberste Dienstbehörde ist die **ordnungsgemäße Durchführung des Mitbestimmungsverfahrens.**[259]

40 In Anknüpfung an den Beschluss des *BVerfG* v. 24. 5. 95[260] zu den verfassungsrechtlichen Grenzen der Mitbestimmung hat das *BVerwG* entschieden, dass in den Fällen, in denen das demokratische Prinzip der vollen Mitbestimmung entgegenstehe, die im jeweiligen PersVG enthaltenen Vorschriften über die **eingeschränkte Mitbestimmung entsprechend anzuwenden** seien (näher dazu vor § 66 Rn. 9, 11; § 104 Rn. 5 ff.). Dabei

---

257 Str.; vgl. KfdP-*Altvater*, Rn. 48 a.
258 Vgl. *BVerwG* v. 17. 12. 03 – 6 P 7.03 –, PersR 04, 106.
259 *BVerwG* v. 10. 2. 09 – 6 PB 25.08 –, PersR 09, 203, v. 19. 8. 09 – 6 PB 20.09 –, PersR 09, 407, u. v. 31. 8. 09 – 6 PB 21.09 –, PersR 09, 510; näher dazu KfdP-*Altvater*, Rn. 49 a–49 c.
260 2 BvF 1/92, PersR 95, 483.

Mitbestimmung: vorläufige Regelungen (Abs. 5) § 69

handelt es sich v. a. um die **Personalangelegenheiten der Arbeitnehmer** nach § 75 Abs. 1[261] und das Absehen von der **Ausschreibung** zu besetzender Dienstposten nach § 75 Abs. 3 Nr. 14[262] und wohl auch um die Bestellung von **Vertrauens- oder Betriebsärzten** sowie die Einführung und Anwendung **technischer Überwachungseinrichtungen** nach § 75 Abs. 3 Nr. 10 und 17. Nach dieser Rspr. soll die Einigungsstelle aufgrund verfassungskonformer Auslegung lediglich eine **Empfehlung** an die oberste Dienstbehörde (oder das oberste Organ) beschließen dürfen, wenn sie sich deren Auffassung nicht anschließt. Das soll auch in Angelegenheiten gelten, die nach der Rspr. des *BVerfG* grundsätzlich der uneingeschränkten Mitbestimmung zugänglich sind, aber **im Einzelfall die Regierungsverantwortung berühren.**[263]

(Abs. 5) Nach Abs. 5 S. 1 darf der Leiter der Dienststelle bei Maßnahmen, die der Natur der Sache nach keinen Aufschub dulden, ohne Zustimmung des PR bis zur endgültigen Entscheidung **vorläufige Regelungen** treffen. Dabei handelt es sich um eine eng auszulegende **Ausnahmevorschrift.** Einerseits soll sie es dem Dienststellenleiter ermöglichen, bis zum Abschluss des Mitbestimmungsverfahrens vorläufige Regelungen zu treffen, soweit diese unabweisbar erforderlich sind, um einem vorrangigen und unaufschiebbaren **Allgemeininteresse** Rechnung zu tragen, andererseits soll sie sicherstellen, dass die **Mitbestimmung** auch unter diesen besonderen Bedingungen gewährleistet bleibt.[264] Dabei müssen sowohl die **materiellrechtlichen Voraussetzungen** des Abs. 5 S. 1 vorliegen (vgl. Rn. 42–44) als auch die **formal-rechtlichen Anforderungen** des Abs. 5 S. 2 erfüllt werden (vgl. Rn. 46).

41

Vorläufige Regelungen sind nur bei **Maßnahmen** zulässig, »**die der Natur der Sache nach keinen Aufschub dulden**«. Diese Voraussetzung liegt nach st. Rspr. des *BVerwG* vor, wenn die Maßnahme trotz der fehlenden Zustimmung des PR eine vorläufige Regelung erfordert, um die Erfüllung von Pflichten und Aufgaben der Dienststelle im öffentlichen Interesse sicherzustellen.[265] Die **Unaufschiebbarkeit** bedeutet mehr als bloße Eilbedürftigkeit, welcher der Dienststellenleiter i. d. R. durch eine Verkürzung der Äußerungsfrist nach Abs. 2 S. 4 (und nach Abs. 3 S. 4 i. V. m. Abs. 2 S. 4) Rechnung tragen kann (vgl. Rn. 20, 34, 36). Ob eine Maßnahme unaufschiebbar ist, soll ausschließlich nach **objektiven Gegebenheiten** zum Zeitpunkt des Erlasses der vorläufigen Regelung zu beurteilen sein und nicht danach, ob die Unaufschiebbarkeit die Folge vorausgegangener Versäumnisse ist, die u. a. in der schuldhaft verzögerten Einleitung oder Durchführung des Mitbestimmungsverfahrens bestehen

42

---

261 *BVerwG* v. 18. 6. 02 – 6 P 12.01 – u. v. 13. 10. 09 – 6 P 15.08 –, PersR 02, 467, u. 09, 501.
262 *BVerwG* v. 14. 1. 10 – 6 P 10.09 –, PersR 10, 322.
263 *BVerwG* v. 30. 6. 05 – 6 P 9.04 –, PersR 05, 416.
264 *BVerwG* v. 19. 4. 88 – 6 P 33.85 –, PersR 88, 158.
265 Vgl. nur Beschl. v. 2. 8. 93 – 6 P 20.92 –, PersR 93, 395.

§ 69 Mitbestimmung: vorläufige Regelungen (Abs. 5)

können.[266] Begründet wird dies insb. damit, dass die Funktionsfähigkeit der Verwaltung sichergestellt werden müsse. Das überzeugt jedoch nicht, weil eine pflichtwidrig herbeigeführte »**hausgemachte**« **Unaufschiebbarkeit** nicht in der »Natur der Sache« begründet ist und das Instrument der vorläufigen Regelung in einem solchen Fall zur Umgehung des Mitbestimmungsrechts missbraucht werden kann.

43 Außer der Unaufschiebbarkeit ist Voraussetzung einer vorläufigen Regelung i. S. d. Abs. 5, dass der zu regelnde Sachverhalt seinem Gegenstand nach eine einstweilige Regelung zulässt, die **weder rechtlich noch tatsächlich vollendete Tatsachen** schafft.[267] Ausgeschlossen sind deshalb rechtsgestaltende Maßnahmen wie z. B. die vorbehaltlose unbefristete Einstellung von Bewerbern, die Ernennung von Beamten, die Kündigung von Wohnraum, die Rückgruppierung von Arbeitnehmern oder die Versetzung zu einer anderen Dienststelle, aber auch die Hinausschiebung des Eintritts in den Ruhestand.[268] Dagegen soll eine Abordnung zulässig sein, weil sie ihrer Rechtsnatur nach bereits eine vorläufige Maßnahme ist.[269] Ausgeschlossen ist auch die Anordnung, an bestimmten Tagen Überzeitarbeit zu leisten, weil damit ein irreversibler Tatbestand geschaffen wird[270] (vgl. aber Rn. 44).

44 Nach der Rspr. des *BVerwG* zur **Ausgestaltung vorläufiger Regelungen**[271] müssen diese sich zeitlich wie sachlich auf das unbedingt Notwendige beschränken und deshalb in aller Regel in der Sache soweit **hinter der beabsichtigten endgültigen Maßnahme zurückbleiben,** dass eine wirksame Ausübung des Mitbestimmungsrechts möglich bleibt.[272] **Ausnahmsweise** sollen diese Grenzen aber überschritten werden dürfen, nämlich dann, wenn die beabsichtigte Maßnahme der Natur der Sache nach Einschränkungen nicht zulässt (so z. B. bei Arbeitszeitänderungen in Katastrophenfällen) und wenn die durch die Mitbestimmung des PR eintretende Verzögerung nicht bloß den geordneten Dienstbetrieb beeinträchtigen, sondern zu einer Schädigung oder konkreten Gefährdung überragender Gemeinschaftsgüter oder -interessen führen würde.[273] Die

---

266 *BVerwG* v. 25. 10. 79 – 6 P 53.78 –, PersV 81, 203, v. 20. 7. 84 – 6 P 16.83 –, PersR 85, 61, u. v. 4. 2. 92 – 6 PB 20.91 –, Buchh 251.4 § 81 Nr. 1; vgl. KfdP-*Altvater*, Rn. 53 m. w. N.
267 *BVerwG* v. 20. 7. 84, a. a. O., v. 19. 4. 88 – 6 P 33.85 –, PersR 88, 158, u. v. 22. 8. 88 – 6 P 27.85 –, PersR 88, 269.
268 *OVG Brem* v. 21. 3. 91 – 2 B 36/91 –, PersV 93, 81; a. A. *HmbOVG* v. 14. 7. 94 – OVG Bs PH 2/93 –, PersR 95, 378.
269 *OVG RP* v. 10. 11. 78 – 2 B 251/78 –; *OVG Saar* v. 1. 12. 78 – III W 1 616/78 –.
270 *BVerwG* v. 20. 7. 84, a. a. O.; *OVG NW* v. 9. 8. 89 – CB 29/87 –, PersR 90, 29.
271 Beschl. v. 19. 4. 88 – 6 P 33.85 –, PersR 88, 158, v. 22. 8. 88 – 6 P 27.85 –, PersR 88, 269, v. 14. 3. 89 – 6 P 4.86 –, PersR 89, 230, sowie v. 16. 12. 92 – 6 P 6.91 –, PersR 93, 123, u. – 6 P 27.91 –, PersR 93, 217.
272 Vgl. auch *VGH BW* v. 1. 10. 02 – PL 15 S 2098/01 –, PersR 03, 79.
273 *OVG RP* v. 21. 6. 88 – 5 A 1/88 –, PersR 89, 331 Ls.: Gefährdung der Volksgesundheit.

Mitbestimmung: Rechtsfolgen von Rechtsverletzungen § 69

Zulassung **endgültiger Regelungen** lässt sich aber weder mit dem Wortlaut (»vorläufig«) noch mit dem Zweck des Abs. 5 vereinbaren, der auch darin besteht, den Schutz der Mitbestimmung zu gewährleisten.

Unter den Voraussetzungen von Abs. 5 S. 1 (vgl. Rn. 42–44) kann eine vorläufige Regelung **vor oder nach der Einleitung des Mitbestimmungsverfahrens** und ggf. in jeder Phase des Verfahrens getroffen werden. Zuständig ist dafür immer der **Dienststellenleiter,** der die endgültige Maßnahme beabsichtigt.[274] Falls sich die für den Erlass der vorläufigen Regelung maßgebenden Verhältnisse ändern, ist diese **anzupassen,** wobei eine Rücknahme oder Einschränkung, aber auch eine Verlängerung oder Ausweitung zulässig sein kann.[275]   **45**

Nach **Abs. 5 S. 2** hat der Dienststellenleiter dem PR »die vorläufige Regelung mitzuteilen und zu begründen und unverzüglich das Verfahren nach den Absätzen 2 bis 4 einzuleiten oder fortzusetzen«. Die **Mitteilung** besteht darin, dem PR die vorläufige Regelung in vollem Wortlaut zur Kenntnis zu bringen.[276] Die **Begründung** muss eingehend und sachbezogen sein.[277] Mitteilung und Begründung müssen **sofort** erfolgen. Das **Mitbestimmungsverfahren** ist **einzuleiten** oder ggf. in der Phase **fortzusetzen,** in der es sich zum Zeitpunkt der Anordnung der vorläufigen Regelung befindet. Dies hat **unverzüglich,** d. h. ohne schuldhaftes Zögern (§ 121 Abs. 1 S. 1 BGB), zu geschehen, i. d. R. in Anlehnung an die Frist des § 79 Abs. 3 S. 3 spätestens am dritten Arbeitstag nach der Anordnung. Alle Möglichkeiten einer **Verfahrensbeschleunigung** müssen ausgeschöpft werden, wobei das Verfahren umso nachdrücklicher betrieben werden muss, je kürzer der Zeitraum ist, für den die vorläufige Regelung gelten soll.[278] Werden die **formal-rechtlichen Anforderungen** des Abs. 5 S. 2 nicht erfüllt, ist oder wird die vorläufige Regelung **unwirksam,** auch wenn sie materiell-rechtlich zulässig sein sollte.[279] Wird die **Zustimmung** zu der beabsichtigten endgültigen Maßnahme **erteilt oder ersetzt,** so wird die vorläufige Regelung durch die endgültige Maßnahme abgelöst. Wird die Zustimmung endgültig **verweigert und nicht ersetzt,** so ist die vorläufige Regelung unverzüglich aufzuheben. Auch wenn der Antrag auf Zustimmung zur endgültigen Maßnahme **zurückgenommen** wird, hat dies zur Folge, dass die vorläufige Regelung entfällt.[280]   **46**

Nach Abs. 1 kann eine der Mitbestimmung des PR unterliegende Maßnahme nur mit dessen Zustimmung getroffen werden. Daraus folgt, dass das   **47**

---

274 *OVG LSA* v. 2.4.04 – 5 L 10/03 –, PersR 04, 320.
275 *BVerwG* v. 16.12.92 – 6 P 6.91 –, PersR 93, 123.
276 *HmbOVG* v. 1.12.94 – OVG Bs PH 2/92 –, PersR 95, 342.
277 *VGH BW* v. 26.11.91 – 15 S 2471/91 –, PersR 92, 258; *OVG LSA* v. 2.4.04 – 5 L 11/03 –, PersV 04, 349.
278 *BVerwG* v. 16.12.92 – 6 P 6.91 –, PersR 93, 123.
279 Vgl. *OVG LSA* v. 5.10.05 – 5 L 11/04 –, PersR 06, 169.
280 *OVG LSA* v. 2.4.04 – 5 L 10/03 –, PersR 04, 320.

§ 69 Mitbestimmung: Rechtsfolgen von Rechtsverletzungen

Mitbestimmungsrecht durch eine von der Dienststelle getroffene mitbestimmungspflichtige Maßnahme – die keine vorläufige Regelung i. S. d. Abs. 5 ist – dann **verletzt** wird, wenn die **Zustimmung** der zuständigen Personalvertretung zu dieser Maßnahme **nicht erteilt** worden ist und nicht als erteilt gilt und auch durch einen bindenden Beschluss der Einigungsstelle oder (bei eingeschränkter Mitbestimmung) durch eine nach vorheriger Empfehlung der Einigungsstelle getroffene endgültige Entscheidung der obersten Dienstbehörde **nicht ersetzt** worden ist (vgl. Rn. 4). Das Mitbestimmungsrecht kann aber auch dann verletzt sein, wenn zwar die Zustimmung der zuständigen Personalvertretung zu der Maßnahme vorliegt oder als erteilt gilt oder ersetzt worden ist, jedoch das **Mitbestimmungsverfahren nicht rechtmäßig durchgeführt** worden ist. Das gilt jedenfalls für Verstöße gegen zwingende Verfahrensvorschriften, die im **Zuständigkeits- und Verantwortungsbereich der Dienststelle** liegen.[281] Verfahrensverstöße im **Bereich des PR** stellen dagegen schon deshalb grundsätzlich keine Verletzung des Mitbestimmungsrechts dar, weil die Tätigkeit des PR weder den Weisungen noch der Rechtsaufsicht des Dienststellenleiters unterliegt (vgl. § 1 Rn. 19 b).[282] Wenn jedoch die Dienststelle selbst dazu beigetragen hat, dass das Verfahren des PR fehlerhaft war, kann sie sich mit Rücksicht auf das Gebot der vertrauensvollen Zusammenarbeit (§ 2 Abs. 1) auf den Verfahrensverstoß nicht berufen.[283] Gleiches gilt im Hinblick auf die Bindung der vollziehenden Gewalt an Recht und Gesetz (Art. 20 Abs. 3 GG) auch dann, wenn der Verfahrensverstoß des PR für den Dienststellenleiter offenkundig war.[284]

48 Welche **Rechtsfolgen** eine Verletzung des Mitbestimmungsrechts für die mitbestimmungswidrig getroffene Maßnahme auslöst, legt das BPersVG ebenso wenig fest wie das BetrVG. Da zwischen dem **Privatrecht** und dem **öffentlichem Recht** grundlegende Unterschiede bestehen, ist zwischen privatrechtlichen, insb. arbeitsrechtlichen, und öffentlich-rechtlichen, insb. beamtenrechtlichen, Maßnahmen zu unterscheiden:

- Für den Bereich des **Arbeitsrechts** folgte die Rspr. des *BAG* zunächst ebenso wie die überwiegende Meinung in der Literatur zum BetrVR und PersVR der Theorie der **Wirksamkeitsvoraussetzung**.[285] Danach werden die unter Verletzung des Mitbestimmungsrechts vorgenommenen **rechtsgeschäftlichen Handlungen des Arbeitgebers,** insb. alle arbeitsrechtlichen Personalmaßnahmen, als unwirksam angesehen. Diese

---

281 *BVerwG* v. 10.2.09 – 6 PB 25.08 –, PersR 09, 203.
282 *BVerwG* v. 14.7.86 – 6 P 12.84 – u. v. 21.4.92 – 6 P 8.90 –, PersR 86, 233, u. 92, 304; *BAG* v. 3.2.82 – 7 AZR 907/79 –, PersV 84, 32, m. w. N.
283 Vgl. *BAG* v. 24.6.04 – 2 AZR 461/03 –, AP BetrVG 1972 § 102 Nr. 144.
284 *BAG* v. 6.10.05 – 2 AZR 316/04 –, AP BetrVG 1972 § 102 Nr. 150, u. v. 18.4.07 – 7 AZR 293/06 –, PersR 07, 451 Os.; offengelassen in *BVerwG* v. 13.10.86 – 6 P 14.84 –, PersR 87, 40.
285 Hierzu u. zum Folgenden KfdP-*Altvater*, Rn. 62 ff.

Rspr. hat das *BAG* später **modifiziert.** So hat etwa der 5. *Senat*[286] entschieden, ein unter Verstoß gegen das Mitbestimmungsrecht bei der **Einstellung** abgeschlossener **Arbeitsvertrag** sei voll wirksam; jedoch dürfe der Arbeitgeber den Arbeitnehmer nicht beschäftigen, solange die Zustimmung des Betriebsrats oder PR nicht vorliege, und sei nach § 615 Abs. 1 BGB gleichwohl zur Zahlung des vertragsgemäßen Arbeitsentgelts verpflichtet. Der *Große Senat*[287] hat **differenziert:** Soweit die Durchführung mitbestimmungspflichtiger Maßnahmen den Arbeitnehmer belaste, sei die Unwirksamkeitsfolge eine geeignete Sanktion. Im Übrigen müssten die Rechtsfolgen jedoch den unterschiedlichen Fallgestaltungen angepasst werden. Dabei hat der *Große Senat* sich offenbar von dem **Grundgedanken** leiten lassen, dass dem Arbeitgeber aus einer betriebsverfassungs- bzw. personalvertretungsrechtlichen Pflichtwidrigkeit kein Rechtsvorteil im Rahmen des Arbeitsverhältnisses erwachsen dürfe. Auf dieser Linie liegen auch zahlreiche neuere Entscheidungen des *BAG*.[288] Danach ist die tatsächlich durchgeführte Mitbestimmung **Wirksamkeitsvoraussetzung für Maßnahmen oder Rechtsgeschäfte, die den Arbeitnehmer belasten.**

- **Verwaltungsakte des Dienstherrn,** mit denen dieser i.d.R. Personalmaßnahmen im Bereich des **Beamtenrechts** trifft, haben nach den Regeln des allgemeinen Verwaltungsrechts einen besonderen Bestandsschutz.[289] Sie sind grundsätzlich auch dann wirksam, wenn sie rechtswidrig – z.B. unter Verstoß gegen das Mitbestimmungsrecht des PR – zustande gekommen sind. **Nichtig** und damit unwirksam sind sie nur ausnahmsweise, v.a. dann, wenn sie an einem besonders schwerwiegenden Fehler leiden und dies offensichtlich ist (§ 44 Abs. 1 VwVfG). Eine Offensichtlichkeit liegt jedoch bei einer Verletzung des Mitbestimmungsrechts i.d.R. nicht vor. Indessen ist ein nicht nichtiger, aber fehlerhafter und damit rechtswidriger belastender Verwaltungsakt vor dem Verwaltungsgericht **anfechtbar.** Er ist vom Gericht auf fristgerechte Anfechtung durch den Anfechtungsberechtigten aufzuheben.[290] Zur Anfechtungsklage ist i.d.R. allerdings nur der betroffene Beamte befugt (§ 42 Abs. 2 VwGO). Handelt es sich nicht um eine Ernennung oder einen ernennungsähnlichen Akt, kann ein mitbestimmungswidrig zustande gekommener rechtswidriger Verwaltungsakt ggf. auch nach seiner Unanfechtbarkeit ganz oder teilweise mit Wirkung für die Zukunft oder für die Vergangenheit **zurückgenommen** werden, ein begünstigender Verwaltungsakt allerdings nur unter einschränkenden Voraussetzungen (§ 48

---

286 Urt. v. 2.7.80 – 5 AZR 56/79 –, AP BetrVG 1972 § 101 Nr. 5, u. – 5 AZR 1241/79 –, PersV 82, 368.
287 Beschl. v. 16.9.86 – GS 1/82 –, AP BetrVG 1972 § 77 Nr. 17.
288 Vgl. z.B. Urt. v. 10.3.09 – 1 AZR 55/08 –, AP BetrVG 1972 § 87 Lohngestaltung Nr. 134.
289 Hierzu u. zum Folgenden KfdP-*Altvater*, Rn. 66 f.
290 *BVerwG* v. 18.9.08 – 2 C 8.07 –, PersR 09, 114, m.w.N.

§ 69 Mitbestimmung: Rechtsfolgen von Rechtsverletzungen

VwVfG). Dazu ist die Dienststelle im Rahmen des rechtlich Möglichen verpflichtet, wenn das Verwaltungsgericht im personalvertretungsrechtlichen Beschlussverfahren festgestellt hat, dass das Mitbestimmungsrecht des PR nicht beachtet wurde (vgl. Rn. 49).

Für die Beurteilung der Rechtsfolgen bei **anderen mitbestimmungswidrigen Maßnahmen,** die weder rechtsgeschäftliche Handlungen des Arbeitgebers noch Verwaltungsakte des Dienstherrn sind, ist der **Grundsatz** maßgebend, dass eine personalvertretungsrechtliche Pflichtwidrigkeit der Dienststelle **keinen Rechtsvorteil** im Rahmen des Beschäftigungsverhältnisses geben darf. Das erfordert Sanktionen, die – auf die jeweilige Fallgestaltung zugeschnitten – die **Schutzfunktion der Mitbestimmung gewährleisten.** Welche Sanktionen jeweils geboten sind, ist noch nicht abschließend geklärt.[291]

49 Ist eine der Mitbestimmung des PR unterliegende Maßnahme ohne dessen Beteiligung durchgeführt worden und wird im **personalvertretungsrechtlichen Beschlussverfahren** später rechtskräftig festgestellt, dass das Mitbestimmungsrecht des PR wegen der unterlassenen Beteiligung verletzt worden ist, dann hat nach st. Rspr. des *BVerwG*[292] der Dienststellenleiter – vorausgesetzt, dass dies rechtlich und tatsächlich möglich ist – **entweder** die mitbestimmungspflichtige **Maßnahme rückgängig zu machen** (oder abzuändern) **oder** aber das **Mitbestimmungsverfahren nachzuholen.**[293] Nach dieser Rspr. ist die Verpflichtung zur Rückgängigmachung aber nur objektiv-rechtlicher Natur.[294] Zwar kann der Dienststellenleiter zur Erfüllung dieser Verpflichtung, die aus der Bindung der vollziehenden Gewalt an Gesetz und Recht (Art. 20 Abs. 3 GG) abgeleitet wird, im Rahmen der Dienstaufsicht gezwungen werden.[295] Einen damit korrespondierenden einklagbaren **Rechtsanspruch des PR auf Rückgängigmachung** der Maßnahme hat das *BVerwG* jedoch bisher stets **verneint,** im Wesentlichen mit der Begründung, das personalvertretungsrechtliche Beschlussverfahren sei ein besonderer verwaltungsgerichtlicher Verfahrensweg, in dem die Maßnahme selbst ebenso wie die Überprüfung der rechtlichen Folgen, die eine unterlassene Beteiligung des PR für ihre Rechtmäßigkeit oder Rechtsbeständigkeit habe, kein möglicher Verfahrensgegenstand sei. Droht in einem Streit um die Mitbestimmungspflichtigkeit einer Maßnahme ein einseitiges Handeln der Dienststelle, dann hat der PR nach der Rspr. des *BVerwG* auch **keinen Anspruch auf Unterlassung** der Maßnahme, der im personalvertretungsrechtlichen Beschlussverfahren ggf. auch im Wege der einstweiligen Verfügung gerichtlich durchgesetzt werden könnte.[296]

---

291 Vgl. KfdP-*Altvater*, Rn. 69 m. N.
292 Vgl. u. a. Beschl. v. 15.3.95 – 6 P 31.93 –, PersR 95, 423.
293 Hierzu u. zum Folgenden KfdP-*Altvater*, Rn. 71.
294 Vgl. *BVerwG* v. 23.8.07 – 6 P 7.06 –, PersR 07, 476.
295 So bereits *BVerwG* v. 15.12.78 – 6 P 13.78 –, PersV 80, 145.
296 Vgl. insb. Beschl. v. 15.12.78, a. a. O., u. v. 29.10.91 – 6 PB 19.91 –, PersR 92, 24.

Initiativrecht des Personalrats § 70

Insoweit bleibt es den jeweils **betroffenen Beschäftigten** vorbehalten, sich gegen derartige Maßnahmen individuell im **arbeitsgerichtlichen Urteilsverfahren** oder im **verwaltungsgerichtlichen Klageverfahren** zur Wehr zu setzen.

Dagegen ist die **Pflicht des Dienststellenleiters zur Nachholung eines** gesetzwidrig unterlassenen **Mitbestimmungsverfahrens** auch nach der Rspr. des *BVerwG* nicht nur objektiv-rechtlich gegeben. Das *BVerwG* hat vielmehr anerkannt, dass dem PR ein entsprechendes Recht in der Gestalt eines **Anspruchs auf Erfüllung dieser Verfahrenspflicht** des Dienststellenleiters zusteht.[297] Demnach kann der PR die nachträgliche Einleitung des Mitbestimmungsverfahrens notfalls auch in einem personalvertretungsrechtlichen Beschlussverfahren vor dem Verwaltungsgericht durchsetzen.[298] Außerdem kann er im Hinblick auf den verfassungsrechtlich gebotenen effektiven Rechtsschutz den **Erlass einer einstweiligen Verfügung verfahrensrechtlichen Inhalts** erwirken, mit dem der Dienststellenleiter verpflichtet wird, das Mitbestimmungsverfahren einzuleiten oder einstweilen fortzusetzen.[299]

50

§ 70 [Initiativrecht des Personalrats]

(1) ¹Beantragt der Personalrat eine Maßnahme, die nach § 75 Abs. 3 Nr. 1 bis 6 und 11 bis 17 seiner Mitbestimmung unterliegt, so hat er sie schriftlich dem Leiter der Dienststelle vorzuschlagen. ²Entspricht dieser dem Antrag nicht, so bestimmt sich das weitere Verfahren nach § 69 Abs. 3 und 4.

(2) ¹Beantragt der Personalrat eine Maßnahme, die nach anderen als den in Absatz 1 Satz 1 bezeichneten Vorschriften seiner Mitbestimmung unterliegt, so hat er sie schriftlich dem Leiter der Dienststelle vorzuschlagen. ²Entspricht dieser dem Antrag nicht, so bestimmt sich das weitere Verfahren nach § 69 Abs. 3; die oberste Dienstbehörde entscheidet endgültig.

§ 70 legt ein förmliches Antragsrecht des PR in mitbestimmungspflichtigen Angelegenheiten fest. Es wird in Rspr. und Literatur i. d. R. als **Initiativrecht** bezeichnet. Von dem allgemeinen Antragsrecht des PR nach § 68 Abs. 1 Nr. 1 (vgl. dort Rn. 4f.) unterscheidet sich das Initiativrecht in zweierlei Hinsicht: Inhaltlich ist es zwar weniger umfassend, weil es sich nur auf die Angelegenheiten der Mitbestimmung bezieht. Verfahrensmäßig ist es jedoch stärker ausgestaltet, weil eine Initiative des PR in diesen Angelegenheiten ein förmliches Beteiligungsverfahren in Gang setzt. Dabei

1

---

297 U. a. Beschl. v. 15. 3. 95 – 6 P 31.93 – u. v. 2. 2. 09 – 6 P 2.08 –, PersR 95, 423, u. 09, 164.
298 Vgl. *BVerwG* v. 14. 6. 11 – 6 P 10.10 –, PersR 11, 516, m. w. N.
299 Vgl. KfdP-*Altvater*, Rn. 72; KfdP-*Baden,* § 83 Rn. 121 a ff.

§ 70 Initiativrecht des Personalrats

sind wie bei der Mitbestimmung (vgl. § 69 Rn. 2) **zwei Beteiligungsformen** vorgesehen, die sich v. a. durch die Art des Verfahrensabschlusses bei Nichteinigung zwischen Personalvertretung und Dienststelle unterscheiden. Bei dem in Abs. 1 geregelten **uneingeschränkten Initiativrecht** (oder vollen Initiativrecht) ist das Verfahren im Wesentlichen so ausgestaltet wie das Verfahren der uneingeschränkten Mitbestimmung und dadurch gekennzeichnet, dass im Nichteinigungsfall die Einigungsstelle abschließend entscheidet (vgl. Rn. 6–11). Bei dem in Abs. 2 geregelten **eingeschränkten Initiativrecht** entspricht das Verfahren dagegen nur zum Teil dem der eingeschränkten Mitbestimmung, weil die oberste Dienstbehörde wie (in mehrstufigen Verwaltungen) bei der Mitwirkung (vgl. § 72 Rn. 1) ohne vorherige Einschaltung der Einigungsstelle endgültig entscheidet (vgl. Rn. 12–15).

2 Das Initiativrecht verwirklicht in besonderer Weise den Grundsatz der **gleichberechtigten Partnerschaft** von PR und Dienststellenleiter.[300] Es ermöglicht dem PR die **Ausübung von Mitbestimmungsrechten in aktiver Form**, erweitert diese in inhaltlicher Hinsicht aber nicht.[301] Da das Initiativrecht und das ihm entsprechende Mitbestimmungsrecht inhaltlich »symmetrisch« sind,[302] kann der PR aufgrund seines Initiativrechts deshalb nur eine Maßnahme beantragen, deren **Gegenstand im Rahmen eines Mitbestimmungstatbestandes** liegt, der in Abs. 1 oder 2 aufgeführt ist, und dessen Sinn und Zweck entspricht[303] (vgl. dazu auch § 75 Rn. 156 u. § 76 Rn. 45). Für einen Initiativantrag in den Fällen des § 75 Abs. 3 und des § 76 Abs. 2 ist kein Raum, soweit die Mitbestimmung durch den in den Eingangssätzen dieser Vorschriften geregelten **Gesetzes- oder Tarifvertragsvorbehalt** ausgeschlossen ist (vgl. § 75 Rn. 72 ff. u. § 76 Rn. 35).[304] **Innerdienstliche Weisungen** übergeordneter Dienststellen stehen dem Initiativrecht dagegen nicht entgegen.[305] Falls die Durchführung einer vom PR beantragten Maßnahme zusätzliche **Kosten** mit sich bringt, hängt die Zulässigkeit eines entsprechenden Initiativantrags nicht davon ab, dass bereits im Zeitpunkt der Antragstellung die haushaltsrechtlichen Voraussetzungen positiv festgestellt werden. Die Überprüfung der haushaltsrechtlichen Rechtslage hat vielmehr bei Abschluss des Beteiligungsverfahrens zu erfolgen, also in den Fällen des Abs. 1 ggf. durch die Einigungsstelle (vgl. § 71 Rn. 25), in denen des Abs. 2 durch die oberste Dienstbehörde.[306]

3 Nach st. Rspr. des *BVerwG* soll mit dem Initiativrecht in erster Linie sichergestellt werden, dass durch mitbestimmungspflichtige Maßnahmen

---

300 *BVerwG* v. 20.1.93 – 6 P 21.90 –, PersR 93, 310.
301 *BVerwG* v. 6.10.92 – 6 P 25.90 –, PersR 93, 77, m. w. N.
302 *BVerwG* v. 29.9.04 – 6 P 4.04 –, PersR 04, 483.
303 *BVerwG* v. 6.10.92, a. a. O., v. 24.3.98 – 6 P 1.96 –, PersR 98, 331, v. 29.9.04, a. a. O., u. v. 9.1.08 – 6 PB 15.07 –, PersR 08, 216.
304 *BVerwG* v. 19.5.92 – 6 P 5.90 –, PersR 92, 361.
305 *BVerwG* v. 20.1.93, a. a. O.
306 *BVerwG* v. 24.10.01 – 6 P 13.00 –, PersR 02, 21.

Initiativrecht des Personalrats § 70

zu regelnde Angelegenheiten **nicht gänzlich oder unnötig lange ungeregelt** bleiben, weil der Dienststellenleiter sich ihrer trotz bestehender Regelungsbedürftigkeit nicht oder nicht rechtzeitig annimmt.[307] Nach diesem Verständnis dient das Initiativrecht v. a. dem Zweck, **den Dienststellenleiter zum Handeln zu zwingen,** wenn er nicht selbst initiativ wird.[308] Das Initiativrecht soll deshalb nicht dafür in Anspruch genommen werden können, der bereits getroffenen Entscheidung einer zuständigen Behörde einen anderen Vorschlag entgegenzusetzen, auch wenn es ganz oder teilweise an einer wirksamen Bekanntmachung fehlt.[309] Es soll auch nicht dafür eingesetzt werden können, »einer erkennbar bevorstehenden Entscheidung mit einem Vorschlag anderen Inhalts zuvorzukommen«.[310] Dem ist jedoch nicht zu folgen, weil der Dienststellenleiter das Initiativrecht dann durch die zögerliche Behandlung einer Angelegenheit unterlaufen könnte. Erst wenn der Dienststellenleiter nach § 69 Abs. 2 S. 1 die Zustimmung des PR zu einer einschlägigen Maßnahme beantragt hat, ist die Inanspruchnahme des Initiativrechts ausgeschlossen.[311]

Gegenstand eines Initiativantrags muss eine **Maßnahme** sein. Darunter ist **4** das Gleiche zu verstehen wie bei der Mitbestimmung nach § 69 (vgl. dort Rn. 8). Dabei kann es sich – je nach dem Mitbestimmungstatbestand – um eine **Einzelmaßnahme** oder eine **generelle Regelung** handeln.[312] Soweit nach § 75 Abs. 3 und des § 76 Abs. 2 eine **Dienstvereinbarung** zulässig ist, kann auch deren Abschluss beantragt werden (vgl. § 73 Rn. 5).

Der **örtliche PR** kann aufgrund seines Initiativrechts nur eine Maßnahme **5** beantragen, die der **Leiter der Dienststelle,** bei der dieser PR gebildet ist, in eigener Verantwortung **für die Beschäftigten dieser Dienststelle** treffen kann (vgl. § 82 Rn. 3 f.); dafür gilt das Gleiche wie bei der Mitbestimmung nach § 69 (vgl. dort Rn. 9). Nach den Vorschriften des § 82 kann anstelle des örtlichen PR der betroffenen Dienststelle auch der BPR, HPR oder GPR als **erstzuständige Personalvertretung** zu einem Initiativantrag an den Leiter der Dienststelle berechtigt sein, bei der diese Personalvertretung besteht (vgl. § 82 Rn. 16, § 69 Rn. 3). Ist der örtliche PR nicht zuständig, kann er versuchen, die Stufenvertretung oder den GPR für einen Initiativantrag zu interessieren.

(Abs. 1) In den **Angelegenheiten** der Mitbestimmung, die **in § 75 Abs. 3** **6** **Nr. 1 bis 6 und 11 bis 17** aufgeführt sind, steht dem PR, soweit eine gesetzliche oder tarifliche Regelung nicht besteht, das **uneingeschränkte**

---

307 Vgl. Beschl. v. 13. 2. 76 – VII P 9.74 –, PersV 77, 179, v. 26. 10. 83 – 6 P 6.83 –, PersV 85, 477, v. 22. 2. 91 – 6 PB 10.90 –, PersR 91, 282, u. v. 24. 10. 01, a. a. O.
308 *BVerwG* v. 24. 10. 01, a. a. O.
309 *BVerwG* v. 22. 2. 91, a. a. O.
310 *BVerwG* v. 22. 2. 91, a. a. O.; ebenso *NdsOVG* v. 16. 2. 00 – 18 L 4470/97 –, PersV 00, 412.
311 Vgl. KfdP-*Altvater*, Rn. 3.
312 *BVerwG* v. 24. 10. 01 – 6 P 13.00 –, PersR 02, 21.

§ 70 Initiativrecht des Personalrats

Initiativrecht zu. Nach Abs. 1 S. 1 hat er dem Dienststellenleiter die **beantragte Maßnahme** schriftlich vorzuschlagen. Der Antrag muss vom **Plenum des PR** beraten und beschlossen werden (vgl. § 32 Rn. 7). Der an den Dienststellenleiter zu richtende **schriftliche Vorschlag** ist nach § 32 Abs. 3 vom Vorsitzenden des PR und ggf. zusätzlich von einem der Gruppe angehörenden Vorstandsmitglied zu unterzeichnen (vgl. § 32 Rn. 16f.). Der Vorschlag muss die beantragte Maßnahme konkret benennen.[313] Es empfiehlt sich, den Antrag mit einer **Begründung** zu versehen.

7 Der **Dienststellenleiter** ist verpflichtet, sich mit dem Initiativantrag zu befassen und dem PR seine Entscheidung mitzuteilen.[314] Wenn er dem Antrag entspricht, hat er die beantragte Maßnahme durchzuführen (vgl. § 74 Rn. 2). Will er dem Antrag nicht entsprechen, ist er nach § 66 Abs. 1 S. 3 gehalten, sich um eine Einigung zu bemühen[315] (vgl. § 69 Rn. 15).

8 Die **Erklärung des Dienststellenleiters,** ob er dem Initiativantrag entsprechen oder ihn ablehnen will, kann **mündlich oder schriftlich** erfolgen.[316] Sie ist gegenüber dem Vorsitzenden oder, falls dieser verhindert ist, gegenüber dem stellvertretenden Vorsitzenden des PR abzugeben (vgl. § 32 Rn. 16, 18). Entsprechend dem Grundsatz der vertrauensvollen Zusammenarbeit (vgl. § 2 Rn. 4) muss sich der Dienststellenleiter in **angemessener Frist** erklären.[317] Welche Frist als angemessen anzusehen ist, hängt von Art und Umfang der beantragten Maßnahme ab. Im Grundsatz wird diejenige Frist angemessen sein, die dem PR für seine Stellungnahme zu beabsichtigten Maßnahmen der Dienststelle zur Verfügung steht, i. d. R. also entsprechend § 69 Abs. 2 S. 3 eine Frist von zehn Arbeitstagen, die mit dem Zugang des Antrags bei der Dienststelle beginnt (vgl. § 69 Rn. 16f.). Teilt der Dienststellenleiter dem PR seine Entscheidung nicht innerhalb einer angemessenen Frist mit, so ist dies als Ablehnung anzusehen.

9 Entspricht der Dienststellenleiter dem Initiativantrag des PR innerhalb einer angemessenen Frist nicht (vgl. Rn. 7f.), so bestimmt sich das **weitere Verfahren** nach § 69 Abs. 3 und 4. In **mehrstufigen Verwaltungen** kann nach § 69 Abs. 3 S. 1 der PR einer nachgeordneten Dienststelle (oder der Dienststellenleiter) die Angelegenheit der übergeordneten Dienststelle **vorlegen,** bei der eine Stufenvertretung besteht (vgl. § 69 Rn. 29ff.). Dies hat grundsätzlich binnen sechs Arbeitstagen, in den Fällen des § 82 Abs. 2 binnen zwölf Arbeitstagen zu geschehen (vgl. § 69 Rn. 32). Dabei ist zwar der **Dienstweg** einzuhalten, die Vorlage ist aber nicht »an den Dienststellenleiter (der eigenen Dienststelle) zu richten«[318] (vgl. dazu § 69 Rn. 31). Der Leiter der angerufenen **übergeordneten Dienststelle** hat

---

313 *NdsOVG* v. 16. 2. 00 – 18 L 4470/97 –, PersV 00, 412.
314 *BVerwG* v. 20. 1. 93 – 6 P 21.90 –, PersR 93, 310.
315 *BVerwG* v. 20. 1. 93, a. a. O.
316 Str.; vgl. KfdP-*Altvater*, Rn. 8 m. N.
317 Vgl. *VGH BW* v. 4. 6. 91 – 15 S 2826/90 –, PersV 92, 451.
318 So aber *BVerwG* v. 20. 1. 93 – 6 P 21.90 –, PersR 93, 310.

Initiativrecht des Personalrats § 70

die Vorlage entgegenzunehmen und die **Stufenvertretung** zur gemeinsamen Erörterung einzuschalten.[319] Mit der Einbeziehung der Stufenvertretung gehen die weiteren, mit dem Initiativrecht verbundenen Befugnisse auf die Stufenvertretung über[320] (vgl. § 69 Rn. 35). Im **Stufenverfahren** muss der Leiter der übergeordneten Dienststelle innerhalb einer angemessenen Frist erklären, ob er dem Initiativantrag entsprechen oder ihn ablehnen will, dafür gilt das zur ersten Phase des Verfahrens Gesagte entsprechend (vgl. Rn. 7f.).

Können sich in einer mehr als zweistufigen Verwaltung die nach § 69 Abs. 3 S. 1 angerufene **Mittelbehörde** und der **BPR** im Stufenverfahren **nicht einigen,** weil der Leiter der Mittelbehörde dem Initiativantrag nicht entspricht, so kann wiederum nach § 69 Abs. 3 S. 1 der BPR (oder der Leiter der Mittelbehörde) die Angelegenheit binnen sechs Arbeitstagen der **obersten Dienstbehörde** (bzw. dem an ihre Stelle tretenden oder als oberste Dienstbehörde geltenden Organ) vorlegen (vgl. § 69 Rn. 36f.). Der Leiter der obersten Dienstbehörde hat die Vorlage entgegenzunehmen und den **HPR** zur gemeinsamen Erörterung einzuschalten (vgl. Rn. 9).

Nach § 69 Abs. 4 S. 1 kann die **Einigungsstelle angerufen** werden, wenn sich zwischen der obersten Dienstbehörde und der bei ihr bestehenden zuständigen Personalvertretung **keine Einigung ergeben** hat (vgl. § 69 Rn. 38ff.). Diese Voraussetzung liegt bei einem Initiativantrag nach § 70 Abs. 1 vor, wenn die oberste Dienstbehörde dem von der zuletzt zuständigen Personalvertretung gestellten Initiativantrag nicht entsprochen hat. Wird die Einigungsstelle angerufen, soll sie nach § 69 Abs. 4 S. 2 binnen zwei Monaten entscheiden. Ihr **Beschluss** muss sich nach § 71 Abs. 3 S. 4 im Rahmen der geltenden Rechtsvorschriften halten (vgl. § 71 Rn. 25). Er ist **endgültig** und bindet nach § 71 Abs. 4 S. 2 die Beteiligten (vgl. § 71 Rn. 26). Dies soll nach der **neueren Rspr.** des *BVerwG* zur verfassungskonformen Anwendung des Gesetzes allerdings dann nicht gelten, wenn es um Maßnahmen i. S. d. **§ 75 Abs. 3 Nr. 14 und 17** geht oder um solche Maßnahmen i. S. d. § 75 Abs. 3 Nr. 1 bis 6, 11 bis 13, 15 und 16, die nach der Rspr. des *BVerfG* grundsätzlich der uneingeschränkten Mitbestimmung zugänglich sind, aber im **Einzelfall** die Regierungsverantwortung berühren; insoweit soll die Einigungsstelle nur zur Abgabe einer **Empfehlung** an die endgültig entscheidende oberste Dienstbehörde befugt sein (vgl. dazu § 69 Rn. 40).[321] Beschließt die Einigungsstelle (von den vorgenannten Ausnahmefällen abgesehen), dem Initiativantrag der Personalvertretung ganz oder teilweise zu entsprechen, so ist die Dienststelle nach § 74 Abs. 1 verpflichtet, die beschlossene Maßnahme durchzuführen (vgl. § 74 Rn. 2).

(Abs. 2) Das **eingeschränkte Initiativrecht** des PR bezieht sich nach Abs. 2 S. 1 auf die Angelegenheiten der Mitbestimmung, die in Abs. 1 S. 1

---
319 *BVerwG* v. 20.1.93, a.a.O.
320 *BVerwG* v. 20.1.93, a.a.O.
321 KfdP-*Altvater*, Rn. 11 m.w.N.

§ 70 Initiativrecht des Personalrats

nicht genannt sind. Dabei handelt es sich um folgende **Gegenstände:** die in § 75 **Abs.** 1 aufgeführten Personalangelegenheiten der Arbeitnehmer und die in § 76 **Abs.** 1 aufgeführten Personalangelegenheiten der Beamten, die in § 75 **Abs.** 2 aufgeführten sozialen Angelegenheiten sowie – soweit eine gesetzliche oder tarifliche Regelung nicht besteht – die in § 75 **Abs. 3 Nr.** 7 bis 10 und § 76 **Abs.** 2 aufgeführten sonstigen Angelegenheiten.

13 Das Initiativrecht berechtigt den PR auch, beim Dienststellenleiter **personelle Maßnahmen zugunsten einzelner, namentlich benannter Beschäftigter** zu beantragen.[322] Der PR kann in Personalangelegenheiten von Beamten aber **keine Anträge** stellen, die **im Widerspruch zu gesetzlichen Vorschriften** stehen. So kann er z. b. nicht die Beförderung eines Beamten verlangen, der die laufbahnrechtlichen Voraussetzungen nicht erfüllt. Entsprechendes gilt in Personalangelegenheiten von Arbeitnehmern hinsichtlich bestehender tarifvertraglicher Bestimmungen. Der in § 77 Abs. 2 normierte Katalog der **Zustimmungsverweigerungsgründe** gilt nur für Maßnahmen, die vom Dienststellenleiter beabsichtigt sind. Ihm entspricht **kein »Voraussetzungskatalog«** für die Einleitung und Durchführung von Mitbestimmungsverfahren aufgrund von Initiativen des PR.[323]

14 Für die mit dem **Initiativantrag** des PR an den Dienststellenleiter beginnende erste Phase des Beteiligungsverfahrens gilt nach Abs. 2 S. 1 grundsätzlich nichts anderes als bei der Inanspruchnahme des uneingeschränkten Initiativrechts nach Abs. 1 S. 1 (vgl. Rn. 6–8). Handelt es sich um eine **Maßnahme,** für die ein **Antrag des betroffenen Beschäftigten beim Arbeitgeber oder Dienstherrn** erforderlich ist (vgl. § 75 Abs. 2 S. 1 Nr. 1), muss der Beschäftigte einen solchen Antrag gestellt haben, ehe der PR von seinem Initiativrecht Gebrauch machen kann.[324] Ist bei einer vom Dienststellenleiter beabsichtigten Maßnahme die **Mitbestimmung von einem Antrag des betroffenen Beschäftigten abhängig** (vgl. § 75 Abs. 2 S. 2 Hs. 1 u. § 76 Abs. 2 S. 2), so kann der PR sein Initiativrecht nur im Einverständnis mit dem Beschäftigten ausüben. Kann der betroffene Beschäftigte bei einer vom Dienststellenleiter beabsichtigten Maßnahme nach § 75 Abs. 2 S. 2 Hs. 2 verlangen, dass anstelle des Plenums nur der Vorstand des PR mitbestimmt (vgl. § 75 Rn. 59), muss der PR vor Stellung eines Initiativantrags auch klären, ob der Beschäftigte die Mitbestimmung durch den Vorstand verlangt. Ggf. hat dann dieser das Initiativrecht wahrzunehmen (vgl. § 69 Rn. 22).

15 Entspricht der Dienststellenleiter dem Initiativantrag des PR innerhalb einer angemessenen Frist nicht (vgl. Rn. 7f.), so bestimmt sich gem. Abs. 2 S. 2 Hs. 1 das **weitere Verfahren** nach § 69 Abs. 3. Dafür gilt das zum

---

322 *BVerwG* v. 24.10.01 – 6 P 13.00 –, PersR 02, 21, unter Aufgabe seiner früheren Rspr. (zuletzt im Beschl. v. 11.7.95 – 6 P 22.93 –, PersR 95, 524); hierzu u. zum Folgenden KfdP-*Altvater*, Rn. 14f.
323 *BVerwG* v. 24.10.01, a.a.O.
324 Vgl. KfdP-*Altvater*, Rn. 16 m.N.

uneingeschränkten Initiativrecht Gesagte ebenfalls (vgl. Rn. 9f.). Ergibt sich zwischen der obersten Dienstbehörde und der bei ihr bestehenden zuständigen Personalvertretung **keine Einigung,** sieht Abs. 2 S. 2 Hs. 2 vor, dass die **oberste Dienstbehörde endgültig entscheidet.** Dies hat in **angemessener Frist** – in Anlehnung an die Frist des § 69 Abs. 4 S. 2 i. d. R. spätestens nach zwei Monaten – sowie unter **Angabe der Gründe** zu erfolgen.

§ 71 [Einigungsstelle]

(1) ¹**Die Einigungsstelle wird bei der obersten Dienstbehörde gebildet.** ²**Sie besteht aus je drei Beisitzern, die von der obersten Dienstbehörde und der bei ihr bestehenden zuständigen Personalvertretung bestellt werden, und einem unparteiischen Vorsitzenden, auf dessen Person sich beide Seiten einigen.** ³Unter den Beisitzern, die von der Personalvertretung bestellt werden, muß sich je ein Beamter und ein Arbeitnehmer befinden, es sei denn, die Angelegenheit betrifft lediglich die Beamten oder die im Arbeitsverhältnis stehenden Beschäftigten. ⁴Kommt eine Einigung über die Person des Vorsitzenden nicht zustande, so bestellt ihn der Präsident des Bundesverwaltungsgerichts.

(2) ¹Die Verhandlung ist nicht öffentlich. ²Der obersten Dienstbehörde und der zuständigen Personalvertretung ist Gelegenheit zur mündlichen Äußerung zu geben. ³Im Einvernehmen mit den Beteiligten kann die Äußerung schriftlich erfolgen.

(3) ¹Die Einigungsstelle entscheidet durch Beschluß. ²Sie kann den Anträgen der Beteiligten auch teilweise entsprechen. ³Der Beschluß wird mit Stimmenmehrheit gefaßt. ⁴Er muß sich im Rahmen der geltenden Rechtsvorschriften, insbesondere des Haushaltsgesetzes, halten.

(4) ¹Der Beschluß ist den Beteiligten zuzustellen. ²Er bindet, abgesehen von den Fällen des § 69 Abs. 4 Sätze 3, 5 die Beteiligten, soweit er eine Entscheidung im Sinne des Absatzes 3 enthält.

§ 71 regelt die Bildung, die Zusammensetzung und das Verfahren der **Einigungsstelle** und die Wirkung ihrer Beschlüsse. Ihre **Aufgabe** ist es, in einem vom Leiter der Dienststelle nach § 69 Abs. 2 S. 1 oder vom PR nach § 70 Abs. 1 S. 1 eingeleiteten Mitbestimmungsverfahren, in dem eine Einigung zwischen der obersten Dienstbehörde und der zuletzt beteiligten Personalvertretung nicht zustande gekommen ist, eine bindende Entscheidung zu treffen oder eine Empfehlung zu geben.[325] Die Einigungsstelle ist eine Schiedsstelle besonderer Art, die als **personalvertretungsrechtliches Organ** sowohl vom Dienstherrn bzw. Arbeitgeber als auch von der Personal-

---

325 *BVerwG* v. 10.3.87 – 6 P 17.85 –, PersR 87, 171.

§ 71 Einigungsstelle

vertretung **unabhängig** ist.[326] Ihre Beschlüsse sind lediglich einer **gerichtlichen Kontrolle** der Rechtmäßigkeit unterworfen (vgl. Rn. 31).[327]

2 (Abs. 1) Nach Abs. 1 S. 1 wird die **Einigungsstelle bei der obersten Dienstbehörde** gebildet (vgl. § 6 Rn. 4, § 53 Rn. 5). Bei **Körperschaften, Anstalten und Stiftungen** des öffentlichen Rechts ist entsprechend § 69 Abs. 3 S. 2 und 3 grundsätzlich das in der Verfassung dieser juristischen Personen für die Geschäftsführung vorgesehene **oberste Organ** als oberste Dienstbehörde anzusehen (vgl. § 69 Rn. 37). Sonderregelungen gelten für bundesunmittelbare Körperschaften und Anstalten des öffentlichen Rechts im Bereich der **Sozialversicherung** und für die **Bundesagentur für Arbeit** gem. § 88 Nr. 3, für die **Deutsche Bundesbank** gem. § 89 Nr. 2 und für die Rundfunkanstalt des Bundesrechts »**Deutsche Welle**« gem. § 90 Nr. 4 S. 2 (vgl. § 88 Rn. 10, § 89 Rn. 6 u. § 90 Rn. 12).

3 Die Einigungsstelle ist im **Zusammenwirken** zwischen der obersten Dienstbehörde (vgl. Rn. 2) und »der bei ihr bestehenden zuständigen Personalvertretung« zu bilden. Die **zuständige Personalvertretung** ist die im konkreten Streitfall nach § 69 Abs. 4 S. 1 zur Anrufung der Einigungsstelle berechtigte Personalvertretung. Daraus folgt, dass die Bildung **mehrerer, nebeneinander stehender Einigungsstellen** in Betracht kommt:[328] in einer mehrstufigen Verwaltung ggf. eine mit dem HPR und eine mit dem Haus-PR, bei personalvertretungsrechtlicher Verselbständigung von Teilen der obersten Dienstbehörde außerdem eine mit dem GPR und je eine mit einem PR eines verselbständigten Dienststellenteils (vgl. § 53 Rn. 3, 5; § 55 Rn. 1, 3). Beim BMI ist außer einer Einigungsstelle mit dem allgemeinen HPR ggf. noch eine weitere Einigungsstelle mit dem BPOL-HPR zu bilden (vgl. § 85 Rn. 3).

4 Es ist der obersten Dienstbehörde und der jeweils zuständigen Personalvertretung überlassen, darüber zu entscheiden, ob sie die Einigungsstelle **von Fall zu Fall** oder **auf Dauer,** und zwar längstens bis zum Ablauf der Amtszeit der zuständigen Personalvertretung, bilden. Ist die Einigungsstelle nicht auf Dauer errichtet, so ist sie immer für einen einzelnen **konkreten Streitfall** zu bilden (vgl. § 69 Rn. 38; § 70 Rn. 11).

5 Besteht zwischen den beiden Seiten **Streit über das Vorliegen der Voraussetzungen** für die Bildung der Einigungsstelle – insb. weil eine Seite das Vorliegen einer mitbestimmungspflichtigen Angelegenheit oder einer rechtlich beachtlichen Zustimmungsverweigerung verneint –, so muss darüber nach h. M. in der Literatur zunächst gem. § 83 Abs. 1 Nr. 3, Abs. 2 von den **Verwaltungsgerichten im personalvertretungsrechtlichen Beschlussverfahren** entschieden werden. Nachdem das *BVerwG*

---

326 *BVerfG* v. 27.4.59 – 2 BvF 2/58 –, AP BremPersVG § 59 Nr. 1; *BVerwG* v. 13.2.76 – VII P 9.74 – u. – VII P 4.75 –, PersV 77, 179 u. 183, sowie v. 9.10.91 – 6 P 1.90 –, PersR 92, 52.
327 *BVerwG* v. 19.12.90 – 6 P 24.88 –, PersR 91, 133, m. w. N.
328 Str.; vgl. KfdP-*Altvater*, Rn. 3 m. N.

Einigungsstelle § 71

entgegen seiner vorherigen Rspr.[329] im Beschl. v. 12.3.86[330] die Ansicht vertreten hatte, dass die Entscheidung über diese Vorfrage der Einigungsstelle obliege, hat es daran im Folgenden »jedenfalls nicht im Sinne einer Ausschließlichkeit der Kompetenz der Einigungsstelle festgehalten« und »ausdrücklich klargestellt, dass … diese Frage selbstverständlich im personalvertretungsrechtlichen Beschlussverfahren durch die Verwaltungsgerichte geklärt werden kann«.[331] Damit ist jedoch nicht gesagt, dass die Einigungsstelle bei einem Streit über die Frage ihrer Zuständigkeit in keinem Fall gebildet werden könnte.[332] Handelt es sich um einen Streit zwischen der obersten Dienstbehörde und »der bei ihr bestehenden zuständigen Personalvertretung« (vgl. Rn. 3), so hat insoweit vielmehr **das Gleiche wie im Bereich des BetrVR** zu gelten.[333] Dort kann einerseits die Frage der Zuständigkeit in jedem Verfahrensstand zur arbeitsgerichtlichen Entscheidung gestellt werden.[334] Andererseits kann die Bildung der Einigungsstelle von einer der beiden Seiten aber nur dann verhindert werden, wenn die **Zuständigkeit offensichtlich nicht gegeben** ist. Liegt dieser Ausnahmefall nicht vor, hat die Einigungsstelle über die Frage ihrer Zuständigkeit selbst zu befinden (h.M.). Verneint sie ihre Zuständigkeit, hat sie das Verfahren einzustellen. Bejaht sie dagegen ihre Zuständigkeit, hat sie das Verfahren fortzusetzen und kann dieses bis zur Entscheidung im arbeitsgerichtlichen Beschlussverfahren nur dann aussetzen, wenn beide Seiten damit einverstanden sind. Für das **Tätigwerden einer auf Dauer gebildeten Einigungsstelle**, deren Zuständigkeit von einer Seite bestritten wird, gilt Entsprechendes.[335]

Die Einigungsstelle besteht nach Abs. 1 S. 2 aus **sieben Mitgliedern: sechs Beisitzern,** die je zur Hälfte von beiden Seiten bestellt werden (vgl. Rn. 7ff.), und **einem unparteiischen Vorsitzenden,** auf dessen Person sich beide Seiten einigen (vgl. Rn. 10ff.; zur Sonderregelung des § 93 Abs. 3 vgl. dort Rn. 4). **Weigert sich eine Seite,** die von ihr zu bestimmenden Beisitzer zu bestellen, obwohl die Einigungsstelle nicht offensichtlich unzuständig ist, kann diese auch ohne die Beisitzer dieser Seite tätig werden (vgl. Rn. 23). **6**

Von Ausnahmen abgesehen (vgl. Rn. 9) stellt das Gesetz für die Bestellung **7**

---

329 Beschl. v. 14.6.68 – VII P 9.66 –, PersV 68, 264, u. v. 19.9.83 – 6 P 32.80 –, BVerwGE 68, 30.
330 6 P 5.85, PersR 86, 116.
331 Beschl. v. 2.2.90 – 6 PB 13.89 –, PersR 90, 114; ebenso Beschl. v. 27.7.90 – 6 PB 12.89 –, PersR 90, 297.
332 Vgl. *BVerwG* v. 28.8.08 – 6 PB 19.08 –, PersR 08, 458, zum Mitbestimmungsverfahren in der »Endphase«; näher hierzu u. zum Folgenden KfdP-*Altvater*, Rn. 5f. m.w.N.
333 Im Ergebnis wie hier Richardi-*Weber*, Rn. 28 u. 37.
334 Vgl. *BAG* v. 27.6.06 – 1 ABR 18/05 –, AP BetrVG 1972 § 112a Nr. 14.
335 Zu den bei nichtständigen und ständigen Einigungsstellen jeweils in Betracht kommenden Vorgehensweisen vgl. KfdP-*Altvater*, Rn. 6 m.N.

§ 71 Einigungsstelle

der **Beisitzer** keine besonderen persönlichen oder sachlichen Voraussetzungen auf. Es geht davon aus, dass die Beisitzer im Unterschied zum Vorsitzenden nicht unparteiisch sind, sondern die gegensätzlichen Interessen des Dienstherrn bzw. Arbeitgebers einerseits und der Beschäftigten andererseits vertreten. Entscheidend ist, dass sie das **Vertrauen** der sie bestellenden Seite haben.[336] Die Beisitzer sind jedoch **an Weisungen und Aufträge nicht gebunden** und auch kein »verlängerter Arm« der sie bestellenden Seite, sondern sollen mit einer gewissen inneren Unabhängigkeit bei der Schlichtung eines Streitfalls mitwirken, zu dessen Beilegung beide Seiten allein nicht in der Lage waren.[337] Von der Bestellung als Beisitzer ist eine Person wegen **Befangenheit** dann ausgeschlossen, wenn die Entscheidung des Streitfalls ihr selbst oder einer ihr nahestehenden Person einen unmittelbaren Vorteil oder Nachteil bringen kann (vgl. § 37 Rn. 6).

8 Für die Auswahl der **Beisitzer der »Arbeitgeberbank«** enthält das BPersVG keine Vorgaben. Die oberste Dienstbehörde hat jedoch das **Bundesgremienbesetzungsgesetz** zu beachten, insb. die Regelung in § 5 S. 1 BGremBG, wonach Frauen und Männer mit dem Ziel ihrer gleichberechtigten Teilhabe zu berücksichtigen sind.[338] Die Benannten brauchen keine Beschäftigten des öffentlichen Dienstes zu sein.

9 Über die Bestellung der **Beisitzer der »Personalratsbank«** entscheidet die **zuständige Personalvertretung** durch **Beschluss** des Plenums oder (gem. § 75 Abs. 2 S. 2 Hs. 2) des Vorstands (vgl. § 69 Rn. 22). Dabei sind nach § 38 in einer gemeinsamen Angelegenheit alle Mitglieder der Personalvertretung, in einer Angelegenheit, die lediglich die Angehörigen einer oder zweier Gruppen betrifft, nur die Vertreter dieser Gruppe(n) zur Beschlussfassung berufen. Bei der **Auswahl** der Beisitzer sind die Vorgaben des Abs. 1 S. 3 zu beachten. **Grundsätzlich** muss sich unter den zu bestellenden Beisitzern nach Abs. 1 S. 3 Hs. 1 **je ein Beamter und ein Arbeitnehmer** befinden (nach der ursprünglichen Fassung des Hs. 1, die durch Gesetz v. 14.9.05 [BGBl. I S. 2746] geändert worden ist, hieß es nicht »ein Arbeitnehmer«, sondern »ein Angestellter oder Arbeiter«). Dabei muss es sich um Beschäftigte des öffentlichen Dienstes, nicht aber um solche der vom Streitfall betroffenen Dienststelle(n) handeln. Die Vorgabe im Hs. 1 des Abs. 1 S. 3 gilt nach dessen Hs. 2 nicht bei einer Angelegenheit, die lediglich die Beamten oder »die im Arbeitsverhältnis stehenden Beschäftigten« (d.h. die Arbeitnehmer), betrifft, also nicht in Gruppenangelegenheiten. Hier geht das Gesetz offenbar davon aus, dass schon durch die als Gruppenbeschluss zu treffende Auswahlentscheidung der Personalvertretung die Interessen der unmittelbar betroffenen Gruppe(n) gewahrt werden. Ist die Personalvertretung durch Abs. 1 S. 3 Hs. 1 nicht gebunden – so

---

336 Vgl. *BVerwG* v. 21.6.82 – 6 P 13.79 –, PersV 83, 239.
337 Vgl. *BAG* v. 27.6.95 – 1 ABR 3/95 – u. v. 29.1.02 – 1 ABR 18/01 –, AP BetrVG 1972 § 76 Einigungsstelle Nr. 1 u. 19.
338 Str.; vgl. KfdP-*Altvater*, Rn. 12 m.N.

in einer gemeinsamen Angelegenheit hinsichtlich des dritten Beisitzers oder in einer Gruppenangelegenheit hinsichtlich aller drei Beisitzer –, kann sie über die Auswahl an sich frei entscheiden und z. b. auch einen Gewerkschaftssekretär oder einen Rechtsanwalt bestellen; allerdings können sich im Hinblick auf die Kostenfolgen insoweit Einschränkungen ergeben (vgl. Rn. 18).

Der unparteiische **Vorsitzende** wird grundsätzlich **von »beiden Seiten« gemeinsam bestellt.** Diese Bestellung obliegt der **obersten Dienstbehörde** und der bei ihr bestehenden **zuständigen Personalvertretung** (vgl. Rn. 3). Für die **Beschlussfassung der Personalvertretung** gelten die allgemeinen Vorschriften des § 38. Bei der Erfüllung der Funktion der Einigungsstelle (vgl. Rn. 1) nimmt der Vorsitzende eine **Schlüsselposition** ein, weil er die Verhandlungen zu leiten hat und das Ergebnis der Beratungen wegen der Parität der Beisitzer mit seiner Stimme entscheidend beeinflussen kann. Im Unterschied zu einzelnen LPersVG legt das BPersVG nicht fest, dass der Vorsitzende eine besondere berufliche **Qualifikation** haben muss, etwa die Befähigung zum Richteramt oder zum höheren Verwaltungsdienst. Er braucht auch kein Angehöriger des öffentlichen Dienstes zu sein. Die für seine Bestellung allein vorgeschriebene **Unparteilichkeit** ist nur dann gegeben, wenn er von beiden Seiten unabhängig handeln kann und vom Ausgang des Verfahrens weder unmittelbar noch mittelbar betroffen ist. Einigen sich beide Seiten auf die Person des Vorsitzenden, dann kann regelmäßig von dessen Unparteilichkeit ausgegangen werden. **Kriterien** für die Bestellung sollten außer der Unparteilichkeit v. a. die Fähigkeit zur Kommunikation und Mediation, die Kenntnis des PersVR sowie Rechts- und Fachkenntnisse sein, die sich auf den konkreten Streitgegenstand beziehen. Zum Vorsitzenden darf nach § 4 Abs. 2 Nr. 5 DRiG auch ein **Richter** bestellt werden, ein Richter der Arbeits- oder Verwaltungsgerichtsbarkeit allerdings nur dann, wenn aufgrund der Geschäftsverteilung ausgeschlossen ist, dass er mit der Überprüfung, der Auslegung oder der Anwendung des Spruchs der Einigungsstelle befasst wird (vgl. § 98 Abs. 1 S. 5 ArbGG [zu § 76 BetrVG]). **10**

Kommt eine Einigung beider Seiten über die Person des Vorsitzenden nicht zustande, so bestellt er ihn nach Abs. 1 S. 4 der **Präsident des Bundesverwaltungsgerichts.** Jede der beiden Seiten kann einen entsprechenden **Antrag** stellen und dabei Vorschläge unterbreiten, an die der Präsident aber nicht gebunden ist. Dieser hat zu prüfen, ob die Voraussetzungen für die von ihm zu treffende Entscheidung vorliegen, insb. ob die Einigung beider Seiten gescheitert ist. Die Bestellung der Person für den Vorsitz darf entsprechend § 98 Abs. 1 S. 2 ArbGG nur dann verweigert werden, wenn die Einigungsstelle offensichtlich unzuständig ist (vgl. Rn. 5).[339] Der Präsident hat nach Möglichkeit eine Person zu bestellen, die das Vertrauen beider Seiten hat. Die Entscheidung hat zügig zu erfolgen. Sie ist kein Akt **11**

---

339 *BAG* v. 22.10.91 – 1 ABR 6/91 –, PersR 92, 110.

§ 71 Einigungsstelle

der Rechtsprechung, sondern eine behördeninterne Verwaltungsmaßnahme, die nicht gesondert anfechtbar ist.[340]

12 Kommt bei Einrichtungen des **Rundfunks**, bei denen das BPersVG kraft staatsvertraglicher Vereinbarung entsprechend anzuwenden ist (vgl. § 1 Rn. 7; § 90 Rn. 23 ff.), eine Einigung über die Person des Vorsitzenden der Einigungsstelle nicht zustande, so gelten für dessen Bestellung meistens von § 71 Abs. 1 S. 4 abweichende Regelungen:[341]

- Beim **Deutschlandradio** sind abwechselnd die Präsidenten der Oberverwaltungsgerichte der Sitzländer (Nordrhein-Westfalen und Berlin), beginnend mit Nordrhein-Westfalen, oder ein von ihnen Beauftragter mit der Befähigung zum Richteramt für zwei Jahre Vorsitzender der Einigungsstelle (§ 33 Abs. 2 Satz 2 i. V. m. § 1 Abs. 4 Satz 1 DRadio-StV).

- Für den **Mitteldeutschen Rundfunk** bestimmt § 38 Abs. 2 MDR-StV, dass der Präsident des Bezirksgerichts Leipzig oder ein von ihm Beauftragter, der die Befähigung zum Richteramt haben muss, Vorsitzender der Einigungsstelle ist. Allerdings ist das Bezirksgericht Leipzig inzwischen aufgelöst worden. Die dadurch entstandene Vertragslücke ist im Wege der ergänzenden Vertragsauslegung dadurch zu schließen, dass an die Stelle des Präsidenten des Bezirksgerichts Leipzig der Präsident des Sächsischen Oberverwaltungsgerichts in Bautzen tritt.

- Beim **Norddeutschen Rundfunk** bestellt der Präsident des Oberverwaltungsgerichts des jeweils aufsichtsführenden Landes nach Anhörung der Präsidenten der Oberverwaltungsgerichte der übrigen Länder den Vorsitzenden der Einigungsstelle (§ 39 Abs. 2 NDR-StV).

- Lediglich beim **Rundfunk Berlin-Brandenburg** gilt § 71 Abs. 1 Satz 4 ohne Abweichungen (§ 34 RBB-StV).

12a Die **Unparteilichkeit des Vorsitzenden** muss während des gesamten Einigungsstellenverfahrens gegeben sein. Liegen Umstände vor, die berechtigte Zweifel an seiner Unparteilichkeit aufkommen lassen, können die Beteiligten den Vorsitzenden in jedem Zeitpunkt des Verfahrens wegen **Besorgnis der Befangenheit** ablehnen; dabei sind die Vorschriften der §§ 1036 ff. ZPO über die Ablehnung eines Schiedsrichters im schiedsgerichtlichen Verfahren entsprechend anzuwenden, soweit dem nicht zwingende Grundsätze des Einigungsstellenverfahrens entgegenstehen.[342]

13 Die als Mitglieder der Einigungsstelle ausgewählten Personen können die **Übernahme des Amts** als Beisitzer oder als Vorsitzender **ablehnen,** soweit sie dazu nicht aufgrund dienstlicher Weisung verpflichtet sind, was bei den Beisitzern der »Arbeitgeberbank« in Betracht kommt. Sie können ihr Amt auch jederzeit **niederlegen.** Außerdem können bestellte Beisitzer

---

340 Vgl. KfdP-*Altvater*, Rn. 15 m. N.
341 Näher dazu KfdP-*Altvater*, Rn. 16.
342 So zu § 76 BetrVG: *BAG* v. 17.11.10 – 7 ABR 100/09 –, NZA 11, 940; vgl. KfdP-*Altvater*, Rn. 17 m. w. N.

Einigungsstelle § 71

von ihrer Seite jederzeit **abberufen** und durch eine andere Person ersetzt werden. Im Einvernehmen beider Seiten kann auch der Vorsitzende jederzeit **ausgetauscht** werden, wenn er nicht vom Präsidenten des Bundesverwaltungsgerichts bestellt worden ist.

Ändert sich während des Einigungsstellenverfahrens der **Beschäftigtenstatus** eines von der Personalvertretung bestellten Beisitzers – insb. dadurch, dass ein Arbeitnehmer zum Beamten ernannt wird – und führt dies dazu, dass die »Personalratsbank« entgegen Abs. 1 S. 3 Hs. 1 nicht mehr mit je einem Beamten und einem Arbeitnehmer besetzt ist (vgl. Rn. 9), so hat dies zwar nicht den automatischen Wegfall des Amtes des Beisitzers zur Folge, bei dem der Statuswechsel eingetreten ist.[343] Die Personalvertretung hat jedoch unverzüglich durch mindestens einen Austausch die dem Gesetz entsprechende Besetzung der »Personalratsbank« wieder herzustellen.   14

Um Verfahrensverzögerungen zu vermeiden, die durch das **Ausscheiden** oder die zeitweilige **Verhinderung** von Mitgliedern der Einigungsstelle entstehen können, ist es zulässig und sinnvoll, sowohl für den Vorsitzenden als auch für die Beisitzer vorsorglich **Ersatzmitglieder** zu bestellen.[344] Bis zu ihrem Nachrücken dürfen sie bei den Verhandlungen und Beratungen der Einigungsstelle nicht anwesend sein.   15

Endet die Amtszeit der zuständigen Personalvertretung während des bereits begonnenen Verfahrens, so ist die Einigungsstelle berechtigt und verpflichtet, diesen »**Überhangfall**« in unveränderter Besetzung abzuschließen. Die neue Personalvertretung tritt in das Verfahren ein. An Stellungnahmen und Anträge der bisherigen Personalvertretung ist sie nicht gebunden.   16

Die Mitglieder der Einigungsstelle sind **Inhaber eines öffentlichen Amtes**.[345] Sie gehören zu den Personen, die Aufgaben oder Befugnisse nach dem PersVR wahrnehmen. Deshalb gelten auch für sie die Vorschriften des § 8 über das **Behinderungs-, Benachteiligungs- und Begünstigungsverbot**, des § 10 über die **Schweigepflicht** und die des § 11 über den **Unfallschutz**. Handelt es sich um Mitglieder von Personalvertretungen, sind die Vorschriften des § 46 Abs. 2 über Versäumnis von Arbeitszeit sowie Freizeitausgleich anzuwenden.   17

Entsprechend § 44 trägt die oberste Dienstbehörde die **Kosten** der Einigungsstelle.[346] Dazu gehören nicht nur die Bereitstellung von Räumen, Geschäftsbedarf und Büropersonal, sondern auch die Zahlung von Reisekostenvergütungen, von sonstigem Aufwendungsersatz und ggf. von Honoraren. **Honoraransprüche** kommen beim Vorsitzenden und bei externen   18

---

343 Str.; vgl. KfdP-*Altvater*, Rn. 19 m. N.
344 Vgl. KfdP-*Altvater*, Rn. 8 m. N.
345 *BVerwG* v. 9.10.91 – 6 P 1.90 –, PersR 92, 52.
346 *BVerwG* v. 9.10.91, a.a.O.

§ 71 Einigungsstelle

Beisitzern in Betracht.[347] Zu den Kosten der **anwaltlichen Vertretung** der Personalvertretung vor der Einigungsstelle vgl. § 44 Rn. 17.

19 (Abs. 2) Das Gesetz enthält nur wenige Vorschriften über das **Verfahren der Einigungsstelle**. **Gesetzlich vorgegeben** sind: die Nichtöffentlichkeit der Verhandlung in Abs. 2 S. 1 (vgl. Rn. 20), das Äußerungsrecht der Beteiligten in Abs. 2 S. 2 und 3 (vgl. Rn. 21), die Entscheidung durch Beschluss in Abs. 3 S. 1 (vgl. Rn. 23 ff.), die Zustellung des Beschlusses an die Beteiligten in Abs. 4 S. 1 (vgl. Rn. 28) und (als Soll-Vorschrift) die Entscheidung binnen zwei Monaten in § 69 Abs. 4 S. 2 (vgl. § 69 Rn. 38). Soweit das Gesetz keine Vorgaben macht, regelt die Einigungsstelle das Verfahren unter Beachtung grundlegender **rechtsstaatlicher Regeln** nach **eigenem Ermessen**.[348] Sie kann ihre Verfahrensregeln in einer **Geschäftsordnung** festlegen.

20 Nach Abs. 2 S. 1 ist die Verhandlung **nicht öffentlich**. An ihr können deshalb grundsätzlich nur die Mitglieder der Einigungsstelle teilnehmen. Da nach Abs. 2 S. 2 der obersten Dienstbehörde und der zuständigen Personalvertretung **Gelegenheit zur mündlichen Äußerung** zu geben ist, können insoweit die **Vertreter der Beteiligten** zeitweise an der Verhandlung teilnehmen; ggf. gilt das auch für die Seite, die keine Beisitzer bestellt hat.[349] Bei schwierigen Fragen tatsächlicher oder rechtlicher Art kann sich die zuständige Personalvertretung auch durch einen **Rechtsanwalt** oder einen **Gewerkschaftsbeauftragten** vertreten lassen (vgl. § 44 Rn. 17). **Einzelne Beschäftigte**, deren Personalangelegenheiten Verhandlungsgegenstand sind, können gehört werden. Auch die Anhörung von **Zeugen** und **Sachverständigen** ist zulässig (vgl. Rn. 22). Zur Anfertigung des Protokolls kann eine **Schreibkraft** hinzugezogen werden, die aber bei der Beratung und Beschlussfassung nicht anwesend sein darf (vgl. auch § 35 Rn. 1).[350]

21 Die in Abs. 2 S. 2 vorgeschriebene **Äußerung der Beteiligten** (vgl. Rn. 20) kann nach Abs. 2 S. 3 im Einvernehmen mit ihnen schriftlich erfolgen. Dazu ist die Zustimmung beider Seiten erforderlich. Die mündliche Äußerung erschöpft sich nicht in der bloßen Anhörung durch den Vorsitzenden oder einen Beisitzer der Einigungsstelle. Zur Äußerung gehört auch das Stellen der **Anträge** (vgl. Rn. 24).

22 Die Einigungsstelle hat den **Sachverhalt aufzuklären**. Dazu hat ihr die oberste Dienstbehörde dieselben **Informationen** zu geben, zu denen sie nach § 68 Abs. 2 S. 1 und 2 auch gegenüber der Personalvertretung verpflichtet ist (vgl. § 69 Rn. 13). Hinsichtlich der Personalakten gilt § 68

---

347 Vgl. hierzu *BVerwG* v. 9.10.91, a.a.O.; KfdP-*Altvater*, Rn. 22.
348 *HessVGH* v. 14.8.85 – HPV TL 1038/85 –, ZBR 86, 62; *OVG Lüneburg* v. 5.4.87 – 19 OVG L 10/85 –, PersR 88, 196 Ls.; *OVG NW* v. 20.12.89 – CL 28/87 –, PersV 91, 177.
349 Richardi-*Weber*, Rn. 31.
350 *OVG NW* v. 20.5.10 – 16 A 296/09.PVL –, PersR 10, 502 (Anwesenheit führt zur Unwirksamkeit des Beschlusses).

Abs. 2 S. 3 entsprechend (vgl. § 68 Rn. 32 f.), bei Verschlusssachen gilt § 93 Abs. 5 (vgl. dort Rn. 6). Die Einigungsstelle kann auch **Beweise erheben,** insb. **Zeugen** und **Sachverständige** anhören, allerdings nur dann, wenn die betreffenden Personen dazu bereit sind; zu einer Beeidigung oder zur Abnahme einer Versicherung an Eides statt ist sie nicht befugt.

(Abs. 3) Nach Abs. 3 S. 1 entscheidet die Einigungsstelle durch **Beschluss,** wobei der Beschlussfassung (wie für den Bereich des BetrVR in § 76 Abs. 3 S. 2 BetrVG ausdrücklich festgelegt) eine **mündliche Beratung** vorauszugehen hat. Die Einigungsstelle ist grundsätzlich nur dann **beschlussfähig,** wenn alle ihre Mitglieder anwesend sind. Das gilt aber nicht, wenn eine Seite keine Beisitzer bestellt hat oder die von ihr bestellten Beisitzer trotz rechtzeitiger Einladung der Sitzung fernbleiben oder sich weigern, an der Abstimmung teilzunehmen. In einem solchen Fall sind entsprechend § 76 Abs. 5 S. 2 BetrVG der Vorsitzende und die Beisitzer der anderen Seite allein zur Beschlussfassung befugt, weil andernfalls eine Seite die Entscheidung der Einigungsstelle und den Abschluss des Mitbestimmungsverfahrens blockieren könnte.[351] Entsprechendes gilt, wenn ein Beisitzer trotz rechtzeitiger Einladung der Sitzung fernbleibt oder sich weigert, an der Abstimmung teilzunehmen. Nach Abs. 3 S. 3 wird der Beschluss mit **Stimmenmehrheit** gefasst. Diese liegt vor, wenn die Zahl der Ja-Stimmen größer ist als die der Nein-Stimmen. Eine **Stimmenthaltung** soll an sich nicht zulässig sein. Erfolgt sie trotzdem, zählt sie bei der Berechnung der Stimmenmehrheit nicht mit.[352] 23

Bevor die Einigungsstelle in der Sache entscheidet, hat sie über ihre Zuständigkeit zu befinden (vgl. Rn. 5). Bejaht sie diese, hat sie über die zur Sache gestellten **Anträge der Beteiligten** zu beschließen. Nach Abs. 3 S. 2 kann sie diesen Anträgen auch teilweise entsprechen. Sie darf aber nicht mehr und auch nichts anderes zusprechen, als beantragt worden ist, sondern muss sich innerhalb der **Bandbreite** bewegen, die durch die divergierenden Anträge der Beteiligten abgesteckt ist.[353] 24

Nach Abs. 3 S. 4 muss der Beschluss sich **im Rahmen der geltenden Rechtsvorschriften,** insb. des Haushaltsgesetzes, halten. Rechtsvorschriften sind die **Gesetze** i. S. d. § 2 und die Rechtsnormen der für den Streitfall einschlägigen **Tarifverträge** (vgl. § 2 Rn. 6). Die Hervorhebung des **Haushaltsgesetzes** hat klarstellende Bedeutung. Grundsätzlich dürfen Ausgaben, soweit sie nicht auf Gesetz oder Tarifvertrag beruhen, nur geleistet werden, soweit hierfür in dem mit dem Haushaltsgesetz oder der Haushaltssatzung verknüpften Haushaltsplan entsprechende Mittel bereit- 25

---

351 Str.; a. A. *OVG Bbg* v. 1.4.04 – 6 A 329/02.PVL –, PersV 04, 472; vgl. KfdP-*Altvater*, Rn. 27 m. w. N.
352 Str.; wie hier u. a. *BAG* v. 17.9.91 – 1 ABR 23/91 –, AP BetrVG 1972 § 112 Nr. 59; vgl. KfdP-*Altvater*, a. a. O.
353 *BVerwG* v. 17.12.03 – 6 P 7.03 –, PersR 04, 106.

§ 71 Einigungsstelle

gestellt sind.[354] Etwas anderes gilt allerdings für den Sozialplan i. S. d. § 75 Abs. 3 Nr. 13, der nicht an den jeweiligen Haushaltsplan gebunden ist (str.; vgl. § 75 Rn. 133). Zulässig ist auch ein Beschluss, der unter dem Vorbehalt der Finanzierbarkeit gefasst wird und die Verwaltung dazu verpflichtet, sich um die Schaffung der dafür notwendigen haushaltsmäßigen Voraussetzungen zu bemühen.[355]

26 Ob die Einigungsstelle eine **endgültige Entscheidung** treffen oder nur eine **Empfehlung** beschließen kann, richtet sich bei von der Dienststelle beabsichtigten Maßnahmen nach § 69 Abs. 4, bei vom PR beantragten Maßnahmen nach § 70 Abs. 1 S. 2 i. V. m. § 69 Abs. 4 (vgl. § 69 Rn. 39 f., § 70 Rn. 11). An die Rspr. des BVerfG[356] zu den verfassungsrechtlichen Grenzen der Mitbestimmung und die daran anknüpfende Rspr. des BVerwG[357] zur **verfassungskonformen Auslegung** der geltenden Vorschriften der PersVG (vgl. § 69 Rn. 40, § 70 Rn. 11) ist die Einigungsstelle nicht unmittelbar gebunden. Folgt sie dieser Rspr. nicht, ist allerdings zu erwarten, dass die oberste Dienstbehörde die Rechtmäßigkeit ihres Beschlusses bestreiten und dessen Durchführung ablehnen wird (vgl. Rn. 30 f.).

27 Der **Beschluss** der Einigungsstelle bedarf stets der **Schriftform**.[358] Als »Beschluss« ist allein die **Beschlussformel** anzusehen; diese muss von allen Mitgliedern der Einigungsstelle unterzeichnet sein.[359] Fehlende Unterschriften können nachgeholt werden.[360] Eine schriftliche **Begründung** ist nicht vorgeschrieben.[361] Sie ist jedoch empfehlenswert.[362] Letzteres gilt v. a. dann, wenn der Beschluss eine Empfehlung an die endgültig entscheidende Stelle ausspricht. Es genügt, dass die schriftliche Begründung vom Vorsitzenden unterschrieben wird.[363]

28 **(Abs. 4)** Nach Abs. 4 S. 1 ist der Beschluss den Beteiligten **zuzustellen.** Ob dies entsprechend den Vorschriften des Verwaltungszustellungsgesetzes geschehen kann, ist zweifelhaft. Die Einigungsstelle kann jedenfalls eine andere Form der Zustellung wählen. Es reicht aus, dass den Beteiligten eine schriftliche Ausfertigung des Beschlusses zugeleitet wird und dass der

---

354 Vgl. *BVerwG* v. 5. 2. 60 – VII P 4.58 –, PersV 60, 155, v. 9. 7. 80 – 6 P 73.78 –, PersV 81, 369, u. v. 9. 11. 98 – 6 P 1.98 –, PersR 99, 125.
355 Vgl. KfdP-*Altvater*, Rn. 30.
356 Beschl. v. 24. 5. 95 – 2 BvF 1/92 –, PersR 95, 483.
357 Seit dem Beschl. v. 18. 6. 02 – 6 P 12.01 –, PersR 02, 467.
358 *BVerwG* v. 10. 3. 87 – 6 P 17.85 – u. v. 20. 12. 88 – 6 P 34.85 –, PersR 87, 171, u. 89, 49; ferner (zu § 76 Abs. 3 S. 4 BetrVG) *BAG* v. 5. 10. 10 – 1 ABR 31/09 –, NZA 11, 420.
359 *BVerwG* v. 10. 3. 87 u. v. 20. 12. 88, jew. a. a. O.
360 *OVG NW* v. 20. 12. 89 – CL 28/87 –, PersV 91, 177; *HmbOVG* v. 21. 1. 97 – OVG Bs PH 1/95 –, PersR 97, 367.
361 *BVerwG* v. 10. 3. 87 u. v. 20. 12 88, jew. a. a. O.
362 *BVerwG* v. 9. 7. 80 – 6 P 73.78 –, PersV 81, 369, u. v. 20. 12. 88, a. a. O.
363 *BVerwG* v. 10. 3. 87, a. a. O.

Zugang nachgewiesen werden kann. Mit der Zustellung ist das Mitbestimmungsverfahren abgeschlossen.[364]

Abs. 4 S. 2 bestimmt, dass der Beschluss die Beteiligten – also die oberste Dienstbehörde und die zuständige Personalvertretung – grundsätzlich **bindet**. Das gilt aber nicht für die »Fälle des § 69 Abs. 4 Sätze 3, 5«, d. h. nicht für die Fälle der eingeschränkten Mitbestimmung, in denen die Einigungsstelle nach **§ 69 Abs. 4 S. 3** nur eine **Empfehlung** beschließt (vgl. Rn. 26). Der von Abs. 4 S. 2 in Bezug genommene § 69 Abs. 4 S. 5 ist durch Gesetz v. 16. 12. 97[365] aufgehoben und durch **§ 90 Nr. 7 Buchst. c S. 2** ersetzt worden (vgl. § 90 Rn. 19, 22), wobei es offenbar aufgrund eines Redaktionsversehens unterblieben ist, § 71 Abs. 4 S. 2 entsprechend zu ändern. Soweit das BPersVG auf den Mitteldeutschen Rundfunk entsprechend anzuwenden ist, ist der **aufgehobene § 69 Abs. 4 S. 5** allerdings weiterhin entsprechend anwendbar (vgl. § 90 Rn. 24, 28). **29**

Besteht der Beschluss nicht nur in einer Empfehlung, bindet er die Beteiligten nur, »soweit er eine Entscheidung im Sinne des Absatzes 3 enthält«. Das ist nur der Fall, soweit er sich gem. Abs. 3 S. 4 **im Rahmen der geltenden Rechtsvorschriften** hält (vgl. Rn. 25). Ist einer der Beteiligten der Ansicht, dass der Beschluss der Einigungsstelle rechtswidrig sei, darf er den Spruch nicht übergehen, sondern muss ein verwaltungsgerichtliches Verfahren zu seiner Überprüfung einleiten (vgl. Rn. 31).[366] **30**

Die **Rechtmäßigkeit eines Beschlusses** der Einigungsstelle – der nicht nur eine Empfehlung ausspricht – kann nach § 83 Abs. 1 Nr. 3, Abs. 2 auf Antrag eines der Beteiligten vom Verwaltungsgericht im **personalvertretungsrechtlichen Beschlussverfahren** überprüft werden.[367] Die gerichtliche Überprüfung erstreckt sich darauf, ob der Beschluss in einem ordnungsgemäßen Verfahren zustande gekommen ist, ob er sich in dem durch die beabsichtigte oder beantragte Maßnahme bestimmten Rahmen des Mitbestimmungsverfahrens hält und ob er nicht gegen geltende Rechtsvorschriften verstößt. Ist der Einigungsstelle bei ihrer Entscheidung ein **Ermessens- oder Beurteilungsspielraum** eingeräumt, beschränkt sich die gerichtliche Kontrolle auf die Einhaltung der Grenzen dieses Spielraums.[368] Ein **Beschluss mit lediglich empfehlendem Charakter** ist gerichtlich nicht überprüfbar, weil er keine Verbindlichkeit beansprucht.[369] Ergibt die gerichtliche Überprüfung, dass der Beschluss rechtswidrig ist, kann das Verwaltungsgericht dessen **Unwirksamkeit** feststellen oder den **31**

---

364 *BVerwG* v. 17. 3. 87 – 6 P 15.85 –, PersR 87, 188; abw. *BAG* v. 2. 2. 06 – 2 AZR 38/05 –, PersR 06, 507: Verfahrensabschluss bereits mit der Entscheidung der Einigungsstelle, so dass diese Entscheidung schon vor ihrem Zugang umgesetzt werden kann.
365 BGBl. I S. 3094.
366 Str.; vgl. dazu KfdP-*Altvater*, Rn. 35 m. N.
367 *BVerwG* v. 19. 12. 90 – 6 P 24.88 –, PersR 91, 133, m. w. N.
368 *BVerwG* v. 24. 5. 06 – 6 PB 16.05 –, juris.
369 *BVerwG* v. 24. 1. 01 – 6 PB 15.00 –, PersR 01, 204, u. v. 24. 5. 06, a. a. O.

§ 72 Verfahren der Mitwirkung

Beschluss aufheben.[370] Sind nur einzelne Bestimmungen des Spruchs der Einigungsstelle unwirksam, ist die **teilweise Unwirksamkeit** festzustellen oder der Beschluss teilweise aufzuheben, wenn der verbleibende Teil noch ein sinnvolles Ganzes darstellt.[371] Das Gericht kann die fehlende Zustimmung zu einer Maßnahme aber weder ersetzen noch die Verpflichtung der Einigungsstelle zur Ersetzung aussprechen.[372] Ist der Beschluss rechtskräftig für unwirksam erklärt oder aufgehoben worden, so ist die Einigungsstelle (außer bei Feststellung ihrer Unzuständigkeit) verpflichtet, das **Verfahren wieder aufzugreifen** und unter Vermeidung der gerichtlich festgestellten Rechtsfehler fortzusetzen.[373]

§ 72 [Verfahren der Mitwirkung]

(1) Soweit der Personalrat an Entscheidungen mitwirkt, ist die beabsichtigte Maßnahme vor der Durchführung mit dem Ziele einer Verständigung rechtzeitig und eingehend mit ihm zu erörtern.

(2) ¹**Äußert sich der Personalrat nicht innerhalb von zehn Arbeitstagen oder hält er bei Erörterung seine Einwendungen oder Vorschläge nicht aufrecht, so gilt die beabsichtigte Maßnahme als gebilligt.** ²**Erhebt der Personalrat Einwendungen, so hat er dem Leiter der Dienststelle die Gründe mitzuteilen.** ³**§ 69 Abs. 2 Satz 6 gilt entsprechend.**

(3) Entspricht die Dienststelle den Einwendungen des Personalrates nicht oder nicht in vollem Umfange, so teilt sie dem Personalrat ihre Entscheidung unter Angabe der Gründe schriftlich mit.

(4) ¹**Der Personalrat einer nachgeordneten Dienststelle kann die Angelegenheit binnen drei Arbeitstagen nach Zugang der Mitteilung auf dem Dienstwege den übergeordneten Dienststellen, bei denen Stufenvertretungen bestehen, mit dem Antrag auf Entscheidung vorlegen.** ²**Diese entscheiden nach Verhandlung mit der bei ihnen bestehenden Stufenvertretung.** ³**§ 69 Abs. 3 Sätze 2, 3 gilt entsprechend.** ⁴**Eine Abschrift seines Antrages leitet der Personalrat seiner Dienststelle zu.**

(5) Ist ein Antrag gemäß Absatz 4 gestellt, so ist die beabsichtigte Maßnahme bis zur Entscheidung der angerufenen Dienststelle auszusetzen.

(6) § 69 Abs. 5 gilt entsprechend.

---

[370] *BVerwG* v. 13.2.76 – VII P 9.74 –, PersV 77, 179, v. 19.12.90, a.a.O., u. v. 4.6.10 – 6 PB 4.10 –, PersR 10, 361.

[371] Vgl. *BAG* v. 30.8.95 – 1 ABR 4/95 –, AP BetrVG 1972 § 87 Überwachung Nr. 29, u. v. 26.8.08 – 1 ABR 16/07 –, AP BetrVG 1972 § 75 Nr. 54.

[372] *OVG NW* v. 20.1.82 – CL 33/80 –, RiA 82, 216.

[373] *BVerwG* v. 4.6.10, a.a.O., unter Hinw. auf *BAG* v. 30.1.90 – 1 ABR 2/89 –, AP BetrVG 1972 § 87 Lohngestaltung Nr. 41.

Verfahren der Mitwirkung § 72

Die **Mitwirkung** steht als detailliert ausgestaltetes Beratungsrecht zwischen **1**
Mitbestimmung (vgl. § 69 Rn. 2) und Anhörung (vgl. § 78 Rn. 4). Einerseits ist sie schwächer als die Mitbestimmung, weil die jeweils zuständige Stelle des Arbeitgebers bzw. Dienstherrn in jedem Falle ohne Einschaltung der Einigungsstelle die endgültige Entscheidung trifft. Andererseits ist sie stärker als die Anhörung, weil die Personalvertretung in mehrstufigen Verwaltungen in einem Stufenverfahren die Entscheidung der obersten Dienstbehörde oder (in Körperschaften, Anstalten und Stiftungen des öffentlichen Rechts) des für die Geschäftsführung vorgesehenen obersten Organs herbeiführen kann. Nach der Rspr. des *BVerwG* ist die Mitwirkung ein **formalisiertes Instrument**, das es der Personalvertretung ermöglichen soll, mit besonders nachdrücklicher Weise Gehör zu verschaffen, indem es sicherstellt, dass sie nicht nur formal angehört wird, sondern dass ihre Vorstellungen in die Entscheidung darüber einbezogen werden, ob und wie bestimmte Regelungen und Maßnahmen getroffen werden.[374] Anders als einige LPersVG sieht das BPersVG in den Angelegenheiten der Mitwirkung **kein förmliches Antragsrecht des PR** vor, mit dem dieser – vergleichbar seinem Initiativrecht gem. § 70 – ein Mitwirkungsverfahren in Gang setzen könnte.

Welche **Angelegenheiten** der Mitwirkung unterliegen, ist in § 78 Abs. 1 **2**
und § 79 Abs. 1 festgelegt. Hinzu kommen solche Angelegenheiten, bei denen nach § 86 Nr. 9 und § 90 Nr. 7 Buchst. b die an sich gegebene Mitbestimmung zur Mitwirkung herabgestuft ist. In den Fällen des § 78 Abs. 1 Nr. 3 bis 5 ist die Mitwirkung nach § 78 Abs. 2 S. 2 von einem **Antrag des Beschäftigten** abhängig (vgl. § 78 Rn. 23); das gilt bei der Mitwirkung nach § 86 Nr. 9 i. V. m. § 75 Abs. 2 S. 2 und § 76 Abs. 2 S. 2 auch für die Fälle des § 75 Abs. 2 Nr. 1 und des § 76 Abs. 2 S. 1 Nr. 9 (vgl. § 75 Rn. 59 u. § 76 Rn. 59).

§ 72 regelt das **Verfahren** der Mitwirkung. Die **Abs. 1 bis 3** legen die **3**
Verfahrensschritte für die erste Stufe der Mitwirkung fest (vgl. Rn. 6–13). **Abs. 4** bestimmt für mehrstufige Verwaltungen, wie das bei einer nachgeordneten Dienststelle eingeleitete Verfahren fortgesetzt werden kann, wenn die Dienststelle den Einwendungen des PR nicht (in vollem Umfang) entsprochen hat (vgl. Rn. 14–18). **Abs. 5** schreibt die Aussetzung der beabsichtigten Maßnahme für die Zeit der Fortsetzung des Verfahrens vor (vgl. Rn. 19). **Abs. 6** ermöglicht es der Dienststelle, bei unaufschiebbaren Maßnahmen vorläufige Regelungen zu treffen (vgl. Rn. 20). Welche Rechtsfolgen eine **Verletzung des Mitwirkungsrechts** hat, legt das BPersVG mit Ausnahme der vom Arbeitgeber ausgesprochenen Kündigung des Arbeitsverhältnisses nicht fest (vgl. Rn. 21).

Unter »**Personalrat**« i. S. d. § 72 ist wie bei § 69 immer die jeweils **erst-** **4**
zuständige Personalvertretung zu verstehen, in umgebildeten oder neu

---

374 Beschl. v. 6. 2. 87 – 6 P 9.85 – u. v. 22. 3. 90 – 6 P 17.88 –, PersR 87, 165, u. 90, 225.

§ 72 Verfahren der Mitwirkung

errichteten Dienststellen ggf. eine Übergangspersonalvertretung (vgl. § 69 Rn. 3).

5 Soweit der PR an Entscheidungen mitwirkt, kann die beabsichtigte Maßnahme erst nach Abschluss eines **ordnungsgemäß durchgeführten Mitwirkungsverfahrens** getroffen werden. Handelt es sich dabei um verwaltungsrechtliche, insb. beamtenrechtliche Entscheidungen, deren Rechtmäßigkeit nach Durchführung eines Vorverfahrens im Verwaltungsrechtsweg überprüfbar sind, soll die vor ihrem Erlass unterbliebene Mitwirkung noch während des **Widerspruchsverfahrens** mit heilender Wirkung nachgeholt werden können.[375] Dagegen bestehen jedoch die gleichen Einwände wie bei eingeschränkt mitbestimmungspflichtigen Maßnahmen (vgl. § 69 Rn. 6).[376]

6 (Abs. 1) Gegenstand des Mitwirkungsverfahrens ist die **beabsichtigte Maßnahme** der Dienststelle. Dafür gilt das zur Mitbestimmung Gesagte (vgl. § 69 Rn. 8–11) entsprechend, allerdings mit dem Unterschied, dass Dienstvereinbarungen in Angelegenheiten der Mitwirkung grundsätzlich nicht zulässig sind (vgl. § 73 Rn. 2; § 86 Rn. 10). Das Mitwirkungsverfahren ist dadurch **einzuleiten,** dass der **Dienststellenleiter** (oder im Falle seiner Verhinderung eine andere vertretungsberechtigte Person [vgl. § 7 Rn. 2 f.]) dem PR die beabsichtigte Maßnahme rechtzeitig bekannt zu geben hat (vgl. § 69 Rn. 12). Eine bestimmte **Form** ist dafür nicht vorgeschrieben; aus Beweisgründen empfiehlt sich aber die Schriftform. Wie bei der Mitbestimmung ist nach § 68 Abs. 2 S. 1 und 2 auf jeden Fall eine **umfassende Unterrichtung** unter Vorlage der hierfür erforderlichen Unterlagen geboten (vgl. § 69 Rn. 13). Die Bekanntgabe der beabsichtigten Maßnahme ist nur dann **rechtzeitig,** wenn der PR dabei alle erforderlichen Informationen erhält. Geschieht dies erst nachträglich, beginnt die **Äußerungsfrist** des Abs. 2 S. 1 erst dann zu laufen, wenn der PR ausreichend unterrichtet worden ist (vgl. Rn. 10).

7 Nach § 72 Abs. 1 ist die beabsichtigte Maßnahme mit dem PR zu erörtern. Die **Erörterung** ist nicht erforderlich, wenn der PR auf sie verzichtet, etwa dadurch, dass er der Maßnahme ohne vorherige Erörterung ausdrücklich zustimmt oder dass er innerhalb der Äußerungsfrist des Abs. 2 S. 1 (vgl. Rn. 10) keine Stellungnahme gegenüber dem Dienststellenleiter abgibt.[377] Die Erörterung besteht in einer ausführlichen Diskussion, in der das Für und Wider des Vorhabens gründlich dargelegt und abgewogen wird (vgl. § 66 Rn. 8). Dabei ist nach § 66 Abs. 1 S. 3 mit dem ernsten Willen zur Einigung zu verhandeln (vgl. § 66 Rn. 8). Die auf Verständigung angelegte

---

375 *BVerwG* v. 24. 11. 83 – 2 C 9.82 –, DVBl. 84, 437.
376 Vgl. KfdP-*Altvater*, Rn. 5 m. N.
377 Vgl. *BAG* v. 3. 2. 82 – 7 AZR 907/79 –, AP BPersVG § 72 Nr. 1, v. 27. 2. 87 – 7 AZR 652/85 –, AP KSchG 1969 § 1 Betriebsbedingte Kündigung Nr. 41, u. v. 15. 8. 06 – 9 AZR 571/05 –, PersR 07, 164; *BVerwG* v. 27. 1. 95 – 6 P 22.92 –, PersR 95, 185.

Erörterung muss »**ergebnisoffen**« sein.[378] Nach h. M. soll die Erörterung auch **schriftlich** stattfinden können, wenn die PR hinreichend Gelegenheit erhält, zu der beabsichtigten Maßnahme Stellung zu nehmen,[379] wobei allerdings klargestellt ist, dass die einseitige schriftliche Unterrichtung des PR oder dessen bloße schriftliche Anhörung noch keine schriftliche Erörterung der Maßnahme beinhaltet.[380] Das in der Verständigung beider Seiten bestehende Ziel der Erörterung ist i. d. R. aber nur durch eine **mündliche** Aussprache zu erreichen.[381] Von dem Grundsatz des mündlichen Gesprächs unter Anwesenden kann deshalb nur unter besonderen Umständen oder mit Zustimmung des PR abgewichen werden.[382] Eine mündliche Erörterung hat jedenfalls dann stattzufinden, wenn der PR mit einem schriftlichen Verfahren nicht einverstanden ist.[383]

Verlangt der PR innerhalb der Äußerungsfrist des Abs. 2 S. 1 eine Erörterung, hat die Dienststelle diesem **Verlangen** auch dann, wenn es nicht weiter begründet ist, ohne schuldhaftes Zögern grundsätzlich vor Ablauf der Äußerungsfrist zu entsprechen.[384] Der **Fristenlauf** kann jedoch weder durch das Verlangen noch durch die Erörterung selbst beeinflusst werden (vgl. Rn. 10). Die Erörterung kann dann u. U. auch noch Ablauf der Äußerungsfrist stattfinden oder abgeschlossen werden.[385] **8**

Die Erörterung ist kein laufendes Geschäft i. S. d. § 32 Abs. 1 S. 4 (vgl. § 32 Rn. 7). **Teilnehmer** sind deshalb einerseits der **PR in seiner Gesamtheit** und andererseits der **Dienststellenleiter** oder sein Vertreter. Für die Hinzuziehung der Schwerbehindertenvertretung und **weiterer Personen** gilt das Gleiche wie für die monatlichen Besprechungen nach § 66 Abs. 1 S. 1 (vgl. § 66 Rn. 3 f.).[386] Über den **Zeitpunkt und Ort** haben beide Seiten einvernehmlich zu entscheiden. Die Erörterung kann im Rahmen einer monatlichen Besprechung, einer gesonderten Besprechung oder einer PR-Sitzung nach § 34 Abs. 4 stattfinden. Falls der PR bereits Einwendungen erhoben und die Erörterung nach Ablauf der Äußerungsfrist stattgefunden hat (vgl. Rn. 8), muss er entscheiden, ob er an seinen Einwendungen festhalten oder sie nicht aufrechterhalten will. **9**

(Abs. 2) Die dem PR zur Verfügung stehende **Äußerungsfrist** ist in **10**

---

378 *BVerwG* v. 18.3.08 – 6 PB 19.07 –, PersR 09, 167.
379 *BVerwG* v. 26.7.84 – 1 D 57.83 –, PersV 86, 110, u. v. 27.1.95, a. a. O.
380 So *BVerwG* v. 27.1.95, a. a. O.
381 So auch *BAG* v. 24.6.04 – 2 AZR 208/03 –, PersR 05, 208, u. v. 15.8.06, a. a. O.
382 So *BVerwG* v. 17.2.09 – 1 WB 37.08 –, PersR 09, 296 = PersR 09, 278 Ls.
383 *BVerwG* v. 27.1.95, a. a. O.
384 *BVerwG* v. 27.1.95, a. a. O.
385 *BVerwG* v. 27.1.95, a. a. O.
386 Abw. zum Mitbestimmungsverfahren nach dem LPVG NW (unter Hinw. auf dessen § 63 S. 4) *BVerwG* v. 23.11.10 – 6 P 2.10 –, PersR 11, 78: Berechtigung des Dienststellenleiters zur Hinzuziehung von Beschäftigten, die für Personal- und Organisationsangelegenheiten zuständig sind.

§ 72 Verfahren der Mitwirkung

Abs. 2 S. 1 festgelegt. Durch das Änderungsgesetz v. 10.7.89[387] ist sie von ursprünglich sieben Arbeitstagen auf **zehn Arbeitstage** verlängert worden. Sie beginnt am ersten Arbeitstag nach der vollständigen Unterrichtung über die von der Dienststelle beabsichtigte Maßnahme zu laufen.[388] Für ihre Berechnung gilt das Gleiche wie bei der Frist des § 69 Abs. 2 S. 3 (vgl. § 69 Rn. 16 ff.). Der Fristenlauf wird weder durch ein Erörterungsverlangen noch durch die Erörterung selbst gehemmt oder unterbrochen.[389] Anders als nach § 69 Abs. 2 S. 4 ist eine **Abkürzung der Frist** in einem dringenden Fall im Mitwirkungsverfahren nicht möglich.[390] **Verlängerungen der Frist** können sich nach oder entsprechend § 82 Abs. 2 S. 2 ergeben, wenn eine Stufenvertretung oder der GPR als erstzuständige Personalvertretung zu beteiligen ist (vgl. § 82 Rn. 14). Nach überwiegender Meinung ist die Äußerungsfrist wie in den Fällen der Mitbestimmung (vgl. § 69 Rn. 19) eine **Ausschlussfrist**, die durch Vereinbarung zwischen Dienststellenleiter und PR nicht verlängert werden kann.[391]

11 Über seine **Stellungnahme** zu der beabsichtigten Maßnahme entscheidet der PR durch Beschluss. Dies kann nach Erörterung, aber auch vor oder ohne Erörterung geschehen (vgl. Rn. 7–9). Erklärt der PR ausdrücklich seine **Zustimmung** – was auch in der Weise erfolgen kann, dass er bereits erhobene Einwendungen nach Erörterung nicht aufrechterhält (vgl. Rn. 9) –, so ist das Mitwirkungsverfahren abgeschlossen, sobald die Erklärung der Dienststelle zugegangen ist. Das gilt auch dann, wenn er ausdrücklich erklärt, er werde sich zu der Maßnahme nicht äußern.[392] **Schweigt** der PR dagegen zu der Maßnahme, dann gilt diese (erst) nach Ablauf der Äußerungsfrist des Abs. 2 S. 1 als gebilligt. Will er **Einwendungen** erheben, dann hat dies nach Abs. 2 S. 2 unter Mitteilung der **Gründe** zu geschehen.[393] Dabei kann der PR seine Einwendungen grundsätzlich auf jeden sachlichen Grund stützen[394] und auch Gegenvorschläge machen.[395] Lediglich im Falle des § 78 Abs. 1 Nr. 3 kann er nach § 78 Abs. 2 S. 3 seine Einwendungen nur auf die in § 77 Abs. 2 Nr. 1 und 2 bezeichneten Gründe stützen (vgl. § 78 Rn. 23). Der Dienststellenleiter darf die angeführten Gründe nicht deshalb als unbeachtlich behandeln, weil er der Ansicht ist, sie seien untauglich (str.; vgl. § 69 Rn. 27).[396] Etwas anderes gilt nur, wenn die Begründung im Falle des § 78 Abs. 1 Nr. 3 offensichtlich auf keinen der

---

387 BGBl. I S. 1380, ber. S. 1473.
388 *BAG* v. 14.1.93 – 2 AZR 387/92 –, PersR 93, 406; *BVerwG* v. 27.1.95 – 6 P 22.92 –, PersR 95, 185.
389 *BAG* v. 14.1.93 u. *BVerwG* v. 27.1.95, jew. a.a.O.
390 Richardi-*Weber*, Rn. 30a.
391 Vgl. KfdP-*Altvater*, Rn. 10 m.N.
392 Vgl. *BAG* v. 12.3.87 – 2 AZR 176/86 –, AP BetrVG 1972 § 102 Nr. 69.
393 *BVerwG* v. 27.1.95 – 6 P 22.92 –, PersR 95, 185.
394 *LAG RP* v. 26.2.88 – 6 TaBV 77/87 –, PersR 88, 166.
395 Str.; vgl. KfdP-*Altvater*, Rn. 11 m.N.
396 KfdP-*Altvater*, a.a.O.

Verfahren der Mitwirkung § 72

gesetzlichen Versagungsgründe Bezug nimmt. Für die Einwendungen und ihre Begründung ist grundsätzlich keine bestimmte **Form** vorgeschrieben. Für die Mitwirkung bei ordentlichen Kündigungen ergibt sich jedoch aus § 79 Abs. 1 S. 4, dass Einwendungen i. S. d. § 79 Abs. 1 S. 3 schriftlich erhoben und begründet werden müssen (vgl. § 79 Rn. 18). Aber auch sonst ist es zweckmäßig, eine schriftliche Stellungnahme abzugeben.

Werden in der Stellungnahme des PR Beschwerden oder Behauptungen tatsächlicher Art vorgetragen, die für einen Beschäftigten ungünstig sind oder ihm nachteilig werden können, so hat die Dienststelle dem **betroffenen Beschäftigten** nach Abs. 2 S. 3 i. V. m. § 69 Abs. 2 S. 6 **Gelegenheit zur Äußerung** zu geben und die Äußerung aktenkundig zu machen (vgl. § 69 Rn. 28). **12**

(Abs. 3) Hat der PR rechtzeitig und ordnungsgemäß Einwendungen erhoben, muss die **Dienststelle** entscheiden, ob und in welchem Umfang sie diesen Einwendungen entsprechen will. Eine Frist für ihre Entscheidung schreibt das Gesetz nicht vor. **Entspricht sie den Einwendungen nicht** oder nicht in vollem Umfang, so hat der für die Dienststelle handelnde Dienststellenleiter dem PR diese Entscheidung **unter Angabe der Gründe schriftlich mitzuteilen.** Dies soll willkürliche Entscheidungen verhindern und in mehrstufigen Verwaltungen dem PR einer nachgeordneten Dienststelle ggf. die Prüfung ermöglichen, ob er nach Abs. 4 das **Verfahren fortsetzen** soll,[397] indem er innerhalb der dort festgelegten Frist von drei Arbeitstagen nach Zugang der Mitteilung die dafür zuständige Stelle zur Entscheidung anruft (vgl. Rn. 14 ff.). Macht der PR von dieser Möglichkeit keinen Gebrauch, ist die Dienststelle nach Ablauf der Frist zur Durchführung der Maßnahme berechtigt. Kommt eine Fortsetzung des Verfahrens nicht in Betracht, weil die nach Abs. 3 entscheidende Dienststelle keine nachgeordnete Dienststelle ist, so ist das Mitwirkungsverfahren mit dem Zugang der Mitteilung beim PR **abgeschlossen.** **13**

(Abs. 4) In **mehrstufigen Verwaltungen** kann das Mitwirkungsverfahren nach einer den Einwendungen des PR nicht oder nicht in vollem Umfang entsprechenden Entscheidung einer nachgeordneten Dienststelle fortgesetzt werden. Abs. 4 S. 1 sieht vor, dass der PR der **nachgeordneten Dienststelle** binnen drei Arbeitstagen, nachdem ihm die Mitteilung nach Abs. 3 zugegangen ist (vgl. Rn. 13, 15), die Angelegenheit derjenigen übergeordneten Dienststelle mit dem Antrag auf Entscheidung vorlegen kann, bei der eine Stufenvertretung besteht. Dabei kann die **Vorlage** entweder an die **Mittelbehörde** oder an die **oberste Dienstbehörde** zu richten sein (vgl. § 69 Rn. 30). Anders als nach § 69 Abs. 3 S. 1 ist **nur der PR zur Vorlage berechtigt.** Für diese Vorlage ist ein Beschluss des Plenums erforderlich.[398] Die Vorlage ist der anzurufenden Dienststelle auf dem **Dienstweg** zuzuleiten (vgl. § 69 Rn. 31). Sie bedarf der **Schrift-** **14**

---
397 Vgl. *BVerwG* v. 10.11.10 – 6 PB 13.10 –, PersR 11, 28.
398 *BVerwG* v. 26.10.73 – VII P 6.72 –, PersV 74, 147.

§ 72 Verfahren der Mitwirkung

form. Ihr Inhalt ist nicht ausdrücklich festgelegt. Es dürfte ausreichen, wenn mit dem »**Antrag auf Entscheidung**« der Streitfall benannt und durch die Übersendung der mit Gründen versehenen Einwendungen des PR (vgl. Rn. 11) und einer Abschrift der Mitteilung der ablehnenden Entscheidung der Dienststelle (vgl. Rn. 13) verdeutlicht wird, dass die angerufene Dienststelle eine Entscheidung treffen soll (eine [umfassende] Begründung ist nicht erforderlich).[399] Nach Abs. 4 S. 4 hat der PR seiner Dienststelle eine **Abschrift des Antrags** zuzuleiten.

15 Die **Vorlagefrist** von **drei Arbeitstagen** beginnt am ersten Arbeitstag nach dem Tag zu laufen, an welchem dem PR die Mitteilung der Dienststelle nach Abs. 3 zugegangen ist. Sie ist gewahrt, wenn die Vorlage vor Ablauf der Vorlagefrist abgesandt wird. **Verlängerungen der Frist** können sich nach oder entsprechend § 82 Abs. 2 S. 2 ergeben, wenn eine Stufenvertretung oder der GPR als erstzuständige Personalvertretung zu beteiligen ist (vgl. § 82 Rn. 14).

16 Mit der Vorlage nach Abs. 4 S. 1 geht die Entscheidungsbefugnis auf die **übergeordnete Dienststelle** über.[400] Diese kann die nachgeordnete Dienststelle **anweisen, den Einwendungen des PR zu entsprechen** und damit das Verfahren zu beenden. Die Vorschrift des Abs. 4 S. 2 Hs. 1, wonach die übergeordnete Dienststelle nach Verhandlung mit der Stufenvertretung entscheidet, kommt erst zum Zuge, wenn **der Stufenvertretung** die Angelegenheit **vorgelegt** wird. Dabei kann die übergeordnete Dienststelle die von der nachgeordneten Dienststelle beabsichtigte Maßnahme auch **mit abgeändertem Inhalt** vorlegen. Das gilt auch dann, wenn damit eine neue mitwirkungs- oder mitbestimmungspflichtige Maßnahme verbunden ist.[401] Mit der Vorlage an die Stufenvertretung wird diese für die Beteiligung zuständig (vgl. § 69 Rn. 35). Diese ist über die beabsichtigte Maßnahme vollständig zu unterrichten (vgl. Rn. 6). Zur »**Verhandlung**« mit der Stufenvertretung gehört ggf. auch ohne ausdrückliche Verweisung auf Abs. 1 i.d.R. eine Erörterung (vgl. Rn. 7–9), weil es sich dabei um ein für das gesamte Mitwirkungsverfahren charakteristisches prozedurales Element handelt.[402] Entspricht die übergeordnete Dienststelle den **Einwendungen der Stufenvertretung** nicht oder nicht in vollem Umfang, so hat sie entsprechend Abs. 3 der Stufenvertretung ihre Entscheidung unter Angabe der Gründe schriftlich mitzuteilen.

17 Hat in einer mehr als zweistufigen Verwaltung die nach Abs. 4 S. 1 angerufene **Mittelbehörde** in dem nach Abs. 4 S. 2 durchgeführten Stufenverfahren den Einwendungen der bei ihr bestehenden Stufenvertretung – also des **BPR** – nicht entsprochen, kann ebenfalls nach Abs. 4 S. 1 der BPR die Angelegenheit binnen drei Arbeitstagen der **obersten Dienstbehörde**

---
399 Str.; vgl. KfdP-*Altvater*, Rn. 14 m.N.
400 *BAG* v. 6.8.02 – 1 ABR 47/01 –, PersR 03, 41.
401 *BAG* v. 6.8.02, a.a.O.
402 Vgl. *BVerwG* v. 27.1.95 – 6 P 22.92 –, PersR 95, 185.

vorlegen. Für Form und Inhalt der Vorlage des BPR sowie für den Lauf und die Einhaltung der Vorlagefrist gilt das zuvor Gesagte entsprechend (vgl. Rn. 14 f.), wobei hier eine Verlängerung der Frist nach § 82 Abs. 2 nicht in Betracht kommen kann. Nach Abs. 4 S. 4 hat der BPR der Mittelbehörde eine Abschrift seines Antrags auf Entscheidung zuzuleiten. Die oberste Dienstbehörde entscheidet, ob das Mitwirkungsverfahren fortgesetzt werden soll. Entschließt sie sich dazu, hat sie die Angelegenheit dem bei ihr gebildeten **HPR vorzulegen**. Für das weitere Verfahren – bei dem es sich um ein **zweites Stufenverfahren** handelt – sind die für das erste Stufenverfahren geltenden Regelungen entsprechend anzuwenden (vgl. Rn. 16).

In **Körperschaften, Anstalten und Stiftungen** des öffentlichen Rechts mit mehrstufig aufgebauter Verwaltung ist als oberste Dienstbehörde nach Abs. 4 S. 3 i. V. m. § 69 Abs. 3 S. 2 und 3 ggf. das in ihrer Verfassung für die Geschäftsführung vorgesehene **oberste Organ** anzurufen (vgl. § 69 Rn. 37). **18**

(Abs. 5) Hat der PR (oder der BPR) einen Antrag gem. Abs. 4 gestellt, ist die **beabsichtigte Maßnahme** gem. Abs. 5 bis zur Entscheidung der angerufenen Dienststelle (bzw. des nach Abs. 4 S. 3 angerufenen obersten Organs) **auszusetzen**.[403] Damit ist gemeint, dass die Durchführung der beabsichtigten Maßnahme bis auf Weiteres zurückzustellen ist. Durch diese Regelung soll gewährleistet werden, dass die Dienststelle vor Abschluss des Mitwirkungsverfahrens keine vollendeten Tatsachen schafft. Auch vorbereitende Maßnahmen, die die beabsichtigte Maßnahme ganz oder teilweise vorwegnehmen, sind unzulässig. Dienststelle und PR können auch nach Stellung eines Antrags nach Abs. 4 **versuchen,** gem. § 66 Abs. 1 S. 3 eine **Einigung zu erzielen.** Gelingt ihnen dies vor Abschluss des förmlichen Verfahrens, so wird dieses damit gegenstandslos. **19**

(Abs. 6) Nach Abs. 6 i. V. m. § 69 Abs. 5 darf die Dienststelle bei Maßnahmen, die der Natur der Sache nach keinen Aufschub dulden, vor der endgültigen Entscheidung **vorläufige Regelungen** treffen (vgl. § 69 Rn. 41 ff.). **20**

Das **Mitwirkungsrecht** des PR wird **verletzt,** wenn die Dienststelle eine mitwirkungsbedürftige Maßnahme trifft, ohne dass die zuständige Personalvertretung zuvor ordnungsgemäß beteiligt worden ist. Nach § 79 Abs. 4 ist eine durch den Arbeitgeber ausgesprochene **Kündigung des Arbeitsverhältnisses unwirksam,** wenn die Personalvertretung nicht beteiligt worden ist; das gilt auch für die fehlerhafte Beteiligung (vgl. § 79 Rn. 43 f.). Welche Rechtsfolgen eine Verletzung des Mitwirkungsrechts für die **sonstigen mitwirkungsbedürftigen Maßnahmen** hat, legt das BPersVG nicht fest. Insoweit gilt im Grundsatz das Gleiche wie bei einer Verletzung **21**

---

403 Vgl. hierzu KfdP-*Altvater*, Rn. 19 m. N.

des Mitbestimmungsrechts (vgl. § 69 Rn. 47 ff.).[404] Eine Besonderheit besteht bei der Erhebung der **Disziplinarklage** gegen einen Beamten: Ist der PR dabei entgegen § 78 Abs. 1 Nr. 3 nicht oder nicht ordnungsgemäß beteiligt worden, so kann dieser Mangel nach § 55 Abs. 1 BDG im gerichtlichen Disziplinarverfahren geltend gemacht werden (vgl. § 78 Rn. 20).

§ 73 [Dienstvereinbarungen]

(1) ¹Dienstvereinbarungen sind zulässig, soweit sie dieses Gesetz ausdrücklich vorsieht. ²Sie werden durch Dienststelle und Personalrat gemeinsam beschlossen, sind schriftlich niederzulegen, von beiden Seiten zu unterzeichnen und in geeigneter Weise bekanntzumachen.

(2) Dienstvereinbarungen, die für einen größeren Bereich gelten, gehen den Dienstvereinbarungen für einen kleineren Bereich vor.

1 Die im BPersVG (und in den LPersVG) vorgesehenen **Dienstvereinbarungen** sind den im BetrVG geregelten Betriebsvereinbarungen nachgebildet. Nach überwiegender und zutreffender Ansicht handelt es sich bei Betriebsvereinbarungen und Dienstvereinbarungen um Verträge, die – unter Beachtung des staatlichen Rechts und des grundsätzlichen Vorrangs des Tarifvertrages – ähnlich dem Tarifvertrag **Rechtsnormen** für die Arbeitnehmer des Betriebes bzw. die Beschäftigten der Dienststelle schaffen und die Rechte und Pflichten der vertragschließenden Partner (Betriebsrat und Arbeitgeber bzw. PR und Dienststellenleiter) regeln können. Dabei wird die Betriebsvereinbarung als privatrechtlicher Vertrag und die Dienstvereinbarung als **öffentlich-rechtlicher Vertrag** angesehen. Während jedoch grundsätzlich alle zur funktionellen Zuständigkeit des Betriebsrats gehörenden Fragen Gegenstand von Betriebsvereinbarungen sein können, lässt das BPersVG (anders als die meisten LPersVG) Dienstvereinbarungen nur für bestimmte, im Gesetz abschließend genannte **Gegenstände** zu.

2 Abgesehen von einer Sonderregelung im ArbNErfG (vgl. dazu § 75 Rn. 128), sind Dienstvereinbarungen nach § 73 Abs. 1 S. 1 (nur) **zulässig, soweit sie das BPersVG** (an anderer Stelle) **ausdrücklich vorsieht**. Entsprechende ausdrückliche Vorschriften sind enthalten **in § 75 Abs. 3 und § 76 Abs. 2**, in deren Eingangssätzen es heißt, dass der PR über die dort aufgeführten Angelegenheiten »gegebenenfalls durch Abschluss von Dienstvereinbarungen mitzubestimmen« hat. Der **Zweck** von Dienstvereinbarungen in diesen mitbestimmungspflichtigen Angelegenheiten besteht darin, die Beteiligung des PR in einer Vielzahl von Einzelfällen mit gleichem sachlichen Gegenstand zu erübrigen.[405] Mit der Einschränkung, dass die Dienstvereinbarung gegenständlich nicht außerhalb eines der in

---

404 Näher dazu KfdP-*Altvater*, Rn. 21 ff.
405 *BVerwG* v. 17.12.03 – 6 P 7.03 –, PersR 04, 106, m.w.N.

Dienstvereinbarungen § 73

§ 75 Abs. 3 oder § 76 Abs. 2 BPersVG genannten Mitbestimmungstatbestände liegen darf, stellt sich ihr Abschluss mithin als eine **vorweggenommene Mitbestimmung** dar.[406] Für alle gegenwärtig und künftig davon abgedeckten Fälle ist die Mitbestimmung damit abgegolten.[407] Dabei ist die Dienstvereinbarung eine gleichwertige, neben Zustimmung und Zustimmungsverweigerung stehende Handlungsform, also eine **Modalität der Ausübung der Mitbestimmung**.[408] Dienstvereinbarungen können nicht nur **generelle Regelungen** mit Dauerwirkung enthalten, sondern auch **kollektive Einzelfallregelungen** mit zeitlich begrenzter Wirkung treffen, so z. B. eine kollektive Arbeitszeitregelung für einen bestimmten Tag.

Dienstvereinbarungen stehen unter einem **doppelten Vorbehalt**. Zum einen sind sie nach den Eingangssätzen von § 75 Abs. 3 und § 76 Abs. 2 ebenso wie die Mitbestimmung in den dort aufgeführten Angelegenheiten nur zulässig, soweit eine gesetzliche oder tarifliche Regelung nicht besteht (näher zu diesem als Schranke der Mitbestimmung festgelegten **Vorrang von Gesetz und Tarifvertrag** § 75 Rn. 72–75). Zum anderen können Arbeitsentgelte und sonstige Arbeitsbedingungen, die durch Tarifvertrag geregelt sind oder üblicherweise geregelt werden, nach § 75 Abs. 5 nicht Gegenstand einer Dienstvereinbarung sein, wenn nicht ein Tarifvertrag den Abschluss ergänzender Dienstvereinbarungen ausdrücklich zulässt (näher zu dieser **Sperre durch tarifliche oder tarifübliche Regelung** § 75 Rn. 161–163). 3

§ 73 Abs. 1 S. 2 sieht für den Regelfall vor, dass Dienstvereinbarungen durch Dienststelle und PR **gemeinsam beschlossen** werden (**einvernehmliche Dienstvereinbarungen**). Daraus ergibt sich, dass eine solche Dienstvereinbarung durch den Austausch übereinstimmender Willenserklärungen von PR und Dienststellenleiter zustande kommt. Dazu ist auf der Seite des PR ein Beschluss erforderlich, der unter Beachtung der §§ 37 und 38 zu fassen ist. Der Inhalt der Dienstvereinbarung ist **schriftlich niederzulegen** und von beiden Seiten **zu unterzeichnen**. Dies hat nach § 126 Abs. 2 S. 1 BGB auf derselben Urkunde einerseits durch den Dienststellenleiter (oder durch eine zu seiner Vertretung berechtigte Person [vgl. § 7 Rn. 2f.]), andererseits nach § 32 Abs. 3 durch den PR-Vorsitzenden (oder dessen Stellvertreter) und in Gruppenangelegenheiten ggf. zusätzlich durch ein der Gruppe angehörendes Vorstandsmitglied (vgl. § 32 Rn. 16 ff.) jeweils durch Namensunterschrift zu geschehen. Bei Nichteinhaltung der Schriftform ist die Dienstvereinbarung nichtig (§ 125 S. 1 BGB). Die darin 4

---

406 *BVerwG* v. 1.11.83 – 6 P 28.82 –, PersV 85, 473, u. v. 30.3.09 – 6 PB 29.08 –, PersR 09, 332.
407 *BVerwG* v. 8.7.83 – 6 P 1.81 – u. v. 26.3.86 – 6 P 38.82 –, PersV 85, 65, u. 86, 510.
408 *BVerwG* v. 9.12.92 – 6 P 16.91 –, PersR 93, 212, m. w. N.

§ 73 Dienstvereinbarungen

enthaltenen Übereinkünfte können aber als **Abreden ohne normativen Charakter** gleichwohl für Dienststelle und PR verbindlich sein.[409]

5 Die **Initiative** zum Abschluss einer Dienstvereinbarung kann vom Dienststellenleiter oder vom PR ausgehen.[410] Ihr Zustandekommen kann im **Verfahren der Mitbestimmung** angestrebt werden. Der Abschluss einer Dienstvereinbarung zur Regelung einer mitbestimmungspflichtigen Angelegenheit ist eine **Maßnahme** i. S. d. PersVR.[411] Will der **Dienststellenleiter** eine Dienstvereinbarung abschließen, so leitet er das Verfahren dadurch ein, dass er nach § 69 Abs. 2 den PR über die beabsichtigte Dienstvereinbarung unterrichtet und dessen Zustimmung beantragt. Aufgrund des Vertragscharakters der Dienstvereinbarung (vgl. Rn. 1) besteht hier insoweit eine Besonderheit, als eine nicht fristgemäße Äußerung des PR entgegen § 69 Abs. 2 S. 5 nicht als Zustimmung, sondern als Ablehnung gilt. Kommt eine Einigung nicht zustande, kann das Verfahren nach § 69 Abs. 3 und 4 bis zur Einschaltung der Einigungsstelle fortgesetzt werden (vgl. dazu Rn. 6). Will der **PR initiativ** werden, so ist nach der Art der zu regelnden Angelegenheit wie folgt zu unterscheiden:

- In den **Fällen des § 75 Abs. 3 Nr. 1 bis 6 und 11 bis 17** steht dem PR nach § 70 Abs. 1 ein **uneingeschränktes Initiativrecht** zu. Er kann beim Dienststellenleiter den Abschluss einer Dienstvereinbarung beantragen. Entspricht dieser dem Antrag nicht, so kann das Verfahren ebenso wie bei einer Initiative des Dienststellenleiters nach § 69 Abs. 3 und 4 bis zur Einschaltung der Einigungsstelle fortgesetzt werden (vgl. § 70 Rn. 6 ff.).

- In den **Fällen des § 75 Abs. 3 Nr. 7 bis 10 und des § 76 Abs. 2** hat der PR nach § 70 Abs. 2 ein **eingeschränktes Initiativrecht.** Er kann beim Dienststellenleiter den Abschluss einer Dienstvereinbarung beantragen. Entspricht dieser dem Antrag nicht, so kann das Verfahren nach § 69 Abs. 3 fortgesetzt werden, ohne dass die Einigungsstelle angerufen werden kann (vgl. § 70 Rn. 12 ff.).

Der PR kann aber auch, ohne einen Initiativantrag gestellt zu haben, in einem **laufenden Mitbestimmungsverfahren,** das vom Dienststellenleiter mit dem Antrag auf Zustimmung zu einer beabsichtigten Maßnahme eingeleitet worden ist, fordern, über bestimmte Gesichtspunkte dieser Maßnahme eine Dienstvereinbarung zu treffen.[412]

6 Im Hinblick auf den Vertragscharakter der Dienstvereinbarung kann diese grundsätzlich nur dann zustande kommen, wenn PR und Dienststellenleiter sich darüber einig werden oder wenn – bei Fortführung des Mitbestimmungsverfahrens – eine Einigung zwischen der zuletzt beteiligten Personalvertretung und dem zuletzt beteiligten Dienststellenleiter erzielt wird (vgl.

---

409 Vgl. KfdP-*Altvater*, Rn. 6.
410 *BVerwG* v. 1.11.83 – 6 P 28.82 –, PersV 85, 473.
411 *BVerwG* v. 17.12.03 – 6 P 7.03 –, PersR 04, 106.
412 *BVerwG* v. 9.12.92 – 6 P 16.91 –, PersR 93, 212, u. v. 17.12.03, a. a. O.

Dienstvereinbarungen § 73

Rn. 5). Eine Ausnahme gilt jedoch in den Fällen, in denen die **Einigungsstelle** nach § 69 Abs. 4 zur **endgültigen Entscheidung** befugt ist. Dabei ist – wenn man der neueren Rspr. des *BVerwG* zur verfassungskonformen Anwendung des BPersVG (vgl. § 69 Rn. 40 u. § 70 Rn. 11) folgt – wie folgt zu differenzieren: In den **Fällen des § 75 Abs. 3 Nr. 1 bis 6, 11 bis 13, 15 und 16** (in denen der PR ein uneingeschränktes Initiativrecht hat) ist die Befugnis der Einigungsstelle zur Letztentscheidung unabhängig davon gegeben, von wem die Initiative ausgegangen ist, in den **Fällen des § 75 Abs. 3 Nr. 7 bis 9** besteht diese Befugnis nur dann, wenn der Dienststellenleiter initiativ geworden ist. Soweit die Einigungsstelle zur endgültigen Entscheidung befugt ist, ersetzt ihr Spruch das fehlende Einigung zwischen dem zuletzt beteiligten Dienststellenleiter und der zuletzt beteiligten Personalvertretung.[413] Der Spruch hat damit (anders als in der 4. u. 5. Aufl. gesagt) nicht nur die Wirkung, sondern die **Bedeutung einer Dienstvereinbarung**.[414] Dem Dokumentationszweck der Regelung des § 73 Abs. 1 S. 2 über die schriftliche Niederlegung der Dienstvereinbarung und ihre Unterzeichnung von beiden Seiten wird durch die **schriftliche Abfassung** des Beschlusses der Einigungsstelle Rechnung getragen.[415]

Nach § 73 Abs. 1 S. 2 sind Dienstvereinbarungen in geeigneter Weise **bekannt zu machen**. Dies hat entsprechend § 74 Abs. 1 durch den Dienststellenleiter zu erfolgen. Die Form der Bekanntmachung muss gewährleisten, dass die Beschäftigten – einschl. der später neu eingestellten – sich ohne besondere Umstände mit dem Inhalt der Dienstvereinbarung vertraut machen können. Die Bekanntmachung ist aber keine Voraussetzung für die Wirksamkeit der Dienstvereinbarung.[416]

7

Sofern die Dienstvereinbarung den Zeitpunkt ihres **Inkrafttretens** nicht festlegt, tritt sie mit ihrem Abschluss – d. h. grundsätzlich mit ihrer Unterzeichnung durch beide Seiten (vgl. Rn. 4) – in Kraft. Für einen ihr gleichzustellenden Beschluss der Einigungsstelle (vgl. Rn. 6) gilt dies entsprechend mit der Maßgabe, dass es auf die Unterzeichnung des Beschlusses ankommt (vgl. § 71 Rn. 27). Die Dienstvereinbarung (bzw. der Beschluss der Einigungsstelle) ist ein der Betriebsvereinbarung wesensverwandter kollektivrechtlicher **Akt dienststelleninterner Rechtsetzung** für die Dienststelle und deren Beschäftigte.[417] Die Vorschriften der §§ 305 ff. BGB, die für die Gestaltung rechtsgeschäftlicher Schuldverhältnisse in **Allgemeinen Geschäftsbedingungen** eine Inhaltskontrolle i. S. einer Angemessenheitskontrolle vorsehen, sind nach § 310 Abs. 4 S. 1 BGB auf (Tarifverträge, Betriebs- und) Dienstvereinbarungen nicht anzuwen-

8

---

413 *BVerwG* v. 17.12.03, a. a. O.
414 Teilw. str.; vgl. KfdP-*Altvater*, Rn. 8 m. N.
415 *BVerwG* v. 17.12.03, a. a. O.
416 Str.; vgl. KfdP-*Altvater*, Rn. 9 m. N.
417 *BVerwG* v. 17.12.03 – 6 P 7.03 –, PersR 04, 106, v. 1.9.04 – 6 P 3.04 –, PersR 04, 437, u. v. 7.4.08 – 6 PB 1.08 –, PersR 08, 450.

§ 73 Dienstvereinbarungen

den.[418] Entsprechend § 77 Abs. 4 S. 1 BetrVG gelten die in der Dienstvereinbarung enthaltenen Rechtsnormen für die Dienststelle und deren Beschäftigte (Arbeitnehmer und Beamte) in der Weise **unmittelbar** und **zwingend**, dass alle gegenwärtig oder künftig in der Dienststelle Beschäftigten vom Dienststellenleiter nach ihren Vorschriften behandelt werden müssen.[419] Die **unmittelbare Wirkung** besteht nach h.M. darin, dass die normativen Regelungen der Dienstvereinbarung wie ein Gesetz von außen auf die Arbeits- und Beamtenverhältnisse der Beschäftigten der Dienststelle einwirken, ohne Inhalt der einzelnen Beschäftigungsverhältnisse zu werden. Die **zwingende Wirkung** verpflichtet nach h.M. nur den Arbeitgeber bzw. Dienstherrn. Sie bedeutet, dass in Einzelvereinbarungen (nur) zugunsten der Beschäftigten von den normativen Regelungen der Dienstvereinbarung abgewichen werden kann (vgl. Rn. 9). Werden Beschäftigten durch Dienstvereinbarung Rechte eingeräumt, so ist entsprechend § 77 Abs. 4 S. 2 und 3 BetrVG ein **Verzicht** auf sie grundsätzlich nur mit Zustimmung des PR zulässig und eine **Verwirkung** dieser Rechte ausgeschlossen. Ein Verzicht ist auch ohne Zustimmung des PR zulässig, wenn sich der Beschäftigte bei einem Günstigkeitsvergleich durch die den Verzicht enthaltende Vereinbarung insgesamt besser stellt.[420]

9 Aus dem **Günstigkeitsprinzip** (vgl. Rn. 8) folgt, dass bereits vor Inkrafttreten der Dienstvereinbarung getroffene ungünstigere Einzelvereinbarungen während der Geltungsdauer der Dienstvereinbarung – einschl. eines etwaigen Nachwirkungszeitraums (vgl. Rn. 19) – verdrängt werden.[421] Arbeitsvertraglich begründete Ansprüche der Arbeitnehmer auf Sozialleistungen, die auf eine vom Arbeitgeber gesetzte **Einheitsregelung** oder eine **Gesamtzusage** zurückgehen, können durch eine nachfolgende Dienstvereinbarung in den Grenzen von Recht und Billigkeit nur beschränkt werden, wenn die Neuregelung insgesamt bei kollektiver Betrachtung nicht ungünstiger ist oder wenn die vertragliche Einheitsregelung den Vorbehalt enthält, dass eine spätere betriebliche Regelung den Vorrang haben soll.[422] Außerdem muss die Ablösung einer materiellen Rechtskontrolle standhalten, z.B. den Grundsätzen der Verhältnismäßigkeit und des Vertrauensschutzes entsprechen.[423] Die Ablösbarkeit einer **betrieblichen Übung** durch eine verschlechternde Dienstvereinbarung richtet sich nach denselben Regeln wie die Ablösbarkeit einer Gesamtzusage.[424]

---

418 *BAG* v. 1.2.06 – 5 AZR 187/05 –, AP BetrVG 1972 § 77 Betriebsvereinbarung Nr. 28.
419 *BVerwG* v. 25.6.03 – 6 P 1.03 –, PersR 03, 361; hierzu u. zum Folgenden KfdP-*Altvater*, Rn. 10 m.w.N.
420 *BAG* v. 27.1.04 – 1 AZR 148/03 –, AP BetrVG 1972 § 112 Nr. 166.
421 *BAG* v. 21.9.89 – 1 AZR 454/88 –, AP BetrVG 1972 § 77 Nr. 43, u. v. 14.2.91 – 8 AZR 166/90 –, AP TVG § 3 Nr. 10.
422 *BAG* v. 16.9.86 – GS 1/82 –, AP BetrVG 1972 § 77 Nr. 17.
423 *BAG* v. 23.10.01 – 3 AZR 74/01 –, AP BetrAVG § 1 Ablösung Nr. 33.
424 *BAG* v. 18.3.03 – 3 AZR 101/72 –, AP BetrAVG § 1 Ablösung Nr. 41.

Dienstvereinbarungen § 73

Mit dem Abschluss der Dienstvereinbarung ist die Mitbestimmung des PR nach den einschlägigen Mitbestimmungstatbeständen abgegolten (vgl. Rn. 2). Maßnahmen, die in **Vollzug** einer Dienstvereinbarung vorgenommen werden, sind nicht mitbestimmungspflichtig.[425] Soll eine Dienstvereinbarung **abgeändert** werden, muss dies in gleicher Weise geschehen wie der Abschluss selbst. Die einseitige Abänderung ist somit unzulässig.[426] Sie kann auch nicht mittels einer vorläufigen Regelung i. S. d. § 69 Abs. 5 vorgenommen werden.[427]

10

Dienstvereinbarungen können nicht nur auf der Ebene der einzelnen (örtlichen) Dienststelle, sondern nach § 82 Abs. 4 i. V. m. § 73 Abs. 1 auch auf den Ebenen der **Gesamtdienststelle** sowie der **Mittelbehörde** und der **obersten Dienstbehörde** abgeschlossen werden, vorausgesetzt, dass dafür entsprechende Entscheidungszuständigkeiten des jeweiligen Dienststellenleiters und Beteiligungsbefugnisse der jeweiligen Personalvertretungen (GPR bzw. BPR oder HPR) bestehen.[428] Der **räumlich-sachliche Geltungsbereich** einer Dienstvereinbarung ist der Bereich, für den sie abgeschlossen ist. Bei Dienstvereinbarungen des PR ist das die Dienststelle, bei der er besteht, bei solchen des GPR, BPR oder HPR sind das – je nach Vereinbarung – alle oder zumindest mehrere Dienststellen, die zum Geschäftsbereich der Gesamtdienststelle, Mittelbehörde oder obersten Dienstbehörde gehören.

11

Nach § 73 Abs. 2 gehen Dienstvereinbarungen, die für einen **größeren Bereich** gelten, Dienstvereinbarungen für einen kleineren Bereich vor. Dieser **Vorrang** betrifft das Verhältnis von Dienstvereinbarungen des GPR zu Dienstvereinbarungen der PR im Bereich der Gesamtdienststelle, von Dienstvereinbarungen des BPR zu denen von PR und GPR im Bereich der Mittelbehörde und von Dienstvereinbarungen des HPR zu denen von PR, GPR und BPR im Bereich der obersten Dienstbehörde. Eine für einen größeren Bereich geltende Dienstvereinbarung ist aber nur dann vorrangig, wenn sie den **gleichen Gegenstand** regelt wie die Dienstvereinbarung für einen kleineren Bereich und wenn es sich dabei um eine positive Regelung (also nicht um die bloße Aufhebung einer Regelung) handelt. Dabei ist es unerheblich, ob die für den größeren Bereich geltende Dienstvereinbarung für die Beschäftigten **ungünstiger** ist als die Dienstvereinbarung für den kleineren Bereich. Dienstvereinbarungen für einen größeren Bereich können **Öffnungsklauseln** für ergänzende oder konkretisierende Dienstvereinbarungen für einen kleineren Bereich vorsehen. Außerdem können sie als **Rahmendienstvereinbarungen** abgeschlossen werden, die auf die Ausfüllung durch Dienstvereinbarungen für kleinere Bereiche angelegt sind.[429]

12

---

425 BVerwG v. 26. 3. 86 – 6 P 38.82 –, PersV 86, 510.
426 BVerwG v. 26. 3. 86, a. a. O.
427 Vgl. VG Hamburg v. 12. 1. 90 – 1 VG FB 15/89 –, PersR 90, 191.
428 BVerwG v. 20. 1. 93 – 6 P 21.90 –, PersR 93, 310.
429 Vgl. OVG Bln-Bbg v. 23. 4. 09 – 62 PV 4.07 –, PersR 09, 372.

§ 73 Dienstvereinbarungen

Eine Dienstvereinbarung, die zwischen einer übergeordneten Dienststelle mit der dortigen Stufenvertretung mit Wirkung für den gesamten Geschäftsbereich zustande gekommen ist, gilt im Falle der **Umorganisation** der Verwaltung fort, wenn die von der Dienstvereinbarung erfassten Dienststellen erhalten bleiben oder wenn der Dienststellenorganismus im Wesentlichen unverändert bleibt und so seine Identität wahrt.[430]

13 Der Dienststellenleiter ist nach § 74 Abs. 1 verpflichtet, rechtswirksam zustande gekommene Dienstvereinbarungen, soweit sie nicht ausnahmsweise durch vorrangige Dienstvereinbarungen verdrängt werden (vgl. Rn. 12), so **durchzuführen,** wie sie abgeschlossen worden sind (vgl. § 74 Rn. 2).[431] Der PR hat nach § 68 Abs. 1 Nr. 2 darüber zu wachen, dass die zugunsten der Beschäftigten geltenden Dienstvereinbarungen durchgeführt werden (vgl. § 68 Rn. 6 ff., 9). Er hat einen im personalvertretungsrechtlichen Beschlussverfahren durchsetzbaren Anspruch darauf, dass die Dienststelle die Dienstvereinbarung abredegemäß durchführt[432] und Maßnahmen unterlässt, die einer Dienstvereinbarung widersprechen.[433]

14 Die **Beendigung** von Dienstvereinbarungen ist im BPersVG nicht geregelt. Sie kann aus verschiedenen Gründen erfolgen, u. a. durch **Kündigung** (näher dazu Rn. 15), durch einen zwischen PR und Dienststellenleiter vereinbarten **Aufhebungsvertrag,** durch **Fristablauf** oder **Zweckerreichung** oder durch Abschluss einer **vorrangigen Dienstvereinbarung** für einen größeren Bereich (vgl. Rn. 12). Außerdem kann die Dienstvereinbarung jederzeit durch eine **neue Dienstvereinbarung** über denselben Gegenstand ersetzt werden, und zwar i. d. R. auch dann, wenn die neue (für die Zukunft geltende) Regelung ungünstiger als die alte sein sollte, weil im Verhältnis von jüngeren und älteren gleichrangigen Normen grundsätzlich die **Zeitkollisionsregel** gilt.[434] Grenzen dieses **Ablösungsprinzips** ergeben sich aber aus **höherrangigem Recht**, insb. aus den grundrechtlich geschützten Positionen der Beschäftigten und aus den durch das Rechtsstaatsprinzip verbürgten Grundsätzen der Verhältnismäßigkeit und des Vertrauensschutzes. Danach können bereits entstandene Ansprüche der Beschäftigten grundsätzlich nicht aufgehoben oder geschmälert werden.[435] Die Dienstvereinbarung endet grundsätzlich auch, wenn während ihrer Laufzeit

---

430 *BVerwG* v. 25. 6. 03 – 6 P 1.03 –, PersR 03, 361.
431 *BAG* v. 18. 1. 05 – 3 ABR 21/04 –, AP BetrVG 1972 § 77 Betriebsvereinbarung Nr. 24.
432 Vgl. zum Anspruch des Betriebsrats auf Durchführung der Betriebsvereinbarung *BAG* v. 18. 1. 05 – 3 ABR 21/04 –, AP BetrVG 1972 § 77 Betriebsvereinbarung Nr. 24.
433 *VGH BW* v. 17. 5. 88 – 15 S 1889/87 –, ZBR 89, 95, unter Hinw. auf *BAG* v. 10. 11. 87 – 1 ABR 55/86 –, AP BetrVG 1972 § 77 Nr. 24.
434 *BAG* v. 23. 5. 07 – 10 AZR 295/06 –, AP LPVG Hamburg § 83 Nr. 2.
435 Vgl. *BAG* v. 15. 11. 00 – 5 AZR 310/99 –, AP BetrVG 1972 § 77 Nr. 84, v. 28. 6. 05 – 1 AZR 213/04 –, AP BetrVG 1972 § 77 Betriebsvereinbarung Nr. 25, u. v. 10. 2. 09 – 3 AZR 653/07 –, AP BetrAVG § 1 Nr. 57, jew. m. w. N.

zum selben Gegenstand ein **Gesetz** oder ein **Tarifvertrag** (mit möglicherweise auch ungünstigerer Regelung) in Kraft tritt (vgl. Rn. 3). Etwas anderes kann ausnahmsweise dann gelten, wenn die gesetzliche oder tarifvertragliche Regelung nicht zwingend oder nicht abschließend ist (vgl. § 75 Rn. 75) oder wenn der Tarifvertrag eine Öffnungsklausel enthält (vgl. § 75 Rn. 163) oder wenn er davon ausgeht, dass bestehende Dienstvereinbarungen so lange fortgelten sollen, bis sie wirksam gekündigt worden sind.[436]

Enthält die Dienstvereinbarung eine Kündigungsregelung, kann sie entsprechend dieser Regelung **gekündigt** werden, insb. unter Einhaltung der vereinbarten **Frist**. Fehlt eine solche Bestimmung, kann sie grundsätzlich jederzeit ohne Einhaltung einer Frist vom PR oder vom Dienststellenleiter gekündigt werden,[437] ohne dass es dafür eines rechtfertigenden sachlichen Grundes bedarf.[438] Eine **fristlose** Kündigung aus wichtigem Grund ist bei vereinbarter Kündigungsfrist (oder Laufzeit) nur zulässig, wenn Gründe vorliegen, die unter Berücksichtigung aller Umstände und unter Abwägung der Interessen der Betroffenen (Dienstherr bzw. Arbeitgeber, PR und Beschäftigte) ein Festhalten an der Dienstvereinbarung bis zum Ablauf der Kündigungsfrist nicht zumutbar erscheinen lassen. Eine **Teilkündigung** kommt nur dann in Betracht, wenn sie in der Dienstvereinbarung ausdrücklich zugelassen ist oder wenn sie einen selbständigen Teilkomplex betrifft.[439] Die Kündigung einer Dienstvereinbarung bedarf, wenn nichts anderes vereinbart ist, keiner besonderen **Form**; sie muss aber unmissverständlich und eindeutig sein.[440] 15

Die Geltung der Dienstvereinbarung hängt grundsätzlich von der **Fortexistenz der Dienststelle** ab.[441] Mit deren **Untergang** enden grundsätzlich auch die für sie abgeschlossenen Dienstvereinbarungen. Ob und unter welchen Voraussetzungen dies auch dann gilt, wenn eine Eingliederung in eine andere Dienststelle oder eine Zusammenlegung mit einer anderen Dienststelle erfolgt oder wenn ein bisher nach § 6 Abs. 3 verselbständigter Dienststellenteil seine personalvertretungsrechtliche Selbständigkeit verliert, ist umstritten. In allen Fällen des Untergangs gelten aber diejenigen Dienstvereinbarungen weiter, die im Hinblick auf diesen Un- 16

---

436 *BAG* v. 11.1.83 – 3 AZR 433/80 –, AP BAT § 36 Nr. 5; *BVerwG* v. 25.1.85 – 6 P 7.84 –, PersR 87, 59.
437 *BAG* v. 5.5.88 – 6 AZR 521/85 –, PersR 89, 17.
438 *BAG* v. 17.8.04 – 3 AZR 189/03 –, NZA 05, 128 Os., u. v. 23.5.07 – 10 AZR 295/06 –, AP LPVG Hamburg § 83 Nr. 2; zum Vertrauensschutz bislang Begünstigter hinsichtlich des Fortbestands erworbener Anwartschaften auf betriebliche Altersversorgung vgl. *BAG* v. 11.5.99 – 3 AZR 21/98 – u. v. 19.9.06 – 1 ABR 58/05 –, AP BetrAVG § 1 Betriebsvereinbarung Nr. 6 u. 10.
439 Vgl. *BAG* v. 6.11.07 – 1 AZR 826/06 –, AP BetrVG 1972 § 77 Betriebsvereinbarung Nr. 35.
440 Vgl. *BAG* v. 19.2.08 – 1 AZR 114/07 –, AP BetrVG 1972 § 77 Betriebsvereinbarung Nr. 41.
441 *BVerwG* v. 25.6.03 – 6 P 1.03 –, PersR 03, 361.

§ 73 Dienstvereinbarungen

tergang abgeschlossen wurden oder die auch oder gerade in diesem Falle (noch) Bedeutung haben, insb. Dienstvereinbarungen über Sozialpläne.[442]

17 Ein **Wechsel des Rechtsträgers** der Dienststelle, der an ihrem Fortbestand nichts ändert, beendet die Dienstvereinbarungen dieser Dienststelle nicht.[443] Führt ein solcher Wechsel zu einem Übergang der Dienststelle vom Geltungsbereich des BPersVG in den eines **LPersVG**, gelten die Dienstvereinbarungen weiter, soweit sie auch nach diesem Gesetz zulässig sind. Besteht der Wechsel in einer **Privatisierung**, können die Dienstvereinbarungen im Hinblick auf ihre kollektivrechtliche Wesensverwandtschaft (vgl. Rn. 1, 8) als Betriebsvereinbarungen i. S. d. BetrVG fortbestehen. Der Bund hat in jüngerer Zeit wiederholt **spezialgesetzliche Regelungen** getroffen, in denen die teils befristete, teils unbefristete Weitergeltung von Dienstvereinbarungen als Betriebsvereinbarungen festgelegt worden ist (z. B. § 8 BwKoopG; vgl. dazu Anh. V C).[444]

18 Dienstvereinbarungen enden nicht dadurch, dass ein **Wechsel des Dienststellenleiters** oder eine **Neuwahl des PR** stattfindet. Das gilt auch bei einem kurz- oder längerfristigen **Wegfall des PR** sowie bei einem **Verlust der PR-Fähigkeit** der Dienststelle.[445] Ist in diesen Fällen nicht nur vorübergehend kein PR vorhanden, kann der Dienststellenleiter eine von ihm für erforderlich gehaltene Kündigung einer Dienstvereinbarung allen betroffenen Beschäftigten der Dienststelle gegenüber erklären. Auch ein **Wegfall der Entscheidungsbefugnis** des Dienststellenleiters ist für den Fortbestand einer Dienstvereinbarung unerheblich.

19 Das BPersVG enthält keine mit § 77 Abs. 6 BetrVG vergleichbare Bestimmung, wonach nach Ablauf einer Dienstvereinbarung deren normative Regelungen weitergelten, bis sie durch eine andere Abmachung ersetzt werden. Es ist deshalb streitig, ob eine beendete Dienstvereinbarung (unabhängig von einer entsprechenden Vereinbarung der Parteien) eine derartige (der Regelung des § 4 Abs. 5 TVG vergleichbare) **Nachwirkung** entfalten kann.[446] Eine Nachwirkung ist zumindest für normative Regelungen in den Angelegenheiten zu bejahen, in denen der PR ein uneingeschränktes Initiativrecht nach § 70 Abs. 1 hat, weil der Dienststellenleiter andernfalls die Wirkung einer gegen seinen Willen zustande gekommenen Dienstvereinbarung einseitig beseitigen könnte.[447] Sie ist aber dann ausgeschlossen, wenn der Regelungsgegenstand nicht mehr der Regelungsbefugnis der Dienstvereinbarungsparteien unterliegt.[448] In anderen, nicht von § 70 Abs. 1 erfassten Angelegenheiten können die Parteien einer

---

442 Vgl. KfdP-*Altvater*, Rn. 18 m. N.
443 *BVerwG* v. 25. 6. 03, a. a. O.
444 Ferner KfdP-*Altvater*, Rn. 19 f. m. w. N.
445 Jew. str.; KfdP-*Altvater*, Rn. 21 m. N.
446 Näher hierzu KfdP-*Altvater*, Rn. 22 m. N.
447 *BAG* v. 5. 5. 88 – 6 AZR 521/85 –, PersR 89, 17.
448 *BAG* v. 5. 5. 88, a. a. O.

Dienstvereinbarung die Nachwirkung aller oder eines Teils ihrer Normen vereinbaren.[449]

§ 74 [Durchführung von Entscheidungen]

(1) Entscheidungen, an denen der Personalrat beteiligt war, führt die Dienststelle durch, es sei denn, daß im Einzelfall etwas anderes vereinbart ist.

(2) Der Personalrat darf nicht durch einseitige Handlungen in den Dienstbetrieb eingreifen.

(Abs. 1) Dem **Leiter der Dienststelle** obliegt die verantwortliche Leitung 1 des gesamten Dienstbetriebs. Als Repräsentant des Diensttherrn und öffentlichen Arbeitgebers steht ihm in der Dienststelle das **Direktionsrecht** zu (vgl. § 7 Rn. 1). Die Beteiligungsrechte des PR schränken seine Entscheidungsfreiheit zwar ein. Die Durchführung von Maßnahmen ist aber auch nach erfolgter Beteiligung des PR allein seine Sache. Auch wenn eine Maßnahme die Zustimmung des PR erhalten hat, bleibt sie eine Entscheidung des Dienststellenleiters, für die er auch die Verantwortung zu tragen hat. Das Mitbestimmungsrecht bedeutet **kein Mitdirektionsrecht**. Nur im Einzelfall und nach ausdrücklicher Vereinbarung kann die Durchführung einer Entscheidung dem PR übertragen werden (vgl. Rn. 4).

Hat der PR einer vom Dienststellenleiter beabsichtigten mitbestimmungs- 2 pflichtigen Maßnahme zugestimmt, ist dieser nunmehr berechtigt, sie durchzuführen. Der PR hat aber keinen Anspruch darauf, dass dies geschieht.[450] Anders verhält es sich, wenn der Dienststellenleiter, eine übergeordnete Dienststelle oder das zuständige Organ des Rechtsträgers der Dienststelle eine vom PR nach § 68 Abs. 1 Nr. 1 oder § 70 vorgeschlagene Maßnahme zugesagt oder wenn die Einigungsstelle eine solche Maßnahme mit bindender Wirkung für die Beteiligten beschlossen hat (§ 70 Abs. 1 i. V. m. § 69 Abs. 4 und § 71 Abs. 4 S. 2). In einem derartigen Fall besteht eine **Durchführungspflicht des Dienststellenleiters**, soweit sich an der zugrunde liegenden Sachlage nichts geändert hat.[451]

Abs. 1 gilt nicht für den Vollzug von Entscheidungen, die nach dem Gesetz 3 in die **alleinige Zuständigkeit des PR** oder seines Vorsitzenden fallen. Dazu gehören u. a. die Einberufung und Durchführung von PR-Sitzungen (§ 34) und von Personalversammlungen (§§ 48 bis 52) sowie die Bekannt-

---

449 Vgl. *BAG* v. 28. 4. 98 – 1 ABR 43/97 –, AP BetrVG 1972 § 77 Nachwirkung Nr. 11.
450 *BVerwG* v. 15. 11. 95 – 6 P 2.94 –, PersR 96, 278.
451 *HmbOVG* v. 5. 4. 82 – OVG Bs PB 12/81 –, PersV 84, 245; vgl. auch *BVerwG* v. 25. 10. 83 – 6 P 22.82 –, PersV 85, 434, u. v. 1. 11. 84 – 6 P 28.82 –, PersR 85, 473.

§ 75 Angelegenheiten der uneingeschränkten Mitbestimmung

machungen am »Schwarzen Brett« (§ 44 Abs. 3) und die Herausgabe von Informationsschriften (vgl. § 44 Rn. 36).

4 Nach Abs. 1 Hs. 2 kann im Einzelfall vereinbart werden, dass der PR Entscheidungen durchführt, an denen er beteiligt war. Derartige **abweichende Vereinbarungen** sind zwischen Dienststellenleiter und PR abzuschließen. Da sie nur »im Einzelfall« geschlossen werden können, haben sie Ausnahmecharakter und können die Durchführungskompetenz **nicht generell** auf den PR übertragen. Die **Gegenstände** einer abweichenden Vereinbarung legt das Gesetz nicht fest. In Betracht kommen v. a. soziale Angelegenheiten i. w. S., insb. bei der Verwaltung von Sozialeinrichtungen (§ 75 Abs. 3 Nr. 5), bei Maßnahmen zur Eingliederung bestimmter Personengruppen (§ 68 Abs. 1 Nr. 4 u. 6) sowie bei der Umsetzung von nach § 68 Abs. 1 Nr. 1 beantragten Maßnahmen, zu denen auch betriebliche Gemeinschaftsveranstaltungen gehören können. Die **Verantwortung** des Dienststellenleiters und die daran ggf. anknüpfende Haftung des Rechtsträgers der Dienststelle werden durch eine Vereinbarung nach Abs. 1 Hs. 2 nicht aufgehoben.

5 **(Abs. 2)** Abs. 2 stellt klar, dass (ohne Einverständnis des Dienststellenleiters erfolgende) **einseitige Eingriffe** des PR in den Dienstbetrieb nicht zulässig sind. In den Dienstbetrieb greift der PR in unzulässiger Weise dann ein, wenn er Weisungen erteilt, die dem Dienststellenleiter in Ausübung seiner Funktion als Repräsentant des Arbeitgebers bzw. Dienstherrn zustehen. Abs. 2 gilt nicht für **Amtshandlungen des PR** (vgl. Rn. 3). Unzulässig wäre es aber z. B., eine außerordentliche Personalversammlung i. S. d. § 50 Abs. 2 ohne Einvernehmen mit dem Dienststellenleiter während der Arbeitszeit durchzuführen. Ein Eingriff in den Dienstbetrieb liegt nicht vor, wenn der PR die Beschäftigten über vom Dienststellenleiter zu treffende Maßnahmen lediglich unterrichtet oder wenn er über Abschluss und Inhalt einer nach § 73 Abs. 1 vom Dienststellenleiter bekannt zu machenden Dienstvereinbarung informiert.

Dritter Abschnitt
Angelegenheiten, in denen der Personalrat zu beteiligen ist

§ 75 [Angelegenheiten der uneingeschränkten Mitbestimmung]

(1) Der Personalrat hat mitzubestimmen in Personalangelegenheiten der Arbeitnehmer bei

1. **Einstellung,**

2. **Übertragung einer höher oder niedriger zu bewertenden Tätigkeit, Höher- oder Rückgruppierung, Eingruppierung,**

3. **Versetzung zu einer anderen Dienststelle, Umsetzung inner-**

Angelegenheiten der uneingeschränkten Mitbestimmung § 75

halb der Dienststelle, wenn sie mit einem Wechsel des Dienstortes verbunden ist (das Einzugsgebiet im Sinne des Umzugskostenrechts gehört zum Dienstort),

4. Abordnung für eine Dauer von mehr als drei Monaten,

4 a. Zuweisung entsprechend § 29 des Bundesbeamtengesetzes für die Dauer von mehr als drei Monaten,

5. Weiterbeschäftigung über die Altersgrenze hinaus,

6. Anordnungen, welche die Freiheit in der Wahl der Wohnung beschränken,

7. Versagung oder Widerruf der Genehmigung einer Nebentätigkeit.

(2) [1]Der Personalrat hat mitzubestimmen in sozialen Angelegenheiten bei

1. Gewährung von Unterstützungen, Vorschüssen, Darlehen und entsprechenden sozialen Zuwendungen,

2. Zuweisung und Kündigung von Wohnungen, über die die Dienststelle verfügt, sowie der allgemeinen Festsetzung der Nutzungsbedingungen,

3. Zuweisung von Dienst- und Pachtland und Festsetzung der Nutzungsbedingungen.

[2]Hat ein Beschäftigter eine Leistung nach Nummer 1 beantragt, wird der Personalrat nur auf seinen Antrag beteiligt; auf Verlangen des Antragstellers bestimmt nur der Vorstand des Personalrates mit. [3]Die Dienststelle hat dem Personalrat nach Abschluß jedes Kalendervierteljahres einen Überblick über die Unterstützungen und entsprechenden sozialen Zuwendungen zu geben. [4]Dabei sind die Anträge und die Leistungen gegenüberzustellen. [5]Auskunft über die von den Antragstellern angeführten Gründe wird hierbei nicht erteilt.

(3) Der Personalrat hat, soweit eine gesetzliche oder tarifliche Regelung nicht besteht, gegebenenfalls durch Abschluß von Dienstvereinbarungen mitzubestimmen über

1. Beginn und Ende der täglichen Arbeitszeit und der Pausen sowie die Verteilung der Arbeitszeit auf die einzelnen Wochentage,

2. Zeit, Ort und Art der Auszahlung der Dienstbezüge und Arbeitsentgelte,

3. Aufstellung des Urlaubsplanes, Festsetzung der zeitlichen Lage des Erholungsurlaubs für einzelne Beschäftigte, wenn zwischen dem Dienststellenleiter und den beteiligten Beschäftigten kein Einverständnis erzielt wird,

§ 75 Angelegenheiten der uneingeschränkten Mitbestimmung

4. Fragen der Lohngestaltung innerhalb der Dienststelle, insbesondere die Aufstellung von Entlohnungsgrundsätzen, die Einführung und Anwendung von neuen Entlohnungsmethoden und deren Änderung sowie die Festsetzung der Akkord- und Prämiensätze und vergleichbarer leistungsbezogener Entgelte, einschließlich der Geldfaktoren,

5. Errichtung, Verwaltung und Auflösung von Sozialeinrichtungen ohne Rücksicht auf ihre Rechtsform,

6. Durchführung der Berufsausbildung bei Arbeitnehmern,

7. Auswahl der Teilnehmer an Fortbildungsveranstaltungen für Arbeitnehmer,

8. Inhalt von Personalfragebogen für Arbeitnehmer,

9. Beurteilungsrichtlinien für Arbeitnehmer,

10. Bestellung von Vertrauens- oder Betriebsärzten als Arbeitnehmer,

11. Maßnahmen zur Verhütung von Dienst- und Arbeitsunfällen und sonstigen Gesundheitsschädigungen,

12. Grundsätze über die Bewertung von anerkannten Vorschlägen im Rahmen des betrieblichen Vorschlagwesens,

13. Aufstellung von Sozialplänen einschließlich Plänen für Umschulungen zum Ausgleich oder zur Milderung von wirtschaftlichen Nachteilen, die dem Beschäftigten infolge von Rationalisierungsmaßnahmen entstehen,

14. Absehen von der Ausschreibung von Dienstposten, die besetzt werden sollen,

15. Regelung der Ordnung in der Dienststelle und des Verhaltens der Beschäftigten,

16. Gestaltung der Arbeitsplätze,

17. Einführung und Anwendung technischer Einrichtungen, die dazu bestimmt sind, das Verhalten oder die Leistung der Beschäftigten zu überwachen.

(4) Muß für Gruppen von Beschäftigten die tägliche Arbeitszeit (Absatz 3 Nr. 1) nach Erfordernissen, die die Dienststelle nicht voraussehen kann, unregelmäßig und kurzfristig festgesetzt werden, so beschränkt sich die Mitbestimmung auf die Grundsätze für die Aufstellung der Dienstpläne, insbesondere für die Anordnung von Dienstbereitschaft, Mehrarbeit und Überstunden.

(5) [1]Arbeitsentgelte und sonstige Arbeitsbedingungen, die durch Tarifvertrag geregelt sind oder üblicherweise geregelt werden, können nicht Gegenstand einer Dienstvereinbarung (Absatz 3) sein.

Angelegenheiten der uneingeschränkten Mitbestimmung § 75

²Dies gilt nicht, wenn ein Tarifvertrag den Abschluß ergänzender Dienstvereinbarungen ausdrücklich zuläßt.

In § 75 sind die **Angelegenheiten** aufgeführt, für die das Gesetz die **1** **uneingeschränkte Mitbestimmung** des PR vorsieht (vgl. aber Rn. 2). Bei ihnen trifft die Einigungsstelle, wenn sie im Nichteinigungsfall angerufen wird, nach § 69 Abs. 4 S. 1 i. V. m. § 71 Abs. 4 S. 2 eine abschließende, die Beteiligten bindende Entscheidung (vgl. § 69 Rn. 2 u. 39). In **Abs. 1** sind »Personalangelegenheiten der Arbeitnehmer« aufgeführt (vgl. Rn. 7–55), in **Abs. 2** »soziale Angelegenheiten« (vgl. Rn. 56–68) und in **Abs. 3** sonstige Angelegenheiten, für die das Gesetz keinen Oberbegriff verwendet (vgl. Rn. 69–158). Die sozialen Angelegenheiten und die sonstigen Angelegenheiten beziehen sich auf alle Beschäftigten, ausgenommen die Fälle der Nrn. 6 bis 9 des Abs. 3, die nur Arbeitnehmer betreffen (vgl. Rn. 107, 110, 113, 116). **Abs. 4** enthält eine die Nr. 1 des Abs. 3 modifizierende Sonderregelung für die Mitbestimmung des PR in Fragen der Arbeitszeit (vgl. Rn. 159f.). **Abs. 5** trifft eine den § 73 und die Eingangssätze des § 75 Abs. 3 und des § 76 Abs. 2 ergänzende Regelung über die Zulässigkeit von Dienstvereinbarungen (vgl. Rn. 161–163).

Nach der neueren Rspr. des *BVerwG*[452] soll dem PR aufgrund verfassungs- **2** konformer Auslegung des Gesetzes in Personalangelegenheiten der Arbeitnehmer nur die **eingeschränkte Mitbestimmung** zustehen, die der Gesetzestext nur in den Angelegenheiten des § 76, des § 85 Abs. 1 Nr. 7 und des § 90 Nr. 7 Buchst. c vorsieht (vgl. § 69 Rn. 39). Bei diesen Angelegenheiten kann die im Nichteinigungsfall angerufene Einigungsstelle – wenn sie sich nicht der Auffassung der obersten Dienstbehörde anschließt – nicht die Letztentscheidung treffen, sondern nach § 69 Abs. 4 S. 3 lediglich eine Empfehlung an die oberste Dienstbehörde aussprechen, die sodann nach § 69 Abs. 4 S. 4 endgültig entscheidet (vgl. § 69 Rn. 2 u. 40). Eine entsprechende Entscheidung hat das *BVerwG* inzwischen auch zu Abs. 3 Nr. 14 getroffen[453] (vgl. Rn. 137b). Es ist zu erwarten, dass das *BVerwG* ggf. auch für die Fälle der Nrn. 10 und 17 des Abs. 3 entscheiden wird, dass dem PR insoweit entgegen dem Gesetzestext nur die eingeschränkte Mitbestimmung zusteht.

Nach dem Gesetzestext hat der PR in den sonstigen Angelegenheiten des **3** Abs. 3 Nr. 1 bis 6 und 11 bis 17 das **uneingeschränkte Initiativrecht** nach § 70 Abs. 1 (vgl. § 70 Rn. 6–11). In den Personalangelegenheiten des Abs. 1, den sozialen Angelegenheiten des Abs. 2 und den sonstigen Angelegenheiten des Abs. 3 Nr. 7 bis 10 hat er das **eingeschränkte Initiativrecht** nach § 70 Abs. 2 (vgl. § 70 Rn. 12–15). Aufgrund der neueren Rspr. zur verfassungskonformen Auslegung der Vorschriften über die Mit-

---

452 Beschl. v. 18.6.02 – 6 P 12.01 – u. v. 30.3.09 – 6 PB 29.08 –, PersR 02, 467, u. 09, 332.
453 Beschl. v. 14.1.10 – 6 P 10.09 –, PersR 10, 322.

§ 75 Personalangelegenheiten der Arbeitnehmer (Abs. 1)

bestimmung ist davon auszugehen, dass das *BVerwG* das dem PR in § 70 Abs. 1 eingeräumte Initiativrecht in den Fällen von Abs. 3 Nr. 14 und 17 ggf. dadurch beschneidet wird, dass es der Einigungsstelle analog § 69 Abs. 4 S. 3 und 4 nur eine **eingeschränkte Beschlusskompetenz** zugestehen wird (vgl. Rn. § 70 Rn. 11).

4 Für **besondere Personengruppen und Verwaltungszweige** sieht das Gesetz in § 77 Abs. 1, § 85 Abs. 1 Nr. 6, § 86 Nr. 9, § 90 Nr. 7 Buchst. a und b sowie § 92 Nr. 2 vor, dass die **Mitbestimmung** in Angelegenheiten des § 75 **eingeschränkt oder ganz ausgeschlossen** ist (vgl. § 77 Rn. 1 ff., § 85 Rn. 9, § 86 Rn. 10, § 90 Rn. 19 ff. u. § 92 Rn. 7).

5 Beabsichtigt der Dienststellenleiter eine Maßnahme, bei der der PR nach § 75 mitzubestimmen hat, richtet sich das **Mitbestimmungsverfahren** nach den Vorschriften des § 69. Eine solche Maßnahme darf der Dienststellenleiter erst durchführen, nachdem das Mitbestimmungsverfahren vollständig und ordnungsgemäß durchlaufen und **abgeschlossen** ist (vgl. § 69 Rn. 4 ff.). Hinsichtlich des Verfahrensabschlusses ist zwischen uneingeschränkter und eingeschränkter Mitbestimmung zu unterscheiden (vgl. § 69 Rn. 2). Unter den Voraussetzungen des § 69 Abs. 5 sind ausnahmsweise **vorläufige Regelungen** zulässig (vgl. § 69 Rn. 41 ff.). Zu den Rechtsfolgen einer **Verletzung des Mitbestimmungsrechts** vgl. § 69 Rn. 47 ff.

6 Erfüllt eine beabsichtigte Maßnahme **mehrere verschiedene Tatbestände** der Mitbestimmung oder der sonstigen Beteiligung, so bestehen die damit verknüpften Beteiligungsrechte grundsätzlich nebeneinander (näher dazu vor § 66 Rn. 12).

7 **(Abs. 1)** Nach Abs. 1 hat der PR mitzubestimmen in **Personalangelegenheiten der Arbeitnehmer** (bis zur Änderung des einleitenden Satzteils durch Gesetz v. 14.9.05[454] in Personalangelegenheiten der »Angestellten und Arbeiter«). Der in Abs. 1 enthaltene **Katalog** der mitbestimmungspflichtigen Personalangelegenheiten der Arbeitnehmer ist abschließend. Die **ordentliche Kündigung** des Arbeitsverhältnisses durch den Arbeitgeber unterliegt nach § 79 Abs. 1 der Mitwirkung des PR, die **außerordentliche Kündigung** unterliegt nach § 79 Abs. 3 seiner Anhörung (vgl. § 79 Rn. 8 ff. bzw. 36 ff.).

8 Die in den Mitbestimmungstatbeständen verwendeten Begriffe stammen aus im Allgemeinen aus dem **Arbeitsrecht** und haben i.d.R. einen damit übereinstimmenden Inhalt[455] (vgl. vor § 66 Rn. 3).

9 **Arbeitnehmer** i. S. d. BPersVG sind jene Beschäftigten, die nach § 5 S. 1 i. V. m. der Begriffsbestimmung des § 4 Abs. 3 die Gruppe der Arbeitnehmer bilden (vgl. § 4 Rn. 6 ff.). Ihre tatsächliche **Zugehörigkeit zur Dienststelle** ist keine ungeschriebene systemimmanente Voraussetzung

---

454 BGBl. I S. 2746.
455 Vgl. *BVerwG* v. 28.5.02 – 6 P 9.01 – u. v. 12.9.02 – 6 P 11.01 –, PersR 02, 340, u. 03, 39.

der Mitbestimmung in Personalangelegenheiten.[456] Die Mitbestimmung nach Abs. 1 greift auch bei Maßnahmen ein, durch welche (z. B. bei der Einstellung i. S. d. Abs. 1 Nr. 1) eine **Dienststellenzugehörigkeit erst begründet** wird, sowie bei Maßnahmen, von denen **ehemalige Dienststellenangehörige** betroffen sind, wenn die Bindungen zur Dienststelle fortbestehen und der Schutzzweck der Beteiligung das Tätigwerden des PR erfordert.[457] Das ist z. b. bei Arbeitnehmern der Fall, die für längere Zeit ohne Fortzahlung des Arbeitsentgelts beurlaubt sind[458] oder die aufgrund einer Personalgestellung nach § 4 Abs. 3 TVöD auf Dauer bei einem privaten Arbeitgeber beschäftigt werden.[459] Außerdem kommt die Mitbestimmung nach Abs. 1 Nr. 1 auch dann in Betracht, wenn eine einzustellende Person durch die **Einstellung** nicht die Eigenschaft eines Arbeitnehmers i. S. d. § 4 Abs. 3 erlangt (vgl. Rn. 12).

Die mitbestimmungspflichtigen Personalangelegenheiten der **Beamten** sind in § 76 Abs. 1 aufgeführt. Die **DO-Angestellten** bei Sozialversicherungsträgern sind nicht Beamte, sondern Arbeitnehmer i. S. d. BPersVG (vgl. § 4 Rn. 8). Deshalb hat der PR in ihren Personalangelegenheiten nach § 75 Abs. 1 mitzubestimmen. Da die Dienstordnung, die das privatrechtlich begründete Arbeitsverhältnis der DO-Angestellten gestaltet, sich an das Beamtenrecht anlehnt oder darauf verweist, kommen bei ihnen aber Angelegenheiten vor, die sich nur bei den für Beamte vorgesehenen Mitbestimmungstatbeständen finden. Um insoweit Lücken in der Interessenvertretung zu vermeiden, ist es sachgerecht, die in § 76 Abs. 1 für Beamte vorgesehenen Tatbestände auf DO-Angestellte entsprechend anzuwenden, wenn das Gesetz keine vergleichbaren Tatbestände für Arbeitnehmer enthält.[460]

10

Handelt es sich bei den Personalangelegenheiten i. S. v. § 75 Abs. 1 um **personelle Folgemaßnahmen organisatorischer Entscheidungen**, so führen **schwächere Beteiligungsformen »im Vorfeld«** nicht dazu, dass die Mitbestimmung bei den späteren personellen Einzelmaßnahmen verdrängt wird.[461]

10a

Personalangelegenheiten der Arbeitnehmer i. S. d. Abs. 1 sind **Gruppenangelegenheiten**. Gem. § 38 Abs. 2 S. 1 sind deshalb nur die Vertreter der Gruppe der Arbeitnehmer zur Beschlussfassung über die Erteilung oder Verweigerung der Zustimmung des PR berufen (vgl. § 38 Rn. 5 ff.). Der PR kann eine **Zustimmungsverweigerung** nur auf die in § 77 Abs. 2 genannten Gründe stützen (vgl. § 69 Rn. 25 ff., § 77 Rn. 11 ff.). Bei der

11

---

456 So BVerwG v. 15. 11. 06 – 6 P 1.06 –, PersR 07, 119.
457 BVerwG v. 15. 11. 06, a. a. O., u. v. 10. 1. 08 – 6 P 5.07 –, Buchh 251.4 § 88 Nr. 3.
458 BVerwG v. 15. 11. 06, a. a. O.
459 OVG NW v. 23. 3. 10 – 16 A 2423/08.PVL –, PersR 10, 358.
460 Str.; vgl. KfdP-*Altvater*, Rn. 10 m. N.
461 BVerwG v. 21. 3. 07 – 6 P 4.06 – u. v. 30. 3. 09 – 6 PB 29.08 –, PersR 07, 301, u. 09, 332.

§ 75 Einstellung (Abs. 1 Nr. 1)

Ausübung seines Mitbestimmungsrechts hat er i. d. R. sowohl die **individuellen Interessen** der unmittelbar betroffenen Arbeitnehmer als auch die **kollektiven Interessen** der Beschäftigten der Dienststelle insgesamt zu wahren und zu schützen und die verschiedenen, möglicherweise widerstreitenden Interessen gegeneinander abzuwägen.

12 (Abs. 1 Nr. 1) Die Mitbestimmung bei der **Einstellung** bezieht sich nach der Rspr. des *BVerwG* auf die einzustellende Person, auf die von ihr auszuübenden Tätigkeiten und auf die mit der Übertragung der Tätigkeiten verbundene Eingruppierung[462] (vgl. Rn. 20, 23, 27). Dabei sollen in erster Linie die kollektiven Interessen der in der Dienststelle bereits tätigen Beschäftigten gewahrt werden.[463] Im Hinblick darauf ist es unerheblich, ob die einzustellende Person durch die Einstellung die Eigenschaft eines Arbeitnehmers i. S. d. § 4 Abs. 3 und damit eines Beschäftigten i. S. d. § 4 Abs. 1 erlangt.[464] Unter Einstellung ist nach h. M. grundsätzlich die **Eingliederung** eines Arbeitnehmers in die Dienststelle zu verstehen, die regelmäßig durch den Abschluss des Arbeitsvertrages (oder Ausbildungsvertrages) und die tatsächliche Aufnahme der vorgesehenen Tätigkeit (Arbeit oder Ausbildung) bewirkt wird.[465] Die Einstellung setzt nicht notwendig einen rechtswirksamen Arbeitsvertrag (bzw. Ausbildungsvertrag) zwischen dem Arbeitgeber und dem neuen Arbeitnehmer voraus.[466] Ein solcher Vertrag kann fehlen, weil er zwar gewollt war, jedoch wegen rechtlicher Mängel (Nichtigkeit oder Anfechtbarkeit) fehlerhaft ist und damit rechtunwirksam ist oder werden kann.[467]

13 Auf die **Art des Arbeitsverhältnisses** kommt es bei der Einstellung nicht an. Neben dem »**Normalarbeitsverhältnis**« eines unbefristet eingestellten vollzeitbeschäftigten Arbeitnehmers mit fester Arbeitszeit in einer Betriebsstätte kommen alle **Sonderformen** des Arbeitsverhältnisses in Betracht: namentlich das befristete, Probe-, Aushilfs-, Teilzeit-, flexible Teilzeit- und Telearbeitsverhältnis, das Arbeitsverhältnis einer Abrufkraft oder aufgrund eines Rahmenvertrages,[468] das Arbeitsverhältnis aufgrund einer Arbeitsbeschaffungsmaßnahme (vgl. § 4 Rn. 9); ferner das **Ausbildungsverhältnis** eines Auszubildenden nach dem Berufsbildungsgesetz, dem Krankenpflegegesetz oder dem Hebammengesetz oder einem vergleichbaren Spezialgesetz für einen nichtakademischen Gesundheitsfachberuf sowie das vergleichbare Rechtsverhältnis eines Umschülers, Anlernlings, Volon-

---

462 Beschl. v. 30. 9. 83 – 6 P 4.82 –, PersV 85, 167.
463 *BVerwG* v. 3. 2. 93 – 6 P 28.91 –, PersR 93, 260, u. v. 22. 10. 07 – 6 P 1.07 –, PersR 08, 23.
464 *BVerwG* v. 6. 9. 95 – 6 P 9.93 –, PersR 96, 118, sowie v. 21. 3. 07 – 6 P 4.06 – u. – 6 P 8.06 –, PersR 07, 301 u. 309.
465 Vgl. *BVerwG* v. 22. 6. 01 – 6 P 11.00 –, PersR 01, 422, sowie v. 21. 3. 07 u. v. 22. 10. 07 –, jew. a. a. O.
466 Vgl. *BVerwG* v. 27. 11. 91 – 6 P 15.90 –, PersR 92, 198.
467 Vgl. *BVerwG* v. 20. 5. 92 – 6 P 4.90 –, PersR 92, 405.
468 Vgl. *BAG* v. 28. 4. 92 – 1 ABR 73/91 –, AP BetrVG 1972 § 99 Nr. 98.

Einstellung (Abs. 1 Nr. 1) § 75

tärs oder Praktikanten (vgl. § 4 Rn. 13). Nach abzulehnender Rspr. des *BVerwG* soll die für eine Einstellung erforderliche **tatsächliche Eingliederung** jedoch nicht vorliegen, wenn Aushilfstätigkeiten ausgeübt werden sollen, die zu keiner betrieblichen oder sozialen Bindung an die Dienststelle führen, weil sie bloß vorübergehend und von nur geringfügiger Dauer sind und nicht über zwei Monate hinausgehen.[469]

Es kann auch sein, dass die **Rechtsbeziehungen** zwischen dem Träger der Dienststelle und der einzustellenden Person nicht dem Muster eines vollständigen zweiseitigen Arbeitsvertrages entsprechen. Nach der Rspr. des *BVerwG* setzt allerdings jede Einstellung und jede Eingliederung einen **Mindestbestand** an arbeitsvertraglichen oder sonstigen Rechtsbeziehungen voraus, die arbeitsrechtlich bedeutsam sind.[470] Dieser Mindestbestand kann bei einer **Arbeitnehmerüberlassung** auch auf der Grundlage mehrseitiger Rechtsbeziehungen gegeben sein, wenn auch die aufnehmende Dienststelle und der aufzunehmende Arbeitnehmer daran beteiligt sind und wenn in ihrem Verhältnis zueinander diejenigen arbeitsvertraglichen Rechte und Pflichten bestehen, die das Bild der Eingliederung prägen. Das sind insb. ein **Weisungsrecht** der aufnehmenden Dienststelle, verbunden mit entsprechenden **Schutzpflichten**, sowie eine **Weisungsgebundenheit** des aufzunehmenden Arbeitnehmers, verbunden mit entsprechenden **Schutzrechten**. Derartige Rechtsbeziehungen sind im Falle der Aufnahme eines **Leiharbeitnehmers** in die entleihende Dienststelle zu bejahen,[471] und zwar unabhängig davon, ob der Einsatz im Rahmen eines unechten oder echten Leiharbeitsverhältnisses erfolgt (vgl. § 4 Rn. 10). **§ 14 Abs. 3 S. 1 i. V. m. Abs. 4 AÜG** sieht ausdrücklich vor, dass der PR bei der Einstellung eines unechten Leiharbeitnehmers nach der dem § 99 BetrVG entsprechenden Vorschrift des § 75 Abs. 1 Nr. 1 BPersVG zu beteiligen ist, d. h. mitzubestimmen hat (näher dazu Rn. 18 a).

14

Bei sonstigem **Einsatz von Fremdpersonal** gilt nach der Rspr. des *BVerwG* Folgendes: Wird ein bei einer Drittfirma angestellter Arbeitnehmer nicht auf der Grundlage eines vom Träger der Dienststelle mit der Drittfirma abgeschlossenen Werk- oder Dienstvertrages als Erfüllungsgehilfe tätig, der dabei den Weisungen der Drittfirma unterliegt, sondern wird er von der Dienststelle ihren Vorstellungen und Zielen gemäß wie ein eigener Arbeitnehmer eingesetzt, indem sie die Zeit, den Ort und die Art der zu verrichtenden Tätigkeit bestimmt, so liegt ein **Arbeitnehmerüberlassungsvertrag** und damit eine Einstellung vor.[472] Der **Einsatz von Per-**

15

---

469 Beschl. v. 27.11.91 – 6 P 15.90 –, PersR 92, 198, v. 25.9.95 – 6 P 44.93 –, PersR 96, 147, u. v. 23.3.99 – 6 P 10.97 –, PersR 99, 396; vgl. KfdP-*Altvater*, Rn. 23.
470 Beschl. v. 20.5.92 – 6 P 4.90 –, PersR 92, 405, v. 15.3.94 – 6 P 24.92 –, PersR 94, 288, u. v. 27.8.97 – 6 P 7.95 –, PersR 98, 22.
471 *BVerwG* v. 20.5.92, a.a.O., u. v. 4.9.95 – 6 P 32.93 –, PersR 95, 525.
472 *BVerwG* v. 6.9.95 – 6 P 9.93 – u. v. 8.1.03 – 6 P 8.02 –, PersR 96, 118, u. 04, 148.

§ 75 Einstellung (Abs. 1 Nr. 1)

sonen aufgrund eines Gestellungsvertrages ist dann eine Einstellung, wenn die gestellten Personen so in die Dienststelle eingegliedert sind, dass diese aufgrund des Gestellungsvertrages ihnen gegenüber die für ein Arbeitsverhältnis typischen Weisungsbefugnisse bezüglich des Arbeitseinsatzes nach Art, Zeit und Ort hat,[473] wobei es unerheblich ist, dass die gestellten Personen (mit Ausnahme der Gastschwestern des DRK) nach h. M. (vgl. § 4 Rn. 14) keine Arbeitnehmer i. S. d. allgemeinen Arbeitsrechts sind.[474]

16 Auch die Eingliederung **anderer Personen** als der bisher genannten ist als Einstellung anzusehen, wenn diese nach den für ein Arbeitsverhältnis typischen Weisungen von der Dienststelle wie eigene Arbeitnehmer eingesetzt werden. Das gilt z. B. für den Einsatz einer **ehrenamtlich** tätigen Person,[475] aber auch von **Freiwilligen im Bundesfreiwilligendienst** (vgl. § 4 Rn. 14). Gegenstand der Mitbestimmung ist bei Letzterem der dem Bundesamt für Familie und zivilgesellschaftliche Aufgaben vorzulegende gemeinsame Vorschlag der Dienststelle und des Freiwilligen für den Abschluss der in § 8 BDFG vorgesehenen Vereinbarung zwischen dem Bund und dem Freiwilligen.[476]

17 Auch der aufgrund des § 16 d S. 2 SGB II (vor dem 1.1.09: § 16 Abs. 3 SGB II) erfolgende Einsatz »erwerbsfähiger Leistungsberechtigter« (vor dem 1.4.12: »erwerbsfähiger Hilfebedürftiger«) zur Verrichtung von im öffentlichen Interesse liegenden, zusätzlichen Arbeiten (»**Ein-Euro-Jobs**«) in der Dienststelle unterliegt unter dem Gesichtspunkt der Einstellung der Mitbestimmung des dortigen PR.[477] Dafür ist entscheidend, dass die Ein-Euro-Kräfte die vorgesehenen Arbeiten innerhalb der Arbeitsorganisation der Dienststelle verrichten und dabei im Rahmen einer sozialrechtlichen Rechtsbeziehung der Weisungsbefugnis der Dienststelle unterliegen. Für die Mitbestimmung kommen hier zwei Anknüpfungspunkte in Betracht:

---

473 Vgl. *BAG* v. 22.4.97 – 1 ABR 74/96 –, AP BetrVG 1972 § 99 Einstellung Nr. 18.

474 *BVerwG* v. 27.8.97 – 6 P 7.95 –, PersR 98, 22, v. 18.6.02 – 6 P 12.01 –, PersR 02, 467, u. v. 13.4.04 – 6 PB 2.04 –, PersR 04, 269.

475 *OVG NW* v. 27.10.99 – 1 A 5193/97.PVL –, PersR 00, 117 (Angehörige der Freiwilligen Feuerwehr in Feuerwachen); *BAG* v. 12.11.02 – 1 ABR 60/01 –, AP BetrVG 1972 § 99 Einstellung Nr. 43 (DRK-Mitglieder auf Krankenkraftwagen).

476 Vgl. *BAG* v. 19.6.01 – 1 ABR 25/00 –, AP BetrVG 1972 § 99 Einstellung Nr. 35, zu dem an das Bundesamt für den Zivildienst zu richtenden Antrag der Dienststelle auf Zuweisung eines bestimmten Zivildienstleistenden nach dem ZDG.

477 *BVerwG* v. 21.3.07 – 6 P 4.06 – u. – 6 P 8.06 –, PersR 07, 301 u. 309; ebenso zur Mitbestimmung des Betriebsrats: *BAG* v. 2.10.07 – 1 ABR 60/06 –, AP BetrVG 1972 § 99 Einstellung Nr. 54. Entsprechendes gilt für den (in den Grundstrukturen unverändert gebliebenen) Einsatz in »Arbeitsgelegenheiten« aufgrund der **Neufassung des § 16 d SBG II**, die zum 1.4.12 durch Art. 5 Nr. 7 des Gesetzes v. 20.12.11 (BGBl. I S. 2854) erfolgt ist; vgl. dazu § 4 Rn. 14 Fn. 78 m. N.

Einstellung (Abs. 1 Nr. 1) § 75

die Stellung des Antrags auf Bewilligung pauschaler Förderleistungen für die Schaffung von Arbeitsgelegenheiten, wenn die Dienststelle dabei dem Leistungsträger für den geplanten Arbeitseinsatz schon bestimmte Hilfebedürftige benennen will, oder die Entscheidung der Dienststelle über einen im Zusammenhang mit der Bewilligung von Förderleistungen vom Leistungsträger gemachten Vorschlag über die Beschäftigung bestimmter Hilfebedürftiger.

Die Aufnahme einer Tätigkeit als **freier Mitarbeiter** ist keine mitbestimmungspflichtige Einstellung, weil dieser sich nicht in einer weisungsabhängigen Stellung befindet und es deshalb zugleich an der Eingliederung fehlt.[478] **18**

Beim Einsatz von **unechten Leiharbeitnehmern** – die von einem privaten Arbeitgeber (als Verleiher) »im Rahmen seiner wirtschaftlichen Tätigkeit« dem Rechtsträger der Dienststelle (als Entleiher) zur Arbeitsleistung überlassen werden sollen (vgl. § 4 Rn. 10) – gelten nach jüngerer Rspr. des *BVerwG*[479] Besonderheiten, die sich aus dem **Arbeitnehmerüberlassungsgesetz** ergeben und darin bestehen, dass das Mitbestimmungsrecht des PR bei der **Übernahme eines Leiharbeitnehmers** zur Arbeitsleistung in der Dienststelle auf **§ 14 Abs. 3 S. 1, Abs. 4 AÜG** i. V. m. **§ 75 Abs. 1 Nr. 1 BPersVG** beruht. Nach dieser Rspr. hat die genannte Regelung im AÜG **eigenständige Bedeutung**. Ihr Inhalt ist von der Auslegung des Merkmals »Einstellung« in § 75 Abs. 1 Nr. 1 BPersVG im Kern unabhängig. Daraus folgt: Der maßgebliche **Beteiligungstatbestand** »Übernahme eines Leiharbeitnehmers zur Arbeitsleistung« i. S. v. § 14 Abs. 3 S. 1, Abs. 4 AÜG ist die **Eingliederung** des Leiharbeitnehmers in die Dienststelle, die **durch Arbeitsaufnahme nach Weisung des Dienststellenleiters** geschieht. Mitbestimmungspflichtig ist erst der **tatsächliche Einsatz** von Leiharbeitnehmern in der Dienststelle. Erfasst ist **jede noch so kurze tatsächliche Beschäftigung**. Bei mehreren aufeinanderfolgenden befristeten Einsätzen löst **jeder Einsatz** die Mitbestimmung aus, und zwar auch dann, wenn den jeweils befristeten Eingliederungen eine **Rahmenvereinbarung** zugrunde liegt. **18a**

Eine mitbestimmungspflichtige Einstellung liegt grundsätzlich nur bei der **erstmaligen Eingliederung** in die Dienststelle vor. Spätere personelle Maßnahmen können allerdings aufgrund des Schutzzwecks der Mitbestimmung trotz vorangegangener Eingliederung ebenfalls als Einstellung anzusehen sein.[480] Denn bei bestimmten **Änderungen des Beschäftigungsverhältnisses** kann sich die Frage nach möglichen Zustimmungsver- **19**

---

478 *OVG NW* v. 1. 12. 05 – 1 A 5002/04.PVL –, PersR 06, 171, und nachgehend *BVerwG* v. 12. 4. 06 – 6 PB 1.06 –, PersR 06, 389, zum Einsatz einer Honorarkraft als Musiklehrer.
479 Beschl. v. 7. 4. 10 – 6 P 6.09 –, PersR 10, 312; näher dazu KfdP-*Altvater*, Rn. 23 a.
480 *BVerwG* v. 23. 3. 99 – 6 P 10.97 –, PersR 99, 396.

weigerungsgründen des PR neu und unter anderen Gesichtspunkten als bei der Ersteinstellung stellen. Dies ist v. a. bei folgenden personelle Maßnahmen der Fall: Verlängerung eines befristeten Arbeitsverhältnisses und Umwandlung eines befristeten in ein unbefristetes Arbeitsverhältnis;[481] nicht nur geringfügige Aufstockung der regelmäßigen wöchentlichen Arbeitszeit eines Teilzeitbeschäftigungsverhältnisses;[482] Umwandlung eines Teilzeit- in ein Vollzeitarbeitsverhältnis,[483] nicht jedoch Umwandlung eines Vollzeit- in ein Teilzeitarbeitsverhältnis nach dem Altersteilzeitgesetz;[484] während der Elternzeit aufgrund einer nachträglichen Vereinbarung erfolgende Aufnahme einer vorübergehenden Aushilfstätigkeit mit verringerter Stundenzahl auf dem bisherigen Arbeitsplatz;[485] Übernahme eines Auszubildenden in ein Arbeitsverhältnis; Wechsel von einer Beschäftigtengruppe in eine andere, so z. B., wenn ein Beamter aufgrund einer »In-Sich-Beurlaubung« oder nach dem Eintritt in den Ruhestand als Arbeitnehmer weiterbeschäftigt wird; endgültige Übernahme eines abgeordneten Beschäftigten, wenn das Arbeitsverhältnis mit der abgebenden Dienststelle aufgelöst wird. Der Sache nach ist auch die in Abs. 1 Nr. 5 gesondert aufgeführte **Weiterbeschäftigung über die Altersgrenze hinaus** ein Fall der Einstellung (vgl. Rn. 50).

20 Die **Mitbestimmung** bei der Einstellung bezieht sich nach st. Rspr. des *BVerwG* allein auf die **Eingliederung**.[486] Dazu rechnet das *BVerwG* die zur Einstellung vorgesehene Person, die von ihr auszuübende Tätigkeit und die mit der Übertragung der Tätigkeit verbundene tarifliche Bewertung, die Eingruppierung. Das seien die **Modalitäten der Einstellung**, auf die der PR einwirken könne. Dagegen sei das mit der Einstellung in aller Regel zu begründende **Beschäftigungsverhältnis nicht** Gegenstand der Mitbestimmung, und zwar weder hinsichtlich der Art (Beamten- oder Arbeitsverhältnis) noch in Bezug auf seinen Inhalt.[487] Der Arbeitsvertrag unterliege, soweit nicht Rechtsvorschriften oder tarifvertragliche Regelungen seinen Inhalt unmittelbar festlegten oder doch vorherbestimmten, der Vereinbarung der Vertragsparteien. Deren Gestaltungsfreiheit solle grundsätzlich durch die

---

481 *BVerwG* v. 13. 2. 79 – 6 P 48.78 –, PersV 80, 234, v. 1. 2. 89 – 6 P 2.86 –, PersR 89, 198, u. v. 15. 11. 95 – 6 P 2.94 –, PersR 96, 278; zum BetrVR: *BAG* v. 23. 6. 09 – 1 ABR 30/08 –, AP BetrVG 1972 § 99 Einstellung Nr. 59.
482 *BVerwG* v. 23. 3. 99, a. a. O.; ähnlich *BAG* v. 25. 1. 05 – 1 ABR 59/03 –, AP BetrVG 1972 § 87 Arbeitszeit Nr. 114, u. v. 15. 5. 07 – 1 ABR 32/06 –, AP BetrVG 1972 § 1 Gemeinsamer Betrieb Nr. 30.
483 *BVerwG* v. 2. 6. 93 – 6 P 3.92 –, PersR 93, 450.
484 *BVerwG* v. 12. 6. 01 – 6 P 11.00 –, PersR 01, 422.
485 *BAG* v. 28. 4. 98 – 1 ABR 63/97 –, AP BetrVG § 99 Einstellung Nr. 22; *BVerwG* v. 12. 6. 01, a. a. O.
486 Vgl. hierzu und zum Folgenden Beschl. v. 15. 11. 95 – 6 P 53.93 –, PersR 96, 155, m. w. N.; KfdP-*Altvater*, Rn. 27.
487 Namentlich Befristung oder Nichtbefristung (so auch *BAG* v. 23. 6. 04 – 7 AZR 636/03 –, NZA 04, 1333), Vollzeit- oder Teilzeitbeschäftigung, Verteilung der Arbeitstage eines Teilzeitbeschäftigten auf die einzelnen Wochentage (*BVerwG* v. 12. 9. 83 – 6 P 1.82 –, PersV 85, 163).

Ein- und Umgruppierung (Abs. 1 Nr. 2) § 75

Mitbestimmung nicht eingeengt werden. Die Einstellung in ihrer Gesamtheit bilde grundsätzlich einen **einheitlichen Tatbestand**, der sich regelmäßig nicht in weitere Mitbestimmungsfälle zergliedern lasse. Eine Ausnahme bilde lediglich die Eingruppierung; diese ist im BPersVG (in Abs. 1 Nr. 2) als selbständiger Mitbestimmungstatbestand aufgeführt (vgl. Rn. 23, 27).

Ein ohne Zustimmung der Personalvertretung abgeschlossener Arbeitsvertrag nach der Rspr. des *BAG* dennoch voll wirksam (vgl. § 69 Rn. 48).[488] Der PR kann jedoch verlangen, dass der Arbeitnehmer so lange nicht beschäftigt wird, bis er der Einstellung zugestimmt hat oder bis seine fehlende Zustimmung im Mitbestimmungsverfahren ersetzt worden ist. Das vom PR geltend gemachte **personalvertretungsrechtliche Beschäftigungsverbot** hat zur Folge, dass einerseits der Arbeitgeber gegenüber dem Arbeitnehmer keinen durchsetzbaren Beschäftigungsanspruch hat und andererseits der Arbeitnehmer im Verhältnis zum Arbeitgeber nicht zur Arbeitsleistung verpflichtet ist und für die Zeit der Nichtbeschäftigung den Anspruch auf das vertragsgemäße Arbeitsentgelt nicht verliert.[489] Ergibt sich im nachzuholenden Mitbestimmungsverfahren, dass die Zustimmung des PR zur Einstellung weder erteilt noch ersetzt wird, ist der Dienststellenleiter objektivrechtlich verpflichtet, die **Beschäftigung des Arbeitnehmers** – auf der Grundlage der Wirksamkeit des mit ihm geschlossenen Arbeitsvertrags – **zu beenden**.[490] 21

(Abs. 1 Nr. 2) In Abs. 1 Nr. 2 werden zur Bezeichnung mitbestimmungspflichtiger Personalmaßnahmen **Begriffe** aus jenen Tarifwerken verwendet, die die Arbeitsbedingungen der Arbeitnehmer in den größten Bereichen des öffentlichen Dienstes regeln und denen i. d. R. die Tarifverträge für die Arbeitnehmer in den übrigen Bereichen des öffentlichen Dienstes nachgebildet sind. Bei der Auslegung und Anwendung dieser Begriffe ist auch im PersVR das **tarifvertragliche Begriffsverständnis** zugrunde zu legen, es sei denn, dass der jeweils mit der Mitbestimmung verfolgte Gesetzeszweck es gebietet, bei der personalvertretungsrechtlichen Beurteilung vom tarifvertraglichen Verständnis abzuweichen (vgl. Rn. 8).[491] Die das Arbeitsrecht des Bundesdienstes lange Zeit prägenden Manteltarifverträge **BAT** (für die Angestellten) und **MTArb** (für die Arbeiter) sind am 1. 10. 05 durch den für die Arbeitnehmer des Bundes (und der meisten Gemeinden und Gemeindeverbände) geltenden **TVöD** ersetzt worden. Allerdings sind die **neuen Regelungen zur Eingruppierung und Entgeltordnung noch nicht vollständig**. Bei Redaktionsschluss dieser Auflage (31. 12. 2011) war im **Bereich des Bundes** im Wesentlichen folgender Stand erreicht: 22

---

488 Urt. v. 2. 7. 80 – 5 AZR 56/79 –, AP BetrVG 1972 § 101 Nr. 5, u. – 5 AZR 1241/79 –, PersV 82, 368.
489 *BAG* v. 5. 4. 01 – 2 AZR 580/99 –, AP BetrVG 1972 § 99 Einstellung Nr. 32.
490 *BVerwG* v. 10. 1. 08 – 6 P 4.07 –, Buchh 251.4 § 88 Nr. 2, m. w. N.; vgl. KfdP-*Altvater*, Rn. 32.
491 KfdP-*Altvater*, Rn. 37 b.

§ 75 Ein- und Umgruppierung (Abs. 1 Nr. 2)

- Der Arbeitnehmer erhält monatlich ein **Tabellenentgelt**, dessen Höhe sich nach der **Entgeltgruppe** bestimmt, in der er eingruppiert ist, und nach der für ihn geltenden **Stufe** (§ 15 TVöD, Anl. A TVöD [Bund]).
- An die Stelle der bisherigen Vergütungs- und Lohngruppen sind **15 Entgeltgruppen** getreten. Die am 30. 9./1. 10. 05 vorhandenen Arbeitnehmer sind in der Weise in den TVöD übergeleitet worden, dass ihre Vergütungs- bzw. Lohngruppe nach der Anlage 2 TVÜ-Bund den Entgeltgruppen des TVöD zugeordnet worden ist (§ 4 Abs. 1 TVÜ-Bund). Da nicht alle bisherigen Eingruppierungen eine Entsprechung in den neuen Entgeltgruppen haben, sind **zwei Überleitungs-Entgeltgruppen** gebildet: die **EGr. 2 Ü** für Arbeiter aus den Lohngruppen 1, 2 und 2a sowie die **EGr. 15 Ü** für die Angestellten aus der **VergGr. I BAT** (neue Arbeitsverhältnisse über Tätigkeiten entsprechend der VergGr. I BAT sind außertariflich auszugestalten).
- Die **bisherigen Eingruppierungsvorschriften** (§§ 22, 23 BAT einschl. der Vergütungsordnung bzw. §§ 1, 2 Abs. 1 und 2 und § 5 TVLohngrV einschl. des Lohngruppenverzeichnisses mit Anl. 1 u. 2) sind bis zum Inkrafttreten der Eingruppierungsvorschriften des TVöD (mit Entgeltordnung) nach Maßgabe des TVÜ-Bund auf übergeleitete und ab dem 1. 10. 05 neu eingestellte Arbeitnehmer **grundsätzlich weiterhin anzuwenden**, wobei an die Stelle der Begriffe Vergütung und Lohn der Begriff Entgelt tritt (§ 17 Abs. 1 u. 2 TVÜ-Bund).
- **Bewährungs-, Fallgruppen- und Tätigkeitsaufstiege** gibt es ab dem 1. 10. 05 nicht mehr (§ 17 Abs. 5 S. 1 TVÜ-Bund). Für Anwartschaften auf Bewährungs- und Fallgruppenaufstiege gelten Besitzstands- und Übergangsregelungen (§§ 8 u. 17 Abs. 8 TVÜ-Bund).
- Die **vorübergehende Ausübung einer höherwertigen Tätigkeit** und die damit verknüpfte Zahlung einer persönlichen Zulage ist bereits in § 14 TVöD geregelt. Dabei wird nicht mehr (wie in § 24 BAT sowie § 9 Abs. 2 MTArb und § 2 Abs. 4 TVLohngrV) zwischen der vorübergehenden und der vertretungsweisen Übertragung einer höherwertigen Tätigkeit unterschieden, sondern die vertretungsweise Übertragung als ein Unterfall der vorübergehenden Übertragung verstanden (Niederschriftserklärung Nr. 2 zu § 14 Abs. 1 TVöD). Für übergeleitete Angestellte gelten übergangsweise noch Sonderregelungen (§§ 10, 18 TVÜ-Bund).
- Neu sind die Regelungen über die **Führung auf Probe** (§ 31 TVöD) und die **Führung auf Zeit** (§ 32 TVöD). Sie beziehen sich auf Führungspositionen, worunter solche ab EGr. 10 zugewiesenen Tätigkeiten mit Weisungsbefugnis zu verstehen sind, die vor Übertragung vom Arbeitgeber ausdrücklich als Führungspositionen auf Probe bzw. auf Zeit bezeichnet worden sind (§ 31 Abs. 2 u. § 32 Abs. 2 TVöD).
- Die bisherigen **Lebensaltersstufen,** nach denen die Grundvergütungen in den Vergütungsgruppen zu bemessen waren (§ 27 BAT), und die bisherigen, im Wesentlichen nach der Beschäftigungszeit gestaffelten

Ein- und Umgruppierung (Abs. 1 Nr. 2) § 75

Lohnstufen, nach denen sich der Monatstabellenlohn in den Lohngruppen richtete (§ 24 MTArb), sind abgeschafft. Der TVöD sieht stattdessen vor, dass sich die 15 Entgeltgruppen nach **neuen Zuordnungskriterien** in 5 oder 6 Stufen gliedern (§ 16 Abs. 1 u. 5 TVöD [Bund]). Für die Zuordnung zu diesen Stufen kommt es bei der Einstellung auf die Zeit der **einschlägigen Berufserfahrung** und für das Erreichen der jeweils nächsten Stufe auf die Zeiten einer ununterbrochenen **Tätigkeit innerhalb derselben Entgeltgruppe** an (§ 16 Abs. 2–4 TVöD [Bund]). Die **Stufenlaufzeiten,** die progressiv ausgestaltet sind, können für das Erreichen der Stufen 4 bis 6 in Abhängigkeit von der Leistung der Arbeitnehmer verkürzt oder verlängert werden (§ 17 Abs. 2 TVöD [Bund]). Die Stufenzuordnung der zum 1.10.05 in den TVöD **übergeleiteten Arbeitnehmer** war gemäß den Überleitungsregelungen der §§ 5 bis 7 TVÜ-Bund vorzunehmen. Dabei waren die Arbeitnehmer zunächst einer individuellen Zwischenstufe oder Endstufe zuzuordnen.

Von erheblicher quantitativer Bedeutung ist im Geltungsbereich des BPersVG auch der »Tarifvertrag für die Arbeitnehmerinnen und Arbeitnehmer der Bundesagentur für Arbeit« (**TV-BA**), der seit dem 1.1.06 alle Arbeitnehmer erfasst, die in einem Arbeitsverhältnis zur **Bundesagentur für Arbeit** (BA) stehen und bei denen es sich nicht um außertariflich Beschäftigte, Nachwuchskräfte oder geringfügig Beschäftigte handelt (§ 1 TV-BA). Der TV-BA löst sich weitgehend vom überkommenen Beamtenrecht und in wesentlichen Bereichen auch vom TVöD. Die **entgeltrelevanten Regelungen** finden sich in Abschn. III TV-BA (§§ 14 ff.). Danach besteht das **Gehalt** der Arbeitnehmer aus Festgehalt, Funktionsstufen und einer Leistungskomponente (§ 16 Abs. 1 TV-BA). Die Höhe des monatlichen **Festgehalts** bestimmt sich nach der **Tätigkeitsebene,** in der der Arbeitnehmer eingruppiert ist, und nach der für ihn maßgeblichen **Entwicklungsstufe** (§ 17 Abs. 1 S. 2 TV-BA). Nach Maßgabe von § 20 TV-BA erhalten Arbeitnehmer als weiteren Gehaltsbestandteil monatlich eine oder mehrere **Funktionsstufe(n)**. Variabler Gehaltsbestandteil ist die **Leistungskomponente,** deren Einzelheiten gem. § 21 TV-BA gesondert tarifvertraglich zu regeln sind (zu den personalvertretungsrechtlichen Konsequenzen in Bezug auf die Eingruppierung vgl. Rn. 26 d).

22 a

Einstellung und **Eingruppierung** sind mitbestimmungsrechtlich getrennte Maßnahmen (vgl. Rn. 20, 27). Eingruppierung ist die **Einreihung eines Arbeitnehmers in ein kollektives Entgeltschema.**[492] Dieses ist dadurch gekennzeichnet, dass es die Zuordnung der Arbeitnehmer nach bestimmten, generell beschriebenen Merkmalen vorsieht. Meist erfolgt die Zuordnung nach bestimmten Tätigkeitsmerkmalen, bisweilen aber auch nach anderen Kriterien, wie etwa dem Lebensalter oder der Dauer der Dienst-

23

---

492 *BVerwG* v. 22.10.07 – 6 P 1.07 –, PersR 08, 23, v. 27.8.08 – 6 P 3.08 –, PersR 08, 500, v. 13.10.09 – 6 P 15.08 –, PersR 09, 501, u. v. 7.3.11 – 6 P 15.10 –, PersR 11, 210, jew. m.w.N.

§ 75 Ein- und Umgruppierung (Abs. 1 Nr. 2)

stellenzugehörigkeit.[493] Das maßgebliche Entgeltschema ist i. d. R. durch Tarifvertrag vorgegeben. Das gilt auch, wenn ein Tarifvertrag einzelvertraglich in Bezug genommen wird.[494] Eine Eingruppierung kann nicht nur als **erstmalige Eingruppierung** bei der **Einstellung** notwendig werden, sondern auch als **Neueingruppierung**, bei der **zwei Varianten** zu unterscheiden sind. Die erste Variante betrifft einen mit einer Umsetzung i. S. d. PersVR verbundenen Arbeitsplatzwechsel, nämlich die **Zuweisung eines neuen Arbeitsplatzes**, die dann vorliegt, wenn ein kompletter Austausch des bisherigen Tätigkeitsbereichs erfolgt oder wenn der neue Arbeitsplatz durch wesentliche Änderungen im Aufgabenbereich eine neue, andere Prägung aufweist (vgl. Rn. 39). Weist der Dienststellenleiter einem Arbeitnehmer einen (derartigen) neuen Arbeitsplatz zu und beabsichtigt er die Beibehaltung der bisherigen Eingruppierung, so unterliegt dies der Mitbestimmung des PR bei Eingruppierung; dies gilt auch, wenn der neue Arbeitsplatz schon einmal unter Beteiligung des PR bewertet worden war.[495] Die zweite Variante ist gegeben bei der **Überleitung in ein neues kollektives Entgeltsystem**.[496] Letzteres gilt auch für die **Überleitung** der am 30. 9./1. 10. 05 beschäftigten Arbeitnehmer **vom BAT bzw. MTArb in den TVöD** durch die nach § 4 Abs. 1 und Anl. 2 TVÜ-Bund vorzunehmende Zuordnung ihrer bisherigen Vergütungs- bzw. Lohngruppe zu einer der neuen Entgeltgruppen einschl. der Überleitungs-Entgeltgruppen (vgl. Rn. 22).[497]

24 Gelten die einschlägigen Tarifverträge des öffentlichen Dienstes, so ergibt sich die Eingruppierung i. d. R. unmittelbar (d. h. automatisch) aus der Anwendung der tariflichen Normen (**Tarifautomatik**). Beispielhaft dafür ist der bisherige § 22 Abs. 2 BAT. Der mitbestimmungsrechtlich bedeutsame Akt der Einreihung in eine Vergütungs- oder Lohngruppe oder in eine Entgeltgruppe besteht aufgrund der Tarifautomatik in der bloßen Anwendung des Tarifvertrages und hat somit nur deklaratorische Bedeutung. Soweit für die Eingruppierung die Tarifautomatik maßgeblich ist, gibt die Mitbestimmung bei der Eingruppierung dem PR (lediglich) ein Recht zur **Kontrolle der Richtigkeit** der Einreihung.[498] Da es sich um einen Akt strikter Rechtsanwendung handelt, steht dem PR insoweit kein

---

493 *BVerwG* v. 27. 5. 09 – 6 P 9.09 –, PersR 09, 408, m. w. N.
494 Richardi-*Kaiser*, Rn. 38.
495 *BVerwG*, Beschl. v. 8. 11. 11 – 6 P 23.10 –, PersR 12, 36, unter Hinw. auf den dadurch modifizierten Beschl. v. 8. 12. 99 – 6 P 3.98 –, PersR 00, 106.
496 Vgl. *BAG* v. 11. 11. 97 – 1 ABR 29/97 – u. v. 3. 5. 06 – 1 ABR 2/05 –, AP BetrVG 1972 § 99 Eingruppierung Nr. 27 u. 31.
497 Ebenso [zur Überleitung von Arbeitnehmern nach §§ 3–7 TVÜ-VKA in das Entgeltsystem des TVöD] *BAG* v. 22. 4. 09 – 4 ABR 14/08 –, AP BetrVG 1972 § 99 Eingruppierung Nr. 38; a. A. zum LPersVG RP *VG Mainz* v. 5. 4. 06 – 5 K 592/05. MZ –; vgl. KfdP-*Altvater*, Rn. 36 m. w. N.
498 *BVerwG* v. 13. 2. 76 – VII P 4.75 –, PersV 77, 183, v. 3. 6. 77 – VII P 8.75 –, PersV 78, 245, u. v. 6. 10. 92 – 6 P 22.90 –, PersR 93, 74.

Mitgestaltungsrecht, sondern ein **Mitbeurteilungsrecht** zu.[499] Dabei soll der PR mitprüfend darauf achten, dass die beabsichtigte Eingruppierung mit dem anzuwendenden Tarifvertrag (oder dem sonst anzuwendenden Entgeltsystem) im Einklang steht. Er soll v. a. auf die Wahrung des Tarifgefüges achten und verhindern, dass durch eine unsachliche Beurteilung einzelne Arbeitnehmer bevorzugt oder benachteiligt werden.[500] Dies dient ebenso wie die Mitbestimmung bei anderen normvollziehenden Maßnahmen sowohl den Kollektivinteressen aller Beschäftigten als auch den Individualinteressen der jeweils betroffenen Arbeitnehmer (vgl. § 69 Rn. 10).

Die Mitbestimmung bei der Eingruppierung nach Abs. 1 Nr. 2 bezieht sich **25** auch auf die **über- und außertarifliche Eingruppierung**. Dabei ist Eingruppierung i. S. d. Abs. 1 Nr. 2 jeweils die **erstmalige** übertarifliche oder außertarifliche Eingruppierung. Sie kann zusammen mit der **Einstellung** vorgenommen werden oder (u. U. erneut) zu einem **späteren Zeitpunkt** erfolgen, und zwar auch nach vorheriger tariflicher Eingruppierung und ohne dass sich die übertragene Tätigkeit ändern muss.[501] Allerdings kann in diesen Fällen die Mitbestimmung nach § 77 Abs. 1 S. 2 ausgeschlossen sein (vgl. § 77 Rn. 8, 10).

Zur **Mitbestimmung bei der Eingruppierung** von Arbeitnehmern im **26** Geltungsbereich des **TVöD** (und des TV-L) liegt inzwischen grundlegende und detaillierte *Rspr. des BVerwG* vor. Danach gilt Folgendes:[502] In § 15 Abs. 1 S. 2 TVöD wird der Begriff »eingruppiert« der Entgeltgruppe zugeordnet. Die **Zuordnung zu einer Stufe der Entgeltgruppe** wird von der Eingruppierung im tarifvertraglichen Sinn somit nicht erfasst. Gleichwohl hat das *BVerwG* die Mitbestimmung bei der Stufenzuordnung nach **§ 16 Abs. 2, Abs. 3 S. 1 bis 3 und Abs. 5 S. 2 TVöD (Bund)** bejaht und dies v. a. damit begründet, dass diese Stufenzuordnung eine wesentliche, eigenständige Bedeutung für die Bemessung der Grundvergütung habe und sich deshalb von der (mitbestimmungsfreien) Zuordnung zu den Lebensaltersstufen der Vergütungsgruppen bzw. zu den Lohnstufen der Lohngruppen nach altem Tarifrecht unterscheide.[503] In den Fällen des **§ 16 Abs. 3 S. 4 TVöD (Bund)** soll die Mitbestimmung bei der Eingruppierung **aber erst** dann zuge kommen, wenn die Dienststelle unter Beachtung der **Mitbestimmung bei der Lohngestaltung gem. Abs. 3 Nr. 4** (vgl. Rn. 95) **Grundsätze zur Anrechnung einer förderlichen Berufstätigkeit** beschlossen hat.[504] Seien solche Grundsätze auf-

---

499 *BVerwG* v. 24. 5. 06 – 6 PB 16. 05 –, www.bverwg.de; vgl. auch *BAG* v. 3. 5. 06, a. a. O.
500 St. Rspr. des *BVerwG;* vgl. Beschl. v. 27. 8. 08 – 6 P 3.08 –, PersR 08, 500.
501 Vgl. *BAG* v. 12. 12. 06 – 1 ABR 13/06 –, AP BetrVG 1972 § 99 Eingruppierung Nr. 32.
502 Vgl. KfdP-*Altvater*, Rn. 37 a–37 d.
503 Beschl. v. 7. 3. 11 – 6 P 15.10 –, PersR 11, 210, m. N. zur Rspr. zu den Entsprechungen im TV-L u. TVöD (VKA).
504 *BVerwG* v. 7. 3. 11, a. a. O.

§ 75 Ein- und Umgruppierung (Abs. 1 Nr. 2)

gestellt, erstrecke sich die Mitbestimmung bei der Eingruppierung auf die Einhaltung dieser Grundsätze. Seien die Voraussetzungen des § 16 Abs. 3 S. 4 TVöD (Bund) erfüllt, sei es **dem Arbeitgeber freigestellt**, ob er bei Neueinstellungen darüber hinaus zusätzliche Stufen gewähren wolle. Wolle er davon keinen Gebrauch machen, könne er vom PR auch im Wege des **Initiativrechts** nach § 70 Abs. 1 nicht zu einer entsprechenden Regelung gezwungen werden.[505] Das Mitbestimmungsrecht bei der Lohngestaltung gem. Abs. 3 Nr. 4 könne der PR im Wege seines Initiativrechts jedoch dann geltend machen, wenn der Arbeitgeber **ohne Grundsätze mittels individueller Entscheidungen** Einstufungen nach § 16 Abs. 3 S. 4 TVöD (Bund) vornehme.[506] Die einschränkende Rspr. des *BVerwG* zu § 16 Abs. 3 S. 4 TVöD (Bund) – und den Entsprechungen im TV-L u. TVöD (VKA) – **überzeugt nicht**. Für die Mitbestimmung bei der Eingruppierung kann es keine Rolle spielen, ob das kollektive Entgeltschema zwingende Vorgaben im Sinne einer Tarifautomatik enthält oder ob die Entgeltordnung Gestaltungs-, Auslegungs-, Ermessens- oder Beurteilungsspielräume für die Eingruppierungsentscheidung des Arbeitgebers vorsieht.[507]

26 a Allerdings hat das *BVerwG* klargestellt, dass in den Fällen des § 16 Abs. 2 S. 3 TVöD (VKA) – und damit auch des § 16 Abs. 3 S. 4 TVöD (Bund) – die **Mitbestimmung bei der Eingruppierung** nicht davon abhängig ist, dass der Dienststellenleiter bei der Aufstellung der Grundsätze zur **Anerkennung förderlicher Zeiten** einer vorherigen Berufstätigkeit zur Deckung des Personalbedarfs den PR ordnungsgemäß beteiligt hat.[508] Danach kann der Arbeitgeber sich dieser Mitbestimmung nicht dadurch entziehen, dass er **abstrakt-generelle Regeln** zur Anerkennung förderlicher Zeiten einer vorherigen Berufstätigkeit zur Deckung des Personalbedarfs unter Verstoß gegen das Recht des PR auf Mitbestimmung bei der Lohngestaltung **einseitig vorgibt**. In einem derartigen Fall komme die Mitbestimmung bei der Eingruppierung vielmehr in der Weise zum Zuge, dass der **PR berechtigt** sei, **die Zustimmung wegen Gesetzesverstoßes zu verweigern**, weil Entgeltgrundsätze, die der Arbeitgeber unter Missachtung von Mitbestimmungsrechten aufgestellt habe, rechtsunwirksam seien.[509]

26 b Das **Erreichen der nächsten Stufe nach Ende der regulären Stufenlaufzeit** gem. § 16 Abs. 4 S. 1, Abs. 5 S. 3 Hs. 1 TVöD (Bund) unterliegt nach Auffassung des *BVerwG* nicht der Mitbestimmung bei der Eingruppierung (oder Höhergruppierung; vgl. Rn. 29 a. E.). Hier handele es sich um in großer Zahl zu bewältigende Routinevorgänge, bei denen

---

505 *BVerwG* v. 7.3.11, a.a.O.
506 *BVerwG* v. 7.3.11, a.a.O.
507 So auch *VG Frankfurt a. M.* v. 1.3.10 – 23 K 4011/09.F.PV –, PersR 10, 214 (aufgehoben durch *HessVGH* v. 7.4.11 – 22 A 819/10.PV –); krit auch *Baden*, PersR 10, 52.
508 Beschl. v. 22.9.11 – 6 PB 15.11 –, PersR 11, 532.
509 *BVerwG* v. 22.9.11, a.a.O., unter Hinw. auf *BAG* v. 27.6.00 – 1 ABR 36/99 –, AP BetrVG 1972 § 99 Eingruppierung Nr. 23.

Ein- und Umgruppierung (Abs. 1 Nr. 2) § 75

regelmäßig nicht mit Anwendungsproblemen zu rechnen sei und auf die die Mitbestimmung nicht zugeschnitten sei. Für eine gelegentliche Fehlerkorrektur reiche die **allgemeine Überwachungsaufgabe** nach § 68 Abs. 1 Nr. 2.[510]

Geht es um den **leistungsbezogenen Stufenaufstieg** gem. § 17 Abs. 2 TVöD (bzw. TV-L), also um die in das **Ermessen** des Arbeitgebers gestellte Verkürzung oder Verlängerung der erforderlichen Zeit für das Erreichen der Stufen 4 bis 6 bei erheblich über oder unter dem Durchschnitt liegenden Leistungen, kommt nach der Rspr. des *BVerwG*[511] eine Mitbestimmung bei Eingruppierung allenfalls dann in Betracht, wenn der Arbeitgeber mit Zustimmung des PR eine abstrakt-generelle Regelung zur Ausfüllung dieser tariflichen Ermächtigung erlässt. In diesen Fällen ist wie in den Fällen der abweichenden Stufenzuordnung nach § 16 Abs. 3 S. 4 TVöD (Bund) (vgl. Rn. 26 f.) zumindest eine **zweistufige Mitbestimmung** zu bejahen: auf der **ersten Stufe** nach **Abs. 3 Nr. 4** bei der **Aufstellung abstrakt-genereller Regelungen** zur Definition einer Durchschnittsleistung und der Voraussetzungen, unter denen diese Durchschnittsleistung erheblich über- oder unterschritten wird (vgl. Rn. 95), und auf der **zweiten Stufe** nach **Abs. 1 Nr. 2** bei der Eingruppierung immer dann, wenn aufgrund einer abstrakt-generellen Regelung im **Einzelfall** über die Verkürzung oder Verlängerung der Stufenlaufzeit entschieden werden soll.[512]

26c

Das Mitbestimmungsrecht des PR bei der **Eingruppierung von Arbeitnehmern der Bundesagentur für Arbeit** nach dem **TV-BA** (vgl. Rn. 22a) erstreckt sich auch auf die **Funktionsstufen** nach § 20 TV-BA, weil die Mitbestimmung nach ihrem Sinn und Zweck auf **alle bedeutsamen Parameter** zu erstrecken ist, die **für den Kernbestandteil des tariflichen Entgelts** maßgeblich sind und die Funktionsstufe der Sache nach Teil des Grundgehalts ist.[513]

26d

Die Mitbestimmung bei der Eingruppierung nach Abs. 1 Nr. 2 beschränkt sich auf den **Vorgang der Eingruppierung,** bei dem das Entgeltsystem selbst als vorgegeben vorausgesetzt ist. Ist das Entgeltsystem nicht tarifvertraglich geregelt, erstreckt sich die Mitbestimmung unter dem Gesichtspunkt der Eingruppierung nicht auf die Aufstellung, Ausgestaltung oder Änderung des Entgeltsystems, welches der Arbeitgeber nach internen Verwaltungsrichtlinien oder allgemeiner Verwaltungsübung zugrunde legt[514] (zur Mitbestimmung gem. Abs. 3 Nr. 4 vgl. Rn. 95). Soweit der PR bei

27

---

510 Beschl. v. 13.10.09 – 6 P 15.08 –, PersR 09, 501 (zu § 16 Abs. 3 S. 1, Abs. 4 S. 3 Hs. 1 TV-L); vgl. KfdP-*Altvater,* Rn. 37 d.
511 Beschl. v. 13.10.09, a.a.O.
512 Vgl. KfdP-*Altvater,* Rn. 37 d m.w.N.
513 *BVerwG* v. 27.5.09 – 6 P 9.08 –, PersR 09, 408; näher dazu KfdP-*Altvater,* Rn. 37 e.
514 *BVerwG* v. 15.2.88 – 6 P 21.85 – u. v. 14.6.95 – 6 P 43.93 –, PersR 88, 101, u. 95, 428.

§ 75 Ein- und Umgruppierung (Abs. 1 Nr. 2)

der **Eingruppierung** aus Anlass der **Einstellung** mitbestimmt, kann er – weil es sich um **zwei getrennt zu beurteilende Mitbestimmungstatbestände** handelt – je nach Fallgestaltung die Zustimmung zur Einstellung erteilen, die zur Eingruppierung jedoch verweigern.[515] Geschieht dies, ist der Arbeitgeber nicht gehindert, den Arbeitnehmer einzustellen und ihm so lange vorläufig Arbeitsentgelt zu zahlen, bis das Mitbestimmungsverfahren über die Eingruppierung abgeschlossen ist.[516] Entsprechendes gilt für den Vollzug einer mitbestimmungsfreien **Umsetzung**, die aufgrund der Übertragung neuer Aufgaben eine **Neueingruppierung** notwendig macht.[517]

28 Nach Abs. 1 Nr. 2 hat der PR auch bei der **Höher- oder Rückgruppierung** mitzubestimmen. Dabei handelt es sich um zwei Varianten der **Umgruppierung**, die sich von der Eingruppierung (vgl. Rn. 23 ff.) dadurch unterscheiden, dass sie die **Zuordnung zu einer anderen Entgeltgruppe** bzw. (früher nach BAT oder MTArb) einer Vergütungs- oder Lohngruppe als der betreffen, die in der Eingruppierung festgelegt worden ist.[518] Diese Umgruppierungen sind durch den Wechsel der Entgeltgruppe gekennzeichnet und stehen im Zusammenhang mit der Feststellung des Arbeitgebers, dass die Tätigkeit des Arbeitnehmers nicht oder nicht mehr den Tätigkeitsmerkmalen derjenigen Entgeltgruppe entspricht, in die der Arbeitnehmer eingruppiert ist, sondern den Tätigkeitsmerkmalen einer anderen – höheren oder niedrigeren – Entgeltgruppe, wobei es nicht darauf ankommt, aus welchem Anlass der Arbeitgeber diese Feststellung trifft.[519] Die Mitbestimmung bei der Höhergruppierung und Rückgruppierung dient wie bei der Eingruppierung (vgl. Rn. 24) der **Kontrolle der Richtigkeit** dieser Maßnahme; das Mitbestimmungsrecht beinhaltet somit ein Mitbeurteilungsrecht.[520]

29 Eine mitbestimmungspflichtige **Höhergruppierung** kann unter verschiedenen Gesichtspunkten in Betracht kommen: v. a. bei einer **Übertragung einer höher zu bewertenden Tätigkeit,** die ihrerseits nach Abs. 1 Nr. 2 mitbestimmungspflichtig ist (vgl. Rn. 32 ff.), als Akt der förmlichen Bestätigung dieser Maßnahme;[521] ohne ausdrückliche Zuweisung beim **Hineinwachsen** in eine höher zu bewertende Tätigkeit; bei gleichbleibender Tätigkeit, weil eine bislang gezahlte Vergütung als zu niedrig erkannt wird, als **korrigierende Höhergruppierung**[522] oder bei der Erfüllung **persön-**

---

515 *BAG* v. 10. 2. 76 – 1 ABR 49/76 – u. v. 20. 12. 88 – 1 ABR 68/87 –, AP BetrVG 1972 § 99 Nr. 4 u. 62; *BVerwG* v. 8. 12. 99 – 6 P 3.98 – u. v. 22. 10. 07 – 6 P 1.07 –, PersR 00, 106, u. 08, 23.
516 *BVerwG* v. 8. 12. 99 u. v. 22. 10. 07, jew. a. a. O.
517 *BVerwG* v. 11. 11. 09 – 6 PB 25.09 –, PersR 10, 169.
518 *BAG* v. 21. 3. 95 – 1 ABR 46/94 –, PersR 95, 498; *BVerwG* v. 30. 4. 01 – 6 P 9.00 –, PersR 01, 382; jew. m. w. N.
519 *BAG* v. 20. 3. 90 – 1 ABR 20/89 –, PersR 90, 238.
520 *BAG* v. 30. 5. 90 – 4 AZR 74/90 –, PersR 90, 270.
521 Vgl. *VGH BW* v. 21. 1. 97 – PL 15 S 1951/95 –, PersR 98, 66.
522 *BVerwG* v. 6. 10. 92 – 6 P 22.90 –, PersR 93, 74.

Ein- und Umgruppierung (Abs. 1 Nr. 2) § 75

licher **Eingruppierungsvoraussetzungen**, z. B. beim Bestehen einer Prüfung.[523] Die bei gleichbleibender Tätigkeit im Wege des **Bewährungs- oder Fallgruppenaufstiegs** erfolgende Höhergruppierung[524] gibt es im Geltungsbereich des TVöD nicht mehr (§ 17 Abs. 5 S. 1 i. V. m. § 8 TÜV-Bund); soweit ein solcher Aufstieg aufgrund von Besitzstandsregelungen noch stattfindet, hat der PR jedoch (weiterhin) mitzubestimmen. Keine Höhergruppierung ist dagegen der **nach Ende der regulären Stufenlaufzeit** erfolgende **Stufenaufstieg** innerhalb der Entgeltgruppe, in die der Arbeitnehmer eingruppiert ist, bei dem es sich um einen von der Einordnung in die Entgeltgruppe losgelösten selbstständigen Vorgang (»**isolierte Stufenzuordnung**«) handelt[525] (vgl. Rn. 22, 26 b).

Wesentliche **Bestandteile der Höhergruppierung** sind die Feststellung der tarifvertraglich vorgesehenen **Entgeltgruppe** (bzw. Vergütungs- oder Lohngruppe) und die Ermittlung des für die Einreihung in diese Gruppe maßgeblichen **Zeitpunkts**.[526] Beides ist Gegenstand der Richtigkeitskontrolle des PR. **30**

Die Mitbestimmung bei Höhergruppierung erstreckt sich auch auf die **Stufenzuordnung** nach § 17 Abs. 4 S. 1 TVöD, die zeitgleich mit der Einordnung in die höhere Entgeltgruppe stattfindet; beide Vorgänge sind gleichermaßen Gegenstand der Tarifautomatik.[527] **30a**

Eine mitbestimmungspflichtige **Rückgruppierung** kann v. a. in folgenden Fällen vorkommen: als zweiter Akt bei einer **Übertragung einer niedriger zu bewertenden Tätigkeit,** die ihrerseits nach Abs. 1 Nr. 2 mitbestimmungspflichtig ist (vgl. Rn. 32 ff., 35), oder als **korrigierende Rückgruppierung,** wenn infolge des Absinkens der Wertigkeit der bisherigen Tätigkeit die höhere Eingruppierung unrichtig geworden oder wenn von Anfang an irrtümlich zu hoch eingruppiert worden ist.[528] Dabei ist eine korrigierende Rückgruppierung auch dann mitbestimmungspflichtig, wenn sie durch einen gleichzeitig erfolgenden Bewährungsaufstieg in die alte Vergütungsgruppe ausgeglichen wird.[529] Das Mitbestimmungsrecht entfällt auch nicht deshalb, weil die ursprüngliche Eingruppierung mit dem Vorbehalt der endgültigen Stellenbewertung verbunden war und die Umgruppierung nunmehr auf der endgültigen Bewertung beruht.[530] Die Mitbestimmung bei Rückgruppierung erstreckt sich auch auf die **Stufenzuordnung** nach § 17 Abs. 4 S. 5 TVöD, die zeitgleich mit der Einord- **31**

---

523 *BVerwG* v. 3. 6. 77 – VII P 8.75 –, PersV 78, 245.
524 *BVerwG* v. 17. 4. 70 – VII P 8.69 –, PersV 70, 277.
525 *BVerwG* v. 13. 10. 09 – 6 P 15.08 –, PersR 09, 501.
526 *BVerwG* v. 6. 10. 92, a. a. O.
527 *BVerwG* v. 13. 10. 09, a. a. O.
528 *BVerwG* v. 17. 4. 70 – VII P 8.69 –, PersV 70, 277; *BAG* v. 30. 5. 90 – 4 AZR 74/90 –, PersR 90, 238, v. 26. 8. 92 – 4 AZR 210/92 –, PersR 93, 132, u. v. 16. 2. 00 – 4 AZR 62/99 –, PersR 01, 173.
529 *BVerwG* v. 10. 7. 95 – 6 P 14.93 –, PersR 95, 491.
530 *OVG Bln* v. 27. 9. 93 – OVG PV Bln 10.93 –, PersR 94, 88.

§ 75 Ein- und Umgruppierung (Abs. 1 Nr. 2)

nung in die niedrige Entgeltgruppe stattfindet.[531] Soll die Rückgruppierung im Wege der **Änderungskündigung** durchgesetzt werden, steht dem PR neben dem Mitbestimmungsrecht nach Abs. 1 Nr. 2 auch das Mitwirkungsrecht nach § 79 Abs. 1 zu (vgl. § 79 Rn. 9).

32 Die nach Abs. 1 Nr. 2 mitbestimmungspflichtige **Übertragung einer höher oder niedriger zu bewertenden Tätigkeit** liegt vor, wenn einem Arbeitnehmer eine Tätigkeit übertragen wird, die den Tätigkeitsmerkmalen einer **höheren oder einer niedrigeren Entgeltgruppe** (bzw. Vergütungs- oder Lohngruppe) zuzuordnen ist als die bisherige Tätigkeit[532] (vgl. Rn. 34 f.). Der Gegenstand der Mitbestimmung steht im Zusammenhang mit dem **beruflichen Aufstieg**.[533] Die Beteiligung des PR soll die Behandlung aller Arbeitnehmer der Dienststelle nach Recht und Billigkeit gewährleisten.[534]

32a Die Mitbestimmung nach Abs. 1 Nr. 2 ist nicht gegeben, wenn einem Arbeitnehmer eine Tätigkeit übertragen wird, die zwar zur Zahlung einer tätigkeits- oder funktionsbezogenen **Zulage** führt, jedoch nicht den Tätigkeitsmerkmalen einer höheren oder einer niedrigeren Entgeltgruppe (bzw. Vergütungs- oder Lohngruppe) entspricht; das gilt umgekehrt auch für den Entzug einer Tätigkeit, die den Wegfall einer solchen Zulage zur Folge hat.[535] Dagegen unterlag bisher die Übertragung einer Tätigkeit, die einer anderen **Fallgruppe** innerhalb derselben Vergütungs- oder Lohngruppe zugeordnet war, der Mitbestimmung, wenn dadurch die Teilnahme am tariflichen Bewährungsaufstieg eröffnet oder beschleunigt bzw. verschlossen oder verzögert wurde.[536]

33 Bei der Übertragung einer höher oder niedriger zu bewertenden Tätigkeit unterscheidet das Gesetz nicht danach, ob diese Übertragung **auf Dauer** oder **vorübergehend** erfolgt. Deshalb ist auch die vorübergehende Übertragung einschl. der vertretungsweisen Übertragung mitbestimmungspflichtig.[537] Auch die im Rahmen der tarifrechtlichen Regelungen über die

---

531 *BVerwG* v. 13.10.09, a.a.O.
532 *BAG* v. 27.11.91 – 4 AZR 29/91 –, AP BPersVG § 75 Nr. 35; *BVerwG* v. 30.4.01 – 6 P 9.00 –, PersR 01, 382.
533 *BVerwG* v. 27.5.09 – 6 P 18.08 –, PersR 09, 357.
534 *BVerwG* v. 27.5.09, a.a.O.
535 Vgl. *BAG* v. 17.1.79 – 4 AZR 463/77 –, AP BAT § 36 Nr. 3, zum **Schichtführer**; *BVerwG* v. 3.6.77 – VII P 3.76 –, PersV 78, 247, u. *BAG* v. 11.6.80 – 4 AZR 437/78 –, AP MTB II § 9 Nr. 6, zum **Vorhandwerker**; *BVerwG* v. 3.6.77 – VII P 2.76 –, Buchh 238.3 A § 75 Nr. 2, u. *BAG* v. 10.11.92 – 1 AZR 185/92 –, PersR 93, 134, zum **Vorarbeiter**.
536 *BVerwG* v. 8.10.97 – 6 P 5.95 –, PersR 98, 158; ebenso zum BetrVR *BAG* v. 27.7.93 – 1 ABR 11/93 –, AP BetrVG 1972 § 99 Nr. 110.
537 *BAG* v. 18.6.91 – 1 ABR 56/90 (A) –, PersR 91, 474; *BVerwG* v. 22.10.91 – 6 ER 502.91 –, PersR 92, 104; nach *BVerwG* v. 8.10.97 – 6 P 9.95 –, PersR 98, 155, soll die Mitbestimmung bei **Vertretungsregelungen** allerdings nur gegeben sein, soweit die Übertragung nicht bereits durch den Geschäftsverteilungs- und/oder Vertretungsplan der Dienststelle vorweggenommen ist.

Versetzung und Umsetzung (Abs. 1 Nr. 3) § 75

Führung auf Probe oder die **Führung auf Zeit** erfolgende **vorübergehende Übertragung** einer Führungsposition (§ 31 Abs. 3 S. 1 u. § 32 Abs. 3 S. 1 TVöD) ist nach Abs. 1 Nr. 2 mitbestimmungspflichtig, und zwar auch dann, wenn der Übertragungszeitraum verlängert werden soll.

Die **Übertragung einer höher zu bewertenden Tätigkeit** besteht i.d.R. in der Zuweisung eines anderen Arbeitsplatzes oder in der Erweiterung des bisherigen Aufgabengebietes mit der Folge, dass die neue Gesamttätigkeit einer höheren (ggf. tariflichen) Entgeltgruppe (bzw. Vergütungs- oder Lohngruppe) entspricht. Dazu gehört auch die auf die Korrektur einer bisher unterwertigen Beschäftigung abzielende **korrigierende Übertragung** einer anderen Tätigkeit auf einem dafür geschaffenen neuen Dienstposten.[538]   34

Im Bereich der **Bundesagentur für Arbeit** (vgl. Rn. 22a, 26d) ist der Tatbestand der Übertragung einer höher zu bewertenden Tätigkeit zunächst gegeben, wenn einem Arbeitnehmer der BA eine Aufgabe übertragen wird, welche einer **höheren Tätigkeitsebene** zugeordnet ist als seine bisherige Aufgabe.[539] Er ist auch gegeben, wenn einem Arbeitnehmer der BA eine Aufgabe übertragen wird, die bei gleichbleibender Tätigkeitsebene zur Zahlung einer **erstmaligen, weiteren oder höher dotierten Funktionsstufe** führt.[540]   34a

Die **Übertragung einer niedriger zu bewertenden Tätigkeit** besteht i.d.R. in der Zuweisung eines anderen Arbeitsplatzes oder in der Veränderung des bisherigen Aufgabengebietes mit der Folge, dass die neue Gesamttätigkeit einer niedrigeren (ggf. tariflichen) Entgeltgruppe (bzw. Vergütungs- oder Lohngruppe) entspricht. Sie unterliegt auch dann der Mitbestimmung, wenn **keine Rückgruppierung** erfolgen, also die bisherige Eingruppierung (übertariflich) beibehalten werden soll, wenn aus der übertragenen niedriger zu bewertenden Tätigkeit ein **Zeit- oder Bewährungsaufstieg** möglich ist, der von der Dienststelle als vollzogen gewertet wird (was aber im Geltungsbereich des TVöD nur noch in einer Übergangszeit vorkommen kann; vgl. Rn. 22), oder wenn die Maßnahme Ergebnis eines arbeitsgerichtlichen **Vergleichs** ist. Auch bei der **einvernehmlichen** Übertragung einer niedriger zu bewertenden Tätigkeit hat der PR mitzubestimmen.[541]   35

(Abs. 1 Nr. 3) Nach Abs. 1 Nr. 3 hat der PR bei der »**Versetzung zu einer anderen Dienststelle**« mitzubestimmen. Der personalvertretungsrechtliche Begriff der Versetzung eines Arbeitnehmers ist unter Berücksichtigung der das Arbeitsrecht des öffentlichen Dienstes prägenden Tarifverträge zu bestimmen. Danach ist **Versetzung** i.S.d. PersVR eine Anordnung des Arbeitgebers, durch die dem Arbeitnehmer nicht nur   36

---

538 *HmbOVG* v. 5.3.99 – 7 Bf 107/98 –, PersR 99, 460.
539 *BVerwG* v. 27.5.09 – 6 P 9.08 –, PersR 09, 408.
540 *BVerwG* v. 27.5.09, a.a.O.
541 *BAG* v. 12.5.04 – 4 AZR 338/03 –, PersR 05, 289.

§ 75 Versetzung und Umsetzung (Abs. 1 Nr. 3)

vorübergehend ein Arbeitsplatz bei einer anderen Dienststelle desselben Arbeitgebers unter Fortsetzung des bestehenden Arbeitsverhältnisses zugewiesen wird (vgl. Protokollerklärung Nr. 2 zu § 4 Abs. 1 TVöD). Diese Anordnung ist eine einseitige, rechtsgeschäftliche Handlung, die i. d. R. durch das Direktionsrecht des Arbeitgebers gedeckt ist.[542] Der Begriff der **(anderen) Dienststelle** ist nach der Rspr. des *BVerwG* und des *BAG* **i. S. d. Verwaltungsorganisationsrechts** zu verstehen.[543] Folgt man dem, dann ist bei einem Arbeitsplatzwechsel, der im Bereich einer Dienststelle im organisationsrechtlichen Sinne zwischen verschiedenen personalvertretungsrechtlich selbständigen Teileinheiten (Hauptdienststelle und nach § 6 Abs. 3 verselbständigten Nebenstellen und Dienststellenteilen) stattfindet, keine Versetzung gegeben, sondern eine Umsetzung, die nach Abs. 1 Nr. 3 allerdings ebenfalls mitbestimmungspflichtig sein kann (vgl. Rn. 39 ff.). Die Versetzung setzt nicht voraus, dass der **Dienstort** sich ändert. Auch eine Änderung des Inhalts der bisherigen **Tätigkeit** ist nicht erforderlich.[544] Ändert sich durch die Versetzung zugleich die (tarifliche) Bewertung der Tätigkeit, ist der PR nach Abs. 1 Nr. 2 auch unter dem Aspekt der Übertragung einer höher oder niedriger zu bewertenden Tätigkeit und ggf. unter dem Gesichtspunkt der Höher- oder Rückgruppierung zu beteiligen (vgl. Rn. 32 ff.). Ist die neue Tätigkeit (tariflich) nach Ansicht der Dienststelle ebenso zu bewerten wie die bisherige Tätigkeit, so hat der PR entsprechend der jüngsten Rspr. des *BVerwG*[545] nach Abs. 1 Nr. 2 unter dem Aspekt der Eingruppierung mitzubestimmen (vgl. Rn. 23). Anders als die Abordnung (vgl. dazu Rn. 43) ist die Versetzung eine **nicht nur vorübergehende Maßnahme**. Das heißt aber nicht, dass sie stets auf Dauer angelegt sein – also unbefristet ausgesprochen werden – muss,[546] obwohl dies i. d. R. der Fall ist. Wird anstelle von Abordnungen längerfristig eine **befristete Versetzung** vorgenommen, ist auch diese Maßnahme zur Vermeidung einer Beteiligungslücke nach Abs. 1 Nr. 3 mitbestimmungspflichtig.

37 Der **Schutzzweck** der Mitbestimmung bei der Versetzung besteht darin, sowohl die individuellen Interessen des in seinem dienstlichen und privaten Bereich unmittelbar betroffenen Beschäftigten als auch die kollektiven Interessen der Beschäftigten der abgebenden und der aufnehmenden Dienststelle zu wahren.[547] Da das Mitbestimmungsrecht somit nicht nur dem Schutz des Betroffenen dient, besteht es auch dann, wenn dieser mit

---

542 *BAG* v. 20.1.60 – 4 AZR 267/59 –, AP BGB § 611 Direktionsrecht Nr. 8.
543 *BVerwG* v. 6.4.84 – 6 P 39.83 –, Buchh 238.36 § 78 Nr. 4, v. 16.6.00 – 6 P 6.99 –, PersR 00, 416, u. v. 11.11.09 – 6 PB 25.09 –, PersR 10, 169; *BAG* v. 22.1.04 – 1 AZR 495/01 –, PersR 05, 162.
544 *BVerwG* v. 30.3.09 – 6 PB 29.08 –, PersR 09, 332.
545 Beschl. v. 8.11.11 – 6 P 23.10 –, PersR 12, 36.
546 Str.; vgl. KfdP-*Altvater*, Rn. 59.
547 *BVerwG* v. 4.6.93 – 6 P 33.91 – u. v. 27.9.93 – 6 P 4.93 –, PersR 94, 22, u. 93, 495.

Versetzung und Umsetzung (Abs. 1 Nr. 3) § 75

der Versetzung **einverstanden** ist (oder wenn er sie sogar **selbst beantragt** hat). Es wird auch nicht dadurch ausgeschlossen, dass der betroffene Arbeitnehmer als Funktionsträger der Personalvertretung den **besonderen Versetzungsschutz** nach § 47 Abs. 2 genießt (vgl. § 47 Rn. 22 ff.).

Wie bei der Versetzung von Beamten nach § 76 Abs. 1 Nr. 3 (vgl. dort Rn. 25) ist bei der Versetzung von Arbeitnehmern der **PR bei der abgebenden Dienststelle**, die die Versetzung beabsichtigt, zu beteiligen,[548] es sei denn, dass die Entscheidung von der übergeordneten Dienststelle zu treffen und deshalb nach § 82 Abs. 1 die dort gebildete Stufenvertretung zu beteiligen ist (vgl. § 82 Rn. 3 ff.). Außerdem hat der **PR bei der aufnehmenden Dienststelle** mitzubestimmen,[549] wobei auch an dessen Stelle nach § 82 Abs. 1 die Stufenvertretung zuständig sein kann. Bei einer »vertikalen« Versetzung (von einer nachgeordneten Dienststelle zur Mittelbehörde bzw. zur obersten Dienstbehörde oder umgekehrt) sind wegen der Doppelwirkung dieser Maßnahme für die abgebende und die aufnehmende Dienststelle grundsätzlich zum einen der **Haus-PR** bei der Mittelbehörde bzw. der obersten Dienstbehörde und zum anderen – ersatzweise an Stelle des PR der nachgeordneten Dienststelle – die **Stufenvertretung** zu beteiligen.[550]

38

Nach Abs. 1 Nr. 3 hat der PR auch mitzubestimmen bei der »**Umsetzung innerhalb der Dienststelle**, wenn sie mit einem Wechsel des Dienstorts verbunden ist«. Unter der Umsetzung eines Arbeitnehmers ist die **Zuweisung eines anderen, gleich bewerteten Arbeitsplatzes** innerhalb derselben Dienststelle zu verstehen.[551] Beinhaltet die Zuweisung eines anderen Arbeitsplatzes die Übertragung einer höher oder niedriger zu bewertenden Tätigkeit, kommt nur die Mitbestimmung nach Abs. 1 Nr. 2 zum Zuge (vgl. Rn. 32 ff.). Die Umsetzung beruht i. d. R. auf dem **Direktionsrecht** des Arbeitgebers. Ein kompletter Austausch des bisherigen Tätigkeitsbereichs ist für eine Umsetzung i. S. d. Abs. 1 Nr. 3 nicht erforderlich. Es reicht aus, dass der neue Arbeitsplatz durch wesentliche Änderungen im Aufgabenbereich eine neue, andere Prägung aufweist. In diesem Falle handelt es sich um eine mitbestimmungspflichtige **Teilumsetzung**.[552] Eine mitbestimmungspflichtige **Rückumsetzung** liegt vor, wenn ein Arbeitnehmer zunächst auf einen anderen Arbeitsplatz umgesetzt wurde und er dann wieder auf seinen alten Arbeitsplatz umgesetzt wird.[553] Im Unterschied zur Versetzung vollzieht sich die Umsetzung **innerhalb der**

39

---

548 *BVerwG* v. 19.12.75 – VII P 15.74 –, PersV 76, 457.
549 *BVerwG* v. 16.9.94 – 6 P 32.92 –, PersR 95, 16.
550 *BVerwG* v. 16.9.94, a.a.O.
551 *BVerwG* v. 16.6.00 – 6 P 6.99 –, PersR 00, 416.
552 *BVerwG* v. 18.12.96 – 6 P 8.95 –, PersR 97, 364, v. 22.7.03 – 6 P 3.03 –, PersR 03, 495, u. v. 30.3.09 – 6 PB 29.08 –, PersR 09, 332; *OVG NW* v. 12.2.07 – 1 A 2358/05.PVL –, PersR 07, 317; str.; vgl. KfdP-*Altvater*, Rn. 63 m.w.N.
553 *HmbOVG* v. 15.8.96 – OVG Bs PB 3/95 –, PersR 96, 399.

§ 75 Versetzung und Umsetzung (Abs. 1 Nr. 3)

Dienststelle. Dabei ist der Begriff der Dienststelle der Gleiche wie im Falle der Versetzung (vgl. Rn. 36).[554] Die Umsetzung als solche ist nach Abs. 1 Nr. 3 nur dann mitbestimmungspflichtig, wenn damit zugleich ein **Wechsel des Dienstorts** verbunden ist. Das ist nur bei solchen Dienststellen möglich, die auf verschiedene Dienstorte aufgeteilt sind. Dienstort ist jeweils die politische Gemeinde, in der sich die Hauptdienststelle, eine Nebenstelle oder ein sonstiger Dienststellenteil befindet. Nach Abs. 1 Nr. 3 muss hinzukommen, dass der neue Dienstort i. S. d. Umzugskostenrechts der Beamten nicht zum **Einzugsgebiet** des bisherigen Dienstorts gehört (vgl. dazu § 3 Abs. 1 Nr. 1 Buchst. c BUKG). Liegt begrifflich eine Umsetzung vor, so hat der PR – unabhängig davon, ob ein Dienstortwechsel stattfindet – gem. Abs. 1 Nr. 2 stets bei der beabsichtigten **Beibehaltung der bisherigen Eingruppierung** mitzubestimmen[555] (vgl. Rn. 23).

40 Nach h. M. soll eine Umsetzung i. S. d. Abs. 1 Nr. 3 nur dann vorliegen, wenn sie **auf Dauer angelegt** ist.[556] Das erscheint jedoch zu eng, da der Begriff der Umsetzung als solcher nicht nur auf Dauer angelegte Maßnahmen beinhaltet (vgl. § 47 Rn. 26). Im Hinblick auf die Mitbestimmung bei der Abordnung gem. Abs. 1 Nr. 4 (vgl. dazu Rn. 43 ff.) erscheint es sachgerecht, nur solche Umsetzungen als mitbestimmungsfrei anzusehen, die für die Dauer von nicht **mehr als drei Monaten** vorgenommen werden sollen.[557] Auf Tätigkeiten, die ihrer Natur nach an **wechselnden Dienstorten** ausgeübt werden, wie das z. B. beim örtlich wechselnden Einsatz von Baukolonnen der Fall ist, ist Abs. 1 Nr. 3 nicht anwendbar.

41 Der **Schutzzweck** der Mitbestimmung bei der Umsetzung stimmt mit dem bei der Versetzung überein (vgl. Rn. 37). Das Mitbestimmungsrecht nach Abs. 1 Nr. 3 besteht deshalb auch dann, wenn der Arbeitnehmer mit der Umsetzung **einverstanden** ist[558] oder wenn dieser als Funktionsträger der Personalvertretung zusätzlich den **besonderen Umsetzungsschutz** nach § 47 Abs. 2 genießt (vgl. § 47 Rn. 22 ff.).

42 Ist die Dienststelle i. S. d. Verwaltungsorganisationsrechts, innerhalb derer die Umsetzung stattfindet, zugleich Dienststelle i. S. d. PersVR, so ist der für die Ausübung des Mitbestimmungsrechts **zuständige PR** – soweit sich aus § 82 nichts Abweichendes ergibt – ohne Weiteres der (einzige) bei dieser Dienststelle gebildete PR. Ist das jedoch nicht der Fall und ist die Umsetzung (nicht nur mit einem Dienstortwechsel, sondern auch) mit einem Wechsel der Dienststelle i. S. d. PersVR verbunden, so ist die Situation mit der der Versetzung vergleichbar und deshalb sowohl der **PR bei der**

---

554 *OVG NW* v. 29. 1. 99 – 1 A 2617/97.PVL –, PersR 99, 311.
555 *BVerwG* v. 8. 11. 11 – 6 P 23.10 –, PersR 12, 36.
556 *BVerwG* v. 10. 10. 91 – 6 P 23.90 –, PersR 92, 301; *BayVGH* v. 5. 4. 95 – 18 P 94.4087 –, PersR 95, 387; *VGH BW* v. 16. 9. 03 – PL 15 S 1104/03 –, PersR 04, 113; *BAG* v. 22. 1. 04 – 1 AZR 495/01 –, PersR 05, 162.
557 Vgl. KfdP-*Altvater*, Rn. 66 m. N.
558 *OVG NW* v. 25. 3. 99 – 1 A 4470/98.PVL –, PersR 00, 80.

Abordnung (Abs. 1 Nr. 4) § 75

abgebenden Dienststelle als auch der **PR bei der aufnehmenden Dienststelle** zu beteiligen (vgl. Rn. 38).[559]

(Abs. 1 Nr. 4) Nach Abs. 1 Nr. 4 hat der PR bei der **Abordnung für eine Dauer von mehr als drei Monaten** mitzubestimmen. Der personalvertretungsrechtliche **Begriff** der Abordnung eines Arbeitnehmers ist unter Berücksichtigung der das Arbeitsrecht des öffentlichen Dienstes prägenden Tarifverträge zu bestimmen. Nach dem **TVöD** ist Abordnung die Zuweisung einer **vorübergehenden Beschäftigung** bei einer **anderen Dienststelle** oder einem **anderen Betrieb** desselben oder eines anderen Arbeitgebers unter Fortsetzung des bestehenden Arbeitsverhältnisses (Protokollerklärung Nr. 1 zu § 4 Abs. 1 TVöD), wobei ein anderer Arbeitgeber nur ein Arbeitgeber ist, bei dem der TVöD-AT zur Anwendung kommt (Umkehrschluss aus der Protokollerklärung zu § 4 Abs. 2 TVöD). Damit unterscheidet sich die Abordnung i. S. d. TVöD von der Versetzung zum einen durch ihre vorübergehende Natur und zum anderen dadurch, dass sie auch in den Bereich eines anderen (nicht nur öffentlichen, sondern auch privaten) Arbeitgebers erfolgen kann. Im Hinblick darauf ist unter einer Abordnung i. S. d. PersVR eine Anordnung des Arbeitgebers zu verstehen, durch die dem Arbeitnehmer vorübergehend ein Arbeitsplatz bei einer anderen Dienststelle i. S. d. BPersVG oder eines LPersVG oder – nach Maßgabe des jeweils anzuwendenden Tarifvertrags – bei einem Betrieb i. S. d. BetrVG zugewiesen wird. Die Einbeziehung des Wechsels zu einem Betrieb privaten Rechts in den personalvertretungsrechtlichen Regelungsfall der Abordnung ist durch die Tatbestandsfassung des Abs. 1 Nr. 4 gedeckt, weil diese – anders als die Fassung des Abs. 1 Nr. 3 – die Wendung »zu einer anderen Dienststelle« nicht enthält. Die Änderung des Dienstorts ist (ebenso wie bei Beamten) kein Tatbestandsmerkmal der Abordnung (vgl. § 76 Rn. 27). Die Abordnung ist eine einseitige, rechtsgeschäftliche Handlung, die im **Direktionsrecht** des Arbeitgebers wurzelt.[560]

Der **Schutzzweck** der Mitbestimmung bei der Abordnung stimmt mit dem bei der Versetzung überein (vgl. Rn. 37). Das Mitbestimmungsrecht nach Abs. 1 Nr. 4 besteht deshalb auch dann, wenn der Arbeitnehmer mit der Abordnung **einverstanden** ist oder wenn dieser als Funktionsträger der Personalvertretung zusätzlich den **besonderen Abordnungsschutz** nach § 47 Abs. 2 genießt (vgl. § 47 Rn. 22 f.).

Die Regelung des Abs. 1 Nr. 4 bildet das Gegenstück zu der für die Beamten geltenden Regelung des § 76 Abs. 1 Nr. 5 (vgl. dort Rn. 27 ff.). Die darauf bezogenen Erläuterungen der im Einzelnen mitbestimmungspflichtigen Maßnahmen der **Abordnung** und **Teilabordnung** (einschl. ihrer **Verlängerung,** der **Kettenabordnung** und der unechten Kettenabordnung) gelten für Arbeitnehmer entsprechend. Wie im Fall der Versetzung hat auch bei der Abordnung sowohl der PR bei der **abgebenden**

43

44

45

---
559 *BVerwG* v. 16.6.00 – 6 P 6.99 –, PersR 00, 416.
560 *BAG* v. 24.1.73 – 4 AZR 104/72 –, AP BAT §§ 22, 23 Nr. 63.

§ 75 Zuweisung (Abs. 1 Nr. 4a)

Dienststelle als auch der PR bei der **aufnehmenden Dienststelle** mitzubestimmen (vgl. Rn. 38). Findet eine Abordnung zu einer **Dienststelle im Geltungsbereich eines LPersVG** statt, richtet sich die Beteiligung des PR bei der aufnehmenden Dienststelle nach dem für sie geltenden LPersVG. Bei einer Abordnung zu einem **Betrieb im Geltungsbereich des BetrVG** hat der Betriebsrat wie bei der Zuweisung (vgl. unten Rn. 49a) nach § 99 BetrVG unter dem Gesichtspunkt der Einstellung mitzubestimmen.

46 Die **Entsendung** von Arbeitnehmern des Bundes zur Dienstleistung bei **öffentlichen zwischenstaatlichen oder überstaatlichen Organisationen** ist keine Abordnung. Für sie gelten die Entsendungsrichtlinien (EntsR) des BMI v. 26.9.05.[561] Diese sehen vor, dass für die Dauer der auf bis zu fünf Jahre zu befristenden und u. U. verlängerbaren Entsendung nach § 28 TVöD **Sonderurlaub** ohne Fortzahlung des Entgelts gewährt wird (Abschn. I Nr. 3 u. Abschn. IV Nr. 1 EntsR).

47 (Abs. 1 Nr. 4a) Nach Abs. 1 Nr. 4a besteht ein Mitbestimmungsrecht bei der **Zuweisung** von Arbeitnehmern **für die Dauer von mehr als drei Monaten.** Die Vorschrift ist ebenso wie die für die Zuweisung von Beamten geltende Regelung des § 76 Abs. 1 Nr. 5a durch Gesetz v. 28.5.90[562] in das BPersVG eingefügt und durch Art. 7 Nr. 2 DNeuG v. 5.2.09[563] geändert worden. Da § 29 BBG (vormals § 123a BRRG) nur für Beamte gilt, ist gem. Abs. 1 Nr. 4a nicht eine Zuweisung »nach«, sondern eine solche »**entsprechend**« **§ 29 BBG** mitbestimmungspflichtig (zu den in Abs. 1 und 2 dieser Vorschrift geregelten zwei Möglichkeiten der **beamtenrechtlichen Zuweisung** vgl. § 76 Rn. 30). In ihrer Wirkung auf die Beschäftigten ähneln die auf Dauer angelegte Zuweisung der Versetzung und die vorübergehend erfolgende Zuweisung der Abordnung. Der **Schutzzweck** der Mitbestimmung entspricht dem der Versetzung und der Abordnung (vgl. Rn. 37 u. Rn. 44).

48 Die in **§ 4 Abs. 2 TVöD** geregelte **Zuweisung** ist in der Protokollerklärung zu dieser Bestimmung definiert als die (unter Fortsetzung des bestehenden Arbeitsverhältnisses erfolgende) **vorübergehende Beschäftigung bei einem Dritten im In- und Ausland,** bei dem der TVöD-AT nicht zur Anwendung kommt. Nach § 4 Abs. 2 TVöD kann Beschäftigten im dienstlichen/betrieblichen oder öffentlichen Interesse mit ihrer Zustimmung vorübergehend eine mindestens gleich vergütete Tätigkeit bei einem Dritten zugewiesen werden. Sieht man von den statusbedingten Unterschieden ab, so besteht eine bedeutsame Abweichung des § 4 Abs. 2 TVöD von § 29 Abs. 1 BBG lediglich darin, dass die Zuweisung eines Beamten zu einer nicht-öffentlichen Einrichtung nicht ein dienstliches oder öffentliches Interesse voraussetzt, sondern dass dafür ein öffentliches Interesse erforder-

---

561 GMBl. S. 1074.
562 BGBl. I S. 967.
563 BGBl. I S. 160.

Weiterbeschäftigung über die Altersgrenze hinaus (Abs. 1 Nr. 5) § 75

lich ist. Diese Inkongruenz ändert aber nichts daran, dass die Regelung in § 4 Abs. 2 TVöD als tarifrechtliche **Parallelbestimmung zu der beamtenrechtlichen Vorschrift des § 29 Abs. 1 BBG** anzusehen ist. Daraus folgt, dass alle nach § 4 Abs. 2 TVöD beabsichtigten Zuweisungen jenen Zuweisungen entsprechen, die nach § 29 Abs. 1 BBG vorgenommen werden sollen, und deshalb mitbestimmungspflichtig sind.[564]

Die in **§ 4 Abs. 3 TVöD** geregelte **Personalgestellung** ist nach der Protokollerklärung zu dieser Bestimmung die (unter Fortsetzung des bestehenden Arbeitsverhältnisses erfolgende) **auf Dauer angelegte Beschäftigung bei einem Dritten**. Nach § 4 Abs. 3 S. 1 TVöD besteht diese Personalgestellung darin, dass Beschäftigte ihre arbeitsvertraglich geschuldete Arbeitsleistung auf Verlangen des Arbeitgebers, also ohne Zustimmung der Beschäftigten, bei einem Dritten zu erbringen haben, auf den Aufgaben der Beschäftigten verlagert werden. Die Personalgestellung ist die tarifvertragliche **Entsprechung zu der beamtenrechtlichen Vorschrift des § 29 Abs. 2 BBG**, die die »Zuweisung bei Privatisierung« ermöglicht. Der Tatbestand des § 29 Abs. 2 BBG ist enger gefasst als der des § 4 Abs. 3 S. 1 TVöD, weil die Zuweisung nur zu öffentlich-rechtlichen Einrichtungen ohne Dienstherreigenschaft oder privatrechtlichen Einrichtungen der öffentlichen Hand erfolgen kann, während die Personalgestellung an einen »Dritten« in Betracht kommt. Gleichwohl ist auch die Personalgestellung im Hinblick auf den Schutzzweck der Mitbestimmung (vgl. Rn. 47 a. E.) als ein Fall der Zuweisung i. S. d. Abs. 1 Nr. 4 a anzusehen.[565] **49**

Für die Ausübung des Mitbestimmungsrechts nach Abs. 1 Nr. 4 a ist – soweit sich aus § 82 nichts Abweichendes ergibt – der **PR der abgebenden Dienststelle** zuständig. Ob, in welchem Umfang und in welcher Weise ein Organ der **Interessenvertretung der Beschäftigten der aufnehmenden Einrichtung** zu beteiligen ist, bestimmt sich nach den für diese Einrichtung geltenden Vorschriften. Bei einer Zuweisung zu einem **Betrieb im Geltungsbereich des BetrVG** hat der Betriebsrat nach § 99 BetrVG unter dem Gesichtspunkt der Einstellung mitzubestimmen.[566] **49 a**

(Abs. 1 Nr. 5) Der Mitbestimmungstatbestand »**Weiterbeschäftigung über die Altersgrenze hinaus**« geht davon aus, dass das Erreichen einer bestimmten Altersgrenze automatisch zur Beendigung des Arbeitsverhältnisses eines Arbeitnehmers führt. Die im öffentlichen Dienst geltenden **Tarifverträge** legen i. d. R. fest, dass das Arbeitsverhältnis, ohne dass es einer Kündigung bedarf, mit Ablauf des Monats endet, in dem der Arbeitnehmer eine bestimmte Altersgrenze erreicht hat (gem. § 33 Abs. 1 Buchst. a TVöD in der seit dem 1.7.08 geltenden Fassung: »das gesetzlich festgelegte Alter zum Erreichen der Regelaltersgrenze vollendet hat«). **50**

---

564 Vgl. KfdP-*Altvater*, Rn. 77.
565 Str.; vgl. KfdP-*Altvater*, Rn. 78.
566 Vgl. *BAG* v. 23.6.09 – 1 ABR 30/08 –, AP BetrVG 1972 § 99 Einstellung Nr. 59.

§ 75 Anordnungen zur Wohnungswahl (Abs. 1 Nr. 6)

Danach ist ein neuer Arbeitsvertrag zu schließen, wenn der Arbeitnehmer befristet oder unbefristet weiterbeschäftigt werden soll (§ 33 Abs. 5 TVöD). Der Tatbestand des Abs. 1 Nr. 5 ist ein **Sonderfall der Einstellung** i. S. d. Abs. 1 Nr. 1. Für den Gegenstand und das Verfahren der Mitbestimmung sowie die Rechtsfolgen einer nicht ordnungsgemäßen Beteiligung des PR gilt das zum Grundtatbestand Gesagte entsprechend (vgl. Rn. 12–21). Wird eine Person nach Erreichen der Altersgrenze in der Dienststelle **erstmals** als Arbeitnehmer eingestellt, so liegt ein Fall des Abs. 1 Nr. 1 vor. Das Gleiche gilt, wenn ein **Beamter** nach dem Eintritt in den Ruhestand als Arbeitnehmer weiterbeschäftigt wird. Wird ein früherer Beschäftigter nach Erreichen der Altersgrenze aufgrund eines **Werk- oder Dienstvertrages** weiterhin für die Dienststelle tätig, dann ist die Aufnahme dieser Tätigkeit nur dann keine Einstellung i. S. d. Abs. 1 Nr. 1, wenn er dabei nicht nach den für ein Arbeitsverhältnis typischen Weisungen der Dienststelle wie ein eigener Arbeitnehmer eingesetzt wird.

51 (Abs. 1 Nr. 6) Der Mitbestimmungstatbestand »**Anordnungen, welche die Freiheit in der Wahl der Wohnung beschränken**« entspricht dem für die Beamten geltenden wortgleichen Tatbestand des § 76 Abs. 1 Nr. 6. Er geht offenbar davon aus, dass der Arbeitgeber berechtigt sein kann, einen Arbeitnehmer anzuweisen, seine Wohnung innerhalb einer bestimmten Entfernung von der Dienststelle zu nehmen oder eine Dienstwohnung zu beziehen, wenn die dienstlichen Verhältnisse es erfordern (vgl. § 76 Rn. 31). Eine derartige Befugnis kann im **Einzelarbeitsvertrag** ausdrücklich festgelegt sein. Nach der Rspr. des *BAG* kann auch ein **Tarifvertrag** die Verpflichtung eines Arbeitnehmers zur Begründung eines Wohnsitzes am Ort seiner Tätigkeit begründen, wenn dieser Verpflichtung ein durch die Besonderheit des Arbeitsverhältnisses begründetes berechtigtes Interesse des Arbeitgebers zugrunde liegt.[567] Die früheren Bestimmungen des **§ 65 BAT** und **§ 69 MTArb**, nach denen für die Zuweisung von Dienstwohnungen (Werkdienstwohnungen) die Bestimmungen des Arbeitgebers über derartige Wohnungen in der jeweiligen Fassung galten, sind indessen nicht in den **TVöD** übernommen worden. Eine Befugnis zu einer die Wohnungswahl des Arbeitnehmers beschränkenden Anordnung des Arbeitgebers kann sich im Bereich der Bundesverwaltung deshalb jetzt nur noch aus einer ausdrücklichen Vereinbarung im Einzelarbeitsvertrag (etwa aus einer Nebenabrede) ergeben.

52 Unter den zu den sozialen Angelegenheiten gehörenden Mitbestimmungstatbestand des **Abs. 2 Nr. 2** kann auch die **Zuweisung von Dienstwohnungen** fallen (vgl. Rn. 63). Davon unterscheidet sich der Tatbestand des **Abs. 1 Nr. 6** dadurch, dass er sich auf die der Zuweisung **vorausgehende Anordnung** bezieht, dass ein bestimmter Arbeitnehmer eine Dienstwohnung zu beziehen hat. Die Einwilligung des Betroffenen lässt das Mitbestimmungsrecht nicht entfallen, weil die Befolgung der Anordnung

---

567 Urt. v. 7. 6. 06 – 4 AZR 316/05 –, AP BGB § 611 Hausmeister Nr. 15.

Nebentätigkeit (Abs. 1 Nr. 7) § 75

deren Einseitigkeit nicht aufhebt.[568] Die Mitbestimmung nach Abs. 1 Nr. 6 erstreckt sich in jedem Fall auf die Frage, ob die arbeitsrechtlichen Voraussetzungen für die Anordnung vorliegen.

(Abs. 1 Nr. 7) Der Mitbestimmungstatbestand nach § 75 Abs. 1 Nr. 7 bezieht sich auf die **Versagung einer beantragten Nebentätigkeitsgenehmigung** und den **Widerruf einer Genehmigung**. Er ist mit dem für die Beamten geltenden § 76 Abs. 1 Nr. 7 wortgleich (vgl. dort Rn. 32). Die für die Nebentätigkeit von Arbeitnehmern geltenden Rechtsnormen unterscheiden sich jedoch von denen des Beamtenrechts. Nach **allgemeinem Arbeitsrecht** ist eine Nebentätigkeit nur untersagt, wenn dadurch bestimmte betriebliche Interessen des Arbeitgebers beeinträchtigt werden. Im Arbeitsvertrag vereinbarte und durch Tarifvertrag festgelegte Beschränkungen müssen im Lichte der durch Art. 12 Abs. 1 GG geschützten Berufsfreiheit ausgelegt und angewendet werden.[569]

53

Anders als § 11 BAT, wonach die für die Beamten des Arbeitgebers jeweils geltenden Bestimmungen sinngemäß Anwendung fanden, enthält **§ 3 Abs. 3 TVöD** eine eigenständige Regelung, die die Ausübung einer Nebentätigkeit nicht mehr unter einen Erlaubnisvorbehalt stellt und die vom Beamtenrecht abgekoppelt ist. Diese Regelung sieht in S. 1 und 2 vor, dass einerseits die Arbeitnehmer verpflichtet sind, Nebentätigkeiten gegen Entgelt ihrem Arbeitgeber rechtzeitig vorher schriftlich anzuzeigen, und dass andererseits der Arbeitgeber berechtigt ist, eine solche anzeigepflichtige entgeltliche Nebentätigkeit zu untersagen oder mit Auflagen zu versehen, wenn diese Nebentätigkeit geeignet ist, die Erfüllung der arbeitsvertraglichen Pflichten des Arbeitnehmers oder berechtigte Interessen des Arbeitgebers zu beeinträchtigen.

54

Die **Tatbestandsfassung** des § 75 Abs. 1 Nr. 7 ist auf die beamtenrechtlichen Vorschriften und nicht auf die in der Bundesverwaltung nunmehr geltenden tarifrechtlichen Bestimmungen zugeschnitten. Die verwendeten Begriffe (Versagung bzw. Widerruf einer Genehmigung) müssen deshalb so interpretiert werden, dass der **Schutzzweck** des Mitbestimmungsrechts auch dann erreicht wird, wenn der TVöD anzuwenden ist. Dieser Zweck besteht darin, durch eine vom PR auszuübende zusätzliche Richtigkeitskontrolle zu gewährleisten, dass die Möglichkeiten zur Ausübung von Nebentätigkeiten nicht durch rechtlich unzulässige Entscheidungen des Arbeitgebers eingeschränkt werden. Die **Versagung** einer (beantragten) Genehmigung und der **Widerruf** einer (bereits erteilten) Genehmigung einer Nebentätigkeit stimmen darin überein, dass sie ein **Verbot** einer (beabsichtigten oder bereits ausgeübten) Nebentätigkeit beinhalten. Auch die nach § 3 Abs. 3 S. 2 TVöD zugelassene **Untersagung** ist ein solches Verbot und erfüllt deshalb ebenfalls den Tatbestand des § 75 Abs. 1 Nr. 7

55

---

568 Str.; vgl. KfdP-*Altvater*, Rn. 84 m. N.
569 Zur Rspr. des *BAG* vgl. Urt. v. 28.2.02 – 6 AZR 33/01 –, ZTR 02, 429, m. w. N.

§ 75 Soziale Angelegenheiten (Abs. 2)

und ist somit mitbestimmungspflichtig. Das Gleiche gilt für die Erteilung von **Auflagen**, die darin bestehen, eine (beabsichtigte oder bereits ausgeübte) Nebentätigkeit nach Art oder Umfang zu beschränken, weil derartige Auflagen ein teilweises Verbot beinhalten.[570]

56 (Abs. 2) Das Gesetz führt in Abs. 2 S. 1 mitbestimmungspflichtige **soziale Angelegenheiten** auf, regelt in Abs. 2 S. 2 Besonderheiten der Mitbestimmung und legt in Abs. 2 S. 3 bis 5 eine spezielle Unterrichtungspflicht der Dienststelle fest. Die Vorschriften des Abs. 2 gelten für **Arbeitnehmer und Beamte**. Bei der Wahrnehmung seines Mitbestimmungsrechts hat der PR auf die **Gleichbehandlung** der Beschäftigten und die angemessene Berücksichtigung ihrer sozialen Belange zu achten.[571]

57 (Abs. 2 S. 1 Nr. 1) Der PR hat bei der Gewährung von Unterstützungen, Vorschüssen, Darlehen und entsprechenden **sozialen Zuwendungen** mitzubestimmen. Hat ein Beschäftigter eine solche Zuwendung beantragt, wird der PR nach Abs. 2 S. 2 Hs. 1 nur **auf Antrag** des Beschäftigten beteiligt (vgl. Rn. 59). Unter dieser Voraussetzung besteht das Mitbestimmungsrecht auch dann, wenn ein Antrag auf Gewährung einer Zuwendung **abgelehnt** oder eine bereits gewährte Leistung **entzogen** werden soll.[572] Dabei geht es immer um **Einzelmaßnahmen,** nicht um allgemeine Regelungen wie z. B. den Erlass von Richtlinien, bei denen i. d. R. ein Mitwirkungsrecht nach § 78 Abs. 1 Nr. 1 gegeben ist.[573]

58 Unterstützungen sind einmalige oder laufende Geldleistungen des Dienstherrn oder Arbeitgebers, die zur Behebung einer sozialen Notlage bestimmt sind und auf die kein Rechtsanspruch besteht.[574] **Vorschüsse** sind freiwillige Vorauszahlungen auf Dienstbezüge bzw. Arbeitsentgelt, die an Beschäftigte gewährt werden können, die durch besondere Umstände zu unabwendbaren und aus den laufenden Bezügen nicht zu finanzierenden Ausgaben gezwungen sind. Für die Beschäftigten des Bundes gelten die Richtlinien für die Gewährung von Vorschüssen in besonderen Fällen (Vorschussrichtlinien – VR) i. d. F. des RdSchr. des BMI v. 28.11.75.[575] Mit **Darlehen** sind finanzielle Leistungen des Dienstherrn oder Arbeitgebers gemeint, die auf der Grundlage eines Darlehensvertrages erbracht werden, in dem der Beschäftigte sich zur Rückzahlung in einem Betrag oder auch in Raten mit oder auch ohne Zinsen verpflichtet (§§ 488 ff. BGB). Nach der Rspr. des *BVerwG* unterliegen sie nur dann der Mitbestimmung, wenn sie sich als Sonderform der Unterstützung darstellen,

---

570 Vgl. KfdP-*Altvater*, Rn. 87.
571 *BVerwG* v. 15.3.95 – 6 P 23.93 –, PersR 95, 334.
572 *BVerwG* v. 3.8.62 – VII P 17.61 – u. v. 18.7.68 – VII P 10.67 –, PersV 62, 274, u. 68, 277; *LAG Bln* v. 21.2.89 – 3 Sa 101/88 –, ZTR 89, 247.
573 *OVG NW* v. 6.11.85 – CL 21/84 –, PersR 87, 43 Ls.
574 *BVerwG* v. 12.7.68 – VII P 10.67 – u. v. 21.3.80 – 6 P 79.78 –, PersV 68, 277, u. 81, 329.
575 GMBl. S. 829.

Soziale Angelegenheiten (Abs. 2) § 75

also wegen in der Person des Beschäftigten liegender, ausschließlich sozialer Gründe gewährt werden.[576] **Entsprechende soziale Zuwendungen** sind Leistungen, die nach ihrer Zweckbestimmung mit Unterstützungen, Vorschüssen und Darlehen vergleichbar sind, also ebenfalls freiwillig aus ausschließlich individuellen sozialen Gründen gewährt werden.[577] Leistungen, die grundsätzlich alle Beschäftigten ohne Rücksicht auf ihre Bedürftigkeit erhalten, wie z. B. Essenszuschüsse, gehören nicht dazu.[578]

Die ergänzenden Vorschriften des **Abs. 2 S. 2** sollen dem **Persönlichkeitsschutz** dienen. Hat ein Beschäftigter eine Leistung nach Abs. 2 S. 1 Nr. 1 beantragt, wird der PR gem. Abs. 2 S. 2 Hs. 1 **nur auf Antrag des Beschäftigten** beteiligt. Auf dieses Antragsrecht hat die Dienststelle den Beschäftigten hinzuweisen. Für seine Ausübung gilt das zu § 78 Abs. 2 S. 2 Hs. 1 Gesagte entsprechend (vgl. § 78 Rn. 23). Gemäß Abs. 2 S. 2 Hs. 2 kann der Beschäftigte verlangen, dass **nur der Vorstand des PR** mitbestimmt. Dieser hat dann an Stelle des Plenums zu beschließen, wobei alle Vorstandsmitglieder zur Beschlussfassung berufen sind.[579] Diese sind insoweit auch den übrigen PR-Mitgliedern gegenüber zur Verschwiegenheit verpflichtet (vgl. § 10 Rn. 11).

59

Nach Abschluss eines jeden Kalendervierteljahres muss die Dienststelle dem PR gem. **Abs. 2 S. 3** einen **Überblick** über Unterstützungen, Vorschüsse, Darlehen und entsprechende **soziale Zuwendungen** geben. Gegenstand des Überblicks sind alle Zuwendungen i. S. d. Abs. 2 S. 1 Nr. 1, auch die aufgrund eines Redaktionsversehens nicht erwähnten Vorschüsse und Darlehen. Nach **Abs. 2 S. 4** sind dabei die **Anträge** und die **Leistungen** ihrer Art nach **gegenüberzustellen.** Dabei sind auch die Anträge mitzuteilen, die die Dienststelle abgelehnt hat oder bei denen der PR nicht beteiligt worden ist. Das BVerwG[580] hat die Ansicht vertreten, dass die **Namen der Antragsteller** nicht anzugeben seien. Das kann jedoch nicht für jene Antragsteller gelten, die die Beteiligung des PR beantragt und nicht auf dessen Vorstand begrenzt haben.[581] Nach **Abs. 2 S. 5** dürfen auch die vom Antragsteller angeführten **Gründe** nicht angegeben werden. Auch dies ist jedoch dann zulässig, wenn der Betroffene dies gestattet oder wenn er seinen Antrag über den PR ohne Begrenzung auf dessen Vorstand vorgelegt hat. Ein über wenige Einzelfälle hinausgehender Überblick sollte **schriftlich** vorgelegt werden.

60

(Abs. 2 S. 1 Nr. 2) Unter den in Abs. 2 S. 1 Nr. 2 genannten Voraussetzungen sind die Zuweisung und Kündigung von **Wohnungen** sowie die allgemeine Festsetzung ihrer Nutzungsbedingungen mitbestimmungs-

61

---

576 Beschl. v. 21.3.80, a.a.O.; str.; vgl. KfdP-*Altvater*, Rn. 93 m.w.N.
577 Str.; vgl. KfdP-*Altvater*, Rn. 94 m.N.
578 *OVG NW* v. 6.11.85 – CL 21/84 –, PersR 87, 43 Ls.
579 Str.; vgl. KfdP-*Altvater*, Rn. 96 m.N.
580 Beschl. v. 28.3.58 – VII P 17.57 –, PersV 59, 139.
581 Str.; vgl. KfdP-*Altvater*, Rn. 106 m.w.N.

§ 75 Soziale Angelegenheiten (Abs. 2)

pflichtig. Der **Begriff** der Wohnungen erfasst Räume jeder Art, die zum Wohnen geeignet und bestimmt sind, ohne dass es darauf ankommt, ob es sich um eine abgeschlossene Wohnung oder um einzelne Wohnräume handelt, ob die Wohnung von einzelnen oder mehreren Personen belegt ist, ob sie kurz- oder langfristig oder ob sie entgeltlich oder kostenlos überlassen wird.[582] Zu den Wohnungen gehören begrifflich auch **Dienst- oder Werkdienstwohnungen**. Nach h. M. handelt es sich bei den sie betreffenden Entscheidungen aber grundsätzlich nicht um soziale Angelegenheiten, weil ihre Zuweisung ausschließlich im dienstlichen Interesse liege und die Dienststelle i. d. R. über keinen mitbestimmungsfähigen Entscheidungsspielraum verfüge[583] (vgl. auch Rn. 51 f. u. § 76 Rn. 31).

62 Das Mitbestimmungsrecht bezieht sich auf Wohnungen, über die die Dienststelle »**verfügt**«. Diese Verfügungsbefugnis kann sich daraus ergeben, dass die Wohnung sich im **Eigentum** des Trägers der Dienststelle befindet oder dass diese – falls ein Dritter Eigentümer ist – ein **Besetzungsrecht** hat.[584] Liegt die Verfügungsbefugnis bei einer übergeordneten Dienststelle, so hat an Stelle des örtlichen PR die nach § 82 Abs. 1 oder 5 zuständige Stufenvertretung mitzubestimmen. Verfügt eine außerhalb der eigenen Verwaltung stehende Dienststelle, insb. eine solche der Bundesanstalt für Immobilienaufgaben (BImA) über die Wohnung, ist das Mitbestimmungsrecht gegeben, wenn und soweit die Dienststelle (oder ggf. die übergeordnete Dienststelle der eigenen Verwaltung) für diese Wohnung ein **Vorschlagsrecht** hat.[585]

63 Der Begriff der **Zuweisung** beinhaltet alle Entscheidungen, die auf die Begründung eines Mietverhältnisses oder eines sonstigen Nutzungsverhältnisses gerichtet sind, und ist deshalb als die **Verschaffung des Nutzungsrechts** an den die Wohnung bildenden Räumen anzusehen.[586] Dazu gehört auch die **Einweisung in eine Dienst- oder Werkdienstwohnung** (vgl. Rn. 61), wenn die Dienststelle unter mehreren Dienst- oder Werkdienstwohnungen oder unter mehreren Dienst- bzw. Werkdienstwohnungsberechtigten auszuwählen hat.[587] Dagegen unterliegt die **Zuweisung anderer Wohnungen** auch dann der Mitbestimmung, wenn dabei keine Auswahlentscheidung zwischen mehreren Beschäftigten und/oder zwi-

---

582 Bejahend für Wohnheimplätze in Personalwohnheimen: *OVG NW* v. 6. 3. 97 – 1 A 1094/94.PVL –, PersR 97, 456; verneinend für Unterkunftsräume in Fortbildungsstätten: *BayVGH* v. 29. 7. 87 – Nr. 17 C 87.01659 –, PersR 88, 138 Ls.
583 Vgl. *BVerwG* v. 21. 3. 85 – 6 P 18.82 – u. v. 16. 11. 87 – 6 P 5.86 –, PersR 86, 54, u. 88, 71.
584 *BVerwG* v. 25. 9. 84 – 6 P 25.83 –, ZBR 85, 60, u. v. 15. 3. 95 – 6 P 23.93 –, PersR 95, 334.
585 Vgl. *HessVGH* v. 16. 11. 59 – BPV 1/59 –, PersV 60, 159.
586 *BVerwG* v. 16. 11. 87 – 6 P 5.86 –, PersR 88, 71; a. A. Richardi-*Kaiser,* Rn. 187.
587 *BVerwG* v. 16. 11. 87, a. a. O.

Soziale Angelegenheiten (Abs. 2) § 75

schen mehreren Wohnungen zu treffen ist.[588] Das Mitbestimmungsrecht nach Abs. 2 S. 1 Nr. 2 bezieht sich immer auf die Verschaffung des Nutzungsrechts an **bereits zur Verfügung stehenden Wohnungen**. Es erstreckt sich nicht darauf, dass der Dienstherr bzw. Arbeitgeber überhaupt Wohnungen für die Beschäftigten bereitstellt.[589] Werden aus einem einheitlichen Bestand ohne feste Zuordnung Wohnungen sowohl an Beschäftigte als auch an andere Personen vergeben, so ist die **Vergabe an Nicht-Beschäftigte** auch dann mitbestimmungspflichtig, wenn sich kein Beschäftigter beworben hat.[590]

Der Tatbestand der **Kündigung** erstreckt sich auf alle Maßnahmen der Dienststelle, die darauf abzielen, eine **Beendigung des Nutzungsverhältnisses** (durch die Dienststelle selbst, den dazu berechtigten Vermieter oder die verfügende externe Dienststelle) herbeizuführen.[591] Die Kündigung bzw. der Widerruf der Zuweisung einer **(Werk-)Dienstwohnung** ist zwar grundsätzlich nicht mitbestimmungspflichtig (vgl. Rn. 61), wohl aber, nachdem die Entwidmung der (Werk-)Dienstwohnung erfolgt ist.[592] Handelt es sich um einen einheitlichen Bestand von Wohnungen ohne feste Zuordnung zu Beschäftigten einerseits und **anderen Personen** andererseits, unterliegt die Kündigung jeder dieser Wohnungen der Mitbestimmung.[593] Erfasst sind auch Kündigungen, die erst nach wirksamer Beendigung des Dienst- oder Arbeitsverhältnisses erfolgen.[594] **64**

Das Mitbestimmungsrecht bei der **allgemeinen Festsetzung der Nutzungsbedingungen** bezieht sich auf die **erstmalige** Festsetzung und auf die **Änderung** bereits bestehender Festsetzungen.[595] Dienst- oder Werkdienstwohnungen klammert die h. M. davon aus, weil ihre Nutzung allein aufgrund dienstlicher Notwendigkeit erfolge.[596] **Nutzungsbedingungen** sind alle vertraglichen Regelungen der gegenseitigen Rechte und Pflichten der Vertragsparteien, die in ihrer Gesamtheit das Nutzungsverhältnis ausmachen.[597] Unter der **allgemeinen Festsetzung** sind alle Entscheidungen zu verstehen, die darauf abzielen, den Gebrauch der bereitgehaltenen **65**

---

588 *OVG NW* v. 9.6.06 – 1 A 1030/05.PVL –, PersR 06, 481.
589 *BVerwG* v. 15.3.95 – 6 P 23.93 –, PersR 95, 334; *LAG Hamm* v. 8.2.96 – 17 Sa 759/95 –, PersR 96, 324.
590 Vgl. *BAG* v. 28.7.92 – 1 ABR 22/92 –, AP BetrVG 1972 § 87 Werkmietwohnungen Nr. 7; *HessVGH* v. 26.1.83 – HPV TL 36/81 –. PersV 89, 42 Ls.; a. A. *OVG NW* v. 16.1.84 – CL 42/82 –, PersV 86, 474 Ls.; vgl. KfdP-*Altvater*, Rn. 101 m.w.N.
591 Teilw. str.; vgl. KfdP-*Altvater*, Rn. 102 m.N.
592 *OVG NW* v. 9.9.99 – 1 A 648/97.PVL –, PersR 06, 481.
593 *BAG* v. 28.7.92, a.a.O.
594 Str.; a.A. *OLG Frankfurt a. M.* v. 14.8.92 – 20 REMiet 1/92 –, PersR 94, 223; vgl. KfdP-*Altvater*, a.a.O.
595 Hierzu u. zum Folgenden KfdP-*Altvater*, Rn. 103 m.w.N.
596 *BVerwG* v. 21.3.85 – 6 P 18.82 –, PersR 86, 54.
597 *BAG* v. 13.3.73 – 1 ABR 16/72 –, AP BetrVG 1972 § 87 Werkmietwohnungen Nr. 1; *BVerwG* v. 7.7.93 – 6 P 8.91 –, PersR 93, 555.

Wohnungen einheitlich zu regeln.[598] Dazu zählt v. a. die inhaltliche Festlegung von Formularmietverträgen und Haus- und Garagenordnungen,[599] aber auch die Aufstellung allgemeiner Grundsätze für die Mietzinsbildung und die Umlage der Betriebskosten sowie für Mieterhöhungen, wobei der PR allerdings eine haushaltsrechtlich nicht vorgesehene Subventionierung nicht durchsetzen kann[600] und die maßgeblichen mietrechtlichen Vorschriften (§§ 557–560 BGB) zu beachten sind. Hat die Dienststelle mit der Verwaltung eine Wohnungsbaugesellschaft beauftragt, ändert dies nichts an der Mitbestimmungspflichtigkeit, wenn das Letztentscheidungsrecht bei der Dienststelle verbleibt.[601] Falls die Dienststelle (bzw. ihr Träger) **nicht selbst Vermieter** ist (oder nicht für den Vermieter handeln kann) und die Nutzungsbedingungen deshalb nicht von ihr festgelegt werden, ist das Mitbestimmungsrecht des PR nur gegeben, soweit die Dienststelle Einflussrechte gegenüber dem Vermieter hat.

66 Die Beteiligung des PR bei der Wohnungsfürsorge ist in Abs. 2 S. 1 Nr. 2 **nicht abschließend geregelt**. Sind Wohnungen als **Sozialeinrichtung** anzusehen, steht dem PR bei ihrer Errichtung, Verwaltung und Auflösung das Mitbestimmungsrecht nach **Abs. 3 Nr. 5** zu[602] (vgl. dazu Rn. 102 ff.).

67 **(Abs. 2 S. 1 Nr. 3)** Die Mitbestimmung bei der Zuweisung von **Dienst- und Pachtland** und bei der Festsetzung seiner Nutzungsbedingungen bezieht sich auf Grundstücke oder Teile von ihnen, über die die Dienststelle in der Weise verfügen kann, dass sie den Nutzungsberechtigten bestimmt. Mit **Zuweisung** ist die Verschaffung des Nutzungsrechts gemeint, z. B. durch Abschluss eines Pachtvertrages.[603] Mitbestimmungspflichtig ist auch die Zuweisung von Land, das als »Dienstland« einem bestimmten Dienstposten zugeordnet ist, wenn die Dienststelle dabei die Möglichkeit zur Auswahl hat (vgl. Rn. 63). Die **Nutzungsart** ist gesetzlich nicht festgelegt. Sie kann z. B. land- oder forstwirtschaftlicher, gärtnerischer oder baulicher Art sein. Anders als nach Abs. 2 S. 1 Nr. 2 ist die **Festsetzung der Nutzungsbedingungen** – d. h. die Ausgestaltung des Überlassungsverhältnisses einschl. der Höhe eines etwaigen Nutzungsentgelts – und deren Änderung auch dann mitbestimmungspflichtig, wenn sie nicht allgemein, sondern im Einzelfall erfolgt. Die **Kündigung** des Überlassungsverhältnisses oder der Widerruf der Zuweisung ist dagegen nicht mitbestimmungspflichtig.[604]

68 **(Abs. 2 S. 2 bis 5)** Vgl. dazu bereits Rn. 59 f.

---

598 *BVerwG* v. 7. 7. 93, a. a. O.
599 *VGH BW* v. 23. 10. 90 – 15 S 2962/89 –, BWVPr 91, 114.
600 *BVerwG* v. 15. 3. 95 – 6 P 23.93 –, PersR 95, 334.
601 *BVerwG* v. 15. 3. 95, a. a. O.
602 *BVerwG* v. 24. 4. 92 – 6 P 33.90 – u. v. 20. 12. 00 – 6 P 3.00 –, PersR 92, 308, u. 01, 153.
603 Str.; KfdP-*Altvater*, Rn. 105 m. N.
604 Str.; KfdP-*Altvater*, a. a. O.

Sonstige Angelegenheiten (Abs. 3) § 75

(Abs. 3) Die in Abs. 3 aufgeführten mitbestimmungspflichtigen **sonstigen** **69**
Angelegenheiten beziehen sich in den Fällen der Nrn. 6 bis 9 nur auf
Arbeitnehmer, in den übrigen Fällen auf **alle Beschäftigten.** Nur ausnahmsweise (bei der 2. Variante der Nr. 3) geht es um Angelegenheiten, die
nur **einzelne Beschäftigte** betreffen. Im Übrigen handelt es sich durchweg um **allgemeine Angelegenheiten,** die durch einen **kollektiven**
Bezug gekennzeichnet sind. Dieser Bezug ist immer dann gegeben,
wenn sich eine Regelungsfrage stellt, welche die Interessen der Beschäftigten unabhängig von der Person und den individuellen Wünschen des
Einzelnen berührt. Dabei ist die Zahl der betroffenen Beschäftigten nicht
erheblich, sondern allenfalls ein Indiz für das Vorliegen eines kollektiven
Bezugs.[605] Ein kollektiver Bezug liegt deshalb nicht nur dann vor, wenn die
Angelegenheit alle Beschäftigten der Dienststelle oder eine funktional abgegrenzte Gruppe von Beschäftigten betrifft, sondern auch, wenn sie sich nur
auf einen einzelnen Beschäftigten auf einem bestimmten Dienstposten oder
Arbeitsplatz bezieht und im Hinblick auf Regelungsanlass und -inhalt nicht
durch die individuellen Umstände des einzelnen Beschäftigten oder Beschäftigungsverhältnisses bedingt ist. Für die Abgrenzung kommt es nicht
darauf an, ob die (von der Dienststelle beabsichtigte oder vom PR beantragte) Maßnahme **auf Dauer** angelegt ist oder sich (wie z. B. eine Arbeitszeitregelung für einen bestimmten Tag) auf einen **einmaligen Tatbestand**
bezieht (vgl. § 73 Rn. 2). Liegt ein kollektiver Bezug vor, so entfällt die
Mitbestimmung nicht deshalb, weil der oder die betroffenen einzelnen
Beschäftigten sich mit der beabsichtigten Maßnahme **einverstanden** erklären, indem sie etwa eine Änderung des Arbeitsvertrages vereinbaren
oder einer Einzelanweisung des Dienststellenleiters zustimmen. Die Mitbestimmung ist nicht dadurch ausgeschlossen, dass eine Angelegenheit nur
probeweise geregelt werden soll[606] (vgl. § 69 Rn. 8).

Die **Reichweite der Mitbestimmung** ist – anhand von Wortlaut, Ent- **70**
stehungsgeschichte, rechtssystematischem Zusammenhang sowie Sinn und
Zweck – für jeden Mitbestimmungstatbestand gesondert zu klären.[607] Die
in Abs. 3 aufgeführten Angelegenheiten sind so unterschiedlich, dass sich
ihnen nicht das übergeordnete Auslegungsprinzip entnehmen lässt, die
Mitbestimmung erstrecke sich nur auf **formelle,** nicht aber auf **materielle**
Arbeitsbedingungen.[608]

Die **Form der Ausübung der Mitbestimmung** richtet sich nach dem **71**
Charakter der zu regelnden Angelegenheit und nach der beabsichtigten
Wirkung der vorgesehenen Maßnahme. Für eine generelle Regelung mit
normativer Wirkung kommt nach Maßgabe des § 73 und des Abs. 5 der

---

605 *BVerwG* v. 12. 8. 02 – 6 P 17.01 –, PersR 02, 473.
606 So *BVerwG* v. 15. 12. 78 – 6 P 13.78 –, PersV 80, 145, zu einem zeitlich
begrenzten Betriebsversuch.
607 Vgl. *BVerwG* v. 9. 1. 08 – 6 PB 15.07 –, PersR 08, 216.
608 Vgl. *BVerwG* v. 9. 12. 98 – 6 P 6.97 – u. v. 30. 6. 05 – 6 P 9.04 –, PersR 99, 265,
u. 05, 416.

§ 75 Gesetzes- und Tarifvertragsvorbehalt (Abs. 3)

Abschluss einer **Dienstvereinbarung** in Betracht (vgl. § 73 Rn. 2 f., 8; unten Rn. 161 ff.). Möglich ist auch (jeweils ohne normative Wirkung) eine generelle Regelung durch eine mit Zustimmung des PR oder auf seinen Antrag erlassene **Anordnung** des Dienststellenleiters[609] oder eine von diesem getroffene **Einzelmaßnahme**, der der PR zugestimmt oder die er beantragt hat.

72 Nach dem Eingangssatz des Abs. 3 hat der PR nur mitzubestimmen, soweit nicht eine (zwingende) gesetzliche oder tarifliche Regelung besteht. Diesem **Gesetzes- und Tarifvertragsvorbehalt** liegt die Vorstellung des Gesetzgebers zugrunde, dass die Interessen der Beschäftigten durch die jeweilige gesetzliche oder tarifliche Regelung **bereits hinreichend geschützt** sind und keines weiteren Schutzes durch Mitbestimmungsrechte bedürfen.[610] Außerdem fehlt es, wenn der Dienstherr oder Arbeitgeber aufgrund einer gesetzlichen oder tarifvertraglichen Regelung selbst **keine Gestaltungsmöglichkeit mehr** besitzt, an einem Ansatz für eine eigenständige Regelung durch PR und Dienststellenleiter.[611]

73 Eine **gesetzliche Regelung** i. S. d. Abs. 3 liegt vor, wenn sie in einem **Gesetz im materiellen Sinn** enthalten ist.[612] Der Begriff des Gesetzes ist dabei derselbe wie in § 2 Abs. 1 (vgl. § 2 Rn. 6). Keine Gesetze in diesem Sinne sind demnach gesetzesvertretendes Richterrecht (str.), das Haushaltsgesetz (str.; vgl. § 71 Rn. 25) oder Verwaltungsvorschriften.[613] **Regelungen ohne Rechtssatzcharakter** sperren die Mitbestimmung auch dann nicht, wenn es sich bei ihnen um Verwaltungsvorschriften handelt, die vom BMI (insb. aufgrund des § 145 Abs. 2 BBG) im Rahmen seiner Zuständigkeit ressortübergreifend erlassen worden sind (str.), weil weder der PR noch die Einigungsstelle als weisungsunabhängige Organe an derartige Regelungen gebunden sind.[614] Auch Verwaltungsvorschriften, welche die Bundesregierung nach Art. 86 GG erlassen hat, sind nicht geeignet, die Mitbestimmung zu sperren (vgl. § 82 Rn. 22).

74 Eine **tarifliche Regelung** i. S. d. Abs. 3 muss in einem **Tarifvertrag** i. S. d. TVG (vgl. § 2 Rn. 6) enthalten sein, der (anders als in Abs. 5 für den Abschluss von Dienstvereinbarungen vorgesehen; vgl. Rn. 161 ff.) tatsächlich für die Dienststelle gilt.[615] In zeitlicher Hinsicht muss es sich dabei um einen Tarifvertrag handeln, der **in Kraft** ist. Ein beendeter Tarifvertrag, dessen Rechtsnormen gem. § 4 Abs. 5 TVG (nur) nachwirken, löst nicht den im Eingangssatz von Abs. 3 geregelten Tarifvorbehalt aus und steht

---

609 *BVerwG* v. 19.5.03 – 6 P 16.02 –, PersR 03, 314.
610 *BVerwG* v. 7.4.08 – 6 PB 1.08 –, PersR 08, 450; vgl. KfdP-*Altvater*, Rn. 113.
611 *BAG* v. 22.7.08 – 1 ABR 40/07 –, AP BetrVG 1972 § 87 Nr. 14.
612 *BVerwG* v. 7.4.08, a.a.O.
613 Hierzu u. zum Folgenden KfdP-*Altvater*, Rn. 114 m. N.
614 Vgl. *BVerwG* v. 2.9.09 – 6 PB 22.09 –, u. v. 17.2.10 – 6 PB 43.09 –, PersR 09, 458, u. 10, 208.
615 Hierzu u. zum Folgenden KfdP-*Altvater*, Rn. 115 m. N.

Arbeitszeit (Abs. 3 Nr. 1) § 75

somit der Mitbestimmung des PR nicht entgegen,[616] jedoch kann eine Dienstvereinbarung nach Abs. 5 wegen Tarifüblichkeit ausgeschlossen sein (vgl. Rn. 162). In inhaltlicher Hinsicht ist erforderlich, dass die Dienststelle zum **räumlichen, betrieblichen und fachlichen Geltungsbereich** und die Beschäftigten, auf die sich die anstehende Angelegenheit bezieht, zum **persönlichen Geltungsbereich** des Tarifvertrags gehören.[617] Außerdem ist eine **Tarifbindung** erforderlich, wobei es bei einem nicht allgemeinverbindlichen Tarifvertrag ausreicht, dass der Arbeitgeber tarifgebunden ist.[618]

Nur eine **zwingende** gesetzliche oder tarifvertragliche Regelung kann die Mitbestimmung nach Abs. 3 ausschließen, und dies auch nur dann, wenn darin ein **Sachverhalt unmittelbar geregelt** ist, es also zum Vollzug keines Ausführungsaktes bedarf.[619] Ist jedoch die Einzelmaßnahme dem Dienststellenleiter überlassen, unterliegt dessen Entscheidung einer vom PR im Wege der Mitbestimmung auszuübenden Richtigkeitskontrolle.[620] Das gilt auch bei **rein normvollziehenden Maßnahmen** ohne Ermessensspielraum,[621] erst recht aber bei Maßnahmen, die auf der **Anwendung einer Ermessensvorschrift** beruhen, welche der Dienststelle einen mehr oder minder großen Gestaltungsspielraum einräumt.[622] Im Übrigen können die Tarifvertragsparteien die Mitbestimmung des PR nicht durch ein **einseitiges Bestimmungsrecht des Arbeitgebers** ersetzen.[623] **75**

(Abs. 3 Nr. 1) Der mit § 87 Abs. 1 Nr. 2 BetrVG fast wortgleiche Abs. 3 Nr. 1 bezieht sich auf **Beginn und Ende der täglichen Arbeitszeit und der Pausen** sowie die **Verteilung der Arbeitszeit auf die einzelnen Wochentage**. Die Mitbestimmung in diesen Angelegenheiten dient dem **Zweck**, die Interessen der Beschäftigten an der Lage ihrer Arbeitszeit und damit zugleich ihrer Freizeit zur Geltung zu bringen.[624] Der Mitbestimmung unterliegen **nicht nur generelle Regelungen**, die für die Beschäftigten der Dienststelle insgesamt oder für eine aus mehreren Personen bestehende und nach abstrakten Merkmalen festgelegte und abgegrenzte Gruppe von Beschäftigten gelten sollen,[625] sondern **alle kollektiven Tat- 76**

---

616 Vgl. *BAG* v. 24.2.87 – 1 ABR 18/85 –, AP BetrVG 1972 § 77 Nr. 21; *VGH BW* v. 19.5.87 – 15 S 1773/86 –, PersV 89, 224; str.
617 Vgl. *BAG* v. 21.1.03 – 1 ABR 9/02 –, AP BetrVG 1972 § 21a Nr. 2.
618 *BVerwG* v. 2.2.09 – 6 P 2.08 –, PersR 09, 164.
619 *BVerwG* v. 2.2.09, a.a.O., m.w.N.; vgl. KfdP-*Altvater*, Rn. 116.
620 *BVerwG* v. 18.5.04 – 6 P 13.03 –, PersR 04, 349, m.w.N.
621 *BVerwG* v. 18.5.04, a.a.O.
622 *BVerwG* v. 15.12.94 – 6 P 19.92 –, PersR 95, 207.
623 Vgl. *BAG* v. 18.4.89 – 1 ABR 100/87 –, AP BetrVG 1972 § 87 Tarifvorrang Nr. 18, sowie v. 21.9.93 – 1 ABR 16/93 – u. v. 17.11.98 – 1 ABR 12/98 –, AP BetrVG 1972 § 87 Arbeitszeit Nr. 62 u. 79.
624 Vgl. *BVerwG* v. 12.8.02 – 6 P 17.01 – u. v. 30.6.05 – 6 P 9.04 –, PersR 02, 473, u. 05, 417; *BAG* v. 15.12.92 – 1 ABR 38/92 –, AP AÜG § 14 Nr. 7, u. v. 14.11.06 – 1 ABR 5/06 –, AP BetrVG 1972 § 87 Arbeitszeit Nr. 121.
625 So das *BVerwG* in seiner älteren Rspr., z.B. im Beschl. v. 2.6.92 – 6 P 14.90 –, PersR 92, 359.

§ 75 Arbeitszeit (Abs. 3 Nr. 1)

bestände, also alle Regelungen, die durch einen kollektiven Bezug gekennzeichnet sind (vgl. dazu Rn. 69).[626] Die Mitbestimmung nach Abs. 3 Nr. 1 bezieht sich auf die **Einführung**, die **Änderung** und die **Aufhebung** von Arbeitszeitregelungen.[627] Ihr unterliegen nicht nur Regelungen, die **auf Dauer** angelegt sind, sondern auch solche, die lediglich **vorübergehend** gelten sollen. Das gilt auch für eine Regelung, die sich auf einen einzigen Tag beschränkt.[628]

77 Das BPersVG legt wie auch das BetrVG nicht ausdrücklich fest, was unter **Arbeitszeit** zu verstehen ist. Das *BVerwG* hat den **Begriff** bisher strikt arbeitszeitrechtlich definiert und auf die Zeiten begrenzt, in denen die Beschäftigten die ihnen obliegende Dienstleistung erbringen müssen.[629] Das ist jedoch zu eng. Außer der Arbeitszeit im arbeitszeitrechtlichen Sinne sind im Hinblick auf den Schutzzweck der Mitbestimmung (vgl. Rn. 76) vielmehr auch solche Zeiten (wie z. B. Zeiten der Rufbereitschaft [vgl. Rn. 85]) als Arbeitszeit i. S. d. Abs. 3 Nr. 1 anzusehen, in denen die Beschäftigten über ihre Freizeit nur eingeschränkt disponieren können.[630]

78 Die Mitbestimmung über Beginn und Ende der täglichen Arbeitszeit erfasst zwangsläufig auch die **Dauer der täglichen Arbeitszeit**, weil beides untrennbar miteinander verbunden ist.[631] Dagegen hat der PR nach h. M. über die **Dauer der regelmäßigen wöchentlichen Arbeitszeit** nicht mitzubestimmen.[632] Diese ist für **Vollzeitbeschäftigte** durch gesetzliche oder tarifliche Regelung vorgegeben, für die Beamten des Bundes durch Verordnung (§ 3 Abs. 1 AZV) und für die Arbeitnehmer i. d. R. durch Tarifvertrag (vgl. § 6 Abs. 1 S. 1 TVöD) festgelegt. Für **Teilzeitbeschäftigte** ist sie durch Verwaltungsakt des Dienstherrn oder Vereinbarung mit dem Arbeitgeber festgelegt; dabei handelt es sich um personelle Einzelmaßnahmen, für die in einzelnen LPersVG ein besonderer Mitbestimmungstatbestand existiert (vgl. § 75 Abs. 1 Nr. 7 LPVG BW; § 78 Abs. 2 Nr. 8 LPersVG RP).

79 Der Tatbestand »**Verteilung der Arbeitszeit auf die einzelnen Wochentage**« hat klarstellende Bedeutung. Er bezieht sich insb. auf die Regelung der Frage, an wie vielen und an welchen Wochentagen gearbeitet werden soll, ob die Verteilung der i. d. R. vorgegebenen wöchentlichen

---

626 *BVerwG* v. 30. 6. 05, a. a. O., u. v. 12. 9. 05 – 6 P 1.05 –, PersR 06, 72.
627 Hierzu u. zum Folgenden KfdP-*Altvater*, Rn. 121 m. N.
628 *BVerwG* v. 9. 10. 91 – 6 P 12.90 –, PersR 92, 16.
629 Vgl. Beschl. v. 23. 8. 07 – 6 P 7.06 –, PersR 07, 476, m. w. N.
630 So zu Recht das *BAG* in st. Rspr.; vgl. Beschl. v. 21. 12. 82 – 1 ABR 14/81 – u. v. 29. 2. 00 – 1 ABR 15/99 –, AP BetrVG 1972 § 87 Arbeitszeit Nr. 9 u. 81, sowie v. 23. 1. 01 – 1 ABR 36/00 –, PersR 01, 350.
631 Vgl. *BVerwG* v. 4. 4. 85 – 6 P 37.82 –, PersR 86, 17; *BAG* v. 28. 9. 88 – 1 ABR 41/87 –, AP BetrVG 1972 § 87 Arbeitszeit Nr. 29.
632 *BVerwG* v. 20. 7. 84 – 6 P 16.83 –, PersR 85, 61, v. 4. 4. 85, a. a. O., u. v. 30. 6. 05 – 6 P 9.04 –, PersR 05, 417; *BAG* v. 18. 10. 94 – 1 AZR 503/93 –, PersR 95, 220.

Arbeitszeit (Abs. 3 Nr. 1) § 75

Arbeitszeit auf diese Tage gleichmäßig oder ungleichmäßig erfolgen und wie ggf. eine unterschiedliche Verteilung vorgenommen werden soll.

Die Mitbestimmung nach Abs. 3 Nr. 1 erstreckt sich auch auf Beginn und Ende der **Pausen.** Das sind im Voraus festgelegte Unterbrechungen der Arbeitszeit, in denen die Beschäftigten weder Arbeit zu leisten noch sich dafür bereitzuhalten haben.[633] Die h. M. versteht unter Pausen i. S. d. Abs. 3 Nr. 1 grundsätzlich nur **unbezahlte Ruhepausen,**[634] nicht jedoch bezahlte Unterbrechungen der Arbeitszeit. Dienen solche Pausen (z. B. bei der Bildschirmarbeit) dem Arbeitsschutz, sind sie jedoch nach Abs. 3 Nr. 11 mitbestimmungspflichtig.[635] Soweit es sich um Pausen i. S. d. Abs. 3 Nr. 1 handelt, ist grundsätzlich nicht nur die Festlegung ihrer **Lage,** sondern auch ihrer **Dauer** mitbestimmungspflichtig.[636] Inzwischen hat das *BAG* anerkannt, dass auch **vergütungspflichtige tarifliche Kurzpausen** als Pausen i. S. d. § 87 Abs. 1 Nr. 2 BetrVG (entsprechend § 75 Abs. 3 Nr. 1 BPersVG) anzusehen sind, allerdings mit der Einschränkung, dass die Mitbestimmung auf die Festlegung der zeitlichen **Lage** dieser Pausen beschränkt ist.[637]   80

Bei folgenden **Varianten** von Arbeitszeitregelungen kommt der Mitbestimmung des PR in der Praxis besondere Bedeutung zu:[638] bei der Aufstellung und Änderung von **Dienstplänen;**[639] bei der Einführung und Ausgestaltung sowie der Änderung und dem Abbau von **Schichtarbeit;**[640] bei der Einführung und Ausgestaltung der **gleitenden Arbeitszeit;**[641] bei der Einführung und Ausgestaltung **anderer flexibler Arbeitszeitsysteme,** wie z. B. bei sog. Vertrauensarbeitszeit oder Arbeitszeitkonten.[642]   81

Für die Mitbestimmung des PR bei der **Teilzeitbeschäftigung** gilt nichts anderes als bei der Vollzeitbeschäftigung. Abgesehen davon, dass die Dauer   82

---

633 Vgl. *BAG* v. 23. 9. 92 – 4 AZR 562/91 –, AP AZO Kr § 3 Nr. 6.
634 Vgl. *BAG* v. 28. 7. 81 – 1 ABR 65/79 –, AP BetrVG 1972 § 87 Arbeitszeit Nr. 3; *BVerwG* v. 8. 1. 01 – 6 P 6.00 –, PersR 01, 154.
635 *BVerwG* v. 8. 1. 01, a. a. O.
636 Vgl. *HmbOVG* v. 22. 5. 00 – 8 Bf 50/99.PVL u. a. –, PersR 01, 303.
637 Beschl. v. 1. 7. 03 – 1 ABR 20/02 –, AP BetrVG 1972 § 87 Arbeitszeit Nr. 103.
638 Näher dazu KfdP-*Altvater*, Rn. 127.
639 Vgl. *BVerwG* v. 12. 3. 86 – 6 P 5.85 – u. v. 2. 3. 93 – 6 P 34.91 –, PersR 86, 116, u. 93, 266; *BAG* v. 23. 3. 99 – 1 ABR 33/98 –, AP BetrVG 1972 § 87 Arbeitszeit Nr. 80.
640 Vgl. *BVerwG* v. 15. 2. 88 – 6 P 29.85 –, PersR 88, 130, u. v. 2. 3. 93, a. a. O.; *BAG* v. 26. 3. 91 – 1 ABR 43/90 –, PersR 91, 310, sowie v. 28. 5. 02 – 1 ABR 40/01 – u. v. 22. 7. 03 – 1 ABR 28/02 –, AP BetrVG 1972 § 87 Arbeitszeit Nr. 96 u. 108; hinsichtlich der Einführung str.
641 Vgl. *BVerwG* v. 9. 10. 91 – 6 P 21.89 –, PersR 92, 20; hinsichtlich der Einführung sowie von Details str.
642 Vgl. *BAG* v. 22. 7. 03, a. a. O. (Arbeitszeitkonten); *OVG Bln-Bbg* v. 23. 4. 09 – 62 PV 4.07 –, PersR 09, 372 (Arbeitszeitkorridore u. Rahmenzeiten sowie Arbeitszeitkonten nach § 6 Abs. 6 u. 7 sowie § 10 Abs. 1 TVöD; vgl. dazu Rn. 83).

§ 75 Arbeitszeit (Abs. 3 Nr. 1)

der regelmäßigen wöchentlichen Arbeitszeit bei Teilzeitbeschäftigten i. d. R. mitbestimmungsfrei vorgegeben ist (vgl. Rn. 78), hat der PR insb. mitzubestimmen über die Mindestdauer der täglichen Arbeitszeit und die Höchstzahl der Arbeitstage pro Woche, über die Regelung der Frage, ob und in welcher Weise die tägliche Arbeitszeit in Schichten geleistet werden soll, und über die Dauer und Lage der Pausen.[643] § 8 TzBfG, der den Anspruch des Arbeitnehmers auf Verringerung seiner vertraglichen vereinbarten Arbeitszeit regelt, begründet keinen Gesetzesvorbehalt i. S. d. Eingangssatzes des Abs. 3.[644]

83 Den **Tarifvertragsparteien** ist es gestattet, Abweichungen von Vorschriften des Arbeitszeitgesetzes zuzulassen (für bestimmte Vorschriften über die **werktägliche Arbeitszeit und arbeitsfreie Zeiten** geregelt in § 7 Abs. 1, 2 u. 2a ArbZG, für bestimmte Vorschriften über die **Sonn- und Feiertagsruhe** in § 12 ArbZG). Die **Abweichungen** können entweder in einem Tarifvertrag oder aufgrund eines Tarifvertrags in einer Betriebs- oder **Dienstvereinbarung** zugelassen werden. Von der zweiten Möglichkeit haben die Tarifvertragsparteien des TVöD in § 6 Abs. 4 TVöD teilweise Gebrauch gemacht. Darüber hinaus enthält der TVöD **weitere Öffnungsklauseln** für Betriebs- bzw. Dienstvereinbarungen. Sie betreffen die Einführung eines **wöchentlichen Arbeitszeitkorridors** (§ 6 Abs. 6 S. 1 TVöD), einer **täglichen Rahmenzeit** (§ 6 Abs. 7 S. 1 TVöD) und die Einrichtung eines **Arbeitszeitkontos** (§ 10 Abs. 1 S. 1 TVöD). Diese Regelungsgegenstände liegen im Rahmen des Mitbestimmungstatbestandes des Abs. 3 Nr. 1.[645] Eine Dienstvereinbarung darüber kann einvernehmlich oder durch Beschluss der Einigungsstelle zustande kommen (vgl. § 73 Rn. 4 ff.).

84 Aus der einschränkenden Regelung des Abs. 4 (vgl. Rn. 159 f.) hat das *BVerwG* in seiner neueren Rspr. gefolgert, dass der PR, wenn kein Fall des Abs. 4 vorliegt, nach Abs. 3 Nr. 1 bei der **Anordnung von Mehrarbeit und Überstunden** im Einzelfall mitzubestimmen hat.[646] Gegenstand der Mitbestimmung ist danach auch die **Anordnung, ob und in welchem Umfang** Mehrarbeit bzw. Überstunden zu leisten sind.[647] Deklariert der Dienststellenleiter die Ableistung der Mehrarbeit oder Überstunden als **freiwillig**, so wird dadurch der im Abs. 3 Nr. 1 vorausgesetzte **kollektive Tatbestand** (vgl. Rn. 69) nicht in Frage gestellt.[648] Einbezogen

---

643 Vgl. *BAG* v. 13.10.87 – 1 ABR 10/86 – u. v. 18.2.03 – 9 AZR 164/02 –, AP BetrVG 1972 § 87 Arbeitszeit Nr. 24 u. 109; a. A. *OVG NW* v. 29.9.04 – 1 A 4194/02.PVB –, PersR 05, 123.
644 *BAG* v. 24.6.08 – 9 AZR 313/07 –, AP BetrVG 1972 § 117 Nr. 8.
645 Näher dazu KfdP-*Altvater*, Rn. 129.
646 Beschl. v. 3.12.01 – 6 P 12.00 – u. v. 30.6.05 – 6 P 9.04 –, PersR 02, 163, u. 05, 417.
647 Beschl. v. 3.12.01 u. v. 30.6.05, jew. a. a. O.; offengelassen in *BAG* v. 10.10.06 – 1 AZR 822/05 –, PersR 07, 209.
648 *BVerwG* v. 30.6.05, a. a. O.; *BAG* v. 24.4.07 – 1 ABR 47/06 –, AP BetrVG 1972 § 87 Arbeitszeit Nr. 124.

in diese Mitbestimmung ist auch der Fall, dass die Arbeitszeit von **Teilzeitbeschäftigten** vorübergehend verlängert werden soll.[649] Besteht **keine Möglichkeit zur zeitlichen Disposition**, weil der Zeitpunkt der Mehrarbeit bzw. Überstunden so eng mit ihrer Anordnung verknüpft ist, dass beides nicht voneinander getrennt werden kann, so führt dies nicht zum Wegfall des Mitbestimmungsrechts,[650] sondern dieses beschränkt sich auf die Anordnung und entfällt lediglich in Bezug auf die zeitliche Lage der Mehrarbeit bzw. Überstunden.[651] Der **Schutzzweck** der Mitbestimmung bei der Anordnung von Mehrarbeit bzw. Überstunden besteht v. a. darin, physische und psychische Überbeanspruchungen sowie unzumutbare Freizeitverluste der betroffenen Beschäftigten zu verhindern.[652] Will die Dienststelle zunächst nur regeln, dass, von wem und in welchem Höchstumfang zusätzliche Arbeitsstunden geleistet werden müssen, und die Entscheidung über die zeitliche Lage dieser Arbeitsstunden erst später treffen, so hat der PR bereits bei der »**Grundanordnung**« mitzubestimmen.[653] Im Hinblick auf den Schutzzweck der Mitbestimmung bei der Anordnung von Mehrarbeit bzw. Überstunden wird deren **vollständiger Abbau** als nicht mitbestimmungspflichtig angesehen,[654] wohl aber deren **teilweiser Abbau**.[655] Da der Fall einer Verringerung der Arbeitszeit in Abs. 4 nicht aufgeführt ist, hat das *BAG* ein Mitbestimmungsrecht des PR bei der Entscheidung über **das Ob und den Umfang von Kurzarbeit** verneint.[656]

Zur Arbeitszeit i. S. d. von Abs. 3 Nr. 1 (vgl. Rn. 77) gehören auch die verschiedenen **Formen von Bereitschaften**. Der PR hat deshalb mitzubestimmen bei der Einführung und Festlegung der zeitlichen Lage von **Arbeitsbereitschaft** sowie von **Bereitschaftsdienst**,[657] entsprechend der Rspr. des *BAG* zum BetrVG und entgegen der älteren Rspr. des *BVerwG* (vgl. dazu jew. Rn. 77) aber auch bei der Anordnung von **Rufbereitschaft**.[658]

(Abs. 3 Nr. 2) Nach Abs. 3 Nr. 2 bestimmt der PR über Zeit, Ort und Art der Auszahlung der Dienstbezüge und Arbeitsentgelte mit. **Dienstbezüge und Arbeitsentgelte** in diesem Sinne sind alle aufgrund des Beamten-

---

649 Vgl. *BAG* v. 16.7.91 – 1 ABR 69/90 – u. v. 23.7.96 – 1 ABR 13/96 –, AP BetrVG 1972 § 87 Arbeitszeit Nr. 44 u. 68, sowie v. 24.4.07, a. a. O.
650 So noch *BVerwG* v. 9.10.91 – 6 P 12.90 –, PersR 92, 16.
651 Richardi-*Kaiser*, Rn. 252.
652 *BVerwG* v. 6.10.92 – 6 P 25.90 –, PersR 93, 77, u. v. 30.6.05, a. a. O.; *BAG* v. 21.11.78 – 1 ABR 67/76 –, AP BetrVG 1972 § 87 Arbeitszeit Nr. 2.
653 *BVerwG* v. 12.9.05 – 6 P 1.05 –, PersR 06, 72.
654 Vgl. *BAG* v. 25.10.77 – 1 AZR 452/74 –, AP BetrVG 1972 § 87 Arbeitszeit Nr. 1; *BVerwG* v. 6.10.92 – 6 P 25.90 –, PersR 93, 77.
655 Vgl. KfdP-*Altvater*, Rn. 130 m. w. N.
656 Urt. v. 10.10.06, – 1 AZR 822/05 –, PersR 07, 209, m. w. N.
657 Vgl. *BAG* v. 22.7.03 – 1 ABR 28/02 –, AP BetrVG 1972 § 87 Arbeitszeit Nr. 108; *BVerwG* v. 28.3.01 – 6 P 4.00 –, PersR 01, 343.
658 Offengelassen in *BVerwG* v. 23.8.07 – 6 P 7.00 –, PersR 07, 476.

§ 75 Urlaub (Abs. 3 Nr. 3)

oder Arbeitsverhältnisses vom Dienstherrn bzw. Arbeitgeber zu erbringenden Geld- oder Sachleistungen. **Zeit der Auszahlung** sind der Tag und die Stunde der Auszahlung und der Zahlungsrhythmus. Regelungen über den **Ort der Auszahlung** legen fest, wo (in der Dienststelle oder an einem anderen Ort und in welchen Räumen) Dienstbezüge und Arbeitsentgelte ausgezahlt werden. Bei der **Art der Auszahlung** geht es darum, ob Barzahlung, Zahlung per Scheck oder Überweisung auf ein Bankkonto erfolgt. Die Mitbestimmung des PR erstreckt sich deshalb auch auf den Übergang von der Barzahlung zur **bargeldlosen Auszahlung**. Daraus ergibt sich zugleich eine »Annexkompetenz« des PR, über eine Regelung mitzubestimmen, mit der die als **Nebenfolgen** der bargeldlosen Auszahlung eintretenden Belastungen der Beschäftigten ausgeglichen oder gemildert werden sollen, etwa durch die Erstattung von Kontoführungsgebühren oder die Gewährung von Dienstbefreiung zum Aufsuchen der Bank, bei der das Gehaltskonto besteht.[659] Da die **beamtenrechtlichen Vorschriften** (vgl. § 1 Abs. 2 u. 3, § 3 Abs. 4 u. § 17a BBesG) und die meisten für den öffentlichen Dienst geltenden **Tarifverträge** (vgl. § 24 Abs. 1 S. 2–4 TVöD) die Modalitäten des Auszahlung der Dienstbezüge bzw. Arbeitsentgelte abschließend regeln, ist die Mitbestimmung nach Abs. 3 Nr. 2 allerdings weitgehend ausgeschlossen (vgl. Rn. 72 ff.).

87 (Abs. 3 Nr. 3) Der **erste Tatbestand** des Abs. 3 Nr. 3, der die Mitbestimmung bei der **Aufstellung des Urlaubsplans** vorsieht, dient wie der vergleichbare erste Tatbestand des § 87 Abs. 1 Nr. 5 BetrVG dem **Zweck,** die Urlaubswünsche der einzelnen Beschäftigten untereinander auszugleichen und mit den dienstlichen Erfordernissen in Einklang zu bringen. Er bezieht sich nicht nur auf den Erholungsurlaub, sondern grundsätzlich auf **jede Form von Urlaub,** soweit dieser planbar ist und soweit nicht spezielle Beteiligungstatbestände (vgl. § 76 Abs. 1 Nr. 8) eingreifen.[660] Der **Rechtsanspruch** auf den jeweiligen Urlaub und dessen **Dauer** werden von Abs. 3 Nr. 3 vorausgesetzt. Sie ergeben sich i. d. R. aus Gesetz (für Beamte v. a. aus EUrlV und SUrlV, für Arbeitnehmer v. a. aus BUrlG und § 19 JArbSchG) oder Tarifvertrag (vgl. z. B. §§ 26 ff. TVöD).

88 Der **Urlaubsplan** ist die Festlegung der zeitlichen Lage des Urlaubs der Beschäftigten der Dienststelle im Urlaubsjahr und die Regelung der Urlaubsvertretung.[661] Seine Aufstellung dient dazu, die Urlaubszeiten so zu koordinieren, dass die **Interessen der Beschäftigten** möglichst gleichrangig berücksichtigt werden und dass der **Dienstbetrieb** möglichst wenig

---

659 St. Rspr. des *BAG* (vgl. Beschl. v. 10.8.93 – 1 ABR 21/93 –, AP BetrVG 1972 § 87 Auszahlung Nr. 12) und des *BVerwG* (Beschl. v. 25.1.85 – 6 P 7.84 – u. v. 20.7.98 – 6 P 13.97 –, PersR 87, 59, u. 98, 523).
660 Vgl. *BAG* v. 28.5.02 – 1 ABR 37/01 –, AP BetrVG 1972 § 87 Urlaub Nr. 10 (Bildungsurlaub nach den Weiterbildungsgesetzen der Länder); str.; dazu KfdP-*Altvater*, Rn. 137 m. w. N.
661 Vgl. *OVG NW* v. 17.2.00 – 1 A 697/98.PVL –, PersR 01, 29.

durch Urlaub und Personalausfälle gestört wird.[662] Soll ein mit Zustimmung des PR zustande gekommener Urlaubsplan später **geändert** werden, ist auch dies mitbestimmungspflichtig.

Obwohl die **Aufstellung allgemeiner Urlaubsgrundsätze** im Unterschied zu § 87 Abs. 1 Nr. 5 BetrVG in Abs. 3 Nr. 3 nicht ausdrücklich aufgeführt ist, unterliegt auch sie der Mitbestimmung des PR, weil sie die Grundlage für die Aufstellung des Urlaubsplans bildet und ihr deshalb i. d. R. vorausgeht.[663] Allgemeine Urlaubsgrundsätze enthalten **abstrakte und generelle Regeln,** nach denen bei der Urlaubsplanung zu verfahren ist. Sie können sich beziehen auf die Erfassung der Urlaubswünsche (z. B. durch Verwendung einer Urlaubsliste), die Kriterien zur Berücksichtigung dieser Wünsche, die Verteilung des Urlaubs, die Einrichtung von Betriebsferien, die Urlaubsvertretungen und das Verfahren der Urlaubserteilung. Sie können auch für **mehrere Jahre** aufgestellt werden.[664] Ihre spätere **Änderung** ist ebenfalls mitbestimmungspflichtig.

89

Eine aus unabweisbarer dienstlicher Notwendigkeit angeordnete **Urlaubssperre** für bestimmte Zeiträume soll nicht Bestandteil der Urlaubsplanung sein, sondern eine vorausgehende organisatorische und deshalb nicht mitbestimmungspflichtige Maßnahme.[665] Das soll auch für die Festlegung von Zeiten gelten, in denen Beschäftigte mit bestimmten Funktionen keinen Urlaub planen sollen.[666] Diese Rspr. verkennt jedoch, dass mit derartigen Festlegungen die Planbarkeit der Urlaubserteilung auf die dafür verbleibenden »Restzeiträume« eingeschränkt wird und es im Konfliktfall letztlich Sache der Einigungsstelle ist, die dienstlichen Notwendigkeiten angemessen zu berücksichtigen. Das gilt auch für den umgekehrten Fall einer angeordneten **zeitweiligen Schließung** der Dienststelle mit der Folge, dass in dieser Zeit Urlaub zu nehmen sei, und damit auch für die Einrichtung von **Betriebsferien**.[667]

90

Nach dem **zweiten Tatbestand** des Abs. 3 Nr. 3 hat der PR über die **Festsetzung der zeitlichen Lage des Erholungsurlaubs für einzelne Beschäftigte** mitzubestimmen, wenn zwischen dem Dienststellenleiter und den beteiligten Beschäftigten kein Einverständnis erzielt wird. Diese Regelung bezieht sich ausdrücklich nur auf den Erholungsurlaub. Wird der Vorbereitung einer Entscheidung des Dienststellenleiters über die Festsetzung der zeitlichen Lage des Urlaubs zwischen diesem und den jeweils beteiligten Beschäftigten **kein Einverständnis** erzielt, hat der PR in dem

91

---

662 *BVerwG* v. 19.1.93 – 6 P 19.90 –, PersR 93, 167; *OVG NW* v. 17.2.00, a. a. O.; *VGH BW* v. 20.6.00 – PL 15 S 2134/99 –, PersR 00, 431.
663 *OVG NW* v. 17.2.00, a. a. O.; offengelassen in *BVerwG* v. 23.8.07 – 6 P 7.06 –, PersR 07, 476.
664 Vgl. *BAG* v. 28.7.81 – 1 ABR 79/79 –, AP BetrVG 1972 § 87 Urlaub Nr. 2.
665 So *BVerwG* v. 19.1.93 – 6 P 19.90 –, PersR 93, 167.
666 *OVG NW* v. 17.2.00 – 1 A 697/98.PVL –, PersR 01, 29; *VGH BW* v. 20.6.00 – PL 15 S 2134/99 –, PersR 00, 431.
667 Vgl. KfdP-*Altvater*, Rn. 140.

§ 75 Lohngestaltung (Abs. 3 Nr. 4)

betreffenden Einzelfall mitzubestimmen. Dies dient dem Zweck, unter Beachtung der Grundsätze des § 67 Abs. 1 S. 1 eine gerechte Abwägung der Bedürfnisse und Wünsche des betroffenen zu den Vorstellungen anderer Beschäftigter und zu den dienstlichen Erfordernissen zu gewährleisten.[668] Das Mitbestimmungsrecht ist auch gegeben, wenn ein Urlaubsplan aufgestellt ist oder nur ein Beschäftigter betroffen ist.[669]

92 (Abs. 3 Nr. 4) Die Vorschrift stimmt nahezu wörtlich mit § 87 Abs. 1 Nr. 10 und 11 BetrVG überein und hat den gleichen Regelungsgehalt.[670] Das Mitbestimmungsrecht des Betriebsrats soll die Arbeitnehmer vor einer einseitig an den Interessen des Arbeitgebers ausgerichteten **Lohngestaltung** schützen, für ein angemessenes und durchsichtiges Lohngefüge sorgen und die **innerbetriebliche Lohngerechtigkeit** gewährleisten. Das gilt auch für das Mitbestimmungsrecht des PR.[671] Im Hinblick auf ihren Schutzzweck bezieht sich die Vorschrift trotz der Verwendung des Begriffs der Lohngestaltung auf alle **Arbeitnehmer**[672] und darüber hinaus auch auf **Beamte**.[673] Unter »**Lohn**« sind deshalb alle Formen der Vergütung einschl. der Besoldung der Beamten zu verstehen, die den Beschäftigten aus Anlass des Beschäftigungsverhältnisses gewährt werden.[674]

93 Das Arbeitsentgelt der Arbeitnehmer des öffentlichen Dienstes und die Besoldung der Beamten sind weitgehend durch Tarifverträge bzw. durch Gesetze und Verordnungen geregelt. Für die Mitbestimmung nach Abs. 3 Nr. 4 kommt deshalb dem **Gesetzes- und Tarifvertragsvorbehalt** erhebliche praktische Bedeutung zu. Dieser Vorbehalt kommt allerdings nur zum Zuge, soweit eine abschließende und vollständige Regelung vorliegt, die ein einseitiges Bestimmungsrecht des Arbeitgebers bzw. Dienstherrn ausschließt[675] (vgl. Rn. 72 ff.). Soweit jedoch ein Regelungsspielraum gegeben ist, hat der PR ein **umfassendes Mitbestimmungsrecht** in allen Fragen der Lohngestaltung innerhalb der Dienststelle, ohne dass es darauf ankommt, ob es sich dabei um formelle oder materielle Arbeitsbedingungen handelt.[676] Allerdings soll sich die Mitbestimmung nicht auf den **Dotierungsrahmen** beziehen, d. h. nicht auf die »Lohnhöhe«, die sich aus der Summe aller Leistungen des Arbeitgebers bzw. Dienstherrn ergibt.[677] Dem

---

668 *VG Stade* v. 25.8.89 – 3 A 82/89 –, PersR 89, 338.
669 *VG Stade* v. 25.8.89, a.a.O.
670 *BVerwG* v. 9.12.98 – 6 P 6.97 – u. v. 21.3.05 – 6 PB 8.04 –, PersR 99, 265, u. 05, 237.
671 *BAG* v. 28.7.98 – 7 AZR 357/97 –, u. v. 20.11.08 – 6 P 17.07 –, PersR 99, 218, u. 09, 73.
672 *BVerwG* v. 6.2.87 – 6 P 8.84 –, PersR 87, 130.
673 *VG Frankfurt a. M.* v. 13.6.94 – IX/2 E 392/92 –, PersR 94, 433.
674 Vgl. KfdP-*Altvater*, Rn. 143 m.N.
675 So z.B. *BAG* v. 25.7.96 – 6 AZR 179/95 –, PersR 97, 262.
676 *BVerwG* v. 9.12.98 – 6 P 6.97 –, PersR 99, 265, das damit seine bisherige Rspr. aufgegeben und sich der st. Rspr. des *BAG* angeschlossen hat.
677 *BVerwG* v. 9.12.98, a.a.O., u. v. 14.3.00 – 6 PB 23.99 –, n. v.

Lohngestaltung (Abs. 3 Nr. 4) § 75

kommt v. a. bei freiwilligen Leistungen auch deshalb erhebliche Bedeutung zu, weil die Einigungsstelle gem. § 71 Abs. 3 S. 4 an das Haushaltsgesetz und den damit verknüpften Haushaltsplan gebunden ist (vgl. Rn. 96, 105, 133; § 71 Rn. 25).[678]

Die Formulierung »Lohngestaltung innerhalb der Dienststelle« hat den gleichen Inhalt wie die Formulierung »betriebliche Lohngestaltung« in § 87 Abs. 1 Nr. 10 BetrVG. Sie soll klarstellen, dass die Mitbestimmung sich nicht auf die individuelle Lohngestaltung erstreckt, sondern auf **kollektive Tatbestände** bezieht.[679] Dafür genügt es, wenn abstrakt-generelle Regelungen getroffen werden sollen.[680] Die Formulierung »Lohngestaltung innerhalb der Dienststelle« bedeutet aber nicht, dass die Mitbestimmung bei **dienststellenübergreifenden Regelungen** entfällt.[681] An einer Regelung für den Geschäftsbereich einer übergeordneten Dienststelle ist nach § 82 Abs. 1 ggf. die bei der zuständigen Dienststelle gebildete Stufenvertretung zu beteiligen. **94**

Gegenstand des Mitbestimmungsrechts bei »Fragen der Lohngestaltung innerhalb der Dienststelle« ist nicht die konkrete, absolute Höhe des Arbeitsentgelts. Gegenstand sind die **Strukturformen** des Entgelts einschließlich ihrer näheren **Vollzugsformen**, d. h. die **abstrakt-generellen Grundsätze** der Entgeltfindung.[682] Abs. 3 Nr. 4 enthält eine beispielhafte Aufzählung von Elementen der **Lohngestaltung**, die zeigt, dass dieser **Oberbegriff** auch noch andere Inhalte haben kann.[683] **Entlohnungsgrundsätze** sind die Prinzipien, nach denen der Lohn festgelegt wird.[684] Dabei geht es um das System, nach dem das Entgelt bemessen werden soll und (mit Ausnahme der Lohnhöhe) um dessen Ausformung,[685] also (jeweils unter Beachtung des Vorrangs tarifvertraglicher bzw. gesetzlicher Vorschriften) im Wesentlichen um die Einführung und Ausgestaltung von Zeitlohn oder Leistungslohn oder einer Kombination von beidem. Die Aufstellung von Entlohnungsgrundsätzen beinhaltet auch deren Änderung.[686] **Entlohnungsmethoden** bestimmen die Art und Weise der (technischen) Durchführung des gewählten Entlohnungssystems.[687] Dazu gehören auch abstrakt-generelle Regeln zur Berücksichtigung von Zeiten einer förderlichen vorherigen Berufstätigkeit für die Stufenzuordnung bei Neueinstellungen nach § 16 Abs. 3 S. 4 TVöD **95**

---

678 Richardi-*Kaiser*, Rn. 301.
679 *BAG* v. 24. 1. 06 – 3 AZR 484/04 –, AP BetrAVG § 2 Nr. 15.
680 *BAG* v. 28. 7. 98 – 7 AZR 357/97 –, PersR 99, 218; *BVerwG* v. 21. 3. 05 – 6 PB 8.04 –, PersR 05, 237.
681 *BVerwG* v. 20. 11. 08 – 6 P 17.07 –, PersR 09, 73; *BAG* v. 28. 7. 98, a. a. O.
682 *BVerwG* v. 20. 11. 08, a. a. O.; *BAG* v. 23. 6. 09 – 1 AZR 214/08 –, AP BetrVG 1972 § 77 Betriebsvereinbarung Nr. 45.
683 Näher dazu KfdP-*Altvater*, Rn. 146–146 c m. N.
684 *BVerwG* v. 20. 3. 80 – 6 P 72.78 –, PersV 81, 296.
685 *BVerwG* v. 9. 12. 98 – 6 P 6.97 –, PersR 99, 265.
686 *BVerwG* v. 20. 11. 08, a. a. O.
687 *BVerwG* v. 20. 3. 80 u. v. 9. 12. 98, jew. a. a. O.

§ 75 Lohngestaltung (Abs. 3 Nr. 4)

(Bund) sowie für den leistungsbezogenen Stufenaufstieg gem. § 17 Abs. 2 TVöD[688] (näher dazu Rn. 26, 26a u. 26c).

96 Bei **freiwilligen Leistungen** des Arbeitgebers bzw. Dienstherrn ist die Mitbestimmung nach der Rspr. des *BAG* und des *BVerwG* an den vorgegebenen **Dotierungsrahmen** gebunden (vgl. Rn. 93). Danach dürfen Arbeitgeber und Dienstherr mitbestimmungsfrei darüber entscheiden, ob sie eine Leistung erbringen, welche finanziellen Mittel sie dafür zur Verfügung stellen, welchen Zweck sie mit der Leistung verfolgen und wie sie den begünstigten Personenkreis abstrakt eingrenzen wollen. Innerhalb dieses Rahmens unterliegt die Aufstellung und Änderung der **Grundsätze zur Verteilung** der zur Verfügung gestellten Mittel auf die Beschäftigten der Dienststelle (bzw. der Dienststellen des Geschäftsbereichs) der Mitbestimmung des PR.[689] Werden die bisher vorhandenen **Haushaltsmittel nicht mehr bereitgestellt**, ist die vollständige Zahlungseinstellung gegenüber allen bisher begünstigten Beschäftigten nicht mitbestimmungspflichtig.[690] Wird jedoch die **Summe der verfügbaren Mittel lediglich gekürzt**, so hat der PR bei der dann notwendig werdenden Änderung der Verteilungsgrundsätze mitzubestimmen; etwas anderes gilt nur dann, wenn die Leistungen bei allen bisherigen Empfängern **gleichmäßig gekürzt** werden.[691] Die **Anrechnung einer Tariferhöhung auf übertarifliche Zulagen** ist mitbestimmungsfrei, wenn sie das Zulagenvolumen völlig aufzehrt oder wenn die Tariferhöhung vollständig und gleichmäßig auf die Vergütung sämtlicher Arbeitnehmer angerechnet wird[692] oder wenn der Arbeitgeber die bisherigen Verteilungsgrundsätze beachtet und diese sich durch die Anrechnung nicht verändern.[693] Mitbestimmungspflichtig ist eine Anrechnung, wenn sich durch sie bestehende Verteilungsrelationen ändern und für die Neuregelung innerhalb des vorgegebenen Dotierungsrahmens (vgl. Rn. 93) ein Gestaltungsspielraum besteht.[694] Als mitbestimmungsfrei ist auch die Entscheidung angesehen worden, eine freiwillige Leistung **ab einem bestimmten Zeitpunkt für einen** von der bisherigen Regelung

---

688 *BVerwG* v. 7. 3. 11 – 6 P 15.10 –, PersR 11, 210, bzw. v. 13. 10. 09 – 6 P 15.08 –, PersR 09, 501.
689 Gewährt der Dienststellenleiter den Beschäftigten freiwillige (übertarifliche) Leistungen, ohne dafür zugleich abstrakt-generelle Kriterien festzulegen, kann der PR die Aufstellung von Verteilungsgrundsätzen im Wege des **Initiativrechts** nach § 70 Abs. 1 durchsetzen (*BVerwG* v. 28. 5. 09 – 6 PB 5.09 –, PersR 09, 365).
690 *BAG* v. 25. 7. 96 – 6 AZR 774/95 –, PersR 97, 264.
691 *BAG* v. 3. 12. 91 – GS 2/90 –, AP BetrVG 1972 § 87 Lohngestaltung Nr. 51, u. v. 27. 1. 04 – 1 AZR 105/03 –, AP ArbGG 1969 § 64 Nr. 35.
692 *BAG* v. 1. 11. 05 – 1 AZR 355/04 –, AP BAT § 33 Nr. 16, u. v. 27. 8. 08 – 5 AZR 820/07 –, AP BGB § 307 Nr. 36.
693 *BAG* v. 1. 11. 05, a. a. O.
694 *BAG* v. 10. 3. 09 – 1 AZR 55/08 –, AP BetrVG 1972 § 87 Lohngestaltung Nr. 134.

Lohngestaltung (Abs. 3 Nr. 4) § 75

noch nicht erfassten Personenkreis nicht mehr vorzusehen.[695] Das überzeugt jedoch nicht, weil auch bei einer **Stichtagsregelung** die Grundsätze für die Verteilung der Mittel für die nicht gänzlich weggefallene freiwillige Leistung geändert werden.[696]

Da Lohn i. S. d. Abs. 3 Nr. 4 auch Leistungen der **betrieblichen Altersversorgung** sind, ist auch deren Regelung eine Frage der Lohngestaltung.[697] Der Regelungsgegenstand »Altersversorgung« ist im Hinblick auf die Bindung an den vorgegebenen Dotierungsrahmen (vgl. Rn. 93) jedoch nur »**teilmitbestimmt**«.[698] Die Leistungen sind nur insoweit mitbestimmungspflichtig, als es um die Verteilung der zur Verfügung gestellten Mittel geht.[699] Mitbestimmungspflichtig sind insb. der Leistungsplan und die Heranziehung der Arbeitnehmer zu Beiträgen,[700] nicht jedoch die Wahl des Durchführungsweges und die Auswahl des Versorgungsträgers.[701] Beim Abbau einer planwidrigen Überversorgung kann die Änderung der bisherigen Gesamtversorgungsobergrenze mitbestimmungspflichtig sein.[702]

97

Der Unterfall der **Festsetzung der Akkord- und Prämiensätze und vergleichbarer leistungsbezogener Entgelte einschließlich der Geldfaktoren** ist identisch mit dem Tatbestand des § 87 Abs. 1 Nr. 11 BetrVG. Er legt die Mitbestimmung bei der Ausgestaltung der Entlohnungsgrundsätze und -methoden leistungsbezogener Entgelte fest.[703] Damit soll zum einen sichergestellt werden, dass die von den Beschäftigten erwartete Zusatzleistung sachgerecht bewertet wird und in einem angemessenen Verhältnis zu dem erzielbaren Mehrverdienst steht, zum anderen, dass die Beschäftigten nicht »zu einem Raubbau ihrer Kräfte« genötigt und so vor Überforderung geschützt werden.[704] Da auch der Geldfaktor, d. h. der Lohn für die Bezugs- oder Ausgangsleistung, mitbestimmungspflichtig ist, kann der PR direkten Einfluss auf die Lohnhöhe nehmen.[705]

98

---

695 So *VGH BW* v. 12.12.00 – PL 15 S 1212/00 – u. v. 13.11.01 – PL 15 S 523/00 –, PersR 01, 218, u. 02, 127, zum Ausschluss von Beihilfen bei allen neu eingestellten Arbeitnehmern.
696 Vgl. *BAG* v. 28.2.06 – 1 ABR 4/05 –, AP BetrVG 1972 § 87 Lohngestaltung Nr. 127; näher dazu KfdP-*Altvater,* Rn. 147 b.
697 *BAG* v. 23.9.97 – 3 AZR 529/96 –, PersR 98, 122, u. v. 27.6.06 – 3 AZR 255/05 –, AP BetrAVG § 1 Ablösung Nr. 49.
698 *BAG* v. 13.11.07 – 3 AZR 191/06 –, AP BGB § 613 a Nr. 336.
699 *BAG* v. 9.12.08 – 3 AZR 384/07 –, AP BetrAVG § 9 Nr. 22.
700 *BAG* v. 13.11.07, a. a. O.
701 *BAG* v. 29.7.03 – 3 ABR 34/02 –, AP BetrVG 1972 § 87 Sozialeinrichtung Nr. 18.
702 *BAG* v. 28.7.98 – 7 AZR 357/97 –, PersR 99, 218.
703 Näher dazu KfdP-*Altvater,* Rn. 149–151.
704 *BAG* v. 15.5.01 – 1 ABR 39/00 –, AP BetrVG 1972 § 87 Prämie Nr. 17; *BVerwG* v. 23.12.82 – 6 P 19.80 –, PersV 83, 506.
705 Vgl. *BAG* v. 13.9.83 – 1 ABR 32/81 –, AP BetrVG 1972 § 87 Prämie Nr. 3, u. v. 23.6.09 – 1 AZR 214/08 –, AP BetrVG 1972 § 77 Betriebsvereinbarung Nr. 45.

§ 75 Lohngestaltung (Abs. 3 Nr. 4)

99 Dem Akkord- oder Prämienlohn **vergleichbare leistungsbezogene Entgelte** sind alle Entgelte, bei denen eine vom Beschäftigten erbrachte Leistung gemessen und mit einer Normal- oder Bezugsleistung verglichen wird und bei denen sich die Höhe der Vergütung nach dem Verhältnis der Leistung des Beschäftigten zur Bezugsleistung bemisst.[706] Mitbestimmungspflichtig kann danach z.B. die Ausgestaltung von **Zulagen** sein, mit denen besondere Leistungen entgolten werden sollen, etwa von Schreibprämien für Angestellte in Schreibdiensten,[707] oder die Aufstellung von Kriterienkatalogen für die Vergabe einer **Leistungsstufe** für dauerhaft herausragende Leistungen sowie von **Leistungsprämien und -zulagen** für herausragende besondere Leistungen nach der **Bundesleistungsbesoldungsverordnung** (BLBV) v. 23.7.09.[708] Das Gleiche gilt für die Aufstellung abstrakt-genereller Regeln für den **leistungsbezogenen Stufenaufstieg** nach § 17 Abs. 2 TVöD, insb. die Festlegung von Maßstäben zur Feststellung erheblich überdurchschnittlicher bzw. unterdurchschnittlicher Leistungen.[709] Auch ein (qualitatives) **Zielvereinbarungssystem,** bei dem ein Zusammenhang zwischen Zielerreichung und Entgelt besteht, ist unter dem Aspekt »vergleichbare leistungsbezogene Entgelte« mitbestimmungspflichtig, wenn das Ziel in einer quantitativen Größe besteht.[710]

100 Das in § **18 TVöD–AT (Bund)** vorgesehene und im **LeistungsTV-Bund** näher geregelte Leistungsentgelt ist ein vergleichbares leistungsbezogenes Entgelt i.S.d. Abs. 3 Nr. 4. Der LeistungsTV-Bund regelt den Rahmen und legt wesentliche Details für die Gewährung dieses Leistungsentgelts fest. Er bestimmt in seinem § 2 darüber hinaus, dass die weitere Ausgestaltung (im Geltungsbereich des BPersVG) durch **einvernehmliche Dienstvereinbarung** erfolgt. Für deren Inhalte enthält § 15 S. 2 LeistungsTV-Bund eine beispielhafte Auflistung regelungsbedürftiger Detailfragen. Die Dienstvereinbarung soll i. d. R. von den **örtlichen Betriebsparteien** (also dem Leiter der jeweiligen Dienststelle und der örtlichen Personalvertretung) abgeschlossen werden, wobei eine Rahmendienstvereinbarung für den Geschäftsbereich der Mittelbehörde oder der obersten Dienstbehörde nicht ausgeschlossen sein soll.

101 Mitbestimmungspflichtig gem. Abs. 3 Nr. 4 sind nach h.M. nur **abstraktgenerelle Regelungen,** nicht die konkreten Einzelfallentscheidungen.[711] Damit der PR seine **Überwachungsaufgaben** nach § 67 Abs. 1 S. 1 und

---

706 Vgl. *BAG* v. 22.10.85 – 1 ABR 67/83 –, AP BetrVG 1972 § 87 Leistungslohn Nr. 8, u. v. 15.5.01 – 1 ABR 39/00 –, AP BetrVG 1972 § 87 Prämie Nr. 17.
707 *BVerwG* v. 23.12.82 – 6 P 19.80 –, PersV 83, 506.
708 BGBl. I S. 2170.
709 Vgl. *BVerwG* v. 13.10.09 – 6 P 15.08 –, PersR 09, 501.
710 Vgl. KfdP-*Altvater*, Rn. 152.
711 *BVerwG* v. 27.2.85 – 6 P 9.84 – u. v. 9.12.98 – 6 P 6.97 –, PersR 85, 124, u. 99, 265; *BAG* v. 17.12.80 – 5 AZR 570/78 – u. v. 20.8.91 – 1 AZR 326/90 –, AP BetrVG 1972 § 87 Lohngestaltung Nr. 4 u. 50.

Sozialeinrichtungen (Abs. 3 Nr. 5) § 75

§ 68 Abs. 1 Nr. 2 sachgerecht wahrnehmen kann, kann er jedoch verlangen, dass die Dienststelle ihn über die Gewährung von Leistungszulagen und -prämien unterrichtet und ihm dabei auch die Namen der Empfänger dieser Zulagen mitteilt[712] (vgl. § 67 Rn. 4; § 68 Rn. 12, 25, 31).

(Abs. 3 Nr. 5) Gegenstand der Mitbestimmung nach Abs. 3 Nr. 5 sind **Sozialeinrichtungen** (früher: Wohlfahrtseinrichtungen [§ 67 Abs. 1 Buchst. e PersVG 1955]. Das sind auf Dauer berechnete, von der Dienststelle geschaffene Einrichtungen, die objektiv dem **Zweck** dienen, den Beschäftigten soziale Vorteile zukommen zu lassen.[713] Erforderlich ist eine »**Einrichtung**«, d.h. ein »zweckgebundenes Sondervermögen«, das der Verwaltung bedarf.[714] Die **Rechtsform** der Einrichtung ist nicht entscheidend. Es kann sich um einen unselbständigen Teil der Dienststelle, eine verselbständigte Dienststelle, eine nicht rechtsfähige Personenvereinigung (z.B. GbR), eine juristische Person des Privatrechts (z.B. e.V.) oder des öffentlichen Rechts (Körperschaft, Anstalt oder Stiftung) handeln. In jedem Fall muss aber eine von der Dienststelle (allein oder gemeinsam mit anderen) geschaffene und getragene Einrichtung gegeben sein. Bei einer verselbständigten Einrichtung ist das nur dann zu bejahen, wenn die Dienststelle einen **rechtlich abgesicherten, richtungweisenden Einfluss** auf die Verwirklichung der Zwecke der Einrichtung nehmen kann.[715] Das ist bei **Selbsthilfeeinrichtungen** der Beschäftigten nicht der Fall.[716]

102

Das Mitbestimmungsrecht des PR bezieht sich (abweichend von § 87 Abs. 1 Nr. 8 BetrVG) auch auf Sozialeinrichtungen, deren **Wirkungsbereich** nicht nur die eigene Dienststelle und evtl. weitere Dienststellen im Geschäftsbereich derselben Gesamtdienststelle oder einer übergeordneten Dienststelle umfasst, sondern sich auch auf außerhalb dieses Bereichs liegende Dienststellen, auch solche anderer Rechtsträger, oder auch auf privatrechtlich organisierte Betriebe erstreckt.[717] Dabei reicht es aus, dass jedenfalls auch Beschäftigte der Dienststelle (ggf. des Geschäftsbereichs der Gesamtdienststelle, der Mittelbehörde oder obersten Dienstbehörde) daraus entsprechende Vorteile haben.[718] Andererseits kann der Wirkungsbereich auch auf bestimmte Teile der Dienststelle oder bestimmte (abstrakt-generell abgegrenzte) Gruppen von Beschäftigten begrenzt sein.[719] Der begünstigte **Personenkreis** muss grundsätzlich aus den **Beschäftigten** der Dienststelle

103

---
712 *BVerwG* v. 22.1.93 – 6 P 15.92 –, PersR 94, 78.
713 St. Rspr. des *BVerwG*, vgl. Beschl. v. 24.4.92 – 6 P 33.90 – u. v. 9.11.98 – 6 P 1.98 –, PersR 92, 308, u. 99, 125.
714 Vgl. *BAG* v. 9.7.85 – 1 AZR 631/80 –, PersR 86, 75, u. v. 10.2.09 – 1 ABR 94/07 –, AP BetrVG 1972 § 87 Sozialeinrichtung Nr. 21.
715 *BVerwG* v. 28.6.00 – 6 P 1.00 –, PersR 00, 507.
716 *BVerwG* v. 12.7.84 – 6 P 14.83 –, ZBR 85, 28.
717 *BVerwG* v. 15.12.78 – 6 P 10.78 –, PersV 80, 105.
718 *BVerwG* v. 24.4.92 – 6 P 33.90 –, PersR 92, 308.
719 Vgl. *BVerwG* v. 16.9.77 – VII P 10.75 –, PersV 79, 63.

§ 75 Sozialeinrichtungen (Abs. 3 Nr. 5)

bzw. des größeren kleineren oder kleineren Wirkungskreises der Einrichtung bestehen. Begünstigte können auch **ehemalige** Beschäftigte sowie **Familienangehörige** und **Hinterbliebene** von Beschäftigten sein.[720] Auch **anderen Personen** kann je nach den Umständen des Einzelfalls eine gelegentliche oder auch regelmäßige Mitnutzung der Einrichtung gestattet sein.[721] Anders soll es sein, wenn für die Beschäftigten lediglich die tatsächliche Möglichkeit besteht, eine ansonsten der **Allgemeinheit** zugängliche Einrichtung mitzubenutzen.[722] Die **sozialen Vorteile**, die den Beschäftigten (und den ihnen gleichstehenden Personen) durch die Sozialeinrichtung zukommen, müssen **zusätzlich** zum Arbeitsentgelt bzw. zur Besoldung gewährt werden.[723] Ob die Leistungen **unentgeltlich** erbracht werden, ist dagegen unerheblich.[724]

104 **Beispiele für Sozialeinrichtungen** sind:[725] Kantinen, Küchen, Verkaufsstellen zum Einkauf verbilligter Waren, Getränkeautomaten, Pausen- und Erholungsräume (str.), Erholungs- und Ferienheime, Bibliotheken, Fortbildungseinrichtungen, Sportanlagen, Kinderbetreuungseinrichtungen, Wohnheime und Personalwohnhäuser (nicht jedoch eine einzelne Wohnung), Einrichtungen einer zusätzlichen Altersversorgung und Unterstützungskassen, Kleiderkassen (str.), Krankenhäuser, Altenheime, ein eigenständig organisierter Werkverkehr mit Omnibussen, Parkplätze.

105 **Inhalt der Mitbestimmung** sind Errichtung, Verwaltung und Auflösung von Sozialeinrichtungen. Damit ist eine **lückenlose Beteiligung** des PR gewährleistet.[726] Allerdings ist die Mitbestimmung dadurch begrenzt, dass die Dienststelle und (gem. § 71 Abs. 3 S. 4) die Einigungsstelle an das **Haushaltsgesetz** (bzw. die Haushaltssatzung) und den Haushaltsplan sowie an den vorgegebenen **Dotierungsrahmen** gebunden sind[727] (auch Rn. 93, 97). Die Mitbestimmung bei der **Errichtung** bezieht sich auf die Frage, ob eine Sozialeinrichtung geschaffen, welchem Zweck sie dienen, welche Organisations- und Rechtsform sie haben, wie ihr Wirkungskreis abgegrenzt und wie sie ausgestaltet sein soll. Als Errichtung ist nicht

---

720 Vgl. *BVerwG* v. 5.2.71 – VII P 12.70 –, PersV 72, 36.
721 Vgl. *BVerwG* v. 9.11.98 – 6 P 1.98 –, PersR 99, 125; *BAG* v. 11.7.00 – 1 AZR 551/99 – u. v. 10.2.09 – 1 ABR 94/07 –, AP BetrVG 1972 § 87 Sozialeinrichtung Nr. 16 u. 21; *OVG NW* v. 8.3.89 – CL 23/87 –, PersR 89, 234; *BayVGH* v. 10.2.93 – 17 P 92.3742 –, PersR 93, 363.
722 *VGH BW* v. 15.5.84 – 15 S 277/83 –, n. v., v. 21.10.86 – 15 S 2122/85 –, PersV 90, 124, v. 19.1.93 – PL 15 S 2849/92 –, PersR 93, 559, u. v. 25.2.97 – PL 15 S 2464/95 –, PersR 97, 402; *OVG LSA* v. 5.10.05 – 5 L 19/04 –, PersR 06, 85; weniger eng *HessVGH* v. 24.6.93 – HPV TL 490/92 –, PersR 94, 87.
723 Vgl. *BAG* v. 11.7.00 u. v. 10.2.09, jew. a.a.O.
724 Vgl. *BAG* v. 11.7.00 u. v. 10.2.09, jew. a.a.O.
725 Näher dazu KfdP-*Altvater*, Rn. 161 f.
726 *BVerwG* v. 9.11.98 – 6 P 1.98 –, PersR 99, 125.
727 Vgl. *BVerwG* v. 7.11.69 – VII P 11.68 –, PersV 70, 187; *VGH BW* v. 24.11.81 – 15 S 1394/81 –, PersV 83, 277.

Sozialeinrichtungen (Abs. 3 Nr. 5) § 75

nur die **erstmalige Schaffung** einer Einrichtung zu verstehen, sondern auch **alle wesentlichen Änderungen** ihres Zwecks, ihrer Organisations- oder Rechtsform, ihres Wirkungskreises und ihrer Ausgestaltung, soweit es sich dabei nicht um Verwaltung oder Auflösung handelt.[728] Die Mitbestimmung bei der **Verwaltung** erstreckt sich auf alle Maßnahmen, welche die innere Organisation der Einrichtung (Unterhaltung, laufender Betrieb und Leistungen) sowie ihre Geschäftsführung betreffen.[729] Soweit in einer **Dienstvereinbarung** nichts anderes festgelegt ist (vgl. dazu Rn. 106), ist jede **einzelne Verwaltungsmaßnahme** mitbestimmungspflichtig,[730] ggf. auch Abschluss, Inhalt und Kündigung eines Pachtvertrages.[731] Unter **Auflösung** ist die Aufgabe einer bestehenden Sozialeinrichtung oder die Aufgabe des maßgeblichen Einflusses der Dienststelle zu verstehen. Mitbestimmungspflichtig sind die Entscheidung zur Auflösung sowie die Maßnahmen zu deren Vorbereitung und Abwicklung.[732]

Für die **Ausübung des Mitbestimmungsrechts** nach Abs. 3 Nr. 5 gelten grundsätzlich die allgemeinen Vorschriften. Hinsichtlich der der Verwaltung können Dienststellenleiter und PR sich jedoch – insb. in einer **Dienstvereinbarung** (vgl. § 73 Rn. 2) – auf Abweichungen verständigen. So kann bei einer rechtlich unselbständigen Einrichtung ein **gemeinsamer, paritätisch besetzter Ausschuss** gebildet und diesem die Entscheidung über die einzelnen Verwaltungsmaßnahmen übertragen werden.[733] Auch der **PR allein** kann mit der Verwaltung beauftragt werden.[734] Bei einer **verpachteten Sozialeinrichtung** kann der PR sein Mitbestimmungsrecht nicht dem Pächter, sondern nur dem Dienststellenleiter gegenüber ausüben, wobei dieser verpflichtet ist, seine Befugnisse aus dem Pachtvertrag nur unter Beachtung der Mitbestimmung des PR wahrzunehmen. Diese **zweistufige Lösung** kommt auch bei einer **rechtlich selbständigen Sozialeinrichtung** in Betracht.[735] Bei ihr kann aber auch die sog. **organschaftliche Lösung** vereinbart werden. Dabei entsendet der PR Vertreter in die paritätisch zu besetzenden Organe der Einrichtung, in denen über die mit-

106

---

[728] *BVerwG* v. 9.11.98, a.a.O.
[729] *BVerwG* v. 24.4.92 – 6 P 33.90 –, PersR 92, 308; *HmbOVG* v. 11.6.01 – 8 Bf 424/00.PVL –, PersR 02, 121.
[730] *NdsOVG* v. 9.9.94 – 17 L 133/94 –, PersR 94, 565; *HmbOVG* v. 11.6.01, a.a.O.
[731] Vgl. *HessVGH* v. 12.10.59 – BPV 6/58 –, AP PersVG § 67 Nr. 1.
[732] Str.; vgl. KfdP-*Altvater*, Rn. 166 m.N.
[733] Vgl. *BAG* v. 13.3.73 – 1 ABR 16/72 –, AP BetrVG 1972 § 87 Werkmietwohnungen Nr. 9.
[734] Vgl. *BAG* v. 24.4.86 – 6 AZR 607/83 –, AP BetrVG 1972 § 87 Sozialeinrichtung Nr. 9.
[735] Vgl. dazu *BAG* v. 13.7.78 – 3 ABR 108/77 –, AP BetrVG 1972 § 87 Altersversorgung Nr. 5, u. v. 10.9.02 – 3 AZR 635/01 –, AP BetrAVG § 1 Ablösung Nr. 37.

§ 75 Berufsausbildung bei Arbeitnehmern (Abs. 3 Nr. 6)

bestimmungspflichtigen Maßnahmen nicht gegen den Widerspruch der Vertreter des PR abschließend entschieden wird.[736]

107 (**Abs. 3 Nr. 6**) Nach Abs. 3 Nr. 6 hat der PR mitzubestimmen über die **Durchführung der Berufsausbildung bei Arbeitnehmern** (bis zur Änderung durch Gesetz v. 14.9.05[737] »... bei Angestellten und Arbeitern«). Eine förmliche Beteiligung des PR bei der Durchführung der Berufsausbildung bei Beamten sieht das BPersVG nicht vor. Nach § 76 Abs. 2 Nr. 6 hat der PR über allgemeine Fragen der **Fortbildung** der Beschäftigten (und damit auch der Arbeitnehmer) sowie nach § 75 Abs. 3 Nr. 7 über die Auswahl der Teilnehmer an Fortbildungsveranstaltungen für Arbeitnehmer mitzubestimmen (vgl. § 76 Rn. 48 ff. sowie unten Rn. 110 ff.).

108 Die **Berufsausbildung** ist ein Teilbereich der Berufsbildung, der insb. von der beruflichen Fortbildung zu unterscheiden ist (vgl. § 1 Abs. 1 BBiG). Gegenstand der Berufsausbildung ist die Vermittlung beruflicher Handlungsfähigkeit und damit jener beruflichen Fertigkeiten, Kenntnisse und Fähigkeiten, die für die Ausübung eines Berufes notwendig sind (vgl. § 1 Abs. 3 S. 1 BBiG).[738] Berufsausbildung i. S. d. Abs. 3 Nr. 6 ist nicht nur die erstmalige Ausbildung, sondern auch die **berufliche Umschulung,** die zu einer anderen beruflichen Tätigkeit befähigen soll (vgl. § 1 Abs. 5 BBiG). Die Mitbestimmung nach Abs. 3 Nr. 6 bezieht sich auf die **Berufsausbildung »bei Arbeitnehmern«.** Darunter sind alle Personen zu verstehen, die in einem privatrechtlichen Ausbildungsverhältnis zu ihrer Berufsausbildung beschäftigt werden[739] und nach § 4 Abs. 3 als Arbeitnehmer i. S. d. BPersVG anzusehen sind (vgl. § 4 Rn. 13).

109 Gegenstand der Mitbestimmung nach Abs. 3 Nr. 6 ist die **»Durchführung der Berufsausbildung«,** soweit eine gesetzliche oder tarifvertragliche Regelung nicht besteht. Da die Berufsausbildung weitgehend gesetzlich geregelt ist – z. B. durch das BBiG und die auf seiner Grundlage als Rechtsverordnungen erlassenen Ausbildungsordnungen – kommt dem **Gesetzesvorbehalt** im Eingangssatz des Abs. 3 (vgl. Rn. 72 ff.) hier erhebliche Bedeutung zu. Zu Fragen, die die Durchführung der Berufsausbildung betreffen, umfassen nach der Rspr. des *BVerwG* nicht nur **Regelungen genereller Art,** sondern auch **Entscheidungen,** die **im Einzelfall** festlegen, wo und in welchem Rahmen Abschnitte der Berufsausbildung von dem Auszubildenden abzu-

---

736 Vgl. *BAG* v. 26.4.88 – 3 AZR 168/86 –, AP BetrVG 1972 § 87 Altersversorgung Nr. 16; *BVerwG* v. 16.9.77 – VII P 10.75 – u. v. 24.11.83 – 6 P 21.81 –, PersV 79, 63, u. 86, 24. Zur Beteiligung der Personalvertretung bei **dienststellenübergreifenden Sozialeinrichtungen** sowie zum Verhältnis der für die Mitbestimmung nach Abs. 3 Nr. 6 zuständigen Personalvertretung zu dem **in der Sozialeinrichtung gebildeten PR** (oder Betriebsrat) vgl. KfdP-*Altvater,* Rn. 170 f.
737 BGBl. I S. 2746.
738 *BVerwG* v. 15.5.91 – 6 P 10.89 –, PersR 91, 287.
739 Vgl. *BVerwG* v. 10.11.99 – 6 P 12.98 –, PersR 00, 70.

Fortbildung bei Arbeitnehmern (Abs. 3 Nr. 7) § 75

leisten sind.[740] Dabei geht es darum, **wie** der einzelne Auszubildende auszubilden ist.[741] Die Entscheidung, zu welchem konkreten Ausbildungsplatz der Einzelne entsandt wird, ist nach dieser Rspr. jedoch von der Mitbestimmung ausgenommen,[742] so dass der PR nur über die Art der Ausbildungs- bzw. Arbeitsplätze mitbestimmen kann, auf denen die Ausbildung stattfinden soll. Nach Ansicht des *BVerwG* setzt die Mitbestimmung voraus, dass die beabsichtigte Maßnahme darauf gerichtet ist, **unmittelbar** in die Gestaltung oder Durchführung der Berufsausbildung einzugreifen.[743] Bejaht hat das *BVerwG* dies etwa bei der Festlegung des **zeitlichen Ablaufs** der Berufsausbildung, bei der Bestimmung des **Ortes** und der **Räumlichkeiten**, in denen sie durchgeführt wird, und bei der Regelung der Art und Weise, wie die Auszubildenden innerhalb der ausbildenden Dienststellen **eingegliedert** werden.[744] Das Merkmal der Unmittelbarkeit dürfte auch zu bejahen sein bei der Festlegung von Ausbildungsabschnitten, die in anderen Dienststellen oder privat-rechtlich organisierten Einrichtungen absolviert werden sollen, sowie bei Regelungen über das Führen und Überwachen von schriftlichen **Ausbildungsnachweisen** (Berichtsheften) sowie über die Einführung interner **Zwischenprüfungen**, regelmäßiger **Beurteilungen** und **Kontrollen** des Ausbildungsstandes, aber auch bei der Entscheidung über die generelle Nutzung der gesetzlichen Möglichkeiten zur **Abkürzung der Ausbildungszeit**.[745] Das *BVerwG* hat jedoch den unmittelbaren Ausbildungsbezug verneint bei der Festlegung, ob und in welcher Anzahl haupt- oder nebenamtliche **Ausbilder** tätig werden sollen,[746] sowie bei der Zuteilung bestimmter **Ausbildungsquoten** an nachgeordnete Dienststellen.[747] Erfolgt die Berufsausbildung in einem **Ausbildungsverbund**, hat der PR in entsprechender Anwendung von Abs. 3 Nr. 6 beim Abschluss der Vereinbarung über den Ausbildungsverbund insoweit mitzubestimmen, als Regelungen über die spätere Durchführung der Berufsausbildung getroffen werden.[748]

(Abs. 3 Nr. 7) Während dem PR nach § 76 Abs. 2 Nr. 6 bei allgemeinen Fragen der Fortbildung der Beschäftigten (und damit auch der Arbeitnehmer) ein eingeschränktes Mitbestimmungsrecht zusteht (vgl. § 76 Rn. 48 ff.), unterliegt die »**Auswahl der Teilnehmer an Fortbildungsveranstaltungen für Arbeitnehmer**« (bis zur Änderung durch Gesetz v. 14.9.05[749] »… für Angestellte und Arbeiter«) seiner uneingeschränkten Mitbestimmung. Bei

110

---

740 Beschl. v. 10.11.99, a.a.O.
741 *BVerwG* v. 10.11.99, a.a.O.
742 *BVerwG* v. 15.12.72 – VII P 4.71 –, PersV 73, 111, u. v. 10.11.99, a.a.O.
743 Beschl. v. 24.3.98 – 6 P 1.96 –, PersR 98, 331, u. v. 10.11.99, a.a.O.
744 *BVerwG* v. 24.3.98 u. v. 10.11.99, jew. a.a.O.
745 Vgl. *BAG* v. 24.8.04 – 1 ABR 28/03 –, AP BetrVG 1972 § 98 Nr. 12.
746 *BVerwG* v. 24.3.98, a.a.O.
747 *BVerwG* v. 10.11.99, a.a.O.; a.A. *HessVGH* v. 22.9.94 – TK 1792/93 –, PersR 95, 212.
748 Vgl. *BAG* v. 18.4.00 – 1 ABR 28/99 –, AP BetrVG 1972 § 98 Nr. 9.
749 BGBl. I S. 2746.

§ 75 Fortbildung bei Arbeitnehmern (Abs. 3 Nr. 7)

der »Auswahl der Teilnehmer an Fortbildungsveranstaltungen für Beamte« hat er nach § 76 Abs. 2 Nr. 1 ein eingeschränktes Mitbestimmungsrecht (vgl. § 76 Rn. 36). Der **Schutzzweck** der Mitbestimmung bei der Auswahl der Teilnehmer an Fortbildungsveranstaltungen besteht darin, allen interessierten und geeigneten Beschäftigten dazu einen gleichmäßigen Zugang zu ermöglichen, auf eine chancengleiche und ausgewogene Berücksichtigung aller in Betracht kommenden Beschäftigten zu achten und dabei ggf. auch andere potenzielle Interessenten zu benennen.[750]

111 Der Begriff »**Fortbildungsveranstaltungen**« ist mit dem Begriff »**Fortbildungsmaßnahmen**« identisch. Der Begriff der **Fortbildung** umfasst wie in § 76 Abs. 2 Nr. 6 nicht nur die berufliche Fortbildung, sondern schließt auch die politische und allgemeine Weiterbildung ein (vgl. § 76 Rn. 50). Fortbildungsveranstaltungen i. S. d. Abs. 3 Nr. 7 sind **alle weiterbildenden Veranstaltungen** unabhängig von ihrer Form, Dauer und zeitlichen Lage. **Veranstalter** kann außer der Dienststelle auch eine andere Einrichtung sein, wenn die Dienststelle Beschäftigte als Teilnehmer benennt, auch wenn es sich dabei nur um Vorschläge handelt, über die die externe Stelle verbindlich entscheidet.

112 Die Mitbestimmung nach Abs. 3 Nr. 7 bezieht sich auf generelle Regelungen und auf Einzelmaßnahmen. Gegenstand **genereller Festlegungen** können v. a. die Kriterien sein, die der im Einzelfall zu treffenden Entscheidung über die Auswahl zugrunde zu legen sind, sowie das Verfahren, in dem das Vorliegen der Entscheidungsvoraussetzungen festzustellen ist.[751] Dazu gehört auch die Einführung und Ausgestaltung eines **Assessment-Centers**.[752] Außerdem ist grundsätzlich jede **Einzelmaßnahme** mitbestimmungspflichtig, also jede konkrete Benennung eines oder mehrerer Arbeitnehmer als Teilnehmer an einer konkreten Veranstaltung. Etwas anderes gilt nur dann, wenn aufgrund der Ausschreibung nur ein bestimmter Beschäftigter für die Bildungsmaßnahme in Betracht kommen kann[753] oder wenn aus einem Kreis interessierter Beschäftigter nicht einzelne ausgewählt werden, sondern alle zu der Veranstaltung zugelassen werden sollen.[754] Auch dann, wenn sich nur ein einziger Beschäftigter beworben hat, es jedoch in der Dienststelle weitere Interessenten gibt, die die geforderten Voraussetzungen für die Teilnahme erfüllen, ist eine Auswahlentscheidung zu treffen.[755] Gegenstand der Mitbestimmung bei einer Einzelmaßnahme ist der **Auswahlvorschlag der Dienststelle**.[756] In der

---

750 *BVerwG* v. 19. 9. 88 – 6 P 28.85 –, PersR 88, 300, v. 7. 3. 95 – 6 P 7.93 –, PersR 95, 332, u. v. 29. 1. 03 – 6 P 16.01 –, PersR 03, 191.
751 *BVerwG* v. 29. 1. 03, a. a. O.
752 *BVerwG* v. 29. 1. 03, a. a. O.
753 *BVerwG* v. 7. 3. 95, a. a. O.
754 *OVG Brem* v. 18. 9. 90 – OVG-PV-B 2/90 –, PersR 91, 394.
755 *VG Greifswald* v. 16. 12. 04 – 7 A 3584/03 –, PersR 05, 329.
756 *OVG NW* v. 23. 10. 86 – CL 51/84 –, PersV 89, 29.

Personalfragebogen für Arbeitnehmer (Abs. 3 Nr. 8) § 75

Entscheidung der Dienststelle, für eine bestimmte Veranstaltung keinen Teilnehmer zu benennen, liegt keine Auswahlentscheidung.[757]

(Abs. 3 Nr. 8) Nach Abs. 3 Nr. 8 unterliegt der »**Inhalt von Personalfragebogen für Arbeitnehmer**« (bis zur Änderung durch Gesetz v. 14. 9. 05[758] »... für Angestellte und Arbeiter«) der uneingeschränkten Mitbestimmung des PR. Der »Inhalt von Personalfragebogen für Beamte« unterliegt nach § 76 Abs. 2 Nr. 2 der eingeschränkten Mitbestimmung des PR (vgl. § 76 Rn. 37 f.). Die Vorschrift des Abs. 3 Nr. 8 bezieht sich auf Personalfragebogen für **Arbeitnehmer** i. S. d. § 4 Abs. 3 (vgl. § 4 Rn. 6 ff.) einschl. der **Bewerber** für eine Beschäftigung als Arbeitnehmer.[759] Der PR ist bezüglich des **Inhalts** von Personalfragebogen zu beteiligen, nicht bei der Frage, ob solche Fragebogen eingeführt oder abgeschafft werden sollen. Auch die **Änderung des Inhalts** eines bereits verwendeten Personalfragebogens ist mitbestimmungspflichtig.[760] Die Mitbestimmung soll sicherstellen, dass **keine arbeitsrechtlich unzulässigen Fragen** gestellt werden. Sie soll den Schutz der **Persönlichkeitsrechte** der Arbeitnehmer (und Bewerber), insb. den Schutz ihrer personenbezogenen Daten verstärken,[761] mittelbar aber auch der Sicherung gleicher **Zugangsrechte** zum öffentlichen Dienst und der **Gleichbehandlung** von Beschäftigten und Bewerbern dienen. Der PR kann seine Zustimmung zum Inhalt eines Personalfragebogens auch deshalb verweigern, weil er bestimmte beabsichtigte Fragen für nicht **notwendig** oder **zweckmäßig** hält. Die ordnungsgemäße Beteiligung des PR hat **nicht** zur Folge, dass arbeitsrechtlich **unzulässige Fragen zulässig** werden.[762]

113

Ein Personalfragebogen ist ein **formularmäßig gefasster Erhebungsbogen mit Fragen** zur Person, zu den persönlichen Verhältnissen, dem beruflichen Werdegang, den fachlichen Kenntnissen und sonstigen Fähigkeiten eines Beschäftigten oder Bewerbers.[763] Anlass und Zweck der Verwendung eines Personalfragebogens sind für die Beteiligung des PR nicht entscheidend. Personalfragebogen sind nicht nur Fragebogen i. e. S., in denen schriftlich gestellte Fragen von einem Beschäftigten oder Bewerber schriftlich beantwortet werden. Zu ihnen gehören auch **standardisierte Fragenkataloge,** anhand derer ein Dritter einen Beschäftigten oder Bewerber mündlich befragt und dessen mündliche Antworten schriftlich vermerkt.[764] Das Gleiche gilt, wenn die Antworten über ein Datensicht-

114

---

757 *OVG NW* v. 29. 1. 85 – CL 40/83 –, juris; *OVG Bln* v. 18. 10. 90 – OVG PV Bln 7.89 –, PersR 91, 395.
758 BGBl. I S. 2746.
759 *BVerwG* v. 22. 12. 93 – 6 P 11.92 –, PersR 94, 81.
760 *OVG NW* v. 22. 5. 86 – CL 14/85 –, PersV 88, 534.
761 *BVerwG* v. 22. 12. 93, a. a. O.
762 Richardi-*Kaiser,* Rn. 396.
763 *BVerwG* v. 2. 8. 89 – 6 P 5.88 – u. v. 22. 12. 93 – 6 P 11.92 –, PersR 89, 303, u. 94, 81.
764 *BAG* v. 21. 9. 93 – 1 ABR 28/93 –, AP BetrVG 1972 § 94 Nr. 4.

§ 75 Beurteilungsrichtlinien für Arbeitnehmer (Abs. 3 Nr. 9)

gerät in einen **Datenträger** eingegeben oder auf andere Weise technisch festgehalten werden, wenn persönliche Angaben in **Formulararbeitsverträgen** erfasst oder in standardisierten **Testverfahren** erhoben werden. Werden bei **Mitarbeitergesprächen** im Rahmen von **Zielvereinbarungssystemen** Gesprächsformulare und Fragenkataloge eingesetzt, ist auch dies auch Abs. 3 Nr. 8 mitbestimmungspflichtig.[765] Nach der Rspr. des *BVerwG*[766] fällt die formularmäßige (bzw. standardisierte) Erhebung von personenbezogenen Daten allerdings nur dann unter den Mitbestimmungstatbestand, wenn der Dienstherr bzw. Arbeitgeber dadurch Erkenntnisse über den Beschäftigten gewinnt, die ihm **noch nicht bekannt** oder in diesem Umfang noch nicht bekannt waren.

115 Erhebungsbogen zur **Arbeitsplatzbeschreibung,** die ohne Rücksicht auf den jeweiligen Inhaber des Arbeitsplatzes **rein sachbezogene Fragen** zu Inhalt, Umfang und Bedeutung der auf einem Arbeitsplatz zu verrichtenden Tätigkeiten enthalten, sind keine mitbestimmungspflichtigen Personalfragebogen.[767] Dabei werden allerdings arbeitsplatzbezogene Fragen dann als zugleich personenbezogene betrachtet, wenn sich aus den Antworten zumindest mittelbar **Rückschlüsse auf die Eignung oder Leistung** der Befragten ziehen lassen.[768] Die **Abgrenzung** zwischen mitbestimmungsfreier Arbeitsplatzbeschreibung und mitbestimmungspflichtigem Personalfragebogen ist nicht nach dem Zweck der Erhebung, sondern nach dem Inhalt des Erhebungsbogens vorzunehmen.[769] Enthält ein Bogen sowohl personen- als auch sachbezogene Fragen, will das *BVerwG*[770] die Mitbestimmung des PR davon abhängig machen, dass die personenbezogenen Fragen »überwiegen«. Da dies jedoch dem Schutzzweck der Mitbestimmung (vgl. Rn. 113) nicht gerecht wird,[771] muss der personenbezogene Teil des Erhebungsbogens stets mitbestimmungspflichtig sein.

116 **(Abs. 3 Nr. 9)** Nach Abs. 3 Nr. 9 unterliegen »**Beurteilungsrichtlinien für Arbeitnehmer**« (bis zur Änderung durch Gesetz v. 14. 9. 05[772] »... für Angestellte und Arbeiter«) der uneingeschränkten Mitbestimmung des PR. »Beurteilungsrichtlinien für Beamte« unterliegen nach § 76 Abs. 2 Nr. 3 der eingeschränkten Mitbestimmung des PR. Während die dienstliche Beurteilung der **Beamten** gesetzlich vorgeschrieben ist, ist die Beurteilung von **Arbeitnehmern** nicht gesetzlich und i. d. R. auch nicht tarifvertraglich

---

765 Str.; a. A. *VG Karlsruhe* v. 7. 3. 97 – 16 K 1413/96 –, PersR 97, 407; vgl. KfdP-*Altvater*, Rn. 189 m. w. N.
766 U. a. Beschl. v. 2. 8. 89, a. a. O., u. v. 19. 5. 03 – 6 P 16.02 –, PersR 03, 314.
767 *BVerwG* v. 6. 2. 79 – 6 P 10.78 –, PersV 80, 421, v. 15. 2. 80 – 6 P 80.78 –, PersV 82, 294, u. v. 26. 3. 85 – 6 P 31.82 –, PersR 86, 95.
768 *BVerwG* v. 2. 8. 89 – 6 P 5.88 –, PersR 89, 303.
769 *HessLAG* v. 26. 1. 89 – 9 SaGa 1583/88 –, PersR 90, 52.
770 Beschl. v. 16. 12. 87 – 6 P 32.84 –, PersR 88, 51.
771 So auch *VGH BW* v. 2. 3. 93 – PL 15 S 2133/92 –, PersR 93, 360.
772 BGBl. I S. 2746.

Vertrauens- und Betriebsärzte (Abs. 3 Nr. 10) § 75

geregelt. Nach der Rspr. des *BAG*[773] ist sie aber grundsätzlich zulässig, soweit sie sich auf Eignung, Befähigung und fachliche Leistung beschränkt. Soweit ein etwaiger Gesetzes- oder Tarifvertragsvorbehalt nicht eingreift, hat der PR nach Abs. 3 Nr. 9 über **Erlass und Inhalt von Beurteilungsrichtlinien** mitzubestimmen. Dafür gilt das zu § 76 Abs. 2 Nr. 3 Gesagte entsprechend (näher dazu § 76 Rn. 39 ff.). Eine dienstliche Beurteilung auf der Grundlage nicht mitbestimmter Beurteilungsrichtlinien ist nach h. M. **rechtswidrig**.[774]

(Abs. 3 Nr. 10) Der PR hat nach Abs. 3 Nr. 10 bei der »**Bestellung von Vertrauens- oder Betriebsärzten als Arbeitnehmer**« (bis zur Änderung durch Gesetz v. 14. 9. 05[775] »… als Angestellte«) sowie nach § 76 Abs. 2 Nr. 4 bei »**Bestellung von Vertrauens- oder Betriebsärzten als Beamte**« mitzubestimmen (vgl. § 76 Rn. 43). Der Grund für die Differenzierung liegt darin, dass der **Gesetzgeber des BPersVG 1974** bei der Bestellung eines im Angestelltenverhältnis beschäftigten Arztes ein **uneingeschränktes Mitbestimmungsrecht**, bei der Bestellung eines im Beamtenverhältnis stehenden Arztes aber nur ein eingeschränktes Mitbestimmungsrecht gewähren wollte (zur **Herabstufung** der uneingeschränkten zur eingeschränkten Mitbestimmung in der neueren Rspr. des *BVerwG* vgl. § 69 Rn. 40). **117**

Vertrauensärzte sind Ärzte, die im Auftrag des Arbeitgebers den Gesundheitszustand oder die Arbeitsfähigkeit von Arbeitnehmern untersuchen, damit der Arbeitgeber Entscheidungen treffen kann, die vom Vorliegen medizinischer Tatbestände abhängen. Der Arbeitgeber ist zur Bestellung von Vertrauensärzten nicht verpflichtet. Amtsärzte, die aufgrund beamtenrechtlicher Vorschriften tätig werden können, sind keine Vertrauensärzte. Nach § 3 Abs. 4 TVöD kann der Arbeitgeber den Beschäftigten bei begründeter Veranlassung verpflichten, durch ärztliche Bescheinigung nachzuweisen, dass er zur Leistung der arbeitsvertraglich geschuldeten Tätigkeit in der Lage ist (S. 1). Bei dem **beauftragten Arzt** kann es sich um einen Betriebsarzt (vgl. Rn. 119) handeln, soweit sich die »Betriebsparteien« (d. h. der Leiter der zuständigen Dienststelle und die ihm gegenüberstehende Personalvertretung) nicht auf einen anderen Arzt geeinigt haben (S. 2). Das bedeutet, dass der »beauftragte Arzt« (bei dem es sich der Sache nach um einen Vertrauensarzt handelt) ein Betriebsarzt ist, solange nicht mit Zustimmung des PR ein anderer Arzt als Vertrauensarzt bestellt ist; die fehlende Zustimmung kann nicht ersetzt werden. **118**

Das Arbeitssicherheitsgesetz (ASiG) trifft u. a. Regelungen über die Bestellung und die Aufgaben der **Betriebsärzte**. Es ist zwar im öffentlichen **119**

---

773 Urt. v. 28. 3. 79 – 5 AZR 80/77 –, AP BPersVG § 75 Nr. 3, v. 10. 3. 82 – 5 AZR 927/79 –, AP BAT § 13 Nr. 1, sowie v. 18. 11. 08 – 9 AZR 865/507 – u. v. 18. 8. 09 – 9 AZR 617/08 –, AP BGB § 611 Personalakte Nr. 2 u. 3.
774 Weitergehend *ArbG Bonn* v. 18. 3. 04 – 3 Ca 3190/03 –, PersR 05, 334: unwirksam; vgl. *KfdP-Altvater*, Rn. 193.
775 BGBl. I S. 2746.

§ 75 Verhütung von Gesundheitsschädigungen (Abs. 3 Nr. 11)

Dienst nicht unmittelbar anwendbar. § 16 ASiG schreibt aber vor, dass in Verwaltungen und Betrieben des öffentlichen Rechts ein den Grundsätzen dieses Gesetzes gleichwertiger, wenn auch nicht gleichartiger, arbeitsmedizinischer und sicherheitstechnischer Arbeitsschutz zu gewährleisten ist.[776] Nach § 16 i.V.m. § 2 Abs. 1 ASiG besteht deshalb auch im Bereich des öffentlichen Dienstes eine Verpflichtung zur Bestellung von Betriebsärzten, soweit dies nach den dort festgelegten Kriterien erforderlich ist. Die Betriebsärzte haben die Aufgabe, den Arbeitgeber beim Arbeitsschutz und der Unfallverhütung zu unterstützen (vgl. § 3 ASiG). Die Verpflichtung zu ihrer Bestellung kann dadurch erfüllt werden, dass »eigene« Beschäftigte bestellt werden, dass freiberuflich tätige Ärzte verpflichtet werden oder dass die Dienststelle an einen überbetrieblichen arbeitsmedizinischen Dienst angeschlossen wird (vgl. § 2 Abs. 3 S. 2 u. 4 sowie § 19 ASiG). Bei dieser die Organisation des Arbeitsschutzes betreffenden Frage steht dem PR nach Abs. 3 Nr. 11 ein uneingeschränktes Mitbestimmungs- und Initiativrecht zu (vgl. Rn. 124); das gilt auch für die Verpflichtung oder Entpflichtung eines freiberuflich tätigen Arztes als Betriebsarzt.[777]

120 **Gegenstand der Mitbestimmung** nach Abs. 3 Nr. 10 sind die Bestellung und die Abberufung[778] eines Vertrauens- oder Betriebsarztes als Arbeitnehmer. Die **Bestellung** besteht in der dauerhaften Übertragung der Funktion eines Vertrauens- oder Betriebsarztes,[779] die **Abberufung** (als Gegenstück der Bestellung) in der Entziehung dieser Funktion. Die Mitbestimmung nach Abs. 3 Nr. 10 soll gewährleisten, dass nur solche Personen als Vertrauens- oder Betriebsärzte eingesetzt werden, die auch das **Vertrauen der Beschäftigten** haben.[780] Bei der Ausübung seines Mitbestimmungsrechts hat der PR insb. darauf zu achten, dass die jeweils maßgeblichen Rechtsvorschriften eingehalten und die jeweiligen qualifikatorischen Anforderungen beachtet werden. Es handelt sich um eine **gemeinsame Angelegenheit** der in der Dienststelle vorhandenen Gruppen (vgl. § 76 Rn. 43).[781]

121 **(Abs. 3 Nr. 11)** Die Mitbestimmung des PR bei »**Maßnahmen zur Verhütung von Dienst- und Arbeitsunfällen und sonstigen Gesundheitsschädigungen**« dient dem **Zweck**, zu gewährleisten, dass der als vorbeugender Gesundheitsschutz zu verstehende **Arbeitsschutz** effektiv und optimal gestaltet wird.[782] Dabei geht es um eine **Schwerpunktaufgabe des PR**. Sie wird ergänzt durch die Mitbestimmung bei der Bestellung von Vertrauens- oder Betriebsärzten nach Abs. 3 Nr. 10 und § 76 Abs. 2 Nr. 4 (vgl. Rn. 117 ff.; § 76 Rn. 43), die nichtförmliche Beteiligung

---

776 *BVerwG* v. 25.1.95 – 6 P 19.93 –, PersR 95, 300.
777 *BVerwG* v. 25.1.95, a.a.O.; a.A. zum LPVG NW: *OVG NW* v. 10.12.03 – 1 A 556/02.PVL –, PersR 04, 227.
778 Insoweit str.; vgl. KfdP-*Altvater*, Rn. 199 m.N.
779 *OVG NW* v. 10.12.03, a.a.O.
780 *BVerwG* v. 25.1.95, a.a.O.
781 KfdP-*Altvater*, Rn. 200.
782 Vgl. *BVerwG* v. 25.8.86 – 6 P 16.84 –, PersR 86, 235.

Verhütung von Gesundheitsschädigungen (Abs. 3 Nr. 11) § 75

bei der Bekämpfung von Unfall- und Gesundheitsgefahren nach § 81 (vgl. dort Rn. 1 ff.) und die allgemeine Aufgabe der Überwachung nach § 68 Abs. 1 Nr. 2 (vgl. dort Rn. 6 ff.).

Während die beamtenrechtlichen Vorschriften über die Unfallfürsorge bestimmen, was **Dienstunfälle** sind (§ 31 BeamtVG), regeln die Vorschriften der gesetzlichen Unfallversicherung, was **Arbeitsunfälle** sind (§ 8 SGB VII). **Sonstige Gesundheitsschädigungen** sind alle anderen Beeinträchtigungen der physischen oder psychischen Integrität der Beschäftigten durch medizinisch feststellbare Verletzungen oder arbeitsbedingte Erkrankungen. Gegenstand der Mitbestimmung nach Abs. 3 Nr. 11 sind Maßnahmen zur **Verhütung von Gesundheitsschädigungen**. Damit sind Maßnahmen des präventiven Gesundheitsschutzes gemeint, d. h. solche, die dazu dienen, Unfälle bei der Arbeit und arbeitsbedingte Gesundheitsgefahren zu verhüten (§ 2 Abs. 1 ArbSchG). 122

Die Mitbestimmung des PR erstreckt sich auf »**Maßnahmen**« des präventiven Gesundheitsschutzes. Dabei ist es unerheblich, ob es sich um **allgemeine Regelungen** oder um **Einzelmaßnahmen** handelt, wie etwa eine Schutzmaßnahme für einen bestimmten Arbeitsplatz oder einen einzelnen, besonders schutzbedürftigen Beschäftigten.[783] Das Mitbestimmungsrecht des PR besteht anders als das des Betriebsrats nach § 87 Abs. 1 Nr. 7 BetrVG nicht nur »**im Rahmen der gesetzlichen Vorschriften ...**«, sondern **darüber hinaus** auch dann, wenn der Dienststellenleiter aus freiem Entschluss eine Maßnahme des Gesundheitsschutzes beabsichtigt.[784] Aufgrund des **Gesetzesvorbehalts** im Einleitungssatz des Abs. 3 schließt eine gesetzliche Regelung die Mitbestimmung allerdings dann aus, wenn darin ein Sachverhalt unmittelbar geregelt ist, es also zum Vollzug keines Ausführungsaktes bedarf (vgl. Rn. 75). Eine derartige **Sperrwirkung** hat das BVerwG[785] bei den Beschäftigungsverboten nach den §§ 3, 4 und 6 MuSchG bejaht. 123

Nach st. Rspr. des BVerwG[786] sollen nur diejenigen Maßnahmen mitbestimmungspflichtig sein, die darauf **abzielen**, das Risiko von Gesundheitsschädigungen oder Unfällen innerhalb der Dienststelle zu mindern oder einen effektiven Arbeits- und Gesundheitsschutz zu gewährleisten.[787] **Inhaltlich** erstreckt sich die Mitbestimmung nach Abs. 3 Nr. 11 nicht nur auf Maßnahmen, die das Verhalten von Beschäftigten betreffen, sondern auch auf organisatorische, technische, medizinische und personelle Maßnahmen.[788] 124

---

783 BVerwG v. 18.5.94 – 6 P 27.92 –, PersR 94, 466; abw. Richardi-*Kaiser*, Rn. 428: nur Kollektivmaßnahmen.
784 Vgl. BVerwG v. 17.2.86 – 6 P 16.84 –, PersR 86, 194, u. v. 18.5.94, a.a.O.
785 Beschl. v. 19.5.92 – 6 P 5.90 –, PersR 92, 361.
786 Vgl. Beschl. v. 8.1.01 – 6 P 6.00 –, PersR 01, 154.
787 Vgl. auch Beschl. v. 19.5.03 – 6 P 16.02 –, PersR 03, 314, wonach eine die Unfallverhütung bezweckende Teilregelung einer Verwaltungsvorschrift jedenfalls dann der Mitbestimmung unterliegt, wenn die Teilregelung nicht nur von untergeordneter Bedeutung ist.
788 In Details str.; näher hierzu u. zum Folgenden KfdP-*Altvater*, Rn. 212.

§ 75 Verhütung von Gesundheitsschädigungen (Abs. 3 Nr. 11)

Zu den das **Verhalten** regelnden Maßnahmen gehören z. B.: Sicherheitsanweisungen und Unfallschutzvorschriften;[789] Regelungen über Art und Inhalt der durch § 12 ArbSchG dem Arbeitgeber auferlegten Verpflichtung, die Beschäftigten über Sicherheit und Gesundheitsschutz bei der Arbeit zu unterweisen;[790] konkretisierende Ausgestaltung des dem Nichtraucherschutz dienenden generellen Rauchverbots aufgrund des BNichtrSchG (vgl. § 81 Rn. 7); Alkoholverbote;[791] Maßnahmen gegen Mobbing. Zu den organisatorischen Maßnahmen rechnen zum einen solche, welche die **Organisation des Arbeitsschutzes** in der Dienststelle betreffen, so z. B. die Beauftragung freiberuflicher Betriebsärzte[792] oder der Anschluss an einen überbetrieblichen arbeitsmedizinischen und sicherheitstechnischen Dienst,[793] ferner die Bildung eines Arbeitsschutzausschusses (vgl. § 11 ASiG) sowie die Einführung eines Konzepts über Gesundheitszirkel.[794] Zum anderen sind aber auch dem Arbeitsschutz dienende Maßnahmen der **Arbeitsorganisation** mitbestimmungspflichtig. Dazu gehört etwa die dem § 5 BildscharbV entsprechende Organisation des täglichen Arbeitsablaufs der Bildschirmarbeit, z. B. eine Regelung über die Gewährung bezahlter Kurzpausen.[795] **Technische Maßnahmen** können in der Anordnung und Einrichtung von Arbeitsschutzvorrichtungen bestehen.[796] **Medizinische Maßnahmen** sind z. B. nähere, die einschlägigen Vorschriften der BildscharbV (§ 6) und der ArbMedVV (Anh. Teil 4 Abs. 2 Nr. 1) konkretisierende Regelungen über die Untersuchung der Augen und des Sehvermögens der in der Bildschirmarbeit tätigen oder dafür vorgesehenen Beschäftigten. **Personelle Maßnahmen**, die in der Bestellung oder Abberufung von Personen bestehen, die damit beauftragt sind, den Dienststellenleiter bei der Durchführung des gesundheitlichen Arbeitsschutzes zu unterstützen, sind nach Abs. 3 Nr. 11 mitbestimmungspflichtig, sofern nicht spezielle Mitbestimmungstatbestände (Abs. 3 Nr. 10; § 76 Abs. 2 Nr. 4) eingreifen.[797] Das Mitbestimmungsrecht erstreckt sich somit auch auf die Bestellung von Fachkräften für Arbeitssicherheit und von Sicherheitsbeauftragten. Nicht mitbestimmungspflichtig ist nach Ansicht des *BVerwG*[798] eine zu Arbeitsschutzzwecken durchgeführte, der **Gefährdungsbeurteilung** nach § 5 ArbSchG dienende Befragung von Beschäftigten der Dienststelle, weil die Befragung keine Maßnahme i. S. d.

---

789 Vgl. *BAG* v. 16.6.98 – 1 ABR 68/97 –, AP BetrVG 1972 § 87 Gesundheitsschutz Nr. 7; *OVG NW* v. 9.6.06 – 1 A 1492/05.PVL –, PersR 06, 478.
790 *BAG* v. 11.1.11 – 1 ABR 104/09 –, NZA 11, 651.
791 *OVG NW* v. 4.5.87 – CL 20/85 –, PersR 88, 104; einschränkend aber *BVerwG* v. 11.3.83 – 6 P 25.80 –, PersV 84, 318.
792 *BVerwG* v. 25.1.95 – 6 P 19.93 –, PersR 95, 300.
793 Vgl. *BAG* v. 10.4.79 – 1 ABR 34/77 –, AP BetrVG 1972 § 87 Arbeitssicherheit Nr. 1; *VG Oldenburg* v. 4.11.04 – 9 A 4325/04 –, PersR 05, 245.
794 *VG Bln* v. 20.9.06 – VG 61 A 7.06 –, PersR 07, 43.
795 *BVerwG* v. 8.1.01 – 6 P 6.00 –, PersR 01, 154.
796 *BVerwG* v. 18.5.94 – 6 P 27.92 –, PersR 94, 466.
797 *BVerwG* v. 18.5.94, a. a. O., u. v. 14.10.02 – 6 P 7.01 –, PersR 03, 113.
798 Beschl. v. 14.10.02, a. a. O.

Betriebliches Vorschlagswesen (Abs. 3 Nr. 12) § 75

§ 69 Abs. 1 und 2 sei und der PR jedenfalls im Vorfeld von konkreten Arbeitsschutzmaßnahmen nur die in § 81 vorgesehenen speziellen Informations- und Anregungsrechte habe (vgl. § 81 Rn. 8).[799]

(Abs. 3 Nr. 12) Die Vorschrift gebraucht ebenso wie der bedingt vergleichbare § 87 Abs. 1 Nr. 12 BetrVG den Begriff des »**betrieblichen**« **Vorschlagswesens**. Das bedeutet aber nicht, dass Dienststellen i. S. d. BPersVG, die keine Betriebe, sondern Behörden oder Verwaltungsstellen sind (vgl. § 6 Abs. 1), aus dem Anwendungsbereich von Abs. 3 Nr. 12 ausgeschlossen wären. Nach dem BPersVG beschränkt sich die Mitbestimmung des PR auf »**Grundsätze über die Bewertung von anerkannten Vorschlägen**« im Rahmen dieses Vorschlagswesens (vgl. Rn. 126). Dies dient dem **Zweck**, unter Beachtung der Vorschriften des § 67 Abs. 1 S. 1 eine gerechte Bewertung der Vorschläge sicherzustellen. 125

Zum **betrieblichen (bzw. behördlichen) Vorschlagswesen** gehören alle systematischen Bestrebungen zur Anregung, Sammlung und Bewertung von **Verbesserungsvorschlägen**, die von einzelnen oder mehreren Beschäftigten außerhalb ihres eigentlichen Pflichtenkreises freiwillig gemacht werden. Die Vorschläge müssen die Vereinfachung, Erleichterung, Beschleunigung oder sichere Gestaltung der Arbeit in der Dienststelle bezwecken und können den technischen, kaufmännischen, organisatorischen und sozialen Bereich einschl. der menschengerechten Arbeitsgestaltung betreffen. Keine Verbesserungsvorschläge in diesem Sinne sind nach h. M. patent- oder gebrauchsmusterfähige **Erfindungen** von Beschäftigten, weil das Gesetz über Arbeitnehmererfindungen (ArbNErfG) v. 25. 7. 57[800] – zuletzt geändert durch Art. 7 des Gesetzes v. 31. 7. 09[801] – dazu abschließende Regelungen enthält, die nach den §§ 40, 41 ArbNErfG grundsätzlich auch für Arbeitnehmer im öffentlichen Dienst und für Beamte (und Soldaten) gelten. Für **qualifizierte technische Verbesserungsvorschläge** enthält das ArbNErfG dagegen keine abschließenden Regelungen, sondern lediglich Vorschriften über die Vergütung des Arbeitnehmers bzw. Beamten (oder Soldaten), welche die Mitbestimmung im Übrigen (z. B. bei Nichtverwertung, aber gleichwohl ideeller Anerkennung durch den Arbeitgeber) nicht ausschließen (§§ 1, 3, 20, 40 Nr. 2, § 41 ArbNErfG; vgl. auch Rn. 128).[802] 126

Gegenstand der Mitbestimmung des PR nach Abs. 3 Nr. 12 ist die Erstellung von **Grundsätzen** über die Bewertung von anerkannten Verbesserungsvorschlägen. Dabei handelt es sich um die erstmalige Aufstellung, 127

---

799 Weitergehend zu § 87 Abs. 1 Nr. 7 BetrVG: *BAG* v. 8. 6. 04 – 1 ABR 13/03 –, AP BetrVG 1972 § 87 Gesundheitsschutz Nr. 13; ferner *VG Dresden* v. 31. 3. 10 – 9 L 118/10 –, PersR 11, 263: Mitbestimmung bei systematischer Befragung zur Ermittlung typischer Ursachen krankheitsbedingter Fehlzeiten.
800 BGBl. I S. 756.
801 BGBl. I S. 2521.
802 Str.; vgl. KfdP-*Altvater*, Rn. 216 m. N.

§ 75 Sozialpläne (Abs. 3 Nr. 13)

die spätere Änderung oder die Aufhebung von abstrakt-generellen Regelungen, die sich auf die Maßstäbe und die Art sowie das Verfahren der Bewertung beziehen.[803] Nicht mitbestimmungspflichtig sind die Einführung eines betrieblichen Vorschlagswesens, die Grundsätze der Annahme und Anerkennung von Vorschlägen, die Entscheidung darüber, ob und in welchem Umfang finanzielle Mittel für die Honorierung zur Verfügung gestellt werden, sowie die mit der Annahme, Anerkennung, Bewertung, Prämierung und Verwertung verbundenen Einzelfallentscheidungen.

127a Der Ausschuss für Organisationsfragen der Bundesministerien hat am 9.12.09 eine neue **»Rahmenrichtlinie für das Ideenmanagement in der Bundesverwaltung«** beschlossen (Bek. des BMI v. 27.1.10[804]), die von den Ressorts **umzusetzen** ist. Die Umsetzung unterliegt der **Mitbestimmung** der im jeweiligen Ressort zuständigen Personalvertretung.[805]

128 Für **technische Verbesserungsvorschläge** (vgl. Rn. 126) enthält das ArbNErfG eine **vertretungsrechtliche Sonderregelung**. Es bestimmt zunächst, dass der Arbeitnehmer im privaten Dienst gegen den Arbeitgeber einen Anspruch auf angemessene Vergütung hat, sobald der Arbeitgeber qualifizierte technische Verbesserungsvorschläge verwertet (§ 20 Abs. 1), und legt darüber hinaus fest, dass im Übrigen die Behandlung technischer Verbesserungsvorschläge der Regelung durch Tarifvertrag oder Betriebsvereinbarung überlassen bleibt (§ 20 Abs. 2). Diese Vorschriften gelten im öffentlichen Dienst für technische Verbesserungsvorschläge von Arbeitnehmern, Beamten und Soldaten mit der Maßgabe, dass statt einer Betriebsvereinbarung eine **Dienstvereinbarung** zulässig ist, wobei allerdings Vorschriften, nach denen die Einigung darüber durch Entscheidung einer höheren Dienststelle oder einer dritten Stelle ersetzt werden kann, keine Anwendung finden (§ 40 Nr. 2, § 41 ArbNErfG).[806]

129 **(Abs. 3 Nr. 13)** Nach Abs. 3 Nr. 13 hat der PR mitzubestimmen über **Aufstellung von Sozialplänen** »einschließlich Plänen für Umschulungen zum Ausgleich oder zur Milderung von wirtschaftlichen Nachteilen, die dem Beschäftigten infolge von Rationalisierungsmaßnahmen entstehen«. Der **Zweck** dieses Mitbestimmungsrechts besteht darin, den individualrechtlichen Schutz der Beschäftigten vor Eingriffen in ihr Beschäftigungsverhältnis kollektivrechtlich zu ergänzen und zu erweitern.[807] Voraussetzung für die der Mitbestimmung unterliegende Aufstellung eines Sozialplans ist die Planung oder Durchführung einer **Rationalisierungsmaßnahme**. Was unter einer solchen Maßnahme zu verstehen ist, sagt das Gesetz nicht. Nach Ansicht des *BVerwG* ist entscheidendes Merkmal einer solchen Maßnahme, dass durch sie die Leistungen der Dienststelle durch

---

803 Teilw. str.; vgl. KfdP-*Altvater*, Rn. 217 m.N.
804 GMBl. 2010 S. 61.
805 *VG Bln* v. 27.2.02 – VG 72 A 3.02 –, PersR 03, 424.
806 Vgl. KfdP-*Altvater*, Rn. 218.
807 *BVerwG* v. 26.3.86 – 6 P 38.82 –, PersV 86, 510.

Sozialpläne (Abs. 3 Nr. 13)   § 75

eine zweckmäßige Gestaltung von Arbeitsabläufen verbessert werden sollen, indem der Aufwand an menschlicher Arbeit oder auch an Zeit, Energie, Material und Kapital herabgesetzt wird.[808] Diese Definition ist jedoch zu eng, weil damit bestimmte **Varianten** der Rationalisierung nicht erfasst werden. Das gilt v. a. für Maßnahmen mit dem Ziel einer relativen Kostensenkung, insb. für Maßnahmen, mit denen auf eine geänderte Nachfrage nach Dienstleistungen reagiert wird. Dem *BVerwG* ist deshalb nicht zu folgen, wenn es personalwirtschaftliche Maßnahmen, die den Personalbedarf »lediglich an die vorhandenen Gegebenheiten anpassen« sollen (z. B. an eine geänderte allgemeine Marktsituation), nicht als Rationalisierungsmaßnahmen ansieht.[809]

Die **Rationalisierungsmaßnahme** ist Voraussetzung, nicht Gegenstand der Mitbestimmung nach Abs. 3 Nr. 13. Allerdings kann die Rationalisierungsmaßnahme nach anderen Vorschriften der **Beteiligung** des PR unterliegen. Nach den Umständen des jeweiligen Einzelfalls kommen v. a. in Betracht: die Mitbestimmung nach § 76 Abs. 2 Nr. 5 und 7, die Mitwirkung nach § 78 Abs. 1 Nr. 2, die Anhörung nach § 78 Abs. 4 und 5. Außerdem ist der PR bei den **personellen Einzelmaßnahmen** zu beteiligen, die **zur Umsetzung** der Rationalisierungsmaßnahme getroffen werden sollen. **130**

Ein **Sozialplan** i. S. d. Abs. 3 Nr. 13 ist die Gesamtheit der Regelungen, mit denen **die wirtschaftlichen Nachteile ausgeglichen oder gemildert** werden sollen, die einzelnen oder mehreren Beschäftigten infolge einer Rationalisierungsmaßnahme entstehen. Entscheidend ist der Inhalt des Plans, nicht seine Bezeichnung.[810] Welche wirtschaftlichen Nachteile unter welchen Voraussetzungen und in welchem Ausmaß ausgeglichen oder gemildert werden sollen, steht im **Ermessen** von Dienststellenleiter und PR oder, falls diese sich nicht einigen können, der im weiteren Verfahren beteiligten Stellen, letztlich der Einigungsstelle. Die Regelungen eines Sozialplans können sich auf einen **einzigen Beschäftigten** beschränken – wenn die ihn betreffende Rationalisierungsmaßnahme einen kollektiven Bezug (vgl. Rn. 69) aufweist[811] – und sich sowohl auf **Arbeitnehmer** als auch auf **Beamte** beziehen. Mögliche **Inhalte** eines Sozialplans können alle Regelungen sein, die auf den Ausgleich oder die Milderung der durch die jeweilige Rationalisierungsmaßnahme entstehenden wirtschaftlichen Nachteile gerichtet sind. In Betracht kommen u. a.: Regelungen zur Sicherung der bisherigen Vergütung, Abfindungen für ausscheidende Beschäftigte oder bei Verlust sozialer Leistungen, Ausgleichsleistungen bei Umsetzungen und Versetzungen wie z. B. die Anrechnung von Wegezeiten auf die Arbeitszeit, Ersatz zusätzlicher Aufwendungen wie Reisekosten- **131**

---

808 Beschl. v. 17. 6. 92 – 6 P 17.91 –, PersR 92, 451.
809 Näher dazu KfdP-*Altvater*, Rn. 220.
810 *VGH BW* v. 18. 9. 90 – 15 S 2484/89 –, PersR 91, 144.
811 Richardi-*Kaiser*, Rn. 463.

§ 75 Sozialpläne (Abs. 3 Nr. 13)

erstattung, Trennungsentschädigung und Übernahme von Umzugskosten, Ausschluss der Kündigung von bereitgestelltem Wohnraum ebenso wie Hilfen bei der Beschaffung von Wohnraum, Einrichtung eines vom Arbeitgeber bzw. Dienstherrn unterhaltenen Personalverkehrs für die Fahrten zwischen Wohnung und Dienststelle.[812]

132 Die ausdrücklich genannten **Pläne für Umschulungen** können Bestandteil von Sozialplänen sein. Sie können sich nicht nur auf Umschulungen i. e. S. beziehen, also nicht nur auf Maßnahmen, die (so die Definition in § 1 Abs. 4 BBiG) zu einer anderen beruflichen Tätigkeit befähigen sollen, sondern auch auf Maßnahmen der beruflichen Fortbildung (vgl. § 76 Rn. 49). Sie können die Art und den Inhalt von beruflichen Bildungsmaßnahmen, den Teilnehmerkreis und die Modalitäten der Durchführung einschl. der Kostentragung und der bezahlten Freistellung von der Arbeit regeln.

133 Ein Sozialplan i. S. d. Abs. 3 Nr. 13 ist nicht an das jeweilige Haushaltsgesetz und den damit verknüpften **Haushaltsplan** gebunden.[813] Da die Mitbestimmung bei Sozialplänen eine gesetzliche Erweiterung der Fürsorgepflicht des Arbeitgebers bzw. Dienstherrn ist, die darauf beruht, dass der einzelne Beschäftigte die aufgrund von Rationalisierungsmaßnahmen erfolgenden Eingriffe in sein Beschäftigungsverhältnis nicht abwehren kann, handelt es sich bei den Leistungen aus dem Sozialplan um gesetzliche Pflichtleistungen (vgl. Rn. 129). Diese Verbindlichkeiten werden nach § 3 Abs. 2 HGrG bzw. BHO durch den Haushaltsplan nicht aufgehoben und dürfen nach § 28 Abs. 2 HGrG bzw. § 51 BHO auch dann geleistet werden, wenn dafür Ausgabemittel nicht besonders zur Verfügung gestellt sind. Das **Gesamtvolumen des Sozialplans** muss so bemessen sein, dass dieser seine Funktion erfüllen kann, wirtschaftliche Nachteile auszugleichen oder zu mildern.[814]

134 Für die Mitbestimmung nach Abs. 3 Nr. 13 gilt der **Tarifvertragsvorbehalt** (vgl. Rn. 74 f.). Wegen ihres ausgedehnten Geltungsbereichs kommt dabei insb. den **Tarifverträgen über den Rationalisierungsschutz** für Angestellte sowie für Arbeiter des Bundes und der Länder, jew. v. 9. 1. 87 i. d. F. v. 29. 10. 01, Bedeutung zu. Diese Tarifverträge legen allerdings ausdrücklich fest, dass die Beteiligungsrechte der Personalvertretung nicht berührt werden. Daraus ist abzuleiten, dass die Tarifverträge nur Mindeststandards festschreiben und es zulassen, dass sowohl konkretisierende als auch weitergehende Leistungen in einem nach Abs. 3 Nr. 13 aufzustellenden Sozialplan festgelegt werden können.[815] Bei **Beamten** ist der **Gesetzesvorbehalt** zu beachten (vgl. Rn. 73, 75). Aus den Vorschriften von § 2 Abs. 2 und § 51 S. 1 BBesG sowie § 3 Abs. 2 BeamtVG ergibt sich, dass **besoldungs- und**

---

812 Näher dazu KfdP-*Altvater*, Rn. 224 f.
813 Str.; näher dazu KfdP-*Altvater*, Rn. 227.
814 Vgl. *BAG* v. 24. 8. 04 – 1 ABR 23/03 –, AP BetrVG 1972 § 112 Nr. 174, zur Beachtung einer Unter- und Obergrenze.
815 Str.; vgl. KfdP-*Altvater*, Rn. 228 m. N.

versorgungsrechtliche Regelungen** grundsätzlich nicht in einen Sozialplan aufgenommen werden können. Etwas anderes gilt insoweit nur hinsichtlich der Regelungsinhalte solcher Vorschriften, die ein Ermessen einräumen oder die konkretisierungsfähig und -bedürftig sind. Dagegen schließt das **Reise- und Umzugskostenrecht** auch abstrakt-generelle Sonderregelungen in Sozialplänen nach Abs. 3 Nr. 13 nicht aus, wenn diese in einer Dienstvereinbarung festgelegt werden.[816]

Damit der Schutzzweck der Mitbestimmung (vgl. Rn. 129) so gut wie möglich erreicht werden kann, ist eine **frühzeitige Beteiligung** des PR erforderlich. Dieser kann – ggf. durch Ausübung seines Initiativrechts nach § 70 Abs. 1 – bereits dann die Aufstellung eines Sozialplans verlangen, wenn die Rationalisierungsmaßnahme sich noch in der **Vorbereitungsphase** befindet. Dafür reicht es aus, dass der Dienststellenleiter im Prinzip zu einer bestimmten Rationalisierungsmaßnahme entschlossen ist.[817]

Sofern dem nicht die in Abs. 5 normierte **Sperre durch tarifliche oder tarifübliche Regelung** entgegensteht (vgl. Rn. 161 ff.), empfiehlt es sich, den Sozialplan nach § 73 in Form der **Dienstvereinbarung** aufzustellen, weil dann die in ihm enthaltenen Regelungen Rechtsnormen mit unmittelbarer und zwingender Wirkung sind, die von den Beschäftigten selbst gegenüber dem Arbeitgeber bzw. Dienstherrn geltend gemacht und im Streitfall von den Arbeitnehmern vor dem Arbeitsgericht bzw. von den Beamten vor dem Verwaltungsgericht durchgesetzt werden können (vgl. § 73 Rn. 8; § 83 Rn. 8).[818]

(Abs. 3 Nr. 14) Nach Abs. 3 Nr. 14 hat der PR mitzubestimmen beim »**Absehen von der Ausschreibung von Dienstposten, die besetzt werden sollen**«. Dieser Mitbestimmungstatbestand liegt nach jüngster Rspr. des *BVerwG*[819] vor, wenn von einer **grundsätzlichen Ausschreibungspflicht**, die entweder in **Rechts- oder Verwaltungsvorschriften** vorgesehen oder durch **regelmäßige Verwaltungspraxis** begründet ist, abgewichen wird. Ein solches Absehen ist nicht nur dann gegeben, wenn von der grundsätzlich vorgeschriebenen oder praktizierten Ausschreibung **völlig abgesehen** wird, sondern auch dann, wenn statt der grundsätzlich obligatorischen externen Ausschreibung **nur eine interne Ausschreibung** stattfindet oder wenn der **Bereich der internen Ausschreibung verkleinert** wird, etwa dadurch, dass statt der grundsätzlich vorzunehmenden dienststellenübergreifenden Ausschreibung nur eine dienststelleninterne Ausschreibung erfolgt. Das ergibt sich bereits[820] aus Folgendem: Zum einen geht der Mitbestimmungstatbestand nicht von einer personalvertretungs-

---

816 Vgl. KfdP-*Altvater*, Rn. 229.
817 Vgl. KfdP-*Altvater*, Rn. 231.
818 KfdP-*Altvater*, Rn. 232.
819 Beschl. v. 14.1.10 – 6 P 10.09 –, PersR 10, 322; näher dazu u. zur vorherigen Rspr.: KfdP-*Altvater*, Rn. 235.
820 So das *BVerwG* im Beschl. v. 14.1.10, a.a.O.

§ 75 Ordnung der Dienststelle ... (Abs. 3 Nr. 15)

rechtlichen Pflicht zur lediglich dienststelleninternen Ausschreibung aus,[821] sondern von den außerhalb des PersVR normierten oder durch regelmäßige Verwaltungspraxis begründeten dienst- bzw. arbeitsrechtlichen Pflichten des öffentlichen Arbeitgebers. Zum anderen lässt es der Wortlaut des Abs. 3 Nr. 14 durchaus zu, die Mitbestimmung eingreifen zu lassen, wenn **ganz oder teilweise von der Ausschreibung abgesehen** wird.

137a Die Mitbestimmung nach Abs. 3 Nr. 14 kommt nur bei **Maßnahmen des Leiters der Dienststelle** in Betracht.[822] Eine »Maßnahme« setzt grundsätzlich ein positives **(ausdrückliches oder konkludentes) Handeln** des Dienststellenleiters voraus (vgl. § 69 Rn. 8). Ein solches Handeln liegt aber nicht nur dann vor, wenn der Dienststellenleiter gegenüber dem PR oder sonst verlautbart, dass im gegebenen Fall von einer Ausschreibung abgesehen wird. Eine **(stillschweigende) positive Entscheidung** ist auch dann gegeben, wenn der Dienststellenleiter **von einer sonst befolgten Praxis der Ausschreibung abweicht**. Die Mitbestimmung dient der **Richtigkeitskontrolle** (vgl. auch § 69 Rn. 10). Sie greift unabhängig davon ein, ob die Nichtvornahme der Ausschreibung nach dem zugrunde zu legenden speziellen Regelwerk auf einer **zwingenden Ausnahme** beruht **oder ins Ermessen** des Dienststellenleiters gestellt ist.[823]

137b Der Gesetzgeber des BPersVG 1974 hat für den Tatbestand des Abs. 3 Nr. 14 ein uneingeschränktes Mitbestimmungsrecht vorgesehen. Unter Bezug auf die Rspr. des *BVerfG*[824] und im Hinblick auf die Personal- und Organisationshoheit des Dienstherrn hat das *BVerwG*[825] jedoch entschieden, dass die oberste Dienstbehörde aus verfassungsrechtlichen Gründen das letzte Wort haben müsse, und die uneingeschränkte zur **eingeschränkten Mitbestimmung** herabgestuft (vgl. § 69 Rn. 40).[826]

138 **(Abs. 3 Nr. 15)** Nach Abs. 3 Nr. 15 hat der PR bei der **Regelung der Ordnung in der Dienststelle und des Verhaltens der Beschäftigten** mitzubestimmen. Nach st. Rspr. des *BVerwG* handelt es sich dabei um einen **einheitlichen Mitbestimmungstatbestand**, der sich auf die Gesamtheit der allgemeinen Verhaltensmaßregeln erstreckt, die das Miteinander der Beschäftigten und den Gebrauch der ihnen von der Dienststelle zur Verfügung gestellten Gegenstände ordnen.[827] Das Vorliegen von zwei unterschiedlichen Tatbeständen wird verneint, weil jede Regelung des Verhaltens der Beschäftigten auch eine bestimmte Ordnung in der Dienststelle schaffe, wie umgekehrt jede Regelung der Ordnung ein bestimmtes

---

821 So aber noch *BVerwG* v. 8.3.88 – 6 P 32.85 –, PersR 88, 183.
822 Näher dazu *BVerwG* v. 14.1.10, a.a.O.
823 *BVerwG* v. 14.1.10, a.a.O.
824 Beschl. v. 24.5.95 – 2 BvF 1/92 –, PersR 95, 483.
825 Beschl. v. 14.1.10, a.a.O.
826 KfdP-*Altvater*, Rn. 238.
827 *BVerwG* v. 19.5.03 – 6 P 16.02 –, PersR 03, 314, m.w.N.

Ordnung der Dienststelle ... (Abs. 3 Nr. 15) § 75

Verhalten der Beschäftigten verlange.[828] Regelungen, mit denen die Erbringung der den Beschäftigten obliegenden Arbeitsleistungen konkretisiert wird, werden aus der Mitbestimmung ausgeklammert.[829] Geben Regelungen sowohl das allgemeine dienstliche Verhalten als auch die Art und Weise der Dienstausübung vor, wird danach unterschieden, welcher Regelungsbereich im Vordergrund steht.[830] In den Grundzügen folgt diese Rspr. der des *BAG* zur Mitbestimmung des Betriebsrats bei »Fragen der Ordnung des Betriebs und des Verhaltens der Arbeitnehmer im Betrieb« nach § 87 Abs. 1 Nr. 1 BetrVG, die zwischen einem **mitbestimmungspflichtigen Ordnungsverhalten** und einem **mitbestimmungsfreien Arbeitsverhalten** trennt[831] und bei dieser Unterscheidung auf den **objektiven Regelungszweck** abstellt, der sich nach dem Inhalt der Maßnahme und der Art des zu beeinflussenden betrieblichen Geschehens bestimmt.[832] Die **einschränkende Rspr.** des *BAG* zur Auslegung des § 87 Abs. 1 Nr. 1 BetrVG ist schon deshalb zu kritisieren, weil sie eine klare Linie vermissen lässt. Dieser Einwand ist auch gegenüber der Rspr. des *BVerwG* zur Auslegung der entsprechenden Vorschriften des PersVR zu erheben.[833]

139 Zwischen *BVerwG* und *BAG* ist streitig, ob der PR nach Abs. 3 Nr. 15 (und den entsprechenden Vorschriften der LPersVG) nur bei **generellen Regelungen,** wie z. B. bei der Aufstellung einer Disziplinarordnung, zu beteiligen ist[834] oder auch im **Einzelfall**, wie etwa bei der Verhängung einer Disziplinarmaßnahme.[835] Das *BVerwG* begründet seine Ansicht v. a. damit, dass im Unterschied zu den maßgeblichen Vorschriften des PersVR in § 87 Abs. 1 Nr. 1 BetrVG der Begriff der »Regelung« nicht verwendet werde (vgl. Rn. 138) und dieser Tatbestand deshalb weiter gefasst sei.[836] Es geht dabei jedoch von einem zu engen Verständnis der »Regelung« aus, das mit der verwaltungsrechtlichen Terminologie der Verwaltungshandlungen nicht im Einklang steht, weil danach auch eine konkret-spezielle (Einzel-)Anordnung, die einen individuell bestimmten Sachverhalt betrifft und sich an eine bestimmte Person wendet, als Regelung verstanden werden kann.[837]

140 Streitig ist auch, ob Maßnahmen nicht technischer Art, die der **Über-**

---

828 *BVerwG* v. 30.12.87 – 6 P 20.82 –, PersR 88, 53.
829 *BVerwG* v. 19.5.03, a.a.O.
830 *BVerwG* v. 7.7.93 – 6 P 4.91 –, PersR 93, 491, m.w.N.
831 Vgl. *BVerwG* v. 23.8.07 – 6 P 7.06 –, PersR 07, 476.
832 *BAG* v. 11.6.02 – 1 ABR 46/01 –, AP BetrVG 1972 § 87 Ordnung des Betriebes Nr. 38, u. v. 22.7.08 – 1 ABR 40/07 –, AP BetrVG 1972 § 87 Nr. 14, jew. m.w.N.
833 Vgl. KfdP-*Altvater*, Rn. 241.
834 So *BVerwG* v. 11.11.60 – VII P 9.59 –, PersV 61, 103, v. 6.2.79 – 6 P 20.78 –, PersV 80, 421, u. v. 23.8.82 – 6 P 45.79 –, PersV 83, 375.
835 So *BAG* v. 25.2.66 – 4 AZR 179/63 –, AP PersVG § 66 Nr. 8, u. v. 7.4.92 – 1 AZR 372/91 –, PersR 92, 420, im Anschluss an seine st. Rspr. zu § 87 Abs. 1 Nr. 1 BetrVG.
836 Beschl. v. 23.8.82, a.a.O.
837 Näher dazu KfdP-*Altvater*, Rn. 242.

§ 75 Ordnung der Dienststelle ... (Abs. 3 Nr. 15)

wachung der Beschäftigten dienen, der Mitbestimmung nach Abs. 3 Nr. 15 (oder § 87 Abs. 1 Nr. 1 BetrVG) unterliegen. Dies wird von der h. M. insb. deshalb abgelehnt, weil andernfalls die Mitbestimmung bei der Einführung und Anwendung technischer Kontrolleinrichtungen nach Abs. 3 Nr. 17 (oder § 87 Abs. 1 Nr. 6 BetrVG) überflüssig wäre.[838]

141 Der PR hat darüber mitzubestimmen, **ob** eine Regelung i. S. d. Abs. 3 Nr. 15 getroffen werden und **wie** sie inhaltlich ausgestaltet sein soll. Bei der Ausübung seines Mitbestimmungsrechts hat er u. a. die in § 67 Abs. 1 S. 1 geregelten allgemeinen Grundsätze für die Behandlung der Beschäftigten, insb. die **Gleichbehandlungsgrundsätze** und die **Benachteiligungsverbote** (vgl. § 67 Rn. 2 ff.), sowie die **Persönlichkeitsrechte** zu beachten.[839] Das Mitbestimmungsrecht beinhaltet nicht die Kompetenz, Regelungen über Fragen der **Kostentragung und Kostenverteilung** zu treffen.[840] Es berechtigt auch nicht dazu, in die außerdienstliche bzw. außerbetriebliche **private Lebensführung** der Beschäftigten einzugreifen.[841] Das Mitbestimmungsrecht kann aber auch bestehen, wenn es um das Verhalten der Beschäftigten **außerhalb der Betriebsstätte bzw. Dienststätte**, etwa gegenüber Kunden und Lieferanten bzw. Bürgern, geht.[842]

142 **Beispiele** von Regelungen, bei denen die Rspr. nach Abs. 3 Nr. 15 (oder einer entsprechenden Vorschrift) die Mitbestimmung **bejaht** hat:[843] Einführung oder Änderung der Anwendung von Stechuhren (str.); Anwesenheitskontrollen bei gleitender Arbeitszeit (str.); Verbot, den Betrieb während der Pausen zu verlassen; Rauchverbote; Alkoholverbote (str.); Anordnungen allgemeiner Alkoholtests; Maßnahmen zum Schutz vor sexueller Belästigung am Arbeitsplatz; Verbot des Radiohörens am Arbeitsplatz; Nutzung der Telefonanlage für Privatgespräche; Gestattung der Privatnutzung von Internet und E-Mail; Regelung zur Benutzung von Parkplätzen, welche die Dienststelle zur Verfügung gestellt hat; Bekleidungsvorschriften; Einführung von Namensschildern auf der Dienstkleidung (str.); Einführung von Mitarbeitergesprächen mit Zielvereinbarung; Regelung von Vorgesetzten-Mitarbeiter-Gesprächen als Instrument einer Personalentwicklungsplanung; Ethikrichtlinien; Verwaltungsvorschrift zur Förderung des Steuerns von Dienstkraftfahrzeugen durch Selbstfahrer; Arztbesuche während der Arbeitszeit; formalisierte Krankengespräche (str.);

---

838 *BAG* v. 23.10.84 – 1 ABR 2/83 –, AP BetrVG 1972 § 87 Ordnung des Betriebes Nr. 8; *BVerwG* v. 13.8.92 – 6 P 20.91 –, PersR 92, 505.
839 Vgl. u. a. *BAG* v. 11.7.00 – 1 AZR 551/99 –, AP BetrVG 1972 § 87 Sozialeinrichtung Nr. 16.
840 *BAG* v. 11.7.00, a. a. O., v. 15.7.06 – 1 AZR 578/05 –, AP BetrVG 1972 § 77 Betriebsvereinbarung Nr. 31, u. v. 13.2.07 – 1 ABR 18/06 –, AP BetrVG 1972 § 87 Ordnung des Betriebes Nr. 40.
841 Vgl. *BVerwG* v. 7.7.93 – 6 P 4.91 –, PersR 93, 491; *BAG* v. 28.5.02 – 1 ABR 32/01 –, AP BetrVG 1972 § 87 Ordnung des Betriebes Nr. 39, m. w. N.
842 *BAG* v. 22.7.08 – 1 ABR 40/07 –, AP BetrVG 1972 § 87 Nr. 14.
843 Näher dazu KfdP-*Altvater*, Rn. 245 m. N.

Gestaltung der Arbeitsplätze (Abs. 3 Nr. 16) § 75

generelle Vorlage von Arbeitsunfähigkeitsbescheinigungen schon für den ersten Tag (str.) sowie formularmäßige Anforderung ärztlicher Bescheinigungen bei Fortsetzungserkrankungen; Einführung eines Sicherheitswettbewerbs, der zu sicherheitsbewusstem Verhalten anregen soll; Einführung und Ausgestaltung standardisierter Melde- und Beschwerdeverfahren zum Verhalten der Arbeitnehmer untereinander (str.); Anordnung über die Meldung des Verdachts von Unregelmäßigkeiten; Einführung und Ausgestaltung des Verfahrens, in dem Arbeitnehmer ihr Beschwerderecht nach § 13 Abs. 1 S. 1 AGG wahrnehmen können; Anordnungen über Tor- bzw. Taschenkontrollen; Anweisung, zum Zwecke der Sicherheitsüberprüfung Fingerabdrücke nehmen zu lassen; Regelungen zur Umsetzung von Vernehmungsersuchen eines Ermittlers von Diskriminierungsvorwürfen innerhalb der Dienststelle; Aufstellung einer Disziplinarordnung; Verhängung einer Disziplinarmaßnahme (str.; vgl. Rn. 139); Regelungen in Kasernenordnungen der Bundeswehr. **Verneint** wird die Mitbestimmung u. a. bei vom Arbeitgeber ausgesprochenen **Abmahnungen, Verweisen oder Ermahnungen** wegen (behaupteten) Verstoßes gegen arbeitsvertragliche Verpflichtungen, weil insoweit keine die kollektive betriebliche Ordnung betreffende Maßnahme vorliege.[844]

(Abs. 3 Nr. 16) Nach Abs. 3 Nr. 16 hat der PR über die **Gestaltung der Arbeitsplätze** mitzubestimmen. Der **Zweck** der Mitbestimmung besteht darin, die Beschäftigten durch eine menschengerechte Gestaltung der Arbeitsplätze vor Überbeanspruchung oder Gefährdung ihrer körperlichen und seelischen Gesundheit zu schützen[845] (vgl. § 76 Rn. 44). Das Mitbestimmungsrecht des PR nach Abs. 3 Nr. 16 ist bei jeder Arbeitsplatzgestaltung gegeben und erheblich weiter gefasst als das »korrigierende Mitbestimmungsrecht« des Betriebsrats nach § 91 BetrVG.[846] Der dem **Arbeitsschutz** dienende Mitbestimmungstatbestand des Abs. 3 Nr. 11 (vgl. Rn. 121 ff.) und der den **arbeitsplatzspezifischen Gesundheitsschutz** bezweckende Tatbestand des Abs. 3 Nr. 16 überschneiden sich.[847] Entfällt die Mitbestimmung aufgrund des **Gesetzes- oder Tarifvertragsvorbehalts** im Eingangssatz des Abs. 3 (z. B. wegen Eingreifens einer vollständigen Regelung in der ArbStättV; vgl. Rn. 75), hat der PR gem. § 68 Abs. 1 Nr. 2 darüber zu wachen, dass die einschlägigen gesetzlichen oder tariflichen Bestimmungen eingehalten werden (vgl. § 68 Rn. 6 ff.).[848]

143

---

844 *BAG* v. 5.12.75 – 1 AZR 94/74 – u. v. 19.7.83 – 1 AZR 307/81 –, AP BetrVG 1972 § 87 Betriebsbuße Nr. 1 u. 5, sowie v. 23.10.84 – 1 AZR 126/81 –, AP GG Art. 9 Arbeitskampf Nr. 82; *BVerwG* v. 23.8.82 – 6 P 45.79 – u. v. 10.1.83 – 6 P 11.80 –, PersV 83, 375 u. 507; zu weiteren **Negativbeispielen** vgl. KfdP-*Altvater*, Rn. 246 m. N.
845 *BVerwG* v. 30.8.85 – 6 P 20.83 – u. v. 19.5.03 – 6 P 16.02 –, PersR 85, 184, u. 03, 314.
846 Vgl. KfdP-*Altvater*, Rn. 248.
847 Richardi-*Kaiser*, Rn. 430, 516.
848 *BVerwG* v. 27.11.91 – 6 P 7.90 –, PersR 92, 147.

§ 75 Gestaltung der Arbeitsplätze (Abs. 3 Nr. 16)

144 Arbeitsplatz i. S. d. Abs. 3 Nr. 16 ist der räumliche Bereich, in dem der Beschäftigte tätig ist, sowie seine unmittelbare Umgebung.[849] Arbeitsplätze **innerhalb der Räumlichkeiten der Dienststelle** sind alle Bereiche, in denen von einem oder mehreren Beschäftigten zugleich oder nacheinander einzelne Arbeitsschritte oder ineinander greifende Arbeitsvorgänge verrichtet werden.[850] Zum Arbeitsplatz gehören auch die damit verbundenen Einrichtungsgegenstände und Arbeitsmittel einschl. solcher technischer Anlagen, die von mehreren Beschäftigten benutzt werden.[851] Räume, in denen keine Arbeit geleistet wird (z. B. Pausenräume), sind keine Arbeitsplätze.[852] Der Arbeitsplatz kann auch **außerhalb der Dienststelle** bestehen, z. B. bei Telearbeit in der Wohnung des Beschäftigten oder auch im Freien oder in einem Fahrzeug.[853]

145 Die Mitbestimmung über die **Gestaltung der Arbeitsplätze** bezieht sich auf bereits vorhandene und auf künftig einzurichtende Arbeitsplätze.[854] Gegenstand der Mitbestimmung ist die Ausgestaltung der räumlichen und technischen Bedingungen, unter denen die konkreten Arbeitsaufgaben zu erfüllen sind.[855] Darunter fällt die räumliche Unterbringung des Arbeitsplatzes, die Ausstattung mit Einrichtungsgegenständen und Arbeitsmitteln einschl. ihrer Beschaffenheit und räumlichen Anordnung sowie die Ausschaltung, Abwendung oder Milderung von Beeinträchtigungen durch nachteilige Einflüsse, die vom Arbeitsplatz selbst oder der Arbeitsumgebung ausgehen,[856] aber auch die farbliche Gestaltung des Arbeitsraums.[857] Die Gestaltung muss einen **kollektiven Bezug** haben, was nicht zutrifft, wenn sie allein individuellen Bedürfnissen eines einzelnen Beschäftigten dient (vgl. Rn. 69).

146 Die Mitbestimmung kann sich auf die **Umgestaltung** vorhandener Arbeitsplätze oder die **erstmalige Ausgestaltung** neu einzurichtender Arbeitsplätze beziehen. Hinsichtlich der **Einrichtung neuer Arbeitsplätze** liegt nach der Rspr. des *BVerwG* eine die Mitbestimmung auslösende beabsichtigte Maßnahme der Dienststelle vor, wenn sich Planungen in der Weise verfestigen, dass greifbare Anstalten zur Einrichtung (bauliche Maßnahmen, Bestellung von Geräten usw.) getroffen werden sollen, die

---

849 *BVerwG* v. 15. 12. 78 – 6 P 13.78 – u. – 6 P 18.78 –, PersV 80, 145 u. 151, sowie v. 19. 5. 03 – 6 P 16.02 –, PersR 03, 314.
850 *BVerwG* v. 30. 8. 85 – 6 P 20.83 –, PersR 85, 184.
851 *BVerwG* v. 30. 8. 85, a. a. O.
852 *BVerwG* v. 17. 2. 86 – 6 P 21.84 – u. v. 16. 12. 92 – 6 P 29.91 –, PersR 86, 194, u. 93, 164.
853 *BVerwG* v. 19. 5. 03, a. a. O.
854 *BVerwG* v. 30. 8. 85 – 6 P 20.83 –, PersR 85, 184, v. 17. 7. 87 – 6 P 6.85 –, PersR 87, 220, u. v. 16. 12. 92 – 6 P 29.91 –, PersR 93, 164.
855 *BVerwG* v. 30. 8. 85, a. a. O., u. v. 25. 8. 86 – 6 P 16.84 –, PersR 86, 235; näher hierzu u. zum Folgenden KfdP-*Altvater*, Rn. 250 m. w. N.
856 *BVerwG* v. 25. 8. 86 u. v. 17. 7. 87, jew. a. a. O.
857 Richardi-*Kaiser*, Rn. 517.

Technische Überwachungseinrichtungen (Abs. 3 Nr. 17)   § 75

eine sachbezogene Einflussnahme des PR ermöglichen.[858] Im Falle des **Umzugs** der Dienststelle in neue angemietete (und wohl auch eigene) Räume hat das *BVerwG* die Aufstellung von **Raumplänen** als mitbestimmungspflichtige Maßnahme zur Gestaltung von Arbeitsplätzen angesehen, allerdings unter der einschränkenden Voraussetzung, dass damit nicht unbedeutende Veränderungen des jeweiligen Arbeitsplatzes vorgenommen werden sollen.[859]

(Abs. 3 Nr. 17) Die Vorschrift des Abs. 3 Nr. 17 über die Mitbestimmung bei der »**Einführung und Anwendung technischer Einrichtungen, die dazu bestimmt sind, das Verhalten oder die Leistung der Beschäftigten zu überwachen**«, ist nahezu wortgleich mit § 87 Abs. 1 Nr. 6 BetrVG. Beide Vorschriften sind übereinstimmend auszulegen.[860] Ihr Zweck besteht darin, Beeinträchtigungen und Gefahren für den **Schutz der Persönlichkeit** der Beschäftigten am Arbeitsplatz, die von der Technisierung der Verhaltens- und Leistungskontrolle und dem damit verbundenen Überwachungs- und Anpassungsdruck ausgehen, auf das erforderliche Maß zu beschränken.[861] Der Tatbestand des Abs. 3 Nr. 17 kann sich mit **anderen Mitbestimmungstatbeständen** überschneiden, v. a. mit Abs. 3 Nr. 8 und 16 sowie § 76 Abs. 2 Nr. 2, 5 und 7 (vgl. vor § 66 Rn. 12). Zur **Herabstufung** der uneingeschränkten zur eingeschränkten Mitbestimmung in der neueren Rspr. des *BVerwG* vgl. § 69 Rn. 40, zur eingeschränkten Beschlusskompetenz der Einigungsstelle bei Initiativanträgen des PR nach § 70 Abs. 1 vgl. § 70 Rn. 11.   **147**

Gegenstände der Überwachung i. S. d. Abs. 3 Nr. 17 sind das Verhalten oder die Leistung der Beschäftigten. **Verhalten** ist jedes Tun oder Unterlassen im dienstlichen oder außerdienstlichen Bereich, **Leistung** die vom Arbeitnehmer oder Beamten in Erfüllung seiner arbeitsvertraglichen bzw. dienstlichen Pflicht zu leistende Arbeit. Da beide Sachverhalte aber gleichermaßen in den Mitbestimmungstatbestand einbezogen sind, ist eine klare Abgrenzung zwischen **Verhaltensdaten** und **Leistungsdaten** nicht erforderlich. Entscheidend ist vielmehr, dass Informationen erhoben werden, die – ggf. in Verbindung mit anderen Informationen – eine Beurteilung von Verhalten oder Leistung eines Beschäftigten ermöglichen. Die Überwachung kann sich auf **einzelne Aspekte** des Verhaltens oder der Leistung beschränken.[862] Verhaltens- oder Leistungsdaten sind z. B.: Beginn und Ende der täglichen Arbeitszeit, Mehrarbeit und Überstunden, Fehlzeiten, Krankheiten, Telefongespräche, Kantinen- oder Automatenverzehr, Verhalten auf Parkplätzen der Dienststelle. Auch **Statusdaten** (insb. Vor- und Zuname, Geschlecht, Personenstand, Kinderzahl, Anschrift,   **148**

---

858   Beschl. v. 30. 8. 85 – 6 P 20.83 –, PersR 85, 184.
859   Beschl. v. 16. 12. 92 – 6 P 29.91 –, PersR 93, 164.
860   Vgl. *BVerwG* v. 16. 12. 87 – 6 P 32.84 –, PersR 88, 51.
861   *BVerwG* v. 29. 9. 04 – 6 P 4.04 –, PersR 04, 483, m. w. N.; zu den Rechtsfolgen der Verletzung des Mitbestimmungsrechts vgl. KfdP-*Altvater*, Rn. 270 m. w. N.
862   *BVerwG* v. 31. 8. 88 – 6 P 21.86 –, PersR 88, 271.

§ 75 Technische Überwachungseinrichtungen (Abs. 3 Nr. 17)

Ausbildung, beruflicher Werdegang) und **Betriebsdaten** (etwa über Materialverbrauch, Störungen, Wartungszeiten) können durch Verknüpfung mit anderen Daten Aussagen über Verhalten oder Leistung ermöglichen.

149 **Technische Einrichtungen** i. S. v. Abs. 3 Nr. 17 sind alle Geräte und Anlagen, die unter Verwendung nicht menschlicher, sondern anderweit erzeugter Energie, mit den Mitteln der Technik, insb. der Elektronik, eine selbständige Leistung erbringen[863] und die deshalb eine **eigenständige Kontrollwirkung** entfalten. Gemeint sind demnach alle Geräte und Anlagen, die auf technischem Wege Daten direkt übermitteln (z. B. Fernsehkameras), aufzeichnen (z. B. Videokameras) oder verarbeiten, also sichten, ordnen und miteinander verknüpfen (z. B. EDV-Anlagen). Dabei kann es sich um **optische, akustische, mechanische** oder **elektronische** Geräte oder Anlagen handeln, die **automatisch** arbeiten oder von den betroffenen Beschäftigten oder anderen Personen **manuell** bedient werden, die **stationär** oder **mobil** eingesetzt sind und deren **Einsatzbereich** die gesamte Dienststelle, ein Teil der Dienststelle oder ein einzelner Arbeitsplatz ist. Auf die **Dauer** ihrer Verwendung kommt es nicht an.[864]

150 Die technische Einrichtung muss dazu »**bestimmt**« sein, das Verhalten oder die Leistung der Beschäftigten zu überwachen. Nach der am Schutzzweck (vgl. Rn. 147) orientierten objektiv-finalen Betrachtungsweise ist diese Voraussetzung bereits erfüllt, wenn die Einrichtung nach ihrer Konstruktion oder konkreten Verwendungsweise eine Überwachung von Verhalten oder Leistung der Beschäftigten ermöglicht. Danach genügt es, dass sie zur Überwachung lediglich **objektiv** »**geeignet**« ist, ohne dass der Dienststellenleiter bei ihrer Einführung und Anwendung subjektiv die Absicht hat, sie zu diesem Zweck einzusetzen.[865] Demnach ist es auch unerheblich, ob die Überwachung nur ein **Nebeneffekt** der technischen Einrichtung ist oder ob der **Dienststellenleiter versichert,** er werde von den bestehenden, nicht beabsichtigten Überwachungsmöglichkeiten keinen Gebrauch machen.[866]

151 **EDV-Anlagen** sind nach der Rspr. des *BVerwG* zur Überwachung geeignet, wenn sie mit einem entsprechenden Programm versehen sind oder »ohne weiteres, d. h. ohne unüberwindliche Hindernisse«, mit einem solchen Programm versehen werden können[867] oder wenn sie selbst unmittelbar die Überwachung ermöglichen.[868] Müssen sie erst entsprechend pro-

---

863 *BVerwG* v. 14. 6. 11 – 6 P 10.10 –, PersR 11, 516.
864 *BAG* v. 10. 7. 79 – 1 ABR 97/77 –, AP BetrVG 1972 § 87 Überwachung Nr. 4; zu eng *BVerwG* v. 29. 8. 01 – 6 P 10.00 –, PersR 01, 521.
865 *BVerwG* v. 16. 12. 87 – 6 P 32.84 –, PersR 88, 51, v. 8. 11. 89 – 6 P 7.87 –, PersR 90, 102, v. 13. 8. 92 – 6 P 20.91 –, PersR 92, 505, v. 23. 9. 92 – 6 P 26.90 –, PersR 93, 28, u. v. 14. 6. 11 – 6 P 10.10 –, PersR 11, 516; vgl. *BAG* v. 22. 7. 08 – 1 ABR 40/07 –, AP BetrVG 1972 § 87 Nr. 14, m. w. N.
866 *BVerwG* v. 16. 12. 87, a. a. O.
867 Beschl. v. 27. 11. 91 – 6 P 7.90 –, PersR 92, 147.
868 Beschl. v. 2. 2. 90 – 6 PB 11.89 –, PersR 90, 113.

Technische Überwachungseinrichtungen (Abs. 3 Nr. 17) § 75

grammiert werden, soll der PR erst dann zu beteiligen sein, wenn der Dienststellenleiter Maßnahmen ergreift, die eine Verhaltens- oder Leistungskontrolle der Beschäftigten konkret ermöglichen sollen.[869] Diese Rspr. ist jedoch schon deshalb zu eng, weil nach der Installation der Anlage erfolgende Maßnahmen des Dienststellenleiters für den PR kaum kontrollierbar sind. Sie bedarf ebenso wie die Rspr. des *BAG* auch aufgrund der fortgeschrittenen Entwicklung der Computertechnologie einer Revision dahin, dass die Überwachungseignung immer dann zu bejahen ist, wenn überhaupt personenbezogene Daten verarbeitet werden und diese zumindest in der Zusammenschau zu Aussagen über das Verhalten oder die Leistung der Beschäftigten geeignet sind.

Unter Überwachung ist sowohl das **Sammeln und Aufzeichnen** von Informationen als auch das **Auswerten** bereits vorliegender Informationen zu verstehen. Für die Mitbestimmung nach Abs. 3 Nr. 17 ist es unerheblich, ob die erhobenen Daten sofort (**in einem Arbeitsgang**) oder erst später (**zeitversetzt**) ausgewertet werden.[870] Es reicht aber auch aus, wenn lediglich ein **Teil des Überwachungsvorgangs** mittels einer technischen Einrichtung erfolgt, also entweder nur die Erhebung verhaltens- oder leistungsbezogener Daten (z. B. durch eine Videokamera) oder nur die Auswertung der entsprechenden auf nichttechnischem Wege (z. B. durch Tätigkeitsberichte) erhobenen Daten.[871] Es kommt auch nicht darauf an, ob die zur Datenverarbeitung eingesetzte technische Einrichtung im Eigentum des Diensthertn bzw. Arbeitgebers steht oder ob sie sich in den Räumen der Dienststelle befindet.[872] Auch die **Einschaltung eines Dritten**, z. B. eines im Auftrag der Dienststelle tätig werdenden externen Rechenzentrums, kommt in Betracht.

152

Die erhobenen oder verarbeiteten verhaltens- oder leistungsbezogenen Daten müssen **einzelnen Beschäftigten** zugeordnet werden können.[873] Die Mitbestimmung wird jedoch nicht dadurch ausgeschlossen, dass der Beschäftigte die Möglichkeit hat, das Kontrollgerät abzuschalten, weil dies Rückschlüsse auf das Verhalten zulässt.[874] In der technischen Erhebung oder

153

---

869 Beschl. v. 27.11.91, a. a. O., u. v. 23.9.92 – 6 P 26.90 –, PersR 93, 28; jüngst Beschl. v. 14.6.11 – 6 P 10.10 –, PersR 11, 516 (EDV-Anlagen sind auch dann nicht zur Überwachung geeignet, »wenn sich die Dienststelle ein entsprechendes Programm nur mit außergewöhnlichem und unverhältnismäßigem Aufwand beschaffen kann«).
870 *BAG* v. 10.7.79 – 1 ABR 50/78 –, AP BetrVG 1972 § 87 Überwachung Nr. 3.
871 *BAG* v. 14.9.84 – 1 ABR 23/82 –, AP BetrVG 1972 § 87 Überwachung Nr. 9; *BVerwG* v. 16.12.87 – 6 P 32.84 –, PersR 88, 51, v. 9.12.92 – 6 P 16.91 –, PersR 93, 212, u. v. 29.8.01 – 6 P 10.00 –, PersR 01, 521.
872 *BVerwG* v. 29.8.01, a. a. O.
873 Vgl. *BAG* v. 10.4.84 – 1 ABR 69/82 –, AP BetrVG 1972 § 87 Ordnung des Betriebes Nr. 7; *VGH BW* v. 6.10.81 – 15 S 218/81 –, AP LPVG Baden-Württemberg § 79 Nr. 1.
874 Vgl. *BAG* v. 14.5.74 – 1 ABR 45/73 –, AP BetrVG 1972 § 87 Überwachung Nr. 1.

§ 75 Technische Überwachungseinrichtungen (Abs. 3 Nr. 17)

Auswertung von Verhaltens- oder Leistungsdaten, die nicht auf einzelne Beschäftigte, sondern auf eine **Arbeitsgruppe** in ihrer Gesamtheit bezogen sind, liegt dann eine mitbestimmungspflichtige Überwachung, wenn der Überwachungsdruck auf die einzelnen Gruppenmitglieder durchschlägt.[875]

154 **Beispiele** technischer Überwachungseinrichtungen:[876] Zeiterfassungsgeräte und -systeme, Zugangskontrollanlagen, Fernseh-, Film- und Videoanlagen, Fotokopiergeräte mit Code-Nummer für einzelne Benutzer, automatische Telefondatenerfassungsanlagen, ISDN-Anlagen, Mobiltelefone, Personal-Computer (wenn mit seiner Hilfe einzelnen Beschäftigten zuzuordnende Verhaltens- oder Leistungsdaten ausgewertet werden), Telearbeitsplätze im Onlinebetrieb, Internet- und Intranet-Anschlüsse, Personalabrechnungs- und Personalinformationssysteme, E-Mail-Programme.

155 Unter **Einführung** einer technischen Überwachungseinrichtung ist die Gesamtheit aller Maßnahmen zur Vorbereitung der geplanten Anwendung zu verstehen. Dazu gehören insb. die Entscheidung über das »Ob« der Einrichtung, über ihre Ausgestaltung (bei EDV-Anlagen z.B. über Hard- und Software), über Ort, Zweckbestimmung und Wirkungsweise sowie über den Zeitraum der Installation. Dies gilt auch bei der **probeweisen** Einführung[877] (oben Rn. 69 a.E.). Unter **Anwendung** ist die allgemeine Handhabung der eingeführten Einrichtung zu verstehen, und zwar auch dann, wenn sie ohne Mitbestimmung des PR eingeführt worden ist.[878] Sie betrifft den Einsatz der Überwachungseinrichtung und die dadurch bewirkten Überwachungsmaßnahmen.[879] Dazu gehört v. a. die Art und Weise, wie sie tatsächlich zur Kontrolle verwendet wird, bei einer EDV-Anlage insb., welche Daten wie verarbeitet werden, wer Zugriff darauf hat, wie sie geschützt und gelöscht werden. **Änderungen der Anwendung** sind ebenfalls mitbestimmungspflichtig. Sie können darin bestehen, dass die Überwachung gegenständlich erweitert, auf andere Personen ausgedehnt oder durch eine andere Art und Weise der Verwendung verschärft und intensiviert wird.[880] Bei EDV-Anlagen liegen mitbestimmungspflichtige Änderungen vor, wenn vorhandene Programme geändert oder Computer (zusätzlich) vernetzt werden.[881] Bei der vom Dienststellenleiter beabsichtigten **Abschaffung** ist die Mitbestimmung nicht gegeben.[882] Soweit ein

---

875 Vgl. *BAG* v. 18.2.86 – 1 ABR 21/84 – u. v. 26.7.94 – 1 ABR 6/94 –, AP BetrVG 1972 § 87 Überwachung Nr. 13 u. 26.
876 Näher dazu KfdP-*Altvater*, Rn. 263 m.N.
877 Vgl. z.B. *OVG NW* v. 30.10.96 – 1 A 2348/93.PVL –, PersR 97, 212.
878 *BAG* v. 18.2.86 – 1 ABR 21/84 –, AP BetrVG 1972 § 87 Überwachung Nr. 13.
879 *BAG* v. 27.1.04 – 1 ABR 7/03 –, AP BetrVG 1972 Überwachung § 87 Nr. 40, u. v. 22.7.08 – 1 ABR 40/07 –, AP BetrVG 1972 § 87 Nr. 14.
880 *BVerwG* v. 13.8.92 – 6 P 20.91 –, PersR 92, 505.
881 *BVerwG* v. 14.6.11 – 6 P 10.10 –, PersR 11, 516.
882 *BAG* v. 28.11.89 – 1 ABR 97/88 –, AP BetrVG 1972 Initiativrecht § 87 Nr. 4; str.; vgl. KfdP-*Altvater*, Rn. 264 m.w.N.

Unvorhersebare Arbeitszeitänderungen (Abs. 4) § 75

kollektiver **Bezug** gegeben ist, kommt es für die Mitbestimmung bei der Einführung und Anwendung technischer Überwachungseinrichtungen auf die Zahl der Betroffenen nicht an (vgl. Rn. 69).

Das in § 70 Abs. 1 vorgesehene **Initiativrecht** des PR ist hinsichtlich seiner Reichweite umstritten. Im Hinblick auf den Schutzzweck des Mitbestimmungstatbestandes (vgl. Rn. 147) wird es von der Rspr. des *BVerwG* hinsichtlich **wesentlicher Änderungen** der Überwachungseinrichtung, die den Überwachungsdruck für die Beschäftigten reduzieren sollen, sowie hinsichtlich der **Abschaffung** einer bestehenden Einrichtung bejaht,[883] hinsichtlich der **Einführung** jedoch verneint.[884]   **156**

Über eine beabsichtigte Maßnahme i. S. d. Abs. 3 Nr. 17 muss die Dienststelle den PR **umfassend unterrichten** (§ 69 Abs. 2 S. 1 u. 2 i. V. m. § 68 Abs. 2 S. 1 u. 2). Bei der Einführung eines EDV-Systems ist zu informieren über: technisches System einschl. Betriebsprogramm und Anwendungsprogramme, Verknüpfungsmöglichkeiten mit anderen Systemen, Hard- und Softwarebeschreibungen, gespeicherte Datenfelder mit Personaldaten, Arbeitsweise und Verwendungszusammenhänge der Programme, Möglichkeit der Verknüpfung der Datenfelder; bei komplizierten Systemen auch angemessenes Datenschutzkonzept; Einschaltung eines Datenschutzbeauftragten sowie Ergebnis seiner Überprüfung und Reaktion der Dienststelle auf eventuelle Bedenken.[885]   **157**

Das Mitbestimmungsrecht nach Abs. 3 Nr. 17 kann durch den Abschluss einer **Dienstvereinbarung** ausgeübt werden (vgl. § 73 Rn. 2). Das ist v. a. deshalb sinnvoll, weil die Zusage, bestehende Überwachungsmöglichkeiten nicht oder nur begrenzt zu nutzen, gegenüber dem PR nur dann dauerhaft verbindlich ist, wenn sie Inhalt einer Dienstvereinbarung wird.[886] In der Dienstvereinbarung kann geregelt werden, dass die Auswertung erhobener Daten unter Heranziehung von Mitgliedern des PR erfolgt.[887]   **158**

(Abs. 4) Die Vorschrift enthält eine **Sonderregelung** für die Mitbestimmung des PR in Fragen der Arbeitszeit. Sie gilt **für funktional abgegrenzte Gruppen** von Beschäftigten, die sich insb. nach der beruflichen Qualifikation, der in der Dienststelle auszuübenden Tätigkeit oder der Zugehörigkeit zu einer bestimmten Gliederungseinheit der Dienststelle definieren lassen.[888] Die Sonderregelung betrifft Fälle, in denen für solche   **159**

---

883 Beschl. v. 29. 9. 04 – 6 P 4.04 –, PersR 04, 483.
884 So für ein elektronisches Zeiterfassungssystem *BVerwG* v. 29. 9. 04, a. a. O.; ebenso *BAG* v. 28. 11. 89, a. a. O.; str.; a. A. *VG Frankfurt a. M.* v. 16. 6. 03 – 23 L 621/03 (V) –, PersR 03, 371.
885 *BVerwG* v. 8. 11. 89 – 6 P 7.87 –, PersR 90, 102.
886 *BVerwG* v. 16. 12. 87 – 6 P 32.84 –, PersR 88, 51, v. 31. 8. 88 – 6 P 21.86 –, PersR 88, 271, u. v. 9. 12. 92 – 6 P 16.91 –, PersR 93, 212.
887 *OVG NW* v. 17. 12. 03 – 1 A 1088/01.PVL –, PersR 04, 309.
888 Vgl. *BVerwG* v. 2. 6. 92 – 6 P 14.90 –, PersR 92, 359; *BAG* v. 23. 1. 01 – 1 ABR 36/00 –, PersR 01, 350; KfdP-*Altvater*, Rn. 272a m. w. N.

§ 75 Vorrang des Tarifvertrags bei Dienstvereinbarungen (Abs. 5)

Gruppen nach Erfordernissen, die die Dienststelle nicht voraussehen kann, eine **unregelmäßige und kurzfristige Festsetzung der täglichen Arbeitszeit** vorgenommen werden muss. Liegt ein solcher Fall vor, ist die in Abs. 3 Nr. 1 vorgesehene Mitbestimmung auf die **Grundsätze für die Aufstellung der Dienstpläne** beschränkt. Diese Beschränkung der Mitbestimmung kommt nur dann zum Zuge, wenn der Zeitraum zwischen der Festsetzung der Arbeitszeiten im Dienstplan und seinem Inkrafttreten so knapp bemessen ist, dass ein **ordnungsgemäßes Mitbestimmungsverfahren nicht mehr möglich** ist.[889] Im Einzelnen müssen dabei folgende Voraussetzungen erfüllt sein:[890] Es ist erforderlich, die Arbeitszeit **unregelmäßig**, nämlich zu unterschiedlichen Zeitpunkten, festzusetzen. Die Festsetzung der Arbeitszeit erfolgt **kurzfristig**, weil die Zeitspanne zwischen dem Bekanntwerden der Notwendigkeit dieser Festsetzung und ihrem Inkrafttreten knapp bemessen ist. Die erforderliche Arbeitszeitregelung ist nicht planbar, weil die Erfordernisse der unregelmäßigen und kurzfristigen Festsetzung der Arbeitszeit für die Dienststelle **nicht voraussehbar** sind. Diese Voraussetzungen liegen nicht vor, wenn die Dienststelle vom Schichtdienst zu einem regelmäßigen Bereitschaftsdienst übergehen will.[891]

160 Gegenstand der Mitbestimmung nach Abs. 4 ist die **Festlegung der Grundsätze** für die Aufstellung der Dienstpläne, »insbesondere für die Anordnung von Dienstbereitschaft, Mehrarbeit oder Überstunden«, außerhalb des planbaren Teils der Arbeitszeit.[892] Dabei handelt es sich um Varianten von Arbeitszeitregelungen, die ohne das Vorliegen der Voraussetzungen des Abs. 4 nach Abs. 3 Nr. 1 mitbestimmungspflichtig sind.[893] Da die Aufzählung nicht abschließend ist, bezieht sich die Sonderregelung auch auf Grundsätze für die Anordnung von Bereitschaftsdienst oder Rufbereitschaft.[894] Zu den mitbestimmungspflichtigen Grundsätzen gehören z. B. die Kriterien für die Auswahl der heranzuziehenden Beschäftigten und für die Reihenfolge ihrer Heranziehung, ferner – unter Beachtung des Gesetzes- und Tarifvertragsvorbehalts (vgl. Rn. 72 ff.) – der Umfang und das Höchstmaß ihrer Inanspruchnahme sowie Fragen des Ausgleichs bzw. der Abgeltung von Mehrarbeit oder Überstunden.[895]

161 (Abs. 5) Durch Abs. 5 wird die **Zulässigkeit von Dienstvereinbarungen eingeschränkt**. Abs. 5 S. 1 bestimmt, dass »Arbeitsentgelte und sonstige Arbeitsbedingungen, die durch Tarifvertrag geregelt sind oder üblicherweise geregelt werden, ... nicht Gegenstand einer Dienstvereinbarung (Absatz 3) sein (können)«. Der Klammerzusatz »(Absatz 3)« besagt, dass die Vorschrift

---

889 *BVerwG* v. 28. 3. 01 – 6 P 4.00 –, PersR 01, 343.
890 Vgl. dazu *BVerwG* v. 16. 12. 60 – VII P 6.59 –, PersV 61, 131, v. 9. 10. 91 – 6 P 12.90 –, PersR 92, 16, u. v. 3. 12. 01 – 6 P 12.00 –, PersR 02, 163.
891 *BVerwG* v. 28. 3. 01, a. a. O.
892 Vgl. *BAG* v. 23. 1. 01 – 1 ABR 36/00 –, PersR 01, 350.
893 Vgl. *BVerwG* v. 2. 3. 93 – 6 P 34.91 –, PersR 93, 266.
894 Vgl. *BAG* v. 23. 1. 01, a. a. O.
895 Teilw. str.; vgl. KfdP-*Altvater*, Rn. 273 m. N.

Vorrang des Tarifvertrags bei Dienstvereinbarungen (Abs. 5) § 75

sich auf Dienstvereinbarungen in den in § 75 Abs. 3 genannten Angelegenheiten erstreckt. Sie gilt darüber hinaus aber auch für Dienstvereinbarungen in den Angelegenheiten des § 76 Abs. 2, weil es nur aufgrund eines Redaktionsversehens unterblieben ist, dies ausdrücklich vorzuschreiben. Die Regelung des Abs. 5 ist somit bei allen Dienstvereinbarungen zu beachten, die im BPersVG vorgesehen sind. Darin liegt ein Unterschied zu der entsprechenden Vorschrift des § 77 Abs. 3 BetrVG, die nach der Rspr. des *BAG* nur für freiwillige Betriebsvereinbarungen nach § 88 BetrVG gilt, dagegen nicht für Betriebsvereinbarungen in Angelegenheiten der zwingenden Mitbestimmung nach § 87 Abs. 1 BetrVG.[896] Der **Zweck** des Abs. 5 besteht aber ebenso wie der des § 77 Abs. 3 BetrVG darin, die **Funktionsfähigkeit der Tarifautonomie** zu gewährleisten, indem er den Tarifvertragsparteien den Vorrang zur Regelung von Arbeitsbedingungen einräumt.[897]

Die **Sperrwirkung** des Abs. 5 S. 1 bezieht sich auf die Regelung von Arbeitsentgelten und sonstigen Arbeitsbedingungen.[898] Unter **Arbeitsentgelten** sind alle Leistungen zu verstehen, die der Arbeitgeber den Arbeitnehmern im Rahmen des Arbeitsvertrages schuldet. Mit **sonstigen Arbeitsbedingungen** sind alle anderen Regelungen gemeint, die i. S. v. § 1 Abs. 1 und § 4 Abs. 1 TVG zu den Inhaltsnormen des Tarifvertrages gehören können.[899] Arbeitsentgelte oder sonstige Arbeitsbedingungen sind **durch Tarifvertrag geregelt**, wenn die Dienststelle und ihre Arbeitnehmer zum räumlichen, betrieblichen, fachlichen und persönlichen Geltungsbereich eines bestehenden einschlägigen Tarifvertrags gehören, ohne dass es darauf ankommt, ob der Arbeitgeber und die Arbeitnehmer tarifgebunden sind.[900] Arbeitsentgelte oder sonstige Arbeitsbedingungen werden **durch Tarifvertrag üblicherweise geregelt**, wenn diese Arbeitsbedingungen zwar zurzeit nicht tariflich geregelt sind, sich ein einschlägiger Tarifvertrag aber eingebürgert hat, weil die Arbeitsbedingungen bereits in mehreren aufeinander folgenden Tarifverträgen oder in einem einmalig abgeschlossenen Tarifvertrag mit längerer Laufzeit geregelt waren und davon auszugehen ist, dass die Tarifvertragsparteien die Angelegenheit erneut tariflich regeln wollen (teilw. str.). Die Tarifüblichkeit entfällt, wenn die Tarifvertragsparteien zu erkennen geben, dass sie die Angelegenheit in Zukunft nicht mehr tariflich regeln wollen.

162

---

896 Vgl. Beschl. v. 3.12.91 – GS 2/90 –, AP BetrVG 1972 § 87 Lohngestaltung Nr. 51.
897 Vgl. *BAG* v. 22.3.05 – 1 ABR 64/03 –, AP TVG § 4 Geltungsbereich Nr. 26 (zu § 77 Abs. 3 BetrVG), u. v. 23.5.07 – 10 AZR 295/06 –, AP LPVG Hamburg § 83 Nr. 2 (zu § 83 Abs. 1 S. 2 HmbPersVG); KfdP-*Altvater*, Rn. 276; jew. m. w. N.
898 Näher dazu KfdP-*Altvater*, Rn. 277–278b m. N.
899 *BAG* v. 9.4.91 – 1 AZR 406/90 –, AP BetrVG 1972 § 77 Tarifvorbehalt Nr. 1; str.
900 Vgl. *BAG* v. 22.3.05 u. v. 23.5.07, jew. a. a. O., sowie v. 26.8.08 – 1 AZR 354/07 –, AP BetrVG 1972 § 87 Nr. 15.

§ 76 Angelegenheiten der eingeschränkten Mitbestimmung

163 Nach Abs. 5 S. 2 gilt die Sperrwirkung einer tariflichen oder tarifüblichen Regelung nicht, wenn der Tarifvertrag den Abschluss ergänzender Dienstvereinbarungen ausdrücklich zulässt.[901] Eine derartige **tarifliche Öffnungsklausel** kann nur von den Parteien des Tarifvertrags vereinbart werden, der geöffnet werden soll.[902] Der Tarifvertrag muss in einer klaren und eindeutigen **positiven Bestimmung** ergänzende Dienstvereinbarungen gestatten.[903] »**Ergänzende**« Dienstvereinbarungen können Regelungen enthalten, welche die Ausführung und Anwendung der Tarifregelung näher gestalten. Nach der Rspr. des *BAG* [904] können die Tarifvertragsparteien aber auch **abweichende Dienstvereinbarungen** zulassen. Die Tarifvertragsparteien entscheiden **autonom, ob** sie ergänzende (oder abweichende) Dienstvereinbarungen für bestimmte Gegenstände zulassen und, wenn ja, ob sie diese **generell oder mit Einschränkungen** erlauben. Sie können vorschreiben, dass solche Dienstvereinbarungen nur bei Erfüllung bestimmter **inhaltlicher Voraussetzungen** abgeschlossen werden dürfen, und außerdem nähere Bestimmungen für ihr **Zustandekommen** festlegen. Insbesondere können sie den Abschluss einer Dienstvereinbarung von ihrer vorherigen **Unterrichtung** oder sogar von ihrer **Zustimmung** abhängig machen. Sie können (wie z. B. in § 2 S. 2 LeistungsTV-Bund i. V. m. § 38 Abs. 2 TVöD) auch nur **einvernehmliche Dienstvereinbarungen** ohne Entscheidung der Einigungsstelle zulassen (vgl. § 73 Rn. 4). Tarifliche Öffnungsklauseln sind **betriebsverfassungsrechtliche Normen** i. S. d. § 1 Abs. 1 TVG, die nach Ablauf des ermächtigenden Tarifvertrages kraft **Nachwirkung** gem. § 4 Abs. 5 TVG weitergelten. Während des Zeitraums dieser Nachwirkung gelten auch ergänzende Dienstvereinbarungen i. S. v. Abs. 5 S. 2 weiter und können ggf. geändert werden.

§ 76 [Angelegenheiten der eingeschränkten Mitbestimmung]

(1) Der Personalrat hat mitzubestimmen in Personalangelegenheiten der Beamten bei

1. **Einstellung, Anstellung,**

2. **Beförderung, Übertragung eines anderen Amtes mit höherem Endgrundgehalt ohne Änderung der Amtsbezeichnung, Verleihung eines anderen Amtes mit anderer Amtsbezeichnung beim Wechsel der Laufbahngruppe, Laufbahnwechsel,**

3. **Übertragung einer höher oder niedriger zu bewertenden Tätigkeit,**

---

901 Näher dazu KfdP-*Altvater*, Rn. 280 f. m. N.
902 Vgl. *BAG* v. 20. 4. 99 – 1 AZR 631/98 –, AP BetrVG 1972 § 77 Tarifvorbehalt Nr. 12.
903 Vgl. *BAG* v. 20. 12. 61 – 4 AZR 213/60 –, AP BetrVG § 59 Nr. 7, u. v. 29. 10. 02 – 1 AZR 573/01 –, AP BetrVG 1972 § 77 Tarifvorbehalt Nr. 18.
904 U. a. Urt. v. 14. 2. 89 – 1 AZR 97/88 –, AP BetrVG 1972 § 87 Akkord Nr. 8.

Angelegenheiten der eingeschränkten Mitbestimmung § 76

4. Versetzung zu einer anderen Dienststelle, Umsetzung innerhalb der Dienststelle, wenn sie mit einem Wechsel des Dienstortes verbunden ist (das Einzugsgebiet im Sinne des Umzugskostenrechts gehört zum Dienstort),
5. Abordnung für eine Dauer von mehr als drei Monaten,
5 a. Zuweisung nach § 29 des Bundesbeamtengesetzes für eine Dauer von mehr als drei Monaten,
6. Anordnungen, welche die Freiheit in der Wahl der Wohnung beschränken,
7. Versagung oder Widerruf der Genehmigung einer Nebentätigkeit,
8. Ablehnung eines Antrages nach den §§ 91, 92 oder 95 des Bundesbeamtengesetzes auf Teilzeitbeschäftigung, Ermäßigung der regelmäßigen Arbeitszeit oder Urlaub,
9. Hinausschiebung des Eintritts in den Ruhestand wegen Erreichens der Altersgrenze.

(2) ¹Der Personalrat hat, soweit eine gesetzliche oder tarifliche Regelung nicht besteht, gegebenenfalls durch Abschluß von Dienstvereinbarungen mitzubestimmen über

1. Auswahl der Teilnehmer an Fortbildungsveranstaltungen für Beamte,
2. Inhalt von Personalfragebogen für Beamte,
3. Beurteilungsrichtlinien für Beamte,
4. Bestellung von Vertrauens- oder Betriebsärzten als Beamte,
5. Maßnahmen zur Hebung der Arbeitsleistung und Erleichterung des Arbeitsablaufs,
6. allgemeine Fragen der Fortbildung der Beschäftigten,
7. Einführung grundlegend neuer Arbeitsmethoden,
8. Erlaß von Richtlinien über die personelle Auswahl bei Einstellungen, Versetzungen, Umgruppierungen und Kündigungen,
9. Geltendmachung von Ersatzansprüchen gegen einen Beschäftigten,
10. Maßnahmen, die der Durchsetzung der tatsächlichen Gleichberechtigung von Frauen und Männern, insbesondere bei der Einstellung, Beschäftigung, Aus-, Fort- und Weiterbildung und dem beruflichen Aufstieg dienen.

²In den Fällen der Nummer 9 bestimmt der Personalrat nur auf Antrag des Beschäftigten mit; dieser ist von der beabsichtigten Maßnahme rechtzeitig vorher in Kenntnis zu setzen.

§ 76 Personalangelegenheiten der Beamten (Abs. 1)

1 In § 76 sind die Angelegenheiten benannt, für die das Gesetz die **eingeschränkte Mitbestimmung** vorsieht. Bei ihnen kann die Einigungsstelle – wenn sie sich nicht der Auffassung der obersten Dienstbehörde anschließt – nicht die Letztentscheidung treffen, sondern lediglich eine Empfehlung an die oberste Dienstbehörde aussprechen, die sodann endgültig entscheidet (§ 69 Abs. 4 S. 3 u. 4; vgl. § 69 Rn. 2 u. 39). In Abs. 1 sind »**Personalangelegenheiten der Beamten**« aufgeführt (vgl. Rn. 4 ff.), in Abs. 2 **sonstige Angelegenheiten,** für die das Gesetz keinen Oberbegriff verwendet. Letztere beziehen sich in den Fällen der Nr. 1 bis 3 nur auf Beamte, in den übrigen Fällen (auch im Fall der Nr. 4) auf alle Beschäftigten (vgl. Rn. 35 ff.). In allen Angelegenheiten des § 76 steht dem PR das **eingeschränkte Initiativrecht** nach § 70 Abs. 2 zu (vgl. § 70 Rn. 12 ff.).

2 Für **besondere Personengruppen und Verwaltungszweige** sieht das Gesetz in § 77 Abs. 1, § 85 Abs. 1 Nr. 6 und § 86 Nr. 9 vor, dass die **Mitbestimmung** in Angelegenheiten des § 76 **(nochmals) eingeschränkt oder ganz ausgeschlossen** ist (vgl. § 77 Rn. 1 ff., § 85 Rn. 9 u. § 86 Rn. 10). Für § 77 Abs. 1 S. 2 ist dabei zu beachten, dass die Vorschrift nicht von Beamten, sondern von »Beamtenstellen« spricht. Nach BVerwG[905] ist dies mit der Zielsetzung zu erklären, nicht auf die Besoldung bzw. den aktuellen Status des gerade betroffenen Beamten, sondern v. a. auf den Amtsinhalt abzustellen. Die Vorschrift soll sicherstellen, dass für herausgehobene Stellen mitbestimmungsfrei unabhängige Personalentscheidungen getroffen werden, die der Bedeutung der darauf zu verrichtenden Tätigkeit und der damit verbundenen Verantwortung gerecht werden (vgl. § 77 Rn. 8 m. w. N.).

3 Bei vom Dienststellenleiter beabsichtigten Maßnahmen, die nach § 76 der Mitbestimmung des PR unterliegen, richtet sich das **Mitbestimmungsverfahren** nach den Vorschriften des § 69. Der Dienststellenleiter kann eine solche Maßnahme erst durchführen, nachdem das Mitbestimmungsverfahren vollständig und ordnungsgemäß durchlaufen und **abgeschlossen** ist (vgl. § 69 Rn. 4 ff.).[906] Unter den Voraussetzungen des § 69 Abs. 5 sind ausnahmsweise **vorläufige Regelungen** zulässig (vgl. § 69 Rn. 41 ff.). Zu den Rechtsfolgen einer **Verletzung des Mitbestimmungsrechts** vgl. § 69 Rn. 47 ff.

4 (Abs. 1) Die in Abs. 1 aufgeführten **Personalangelegenheiten der Beamten** sind (eingeschränkt) mitbestimmungspflichtig (vgl. Rn. 1). Dieser **Katalog** ist abschließend. **Weitere Personalangelegenheiten** der Beamten unterliegen nach § 78 Abs. 1 Nr. 3 bis 5 der Mitwirkung und nach § 79 Abs. 3 der Anhörung des PR (vgl. § 78 Rn. 20–22, § 79 Rn. 38).

5 Die in den einzelnen Beteiligungstatbeständen verwendeten Begriffe stammen zumeist aus dem **Beamtenrecht** und haben i. d. R. einen damit

---
905 Beschl. v. 2.10.78 – 6 P 11.78 –, PersV 79, 464.
906 Näher dazu KfdP-*Altvater/Baden,* Rn. 3.

Einstellung und Anstellung (Abs. 1 Nr. 1) § 76

übereinstimmenden Inhalt[907] (vor § 66 Rn. 3). Andere Begriffe wie z. B. der der Übertragung einer höher oder niedriger zu bewertenden Tätigkeit (Abs. 1 Nr. 3) sind ursprünglich arbeits- bzw. tarifrechtlichen Ursprungs und daher nicht ohne Weiteres in die Rechtswelt des Beamtenrechts übertragbar (hierzu Rn. 29 ff.)

Beamte i. S. d. § 76 Abs. 1 sind jene Beschäftigten, die nach § 5 die Gruppe der Beamten bilden, also die in § 4 Abs. 2 genannten Beamten im staatsrechtlichen Sinne (vgl. § 4 Rn. 4 f.) und die in § 4 Abs. 1 bezeichneten (nichtrichterlich tätigen) Richter (vgl. § 4 Rn. 3, § 5 Rn. 3). **DO-Angestellte** sind keine Beamten i. S. d. BPersVG, sondern Arbeitnehmer (vgl. § 4 Rn. 8, aber auch § 75 Rn. 10). Die tatsächliche **Zugehörigkeit zur Dienststelle** ist ebenso wie bei den Arbeitnehmern keine ungeschriebene systemimmanente Voraussetzung der Mitbestimmung in Personalangelegenheiten (vgl. § 75 Rn. 9). **6**

In den in § 76 Abs. 1 genannten Personalangelegenheiten der Beamten der früheren **Deutschen Bundespost** haben die Betriebsräte in den Postnachfolgeunternehmen nach Maßgabe der Vorschriften der §§ 28 und 29 PostPersRG mitzubestimmen und dabei unmittelbar den Katalog des § 76 Abs. 1 anzuwenden (vgl. Anh. IV). **7**

Personalangelegenheiten der Beamten i. S. d. Abs. 1 sind **Gruppenangelegenheiten.** Gemäß § 38 Abs. 2 S. 1 sind deshalb nur die Vertreter der Gruppe der Beamten zur Beschlussfassung über die Erteilung oder Verweigerung der Zustimmung des PR berufen (vgl. § 38 Rn. 5 ff.). Der PR kann eine **Zustimmungsverweigerung** nur auf die in § 77 Abs. 2 genannten Gründe stützen (vgl. § 69 Rn. 25 ff., § 77 Rn. 11 ff.). Bei der Ausübung seines Mitbestimmungsrechts hat er i. d. R. sowohl die **individuellen Interessen** der unmittelbar betroffenen Beamten als auch die **kollektiven Interessen** der Beschäftigten der Dienststelle insgesamt zu wahren und zu schützen und die verschiedenen, möglicherweise widerstreitenden Interessen gegeneinander abzuwägen. **8**

(Abs. 1 Nr. 1) Unter einer **Einstellung** nach Abs. 1 Nr. 1 ist ebenso wie unter einer Einstellung nach § 75 Abs. 1 Nr. 1 grundsätzlich die **Eingliederung** einer Person in die Dienststelle zu verstehen (vgl. § 75 Rn. 12). Sie wird bei Beamten regelmäßig durch eine Ernennung zur Begründung des Beamtenverhältnisses (§ 10 Abs. 1 Nr. 1 BBG, § 2 Abs. 1 BLV) und durch die Aufnahme der vorgesehenen Tätigkeit bewirkt. Die Mitbestimmung bei der Einstellung ist nicht nur bei der **erstmaligen Begründung eines Beamtenverhältnisses** gegeben, sondern auch bei der **Begründung eines weiteren Beamtenverhältnisses** zu demselben Dienstherrn (vgl. § 6 Abs. 3 Nr. 2 i. V. m. § 24 BBG) oder einem anderen Dienstherrn (vgl. § 31 Abs. 1 Nr. 2, Abs. 2 S. 2 BBG) und bei der **erneuten Berufung in das** **9**

---

907 Vgl. *BVerwG* v. 28. 5. 02 – 6 P 9.01 – u. v. 12. 9. 02 – 6 P 11.01 –, PersR 02, 340, u. 03, 39.

§ 76 Beförderung (Abs. 1 Nr. 2)

Beamtenverhältnis, so z. B., wenn im Anschluss an ein zuvor etwa gem. § 37 Abs. 2 S. 2 BBG beendetes Beamtenverhältnis auf Widerruf ein (neues) Beamtenverhältnis auf Probe begründet[908] oder wenn ein wegen Dienstunfähigkeit in den Ruhestand versetzter und wieder dienstfähig gewordener Beamter nach § 46 BBG reaktiviert wird.[909] Trotz dessen vorheriger Eingliederung ist auch die **Übernahme eines Arbeitnehmers** in das Beamtenverhältnis – welche zum Erlöschen des Arbeitsverhältnisses zum Dienstherrn führt (§ 12 Abs. 3 BBG) – ein Fall der Einstellung i. S. v. Abs. 1 Nr. 1.[910] Für die Mitbestimmung bei der Einstellung kommt es auf die **Art des zu begründenden Beamtenverhältnisses** grundsätzlich nicht an; es kann sich um ein Beamtenverhältnis auf Lebenszeit, auf Zeit, auf Probe, auf Widerruf oder als Ehrenbeamter handeln (vgl. dazu § 4 Rn. 4). Allerdings stimmt der PR bei der Einstellung eines **Beamten auf Zeit** nach § 77 Abs. 1 S. 1 nur mit, wenn der Einzustellende dies beantragt (vgl. § 77 Rn. 3, 5). Die **Umwandlung des Beamtenverhältnisses** in ein solches anderer Art, die nach § 10 Abs. 1 Nr. 2 BBG einer Ernennung bedarf, ist grundsätzlich keine Einstellung i. S. v. Abs. 1 Nr. 1. Das gilt aber nicht für die Umwandlung des Beamtenverhältnisses **auf Widerruf in ein solches auf Probe**, weil diese Maßnahme von Merkmalen geprägt ist, die der Einstellung i. S. d. Beamtenrechts weitgehend entsprechen.[911] Für den **Gegenstand der Mitbestimmung** bei der Einstellung nach Abs. 1 Nr. 1 gilt das zu § 75 Abs. 1 Nr. 1 Gesagte entsprechend (vgl. § 75 Rn. 20).

10 Unter der »**Anstellung**« i. S. d. Abs. 1 Nr. 1 verstand das bisherige Beamtenrecht nach § 10 Abs. 1 BLV a. F. eine besondere Form der Ernennung, nämlich die **Ernennung unter erstmaliger Verleihung eines Amts** (s. auch § 6 Abs. 1 Nr. 3 BBG a. F.). Diese Rechtsfigur hat die **Neuordnung des Dienstrechts** durch das DNeuG v. 5.2.09[912] ersatzlos entfallen lassen. Damit ist dieser Fall der Mitbestimmung **gegenstandslos** geworden.[913]

11 (**Abs. 1 Nr. 2**) **Beförderung** i. S. d. Abs. 1 Nr. 2 ist die Ernennung eines Beamten, durch die ihm ein **anderes (statusrechtliches) Amt mit höherem Endgrundgehalt** verliehen wird (§ 2 Abs. 8 BLV). Die in § 24 BBG geregelte Übertragung eines Amts mit leitender Funktion im Beamtenverhältnis auf Probe ist zwar inhaltlich eine Beförderung, stellt der Sache nach aber eine Einstellung – nämlich im Sinne der Begründung eines weiteren Beamtenverhältnisses – dar; sie ist gleichwohl mitbestimmungsrechtlich nicht von Bedeutung, weil sie sich auf Ämter bezieht, für die § 77 Abs. 1 S. 2 gilt.

---

908 Vgl. *BVerwG* v. 4.9.95 – 6 P 20.93 –, PersR 96, 115.
909 *HessVGH* v. 29.11.94 – 1 TG 3059/94 –, PersR 95, 252.
910 *BVerwG* v. 2.6.93 – 6 P 3.92 –, PersR 93, 450.
911 *BVerwG* v. 28.10.02 – 6 P 13.01 –, PersR 03, 117.
912 BGBl. I S. 160.
913 Näher dazu KfdP-*Altvater/Baden*, Rn. 20.

Beförderung (Abs. 1 Nr. 2) § 76

Die neben der Beförderung gesondert erwähnte **Übertragung eines anderen Amtes mit höherem Endgrundgehalt ohne Änderung der Amtsbezeichnung** ist nach Änderung des beamtenrechtlichen Beförderungsbegriffs obsolet geworden. Nunmehr handelt es sich auch bei dieser (aber weiterhin durch ernennungsähnlichen, nicht formgebundenen Verwaltungsakt erfolgenden) Maßnahme um eine Beförderung. Ob sich die Amtsbezeichnung ändert, spielt dafür nach neuem Beamtenrecht keine differenzierende Rolle mehr.[914] Da auch Amtszulagen unwiderruflich und ruhegehaltfähig sind und als Bestandteil des Grundgehalts gelten (§ 42 Abs. 2 S. 2 BBesG), ist auch die – ebenfalls (ohne Änderung der Amtsbezeichnung) durch Verwaltungsakt erfolgende – **Übertragung eines mit einer Amtszulage ausgestatteten Amts** nach Abs. 1 Nr. 2 mitbestimmungspflichtig.[915]

12

Die Verleihung eines anderen Amts mit gleichem Endgrundgehalt und anderer Amtsbezeichnung unter gleichzeitigem **Wechsel der Laufbahngruppe** bedarf einer Ernennung (§ 10 Abs. 1 Nr. 4 BBG). Ein Wechsel der Laufbahngruppe findet insb. beim **Aufstieg** in die nächsthöhere Laufbahn derselben Fachrichtung statt (§ 22 Abs. 5 BBG, §§ 35 ff. BLV). Sind Laufbahnen so miteinander verzahnt, dass das Spitzenamt der niedrigeren Laufbahngruppe mit dem Eingangsamt der nächsthöheren Laufbahngruppe gleichwertig ist und erfolgt der Aufstieg aus dem Spitzenamt, so ändert sich durch die Verleihung des Eingangsamts der nächsthöheren Laufbahngruppe nicht das Endgrundgehalt, sondern nur die Amtsbezeichnung. Auch dieser Vorgang ist, obwohl keine Änderung des Endgrundgehalts erfolgt und damit keine Beförderung i. S. d. § 2 Abs. 8 BLV gegeben ist, mitbestimmungspflichtig.

13

Ein **Laufbahnwechsel** (§ 42 BLV) kann mit einem Wechsel der Laufbahngruppe verbunden sein. Findet ein solcher (vertikaler) Laufbahnwechsel durch Aufstieg statt, unterliegt er auch unter dem Aspekt der Beförderung oder dem des beförderungsgleichen Laufbahngruppenwechsels der Mitbestimmung (vgl. Rn. 11 u. 13). Darüber hinaus bezieht sich der in Abs. 1 Nr. 2 genannte Tatbestand des Laufbahnwechsels auf den **(horizontalen) Laufbahnwechsel** zwischen zwei (gleichwertigen) Laufbahnen innerhalb der gleichen Laufbahngruppe. Ist dieser Laufbahnwechsel nicht mit einer Beförderung verbunden, bedarf es dazu zwar eines Verwaltungsakts, aber keiner Ernennung.

14

Spaltet der Dienstherr eine Beförderung (oder eine der Beförderung gleichstehende Maßnahme) in zwei getrennte Vorgänge auf, hat dies auch eine **Aufspaltung des Mitbestimmungsrechts** zur Folge, wenn der erste Vorgang bereits eine Vorentscheidung für den zweiten Vorgang enthält.[916] Ein solcher Fall liegt z. B. vor, wenn einem Beamten ein Beförderungs-

15

---

914 Vgl. KfdP-*Altvater/Baden*, Rn. 21 u. 22.
915 Vgl. *BVerwG* v. 26. 9. 02 – 2 B 23.02 –, ZBR 03, 215.
916 *BVerwG* v. 28. 4. 67 – VII P 12.65 –, PersV 67, 275.

§ 76 Übertragung einer anders bewerteten Tätigkeit (Abs. 1 Nr. 3)

dienstposten (also ein konkret-funktionales Amt mit höherem Endgrundgehalt als sein bisheriges statusrechtliches Amt) zum Zweck seiner Erprobung und (bei Bewährung) späteren Beförderung übertragen wird.[917] Dabei ist der PR zweimal zu beteiligen: zunächst bei der (vorentscheidenden) **Übertragung des Beförderungsdienstpostens** und danach noch einmal bei der später erfolgenden **Beförderung**. Wird ein Beförderungsdienstposten zum Zweck der Erprobung und späteren Beförderung übertragen, ist unter dem Gesichtspunkt der Übertragung einer höher zu bewertenden Tätigkeit auch die erste Variante des Tatbestands des Abs. 1 Nr. 3 gegeben (vgl. Rn. 18).[918]

16 (Abs. 1 Nr. 3) Der Mitbestimmungstatbestand der »**Übertragung einer höher oder niedriger zu bewertenden Tätigkeit**« entspricht wortgleich demjenigen in § 75 Abs. 2 Nr. 2. Damit ergibt sich die praktische Schwierigkeit, Begrifflichkeiten, die dem Tarifrecht entstammen und dort in einem bestimmten Regelungszusammenhang zu verstehen sind, in einem nunmehr anders gearteten Kontext zu interpretieren. Geht es darum, eine Tätigkeit »höher« oder »niedriger« als die bisherige zu bewerten, bedarf es eines bereits vorhandenen Bezugssystems; dasjenige des Tarifrechts wie in § 75 Abs. 1 Nr. 2 kann es aber für Beamte im Rahmen des § 76 Abs. 1 nicht sein. Nahe liegt die Vorstellung, stattdessen auf die Ämterhierarchie des Laufbahn- und Statusrechts abzuheben. 1979 hatte hierzu das *BVerwG* entschieden, die **Übertragung einer Planstelle**, die einer **höheren Besoldungsgruppe** angehöre als die, in der sich der betreffende Beamte befinde, bedeute auch dann die Übertragung einer höher zu bewertenden Tätigkeit, wenn sich der Aufgabenkreis des Beamten nicht verändere.[919] Damit entspräche der Begriff der Übertragung einer höher zu bewertenden Tätigkeit aber bereits der (statusrechtlichen) Beförderung. Insoweit drohte § 76 Abs. 1 Nr. 3 leerzulaufen. Demgegenüber käme praktisch der umgekehrte Fall der Übertragung einer niedriger zu bewertenden Tätigkeit, der statusrechtlich einer Rückstufung gleichkäme, nicht mehr vor. Es kann aber nicht angenommen werden, dass der Gesetzgeber die Tatbestände des § 76 Abs. 1 Nr. 3 in wortgleicher Entsprechung zu § 75 Abs. 1 Nr. 2 für mitbestimmungspflichtig erklärt, ohne dem einen realen Begriffsinhalt beizumessen. Bei der Suche nach einem Bemessungsmaßstab für die Bestimmung der »höher« oder »niedriger« zu bewertenden Tätigkeiten kann es daher vernünftigerweise nicht auf die statusrechtliche Ämterhierarchie ankommen. Das Abstellen auf das statusrechtliche Amt führt daher zwangsläufig in die Irre.

16a Völlig zu Recht hat daher das *BVerwG* im Beschl. v. 8.12.99[920] auf Sinn und Zweck des Mitbestimmungstatbestandes abgehoben und darauf hin-

---
917 *BayVGH* v. 20.7.83 – 18 C 83 A. 483 –, ZBR 84, 74.
918 Ferner *BVerwG* v. 15.12.78 – 6 P 13.78 –, PersV 80, 145.
919 *BVerwG* v. 26.11.79 – 6 P 6.79 –, PersV 81, 286.
920 6 P 10.98, PersR 00, 202.

Übertragung einer anders bewerteten Tätigkeit (Abs. 1 Nr. 3) § 76

gewiesen, dass es darum gehe, dem PR bereits im Vorfeld der späteren statusrechtlichen Entscheidung **Einfluss- und Kontrollrechte** im Zusammenhang mit den (häufig eigentlich ausschlaggebenden) **Vorauswahlentscheidungen** zu geben: Die Mitbestimmung soll bereits die »maßgebliche Auswahlentscheidung erfassen und sich deshalb auch auf die Vorwirkungen von weichenstellenden Vorentscheidungen erstrecken. Schon zu diesem Zeitpunkt hat der PR die Beachtung des Gleichbehandlungs- und des Leistungsgrundsatzes zu kontrollieren und auf die Wahrung berechtigter Interessen von Konkurrenten vor unzulässigen Benachteiligungen hinzuwirken«.[921] Daher sind nach BVerwG auch andere Formen der Vorentscheidung durch außenwirksame Einräumung eines auswahlerheblichen Rechtsvorteils zu berücksichtigen. Sie müssen allerdings »über die Erweckung bloßer Hoffnungen hinausgehen, die an rein tatsächliche Beförderungschancen anknüpfen, die mit dem Dienstposten verbunden sind«.[922] Der PR hat nach Abs. 1 Nr. 3 folglich auch dann mitzubestimmen, wenn mit der Übertragung des Dienstpostens in sonstiger, rechtlich abgesicherter Weise eine **klar verbesserte, sich konkret abzeichnende Beförderungschance eröffnet** wird, die derjenigen bei der Übertragung eines bereits höher bewerteten Dienstpostens vergleichbar ist.

Mit diesem Auslegungsansatz ist die vormalige Rspr. des *BVerwG*[923] überholt, wonach es nicht auf die »bisherige Tätigkeit« (den bisherigen Dienstposten) des Beamten ankommen, sondern maßgebliche **Vergleichsgröße** vielmehr das ihm verliehene statusrechtliche Amt sein sollte. Allein entscheidend ist hiernach die konkrete Verbesserung der Aussichten, zu einem späteren Zeitpunkt befördert zu werden. Umgekehrt ist die Übertragung eines niedriger zu bewertenden Amtes anzunehmen, wenn sich eine solche greifbare Beförderungsaussicht verflüchtigt. Die Steigerungsform »höher oder niedriger« bezieht sich nicht mehr darauf, ob der dem Beamten zu übertragende Dienstposten (das konkret-funktionale Amt) dem ihm (bisher) verliehenen statusrechtlichen (abstrakt-funktionalen) Amt entspricht oder höher oder niedriger als dieses zu bewerten ist, sondern ist daran zu messen, ob sich durch die Maßnahme im Sinne einer prägenden und richtungweisenden Vorentscheidung die Aussichten, demnächst innerhalb der Hierarchie der Statusämter befördert zu werden, verbessert oder verschlechtert haben.

16 b

Hauptanwendungsfall der Übertragung einer »höher zu bewertenden Tätigkeit« ist nach alledem unter dem Gesichtspunkt einer die Beförderungschancen konkret verbessernden Vorauswahlentscheidung die Dienstpostenübertragung zur **Erprobung nach § 32 Nr. 2, § 34 Abs. 1 BLV**. Nach diesen Bestimmungen ist künftig jede Beförderung davon abhängig, dass sich der Beamte zuvor auf einem höher bewerteten Dienstposten in einer

16 c

---

921 Vgl. bereits *BVerwG* v. 19.12.75 – VII P 15.74 –, PersV 76, 457.
922 Vgl. dazu *BVerwG* v. 30.10.79 – 6 P 61.78 –, PersV 81, 244.
923 Beschl. v. 12.3.90 – 6 P 32.87 –, PersR 90, 135.

§ 76 Übertragung einer anders bewerteten Tätigkeit (Abs. 1 Nr. 3)

Erprobungszeit bewährt hat. Umgekehrt wird die Abberufung von einem solchen Dienstposten mangels Feststellung der Eignung (§ 34 Abs. 3 BLV) eine Übertragung einer niedriger zu bewertenden Tätigkeit und damit erneut mitbestimmungspflichtig sein[924] – wohlgemerkt allein diese Abberufung, nicht die Feststellung der mangelnden Eignung, die dem Dienstherrn mitbestimmungsfrei obliegt.

16d Was den Bewertungsmaßstab für das »höher« oder »niedriger« anbelangt, so hängt allerdings die Frage, ob das konkret-funktionale Amt (der Dienstposten), das übertragen werden soll, höher oder niedriger zu bewerten ist als das dem Beamten verliehene statusrechtliche (abstrakt-funktionale) Amt, von einem **Vergleich der Besoldungsgruppen** ab, denen diese Ämter besoldungs- und haushaltsmäßig zugeordnet sind. Die Bewertung der Dienstposten und die daran anknüpfenden Zuordnungen nimmt der Dienstherr im Rahmen der besoldungs- und haushaltsrechtlichen Bestimmungen vor.[925] **Besoldungsrechtlich** ist der Grundsatz der funktionsgerechten Besoldung maßgebend, nach dem die Funktionen der Beamten sachgerecht zu bewerten und Ämtern zuzuordnen und die Ämter nach ihrer Wertigkeit ihrerseits den Besoldungsgruppen zuzuordnen sind (§ 18 BBesG). **Haushaltsrechtlich** ist festgelegt, dass ein (statusrechtliches) Amt, das in einer der Besoldungsordnungen aufgeführt ist, nur zusammen mit der Einweisung in eine besetzbare Planstelle verliehen werden darf (§ 49 Abs. 1 BHO) und dass die Planstellen nach Besoldungsgruppen und Amtsbezeichnungen in den Stellenplänen des Haushaltsplans auszubringen sind (§ 17 Abs. 5 S. 1 BHO). Die **Planstellenbewirtschaftung** erfolgt grundsätzlich in der Weise, dass die der Dienststelle zugewiesenen Stellen bestimmten Dienstposten fest zugeordnet sind. In diesen **Standardfällen** ist die Stellenbewertung im Stellenplan der Dienststelle maßgebend.[926] Für die Wertigkeit des zu übertragenden Dienstpostens kommt es dann darauf an, welcher Besoldungsgruppe er im Stellenplan zugeordnet ist. Anders ist es jedoch, wenn die **»Topfwirtschaft«** praktiziert wird. Sie ist dadurch gekennzeichnet, dass die Stellen nicht bindend bestimmten Dienstposten zugeordnet sind, sondern von Fall zu Fall dort verwendet werden, wo eine Beförderungsmöglichkeit ausgeschöpft werden soll.[927] In derartigen Fällen ist hinsichtlich der Wertigkeit des zu übertragenden Dienstpostens auf eine Bewertung der Gesamtumstände abzustellen.[928]

17 Der **Schutzzweck** der Mitbestimmung gem. Abs. 1 Nr. 3 ist nach der Rspr. des *BVerwG*[929] **unterschiedlich** zu beurteilen: Bei der **ersten Tat-**

---

924 A. A. *BVerwG* v. 12.3.90, a.a.O.
925 *VGH BW* v. 26.4.94 – PL 15 S 234/93 –, ZBR 95, 53.
926 *VGH BW* v. 22.1.91 – 15 S 1906/90 –, PersR 92, 39 Ls.
927 Zum Begriff der Topfwirtschaft *BVerwG* v. 16.9.94 – 6 P 32.92 – u. v. 7.7.08 – 6 P 13.07 –, PersR 95, 16, u. 08, 381.
928 *BVerwG* v. 16.9.94 – 6 P 32.92 – u. v. 8.12.99 – 6 P 10.98 –, PersR 95, 16, u. 00, 202.
929 Beschl. v. 12.3.90 – 6 P 32.87 –, PersR 90, 135.

Übertragung einer anders bewerteten Tätigkeit (Abs. 1 Nr. 3) § 76

bestandsvariante, der Übertragung einer **höher zu bewertenden Tätigkeit**, besteht er darin, eine möglichst frühzeitige Beteiligung des PR in Angelegenheiten sicherzustellen, in denen eine Vorentscheidung über die nach Abs. 1 Nr. 2 mitbestimmungspflichtige Beförderung liegen kann.[930] Dabei soll die Mitbestimmung dem Schutz der nicht berücksichtigten Beamten dienen, nach *BVerwG*[931] nicht aber dem Schutz der Beförderungschancen des ausgewählten Beamten (fraglich, denn auch dieser verdient Schutz gegen eine ungerechtfertigte Beeinträchtigung seiner Beförderungschancen bzw. die Wahrung der Grundsätze des § 67 Abs. 1 S. 1 bei gleichwohl belastenden Entscheidungen). Bei der **zweiten Tatbestandsvariante**, der Übertragung einer **niedriger zu bewertenden Tätigkeit**, liegt der Schutzzweck der Mitbestimmung darin, den Beamten vor Eingriffen in sein Recht am bisherigen statusrechtlichen Amt zu schützen, und zwar zum einen vor der Übertragung von Dienstaufgaben, die gegenüber seinem abstrakten Aufgabenbereich (der dem bisherigen, unveränderten statusrechtlichen Amt entspricht) »unterwertig« sind, zum anderen vor dem darüber hinausgehenden Eingriff der Versetzung in ein niedrigeres statusrechtliches Amt. Aber auch bei der zweiten Variante soll die Mitbestimmung nicht dazu dienen, die Beförderungschancen eines Beamten zu schützen, die sich aus der vorherigen Übertragung von Dienstaufgaben eines Amtes ergeben, das im Vergleich zu seinem bisherigen statusrechtlichen Amt höher zu bewerten ist und die dadurch geschmälert werden können, dass dem Beamten wieder Dienstaufgaben dieses statusrechtlichen Amtes übertragen werden sollen.[932]

Eine beabsichtigte **Übertragung einer höher zu bewertenden Tätigkeit** ist i. d. R. gegeben, wenn dem Beamten ein anderer Dienstposten zugewiesen werden soll, der einer **höheren Besoldungsgruppe** zugeordnet ist als sein statusrechtliches Amt (vgl. Rn. 16). Letzteres ist auch dann der Fall, wenn im Stellenplan die Planstelle des zu übertragenden Dienstpostens mit der Besoldungsgruppe des Beamten und auch mit der nächsthöheren Besoldungsgruppe ausgewiesen ist (sog. **gebündelte Planstelle**),[933] des Weiteren, wenn es sich bei dem zuzuweisenden Dienstposten um eine Funktion handelt, für die nach § 42 BBesG eine **Amtszulage** oder **Stellenzulage** vorgesehen ist. Bei der **Zuweisung eines Dienstpostens** kommt es darauf an, welche Dienstaufgaben tatsächlich übertragen werden sollen.[934] Der Tatbestand ist auch dann erfüllt, wenn dem Beamten die einer höheren Besoldungsgruppe zugeordnete **Planstelle zugewiesen** wird, ohne dass sich sein Aufgabenkreis verändert, weil dies die entscheidende

18

---

930 *BVerwG* v. 7.7.08 – 6 P 13.07 –, PersR 08, 381.
931 Beschl. v. 12.3.90, a. a. O.
932 Str.; a. A. *VG Frankfurt a. M.* v. 22.2.95 – 9 G 3738/94 (1) –, PersR 95, 259; vgl. KfdP-*Altvater/Baden*, Rn. 31 m. w. N.
933 *BVerwG* v. 8.12.99 – 6 P 10.98 –, PersR 00, 202; vgl. KfdP-*Altvater/Baden*, Rn. 32 m. w. N.
934 *VGH BW* v. 26.4.94 – PL 15 S 234/93 –, ZBR 95, 53.

§ 76 Übertragung einer anders bewerteten Tätigkeit (Abs. 1 Nr. 3)

Vorstufe einer Beförderung sein kann.[935] Wird die **»Topfwirtschaft«** praktiziert (vgl. Rn. 16 d), ist der Mitbestimmungstatbestand gegeben, wenn dem Beamten ein intern höher bewerteter (d. h. einem Amt mit einem höherem Endgrundgehalt entsprechender) Dienstposten übertragen wird, dem jederzeit nach Maßgabe der haushaltsrechtlichen Verfügbarkeit eine entsprechende (höhere) Planstelle zugeordnet werden kann.[936] Von dem Sonderfall der »Topfwirtschaft« abgesehen, soll dagegen eine lediglich **interne Umbewertung** eines Dienstpostens ohne Änderung der für ihn ausgeworfenen Planstelle nicht mitbestimmungspflichtig sein.[937] Da die bloße Umbewertung eines Dienstpostens nicht personen-, sondern funktionsbezogen ist, fehlt es an einer den Beamten treffenden Außenwirkung.[938]

19 Der Beamte hat grundsätzlich Anspruch auf eine seinem bisherigen statusrechtlichen Amt entsprechende Beschäftigung.[939] Ohne seine Zustimmung darf ihm diese Beschäftigung weder entzogen noch darf er auf Dauer unterwertig beschäftigt werden.[940] Eingriffe in dieses Recht sind nur aufgrund ausdrücklicher gesetzlicher Regelung oder in einer Notsituation zulässig.[941] Wird in das Recht des Beamten am statusrechtlichen Amt durch die **Übertragung einer niedriger zu bewertenden Tätigkeit** eingegriffen, hat der PR nach Abs. 1 Nr. 3 mitzubestimmen. Insb. ist die Übertragung eines Dienstpostens, der im Vergleich zum statusrechtlichen Amt des Betroffenen unterwertig ist, mitbestimmungspflichtig.[942] Dieser Tatbestand liegt zum einen vor, wenn einem Beamten zur **Vermeidung seiner Versetzung in den Ruhestand wegen Dienstunfähigkeit** nach § 44 Abs. 3 BBG unter Beibehaltung seines Amtes innerhalb seiner Laufbahn eine geringerwertige Tätigkeit übertragen werden soll. Zum anderen ist er bei **statusmindernden Versetzungen** gegeben (§ 28 Abs. 3 BBG [im Bereich desselben Dienstherrn]; § 136 Abs. 1 S. 2 i. V. m. § 28 Abs. 3 BBG [im Bereich eines anderen Dienstherrn]). Erfolgt eine statusmindernde Versetzung zu einer anderen Dienststelle, ist auch der Mitbestimmungstatbestand des Abs. 1 Nr. 4 gegeben (vgl. Rn. 22).

20 Der Tatbestand des Abs. 1 Nr. 3 ist nach bisheriger Rspr. des *BVerwG*

---

935 *BVerwG* v. 26.11.79 – 6 P 6.79 –, PersV 81, 286, u. v. 8.12.99, a.a.O.; *BayVGH* v. 30.6.99 – 18 P 97.1451 –, PersR 00, 249; *OVG NW* v. 5.7.01 – 1 A 4182/99.PVB –, PersR 02, 81.
936 *OVG NW* v. 3.5.04 – 1 B 333/04 –, PersR 05, 78.
937 *BVerwG* v. 30.10.79 – 6 P 61.78 –, PersV 81, 244, u. v. 7.7.09 – 6 P 13.07 –, PersR 08, 381; *BayVGH* v. 30.6.99, a.a.O.; *OVG NW* v. 5.7.01, a.a.O.
938 *BVerwG* v. 2.12.09 – 6 PB 33.09 –, PersR 10, 85.
939 *BVerfG* v. 3.7.85 – 2 BvL 16.82 –, BVerfGE 70, 251.
940 *BVerwG* v. 22.6.06 – 2 C 26.05 – [»Vivento«] u. v. 25.10.07 – 2 C 30.07 –, PersR 06, 460, u. 08, 72.
941 Vgl. zum unzulässigen Streikbrechereinsatz *BVerwG* v. 10.5.84 – 2 C 18.82 –, AuR 85, 164, u. *BVerfG* v. 2.3.93 – 1 BvR 1213/85 –, PersR 93, 284.
942 *BVerwG* v. 2.12.09 – 6 PB 33.09 –, PersR 10, 85.

Versetzung und Umsetzung (Abs. 1 Nr. 4) § 76

nicht gegeben, wenn einem Beamten **wieder Dienstaufgaben des ihm verliehenen statusrechtlichen Amtes übertragen** werden, nachdem er zuvor Dienstaufgaben eines Amtes mit höherem Endgrundgehalt wahrgenommen hatte[943] (vgl. Rn. 16c u. 17). Allerdings kann eine derartige Maßnahme nach anderen Vorschriften (insb. nach Abs. 1 Nr. 4 oder 5) mitbestimmungspflichtig sein. Kein Fall des Abs. 1 Nr. 3 ist auch die nach § 5 Abs. 1 Nr. 4 und § 9 BDG zulässige **Disziplinarmaßnahme der Zurückstufung** (Versetzung in ein Amt derselben Laufbahn mit geringerem Endgrundgehalt), die nur im gerichtlichen Disziplinarverfahren verhängt werden kann (vgl. 34 Abs. 1 BDG), an dem der PR nicht beteiligt ist (vgl. § 78 Rn. 20).

Anders als bei der Abordnung und Zuweisung nach Abs. 1 Nr. 5 und 5a kommt es für die Mitbestimmung nach Abs. 1 Nr. 3 auf die **Dauer der Übertragung** einer anders zu bewertenden Tätigkeit nicht an.[944] **21**

(Abs. 1 Nr. 4) Die durch das DNeuG (vgl. Rn. 10) eingeführte Neufassung des § 28 Abs. 1 BBG enthält den Versuch einer Legaldefinition der »Versetzung«: Danach handelt es sich um die **auf Dauer angelegte Übertragung eines anderen Amtes bei einer anderen Dienststelle bei demselben oder einem andern Dienstherrn**. Diese Definition greift aber die in der Tradition des Beamtenrechts entwickelten Elemente des Versetzungsbegriffs auf, so dass sich materiell kein Unterschied in der Begrifflichkeit gegenüber früher ergibt. Wenn § 28 Abs. 1 BBG von der Verleihung eines »anderen Amtes« spricht, meint dies in der Sache allerdings unterschiedliche Vorgänge; angesprochen ist nämlich sowohl die Übertragung eines anderen Amtes im statusrechtlichen Sinne als auch die eines anderen Amtes im abstrakt-funktionalen Sinn (nicht gemeint ist hier das andere Amt im konkret-funktionalen Sinn, der »Dienstposten«, dessen Wechsel durch bloße Umsetzung erfolgt). Den Regelungen liegen damit in Wahrheit zwei **verschiedene Versetzungsfälle** zugrunde. Beide beziehen sich auf Maßnahmen, die das bestehende Beamtenverhältnis nicht beenden, sondern – unter Fortdauer bei demselben Dienstherrn oder unter Fortsetzung bei einem anderen Dienstherrn – **auf Dauer** umgestalten; ist die Maßnahme nur auf bestimmte Zeit angelegt, so handelt es sich nicht um eine Versetzung, sondern um eine Abordnung. Das Mitbestimmungsrecht bezieht sich auf Versetzungen **im organisationsrechtlichen Sinne**, mit denen dem Beamten i. d. R. (nur) ein anderes Amt im abstrakt-funktionalen Sinne bei einer anderen Dienststelle übertragen wird, sowie auf diejenigen Versetzungen **im statusrechtlichen Sinne**, mit denen ein Amt bei einer anderen Dienststelle übertragen wird. Dass statusberührende und statusmindernde Versetzungen bereits nach Abs. 1 Nr. 2 bzw. 3 der Mitbestimmung unterliegen, lässt die Mitbestimmung nach Abs. 1 Nr. 4 schon deshalb nicht entfallen, weil daran außer dem PR der aufnehmenden auch der **22**

---

943 *BVerwG* v. 12.3.90 – 6 P 32.87 –, PersR 90, 135.
944 Str.; KfdP-*Altvater/Baden*, Rn. 36 m.N.

§ 76 Versetzung und Umsetzung (Abs. 1 Nr. 4)

PR der abgebenden Dienststelle beteiligt sein kann. An einer Amtsübertragung fehlt es bei **Beamten auf Widerruf**, die noch kein statusrechtliches Amt (und auch noch kein abstrakt-funktionales Amt) innehaben; werden diese einer anderen Dienststelle organisatorisch zugeordnet, so ist dies jedoch wegen des Schutzzwecks der Mitbestimmung (vgl. Rn. 8) als Versetzung i. S. d. Abs. 1 Nr. 4 anzusehen[945] (vgl. auch Rn. 27). Für **Beamte auf Probe** gilt seit den durch das DNeuG eingeführten Neuregelungen des § 10 Abs. 3 BBG, dass ihnen bereits mit der Begründung des Beamtenverhältnisses auf Probe ein Amt verliehen wird.

23 Nach der Rspr. des *BVerwG* ist der Begriff der **anderen Dienststelle** i. S. d. Abs. 1 Nr. 4 nicht im personalvertretungsrechtlichen, sondern **im verwaltungsorganisationsrechtlichen Sinne** zu verstehen. Nach den maßgebenden Grundsätzen des Dienstrechts entspricht der Begriff der Dienststelle demjenigen der Behörde. Letztere ist eine mit einer gewissen Selbständigkeit ausgestattete organisatorische Einheit von Personen und sächlichen Mitteln, die dazu berufen ist, in einem örtlich und gegenständlich abgrenzbaren Aufgabenbereich staatliche Aufgaben wahrzunehmen.[946] Dieser Dienststellenbegriff unterscheidet sich somit von dem personalvertretungsrechtlichen Dienststellenbegriff strikt. deshalb, weil unter den Voraussetzungen des § 6 Abs. 3 auch Nebenstellen und Teile einer Dienststelle i. S. d. Verwaltungsorganisationsrechts als Dienststellen i. S. d. PersVR gelten (vgl. § 6 Rn. 5 ff.).

23 a Ein Wechsel der Dienststelle reicht für die Bejahung einer Versetzung nicht aus, wenn es an der **Fortführung des Beamtenverhältnisses** fehlt.[947] Soll dagegen einem Beamten aus Anlass seiner **Rückkehr aus einer Beurlaubung** eine Tätigkeit bei einer anderen als der bisherigen Dienststelle zugewiesen werden, so ist dies nach Abs. 1 Nr. 4 mitbestimmungspflichtig, weil das Dienstverhältnis zum Rechtsträger der Dienststelle während der Beurlaubung fortdauert und die organisatorische Zugehörigkeit zur »alten« Dienststelle erhalten bleibt.[948] Die **Änderung des Dienstorts** ist kein Tatbestandsmerkmal der Versetzung.[949] Auch die beamtenrechtlich nicht ausdrücklich geregelte, aber gleichwohl zulässige **Teilversetzung** ist mitbestimmungspflichtig.[950]

24 Das Mitbestimmungsrecht nach Abs. 1 Nr. 4 wird nicht dadurch ausgeschlossen, dass der betroffene Beamte mit der Versetzung **einverstanden** ist (vgl. vor § 66 Rn. 7; oben Rn. 8) oder dass er den **besonderen Ver-**

---

945 Str.; a. A. *OVG NW* v. 26. 11. 03 – 1 A 1094/01.PVL –, PersR 04, 356, für die im Rahmen der Ausbildung erfolgende Überweisung von Beamten im **Vorbereitungsdienst** zu einer anderen Dienststelle.
946 Vgl. *BVerwG* v. 11. 11. 09 – 6 PB 25.09 –, PersR 10, 169, m. w. N.
947 *BVerwG* v. 29. 3. 93 – 6 P 19.91 –, PersR 93, 268, zur Ernennung eines Beamten zum Richter kraft Auftrags.
948 *BVerwG* v. 15. 10. 06 – 6 P 1.06 –, PersR 07, 119.
949 *HessVGH* v. 22. 10. 86 – HPV TL 327/84 –, PersR 87, 175.
950 *OVG NW* v. 27. 3. 98 – 1 A 1/96.PVL –, PersR 98, 528.

setzungsschutz nach § 47 Abs. 2 genießt (vgl. § 47 Rn. 22 ff.). Bei einer **Abordnung mit dem Ziel der Versetzung** besteht ein Mitbestimmungsrecht nach Abs. 1 Nr. 4, weil mit dieser Maßnahme bereits eine Vorentscheidung für die spätere (ebenfalls mitbestimmungspflichtige) Versetzung getroffen wird[951] (ferner Rn. 27 f.). Das gilt auch dann, wenn die durch die Abordnung herbeigeführte probeweise Übertragung eines Dienstpostens für eine Dauer von nicht mehr als drei Monaten erfolgt.

Die Versetzung i. S. d. Abs. 1 Nr. 4 bewirkt einen **Dienststellenwechsel**, 25 weil sie zur Ausgliederung des Beamten aus der abgebenden Dienststelle und (wie eine Einstellung) zu seiner Eingliederung in die aufnehmende Dienststelle führt (vgl. Rn. 22 f.). Sie ist somit eine Personalangelegenheit sowohl der abgebenden als auch der aufnehmenden Dienststelle. Aus dieser Doppelwirkung hat das *BVerwG* entgegen seiner früheren Rspr. die Konsequenz gezogen, dass – vorbehaltlich einer ausdrücklichen anderen gesetzlichen Regelung – außer dem **PR der abgebenden Dienststelle** auch der **PR der aufnehmenden Dienststelle** stets mitzubestimmen hat,[952] wobei in mehrstufigen Verwaltungen an Stelle des örtlichen PR der abgebenden oder der aufnehmenden Dienststelle eine **Stufenvertretung** zu beteiligen sein kann (vgl. § 75 Rn. 38). Findet eine Versetzung zwischen **Dienststellen verschiedener Dienstherren** statt, von denen einer nicht zum Geltungsbereich des BPersVG gehört, richtet sich die Beteiligung des PR bei der Dienststelle, die zum Geltungsbereich eines **LPersVG** gehört, nach den für diese Dienststelle geltenden Vorschriften.

Gemäß Abs. 1 Nr. 4 bestimmt der PR auch mit bei der »**Umsetzung** 26 **innerhalb der Dienststelle, wenn sie mit einem Wechsel des Dienstorts verbunden ist**«. Die in den Beamtengesetzen nicht geregelte Umsetzung ist grundsätzlich kein Verwaltungsakt, sondern eine innerbehördliche Organisationsmaßnahme. Sie liegt vor, wenn dem Beamten innerhalb derselben Behörde ein **anderer Dienstposten** (anderes Amt im konkretfunktionalen Sinne) zugewiesen wird und die Zuweisung das statusrechtliche Amt und das Amt im abstrakt-funktionalen Sinne nicht berührt.[953] Personalvertretungsrechtlich setzt die Umsetzung einen **Wechsel des Dienstpostens** voraus. Dazu bedarf es einer Abberufung vom bisherigen Dienstposten und einer Zuweisung eines anderen Dienstpostens.[954] Diese Voraussetzungen liegen nicht vor, wenn lediglich eine Arbeitseinheit in ein anderes Dienstgebäude verlegt wird[955] oder wenn sich das Aufgabengebiet

---

951 *BVerwG* v. 18. 9. 84 – 6 P 19.83 –, PersR 86, 36; vgl. auch *OVG Bln* v. 27. 2. 01 – OVG 60 PV 14.99 – u. v. 26. 6. 01 – OVG 60 PV 20.00 –, PersR 01, 477, u. 02, 343.
952 Beschl. v. 16. 9. 94 – 6 P 32.92 – u. – 6 P 33.93 –, PersR 95, 16 u. 21, sowie v. 28. 5. 02 – 6 P 9.01 –, PersR 02, 340, v. 22. 7. 03 – 6 P 3.03 –, PersR 03, 495, u. v. 15. 11. 06 – 6 P 1.06 –, PersR 07, 119.
953 *BVerwG* v. 16. 6. 00 – 6 P 6.99 –, PersR 00, 416.
954 *BVerwG* v. 18. 12. 96 – 6 P 8.95 –, PersR 97, 364.
955 *BVerwG* v. 27. 7. 79 – 6 P 25.78 –, PersV 81, 73.

§ 76 Abordnung (Abs. 1 Nr. 5)

des von einer Umorganisation betroffenen Beamten nicht ändert.[956] Eine Umsetzung kann aber auch darin liegen, dass – ohne Änderung des beamtenrechtlichen Status oder der Beschäftigungsbehörde – der Dienstposten durch **wesentliche Änderungen im Aufgabenbereich** eine neue, andere Prägung erhält.[957] Eine **Teilumsetzung** ist als personalvertretungsrechtliche Umsetzung anzusehen, wenn der entzogene Aufgabenteil prägend für den Dienstposten gewesen ist und der Dienstposten durch den neuen Aufgabenbereich eine neue, andere Prägung erhält.[958] Die Umsetzung vollzieht sich **innerhalb der Dienststelle**, wobei der Begriff der Dienststelle **im verwaltungsorganisationsrechtlichen Sinne** zu verstehen ist (vgl. Rn. 23). Sie ist nach Abs. 1 Nr. 4 nur mitbestimmungspflichtig, wenn sie mit einem **Wechsel des Dienstorts** verbunden ist (vgl. dazu § 75 Rn. 39). Nach h. M. soll eine nicht auf **Dauer** angelegte Umsetzung nicht mitbestimmungspflichtig sein (zu eng; vgl. § 75 Rn. 40). Ist die Umsetzung mit einem **Wechsel der Dienststelle im personalvertretungsrechtlichen Sinne** verbunden – z. B. von der Hauptdienststelle zu einer nach § 6 Abs. 3 verselbständigten Nebenstelle –, so haben sowohl der PR der abgebenden Dienststelle als auch der PR der aufnehmenden Dienststelle mitzubestimmen, wobei an deren Stelle nach § 82 Abs. 3 der GPR oder nach § 82 Abs. 1 eine Stufenvertretung zu beteiligen sein kann (vgl. Rn. 25).

27 (Abs. 1 Nr. 5) Die **Abordnung** ist seit der Neufassung des BBG durch das DNeuG (vgl. Rn. 10) dahingehend gesetzlich definiert, dass darunter zu verstehen ist »die vorübergehende Übertragung einer dem Amt des Beamten entsprechenden Tätigkeit bei einer anderen Dienststelle desselben oder eines anderen Dienstherrn unter Beibehaltung der Zugehörigkeit zur bisherigen Dienststelle«. Sie ist ein Verwaltungsakt, über dessen Erlass der Dienstherr nach pflichtgemäßem Ermessen entscheidet. Ihre Voraussetzungen und Folgen sind in § 27 BBG und für die Abordnung zwischen Bund und Ländern sowie die länderübergreifende Abordnung in § 14 BeamtStG geregelt. Von der Versetzung unterscheidet sich die Abordnung dadurch, dass sie von vornherein vorübergehender Natur ist, mit der Konsequenz, dass der Beamte für die Dauer seiner Abordnung der bisherigen Dienststelle (der abgebenden bzw. Stammdienststelle) verbunden bleibt: Er behält dort sowohl sein statusrechtliches als auch sein abstrakt-funktionales Amt.[959] Von der – vorübergehenden – Umsetzung unterscheidet sich die Abordnung dadurch, dass ein Dienststellenwechsel erfolgt. Die ausdrücklich zugelassene **Teilabordnung** besteht darin, dass der Beamte für einen Teil seiner Arbeitszeit vorübergehend einer anderen Dienststelle zugewiesen wird.[960] Die Ernennung eines Beamten zum **Richter kraft Auftrags** ist keine

---

956 *OVG NW* v. 16.11.78 – CL 14/78 –, PersV 80, 282.
957 *BVerwG* v. 30.3.09 – 6 PB 29.08 –, PersR 09, 332.
958 *BVerwG* v. 18.12.96, a.a.O., u. v. 22.7.03 – 6 P 3.03 –, PersR 03, 495.
959 Vgl. *BVerwG* v. 12.9.02 – 6 P 11.01 –, PersR 03, 30.
960 Vgl. *BVerwG* v. 28.5.02 – 6 P 9.01 –, PersR 02, 340.

Abordnung (Abs. 1 Nr. 5) § 76

Abordnung, weil dieser damit für das bisher wahrgenommene beamtenrechtliche Amt nicht mehr zur Verfügung steht.[961] Nach der Rspr. des *BVerwG* ist der Begriff der **anderen Dienststelle** i. S. d. Abs. 1 Nr. 5 im verwaltungsorganisationsrechtlichen Sinne zu verstehen[962] (vgl. Rn. 23). Die **Änderung des Dienstorts** ist kein Tatbestandsmerkmal der Abordnung.[963] Bei seiner Tätigkeit in der aufnehmenden Dienststelle ist der Beamte den Weisungen der dortigen Vorgesetzten unterworfen. **Beamtenrechtliche Entscheidungen**, welche die neue Tätigkeit betreffen, hat der Dienstvorgesetzte der aufnehmenden Dienststelle, andere beamtenrechtliche Entscheidungen der Dienstvorgesetzte der Stammdienststelle zu treffen. Die beamtenrechtlichen Vorschriften über die Abordnung gelten nur für Beamte, die ein Amt im abstrakt-funktionalen Sinn bekleiden. Dies ist bei **Beamten auf Widerruf** noch nicht der Fall. Personalvertretungsrechtlich ist ihre vorübergehende »Überweisung« zu einer anderen als ihrer Stammdienststelle aber grundsätzlich der Abordnung gleichzustellen, weil auch diese Beamten wegen der durch die Überweisung eintretenden persönlichen Belastungen schutzbedürftig sind. Das soll jedoch dann nicht gelten, wenn Beamte auf Widerruf im **Vorbereitungsdienst** zur Ausbildung an andere Dienststellen überwiesen werden, weil dies Inhalt ihres Beamtenverhältnisses ist (str.; vgl. Rn. 22).[964] Für **Beamte auf Probe** gilt diese Einschränkung nicht mehr; sie versehen seit der Dienstrechtsreform ein Amt (§ 10 Abs. 3 BBG).

Die Abordnung ist nur dann mitbestimmungspflichtig, wenn sie **für eine Dauer von mehr als drei Monaten** erfolgen soll. Das gilt auch für die **Teilabordnung**.[965] Wird eine Abordnung von ursprünglich geringerer Dauer über drei Monate hinaus **verlängert**, ist die Verlängerung unabhängig von ihrer Dauer stets mitbestimmungspflichtig.[966] Gleiches gilt, wenn eine den Dreimonatszeitraum von Anfang an überschreitende Abordnung weiter ausgedehnt wird. Bei **Kettenabordnungen** für eine ununterbrochene Dauer von mehr als drei Monaten unterliegen alle Abordnungen, die den Dreimonatszeitraum überschreiten, der Mitbestimmung, wobei es unbeachtlich ist, ob sie nacheinander zu verschiedenen Dienststellen erfolgen oder ob zwischen ihnen ein Feiertag, ein arbeitsfreies Wochenende oder ein Urlaub liegt.[967] Auch bei »**unechten Kettenabordnungen**«, bei denen verschiedene Beschäftigte nacheinander zu derselben Dienststelle in das gleiche Tätigkeitsfeld abgeordnet werden, ist der PR (bei Beamten nach Abs. 1 Nr. 5, bei Arbeitnehmern nach § 75 Abs. 1 Nr. 4) zu

28

---

961 *BVerwG* v. 29.3.93 – 6 P 19.91 –, PersR 93, 268.
962 Vgl. *BVerwG* v. 11.11.09 – 6 PB 25.09 –, PersR 10, 169, m. w. N.
963 *OVG NW* v. 3.7.86 – CL 46/84 –, PersR 87, 87.
964 *KfdP-Altvater/Baden*, Rn. 54.
965 *BVerwG* v. 28.5.02 – 6 P 9.01 –, PersR 02, 340.
966 *BVerwG* v. 7.2.80 – 6 P 87.78 –, PersV 81, 292.
967 *VGH BW* v. 7.12.93 – PB 15 S 203/93 –, PersR 94, 372; *HessVGH* v. 17.11.05 – 22 TL 807/05 –, PersR 06, 311.

§ 76 Zuweisung (Abs. 1 Nr. 5 a)

beteiligen.[968] Das Mitbestimmungsrecht nach Abs. 1 Nr. 5 besteht auch dann, wenn der Beamte mit der Abordnung **einverstanden** ist (vgl. vor § 66 Rn. 7; oben Rn. 8) oder wenn er den **besonderen Abordnungsschutz** nach § 47 Abs. 2 genießt (vgl. § 47 Rn. 22 ff.). Die **Aufhebung** der Abordnung ist nicht mitbestimmungspflichtig. Da die Abordnung ebenso wie die Versetzung i. S. d. Abs. 1 Nr. 4 einen Dienststellenwechsel bewirkt, gilt für die Frage, **welche Personalvertretungen** zu beteiligen sind, das Gleiche wie bei der Versetzung (vgl. Rn. 25).

29 Die **Entsendung** von Bundesbeamten zur Dienstleistung bei **öffentlichen zwischenstaatlichen oder überstaatlichen Organisationen** ist keine Abordnung. Dafür gelten die Entsendungsrichtlinien (EntsR) des BMI v. 26. 9. 05.[969] Diese sehen vor, dass für die Dauer der auf bis zu fünf Jahre zu befristenden und u. U. verlängerbaren Entsendung nach § 9 Abs. 1 SUrlV **Urlaub unter Wegfall der Besoldung** gewährt wird (Abschn. I Nr. 3 u. Abschn. II Nr. 2 EntsR).

30 (Abs. 1 Nr. 5 a) Die mittels Verwaltungsakt vorzunehmende **Zuweisung** war ursprünglich bundeseinheitlich in § 123 a BRRG und ist nunmehr für die Beamten des Bundes in § 29 BBG (sowie für die zum Geltungsbereich der Landesbeamtengesetze gehörenden Beamten in § 20 BeamtStG) geregelt. § 29 BBG sieht folgende Möglichkeiten der Zuweisung vor: Nach **§ 29 Abs. 1 BBG** kann Beamten mit ihrer Zustimmung vorübergehend ganz oder teilweise eine (ihrem Amt entsprechende) Tätigkeit bei einer **öffentlichen Einrichtung ohne Dienstherrnfähigkeit** (»im dienstlichen oder öffentlichen Interesse«) oder bei einer **anderen (privaten) Einrichtung** (»wenn ein öffentliches Interesse es erfordert«) zugewiesen werden. Nach **§ 29 Abs. 2 BBG** kann Beamten einer Dienststelle, die ganz oder teilweise in eine **öffentlich-rechtlich organisierte Einrichtung ohne Dienstherrnfähigkeit** oder eine **privatrechtlich organisierte Einrichtung der öffentlichen Hand** umgewandelt wird, auch ohne ihre Zustimmung – und nicht nur vorübergehend – eine (ihrem Amt entsprechende) Tätigkeit bei dieser Einrichtung zugewiesen werden, »wenn öffentliche Interessen es erfordern«.[970] **§ 29 Abs. 3 BBG** bestimmt ausdrücklich, dass (bei allen Arten der Zuweisung) die Rechtsstellung der Beamten unberührt bleibt.

30a Nach Abs. 1 Nr. 5a, der durch Gesetz v. 28. 5. 90[971] eingefügt und durch Art. 7 Nr. 3 Buchst. a DNeuG v. 5. 2. 09[972] geändert worden ist, hat der PR bei der Zuweisung dann mitzubestimmen, wenn sie **für eine Dauer von mehr als drei Monaten** vorgenommen werden soll (vgl. Rn. 28). Für die Ausübung des Mitbestimmungsrechts ist der **PR der abgebenden Dienst-**

---

968 Näher dazu KfdP-*Altvater/Baden*, Rn. 58.
969 GMBl. S. 1074.
970 Näher zu den möglichen Varianten KfdP-*Altvater/Baden*, Rn. 61.
971 BGBl. I S. 967.
972 BGBl. I S. 160.

Anordnungen zur Wohnungswahl (Abs. 1 Nr. 6) § 76

stelle oder nach § 82 Abs. 1 oder 3 ggf. der BPR, HPR oder GPR zuständig. Ob, in welchem Umfang und in welcher Weise ein Organ der Interessenvertretung der Beschäftigten der aufnehmenden Einrichtung zu beteiligen ist, bestimmt sich nach den für diese Einrichtung geltenden Vorschriften. Bei der Zuweisung in einen Betrieb im Geltungsbereich des BetrVG hat der Betriebsrat nach § 99 BetrVG unter dem Gesichtspunkt der Einstellung mitzubestimmen.[973] Der in § 1 BwKoopG verwendete Begriff der Zuweisung ist nach der Rspr. des *BVerwG* in einem weiteren Sinne zu verstehen (näher dazu Anh. V C § 1 BwKoopG Rn. 3).

(Abs. 1 Nr. 6) Anordnungen, welche die Freiheit in der **Wahl der Wohnung** beschränken, sind gem. § 72 Abs. 2 BBG oder § 10 BPolBG zulässig. Nach § **72 Abs.** 2 BBG kann der Dienstvorgesetzte den Beamten anweisen, seine Wohnung innerhalb einer **bestimmten Entfernung** von der Dienststelle zu nehmen oder eine **Dienstwohnung** zu beziehen, wenn die dienstlichen Verhältnisse es erfordern. Diese Voraussetzung kann insb. bei Beamten vorliegen, zu deren Dienstaufgaben es gehört, bei Eintritt bestimmter Ereignisse auch außerhalb der üblichen Dienstzeiten kurzfristig in der Dienststelle erscheinen und tätig werden zu können. Eine Dienstwohnung wird dem betreffenden Beamten als Inhaber eines bestimmten Dienstpostens ohne Abschluss eines Mietvertrages durch Begründung eines öffentlich-rechtlichen Dienstwohnungsverhältnisses zugewiesen. Dieses ist bei Beschäftigten des Bundes durch die Allgemeinen Verwaltungsvorschriften über die Bundesdienstwohnungen (Dienstwohnungsvorschriften – DWV) v. 16.2.70[974] i.d.F. v. 13.7.89[975] näher ausgestaltet. Nach § **10 Abs. 1 BPolBG** sind die **Polizeivollzugsbeamten**, die noch nicht fünf Dienstjahre abgeleistet oder noch nicht das 25. Lebensjahr vollendet haben, auf Anordnung des Dienstvorgesetzten verpflichtet, in einer **Gemeinschaftsunterkunft** zu wohnen. Nach § **10 Abs. 2 BPolBG** können andere Polizeivollzugsbeamte aus Anlass besonderer Einsätze sowie bei der Teilnahme an Lehrgängen und Übungen zum Wohnen in einer Gemeinschaftsunterkunft verpflichtet werden. Bei einer **Anweisung nach § 72 Abs. 2 BBG** hat der PR nach Abs. 1 Nr. 6 mitzubestimmen. Bei einer Anweisung zum Beziehen einer Dienstwohnung gilt dies auch dann, wenn die Dienstwohnung mit einem bestimmten Amt verbunden ist, weil auch in diesem Fall nach § 5 Abs. 2 DWV noch ein Entscheidungsspielraum besteht. Unter dem Gesichtspunkt der Zuweisung einer Wohnung kann außerdem eine Mitbestimmung nach § 75 Abs. 2 Nr. 2 in Betracht kommen (vgl. § 75 Rn. 63). Bei einer **Anordnung nach § 10 BPolBG** hat der PR mitzubestimmen, weil die »Residenzpflicht« hier nicht unmittelbar durch die gesetzliche Vorschrift festgelegt ist.[976]

31

---

973 Vgl. *BAG* v. 23.6.09 – 1 ABR 30/08 –, AP BetrVG 1972 § 99 Einstellung Nr. 59.
974 GMBl. S. 99.
975 GMBl. S. 717.
976 *VG Köln* v. 10.8.89 – 15 K 2095/88 –, ZBR 90, 92.

§ 76 Teilzeit, Urlaub und Eintritt in den Ruhestand (Abs. 1 Nr. 7–9)

32 (Abs. 1 Nr. 7) Für die **Nebentätigkeit** von Beamten gelten die §§ 97 bis 105 BBG und die Bundesnebentätigkeitsverordnung (BNV). Der PR hat nach Abs. 1 Nr. 7 **mitzubestimmen**, wenn der Dienstherr die beantragte Genehmigung einer Nebentätigkeit **versagen** oder eine erteilte bzw. allgemein als erteilt geltende Genehmigung ganz oder teilweise **widerrufen** will. Um die betroffenen Beamten vor ungerechtfertigter Behandlung zu schützen, gilt das auch dann, wenn der Dienstherr die Nebentätigkeit **nur teilweise oder mit Auflagen oder Bedingungen genehmigen** oder eine nicht genehmigungspflichtige Nebentätigkeit ganz oder teilweise **untersagen** will.[977] Nicht mitbestimmungspflichtig sind dagegen die Erteilung der Genehmigung sowie die Anordnung zur Übernahme und der Entzug einer angeordneten Nebentätigkeit.

33 (Abs. 1 Nr. 8) Der Tatbestand »Ablehnung eines Antrages nach den §§ 91, 92 oder 95 des Bundesbeamtengesetzes auf Teilzeitbeschäftigung, Ermäßigung der regelmäßigen Arbeitszeit oder Urlaub« hat seine gegenwärtige Fassung durch die Gesetze v. 25. 7. 84[978] und v. 24. 2. 97[979] sowie durch Art. 7 Nr. 3 Buchst. b DNeuG v. 5. 2. 09[980] erhalten; dabei hat sich durch das DNeuG allein die Nummerierung der in Bezug genommenen Tatbestände des BBG geändert. Der Mitbestimmungstatbestand bezieht sich auf jene Formen der **Freistellung vom Dienst**, die in den genannten Paragrafen des BBG geregelt sind. **§ 91 BBG** sieht die Möglichkeit der »voraussetzungslosen« unbefristeten Teilzeitbeschäftigung vor. **§ 92 BBG** regelt den Anspruch auf Teilzeitbeschäftigung und Beurlaubung aus familienpolitischen Gründen. **§ 95 BBG** normiert die Möglichkeit der Beurlaubung aus arbeitsmarktpolitischen Gründen. Vom Tatbestand des Abs. 1 Nr. 8 nicht erfasst ist der Fall der Ablehnung eines Antrags auf **Altersteilzeit**, weil diese Form der Ermäßigung der Arbeitszeit ihre Grundlage in § 93 BBG hat, auf den nicht Bezug genommen ist. Die Mitbestimmung des PR nach Abs. 1 Nr. 8 bezieht sich nicht auf die Bewilligung, sondern allein auf die **Ablehnung eines Antrags** auf Freistellung vom Dienst nach § 91, § 92 oder § 95 BBG. Dabei kommt es nicht darauf an, ob es sich um einen Erstantrag oder einen Verlängerungsantrag handelt. Der PR hat auch dann mitzubestimmen, wenn einem Antrag nur teilweise entsprochen und er damit zugleich teilweise abgelehnt werden soll. Ebenfalls mitbestimmungspflichtig ist die **Ablehnung der beantragten Änderung** einer bereits bewilligten Freistellung sowie – zur Gewährleistung des Schutzes der betroffenen Beamten – der **Widerruf** oder die **Rücknahme** einer erteilten Bewilligung.[981]

34 (Abs. 1 Nr. 9) Die **Hinausschiebung des Eintritts in den Ruhestand** ist in § 53 BBG geregelt. Nach § 53 Abs. 1 BBG kann der Eintritt in den

---

977 Teilw. str.; vgl. KfdP-*Altvater/Baden*, Rn. 68.
978 BGBl. I S. 998.
979 BGBl. I S. 322.
980 BGBl. I S. 160.
981 Insoweit str.; vgl. KfdP-*Altvater/Baden*, Rn. 74 m. N.

Sonstige Angelegenheiten (Abs. 2 Nr. 1–4) § 76

Ruhestand **auf Antrag des Beamten** hinausgeschoben werden, wenn es im dienstlichen Interesse liegt. **Von Dienstherrnseite** kann umgekehrt nach § 53 Abs. 2 BBG die oberste Dienstbehörde den Eintritt in den Ruhestand um bis zu drei Jahre hinausschieben, wenn im Einzelfall die Fortführung der Dienstgeschäfte durch einen bestimmten Beamten solches erfordert. Gegenstand der Mitbestimmung ist in den Fällen des § 53 Abs. 1 BBG die Entscheidung der zuständigen Dienstbehörde, in denen des § 53 Abs. 2 BBG die anstehende Verfügung der obersten Dienstbehörde. Die Fälle des § 53 Abs. 2 BBG werden personalvertretungsrechtlich allerdings kaum einmal praktisch werden, denn die dafür vorausgesetzte »Unersetzlichkeit« wird regelmäßig nur bei solchen Beamten in Betracht kommen, in deren Personalangelegenheiten der PR nach § 77 Abs. 1 nur auf Antrag oder überhaupt nicht mitbestimmt. Abs. 1 Nr. 9 regelt ausschließlich die Mitbestimmung bei der Weiterbeschäftigung unter **Fortführung des bestehenden Beamtenverhältnisses.** Sie erfasst nicht den Fall, dass ein Beamter in den Ruhestand eintritt und dann auf privatrechtlicher Grundlage, z. B. aufgrund eines Arbeitsvertrages, weiter für die Dienststelle tätig werden soll. In diesem Fall hat der PR nach § 75 Abs. 1 Nr. 1 (Einstellung) und Nr. 2 (Eingruppierung) mitzubestimmen (vgl. § 75 Rn. 50).

(Abs. 2) Zusätzlich zu den Personalangelegenheiten der Beamten in Abs. 1 führt das Gesetz in Abs. 2 **sonstige Angelegenheiten** auf, für die es die eingeschränkte Mitbestimmung des PR vorsieht (vgl. Rn. 1). Nur ausnahmsweise (im Fall der Nr. 9) geht es um Angelegenheiten, die nur **einzelne Beschäftigte** betreffen. Im Übrigen (auch im Fall der Nr. 4) handelt es sich durchweg um **allgemeine Angelegenheiten,** die durch einen **kollektiven Bezug** (vgl. § 75 Rn. 69) gekennzeichnet sind. Die Mitbestimmung besteht auch dann, wenn eine Angelegenheit nur **probeweise** geregelt werden soll (vgl. § 69 Rn. 8; § 75 Rn. 69 a. E.). Für die **Form der Ausübung der Mitbestimmung** gilt das Gleiche wie in den Fällen des § 75 Abs. 3 (vgl. § 75 Rn. 71). Auch in den dafür geeigneten Fällen des § 76 Abs. 2 kommt nach dessen Eingangssatz für eine generelle Regelung mit normativer Wirkung nach Maßgabe des § 73 und des § 75 Abs. 5 der Abschluss einer **Dienstvereinbarung** in Betracht (vgl. § 73 Rn. 2f., 8; § 75 Rn. 71, 161ff.). Nach dem Eingangssatz des Abs. 2, der mit dem Eingangssatz des § 75 Abs. 3 identisch ist, hat der PR nur mitzubestimmen, soweit eine gesetzliche oder tarifliche Regelung nicht besteht (vgl. zu diesem **Gesetzes- und Tarifvertragsvorbehalt** § 75 Rn. 72ff.).

(Abs. 2 Nr. 1) Neben dem eingeschränkten Mitbestimmungsrecht nach Abs. 2 Nr. 6 bei »**allgemeinen Fragen der Fortbildung der Beschäftigten**«, also der Beamten und Arbeitnehmer (vgl. Rn. 48ff.), steht dem PR nach Abs. 2 Nr. 1 auch ein eingeschränktes Mitbestimmungsrecht bei der »**Auswahl der Teilnehmer an Fortbildungsveranstaltungen für Beamte**« zu. Dieses entspricht inhaltlich dem uneingeschränkten Mitbestimmungsrecht bei der »Auswahl der Teilnehmer an Fortbildungs-

35

36

§ 76 Sonstige Angelegenheiten (Abs. 2 Nr. 1–4)

veranstaltungen für Arbeitnehmer« nach § 75 Abs. 3 Nr. 7 (vgl. § 75 Rn. 110 ff.). Die Mitbestimmung knüpft an eine **Auswahl**entscheidung an. Findet eine solche nicht statt, kann der Mitbestimmungstatbestand nicht greifen. Gleichwohl kann die Mitbestimmung auch dann zum Zuge kommen, wenn sich nur ein Beschäftigter um eine Fortbildung beworben hat, für die mehrere Beschäftigte in Frage kommen. In diesem Fall trifft die Dienststelle mit der stattgebenden Entscheidung sehr wohl eine Auswahlentscheidung unter Mitbetrachtung möglicher weiterer Kandidaten. Der Schutzzweck der Mitbestimmung nach Abs. 2 Nr. 1 wie nach § 75 Abs. 3 Nr. 7 besteht nämlich darin, dass der PR über eine **gerechte Verteilung der Fortbildungschancen** zu wachen hat[982] (vgl. § 75 Rn. 112).

37 (**Abs. 2 Nr. 2**) Während der Inhalt von Personalfragebogen für Arbeitnehmer nach § 75 Abs. 3 Nr. 8 der uneingeschränkten Mitbestimmung des PR unterliegt, steht diesem beim Inhalt von **Personalfragebogen für Beamte** nach Abs. 2 Nr. 2 lediglich ein eingeschränktes Mitbestimmungsrecht zu. Für den **Inhalt der Mitbestimmung** nach Abs. 2 Nr. 2 gilt das zu § 75 Abs. 3 Nr. 7 Gesagte grundsätzlich entsprechend (vgl. § 75 Rn. 113 ff.). Demnach soll die Beteiligung des PR nach Abs. 2 Nr. 2 v. a. sicherstellen, dass **keine beamtenrechtlich unzulässigen Fragen** gestellt werden (vgl. dazu § 106 Abs. 4 BBG).

38 Die in der Vorgängerfassung des § 90 Abs. 4 S. 2 BBG a. F. ergänzend ergangene Regelung, wonach Fragebogen zur Erhebung personenbezogener Daten der Zustimmung der **obersten Dienstbehörde** bedurften, ist mit dem DNeuG v. 5. 2. 09[983] ersatzlos entfallen. Daher ist auch das (weitere) Mitbestimmungsrecht der dort gebildeten zuständigen Personalvertretung (PR, GPR oder HPR) gegenstandslos geworden.

39 (**Abs. 2 Nr. 3**) Während der PR nach § 75 Abs. 3 Nr. 9 bei Beurteilungsrichtlinien für Arbeitnehmer ein uneingeschränktes Mitbestimmungsrecht hat (vgl. § 75 Rn. 116), steht ihm bei **Beurteilungsrichtlinien für Beamte** nach § 76 Abs. 2 Nr. 3 ein eingeschränktes Mitbestimmungsrecht zu. Wenn man von den jeweils betroffenen Beschäftigten absieht, besteht der Unterschied zwischen den beiden Vorschriften nicht im Gegenstand der Beteiligung, sondern lediglich in der Qualität des Mitbestimmungsrechts (vgl. § 69 Rn. 2 u. 39 f.). Allerdings weichen die **Rechtsgrundlagen der Beurteilung** der beiden Beschäftigtengruppen erheblich voneinander ab, weil die dienstliche Beurteilung der Beamten in den §§ 48 bis 50 BLV und damit gesetzlich geregelt ist.

40 **Beurteilungsrichtlinien** sind **allgemeine Regeln,** die für dienstliche Beurteilungen (weitere) Beurteilungskriterien schaffen und auch die Bewertungsmethoden im Einzelnen festlegen. Sie sollen die **Objektivierung der Beurteilung** fördern und die **Einhaltung des Gleichheitssatzes**

---

982 *BVerwG* v. 7. 3. 95 – 6 P 7.93 –, PersR 95, 332.
983 BGBl. I S. 160.

Sonstige Angelegenheiten (Abs. 2 Nr. 1–4) § 76

gewährleisten;[984] sie schaffen damit eine Grundlage für die **Gewährleistung gleichen Zugangs** zu allen öffentlichen Ämtern i. S. d. Art. 33 Abs. 2 GG. Dies ist auch der vorrangige **Schutzzweck** der Mitbestimmung des PR, die aber auch dazu dienen soll, den zu beurteilenden Beschäftigten in seiner **Persönlichkeitssphäre** zu schützen.[985] Der PR hat nach Abs. 2 Nr. 3 sowohl bei der **erstmaligen Aufstellung,** bei der **späteren Änderung** wie auch bei der **Aufhebung** von Beurteilungsrichtlinien mitzubestimmen. Dabei ist es unerheblich, wie eine solche Richtlinie **bezeichnet** wird und ob sie **schriftlich** oder **mündlich** erlassen werden soll.[986] Auch **ergänzende** Bestimmungen zu einer bereits vorhandenen Beurteilungsrichtlinie sind mitbestimmungspflichtig, wenn sie mehr als nur erläuternder Natur sind.[987] Soweit der Gesetzesvorbehalt nicht eingreift, können außer (weiteren) **Beurteilungskriterien** und der **Bewertungsmethode** auch Regelungen des **Beurteilungsverfahrens** Gegenstand von Beurteilungsrichtlinien sein.[988] Regelungen über **Leistungskontrollen nichttechnischer Art im Vorfeld** von Beurteilungen unterliegen dann der Mitbestimmung, wenn solche Leistungskontrollen in einem einheitlichen Vorgang mit Leistungsbewertungen einhergehen und sich dieser Vorgang als unmittelbare Vorwegnahme eines wesentlichen Teils der nachfolgenden Beurteilung darstellt oder wenn das spätere Gesamtergebnis in vergleichbarer Weise bestimmend geprägt wird.[989]

Soweit im Rahmen von **Zielvereinbarungssystemen** abstrakte Kriterien für die Feststellung der **Zielerreichung** und für das dabei anzuwendende Verfahren festgelegt werden, handelt es sich auch dabei um Beurteilungsrichtlinien i. S. d. Abs. 2 Nr. 3.[990] Sind Zielvereinbarungssysteme mit Regelungen über **leistungsbezogene Bezahlungselemente** in der Beamtenbesoldung gekoppelt, ist die uneingeschränkte Mitbestimmung nach § 75 **Abs. 3 Nr. 4** vorrangig (vgl. § 75 Rn. 99). Ein solcher Vorrang besteht auch bei anderen **Beurteilungsrichtlinien im Rahmen von Entgeltsystemen.** 41

Bei der **Beurteilung im Einzelfall** besteht kein Mitbestimmungsrecht.[991] Der PR hat auch keinen Anspruch auf Teilnahme am **Beurteilungsgespräch**.[992] Nach § 68 Abs. 2 S. 4 sind ihm dienstliche Beurteilungen jedoch auf Verlangen des beurteilten Beschäftigten zur Kenntnis zu bringen (vgl. § 68 Rn. 34 ff.). 42

(Abs. 2 Nr. 4) Der PR hat bei der **Bestellung von Vertrauens- und Betriebsärzten als Beamte** nach Abs. 2 Nr. 4 und bei der Bestellung von 43

---

984 *BVerwG* v. 11.12.91 – 6 P 20.89 –, PersR 92, 202.
985 *BVerwG* v. 11.12.91, a. a. O.
986 *BVerwG* v. 11.12.91, a. a. O.
987 *BVerwG* v. 15.2.80 – 6 P 84.78 –, PersV 80, 241, u. v. 11.12.91, a. a. O.
988 *BVerwG* v. 11.12.91, a. a. O.
989 *BVerwG* v. 11.12.91, a. a. O.
990 Str.; a. A. *VG Karlsruhe* v. 7.3.97 – 16 K 1413/96 –, PersR 97, 407; vgl. KfdP-*Altvater/Baden*, Rn. 96 m. w. N.
991 *VG Brem* v. 6.2.89 – BV 4/88 –, PersR 89, 279, m. w. N.
992 *BVerwG* v. 11.3.83 – 6 P 23.80 –, PersV 84, 317.

§ 76 Hebung der Arbeitsleistung ... (Abs. 2 Nr. 5)

Vertrauens- und Betriebsärzten als Arbeitnehmer nach § 75 Abs. 3 Nr. 10 mitzubestimmen. Die Unterschiede zwischen den beiden Tatbeständen können aufgrund der neueren Rspr. des *BVerfG* und des *BVerwG* als überholt angesehen werden (vgl. § 69 Rn. 40). Beide Vorschriften unterscheiden sich praktisch nur noch darin, dass der zu bestellende Arzt im Falle des § 76 Abs. 2 Nr. 4 Beamter und im Falle des Abs. 3 Nr. 10 Arbeitnehmer ist bzw. sein soll (zum Inhalt der Mitbestimmung vgl. § 75 Rn. 117 ff.). Für **militärische Dienststellen** der Bundeswehr bestimmt § 91 Abs. 3 SG, dass bei der Bestellung von **Soldaten** zu Vertrauens- und Betriebsärzten § 76 Abs. 2 Nr. 4 BPersVG entsprechend gilt und dass dabei nach § 38 Abs. 1 BPersVG zu verfahren, also vom PR gemeinsam zu beraten und zu beschließen ist (vgl. Anh. V A § 91 SG Rn. 3). Auch die Mitbestimmung bei der Bestellung oder Abberufung eines Vertrauens- oder Betriebsarztes als Beamter ist eine **gemeinsame Angelegenheit** der in der Dienststelle vorhandenen Gruppen (str.; vgl. § 38 Rn. 4ff. u. § 75 Rn. 120).

44 (**Abs. 2 Nr. 5**) Die Vorschrift enthält zwei alternativ aufgeführte selbständige Mitbestimmungstatbestände: in der **ersten Alternative** »Maßnahmen zur Hebung der Arbeitsleistung«, in der **zweiten Alternative** »Maßnahmen zur Erleichterung des Arbeitsablaufs«.[993] Nach der (allerdings zu kurz greifenden) Rspr. des *BVerwG*[994] ist diesen beiden Tatbeständen (sowie denen des Abs. 2 Nr. 7 und des § 75 Abs. 3 Nr. 16) gemeinsam, dass sie ausschließlich den **Schutz des einzelnen Beschäftigten bei der Arbeit** zum Gegenstand haben, nicht aber dem **Rationalisierungsschutz** dienen sollen. Die zwei Tatbestände des Abs. 2 Nr. 5 sowie die des Abs. 2 Nr. 7, des § 75 Abs. 3 Nr. 16 und § 78 Abs. 5 können sich **überschneiden**.

45 Nach der Rspr. des *BVerwG*[995] ist der Tatbestand »**Maßnahmen zur Hebung der Arbeitsleistung**« wie folgt auszulegen:[996] Unter **Arbeitsleistung** ist der körperliche Einsatz und der geistige Aufwand zu verstehen, den der Beschäftigte erbringen muss, um das ihm abverlangte Arbeitsergebnis in qualitativer und quantitativer Hinsicht zu erzielen. **Maßnahmen zur Hebung** der Arbeitsleistung sind Maßnahmen, die darauf abzielen, die Effektivität der Arbeit in der vorgegebenen Zeit qualitativ oder quantitativ zu fördern, d.h. die Güte oder Menge der zu leistenden Arbeit zu steigern. **Hebung der Arbeitsleistung** ist die erhöhte Inanspruchnahme des oder der betroffenen Beschäftigten, zu der solche Maßnahmen typischerweise führen. Diese kann in gesteigerten körperlichen Anforderungen oder in einer vermehrten geistig-psychischen Belastung bestehen.

---

993 *BVerwG* v. 15.12.78 – 6 P 13.78 –, PersV 80, 145; *OVG NW* v. 28.8.84 – CL 17/83 –, ZBR 85, 119.
994 Beschl. v. 30.8.85 – 6 P 20.83 –, PersR 85, 184; näher dazu KfdP-*Altvater/Baden*, Rn. 100 m.w.N.
995 Vgl. u.a. Beschl. v. 28.12.98 – 6 P 1.97 –, PersR 99, 271, v. 18.5.04 – 6 P 13.03 –, PersR 04, 349, v. 1.9.04 – 6 P 3.04 –, PersR 04, 437, v. 9.1.08 – 6 PB 15.07 –, PersR 08, 216, u. v. 14.6.11 – 6 P 10.10 –, PersR 11, 516.
996 Näher dazu KfdP-*Altvater/Baden*, Rn. 101–102a.

Hebung der Arbeitsleistung ... (Abs. 2 Nr. 5)   § 76

Im **Regelfall** kommt es auf die **Zielgerichtetheit** der Maßnahme an, die dann vorliegt, wenn deren unmittelbarer und erklärter Zweck in der Hebung der Arbeitsleistung besteht. Fehlt eine entsprechende (unzweideutig oder sinngemäß zum Ausdruck gebrachte) Absichtserklärung, liegt der Mitbestimmungstatbestand **ausnahmsweise** trotzdem vor, wenn die Hebung **zwangsläufig** und für die Betroffenen **unausweichlich** mit der Maßnahme verbunden ist.[997] Aufgrund seines **Initiativrechts** nach § 70 Abs. 2 kann der PR einen Antrag stellen, der darauf gerichtet ist, im Einzelnen konkret benannte nach Abs. 2 Nr. 5 Alt. 1 mitbestimmungspflichtige Maßnahmen ganz oder teilweise rückgängig zu machen, auszugleichen oder abzumildern; jedoch ist ein Initiativantrag, der darauf abzielt, einen lediglich global beschriebenen Belastungszustand zu korrigieren, nicht zulässig.[998]

Maßnahmen zur Hebung der Arbeitsleistung können **technischer oder organisatorischer Natur** sein.[999] Sie können in **allgemeinen Dienstanweisungen** oder in **Einzelanordnungen** enthalten sein. Die Maßnahmen müssen sich auf die Arbeitsleistung beziehen. Erforderlich ist eine **Leistungsverdichtung** innerhalb einer bestimmten Zeiteinheit, also mehr Arbeitsmenge in gleicher Zeit oder gleiche Arbeitsmenge in weniger Zeit.[1000] Ob eine Hebung der Arbeitsleistung vorliegt, ist durch einen **Vergleich der** auf dem konkreten Arbeitsplatz oder Dienstposten anfallenden **Arbeitsbelastung vor und nach der Maßnahme** festzustellen.[1001] Die Mitbestimmung nach Abs. 2 Nr. 5 erstreckt sich nicht auf Handlungen, die der **Vorbereitung erst später beabsichtigter Maßnahmen** zur Hebung der Arbeitsleistung dienen. Das gilt z.B. für Leistungskontrollen mittels Strichlisten[1002] oder für Arbeitsplatzuntersuchungen,[1003] bei denen jedoch Abs. 2 Nr. 2 bzw. § 75 Abs. 3 Nr. 8 oder § 75 Abs. 3 Nr. 17 eingreifen können. Mitbestimmungspflichtig ist dagegen eine **probeweise oder befristet eingeführte Maßnahme** zur Hebung der Arbeitsleistung (vgl. Rn. 35). 46

Nach der Rspr. des *BVerwG*[1004] ist der Tatbestand »**Maßnahmen zur Erleichterung des Arbeitsablaufs**« wie folgt auszulegen:[1005] **Arbeitsablauf** ist die funktionelle, räumliche und zeitliche Abfolge der verschiedenen unselbständigen Arbeitsvorgänge (Arbeitsschritte) und der äußere 47

---

997 Zur Kritik daran vgl. *BVerwG* v. 18.5.04, a.a.O.
998 *BVerwG* v. 9.1.08, a.a.O.
999 Vgl. *VGH BW* v. 3.7.79 – XIII 4008/78 –, PersV 18, v. 27.11.84 – 15 S 3059/83 –, ZBR 85, 175, u. v. 21.1.97 – PL 15/2110/95 –, PersR 97, 217.
1000 *BVerwG* v. 23.1.96 – 6 P 54.93 –, PersR 96, 199.
1001 *BayVGH* v. 8.9.93 – 18 P 93.2226 –, PersR 94, 172; *VGH BW* v. 21.1.97, a.a.O.
1002 *VGH BW* v. 14.12.82 – 15 S 1489/82 –, ZBR 84, 55.
1003 *VGH BW* v. 11.3.80 – XIII 402/79 –, ZBR 81, 231.
1004 Vgl. Beschl. v. 30.8.85 – 6 P 20.83 –, PersR 85, 184, u. v. 14.6.11 – 6 P 10.10 –, PersR 11, 516.
1005 Näher dazu KfdP-*Altvater/Baden*, Rn. 109.

§ 76 Allgemeine Fragen der Fortbildung (Abs. 2 Nr. 6)

Verlauf jedes einzelnen dieser Arbeitsvorgänge. Maßnahmen zur **Erleichterung des Arbeitsablaufs** sind Maßnahmen, die in den Hergang der Arbeit eingreifen, um dem Beschäftigten einzelne Verrichtungen zu erleichtern, etwa durch Vereinfachung der zu erfüllenden Arbeitsaufgabe oder durch die Gestellung von technischen Hilfsmitteln. Die Maßnahmen müssen **darauf abzielen**, Art oder Maß der Beanspruchung eines oder mehrerer Beschäftigter zu mindern, um die gewonnene Arbeitszeit durch Übertragung zusätzlicher Aufgaben nutzen zu können,[1006] mit der Folge, dass die rationellere Gestaltung des Arbeitsablaufs typischerweise zu einer **höheren Beanspruchung** der daran beteiligten Beschäftigten führt.[1007]

48 (Abs. 2 Nr. 6) Nach Abs. 2 Nr. 6 hat der PR bei »**allgemeinen Fragen der Fortbildung der Beschäftigten**«, also der Beamten und der Arbeitnehmer mitzubestimmen. Der Begriff der **Fortbildung** ist personalvertretungsrechtlich gleichbedeutend mit dem der **Weiterbildung**.[1008] Die Mitbestimmung nach Abs. 2 Nr. 6 bezieht sich in erster Linie auf die **berufliche Fortbildung**, erstreckt sich im Hinblick auf den Schutzzweck der Mitbestimmung (vgl. Rn. 51) aber auch auf die **politische und allgemeine Weiterbildung** (str.; vgl. Rn. 50).

49 Die **berufliche Fortbildung** ist ein Teilbereich der Berufsbildung (vgl. § 1 Abs. 1 BBiG). Nach der für **Arbeitnehmer** bedeutsamen **berufsbildungsrechtlichen Definition** soll sie es ermöglichen, die durch die Berufsausbildung erworbene berufliche Handlungsfähigkeit zu erhalten und anzupassen oder zu erweitern und beruflich aufzusteigen (§ 1 Abs. 4 BBiG). Die für die **Beamten** geltenden **laufbahnrechtlichen Vorschriften** wurden mit der Neufassung der BLV v. 12.2.09[1009] konkretisiert. § 47 BLV spricht nunmehr umfassend von »dienstlicher Qualifizierung«; diese gliedert sich in eine sog. Erhaltungs- und Anpassungsqualifizierung (Abs. 1 Nr. 1), die der Erhaltung und Verbesserung der für die Aufgabenwahrnehmung in der bisherigen Funktionsebene erforderlichen Qualifikation dient, und die Förderungsqualifizierung (Abs. 1 Nr. 2) zur Vorbereitung auf die Übernahme höher bewerteter Dienstposten. Letztere umfasst auch die Führungskräftefortbildung. Die Unterteilung soll allerdings nur die typischen Fallkonstellationen abbilden und ist nicht abschließend (»insbesondere«), so dass auch andere Qualifizierungsmaßnahmen erfasst sind. Demnach versteht das Laufbahnrecht ebenso wie das Berufsbildungsrecht unter beruflicher Fortbildung sowohl die **Anpassungsfortbildung** als auch die **Aufstiegsfortbildung**. Diesem Verständnis wird die bisherige überwiegende **verwaltungsgerichtliche Rspr.** noch nicht vollständig gerecht, wenn sie die Anpassungsfortbildung nur z.T. als mitbestimmungs-

---

1006 *BVerwG* v. 19.6.90 – 6 P 3.87 –, PersR 90, 259, u. v. 14.6.11, a.a.O.
1007 *BVerwG* v. 19.5.03 – 6 P 16.02 –, PersR 03, 314.
1008 St. Rspr. des *BVerwG*; vgl. Beschl. v. 10.2.67 – VII P 6.66 –, PersV 67, 179, v. 19.10.83 – 6 P 16.81 –, Buchh 238.31 § 79 Nr. 4, u. v. 19.9.88 – 6 P 28.85 –, PersR 88, 300.
1009 BGBl. I S. 284.

Allgemeine Fragen der Fortbildung (Abs. 2 Nr. 6) § 76

pflichtig ansieht. Nach Ansicht des *BVerwG*[1010] betrifft die Fortbildung alle Maßnahmen, die an den vorhandenen Wissensgrundstock anknüpfen, fachliche und berufliche Kenntnisse vertiefen und aktualisieren und die ein Mehr an Kenntnissen vermitteln, als für den Eintritt in die Laufbahn bzw. für die Befähigung zur Ausübung der dem Beschäftigten übertragenen Arbeit erforderlich ist.[1011] Dabei wird u. a. verlangt, dass die Fortbildung es dem Teilnehmer ermöglicht, Kenntnisse und Fähigkeiten zu erwerben, die über die bloße fehlerfreie und ordnungsgemäße Wahrnehmung seiner jetzigen Aufgabe hinausgehen und ihm eine zusätzliche Qualifikation vermitteln.[1012] Dagegen wird eine **fachliche Unterrichtung** zur Aufrechterhaltung des bisherigen, bereits durch die Ausbildung erworbenen Leistungsstandes oder zur Einführung in technische, organisatorische oder rechtliche Neuerungen des Dienstbetriebs als mitbestimmungsfrei angesehen.[1013] Dem kann jedoch nicht gefolgt werden, soweit es nicht nur um die **Einweisung** eines Beschäftigten an einem bestimmten Arbeitsplatz oder an einem Arbeitsgerät geht.[1014] Auch bereits die Schulung zum »Multiplikator«, dessen Aufgabe es sein soll, das erworbene Wissen anschließend an andere Mitarbeiter weiterzugeben, stellt eine qualifizierende berufliche Fortbildung dar, weil dem **Multiplikator** im Hinblick auf die ihm zugedachte Aufgabe ein Mehr an Kenntnissen vermittelt werden muss, welches ihn anschließend vor anderen Beschäftigten auszeichnet.[1015]

Der mit dem Begriff der Fortbildung i. S. d. Abs. 2 Nr. 6 identische Begriff der Weiterbildung umfasst außer der beruflichen Fortbildung (bzw. Weiterbildung) auch **die allgemeine und die politische Weiterbildung** (vgl. Rn. 48), für deren rechtliche Ausgestaltung den Ländern die Gesetzgebungskompetenz zusteht (zur Terminologie vgl. z. B. die Definitionen in § 3 Abs. 3 und 4 Bildungsfreistellungs- und Qualifizierungsgesetz für das Land Schleswig-Holstein [BFQG Schl-H] v. 7. 6. 90[1016], zuletzt geändert durch Gesetz v. 16. 12. 02[1017]). Der PR hat nach Abs. 2 Nr. 6 mitzubestimmen, sofern und soweit die Dienststelle den Beschäftigten die Teilnahme an Veranstaltungen zur allgemeinen oder politischen Weiterbildung anbieten will.[1018] 50

1010 Beschl. v. 27. 11. 91 – 6 P 7.90 –, PersR 92, 147, m. w. N.
1011 Vgl. auch *BVerwG* v. 19. 9. 88 – 6 P 28.85 –, PersR 88, 300, u. v. 17. 10. 02 – 6 P 3.02 –, PersR 03, 116; *VGH BW* v. 31. 3. 92 – 15 S 551/91 –, PersR 93, 129; *OVG NW* v. 30. 4. 08 – 1 A 3344.06.PVB –, n. v.
1012 *BVerwG* v. 27. 11. 91, a. a. O.
1013 Beispiele in *BVerwG* v. 27. 11. 91 u. v. 17. 10. 02 – sowie *VGH BW* v. 31. 3. 92, jew. a. a. O.; *OVG NW* v. 24. 8. 77 – CL 3/77 –, PersV 80, 156; *HessVGH* v. 10. 1. 90 – BPV TK 3242/89 –, PersR 91, 60.
1014 Weitergehend auch *VG Frankfurt a. M.* v. 10. 9. 07 – 23 L 1680/07 –, PersR 07, 527.
1015 *OVG NW* v. 30. 4. 08, a. a. O.; s. auch *VG Köln* v. 24. 9. 09 – 33 K 8326.08.PVB –, n. v.
1016 GVOBl. S. 364.
1017 GVOBl. S. 264.
1018 Vgl. KfdP-*Altvater/Baden*, Rn. 110 u. 113.

§ 76 Grundlegend neue Arbeitsmethoden (Abs. 2 Nr. 7)

51 Die Mitbestimmung nach Abs. 2 Nr. 6 dient dem **Zweck**, für eine gerechte Verteilung der Fortbildungschancen zu sorgen.[1019] Sie bezieht sich auf »**allgemeine Fragen**«. Gegenstand der Mitbestimmung sind **generelle Regelungen** insb. über das Fortbildungsangebot der Dienststelle, die Art der Durchführung und den sachlichen und zeitlichen Umfang der Fortbildungsmaßnahmen, die Festlegung des Teilnehmerkreises, die Teilnehmerzahlen und die Teilnahmebedingungen sowie die Zuständigkeit für Organisation und Auswahl.[1020] Der Sache nach sind auch Grundsätze für die Auswahl der Teilnehmer an Fortbildungsveranstaltungen allgemeine Fragen der Fortbildung; jedoch gelten dafür die Spezialvorschriften des Abs. 2 Nr. 1 und des § 75 Abs. 3 Nr. 7 (vgl. Rn. 36). Regelungen der **Kostenerstattung** und des **Freizeitausgleichs** im Zusammenhang mit der Teilnahme an Fortbildungsveranstaltungen sollen dagegen nicht mitbestimmungspflichtig sein, weil sie keine **unmittelbare Regelung** einer allgemeinen Frage der Fortbildung beinhalten.[1021] Diese Rspr. ist aber **zu eng**.[1022] Im Hinblick auf den **Schutzzweck** der Mitbestimmung (die gerechte Verteilung der Fortbildungschancen zu gewährleisten) muss sich die Mitbestimmung (wie bei Fragen der Lohngestaltung nach § 75 Abs. 3 Nr. 4) zumindest auch auf die allgemeine Frage erstrecken, nach welchen Grundsätzen die für die Fortbildung zur Verfügung stehenden Mittel auf die Beschäftigten der Dienststelle verteilt werden (vgl. § 75 Rn. 96).

52 (Abs. 2 Nr. 7) Die Mitbestimmung bei der **Einführung grundlegend neuer Arbeitsmethoden** dient nach der (zu engen) Rspr. des BVerwG[1023] ausschließlich dem **Schutz des einzelnen Beschäftigten bei der Arbeit** (vgl. Rn. 44). **Überschneidungen** mit den Tatbeständen des § 75 Abs. 3 Nr. 16, des Abs. 2 Nr. 5 und des § 78 Abs. 5 sind möglich. Nach der Rspr. des BVerwG fallen unter den Begriff der **Arbeitsmethode** die Regeln, welche die Ausführung des Arbeitsablaufs (vgl. Rn. 47) durch den Menschen bei einem bestimmten Arbeitsverfahren betreffen und besagen, in welcher Art und Weise der Mensch an dem Arbeitsablauf beteiligt ist bzw. sein soll.[1024] Damit wird festgelegt, auf welchem Bearbeitungsweg und mit welchen Arbeitsmitteln durch welche Beschäftigten die Aufgaben der Dienststelle erfüllt werden sollen.[1025] Ob eine »**neue**« Arbeitsmethode

---

1019 Vgl. BVerwG v. 7.3.95 – 6 P 7.93 –, PersR 95, 332, u. v. 17.10.02 – 6 P 3.02 –, PersR 03, 116.
1020 OVG NW v. 11.11.82 – CL 11/81 –, ZBR 83, 310; VGH BW v. 31.3.92 – 15 S 551/91 –, PersR 93, 129.
1021 OVG NW v. 27.10.99 – 1 A 5100/97.PVL –, PersR 00, 169; vgl. auch BVerwG v. 15.12.94 – 6 P 19.92 –, PersR 95, 207, u. OVG Bln v. 13.2.98 – OVG 60 PV 11.96 – PersR 98, 476.
1022 Vgl. KfdP-*Altvater/Baden*, Rn. 114 m.w.N.
1023 Beschl. v. 30.8.85 – 6 P 20.83 –, PersR 85, 184.
1024 Beschl. v. 15.12.78 – 6 P 13.78 –, PersV 80, 145.
1025 BVerwG v. 30.8.85, a.a.O., v. 30.1.86 – 6 P 19.84 –, PersR 86, 132, v. 14.3.86 – 6 P 10.83 –, PersR 86, 195, v. 27.11.91 – 6 P 7.90 –, PersR 92, 147, u. v. 14.6.11 – 6 P 10.10 –, PersR 11, 516.

eingeführt wird, ist aus der Sicht derjenigen Beschäftigten zu beurteilen, welche die Arbeitsmethode anzuwenden haben.[1026] Maßgebend ist, dass die einzuführende Arbeitsmethode von den tatsächlich betroffenen Beschäftigten in einem bestimmten Abschnitt des Arbeitsablaufs bisher nicht angewandt worden ist.[1027] Um eine »**grundlegend neue**« Arbeitsmethode handelt es sich, wenn die Arbeitsweise und der Arbeitsablauf sich in wesentlichen Punkten derart ändern, dass die Arbeit qualitativ anders als bisher zu erbringen ist und spürbar andere Anforderungen an die Beschäftigten stellt, also wenn eine neue Arbeitsmethode für die von ihr betroffenen Beschäftigten ins Gewicht fallende körperliche oder geistige Auswirkungen hat.[1028] Soll eine grundlegend neue Arbeitsmethode zunächst nur **probeweise** eingeführt werden, so ist auch dies mitbestimmungspflichtig.[1029]

(Abs. 2 Nr. 8) Nach dieser dem § 95 Abs. 1 S. 1 BetrVG nachgebildeten Vorschrift hat der PR mitzubestimmen über »**Erlass von Richtlinien über die personelle Auswahl bei Einstellungen, Versetzungen, Umgruppierungen und Kündigungen**«. Auswahlrichtlinien enthalten **abstrakt-generelle Regelungen** (vgl. Rn. 55–57). Sie bezwecken, die auf ihrer Grundlage getroffenen Einzelentscheidungen zu versachlichen und für die davon Betroffenen besser durchschaubar zu machen.[1030] Solche Richtlinien sind Grundsätze, die für eine Mehrzahl von personellen Entscheidungen positiv oder negativ vorwegnehmend festlegen, welche Kriterien im Zusammenhang mit den zu beachtenden fachlichen und persönlichen Voraussetzungen und sozialen Gesichtspunkten in welcher Weise zu berücksichtigen sind.[1031] Abs. 2 Nr. 8 bezieht sich auf **alle Beschäftigten,** die von den in dieser Vorschrift genannten Personalmaßnahmen betroffen sein können (vgl. Rn. 54). Sie können (mit Zustimmung des PR oder auf dessen Antrag) als **Anordnung** des Dienststellenleiters erlassen oder als **Dienstvereinbarung** abgeschlossen werden (vgl. Rn. 35). 53

Bei der Schaffung des Mitbestimmungstatbestandes des Abs. 2 Nr. 8 hat der Gesetzgeber die **Terminologie** des § 95 Abs. 1 S. 1 BetrVG unverändert in das BPersVG übernommen und dabei nicht hinreichend berücksichtigt, dass dieses in zwei wichtigen, für die Mitbestimmung des PR bei Auswahlrichtlinien relevanten Punkten inhaltlich vom BetrVG abweicht: Zum einen bezieht sich die **Mitbestimmung des PR bei Auswahlrichtlinien** nach dem Text des Abs. 2 Nr. 8 und der Gesetzessystematik eindeutig nicht nur auf **Arbeitnehmer,** sondern auch auf **Beamte.** Zum anderen sind jene 54

1026 *BVerwG* v. 27.11.91, a.a.O.
1027 Vgl. Richardi-*Kersten*, Rn. 159; *BVerwG* v. 14.6.11, a.a.O. (»im Dienststellenbereich erstmals angewandt«).
1028 *BVerwG* v. 30.8.85, v. 27.11.91 u. v. 14.6.11, jew. a.a.O.
1029 So zu einem **Betriebsversuch** *BVerwG* v. 15.12.78, a.a.O., und zu einem **Modellversuch** *BVerwG* v. 7.2.80 – 6 P 35.78 –, PersV 80, 238.
1030 *BVerwG* v. 5.9.90 – 6 P 27.87 –, PersR 90, 332.
1031 *BVerwG* v. 19.5.03 – 6 P 16.02 –, PersR 03, 314, m.w.N.

§ 76 Auswahlrichtlinien (Abs. 2 Nr. 8)

mit einer personellen Auswahl verbundenen **personellen Einzelmaßnahmen,** die nach dem BPersVG mitbestimmungspflichtig sind und die den in § 95 Abs. 1 S. 1 BetrVG aufgeführten Maßnahmen entsprechen, teilweise mit **vom BetrVG abweichenden Bezeichnungen** versehen. Im Einzelnen bestehen folgende Gemeinsamkeiten und Abweichungen: Der »**Einstellung**« von Arbeitnehmern nach § 99 BetrVG entspricht die Einstellung von Arbeitnehmern und Beamten nach § 75 Abs. 1 Nr. 1 bzw. § 76 Abs. 1 Nr. 1 BPersVG. Der »**Versetzung**« von Arbeitnehmern nach § 99 i. V. m. 95 Abs. 3 BetrVG entsprechen die Versetzung zu einer anderen Dienststelle, die mit einem Wechsel des Dienstorts verbundene Umsetzung und die Abordnung von Arbeitnehmern und Beamten nach § 75 Abs. 1 Nr. 3 und 4 bzw. § 76 Abs. 1 Nr. 4 und 5 BPersVG. Der »**Umgruppierung**« von Arbeitnehmern nach § 99 BetrVG entsprechen die Höher- und Rückgruppierung von Arbeitnehmern nach § 75 Abs. 1 Nr. 2 BPersVG sowie die Beförderung von Beamten und die ihr gleichstehenden Maßnahmen nach § 76 Abs. 1 Nr. 2 BPersVG. Bei der Umgruppierung i. S. d. § 95 Abs. 1 S. 1 BetrVG geht es um die ihr vorgelagerte personelle Auswahl und damit um die **Übertragung einer anders bewerteten Tätigkeit**.[1032] Dem entspricht die Übertragung einer höher oder niedriger zu bewertenden Tätigkeit bei Arbeitnehmern und Beamten nach § 75 Abs. 1 Nr. 2 bzw. § 76 Abs. 1 Nr. 2 und 3 BPersVG. Der »**Kündigung**« von Arbeitnehmern nach § 102 BetrVG entspricht die Kündigung von Arbeitnehmern nach § 79 Abs. 1 und 3 BPersVG und die Entlassung von Beamten nach § 78 Abs. 1 Nr. 4 und § 79 Abs. 3 BPersVG. Dem in der wörtlichen Übernahme der Bezeichnung der Auswahlrichtlinien zum Ausdruck kommenden Willen des Gesetzgebers, das BPersVG hinsichtlich der Mitbestimmung beim Erlass dieser Richtlinien an das BetrVG anzugleichen, ist dadurch Rechnung zu tragen, dass der PR bei allen Richtlinien mitzubestimmen hat, die sich auf die personelle Auswahl bei **allen personellen Einzelmaßnahmen für Arbeitnehmer und Beamte** beziehen, die den in § 99 Abs. 1 S. 1 BetrVG genannten personellen Einzelmaßnahmen (auch bei abweichender Bezeichnung) inhaltlich entsprechen (enger aber die h. M., die hinsichtlich der Beamten Auswahlrichtlinien nur in Bezug auf Einstellungen und Versetzungen für mitbestimmungspflichtig hält;[1033] vgl. auch Rn. 57 a).

55 Der PR hat nach Abs. 2 Nr. 8 darüber mitzubestimmen, **ob** eine Auswahlrichtlinie erlassen werden und welchen **Inhalt** sie haben soll. Hinsichtlich des Inhalts erstreckt sich seine Mitbestimmung nicht nur auf die Festlegung aller, mehrerer oder einzelner **Entscheidungskriterien,** sondern auch auf das **Verfahren,** in dem das Vorliegen dieser Entscheidungsvoraussetzungen festgestellt wird.[1034] Dabei handelt es sich aber nur um eine **Annexkom-**

1032 *BVerwG* v. 21.3.05 – 6 PB 8.04 –, PersR 05, 237; *BAG* v. 10.12.02 – 1 ABR 27/01 –, AP BetrVG 1972 § 95 Nr. 42.
1033 Vgl. KfdP-*Altvater/Baden*, Rn. 126 m. N.
1034 *BVerwG* v. 5.9.90 – 6 P 27.87 –, PersR 90, 332, u. v. 19.5.03 – 6 P 16.02 –, PersR 03, 314.

Auswahlrichtlinien (Abs. 2 Nr. 8) § 76

petenz, die dann eingreift, wenn materielle Auswahlkriterien festgelegt werden.[1035]

In Auswahlrichtlinien für **Einstellungen, Versetzungen und Umgruppierungen** können u. a. folgende **Kriterien** festgelegt werden: in **fachlicher** Hinsicht v. a. Schulbildung, Berufsbildung, abgelegte Prüfungen, erworbene Kenntnisse und Fertigkeiten, beruflicher Werdegang, aber auch das **Anforderungsprofil;**[1036] in **persönlicher** Hinsicht z. B. Alter, Zuverlässigkeit, arbeitsmedizinische Anforderungen, Berücksichtigung von Frauen in Bereichen, in denen sie geringer repräsentiert sind als Männer; in **sozialer** Hinsicht z. B. Familienstand, Unterhaltspflichten, bei Versetzungen und Umgruppierungen Dauer der Zugehörigkeit zur Dienststelle, ferner Umsetzung der Grundsätze des § 67 Abs. 1 S. 1 und des § 68 Abs. 1 Nr. 4 und 6. Nach der Rspr. des *BVerwG*[1037] müssen sich **Verfahrensregelungen** auf einen Bewerberkreis beziehen, der im geregelten Verfahrensgang jeweils schon vorhanden ist; dem kann aber für die Festlegung des Anforderungsprofils nicht gefolgt werden, weil dadurch auch die Bewerberauswahl gesteuert wird. Abgesehen davon kann in Verfahrensregelungen v. a. Folgendes festgelegt werden: zu verwertende Unterlagen, Durchführung von Eignungstests (einschl. Erstellung von Testbogen, Definition von Wertungspunkten und Ergebnisberichten), Gewichtung der Auswahlgesichtspunkte, Bestimmung der mit der Durchführung und Bewertung zu beauftragenden Personen.

56

Auswahlrichtlinien für **Kündigungen der Arbeitsverhältnisse von Arbeitnehmern** können für alle Arten von Kündigungen erlassen werden, wobei sie für betriebsbedingte Kündigungen die größte praktische Bedeutung haben.[1038] Sie dienen v. a. dazu, die nach § 1 KSchG zu berücksichtigenden Auswahlkriterien zu konkretisieren.[1039] Legt eine Richtlinie fest, wie im Falle der Kündigung aus dringenden betrieblichen Erfordernissen bei der Auswahl von Arbeitnehmern die sozialen Gesichtspunkte nach § 1 Abs. 3 S. 1 KSchG (Dauer der Betriebszugehörigkeit, Lebensalter, Unterhaltspflichten, Schwerbehinderung) im Verhältnis zueinander zu bewerten sind, bedeutet dies für den Kündigungsschutz der betroffenen Arbeitnehmer, dass nach § 1 Abs. 4 KSchG die soziale Auswahl im Kündigungsschutzprozess nur auf grobe Fehlerhaftigkeit überprüft werden kann.[1040]

57

1035 *BVerwG* v. 19. 5. 03, a. a. O.
1036 Letzteres str.; a. A. *BAG* v. 31. 5. 83 – 1 ABR 6/80 – u. v. 31. 1. 84 – 1 ABR 63/81 –, AP BetrVG 1972 § 95 Nr. 2 u. 3; *OVG NW* v. 8. 11. 88 – CL 43/86 –, PersR 89, 330; *VGH BW* v. 15. 5. 97 – PB 15 S 145/97 –, PersR 97, 403; vgl. KfdP-*Altvater/Baden*, Rn. 129 m. w. N.
1037 Beschl. v. 5. 9. 90 – 6 P 27.87 –, PersR 90, 332.
1038 Str.; vgl. KfdP-*Altvater/Baden*, Rn. 130 m. w. N.
1039 Vgl. *BAG* v. 26. 7. 05 – 1 ABR 29/04 –, AP BetrVG 1972 § 95 Nr. 43: Punkteschema.
1040 Vgl. *BAG* v. 18. 10. 06 – 2 AZR 473/05 –, AP KSchG 1969 § 1 Soziale Auswahl Nr. 86, u. v. 5. 6. 08 – 2 AZR 907/06 –, AP KSchG 1969 § 1 Betriebsbedingte Kündigung Nr. 179.

§ 76 Ersatzansprüche (Abs. 2 Nr. 9)

57a Da das Beamtenrecht keine »Kündigung« kennt und **Entlassungen von Beamten** – soweit sie statthaft sind (insb. bei Widerrufs- und Probebeamten; vgl. §§ 31–37 BBG) – gesetzlichen, einzelfallbezogenen Vorgaben folgen und damit jedenfalls für eine »Auswahl« unter mehreren in Betracht kommenden Personen kein Raum ist, dürften auf Entlassungen von Beamten bezogene Auswahlrichtlinien ausscheiden.[1041]

58 **(Abs. 2 Nr. 9)** Nach Abs. 2 Nr. 9 hat der PR über die **Geltendmachung von Ersatzansprüchen gegen einen Beschäftigten** mitzubestimmen. Der Tatbestand umfasst sowohl das Stadium der Prüfung und Feststellung, ob überhaupt ein Ersatzanspruch gegen einen Beschäftigten besteht, als auch den weiteren Schritt der Prüfung der Rechtmäßigkeit der Durchsetzung des festgestellten Ersatzanspruchs.[1042] Dabei steht dem PR eine vollständige **rechtliche Mitbeurteilung** zu.[1043] Zu den Ersatzansprüchen i. S. d. Abs. 2 Nr. 9 gehören **Schadensersatzansprüche,** die der Dienstherr bzw. Arbeitgeber gegen einen Beschäftigten geltend machen will. Ein Anspruch des Dienstherrn bzw. Arbeitgebers auf **Rückzahlung überzahlter Bezüge** ist kein Ersatzanspruch i. S. d. Abs. 2 Nr. 9, wenn er auf die Herausgabe einer ungerechtfertigten Bereicherung gestützt wird.[1044] Ein Mitbestimmungsrecht nach Abs. 2 Nr. 9 ist aber dann zu bejahen, wenn eine Überzahlung maßgeblich auf Pflichtwidrigkeiten des Beschäftigten zurückzuführen ist und deshalb statt des Bereicherungsanspruchs ein Schadensersatzanspruch geltend gemacht werden soll.[1045] Der Tatbestand des Abs. 2 Nr. 9 liegt vor, sobald sich die Dienststelle dazu entschlossen hat, einen Ersatzanspruch gegen einen Beschäftigten geltend zu machen.[1046] Dafür ist die **Form der Geltendmachung** gleichgültig. Es kommt v. a. die **Aufrechnung,** die Erhebung einer **Leistungsklage** und gegenüber einem Beamten der Erlass eines **Leistungsbescheides** in Betracht.[1047] Es genügt aber auch die **Mitteilung** der Dienststelle an den Beschäftigten, dass sie einen bestimmten Anspruch gegen ihn für gegeben hält, ohne dass dies mit einer Zahlungsaufforderung verbunden sein muss.[1048]

59 Gemäß Abs. 2 S. 2 Hs. 1 bestimmt der PR nach Abs. 2 Nr. 9 nur **auf Antrag des Beschäftigten** mit. Damit dieser sein Antragsrecht ausüben kann, hat die Dienststelle ihn gem. Abs. 2 S. 2 Hs. 2 von der beabsichtigten Maßnahme rechtzeitig vorher **in Kenntnis zu setzen.** Bei dieser Unterrichtung hat die Dienststelle den Beschäftigten auch auf die Möglichkeit hinzuweisen, die Mitbestimmung des PR zu beantragen. Dafür und für die

---

1041 Vgl. KfdP-*Altvater/Baden*, Rn. 130 b m. N.
1042 *BVerwG* v. 19. 12. 90 – 6 P 24.88 –, PersR 91, 133.
1043 Vgl. *HmbOVG* v. 25. 11. 97 – OVG Bs PH 5/96 –, PersR 98, 473.
1044 *BVerwG* v. 27. 1. 06 – 6 P 5.05 –, PersR 06, 212.
1045 *BVerwG* v. 27. 1. 06, a. a. O.
1046 *OVG NW* v. 25. 2. 80 – CL 28/79 –, RiA 80, 194.
1047 Näher dazu KfdP-*Altvater/Baden*, Rn. 134.
1048 *BVerwG* v. 24. 4. 02 – 6 P 4.01 – u. v. 2. 6. 10 – 6 P 9.09 –, PersR 02, 398, u. 10, 354.

Durchsetzung der Gleichberechtigung (Abs. 2 Nr. 10) § 76

Ausübung des Antragsrechts gilt das zu § 78 Abs. 2 S. 2 Gesagte entsprechend (vgl. § 78 Rn. 23).

Die **Verjährung** von Ersatzansprüchen wird durch die Einleitung des Mitbestimmungsverfahrens nicht gehemmt. Das gilt auch für eine tarifvertragliche **Ausschlussfrist**.[1049] Um die drohende Verjährung abzuwenden, kann nach der Rspr. des *BVerwG*[1050] gegenüber einem Beamten ein Leistungsbescheid als **vorläufige Regelung** i. S. d. § 69 Abs. 5 erlassen werden, wenn er die Vollstreckung bis zum Abschluss des Mitbestimmungsverfahrens aussetzt (vgl. § 69 Rn. 41 ff.). **60**

(Abs. 2 Nr. 10) Die Vorschrift ist durch das **Zweite Gleichberechtigungsgesetz** (2. GleiBG) v. 24. 6. 94[1051] in das BPersVG eingefügt worden. Sie bezog sich ursprünglich auf die Vorschriften des in Art. 1 des 2. GleiBG enthaltenen **Frauenfördergesetzes** (FGG). Das FFG ist inzwischen durch das **Gleichstellungsdurchsetzungsgesetz** (DGleiG) v. 30. 11. 01[1052] aufgehoben und durch das in Art. 1 des DGleiG enthaltene **Bundesgleichstellungsgesetz** (BGleiG) ersetzt worden. Dabei ist die Vorschrift des Abs. 2 Nr. 10 zwar in ihrem Wortlaut unverändert geblieben, inhaltlich bezieht sie sich nun aber auf Maßnahmen, die der **Förderung der Gleichstellung von Frauen und Männern** i. S. d. BGleiG dienen. Sie ergänzt die in § 68 Abs. 1 Nr. 5 a festgelegte allgemeine Aufgabe der Personalvertretung (vgl. § 68 Rn. 19) durch ein **umfassendes Mitbestimmungsrecht** des PR bei allen Maßnahmen, die der Durchsetzung der tatsächlichen Gleichberechtigung bzw., in den Worten des § 1 Abs. 1 BGleiG, der Gleichstellung von Frauen und Männern sowie der Beseitigung bestehender und der Verhinderung künftiger Diskriminierungen wegen des Geschlechts dienen. Mitbestimmungspflichtig sind somit nicht nur die in Abs. 2 Nr. 10 beispielhaft genannten Maßnahmen, sondern **alle Maßnahmen zur Gleichstellung** von Frauen und Männern (vgl. §§ 5–11 BGleiG) sowie **zur Vereinbarkeit von Familie und Erwerbstätigkeit** für Frauen und Männer (vgl. §§ 12–15 BGleiG). Besondere Bedeutung kommt dabei der Aufstellung des **Gleichstellungsplans** gem. § 11 BGleiG zu, der dem früheren Frauenförderplan gem. § 4 FFG entspricht. Alle diese Maßnahmen können nach § 73 Abs. 1 Gegenstand von **Dienstvereinbarungen** sein.[1053] Im Rahmen seines **Initiativrechts** nach § 70 Abs. 2 ist der PR berechtigt, entsprechende Maßnahmen vorzuschlagen. Der Mitbestimmungstatbestand kann auch bei **Einzelfallentscheidungen** greifen, wenn diese einen Gleichberechtigungsbezug haben, etwa bei der Umsetzung einer Frau, **61**

1049 Vgl. KfdP-*Altvater/Baden*, Rn. 137.
1050 Beschl. v. 25. 10. 79 – 6 P 53.78 –, PersV 81, 203.
1051 BGBl. I S. 1406, ber. S. 2103.
1052 BGBl. I S. 3234.
1053 Vgl. *BVerwG* v. 31. 1. 08 – 2 C 31.06 –, PersR 08, 212, zu einer Dienstvereinbarung über »alternierende Telearbeit«.

§ 77 Mitbestimmung auf Antrag (Abs. 1 S. 1)

wenn diese Maßnahme nach der eindeutigen Zweckrichtung der Auswahlentscheidung deren beruflichem Aufstieg dienen soll.[1054]

§ 77 [Mitbestimmung in Personalangelegenheiten – besondere Gruppen von Beschäftigten, Versagungskatalog]

(1) [1]In Personalangelegenheiten der in § 14 Abs. 3 bezeichneten Beschäftigten, der Beamten auf Zeit, der Beschäftigten mit überwiegend wissenschaftlicher oder künstlerischer Tätigkeit bestimmt der Personalrat nach § 75 Abs. 1, § 76 Abs. 1 nur mit, wenn sie es beantragen. [2]§ 75 Abs. 1 und 3 Nr. 14, § 76 Abs. 1 gelten nicht für die in § 54 Abs. 1 des Bundesbeamtengesetzes bezeichneten Beamten und für Beamtenstellen von der Besoldungsgruppe A 16 an aufwärts.

(2) Der Personalrat kann in den Fällen des § 75 Abs. 1 und des § 76 Abs. 1 seine Zustimmung verweigern, wenn

1. die Maßnahme gegen ein Gesetz, eine Verordnung, eine Bestimmung in einem Tarifvertrag, eine gerichtliche Entscheidung, den Frauenförderplan oder eine Verwaltungsanordnung oder gegen eine Richtlinie im Sinne des § 76 Abs. 2 Nr. 8 verstößt oder

2. die durch Tatsachen begründete Besorgnis besteht, daß durch die Maßnahme der betroffene Beschäftigte oder andere Beschäftigte benachteiligt werden, ohne daß dies aus dienstlichen oder persönlichen Gründen gerechtfertigt ist, oder

3. die durch Tatsachen begründete Besorgnis besteht, daß der Beschäftigte oder Bewerber den Frieden in der Dienststelle durch unsoziales oder gesetzwidriges Verhalten stören werde.

1 § 77 enthält Regelungen, die die Mitbestimmung des PR in **Personalangelegenheiten** beschränken. **Abs. 1** bezieht sich auf die Mitbestimmung in Personalangelegenheiten besonderer Gruppen von Beschäftigen (vgl. Rn. 2). Nach **Abs. 1 S. 1** findet die Mitbestimmung nach § 75 Abs. 1 und § 76 Abs. 1 nur auf Antrag des betroffenen Beschäftigten statt (vgl. Rn. 3 ff.), nach **S. 2** ist die Mitbestimmung nach § 75 Abs. 1 und Abs. 3 Nr. 14 sowie § 76 Abs. 1 ganz ausgeschlossen (vgl. Rn. 8 ff.). **Abs. 2** sieht vor, dass der PR in den Fällen des § 75 Abs. 1 und des § 76 Abs. 1 seine Zustimmung zu einer beabsichtigten Maßnahme nur aus einem der Gründe verweigern kann, die im sog. Versagungskatalog der Nr. 1 bis 3 aufgeführt sind (vgl. Rn. 11 ff.).

2 **(Abs. 1)** Nach seinem Wortlaut erfasst Abs. 1 alle in ihm aufgeführten personellen Maßnahmen, die in derjenigen Zeit anfallen, in welcher der Beschäftigte **Inhaber der Position oder Funktion** ist, die in Abs. 1 S. 1

1054 *VG Münster* v. 14.8.08 – 22 K 620/08.PVL –, juris.

oder 2 genannt ist.[1055] Nach h. M. erstrecken sich diese Regelungen aber auch auf solche beabsichtigen Maßnahmen, durch die ein Beschäftigter oder Bewerber die in S. 1 oder 2 genannte **Position oder Funktion erhalten soll**.[1056] Andererseits wird die Anwendbarkeit der Regelungen des Abs. 1 bei bestimmten Maßnahmen verneint, die zum **Wegfall** einer solchen Position oder Funktion führen sollen (vgl. dazu Rn. 4 a. E.).

(Abs. 1 S. 1) In den **Personalangelegenheiten** folgender Beschäftigter hat der PR nach § 75 Abs. 1 und § 76 Abs. 1 nur dann mitzubestimmen, wenn sie es beantragen: bei den in § 14 Abs. 3 bezeichneten Beschäftigten (vgl. Rn. 4), bei den Beamten auf Zeit (vgl. Rn. 5) sowie bei den Beschäftigten mit überwiegend wissenschaftlicher oder künstlerischer Tätigkeit (vgl. Rn. 6). Für die in Abs. 1 S. 1 vorgesehene **antragsabhängige Mitbestimmung** gelten die Vorschriften des § 76 Abs. 2 S. 2 Hs. 2 und des § 78 Abs. 2 S. 2 Hs. 2 der Natur der Sache nach auch ohne ausdrückliche Verweisung entsprechend. Danach hat die Dienststelle den betroffenen Beschäftigten **von der beabsichtigten Maßnahme** stets rechtzeitig vorher **in Kenntnis zu setzen**.[1057] Bei der Unterrichtung über die beabsichtigte Maßnahme hat die Dienststelle den Beschäftigten auch auf die Möglichkeit **hinzuweisen, die Mitbestimmung des PR zu beantragen**.[1058] Die Information des Beschäftigten hat **rechtzeitig** zu erfolgen. Dafür und für die **Ausübung des Antragsrechts** gilt das zu § 78 Abs. 2 S. 2 Gesagte entsprechend (vgl. § 78 Rn. 23).

Die **in § 14 Abs. 3 bezeichneten Beschäftigten** sind der Dienststellenleiter und sein ständiger Vertreter, der Leiter der Abteilung für Personal- und Verwaltungsangelegenheiten bei den obersten Dienstbehörden sowie die jeweils entsprechenden Abteilungsleiter bei Bundesoberbehörden ohne nachgeordnete Dienststellen und bei Behörden der Mittelstufe, sonstige ständige Beauftragte des Dienststellenleiters sowie Beschäftigte, die zu selbständigen Entscheidungen in Personalangelegenheiten der Dienststelle be-

---

1055 Vgl. *BVerwG* v. 20. 3. 02 – 6 P 6.01 – u. v. 12. 1. 06 – 6 P 6.05 –, PersR 02, 302, u. 06, 164.
1056 Vgl. *BVerwG* v. 20. 3. 02 u. v. 12. 1. 06, jew. a. a. O.
1057 A. A. *BAG* v. 26. 8. 93 – 2 AZR 376/93 –, PersR 94, 36, v. 3. 11. 99 – 7 AZR 880/98 –, PersR 00, 173, u. v. 6. 3. 03 – 2 AZR 59/02 –, PersR 04, 187: Hinweis- und Aufklärungspflicht nur dann, wenn der Arbeitnehmer von der beabsichtigten personellen Maßnahme erkennbar keine Kenntnis hat; vgl. KfdP-*Altvater/Kröll*, Rn. 4 m. w. N.
1058 A. A. wiederum *BAG* v. 26. 8. 93 u. v. 3. 11. 99, jew. a. a. O.: Pflicht zur Belehrung nur ausnahmsweise, etwa dann, wenn der Beschäftigte aufgrund der kurzen Zeit seiner bisherigen Beschäftigung noch keine hinreichende Gelegenheit hatte, sich über seine personalvertretungsrechtlichen Befugnisse zu informieren; im Ergebnis ähnlich wie hier *BVerwG* v. 9. 12. 99 – 2 C 4.99 –, PersR 00, 210 (m. w. N.): Der Dienstherr genügt seiner Informationspflicht, wenn der Beschäftigte klar erkennen kann, dass er die ihm anheimgestellte Entscheidung über sein personalvertretungsrechtliches Antragsrecht zu treffen hat.

§ 77 Mitbestimmung auf Antrag (Abs. 1 S. 1)

fugt sind (vgl. § 14 Rn. 9 f.). Soweit es sich um diese »**Gegenspieler« des PR** handelt, soll das Erfordernis eines Antrags des Betroffenen die Unabhängigkeit dieses Personenkreises gegenüber dem PR sicherstellen.[1059] Ist statt des PR der Dienststelle, der die Beschäftigten i. S. d. § 14 Abs. 3 angehören, eine **Stufenvertretung** zuständig, so ist nach h. M. auch deren Beteiligung von einem Antrag abhängig.[1060] Andererseits schließt das *BVerwG*[1061] die Anwendbarkeit des Abs. 1 S. 1 bei bestimmten Maßnahmen aus, die zum **Wegfall der Gegenspieler-Funktion** führen. Das gilt z. B. für die Mitbestimmung des PR der aufnehmenden Dienststelle bei der Versetzung eines Beschäftigen, wenn dieser in der neuen Dienststelle nicht mehr mit Personalangelegenheiten befasst sein soll.[1062]

5 Bei **Beamten auf Zeit** (vgl. § 6 Abs. 2 u. § 132 BBG sowie § 3 Abs. 2 BRHG) wird davon ausgegangen, dass der **Grad ihrer Integration** in den öffentlichen Dienst **nicht immer so intensiv** ist wie bei Beamten auf Lebenszeit und man es daher ihnen überlassen kann, ob sie sich der Unterstützung des PR bedienen wollen.[1063]

6 Bei **Beschäftigten mit überwiegend wissenschaftlicher oder künstlerischer Tätigkeit** soll das Antragserfordernis dazu dienen, die **Freiheit von Kunst und Wissenschaft, Forschung und Lehre** zu gewährleisten und das **Persönlichkeitsrecht** des überwiegend wissenschaftlich oder künstlerisch tätigen Beschäftigten zu schützen.[1064] Angesichts des besonderen Profils dieser Personen soll es ihnen überlassen sein, ob sie den personalvertretungsrechtlichen Schutz wünschen.[1065] Die Eigenschaft eines Beschäftigten mit **überwiegend** wissenschaftlicher oder künstlerischer Tätigkeit hängt davon ab, ob der Beschäftigte **wissenschaftliche oder künstlerische Aufgaben** zu erfüllen hat und ob diese seinen **Aufgabenbereich prägen**, weil sie das Schwergewicht seiner Tätigkeit bilden.[1066] Eine Tätigkeit ist als **wissenschaftlich** anzusehen, wenn sie nach Aufgabenstellung und anzuwendender Arbeitsmethode darauf angelegt ist, neue Erkenntnisse zu gewinnen und zu verarbeiten, die der Sicherung und Ausweitung des Erkenntnisstandes in einer wissenschaftlichen Disziplin dienen.[1067] Das Wesentliche der **künstlerischen** Tätigkeit ist die freie schöpferische Ge-

---

1059 *BVerwG* v. 11. 3. 82 – 6 P 8.80 –, PersR 83, 405, v. 21. 10. 93 – 6 P 18.91 –, PersR 94, 165, u. v. 20. 3. 02 – 6 P 6.01 –, PersR 02, 302.
1060 *BVerwG* v. 23. 9. 66 – VII P 13.65 –, PersV 66, 275, sowie v. 21. 10. 93 u. v. 20. 3. 02, jew. a. a. O.; *BAG* v. 10. 11. 87 – 1 ABR 42/86 –, PersR 88, 76.
1061 Beschl. v. 21. 10. 93, a. a. O.
1062 *BVerwG* v. 21. 10. 93, a. a. O.
1063 *BVerwG* v. 20. 3. 02 – 6 P 6.01 –, PersR 02, 302.
1064 *BVerwG* v. 20. 3. 02, a. a. O., m. w. N.; *BAG* v. 6. 3. 03 – 2 AZR 59/02 –, PersR 04, 187.
1065 *BVerwG* v. 20. 3. 02, a. a. O.
1066 *BVerwG* v. 26. 1. 68 – VII P 8.67 –, PersV 68, 136, v. 18. 3. 81 – 6 P 26.79 –, PersV 82, 284, u. v. 7. 10. 88 – 6 P 30.85 –, PersR 89, 47.
1067 *BVerwG* v. 7. 10. 88, a. a. O.

Ausschluss der Mitbestimmung (Abs. 1 S. 2) § 77

staltung, in der Eindrücke, Erfahrungen, Erlebnisse des Künstlers durch das Medium einer bestimmten Formensprache zu unmittelbarer Anschauung gebracht werden.[1068] Unverzichtbares Merkmal sowohl der wissenschaftlichen als auch der künstlerischen Tätigkeit ist das Erbringen **selbständiger schöpferischer Leistungen**, wobei auch die Wiedergabe eines Kunstwerks eine künstlerische Tätigkeit sein kann.[1069] Eine wissenschaftliche oder künstlerische Tätigkeit kann auch **gemeinsam mit anderen** oder **unter der Leitung eines anderen** ausgeübt werden,[1070] z. B. als Musiker in einem Kulturorchester. **Wissenschaftsredakteure oder -journalisten** sind keine Beschäftigten mit überwiegend wissenschaftlicher oder künstlerischer Tätigkeit, weil bei ihnen die journalistische Arbeit für das Berufsbild charakteristisch ist.[1071] Das gilt auch für **Musikredakteure**. Handelt es sich bei ihnen jedoch um Beschäftigte, die an der Programmgestaltung der **Rundfunkanstalten** maßgeblich mitwirken, gilt in ihren Personalangelegenheiten entweder (bei DW, RBB, DRadio und NDR) nach § 90 Nr. 7 Buchst. c die antragsabhängige eingeschränkte Mitbestimmung oder (beim MDR) nach § 69 Abs. 4 S. 5 a. F. die antragsunabhängige eingeschränkte Mitbestimmung (vgl. § 69 Rn. 39; § 90 Rn. 19, 22 u. 23 ff.).

Bei einer Personalentscheidung mit **mehreren Bewerbern** (z. B. bei einer Einstellung), bei der nur eine Person einen Antrag auf Beteiligung gestellt hat, beschränkt sich die Beteiligung auf diese Person. Nach Ansicht des *BVerwG*[1072] hat der PR in diesem Falle aber keinen Anspruch auf Vorlage von Bewerbungsunterlagen, wenn der von der Dienststelle vorgeschlagene Bewerber keinen Antrag auf Beteiligung gestellt hat.[1073] **7**

(Abs. 1 S. 2) Nach Abs. 1 S. 2 gelten die Vorschriften über die Mitbestimmung in **Personalangelegenheiten** (§ 75 Abs. 1 und § 76 Abs. 1) und beim Absehen von der **Ausschreibung** zu besetzender Dienstposten (§ 75 Abs. 3 Nr. 14) für die in § 54 Abs. 1 BBG[1074] bezeichneten Beamten (die sog. **politischen Beamten**) und für Beamtenstellen von der **Besoldungsgruppe A 16** an aufwärts (vgl. Rn. 9 f.) nicht. Nach h. M. soll dieser **Ausschluss der Mitbestimmung** sicherstellen, dass bei herausgehobenen Positionen **unabhängige Personalentscheidungen** getroffen werden.[1075] **8**

1068 *BVerfG* v. 24. 2. 71 – 1 BvR 435/68 –, BVerfGE 30, 173.
1069 *BVerwG* v. 7. 12. 94 – 6 P 29.92 –, PersR 95, 293.
1070 *BVerwG* v. 7. 12. 94, a. a. O.
1071 *VGH BW* v. 17. 7. 90 – 15 S 1360/89 –, PersR 91, 171.
1072 Beschl. v. 20. 3. 02 – 6 P 6.01 –, PersR 02, 302.
1073 Krit. dazu KfdP-*Altvater/Kröll*, Rn. 13 m. N.
1074 Bis zur Änderung von Abs. 1 S. 2 durch Art. 7 Nr. 4 DNeuG v. 5. 2. 09 (BGBl. I S. 160): in § 36 Abs. 1 BBG.
1075 *BVerwG* v. 2. 10. 78 – 6 P 11.78 –, PersV 79, 464, v. 20. 3. 02 – 6 P 6.01 –, PersR 02, 302, u. v. 12. 1. 06 – 6 P 6.05 –, PersR 06, 164; *BAG* v. 7. 12. 00 – 2 AZR 532/99 –, PersR 01, 221.

§ 77 Ausschluss der Mitbestimmung (Abs. 1 S. 2)

9 Bei der Variante »**Beamtenstellen von der Besoldungsgruppe A 16 an aufwärts**« ist nach der Rspr. des *BVerwG*[1076] zu beachten, dass der Begriff der Beamtenstelle eine Eigenschöpfung des PersVR ist, bei der nicht lediglich auf die Besoldung, sondern v. a. auf den Amtsinhalt abzustellen ist. Von dieser Variante werden deshalb zum einen Personalmaßnahmen für **Beamte** erfasst, **die ein statusrechtliches Amt der BesGr. A 16 oder ein der BBesO B zugeordnetes Amt (bereits) innehaben**, zum anderen aber auch solche Fälle, in denen jemand **in eine Beamtenstelle ab BesGr. A 16 einrücken** soll. Ein derartiger Fall ist immer gegeben, wenn ein Beamter der BesGr. A 15 befördert werden soll.[1077] Vom Ausschluss der Beteiligung ist aber nicht nur die Mitbestimmung bei **Beförderung** nach § 76 Abs. 1 Nr. 2 (vgl. § 76 Rn. 11 f.), sondern auch diejenige bei **Übertragung einer höher zu bewertenden Tätigkeit** nach § 76 Abs. 1 Nr. 3 (vgl. § 76 Rn. 16 ff.) betroffen. Nach Ansicht des *BVerwG*[1078] gilt der Ausschluss der Mitbestimmung für **alle (drei) Sachverhaltsvarianten** der Übertragung einer höher zu bewertenden Tätigkeit, nämlich dann, wenn (1.) die Beförderung zugleich mit der Übertragung der höherwertigen Tätigkeit ausgesprochen wird, wenn (2.) der Beamte in eine Planstelle der BesGr. A 16 eingewiesen wird, seine Beförderung aber für einen späteren Zeitpunkt in Aussicht gestellt wird oder wenn (3.) ohne Zuordnung einer entsprechenden Planstelle der Beförderung eines Beamten, der sich bereits in der BesGr. A 15 befindet, auf sonstige Weise[1079] ganz wesentlich vorgegriffen wird. Dabei ist die Mitbestimmung bei der **Übertragung eines Referatsleiterdienstpostens** an einen Beamten der BesGr. A 15 (bzw. an einen Arbeitnehmer in vergleichbarer tariflicher Entgeltgruppe [dazu unten Rn. 10]) auch unter den Bedingungen der »**Topfwirtschaft**« (zu deren Besonderheiten vgl. § 76 Rn. 16 d, 18)[1080] ausgeschlossen.[1081] Die Mitbestimmung ist hingegen **nicht ausgeschlossen**, wenn ein Referatsleiterdienstposten an einen **Beamten der BesGr. A 14** übertragen werden soll, weil für einen solchen Beamten zunächst in aller Regel nur eine (der Mitbestimmung unterliegende) Beförderung in ein Amt der BesGr. A 15 in Betracht kommt.[1082] Außerdem kommt der Ausschluss der Mitbestimmung auch dann nicht zum Zuge, wenn nach einer ohne gleichzeitige Beförderung erfolgten Übertragung von Aufgaben

---

1076 Beschl. v. 7.7.08 – 6 P 13.07 –, PersR 08, 381.
1077 *BVerwG* v. 7.7.08, a.a.O., unter Hinw. auf *BVerwG* v. 20.3.02, a.a.O.
1078 Beschl. v. 7.7.08, a.a.O.
1079 Nach den Grundsätzen des Beschl. des *BVerwG* v. 8.12.99 – 6 P 10.98 –, PersR 00, 202.
1080 Ferner *OVG NW* v. 5.7.01 – 1 A 4182/99.PVB – u. v. 3.5.04 – 1 B 333/04 –, PersR 02, 81, u. 05, 78, sowie *OVG Bln-Bbg* v. 21.12.06 – 62 PV 6.05 –, PersR 07, 487.
1081 So *BVerwG* v. 7.7.08, a.a.O., das damit der engeren Rspr. des *OVG NW* und der daran anschließenden Auffassung in der Literatur nicht gefolgt ist.
1082 *BVerwG* v. 7.7.08, a.a.O.

Versagungskatalog (Abs. 2)   § 77

einer Beamtenstelle der BesGr. A 16 oder höher eine **andere Personalmaßnahme** (z. B. Versetzung) getroffen werden soll.[1083]

Abs. 1 S. 2 gilt auch für jene **Arbeitnehmer,** die entweder **auf einer Beamtenplanstelle** von der BesGr. A 16 an aufwärts »geführt« werden oder die eine Stellung bekleiden, die unter Berücksichtigung der personalvertretungsrechtlichen Bedeutung der Vorschrift einer solchen Beamtenplanstelle entspricht.[1084] Dabei kommt es auf die **Funktionsgleichwertigkeit** mit Beamtenstellen der BesGr. A 16 und höher an.[1085] Im Bereich des **BAT** entsprach der BesGr. A 16 die VergGr. I,[1086] an deren Stelle bei in den **TVöD** übergeleiteten Arbeitnehmern die EGr. 15 Ü getreten ist (§ 4 Abs. 1 u. Anl. 2 TVÜ-Bund).   10

(Abs. 2) Nach Abs. 2 kann der PR in den **mitbestimmungspflichtigen Personalangelegenheiten** nach § 75 Abs. 1 und § 76 Abs. 1 seine Zustimmung zu einer beabsichtigten Maßnahme aus den in Nr. 1 bis 3 aufgeführten Gründen verweigern. Diese Aufzählung – der sog. **Versagungskatalog** – ist abschließend.[1087]   11

Eine **Verweigerung der Zustimmung** zu einer mitbestimmungspflichtigen Maßnahme, die (nicht rechtzeitig, nicht schriftlich oder) **ohne Angabe von Gründen** erfolgt, ist unbeachtlich. Sie hat gem. § 69 Abs. 2 S. 5 zur Folge, dass die beabsichtigte Maßnahme nach Ablauf der Äußerungsfrist des PR als gebilligt gilt und die Dienststelle berechtigt ist, die beabsichtigte Maßnahme zu treffen (vgl. § 69 Rn. 23, 25 ff.). Das gilt in den Fällen des § 75 Abs. 1 und des § 76 Abs. 1 auch dann, wenn der PR für seine Zustimmungsverweigerung zwar **Gründe** angibt, diese jedoch **außerhalb des Versagungskatalogs** liegen. Allerdings darf der Dienststellenleiter diese Gründe nach § 2 Abs. 1 i. d. R. nicht ohne Weiteres übergehen, sondern hat sich mit ihnen ernsthaft auseinanderzusetzen und, wenn er sich ihnen nicht anschließen kann, in Verhandlungen mit dem PR nach § 66 Abs. 1 S. 3 zu versuchen, eine Einigung zu erreichen. Gelingt dies nicht, ist er jedoch nicht gehindert, die beabsichtigte Personalmaßnahme durchzuführen.[1088]   12

Verweigert der PR seine Zustimmung zu einer Maßnahme i. S. v. § 75 Abs. 1 oder § 76 Abs. 1 frist- und formgerecht ausdrücklich unter Berufung auf einen der **Gründe des Versagungskatalogs,** so muss diese Zustim-   13

1083 Str.; vgl. KfdP-*Altvater/Kröll*, Rn. 18 m. N.
1084 *BVerwG* v. 12. 1. 06 – 6 P 6.05 –, PersR 06, 164.
1085 *BVerwG* v. 9. 11. 62 – VII P 13.61 –, PersV 63, 205, v. 7. 11. 75 – VII P 8.74 –, PersV 77, 20, u. v. 2. 10. 78 – 6 P 11.78 –, PersV 79, 464; *BAG* v. 7. 12. 00 – 2 AZR 532/99 –, PersR 01, 221.
1086 *BAG* v. 16. 3. 00 – 2 AZR 138/99 –, NZA 01, 739.
1087 *BVerwG* v. 27. 7. 79 – 6 P 38.78 –, PersV 81, 162, u, v. 2. 11. 94 – 6 P 28.92 –, PersR 95, 83.
1088 *BVerwG* v. 8. 11. 57 – VII P 2. 57 –, PersV 59, 256, u. v. 20. 6. 86 – 6 P 4.83 –, PersR 86, 197; str.; vgl. KfdP-*Altvater/Kröll*, Rn. 22 m. w. N.

§ 77 Versagungskatalog (Abs. 2)

mungsverweigerung nach der st. Rspr. des *BVerwG* bestimmten **inhaltlichen Mindestanforderungen** genügen.[1089] Danach muss das Vorbringen des PR es aus der Sicht eines sachkundigen Dritten zumindest als möglich erscheinen lassen, dass einer der gesetzlichen Versagungsgründe gegeben ist. Es wird zwar nicht verlangt, dass die Begründung in sich widerspruchsfrei und in dem Sinne schlüssig ist, dass die vom PR vorgebrachten Tatsachen einen der gesetzlichen Versagungsgründe tatsächlich ergeben.[1090] Dem Dienststellenleiter wird jedoch das Recht zugesprochen, die vom PR angeführten Gründe darauf zu prüfen, ob sie sich dem in Anspruch genommenen Versagungsgrund zuordnen lassen oder ob das offensichtlich nicht möglich ist. Im letzteren Fall wird das Verhalten des PR als missbräuchlich gewertet und der Dienststellenleiter für befugt gehalten, die Zustimmungsverweigerung als unbeachtlich anzusehen und sich über sie hinwegzusetzen.[1091] Diese Rspr. ist abzulehnen, weil sie dem Dienststellenleiter die Kompetenz zubilligt, als »Richter in eigener Sache« darüber zu entscheiden, dass die Begründung des PR »offensichtlich auf keinen der gesetzlich zugebilligten Versagungsgründe gestützt ist«,[1092] und das Mitbestimmungsverfahren dann abzubrechen (vgl. § 69 Rn. 27). Der PR sollte aber schon im Hinblick auf das weitere Mitbestimmungsverfahren die Zustimmungsverweigerung **so ausführlich wie möglich** begründen. Dabei sind freilich an die Formulierung im Einzelnen keine übertriebenen Maßstäbe anzulegen, weil zu berücksichtigen ist, dass der PR unter Zeitdruck steht und vielfach nicht mit juristisch ausgebildeten Beschäftigten oder Verwaltungsfachleuten besetzt ist.[1093]

14 Der PR kann seine Zustimmungsverweigerung auf **mehrere gesetzliche Versagungsgründe** stützen. Beruft er sich ausdrücklich auf einen **bestimmten Versagungsgrund,** so gibt er damit zu erkennen, dass er seine Zustimmung nur unter diesem gesetzlichen Blickwinkel verweigern und aus anderen gesetzlichen Versagungsgründen keine Bedenken gegen die Maßnahme herleiten will.[1094]

15 **(Abs. 2 Nr. 1)** Nach Abs. 2 Nr. 1 kann der PR seine Zustimmungsverweigerung darauf stützen, dass die Maßnahme **gegen** eine der dort genannten **Regelungen verstößt**. Dabei muss begründet werden, dass die **Maßnahme als solche** gegen eine dieser Regelungen verstößt.[1095] Für die Mitbestimmung bei der **Einstellung** eines Arbeitnehmers nach § 75 Abs. 1 Nr. 1 heißt dies z.B., dass es grundsätzlich nur auf deren Modalitäten und nicht auf den Inhalt des zu begründenden Arbeitsverhältnisses ankommt

---

1089 Vgl. Beschl. v. 2.11.94 – 6 P 28.92 –, PersR 95, 83, m.w.N.
1090 Vgl. *BVerwG* v. 27.7.79 – 6 P 38.78 –, PersV 81, 162, u. v. 20.6.86 – 6 P 4.83 –, PersR 86, 197.
1091 Vgl. *BVerwG* v. 20.6.86 u. v. 2.11.94, jew. a.a.O.
1092 Beschl. v. 23.9.92 – 6 P 24.91 –, PersR 93, 24.
1093 Vgl. *BVerwG* v. 17.8.98 – 6 PB 4.98 –, Dok. Ber. 99, 10.
1094 *BVerwG* v. 20.6.86 – 6 P 4.83 –, PersR 86, 197.
1095 *BVerwG* v. 27.7.79 – 6 P 38.78 –, PersV 81, 162.

Versagungskatalog (Abs. 2) § 77

(vgl. § 75 Rn. 20). Nach st. Rspr. des *BVerwG* und des *BAG* kann der PR (ebenso wie nach § 99 Abs. 2 Nr. 1 BetrVG der Betriebsrat) die Zustimmung zu einer beabsichtigten Einstellung eines Arbeitnehmers nur dann verweigern, wenn nach dem Zweck der verletzten Norm die geplante Einstellung ganz unterbleiben muss, weil nur so dieser Zweck erreicht werden kann.[1096] Das ist insb. dann der Fall, wenn die Beschäftigung gegen ein gesetzliches Verbot verstoßen würde und gilt auch, wenn die einzustellende Person durch die Einstellung nicht die Eigenschaft eines Arbeitnehmers und eines Beschäftigten der Dienststelle erlangt (vgl. § 75 Rn. 12). So kann z. B. die Zustimmung zur Einstellung einer Ein-Euro-Kraft mit der Begründung verweigert werden, dass es sich bei der vorgesehenen Beschäftigung nicht um zusätzliche Arbeiten i. S. d. § 16 d S. 1 SGB II (vor dem 1. 1. 09: i. S. d. § 16 Abs. 3 S. 2 Hs. 1 SGB II; ab. 1. 4. 12: i. S. d. § 16 d Abs. 1 S. 1 u. Abs. 2 SGB II) handele (vgl. § 75 Rn. 17 m. N.).[1097] Soweit einzelne Modalitäten oder Inhalte der Einstellung einem speziellen Mitbestimmungstatbestand unterfallen, wie z. B. die Eingruppierung (§ 75 Abs. 1 Nr. 2), muss bei der Verweigerung der Zustimmung entsprechend differenziert werden[1098] (vgl. § 75 Rn. 27). Will der PR einen Verstoß gegen eine in Abs. 2 Nr. 1 genannte Regelung geltend machen, darf er sich nicht auf die Wiedergabe des Wortlauts der Nr. 1 und auf die abstrakte Darlegung der Rechtslage beschränken, sondern muss **konkrete, fallbezogene Ausführungen** machen.[1099]

Die in Abs. 2 Nr. 1 genannten **Regelungstypen** stimmen weitgehend mit denen des § 68 Abs. 1 Nr. 2 überein. **Gesetze** sind alle geschriebenen und ungeschriebenen Rechtsnormen[1100] (vgl. Rn. 17 f. u. § 68 Rn. 7). Zu ihnen gehören außer den in Abs. 1 Nr. 1 aufgeführten **Verordnungen** z. B. auch die in § 61 Abs. 1 Nr. 2 ausdrücklich genannten **Unfallverhütungsvorschriften** und die **Dienstordnungen** von Sozialversicherungsträgern (vgl. § 4 Rn. 8). Die ausdrückliche Nennung einer Bestimmung in einem **Tarifvertrag** zeigt, dass nach Abs. 2 Nr. 1 ein Verstoß nicht nur gegen dessen (kraft Tarifbindung, Allgemeinverbindlichkeit oder einzelvertraglicher Bezugnahme geltende, ggf. nachwirkende) normative Regelungen, sondern auch gegen dessen schuldrechtliche Bestimmungen in Betracht kommen kann (vgl. § 68 Rn. 8). Das gilt auch für die (nur) in § 68 Abs. 1 Nr. 2 aufgeführte **Dienstvereinbarung**, die den Tarifnormen vergleichbare normative Regelungen enthält (vgl. § 73 Rn. 1, 8). Eine (rechtskräftige) **gerichtliche Entscheidung** i. S. d. Abs. 2 Nr. 1 kann insb. eine Entschei-

16

[1096] *BVerwG* v. 14. 6. 06 – 6 P 13.05 –, PersR 06, 468; *BAG* v. 28. 6. 94 – 1 ABR 59/93 – u. v. 28. 3. 00 – 1 ABR 16/99 –, AP BetrVG 1972 § 99 Einstellung Nr. 4 u. 27; v. 14. 12. 04 – 1 ABR 54/03 –, AP BetrVG 1972 § 99 Nr. 121; v. 25. 1. 05 – 1 ABR 61/03 –, AP BetrVG 1972 § 99 Einstellung Nr. 48.
[1097] *BVerwG* v. 21. 3. 07 – 6 P 4.06 –, PersR 07, 301.
[1098] *BVerwG* v. 22. 10. 07 – 6 P 1.07 –, PersR 08, 23.
[1099] *BVerwG* v. 29. 1. 96 – 6 P 38.93 –, PersR 96, 239.
[1100] *BVerwG* v. 26. 1. 94 – 6 P 21.92 –, PersR 94, 213.

§ 77 Versagungskatalog (Abs. 2)

dung eines Strafgerichts (z. B. Fahrverbot für einen Kraftfahrer gem. § 44 StGB oder Berufsverbot für einen Arzt gem. § 70 StGB) sowie eines Arbeits- oder Verwaltungsgerichts sein. Der **Frauenförderplan** ist ein Regelungsinstrument der Personalpolitik, an dessen Stelle inzwischen der **Gleichstellungsplan** getreten ist (vgl. § 76 Rn. 61). Eine **Verwaltungsanordnung** kann sowohl eine Verwaltungsanordnung i. S. d. Verwaltungsrechts als auch eine Verwaltungsanordnung i. S. d. Mitwirkungstatbestandes des § 78 Abs. 1 Nr. 1 sein (vgl. § 78 Rn. 7 ff.). Eine **Richtlinie i. S. d. § 76 Abs. 2 Nr. 8** kann eine (der eingeschränkten Mitbestimmung des PR unterliegende) Richtlinie über die personelle Auswahl bei Einstellungen, Versetzungen oder Umgruppierungen sein (vgl. § 76 Rn. 53 ff.).

17 Als **Gesetze** und **Verordnungen** sind beispielhaft folgende Rechtsvorschriften zu nennen: die **Arbeitsschutzvorschriften**, insb. soweit diese (wie z. B. ArbZG, AZV, JArbSchG, MuSchG, MuSchEltZV) bestimmte Beschäftigungsverbote enthalten; das **Schwerbehindertenrecht,** insb. die Prüfungspflicht des Arbeitgebers bezüglich der Besetzung freier Arbeitsplätze mit schwerbehinderten Menschen gem. § 81 Abs. 1 S. 1 SGB IX;[1101] die Gleichheitssätze des **Art. 3 GG**, das Diskriminierungsverbot des **Art. 9 Abs. 3 S. 2 GG**, die speziellen Gleichheitssätze des **Art. 33 Abs. 2 und 3 GG**,[1102] der **arbeitsrechtliche Gleichbehandlungsgrundsatz** (vgl. § 67 Rn. 6)[1103] und das **Benachteiligungsverbot** nach § 7 Abs. 1 AGG.

18 Auch das **BPersVG** ist ein Gesetz i. S. d. Abs. 2 Nr. 1, so dass Verstöße hiergegen, z. B. gegen das Benachteiligungs- und Begünstigungsverbot des § 8,[1104] gegen die Friedenspflicht nach § 66 Abs. 2, gegen das Gebot von Recht und Billigkeit oder ein Benachteiligungsverbot nach § 67 Abs. 1 S. 1, ein Zustimmungsverweigerungsrecht begründen können. Das gilt grundsätzlich auch für Verstöße gegen Beteiligungsrechte des PR,[1105] nicht aber für Verstöße gegen Verfahrensvorschriften im laufenden Mitbestimmungsverfahren über die beabsichtigte personelle Maßnahme selbst.[1106]

19 Sind, wie im Beamtenrecht häufig, **Ermessensentscheidungen** zu treffen, dann liegt ein Rechtsverstoß nur bei einem Ermessensfehler (Ermessensüberschreitung oder Ermessensfehlgebrauch) vor (vgl. § 114 VwGO). Bei Personalmaßnahmen (z. B. Einstellungen oder Übertragungen höher zu bewertender Tätigkeiten), denen eine **personelle Auswahl** und ein nach

---

1101 Str.; wie hier *BAG* v. 14.11.89 – 1 ABR 88/88 –, PersR 90, 150, v. 17.6.08 – 1 ABR 20/07 –, AP BetrVG 1972 § 99 Versetzung Nr. 46, u. v. 23.6.10 – 7 ABR 3/09 –, NZA 10, 1362.
1102 Vgl. *BAG* v. 23.1.07 – 9 AZR 492/06 –, AP GG Art. 33 Nr. 66.
1103 *BVerwG* v. 26.1.94 – 6 P 21.92 – u. v. 27.8.08 – 6 P 3.08 –, PersR 94, 213, u. 08, 500.
1104 *BVerwG* v. 13.5.87 – 6 P 20.85 –, PersR 87, 193.
1105 Vgl. *BVerwG* v. 29.1.96 – 6 P 38.93 –, PersR 96, 239; *BAG* v. 27.6.00 – 1 ABR 36/99 –, AP BetrVG 1972 § 99 Eingruppierung Nr. 23.
1106 *BVerwG* v. 10.8.87 – 6 P 22.84 – u. v. 7.4.10 – 6 P 6.09 –, PersR 88, 18, u. 10, 312.

Versagungskatalog (Abs. 2) § 77

den Vorgaben des Art. 33 Abs. 2 GG zu treffendes Werturteil zugrunde liegt, obliegt die **Beurteilung der Beschäftigten und Bewerber** nach den Kriterien Eignung, Befähigung und fachliche Leistung allein dem Dienststellenleiter; der PR kann aber prüfen, ob der Dienststellenleiter dabei die anzuwendenden Begriffe oder den gesetzlichen Rahmen seines Handelns verkannt, einen unrichtigen Sachverhalt angenommen oder allgemeingültige Maßstäbe nicht beachtet oder sachfremde Erwägungen angestellt hat, und daraus ggf. Versagungsgründe ableiten.[1107] Der Dienststellenleiter hat dem PR seine **Auswahlerwägungen** umfassend mitzuteilen. Beschränkt er sich auf die Mitteilung, dass der von ihm ausgewählte Bewerber den gestellten Anforderungen genüge, ohne eine vergleichende Betrachtung mit den übrigen Bewerbern anzustellen, so kann der PR die Zustimmung mit dem Einwand verweigern, es liege **keine ausreichende Auswahlbegründung** vor.[1108]

(Abs. 2 Nr. 2) Nach Abs. 2 Nr. 2 kann der PR seine Zustimmungsverweigerung darauf stützen, dass die durch Tatsachen begründete Besorgnis besteht, dass durch die Maßnahme der betroffene Beschäftigte oder andere Beschäftigte **benachteiligt** werden, ohne dass dies aus dienstlichen oder persönlichen Gründen gerechtfertigt ist. Damit sollen die **individuellen Interessen** der von der Maßnahme betroffenen Beschäftigten, aber auch die **kollektiven Interessen** der anderen in der Dienststelle tätigen Beschäftigten geschützt werden.[1109] Der Tatbestand enthält **vier Elemente:** die durch Tatsachen begründete Besorgnis (vgl. Rn. 21), die Ursächlichkeit der Maßnahme für die Benachteiligung (vgl. Rn. 22), die Benachteiligung des betroffenen Beschäftigten oder anderer Beschäftigter (vgl. Rn. 23) und die fehlende Rechtfertigung der Benachteiligung (vgl. Rn. 24). Der PR trägt die **Darlegungslast** für die ersten drei Elemente, der Dienststellenleiter für das vierte. **20**

Der PR muss konkrete **Tatsachen** angeben, die die **Besorgnis** der Benachteiligung begründen; bloße Gerüchte, Meinungen oder Vermutungen sind unbeachtlich. Es reicht aus, dass das Eintreten der Benachteiligung aufgrund der vorgetragenen Tatsachen als möglich erscheint. **21**

Die Benachteiligung muss »durch« die Maßnahme eintreten. Diese muss also für die Benachteiligung **ursächlich** oder mitursächlich sein. Eine Benachteiligungsabsicht ist nicht erforderlich. **22**

Die Benachteiligung muss sich auf den betroffenen Beschäftigten oder auf andere Beschäftigte beziehen. **Beschäftigte** i. S. d. Abs. 2 Nr. 2 sind solche Beschäftigten i. S. d. BPersVG, für die der mitbestimmende PR zuständig ist, nicht dagegen externe Bewerber. Unter **Benachteiligung** ist die **Ver-** **23**

1107 *BVerwG* v. 20.6.86 – 6 P 4.83 –, PersR 86, 197, v. 3.3.87 – 6 P 30.84 –, PersR 87, 169, v. 23.9.92 – 6 P 24.91 –, PersR 93, 24, u, v. 2.11.94 – 6 P 28.92 –, PersR 95, 83.
1108 *OVG NW* v. 24.11.99 – 1 A 3597/97.PVL –, PersR 00, 288.
1109 Richardi-*Kaiser*, Rn. 59.

§ 77 Versagungskatalog (Abs. 2)

schlechterung des **Status quo** in rechtlicher oder tatsächlicher Hinsicht zu verstehen. Bei Personalmaßnahmen, die an ein **Eignungsurteil** anknüpfen (vgl. Rn. 19), soll nach der Rspr. des *BVerwG* eine Benachteiligung anderer Beschäftigter nur in dem **Verlust eines Rechtes, einer Anwartschaft** innerhalb des Dienst- oder Arbeitsverhältnisses **oder einer anderen rechtlich erheblichen Position** zu sehen sein.[1110] Dabei wird unter einer Anwartschaft z. B. der Anspruch eines Beamten auf Probe, bei Bewährung zum Beamten auf Lebenszeit ernannt zu werden, und unter einer rechtlich erheblichen Position z. B. eine Beförderungszusage oder eine aus einer Selbstbindung der Dienststelle durch Auswahlrichtlinien erwachsene Position verstanden.[1111] Bei **Personalmaßnahmen, die nicht an ein Eignungsurteil anknüpfen,** lässt das *BVerwG* auch die Geltendmachung von Gründen, die in das behördliche Ermessen hineinreichen, und auch von **tatsächlichen Nachteilen** zu.[1112] Bei einer Versetzung kann z.B. eine **Benachteiligung des betroffenen Beschäftigten** in Erschwerungen der äußeren Arbeitsbedingungen bestehen, eine **Benachteiligung anderer Beschäftigter** kann sowohl in der abgebenden als auch in der aufnehmenden Dienststelle in Mehrbelastungen der dortigen Beschäftigten zu sehen sein.

24 Ob eine **Benachteiligung** aus dienstlichen oder persönlichen Gründen **gerechtfertigt** ist, hat der Dienststellenleiter ggf. nachzuweisen. Dabei ist ein strenger Maßstab anzulegen. **Dienstliche Gründe** müssen die Erfüllung der Aufgaben der Dienststelle betreffen, **persönliche Gründe** in der Person oder im Verhalten des betroffenen Beschäftigten oder anderer Beschäftigter liegen.

25 (Abs. 2 Nr. 3) Nach Abs. 2 Nr. 3 kann der PR seine Zustimmungsverweigerung darauf stützen, dass die durch Tatsachen begründete Besorgnis besteht, dass der Beschäftigte oder Bewerber den **Frieden in der Dienststelle** durch unsoziales oder gesetzwidriges Verhalten stören werde. Damit sollen die Beschäftigten vor »störenden« Beschäftigten geschützt werden. Die Relevanz dieses Zustimmungsverweigerungsrechts ist eher gering, da es dem PR regelmäßig nicht möglich ist, die Besorgnis einer künftigen Störung des Friedens darzulegen. Mit »Frieden in der Dienststelle« ist das Gleiche gemeint wie in § 66 Abs. 2 S. 1 (vgl. § 66 Rn. 10). Für die durch Tatsachen begründete **Besorgnis** gilt das zu Abs. 2 Nr. 2 Gesagte entsprechend (vgl. Rn. 21). Dabei kommt es auf eine objektive Beurteilung an, die aufgrund bestimmter Tatsachen zu der Prognose führen muss, dass der Beschäftigte oder Bewerber den Frieden in der Dienststelle dadurch stören

---

1110 Beschl. v. 23. 9. 92 – 6 P 24.91 – u. v. 2. 11. 94 – 6 P 28.92 –, PersR 93, 24, u. 95, 83.
1111 Beschl. v. 23. 9. 92 u. v. 2. 11. 94, jew. a. a. O.
1112 Beschl. v. 4. 6. 93 – 6 P 31.91 –, PersR 94, 18 (Versetzungen, Abordnungen, Umsetzungen); v. 6. 9. 95 – 6 P 41.93 –, PersR 96, 24; v. 21. 3. 07 – 6 P 4.06 – u. – 6 P 8.06 –, PersR 07, 301 u. 309 (Einstellungen); v. 7. 4. 10 – 6 P 6.09 –, PersR 10, 312 (Einsatz von Leiharbeitnehmern).

wird, dass er sich gesetzwidrig oder unsozial verhalten wird.[1113] Die Störung des Friedens muss vom künftigen Verhalten des **betroffenen Beschäftigten** oder **Bewerbers** ausgehen. Ein **gesetzwidriges Verhalten** kann u. U. zu besorgen sein, wenn der Betroffene in der Vergangenheit gegen Arbeitsschutzvorschriften verstoßen oder Straftaten begangen hat, die einen Bezug zur (künftigen) dienstlichen Tätigkeit aufweisen, wobei aus dem Bundeszentralregister getilgte oder zu tilgende Verurteilungen nach § 51 Abs. 1 BZRG nicht mehr zu seinem Nachteil verwertet werden dürfen. Ein **unsoziales Verhalten** kann in der Missachtung sozialer Verhaltensnormen liegen, deren Einhaltung für ein störungsfreies Zusammenleben der Beschäftigten der Dienststelle unerlässlich ist.

§ 78 [Angelegenheiten der Mitwirkung und Anhörung]

(1) Der Personalrat wirkt mit bei

1. Vorbereitung von Verwaltungsanordnungen einer Dienststelle für die innerdienstlichen, sozialen und persönlichen Angelegenheiten der Beschäftigten ihres Geschäftsbereiches, wenn nicht nach § 118 des Bundesbeamtengesetzes die Spitzenorganisationen der zuständigen Gewerkschaften bei der Vorbereitung zu beteiligen sind,

2. Auflösung, Einschränkung, Verlegung oder Zusammenlegung von Dienststellen oder wesentlichen Teilen von ihnen,

3. Erhebung der Disziplinarklage gegen einen Beamten,

4. Entlassung von Beamten auf Probe oder auf Widerruf, wenn sie die Entlassung nicht selbst beantragt haben,

5. vorzeitiger Versetzung in den Ruhestand.

(2) [1]In den Fällen des Absatzes 1 Nr. 3 bis 5 gilt für die Mitwirkung des Personalrates § 77 Abs. 1 Satz 2 entsprechend. [2]In den Fällen des Absatzes 1 Nr. 3 bis 5 wird der Personalrat nur auf Antrag des Beschäftigten beteiligt; in diesen Fällen ist der Beschäftigte von der beabsichtigten Maßnahme rechtzeitig vorher in Kenntnis zu setzen. [3]Der Personalrat kann bei der Mitwirkung nach Absatz 1 Nr. 3 Einwendungen auf die in § 77 Abs. 2 Nr. 1 und 2 bezeichneten Gründe stützen.

(3) [1]Vor der Weiterleitung von Personalanforderungen zum Haushaltsvoranschlag ist der Personalrat anzuhören. [2]Gibt der Personalrat einer nachgeordneten Dienststelle zu den Personalanforderungen eine Stellungnahme ab, so ist diese mit den Personalanforderungen der übergeordneten Dienststelle vorzulegen. [3]Das gilt entsprechend für die Personalplanung.

1113 Vgl. *BAG* v. 16.11.04 – 1 ABR 48/03 –, AP BetrVG 1972 § 99 Einstellung Nr. 44.

§ 78 Angelegenheiten der Mitwirkung und Anhörung

(4) Absatz 3 gilt entsprechend für Neu-, Um- und Erweiterungsbauten von Diensträumen.

(5) Vor grundlegenden Änderungen von Arbeitsverfahren und Arbeitsabläufen ist der Personalrat anzuhören.

1 Die Vorschrift führt Angelegenheiten auf, die der Mitwirkung oder der Anhörung des PR unterliegen. Der in Abs. 1 enthaltene Katalog der **Mitwirkungstatbestände** wird durch die Fälle des § 79 Abs. 1 S. 1 und des § 90 Nr. 2 S. 2 ergänzt. Nach den Sondervorschriften des § 86 Nr. 9 und des § 90 Nr. 7 Buchst. b kommen Tatbestände hinzu, bei denen die an sich vorgesehene Mitbestimmung oder Zustimmung des PR zur Mitwirkung herabgestuft ist (vgl. § 86 Rn. 10 f. u. § 90 Rn. 21). Außer den in Abs. 3 bis 5 festgelegten **Anhörungstatbeständen** sind in § 79 Abs. 3 weitere Fälle der Anhörung geregelt.

2 Die **Mitwirkung** ist eine eigenständige Beteiligungsform, deren **Verfahren** sich nach § 72 richtet. Ergänzende Regelungen sind für die Tatbestände des Abs. 1 Nr. 3 bis 5 in Abs. 2 enthalten (vgl. Rn. 23). Maßnahmen i. S. d. Abs. 1, die unter **Verstoß** gegen das Mitwirkungsrecht zustande gekommen sind, sind grundsätzlich anfechtbar (vgl. § 69 Rn. 48; § 72 Rn. 21)[1114] mit der Besonderheit, dass Mängel bei der Erhebung der Disziplinarklage im gerichtlichen Disziplinarverfahren geltend gemacht werden können (vgl. Rn. 20).

3 In den in Abs. 1 Nr. 3 bis 5 genannten Personalangelegenheiten der Beamten der früheren **Deutschen Bundespost** wirken die Betriebsräte in den **Postnachfolgeunternehmen** nach Maßgabe der Vorschriften der §§ 28 und 29 PostPersRG mit (vgl. Anh. IV).

4 Für die **Anhörung** sieht das Gesetz keine den Bestimmungen der §§ 69 und 72 vergleichbaren Vorschriften über das **Verfahren** vor. Lediglich für die Fälle der fristlosen Entlassung und der außerordentlichen Kündigung enthält § 79 Abs. 3 S. 2 und 3 einzelne ausdrückliche Verfahrensregelungen (vgl. § 79 Rn. 39 f.). Das Anhörungsverfahren wird dadurch eingeleitet, dass der Dienststellenleiter den PR über die beabsichtigte Maßnahme unterrichtet und ihm **Gelegenheit zur Stellungnahme** gibt. Die Unterrichtung hat nach § 68 Abs. 2 S. 1 und 2 rechtzeitig und umfassend und unter Vorlage der erforderlichen Unterlagen zu erfolgen (vgl. § 68 Rn. 22 ff.). Da das Gesetz für die Tatbestände des Abs. 3 bis 5 keine **Äußerungsfrist** des PR vorschreibt, kann der Dienststellenleiter eine solche Frist nach pflichtgemäßem Ermessen festlegen. Diese Frist muss unter Berücksichtigung der Besonderheiten der jeweiligen Maßnahme so

---

1114 Hierzu etwa *BVerwG* v. 9.12.99 – 2 C 4.99 –, PersR 00, 210 (zur Entlassung eines Beamten auf Lebenszeit wegen Dienstunfähigkeit), u. *OVG LSA* v. 6.11.09 – 1 L 73/09 –, PersR 10, 25 (zur vorzeitigen Versetzung eines Beamten in den Ruhestand).

Verwaltungsanordnungen (Abs. 1 Nr. 1) § 78

bemessen sein, dass dem PR ausreichend Zeit für seine Meinungs- und Willensbildung zur Verfügung steht. Falls der PR eine Erörterung wünscht, ist sie – dem Gebot der vertrauensvollen Zusammenarbeit entsprechend (vgl. § 2 Rn. 4) – durchzuführen. Erhebt der PR Bedenken, hat der Dienststellenleiter diese zu prüfen und kann erst danach seine **Entscheidung** über die beabsichtigte Maßnahme treffen. Damit ist das Anhörungsverfahren auch in mehrstufigen Verwaltungen beendet.

Nach § 79 Abs. 4 ist eine außerordentliche Kündigung unwirksam, wenn 5
der PR nicht (oder nicht fehlerfrei) angehört worden ist (vgl. § 79 Rn. 43). Welche Rechtsfolge eine **Verletzung des Anhörungsrechts** für die übrigen anhörungspflichtigen Maßnahmen hat, legt das BPersVG nicht fest. Der ohne fehlerfreie Anhörung zustande gekommene Verwaltungsakt der fristlosen Entlassung ist rechtswidrig und anfechtbar (vgl. § 79 Rn. 42). Hinsichtlich der in Abs. 3 bis 5 geregelten Tatbestände ist in der Rspr. bislang nicht geklärt, welche Rechtsfolgen die unterbliebene oder fehlerhaft durchgeführte Anhörung für die jeweilige Maßnahme hat. Bei Ermessensentscheidungen dürfte das Unterlassen ordnungsgemäßer Anhörung (vorbehaltlich der Sonderregelung in § 46 VwVfG) grundsätzlich einen Ermessensfehler zur Folge haben, weil wesentliche Elemente der Entscheidungsgrundlage fehlen. In jedem Fall aber ist das Anhörungsverfahren fehlerfrei nachzuholen, solange die Entscheidung über die beabsichtigte Maßnahme noch nicht vollzogen ist.

(Abs. 1 Nr. 1) Der PR hat bei der **Vorbereitung von Verwaltungs-** 6
anordnungen einer Dienststelle für die innerdienstlichen, sozialen und persönlichen Angelegenheiten der Beschäftigten ihres Geschäftsbereichs mitzuwirken. Das Mitwirkungsrecht ist jedoch ausgeschlossen, wenn es sich um Verwaltungsanordnungen handelt, bei deren Vorbereitung nach § 118 BBG (bis zur Änderung des Abs. 1 Nr. 1 durch Art. 7 Nr. 5 DNeuG v. 5.2.09[1115]: nach § 94 BBG) die **Spitzenorganisationen der zuständigen Gewerkschaften** zu beteiligen sind.[1116]

Die h. M. versteht unter einer **Verwaltungsanordnung im personal-** 7
vertretungsrechtlichen Sinne jede Regelung, die die Dienststelle in Wahrnehmung ihrer Aufgaben als Dienstherr oder Arbeitgeber gegenüber allen ihren Beschäftigten, jedenfalls aber gegenüber einer unbestimmten Zahl von ihnen trifft, ohne dass es auf die **Form** der Regelung ankommt.[1117] Entsprechend der unterschiedlichen Praxis der Verwaltungen kann auch die **Bezeichnung** unterschiedlich sein (z. B. Erlass, Verfügung,

---

[1115] BGBl. I S. 160.
[1116] Vgl. dazu die noch aufgrund des § 200 BBG a. F. ergangene AVwV des BMI v. 28.8.96 (GMBl. S. 678) sowie KfdP-*Altvater/Baden*, Rn. 17.
[1117] BVerwG v. 6.2.87 – 6 P 9.85 –, PersR 87, 165, v. 22.3.90 – 6 P 17.88 –, PersR 90, 225, v. 19.5.03 – 6 P 16.02 –, PersR 03, 314, v. 1.9.04 – 6 P 3.04 –, PersR 04, 437, u. v. 16.4.08 – 6 P 8.07 –, PersR 08, 418.

§ 78 Verwaltungsanordnungen (Abs. 1 Nr. 1)

Rundschreiben). Die Regelung muss einen **allgemein gültigen Charakter** für den Geschäftsbereich der Dienststelle haben.[1118] Ebenso wie eine Verwaltungsanordnung i. S. d. Verwaltungsrechts[1119] ist auch eine Verwaltungsanordnung im personalvertretungsrechtlichen Sinne durch ihre **verwaltungsinterne Verbindlichkeit** gekennzeichnet. Diese wird i. d. R. nur dann bejaht, wenn die Anordnung von den Beschäftigten ein Tun oder Unterlassen verlangt oder ihnen Befugnisse einräumt oder entzieht.[1120] Aus der Nennung der »innerdienstlichen, sozialen und persönlichen Angelegenheiten der Beschäftigten« wird gefolgert, dass eine Regelung i. S. d. Abs. 1 Nr. 1 allein das **(Innen-)Verhältnis** betreffen muss, in dem die Dienststelle als »**Arbeitgeber**« und die Beschäftigten als »**Arbeitnehmer**« zueinander stehen.[1121] Da Verwaltungsanordnungen »für die« innerdienstlichen, sozialen und persönlichen Angelegenheiten der Beschäftigten mitwirkungspflichtig sind, wird außerdem verlangt, dass es sich dabei um Anordnungen handeln muss, deren **ausdrücklicher und alleiniger Zweck** es ist, Angelegenheiten aus den genannten Bereichen unmittelbar zu regeln. Deshalb soll sich die Mitwirkung auf Anordnungen, welche die Art und Weise der Erfüllung der Aufgaben der Dienststelle im Verhältnis zu Außenstehenden betreffen, auch dann nicht erstrecken, wenn sich diese Anordnungen mittelbar im innerdienstlichen, sozialen oder persönlichen Bereich auf die Beschäftigten der Dienststelle auswirken.[1122]

8 Es kann allerdings nicht überzeugen, wenn die h. M. die Mitwirkung nach Abs. 1 Nr. 1 auf Anordnungen beschränkt, die alle Beschäftigten oder zumindest eine unbestimmte Anzahl von ihnen betreffen, und damit Anordnungen ausklammert, die sich »an einen abgegrenzten, eindeutig und klar bestimmbaren engen Personenkreis« richten.[1123] Zum einen bereitet die Unterscheidung zwischen einer unbestimmten und einer bestimmbaren Anzahl von **Adressaten** erhebliche praktische Schwierigkeiten und führt zu kaum nachvollziehbaren und unbefriedigenden Ergebnissen.[1124] Zum anderen entfällt die Sinnhaftigkeit der Mitwirkung nicht lediglich deshalb, weil eine Verwaltungsanordnung bestimmbare Beschäftigte betrifft. Der verwaltungsrechtliche Begriff der Verwaltungsanordnung umfasst auch abstrakt-spezielle Anordnungen, also solche, die sich nur an bestimmte Adressaten wenden. Auch das Argument, in Abs. 1 Nr. 1 sei nicht von Angelegenheiten »von Beschäftigten«, sondern »der Beschäftigten« die Re-

---

1118 *BVerwG* v. 31.7.90 – 6 P 19.88 –, PersR 90, 299, sowie v. 19.5.03 u. v. 1.9.04, jew. a. a. O.
1119 Vgl. dazu KfdP-*Altvater/Baden*, Rn. 8.
1120 *BVerwG* v. 23.7.85 – 6 P 13.82 –, PersR 86, 57.
1121 *BVerwG* v. 6.2.87, a. a. O.
1122 *BVerwG* v. 6.2.87, a. a. O.
1123 Vgl. *BVerwG* v. 23.7.85 – 6 P 13.82 –, PersR 86, 57, u. v. 31.7.90 – 6 P 19.88 –, PersR 90, 299.
1124 Vgl. einerseits *BVerwG* v. 22.3.90 – 6 P 17.88 –, PersR 90, 225, andererseits *BVerwG* v. 31.7.90, a. a. O.

Verwaltungsanordnungen (Abs. 1 Nr. 1) § 78

de, trägt nicht, weil aus dieser Formulierung im Anschluss an die neuere Rspr. des *BVerwG*[1125] zur Mitbestimmung in Arbeitszeitfragen lediglich gefolgert werden kann, dass ein **kollektiver Tatbestand** gegeben sein muss, was immer dann zu bejahen ist, wenn eine Regelung die Interessen der Beschäftigten unabhängig von der Person und den individuellen Wünschen des Einzelnen berührt (vgl. § 75 Rn. 69). Es kann auch nicht überzeugen, Anordnungen, welche die Art und Weise der **Erfüllung der Aufgaben der Dienststelle im Verhältnis zu Außenstehenden** betreffen, auch dann aus der Mitwirkung herauszunehmen, wenn sich diese Anordnungen mittelbar im innerdienstlichen, sozialen oder persönlichen Bereich auf die Beschäftigten der Dienststelle auswirken.[1126] Abgesehen davon, dass damit rechtsmissbräuchliches Handeln begünstigt wird, ist das wesentliche Argument der h. M., der Personalvertretung dürfe auf die Erfüllung der der Dienststelle vom Gesetz oder auf gesetzlicher Grundlage gestellten Aufgaben »keine Einwirkungsmöglichkeit« eingeräumt werden,[1127] nicht haltbar. Der neueren Rspr. des *BVerfG*[1128] zu den verfassungsrechtlichen Grenzen der Personalvertretung ist vielmehr zu entnehmen, dass innerdienstliche Maßnahmen, die schwerpunktmäßig die Erledigung von Amtsaufgaben betreffen, aber unvermeidlich auch die Interessen der Beschäftigten berühren, zwar nicht der vollen, wohl aber der eingeschränkten Mitbestimmung und damit erst recht der Mitwirkung unterliegen dürfen (vgl. vor § 66 Rn. 9; § 104 Rn. 5). Inzwischen hat auch das *BVerwG* entschieden, dass die Mitbestimmung und damit auch die schwächere Mitwirkung des PR bei der Vorbereitung von Verwaltungsanordnungen nur ausgeschlossen ist, wenn die in Rede stehende Verwaltungsanordnung keinen innerdienstlichen Charakter aufweist.[1129] Damit ist aber der vormaligen Rspr. der Boden entzogen. Das einfachrechtliche Verständnis vom Begriff der innerdienstlichen Angelegenheit stimmt mit dem verfassungsrechtlichen Verständnis überein.[1130]

9 Streitig ist weiterhin, ob eine Verwaltungsanordnung i. S. d. Abs. 1 Nr. 1 auch dann vorliegt, wenn eine Anordnung zwar interne Angelegenheiten der Beschäftigten betrifft, aber nur **Ausführungsbestimmungen** zu bereits vorliegenden Regelungen enthält und diese erläutert. Dies wird von der h. M. mit der Begründung verneint, mit solchen Bestimmungen sei keine eigenständige Regelung beabsichtigt oder sie würden nicht gestaltend in die Rechtsstellung der Beschäftigten eingreifen. Dieser Ansicht ist nicht zu folgen, weil es nur auf das Vorliegen einer verwaltungsintern verbindlichen Anordnung für die Angelegenheiten der Beschäftigten ankommen kann. Um eine solche Anordnung handelt es sich auch bei einer ausschließ-

---

1125 Beschl. v. 12. 8. 02 – 6 P 17.01 –, PersR 02, 473.
1126 So *BVerwG* v. 23. 7. 85, a. a. O., u. v. 6. 2. 87 – 6 P 9.85 –, PersR 87, 165.
1127 *BVerwG* v. 6. 2. 87, a. a. O.
1128 Beschl. v. 24. 5. 95 – 2 BvF 1/92 –, PersR 95, 483.
1129 Beschl. v. 19. 5. 03 – 6 P 16.02 –, PersR 03, 314.
1130 *BVerwG* v. 16. 4. 08 – 6 P 8.07 –, PersR 08, 418.

§ 78 Verwaltungsanordnungen (Abs. 1 Nr. 1)

lich auslegenden Regelung, weil die Dienststelle die Beschäftigten an eine bestimmte, von ihr für zutreffend angesehene Anwendung der interpretierten Vorschriften binden will.[1131] So ist z. B. ein Runderlass einer übergeordneten Dienststelle, durch den ein Tarifvertrag mit erläuternden Bemerkungen bekanntgegeben wird, mitwirkungsbedürftig.[1132] Wird dagegen der bloße Text einer unmittelbar geltenden (tarifvertraglichen) Bestimmung bekanntgegeben, stellt dies keine Regelung mit verwaltungsintern anordnendem Charakter dar. Auch wenn eine **bloße Rechtsansicht** geäußert wird, deren Befolgung dem Beschäftigten erkennbar freisteht, liegt keine Verwaltungsanordnung vor. Andererseits sind auch **Anordnungen an personalverwaltende Dienststellen** mitwirkungspflichtig, weil gerade dadurch eine einheitliche Verwaltungspraxis bei personellen Einzelmaßnahmen erreicht werden soll.[1133]

10 Mögliche Gegenstände von Verwaltungsanordnungen i. S. d. Abs. 1 Nr. 1 sind »**die innerdienstlichen, sozialen und persönlichen Angelegenheiten**« der Beschäftigten. Die drei Merkmale »innerdienstlich«, »sozial« und »persönlich« stehen als **gleichrangige Alternativen** nebeneinander. Entsprechend der vom *BVerfG* (vgl. Rn. 8) definierten Schutzzweckgrenze sind alle Angelegenheiten erfasst, welche die **spezifischen Interessen der Beschäftigten** berühren, die in ihrem Beschäftigungsverhältnis angelegt sind.[1134] Dabei kommt es nicht darauf an, ob die Einzelmaßnahmen, die diesen Angelegenheiten zugerechnet werden können, nach anderen Vorschriften des BPersVG der Mitbestimmung, Mitwirkung oder Anhörung unterliegen.[1135] **Soziale Angelegenheiten** sind nach Ansicht des *BVerwG*[1136] alle Maßnahmen, welche den in § 75 Abs. 2 S. 1 genannten Angelegenheiten entsprechen. Zutreffend dürfte allerdings ein weniger enges Verständnis sein, wonach soziale Angelegenheiten die Arbeitsbedingungen der Beschäftigten im weitesten Sinne betreffen,[1137] und zwar einschl. der nach § 75 Abs. 3 Eingangssatz (nur) der Mitbestimmung und nach § 75 Abs. 5 (nur) der Regelung durch Dienstvereinbarung entzogenen Arbeitsentgelte und sonstigen Arbeitsbedingungen, die durch Tarifvertrag geregelt sind bzw. üblicherweise geregelt werden.[1138] **Persönliche Angelegenheiten** betreffen den Status der Beschäftigten als Beamte oder Arbeitnehmer sowie, ebenfalls im weitesten Sinne, ihre dienstliche Stellung und Verwendung. Darunter fallen – so das *BVerwG*[1139] – alle Angelegen-

---

1131 So auch *OVG Bln* v. 22.9.76 – OVG PV Bln 23.75 –; vgl. aber *BVerwG* v. 2.1.86 – 6 P 16.82 –, PersR 86, 120.
1132 So *BVerwG* v. 14.12.62 – VII P 5.62 –, PersV 63, 208.
1133 A. A. *VGH BW* v. 20.4.93 – PB 15 S 879/92 –, PersV 95, 131.
1134 Vgl. *BVerwG* v. 19.5.03 – 6 P 16.02 –, PersR 03, 314.
1135 Vgl. *BVerwG* v. 6.2.87 – 6 P 9.85 –, PersR 87, 165.
1136 Beschl. v. 16.4.08 – 6 P 8.07 –, PersR 08, 418.
1137 Vgl. KfdP-*Altvater/Baden*, Rn. 15.
1138 Vgl. *BVerwG* v. 22.3.90 – 6 P 17.88 –, PersR 90, 225.
1139 Beschl. v. 16.4.08, a. a. O.

Änderungen von Dienststellen (Abs. 1 Nr. 2) § 78

heiten, welche den Personalangelegenheiten der Arbeitnehmer und Beamten nach § 75 Abs. 1 und § 76 Abs. 1 vergleichbar sind, also alle Maßnahmen, welche die einzelnen Beschäftigten unmittelbar an seinem Beschäftigungsverhältnis berühren. **Innerdienstliche Angelegenheiten** sind alle sonstigen Angelegenheiten, welche die spezifischen Interessen der Beschäftigten berühren, und zwar auch organisatorische Angelegenheiten. Für innerdienstliche Maßnahmen ist typisch, dass durch sie behördenintern die Voraussetzungen für die Wahrnehmung des Amtsauftrages geschaffen werden.[1140] Es handelt sich nach der Rspr. des *BVerwG* um einen **Auffang- und Oberbegriff.** Aufgefangen werden damit alle Angelegenheiten, die nicht als Personalangelegenheiten oder soziale Angelegenheiten qualifiziert werden können und den Angelegenheiten in den Mitbestimmungskatalogen nach § 75 Abs. 3 und § 76 Abs. 2 BPersVG vergleichbar sind. Zugleich ist »innerdienstliche Angelegenheit« ein Oberbegriff (mit lückenschließender Funktion), welcher allen Beteiligungstatbeständen in den Katalogen nach den §§ 75 bis 79 BPersVG zugrunde liegt.[1141]

Ist Gegenstand einer Verwaltungsanordnung i. S. d. Abs. 1 Nr. 1 eine Angelegenheit, die nach § 75 oder § 76 der **Mitbestimmung** unterliegt, dann geht das stärkere Mitbestimmungsrecht dem schwächeren Mitwirkungsrecht vor. Das Mitwirkungsrecht kommt (nur) dort zum Zuge, wo der Inhalt einer Verwaltungsanordnung von speziellen Mitbestimmungsrechten nicht erfasst wird.[1142] **11**

Das Mitwirkungsrecht erstreckt sich auf die **Vorbereitung** von Verwaltungsanordnungen. Es setzt nicht erst dann ein, wenn die Dienststelle die Regelung fertiggestellt hat und sie »vor dem Abgang« dem PR zuleiten will. Eine Verwaltungsanordnung wird vielmehr schon im Stadium erster Entwürfe vorbereitet. Bereits diese hat die Dienststelle dem PR zuzuleiten und mit ihm eingehend mit dem Ziel einer Verständigung zu erörtern. **12**

(Abs. 1 Nr. 2) Nach Abs. 1 Nr. 2 wirkt der PR mit bei der **Auflösung, Einschränkung, Verlegung oder Zusammenlegung von Dienststellen** oder wesentlichen Teilen von ihnen. Diese organisatorischen Maßnahmen können sich in erheblichem Maße auf die Arbeits- und Lebensbedingungen der Beschäftigten auswirken und deren Fortbestand in Frage stellen. Der **Zweck des Mitwirkungsrechts** besteht deshalb v. a. darin, die Interessen der Beschäftigten, vor dem Verlust ihres Arbeitsplatzes und vor der Verschlechterung ihrer Arbeits- und Lebensbedingungen geschützt zu werden, bereits vor der organisatorischen Grundentscheidung zur Geltung zu bringen.[1143] **13**

1140 *BVerwG* v. 19.5.03, a.a.O., u. v. 1.9.04 – 6 P 3.04 –, PersR 04, 437.
1141 *BVerwG* v. 16.4.08 – 6 P 8.07 –, PersR 08, 418; Richardi-*Benecke,* § 78 Rn. 8.
1142 *BVerwG* v. 19.5.03 – 6 P 16.02 –, PersR 03, 314, v. 10.1.06 – 6 P 10.04 –, PersR 06, 345.
1143 Vgl. *BVerwG* v. 30.9.87 – 6 P 19.85 –, PersR 88, 70; *VGH BW* v. 29.6.99 – PL 15 S 1670/98 –, PersR 99, 505.

§ 78 Änderungen von Dienststellen (Abs. 1 Nr. 2)

14 Die Rspr. sieht in Abs. 1 Nr. 2 eine **Spezialvorschrift,** die die Beteiligung des PR an den in ihr bezeichneten organisatorischen Maßnahmen abschließend regelt und Mitbestimmungsrechte hinsichtlich einzelner Aspekte und Folgen dann ausschließt, wenn damit im Ergebnis dem PR ein mitbestimmender Einfluss auf die Umorganisation als solche eingeräumt würde.[1144] Die Beteiligungsrechte an den **personellen Einzelmaßnahmen,** die sich aus der Entscheidung über die Umorganisation ergeben (z. B. Versetzungen, Umsetzungen oder Kündigungen), bleiben aber auch dann unberührt, wenn der PR an der organisatorischen Maßnahme mitgewirkt (oder ihr zugestimmt) hat.[1145] Das gilt gleichermaßen für die Mitbestimmungsrechte nach § 75 Abs. 1 und § 76 Abs. 1, die Mitwirkungsrechte nach § 78 Abs. 1 Nr. 4 und 5 und § 79 Abs. 1 sowie die Zustimmungsrechte nach § 47 Abs. 1 und 2. Auch die Mitbestimmung bei der Aufstellung von **Sozialplänen** nach § 75 Abs. 3 Nr. 13 ist nicht ausgeschlossen. Wird eine in Abs. 1 Nr. 2 bezeichnete organisatorische Veränderung durch **Gesetz, Rechtsverordnung oder öffentlich-rechtliche Satzung** vorgenommen, so wird der PR zwar an der organisatorischen Grundsatzentscheidung nicht beteiligt, wohl aber an den zu ihrer Umsetzung erforderlichen Maßnahmen der Dienststelle oder (in mehrstufigen Verwaltungen) der übergeordneten Dienststellen, soweit diese Maßnahmen Tatbestände erfüllen, die in den vorgenannten Vorschriften des BPersVG geregelt sind.[1146]

15 **Dienststellen** i. S. d. Abs. 1 Nr. 2 sind die in § 6 Abs. 1 aufgeführten Organisationseinheiten (zur Maßgeblichkeit des verwaltungsorganisationsrechtlichen Begriffs vgl. auch § 75 Rn. 36; § 76 Rn. 23). Nebenstellen oder Teile einer Dienststelle, die nach § 6 Abs. 3 personalvertretungsrechtlich verselbständigt sind, werden dadurch nicht zu Dienststellen i. S. d. Abs. 1 Nr. 2. Als **wesentlicher Teil einer Dienststelle** dürfte entsprechend der h. M. zum Begriff des wesentlichen Betriebsteils i. S. d. § 111 S. 3 Nr. 1 BetrVG eine abgrenzbare Organisationseinheit anzusehen sein, die entweder einen erheblichen Teil der Beschäftigten umfasst – quantitative Betrachtung – oder für die ganze Dienststelle von wesentlicher Bedeutung ist – qualitative Betrachtung –.[1147] Maßstab der **quantitativen Betrachtung** sind dabei die in § 17 Abs. 1 KSchG festgelegten Zahlenwerte mit der Maßgabe, dass mindestens 5 Prozent der Gesamtbelegschaft in dem Dienststellenteil tätig sein müssen.[1148] Eine **qualitative Betrachtung,** die verlangt, dass die ganze Dienststelle durch den Fortfall oder die Veränderung

---

1144 *BVerwG* v. 16.12.92 – 6 P 29.91 –, PersR 93, 164; *VGH BW* v. 29.6.99, a. a. O.
1145 *BVerwG* v. 19.2.87 – 6 P 11.85 –, PersR 87, 167; *NdsOVG* v. 12.11.08 – 17 LP 25/07 –, PersR 09, 27.
1146 Vgl. KfdP-*Altvater/Baden*, Rn. 29 m. w. N.
1147 Ähnlich *BVerwG* v. 30.9.87 – 6 P 19.85 –, PersR 88, 70.
1148 *BAG* v. 6.12.88 – 1 ABR 47/87 –, AP BetrVG 1972 § 111 Nr. 26.

Änderungen von Dienststellen (Abs. 1 Nr. 2) § 78

des Dienststellenteils wesensmäßig zu einer anderen Dienststelle wird, erscheint dagegen zu eng.[1149]

Richtigerweise wird bei der **qualitativen Betrachtung** prospektiv darauf abgestellt werden müssen, ob in der nachfolgenden Umsetzungsphase für die Dienststelle eine so erhebliche Veränderung ihres Aufgabenbereichs zu erwarten steht, dass durch sie in gewichtigem Umfang die Beschäftigten berührende personelle Maßnahmen ausgelöst werden. Die Entscheidung muss sich demnach auf solche Bereiche der Dienststelle beziehen, die für diese eine prägende Bedeutung haben, die also in einer herausgehobenen sachlichen Beziehung zu den von der Dienststelle innerhalb ihres Aufgabenbereichs wahrzunehmenden Aufgaben stehen.[1150] Wenn der Beteiligungstatbestand also nach dem Wortlaut des Gesetzes nur solche organisatorischen Maßnahmen erfasst, die »Dienststellen oder wesentliche Teile von ihnen« betreffen, so zeigt dies, dass der Gesetzgeber dieser Sondervorschrift nur organisatorische Änderungen von besonderem Gewicht unterwerfen wollte.[1151]

15a

Die **Auflösung** der Dienststelle entspricht der Stilllegung des Betriebs i. S. d. § 111 S. 3 Nr. 1 BetrVG. Sie besteht darin, dass die Aufgaben der Dienststelle entweder vollständig ersatzlos wegfallen oder vollständig auf eine andere Dienststelle übertragen werden. Ist eine Dienststelle von Anfang an nur für einen genau bestimmten Zeitraum eingerichtet worden, so ist die mit dem **Fristablauf** eintretende Beendigung ihrer Tätigkeit keine Auflösung i. S. d. Abs. 1 Nr. 2. Nicht gleichzustellen ist dem wegen der Ungewissheit des Zeitpunkts seines Eintretens der Fall der **Zweckerreichung**.[1152] Wird das Personal der Dienststelle von einem anderen Dienstherrn bzw. Arbeitgeber unter Fortbestand der Dienststelle übernommen, liegt keine Auflösung, sondern lediglich ein **Inhaberwechsel** vor.[1153] Anders liegt es, wenn der Inhaberwechsel mit einer Einschränkung, Verlegung oder Zusammenlegung i. S. d. Abs. 1 Nr. 2 verknüpft ist.[1154] Geht die Dienststelle jedoch auf einen privatrechtlichen Inhaber über, ist darin eine Auflösung zu sehen, weil sie durch diese **Privatisierung** ihre personalvertretungsrechtliche Existenz verliert.[1155]

16

Die **Einschränkung** der Dienststelle entspricht der Einschränkung des

17

1149 So aber *BVerwG* v. 30.9.87, a. a. O., u. *VGH BW* v. 29.6.99 – PL 15 S 1670/98 –, PersR 99, 505.
1150 Vgl. *BVerwG* v. 17.7.87 – 6 P 6.85 –, PersR 87, 220, u. *VGH BW* v. 29.6.99, a. a. O.
1151 Vgl. *BVerwG* v. 30.9.87 – 6 P 19.85 –, PersR 88, 70, u. *VGH BW* v. 29.6.99, a. a. O.
1152 Str.; vgl. KfdP-*Altvater/Baden*, Rn. 24 m. N.
1153 Vgl. *OVG LSA* v. 5.4.00 – A 5 S 2/99 –, PersV 00, 509.
1154 Vgl. *BAG* v. 31.1.08 – 8 AZR 1116/06 –, AP BGB § 613a Unterrichtung Nr. 2.
1155 *BAG* v. 27.1.11 – 2 AZR 825/09 –, NZA 11, 798; str.; vgl. KfdP-*Altvater/Baden*, a. a. O., m. w. N.

§ 78 Personalangelegenheiten der Beamten (Abs. 1 Nr. 3–5)

Betriebs i. S. d. § 111 S. 3 Nr. 1 BetrVG, die nach st. Rspr. des *BAG* gegeben ist, wenn die »Leistungsfähigkeit« des Betriebs herabgesetzt wird.[1156] Dem ist auch für das PersVR zu folgen.[1157] Eine Einschränkung i. S. d. Abs. 1 Nr. 2 kann zum einen in einer erheblichen **Verminderung des sachlichen oder örtlichen Aufgabenbereichs** der Dienststelle bestehen, zum anderen aber auch in einer erheblichen **Personalreduzierung** (insoweit str.). Letzteres ist dann zu bejahen, wenn die gleichen quantitativen Dimensionen erreicht werden, die auch für die (quantitative) Betrachtung der Wesentlichkeit eines Dienststellenteils maßgebend sind (vgl. Rn. 15).

18 Eine **Verlegung** der Dienststelle liegt vor, wenn sich ihre örtliche Lage ändert. Das *BVerwG*[1158] hält eine erhebliche Ortsveränderung für erforderlich. Dieser Rspr. ist insoweit zu folgen, als geringfügige Veränderungen des Standorts – wie z. B. der Umzug auf die andere Straßenseite – noch nicht ausreichen.[1159]

19 Die **Zusammenlegung** von Dienststellen ist gegeben, wenn – je unter Verlust der organisatorischen Selbständigkeit – eine Dienststelle in eine andere eingegliedert wird oder mindestens zwei Dienststellen zu einer neuen Dienststelle verschmolzen werden.

20 **(Abs. 1 Nr. 3)** Nach dem durch Art. 9 Nr. 1 BDiszNOG v. 9.7.01[1160] geänderten Abs. 1 Nr. 3 wirkt der PR bei der beabsichtigten **Erhebung der Disziplinarklage** gegen einen Beamten mit, wenn nicht die Mitwirkung nach Abs. 2 S. 1 i. V. m. Abs. 1 S. 2 ausgeschlossen ist und wenn der Beamte nach Abs. 2 S. 2 einen Antrag auf Beteiligung des PR gestellt hat (vgl. Rn. 23). Hierbei kommt es nicht darauf an, ob das vorausgehende behördliche Disziplinarverfahren, das mit der Klageerhebung abgeschlossen wird, von Amts wegen oder auf Antrag des Beamten eingeleitet worden ist. Nach der Rspr. des *BVerwG*[1161] bezieht sich die Mitwirkung des PR **nur** auf die disziplinarbehördliche Abschlussentscheidung, **ob Disziplinarklage erhoben werden soll,** nicht auf den im Falle der Klageerhebung vorgesehenen Klageantrag. Einwendungen kann der PR nach Abs. 2 S. 3 nur auf die in § 77 Abs. 2 Nr. 1 und 2 bezeichneten Gründe stützen (vgl. Rn. 23 a). Ist die Disziplinarklage ohne die vom Beamten beantragte (ordnungsgemäße) Durchführung der Mitwirkung erhoben worden, so liegt darin ein wesentlicher **Mangel des behördlichen Disziplinarverfahrens,** der im gerichtlichen Disziplinarverfahren geltend gemacht werden kann (vgl. § 55 BDG). Das gilt auch dann, wenn der Beamte die Mit-

---

1156 Vgl. Beschl. v. 22.5.79 – 1 ABR 17/77 –, AP BetrVG 1972 § 111 Nr. 4.
1157 Teilw. str.; vgl. KfdP-*Altvater/Baden*, Rn. 25 m. N.
1158 Beschl. v. 27.7.79 – 6 P 25.78 –, PersV 81, 73.
1159 Vgl. auch *BAG* v. 17.8.82 – 1 ABR 40/80 –, AP BetrVG 1972 § 111 Nr. 11; *HmbOVG* v. 8.11.99 – 8 Bs 368/99.PVL –, PersR 00, 252.
1160 BGBl. I S. 1510.
1161 Urt. v. 20.10.05 – 2 C 12.04 –, PersV 06, 262 = PersR 06, 355 Ls.

wirkung deshalb nicht beantragt hat, weil die Dienststelle ihn auf diese Möglichkeit nicht hingewiesen hat (vgl. Rn. 23). **Beamte** i. S. d. Abs. 1 Nr. 3 sind nur aktive Beamte, nicht dagegen Ruhestandsbeamte, weil diese keine Beschäftigten i. S. d. § 4 sind. Daraus folgt, dass es bei Ruheständlern keine Mitwirkung und demgemäß auch keine Hinweispflichten gibt.[1162]

(Abs. 1 Nr. 4) Nach Abs. 1 Nr. 4 wirkt der PR bei der **Entlassung von** **21** **Beamten auf Probe oder auf Widerruf** (§ 6 Abs. 3 bzw. Abs. 4 BBG) mit, wenn sie die Entlassung nicht selbst beantragt haben. Für die unter § 77 Abs. 1 S. 2 fallenden Beamten (vgl. § 77 Rn. 8 ff.) ist die Mitwirkung aufgrund der Verweisung in Abs. 2 S. 1 ausgeschlossen (vgl. Rn. 23). Bei den übrigen Beamten auf Probe oder den Beamten auf Widerruf ist die Mitwirkung des PR nach Abs. 2 S. 2 von einem Antrag des betroffenen Beamten abhängig (vgl. Rn. 23). Unter dieser Voraussetzung erstreckt sich die Mitwirkung nach Abs. 1 Nr. 4 grundsätzlich auf jede nicht auf eigenem Antrag des Beamten beruhende, durch Verwaltungsakt erfolgende Entlassung, also auch auf die obligatorische Entlassung nach § 32 BBG.[1163] Nur wenn die Entlassung wegen eines Verhaltens, das bei einem Beamten auf Lebenszeit mindestens eine Kürzung der Dienstbezüge zur Folge hätte, ohne Einhaltung einer Frist erfolgen soll (§ 34 Abs. 1 Nr. 1, Abs. 3 bzw. § 37 Abs. 1 S. 1 u. 2 BBG), ist der PR nicht im Verfahren der Mitwirkung, sondern nach § 79 Abs. 3 im Wege der Anhörung zu beteiligen (vgl. § 79 Rn. 36, 38 ff.). Bei etwaigen Einwendungen ist der PR nicht auf die Gründe des § 77 Abs. 2 Nr. 1 und 2 beschränkt (vgl. Rn. 23 a). Er darf deshalb alle Argumente verwenden, die er für sachdienlich hält, und dabei auch die individuellen Interessen des betroffenen Beamten und seiner Angehörigen berücksichtigen.

(Abs. 1 Nr. 5) Eine **vorzeitige Versetzung in den Ruhestand** i. S. d. **22** Abs. 1 Nr. 5 kommt bei Beamten auf Lebenszeit und auf Probe im Falle der **Dienstunfähigkeit** in Betracht. Begrifflich gehört auch die **Versetzung in den einstweiligen Ruhestand** dazu. Betrifft sie nach § 54 Abs. 1 BBG die dort bezeichneten politischen Beamten, nach § 55 BBG bei Behördenumorganisation einen Beamten, der ein Amt der Besoldungsordnung B innehat, oder nach § 129 Abs. 2 BBG den Direktor des Bundesrates, ist die Mitwirkung nach Abs. 2 S. 1 i. V. m. § 77 Abs. 1 S. 2 allerdings ausgeschlossen (vgl. Rn. 23). Anders ist es jedoch, wenn andere Beamte aufgrund anderer Vorschriften in den einstweiligen Ruhestand versetzt werden, so z. B. bei der **Umbildung von Körperschaften** nach § 136 Abs. 2 BBG. Als vorzeitige Versetzung in den Ruhestand i. S. d. Abs. 1 Nr. 5 ist auch die **Entlassung des Beamten auf Lebenszeit wegen Dienstunfähigkeit** anzusehen, die nach § 32 Abs. 1 Nr. 2 BBG deshalb erfolgt, weil der Beamte wegen Nichterfüllung einer versorgungsrechtlichen Wartezeit nicht in den Ruhestand (oder einstweiligen Ruhestand) versetzt werden

---

1162 Str.; vgl. KfdP-*Altvater/Baden*, Rn. 33 m. N.
1163 Str.; vgl. KfdP-*Altvater/Baden*, Rn. 41 m. N.

§ 78 Besonderheiten der Mitwirkung (Abs. 2)

kann.[1164] Bei einer Maßnahme i. S. d. Abs. 1 Nr. 5 wirkt der PR mit, wenn der Beamte nach Abs. 2 S. 2 einen **Antrag auf Beteiligung** des PR gestellt hat (vgl. Rn. 23). Das gilt auch dann, wenn der Beamte die Maßnahme selbst beantragt hat. Bei etwaigen Einwendungen ist der PR nicht auf die Gründe des § 77 Abs. 2 Nr. 1 und 2 beschränkt (vgl. Rn. 23a).

23 (Abs. 2) In den **Fällen des Abs. 1 Nr. 3 bis 5** ist die Mitwirkung aufgrund der Verweisung in Abs. 2 S. 1 bei den in § 77 Abs. 1 S. 2 aufgeführten Beamten **ausgeschlossen** (vgl. § 77 Rn. 8 ff.). Bei allen anderen Beamten wird der PR nach Abs. 2 S. 2 Hs. 1 nur **auf Antrag** des Betroffenen beteiligt. Dieser ist, wie Abs. 2 S. 2 Hs. 2 ausdrücklich bestimmt, von der jeweils beabsichtigten Maßnahme rechtzeitig vorher **in Kenntnis zu setzen**. Bei dieser Unterrichtung hat die Dienststelle, der Fürsorgepflicht des Dienstherrn entsprechend, auch auf die Möglichkeit **hinzuweisen**, dass der Beamte die Mitwirkung des PR beantragen kann, wobei nach der Rspr. des BVerwG[1165] der Dienstherr seiner Informationspflicht genügt, wenn der Beschäftigte klar erkennen kann, dass er die ihm anheimgestellte Entscheidung über sein personalvertretungsrechtliches Antragsrecht zu treffen hat. Die Unterrichtung über die beabsichtigte Maßnahme und der Hinweis auf das Antragsrecht müssen so **frühzeitig** erfolgen, dass das Mitwirkungsverfahren nach einem Antrag des Beschäftigten ordnungsgemäß durchgeführt werden kann. Dabei muss dem Beamten für den von ihm zu fassenden Entschluss, ob er die Mitwirkung beantragen soll, eine angemessene Überlegungsfrist eingeräumt werden.[1166] Der Antrag auf Mitwirkung, für den sich die Schriftform empfiehlt, ist nicht beim PR zu stellen,[1167] sondern **beim Leiter der Dienststelle**, weil dieser wissen muss, ob er das Mitwirkungsverfahren einzuleiten hat. Nach nicht überzeugender h. M. muss sich der Antrag immer auf eine **beabsichtigte konkrete Maßnahme** beziehen; ein im Voraus und generell für alle künftigen Fälle gestellter Antrag soll dagegen unzulässig sein.[1168] Erst der nach entsprechendem Hinweis gestellte Antrag »aktualisiert« das Beteiligungsrecht des PR.[1169] Verstößt die Dienststelle gegen ihre Verpflichtung zur Belehrung nach Abs. 2 S. 2 Hs. 2, so liegt darin ein **Verfahrensmangel**, der im Falle der Erhebung der Disziplinarklage (vgl. Rn. 20) im gerichtlichen Disziplinarverfahren geltend gemacht werden kann[1170] und in den Fällen der Entlassung und der Versetzung in den Ruhestand (vgl. Rn. 21 f.) die Entlassungs- bzw. Versetzungsverfügung anfechtbar macht (vgl. oben Rn. 2).

23a Bei seiner Mitwirkung bei der **Erhebung der Disziplinarklage** (Abs. 1

1164 Vgl. *BVerwG* v. 9.12.99 – 2 C 4.99 –, PersR 00, 210; *OVG NW* v. 29.5.01 – 1 B 46/01 –, PersR 01, 473; KfdP-*Altvater/Baden*, Rn. 44a.
1165 Beschl. v. 9.12.99 – 2 C 4.99 –, PersR 00, 210.
1166 *BVerwG* v. 23.2.89 – 2 C 76.86 –, PersR 89, 201.
1167 So aber *VG Oldenburg* v. 29.4.88 – 6 VG A 139/87 –, PersV 89, 447.
1168 Vgl. *BVerwG* v. 20.3.02 – 6 P 6.01 –, PersR 02, 302.
1169 *BVerwG* v. 20.10.05 – 2 C 12.04 –, PersV 06, 262.
1170 *OVG NW* v. 19.1.05 – 22 d A 1433/03. BDG –, PersR 05, 288.

Tatbestände der Anhörung (Abs. 3–5) § 78

Nr. 3) kann der PR **Einwendungen** nur auf die in § 77 Abs. 2 Nr. 1 und 2 bezeichneten Gründe stützen (vgl. dazu § 77 Rn. 11 ff.). Er kann somit nur einwenden, dass bereits die **Erhebung der Disziplinarklage** gegen ein Gesetz, eine Verordnung, eine gerichtliche Entscheidung oder eine Verwaltungsanordnung verstößt (vgl. § 77 Rn. 15 ff.) oder dass die durch Tatsachen begründete Besorgnis einer ungerechtfertigten Benachteiligung besteht (vgl. § 77 Rn. 20 ff.). Als Gesetzesverstoß kann dabei z. B. auch eine Verletzung von Vorschriften des BDG oder des BPersVG in Betracht kommen. Die Besorgnis einer Benachteiligung kann insb. darin liegen, dass in gleich gelagerten Fällen von der Verhängung einer Disziplinarmaßnahme abgesehen oder lediglich eine Disziplinarverfügung erlassen wurde. Diese Einschränkung gilt aber nicht für die Mitwirkung nach **Abs. 1 Nr. 4 und 5**, also nicht bei der Entlassung eines Beamten auf Probe oder auf Widerruf sowie bei der vorzeitigen Versetzung in den Ruhestand. Hier kann der PR auch andere Gründe vortragen, die Einwendungen oder Vorschläge (§ 72 Abs. 2) also z. B. mit sozialen Erwägungen, die die Person des Beamten betreffen, begründen.

(Abs. 3) Will die Dienststelle im Rahmen des Verfahrens zur Vorbereitung des Haushaltsplans in ihrem Haushaltsvoranschlag Personal anfordern, so ist nach Abs. 3 S. 1 der PR vor der Weiterleitung dieser **Personalanforderungen** anzuhören.[1171] Unter Personalanforderungen ist jede Anmeldung eines personellen Mehrbedarfs zu verstehen.[1172] Der PR ist auch dann anzuhören, wenn die Dienststelle von möglichen Personalanforderungen absehen will. Besteht die Möglichkeit, während des laufenden Haushaltsjahres die Ausbringung neuer Planstellen oder Stellen oder deren Hebung zu beantragen, ist die Anhörung des PR ebenfalls geboten. Die **Anhörung** hat **vor der Weiterleitung** der Personalanforderungen (bei nachgeordneten Dienststellen an die nächsthöhere Dienststelle, bei obersten Dienstbehörden an das BMF) zu erfolgen. **Welcher PR** anzuhören ist, ergibt sich aus den allgemeinen Vorschriften des § 82 Abs. 1 und 3. Die Anhörung muss so **rechtzeitig** stattfinden, dass die jeweilige Dienststelle die ihr gesetzte Frist zur Weiterleitung ihres Voranschlags einhalten kann. Der PR ist gem. § 68 Abs. 2 S. 1 und 2 rechtzeitig und umfassend unter Vorlage der erforderlichen Unterlagen zu **unterrichten**. Dazu gehören die personalplanerischen Daten, welche die Dienststelle der Ermittlung der von ihr beabsichtigten Personalanforderungen zugrunde legt;[1173] erforderlichenfalls sind dem PR die Personalbedarfsberechnung wie auch der jeweilige Stellenplan auf Dauer zum ständigen Zugriff zur Verfügung zu stellen.[1174] Gibt der PR einer nachgeordneten Dienststelle zu den Personalanforderungen seiner Dienststelle eine **Stellungnahme** ab, so ist diese nach Abs. 3 S. 2

24

1171 *BVerwG* v. 2.3.83 – 6 P 12.80 –, PersV 84, 240.
1172 *BVerwG* v. 2.3.83, a.a.O.
1173 Zur Vorlage des Berechnungswerks vgl. *BVerwG* v. 1.10.93 – 6 P 7.91 –, PersR 93, 557; *OVG Bln* v. 30.8.96 – OVG 70 PV 6.93 –, PersR 97, 121.
1174 *BVerwG* v. 23.1.02 – 6 P 5.01 –, PersR 02, 201.

§ 78 Tatbestände der Anhörung (Abs. 3–5)

zusammen mit den Personalanforderungen **der übergeordneten Dienststelle vorzulegen**, und zwar auch dann, wenn die Dienststelle die Auffassung des PR berücksichtigt hat.[1175] In dreistufigen Verwaltungen ist es sinnvoll, dass die Behörden der Mittelstufe zusätzlich zu der Stellungnahme des BPR die ihnen zugegangenen Stellungnahmen der örtlichen PR (bzw. der GPR) an die oberste Dienstbehörde weiterleiten; ob sie dazu verpflichtet sind, ist allerdings umstritten.[1176]

25 Nach Abs. 3 S. 3 gilt Abs. 3 S. 1 und 2 für die **Personalplanung** entsprechend. Zum einen bedeutet dies, dass Maßnahmen der Personalplanung auf der Ebene nachgeordneter Dienststellen **anhörungspflichtig** sind, wenn sie an die übergeordnete Dienststelle weitergeleitet werden,[1177] und dass zu diesen Maßnahmen abgegebene Stellungnahmen des zuständigen PR der übergeordneten Dienststelle vorzulegen sind. Zum anderen bedeutet dies aber auch und erst recht, dass auch solche Maßnahmen der Personalplanung, die die Dienststelle selbst unter Ausnutzung ihr zustehender Entscheidungsspielräume ergreifen will, der Anhörung des zuständigen PR unterliegen.[1178] Personalplanung ist eine **Prognose**, die unter Berücksichtigung aller maßgeblichen Faktoren mit hinreichender Wahrscheinlichkeit den Bedarf an Personal für einen bestimmten Zeitraum zu ermitteln versucht. Sie umfasst neben der Personalbedarfsplanung auch die Personalbeschaffungsplanung, die Personalentwicklungsplanung und die Personaleinsatzplanung.[1179]

26 **(Abs. 4)** Bei der **Planung von Neu-, Um- und Erweiterungsbauten von Diensträumen** ist der PR anzuhören. Die Verweisung auf Abs. 3 bezieht sich dabei nicht darauf, dass das **Anhörungsrecht** nur besteht, wenn Vorschläge an übergeordnete Dienststellen weitergeleitet werden sollen. Sie übernimmt vielmehr das Verfahren der Anhörung auch für diese Fragen. Das Anhörungsrecht ist nicht nur bei Bauvorhaben gegeben, die von der Dienststelle selbst im Detail geplant werden, sondern auch bei solchen Vorhaben, bei denen die eigentliche Bauplanung einer anderen Behörde übertragen ist. **Neu-, Um- und Erweiterungsbauten** i. S. d. Abs. 4 sind alle Baumaßnahmen, die nicht nur der Erhaltung der baulichen Substanz dienen. **Diensträume** sind alle baulichen Einrichtungen, die für Arbeitsplatz, Arbeitsablauf und Arbeitsumgebung von Bedeutung sind. Dazu gehören neben den Arbeitsräumen z. B. auch Sozialräume sowie Flure und Aufgänge. Der PR ist bereits im Planungsstadium zu beteiligen, damit er die Planung noch beeinflussen kann. Dabei ist der PR bei der Aufstellung der haushaltsrechtlich erforderlichen **Planungsunterlagen** zu beteiligen. Gegenstand der Anhörung sind die vorgesehene Baumaßnahme und ihre Auswirkungen auf die Beschäftigten. Leitet die Dienststelle ihre

---

1175 Str.; vgl. KfdP-*Altvater/Baden*, Rn. 56.
1176 Vgl. KfdP-*Altvater/Baden*, a. a. O. m. N.
1177 *BVerwG* v. 23. 1. 02, a. a. O.
1178 *BVerwG* v. 23. 1. 02, a. a. O.
1179 *BVerwG* v. 2. 3. 83 – 6 P 12.80 –, PersV 84, 240, u. v. 23. 1. 02, a. a. O.

Beteiligung bei Kündigungen und fristlosen Entlassungen § 79

Anforderungen zu einer Baumaßnahme an eine **übergeordnete Dienststelle** weiter, hat sie aufgrund der Verweisung auf Abs. 3 S. 2 ggf. auch eine von ihrem PR dazu abgegebene **Stellungnahme** vorzulegen. Gibt sie ihre Anforderungen an eine **außenstehende Stelle** weiter, so muss sie den PR auch dazu anhören.[1180]

(Abs. 5) Ein **Anhörungsrecht** des PR besteht auch vor grundlegenden **Änderungen von Arbeitsverfahren und Arbeitsabläufen**.[1181] Diese Beteiligung wird jedoch i. d. R. durch das Mitbestimmungsrecht des PR bei der Einführung grundlegend neuer Arbeitsmethoden und bei Maßnahmen zur Hebung der Arbeitsleistung und zur Erleichterung des Arbeitsablaufs (vgl. § 76 Abs. 2 Nr. 5 u. 7) überlagert.

27

§ 79 [Beteiligung bei Kündigungen und fristlosen Entlassungen]

(1) ¹Der Personalrat wirkt bei der ordentlichen Kündigung durch den Arbeitgeber mit. ²§ 77 Abs. 1 Satz 2 gilt entsprechend. ³Der Personalrat kann gegen die Kündigung Einwendungen erheben, wenn nach seiner Ansicht

1. bei der Auswahl des zu kündigenden Arbeitnehmers soziale Gesichtspunkte nicht oder nicht ausreichend berücksichtigt worden sind,

2. die Kündigung gegen eine Richtlinie im Sinne des § 76 Abs. 2 Nr. 8 verstößt,

3. der zu kündigende Arbeitnehmer an einem anderen Arbeitsplatz in derselben Dienststelle oder in einer anderen Dienststelle desselben Verwaltungszweiges an demselben Dienstort einschließlich seines Einzugsgebietes weiterbeschäftigt werden kann,

4. die Weiterbeschäftigung des Arbeitnehmers nach zumutbaren Umschulungs- oder Fortbildungsmaßnahmen möglich ist oder

5. die Weiterbeschäftigung des Arbeitnehmers unter geänderten Vertragsbedingungen möglich ist und der Arbeitnehmer sein Einverständnis hiermit erklärt.

⁴Wird dem Arbeitnehmer gekündigt, obwohl der Personalrat nach Satz 3 Einwendungen gegen die Kündigung erhoben hat, so ist dem Arbeitnehmer mit der Kündigung eine Abschrift der Stellungnahme des Personalrates zuzuleiten, es sei denn, daß die Stufenvertretung in der Verhandlung nach § 72 Abs. 4 Satz 2 die Einwendungen nicht aufrechterhalten hat.

(2) ¹Hat der Arbeitnehmer im Falle des Absatzes 1 Satz 4 nach dem Kündigungsschutzgesetz Klage auf Feststellung erhoben, daß das

---

1180 Vgl. *VGH BW* v. 3. 9. 91 – 15 S 243/91 –, PersV 92, 354.
1181 Vgl. dazu KfdP-*Altvater/Baden*, Rn. 63.

§ 79 Beteiligung bei Kündigungen und fristlosen Entlassungen

Arbeitsverhältnis durch die Kündigung nicht aufgelöst ist, so muß der Arbeitgeber auf Verlangen des Arbeitnehmers diesen nach Ablauf der Kündigungsfrist bis zum rechtskräftigen Abschluß des Rechtsstreits bei unveränderten Arbeitsbedingungen weiterbeschäftigen. ²Auf Antrag des Arbeitgebers kann das Arbeitsgericht ihn durch einstweilige Verfügung von der Verpflichtung zur Weiterbeschäftigung nach Satz 1 entbinden, wenn

1. die Klage des Arbeitnehmers keine hinreichende Aussicht auf Erfolg bietet oder mutwillig erscheint oder

2. die Weiterbeschäftigung des Arbeitnehmers zu einer unzumutbaren wirtschaftlichen Belastung des Arbeitgebers führen würde oder

3. der Widerspruch des Personalrates offensichtlich unbegründet war.

(3) ¹Vor fristlosen Entlassungen und außerordentlichen Kündigungen ist der Personalrat anzuhören. ²Der Dienststellenleiter hat die beabsichtigte Maßnahme zu begründen. ³Hat der Personalrat Bedenken, so hat er sie unter Angabe der Gründe dem Dienststellenleiter unverzüglich, spätestens innerhalb von drei Arbeitstagen schriftlich mitzuteilen.

(4) Eine Kündigung ist unwirksam, wenn der Personalrat nicht beteiligt worden ist.

1 § 79 regelt die förmliche Beteiligung des PR bei der **Kündigung des Arbeitsverhältnisses** eines Arbeitnehmers durch den Arbeitgeber sowie bei der **fristlosen Entlassung eines Beamten**. Soweit er sich auf Arbeitnehmer bezieht, ist er in wesentlichen Teilen dem § 102 BetrVG nachgebildet; § 79 Abs. 1 S. 3 und 4 sowie Abs. 2 entsprechen § 102 Abs. 3 bis 5 BetrVG und § 79 Abs. 4 entspricht § 102 Abs. 1 S. 3 BetrVG.

2 Die Vorschriften des § 79 über die Beteiligung des PR bei der Kündigung beziehen sich auf jede Art der **Kündigung** durch den Arbeitgeber, die auf eine Beendigung des Arbeitsverhältnisses eines Arbeitnehmers zielt (vgl. Rn. 4). Soweit sie die Beteiligung bei der **Entlassung** eines Beamten regeln, beschränken sie sich dagegen auf die fristlose Entlassung. Die Beteiligung bei der (nicht fristlosen) Entlassung eines Beamten ist in § 78 Abs. 1 Nr. 4 geregelt (vgl. § 78 Rn. 21). Die Beteiligungstatbestände der Kündigung und der Entlassung sind mit zwei verschiedenen Beteiligungsformen verbunden: der **Mitwirkung** bei ordentlicher Kündigung (§ 79 Abs. 1) und nicht fristloser Entlassung (§ 78 Abs. 1 Nr. 4) sowie der **Anhörung** bei außerordentlicher Kündigung und fristloser Entlassung (§ 79 Abs. 3). Die ursprüngliche Fassung des § 79 Abs. 3 sah auch bei der »**Beendigung des Arbeitsverhältnisses eines Arbeiters während der Probezeit**« die Anhörung vor. Mit der Neufassung des Abs. 3 S. 1 durch Art. 3 Nr. 1 des

Beteiligung bei Kündigungen und fristlosen Entlassungen § 79

Gesetzes v. 20.12.93[1182] wurde dieser Tatbestand jedoch gestrichen. Zur Anwendbarkeit des § 79 Abs. 3 a. F. im Bereich der Stationierungsstreitkräfte der NATO-Vertragsstaaten vgl. Anh. VII B Rn. 10.

Die Regelung über die Beteiligung des PR bei der Kündigung erlangt **3** ebenso wie die entsprechende Regelung des § 102 BetrVG über die Beteiligung des Betriebsrats besondere Bedeutung dadurch, dass sie mit dem **individuellen Kündigungsschutz** verknüpft ist und diesen durch folgende Regelungen verstärkt: Ist der PR nicht beteiligt worden, ist eine vom Arbeitgeber ausgesprochene ordentliche oder außerordentliche Kündigung nach § 79 Abs. 4 **unwirksam;** ist er fehlerhaft beteiligt worden, gilt das Gleiche (vgl. Rn. 43). Hat der PR gegen eine ordentliche Kündigung nach Abs. 1 S. 3 ordnungsgemäß Einwendungen erhoben, so hat der gekündigte Arbeitnehmer nach Abs. 2 während des Kündigungsschutzprozesses einen grundsätzlichen Anspruch auf **vorläufige Weiterbeschäftigung** (vgl. Rn. 30 ff.). Sind Einwendungen aus den Gründen des Abs. 1 S. 3 Nr. 2 bis 5 begründet, ist die Kündigung nach § 1 Abs. 2 S. 2 oder 3 KSchG sozial ungerechtfertigt, ohne dass es einer Interessenabwägung zwischen den Arbeitsvertragsparteien bedarf; es liegt dann ein **absoluter Sozialwidrigkeitsgrund** vor.

Die förmliche Beteiligung des PR bei der Beendigung des Arbeitsverhält- **4** nisses ist nur bei der **Kündigung durch den Arbeitgeber** vorgesehen, also nur bei der (beabsichtigten) einseitigen empfangsbedürftigen Willenserklärung des Arbeitgebers, durch die das Arbeitsverhältnis für die Zukunft aufgelöst werden soll. Alle **anderen Beendigungsarten** sind dagegen **beteiligungsfrei**, insb.: die **eigene Kündigung** des Arbeitnehmers; der Abschluss eines **Aufhebungsvertrages**;[1183] die Geltendmachung der **Nichtigkeit** und die **Anfechtung** des Arbeitsvertrages;[1184] die Beendigung des befristeten Arbeitsverhältnisses durch **Zeitablauf**, wobei jedoch bei unwirksamer Befristung in einer Nichtverlängerungsanzeige des Arbeitgebers zugleich eine beteiligungspflichtige (vorsorgliche) Kündigung liegen kann; die Beendigung des **Berufsausbildungsverhältnisses** gem. § 21 BBiG, § 14 KrPflG bzw. § 17 HebG; der Eintritt einer **auflösenden Bedingung**, z.B. der Eintritt der verminderten Erwerbsfähigkeit nach § 33 Abs. 2 TVöD oder das Erreichen der Altersgrenze nach § 33 Abs. 1 Buchst. a TVöD; die Beendigung des Arbeitsverhältnisses durch **gerichtliche Entscheidung**, z.B. nach § 9 Abs. 4 Nr. 2 (vgl. § 9 Rn. 11 ff.).

Für die Beendigung des Arbeitsverhältnisses eines **DO-Angestellten** eines **5** Sozialversicherungsträgers (vgl. § 4 Rn. 8) kommt das arbeitsrechtliche Instrument der Kündigung oder das beamtenrechtlich ausgestaltete Instrument der Entlassung in Betracht (vgl. § 354 RVO). Bei beabsichtigter ordentlicher oder außerordentlicher Kündigung richtet sich die Beteiligung

---
[1182] BGBl. I S. 2136.
[1183] *BVerwG* v. 9.2.79 – 6 P 26.78 –, PersV 80, 426.
[1184] *BVerwG* v. 9.2.79, a.a.O.

§ 79 Ordentliche Kündigung (Abs. 1)

des PR wie bei sonstigen Arbeitnehmern nach Abs. 1 bzw. Abs. 3. Bei beabsichtigter Entlassung ist der für Beamte ggf. geltende Beteiligungstatbestand (§ 78 Abs. 1 Nr. 4 oder § 79 Abs. 3) entsprechend anzuwenden.[1185] Die in entsprechender Anwendung beamtenrechtlicher Vorschriften (§ 14 BBG) erfolgende Rücknahme der Berufung in das DO-Verhältnis ist beteiligungsfrei.[1186]

5a Die Beteiligung des PR in Personalangelegenheiten kann auch dann eingreifen, wenn von personellen Maßnahmen **»ehemalige« Dienststellenangehörige** betroffen sind (vgl. § 75 Rn. 9). Das gilt auch für die Beteiligung bei Kündigungen und Entlassungen.[1187]

6 Bei der Kündigung von im Ausland beschäftigten **Ortskräften**, die nach § 91 Abs. 1 Nr. 1 keine Beschäftigten i. S. d. § 4 sind, braucht der PR des Auswärtigen Amts nach Ansicht des *BAG*[1188] nicht beteiligt zu werden (vgl. § 91 Rn. 2).

7 Durch § 79 werden **andere Vorschriften** über die Beteiligung des PR bei Kündigungen nicht berührt. Bei der außerordentlichen Kündigung von **Mitgliedern der Personalvertretungen, der JAV, der Wahlvorstände** sowie von **Wahlbewerbern** richtet sich die Beteiligung nach § 47 Abs. 1[1189] (vgl. § 47 Rn. 2 ff., 14). Bei der Kündigung eines **schwerbehinderten Menschen**, die nach den §§ 85 und 91 SGB IX der Zustimmung des Integrationsamtes bedarf, hat dieses nach § 87 Abs. 2 SGB IX u. a. eine Stellungnahme des PR einzuholen; die Beteiligung des PR im Mitwirkungs- oder Anhörungsverfahren wird dadurch nicht ersetzt.

8 (Abs. 1 S. 1, 2) Die **ordentliche Kündigung** durch den Arbeitgeber unterliegt nach Abs. 1 S. 1 der Mitwirkung des PR. Sie setzt im Unterschied zur außerordentlichen Kündigung keinen »wichtigen Grund« voraus und wird i. d. R. unter Einhaltung einer (gesetzlichen, tariflichen oder einzelvertraglichen) Kündigungsfrist zu einem bestimmten Termin ausgesprochen. Die Mitwirkung ist auch dann vorgeschrieben, wenn der betroffene Arbeitnehmer noch **keinen Kündigungsschutz** nach dem KSchG genießt.[1190] Aufgrund der Verweisung in Abs. 1 S. 2 auf § 77 Abs. 1 S. 2 sind jedoch die von dieser Vorschrift erfassten **Arbeitnehmer in herausgehobener Position** von der Mitwirkung ausgenommen (vgl. § 77 Rn. 10).[1191]

1185 Str.; vgl. *BAG* v. 5.9.86 – 7 AZR 193/85 –, AP KSchG 1969 § 15 Nr. 27; *LAG Hmb* v. 17.3.98 – 3 Sa 18/97 –, juris.
1186 Vgl. *BAG* v. 1.6.06 – 6 AZR 730/05 –, NZA-RR 07, 103.
1187 *BVerwG* v. 10.1.08 – 6 P 5.07 –, PersV 08, 313.
1188 Urt. v. 21.11.96 – 2 AZR 832/95 –, PersR 97, 175.
1189 *BVerwG* v. 30.4.98 – 6 P 5.97 –, PersR 98, 466.
1190 *BAG* v. 12.3.86 – 7 AZR 20/83 –, AP GG Art. 33 Abs. 2 Nr. 23, u. v. 18.5.94 – 2 AZR 920/93 –, AP BetrVG 1972 § 102 Nr. 64.
1191 *BAG* v. 16.3.00 – 2 AZR 138/99 –, NZA 01, 739, u. v. 22.4.10 – 6 AZR 828/08 –, PersR 10, 418 Os.

Ordentliche Kündigung (Abs. 1) § 79

Mitwirkungspflichtig ist **jede Art der ordentlichen Kündigung.** Dazu gehören auch: 9

- die **Kündigung vor Vertragsantritt;**

- die **Kündigung während der Probezeit,**[1192] und zwar auch die ohne Einhaltung einer Frist ausgesprochene Kündigung eines Berufsausbildungsverhältnisses nach § 22 Abs. 1 BBiG;[1193]

- die **Änderungskündigung**, da auch sie zur Beendigung des Arbeitsverhältnisses führt, wenn der Arbeitnehmer mit der vom Arbeitgeber angebotenen Änderung der Arbeitsbedingungen nicht einverstanden ist.[1194] Soll im Wege der Änderungskündigung eine niedriger zu bewertende Tätigkeit übertragen oder eine Rückgruppierung oder Versetzung bzw. Umsetzung herbeigeführt werden, hat der PR nicht nur das Mitwirkungsrecht nach Abs. 1, sondern auch das **Mitbestimmungsrecht nach § 75 Abs. 1 Nr. 2 oder 3** (vgl. § 75 Rn. 31, 35, 36, 39). Dabei können das Mitwirkungsverfahren nach § 72 und das Mitbestimmungsverfahren nach § 69 miteinander verbunden werden;[1195]

- die **Kündigung während eines Arbeitskampfes** jedenfalls dann, wenn sie aus anderen als arbeitskampfbedingten Gründen erfolgt[1196] (zu »Kampfkündigungen« vgl. Rn. 37);

- die **Kündigung in einem Eilfall**. Eine Kündigung als vorläufige Regelung nach § 72 Abs. 6 i. V. m. § 69 Abs. 5 kommt in einem solchen Fall nicht in Betracht, weil sie rechtlich vollendete Tatsachen schaffen würde (vgl. § 69 Rn. 43);

- die **vorsorgliche Kündigung,**[1197] mit der häufig eine außerordentliche Kündigung verbunden wird (vgl. Rn. 41);

- die **erneute Kündigung**, die bei gleichem Sachverhalt einer bereits ausgesprochenen Kündigung folgt;[1198]

- eine **verabredete Kündigung**, bei der sich Arbeitgeber und Arbeitnehmer (mündlich) darauf verständigen, dass eine Kündigung durch den Arbeitgeber und der Abschluss einer Abwicklungsvereinbarung erfolgen soll.[1199]

1192 *BAG* v. 16.9.04 – 2 AZR 511/03 –, AP BetrVG 1972 § 102 Nr. 142.
1193 *BVerwG* v. 5.7.84 – 6 P 27.82 –, PersR 84, 79.
1194 *BAG* v. 3.11.77 – 2 AZR 277/76 –, AP BPersVG § 75 Nr. 1, u. v. 10.3.82 – 4 AZR 158/79 –, AP KSchG 1969 § 2 Nr. 2.
1195 *BAG* v. 3.11.77, a.a.O., u. v. 6.8.02 – 1 ABR 47/01 –, PersR 03, 41.
1196 *BAG* v. 6.3.79 – 1 AZR 866/77 –, AP BetrVG 1972 § 102 Nr. 20.
1197 *BAG* v. 5.9.02 – 2 AZR 523/01 –, PersR 03, 123.
1198 *BAG* v. 5.9.02, a.a.O., v. 10.11.05 – 2 AZR 623/04 –, AP BGB § 626 Nr. 196, v. 12.1.06 – 2 AZR 179/05 –, AP KSchG 1969 § 1 Verhaltensbedingte Kündigung Nr. 54, u. v. 3.4.08 – 2 AZR 965/06 –, AP BetrVG 1972 § 102 Nr. 159.
1199 *BAG* v. 28.6.05 – 1 ABR 25/04 –, AP BetrVG 1972 § 102 Nr. 146.

§ 79 Ordentliche Kündigung (Abs. 1)

- nach h. M. aber **nicht** die (nicht zur Beendigung des Arbeitsverhältnisses führende und nur ausnahmsweise zulässige) **Teilkündigung**, mit der der Arbeitgeber einzelne Vertragsbedingungen ändern will.[1200]

10 Ist ein Arbeitnehmer »unkündbar«, weil die ordentliche Kündigung ihm gegenüber durch Arbeitsvertrag oder Tarifvertrag ausgeschlossen ist (vgl. z. B. § 34 Abs. 2 TVöD), so kann ausnahmsweise eine unter Einhaltung der (fiktiven) ordentlichen Kündigungsfrist auszusprechende **außerordentliche Kündigung gegenüber dem ordentlich unkündbaren Arbeitnehmer** zulässig sein. Eine solche Kündigung steht hinsichtlich der Beteiligung des PR einer ordentlichen Kündigung gleich.[1201] Das gilt auch für die **außerordentliche Änderungskündigung**.

11 Das **Verfahren der Mitwirkung** richtet sich nach § 72. Nach § 68 Abs. 2 S. 1 hat der Dienststellenleiter den PR rechtzeitig und umfassend über die beabsichtigte Kündigung zu **unterrichten**.[1202] Im Einzelnen sind folgende **Angaben** erforderlich: die zweifelsfreie Benennung der **Person** des zu kündigenden Arbeitnehmers und die Angabe seiner grundlegenden **sozialen Daten**;[1203] die **Art der Kündigung**, d. h. die klarstellende Angabe, dass es sich um eine ordentliche Kündigung (oder eine außerordentliche Kündigung eines ordentlich unkündbaren Arbeitnehmers [vgl. Rn. 10]) handelt; ferner, ob die Kündigung innerhalb oder außerhalb der Probezeit ausgesprochen werden soll, ob es sich um eine Beendigungs- oder Änderungskündigung handelt und (bei Anwendbarkeit des KSchG) ob eine personen-, verhaltens- oder betriebsbedingte Kündigung erfolgen soll; bei der Kündigung eines schwerbehinderten Menschen, ob der **Antrag auf Zustimmung des Integrationsamtes** gestellt worden ist; die für den zu kündigenden Arbeitnehmer geltende **Kündigungsfrist**, wenn diese dem PR nicht bereits bekannt ist;[1204] der beabsichtigte **Kündigungstermin**, d. h. der Termin, zu dem die Kündigung wirksam werden soll,[1205] es sei denn, dass der Arbeitgeber die Kündigung alsbald nach Abschluss des Mitwirkungsverfahrens zum nächstmöglichen Termin aussprechen will;[1206] die nach Ansicht des Arbeitgebers maßgeblichen **Kündigungsgründe** (vgl. Rn. 12).

1200 *BAG* v. 13.3.07 – 9 AZR 612/05 –, AP BDSG § 4f Nr. 1 (Widerruf der Bestellung eines Datenschutzbeauftragten); vgl. KfdP-*Altvater*, Rn. 11 m. w. N.
1201 *BAG* v. 5.2.98 – 2 AZR 227/97 –, PersR 98, 387, v. 18.10.00 – 2 AZR 627/99 –, PersR 01, 125, u. v. 12.1.06 – 2 AZR 242/05 –, AP BetrVG 1972 § 102 Nr. 158.
1202 *BAG* v. 4.3.81 – 7 AZR 104/79 –, AP LPVG Baden-Württemberg § 77 Nr. 1.
1203 *BAG* v. 6.10.05 – 2 AZR 280/04 –, AP BetrVG 1972 § 102 Nr. 154, u. v. 23.4.09 – 6 AZR 516/08 –, PersR 10, 164.
1204 *BAG* v. 29.3.90 – 2 AZR 420/89 – u. v. 19.9.93 – 2 AZR 267/93 –, AP BetrVG 1972 § 102 Nr. 56 u. 62.
1205 *BAG* v. 4.3.81, a. a. O.
1206 *BAG* v. 29.1.86 – 7 AZR 257/84 –, AP BetrVG 1972 § 102 Nr. 42, u. v. 27.4.06 – 2 AZR 426/05 –, PersR 06, 398 Os.

Ordentliche Kündigung (Abs. 1) § 79

Zur ordnungsgemäßen Unterrichtung des Betriebsrats über die **Kündigungsgründe** lassen sich der Rspr. des *BAG* folgende Grundsätze entnehmen, die auf das PersVR übertragbar sind:[1207] Der Arbeitgeber entscheidet, auf welche Gründe er eine Kündigung stützen will (**subjektive Determination**). Der Dienststellenleiter muss dem PR nur diejenigen Gründe mitteilen, die nach seiner subjektiven Sicht die Kündigung rechtfertigen und für seinen Kündigungsentschluss maßgebend sind.[1208] Er kann nachträglich die Kündigung auf einzelne, dem PR bereits mitgeteilte Tatsachen beschränken.[1209] Der Dienststellenleiter darf die dem PR mitzuteilenden Gründe i.d.R. nicht nur pauschal, schlagwort- oder stichwortartig bezeichnen, sondern er muss den von ihm als maßgebend erachteten Sachverhalt dem PR unter Angabe von Tatsachen **näher beschreiben**.[1210] Er ist zur **wahrheitsgemäßen Information** verpflichtet.[1211] Dem PR sind auch **gegen die Kündigung sprechende Tatsachen** mitzuteilen.[1212] Der Sachverhalt, der zum Kündigungsentschluss des Dienststellenleiters geführt hat, ist so zu beschreiben, dass der PR **ohne zusätzliche eigene Nachforschungen** in die Lage versetzt wird, die Stichhaltigkeit der Kündigungsgründe zu prüfen.[1213] Gilt für den zu kündigenden Arbeitnehmer das KSchG, sind alle der Begründung des **gesetzlichen Kündigungsgrundes** zugrunde liegenden Tatsachen – d.h. alle Tatbestandsmerkmale einer personen-, verhaltens- oder betriebsbedingten Kündigung – anzugeben.[1214] Die Verpflichtung des Dienststellenleiters zur Darlegung der Kündigungsgründe besteht **ausnahmsweise** nicht, wenn der PR bei der Einleitung des Mitwirkungsverfahrens bereits über den **erforderlichen und aktuellen Kenntnisstand** verfügt, um zu der konkret beabsichtigten Kündigung eine Stellungnahme abgeben zu können.[1215] Auch dann muss der Dienststellenleiter dem PR i.d.R. jedoch ausdrücklich mitteilen, warum er den bekannten Tatsachen kündigungserhebliche Bedeutung zumisst.[1216]

Bei einer beabsichtigten **Änderungskündigung** hat der Dienststellenleiter

12

13

1207 *BAG* v. 27.3.03 – 2 AZR 699/01 –, PersR 04, 322, u. v. 23.11.04 – 2 AZR 38/04 –, AP KSchG 1969 § 1 Soziale Auswahl Nr. 70.
1208 St. Rspr. des *BAG*; vgl. Urt. v. 11.7.91 – 2 AZR 119/91 –, AP BetrVG 1972 § 102 Nr. 57, u. v. 23.6.09 – 2 AZR 474/07 –, AP BGB § 626 Verdacht strafbarer Handlung Nr. 47.
1209 *BAG* v. 27.11.08 – 2 AZR 98/07 –, AP KSchG 1969 § 1 Nr. 90.
1210 *BAG* v. 11.7.91, a.a.O.; ferner *BAG* v. 8.9.88 – 2 AZR 103/88 –, AP BetrVG 1972 § 102 Nr. 49 (nur ausnahmsweise pauschal durch ein Werturteil).
1211 *BAG* v. 18.5.94 – 2 AZR 920/93 –, v. 22.9.94 – 2 AZR 31/94 – u. v. 16.9.04 – 2 AZR 511/03 –, AP BetrVG 1972 § 102 Nr. 64, 68 u. 142.
1212 *BAG* v. 2.11.83 – 7 AZR 65/82 –, AP BetrVG 1972 § 102 Nr. 29.
1213 *BAG* v. 11.7.91, a.a.O., v. 7.11.02 – 2 AZR 493/01 –, PersR 03, 451, v. 26.7.07 – 8 AZR 769/06 –, AP BGB § 613a Nr. 324, u. v. 23.6.09, a.a.O.
1214 Näher dazu KfdP-*Altvater*, Rn. 18 m.w.N.
1215 St. Rspr. des *BAG*, vgl. Urt. v. 28.8.03 – 2 AZR 377/02 –, AP BetrVG 1972 § 102 Nr. 134.
1216 Vgl. KfdP-*Altvater*, Rn. 21 m.w.N.

§ 79 Ordentliche Kündigung (Abs. 1)

dem PR das Änderungsangebot und die Gründe für die beabsichtigte Änderung der Arbeitsbedingungen mitzuteilen.[1217] Will er sich eine Beendigungskündigung vorbehalten und dazu eine erneute Beteiligung des PR ersparen, muss er zugleich verdeutlichen, dass er im Falle der Ablehnung des Änderungsangebots die Beendigungskündigung beabsichtigt.[1218]

13a Die Grundsätze für die Unterrichtung des PR über die Kündigungsgründe gelten auch dann, wenn der zu kündigende Arbeitnehmer (noch) **keinen Kündigungsschutz** nach dem KSchG genießt, insb. bei einer Wartezeitkündigung innerhalb der ersten sechs Monate des Arbeitsverhältnisses.[1219] In diesem Falle richtet sich der Inhalt der Mitteilungspflicht danach, welche konkreten Umstände oder subjektiven Vorstellungen zum Kündigungsentschluss geführt haben.[1220] Bei **Probezeitkündigungen** ist die Mitteilung an den PR ausreichend, der maßgebliche Kündigungsgrund sei die negative Beurteilung der Zusammenarbeit des Arbeitnehmers mit anderen Beschäftigten durch den Dienstvorgesetzten.[1221]

14 Ein **Nachschieben von Kündigungsgründen** ist i.d.R. nicht zulässig, weil der PR sich vor Ausspruch der Kündigung damit nicht befassen konnte. Es ist wie folgt zu differenzieren:[1222] Gründe und Tatsachen, die bereits vor Ausspruch der Kündigung bestanden haben und dem Arbeitgeber bekannt waren, die er aber dem PR nicht mitgeteilt hat, dürfen nicht nachgeschoben werden, und zwar auch dann nicht, wenn der PR aufgrund der ihm mitgeteilten Gründe zugestimmt hat.[1223] Gründe und Tatsachen, die dem Arbeitgeber im Zeitpunkt der Unterrichtung des PR bekannt sind oder zumindest noch vor Ausspruch der Kündigung bekannt werden, dürfen im Kündigungsschutzprozess verwertet werden, wenn sie dem PR noch vor Ausspruch der Kündigung mitgeteilt werden, wobei hinsichtlich dieser weiteren Gründe und Tatsachen alle Fristen des Mitwirkungsverfahrens neu zu laufen beginnen.[1224] Gründe und Tatsachen, die im Zeitpunkt der Kündigung bereits entstanden waren, dem Arbeitgeber jedoch erst nach dem Ausspruch der Kündigung bekannt werden, dürfen im Kündigungsschutzprozess nachgeschoben werden, wenn in Bezug auf diese Gründe und Tatsachen ein erneutes Mitwirkungsverfahren durchgeführt wird.[1225]

1217 *BAG* v. 30.11.89 – 2 AZR 197/89 –, AP BetrVG 1972 § 102 Nr. 53.
1218 *BAG* v. 30.11.89, a.a.O.
1219 Vgl. *BAG* v. 23.4.09 – 6 AZR 516/08 –, PersR 10, 164.
1220 *BAG* v. 18.5.94 – 2 AZR 920/93 –, AP BetrVG 1972 § 102 Nr. 64, v. 22.9.05 – 2 AZR 366/04 –, AP BGB § 130 Nr. 24, u. v. 22.4.10 – 6 AZR 828/08 –, PersR 10, 418 Os.; vgl. KfdP-*Altvater*, Rn. 20 m.w.N.
1221 *BAG* v. 21.7.05 – 6 AZR 498/04 –, PersR 06, 86.
1222 Näher dazu KfdP-*Altvater*, Rn. 25–27 m.w.N.
1223 *BAG* v. 18.12.80 – 2 AZR 1006/78 –, v. 1.4.81 – 7 AZR 1003/78 – u. v. 11.4.85 – 2 AZR 239/84 –, AP BetrVG 1972 § 102 Nr. 22, 23 u. 39, sowie v. 26.9.91 – 2 AZR 132/91 –, AP KSchG 1969 § 1 Krankheit Nr. 28.
1224 Vgl. *BAG* v. 6.2.97 – 2 AZR 265/96 –, AiB 97, 668.
1225 *BAG* v. 18.12.80 u. v. 11.4.85, jew. a.a.O.; str.

Ordentliche Kündigung (Abs. 1) § 79

Eine bestimmte **Form der Unterrichtung** ist nicht vorgeschrieben. Schon **15** aus Beweisgründen empfiehlt sich die schriftliche Information. Das *BAG* ist der Ansicht, der Arbeitgeber brauche dem Betriebsrat über die erforderlichen Tatsachenangaben hinaus keine **Unterlagen** vorzulegen.[1226] Dieser Rspr. ist für das BPersVG nicht zu folgen, weil die allgemeine Vorschrift des § 68 Abs. 2 S. 2 schon mangels einer spezialgesetzlichen Regelung auch für die Information des PR im Rahmen seiner förmlichen Beteiligung gilt (vgl. § 68 Rn. 22 ff.; § 69 Rn. 13; § 72 Rn. 6).[1227]

Das Mitwirkungsverfahren muss gegenüber der **zuständigen Personal- 16 vertretung** eingeleitet werden. Geschieht dies nicht, ist die trotzdem ausgesprochene Kündigung unwirksam.[1228] Welche Personalvertretung zuständig ist, ergibt sich v. a. aus den Vorschriften des § 82. Danach ist der **(örtliche) PR** der Dienststelle, welcher der zu kündigende Arbeitnehmer als Beschäftigter angehört, (nur) dann zuständig, wenn der Leiter dieser Dienststelle nach Maßgabe der für sie geltenden Vorschriften dazu befugt ist, die Kündigung auszusprechen (vgl. § 82 Rn. 4). Ist dies nicht der Fall, kann sich die Zuständigkeit der **Stufenvertretung** aus § 82 Abs. 1 oder des **GPR** aus § 82 Abs. 3 ergeben (vgl. § 82 Rn. 5 ff. u. 15). Zuständig kann nur ein PR sein, dessen **Amtszeit** nach § 26 zum Zeitpunkt seiner Beteiligung bereits begonnen hat und noch nicht abgelaufen ist.[1229]

Für die **Meinungs- und Willensbildung des PR** gelten die allgemeinen **17** Vorschriften, insb. die der §§ 37 und 38. Nach § 102 Abs. 2 S. 4 BetrVG soll der Betriebsrat, soweit dies erforderlich erscheint, vor seiner Stellungnahme den **betroffenen Arbeitnehmer hören**. Eine vergleichbare Vorschrift findet sich im BPersVG nicht. Trotzdem ist es zulässig, dass der PR den betroffenen Beschäftigten anhört, wenn dies für seine Willensbildung erforderlich ist (vgl. § 69 Rn. 28; § 72 Rn. 12).

Erhebt der PR gegen die Kündigung **Einwendungen** so hat er der Dienst- **18** stelle nach § 72 Abs. 2 S. 2 die **Gründe** mitzuteilen (vgl. § 72 Rn. 11). Dabei ist er nicht an die in Abs. 1 S. 3 aufgeführten Gründe gebunden,[1230] sondern er kann Einwendungen jeglicher Art erheben.[1231] Für die Ein-

---

1226 Urt. v. 26.1.95 – 2 AZR 386/94 –, AP BetrVG 1972 § 102 Nr. 69, v. 6.2.97 – 2 AZR 265/96 –, AiB 97, 668, u. v. 27.3.03 – 2 AZR 699/01 –, PersR 04, 322.
1227 Str.; näher dazu KfdP-*Altvater*, Rn. 23 m. w. N.
1228 *BAG* v. 3.2.82 – 7 AZR 791/79 –, AP LPVG Bayern § 77 Nr. 1.
1229 Vgl. *BAG* v. 28.9.83 – 7 AZR 266/82 –, AP BetrVG 1972 § 21 Nr. 1.
1230 *BAG* v. 29.9.83 – 2 AZR 179/82 –, AP BPersVG § 79 Nr. 1, v. 9.2.93 – 1 ABR 43/92 –, PersR 93, 326, u. v. 6.8.02 – 1 ABR 47/01 –, PersR 03, 41.
1231 Str.; einschränkend *BVerwG* v. 30.11.94 – 6 P 11.93 –, PersR 95, 130, das Einwendungen gegen die Kündigung von Angestellten im Probearbeitsverhältnis dann für unbeachtlich hält, wenn sie nur auf Bedenken gegen die Eignungsbeurteilung des Arbeitgebers gestützt sind; differenzierend *VGH BW* v. 24.7.07 – PL 15 S 388/05 –, juris; vgl. KfdP-*Altvater*, Rn. 32 m. w. N.

§ 79 Ordentliche Kündigung (Abs. 1)

wendungen und ihre Begründung ist zwar grundsätzlich keine bestimmte **Form** vorgeschrieben (vgl. § 72 Rn. 11). Wie sich aus Abs. 1 S. 4 ergibt, müssen Einwendungen i. S. d. Abs. 1 S. 3 (im Folgenden i. d. R. als Widerspruch bezeichnet [vgl. Rn. 20]) jedoch schriftlich erhoben und begründet werden.

19 Nach fristgerecht erhobenen Einwendungen richten sich **Fortgang und Abschluss des Mitwirkungsverfahrens** nach den allgemeinen Vorschriften des § 72, wobei es unerheblich ist, ob es sich dabei um Einwendungen i. S. d. Abs. 1 S. 3 handelt. **Legt der PR einer nachgeordneten Dienststelle** die Angelegenheit der zuständigen übergeordneten Dienststelle nach § 72 Abs. 4 S. 1 **nicht fristgerecht vor,** so ist das Verfahren mit Ablauf der Vorlagefrist abgeschlossen. Die Einwendungen werden dadurch aber nicht aufgehoben, sondern behalten – wenn sie auf die in Abs. 1 S. 3 aufgeführten Gründe gestützt sind – ihre damit verbundenen Rechtswirkungen. Legt der PR einer nachgeordneten Dienststelle die Angelegenheit der zuständigen übergeordneten Dienststelle (Mittelbehörde oder oberste Dienstbehörde) nach § 72 Abs. 4 S. 1 **fristgerecht vor,** hat diese – falls sie an der Kündigungsabsicht festhält – die bei ihr bestehende Stufenvertretung (BPR oder HPR) mit der Angelegenheit zu befassen (vgl. § 72 Rn. 14 ff.). Die **Stufenvertretung** entscheidet in eigener Verantwortung darüber, ob sie die vom PR erhobenen Einwendungen aufrechterhält oder ob sie (zusätzlich) andere Einwendungen erhebt (vgl. § 72 Rn. 16; § 69 Rn. 34). Tut sie das nicht, so gilt die beabsichtigte Kündigung entsprechend § 72 Abs. 2 S. 1 als gebilligt. Andernfalls hat die übergeordnete Dienststelle zu entscheiden, ob sie den von der Stufenvertretung erhobenen (bisherigen oder neuen) Einwendungen entsprechen will. Entspricht sie ihnen nicht oder nicht in vollem Umfang, hat sie der Stufenvertretung ihre Entscheidung entsprechend § 72 Abs. 3 schriftlich mitzuteilen. Ist die Stufenvertretung ein HPR, ist das Verfahren damit abgeschlossen. Ist die Stufenvertretung dagegen ein BPR, hat er zu entscheiden, ob das Verfahren nach § 72 Abs. 4 S. 1 durch Vorlage an die oberste Dienstbehörde fortgesetzt und auf ihrer Ebene wiederholt werden soll; für diese Entscheidung und ihre Konsequenzen gilt das oben Gesagte entsprechend.

20 (Abs. 1 S. 3) Sind die vom PR erhobenen – und ggf. von der Stufenvertretung aufrechterhaltenen – Einwendungen auf **die in Abs. 1 S. 3 aufgeführten Gründe** gestützt, so kann dies nach Abs. 2 einen Anspruch des gekündigten Arbeitnehmers auf vorläufige Weiterbeschäftigung sowie nach § 1 Abs. 2 S. 2 oder 3 KSchG die Sozialwidrigkeit der Kündigung begründen (vgl. Rn. 3). Diese **qualifizierten Einwendungen** entsprechen dem Widerspruch des Betriebsrats nach § 102 Abs. 3 BetrVG und können, wie sich aus Abs. 2 S. 2 Nr. 3 ergibt, auch als **Widerspruch** des PR bezeichnet werden. Die in Abs. 1 S. 3 enthaltene Aufzählung der Widerspruchsgründe (vgl. Rn. 22 ff.) ist **abschließend.** Der PR kann die Gründe aus dem Katalog gegenüber **jeder Art von ordentlicher Kündigung**, also nicht nur bei betriebsbedingten, sondern auch bei personen-

Ordentliche Kündigung (Abs. 1) § 79

oder verhaltensbedingten Kündigungen geltend machen[1232] und auch bei einer Änderungskündigung[1233] sowie gegenüber **jeder befristeten außerordentlichen Kündigung eines ordentlich unkündbaren Arbeitnehmers** (vgl. Rn. 9f.). Der Widerspruch des PR ist nicht davon abhängig, dass der Arbeitnehmer Kündigungsschutz nach § 1 Abs. 1 KSchG genießt.[1234]

Nur ein »**ordnungsgemäßer« Widerspruch** des PR kann einen Weiterbeschäftigungsanspruch nach Abs. 2 auslösen. Dazu gehört, dass der Widerspruch innerhalb der dem PR zustehenden Äußerungsfrist nach § 72 Abs. 2 S. 1 schriftlich erhoben und begründet wird, dass er sich auf einen der in Abs. 1 S. 3 aufgeführten Widerspruchsgründe (vgl. Rn. 22–26) bezieht und dass er durch Angabe konkreter Tatsachen begründet wird. Dabei müssen die angegebenen Tatsachen es als möglich erscheinen lassen, dass einer der gesetzlichen Widerspruchsgründe gegeben ist; der Widerspruch braucht aber nicht stichhaltig oder schlüssig zu sein.[1235] **21**

(**Abs. 1 S. 3 Nr. 1**) Nach Abs. 1 S. 3 Nr. 1 kann der PR seinen Widerspruch gegen die Kündigung darauf stützen, dass bei der **Auswahl** des zu kündigenden Arbeitnehmers **soziale Gesichtspunkte** nicht oder nicht ausreichend berücksichtigt worden sind. Nach h. M. kommt dieser Widerspruchsgrund nur bei **betriebsbedingten Kündigungen** in Betracht. Wird die beabsichtigte Kündigung vom Dienststellenleiter nicht nur betriebsbedingt, sondern **auch personen- oder verhaltensbedingt begründet**, kann der PR aber trotzdem nach Abs. 1 S. 3 Nr. 1 widersprechen.[1236] In die soziale Auswahl werden alle miteinander **vergleichbaren Arbeitnehmer** der Dienststelle einbezogen; dabei ist der Begriff der Dienststelle im organisationsrechtlichen Sinne zugrunde zu legen (vgl. § 75 Rn. 36; § 76 Rn. 23). Nach Abs. 1 S. 3 Nr. 1 sind nicht nur die in § 1 Abs. 3 S. 1 KSchG genannten **Gründe** (die Dauer der Betriebszugehörigkeit, das Lebensalter, die Unterhaltspflichten und die Schwerbehinderung des Arbeitnehmers) zu berücksichtigen, sondern auch andere soziale Gesichtspunkte.[1237] Macht der PR geltend, der Arbeitgeber habe zu Unrecht Arbeitnehmer nicht in die soziale Auswahl einbezogen, so müssen diese Arbeitnehmer vom PR entweder konkret benannt oder anhand abstrakter Merkmale bestimmbar sein.[1238] **22**

(**Abs. 1 S. 3 Nr. 2**) Der Widerspruchsgrund des Abs. 1 S. 3 Nr. 1 korres- **23**

[1232] *BAG* v. 10.3.77 – 2 AZR 79/76 –, AP KSchG 1969 § 1 Krankheit Nr. 4, v. 16.3.78 – 2 AZR 424/76 –, AP BetrVG 1972 § 102 Nr. 15, u. v. 22.7.82 – 2 AZR 30/81 –, AP KSchG 1969 § 1 Verhaltensbedingte Kündigung Nr. 5.
[1233] Richardi-*Benecke,* Rn. 59.
[1234] Vgl. KfdP-*Altvater,* Rn. 34 m. N.
[1235] Vgl. KfdP-*Altvater,* Rn. 35 m. N.
[1236] Str.; vgl. KfdP-*Altvater,* Rn. 36 m. N.
[1237] Str.; vgl. KfdP-*Altvater,* a. a. O.
[1238] *BAG* v. 9.7.03 – 5 AZR 305/02 –, AP BetrVG 1972 § 102 Weiterbeschäftigung Nr. 14.

§ 79 Ordentliche Kündigung (Abs. 1)

pondiert mit dem Sozialwidrigkeitsgrund des § 1 Abs. 2 S. 2 Nr. 2 Buchst. a KSchG. Danach kann der PR seinen Widerspruch damit begründen, dass die beabsichtigte Kündigung nach seiner Ansicht gegen eine **Richtlinie i. S. d. § 76 Abs. 2 Nr. 8** verstößt. Dabei handelt es sich um eine Richtlinie **über die personelle Auswahl bei Kündigungen**, an deren Erlass der PR, der GPR, der BPR oder der HPR beteiligt ist (vgl. § 76 Rn. 53 ff., 57). Der PR muss die Richtlinie benennen und die Tatsachen angeben, aus denen er den Verstoß ableitet.

24 **(Abs. 1 S. 3 Nr. 3)** Der Widerspruchsgrund des Abs. 1 S. 3 Nr. 3 ist mit dem Sozialwidrigkeitsgrund des § 1 Abs. 2 S. 2 Nr. 2 Buchst. b KSchG identisch. Danach kann der PR der Kündigung widersprechen, wenn der zu kündigende Arbeitnehmer nach seiner Ansicht an einem **anderen Arbeitsplatz** weiterbeschäftigt werden kann. Dieser muss sich entweder in **derselben Dienststelle** oder in einer **anderen Dienststelle** desselben Verwaltungszweiges (mit einer gemeinsamen obersten Dienstbehörde) an demselben Dienstort einschl. seines Einzugsgebietes (vgl. § 75 Rn. 39) befinden. Nach der Rspr. des *BAG* muss es sich um einen **vergleichbaren Arbeitsplatz** handeln, den der Arbeitgeber dem Arbeitnehmer aufgrund seines Weisungsrechts ohne Änderung des Arbeitsvertrages übertragen kann.[1239] Dieser Arbeitsplatz muss bei Ablauf der Kündigungsfrist **frei** sein oder, sofern die zeitliche Überbrückung dem Arbeitgeber zumutbar ist, in absehbarer Zeit nach Ablauf der Kündigungsfrist frei werden.[1240] Ein von einem Leiharbeitnehmer eingenommener Arbeitsplatz gilt als frei.[1241] Der PR muss den Arbeitsplatz, auf dem der zu kündigende Arbeitnehmer eingesetzt werden kann, möglichst konkret, zumindest **in bestimmbarer Weise angeben**.[1242] Das Widerspruchsrecht nach Abs. 1 S. 3 Nr. 3 ist auch dann gegeben, wenn der Arbeitnehmer nach Ansicht des PR an seinem **bisherigen Arbeitsplatz** weiterbeschäftigt werden kann.[1243] Muss zur Realisierung der Weiterbeschäftigung auf einem anderen Arbeitsplatz eine **Versetzung** i. S. d. § 75 Abs. 1 Nr. 3 erfolgen (vgl. § 75 Rn. 36 ff.), so ist die dazu erforderliche Zustimmung des **PR der abgebenden Dienststelle** bereits mit seinem auf Abs. 1 S. 3 Nr. 3 gestützten Widerspruch erteilt. Um die Zustimmung des **PR der aufnehmenden Dienststelle** hat sich der Arbeitgeber zu bemühen.[1244] Entsprechendes gilt, falls

---

1239 Urt. v. 29. 3. 90 – 2 AZR 369/89 –, AP KSchG 1969 § 1 Betriebsbedingte Kündigung Nr. 50.
1240 *BAG* v. 15. 12. 94 – 2 AZR 327/94 –, KSchG 1969 § 1 Betriebsbedingte Kündigung Nr. 67.
1241 *ArbG Stuttgart* v. 5. 6. 96 – 6 Ga 23/96 –, AuR 96, 458.
1242 *BAG* v. 17. 6. 99 – 2 AZR 608/98 – u. v. 11. 5. 00 – 2 AZR 54/99 –, AP BetrVG 1972 § 102 Weiterbeschäftigung Nr. 11 u. 13.
1243 Ebenso *LAG RP* v. 25. 3. 96 – 9 (11) Sa 656/96 –, PersR 97, 265; a. A. *BAG* v. 12. 9. 85 – 2 AZR 324/84 –, AP BetrVG 1972 § 102 Weiterbeschäftigung Nr. 7; offengelassen in *BAG* v. 27. 2. 97 – 2 AZR 361/96 –, n. v.; vgl. KfdP-*Altvater*, Rn. 42 m. w. N.
1244 Vgl. *BAG* v. 29. 1. 97 – 2 AZR 9/96 –, AP KSchG 1969 § 1 Krankheit Nr. 32.

eine **Umsetzung** i. S. d. § 76 Abs. 1 Nr. 4 vorgenommen werden muss (vgl. § 75 Rn. 39 ff.).

(Abs. 1 S. 3 Nr. 4) Der Widerspruchsgrund des Abs. 1 S. 3 Nr. 4 ist im Verhältnis zu dem des Abs. 1 S. 3 Nr. 3 nachrangig und entspricht dem in der 1. Alternative des § 1 Abs. 2 S. 3 KSchG enthaltenen Sozialwidrigkeitsgrund. Unter **Umschulung** ist die Ausbildung in einem anderen als dem bisherigen Beruf, unter **Fortbildung** die Weiterbildung im bisher ausgeübten Beruf zu verstehen.[1245] Die Umschulungs- oder Fortbildungsmaßnahme kann als inner- oder außerdienstliche Veranstaltung durchgeführt werden. Nach ihrem Abschluss muss die **Weiterbeschäftigung** auf dem bisherigen oder einem anderen Arbeitsplatz in derselben Dienststelle oder einer anderen, in Abs. 1 S. 3 Nr. 3 genannten Dienststelle möglich sein. Die Bildungsmaßnahme muss für den Arbeitgeber **zumutbar** sein. Ob dies der Fall ist, hängt von einer **Interessenabwägung** ab, bei der es insb. auf die wirtschaftliche Vertretbarkeit der entstehenden Kosten, den Qualifizierungsbedarf des Arbeitnehmers, dessen bisherige Beschäftigungsdauer und die Erfolgsaussichten der Bildungsmaßnahme ankommt. Für die Mitbestimmung bei einer etwaigen **Versetzung** oder **Umsetzung** gilt das Gleiche wie im Falle des Abs. 1 S. 3 Nr. 3 (vgl. Rn. 24). **25**

(Abs. 1 S. 3 Nr. 5) Nach Abs. 1 S. 3 Nr. 5 kann der PR der Kündigung widersprechen, wenn nach seiner Ansicht die Weiterbeschäftigung des Arbeitnehmers unter **geänderten Vertragsbedingungen** möglich ist und der Arbeitnehmer sein Einverständnis hiermit erklärt. Dieser Widerspruchsgrund ist im Verhältnis zu den Gründen des Abs. 1 S. 3 Nr. 3 und 4 nachrangig[1246] und entspricht dem in der 2. Alternative des § 1 Abs. 2 S. 3 KSchG enthaltenen Sozialwidrigkeitsgrund. Es handelt es sich um einen **Auffangtatbestand**, der sich auf alle Weiterbeschäftigungsmöglichkeiten in der bisherigen und in einer anderen, in Abs. 1 S. 3 Nr. 3 genannten Dienststelle bezieht, für die eine Änderung des Arbeitsvertrages erforderlich ist. Die Arbeitsbedingungen dürfen im Vergleich zu den bisherigen **ungünstiger** sein.[1247] Das erforderliche **Einverständnis** des Arbeitnehmers muss grundsätzlich bereits bei Einlegung des Widerspruchs vorliegen. Es kann unter dem **Vorbehalt** erklärt werden, dass die Änderung der Vertragsbedingungen sozial gerechtfertigt ist. Bedarf es zur Realisierung der Änderung der Vertragsbedingungen einer **Herabgruppierung** (vgl. dazu § 75 Rn. 31), so liegt in dem Vorschlag des PR zugleich dessen nach § 75 Abs. 1 Nr. 2 erforderliche Zustimmung. Für die Mitbestimmung bei einer etwaigen **Versetzung** oder **Umsetzung** gilt das Gleiche wie im Falle des Abs. 1 S. 3 Nr. 3 (vgl. Rn. 24). **26**

(Abs. 1 S. 4) Erst wenn das **Mitwirkungsverfahren abgeschlossen** ist, **27**

1245 *BAG* v. 7.2.91 – 2 AZR 205/90 –, AP KSchG 1969 § 1 Umschulung Nr. 1.
1246 Str.; vgl. KfdP-*Altvater*, Rn. 48 m. N.
1247 Vgl. *BAG* v. 29.3.90 – 2 AZR 369/89 –, AP KSchG 1969 § 1 Betriebsbedingte Kündigung Nr. 50.

§ 79 Weiterbeschäftigungsanspruch (Abs. 2)

kann der Arbeitgeber die beabsichtigte **Kündigung aussprechen**. Hat in einer mehrstufigen Verwaltung das Verfahren auf der Ebene einer nachgeordneten Dienststelle begonnen und werden alle der Personalvertretung zur Verfügung stehenden verfahrensrechtlichen Möglichkeiten ausgeschöpft, so hat nach § 72 Abs. 4 die oberste Dienstbehörde endgültig über die beabsichtigte Kündigung zu entscheiden (vgl. § 72 Rn. 1 und 16 ff.). Entspricht die oberste Dienstbehörde dabei den vom HPR erhobenen Einwendungen nicht oder nicht in vollem Umfang, so ist sie entsprechend § 72 Abs. 3 verpflichtet, dem HPR ihre Entscheidung unter Angabe der Gründe schriftlich mitzuteilen. Sobald dem HPR diese Mitteilung zugegangen ist, ist das Mitwirkungsverfahren beendet.[1248] Eine vorher ausgesprochene Kündigung ist grundsätzlich **unwirksam**; das soll allerdings nicht gelten, wenn die oberste Dienstbehörde ihre Verpflichtung zur abschließenden Mitteilung verletzt hat (vgl. Rn. 43).[1249]

28 Wird dem Arbeitnehmer gekündigt, obwohl der PR nach Abs. 1 S. 3 Einwendungen gegen die Kündigung erhoben hat, so ist der Arbeitgeber nach Abs. 1 S. 4 grundsätzlich verpflichtet, dem Arbeitnehmer mit der Kündigung eine **Abschrift der Stellungnahme des PR** – also des Widerspruchs gegen die Kündigung – zuzuleiten. Diese Verpflichtung besteht aber dann nicht, wenn die **Stufenvertretung** in der Verhandlung nach § 72 Abs. 4 S. 2 die **Einwendungen des PR nicht aufrechterhalten** hat. Dieser Fall liegt vor, wenn die zuletzt beteiligte Stufenvertretung die ursprünglichen, in Abs. 1 S. 3 aufgeführten Einwendungen nicht aufrechterhalten und lediglich andere als die in Abs. 1 S. 3 genannten Einwendungen erhoben oder von Einwendungen ganz abgesehen hat. Anders ist es dagegen, wenn die Stufenvertretung zwar die ursprünglichen Einwendungen nicht aufrechterhalten, aber stattdessen andere, ebenfalls in Abs. 1 S. 3 genannte Einwendungen erhoben hat. In diesem Falle ist dem Arbeitnehmer eine Abschrift der Stellungnahme der Stufenvertretung zuzuleiten.

29 Die Verpflichtung nach Abs. 1 S. 4 bezieht sich immer auf den von der **zuletzt beteiligten Personalvertretung** ggf. eingelegten ordnungsgemäßen Widerspruch. Sie entfällt nicht deshalb, weil der PR (oder der BPR) von der nach § 72 Abs. 4 möglichen Vorlage an eine übergeordnete Dienststelle (bzw. die oberste Dienstbehörde) abgesehen hat (vgl. Rn. 19). Das gilt auch dann, wenn der PR nach Abs. 1 S. 3 Nr. 3 die Möglichkeit der Weiterbeschäftigung in einer anderen Dienststelle geltend gemacht hat (vgl. Rn. 24).[1250]

30 **(Abs. 2)** Hat die Personalvertretung gegen eine ordentliche Kündigung nach Abs. 1 S. 3 Einwendungen erhoben, so hat der gekündigte Arbeitnehmer während des Kündigungsschutzprozesses grundsätzlich Anspruch auf vorläufige Weiterbeschäftigung. Dieser **personalvertretungsrecht-**

1248 Vgl. *BAG* v. 5.10.95 – 2 AZR 909/94 –, PersR 96, 76.
1249 *BAG* v. 5.10.95, a. a. O.
1250 Insoweit str.; vgl. KfdP-*Altvater*, Rn. 53 m. N.

liche **Weiterbeschäftigungsanspruch** ist nach Abs. 2 S. 1 an folgende **Voraussetzungen** gebunden: (1) Der Arbeitgeber hat eine **ordentliche Kündigung** (vgl. Rn. 8f.) oder eine außerordentliche Kündigung gegenüber einem ordentlich unkündbaren Arbeitnehmer mit einer (der fiktiven ordentlichen Kündigungsfrist entsprechenden) Frist (vgl. Rn. 10) ausgesprochen. (2) Die zuletzt beteiligte Personalvertretung hat einen ordnungsgemäßen **Widerspruch** gegen die Kündigung eingelegt (vgl. Rn. 21 und 28f.). (3) Der Arbeitnehmer genießt Kündigungsschutz nach dem KSchG und hat **Kündigungsschutzklage** erhoben, mit der er geltend macht, dass die Kündigung sozial ungerechtfertigt oder aus anderen Gründen rechtsunwirksam ist. (4) Der Arbeitnehmer **verlangt** die Weiterbeschäftigung (vgl. Rn. 31).

Der Arbeitnehmer muss vom Arbeitgeber deutlich erkennbar die **Weiterbeschäftigung verlangen**. Obwohl dafür eine bestimmte Form nicht vorgeschrieben ist, empfiehlt sich die Schriftform. Das Verlangen muss spätestens am ersten Arbeitstag nach Ablauf der Kündigungsfrist erfolgen.[1251] Werden im Kündigungsschutzprozess zulässigerweise Kündigungsgründe nachgeschoben, ist ein Weiterbeschäftigungsverlangen auch noch nach Einlegung eines darauf bezogenen Widerspruchs des PR zulässig. **31**

Lehnt der Arbeitgeber es ab, den Arbeitnehmer nach Abs. 2 S. 1 weiterzubeschäftigen, kann dieser seinen Anspruch vor dem Arbeitsgericht im Urteilsverfahren durch **Klage** oder durch einen Antrag auf Erlass einer **einstweiligen Verfügung** geltend machen.[1252] **32**

Liegen die Voraussetzungen des in Abs. 2 S. 1 geregelten Weiterbeschäftigungsanspruchs vor, kann der Arbeitnehmer verlangen, dass er nach Ablauf der Kündigungsfrist bis zum rechtskräftigen Abschluss des Rechtsstreits »**bei unveränderten Arbeitsbedingungen**« weiterbeschäftigt wird. Das bedeutet, dass er so zu stellen ist, als ob die Kündigung nicht ausgesprochen worden wäre. Dem Arbeitnehmer dürfen auch **keine Leistungen vorenthalten** werden, von denen gekündigte Arbeitnehmer u. U. ausgeschlossen werden dürfen.[1253] Die Zeit der Weiterbeschäftigung ist auf die **Dauer der Betriebszugehörigkeit** anzurechnen.[1254] Der Arbeitnehmer ist nach h.M. wie bisher **tatsächlich zu beschäftigen**.[1255] Bei PR-Wahlen ist er weiterhin aktiv und passiv **wahlberechtigt** (vgl. § 13 Rn. 5; § 14 Rn. 2). Während der Zeit der Weiterbeschäftigung kann er **besondere Schutzrechte** erwerben, z.B. den besonderen Kündigungsschutz **33**

1251 *BAG* v. 11.5.00 – 2 AZR 54/99 –, AP BetrVG 1972 § 102 Weiterbeschäftigung Nr. 13.
1252 Näher dazu KfdP-*Altvater*, Rn. 57.
1253 Str.; vgl. KfdP-*Altvater*, Rn. 58 m.N.
1254 Str.; vgl. KfdP-*Altvater*, a.a.O.
1255 Vgl. *BAG* v. 26.5.77 – 2 AZR 632/76 –, AP BGB § 611 Beschäftigungspflicht Nr. 5.

§ 79 Außerordentliche Kündigung, fristlose Entlassung (Abs. 3)

nach § 15 Abs. 2 KSchG i. V. m. § 47 Abs. 1 BPersVG, § 9 MuSchG oder § 85 SBG IX.

34 Auf Antrag des Arbeitgebers kann das Arbeitsgericht ihn nach Abs. 2 S. 2 durch einstweilige Verfügung **ausnahmsweise von der Verpflichtung zur Weiterbeschäftigung entbinden**, wenn einer der in Abs. 2 S. 2 Nr. 1 bis 3 abschließend aufgeführten Gründe vorliegt.[1256] Diese Gründe sind im Zweifel zugunsten des Arbeitnehmers auszulegen. Die Kündigungsschutzklage bietet nur dann **keine hinreichende Aussicht auf Erfolg**, wenn eine summarische Prüfung ergibt, dass sie offensichtlich oder doch mit hinreichender Wahrscheinlichkeit keinen Erfolg haben wird. **Mutwillig** erscheint sie nur, wenn eine »verständige Partei« ihr Recht nicht in gleicher Weise verfolgen würde, was nur äußerst selten der Fall sein dürfte. Eine **unzumutbare wirtschaftliche Belastung** des Arbeitgebers kann im Geltungsbereich des PersVR nur ganz ausnahmsweise in Betracht kommen. Ein **offensichtlich unbegründeter Widerspruch** des PR kann nur dann vorliegen, wenn sich die Grundlosigkeit des Widerspruchs bei unbefangener Beurteilung geradezu aufdrängt.

35 Die Weiterbeschäftigungspflicht des Arbeitgebers kann auch **auf andere Weise** als durch einstweilige Verfügung nach Abs. 2 S. 2 **beendet** werden, z. B. durch Aufhebungsvertrag oder Klagerücknahme.[1257] Der Weiterbeschäftigungsanspruch endet spätestens mit dem **rechtskräftigen Abschluss des Kündigungsrechtsstreits**: Obsiegt der Arbeitnehmer, dann wird das bisherige Arbeitsverhältnis nahtlos fortgesetzt. Wird dagegen seine Klage abgewiesen, dann endet das Weiterbeschäftigungsverhältnis mit der Rechtskraft des Urteils.

36 (**Abs. 3**) Nach Abs. 3 S. 1 ist der PR vor **außerordentlichen Kündigungen** von Arbeitnehmern und vor **fristlosen Entlassungen** von Beamten anzuhören. Das gilt mangels einer Verweisung auf § 77 Abs. 1 S. 1 oder 2 ohne Einschränkung auch bei den dort aufgeführten Beschäftigten. Das Verfahren der **Anhörung** ist anders als das der Mitwirkung nicht in einer gesonderten Vorschrift, sondern in Abs. 3 S. 2 und 3 geregelt.

37 Eine **außerordentliche Kündigung des Arbeitsverhältnisses** beendet dieses vorzeitig und ohne Beachtung der sonst geltenden Kündigungsfristen. Nach § 626 Abs. 1 BGB kann sie nur aus **wichtigem Grund** und nach § 626 Abs. 2 BGB nur innerhalb einer **Frist von zwei Wochen** erfolgen, die mit dem Zeitpunkt beginnt, »in dem der Kündigungsberechtigte von den für die Kündigung maßgebenden Tatsachen Kenntnis erlangt«. Fällt das Arbeitsverhältnis unter einen **Tarifvertrag**, gelten für die außerordentliche Kündigung ggf. dessen Bestimmungen. Von § 626 BGB dürfen diese jedoch nicht zum Nachteil des Arbeitnehmers abweichen.[1258] Die außerordentliche Kündigung erfolgt i. d. R. **fristlos**. Jedoch steht es

---

1256 Näher dazu KfdP-*Altvater*, Rn. 59–63.
1257 Vgl. KfdP-*Altvater*, Rn. 64.
1258 Vgl. *BAG* v. 19. 1. 73 – 2 AZR 103/72 –, AP BGB § 626 Ausschlussfrist Nr. 5.

Außerordentliche Kündigung, fristlose Entlassung (Abs. 3) § 79

dem Arbeitgeber frei, die Kündigung erst nach einer **Auslauffrist** wirksam werden zu lassen, die i. d. R. kürzer ist als die bei einer ordentlichen Kündigung einzuhaltende Frist. Von der außerordentlichen Kündigung mit Auslauffrist ist die **befristete** außerordentliche Kündigung zu unterscheiden, die gegenüber einem ordentlich unkündbaren Arbeitnehmer in Betracht kommen kann; sie unterliegt nicht der Anhörung, sondern der Mitwirkung des PR (vgl. Rn. 10). Nach abzulehnender Rspr. des *BAG* sollen »**Kampfkündigungen**«, d. h. außerordentliche fristlose Kündigungen als Gegenmaßnahme des Arbeitgebers auf rechtswidrige Arbeitsniederlegungen, der Anhörung des Betriebsrats – und dementsprechend auch der des PR – nicht unterliegen (vgl. § 66 Rn. 15).[1259] Die **außerordentliche Kündigung des Berufsausbildungsverhältnisses** ist geregelt in § 22 Abs. 2 bis 4 BBiG (bzw. in § 15 Abs. 2 bis 4 KrPflG oder den entsprechenden Vorschriften in den Spezialgesetzen für die Ausbildung in nichtakademischen Gesundheitsfachberufen). Danach kann das Ausbildungsverhältnis nach der Probezeit vom Ausbildenden nur aus einem wichtigen Grund ohne Einhaltung einer Kündigungsfrist gekündigt werden, wobei die Anforderungen höher sind als nach § 626 BGB.[1260]

Die **fristlose Entlassung** betrifft die Beendigung des Beamtenverhältnisses durch **Verwaltungsakt** in den Fällen, die nicht von § 78 Abs. 1 Nr. 4 erfasst werden, weil eine Frist nicht gewährt wird.[1261] Sie kommt bei Beamten auf Probe oder auf Widerruf in Betracht (vgl. § 78 Rn. 21).[1262] **Beamte auf Probe** können nach § 34 Abs. 3 S. 1 i. V. m. Abs. 1 Nr. 1 BBG ohne Einhaltung einer Frist entlassen werden, wenn bei ihnen ein Verhalten vorliegt, das bei einem Beamten auf Lebenszeit mindestens eine Kürzung der Dienstbezüge zur Folge hätte. **Beamte auf Widerruf** können nach § 37 Abs. 1 S. 1 und 2 BBG grundsätzlich jederzeit entlassen werden, wobei die Entlassung ohne Einhaltung einer Frist möglich ist; bei Beamten im Vorbereitungsdienst gelten jedoch die Beschränkungen des § 37 Abs. 2 BBG. **38**

Das **Verfahren der Anhörung** wird dadurch **eingeleitet**, dass der Dienststellenleiter dem zuständigen PR (vgl. Rn. 16) die beabsichtigte Kündigung bzw. Entlassung **mitteilt**. Dabei hat er den PR nach § 68 Abs. 2 S. 1 und 2 über die beabsichtigte Maßnahme zu unterrichten und sie nach Abs. 3 S. 2 zu **begründen**. Dies hat unter Vorlage der erforderlichen Unterlagen ebenso umfassend zu geschehen wie bei einer ordentlichen Kündigung (vgl. Rn. 11 ff.). Obwohl eine bestimmte **Form** der Unterrichtung nicht vorgeschrieben ist, empfiehlt sich aus Beweisgründen die Schriftform. Für **39**

1259 Urt. v. 14.2.78 – 1 AZR 76/76 –, AP GG Art. 9 Arbeitskampf Nr. 58; KfdP-*Altvater*, Rn. 67 m. w. N.
1260 Näher dazu KSchR-*Däubler*, § 22 BBiG Rn. 15 ff.; *Lakies/Malottke*, § 22 Rn. 25 ff.
1261 Vgl. *BVerwG* v. 9.5.85 – 2 C 23.83 –, PersR 86, 55.
1262 KfdP-*Altvater*, Rn. 68.

§ 79 Außerordentliche Kündigung, fristlose Entlassung (Abs. 3)

das **Nachschieben** von Kündigungsgründen gelten die gleichen Grundsätze wie bei der ordentlichen Kündigung (vgl. Rn. 14).

40 Die **Anhörung** des PR besteht darin, dass er zu der beabsichtigten Maßnahme Stellung nehmen kann. Es entspricht dem Gebot der vertrauensvollen Zusammenarbeit (vgl. § 2 Rn. 4), auf Wunsch des PR eine vorherige **Erörterung** mit dem Dienststellenleiter durchzuführen. Der PR ist nach Abs. 3 S. 3 verpflichtet, **unverzüglich** – d. h. ohne schuldhaftes Zögern (§ 121 Abs. 1 S. 1 BGB) – über seine Stellungnahme zu entscheiden; **Bedenken** hat er dem Dienststellenleiter unter Angabe der Gründe spätestens innerhalb von **drei Arbeitstagen** schriftlich mitzuteilen. Für die Berechnung der Frist gilt das Gleiche wie im Verfahren der Mitbestimmung oder Mitwirkung (vgl. § 69 Rn. 16 ff. u. § 72 Rn. 10). Die Äußerungsfrist ist nach h. M. eine nicht verlängerbare **Ausschlussfrist**.[1263] Sie kann vom Dienststellenleiter nicht einseitig verkürzt werden.[1264] Der Dienststellenleiter hat die mitgeteilten Bedenken des PR zu **prüfen** und danach zu **entscheiden**, ob er an der beabsichtigten Maßnahme festhalten oder von ihr absehen will. Damit ist das Anhörungsverfahren beendet.

41 Die (fehlerfreie) Anhörung des PR ist **Wirksamkeitsvoraussetzung** einer anhörungspflichtigen außerordentlichen Kündigung (vgl. Rn. 43 f.). Allerdings ist eine anhörungspflichtige Kündigung nicht deshalb unwirksam, weil der PR im Mitwirkungsverfahren (und dabei fehlerfrei) beteiligt worden ist. Ist der PR nur angehört worden, so ist die **Umdeutung** einer unwirksamen außerordentlichen Kündigung in eine (mitwirkungspflichtige) ordentliche Kündigung grundsätzlich nicht möglich.[1265] Etwas anderes kann jedoch ausnahmsweise dann gelten, wenn der PR der beabsichtigten außerordentlichen Kündigung ausdrücklich zugestimmt hat.[1266] Andererseits ersetzt die Durchführung des Mitwirkungsverfahrens wegen einer ordentlichen Kündigung nicht die notwendige Anhörung zu einer außerordentlichen Kündigung.[1267]

42 Die Entlassungsverfügung ist ein **Verwaltungsakt**. Dieser ist **rechtswidrig** und **anfechtbar**, wenn der PR vorher nicht (fehlerfrei) angehört worden ist, wobei die unterbliebene Anhörung auch im Widerspruchsverfahren nicht mit heilender Wirkung nachgeholt werden kann.[1268] Allerdings ist die fristlose Entlassung nicht schon dann rechtswidrig, wenn ihr statt des Anhörungsverfahrens ein Mitwirkungsverfahren vorausgegangen ist, weil es sich dabei um die stärkere Beteiligungsform handelt.[1269] Eine

---

1263 Vgl. KfdP-*Altvater*, Rn. 71 m. N.
1264 Str.; vgl. KfdP-*Altvater*, a. a. O.
1265 *BAG* v. 12. 2. 73 – 2 AZR 116/72 –, AP BGB § 626 Ausschlussfrist Nr. 6; vgl. KfdP-*Altvater*, Rn. 73.
1266 *BAG* v. 23. 10. 08 – 2 AZR 388/07 –, AP BGB § 626 Nr. 217.
1267 *BAG* v. 12. 8. 76 – 2 AZR 311/75 –, AP BetrVG 1972 § 102 Nr. 10.
1268 *BVerwG* v. 1. 12. 82 – 2 C 59.81 –, ZBR 83, 189, v. 9. 5. 85 – 2 C 23.83 –, PersR 86, 55, u. v. 24. 9. 92 – 2 C 6.92 –, PersR 93, 73.
1269 *OVG NW* v. 24. 3. 88 – 12 A 854/86 –, DÖD 88, 269.

Unwirksamkeit der Kündigung (Abs. 4) § 79

Umdeutung einer fristlosen in eine fristgerechte Entlassung ist i. d. R. nicht möglich, wenn nur ein Anhörungsverfahren durchgeführt worden ist.[1270] Etwas anderes soll aber gelten, wenn der PR der Entlassung ausdrücklich zugestimmt hat.[1271]

(Abs. 4) Die Regelung des § 79 Abs. 4 entspricht nicht nur der für die Beteiligung des Betriebsrats geltenden Vorschrift des **§ 102 Abs. 1 S. 3 BetrVG**, sondern auch der für die Beteiligung der Personalvertretungen in den Ländern unmittelbar geltenden Vorschrift des **§ 108 Abs. 2 BPersVG**. Sie bestimmt, dass eine (durch den Arbeitgeber ausgesprochene ordentliche oder außerordentliche) **Kündigung** (des Arbeitsverhältnisses) **unwirksam** ist, wenn der **PR nicht** (**wie im Gesetz** [insb. in § 79 Abs. 1 oder 3 oder § 47 Abs. 1] **vorgeschrieben**) beteiligt worden ist. Die unwirksame Kündigung beendet das Arbeitsverhältnis nicht. Ist die Personalvertretung durch den Arbeitgeber **fehlerhaft beteiligt** worden, dann steht das der Nichtbeteiligung grundsätzlich gleich.[1272] Wird das Beteiligungsverfahren nicht durch den Dienststellenleiter oder (im Falle seiner Verhinderung) durch eine andere, zu seiner Vertretung befugte Person, sondern stattdessen durch einen **personalvertretungsrechtlich nicht zuständigen Beschäftigten** eingeleitet, so führt dies allerdings nicht zur Unwirksamkeit der Kündigung, wenn der PR den Fehler nicht rügt, sondern zu der beabsichtigten Kündigung abschließend Stellung genommen hat (vgl. § 7 Rn. 4). Hat jedoch der Dienststellenleiter den PR **unzureichend unterrichtet**, führt dies grundsätzlich zur Unwirksamkeit der Kündigung.[1273] Allerdings hat eine unvollständige Information über die Kündigungsgründe nach dem Grundsatz der subjektiven Determination lediglich zur Folge, dass der Arbeitgeber die Kündigung im Kündigungsschutzprozess nur auf die dem PR mitgeteilten (und zulässigerweise nachgeschobenen) Gründe stützen kann (vgl. Rn. 12, 14). Grundsätzlich unwirksam ist die Kündigung dann, wenn der Arbeitgeber sie bereits **vor Ablauf der Äußerungsfrist ausgesprochen** hat, ohne die Stellungnahme des PR abzuwarten.[1274] Auch die nachträgliche Zustimmung des PR heilt den Mangel nicht.[1275] Beteiligt der Dienststellenleiter eine **nicht zuständige Personalvertretung** (z. B. anstelle des örtlichen PR die Stufenvertretung), dann ist die Kündigung auch dann unwirksam, wenn das Verfahren im Übrigen ordnungsgemäß durchgeführt worden ist und der beteiligte PR keine Einwendungen erhoben hat.[1276]

1270 *VGH BW* v. 21.11.89 – 4 S 2258/89 –, PersV 90, 493.
1271 *BVerwG* v. 24.9.92, a.a.O.
1272 St. Rspr. des *BAG;* vgl. Urt. v. 29.10.98 – 2 AZR 61/98 – u. v. 12.3.09 – 2 AZR 251/07 –, PersR 99, 135, u. 10, 67.
1273 Vgl. *BAG* v. 5.2.81 – 2 AZR 1135/78 –, AP LPVG NW § 72 Nr. 1.
1274 St. Rspr. des *BAG;* vgl. Urt. v. 13.11.75 – 2 AZR 610/74 – u. v. 3.4.08 – 2 AZR 965/06 –, AP BetrVG 1972 § 102 Nr. 7 u. 159.
1275 *BAG* v. 28.2.74 – 2 AZR 455/73 –, AP BetrVG 1972 § 102 Nr. 2.
1276 Vgl. *BAG* v. 3.2.82 – 7 AZR 791/79 –, AP LPVG Bayern Art. 77 Nr. 1.

§ 80 Beratende Teilnahme an Prüfungen

44 Ein **Fehler des PR in seinem Verantwortungsbereich** (der z. B. darin bestehen kann, dass statt der zuständigen Gruppe das gesamte Gremium abstimmt oder der Vorstand von sich aus unter Übergehung des Plenums zustimmt) beeinträchtigt die Wirksamkeit der Kündigung grundsätzlich selbst dann nicht aus, wenn der Arbeitgeber im Zeitpunkt der Kündigung weiß oder nach den Umständen vermuten kann, dass die Behandlung der Angelegenheit durch den PR nicht fehlerfrei erfolgt ist.[1277] Etwas anderes kann ausnahmsweise dann gelten, wenn der **Arbeitgeber den Fehler** bei der Willensbildung des PR durch unsachgemäßes Verhalten **selbst veranlasst bzw. beeinflusst hat**[1278] oder wenn in Wahrheit **keine Stellungnahme des Gremiums PR**, sondern erkennbar z. B. nur eine persönliche Äußerung des PR-Vorsitzenden vorliegt.[1279]

§ 80 [Beratende Teilnahme an Prüfungen]

An Prüfungen, die eine Dienststelle von den Beschäftigten ihres Bereichs abnimmt, kann ein Mitglied des für diesen Bereich zuständigen Personalrates, das von diesem benannt ist, beratend teilnehmen.

1 Für Prüfungen, die eine Dienststelle von den Beschäftigten ihres Bereichs abnimmt, sieht § 80 ein **besonderes Beteiligungsrecht** des PR vor, der für diesen Bereich zuständig ist. Der Begriff der **Prüfung** i. S. d. § 80 ist weit auszulegen. Er umfasst alle mit dem beruflichen Fortkommen in Verbindung stehenden und in einem förmlichen Verfahren geregelten Feststellungen von persönlichen und fachlichen Eigenschaften und Fähigkeiten von Beschäftigten.[1280] Das Beteiligungsrecht des PR besteht aber nur dann, wenn sich die Wirkungen der Prüfung im Falle des Bestehens wie des Nichtbestehens auf den Bereich der die Prüfung abnehmenden Dienststelle beschränken, d. h. wenn es sich um eine »**verwaltungsinterne Prüfung**« handelt.[1281] Diese Voraussetzung ist **nicht** erfüllt beim Abschluss einer Berufsausbildung, die jeder öffentlich-rechtliche Dienstherr oder jeder in Betracht kommende private Arbeitgeber anzuerkennen hat.[1282] Sie liegt z. B. nicht vor bei den von staatlichen Prüfungsämtern durchgeführten juristischen Staatsprüfungen, bei den von Prüfungsausschüssen nach dem Berufsbildungsgesetz abgenommenen Zwischen- und Abschlussprüfungen in anerkannten Ausbildungsberufen, bei den staatlichen Prüfungen, mit denen die Ausbildung der Gesundheits- und (Kinder-)Krankenpfleger/in-

---

1277 *BAG* v. 16.1.03 – 2 AZR 707/01 –, AP BetrVG 1972 § 102 Nr. 129.
1278 *BAG* v. 24.6.04 – 2 AZR 461/03 –, AP BGB § 620 Kündigungserklärung Nr. 22.
1279 *BAG* v. 6.10.05 – 2 AZR 316/04 –, AP BetrVG 1972 § 102 Nr. 150, u. v. 12.3.09 – 2 AZR 251/07 –, PersR 10, 67.
1280 *BVerwG* v. 25.3.09 – 6 P 8.08 –, PersR 09, 325, m. w. N.
1281 *BVerwG* v. 8.10.84 – 6 P 40.83 –, PersV 85, 73.
1282 *BVerwG* v. 25.3.09, a. a. O.

Beratende Teilnahme an Prüfungen § 80

nen, der Hebammen und Entbindungspfleger und der Altenpfleger/innen abschließt,[1283] oder bei Laufbahnprüfungen an Fachhochschulen für öffentliche Verwaltung. Prüfungen i. S. d. § 80 sind **dagegen** v. a. verwaltungsinterne **Laufbahnprüfungen** einschl. Zwischenprüfungen und Aufstiegsprüfungen aufgrund der jeweils maßgeblichen beamtenrechtlichen Vorschriften[1284] sowie **Verwaltungsprüfungen** für Arbeitnehmer. Auch das in § 36 BLV geregelte **Auswahlverfahren für den Aufstieg in die nächsthöhere Laufbahn** ist eine verwaltungsinterne Prüfung.[1285] **Keine** Prüfungen i. S. d. § 80 sind auch **Vorstellungsgespräche**,[1286] formlose **Kolloquien** im Rahmen der Bewerberauslese,[1287] **Unterrichtsvisitationen** durch Beamte der Schulaufsichtsbehörde bei Lehrern[1288] und der richtigen Eingruppierung dienende **Arbeitsplatzüberprüfungen**.[1289]

Falls sich die Prüfung in einen schriftlichen und mündlichen Teil gliedert, erstreckt sich das Beteiligungsrecht nach § 80 nach der jüngeren Rspr. des *BVerwG* nicht nur auf den **mündlichen Teil**, sondern auch auf den **schriftlichen Teil** der Prüfung.[1290] Das gilt ggf. auch für den (zusätzlich oder etwa anstelle des mündlichen Teils vorgesehenen) **praktischen Teil** der Prüfung. Ist die Prüfung nur als schriftliche, mündliche oder praktische Prüfung gestaltet, bezieht sich das Beteiligungsrecht auf jede dieser Prüfungen.[1291] **1a**

Das Beteiligungsrecht des PR besteht bei verwaltungsinternen Prüfungen, die **eine Dienststelle »von den Beschäftigten ihres Bereichs«** abnimmt, wobei mit Bereich der Geschäftsbereich dieser Dienststelle gemeint ist, zu dem sie selbst und alle ihr nachgeordneten Dienststellen gehören.[1292] § 80 verlangt, dass **die Dienststelle die Prüfung »abnimmt«**. Dies setzt nicht voraus, dass die Dienststelle die Prüfung selbst durchführt, sondern lediglich, dass sie **die Durchführung in ihrem Namen veranlasst**, wobei sie allerdings nicht jeden Einfluss auf die Gestaltung und den Ablauf der Prüfung sowie auf die Bestellung der Prüfer verlieren darf.[1293] Dabei kann die Dienststelle durch Einschaltung eines ihr nicht unterstehenden Prü- **2**

1283 Vgl. *BVerwG* v. 6.1.86 – 6 PB 10.85 –, Sabottig ES Nr. 682 Ls.
1284 *BVerwG* v. 10.7.64 – VII P 4.63 –, ZBR 64, 346, sowie – VII P 9.63 – u. – VII P 10.63 –, Buchh 238.36 § 67 Nr. 2 u. 1; *BayVGH* v. 13.4.88 – Nr. 18 P 88.00852 –, PersV 89, 23.
1285 *BVerwG* v. 25.3.09, a. a. O.
1286 *BVerwG* v. 6.12.78 – 6 P 2.78 –, PersV 79, 504.
1287 *OVG NW* v. 8.5.61 – CB 1/61 –, PersV 62, 223.
1288 *OVG RP* v. 16.10.85 – 2 A 14/85 –, ZBR 86, 22.
1289 *BVerwG* v. 6.2.79 – 6 P 20.78 –, PersV 80, 421.
1290 Beschl. v. 25.3.09 – 6 P 8.08 –, PersR 09, 325, im Unterschied zu den Beschl. v. 18.6.65 – VII P 12.64 –, PersV 65, 229, u, v. 31.1.79 – 6 P 19.78 –, PersV 80, 418.
1291 Vgl. KfdP-*Peiseler*, Rn. 1 b.
1292 *BVerwG* v. 25.3.09, a. a. O., m. w. N.
1293 *BVerwG* v. 25.3.09, a. a. O., zur Beauftragung der BAköV durch das BMG.

§ 80 Beratende Teilnahme an Prüfungen

fungsamts das Recht des PR nicht ausschließen, ein Mitglied an der Prüfung teilnehmen zu lassen.[1294]

2a **Zuständiger PR** i. S. d. § 80 ist die Personalvertretung, die bei der Dienststelle besteht, die die Prüfung abnimmt oder in deren Auftrag sie abgenommen wird. Handelt es sich dabei um eine **übergeordnete Dienststelle**, bei der eine Stufenvertretung gebildet ist, ist die Frage, ob die Stufenvertretung (BPR oder HPR) oder der Haus-PR zu beteiligen ist, nach den allgemeinen **Grundsätzen des § 82 Abs. 1** zu beantworten.[1295] Danach steht das Beteiligungsrecht dem **Haus-PR** nur dann zu, wenn die Prüfung ausnahmsweise ausschließlich für Beschäftigte der Mittelbehörde bzw. der obersten Dienstbehörde selbst vorgesehen ist (vgl. § 82 Rn. 8). Ist dies nicht der Fall, ist die **Stufenvertretung** auch dann zu beteiligen, wenn alle Teilnehmer der Prüfung einer einzigen nachgeordneten Dienststelle angehören. Der PR bestimmt durch Beschluss, welches (eigene) Mitglied er entsendet. Auch wenn nur Beschäftigte einer Gruppe geprüft werden sollen, entscheidet er gem. § 38 Abs. 1 durch **gemeinsamen Beschluss**.[1296] Für die **Auswahl** des zu benennenden Mitglieds stellt das Gesetz keine persönlichen oder fachlichen Voraussetzungen auf. Der PR ist aber gehalten, dasjenige Mitglied zu entsenden, welches für diese Aufgabe nach **Qualifikation oder Erfahrung** am ehesten geeignet erscheint.[1297] Er ist bei seiner nach pflichtgemäßem Ermessen zu treffenden Entscheidung jedoch nicht verpflichtet, nur Mitglieder zu berücksichtigen, die der gleichen Gruppe wie die Prüfungsteilnehmer angehören und die die betreffende Prüfung selbst abgelegt haben.[1298] Die Benennung kann **von Fall zu Fall** oder **generell** für bestimmte Arten von Prüfungen erfolgen.

3 Das benannte PR-Mitglied ist gem. § 68 Abs. 2 S. 1 und 2 rechtzeitig und umfassend über Termin, Inhalt, Ablauf und Umfang der Prüfung zu **unterrichten**. Ihm sind auch Angaben zum Prüfungsstoff, zu den Prüfungsfragen und zu den (schriftlichen) Prüfungsaufgaben zu machen.[1299] Die erforderlichen Unterlagen sind ihm vorzulegen (vgl. § 68 Rn. 22 ff.). Ein Recht auf Einsichtnahme in die **Prüfungsakten** steht ihm zwar nicht zu; es ist jedoch von der Prüfungskommission über den Akteninhalt soweit zu unterrichten, dass es sein Teilnahmerecht sachgemäß ausüben kann. Das **Beratungsrecht** besteht gegenüber dem Prüfungsausschuss, nicht gegenüber den zu prüfenden Beschäftigten. Das beauftragte PR-Mitglied hat insb. darauf zu achten, dass die zu Prüfenden nach Recht und Billigkeit behandelt werden

---

1294 *BVerwG* v. 25. 3. 09, a. a. O., unter Hinw. auf *BVerwG* v. 23. 10. 70 – VII P 4.70 –, PersV 71, 138 (zur Abnahme der Laufbahnprüfungen für den höheren Polizeivollzugsdienst am damaligen Polizei-Institut, jetzt Polizei-Führungsakademie, in Hiltrup).
1295 *BVerwG* v. 25. 3. 09, a. a. O.
1296 *BVerwG* v. 18. 6. 65 – VII P 12.64 –, PersV 65, 229.
1297 *BVerwG* v. 25. 3. 09, a. a. O.
1298 *BayVGH* v. 21. 9. 79 – Nr. 18. C-545/79 –, PersV 80, 341.
1299 *Baden*, Anm. zu *BVerwG* v. 25. 3. 09, a. a. O.

und insb. jede unterschiedliche Behandlung unterbleibt (§ 67 Abs. 1 S. 1, § 68 Abs. 1 Nr. 2) und dass die gesetzlichen Aufträge zur beruflichen Entwicklung schwerbehinderter Menschen, zur Durchsetzung der tatsächlichen Gleichberechtigung von Frauen und Männern und zur Eingliederung ausländischer Beschäftigter beachtet werden (§ 68 Abs. 1 Nr. 4–6). Der Umfang des Rechts der beratenden Teilnahme wird durch **Beginn und Ende der Prüfung** abgegrenzt. Ein Recht zur Teilnahme an der **abschließenden Beratung** über das Prüfungsergebnis ist nach Ansicht des *BVerwG*[1300] nicht gegeben, insb. deshalb nicht, weil es dafür in § 80 BPersVG – im Unterschied zu einigen LPersVG (§ 54 Abs. 4 BremPersVG, § 90 HmbPersVG, § 85 LPersVG RP, § 79 ThürPersVG) – an einer eindeutigen Regelung fehle.[1301] Der Zweck des § 80 bestehe nicht in der Kontrolle der Prüfungskommission bei der Durchführung der Prüfung, sondern in der **Unterstützung der Prüfungskommission** und der **Betreuung der Prüflinge** mit dem **Ziel eines von Störungen und Nachteilen freien Prüfungsverlaufs.**[1302] Auch nach Auffassung des *BVerwG*[1303] erschöpft sich das Teilnahmerecht nicht in einem bloßen Anwesenheitsrecht. Das PR-Mitglied kann durch die beratende Teilnahme Einfluss auf die **Gestaltung der Prüfungsbedingungen und des Prüfungsablaufs** nehmen und insb. – in Ausnahmesituationen auch durch Unterbrechung der Prüfung[1304] – auf Mängel hinweisen. Zu diesem Zweck kann es auch Zwischenberatungen mit der Prüfungskommission verlangen. Diese hat dem in die Prüfung entsandten PR-Mitglied in einem oder erforderlichenfalls mehreren **vertraulichen Gesprächen** Gelegenheit zu geben, seine Anregungen und Bedenken vorzutragen, und zwar so, dass die Einwände des PR-Mitglieds bei der verbindlichen Beratung der Prüfungskommission über die jeweiligen Prüfungsleistungen Beachtung finden können.[1305]

§ 81 [Beteiligung beim Arbeitsschutz]

(1) Der Personalrat hat bei der Bekämpfung von Unfall- und Gesundheitsgefahren die für den Arbeitsschutz zuständigen Behörden, die Träger der gesetzlichen Unfallversicherung und die übrigen in Betracht kommenden Stellen durch Anregung, Beratung und Auskunft zu unterstützen und sich für die Durchführung der Vorschriften über den Arbeitsschutz und die Unfallverhütung in der Dienststelle einzusetzen.

(2) **[1]Der Dienststellenleiter und die in Absatz 1 genannten Stellen sind verpflichtet, bei allen im Zusammenhang mit dem Arbeits-**

[1300] Beschl. v. 31.1.79 – 6 P 19.78 –, PersV 80, 148, u. v. 25.3.09, a.a.O.
[1301] Näher dazu KfdP-*Peiseler*, Rn. 7.
[1302] *BVerwG* v. 25.3.09, a.a.O.
[1303] Beschl. v. 31.1.79 u. v. 25.3.09, a.a.O.
[1304] Str.; vgl. KfdP-*Peiseler*, Rn. 8 m. N.
[1305] *BVerwG* v. 25.3.09, a.a.O.

§ 81 Beteiligung beim Arbeitsschutz

schutz oder der Unfallverhütung stehenden Besichtigungen und Fragen und bei Unfalluntersuchungen den Personalrat oder die von ihm bestimmten Personalratsmitglieder derjenigen Dienststelle hinzuzuziehen, in der die Besichtigung oder Untersuchung stattfindet. ²Der Dienststellenleiter hat dem Personalrat unverzüglich die den Arbeitsschutz und die Unfallverhütung betreffenden Auflagen und Anordnungen der in Absatz 1 genannten Stellen mitzuteilen.

(3) An Besprechungen des Dienststellenleiters mit den Sicherheitsbeauftragten im Rahmen des § 22 Abs. 2 des Siebten Buches Sozialgesetzbuch nehmen vom Personalrat beauftragte Personalratsmitglieder teil.

(4) Der Personalrat erhält die Niederschriften über Untersuchungen, Besichtigungen und Besprechungen, zu denen er nach den Absätzen 2 und 3 hinzuzuziehen ist.

(5) Der Dienststellenleiter hat dem Personalrat eine Durchschrift der nach § 193 Abs. 5 des Siebten Buches Sozialgesetzbuch vom Personalrat zu unterschreibenden Unfallanzeige oder des nach beamtenrechtlichen Vorschriften zu erstattenden Berichts auszuhändigen.

1 Die im Bereich des Arbeitsschutzes bestehenden Mitbestimmungs- und Initiativrechte des PR (§ 75 Abs. 3 Nr. 11 i. V. m. § 70 Abs. 1; § 75 Abs. 3 Nr. 10 und § 76 Abs. 2 Nr. 4 i. V. m. § 70 Abs. 2) und seine allgemeine Überwachungsaufgabe (§ 68 Abs. 1 Nr. 2) werden durch die in § 81 geregelten **speziellen Beteiligungsrechte** ergänzt. Alle diese Rechte des PR dienen dem **Zweck**, einen effektiven und optimalen Arbeitsschutz zu gewährleisten. Zu diesem Schutz ist der Arbeitgeber gegenüber den Arbeitnehmern nach den §§ 618, 619 BGB, der Dienstherr gegenüber den Beamten nach § 78 BBG individualrechtlich verpflichtet, wobei diese Schutzpflichten jeweils unter Beachtung der Rechtsvorschriften des öffentlich-rechtlichen Arbeitsschutzes zu erfüllen sind. Die alleinige **Verantwortung des Dienststellenleiters** wird durch die Aufgaben und Befugnisse des PR nicht berührt.

2 **Vorschriften über den Arbeitsschutz und die Unfallverhütung**, deren Durchführung der PR nach § 68 Abs. 1 Nr. 2 zu überwachen hat, können in Gesetzen, Rechtsverordnungen, Unfallverhütungsvorschriften, Tarifverträgen, Dienstvereinbarungen und Verwaltungsanordnungen enthalten sein. Soweit in Rechtsvorschriften zur Konkretisierung der in ihnen enthaltenen arbeitsschutzrechtlichen Regelungen auf allgemein anerkannte Regeln der Technik verwiesen wird, ist auch die Einhaltung der damit in Bezug genommenen sicherheitstechnischen Normen Gegenstand der Überwachungsaufgabe des PR. Bei Verweisungen auf die gesicherten arbeitswissenschaftlichen Erkenntnisse, den Stand der Technik, den Stand von Wissenschaft und Technik oder grundlegende Sicherheits- und Gesundheitsanforderungen gilt Entsprechendes. Von besonderer Bedeutung sind das **Arbeitsschutzgesetz** (ArbSchG) und die auf seiner Grundlage erlassenen Arbeitsschutzverordnungen (z. B. Arbeitsstättenverordnung, Bildschirmarbeitsverordnung und Betriebssicherheitsverordnung) sowie die für bestimmte Tätigkeiten im öffentlichen Dienst des Bundes (insb. bei Bundeswehr, Polizei, Zivil- und Katastrophenschutzdiensten, Zoll oder Nachrichtendiensten) geltenden Verordnungen über die modifizierte Anwendung von Vorschriften des ArbSchG.[1306] Wichtige Vorschriften des **technischen Arbeitsschutzes** sind z. b. enthalten im Geräte- und Produktsicherheitsgesetz, Chemikaliengesetz, Atomgesetz, Gentechnikgesetz und Bundes-Immissionsschutzgesetz sowie in ergänzenden Rechtsverordnungen. Wichtige Vorschriften des **sozialen Arbeitsschutzes** beziehen sich v. a. auf die Arbeitszeit (Arbeitszeitgesetz und Arbeitszeitverordnung [ArbZG u. AZV]) sowie auf besonders schutzbedürftige Personengruppen (Jugendarbeitsschutz [JArbSchG u. § 79 Abs. 3 BBG], Frauenarbeitsschutz [MuSchG u. Abschn. 1 MuSchEltZV] und Schwerbehindertenschutz [besondere Regelungen zur Teilhabe schwerbehinderter Menschen in Teil 2 SGB IX]). Ein **Verzeichnis** der Arbeitsschutzvorschriften des Bundes ist in dem von der Bundesregierung nach § 25 SGB VII alljährlich zu erstattenden Bericht über den Stand von Sicherheit und Gesundheit bei der Arbeit und über das Unfall- und Berufskrankheitengeschehen in der Bundesrepublik Deutschland enthalten.[1307]

Spezielle Beteiligungsrechte des PR in Fragen des Arbeitsschutzes sind auch **außerhalb des BPersVG** geregelt, u. a. im Arbeitsschutzgesetz (§ 10 Abs. 2), Arbeitszeitgesetz (§ 6 Abs. 4 S. 2 u. 3), Bundes-Immissionsschutzgesetz (§ 55 Abs. 1 a, § 58 c) und Kreislaufwirtschafts- und Abfallgesetz (§ 55 Abs. 3), in der Biostoffverordnung (§ 12 Abs. 4), Gefahrstoffverordnung (u. a. § 10 Abs. 2 S. 4, § 11 Abs. 3, § 14 Abs. 4 Nr. 1, 2 u. 6, § 19 Abs. 1 S. 3), Gentechnik-Sicherheitsverordnung (§ 16 Abs. 1, § 18 Abs. 1 Nr. 2), Atomrechtlichen Sicherheitsbeauftragten- und Meldeverordnung (§ 4 Abs. 2), Strahlenschutzverordnung (§ 32 Abs. 4) und Röntgenverordnung (§ 14 Abs. 4).[1308]

(Abs. 1) Die Vorschrift sieht weitreichende **Befugnisse des PR** vor. Nach der 1. Alternative hat er bei der Bekämpfung von Unfall- und Gesundheitsgefahren alle dafür in Betracht kommenden Stellen **zu unterstützen** (vgl. Rn. 5 f.). Nach der 2. Alternative hat er sich für die Durchführung der Vorschriften über den Arbeitsschutz und die Unfallverhütung **einzusetzen** (vgl. Rn. 7). Dabei handelt es sich nicht nur um **Rechte**, sondern auch um **Pflichten** des PR. Sie sind sowohl vom **PR insgesamt** als auch von den

---
1306 Näher dazu KfdP-*Altvater/Peiseler*, Rn. 4–6.
1307 Zuletzt Bericht über den Stand im Jahr 2010, BT-Drs. 17/8313, Anh. 1, S. 186 ff.
1308 Näher dazu KfdP-*Altvater/Peiseler*, Rn. 9 m. N.

§ 81 Beteiligung beim Arbeitsschutz

von ihm beauftragten **einzelnen Mitgliedern** wahrzunehmen. Über die Ausübung seiner Befugnisse entscheidet der PR nach pflichtgemäßem Ermessen. Er kann, wenn er dies für zweckmäßig hält, dazu auch einen **Ausschuss** bilden (vgl. § 32 Rn. 9).

5 Die in der 1. Alternative des Abs. 1 geregelte **Unterstützungsbefugnis** des PR bezieht sich auf »die für den Arbeitsschutz zuständigen Behörden, die Träger der gesetzlichen Unfallversicherung und die übrigen in Betracht kommenden Stellen.«[1309] Für die **Überwachung des Arbeitsschutzes** sind in den Betrieben und Verwaltungen des Bundes nach den Vorschriften des ArbSchG i. d. R. **besondere Behörden des Bundes** zuständig: als allgemeine Überwachungsbehörde die Zentralstelle für Arbeitsschutz beim Bundesministerium des Innern (BMI) und die in ihrem Auftrag handelnde Unfallkasse des Bundes; im Geschäftsbereich des Bundesministeriums für Verkehr, Bau und Stadtentwicklung (BMVBS) die Eisenbahn-Unfallkasse; in den Geschäftsbereichen des Bundesministeriums der Verteidigung (BMVg) und des Auswärtigen Amts (AA) hinsichtlich seiner Auslandsvertretungen das jeweilige Bundesministerium oder eine von ihm jeweils bestimmte Stelle; im Geschäftsbereich des Bundesministeriums der Finanzen (BMF) z. T. die Unfallkasse Post und Telekom. Im Übrigen bestehen für Teilbereiche des Arbeitsschutzes auch im öffentlichen Dienst des Bundes Überwachungsbefugnisse der fachlich zuständigen **Behörden des Landesrechts**. Das gilt v. a. für den technischen Arbeitsschutz und in Teilbereichen des sozialen Arbeitsschutzes. **Träger der gesetzlichen Unfallversicherung** sind im Geltungsbereich des BPersVG als Unfallversicherungsträger der öffentlichen Hand die Unfallkasse des Bundes, die Eisenbahn-Unfallkasse und die Unfallkasse Post und Telekom sowie verschiedene Berufsgenossenschaften, insb. die Verwaltungs-Berufsgenossenschaft (VBG). Bei den **übrigen in Betracht kommenden Stellen** i. S. d. Abs. 1 handelt es sich um alle sonstigen Stellen, zu deren Aufgaben in Bezug auf die Dienststelle ebenfalls die Bekämpfung von Unfall- und Gesundheitsgefahren gehört. Dabei kann es sich um Stellen außerhalb der eigenen Dienststelle handeln – in mehrstufigen Verwaltungen v. a. die oberste Dienstbehörde oder eine von ihr beauftragte Stelle –, aber auch um zur eigenen Dienststelle gehörende Einrichtungen und Personen. Dies sind neben dem Dienststellenleiter insb. Sicherheitsbeauftragte i. S. d. § 22 SGB VII (vgl. Rn. 11), Vertrauens- und Betriebsärzte (vgl. § 75 Rn. 117 ff.), Fachkräfte für Arbeitssicherheit i. S. d. §§ 5 bis 7 ASiG (Sicherheitsingenieure, -techniker, -meister) sowie ggf. Verantwortliche oder Beauftragte für bestimmte Sicherheits- bzw. Gefährdungsbereiche wie z. B. der Beauftragte für Biologische Sicherheit, der kerntechnische Sicherheitsbeauftragte, der Betriebsbeauftragte für Immissionsschutz oder für Abfälle oder der Strahlenschutzbeauftragte.

6 Der PR hat die in Betracht kommenden Stellen bei der Bekämpfung von Unfall- und Gesundheitsgefahren durch Anregung, Beratung und Auskunft

---

1309 Näher zum Folgenden KfdP-*Altvater/Peiseler*, Rn. 12–15.

Beteiligung beim Arbeitsschutz § 81

zu **unterstützen**. Dabei kann er **aus eigener Initiative** tätig werden und grundsätzlich alle der Unterstützung dienenden Aktivitäten entfalten. Soll eine Anregung des PR an eine **außenstehende Stelle** darauf abzielen, diese zum Einschreiten zu veranlassen, so setzt dies nach § 66 Abs. 3 voraus, dass der PR zunächst den Dienststellenleiter eingeschaltet und (erfolglos) versucht hat, mit ihm eine Einigung zu erzielen (vgl. § 66 Rn. 16). Da der PR zur Unterstützung der in Betracht kommenden Stellen verpflichtet ist (vgl. Rn. 4), unterliegen seine Mitglieder diesen gegenüber insoweit nicht der Verschwiegenheitspflicht nach § 10 (vgl. dort Rn. 16).

Nach der 2. Alternative des Abs. 1 hat der PR sich für die Durchführung der Vorschriften über den Arbeitsschutz und die Unfallverhütung **einzusetzen**.[1310] Diese Verpflichtung besteht sowohl gegenüber dem Dienststellenleiter als auch gegenüber den Beschäftigten der Dienststelle. Der PR muss sich aus eigener Anschauung über den Stand des Arbeitsschutzes in der Dienststelle informieren. Dazu darf er ohne Vorliegen eines konkreten Anlasses allgemeine **Betriebsbegehungen** durchführen oder einzelne **Arbeitsplätze aufsuchen** (vgl. § 68 Rn. 39 f.) und auch unangekündigte **Stichproben** vornehmen. **Beschwerden und Anregungen** von Beschäftigten, die nicht offensichtlich unbegründet sind, hat der PR nachzugehen. Den **Dienststellenleiter** hat er auf Gefahrenquellen und Missstände hinzuweisen und mit ihm über Abhilfe zu beraten. Der PR muss auf die **Beschäftigten** einwirken, damit sie die Vorschriften über den Arbeitsschutz und die Unfallverhütung einhalten. Dies kann v. a. durch Hinweise in der Personalversammlung, am Schwarzen Brett, in Informationsschriften, in Gesprächen mit Beschäftigten und in der Zusammenarbeit mit der JAV geschehen. 7

(Abs. 2) Der in § 68 Abs. 2 geregelte allgemeine Informationsanspruch des PR (vgl. § 68 Rn. 22 ff.) wird durch die in Abs. 2 festgelegten **speziellen Informationsrechte** ergänzt.[1311] Nach Abs. 2 S. 1 sind sowohl der **Dienststellenleiter** als auch die (anderen) **in Abs. 1 genannten Stellen** (vgl. Rn. 5) verpflichtet, den PR oder die von ihm bestimmten PR-Mitglieder bei allen im Zusammenhang mit dem Arbeitsschutz oder der Unfallverhütung stehenden Besichtigungen und Fragen und bei Unfalluntersuchungen hinzuziehen. Die **Besichtigungen** brauchen nicht auf den Arbeitsschutz oder die Unfallverhütung abzuzielen, sondern es reicht aus, dass diese Gegenstände auch eine Rolle spielen. Bei **Unfalluntersuchungen** kommt es nicht darauf an, ob sich der Unfall im Innen- oder Außendienst ereignet hat oder ob dabei ein Beschäftigter einen Körper- oder Sachschaden erlitten hat.[1312] »**Fragen**« i. S. d. Abs. 2 S. 1 sind alle sonstigen Fragen, die im Zusammenhang mit dem Arbeitsschutz oder der Unfall- 8

1310 Speziell zum **Nichtraucherschutz** nach § 5 ArbStättV u. BNichtrSchG vgl. KfdP-*Altvater/Peiseler*, Rn. 17 a.
1311 Näher zum Folgenden KfdP-*Altvater/Peiseler*, Rn. 18.
1312 *BVerwG* v. 8.12.61 – VII P 7.59 – u. v. 5.2.71 – VII P 15.70 –, Buchh 238.3 § 68 Nr. 1 u. 2.

§ 81 Beteiligung beim Arbeitsschutz

verhütung stehen. Die Behandlung solcher Fragen ist z. B. gegeben bei **Untersuchungen von Gefahrstoffbelastungen in Arbeitsräumen**[1313] oder bei **Befragungen von Beschäftigten zu Arbeitsschutzzwecken**, etwa zum Zwecke einer Gefährdungsbeurteilung nach § 5 ArbSchG (vgl. auch § 75 Rn. 124 a. E.).[1314]

9 Hinsichtlich der Hinzuziehung zu **Besichtigungen** und zu **Unfalluntersuchungen** enthält Abs. 2 S. 1 eine **besondere Zuständigkeitsregelung**. Danach ist immer der PR hinzuzuziehen, der bei der Dienststelle besteht, in der die Besichtigung oder Untersuchung stattfindet. Für die Hinzuziehung zur Behandlung von »**Fragen**« des Arbeitsschutzes oder der Unfallverhütung gelten dagegen die in § 82 festgelegten **allgemeinen Regeln** über die Zuständigkeiten der Personalvertretungen.[1315]

10 Nach Abs. 2 S. 2 hat der Dienststellenleiter dem PR unverzüglich die den Arbeitsschutz und die Unfallverhütung betreffenden Auflagen und Anordnungen der in Abs. 1 genannten Stellen mitzuteilen.[1316] **Anordnungen** können Verwaltungsakte externer Stellen oder verwaltungsinterne Anweisungen sein. **Auflagen** sind mit einem Verwaltungsakt oder einer internen Anweisung als Nebenbestimmung verbundene Anordnungen, durch die dem Adressaten ein bestimmtes Tun, Dulden oder Unterlassen vorgeschrieben wird. Die Unterrichtungspflicht nach Abs. 2 S. 2 soll ebenso wie die Informationspflichten nach Abs. 2 S. 1 dazu beitragen, dass der PR seine Unterstützungsaufgabe nach Abs. 1 wirksam erfüllen kann. Im Hinblick darauf ist eine weite Auslegung des Abs. 2 S. 2 geboten. Der Dienststellenleiter hat den PR deshalb auch über **Stellungnahmen** und **Berichte** der in Abs. 1 genannten Stellen zu unterrichten, die den Arbeitsschutz oder die Unfallverhütung betreffen. Die Unterrichtung des PR muss **unverzüglich** – d. h. ohne schuldhaftes Zögern (§ 121 Abs. 1 S. 1 BGB) – erfolgen. Im Hinblick auf ihre Bedeutung sind die i. d. R. schriftlich erteilten Anordnungen und Auflagen dem PR auf Dauer in **Kopie** auszuhändigen.

11 (**Abs. 3**) Nach § 22 Abs. 1 SGB VII hat der (als »Unternehmer« handelnde) Leiter der Dienststelle in Dienststellen mit regelmäßig mehr als 20 Beschäftigten unter Beteiligung des PR **Sicherheitsbeauftragte** zu bestellen. Die Art der Beteiligung an der **Bestellung** ist im BPersVG geregelt. Danach steht dem PR gem. § 75 Abs. 3 Nr. 11 ein Mitbestimmungsrecht zu[1317] (vgl. § 75 Rn. 124). Die **Zahl** der Sicherheitsbeauftragten wird unter Berücksichtigung der in den Unternehmen für Leben und Gesundheit der Versicherten bestehenden arbeitsbedingten Gefahren und der Zahl der Beschäftigten nach § 15 Abs. 1 Nr. 7 SGB VII von den Trägern der gesetzlichen Unfallversicherung durch Unfallverhütungsvorschriften oder, im

---

1313 *OVG NW* v. 29. 1. 99 – 1 A 2762/97.PVL –, PersR 99, 360.
1314 *BVerwG* v. 14. 10. 02 – 6 P 7.01 –, PersR 03, 113.
1315 *BVerwG* v. 14. 10. 02, a. a. O.
1316 Näher zum Folgenden KfdP-*Altvater/Peiseler*, Rn. 20.
1317 *BVerwG* v. 18. 5. 94 – 6 P 27.92 –, PersR 94, 466.

Beteiligung beim Arbeitsschutz § 81

Zuständigkeitsbereich der Unfallkasse des Bundes, nach § 115 Abs. 1 oder 2 SGB VII vom BMI oder einem anderen dort genannten Ministerium durch allgemeine Verwaltungsvorschriften oder durch Rechtsverordnung bestimmt. Die **Aufgaben** der Sicherheitsbeauftragten sind in § 22 Abs. 2 SGB VII festgelegt. Dieser lautet:

»Die Sicherheitsbeauftragten haben den Unternehmer bei der Durchführung der Maßnahmen zur Verhütung von Arbeitsunfällen und Berufskrankheiten zu unterstützen, insbesondere sich von dem Vorhandensein und der ordnungsgemäßen Benutzung der vorgeschriebenen Schutzeinrichtungen und persönlichen Schutzausrüstungen zu überzeugen und auf Unfall- und Gesundheitsgefahren für die Versicherten aufmerksam zu machen.«

Führt der Dienststellenleiter im Rahmen des § 22 Abs. 2 SGB VII **Besprechungen** mit dem oder den Sicherheitsbeauftragten durch, so haben vom PR – durch gemeinsamen Beschluss des PR-Plenums (vgl. § 38 Rn. 4) zu bestimmende – beauftragte PR-Mitglieder nach Abs. 3 das Recht, daran teilzunehmen. Das gilt unabhängig davon, auf wessen Initiative diese Besprechungen angesetzt werden. Damit die PR-Mitglieder ihr Teilnahmerecht wahrnehmen und sich darauf vorbereiten können, ist der PR über die Besprechungstermine rechtzeitig zu informieren.

(Abs. 4) Nach Abs. 4 hat der PR Anspruch darauf, die **Niederschriften über Untersuchungen, Besichtigungen und Besprechungen**, zu denen er nach Abs. 2 oder 3 hinzuzuziehen war (vgl. Rn. 8, 9 u. 11), zu erhalten. Das gilt auch dann, wenn der PR sein Teilnahmerecht nicht wahrgenommen hat. Die Niederschrift ist dem PR von der Stelle zu überlassen, die sie angefertigt hat. Eine Verpflichtung zur Anfertigung von Niederschriften ist in Abs. 4 nicht festgelegt. Sie kann sich aber aus anderen Vorschriften ergeben. **12**

(Abs. 5) Die Vorschrift geht davon aus, dass bei Dienstunfällen und bei Versicherungsfällen der gesetzlichen Unfallversicherung grundsätzlich eine **Unfallanzeige** zu fertigen ist. Für **Dienstunfälle** ergibt sich dies aus § **45 Abs. 3 BeamtVG** und aus Tz. 45.3. 2ff. der vom BMI erlassenen AVwV zum BeamtVG v. 3.11.80 (BeamtVGVwV[1318]). Danach hat der Dienstvorgesetzte – i. d. R. der Dienststellenleiter – jeden Unfall sofort zu untersuchen und darüber der nächsthöheren Dienststelle zu berichten. Eine Unterzeichnung des Berichts durch den PR sieht das Gesetz nicht vor. Nach Abs. 5 ist dem PR jedoch eine Durchschrift dieses Berichts auszuhändigen. Für die Anzeige eines **Versicherungsfalls der gesetzlichen Unfallversicherung** gilt § **193 SGB VII**. In ihren für die Personalvertretung wichtigsten Teilen lautet diese Vorschrift wie folgt: **13**

»(1) [1]Die Unternehmer haben Unfälle von Versicherten in ihren Unternehmen dem Unfallversicherungsträger anzuzeigen, wenn Versicherte getötet oder so verletzt sind, daß sie mehr als drei Tage arbeitsunfähig werden. …

1318 GMBl. S. 742.

§ 82 Beteiligung von Stufenvertretungen und Gesamtpersonalrat

(2) Haben Unternehmer im Einzelfall Anhaltspunkte, daß bei Versicherten ihrer Unternehmen eine Berufskrankheit vorliegen könnte, haben sie diese dem Unfallversicherungsträger anzuzeigen.

(3) ...

(4) ¹Die Anzeige ist binnen drei Tagen zu erstatten, nachdem die Unternehmer von dem Unfall oder von den Anhaltspunkten für eine Berufskrankheit Kenntnis erlangt haben. ...

(5) ¹Die Anzeige ist vom Betriebs- oder Personalrat mit zu unterzeichnen. ²Der Unternehmer hat die Sicherheitsfachkraft und den Betriebsarzt über jede Unfall- und Berufskrankheitenanzeige in Kenntnis zu setzen. ³Verlangt der Unfallversicherungsträger zur Feststellung, ob eine Berufskrankheit vorliegt, Auskünfte über gefährdende Tätigkeiten von Versicherten, haben die Unternehmer den Betriebs- oder Personalrat über dieses Auskunftsersuchen unverzüglich zu unterrichten.

(6) [aufgehoben]

(7) ...

(8) ...

(9) ...«

Der Inhalt der Anzeige, ihre Form und die Art und Weise ihrer Übermittlung sowie die Empfänger, die Anzahl und der Inhalt der Durchschriften sind in der **Unfallversicherungs-Anzeigeverordnung** (UVAV) v. 23.1.02,[1319] zuletzt geändert durch Art. 459 der Verordnung v. 31.10.06,[1320] geregelt. Nach § 193 Abs. 5 S. 1 SGB VII hat der PR die Anzeige **mit zu unterzeichnen**, ohne dass er dadurch für den Inhalt mitverantwortlich wird. Für den PR handelt dabei unabhängig von der Gruppenzugehörigkeit des Verletzten der PR-Vorsitzende (vgl. § 32 Rn. 16 f. und § 38 Rn. 4). Der PR ist berechtigt, ggf. seine **abweichende Sicht** des Unfallgeschehens darzulegen. Nach Abs. 5 hat der Dienststellenleiter dem PR eine **Durchschrift** der Unfallanzeige auszuhändigen.

Vierter Abschnitt
Beteiligung der Stufenvertretungen und des Gesamtpersonalrates

§ 82

(1) In Angelegenheiten, in denen die Dienststelle nicht zur Entscheidung befugt ist, ist an Stelle des Personalrates die bei der zuständigen Dienststelle gebildete Stufenvertretung zu beteiligen.

1319 BGBl. I S. 554.
1320 BGBl. I S. 2407.

Beteiligung von Stufenvertretungen und Gesamtpersonalrat § 82

(2) ¹Vor einem Beschluß in Angelegenheiten, die einzelne Beschäftigte oder Dienststellen betreffen, gibt die Stufenvertretung dem Personalrat Gelegenheit zur Äußerung. ²In diesem Falle verdoppeln sich die Fristen der §§ 69 und 72.

(3) Die Absätze 1 und 2 gelten entsprechend für die Verteilung der Zuständigkeit zwischen Personalrat und Gesamtpersonalrat.

(4) Für die Befugnisse und Pflichten der Stufenvertretung und des Gesamtpersonalrates gelten die §§ 69 bis 81 entsprechend.

(5) Werden im Geschäftsbereich mehrstufiger Verwaltungen personelle oder soziale Maßnahmen von einer Dienststelle getroffen, bei der keine für eine Beteiligung an diesen Maßnahmen zuständige Personalvertretung vorgesehen ist, so ist die Stufenvertretung bei der nächsthöheren Dienststelle, zu deren Geschäftsbereich die entscheidende Dienststelle und die von der Entscheidung Betroffenen gehören, zu beteiligen.

Die Vorschriften des § 82 regeln die **Verteilung der Zuständigkeiten zwischen den Personalvertretungen** in mehrstufigen Verwaltungen (Abs. 1, 2, 4 u. 5) und in personalvertretungsrechtlich aufgegliederten Dienststellen (Abs. 3 u. 4) und ergänzen die Bestimmungen der §§ 53, 54 bzw. 55, 56. Sie beziehen sich auf alle Fälle, in denen die Personalvertretung tätig werden kann, also nicht nur auf die Angelegenheiten der Beteiligung nach den §§ 75 bis 81, sondern auch auf die allgemeinen Aufgaben nach den §§ 66 bis 68.[1321] In den Fällen der Mitbestimmung und Mitwirkung legen sie die **Erstzuständigkeit** der Personalvertretungen fest. Kommt in diesen Fällen eine Einigung zwischen Dienststelle und (erstzuständiger) Personalvertretung nicht zustande, ist die Beteiligung dieser und anderer Personalvertretungen in dem dann möglichen weiteren Verfahren, insb. im **Instanzenzug** in mehrstufigen Verwaltungen, in den §§ 69 bis 72 normiert. 1

Von § 82 **abweichende Regelungen** enthält das Gesetz in den Vorschriften für besondere Verwaltungszweige (für den Bundesnachrichtendienst in § 86 Nr. 8 S. 2, für die Rundfunkanstalt »Deutsche Welle« in § 90 Nr. 2 S. 3, für den Geschäftsbereich des Auswärtigen Amts in § 91 Abs. 1 Nr. 3 S. 3 und für den des Bundesministeriums der Verteidigung in § 92) sowie für die Behandlung von Verschlusssachen in § 93 Abs. 4 S. 1. 2

(Abs. 1) Das BPersVG regelt nicht ausdrücklich, unter welchen Voraussetzungen der **örtliche PR** – der bei Mittelbehörden und obersten Dienstbehörden auch **Haus-PR** genannt wird – die für die Beteiligung zuständige Personalvertretung ist. In Abs. 1 ist jedoch festgelegt, wann eine Stufenvertretung »an Stelle des Personalrates« zu beteiligen ist. Diese Regelung geht davon aus, dass grundsätzlich in allen Angelegenheiten, die eine Dienststelle und die in ihr Beschäftigten betreffen, der bei dieser Dienst- 3

1321 Vgl. *BVerwG* v. 12.8.09 – 6 PB 18.09 –, PersR 09, 416, m.w.N.

§ 82 Beteiligung von Stufenvertretungen und Gesamtpersonalrat

stelle gebildete örtliche PR zu beteiligen ist.[1322] Aus ihr ist aber auch zu entnehmen, dass diese grundsätzliche Zuständigkeit des örtlichen PR nur dann besteht, wenn zwei Voraussetzungen erfüllt sind, in denen zwei grundlegende Prinzipien des PersVR zum Ausdruck kommen. Erstens muss es sich um (beabsichtigte oder beantragte) Entscheidungen (Maßnahmen) in Angelegenheiten von Beschäftigten der Dienststelle handeln, bei welcher der PR gebildet ist. Dies entspricht dem **Repräsentationsgrundsatz**, der besagt, dass der PR (nur) die zu dieser Dienststelle und damit zu seiner Wählerschaft gehörenden Beschäftigten repräsentiert (vgl. § 1 Rn. 19) und (nur) zu deren Interessenvertretung legitimiert ist. Zweitens muss es sich um Entscheidungen handeln, die die Dienststelle trifft, bei der der PR gebildet ist. Darin kommt der **Grundsatz der Partnerschaft** von Dienststelle und PR zum Ausdruck, nach dem sich der Wirkungsbereich des PR (nur) auf Maßnahmen der Dienststelle erstreckt, bei der er besteht.

4 Ob es sich um eine Maßnahme der Dienststelle handelt, bei der der PR gebildet ist, hängt grundsätzlich davon ab, ob die Dienststelle insoweit **zur Entscheidung befugt** ist. Dies ist in den für die jeweilige Dienststelle geltenden Rechts- und Verwaltungsvorschriften geregelt. Für die Zuständigkeit des PR kommt es darauf an, ob die Dienststelle befugt ist, eine Entscheidung mit **Außenwirkung** zu treffen. Ob sie dabei an Weisungen einer übergeordneten Dienststelle gebunden ist oder deren Zustimmung einholen muss oder ob eine übergeordnete Dienststelle die Entscheidung intern vorbereitet hat, ist unerheblich.[1323] Im Bereich der Streitkräfte soll die Ausführung eines Befehls allerdings nur die unselbständige Ausführung der Anweisung des militärischen Vorgesetzten darstellen und deshalb nicht dem Untergebenen, sondern dem Vorgesetzten zuzurechnen sein.[1324] Von dieser Ausnahme abgesehen, kann es an einer Maßnahme der nachgeordneten Dienststelle, an welcher der örtliche PR beteiligt werden könnte, aber nur dann fehlen, wenn eine übergeordnete Dienststelle eine unmittelbar gestaltende Anordnung trifft, die der nachgeordneten Dienststelle keinen eigenen Entscheidungsspielraum lässt und von ihr lediglich vollzogen wird.[1325] Dies ist der Fall, wenn sich das Handeln der übergeordneten Dienststelle nicht in einer internen Weisung erschöpft, sondern im Wege des **Selbsteintritts** der nachgeordneten Dienststelle die Zuständigkeit für die Regelung entzieht[1326] (vgl. dazu auch Rn. 6a, 6b). Beabsichtigt die Dienststelle, eine nach außen wirkende Entscheidung zu treffen, reicht es für die Bejahung der Zuständigkeit des PR allerdings

---

1322 *BVerwG* v. 20. 1. 93 – 6 P 21.90 –, PersR 93, 310.
1323 *BVerwG* v. 22. 9. 67 – VII P 14.66 –, PersV 68, 113, v. 5. 2. 71 – VII P 16.70 –, PersV 71, 269, v. 24. 9. 85 – 6 P 21.83 –, PersR 87, 149, u. v. 20. 1. 93, a. a. O.; *BAG* v. 14. 12. 94 – 7 ABR 14/94 –, PersR 95, 308.
1324 *BVerwG* v. 24. 9. 85, a. a. O.
1325 *BVerwG* v. 10. 3. 92 – 6 P 13.91 –, PersR 92, 247.
1326 So *BVerwG* v. 30. 3. 09 – 6 PB 29.08 –, PersR 09, 332, m. w. N.

Beteiligung von Stufenvertretungen und Gesamtpersonalrat § 82

i. d. R. aus, dass sie damit eine eigene **Entscheidungsbefugnis in Anspruch nimmt**.[1327]

In Angelegenheiten, in denen die Dienststelle, deren Beschäftigte betroffen sind, **nicht zur Entscheidung befugt** ist, kann der bei ihr bestehende örtliche PR nicht beteiligt werden, weil dies dem Grundsatz der Partnerschaft widerspräche (vgl. Rn. 3). Steht die Entscheidungsbefugnis in diesen Angelegenheiten jedoch einer **übergeordneten Dienststelle** zu, bei der eine Stufenvertretung besteht (also der Mittelbehörde oder der obersten Dienstbehörde), ist nach Abs. 1 an Stelle des bei der nachgeordneten Dienststelle gebildeten PR die bei der zuständigen Dienststelle bestehende **Stufenvertretung** (also der BPR oder der HPR) zu beteiligen. Diese Regelung steht im Einklang mit dem Repräsentationsgrundsatz, weil die Beschäftigten der nachgeordneten Dienststelle (auch) zur Wählerschaft der Stufenvertretung gehören, aber auch mit dem Grundsatz der Partnerschaft, weil die Stufenvertretung an Maßnahmen der Dienststelle beteiligt wird, bei der sie gebildet ist. 5

Die Regelung des Abs. 1 ist dadurch gekennzeichnet, dass die Beteiligungsbefugnis der Personalvertretung der **Entscheidungszuständigkeit** der Dienststelle folgt.[1328] Maßgeblich ist auch hier, dass die übergeordnete Dienststelle eine **nach außen wirkende Entscheidung** trifft (vgl. Rn. 4). Dies ist auch dann der Fall, wenn die Entscheidung umfassend durch die davon betroffene nachgeordnete Dienststelle vorbereitet und deren Entscheidungsvorschlag ohne Änderung von der übergeordneten Dienststelle übernommen wird.[1329] 6

Eine **unmittelbar gestaltende Anordnung** mit Außenwirkung (vgl. Rn. 4) liegt **nicht** vor, wenn die übergeordnete Dienststelle **generelle Weisungen** für Personalangelegenheiten erlässt, die von den nachgeordneten Dienststellen im Wege personeller Einzelmaßnahmen mit oder ohne Entscheidungsspielraum **umzusetzen** sind.[1330] Bei einem derartigen »Dualismus von genereller Weisung und Ausführung im Einzelfall« findet – wenn es dabei um ein und dieselbe Maßnahme geht (vgl. Rn. 6b) – die **Beteiligung** der Personalvertretung (zunächst) nicht auf der Anordnungsebene, sondern **nur auf der Ausführungsebene** statt.[1331] Das Mitbestimmungsrecht wird dadurch nicht ausgehöhlt: Da eine (z. B.) von der obersten Dienstbehörde erteilte Weisung zwar von den nachgeordneten Dienststellen zu befolgen ist, aber die dort gebildeten **Personalvertretungen** 6a

---

1327 *BVerwG* v. 23.7.79 – 6 P 28.78 –, PersV 81, 70, u. v. 7.8.96 – 6 P 29.93 –, PersR 96, 493.
1328 *BVerwG* v. 20.1.93 – 6 P 21.90 –, PersR 93, 310; *BAG* v. 14.12.94 – 7 ABR 14/94 –, PersR 95, 308.
1329 *BVerwG* v. 7.8.96 – 6 P 29.93 – u. v. 21.12.01 – 6 P 1.01 –, PersR 96, 493, u. 02, 168.
1330 *BVerwG* v. 30.3.09 – 6 PB 29.08 – u. v. 2.9.09 – 6 PB 22.09 –, PersR 09, 332 u. 458.
1331 *BVerwG* v. 30.3.09, a. a. O.

§ 82 Beteiligung von Stufenvertretungen und Gesamtpersonalrat

nicht bindet, kann der Mitbestimmungsfall bei fehlender Einigung gem. § 69 Abs. 3 ins Stufenverfahren vor der obersten Dienstbehörde gelangen, wo der HPR dann das auf ihn übergegangene Mitbestimmungsrecht ausüben kann.[1332]

6b Die **Zuständigkeiten** der Stufenvertretungen einerseits sowie der örtlichen PR andererseits **schließen sich gegenseitig aus**, sofern es um die Beteiligung an **ein und derselben Maßnahme** geht.[1333] Letzteres ist aber nicht der Fall, wenn die übergeordnete Dienststelle **generelle Maßnahmen** erlässt und die nachgeordneten Dienststellen auf dieser Grundlage **konkretisierende Maßnahmen** ergreifen, so z. B. dann, wenn die oberste Dienstbehörde mit dem HPR nach § 76 Abs. 2 Nr. 8 Auswahlrichtlinien vereinbart und eine nachgeordnete Dienststelle eine von dieser Richtlinie erfasste personelle Einzelmaßnahme i. S. v. § 75 Abs. 1 oder § 76 Abs. 1 treffen will. Dann hat der örtliche PR bei der personellen Einzelmaßnahme mitzubestimmen und gem. § 77 Abs. 2 Nr. 1 zu prüfen, ob diese Maßnahme gegen die Richtlinie verstößt.[1334]

7 Die **Beteiligungsbefugnis der Stufenvertretung** kann sich auf Angelegenheiten beziehen, die **einzelne nachgeordnete Dienststellen** oder **mehrere oder alle Dienststellen des Geschäftsbereichs** der Mittelbehörde oder der obersten Dienstbehörde betreffen. Da sich der Geschäftsbereich einer Behörde nicht nur auf die nachgeordneten Dienststellen, sondern auch auf die eigene Dienststelle erstreckt (vgl. § 53 Rn. 9 f.), ist in Angelegenheiten, die den gesamten Geschäftsbereich oder mehrere seiner Dienststellen einschl. der Mittelbehörde oder der obersten Dienstbehörde selbst betreffen, der BPR oder der HPR auch an Stelle des Haus-PR bei der Mittelbehörde bzw. der obersten Dienstbehörde zu beteiligen.

8 In personalvertretungsrechtlicher Hinsicht nimmt der **Leiter der Mittelbehörde oder der obersten Dienstbehörde** eine **Doppelfunktion** wahr. Einerseits steht er für den örtlichen Bereich dieser Dienststelle als Dienststellenleiter dem Haus-PR gegenüber, andererseits steht er für den gesamten Geschäftsbereich als Leiter dieses Bereichs der Stufenvertretung gegenüber. Im Hinblick darauf ist die **Abgrenzung der Zuständigkeiten von Haus-PR und Stufenvertretung** dann problematisch, wenn es sich um Angelegenheiten handelt, die nur die Mittelbehörde oder die oberste Dienstbehörde betreffen. Das B*VerwG*[1335] und die ihm folgende h. M. in der Literatur[1336] vertreten dazu den Standpunkt, dass Abs. 1 lediglich eine **Ersatzzuständigkeit der Stufenvertretung** vorsieht, die nur dann gegeben ist, wenn die Dienststelle nicht zur Entscheidung befugt ist und

---

1332 *BVerwG* v. 2. 9. 09, a. a. O.
1333 *BVerwG* v. 2. 9. 09, a. a. O.
1334 *BVerwG* v. 2. 9. 09, a. a. O.
1335 St. Rspr. seit Beschl. v. 14. 4. 61 – VII P 8.60 –, PersV 61, 256; vgl. Beschl. v. 16. 9. 94 – 6 P 33.93 –, PersR 95, 20.
1336 Dazu KfdP-*Altvater*, Rn. 12 f.

deshalb eine (dem Prinzip der Partnerschaft von Dienststelle und PR widersprechende) Beteiligung des örtlichen PR ausscheidet. Danach ist stets der Haus-PR und nicht die Stufenvertretung zu beteiligen, wenn die fragliche Angelegenheit nur die Mittelbehörde oder die oberste Dienstbehörde betrifft.[1337]

(Abs. 2) Nach Abs. 2 S. 1 **gibt die Stufenvertretung dem PR Gelegenheit zur Äußerung**, bevor sie in Angelegenheiten, die einzelne Beschäftigte oder Dienststellen betreffen, einen Beschluss fasst. Diese Vorschrift ist anzuwenden, wenn die Stufenvertretung aufgrund ihrer **Erstzuständigkeit** an Stelle des PR zu beteiligen ist, nicht dagegen, wenn sie im Instanzenzug des Mitbestimmungs- oder Mitwirkungsverfahrens eingeschaltet wird.[1338] Die Vorschrift dient einem doppelten **Zweck**. Zum einen soll die Stufenvertretung zusätzliche Informationen erhalten, die dem beschäftigtennäheren PR zur Verfügung stehen. Zum anderen soll der von der förmlichen Beteiligung ausgeschlossene PR zu Wort kommen und Stellung nehmen können.[1339]

9

Angelegenheiten, die einzelne Beschäftigte betreffen, liegen v. a. in den Fällen der förmlichen Beteiligung nach § 75 Abs. 1, 2 und 3 Nr. 7 und 10, § 76 Abs. 1 und 2 S. 1 Nr. 1, 4 und 9, § 78 Abs. 1 Nr. 3 bis 5 sowie § 79 Abs. 1 und 3 vor. Sie können auch im Rahmen der allgemeinen Aufgaben nach den §§ 67 und 68, insb. nach § 68 Abs. 1 Nr. 3, gegeben sein.[1340] Ob diese Angelegenheiten einen oder mehrere einzelne Beschäftigte betreffen, ist unerheblich. Entscheidend ist allein, dass Beschäftigte als Einzelpersonen betroffen sind.[1341] **Angelegenheiten, die einzelne Dienststellen betreffen**, liegen vor, wenn nicht alle Dienststellen betroffen sind, die zum Geschäftsbereich der übergeordneten Dienststelle gehören, bei der die Stufenvertretung besteht.[1342]

10

Der PR, dem Gelegenheit zur Äußerung zu geben ist, ist der PR, der nach Abs. 1 – oder auch nach Abs. 5 (vgl. dazu Rn. 17 ff.) – von der Beteiligung ausgeschlossen ist. Das ist i. d. R. der **örtliche PR** der nachgeordneten, nicht zur Entscheidung befugten Dienststelle, die von der anstehenden Angelegenheit betroffen ist oder zu der die Beschäftigten gehören, die betroffen sind. Gehören die betroffenen Beschäftigten mehreren Dienststellen an oder sind mehrere Dienststellen betroffen, ist den örtlichen PR aller dieser Dienststellen Gelegenheit zur Äußerung zu geben. Besteht bei der betroffenen nachgeordneten Dienststelle ein **GPR**, ist entweder diesem

11

1337 Zu den Konsequenzen vgl. KfdP-*Altvater*, Rn. 14 ff. m. N. der Rspr. des *BVerwG*.
1338 Str.; a. A. *Fischer/Goeres/Gronimus*, Rn. 11 a; vgl. KfdP-*Altvater*, Rn. 17, 29.
1339 *BVerwG* v. 8.7.77 – VII P 19.75 –, PersV 78, 278, v. 19.7.94 – 6 P 12.92 –, PersR 94, 518, u. v. 2.10.00 – 6 P 11.99 –, PersR 01, 80.
1340 Vgl. *BVerwG* v. 15.7.04 – 6 P 1.04 –, PersR 04, 396.
1341 Teilw. str.; vgl. KfdP-*Altvater*, Rn. 18 m. N.
1342 *BVerwG* v. 15.7.04, a. a. O.

§ 82 Beteiligung von Stufenvertretungen und Gesamtpersonalrat

oder einem der bei der Dienststelle bestehenden PR Gelegenheit zur Äußerung zu geben, je nachdem, welche dieser Personalvertretungen nach Abs. 3 i. V. m. Abs. 1 beteiligungsbefugt wäre (vgl. Rn. 15), wenn die Entscheidungsbefugnis bei der nachgeordneten Dienststelle läge.[1343] Hat danach die Stufenvertretung den GPR zu hören, kann dieser wiederum nach Abs. 3 i. V. m. Abs. 2 verpflichtet sein, seinerseits einen oder mehrere der bei der Dienststelle bestehenden PR anzuhören. Betrifft eine von der obersten Dienstbehörde zu entscheidende Angelegenheit (nur) den gesamten Geschäftsbereich einer einzelnen Mittelbehörde, hat der HPR ausnahmsweise den **BPR** anzuhören.

12 Die Stufenvertretung gibt dem PR **Gelegenheit zur Äußerung**, indem sie ihn über die anstehende Angelegenheit innerhalb einer angemessenen Frist unterrichtet und ihn zu einer Äußerung auffordert.[1344] Dabei genügt die Stufenvertretung ihrer **Informationspflicht**, wenn sie den Zustimmungsantrag des Dienststellenleiters vollständig an den PR weiterleitet. Die Stufenvertretung kann dem PR für dessen Äußerung eine angemessene **Frist** setzen. Die Einschaltung des PR gehört zu den laufenden Geschäften, deren Führung nach § 54 Abs. 1 i. V. m. § 32 Abs. 1 S. 4 dem **Vorstand der Stufenvertretung** obliegt. Der PR hat das Recht, eine Stellungnahme abzugeben; er ist dazu jedoch nicht verpflichtet.[1345] Die Stellungnahme bedarf eines Beschlusses des **Plenums des PR**. Sie ist dem Vorstand der Stufenvertretung zuzuleiten. Dieser hat sie dem **Plenum der Stufenvertretung** vollständig mitzuteilen. Obwohl das Gesetz für die Einschaltung des PR und für dessen Stellungnahme eine bestimmte **Form** nicht vorschreibt, ist für beides – schon um Missverständnisse zu vermeiden – die Schriftform zu empfehlen. Die Stufenvertretung ist an die Äußerung des angehörten PR **nicht gebunden**, sondern entscheidet nach eigenem pflichtgemäßem Ermessen, ob und in welchem Umfang sie dessen Anregungen Rechnung trägt.

13 Die Verpflichtung der Stufenvertretung zur Anhörung des PR ist zwingend vorgeschrieben. Sie betrifft jedoch nur das Binnenverhältnis dieser Personalvertretungen und besteht deshalb nur als **interne Ordnungsvorschrift**. Wird die Anhörung fehlerhaft oder gar nicht durchgeführt, berührt dies weder die Wirksamkeit des Beschlusses der Stufenvertretung noch die der Entscheidung der Mittelbehörde oder der obersten Dienstbehörde.[1346] Der Verstoß gegen diese Vorschrift kann jedoch eine grobe Pflichtverletzung i. S. d. § 28 Abs. 1 sein.

1343 *BVerwG* v. 8.7.77 – VII P 19.75 –, PersV 78, 278, u. v. 2.10.00 – 6 P 11.99 –, PersR 01, 80; ferner *BVerwG* v. 15.7.04, a.a.O.: maßgeblich ist die fiktive Zuständigkeitsverteilung zwischen dem GPR und den PR in der Gesamtdienststelle.
1344 Vgl. hierzu u. zum Folgenden *BVerwG* v. 2.10.00, a.a.O.
1345 Str.; vgl. KfdP-*Altvater*, Rn. 23 m. N.
1346 Vgl. *BVerwG* v. 24.11.83 – 2 C 28.82 –, PersV 87, 74.

14 Hat die Stufenvertretung dem PR nach Abs. 2 S. 1 Gelegenheit zur Äußerung zu geben, führt dies nach Abs. 2 S. 2 zu einer **Verdoppelung der Fristen** der §§ 69 und 72, nicht aber der Frist des § 79 Abs. 3 S. 3. Hat die Stufenvertretung nach Abs. 2 S. 1 einem GPR Gelegenheit zur Äußerung in einer Angelegenheit zu geben und ist dieser nach Abs. 3 i. V. m. Abs. 2 seinerseits verpflichtet, einen oder mehrere örtliche PR anzuhören (vgl. Rn. 11), so hat dies eine **Verdreifachung** der Fristen der §§ 69 und 72 zur Folge.[1347]

15 (**Abs. 3**) Nach Abs. 3 gelten die in Abs. 1 und 2 getroffenen Regelungen für die **Verteilung der Zuständigkeiten zwischen PR und GPR** entsprechend. Daraus ergeben sich im Anschluss an die Rspr. des *BVerwG*[1348] u. a. folgende Konsequenzen: In den Angelegenheiten, die allein eine verselbständigte Teileinheit (oder deren Beschäftigte) betreffen und in denen der Leiter dieser Teileinheit entscheidungsbefugt ist, ist der **PR der verselbständigten Teileinheit** zu beteiligen. In den Angelegenheiten, die allein die Hauptdienststelle (oder deren Beschäftigte) betreffen und in denen der Leiter der Dienststelle (gleichgültig, ob als Leiter der Hauptdienststelle oder der Gesamtdienststelle) entscheidungsbefugt ist, ist der **PR der Hauptdienststelle** zu beteiligen. In den anderen Angelegenheiten, in denen der Leiter der Gesamtdienststelle entscheidungsbefugt ist, ist der **GPR** zu beteiligen. Eine von Abs. 3 abweichende Regelung findet sich in § 90 Nr. 2 S. 2 und 3 für die **Rundfunkanstalt »Deutsche Welle«** (vgl. § 90 Rn. 6 f.).

16 (**Abs. 4**) Nach Abs. 4 gelten die Vorschriften der §§ 69 bis 74 über die Formen und Verfahren der **Mitbestimmung und Mitwirkung** und die der §§ 75 bis 81 über die Angelegenheiten, in denen der PR zu beteiligen ist, für die **Befugnisse und Pflichten der Stufenvertretungen und des GPR** entsprechend. Damit ist klargestellt, dass BPR, HPR und GPR – wenn sie nach den Vorschriften in Abs. 1, 3 oder 5 für die Beteiligung zuständig sind – die gleichen Befugnisse und Pflichten wie die örtlichen PR haben. Die in den §§ 66 bis 68 enthaltenen allgemeinen Vorschriften über die Beteiligung gelten auch für sie unmittelbar (vgl. § 54 Rn. 1 u. § 56 Rn. 1).

17 (**Abs. 5**) Die in Anknüpfung an eine zum PersVG 1955 ergangene Entscheidung des *BVerwG*[1349] in das BPersVG aufgenommene Vorschrift des Abs. 5 soll Beteiligungslücken schließen, die entstehen können, wenn von dem klassischen **dreistufigen Aufbau** der Verwaltung, von dem die Einrichtung der Stufenvertretungen nach § 53 ausgeht, **abgewichen** wird (vgl. § 53 Rn. 3). Solche Abweichungen können in unterschiedlichen Varianten vorkommen. Dabei kann zum einen der **hierarchische Aufbau durchbrochen** sein, wenn es einer Mittelbehörde obliegt, bestimmte Angelegenheiten nicht nur für den eigenen Geschäftsbereich, sondern

---

1347 Str.; vgl. KfdP-*Altvater*, Rn. 31 m. N.
1348 Vgl. Beschl. v. 15. 8. 83 – 6 P 18.81 –, PersV 85, 291, v. 20. 8. 03 – 6 C 5.03 –, PersR 04, 150, u. v. 15. 7. 04 – 6 P 1.04 –, PersR 04, 396.
1349 Beschl. v. 13. 6. 69 – VII P 15.68 –, PersV 70, 15.

§ 82 Beteiligung von Stufenvertretungen und Gesamtpersonalrat

auch für die Bereiche anderer Mittelbehörden zu entscheiden oder wenn auf der Mittelstufe oder der Zentralstufe Dienststellen eingerichtet sind, die dazu befugt sind, Entscheidungen mit Wirkung für andere, ihnen nicht nachgeordnete Dienststellen zu treffen (z. B. sog. Zentraldienststellen). Zum anderen kann der **Verwaltungsaufbau in mehr als drei Stufen gegliedert** sein mit der Folge, dass zwischen der Mittelstufe und der Unterstufe mindestens eine weitere Verwaltungsebene existiert, auf der sog. Zwischendienststellen eingerichtet sind, die einer Behörde der Mittelstufe nachgeordnet und Behörden der Unterstufe übergeordnet sind. Weitere Besonderheiten bestehen im Geschäftsbereich des **Bundesministeriums der Verteidigung** (BMVg) v. a. aufgrund des Nebeneinanders von Bundeswehrverwaltung und Streitkräften, wo die Regelung des § 82 Abs. 5 allerdings durch die in § 92 festgelegten Maßgaben abgewandelt ist. Im Bereich des ab 1. 7. 05 in Bundespolizei (BPOL) umbenannten **Bundesgrenzschutzes** (BGS) bestanden vergleichbare Besonderheiten von ähnlicher Bedeutung,[1350] die seit der am 1. 4. 92 vollzogenen Neuordnung der Organisationsstrukturen des BGS jedoch nur noch Ausnahmecharakter haben.

18 Bei den in Rn. 17 genannten **entscheidungsbefugten Dienststellen** (bei den zentralen Dienststellen, den Mittelbehörden, den nicht als Mittelbehörden eingerichteten Dienststellen auf der Mittelstufe und den Zwischendienststellen sowie bei den vergleichbaren Dienststellen in den Bereichen des BMVg und des BGS bzw. der BPOL) ist jeweils ein örtlicher PR zu bilden, bei den Mittelbehörden darüber hinaus ein BPR (zu den Ausnahmen im Bereich des BMVg vgl. Anh. V A § 91 SG Rn. 2). Der örtliche PR ist jedoch nur legitimiert, die Beschäftigten der eigenen Dienststelle zu vertreten, ebenso wie ein BPR nur die Beschäftigten des Geschäftsbereichs der eigenen Mittelbehörde vertreten kann. Eine dienststellenübergreifende, einer Stufenvertretung vergleichbare Personalvertretung, die auch die Beschäftigten jener Dienststellen vertreten könnte, die von Entscheidungen der genannten Dienststellen betroffen sind, fehlt bei den in Rn. 17 genannten Dienststellen jedoch. Für eine Beteiligung an derartigen Entscheidungen ist bei den entscheidenden Dienststellen somit **keine zuständige Personalvertretung** vorgesehen.

19 Falls personelle oder soziale Maßnahmen von einer Dienststelle getroffen werden, bei der keine für eine Beteiligung an diesen Maßnahmen zuständige Personalvertretung vorgesehen ist, bestimmt Abs. 5, dass die **Stufenvertretung bei der nächsthöheren Dienststelle**, zu deren Geschäftsbereich die entscheidende Dienststelle und die von der Entscheidung Betroffenen gehören, zu beteiligen ist. Diese Stufenvertretung ist zur Interessenvertretung der betroffenen Beschäftigten legitimiert, weil (auch) diese zu ihrer Wählerschaft gehören. Damit ist der Repräsentationsgrundsatz gewahrt (vgl. Rn. 3 und 5).

1350 Vgl. *BVerwG* v. 14. 9. 83 – 6 P 21.82 –, Buchh 238.3A § 82 Nr. 10.

Beteiligung von Stufenvertretungen und Gesamtpersonalrat § 82

Das Beteiligungsverfahren ist in den Fällen des Abs. 5 nicht vom Leiter der Mittelbehörde oder der obersten Dienstbehörde durchzuführen, bei der die zu beteiligende Stufenvertretung besteht, sondern vom **Leiter der entscheidungsbefugten Dienststelle**. Um einen personalvertretungsfreien Raum zu vermeiden, wird damit der Partnerschaftsgrundsatz (vgl. Rn. 3) durchbrochen. Nach Abs. 2 ist die Stufenvertretung verpflichtet, dem **ausgeschlossenen PR** Gelegenheit zur Äußerung zu geben (vgl. Rn. 11 ff.). Kommt im Mitbestimmungs- oder Mitwirkungsverfahren eine Einigung nicht zustande, kann im **Instanzenzug** nach § 69 Abs. 3 S. 1 bzw. § 72 Abs. 4 S. 1 die übergeordnete Dienststelle eingeschaltet werden, bei der die Stufenvertretung besteht, die zuvor bereits aufgrund ihrer Erstzuständigkeit nach Abs. 5 beteiligt worden ist. Das hat zur Folge, dass diese Stufenvertretung erneut, nun aber vom Leiter der Mittelbehörde bzw. der obersten Dienstbehörde zu beteiligen ist. **20**

Ihrem Wortlaut nach ist die Regelung des Abs. 5 für **personelle oder soziale Maßnahmen** vorgesehen. Sie gilt aber aufgrund ihrer Entstehungsgeschichte und ihres Zwecks für **alle beteiligungspflichtigen Angelegenheiten**.[1351] Die Vorschrift greift aber nicht ein, wenn eine vorgesehene Personalvertretung nicht besteht oder nicht funktionsfähig ist (vgl. § 1 Rn. 18 u. § 27 Rn. 8). Die in Abs. 5 geregelte **Auffangzuständigkeit** beinhaltet demnach **keine Ersatzzuständigkeit** für nicht gebildete Personalvertretungen. **21**

Das BPersVG enthält keine Vorschriften, nach denen eine Personalvertretung an **ressortexternen oder -übergreifenden Maßnahmen** zu beteiligen ist.[1352] Dabei handelt es sich v. a. um Entscheidungen, die vom Bundeskanzler oder von der Bundesregierung oder von einem Bundesminister nicht (nur) für das eigene Ressort, sondern für Beschäftigte oder Dienststellen anderer Ministerien getroffen werden. Nach Art. 65 S. 2 GG leitet jedoch grundsätzlich jeder Bundesminister seinen Geschäftsbereich selbständig und in eigener Verantwortung. Im Hinblick auf diese **Ressortleitungsbefugnis jedes Bundesministers** sind dem jeweiligen Minister alle Handlungen als von ihm beabsichtigte Maßnahmen zuzurechnen, die zur Umsetzung ressortexterner oder -übergreifender Entscheidungen getroffen werden sollen. Handelt es sich dabei um **Umsetzungsakte** in Angelegenheiten, die nach den §§ 75 bis 81 der Beteiligung unterliegen, ist daran die bei dem jeweiligen Bundesministerium bestehende, nach § 82 zuständige Personalvertretung zu beteiligen.[1353] **22**

1351 Str.; vgl. KfdP-*Altvater*, Rn. 43 m. N.
1352 Vgl. zum Folgenden KfdP-*Altvater*, Rn. 44 a, 45.
1353 Vgl. *BVerwG* v. 7. 5. 81 – 6 P 35.79 –, Buchh 238.38 § 60 Nr. 1, u. v. 19. 10. 83 – 6 P 16.81 –, Buchh 238.31 § 79 Nr. 4, sowie v. 8. 10. 08 – 6 PB 21.08 –, PersR 08, 507 (**Kabinettsvorlage** ist keine einer Maßnahme gleichstehende Vorbereitungshandlung der Mitbestimmung); *BAG* v. 19. 5. 92 – 1 AZR 418/91 –, PersR 92, 422; *VG Bln* v. 27. 8. 02 – VG 72 A 3.02 –, PersR 03, 424.

Sechstes Kapitel
Gerichtliche Entscheidungen

§ 83 [Zuständigkeit und Verfahren der Verwaltungsgerichte]

(1) Die Verwaltungsgerichte, im dritten Rechtszug das Bundesverwaltungsgericht, entscheiden außer in den Fällen der §§ 9, 25, 28 und 47 Abs. 1 über

1. Wahlberechtigung und Wählbarkeit,

2. Wahl und Amtszeit der Personalvertretungen und der in den §§ 57, 65 genannten Vertreter sowie die Zusammensetzung der Personalvertretungen und der Jugend- und Auszubildendenvertretungen,

3. Zuständigkeit, Geschäftsführung und Rechtsstellung der Personalvertretungen und der in den §§ 57, 65 genannten Vertreter,

4. Bestehen oder Nichtbestehen von Dienstvereinbarungen.

(2) Die Vorschriften des Arbeitsgerichtsgesetzes über das Beschlussverfahren gelten entsprechend.

1 Während für Streitigkeiten aus dem BetrVG nach § 2a Abs. 1 Nr. 1 ArbGG die Arbeitsgerichte zuständig sind, haben nach § 83 Abs. 1 die **Verwaltungsgerichte** über Streitigkeiten aus dem BPersVG zu entscheiden. Jedoch sind dabei grundsätzlich nicht die Vorschriften der Verwaltungsgerichtsordnung (VwGO) anzuwenden, vielmehr gelten nach § 83 Abs. 2 die Vorschriften des Arbeitsgerichtsgesetzes über das (in betriebsverfassungsrechtlichen Streitigkeiten nach § 2a Abs. 2 ArbGG stattfindende) **Beschlussverfahren** entsprechend (vgl. Rn. 14). Von Ausnahmen abgesehen (vgl. § 86 Nr. 14), sind **drei Rechtszüge** vorgesehen. In ersten Rechtszug entscheidet grundsätzlich das örtlich zuständige **Verwaltungsgericht**, im zweiten Rechtszug das übergeordnete **Oberverwaltungsgericht** und im dritten Rechtszug das **Bundesverwaltungsgericht**, und zwar mit der Besonderheit, dass nach § 84 Abs. 1 für die nach dem BPersVG zu treffenden Entscheidungen bei den Verwaltungsgerichten **Fachkammern** und bei den Oberverwaltungsgerichten **Fachsenate** zu bilden sind (vgl. § 84 Rn. 3).

2 (Abs. 1) Über welche Angelegenheiten aus dem BPersVG die Verwaltungsgerichte im personalvertretungsrechtlichen Beschlussverfahren entscheiden, ist in Abs. 1 festgelegt. Dieser **Katalog der sachlichen Zuständigkeit** ist abschließend, verbietet es jedoch nicht, auftretende Lücken durch Analogie zu schließen. Außerdem hindert die ausschließliche sachliche Zuständigkeit der Verwaltungsgerichte in Bundespersonalvertretungssachen **andere Gerichte** – auch die im Verfahren nach der VwGO entscheidenden Verwaltungsgerichte – nicht daran, Fragen des PersVR als

Vorfragen zu entscheiden. So hat z. B. das Arbeitsgericht im Kündigungsschutzprozess auch zu prüfen und zu entscheiden, ob der PR ordnungsgemäß nach § 79 Abs. 1 oder 3 beteiligt worden ist, wenn der gekündigte Arbeitnehmer geltend macht, dass die Kündigung des Arbeitgebers nach § 79 Abs. 4 BPersVG unwirksam ist. Entsprechendes gilt für das Verwaltungsgericht im allgemeinen Verfahren, wenn z. B. ein entlassener Beamter auf Probe sich mit der Anfechtungsklage gegen seine Entlassung wendet und dabei geltend macht, der PR sei nach § 78 Abs. 1 Nr. 4 oder § 79 Abs. 3 nicht fehlerfrei beteiligt worden. Umgekehrt müssen auch die Verwaltungsgerichte im personalvertretungsrechtlichen Beschlussverfahren nicht zu ihrer Zuständigkeit gehörende – v. a. arbeitsrechtliche und beamtenrechtliche – Rechtsfragen als Vorfragen beantworten, wenn das zur Entscheidung einer Personalvertretungssache erforderlich ist.

In Abs. 1 sind zunächst die **Fälle** genannt, für die bereits an anderer Stelle – nämlich in den **§§ 9, 25, 28 und § 47 Abs. 1** – festgelegt ist, dass darüber die Verwaltungsgerichte entscheiden. Hinzu kommen die in **Abs. 1 Nr. 1 bis 4** aufgeführten Fälle (vgl. Rn. 4 ff.). Für alle in Abs. 1 genannten Fälle gilt, dass dabei die arbeitsgerichtlichen Vorschriften über das Beschlussverfahren entsprechend gelten.[1]

3

(Abs. 1 Nr. 1) Streitigkeiten über die **Wahlberechtigung** und die **Wählbarkeit** können im Rahmen einer Wahlanfechtung nach oder entsprechend § 25, aber auch unabhängig davon zu entscheiden sein (vgl. § 25 Rn. 15). Zur Wahlberechtigung gehört auch die Frage, wer »**Beschäftigter**« i. S. d. § 4 ist,[2] zu welcher **Gruppe** i. S. d. § 5 ein Wahlberechtigter gehört[3] und ob er sich einer anderen Gruppe nach § 17 Abs. 5 S. 2 anschließen kann. Außerdem gehört dazu die **Abstimmungsberechtigung** in einer Vorabstimmung nach § 18 Abs. 1 oder § 19 Abs. 2.

4

(Abs. 1 Nr. 2) Die Zuständigkeit für Streitigkeiten über **Wahl und Amtszeit** bezieht sich auf die Personalvertretungen i. e. S. (PR, BPR, HPR und GPR), auf die in § 57 genannten Vertreter (d. h. auf JAV, BJAV, HJAV und GJAV) und auf die in § 65 genannten Vertreter der nichtständig Beschäftigten. Streitigkeiten über die **Wahl** sind alle Streitigkeiten über Voraussetzungen und Durchführung einer Wahl, soweit sie sich nicht auf die Wahlberechtigung oder die Wählbarkeit beziehen (vgl. Rn. 4). Das an engere Voraussetzungen (insb. Anfechtungsfrist und -berechtigung) gebundene Wahlanfechtungsverfahren nach § 25 ist allerdings vorgreiflich, so dass nach Durchführung der Wahl weitergehende Streitigkeiten nur dann außerhalb einer Wahlanfechtung ausgetragen werden können, wenn dafür ausnahmsweise ein Rechtsschutzinteresse gegeben ist. Ein Antrag auf Feststellung der Nichtigkeit einer Wahl ist auch nach Ablauf der Anfechtungs-

5

---

1 Vgl. *BVerwG* v. 9. 7. 80 – 6 P 43.79 –, PersV 81, 370.
2 Vgl. *BVerwG* v. 14. 12. 09 – 6 P 16.08 –, PersR 10, 249.
3 Vgl. *BVerwG* v. 5. 5. 78 – 6 P 8.78 –, PersV 79, 286.

frist jederzeit möglich[4] (vgl. § 25 Rn. 2). Streitigkeiten über die **Amtszeit** beziehen sich auf deren Dauer, Beginn und Ende. Die Zuständigkeit für Streitigkeiten über die **Zusammensetzung** der Personalvertretungen und Jugend- und Auszubildendenvertretungen betrifft die Vertretungen aller Ebenen und bezieht sich insb. auf Fragen des Ruhens der Mitgliedschaft, der zeitweiligen Verhinderung eines Mitglieds und des vorübergehenden Nachrückens eines Ersatzmitglieds.

6 (**Abs. 1 Nr. 3**) Die Entscheidungsbefugnis für Streitigkeiten über **Zuständigkeit, Geschäftsführung und Rechtsstellung** der vorstehend (bei Rn. 5) genannten Personalvertretungen und -vertreter ist als **Generalklausel** zu verstehen. Sie erstreckt sich auf alle personalvertretungsrechtlichen Streitigkeiten, die den Verwaltungsgerichten nicht schon durch die Benennung in Abs. 1 Nr. 1, 2 und 4 zugewiesen sind. Zur **Zuständigkeit** gehören alle Fragen, die sich auf die Aufgaben und Befugnisse, insb. die Beteiligungsrechte, der Personalvertretungen (bzw. Vertreter) beziehen, die Frage, welche von mehreren in Betracht kommenden Personalvertretungen im Einzelfall nach § 82 zuständig ist, sowie alle Fragen, welche die Einigungsstelle betreffen (vgl. § 71 Rn. 5, 31). Streitigkeiten über die **Geschäftsführung** beziehen sich in erster Linie auf interne Angelegenheiten der Personalvertretungen. Dazu zählen auch Fragen der Einberufung und Durchführung der Personalversammlung und der Jugend- und Auszubildendenversammlung. Streitigkeiten über die **Rechtsstellung** betreffen v. a. die in §§ 8, 10 und 44 bis 47 geregelten Rechte und Pflichten, aber auch die Beteiligungsrechte des einzelnen Mitglieds der Personalvertretung innerhalb dieses Gremiums. Über **Ansprüche von Beschäftigten aus dem Arbeits- oder Beamtenverhältnis** können die Verwaltungsgerichte im personalvertretungsrechtlichen Beschlussverfahren aber auch dann nicht entscheiden, wenn diese Ansprüche durch eine Tätigkeit im Rahmen des BPersVG ausgelöst sind. Solche Ansprüche sind entweder nach § 2 Abs. 1 Nr. 3 Buchst. a, Abs. 5 ArbGG im **Urteilsverfahren vor dem Arbeitsgericht** geltend zu machen[5] oder nach § 126 Abs. 1 BBG bzw. § 54 Abs. 1 BeamtStG in dem nach den Vorschriften der VwGO durchzuführenden **allgemeinen Verfahren vor dem Verwaltungsgericht** zu verfolgen.[6] Dagegen erstreckt sich die Generalklausel des Abs. 1 Nr. 3 auch auf alle Streitigkeiten über die personalvertretungsrechtlichen Aufgaben und Befugnisse der **Gewerkschaften**, z. B. nach § 2 Abs. 2, § 36 oder § 52.

7 Nicht zuständig sind die Verwaltungsgerichte im personalvertretungsrechtlichen Beschlussverfahren, wenn sich Dienststelle und PR um Beteiligungsrechte in Angelegenheiten streiten, die nur die **Soldaten** betreffen. Inso-

---

4 *BVerwG* v. 18. 1. 90 – 6 P 8.88 –, PersR 90, 108.
5 Vgl. *BVerwG* v. 10. 9. 82 – 6 P 22.79 –, Sabottig ES Nr. 418 Ls.; *BAG* v. 31. 10. 85 – 6 AZR 129/83 –, AP BPersVG § 46 Nr. 5.
6 *BVerwG* v. 23. 10. 80 – 2 C 43.78 – PersV 82, 63, u. v. 10. 9. 82 – 6 P 6.81 –, Dok. Ber. 83, 18.

Zuständigkeit und Verfahren der Verwaltungsgerichte § 83

weit handelt es sich um einen Streit um die Befugnisse von Vertrauenspersonen nach § 52 Abs. 1 SBG, der in die Zuständigkeit der **Wehrdienstgerichte** fällt (vgl. Anh. V B § 52 SBG Rn. 6a).

(**Abs. 1 Nr. 4**) Die Zuständigkeit für Streitigkeiten über das Bestehen oder Nichtbestehen von **Dienstvereinbarungen** bezieht sich insb. auf deren Zustandekommen, Rechtswirksamkeit, Beendigung oder Nachwirkung. Sie erstreckt sich aber auch auf die Auslegung und Durchführung,[7] wobei es im Ergebnis unerheblich ist, ob dies aus Abs. 1 Nr. 3 oder 4 abgeleitet wird. **Ansprüche einzelner Beschäftigter** aus einer Dienstvereinbarung können aber nicht, und zwar auch nicht vom PR, vor dem Verwaltungsgericht im personalvertretungsrechtlichen Beschlussverfahren geltend gemacht, sondern müssen von den Beschäftigten selbst, je nach Status, im Urteilsverfahren vor dem Arbeitsgericht oder im allgemeinen Verfahren vor dem Verwaltungsgericht verfolgt werden.[8] Die angerufenen Gerichte haben die Wirksamkeit der Dienstvereinbarung als Vorfrage selbst zu prüfen; eine vom Verwaltungsgericht im personalvertretungsrechtlichen Beschlussverfahren bereits getroffene rechtskräftige Entscheidung wirkt jedoch ggf. auch gegenüber den einzelnen Beschäftigten.[9]

8

Zur Vermeidung von Rechtsschutzlücken gelten die in Abs. 1 Nr. 1 bis 4 aufgeführten Zuständigkeiten nicht nur für die dort ausdrücklich genannten Vertretungen und Vertreter, sondern beziehen sich auch auf entsprechende Streitigkeiten, die den **Vertrauensmann in der Bundespolizei** und den **Vertrauensmann der Ortskräfte** betreffen.[10]

9

Auch Streitigkeiten, die sich auf die **besonderen Personalvertretungen beim Bundeseisenbahnvermögen** beziehen, sind gem. § 17 Abs. 1 S. 3 DBGrG von den Verwaltungsgerichten im personalvertretungsrechtlichen Beschlussverfahren zu entscheiden. Das gilt gem. § 17 Abs. 6 DBGrG auch für Streitigkeiten, die sich aus der Anwendung der Vorschriften des § 17 Abs. 2 bis 5 DBGrG über die Beteiligung dieser besonderen Personalvertretungen gegenüber der Deutschen Bahn AG oder ihren Töchtern ergeben (vgl. Anh. III § 17 DBGrG Rn. 4, 17).

10

In Streitigkeiten, welche die Beteiligung der **Betriebsräte** bei den als Aktiengesellschaften organisierten **Postnachfolgeunternehmen** in Personalangelegenheiten der Beamten nach § 29 Abs. 1 bis 8 PostPersRG betreffen, haben gem. § 29 Abs. 9 PostPersRG ebenfalls die Verwaltungsgerichte im personalvertretungsrechtlichen Beschlussverfahren zu entscheiden (vgl. Anh. IV § 29 PostPersRG Rn. 12).

11

---

7   Str.; a. A. *OVG NW* v. 17.12.03 – 1 A 1088/01.PVL –, PersR 04, 309; vgl. *NdsOVG* v. 11.8.11 – 18 MP 4/11 –, PersR 11, 481 (offengelassen, »ob Auslegung des Inhalts einer Dienstvereinbarung nach Art einer abstrakten Normenkontrolle« zulässig); KfdP-*Baden*, Rn. 16.
8   Vgl. *BAG* v. 17.10.89 – 1 ABR 75/88 –, AP BetrVG 1972 § 112 Nr. 53.
9   Vgl. *BAG* v. 17.2.92 – 10 AZR 448/91 –, AP ArbGG 1979 § 84 Nr. 1.
10 Str.; vgl. KfdP-*Altvater*, § 85 Rn. 38 c u. § 91 Rn. 36 a.

§ 84 Bildung und Besetzung der Fachkammern und Fachsenate

12 Grundsätzlich nicht unter Abs. 1 fallen Streitigkeiten, die die **Schwerbehindertenvertretung** betreffen, deren Wahl und Tätigkeit im SGB IX (§§ 93–100) geregelt ist. Nach § 2a Abs. 1 Nr. 3a ArbGG (in der durch Art. 23 Nr. 2 des Gesetzes v. 19.6.01[11] geänderten Fassung) sind die **Arbeitsgerichte** ausschließlich zuständig für Angelegenheiten aus den §§ 94, 95, 139 SGB IX.[12] Dazu gehört das in § 94 Abs. 6 SGB IX genannte Verfahren über die **Anfechtung der Wahl zur Schwerbehindertenvertretung** auch dann, wenn eine solche Wahl im Bereich des öffentlichen Dienstes angefochten wird,[13] sowie über die Pflicht des Arbeitgebers, die Kosten der Schwerbehindertenvertretung zu tragen.[14]

13 Obwohl für die **Betriebsvertretung** der zivilen Arbeitskräfte bei den **Stationierungsstreitkräften der NATO-Staaten** grundsätzlich das BPersVG gilt, entscheiden gem. Abs. 9 UP zu Art. 56 Abs. 9 ZA-NTS nicht die Verwaltungsgerichte, sondern die **Arbeitsgerichte** über Streitigkeiten aus dem Betriebsvertretungsrecht (vgl. dazu Anh. VI Rn. 37).

14 (Abs. 2) Für das Verfahren der Verwaltungsgerichte in Bundespersonalvertretungssachen gelten die **Vorschriften des ArbGG über das Beschlussverfahren** entsprechend. Das sind die §§ 80 bis 96a ArbGG. Diese enthalten Verweisungen auf zahlreiche Vorschriften des arbeitsgerichtlichen Urteilsverfahrens (§§ 46–79 ArbGG), die wiederum auf viele Bestimmungen der ZPO und des GVG Bezug nehmen. Bei der entsprechenden Anwendung sind Besonderheiten des PersVR zu berücksichtigen. Dazu wird auf die Erläuterungen in den großen Kommentaren zum BPersVG verwiesen.[15]

§ 84 [Bildung und Besetzung der Fachkammern und Fachsenate]

(1) ¹**Für die nach diesem Gesetz zu treffenden Entscheidungen sind bei den Verwaltungsgerichten des ersten und zweiten Rechtszuges Fachkammern (Fachsenate) zu bilden.** ²**Die Zuständigkeit einer Fachkammer kann auf die Bezirke anderer Gerichte oder Teile von ihnen erstreckt werden.**

(2) ¹**Die Fachkammer besteht aus einem Vorsitzenden und ehrenamtlichen Richtern.** ²**Die ehrenamtlichen Richter müssen Beschäftigte im öffentlichen Dienst des Bundes sein.** ³**Sie werden je zur Hälfte durch die Landesregierung oder die von ihr bestimmte Stelle auf Vorschlag**

---

11 BGBl. I S. 1046.
12 Vgl. *VG Bln* v. 8.7.03 – VG 62 A 11.03 –, PersV 04, 110.
13 *BAG* v. 11.11.03 – 7 AZB 40/03 – u. v. 29.7.09 – 7 ABR 25/08 –, PersR 04, 279, u. 09, 493.
14 *BAG* v. 30.3.10 – 7 AZB 32/09 –, NZA 10, 668 = PersR 10, 266 Ls.
15 Ausf. insb. KfdP-*Baden*, Rn. 18 ff.

Bildung und Besetzung der Fachkammern und Fachsenate § 84

1. der unter den Beschäftigten vertretenen Gewerkschaften und
2. der in § 1 bezeichneten Verwaltungen und Gerichte

berufen. ⁴Für die Berufung und Stellung der ehrenamtlichen Richter und ihre Heranziehung zu den Sitzungen gelten die Vorschriften des Arbeitsgerichtsgesetzes über ehrenamtliche Richter entsprechend.

(3) ¹Die Fachkammer wird tätig in der Besetzung mit einem Vorsitzenden und je zwei nach Absatz 2 Satz 3 Nr. 1 und 2 berufenen Beisitzern. ²Unter den in Absatz 2 Satz 3 Nr. 1 bezeichneten Beisitzern muß sich je ein Beamter und ein Arbeitnehmer befinden.

Die Zuständigkeit für Streitigkeiten aus dem BPersVG bringt für die Verwaltungsgerichtsbarkeit nicht nur in verfahrensrechtlicher Hinsicht durch die entsprechende Anwendung der Bestimmungen des ArbGG über das Beschlussverfahren (§ 83 Abs. 2) Besonderheiten. Sie verlangt auch eine **Gerichtsorganisation**, die von den Regelungen der VwGO teilweise abweicht. Soweit aber § 84 keine Sonderregelung enthält, gelten die Bestimmungen der VwGO über die Gerichtsverfassung (vgl. §§ 1–39 VwGO).[16] Das gilt z. B. für die Besetzung des zuständigen **Senats des Bundesverwaltungsgerichts** (§ 10 Abs. 3 VwGO), die Besetzung der Fachkammern bei den Verwaltungsgerichten und der Fachsenate bei den Oberverwaltungsgerichten mit **Vorsitzenden Richtern** (§ 4 VwGO i. V. m. § 21 f GVG), ferner (gem. §§ 35–37 VwGO) für die Beteiligung des **Vertreters des öffentlichen Interesses** (VöI) am Verfahren vor dem Verwaltungsgericht und dem Oberverwaltungsgericht – soweit landesrechtlich noch vorgesehen – sowie des **Vertreters des Bundesinteresses** beim Bundesverwaltungsgericht (VBI).[17] Die Spruchkörper des § 84 sind, obwohl dort nicht ausdrücklich in Bezug genommen, auch in den die **Postnachfolgeunternehmen** betreffenden Beschlussverfahren nach § 29 Abs. 9 PostPersRG zuständig.[18] 1

In den Ländern Baden-Württemberg, Bayern und Hessen führt das **Oberverwaltungsgericht** nach § 184 VwGO die Bezeichnung »**Verwaltungsgerichtshof**«. Der Einfachheit halber wird im Folgenden ausschließlich die Bezeichnung Oberverwaltungsgericht verwandt. Die Länder Berlin und Brandenburg haben ein **gemeinsames Oberverwaltungsgericht** errichtet. 2

(Abs. 1) Die Entscheidung in Angelegenheiten des BPersVG obliegt im ersten und zweiten Rechtszug besonderen **Fachkammern bei den Verwaltungsgerichten** und **Fachsenaten bei den Oberverwaltungs-** 3

---

16 *BVerwG* v. 1.11.01 – 6 P 10.01 –, PersR 02, 73.
17 Näher zum VBI u. VöI KfdP-*Baden*, Rn. 26–27 a.
18 *BVerwG* v. 11.3.11 – 6 PB 19.10 –, PersR 11, 260 (gegen KfdP-*Peiseler*, Anh. IV B § 29 PostPersRG Rn. 15).

§ 84 Bildung und Besetzung der Fachkammern und Fachsenate

gerichten, die ausschließlich mit Streitigkeiten nach dem BPersVG befasst sind. Dabei können für ein Gericht auch **mehrere Spruchkörper** geschaffen werden, wenn die Zahl der zu erledigenden Fälle das erfordert. Andererseits können Beschlussverfahren gem. Abs. 1 S. 2 durch landesrechtliche Regelung **bezirksübergreifend** bei einzelnen Verwaltungsgerichten konzentriert werden. Von dieser Möglichkeit haben einige Länder Gebrauch gemacht (Bayern: nur VG Ansbach und VG München; Brandenburg: nur VG Potsdam; Rheinland-Pfalz: nur VG Mainz; Thüringen: nur VG Meiningen). Beim **Bundesverwaltungsgericht**, das nach § 83 Abs. 1 im dritten Rechtszug in Angelegenheiten aus dem BPersVG entscheidet (vgl. § 83 Rn. 1), sind besondere Spruchkörper nicht zu bilden. Hier weist das Präsidium im Geschäftsverteilungsplan einem oder mehreren der nach § 10 Abs. 2 VwGO gebildeten Senate die Sachen aus dem Gebiet des PersVR zu. Seit 1978 ist der **6. Revisionssenat** für alle Personalvertretungssachen zuständig.

4 (Abs. 2) Die Fachkammern der Verwaltungsgerichte und die Fachsenate der Oberverwaltungsgerichte sind mit einem **berufsrichterlichen Vorsitzenden**, der vorbehaltlich eines Vertretungsfalls gem. § 21 f GVG auch das statusrechtliche Amt eines »Vorsitzenden Richters« bekleiden muss, und **vier ehrenamtlichen Richtern** besetzt. Letztere werden durch die Landesregierung oder die von ihr bestimmte Stelle auf die Dauer von fünf Jahren berufen (§ 20 Abs. 1 ArbGG). Die Fachkammern (Fachsenate) sind **paritätisch** mit ehrenamtlichen Richtern der Arbeitgeber- und der Arbeitnehmerseite zu besetzen (vgl. Rn. 9).

5 Das **Vorschlagsrecht** für die ehrenamtlichen Richter auf der Seite der Beschäftigten haben die unter diesen vertretenen **Gewerkschaften** (vgl. § 2 Rn. 7). Auf der **Arbeitgeberseite** sind vorschlagsberechtigt die Verwaltungen des Bundes und der bundesunmittelbaren Körperschaften, Anstalten und Stiftungen des öffentlichen Rechts sowie die Gerichte des Bundes (vgl. § 1 Rn. 2 ff.). Dabei sind jeweils die Dienststellen vorschlagsberechtigt, die ihren Sitz im Zuständigkeitsbereich der Fachkammer (bzw. des Fachsenats) haben, auch wenn sich ihr Bereich über den des Gerichts hinaus erstreckt. Die **Anzahl** der zu berufenden ehrenamtlichen Richter hat die Landesregierung oder die von ihr bestimmte Stelle nach pflichtgemäßem Ermessen festzulegen. Im Hinblick auf Abs. 3 S. 2 (vgl. dazu Rn. 9) hat sie darauf zu achten, dass aus den Vorschlagslisten der Gewerkschaften eine ausreichende Zahl von **Beamten** sowie von **Arbeitnehmern** berufen wird. Die ehrenamtlichen Richter sind »in **angemessenem Verhältnis** unter billiger Berücksichtigung der Minderheiten den Vorschlagslisten zu entnehmen« (§ 20 Abs. 2 ArbGG). Das bedeutet für die ehrenamtlichen Richter aus den Gewerkschaftsvorschlägen, dass die berufende Stelle die unterschiedlich starke Position der Gewerkschaften im jeweiligen Bereich zu berücksichtigen hat. Nach § 44 Abs. 1a DRiG sollen zudem generell **Frauen und Männer** angemessen berücksichtigt werden.

6 Alle ehrenamtlichen Richter, also auch die vom öffentlichen Arbeitgeber

Bildung und Besetzung der Fachkammern und Fachsenate § 84

vorgeschlagenen, müssen **Beschäftigte im öffentlichen Dienst des Bundes** (einschl. der bundesunmittelbaren Körperschaften, Anstalten und Stiftungen des öffentlichen Rechts) sein. Dazu zählen auch die der Deutsche Bahn AG nach § 12 Abs. 2 oder 3 DBGrG zugewiesenen Beamten des **Bundeseisenbahnvermögens** sowie diejenigen Beamten, die nach § 2 Abs. 1, 2 S. 2 oder Abs. 2a PostPersRG bei den Aktiengesellschaften beschäftigt werden, die aus der Privatisierung der **Deutschen Bundespost** hervorgegangen sind (Deutsche Post AG, Deutsche Telekom AG, Deutsche Postbank AG).

Die **persönlichen Voraussetzungen** für die Berufung zum ehrenamtlichen Richter ergeben sich aus den entsprechend anzuwendenden §§ 21 und 37 ArbGG. Die Berufung erfolgt auf die Dauer von **fünf Jahren** (§ 20 Abs. 1 S. 1 ArbGG). Das **Amt** als ehrenamtlicher Richter **endet vorzeitig** mit der Versetzung des Beamten in den Ruhestand bzw. mit der Verrentung des Arbeitnehmers,[19] aber auch dann, wenn der Beamte für den Rest der verbleibenden Amtsperiode ohne Bezüge beurlaubt und nicht mehr im Gerichtsbezirk beschäftigt ist.[20] Nach § 27 ArbGG sind ehrenamtliche Richter ihres Amtes zu entheben, wenn sie die freiheitliche demokratische, rechts- und sozialstaatliche Ordnung des GG ablehnen und bekämpfen.[21] Für die **Rechtsstellung** der ehrenamtlichen Richter gelten die §§ 26 bis 28 ArbGG entsprechend und die §§ 44 bis 45a DRiG unmittelbar. Sie sind in gleichem Maße wie die Berufsrichter unabhängig und haben das Beratungsgeheimnis zu wahren (§ 45 Abs. 1 i. V. m. § 43 DRiG). Niemand darf in der Übernahme oder Ausübung des Amtes als ehrenamtlicher Richter **beschränkt** oder wegen der Übernahme des Amtes **benachteiligt** werden (§ 45 Abs. 1a S. 1 DRiG, § 26 Abs. 1 ArbGG). Daraus hat das BVerwG abgeleitet, dass Zeiten der Tätigkeit eines Beamten als ehrenamtlicher Richter, die während der Gleitzeit angefallen sind, dem Arbeitszeitkonto des Beamten gutgeschrieben werden müssen, wenn sie mehr als drei Stunden pro Kalenderwoche betragen.[22] Ggf. erhalten ehrenamtliche Richter als **Entschädigung** Fahrkostenersatz, Entschädigung für Aufwand, Ersatz für sonstige Aufwendungen, Entschädigung für Zeitversäumnis, Entschädigung für Nachteile bei der Haushaltsführung sowie Entschädigung für Verdienstausfall (§ 15 i. V. m. §§ 5–7 und 16–18 JVEG). Die ehrenamtlichen Richter haben die **gleichen Rechte** wie der berufsrichterliche Vorsitzende. Ihre Funktionen im Verfahren sind allerdings teilweise unterschiedlich. So wird die mündliche Verhandlung vom Vorsitzenden vorbereitet und geleitet. Er verkündet die Entscheidungen des Gerichts. Er kann sie aber nur ausnahmsweise allein treffen. In der **Verhandlung** gibt es jedoch kein Übergewicht des Vorsitzenden gegenüber den ehrenamtlichen Richtern etwa dahingehend, dass er allein berechtigt

7

---

19 Vgl. *BayVGH* v. 27.5.92 – 17 S 92.1108 –.
20 *BayVGH* v. 19.2.92 – 18 S 91.3270 –, PersR 93, 240 Ls.
21 *BVerfG* v. 6.5.08 – 2 BvR 337/08 –, NZA 08, 962; vgl. KfdP-*Baden*, Rn. 12a.
22 Urt. v. 28.7.11 – 2 C 45.09 –, PersR 11, 450 Ls.

§ 84 Bildung und Besetzung der Fachkammern und Fachsenate

wäre, Antragsteller, Beteiligte oder Zeugen zu befragen oder darüber zu entscheiden, welche Fragen ein ehrenamtlicher Richter stellen darf.

8 Für die **Heranziehung der ehrenamtlichen Richter** zu den Sitzungen gelten die §§ 31 und 39 ArbGG entsprechend. Danach hat der Vorsitzende Richter der Kammer oder des Senats entweder zu Beginn der Amtsperiode (also alle fünf Jahre) oder zu Beginn des Geschäftsjahrs **Listen** aufzustellen, aus denen die Richter der Reihenfolge nach zu den Sitzungen herangezogen werden. Diese Reihenfolge ist so festzulegen, dass sowohl eine unterschiedliche Behandlung als auch willkürliche Abweichungen im Einzelfall unterbleiben. Das kann z. B. nach Alphabet oder mittels Auslosung erfolgen. Der Vorsitzende ist an die jeweilige Liste gebunden, und zwar für ihre gesamte, von vornherein festliegende Laufdauer. Er kann einen Richter, der nach der Liste als nächster an der Reihe ist, nicht übergehen. Ein Weitergehen auf der Liste ist nur dann zulässig, wenn derjenige, der an der Reihe wäre, verhindert ist, z. B. wegen Krankheit oder Urlaubs. Das hat der Verhinderte grundsätzlich selbst zu erklären, der Vorsitzende kann das nicht für ihn feststellen. Nur für unvorhersehbare Verhinderungen (z. B. wenn ein Richter wegen widriger Witterungsverhältnisse den Sitzungsort nicht erreichen kann) kann auf eine **Hilfsliste** ausgewichen und damit die an sich vorgegebene Reihenfolge verlassen werden (§ 31 Abs. 2 ArbGG). In diese Hilfsliste sind Richter aufzunehmen, die am Gerichtsort oder in der Nähe wohnen oder beschäftigt sind und damit leicht erreichbar sind.

9 **(Abs. 3)** Von den vier ehrenamtlichen Richtern einer Fachkammer sind zwei der Liste zu entnehmen, die aus den **Vorschlägen der Gewerkschaften** aufgestellt worden ist. Da sich darunter **je ein Beamter und ein Arbeitnehmer** befinden muss (bis zur Änderung des Abs. 3 S. 2 durch Art. 8 Nr. 7 des Gesetzes v. 14.9.05[23] »ein Angestellter oder Arbeiter«), werden zweckmäßigerweise aus diesen Vorschlägen zwei Listen aufgestellt (eine für Beamte und eine für Arbeitnehmer), aus denen je ein Richter entnommen wird, so dass (zusammen mit der Liste der Richter der Verwaltungsseite) insgesamt drei Listen vorhanden sind. Auf der **Verwaltungsseite** kommt es auf die Gruppenzugehörigkeit der Richter nicht an, so dass hier in jedem Fall nur eine Liste aufzustellen ist, aus der die Richter ihrer Reihung nach zu den Sitzungen zu laden sind. Soweit die nach § 83 Abs. 2 entsprechend anzuwendenden Vorschriften des ArbGG (wie z. B. § 80 Abs. 2 S. 1 i. V. m. § 53 Abs. 1) vorsehen, dass der **Vorsitzende allein** bestimmte Entscheidungen trifft, bleiben sie von Abs. 3 unberührt.

---

23 BGBl. I S. 2746.

Siebentes Kapitel
Vorschriften für besondere Verwaltungszweige und die Behandlung von Verschlusssachen

§ 85 [Bundespolizei]

(1) Für die Bundespolizei gilt dieses Gesetz mit folgenden Abweichungen:

1. Die Beschäftigten der Bundespolizeibehörden und der ihnen nachgeordneten Dienststellen wählen Bundespolizeipersonalvertretungen (Bundespolizeipersonalrat, Bundespolizeibezirkspersonalrat, Bundespolizeihauptpersonalrat).
2. Polizeivollzugsbeamte sind nur wahlberechtigt (§ 13 Abs. 1), wenn sie am Wahltag die Grundausbildung bereits beendet haben und nicht bei der Berufung in das Beamtenverhältnis schriftlich erklärt haben, nur eine Dienstzeit von zwei Jahren ableisten zu wollen.
3. In Angelegenheiten, die lediglich die Polizeivollzugsbeamten betreffen, die nach Nummer 2 nicht wahlberechtigt sind, wirkt die Bundespolizeipersonalvertretung mit, wenn ein Vertrauensmann (Absatz 2) dies im Einzelfalle beantragt.
4. Die in Nummer 3 bezeichneten Polizeivollzugsbeamten werden bei der Ermittlung der Zahl der vom Dienst freizustellenden Personalratsmitglieder nach § 46 Abs. 4 nicht berücksichtigt.
5. Die Vorschriften über die Jugend- und Auszubildendenvertretung gelten nicht für die Polizeivollzugsbeamten.
6. Eine Beteiligung der Bundespolizeipersonalvertretung findet nicht statt bei
   a) Anordnungen für Polizeivollzugsbeamte, durch die Einsatz oder Einsatzübungen geregelt werden,
   b) der Einstellung von Polizeivollzugsbeamten für die Grundausbildung.
7. Die Bundespolizeipersonalvertretung bestimmt bei der Berufsförderung von Polizeivollzugsbeamten mit, soweit der Beamte dies beantragt.

(2) [1]Die Polizeivollzugsbeamten, die nach Absatz 1 Nr. 2 nicht das Wahlrecht zu den Bundespolizeipersonalvertretungen besitzen, wählen in jeder Einheit einen Vertrauensmann und zwei Stellvertreter. [2]Einheiten im Sinne des Satzes 1 sind die Hundertschaften oder vergleichbare Einheiten und Dienststellen nach näherer Be-

§ 85 Bundespolizei

stimmung des Bundesministers des Innern. ³Für die Wahl, die Amtszeit und die Aufgaben des Vertrauensmannes gilt folgendes:

1. Wahlberechtigt und wählbar sind ohne Rücksicht auf ihr Alter die in Satz 1 genannten Polizeivollzugsbeamten; im übrigen gelten § 13 Abs. 1, § 14 Abs. 1 Satz 2 entsprechend.

2. ¹Der Bundespolizeipersonalrat bestimmt spätestens drei Wochen vor dem unter Nummer 4 Satz 2 genannten Zeitpunkt drei Wahlberechtigte als Wahlvorstand und einen von ihnen als Vorsitzenden. ²Hat der Bundespolizeipersonalrat den Wahlvorstand nicht fristgemäß bestimmt oder besteht in der Dienststelle kein Bundespolizeipersonalrat, so bestellt der Leiter der Dienststelle den Wahlvorstand.

3. ¹Der Wahlvorstand hat unverzüglich eine Versammlung der Wahlberechtigten einzuberufen. ²In dieser Versammlung ist die Wahl des Vertrauensmannes und seiner Stellvertreter durchzuführen. ³Gewählt wird durch Handaufheben. ⁴Widerspricht ein Wahlberechtigter diesem Verfahren, so wird eine geheime Wahl mit Stimmzetteln vorgenommen. ⁵§ 24 gilt entsprechend.

4. ¹Für die Amtszeit des Vertrauensmannes und seiner Stellvertreter gelten § 29 Abs. 1 Nr. 2, 4, 5 und § 30 entsprechend. ²§ 31 Abs. 1, 2 ist mit der Maßgabe anzuwenden, daß eine Neuwahl stattfindet, wenn nach Eintreten beider Stellvertreter kein Vertrauensmann mehr vorhanden ist.

5. ¹Für die Geschäftsführung und Rechtsstellung des Vertrauensmannes gelten die §§ 43 bis 45, 46 Abs. 1, 2, 3 Satz 1 und 6 entsprechend. ²Für die Aufgaben und Befugnisse des Vertrauensmannes gelten § 2, § 47 Abs. 2, §§ 66 bis 68 entsprechend. ³In den Fällen des § 75 Abs. 2 Satz 1 Nr. 1, Abs. 3 Nr. 3, 14, 15, § 76 Abs. 1 Nr. 2, 4, 5, Abs. 2 Nr. 1, 5, 6, 9, § 78 Abs. 1 Nr. 4 ist, soweit Polizeivollzugsbeamte, die nach Absatz 1 Nr. 2 nicht das Wahlrecht zu den Bundespolizeipersonalvertretungen besitzen, betroffen sind, der Vertrauensmann rechtzeitig von dem Dienststellenleiter zu hören, in den Fällen des § 76 Abs. 2 Nr. 9, § 78 Abs. 1 Nr. 4 jedoch nur auf Antrag des Betroffenen. ⁴Der Vertrauensmann kann an den Sitzungen des Bundespolizeipersonalrates beratend teilnehmen; in den Fällen des Absatzes 1 Nr. 3 hat er im Bundesgrenzschutzpersonalrat Stimmrecht.

(3) ¹Die Dienstleistenden (§ 49 Abs. 1 des Bundesgrenzschutzgesetzes vom 18. August 1972 (BGBl. I S. 1834), das zuletzt durch Artikel 3 des Gesetzes vom 19. Oktober 1994 (BGBl. I S. 2978) geändert worden ist,) stehen bei der Anwendung dieses Gesetzes den Polizeivollzugsbeamten gleich, die nach Absatz 1 Nr. 2 nicht das Wahlrecht zu den Bundesgrenzschutzpersonalvertretungen besitzen; sie wählen gemeinsam mit diesen den Vertrauensmann und

Bundespolizei § 85

dessen Stellvertreter (Absatz 2). ²Erleidet ein Dienstleistender anläßlich der Wahrnehmung von Rechten oder Erfüllung von Pflichten nach diesem Gesetz durch einen Unfall eine gesundheitliche Schädigung, die eine Grenzschutzdienstbeschädigung wäre, so sind die dafür geltenden Vorschriften entsprechend anzuwenden.

Aufgaben, Verwendungen und Befugnisse sowie Organisation und Zuständigkeiten der Bundespolizei sind im **Bundespolizeigesetz (BPolG)** geregelt. Es wurde mit der Kurzbezeichnung Bundesgrenzschutzgesetz (BGSG) als Art. 1 des Bundesgrenzschutzneuregelungsgesetzes (BGSNeuRegG) v. 19.10.94[1] erlassen und hat seinen jetzigen Zitiernamen durch Art. 1 des Gesetzes zur **Umbenennung des Bundesgrenzschutzes in Bundespolizei** v. 21.6.05[2] erhalten. Das BPolG wurde zuletzt durch Art. 2 des Gesetzes v. 31.7.09[3] geändert. Die Bundespolizei – BPOL – wird wie der vorherige Bundesgrenzschutz – BGS – **in bundeseigener Verwaltung** geführt. Sie ist eine Polizei des Bundes im Geschäftsbereich des Bundesministeriums des Innern – BMI – (§ 1 Abs. 1 BPolG). Als eine Verwaltung des Bundes gehört sie nach § 1 zum Geltungsbereich des BPersVG. 1

Das BPersVG gilt für alle Beschäftigten bei der Bundespolizei. Sein § 85 sieht jedoch **Abweichungen** von den allgemeinen Bestimmungen vor. Er ist durch Art. 11 des Gesetzes v. 21.6.05 (vgl. Rn. 1) geändert worden. Dabei handelt es sich um **Folgeänderungen** der Umbenennung des BGS, durch die die bisherigen Bezeichnungen von Behörden und Personalvertretungen durch neue Bezeichnungen ersetzt worden sind (mit Ausnahme des Wortes »Bundesgrenzschutzpersonalrat« in § 85 Abs. 2 Nr. 5 S. 4 Hs. 2 und des Wortes »Bundesgrenzschutzpersonalvertretungen« in § 85 Abs. 3 S. 1). 1a

(Abs. 1 Nr. 1) Seit der Neuordnung der Behörden und Dienststellen des BGS im April 1992 bestanden dort (nach ihrer Umbenennung ab Juli 2005) folgende **Bundespolizeibehörden**: die Bundespolizeipräsidien als Mittelbehörden und die ihnen unterstehenden Bundespolizeiämter als Unterbehörden sowie (jeweils dem BMI unmittelbar unterstehend) die Bundespolizeidirektion mit zentraler Aufgabenstellung und die Bundespolizeiakademie als zentrale Aus- und Fortbildungsstätte. Zur Effizienzsteigerung wurde die **bisherige Behördenstruktur** durch Art. 1 des Gesetzes zur Änderung des Bundespolizeigesetzes und anderer Gesetze v. 26.2.08[4] **zum 1.3.08 geändert** (§ 57 BPolG n. F.). Bundespolizeibehörden sind seitdem das Bundespolizeipräsidium, die Bundespolizeidirektionen und die Bundespolizeiakademie. Die bisherigen Mittelbehörden (Bundespolizeipräsidien) und die bisherige Bundespolizeidirektion wurden in einer einzigen, dem BMI unmittelbar unterstehenden Oberbehörde, dem neuen **Bundespolizeiprä-** 2

---

1 BGBl. I S. 2978.
2 BGBl. I S. 1818.
3 BGBl. I S. 2507.
4 BGBl. I S. 215.

§ 85 Bundespolizei

dium, zusammengefasst. Ihm unterstehen als Unterbehörden die **Bundespolizeidirektionen**, die durch die Zusammenführung der bisherigen Bundespolizeiämter entstanden sind, sowie die **Bundespolizeiakademie** mit ihrer bisherigen Aufgabenstellung. **Andere Organisationseinheiten** der Bundespolizei sind keine Bundespolizeibehörden i. S. d. BPolG, insb.: die dem Bundespolizeipräsidium angegliederten Spezialeinheiten (u. a. GSG 9 sowie BPOL-Flugdienst mit BPOL-Fliegergruppe und BPOL-Fliegerstaffeln); die den neun regionalen Bundespolizeidirektionen nachgeordneten Bundespolizeiinspektionen (mit den weiter nachgeordneten Bundespolizeirevieren und z. T. den unterstützenden Mobilen Kontroll- und Überwachungseinheiten); die der Direktion Bundesbereitschaftspolizei unterstellten zehn Bundespolizeiabteilungen (jeweils mit Abteilungsstab, Einsatzhundertschaften und weiteren Hundertschaften und Einheiten); die der Bundespolizeiakademie zugeordneten Bundespolizeiaus- und Fortbildungszentren (sowie Bundespolizeisportschule und Bundespolizeileistungssportprojekt).

2a Die BPOL-Behörden sind **Dienststellen** i. S. d. PersVR. Die Dienststelleneigenschaft von Einrichtungen der Bundespolizei, die keine BPOL-Behörden i. S. d. BPolG sind, ist nach § 6 zu beurteilen.[5] Sie ist nur dann zu bejahen, wenn der Leiter der jeweiligen Einrichtung hinsichtlich der Mehrzahl der bedeutsamen personellen, sozialen, organisatorischen und sonstigen innerdienstlichen Angelegenheiten einen eigenen Entscheidungs- und Handlungsspielraum hat.[6] Einrichtungen der Bundespolizei, die keine Dienststellen i. S. d. § 6 Abs. 1 und 2 sind, können unter den Voraussetzungen des § 6 Abs. 3 verselbständigt werden. Bei jeder BPOL-Behörde, bei jeder sonstigen im Bereich der Bundespolizei bestehenden Dienststelle i. S. d. § 6 Abs. 1 und 2 sowie bei jeder nach § 6 Abs. 3 als selbständige Dienststelle geltenden Einrichtung der Bundespolizei ist nach § 12 Abs. 1 ein **BPOL-PR** zu bilden.

2b Wird eine von der (Haupt-)Dienststelle (z. B. Bundespolizeidirektion) räumlich weit entfernt liegende Nebenstelle oder ein räumlich weit entfernt liegender Teil einer Dienststelle (z. B. eine Bundespolizeiinspektion) nach § 6 Abs. 3 personalvertretungsrechtlich verselbständigt, so ist nach § 55 neben den BPOL-PR ein **BPOL-GPR** zu bilden. Das folgt daraus, dass § 85 die Anwendung des § 55 (ebenso wie die des § 6 Abs. 3) nicht ausschließt.

3 Ein **BPOL-BPR** ist nach der zum 1. 3. 08 erfolgten Umstrukturierung der Bundespolizei nur noch **beim Bundespolizeipräsidium** zu bilden, weil dieses seitdem im Bereich der Bundespolizei die einzige Behörde der Mittelstufe i. S. d. § 6 Abs. 2 S. 2 BPersVG ist (vgl. § 6 Rn. 4a). Der **BPOL-HPR** ist **beim BMI** zu bilden, weil die Bundespolizei zum Geschäftsbereich des BMI gehört und dieses die oberste Dienstbehörde der

---

5 *BVerwG* v. 29. 3. 01 – 6 P 7.00 –, PersR 01, 298.
6 *BVerwG* v. 29. 3. 01, a. a. O.

Bundespolizei § 85

Beschäftigten der Bundespolizei ist. Das BMI ist jedoch keine BPOL-Behörde. Deshalb kann **beim BMI kein BPOL-PR** gebildet werden. Auch die im Ministerium beschäftigten Polizeivollzugsbeamten der Bundespolizei gehören zu den vom **allgemeinen örtlichen PR und HPR beim BMI** repräsentierten Beschäftigten und sind damit grundsätzlich zu diesen allgemeinen Personalvertretungen wahlberechtigt und wählbar.

Infolge der Umstrukturierung zum 1. 3. 08 bestehen im Bereich der Bundespolizei mit dem BPOL-BPR beim Bundespolizeipräsidium und dem BPOL-HPR beim BMI **zwei Stufenvertretungen**, deren **Wählerschaft identisch** ist, weil das BMI zwar oberste Dienstbehörde der Beschäftigten in der Bundespolizei, selbst aber kein Teil dieses Bereichs ist.[7] **3 a**

Der BPOL-HPR besteht unabhängig von dem beim BMI für dessen übrigen Geschäftsbereich zu bildenden HPR. Eine **Zusammenarbeit beider HPR** wird vom Gesetz nicht ausgeschlossen. Sie ist v. a. erforderlich, wenn von beteiligungsbedürftigen Maßnahmen des BMI als gemeinsamer oberster Dienstbehörde Beschäftigte der Bundespolizei und Beschäftigte im übrigen Geschäftsbereich des BMI betroffen und demgemäß beide HPR zu beteiligen sind. **3 b**

Die BPOL-Personalvertretungen repräsentieren alle Beschäftigten der BPOL-Behörden und der ihnen nachgeordneten Dienststellen. Dazu gehören neben den **Polizeivollzugsbeamten** auch die **Verwaltungsbeamten** und die **Arbeitnehmer**. **4**

(Abs. 1 Nr. 2) Für die **Wahlberechtigung** und **Wählbarkeit** zu den BPOL-Personalvertretungen gelten grundsätzlich die allgemeinen Vorschriften (§ 13 u. §§ 14–15). Abs. 1 Nr. 2 bestimmt jedoch einschränkend, dass nur diejenigen **Polizeivollzugsbeamten** wahlberechtigt und wählbar sind, die am Wahltag die **Grundausbildung bereits beendet** haben und nicht bei der Berufung in das Beamtenverhältnis schriftlich erklärt haben, nur eine Dienstzeit von zwei Jahren ableisten zu wollen. Die erste Voraussetzung schränkt die Wahlberechtigung von Beamten im mittleren Polizeivollzugsdienst ein, weil eine Grundausbildung für diese Laufbahn – nicht hingegen für die Laufbahnen des gehobenen und höheren Polizeivollzugsdienstes – vorgesehen ist. Die Grundausbildung von zwölf Monaten Dauer (einschl. der Zwischenprüfung zum Abschluss der Grundausbildung) ist der erste Abschnitt des zwei Jahre und sechs Monate dauernden Vorbereitungsdienstes.[8] Die Voraussetzung der beendeten Grundausbildung muss am Wahltag – ggf. am letzten Wahltag – erfüllt sein. Die zweite Voraussetzung ist inzwischen dadurch gegenstandslos geworden, dass die maßgeblichen Laufbahnvorschriften für den mittleren Dienst einen Vorbereitungsdienst **5**

---

7 Vgl. KfdP-*Altvater*, Rn. 6 a.
8 §§ 3 u. 4 Abs. 1 Nr. 1 der Verordnung über die Ausbildung und Prüfung für den mittleren Polizeivollzugsdienst in der Bundespolizei (AP-mDBPolV) v. 19. 12. 01 (BGBl. I S. 3882), zuletzt geändert durch Art. 2 der Verordnung v. 2. 12. 11 (BGBl. I S. 2408).

§ 85 Bundespolizei

von zweieinhalb Jahren vorsehen und damit eine kürzere Dienstzeit ausschließen. Beschäftigte, die gleichzeitig **mehreren Dienststellen** angehören, sind bei jeder dieser Dienststellen wahlberechtigt und wählbar. **Größe** und **Zusammensetzung** der BPOL-Personalvertretungen richten sich nach den allgemeinen Vorschriften (§§ 16–18). Bei der Feststellung der Zahl der Beschäftigten und bei der Verteilung der Sitze auf die Gruppen sind auch die Polizeivollzugsbeamten mitzuzählen, die nach Abs. 1 Nr. 2 nicht das Wahlrecht zu den BPOL-Personalvertretungen besitzen. Die Polizeivollzugsbeamten bilden zusammen mit den Verwaltungsbeamten die **Gruppe der Beamten**. Auch für das **Wahlverfahren** gelten die allgemeinen Vorschriften (§§ 19–25).

6 (Abs. 1 Nr. 3) In **Angelegenheiten, die lediglich die Polizeivollzugsbeamten betreffen**, die nach Nr. 2 nicht wahlberechtigt sind, sind die förmlichen Beteiligungsrechte eingeschränkt. In diesen Angelegenheiten hängt die Beteiligung von einem **Antrag des Vertrauensmanns** des oder der betroffenen Polizeivollzugsbeamten ab. Der Antrag muss **im Einzelfall** gestellt werden. Unter Einzelfall ist die jeweils beabsichtigte Maßnahme der Dienststelle zu verstehen. Diese kann auch mehrere oder alle Polizeivollzugsbeamten gleichzeitig betreffen. Die Sondervorschrift bezieht sich nur auf solche Angelegenheiten, die lediglich die nicht wahlberechtigten Polizeivollzugsbeamten betreffen und in denen **die BPOL-Personalvertretung mitzubestimmen oder mitzuwirken hätte**, wenn sonstige Polizeivollzugsbeamte betroffen wären.[9] Handelt es sich um eine Angelegenheit, an der die Personalvertretung nach den allgemeinen Vorschriften nur auf Antrag des betroffenen Beamten beteiligt wird (vgl. § 75 Abs. 2 Nr. 1, § 76 Abs. 2 Nr. 9 u. § 78 Abs. 1 Nr. 4), ist die Antragstellung durch den Vertrauensmann von einem entsprechenden **Antrag des betroffenen Beamten** abhängig. Die BPOL-Personalvertretung »wirkt mit«, wenn ein zulässiger Antrag gestellt wird. Der Dienststellenleiter hat ein **Mitwirkungsverfahren** nach § 72 einzuleiten. Das gilt auch dann, wenn die Angelegenheit an sich der Mitbestimmung unterliegt. Die von einem Antrag des Vertrauensmanns abhängige Mitwirkung der BPOL-Personalvertretung lässt die **allgemeinen Aufgaben** (§§ 66–68) und die **nichtförmlichen Beteiligungsrechte** (§ 78 Abs. 3–5, § 79 Abs. 3, §§ 80 u. 81) der BPOL-Personalvertretung auch dann unberührt, wenn im Einzelfall lediglich Polizeivollzugsbeamte betroffen sind, die nach Nr. 2 nicht wahlberechtigt sind.

7 (Abs. 1 Nr. 4) Für die **Amtszeit**, die **Geschäftsführung** und die **Rechtsstellung** der BPOL-Personalvertretungen und ihrer Mitglieder gelten grundsätzlich die allgemeinen Vorschriften (§§ 26–47). Abs. 1 Nr. 4 wandelt die Regelung des § 46 Abs. 4 über die **Freistellung** dahin ab, dass bei der Ermittlung der Zahl der vom Dienst freizustellenden PR-Mitglieder die Zahl der Polizeivollzugsbeamten, die nach Nr. 2 nicht

---

9 Str.; vgl. KfdP-*Altvater*, Rn. 13 m. N.

Bundespolizei § 85

das Wahlrecht zu den BPOL-Personalvertretungen besitzen, von der Zahl der in der Regel Beschäftigten abgezogen wird. Die allgemeinen Vorschriften über die **Personalversammlung** (§§ 48–52) gelten ohne Einschränkungen. Auch die nicht wahlberechtigten Polizeivollzugsbeamten sind in ihrer Eigenschaft als Beschäftigte Teilnehmer der Personalversammlung.

(**Abs. 1 Nr. 5**) Die allgemeinen Bestimmungen über die **JAV** und die **Jugend- und Auszubildendenversammlung** (§§ 57–64) gelten auch für die BPOL-Behörden und die ihnen nachgeordneten Dienststellen, nicht jedoch für die Polizeivollzugsbeamten und damit nur für die übrigen Beschäftigten. Jugendliche Polizeivollzugsbeamte wählen den Vertrauensmann nach Abs. 2, solange sie die Grundausbildung noch nicht beendet haben. 8

(**Abs. 1 Nr. 6**) Für die Beteiligung der BPOL-Personalvertretungen gelten grundsätzlich die allgemeinen Vorschriften (§§ 66–82). Über die in Abs. 1 Nr. 3 geregelte Beschränkung der Mitbestimmung und Mitwirkung in den Angelegenheiten der nicht wahlberechtigten Polizeivollzugsbeamten hinaus (vgl. Rn. 6) sieht Nr. 6 **weitere Ausnahmen von der förmlichen Beteiligung** vor.[10] Nach Nr. 6 Buchst. a findet eine Beteiligung der BPOL-Personalvertretung nicht statt bei **Anordnungen für Polizeivollzugsbeamte, durch die Einsatz oder Einsatzübungen geregelt werden**. Diese Sondervorschrift ist eng auszulegen und nicht anwendbar, wenn Anordnungen getroffen werden sollen, die das Tätigwerden der Polizeivollzugsbeamten zur Erfüllung polizeilicher Aufgaben im Rahmen ihres normalen, regelmäßigen Dienstes regeln, sondern nur, wenn besondere Ereignisse oder Entwicklungen es erfordern, durch eine konkrete, eilbedürftige Maßnahme in personeller, zeitlicher oder sonstiger Hinsicht von dem regelmäßigen Dienstplan abzuweichen,[11] wie das etwa bei größeren Schadensereignissen oder bestimmten Formen von Gewaltverbrechen der Fall sein kann.[12] Der polizeiliche Einsatzbefehl für Großveranstaltungen bleibt deshalb nicht von vornherein mitbestimmungsfrei.[13] Für Anordnungen von Einsatzübungen gilt Entsprechendes. Auch bei ihnen sind nur die unvorhersehbaren und deshalb nicht planbaren Elemente beteiligungsfrei. Zu eng ist deshalb die Ansicht, zu einer Einsatzübung gehörten auch alle unmittelbaren Vor- und Nacharbeiten, ohne die die Übung nicht sinnvoll durchgeführt werden könne, auch das Reinigen von Waffen und Geräten.[14] Ausgeschlossen ist nur die förmliche Beteiligung, die **allgemeinen Aufgaben** der BPOL-Personalvertretungen nach den §§ 67 und 68 bleiben unberührt. Nach Nr. 6 Buchst. b findet auch bei der **Einstellung von** 9

---

10 Näher dazu KfdP-*Altvater*, Rn. 19 f.
11 *BVerwG* v. 20. 12. 88 – 6 P 16.85 –, PersR 89, 71.
12 *OVG RP* v. 11. 9. 98 – 5 A 10255/98. OVG –, PersR 99, 273.
13 *BVerwG* v. 4. 2. 99 – 6 B 131.98 –, PersR 99, 305.
14 So aber *BayVGH* v. 1. 7. 87 – Nr. 18 C 87.00950 –, ZBR 88, 134.

§ 85 Bundespolizei

Polizeivollzugsbeamten für die Grundausbildung eine Beteiligung nicht statt. Dieser Ausschluss der Mitbestimmung nach § 76 Abs. 1 Nr. 1 bezieht sich nur auf die Einstellung als Beamte auf Widerruf in den Vorbereitungsdienst der Laufbahn des mittleren Polizeivollzugsdienstes, weil nur für diese Laufbahn eine Grundausbildung vorgesehen ist.

10 (Abs. 1 Nr. 7) Dieser zusätzliche Tatbestand der eingeschränkten Mitbestimmung ist inzwischen **gegenstandslos** geworden. Zum 30.6.88 sind die letzten Beamten, für die eine Berufsförderung nach § 13 Abs. 1 BPolBG in Betracht kam, ausgeschieden.

11 (Abs. 2) Abs. 2 sieht eine **Sondervertretung** für diejenigen Polizeivollzugsbeamten vor, die nach Abs. 1 Nr. 2 nicht das Wahlrecht zu den BPOL-Personalvertretungen haben. Nach S. 1 wählen sie in jeder Einheit einen **Vertrauensmann** und zwei Stellvertreter (obwohl bereits seit dem 1.10.87 auch Frauen im Polizeivollzugsdienst des BGS bzw. der Bundespolizei beschäftigt sind, ist die amtliche Bezeichnung »Vertrauensmann« bisher nicht geändert worden). **Einheiten** sind außer den Hundertschaften die vom BMI in der Bekanntmachung v. 5.12.74[15] bestimmten Einheiten und Dienststellen. Trotz der inzwischen erfolgten organisatorischen Veränderungen ist diese Bekanntmachung bisher nicht geändert worden.[16]

12 (Abs. 2 Nr. 1) **Wahlberechtigt** sind grundsätzlich alle Polizeivollzugsbeamten, die nach Abs. 1 Nr. 2 nicht das Wahlrecht zu den BPOL-Personalvertretungen haben, und zwar ohne Rücksicht auf ihr Alter. Abgesehen davon, dass auch solche Polizeivollzugsbeamten wahlberechtigt sind, die am Wahltage das 18. Lebensjahr noch nicht vollendet haben, gelten die in § 13 Abs. 1 festgelegten Ausnahmen von der Wahlberechtigung entsprechend. **Wählbar** sind grundsätzlich alle Wahlberechtigten, deren Wählbarkeit nicht durch den entsprechend anwendbaren § 14 Abs. 1 S. 2 ausgeschlossen ist.[17]

13 (Abs. 2 Nr. 2) Die Wahl des Vertrauensmanns und seiner Stellvertreter ist von einem **Wahlvorstand** vorzubereiten und durchzuführen, der aus drei Beschäftigten besteht, die zur Wahl des Vertrauensmanns wahlberechtigt sind, und von denen einer den Vorsitz innehat. Grundsätzlich sind der Wahlvorstand und sein Vorsitzender von dem in der Dienststelle bestehenden BPOL-PR zu bestellen. Der Leiter der Dienststelle ist dazu nur ausnahmsweise verpflichtet, zum einen, wenn der BPOL-PR seine Verpflichtung nicht erfüllt, zum anderen, wenn in der Dienststelle kein BPOL-PR besteht.

14 (Abs. 2 Nr. 3) Zur Wahl des Vertrauensmanns und seiner Stellvertreter hat der Wahlvorstand unverzüglich eine grundsätzlich während der Dienstzeit durchzuführende, nicht öffentliche **Versammlung der Wahlberechtig-**

---
15 GMBl. 1975 S. 31.
16 Näher dazu KfdP-*Altvater*, Rn. 23.
17 Str.; vgl. KfdP-*Altvater*, Rn. 24.

ten einzuberufen. Gewählt wird grundsätzlich durch Handaufheben. Nur wenn ein Wahlberechtigter dieser offenen Abstimmung widerspricht, ist eine geheime Wahl mit Stimmzetteln vorzunehmen. Im Übrigen enthält das Gesetz keine Vorschriften über das **Wahlverfahren**. Einzelheiten der Wahl regelt § 48 WO. Danach ist der Kandidat zum Vertrauensmann gewählt, der die meisten Stimmen erhalten hat. Der Kandidat mit der zweithöchsten Stimmenzahl ist zum ersten Stellvertreter, der mit der dritthöchsten Stimmenzahl zum zweiten Stellvertreter gewählt. Bei gleicher Stimmenzahl entscheidet das Los (§ 48 Abs. 2 WO). Die Vorschriften des § 24 über den **Schutz** und die **Kosten** der Wahl des PR gelten entsprechend.

(Abs. 2 Nr. 4) Eine feste **Amtszeit** für den Vertrauensmann und seine Stellvertreter ist nicht vorgesehen. Die Kürze der Grundausbildung führt zu einem ständigen Wechsel in der Person des Vertrauensmanns. Dessen **Amtszeit endet** im Einzelnen nach den in Abs. 2 Nr. 4 genannten, entsprechend anwendbaren Vorschriften des Gesetzes. Die Bezugnahme auf § 31 Abs. 1 ermöglicht das **Nachrücken des Stellvertreters**, wenn der Vertrauensmann ausscheidet oder zeitweilig verhindert ist. Die Verweisung auf § 31 Abs. 2 stellt klar, dass (entsprechend dem S. 2) die Stellvertreter in der Reihenfolge der Stimmergebnisse nachrücken. Ist nach dem Eintreten beider Stellvertreter kein Vertrauensmann mehr vorhanden, hat eine **Neuwahl** stattzufinden. **15**

(Abs. 2 Nr. 5) Für die **Geschäftsführung** und **Rechtsstellung** des Vertrauensmanns gelten die §§ 43 bis 45, 46 Abs. 1, Abs. 2 sowie Abs. 3 S. 1 und 6 entsprechend. Auch wenn § 46 Abs. 6 nicht für entsprechend anwendbar erklärt ist, lässt sich ein Anspruch auf Freistellung zur Teilnahme an **Schulungs- und Bildungsveranstaltungen** aus § 46 Abs. 2 herleiten und bejahen, wenn der Vertrauensmann nur dadurch in die Lage versetzt wird, seine Aufgaben und Befugnisse ordnungsgemäß wahrzunehmen.[18] Da der Vertrauensmann zu den Personen gehört, die Aufgaben und Befugnisse nach dem BPersVG wahrnehmen, gelten die Vorschriften des § 8 über das **Verbot der Behinderung, Benachteiligung und Begünstigung** und die des § 10 über die **Schweigepflicht** unmittelbar auch für ihn. Außerdem gelten die Bestimmungen des § 47 Abs. 2 über den besonderen **Versetzungs- und Abordnungsschutz** entsprechend.[19] Eine gegen den Willen des Betroffenen beabsichtigte Versetzung oder Abordnung bedarf der Zustimmung des örtlichen BPOL-PR bei der Dienststelle, bei der die Einheit des Vertrauensmanns besteht. **16**

Für die **Aufgaben** und **Befugnisse** des Vertrauensmanns gelten die §§ 2 und 66 bis 68 entsprechend. Mitbestimmungs- oder Mitwirkungsrechte stehen ihm nicht zu. Soweit jedoch Polizeivollzugsbeamte, die nach Abs. 1 Nr. 2 nicht das Wahlrecht zu den BPOL-Personalvertretungen besitzen, **17**

---

18 Str.; vgl. KfdP-*Altvater*, Rn. 32.
19 Vgl. KfdP-*Altvater*, Rn. 33.

§ 86 Bundesnachrichtendienst

betroffen sind, hat der Vertrauensmann in den in Abs. 2 Nr. 5 S. 3 abschließend aufgezählten Fällen ein **Anhörungsrecht**. Abgesehen davon, dass das Gesetz in den Fällen des § 76 Abs. 2 Nr. 9 und des § 78 Abs 1 Nr. 4 einen Antrag des Betroffenen an die Dienststelle verlangt, ist die Anhörung zwingend vorgeschrieben. Nach erfolgter Anhörung ist die Dienststelle, auch wenn der Vertrauensmann gegen die beabsichtigte Maßnahme Bedenken geltend macht, in ihrer Entscheidung nicht gebunden. Eine Nichtanhörung des Vertrauensmanns macht die getroffene Entscheidung jedoch anfechtbar.[20]

18 Neben den eigenständigen Aufgaben und Befugnissen des Vertrauensmanns zur Vertretung der Interessen seiner Wähler stehen für den gleichen Personenkreis auch den **BPOL-Personalvertretungen** allgemeine Aufgaben und nichtförmliche Beteiligungsrechte sowie die von entsprechenden Anträgen des Vertrauensmanns abhängigen Mitwirkungsrechte (vgl. Rn. 6) zu. Damit das Nebeneinander von Vertrauensmann und BPOL-Personalvertretungen nicht zu einem für die Interessenvertretung schädlichen Gegeneinander wird, ist eine enge **Zusammenarbeit** erforderlich. Dem trägt das Gesetz dadurch Rechnung, dass es in Abs. 2 Nr. 5 S. 4 ein Recht des Vertrauensmanns zur **beratenden Teilnahme an allen Sitzungen des BPOL-PR** festlegt. Soweit über Angelegenheiten beschlossen wird, für die der Vertrauensmann nach Abs. 1 Nr. 3 die Mitwirkung der BPOL-Personalvertretung beantragt hat, steht ihm dabei das **Stimmrecht** zu (die Bezeichnung »Bundesgrenzschutzpersonalrat« in Abs. 2 Nr. 5 S. 4 Hs. 2 ist veraltet; vgl. Rn. 1 a).

19 (**Abs. 3**) Abs. 3 regelt den personalvertretungsrechtlichen Status von **Dienstleistenden** i. S. d. § 49 Abs. 1 BGSG 1972. Seit dem Erlass des Gesetzes über die Personalstruktur des BGS v. 3.6.76 und der daran anknüpfenden Bundesgrenzschutz-Laufbahnverordnung v. 2.7.76 ist der Einsatz von Dienstleistenden im BGS jedoch **praktisch bedeutungslos** geworden. Die die Grenzschutzdienstpflicht regelnden Vorschriften der §§ 48 bis 61 BGSG 1972 dürfen nach Art. 3 Abs. 1 BGSNeuRegG (vgl. Rn. 1) nur dann angewandt werden, wenn der Deutsche Bundestag zuvor durch Beschluss zugestimmt hat.

§ 86 [Bundesnachrichtendienst]

Für den Bundesnachrichtendienst gilt dieses Gesetz mit folgenden Abweichungen:

1. [1]Teile und Stellen des Bundesnachrichtendienstes, die nicht zur Zentrale des Bundesnachrichtendienstes gehören, gelten als Dienststellen im Sinne des § 6 Abs. 1. [2]In Zweifelsfällen entscheidet der Leiter des Bundesnachrichtendienstes über die Dienststelleneigenschaft.

---

20 Str.; vgl. KfdP-*Altvater*, Rn. 36.

2. Die Mitgliedschaft im Personalrat ruht bei Personen, die zu einer sicherheitsempfindlichen Tätigkeit nicht zugelassen sind.

3. In Fällen des § 28 Abs. 2 setzt der Leiter des Bundesnachrichtendienstes einen Wahlvorstand ein.

4. [1]Die Personalversammlungen finden nur in den Räumen der Dienststelle statt, sie werden in der Zentrale nur als Teilversammlungen durchgeführt. [2]Über die Abgrenzung entscheidet der Leiter des Bundesnachrichtendienstes.

5. Der Leiter der Dienststelle kann nach Anhörung des Personalrates bestimmen, daß Beschäftigte, bei denen dies wegen ihrer dienstlichen Aufgaben zwingend geboten ist, nicht an Personalversammlungen teilnehmen.

6. [1]Die Tagesordnung der Personalversammlung und die in der Personalversammlung sowie im Tätigkeitsbericht zu behandelnden Punkte legt der Personalrat im Einvernehmen mit dem Leiter der Dienststelle fest. [2]Andere Punkte dürfen nicht behandelt werden. [3]Der Leiter der Dienststelle nimmt an den Personalversammlungen teil.

7. In den Fällen des § 20 Abs. 2, der §§ 21 und 23 bestellt der Leiter der Dienststelle den Wahlvorstand.

8. [1]Die Beschäftigten des Bundesnachrichtendienstes wählen keine Stufenvertretung. [2]Soweit eine Stufenvertretung zuständig ist, ist an ihrer Stelle der Personalrat der Zentrale zu beteiligen. [3]Erhebt der Personalrat Einwendungen gegen eine vom Leiter des Bundesnachrichtendienstes beabsichtigte Maßnahme, so entscheidet im Falle des § 72 Abs. 4 nach Verhandlung mit dem Personalrat der Zentrale der Chef des Bundeskanzleramtes endgültig.

9. An die Stelle der Mitbestimmung und der Zustimmung tritt die Mitwirkung des Personalrats.

10. § 93 ist mit folgender Maßgabe anzuwenden:

    a) Personalvertretungen bei Dienststellen im Sinne der Nummer 1 bilden keine Ausschüsse, an ihre Stelle tritt der Ausschuß des Personalrates der Zentrale.

    b) Der Leiter des Bundesnachrichtendienstes kann außer in den Fällen des § 93 Abs. 5 auch bei Vorliegen besonderer nachrichtendienstlicher Gründe Anordnungen im Sinne des § 93 Abs. 5 treffen oder von einer Beteiligung absehen.

11. [1]Bei Vorliegen besonderer Sicherheitsvorfälle oder einer besonderen Einsatzsituation, von der der Bundesnachrichtendienst ganz oder teilweise betroffen ist, ruhen die Rechte und Pflichten der zuständigen Personalvertretungen. [2]Beginn und Ende

§ 86 Bundesnachrichtendienst

des Ruhens der Befugnisse der Personalvertretung werden jeweils vom Leiter des Bundesnachrichtendienstes im Einvernehmen mit dem Chef des Bundeskanzleramtes festgestellt.

12. Die Vorschriften über Aufgaben und Befugnisse der Gewerkschaften und Arbeitgebervereinigungen, ihrer Beauftragten und Vertreter sowie § 12 Abs. 2, § 44 Abs. 3, §§ 55, 64 Abs. 2, §§ 70, 79 Abs. 2, § 81 Abs. 1, 5 sind nicht anzuwenden.

13. Soweit sich aus den Nummern 1 bis 12 nichts anderes ergibt, gelten die §§ 48 bis 52 des Soldatenbeteiligungsgesetzes entsprechend.

14. ¹Für gerichtliche Entscheidungen nach § 83 Abs. 1 ist im ersten und letzten Rechtszug das Bundesverwaltungsgericht zuständig. ²Im gerichtlichen Verfahren ist § 99 der Verwaltungsgerichtsordnung entsprechend anzuwenden.

1 Das BPersVG findet grundsätzlich auch Anwendung auf den Bundesnachrichtendienst (BND). Die allgemeinen Regelungen des Gesetzes gelten jedoch insoweit nicht, als in Nr. 1 bis 14 **Abweichungen** vorgeschrieben sind. Die gesetzliche Interessenvertretung der Beschäftigten des BND wird dadurch erheblich eingeschränkt. Seit dem Erlass des BPersVG 1974 wurde das für den BND geltende PersVR allerdings durch verschiedene punktuelle Änderungen des § 86 verbessert. Das gilt insb. für die in den Jahren 1997 und 2001 vorgenommenen Änderungen der Nr. 9 und 10 (vgl. dazu Rn. 10 u. 11). Darin kommt eine tendenziell **beteiligungsfreundlichere Rechtsentwicklung** zum Ausdruck.[21]

2 Der BND ist eine **Bundesoberbehörde** im **Geschäftsbereich des Chefs des Bundeskanzleramts** – ChBK – (§ 1 Abs. 1 S. 1 BNDG). Er wird vom Präsidenten des BND geleitet. Die Zentrale des BND hat seit dessen Gründung ihren Sitz in Pullach. Sie soll nach Fertigstellung eines neuen Dienstgebäudes an den Standort Berlin verlegt werden, an dem sich bereits der zweite Dienstsitz des Präsidenten sowie Teile der Zentrale befinden. Wären für den BND die **allgemeinen Vorschriften** des BPersVG über die **Bildung von Personalvertretungen** ohne Abweichung anwendbar, so ergäbe sich folgende **Struktur**: Der BND wäre nach § 6 Abs. 1 zunächst nur eine einzige Dienststelle i. S. d. PersVR, bei der nach § 12 Abs. 1 nur ein **einziger örtlicher PR** zu bilden wäre. Nach § 6 Abs. 3 bestünde die Möglichkeit, von der Zentrale räumlich weit entfernt liegende dezentrale Organisationseinheiten durch einen Beschluss der Mehrheit der wahlberechtigten Beschäftigten der jeweiligen Einheit zu Dienststellen i. S. d. PersVR zu verselbständigen. Würde von dieser Möglichkeit Gebrauch gemacht, dann wären **jeweils ein örtlicher PR bei der Zentrale und bei jeder verselbständigten dezentralen Organisationseinheit** sowie

---

21 *BVerwG* v. 16. 4. 08 – 6 P 8.07 –, PersR 08, 418.

Bundesnachrichtendienst § 86

neben diesen örtlichen PR nach § 55 ein **GPR bei der Zentrale** zu bilden; dieser wäre von allen wahlberechtigten Beschäftigten im Geschäftsbereich des BND zu wählen. Auf jeden Fall wäre nach § 53 eine Stufenvertretung in Gestalt eines **HPR beim Bundeskanzleramt** als oberster Dienstbehörde zu bilden, der von allen wahlberechtigten Beschäftigten im Geschäftsbereich des Bundeskanzleramts (und damit auch von allen wahlberechtigten Beschäftigten im Geschäftsbereich des BND) zu wählen wäre. Für die **Beteiligung der verschiedenen Personalvertretungen** würden die allgemeinen Vorschriften des § 82 über die Verteilung der Zuständigkeiten gelten. Die für die Struktur der Personalvertretungen und die Abgrenzung ihrer Beteiligungszuständigkeiten geltenden allgemeinen Vorschriften werden für den BND jedoch durch die **Sondervorschriften des § 86** abgewandelt: Dort wird bereits kraft Gesetzes sowohl bei der Zentrale als auch bei allen nicht zur Zentrale gehörenden Teilen und Stellen des BND jeweils ein örtlicher PR gebildet (§ 86 Nr. 1; dazu Rn. 2a). Dagegen werden ein GPR und eine Stufenvertretung nicht gewählt (§ 86 Nr. 12 bzw. Nr. 8 S. 1; vgl. Rn. 2a u. 9f.). Soweit eine Stufenvertretung oder ein GPR zu beteiligen wäre, ist an deren Stelle der PR der Zentrale zu beteiligen (§ 86 Nr. 8 S. 2; vgl. Rn. 9a).

(Nr. 1) In verwaltungsorganisatorischer und beamtenrechtlicher Hinsicht ist der BND eine einheitliche **Dienststelle**.[22] Das gilt jedoch nicht **in personalvertretungsrechtlicher Hinsicht**.[23] Zum einen ist die **Zentrale** eine Dienststelle i. S. d. § 6 Abs. 1. Zum anderen gelten **Teile und Stellen des BND, die nicht zu seiner Zentrale gehören**, nach Nr. 1 S. 1 auch dann als Dienststellen i. S. d. § 6 Abs. 1, wenn sie nicht die aus § 6 Abs. 2 S. 1 Hs. 2 ableitbaren Merkmale des Dienststellenbegriffs erfüllen – allerdings wohl nur dann, wenn sie von der Zentrale »räumlich weit entfernt« liegen. In **Zweifelsfällen** entscheidet nach Nr. 1 S. 2 der Leiter des BND, also dessen Präsident. Zu seiner Disposition steht dabei die Frage der **Dienststellenabgrenzung** im Verhältnis von Zentrale und dezentralen Organisationseinheiten, nicht jedoch die Frage der **Dienststellenzugehörigkeit** eines Beschäftigten.[24] Die Entscheidung des Präsidenten kann nach Nr. 14 i. V. m. § 83 Abs. 1 Nr. 2 durch das im ersten und letzten Rechtszug zuständige Bundesverwaltungsgericht überprüft werden. In den nicht zur Zentrale gehörenden Teilen und Stellen des BND, die als Dienststellen i. S. d. PersVR gelten, sind nach § 12 Abs. 1 **Personalräte** zu bilden, wenn sie in der Regel mindestens fünf Wahlberechtigte beschäftigen, von denen drei wählbar sind. Liegen diese Voraussetzungen der **Personalratsfähigkeit** aber nicht vor, können die betroffenen Beschäftigten keinen PR wählen, weil Nr. 12 die Anwendung der Vorschrift des § 12 Abs. 2 über die Zuteilung von Kleindienststellen zu benachbarten Dienststellen ausdrück-

2a

---

22 *BVerwG* v. 11. 12. 91 – 6 P 5.91 –, PersR 92, 104, u. v. 26. 5. 11 – 2 A 8.09 –, www.bverwg.de.
23 Näher dazu KfdP-*Altvater*, Rn. 4–7 a.
24 *BVerwG* v. 26. 11. 08 – 6 P 7.08 –, PersR 09, 267.

§ 86 Bundesnachrichtendienst

lich ausschließt. Für die personalvertretungsrechtliche Verselbständigung von Nebenstellen oder Teilen einer Dienststelle nach § 6 Abs. 3 besteht kein Raum (vgl. auch Nr. 12, wonach § 55 nicht anzuwenden ist). Im BND sind **nur örtliche PR** vorgesehen (vgl. Nr. 8 S. 1).

3 (**Nr. 2**) Für die **Wahlberechtigung** zum PR und zur JAV sind die allgemeinen Vorschriften maßgebend. Das gilt auch für die **Wählbarkeit**. Das aktive und passive Wahlrecht besteht in der derjenigen Dienststelle, der die Beschäftigten angehören (vgl. § 13 Rn. 3). Arbeitnehmer mit Dienstort am Sitz der Zentrale des BND sind auch dann für den PR der Zentrale wahlberechtigt, wenn ihr vorgesetzter Referatsleiter außerhalb der Zentrale beschäftigt ist.[25] Nach der ursprünglichen Fassung der Nr. 2 waren zum PR und zur JAV nur Beschäftigte wählbar, die das Wahlrecht zum Deutschen Bundestag besaßen. Diese zusätzliche Voraussetzung ist mit der Neufassung der Nr. 2 durch Art. 9 Nr. 2 Buchst. a BDiszNOG v. 9.7.01[26] entfallen. Stattdessen bestimmt die neue Fassung der Nr. 2 nun, dass die Mitgliedschaft im PR bei Personen ruht, die zu einer sicherheitsempfindlichen Tätigkeit nicht zugelassen sind (vgl. Rn. 3 a). Beschäftigte, bei denen dies der Fall ist, sind deshalb jedoch nicht von der Wählbarkeit ausgeschlossen. Werden sie in den PR gewählt, ruht ihr Amt als PR-Mitglied, bis sie zu einer sicherheitsempfindlichen Tätigkeit zugelassen werden. Auch die im BND tätigen **Soldaten** sind wahlberechtigt und wählbar (Nr. 13 i. V. m. § 49 Abs. 1 SBG). Die Soldaten bilden eine weitere Gruppe i. S. d. § 5 (§ 49 Abs. 2 S. 1 SBG) und wählen ihre Vertreter gleichzeitig mit den Personalvertretungen der Zivilbeschäftigten, jedoch in einem getrennten Wahlgang (§ 51 Abs. 1 S. 1 SBG; näher dazu Anh. V B § 51 SBG Rn. 1 f.). Für die **Zahl der PR-Mitglieder** und die **Verteilung der PR-Sitze auf die Gruppen** gelten die allgemeinen Vorschriften (§§ 16, 17, 18 Abs. 1). Sind in der Dienststelle Soldaten tätig, so sind die Sondervorschriften des § 51 Abs. 2 SBG zu beachten (vgl. Anh. V B § 51 SBG Rn. 3).

3a Für den Fall, dass ein Beschäftigter, der dem PR der Zentrale oder dem PR einer anderen Organisationseinheit des BND angehört, ausnahmsweise **zu einer sicherheitsempfindlichen Tätigkeit nicht zugelassen** ist, schreibt die neue Fassung der Nr. 2 vor, dass die **Mitgliedschaft im PR ruht** (vgl. Rn. 3).[27] Das hat ebenso wie in den in § 30 geregelten Fällen des Ruhens zur Folge, dass die betreffende Person zeitweilig gehindert ist, ihr PR-Amt auszuüben, so dass nach § 31 Abs. 1 S. 2 ein Ersatzmitglied an ihre Stelle tritt (vgl. § 30 Rn. 2). Die Zulassung zu einer sicherheitsempfindlichen Tätigkeit wird durch das Sicherheitsüberprüfungsgesetz (SÜG) und die zu seiner Ausführung erlassenen allgemeinen Verwaltungsvorschriften geregelt. Ist ein PR-Mitglied zu einer sicherheitsempfindlichen Tätigkeit nicht (mehr) zugelassen, hat der Dienststellenleiter dies auch dem PR-Vor-

---

25 *BVerwG* v. 26.11.08, a.a.O.
26 BGBl. I S. 1510.
27 Zum Folgenden KfdP-*Altvater*, Rn. 12 a ff.

Bundesnachrichtendienst § 86

sitzenden mitzuteilen, damit dieser die notwendigen Folgerungen ziehen, insb. das nach § 31 Abs. 1 S. 2 zeitweilig nachrückende Ersatzmitglied über sein vorübergehendes Eintreten in den PR informieren kann.

(**Nr. 3**) Wird ein PR wegen grober Vernachlässigung seiner gesetzlichen Befugnisse oder wegen grober Verletzung seiner gesetzlichen Pflichten durch Beschluss des Bundesverwaltungsgerichts **aufgelöst** (Nr. 14 i. V. m. § 28 Abs. 1), so hat anstelle des Vorsitzenden der Fachkammer des Verwaltungsgerichts (§ 28 Abs. 2 S. 1) der Leiter (Präsident) des BND einen **Wahlvorstand** einzusetzen. 4

(**Nr. 4**) **Personalversammlungen** dürfen im Bereich des BND nur in den Räumen der jeweiligen Dienststelle stattfinden. Die Personalversammlungen in der **Zentrale** werden stets als **Teilversammlungen** durchgeführt. Die Abgrenzung des Teilnehmerkreises ist dem Leiter (Präsidenten) des BND überlassen. In allen **übrigen Dienststellen** des BND entscheidet der PR nach § 48 Abs. 2, ob Personalversammlungen als **Voll- oder Teilversammlungen** stattfinden. 5

(**Nr. 5**) Nach § 48 Abs. 1 besteht die Personalversammlung aus den Beschäftigten der Dienststelle. Diese Vorschrift findet auch für die Beschäftigten des BND Anwendung. Das **Recht zur Teilnahme** an der Personalversammlung kann jedoch durch den Leiter der jeweiligen Dienststelle nach Anhörung des PR für »Beschäftigte, bei denen dies wegen ihrer dienstlichen Aufgaben zwingend geboten ist«, **eingeschränkt** werden. Dies darf jedoch nicht für eine beliebige Anzahl von Personalversammlungen geschehen, sondern nur nach sorgfältiger Prüfung des jeweiligen Einzelfalls.[28] Falls die vom Dienststellenleiter beabsichtigte Anordnung als Verschlusssache mindestens des Geheimhaltungsgrades »VS-VERTRAULICH« eingestuft ist, ist nach § 93 Abs. 1 i. V. m. Nr. 10 Buchst. a anstelle des PR der jeweiligen Dienststelle der **VS-Ausschuss** der Zentrale anzuhören, wobei u. U. nach Nr. 10 Buchst. b die Nichtvorlage von Unterlagen oder die Nichterteilung von Auskünften angeordnet oder von der Anhörung ganz abgesehen werden kann (vgl. Rn. 11 a). Gegen eine nach Nr. 5 getroffene Anordnung des Leiters der Dienststelle ist nicht nur eine Dienstaufsichtsbeschwerde des PR oder des Betroffenen möglich; sie ist vielmehr gerichtlich überprüfbar (vgl. Rn. 15).[29] 6

(**Nr. 6**) Die **Tagesordnung** der Personalversammlung und die im **Tätigkeitsbericht** zu behandelnden Punkte werden vom PR festgelegt. Dies erfolgt im **Einvernehmen mit dem Leiter der Dienststelle**, also mit dessen Zustimmung. Gegenstand des Einvernehmens sind nicht die Durchführung der Personalversammlung und die Erstattung des Tätigkeitsberichts als solche, sondern immer nur einzelne Tagesordnungs- und Berichtspunkte. Wird während der Personalversammlung ein Punkt angesprochen, der 7

---

28 Str.; vgl. KfdP-*Altvater*, Rn. 18 m. N.
29 Str.; vgl. auch KfdP-*Altvater*, Rn. 19 m. N.

§ 86 Bundesnachrichtendienst

bei der Absprache zwischen PR und Dienststellenleiter nicht bedacht wurde, so kann das dafür erforderliche Einvernehmen noch in der Personalversammlung herbeigeführt werden. Im Übrigen sind die in den §§ 48 bis 52 enthaltenen **allgemeinen Bestimmungen** über die Personalversammlung grundsätzlich anzuwenden. § 52 Abs. 2 wird jedoch durch Nr. 6 S. 3 verdrängt. Danach ist **der Leiter der Dienststelle verpflichtet, an allen Personalversammlungen teilzunehmen.** Im Verhinderungsfall kann er sich jedoch nach § 7 vertreten lassen. Da § 44 Abs. 3 nach Nr. 12 nicht anzuwenden ist, hat der PR keinen Anspruch darauf, dass ihm Plätze für Bekanntmachungen und Anschläge zur Verfügung gestellt werden. Sind derartige Plätze nicht verfügbar, hat er die teilnahmeberechtigten Beschäftigten deshalb auf andere Weise (z. B. durch Rundschreiben) **einzuladen**. Das **Hausrecht**, das dem Vorsitzenden des PR während der Personalversammlung zusteht, wird durch die Sondervorschriften nicht berührt.[30]

8 (Nr. 7) Besteht in einer Dienststelle ein PR, so hat grundsätzlich dieser den **Wahlvorstand** zu bestellen (§ 20 Abs. 1). Kommt der PR dieser Pflicht nicht nach (§ 20 Abs. 2) oder besteht in einer personalratsfähigen Dienststelle kein PR (§ 21) oder besteht bereits ein Wahlvorstand, der aber untätig oder säumig ist (§ 23 Abs. 1 S. 2 u. 3), so bestellt nicht die Personalversammlung, sondern der Leiter der Dienststelle einen (neuen) Wahlvorstand. Der Dienststellenleiter muss dabei von sich aus tätig werden.

9 (Nr. 8) Da der BND eine Bundesoberbehörde im Geschäftsbereich des ChBK ist, wäre nach § 53 Abs. 1 und 2 an sich beim **Bundeskanzleramt** (BK) als Stufenvertretung ein HPR zu bilden, dessen Mitglieder von den Beschäftigten des BK und des BND sowie ggf. weiterer dem BK nachgeordneter Dienststellen zu wählen wären (vgl. § 53 Rn. 5 u. 10). Nach Nr. 8 S. 1 wählen die Beschäftigten des BND jedoch **keine Stufenvertretung**. Damit ist die Bildung eines **HPR für den Bereich des BND ausgeschlossen**. Da dem BK seit der Auflösung der Ständigen Vertretung der Bundesrepublik Deutschland bei der DDR mit Ausnahme des BND keine weiteren Dienststellen nachgeordnet sind, führt die Regelung in Nr. 8 S. 1 (bis auf Weiteres) dazu, dass beim BK ein HPR nicht mehr zu bilden ist. Damit ist nach § 64 Abs. 1 auch die Bildung einer **HJAV ausgeschlossen** (vgl. § 64 Rn. 2).

9a Soweit eine Stufenvertretung zuständig wäre, werden deren Aufgaben und Befugnisse nach Nr. 8 S. 2 vom **PR der Zentrale** wahrgenommen. Darüber hinaus bestimmt Nr. 8 S. 3: Erhebt der PR Einwendungen gegen eine vom Präsidenten des BND beabsichtigte Maßnahme, so entscheidet im Falle des § 72 Abs. 4 (also im Stufenverfahren der Mitwirkung) nach Verhandlung mit dem PR der Zentrale der ChBK endgültig. Aus diesen Vorschriften entnimmt das *BVerwG* eine **dreifache Funktion** des PR der Zentrale: die des Haus-PR, die der Stufenvertretung und die des GPR.[31] In der **Funktion**

---
30 Str.; vgl. KfdP-*Altvater*, Rn. 25 m. N.
31 Beschl. v. 26. 11. 08 – 6 P 7.08 –, PersR 09, 267.

des **Haus-PR** ist der PR der Zentrale zu beteiligen, wenn der Präsident des BND Maßnahmen ausschließlich gegenüber Beschäftigten der Zentrale zu treffen beabsichtigt (vgl. § 82 Rn. 8 ff.). In der **Funktion der Stufenvertretung** ist er zu beteiligen, wenn der ChBK gegenüber Beschäftigten des BND eine Maßnahme zu treffen beabsichtigt (§ 82 Abs. 1) oder wenn eine mitwirkungsbedürftige Angelegenheit mangels Einigung im Bereich des BND zum Bundeskanzleramt gelangt (§ 86 Nr. 8 S. 3 u. Nr. 9 i. V. m. § 72 Abs. 4). In der **Funktion des GPR** ist er zu beteiligen, wenn der Präsident des BND Maßnahmen gegenüber allen Beschäftigten des BND oder gegenüber Beschäftigten von dezentralen Dienststellen zu treffen beabsichtigt (vgl. § 82 Rn. 15). Dabei ist die Funktion des GPR, so das *BVerwG*[32] zwar »nicht ausdrücklich, aber konkludent mitgeregelt«.[33]

(Nr. 9) In ihrer ursprünglichen Fassung engte die Nr. 9 die **Beteiligungsrechte** der Personalvertretung v. a. dadurch sehr stark ein, dass sie für eine Vielzahl von Fällen, die nach den allgemeinen Vorschriften der Mitbestimmung oder Mitwirkung unterliegen, festlegte, dass der PR überhaupt nicht zu beteiligen sei, und für die verbleibenden Mitbestimmungsfälle die Mitbestimmung zur Mitwirkung nach § 72 herabstufte. Seit ihrer Neufassung durch Art. 12 Abs. 2 des Gesetzes v. 24. 2. 97[34] sieht dagegen die Nr. 9 einen gänzlichen Ausschluss der förmlichen Beteiligung nicht mehr vor, sondern ersetzt die in den allgemeinen Vorschriften vorgeschriebene Beteiligungsform der **Mitbestimmung** generell durch die der **Mitwirkung**. Diese erstreckt sich nun auf alle **Angelegenheiten,** für die in den §§ 75 und 76 an sich die Mitbestimmung vorgesehen ist, sowie auf alle Angelegenheiten, für die in § 78 Abs. 1 und § 79 Abs. 1 ohnehin die Mitwirkung festgelegt ist.[35] Das **Mitwirkungsverfahren** richtet mit den in Nr. 8 S. 3 geregelten Modifikationen (vgl. Rn. 9 a) nach den Vorschriften des § 72; bei **Einwendungen** gegen eine beabsichtigte mitwirkungspflichtige personelle Maßnahme ist der PR nicht auf die Gründe des § 77 Abs. 2 beschränkt. Nach wie vor ist ein **Initiativrecht** ausgeschlossen (vgl. Nr. 12, wonach § 70 nicht anwendbar ist), so dass dem PR ggf. nur das **allgemeine Antragsrecht** gem. § 68 Abs. 1 Nr. 1 zur Verfügung steht. Hinzu kommt, dass nach Nr. 12 die Vorschriften des **§ 79 Abs. 2** und des **§ 81 Abs. 1 und 5** auch weiterhin nicht anwendbar sind und dass **Nr. 10 und 11** die Beteiligung nochmals einschränken.

Nach dem Wortlaut der Nr. 9 tritt auch an die Stelle der **Zustimmung** die Mitwirkung des PR. Diese Regelung bezieht sich nach der Rspr. des *BVerwG* auf alle Fälle, in denen das Gesetz die Durchführung einer beabsichtigten Maßnahme an sich von der Zustimmung des PR abhängig

---

32 A. a. O.
33 Zur unzureichenden demokratischen Legitimation des PR der Zentrale u. zu den Fällen seiner Beteiligung in der Funktion der Stufenvertretung oder des BPR vgl. KfdP-*Altvater*, Rn. 29 a bzw. 30 ff.
34 BGBl. I S. 322.
35 Vgl. *BVerwG* v. 16. 4. 08 – 6 P 8.07 –, PersR 08, 418.

§ 86 Bundesnachrichtendienst

macht.[36] Da das mit der Entziehung des Sicherheitsbescheides verbundene **Zugangsverbot** zur Dienststelle zur faktischen Suspendierung der PR-Tätigkeit führt, bedarf ein solches Verbot »als Minus einer außerordentlichen Kündigung« nach § 47 Abs. 1 S. 1 i. V. m. § 86 Nr. 9 ebenfalls der Mitwirkung des PR.[37] Die im Gesetz geregelten Fälle eines erforderlichen **Einvernehmens** zwischen PR und Dienststellenleiter (§ 43 S. 2 [Zeit und Ort der Sprechstunden], § 46 Abs. 4 S. 3 [Abweichung von der Freistellungsstaffel] u. § 50 Abs. 2 [zeitliche Lage außerordentlicher Personalversammlungen]) bleiben von der Regelung in Nr. 9 unberührt.[38]

10 b **Dienstvereinbarungen** sind nach § 73 Abs. 1 S. 1 in den Fällen von § 75 Abs. 3 und § 76 Abs. 2 (unter Beachtung der dort und in § 75 Abs. 5 festgelegten Einschränkungen) zulässig. Die Sonderregelung der Nr. 9 schließt dies nicht aus, weil sie lediglich dazu führt, dass im Bereich des BND in den Eingangshalbsätzen von § 75 Abs. 3 und § 76 Abs. 2 »mitzuwirken« statt »mitzubestimmen« zu lesen ist.[39]

11 (Nr. 10) Die in Nr. 10 enthaltenen Sonderregelungen sind durch Art. 9 Nr. 2 Buchst. b BDiszNOG geändert worden (vgl. Rn. 3). Dabei ist der bisherige Buchst. a aufgehoben worden, die bisherigen Buchst. b und c sind die Buchst. a und b geworden. Der **bisherige Buchst. a** sah vor, dass **Angelegenheiten, die einzelne Beschäftigte des BND betrafen**, wie Verschlusssachen i. S. d. § 93 Abs. 1 S. 1 zu behandeln waren, auch wenn sie nicht formal als Verschlusssachen mindestens des Geheimhaltungsgrades »VS-VERTRAULICH« eingestuft waren. Damit war bei allen diesen Angelegenheiten nach § 93 Abs. 1 anstelle des PR der aus je einem Vertreter der Gruppen zu bildende VS-Ausschuss zu beteiligen (vgl. § 93 Rn. 2), und zwar nach Nr. 10 Buchst. b a. F. (der mit Nr. 10 Buchst. a n. F. wortgleich ist) ausschließlich der VS-Ausschuss des PR der Zentrale des BND (vgl. Rn. 11 a). Dies führte bis zur Änderung der Nr. 10 i. d. R. dazu, dass in den vom VS-Ausschuss des PR der Zentrale zu behandelnden Personalangelegenheiten einzelner Beschäftigter des BND wegen des entsprechend anzuwendenden § 38 Abs. 2 S. 1 die Zustimmung zu einer beabsichtigten Maßnahme (oder deren Ablehnung) in der Verantwortung eines einzigen PR-Mitglieds stand. Die **Aufhebung des bisherigen Buchst. a** hat nicht nur zur Folge, dass nunmehr alle Angelegenheiten, die einzelne Beschäftigte des BND betreffen und formal nicht als Verschlusssachen mindestens des Geheimhaltungsgrades »VS-VERTRAULICH« eingestuft sind, vom **jeweils zuständigen PR** zu behandeln sind, sondern auch, dass der PR der Zentrale in den Fällen, in denen er nach

---

36 Beschl. v. 11.12.91 – 6 P 5.91 –, PersR 92, 104, u. v. 26.4.00 – 6 P 2.00 –, Buchh 250 § 86 Nr. 3, zu den in § 47 Abs. 2 S. 3 u. Abs. 1 S. 1 geregelten Fällen der Umsetzung bzw. außerordentlichen Kündigung von PR-Mitgliedern.
37 *BVerwG* v. 26.4.00, a. a. O.
38 Vgl. KfdP-*Altvater*, Rn. 33 a m. N.
39 Vgl. KfdP-*Altvater*, Rn. 33 b.

Nr. 8 S. 2 wie eine Stufenvertretung tätig wird, dem PR der betroffenen Dienststelle nach § 82 Abs. 2 Gelegenheit zur Äußerung gibt.

Für die **Anwendung des § 93** gelten seit der Änderung der Nr. 10 durch Art. 9 Nr. 2 Buchst. b BDiszNOG (vgl. Rn. 11) noch folgende Besonderheiten: **11a**

a) Das Gesetz sieht vor, dass die Personalvertretungen bei Dienststellen außerhalb der Zentrale keine Ausschüsse nach § 93 bilden und dass an ihre Stelle der **Ausschuss des PR bei der Zentrale** tritt. Dieser ist für Angelegenheiten zuständig, die formal als Verschlusssachen mindestens des Geheimhaltungsgrades »VS-VERTRAULICH« eingestuft sind.

b) Während nach § 93 Abs. 5 die oberste Dienstbehörde anordnen kann, dass dem VS-Ausschuss **Unterlagen nicht vorgelegt und Auskünfte nicht erteilt** werden dürfen, soweit dies zur Vermeidung von Nachteilen für das Wohl der Bundesrepublik Deutschland oder eines ihrer Länder oder aufgrund internationaler Verpflichtungen geboten ist, weist Nr. 10 Buchst. b diese Befugnis dem Leiter (Präsidenten) des BND zu. Außerdem ermächtigt diese Sondervorschrift den Präsidenten des BND auch bei Vorliegen besonderer nachrichtendienstlicher Gründe zu entsprechenden Anordnungen und darüber hinaus dazu, **ganz von einer Beteiligung abzusehen**. Dabei ist ein strenger Maßstab anzulegen.

(**Nr. 11**) Der Leiter (Präsident) des BND kann im Einvernehmen mit dem ChBK das (zeitweilige) **Ruhen der Rechte und Pflichten der zuständigen Personalvertretungen** anordnen.[40] Gegenstand des Einvernehmens sind die Erforderlichkeit sowie der Beginn und das Ende des Ruhens. Voraussetzung dafür ist das Vorliegen besonderer Sicherheitsvorfälle oder besonderer Einsatzsituationen, von denen der BND ganz oder teilweise betroffen ist. Das Ruhen der Rechte und Pflichten kann sich entweder auf alle Personalvertretungen beziehen oder auf die PR einzelner oder mehrerer Dienststellen. Während des angeordneten Ruhens dürfen die jeweils betroffenen PR keinerlei PR-Tätigkeit ausüben. Jedoch bleibt die Mitgliedschaft im PR unberührt. **12**

(**Nr. 12**) Die Vorschriften über Aufgaben und Befugnisse der **Gewerkschaften** und Arbeitgebervereinigungen sowie ihrer Beauftragten und Vertreter finden keine Anwendung. Das Gesetz verzichtet auf eine Einzelaufzählung der nicht anwendbaren Vorschriften. Damit sind sämtliche entsprechenden Vorschriften für den BND außer Kraft gesetzt (auch das Recht zur Anfechtung der PR-Wahl[41]). Die Rechte der Gewerkschaften, die sich aus Art. 9 Abs. 3 GG ergeben, bleiben aber unberührt.[42] Deshalb gelten die Bestimmungen des § 2 Abs. 3 und des § 67 Abs. 1 und 2 auch für **13**

---

40 Näher dazu KfdP-*Altvater*, Rn. 35 f.
41 *BVerwG* v. 26.11.08 – 6 P 7.08 –, PersR 09, 267.
42 Vgl. KfdP-*Altvater*, Rn. 38 m. N.

§ 87 Bundesamt für Verfassungsschutz

den BND. Die Bestimmung der Nr. 12 sieht außerdem vor, dass weitere, im Einzelnen aufgeführte Vorschriften nicht anzuwenden sind.

14 **(Nr. 13)** Die Nr. 13 hat ihre jetzige Fassung durch Art. 2 des Gesetzes v. 20.2.97[43] erhalten. Sie dehnt den Anwendungsbereich der §§ 48 bis 52 SBG (vgl. Anh. V B) auf die **Soldaten** im BND aus, die dort für Aufgaben verwendet werden können, die im Zusammenhang mit der militärischen Auslandsaufklärung stehen.[44] Nach der Verweisungsvorschrift der Nr. 13 wählen die Soldaten im BND grundsätzlich Vertretungen nach den Vorschriften des BPersVG (vgl. Rn. 3). Sie bilden eine weitere Gruppe i. S. d. § 5 und müssen im Vorstand des PR und in dem bei der Zentrale des BND zu bildenden VS-Ausschuss vertreten sein. Ist ein PR der zivilen Beschäftigten nicht gebildet, wählen die Soldaten nach § 50 i. V. m. § 2 SBG Vertrauenspersonen.

15 **(Nr. 14)** Die Nr. 14 lehnt sich an § 50 Abs. 1 Nr. 4 VwGO an. Danach entscheidet das **Bundesverwaltungsgericht** im ersten und letzten Rechtszug über Klagen, denen Vorgänge im Geschäftsbereich des BND zugrunde liegen. Für die gerichtliche Entscheidung personalvertretungsrechtlicher Streitigkeiten in allen Fällen des § 83 Abs. 1 ist ebenfalls im ersten und letzten Rechtszug das Bundesverwaltungsgericht zuständig, wobei ggf. entsprechend § 99 Abs. 2 VwGO in einem »In-camera-Verfahren« (vgl. § 93 Rn. 6) festzustellen ist, ob die Verweigerung der Vorlage von Urkunden oder Akten, der Übermittlung elektronischer Dokumente oder der Erteilung von Auskünften rechtmäßig ist.[45]

§ 87 [Bundesamt für Verfassungsschutz]

Für das Bundesamt für Verfassungsschutz gilt dieses Gesetz mit folgenden Abweichungen:

1. **Der Leiter des Bundesamtes für Verfassungsschutz kann nach Anhörung des Personalrates bestimmen, daß Beschäftigte, bei denen dies wegen ihrer dienstlichen Aufgaben dringend geboten ist, nicht an Personalversammlungen teilnehmen.**

2. **Die Vorschriften über eine Beteiligung von Vertretern oder Beauftragten der Gewerkschaften und Arbeitgebervereinigungen (§ 20 Abs. 1, §§ 36, 39 Abs. 1, § 52) sind nicht anzuwenden.**

3. **Bei der Beteiligung der Stufenvertretung und der Einigungsstelle sind Angelegenheiten, die lediglich Beschäftigte des Bundesamtes für Verfassungsschutz betreffen, wie Verschlußsachen des Geheimhaltungsgrades »VS-VERTRAULICH« zu behandeln (§ 93), soweit nicht die zuständige Stelle etwas anderes bestimmt.**

---

43 BGBl. I S. 298.
44 *BVerwG* v. 16.10.08 – 2 A 9.07 –, PersR 09, 178 Ls.
45 Vgl. KfdP-*Altvater*, Rn. 42 m. N.

Bundesamt für Verfassungsschutz § 87

Das Bundesamt für Verfassungsschutz (BfV) ist eine dem Bundesministerium des Innern (BMI) unterstehende Bundesoberbehörde (§ 2 Abs. 1 BVerfSchG). Es wird vom Präsidenten des BfV geleitet. Die Beschäftigten des BfV sind ebenso wie andere Beschäftigte im Geschäftsbereich des BMI zum dort bestehenden allgemeinen **HPR** wahlberechtigt und wählbar (vgl. auch § 85 Rn. 3). Falls sich Nebenstellen oder Teile des BfV nach § 6 Abs. 3 verselbständigen, ist die Wahl eines **GPR** nach § 55 auch beim BfV zwingend vorgeschrieben. Im Übrigen gelten die allgemeinen Regelungen des Gesetzes insoweit nicht, als in Nr. 1 bis 3 **Abweichungen** vorgeschrieben sind.

(Nr. 1) Nach § 48 Abs. 1 besteht die **Personalversammlung** aus den Beschäftigten der Dienststelle. Diese Vorschrift findet auch für die Beschäftigten des BfV Anwendung. Das **Recht zur Teilnahme** an Personalversammlungen kann jedoch durch den Leiter des BfV (also dessen Präsidenten) – allerdings nur nach Anhörung des PR (oder des nach § 93 ggf. an die Stelle des PR tretenden VS-Ausschusses) – für »Beschäftigte, bei denen dies wegen ihrer dienstlichen Aufgaben dringend geboten ist«, **eingeschränkt** werden. Da es sich bei dem Verbot der Teilnahme an Personalversammlungen um einen wesentlichen Eingriff in die Rechte des Beschäftigten handelt, ist ein strenger Maßstab anzulegen. Das Teilnahmeverbot kann nur für eine bestimmte Personalversammlung, nicht für mehrere oder sogar für alle künftigen Personalversammlungen ausgesprochen werden.[46] Eine entsprechende Anordnung des Leiters des BfV ist verwaltungsgerichtlich überprüfbar.[47] Da § 87 keine dem § 86 Nr. 14 entsprechende Sonderregelung enthält, ist das Beschlussverfahren nicht vor dem Bundesverwaltungsgericht, sondern vor dem örtlich zuständigen Verwaltungsgericht zu eröffnen.

(Nr. 2) Nach Nr. 2 finden bestimmte Vorschriften über die Beteiligung von Vertretern oder Beauftragten der **Gewerkschaften** und Arbeitgebervereinigungen keine Anwendung. Einzeln angeführt sind § 20 Abs. 1, § 36, § 39 Abs. 1 und § 52. Die übrigen Vorschriften, die das Zusammenwirken von PR und Gewerkschaften regeln und diesen Befugnissen geben (wie z. B. § 2) und die die gewerkschaftliche Betätigung von Beschäftigten betreffen (wie § 67 Abs. 2), bleiben unberührt.[48]

(Nr. 3) Sofern der **HPR** beim BMI als Stufenvertretung oder die **Einigungsstelle** in Angelegenheiten beteiligt wird, die lediglich Beschäftigte des BfV betreffen, werden diese Angelegenheiten auch dann, wenn sie nicht als Verschlusssachen mindestens des Geheimhaltungsgrads »VS-VERTRAULICH« eingestuft sind, wie Verschlusssachen dieses Geheimhaltungsgrads behandelt, soweit die zuständige Stelle – das ist das BMI als oberste Dienstbehörde – nicht etwas anderes bestimmt. Geschieht dies

---

46 Str.; vgl. KfdP-*Altvater*, Rn. 5 m. N.
47 Str.; vgl. KfdP-*Altvater*, Rn. 6 m. N.
48 Str.; vgl. KfdP-*Altvater*, Rn. 7 m. N.

§ 88 [Sozialversicherung und Bundesagentur für Arbeit]

nicht, richtet sich die Beteiligung des HPR und der Einigungsstelle nach § 93.

§ 88 [Sozialversicherung und Bundesagentur für Arbeit]

Für bundesunmittelbare Körperschaften und Anstalten des öffentlichen Rechts im Bereich der Sozialversicherung und für die Bundesagentur für Arbeit gilt dieses Gesetz mit folgenden Abweichungen:

1. Behörden der Mittelstufe im Sinne des § 6 Abs. 2 Satz 2 sind die der Hauptverwaltungsstelle unmittelbar nachgeordneten Dienststellen, denen andere Dienststellen nachgeordnet sind.

2. ^{1}Abweichend von § 7 Satz 1 handelt für die Körperschaft oder Anstalt der Vorstand, soweit ihm die Entscheidungsbefugnis vorbehalten ist; für die Agenturen für Arbeit und die Regionaldirektionen der Bundesagentur für Arbeit handelt die Geschäftsführung. ^{2}Der Vorstand oder die Geschäftsführung kann sich durch eines oder mehrere der jeweiligen Mitglieder vertreten lassen. ^{3}§ 7 Satz 3 und 4 bleibt unberührt.

3. ^{1}Als oberste Dienstbehörde im Sinne des § 69 Abs. 3, 4 und des § 71 gilt der Vorstand. ^{2}§ 69 Abs. 3 Satz 2 ist nicht anzuwenden.

1 § 88 ist durch Art. 17 des Dritten Gesetzes für moderne Dienstleistungen am Arbeitsmarkt v. 23. 12. 03[49] – im Folgenden: **Hartz-III-Gesetz** – mit Wirkung vom 1. 1. 04 dahingehend geändert worden, dass das Wort »Bundesanstalt« durch das Wort »Bundesagentur« ersetzt und die Nr. 2 neu gefasst worden ist.

2 Das BPersVG findet grundsätzlich auch Anwendung auf die bundesunmittelbaren Körperschaften und Anstalten des öffentlichen Rechts im Bereich der Sozialversicherung und auf die Bundesagentur für Arbeit. Die allgemeinen Regelungen des Gesetzes gelten jedoch insoweit nicht, als in § 88 Nr. 1 bis 3 **Abweichungen** vorgeschrieben sind. Diese Bestimmungen sollen der besonderen Organisation der Sozialversicherungsträger und der Bundesagentur für Arbeit (BA) Rechnung tragen. Sie gelten aber nicht nur für die bundesunmittelbaren Sozialversicherungsträger (und die BA), sondern für alle bundesunmittelbaren Körperschaften und Anstalten des öffentlichen Rechts im Bereich der Sozialversicherung, also auch für die als Körperschaften des öffentlichen Rechts organisierten Bundesverbände von Sozialversicherungsträgern und für die Kassenärztliche und die Kassenzahnärztliche Bundesvereinigung.

3 (**Nr. 1**) Die Nr. 1 stellt klar, welche Dienststellen bei bundesunmittelbaren Körperschaften und Anstalten des öffentlichen Rechts im Bereich der

---
49 BGBl. I S. 2848.

Sozialversicherung und bei der BA **Behörden der Mittelstufe** i. S. d. § 6 Abs. 2 S. 2 sind. Das sind die der Hauptverwaltungsstelle unmittelbar nachgeordneten Dienststellen, denen andere Dienststellen nachgeordnet sind, unabhängig davon, ob sie Behörden i. e. S. sind. Bei ihnen – im Bereich der BA bei den Regionaldirektionen – ist außer einem örtlichen PR (Haus-PR) nach § 53 Abs. 1 jeweils ein **BPR** zu bilden. Die Nr. 1 stellt auch klar, dass bei einer von § 88 erfassten, mehrstufig aufgebauten Körperschaft oder Anstalt grundsätzlich deren Hauptverwaltungsstelle **oberste Dienstbehörde** i. S. d. PersVR ist. Bei ihr ist außer dem Haus-PR der **HPR** zu bilden.[50]

Bereits aus den Vorschriften des Arbeitsförderungsrechts (§ 367 Abs. 2 SGB III) ergibt sich, dass die BA einen dreistufigen **Verwaltungsaufbau** hat. Außer den PR bei den einzelnen Dienststellen sind bei den Regionaldirektionen jeweils ein BPR und bei der Zentrale der BA ein HPR zu bilden. Im Unterschied zur BA ist der Verwaltungsaufbau der anderen bundesunmittelbaren Körperschaften und Anstalten im Bereich der Sozialversicherung nicht oder nicht eindeutig gesetzlich geregelt. Ihre Verwaltungen sind sehr unterschiedlich gegliedert. Ob eine Körperschaft oder Anstalt ein- oder mehrstufig aufgebaut ist, hängt davon ab, ob ihre Verwaltung eine einheitliche Dienststelle bildet oder ob sie aus einer Hauptverwaltungsstelle und weiteren, dieser Hauptverwaltungsstelle nachgeordneten selbständigen Dienststellen besteht. Dafür ist der in § 6 Abs. 2 S. 1 Hs. 2 umschriebene allgemeine **Dienststellenbegriff** maßgeblich.[51] Danach sind auch Kliniken, Sanatorien und ähnliche Einrichtungen nur dann selbständige Dienststellen, wenn ihr Leiter – in den Grenzen der für die öffentliche Verwaltung allgemein bestehenden Weisungsgebundenheit – bei den für eine Beteiligung der Personalvertretung in Betracht kommenden personellen, sozialen, organisatorischen und sonstigen innerdienstlichen Angelegenheiten einen eigenen Entscheidungs- und Handlungsspielraum hat.[52] **4**

(Nr. 2) In ihrer **ursprünglichen Fassung** war die Nr. 2 auf solche Körperschaften und Anstalten zugeschnitten, bei denen die **Kompetenzen zur Verwaltung und Vertretung auf zwei Institutionen verteilt** sind: bei den Sozialversicherungsträgern auf das aus ehrenamtlichen Mitgliedern bestehende Selbstverwaltungsorgan Vorstand einerseits und den hauptamtlich tätigen Geschäftsführer (bzw. die mehrköpfige hauptamtliche Geschäftsführung) andererseits (vgl. § 31 Abs. 1 u. 2, §§ 35, 36 SGB IV) sowie in Entsprechung dazu bei der früheren Bundesanstalt für Arbeit auf den ehrenamtlichen Vorstand und den hauptamtlichen Präsidenten (§§ 208 ff. AFG). Durch das Gesundheitsstrukturgesetz v. 21. 12. 92[53] erhielten die **Orts-, Betriebs- und Innungskrankenkassen** sowie die **Ersatzkassen** **5**

---

50 *BVerwG* v. 8. 10. 80 – 6 P 16.79 –, PersV 82, 503.
51 *BVerwG* v. 25. 6. 03 – 6 P 1.03 –, PersR 03, 361.
52 *BVerwG* v. 25. 6. 03, a. a. O.
53 BGBl. I S. 2266.

§ 88 Sozialversicherung und Bundesagentur für Arbeit

jedoch eine **neue Verwaltungsstruktur**, die u. a. dadurch gekennzeichnet ist, dass die Kompetenzen zur Verwaltung und Vertretung der jeweiligen Körperschaft allein dem Vorstand zustehen, der aus höchstens drei hauptamtlich tätigen Personen besteht (§ 31 Abs. 3 a, § 35 a SGB IV). Das gilt auch für den (aufgrund des GKV-Wettbewerbsstärkungsgesetzes v. 26. 3. 07[54] zum 1. 7. 07 errichteten) **Spitzenverband Bund der Krankenkassen** (GKV-Spitzenverband) sowie (aufgrund des GKV-Modernisierungsgesetzes v. 14. 11. 03[55]) für die **Kassenärztliche Bundesvereinigung** (KBV) und die **Kassenzahnärztliche Bundesvereinigung** (KZBV), bei denen ebenfalls jeweils ein hauptamtlicher Vorstand besteht (§ 217 b Abs. 2 bzw. § 79 Abs. 1, 4–6 SGB V). Außerdem wurden durch Gesetz v. 23. 3. 02[56] auch bei der früheren **Bundesanstalt für Arbeit** die **Leitungsstrukturen geändert**, indem das Amt des Präsidenten der Bundesanstalt abgeschafft und ein aus drei Personen bestehender Vorstand als alleiniges hauptamtliches Geschäftsführungsorgan geschaffen wurde (vgl. §§ 381 f. SGB III).

6 Die allgemeine Vorschrift des § 7 S. 1 legt fest, dass **für die Dienststelle ihr Leiter handelt**. Das ist bei der **Hauptverwaltungsstelle** einer Körperschaft oder Anstalt im Anwendungsbereich des § 88 – wenn sie einen ehrenamtlichen Vorstand hat (vgl. Rn. 5) – das Organ oder der Beschäftigte, dem die Führung der laufenden Verwaltungsgeschäfte obliegt, also bei Sozialversicherungsträgern und entsprechend strukturierten Körperschaften und Anstalten des öffentlichen Rechts im Bereich der Sozialversicherung deren **Geschäftsführer** oder **Geschäftsführung** (bei der DRV Bund das Direktorium [§ 36 Abs. 3 a, 3 b SGB IV]). Davon abweichend bestimmt Nr. 2 S. 1 Hs. 1 n. F. (wortgleich mit Nr. 2 S. 1 a. F.), dass für die Körperschaft oder Anstalt der **Vorstand** handelt, soweit ihm die Entscheidungsbefugnis vorbehalten ist. Im Ergebnis führt diese Sonderregelung dazu, dass die Hauptverwaltungsstelle **zwei Dienststellenleiter** hat, zum einen den Geschäftsführer (bzw. die Geschäftsführung oder bei der DRV Bund das Direktorium), zum anderen den ehrenamtlichen Vorstand.[57] Der Geschäftsführer wird als Dienststellenleiter tätig, wenn er befugt ist, über eine beteiligungsbedürftige Maßnahme zu entscheiden. Hingegen wird der ehrenamtliche Vorstand als Dienststellenleiter tätig, wenn ihm die Entscheidung vorbehalten ist. In den der **Beteiligung** unterliegenden Angelegenheiten, in denen dem ehrenamtlichen **Vorstand** die Entscheidung vorbehalten ist, hat dieser in seiner Eigenschaft **als Dienststellenleiter** die Verhandlungen mit der jeweils zuständigen Personalvertretung zu führen. Das gilt v. a. für das Mitbestimmungs- und Mitwirkungsverfahren. Initiativanträge der Personalvertretung nach § 70 sind an den ehrenamtlichen Vorstand zu richten, wenn sie sich auf Angelegenheiten beziehen, über die er zu entscheiden hat. Auch bei der

---

54 BGBl. I S. 378.
55 BGBl. I S. 2190.
56 BGBl. I S. 1130.
57 *BVerwG* v. 8. 10. 80 – 6 P 16.79 –, PersV 82, 503.

Sozialversicherung und Bundesagentur für Arbeit § 88

Wahrnehmung der allgemeinen Aufgaben der Personalvertretung kommt dem ehrenamtlichen Vorstand die Funktion des Dienststellenleiters insoweit zu, als es sich um eine Angelegenheit handelt, in der ihm die Entscheidungsbefugnis vorbehalten ist. Außer den monatlichen Besprechungen zwischen dem Geschäftsführer (bzw. der Geschäftsführung oder bei der DRV Bund dem Direktorium) und der Personalvertretung sind nach § 66 Abs. 1 auch **Besprechungen** zwischen dem ehrenamtlichen Vorstand und jeder bei der Hauptverwaltungsstelle bestehenden Personalvertretung (Haus-PR, HPR, GPR) durchzuführen. Die Vorschrift des § 66 Abs. 1 ermöglicht es dem ehrenamtlichen Vorstand und der Personalvertretung, diese Besprechungen immer dann anzusetzen, wenn Angelegenheiten anstehen, die zur Entscheidungsbefugnis des Vorstands gehören.

Bei den **Orts-, Betriebs- und Innungskrankenkassen** und den **Ersatzkassen** (sowie bei dem **GKV-Spitzenverband** und der **KBV** und **KZBV**) ergibt sich schon aus der unmittelbaren Anwendung der allgemeinen Vorschrift des § 7 S. 1, dass für die jeweilige Krankenkasse bzw. den jeweiligen Verband nicht nur in bestimmten Fällen, sondern immer der **hauptamtliche Vorstand** handelt, weil ihm die Leitung der Verwaltungsgeschäfte obliegt und deshalb allein ihm die Befugnis zur Entscheidung in jenen Angelegenheiten zusteht, auf die sich die förmliche Beteiligung der Personalvertretung oder ihre allgemeinen Aufgaben beziehen (vgl. Rn. 5). Auch bei der **Bundesagentur für Arbeit** folgt schon unmittelbar aus § 7 S. 1, dass immer der **hauptamtliche Vorstand** für die BA handelt. Personalvertretungsrechtlich ist somit der hauptamtliche Vorstand **alleiniger Leiter der Hauptverwaltungsstelle** der Krankenkasse (oder des GKV-Spitzenverbandes, der KBV oder KZBV) bzw. der Zentrale der BA. Bei diesen Körperschaften läuft die in Nr. 2 S. 1 Hs. 1 enthaltene besondere Bestimmung an sich leer. Trotzdem ist sie auch in diesem Bereich anwendbar, weil der Gesetzgeber dies bei der Neufassung der Nr. 2 durch das Hartz-III-Gesetz (vgl. Rn. 1) wohl vorausgesetzt hat. Das folgt u. a. aus der in Nr. 2 S. 1 Hs. 2 enthaltenen ausdrücklichen Bestimmung, dass für die **Agenturen für Arbeit** und die **Regionaldirektionen der BA** die **Geschäftsführung** (vgl. §§ 383 f. SGB III) handelt. Da sich auch dies bereits unmittelbar aus § 7 S. 1 ergibt, soll die nur für den Bereich der BA geltende Bestimmung des Nr. 2 S. 1 Hs. 2 offenbar nur klarstellenden Charakter haben. Dass der Vorstand der BA in Hs. 2 nicht aufgeführt ist, lässt den Schluss auf die Vorstellung des Gesetzgebers zu, dass die Dienststellenleiterfunktion dieses hauptamtlichen Vorstands (ebenso wie die des hauptamtlichen Vorstands einer Krankenkasse oder des GKV-Spitzenverbandes, der KBV oder KZBV) bereits in Nr. 2 S. 1 Hs. 1 festgelegt ist. Die Neufassung der Nr. 2 hat allerdings nichts daran geändert, dass bei Körperschaften mit ehrenamtlichem Vorstand die Dienststellenleiterfunktion des Geschäftsführers bzw. der Geschäftsführung nicht in Nr. 2 S. 1, sondern in § 7 S. 1 geregelt ist (vgl. Rn. 6).

Soweit der ehrenamtliche oder der (aus mindestens zwei Personen bestehende) hauptamtliche **Vorstand** für die Körperschaft oder Anstalt handelt, kommt ihm **insgesamt** die Eigenschaft des Dienststellenleiters zu.[58] Das Gleiche gilt für die **Geschäftsführung** der Agenturen für Arbeit und der Regionaldirektionen der BA. Allerdings bestimmt Nr. 2 S. 2, dass sich der Vorstand oder die Geschäftsführung durch eines oder mehrere der jeweiligen Mitglieder vertreten lassen kann. Die Möglichkeit der Vertretung nach Nr. 2 S. 2 setzt (anders als die Vertretung nach § 7 S. 2 bis 4) keine Verhinderung voraus. Als **Vertreter des Vorstands bzw. der Geschäftsführung** kommen nur dessen bzw. deren Mitglieder in Frage. Bei Sozialversicherungsträgern mit ehrenamtlichem Vorstand und ähnlich strukturierten Körperschaften oder Anstalten ist es nicht zulässig, dass der Geschäftsführer, der dem Vorstand mit beratender Stimme angehört, mit der Vertretung beauftragt wird, weil dadurch die in Nr. 2 S. 1 getroffene Regelung in ihr Gegenteil verkehrt würde.[59] Es ist Sache des (ehrenamtlichen oder hauptamtlichen) Vorstands bzw. der Geschäftsführung, unter Beachtung der für ihn bzw. sie geltenden allgemeinen Organisationsvorschriften darüber zu beschließen, ob und ggf. wie er bzw. sie von der Möglichkeit der Vertretung Gebrauch macht. Soweit Nr. 2 S. 2 von der Geschäftsführung spricht, bezieht sich diese Vorschrift nur auf die Geschäftsführungen der Agenturen für Arbeit und der Regionaldirektionen der BA.[60] Bei den **Geschäftsführungen von Körperschaften und Anstalten mit ehrenamtlichem Vorstand** (z. B. bei der DRV Bund und der DRV Knappschaft-Bahn-See) ergibt sich aus dem für sie geltenden allgemeinen Organisationsrecht, ob und wieweit sie sich (auch gegenüber der Personalvertretung) durch einzelne ihrer Mitglieder vertreten lassen können (vgl. § 36 Abs. 4 S. 5 SGB IV). Der oder die Vertreter müssen grundsätzlich befugt sein, gegenüber der Personalvertretung verbindlich für den gesamten Vorstand zu handeln.

9 Nr. 2 S. 3 n. F. bestimmt, dass **§ 7 S. 3 und 4 unberührt** bleibt. Diese allgemeinen Vorschriften können eingreifen, wenn das nach Nr. 2 S. 2 zur Vertretung des Vorstands oder der Geschäftsführung befugte Mitglied (vgl. Rn. 8) **verhindert** ist oder wenn ggf. alle zu dieser Vertretung befugten Mitglieder verhindert sind (vgl. § 7 Rn. 2 f.). Bei einem Mitglied des **Vorstands** oder der **Geschäftsführung einer Regionaldirektion der BA** kommen die Möglichkeiten zur Vertretung nach § 7 S. 3 und 4 in Betracht, bei einem Mitglied der **Geschäftsführung einer Agentur für Arbeit** dagegen nur die Vertretungsmöglichkeit nach § 7 S. 4 (vgl. dazu aber § 7 Rn. 3). Bei **Körperschaften und Anstalten mit ehrenamtlichem Vorstand** ist Nr. 2 S. 3 nicht anwendbar, soweit es sich um die Vertretung des Vorstands handelt. Dies ergibt sich daraus, dass nach der den Zweck von Nr. 2 S. 1 Hs. 1 berücksichtigenden Auslegung von Nr. 2 S. 2 die Vertretung des ehrenamtlichen Vorstands durch den Geschäftsführer

---

58 *BVerwG* v. 10. 3. 82 – 6 P 36.80 –, PersV 83, 65.
59 Str.; vgl. KfdP-*Altvater*, Rn. 50 m. N.
60 Str.; vgl. KfdP-*Altvater*, Rn. 51 m. N.

nicht zulässig ist (vgl. Rn. 8). Das muss dann erst recht für die Vertretung durch Beschäftigte gelten, die dem Geschäftsführer nachgeordnet sind.[61] Da die Dienststellenleiterfunktion des **Geschäftsführers** (bzw. der Geschäftsführung oder des Direktoriums) von Körperschaften und Anstalten mit ehrenamtlichem Vorstand in § 7 S. 1 geregelt ist (vgl. Rn. 6), gilt für dessen (bzw. deren) Vertretung auch § 7 S. 3 und 4 ohne Weiteres.

(Nr. 3) Die Nr. 3 trifft anstelle von § 69 Abs. 3 S. 2 für Körperschaften und Anstalten im Anwendungsbereich des § 88 eine besondere Regelung, die klarstellt, dass im **Mitbestimmungsverfahren** der **Vorstand** als **oberste Dienstbehörde** gilt. Daraus folgt u. a., dass in allen Nichteinigungsfällen die nach § 69 Abs. 4 anzurufende Einigungsstelle beim Vorstand zu bilden ist. Die Beisitzer der Arbeitgeberseite sind von ihm zu bestellen. Bezieht sich das Mitbestimmungsverfahren auf eine Maßnahme, die lediglich der eingeschränkten Mitbestimmung unterliegt, so hat gem. § 69 Abs. 4 S. 3 und 4 der Vorstand nach einer Empfehlung der Einigungsstelle ggf. endgültig zu entscheiden. Die Sonderregelung in Nr. 3 gilt nicht für das **Mitwirkungsverfahren**. An diesem Verfahren ist der Vorstand nur dann beteiligt, wenn ihm in einer mitwirkungsbedürftigen Angelegenheit die Entscheidungsbefugnis vorbehalten ist. Die Gegenmeinung sieht in Nr. 3 eine zwingende Regelung, die auch für Körperschaften mit einem **hauptamtlichen Vorstand** maßgeblich ist, obwohl sich bei ihnen bereits aus der unmittelbaren Anwendung des § 69 Abs. 3 S. 2 ergibt, dass der hauptamtliche Vorstand oberste Dienstbehörde ist, weil er (und nicht etwa das Selbstverwaltungsorgan Verwaltungsrat) das in ihrer Verfassung für die Geschäftsführung vorgesehene oberste Organ ist.[62]

10

Durch das Gesetz zur Organisationsreform in der **gesetzlichen Rentenversicherung** (RVOrgG) v. 9.12.04[63] ist außerhalb des BPersVG eine personalvertretungsrechtliche Regelung eingeführt worden. Sie soll die Interessenvertretung der Beschäftigten der Rentenversicherungsträger (Bundesträger und Regionalträger) bei solchen verbindlichen Entscheidungen der DRV Bund gewährleisten, mit denen in § 138 Abs. 1 SGB VI benannte **Grundsatz- und Querschnittsaufgaben** wahrgenommen werden, die die Rentenversicherung in ihrer Gesamtheit betreffen und sich auf die innerdienstlichen, sozialen und persönlichen Angelegenheiten der Beschäftigten auswirken. Dazu ist die – allerdings nur mit einem **Anhörungsrecht** ausgestattete – »**Arbeitsgruppe Personalvertretung der Deutschen Rentenversicherung**« geschaffen worden. Aufgaben, Zusammensetzung und Geschäftsführung dieser Arbeitsgruppe sind in § **140 SGB VI** geregelt. Dieser hat folgenden Wortlaut:[64]

11

---

61 Str.; vgl. KfdP-*Altvater*, Rn. 53 m. N.
62 Vgl. KfdP-*Altvater*, Rn. 50 m. N.
63 BGBl. I S. 3242.
64 Hervorhebungen durch den Verfasser.

§ 88 Sozialversicherung und Bundesagentur für Arbeit

*»(1) Vor verbindlichen **Entscheidungen der Deutschen Rentenversicherung Bund** nach § 138 Abs. 1 über*

1. *Grundsätze für die Aufbau- und Ablauforganisation und das Personalwesen,*
2. *Grundsätze und Koordinierung der Datenverarbeitung,*
3. *Grundsätze für die Aus- und Fortbildung,*
4. *Grundsätze der Organisation der Auskunfts- und Beratungsstellen sowie*
5. *Entscheidungen, deren Umsetzung in gleicher Weise wie die Umsetzung von Entscheidungen gemäß den Nummern 1 bis 4 Einfluss auf die Arbeitsbedingungen der Beschäftigten haben können,*

ist die Arbeitsgruppe Personalvertretung der Deutschen Rentenversicherung anzuhören.

*(2) ¹Die **Arbeitsgruppe Personalvertretung** der Deutschen Rentenversicherung setzt sich wie folgt zusammen:*

1. *drei Mitglieder aus der Personalvertretung der Deutschen Rentenversicherung Bund und ein Mitglied aus der Personalvertretung der Deutschen Rentenversicherung Knappschaft-Bahn-See; Mitglieder sind jeweils der Vorsitzende des Gesamtpersonalrates oder, falls eine Stufenvertretung besteht, der Vorsitzende des Hauptpersonalrates, bei der Personalvertretung der Deutschen Rentenversicherung Bund auch die beiden weiteren Mitglieder des Vorstandes sowie*
2. *je ein Mitglied aus der Personalvertretung eines jeden landesunmittelbaren Trägers der Rentenversicherung; die Regelungen zur Auswahl dieser Mitglieder und das Verfahren der Entsendung werden durch Landesrecht bestimmt.*

*²Die Mitglieder der Arbeitsgruppe Personalvertretung beteiligen ihre jeweiligen Hauptpersonalvertretungen, sind diese nicht eingerichtet, ihre Gesamtpersonalvertretungen. ³Die Arbeitsgruppe Personalvertretung der Deutschen Rentenversicherung beschließt mit der Mehrheit der Stimmen ihrer Mitglieder eine **Geschäftsordnung**, die Regelungen über den Vorsitz, das Verfahren zur internen Willensbildung und zur Beschlussfassung enthalten muss. ⁴Ergänzend finden die **Regelungen des Bundespersonalvertretungsgesetzes** Anwendung. ⁵**Kostentragende Dienststelle** im Sinne des § 44 des Bundespersonalvertretungsgesetzes ist die Deutsche Rentenversicherung Bund.«*

Für die der Arbeitsgruppe angehörenden **Personalvertreter der landesunmittelbaren Träger der DRV** (Regionalträger) sind gem. § 140 Abs. 2 S. 1 Nr. 2 SGB VI **landesrechtliche Regelungen** zu ihrer Auswahl und zum Verfahren ihrer Entsendung getroffen worden.[65]

12 Eine mit § 140 SGB VI vergleichbare personalvertretungsrechtliche Regelung ist durch das Gesetz zur Modernisierung des Rechts der **landwirtschaftlichen Sozialversicherung** (LSVMG) v. 18.12.07[66] geschaffen worden. Der zum 1.1.09 (in der Rechtsform einer bundesunmittelbaren

---

65 Dazu KfdP-*Altvater*, Rn. 62 m.N.
66 BGBl. I S. 2984.

Körperschaft des öffentlichen Rechts) errichtete **Spitzenverband** der landwirtschaftlichen Sozialversicherung, dessen Mitglieder die landwirtschaftlichen Berufsgenossenschaften, Alterskassen und Krankenkassen sind (§ 143a SGB VII), nimmt für die landwirtschaftliche Sozialversicherung die **Grundsatz- und Querschnittsaufgaben** wahr (§ 143e SGB VII). Soweit dabei verbindliche Entscheidungen getroffen werden, die für die innerdienstlichen, sozialen und persönlichen Angelegenheiten der Beschäftigten der bundes- und landesunmittelbaren Träger der landwirtschaftlichen Sozialversicherung Wirkung entfalten, sollen deren Interessen durch die **Gemeinsame Personalvertretung des Spitzenverbandes** gewährleistet werden. Aufgaben, Zusammensetzung und Geschäftsführung dieser Personalvertretung sind in **§ 143i Abs. 1 bis 3 SGB VII** geregelt.[67]

Das SGB II enthielt in seiner ursprünglichen Fassung v. 24.12.03[68] in § 44b eine Vorschrift, nach der die Träger der **Grundsicherung für Arbeitsuchende** – nämlich die BA einerseits und die kommunalen Träger (kreisfreie Städte und Kreise) andererseits – zur einheitlichen Wahrnehmung ihrer Aufgaben nach dem SGB II grundsätzlich[69] **Arbeitsgemeinschaften** zu errichten hatten.[70] Nachdem das *BVerfG* diese Arbeitsgemeinschaften mit Urt. v. 20.12.07[71] für verfassungswidrig erklärt hatte, hat der Bundesgesetzgeber Konsequenzen gezogen,[72] zunächst mit dem **Gesetz zur Änderung des Grundgesetzes (Artikel 91e)** v. 21.7.10.[73] Der dadurch eingeführte Art. 91e GG bestimmt in Abs. 1, dass bei der Ausführung von Bundesgesetzen auf dem Gebiet der Grundsicherung für Arbeitsuchende Bund und Länder (oder die nach Landesrecht zuständigen Gemeinden und Gemeindeverbände) i.d.R. in **gemeinsamen Einrichtungen** zusammenwirken, und sieht in Abs. 2 vor, dass der Bund zulassen kann, dass eine begrenzte Anzahl von Gemeinden und Gemeindeverbänden die Aufgaben der Grundsicherung allein wahrnimmt. Damit sind die verfassungsrechtlichen Grundlagen dafür geschaffen, dass zum einen die Zusammenarbeit von Arbeitsagenturen und Kommunen in gemeinsamen Einrichtungen über das Jahr 2010 hinaus als Regelfall fortgesetzt und zum anderen das **kommunale Optionsmodell** fortgeschrieben werden kann. Außerdem legt Art. 91e Abs. 3 GG fest, dass ein **Bundesgesetz** mit Zustimmung des Bundesrates das Nähere regelt. Von dieser Kompetenz hat der Bundesgesetzgeber mit dem **Gesetz zur Weiterentwicklung der**

13

---

67 Vgl. *Altvater*, PersR 09, 60, 62; KfdP-*Altvater*, Rn. 63a.
68 BGBl. I S. 2954, 2955.
69 Soweit nicht diese Aufgaben aufgrund der durch das Kommunale Optionsgesetz v. 30.7.04 (BGBl. I S. 2014) eingeführten Regelungen in den §§ 6a–6c SGB II von zugelassenen kommunalen Trägern allein wahrzunehmen waren.
70 Näher dazu u. zu den Folgeproblemen in den Bereichen des BetrVR u. PersVR: KfdP-*Altvater*, Rn. 32 u. 64–68.
71 2 BvR 2433/04 u.a., NVwZ 08, 183.
72 Vgl. dazu KfdP-*Altvater*, Rn. 32a u. 32b.
73 BGBl. I S. 944.

§ 88 Sozialversicherung und Bundesagentur für Arbeit

Organisation der Grundsicherung für Arbeitsuchende v. 3.8.10[74] Gebrauch gemacht.

14 Das Gesetz v. 3.8.10 (a.a.O.; vgl. Rn. 13 a.E.) enthält Regelungen über die gemeinsamen Einrichtungen und die zugelassenen kommunalen Träger.[75] Beide Arten von Einrichtungen führen die Bezeichnung **Jobcenter** (§ 6d SGB II n.F.). Die Regelungen über die **gemeinsamen Einrichtungen** in den §§ 44b bis 44k SGB II n.F. sind an die Stelle der bisherigen Regelung über die Arbeitsgemeinschaften in § 44b SGB II a.F. getreten. Die neuen Regelungen sehen u.a. Folgendes vor: Die Leistungsträger BA und Kommunen bilden im Gebiet grundsätzlich jedes kommunalen Trägers eine gemeinsame Einrichtung; die Aufgaben in diesen Jobcentern werden (so wie bisher in den Arbeitsgemeinschaften) von **Beamten und Arbeitnehmern der jeweiligen Träger** wahrgenommen, denen entsprechende Tätigkeiten zugewiesen sind (§ 44b Abs. 1 SGB II n.F.). Diese Jobcenter sind **Mischbehörden aus Bundes- und Landesbehörden**.[76] Die Träger bestimmen den Standort sowie die nähere Ausgestaltung der Organisation des Jobcenters durch **Vereinbarung** (§ 44b Abs. 2 SGB II n.F.). Das Jobcenter hat eine **Trägerversammlung**, in der beide Träger je zur Hälfte vertreten sind; sie entscheidet über organisatorische, personalwirtschaftliche, personalrechtliche und personalvertretungsrechtliche Angelegenheiten des Jobcenters (§ 44c SGB II n.F.). Der **Geschäftsführer** führt hauptamtlich die Geschäfte des Jobcenters und vertritt dieses gerichtlich und außergerichtlich. Er übt über die Beamten und Arbeitnehmer, denen im Jobcenter Tätigkeiten zugewiesen worden sind, die dienst-, personal- und arbeitsrechtlichen Befugnisse der Bundesagentur und des kommunalen Trägers und die Dienstvorgesetzten- und Vorgesetztenfunktion – mit Ausnahme der Befugnisse zur Begründung und Beendigung der mit den Beamten und Arbeitnehmern bestehenden Rechtsverhältnisse – aus (§ 44d Abs. 4 SGB II n.F.). Für die **Zuweisung von Tätigkeiten beim Jobcenter** gelten die Regelungen in § 44g SGB II n.F.; diese sehen gesetzliche Zuweisungen der schon bisher in der Arbeitsgemeinschaft tätigen Beamten und Arbeitnehmer sowie spätere, im Einzelfall erfolgende Zuweisungen nach den jeweils einschlägigen tarif- und beamtenrechtlichen Regelungen vor.

15 Das Gesetz v. 3.8.10 (a.a.O.; vgl. Rn. 13 a.E.) hat zum 1.1.11 Regelungen über die Interessenvertretung der Beschäftigten in jenen Jobcentern eingeführt, die als **gemeinsame Einrichtungen** organisiert sind. Der unter der Überschrift »**Personalvertretung**« stehende **§ 44h SGB II n.F.** hat folgenden Wortlaut:[77]

---

74 BGBl. I S. 1112.
75 Näher dazu KfdP-*Altvater*, Rn. 32c.
76 BT-Drs. 17/1555, S. 23 [zu § 44b Abs. 1].
77 Hervorhebungen durch den Verfasser.

»(1) ¹*In den gemeinsamen Einrichtungen wird eine Personalvertretung gebildet.* ²*Die Regelungen des Bundespersonalvertretungsgesetzes gelten entsprechend.*

*(2) Die **Beamten und Arbeitnehmer** in der gemeinsamen Einrichtung besitzen für den Zeitraum, für den ihnen Tätigkeiten in der gemeinsamen Einrichtung zugewiesen worden sind, ein **aktives und passives Wahlrecht** zu der Personalvertretung.*

*(3) Der **Personalvertretung** der gemeinsamen Einrichtung stehen alle **Rechte** entsprechend den Regelungen nach dem Bundespersonalvertretungsgesetz zu, soweit der Trägerversammlung oder dem Geschäftsführer Entscheidungsbefugnisse in personalrechtlichen, personalwirtschaftlichen, sozialen oder die Ordnung der Dienststelle betreffenden Angelegenheiten zustehen.*

*(4) ¹Zur Erörterung und Abstimmung gemeinsamer personalvertretungsrechtlich relevanter Angelegenheiten wird eine **Arbeitsgruppe der Vorsitzenden** der Personalvertretungen der gemeinsamen Einrichtungen eingerichtet. ²Die Arbeitsgruppe hält bis zu zwei **Sitzungen** im Jahr ab. ³Sie beschließt mit den Stimmen der Mehrheit ihrer Mitglieder eine **Geschäftsordnung**, die Regelungen über den Vorsitz, das Verfahren zur internen Willensbildung und zur Beschlussfassung enthalten muss. ⁴Die Arbeitsgruppe kann **Stellungnahmen** zu Maßnahmen der Träger, die Einfluss auf die Arbeitsbedingungen aller Arbeitnehmer und Beamten in den gemeinsamen Einrichtungen haben können, an die zuständigen Träger abgeben.*

*(5) Die Rechte der **Personalvertretungen der abgebenden Dienstherren und Arbeitgeber** bleiben unberührt, soweit die Entscheidungsbefugnisse bei den Trägern verbleiben.«*

Die Regelung in § 44h Abs. 1 SGB II n.F. geht davon aus, dass die gemeinsame Einrichtung entsprechend § 6 Abs. 1 BPersVG als **Dienststelle** »gilt«.[78] § 44d Abs. 5 SGB II n.F. stellt ausdrücklich klar, dass der Geschäftsführer der gemeinsamen Einrichtung **Leiter der Dienststelle** i.S.d. PersVR ist (vgl. § 7 Rn. 1). § 44h Abs. 2 SGB II n.F. bestimmt, dass die **Beamten und Arbeitnehmer** in der gemeinsamen Einrichtung für den Zeitraum ihrer Zuweisung und damit **vom Beginn der Zuweisung an wahlberechtigt und wählbar** zur Personalvertretung der gemeinsamen Einrichtung sind.[79]

16

Nach § 44h Abs. 3 SGB II n.F. stehen der Personalvertretung der gemeinsamen Einrichtung in allen personalvertretungsrechtlich bedeutsamen Angelegenheiten, in denen die Entscheidungsträger der Einrichtung (Trägerversammlung oder Geschäftsführer) entscheidungsbefugt sind, die im BPersVG vorgesehenen **Beteiligungsrechte** zu.[80] Aufgrund seiner Funktion als Dienststellenleiter (und mangels einer dem § 88 Nr. 2 BPersVG entsprechenden Maßgabe) dürfte dabei der Geschäftsführer grundsätzlich alleiniger **»Gegenspieler«** der Personalvertretung sein. § 44c Abs. 3

17

---

78 BT-Drs. 17/1555, S. 28.
79 BT-Drs. 17/1555, a.a.O.
80 BT-Drs. 17/1555, a.a.O.

§ 89 Deutsche Bundesbank

SGB II n. F. legt allerdings fest, dass in Streitfragen zwischen Personalvertretung und Geschäftsführer die Trägerversammlung die Aufgaben einer **übergeordneten Dienststelle** und **obersten Dienstbehörde** nach den §§ 69 bis 72 BPersVG wahrnimmt. Das bedeutet u. a., dass im Fall der Nichteinigung in mitbestimmungs- oder mitwirkungspflichtigen Angelegenheiten nach § 69 Abs. 3 bzw. § 72 Abs. 4 BPersVG ein **Stufenverfahren** zwischen Personalvertretung und Trägerversammlung stattzufinden hat (vgl. § 69 Rn. 29 ff. bzw. § 72 Rn. 14 ff.) und in Fällen der Mitbestimmung die **Einigungsstelle** nach § 71 BPersVG ggf. im Zusammenwirken von Personalvertretung und Trägerversammlung zu bilden ist (vgl. § 71 Rn. 2 ff.).

18 Die Regelung in § 44 h Abs. 4 SGB II n. F. über die Bildung einer **Arbeitsgruppe der Vorsitzenden** der Personalvertretungen der gemeinsamen Einrichtungen beruht auf der Überlegung, dass aufgrund der Organisationsstruktur der gemeinsamen Einrichtungen keine Stufenvertretungen zu bilden sind. Die Bildung der Arbeitsgruppe soll einen Austausch auf überörtlicher Ebene und eine Verständigung auf gemeinsame Standpunkte ermöglichen, die in einheitlichen Stellungnahmen gegenüber den Trägern artikuliert werden können.[81]

19 § 44 h Abs. 5 SGB II n. F. berücksichtigt, dass aufgrund des zum jeweiligen Leistungsträger weiter bestehenden Dienst- oder Arbeitsverhältnisses bei den **Personalvertretungen der Leistungsträger** Mitbestimmungs- und Mitwirkungsrechte (sowie sonstige Beteiligungsrechte) für die in den gemeinsamen Einrichtungen tätigen Beschäftigten verbleiben.[82]

§ 89 [Deutsche Bundesbank]

Für die Deutsche Bundesbank gilt dieses Gesetz mit folgenden Abweichungen:

1. **Als Behörden der Mittelstufe im Sinne des § 6 Abs. 2 Satz 2 gelten die Landeszentralbanken, denen Zweiganstalten unterstehen.**

2. **^{1}Oberste Dienstbehörde ist der Präsident der Deutschen Bundesbank. ^{2}Der Zentralbankrat gilt als oberste Dienstbehörde, soweit ihm die Entscheidung zusteht. ^{3}§ 69 Abs. 3 Satz 2 ist nicht anzuwenden.**

3. **^{1}Der Zentralbankrat, das Direktorium und der Vorstand einer Landeszentralbank können sich durch eines oder mehrere ihrer Mitglieder vertreten lassen. ^{2}§ 7 Satz 2 bleibt unberührt.**

1 Das BPersVG findet grundsätzlich auch Anwendung auf die Deutsche

---

81 BT-Drs. 17/2188, S. 16.
82 BT-Drs. 17/1555, S. 28 [zu § 44 h Abs. 4].

Bundesbank. Die allgemeinen Regelungen des Gesetzes gelten jedoch insoweit nicht, als in Nr. 1 bis 3 **Abweichungen** vorgeschrieben sind.

Die Deutsche Bundesbank ist eine **bundesunmittelbare juristische Person des öffentlichen Rechts** (§ 2 S. 1 BBankG). Als Zentralbank der Bundesrepublik Deutschland ist sie integraler Bestandteil des Europäischen Systems der Zentralbanken – ESZB – (§ 3 BBankG). Sie hat ihren Sitz in Frankfurt a. M. (§ 2 S. 3 BBankG) und unterhält neun **Hauptverwaltungen** (§ 8 BBankG) sowie (den Hauptverwaltungen unterstehende) **Filialen** (§ 10 BBankG). Organ der Deutschen Bundesbank ist der **Vorstand** (§ 7 BBankG). Der Vorstand mit seiner Zentrale am Sitz der Bank hat die Stellung einer obersten Bundesbehörde; die Hauptverwaltungen und Filialen haben die Stellung von Bundesbehörden (§ 29 Abs. 1 BBankG). Die Bundesbank beschäftigt **Beamte, Angestellte** und **Arbeiter** (§ 31 Abs. 1 BBankG). Oberste Dienstbehörde ist der **Präsident** der Deutschen Bundesbank (§ 31 Abs. 2 BBankG).

2

Die Bundesbank hat ihre gegenwärtige **Organisationsstruktur** durch das Siebente Gesetz zur Änderung des Gesetzes über die Deutsche Bundesbank v. 23. 3. 02[83] erhalten. Dadurch ist die vorherige Struktur **grundlegend geändert** worden.[84] Obwohl die Sondervorschriften des § 89 auf die alte Struktur zugeschnitten sind, hat der Gesetzgeber sie bisher nicht geändert. Sie bedürfen deshalb einer **anpassenden Auslegung**.[85]

3

(Nr. 1) Die Nr. 1 sollte dem Umstand Rechnung tragen, dass die früheren Vorstände der früheren Landeszentralbanken dem früheren Direktorium als zentralem Verwaltungsorgan der Bundesbank nicht nachgeordnet waren. Sie bestimmt, dass als **Behörden der Mittelstufe** i. S. d. § 6 Abs. 2 S. 2 diejenigen **Landeszentralbanken** gelten, denen Zweiganstalten unterstehen. An die Stelle der früheren Landeszentralbanken sind nunmehr die **Hauptverwaltungen** getreten, die ausschließlich von einem dem Vorstand unterstehenden Präsidenten geleitet werden und die im Verhältnis zum Vorstand mit seiner Zentrale zweifelsfrei unmittelbar nachgeordnete Dienststellen sind. An die Stelle der früheren Zweiganstalten sind die der zuständigen Hauptverwaltung unterstehenden **Filialen** getreten, bei denen es sich um Dienststellen der Unterstufe handelt. Schon aus der unmittelbaren Anwendung des § 6 Abs. 2 S. 2 ergibt sich nunmehr, dass Hauptverwaltungen, denen Filialen unterstehen, Behörden der Mittelstufe i. S. d. BPersVG sind. Nach der Neuordnung der Organisationsstruktur der Bundesbank ist § 89 Nr. 1 deshalb entbehrlich geworden und geht ins Leere.[86] Da nach dem gegenwärtigen Stand allen neun Hauptverwaltungen Filialen

4

---

83 BGBl. I S. 1159.
84 Näher dazu KfdP-*Altvater*, Rn. 4 f.
85 Vgl. *BVerwG* v. 19. 1. 09 – 6 P 1.08 –, PersR 09, 205, m. w. N.
86 In *BVerwG* v. 19. 1. 09, a. a. O., offengelassen, weil auch im Wege der anpassenden Auslegung aus Nr. 1 abzuleiten ist, dass die Hauptverwaltungen Behörden der Mittelstufe sind.

§ 89 Deutsche Bundesbank

unterstehen, ist bei ihnen außer dem von den Beschäftigten der Hauptverwaltung gewählten örtlichen PR nach § 53 Abs. 1 und 2 jeweils ein **BPR** zu bilden, der von den Beschäftigten der Hauptverwaltung und der ihr nachgeordneten Filialen zu wählen ist. Der Präsident der Hauptverwaltung ist i. S. d. § 7 S. 1 Leiter dieser Dienststelle. Für die Bildung von Personalvertretungen bei den **Filialen** gelten die allgemeinen Bestimmungen des Gesetzes (§§ 6, 12 und 55).

5 (Nr. 2) Die Nr. 2 sieht in S. 1 und 2 vor, dass grundsätzlich der **Präsident der Bundesbank** oberste Dienstbehörde »ist«, dass aber ausnahmsweise der **Zentralbankrat** als oberste Dienstbehörde »gilt«, soweit ihm die Entscheidung zusteht; deshalb ist – wie in Nr. 2 S. 3 ausdrücklich regelt – § 69 Abs. 3 S. 2 nicht anzuwenden. Dass der **Vorstand** an die Stelle des früheren Zentralbankrats getreten ist, hat die Vorschrift nicht gegenstandslos werden lassen.[87] Ihr **Zweck** besteht darin, die allgemeinen Vorschriften des BPersVG mit Rücksicht auf die spezifische Organisationsstruktur der Bundesbank zu modifizieren.[88] Die in Nr. 2 S. 1 enthaltene grundsätzliche Bestimmung des Präsidenten der Bundesbank zur obersten Dienstbehörde im personalvertretungsrechtlichen Sinne entspricht nach wie vor dessen Funktion als oberster Dienstbehörde im beamtenrechtlichen Sinne (§ 31 Abs. 2 S. 2 BBankG a. F. u. n. F.). Die diesen Grundsatz durchbrechende Ausnahmeregelung des S. 2 trug bislang dem Umstand Rechnung, dass auch der frühere Zentralbankrat Entscheidungen in Angelegenheiten zu treffen hatte, die der Beteiligung der Personalvertretung unterlagen, und gewährleistete, dass die Personalvertretung ihre Beteiligungsrechte gegenüber dem entscheidungsbefugten Organ wahrnehmen konnte. Diesen Zweck kann die Vorschrift auch erfüllen, seitdem der Vorstand u. a. auch die Aufgaben des früheren Zentralbankrats übernommen hat und auch an dessen Stelle getreten ist. Sie ist deshalb seit dem Inkrafttreten der Neuorganisation am 30. 4. 02 (vgl. Rn. 3) so zu lesen, dass es »Vorstand« statt »Zentralbankrat« heißt.

6 Nach Nr. 2 S. 1 i. V. m. § 53 Abs. 1 und 2 ist der von allen Beschäftigten der Bundesbank zu wählende **HPR** beim Präsidenten der Bundesbank zu bilden. **Beteiligungsrechte** stehen ihm entweder gegenüber dem Präsidenten oder gegenüber dem Vorstand zu, je nachdem, wer von ihnen in der betreffenden Angelegenheit die Entscheidungsbefugnis hat. Dementsprechend ist auch die **Einigungsstelle** entweder beim Präsidenten oder beim Zentralbankrat zu bilden.[89] »Gemischte« Angelegenheiten, in denen die Entscheidungsbefugnis teils beim Präsidenten, teils beim Vorstand liegt, müssen deshalb verfahrensmäßig getrennt werden.

7 Ebenso wie der HPR ist der **örtliche PR für die Beschäftigten der Zentrale** der Bundesbank in Frankfurt a. M. beim Präsidenten der Bundes-

---

87 Str.; vgl. KfdP-*Altvater*, Rn. 8 m. N.
88 Vgl. *BVerwG* v. 11.4.91 – 6 P 9.89 –, PersR 91, 284.
89 Str.; vgl. KfdP-*Altvater*, Rn. 9 m. N.

Deutsche Bundespost § 89a

bank – nicht dagegen beim Vorstand – zu bilden.[90] Dafür spricht nicht nur die Festlegung in Nr. 2 S. 1, dass der Präsident oberste Dienstbehörde »ist«, sondern auch, dass er Inhaber wesentlicher personalrechtlicher und -politischer Entscheidungsbefugnisse ist und ihm innerhalb des Vorstands eine herausgehobene Position zukommt (§ 31 Abs. 2 bzw. § 7 Abs. 5 BBankG). Wird der örtliche PR beim Präsidenten gebildet, so führt dies dazu, dass dem PR **zwei Dienststellenleiter** gegenüberstehen, zum einen der **Präsident**, zum anderen – soweit er in beteiligungspflichtigen Angelegenheiten entscheidungsbefugt ist – der **Vorstand**, wobei dieser sich nach Nr. 3 durch eines seiner Mitglieder vertreten lassen kann (vgl. Rn. 8).

(**Nr. 3**) Die Nr. 3 sieht vor, dass sich die (früheren) **Kollegialorgane** 8 Zentralbankrat und Direktorium sowie Vorstand einer Landeszentralbank bei der Wahrnehmung ihrer personalvertretungsrechtlichen Aufgaben durch eines oder mehrere ihrer Mitglieder **vertreten** lassen können. Auch diese Vorschrift ist durch die Neuorganisation der Bundesbank nicht gegenstandslos geworden,[91] sondern gilt aufgrund der gebotenen anpassenden Auslegung (vgl. Rn. 3) nunmehr für den **Vorstand**, weil dieser an die Stelle der genannten früheren Organe getreten ist. Für ihn besteht die Möglichkeit der Vertretung gegenüber dem HPR und gegenüber dem örtlichen PR der Zentrale. Der oder die Vertreter müssen grundsätzlich befugt sein, gegenüber der Personalvertretung verbindlich für das gesamte Organ zu handeln. Nach Nr. 3 S. 2 bleibt § 7 S. 2 unberührt. Das bedeutet zum einen, dass für ein mit der Vertretung des Vorstands beauftragtes Mitglied ein **ständiger Vertreter** bestimmt werden kann. Zum anderen kann sich der Präsident der Bundesbank in seiner Eigenschaft als oberste Dienstbehörde bei Verhinderung vom Vizepräsidenten der Bundesbank vertreten lassen. Hingegen ist die für oberste Dienstbehörden und Behörden der Mittelstufe geltende allgemeine Vorschrift des § 7 S. 3 im Bereich der Bundesbank nicht anwendbar, weil Nr. 3 insoweit eine Sonderregelung trifft.[92] Bedenken gegen die Anwendbarkeit der Regelung des § 7 S. 4 bestehen allerdings nicht.

§ 89a *[aufgehoben]*

Der durch Art. 4 Abs. 2 des Poststrukturgesetzes v. 8.6.89[93] eingefügte § 89a, der von den sonstigen Vorschriften des BPersVG abweichende Regelungen für die ehemalige **Deutsche Bundespost** enthielt, ist durch Art. 12 Abs. 13 des Postneuordnungsgesetzes v. 14.9.94[94] mit Wirkung v. 1.1.95 aufgehoben worden.

---

90 Wohl str.; vgl. KfdP-*Altvater*, Rn. 10 m.N.
91 Str.; vgl. KfdP-*Altvater*, Rn. 11 m.N.
92 Str.; vgl. KfdP-*Altvater*, Rn. 12 m.N.
93 BGBl. I S. 1026.
94 BGBl. I S. 2325.

§ 90 Deutsche Welle

§ 90 [Deutsche Welle]

Für die Rundfunkanstalt des Bundesrechts »Deutsche Welle« gilt dieses Gesetz mit folgenden Abweichungen:

1. ¹Die Einrichtungen der Deutschen Welle am Sitz Köln und die Einrichtungen der Deutschen Welle am Sitz Berlin bilden je eine Dienststelle im Sinne dieses Gesetzes. ²Diese Aufteilung auf zwei Dienststellen bleibt bei Verlegung des Sitzes von Köln nach Bonn bestehen. ³Andere Einrichtungen der Deutschen Welle werden vom Intendanten der Deutschen Welle einer Dienststelle zugeteilt. ⁴§ 6 Abs. 3 findet keine Anwendung.

2. ¹Die Beschäftigten in beiden Dienststellen wählen – neben den örtlichen Personalräten – einen Gesamtpersonalrat. ²Dieser wirkt bei der Entscheidung nach Nummer 1 Satz 3 mit. ³Er ist zuständig für die Behandlung dienststellenübergreifender Angelegenheiten. ⁴Der Gesamtpersonalrat hat seinen Sitzort am Sitz des Intendanten. ⁵Die für den Gesamtpersonalrat maßgebenden Bestimmungen finden im übrigen entsprechende Anwendung.

3. ¹Die Beschäftigten im Sinne des § 57 in beiden Dienststellen wählen – neben den örtlichen Jugend- und Auszubildendenvertretungen – eine Gesamt-Jugend- und Auszubildendenvertretung. ²Nummer 2 Satz 3 gilt entsprechend. ³Der Sitzort der Gesamt-Jugend- und Auszubildendenvertretung ist am Sitzort des Gesamtpersonalrats. ⁴Die für die Gesamt-Jugend- und Auszubildendenvertretung maßgebenden Bestimmungen finden im übrigen entsprechende Anwendung.

4. ¹Leiter der Dienststellen ist der Intendant. ²Er gilt als oberste Dienstbehörde im Sinne dieses Gesetzes; § 69 Abs. 3 Satz 2 findet keine Anwendung. ³§ 7 ist entsprechend anzuwenden.

5. ¹Beschäftigte der Deutschen Welle im Sinne dieses Gesetzes sind die durch Arbeitsvertrag unbefristet oder auf Zeit angestellten Beschäftigten der Deutschen Welle einschließlich der zu ihrer Berufsausbildung Beschäftigten. ²Beschäftigte im Sinne dieses Gesetzes sind nicht:

    a) der Intendant, die Direktoren und der Justitiar,

    b) Personen in einem arbeitnehmerähnlichen Verhältnis, sonstige freie Mitarbeiter und Personen, die auf Produktionsdauer beschäftigt sind.

    ³Beschäftigte, die in einer Einrichtung der Deutschen Welle im Ausland eingesetzt sind, sowie Volontäre sind nicht wählbar.

6. § 44 Abs. 1 Satz 2 findet mit der Maßgabe Anwendung, daß an die Stelle des Bundesreisekostengesetzes die Reisekostenordnung der Deutschen Welle tritt.

Deutsche Welle § 90

7. a) Bei Beschäftigten, deren Vergütung sich nach der Vergütungsgruppe I des Vergütungstarifvertrags der Deutschen Welle bemißt oder deren Vergütung über der höchsten Vergütungsgruppe liegt, wird der Personalrat in den Fällen des § 75 Abs. 1 und 3 Nr. 14 nicht beteiligt.

b) Bei im Programmbereich Beschäftigten der Vergütungsgruppe II des Vergütungstarifvertrags der Deutschen Welle tritt in Fällen des § 75 Abs. 1 an die Stelle der Mitbestimmung des Personalrats die Mitwirkung.

c) ¹Bei Beschäftigten mit überwiegend wissenschaftlicher oder künstlerischer Tätigkeit sowie bei Beschäftigten, die maßgeblich an der Programmgestaltung beteiligt sind, bestimmt der Personalrat in den Fällen des § 75 Abs. 1 nur mit, wenn sie dies beantragen. ²§ 69 Abs. 4 Satz 3 und 4 gilt entsprechend.

Die Vorschrift, die zunächst die Anwendbarkeit des BPersVG für die Ständige Vertretung der Bundesrepublik Deutschland bei der Deutschen Demokratischen Republik regelte und seit der Auflösung der Ständigen Vertretung mit Ablauf des 30. 9. 90 gegenstandslos geworden war, ist durch Art. 2 § 1 Nr. 2 des Gesetzes über den deutschen Auslandsrundfunk – im Folgenden: **Auslandsrundfunkgesetz** – v. 16. 12. 97[95] neu gefasst worden. Dieses aus sechs Artikeln bestehende Mantelgesetz enthält in Art. 1 das Gesetz über die Rundfunkanstalt des Bundesrechts »Deutsche Welle« (**Deutsche-Welle-Gesetz – DWG**), das nach verschiedenen Änderungen nunmehr i. d. F. v. 11. 1. 05[96] gilt. Es regelt die Grundlagen, Struktur und Finanzierung der Anstalt und die Aufsicht über sie. **1**

Die »**Deutsche Welle**« (DW) ist die einzige Rundfunkanstalt des Bundesrechts. Sie ist eine der Rechtsaufsicht der Bundesregierung unterliegende gemeinnützige Anstalt des öffentlichen Rechts mit der Aufgabe, für das Ausland Rundfunk (Hörfunk, Fernsehen) und Telemedien anzubieten (§ 1 Abs. 1, § 3 Abs. 1 u. § 62 Abs. 1 DWG). Nach § 1 S. 1 gehört sie zum Geltungsbereich des BPersVG (vgl. § 1 Rn. 7). Die allgemeinen Bestimmungen des Gesetzes gelten jedoch insoweit nicht, als in Nr. 1 bis 7 **Abweichungen** vorgeschrieben sind. **2**

(**Nr. 1**) In seiner ursprünglichen Fassung legte das DWG in § 2 Abs. 1 S. 1 fest, dass die DW einen **Sitz** in **Köln** und einen Sitz in **Berlin** hat, bestimmte in § 2 Abs. 1 S. 3, dass der Kölner Sitz nach Bonn verlegt wird, sobald dort die Voraussetzungen für die Funktionsfähigkeit der DW vorliegen, und ermächtigte die Bundesregierung in § 2 Abs. 1 S. 4, den Zeitpunkt der Sitzverlegung durch Rechtsverordnung zu bestimmen. Dies ist inzwischen geschehen. Als Zeitpunkt der **Sitzverlegung von Köln nach** **3**

---

95 BGBl. I S. 3094.
96 BGBl. I S. 90.

§ 90 Deutsche Welle

Bonn wurde der 1.5.03 bestimmt (§ 1 DW-SVV v. 25.4.03[97]). Durch Art. 1 Nr. 2 Buchst. a des Gesetzes v. 15.12.04[98] wurde § 2 Abs. 1 DWG an die Sitzverlegung angepasst und bestimmt jetzt in S. 1, dass die DW einen Sitz in Bonn und einen Sitz in Berlin hat. Das BPersVG regelt in § 90 Nr. 1, dass die Einrichtungen der DW am (ursprünglichen) Sitz in Köln einerseits und am Sitz in Berlin andererseits jeweils eine Dienststelle i.S.d. BPersVG bilden (S. 1) und dass diese Aufteilung auf **zwei Dienststellen** bei Verlegung des Sitzes von Köln nach Bonn bestehen bleibt (S. 2). Andere – außerhalb Kölns bzw. Bonns oder Berlins, im In- oder Ausland angesiedelte – Einrichtungen der DW werden nach Nr. 1 S. 3 einer der beiden Dienststellen personalvertretungsrechtlich »zugeteilt«. Über die Zuteilung hat der Intendant unter Mitwirkung des nach Nr. 2 zu bildenden GPR zu entscheiden (vgl. Rn. 6). Nach Nr. 1 S. 4 ist § 6 Abs. 3 nicht anzuwenden. Daraus und aus den Sonderregelungen in Nr. 1 S. 1 bis 3 folgt, dass die in Nr. 1 S. 1 und 2 festgelegte und vom Intendanten gem. Nr. 1 S. 3 ergänzte Zuteilung der Einrichtungen der DW auf die zwei Dienststellen in Köln bzw. Bonn und in Berlin weder eines Beschlusses der Mehrheit der wahlberechtigten Beschäftigten bedarf noch durch eine solche Beschlussfassung verändert werden kann.

4 Aufgrund der Sonderregelungen der Nr. 1 wird nach § 12 Abs. 1 nur bei den Dienststellen in Bonn und in Berlin **jeweils ein örtlicher PR** gebildet. Für die **Wahl** und **Zusammensetzung** dieser örtlichen PR, für ihre **Amtszeit** und ihre **Geschäftsführung** sowie für die **Rechtsstellung** ihrer Mitglieder gelten grundsätzlich die allgemeinen Vorschriften des Gesetzes. Ausnahmen bestehen insoweit, als im Ausland eingesetzte Beschäftigte sowie Volontäre nach Nr. 5 S. 3 **nicht wählbar** sind (vgl. Rn. 17) und das **Gruppenprinzip gegenstandslos** ist, weil die DW keine Beamten hat.

5 (**Nr. 2**) Die Sondervorschriften der Nr. 2 regeln die Bildung und die Zuständigkeit einer dienststellenübergreifenden Personalvertretung. Der von § 55 abweichende S. 1 sieht vor, dass die Beschäftigten in beiden Dienststellen neben den nach § 12 Abs. 1 zu wählenden örtlichen PR einen **GPR** wählen. Die Regelungen, die in § 56 (durch Verweisung auf andere Vorschriften) für den GPR hinsichtlich seiner **Wahl, Zusammensetzung, Amtszeit und Geschäftsführung** sowie der **Rechtsstellung** seiner Mitglieder getroffen sind, gelten – wie in Nr. 2 S. 5 klargestellt (vgl. Rn. 10) – auch für den GPR der DW. Die Amtszeit dieses GPR ist jedoch von der Amtszeit der örtlichen PR unabhängig, weil seine Existenz nicht auf einem nur begrenzt wirksamen Beschluss nach § 6 Abs. 3 beruht.

6 Nr. 2 S. 2 legt fest, dass der GPR bei der nach Nr. 1 S. 3 zu treffenden Entscheidung des Intendanten über die **Zuteilung von Einrichtungen** der DW zu einer ihrer beiden Dienststellen **mitwirkt**. Dabei richtet sich

---
97 BGBl. I S. 551.
98 BGBl. I S. 3456.

Deutsche Welle § 90

das Beteiligungsverfahren wie in den anderen Fällen der Mitwirkung (vgl. § 78 Abs. 1 u. § 79 Abs. 1) nach § 72. An der **erstmaligen Entscheidung** über die Zuteilung war nach der Übergangsregelung in Art. 4 Abs. 4 S. 3 Auslandsrundfunkgesetz der am 24.12.97 amtierende, noch nach altem Recht gebildete GPR zu beteiligen. Der nach Nr. 2 S. 1 gebildete GPR hat an **weiteren Zuteilungsentscheidungen** nicht nur dann mitzuwirken, wenn sie sich auf neue Einrichtungen beziehen, sondern auch, wenn sie eine bereits vorgenommene Zuteilung ändern sollen, und zwar unabhängig davon, ob diese Änderung mit einem Standortwechsel der Einrichtung verbunden ist.

Von dem in Nr. 2 S. 2 normierten Spezialfall abgesehen, regelt die von § 82 Abs. 3 abweichende Sondervorschrift der Nr. 2 S. 3 die **Zuständigkeit des GPR** und damit zugleich die der örtlichen PR. Danach ist der GPR für die Behandlung **dienststellenübergreifender Angelegenheiten** zuständig. Solche Angelegenheiten liegen vor, wenn sie nicht nur eine Dienststelle, sondern die gesamte Rundfunkanstalt oder jede der beiden Dienststellen betreffen. Anders als § 50 Abs. 1 BetrVG dies für die (kraft Gesetzes bestehende) Zuständigkeit des Gesamtbetriebsrats regelt, hängt die Zuständigkeit des GPR bei der DW nicht davon ab, dass die dienststellenübergreifenden Angelegenheiten nicht durch die einzelnen PR innerhalb ihrer Dienststellen geregelt werden können. **7**

Eine Angelegenheit, die nur eine Dienststelle betrifft, gehört ausschließlich zur **Zuständigkeit des jeweiligen örtlichen PR**. Das ist unter dem Aspekt effektiver Personalvertretung unproblematisch, weil der Intendant nach Nr. 4 S. 1 Leiter beider Dienststellen ist. Da der Intendant die DW selbständig leitet, für ihren gesamten Betrieb allein verantwortlich ist und sie gerichtlich und außergerichtlich vertritt (§ 42 DWG), ist gewährleistet, dass jedem der beiden PR das entscheidungsbefugte Organ der Anstalt gegenübersteht. Die sich aus Nr. 2 S. 3 ergebende **Abgrenzung der Zuständigkeiten zwischen dem GPR und den örtlichen PR** ist zwingend und kann deshalb nicht (entsprechend § 50 Abs. 2 BetrVG) dadurch verändert werden, dass ein PR mit der Mehrheit der Stimmen seiner Mitglieder den GPR beauftragt, eine Angelegenheit für ihn zu behandeln. **8**

Nr. 2 S. 4 bestimmt, dass der GPR seinen **Sitzort** am Sitz des Intendanten hat. Der Sitz des Intendanten und der dazugehörenden Verwaltung ist in § 2 Abs. 1 S. 2 DWG festgelegt. Er befindet sich seit dem 1.5.03 in Bonn (vgl. Rn. 3). **9**

Soweit Nr. 2 S. 1 bis 4 keine Sonderregelungen trifft, sind nach S. 5 die für den GPR maßgebenden **allgemeinen Bestimmungen** des BPersVG entsprechend anzuwenden. Zu diesen Bestimmungen gehören neben der Verweisungsvorschrift des § 56 mit den dort unmittelbar oder mittelbar in Bezug genommenen Vorschriften auch die grundlegenden Vorschriften der §§ 1 bis 11, die Vorschriften der §§ 66 bis 68 über die allgemeinen **10**

§ 90 Deutsche Welle

Aufgaben und Befugnisse der Personalvertretung (vgl. § 56 Rn. 1) sowie die Verweisungsnorm des § 82 Abs. 4.

11 **(Nr. 3)** Die in Nr. 3 enthaltenen Sondervorschriften für die **GJAV** entsprechen den in Nr. 2 getroffenen Regelungen für den GPR. Nach Nr. 3 S. 1 wählen die in § 57 genannten Beschäftigten – also die jugendlichen Beschäftigten und diejenigen älteren Beschäftigten, die sich in einer beruflichen Ausbildung befinden und das 25. Lebensjahr noch nicht vollendet haben – in beiden Dienststellen neben den nach § 57 zu wählenden örtlichen JAV eine GJAV. Für die Wahl und Zusammensetzung, die Amtszeit und die Geschäftsführung der örtlichen JAV sowie für die Rechtsstellung ihrer Mitglieder gelten grundsätzlich die allgemeinen Vorschriften des Gesetzes. Das gilt, wie in Nr. 3 S. 4 klargestellt, auch für die GJAV. Allerdings sind nach Nr. 5 S. 3 im Ausland eingesetzte jugendliche und auszubildende Beschäftigte sowie Volontäre weder zur örtlichen JAV noch zur GJAV wählbar (vgl. Rn. 17). Die GJAV der DW ist nach Nr. 3 S. 2 i. V. m. Nr. 2 S. 3 für die Behandlung dienststellenübergreifender Angelegenheiten **zuständig** (vgl. dazu Rn. 7 f.). Ihr **Sitzort** ist nach Nr. 3 S. 3 am Sitzort des GPR (vgl. Rn. 9). Von den in Nr. 3 S. 1 bis 3 getroffenen Sonderregelungen abgesehen, sind nach S. 4 die für die GJAV maßgebenden **allgemeinen Bestimmungen** des BPersVG entsprechend anzuwenden (vgl. dazu § 64 Abs. 2 S. 2, Abs. 1 S. 2).

12 **(Nr. 4)** Nr. 4 S. 1 bestimmt, dass **Leiter der Dienststellen** der Intendant ist. Dieser ist damit der Repräsentant des Arbeitgebers, der sowohl dem PR der beiden Dienststellen als auch dem GPR gegenübersteht (vgl. Rn. 8). Nr. 4 S. 2 Hs. 1 legt darüber hinaus fest, dass der Intendant auch als **oberste Dienstbehörde** i. S. d. BPersVG gilt. Kraft seiner im DWG festgelegten Organstellung entscheidet er in all den Fällen, in denen im BPersVG den Leitern von Dienststellen, übergeordneten Dienststellen und obersten Dienstbehörden Befugnisse übertragen sind.[99] Deshalb findet nicht nur – wie in Nr. 4 S. 2 Hs. 2 ausdrücklich geregelt – § 69 Abs. 3 S. 2 keine Anwendung. Auch die übrigen Vorschriften des § 69 Abs. 3 sind nicht anwendbar. Kommt im Verfahren der Mitbestimmung zwischen einem der beiden PR oder dem GPR auf der einen Seite und dem jeweils als Leiter der Dienststelle fungierenden und als oberste Dienstbehörde geltenden Intendanten auf der anderen Seite eine Einigung nicht zustande, so entscheidet nach § 69 Abs. 4 S. 1 die nach § 71 Abs. 1 S. 1 beim Intendanten zu bildende **Einigungsstelle**, ohne dass vorher das in § 69 Abs. 3 geregelte Stufenverfahren stattfindet. Zuständige Personalvertretung i. S. d. § 69 Abs. 4 und des § 71 ist dabei entweder einer der beiden örtlichen PR oder der GPR.

13 Nach Nr. 4 S. 3 ist § 7 nicht wörtlich, sondern nur entsprechend – nämlich in einer dem Aufbau der DW Rechnung tragenden Form[100] – anzuwenden.

---

99 Vgl. BT-Drs. 13/4708, S. 36.
100 BT-Drs. 13/4708, a. a. O.

Deutsche Welle § 90

Die Regelung der entsprechenden Anwendbarkeit lässt den in § 7 S. 1 festgelegten Grundsatz, dass für die Dienststelle ihr Leiter handelt, unberührt. Sie ermöglicht jedoch Abwandlungen der in § 7 S. 2 bis 4 geregelten Fälle der **Vertretung des Dienststellenleiters**, die an die Struktur der DW angepasst sind. Der Intendant kann sich allerdings immer nur dann vertreten lassen, wenn er **verhindert** ist (vgl. dazu § 7 Rn. 2 f.).

(Nr. 5) Die die allgemeine Vorschrift des § 4 Abs. 1 modifizierenden Sondervorschriften der Nr. 5 S. 1 und 2 bestimmen für die DW den Kreis der Personen, die **Beschäftigte** i. S. d. BPersVG sind. Nach S. 1 sind dies die aufgrund eines **Arbeitsvertrags** unbefristet oder befristet angestellten Beschäftigten einschl. der zu ihrer **Berufsausbildung** Beschäftigten. Bei den Ersteren handelt es sich um Arbeitnehmer i. S. d. Arbeitsrechts (vgl. dazu § 4 Rn. 6 ff.). Zu den Letzteren gehören nicht nur Auszubildende, die zur Berufsausbildung in einem staatlichen anerkannten Ausbildungsberuf nach dem Berufsbildungsgesetz eingestellt sind,[101] sondern auch andere Personen, die außerhalb eines Arbeitsverhältnisses eingestellt sind, um berufliche Kenntnisse, Fertigkeiten oder Erfahrungen zu erwerben, insb. Anlernlinge, Volontäre und Praktikanten (vgl. dazu § 4 Rn. 13). Wie Nr. 5 S. 3 zeigt, gehören auch die in einer Einrichtung der DW **im Ausland eingesetzten Beschäftigten** zum Kreis der Beschäftigten, und zwar unabhängig davon, ob sie aus dem Inland entsandt oder als Ortskräfte im Ausland eingestellt worden sind (vgl. Rn. 16). 14

Nr. 5 S. 2 legt fest, dass die unter Buchst. a und b im Einzelnen aufgeführten Personen **nicht Beschäftigte** i. S. d. BPersVG sind. Während die unter Buchst. a genannten Personen (Intendant, Direktoren, Justitiar) **Inhaber von Leitungsfunktionen** sind, handelt es sich bei den unter Buchst. b aufgeführten **Personen in einem arbeitnehmerähnlichen Verhältnis** um solche, die in § 12a TVG (und in Übereinstimmung damit im Tarifvertrag für arbeitnehmerähnliche Personen der DW v. 6. 2. 02 i. d. F. v. 29. 6. 04) als arbeitnehmerähnliche Personen definiert werden, also Mitarbeiter der DW, die wirtschaftlich abhängig und einem Arbeitnehmer vergleichbar sozial schutzbedürftig sind und deren Tätigkeit auf einem Rechtsverhältnis beruht, das durch Dienst- oder Werkvertrag begründet worden ist. Damit wird der unter das BPersVG fallende Personenkreis der Beschäftigten, der in der allgemeinen Vorschrift des § 4 definiert ist, für den Bereich der DW nicht eingeschränkt, sondern nur klargestellt (vgl. § 4 Rn. 11). Das gilt auch für die unter Buchst. b genannten **sonstigen freien Mitarbeiter**. Darunter sind nur solche Personen zu verstehen, die unter Beachtung der Rspr. des *BVerfG*[102] und des *BAG*[103] nicht als Arbeitnehmer anzusehen sind. Anders kann es aber bei den ebenfalls unter Buchst. b 15

---
101 Vgl. BT-Drs. 13/4708, S. 36.
102 Vgl. Beschl. v. 13. 1. 82 – 1 BvR 848/77 u. a. –, AP GG Art. 5 Abs. 1 Rundfunkfreiheit Nr. 1.
103 Vgl. Urt. v. 13. 1. 83 – 5 AZR 149/82 –, AP BGB § 611 Abhängigkeit Nr. 42.

§ 90 Deutsche Welle

aufgeführten **Personen, die auf Produktionsdauer beschäftigt sind**, sein. Sie können aufgrund eines Werkvertrages oder eines Arbeitsvertrages beschäftigt sein. Mitarbeiter im Arbeitsverhältnis sind aber nur dann nach Buchst. b aus dem Kreis der Beschäftigten ausgenommen, wenn sie aufgrund der Rspr. des *BAG*[104] lediglich für die Dauer einer bestimmten Produktion bei der DW beschäftigt sind und wenn deshalb der Manteltarifvertrag für die bei der DW beschäftigten Arbeitnehmer auf sie nicht anzuwenden ist.[105]

16 Die Bundesregierung hat im Gesetzgebungsverfahren die Auffassung vertreten, bereits aus § 91 Abs. 1 Nr. 1 ergebe sich, dass **Ortskräfte**, die in einer Einrichtung der DW im Ausland eingesetzt sind, nicht Beschäftigte i. S. d. BPersVG seien.[106] Dieser Ansicht steht aber entgegen, dass die in § 91 festgelegten Abweichungen von den allgemeinen Vorschriften des Gesetzes nur für solche Einrichtungen des Bundes im Ausland gelten, die Dienststellen im personalvertretungsrechtlichen Sinne sind (vgl. § 91 Rn. 1). Diese Eigenschaft fehlt den im Ausland liegenden Einrichtungen der DW, weil sie nach Nr. 1 S. 3 entweder der Dienststelle in Bonn oder der in Berlin zugeteilt werden (vgl. Rn. 3). Ebenso wie die dorthin entsandten Arbeitnehmer gehören deshalb auch die in den Einrichtungen der DW im Ausland tätigen Ortskräfte zu den Beschäftigten im personalvertretungsrechtlichen Sinne.[107]

17 Die die allgemeinen Vorschriften der §§ 14 und 15 ergänzende Sonderregelung in Nr. 5 S. 3 nimmt bestimmte Beschäftigte von der **Wählbarkeit** zum PR und GPR aus. Dabei handelt es sich zum einen um in einer Einrichtung der DW **im Ausland eingesetzte Beschäftigte**, weil der Gesetzgeber ihre Mitgliedschaft in einer Personalvertretung im Inland als nicht praktikabel angesehen hat.[108] Zum anderen handelt es sich um **Volontäre**, bei denen der Gesetzgeber den Ausschluss der Wählbarkeit aufgrund ihrer kurzen Beschäftigungsdauer von 12 oder 18 Monaten für gerechtfertigt gehalten hat (ebd.).

18 (Nr. 6) Nr. 6 wandelt die für die Zahlung von Reisekostenvergütungen an Mitglieder des PR geltende allgemeine Vorschrift des § 44 Abs. 1 S. 2 dadurch ab, dass die Bezugnahme auf das Bundesreisekostengesetz (BRKG) durch die Verweisung auf die **Reisekostenordnung** der DW ersetzt wird. Bei der Erstattung von Reisekosten sind die Mitglieder der Personalvertretungen weder schlechter noch besser zu behandeln als die von ihnen vertretenen Beschäftigten.

19 (Nr. 7) Durch die in Nr. 7 enthaltenen Vorschriften wird die **Mitbestimmung in Personalangelegenheiten** bestimmter Beschäftigter der DW

---

104 Vgl. Urt. v. 13. 1. 83 – 5 AZR 156/82 –, AP BGB § 611 Abhängigkeit Nr. 43.
105 Vgl. auch BT-Drs. 13/4708, S. 36.
106 BT-Drs. 13/4708, a. a. O.
107 Vgl. KfdP-*Altvater*, Rn. 17 m. N.
108 BT-Drs. 13/4708, S. 36.

ausgeschlossen oder eingeschränkt. Es handelt sich dabei um Spezialvorschriften, die zum einen den in § 77 Abs. 1 enthaltenen allgemeinen Vorschriften vorgehen und zum anderen an die Stelle des früheren, durch Art. 2 § 1 Nr. 1 Auslandsrundfunkgesetz **aufgehobenen § 69 Abs. 4 S. 5** getreten sind. Letzterer lautet:

»Soweit es sich in den Fällen des § 75 Abs. 1 um Angelegenheiten der an der Programmgestaltung maßgeblich mitwirkenden Beschäftigten der Rundfunkanstalten des Bundesrechts handelt, gelten die Sätze 3 und 4 entsprechend.«

Danach hatte in den nach § 75 Abs. 1 mitbestimmungspflichtigen Angelegenheiten der in § 69 Abs. 4 S. 5 a. F. genannten Beschäftigten die Einigungsstelle, wenn sie sich nicht der Auffassung der obersten Dienstbehörde anschloss, eine Empfehlung zu beschließen, über welche die oberste Dienstbehörde sodann endgültig zu entscheiden hatte. Die in § 69 Abs. 4 S. 5 a. F. getroffene Regelung – die für den MDR weiterhin entsprechend anzuwenden ist (vgl. Rn. 23 f., 28) – ist mit erweitertem Inhalt nunmehr in Nr. 7 Buchst. c S. 2 enthalten.

Nach der anstelle der allgemeinen Regelung des § 77 Abs. 1 S. 2 geltenden Spezialregelung der **Nr. 7 Buchst. a** wird der PR in den an sich der Mitbestimmung unterliegenden Fällen des § 75 Abs. 1 (Personalangelegenheiten) und Abs. 3 Nr. 14 (Absehen von der Ausschreibung von zu besetzenden Dienstposten) **nicht beteiligt**, soweit es sich dabei um Beschäftigte handelt, deren Vergütung sich entweder nach der **Vergütungsgruppe I** des Vergütungstarifvertrags der DW bemisst oder **über der höchsten Vergütungsgruppe** liegt. Maßgeblich ist insoweit der zum Zeitpunkt des Inkrafttretens des § 90 BPersVG n. F. am 24.12.97 (vgl. Rn. 1) geltende Vergütungstarifvertrag v. 23.12.64 (mit Änderungen durch die Tarifvereinbarungen v. 21.1.85 u. v. 3.2.86). Das ergibt sich daraus, dass die Verweisung in § 90 Nr. 7 Buchst. a als statische Verweisung auszulegen ist, weil nur bei dieser Auslegung der Bundesgesetzgeber als Gesetzgeber der Verweisungsnorm den Inhalt der in Bezug genommenen Norm kennen und sich zu eigen machen konnte.[109] Der Vergütungsgruppe I sind nach dem genannten Vergütungstarifvertrag der DW Abteilungsleiter besonders hervorgehobener Abteilungen (auch Leiter von Zonenredaktionen), Leitende Redakteure und Oberingenieure zugeordnet.[110]

Nach **Nr. 7 Buchst. b** ist die Mitbestimmung des PR in den Fällen des § 75 Abs. 1 **zur Mitwirkung herabgestuft**, soweit es sich um im Programmbereich Beschäftigte der Vergütungsgruppe II des Vergütungstarifvertrags der DW handelt (wobei auch hier aufgrund statischer Verweisung der am 24.12.97 geltende Vergütungstarifvertrag gemeint ist).[111] Danach sind in die **Vergütungsgruppe II** folgende Arbeitnehmer eingruppiert:

---

109 So zu Recht *Birgit Brandt*, Tendenzschutz in öffentlich-rechtlichen Rundfunkanstalten, 2008, S. 106 f.
110 Vgl. KfdP-*Altvater*, Rn. 24.
111 Vgl. *Brandt*, a. a. O., S. 133.

§ 90 Deutsche Welle

Abteilungsleiter, Erste Redakteure, Leiter der Sprachdienste in den Zonenredaktionen, Herstellungsleiter, Betriebsingenieure, Erste Architekten, Erste wissenschaftliche Mitarbeiter sowie Dienstleiter Nachrichten. Die in Vergütungsgruppe II eingruppierten Arbeitnehmer sind nach der (auf § 90 BPersVG n. F. bezogenen) Begründung des einschlägigen Gesetzentwurfs der Bundesregierung dann als **im Programmbereich Beschäftigte** anzusehen, wenn sie mit programmgestaltenden Aufgaben beschäftigt sind.[112] Nach dem Gesetzeswortlaut kommt es aber nicht auf den (programmgestaltenden) Inhalt der jeweils auszuübenden Tätigkeit an, entscheidend ist vielmehr die Zugehörigkeit zu Organisationseinheiten, denen die Programmgestaltung obliegt.[113] Dazu gehören z. B. nicht die Direktion Distribution und die Verwaltungsdirektion mit ihren jeweiligen Untergliederungen. Hat die Personalvertretung in den in § 75 Abs. 1 aufgeführten Personalangelegenheiten lediglich mitzuwirken, richtet sich das Verfahren der Mitwirkung nach § 72, wobei sie nicht an den Versagungskatalog des § 77 Abs. 2 gebunden ist, sondern Einwendungen jeglicher Art erheben kann.

22 Nach **Nr. 7 Buchst. c** S. 1 findet in den Fällen des § 75 Abs. 1 die **Mitbestimmung nur auf Antrag** der Betroffenen statt, soweit es sich um Beschäftigte mit überwiegend wissenschaftlicher oder künstlerischer Tätigkeit handelt oder um Beschäftigte, die maßgeblich an der Programmgestaltung beteiligt sind. Darüber hinaus ist diese antragsabhängige Mitbestimmung nach S. 2 zur **eingeschränkten Mitbestimmung** herabgestuft. Zu dem von Nr. 7 Buchst. c erfassten Personenkreis gehören nur Beschäftigte, die nicht bereits unter Nr. 7 Buchst. a oder b fallen. Der Begriff der Beschäftigten mit **überwiegend wissenschaftlicher oder künstlerischer Tätigkeit** ist der gleiche wie in § 77 Abs. 1 S. 1 (vgl. dazu § 77 Rn. 6). **Maßgeblich an der Programmgestaltung beteiligte Beschäftigte** sind nur jene, die wesentlichen und unmittelbaren Einfluss auf den Inhalt der Sendungen haben. Ob diese Voraussetzung vorliegt, lässt sich nicht generell, sondern nur im Einzelfall nach den jeweils tatsächlich wahrgenommenen Aufgaben beantworten. Beabsichtigt der Intendant eine Personalmaßnahme, die einen Beschäftigten i. S. v. Nr. 7 Buchst. c betrifft, hat er den Betroffenen rechtzeitig darüber zu **unterrichten** und ihn auf sein Antragsrecht aufmerksam zu machen. Hat bei einer Personalmaßnahme, der eine Auswahl unter **mehreren Bewerbern** zugrunde liegt, nur ein Bewerber die Mitbestimmung beantragt, beschränkt sich die Beteiligung auf diese Person (vgl. auch § 77 Rn. 7). Hat der betroffene Beschäftigte die Mitbestimmung beantragt, richtet sich das weitere **Verfahren** grundsätzlich nach § 69 und § 77 Abs. 2. Kommt zwischen Dienststelle und PR eine Einigung nicht zustande, kann nach § 69 Abs. 4 die **Einigungsstelle** angerufen werden. Diese stellt nach § 69 Abs. 4 S. 1 Hs. 2 fest, ob ein

---

112 Vgl. BT-Drs. 13/4708, S. 36.
113 Str.; vgl. KfdP-*Altvater*, Rn. 25 m. N.

Staatsverträge über MDR, NDR, DRadio und RBB § 90

Grund zur Verweigerung der Zustimmung vorliegt. Schließt sie sich dabei nicht der Auffassung des Intendanten an, hat nach § 69 Abs. 4 S. 3 und 4 ihr Beschluss den Charakter einer **Empfehlung**, über die der Intendant endgültig entscheidet.

Kraft staatsvertraglicher Vereinbarung findet das BPersVG auch auf folgende **von den Ländern getragene Einrichtungen des Rundfunks** entsprechende Anwendung: den Mitteldeutschen Rundfunk (**MDR**), den Norddeutschen Rundfunk (**NDR**), das Deutschlandradio (**DRadio**) und den Rundfunk Berlin-Brandenburg (**RBB**). Die Staatsverträge enthalten z. T. Bestimmungen, die das BPersVG modifizieren. Für den MDR, den NDR und das DRadio gelten **abweichende Regelungen** über die Bestellung des Vorsitzenden der Einigungsstelle (vgl. dazu § 71 Rn. 12), für den RBB ist vereinbart, dass sich das Recht des PR zur Mitbestimmung auch auf den Fall der ordentlichen Kündigung erstreckt und dass die Dienststelle i. S. d. PersVR Berlin ist (vgl. dazu Rn. 29). Abgesehen davon gelten die Sondervorschriften des § 90 entsprechend für den RBB sowie (aufgrund geänderter staatsvertraglicher Vereinbarungen) inzwischen auch für den NDR und das DRadio, nicht aber für den MDR (näher dazu Rn. 24–28).

23

Für die von den Ländern Sachsen, Sachsen-Anhalt und Thüringen errichtete gemeinnützige rechtsfähige Anstalt des öffentlichen Rechts »**Mitteldeutscher Rundfunk**« (MDR) bestimmt § 38 des **Staatsvertrags v. 30. 5. 91**,[114] dass für den MDR das BPersVG v. 15. 3. 74 und die dazu ergangenen Rechtsverordnungen der Bundesregierung in den zum Zeitpunkt des Inkrafttretens des Staatsvertrags geltenden Fassungen nach Maßgabe der für die Rundfunkanstalten des Bundes geltenden Vorschriften entsprechende Anwendung finden. Diese ihrem Wortlaut nach eindeutig **statische Verweisung** bezieht sich auf die **am 30. 5. 91 geltenden Rechtsvorschriften des BPersVR**, nämlich auf das BPersVG in seiner zuletzt durch das Gesetz v. 16. 1. 91[115] geänderten Fassung, auf die BPersVWO in ihrer zuletzt durch die Verordnung v. 25. 10. 89[116] geänderten Fassung und auf die Verordnung über die Höhe der Aufwandsentschädigung für vom Dienst freigestellte Personalvertretungsmitglieder in ihrer ursprünglichen Fassung v. 18. 7. 74.[117]

24

Für die von den Ländern Hamburg, Mecklenburg-Vorpommern, Niedersachsen und Schleswig-Holstein getragene gemeinnützige Anstalt des öffentlichen Rechts »**Norddeutscher Rundfunk**« (NDR) bestimmt der die Personalvertretung betreffende § 39 des **Staatsvertrags v. 17./18. 12. 91**[118] in seinem Abs. 1 S. 1: »*Für den NDR finden das Bundespersonalvertretungsgesetz*

25

---

114 U. a. GVBl. Thür. 1991 S. 118 u. 617.
115 BGBl. I S. 47.
116 BGBl. I S. 1921.
117 BGBl. I S. 1499.
118 U. a. Nds. GVBl. 1992 S. 41 u. 94.

§ 90 Staatsverträge über MDR, NDR, DRadio und RBB

und die dazu ergangenen Rechtsverordnungen nach Maßgabe der für die Rundfunkanstalten des Bundesrechts geltenden Vorschriften entsprechende Anwendung.« Dem Wortlaut dieser Bestimmung lässt sich nicht eindeutig entnehmen, ob die in Bezug genommenen Vorschriften in ihrer zum Zeitpunkt des Abschlusses oder Inkrafttretens des Staatsvertrags geltenden oder in ihrer jeweils aktuellen Fassung entsprechend angewandt werden sollen. Da aber die Verweisungsnorm dem Landesrecht und die Bezugsnorm dem Bundesrecht zuzuordnen ist, läge in einer dynamischen Verweisung eine versteckte Verlagerung von Gesetzgebungskompetenzen der Länder auf den Bund, die gegen die zwingend vorgegebene bundesstaatliche Kompetenzverteilung verstieße und deshalb verfassungsrechtlich unzulässig wäre. Dynamische Verweisungen auf die Normen eines anderen Gesetzgebers sind deshalb grundsätzlich verfassungskonform als statische Verweisungen auszulegen.[119] Daraus folgt, dass § 39 Abs. 1 S. 1 NDR-StV eine **statische Verweisung** enthält, die zunächst die gleichen Fassungen des BPersVG und der dazu ergangenen Rechtsverordnungen in Bezug nahm wie die für den MDR geltende Verweisung (vgl. Rn. 24).[120] Inzwischen ist allerdings § 39 NDR-StV durch den **am 1./2.5.05 unterzeichneten Änderungsstaatsvertrag**[121] geändert worden. Dabei ist der eine eigenständige Regelung des PersVR für den NDR ankündigende ursprüngliche § 39 Abs. 3 gestrichen, die Verweisungsnorm des § 39 Abs. 1 S. 1 NDR-StV aber unverändert beibehalten worden. Daraus folgt, dass nunmehr die **am 1.5.05 geltenden Rechtsvorschriften des BPersVR** in Bezug genommen werden. Das sind das BPersVG in seiner zuletzt durch das Gesetz v. 4.11.04[122] geänderten Fassung, die BPersVWO i.d.F. v. 1.12.94,[123] zuletzt geändert durch Gesetz v. 16.12.97,[124] und die Verordnung über die Höhe der Aufwandsentschädigung für vom Dienst freigestellte Personalvertretungsmitglieder v. 18.7.74,[125] geändert durch Gesetz v. 3.12.01.[126] Seit dem Inkrafttreten des Änderungsvertrages am 1.8.05 ist damit auch für den NDR der für die DW geltende § 90 BPersVG entsprechend anzuwenden.[127]

26 Für die von den Ländern errichtete gemeinnützige Körperschaft des öffentlichen Rechts »**Deutschlandradio**« (DRadio) bestimmt der das PersVR betreffende § 33 Abs. 2 des **Staatsvertrags v. 17.6.93**[128] in seinem S. 1, dass für die Körperschaft *»das Bundespersonalvertretungsgesetz und die dazu ergangenen Rechtsverordnungen in ihrer jeweils geltenden Fassung entsprechend*

---

119 Vgl. *BVerfG* v. 1.3.78 – 1 BvR 786/70 u.a. –, BVerfGE 48, 240.
120 Str.; näher dazu KfdP-*Altvater*, Rn. 33 m.w.N.
121 U.a. Nds. GVBl. S. 203.
122 BGBl. I S. 2686.
123 BGBl. I S. 3653.
124 BGBl. I S. 3094.
125 BGBl. I S. 1499.
126 BGBl. I S. 3306.
127 So auch *Brandt*, a.a.O., S. 33ff.
128 U.a. BremGBl. 1993 S. 389 u. 1994 S. 53.

Staatsverträge über MDR, NDR, DRadio und RBB § 90

anwendbar« sind. Ihrem Wortlaut nach enthält diese Bestimmung eindeutig eine **dynamische Verweisung** auf die jeweils aktuellen Texte des BPersVG und der dazu ergangenen Rechtsverordnungen. Wie bereits dargelegt (vgl. Rn. 25), ist eine derartige Verweisung mit dem Grundgesetz aber nicht vereinbar.[129] Trotz der eindeutigen Fassung der Bestimmung des § 33 Abs. 2 S. 1 DRadio-StV erscheint es zulässig, sie **verfassungskonform als statische Verweisung auszulegen**, weil nur dadurch in den Grenzen der Verfassung das Maximum dessen aufrechtzuerhalten ist, was die Bundesländer mit der Vereinbarung dieser Bestimmung gewollt haben. Die prinzipielle Zielsetzung der Bundesländer, die regelungsbedürftige Frage des anzuwendenden PersVG durch eine Analogieverweisung auf das BPersVG und die dazu ergangenen Rechtsverordnungen zu beantworten, wird nämlich auch dann gewahrt, wenn die in Bezug genommenen Vorschriften nicht in ihrer jeweiligen, sondern in der zum Zeitpunkt des Abschlusses der Staatsverträge geltenden Fassung entsprechend anzuwenden sind. Die verfassungskonforme Auslegung des § 33 Abs. 2 S. 1 DRadio-StV als statische Verweisung führte zunächst dazu, dass beim Deutschlandradio die gleichen Fassungen des BPersVG und der dazu ergangenen Rechtsverordnungen entsprechend galten wie beim MDR und (zunächst) beim NDR (vgl. Rn. 24 f.). Inzwischen ist allerdings § 33 Abs. 2 S. 1 DRadio-StV durch den in der Zeit vom **8. bis 15.10.04 unterzeichneten Achten Rundfunkänderungsstaatsvertrag** (hier: 8. Rundfunk-ÄndStV)[130] zum 1.4.05 in der Weise geändert worden, dass hinter dem Wort *»Fassung«* die Worte *»nach Maßgabe der für die Deutsche Welle geltenden Vorschriften«* eingefügt worden sind. Damit wird klargestellt, dass für die Personalvertretung beim DRadio *»die rundfunkspezifischen Bestimmungen angewandt werden (sollen), die auch für die Deutsche Welle als Rundfunkanstalt des Bundesrechts gelten«*.[131] Nach dieser Änderung ist § 33 Abs. 2 S. 1 DRadio-StV als statische Verweisung auf die am Tag der (ersten) Unterzeichnung des 8. Rundfunk-ÄndStV, d.h. **auf die am 8.10.04 geltenden Fassungen des BPersVG und der dazu ergangenen Rechtsverordnungen** zu interpretieren. Das sind das BPersVG in seiner zuletzt durch das Gesetz v. 23.12.03[132] geänderten Fassung, die BPersVWO i.d.F. v. 1.12.94,[133] zuletzt geändert durch Gesetz v. 16.12.97,[134] und die Verordnung über die Höhe der Aufwandsentschädigung für vom Dienst freigestellte Personalvertretungsmitglieder v. 18.7.74,[135] geändert durch Gesetz v. 3.12.01.[136] Damit ist seit dem Inkrafttreten des 8. Rundfunk-ÄndStV am

---

129 Str.; vgl. hierzu u. zum Folgenden KfdP-*Altvater*, Rn. 34 f. m.w.N.
130 U.a. GBl. BW 2005 S. 189 u. 404.
131 LT-Drs. BW 13/3784, S. 35 [zu Art. 4 Nr. 8].
132 BGBl. I S. 2848.
133 BGBl. I S. 3653.
134 BGBl. I S. 3094.
135 BGBl. I S. 1499.
136 BGBl. I S. 3306.

§ 90 Staatsverträge über MDR, NDR, DRadio und RBB

1.4.05 auch für das DRadio der für die DW geltende § 90 BPersVG entsprechend anwendbar.[137]

27 Für den »**Rundfunk Berlin-Brandenburg**« (RBB) bestimmt § 34 Abs. 1 S. 1 des **Staatsvertrags** über die Errichtung einer gemeinsamen Rundfunkanstalt der Länder Berlin und Brandenburg v. **25.6.02**:[138] *»Für den Rundfunk Berlin-Brandenburg finden das Bundespersonalvertretungsgesetz und die dazu erlassenen Rechtsverordnungen nach Maßgabe der für die Rundfunkanstalt des Bundesrechts Deutsche Welle geltenden Vorschriften entsprechende Anwendung.«* Obwohl dies im Wortlaut der Bestimmung nicht zum Ausdruck kommt, ist diese aus den gleichen Erwägungen, die für den NDR gelten (vgl. Rn. 25), so zu verstehen, dass es sich bei ihr um eine **statische Verweisung** auf die zum Zeitpunkt des Abschlusses des RBB-StV **am 25.6.02 geltenden Fassungen des BPersVG und der dazu ergangenen Rechtsverordnungen** handelt.[139] Das sind das BPersVG in seiner zuletzt durch das Gesetz v. 9.7.01[140] geänderten Fassung, die BPersVWO i.d.F. v. 1.12.94,[141] zuletzt geändert durch Gesetz v. 16.12.97,[142] und die Verordnung über die Höhe der Aufwandsentschädigung für vom Dienst freigestellte Personalvertretungsmitglieder v. 18.7.74,[143] geändert durch Gesetz v. 3.12.01.[144] Die Verweisung auf das BPersVG erstreckt sich damit auch auf die am 25.6.02 geltende Fassung seines § 90 mit den Sondervorschriften für die DW.

28 Nach gegenwärtigem Stand ist für den **MDR** aufgrund der statischen Verweisung in dem für ihn maßgeblichen Staatsvertrag das BPersVG in seiner zuletzt durch das Gesetz v. 16.1.91 (BGBl. I S. 47) geänderten Fassung entsprechend anzuwenden (vgl. Rn. 24). Damit kann für den MDR der erst durch Art. 2 § 1 Nr. 2 des Auslandsrundfunkgesetzes eingeführte **§ 90 BPersVG nicht entsprechend** angewendet werden. Da durch statische Verweisungen auch außer Kraft getretene Rechtsvorschriften in Bezug genommen werden können, ist für den MDR vielmehr der durch Art. 2 § 1 Nr. 1 des Auslandsrundfunkgesetzes aufgehobene **§ 69 Abs. 4 S. 5** weiterhin entsprechend anwendbar (vgl. dazu Rn. 19).

29 Dagegen ist aufgrund der geänderten Staatsverträge nicht nur für den **RBB**, sondern inzwischen auch für den **NDR** und das **DRadio** der für die DW unmittelbar geltende **§ 90 entsprechend anwendbar** (vgl. Rn. 25–27). Da die dafür maßgeblichen Bestimmungen in den einschlägigen Staats-

---

137 Im Wesentlichen übereinstimmend *Brandt*, a.a.O., S. 37f., mit der Abweichung, dass dort auf das Inkrafttreten des 8. Rundfunk-ÄndStV abgestellt wird, was zur Folge hat, dass damit auf das BPersVG in seiner zuletzt durch das Gesetz v. 4.11.04 (BGBl. I S. 2686) geänderten Fassung verwiesen wird.
138 U.a. GVBl. Bln 2002 S. 331 u. 2003 S. 222.
139 Str.; vgl. KfdP-*Altvater*, Rn. 35 m.w.N.
140 BGBl. I S. 1510.
141 BGBl. I S. 3653.
142 BGBl. I S. 3094.
143 BGBl. I S. 1499.
144 BGBl. I S. 3306.

verträgen jeweils eine **Analogieverweisung** enthalten, muss allerdings im Hinblick auf die Strukturen von RBB, NDR und DRadio bei allen in § 90 Nr. 1 bis 7 enthaltenen Vorschriften geprüft werden, ob und ggf. mit welchen Abwandlungen sie für diese Rundfunkeinrichtungen anzuwenden sind. Das gilt sowohl für die Beschreibungen der Tatbestände als auch für die festgelegten Rechtsfolgen. Für den **RBB** gelten z. B. **Besonderheiten** bei der entsprechenden Anwendung der Regelungen über die **Bildung der Personalvertretungen**. In § 34 Abs. 2 RBB-StV heißt es: »*Dienststelle im Sinne des Personalvertretungsrechts ist Berlin.*« Diese Bestimmung dürfte so zu verstehen sein, dass alle Einrichtungen des RBB eine **einzige Dienststelle** i. S. d. PersVR bilden und dass der bei ihr zu errichtende PR seinen **Sitz in Berlin** hat. Andererseits dürfte jedoch, anders als § 90 Nr. 1 S. 4 dies für die DW bestimmt, § 6 Abs. 3 für den RBB entsprechend anwendbar sein mit der Folge, dass ggf. nach § 55 neben den einzelnen örtlichen PR – z. B. bei einer verselbständigten Dienststelle in Potsdam und bei der Hauptdienststelle in Berlin – ein GPR zu bilden wäre.[145] Eine weitere Besonderheit ergibt sich für den RBB aus § 34 Abs. 1 S. 2 RBB-StV, der wie folgt lautet: »*Abweichend von den §§ 75 und 77 Bundespersonalvertretungsgesetz erstreckt sich das Recht des Personalrats zur Mitbestimmung auch auf den Fall der ordentlichen Kündigung.*« Damit soll offenbar die im BlnPersVG (bei Vertragsschluss in § 87 Nr. 9, inzwischen in § 87 Nr. 8) und im PersVG Bbg (in § 63 Abs. 1 Nr. 17) vorgesehene, bisher dem PR des SFB bzw. des ORB zustehende **Mitbestimmung bei der ordentlichen Kündigung** für den PR des RBB beibehalten werden.[146] Dabei richtet sich das Verfahren der Mitbestimmung nach § 69, wobei im Hinblick auf den Beschl. des *BVerfG* v. 20. 7. 01[147] zur verfassungskonformen Auslegung des § 63 Abs. 1 Nr. 17 PersVG Bbg und zur daran anknüpfenden neueren Rspr. des *BVerwG* jedoch trotz des abweichenden Wortlauts des § 69 Abs. 4 S. 3 nur eine eingeschränkte Mitbestimmung in Betracht kommen dürfte (vgl. dazu § 69 Rn. 40 u. § 71 Rn. 26).

§ 91 [Dienststellen des Bundes im Ausland]

(1) Für Dienststellen des Bundes im Ausland gilt dieses Gesetz mit folgenden Abweichungen:

1. **Ortskräfte sind nicht Beschäftigte im Sinne des § 4.**

2. **Die Beschäftigten sind nicht in eine Stufenvertretung oder in einen Gesamtpersonalrat bei einer Dienststelle im Inland wählbar.**

3. ¹**Die nach § 13 wahlberechtigten Beschäftigten im Geschäftsbereich des Auswärtigen Amtes im Ausland ohne die Dienst-**

---

145 Str.; vgl. KfdP-*Altvater*, Rn. 37 a m. N.
146 Vgl. *BAG* v. 27. 10. 05 – 6 AZR 27/05 –, NZA 06, 808 Os.
147 2 BvL 8/00, PersR 02, 198.

§ 91 Dienststellen des Bundes im Ausland

stellen des Deutschen Archäologischen Instituts sind außer zur Wahl des Personalrates ihrer Dienststelle auch zur Wahl des Personalrates des Auswärtigen Amtes wahlberechtigt, jedoch nicht wählbar. ²Zur Wahl des Hauptpersonalrates des Auswärtigen Amtes sind sie nicht wahlberechtigt. ³Soweit eine Stufenvertretung zuständig wäre, ist an ihrer Stelle der Personalrat des Auswärtigen Amtes zu beteiligen. ⁴§ 47 Abs. 2 gilt nicht für die nach Satz 1 zur Wahl des Personalrates des Auswärtigen Amtes wahlberechtigten Beschäftigten.

4. § 47 Abs. 2 gilt für Mitglieder von Personalräten im Geschäftsbereich des Bundesministeriums der Verteidigung im Ausland nur für die Dauer einer regelmäßigen Amtszeit in dem durch § 26 festgelegten Umfang.

5. Für gerichtliche Entscheidungen nach § 83 ist das Verwaltungsgericht zuständig, in dessen Bezirk die oberste Dienstbehörde ihren Sitz hat.

(2) ¹In Dienststellen des Bundes im Ausland, in denen in der Regel mindestens fünf Ortskräfte (Absatz 1 Nr. 1) beschäftigt sind, wählen diese einen Vertrauensmann und höchstens zwei Stellvertreter. ²Gewählt wird durch Handaufheben; widerspricht ein Wahlberechtigter diesem Verfahren, so wird eine geheime Wahl mit Stimmzetteln vorgenommen. ³§ 24 Abs. 1 Satz 1 und 2, Abs. 2 gilt entsprechend. ⁴Die Amtszeit des Vertrauensmannes und seiner Stellvertreter beträgt zwei Jahre; im übrigen gilt § 29 Abs. 1 sinngemäß. ⁵§ 31 ist mit der Maßgabe anzuwenden, daß eine Neuwahl stattfindet, wenn nach Eintreten der Stellvertreter kein Vertrauensmann mehr vorhanden ist. ⁶Der Vertrauensmann nimmt Anregungen, Anträge und Beschwerden der Ortskräfte in innerdienstlichen, sozialen und persönlichen Angelegenheiten entgegen und vertritt sie gegenüber dem Dienststellenleiter und dem Personalrat. ⁷Vor der Beschlußfassung in Angelegenheiten, die die besonderen Interessen der Ortskräfte wesentlich berühren, hat der Personalrat dem Vertrauensmann Gelegenheit zur Äußerung zu geben. ⁸Für den Vertrauensmann gelten die §§ 43 bis 45, 46 Abs. 1, 2, 3 Satz 1 und § 67 Abs. 1 Satz 3 sinngemäß.

1 (Abs. 1) **Dienststellen des Bundes im Ausland** sind solche Verwaltungen und Betriebe des Bundes oder einer bundesunmittelbaren Körperschaft, Anstalt oder Stiftung des öffentlichen Rechts, die ihren Sitz im Ausland haben, die deutsches Personal beschäftigen und für die deutsches Organisationsrecht gilt. Für den Dienststellenbegriff gelten die allgemeinen Vorschriften des § 6. Nur diejenigen im Ausland gelegenen organisatorischen Einheiten des Bundes oder einer bundesunmittelbaren juristischen Person des öffentlichen Rechts, die nach Aufgabenbereich und Organisation selbständig sind, werden als Dienststellen betrachtet. So ist z. B. ein auf ausländischem Staatsgebiet liegendes Zollamt keine Auslandsdienststelle i. S. d. BPersVG, sondern bildet mit dem ihm vorgeordneten, im Inland gelegenen Hauptzollamt eine einheitliche (Inlands-)Dienststelle.[148] Jedoch sind die deutschen Auslandsvertretungen Dienststellen i. S. d. BPersVG, obwohl sie nach § 2 des Gesetzes über den Auswärtigen Dienst (GAD) v. 30. 8. 90[149] – zuletzt geändert durch Art. 5 des Gesetzes v. 14. 11. 11[150] – zusammen mit dem Auswärtigen Amt (Zentrale) eine einheitliche Bundesbehörde unter Leitung des Bundesministers des Auswärtigen bilden (vgl. Nr. 3 S. 1).

(Abs. 1 Nr. 1) Ortskräfte sind grundsätzlich nicht Beschäftigte i. S. d. § 4. Zu den Ortskräften rechnen unabhängig von ihrer Staatsangehörigkeit alle diejenigen Personen, die nicht von einer Dienststelle im Inland entsandt, sondern von einer Auslandsdienststelle an Ort und Stelle eingestellt worden sind.[151] Den Ortskräften stehen die **Rechte und Befugnisse** nicht zu, die das Gesetz ausdrücklich den Beschäftigten zuweist. Sie sind **zum PR weder wahlberechtigt noch wählbar** (vgl. § 13 Abs. 1 S. 1 u. § 14 Abs. 1) und haben auch **kein Recht zur Teilnahme an der Personalversammlung** (§ 48 Abs. 1). Bei der Anwendung von **Vorschriften** des Gesetzes, **die ausdrücklich an die Beschäftigteneigenschaft anknüpfen**, müssen die Ortskräfte außer Betracht bleiben (§§ 16, 17 u. 46 Abs. 4). Obwohl Abs. 2 eine Sondervertretung der Ortskräfte (Vertrauensmann) mit allerdings nur begrenzten Befugnissen vorsieht und der Wortlaut der gesetzlichen Regelungen dies nicht klar erkennen lässt, ist aus ihrer Entstehungsgeschichte doch ableitbar, dass die – wenn auch nur von den entsandten Kräften gewählten – **Personalvertretungen** auch die Interessen der Ortskräfte gegenüber den jeweiligen Dienststellenleitern zu vertreten haben und in den nach den §§ 75 ff. beteiligungspflichtigen Angelegenheiten der Ortskräfte **förmlich zu beteiligen** sind.[152]

(Abs. 1 Nr. 2) Die Beschäftigten von Auslandsdienststellen – nicht jedoch die Beschäftigten ihrer im Inland gelegenen Nebenstellen – sind nicht in eine **Stufenvertretung** (BPR oder HPR) oder in einen **GPR** bei einer Dienststelle im Inland wählbar. Ihre Wählbarkeit beschränkt sich auf die Personalvertretungen bei Dienststellen im Ausland. Diese Einschränkung gilt aber nicht für Beschäftigte von nicht nach § 6 Abs. 3 verselbständigten, im Ausland gelegenen Nebenstellen oder Teilen von Dienststellen, die ihren Sitz im Inland haben.

---

148 *BVerwG* v. 23. 1. 59 – VII P 6.58 –, AP PersVG § 97 Nr. 1.
149 BGBl. I S. 1842.
150 BGBl. I S. 2219.
151 Zur nicht unbedenklichen Unterscheidung zwischen den deutschen entsandten Beschäftigten und den deutschen Ortskräften vgl. *VG Köln* v. 22. 9. 76 – PVB 11/74 –, n. v.; *LAG Köln* v. 14. 9. 95 – 10 Sa 509/95 –, PersR 96, 248; *BAG* v. 21. 11. 96 – 2 AZR 832/95 –, PersR 97, 175.
152 Str.; a. A. *LAG Köln* v. 14. 9. 95 u. *BAG* v. 21. 11. 96, jew. a. a. O.; vgl. KfdP-*Altvater*, Rn. 15–17.

§ 91 Dienststellen des Bundes im Ausland

4 (Abs. 1 Nr. 3) Mit Rücksicht darauf, dass die Auslandsvertretungen zusammen mit dem Auswärtigen Amt (AA) eine einheitliche Bundesbehörde bilden (vgl. Rn. 1), trifft Nr. 3 **Sonderregelungen für den Geschäftsbereich des AA**. Nach Nr. 3 S. 1 sind die wahlberechtigten Beschäftigten im Geschäftsbereich des AA – mit Ausnahme der Beschäftigten des Deutschen Archäologischen Instituts (DAI) – nicht nur zur Wahl des PR ihrer Auslandsdienststelle, sondern auch zur **Wahl des PR des AA** wahlberechtigt. Jedoch sind sie nicht zum PR des AA wählbar. Daraus folgt für die Bemessung der Größe des PR des AA und für die Verteilung der PR-Sitze auf die Gruppen, dass neben den Beschäftigten der Zentrale des AA auch die Beschäftigten der Auslandsvertretungen, nicht hingegen die Ortskräfte mitzuzählen sind. Die wahlberechtigten Beschäftigten der Auslandsvertretungen sind aber nach Nr. 3 S. 2 zur **Wahl des HPR des AA** weder wahlberechtigt noch wählbar. Wahlberechtigt zum HPR des AA sind nur die Beschäftigten der Zentrale des AA und die Beschäftigten des DAI. Wählbar sind die Beschäftigten der Zentrale des AA sowie die Beschäftigten der im Inland gelegenen Einrichtungen des DAI (Zentrale, Abteilungen und Kommissionen) und seiner im Ausland gelegenen, nicht verselbständigten Außenstellen.

5 Die **Beschäftigten in den Auslandsvertretungen** werden sowohl durch den PR der jeweiligen Auslandsvertretung als auch durch den **PR des AA**, nicht aber durch den HPR repräsentiert. Soweit in Angelegenheiten der bei Auslandsvertretungen tätigen Beschäftigten einschl. der Ortskräfte (vgl. dazu Rn. 2) eine **Stufenvertretung** zuständig wäre, ist nach Nr. 3 S. 3 an ihrer Stelle der PR des AA zu beteiligen. Damit nimmt dieser PR zugleich die Funktionen eines örtlichen PR für die Zentrale und ihre Beschäftigten sowie die einer Stufenvertretung für die Auslandsvertretungen und deren Beschäftigte wahr.

6 Der beim AA gebildete **HPR** ist i. d. R. zu beteiligen, wenn das AA über beteiligungsbedürftige Angelegenheiten zu entscheiden hat, die das **DAI** und/oder einen oder mehrere seiner Beschäftigten betreffen. Außerdem ist er zuständig, wenn eine beteiligungsbedürftige Maßnahme getroffen werden soll, die sowohl das AA als oberste Dienstbehörde als auch das DAI als nachgeordnete Dienststelle betrifft.[153]

7 Die redaktionell missglückte Sonderregelung in Nr. 3 S. 4 bestimmt für den Geschäftsbereich des AA, dass die den **besonderen Versetzungs- und Abordnungsschutz** regelnde allgemeine Vorschrift des § 47 Abs. 2 **für Mitglieder von PR in Auslandsvertretungen nicht gilt**. Diese PR-Mitglieder können nach Nr. 3 S. 4 auch gegen ihren Willen versetzt oder abgeordnet werden, ohne dass dies aus wichtigen dienstlichen Gründen unvermeidbar ist und ohne dass es einer Zustimmung des PR bedarf. Damit

---

153 Vgl. KfdP-*Altvater*, Rn. 21.

soll der im AA übliche Rotation beim Personaleinsatz Rechnung getragen werden.[154]

Die Wahlberechtigung und die Wählbarkeit von **Soldaten, die im Geschäftsbereich des AA im Ausland** Dienst leisten, und die Nichtanwendbarkeit von § 47 Abs. 2 für Soldatenvertreter in den PR von Auslandsvertretungen ist in § 51 Abs. 4 SBG geregelt (vgl. Anh. V B § 51 SBG Rn. 5). **7a**

(Abs. 1 Nr. 4) Die durch Art. 7 Nr. 6 Dienstrechtsneuordnungsgesetz (DNeuG) v. 5.2.09[155] eingeführte Vorschrift in Abs. 1 Nr. 4 trifft eine Sonderregelung für den **Geschäftsbereich des Bundesministeriums der Verteidigung** (BMVg). Sie bestimmt, dass die den **besonderen Versetzungs- und Abordnungsschutz** von PR-Mitgliedern regelnde allgemeine Vorschrift des § 47 Abs. 2 **für Mitglieder von PR** im Geschäftsbereich des BMVg im Ausland nur **für die Dauer einer regelmäßigen Amtszeit** in dem durch § 26 festgelegten Umfang gilt. Da die Dauer dieser Amtszeit nach § 26 Abs. 1 S. 1 **vier Jahre** beträgt, erstreckt sich der Schutz des § 47 Abs. 2 für ein Mitglied eines PR bei einer Auslandsdienststelle im Geschäftsbereich des BMVg auf ebenfalls vier Jahre. Dabei kommt es nicht auf die Amtszeit des PR an, dem das Mitglied angehört, sondern auf die **Zeit seiner persönlichen Mitgliedschaft** im PR derjenigen Auslandsdienststelle, von der es zu einer anderen Dienststelle versetzt oder abgeordnet werden soll.[156] Die Sondervorschrift des Abs. 1 Nr. 4 gilt gem. § 51 Abs. 3 S. 1 SBG auch für **Soldatenvertreter** (vgl. dazu Anh. V B § 51 SBG Rn. 4). **7b**

Eine weitere, aber außerhalb des BPersVG getroffene personalvertretungsrechtliche Sonderregelung bezieht sich auf die »**Stiftung Deutsche Geisteswissenschaftliche Institute im Ausland**« (Stiftung DGIA). Die durch das Errichtungsgesetz (DGIAG) v. 20.6.02[157] – geändert durch Gesetz v. 31.7.09[158] – geschaffene Stiftung DGIA ist eine der Rechtsaufsicht des Bundesministeriums für Bildung und Forschung (BMBF) unterstehende rechtsfähige bundesunmittelbare Stiftung des öffentlichen Rechts mit Sitz in Bonn, die (zurzeit) insgesamt zehn Forschungsinstitute im Ausland unterhält und am Sitzort Bonn (und damit im Inland) eine gemeinsame Geschäftsstelle hat. Die Stiftung DGIA hat eine **zweistufige Verwaltung** (vgl. § 6 Rn. 3). Auf der Zentralstufe befindet sich die **gemeinsame Geschäftsstelle** in Bonn, auf der Unterstufe bestehen die in den Gastländern unterhaltenen (zurzeit) zehn **Forschungsinstitute**. Die gemeinsame Geschäftsstelle sowie die Institute sind Dienststellen i.S.d. § 6 Abs. 1 und 2, bei denen nach § 12 Abs. 1 **jeweils ein PR** zu bilden ist. Außerdem **7c**

---

154 Vgl. KfdP-*Altvater*, Rn. 22.
155 BGBl. I S. 160.
156 Näher dazu KfdP-*Altvater*, Rn. 22c.
157 BGBl. I S. 2003.
158 BGBl. I S. 2622.

§ 91 Dienststellen des Bundes im Ausland

ist nach § 53 bei der gemeinsamen Geschäftsstelle **ein HPR** zu bilden. Bei der Bildung dieser Personalvertretungen sind – soweit es um die im Ausland gelegenen Institute und ihre Beschäftigten geht – grundsätzlich die Sonderregelungen in § 91 Abs. 1 Nr. 1, 2 und 5 zu beachten, also auch die Regelung in Abs. 1 Nr. 2, wonach die Beschäftigten der Institute in eine Stufenvertretung im Inland nicht wählbar sind (vgl. Rn. 3). Die durch das Änderungsgesetz v. 31. 7. 09 (a. a. O.) modifizierten Vorschriften des DGI-AG sehen aber vor, dass die Satzung der Stiftung DGIA mit Genehmigung des BMBF und Zustimmung der Personalvertretung abweichend von § 91 Abs. 1 Nr. 2 für die **Wahl des HPR** an die strukturellen Besonderheiten der Stiftung **angepasste Regelungen** treffen kann (§ 15 Abs. 2 S. 1 DIGAG). Dementsprechend sieht die **Satzung** (dokumentiert unter http://www.stiftung-dgia.de) in § 18 Abs. 1 nunmehr vor, dass (vom BPersVG abweichend) eine Personalvertreterin oder **ein Personalvertreter**, die bzw. den die Vorsitzenden der örtlichen PR aus ihrer Mitte für eine Amtszeit von vier Jahren wählen, die Aufgaben des HPR wahrnimmt.[159]

8 **(Abs. 1 Nr. 5)** Nach der Regelung in Abs. 1 Nr. 5 (die bis zur Änderung durch Art. 7 Nr. 6 DNeuG [vgl. Rn. 7b] in Abs. 1 Nr. 4 enthalten war) ist für gerichtliche Entscheidungen über in § 83 Abs. 1 aufgeführte personalvertretungsrechtliche Streitigkeiten das **Verwaltungsgericht** zuständig, **in dessen Bezirk die oberste Dienstbehörde ihren Sitz hat**. Aus den Vorschriften über die Einteilung der Gerichtsbezirke in den Ausführungsgesetzen der Länder zur Verwaltungsgerichtsordnung ergibt sich, um welches Verwaltungsgericht es sich dabei handelt. Für Streitigkeiten, die Auslandsdienststellen im Geschäftsbereich von **Bundesministerien** betreffen, kommt es darauf an, wo das Ministerium seinen ersten Dienstsitz hat. Liegt dieser (wie z. B. beim AA) in Berlin, ist das Verwaltungsgericht Berlin zuständig, liegt er (wie z. B. beim BMVg) in Bonn, ist das Verwaltungsgericht Köln zuständig. Letzteres gilt auch für die Forschungsinstitute der **Stiftung DGIA** (vgl. Rn. 7c), weil der als oberste Dienstbehörde anzusehende Stiftungsrat (gem. § 6 Abs. 3 DGIAG oberstes Organ der Stiftung) am Sitz der Stiftung in Bonn angesiedelt ist.

9 **(Abs. 2)** Für die **Ortskräfte**, die nach Abs. 1 Nr. 1 nicht Beschäftigte i. S. d. § 4 sind, sieht Abs. 2 eine Sondervertretung vor. Sie wählen in den Auslandsdienststellen, in denen in der Regel mindestens fünf Ortskräfte beschäftigt sind, einen **Vertrauensmann**.[160] und höchstens zwei Stellvertreter (Abs. 2 S. 1). Es ist in das Ermessen der Ortskräfte gestellt, ob sie einen oder zwei Stellvertreter wählen. Jede Ortskraft ist wahlberechtigt und wählbar. Der Vertrauensmann und seine Stellvertreter werden grundsätzlich durch Handaufheben gewählt. Nur wenn ein Wahlberechtigter dieser

---
159 Näher dazu KfdP-*Altvater*, Rn. 5 u. 22 e–22 g.
160 Der Gesetzgeber hat die veraltete amtliche Bezeichnung »Vertrauensmann« bisher nicht durch eine geschlechtergerechte Bezeichnung ersetzt. Krit. zu Recht *Fischer/Goeres/Gronimus*, Rn. 26.

offenen Abstimmung widerspricht, ist eine geheime Wahl mit Stimmzetteln vorzunehmen (Abs. 2 S. 2). Im Übrigen enthält das Gesetz keine Vorschriften über das **Wahlverfahren**. Die Einzelheiten regelt § 51 WO. Danach ist der Kandidat zum Vertrauensmann gewählt, der die meisten Stimmen erhalten hat. Der Kandidat mit der zweithöchsten Stimmzahl ist zum ersten Stellvertreter, der mit der dritthöchsten Stimmenzahl zum zweiten Stellvertreter gewählt. Bei gleicher Stimmenzahl entscheidet das Los (§ 51 Abs. 4 WO). Die Vorschriften über das Verbot der Behinderung und der sittenwidrigen Beeinflussung der Wahl des PR und über die Kostentragung der Dienststelle (§ 24 Abs. 1 S. 1 u. 2, Abs. 2) gelten für die Wahl des Vertrauensmanns und seiner Stellvertreter entsprechend (Abs. 2 S. 3). Verstöße gegen wesentliche Vorschriften über die Wahl können in entsprechender Anwendung des § 25 im Wege der **Wahlanfechtung** bei dem nach Abs. 1 Nr. 5 örtlich zuständigen Verwaltungsgericht (vgl. Rn. 8) geltend gemacht werden.[161] Der Vertrauensmann und seine Stellvertreter sind für eine **Amtszeit** von zwei Jahren zu wählen (Abs. 2 S. 4). Nach Abs. 2 S. 4 Hs. 2 gilt § 29 Abs. 1 sinngemäß; aufgrund dieser Verweisung **endet das Amt des Vertrauensmanns vorzeitig**, wenn einer der in § 29 Abs. 1 aufgeführten Tatbestände eintritt, der bei einem Mitglied des PR das Erlöschen der Mitgliedschaft im PR zur Folge hat.[162] Eine vorzeitige **Neuwahl** findet statt, wenn bei vorzeitigem Ende des Amts des Vertrauensmanns nach Eintreten der Stellvertreter kein Vertrauensmann mehr vorhanden ist (Abs. 2 S. 5). Auch in diesem Falle sind der Vertrauensmann und seine Stellvertreter wiederum für eine Amtszeit von zwei Jahren zu wählen.

Aufgaben und Befugnisse des Vertrauensmanns sind geringer als die der Personalvertretungen. Er hat Anregungen, Anträge und Beschwerden der Ortskräfte in innerdienstlichen, sozialen und persönlichen Angelegenheiten entgegenzunehmen und sie gegenüber dem Dienststellenleiter und beim PR zu vertreten (Abs. 2 S. 6). Dabei hat der Vertrauensmann, ebenso wie der PR, insb. die Beschwerden auf ihre Berechtigung zu überprüfen.[163] Die Wendung »**innerdienstliche, soziale und persönliche Angelegenheiten**« ist ebenso auszulegen wie die gleichlautende Formel in § 78 Abs. 1 Nr. 1 (vgl. § 78 Rn. 10). **10**

Unbeschadet der Aufgaben des Vertrauensmanns hat der **PR** die Interessen aller Angehörigen der Dienststelle gegenüber dem öffentlichen Arbeitgeber zu vertreten; dazu gehören auch die Ortskräfte (str.; vgl. Rn. 2). Der PR muss dem Vertrauensmann **Gelegenheit zur Äußerung** geben, bevor er über Angelegenheiten beschließt, die die besonderen Interessen der Ortskräfte wesentlich berühren (Abs. 2 S. 7). Diese Voraussetzung liegt nicht nur in Ausnahmefällen vor, sondern schon dann, wenn eine Angelegenheit **11**

---

161 Vgl. KfdP-*Altvater*, Rn. 29a.
162 Vgl. KfdP-*Altvater*, Rn. 29b.
163 Str.; vgl. KfdP-*Altvater*, Rn. 31 m.N.

§ 92 Geschäftsbereich des Bundesministeriums der Verteidigung

die spezifischen Arbeitsbedingungen der Ortskräfte wenigstens mittelbar betrifft.[164] Der Vertrauensmann kann sich schriftlich oder mündlich äußern. Er hat zwar keinen Anspruch darauf, in einer PR-Sitzung angehört zu werden. Der Grundsatz der Nichtöffentlichkeit schließt es aber nicht aus, dass der PR, wenn er es für zweckmäßig hält, auch den Vertrauensmann der Ortskräfte hinzuzieht und dabei diesen nicht nur anhört, sondern die anstehenden Sachen mit ihm erörtert. Die Anwesenheit des Vertrauensmanns ist allerdings zeitlich und sachlich auf das notwendige Mindestmaß zu beschränken (vgl. § 35 Rn. 1). Während der Beratung und Abstimmung darf er nicht anwesend sein.[165]

12 Für die **Geschäftsführung und Rechtsstellung** des Vertrauensmanns der Ortskräfte gelten die Bestimmungen der §§ 43 bis 45, des § 46 Abs. 1, 2 und 3 S. 1 und des § 67 Abs. 1 S. 3 sinngemäß (Abs. 2 S. 8). Die Vorschriften der §§ 8 und 10 gelten unmittelbar für ihn.

§ 92 [Geschäftsbereich des Bundesministeriums der Verteidigung]

Für den Geschäftsbereich des Bundesministeriums der Verteidigung gilt § 82 Abs. 5 mit folgender Maßgabe:

1. Werden personelle oder soziale Maßnahmen von einer Dienststelle, bei der keine für eine Beteiligung an diesen Maßnahmen zuständige Personalvertretung vorgesehen ist, mit Wirkung für einzelne Beschäftigte einer ihr nicht nachgeordneten Dienststelle getroffen, so ist der Personalrat dieser Dienststelle von deren Leiter zu beteiligen, nachdem zuvor ein Einvernehmen zwischen den Dienststellen über die beabsichtigte Maßnahme hergestellt worden ist.

2. [1]**Sind bei einer Dienststelle, bei der keine Stufenvertretung vorgesehen ist, zur Vorbereitung von Entscheidungen nach § 75 Abs. 2 Satz 1 Nr. 2 und Abs. 3 Nr. 5 mit Wirkung für andere Dienststellen Ausschüsse gebildet, so hat die Dienststelle die beabsichtigte Maßnahme mit einem Mitglied der Stufenvertretung bei der nächsthöheren, den genannten Dienststellen übergeordneten Dienststelle zu beraten.** [2]**Dieses Mitglied ist von der Stufenvertretung zu benennen.** [3]**Nummer 1 ist nicht anzuwenden.**

1 Der Geschäftsbereich des Bundesministeriums der Verteidigung (BMVg) umfasst die Streitkräfte und die Bundeswehrverwaltung, die zusammen die **Bundeswehr** bilden.[166] Die **Bundeswehrverwaltung** – der sich auch die Militärseelsorge und die Universitäten der Bundeswehr zurechnen lassen –

---

164 Str.; vgl. KfdP-*Altvater*, Rn. 33 m. N.
165 Vgl. *BVerwG* v. 14.7.77 – VII P 24.76 –, PersV 78, 127.
166 *BVerwG* v. 21.1.08 – 6 P 16.07 –, PersR 08, 367.

Geschäftsbereich des Bundesministeriums der Verteidigung § 92

gehört zu den Verwaltungen des Bundes und damit nach § 1 BPersVG zum Geltungsbereich dieses Gesetzes. Die Truppendienstgerichte sind Gerichte des Bundes und liegen somit ebenfalls im Anwendungsbereich des BPersVG. Die **Streitkräfte** sind eine der Verwaltung nebengeordnete Form der vollziehenden Gewalt. Sie unterfallen nicht ohne Weiteres dem BPersVG. Ob und inwieweit für sie das PersVR des Bundes gilt, ergibt sich aus den Vorschriften des Soldatengesetzes (SG) und des Soldatenbeteiligungsgesetzes (SBG). § 91 Abs. 1 SG bestimmt, dass für die bei militärischen Dienststellen und Einrichtungen der Bundeswehr beschäftigten **Beamten, Angestellten und Arbeiter** grundsätzlich das BPersVG gilt (vgl. Anh. V A). **Soldaten** sind keine Beschäftigten i. S. d. § 4 BPersVG (vgl. dort Rn. 3). Nach § 35 SG regelt das SBG ihre Beteiligung. Nach § 1 Abs. 2 SBG werden sie durch Vertrauenspersonen, Gremien der Vertrauenspersonen oder Personalvertretungen vertreten. Die Beteiligung durch Personalvertretungen ist im Einzelnen in den §§ 48 bis 52 SBG geregelt (vgl. Anh. V B). Soweit danach in bestimmten Dienststellen und Einrichtungen der Bundeswehr gemeinsam mit den Personalvertretungen der Beamten und Arbeitnehmer Soldatenvertreter in Personalvertretungen gewählt werden, bilden die Soldaten eine weitere Gruppe i. S. d. § 5 und die Soldatenvertreter zusammen mit den Vertretern der Gruppen der zivilen Beschäftigten eine erweiterte Personalvertretung.

Der durch das Gesetz v. 20.12.93[167] geänderte § 92 sieht für den Geschäftsbereich des BMVg **Modifikationen bei der Anwendung des § 82 Abs. 5** vor. Damit soll den Besonderheiten Rechnung getragen werden, die sich v. a. daraus ergeben, dass Streitkräfte und Bundeswehrverwaltung organisatorisch voneinander getrennt sind und dass die personalbearbeitenden Dienststellen der Bundeswehrverwaltung über beteiligungsbedürftige Angelegenheiten des bei den Streitkräften beschäftigten Zivilpersonals entscheiden. **2**

Aus der Zuständigkeit der personalbearbeitenden Dienststellen der Bundeswehrverwaltung für die Entscheidung in Personalangelegenheiten der bei den Streitkräften beschäftigten Beamten und Arbeitnehmer ergeben sich auch Konsequenzen für die Frage, welche Einheiten in dem bis zu sieben Stufen umfassenden militärischen Bereich als **Dienststellen i. S. d. BPersVG** anzusehen sind. Nach der Rspr. des *BVerwG*[168] ist dies unabhängig vom Rang der Befehlsebene bei den sog. **Beschäftigungsdienststellen** der Fall, denen durch Erlass des BMVg Zuständigkeiten übertragen sind, die entweder die Vorentscheidung in den von den personalbearbeitenden Dienststellen zu regelnden Angelegenheiten oder aber die selbständige Erledigung von Angelegenheiten sozialer Art betreffen. Dass ihnen keine Entscheidungszuständigkeit in personellen Angelegenheiten zu- **2a**

---

167 BGBl. I S. 2136.
168 Beschl. v. 19.4.78 – 6 P 22.78 –, PersV 79, 191, u. v. 3.7.91 – 6 P 18.89 –, PersR 91, 413.

§ 92 Geschäftsbereich des Bundesministeriums der Verteidigung

kommt, ist unerheblich, weil dies für alle militärischen Dienststellen gleichermaßen gilt und deshalb kein Kriterium für die Dienststelleneigenschaft militärischer Einheiten sein kann.[169]

3 **(Nr. 1)** Die Nr. 1 soll jene Lücken in der Beteiligung der Personalvertretung schließen, die dadurch entstehen, dass bei einer Dienststelle, die Entscheidungen über beteiligungsbedürftige **personelle oder soziale Maßnahmen mit Wirkung für einzelne Beschäftigte einer** ihr **nicht nachgeordneten Dienststelle** trifft, keine für eine Beteiligung an diesen Maßnahmen zuständige Personalvertretung besteht. Sie regelt insb. den Fall, dass eine **personalbearbeitende Dienststelle** der Bundeswehrverwaltung (z. B. ein Bundeswehr-Dienstleistungszentrum – BwDLZ) eine beteiligungsbedürftige personelle oder soziale Maßnahme für einzelne Beschäftigte einer ihr nicht nachgeordneten **militärischen Beschäftigungsdienststelle** (z. B. eines Landeskommandos [LKdo]) trifft.[170] Wäre § 82 Abs. 5 ohne ergänzende Maßgabe anwendbar, müsste der Leiter der personalbearbeitenden Dienststelle (BwDLZ) den HPR beim BMVg beteiligen, der dadurch jedoch überfordert wäre. Zur Entlastung des HPR bestimmt Nr. 1, dass an personellen oder sozialen Maßnahmen, die von einer Dienststelle (z. B. BwDLZ) mit Wirkung für einzelne Beschäftigte einer ihr nicht nachgeordneten Dienststelle (z. B. LKdo) getroffen werden, »der Personalrat dieser Dienststelle« zu beteiligen ist. Damit ist der **PR bei der Beschäftigungsdienststelle** (LKdo) gemeint.[171] Bevor der PR bei der Beschäftigungsdienststelle beteiligt wird, ist »zwischen den Dienststellen«, also zwischen entscheidender Dienststelle (BwDLZ) und Beschäftigungsdienststelle (LKdo) ein Einvernehmen über die beabsichtigte Maßnahme herzustellen.[172] Aufgrund dieses sog. **verwaltungsseitigen Einvernehmens** hat der Leiter der Beschäftigungsdienststelle (LKdo) den bei seiner Dienststelle bestehenden PR zu beteiligen.[173]

4 Ist die Dienststelle, welcher der von der Entscheidung betroffene Beschäftigte angehört, der Dienststelle, die die Maßnahme trifft, nicht nachgeordnet, ist die Vorschrift auch dann anzuwenden, wenn sowohl die entscheidende Dienststelle als auch die Beschäftigungsdienststelle **ausschließlich zur Bundeswehrverwaltung** oder **ausschließlich zum Bereich der Streitkräfte** gehören.[174]

5 Können sich der Leiter der Beschäftigungsdienststelle und der dort bestehende PR in einer mitbestimmungsbedürftigen Angelegenheit nicht einigen, richtet sich die **Fortsetzung des Mitbestimmungsverfahrens** nach § 69 Abs. 3. Danach kann jeder der beiden Beteiligten – nicht jedoch der

---

169 Näher dazu KfdP-*Altvater*, Rn. 7.
170 Hierzu u. zum Folgenden KfdP-*Altvater*, Rn. 10–12.
171 Ebenso BVerwG v. 22.8.79 – 6 P 54.78 –, PersV 81, 201.
172 Vgl. KfdP-*Altvater*, Rn. 15.
173 Vgl. KfdP-*Altvater*, Rn. 16–19.
174 Vgl. KfdP-*Altvater*, Rn. 13.

Geschäftsbereich des Bundesministeriums der Verteidigung § 92

Leiter der entscheidungsbefugten Dienststelle – die Angelegenheit der übergeordneten Dienststelle vorlegen, bei der eine Stufenvertretung besteht. »Vorlegen« bedeutet die zur Entscheidung befugte nächsthöhere Dienststelle anzurufen. Dies gilt auch für die **Fortführung des Mitwirkungsverfahrens** nach § 72 Abs. 4.[175]

Mit der Änderung des § 92 durch das Gesetz v. 20.12.93 (vgl. Rn. 2) ist nunmehr festgelegt, dass § 82 Abs. 5 im Geschäftsbereich des BMVg nur insoweit nicht anwendbar ist, als die tatbestandlichen Voraussetzungen zur Anwendung des § 92 Nr. 1 (oder 2) vorliegen.[176] Daraus folgt u. a.: Sollen **personelle oder soziale Maßnahmen** von einer Dienststelle, bei der keine für eine Beteiligung an diesen Maßnahmen zuständige Personalvertretung vorgesehen ist, **mit Wirkung für einzelne Beschäftigte einer** ihr **nachgeordneten (!) Dienststelle** getroffen werden, hat die entscheidungsbefugte Dienststelle nach § 82 Abs. 5 die **Stufenvertretung bei der nächsthöheren Dienststelle** zu beteiligen, zu deren Geschäftsbereich die entscheidende Dienststelle und die Dienststelle, deren Beschäftigte von der Entscheidung betroffen sind, gehören. Das Gleiche gilt für alle – nicht mit Wirkung für einzelne Beschäftigte vorgesehenen – **sonstigen beteiligungsbedürftigen Maßnahmen**, unabhängig davon, ob sie sich auf Dienststellen beziehen, die der entscheidenden Dienststelle nachgeordnet oder nicht nachgeordnet sind.[177]

6

(Nr. 2) Die Mitbestimmungsrechte gem. **§ 75 Abs. 2 S. 1 Nr. 2** und **§ 75 Abs. 3 Nr. 5** werden nach § 92 Nr. 2 durch eine **besondere Form der Beteiligung** ersetzt, wenn bei einer Dienststelle, bei der keine Stufenvertretung vorgesehen ist, zur Vorbereitung derartiger Entscheidungen mit Wirkung für andere Dienststellen **Ausschüsse** gebildet sind. Will die für die **Bewirtschaftung von Wohnungen** bzw. **Sozialeinrichtungen** zuständige Dienststelle eine Entscheidung treffen, für deren Vorbereitung bei ihr mit Wirkung für andere Dienststellen ein Ausschuss gebildet ist, hat sie die beabsichtigte Maßnahme **mit einem Mitglied der Stufenvertretung bei der nächsthöheren Dienststelle zu beraten**, die »den genannten Dienststellen« übergeordnet ist. Die »genannten Dienststellen« sind die Dienststelle, bei der der vorbereitende Ausschuss besteht, und die Dienststellen, denen gegenüber die Entscheidung wirksam getroffen werden kann.[178] »**Nächsthöhere**« **Dienststelle** ist die den genannten Dienststellen übergeordnete Dienststelle, bei der eine Stufenvertretung besteht. Das kann eine **Behörde der Mittelstufe**, aber auch das **BMVg** als oberste Dienstbehörde sein. Gehören sämtliche »genannten Dienststellen« zum Geschäftsbereich einer Mittelbehörde, bei der ein BPR besteht, ist die beabsichtigte

7

---

175 Vgl. KfdP-*Altvater*, Rn. 20 f.
176 So auch BAG v. 22.8.96 – 2 AZR 5/96 –, PersR 97, 33; vgl. KfdP-*Altvater*, Rn. 23.
177 Vgl. KfdP-*Altvater*, Rn. 24 f.
178 *BVerwG* v. 22.8.79 – 6 P 42.78 –, PersV 81, 199.

§ 93 Behandlung von Verschlusssachen

Maßnahme mit einem Mitglied dieses **BPR** zu beraten. In allen übrigen Fällen hat die Beratung mit einem Mitglied des **HPR** zu erfolgen. Das Mitglied des BPR bzw. HPR, mit dem die Angelegenheit zu beraten ist, hat die jeweilige Stufenvertretung zu **benennen**. Da vorbereitende Ausschüsse i. S. d. Nr. 2 gegenwärtig nicht gebildet sind, hat diese Sondervorschrift zurzeit keine praktische Bedeutung.

§ 93 [Behandlung von Verschlusssachen]

(1) [1]Soweit eine Angelegenheit, an der eine Personalvertretung zu beteiligen ist, als Verschlußsache mindestens des Geheimhaltungsgrades »VS-VERTRAULICH« eingestuft ist, tritt an die Stelle der Personalvertretung ein Ausschuß. [2]Dem Ausschuß gehört höchstens je ein in entsprechender Anwendung des § 32 Abs. 1 gewählter Vertreter der im Personalrat vertretenen Gruppen an. [3]Die Mitglieder des Ausschusses müssen nach den dafür geltenden Bestimmungen ermächtigt sein, Kenntnis von Verschlußsachen des in Betracht kommenden Geheimhaltungsgrades zu erhalten. [4]Personalvertretungen bei Dienststellen, die Behörden der Mittelstufe nachgeordnet sind, bilden keinen Ausschuß; an ihre Stelle tritt der Ausschuß des Bezirkspersonalrates.

(2) Wird der zuständige Ausschuß nicht rechtzeitig gebildet, ist der Ausschuß der bei der Dienststelle bestehenden Stufenvertretung oder, wenn dieser nicht rechtzeitig gebildet wird, der Ausschuß der bei der obersten Dienstbehörde bestehenden Stufenvertretung zu beteiligen.

(3) Die Einigungsstelle (§ 71) besteht in den in Absatz 1 Satz 1 bezeichneten Fällen aus je einem Beisitzer, der von der obersten Dienstbehörde und der bei ihr bestehenden zuständigen Personalvertretung bestellt wird, und einem unparteiischen Vorsitzenden, die nach den dafür geltenden Bestimmungen ermächtigt sind, von Verschlußsachen des in Betracht kommenden Geheimhaltungsgrades Kenntnis zu erhalten.

(4) [1]§§ 40, 82 Abs. 2 und die Vorschriften über die Beteiligung der Gewerkschaften und Arbeitgebervereinigungen in den §§ 36 und 39 Abs. 1 sind nicht anzuwenden. [2]Angelegenheiten, die als Verschlußsachen mindestens des Geheimhaltungsgrades »VS-VERTRAULICH« eingestuft sind, werden in der Personalversammlung nicht behandelt.

(5) [1]Die oberste Dienstbehörde kann anordnen, daß in den Fällen des Absatzes 1 Satz 1 dem Ausschuß und der Einigungsstelle Unterlagen nicht vorgelegt und Auskünfte nicht erteilt werden dürfen, soweit dies zur Vermeidung von Nachteilen für das Wohl der Bundesrepublik Deutschland oder eines ihrer Länder oder auf Grund internationaler Verpflichtungen geboten ist. [2]Im Verfahren

Behandlung von Verschlusssachen § 93

nach § 83 sind die gesetzlichen Voraussetzungen für die Anordnung glaubhaft zu machen.

Die für alle Verwaltungszweige geltende Vorschrift regelt die Beteiligung der Personalvertretungen in Angelegenheiten, die der Geheimhaltung unterliegen und als Verschlusssachen mindestens des Geheimhaltungsgrads »VS-VERTRAULICH« eingestuft sind. **Verschlusssachen** sind im öffentlichen Interesse geheimhaltungsbedürftige Tatsachen, Gegenstände oder Erkenntnisse, die entsprechend ihrer Schutzbedürftigkeit von einer amtlichen Stelle oder auf deren Veranlassung in bestimmte Geheimhaltungsgrade eingestuft sind (§ 4 SÜG). 1

(Abs. 1) An beteiligungspflichtigen Angelegenheiten, die als Verschlusssache des Geheimhaltungsgrads »VS-NUR FÜR DEN DIENSTGEBRAUCH« eingestuft sind, wird die gesamte Personalvertretung beteiligt. Insoweit bestehen keine Besonderheiten. Dagegen wird anstelle der Personalvertretung ein **Ausschuss** tätig, wenn es sich um Angelegenheiten der Geheimhaltungsgrade »VS-VERTRAULICH«, »GEHEIM« oder »STRENG GEHEIM« handelt. Sofern die für die Beteiligung zuständige Personalvertretung einen Ausschuss bilden kann, wird dieser aus der Mitte des PR gebildet. Ihm können nur Mitglieder des PR angehören, und zwar höchstens je ein Vertreter der im PR vertretenen Gruppen. Die Vertreter jeder im PR vertretenen Gruppe wählen das auf sie entfallende Ausschussmitglied. Die Mitglieder des Ausschusses müssen ermächtigt sein, **Kenntnis von Verschlusssachen** des in Betracht kommenden Geheimhaltungsgrads zu erhalten. Diese **Ermächtigung** kann grundsätzlich nur dann erteilt werden, wenn sich die Betroffenen einer vorherigen **Sicherheitsüberprüfung** – die ihrer Zustimmung bedarf – unterziehen (§ 2 Abs. 1 S. 1 u. 2 SÜG). Welche Angelegenheiten in welchen Geheimhaltungsgrad **eingestuft** werden, entscheidet die Dienststelle aufgrund des Sicherheitsüberprüfungsgesetzes – SÜG – und der zu seiner Ausführung erlassenen Verwaltungsvorschriften. Dabei hat sie einen strengen Maßstab anzulegen. Wird im Laufe eines Beteiligungsverfahrens die **Einstufung** einer Angelegenheit als Verschlusssache **aufgehoben** oder wird eine Verschlusssache eines der drei oberen Geheimhaltungsgrade zur Verschlusssache des Grads »VS-NUR FÜR DEN DIENSTGEBRAUCH« **herabgestuft**, so ist vom Zeitpunkt der Änderung an nicht mehr der VS-Ausschuss, sondern die zuständige Personalvertretung zu beteiligen. Für die **Geschäftsführung** des VS-Ausschusses sind die für die Geschäftsführung des PR geltenden Vorschriften (§§ 32–45) mit Ausnahme der in Abs. 4 S. 1 aufgeführten Bestimmungen (§ 36, § 39 Abs. 1, § 40) entsprechend anzuwenden. Die Mitglieder des Ausschusses sind verpflichtet, über alle Angelegenheiten, die ihnen in Wahrnehmung ihrer Tätigkeit als Mitglieder des Ausschusses bekanntwerden, **Stillschweigen** auch gegenüber den anderen Mitgliedern der Personalvertretung, gegenüber der vorgesetzten Dienststelle, der bei ihr gebildeten Stufenvertretung und gegenüber dem GPR zu wahren (vgl. § 10 Abs. 1 S. 2). Örtliche PR und GPR bei **Dienst-** 2

§ 93 Behandlung von Verschlusssachen

stellen, die Mittelbehörden nachgeordnet sind, bilden nach Abs. 1 S. 4 keinen Ausschuss. Anstelle dieser Personalvertretungen wird **der vom BPR gebildete Ausschuss** tätig.

3 **(Abs. 2)** Abs. 2 erweitert die sich aus Abs. 1 S. 1 und 4 ergebenden **Zuständigkeiten der von den Stufenvertretungen gebildeten Ausschüsse**. Der Zweck der Vorschrift, Beteiligungslücken zu vermeiden, spricht dafür, sie dann entsprechend anzuwenden, wenn der an sich zuständige Ausschuss – aus welchen Gründen auch immer – überhaupt nicht gebildet werden kann.[179]

4 **(Abs. 3)** Abs. 3 schreibt eine von § 71 Abs. 1 abweichende **Zusammensetzung der Einigungsstelle** vor. Diese besteht aus nur drei Mitgliedern. Wird vor Abschluss des bei der Einigungsstelle anhängigen Verfahrens die **Einstufung** der mitbestimmungspflichtigen Angelegenheit als Verschlusssache **aufgehoben** oder eine Verschlusssache eines der drei oberen Geheimhaltungsgrade zur Verschlusssache des Grads »VS-NUR FÜR DEN DIENSTGEBRAUCH« **herabgestuft**, so entfällt damit die Voraussetzung für die weitere Anwendung des Abs. 3.

5 **(Abs. 4)** Abs. 4 S. 1 bestimmt, dass **einzelne Vorschriften** bei der Behandlung von Angelegenheiten, die als Verschlusssachen mindestens des Geheimhaltungsgrads »VS-VERTRAULICH« eingestuft sind, **nicht anzuwenden** sind. Nach Abs. 4 S. 2 dürfen Angelegenheiten, die in die Zuständigkeit des Ausschusses fallen, **nicht in der Personalversammlung behandelt** werden. Über sie dürfen weder die Ausschussmitglieder noch der Leiter der Dienststelle berichten. Auch Anfragen aus der Personalversammlung zu diesen Angelegenheiten dürfen nicht beantwortet werden.

6 **(Abs. 5)** Abs. 5 ermöglicht es der obersten Dienstbehörde, die Anordnung zu treffen, dass dem Ausschuss und der Einigungsstelle **Unterlagen nicht vorgelegt** und **Auskünfte nicht erteilt** werden dürfen. Eine solche Anordnung darf allerdings nur insoweit getroffen werden, als sie geboten ist, um Nachteile für das Wohl der Bundesrepublik Deutschland oder eines ihrer Länder zu vermeiden oder internationale Verpflichtungen (z. B. im Rahmen der NATO) zu erfüllen. In einem nach § 83 geführten personalvertretungsrechtlichen Beschlussverfahren vor dem **Verwaltungsgericht** braucht die oberste Dienstbehörde nicht zu beweisen, sondern nach Abs. 5 S. 2 nur glaubhaft zu machen, dass die gesetzlichen Voraussetzungen für die Anordnung vorgelegen haben. Verweigert sie dabei dem Gericht gegenüber die Vorlage von Akten oder Urkunden oder die Erteilung von Auskünften, ist entsprechend § 99 Abs. 2 VwGO in einem **»In-camera-Verfahren«** – einem Zwischenverfahren vor einem gem. § 189 VwGO beim Oberverwaltungsgericht oder Bundesverwaltungsgericht gebildeten Fachsenat – zu entscheiden, ob die behördliche Verweigerung rechtmäßig ist.[180]

---

179 Str.; vgl. KfdP-*Altvater*, Rn. 12 f.
180 Vgl. KfdP-*Altvater*, Rn. 16 a.

Zweiter Teil
Personalvertretungen in den Ländern

Erstes Kapitel
Rahmenvorschriften für die Landesgesetzgebung

§ 94 [Rahmenvorschriften]
Für die Gesetzgebung der Länder sind die §§ 95 bis 106 Rahmenvorschriften.

Der **Zweite Teil** des BPersVG enthält Vorschriften für die Personalvertretungen in den Ländern: im **Ersten Kapitel** (§§ 94–106) Rahmenvorschriften für die Landesgesetzgebung und im **Zweiten Kapitel** (§§ 107–109) unmittelbar für die Länder geltende Vorschriften. Die Vorschriften des Zweiten Teils wurden seit dem Inkrafttreten des BPersVG am 1.4.74 fünfmal **modifiziert:** in den Jahren 1974 und 1986 wurde § 95 Abs. 3 geändert; im Jahr 1988 wurden § 95 Abs. 2 und die §§ 99 und 108 Abs. 1 geändert; im Jahr 1994 wurde § 98 Abs. 4 angefügt; im Jahr 2005 wurde § 98 Abs. 2 geändert.[1] 1

Die **Vorschriften des Grundgesetzes über die Gesetzgebung des Bundes** wurden, soweit sie für das Gebiet der Personalvertretung bedeutsam sind, **zweimal geändert:** durch das am 15.11.94 in Kraft getretene Gesetz v. 27.10.94[2] und durch das am 1.9.06 in Kraft getretene Gesetz v. 28.8.06.[3] Nachdem das **Änderungsgesetz des Jahres 1994** zunächst die Voraussetzungen für die Rahmengesetzgebung des Bundes verschärft hatte, hat das **Änderungsgesetz des Jahres 2006** (die Föderalismusreform I) die Rahmengesetzgebung als Typus der Gesetzgebung des Bundes aufgehoben und zugleich dessen Kompetenzen zur Gesetzgebung auf dem Gebiet der Personalvertretung in den Ländern weitgehend reduziert. 2

Das **Recht der Personalvertretungen** im öffentlichen Dienst gehört nach der Rspr. des *BVerfG* nicht zum »Arbeitsrecht einschließlich der Betriebsverfassung« i.S.d. Art. 74 Nr. 12 GG a.F. (= Art. 74 Abs. 1 Nr. 12 GG F. 1994), das dem Bereich der konkurrierenden Gesetzgebung des Bundes zugeordnet ist. Es bildet vielmehr einen **Teil des öffentlichen Dienst-** 3

---

1 Näher hierzu u. zum Folgenden (Rn. 2–10) KfdP-*Altvater*, Rn. 1 ff.
2 BGBl. I S. 3146.
3 BGBl. I S. 2034.

§ 94 Rahmenvorschriften

rechts.[4] Daraus folgte **vor der Föderalismusreform I** (vgl. Rn. 2), dass der Bund einerseits aufgrund seiner Kompetenz zur ausschließlichen Gesetzgebung nach **Art. 73 Nr. 8 GG a. F.** die Personalvertretung für die »im Dienste des Bundes und der bundesunmittelbaren Körperschaften des öffentlichen Rechtes stehenden Personen« durch **unmittelbar geltende Rechtsvorschriften** regeln konnte, während er andererseits – unter den (1994 verschärften) Voraussetzungen des Art. 72 GG – nach **Art. 75 Nr. 1 GG a. F.** (= Art. 75 Abs. 1 S. 1 Nr. 1 GG F. 1994) für die Personalvertretung der »im öffentlichen Dienste der Länder, Gemeinden und anderen Körperschaften des öffentlichen Rechtes stehenden Personen« nur **Rahmenvorschriften für die Gesetzgebung der Länder** erlassen konnte.

4 Zur Zeit des Erlasses des BPersVG 1974 mussten die Rahmenvorschriften des Bundes als Ganzes der **Ausfüllung durch die Länder** fähig und bedürftig sein. Dabei durfte der Bund auch **einzelne abschließende Bestimmungen** vorsehen und sogar **unmittelbar geltende Rechtsvorschriften** für bestimmte Gebiete erlassen, wenn an einer einheitlichen Regelung ein besonders starkes und legitimes Interesse bestand. Seit dem Inkrafttreten des Gesetzes v. 27.10.94 (a. a. O.; vgl. Rn. 2) konnten Rahmenvorschriften grundsätzlich nur noch »für die Gesetzgebung der Länder« erlassen werden (Art. 75 Abs. 1 Eingangssatz GG F. 1994) und durften nur in Ausnahmefällen in Einzelheiten gehende oder unmittelbar geltende Regelungen enthalten (Art. 75 Abs. 2 GG F. 1994). Soweit der Bund in der Vergangenheit aufgrund seiner Rahmengesetzgebungskompetenz Vorschriften erlassen hatte, die nach Art. 75 Abs. 2 GG F. 1994 nicht mehr hätten erlassen werden können, galten diese Vorschriften aber nach Art. 125a Abs. 2 S. 3 GG F. 1994 als Bundesrecht fort und durften durch Landesrecht nur ersetzt werden, soweit ein Bundesgesetz dies bestimmte.[5]

5 Die **Föderalismusreform I** durch das Gesetz v. 28.8.06 (a. a. O.; vgl. Rn. 2) ist für das PersVR v. a. deshalb bedeutsam, weil sie die **Gesetzgebungskompetenzen zwischen Bund und Ländern neu verteilt** hat. Der zum Bereich der konkurrierenden Gesetzgebung des Bundes gehörende Kompetenztitel »Arbeitsrecht einschließlich der Betriebsverfassung« (**Art. 74 Abs. 1 Nr. 12 GG a. F. und n. F.**) ist ebenso wie der zum Bereich der ausschließlichen Gesetzgebung des Bundes gehörende Kompetenztitel »die Rechtsverhältnisse der im Dienste des Bundes und der bundesunmittelbaren Körperschaften des öffentlichen Rechtes stehenden Personen« (**Art. 73 Nr. 8 GG a. F. = Art. 73 Abs. 1 Nr. 8 GG n. F.**) unverändert geblieben. Jedoch ist die **Rahmengesetzgebung** als Typus der Gesetzgebung des Bundes durch die Aufhebung des Art. 75 GG a. F. gänzlich **entfallen** und damit auch die Befugnis Bundes, unter den Voraussetzungen des Art. 72 GG a. F. über »die Rechtsverhältnisse der im öffent-

---

4 Beschl. v. 3.10.57 – 2 BvL 7/56 –, BVerfGE 7, 120.
5 Vgl. *BVerwG* v. 18.9.03 – 6 P 2.03 –, PersR 03, 500.

Rahmenvorschriften § 94

lichen Dienste der Länder, Gemeinden und anderen Körperschaften des öffentlichen Rechtes stehenden Personen« Rahmenvorschriften für die Gesetzgebung der Länder zu erlassen (**Art. 75 Abs. 1 S. 1 Nr. 1 GG a. F.**). Insb. aus diesem Kompetenztitel war bislang das Recht des Bundes zum Erlass der im Zweiten Teil des BPersVG enthaltenen Vorschriften für die Personalvertretungen in den Ländern hergeleitet worden (vgl. Rn. 7). An die Stelle des Art. 75 Abs. 1 Nr. 1 GG a. F. ist **Art. 74 Abs. 1 Nr. 27 GG n. F.** getreten. Danach hat der Bund nunmehr die **konkurrierende Gesetzgebung** über »die Statusrechte und -pflichten der Beamten der Länder, Gemeinden und anderen Körperschaften des öffentlichen Rechts sowie der Richter in den Ländern mit Ausnahme der Laufbahnen, Besoldung und Versorgung«.

Welche Gesetzgebungskompetenzen dem Bund hinsichtlich der **Personalvertretung in den Ländern** nach der Föderalismusreform I noch zustehen, ist noch weitgehend ungeklärt. Das gilt insb. für die Frage, ob und inwieweit diese Materie vom neuen Kompetenztitel des **Art. 74 Abs. 1 Nr. 27 GG** (»Statusrechte und -pflichten der Beamten der Länder …«) erfasst ist. Die bisherigen Überlegungen sind v. a. deshalb unbefriedigend, weil sich mit ihnen Gesetzgebungskompetenzen des Bundes lediglich für die Personalvertretung der Beamten, nicht jedoch für alle Beschäftigten in den Ländern begründen lassen. Im Hinblick auf den mit der Föderalismusreform I verfolgten Zweck, die Personal- und Organisationshoheit der Länder zu stärken, ist zu erwarten, dass der Bund ihm zustehende Gesetzgebungskompetenzen auf dem Gebiet der Personalvertretung in den Ländern in absehbarer Zeit nicht offensiv nutzen wird. Dementsprechend bestimmt das Gesetz zur Regelung des Statusrechts der Beamtinnen und Beamten in den Ländern (**Beamtenstatusgesetz** – BeamtStG) v. 17.6.08[6] – geändert durch Art. 15 Abs. 15 DNeuG v. 5.2.09[7] – in seinem § 51 lediglich: »Die Bildung von Personalvertretungen zum Zweck der vertrauensvollen Zusammenarbeit zwischen der Behördenleitung und dem Personal ist unter Einbeziehung der Beamtinnen und Beamten zu gewährleisten.« Daran ist u. a. bemerkenswert, dass diese Regelung die Länder (nur) zur **Gewährleistung einer Personalvertretung** verpflichtet, **die das gesamte Personal (die Beamten und die Arbeitnehmer) repräsentiert**, und dass die Verpflichtung zur Einbeziehung der Beamten gesonderte Personalvertretungen der beiden Statusgruppen nicht zulässt.[8] Im Übrigen ist der Bundesgesetzgeber jedoch davon ausgegangen, dass die Kompetenz zur materiellen Gestaltung des PersVR bei den Ländern liegt.[9] Soweit die Gewährleistung der Personalvertretung die **Arbeitnehmer** betrifft, hat der Bund die Gesetzkompetenz dafür allerdings nach **Art. 74 Abs. 1 Nr. 12 GG** (»Arbeitsrecht einschließlich der Betriebsverfassung«).

6

---

6 BGBl. I S. 1010.
7 BGBl. I S. 160.
8 Vgl. BT-Drs. 16/4027, S. 35, zu § 52.
9 Vgl. BT-Drs. 16/4027, S. 40, zu C, letzter Abs.

§ 94 Rahmenvorschriften

Da § 51 BeamtStG – mit Ausnahme der (durch Art. 74 Abs. 1 Nr. 27 GG gedeckten) Einbeziehung der Beamten – zur Ausgestaltung der Personalvertretung keine Vorgaben macht, handelt es sich in Bezug auf die Arbeitnehmer um eine die Besonderheiten des öffentlichen Dienstes nicht berührende allgemeine arbeitsrechtliche Vorschrift, die wegen ihrer Beschränkung auf eine »reine Existenzgarantie«[10] kompetenzrechtlich unbedenklich ist.

7 Mit dem **Erlass des Zweiten Teils des BPersVG** (§§ 94–109) und den Änderungen einzelner Vorschriften dieses Teils in den Jahren 1974, 1986, 1988, 1994 und 2005 (vgl. Rn. 1) hat der Bund von seiner damaligen Kompetenz zur **Rahmengesetzgebung** Gebrauch gemacht (Art. 75 [Abs. 1 S. 1] Nr. 1 i. V. m. Art. 72 GG a. F.). Dabei konnte er sich indessen beim Erlass einzelner Vorschriften auch auf Kompetenztitel im Bereich der **konkurrierenden Gesetzgebung** stützen. Das gilt insb. für Vorschriften des Zweiten Kapitels (§§ 107–109), für die der Bund teilweise auch die Kompetenzen aus Art. 74 Nr. 12 und Art. 74a GG a. F. in Anspruch nehmen konnte (vgl. Rn. 10 u. § 107 Rn. 1).

8 Für das Schicksal jener Vorschriften des BPersVG, die vor der Föderalismusreform I aufgrund des weggefallenen Kompetenztitels in Art. 75 [Abs. 1 S. 1] Nr. 1 GG a. F. i. V. m. Art. 72 GG a. F. erlassen wurden, gelten **Übergangsvorschriften.** In Betracht kommen dabei die Übergangsvorschriften des Art. 125a GG (vgl. Rn. 9) oder die des Art. 125b GG (vgl. Rn. 10).

9 Der durch das Gesetz v. 28. 8. 06 (a. a. O.; vgl. Rn. 2) neugefasste **Art. 125a Abs. 1 GG** bestimmt, dass Recht, das als Bundesrecht erlassen worden ist, aber (u. a. wegen der Aufhebung des Art. 75 GG) **nicht mehr als Bundesrecht erlassen werden könnte,** als Bundesrecht fortgilt (S. 1), jedoch durch Landesrecht ersetzt werden kann (S. 2). Diese Übergangsvorschriften sind maßgebend, soweit die §§ 94 bis 109 BPersVG nicht auf andere (seit dem 1. 9. 06 bestehende) Kompetenztitel gestützt werden können. Soweit dies nicht der Fall ist, gelten die genannten Vorschriften des BPersVG (unbefristet) so lange als Bundesrecht weiter (mit der Folge, dass ihnen widersprechendes Landesrecht nach Art. 31 GG nichtig ist [vgl. Rn. 11]), bis sie **vom Landesgesetzgeber ersetzt** werden. Die Ersetzung des Bundesrechts erfordert, dass der Landesgesetzgeber die Materie in eigener Verantwortung regelt; dabei ist er nicht gehindert, ein weitgehend mit dem bisherigen Bundesrecht gleich lautendes Landesrecht zu erlassen.[11] Der Landesgesetzgeber ist befugt, die Ersetzung des Bundesrechts auf den abgrenzbaren Teilbereich einer Materie zu beschränken, soweit dabei eine unübersichtliche Gemengelage von Bundes- und Landesrecht vermieden wird.[12] Die Ersetzung kann nicht in einer Änderung des Bundesrechts,

---

10 BT-Drs. 16/4027, ebd.
11 *BVerfG* v. 9. 6. 04 – 1 BvR 636/02 –, NJW 04, 2363; vgl. auch *BVerwG* v. 29. 10. 09 – 2 C 82.08 –, NVwZ-RR 10, 243.
12 *BVerwG* v. 23. 6. 10 – 6 P 8.09 –, PersR 10, 442.

wohl aber in dessen bloßer Aufhebung bestehen.[13] Der maßgeblichen landesrechtlichen Norm muss aber zu entnehmen sein, dass eine Ersetzung vorgenommen wird.[14] Macht ein Landesgesetzgeber von dieser Ersetzungskompetenz Gebrauch, so gilt dies nur für das jeweilige Land. In den anderen Ländern, welche die fraglichen Vorschriften des BPersVG (noch) nicht ersetzt (oder aufgehoben) haben, gelten diese aber als partikulares Bundesrecht weiter.

Der durch das Gesetz v. 28.8.06 (a.a.O.; vgl. Rn. 2) eingefügte **Art. 125b Abs. 1 S. 1 GG** bestimmt, dass Recht, das aufgrund des Art. 75 GG in der bis 1.9.06 geltenden Fassung erlassen worden ist und das **auch nach diesem Zeitpunkt als Bundesrecht erlassen werden könnte**, als Bundesrecht fortgilt. Dies betrifft die §§ 94 bis 109 BPersVG, soweit diese auch auf Kompetenztitel gestützt werden können, die (spätestens seit dem 1.9.06) zum Bereich der ausschließlichen oder konkurrierenden Gesetzgebung des Bundes gehören. Einschlägig können insoweit folgende Kompetenztitel der konkurrierenden Gesetzgebung sein: **Art. 74 Abs. 1 Nr. 1 GG** (Gerichtsverfassung und gerichtliches Verfahren), **Art. 74 Abs. 1 Nr. 12 GG** (Arbeitsrecht, soweit es um Vorschriften geht, die nicht speziell die Belange des öffentlichen Dienstes betreffen) und **Art. 74 Abs. 1 Nr. 27 GG** (Statusrechte und -pflichten der Beamten der Länder ...). Durch einen dieser Kompetenztitel dürften folgende Vorschriften des Zweiten Teils des BPersVG gedeckt sein: **§ 100 Abs. 2** hinsichtlich des Arbeitnehmer durch Art. 74 Abs. 1 Nr. 12 GG, hinsichtlich der Beamten durch Art. 74 Abs. 1 Nr. 27 GG; **§ 106** durch Art. 74 Abs. 1 Nr. 1 GG; **§ 107 S. 1** hinsichtlich der Arbeitnehmer durch Art. 74 Abs. 1 Nr. 12 GG, hinsichtlich der Beamten durch Art. 74 Abs. 1 Nr. 27 GG; **§ 107 S. 2 i.V.m. § 9** durch Art. 74 Abs. 1 Nr. 12 GG und z.T. durch Art. 74 Abs. 1 Nr. 1 GG; **§ 108 Abs. 1** durch Art. 74 Abs. 1 Nr. 12 GG und z.T. durch Art. 74 Abs. 1 Nr. 1 GG; **§ 108 Abs. 2** durch Art. 74 Abs. 1 Nr. 12 GG.[15] Soweit Rahmenvorschriften des BPersVG nach dem S. 1 des Art. 125b Abs. 1 GG als Bundesrecht fortgelten, bleiben nach dessen S. 2 **Befugnisse und Verpflichtungen der Länder zur Gesetzgebung** bestehen. Diese Rahmenvorschriften bedürfen damit (weiterhin) der Umsetzung und Ausfüllung durch den Landesgesetzgeber, bis der Bundesgesetzgeber insoweit von seiner Befugnis zum Erlass von unmittelbar geltenden Rechtsvorschriften Gebrauch gemacht hat.

Landesgesetzliche Vorschriften, die im **Widerspruch zum Grundgesetz oder zu sonstigem Bundesrecht**, u.a. auch zu einer fortgeltenden Rahmenvorschrift des BPersVG, stehen, sind nach der **Kollisionsnorm des Art. 31 GG** nichtig (»Bundesrecht bricht Landesrecht«).

---
13 Vgl. hierzu u. zum Folgenden *Jarass/Pieroth*, Art. 125a Rn. 8.
14 Vgl. dazu *BVerwG* v. 23.6.10, a.a.O.
15 Im Einzelnen str.; vgl. KfdP-*Altvater*, § 94 Rn. 11, § 100 Rn. 1, § 106 Rn. 1, § 107 Rn. 1, 3f., § 108 Rn. 1.

Darüber kann allerdings nur das **Bundesverfassungsgericht** entscheiden. Dies kann insb. im Verfahren der konkreten Normenkontrolle geschehen: Hält ein Gericht eine landesgesetzliche Bestimmung, auf deren Gültigkeit es bei der Entscheidung in einem bei ihm anhängigen Rechtsstreit ankommt, für unvereinbar mit einer bundesrechtlichen Vorschrift, so hat es nach Art. 100 Abs. 1 GG das Verfahren auszusetzen und die Entscheidung des Bundesverfassungsgerichts einzuholen.[16]

12 Da sich die Rahmenvorschriften der §§ 95 bis 106 ausschließlich an die Landesgesetzgeber richten, werden sie im Rahmen dieses Basiskommentars **nicht erläutert**. Eine Ausnahme gilt jedoch für § 104, weil er für die verfassungsrechtlichen Grenzen der Personalvertretung bedeutsam ist.

§ 95 [Personalvertretungen, Jugend- und Auszubildendenvertretungen, Schwerbehindertenvertretung]

(1) In den Verwaltungen und Betrieben der Länder, Gemeinden, Gemeindeverbände und der sonstigen nicht bundesunmittelbaren Körperschaften, Anstalten und Stiftungen des öffentlichen Rechts sowie in den Gerichten der Länder werden Personalvertretungen gebildet; für Beamte im Vorbereitungsdienst und Beschäftigte in entsprechender Berufsausbildung, Staatsanwälte, Polizeibeamte und Angehörige von Rundfunk- und Fernsehanstalten sowie von Dienststellen, die bildenden, wissenschaftlichen oder künstlerischen Zwecken dienen, können die Länder eine besondere Regelung unter Beachtung des § 104 vorsehen.

(2) ¹In den einzelnen Dienststellen ist die Bildung von Jugend- und Auszubildendenvertretungen vorzusehen. ²Einem Vertreter der Jugend- und Auszubildendenvertretung ist die Teilnahme an allen Sitzungen der Personalvertretung mit beratender Stimme zu gestatten. ³Die Länder haben zu regeln, in welchen Fällen der gesamten Jugend- und Auszubildendenvertretung ein Teilnahmerecht mit beratender Stimme und in welchen Fällen ihr das Stimmrecht in der Personalvertretung einzuräumen ist.

(3) Der Schwerbehindertenvertretung ist die Teilnahme an allen Sitzungen der Personalvertretung zu gestatten.

§ 96 [Aufgaben der Gewerkschaften und Arbeitgebervereinigungen]

Die Aufgaben der Gewerkschaften und der Vereinigungen der Arbeitgeber werden durch das Personalvertretungsrecht nicht berührt.

---

16 Vgl. KfdP-*Altvater*, Rn. 14.

§ 97 [Verbot abweichender Regelung]

Durch Tarifvertrag oder Dienstvereinbarung darf eine von den gesetzlichen Vorschriften abweichende Regelung des Personalvertretungsrechts nicht zugelassen werden.

§ 98 [Wahlgrundsätze, Gruppen und Geschlechter]

(1) Die Personalvertretungen werden in geheimer und unmittelbarer Wahl und bei Vorliegen mehrerer Wahlvorschläge nach den Grundsätzen der Verhältniswahl gewählt.

(2) Sind in einer Dienststelle Angehörige verschiedener Gruppen wahlberechtigt, so wählen die Angehörigen jeder Gruppe ihre Vertreter in getrennten Wahlgängen, sofern nicht die Mehrheit der Wahlberechtigten jeder Gruppe in getrennter geheimer Abstimmung die gemeinsame Wahl beschließt.

(3) Über Angelegenheiten, die nur die Angehörigen einer Gruppe betreffen, kann die Personalvertretung nicht gegen den Willen dieser Gruppe beschließen.

(4) Die Geschlechter sollen in den Personalvertretungen und den Jugend- und Auszubildendenvertretungen entsprechend dem Zahlenverhältnis vertreten sein.

§ 99 [Schutz der Personalvertretungen und Jugend- und Auszubildendenvertretungen]

(1) Wahl und Tätigkeit der Personalvertretungen und der Jugendvertretungen oder der Jugend- und Auszubildendenvertretungen dürfen nicht behindert oder in einer gegen die guten Sitten verstoßenden Weise beeinflußt werden.

(2) Mitglieder der Personalvertretungen und der Jugendvertretungen oder der Jugend- und Auszubildendenvertretungen dürfen gegen ihren Willen nur versetzt oder abgeordnet werden, wenn dies aus wichtigen dienstlichen Gründen auch unter Berücksichtigung der Mitgliedschaft in der Personalvertretung oder der Jugendvertretung sowie der Jugend- und Auszubildendenvertretung unvermeidbar ist und die Personalvertretung zustimmt.

§ 100 [Ehrenamt, Verbot wirtschaftlicher Nachteile, Kostentragung]

(1) Die Mitglieder der Personalvertretungen führen ihr Amt unentgeltlich als Ehrenamt.

(2) Durch die Wahl und die Tätigkeit der Personalvertretungen dürfen den Beschäftigten wirtschaftliche Nachteile nicht entstehen.

§§ 101–104 Rahmenvorschriften

(3) Die durch die Wahl und die Tätigkeit der Personalvertretungen entstehenden Kosten trägt die Verwaltung.

§ 101 [Sitzungen, Schweigepflicht, Unterlagen]

(1) Die Sitzungen der Personalvertretungen sind nicht öffentlich.

(2) Personen, die Aufgaben oder Befugnisse nach dem Personalvertretungsrecht wahrnehmen oder wahrgenommen haben, haben über die ihnen dabei bekanntgewordenen Angelegenheiten und Tatsachen Stillschweigen zu bewahren.

(3) ¹Den Personalvertretungen sind auf Verlangen die zur Durchführung ihrer Aufgaben erforderlichen Unterlagen zur Verfügung zu stellen. ²Personalakten dürfen Mitgliedern der Personalvertretungen nur mit Zustimmung des Beschäftigten vorgelegt werden.

§ 102 [Neuwahl, Auflösung, Ausschluss]

(1) Die Personalvertretungen sind in angemessenen Zeitabständen neu zu wählen.

(2) ¹Die Personalvertretungen können wegen grober Vernachlässigung ihrer gesetzlichen Befugnisse oder wegen grober Verletzung ihrer gesetzlichen Pflichten durch gerichtliche Entscheidung aufgelöst werden. ²Das gleiche gilt für den Ausschluß einzelner Mitglieder.

§ 103 [Überwachungspflicht]

Die Personalvertretungen haben darauf hinzuwirken, daß die zugunsten der Beschäftigten geltenden Vorschriften und Bestimmungen durchgeführt werden.

§ 104 [Beteiligungsrechte]

¹Die Personalvertretungen sind in innerdienstlichen, sozialen und personellen Angelegenheiten der Beschäftigten zu beteiligen; dabei soll eine Regelung angestrebt werden, wie sie für Personalvertretungen in Bundesbehörden in diesem Gesetz festgelegt ist. ²Für den Fall der Nichteinigung zwischen der obersten Dienstbehörde und der zuständigen Personalvertretung in Angelegenheiten, die der Mitbestimmung unterliegen, soll die Entscheidung einer unabhängigen Stelle vorgesehen werden, deren Mitglieder von den Beteiligten bestellt werden. ³Entscheidungen, die wegen ihrer Auswirkungen auf das Gemeinwesen wesentlicher Bestandteil der Regierungsgewalt sind, insbesondere Entscheidungen

in personellen Angelegenheiten der Beamten,

über die Gestaltung von Lehrveranstaltungen im Rahmen des Vorbereitungsdienstes einschließlich der Auswahl der Lehrpersonen

und in organisatorischen Angelegenheiten,

dürfen jedoch nicht den Stellen entzogen werden, die der Volksvertretung verantwortlich sind.

Die Rahmenvorschriften des § 104 könnten seit der am 1.9.06 in Kraft getretenen **Föderalismusreform I** nicht mehr als Bundesrecht erlassen werden. Sie gelten aber gem. Art. 125a Abs. 1 GG als **Bundesrecht** fort, **solange und soweit** sie **nicht durch Landesrecht ersetzt** worden sind. Solange und soweit dies nicht geschehen ist, sind die Landesgesetzgeber bei der Regelung ihres LPersVR an die Vorschriften des § 104 gebunden (vgl. § 94 Rn. 8 ff.). **1**

S. 1 Hs. 1 bestimmt, dass die Personalvertretungen in innerdienstlichen, sozialen und personellen Angelegenheiten der Beschäftigten zu beteiligen sind. **Soziale Angelegenheiten** betreffen die Arbeitsbedingungen der Beschäftigten, **personelle Angelegenheiten** deren Status sowie dienstliche Stellung und Verwendung. **Innerdienstliche Angelegenheiten** sind auch dann einer Beteiligung zu unterwerfen, wenn es sich bei ihnen nicht zugleich um soziale oder personelle Angelegenheiten handelt. Das trifft insb. auf organisatorische und wirtschaftliche Angelegenheiten zu, von denen die Beschäftigten berührt werden. **1a**

Die in **S. 1 Hs. 2** enthaltene Soll-Vorschrift, hinsichtlich der Beteiligung eine Regelung anzustreben, wie sie für Personalvertretungen in Bundesbehörden im Ersten Teil des BPersVG festgelegt ist, versteht das *BVerfG* lediglich als eine allgemeine **Empfehlung** an den Landesgesetzgeber.[17] Die Vorschrift lässt diesem einen **weiten Spielraum,** der sich sowohl auf die Festlegung des Kreises der Angelegenheiten, in denen die Personalvertretung zu beteiligen ist, als auch auf den Inhalt, den Umfang und die Intensität einzelner Beteiligungsrechte für bestimmte Angelegenheiten bezieht.[18] Die Länder können deshalb unter Beachtung der verfassungsrechtlichen Grenzen **weitergehende Beteiligungsregelungen** schaffen, als sie das Fünfte Kapitel des Ersten Teils des BPersVG für die Beteiligung der Personalvertretungen im Bundesdienst enthält.[19] Allerdings hat das *BVerfG* mit dem Beschl. v. 24.5.95[20] trotz grundsätzlicher Anerkennung des gesetzgeberischen Entscheidungsspielraums einschl. des zu wählenden Mitbestimmungsmodells die verfassungsrechtlichen Grenzen für die Mitbestimmung erheblich eingeengt (vgl. Rn. 5). Anderseits ist es den Ländern aufgrund **2**

---

17 Beschl. v. 27.3.79 – 2 BvL 7/77 –, PersV 79, 328.
18 *BVerwG* v. 7.11.06 – 6 PB 15.06 –, PersR 07, 41, m.w.N.
19 *BVerwG* v. 12.12.79 – 6 P 7.79 –, PersV 81, 287; *BAG* v. 20.2.02 – 7 AZR 707/00 –, PersR 02, 355, m.w.N.
20 2 BvF 1/92, PersR 95, 483.

§ 104 Rahmenvorschriften: Beteiligungsrechte

der Soll-Vorschrift des S. 1 Hs. 2 auch gestattet, das Mitbestimmungsniveau des Ersten Teils des BPersVG zu unterschreiten. Gleichwohl sind ihnen **Grenzen nach unten** gesetzt. Sie müssen zur Gewährleistung der Personalvertretung als Organ zur Vertretung der Interessen der Beschäftigten ein **Minimum beteiligungsbedürftiger Angelegenheiten** festlegen und ggf. weitergehende landesverfassungsrechtliche Vorgaben beachten.[21]

3 Der in S. 1 Hs. 1 verwendete Begriff »**beteiligen**« ist als Oberbegriff zu verstehen, der verschiedene Beteiligungsarten umfasst, insb. die Formen der Mitbestimmung, Mitwirkung, Beratung und Anhörung.[22] Bei der Festlegung der Qualität der Beteiligung sind die Länder nicht völlig frei. Der als Soll-Vorschrift gefasste S. 2 schreibt ihnen nämlich vor, die Einrichtung einer **unabhängigen Einigungsstelle** für die Fälle vorzusehen, in denen sich die oberste Dienstbehörde und die zuständige Personalvertretung in den der Mitbestimmung unterliegenden Angelegenheiten nicht selbst einigen können. Diese Vorschrift verdeutlicht, dass das Wesen der betrieblichen Mitbestimmung darin besteht, dass bei Nichteinigung zwischen Personalvertretung und Dienststelle der Einigungsstelle das letzte Wort zukommt.[23] Ein **Kernbereich** von Angelegenheiten soll danach der Mitbestimmung unterliegen und zur **Letztentscheidungskompetenz** der Einigungsstelle gehören.[24] Es bleibt den Ländern überlassen, die **Bezeichnung** der unabhängigen Stelle (Einigungsstelle, Vermittlungsstelle) festzulegen, ihre **ständige** Einrichtung oder ihre Bildung **von Fall zu Fall** vorzusehen und das anzuwendende **Verfahren** zu bestimmen.[25] Die Landesgesetzgeber haben auch die Einzelheiten der **Besetzung** der Einigungsstelle zu regeln. Dabei müssen sie allerdings beachten, dass die Mitglieder der Einigungsstelle nach der Rahmenvorschrift des S. 2 »von den Beteiligten bestellt werden«. Sie müssen auch dem im Begriff der Mitbestimmung enthaltenen Grundsatz der Parität Rechnung tragen und das Auflösen von Pattsituationen ermöglichen. Die Einigungsstelle muss deshalb je zur Hälfte aus von der obersten Dienstbehörde und der zuständigen Personalvertretung bestellten Beisitzern und aus einem unparteiischen Vorsitzenden bestehen, dessen Person von beiden Seiten gemeinsam oder – bei Nichteinigung – von einer neutralen Stelle bestimmt wird (vgl. § 71 Abs. 1).

4 S. 3 bestimmt, dass Entscheidungen, die wegen ihrer Auswirkungen auf das Gemeinwesen wesentlicher Bestandteil der Regierungsgewalt sind, nicht den Stellen entzogen werden dürfen, die der Volksvertretung verantwortlich sind. Er enthält einen **beispielhaften Katalog** der Angelegenheiten, die dem Letztentscheidungsrecht der Einigungsstelle entzogen sind. Das

---

21 Vgl. BVerwG v. 7.11.06, a.a.O.; str.; dazu KfdP-*Altvater/Peiseler*, Rn. 13 m.w.N.
22 BVerwG v. 12.1.62 – VII P 1.60 –, PersV 62, 160.
23 BVerwG v. 9.7.80 – 6 P 73.78 –, PersV 81, 369.
24 Str.; wie hier BVerwG v. 7.11.06 – 6 PB 15.06 –, PersR 07, 41; vgl. KfdP-*Altvater/Peiseler*, Rn. 15 m.w.N.
25 Hierzu u. zum Folgenden KfdP-*Altvater/Peiseler*, Rn. 17f.

BPersVG definiert zwar nicht, was unter Entscheidungen, die wegen ihrer Auswirkungen auf das Gemeinwesen **wesentlicher Bestandteil der Regierungsgewalt** sind, und was unter den in der Insbesondere-Aufzählung genannten Angelegenheiten zu verstehen ist. Der Bundesgesetzgeber hat jedoch ersichtlich an das zum BremPersVG v. 3.12.57[26] ergangene **Urteil des *BVerfG* v. 27.4.59** – 2 BvF 2/58 –[27] angeknüpft, das den Grundsatz der parlamentarischen Verantwortlichkeit der Regierung hervorgehoben hatte. Er wollte damit die aus dem Grundgesetz abzuleitenden verfassungsrechtlichen Begrenzungen der Mitbestimmung verdeutlichen, nicht jedoch zusätzliche, verfassungsrechtlich nicht gebotene Schranken der Mitbestimmung aufrichten.[28] Dies sprach zunächst für eine **enge Auslegung** der der vollen Mitbestimmung entzogenen Angelegenheiten. Davon ausgehend sind **personelle Angelegenheiten der Beamten** i.S.v. S. 3 nur solche Angelegenheiten, die den Beamtenstatus begründen oder zumindest potentiell verändern, insb. Einstellung, Anstellung, Beförderung und Versetzung sowie Beurteilung und Maßnahmen, die die Laufbahn des Beamten bestimmen. Die Fallgruppe »**Lehrveranstaltungen im Rahmen des Vorbereitungsdienstes**« soll der Verantwortung des Dienstherrn für die Ausbildung des Beamtennachwuchses und für die Gewährleistung eines leistungsfähigen Berufsbeamtentums Rechnung tragen. Die genannten Lehrveranstaltungen sind darauf gerichtet, das zur Erreichung des Ausbildungsziels notwendige Wissen und die dazu erforderlichen praktischen Kenntnisse und Fertigkeiten zu vermitteln. Ihrer Gestaltung dienen Regelungen, die Inhalt, Umfang und Ablauf der Ausbildung festlegen.[29] Die nach dem Willen des Gesetzgebers des BPersVG 1974 gebotene enge Auslegung des Begriffs der **organisatorischen Angelegenheiten** spricht dafür, darunter nur diejenigen Maßnahmen zu verstehen, die die Bildung, Änderung und Auflösung der Dienststellen und ihre Stellung in der Verwaltungsorganisation betreffen, nicht jedoch arbeitsorganisatorische Maßnahmen, die in die institutionelle Organisation nicht eingreifen. Das *BVerwG* hat jedoch seit 1980 in st. Rspr. den Standpunkt vertreten, dass **Maßnahmen, die über den innerdienstlichen Bereich hinauswirken** und auf die nach außen zu erfüllenden Aufgaben der Dienststelle in nicht nur unerheblicher Weise einwirken, organisatorische Angelegenheiten i.S.d. S. 3 sind.[30]

Das *BVerfG* hat in seinem **Beschluss v. 24.5.95**[31] zum Mitbestimmungsgesetz Schleswig-Holstein (MBG Schl-H) v. 11.12.90[32] für die Beantwortung der Frage, welche Grenzen das Demokratieprinzip der Mitbestim- 5

---

26 GBl. S. 161.
27 AP PersVG Bremen § 59 Nr. 1.
28 Hierzu u. zum Folgenden KfdP-*Altvater/Peiseler*, Rn. 20–23.
29 Vgl. *BVerwG* v. 7.12.78 – 6 P 12.78 –, PersV 79, 507.
30 Vgl. z.B. Beschl. v. 17.7.87 – 6 P 6.85 –, PersR 87, 220.
31 2 BvF 1/92, PersR 95, 483.
32 GVOBl. S. 577.

§ 104 Rahmenvorschriften: Beteiligungsrechte

mung der Personalvertretung setzt und wann demnach die Einigungsstelle verbindliche Entscheidungen treffen darf, in Abweichung von dem bisherigen Inhalt der Rahmenvorschrift des S. 3 eine **grundsätzlich neue Abgrenzung** vorgenommen. Der wesentliche Inhalt der Entscheidungsgründe dieses Beschlusses lässt sich wie folgt zusammenfassen:

- In der freiheitlichen Demokratie gehe alle Staatsgewalt vom Volke aus. Deshalb bedürfe die **Ausübung von Staatsgewalt** in Form jeglichen amtlichen Handelns mit Entscheidungscharakter der demokratischen Legitimation. Das demokratische Prinzip lasse es zwar zu, dass der Staat (einschl. der Kommunen) seinen Beschäftigten eine – in gewissem Umfang auch mitentscheidende – Beteiligung zur Wahrung ihrer Belange und zur Mitgestaltung ihrer Arbeitsbedingungen einräume. Dem Gesetzgeber seien dabei aber durch das **Erfordernis hinreichender demokratischer Legitimation** Grenzen gesetzt.

- In welcher Art und in welchen Fällen die Mitbestimmung oder eine andere Form der Beteiligung der Personalvertretung verfassungsrechtlich zulässig sei, müsse unter Würdigung der Bedeutung der beteiligungspflichtigen Maßnahmen sowohl für die Arbeitssituation der Beschäftigten und deren Dienstverhältnis als auch für die Erfüllung des Amtsauftrags bestimmt werden: Die Mitbestimmung dürfe sich einerseits nur auf innerdienstliche Maßnahmen erstrecken und nur so weit gehen, wie die spezifischen in dem Beschäftigungsverhältnis angelegten Interessen der Angehörigen der Dienststelle sie rechtfertigten **(Schutzzweckgrenze)**. Andererseits verlange das Demokratieprinzip für die Ausübung von Staatsgewalt bei Entscheidungen von Bedeutung für die Erfüllung des Amtsauftrags jedenfalls, dass die Letztentscheidung eines dem Parlament verantwortlichen Verwaltungsträgers gesichert sei **(Verantwortungsgrenze)**.

- Bei der Regelung von Angelegenheiten, die in ihrem Schwerpunkt die Beschäftigten in ihrem Beschäftigungsverhältnis beträfen, typischerweise aber nicht oder nur unerheblich die Wahrnehmung von Amtsaufgaben gegenüber dem Bürger berührten (»**Gruppe a**«), gestatte das Demokratieprinzip eine weitreichende Mitwirkung der Beschäftigten. Hierzu seien soziale Angelegenheiten, wie sie in § 75 Abs. 2 BPersVG umschrieben seien, und etwa der in § 75 Abs. 3 (ausgenommen die Nr. 10, 14 u. 17) BPersVG umschriebene Kreis innerdienstlicher Angelegenheiten zu rechnen. Der Gesetzgeber könne vorsehen, dass solche Maßnahmen an die Mitbestimmung der Personalvertretung gebunden und, sofern Dienststelle und Personalvertretung nicht zu einer Einigung gelangen, der **Entscheidung einer weisungsunabhängigen Einigungsstelle** überlassen würden. Auch in diesen Fällen müssten aber – so das *BVerfG* unter Hinweis auf § 104 S. 3 BPersVG – Entscheidungen, die im Einzelfall wegen ihrer Auswirkungen auf das Gemeinwohl wesentlicher Bestandteil der Regierungsgewalt seien, einem parlamentarisch verantwortlichen Amtsträger vorbehalten bleiben. Dies könne in Gestalt eines

Rahmenvorschriften: Beteiligungsrechte § 104

Evokationsrechts geschehen, also eines Rechts, die Entscheidung an sich zu ziehen (»**Legitimationsniveau 1**«).

- Maßnahmen, die den Binnenbereich des Beschäftigungsverhältnisses beträfen, die Wahrnehmung des Amtsauftrags jedoch typischerweise nicht nur unerheblich berührten (»**Gruppe b**«), bedürften eines höheren Maßes an demokratischer Legitimation. Zu solchen Maßnahmen seien etwa die in § 75 Abs. 3 Nr. 14 und 17, § 78 Abs. 1 Nr. 1 BPersVG genannten Maßnahmen zu rechnen. Die Kompetenz einer **Einigungsstelle** zur abschließenden Entscheidung könne hier nur unter der Voraussetzung hingenommen werden, dass die **Mehrheit ihrer Mitglieder uneingeschränkt personell demokratisch legitimiert** sei und die Entscheidung darüber hinaus von einer Mehrheit der so legitimierten Mitglieder getragen werde (Prinzip der doppelten Mehrheit) oder dass ein **Letztentscheidungsrecht eines parlamentarisch verantwortlichen Amtsträgers** vorgesehen werde, dessen Ausübung insoweit nicht von der Darlegung abhängig gemacht werden dürfe, dass der jeweilige Mitbestimmungsfall wegen seiner Auswirkungen auf das Gemeinwohl Bestandteil der Regierungsgewalt sei (»**Legitimationsniveau 2**«).

- Innerdienstliche Maßnahmen, insb. organisatorische, personelle und – in Einzelfällen – soziale Maßnahmen, die schwerpunktmäßig die Erledigung von Amtsaufgaben beträfen, unvermeidlich aber auch die Interessen der Beschäftigten berührten (»**Gruppe c**«), seien stets von so großer Bedeutung für die Erfüllung des Amtsauftrags, dass die parlamentarische Verantwortlichkeit der Regierung für sie keine substanzielle Einschränkung erfahren dürfe. Solche Maßnahmen dürften nicht auf Stellen zur Alleinentscheidung übertragen werden, für die Parlament und Regierung nicht verantwortlich seien. Sollten in diesen Fällen Personalvertretung und Einigungsstelle in die Willensbildung und Entscheidungsfindung einbezogen werden, so könne dies – jedenfalls auf der letzten Stufe – allenfalls in der Form der sog. **eingeschränkten Mitbestimmung** geschehen (vgl. § 69 Abs. 4 S. 3 u. 4 BPersVG). Die Entscheidung der **Einigungsstelle** dürfe nur den Charakter einer **Empfehlung an die zuständige Dienstbehörde** haben. Zu den hier in Rede stehenden Maßnahmen gehörten insb. solche der Personalpolitik, also alle Maßnahmen, die den Rechtsstatus von Beamten, Angestellten und Arbeitern des öffentlichen Dienstes beträfen (vgl. z. B. § 75 Abs. 1, §§ 76, 78 Abs. 1 Nr. 2 bis 4, § 79 BPersVG), sowie alle organisatorischen Maßnahmen der Dienststelle, die für die Wahrnehmung des Amtsauftrags von erheblicher Bedeutung seien (»**Legitimationsniveau 3**«).

- Die Verfassung gebe weder ein bestimmtes Mitbestimmungsmodell noch im Einzelnen die Abgrenzung der Bereiche vor, in denen innerdienstliche Maßnahmen nur unerhebliche, nicht nur unerhebliche und schließlich erhebliche Auswirkungen auf die Wahrnehmung der Aufgaben der öffentlichen Verwaltung hätten. Dem **Gesetzgeber** verbleibe **Entscheidungsspielraum** auch insoweit, als er der unterschiedlichen Bedeutung

649

§ 104 Rahmenvorschriften: Beteiligungsrechte

Bedeutung von Maßnahmen im Bereich der Verwaltung für die Erfüllung des Amtsauftrags durch unterschiedliche Formen der Beteiligung der Personalvertretung an ihrem Zustandekommen Rechnung tragen könne.

6 Die Entscheidung v. 24. 5. 95[33] (Rn. 5) überzeugt nicht. In der **Kritik** an ihr wird zu Recht betont, dass das *BVerfG* weit über den Anlassfall hinaus undifferenzierte Grenzen in bewährte Mitbestimmungsstrukturen gezogen und eine »Generalabrechnung« mit der Mitbestimmung im öffentlichen Dienst vorgenommen hat, ohne sich mit den Argumenten der Befürworter des MBG Schl-H auseinanderzusetzen und ohne auf die verfassungsrechtlichen Gründe einzugehen, die es in seiner bisherigen Rspr.[34] zugunsten der Mitbestimmung angeführt hatte.[35] Vor allem aber ist der **staatsrechtliche Ansatz** der Entscheidung zu kritisieren: Die Funktion der Personalvertretungen besteht darin, die auf die Arbeits- und Dienstverhältnisse bezogenen Interessen der Beschäftigten gegenüber dem Staat in dessen Eigenschaft als öffentlicher Arbeitgeber wahrzunehmen. Da sich Aufgaben der Personalvertretungen nicht auf das Verhältnis zwischen dem Staat und den Bürgern, sondern auf das Verhältnis zwischen dem Staat als Arbeitgeber einerseits und den Beschäftigten des öffentlichen Dienstes als Arbeitnehmer oder Beamte andererseits beziehen, bedürfen die Personalvertretungen nicht der Legitimation durch das Volk, sondern der durch die Personalratswahlen vermittelten Legitimation durch jene Beschäftigten, deren arbeitsbezogene Interessen sie durch die Beteiligung in innerdienstlichen, sozialen und personelle Angelegenheiten vertreten sollen.

7 Die Frage nach den Auswirkungen des Beschlusses des *BVerfG* v. 24. 5. 95[36] (Rn. 5 f.) hat in der **personalvertretungsrechtlichen Rspr.** eine erhebliche Rolle gespielt. Weitreichende Folgerungen hat dabei inzwischen das *BVerwG* gezogen. Zunächst hatte es für jene **Fälle, in denen der jeweilige Landesgesetzgeber** nach der verfassungsgerichtlichen Rspr. **gebotene Einschränkungen des Mitbestimmungsrechts nicht normiert hat**, unter Hinweis auf die tragenden Gründe des Beschlusses des *BVerfG* v. 24. 5. 95 wiederholt die Auffassung vertreten, mit Blick auf § 104 S. 3 BPersVG sei ein Mitbestimmungsrecht ganz ausgeschlossen.[37] Diese Rspr. hat es im Jahre 2002 aufgegeben. Es hat seither wiederholt entschieden, dass in den Fällen, in denen das demokratische Prinzip nach der Rspr. des *BVerfG* der uneingeschränkten Mitbestimmung entgegensteht, die im jeweiligen Gesetz enthaltenen **Vorschriften über die eingeschränkte**

---

33 2 BvF 1/92 –, PersR 95, 483.
34 So im Beschl. v. 26. 5. 70 – 2 BvR 311/67 –, AP GG Art. 9 Nr. 18.
35 Vgl. KfdP-*Altvater/Peiseler*, Rn. 30.
36 2 BvF 1/92, PersR 95, 483.
37 Vgl. Beschl. v. 23. 8. 00 – 6 P 12.99 – u. v. 3. 12. 01 – 6 P 12.00 –, PersR 01, 20, u. 02, 163.

Mitbestimmung entsprechend angewendet werden können.[38] Des Weiteren hat es für jene Fälle, in denen ein im PersVG vorgesehenes, mit dem Letztentscheidungsrecht der Einigungsstelle verbundenes uneingeschränktes Mitbestimmungsrecht auch nach der Rspr. des *BVerfG* grundsätzlich verfassungsgemäß ist, entschieden, dass das im PersVG verwirklichte Modell der eingeschränkten Mitbestimmung auch dann analog anzuwenden ist, wenn die beabsichtigte mitbestimmungspflichtige **Maßnahme im Einzelfall die Regierungsverantwortung berührt**.[39] Das *BVerwG* hat sich zu der im Jahr 2002 vorgenommenen Korrektur seiner Rspr. insb. auch durch den **Beschluss des *BVerfG (4. Kammer des 2. Senats)* v. 20.7.01** – 2 BvL 8/00 –[40] veranlasst gesehen, wonach die Fachgerichte Lösungen suchen sollen, in denen das Instrument der **verfassungskonformen Auslegung** bis an seine Grenzen ausgeschöpft wird. Die neuere Rspr. des *BVerwG* ist allerdings schon **im Ansatz problematisch**, weil sie dem klaren Wortlaut der einschlägigen gesetzlichen Vorschriften widerspricht und eindeutige gesetzgeberische Entscheidungen über die Ausgestaltung des jeweiligen Mitbestimmungssystems korrigiert.[41]

§ 105 [Gleichheitsbehandlungsgrundsatz, politische Betätigung]

¹**Die Personalvertretungen haben gemeinsam mit dem Leiter der Dienststelle für eine sachliche und gerechte Behandlung der Angelegenheiten der Beschäftigten zu sorgen.** ²**Insbesondere darf kein Beschäftigter wegen seiner Abstammung, Religion, Nationalität, Herkunft, politischen oder gewerkschaftlichen Betätigung oder Einstellung, wegen seines Geschlechtes oder wegen persönlicher Beziehungen bevorzugt oder benachteiligt werden.** ³**Der Leiter der Dienststelle und die Personalvertretung haben jede parteipolitische Betätigung in der Dienststelle zu unterlassen; die Behandlung**

---

38 Insb. Beschl. v. 24.4.02 – 6 P 3.01 – u. – 6 P 4.01 –, PersR 02, 395 u. 398, zum **HmbPersVG**; v. 18.6.02 – 6 P 12.01 –, PersR 02, 467, zum **LPVG NW**; v. 18.5.04 – 6 P 13.03 – u. v. 13.10.09 – 6 P 15.08 –, PersR 04, 349, u. 09, 501, zum **LPVG BW**; Beschl. v. 2.6.10 – 6 P 9.09 – u. v. 4.6.10 – 6 PB 4.10 –, PersR 10, 354 u. 361, zum **BlnPersVG**.
39 *BVerwG* v. 30.6.05 – 6 P 9.04 –, PersR 05, 416, zu § 75 Abs. 3 Nr. 1 u. § 69 Abs. 4 S. 3 u. 4 BPersVG.
40 PersR 02, 198; näher dazu *Altvater*, PersR 02, 192.
41 Zur Frage, welche **Bindungswirkung für Bundes- und Landesgesetzgeber** die tragenden Gründe der Entscheidung des *BVerfG* v. 24.5.95 (a. a. O. [Rn. 5]) haben und ob und inwieweit sich daraus die Notwendigkeit der Novellierung des BPersVG und der LPersVG ergibt, vgl. vor § 66 Rn. 10 u. KfdP-*Altvater/Peiseler*, Rn. 31. Unter (teilweiser) Berufung auf die Entscheidung **haben zwölf Länder ihr PersVG novelliert**: Nds 1997; Sachs 1998; Hess u. Schl-H 1999; RP 2000; Thür 2001; LSA 2003; Hmb 2006; Bay u. NW 2007; Bln 2008; BW 2010 (vgl. dazu KfdP-*Altvater*, Einl. Rn. 28 ff. m. N.).

§ 106 Rahmenvorschriften

von Tarif-, Besoldungs- und Sozialangelegenheiten wird hierdurch nicht berührt.

§ 106 [Zuständigkeit der Verwaltungsgerichte]

Zu gerichtlichen Entscheidungen sind die Verwaltungsgerichte berufen.

Zweites Kapitel
Unmittelbar für die Länder geltende Vorschriften

§ 107 [Behinderungs-, Benachteiligungs- und Begünstigungsverbot, Übernahme von Auszubildenden]

¹Personen, die Aufgaben oder Befugnisse nach dem Personalvertretungsrecht wahrnehmen, dürfen darin nicht behindert und wegen ihrer Tätigkeit nicht benachteiligt oder begünstigt werden; dies gilt auch für ihre berufliche Entwicklung. ²§ 9 gilt entsprechend.

Die Vorschriften des § 107 sind ebenso wie die der §§ 108 und 109 keine von den Landesgesetzgebern erst umzusetzenden Rahmenvorschriften, sondern **unmittelbar geltende Rechtsnormen** (vgl. § 94 Rn. 4). Bei ihrem Erlass im Jahr 1974 ergab sich die **Gesetzgebungskompetenz des Bundes** nicht nur aus **Art. 75 Nr. 1 GG a. F.**, sondern auch aus **Art. 74 Nr. 12 GG a. F.**, soweit die Vorschriften Arbeitnehmer betreffen und einen arbeitsrechtlichen Inhalt haben, sowie aus **Art. 74a GG a. F.**, soweit die Vorschriften die Besoldung und Versorgung von Beamten regeln. Die Auswirkungen der am 1.9.06 in Kraft getretenen **Föderalismusreform I** sind differenziert zu sehen (vgl. unten Rn. 2f., § 108 Rn. 1 u. § 109 Rn. 1). 1

§ 107 S. 1 enthält eine Schutzvorschrift, die inhaltlich mit § 8 übereinstimmt und die Rahmenvorschrift des § 99 Abs. 1 ergänzt. Sie könnte aufgrund von **Art. 74 Abs. 1 Nr. 12 und 27 GG** auch nach dem 1.9.06 als Bundesrecht erlassen werden und gilt gem. Art. 125b Abs. 1 S. 1 GG als Bundesrecht fort, ohne dass sie durch Landesrecht ersetzt werden kann.[1] 2

Nach **§ 107 S. 2** gelten die Bestimmungen des § 9 über den besonderen Schutz der in Ausbildung stehenden Mitglieder und ehemaligen Mitglieder einer Personalvertretung oder JAV entsprechend. Die Verweisungsvorschrift des § 107 S. 2 könnte aufgrund des **Art. 74 Abs. 1 Nr. 12 GG** auch nach dem 1.9.06 als Bundesrecht erlassen werden; sie gilt gem. Art. 125b Abs. 1 S. 1 GG als Bundesrecht fort, ohne dass sie durch Landesrecht ersetzt werden kann.[2] Ruft der Arbeitgeber nach dem entsprechend anwendbaren § 9 Abs. 4 das **Verwaltungsgericht** an, so sind für dessen **Besetzung** und das anzuwendende **Verfahren** die für sonstige Streitigkeiten aus dem jeweiligen LPersVG geltenden Regelungen maßge- 3

---

[1] Str.; a. A. *BAG* v. 7.11.07 – 7 AZR 820/06 –, PersR 08, 203; vgl. § 94 Rn. 8, 10; KfdP-*Altvater*, Rn. 3 m.w.N.
[2] Teilw. str.; offengelassen in *BVerwG* v. 8.7.08 – 6 P 14.07 –, PersR 08, 374; unklar *BAG* v. 7.11.07, a.a.O.; vgl. § 94 Rn. 8, 10; KfdP-*Altvater*, Rn. 4 m.w.N.

§ 108 Unmittelbar für die Länder geltende Vorschriften

bend.³ Dabei ist das **Bundesverwaltungsgericht** in letzter Instanz unabhängig davon zuständig, ob dies landesrechtlich eigens geregelt ist.⁴ Hat der Landesgesetzgeber das Beschlussverfahren nach dem Arbeitsgerichtsgesetz für anwendbar erklärt, so ist unter den Voraussetzungen des § 92 Abs. 1 ArbGG die **Rechtsbeschwerde** zum Bundesverwaltungsgericht auch dann gegeben, wenn der Landesgesetzgeber die Vorschriften über die Rechtsbeschwerde ausgeschlossen hat.⁵

§ 108 [Beteiligung bei Kündigungen]

(1) ¹Die außerordentliche Kündigung von Mitgliedern der Personalvertretungen, der Jugendvertretungen oder der Jugend- und Auszubildendenvertretungen, der Wahlvorstände sowie von Wahlbewerbern, die in einem Arbeitsverhältnis stehen, bedarf der Zustimmung der zuständigen Personalvertretung. ²Verweigert die zuständige Personalvertretung ihre Zustimmung oder äußert sie sich nicht innerhalb von drei Arbeitstagen nach Eingang des Antrags, so kann das Verwaltungsgericht sie auf Antrag des Dienststellenleiters ersetzen, wenn die außerordentliche Kündigung unter Berücksichtigung aller Umstände gerechtfertigt ist. ³In dem Verfahren vor dem Verwaltungsgericht ist der betroffene Arbeitnehmer Beteiligter.

(2) Eine durch den Arbeitgeber ausgesprochene Kündigung des Arbeitsverhältnisses eines Beschäftigten ist unwirksam, wenn die Personalvertretung nicht beteiligt worden ist.

1 § 108 enthält **unmittelbar geltendes Recht** (vgl. § 94 Rn. 4). Beim Erlass des BPersVG 1974 hatte der Bund dafür die **Gesetzgebungskompetenz** nach Art. 75 Nr. 1 und Art. 74 Nr. 12 GG a. F. (vgl. § 107 Rn. 1). Auch nach der am 1.9.06 in Kraft getretenen **Föderalismusreform I** könnten die Vorschriften des § 108 aufgrund des **Art. 74 Abs. 1 Nr. 12 GG** als Bundesrecht erlassen werden; gem. Art. 125b Abs. 1 S. 1 GG gelten sie als Bundesrecht fort, ohne dass sie durch Landesrecht ersetzt werden können.⁶

2 (Abs. 1) Diese Vorschrift ergänzt die im Kündigungsschutzgesetz enthaltenen Regelungen über den **besonderen Kündigungsschutz im Rahmen der Personalvertretung**. § 15 KSchG schließt die **ordentliche Kündigung** gegenüber Mitgliedern einer Personalvertretung, einer Jugendvertretung oder einer JAV sowie eines Wahlvorstands und gegenüber Wahlbewerbern grundsätzlich aus und macht die **außerordentliche Kündigung** gegenüber Angehörigen dieses Personenkreises von der »nach dem

---

3 So das *BVerwG* in st. Rspr.; vgl. Beschl. v. 1.11.05 – 6 P 3.05 –, PersR 06, 382, m.w.N.
4 Vgl. *BVerwG* v. 30.4.98 – 6 P 5.97 –, PersR 98, 466.
5 Str.; vgl. KfdP-*Altvater*, Rn. 4 m.N.
6 Teilw. str.; vgl. § 94 Rn. 8, 10; KfdP-*Altvater*, Rn. 1 m.N.

Personalvertretungsrecht erforderlichen Zustimmung« abhängig. Diesen Vorbehalt füllt Abs. 1 aus.[7] Er verdrängt als **Sonderregelung** die allgemeinen Beteiligungsrechte des PR[8] und entspricht inhaltlich dem § 47 Abs. 1 und den darauf bezogenen Verweisungsvorschriften des Ersten Teils des BPersVG (vgl. dazu § 47 Rn. 1 ff.). Die Herbeiführung der Zustimmung der zuständigen Personalvertretung nach Abs. 1 S. 1 und ggf. der Zustimmungsersetzung durch das Verwaltungsgericht nach Abs. 1 S. 2 obliegt dem **Leiter der Dienststelle**, die für das Aussprechen dieser Kündigung zuständig ist.[9] Die **»zuständige Personalvertretung«** i. S. d. Abs. 1 S. 1 ist die Personalvertretung, zu der die personalvertretungsrechtlichen Beziehungen der Person bestehen, die gegen eine ungerechtfertigte außerordentliche Kündigung geschützt werden soll.[10] Für das **Zustimmungsverfahren** gilt das zu § 47 Abs. 1 Gesagte entsprechend (vgl. dort Rn. 15 ff.). Ruft der Dienststellenleiter nach Abs. 1 S. 2 das **Verwaltungsgericht** an, so gelten für dessen Besetzung und das von ihm anzuwendende Verfahren die für die Entscheidung personalvertretungsrechtlicher Streitigkeiten auch sonst einschlägigen landesgesetzlichen Regelungen; im dritten Rechtszug entscheidet das Bundesverwaltungsgericht (vgl. § 107 Rn. 3 sowie § 47 Rn. 19 ff.).

(**Abs. 2**) Abs. 2 ist die dem § 79 Abs. 4 entsprechende Vorschrift für den Bereich der Länder. Sie bestimmt, dass eine durch den Arbeitgeber ausgesprochene (ordentliche oder außerordentliche) **Kündigung des Arbeitsverhältnisses eines Beschäftigten unwirksam** ist, wenn der PR nicht (oder nicht ordnungsgemäß) beteiligt worden ist (vgl. § 79 Rn. 43 f.). Nach der Rspr. des *BVerfG* enthält sie lediglich eine bundeseinheitliche **Regelung der Rechtsfolge** (Unwirksamkeit) der im Einzelfall unterbliebenen Beteiligung der Personalvertretung an einer Kündigung. Ob und in welcher Intensität die Personalvertretung an einer (nicht dem § 108 Abs. 1 unterfallenden) Kündigung zu beteiligen ist, richtet sich hingegen nach dem jeweiligen LPersVG.[11]

3

§ 109 [Unfallfürsorge]

Erleidet ein Beamter anläßlich der Wahrnehmung von Rechten oder Erfüllung von Pflichten nach dem Personalvertretungsrecht einen Unfall, der im Sinne der beamtenrechtlichen Unfallfürsorgevorschriften ein Dienstunfall wäre, so finden diese Vorschriften entsprechende Anwendung.

---

7 *BVerwG* v. 9.7.80 – 6 P 43.79 –, PersV 81, 370.
8 *BVerwG* v. 30.4.98 – 6 P 5.97 –, PersR 98, 466.
9 *BVerwG* v. 3.5.99 – 6 P 2.98 –, PersR 99, 494.
10 *BVerwG* v. 9.7.80, a. a. O.
11 *BVerfG* v. 27.3.79 – 2 BvL 2/77 –, PersV 79, 328; vgl. auch *BAG* v. 24.6.04 – 2 AZR 208/03 –, PersR 05, 208, m. w. N.

§ 109 Unmittelbar für die Länder geltende Vorschriften

1 Beim Erlass des BPersVG 1974 hatte der Bund für die Vorschrift des § 109 die **Gesetzgebungskompetenz** nach Art. 75 Nr. 1 und Art. 74a GG a. F. (vgl. § 107 Rn. 1). Mit der am 1.9.06 in Kraft getretenen **Föderalismusreform I** sind diese Kompetenztitel aufgehoben worden. Die Vorschrift des § 109 könnte seitdem nicht mehr als Bundesrecht erlassen werden. Gemäß Art. 125a Abs. 1 GG gilt sie als **Bundesrecht** fort, **solange und soweit** sie **nicht durch Landesrecht ersetzt** worden ist (vgl. § 94 Rn. 8f.). Solange und soweit dies nicht geschehen ist, enthält § 109 ebenso wie die §§ 107 und 108 **unmittelbar geltendes Recht** (vgl. § 94 Rn. 4 u. § 107 Rn. 1).

2 Die Vorschrift des § 109 entspricht inhaltlich dem § 11. Mit ihr wird den **Beamten**, die anlässlich der Wahrnehmung von Rechten oder der Erfüllung von Pflichten nach dem LPersVR einen Unfall erleiden, ein Anspruch auf entsprechende Anwendung der **beamtenrechtlichen Unfallfürsorgevorschriften** zuerkannt (vgl. § 11 Rn. 1f.).

3 Arbeitnehmer, die infolge der Wahrnehmung von Rechten oder der Erfüllung von Pflichten nach dem LPersVR einen Unfall erleiden, sind kraft Gesetzes in der **gesetzlichen Unfallversicherung** versichert (vgl. § 11 Rn. 3).

Dritter Teil
Strafvorschriften

§ 110   [außer Kraft]

§ 111   [außer Kraft]

Der Dritte Teil des BPersVG mit den §§ 110 und 111 ist mit Wirkung vom 1.1.75 außer Kraft getreten. Stattdessen gelten jetzt die §§ 203 bis 205 und 353b des Strafgesetzbuches.[1] Diese Vorschriften regeln den **strafrechtlichen Schutz gegen Verletzungen der Schweigepflicht** des PersVR einheitlich für Bund und Länder.

---

1   Näher dazu KfdP-*Altvater*, Anh. VIII.

§§ 112–114 Schlussvorschriften

Vierter Teil
Schlußvorschriften

§ 112 [Religionsgemeinschaften]

Dieses Gesetz findet keine Anwendung auf Religionsgemeinschaften und ihre karitativen und erzieherischen Einrichtungen ohne Rücksicht auf ihre Rechtsform; ihnen bleibt die selbständige Ordnung eines Personalvertretungsrechtes überlassen.

1 Die Vorschrift ergänzt die Bestimmung des § 118 Abs. 2 BetrVG, die die privatrechtlichen Religionsgemeinschaften und die in privater Rechtsform geführten karitativen und erzieherischen Einrichtungen der Religionsgemeinschaften aus dem Geltungsbereich des BetrVG ausklammert.[1] Sie regelt in Hs. 1, dass das BPersVG auf Religionsgemeinschaften, die **Körperschaften des öffentlichen Rechts** sind, und auf ihre **öffentlich-rechtlich organisierten karitativen und erzieherischen Einrichtungen** nicht anzuwenden ist. Als Schlussvorschrift gilt sie nicht nur für den Bund, sondern auch für die Länder.[2]

2 Nach Hs. 2 bleibt den Religionsgemeinschaften die selbständige Ordnung eines PersVR überlassen. Dabei ist es ihnen freigestellt, ob sie die Bestimmungen des BPersVG oder eines LPersVG ganz oder teilweise für sinngemäß anwendbar erklären oder ob sie eigenständige Regelungen treffen. Für die Bereiche der **römisch-katholischen Kirche** und der **evangelischen Kirche** ist durch autonome kirchengesetzliche Regelungen jeweils ein eigenes **Mitarbeitervertretungsrecht** geschaffen worden.[3]

§ 113 [Änderungen des Deutschen Richtergesetzes]

Die Vorschrift – von deren Abdruck abgesehen wird – enthält Änderungen des Deutschen Richtergesetzes (DRiG). Zu **§ 53 DRiG**, der die gemeinsamen Aufgaben von Richterrat und Personalvertretung regelt, vgl. **Anh. II**.

§ 114 [Änderungen des Kündigungsschutzgesetzes]

Die Vorschrift – von deren Abdruck abgesehen wird – enthält Änderungen des Kündigungsschutzgesetzes. Die **§§ 15, 16 KSchG** sind abgedruckt und erläutert bei § 47 Rn. 2 ff., soweit sie den **Kündigungsschutz im Rahmen der Personalvertretung** regeln.

---

1 Vgl. *BAG* v. 30.7.87 – 6 ABR 78/85 –, AP BetrVG 1972 § 130 Nr. 3.
2 Vgl. KfdP-*Altvater*, Rn. 1.
3 Vgl. KfdP-*Altvater*, Rn. 12 ff.

Schlussvorschriften §§ 115, 116

§ 115 [Ermächtigung zum Erlass einer Wahlordnung]

Die Bundesregierung wird ermächtigt, zur Durchführung der in den §§ 12 bis 25, 55 bis 57, 64, 65, 85 Abs. 2 sowie den §§ 86, 89a und 91 bezeichneten Wahlen durch Rechtsverordnung, die nicht der Zustimmung des Bundesrates bedarf, Vorschriften zu überlassen über

1. die Vorbereitung der Wahl, insbesondere die Aufstellung der Wählerlisten und die Errechnung der Vertreterzahl,
2. die Frist für die Einsichtnahme in die Wählerlisten und die Erhebung von Einsprüchen,
3. die Vorschlagslisten und die Frist für ihre Einreichung,
4. das Wahlausschreiben und die Fristen für seine Bekanntmachung,
5. die Stimmabgabe,
6. die Feststellung des Wahlergebnisses und die Fristen für seine Bekanntmachung,
7. die Aufbewahrung der Wahlakten.

Durch § 115, der durch Art. 1 Nr. 21 des Gesetzes v. 13.7.88[4] neu gefasst wurde, wird die Bundesregierung ermächtigt, durch **Rechtsverordnung** Vorschriften zur Durchführung der im BPersVG vorgesehenen Wahlen zu erlassen. **1**

Aufgrund der ursprünglichen Ermächtigung erließ die Bundesregierung die **Wahlordnung** v. 23.9.74,[5] die wiederholt geändert wurde. Die ab 11.12.94 geltende Fassung wurde am 1.12.94 bekanntgemacht.[6] Danach wurde die Wahlordnung erneut geändert, zuletzt durch Art. 1 der Verordnung v. 28.9.05.[7] Sie ist hier in ihrer seit dem 1.10.05 geltenden Fassung in **Anh. I** abgedruckt. Ihre Bestimmungen sind kommentiert im KfdP, Anh. I. **2**

Die Wahlordnung ergänzt die im Gesetz enthaltenen Wahlvorschriften durch die Regelung der in Nr. 1 bis 7 aufgeführten Gegenstände des **Wahlverfahrens**. **3**

§ 116 [Erste regelmäßige Wahlen – Übergangsvorschriften]

(1) [1]Die ersten Personalratswahlen nach § 27 Abs. 1 und die ersten Wahlen der Jugendvertretung nach § 60 Abs. 2 finden im Jahre 1976 statt. [2]Unbeschadet des Satzes 1 finden im Oktober 1974 Personal-

---
4 BGBl. I S. 1037.
5 BGBl. I S. 2337.
6 BGBl. I S. 3653.
7 BGBl. I S. 2906.

§ 116a Schlussvorschriften

ratswahlen in den Dienststellen des Bundes im Ausland, im Bundesnachrichtendienst und Wahlen der Jugendvertretungen statt.

(2) ¹Personalvertretungen und Jugendvertretungen, die beim Inkrafttreten dieses Gesetzes bestehen, bleiben bis zur Neuwahl nach Absatz 1, längstens jedoch in den Fällen des Absatzes 1 Satz 1 bis zum 31. Mai 1976, in den Fällen des Absatzes 1 Satz 2 bis zum 31. Oktober 1974 im Amt; § 27 Abs. 2 bis 5 bleibt unberührt. ²Satz 1 gilt sinngemäß für Obmänner in Dienststellen des Bundes im Ausland und Vertrauensmänner im Bundesnachrichtendienst.

(3) Vertrauensmänner im Bundesgrenzschutz, die beim Inkrafttreten dieses Gesetzes im Amt sind, bleiben bis zur Neuwahl nach § 85 Abs. 2, längstens bis zum 31. Oktober 1974 im Amt.

Nach Abs. 1 S. 1 hatten die ersten regelmäßigen Wahlen der PR und Jugendvertretungen im **Jahr 1976** stattzufinden. Damit war dieses Jahr zugleich als Beginn des **Dreijahresrhythmus der regelmäßigen PR-Wahlen** nach § 27 Abs. 1 a. F. und des **Zweijahresrhythmus der regelmäßigen Jugendvertreterwahlen** nach § 60 Abs. 2 S. 1 a. F. festgelegt. Die Übergangsvorschriften in Abs. 1 S. 2 sowie in Abs. 2 und 3 sind inzwischen gegenstandslos geworden. Zu den erstmaligen Wahlen der JAV vgl. § 116a. Zur Verlängerung der Amtszeit der Personalvertretungen vgl. § 116b.

§ 116a [Erstmalige Wahlen der Jugend- und Auszubildendenvertretungen – Übergangsvorschriften]

(1) ¹Die erstmaligen Wahlen zu den Jugend- und Auszubildendenvertretungen, die an die Stelle der in § 57 in der Fassung des Gesetzes vom 15. März 1974 (BGBl. I S. 693) bezeichneten Jugendvertretungen treten, finden abweichend von § 60 Abs. 2 Satz 3 in der Zeit vom 1. Oktober bis 30. November 1988 statt. ²Sie finden unabhängig davon statt, seit wann zum Zeitpunkt dieser Wahlen die bestehenden in Satz 1 genannten Jugendvertretungen im Amt sind; § 27 Abs. 5 findet keine entsprechende Anwendung. ³Die Amtszeit der gemäß Satz 1 erstmalig gewählten Jugend- und Auszubildendenvertretungen endet spätestens am 31. Mai 1991; die nächsten regelmäßigen Wahlen finden demgemäß in der Zeit vom 1. März bis 31. Mai 1991 statt.

(2) Die Rechte und Pflichten der bis zum Beginn der Amtszeit der erstmalig gewählten Jugend- und Auszubildendenvertretungen bestehenden in Absatz 1 genannten Jugendvertretungen richten sich im übrigen nach diesem Gesetz in der Fassung des Gesetzes vom 15. März 1974 (BGBl. I S. 693), zuletzt geändert durch Artikel 4 des Gesetzes vom 24. Juli 1986 (BGBl. I S. 1110).

Schlussvorschriften § 116b

(3) ¹Wahlen zu den in Absatz 1 genannten Jugendvertretungen finden nicht statt, wenn eine der Voraussetzungen für eine solche Wahl in entsprechender Anwendung des § 27 Abs. 2 Nr. 2 bis 5 nach dem Zeitpunkt eintritt, von dem an dieses Gesetz die Bildung von Jugend- und Auszubildendenvertretungen vorsieht. ²Im übrigen finden Wahlen zu den in Absatz 1 genannten Jugendvertretungen nach dem 31. Juli 1988 nicht statt.

(4) Artikel 1 Satz 2 des Gesetzes vom 18. Dezember 1987 (BGBl. I S. 2746) findet in den in Absatz 3 genannten Fällen keine Anwendung.

(5) ¹Wird eine in Absatz 1 genannte Jugendvertretung durch Gerichtsbeschluß aufgelöst, so findet § 28 Abs. 2 Satz 2 entsprechende Anwendung nur, wenn eine Verpflichtung des Wahlvorstands zur Einleitung von Neuwahlen von Jugendvertretungen unter Beachtung der Regelung nach Absatz 3 besteht. ²Die Wahrnehmung der Befugnisse und Pflichten der Jugendvertretung durch den Wahlvorstand in entsprechender Anwendung des § 28 Abs. 2 Satz 3 endet mit dem Beginn der Amtszeit der erstmals gewählten Jugend- und Auszubildendenvertretung.

1 Die Regelung wurde durch Art. 1 Nr. 22 des Gesetzes zur Bildung von Jugend- und Auszubildendenvertretungen in den Verwaltungen v. 13.7.88[8] in das BPersVG eingefügt. Nach Abs. 1 S. 1 waren die **erstmaligen Wahlen der JAV** in der Zeit vom 1.10. bis 30.11.88 durchzuführen. Abs. 1 S. 3 begrenzte die **Amtszeit** der nach S. 1 erstmalig gewählten JAV bis spätestens 31.5.91 und legte den Zeitraum der **nächsten regelmäßigen Wahlen** auf die Zeit vom 1.3. bis 31.5.91 fest. Die Abs. 2 bis 5 enthalten **Übergangsvorschriften**, die inzwischen durch Zeitablauf gegenstandslos geworden sind.

2 Aufgrund des Gesetzes über Amtszeiten von Personalvertretungen und Jugend- und Auszubildendenvertretungen im Bundesdienst v. 11.12.90 (vgl. dazu § 116b Rn. 2) wurden im Frühjahr 1992 die **ersten gesamtdeutschen Neuwahlen** der JAV durchgeführt und das **Jahr 1992** zugleich als **Beginn des Zweijahresrhythmus der regelmäßigen Wahlen** der JAV festgelegt.

§ 116b [Verlängerung der Amtszeit der Personalräte – Folgeänderungen]

¹§ 26 und § 27 Abs. 1 finden in der auf eine Amtszeit des Personalrats von vier Jahren abstellenden Fassung erstmalig Anwendung auf Personalräte, die nach dem 28. Februar 1991 gewählt werden. ²Entsprechendes gilt für die auf vierundzwanzig Monate abstellende

---
8 BGBl. I S. 1037.

Vorschrift des § 27 Abs. 2 Nr. 1. Auf vor dem 1. März 1991 gewählte Personalräte finden – unbeschadet des § 27 Abs. 5 – die Vorschriften des § 26, des § 27 Abs. 1 und Abs. 2 Nr. 1 in der Fassung des Gesetzes vom 15. März 1974 (BGBl. I S. 693) Anwendung.

1 Die Regelung wurde durch Art. 1 Nr. 12 des Gesetzes zur Änderung des BPersVG v. 10.7.89[9] eingefügt. Sie legte fest, dass sich die **Verlängerung der Amtszeit des PR auf vier Jahre** und die Folgeänderungen erst mit den nächsten regelmäßigen PR-Wahlen, die für die Zeit vom 1.3. bis 31.5.91 vorgesehen waren, auswirken sollten.

2 Durch das **Gesetz über Amtszeiten von Personalvertretungen und Jugend- und Auszubildendenvertretungen im Bundesdienst v. 11.12.90**[10] wurde § 116b jedoch abgewandelt. Das Amtszeiten-Gesetz schrieb im Wesentlichen vor, dass im **Frühjahr 1992** die **ersten gesamtdeutschen Neuwahlen** der Personalvertretungen und JAV im Bundesdienst durchzuführen waren, und stellte klar, dass die **übernächsten regelmäßigen PR-Wahlen** in der Zeit vom 1.3. bis 31.5.96 stattzufinden hatten. **Weitere regelmäßige PR-Wahlen** waren jeweils im Frühjahr der Jahre 2000, 2004 und 2008 und sind künftig jeweils im Frühjahr 2012, 2016 usw. durchzuführen.

§ 117 [Verweisung in anderen Vorschriften]

Soweit in anderen Vorschriften auf Vorschriften verwiesen wird oder Bezeichnungen verwendet werden, die durch dieses Gesetz aufgehoben oder geändert werden, treten an ihre Stelle die entsprechenden Vorschriften dieses Gesetzes.

Diese Schlussvorschrift enthält **klarstellende Regelungen**. Andere »Vorschriften« sind dabei alle hoheitlich einseitig erlassenen Rechtsnormen, also nicht nur Gesetze im formellen Sinne, sondern auch Rechtsverordnungen und öffentlich-rechtliche Satzungen.

§ 118 *[gegenstandslos]*

§ 118, der die bis zur Herstellung der Einheit Deutschlands übliche **Berlin-Klausel** enthält, ist mit Wirkung vom 3.10.90 gegenstandslos geworden.[11]

§ 119 [Inkrafttreten]

[1]**Dieses Gesetz tritt am 1. April 1974 in Kraft.** [2]**Gleichzeitig treten das Personalvertretungsgesetz vom 5. August 1955 (Bundes-**

---

9 BGBl. I S. 1380, 1473.
10 BGBl. I S. 2682, 2689; abgedr. im KfdP, § 116b Rn. 2.
11 Vgl. KfdP-*Altvater*, Rn. 1.

gesetzbl. I S. 477) und das Gesetz über Personalvertretungen im Bundesgrenzschutz vom 16. März 1965 (Bundesgesetzbl. I S. 68), beide Gesetze zuletzt geändert durch das Gesetz vom 13. November 1973 (Bundesgesetzbl. I S. 1613), außer Kraft.

Die Vorschrift regelt das **Inkrafttreten** des BPersVG am 1.4.74 und das gleichzeitige **Außerkrafttreten** der vorher geltenden Personalvertretungsgesetze des Bundes. Seitdem ist das BPersVG **wiederholt geändert** worden. Die Vorschriften, die das BPersVG geändert haben, sind in der **Übersicht vor § 1** aufgeführt.

Anhang I
Wahlordnung zum Bundespersonalvertretungsgesetz (BPersVWO)[1]

in der Fassung der Bekanntmachung vom 1. Dezember 1994 (BGBl. I S. 3653)

Geändert durch

- Art. 2 § 2 des Gesetzes über den deutschen Auslandsrundfunk vom 16. Dezember 1997 (BGBl. I S. 3094),
- Art. 68 des Gesetzes zur Umbenennung des Bundesgrenzschutzes in Bundespolizei vom 21. Juni 2005 (BGBl. I S. 1818) und
- die Vierte Verordnung zur Änderung der Wahlordnung zum Bundespersonalvertretungsgesetz vom 28. September 2005 (BGBl. I S. 2906).

Inhaltsübersicht
Erster Teil: Wahl des Personalrates
Erster Abschnitt: Gemeinsame Vorschriften über Vorbereitung und Durchführung der Wahl

§ 1 Wahlvorstand, Wahlhelfer
§ 2 Feststellung der Beschäftigtenzahl, Wählerverzeichnis
§ 3 Einsprüche gegen das Wählerverzeichnis
§ 4 Vorabstimmungen
§ 5 Ermittlung der Zahl der zu wählenden Personalratsmitglieder, Verteilung der Sitze auf die Gruppen
§ 6 Wahlausschreiben
§ 7 Wahlvorschläge, Einreichungsfrist
§ 8 Inhalt der Wahlvorschläge
§ 9 Sonstige Erfordernisse
§ 10 Behandlung der Wahlvorschläge durch den Wahlvorstand, ungültige Wahlvorschläge
§ 11 Nachfrist für die Einreichung von Wahlvorschlägen
§ 12 Bezeichnung der Wahlvorschläge
§ 13 Bekanntmachung der Wahlvorschläge
§ 14 Sitzungsniederschriften

---

[1] Vgl. hierzu die Kommentierung der Wahlordnung durch *Altvater* u. *Lemcke*, in: KfdP, Anh. I.

§ 15 Ausübung des Wahlrechts, Stimmzettel, ungültige Stimmabgabe
§ 16 Wahlhandlung
§ 17 Schriftliche Stimmabgabe
§ 18 Behandlung der schriftlich abgegebenen Stimmen
§ 19 Stimmabgabe bei Nebenstellen und Teilen von Dienststellen
§ 20 Feststellung des Wahlergebnisses
§ 21 Wahlniederschrift
§ 22 Benachrichtigung der gewählten Bewerber
§ 23 Bekanntmachung des Wahlergebnisses
§ 24 Aufbewahrung der Wahlunterlagen

Zweiter Abschnitt: Besondere Vorschriften für die Wahl mehrerer Personalratsmitglieder oder Gruppenvertreter

Erster Unterabschnitt: Wahlverfahren bei Vorliegen mehrerer Wahlvorschläge (Verhältniswahl)

§ 25 Voraussetzungen für Verhältniswahl, Stimmzettel, Stimmabgabe
§ 26 Ermittlung der gewählten Gruppenvertreter bei Gruppenwahl
§ 27 Ermittlung der gewählten Gruppenvertreter bei gemeinsamer Wahl

Zweiter Unterabschnitt: Wahlverfahren bei Vorliegen eines Wahlvorschlages (Personenwahl)

§ 28 Voraussetzungen für Personenwahl, Stimmzettel, Stimmabgabe
§ 29 Ermittlung der gewählten Bewerber

Dritter Abschnitt: Besondere Vorschriften für die Wahl eines Personalratsmitgliedes oder eines Gruppenvertreters (Personenwahl)

§ 30 Voraussetzungen für Personenwahl, Stimmzettel, Stimmabgabe, Wahlergebnis

Vierter Abschnitt: Wahl der Vertreter der nichtständig Beschäftigten

§ 31 Vorbereitung und Durchführung der Wahl

Zweiter Teil: Wahl des Bezirkspersonalrates

§ 32 Entsprechende Anwendungen der Vorschriften über die Wahl des Personalrates
§ 33 Leitung der Wahl
§ 34 Feststellung der Beschäftigtenzahl, Wählerverzeichnis
§ 35 Ermittlung der Zahl der zu wählenden Bezirkspersonalratsmitglieder, Verteilung der Sitze auf die Gruppen
§ 36 Gleichzeitige Wahl
§ 37 Wahlausschreiben

Anhang I — BPersVWO

- § 38 Bekanntmachungen des Bezirkswahlvorstandes
- § 39 Sitzungsniederschriften
- § 40 Stimmabgabe, Stimmzettel
- § 41 Feststellung und Bekanntmachung des Wahlergebnisses

Dritter Teil: Wahl des Hauptpersonalrates

- § 42 Entsprechende Anwendung der Vorschriften über die Wahl des Bezirkspersonalrates
- § 43 Leitung der Wahl
- § 44 Durchführung der Wahl nach Bezirken

Vierter Teil: Wahl des Gesamtpersonalrates

- § 45 Entsprechende Anwendung der Vorschriften über die Wahl des Personalrates

Fünfter Teil: Wahl der Jugend- und Auszubildendenvertreter

- § 46 Vorbereitung und Durchführung der Wahl der Jugend- und Auszubildendenvertretung
- § 47 Wahl der Jugend- und Auszubildendenstufenvertretungen

Sechster Teil: Besondere Verwaltungszweige

- § 48 Vertrauensmann in der Bundespolizei
- § 49 Personalvertretungen im Bundesnachrichtendienst
- *§ 49a Personalvertretungen bei der Deutschen Bundespost*
- § 50 Wahl einer Personalvertretung im Inland durch Beschäftigte in Dienststellen des Bundes im Ausland
- § 51 Vertrauensmann der Ortskräfte (§ 91 Abs. 2 des Gesetzes)

Siebter Teil: Schlußvorschriften

- § 52 Berechnung von Fristen
- § 53 Übergangsregelung
- § 54 Inkrafttreten

Erster Teil
Wahl des Personalrates

Erster Abschnitt
Gemeinsame Vorschriften über Vorbereitung und Durchführung der Wahl

§ 1 Wahlvorstand, Wahlhelfer

(1) [1]Der Wahlvorstand führt die Wahl des Personalrates durch. [2]Er kann wahlberechtigte Beschäftigte seiner Dienststelle als Wahlhelfer zu seiner Unterstützung bei der Durchführung der Stimmabgabe und bei der Stimmenzählung bestellen. [3]§ 24 Abs. 2 Satz 2 und 3 des Gesetzes gilt auch für die Tätigkeit der Wahlhelfer.

(2) [1]Die Dienststelle hat den Wahlvorstand bei der Erfüllung seiner Aufgaben zu unterstützen, insbesondere die notwendigen Unterlagen zur Verfügung zu stellen und, wenn erforderlich, zu ergänzen sowie die erforderlichen Auskünfte zu erteilen. [2]Für die Vorbereitung und Durchführung der Wahl hat die Dienststelle in erforderlichem Umfang Räume, den Geschäftsbedarf und Schreibkräfte zur Verfügung zu stellen.

(3) Der Wahlvorstand gibt die Namen seiner Mitglieder und gegebenenfalls der Ersatzmitglieder unverzüglich nach seiner Bestellung, Wahl oder Einsetzung in der Dienststelle durch Aushang bis zum Abschluß der Stimmabgabe bekannt.

(4) Der Wahlvorstand faßt seine Beschlüsse mit einfacher Stimmenmehrheit seiner Mitglieder.

(5) Der Wahlvorstand soll dafür sorgen, daß ausländische Beschäftigte rechtzeitig über das Wahlverfahren, die Aufstellung des Wählerverzeichnisses und der Vorschlagslisten, den Wahlvorgang und die Stimmabgabe in geeigneter Weise, wenn nötig, in ihrer Muttersprache unterrichtet werden.

§ 2 Feststellung der Beschäftigtenzahl, Wählerverzeichnis

(1) [1]Der Wahlvorstand stellt die Zahl der in der Regel Beschäftigten und ihre Verteilung auf die Gruppen fest. [2]Übersteigt diese Zahl 50 nicht, stellt der Wahlvorstand außerdem die Zahl der nach § 13 des Gesetzes Wahlberechtigten fest.

(2) [1]Der Wahlvorstand stellt ein nach Gruppen getrenntes Verzeichnis der wahlberechtigten Beschäftigten (Wählerverzeichnis) auf. [2]Innerhalb der Gruppen sind die Anteile der Geschlechter festzustellen.

(3) Das Wählerverzeichnis oder eine Abschrift ist unverzüglich nach Ein-

leitung der Wahl bis zum Abschluß der Stimmabgabe an geeigneter Stelle zur Einsicht auszulegen.

§ 3 Einsprüche gegen das Wählerverzeichnis

(1) Jeder Beschäftigte kann beim Wahlvorstand schriftlich binnen sechs Arbeitstagen seit Auslegung des Wählerverzeichnisses (§ 2 Abs. 3) Einspruch gegen seine Richtigkeit einlegen.

(2) [1]Über den Einspruch entscheidet der Wahlvorstand unverzüglich. [2]Die Entscheidung ist dem Beschäftigten, der den Einspruch eingelegt hat, unverzüglich, spätestens jedoch einen Arbeitstag vor Beginn der Stimmabgabe, schriftlich mitzuteilen. [3]Ist der Einspruch begründet, so hat der Wahlvorstand das Wählerverzeichnis zu berichtigen.

(3) [1]Nach Ablauf der Einspruchsfrist soll der Wahlvorstand das Wählerverzeichnis nochmals auf seine Vollständigkeit prüfen. [2]Danach ist das Wählerverzeichnis nur bei Schreibfehlern, offenbaren Unrichtigkeiten, zur Erledigung rechtzeitig eingelegter Einsprüche, bei Eintritt oder Ausscheiden eines Beschäftigten und bei Änderung der Gruppenzugehörigkeit bis zum Abschluß der Stimmabgabe zu berichtigen oder zu ergänzen.

§ 4 Vorabstimmungen

(1) [1]Vorabstimmungen über

1. eine von § 17 des Gesetzes abweichende Verteilung der Mitglieder des Personalrates auf die Gruppe (§ 18 Abs. 1 des Gesetzes) oder

2. die Durchführung gemeinsamer Wahl (§ 19 Abs. 2 des Gesetzes) oder

3. die Geltung von Nebenstellen oder Teilen einer Dienststelle als selbständige Dienststelle (§ 6 Abs. 3 des Gesetzes)

werden nur berücksichtigt, wenn ihr Ergebnis dem Wahlvorstand binnen sechs Arbeitstagen seit der Bekanntgabe nach § 1 Abs. 3 vorliegt und dem Wahlvorstand glaubhaft gemacht wird, daß das Ergebnis unter Leitung eines aus mindestens drei wahlberechtigten Beschäftigten bestehenden Abstimmungsvorstandes in geheimen und in den Fällen der Nummern 1 und 2 nach Gruppen getrennten Abstimmungen zustande gekommen ist. [2]Dem Abstimmungsvorstand muß ein Mitglied jeder in der Dienststelle, in den Fällen des Satzes 1 Nr. 3 der Nebenstelle oder des Teils der Dienststelle, vertretenen Gruppe angehören.

(2) Der Wahlvorstand hat in der Bekanntgabe nach § 1 Abs. 3 auf die in Absatz 1 bezeichneten Fristen hinzuweisen.

§ 5 Ermittlung der Zahl der zu wählenden Personalratsmitglieder, Verteilung der Sitze auf die Gruppen

(1) [1]Der Wahlvorstand ermittelt die Zahl der zu wählenden Mitglieder des Personalrates (§§ 16 und 17 Abs. 4 des Gesetzes). [2]Ist eine von § 17 des Gesetzes abweichende Verteilung der Mitglieder des Personalrates auf die Gruppen (§ 18 Abs. 1 des Gesetzes) nicht beschlossen worden, so errechnet der Wahlvorstand die Verteilung der Personalratssitze auf die Gruppen (§ 17 Abs. 1 bis 5 des Gesetzes) nach dem Höchstzahlverfahren (Absätze 2 und 3).

(2) [1]Die Zahlen der der Dienststelle angehörenden Beschäftigten der einzelnen Gruppen (§ 2 Abs. 1) werden nebeneinandergestellt und der Reihe nach durch 1, 2, 3 usw. geteilt. [2]Auf die jeweils höchste Teilzahl (Höchstzahl) wird so lange ein Sitz zugeteilt, bis alle Personalratssitze (§§ 16 und 17 Abs. 4 des Gesetzes) verteilt sind. [3]Jede Gruppe erhält soviel Sitze, wie Höchstzahlen auf sie entfallen. [4]Ist bei gleichen Höchstzahlen nur ein Sitz oder sind bei drei gleichen Höchstzahlen nur noch zwei Sitze zu verteilen, so entscheidet das Los.

(3) [1]Entfallen bei der Verteilung der Sitze nach Absatz 2 auf eine Gruppe weniger Sitze als ihr nach § 17 Abs. 3 des Gesetzes mindestens zustehen, so erhält sie die in § 17 Abs. 3 vorgeschriebene Zahl von Sitzen. [2]Die Zahl der Sitze der übrigen Gruppen vermindert sich entsprechend. [3]Dabei werden die jeweils zuletzt zugeteilten Sitze zuerst gekürzt. [4]Ist bei gleichen Höchstzahlen nur noch ein Sitz zu kürzen, entscheidet das Los, welche Gruppe den Sitz abzugeben hat. [5]Sitze, die einer Gruppe nach den Vorschriften des Gesetzes mindestens zustehen, können ihr nicht entzogen werden.

(4) Haben in einer Dienststelle alle Gruppen die gleiche Anzahl von Angehörigen, so erübrigt sich die Errechnung der Sitze nach dem Höchstzahlverfahren; in diesen Fällen entscheidet das Los, wem die höhere Zahl von Sitzen zufällt.

§ 6 Wahlausschreiben

(1) [1]Nach Ablauf der in § 4 bestimmten Frist und spätestens sechs Wochen vor dem letzten Tag der Stimmabgabe erläßt der Wahlvorstand ein Wahlausschreiben. [2]Es ist von sämtlichen Mitgliedern des Wahlvorstandes zu unterschreiben.

(2) Das Wahlausschreiben muß enthalten

1. Ort und Tag seines Erlasses,
2. die Zahl der zu wählenden Mitglieder des Personalrates, getrennt nach Gruppen,
2a. Angaben über die Anteile der Geschlechter innerhalb der Dienststelle, getrennt nach Gruppen,
3. Angaben darüber, ob die Gruppen ihre Vertreter in getrennten Wahl-

Anhang I § 6 BPersVWO

gängen wählen (Gruppenwahl) oder vor Erlaß des Wahlausschreibens gemeinsame Wahl beschlossen worden ist,

4. die Angabe, wo und wann das Wählerverzeichnis und diese Wahlordnung zur Einsicht ausliegen,

5. den Hinweis, daß nur Beschäftigte wählen können, die in das Wählerverzeichnis eingetragen sind,

5 a. den Hinweis, daß die Geschlechter im Personalrat entsprechend dem Zahlenverhältnis vertreten sein sollen,

6. den Hinweis, daß Einsprüche gegen das Wählerverzeichnis nur binnen sechs Arbeitstagen seit seiner Auslegung schriftlich beim Wahlvorstand eingelegt werden können, der letzte Tag der Einspruchsfrist ist anzugeben,

7. die Mindestzahl von wahlberechtigten Beschäftigten, von denen ein Wahlvorschlag unterzeichnet sein muß, und den Hinweis, daß jeder Beschäftigte für die Wahl des Personalrates nur auf einem Wahlvorschlag benannt werden kann,

7 a. den Hinweis, daß der Wahlvorschlag einer in der Dienststelle vertretenen Gewerkschaft von zwei Beauftragten unterzeichnet sein muß (§ 19 Abs. 9 des Gesetzes),

8. die Aufforderung, Wahlvorschläge binnen achtzehn Kalendertagen nach dem Erlaß des Wahlausschreibens beim Wahlvorstand einzureichen, der letzte Tag der Einreichungsfrist ist anzugeben.

9. den Hinweis, daß nur fristgerecht eingereichte Wahlvorschläge berücksichtigt werden und daß nur gewählt werden kann, wer in einen solchen Wahlvorschlag aufgenommen ist,

10. den Ort, an dem die Wahlvorschläge bekanntgegeben werden,

11. den Ort und die Zeit der Stimmabgabe,

12. einen Hinweis auf die Möglichkeit der schriftlichen Stimmabgabe, gegebenenfalls auf die Anordnung der schriftlichen Stimmabgabe nach § 19,

13. den Ort und die Zeit der Stimmenauszählung und der Sitzung des Wahlvorstandes, in der das Wahlergebnis abschließend festgestellt wird,

14. den Ort, an dem Einsprüche, Wahlvorschläge und andere Erklärungen gegenüber dem Wahlvorstand abzugeben sind.

(3) Der Wahlvorstand hat eine Abschrift oder einen Abdruck des Wahlausschreibens vom Tage des Erlasses bis zum Abschluß der Stimmabgabe an einer oder an mehreren geeigneten, den Wahlberechtigten zugänglichen Stellen auszuhängen und in gut lesbarem Zustand zu erhalten.

(4) Offenbare Unrichtigkeiten des Wahlausschreibens können vom Wahlvorstand jederzeit berichtigt werden.

§ 8 BPersVWO Anhang I

(5) Mit Erlaß des Wahlausschreibens ist die Wahl eingeleitet.

§ 7 Wahlvorschläge, Einreichungsfrist

(1) Zur Wahl des Personalrates können die wahlberechtigten Beschäftigten und die in der Dienststelle vertretenen Gewerkschaften Wahlvorschläge machen.

(2) [1]Die Wahlvorschläge sind binnen achtzehn Kalendertagen nach dem Erlaß des Wahlausschreibens beim Wahlvorstand einzureichen. [2]Bei Gruppenwahl sind für die einzelnen Gruppen getrennte Wahlvorschläge einzureichen.

§ 8 Inhalt der Wahlvorschläge

(1) Jeder Wahlvorschlag soll mindestens doppelt soviel Bewerber enthalten, wie

1. bei Gruppenwahl Gruppenvertreter,
2. bei gemeinsamer Wahl Personalratsmitglieder

zu wählen sind.

(2) [1]Die Namen der einzelnen Bewerber sind auf dem Wahlvorschlag untereinander aufzuführen und mit fortlaufenden Nummern zu versehen. [2]Außer dem Familiennamen sind der Vorname, das Geburtsdatum, die Amts- oder Funktionsbezeichnung, die Gruppenzugehörigkeit und, soweit Sicherheitsbedürfnisse nicht entgegenstehen, die Beschäftigungsstelle anzugeben. [3]Bei gemeinsamer Wahl sind in dem Wahlvorschlag die Bewerber jeweils nach Gruppen zusammenzufassen. [4]Der Wahlvorschlag darf keine Änderungen enthalten; gegebenenfalls ist ein neuer Wahlvorschlag zu fertigen und zu unterzeichnen.

(3)[1] Jeder Wahlvorschlag der Beschäftigten muß nach § 19 Abs. 4, 5 und 6 des Gesetzes

1. bei Gruppenwahl von mindestens einem Zwanzigstel der wahlberechtigten Gruppenangehörigen, jedoch mindestens von drei wahlberechtigten Gruppenangehörigen,
2. bei gemeinsamer Wahl von mindestens einem Zwanzigstel der wahlberechtigten Beschäftigten, jedoch mindestens von drei wahlberechtigten Beschäftigten,
3. bei gemeinsamer Wahl, wenn gruppenfremde Bewerber vorgeschlagen werden, von mindestens einem Zehntel der wahlberechtigten Angehörigen der Gruppe, für die sie vorgeschlagen sind,

unterzeichnet sein. [2]Bruchteile eines Zehntels oder Zwanzigstels werden auf ein volles Zehntel oder Zwanzigstel aufgerundet. [3]In jedem Falle genügen bei Gruppenwahl die Unterschriften von 50 wahlberechtigten Gruppenangehörigen, bei gemeinsamer Wahl die Unterschriften von 50

Anhang I §10 BPersVWO

wahlberechtigten Beschäftigten. [4]Macht eine in der Dienststelle vertretene Gewerkschaft einen Wahlvorschlag, so muß dieser von zwei in der Dienststelle beschäftigten Beauftragten, die einer der in der Dienststelle vertretenen Gewerkschaften angehören, unterzeichnet sein. [5]Hat der Wahlvorstand Zweifel, ob eine Beauftragung durch eine in der Dienststelle vertretene Gewerkschaft tatsächlich vorliegt, kann er verlangen, daß die Gewerkschaft den Auftrag bestätigt; dies soll schriftlich erfolgen. [6]Entsprechendes gilt bei Zweifeln, ob ein Beauftragter einer in der Dienststelle vertretenen Gewerkschaft als Mitglied angehört.

(4) [1]Aus dem Wahlvorschlag der Beschäftigten soll zu ersehen sein, welcher Beschäftigte zur Vertretung des Vorschlages gegenüber dem Wahlvorstand und zur Entgegennahme von Erklärungen und Entscheidungen des Wahlvorstandes berechtigt ist (Listenvertreter). [2]Fehlt eine Angabe hierüber, gilt der Unterzeichner als berechtigt, der an erster Stelle steht. [3]In den Fällen des Absatzes 3 Satz 4 kann die Gewerkschaft einen der von ihr beauftragten Vorschlagsberechtigten oder einen anderen in der Dienststelle Beschäftigten, der Mitglied der Gewerkschaft ist, als Listenvertreter benennen.

(5) Der Wahlvorschlag soll mit einem Kennwort versehen werden.

§ 9 Sonstige Erfordernisse

(1) Jeder Bewerber kann für die Wahl des Personalrates nur auf einem Wahlvorschlag vorgeschlagen werden.

(2) Dem Wahlvorschlag ist die schriftliche Zustimmung der in ihm aufgeführten Bewerber zur Aufnahme in den Wahlvorschlag beizufügen; die Zustimmung kann nicht widerrufen werden.

(3) [1]Jeder vorschlagsberechtigte Beschäftigte (§ 8 Abs. 3) kann seine Unterschrift zur Wahl des Personalrates rechtswirksam nur für einen Wahlvorschlag abgeben. [2]Jede vorschlagsberechtigte Gewerkschaft kann durch ihre Beauftragten rechtswirksam nur einen Wahlvorschlag für jede Gruppe unterzeichnen lassen.

(4) Eine Verbindung von Wahlvorschlägen ist unzulässig.

§ 10 Behandlung der Wahlvorschläge durch den Wahlvorstand, ungültige Wahlvorschläge

(1) [1]Der Wahlvorstand vermerkt auf den Wahlvorschlägen den Tag und die Uhrzeit des Eingangs. [2]Im Falle des Absatzes 5 ist auch der Zeitpunkt des Eingangs des berichtigten Wahlvorschlages zu vermerken.

(2) [1]Wahlvorschläge, die ungültig sind, insbesondere, weil die Bewerber nicht in erkennbarer Reihenfolge aufgeführt sind, weil sie bei der Einreichung nicht die erforderliche Anzahl von Unterschriften aufweisen, weil sie nicht fristgerecht eingereicht worden sind oder weil sie Änderungen enthalten (§ 8 Abs. 2 Satz 4), gibt der Wahlvorstand unverzüglich nach

Eingang unter Angabe der Gründe zurück. ²Die Zurückziehung von Unterschriften nach Einreichung des Wahlvorschlages beeinträchtigt dessen Gültigkeit nicht; Absatz 4 bleibt unberührt.

(3) ¹Der Wahlvorstand hat einen Bewerber, der mit seiner schriftlichen Zustimmung auf mehreren Wahlvorschlägen benannt ist, aufzufordern, binnen drei Arbeitstagen zu erklären, auf welchem Wahlvorschlag er benannt bleiben will. ²Gibt der Bewerber diese Erklärung nicht fristgerecht ab, so wird er von sämtlichen Wahlvorschlägen gestrichen.

(4) ¹Der Wahlvorstand hat einen vorschlagsberechtigten Beschäftigten (§ 8 Abs. 3), der mehrere Wahlvorschläge unterzeichnet hat, schriftlich gegen Empfangsbestätigung, erforderlichenfalls durch eingeschriebenen Brief, aufzufordern, binnen drei Arbeitstagen seit dem Zugang der Aufforderung zu erklären, welche Unterschrift er aufrechterhält. ²Gibt der Beschäftigte diese Erklärung nicht fristgerecht ab, so zählt seine Unterschrift auf keinem Wahlvorschlag. ³Entsprechendes gilt für Wahlvorschläge der Gewerkschaften, die mit § 9 Abs. 3 Satz 2 nicht in Einklang stehen.

(5) ¹Wahlvorschläge, die

1. den Erfordernissen des § 8 Abs. 2 Satz 1 bis 3 nicht entsprechen,

2. ohne die schriftliche Zustimmung der Bewerber eingereicht sind,

3. infolge von Streichungen gemäß Absatz 4 nicht mehr die erforderliche Anzahl von Unterschriften aufweisen,

hat der Wahlvorstand gegen schriftliche Empfangsbestätigung, erforderlichenfalls durch eingeschriebenen Brief, mit der Aufforderung zurückzugeben, die Mängel binnen drei Arbeitstagen seit dem Zugang der Aufforderung zu beseitigen. ²Werden die Mängel nicht fristgerecht beseitigt, sind diese Wahlvorschläge ungültig.

§ 11 Nachfrist für die Einreichung von Wahlvorschlägen

(1) ¹Ist nach Ablauf der Fristen nach § 7 Abs. 2 und § 10 Abs. 5 Satz 1 Nr. 1 und 2 bei Gruppenwahl nicht für jede Gruppe ein gültiger Wahlvorschlag, bei gemeinsamer Wahl überhaupt kein gültiger Wahlvorschlag eingegangen, so gibt der Wahlvorstand dies sofort durch Aushang an den gleichen Stellen, an denen das Wahlausschreiben ausgehängt ist, bekannt. ²Gleichzeitig fordert er zur Einreichung von Wahlvorschlägen innerhalb einer Nachfrist von sechs Arbeitstagen auf.

(2) ¹Im Falle der Gruppenwahl weist der Wahlvorstand in der Bekanntmachung darauf hin, daß eine Gruppe keine Vertreter in den Personalrat wählen kann, wenn auch innerhalb der Nachfrist für sie kein gültiger Wahlvorschlag eingeht. ²Im Falle gemeinsamer Wahl weist der Wahlvorstand darauf hin, daß der Personalrat nicht gewählt werden kann, wenn auch innerhalb der Nachfrist kein gültiger Wahlvorschlag eingeht.

Anhang I § 15 BPersVWO

(3) Gehen auch innerhalb der Nachfrist gültige Wahlvorschläge nicht ein, so gibt der Wahlvorstand sofort bekannt

1. bei Gruppenwahl, für welche Gruppe oder für welche Gruppen keine Vertreter gewählt werden können,
2. bei gemeinsamer Wahl, daß diese Wahl nicht stattfinden kann.

§ 12 Bezeichnung der Wahlvorschläge

(1) [1]Nach Ablauf der Fristen nach § 7 Abs. 2, § 10 Abs. 5 und § 11 Abs. 1 ermittelt der Wahlvorstand durch das Los die Reihenfolge der Wahlvorschläge auf dem Stimmzettel. [2]Finden Wahlen für Personalvertretungen mehrerer Stufen gleichzeitig statt, ist für Wahlvorschläge mit demselben Kennwort für die Wahlen auf allen Stufen die Losentscheidung auf der obersten Stufe maßgebend. [3]Für Wahlvorschläge, die an der Losentscheidung auf der obersten Stufe nicht beteiligt sind, werden die folgenden Plätze auf dem Stimmzettel ausgelost. [4]Die Listenvertreter (§ 8 Abs. 4) sind zu der Losentscheidung rechtzeitig einzuladen.

(2) [1]Der Wahlvorstand bezeichnet die Wahlvorschläge mit den Familien- und Vornamen der in dem Wahlvorschlag an erster und zweiter Stelle benannten Bewerber, bei gemeinsamer Wahl mit den Familien- und Vornamen der für die Gruppen an erster Stelle benannten Bewerber. [2]Bei Wahlvorschlägen, die mit einem Kennwort versehen sind, ist auch das Kennwort anzugeben.

§ 13 Bekanntmachung der Wahlvorschläge

(1) [1]Unverzüglich nach Ablauf der Fristen nach § 7 Abs. 2, § 10 Abs. 5 und § 11 Abs. 1, spätestens jedoch fünf Arbeitstage vor Beginn der Stimmabgabe, gibt der Wahlvorstand die als gültig anerkannten Wahlvorschläge durch Aushang bis zum Abschluß der Stimmabgabe an den gleichen Stellen wie das Wahlausschreiben bekannt. [2]Die Stimmzettel sollen in diesem Zeitpunkt vorliegen.

(2) Die Namen der Unterzeichner der Wahlvorschläge werden nicht bekanntgemacht.

§ 14 Sitzungsniederschriften

[1]Der Wahlvorstand fertigt über jede Sitzung, in der er einen Beschluß gefaßt hat, eine Niederschrift, die mindestens den Wortlaut des Beschlusses enthält. [2]Sie ist von sämtlichen Mitgliedern des Wahlvorstandes zu unterzeichnen.

§ 15 Ausübung des Wahlrechts, Stimmzettel, ungültige Stimmabgabe

(1) Wählen kann nur, wer in das Wählerverzeichnis eingetragen ist.

(2) [1]Das Wahlrecht wird durch Abgabe eines Stimmzettels in einem Wahl-

umschlag ausgeübt. [2]Bei Gruppenwahl müssen die Stimmzettel für jede Gruppe, bei gemeinsamer Wahl alle Stimmzettel dieselbe Größe, Farbe, Beschaffenheit und Beschriftung haben. [3]Dasselbe gilt für die Wahlumschläge. [4]Gehören der Dienststelle ausländische Beschäftigte an, so sind Musterstimmzettel nebst einer Übersetzung in die Muttersprache der Beschäftigten im Wahllokal an gut sichtbarer Stelle auszuhängen.

(3) [1]Ist nach den Grundsätzen der Verhältniswahl zu wählen (§ 25 Abs. 1), so kann die Stimme nur für den gesamten Wahlvorschlag (Vorschlagsliste) abgegeben werden. [2]Ist nach den Grundsätzen der Personenwahl zu wählen (§ 28 Abs. 1, § 30 Abs. 1), so wird die Stimme für die zu wählenden einzelnen Bewerber abgegeben.

(4) Ungültig sind Stimmzettel,

1. die nicht in einem Wahlumschlag abgegeben sind,

2. die nicht den Erfordernissen des Absatzes 2 Satz 2 entsprechen,

3. aus denen sich der Wille des Wählers nicht zweifelsfrei ergibt,

4. die ein besonderes Merkmal, einen Zusatz oder einen Vorbehalt enthalten.

(5) Mehrere in einem Wahlumschlag für eine Wahl enthaltene Stimmzettel, die gleich lauten, werden als eine Stimme gezählt.

(6) [1]Hat der Wähler einen Stimmzettel verschrieben, diesen oder seinen Wahlumschlag versehentlich unbrauchbar gemacht, so ist ihm auf Verlangen gegen Rückgabe der unbrauchbaren Wahlunterlagen ein neuer Stimmzettel und gegebenenfalls ein neuer Wahlumschlag auszuhändigen. [2]Der Wahlvorstand hat die zurückgegebenen Unterlagen unverzüglich in Gegenwart des Wählers zu vernichten.

§ 16 Wahlhandlung

(1) [1]Der Wahlvorstand trifft Vorkehrungen, daß der Wähler den Stimmzettel im Wahlraum unbeobachtet kennzeichnen und in den Wahlumschlag legen kann. [2]Für die Aufnahme der Umschläge sind Wahlurnen zu verwenden. [3]Vor Beginn der Stimmabgabe sind die Wahlurnen vom Wahlvorstand zu verschließen. [4]Sie müssen so eingerichtet sein, daß die eingeworfenen Umschläge nicht vor Öffnung der Urne entnommen werden können. [5]Findet Gruppenwahl statt, so kann die Stimmabgabe nach Gruppen getrennt durchgeführt werden; in jedem Fall sind jedoch getrennte Wahlurnen zu verwenden.

(2) [1]Ein Wähler, der durch körperliches Gebrechen in der Stimmabgabe behindert ist, bestimmt eine Person seines Vertrauens, deren er sich bei der Stimmabgabe bedienen will, und gibt dies dem Wahlvorstand bekannt. [2]Die Hilfeleistung hat sich auf die Erfüllung der Wünsche des Wählers zur Stimmabgabe zu beschränken. [3]Die Vertrauensperson darf gemeinsam mit dem Wähler die Wahlzelle aufsuchen, soweit das zur Hilfeleistung

Anhang I § 17 BPersVWO

erforderlich ist. [4]Die Vertrauensperson ist zur Geheimhaltung der Kenntnisse verpflichtet, die sie bei der Hilfeleistung von der Wahl eines anderen erlangt hat. [5]Wahlbewerber, Mitglieder des Wahlvorstandes und Wahlhelfer dürfen nicht zur Hilfeleistung herangezogen werden.

(3) Solange der Wahlraum zur Stimmabgabe geöffnet ist, müssen mindestens zwei Mitglieder des Wahlvorstandes im Wahlraum anwesend sein; sind Wahlhelfer bestellt (§ 1 Abs. 1), genügt die Anwesenheit eines Mitgliedes des Wahlvorstandes und eines Wahlhelfers.

(4) [1]Vor Einwurf des Wahlumschlages in die Urne ist festzustellen, ob der Wähler im Wählerverzeichnis eingetragen ist. [2]Ist dies der Fall, übergibt der Wähler den Umschlag dem mit der Entgegennahme der Wahlumschläge betrauten Mitglied des Wahlvorstandes, das ihn in Gegenwart des Wählers ungeöffnet in die Wahlurne legt. [3]Der Wähler kann den Wahlumschlag auch selbst in die Urne legen, wenn das mit der Entgegennahme der Wahlumschläge betraute Mitglied des Wahlvorstandes es gestattet. [4]Die Stimmabgabe ist im Wählerverzeichnis zu vermerken.

(5) [1]Wird die Wahlhandlung unterbrochen oder wird das Wahlergebnis nicht unmittelbar nach Abschluß der Stimmabgabe festgestellt, so hat der Wahlvorstand für die Zwischenzeit die Wahlurne so zu verschließen und aufzubewahren, daß der Einwurf oder die Entnahme von Stimmzetteln ohne Beschädigung des Verschlusses unmöglich ist. [2]Bei Wiedereröffnung der Wahl oder bei Entnahme der Stimmzettel zur Stimmenzählung hat sich der Wahlvorstand davon zu überzeugen, daß der Verschluß unversehrt ist.

§ 17 Schriftliche Stimmabgabe

(1) [1]Einem wahlberechtigten Beschäftigten, der im Zeitpunkt der Wahl verhindert ist, seine Stimme persönlich abzugeben, hat der Wahlvorstand auf sein Verlangen

1. die Wahlvorschläge,

2. den Stimmzettel und den Wahlumschlag,

3. eine vorgedruckte, vom Wähler abzugebende Erklärung, in der dieser gegenüber dem Wahlvorstand versichert, daß er den Stimmzettel persönlich gekennzeichnet hat oder, soweit unter den Voraussetzungen des § 16 Abs. 2 erforderlich, durch eine Person seines Vertrauens hat kennzeichnen lassen sowie

4. einen größeren Freiumschlag, der die Anschrift des Wahlvorstandes und als Absender den Namen und die Anschrift des Wahlberechtigten sowie den Vermerk »Schriftliche Stimmabgabe« trägt,

auszuhändigen oder zu übersenden. [2]Der Wahlvorstand soll dem Wähler ferner ein Merkblatt über die Art und Weise der schriftlichen Stimmabgabe (Absatz 2) aushändigen oder übersenden. [3]Auf Antrag ist auch ein Abdruck des Wahlausschreibens auszuhändigen oder zu übersenden. [4]Der Wahlvorstand hat die Aushändigung oder Übersendung im Wählerverzeichnis zu vermerken.

(2) [1]Der Wähler gibt seine Stimme in der Weise ab, daß er

1. den Stimmzettel unbeobachtet persönlich kennzeichnet und in den Wahlumschlag legt,

2. die vorgedruckte Erklärung unter Angabe des Ortes und des Datums unterschreibt und

3. den Wahlumschlag, in den der Stimmzettel gelegt ist, und die unterschriebene Erklärung (Absatz 1 Satz 1 Nr. 3) in dem Freiumschlag verschließt und diesen so rechtzeitig an den Wahlvorstand absendet oder übergibt, daß er vor Abschluß der Stimmabgabe vorliegt.

[2]Der Wähler kann, soweit unter den Voraussetzungen des § 16 Abs. 2 erforderlich, die in den Nummern 1 bis 3 bezeichneten Tätigkeiten durch eine Person seines Vertrauens verrichten lassen.

§ 18 Behandlung der schriftlich abgegebenen Stimmen

(1) [1]Unmittelbar vor Abschluß der Stimmabgabe öffnet der Wahlvorstand in öffentlicher Sitzung die bis zu diesem Zeitpunkt eingegangenen Freiumschläge und entnimmt ihnen die Wahlumschläge und die vorgedruckten Erklärungen (§ 17 Abs. 1 Satz 1 Nr. 3). [2]Ist die schriftliche Stimmabgabe ordnungsgemäß erfolgt (§ 17 Abs. 2), so legt der Wahlvorstand den Wahlumschlag nach Vermerk der Stimmabgabe im Wählerverzeichnis ungeöffnet in die Wahlurne.

(2) [1]Verspätet eingehende Briefumschläge hat der Wahlvorstand mit einem Vermerk über den Zeitpunkt des Eingangs ungeöffnet zu den Wahlunterlagen zu nehmen. [2]Die Briefumschläge sind einen Monat nach Bekanntgabe des Wahlergebnisses ungeöffnet zu vernichten, wenn die Wahl nicht angefochten worden ist.

§ 19 Stimmabgabe bei Nebenstellen und Teilen von Dienststellen

[1]Für die Beschäftigten von

1. nachgeordneten Stellen einer Dienststelle, die nicht nach § 6 Abs. 2 Satz 1 Halbsatz 2 des Gesetzes selbständig sind, oder

2. Nebenstellen oder Teilen einer Dienststelle, die räumlich weit von dieser entfernt liegen und nicht als selbständige Dienststellen nach § 6 Abs. 3 des Gesetzes gelten,

kann der Wahlvorstand die Stimmabgabe in diesen Stellen durchführen oder die schriftliche Stimmabgabe anordnen. [2]Wird die schriftliche Stimmabgabe angeordnet, so hat der Wahlvorstand den wahlberechtigten Beschäftigten die in § 17 Abs. 1 bezeichneten Unterlagen zu übersenden.

Anhang I § 22 BPersVWO

§ 20 Feststellung des Wahlergebnisses

(1) Unverzüglich nach Abschluß der Wahl nimmt der Wahlvorstand öffentlich die Auszählung der Stimmen vor und stellt das Ergebnis fest.

(2) Nach Öffnung der Wahlurne entnimmt der Wahlvorstand die Stimmzettel den Wahlumschlägen und prüft ihre Gültigkeit.

(3) Der Wahlvorstand zählt

1. im Falle der Verhältniswahl die auf jede Vorschlagsliste,
2. im Falle der Personenwahl die auf jeden einzelnen Bewerber

entfallenen gültigen Stimmzettel zusammen.

(4) Stimmzettel, über deren Gültigkeit oder Ungültigkeit der Wahlvorstand beschließt, weil sie zu Zweifeln Anlaß geben, sind mit fortlaufender Nummer zu versehen und von den übrigen Stimmzetteln gesondert bei den Wahlunterlagen aufzubewahren.

§ 21 Wahlniederschrift

(1) [1]Über das Wahlergebnis fertigt der Wahlvorstand eine Niederschrift, die von sämtlichen Mitgliedern des Wahlvorstandes zu unterzeichnen ist. [2]Die Niederschrift muß enthalten

1. bei Gruppenwahl die Summe der von jeder Gruppe abgegebenen Stimmen, bei gemeinsamer Wahl die Summe aller abgegebenen Stimmen,
2. bei Gruppenwahl die Summe der von jeder Gruppe abgegebenen gültigen Stimmen, bei gemeinsamer Wahl die Summe aller abgegebenen gültigen Stimmen,
3. die Zahl der für jede Gruppe abgegebenen ungültigen Stimmen, bei gemeinsamer Wahl die Summe aller abgegebenen ungültigen Stimmen,
4. die für die Gültigkeit oder die Ungültigkeit zweifelhafter Stimmen maßgebenden Gründe,
5. im Falle der Verhältniswahl die Zahl der auf jede Vorschlagsliste entfallenen gültigen Stimmen sowie die Errechnung der Höchstzahlen und ihre Verteilung auf die Vorschlagslisten, im Falle der Personenwahl die Zahl der auf jeden Bewerber entfallenen gültigen Stimmen,
6. die Namen der gewählten Bewerber.

(2) Besondere Vorkommnisse bei der Wahlhandlung oder der Feststellung des Wahlergebnisses sind in der Niederschrift zu vermerken.

§ 22 Benachrichtigung der gewählten Bewerber

[1]Der Wahlvorstand benachrichtigt die als Personalratsmitglieder Gewählten unverzüglich schriftlich gegen Empfangsbestätigung, erforderlichenfalls durch eingeschriebenen Brief, von ihrer Wahl. [2]Erklärt ein Gewählter nicht binnen drei Arbeitstagen nach Zugang der Benachrichtigung dem Wahlvorstand, daß er die Wahl ablehne, so gilt die Wahl als angenommen.

§ 23 Bekanntmachung des Wahlergebnisses

Der Wahlvorstand gibt das Wahlergebnis und die Namen der als Personalratsmitglieder gewählten Bewerber durch zweiwöchigen Aushang an den Stellen bekannt, an denen das Wahlausschreiben bekanntgemacht worden ist.

§ 24 Aufbewahrung der Wahlunterlagen

Die Wahlunterlagen (Niederschriften, Bekanntmachungen, Stimmzettel, Freiumschläge für die schriftliche Stimmabgabe usw.) werden vom Personalrat mindestens bis zur Durchführung der nächsten Personalratswahl aufbewahrt.

Zweiter Abschnitt
Besondere Vorschriften für die Wahl mehrerer Personalratsmitglieder oder Gruppenvertreter

Erster Unterabschnitt
Wahlverfahren bei Vorliegen mehrerer Wahlvorschläge (Verhältniswahl)

§ 25 Voraussetzungen für Verhältniswahl, Stimmzettel, Stimmabgabe

(1) [1]Nach den Grundsätzen der Verhältniswahl (Listenwahl) ist zu wählen, wenn

1. bei Gruppenwahl für die betreffende Gruppe mehrere gültige Wahlvorschläge,

2. bei gemeinsamer Wahl mehrere gültige Wahlvorschläge

eingegangen sind. [2]In diesen Fällen kann jeder Wähler seine Stimme nur für den gesamten Wahlvorschlag (Vorschlagsliste) abgeben.

(2) Auf dem Stimmzettel sind die Vorschlagslisten in der nach § 12 Abs. 1 ermittelten Reihenfolge unter Angabe von Familienname, Vorname, Amts- oder Funktionsbezeichnung und Gruppenzugehörigkeit der an erster und zweiter Stelle benannten Bewerber, bei gemeinsamer Wahl der für die Gruppen an erster Stelle benannten Bewerber untereinander aufzuführen; bei Listen, die mit einem Kennwort versehen sind, ist auch das Kennwort anzugeben.

(3) Der Wähler hat auf dem Stimmzettel die Vorschlagsliste anzukreuzen, für die er seine Stimme abgeben will.

§ 26 Ermittlung der gewählten Gruppenvertreter bei Gruppenwahl

(1) ¹Bei Gruppenwahl werden die Summen der auf die einzelnen Vorschlagslisten jeder Gruppe entfallenen Stimmen nebeneinandergestellt und der Reihe nach durch 1, 2, 3 usw. geteilt. ²Auf die jeweils höchste Teilzahl (Höchstzahl) wird so lange ein Sitz zugeteilt, bis alle der Gruppe zustehenden Sitze (§ 5) verteilt sind. ³Ist bei gleichen Höchstzahlen nur noch ein Sitz oder sind bei drei gleichen Höchstzahlen nur noch zwei Sitze zu verteilen, so entscheidet das Los.

(2) Enthält eine Vorschlagsliste weniger Bewerber als ihr nach den Höchstzahlen Sitze zustehen würden, so fallen die überschüssigen Sitze den übrigen Vorschlagslisten in der Reihenfolge der nächsten Höchstzahlen zu.

(3) Innerhalb der Vorschlagslisten sind die Sitze auf die Bewerber in der Reihenfolge ihrer Benennung (§ 8 Abs. 2) zu verteilen.

§ 27 Ermittlung der gewählten Gruppenvertreter bei gemeinsamer Wahl

(1) ¹Bei gemeinsamer Wahl werden die Summen der auf die einzelnen Vorschlagslisten entfallenen Stimmen nebeneinandergestellt und der Reihe nach durch 1, 2, 3 usw. geteilt. ²Die jeder Gruppe zustehenden Sitze werden getrennt, jedoch unter Verwendung derselben Teilzahlen ermittelt. ³§ 26 Abs. 1 Satz 2 und 3 gilt entsprechend.

(2) Enthält eine Vorschlagsliste weniger Bewerber einer Gruppe, als dieser nach den Höchstzahlen Sitze zustehen würden, so fallen die restlichen Sitze dieser Gruppe den Angehörigen derselben Gruppe auf den übrigen Vorschlagslisten in der Reihenfolge der nächsten Höchstzahlen zu.

(3) Innerhalb der Vorschlagslisten werden die den einzelnen Gruppen zustehenden Sitze auf die Angehörigen der entsprechenden Gruppe in der Reihenfolge ihrer Benennung verteilt.

Zweiter Unterabschnitt
Wahlverfahren bei Vorliegen eines Wahlvorschlages (Personenwahl)

§ 28 Voraussetzungen für Personenwahl, Stimmzettel, Stimmabgabe

(1) ¹Nach den Grundsätzen der Personenwahl ist zu wählen, wenn

1. bei Gruppenwahl für die betreffende Gruppe nur ein gültiger Wahlvorschlag,

2. bei gemeinsamer Wahl nur ein gültiger Wahlvorschlag

eingegangen ist. ²In diesen Fällen kann jeder Wähler nur solche Bewerber wählen, die in dem Wahlvorschlag aufgeführt sind.

(2) ¹In den Stimmzettel werden die Bewerber aus dem Wahlvorschlag in unveränderter Reihenfolge unter Angabe von Familienname, Vorname, Amts- oder Funktionsbezeichnung und Gruppenzugehörigkeit übernommen. ²Der Wähler hat auf dem Stimmzettel die Namen der Bewerber anzukreuzen, für die er seine Stimme abgeben will. ³Der Wähler darf

1. bei Gruppenwahl nicht mehr Namen ankreuzen, als für die betreffende Gruppe Vertreter zu wählen sind,
2. bei gemeinsamer Wahl nicht mehr Namen ankreuzen, als Personalratsmitglieder zu wählen sind.

§ 29 Ermittlung der gewählten Bewerber

(1) Bei Gruppenwahl sind die Bewerber in der Reihenfolge der jeweils höchsten auf sie entfallenen Stimmenzahlen gewählt.

(2) Bei gemeinsamer Wahl werden die den einzelnen Gruppen zustehenden Sitze mit den Bewerbern dieser Gruppen in der Reihenfolge der jeweils höchsten auf sie entfallenen Stimmenzahlen besetzt.

(3) Bei gleicher Stimmenzahl entscheidet das Los.

Dritter Abschnitt
Besondere Vorschriften für die Wahl eines Personalratsmitgliedes oder eines Gruppenvertreters (Personenwahl)

§ 30 Voraussetzungen für Personenwahl, Stimmzettel, Stimmabgabe, Wahlergebnis

(1) Nach den Grundsätzen der Personenwahl ist zu wählen, wenn

1. bei Gruppenwahl nur ein Vertreter,
2. bei gemeinsamer Wahl nur ein Personalratsmitglied zu wählen ist.

(2) In den Stimmzettel werden die Bewerber aus den Wahlvorschlägen in alphabetischer Reihenfolge unter Angabe von Familienname, Vorname, Amts- oder Funktionsbezeichnung übernommen.

(3) Der Wähler hat auf dem Stimmzettel den Namen des Bewerbers anzukreuzen, für den er seine Stimme abgeben will.

(4) ¹Gewählt ist der Bewerber, der die meisten Stimmen erhalten hat. ²Bei gleicher Stimmenzahl entscheidet das Los.

Anhang I § 33 BPersVWO

Vierter Abschnitt
Wahl der Vertreter der nichtständig Beschäftigten

§ 31 Vorbereitung und Durchführung der Wahl

(1) ^{1}Für die Vorbereitung und Durchführung der Wahl der Vertreter der nichtständig Beschäftigten gelten die §§ 1 bis 30 entsprechend mit der Abweichung, daß sich die Zahl der Vertreter ausschließlich aus § 65 Abs. 1 des Gesetzes ergibt, die den Gruppen zustehenden Vertreter ausschließlich nach dem Höchstzahlverfahren errechnet werden und daß die Vorschriften über den Minderheitenschutz (§ 17 Abs. 3 und 4 des Gesetzes) keine Anwendung finden. ^{2}Dem Wahlvorstand muß mindestens ein nach § 14 des Gesetzes wählbarer Beschäftigter anzuhören.

(2) Findet Gruppenwahl statt und erhält eine Gruppe bei der Verteilung der Sitze auf die Gruppen nach dem Höchstzahlverfahren keine Vertreter, so kann sich jeder wahlberechtigte Angehörige dieser Gruppe durch Erklärung gegenüber dem Wahlvorstand einer anderen Gruppe anschließen.

Zweiter Teil
Wahl des Bezirkspersonalrates

§ 32 Entsprechende Anwendung der Vorschriften über die Wahl des Personalrates

Für die Wahl des Bezirkspersonalrates gelten die §§ 1 bis 30 entsprechend, soweit sich aus den §§ 33 bis 41 nichts anderes ergibt.

§ 33 Leitung der Wahl

(1) ^{1}Der Bezirkswahlvorstand leitet die Wahl des Bezirkspersonalrates. ^{2}Die Durchführung der Wahl in den einzelnen Dienststellen übernehmen die örtlichen Wahlvorstände im Auftrag und nach Richtlinien des Bezirkswahlvorstandes.

(2) Der örtliche Wahlvorstand gibt die Namen der Mitglieder des Bezirkswahlvorstandes und gegebenenfalls der Ersatzmitglieder und die dienstliche Anschrift seines Vorsitzenden in der Dienststelle durch Aushang bis zum Abschluß der Stimmabgabe bekannt.

§ 34 Feststellung der Beschäftigtenzahl, Wählerverzeichnis

(1) Die örtlichen Wahlvorstände stellen die Zahl der in den Dienststellen in der Regel Beschäftigten und ihre Verteilung auf die Gruppen fest und teilen diese Zahlen unverzüglich schriftlich dem Bezirkswahlvorstand mit.

(2) [1]Die Aufstellung der Wählerverzeichnisse und die Behandlung von Einsprüchen ist Aufgabe der örtlichen Wahlvorstände. [2]Sie teilen dem Bezirkswahlvorstand die Zahl der wahlberechtigten Beschäftigten, getrennt nach Gruppenzugehörigkeit, unverzüglich schriftlich mit. [3]Innerhalb der Gruppen sind die Anteile der Geschlechter festzustellen.

§ 35 Ermittlung der Zahl der zu wählenden Bezirkspersonalratsmitglieder, Verteilung der Sitze auf die Gruppen

(1) Der Bezirkswahlvorstand ermittelt die Zahl der zu wählenden Mitglieder des Bezirkspersonalrates und die Verteilung der Sitze auf die Gruppen.

(2) Ist eine abweichende Verteilung der Mitglieder des Bezirkspersonalrates auf die Gruppen nicht beschlossen worden und entfallen bei der Verteilung der Sitze nach § 5 Abs. 2 auf eine Gruppe weniger Sitze, als ihr nach § 53 Abs. 5 des Gesetzes mindestens zustehen, so erhält sie die in § 53 Abs. 5 des Gesetzes vorgeschriebene Zahl von Sitzen.

§ 36 Gleichzeitige Wahl

Die Wahl des Bezirkspersonalrates soll möglichst gleichzeitig mit der Wahl der Personalräte in demselben Bezirk stattfinden.

§ 37 Wahlausschreiben

(1) Der Bezirkswahlvorstand erläßt das Wahlausschreiben.

(2) Der örtliche Wahlvorstand gibt das Wahlausschreiben in der Dienststelle an einer oder mehreren geeigneten, den Wahlberechtigten zugänglichen Stellen durch Aushang in gut lesbarem Zustande bis zum Abschluß der Stimmabgabe bekannt.

(3) Das Wahlausschreiben muß enthalten

1. Ort und Tag seines Erlasses,

2. die Zahl der zu wählenden Mitglieder des Bezirkspersonalrates, getrennt nach Gruppen,

2 a. Angaben über die Anteile der Geschlechter innerhalb des Geschäftsbereichs, getrennt nach Gruppen,

3. Angaben darüber, ob die Gruppen ihre Vertreter in getrennten Wahlgängen wählen (Gruppenwahl) oder vor Erlaß des Wahlausschreibens gemeinsame Wahl beschlossen worden ist,

4. den Hinweis, daß nur Beschäftigte wählen können, die in das Wählerverzeichnis eingetragen sind,

4 a. den Hinweis, daß die Geschlechter im Bezirkspersonalrat entsprechend dem Zahlenverhältnis vertreten sein sollen,

5. die Mindestzahl von wahlberechtigten Beschäftigten, von denen ein Wahlvorschlag unterzeichnet sein muß, und den Hinweis, daß jeder Beschäftigte nur auf einem Wahlvorschlag benannt werden kann,

5 a. den Hinweis, daß der Wahlvorschlag einer im Geschäftsbereich der Behörde der Mittelstufe vertretenen Gewerkschaft von zwei Beauftragten unterzeichnet sein muß (§ 53 Abs. 3 in Verbindung mit § 19 Abs. 9 des Gesetzes),

6. die Aufforderung, Wahlvorschläge binnen achtzehn Kalendertagen nach dem Erlaß des Wahlausschreibens beim Bezirkswahlvorstand einzureichen, der letzte Tag der Einreichungsfrist ist anzugeben,

7. den Hinweis, daß nur fristgerecht eingereichte Wahlvorschläge berücksichtigt werden und daß nur gewählt werden kann, wer in einen solchen Wahlvorschlag aufgenommen ist,

8. den Tag oder die Tage der Stimmabgabe.

(4) Der örtliche Wahlvorstand ergänzt das Wahlausschreiben durch die folgenden Angaben:

1. die Angabe, wo und wann das für die örtliche Dienststelle aufgestellte Wählerverzeichnis und diese Wahlordnung zur Einsicht ausliegen,

2. den Hinweis, daß Einsprüche gegen das Wählerverzeichnis nur binnen sechs Arbeitstagen seit seiner Auslegung schriftlich beim örtlichen Wahlvorstand eingelegt werden können, der letzte Tag der Einspruchsfrist ist anzugeben,

3. den Ort, an dem die Wahlvorschläge bekanntgegeben werden,

4. den Ort und die Zeit der Stimmabgabe,

5. einen Hinweis auf die Möglichkeit der schriftlichen Stimmabgabe, gegebenenfalls auf die Anordnung der schriftlichen Stimmabgabe nach § 19,

6. den Ort und die Zeit der Stimmenauszählung,

7. den Ort, an dem Einsprüche und andere Erklärungen gegenüber dem Wahlvorstand abzugeben sind.

(5) Der örtliche Wahlvorstand vermerkt auf dem Wahlausschreiben den ersten und letzten Tag des Aushanges.

(6) Offenbare Unrichtigkeiten des Wahlausschreibens können vom Bezirkswahlvorstand jederzeit berichtigt werden.

(7) Mit Erlaß des Wahlausschreibens ist die Wahl eingeleitet.

§ 38 Bekanntmachung des Bezirkswahlvorstandes

Bekanntmachungen nach den §§ 11 und 13 sind in gleicher Weise wie das Wahlausschreiben in den Dienststellen auszuhängen.

§ 39 Sitzungsniederschriften

(1) [1]Der Bezirkswahlvorstand fertigt über jede Sitzung, in der er einen Beschluß gefaßt hat, eine Niederschrift. [2]Die Niederschrift ist von sämtlichen Mitgliedern des Bezirkswahlvorstandes zu unterzeichnen.

(2) Die Niederschrift über die Sitzungen, in denen über Einsprüche gegen das Wählerverzeichnis entschieden ist, fertigt der örtliche Wahlvorstand.

§ 40 Stimmabgabe, Stimmzettel

[1]Findet die Wahl des Bezirkspersonalrates zugleich mit der Wahl der Personalräte statt, so kann für die Stimmabgabe zu beiden Wahlen derselbe Umschlag verwendet werden. [2]Für die Wahl des Bezirkspersonalrates sind Stimmzettel von anderer Farbe als für die Wahl des Personalrates zu verwenden.

§ 41 Feststellung und Bekanntmachung des Wahlergebnisses

(1) [1]Die örtlichen Wahlvorstände zählen die auf die einzelnen Vorschlagslisten oder, wenn Personenwahl stattgefunden hat, die auf die einzelnen Bewerber entfallenen Stimmen. [2]Sie fertigen eine Wahlniederschrift gemäß § 21.

(2) [1]Die Niederschrift ist unverzüglich nach Feststellung des Wahlergebnisses dem Bezirkswahlvorstand eingeschrieben oder fernschriftlich zu übersenden. [2]Die bei der Dienststelle entstandenen Unterlagen für die Wahl des Bezirkspersonalrates (§ 24) werden zusammen mit einer Abschrift der Niederschrift vom Personalrat aufbewahrt.

(3) Der Bezirkswahlvorstand zählt unverzüglich die auf jede Vorschlagsliste oder, wenn Personenwahl stattgefunden hat, die auf jeden einzelnen Bewerber entfallenen Stimmen zusammen und stellt das Ergebnis der Wahl fest.

(4) [1]Sobald die Namen der als Mitglieder des Bezirkspersonalrates gewählten Bewerber feststehen, teilt sie der Bezirkswahlvorstand den örtlichen Wahlvorständen mit. [2]Die örtlichen Wahlvorstände geben sie durch zweiwöchigen Aushang in der gleichen Weise wie das Wahlausschreiben bekannt.

Dritter Teil
Wahl des Hauptpersonalrates

§ 42 Entsprechende Anwendung der Vorschriften über die Wahl des Bezirkspersonalrates

Für die Wahl des Hauptpersonalrates gelten die §§ 32 bis 41 entsprechend, soweit sich aus den §§ 43 und 44 nichts anderes ergibt.

§ 43 Leitung der Wahl

Der Hauptwahlvorstand leitet die Wahl des Hauptpersonalrates.

§ 44 Durchführung der Wahl nach Bezirken

(1) [1]Der Hauptwahlvorstand kann die bei den Behörden der Mittelstufe bestehenden oder auf sein Ersuchen bestellten örtlichen Wahlvorstände beauftragen,

1. die von den örtlichen Wahlvorständen im Bereich der Behörde der Mittelstufe festzustellenden Zahlen der in der Regel Beschäftigten und ihre Verteilung auf die Gruppen zusammenzustellen,

2. die Zahl der im Bereich der Behörde der Mittelstufe wahlberechtigten Beschäftigten, getrennt nach ihrer Gruppenzugehörigkeit und innerhalb der Gruppen nach den Anteilen der Geschlechter, festzustellen,

3. die bei den Dienststellen im Bereich der Behörde der Mittelstufe festgestellten Wahlergebnisse zusammenzustellen,

4. Bekanntmachungen des Hauptwahlvorstandes an die übrigen örtlichen Wahlvorstände im Bereich der Behörde der Mittelstufe weiterzuleiten.

[2]Die Wahlvorstände bei den Behörden der Mittelstufe unterrichten in diesen Fällen die übrigen örtlichen Wahlvorstände im Bereich der Behörde der Mittelstufe darüber, daß die in den Nummern 1 bis 3 genannten Angaben an sie einzusenden sind.

(2) Die Wahlvorstände bei den Behörden der Mittelstufe fertigen über die Zusammenstellung der Wahlergebnisse (Absatz 1 Satz 1 Nr. 3) eine Niederschrift.

(3) Die Wahlvorstände bei den Behörden der Mittelstufe übersenden dem Hauptwahlvorstand unverzüglich eingeschrieben oder fernschriftlich die in Absatz 1 Satz 1 Nr. 1, 2 genannten Zusammenstellungen und die Niederschrift über die Zusammenstellung der Wahlergebnisse (Absatz 2).

Vierter Teil
Wahl des Gesamtpersonalrates

§ 45 Entsprechende Anwendung der Vorschriften über die Wahl des Personalrates

Für die Wahl des Gesamtpersonalrates gelten die §§ 32 bis 41 entsprechend.

Fünfter Teil
Wahl der Jugend- und Auszubildendenvertreter

§ 46 Vorbereitung und Durchführung der Wahl der Jugend- und Auszubildendenvertretung

(1) Für die Vorbereitung und Durchführung der Wahl der Jugend- und Auszubildendenvertreter gelten die §§ 1 bis 3,6 bis 25, 28, 30 und § 31 Absatz 1 Satz 2 entsprechend mit der Abweichung, daß sich die Zahl der zu wählenden Jugend- und Auszubildendenvertreter ausschließlich aus § 59 Abs. 1 des Gesetzes ergibt und daß die Vorschriften über Gruppenwahl (§ 19 Abs. 2 des Gesetzes), über den Minderheitenschutz (§ 17 Abs. 3 und 4 des Gesetzes) und über die Zusammenfassung der Bewerber in den Wahlvorschlägen nach Gruppen (§ 8 Abs. 2 Satz 3) keine Anwendung finden.

(2) [1]Sind mehrere Jugend- und Auszubildendenvertreter zu wählen und ist die Wahl auf Grund mehrerer Vorschlagslisten durchgeführt worden, so werden die Summen der auf die einzelnen Vorschlagslisten entfallenen Stimmen nebeneinandergestellt und der Reihe nach durch 1, 2, 3 usw. geteilt. [2]Auf die jeweils höchste Teilzahl (Höchstzahl) wird so lange ein Sitz zugeteilt, bis alle Sitze (§ 59 Abs. 1 des Gesetzes) verteilt sind. [3]§ 26 Abs. 1 Satz 3, Abs. 2 und 3 findet Anwendung.

(3) Sind mehrere Jugend- und Auszubildendenvertreter zu wählen und ist die Wahl auf Grund eines Wahlvorschlages durchgeführt worden, so sind die Bewerber in der Reihenfolge der jeweils höchsten auf sie entfallenen Stimmenzahlen gewählt; bei Stimmengleichheit entscheidet das Los.

§ 47 Wahl der Jugend- und Auszubildendenstufenvertretungen

(1) [1]Für die Wahl der Jugend- und Auszubildendenstufenvertretungen nach § 64 Abs. 1 des Gesetzes (Bezirks-Jugend- und Auszubildendenvertretung, Haupt-Jugend- und Auszubildendenvertretung) gelten die §§ 33 bis 41, 43,

Anhang I § 49 BPersVWO

44 und 46 entsprechend. ²Für in § 57 des Gesetzes genannte Beschäftigte in nachgeordneten Dienststellen mit in der Regel weniger als fünf solchen Beschäftigten führt der Bezirks- oder Hauptwahlvorstand die Wahl der Jugend- und Auszubildendenstufenvertretungen durch, in den genannten nachgeordneten Dienststellen werden keine Wahlvorstände bestellt; der Bezirks- oder Hauptwahlvorstand kann die schriftliche Stimmabgabe anordnen. ³In diesem Fall hat der Bezirks- oder Hauptwahlvorstand den wahlberechtigten in § 57 des Gesetzes genannten Beschäftigten die in § 17 Abs. 1 bezeichneten Unterlagen zu übersenden.

(2) Für die Wahl der Gesamt-Jugend- und Auszubildendenvertretung nach § 64 Abs. 2 des Gesetzes gelten Absatz 1 und § 46 entsprechend.

Sechster Teil
Besondere Verwaltungszweige

§ 48 Vertrauensmann in der Bundespolizei

(1) ¹Ist eine geheime Wahl mit Stimmzetteln vorzunehmen (§ 85 Abs. 2 Nr. 3 Satz 4 des Gesetzes), so ist wie folgt zu verfahren:

²Der Wahlvorstand verteilt unbeschriebene Stimmzettel von gleicher Farbe und Größe. ³Jeder Wähler schreibt den Namen eines Kandidaten auf seinen Stimmzettel, faltet diesen so, daß der Name verdeckt wird, und übergibt ihn dem Wahlvorstand. ⁴Dieser legt den Stimmzettel in Gegenwart des Wählers ungeöffnet in einen dafür bestimmten Behälter und hält den Namen des Wählers in einer Liste fest. ⁵Der Wahlvorstand trifft Vorkehrungen, daß die Wähler ihren Stimmzettel unbeobachtet beschreiben können. ⁶Hat der Wahlvorstand festgestellt, daß die Wahlhandlung beendet ist, zählt er unverzüglich und ohne Unterbrechung öffentlich die Stimmen aus und stellt das Ergebnis fest.

(2) ¹Zum Vertrauensmann gewählt ist der Kandidat, der die meisten Stimmen erhalten hat. ²Der Kandidat mit der zweithöchsten Stimmenzahl ist zum ersten Stellvertreter, der mit der dritthöchsten Stimmenzahl zum zweiten Stellvertreter gewählt. ³Bei gleicher Stimmenzahl entscheidet das Los.

§ 49 Personalvertretungen im Bundesnachrichtendienst

Für den Bundesnachrichtendienst gilt diese Wahlordnung mit folgenden Abweichungen:

1. ¹Bei der Erstellung der Wahlunterlagen sind die Sicherheitsbestimmungen des Bundesnachrichtendienstes zu beachten. ²An die Stelle der Bekanntmachung durch Aushang tritt die im Bundesnachrichtendienst

übliche Bekanntmachung. ³Die Bekanntmachungen müssen den Beschäftigten für die Dauer der in den einzelnen Vorschriften bestimmten Zeiträume zur Einsichtnahme während der Dienststunden zugänglich sein.

2. § 2 Abs. 3 ist mit der Maßgabe anzuwenden, daß die Beschäftigten nur das Wählerverzeichnis ihrer Gruppe einsehen dürfen.
3. Wird nach § 17 Abs. 1 Satz 3 ein Abdruck des Wahlausschreibens ausgehändigt oder versandt, so darf dieser nicht die Angaben nach § 6 Abs. 2 Nr. 2 und 7 enthalten.
4. Die Beschäftigten von Teilen einer Dienststelle, die räumlich von dieser entfernt liegen, geben ihre Stimme schriftlich ab.

§ 49a Personalvertretungen bei der Deutschen Bundespost

[aufgehoben]

§ 50 Wahl einer Personalvertretung im Inland durch Beschäftigte in Dienststellen des Bundes im Ausland

(1) ¹Der Haupt- oder Bezirkswahlvorstand kann für die Wahl der Stufenvertretung durch Beschäftigte in Dienststellen des Bundes im Ausland die schriftliche Stimmabgabe anordnen. ²Entsprechendes gilt für die Wahl eines Gesamtpersonalrates.

(2) ¹Auf die Wahl des Personalrates des Auswärtigen Amtes durch die in § 91 Abs. 1 Nr. 3 Satz 1 des Gesetzes bezeichneten Beschäftigten sind die §§ 32 bis 41 sinngemäß anzuwenden. ²Der Wahlvorstand kann für die Wahl durch die in Satz 1 bezeichneten Beschäftigten die schriftliche Stimmabgabe anordnen.

(3) Wird nach Absatz 1 oder 2 die schriftliche Stimmabgabe angeordnet, hat der Wahlvorstand den wahlberechtigten Beschäftigten die in § 17 Abs. 1 bezeichneten Unterlagen zu übersenden.

§ 51 Vertrauensmann der Ortskräfte (§ 91 Abs. 2 des Gesetzes)

(1) ¹Der Personalrat bestellt spätestens drei Wochen vor dem Ablauf der Amtszeit des Vertrauensmannes der Ortskräfte drei Ortskräfte als Wahlvorstand und bestimmt einen von ihnen als Vorsitzenden. ²Hat der Personalrat den Wahlvorstand nicht fristgemäß bestellt oder besteht in der Dienststelle kein Personalrat, so bestellt der Leiter der Dienststelle den Wahlvorstand. ³Sind Ortskräfte nicht oder nicht in ausreichender Zahl zur Übernahme des Wahlvorstandsamtes bereit, können wahlberechtigte Beschäftigte bestellt werden.

(2) ¹Der Wahlvorstand hat unverzüglich eine Versammlung der Ortskräfte

einzuberufen. ²In dieser Versammlung ist die Wahl des Vertrauensmannes und seiner Stellvertreter durchzuführen.

(3) ¹Ist eine geheime Wahl mit Stimmzetteln vorzunehmen (§ 91 Abs. 2 Satz 2 des Gesetzes), so ist wie folgt zu verfahren:

²Der Wahlvorstand verteilt unbeschriebene Stimmzettel von gleicher Farbe und Größe. ³Jeder Wähler schreibt den Namen eines Kandidaten auf seinen Stimmzettel, faltet diesen so, daß der Name verdeckt wird, und übergibt ihn dem Wahlvorstand. ⁴Dieser legt den Stimmzettel in Gegenwart des Wählers ungeöffnet in einen dafür bestimmten Behälter und hält den Namen des Wählers in einer Liste fest. ⁵Der Wahlvorstand trifft Vorkehrungen, daß die Wähler ihren Stimmzettel unbeobachtet beschreiben können. ⁶Hat der Wahlvorstand festgestellt, daß die Wahlhandlung beendet ist, zählt er unverzüglich und ohne Unterbrechung öffentlich die Stimmen aus und stellt das Ergebnis fest.

(4) ¹Zum Vertrauensmann gewählt ist der Kandidat, der die meisten Stimmen erhalten hat. ²Der Kandidat mit der zweithöchsten Stimmenzahl ist zum ersten Stellvertreter, der mit der dritthöchsten Stimmenzahl zum zweiten Stellvertreter gewählt. ³Bei gleicher Stimmenzahl entscheidet das Los.

Siebter Teil
Schlußvorschriften

§ 52 Berechnung von Fristen

¹Für die Berechnung der in dieser Verordnung festgelegten Fristen finden die §§ 186 bis 193 des Bürgerlichen Gesetzbuchs² entsprechende Anwendung. ²Arbeitstage im Sinne dieser Wahlordnung sind die Wochentage Montag bis Freitag mit Ausnahme der gesetzlichen Feiertage.

§ 53 Übergangsregelung

Für Wahlen, zu deren Durchführung der Wahlvorstand spätestens vor dem 1. Oktober 2005 bestellt worden ist, ist die Wahlordnung zum Bundespersonalvertretungsgesetz in der bis zum 30. September 2005 geltenden Fassung anzuwenden.

§ 54 (Inkrafttreten)

---

2 Abgedr. im KfdP, Anh. I § 52 WO Rn. 1.

Anhang II
Deutsches Richtergesetz (DRiG)

in der Fassung der Bekanntmachung vom 19. April 1972 (BGBl. I S. 713)

Zuletzt geändert durch Artikel 17 des Gesetzes zur Verbesserung der Feststellung und Anerkennung im Ausland erworbener Berufsqualifikationen vom 6. Dezember 2011 (BGBl. I S. 2515)

Auszug mit Erläuterungen

§ 53 Gemeinsame Aufgaben von Richterrat und Personalvertretung

(1) Sind an einer Angelegenheit sowohl der Richterrat als auch die Personalvertretung beteiligt, so entsendet der Richterrat für die gemeinsame Beschlußfassung Mitglieder in die Personalvertretung.

(2) [1]**Die Zahl der entsandten Mitglieder des Richterrats muß zur Zahl der Richter im gleichen Verhältnis stehen wie die Zahl der Mitglieder der Personalvertretung zu der Zahl der Beamten, Angestellten und Arbeiter.** [2]**Jedoch entsendet der Richterrat mindestens die in § 17 Abs. 3 und Abs. 5 Satz 1 des Bundespersonalvertretungsgesetzes bestimmte Zahl von Mitgliedern.**

1 Die **Gerichte des Bundes** sind Dienststellen i. S. d. § 6 Abs. 1 BPersVG, in denen nach § 12 Abs. 1 BPersVG **Personalräte** gebildet werden. Diese vertreten die bei den Gerichten tätigen Personen, die Beschäftigte i. S. d. § 4 Abs. 1 BPersVG sind. Das sind die Beamten und Arbeitnehmer (einschl. der zu ihrer Berufsausbildung Beschäftigten) sowie solche Richter, die – wie die wissenschaftlichen Mitarbeiter bei den obersten Bundesgerichten – zur Wahrnehmung einer nichtrichterlichen Tätigkeit an das Gericht abgeordnet sind. Von dieser Ausnahme abgesehen, werden die an den Bundesgerichten tätigen Richter von den dort bestehenden Personalräten und den bei übergeordneten Dienststellen gebildeten Stufenvertretungen der Beschäftigten nicht repräsentiert. Das DRiG sieht für die Richter im Bundesdienst eigene Richtervertretungen vor: **Richterräte** für die Beteiligung an allgemeinen und sozialen Angelegenheiten sowie **Präsidialräte** für die Beteiligung an der Ernennung eines Richters.

2 Für die **Wahrnehmung gemeinsamer Aufgaben von Richterrat und Personalvertretung** trifft § 53 DRiG eine ausdrückliche Regelung, die

verhindern soll, dass der Dienststelle gegenüber unterschiedliche Stellungnahmen in derselben Sache abgegeben werden. Eine gemeinsame Aufgabe liegt vor, wenn an einer Angelegenheit sowohl der Richterrat als auch die Personalvertretung beteiligt sind (Abs. 1). Das ist in Anlehnung an die Vorschrift des § 38 Abs. 2 S. 1 BPersVG über die Abgrenzung von gemeinsamen Angelegenheiten und Gruppenangelegenheiten dann zu bejahen, wenn es sich um eine Angelegenheit handelt, die nicht »lediglich« den Richterrat oder die Personalvertretung betrifft. Diese Voraussetzung ist grundsätzlich dann erfüllt, wenn ohne die Regelung des § 53 DRiG in derselben Angelegenheit der Richterrat nach dem DRiG und die Personalvertretung nach dem BPersVG nebeneinander beteiligungsberechtigt wären. Das kann **insb. bei folgenden Beteiligungstatbeständen** des BPersVG der Fall sein: § 75 Abs. 2 Nr. 1, Abs. 3 Nr. 5, 10, 11, 15 und 16; § 76 Abs. 2 Nr. 4, 5 und 7; § 78 Abs. 1 Nr. 1 und 2; § 81 Abs. 1.[1]

Liegt eine gemeinsame Aufgabe von Richterrat und Personalvertretung vor, so entsendet der Richterrat für die gemeinsame Beschlussfassung Mitglieder in die Personalvertretung (§ 53 Abs. 1 DRiG). Die **Personalvertretung** wird dadurch **um eine Gruppe von Richtervertretern erweitert**. Die Zahl der zu entsendenden Mitglieder des Richterrats bestimmt sich nach folgender Formel: **3**

$$\frac{\text{Zahl der Richter} \times \text{Zahl der Personalratsmitglieder}}{\text{Zahl der Beschäftigten (Beamte und Arbeitnehmer)}} = \text{Zahl der zu entsendenden Richter}$$

Als Beamte gelten dabei auch die zur Wahrnehmung einer nichtrichterlichen Tätigkeit an das Gericht abgeordneten Richter (§ 4 Abs. 1 u. § 5 S. 2 BPersVG). § 53 Abs. 2 S. 2 DRiG enthält eine Minderheitsschutzregelung zugunsten der Richter, indem er auf § 17 Abs. 3 und Abs. 5 S. 1 BPersVG verweist. Der Richterrat kann höchstens so viele Richter entsenden, wie er Mitglieder hat.[2]

Für die **gemeinsame Beratung und Beschlussfassung** in der Personalvertretung gelten die einschlägigen Vorschriften des BPersVG, insb. dessen §§ 36 bis 40. An den Sitzungen der um die entsandten Richter erweiterten Personalvertretung können unter den Voraussetzungen des § 36 BPersVG auch Beauftragte der Gewerkschaften, die in der Gruppe der entsandten Richter vertreten sind, beratend teilnehmen. Maßstab für die **Beschlussfähigkeit** und für die Berechnung der Stimmenmehrheit ist die um die Zahl der entsandten Mitglieder des Richterrats erhöhte Zahl der Mitglieder der Personalvertretung. Da die entsandten Mitglieder des Richterrats als eine weitere zum Personalrat hinzutretende Gruppe aufzufassen sind, hat **4**

---

1 Vgl. KfdP-*Altvater*, Anh. II Rn. 10.
2 Vgl. KfdP-*Altvater*, Anh. II Rn. 11–15.

die Mehrheit der entsandten Richtervertreter die Möglichkeit, nach § 39 BPersVG die **Aussetzung eines Beschlusses** der Personalvertretung zu beantragen, wenn sie diesen als eine erhebliche Beeinträchtigung wichtiger Interessen der durch sie vertretenen Richter erachtet. An den unter Einschluss der Richtervertreter stattfindenden Sitzungen der Personalvertretung kann auch die **Schwerbehindertenvertretung der Richter** beratend teilnehmen. Auch sie kann, wenn sie einen Beschluss der um die Richtervertreter erweiterten Personalvertretung als eine erhebliche Beeinträchtigung der durch sie vertretenen schwerbehinderten Richter erachtet, nach § 95 Abs. 4 S. 2 und 3 SGB IX und § 39 BPersVG die Aussetzung eines solchen Beschlusses herbeiführen.[3]

4a Soweit in einer **Personalversammlung** bei einem Gericht gemeinsame Angelegenheiten i. S. d. § 53 Abs. 1 DRiG behandelt werden, können die Richter mit den gleichen Rechten wie die anderen Beschäftigten an der Personalversammlung teilnehmen (so ausdrücklich § 30 LRiG BW). Das folgt insb. daraus, dass die unter Beteiligung der entsandten Richter zustande gekommenen und auch der Interessenvertretung der Richter dienenden Beschlüsse des Personalrats diesem zuzurechnen und nach § 32 Abs. 3 S. 1 BPersVG von dessen Vorsitzendem auszuführen und nach außen zu vertreten sind und dass es nach § 51 S. 1 BPersVG zu den Aufgaben und Befugnissen der Personalversammlung gehört, u. a. alle Angelegenheiten zu behandeln, die zur Zuständigkeit des Personalrats gehören, und dazu Anträge zu unterbreiten und Stellungnahmen zu beschließen (vgl. § 48 BPersVG Rn. 2 u. § 51 BPersVG Rn. 1 ff.).

4b Soweit in einer **monatlichen Besprechung** zwischen dem Leiter der Dienststelle (also dem Präsidenten des Gerichts) und der Personalvertretung (§ 66 Abs. 1 BPersVG) Angelegenheiten behandelt werden, die zu den gemeinsamen Aufgaben von Richterrat und Personalvertretung gehören, sind die in die Personalvertretung entsandten Mitglieder des Richterrats entsprechend § 53 Abs. 1 DRiG wie Mitglieder der Personalvertretung teilnahmeberechtigt (vgl. § 66 BPersVG Rn. 3).

5 Da sich der Wirkungsbereich des Richterrats nicht auf das Gericht beschränkt, bei dem er gebildet ist, sondern sich auch auf solche allgemeinen und sozialen Angelegenheiten bezieht, für die die **oberste Dienstbehörde** zuständig ist,[4] können auch Angelegenheiten vorkommen, an denen sowohl der Richterrat als auch nach § 82 Abs. 1 BPersVG der bei der obersten Dienstbehörde gebildete **Hauptpersonalrat** beteiligt sind. Auch für die Wahrnehmung dieser gemeinsamen Aufgaben gilt die Regelung des § 53 DRiG.[5] Vor einem Beschluss in Angelegenheiten, die einzelne Beschäftigte oder Dienststellen betreffen, hat der nach § 82 Abs. 1 BPersVG von der obersten Dienstbehörde zu beteiligende Hauptpersonalrat nach § 82 Abs. 2

---

3 Vgl. KfdP-*Altvater*, Anh. II Rn. 16.
4 Str.; vgl. KfdP-*Altvater*, Anh. II Rn. 5 m. N.
5 Str.; vgl. KfdP-*Altvater*, Anh. II Rn. 17 m. N.

BPersVG »dem Personalrat« Gelegenheit zur Äußerung zu geben. Handelt es sich dabei um eine **Maßnahme, die ein einzelnes Gericht betrifft** und an der sowohl der Hauptpersonalrat als auch der bei diesem Gericht bestehende Richterrat beteiligt sind, so ist auch die Beratung und Beschlussfassung über die Abgabe einer Stellungnahme an den Hauptpersonalrat eine gemeinsame Aufgabe i. S. d. § 53 DRiG. Auch wenn der Richterrat später an der Beschlussfassung des Hauptpersonalrats über das gegenüber der obersten Dienstbehörde letztlich abzugebende Votum der Personalvertretung beteiligt ist, entsendet er für die nach § 53 DRiG ebenfalls gebotene **gemeinsame Beschlussfassung über die Stellungnahme an den Hauptpersonalrat** Mitglieder in den örtlichen Personalrat.[6]

Ergibt sich **in einer mitbestimmungs- oder mitwirkungsbedürftigen gemeinsamen Angelegenheit keine Einigung** zwischen dem Präsidenten des Gerichts und dem bei ihm gebildeten, um die entsandten Mitglieder des Richterrats erweiterten Personalrat, so kann nach § 69 Abs. 3 bzw. § 72 Abs. 4 BPersVG die oberste Dienstbehörde eingeschaltet werden. Über eine entsprechende **Vorlage des Personalrats** beschließt dieser unter Hinzuziehung der entsandten Richtervertreter. Für die **Verhandlungen** zwischen oberster Dienstbehörde und Hauptpersonalrat entsendet der betroffene Richterrat Mitglieder in den Hauptpersonalrat. Können sich in einer mitbestimmungspflichtigen Angelegenheit die oberste Dienstbehörde und der Hauptpersonalrat nicht einigen, so entscheidet die für den Hauptpersonalrat zu bildende **Einigungsstelle**. An der Beschlussfassung des Hauptpersonalrats über ihre Anrufung, die Auswahl der vom Hauptpersonalrat zu bestellenden Beisitzer und den Vorschlag über die Person des Vorsitzenden sind wiederum die entsandten Mitglieder des Richterrats beteiligt. Unter den vom Hauptpersonalrat zu benennenden Beisitzern braucht sich kein Vertreter des Richterrats zu befinden. 6

Über **Rechtsstreitigkeiten** aus der Bildung oder Tätigkeit der Richtervertretungen entscheiden nach § 60 DRiG die **Verwaltungsgerichte** grundsätzlich im allgemeinen Verfahren und in ihrer allgemeinen Besetzung. Anders verhält es sich jedoch bei Rechtsstreitigkeiten aus der gemeinsamen Beteiligung von Richterrat und Personalvertretung nach § 53 DRiG. In diesen Fällen entscheiden bei den Verwaltungsgerichten des ersten und zweiten Rechtszuges die nach § 84 BPersVG gebildeten Fachkammern bzw. Fachsenate für Personalvertretungssachen. Außerdem gelten in diesen Fällen nach § 83 Abs. 2 BPersVG für alle drei Rechtszüge die Vorschriften des ArbGG über das Beschlussverfahren entsprechend. 7

---

6 Str.; vgl. KfdP-*Altvater*, Anh. II Rn. 17a m. N.

Anhang III
Gesetz über die Gründung einer Deutsche Bahn Aktiengesellschaft (Deutsche Bahn Gründungsgesetz – DBGrG)

vom 27. Dezember 1993 (BGBl. I S. 2378, 2386)

Zuletzt geändert durch Art. 307 der Neunten Zuständigkeitsanpassungsverordnung vom 31. Oktober 2006 (BGBl. I S. 2407)

Auszüge mit Erläuterungen

Zweiter Abschnitt
Überleitung des Personals

Vorbemerkungen vor § 12

Das als **Art. 2 des Eisenbahnneuordnungsgesetzes (ENeuOG)** v. 27.12.93[1] erlassene **Deutsche Bahn Gründungsgesetz (DBGrG)** enthält in den §§ 17, 19 und 23 Regelungen über die **betriebliche Interessenvertretung** jener Beamten des Bundeseisenbahnvermögens (BEV), die der Deutsche Bahn AG (DB AG) sowie ihren ausgegliederten Gesellschaften »zugewiesen« sind. Diese Vorschriften sind im Folgenden abgedruckt und werden in ihrem wesentlichen Gehalt erläutert. Außerdem ist der die **Zuweisung der Beamten** regelnde § 12 DBGrG wiedergegeben und mit knappen Anmerkungen versehen, die das Verständnis der vertretungsrechtlichen Bestimmungen erleichtern sollen.

§ 12 Beamte

(1) Beurlaubungen von Beamten des Bundeseisenbahnvermögens zur Wahrnehmung einer Tätigkeit bei der Deutsche Bahn Aktiengesellschaft dienen dienstlichen Interessen.

(2) [1]Beamte des Bundeseisenbahnvermögens, die nicht aus dem Beamtenverhältnis ausscheiden oder nicht beurlaubt werden, sind

---

[1] BGBl. I S. 2378.

ab dem Zeitpunkt der Eintragung der Deutsche Bahn Aktiengesellschaft in das Handelsregister dieser Gesellschaft zugewiesen, soweit sie nicht auf Grund einer Entscheidung im Einzelfall beim Bundeseisenbahnvermögen oder anderweitig verwendet werden. ²Ein Beamter des Bundeseisenbahnvermögens kann der Deutsche Bahn Aktiengesellschaft auf Dauer zugewiesen werden, wenn er es beantragt und ein dienstliches Bedürfnis besteht.

(3) Beamte der bisherigen Bundeseisenbahnen, die im Zeitpunkt der Eintragung der Deutsche Bahn Aktiengesellschaft beurlaubt sind, sind mit Ablauf der Beurlaubung ebenfalls der Deutsche Bahn Aktiengesellschaft zugewiesen, sofern nicht vor Ablauf der Beurlaubung vom Bundeseisenbahnvermögen eine andere Entscheidung über die weitere Verwendung getroffen wird.

(4) ¹Die Rechtsstellung der nach den Absätzen 2 und 3 zugewiesenen Beamten sowie die Gesamtverantwortung des Dienstherrn bleiben gewahrt. ²Die Deutsche Bahn Aktiengesellschaft ist zur Ausübung des Weisungsrechts befugt, soweit die Dienstausübung im Betrieb der Deutsche Bahn Aktiengesellschaft es erfordert.

(5) Die Deutsche Bahn Aktiengesellschaft ist verpflichtet, dem Bundeseisenbahnvermögen die zur Wahrnehmung der Dienstherrnaufgaben erforderliche Unterstützung zu leisten und alle hierzu notwendigen Auskünfte zu erteilen.

(6) ¹Die Deutsche Bahn Aktiengesellschaft kann den ihr gemäß den Absätzen 2 und 3 zugewiesenen Beamten im Einvernehmen mit dem Bundeseisenbahnvermögen eine höher zu bewertende Tätigkeit übertragen. ²Im übrigen wird das Bundesministerium für Verkehr, Bau und Stadtentwicklung ermächtigt, durch Rechtsverordnung im Einvernehmen mit dem Bundesministerium des Innern in bezug auf die gemäß den Absätzen 2 und 3 zugewiesenen Beamten zu bestimmen, welche weiteren beamtenrechtlichen Entscheidungen sowie sonstigen Entscheidungen und Maßnahmen, die mit der Dienstausübung des Beamten im Betrieb der Deutsche Bahn Aktiengesellschaft in unmittelbarem Zusammenhang stehen, der Deutsche Bahn Aktiengesellschaft zur Ausübung übertragen werden.

(7) ¹Erhält ein Beamter aus einer Zuweisung gemäß den Absätzen 2 und 3 anderweitige Bezüge, werden diese auf die Besoldung angerechnet. ²In besonderen Fällen kann die oberste Dienstbehörde im Einvernehmen mit dem Bundesministerium des Innern von der Anrechnung ganz oder teilweise absehen.

(8) § 8 Abs. 3 des Einkommensteuergesetzes gilt für die nach den Absätzen 2 und 3 zugewiesenen Beamten und die Ruhestandsbeamten des früheren Sondervermögens Deutsche Bundesbahn entsprechend.

§ 12 DBGrG Anhang III

(9) ¹Das Bundeseisenbahnvermögen kann die Zuweisung im Einzelfall im Einvernehmen mit der Deutsche Bahn Aktiengesellschaft aufheben oder eine anderweitige Verwendung vorsehen. ²Voraussetzung für die Aufhebung einer Zuweisung ist, daß beim Bundeseisenbahnvermögen eine Planstelle zur Verfügung steht.

1 § 12 DBGrG enthält Regelungen für den Einsatz von Beamten des BEV bei der **Deutsche Bahn AG** (DB AG). Diese Regelungen gelten nach § 23 DBGrG für den Einsatz in den ausgegliederten **Tochter-Aktiengesellschaften** entsprechend (vgl. § 23 DBGrG Rn. 1 f.).

1a (Abs. 1) Um die Ausübung einer **Tätigkeit bei der DB AG im Rahmen eines Arbeitsverhältnisses** zu ermöglichen, können Beamte des BEV zum einen **auf ihr Verlangen aus dem Beamtenverhältnis entlassen** werden (§ 33 BBG). Zum anderen können sie aber auch aufgrund des geltenden Beamtenrechts **auf Antrag beurlaubt** werden (§ 13 Abs. 1 SUrlV). Diese Möglichkeit wird durch die in Abs. 1 enthaltene Festlegung gefördert, dass derartige Beurlaubungen »dienstlichen Interessen« dienen, was u. a. zur Folge hat, dass die Zeit der Beurlaubung als ruhegehaltfähige Dienstzeit i. S. d. BeamtVG anzurechnen ist.

2 (Abs. 2) Damit Beamte des BEV auch dann, wenn sie nicht bereit sind, bei der DB AG als Arbeitnehmer tätig zu werden, dort als Beschäftigte eingesetzt werden können, ist in Abs. 2 festgelegt, dass Beamte des BEV, die nicht aus dem Beamtenverhältnis ausscheiden oder nicht beurlaubt werden, ab dem Zeitpunkt der Eintragung der DB AG in das Handelsregister der DB AG **kraft Gesetzes** »**zugewiesen**« sind, soweit sie nicht aufgrund von Einzelfallentscheidungen anderweitig verwendet werden.

3 (Abs. 3) Nach Abs. 3 sind Beamte, die zum Zeitpunkt der Eintragung der DB AG in das Handelsregister beurlaubt sind, mit Ablauf der Beurlaubung grundsätzlich ebenfalls der DB AG zugewiesen.

4 (Abs. 4) Die zugewiesenen Beamten des BEV sind mit der Zuweisung an die DB AG nicht deren Arbeitnehmer geworden.² Sie sind vielmehr als **Bundesbeamte** (§ 7 Abs. 1 S. 2 BEZNG) weiterhin Beamte des BEV. Ein Dienstherrnwechsel ist mit der Zuweisung nicht verbunden.³ Das BEV nimmt die Aufgaben des Dienstherrn wahr. Sein Präsident ist oberste Dienstbehörde sowie oberster Dienstvorgesetzter und Vorgesetzter aller Beamten des BEV (§ 10 Abs. 1 und 2 BEZNG). Die DB AG hat zwar durch Abs. 4 S. 2 die Befugnis erhalten, im Rahmen der konkreten Dienstausübung das **Weisungsrecht** auszuüben. Die Maßnahmen, welche die DB AG aufgrund dieser oder der in Abs. 6 geregelten »Ausübungsermächtigung« trifft, sind jedoch[4] dem Dienstherrn zuzurechnen mit der Folge,

---

2 *BVerwG* v. 27.2.03 – 2 C 3.02 –, PersR 04, 244.
3 *BVerwG* v. 11.2.99 – 2 C 28.98 –, ZBR 99, 382.
4 So das *BVerwG* v. 11.2.99, a. a. O.

dass Klagen zugewiesener Beamten aus dem Beamtenverhältnis gegen das BEV zu richten sind (vgl. § 4 Abs. 1 BEZNG).

(Abs. 5–8) Nach Abs. 6 S. 1 kann die DB AG den ihr zugewiesenen Beamten im Einvernehmen mit dem BEV auch eine **höher zu bewertende Tätigkeit übertragen**. Die Übertragung einer solchen Tätigkeit erfüllt den Mitbestimmungstatbestand des § 76 Abs. 1 Nr. 3 BPersVG (vgl. § 17 DBGrG Rn. 6 u. 9 ff.). Durch die aufgrund des Abs. 6 S. 2 erlassene »Verordnung über die Zuständigkeit der Deutsche Bahn Aktiengesellschaft für Entscheidungen in Angelegenheiten der zugewiesenen Beamten des Bundeseisenbahnvermögens **(DBAG-Zuständigkeitsverordnung – DBAGZustV)**« v. 1.1.94[5] – zuletzt geändert durch § 56 Abs. 46 Bundeslaufbahnverordnung v. 12.2.09[6] – ist der DB AG die Ausübung von inzwischen 41 weiteren beamtenrechtlichen sowie sonstigen Entscheidungen und Maßnahmen übertragen worden (vgl. § 17 DBGrG Rn. 9 ff.).

(Abs. 9) Nach Abs. 9 kann das BEV die Zuweisung im Einzelfall im Einvernehmen mit der DB AG aufheben oder eine **anderweitige Verwendung** des Beamten vorsehen.

§ 17 Personalvertretung, Schwerbehindertenvertretung

(1) [1]Zur Wahrung der Interessen der Beamten, die gemäß § 12 Abs. 2 und 3 der Deutsche Bahn Aktiengesellschaft zugewiesen sind, gegenüber den sie betreffenden Entscheidungen und Maßnahmen des Bundeseisenbahnvermögens werden beim Bundeseisenbahnvermögen besondere Personalvertretungen gebildet, die ausschließlich von den der Deutsche Bahn Aktiengesellschaft zugewiesenen Beamten gewählt werden. [2]Das Bundeseisenbahnvermögen bestimmt durch Verwaltungsanordnung die Zusammensetzung des Kreises der zugewiesenen Beamten, für den jeweils eine besondere Personalvertretung zuständig ist; die zuständige besondere Personalvertretung wirkt mit bei der Entscheidung des Bundeseisenbahnvermögens. [3]Im übrigen finden die Vorschriften des Bundespersonalvertretungsgesetzes sinngemäß Anwendung.

(2) [1]In den der Deutsche Bahn Aktiengesellschaft übertragenen, in § 76 Abs. 1 des Bundespersonalvertretungsgesetzes genannten Personalangelegenheiten der Beamten hat die auf unterster Ebene gebildete besondere Personalvertretung ein Mitbestimmungsrecht. [2]Auf dieses Mitbestimmungsrecht finden die Vorschriften des § 77 des Bundespersonalvertretungsgesetzes entsprechende Anwendung.

(3) [1]Verweigert die besondere Personalvertretung in den Fällen des Absatzes 2 ihre Zustimmung, so hat sie dies unter Angabe von

---
5 BGBl. I S. 53.
6 BGBl. I S. 284.

§ 17 DBGrG

Gründen innerhalb einer Woche nach Unterrichtung durch die Deutsche Bahn Aktiengesellschaft dieser schriftlich mitzuteilen. ²Teilt die besondere Personalvertretung der Deutsche Bahn Aktiengesellschaft die Verweigerung ihrer Zustimmung nicht innerhalb der Frist schriftlich mit, so gilt die Zustimmung als erteilt.

(4) ¹Ergibt sich zwischen der Deutsche Bahn Aktiengesellschaft und der besonderen Personalvertretung in den Fällen des Absatzes 2 keine Einigung, so ist unverzüglich die Einigungsstelle anzurufen, die binnen zweier Monate feststellt, ob ein Grund zur Verweigerung der Zustimmung im Sinne des § 77 Abs. 2 des Bundespersonalvertretungsgesetzes vorliegt. ²Schließt sich die Einigungsstelle nicht der Auffassung der Deutsche Bahn Aktiengesellschaft an, so gibt sie dieser eine Empfehlung. ³Folgt die Deutsche Bahn Aktiengesellschaft der Empfehlung nicht, so hat sie innerhalb von zehn Arbeitstagen die Angelegenheit mit der Empfehlung der Einigungsstelle der rechtsaufsichtsführenden Stelle zur endgültigen Entscheidung vorzulegen.

(5) ¹Die Einigungsstelle besteht in den in Absatz 4 genannten Fällen aus je drei Beisitzern, die von der Deutsche Bahn Aktiengesellschaft und der zuständigen besonderen Personalvertretung bestellt werden, und einem unparteiischen Vorsitzenden, auf dessen Person sich beide Seiten einigen. ²Unter den Beisitzern, die von der Personalvertretung bestellt werden, müssen sich mindestens zwei Beamte befinden.

(6) ¹In Streitigkeiten nach den Absätzen 2 bis 5 sind die Verwaltungsgerichte, im dritten Rechtszug das Bundesverwaltungsgericht, zuständig. ²Die Vorschriften des Arbeitsgerichtsgesetzes über das Beschlußverfahren gelten entsprechend.

(7) Die Deutsche Bahn Aktiengesellschaft ist verpflichtet, den ihr gemäß § 12 Abs. 2 und 3 zugewiesenen Beamten die Teilnahme an den Wahlen zu den besonderen Personalvertretungen gemäß Absatz 1 zu ermöglichen sowie gewählte Beamte für die Wahrnehmung von Mandaten in den besonderen Personalvertretungen freizustellen.

(8) Die Absätze 1, 2 und 7 gelten entsprechend für zu bildende besondere Jugend- und Auszubildendenvertretungen sowie für besondere Schwerbehindertenvertretungen.

(9) Bis zur Wahl zu den Personalvertretungen nach Absatz 1 ist der nach § 8 Abs. 2 und 3 des Gesetzes zur Zusammenführung und Neugliederung der Bundeseisenbahnen gebildete gemeinsame Hauptpersonalrat zuständig.

1 § 17 DBGrG enthält Vorschriften für die **betriebliche Interessenvertretung** jener Beamten des BEV, die der DB AG zugewiesen sind, bei den sie

betreffenden **beamtenrechtlichen Entscheidungen und Maßnahmen** sowohl **des BEV** als auch **der DB AG**. Diese Bestimmungen gelten nach § 23 DBGrG für die Interessenvertretung derjenigen Beamten entsprechend, die den ausgegliederten Gesellschaften zugewiesen sind (vgl. § 23 DBGrG Rn. 1 f.).

(Abs. 1) Zur Wahrung der Interessen der Beamten des BEV, die der DB AG **1a** oder ihren ausgegliederten Gesellschaften zugewiesen sind, gegenüber Entscheidungen und Maßnahmen des BEV werden nach Abs. 1 S. 1 beim BEV **besondere Personalvertretungen** gebildet. Die besonderen Personalvertretungen werden ausschließlich von den zugewiesenen Beamten **gewählt** (Abs. 1 S. 1); auch sind nur diese Beamten für die besonderen Personalvertretungen **wählbar** (Abs. 1 S. 3 i. V. m. § 14 Abs. 1 S. 1 BPersVG).

Die besonderen Personalvertretungen bestehen neben den **allgemeinen** **2** **Personalvertretungen** für die Beschäftigten beim BEV. Die Zuständigkeitsbereiche der allgemeinen und der besonderen Personalvertretungen sind klar getrennt; gemeinsame Gremien sind nicht vorgesehen.

Nach Abs. 1 S. 2 Hs. 1 bestimmt das BEV durch Verwaltungsanordnung die **3** **Zusammensetzung des Kreises der zugewiesenen Beamten**, für den die besondere Personalvertretung zuständig ist. Bei der Entscheidung des BEV wirkt die besondere Personalvertretung mit (Abs. 1 S. 2 Hs. 2). Die Präsidentin des BEV hat durch Verwaltungsanordnung v. 29.7.11 mit Wirkung vom 1.2.12 festgelegt, dass auf der **unteren Ebene** bei den regionalen Dienststellen West, Nord, Mitte und Süd **Besondere Personalvertretungen (BesPV)** und auf der **oberen Ebene** bei der Präsidentin (oder dem Präsidenten) ein **Besonderer Hauptpersonalrat (BesHPR)** gebildet werden. Die Zusammensetzung des Kreises der zugewiesenen Beamten, für den eine BesPV zuständig ist, ergibt sich aus den entsprechenden PSV-Programmen; für das Gebiet der neuen Bundesländer (einschl. Berlin) ist die BesPV bei der Dienststelle Nord zuständig. Die Verselbständigung von Nebenstellen oder Teilen von Dienststellen nach § 6 Abs. 3 BPersVG ist nicht möglich.

Die beim BEV gebildeten besonderen Personalvertretungen können die **4** ihnen durch Abs. 1 S. 1 übertragene Funktion, die Interessen der zugewiesenen Beamten gegenüber den sie betreffenden Entscheidungen und Maßnahmen des BEV zu wahren, nur dann sachgerecht erfüllen, wenn die Vorschriften des BPersVG – soweit sich aus der durch Abs. 1 S. 2 abgewandelten Struktur dieser Personalvertretungen nichts anderes ergibt – entgegen dem Wortlaut des Abs. 1 S. 3 nicht nur sinngemäß, sondern unmittelbar angewendet werden. Es ist deshalb davon auszugehen, dass **grundsätzlich alle Vorschriften des BPersVG unmittelbar anzuwenden** sind.[7] Das gilt v. a. für die Vorschriften über Wahl, Zusammensetzung, Amtszeit und Geschäftsführung des PR, die Rechtsstellung seiner Mitglie-

---

7 Vgl. KfdP-*Altvater*, Anh. III C § 17 DBGrG Rn. 5.

§ 17 DBGrG Anhang III

der, die Personalversammlung, die Beteiligung der Personalvertretung und gerichtliche Entscheidungen.

4a Die durch die Tätigkeit der besonderen Personalvertretungen entstehenden **Kosten** trägt nach § 44 Abs. 1 S. 1 BPersVG die Dienststelle des BEV, bei der die jeweilige Personalvertretung gebildet ist. Das gilt auch, soweit die Personalvertretung nach den Abs. 2 ff. gegenüber der DB AG bzw. einer ihrer Gesellschaften tätig wird. Der Leiter der jeweiligen Dienststelle des BEV hat dafür zu sorgen, dass der besonderen Personalvertretung nach § 44 Abs. 2 BPersVG in erforderlichem Umfang **Räume**, der **Geschäftsbedarf** und **Büropersonal** zur Verfügung gestellt werden. Soweit die Bereitstellung von Räumen in den Betrieben der DB AG erforderlich ist, hat der zuständige Dienststellenleiter des BEV auch dies zu gewährleisten. Gleiches gilt für die nach § 44 Abs. 3 BPersVG zur Verfügung zu stellenden **Plätze für Bekanntmachungen und Anschläge**.

5 Entscheidungen und Maßnahmen des BEV nach Abs. 1 S. 1, an denen die besonderen Personalvertretungen zu beteiligen sind, sind **alle beamtenrechtlichen Entscheidungen, für die das BEV zuständig ist** (z. B. Beförderung, Ablehnung eines Antrags auf Teilzeitbeschäftigung, Erhebung der Disziplinarklage oder [insoweit str.] Aufhebung der Zuweisung).[8]

6 Gesetzlich der **DB AG** übertragen ist die beamtenrechtliche Maßnahme der **Übertragung einer höher zu bewertenden Tätigkeit** (§ 12 Abs. 6 S. 1 DBGrG). Hier hat nach Abs. 2 die DB AG die besondere Personalvertretung zu beteiligen (vgl. Rn. 9 ff.).

7 Ob für die Beteiligung eine **BesPV** bei einer regionalen Dienststelle oder der **BesHPR** beim Präsidenten des BEV **zuständig** ist, richtet sich nach § 82 Abs. 1 BPersVG. Daraus folgt, dass der BesHPR bei beteiligungspflichtigen Maßnahmen zuständig ist, die von der Hauptverwaltung des BEV getroffen werden sollen.

8 Kommt im **Verfahren der Mitbestimmung** eine Einigung zwischen dem Leiter der für die Maßnahme zuständigen Dienststelle und der bei ihr gebildeten besonderen Personalvertretung nicht zustande, richtet sich das weitere Verfahren nach den Bestimmungen des § 69 Abs. 3 und 4 BPersVG. Die ggf. anzurufende **Einigungsstelle** ist beim Präsidenten des BEV zu bilden. Für ihre Zusammensetzung gilt § 71 Abs. 1 S. 2 bis 4 BPersVG.

9 **(Abs. 2)** Abs. 2 S. 1 begründet ein **Mitbestimmungsrecht** der auf unterster Ebene gebildeten besonderen Personalvertretung **bei den der DB AG (bzw. den ausgegliederten Gesellschaften) übertragenen**, in § 76 Abs. 1 BPersVG genannten **Personalangelegenheiten der Beamten**. Entscheidungen in Personalangelegenheiten der zugewiesenen Beamten des BEV sind der DB AG durch Gesetz oder durch Rechtsverordnung **zur Ausübung übertragen**, wobei diese Ausübungsermächtigung sich gem. § 23 DBGrG auch auf die aus der DB AG ausgegliederten Gesell-

---

8 Vgl. KfdP-*Altvater*, Anh. III C § 17 DBGrG Rn. 6 m. N.

schaften bezieht. Zum einen kann die DB AG nach § 12 Abs. 6 S. 1 DBGrG den ihr zugewiesenen Beamten (im Einvernehmen mit dem BEV) eine höher zu bewertende Tätigkeit übertragen. Zum anderen sind ihr in weiteren 41 Angelegenheiten durch die DBAG-Zuständigkeitsverordnung (vgl. § 12 DBGrG Rn. 5) beamtenrechtliche Befugnisse zur Ausübung übertragen worden. Soweit es sich dabei um Personalangelegenheiten der Beamten handelt, die **in § 76 Abs. 1 BPersVG aufgeführt** sind,[9] hat **die auf der untersten Ebene gebildete besondere Personalvertretung** ein Mitbestimmungsrecht gegenüber der DB AG bzw. gegenüber der jeweiligen Tochtergesellschaft. Das Mitbestimmungsrecht steht derjenigen bei einer regionalen Dienststelle gebildeten BesPV zu, zu deren Zuständigkeitsbereich (vgl. Rn. 3) der von der Maßnahme betroffene Beamte gehört. Es wird i. d. R. gegenüber dem Leiter des Betriebes ausgeübt, in dem der zugewiesene Beamte tätig ist, weil dieser **Betriebsleiter** personalvertretungsrechtlich die Stellung des Dienststellenleiters hat.[10]

Soweit der DB AG durch die DBAG-Zuständigkeitsverordnung in **Angelegenheiten**, die **nicht in § 76 Abs. 1 BPersVG genannt** sind, beamtenrechtliche Befugnisse zur Ausübung übertragen sind, werden die Interessen der zugewiesenen Beamten nicht von der BesPV, sondern vom zuständigen **Betriebsrat** gegenüber der DB AG bzw. gegenüber der jeweiligen Tochtergesellschaft wahrgenommen.[11] **10**

Unabhängig davon, ob es sich bei einer Maßnahme der DB AG oder einer ausgegliederten Gesellschaft um eine mitbestimmungspflichtige Angelegenheit nach Abs. 2 S. 1 handelt und die BesPV zu beteiligen ist, besteht ein Mitbestimmungsrecht des Betriebsrats, wenn die Maßnahme die Voraussetzungen eines **betriebsverfassungsrechtlichen Mitbestimmungstatbestandes** erfüllt.[12] **11**

Nach Abs. 2 S. 2 findet § 77 BPersVG auf die Mitbestimmung der BesPV entsprechende Anwendung. Dies bedeutet u. a., dass die BesPV bei der Zustimmungsverweigerung auf den **Versagungskatalog des § 77 Abs. 2 BPersVG** beschränkt ist. **12**

(Abs. 3) Eine **Zustimmungsverweigerung** in den Fällen des Abs. 2 muss die BesPV nach Abs. 3 S. 1 unter Angabe von Gründen innerhalb einer Woche nach der Unterrichtung durch die DB AG dieser schriftlich mitteilen. Diese Mitteilung ist an den Leiter des Betriebes zu richten, in dem der zugewiesene Beamte tätig ist. Die Frist entspricht der **Wochenfrist** des § 99 Abs. 3 BetrVG und ist somit kürzer als die in § 69 Abs. 1 S. 3 BPersVG festgelegte Frist von zehn Arbeitstagen. Da Abs. 3 S. 1 eine Spezialvor- **13**

---

9 Näher dazu KfdP-*Altvater*, Anh. III C § 17 DBGrG Rn. 10 b.
10 *BayVGH* v. 28. 6. 00 – 18 P 98.2789 –, PersR 01, 87.
11 Vgl. *BVerwG* v. 8. 12. 99 – 6 P 10.98 –, PersR 00, 202.
12 *BAG* v. 12. 12. 95 – 1 ABR 23/95 –, PersR 96, 208; vgl. § 19 DBGrG Rn. 2; KfdP-*Altvater*, Anh. III C § 17 DBGrG Rn. 12; *Burkert/Huschenbett*, PersR 10, 468.

schrift ist, die die Anwendung des § 69 Abs. 2 S. 4 BPersVG ausschließt, kann die Frist nicht verkürzt werden.[13] Die Zustimmung gilt als erteilt, wenn die Zustimmungsverweigerung nicht innerhalb der Wochenfrist schriftlich erfolgt (Abs. 3 S. 2).

14 (Abs. 4) Einigen sich die DB AG und die BesPV in den Fällen des Abs. 2 nicht, so ist unverzüglich die **Einigungsstelle anzurufen**. Diese hat binnen zweier Monate festzustellen. ob ein Zustimmungsverweigerungsgrund nach § 77 Abs. 2 BPersVG vorliegt (Abs. 4 S. 1). Die unverzügliche Anrufung der Einigungsstelle und deren Entscheidung innerhalb von zwei Monaten nach der Anrufung sind zwingend vorgeschrieben.

15 Schließt sich die Einigungsstelle der Auffassung der DB AG nicht an, so gibt sie dieser eine **Empfehlung** (Abs. 4 S. 2). Innerhalb einer Frist von zehn Arbeitstagen muss die DB AG, wenn sie der Empfehlung nicht folgen will, die Angelegenheit der rechtsaufsichtsführenden Stelle – nach § 13 Abs. 1 S. 1 DBGrG dem **Präsidenten des BEV** – zur **endgültigen Entscheidung** vorlegen (Abs. 4 S. 3). Die Frist von zehn Arbeitstagen ist eine Ausschlussfrist. Versäumt die DB AG diese Frist, hat sie der Empfehlung der Einigungsstelle zu folgen. Das Gesetz schreibt nicht vor, in welcher Frist der Präsident des BEV zu entscheiden hat. Dies hat jedoch alsbald zu geschehen.

16 (Abs. 5) Die in den Fällen des Abs. 4 anzurufende **Einigungsstelle** kann für einen konkreten Streitfall, aber auch für die Amtsdauer der zuständigen BesPV gebildet werden. Für ihre **Zusammensetzung** gilt die Spezialvorschrift des Abs. 5. Nach Abs. 5 S. 1 besteht sie aus je drei Beisitzern, die von der DB AG und der BesPV benannt werden, und einem unparteiischen Vorsitzenden, auf dessen Person sich beide Seiten einigen müssen. Im Falle der **Nichteinigung über den unparteiischen Vorsitzenden** entscheidet nach Abs. 6 i. V. m. § 98 ArbGG der **Vorsitzende der Fachkammer für Personalvertretungssachen** beim zuständigen Verwaltungsgericht über die Bestellung des Vorsitzenden der Einigungsstelle.[14] Für die **Auswahl der Beisitzer** bestimmt Abs. 5 S. 2, dass sich unter den von der BesPV zu bestellenden drei Beisitzern mindestens zwei Beamte befinden müssen. Dabei braucht es sich nicht um zugewiesene Beamte zu handeln.

17 (Abs. 6) Abs. 6 S. 1 enthält eine **Rechtswegzuweisung für Streitigkeiten nach Abs. 2 bis 5**. Zuständig sind die **Verwaltungsgerichte**, im dritten Rechtszug das Bundesverwaltungsgericht (vgl. § 83 BPersVG Rn. 1, 10). Nach Abs. 6 S. 2 gelten die Vorschriften des ArbGG über das **Beschlussverfahren** entsprechend (vgl. § 83 BPersVG Rn. 14).

18 (Abs. 7) Abs. 7 verpflichtet die DB AG (oder nach § 23 DBGrG die jeweilige Tochtergesellschaft), allen ihr zugewiesenen Beamten die **Teilnahme an den Wahlen** zu den besonderen Personalvertretungen zu ermöglichen. Darüber hinaus hat die DB AG (bzw. die Tochtergesellschaft)

---

13 Str.; vgl. KfdP-*Altvater*, Anh. III C § 17 DBGrG Rn. 15 m.N.
14 Str.; vgl. KfdP-*Altvater*, Anh. III C § 17 DBGrG Rn. 18 m.N.

die gewählten Mitglieder der besonderen Personalvertretungen (der BesPV und des BesHPR) für die **Wahrnehmung ihrer Mandate** freizustellen (vgl. § 46 Abs. 2, 3, 6 u. 7 BPersVG).

(**Abs. 8**) Da die DB AG und ihre ausgegliederten Gesellschaften keine Beamtenanwärter ausbilden, ist die in Abs. 8 festgelegte Verweisung auf Abs. 1, 2 und 7 nur für die Interessenvertretung der zugewiesenen schwerbehinderten Beamten von Bedeutung. Für sie sind sowohl **besondere Schwerbehindertenvertretungen** auf der unteren Ebene bei den regionalen Dienststellen des BEV als auch eine **besondere Hauptschwerbehindertenvertretung** beim Präsidenten des BEV zu wählen. **19**

(**Abs. 9**) Die **Übergangsvorschrift** des Abs. 9 hat sich durch Zeitablauf erledigt. **20**

§ 19 Geltung arbeitsrechtlicher Vorschriften

(1) ¹**Die Beamten des Bundeseisenbahnvermögens, die nach § 12 Abs. 2 und 3 der Deutsche Bahn Aktiengesellschaft zugewiesen sind, gelten für die Anwendung von Vorschriften über die Vertretung der Arbeitnehmer im Aufsichtsrat, für die Anwendung des Betriebsverfassungsgesetzes und des Sprecherausschußgesetzes als Arbeitnehmer der Deutsche Bahn Aktiengesellschaft. ²Sie gelten für die Anwendung der Vorschriften über die Schwerbehindertenvertretung als Beschäftigte der Deutsche Bahn Aktiengesellschaft.**

(2) **Soweit die Deutsche Bahn Aktiengesellschaft Verpflichtungen, die ihr nach dem Betriebsverfassungsgesetz und dem Sprecherausschußgesetz vom 20. Dezember 1988 (BGBl. I S. 2316) sowie nach den Vorschriften über die Vertretung der Arbeitnehmer im Aufsichtsrat und über die Schwerbehindertenvertretung obliegen, deshalb nicht erfüllen kann, weil sie nicht Dienstherr der ihr gemäß § 12 Abs. 2 und 3 zugewiesenen Beamten ist, treffen diese Verpflichtungen das Bundeseisenbahnvermögen.**

(**Abs. 1**) Da die der DB AG **zugewiesenen Beamten** des BEV in den Betrieben der DB AG wie Arbeitnehmer weisungsgebunden beschäftigt sind, »gelten« sie u. a. auch für die Anwendung des BetrVG als **Arbeitnehmer**. Sie sind demnach zusammen mit den Arbeitnehmern der DB AG, die nach § 5 Abs. 1 S. 1 BetrVG Arbeitnehmer i. S. d. BetrVG »sind«, zum **Betriebsrat** wahlberechtigt und wählbar. Das gilt nach § 23 DBGrG für die Beamten, die den **ausgegliederten Gesellschaften** der DB AG zugewiesen sind, entsprechend (vgl. § 23 DBGrG Rn. 1 f.). **1**

Die der DB AG und ihren ausgegliederten Gesellschaften zugewiesenen Beamten haben mit der Interessenvertretung durch den Betriebsrat (sowie den Gesamtbetriebsrat und den Konzernbetriebsrat) im Bereich des DB Konzerns sowie durch die besondere Personalvertretung beim BEV eine **Doppelrepräsentanz** mit der Maßgabe, dass die Beteiligungsbefugnisse **2** des Betriebsrats und der besonderen Personalvertretung getrennt voneinander bestehen. Wird z. B. einem der DB AG zugewiesenen Beamten ein Arbeitsbereich in einem anderen Betrieb des Unternehmens auf Dauer zugewiesen, hat bei dieser Maßnahme – die eine **Versetzung** sowohl i. S. d. PersVR wie auch i. S. d. BetrVR ist – zum einen die besondere Personalvertretung nach § 17 Abs. 2 DBGrG i. V. m. § 76 Abs. 1 Nr. 4 BPersVG und zum andern der Betriebsrat nach § 99 BetrVG jeweils der DB AG gegenüber mitzubestimmen.[15]

3 Da die DB AG dem BEV die Personalkosten für einen zugewiesenen Beamten in der Höhe ersetzen muss, die für die DB AG anfallen würden, wenn sie einen eigenen Beschäftigten auf dem Arbeitsplatz einsetzen würde, der von dem zugewiesenen Beamten eingenommen wird (vgl. § 21 DBGrG), muss die DB AG die zugewiesenen Beamten entsprechend dem für die Beschäftigten der DB AG geltenden Tarifvertrag eingruppieren. Diese **Eingruppierung** unterliegt nach Auffassung des *BAG*[16] nicht der Mitbestimmung des Betriebsrats nach § 99 Abs. 1 BetrVG.[17] Unter dem Gesichtspunkt der Übertragung einer höher zu bewertenden Tätigkeit kann allerdings eine Mitbestimmung der BesPV nach § 17 Abs. 2 DBGrG i. V. m. § 76 Abs. 1 Nr. 3 BPersVG in Betracht kommen.

4 In seiner Ursprungsfassung enthielt das DBGrG in § 19 Abs. 2 bis 4 detaillierte Regelungen über die **Zuordnung** der zugewiesenen Beamten **zu den Arbeitnehmergruppen der Angestellten und Arbeiter**. Diese Vorschriften sind mit der im **BetrVerf-Reformgesetz** v. 23.7.01 (BGBl. I S. 1852) vorgenommenen Aufhebung des Gruppenprinzips in der Betriebsverfassung und der Unternehmensmitbestimmung entbehrlich geworden und **aufgehoben** worden.

5 (**Abs. 2**) Die Regelungen des Abs. 2 – die vor der Aufhebung der Abs. 2 bis 4 a. F. (vgl. Rn. 4) wortgleich in Abs. 5 a. F. enthalten waren – weisen dem **BEV** bestimmte **Verpflichtungen** zu, die nach den Vorschriften über die Betriebsverfassung (und die Unternehmensmitbestimmung) **an sich dem Arbeitgeber obliegen**. Sie gelten nach § 23 DBGrG für die ausgegliederten Gesellschaften der DB AG entsprechend (vgl. § 23 DBGrG Rn. 1 f.).

§ 23 Anwendung von Vorschriften auf ausgegliederte Gesellschaften

¹Die §§ 12, 13, 17, 19, 21 und 22 gelten entsprechend für die nach § 2 Abs. 1 ausgegliederten Gesellschaften. ²Für nach § 3 Abs. 3 ausgegliederte Gesellschaften gilt Satz 1 mit der Maßgabe, daß der

---

15 Str.; wie hier *BAG* v. 12.12.95 – 1 ABR 23/95 –, PersR 96, 208; vgl. KfdP-*Altvater*, Anh. III C § 19 DBGrG Rn. 2 m. w. N.
16 Beschl. v. 12.12.95 – 1 ABR 31/95 –, PersR 96, 376.
17 Vgl. aber *Burkert/Huschenbett*, PersR 10, 468 [470 f.], die diese Rspr. wegen der Änderung der tatsächlichen Gegebenheiten als nicht mehr zutreffend ansehen.

neue Rechtsträger Geschäftstätigkeiten im Sinn des § 3 Abs. 1 Nr. 1 oder 2 ausübt.

§ 23 DBGrG sieht vor, dass für die bei der DB AG tätigen Beamten des BEV im Falle einer Beschäftigung bei einer neuen Gesellschaft, die später im Wege der Ausgliederung entstanden ist, bestimmte im Zweiten Abschnitt des DBGrG enthaltene **personalrechtliche Vorschriften entsprechend gelten**. Dabei handelt es sich um die Bestimmungen über Beamte (§ 12), über die Rechtsaufsicht (§ 13), über Personalvertretung und Schwerbehindertenvertretung (§ 17), über die Geltung arbeitsrechtlicher Vorschriften (§ 19), über Personalkosten (§ 21) und über die Übernahme von Altlasten (§ 22). Sie gelten nach S. 1 in jedem Falle für **die nach § 2 Abs. 1 DBGrG ausgegliederten Gesellschaften** entsprechend. Das sind die fünf Töchter DB Reise & Touristik AG, DB Regio AG, DB Cargo AG, DB Netz AG und DB Station & Service AG, die durch die Ausgliederung jener fünf Geschäftsbereiche entstanden sind, die gem. § 25 DBGrG zunächst intern gebildet worden waren. Die Regelung soll die Kontinuität des Personaleinsatzes gewährleisten. 1

Nach § 3 Abs. 3 DBGrG können **weitere neue Gesellschaften** im Wege der Ausgliederung entstehen. Für diese Gesellschaften gelten nach § 23 S. 2 DBGrG die in S. 1 aufgeführten personalrechtlichen Vorschriften (nur) unter der Voraussetzung entsprechend, dass sie Geschäftstätigkeiten ausüben, die nach § 3 Abs. 1 Nr. 1 oder 2 DBGrG entweder in dem Erbringen von **Eisenbahnverkehrsleistungen** zur Beförderung von Gütern und Personen oder in dem Betreiben der **Eisenbahninfrastruktur** bestehen. Für ausgegliederte Gesellschaften, deren Gegenstand nach § 3 Abs. 1 Nr. 3 DBGrG Geschäftstätigkeiten in Bereichen sind, die (wie z. B. das vorwiegende Betreiben von Hotels) dem Eisenbahnverkehr (lediglich) verwandt sind, gelten die in S. 1 aufgeführten personalrechtlichen Vorschriften dagegen nicht entsprechend. Damit soll vermieden werden, dass diese personalrechtlichen Sonderregelungen auf Bereiche ausgedehnt werden, die mit den Geschäftstätigkeiten der ehemaligen Sondervermögen DB und DR nur noch in losem Zusammenhang stehen. 2

Anhang IV
Gesetz zum Personalrecht der Beschäftigten der früheren Deutschen Bundespost (Postpersonalrechtsgesetz – PostPersRG)

vom 14. September 1994 (BGBl. I S. 2325, 2353)

Zuletzt geändert durch Art. 15 Abs. 104 des Dienstrechtsneuordnungsgesetzes (DNeuG) vom 5. Februar 2009 (BGBl. I S. 160, ber. 462)

Auszüge mit Erläuterungen

Erster Abschnitt
Allgemeine dienstrechtliche Regelungen

Vorbemerkungen vor § 1

1 Das als **Art. 4 des Postneuordnungsgesetzes (PTNeuOG)** v. 14.9.94[1] erlassene **Postpersonalrechtsgesetz (PostPersRG)** ist seit seinem Inkrafttreten am 1.1.95 mehrfach geändert worden. Die umfangreichsten und bedeutsamsten Änderungen sind durch Art. 1 des **Ersten Gesetzes zur Änderung des Postpersonalrechtsgesetzes (1. PostPersRÄndG)** v. 9.11.04[2] vorgenommen worden, das am 13.11.04 in Kraft getreten ist. Art. 4 dieses Änderungsgesetzes ermächtigt das Bundesministerium der Finanzen (BMF), den Wortlaut des PostPersRG in der mit Inkrafttreten des 1. PostPersRÄndG geltenden Fassung bekannt zu machen. Diese Bekanntmachung der Neufassung ist jedoch ausgeblieben. Zahlreiche punktuelle Änderungen sind durch Art. 15 Abs. 4 des **Dienstrechtsneuordnungsgesetzes (DNeuG)** v. 5.2.09[3] erfolgt; dabei handelt es sich um notwendige Folgeänderungen zu der mit dem DNeuG vorgenommenen Neuordnung des Beamten-, Besoldungs- und Versorgungsrechts, die sich auf die dienstrechtlichen Vorschriften des PostPersRG beziehen.

2 Die im Ersten Abschnitt des PostPersRG (§§ 1–7) getroffenen **allgemei-**

---

1 BGBl. I. S. 2325, geändert durch Art. 2 Abs. 29 des Begleitgesetzes zum Telekommunikationsgesetz v. 17.12.97, BGBl. I S. 3108.
2 BGBl. I S. 2774.
3 BGBl. I S. 160, ber. 462.

nen **dienstrechtlichen Regelungen** sind im Folgenden auszugsweise abgedruckt und mit knappen Anmerkungen versehen, soweit dies zum Verständnis der im Achten Abschnitt des Gesetzes (§§ 24–37) getroffenen und anschließend erläuterten Regelungen der betrieblichen Interessenvertretungen sinnvoll erscheint.

§ 1 Dienstrechtliche Zuständigkeiten der Aktiengesellschaften

(1) [1]Die Aktiengesellschaften werden ermächtigt, die dem Dienstherrn Bund obliegenden Rechte und Pflichten gegenüber den bei ihnen beschäftigten Beamten wahrzunehmen, soweit im einzelnen nichts anderes bestimmt ist. [2]Gleiches gilt gegenüber den Ruhestandsbeamten und früheren Beamten, auch soweit für deren dienstrechtliche Angelegenheiten noch die Deutsche Bundespost oder ihre Unternehmen zuständig waren, sowie gegenüber deren Hinterbliebenen.

(2) Der Vorstand nimmt die Befugnisse der obersten Dienstbehörde sowie des obersten Dienstvorgesetzten und des obersten Vorgesetzten wahr.

(3) Wer die Befugnisse eines Vorgesetzten wahrnimmt, bestimmt sich nach dem Aufbau der Aktiengesellschaft.

(4) [1]Soweit die allgemein geltenden rechtlichen Vorschriften dies zulassen, kann der Vorstand die ihm zustehenden Befugnisse durch allgemeine Anordnung auf Stelleninhaber übertragen, die nach § 3 Abs. 1 die Befugnisse einer Dienstbehörde oder eines Dienstvorgesetzten ausüben. [2]Die Anordnung ist im Bundesgesetzblatt zu veröffentlichen.

(5) [1]Beabsichtigt der Vorstand der Aktiengesellschaft oder ein ihm nachgeordneter Stelleninhaber mit den Befugnissen eines Dienstvorgesetzten, durch Disziplinarverfügung eine Disziplinarmaßnahme zu verhängen oder einem Beamten in einer Einstellungsverfügung ein Dienstvergehen zur Last zu legen, hat er die Verfügung vor ihrem Erlaß unverzüglich unter Vorlage der Akten von der Bundesanstalt für Post und Telekommunikation Deutsche Bundespost auf Rechtmäßigkeit und sachgerechte Ausübung des Ermessens prüfen zu lassen. [2]Entsprechendes gilt vor Erhebung der Disziplinarklage. [3]Dem Prüfungsergebnis der Bundesanstalt hat die zuständige Stelle der jeweiligen Aktiengesellschaft Rechnung zu tragen.

(6) [1]Beabsichtigt der Vorstand der Aktiengesellschaft oder ein ihm nachgeordneter Stelleninhaber mit den Befugnissen eines Dienstvorgesetzten, einen Beamten gemäß § 32 Abs. 1 Nr. 2, § 34 Abs. 1 bis 3, § 36 oder § 37 des Bundesbeamtengesetzes zu entlassen, gemäß § 44 oder § 49 des Bundesbeamtengesetzes in den Ruhestand

§ 1 PostPersRG **Anhang IV**

zu versetzen oder die Arbeitszeit eines Beamten wegen begrenzter Dienstfähigkeit gemäß § 45 des Bundesbeamtengesetzes herabzusetzen, hat er seine Entscheidung vor ihrem Erlaß unverzüglich unter Vorlage der Akten von der Bundesanstalt für Post und Telekommunikation Deutsche Bundespost auf Rechtmäßigkeit prüfen zu lassen. ²Dem Prüfungsergebnis der Bundesanstalt hat die zuständige Stelle der jeweiligen Aktiengesellschaft Rechnung zu tragen.

(7) ¹Der Arbeitsdirektor (§ 33 des Mitbestimmungsgesetzes) nimmt in Personalunion die personellen und sozialen Angelegenheiten der Beamten wahr. ²§ 20 Abs. 3 Satz 1 bleibt unberührt. ³Der Vorstand kann seine ihm nach diesem Gesetz oder auf Grund dieses Gesetzes obliegenden Befugnisse von dem Arbeitsdirektor oder im Falle des § 20 Abs. 3 Satz 2 von dem für diese Angelegenheiten zuständigen anderen Vorstandsmitglied wahrnehmen lassen. ⁴Beschlüsse des Vorstands, die mit dienstrechtlichen Bestimmungen nicht vereinbar sind, binden das Vorstandsmitglied nicht.

1 **(Abs. 1)** In Abs. 1 ist festgelegt, dass die nach § 1 PostUmwG durch Umwandlung der öffentlich-rechtlichen Unternehmen der ehemaligen Deutschen Bundespost (DBP) errichteten **Aktiengesellschaften Deutsche Post AG, Deutsche Telekom AG und Deutsche Postbank AG** grundsätzlich mit der Wahrnehmung der dem Dienstherrn Bund obliegenden Rechte und Pflichten gegenüber den bei ihnen beschäftigten Beamten »beliehen« werden. Damit soll auch klargestellt werden, dass der Bund Dienstherr dieser Beamten bleibt.

2 **(Abs. 2, 3)** Da die Post-Aktiengesellschaften keine öffentlichen Verwaltungen sind, enthält das PostPersRG ergänzende Regelungen zu den in § 3 BBG festgelegten Definitionen **dienstrechtlicher Schlüsselbegriffe**. Nach Abs. 2 nimmt der Vorstand die Befugnisse der **obersten Dienstbehörde** sowie des **obersten Dienstvorgesetzten** und des **obersten Vorgesetzten** wahr. Wer unterhalb des Vorstands die Befugnisse einer **Dienstbehörde** und eines **Dienstvorgesetzten** wahrnimmt, richtet sich nach § 3 Abs. 1 PostPersRG. Wer die Befugnisse eines **Vorgesetzten** wahrnimmt, bestimmt sich gem. Abs. 3 nach dem Aufbau der Aktiengesellschaft.

3 **(Abs. 4)** In Abs. 4 ist das Recht des Vorstands geregelt, ihm zustehende **dienstrechtliche Befugnisse** durch allgemeine, im Bundesgesetzblatt zu veröffentlichende Anordnung auf solche **nachgeordneten Stelleninhaber** zu übertragen, die nach § 3 Abs. 1 PostPersRG die Befugnisse einer Dienstbehörde oder eines Dienstvorgesetzten ausüben. Von dieser Befugnis haben die Vorstände der drei Aktiengesellschaften wiederholt Gebrauch gemacht.

4 **(Abs. 5, 6)** Bei bestimmten **disziplinarrechtlichen Entscheidungen** des Vorstands der Aktiengesellschaft oder eines ihm nachgeordneten Stellen-

inhabers ist in Abs. 5 in jedem Einzelfall zur Prüfung der Rechtmäßigkeit eine **vorherige Einschaltung der Bundesanstalt für Post und Telekommunikation Deutsche Bundespost** (BAnstPT) vorgeschrieben. In Abs. 6 ist eine entsprechende vorherige Prüfung durch die BAnstPT vorgesehen bei beabsichtigten **Entlassungen** von Beamten, die nicht in den Ruhestand oder einstweiligen Ruhestand versetzt werden können, weil eine versorgungsrechtliche Wartezeit nicht erfüllt ist (§ 32 Abs. 1 Nr. 2 BBG), bei Entlassungen von Beamten auf Probe (§ 34 Abs. 1–3 BBG), bei Entlassungen von politischen Beamten auf Probe (§ 36 BBG) sowie bei Entlassungen von Beamten auf Widerruf (§ 37 BBG). Gleiches gilt bei beabsichtigten **Zurruhesetzungen** von Beamten auf Lebenszeit und von Beamten auf Probe wegen Dienstunfähigkeit (§ 44 bzw. § 49 BBG) sowie bei beabsichtigten **Herabsetzungen der Arbeitszeit** wegen begrenzter Dienstfähigkeit (§ 45 bzw. § 49 Abs. 3 i. V. m. § 45 BBG). Durch die Beteiligung der BAnstPT soll das Vertrauen der Beamten in die Rechtmäßigkeit der Entscheidungen gestärkt werden.

(Abs. 7) Nach Abs. 7 nimmt grundsätzlich der **Arbeitsdirektor** (also jenes nach § 33 MitbestG bestellte Vorstandsmitglied, zu dessen Ressort mindestens die wesentlichen Zuständigkeiten in Personal- und Sozialfragen gehören) in Personalunion die personellen und sozialen Angelegenheiten der Beamten wahr. Dabei ist dem Vorstand die Möglichkeit eingeräumt, die ihm als Kollegialorgan nach dem PostPersRG oder aufgrund dieses Gesetzes obliegenden dienstrechtlichen Entscheidungen vom Arbeitsdirektor treffen zu lassen. Unberührt davon bleibt die dem BMF im Rahmen seiner Rechtsaufsicht nach § 20 Abs. 3 PostPersRG zustehende Befugnis, die Zuständigkeit für die Wahrnehmung der personellen und sozialen Angelegenheiten der Beamten vom Arbeitsdirektor auf ein anderes Vorstandsmitglied zu übertragen.

5

§ 2 Rechtsverhältnisse der Beamten

(1) Mit der Eintragung der Aktiengesellschaft in das Handelsregister werden die Beamten, deren Beschäftigungsbehörde am Tag zuvor ein Unternehmen der Deutschen Bundespost war, bei der diesem Unternehmen nachfolgenden Aktiengesellschaft beschäftigt, es sei denn, sie wurden mit Wirkung der Eintragung zu einer anderen Aktiengesellschaft oder zu einer Behörde versetzt oder ihr Beamtenverhältnis endete mit Ablauf des Vortages.

(2) [1]Unbeschadet der Regelung des § 5 Abs. 1 Satz 1 des Postsozialversicherungsorganisationsgesetzes werden in Abweichung von Absatz 1 die Beamten der Dienststelle für Sozialangelegenheiten des Direktoriums der Deutschen Bundespost sowie die Beamten des Sozialamts der Deutschen Bundespost auf die Bundesanstalt für Post und Telekommunikation Deutsche Bundespost übergeleitet; ebenso werden die Beamten, die vor dem Inkrafttreten dieses Ge-

§ 2 PostPersRG **Anhang IV**

setzes bei der Deutschen Bundespost POSTDIENST die Aufgaben einer der in § 26 des Bundesanstalt Post-Gesetzes aufgeführten betrieblichen Sozialeinrichtungen wahrgenommen haben, auf die Bundesanstalt für Post und Telekommunikation Deutsche Bundespost übergeleitet. ²Sie können mit ihrem Einverständnis durch Einzelentscheidungen bei einer Aktiengesellschaft beschäftigt werden.

(2 a) Ein Beamter, der Beamter des Bundesministeriums für Post- und Telekommunikation oder des Bundesamtes für Post und Telekommunikation ist oder am 31. Dezember 1997 war und zuvor Beamter der Deutschen Bundespost war, kann durch Einzelentscheidung bei der Aktiengesellschaft auf Dauer beschäftigt werden, wenn er es beantragt, die abgebende Behörde und die Aktiengesellschaft der Beschäftigung zustimmen und die Beschäftigung am 31. Dezember 1998 beginnt.

(3) ¹Die bei den Aktiengesellschaften beschäftigten Beamten stehen im Dienste des Bundes; sie sind Bundesbeamte. ²Auf sie finden die für Bundesbeamte allgemein geltenden Vorschriften Anwendung, soweit gesetzlich nichts anderes bestimmt ist. ³Ihre gegenüber dem Dienstherrn gegebenen Ansprüche richten sich gegen den Bund. ⁴Der Bund wird durch die Aktiengesellschaften im Rahmen ihrer Zuständigkeiten gerichtlich vertreten. ⁵Unbeschadet der Regelungen in den §§ 14 bis 16 obliegt die Zahlungs- und Kostentragungspflicht für vermögensrechtliche Ansprüche der Aktiengesellschaft, bei der die Beamten beschäftigt sind.

(4) ...

(5) ...

(6) Die bei den Aktiengesellschaften beschäftigten Beamten können ohne Einhaltung des Dienstweges Eingaben an das Bundesministerium der Finanzen richten.

1 (Abs. 1, 2) Abs. 1 regelt die **Weiterbeschäftigung** der bei den bisherigen öffentlich-rechtlichen Unternehmen der DBP beschäftigten Beamten bei den durch Umwandlung errichteten drei **Aktiengesellschaften** (vgl. § 1 PostPersRG Rn. 1). Abs. 2 S. 1 legt fest, dass die Beamten bestimmter Beschäftigungsbereiche auf die BAnstPT übergeleitet werden. Abs. 2 S. 2 sieht vor, dass diese Beamten später mit ihrem Einverständnis durch Einzelentscheidung bei einer der drei Aktiengesellschaften beschäftigt werden können.

2 (Abs. 2 a) § 1 des Personalrechtlichen Begleitgesetzes zum Telekommunikationsgesetz (PersBG) v. 17. 12. 97[4] – zuletzt geändert durch Art. 15 Abs. 109 des Dienstrechtsneuordnungsgesetzes (DNeuG) v. 5. 2. 09[5] – re-

---
4 BGBl. I S. 3108.
5 BGBl. I S. 160.

gelt die Versetzung und Überleitung von Beschäftigten zu der bzw. auf die **Regulierungsbehörde für Telekommunikation und Post** (RegTP), die durch Art. 2 des Zweiten Gesetzes zur Neuregelung des Energiewirtschaftsrechts v. 7.7.05[6] in »Bundesnetzagentur für Elektrizität, Gas, Telekommunikation, Post und Eisenbahnen **(Bundesnetzagentur)**« umbenannt worden ist. Davon abweichend sieht der durch § 9 Abs. 2 Nr. 2 PersBG eingefügte Abs. 2a die Möglichkeit vor, dass bestimmte ehemalige Postbeamte durch Einzelentscheidung auf Dauer bei einer der drei **Aktiengesellschaften** beschäftigt werden können.

(Abs. 3) Die bei den Aktiengesellschaften nach Abs. 1 oder 2a beschäftigten Beamten behalten ihren **Rechtsstatus als Bundesbeamte** (vgl. § 1 PostPersRG Rn. 1). Da der Bund ihr Dienstherr bleibt, richten sich ihre Ansprüche weiterhin gegen ihn, wobei der Bund insoweit von den Aktiengesellschaften im Rahmen der ihnen übertragenen Zuständigkeiten gerichtlich vertreten wird. Von den Sonderregelungen für den Bereich der Versorgungsempfänger (§§ 14–16 PostPersRG) abgesehen, obliegt den Aktiengesellschaften jedoch die Zahlungs- und Kostentragungspflicht für die vermögensrechtlichen Ansprüche der bei ihnen beschäftigten Beamten, insb. für die Besoldung dieser Beamten. Soweit es sich um die Beamten handelt, die aufgrund des **Abs. 1** beschäftigt werden, entsprechen die Regelungen des Abs. 3 und des § 1 Abs. 1 PostPersRG dem **verfassungsrechtlich** durch Art. 143b Abs. 3 GG vorgegebenen »Beleihungsmodell«. Bei den Beamten, die aufgrund des **Abs. 2a** bei den Aktiengesellschaften beschäftigt werden, beruht die Beleihung der Aktiengesellschaften mit Dienstherrnbefugnissen dagegen nur auf **einfachem Recht**.[7] **3**

(Abs. 4, 5) Die Abs. 4 und 5 enthalten besoldungs- und laufbahnrechtliche **Übergangsregelungen** für bestimmte bei den Aktiengesellschaften beschäftigte Beamte. **4**

(Abs. 6) Die durch das 1. PostPersRÄndG eingefügte Vorschrift soll klarstellen, dass Beamte der Aktiengesellschaften nicht gegen die Pflicht zur Einhaltung des Dienstweges (§ 125 Abs. 1 S. 2 BBG) verstoßen, wenn sie sich mit **Eingaben unmittelbar an das** die Rechtsaufsicht führende **BMF** wenden.[8] Nach der Rspr. des *BAG*[9] ist gem. § 24 Abs. 2 und 3 PostPersRG für die bei den Aktiengesellschaften beschäftigten Beamten auch die Anwendung des § 85 BetrVG über das **kollektive betriebsverfassungsrechtliche Beschwerdeverfahren** eröffnet. **5**

---

6 BGBl. I S. 1970, ber. 3621.
7 BT-Drs. 13/8016, S. 22.
8 BT-Drs. 15/3404, S. 8, zu Nr. 2.
9 Beschl. v. 22.11.05 – 1 ABR 50/04 –, AP BetrVG 1972 § 76 Einigungsstelle Nr. 22.

§ 3 Dienstrechtliche Zuständigkeiten des Bundesministeriums der Finanzen

(1) ¹Das Bundesministerium der Finanzen bestimmt nach Anhörung oder auf Vorschlag des Vorstands, welche Organisationseinheiten unterhalb des Vorstands die Befugnisse einer Dienstbehörde und welche Stelleninhaber die Befugnisse eines Dienstvorgesetzten wahrnehmen. ²Die Bestimmung ist im Bundesgesetzblatt zu veröffentlichen. ³In dienstrechtlicher Hinsicht ist höchstens ein dreistufiger Aufbau der Aktiengesellschaft zulässig.

(2) ¹Der Bundespräsident ernennt und entläßt die bei den Aktiengesellschaften beschäftigten Beamten der Bundesbesoldungsordnung B. ²Das Bundesministerium der Finanzen ernennt und entläßt die bei den Aktiengesellschaften beschäftigten Beamten der Bundesbesoldungsordnung A. ³Die Begründung von Beamtenverhältnissen nach § 10 Abs. 1 Nr. 1 des Bundesbeamtengesetzes ist nicht zulässig; dies gilt nicht für die erneute Berufung in das Beamtenverhältnis nach § 46 des Bundesbeamtengesetzes. ⁴Das Bundesministerium der Finanzen kann seine Befugnisse nach den Sätzen 2 und 3 auf den Vorstand und nach dessen Anhörung oder auf dessen Vorschlag auf Stelleninhaber mit den Befugnissen eines Dienstvorgesetzten übertragen.

(3) ...

(4) ...

(5) ...

(6) ...

(7) Das Bundesministerium der Finanzen kann in den Fällen, in denen nach dem Bundesbeamtengesetz und dem Beamtenversorgungsgesetz in Verbindung mit Regelungen dieses Gesetzes der Vorstand oder eine Organisationseinheit der Aktiengesellschaft die Entscheidung hat, sich diese Entscheidung vorbehalten oder die Entscheidung von seiner vorherigen Genehmigung abhängig machen; auch kann es verbindliche Grundsätze für die Entscheidung aufstellen.

(8) Im Rahmen der Geschäftsverteilung der Bundesregierung gehören die bei den Aktiengesellschaften beschäftigten Beamten zum Geschäftsbereich des Bundesministeriums der Finanzen.

(9) Soweit sich durch dieses Gesetz oder auf Grund dieses Gesetzes nichts anderes ergibt, liegen die dienstrechtlichen Zuständigkeiten für die bei den Aktiengesellschaften beschäftigten Beamten beim Bundesministerium der Finanzen.

---

[1] Seit seinem Inkrafttreten am 1.1.95 ist § 3 PostPersRG **wiederholt geändert** worden, wobei sich die Absatzbezeichnungen z.T. verschoben

Anhang IV §3 PostPersRG

haben. Dabei wurden u. a. auch Konsequenzen aus der Auflösung des Bundesministeriums für Post und Telekommunikation (BMPT) und der Übertragung der beamtenrechtlichen Zuständigkeiten für die Beamten der drei Postnachfolgeunternehmen auf das BMF gezogen, indem die **veralteten Ressortbezeichnungen** an die neuen Zuständigkeiten **angepasst** wurden.

(Abs. 1) Während § 1 Abs. 2 PostPersRG bestimmt, dass der Vorstand der jeweiligen Aktiengesellschaft die Befugnisse der obersten Dienstbehörde sowie des obersten Dienstvorgesetzten und des obersten Vorgesetzten wahrnimmt, war zunächst das BMPT und ist seit dem 1.1.98 das **BMF** gem. Abs. 1 zu der im Bundesgesetzblatt zu veröffentlichenden **Bestimmung** ermächtigt, welche Organisationseinheiten **unterhalb des Vorstands** die Befugnisse einer **Dienstbehörde** und welche Stelleninhaber die Befugnisse eines **Dienstvorgesetzten** wahrnehmen. Nach dem durch das 1. PostPersRÄndG geänderten Abs. 1 S. 3 ist in dienstrechtlicher Hinsicht nicht nur ein zwei- oder dreistufiger Aufbau zulässig, sondern **höchstens ein dreistufiger Aufbau**. Unter Beachtung dieser Vorgabe sollen – nach Anhörung oder auf Vorschlag des Vorstands – Regelungen ermöglicht werden, die an die jeweilige Organisation (und zwar ggf. auch an eine tatsächlich einstufige Unternehmensstruktur) angepasst sind.

2

(Abs. 2) Die Vorschrift enthält Regelungen über die **Befugnisse zur Ernennung und Entlassung** der bei den Aktiengesellschaften beschäftigten Beamten.

3

(Abs. 3–6) Die Abs. 3 bis 5 ermächtigen das BMF zum Erlass bestimmter **Rechtsverordnungen**. Soweit die Eigenart des jeweiligen Dienstes oder die Aufrechterhaltung der Dienstleistungen der Aktiengesellschaften es erfordern, kann es nach Abs. 3 durch Rechtsverordnung zum einen in sinngemäßer Anwendung des § 26 Abs. 1 Nr. 1 BBG die **Laufbahnen** selbständig gestalten und Ausnahmeregelungen treffen (Nr. 1) sowie zum anderen nach Maßgabe des § 87 Abs. 3 BBG besondere **Arbeitszeitvorschriften** erlassen (Nr. 2). Nach Abs. 4 kann es außerdem in sinngemäßer Anwendung des § 26 Abs. 1 Nr. 2 BBG für die bei den Aktiengesellschaften beschäftigten Beamten die besonderen Vorschriften für die einzelnen Laufbahnen erlassen. Nach dem durch das 1. PostPersRÄndG eingefügten Abs. 5 kann es schließlich durch Rechtsverordnung nach Maßgabe des § 84 BBG für die bei den Aktiengesellschaften beschäftigten Beamten besondere Vorschriften für die Gewährung einer **Jubiläumszuwendung** erlassen, die den Regelungen entsprechen, die von den Aktiengesellschaften für die Arbeitnehmer in Betriebsvereinbarungen mit dem Gesamtbetriebsrat oder dem Konzernbetriebsrat oder in Tarifverträgen vereinbart sind. Die **Übergangsregelung** in Abs. 6 über die entsprechende weitere Geltung von Rechtsverordnungen des BMPT ist mit dem Außerkrafttreten dieser Verordnungen inzwischen gegenstandslos geworden.

4

(Abs. 7–9) In Entsprechung zu § 144 BBG sieht Abs. 7 vor, dass das **BMF**

5

befugt ist, beamtenrechtliche Entscheidungen, für die grundsätzlich der Vorstand oder eine Organisationseinheit der Aktiengesellschaft zuständig ist, sich vorzubehalten, von seiner vorherigen Genehmigung abhängig zu machen oder verbindliche Grundsätze für die Entscheidung aufzustellen. Damit soll die **Verantwortung des Bundes als Dienstherr** gewahrt werden. In Abs. 8 ist festgelegt, dass die bei den Aktiengesellschaften beschäftigten Beamten im Rahmen der Geschäftsverteilung der Bundesregierung zum **Geschäftsbereich** des BMF gehören. In Abs. 9 ist bestimmt, dass die dienstrechtlichen Zuständigkeiten für diese Beamten – soweit sich durch das PostPersRG oder aufgrund dieses Gesetzes nichts anderes ergibt – beim BMF liegen, dem damit eine **Auffangzuständigkeit** eingeräumt ist.

§ 4 Beamtenrechtliche Regelungen

(1) Die berufliche Tätigkeit der Beamten gilt als Dienst.

(2) *[aufgehoben]*

(3) [1]Beurlaubungen von Beamten, die bei einer Aktiengesellschaft beschäftigt sind, zur Wahrnehmung einer Tätigkeit bei dieser Aktiengesellschaft oder einer anderen in § 1 des Postumwandlungsgesetzes genannten Aktiengesellschaft dienen dienstlichen Interessen. [2]Sie sind auf höchstens zehn Jahre zu beschränken. [3]Verlängerungen sind zulässig. [4]Eine Beurlaubung steht einer Beförderung im Rahmen einer regelmäßigen Laufbahnentwicklung nicht entgegen. [5]Die Zeit der Beurlaubung ist ruhegehaltfähig. [6]Ein Versorgungszuschlag wird nicht erhoben, sofern eine Beurlaubung zu der Aktiengesellschaft erfolgt, bei der der Beamte zuletzt beschäftigt war. [7]Der Aufstieg in den Stufen des Grundgehalts wird durch die Zeit der Beurlaubung nicht verzögert. [8]Satz 4 gilt auch für Beurlaubungen nach § 13 Abs. 1 der Sonderurlaubsverordnung, sofern deren Zeit ruhegehaltfähig ist.

(3 a) [1]Beamten mit Dienstbezügen in Bereichen mit Personalüberhang kann zum Zwecke der Begründung eines anderen Dienstverhältnisses oder zur Aufnahme eines Beschäftigungsverhältnisses, soweit eine anderweitige Verwendung nicht möglich oder nicht zumutbar ist, auf Antrag Sonderurlaub unter Fortzahlung der Dienstbezüge gewährt werden. [2]Die Beurlaubung dient dienstlichen Interessen. [3]Der Urlaub kann bis zu einer Dauer von drei Jahren bewilligt werden. [4]Eine Verlängerung ist bis zu zwei Jahren möglich.

(4) [1]Dem Beamten kann mit seiner Zustimmung vorübergehend eine Tätigkeit bei einem Unternehmen zugewiesen werden, wenn die Aktiengesellschaft, bei der er beschäftigt ist, hieran ein dringendes betriebliches oder personalwirtschaftliches Interesse hat.

Anhang IV § 4 PostPersRG

²Eine dauerhafte Zuweisung einer dem Amt entsprechenden Tätigkeit auch ohne Zustimmung des Beamten ist zulässig bei Unternehmen, deren Anteile ganz oder mehrheitlich der Aktiengesellschaft gehören, bei der der Beamte beschäftigt ist, wenn die Aktiengesellschaft hieran ein dringendes betriebliches oder personalwirtschaftliches Interesse hat und die Zuweisung nach allgemeinen beamtenrechtlichen Grundsätzen zumutbar ist. ³Gleiches gilt für die Zuweisung einer Tätigkeit bei Unternehmen, deren Anteile ganz oder mehrheitlich Unternehmen nach Satz 2 gehören. ⁴Für die Zuweisung einer Tätigkeit im Ausland bedarf es der Zustimmung des Beamten. ⁵Wird die nach den Sätzen 2 und 3 erforderliche Mehrheit der Anteile aufgegeben, gilt für den Beamten, dem eine Tätigkeit zugewiesen ist, Satz 1 mit der Maßgabe, dass die fehlende Zustimmung ausdrücklich erklärt werden muss; eine dauerhafte Zuweisung ist in eine vorübergehende umzuwandeln. ⁶Die Rechtsstellung des Beamten bleibt unberührt. ⁷Die Zuweisung steht einer Beförderung im Rahmen einer regelmäßigen Laufbahnentwicklung nicht entgegen. ⁸Das Unternehmen ist zur Erteilung von Anordnungen befugt, soweit die Tätigkeit im Unternehmen es erfordert. ⁹Erhält ein Beamter im Rahmen seiner Zuweisung anderweitige Bezüge, so gilt § 10 Abs. 4 entsprechend. ¹⁰Soweit das Unternehmen Verpflichtungen, die ihm gegenüber dem Beamten nach den in § 24 Abs. 3 genannten Vorschriften obliegen, deshalb nicht erfüllen kann, weil es nicht Dienstherr des zugewiesenen Beamten ist, treffen diese Verpflichtungen je nach Zuständigkeit die Aktiengesellschaft oder den Bund.

(5) ...

(Abs. 1) Die Beschäftigung der Beamten bei den **Post-Aktiengesellschaften** Deutsche Post AG, Deutsche Telekom AG und Deutsche Postbank AG ist kein **Dienst** im beamtenrechtlichen Sinne. Da der »Dienst« jedoch ein Schlüsselbegriff des Beamtenrechts ist, bestimmt Abs. 1, dass die berufliche Tätigkeit der Beamten als Dienst gilt. Diese **gesetzliche Fiktion** bezieht sich auf diejenigen Beamten, die nach § 2 Abs. 1 oder 2a PostPersRG beschäftigt werden. Aus ihr folgt, dass der einem solchen Beamten übertragene Aufgabenkreis als Amt i. S. d. Bundesbeamtenrechts anzusehen und der Beamte **amtsangemessen zu beschäftigen** ist.[10] Die Aktiengesellschaften müssen den verfassungsrechtlichen Anspruch eines bei ihnen tätigen Beamten auf amtsangemessene Beschäftigung erfüllen, sobald ihn der Beamte geltend macht. Es verstößt gegen Art. 33 Abs. 5 GG, den Beamten stattdessen aufzufordern, sich auf freie Stellen zu bewerben. Eine derartige Bewerbungsaufforderung löst keine Befolgungspflicht gem.

1

---

10 *BVerwG* v. 22.6.06 – 2 C 26.05 –, PersR 06, 460.

§ 4 PostPersRG Anhang IV

§ 62 Abs. 2 S. 1 BBG aus.[11] Nach § 6 PostPersRG können der Vorstand oder die von ihm bestimmten Stellen mit Dienstvorgesetztenbefugnissen einen Beamten **vorübergehend auf einem anderen Arbeitsplatz von geringerer Bewertung** unter Belassung der Amtsbezeichnung und der Dienstbezüge verwenden, wenn betriebliche Gründe es erfordern, wobei die Obergrenze einer derartigen befristeten unterwertigen Beschäftigung in Anlehnung an § 27 Abs. 3 S. 1 Nr. 1 BBG bei zwei Jahren zu ziehen ist.[12]

2 **(Abs. 2)** Der durch Art. 15 Abs. 104 Nr. 4 Buchst. a Dienstrechtsneuordnungsgesetz (DNeuG) v. 5.2.09[13] **aufgehobene** Abs. 2 sah vor, dass die Aktiengesellschaft (d. h. die Deutsche Post AG, die Deutsche Postbank AG oder die Deutsche Telekom AG) als Verwaltung i. S. d. § 26 Abs. 1 S. 3 BBG a. F. galt, und nahm damit jene Vorschrift in Bezug, die bestimmte, dass der Beamte bei einer **zum Wechsel der Verwaltung führenden Versetzung** zu hören war. Mangels Übernahme dieser bisherigen beamtenrechtlichen Regelung in das durch Art. 1 DNeuG neu gefasste BBG war der bisherige Abs. 2 inhaltslos geworden.[14] Die Rechtsposition des jeweils betroffenen Beamten hat sich aber nicht verschlechtert, weil gem. § 28 Abs. 1 VwVfG der Dienstherr den Beamten vor seiner Entscheidung über eine Versetzung immer dann **anzuhören** hat, wenn die Versetzung nicht auf Antrag oder mit Zustimmung des Beamten erfolgt.[15] Das gilt gem. § 2 Abs. 3 S. 2 PostPersRG auch für Versetzungen der bei den Postnachfolgeunternehmen beschäftigten Beamten.

3 **(Abs. 3)** Die Regelungen des Abs. 3 ermöglichen es den Aktiengesellschaften, bei ihnen beschäftigte Beamte befristet zu beurlauben und zugleich mit ihnen Arbeitsverträge abzuschließen.[16] Diese auf Antrag des jeweiligen Beamten zulässigen »**In-Sich-Beurlaubungen**« sollen die personelle Beweglichkeit der Aktiengesellschaften erhöhen. Nach der Neufassung von S. 2 und der Einfügung von S. 3 durch das 1. PostPersRÄndG ist die einzelne Beurlaubung zwar auf höchstens zehn Jahre zu beschränken, sie kann jedoch (u. U. auch mehrmals) verlängert und damit so lange fortgeführt werden, wie dies aus Unternehmenssicht geboten ist.[17]

4 **(Abs. 3 a)** Der durch das 1. PostPersRÄndG eingefügte Abs. 3 a schafft die dienstrechtlichen Voraussetzungen dafür, dass Beamten in Bereichen mit Personalüberhang befristeter **Sonderurlaub** unter Fortzahlung der Dienstbezüge gewährt werden kann, um ihnen den Übergang in ein anderes Dienst- oder Beschäftigungsverhältnis zu erleichtern. Die Regelung stellt klar, dass

---

11 *BVerwG* v. 18.9.08 – 2 C 126.07 –, NVwZ 09, 187.
12 *VG Köln* v. 1.6.06 – 15 K 1349/05 –, PersR 06, 464.
13 BGBl. I S. 160.
14 BT-Drs. 16/7076, S. 185, zu Art. 15 Abs. 101 Nr. 4.
15 Vgl. *Battis*, § 28 Rn. 15.
16 Näher dazu *BAG* v. 25.5.05 – 7 AZR 402/04 –, AP TVG § 1 Tarifverträge: Deutsche Post Nr. 12.
17 BT-Drs. 15/3404, S. 8, zu Nr. 4, zu Abs. 3; zu den Details vgl. KfdP-*Peiseler*, Anh. IV B § 4 PostPersRG Rn. 5.

derartige auf Antrag des jeweiligen Beamten erfolgende Beurlaubungen, die zunächst bis zu drei Jahre zu befristen sind und um bis zu zwei Jahre verlängert werden können, zumindest auch im dienstlichen Interesse der beurlaubenden Stellen liegen, weil sie dem Personalabbau dienen.[18]

(Abs. 4) Der durch das 1. PostPersRÄndG neu gefasste Abs. 4 enthält in teilweiser Anlehnung an § 123a BRRG, der für die Beamten des Bundes in § 29 BBG n. F. übernommen worden ist, Regelungen über die **Zuweisung** von Beamten **zu anderen Unternehmen**. Mit der Einführung dieser Vorschriften wollte der Gesetzgeber ein Instrument schaffen, das es den Post-Aktiengesellschaften ermöglicht, die im Zusammenhang mit ihrer Konzernbildung sich ergebenden personalwirtschaftlichen Probleme zu lösen.[19] Dabei ist er davon ausgegangen, dass die Gründung und der Erwerb von Tochter-, Enkel- und Beteiligungsgesellschaften und die damit einhergehende Verschlankung der Muttergesellschaft es zwingend erfordern, die personelle Flexibilität der Aktiengesellschaften zu erhöhen (ebd.). Die in Abs. 4 getroffenen Regelungen sehen im Wesentlichen zwei Möglichkeiten vor: Bei **Unternehmen, die im unmittelbaren oder mittelbaren Allein- oder Mehrheitseigentum der Post-Aktiengesellschaft stehen**, bei welcher der Beamte beschäftigt ist, kann dieser auch ohne seine Zustimmung im Wege der Zuweisung auf Dauer beschäftigt werden (S. 2 u. 3). Tätigkeiten bei **anderen Unternehmen**, die nicht im Allein- oder Mehrheitseigentum der Post-Aktiengesellschaft stehen, können dem Beamten nur vorübergehend und nur mit seiner Zustimmung zugewiesen werden (S. 1 u. 5). Außerdem bedarf die Zuweisung einer Tätigkeit im Ausland immer der Zustimmung des Beamten (S. 4). Für die Beschäftigung bei einer der beiden **anderen Post-Aktiengesellschaften** kommen dagegen statt der Zuweisung die Instrumente der Versetzung und Abordnung in Betracht.[20] Der mit § 123a Abs. 3 BRRG wortgleiche und mit § 29 Abs. 3 inhaltsgleiche Abs. 4 S. 6 bestimmt, dass die **Rechtsstellung** des zugewiesenen Beamten unberührt bleibt (vgl. § 2 PostPersRG Rn. 3). Der mit § 12 Abs. 4 S. 2 DBGrG inhaltlich identische Abs. 4 S. 8 legt fest, dass das Unternehmen, dem der Beamte zugewiesen ist, zur **Erteilung von Anordnungen** befugt ist, soweit die Tätigkeit im Unternehmen es erfordert. Mit Ausnahme des insoweit übergehenden Weisungsrechts bleiben die **dienstrechtlichen Befugnisse** gegenüber dem zugewiesenen Beamten bei der jeweiligen Post-Aktiengesellschaft.[21] Ob die in Abs. 4 geregelten Möglichkeiten der Zuweisung mit dem durch Art. 143b Abs. 3 GG **verfassungsrechtlich** vorgegebenen Beleihungsmodell (vgl. § 2 PostPersRG Rn. 3) vereinbar sind, ist umstritten.[22]

---

18 BT-Drs. 15/3732, S. 7, zu Art. 1 Nr. 4 Buchst. b [neu].
19 BT-Drs. 15/3404, S. 8f., zu Nr. 4, zu Abs. 4.
20 BT-Drs. 15/3404, S. 9.
21 BT-Drs. 15/3404, S. 9.
22 Vgl. dazu BT-Drs. 15/3404, a.a.O., sowie 15/3732, S. 4ff., zu III, u. Ausschuss-Drs. 15 (9) 1276.

§ 4 PostPersRG **Anhang IV**

6 Die **kollektivrechtlichen Folgen** der Zuweisung sind in § 24 Abs. 3 und § 28 Abs. 2 PostPersRG geregelt. Der dem § 19 Abs. 2 DBGrG nachgebildete Abs. 4 S. 10 ergänzt diese Regelungen. Er geht davon aus, dass das aufnehmende Unternehmen bestimmte **Verpflichtungen**, die ihm nach den in § 24 Abs. 3 PostPersRG genannten Vorschriften über die gesetzliche Interessenvertretung der Arbeitnehmer bzw. Beschäftigten obliegen, deshalb nicht erfüllen kann, weil es nicht Dienstherr der zugewiesenen Beamten ist, und legt fest, dass diese Verpflichtungen je nach Zuständigkeit von der entsendenden Aktiengesellschaft oder vom Bund zu erfüllen sind. Das kann u. a. dann in Betracht kommen, wenn die Verpflichtung zur Gleichbehandlung der Beschäftigten die Beförderung zugewiesener Beamten erfordert.[23]

7 **(Abs. 5)** Das als Art. 9 Eisenbahnneuordnungsgesetz (ENeuOG) v. 27.12.93[24] erlassene **Gesetz zur Verbesserung der personellen Struktur beim Bundeseisenbahnvermögen und in den Unternehmen der Deutschen Bundespost** (hier: BEV-DBP-StruktG) enthält u. a. für von Umstrukturierungsmaßnahmen der DBP betroffene Beamte der DBP Vorschriften über die Förderung der anderweitigen Verwendung und der vorzeitigen Versetzung in den Ruhestand. Abs. 5 trifft Regelungen zur entsprechenden Anwendung des BEV-DBP-StruktG im Zusammenhang mit der Privatisierung der bisherigen öffentlich-rechtlichen Postunternehmen. Das BEV-DBP-StruktG ist zuletzt durch das Zweite Änderungsgesetz v. 10.11.06[25] geändert und in **Gesetz zur Verbesserung der personellen Struktur beim Bundeseisenbahnvermögen und in den Postnachfolgeunternehmen** (hier: BEV-PNU-StruktG) umbenannt worden. Die nunmehr geltenden Vorschriften sehen u. a. vor, dass Beamte, die bei den Postnachfolgeunternehmen in Bereichen mit Personalüberhang beschäftigt sind, nach dem vollendeten 55. Lebensjahr auf ihren Antrag vorzeitig in den Ruhestand versetzt werden, wenn betriebliche oder betriebswirtschaftliche Belange nicht entgegenstehen (§ 4 BEV-PNU-StruktG). Diese Regelungen, die zunächst auf Versetzungen bis zum 31.12.10 begrenzt waren, gelten nach der Änderung von § 4 Abs. 1 S. 1 BEV-PNU-StruktG durch Art. 15 Abs. 110 Nr. 1 Buchst. a DNeuG[26] für Versetzungen bis zum 31.12.12.

§§ 5 bis 7 ...

---

23 BT-Drs. 15/3404, S. 9.
24 BGBl. I S. 2378, 2426.
25 BGBl. I S. 2589.
26 BGBl. I S. 160.

Achter Abschnitt
Regelungen der betrieblichen Interessenvertretungen

§ 24 Anwendung des Betriebsverfassungsgesetzes

(1) In den Aktiengesellschaften findet nach deren Eintragung in das Handelsregister das Betriebsverfassungsgesetz Anwendung, soweit in diesem Gesetz nichts anderes bestimmt ist.

(2) ¹Die bei den Aktiengesellschaften beschäftigten Beamten gelten für die Anwendung des Betriebsverfassungsgesetzes als Arbeitnehmer. ²§ 5 Abs. 3 des Betriebsverfassungsgesetzes bleibt unberührt.

(3) ¹Der Beamte, dem nach § 4 Abs. 4 Satz 1 bis 3 eine Tätigkeit bei einem Unternehmen zugewiesen ist, gilt für die Anwendung von Vorschriften über die Vertretung der Arbeitnehmer im Aufsichtsrat, für die Anwendung des Betriebsverfassungsgesetzes und des Sprecherausschussgesetzes als Arbeitnehmer und für die Anwendung von Vorschriften über die Schwerbehindertenvertretung als Beschäftigter des Unternehmens. ²§ 36 Abs. 2 und 4 gilt entsprechend.

1 Die im Achten Abschnitt des PostPersRG enthaltenen Regelungen der betrieblichen Interessenvertretung sind insb. durch Art. 6 des **BetrVerf-Reformgesetzes** v. 23.7.01[1] und durch Art. 1 des **1. PostPersRÄndG** (vgl. vor § 1 PostPersRG Rn. 1) geändert worden. Die Änderungen durch das BetrVerf-Reformgesetz bestehen in der Neufassung von § 24 Abs. 2 S. 2 und § 26 PostPersRG und in der Aufhebung des § 27 PostPersRG. Sie beruhen darauf, dass das **Gruppenprinzip in der Betriebsverfassung aufgehoben** worden ist. Die Änderungen durch das 1. PostPersRÄndG sehen zum einen bei der Wahl des Betriebsrats die Möglichkeit der **gruppenfremden Kandidatur** wieder vor (Einfügung der Nr. 4a in § 26 PostPersRG), zum anderen beziehen sie sich auf die Interessenvertretung jener bei den Post-Aktiengesellschaften beschäftigten Beamten, denen **Tätigkeiten bei Drittunternehmen zugewiesen** werden sollen oder zugewiesen sind (Anfügung von § 24 Abs. 3 u. § 28 Abs. 2 sowie klarstellende Folgeänderungen in § 28 Abs. 1 S. 1, in § 29 Abs. 1 S. 2 u. Abs. 3 S. 1, in § 30 S. 1 u. in § 31 S. 2 PostPersRG) und enthalten darüber hinaus zwei die Schwerbehindertenvertretung betreffende Klarstellungen (in § 31 S. 3 u. § 37 Abs. 2 PostPersRG) sowie zwei früher unterlassene redaktionelle Folgeänderungen (in § 29 Abs. 6 S. 1 u. Abs. 7 PostPersRG).

1a (Abs. 1) Die **öffentlich-rechtlichen Unternehmen** der früheren DBP sind in die privatrechtlichen Aktiengesellschaften **Deutsche Post AG, Deutsche Telekom AG** und **Deutsche Postbank AG** umgewandelt

---

1 BGBl. I S. 1852.

§ 24 PostPersRG Anhang IV

worden (§ 1 Abs. 1 u. 2 PostUmwG). Diese Aktiengesellschaften, auf deren Gründung der Erste und Zweite Teil des Ersten Buches des Aktiengesetzes (§§ 1–53) entsprechend anzuwenden war (§ 1 Abs. 3 PostUmwG), sind am 2.1.95 in das Handelsregister eingetragen worden und damit als juristische Personen des Privatrechts entstanden. In inhaltlicher Übereinstimmung mit § 130 BetrVG und den §§ 1 und 95 BPersVG stellt § 24 PostPersRG in Abs. 1 klar, dass seit diesem Zeitpunkt im Bereich der Aktiengesellschaften das **BetrVG** Anwendung findet, soweit im PostPersRG nichts anderes bestimmt ist, und regelt in Abs. 2 S. 1, dass die bei den Aktiengesellschaften beschäftigten Beamten für die Anwendung des BetrVG als Arbeitnehmer gelten. Die gesetzlichen Vorschriften über die Betriebsverfassung werden für die Postnachfolgeunternehmen durch verschiedene **tarifvertraglich vereinbarte betriebsverfassungsrechtliche Normen** ergänzt und modifiziert.[2]

2 Seit der am 2.1.95 erfolgten Eintragung der Aktiengesellschaften in das Handelsregister sind die **Beamten**, deren Beschäftigungsbehörde am Tag zuvor eines der öffentlich-rechtlichen Unternehmen der früheren DBP war, grundsätzlich bei der dem jeweiligen Unternehmen nachfolgenden Aktiengesellschaft beschäftigt (vgl. § 2 PostPersRG Rn. 1).

3 **(Abs. 2)** Nach Abs. 2 S. 1 gelten die bei den Aktiengesellschaften beschäftigten **Beamten betriebsverfassungsrechtlich** als **Arbeitnehmer.** Nach der ursprünglichen Fassung des Abs. 2 S. 2 waren sie entsprechend ihrer jeweiligen Beschäftigung den **Gruppen der Arbeiter und der Angestellten** zuzuordnen. Diese Zuordnung ist mit der Aufgabe des Gruppenprinzips in der Betriebsverfassung (vgl. Rn. 1) gegenstandslos geworden. Die bei den Postnachfolgeunternehmen beschäftigten Beamten können aber auch **leitende Angestellte** i.S.d. § 5 Abs. 3 BetrVG sein, auf die die Vorschriften des BetrVG grundsätzlich keine Anwendung finden (vgl. § 36 PostPersRG). Dies wird durch den neu gefassten Abs. 2 S. 2 klargestellt. Im Übrigen ist die grundsätzliche Zuordnung der Beamten zu den Arbeitnehmern i.S.d. BetrVG durch **Sonderregelungen** abgewandelt, die der betrieblichen Interessenvertretung der Beamten **in beamtenspezifischen Personalangelegenheiten** dienen sollen (vgl. §§ 26–35 PostPersRG).

4 Diese Sonderregelungen gelten aber nicht für **beurlaubte Beamte** der früheren Deutschen Bundespost, die mit einer der Aktiengesellschaften einen Arbeitsvertrag abgeschlossen haben, und zwar auch dann nicht, wenn es sich um »in sich beurlaubte« Beamte i.S.d. § 4 Abs. 3 PostPersRG handelt. Sie werden von der jeweiligen Aktiengesellschaft nicht als Beamte, sondern aufgrund ihres Arbeitsvertrags als **Arbeitnehmer** beschäftigt, für die das BetrVG unmittelbar und ohne Besonderheiten anzuwenden ist.[3]

---

2 Vgl. dazu KfdP-*Peiseler*, Anh. IV B § 24 PostPersRG Rn. 1b.
3 *ArbG Bonn* v. 11.9.02 – 4 BV 42/02 –, AiB 04, 506.

(Abs. 3) Der durch das 1. PostPersRÄndG eingefügte Abs. 3 regelt **kollektivrechtliche Folgen der Zuweisung** i. S. v. § 4 Abs. 4 S. 1 bis 3 PostPersRG (vgl. dazu § 4 PostPersRG Rn. 5 ff.). Nach Abs. 3 S. 1, der dem § 19 Abs. 1 DBGrG nachgebildet ist, gelten die zugewiesenen Beamten für die Anwendung der Vorschriften des **Unternehmensverfassungsrechts** über die Vertretung der Arbeitnehmer im Aufsichtsrat, für die Anwendung der Vorschriften des **Betriebsverfassungsgesetzes** (BetrVG) und des **Sprecherausschussgesetzes** (SprAuG) über die betriebliche Interessenvertretung als Arbeitnehmer sowie für die Anwendung von Vorschriften des **Schwerbehindertenrechts** (SGB IX Teil 2) über die Schwerbehindertenvertretung als Beschäftigte des Unternehmens, dem sie zugewiesen sind. Aufgrund dieser gesetzlichen Fiktion sind die zugewiesenen Beamten unabhängig von ihrem nach § 4 Abs. 4 S. 6 PostPersRG unberührt bleibenden öffentlich-rechtlichen Status **den »eigenen« Arbeitnehmern bzw. Beschäftigten des aufnehmenden Unternehmens** in den Bereichen der Unternehmensmitbestimmung, der betrieblichen Mitbestimmung und der Schwerbehindertenvertretung in jeder Hinsicht **gleichgestellt.** Die zugewiesenen Beamten sind (soweit sie nicht den leitenden Angestellten zuzurechnen sind) im aufnehmenden Unternehmen zum **Betriebsrat** des Betriebs wahlberechtigt und wählbar, bei dem sie die zugewiesene Tätigkeit ausüben (nicht jedoch zum Betriebsrat des Betriebs der Post-Aktiengesellschaft, dem sie dienstrechtlich zugeordnet sind[4]). Soweit sie dem Weisungsrecht des aufnehmenden Unternehmens unterliegen, hat der dortige Betriebsrat im Rahmen des BetrVG auch ihre Interessen zu vertreten. Nach Abs. 3 S. 2 i. V. m. § 36 Abs. 2 und 4 PostPersRG sind **leitende Angestellte** i. S. d. § 5 Abs. 3 BetrVG auch die **funktional vergleichbaren Beamten** mit der Folge, dass der **Sprecherausschuss** im aufnehmenden Unternehmen für die Vertretung ihrer dortigen betrieblichen Interessen zuständig ist (vgl. § 36 PostPersRG Rn. 2 u. 4).

§ 25 Übergangsregelungen

Die hier nicht abgedruckten Übergangsregelungen haben sich durch Zeitablauf erledigt.

§ 26 Wahlen, Ersatzmitglieder

Die Vorschriften des Betriebsverfassungsgesetzes über Wahl und Zusammensetzung des Betriebsrats sowie über seine Ersatzmitglieder finden mit folgender Maßgabe Anwendung:

1. **Die in den Betrieben der Aktiengesellschaften beschäftigten Beamten bilden bei der Wahl zum Betriebsrat eine eigene Gruppe, es sei denn, dass die Mehrheit dieser Beamten vor der Wahl in geheimer Abstimmung hierauf verzichtet.**

---

[4] So *BAG* v. 16. 1. 08 – 7 ABR 66/06 –, AP BetrVG 1972 § 7 Nr. 12.

2. Arbeitnehmer und Beamte müssen entsprechend ihrem zahlenmäßigen Verhältnis im Betriebsrat vertreten sein, wenn dieser aus mindestens drei Mitgliedern besteht.

3. [1]Die Arbeitnehmer und Beamten wählen ihre Vertreter in getrennten Wahlgängen, es sei denn, dass die wahlberechtigten Angehörigen beider Gruppen vor der Neuwahl in getrennten, geheimen Abstimmungen die gemeinsame Wahl beschließen. [2]Die Betriebsratswahl erfolgt in gemeinsamer Wahl, wenn der Betriebsrat im vereinfachten Wahlverfahren nach § 14a des Betriebsverfassungsgesetzes zu wählen ist.

4. Steht einer Gruppe nur ein Vertreter im Betriebsrat zu, so erfolgt die Wahl des Gruppenvertreters nach den Grundsätzen der Mehrheitswahl.

4a. [1]Jede Gruppe kann auch Angehörige der anderen Gruppe wählen. [2]In diesem Fall gelten die Gewählten insoweit als Angehörige der Gruppe, die sie gewählt hat. [3]Dies gilt auch für Ersatzmitglieder.

5. Finden getrennte Wahlgänge statt, so sind zur Unterzeichnung von Wahlvorschlägen der Gruppen nur die wahlberechtigten Angehörigen der jeweiligen Gruppe entsprechend § 14 Abs. 4 des Betriebsverfassungsgesetzes berechtigt.

6. In Betrieben mit Beamten muss dem Wahlvorstand ein Beamter angehören.

7. Ist der Betriebsrat in gemeinsamer Wahl gewählt, bestimmt sich das Nachrücken von Ersatzmitgliedern nach § 25 des Betriebsverfassungsgesetzes unter Berücksichtigung der Grundsätze der Nummer 2.

1 § 24 Abs. 2 PostPersRG sieht vor, dass die bei den Aktiengesellschaften beschäftigten **Beamten** betriebsverfassungsrechtlich als Arbeitnehmer gelten. Diese Zuordnung wird jedoch bei der **Wahl zum Betriebsrat**, bei seiner Zusammensetzung und bei der Bestimmung seiner Ersatzmitglieder dadurch abgewandelt, dass die Beamten – mit Ausnahme der beurlaubten, aufgrund eines Arbeitsvertrags mit dem jeweiligen Unternehmen als Arbeitnehmer beschäftigten Beamten (vgl. § 24 PostPersRG Rn. 4) – eine **eigene Wählergruppe** bilden, wenn sie nicht vorher darauf verzichten. Die ergänzenden wahltechnischen Sonderregelungen sind in der gem. § 34 PostPersRG erlassenen **WahlO Post**[5] enthalten, welche die Bestimmungen der WO BetrVG z.T. modifiziert.

2 **(Nr. 1)** Abweichend vom BetrVG bilden die in den Betrieben der Aktiengesellschaften beschäftigten Beamten bei der Wahl zum Betriebsrat

---
5 Abgedr. im KfdP, Anh. IV C.

grundsätzlich eine **eigene Gruppe**. Das gilt jedoch nicht, wenn die Mehrheit »dieser Beamten« – also die Mehrheit der nicht beurlaubten und somit grundsätzlich in der eigenen Wählergruppe wahlberechtigten Beamten – vor der Wahl in geheimer Abstimmung hierauf **verzichtet**. Das ist dann der Fall, wenn die Mehrheit der wahlberechtigten Beamten dem Verzicht auf eine eigene Vertretung zustimmt (§ 3 S. 1 WahlO Post). Verzichten die Beamten auf die Bildung einer eigenen Wählergruppe, führt dies dazu, dass sie auch bei der Wahl des Betriebsrats als Arbeitnehmer gelten und **keine eigene Beamtenvertretung im Betriebsrat** erhalten.

(**Nr. 2**) Bilden die Beamten bei der Wahl zum Betriebsrat eine eigene Gruppe, müssen **Arbeitnehmer und Beamte** nach Nr. 2 entsprechend ihrem **zahlenmäßigen Verhältnis** im Betriebsrat vertreten sein, wenn dieser aus mindestens drei Mitgliedern besteht. Die Verteilung der Sitze auf die Gruppen ist im Einzelnen in § 6 Nr. 3 WahlO Post festgelegt. Entsprechend § 15 Abs. 2 BetrVG muss das **Geschlecht**, das **innerhalb der jeweiligen Gruppe in der Minderheit** ist, mindestens entsprechend seinem zahlenmäßigen Verhältnis in der Gruppe vertreten sein (§ 4 Abs. 1 S. 2 WahlO Post); die Verteilung dieser Mindestsitze erfolgt gem. § 6 Nr. 4 WahlO Post entsprechend § 5 WO BetrVG.[6] Falls einer Gruppe nach dem anzuwendenden d'Hondt'schen Höchstzahlverfahren **kein Sitz im Betriebsrat** zusteht, kann sie keine eigene Wählergruppe bilden. In diesem Fall wählen die Arbeitnehmer und die Beamten den Betriebsrat in gemeinsamer Wahl, ohne dass es dazu vorheriger Abstimmungen bedarf.

3

(**Nr. 3, 4**) Nach Nr. 3 S. 1 wählen die Arbeitnehmer und die Beamten ihre Vertreter grundsätzlich in getrennten Wahlgängen, also in **Gruppenwahl**. Die wahlberechtigten Angehörigen beider Gruppen können jedoch vor der Neuwahl in getrennten, geheimen Abstimmungen die **gemeinsame Wahl** beschließen. Folgt man der Rspr. des *BAG*[7] zu § 14 Abs. 2 BetrVG a. F., ist es erforderlich, dass sich die Mehrheit aller Wahlberechtigten in jeder Gruppe an den Abstimmungen beteiligt und sich die Mehrheit der Abstimmenden in jeder Gruppe für die gemeinsame Wahl ausspricht. Da es aber demokratischen Prinzipien widerspricht, die Desinteressierten letztlich entscheiden zu lassen, ist es sachgerechter, ohne Rücksicht auf die Zahl der an der Abstimmung Teilnehmenden ausschließlich die Mehrheit der Abstimmenden zu verlangen.[8] Ist der Betriebsrat im (einstufigen oder zweistufigen) **vereinfachten Wahlverfahren** nach § 14a BetrVG zu wählen, findet diese Wahl nach Nr. 3 S. 2 generell als gemeinsame Wahl statt.

4

Besteht der Betriebsrat aus mindestens drei Mitgliedern, sind diese – wenn kein vereinfachtes Wahlverfahren nach § 14a BetrVG stattfindet – entweder nach den Grundsätzen der **Verhältniswahl** (Listenwahl) oder nach denen der **Mehrheitswahl** (Personenwahl) zu wählen. Das hängt entspre-

5

---

6 Vgl. *BAG* v. 16.3.05 – 7 ABR 40/04 –, AP BetrVG 1972 § 15 Nr. 3.
7 Vgl. Beschl. v. 2.2.62 – 1 ABR 5/61 –, AP BetrVG § 13 Nr. 10.
8 Vgl. KfdP-*Peiseler*, Anh. IV B § 26 PostPersRG Rn. 8.

§ 26 PostPersRG   Anhang IV

chend § 14 Abs. 2 BetrVG sowohl bei Gruppenwahl als auch bei gemeinsamer Wahl grundsätzlich von der Zahl der für den jeweiligen Wahlgang eingereichten (gültigen) Wahlvorschläge (Vorschlagslisten) ab (§ 6 Abs. 1 WO BetrVG u. § 6 Nr. 5 Buchst. a WahlO Post). Sind **mindestens zwei Wahlvorschläge** (Vorschlagslisten) eingereicht worden, wird die Wahl nach den Grundsätzen der Verhältniswahl durchgeführt, ist **nur ein Wahlvorschlag** (eine Vorschlagsliste) eingereicht worden, erfolgt sie nach denen der Mehrheitswahl. Ist der Betriebsrat im **vereinfachten Wahlverfahren** nach § 14a BetrVG zu wählen, findet diese Wahl generell nicht nur nach Nr. 3 S. 2 als gemeinsame Wahl, sondern nach § 14 Abs. 2 BetrVG auch nach den Grundsätzen der **Mehrheitswahl** statt. Steht einer Gruppe **nur ein Vertreter** im Betriebsrat zu, erfolgt auch dessen Wahl gem. Nr. 4 nach den Grundsätzen der Mehrheitswahl.

6 (Nr. 4a) Die ursprüngliche Fassung des BetrVG v. 15.1.72[9] teilte die Arbeitnehmer in die Gruppen der Arbeiter und Angestellten und sah in Verbindung damit in § 12 Abs. 2 die Möglichkeit der **gruppenfremden Kandidatur** vor. Diese Bestimmung wurde zusammen mit den anderen Vorschriften über das Gruppenprinzip durch das BetrVerf-Reformgesetz (vgl. § 24 PostPersRG Rn. 1) aufgehoben. Mangels einer Spezialregelung waren damit auch im Bereich der Postnachfolgeunternehmen trotz der hier vorgesehenen Aufteilung der Beschäftigten in die Gruppen der Arbeitnehmer und Beamten gruppenfremde Kandidaturen nicht mehr möglich. Diese Möglichkeit ist mit der durch das 1. PostPersRÄndG erfolgten Einfügung der Nr. 4a, die mit § 12 Abs. 2 BetrVG a.F. wörtlich übereinstimmt, wieder zugelassen worden.[10]

7 (Nr. 5) Bei Gruppenwahl sind nach Nr. 5 zur **Unterzeichnung von Wahlvorschlägen der Gruppen** nur die wahlberechtigten Angehörigen der jeweiligen Gruppe berechtigt. Dabei richtet sich das erforderliche Unterschriftenquorum nach § 14 Abs. 4 BetrVG mit der Maßgabe, dass es jeweils auf die wahlberechtigten Gruppenangehörigen ankommt. Die im Betrieb vertretenen Gewerkschaften können nach § 14 Abs. 3 BetrVG für jede Gruppe jeweils einen Wahlvorschlag einreichen, für dessen Unterzeichnung § 14 Abs. 5 BetrVG gilt.

8 (Nr. 6) In Betrieben, in denen Beamte beschäftigt sind, muss dem **Wahlvorstand** ein Beamter angehören. Dies gilt auch dann, wenn die Beamten auf die Bildung einer eigenen Wählergruppe verzichtet haben oder wenn ihnen wegen ihrer zu geringen Zahl eine Gruppenvertretung nicht zusteht (vgl. Rn. 3).

9 (Nr. 7) Für das **Nachrücken von Ersatzmitgliedern** gilt nach dem Eingangssatz des § 26 PostPersRG grundsätzlich die Vorschrift des § 25 Abs. 2 BetrVG. Dabei ist jedoch die Maßgabe der Nr. 7 zu beachten. Diese

---

9 BGBl. I S. 13.
10 Vgl. BT-Drs. 15/3404, S. 12, zu Nr. 10.

schreibt für den Fall, dass der Betriebsrat in gemeinsamer Wahl gewählt worden ist, vor, dass sich das Nachrücken nach § 25 BetrVG unter Berücksichtigung der Nr. 2 (vgl. Rn. 3) bestimmt. Durch diese Maßgabe wird »sichergestellt, dass im Falle des Ausscheidens z. B. eines Vertreters der Beamten aus dem Betriebsrat auch nur wieder ein Beamter als Ersatzmitglied nachrückt«.[11] Dies gilt auch (und erst recht), wenn der Betriebsrat in Gruppenwahl gewählt worden ist. Deshalb ist beim Nachrücken generell zu gewährleisten, dass die Größen der Arbeitnehmergruppe und der Beamtengruppe soweit wie möglich gewahrt bleiben. Dem ist dadurch zu entsprechen, dass das Nachrücken unabhängig von der Art der Wahl **vorrangig innerhalb der jeweiligen Gruppe** stattfindet. Dieses Nachrücken hat nach § 25 Abs. 2 BetrVG unter Berücksichtigung des § 15 Abs. 2 BetrVG zu erfolgen. Danach kommt es auf die **Mindestquote des Minderheitsgeschlechts innerhalb der jeweiligen Gruppe** an. Die vorrangige Berücksichtigung der Gruppenquote kann u. U. dazu führen, dass die gruppenbezogene Mindestquote des Minderheitsgeschlechts nicht uneingeschränkt berücksichtigt werden kann.

§ 27 *(aufgehoben)*

§ 28 Beteiligung des Betriebsrats in Angelegenheiten der Beamten

(1) [1]Der Betriebsrat ist in den Angelegenheiten der Beamten nach § 76 Abs. 1, § 78 Abs. 1 Nr. 3 bis 5 und § 79 Abs. 3 des Bundespersonalvertretungsgesetzes sowie nach § 4 Abs. 4 Satz 1 bis 3 zu beteiligen. [2]In diesen Angelegenheiten sind nach gemeinsamer Beratung im Betriebsrat nur die Vertreter der Beamten zur Beschlußfassung berufen, es sei denn, daß die Beamten im Betriebsrat nicht vertreten sind. [3]§ 33 Abs. 1 und 2 des Betriebsverfassungsgesetzes gilt entsprechend.

(2) [1]Bei Entscheidungen und Maßnahmen der Aktiengesellschaft nach Absatz 1 Satz 1, die Beamte betreffen, denen nach § 4 Abs. 4 Satz 1 bis 3 Tätigkeiten bei einem Unternehmen zugewiesen sind, ist der bei der Aktiengesellschaft gebildete Betriebsrat nach Maßgabe der Vorschriften dieses Abschnitts zu beteiligen; gleichzeitig ist der Betriebsrat des Betriebs, in dem der Beamte die zugewiesene Tätigkeit ausübt, hierüber zu unterrichten und ihm Gelegenheit zur Stellungnahme zu geben. [2]Entsprechendes gilt für die Beteiligung der Schwerbehindertenvertretung.

(Abs. 1) Abs. 1 S. 1 legt fest, dass der Betriebsrat auch in den dort bezeichneten **beamtenspezifischen Personalangelegenheiten** zu beteiligen ist. 1

---

11 BT-Drs. 14/5741, S. 55.

§ 28 PostPersRG Anhang IV

Das dabei anzuwendende **Verfahren** ist in § 29 PostPersRG geregelt. Für die **interne Willensbildung des Betriebsrats** trifft Abs. 1 S. 2 eine von den allgemeinen betriebsverfassungsrechtlichen Vorschriften abweichende Regelung, die den Vertretern der Beamten die ausschließliche Beschlussfassungsbefugnis zuweist.

2 In den in Abs. 1 S. 1 genannten Personalangelegenheiten der Beamten hat der Betriebsrat zunächst stets gemeinsam zu **beraten.** Zur anschließenden **Beschlussfassung** sind gem. Abs. 1 S. 2 Hs. 1 aber nur die Vertreter der Beamten befugt. Anders ist es nur dann, wenn die Beamten ausnahmsweise nicht im Betriebsrat vertreten sind (vgl. Rn. 3). Nach Abs. 1 S. 3 gilt § 33 Abs. 1 und 2 BetrVG entsprechend. Daraus folgt: Die Beamtengruppe ist nur dann **beschlussfähig**, wenn mindestens die Hälfte der Beamtenvertreter an der Beschlussfassung teilnimmt, wobei Stellvertretung durch Ersatzmitglieder zulässig ist (§ 33 Abs. 2 BetrVG).[12] Die Beschlüsse der Beamtengruppe werden mit der **Mehrheit der Stimmen der anwesenden Beamtenvertreter** gefasst; bei Stimmengleichheit ist ein Antrag abgelehnt (§ 33 Abs. 1 BetrVG).

3 Sind **die Beamten als Gruppe im Betriebsrat nicht vertreten**, weil sie gem. § 26 Nr. 1 PostPersRG auf die Bildung einer eigenen Gruppe verzichtet haben oder weil ihre Zahl so gering ist, dass ihnen kein Sitz im Betriebsrat zusteht (vgl. § 26 PostPersRG Rn. 2f.), hat nach Abs. 1 S. 2 Hs. 2 auch in den in Abs. 1 S. 1 genannten Angelegenheiten der Beamten der **Betriebsrat als Ganzes** zu entscheiden.

4 Als Folge der Aufgabe des Gruppenprinzips durch das BetrVerf-Reformgesetz (vgl. § 24 PostPersRG Rn. 1) ist das in § 35 BetrVG a. F. enthaltene Recht der Vertreter einer Gruppe, die **Aussetzung eines Beschlusses** des Betriebsrats zu beantragen, entfallen. In § 35 BetrVG n. F. ist nur noch vorgesehen, dass ein Beschluss des Betriebsrats, den die Mehrheit der Jugend- und Auszubildendenvertretung oder die Schwerbehindertenvertretung als eine erhebliche Beeinträchtigung wichtiger Interessen der durch sie vertretenen Arbeitnehmer erachtet, auf ihren Antrag befristet auszusetzen ist. Obwohl das PostPersRG dazu keine Regelung enthielt, waren vor dem Inkrafttreten des BetrVerf-Reformgesetzes allerdings entsprechende, auf die Besonderheiten der Postnachfolgeunternehmen zugeschnittene Antragsrechte ausnahmsweise anerkannt. Zum einen wurde ein **Aussetzungsantrag der Mehrheit der Vertreter der Beamten** dann als zulässig angesehen, wenn er damit begründet war, dass ein Beschluss des Betriebsrats als eine erhebliche Beeinträchtigung wichtiger Interessen der Beamten in einer Angelegenheit erachtet werde, in der nach § 28 S. 2 PostPersRG a. F. (= § 28 Abs. 1 S. 2 PostPersRG n. F.) nur die Beamtenvertreter zur Beschlussfassung berufen seien. Zum anderen wurde bejaht, dass die **Mehrheit der Vertreter der Gruppe der Angestellten oder der Arbeiter und die Mehrheit der Mitglieder der Jugend- und Auszubildenden-**

---

[12] Teilw. str.; vgl. KfdP-*Peiseler*, Anh. IV B § 28 PostPersRG Rn. 3 m. N.

Anhang IV § 28 PostPersRG

vertretung sowie die **Schwerbehindertenvertretung** einen Aussetzungsantrag gegen einen von der Beamtengruppe gefassten Beschluss des Betriebsrats stellen könnten, wenn sie diesen Beschluss als eine erhebliche Beeinträchtigung wichtiger Interessen der durch sie vertretenen Arbeitnehmer erachteten. Da die aus der Beschlussfassungsbefugnis der Beamtenvertreter resultierenden Besonderheiten auch nach der Novellierung des BetrVG fortbestehen, sind **derartige Aussetzungsanträge in analoger Anwendung des § 35 BetrVG** unter den genannten engen Voraussetzungen auch **weiterhin zulässig**, wobei nun statt der Antragsrechte der jeweiligen Mehrheit der früheren Gruppen der Angestellten und der Arbeiter ein entsprechendes Antragsrecht der **Mehrheit der Gruppe der Arbeitnehmer** besteht.[13]

(Abs. 2) Der durch das 1. PostPersRÄndG angefügte Abs. 2 regelt die Beteiligung der betrieblichen Interessenvertretungen bei Entscheidungen und Maßnahmen der Post-Aktiengesellschaften in beamtenspezifischen **Angelegenheiten jener Beamten, die nach § 4 Abs. 4 S. 1 bis 3 PostPersRG** einem anderen Unternehmen **zugewiesen sind** (vgl. § 4 PostPersRG Rn. 5f. u. § 24 PostPersRG Rn. 5).[14] Abs. 2 S. 1 Hs. 1 bestimmt, dass bei derartigen Entscheidungen und Maßnahmen der **bei der Aktiengesellschaft gebildete Betriebsrat** nach Maßgabe der (sonstigen) Vorschriften des Achten Abschnitts (d. h. insb. nach § 28 Abs. 1 u. den §§ 29 und 30) des PostPersRG **zu beteiligen** ist. Das ist der Betriebsrat des Betriebes der Post-Aktiengesellschaft, dem der zugewiesene Beamte dienstrechtlich zugeordnet ist (*BAG* v. 16.1.08, a.a.O.). Abs. 2 S. 1 Hs. 2 legt fest, dass gleichzeitig mit der in Hs. 1 vorgeschriebenen Beteiligung des bei der Post-Aktiengesellschaft gebildeten Betriebsrats der **Betriebsrat des Betriebs, in dem der Beamte die zugewiesene Tätigkeit ausübt**, über die beabsichtigte Entscheidung bzw. Maßnahme **zu unterrichten** ist und ihm Gelegenheit zur **Stellungnahme** zu geben ist. Dadurch soll sichergestellt werden, dass die Belange der Belegschaft des Betriebs, in dem der Beamte die zugewiesene Tätigkeit ausübt, bei der Entscheidungsfindung des Betriebsrats bei der Post-Aktiengesellschaft Berücksichtigung finden können.[15] Damit dieses Ziel erreicht wird, ist es notwendig, dass die Stellungnahme des Betriebsrats des Beschäftigungsbetriebs dem für die Beteiligung zuständigen Betriebsrat bei der Post-Aktiengesellschaft rechtzeitig vorgelegt wird. Für die Beteiligung der **Schwerbehindertenvertretung** bestimmt Abs. 2 S. 2, dass die Regelungen des Abs. 2 S. 1 entsprechend gelten.

Die Vorschrift des Abs. 2 gilt nur für die Beteiligung in beamtenspezifischen Angelegenheiten von Beamten, die nach § 4 Abs. 4 S. 1 bis 3 PostPersRG einem anderen Unternehmen bereits »zugewiesen sind«, nicht jedoch von

---

13 Vgl. KfdP-*Peiseler*, Anh. IV B § 28 PostPersRG Rn. 8.
14 *BAG* v. 16.1.08 – 7 ABR 66/06 –, AP BetrVG 1972 § 7 Nr. 12.
15 So BT-Drs. 15/3404, S. 9.

Beamten, die erst zugewiesen werden sollen. Deshalb richtet sich die betriebsverfassungsrechtliche Beteiligung nach anderen Vorschriften, wenn beabsichtigt ist, einen Beamten **erstmals einem anderen Unternehmen zuzuweisen**. Dann ist zum einen der **bei der Post-Aktiengesellschaft gebildete Betriebsrat** nach § 28 Abs. 1 (u. § 29) PostPersRG unter dem Gesichtspunkt der Abgabe zu beteiligen, während zum anderen der **bei dem aufnehmenden Unternehmen gebildete Betriebsrat** nach den §§ 99 ff. BetrVG unter dem Gesichtspunkt der Aufnahme (= Einstellung) zu beteiligen ist. Verweigert der Betriebsrat beim aufnehmenden Unternehmen die Zustimmung, so muss der Arbeitgeber, falls an der Absicht der Zuweisung festgehalten wird, insoweit das arbeitsgerichtliche Zustimmungsersetzungsverfahren nach § 99 Abs. 4 BetrVG betreiben.[16]

§ 29 Verfahren

(1) [1]Der Betriebsrat hat in den in § 76 Abs. 1 des Bundespersonalvertretungsgesetzes genannten Personalangelegenheiten der Beamten ein Mitbestimmungsrecht. [2]Auf das Mitbestimmungsrecht in den in § 76 Abs. 1 des Bundespersonalvertretungsgesetzes genannten Angelegenheiten finden die Regelungen des § 77 des Bundespersonalvertretungsgesetzes entsprechende Anwendung. [3]Entsprechendes gilt bei der Zuweisung nach § 4 Abs. 4 Satz 1 bis 3.

(2) [1]Verweigert der Betriebsrat in den Fällen des Absatzes 1 seine Zustimmung, so hat er dies unter Angabe von Gründen innerhalb einer Woche nach Unterrichtung durch den Arbeitgeber diesem schriftlich mitzuteilen. [2]Teilt der Betriebsrat dem Arbeitgeber die Verweigerung seiner Zustimmung nicht innerhalb der Frist schriftlich mit, so gilt die Zustimmung als erteilt.

(3) [1]Ergibt sich zwischen dem Arbeitgeber und dem Betriebsrat in den Fällen des § 76 Abs. 1 des Bundespersonalvertretungsgesetzes sowie des § 4 Abs. 4 Satz 1 bis 3 keine Einigung, so ist die Einigungsstelle anzurufen, die binnen zwei Monaten entscheiden soll. [2]Sie stellt fest, ob ein Grund zur Verweigerung der Zustimmung im Sinne des § 77 Abs. 2 des Bundespersonalvertretungsgesetzes vorliegt. [3]Schließt sich die Einigungsstelle nicht der Auffassung des Arbeitgebers an, so gibt sie diesem eine Empfehlung. [4]Folgt der Arbeitgeber der Empfehlung der Einigungsstelle nicht, so hat er innerhalb von zehn Arbeitstagen die Angelegenheit mit der Empfehlung der Einigungsstelle dem Bundesministerium der Finanzen zur endgültigen Entscheidung vorzulegen.

(4) § 69 Abs. 5 des Bundespersonalvertretungsgesetzes gilt für Maßnahmen nach Absatz 1 entsprechend.

---
16 Vgl. KfdP-*Peiseler*, Anh. IV B § 28 PostPersRG Rn. 10 m. N.

(5) ¹Der Betriebsrat wirkt in den in § 78 Abs. 1 Nr. 3 bis 5 des Bundespersonalvertretungsgesetzes genannten Personalangelegenheiten der Beamten mit. ²Auf dieses Mitwirkungsrecht finden § 78 Abs. 2 und § 72 Abs. 1 bis 3 und 6 des Bundespersonalvertretungsgesetzes entsprechende Anwendung.

(6) ¹Der Betriebsrat kann die in Absatz 5 genannten Personalangelegenheiten binnen drei Tagen nach Zugang der seine Einwendung ganz oder zum Teil ablehnenden Mitteilung des Arbeitgebers dem in § 1 Abs. 7 genannten Vorstandsmitglied mit dem Antrag auf Entscheidung vorlegen. ²Dieses entscheidet nach Verhandlung mit dem Betriebsrat endgültig. ³Eine Abschrift seines Antrags leitet der Betriebsrat dem Arbeitgeber zu.

(7) Ist ein Antrag gemäß Absatz 6 gestellt, so ist die beabsichtigte Maßnahme bis zur Entscheidung des in § 1 Abs. 7 genannten Vorstandsmitglieds auszusetzen.

(8) Der Betriebsrat ist vor fristlosen Entlassungen von Beamten entsprechend § 79 Abs. 3 des Bundespersonalvertretungsgesetzes anzuhören.

(9) ¹In Streitigkeiten nach den Absätzen 1 bis 8 sind die Verwaltungsgerichte zuständig. ²Die Vorschriften des Arbeitsgerichtsgesetzes über das Beschlußverfahren gelten entsprechend.

In den als Aktiengesellschaften organisierten Postnachfolgeunternehmen ist nach § 24 Abs. 1 PostPersRG grundsätzlich das **BetrVG** anzuwenden (vgl. § 24 PostPersRG Rn. 1 ff.). Diese Aktiengesellschaften sind allerdings – an sich systemfremd – mit der Wahrnehmung von Dienstherrnbefugnissen gegenüber den Beamten beliehen, die bisher bei den öffentlich-rechtlichen Unternehmen der DBP beschäftigt waren und nunmehr entsprechend Art. 143b Abs. 3 GG unter Wahrung ihrer Rechtsstellung als unmittelbare Bundesbeamte und der Verantwortung des Dienstherrn Bund bei diesen privaten Unternehmen beschäftigt werden. Der Gesetzgeber hat deshalb gemeint, in **personellen Angelegenheiten der Beamten** Sonderregelungen schaffen zu müssen, wobei er offenbar davon ausgegangen ist, dass es nach der Rspr. des *BVerfG*[17] in diesen Fällen bei einer **Letztentscheidung des Dienstherrn** verbleiben müsse.[18] 1

Umstritten ist, inwieweit dem Betriebsrat in personellen Angelegenheiten der Beamten neben dem Mitbestimmungsrecht nach § 29 Abs. 1 S. 1 PostPersRG i. V. m. § 76 Abs. 1 BPersVG auch noch **Mitbestimmungsrechte** 2

---

17 Urt. v. 27. 4. 59 – 2 BvF 2/58 –, AP PersVG Bremen § 59 Nr. 1.
18 Vgl. BT-Drs. 12/6718, S. 102, mit dem in der Begründung zu § 27 Abs. 3 des Entwurfs des PostPersRG enthaltenen Hinweis, dass damit dem § 104 S. 3 BPersVG Rechnung getragen werde, also jener Vorschrift, die an das genannte Urt. des *BVerfG* anknüpft; vgl. dazu § 104 BPersVG Rn. 4 u. KfdP-*Peiseler*, Anh. IV B § 29 PostPersRG Rn. 1 a ff.

nach dem BetrVG zustehen. Bei der **Versetzung** von Beamten hält das *BAG*[19] die Regelung des § 29 Abs. 1 S. 1 PostPersRG nur für abschließend, soweit es sich um eine (betriebsübergreifende) Versetzung eines Beamten handelt, die von § 76 Abs. 1 BPersVG erfasst wird. Nach zutreffender Ansicht des *BAG* besteht jedoch eine weitergehende Mitbestimmung des Betriebsrats nach **§ 99 BetrVG**, wenn eine Versetzung nicht zu den nach § 76 Abs. 1 BPersVG mitbestimmungspflichtigen Angelegenheiten gehört, aber die Merkmale des § 95 Abs. 3 BetrVG erfüllt (Zuweisung eines anderen Arbeitsbereichs, die voraussichtlich die Dauer eines Monats überschreitet oder die mit einer erheblichen Änderung der Umstände verbunden ist, unter denen die Arbeit zu leisten ist). Damit sind innerbetriebliche Versetzungen von Beamten, die keine Umsetzungen i.S.d. § 76 Abs. 1 Nr. 4 BPersVG sind, aber auch kürzere überbetriebliche Versetzungen, die keine unter § 76 Abs. 1 Nr. 5 BPersVG fallende Abordnungen für eine Dauer von mehr als drei Monaten sind, dem Mitbestimmungsrecht des Betriebsrats nach § 99 BetrVG unterworfen. Eine ausschließlich nach § 99 BetrVG mitbestimmungspflichtige Versetzung liegt auch dann vor, wenn beamteten Beschäftigten neben ihrer Tätigkeit als Briefzusteller zusätzliche Aufgaben wie der Verkauf von Postprodukten übertragen werden, da diese Maßnahme bei qualitativer Betrachtungsweise als Versetzung nach § 95 Abs. 3 BetrVG zu bewerten ist.[20] Bei Beamten, die Mitglied des Betriebsrats oder des Wahlvorstands oder Wahlbewerber sind, bedarf eine Versetzung i.S.d. § 95 Abs. 3 BetrVG, die zu einem Verlust des Amtes als Betriebsrats- oder Wahlvorstandsmitglied oder der Wählbarkeit führen würde, nach **§ 103 Abs. 3 BetrVG** der Zustimmung des Betriebsrats, wenn der betroffene Beamte mit der Versetzung nicht einverstanden ist. Das gilt auch dann, wenn es sich um eine Versetzung handelt, die nach § 29 Abs. 1 S. 1 PostPersRG i.V.m. § 76 Abs. 1 BPersVG beteiligungspflichtig ist.

2a Die Beteiligung des Betriebsrats richtet sich nur dann und insoweit nach den Sondervorschriften der §§ 28 bis 30 PostPersRG, wenn und soweit es sich um die dort ausdrücklich bezeichneten Personalangelegenheiten der Beamten nach § 76 Abs. 1, § 78 Abs. 1 Nr. 3 bis 5 und § 79 Abs. 3 BPersVG sowie nach § 4 Abs. 4 S. 1 bis 3 PostPersRG handelt. In allen **anderen Angelegenheiten der Beamten** ist der Betriebsrat dagegen gem. § 24 Abs. 1 PostPersRG uneingeschränkt nach den Vorschriften des BetrVG zu beteiligen. Das gilt z.B. für **Regelungen in Fragen der Arbeitszeit**, die nach § 87 Abs. 1 Nr. 2 oder 3 BetrVG mitbestimmungspflichtig sind.[21] Ordnet der Arbeitgeber dennoch ohne Mitbestimmung des Betriebsrats Rufbereitschaft gegenüber beamteten Beschäftigten an, kann ihm das Arbeitsgericht im Wege der einstweiligen Verfügung die Unterlassung dieser

---

19 Beschl. v. 12.8.97 – 1 ABR 7/97 –, PersR 98, 206, u. – 1 ABR 18/97 –, ZTR 98, 141.
20 *LAG BW* v. 12.1.99 – 10 TaBV 1/98 –, juris.
21 *BAG* v. 23.3.99 – 1 ABR 33/98 –, AP BetrVG 1972 § 87 Arbeitszeit Nr. 80.

Anhang IV § 29 PostPersRG

einseitigen Anordnung aufgeben.[22] Bei der Festlegung von **Auswahlkriterien für »In-Sich-Beurlaubungen«** von Beamten nach § 4 Abs. 3 PostPersRG handelt es sich um die Aufstellung von **Richtlinien über die personelle Auswahl bei Umgruppierungen** i. S. v. § 95 Abs. 1 und 2 BetrVG;[23] nach § 95 Abs. 1, 2 BetrVG steht dem Betriebsrat in Betrieben mit bis zu 500 Arbeitnehmern ein Zustimmungs- bzw. Zustimmungsverweigerungsrecht zu, in Betrieben mit mehr als 500 Arbeitnehmern (einschl. der nach § 24 Abs. 2 PostPersRG als solche geltenden Beamten) ein Initiativrecht. Auch das Mitbestimmungsrecht bei Fragen der **betrieblichen Lohngestaltung** nach § 87 Abs. 1 Nr. 10 BetrVG wird durch § 28 PostPersRG und die dort genannten Regelungen des BPersVG nicht verdrängt;[24] die Frage, nach welchen Kriterien **(Beförderungs-)Planstellen für Beamte** aus dem dafür vorhandenen Stellenpool den einzelnen Betrieben eines Postnachfolgeunternehmens zugewiesen werden, hat das *BAG*[25] jedoch weder als eine Angelegenheit der betrieblichen Lohngestaltung i. S. d. § 87 Abs. 1 Nr. 10 BetrVG noch als eine Auswahlrichtlinie i. S. d. § 95 Abs. 1, 2 BetrVG angesehen. Auch bei der **besoldungsmäßigen Bewertung von Arbeitsposten** zu, die von Beamten besetzt sind, ist ein Mitbestimmungsrecht aus dem Gesichtspunkt der betrieblichen Lohngestaltung verneint worden.[26]

(Abs. 1) Abs. 1 S. 1 legt fest, dass der Betriebsrat in den in **§ 76 Abs. 1 BPersVG** genannten **Personalangelegenheiten** der Beamten ein **Mitbestimmungsrecht** hat. Damit soll die Mitbestimmung in den **statusrechtlichen Angelegenheiten** der Beamten gewährleistet werden.[27] Allerdings sind in den Postnachfolgeunternehmen **nicht alle Tatbestände** des in Bezug genommenen Katalogs (näher dazu § 76 BPersVG Rn. 4–34) von gleicher praktischer Bedeutung. **3**

Bei der **Interpretation der Mitbestimmungstatbestände** des § 76 Abs. 1 BPersVG sind die **Besonderheiten** zu berücksichtigen, die sich daraus ergeben, dass nach § 4 Abs. 1 PostPersRG die berufliche Tätigkeit der Beamten in den Postnachfolgeunternehmen als Dienst gilt (vgl. § 4 PostPersRG Rn. 1).[28] Daraus ergibt sich, dass als mitbestimmungspflichtige **Versetzung** nach § 29 Abs. 1 S. 1 PostPersRG i. V. m. § 76 Abs. 1 Nr. 4 BPersVG (vgl. § 76 BPersVG Rn. 22 ff.) die nicht nur vorübergehende Zuweisung eines anderen Aufgabenbereichs an einen Beamten bei einem **3a**

---

22 *ArbG Hannover* v. 22. 6. 95 – 11 BV Ga 2/95 –, AiB 95, 739.
23 *BAG* v. 10. 12. 02 – 1 ABR 27/01 –, AP BetrVG 1972 § 95 Nr. 42.
24 *BAG* v. 28. 3. 06 – 1 ABR 59/04 –, AP BetrVG 1972 § 87 Lohngestaltung Nr. 128.
25 Beschl. v. 28. 3. 06, a. a. O.
26 *LAG Bln* v. 7. 5. 02 – 3 TaBV 2367/01 –, ZTR 02, 605.
27 Vgl. BT-Drs. 12/6718, S. 102, zu § 28 Abs. 1.
28 KfdP-*Peiseler*, Anh. IV B § 29 PostPersRG Rn. 5 a.

anderen Betrieb desselben (oder eines anderen) Postnachfolgeunternehmens anzusehen ist.[29]

4 Abs. 1 S. 2 legt fest, dass in den Fällen des § 76 Abs. 1 BPersVG die einschränkenden Bestimmungen des § 77 BPersVG entsprechend anzuwenden sind, und zwar sowohl die **Ausnahmen von der Beteiligung** nach § 77 Abs. 1 wie auch der **Versagungskatalog** nach § 77 Abs. 2. Damit wird der Umfang der Mitbestimmung auf den im BPersVG festgelegten Rahmen eingegrenzt.[30]

4a Der durch das 1. PostPersRÄndG eingefügte Abs. 1 S. 3 sieht ein Mitbestimmungsrecht des Betriebsrats auch dann vor, wenn Beamten, die bei den Post-Aktiengesellschaften beschäftigt sind, nach § 4 Abs. 4 S. 1 bis 3 PostPersRG **Tätigkeiten bei Drittunternehmen zugewiesen** werden sollen (vgl. § 4 PostPersRG Rn. 5f. u. § 24 PostPersRG Rn. 5). Der Gesetzgeber hat die Erforderlichkeit dieser Regelung damit begründet, dass sich die Mitbestimmung im Falle des § 76 Abs. 1 Nr. 5a BPersVG nur auf Zuweisungen nach § 123a BRRG (jetzt § 29 BBG i.d.F. v. Art. 1 DNeuG) beziehe.[31] Die Mitbestimmung im Fall des Abs. 1 S. 3 unterliegt (entsprechend Abs. 1 S. 2) den gleichen Einschränkungen wie in den Fällen des § 76 Abs. 1 BPersVG.

4b Das **Mitbestimmungsverfahren** ist vom **Arbeitgeber** einzuleiten, wobei für diesen in beamtenrechtlichen Angelegenheiten die Stelle handelt, die nach den für die jeweilige Aktiengesellschaft geltenden Regelungen in der anstehenden Personalangelegenheit zur Entscheidung befugt ist. In Betracht kommen v. a. der **Vorstand** als oberste Dienstbehörde oder oberster Dienstvorgesetzter (§ 1 Abs. 2 PostPersRG), der **Arbeitsdirektor**, soweit er die Befugnisse des Vorstands wahrnimmt (§ 1 Abs. 7 S. 3 PostPersRG), sowie **Stelleninhaber unterhalb des Vorstands**, soweit ihnen durch Anordnung des BMF oder des Vorstands dienstrechtliche Befugnisse übertragen sind (§ 3 Abs. 1 oder 2 S. 4 bzw. § 1 Abs. 4 PostPersRG).

4c Das Mitbestimmungsverfahren ist entsprechend § 99 Abs. 1 BetrVG und § 69 Abs. 2 S. 1 BPersVG dadurch einzuleiten, dass die für den Arbeitgeber handelnde Stelle (vgl. Rn. 4b) den zuständigen **Betriebsrat** von der beabsichtigten Maßnahme unterrichtet und dessen Zustimmung beantragt. **Zuständig** ist i.d.R. der Betriebsrat des Betriebes, in dem der betroffene Beamte beschäftigt ist. Im Falle eines Beamten, der einem Drittunternehmen zugewiesen ist, ist der Betriebsrat des Betriebes zuständig, dem der Beamte dienstrechtlich zugeordnet ist (vgl. dazu § 28 PostPersRG Rn. 5). Der jeweilige Betriebsrat ist auch dann zu beteiligen, wenn der Vorstand oder der Arbeitsdirektor das Verfahren einleitet. Eine Zuständigkeit des Gesamtbetriebsrats oder des Konzernbetriebsrats dürfte i.d.R. nicht gege-

---

29 *BVerwG* v. 15.11.06 – 6 P 1.06 –, PersR 07, 119, zur Zuweisung einer Beschäftigung bei der Personalserviceagentur Vivento.
30 Vgl. BT-Drs. 12/6718, a.a.O.
31 BT-Drs. 15/3404, S. 12, zu den Nr. 11–15.

ben sein (vgl. § 32 PostPersRG Rn. 5f. u. § 33 PostPersRG Rn. 2). Für den **Antrag auf Zustimmung** empfiehlt sich aus Beweisgründen die Schriftform. Für die Form und den Umfang der **Unterrichtung** gilt das Gleiche wie im Mitbestimmungsverfahren nach § 69 BPersVG; wird der Betriebsrat nicht vollständig unterrichtet, beginnt die Wochenfrist des Abs. 2 nicht zu laufen (vgl. § 69 BPersVG Rn. 13 u. 18).

(Abs. 2) Die Vorschrift des Abs. 2, die das **Verfahren der Zustimmungsverweigerung** des Betriebsrats regelt, entspricht der Bestimmung des § 99 Abs. 3 BetrVG. Damit ist die **Äußerungsfrist** für den Betriebsrat gegenüber der Frist nach § 69 Abs. 2 S. 3 BPersVG von zehn Arbeitstagen auf eine Woche reduziert. Der Arbeitgeber ist auch in dringenden Fällen nicht befugt, die Wochenfrist des Abs. 2 zu verkürzen. Die Frist kann jedoch durch Vereinbarung zwischen Betriebsrat und Arbeitgeber verlängert werden.[32] Für die **Berechnung der Frist** gelten die §§ 186 bis 193 BGB. Die Frist beginnt mit dem Antrag des Arbeitgebers auf Zustimmung und der vollständigen Unterrichtung des Betriebsrats, wobei der Tag der Unterrichtung nach § 187 Abs. 1 BGB nicht mitgerechnet wird. Will der Betriebsrat seine Zustimmung zu der beabsichtigten Maßnahme verweigern, muss er dem Arbeitgeber dies innerhalb der Frist unter **Angabe der Gründe** schriftlich mitteilen; dabei ist er an die in **§ 77 Abs. 2 BPersVG abschließend** aufgeführten Zustimmungsverweigerungsgründe gebunden (vgl. § 77 BPersVG Rn. 11–25). Äußert sich der Betriebsrat nicht rechtzeitig oder nicht in der vorgeschriebenen Form, gilt die Zustimmung als erteilt.

(Abs. 3) Kommt zwischen dem Arbeitgeber und dem Betriebsrat eine Einigung nicht zustande, weil der Betriebsrat seine Zustimmung zu der beabsichtigten mitbestimmungspflichtigen Maßnahme fristgerecht und ordnungsgemäß verweigert hat, ist der Arbeitgeber – anders als nach § 99 Abs. 4 BetrVG – weder berechtigt noch verpflichtet, die verweigerte Zustimmung durch das Gericht ersetzen zu lassen. Er muss vielmehr die **Einigungsstelle** (vgl. dazu § 30 PostPersRG) anrufen, die ohne Vorschaltung eines Stufenverfahrens entscheidet. Für die **Anrufung** ist weder eine bestimmte Form noch eine Frist vorgeschrieben. Aus Gründen der Rechtssicherheit empfiehlt sich die Schriftform. Das **Verfahren** der Einigungsstelle richtet sich grundsätzlich nach § 76 Abs. 3 BetrVG (vgl. § 30 PostPersRG Rn. 5). Die **Entscheidung** der Einigungsstelle soll – entsprechend § 69 Abs. 4 S. 2 BPersVG – innerhalb von zwei Monaten getroffen werden. Für das Verfahren der **Beschlussfassung** gilt § 76 Abs. 3 S. 2 und 3 BetrVG. Danach fasst die Einigungsstelle ihre Beschlüsse nach mündlicher Beratung mit Stimmenmehrheit, wobei sich der Vorsitzende zunächst der Stimme zu enthalten hat und nur dann, wenn in der ersten Abstimmung eine Stimmenmehrheit nicht zustande kommt, nach weiterer Beratung an der erforderlichen erneuten Beschlussfassung teilnimmt. Nach § 76 Abs. 3

---

32 Vgl. *BAG* v. 17.5.83 – 1 ABR 5/80 –, AP BetrVG 1972 § 99 Nr. 18.

S. 4 BetrVG sind die Beschlüsse der Einigungsstelle schriftlich niederzulegen, vom Vorsitzenden zu unterschreiben sowie Arbeitgeber und Betriebsrat zuzuleiten. Die **Entscheidungskompetenz** der Einigungsstelle entspricht derjenigen der personalvertretungsrechtlichen Einigungsstelle nach § 69 Abs. 4 S. 3 BPersVG (vgl. § 69 BPersVG Rn. 39). Die Einigungsstelle stellt fest, ob ein Grund zur Verweigerung der Zustimmung i. S. d. § 77 Abs. 2 BPersVG vorliegt. Verneint sie das Vorliegen eines Zustimmungsverweigerungsgrundes und schließt sich damit der Auffassung des Arbeitgebers an, ist das Mitbestimmungsverfahren mit der Zuleitung des Beschlusses an Arbeitgeber und Betriebsrat abgeschlossen. Bejaht sie dagegen das Vorliegen eines Zustimmungsverweigerungsgrundes, gibt sie dem Arbeitgeber eine entsprechende **Empfehlung**. Will dieser sich der Empfehlung nicht anschließen, ist er anders als die oberste Dienstbehörde nach § 69 Abs. 4 S. 4 BPersVG nicht selbst zur Entscheidung befugt, sondern muss die Sache dem **BMF vorlegen**, das dann in Vertretung des Dienstherrn ohne nochmalige Verhandlung mit dem Betriebsrat endgültig entscheidet. Die Vorlage an das BMF muss **innerhalb einer Frist von zehn Arbeitstagen** erfolgen. Dabei ist es sachgerecht, die Wochentage Montag bis Freitag mit Ausnahme der gesetzlichen Feiertage als Arbeitstage anzusehen (vgl. § 69 BPersVG Rn. 16). Für die Berechnung der Frist gelten wiederum die §§ 186 bis 193 BGB (vgl. Rn. 5). Die Vorlagefrist ist eine Ausschlussfrist. Wird sie versäumt, hat der Arbeitgeber der Empfehlung der Einigungsstelle zu folgen. Für die **Letztentscheidung des BMF** schreibt das Gesetz dagegen **keine Frist** vor. Das BMF hat jedoch alsbald zu entscheiden.

7 **(Abs. 4)** Das Gesetz sieht in Abs. 4 eine entsprechende Anwendung des § 69 Abs. 5 BPersVG und damit die Möglichkeit **vorläufiger Regelungen** vor (vgl. § 69 BPersVG Rn. 41–46). Da diese jedoch keine vollendeten Tatsachen schaffen dürfen,[33] ist ihre Zulässigkeit in personellen Angelegenheiten der Beamten erheblich eingeschränkt (vgl. § 69 BPersVG Rn. 43).

8 **(Abs. 5)** Abs. 5 sieht vor, dass dem Betriebsrat ein **Mitwirkungsrecht** in den Fällen des § 78 Abs. 1 Nr. 3 bis 5 BPersVG zusteht (näher dazu § 78 BPersVG Rn. 20–22), auf das die für das Mitwirkungsverfahren geltenden Vorschriften des BPersVG mit Ausnahme des § 72 Abs. 4 und 5 (vgl. aber Rn. 10) entsprechend anzuwenden sind. Das **Mitwirkungsverfahren** ist vom **Arbeitgeber** einzuleiten. Wie in den mitbestimmungspflichtigen beamtenrechtlichen Angelegenheiten nach Abs. 1 handelt dabei für den Arbeitgeber die Stelle, die nach den für die jeweilige Aktiengesellschaft geltenden Regelungen in der anstehenden Personalangelegenheit zur Entscheidung befugt ist (vgl. Rn. 4b). Zu beteiligen ist regelmäßig der **Betriebsrat** des Betriebes, in dem der betroffene Beamte beschäftigt ist[34] (vgl. Rn. 4c u. § 28 PostPersRG Rn. 5). Mit der Verweisung auf § 72 Abs. 6 BPersVG sieht das Gesetz auch hier die Möglichkeit zum Erlass einer

---

33 *BVerwG* v. 14.3.89 – 6 P 4.86 –, PersR 89, 230.
34 *BVerwG* v. 22.6.06 – 2 C 11.05 –, ZBR 06, 385, u. 07, 53.

vorläufigen Regelung vor, die jedoch im Hinblick auf die Rechtsnatur der der Mitwirkung des Betriebsrats unterliegenden Tatbestände in keinem Fall zulässig sein dürfte (vgl. Rn. 7). Die **Einschränkungen des § 78 Abs. 2 BPersVG** gelten entsprechend. Der Betriebsrat ist deshalb in allen für seine Mitwirkung in Betracht kommenden Fällen nur auf Antrag des betroffenen Beschäftigten zu beteiligen; im Falle des § 78 Abs. 1 Nr. 3 BPersVG kann er Einwendungen nur auf die in § 77 Abs. 2 Nr. 1 und 2 BPersVG bezeichneten Gründe stützen (vgl. § 78 BPersVG Rn. 23 f.).

Das Mitwirkungsverfahren ist vor der in § 1 Abs. 5 oder 6 PostPersRG vorgeschriebenen **Einschaltung der BAnstPT** (vgl. dazu § 1 PostPersRG Rn. 4) durchzuführen.[35] Muss die beabsichtigte Maßnahme aufgrund des Ergebnisses der Prüfung der BAnstPT geändert werden, ist die Mitwirkung des Betriebsrats erneut durchzuführen. Führt die erneute Mitwirkung dazu, dass die beabsichtigte Maßnahme zwar nicht völlig aufgegeben, dabei jedoch etwaigen Einwendungen des Betriebsrats ganz oder teilweise entsprochen werden soll, muss auch die Einschaltung der BAnstPT wiederholt werden. **8a**

Teilt man die allerdings abzulehnende Auffassung, dass die Mitwirkung bei der **Entlassung von Beamten** nach § 78 Abs. 1 Nr. 4 BPersVG in den Fällen nicht gegeben ist, in denen die Dienststelle keinen Ermessensspielraum hat (vgl. § 78 BPersVG Rn. 21), kann der Betriebsrat bei einer solchen obligatorischen Entlassung nicht nach § 29 Abs. 5 PostPersRG beteiligt werden. Da die Regelungen der §§ 28 und 29 PostPersRG jedoch nicht abschließend sind und die Entlassung materiell eine besondere Art der Kündigung darstellt, ist der Betriebsrat dann stattdessen nach § 102 Abs. 1 S. 1 BetrVG zu beteiligen.[36] **8b**

(Abs. 6) In den Mitwirkungsangelegenheiten kann der Betriebsrat innerhalb von drei Tagen nach Zugang einer negativen Entscheidung des Arbeitgebers die **Entscheidung des zuständigen Vorstandsmitglieds** beantragen (Abs. 6 S. 1). Dabei hat er dem Arbeitgeber eine Abschrift seines Antrags zuzuleiten (Abs. 6 S. 3). Für die Berechnung der **Drei-Tage-Frist** gelten die §§ 186 bis 193 BGB (vgl. Rn. 5). Die Vorlagefrist ist eine Ausschlussfrist. Wird sie versäumt, kann der Arbeitgeber die beabsichtigte Maßnahme treffen. Zuständiges Vorstandsmitglied ist i.d.R. der in § 1 Abs. 7 PostPersRG genannte **Arbeitsdirektor.** Dieser **entscheidet »nach Verhandlung mit dem Betriebsrat«** (Abs. 6 S. 2). Die Verhandlung braucht – so das *BVerwG*[37] – nicht zwingend eine mündliche zu sein. Sofern vom Betriebsrat nicht ausdrücklich anders gewünscht, kann sie – wie eine Erörterung nach § 72 Abs. 1 BPersVG – durch den Austausch schriftlicher Äußerungen erfolgen[38] (vgl. § 72 BPersVG Rn. 7). Die Entscheidung des Arbeitsdirektors ist **endgültig.** **9**

---

35 *BVerwG* v. 22.6.06, a.a.O.
36 *ArbG Koblenz* v. 18.2.99 – 1 BV 2843/98 –, juris.
37 Urt. v. 22.6.06, a.a.O.
38 *BVerwG* v. 22.6.06, a.a.O.

§ 30 PostPersRG **Anhang IV**

10 (Abs. 7) In Mitwirkungsangelegenheiten hat der Arbeitgeber – entsprechend der Regelung in § 72 Abs. 5 – die **Durchführung** seiner Entscheidung so lange **auszusetzen**, bis der vom Betriebsrat angerufene Arbeitsdirektor entschieden hat (vgl. § 72 BPersVG Rn. 19).

11 (Abs. 8) Vor der **fristlosen Entlassung** von Beamten auf Probe oder auf Widerruf hat der Betriebsrat ein **Anhörungsrecht**. Will er gegen die beabsichtigte Maßnahme Bedenken geltend machen, so hat er diese nach dem entsprechend anzuwendenden § 79 Abs. 3 BPersVG unter Angabe seiner Gründe dem Arbeitgeber unverzüglich, spätestens innerhalb von drei Arbeitstagen, schriftlich mitzuteilen (vgl. § 79 BPersVG Rn. 36, 38 ff.).

12 (Abs. 9) Für Streitigkeiten nach den Abs. 1 bis 8 sieht Abs. 9 die Zuständigkeit der **Verwaltungsgerichte** vor und legt fest, dass für das Verfahren die Vorschriften des ArbGG über das **Beschlussverfahren** entsprechend gelten (vgl. § 83 BPersVG Rn. 1, 11, 14). Dabei ist in erster Instanz die **Fachkammer** und in zweiter Instanz der **Fachsenat** für Bundespersonalvertretungssachen in der Besetzung des § 84 BPersVG zur Entscheidung berufen.[39] Streiten Arbeitgeber und Betriebsrat allerdings darüber, ob die Anwendbarkeit des § 99 BetrVG durch die Sonderregelung des § 29 PostPersRG ausgeschlossen ist, handelt es sich dabei um eine Angelegenheit aus dem BetrVG, für die nach § 2a Abs. 1 Nr. 1 ArbGG ausschließlich die **Gerichte für Arbeitssachen** zuständig sind.[40]

§ 30 Besetzung der Einigungsstelle

¹In Angelegenheiten des § 76 Abs. 1 des Bundespersonalvertretungsgesetzes sowie des § 4 Abs. 4 Satz 1 bis 3 besteht die Einigungsstelle aus einer gleichen Anzahl von Beisitzern, die vom Arbeitgeber und den Vertretern der Beamten im Betriebsrat bestellt werden, und einem unparteiischen Vorsitzenden, auf dessen Person sich beide Seiten einigen. ²Kommt eine Einigung über die Person des Vorsitzenden nicht zustande, so bestellt ihn der Präsident des zuständigen Verwaltungsgerichts. ³Ist der Betriebsrat gemäß § 28 Abs. 1 Satz 2 zweiter Halbsatz für die Beschlußfassung zuständig, muss sich unter den von ihm zu bestellenden Beisitzern der Einigungsstelle ein Beamter befinden.

1 In **mitbestimmungspflichtigen Personalangelegenheiten** nach § 76 Abs. 1 BPersVG sowie nach § 4 Abs. 4 S. 1 bis 3 PostPersRG ist zur Beilegung von Meinungsverschiedenheiten zwischen Arbeitgeber und Betriebsrat nach § 29 Abs. 3 PostPersRG die **Einigungsstelle** anzurufen (vgl. § 29 PostPersRG Rn. 6). Diese ist auf der Ebene des Betriebes, und zwar

---

39 *BVerwG* v. 11.3.11 – 6 PB 19.10 –, PersR 11, 260 (gegen KfdP-*Peiseler*, Anh. IV B § 29 PostPersRG Rn. 15).
40 *BVerwG* v. 22.2.98 – 6 P 3.97 –, PersR 98, 292.

Anhang IV **§ 30 PostPersRG**

nach § 76 Abs. 1 S. 1 BetrVG grundsätzlich nur **bei Bedarf**, also von Fall zu Fall, zu bilden. Nach § 76 Abs. 1 S. 2 BetrVG ist es allerdings auch zulässig, durch freiwillige Betriebsvereinbarung eine **ständige** Einigungsstelle zu errichten. Die anstelle des § 76 Abs. 2 BetrVG anzuwendende Sondervorschrift des § 30 PostPersRG über die **Besetzung** der Einigungsstelle weicht hinsichtlich der Beisitzer der Arbeitnehmerseite (vgl. Rn. 2 und 4) sowie des Vorsitzenden (vgl. Rn. 3) von der allgemeinen Vorschrift ab. Das Gesetz legt zwingend fest, dass der Einigungsstelle eine gleiche **Anzahl von Beisitzern** beider Seiten angehören muss, ohne dabei eine bestimmte Anzahl vorzuschreiben.

Die Beisitzer der **Arbeitnehmerseite** werden nach S. 1 nur von den **2** Vertretern der Beamten im Betriebsrat bestellt. Dazu bedarf es nach § 28 Abs. 1 S. 2 PostPersRG eines in einer Sitzung des Betriebsrats nach gemeinsamer Beratung von den Vertretern der Beamten zu fassenden Beschlusses (vgl. § 28 PostPersRG Rn. 2 f.). Da weder das BetrVG noch das PostPersRG (mit Ausnahme des § 30 S. 3 [dazu unten Rn. 4]) persönliche oder sachliche Voraussetzungen für die Beisitzer aufstellt, sind die Beamtenvertreter in deren Auswahl frei; sie können deshalb auch Außenstehende bestellen.[41]

In inhaltlicher Übereinstimmung mit § 76 Abs. 2 S. 1 BetrVG legt S. 1 fest, **3** dass der Einigungsstelle neben den Beisitzern ein unparteiischer **Vorsitzender** angehört, auf dessen Person sich beide Seiten, also der Arbeitgeber und die Vertreter der Beamten, einigen. Für den Fall, dass eine Einigung nicht zustande kommt, sieht S. 2 vor, dass der Präsident des – örtlich – zuständigen Verwaltungsgerichts den Vorsitzenden bestellt. Dabei handelt es sich um ein **Verfahren nach § 98 ArbGG** in der bis zum 2.7.98 geltenden Fassung. (Die Neufassung des § 98 ArbGG durch Art. 2 des Gesetzes v. 29.6.98[42] ist für die Anwendung des § 30 S. 2 PostPersRG ohne Bedeutung.) Der Präsident des Verwaltungsgerichts hat den Vorsitzenden auf Antrag einer Seite zu bestellen, wenn die Einigungsstelle für die vorgesehene Entscheidung nicht offensichtlich unzuständig ist. Diese Entscheidung erfolgt durch Beschluss (§ 84 ArbGG). Gegen die Entscheidung des Präsidenten des Verwaltungsgerichts findet **Beschwerde** an das Oberverwaltungsgericht statt. (Dagegen ist der Präsident des *VG Köln*[43] der Ansicht, die Entscheidung nach S. 2 sei ihm qua Amt anvertraut. Er werde faktisch als Schlichter tätig mit der Folge, dass ein Rechtsmittel gegen diese Entscheidung nicht vorgesehen sei).[44]

Gehören dem Betriebsrat keine Vertreter der Beamten an, entschei- **4** det der Betriebsrat als Gremium über die Bestellung der Beisitzer (§ 28 Abs. 1 S. 2 Hs. 2 PostPersRG). In diesem Falle muss sich nach S. 3 **unter**

---

41 Vgl. KfdP-*Peiseler*, Anh. IV B § 30 PostPersRG Rn. 3.
42 BGBl. I S. 1694.
43 Schr. v. 9.7.02 – 2700/3 –, n. v.
44 Vgl. KfdP-*Peiseler*, Anh. IV B § 30 PostPersRG Rn. 6.

§ 31 PostPersRG **Anhang IV**

den von ihm benannten Beisitzern (mindestens) ein **Beamter** befinden, ohne dass das Gesetz vorschreibt, dass dieser dem Betrieb angehören muss.[45]

5 Für das **Verfahren vor der Einigungsstelle** gelten die allgemeinen Vorschriften des § 76 Abs. 3 BetrVG mit der Maßgabe, dass nach § 76 Abs. 4 BetrVG durch eine Betriebsvereinbarung – die im Regelfall auf einem Beschluss der Vertreter der Beamten beruhen muss (vgl. Rn. 2–4) – weitere Einzelheiten geregelt werden können (vgl. § 29 PostPersRG Rn. 6).[46] Für die **Kostentragung** gilt § 76a BetrVG.[47]

6 Steht dem **Gesamtbetriebsrat** im Rahmen seiner Zuständigkeit nach § 29 Abs. 1 PostPersRG i. V. m. § 76 Abs. 1 BPersVG oder § 4 Abs. 4 S. 1 bis 3 PostPersRG ein Mitbestimmungsrecht in Personalangelegenheiten der Beamten zu (vgl. § 32 PostPersRG i. V. m. §§ 50 u. 51 Abs. 5 BetrVG), so ist die nach § 29 Abs. 3 PostPersRG ggf. anzurufende Einigungsstelle in entsprechender Anwendung von § 76 BetrVG i. V. m. § 30 PostPersRG zwischen Arbeitgeber und Gesamtbetriebsrat auf der Ebene des Unternehmens zu bilden. Entsprechendes gilt, wenn der **Konzernbetriebsrat** zu beteiligen ist (vgl. § 33 PostPersRG i. V. m. §§ 58 u. 59 sowie 51 Abs. 5 BetrVG).

§ 31 Beteiligung des Betriebsrats und der Schwerbehindertenvertretung bei Entscheidungen des Bundesministeriums der Finanzen

[1]In Angelegenheiten, in denen das Bundesministerium der Finanzen gemäß § 3 Abs. 2 Satz 2, Abs. 7 und 9 sowie § 20 Abs. 2 Entscheidungen und Maßnahmen bezüglich der bei den Aktiengesellschaften beschäftigten Beamten trifft, wird die Interessenvertretung der betroffenen Beamten vom Betriebsrat wahrgenommen. [2]In den Angelegenheiten nach § 76 Abs. 1, § 78 Abs. 1 Nr. 3 bis 5 und § 79 Abs. 3 des Bundespersonalvertretungsgesetzes sowie nach § 4 Abs. 4 Satz 1 bis 3 gelten die §§ 28 bis 30 entsprechend. [3]Sind in diesen Angelegenheiten Interessen schwerbehinderter Menschen berührt, ist die Schwerbehindertenvertretung des Betriebs im Rahmen ihrer Zuständigkeit zu beteiligen.

1 Trifft das **BMF** gem. den in S. 1 aufgeführten Vorschriften **Entscheidungen und Maßnahmen** bezüglich der bei den Postnachfolgeunternehmen beschäftigten Beamten, so wird auch dabei die Interessenvertretung der betroffenen Beamten vom **Betriebsrat** wahrgenommen. Im Rahmen ihrer Zuständigkeiten gilt dies für den Gesamtbetriebsrat und den Konzern-

---

45 Vgl. KfdP-*Peiseler*, Anh. IV B § 30 PostPersRG Rn. 7.
46 Vgl. KfdP-*Peiseler*, Anh. IV B § 30 PostPersRG Rn. 8.
47 Vgl. BT-Drs. 12/6718, S. 103, zu § 29; vgl. KfdP-*Peiseler*, Anh. IV B § 30 PostPersRG Rn. 8a.

Anhang IV § 31 PostPersRG

betriebsrat entsprechend (§ 32 Abs. 2 bzw. § 33 Abs. 2 PostPersRG). Die in S. 1 aufgeführten Vorschriften des PostPersRG sehen im Einzelnen folgende Entscheidungen, Maßnahmen und Zuständigkeiten des BMF vor:

- **§ 3 Abs. 2 S. 2 PostPersRG:**
  Das BMF ernennt und entlässt die bei den Aktiengesellschaften beschäftigten Beamten der Besoldungsordnung A, soweit es diese Befugnisse nicht nach § 3 Abs. 2 S. 4 PostPersRG auf den Vorstand oder auf Stelleninhaber unterhalb des Vorstands übertragen hat.

- **§ 3 Abs. 7 PostPersRG:**
  Das BMF kann in den Fällen, in denen nach dem BBG oder dem BeamtVG jeweils i. V. m. Regelungen des PostPersRG der Vorstand oder eine Organisationseinheit der Aktiengesellschaft die Entscheidung zu treffen hat, sich diese Entscheidung vorbehalten.

- **§ 3 Abs. 9 PostPersRG:**
  Soweit durch das PostPersRG nichts anderes bestimmt ist, liegen die dienstrechtlichen Zuständigkeiten für die bei den Aktiengesellschaften beschäftigten Beamten beim BMF, dem damit eine Auffangzuständigkeit eingeräumt ist.

- **§ 20 Abs. 2 PostPersRG:**
  Werden durch ein Handeln oder Unterlassen einer der Aktiengesellschaften dienstrechtliche Bestimmungen verletzt, soll das BMF zunächst beratend darauf hinwirken, dass die Aktiengesellschaft die Rechtsverletzung behebt. Kommt diese einer entsprechenden Aufforderung innerhalb einer vom BMF gesetzten Frist nicht nach, behebt dieses die Rechtsverletzung selbst. In diesem Fall gehen die der Aktiengesellschaft obliegenden dienstrechtlichen Befugnisse auf das BMF über.

Im Rahmen der Interessenvertretung des Betriebsrats gegenüber dem BMF gelten nach S. 2 die **Sondervorschriften** der §§ 28 bis 30 PostPersRG entsprechend, welche die Willensbildung und das Verfahren der förmlichen Beteiligung des Betriebsrats in den in § 76 Abs. 1, § 78 Abs. 1 Nr. 3 bis 5 und § 79 Abs. 3 BPersVG sowie in § 4 Abs. 4 S. 1 bis 3 PostPersRG genannten **Personalangelegenheiten der Beamten** regeln. In diesen Angelegenheiten hat anstelle des Arbeitgebers das BMF den Betriebsrat zu beteiligen. Wird dabei im Mitbestimmungsverfahren eine Einigung nicht erzielt, ist die Einigungsstelle zwischen dem BMF und dem Betriebsrat zu bilden.

Bei Entscheidungen des BMF, die **schwerbehinderte Beamte** betreffen, ist nach S. 3 auch die Schwerbehindertenvertretung des jeweiligen Betriebs zu beteiligen. Dies gilt auch dann, wenn die Maßnahme nicht unmittelbar einen schwerbehinderten Beamten betrifft, aber die Interessen schwerbehinderter Menschen dadurch berührt werden.

§ 32 Gesamtbetriebsrat

(1) Die §§ 47 bis 53 des Betriebsverfassungsgesetzes finden mit folgender Maßgabe Anwendung:

1. Den gemäß § 47 Abs. 2 des Betriebsverfassungsgesetzes in den Gesamtbetriebsrat zu entsendenden Betriebsratsmitgliedern muß ein Vertreter der Beamten angehören, der nicht gegen die Mehrheit der Vertreter der Beamten bestimmt werden kann.

2. ¹In Angelegenheiten des § 28 hat der Vertreter der Beamten im Gesamtbetriebsrat so viele Stimmen, wie in dem Betrieb, in dem er gewählt wurde, wahlberechtigte Beamte in der Wählerliste eingetragen sind. ²§ 47 Abs. 8 des Betriebsverfassungsgesetzes gilt entsprechend.

(2) Für die Beteiligung des Gesamtbetriebsrats in den Angelegenheiten der Beamten gelten die §§ 28 bis 31 entsprechend.

1 (Abs. 1) Die §§ 47 bis 53 BetrVG regeln Bildung, Zuständigkeit und Geschäftsführung des **Gesamtbetriebsrats** sowie die Betriebsräteversammlung. Diese Vorschriften gelten grundsätzlich auch in den Postnachfolgeunternehmen. Sie werden durch die Sondervorschriften des § 32 PostPersRG abgewandelt und ergänzt.

2 (Abs. 1 Nr. 1) Nach § 47 Abs. 2 S. 1 BetrVG **entsendet** jeder Betriebsrat mit bis zu drei Mitgliedern eines seiner Mitglieder, jeder Betriebsrat mit mehr als drei Mitgliedern entsendet zwei seiner Mitglieder in den Gesamtbetriebsrat. Diese Regelung wird durch Abs. 1 Nr. 1 dahin abgewandelt, dass den zu entsendenden Betriebsratsmitgliedern **ein Vertreter der Beamten** angehören muss, der nicht gegen die Mehrheit der Vertreter der Beamten bestimmt werden kann.

3 Bei der großen Zahl der Betriebe im Bereich der Deutsche Post AG und der Deutsche Telekom AG würde die Zahl der in den Gesamtbetriebsrat zu entsendenden Mitglieder der Betriebsräte zu übermäßig großen Gremien führen. Aus diesem Grunde ist zwischen den Tarifvertragsparteien durch **Tarifverträge** ein abweichendes **Entsendungsverfahren** vereinbart worden, das auf der Bildung von **Entsendungsbereichen**, zu denen mehrere Betriebsräte zusammengefasst sind, beruht. Die Regelungen führen zu einer von § 47 Abs. 2 S. 1 abweichenden Mitgliederzahl der Gesamtbetriebsräte (§ 47 Abs. 4 BetrVG).[48]

4 (Abs. 1 Nr. 2) Bei **Abstimmungen** des Gesamtbetriebsrats, die nicht in Angelegenheiten der Beamten nach § 28 PostPersRG erfolgen, fungieren die Vertreter der Beamten nicht als solche, sondern als Vertreter des gesamten sie entsendenden Betriebsrats. Ihr **Stimmgewicht** bestimmt

---

[48] Vgl. KfdP-*Peiseler*, Anh. IV B § 24 PostPersRG Rn. 1 b u. § 32 PostPersRG Rn. 5.

sich deshalb grundsätzlich nach § 47 Abs. 7 oder – im Hinblick auf die für die Postnachfolgeunternehmen getroffenen abweichenden Regelungen (vgl. Rn. 3) – nach § 47 Abs. 8 BetrVG.

Nur in den in § 28 PostPersRG bezeichneten **Personalangelegenheiten der Beamten** ist das Stimmgewicht gem. Abs. 1 Nr. 2 nach der Zahl der – bei der vorangegangenen Betriebsratswahl in der Wählerliste eingetragenen – wahlberechtigten Beamten zu bemessen. Sind Beamte für mehrere Betriebe benannt, bestimmt sich das Gewicht ihrer Stimme in entsprechender Anwendung des § 47 Abs. 8 BetrVG. 5

(Abs. 2) Ist der Gesamtbetriebsrat ausnahmsweise in den in § 76 Abs. 1, § 78 Abs. 1 Nr. 3 bis 5 und § 79 Abs. 3 BPersVG sowie in § 4 Abs. 4 S. 1 bis 3 PostPersRG aufgeführten Personalangelegenheiten der Beamten zu **beteiligen**, gelten die Sondervorschriften der §§ 28 bis 31 PostPersRG entsprechend. Daraus folgt u. a., dass nach gemeinsamer Beratung allein die als Vertreter der Beamten in den Gesamtbetriebsrat entsandten Mitglieder **abstimmungsberechtigt** sind (§ 28 Abs. 1 S. 2 PostPersRG). 6

§ 33 Konzernbetriebsrat

(1) Die §§ 54 bis 59 des Betriebsverfassungsgesetzes finden mit folgender Maßgabe Anwendung:

1. **Den gemäß § 55 Abs. 1 des Betriebsverfassungsgesetzes in den Konzernbetriebsrat zu entsendenden Gesamtbetriebsratsmitgliedern muß ein Vertreter der Beamten angehören, der nicht gegen die Mehrheit der Vertreter der Beamten im Gesamtbetriebsrat bestimmt werden kann.**

2. **In Angelegenheiten des § 28 hat der Vertreter der Beamten im Konzernbetriebsrat so viele Stimmen, wie die Vertreter der Beamten im Gesamtbetriebsrat insgesamt Stimmen haben.**

(2) Für die Beteiligung des Konzernbetriebsrats in den Angelegenheiten der Beamten gelten die §§ 28 bis 31 entsprechend.

(Abs. 1) Für den Konzernbetriebsrat schreibt Abs. 1 Nr. 1 vor, dass bei der Entsendung seiner Mitglieder die **Vertreter der Beamten** ebenso zu berücksichtigen sind, wie dies § 32 Abs. 1 Nr. 1 PostPersRG für den Gesamtbetriebsrat regelt. In den in § 28 PostPersRG genannten spezifischen personellen Angelegenheiten der Beamten regelt Abs. 1 Nr. 2 das **Stimmgewicht der Vertreter der Beamten** entsprechend demjenigen im Gesamtbetriebsrat, wobei hier die Stimmen aller Beamtenvertreter im Gesamtbetriebsrat addiert werden. 1

(Abs. 2) Abs. 2 sieht vor, dass für die **Beteiligung** des Konzernbetriebsrats **in personellen Angelegenheiten der Beamten** die Sonderregelungen gelten, die auch für die Beteiligung des Betriebsrats und des Gesamtbetriebsrats vorgesehen sind. 2

§ 34 Änderung der Wahlordnungen

¹Das Bundesministerium für Arbeit und Soziales wird ermächtigt, durch Rechtsverordnung im Einvernehmen mit dem Bundesministerium des Innern abweichend von den Wahlordnungen zum Betriebsverfassungsgesetz Sondervorschriften für die Wahlen zum Betriebsrat der Unternehmen Deutsche Post AG, Deutsche Postbank AG und Deutsche Telekom AG zu erlassen. ²Die Rechtsverordnung bedarf nicht der Zustimmung des Bundesrates.

Seit dem 28. 2. 02 ist die aufgrund des § 34 PostPersRG erlassene **Verordnung zur Durchführung der Betriebsratswahlen bei den Postunternehmen (WahlO Post)** v. 22. 2. 02[49] in Kraft, die an die Stelle der entsprechenden Verordnung v. 26. 6. 95[50] getreten ist. Sie modifiziert die Vorschriften der Ersten Verordnung zur Durchführung des Betriebsverfassungsgesetzes (Wahlordnung – WO) v. 11. 12. 01.[51] Der Text der WahlO Post ist abgedruckt im KfdP, Anh. IV C.

§ 35 Gesetzesvorrang

Durch Tarifvertrag oder Betriebsvereinbarung kann die betriebliche Interessenvertretung der Beamten nicht abweichend von den Vorschriften dieses Abschnitts geregelt werden.

Der in § 35 PostPersRG festgelegte Vorrang des Gesetzes gegenüber Tarifvertrag und Betriebsvereinbarung beschränkt sich auf die Vorschriften des **Achten Abschnitts des Gesetzes (§§ 24–37)**, der die postspezifischen Regelungen enthält, die das BetrVG sowie das SprAuG und das SGB IX abwandeln. Abgesehen davon gelten für die Zulässigkeit von Tarifverträgen oder Betriebsvereinbarungen, die Abweichungen von den Vorschriften des BetrVG vorsehen, keine Besonderheiten.

§ 36 Sprecherausschuß

(1) In den Aktiengesellschaften gilt nach deren Eintragung in das Handelsregister das Sprecherausschußgesetz mit den in dieser Vorschrift genannten Maßgaben.

(2) Leitende Angestellte im Sinne des § 5 Abs. 3 des Betriebsverfassungsgesetzes sind auch die funktional vergleichbaren Beamten.

(3) Absatz 2 gilt für die Vorschriften der Ersten Wahlordnung zum Sprecherausschußgesetz entsprechend.

---

49 BGBl. I S. 946.
50 BGBl. I S. 871.
51 BGBl. I S. 3494.

Anhang IV § 37 PostPersRG

(4) § 31 Abs. 2 des Sprecherausschußgesetzes findet für die Beamten im Hinblick auf deren Status keine Anwendung.

(**Abs. 1**) Abs. 1 regelt die Geltung des Gesetzes über Sprecherausschüsse der leitenden Angestellten (**Sprecherausschussgesetz – SprAuG**) v. 20. 12. 88[52] – zuletzt geändert durch Art. 222 der Verordnung v. 31. 10. 06[53] – im Bereich der Post-Aktiengesellschaften. Die Besonderheit dieser Vorschrift liegt darin, dass sie (über Abs. 2) **Beamte** in den Kreis der **leitenden Angestellten** einbezieht.

(**Abs. 2**) Abs. 2 legt fest, dass von den beamteten Führungskräften die **funktional vergleichbaren Beamten** leitende Angestellte i. S. d. BetrVG sind und damit zum persönlichen Geltungsbereich des SprAuG gehören. Darunter fallen Beamte, die eine Stellung im Unternehmen oder im Betrieb haben, wie sie in § 5 Abs. 3 und 4 BetrVG beschrieben ist.

(**Abs. 3**) Abs. 3 stellt klar, dass die in Abs. 2 geregelte Einbeziehung der funktional vergleichbaren Beamten in den Personenkreis der leitenden Angestellten für die **Wahlordnung zum Sprecherausschußgesetz** (WOSprAuG) v. 28. 9. 89[54] entsprechend gilt.

(**Abs. 4**) Abs. 4 schließt die Anwendung des § 31 Abs. 2 SprAuG für die Beamten, die als leitende Angestellte behandelt werden, aus. Diese Vorschrift regelt die Anhörung des Ausschusses vor der **Kündigung** eines leitenden Angestellten.

§ 37 Schwerbehindertenvertretung

Die hier nicht abgedruckten Vorschriften des § 37 PostPersRG enthalten Übergangsregelungen, die durch Zeitablauf erledigt sind.

---

52 BGBl. I S. 2312, 2316.
53 BGBl. I S. 2407.
54 BGBl. I S. 1798.

Anhang V
Personalvertretungsrecht bei der Bundeswehr

Abschnitt A
Gesetz über die Rechtsstellung der Soldaten (Soldatengesetz – SG)

in der Fassung der Bekanntmachung vom 30. Mai 2005 (BGBl. I S. 1482)

Zuletzt geändert durch Art. 4 des Einsatzversorgungs-Verbesserungsgesetzes (EinsatzVVerbG) vom 5. Dezember 2011 (BGBl. I S. 2458)

Auszüge mit Erläuterungen

§ 35 Beteiligungsrechte der Soldaten

Die Beteiligung der Soldaten regelt das Soldatenbeteiligungsgesetz.

1 Die Vorschriften des BPersVG gelten grundsätzlich weder für die Streitkräfte, die nicht zu den Verwaltungen des Bundes i.S.d. § 1 BPersVG gehören, noch für die Soldaten, die keine Beschäftigten i.S.d. § 4 BPersVG sind. Die Interessenvertretung der Soldaten war bis Anfang der 1990er Jahre im Soldatengesetz – SG –, im Gesetz über die Wahl und die Amtszeit der Vertrauensmänner der Soldaten – Vertrauensmänner-Wahlgesetz (VMWG), in der Wehrbeschwerdeordnung – WBO – und in der Wehrdisziplinarordnung – WDO – geregelt. Das als Art. 1 des Beteiligungsgesetzes v. 16.1.91[1] erlassene **Soldatenbeteiligungsgesetz** – im Folgenden: SBG 1991 – fasste die Beteiligungsrechte der Soldaten erstmals zusammen, änderte am bisherigen Beteiligungsstandard aber wenig. Mit dem **Ersten Gesetz zur Änderung des Soldatenbeteiligungsgesetzes** v. 20.2.97[2] – im Folgen-

---

1 BGBl. I S. 47.
2 BGBl. I S. 298.

Anhang V A § 91 SG

den: 1. SBGÄndG – wurden die Rechtsgrundlagen für die Beteiligung der Soldaten umfassend neu geregelt und in beachtlichem Maße ausgeweitet und ausgebaut. Zur Verdeutlichung der gesetzlichen Vorschriften hat das Bundesministerium der Verteidigung – BMVg – am 8.6.07 die **Zentrale Dienstvorschrift »Beteiligung durch Vertrauenspersonen« ZDv 10/2** erlassen, die an die Stelle der ZDv 10/2, Ausgabe April 1997, getreten und inzwischen am 23.7.10 (Änderung 1) und am 17.8.11 (Änderung 2) geändert worden ist (vgl. Abschn. B § 49 SBG Rn. 1 e).

Ohne selbst eine inhaltliche Regelung zu treffen, verweist § 35 SG hinsichtlich der Beteiligungsrechte lediglich auf das SBG. Entsprechende **Verweisungen** finden sich auch in § 1 Abs. 1 S. 2 und § 10 Abs. 3 WBO und in § 4 und § 29 Abs. 1 S. 3 WDO. Abschnitt B dieses Anhangs enthält **Erläuterungen** des SBG. 2

§ 91 Personalvertretung der Beamten, Angestellten und Arbeiter

(1) Für die bei militärischen Dienststellen und Einrichtungen der Bundeswehr beschäftigten Beamten, Angestellten und Arbeiter gilt das Bundespersonalvertretungsgesetz.

(2) § 53 Abs. 2 des Soldatenbeteiligungsgesetzes gilt entsprechend.

(3) [1]§ 76 Abs. 2 Satz 1 Nr. 4 des Bundespersonalvertretungsgesetzes gilt entsprechend bei der Bestellung von Soldaten zu Vertrauens- oder Betriebsärzten. [2]Hierbei ist nach § 38 Abs. 1 des Bundespersonalvertretungsgesetzes zu verfahren.

(4) § 78 Abs. 1 Nr. 2 des Bundespersonalvertretungsgesetzes findet bei der Auflösung, Einschränkung, Verlegung oder Zusammenlegung von militärischen Dienststellen und Einrichtungen oder wesentlichen Teilen von ihnen keine Anwendung, soweit militärische Gründe entgegenstehen.

(**Abs. 1**) Abs. 1 dehnt den Geltungsbereich des **BPersVG** auf die Beamten, Angestellten und Arbeiter (nach den Änderungen der §§ 4 und 5 BPersVG ab 1.10.05: die Beamten und Arbeitnehmer) aus, die bei militärischen Dienststellen und Einrichtungen der Bundeswehr beschäftigt sind (vgl. § 92 BPersVG Rn. 1). Diese Zivilbeschäftigten wählen damit ebenso wie die Beschäftigten bei Dienststellen der Bundeswehrverwaltung Personalvertretungen. Für die Zivilbeschäftigten stehen die militärischen Dienststellen, bei denen sie beschäftigt sind, nach Abs. 1 den Verwaltungen des Bundes gleich.[3] 1

(**Abs. 2**) Nach Abs. 2 gilt § 53 Abs. 2 SBG, der das BMVg ermächtigt, durch Rechtsverordnung festzulegen, bei welchen militärischen Dienststellen **Bezirkspersonalräte** zu bilden sind, auch für die Personalvertre- 2

---
3 *BVerwG* v. 7.1.03 – 6 P 7.02 –, PersR 03, 153.

§ 91 SG   **Anhang V A**

tung der Zivilbeschäftigten bei den Streitkräften (vgl. dazu Abschn. B § 53 SBG Rn. 2 f.).

3 **(Abs. 3)** Abs. 3 weitet das Mitbestimmungsrecht nach § 76 Abs. 2 S. 1 Nr. 4 BPersVG auf die Bestellung von Soldaten, d. h. Sanitätsoffizieren, zu **Vertrauens- oder Betriebsärzten** aus und stellt klar, dass es sich dabei um eine gemeinsame Angelegenheit handelt, über die die Vertreter aller im Personalrat vorhandenen Gruppen nach § 38 Abs. 1 BPersVG gemeinsam zu beraten und zu beschließen haben (vgl. § 76 BPersVG Rn. 43).

4 **(Abs. 4)** Abs. 4 schließt die in § 78 Abs. 1 Nr. 2 BPersVG vorgesehene Mitwirkung des Personalrats bei der **Auflösung, Einschränkung, Verlegung oder Zusammenlegung von militärischen Dienststellen** oder wesentlichen Teilen von ihnen (vgl. dazu § 78 BPersVG Rn. 13–19) insoweit aus, als militärische Gründe entgegenstehen. Davon unberührt bleibt jedoch das Mitbestimmungsrecht bei der Aufstellung von Sozialplänen nach § 75 Abs. 3 Nr. 13 BPersVG (vgl. dazu § 75 BPersVG Rn. 129–136).

5 § 91 SG (und die darin enthaltene Verweisung auf das BPersVG) gilt grundsätzlich nur für die Zivilbeschäftigten bei militärischen Dienststellen und Einrichtungen der Bundeswehr, also bei den **Streitkräften der Bundesrepublik Deutschland.** Für die Zivilbeschäftigten bei ausländischen Streitkräften, die auf dem Gebiet der Bundesrepublik stationiert sind, gilt § 91 SG und damit auch das BPersVG dagegen nur dann, wenn dies in völkerrechtlichen Verträgen oder Vereinbarungen zwischen der Bundesrepublik Deutschland und den betreffenden ausländischen Staaten bestimmt ist.

6 Letzteres ist v. a. festgelegt für die zivilen Arbeitskräfte bei den Verwaltungen und Betrieben der in der Bundesrepublik stationierten **ausländischen Streitkräfte der NATO-Staaten,** für die Art. 56 Abs. 9 des Zusatzabkommens (ZA) zum NATO-Truppenstatut (NTS) auf die für die zivilen Bediensteten bei der Bundeswehr maßgebenden Vorschriften des deutschen Rechts über die Personalvertretung verweist, soweit in dem auf diesen Artikel Bezug nehmenden Abschnitt des Unterzeichnungsprotokolls (UP) nicht etwas anderes bestimmt ist (näher dazu Anh. VI).

Abschnitt B
Soldatenbeteiligungsgesetz (SBG)

in der Fassung der Bekanntmachung vom 15. April 1997 (BGBl. I S. 766)

Zuletzt geändert durch Art. 11 des Dienstrechtsneuordnungsgesetzes (DNeuG) vom 5. Februar 2009 (BGBl. I S. 160, ber. 462)

Gesetzestext mit Erläuterungen

Inhaltsübersicht

Kapitel 1: Allgemeine Vorschriften

§ 1 Beteiligung, Grundsatz

Kapitel 2: Beteiligung der Soldaten durch Vertrauenspersonen

Abschnitt 1: Wahl der Vertrauenspersonen

§ 2 Wählergruppen
§ 3 Wahlberechtigung
§ 4 Wählbarkeit, Grundsätze der Wahl
§ 5 Anfechtung der Wahl

Abschnitt 2: Geschäftsführung und Rechtsstellung

§ 6 Geschäftsführung
§ 7 Beurteilung
§ 8 Schweigepflicht
§ 9 Amtszeit
§ 10 Niederlegung des Amtes
§ 11 Abberufung der Vertrauensperson
§ 12 Ruhen des Amtes
§ 13 Eintritt des Stellvertreters
§ 14 Schutz der Vertrauensperson, Unfallschutz
§ 15 Versetzung der Vertrauensperson
§ 16 Beschwerderecht der Vertrauensperson
§ 17 Beschwerden gegen die Vertrauensperson

Abschnitt 3: Beteiligung der Vertrauensperson

Unterabschnitt 1: Allgemeines

§ 18   Grundsätze für die Zusammenarbeit
§ 19   Besondere Pflichten des Disziplinarvorgesetzten

Unterabschnitt 2: Formen der Beteiligung

§ 20   Anhörung
§ 21   Vorschlagsrecht
§ 22   Mitbestimmung

Unterabschnitt 3: Aufgabengebiete

§ 23   Personalangelegenheiten
§ 24   Dienstbetrieb
§ 25   Betreuung und Fürsorge
§ 26   Berufsförderung
§ 27   Ahndung von Dienstvergehen
§ 28   Förmliche Anerkennungen
§ 29   Auszeichnungen
§ 30   Beschwerdeverfahren
§ 31   Vertrauensperson als Vermittler

Kapitel 3: Gremien der Vertrauenspersonen

Abschnitt 1: Versammlungen der Vertrauenspersonen

§ 32   Versammlungen der Vertrauenspersonen des Verbandes, des Kasernenbereichs und des Standortes
§ 33   Sprecher
§ 34   Sitzungen, Beschlußfähigkeit

Abschnitt 2: Gesamtvertrauenspersonenausschuß

§ 35   Bildung des Gesamtvertrauenspersonenausschusses
§ 36   Amtszeit, Rechtsstellung der Mitglieder des Gesamtvertrauenspersonenausschusses
§ 37   Arbeit des Gesamtvertrauenspersonenausschusses
§ 38   Pflichten des Bundesministeriums der Verteidigung
§ 39   Nachrücken
§ 40   Geschäftsführung
§ 41   Einberufung von Sitzungen
§ 42   Nichtöffentlichkeit
§ 43   Beschlußfassung
§ 44   Niederschrift
§ 45   Kosten, Geschäftsbedarf, Fortbildung

Anhang V B § 1 SBG

§ 46 Beteiligung bei Verschlußsachen
§ 47 Anfechtung der Wahl

Kapitel 4: Beteiligung der Soldaten durch Personalvertretungen

§ 48 Geltungsbereich
§ 49 Personalvertretung der Soldaten
§ 50 Dienststellen ohne Personalrat
§ 51 Wahl und Rechtsstellung der Soldatenvertreter
§ 52 Angelegenheiten der Soldaten

Kapitel 5: Schlußvorschriften

§ 53 Rechtsverordnungen
§ 54 Übergangsvorschrift

Kapitel 1
Allgemeine Vorschriften

§ 1 Beteiligung, Grundsatz

(1) Die Beteiligung der Soldaten nach den Bestimmungen dieses Gesetzes soll zu einer wirkungsvollen Dienstgestaltung und zu einer fürsorglichen Berücksichtigung der Belange des einzelnen beitragen.

(2) Soldaten werden durch Vertrauenspersonen, Gremien der Vertrauenspersonen oder Personalvertretungen vertreten.

(3) Das Recht des Soldaten, sich in dienstlichen und persönlichen Angelegenheiten an seine Vorgesetzten zu wenden, bleibt unberührt.

Gem. § 35 SG regelt das SBG die **Beteiligung »der Soldaten«**. Es hat keinen territorialen, sondern einen **personalen Ausgangspunkt** und ist damit nach der Rspr. des *BVerwG*[1] nicht nur auf Inlands-, sondern grundsätzlich auch auf **Auslandssachverhalte** anwendbar. Das zeigen die Regelungen in § 2 Abs. 6, § 3 Abs. 2 und § 13 Abs. 3 sowie § 24 Abs. 3 Nr. 1 SBG.[2]   **1**

(Abs. 1) Abs. 1 nennt die grundsätzlichen **Ziele** der Beteiligung der Soldaten. Die Beteiligung soll danach sowohl zu einer wirkungsvollen Dienstgestaltung als auch zu einer fürsorglichen Berücksichtigung der Belange des Einzelnen beitragen. Beide Ziele stehen gleichrangig nebeneinander (vgl. auch § 18 SBG Rn. 1 u. § 2 BPersVG Rn. 3).   **1a**

---
1 Beschl. v. 22.7.09 – 1 WB 15.08 –, PersV 09, 424.
2 *BVerwG* v. 22.7.09, a.a.O.

2 (Abs. 2) Abs. 2 bezeichnet die **Beteiligungsorgane**, nämlich einerseits Vertrauenspersonen und Gremien der Vertrauenspersonen (vgl. §§ 2–31 u. §§ 32–47 SBG), andererseits Personalvertretungen (vgl. §§ 48–52 SBG). Beide Vertretungsformen sind zwar unterschiedlich strukturiert, aber dennoch als **gleichrangig** und gleichwertig anzusehen.

3 Das **Nebeneinander** von Vertrauenspersonen und deren Gremien einerseits sowie Personalvertretungen andererseits kann dazu führen, dass bei einer beabsichtigten Maßnahme verschiedene Beteiligungsorgane gleichzeitig und nebeneinander zu **beteiligen** sind. Das ist immer dann der Fall, wenn von einer Maßnahme mehrere Personengruppen erfasst werden, die von verschiedenen Beteiligungsorganen repräsentiert werden.[3]

4 Die im SBG geregelte Beteiligung von Vertrauenspersonen und die damit verbundene unterschiedliche Behandlung von Soldaten und anderen Beschäftigten hat das *BVerwG* in seiner bisherigen Rspr. als **verfassungsrechtlich zulässig** erachtet. Es hat dabei das funktionale Prinzip von Befehl und Gehorsam und Besonderheiten in den Personal- und Organisationsstrukturen sowie in den funktionellen Abläufen der Streitkräfte als zulässige Differenzierungsgründe anerkannt und entschieden, dass der Gesetzgeber seine Gestaltungsfreiheit bei der näheren Ausgestaltung der Beteiligungsrechte der Vertrauenspersonen nicht überschritten habe.[4]

4a Nach abzulehnender Ansicht des *BVerwG* sind die Vertretungen der Soldaten nach dem SBG **Teil der staatlichen Exekutive** und daher grundsätzlich nicht Träger von Grundrechten.[5]

5 (Abs. 3) Abs. 3 stellt klar, dass das **individuelle Petitionsrecht** des Soldaten gegenüber seinen Vorgesetzten von den Regelungen des SBG unberührt bleibt (vgl. dazu auch § 16 SBG).

---

3 *BVerwG* v. 9.11.98 – 6 P 1.98 – u. v. 23.6.99 – 6 P 6.98 –, PersR 99, 125 u. 451.
4 *BVerwG* v. 3.7.91 – 6 P 3.89 –, PersR 91, 464, u. v. 23.6.99 – 6 P 6.98 –, PersR 99, 451, u. v. 23.1.02 – 6 P 2.01 –, PersR 02, 205; str.; KfdP-*Altvater*, Anh. V B § 1 SBG Rn. 6 m. N.
5 Beschl. v. 13.8.08 – 1 WB 39.08 u.a. –, NZWehrr 09, 28; vgl. KfdP-*Altvater*, Anh. V B § 1 SBG Rn. 6a.

Kapitel 2
Beteiligung der Soldaten durch Vertrauenspersonen

Abschnitt 1
Wahl der Vertrauenspersonen

§ 2 Wählergruppen

(1) Offiziere, Unteroffiziere und Mannschaften (Wählergruppen) wählen in geheimer und unmittelbarer Wahl jeweils eine Vertrauensperson und zwei Stellvertreter, soweit diese Wählergruppen jeweils mindestens fünf Soldaten umfassen, in folgenden Wahlbereichen:

1. in Einheiten,
2. auf Schiffen und Booten der Marine,
3. in Stäben der Verbände sowie vergleichbarer Dienststellen und Einrichtungen,
4. in integrierten Dienststellen und Einrichtungen,
5. regelmäßig in multinationalen Dienststellen und Einrichtungen,
6. als Teilnehmer an Lehrgängen, die länger als 30 Kalendertage dauern, an Schulen oder vergleichbaren Einrichtungen der Streitkräfte sowie
7. als Studenten der Universitäten in dem Wahlbereich, der ihrem nächsten Disziplinarvorgesetzten zugeordnet ist, oder
8. als Soldaten, die zu einer Dienststelle oder Einrichtung außerhalb der Streitkräfte kommandiert oder unter Wegfall der Geld- und Sachbezüge beurlaubt sind, in dem Wahlbereich, der ihrem nächsten Disziplinarvorgesetzten zugeordnet ist.

(2) Liegt die Zahl der Offiziere in Einheiten unter fünf Wahlberechtigten, wählen sie abweichend von Absatz 1 in dem Stab des Verbandes oder Großverbandes, welcher der Einheit unmittelbar übergeordnet ist, gemeinsam mit den wahlberechtigten Offizieren dieses Stabes.

(3) Unteroffiziere mit und ohne Portepee auf Schiffen und Booten der Marine wählen abweichend von Absatz 1 jeweils eine Vertrauensperson und zwei Stellvertreter, soweit diese Wählergruppen jeweils mindestens fünf Soldaten umfassen.

(4) Sind mindestens fünf Angehörige einer Wählergruppe nicht nur vorübergehend an einem Ort eingesetzt, der weiter als 100 km vom

Dienstort des zuständigen Disziplinarvorgesetzten entfernt ist, wählen diese abweichend von Absatz 1 eine Vertrauensperson und zwei Stellvertreter.

(5) ¹Liegt die Zahl der Soldaten einer Wählergruppe unter fünf Wahlberechtigten, sind diese, ausgenommen im Falle des Absatzes 2, von einer dem Bundesministerium der Verteidigung unmittelbar nachgeordneten, zuständigen Kommandobehörde einer benachbarten Einheit oder Dienststelle oder dem Stab des Verbandes zuzuteilen, welche der Einheit oder Dienststelle unmittelbar übergeordnet ist. ²Ist die Zuständigkeit weiterer Kommandobehörden berührt, bedarf die zuteilende Kommandobehörde deren Zustimmung. ³Mehrere benachbarte Dienststellen können unabhängig von ihrer organisatorischen Zugehörigkeit zu einem Wahlbereich zusammengefaßt werden. ⁴Werden nach diesem Absatz eine Vertrauensperson und jeweils zwei Stellvertreter gewählt, entfällt die Wahlberechtigung nach Absatz 1.

(6) Für die Dauer einer besonderen Auslandsverwendung (§ 62 Abs. 1 des Soldatengesetzes) von Einheiten, Schiffen und Booten der Marine und Stäben der Verbände werden von Soldaten, die an diesem Einsatz teilnehmen, in geheimer und unmittelbarer Wahl Vertrauenspersonen für die Wählergruppen der Offiziere, Unteroffiziere und Mannschaften gewählt, soweit die nach Absatz 1 gewählten Vertrauenspersonen der jeweiligen Wählergruppe nicht an dem Einsatz teilnehmen.

1 § 2 SBG legt fest, welche Soldaten **Vertrauenspersonen** wählen. Im Unterschied zum SBG 1991 bestimmt das durch das 1. SBGÄndG novellierte SBG selbst die Wählergruppen und die Zahl der zu wählenden Vertrauenspersonen und ihrer Stellvertreter. Soldaten, die keinem der in Abs. 1 genannten Wahlbereiche angehören, wählen nach § 49 SBG grundsätzlich **Personalvertretungen**.[6]

2 (Abs. 1) Abs. 1 definiert Wählergruppen und Wahlbereiche. Die drei Laufbahngruppen der Offiziere, Unteroffiziere und Mannschaften bilden drei verschiedene **Wählergruppen** (zur Ausnahme bei Unteroffizieren der Marine vgl. Rn. 5). Unter der Voraussetzung, dass diese Wählergruppen in ihren Wahlbereichen jeweils mindestens fünf Soldaten umfassen, wählen sie jeweils **eine Vertrauensperson** und **zwei Stellvertreter**. Bei der **Mindestzahl von fünf Soldaten** kommt es, wie sich aus Abs. 2 und 5 ergibt, nur auf die Wahlberechtigten an. Gewählt wird **in geheimer und unmittelbarer Wahl**, also so, dass die Vertraulichkeit der Wahlentscheidung gewahrt ist und die Vertrauenspersonen und ihre Stellvertreter direkt von den Wählern selbst gewählt werden (vgl. zu diesen Grundsätzen und zu den

---

6 Vgl. *BVerwG* v. 23.6.99 – 6 P 6.98 –, PersR 99, 451.

verfassungsrechtlich vorgegebenen Grundsätzen der **allgemeinen, freien und gleichen Wahl** § 19 BPersVG Rn. 2 ff.).

Wahlbereiche sind zunächst folgende, in **Nr. 1 bis 5** genannte **Dienststellen und Einrichtungen:** 3

- **Einheiten (Nr. 1).** Nach der Rspr. des *BVerwG*[7] sind damit bewegliche Einheiten – v. a. die mobilen Einheiten des Heeres und die fliegenden Einheiten der Luftwaffe – gemeint, wobei die Beweglichkeit als Funktion des militärischen Einsatzes zu verstehen ist. Durch ihre **Mobilität** stehen Einheiten i. S. d. Nr. 1 im Gegensatz zu den unter § 49 Abs. 1 S. 1 SBG fallenden stationären Einrichtungen mit administrativer, technischer oder sonstiger fachlicher Aufgabenstellung.[8] Nach der **Sonderregelung des § 1 Abs. 5 SBGWV** wählen Soldaten, die einer Einheit angehören, deren Aufgabe die Unterstützung eines Stabes ist, keine Vertrauenspersonen in der Einheit, sondern zum Personalrat des Stabes, wenn dieser Stab eine Dienststelle i. S. d. § 49 SBG ist und die Soldaten ständig in diesem Stab eingesetzt sind. Diese »Privilegierung«[9] betrifft **Stabskompanien** und ähnliche Führungsunterstützungseinheiten;[10]

- **Schiffe und Boote der Marine (Nr. 2).** In dieser Hervorhebung der »schwimmenden Einheiten der Marine« (so noch § 2 Abs. 1 SBG 1991) liegt keine abschließende Regelung derjenigen Wahlbereiche, in denen Soldaten der Marine Vertrauenspersonen wählen. Da die in den anderen Nrn. des Abs. 1 genannten Wahlbereiche nicht auf bestimmte Teilstreitkräfte beschränkt sind, ist vielmehr nach allgemeinen materiellen Abgrenzungskriterien zu prüfen, ob landgestützte Einheiten der Marine unter § 2 Abs. 1 oder § 49 Abs. 1 SBG fallen. So sind z. B. die Marinefliegergeschwader Verbände i. S. d. Abs. 1 Nr. 3 und deren Staffeln Einheiten i. S. d. Abs. 1 Nr. 1;[11]

- **Stäbe** der Verbände sowie vergleichbarer Dienststellen und Einrichtungen **(Nr. 3).** Der Verband i. S. d. Nr. 3 ist ein Oberbegriff, der nicht nur den **Verband** i. e. S., d. h. die Zusammenfassung mehrerer Einheiten in der Stärke eines Bataillons oder Regiments, umfasst, sondern auch den **Großverband**, d. h. die Zusammenfassung von verschiedenen Truppenteilen (Einheiten, Verbänden oder Großverbänden) von der Brigade an aufwärts.[12] Der Stab einer Brigade oder einer Division unterfällt auch

---

7   Vgl. Beschl. v. 23. 1. 02 – 6 P 2.01 –, PersR 02, 205, v. 29. 10. 02 – 6 P 5.02 –, PersR 03, 71, v. 16. 3. 06 – 6 P 12.05 –, PersR 06, 303, u. v. 8. 10. 07 – 6 P 2.07 –, PersR 08, 165.
8   *BVerwG* v. 21. 1. 08 – 6 P 16.07 –, PersR 08, 367.
9   *BVerwG* v. 23. 1. 02, a. a. O.
10 Vgl. *OVG Lüneburg* v. 17. 5. 89 – 17 OVG B 12.88 –, PersR 90, 226; *VGH BW* v. 14. 1. 92 – 15 S 2450/91 –, PersR 92, 366.
11 *BVerwG* v. 16. 3. 06 – 6 P 12.05 –, PersR 06, 303.
12 *BVerwG* v. 23. 1. 02 – 6 P 2.01 –, PersR 02, 205, u. v. 23. 9. 04 – 6 P 2.04 –, PersR 04, 476.

dann der Nr. 3, wenn ihm nicht nur Einheiten und Verbände i. S. v. Nr. 1 und Nr. 3, sondern auch Einrichtungen unterstellt sind, in denen Soldaten nach § 49 Abs. 1 S. 1 SBG Personalräte wählen.[13] Das gilt allerdings nicht für die Stäbe der Korps, weil sie nach § 49 Abs. 1 S. 2 SBG zu den Dienststellen und Einrichtungen gehören, in denen die Soldaten Personalvertretungen wählen.[14] **Vergleichbare Dienststellen und Einrichtungen** i. S. d. Nr. 3 sind organisatorisch selbständige Zusammenfassungen von Personal und Material, deren Führer mindestens die Disziplinarbefugnis der zweiten Stufe entsprechend § 28 Abs. 1 S. 2 Nr. 2 WDO innehaben;

- **integrierte Dienststellen und Einrichtungen (Nr. 4)**, die im Inland oder Ausland von einer supranationalen Organisation unterhalten werden, insb. die NATO-Agenturen, wobei allerdings die Vertrauenspersonen nicht bei den integrierten Dienststellen selbst, sondern bei dem jeweiligen nationalen (deutschen) Disziplinarvorgesetzten gewählt werden;[15]

- **multinationale Dienststellen und Einrichtungen (Nr. 5)**, die von mehreren Staaten getragen werden, wobei hier – anders als in den Fällen der Nr. 1 bis 4 – nicht ausnahmslos, sondern »regelmäßig« Vertrauenspersonen gewählt werden. Personalvertretungen werden ausnahmsweise dann gewählt, wenn dies mit den Bündnispartnern vereinbart ist.[16]

3a Wahlbereiche sind auch die in **Nr. 6 bis 8** festgelegten Bereiche, bei denen es sich um **Sonderwahlbereiche** – quasi »**Enklaven**« – innerhalb militärischer Dienststellen und Einrichtungen handelt.[17] Die Soldaten des Stammpersonals aller **Schulen** einschl. vergleichbarer Einrichtungen der Streitkräfte sowie der Studentenbereiche der **Universitäten** der Bundeswehr wählen nach § 49 Abs. 1 S. 1 SBG Personalvertretungen. An Schulen (und vergleichbaren Einrichtungen, nämlich solchen, zu deren wesentlichem Auftrag die Aus- und Fortbildung von Soldaten für ihre militärischen Aufgaben gehört[18]) kommt nach **Nr. 6** die Wahl von Vertrauenspersonen nur für die Teilnehmer an **Lehrgängen** in Betracht. Allerdings bilden dort lediglich die Teilnehmer solcher Lehrgänge Wahlbereiche, die länger als 30 Kalendertage dauern, also nicht die Teilnehmer der üblichen Kurzlehrgänge bis zu vier Wochen.[19] Unbeschadet ihrer Wahlberechtigung nach Nr. 6 bleiben Lehrgangsteilnehmer gem. § 3 Abs. 1 S. 4 SBG im bisherigen Wahlbereich wahlberechtigt (vgl. § 3 SBG Rn. 1). Soldaten, die sich in der

---

13 *BVerwG* v. 23.1.02 u. v. 23.9.04, jew. a.a.O.
14 *BVerwG* v. 23.9.04, a.a.O.
15 Vgl. *Gronimus*, § 2 Rn. 21.
16 Vgl. BT-Drs. 13/5740, S. 16, zu Art. 1 Nr. 5.
17 Vgl. *BVerwG* v. 23.6.99 – 6 P 6.98 – u. v. 8.10.07 – 6 P 2.07 –, PersR 99, 451, u. 08, 165.
18 *BVerwG* v. 23.6.99, a.a.O., u. v. 19.12.06 – 6 PB 12.06 –, PersR 07, 125.
19 Vgl. BT-Drs. 13/5740, a.a.O.; *BVerwG* v. 23.6.99, a.a.O.

Anhang V B § 2 SBG

allgemeinen Grundausbildung befinden, wählen in allen Dienststellen und Einrichtungen, in denen Grundausbildung durchgeführt wird, gem. § 1 Abs. 4 SBGWV Vertrauenspersonen nach Nr. 6, die neben den Vertretungen des Stammpersonals bestehen. Dagegen wählen nach **Nr. 7** die **Studenten** der Universitäten Vertrauenspersonen in dem Wahlbereich mit, der ihrem nächsten Disziplinarvorgesetzten zugeordnet ist. Das gilt nach **Nr. 8** auch für jene Soldaten, die – z. B. zur Teilnahme an Ausbildungsmaßnahmen – zu einer Dienststelle oder Einrichtung **außerhalb der Streitkräfte kommandiert** oder unter Wegfall der Geld- und Sachbezüge **beurlaubt** sind. Diese **Auffangvorschrift** ist nach der Rspr. des *BVerwG*[20] im Wege der teleologischen Reduktion dahin auszulegen, dass sie sich auf die Kommandierung zu Dienststellen **außerhalb des Geschäftsbereichs des BMVg** bezieht, weil Soldaten in Dienststellen der Bundeswehrverwaltung der dortigen Personalvertretungen mitwählen (vgl. § 49 SBG Rn. 1 d). Darüber hinaus gilt die Auffangvorschrift auch dann nicht, wenn die Interessenvertretung der Soldaten, die außerhalb des Geschäftsbereichs des BMVg Dienst leisten, in anderen Vorschriften geregelt ist, wie in § 51 Abs. 4 SBG (Geschäftsbereich im Auswärtigen Amts; vgl. § 51 SBG Rn. 5), § 86 Nr. 13 BPersVG (Bundesnachrichtendienst; vgl. § 86 BPersVG Rn. 14) und § 4 BwKoopG (kooperierende Wirtschaftsunternehmen; vgl. Abschn. C).

(Abs. 2) Anders als nach früherem Recht bilden die **Offiziere** nach Abs. 1 auch in **Einheiten** eine Wählergruppe. Sie wählen in diesen Wahlbereichen jedoch nur, wenn ihre Wählergruppe mindestens fünf Wahlberechtigte umfasst. Ist diese Voraussetzung – was i. d. R. der Fall ist – nicht erfüllt, wählen sie nach Abs. 2 in dem **Stab des Verbandes** oder Großverbandes, welcher der Einheit unmittelbar übergeordnet ist, gemeinsam mit den wahlberechtigten Offizieren dieses Stabes. **4**

(Abs. 3) Nach Abs. 3 bilden **Unteroffiziere auf Schiffen und Booten der Marine** zwei getrennte Wählergruppen: solche mit Portepee (vom Bootsmann an aufwärts) und solche ohne Portepee (die Dienstgrade Maat und Obermaat). Das gilt allerdings nur unter der Voraussetzung, dass jede dieser Gruppen mindestens fünf Wahlberechtigte umfasst (vgl. Rn. 2). **5**

(Abs. 4) Nach Abs. 4 bilden **örtlich weit entfernt eingesetzte Soldaten** einer Wählergruppe einen eigenen Wahlbereich, wenn mindestens fünf – wahlberechtigte – Angehörige der Wählergruppe nicht nur vorübergehend an einem Ort eingesetzt sind, der weiter als 100 km vom Dienstort des zuständigen Disziplinarvorgesetzten entfernt ist. Dabei bleibt der Disziplinarvorgesetzte des Stamm-Wahlbereichs zuständiger Disziplinarvorgesetzter nach § 2 Abs. 1 SBGWV. **6**

(Abs. 5) Liegt die Zahl der Soldaten einer **Wählergruppe unter fünf Wahlberechtigten**, können diese in den in Abs. 1 festgelegten Wahl- **7**

---

20 Beschl. v. 21.1.08 – 6 P 16.07 –, PersR 08, 367.

bereichen, denen sie angehören, keine Vertrauenspersonen wählen. Die betroffenen Wahlberechtigten sind, wenn es sich bei ihnen nicht um Offiziere in Einheiten handelt (vgl. dazu Rn. 4), nach Abs. 5 S. 1 **einem anderen Wahlbereich zuzuteilen**: einer benachbarten Einheit oder Dienststelle oder dem Stab des Verbandes. Nach Abs. 5 S. 3 kommt auch die Möglichkeit in Betracht, mehrere benachbarte Dienststellen zu einem Wahlbereich **zusammenzufassen**, ohne dass es dabei auf deren organisatorische Zugehörigkeit ankommt. Die Zuteilung ist von der dem BMVg unmittelbar nachgeordneten, jeweils zuständigen **Kommandobehörde** vorzunehmen, die dazu nach Abs. 5 S. 2 der Zustimmung weiterer Kommandobehörden bedarf, falls deren Zuständigkeit berührt ist (zum Verfahren vgl. § 3 Abs. 3 SBGWV).

8 **(Abs. 6)** Abs. 6 regelt den Fall, dass Vertrauenspersonen, die nach Abs. 1 in Einheiten, auf Schiffen oder Booten der Marine oder in Stäben der Verbände für die Wählergruppen der Mannschaften, Unteroffiziere oder Offiziere gewählt worden sind, an einem Einsatz im Rahmen einer **besonderen Auslandsverwendung** i. S. d. § 62 Abs. 1 SG nicht teilnehmen. Er legt fest, dass die an dem Einsatz teilnehmenden Soldaten derjenigen Wählergruppen, deren Vertrauenspersonen an dem Einsatz nicht teilnehmen, für die Dauer der besonderen Auslandsverwendung in geheimer und unmittelbarer Wahl **zusätzliche Vertrauenspersonen**, nicht jedoch Stellvertreter,[21] wählen.[22]

§ 3 Wahlberechtigung

(1) ¹Wahlberechtigt sind alle Soldaten, die am Wahltage der Wählergruppe des Bereichs angehören, für den die Vertrauensperson zu wählen ist, sowie alle Soldaten, die dem für den Wahlbereich zuständigen Disziplinarvorgesetzten durch Organisationsbefehl truppendienstlich unterstellt sind. ²Kommandierte Soldaten sind in dem Bereich wahlberechtigt, zu dem sie kommandiert sind, wenn ihre Kommandierung voraussichtlich länger als drei Monate dauert. ³Dies gilt nicht für die Kommandierung eines Soldaten zum Zwecke der Freistellung für die Geschäftsführung eines Gremiums der Vertrauenspersonen. ⁴Lehrgangsteilnehmer bleiben unbeschadet ihrer Wahlberechtigung nach § 2 Abs. 1 Nr. 6 im bisherigen Wahlbereich wahlberechtigt.

(2) ¹Soldaten, die für eine besondere Auslandsverwendung zu den in § 2 Abs. 6 genannten Einheiten, Schiffen und Booten der Marine oder Stäben der Verbände kommandiert werden, sind abweichend von Absatz 1 vom Tage ihrer Kommandierung an wahlberechtigt. ²Das gleiche gilt für Soldaten von Teileinheiten, die für die Dauer

---

21 Str.; vgl. KfdP-*Altvater*, Anh. V B § 2 SBG Rn. 9 m. N.
22 Vgl. *BVerwG* v. 21.7.09 – 1 WB 18.08 –, PersV 09, 413.

der besonderen Auslandsverwendung einer anderen Einheit in jeder Hinsicht unterstellt werden.

(Abs. 1) Nach Abs. 1 S. 1 sind **grundsätzlich** zwei Personengruppen wahlberechtigt: zum einen alle Soldaten, die der Wählergruppe des jeweiligen Wahlbereichs angehören – wobei es auf die **tatsächliche Eingliederung** am Wahltage ankommt –, zum anderen diejenigen Soldaten, bei denen diese Voraussetzung nicht vorliegt, die aber dem Disziplinarvorgesetzten durch Organisationsbefehl **truppendienstlich unterstellt** sind, der für den betreffenden Wahlbereich zuständig ist. Während es nach der **Grundregel** in Abs. 1 S. 1 Alt. 1 auf die tatsächliche Eingliederung ankommt, spricht Abs. 1 S. 1 Alt. 2 **Ausnahmefälle** an, in welchen der Soldat nicht in einen bestimmten Wahlbereich eingegliedert ist.[23] Der mit § 13 Abs. 2 S. 1 und 2 BPersVG bedingt vergleichbare Abs. 1 S. 2 und 3 enthält Regelungen für **kommandierte Soldaten**. Die Regelung in Abs. 1 S. 2 geht davon aus, dass der Soldat mit dem Wirksamwerden einer auf mehr als drei Monate angelegten **Kommandierung** aus dem alten Wahlbereich ausscheidet und in den neuen eingegliedert wird; dafür ist allein die **Dauer** der Kommandierung entscheidend.[24] Sind die Soldaten nicht für eine besondere Auslandsverwendung kommandiert (vgl. dazu Rn. 2) und dauert ihre Kommandierung voraussichtlich länger als drei Monate, verlieren sie mit der Kommandierungsverfügung die Wahlberechtigung in ihrem bisherigen Wahlbereich und erhalten stattdessen die Wahlberechtigung in dem Bereich, zu dem sie kommandiert sind. Das gilt nach Abs. 1 S. 3 jedoch nicht für Soldaten, die für die Geschäftsführung einer Versammlung der Vertrauenspersonen oder des Gesamtvertrauenspersonenausschusses **freigestellt** sind. Sie bleiben unabhängig von der Dauer ihrer zum Zwecke der Freistellung erfolgten Kommandierung in ihrem bisherigen Wahlbereich wahlberechtigt. Für **Lehrgangsteilnehmer** trifft Abs. 1 S. 4 eine Sonderregelung, die zu einem Doppelwahlrecht führt. Sie behalten die Wahlberechtigung in ihrem bisherigen Bereich auch dann, wenn sie an einem Lehrgang von über 30 Kalendertagen teilnehmen und dadurch nach § 2 Abs. 1 Nr. 6 SBG wahlberechtigt werden.[25] Wechselt während des Lehrgangs der Stammtruppenteil, dem die betreffenden Soldaten vor Lehrgangsbeginn angehörten, so ist der neue Stammtruppenteil als »bisheriger Wahlbereich« anzusehen. Eine weitere Sondervorschrift enthält § 4 Abs. 2 BwKoopG. Sie sieht vor, dass Soldaten, denen unter den Voraussetzungen des § 1 BwKoopG eine Tätigkeit in einem mit der Bundeswehr kooperierenden Wirtschaftsunternehmen zugewiesen wurde, während der Zugehörigkeit zu einem **Kooperationsbetrieb** bei der Wahl einer Vertrauensperson für ihren Wahlbereich wahlberechtigt bleiben (vgl. Abschn. C § 4 BwKoopG Rn. 2).

1

---

23 *BVerwG* v. 21.1.08 – 6 P 16.07 –, PersR 08, 367.
24 *BVerwG* v. 21.1.08, a.a.O.
25 Vgl. *BVerwG* v. 23.6.99 – 6 P 6.98 –, PersR 99, 451.

2 (Abs. 2) Abs. 2 regelt die Wahlberechtigung von Soldaten, die für eine **besondere Auslandsverwendung** kommandiert sind (vgl. § 2 SBG Rn. 8). Da unter den Voraussetzungen des § 2 Abs. 6 SBG zusätzliche Vertrauenspersonen für die gesamte Dauer der Auslandsverwendung gewählt werden, sind die kommandierten Soldaten – anders als Abs. 1 S. 2 dies vorsieht – nach Abs. 2 S. 1 auch bei Kommandierungen, die voraussichtlich nicht länger als drei Monate dauern, bereits vom ersten Tag ihrer Kommandierung an wahlberechtigt. Abs. 2 S. 2 dehnt diese Wahlberechtigung auf Soldaten solcher Teileinheiten (Trupps, Gruppen oder Züge) aus, die für die Dauer der besonderen Auslandsverwendung einer anderen Einheit in jeder Hinsicht unterstellt sind.

§ 4 Wählbarkeit, Grundsätze der Wahl

(1) Wählbar sind vorbehaltlich des Absatzes 2 alle Wahlberechtigten nach § 3.

(2) Nicht wählbar sind

1. die Kommandeure, die Stellvertretenden Kommandeure und die Chefs der Stäbe,

2. die Kompaniechefs und Offiziere in vergleichbarer Dienststellung, die örtliche Vorgesetzte der Wählergruppe der Offiziere im Sinne des § 2 Abs. 1 sind,

3. die Kompaniefeldwebel und die Inhaber entsprechender Dienststellungen,

4. Soldaten, die infolge Richterspruchs die Fähigkeit, Rechte aus öffentlichen Wahlen zu erlangen, nicht besitzen, und

5. Soldaten, die innerhalb der letzten zwölf Monate vor dem Tag der Stimmabgabe durch Entscheidung des Truppendienstgerichts als Vertrauensperson abberufen worden sind.

(3) Die Wahl wird nach den Grundsätzen der Personenwahl durchgeführt.

(4) [1]Der Disziplinarvorgesetzte bestellt spätestens zwei Monate vor Ablauf der Amtszeit der Vertrauensperson auf deren Vorschlag drei Wahlberechtigte als Wahlvorstand und einen von ihnen als Vorsitzenden. [2]Ist eine Vertrauensperson erstmals zu wählen oder nicht vorhanden, beruft er eine Versammlung der Wahlberechtigten zur Wahl eines Wahlvorstandes ein.

(5) Die Dienststelle trägt die Kosten der Wahl.

(6) [1]Der Wahlvorstand hat die Wahl unverzüglich einzuleiten und durchzuführen. [2]Er stellt unverzüglich nach Abschluß der Wahl das Wahlergebnis durch öffentliche Auszählung der Stimmen fest, fer-

Anhang V B § 5 SBG

tigt hierüber eine Niederschrift und gibt das Wahlergebnis durch Aushang bekannt.

(7) ¹Niemand darf die Wahl behindern, insbesondere darf kein Wahlberechtigter in der Ausübung des aktiven oder passiven Wahlrechts beschränkt werden. ²Die Wahl darf nicht durch Versprechen von Vorteilen oder durch Androhung von Nachteilen beeinflußt werden.

(Abs. 1, 2) Nach Abs. 1 sind grundsätzlich alle Soldaten, die nach § 3 SBG wahlberechtigt sind, **wählbar**. Das gilt nur dann nicht, wenn ihre Wählbarkeit durch eine ausdrückliche gesetzliche Regelung ausgeschlossen ist. Solche **Ausnahmen** von der Wählbarkeit sind für bestimmte Gruppen von Soldaten insb. in Abs. 2 geregelt. Die in Abs. 2 Nr. 1 bis 3 aufgeführten Soldaten sind wegen vermuteter **Interessenkonflikte**, die in Abs. 2 Nr. 4 und 5 genannten wegen sog. **Amtsunwürdigkeit** nicht wählbar. Dabei sind die in Abs. 2 Nr. 1 bis 3 bezeichneten Inhaber bestimmter Dienststellungen nur in dem Wahlbereich nicht wählbar, auf den sich diese Funktion bezieht.[26] Eine weitere Wählbarkeitsausnahme ist § 4 Abs. 2 BwKoopG geregelt. Dieser sieht vor, dass Soldaten, denen unter den Voraussetzungen des § 1 BwKoopG eine Tätigkeit in einem mit der Bundeswehr kooperierenden Wirtschaftsunternehmen zugewiesen wurde, während der Zugehörigkeit zu einem **Kooperationsbetrieb** bei der Wahl einer Vertrauensperson für ihren Wahlbereich zwar wahlberechtigt bleiben, jedoch als Vertrauensperson nicht wählbar sind (vgl. Abschn. C § 4 BwKoopG Rn. 2).   1

(Abs. 3) Abs. 3 stellt klar, dass die Wahl nach den Grundsätzen der **Personenwahl** (Mehrheitswahl) stattfindet. Die wahltechnischen Einzelheiten sind in den §§ 8 bis 10 SBGWV geregelt.   2

(Abs. 4) Die Vorschriften des Abs. 4 regeln die **Bestellung bzw. Wahl des Wahlvorstands**. § 3 SBGWV enthält ergänzende Bestimmungen.   3

(Abs. 5) Abs. 5 stellt – ebenso wie § 24 Abs. 2 S. 1 BPersVG – klar, dass die Dienststelle die **Kosten** der Wahl trägt.   4

(Abs. 6) Abs. 6 legt die **Aufgaben des Wahlvorstands** fest, die i. E. in den §§ 4 bis 16 SBGWV geregelt sind.   5

(Abs. 7) Die Vorschrift des Abs. 7 über die Verbote der **Wahlbehinderung** und unzulässigen **Wahlbeeinflussung** ist § 20 Abs. 1 und 2 BetrVG nachgebildet, der wiederum mit § 24 Abs. 1 S. 1 und 2 BPersVG vergleichbar ist.   6

§ 5 Anfechtung der Wahl

(1) Drei Wahlberechtigte oder der Disziplinarvorgesetzte können die Wahl innerhalb von vierzehn Tagen, vom Tage der Bekanntgabe des Wahlergebnisses an gerechnet, beim Truppendienst-

---

26   Näher dazu KfdP-*Altvater*, Anh. V B § 4 SBG Rn. 1.

gericht mit dem Antrag anfechten, die Wahl für ungültig zu erklären, wenn gegen wesentliche Vorschriften über das Wahlrecht, die Wählbarkeit oder das Wahlverfahren verstoßen worden und eine Berichtigung nicht erfolgt ist, es sei denn, daß durch den Verstoß das Wahlergebnis nicht verändert oder beeinflußt werden konnte.

(2) ¹Das Truppendienstgericht entscheidet unter entsprechender Anwendung der Verfahrensvorschriften der Wehrbeschwerdeordnung. ²Die Auswahl der militärischen Beisitzer des Gerichts bestimmt sich nach dem Dienstgrad der Vertrauensperson. ³Auf Antrag kann der Vorsitzende den Beginn der Amtszeit der Vertrauensperson bis zur Entscheidung des Truppendienstgerichts aussetzen.

1 (Abs. 1) Die Bestimmung des Abs. 1 über die **Befugnis** und die **Gründe** der Wahlanfechtung ist § 25 BPersVG nachgebildet. Bedeutsame Unterschiede bestehen jedoch insoweit, als in der Dienststelle bzw. im Wahlbereich vertretene Gewerkschaften nicht anfechtungsberechtigt sind und die Anfechtungsfrist nicht zwölf Arbeitstage, sondern 14 (Kalender-)Tage beträgt.

2 (Abs. 2) Abs. 2 trifft eine eigenständige Regelung über das **Verfahren** der Wahlanfechtung. Nach S. 1 entscheidet das **Truppendienstgericht** über den Anfechtungsantrag. Dabei wendet es die Verfahrensvorschriften der **Wehrbeschwerdeordnung** entsprechend an. Da die Durchführung der Wahl keine beschwerdefähige Maßnahme i. S. d. § 1 WBO ist, geht dem Antrag auf Entscheidung des Truppendienstgerichts aber **kein Beschwerdeverfahren** voraus. Nach S. 2 richtet sich die Auswahl der militärischen **Beisitzer** des Gerichts abweichend von § 18 Abs. 1 WBO nach dem Dienstgrad der Vertrauensperson, deren Wahl angefochten ist. Nach § 18 Abs. 2 S. 3 WBO entscheidet das Truppendienstgericht grundsätzlich nach **Aktenlage**. Wenn nach seiner Auffassung die Fortbildung des Rechts oder die Sicherung einer einheitlichen Rechtsprechung es erfordert, kann es nach § 18 Abs. 4 WBO Rechtsfragen von grundsätzlicher Bedeutung dem Bundesverwaltungsgericht zur Entscheidung **vorlegen**. Nach § 18 Abs. 2 S. 5 WBO entscheidet das Truppendienstgericht durch **Beschluss**. Dieser war nach bisherigem Recht endgültig.[27] Durch Art. 5 und 18 Abs. 2 **Wehrrechtsänderungsgesetz 2008** (WehrRÄndG 2008) v. 31.7.08[28] ist jedoch zum 1.2.09 (neben weiteren Änderungen des Wehrbeschwerderechts) mit einer Rechtsbeschwerde und einer Nichtzulassungsbeschwerde nach den §§ 22a und 22b WBO unter bestimmten Voraussetzungen gegen Entscheidungen der Truppendienstgerichte eine **Beschwerdemöglichkeit zum Bundesverwaltungsgericht** eingeführt worden.[29]

---

27 Vgl. *BVerwG* v. 18.2.82 – 1 WB 41/81 –, NZWehrr 82, 192.
28 BGBl. I S. 1629.
29 Vgl. *Gronimus*, § 5 Rn. 22.

Nach der § 17 Abs. 6 WBO verdrängenden Sondervorschrift des Abs. 2 S. 3 kann der Vorsitzende der zuständigen Kammer des Truppendienstgerichts den **Beginn der Amtszeit** der Vertrauensperson bis zur endgültigen Entscheidung des Gerichts auf Antrag **aussetzen.** Der Antrag kann nur von dem oder den Wahlanfechtenden gestellt werden. Die Aussetzung wird i. d. R. nur dann zulässig sein, wenn die Aktenlage mit an Sicherheit grenzender Wahrscheinlichkeit erwarten lässt, dass die Wahl für ungültig erklärt werden muss.

Die gesetzliche Regelung der Wahlanfechtung schließt es nicht aus, dass das Truppendienstgericht durch **einstweilige Verfügung** in das laufende Wahlverfahren eingreift[30] und dass die Wahl wegen besonders schwerwiegender Rechtsverletzungen nicht nur anfechtbar, sondern sogar **nichtig** sein kann (vgl. dazu § 25 BPersVG Rn. 1 f.).

Abschnitt 2
Geschäftsführung und Rechtsstellung

§ 6 Geschäftsführung

(1) Die Vertrauensperson führt ihr Amt unentgeltlich als Ehrenamt.

(2) [1]Sie übt ihr Amt regelmäßig während der Dienstzeit aus. [2]Die Vertrauensperson ist von ihrer dienstlichen Tätigkeit freizustellen, wenn und soweit es zur ordnungsgemäßen Durchführung ihrer Aufgaben erforderlich ist. [3]Wird sie durch die Erfüllung ihrer Aufgaben über die Dienstzeit hinaus beansprucht, ist ihr in entsprechender Anwendung einer auf der Grundlage des § 50 a des Bundesbesoldungsgesetzes ergangenen Rechtsverordnung ein Ausgleich zu gewähren.

(3) Ihr ist während des Dienstes Gelegenheit zu geben, Sprechstunden innerhalb dienstlicher Unterkünfte oder Anlagen abzuhalten, soweit dies zur Wahrnehmung ihrer Aufgaben erforderlich ist und zwingende dienstliche Gründe nicht entgegenstehen.

(4) [1]Die durch die Tätigkeit der Vertrauensperson entstehenden Kosten trägt die Dienststelle. [2]Sie erhält bei Reisen, die zur Erfüllung ihrer Aufgaben notwendig sind, Reisekostenvergütung nach dem Bundesreisekostengesetz. [3]Für Sprechstunden und die laufende Geschäftsführung werden ihr im erforderlichen Umfang Räume, Geschäftsbedarf sowie geeignete Aushangmöglichkeiten für Bekanntmachungen zur Verfügung gestellt.

---

30 Str.; vgl. KfdP-*Altvater*, Anh. V B § 5 SBG Rn. 3 m. N.

§ 6 SBG **Anhang V B**

1 § 6 SBG enthält Regelungen über die **Tätigkeit der Vertrauensperson**, die sich an die vergleichbaren Vorschriften des BPersVG anlehnen.

2 **(Abs. 1)** Abs. 1 stimmt inhaltlich mit § 46 Abs. 1 BPersVG überein. Die Bestimmung, dass die Vertrauensperson ihr Amt unentgeltlich als **Ehrenamt** ausübt, macht nach Auffassung des Gesetzgebers deutlich, dass die Funktion der Vertrauensperson keine Planstelle begründet.[31]

3 **(Abs. 2)** Abs. 2 S. 1 stellt klar, dass die Vertrauensperson ihre Aufgaben grundsätzlich **während der Dienstzeit** ausübt. Abs. 2 S. 2 gibt ihr in Anlehnung an die vergleichbaren Vorschriften des BPersVG einen Anspruch auf **Freistellung** von ihrer dienstlichen Tätigkeit, wenn und soweit es zur ordnungsgemäßen Durchführung ihrer Aufgaben erforderlich ist. Nach der Rspr. des *BVerwG*[32] hat die Vertrauensperson nur einen Anspruch darauf, ihr während der Dienstzeit die Ausübung ihrer Mandatsaufgaben zu ermöglichen; dabei bleibt es der Organisationsentscheidung des zuständigen Disziplinarvorgesetzten überlassen, ob er der Vertrauensperson **anlassbezogen Dienstbefreiung** oder in besonders gelagerten Ausnahmefällen stattdessen eine (vollständige oder teilweise) **generelle Freistellung vom Dienst** gewähren will. Für den Fall, dass die Vertrauensperson ausnahmsweise **Aufgaben außerhalb der Dienstzeit** erfüllt, sieht Abs. 2 S. 3 in Anlehnung an § 46 Abs. 2 S. 2 BPersVG einen Anspruch auf Gewährung eines **Ausgleichs** in entsprechender Anwendung einer auf der Grundlage des § 50 a BBesG erlassenen Rechtsverordnung vor; maßgeblich ist zurzeit die Verordnung v. 2. 6. 89,[33] zuletzt geändert durch Art. 8 des Gesetzes v. 31. 7. 10.[34] Danach ist der Ausgleichsanspruch wie bei Soldaten mit dienstlich bedingter besonderer zeitlicher Belastung grundsätzlich durch Freistellung vom Dienst und nur ausnahmsweise durch Zahlung einer Vergütung zu erfüllen. Gehört die Vertrauensperson zu den Soldaten, die nach dem Wehrpflichtgesetz[35] oder nach dem Vierten Abschnitt des Soldatengesetzes[36] Wehrdienst leisten, ist der Ausgleich trotz des Wortlauts des Abs. 2 S. 3 in entsprechender Anwendung der aufgrund des § 2 Abs. 1 WSG erlassenen Verordnung über den erhöhten Wehrsold für Soldaten mit besonderer zeitlicher Belastung v. 2. 6. 89,[37] zuletzt geändert durch Art. 5 des Gesetzes v. 31. 7. 10,[38] zu gewähren.

4 **(Abs. 3)** Nach Abs. 3 ist der Vertrauensperson grundsätzlich Gelegenheit zu geben, **Sprechstunden** während des Dienstes und innerhalb militärischer Liegenschaften abzuhalten. Zwingende dienstliche Gründe, die dieser

---

31 BT-Drs. 13/5740, S. 17, zu Nr. 9.
32 Beschl. v. 27. 11. 08 – 1 WB 7.08 –, Buchh 449.7 § 6 Nr. 1.
33 BGBl. I S. 1075.
34 BGBl. I S. 1052.
35 7. Abschn. WPflG [§§ 54 ff.]; vgl. § 49 SBG Rn. 2.
36 §§ 59 ff. SG.
37 BGBl. I S. 1076.
38 BGBl. I S. 1052.

Verpflichtung des Disziplinarvorgesetzten entgegenstehen können, liegen nur dann vor, wenn die Durchführung der Sprechstunden während der Dienstzeit zu unzumutbaren Beeinträchtigungen des Dienstbetriebs führen würde. Entsprechend § 43 S. 2 BPersVG bestimmt die Vertrauensperson im Einvernehmen mit dem Disziplinarvorgesetzten die Zeit und den Ort der Sprechstunden. Aus Abs. 3 ergibt sich ein Anspruch der zur Wählergruppe der Vertrauensperson gehörenden Soldaten, die Sprechstunden innerhalb der Dienstzeit aufzusuchen.[39]

(Abs. 4) Abs. 4 stellt in Anlehnung an § 44 BPersVG klar, dass die Dienststelle die durch die Tätigkeit der Vertrauensperson entstehenden **Kosten** trägt, dass diese bei erforderlichen Reisen **Reisekostenvergütung** nach dem BRKG erhält und dass ihr für Sprechstunden und die laufende Geschäftsführung im erforderlichen Umfang Räume und Geschäftsbedarf sowie für Bekanntmachungen geeignete Aushangmöglichkeiten zur Verfügung zu stellen sind. Zu der als Geschäftsbedarf bereitzustellenden **Fachliteratur** (vgl. § 44 BPersVG Rn. 31 ff.) gehört auch ein **Kommentar zum SBG**.[40] Abs. 4 schreibt zwar nicht ausdrücklich vor, dass der Vertrauensperson (entsprechend § 44 Abs. 2 BPersVG) **Büropersonal** zur Verfügung zu stellen ist.[41] Jedoch erstreckt sich die in § 18 Abs. 3 S. 1 SBG festgelegte Pflicht des Disziplinarvorgesetzten, die Vertrauensperson bei der Erfüllung ihrer Aufgaben zu unterstützen, auch darauf, dieser im Rahmen der bestehenden Möglichkeiten ggf. auch erforderliches Büropersonal zuzuweisen.

§ 7 Beurteilung

(1) ¹Die Vertrauensperson und die eingetretenen Vertreter werden regelmäßig durch den nächsten Disziplinarvorgesetzten beurteilt, es sei denn, sie beantragen zu Beginn ihrer Amtszeit oder bei Wechsel des nächsten Disziplinarvorgesetzten, durch den nächsthöheren Disziplinarvorgesetzten beurteilt zu werden. ²Ist die Vertrauensperson für den Bereich ihres nächsthöheren Disziplinarvorgesetzten gewählt worden, geht auf ihren Antrag die Zuständigkeit für die Beurteilung auf dessen nächsten Disziplinarvorgesetzten über.

(2) Absatz 1 gilt entsprechend für Soldaten, die für mindestens ein Viertel des Beurteilungszeitraumes als Vertrauensperson oder als eingetretener Vertreter tätig gewesen sind.

Der durch das 1. SBGÄndG neugefasste § 7 sieht im Unterschied zum SBG 1991 in Abs. 1 vor, dass für die Beurteilung des als Vertrauensperson

---

39 BT-Drs. 13/5740, a. a. O.
40 *TDG Nord* v. 16. 6. 98 – N 9 AV 2/98 –, NZWehrr 99, 172.
41 Vgl. BT-Drs. 13/5740, a. a. O.

amtierenden Soldaten regelmäßig der **nächste Disziplinarvorgesetzte** zuständig ist. Der in der Hierarchie **nächsthöhere Disziplinarvorgesetzte** ist dafür nur noch dann zuständig, wenn die Vertrauensperson dies zu Beginn ihrer Amtszeit oder bei Wechsel des nächsten Disziplinarvorgesetzten beantragt. Damit soll der Besorgnis der Vertrauensperson, nicht unbefangen beurteilt zu werden, entsprochen werden,[42] was aber schon deshalb zweifelhaft erscheint, weil der Antrag auf Beurteilung durch den nächsthöheren Vorgesetzten nicht jederzeit möglich ist. Die Vertrauensperson kann zwar gegen die Beurteilung durch den nächsten Disziplinarvorgesetzten Beschwerde mit der Begründung der Befangenheit erheben, muss diese dann jedoch beweisen.

2 Der **Antrag**, durch den nächsthöheren Disziplinarvorgesetzten beurteilt zu werden, bedarf keiner Begründung; ihm ist zu entsprechen. **Beurteilungsbeiträge** des nächsten Disziplinarvorgesetzten als Hilfsmittel sind dann nur unter der Voraussetzung zulässig, dass sich der nächsthöhere Disziplinarvorgesetzte rechtzeitig ein eigenes persönliches Bild des Beurteilten verschafft und dass der beurteilten Vertrauensperson im Beschwerdeverfahren das Recht zugestanden wird, zu dem Beurteilungsbeitrag Stellung zu nehmen.

3 Die Regelung des Abs. 1 gilt für Soldaten, die zum Zeitpunkt der Beurteilung als **Vertrauensperson** oder als – nach § 13 Abs. 1 oder 2 SBG – **eingetretene Stellvertreter** tätig sind. Für Soldaten, bei denen diese Voraussetzung nicht vorliegt, gilt sie nach Abs. 2 entsprechend, wenn sie vorher als Vertrauensperson oder als eingetretene Vertreter tätig gewesen sind und die Zeit dieser Tätigkeit mindestens ein Viertel des Beurteilungszeitraums umfasst.

4 Nach der Begründung des Entwurfs des 1. SBGÄndG[43] soll auch bei **Soldatenvertretern im Personalrat** (vgl. dazu §§ 48 ff. SBG) nach § 7 SBG verfahren werden.

§ 8 Schweigepflicht

(1) Die Vertrauensperson hat über die ihr in Ausübung ihrer Tätigkeit nach diesem Gesetz bekanntgewordenen Angelegenheiten und Tatsachen gegenüber Dritten Stillschweigen zu bewahren.

(2) Die Schweigepflicht besteht nicht für Angelegenheiten oder Tatsachen, die offenkundig sind oder ihrer Bedeutung nach keiner Geheimhaltung bedürfen.

1 Die Vorschrift ist dem § 10 BPersVG nachgebildet. Sie ergänzt die allgemeine Vorschrift des § 14 SG über die Verschwiegenheitspflicht aller Soldaten. Sie bezieht sich nur auf **Vertrauenspersonen**, nicht aber auf

---

42 BT-Drs. 13/5740, S. 17, zu Nr. 9.
43 BT-Drs. 13/5740, a. a. O.

Anhang V B § 9 SBG

Soldatenvertreter in Personalvertretungen – für die § 10 BPersVG gilt – und auch nicht auf Mitglieder des nach § 4 Abs. 4 SBG bestellten Wahlvorstands, die nach § 25 Abs. 1 SBG benannten Mitglieder von Ausschüssen und den Disziplinarvorgesetzten – deren Verschwiegenheitspflicht aus § 14 SG abzuleiten ist.

Die Schweigepflicht besteht nur **gegenüber Dritten** und deshalb nicht gegenüber Soldaten, die von einer Maßnahme betroffen sind, an der die Vertrauensperson beteiligt ist, und auch nicht gegenüber solchen Personen, die im jeweiligen Einzelfall Aufgaben oder Befugnisse nach dem SBG wahrnehmen. Dazu gehört grundsätzlich auch der Disziplinarvorgesetzte. Ihm gegenüber ist die Vertrauensperson aber dann zur Verschwiegenheit verpflichtet, wenn es sich um Angelegenheiten einzelner Soldaten handelt, deren vertrauliche Behandlung sich aus der Natur der Sache ergibt oder dem Soldaten zugesichert ist. Personen und Stellen, bei denen die Vertrauensperson wegen fehlender Sachkunde Rat oder Auskunft einholt und die ihrerseits einer Schweigepflicht unterliegen (wie z. B. Rechtsanwälte), sind nicht als Dritte i. S. d. Abs. 1 anzusehen (ZDv 10/2 Nr. 224 Abs. 6). 2

§ 9 Amtszeit

(1) ¹**Die regelmäßige Amtszeit der Vertrauensperson beträgt zwei Jahre.** ²**Sie beginnt mit dem Tage der Wahl oder, wenn zu diesem Zeitpunkt noch eine Vertrauensperson im Amt ist, mit dem Ablauf des Tages, an dem die Amtszeit dieser Vertrauensperson endet.** ³**Schließt sich die Amtszeit der neuzuwählenden Vertrauensperson nicht unmittelbar an, so verlängert sich die Amtszeit der bisherigen Vertrauensperson bis zur Neuwahl, jedoch höchstens um zwei Monate.**

(2) Das Amt der Vertrauensperson endet durch:

1. **Ablauf der Amtszeit,**
2. **Niederlegung des Amtes,**
3. **Beendigung des Wehrdienstverhältnisses,**
4. **Ausscheiden aus dem Wahlbereich,**
5. **Verlust der Wählbarkeit,**
6. **Entscheidung des Truppendienstgerichts,**
7. **Auflösung des Verbandes, der Einheit oder Dienststelle.**

(Abs. 1) Abs. 1 S. 1 legt seit seiner Änderung durch das 1. SBGÄndG fest, dass die **regelmäßige Amtszeit** der Vertrauensperson **zwei Jahre** beträgt. Diese Amtszeit kann sich nach Abs. 1 S. 3 um höchstens zwei Monate verlängern. In den Fällen des Abs. 2 Nr. 2 bis 7 kann sie vorzeitig enden. Abs. 1 S. 2 legt in inhaltlicher Übereinstimmung mit § 26 S. 2 BPersVG den **Beginn der Amtszeit** der Vertrauensperson auf den Tag ihrer Wahl 1 oder – wenn zu diesem Zeitpunkt noch eine Vertrauensperson im Amt ist – auf den Tag fest, der dem Tag des Ablaufs der Amtszeit der vorherigen Vertrauensperson folgt. Abs. 1 S. 3 sieht für den Fall, dass die neu zu wählende Vertrauensperson nicht rechtzeitig vor Ablauf der regelmäßigen Amtszeit der bisherigen Vertrauensperson gewählt worden ist, vor, dass sich deren **Amtszeit bis zur Neuwahl**, jedoch höchstens um zwei Monate, **verlängert**. In der Zeit der Verlängerung stehen der bisherigen Vertrauensperson alle mit ihrem Amt verbundenen Rechte und Pflichten zu.

2 **(Abs. 2)** Abs. 2 legt die Fälle fest, in denen die Amtszeit der Vertrauensperson **endet**. Die Bestimmungen unter Nr. 1 bis 6 sind den Vorschriften in § 29 Abs. 1 Nr. 1 bis 6 BPersVG nachgebildet. Mit dem in Nr. 6 festgelegten Fall des vorzeitigen Ablaufs der Amtszeit durch **rechtskräftige Entscheidung des Truppendienstgerichts** ist die in § 11 SBG näher geregelte Abberufung der Vertrauensperson gemeint, nicht dagegen die nach § 12 Abs. 1 S. 2 SBG zulässige truppendienstgerichtliche Anordnung des vorläufigen Ruhens des Amts. Die in Nr. 7 getroffene Regelung über das vorzeitige Ende der Amtszeit bei **Auflösung des Verbandes, der Einheit oder der Dienststelle** stellt klar, dass die Fortdauer des Amts der Vertrauensperson vom weiteren Bestand ihres Wahlbereichs abhängt.[44]

3 **Über das Ende des Amts hinaus** gelten zugunsten der (ehemaligen) Vertrauensperson diejenigen Vorschriften, die ihrem **persönlichen Schutz** dienen, wie z.B. das allgemeine Benachteiligungsverbot (§ 14 Abs. 1 SBG). Mit dem Ausscheiden aus dem Amt entfallen jedoch die an das Amt gebundenen, der Wahrnehmung der **amtsgemäßen Aufgaben** dienenden Befugnisse, wie insb. die Beteiligungsrechte der Vertrauensperson und ihre Mitgliedschaft in Gremien der Vertrauenspersonen.[45]

§ 10 Niederlegung des Amtes

¹**Die Vertrauensperson kann durch schriftliche Erklärung gegenüber dem Disziplinarvorgesetzten ihr Amt niederlegen.** ²**Dieser gibt die Niederlegung des Amtes dienstlich bekannt.**

1 Die Vorschrift hat keine Entsprechung im BPersVG. Sie legt Form, Adressaten und Bekanntgabe der Niederlegung des Amts fest, ohne dabei von dem im PersVR geltenden Grundsatz abzuweichen, dass die Amtsniederlegung **jederzeit** und **ohne Angabe von Gründen** möglich ist (vgl. § 29 BPersVG Rn. 3).

2 Die Niederlegung des Amts kann nur durch eine von der Vertrauensperson selbst abzugebende **schriftliche** – und deshalb eigenhändig zu unterschreibende (§ 126 Abs. 1 BGB) – **Erklärung gegenüber dem Disziplinarvorgesetzten** vorgenommen werden. Wenn in ihr kein späterer Zeitpunkt

---

44 Vgl. auch BVerwG v. 21.11.95 – 1 WB 53.95 –, NZWehrr 96, 125.
45 BVerwG v. 13.8.08 – 1 WB 39.08 u.a. –, NZWehrr 09, 28, m.w.N.

Anhang V B § 11 SBG

bestimmt ist, erlischt das Amt der Vertrauensperson mit dem Eingang der Erklärung beim Disziplinarvorgesetzten. Dieser hat die ordnungsgemäß erklärte Amtsniederlegung **dienstlich bekanntzumachen**. Das schließt allerdings nicht aus, dass auch die Vertrauensperson die Soldaten ihrer Wählergruppe über die Amtsniederlegung und die dafür maßgebenden Gründe unterrichtet.

§ 11 Abberufung der Vertrauensperson

(1) [1]Mindestens ein Viertel der Angehörigen der Wählergruppe, der Disziplinarvorgesetzte oder dessen nächster Disziplinarvorgesetzter können beim Truppendienstgericht beantragen, die Vertrauensperson wegen grober Vernachlässigung ihrer gesetzlichen Befugnisse oder wegen grober Verletzung ihrer gesetzlichen Pflichten abzuberufen. [2]Der Antrag auf Abberufung kann auch wegen eines sonstigen Verhaltens der Vertrauensperson gestellt werden, das geeignet ist, die verantwortungsvolle Zusammenarbeit zwischen Vorgesetzten und Untergebenen oder das kameradschaftliche Vertrauen innerhalb des Bereichs, für den sie gewählt ist, ernsthaft zu beeinträchtigen.

(2) Das Truppendienstgericht entscheidet auf Grund mündlicher Verhandlung unter entsprechender Anwendung der Verfahrensvorschriften der Wehrbeschwerdeordnung.

(Abs. 1) Abs. 1 weist im Vergleich zu § 28 Abs. 1 BPersVG erhebliche Unterschiede auf. Der Abberufungsantrag kann von mindestens einem Viertel der Angehörigen der Wählergruppe, vom Disziplinarvorgesetzten oder von dessen nächstem Disziplinarvorgesetzten gestellt werden, im Unterschied zu § 28 Abs. 1 BPersVG jedoch nicht von einer (im Wahlbereich oder in der Wählergruppe vertretenen) Gewerkschaft. Die in Betracht kommenden Abberufungsgründe können von jeder Kategorie von Antragstellern geltend gemacht werden. Abberufungsgrund kann nach Abs. 1 S. 1 die **grobe Vernachlässigung der gesetzlichen Befugnisse** oder die **grobe Verletzung der gesetzlichen Pflichten** sein. Das entspricht der Regelung in § 28 Abs. 1 BPersVG (vgl. dazu § 28 BPersVG Rn. 3 f.). Als weiterer Abberufungsgrund kommt nach Abs. 1 S. 2 unter den dort genannten Voraussetzungen auch ein **sonstiges Verhalten** der Vertrauensperson in Frage. Dieses Verhalten muss das Vertrauensverhältnis zum Disziplinarvorgesetzten oder zu den Soldaten der Wählergruppe so sehr zerstört haben, dass mit dessen Wiederherstellung in absehbarer Zeit nicht gerechnet werden kann.

1

(Abs. 2) Über den Antrag auf Abberufung entscheidet das unmittelbar anzurufende **Truppendienstgericht**. Es wendet die Verfahrensvorschriften der **Wehrbeschwerdeordnung** entsprechend an, kann jedoch nicht nach Aktenlage, sondern nur aufgrund **mündlicher Verhandlung** ent-

2

scheiden. Bei der Auswahl der **militärischen Beisitzer** ist § 5 Abs. 2 S. 2 SBG entsprechend anzuwenden. Gegen die durch **Beschluss** zu treffende Entscheidung bestehen nach der Einführung der §§ 22 a und 22 b WBO zum 1.2.09 unter bestimmten Voraussetzungen **Beschwerdemöglichkeiten zum Bundesverwaltungsgericht** (vgl. § 5 SBG Rn. 2).

§ 12 Ruhen des Amtes

(1) ¹Das Amt der Vertrauensperson ruht, solange ihr die Ausübung des Dienstes verboten oder sie vorläufig des Dienstes enthoben ist. ²Auf Antrag kann das Truppendienstgericht bis zur Entscheidung über einen Abberufungsantrag nach § 11 Abs. 1 das Ruhen des Amtes anordnen.

(2) Das Amt der Vertrauensperson ruht, wenn über ihren Antrag auf Anerkennung als Kriegsdienstverweigerer noch nicht unanfechtbar entschieden worden ist.

1 Während Abs. 1 S. 1 dem § 30 BPersVG nachgebildet ist, gibt es für Abs. 1 S. 2 und Abs. 2 im BPersVG keine Entsprechung. Liegt ein Ruhenstatbestand vor, bleibt der betroffene Soldat Vertrauensperson. Er ist jedoch bis auf Weiteres **gehindert, sein Amt auszuüben.** Zum Ende des Ruhenstatbestandes vgl. § 13 SBG Rn. 1, zum Eintritt des Stellvertreters § 13 SBG Rn. 2 f.

2 (**Abs. 1**) Nach § 22 SG kann einem Soldaten aus zwingenden dienstlichen Gründen die **Ausübung des Dienstes verboten** werden, wobei das Verbot erlischt, sofern nicht bis zum Ablauf von drei Monaten ein gerichtliches Disziplinarverfahren, ein Strafverfahren oder ein Entlassungsverfahren eingeleitet ist. § 126 WDO sieht vor, dass die Einleitungsbehörde einen Soldaten **vorläufig des Dienstes entheben** kann, wenn das gerichtliche Disziplinarverfahren gegen ihn eingeleitet wird oder eingeleitet worden ist. Das Verbot der Dienstausübung und die vorläufige Dienstenthebung führen nach Abs. 1 S. 1 **kraft Gesetzes** zum Ruhen des Amts der Vertrauensperson.

3 Darüber hinaus kann das **Truppendienstgericht** nach Abs. 1 S. 2 das Ruhen des Amts **anordnen.** Eine solche Anordnung kann nur **im Rahmen eines Abberufungsverfahrens** nach § 11 SBG ergehen. Sie ist nur auf Antrag möglich, zu dem nur die Antragsteller des Abberufungsverfahrens befugt sind. Über die Anordnung kann nur aufgrund mündlicher Verhandlung entschieden werden.[46] Sie darf nur dann erfolgen, wenn nach summarischer Prüfung der Sach- und Rechtslage aller Voraussicht nach mit der Abberufung gerechnet werden muss und wenn eine ordnungsgemäße Amtsausübung bis zu einer Entscheidung nach § 11 Abs. 2 SBG nicht mehr gewährleistet ist.

---

46 Str.; vgl. *Gronimus*, § 12 Rn. 11 m. w. N.

Anhang V B § 13 SBG

(Abs. 2) Nach altem Recht führte der Antrag eines als Vertrauensperson **4**
amtierenden Soldaten auf Anerkennung als **Kriegsdienstverweigerer**
wegen des damit verbundenen Verlustes der Wählbarkeit zum vorzeitigen
Ende ihres Amts (§ 9 Abs. 2 Nr. 2 i. V. m. § 2 Abs. 3 Nr. 3 SBG 1991).
Nach neuem Recht bleibt der Soldat trotz eines solchen Antrags zwar
wählbar, der durch das 1. SBGÄndG eingefügte Abs. 2 sieht jedoch vor,
dass das Amt der Vertrauensperson ruht, wenn über den Antrag noch nicht
unanfechtbar entschieden worden ist.

§ 13 Eintritt des Stellvertreters

(1) ¹Ruht das Amt der Vertrauensperson (§ 12) oder endet es vorzeitig (§ 9 Abs. 2 Nr. 2 bis 6), so tritt der nächste Stellvertreter ein.
²Ist kein Stellvertreter vorhanden, ist neu zu wählen.

(2) Ein Stellvertreter tritt auch ein, wenn die Vertrauensperson an der Ausübung ihres Amtes verhindert ist.

(3) ¹Sind die Vertrauensperson und ihre beiden Stellvertreter durch eine besondere Auslandsverwendung an der Ausübung ihres Amtes verhindert, tritt eine Vertrauensperson mit befristeter Amtszeit ein.
²Diese Vertrauensperson wird im vereinfachten Wahlverfahren gewählt. ³Die Amtszeit der Vertrauensperson mit befristeter Amtszeit endet mit Ablauf des Tages, an dem die Verhinderung der Vertrauensperson oder eines ihrer Stellvertreter entfällt.

(Abs. 1) Für den Fall, dass das Amt der Vertrauensperson nach § 12 SBG **1**
ruht oder nach § 9 Abs. 2 Nr. 2 bis 6 SBG vorzeitig endet, legt Abs. 1 S. 1
fest, dass der nächste Stellvertreter kraft Gesetzes in das Amt eintritt.
Während das **vorzeitige Ende des Amts** endgültig ist, hat das **Ruhen**
des Amts vorläufigen Charakter: In diesem Fall ist der betroffene Soldat
lediglich bis auf Weiteres gehindert, sein Amt als Vertrauensperson auszuüben (vgl. § 12 SBG Rn. 1). Endet der Ruhenstatbestand vor Ablauf der
Amtszeit – z. B. dadurch, dass das Verbot der Ausübung des Dienstes sich
nach § 22 S. 2 SG durch Ablauf der Drei-Monats-Frist erledigt –, kehrt der
entlastete Soldat ohne Weiteres in seine volle Rechtsstellung als Vertrauensperson zurück.

Bei einem vorzeitigen Ende des Amts der Vertrauensperson nach § 9 Abs. 2 **2**
Nr. 2 bis 6 SBG tritt der **nächste Stellvertreter** endgültig, bei einem
Ruhen des Amts tritt er vorläufig in das Amt der Vertrauensperson ein.
Die Reihenfolge der Stellvertreter richtet sich dabei gem. § 12 Abs. 3 S. 2
und 3 SBGWV grundsätzlich nach den Stimmenzahlen, die die zwei Stellvertreter bei der Wahl erhalten haben. Ist kein Stellvertreter (mehr) vorhanden, ist nach Abs. 1 S. 2 **neu zu wählen.** Diese Neuwahl hat grundsätzlich nach den in den §§ 2 bis 4 SBG und der SBGWV enthaltenen
allgemeinen Vorschriften zu erfolgen. Bei der durch das Ruhen des Amts
der Vertrauensperson entstandenen Notwendigkeit der Neuwahl gilt dies

jedoch nur mit der Einschränkung, dass nicht die Vertrauensperson, sondern lediglich deren zwei Stellvertreter neu zu wählen sind, weil die bisherige Vertrauensperson ihre Rechtsstellung aufgrund des Ruhens des Amts nicht endgültig verloren hat. Das Gesetz enthält keine Regelung, die eine vertretungslose Zeit bis zum Tag der Neuwahl vermeidet.[47]

3 **(Abs. 2)** Abs. 2 legt fest, dass ein Stellvertreter auch dann (vorübergehend) in das Amt der Vertrauensperson eintritt, wenn diese an der Ausübung ihres Amts verhindert ist. Eine derartige **(zeitweilige) Verhinderung** liegt vor, wenn die Vertrauensperson aus rechtlichen oder tatsächlichen Gründen ihr Amt vorübergehend nicht ausüben kann, wobei es auf die Dauer der Verhinderung nicht ankommt (str.; vgl. § 31 BPersVG Rn. 2 sowie § 31 SBG Rn. 2).[48] Ein Stellvertreter, der das Amt der Vertrauensperson ausübt, hat unabhängig davon, ob der Vertretungsfall nach Abs. 1 oder 2 eingetreten ist. grundsätzlich die gleiche **Rechtsstellung** wie die Vertrauensperson.

4 **(Abs. 3)** Der durch das 1. SBGÄndG eingefügte Abs. 3 soll ebenso wie § 2 Abs. 6 SBG (vgl. dort Rn. 8) dazu dienen, die Beteiligung der Soldaten durch Vertrauenspersonen auch während des Einsatzes im Rahmen einer **besonderen Auslandsverwendung** zu gewährleisten. Für den Fall, dass Teile einer Einheit einschl. der Vertrauensperson und ihrer beiden Stellvertreter ins Ausland entsandt sind, sieht Abs. 3 vor, dass die Soldaten der **im Inland** verbleibenden Resteinheit eine **zusätzliche Vertrauensperson** – nicht aber Stellvertreter – **mit befristeter Amtszeit** wählen. Da diese Vertrauensperson voraussichtlich nicht länger als ein halbes Jahr im Amt sein wird, ist festgelegt, dass sie im **vereinfachten Wahlverfahren** (vgl. dazu § 13 SBGWV) gewählt wird.[49] Ihre Amtszeit endet mit Ablauf des Tages, an dem die originäre Vertrauensperson oder einer ihrer Stellvertreter von dem Auslandseinsatz zurückkehrt und damit deren Verhinderung entfällt.

§ 14 Schutz der Vertrauensperson, Unfallschutz

(1) Die Vertrauensperson darf in der Ausübung ihrer Befugnisse nicht behindert und wegen ihrer Tätigkeit nicht benachteiligt oder begünstigt werden.

(2) ¹Für die disziplinare Ahndung von Dienstvergehen der Vertrauensperson oder des nach § 13 eingetretenen Vertreters ist der nächsthöhere Disziplinarvorgesetzte zuständig. ²Ist die Vertrauensperson für den Bereich des nächsthöheren Disziplinarvorgesetzten gewählt worden, geht die Zuständigkeit auf dessen nächsten Disziplinarvorgesetzten über.

---

47 Vgl. KfdP-*Altvater*, Anh. V B § 13 SBG Rn. 2.
48 A. A. *Gronimus*, § 13 Rn. 15.
49 BT-Drs. 13/5740, S. 18, zu Nr. 12 Buchst. b.

(3) Erleidet ein Soldat anläßlich der Wahrnehmung von Rechten oder in Erfüllung von Pflichten nach diesem Gesetz durch einen Unfall eine gesundheitliche Schädigung, die im Sinne der Vorschriften des Soldatenversorgungsgesetzes ein Dienstunfall oder eine Wehrdienstbeschädigung wäre, finden die Vorschriften dieses Gesetzes entsprechende Anwendung.

(Abs. 1) Der dem § 8 Hs. 1 BPersVG nachgebildete Abs. 1 normiert die das gesamte Recht der kollektiven Interessenvertretung abhängig Beschäftigter kennzeichnenden **Verbote der Behinderung, Benachteiligung und Begünstigung**. Soweit die Vorschrift dem persönlichen Schutz der Vertrauensperson dient, gilt sie zu ihren Gunsten über das Ende ihres Amtes hinaus.[50] Zum **Umfang des Schutzes**, den die Vorschrift gegen **jedermann** gewährt, vgl. i. E. § 8 BPersVG Rn. 1 ff.

(Abs. 2) Abs. 2 soll dem Gedanken der unbelasteten Zusammenarbeit zwischen der Vertrauensperson und dem ihr gegenüberstehenden Disziplinarvorgesetzten dadurch Rechnung tragen, dass er die **Zuständigkeit für die disziplinare Ahndung von Dienstvergehen** des als Vertrauensperson amtierenden Soldaten auf die jeweils nächsthöhere Ebene der Disziplinarbefugnis anhebt. Er gilt nicht nur für die **Vertrauensperson**, sondern auch für deren nach § 13 SBG (auf Dauer oder vorübergehend) eingetretenen **Stellvertreter**. Die »**disziplinare Ahndung von Dienstvergehen**« schließt alle Maßnahmen ein, die aus Anlass von Dienstvergehen aus Gründen der Disziplin ergriffen werden. Dazu gehören neben der Verhängung von Disziplinarmaßnahmen die Entscheidung über die Einleitung des disziplinargerichtlichen Verfahrens und die Abgabe an die Staatsanwaltschaft (teilw. str.), die Verhängung Erzieherischer Maßnahmen (str.) sowie bestimmte dienstrechtliche Maßnahmen wie der Antrag auf Entlassung nach § 55 Abs. 5 SG oder § 29 Abs. 1 S. 3 Nr. 5 WPflG, die Feststellung des Verlustes der Dienstbezüge nach § 1 Abs. 5 WSG bzw. § 9 BBesG, eine missbilligende Äußerung i. S. d. § 23 Abs. 3 WDO, die in die Personalunterlagen aufgenommen wird, oder das Verbot der Dienstausübung nach § 22 SG.[51]

(Abs. 3) Abs. 3 sichert in Anlehnung an § 11 BPersVG den **Unfallschutz aller Soldaten**, die nach dem SBG Rechte wahrnehmen oder Pflichten erfüllen. Dazu gehören – trotz des Standorts der Vorschrift in Kap. 2 Abschn. 2 – nicht nur die Vertrauenspersonen, sondern auch die Soldatenvertreter in den Personalvertretungen, ferner die Mitglieder von Wahlvorständen nach § 4 Abs. 4 oder § 51 Abs. 1 S. 2 SBG, die Mitglieder des Gesamtvertrauenspersonenausschusses nach den §§ 35 ff. SBG und die benannten Mitglieder von Ausschüssen nach § 25 Abs. 1 SBG, aber auch

---

50 *BVerwG* v. 13.8.08 – 1 WB 39.08 u. a. –, NZWehrr 09, 28.
51 Teilw. str.; zu den jew. abw. Ansichten vgl. KfdP-*Altvater*, Anh. V B § 14 SBG Rn. 2 m. N.

Soldaten, die sich an der Wahl der Vertrauensperson oder der Soldatenvertreter in der Personalvertretung beteiligen, die an Personalversammlungen teilnehmen oder die die Sprechstunde der Vertrauensperson oder des Personalrats aufsuchen. Wäre die durch den Unfall erlittene gesundheitliche Schädigung nach den Vorschriften des Soldatenversorgungsgesetzes (SVG) ein Dienstunfall oder eine Wehrdienstbeschädigung, so sind die Vorschriften des SVG entsprechend anzuwenden. Der Begriff des **Dienstunfalls** ist in § 27 SVG, der der **Wehrdienstbeschädigung** in § 81 SVG definiert.

§ 15 Versetzung der Vertrauensperson

(1) ¹Die Vertrauensperson darf während der Dauer ihres Amtes gegen ihren Willen nur versetzt oder für mehr als drei Monate kommandiert werden, wenn dies auch unter Berücksichtigung ihrer Stellung als Vertrauensperson aus dienstlichen Gründen unvermeidbar ist. ²Dasselbe gilt für die zur Wahl vorgeschlagenen Soldaten bis zum Wahltag.

(2) Absatz 1 gilt nicht bei Versetzungen aus dem Ausland.

1 (Abs. 1) Der mit § 47 Abs. 2 S. 1 BPersVG bedingt vergleichbare Abs. 1 S. 1 regelt den Schutz der Vertrauensperson vor solchen **Versetzungen** und **Kommandierungen für mehr als drei Monate**, die gegen ihren Willen erfolgen sollen. Bei diesen Personalmaßnahmen handelt es sich um Verwendungsentscheidungen, die nach § 9 Abs. 2 Nr. 4 oder 5 SBG grundsätzlich zum **vorzeitigen Ende des Amts** der Vertrauensperson führen. Abs. 1 S. 1 gilt nicht nur während der ersten Amtszeit, sondern während der gesamten Amtsdauer der Vertrauensperson. Er schützt deshalb z.B. auch vor einer vor Ablauf der Amtszeit verfügten, aber nach deren Ende wirksam werdenden Versetzung, wenn die Vertrauensperson für die sich unmittelbar anschließende Amtszeit wiedergewählt worden ist.[52] Die Schutzvorschrift gilt auch für den nach § 13 Abs. 1 i.V.m. § 9 Abs. 2 Nr. 2 bis 6 SBG wegen vorzeitigen Endes des Amts der bisherigen Vertrauensperson eingetretenen Stellvertreter, weil dieser mit seinem Eintritt endgültig den Status der Vertrauensperson erworben hat. Abs. 1 S. 2 – der mit § 24 Abs. 1 S. 3 BPersVG bedingt vergleichbar ist – dehnt den Schutz vor den in S. 1 bezeichneten Personalmaßnahmen auf die **zur Wahl vorgeschlagenen Soldaten** aus, weil diese Verwendungsentscheidungen wegen des damit verbundenen Verlustes der Wählbarkeit der Wahlbewerbung im bisherigen Wahlbereich die Grundlage entziehen würden. Die gegen den Willen der Vertrauensperson oder eines Wahlbewerbers erfolgende Versetzung oder Kommandierung für mehr als drei Monate ist nur dann zulässig, wenn sie auch unter Berücksichtigung der Stellung der Vertrauensperson bzw. des Wahlbewerbers **aus dienstlichen Gründen unvermeidbar** ist. Das ist lediglich dann der Fall, wenn bei Anlegen eines strengen Maßstabs außer

---

52 *BVerwG* v. 15.7.99 – 1 WB 39.99 –, PersV 00, 86.

der Vertrauensperson bzw. dem Wahlbewerber kein anderer (durch Abs. 1 nicht geschützter) Soldat für die Versetzung bzw. Kommandierung in Betracht kommt.

(**Abs. 2**) Abs. 2 schließt den in Abs. 1 geregelten besonderen Versetzungsschutz der Vertrauensperson und der Wahlbewerber bei **Versetzungen aus dem Ausland**, nicht jedoch bei Versetzungen in das Ausland und bei Weiterversetzungen in eine andere Verwendung im Ausland aus. Nach der Rspr. des *BVerwG*[53] ist die Ausnahmevorschrift des Abs. 2 so auszulegen, dass sie alle Entscheidungen erfasst, die eine Auslandsverwendung beenden; sie erstreckt sich demnach auch auf eine **vorzeitige Beendigung eines Auslandseinsatzes**. Für Rückversetzungen aus dem Ausland und für andere Entscheidungen über eine (vorzeitige) Beendigung einer Auslandsverwendung gilt aber das Behinderungs- und Benachteiligungsverbot des § 14 Abs. 1 SBG. 2

§ 16 Beschwerderecht der Vertrauensperson

Die Vertrauensperson kann sich entsprechend § 1 Abs. 1 der Wehrbeschwerdeordnung auch dann beschweren, wenn sie glaubt, in der Ausübung ihrer Befugnisse behindert oder wegen ihrer Tätigkeit benachteiligt zu sein.

Nach § 1 Abs. 1 WBO kann der **Soldat** sich nach Maßgabe der das Nähere regelnden Vorschriften der WBO beschweren, wenn er glaubt, von Vorgesetzten oder von Dienststellen der Bundeswehr unrichtig behandelt oder durch pflichtwidriges Verhalten von Kameraden verletzt zu sein. § 16 SBG ergänzt dieses von einer persönlichen Beschwer abhängige Recht durch ein entsprechendes förmliches Beschwerderecht der **Vertrauensperson**, das dann eingreift, wenn die Vertrauensperson glaubt, in der Ausübung ihrer Befugnisse behindert oder wegen ihrer Tätigkeit benachteiligt zu sein. Mit der Beschwerde kann die Vertrauensperson Verstöße gegen das in § 14 Abs. 1 SBG normierte allgemeine **Behinderungs- und Benachteiligungsverbot** oder gegen dessen in § 7, § 14 Abs. 2 und den §§ 15 und 17 SBG geregelte besondere Ausprägungen geltend machen. Das Beschwerderecht ist auch dann gegeben, wenn über **Beteiligungsrechte** gestritten wird, die in den §§ 20 ff. SBG nach Form und Inhalt normiert sind.[54] Für den gerichtlichen Rechtsschutz der Vertrauensperson nach erfolglosem Beschwerdeverfahren ist nach der o. a. Rspr. des *BVerwG* der **Rechtsweg zu den Wehrdienstgerichten** – die sich in die Truppendienstgerichte (Nord und Süd) und das Bundesverwaltungsgericht (mit 1

---

53 Beschl. v. 12.8.08 – 1 WB 35.07 –, NZWehrr 09, 69.
54 *BVerwG* v. 26.9.00 – 1 WB 58.00 – u. v. 13.8.08 – 1 WB 39.08 u.a. –, NZWehrr 01, 29, u. 09, 28, sowie v. 1.11.01 – 6 P 10.01 –, PersR 02, 73.

Wehrdienstsenaten für Wehrdisziplinar- und Wehrbeschwerdesachen) gliedern – gegeben.[55]

2 Der Gesetzgeber geht davon aus, dass der Vertrauensperson das in § 7 WBeauftrG geregelte Recht jedes Soldaten, sich unmittelbar an den **Wehrbeauftragten** des Deutschen Bundestags zu wenden, auch dann zusteht, wenn sich die Eingabe auf Angelegenheiten bezieht, mit denen die Vertrauensperson aufgrund ihres Amts befasst ist.[56]

§ 17 Beschwerden gegen die Vertrauensperson

Über Beschwerden nach der Wehrbeschwerdeordnung gegen die Vertrauensperson oder den nach § 13 eingetretenen Stellvertreter entscheidet deren nächsthöherer Disziplinarvorgesetzter.

1 Die Vorschrift dient wie die Regelungen in § 7 und § 14 Abs. 2 SBG dem Schutz der Vertrauensperson und ihrer unbelasteten Zusammenarbeit mit dem ihr gegenüberstehenden Disziplinarvorgesetzten. Sie legt in Abweichung von § 9 Abs. 1 S. 1 WBO fest, dass über eine gegen die Vertrauensperson gerichtete Wehrbeschwerde »deren« **nächsthöherer Disziplinarvorgesetzter** entscheidet. Bei Wahlbereichen, die auf der Ebene des nächsthöheren Disziplinarvorgesetzten der Vertrauensperson gebildet sind, kann der Schutzzweck der Vorschrift allerdings nur dann erreicht werden, wenn insoweit aufgrund einer Analogie zu § 7 S. 2 und § 14 Abs. 2 S. 2 SBG die Zuständigkeit auf den Disziplinarvorgesetzten des nächsthöheren Disziplinarvorgesetzten übergeht.

2 Die Zuständigkeitsregelung bezieht sich auf **alle Beschwerden** gegen die Vertrauensperson. Bei Beschwerden, deren Gegenstand die **Amtsführung** der Vertrauensperson ist, sind die Bestimmungen der WBO jedoch **nur eingeschränkt** anwendbar. Die Vernachlässigung oder Verletzung ihrer gesetzlichen Befugnisse oder Pflichten oder ein sonstiges ihre Amtsführung betreffendes Fehlverhalten müssen ggf. im Rahmen eines Abberufungsverfahrens nach § 11 SBG behandelt werden.

3 Die Vorschrift gilt nicht nur für die **Vertrauensperson**, sondern auch für deren nach § 13 SBG (endgültig oder vorübergehend) eingetretenen **Stellvertreter**.

---

55 Näher dazu KfdP-*Altvater*, Anh. V B § 16 SBG Rn. 3–3 c.
56 BT-Drs. 11/7323, S. 19, zu § 16.

Abschnitt 3
Beteiligung der Vertrauensperson

Unterabschnitt 1
Allgemeines

§ 18 Grundsätze für die Zusammenarbeit

(1) Die Vertrauensperson soll zur verantwortungsvollen Zusammenarbeit zwischen Vorgesetzten und Untergebenen sowie zur Festigung des kameradschaftlichen Vertrauens innerhalb des Bereiches beitragen, für den sie gewählt ist.

(2) Vertrauensperson und Disziplinarvorgesetzter arbeiten im Interesse der Soldaten des Wahlbereiches und zur Erfüllung des Auftrages der Streitkräfte mit dem Ziel der Verständigung eng zusammen.

(3) ¹Der Disziplinarvorgesetzte hat die Vertrauensperson bei der Erfüllung ihrer Aufgaben zu unterstützen. ²Die Vertrauensperson ist über Angelegenheiten, die ihre Aufgaben betreffen, rechtzeitig und umfassend zu unterrichten. ³Hierzu ist ihr auch die Möglichkeit der Einsichtnahme in die erforderlichen Unterlagen zu eröffnen, in Personalakten jedoch nur mit Einwilligung des Betroffenen.

(Abs. 1) Die Soll-Vorschrift des Abs. 1 konkretisiert i. V. m. Abs. 2 die in § 1 Abs. 1 SBG benannten grundsätzlichen **Ziele der Beteiligung**. Der Auftrag, zur verantwortungsvollen Zusammenarbeit beizutragen, spricht dafür, die Vertrauensperson als **Bindeglied** zwischen den Soldaten ihrer Wählergruppe in ihrem Wahlbereich und deren Vorgesetzten anzusehen. Die nachfolgenden Vorschriften zeigen jedoch, dass die Vertrauensperson in erster Linie **Vertreterin der Interessen der Soldaten ihrer Wählergruppe** ist. **1**

Als **Formen der Beteiligung** der Vertrauensperson sieht das SBG in den §§ 20 bis 22 die Anhörung, das Vorschlagsrecht und die Mitbestimmung vor. Die **Aufgabengebiete**, auf die sich die Beteiligung bezieht, sind in den §§ 23 bis 31 SBG normiert. Welche Folgen es hat, wenn eine **Maßnahme oder Entscheidung ohne die gesetzlich gebotene (fehlerfreie) Beteiligung** der Vertrauensperson getroffen wird, ist im SBG nicht ausdrücklich geregelt. Es ist aber anerkannt, dass eine solche Maßnahme oder Entscheidung i. d. R. rechtswidrig ist.[57] **1a**

(Abs. 2) Abs. 2 verpflichtet Vertrauensperson und Disziplinarvorgesetzten **2**

---
[57] *BVerwG* v. 22.7.09 – 1 WB 15.08 –, PersV 09, 424; vgl. KfdP-*Altvater*, Anh. V B § 18 SBG Rn. 1a.

zu **enger Zusammenarbeit.** Als gleichrangige Ziele dieser Zusammenarbeit legt die Vorschrift – in Anknüpfung an § 1 Abs. 1 SBG – das Interesse der Soldaten des Wahlbereichs und die Erfüllung des Auftrags der Streitkräfte fest. Damit hat der Gesetzgeber die in § 2 Abs. 1 BPersVG postulierte Pflicht zur vertrauensvollen Zusammenarbeit von Personalvertretung und Dienststelle in abgewandelter Fassung in das SBG übernommen.[58]

3 **(Abs. 3)** Die in Abs. 3 S. 1 festgelegte **Unterstützungspflicht** des Disziplinarvorgesetzten geht über die Beachtung des in § 14 Abs. 1 SBG normierten Behinderungs- und Benachteiligungsverbots hinaus. Aus ihr folgt, dass es der Vertrauensperson ermöglicht werden muss, ihre Aufgaben und Befugnisse sachgerecht wahrzunehmen. Dazu gehört auch die Sorge des Disziplinarvorgesetzten dafür, dass die Vertrauensperson **Versammlungen** ihrer Wählergruppe durchführen und zu ihrer Wählergruppe gehörende Soldaten **am Arbeitsplatz aufsuchen** kann, sowie die Förderung der Unterstützung der Vertrauensperson durch die von ihr gewünschte **Mitarbeit einzelner Soldaten** und durch die freiwillige Bildung von **Arbeitsgruppen.** Nach Abs. 3 S. 2 ist die Vertrauensperson über alle Angelegenheiten, die ihre Aufgaben betreffen, rechtzeitig und umfassend zu **unterrichten.** Auch die Informationspflicht ist vom Disziplinarvorgesetzten zu erfüllen. Die Regelung ist der Vorschrift des § 68 Abs. 2 S. 1 BPersVG nachgebildet (zur Auslegung der Begriffe »rechtzeitig« und »umfassend« vgl. § 68 BPersVG Rn. 26 f.). Der durch das 1. SBGÄndG neugefasste Abs. 3 S. 3 stellt klar, dass die Informationspflicht sich auch darauf erstreckt, der Vertrauensperson die Möglichkeit zur Einsichtnahme in die erforderlichen **Unterlagen** zu eröffnen. Soweit es sich dabei um **Personalakten** handelt (vgl. dazu § 29 SG), hängt die Einsichtnahme allerdings von der Einwilligung – nach § 183 BGB also von der vorherigen Zustimmung – des betroffenen Soldaten ab.

§ 19 Besondere Pflichten des Disziplinarvorgesetzten

(1) Der Disziplinarvorgesetzte hat alle Soldaten alsbald nach Diensteintritt über die Rechte und Pflichten der Vertrauensperson zu unterrichten.

(2) Der Disziplinarvorgesetzte hat die Vertrauenspersonen und ihre Stellvertreter unverzüglich nach ihrer Wahl in ihr Amt einzuweisen.

(3) Bataillonskommandeure und Disziplinarvorgesetzte in entsprechenden Dienststellungen führen mindestens einmal im Kalendervierteljahr mit den Disziplinarvorgesetzten und Vertrauenspersonen ihres Bereiches eine Besprechung über Angelegenheiten von gemeinsamem Interesse aus dem Aufgabenbereich der Vertrauensperson durch.

---

[58] BT-Drs. 11/7323, S. 19.

Anhang V B § 19 SBG

(4) ¹Vertrauenspersonen und ihre Stellvertreter, die erstmalig in ihr Amt gewählt sind, mit Ausnahme der Vertrauenspersonen der Lehrgangsteilnehmer an Schulen (§ 2 Abs. 1 Nr. 6) und der bei besonderen Auslandsverwendungen gewählten (§ 2 Abs. 6), sind alsbald nach ihrer Wahl für ihre Aufgaben auszubilden. ²Diese Ausbildung soll auf Brigade- oder vergleichbarer Ebene in Seminarform stattfinden.

(Abs. 1) Abs. 1 verpflichtet den Disziplinarvorgesetzten, **alle Soldaten** 1 alsbald nach ihrem Diensteintritt über die Rechte und Pflichten der Vertrauensperson zu **unterrichten**. Gegenstand der Unterrichtung sind die Institution der Vertrauensperson, ihre Wahl, ihre Rechtsstellung und die Möglichkeiten ihrer Beteiligung. Die Unterrichtung schließt die Vorstellung der amtierenden Vertrauensperson vor den Soldaten ihrer Wählergruppe ein. Sie hat **alsbald** nach Diensteintritt zu erfolgen.

(Abs. 2) Abs. 2 legt die Pflicht des Disziplinarvorgesetzten fest, **die Ver-** 2 **trauenspersonen und ihre Stellvertreter** unverzüglich – d. h. ohne schuldhaftes Zögern (vgl. § 121 Abs. 1 S. 1 BGB) – nach ihrer Wahl in ihr Amt **einzuweisen**. Die Einweisung hat dadurch zu erfolgen, dass den einzuweisenden Soldaten Abdrucke des SBG und ergänzende Unterlagen ausgehändigt und die geltenden Bestimmungen und deren Anwendung im Bereich des Truppenteils gründlich erläutert werden (vgl. ZDv 10/2 Nr. 202–204).

(Abs. 3) Abs. 3 verpflichtet **Bataillonskommandeure** und Disziplinar- 3 vorgesetzte in entsprechenden Dienststellungen – d. h. solche mit der Disziplinarbefugnis der zweiten Stufe (vgl. § 28 Abs. 1 S. 2 Nr. 2 WDO) – dazu, **mindestens einmal im Kalendervierteljahr** (bei Bedarf also auch öfter) mit den Disziplinarvorgesetzten und Vertrauenspersonen ihres Bereichs eine **Besprechung** über Angelegenheiten von gemeinsamem Interesse aus dem Aufgabenbereich der Vertrauensperson durchzuführen. Diese Aussprache soll einen Informations- und Erfahrungsaustausch und eine gegenseitige Abstimmung in der Beurteilung beteiligungsbedürftiger Angelegenheiten ermöglichen.[59] Sie erstreckt sich entsprechend § 66 Abs. 1 S. 2 BPersVG auf alle Vorgänge, welche die Soldaten wesentlich berühren. Damit der Zweck der Aussprache erreicht wird, müssen die Vertrauenspersonen Gelegenheit erhalten, sich entsprechend **vorzubereiten;** das folgt aus der in § 18 Abs. 3 S. 1 SBG festgelegten Unterstützungspflicht des für den jeweiligen Wahlbereich zuständigen Disziplinarvorgesetzten. Die Quartalsbesprechungen werden **vom Kommandeur einberufen und geleitet.**

(Abs. 4) Abs. 4 schreibt in S. 1 vor, dass Vertrauenspersonen und ihre 4 Stellvertreter, die erstmalig in ihr Amt gewählt sind, für ihre Aufgaben **auszubilden** sind. Die Regelung gilt nicht für die nach § 2 Abs. 1 Nr. 6

---

59 Vgl. BT-Drs. 7/1968, S. 9.

SBG gewählten Vertrauenspersonen der Lehrgangsteilnehmer an Schulen und nicht für die nach § 2 Abs. 6 SBG zusätzlich gewählten Vertrauenspersonen bei besonderen Auslandsverwendungen. Das schließt jedoch nicht aus, dass auch diese Vertrauenspersonen in angemessener Weise auf ihr Amt vorzubereiten sind.[60] Die Ausbildung gem. Abs. 4 hat **alsbald** nach der Wahl zu erfolgen. Daraus folgt, dass die Schulung innerhalb der ersten zwei Monate nach der Wahl stattfinden muss. Abs. 4 S. 2 bestimmt, dass die Ausbildung auf der **Ebene** der Brigade oder vergleichbarer Verbände in **Seminarform** stattfinden soll. Diese Soll-Vorschrift lässt es zu, die Ausbildung ausnahmsweise auf einer anderen Ebene und in anderer Form durchzuführen.[61] Unabhängig davon müssen die Ausbildungsveranstaltungen so angelegt sein, dass sie den Teilnehmern diejenigen **Kenntnisse** vermitteln, die für die Tätigkeit als Vertrauensperson erforderlich sind (vgl. § 46 Abs. 6 BPersVG). Dazu gehören nicht nur (wie in ZDv 10/2 Nr. 207 u. Anl. 6 vorgesehen) Grundkenntnisse des Soldatenbeteiligungsrechts, sondern auch solche des allgemeinen Soldatenrechts. Die ausdrücklich geregelte Verpflichtung zur Ausbildung erstmals gewählter Soldatenvertreter schließt (insb. wiederholende und vertiefende) Bildungsveranstaltungen für **erneut gewählte** Vertrauenspersonen nicht aus. Der Anspruch auf Teilnahme an derartigen Veranstaltungen ergibt sich aus § 18 Abs. 3 S. 1 SBG.

Unterabschnitt 2
Formen der Beteiligung

§ 20 Anhörung

¹Die Vertrauensperson ist über beabsichtigte Maßnahmen und Entscheidungen, zu denen sie anzuhören ist, rechtzeitig und umfassend zu unterrichten. ²Der Vertrauensperson ist zu den beabsichtigten Maßnahmen Gelegenheit zur Stellungnahme zu geben. ³Diese ist mit ihr zu erörtern.

1 Die Vorschrift definiert das Beteiligungsrecht der Anhörung. Sie wird ergänzt durch die in § 23 Abs. 2 und 4, § 24 Abs. 1 S. 2, § 27 Abs. 3 und 4 sowie § 29 S. 2 SBG enthaltenen **Verfahrensvorschriften**. In den Fällen des § 23 Abs. 1, § 24 Abs. 4 und § 30 Abs. 1 S. 3 SBG erfolgt die Anhörung **auf Antrag** des betroffenen Soldaten bzw. des Beschwerdeführers, in den Fällen des § 27 Abs. 1 und 2 SBG, sofern der Soldat **nicht widerspricht**. In den Fällen des § 23 Abs. 3, § 24 Abs. 1 S. 1 und 4 und Abs. 2 S. 2, § 25 Abs. 4 S. 1, § 27 Abs. 1 und 2, § 28 Abs. 2 und 3, § 29 S. 1 sowie § 30 S. 1 und 2 SBG erfolgt sie **von Amts wegen**. In den Fällen des § 24 Abs. 1 S. 1

---

60 *BVerwG* v. 23.6.99 – 6 P 6.98 –, PersR 99, 451.
61 BT-Drs. 13/5740, S. 18, zu Nr. 16.

und 4 und Abs. 2 S. 2, § 25 Abs. 4 S. 1, § 27 Abs. 1 und 2, § 28 Abs. 2 und 3 und § 30 S. 3 SBG **muss** die Anhörung, in den Fällen des § 23 Abs. 1 und 3, § 24 Abs. 4, § 29 S. 1 sowie § 30 S. 1 und 2 SBG **soll** sie erfolgen. Beruht die Anhörung auf einer Muss-Vorschrift, ist sie **ausnahmslos** zwingend vorgeschrieben. Ist sie in einer Soll-Vorschrift vorgesehen, hat sie im **Regelfall** zu erfolgen und darf nur in einem besonders begründeten Ausnahmefall unterbleiben (vgl. § 23 SBG Rn. 1). Die Anhörung ist die **schwächste Form** der Beteiligung. Sie eröffnet der Vertrauensperson vor dem Hintergrund des Prinzips der engen Zusammenarbeit mit dem Ziel der Verständigung (§ 18 Abs. 2 SBG) die Chance, die beabsichtigte Maßnahme oder Entscheidung **mit argumentativen Mitteln** zu beeinflussen.[62]

Nach S. 1 ist die Vertrauensperson über beabsichtigte Maßnahmen und Entscheidungen, zu denen sie aufgrund einer Muss- oder Soll-Vorschrift anzuhören ist, rechtzeitig und umfassend zu **unterrichten**. Der Unterrichtungsanspruch erstreckt sich auf sämtliche Informationen, die nach den Umständen des Einzelfalls für eine sachgerechte Beurteilung der anhörungspflichtigen Maßnahme und des ihr zugrunde liegenden Sachverhalts von Bedeutung sind; für die Bestimmung des Umfangs des Informationsanspruchs ist ein objektiv vertretbarer Standpunkt der Vertrauensperson maßgeblich.[63] Der Unterrichtungsanspruch erstreckt sich jedoch nicht auf datenschutzrechtlich geschützte personenbezogene Daten Dritter.[64] Im Rahmen der erforderlichen Unterrichtung ist der Vertrauensperson nach § 18 Abs. 3 S. 3 SBG auch die Möglichkeit einzuräumen, in die erforderlichen Unterlagen Einsicht zu nehmen. Für die ordnungsgemäße Information ist der nächste Disziplinarvorgesetzte verantwortlich[65] (vgl. § 23 SBG Rn. 2). Fehlen ihm einzelne erforderliche Informationen, so muss er sich diese beschaffen und hat dazu ggf. an die personalbearbeitende Stelle heranzutreten.[66] 2

Nach S. 2 ist der Vertrauensperson **Gelegenheit zur Stellungnahme** zu geben. Für die Stellungnahme schreibt das Gesetz keine bestimmte **Form** vor. Für bestimmte Anhörungsfälle sehen § 23 Abs. 4 und § 27 Abs. 4 SBG allerdings zwingend die Anfertigung einer zu den Akten zu nehmenden Niederschrift vor. Nach S. 3 ist der jeweils zuständige Vorgesetzte verpflichtet, die von der Vertrauensperson abgegebene Stellungnahme mit ihr zu **erörtern**. Die Erörterung besteht in einem **wechselseitigen Informations- und Meinungsaustausch**, der **grundsätzlich mündlich in einem Gespräch** zwischen der Vertrauensperson und dem zuständigen Vorgesetzten stattzufinden hat.[67] Der Vorgesetzte hat die Stellungnahme 3

---

62 *BVerwG* v. 17.2.09 – 1 WB 37.08 –, PersV 09, 296.
63 *BVerwG* v. 20.6.05 – 1 WB 60.04 –, PersR 05, 458, u. v. 25.6.08 – 1 WB 5.07 –, PersR 09, 46 Ls.
64 *BVerwG* v. 20.6.05, a.a.O.
65 *BVerwG* v. 24.3.04 – 1 WB 46.03 –, PersR 04, 473.
66 *BVerwG* v. 25.6.08, a.a.O.
67 *BVerwG* v. 17.2.09, a.a.O.; vgl. auch ZDv 10/2 Nr. 228; ferner § 72 BPersVG Rn. 7 u. KfdP-*Altvater*, Anh. V B § 20 SBG Rn. 3a.

in seine **Entscheidungsfindung** einzubeziehen[68] und sie im Rahmen seines pflichtgemäßen Ermessens angemessen zu **berücksichtigen.**

4 Ist die Vertrauensperson zu einer anhörungspflichtigen Maßnahme nicht oder nicht ordnungsgemäß angehört worden, so ist die ordnungsgemäße **Anhörung nachzuholen**, solange die Stelle, die für die Entscheidung über die beabsichtige Maßnahme zuständig ist, ihr Ermessen bei der Entscheidung noch ausüben und dabei das Ergebnis einer nachgeholten ordnungsgemäßen Anhörung noch in diese Entscheidung einbeziehen kann.[69] Eine ohne die vorgeschriebene Anhörung getroffene **Maßnahme oder Entscheidung** ist **i. d. R. rechtswidrig** (vgl. § 18 SBG Rn. 1 a; § 23 SBG Rn. 5).

§ 21 Vorschlagsrecht

(1) ¹Soweit der Vertrauensperson ein Vorschlagsrecht zusteht, hat der Disziplinarvorgesetzte die Vorschläge mit ihr zu erörtern. ²Dies gilt auch dann, wenn sich der Vorschlag auf die Auswirkung von Befehlen oder sonstiger Maßnahmen vorgesetzter Kommandobehörden oder der Standortältesten bezieht, die der Disziplinarvorgesetzte umzusetzen beabsichtigt.

(2) Entspricht der zuständige Disziplinarvorgesetzte einem Vorschlag nicht oder nicht in vollem Umfang, teilt er der Vertrauensperson seine Entscheidung unter Angabe der Gründe mit.

(3) ¹Im Falle der Ablehnung eines Vorschlags kann die Vertrauensperson ihr Anliegen dem nächsthöheren Disziplinarvorgesetzten vortragen. ²Dieser kann die Ausführung eines Befehls oder einer sonstigen Maßnahme bis zu seiner Entscheidung aussetzen, wenn dem nicht dienstliche Gründe entgegenstehen.

(4) Geht ein Vorschlag der Vertrauensperson über den Bereich hinaus, für den sie gewählt ist, hat der Disziplinarvorgesetzte den Vorschlag mit einer Stellungnahme seinem nächsten Disziplinarvorgesetzten vorzulegen.

(5) ¹Bezieht sich ein Vorschlag auf eine Maßnahme, die der Natur der Sache nach keinen Aufschub duldet, kann der nächste Disziplinarvorgesetzte bis zur endgültigen Entscheidung vorläufige Regelungen treffen. ²Er teilt dem nächsthöheren Disziplinarvorgesetzten und der Vertrauensperson die vorläufige Regelung unter Angabe der Gründe mit.

1 Die Vorschrift regelt das **Vorschlagsrecht** der Vertrauensperson und das bei seiner Ausübung anzuwendende **Verfahren.** Die **Gegenstände** des

---

68 Vgl. BT-Drs. 13/5740, S. 18, zu Nr. 17.
69 *BVerwG* v. 20. 6. 05, a. a. O.

Vorschlagsrechts ergeben sich aus § 24 Abs. 2 S. 1 und 2, § 26 Abs. 1 und § 28 Abs. 1 SBG.

(Abs. 1) Soweit die Vertrauensperson das Recht hat, Vorschläge zu unterbreiten (vgl. Rn. 1), hat sie die Vorschläge ihrem **nächsten Disziplinarvorgesetzten** mitzuteilen. Dieser ist nach Abs. 1 S. 1 verpflichtet, die Vorschläge mit der Vertrauensperson zu **erörtern.** Dies hat – wie im Verfahren der Anhörung – grundsätzlich in einem Gespräch zu geschehen, das nach § 18 Abs. 2 SBG mit dem Ziel der Verständigung zu führen ist (vgl. § 20 SBG Rn. 3). Nach Abs. 1 S. 2 besteht die Pflicht zur Erörterung auch dann, wenn sich ein Vorschlag der Vertrauensperson auf die Auswirkung solcher Maßnahmen vorgesetzter Kommandobehörden oder des Standortältesten bezieht, die der Disziplinarvorgesetzte umzusetzen beabsichtigt. 2

(Abs. 2) Abs. 2 bestimmt, dass der zuständige Disziplinarvorgesetzte der Vertrauensperson seine Entscheidung immer dann unter Angabe der Gründe mitzuteilen hat, wenn er einem Vorschlag nicht oder nicht in vollem Umfang entspricht. Obwohl das Gesetz dies nicht vorschreibt, ist es im Interesse der Klarheit zweckmäßig, dass die Mitteilung über die ablehnende oder teilweise **ablehnende Entscheidung** und ihre **Gründe** in **schriftlicher Form** erfolgt. 3

(Abs. 3) Geht der Vorschlag der Vertrauensperson nicht über den Bereich hinaus, für den sie gewählt ist (vgl. Rn. 6), und lehnt der nächste Disziplinarvorgesetzte den Vorschlag ganz oder teilweise ab (vgl. Rn. 3), hat die Vertrauensperson nach Abs. 3 S. 1 das Recht, ihr Anliegen dem **nächsthöheren Disziplinarvorgesetzten** vorzutragen. Dieses **Vortragsrecht** erstreckt sich darauf, den Vorschlag erneut darzulegen, zu erläutern und zu begründen und sich dabei mit der ablehnenden Entscheidung des nächsten Disziplinarvorgesetzten und den dafür angegebenen Gründen auseinanderzusetzen. Es ist zulässig und sinnvoll, dass auch der nächsthöhere Disziplinarvorgesetzte der Vertrauensperson Gelegenheit gibt, den Vorschlag in einem mit dem Ziel der Verständigung zu führenden Gespräch zu erörtern. Entspricht er dem Vorschlag nicht oder nicht in vollem Umfang, teilt er der Vertrauensperson seine Entscheidung unter Angabe der Gründe mit (vgl. Rn. 3). 4

Ruft die Vertrauensperson den nächsthöheren Disziplinarvorgesetzten aufgrund ihres Vortragsrechts an, kann dieser nach Abs. 3 S. 2 die Ausführung eines Befehls oder einer sonstigen Maßnahme bis zu seiner Entscheidung ganz oder teilweise **aussetzen,** wenn dem nicht dienstliche Gründe entgegenstehen. Letzteres ist nur dann der Fall, wenn die Maßnahme, auf die sich der Vorschlag der Vertrauensperson bezieht, unaufschiebbar ist (vgl. dazu Rn. 7). Die Aussetzung soll verhindern, dass vor der abschließenden Entscheidung vollendete Tatsachen geschaffen werden.[70] Stehen der Aus- 5

---

70 BT-Drs. 11/7323, S. 20.

setzung nach Auffassung des nächsthöheren Disziplinarvorgesetzten dienstliche Gründe entgegen, hat er dies der Vertrauensperson darzulegen. Trotz der in Abs. 3 S. 2 vorgesehenen **Zuständigkeit** des nächsthöheren Disziplinarvorgesetzten kann auch der nächste (für den jeweiligen Wahlbereich zuständige) Disziplinarvorgesetzte über die Aussetzung einer Maßnahme entscheiden, wenn er zu deren Anordnung befugt ist.

6 (Abs. 4) Abs. 4 trifft eine Sonderregelung für den Fall, dass **ein Vorschlag der Vertrauensperson über den Bereich hinausgeht, für den sie gewählt ist.** Danach hat der nächste Disziplinarvorgesetzte den Vorschlag, nachdem er diesen mit der Vertrauensperson gem. Abs. 1 erörtert hat (vgl. Rn. 2), mit einer Stellungnahme »seinem nächsten Disziplinarvorgesetzten« vorzulegen. I. d. R. ist das der nächsthöhere Disziplinarvorgesetzte der Vertrauensperson, der – wenn er für die Maßnahme, auf die sich der Vorschlag bezieht, zuständig ist – in der Sache entscheidet. Ist der nächsthöhere Disziplinarvorgesetzte dagegen nicht entscheidungsbefugt, hat er den Vorschlag zusammen mit einer weiteren Stellungnahme an den für die Maßnahme zuständigen Disziplinarvorgesetzten weiterzuleiten. Das ergibt sich aus Abs. 2, aus dem ableitbar ist, dass der jeweils zuständige Disziplinarvorgesetzte über Vorschläge der Vertrauensperson zu entscheiden hat.

7 (Abs. 5) Abs. 5 ermächtigt den nächsten Disziplinarvorgesetzten, bei unaufschiebbaren Maßnahmen bis zur endgültigen Entscheidung **vorläufige Regelungen** zu treffen. Die Vorschrift ist § 69 Abs. 5 S. 1 und 2 Hs. 1 BPersVG nachgebildet (vgl. dazu § 69 BPersVG Rn. 41–46).

§ 22 Mitbestimmung

(1) ¹Unterliegt eine Maßnahme oder Entscheidung der Mitbestimmung, ist die Vertrauensperson rechtzeitig durch den für die Maßnahme oder Entscheidung zuständigen Vorgesetzten zu unterrichten und ihr Gelegenheit zur Äußerung zu geben. ²Diese ist mit ihr zu erörtern. ³Die Vertrauensperson kann in diesen Fällen auch Maßnahmen vorschlagen.

(2) ¹Kommt eine Einigung nicht zustande, ist die Maßnahme oder Entscheidung auszusetzen und der nächsthöhere Vorgesetzte anzurufen. ²Wenn eine Einigung erneut nicht zu erzielen ist, entscheidet ein vom Vorsitzenden Richter des zuständigen Truppendienstgerichts einzuberufender Schlichtungsausschuß mit Stimmenmehrheit. ³Der Schlichtungsausschuß besteht neben dem Vorsitzenden Richter des zuständigen Truppendienstgerichts aus dem Vorgesetzten, dem nächsthöheren Vorgesetzten sowie der Vertrauensperson und einem der Stellvertreter. ⁴Sind die Stellvertreter an der Teilnahme verhindert, so bestimmt die Vertrauensperson eine weitere Vertrauensperson des Verbandes zum Mitglied des Schlichtungsausschusses. ⁵Kommt in den Fällen des § 24 Abs. 5 eine Einigung nicht zustande, gibt der Schlichtungsausschuß eine

Anhang V B § 22 SBG

Empfehlung ab. ⁶Will der zuständige Vorgesetzte von dieser Empfehlung abweichen, hat er die Angelegenheit dem zuständigen Inspekteur binnen zwei Wochen auf dem Dienstweg zur Entscheidung vorzulegen. ⁷In den Fällen des § 24 Abs. 6 gilt § 104 Satz 3 des Bundespersonalvertretungsgesetzes entsprechend.

(3) ¹Der zuständige Vorgesetzte kann bei Maßnahmen, die der Natur der Sache nach keinen Aufschub dulden, bis zur endgültigen Entscheidung vorläufige Regelungen treffen. ²Er hat der Vertrauensperson die vorläufige Regelung mitzuteilen und zu begründen und unverzüglich das Verfahren nach Absatz 2 einzuleiten.

Die Vorschrift regelt die **Mitbestimmung** der Vertrauensperson und das dabei einzuhaltende **Verfahren**. Die **Gegenstände** des Mitbestimmungsrechts ergeben sich aus § 24 Abs. 5 und 6 sowie § 25 Abs. 3 SBG. 1

(Abs. 1) Beabsichtigt der zuständige Vorgesetzte eine der Mitbestimmung unterliegende Maßnahme oder Entscheidung, ist er nach Abs. 1 verpflichtet, die Vertrauensperson rechtzeitig und – wie sich aus § 18 Abs. 3 S. 2 SBG ergibt – umfassend zu **unterrichten**. Dabei ist ihr nach § 18 Abs. 3 S. 3 SBG auch die Möglichkeit einzuräumen, in die erforderlichen Unterlagen Einsicht zu nehmen. Der Vertrauensperson ist **Gelegenheit zur Äußerung** zu geben, die nach S. 2 mit ihr zu **erörtern** ist. Für die Unterrichtung, Äußerung und Erörterung gilt nichts anderes als im Falle der Anhörung (vgl. dazu § 20 SBG Rn. 2 f.). 2

Abs. 1 S. 3 legt ausdrücklich fest, dass die Vertrauensperson in den ihrer Mitbestimmung unterliegenden Fällen auch Maßnahmen vorschlagen kann. Macht sie von diesem **Initiativrecht** Gebrauch, ist der zuständige Vorgesetzte in entsprechender Anwendung des Abs. 1 S. 2 verpflichtet, die Vorschläge mit ihr zu erörtern. Will er einem Vorschlag nicht oder nicht in vollem Umfang entsprechen, richtet sich das weitere Verfahren wie im Falle der Nichteinigung über eine von dem zuständigen Vorgesetzten beabsichtigte Maßnahme oder Entscheidung nach Abs. 2. 3

(Abs. 2) Für den Fall, dass eine Einigung zwischen dem zuständigen Vorgesetzten und der Vertrauensperson nicht zustande kommt, sieht Abs. 2 S. 1 vor, dass die beabsichtigte Maßnahme oder Entscheidung stets **auszusetzen** und der **nächsthöhere Vorgesetzte anzurufen** ist. Die Anrufung kann sowohl durch den zuständigen Vorgesetzten als auch durch die Vertrauensperson erfolgen. Eine bestimmte Form ist dafür nicht vorgeschrieben. Der nächsthöhere Vorgesetzte hat erneut mit der Vertrauensperson zu verhandeln. Wird auch dabei eine Einigung nicht erzielt – und soll gleichwohl das mitbestimmungspflichtige Vorhaben weiterverfolgt werden –, entscheidet nach Abs. 2 S. 2 ein vom **Vorsitzenden Richter des zuständigen Truppendienstgerichts** einzuberufender **Schlichtungsausschuss**. Die **Zusammensetzung** des Ausschusses ist in Abs. 2 S. 3 festgelegt. Er besteht aus dem Vorgesetzten und dem nächsthöheren 4

Vorgesetzten einerseits, der Vertrauensperson und einem ihrer Stellvertreter andererseits sowie dem Vorsitzenden Richter (der für den Wahlbereich der Vertrauensperson zuständigen Kammer) des zuständigen Truppendienstgerichts als neutralem Vorsitzenden. Welcher ihrer beiden Stellvertreter Mitglied des Ausschusses ist, bestimmt die Vertrauensperson. Für den Fall, dass die Stellvertreter verhindert sind, sieht Abs. 2 S. 4 vor, dass die Vertrauensperson eine weitere Vertrauensperson des Verbandes zum Ersatzmitglied des Ausschusses bestimmt. Außer der Festlegung, dass der Schlichtungsausschuss mit **Stimmenmehrheit** entscheidet, enthält das SBG keine Vorschriften über dessen Verfahren. Da er der nach dem BPersVG zu bildenden Einigungsstelle entspricht, liegt es nahe, die für diese geltenden **Verfahrensvorschriften** entsprechend anzuwenden (vgl. § 71 Abs. 2 S. 1, Abs. 3 S. 1, 2 u. 4 u. Abs. 4 BPersVG).

5 Grundsätzlich **bindet** der Beschluss des Schlichtungsausschusses die Beteiligten, soweit er sich im Rahmen der gestellten Anträge der Beteiligten hält und nicht gegen geltendes Recht verstößt (vgl. § 71 Abs. 4 S. 2 BPersVG). Nach Abs. 2 S. 5 bis 7 gilt das jedoch nicht uneingeschränkt. Nach S. 5 trifft der Schlichtungsausschuss in den in § 24 Abs. 5 SBG aufgeführten Fällen der Mitbestimmung keine Letztentscheidung, sondern gibt lediglich eine **Empfehlung** ab. Will der zuständige Vorgesetzte davon abweichen, muss er die Angelegenheit nach S. 6 dem zuständigen Inspekteur zur endgültigen Entscheidung vorlegen, wobei er eine Frist von zwei Wochen und den Dienstweg einzuhalten hat. Schließlich sieht S. 7 vor, dass in den in § 24 Abs. 6 SBG genannten Mitbestimmungsfällen **§ 104 S. 3 BPersVG** entsprechend gilt (vgl. § 104 BPersVG Rn. 4 ff.). In diesen Fällen entscheidet der Schlichtungsausschuss zwar grundsätzlich abschließend. Handelt es sich dabei jedoch um eine Entscheidung, die wegen ihrer Auswirkungen auf das Gemeinwesen wesentlicher Bestandteil der Regierungsgewalt ist, kann das BMVg die Entscheidung aufheben und selbst abschließend entscheiden (vgl. ZDv 10/2 Nr. 262 Abs. 5). Nach Auffassung der Bundesregierung sollen die Vorschriften des Abs. 2 S. 5 bis 7, die die Mitbestimmung in den Angelegenheiten des § 24 Abs. 5 und 6 SBG einschränken, dazu dienen, die demokratische Legitimation und die parlamentarische Verantwortlichkeit bei den zuständigen staatlichen Stellen zu sichern.[71]

6 (Abs. 3) Abs. 3 ermächtigt den zuständigen Vorgesetzten, bei unaufschiebbaren Maßnahmen bis zur endgültigen Entscheidung **vorläufige Regelungen** zu treffen. Er ist § 69 Abs. 5 BPersVG nachgebildet (vgl. dazu § 69 BPersVG Rn. 41–46). Die Vorschrift soll sicherstellen, dass aus der Sicht des Vorgesetzten unverzügliches Handeln möglich ist.[72]

7 Ist die Vertrauensperson vor einer mitbestimmungspflichtigen Maßnahme **nicht oder nicht ordnungsgemäß beteiligt** worden, so gilt das zur Anhörung Gesagte entsprechend (vgl. § 20 SBG Rn. 4). Eine ohne die

---
71 BT-Drs. 13/5740, S. 19, zu Nr. 19 Buchst. b.
72 BT-Drs. 13/5740, a. a. O.

vorgeschriebene Mitbestimmung getroffene **Maßnahme** oder Entscheidung ist **i. d. R. rechtswidrig** (vgl. § 18 SBG Rn. 1 a; § 23 SBG Rn. 7).

Unterabschnitt 3
Aufgabengebiete

§ 23   Personalangelegenheiten

(1) [1]Die Vertrauensperson soll durch den nächsten Disziplinarvorgesetzten bei folgenden Personalmaßnahmen oder deren Ablehnung auf Antrag des betroffenen Soldaten angehört werden:

1. Versetzungen mit Ausnahme der Versetzung im Anschluß an die Grundausbildung und im Rahmen festgelegter Ausbildungsgänge,
2. Kommandierungen mit einer Dauer von mehr als drei Monaten, ausgenommen Lehrgänge,
3. Anträgen auf Statuswechsel in das Dienstverhältnis eines Soldaten auf Zeit oder Berufssoldaten,
4. Wechsel auf einen anderen Dienstposten,
5. Maßnahmen, die ohne qualifizierten Abschluß der Erweiterung der persönlichen Kenntnisse und Fähigkeiten dienen,
6. vorzeitige Beendigung des Dienstverhältnisses, sofern das Soldaten- oder Wehrpflichtgesetz einen Ermessensspielraum einräumt,
7. Verbleiben im Dienst über die besonderen Altersgrenzen des § 44 Abs. 2 in Verbindung mit § 45 Abs. 2 des Soldatengesetzes,
8. Anträgen auf Sonderurlaub, Laufbahnwechsel, Genehmigung von Nebentätigkeit oder bei Widerruf der Genehmigung und
9. Anträgen auf Teilzeitbeschäftigung nach § 30a des Soldatengesetzes und Anträgen auf Betreuungsurlaub nach § 28 Abs. 5 des Soldatengesetzes.

[2]Der Soldat ist über die Möglichkeit der Beteiligung der Vertrauensperson schriftlich zu belehren.

(2) [1]Der Disziplinarvorgesetzte teilt die Äußerung der Vertrauensperson zu der beabsichtigten Personalmaßnahme der personalbearbeitenden Stelle mit. [2]Das Ergebnis der Anhörung ist in die Personalentscheidung einzubeziehen.

(3) [1]Die Vertrauensperson soll stets gehört werden bei der Auswahl von Soldaten ihres Wahlbereichs für Beförderungen, bei denen der nächste Disziplinarvorgesetzte ein Auswahlermessen hat. [2]Dies gilt

§ 23 SBG **Anhang V B**

nicht bei Beförderungen von der Besoldungsgruppe A 16 an aufwärts.

(4) Über die Anhörung ist eine Niederschrift anzufertigen, die zu den Akten zu nehmen ist.

1 **(Abs. 1)** Abs. 1 S. 1 sieht ein **Anhörungsrecht** der Vertrauensperson bei den dort abschließend aufgeführten **Personalmaßnahmen** vor.

- **Versetzungen** (Nr. 1) sind Befehle zum nicht nur vorübergehenden Wechsel der Einheit, der Dienststelle oder des Standorts. Sie bestehen aus dem Ausscheiden aus der bisherigen Einheit usw. (Wegversetzung) und dem Eintritt in die neue Einheit usw. (Zuversetzung) und erfüllen unter beiden Gesichtspunkten den Anhörungstatbestand (vgl. § 76 BPersVG Rn. 25).

- **Kommandierungen** (Nr. 2) sind Befehle zur vorübergehenden Dienstleistung bei einer anderen Einheit oder Dienststelle, an einem anderen als dem bisherigen Standort oder bei einer nichtamtlichen Stelle wie z. B. einem Privatunternehmen.[73] Sie erfüllen nur dann den Anhörungstatbestand, wenn sie für eine Dauer von mehr als drei Monaten erfolgen. Wird eine Kommandierung, die zunächst für eine kürzere Dauer ausgesprochen war, auf mehr als drei Monate verlängert, unterliegt die Verlängerung der Anhörung (vgl. § 76 BPersVG Rn. 28). Kommandierungen zu Lehrgängen sind unabhängig von ihrer Dauer anhörungsfrei.

- **Anträge auf Statuswechsel** in das Dienstverhältnis eines Soldaten auf Zeit oder Berufssoldaten (Nr. 3) unterliegen der Anhörung ohne Rücksicht darauf, in welchem Statusverhältnis sich der antragstellende Soldat befindet.

- **Wechsel auf einen anderen Dienstposten** (Nr. 4) ist jede mit einem Wechsel der Planstelle verbundene Änderung der Verwendung eines Soldaten innerhalb seiner Einheit oder Dienststelle oder seines Standorts.

- Maßnahmen, die ohne qualifizierten Abschluss der **Erweiterung der persönlichen Kenntnisse und Fähigkeiten** dienen (Nr. 5), sind einzelne, außerhalb der laufbahngebundenen Ausbildung liegende Maßnahmen der Weiterbildung für bestimmte Soldaten, die nicht zur Berufsförderung i. S. d. § 26 SBG gehören.

- Die Anhörung bei der **vorzeitigen Beendigung des Dienstverhältnisses**, sofern das Soldaten- oder Wehrpflichtgesetz einen Ermessensspielraum einräumt (Nr. 6), erstreckt sich v. a. auf vorzeitige Entlassungen von Soldaten, die aufgrund des Wehrpflichtgesetzes Wehrdienst leisten, nach § 29 Abs. 2 S. 2 und Abs. 4 WPflG und von Soldaten auf Zeit nach

---

[73] Vgl. *BVerwG* v. 21.1.08 – 6 P 16.07 –, PersR 08, 367.

§ 55 Abs. 4 S. 1 und Abs. 5 SG[74] sowie aufgrund eines befristet geltenden Sondergesetzes.[75]

- Die Anhörung beim **Verbleiben im Dienst über die besonderen Altersgrenzen des § 44 Abs. 2 i. V. m. § 45 Abs. 2 SG hinaus** (Nr. 7) bezieht sich auf die Ermessensentscheidung der Dienststelle darüber, ob ein Berufssoldat unter Berücksichtigung dienstlicher Belange nach Erreichen der für ihn geltenden besonderen Altersgrenze bis längstens zum Erreichen der allgemeinen Altersgrenze im Dienst verbleibt. Es erscheint sachgerecht, den Anhörungstatbestand auch bei Überschreiten von besonderen Altersgrenzen, die in einem befristet geltenden Sondergesetz festgelegt sind, zu bejahen.[76]

- Die Anhörung bei Anträgen auf **Sonderurlaub** (Nr. 8) bezieht sich auf alle in Frage kommenden Fälle von Sonderurlaub nach § 28 Abs. 4 SG i. V. m. § 9 SUV und den §§ 9 bis 13 SUrlV.

- Die Anhörung bei Anträgen auf **Laufbahnwechsel** (Nr. 8) erstreckt sich auf jede Überführung eines Soldaten in eine andere Laufbahn i. S. d. § 6 Abs. 2 SLV unabhängig davon, ob er innerhalb derselben Laufbahngruppe erfolgt oder mit einem Wechsel der Laufbahngruppe verbunden ist.

- Die Anhörung bei Anträgen auf Genehmigung von **Nebentätigkeit** oder bei Widerruf der Genehmigung (Nr. 8) unterscheidet sich von der Mitbestimmung nach § 75 Abs. 1 Nr. 7 und § 76 Abs. 1 Nr. 7 BPersVG, weil sie sich auch auf die Genehmigung bezieht. Die Zulässigkeit von Nebentätigkeiten von Soldaten richtet sich nach § 20 SG.

- Auch die durch Art. 4 des Soldatinnen- und Soldatengleichstellungsdurchsetzungsgesetzes (SDGleiG) v. 27.12.04[77] eingeführte Anhörung bei Anträgen auf **Teilzeitbeschäftigung** nach § 30a SG sowie auf **Betreuungsurlaub** nach § 28 Abs. 5 SG (Nr. 9) ist weiter gefasst als die vergleichbare Mitbestimmung nach § 76 Abs. 1 Nr. 8 BPersVG (vgl. dort Rn. 33), weil sie sich nicht nur auf die Ablehnung eines Antrags, sondern auf jede beabsichtigte Entscheidung über jeden derartigen Antrag erstreckt. Dabei sind die Regelungen der Soldatinnen- und Soldatenteilzeitbeschäftigungsverordnung (STzV) bzw. (bezüglich des Betreuungsurlaubs) der §§ 12 bis 15 des Soldatinnen- und Soldatengleichstellungsgesetzes (SGleiG) zu beachten.

Die der Beteiligung unterliegende »**Personalmaßnahme**« i. S. v. Abs. 1 S. 1 ist nicht identisch mit den einzelnen Verfügungen, die zu ihrer Verwirklichung ergehen; eine Personalmaßnahme kann im Einzelfall mehrere Verfügungen auslösen.[78]

1a

---

74 Weitergehend *Gronimus*, § 23 Rn. 36 ff.
75 *BVerwG* v. 18.1.94 – 1 WB 14.93 –, ZBR 94, 256.
76 *Gronimus*, § 23 Rn. 38 m. N.
77 BGBl. I S. 3822.
78 *BVerwG* v. 28.10.08 – 1 WB 49.07 –, PersR 09, 134 Ls.

1b Nach dem Eingangshalbsatz des Abs. 1 S. 1 erstreckt sich die Anhörung immer auch auf die beabsichtigte **Ablehnung** der dort aufgeführten Personalmaßnahmen. Sie erfolgt jedoch nicht von Amts wegen, sondern ist von einem **Antrag des betroffenen Soldaten** abhängig. Der Antrag auf Anhörung der Vertrauensperson muss nach der Rspr. der Wehrdienstgerichte i. d. R. zu der konkret beabsichtigten beteiligungsfähigen Einzelmaßnahme gestellt werden.[79] Die Ausgestaltung des Abs. 1 S. 1 SBG als **Soll-Vorschrift** besagt, dass die Norm im Regelfall rechtlich zwingend ist und dass nur bei Vorliegen von Umständen, die den Fall als **atypisch** erscheinen lassen, anders verfahren werden darf.[80]

1c Der für die Anhörung zuständige **nächste Disziplinarvorgesetzte** ist entsprechend § 2 Abs. 1 SBGWV derjenige Disziplinarvorgesetzte, bei dem der Wahlbereich der Vertrauensperson besteht.[81] Das gilt auch dann, wenn dieser die Personalmaßnahme nicht zu treffen oder über die Ablehnung nicht zu entscheiden hat.[82] Der nächste Disziplinarvorgesetzte hat den Soldaten, falls dieser nicht bereits informiert ist, über die beabsichtigte Maßnahme zu **unterrichten**. Darüber hinaus schreibt Abs. 1 S. 2 ausdrücklich vor, dass der Soldat über die Möglichkeit der Beteiligung der Vertrauensperson schriftlich zu **belehren** ist. Dies hat nach bisheriger Praxis bereits zu Beginn der Dienstzeit unter Verwendung eines durch die ZDv 10/2 vorgegebenen Formulars zu erfolgen, das der Soldat zu unterschreiben hat und von dem er eine Ausfertigung erhält (Nr. 235 i. V. m. Anl. 14). Darüber hinaus ist jedoch stets eine aktuelle Belehrung über den jeweiligen Anhörungstatbestand erforderlich, wobei exakt das Beteiligungsorgan zu benennen ist, dessen Beteiligung im konkreten Einzelfall beantragt werden kann.[83] Dabei genügt i. d. R. die **Benennung des zuständigen Organs** i. S. v. § 1 Abs. 2 SBG (die Vertrauensperson oder [gem. § 52 Abs. 1 S. 1 SBG] der Personalrat); eine Bezeichnung der Person des Amtsinhabers ist grundsätzlich nicht erforderlich.[84] Ergehen zur Verwirklichung einer »Personalmaßnahme« mehrere Verfügungen (vgl. Rn. 1 a), so genügt eine **vor der ersten Verfügung** gegebene Belehrung, welche die weiteren Verfügungen mit abdeckt, solange der sachliche und zeitliche Zusammenhang bzw. die Identität der Personalmaßnahme gewahrt ist.[85]

2 **(Abs. 2)** Nach Abs. 2 hat der (nächste) Disziplinarvorgesetzte die im Rahmen der Anhörung abgegebene (und in einer Niederschrift nach Abs. 4

---

79 So u. a. BVerwG v. 27. 2. 03 – 1 WB 57.02 –, NZWehrr 03, 212, u. v. 11. 1. 07 – 1 WDS-VR 7.06 –, PersR 07, 249.
80 BVerwG v. 27. 2. 03, a. a. O.
81 BVerwG v. 18. 1. 94 – 1 WB 14.93 –, ZBR 94, 256.
82 BVerwG v. 24. 3. 04 – 1 WB 46.03 –, PersR 04, 473.
83 BVerwG v. 11. 1. 07 – 1 WDS-VR 7.06 –, PersR 07, 249. So auch (seit der Änderung 2 v. 17. 8. 11) ZDv 10/2 Nr. 235 Abs. 2 S. 4.
84 BVerwG v. 28. 10. 08 – 1 WB 49.07 –, PersR 09, 134 Ls.
85 BVerwG v. 28. 10. 08, a. a. O.

[vgl. Rn. 4] festgehaltene) Äußerung der Vertrauensperson der **personalbearbeitenden Stelle**[86] mitzuteilen. Da die Vertrauensperson keinen Anspruch darauf hat, selbst von der personalbearbeitenden Stelle angehört zu werden,[87] soll die Regelung des Abs. 2, die die Verfahrensvorschrift des § 20 SBG ergänzt, sicherstellen, dass die Stellungnahme der Vertrauensperson bei der von der personalbearbeitenden Stelle zu treffenden Personalentscheidung berücksichtigt wird; die **Einbeziehung des Ergebnisses der Anhörung** in die Personalentscheidung ist in Abs. 2 S. 2 zwingend vorgeschrieben.[88] Der **Antrag eines Soldaten** auf Anhörung der Vertrauensperson zu einer Personalmaßnahme ist von der personalbearbeitenden Stelle auch dann noch zu berücksichtigen, wenn die Maßnahme **bereits vorher verfügt** worden war, dem Soldaten aber noch nicht bekanntgegeben wurde.[89]

(Abs. 3) Der wie Abs. 1 S. 1 als Soll-Vorschrift gefasste Abs. 3 sieht eine »stets«, also **unabhängig vom Antrag eines betroffenen Soldaten** erfolgende Anhörung der Vertrauensperson bei der Auswahl von Soldaten ihres Wahlbereichs für solche **Beförderungen** vor, bei denen der nächste Disziplinarvorgesetzte ein Auswahlermessen hat. Abs. 3 bezieht sich auf alle Beförderungen mit Ausnahme derjenigen von der Besoldungsgruppe A 16 an aufwärts (vgl. § 77 Abs. 1 S. 2 BPersVG sowie dort Rn. 8 f.[90]). Gegenstand der Anhörung ist die gesamte **Auswahlentscheidung.** Diese erstreckt sich auf alle Soldaten, die zum Beförderungstermin für eine Beförderung in Betracht kommen. **3**

(Abs. 4) Abs. 4 schreibt für die Anhörung in Personalangelegenheiten die Anfertigung einer zu den Akten zu nehmenden und der personalbearbeitenden Stelle nach Abs. 2 S. 1 mitzuteilenden **Niederschrift** vor und ergänzt insoweit die Vorschrift des § 20 SBG. Die Niederschrift ist vom anhörenden Disziplinarvorgesetzten aufzunehmen; sie bedarf der Gegenzeichnung durch die Vertrauensperson. **4**

Ist die nach § 23 SBG durchzuführende **Anhörung unterblieben** oder ist sie **fehlerhaft**, so ist die ordnungsgemäße Anhörung **nachzuholen**, solange dies rechtlich möglich ist (vgl. § 20 SBG Rn. 4). Geschieht dies nicht, so ist die gleichwohl getroffene **Personalmaßnahme** zwar nicht unwirksam, aber regelmäßig **rechtswidrig**.[91] Eine Personalmaßnahme ist auch **5**

---

86 Vgl. KfdP-*Altvater*, § 92 BPersVG Rn. 3.
87 *BVerwG* v. 24.3.04 – 1 WB 46.03 –, PersR 04, 473.
88 Vgl. *BVerwG* v. 11.1.07 – 1 WDS-VR 7.06 –, PersR 07, 249.
89 *BVerwG* v. 25.3.08 – 1 WDS-VR 4.08 –, Buchh 449.7 § 23 Nr. 6.
90 Ferner *BVerwG* v. 24.5.11 – 1 WB 60.10 –, www.bverwg.de (Ausschluss der Beteiligung bei **Dienstposten der BesGr. A 16 und höher** auch bei der Entscheidung über die Verwendung auf einem höherwertigen Dienstposten im Vorfeld einer – späteren – Beförderung).
91 *BVerwG* v. 15.2.90 – 1 WB 36.88 –, NZWehrr 90, 252, v. 27.1.98 – 1 WB 51.97 –, NZWehrr 98, 248, v. 27.2.03 – 1 WB 57.02 –, NZWehrr 03, 212, v. 11.1.07 – 1 WDS-VR 7.06 –, PersR 07, 249, u. v. 25.3.08, a.a.O.

dann rechtswidrig, wenn der Soldat entgegen Abs. 1 S. 2 **nicht** in ordnungsgemäßer Weise schriftlich **über die Möglichkeit der Beteiligung der Vertrauensperson belehrt** wurde und eine Anhörung der Vertrauensperson nicht stattgefunden hat.[92]

§ 24 Dienstbetrieb

(1) [1]Der nächste Disziplinarvorgesetzte hat die Vertrauensperson zur Gestaltung des Dienstbetriebes anzuhören. [2]Die Anhörung soll vor Festlegung des Dienstplanes erfolgen. [3]Zum Dienstbetrieb gehören alle Maßnahmen, die im Dienstplan festgelegt werden und den Innendienst, den Ausbildungsdienst sowie Wach- und Bereitschaftsdienste betreffen. [4]Darüber hinaus ist die Vertrauensperson zu den lang- und mittelfristigen Planungen in Jahres- und Quartalsausbildungsbefehlen sowie zu den allgemeinen Regelungen für Rahmendienstpläne anzuhören.

(2) [1]Die Vertrauensperson kann zur Gestaltung des Dienstbetriebes Vorschläge unterbreiten. [2]Darüber hinaus hat sie ein Anhörungs- und Vorschlagsrecht bei der Gewährung von Freistellung vom Dienst für die Einheit oder Teileinheiten, bei der Festlegung der dienstfreien Werktage sowie bei der Einteilung von Soldaten zu Sonder- und Zusatzdiensten. [3]§ 21 Abs. 3 und 4 gilt nicht bei Verhängung Erzieherischer Maßnahmen.

(3) Beteiligung nach den Absätzen 1 und 2 unterbleibt bei

1. Anordnungen, durch die in Ausführung eines Beschlusses des Deutschen Bundestages Einsätze oder Einsatzübungen geregelt werden,

2. Festlegung von Zielen und Inhalten der Ausbildung mit Ausnahme der politischen Bildung,

3. Anordnungen zur Durchführung von Katastrophen- und Nothilfe.

(4) Auf Antrag des betroffenen Soldaten soll die Vertrauensperson bei der individuellen Gewährung von Freistellung vom Dienst angehört werden.

(5) Die Vertrauensperson hat, soweit eine gesetzliche Regelung, eine Regelung durch Rechtsverordnung, Dienstvorschrift oder Erlaß nicht besteht oder ein Gremium der Vertrauenspersonen nicht beteiligt wurde, mitzubestimmen bei

1. der Auswahl der Teilnehmer an Weiterbildungsveranstaltungen für Soldaten, mit Ausnahme der durch Berufsordnungen geregelten Weiterbildungen,

---

92 *BVerwG* v. 28.10.08 – 1 WB 49.07 –, PersR 09, 134 Ls.

2. Bestellung von Vertrauens- und Betriebsärzten,

3. Einführung und Anwendung technischer Einrichtungen, die dazu bestimmt sind, das Verhalten oder die Leistung der Soldaten zu überwachen, ausgenommen, wenn technische Einrichtungen zum Zwecke der Ausbildung der Soldaten eingesetzt werden,

4. Maßnahmen zur Hebung der Arbeitsleistung und Erleichterung des Dienstablaufs.

(6) Die Vertrauensperson hat, soweit eine gesetzliche Regelung, eine Regelung durch Rechtsverordnung, Dienstvorschrift oder Erlaß nicht besteht oder ein Gremium der Vertrauenspersonen nicht beteiligt wurde, ferner mitzubestimmen bei

1. Inhalten von Fragebögen für Soldaten,

2. Aufstellung des Urlaubsplanes, Festsetzung der zeitlichen Lage des Erholungsurlaubs für einzelne Soldaten, wenn zwischen dem nächsten Disziplinarvorgesetzten und den beteiligten Soldaten kein Einverständnis erzielt werden kann,

3. Maßnahmen zur Verhütung von Dienst- und Arbeitsunfällen und sonstigen Gesundheitsschädigungen.

(Abs. 1) Abs. 1 sieht in dem als Muss-Vorschrift gefassten S. 1 die vom nächsten Disziplinarvorgesetzten (vgl. dazu § 23 SBG Rn. 1 c) durchzuführende **Anhörung** der Vertrauensperson zur **Gestaltung des Dienstbetriebs** vor. S. 2 bestimmt, dass diese Anhörung vor Festlegung des Dienstplans erfolgen soll. Diese Soll-Vorschrift ändert nichts an der in S. 1 zwingend vorgeschriebenen Anhörung, sie bezieht sich lediglich auf deren **Zeitpunkt** und ist so zu verstehen, dass die Anhörung nur in seltenen, durch besondere Gründe gerechtfertigten Ausnahmefällen später erfolgen darf (vgl. § 23 SBG Rn. 1 a. E.). 1

Seinem Wortlaut nach enthält Abs. 1 S. 3 eine **Definition des Dienstbetriebs**, auf dessen Gestaltung sich die Beteiligung erstreckt. Danach gehören zum Dienstbetrieb alle jene Maßnahmen, die zum einen im Dienstplan festgelegt werden und die zum anderen den Innendienst, den Ausbildungsdienst sowie die Wach- und Bereitschaftsdienste betreffen.[93] Der **Dienstplan** legt v. a. Beginn und Ende des Dienstes sowie der Pausen und Essenszeiten, Dauer, zeitliche und örtliche Lage der einzelnen Dienste, den befohlenen Anzug und die Personen, welche die jeweiligen Dienste durchführen, fest. Der **Innendienst** umfasst alle Angelegenheiten, die durch die ZDv 10/5 geregelt sind, insb. Diensteinteilung, Urlaubsgewährung, Belegung, Ausgestaltung und Ordnung der Gemeinschaftsunterkünfte. Zum **Ausbildungsdienst** gehören alle Dienste, die den Soldaten die 2

---

93 Näher hierzu u. zum Folgenden KfdP-*Altvater*, Anh. V B § 24 SBG Rn. 3 m. N.

Kenntnisse und Fertigkeiten vermitteln sollen, die sie zur Erfüllung ihrer Aufgaben benötigen. Der in der ZDv 10/6 geregelte **Wachdienst** ist der als militärische Wache geleistete Dienst, insb. der Posten- und Streifendienst. **Bereitschaftsdienst** ist der die Herstellung und Aufrechterhaltung ständiger Dienstbereitschaft bezweckende Dienst; er erstreckt sich nicht nur auf Bereitschaften mit Anwesenheitspflicht in der Kaserne, sondern auch auf Rufbereitschaften. Welche **Bedeutung** der Regelung des Abs. 1 S. 3 zukommt, ist **zweifelhaft**. Aufgrund der **Entstehungsgeschichte** ist davon auszugehen, dass Abs. 1 S. 3 nicht zwei verschiedene Begriffsmerkmale des Dienstbetriebs festlegt (also die Aufnahme einer Maßnahme in den Dienstplan einerseits und die Zuordnung der Maßnahme zu den genannten Diensten andererseits), sondern eine summarische Aufzählung von **zwei Kategorien von Maßnahmen**, nämlich zum einen von Maßnahmen, die im Dienstplan festgelegt werden, und zum anderen von Maßnahmen, die den Innendienst, den Ausbildungsdienst oder die Wach- und Bereitschaftsdienste betreffen. Folgt man dem, dann lassen sich **Maßnahmen, die das Leben in der militärischen Gemeinschaft betreffen** (wie z. B. die Besucherregelung, die Ausgestaltung der Unterkünfte, der Gemeinschaftsräume und des Außenreviers), den Maßnahmen zuordnen, die den Innendienst betreffen (so wohl ZDv 10/2 Nr. 256), und sind somit auch von Abs. 1 S. 3 umfasst. Für eine Beteiligung an den in § 24 SBG nicht aufgeführten Maßnahmen in »**sonstigen Fragen des Dienstbetriebs**« dürfte dann keine Notwendigkeit bestehen.[94]

3 Unter **Gestaltung des Dienstbetriebs** ist jede Anordnung zu verstehen, die auf Art, Umstände oder Umfang des (in Abs. 1 S. 3 definierten) Dienstbetriebs einwirkt.[95] Abs. 1 S. 4 dehnt das Anhörungsrecht auf weitere (nicht als Gestaltung des Dienstbetriebs anzusehende) Tatbestände aus. Danach sind anhörungspflichtig zum einen die **lang- und mittelfristigen Planungen in Jahres- und Quartalsausbildungsbefehlen**, und zwar hinsichtlich von Art und Weise, Terminen, Zeitansätzen und Abfolgen der Ausbildungsvorhaben, jedoch nicht hinsichtlich der durch Abs. 3 Nr. 2 ausgeklammerten Ausbildungsziele und -inhalte (vgl. Rn. 7), sowie zum anderen die **allgemeinen Regelungen für Rahmendienstpläne**, die für eine Vielzahl von regelmäßig oder häufig wiederkehrenden Diensten aufgestellt werden. Auch in den Fällen des Abs. 1 S. 4 ist die Anhörung »unumgänglich« vorgeschrieben.[96]

4 (**Abs. 2**) Abs. 2 S. 1 sieht ein **Vorschlagsrecht** der Vertrauensperson bei der **Gestaltung des Dienstbetriebs** vor. Dieses kann auch so ausgeübt werden, dass die Vertrauensperson bei anhörungspflichtigen beabsichtigten Maßnahmen Änderungs- oder Gegenvorschläge unterbreitet.

5 Abs. 2 S. 2 räumt der Vertrauensperson ein **Anhörungs- und Vor-**

---

94 Str.; näher zum Ganzen KfdP-*Altvater*, Anh. V B § 24 SBG Rn. 4 m. N.
95 Vgl. *VG München* v. 18. 1. 99 – M 14 P 98.5556 –, n. v.
96 BT-Drs. 13/5740, S. 19, zu Nr. 21 Buchst. a.

schlagsrecht ein bei der **kollektiven Freistellung** vom Dienst für die Einheit oder Teileinheiten (nicht jedoch für die anderen in § 2 Abs. 1 SBG genannten Wahlbereiche),[97] bei der kollektiven Festlegung der **dienstfreien Werktage** sowie bei der Einteilung von Soldaten zu **Sonder- und Zusatzdiensten**.

Abs. 2 S. 3 schränkt das Vorschlagsrecht der Vertrauensperson ein. Soweit sich ein Vorschlag auf die Verhängung **Erzieherischer Maßnahmen** bezieht, gilt § 21 Abs. 3 und 4 SBG nicht. Daraus folgt (nur), dass die Einschaltung des nächsthöheren Disziplinarvorgesetzten insoweit nicht in Betracht kommt. **6**

(Abs. 3) Abs. 3 enthält eine abschließende Aufzählung der Fälle, bei denen die in Abs. 1 oder 2 an sich vorgesehene **Beteiligung** der Vertrauensperson **ausgeschlossen** ist. **7**

- Der in Nr. 1 – in Anlehnung an § 85 Abs. 1 Nr. 6 Buchst. a BPersVG – festgelegte Ausschluss der Beteiligung bei Anordnungen zur Regelung von **Einsätzen** oder **Einsatzübungen** beruht auf der Erwägung, dass solche Entscheidungen zum Kernbereich militärischer Aufgaben gehören und deshalb entweder vom Parlament oder von einer Person getroffen werden müssen, die dem Parlament verantwortlich ist.[98] Die Begriffe des Einsatzes und der Einsatzübung sind eng auszulegen (vgl. § 85 BPersVG Rn. 9). Entsprechend Art. 87a Abs. 2 GG ist unter **Einsatz** deshalb nur die militärische Verwendung der Streitkräfte zur Verteidigung und zu anderen durch das Grundgesetz zugelassenen Zwecken zu verstehen, im Hinblick auf die Sonderregelung in Nr. 3 jedoch keine sonstige Verwendung im Rahmen der vollziehenden Gewalt. Hauptsächlicher und derzeit wohl einzig praktischer Anwendungsfall der Nr. 1 sind **Beschlüsse des Bundestages** über den »Einsatz bewaffneter deutscher Streitkräfte außerhalb des Geltungsbereichs des Grundgesetzes«, die gem. § 1 Abs. 2 i. V. m. § 2 Abs. 1 des Parlamentsbeteiligungsgesetzes v. 18.3.05[99] gefasst werden.[100] Eine **Einsatzübung** ist nur eine militärische Übung, die unter Ernstfallbedingungen auf einen militärischen Einsatz unmittelbar vorbereitet. Bei der Regelung des normalen Dienstbetriebs während des Einsatzes oder einer Einsatzübung ist die Beteiligung dagegen nicht ausgeschlossen (ZDv 10/2 Nr. 265 Abs. 4).

- Der in Nr. 2 bestimmte Ausschluss der Beteiligung bei der Festlegung von **Zielen und Inhalten der Ausbildung** erstreckt sich nicht auf die zeitliche und örtliche Gestaltung der Ausbildung und deren Art und Weise. Er gilt nicht für die politische Bildung, bei der das in § 33 SG normierte Verbot einer Beeinflussung zu Gunsten oder zu Ungunsten einer politischen Richtung zu beachten ist.

---

97 Vgl. BT-Drs. 13/5740, S. 19, zu Nr. 21 Buchst. a.
98 Vgl. BT-Drs. 13/5740, a. a. O.
99 BGBl I S. 775.
100 *BVerwG* v. 22.7.09 – 1 WB 15.08 –, PersV 09, 424.

- Das in Nr. 3 geregelte Unterbleiben der Beteiligung bei Anordnungen zur Durchführung von **Katastrophen- und Nothilfe** ist auf die Überlegung gestützt, dass in diesen Fällen eine unverzügliche Hilfeleistung gewährleistet werden soll.[101]

8 (Abs. 4) Der als Soll-Vorschrift gefasste Abs. 4 sieht ein vom Antrag des betroffenen Soldaten abhängiges Anhörungsrecht bei der **individuellen Gewährung von Freizeit** vor.

9 (Abs. 5, 6) Die Abs. 5 und 6 erweitern die **Mitbestimmung** der Vertrauensperson durch zusätzliche Tatbestände, die den vergleichbaren Mitbestimmungstatbeständen des § 75 Abs. 3 und des § 76 Abs. 2 BPersVG weitgehend nachgebildet sind. Die Zuordnung der Tatbestände zu zwei verschiedenen Absätzen hat verfahrensrechtliche Gründe. In den Fällen des Abs. 5 gilt § 22 Abs. 2 S. 5 und 6, in denen des Abs. 6 gilt § 22 Abs. 2 S. 7 SBG.

10 Die übereinstimmenden Eingangssätze von Abs. 5 und 6 weichen von den Einleitungssätzen des § 75 Abs. 3 und des § 76 Abs. 2 BPersVG dadurch ab, dass die Mitbestimmung der Vertrauensperson nicht nur ausgeschlossen ist, soweit eine Regelung durch **Rechtsvorschrift** (Gesetz oder Rechtsverordnung) getroffen ist, sondern auch, soweit eine Regelung durch **Dienstvorschrift** oder **Erlass** besteht oder ein **Gremium der Vertrauenspersonen** (eine Versammlung der Vertrauenspersonen oder der Gesamtvertrauenspersonenausschuss) beteiligt wurde.

11 Die Mitbestimmung ist bei solchen **Tatbeständen** vorgesehen, bei denen der Einheitsführer (bzw. der Disziplinarvorgesetzte, bei dem der Wahlbereich der Vertrauensperson besteht) einen echten Ermessensspielraum hat und die militärische Ausbildung nicht betroffen ist.[102]

- Abs. 5 Nr. 1 (Auswahl der Teilnehmer an **Weiterbildungsveranstaltungen**) entspricht § 75 Abs. 3 Nr. 7 und § 76 Abs. 2 Nr. 1 BPersVG mit der Abweichung, dass die durch Berufsordnungen geregelten Weiterbildungen aus der Mitbestimmung ausgeklammert sind. Zwischen den Begriffen Fortbildung und Weiterbildung besteht dagegen kein inhaltlicher Unterschied (vgl. § 75 BPersVG Rn. 110 ff.; § 76 BPersVG Rn. 36, 48).

- Abs. 5 Nr. 2 (Bestellung von **Vertrauens- und Betriebsärzten**) ist inhaltsgleich mit § 75 Abs. 3 Nr. 10 und § 76 Abs. 2 Nr. 4 BPersVG sowie § 91 Abs. 3 SG (vgl. § 75 BPersVG Rn. 117 ff.; § 76 BPersVG Rn. 43).

- Abs. 5 Nr. 3 (Einführung und Anwendung **technischer Einrichtungen**, die dazu bestimmt sind, das Verhalten oder die Leistung der Soldaten zu überwachen) weicht von § 75 Abs. 3 Nr. 17 BPersVG (vgl. dort. Rn. 147 ff.) – nur insoweit ab, als der Einsatz technischer Einrichtungen

---

101 Vgl. BT-Drs. 13/5740, a. a. O.
102 BT-Drs. 13/5740, S. 20, zu Nr. 21.

zum Zwecke der Ausbildung der Soldaten aus der Mitbestimmung ausgeklammert ist.

- Abs. 5 Nr. 4 (Maßnahmen zur **Hebung der Arbeitsleistung** und zur **Erleichterung des Dienstablaufs**) stimmt inhaltlich mit § 76 Abs. 2 Nr. 5 BPersVG (vgl. dort Rn. 44 ff.) überein.

- Abs. 6 Nr. 1 (Inhalte von **Fragebögen** für Soldaten) geht weiter als § 75 Abs. 3 Nr. 8 und § 76 Abs. 2 Nr. 2 BPersVG (vgl. § 75 BPersVG Rn. 113 ff.; § 76 BPersVG Rn. 37 f.), weil der Mitbestimmungstatbestand sich nicht nur auf Personalfragebögen bezieht und sich deshalb auch auf Fragebögen erstreckt, die keine Fragen über die persönlichen Verhältnisse und den beruflichen Werdegang enthalten.

- Abs. 6 Nr. 2 (Aufstellung des **Urlaubsplans** sowie Festsetzung der zeitlichen Lage des **Erholungsurlaubs für einzelne** Soldaten) deckt sich inhaltlich mit § 75 Abs. 3 Nr. 3 BPersVG (vgl. dort Rn. 87 ff.).

- Abs. 6 Nr. 3 (Maßnahmen zur Verhütung von Dienst- und Arbeitsunfällen und sonstigen **Gesundheitsschädigungen**) ist wortgleich mit § 75 Abs. 3 Nr. 11 BPersVG (vgl. dort Rn. 121 ff.).[103]

§ 25 Betreuung und Fürsorge

(1) Der Disziplinarvorgesetzte beruft die Vertrauensperson oder einen von ihr oder der Versammlung der Vertrauenspersonen benannten Soldaten zum ständigen Mitglied solcher Ausschüsse, die der Dienstherr zur Erfüllung seiner Fürsorgepflicht gemäß § 31 des Soldatengesetzes eingerichtet hat.

(2) Für die Besetzung anderer Ausschüsse hat die Vertrauensperson ein Vorschlagsrecht.

(3) Die Vertrauensperson hat, soweit eine gesetzliche Regelung oder Regelung durch Rechtsverordnung oder Dienstvorschrift nicht besteht oder ein Gremium der Vertrauenspersonen nicht beteiligt wurde, ein Mitbestimmungsrecht bei

1. Entscheidungen über die Verwendung von Mitteln aus Gemeinschaftskassen,

2. Errichtung, Verwaltung und Auflösung von Betreuungseinrichtungen eines Standortes oder Betreuungseinrichtungen einer Truppenunterkunft,

3. Maßnahmen der außerdienstlichen Betreuung und der Freizeitgestaltung für Soldaten sowie dienstlichen Veranstaltungen geselliger Art.

---

103 Ferner *BVerwG* v. 22.7.09 – 1 WB 15.08 –, PersV 09, 424, u. v. 28.10.09 – 1 WB 11.09 –, Buchh 449.7 § 16 Nr. 3.

(4) In anderen Fragen der Betreuung und Fürsorge ist die Vertrauensperson anzuhören. Sie kann auch Vorschläge machen.

1 § 25 SBG ist durch das 1. SBGÄndG umgestaltet worden. Die Erweiterung der Beteiligungsrechte hat die Stellung der Vertrauensperson als eines Interessenvertreters ihrer Wählergruppe in Fragen der Betreuung und Fürsorge verstärkt.[104]

2 **(Abs. 1)** § 31 SG bestimmt, dass der Bund für das Wohl der Soldaten und ihrer Familien zu sorgen hat. **Ausschüsse**, die der Erfüllung dieser **Fürsorgepflicht** des Dienstherrn dienen, sind insb. der Betreuungsausschuss, der Wohnungsvergabeausschuss, der Küchenausschuss und ein etwaiger Freizeitausschuss. Die Interessen der von Vertrauenspersonen vertretenen Soldaten sollen nach Abs. 1 in jedem der Ausschüsse durch die **ständige Mitgliedschaft** der jeweiligen Vertrauensperson oder eines von ihr oder – nach § 32 Abs. 7 SBG – von der Versammlung der Vertrauenspersonen benannten Soldaten gewahrt werden. Ob statt der Vertrauensperson oder eines von ihr benannten Soldaten ein von der Versammlung der Vertrauenspersonen benannter Soldat in einen Ausschuss zu berufen ist, hängt nach § 32 Abs. 6 SBG davon ab, ob in dem Ausschuss die gemeinsamen Interessen der Soldaten des Zuständigkeitsbereichs der Versammlung wahrzunehmen sind (näher dazu ZDv 10/2 Nr. 282).

3 **(Abs. 2)** Abs. 2 schafft die Möglichkeit, zusätzlich zu den in Abs. 1 genannten Ausschüssen **beratende Ausschüsse** einzuführen.[105] Geschieht dies, hat die Vertrauensperson für die **Besetzung** dieser Ausschüsse ein **Vorschlagsrecht**.

4 **(Abs. 3)** Abs. 3 legt die **Tatbestände der Betreuung und Fürsorge** fest, bei denen der Vertrauensperson ein **Mitbestimmungsrecht** zusteht. Nach dem Einleitungssatz des Abs. 3, der den Eingangssätzen des § 24 Abs. 5 und 6 SBG entspricht, ist die Mitbestimmung **ausgeschlossen**, soweit eine Regelung durch Gesetz, Rechtsverordnung oder Dienstvorschrift besteht oder ein Gremium der Vertrauenspersonen beteiligt wurde (vgl. § 24 SBG Rn. 10).

5 **(Abs. 3 Nr. 1)** Nach Abs. 3 Nr. 1 ist die Entscheidung über die **Verwendung von Mitteln aus Gemeinschaftskassen** mitbestimmungspflichtig. Gemeinschaftskassen in diesem Sinne sind jedenfalls alle Gemeinschaftskassen, die für den gesamten Bereich eines Truppenteils oder einer Dienststelle oder für einen verselbständigten Dienststellenteil eingerichtet sind. Da Einheits- und Verbandskassen nach Anordnung des BMVg wie Gemeinschaftskassen behandelt werden, zählen auch sie zu den Kassen i. S. d. Abs. 3 Nr. 1. Mitbestimmungspflichtig sind alle Entscheidungen, die die Verwendung der Mittel aus diesen Kassen betreffen.[106]

---

104 BT-Drs. 13/5740, S. 20, zu Nr. 22.
105 BT-Drs. 13/5740, a. a. O.
106 Str.; vgl. KfdP-*Altvater*, Anh. V B § 25 SBG Rn. 5 m. N.

(Abs. 3 Nr. 2) Abs. 3 Nr. 2 sieht in Anlehnung an § 75 Abs. 3 Nr. 5 **6** BPersVG ein Mitbestimmungsrecht bei der **Errichtung, Verwaltung und Auflösung von Betreuungseinrichtungen** eines Standorts oder einer Truppenunterkunft vor. Betreuungseinrichtungen sind – den Sozialeinrichtungen i. S. d. § 75 Abs. 3 Nr. 5 BPersVG vergleichbar – auf Dauer berechnete Einrichtungen des Bundeswehr, die dazu dienen, den Soldaten (und ihren Familien) soziale Vorteile zukommen zu lassen (vgl. § 75 BPersVG Rn. 102 ff.). Solche Einrichtungen sind v. a. Kantinen und Heimbetriebe, Truppenküchen, Sportanlagen, Saunen, Truppenbüchereien und sonstige Freizeiteinrichtungen sowie Gemeinschaftsräume. Auf die **Rechtsform** der Betreuungseinrichtungen kommt es nicht an. Zu den Betreuungseinrichtungen i. S. d. Abs. 3 Nr. 2 gehören deshalb nicht nur die Mannschaftsheime, sondern auch die Unteroffizier- und Offizierheime, die von den als Vereine des Privatrechts organisierten Unteroffizier- bzw. Offizierheimgesellschaften betrieben werden.[107]

(Abs. 3 Nr. 3) Zu den nach Abs. 3 Nr. 3 mitbestimmungspflichtigen **7** Maßnahmen der **außerdienstlichen Betreuung** und der **Freizeitgestaltung** gehören v. a. auf freiwilliger Basis stattfindende sportliche und kulturelle Veranstaltungen, aber auch solche geselliger Art, die keinen dienstlichen Charakter haben. Dagegen sind **dienstliche Veranstaltungen geselliger Art**, die ebenfalls der Mitbestimmung unterliegen, solche dienstlich organisierten Veranstaltungen, die in Erfüllung dienstlicher Aufgaben stattfinden und der Erziehung der Soldaten zur Gemeinschaft, dem kameradschaftlichen Zusammenhalt und auch (d. h. zusätzlich) der Kontaktpflege zum zivilen Bereich dienen.[108]

(Abs. 4) Nach Abs. 4 steht der Vertrauensperson in **anderen Fragen** der **8** Betreuung und Fürsorge ein **Anhörungs- und Vorschlagsrecht** zu. Dieses Recht bezieht sich auf alle Fragen der Betreuung und Fürsorge, die nicht bereits nach Abs. 1 bis 3 beteiligungspflichtig sind.

§ 26 Berufsförderung

(1) Die Vertrauensperson kann dem Disziplinarvorgesetzten Vorschläge zur Berufsförderung machen, insbesondere

1. **in Fragen der Zusammenarbeit mit dem Berufsförderungsdienst, vor allem zur Planung und zur Durchführung von Maßnahmen zur Erhaltung der Berufsverbundenheit,**

2. **zur Beschaffung berufsbildender und berufsfördernder Literatur,**

3. **zur Teilnahme an Kursen und Bildungsveranstaltungen außerhalb des Dienstes und**

4. **zur Besichtigung von Betrieben in der gewerblichen Wirtschaft.**

---

107 Vgl. auch *BVerwG* v. 9. 11. 98 – 6 P 1.98 –, PersR 99, 125.
108 Näher dazu Erlass des *BMVg* v. 17. 11. 05, VMBl. S. 155.

§ 27 SBG Anhang V B

(2) Berufsförderung im Sinne des Absatzes 1 umfaßt berufsbildende Förderungsmaßnahmen insbesondere nach dem Soldatenversorgungsgesetz und sonstige berufsfördernde und berufsbildende Maßnahmen.

1 § 26 SBG regelt das **Vorschlagsrecht** in Fragen der Berufsförderung. Abs. 1 enthält eine beispielhafte Aufzählung der in die Beteiligung einbezogenen **Förderungsfälle**. Abs. 2 definiert den **Begriff** der Berufsförderung. Während § 23 Abs. 1 Nr. 5 und § 24 Abs. 5 Nr. 1 SBG eine personenbezogene Beteiligung an Weiterbildungsmaßnahmen vorsehen, ist das Vorschlagsrecht nach § 26 SBG maßnahmebezogen ausgestaltet.

2 Abs. 2 enthält eine umfassende **Begriffsbestimmung** der Berufsförderung. Die Einbeziehung der durch das Wort »insbesondere« hervorgehobenen **Förderungsmaßnahmen nach dem Soldatenversorgungsgesetz** (SVG) hängt nicht davon ab, dass es sich dabei um Maßnahmen handelt, zu deren Inanspruchnahme die Mitwirkung oder das Einverständnis des Disziplinarvorgesetzten erforderlich ist. Bei den **sonstigen berufsfördernden und berufsbildenden Maßnahmen** kommt es nicht darauf an, ob diese auf freiwilliger Basis erfolgen. Die Vertrauensperson kann auch Vorschläge machen, die über den Kompetenzbereich des nächsten Disziplinarvorgesetzten hinausgehen.[109]

3 Das SVG regelt in den §§ 39 und 40 die Berufsförderung der **Berufssoldaten** sowie in Abschn. I (§§ 3–13 d) die Berufsförderung der **Soldaten auf Zeit** sowie der nach § 5 WPflG **Grundwehrdienst Leistenden** (GWDL) und der nach Abschn. 7 WPflG **freiwilligen Wehrdienst Leistenden** (FWDL). Damit bezieht sich die Beteiligung nach § 26 SBG hinsichtlich der GWDL und FWDL anders als früher nicht nur auf sonstige berufsfördernde und berufsbildende Maßnahmen.

§ 27 Ahndung von Dienstvergehen

(1) Will der Disziplinarvorgesetzte Disziplinarmaßnahmen verhängen, ist die Vertrauensperson vor der Entscheidung zur Person des Soldaten, zum Sachverhalt und zum Disziplinarmaß anzuhören, sofern der Soldat nicht widerspricht.

(2) Beabsichtigt die Einleitungsbehörde, gegen einen Soldaten ein disziplinargerichtliches Verfahren einzuleiten, ist die Vertrauensperson zur Person des Soldaten und zum Sachverhalt anzuhören, sofern der Soldat nicht widerspricht.

(3) [1]Der Sachverhalt ist der Vertrauensperson vor Beginn der Anhörung bekanntzugeben. [2]Ein Recht auf Einsicht in Unterlagen und Akten besteht nur mit Einwilligung der Betroffenen.

---

109 BT-Drs. 13/5740, S. 20, zu Nr. 23.

(4) Über die Anhörung der Vertrauensperson ist eine Niederschrift anzufertigen, die zu den Akten zu nehmen ist.

(**Abs. 1**) Für den Fall, dass der **Disziplinarvorgesetzte** eine einfache 1
Disziplinarmaßnahme (Verweis, strenger Verweis, Disziplinarbuße, Ausgangsbeschränkung oder Disziplinararrest) verhängen will, schreibt Abs. 1 vor, dass die Vertrauensperson vor der Entscheidung zur Person des Soldaten, zum Sachverhalt und zum Disziplinarmaß **anzuhören ist**. Das gilt auch, wenn die Einleitungsbehörde das disziplinargerichtliche Verfahren einstellen und stattdessen eine einfache Disziplinarmaßnahme verhängen will (§ 98 Abs. 2 u. 3 WDO), weil sie dann als zuständiger Disziplinarvorgesetzter handelt. Seit der Änderung des Abs. 1 durch das 1. SBGÄndG hängt die Anhörung der Vertrauensperson davon ab, dass der Soldat ihr **nicht widerspricht**. Damit ist der Gesetzgeber der auf das allgemeine Persönlichkeitsrecht gestützten Rspr. des *BVerwG* gefolgt.[110]

Die **Anhörung zur Person** bezieht sich auf das allgemeine Verhalten des 2
Soldaten, seine charakterlichen Eigenschaften, sein Ansehen und seine persönlichen Verhältnisse. Die **Anhörung zum Sachverhalt** erstreckt sich auf die Tat, ihre Gründe und ihre Auswirkungen. Die **Anhörung zum Disziplinarmaß** bezieht sich auf Art und Höhe der beabsichtigten Disziplinarmaßnahme (ZDv 10/2 Nr. 237). Sie hat unter Beachtung der Richtlinien für das Bemessen der Disziplinarmaßnahme (§ 38 WDO) zu erfolgen. Der Disziplinarvorgesetzte muss der Vertrauensperson gegenüber darlegen, welche Disziplinarmaßnahme er verhängen und auf welche Zumessungserwägungen er sich dabei stützen will. Die Anhörung der Vertrauensperson hat vor dem in § 32 Abs. 5 S. 1 WDO vorgeschriebenen **Schlussgehör** des beschuldigten Soldaten zu erfolgen. Das Ergebnis der Anhörung der Vertrauensperson ist dem Soldaten vor dessen Schlussgehör bekannt zu geben (§ 4 S. 2 WDO). Ergeben sich aus dem Schlussgehör allerdings neue Tatsachen, zu denen die Vertrauensperson noch nicht gehört worden ist, müssen ggf. sowohl deren Anhörung als auch das Schlussgehör wiederholt werden (vgl. ZDv 10/2 Nr. 236).[111]

(**Abs. 2**) Abs. 2 regelt die Anhörung der Vertrauensperson vor **Einleitung** 3
eines disziplinargerichtlichen Verfahrens. Diese Anhörung ist auf die Person des Soldaten und den Sachverhalt beschränkt. Sie erstreckt sich nicht auf die disziplinarrechtliche Bewertung des Sachverhalts.[112] Die Anhörung hat vor der Einleitungsverfügung zu erfolgen. Dabei ist die **Vertrauensperson** anzuhören, die dafür zu diesem Zeitpunkt **zuständig** ist; die Stellungnahme der Vertrauensperson ist von der anhörenden Stelle mit

---

110 Vgl. BT-Drs. 13/5740, S. 20, zu Nr. 24 Buchst. a.
111 Ferner *BVerwG* v. 26.1.11 – 2 WNB 9.10 –, www.bverwg.de (keine weitere Anhörung, wenn nach der ersten Anhörung durchgeführte weitere Ermittlungen zu keiner Änderung des entscheidungserheblichen Sachverhalts geführt haben).
112 *BVerwG* v. 12.6.07 – 2 WD 11.06 –, NZWehrr 07, 256.

dieser mündlich zu **erörtern**[113] (vgl. § 20 SBG Rn. 3). Der Gesetzgeber geht davon aus, dass die Vertrauensperson auf Ersuchen der **Einleitungsbehörde** gem. § 81 Abs. 2 S. 3 WDO durch den **Wehrdisziplinaranwalt** anzuhören ist.[114] Nach der Rspr. des *BVerwG*[115] ist es zulässig, dass die Anhörung auf Ersuchen des Wehrdisziplinaranwalts durch den **nächsten Disziplinarvorgesetzten** vorgenommen wird.[116] Auch die Anhörung nach Abs. 2 hängt davon ab, dass der Soldat ihr **nicht widerspricht** (vgl. Rn. 1).

4 **(Abs. 3)** Abs. 3 S. 1 schreibt zwingend vor, dass der **Sachverhalt** der Vertrauensperson vor Beginn der Anhörung **bekanntzugeben** ist. Danach muss die Vertrauensperson Gelegenheit erhalten, sich mit dem Sachverhalt und der Person des betroffenen Soldaten auch im persönlichen Gespräch **vertraut zu machen** (ZDv 10/2 Nr. 237 Abs. 2). S. 2 bestimmt, dass der Vertrauensperson ein Recht auf **Einsicht in Unterlagen und Akten** nur mit Einwilligung, also nur mit vorheriger Zustimmung (§ 183 S. 1 BGB), der Betroffenen zusteht. Damit wird klargestellt, dass der Soldat der Vertrauensperson gegenüber das Verfügungsrecht über seine Daten hat.[117]

5 **(Abs. 4)** Abs. 4 legt fest, dass über die Anhörung eine **Niederschrift** anzufertigen und zu den Akten zu nehmen ist. In ihr ist die mündlich abgegebene Äußerung der Vertrauensperson festzuhalten. Der Disziplinarvorgesetzte hat die Niederschrift aufzunehmen und der Vertrauensperson zum Lesen, zur Billigung und zur Gegenzeichnung vorzulegen. Der Vertrauensperson ist es allerdings unbenommen, auch eine schriftliche Stellungnahme abzugeben.

§ 28 Förmliche Anerkennungen

(1) Die Vertrauensperson hat das Recht, Soldaten ihrer Wählergruppe für eine förmliche Anerkennung gemäß § 11 Abs. 1 der Wehrdisziplinarordnung vorzuschlagen.

(2) Der Disziplinarvorgesetzte hat die Vertrauensperson vor der Erteilung einer förmlichen Anerkennung anzuhören.

(3) Vor der Rücknahme einer förmlichen Anerkennung gemäß § 14 der Wehrdisziplinarordnung ist die Vertrauensperson anzuhören.

1 **(Abs. 1)** Abs. 1 räumt der Vertrauensperson ein **Vorschlagsrecht** zur Erteilung einer förmlichen Anerkennung für Soldaten ihrer Wählergruppe ein. Dabei hat sie die Kriterien des § 13 Abs. 1 WDO und die Verfahrensvorschriften des § 21 SBG zu beachten.

---

113 *BVerwG* v. 4. 9. 09 – 2 WD 17.08 –, NZWehrr 10, 114.
114 BT-Drs. 11/7323, S. 21, zu § 27.
115 Beschl. v. 31. 8. 98 – 2 WDB 1.98 –, NZWehrr 99, 194.
116 Str.; vgl. KfdP-*Altvater*, Anh. V B § 27 SBG Rn. 4 m. w. N.
117 BT-Drs. 13/5740, S. 20, zu Nr. 24 Buchst. c.

Anhang V B § 30 SBG

(**Abs. 2**) Vor der **Erteilung** einer förmlichen Anerkennung hat der dafür zuständige Disziplinarvorgesetzte die Vertrauensperson nach den Verfahrensvorschriften des § 20 SBG **anzuhören.** Deren Stellungnahme sollte sich entsprechend § 27 Abs. 1 SBG auf die Person des Soldaten, den Sachverhalt, der als vorbildliche Pflichterfüllung oder hervorragende Einzeltat gewertet werden soll, und das Maß der beabsichtigten Anerkennung beziehen. 2

(**Abs. 3**) Abs. 3 schreibt vor, dass die Vertrauensperson vor der **Rücknahme** einer förmlichen Anerkennung **anzuhören** ist. Dies hat, je nach Zuständigkeit, durch die Einleitungsbehörde oder den nach § 14 Abs. 2 S. 2 oder 3 WDO zuständigen Vorgesetzten zu erfolgen. Die Anhörung ist vor dem Schlussgehör des betroffenen Soldaten durchzuführen; diesem ist das Ergebnis der Anhörung bekannt zu geben (§ 4 S. 2 WDO; vgl. auch § 27 SBG Rn. 2). 3

§ 29 Auszeichnungen

¹**Die Vertrauensperson soll angehört werden, wenn ein Soldat ihrer Wählergruppe für einen Bestpreis, die Verleihung des Ehrenzeichens der Bundeswehr oder einen Orden vorgeschlagen werden soll.** ²**Die Anhörung erfolgt regelmäßig durch den nächsten Disziplinarvorgesetzten des Soldaten, dem eine Auszeichnung verliehen werden soll.**

Die in der Soll-Vorschrift des § 29 SBG geregelte **Anhörung** der Vertrauensperson vor dem Vorschlag eines Soldaten ihrer Wählergruppe für einen Bestpreis, die Verleihung des Ehrenzeichens der Bundeswehr oder einen Orden bezieht sich nur auf die Frage, ob der zuständige Disziplinarvorgesetzte einen Soldaten **für eine Auszeichnung vorschlagen soll.** Sie erstreckt sich dagegen nicht auf die Entscheidung über die Verleihung der Auszeichnung. Die **Arten der Auszeichnungen** sind in S. 1 abschließend aufgeführt. 1

Nach S. 1 soll die **Vertrauensperson** angehört werden, zu deren Wählergruppe der für eine Auszeichnung vorgesehene Soldat gehört. Nach S. 2 erfolgt die Anhörung regelmäßig durch den nächsten **Disziplinarvorgesetzten** dieses Soldaten. Dadurch wird jedoch die Anhörung durch einen höheren Disziplinarvorgesetzten nicht ausgeschlossen, wenn dieser einen Vorschlag für eine Auszeichnung machen will. 2

§ 30 Beschwerdeverfahren

¹**Betrifft eine Beschwerde nach den Bestimmungen der Wehrbeschwerdeordnung Fragen des Dienstbetriebes, der Fürsorge, der Berufsförderung oder der außerdienstlichen Betreuung und Freizeitgestaltung für Soldaten sowie dienstlicher Veranstaltungen**

geselliger Art, soll die Vertrauensperson des Beschwerdeführers angehört werden. ²Betrifft die Beschwerde persönliche Kränkungen, soll die Vertrauensperson des Beschwerdeführers und des Betroffenen angehört werden. ³Bei Beschwerden in Personalangelegenheiten im Sinne des § 23 Abs. 1 ist die Vertrauensperson auf Antrag des Beschwerdeführers anzuhören.

1 Vor einer beabsichtigten Entscheidung über eine Beschwerde nach den Bestimmungen der WBO (vgl. dazu auch § 16 SBG Rn. 1) soll der Disziplinarvorgesetzte nach S. 1 die **Vertrauensperson des Beschwerdeführers von Amts wegen anhören**, wenn die Beschwerde bestimmte **Gegenstände** betrifft, nämlich Fragen des Dienstbetriebs (vgl. § 24 SBG), der Fürsorge – und zwar jener der Vorgesetzten (vgl. § 10 Abs. 3 SG) oder jener des Bundes (vgl. § 31 SG) –, der Berufsförderung (vgl. § 26 SBG) oder der außerdienstlichen Betreuung und Freizeitgestaltung der Soldaten sowie dienstlicher Veranstaltungen geselliger Art (vgl. § 25 Abs. 3 Nr. 3 SBG). Zusätzlich zu der Vertrauensperson des Beschwerdeführers soll nach S. 2 – ebenfalls von Amts wegen – auch die **Vertrauensperson des Betroffenen** angehört werden, wenn die Beschwerde **persönliche Kränkungen** – Ehrverletzungen durch Beleidigung, üble Nachrede, Verleumdung oder entwürdigende Behandlung – betrifft. Nach der Muss-Vorschrift des S. 3 schließlich ist die Vertrauensperson **auf Antrag des Beschwerdeführers** bei Beschwerden in **Personalangelegenheiten** i. S. d. § 23 Abs. 1 SBG anzuhören.

2 Die in § 30 SBG geregelte Anhörung im **Beschwerdeverfahren** ist unabhängig von einer Anhörung in dem **Ausgangsverfahren**, das Gegenstand der Beschwerde ist.

§ 31 Vertrauensperson als Vermittler

(1) Die Vertrauensperson kann im Verfahren nach der Wehrbeschwerdeordnung vom Beschwerdeführer als Vermittler gewählt werden.

(2) Ist die Vertrauensperson in einer Sache als Vermittler nach der Wehrbeschwerdeordnung tätig geworden, gilt sie für das Anhörungsverfahren nach § 30 Satz 2 als verhindert.

1 (Abs. 1) Abs. 1 lässt es ausdrücklich zu, dass die Vertrauensperson im Beschwerdeverfahren vom Beschwerdeführer als **Vermittler** gewählt werden kann (vgl. dazu § 4 WBO).

2 (Abs. 2) Abs. 2 beruht auf der Überlegung, dass eine Vertrauensperson, die in derselben Sache bereits als Vermittler nach der WBO tätig geworden ist, nicht mehr objektiv urteilen kann, und sieht deshalb vor, dass sie für das Anhörungsverfahren nach § 30 S. 2 SBG – aber auch nur dafür – als

Anhang V B § 32 SBG

verhindert gilt.[118] Es handelt sich um einen Fall der zeitweiligen Verhinderung aus rechtlichen Gründen, der nach § 13 Abs. 2 SBG dazu führt, dass ein **Stellvertreter** der Vertrauensperson anzuhören ist (vgl. § 13 SBG Rn. 3).

Kapitel 3
Gremien der Vertrauenspersonen

Abschnitt 1
Versammlungen der Vertrauenspersonen

§ 32 Versammlungen der Vertrauenspersonen des Verbandes, des Kasernenbereichs und des Standortes

(1) [1]Die Vertrauenspersonen eines Verbandes oder einer vergleichbaren militärischen Dienststelle bilden die Versammlung der Vertrauenspersonen (Versammlung der Vertrauenspersonen des Verbandes). [2]Bei den fliegenden Verbänden werden die Versammlungen bei den Geschwadern gebildet.

(2) [1]Die Sprecher der Versammlungen der Vertrauenspersonen nach Absatz 1 und deren Stellvertreter bilden mit Ausnahme der Schulen für jeweils einen Kasernenbereich eine weitere Versammlung (Versammlung der Vertrauenspersonen des Kasernenbereichs). [2]Zu diesen Versammlungen tritt jeweils eine Vertrauensperson von selbständigen Einheiten oder vergleichbaren militärischen Dienststellen, soweit diese im selben Kasernenbereich untergebracht sind. [3]Sind ausschließlich selbständige Einheiten oder vergleichbare militärische Dienststellen in einem Kasernenbereich untergebracht, bilden deren Vertrauenspersonen die Versammlung.

(3) [1]Eine Versammlung der Vertrauenspersonen für den Standort (Versammlung der Vertrauenspersonen des Standortes) wird gebildet, wenn zu dessen Zuständigkeitsbereich mehr als zwei Kasernen gehören. [2]Die Versammlungen nach Absatz 2 wählen je einen Vertreter als Mitglied dieser Versammlung.

(4) [1]Soweit Personalvertretungen nach Kapitel 4 gebildet worden sind, treten die Mitglieder der Gruppe der Soldaten dieser Personalvertretungen, die die Rechte in den Angelegenheiten nach der Wehrdisziplinarordnung und der Wehrbeschwerdeordnung ausüben, zu den Versammlungen der Vertrauenspersonen hinzu. [2]Sie sind in der Versammlung der Vertrauenspersonen aktiv und passiv wahlberechtigt.

---

118 Vgl. BT-Drs. 13/5740, S. 20, zu Nr. 26.

(5) ¹Ist eine Versammlung nach Absatz 1 noch nicht zusammengetreten, lädt der Führer des Verbandes die Mitglieder zur Vornahme der vorgeschriebenen Wahlen ein. ²Entsprechendes gilt für die vom Kasernenkommandanten einzuberufende Versammlung nach Absatz 2 und für die vom Standortältesten einzuberufende Versammlung nach Absatz 3.

(6) Die Versammlungen der Vertrauenspersonen vertreten die gemeinsamen Interessen der Soldaten gegenüber dem Führer des Verbandes, dem Kasernenkommandanten oder dem Standortältesten.

(7) Die Bestimmungen des Kapitels 2 Abschnitt 2 sowie der §§ 18 und 20 bis 26 gelten entsprechend für die Mitglieder der Versammlungen der Vertrauenspersonen.

(8) ¹Die Sprecher der Versammlungen der Vertrauenspersonen der Verbände und ihre Stellvertreter sind einmal jährlich zu einer Fortbildungsveranstaltung zusammenzuziehen. ²Die Inspekteure entscheiden über die Ebene, in der die Fortbildungsveranstaltungen durchzuführen sind.

1 Die Vorschriften des § 32 SBG sehen grundsätzlich ein **dreistufiges System von Versammlungen der Vertrauenspersonen** vor (bestehend aus Verbandsversammlung, Kasernenversammlung und Standortversammlung), das jedoch im Hinblick auf die unterschiedlichen organisatorischen Strukturen nicht durchgängig verwirklicht werden kann. Während die Verbandsversammlung eine **Vollversammlung** der Vertrauenspersonen ist, sind die Kasernenversammlung und die Standortversammlung grundsätzlich als **Delegiertenversammlungen** organisiert. Da die **Soldatenvertreter in den Personalräten** gem. § 52 Abs. 1 SBG in Angelegenheiten, die nur die Soldaten betreffen, die Befugnisse der Vertrauensperson haben, sind auch Soldatenvertreter jener Personalräte, die im Bereich des Verbandes, der Kaserne oder des Standorts bestehen, nach Maßgabe des Abs. 4 in der jeweiligen Versammlung der Vertrauenspersonen vertreten.

1a Die Regelungen in Kap. 3 SBG über die Vertretung der Soldaten durch Gremien, insb. durch Versammlungen der Vertrauenspersonen (§§ 32–47, insb. §§ 32–34 SBG), bauen auf den Regelungen in Kap. 2 über die Beteiligung durch Vertrauenspersonen (§§ 2–31 SBG) auf:[119] Die **Wahl der Vertrauenspersonen in den Wahlbereichen** (i. S. d. § 2 SBG) ist die einzige Wahl (außerhalb der in Kap. 4 [§§ 48–52 SBG] geregelten Beteiligung der Soldaten durch Personalvertretungen), die unmittelbar durch die Soldaten selbst erfolgt. Alle Vertretungen der Soldaten auf höheren Ebenen werden entweder durch die Vertrauenspersonen gebildet oder ihre Mitglieder werden von den Vertrauenspersonen gewählt (vgl. § 32 Abs. 1–3,

---

119 So *BVerwG* v. 22.7.09 – 1 WB 15.08 –, PersV 09, 424 = PersR 09, 426 Ls.

§ 35 Abs. 2 SBG). Mit der Wahl der Vertrauenspersonen wird eine **quasi automatische Abfolge der Bildung von Vertrauenspersonenversammlungen** ausgelöst. Versammlungen der Vertrauenspersonen sind **auch bei Auslandseinsätzen** der Bundeswehr zu bilden.[120]

(Abs. 1) Auf der Ebene des Verbandes, einer vergleichbaren militärischen Dienststelle oder – bei fliegenden Verbänden – des Geschwaders ist die **Versammlung der Vertrauenspersonen des Verbandes** zu bilden. Sie besteht aus den Vertrauenspersonen der Einheiten, die dem Verband, der vergleichbaren militärischen Dienststelle bzw. dem Geschwader truppendienstlich unterstellt sind, und den Vertrauenspersonen des Stabes des Verbandes, der vergleichbaren militärischen Dienststelle bzw. des fliegenden Verbandes. An Schulen wird die aus den Vertrauenspersonen der Lehrgangsteilnehmer (vgl. § 2 Abs. 1 Nr. 6 SBG) bestehende Verbandsversammlung auf Lehrgruppen- oder vergleichbarer Ebene gebildet, wenn die entsprechenden Vorgesetzten nächsthöhere Disziplinarvorgesetzte sind (ZDv 10/2 Nr. 268 [1] Abs. 2). Ist im Bereich der Verbandsversammlung nach § 91 Abs. 1 SG i. V. m. § 12 BPersVG ein **Personalrat** gebildet, so wird die Tätigkeit beider Gremien durch das in § 34 Abs. 5 SBG geregelte wechselseitige **Teilnahme- und Stimmrecht** organisatorisch miteinander verknüpft (vgl. § 34 SBG Rn. 5). 2

Anders als nach § 2 Abs. 1 Nr. 3 SBG ist unter »**Verband**« i. S. d. Abs. 1 S. 1 nicht der Großverband zu verstehen. Die Verbandsversammlungen werden deshalb grundsätzlich bei den **Bataillonen** (auf der 6. Ebene von oben) gebildet. Nur aufgrund der Sonderregelung des Abs. 1 S. 2 werden sie bei den fliegenden Verbänden der Luftwaffe bei den **Geschwadern** (auf der 5. Ebene) eingerichtet.[121] Dem Verband »**vergleichbare militärische Dienststellen**« i. S. d. Abs. 1 S. 1 sind selbständige Dienststellen mit eigenem Stab, deren Führer nach § 28 Abs. 1 S. 2 Nr. 2 WDO mindestens die Disziplinarbefugnis der zweiten Stufe innehat. 2a

(Abs. 2) Auf der Ebene der Kaserne ist die **Versammlung der Vertrauenspersonen des Kasernenbereichs** zu bilden. Sie besteht grundsätzlich aus den Sprechern der im Kasernenbereich gebildeten Versammlungen der Vertrauenspersonen der Verbände und den Stellvertretern dieser Sprecher (vgl. § 33 SBG). Sind in demselben Kasernenbereich auch selbständige Einheiten oder vergleichbare militärische Dienststellen untergebracht (die nicht in einer Verbandsversammlung im Kasernenbereich vertreten sind, vgl. ZDv 10/2 Nr. 268 [2]), tritt jeweils eine Vertrauensperson dieser Einheiten bzw. Dienststellen zu der Kasernenversammlung hinzu. Um welche Vertrauensperson es sich dabei handelt, legen die Vertrauenspersonen der jeweiligen Einheit bzw. Dienststelle einvernehmlich oder, falls erforderlich, durch Losentscheid fest (ZDv 10/2 Nr. 268 [2]). Sind in einem Kasernenbereich ausschließlich selbständige Einheiten oder ver- 3

---

120 So *BVerwG* v. 22. 7. 09, a. a. O.
121 *BVerwG* v. 23. 1. 02 – 6 P 2.01 –, PersR 02, 205.

gleichbare militärische Dienststellen untergebracht, besteht die Kasernenversammlung ausnahmsweise nicht als Delegiertenversammlung, sondern als Vollversammlung aus den Vertrauenspersonen dieser Einheiten bzw. Dienststellen.

3a Der im SBG nicht definierte **Begriff des Kasernenbereichs** wird zum einen – territorial – durch den Bezug auf einen räumlich abgegrenzten und gesicherten Bereich, zum anderen – funktional – durch die Aufnahme bestimmter typischer Anlagen und Einrichtungen der Bundeswehr bestimmt.[122] Erfüllt ein **Feldlager im Auslandseinsatz** die Merkmale eines Kasernenbereichs, so ist eine Versammlung der Vertrauenspersonen auf Feldlagerebene zu bilden, die die gemeinsamen Interessen der Soldaten gegenüber dem Feldlagerkommandanten (vgl. Rn. 8) vertritt. Das Feldlager **Camp Marmal in Mazar-e-Sharif/Afghanistan** stellt einen solchen Kasernenbereich dar.[123]

4 Die Regelungen über die Versammlung auf Kasernenebene gelten nicht für die **Schulen**. Daraus folgt, dass die Vertrauenspersonen der Lehrgangsteilnehmer an Schulen, die in einem Kasernenbereich untergebracht sind, in der Kasernenversammlung nicht vertreten sind und dass in Kasernen, die ausschließlich mit Schulen belegt sind, eine Kasernenversammlung nicht gebildet werden kann. In diesen Fällen sind die Aufgaben der Kasernenversammlung gem. § 52 Abs. 1 SBG vom Personalrat der Schule bzw. von den Personalräten der Schulen wahrzunehmen.

4a Ist in einem Kasernenbereich **nur ein Verband vorhanden**, erscheint es sachgerecht, dass die Versammlung der Vertrauenspersonen dieses Verbandes auch die Aufgaben der Kasernenversammlung wahrnimmt. Bestehen allerdings in einem solchen Kasernenbereich außerdem **noch selbständige Einheiten** oder vergleichbare militärische Dienststellen i. S. d. Abs. 2 S. 2, so müssen in entsprechender Anwendung des Abs. 2 S. 3 die Vertrauenspersonen dieser Einheiten bzw. Dienststellen zu der Verbandsversammlung hinzutreten, wenn und soweit diese die Funktion der Kasernenversammlung ausübt.

5 (Abs. 3) Auf der Ebene des Standorts ist unter der Voraussetzung, dass zu dessen Zuständigkeitsbereich mehr als zwei Kasernen gehören, die **Versammlung der Vertrauenspersonen des Standorts** zu bilden. Sie besteht aus je einem Vertreter der zum Zuständigkeitsbereich des Standorts gehörenden Kasernen, der von der Versammlung der Vertrauenspersonen des jeweiligen Kasernenbereichs gewählt wird. Da als Zuständigkeitsbereich der Bereich anzusehen ist, für den der Standortälteste verantwortlich ist, kann die Versammlung auf Standortebene für einen einzelnen

---

122 Näher dazu *BVerwG* v. 22. 7. 09, a. a. O.
123 *BVerwG* v. 22. 7. 09, a. a. O. Vgl. Durchführungshinweise für die Bildung und die Tätigkeit von Versammlungen der Vertrauenspersonen (VPV) in besonderen Auslandverwendungen v. 21. 7. 10 (ZDv 10/2 Anl. 3 a, eingefügt mit Änderung 1 v. 23. 7. 10).

Standort oder für einen – mindestens zwei Standorte umfassenden – Standortbereich zu bilden sein (ZDv 10/2 Nr. 268 [3] unter Hinw. auf ZDv 40/1 »Aufgaben im Standortbereich« Nr. 102–104). Ist eine Standortversammlung nicht zu bilden, sind deren Aufgaben – wenn zum Zuständigkeitsbereich des Standortältesten zwei Kasernen gehören – von den dafür gebildeten beiden Kasernenversammlungen (jeweils für sich) wahrzunehmen oder – wenn nur eine Kaserne existiert – von einer Kasernenversammlung allein.

(Abs. 4) Bestehen im Bereich eines Verbandes, einer Kaserne oder eines Standorts Dienststellen, bei denen nach § 49 SBG **Personalvertretungen mit Soldatenvertretern** gebildet worden sind, so treten aus der Gruppe der Soldaten dieser Personalvertretungen diejenigen Mitglieder zu der jeweiligen Versammlung der Vertrauenspersonen hinzu, die nach § 52 Abs. 2 SBG die Befugnisse der Vertrauenspersonen nach der WDO oder der WBO wahrnehmen. Die hinzutretenden Personalratsmitglieder haben in der Versammlung der Vertrauenspersonen die gleichen Rechte und Pflichten wie die übrigen Mitglieder der Versammlung und sind in ihr auch aktiv und passiv wahlberechtigt. Soweit Mitglieder von Personalvertretungen zu einer Versammlung der Vertrauenspersonen hinzutreten, soll zu ihr auch die der jeweiligen Personalvertretung zugeordnete Vertrauensperson der schwerbehinderten Menschen eingeladen werden (ZDv 10/2 Nr. 269 Abs. 2 unter Hinw. auf § 95 Abs. 4 SGB IX). 6

(Abs. 5) Für das **erstmalige Zusammentreten** der Versammlungen der Vertrauenspersonen bestimmt Abs. 5, dass deren jeweilige Ansprechpartner – also der Führer des Verbandes, der Kasernenkommandant (oder ggf. der Feldlagerkommandant [vgl. Rn. 3a u. 8a]) bzw. der Standortälteste – zu ihnen einladen. Der Zweck dieses erstmaligen Zusammentretens – der **konstituierenden Sitzung** – besteht in der erstmaligen »Vornahme der vorgeschriebenen Wahlen«, insb. der Wahlen eines Sprechers sowie eines ersten und zweiten Stellvertreters nach § 33 SBG (vgl. dort Rn. 1f. u. 4). Aus der Zusammensetzung der Versammlungen der drei Ebenen ergibt sich, dass die Versammlung auf der unteren bzw. mittleren Ebene bereits zusammengetreten sein muss, bevor die Versammlung auf der nächsthöheren Ebene einberufen werden kann (vgl. ZDv 10/2 Nr. 272). Zu den weiteren Sitzungen lädt der Sprecher der jeweiligen Versammlung ein (vgl. § 34 SBG Rn. 1). **Unterlässt der Vorgesetzte die Einberufung** der Versammlung zu ihrer konstituierenden Sitzung, kann er sich nicht mit Erfolg auf das Fehlen einer beteiligungsfähigen Versammlung berufen.[124] 7

(Abs. 6) Abs. 6 stellt klar, dass die Versammlungen der Vertrauenspersonen die **gemeinsamen Interessen** der Soldaten des Bereichs vertreten, für den sie gebildet sind. Gemeinsame Interessen sind entsprechend § 38 BPersVG bei Angelegenheiten zu bejahen, die nicht lediglich eine Vertrauensperson und nicht lediglich einen Wahlbereich betreffen. Abs. 6 legt fest, **wem** 8

---

124 *BVerwG* v. 22.7.09, a.a.O.; vgl. Rn. 10 sowie KfdP-*Altvater*, Anh. V B § 18 SBG Rn. 1a.

gegenüber die Interessenvertretung erfolgt. Der Verbandsversammlung steht der **Führer des Verbandes**, der Kasernenversammlung der **Kasernenkommandant** und der Standortversammlung der **Standortälteste** als **Ansprechpartner** gegenüber.

8a Die in Abs. 6 benannten **Vorgesetztenstellungen** sind bei **Auslandseinsätzen** nicht in derselben Weise wie im Inland vorgeprägt. In den Auslandsfällen ist deshalb für die Anwendung von Abs. 2 und 6 auf **die jeweils aktuell wahrgenommene Funktion** abzustellen. Erlässt z. B. der Kommandeur des Einsatzkontingents die Feldlagerordnung, so muss er sich beteiligungsrechtlich wie ein Kasernenkommandant behandeln lassen; insoweit ist der Kommandeur (in der Funktion als **Feldlagerkommandant**) der Vorgesetzte i. S. v. Abs. 6.[125]

9 (Abs. 7) Abs. 7 bestimmt, dass folgende, für die Vertrauenspersonen geltenden Bestimmungen des SBG für die Versammlungen der Vertrauenspersonen **entsprechend gelten:**

- die in Kap. 2 Abschn. 2 enthaltenen §§ 6 bis 17 über die Geschäftsführung und Rechtsstellung,

- § 18 über die Grundsätze für die Zusammenarbeit,

- die §§ 20 bis 22 über die Formen der Beteiligung,

- die §§ 23 bis 26 über die Aufgaben auf den Gebieten der Personalangelegenheiten, des Dienstbetriebs, der Betreuung und Fürsorge sowie der Berufsförderung.

Die im SBG 1991 noch nicht enthaltene generelle Verweisung auf die Vorschriften über die Geschäftsführung und Rechtsstellung der Vertrauenspersonen ist missglückt. Bei der Novellierung durch das 1. SBGÄndG ist offenbar übersehen worden, dass nicht alle der in Bezug genommenen Vorschriften mit den in Abs. 1 bis 3 geregelten Strukturen der Versammlungen vereinbar sind. Das gilt z. B. für die §§ 9 bis 12 SBG über die **Amtszeit** der Vertrauenspersonen. Während die Vertrauenspersonen in periodisch wiederkehrenden Wahlen für eine regelmäßige Amtszeit von zwei Jahren gewählt werden, sind die Versammlungen als **ständige Einrichtungen** ohne befristete Amtszeit konstruiert (vgl. Rn. 1a) und insoweit dem Gesamtbetriebsrat vergleichbar.[126] Die Mitgliedschaft in diesen Versammlungen besteht i. d. R. unmittelbar kraft Gesetzes. Deshalb kann nur bei den wenigen entsandten bzw. gewählten Mitgliedern eine entsprechende Anwendung der §§ 9 bis 11 SBG in Betracht kommen.

10 Die **Ziele der Beteiligung** der Versammlung der Vertrauenspersonen und die **Grundsätze der Zusammenarbeit** zwischen ihr und ihrem jeweiligen Ansprechpartner (Führer des Verbandes, Kasernenkommandant oder

---

125 Ausf. dazu unter Hinw. auf die ZDv 40/1 (»Aufgaben im Standortbereich«) *BVerwG* v. 22. 7. 09, a. a. O.
126 Vgl. *BAG* v. 5. 6. 02 – 7 ABR 17/01 –, AP BetrVG 1972 § 47 Nr. 11.

Standortältester) ergeben sich aus dem entsprechend anwendbaren § 18 Abs. 1 und 2 SBG. Der Ansprechpartner ist verpflichtet, die Versammlung bei der Erfüllung ihrer Aufgaben zu **unterstützen** und sie über alle Angelegenheiten, die ihre Aufgaben betreffen, rechtzeitig und umfassend zu **unterrichten** (§ 18 Abs. 3 SBG). Soweit die in den §§ 23 bis 26 SBG beschriebenen Angelegenheiten auf der Ebene der jeweiligen Versammlung geregelt werden können oder müssen, hat diese zur Vertretung der gemeinsamen Interessen der Soldaten ihres Zuständigkeitsbereichs die gleichen **Beteiligungsrechte**, die den Vertrauenspersonen in ihrem Organisationsbereich zustehen. Bei der Ausübung ihrer Beteiligungsrechte (Anhörung, Vorschlagsrecht, Mitbestimmung) bilden die Versammlungen ihren Willen durch **Beschlüsse**, die der Sprecher der Versammlung gem. § 33 Abs. 2 S. 2 SBG nach den Verfahrensvorschriften der §§ 20 bis 22 SBG ausführt. Der im Rahmen des Mitbestimmungsverfahrens ggf. anzurufende **Schlichtungsausschuss** besteht auf der Seite der Soldaten nach dem entsprechend anzuwendenden § 22 Abs. 2 S. 3 SBG aus dem Sprecher der Versammlung und einem seiner Stellvertreter, der von der Versammlung zu bestimmen ist. Bei einer Verletzung der Beteiligungsrechte der Versammlung steht dieser das **Beschwerderecht** entsprechend § 16 SBG und der damit verknüpfte gerichtliche Rechtsschutz nach § 17 Abs. 1 S. 1 WBO zu. Nach erfolglosem Beschwerdeverfahren ist somit der **Rechtsweg zu den Wehrdienstgerichten** gegeben.[127] Eine Maßnahme, an deren Erlass eine Versammlung der Vertrauenspersonen zu beteiligen ist, aber **nicht beteiligt** wurde, ist **rechtswidrig**. Dies gilt auch dann, wenn eine Versammlung der Vertrauenspersonen faktisch nicht vorhanden oder nicht handlungsfähig war, weil es der zuständige Vorgesetzte unterlassen hat, die Versammlung zur konstituierenden Sitzung und zur Wahl ihres Sprechers einzuberufen[128] (vgl. Rn. 7).

(Abs. 8) Abs. 8 schreibt vor, dass die Sprecher der Verbandsversammlungen und ihre Stellvertreter einmal jährlich zu einer **Fortbildungsveranstaltung** zusammenzuziehen sind. Dabei haben die Inspekteure in ihrem Verantwortungsbereich über die Ebene, in der die Veranstaltungen durchzuführen sind, sowie über deren konkrete Inhalte und Modalitäten zu entscheiden. Die Veranstaltungen sollen u. a. sicherstellen, dass die an ihr Teilnehmenden frühzeitig über langfristige Entwicklungen in ihrem Organisationsbereich unterrichtet werden.[129]

§ 33 Sprecher

(1) ¹**Die Mitglieder der Versammlungen der Vertrauenspersonen wählen in gesonderten Wahlgängen einen Sprecher sowie einen**

---
127 *BVerwG* v. 27.8.96 – 1 WB 28.96 –, NZWehrr 97, 39, u. v. 1.11.01 – 6 P 10.01 –, PersR 02, 73.
128 *BVerwG* v. 22.7.09, a.a.O.
129 BT-Drs. 13/5740, S. 20, zu Nr. 29.

§ 33 SBG   **Anhang V B**

ersten und zweiten Stellvertreter. ²Bei Stimmengleichheit entscheidet das Los. ³Der Sprecher, der erste und zweite Stellvertreter müssen verschiedenen Laufbahngruppen angehören.

(2) ¹Der Sprecher führt die Geschäfte der Versammlung. ²Er führt deren Beschlüsse aus. ³Er ist der Ansprechpartner des Führers des Verbandes, des Kasernenkommandanten oder des Standortältesten.

(3) § 11 gilt mit der Maßgabe, daß anstelle des Disziplinarvorgesetzten der Führer des Verbandes, der Kasernenkommandant oder der Standortälteste antragsberechtigt ist.

1 (Abs. 1) Abs. 1 regelt die **Wahl eines Sprechers** der Versammlung der Vertrauenspersonen sowie eines **ersten und zweiten Stellvertreters**. Gewählt werden können nur die der Versammlung als ständige Mitglieder angehörenden Vertrauenspersonen (also nicht deren nur vorübergehend eingetretene Stellvertreter; vgl. § 13 SBG Rn. 1 u. 3) sowie die nach § 32 Abs. 4 i. V. m. § 52 Abs. 2 hinzugetretenen Soldatenvertreter (vgl. § 32 SBG Rn. 6). Der Sprecher sowie der erste und zweite Stellvertreter müssen **verschiedenen Laufbahngruppen** angehören, wobei keiner Laufbahngruppe ein Vorrang zusteht. Die Versammlung in ihrer Gesamtheit wählt nacheinander in **gesonderten Wahlgängen** den Sprecher sowie den ersten und zweiten Stellvertreter.[130] Nach der für die Beschlussfassung der Versammlung geltenden – und durch die Versammlung nicht veränderbaren – Vorschrift des § 34 Abs. 3 S. 1 SBG ist gewählt, wer im jeweiligen Wahlgang die einfache Mehrheit der Stimmen der anwesenden Mitglieder erhalten hat.[131] Bei Stimmengleichheit entscheidet nach Abs. 1 S. 2 das Los (vgl. § 32 BPersVG Rn. 3 a. E.).

2 Da die in Abs. 1 geregelten Wahlen Akte der Geschäftsführung der Versammlung sind und das Gesetz die Vorschriften des § 5 SBG über die Anfechtung der Wahl der Vertrauenspersonen nicht in Bezug nimmt, sind die Wahlen des Sprechers und seiner Stellvertreter zumindest durch den Ansprechpartner der Versammlung **nicht anfechtbar**.[132] Jedoch steht den Mitgliedern der Versammlung aufgrund ihres **Beschwerderechts nach § 16 SBG** umfassender Rechtsschutz zu, aufgrund dessen auch die Rechtmäßigkeit der in Abs. 1 geregelten Wahlen gerichtlich überprüft werden kann (vgl. § 16 SBG Rn. 1). Dabei sollen allerdings die Verfahrensregeln des § 5 SBG entsprechend anwendbar sein.[133]

3 (Abs. 2) Abs. 2 regelt die **Aufgaben des Sprechers.** Ihm obliegt die **Geschäftsführung**, insb. die Einberufung und Leitung der Versammlung der Vertrauenspersonen sowie die Ausführung ihrer Beschlüsse. Handelt es

---

130 Str.; vgl. KfdP-*Altvater*, Anh. V B § 33 SBG Rn. 3 m. N.
131 Str.; vgl. KfdP-*Altvater*, Anh. V B § 33 SBG Rn. 2 m. N.
132 *TDG Mitte* v. 25. 5. 92 – M 8 GL 8/92 –, n. v.; *TDG Nord* v. 16. 2. 94 – N 1 BLa 4/93 –, NZWehrr 94, 169.
133 So *TDG Nord v.* 26. 1. 95 – N 4 GL 11/94 –, NZWehrr 95, 171.

sich dabei um die Ausübung von Beteiligungsrechten, hat der Sprecher die Beschlüsse im Rahmen der Verfahrensvorschriften der §§ 20 bis 22 SBG umzusetzen (vgl. § 32 SBG Rn. 10). Er ist »**Ansprechpartner**« seines Gegenübers, also des Führers des Verbandes, des Kasernenkommandanten oder des Standortältesten (vgl. § 32 SBG Rn. 8f.), und insoweit zur Entgegennahme von Erklärungen befugt, z.B. solcher, die ein förmliches Beteiligungsverfahren in Gang setzen. Ist der Sprecher **verhindert**, sein Amt auszuüben, wird er durch den ersten Stellvertreter oder, falls auch dieser verhindert ist, durch den zweiten Stellvertreter vertreten.

(**Abs. 3**) Die Aufgaben des Sprechers entsprechen denen des Vorstands des Personalrats und anderer vergleichbarer Kollegialorgane. Die dazu nicht passende Vorschrift des § 33 Abs. 1 S. 4 SBG 1991, die für **Dauer der Tätigkeit** die §§ 9 bis 13 SBG in Bezug nahm, ist durch das 1. SBGÄndG gestrichen worden. Daraus folgt, dass der Sprecher nicht für eine bestimmte Amtszeit (nach vorherigem Recht für ein Jahr) gewählt wird, sondern dass er so lange Inhaber des Amtes ist, bis er es niederlegt, die Versammlung der Vertrauenspersonen es ihm durch Abwahl entzieht oder seine Mitgliedschaft in der Versammlung endet.[134] Die **Amtsniederlegung**, die der Versammlung gegenüber zu erklären ist, und die **Abwahl** sind jederzeit möglich und an keine Gründe gebunden. Die Abwahl muss – wie andere Gegenstände der Beschlussfassung – in der Tagesordnung angekündigt sein und bedarf der einfachen Mehrheit der anwesenden Mitglieder (vgl. Rn. 1). Ohne Entsprechung im BPersVG sieht Abs. 3 durch die Verweisung auf § 11 SBG vor, dass der Sprecher auch durch Entscheidung des Truppendienstgerichts **abberufen** werden kann, wobei anstelle des Disziplinarvorgesetzten der jeweilige Ansprechpartner (vgl. § 32 SBG Rn. 8f.) antragsberechtigt ist. Endet das Amt des Sprechers, so geht dessen Funktion nicht auf den nächsten Stellvertreter über.[135] Vielmehr hat die Versammlung einen **neuen Sprecher** zu wählen. Lediglich bis zur Neuwahl übt der erste Stellvertreter oder, wenn dieser verhindert ist, der zweite Stellvertreter das Amt des Sprechers aus (vgl. § 32 BPersVG Rn. 18).

4

§ 34 Sitzungen, Beschlußfähigkeit

(1) ¹Die Versammlungen der Vertrauenspersonen treten einmal im Kalendervierteljahr, auf Anregung des Führers des Verbandes, des Kasernenkommandanten oder des Standortältesten sowie auf Antrag eines Drittels ihrer Mitglieder auch häufiger, zusammen. ²Die Sitzungen finden in der Regel während der Dienstzeit statt. ³Bei der Anberaumung ist auf die dienstlichen Erfordernisse Rücksicht zu

---

134 Nach a.A. (*Gronimus*, § 33 Rn. 20) wird auch eine Wahl auf Zeit als zulässig angesehen.
135 Str.; vgl. KfdP-*Altvater*, Anh. V B § 33 SBG Rn. 6 m.N.; anders als hier auch ZDv 10/2 Nr. 279.

nehmen. ⁴Die Disziplinarvorgesetzten sind über den Zeitpunkt der Sitzung vorher zu unterrichten.

(2) Die Versammlung der Vertrauenspersonen ist beschlußfähig, wenn mindestens die Hälfte ihrer Mitglieder anwesend ist.

(3) ¹Die Beschlüsse der Versammlung der Vertrauenspersonen werden mit einfacher Stimmenmehrheit der anwesenden Mitglieder gefaßt. ²Bei Stimmengleichheit ist ein Antrag abgelehnt.

(4) Die Versammlung der Vertrauenspersonen kann ergänzende Regelungen in einer Geschäftsordnung treffen, die sie mit der Mehrheit der Stimmen der Mitglieder beschließt.

(5) ¹Ist im Bereich einer Versammlung nach § 32 Abs. 1 ein Personalrat gebildet, kann zur Behandlung gemeinsamer Angelegenheiten der Vorsitzende dieses Personalrates an den Sitzungen der Versammlung stimmberechtigt teilnehmen, soweit Interessen der von ihm Vertretenen berührt sind. ²Satz 1 gilt entsprechend für die Teilnahme des Sprechers der Versammlung der Vertrauenspersonen an den Sitzungen des Personalrates.

1 (Abs. 1) Abs. 1 S. 1 regelt die Häufigkeit des Zusammentretens der Versammlungen der Vertrauenspersonen. Die **Sitzungen** finden (als ordentliche Sitzungen) ohne besonderen Anlass einmal im Kalendervierteljahr statt. Darüber hinaus sind sie (als außerordentliche Sitzungen) auf Anregung ihres Ansprechpartners (vgl. § 32 SBG Rn. 8 f.) oder auf Antrag eines Drittels der Mitglieder der Versammlung einzuberufen. Die **Anberaumung** der Sitzungen unter Festlegung eines genauen Termins sowie die rechtzeitige Einladung unter Übersendung der Tagesordnung sind Maßnahmen der Geschäftsführung, die nach § 33 Abs. 2 S. 1 SBG dem Sprecher obliegt. Nach den Vorschriften des Abs. 1 S. 2 bis 4, die den Bestimmungen des § 35 S. 1 Hs. 2, S. 2 und 3 BPersVG nachgebildet sind, finden die Sitzungen i. d. R. während der Dienstzeit statt, ist bei ihrer Anberaumung auf die dienstlichen Erfordernisse Rücksicht zu nehmen und sind die Disziplinarvorgesetzten im Geschäftsbereich der Versammlung vom Zeitpunkt der Sitzung vorher zu verständigen (vgl. § 35 BPersVG Rn. 2 ff.).

2 Wie sich aus Abs. 5 ergibt, sind die Sitzungen **nicht öffentlich**. Deshalb dürfen grundsätzlich nur die Mitglieder der Versammlung an ihnen teilnehmen. Für die Teilnahme anderer Personen bedarf es eines besonderen Rechtfertigungsgrundes. Im Hinblick auf das Gebot der Zusammenarbeit zwischen der Versammlung und dem ihr gegenüberstehenden **Vorgesetzten** (vgl. § 32 SBG Rn. 10) ist dieser in entsprechender Anwendung des § 34 Abs. 4 BPersVG berechtigt, an den Sitzungen teilzunehmen, die entweder aufgrund seiner Anregung anberaumt sind oder zu denen er ausdrücklich eingeladen ist. Will die Versammlung jedoch in Abwesenheit des Vorgesetzten beraten oder beschließen, hat dieser die Sitzung auf Verlangen des Sprechers zu verlassen (vgl. § 34 BPersVG Rn. 13).

Anhang V B § 34 SBG

(**Abs. 2, 3**) Als Kollegialorgan trifft die Versammlung ihre Entscheidungen 3
durch **Beschlüsse**, die in ordnungsmäßig einberufenen und durchgeführten Sitzungen gefasst werden. Dabei darf grundsätzlich nur über solche Angelegenheiten beschlossen werden. die den Mitgliedern rechtzeitig vor der Sitzung als Tagesordnungspunkte bekannt gemacht worden sind (vgl. § 34 BPersVG Rn. 5). Die in Abs. 2 und 3 getroffenen Regelungen über die **Beschlussfähigkeit** und **Beschlussfassung** der Versammlung sind denen des § 37 BPersVG nachgebildet. Allerdings ist der frühere Abs. 3 S. 2, wonach Stimmenthaltung als Ablehnung galt, durch das 1. SBGÄndG gestrichen worden. Daraus folgt, dass jene Mitglieder, die sich der Stimme enthalten, bei der Berechnung der Stimmenmehrheit unberücksichtigt bleiben.[136] Verhinderte Vertrauenspersonen werden nach § 13 SBG durch ihren **Stellvertreter** vertreten.

(**Abs. 4**) Abs. 4 stellt klar, dass die Versammlung ergänzende – also nicht 4
vom Gesetz abweichende – Regelungen in einer **Geschäftsordnung** treffen kann, und legt im Unterschied zu Abs. 3 S. 1 fest, dass dafür die Mehrheit der Stimmen der Mitglieder erforderlich ist (vgl. § 42 BPersVG). In der Geschäftsordnung kann u. a. auch die Bildung eines aus dem Sprecher und seinen Stellvertretern bestehenden **Vorstands** oder die Einrichtung **geschäftsführender Ausschüsse** festgelegt werden.[137]

(**Abs. 5**) Unter der Voraussetzung, dass im Bereich einer **Versammlung** 5
der Vertrauenspersonen auf Verbandsebene nach § 91 Abs. 1 SG i. V. m. § 12 BPersVG ein **Personalrat** gebildet ist, sieht Abs. 5 zur Behandlung gemeinsamer Angelegenheiten ein wechselseitiges **Teilnahme- und Stimmrecht** des Vorsitzenden des Personalrats an den Sitzungen der Versammlung und des Sprechers der Versammlung an den Sitzungen des Personalrats vor, soweit die Interessen der von ihnen jeweils Vertretenen berührt sind. Sind im Bereich einer Verbandsversammlung **mehrere Personalräte** gebildet, hat der Vorsitzende jedes Personalrats ein Teilnahme- und Stimmrecht an den Sitzungen der Verbandsversammlung und umgekehrt der Sprecher der Versammlung ein Teilnahme- und Stimmrecht an den Sitzungen jedes Personalrats. Die in Abs. 5 vorgesehene Form institutionalisierter **Zusammenarbeit** von Verbandsversammlung und Personalrat kann dazu beitragen, die beiden Organen obliegende Interessenvertretung aufeinander abzustimmen und widersprüchliche Stellungnahmen in derselben Sache zu vermeiden. Die Regelung des Abs. 5 ändert indessen nichts daran, dass in der gleichen Angelegenheit u. U. beide Organe **nebeneinander zu beteiligen** sind (vgl. § 1 SBG Rn. 3).

---

136 Vgl. BT-Drs. 13/5740, S. 21, zu Nr. 31 Buchst. c; str.; vgl. KfdP-*Altvater*, Anh. V B § 34 SBG Rn. 3 m. N.
137 Vgl. KfdP-*Altvater*, Anh. V B § 34 SBG Rn. 4 m. N.

§ 35 SBG Anhang V B

Abschnitt 2
Gesamtvertrauenspersonenausschuß

§ 35 Bildung des Gesamtvertrauenspersonenausschusses

(1) ¹Beim Bundesministerium der Verteidigung wird ein Gesamtvertrauenspersonenausschuß mit 35 Mitgliedern gebildet. ²In ihm sollen die Soldaten des Heeres, der Luftwaffe, der Marine, des Zentralen Sanitätsdienstes der Bundeswehr und des Zentralen Militärischen Bereichs (Organisationsbereiche) nach Laufbahn- und Statusgruppen angemessen vertreten sein. ³Die Soldatenvertreter im Hauptpersonalrat beim Bundesministerium der Verteidigung treten als weitere Mitglieder hinzu.

(2) ¹Die Mitglieder des Gesamtvertrauenspersonenausschusses werden in geheimer und unmittelbarer Wahl gewählt. ²Wahlberechtigt sind alle Vertrauenspersonen, die sich 21 Kalendertage vor dem Wahltage im Amt befinden.

(3) Wählbar sind alle Wahlberechtigten, die Vertrauenspersonen eines Wahlbereichs sind, der für mindestens drei Monate gebildet wurde, und die amtierenden Mitglieder des Gesamtvertrauenspersonenausschusses.

(4) Die einem Organisationsbereich angehörenden Mitglieder bilden eine Gruppe.

(5) Die Bestimmungen über die Versammlungen der Vertrauenspersonen gelten mit Ausnahme des § 32 Abs. 7 und des § 34 entsprechend für den Gesamtvertrauenspersonenausschuß, soweit nachfolgend nichts anderes bestimmt ist.

(6) ¹Für die Durchführung der Wahl des Gesamtvertrauenspersonenausschusses werden beim Bundesministerium der Verteidigung ein zentraler Wahlvorstand und in den Organisationsbereichen dezentrale Wahlvorstände gebildet. ²Der zentrale Wahlvorstand besteht aus fünf Mitgliedern, die das Bundesministerium der Verteidigung auf Vorschlag des Gesamtvertrauenspersonenausschusses in ihr Amt beruft.

1 Die in Kap. 3 Abschn. 2 SBG (§§ 35–47) enthaltenen Vorschriften über den **Gesamtvertrauenspersonenausschuß (GVPA)** sind durch das 1. SBGÄndG völlig neu gefasst worden. Die Regelungen über die **Aufgaben und Rechtsstellung** des GVPA, die vorher in der Verordnung über Wahl, Organisation und Aufgabengebiete des Gesamtvertrauenspersonenausschusses beim Bundesministerium der Verteidigung sowie über die Rechtsstellung seiner Mitglieder (GVPAV) v. 28. 11. 91[138] – geändert durch Ver-

---

138 BGBl. I S. 2148.

Anhang V B § 35 SBG

ordnung v. 10. 4. 95[139] – getroffen worden waren, sind dabei ohne wesentliche inhaltliche Änderungen in das SBG übernommen worden. Die GVPAV ist durch Art. 3 des 1. SBGÄndG aufgehoben worden. Die das SBG ergänzenden Bestimmungen über die **Wahl** des GVPA finden sich nunmehr in Abschn. 2 der Wahlverordnung zum Soldatenbeteiligungsgesetz (SBGWV) v. 18. 3. 97,[140] die aufgrund des § 53 Abs. 1 SBG erlassen worden ist.

(Abs. 1) Abs. 1 bestimmt, dass **beim BMVg** ein Gesamtvertrauenspersonenausschuss zu bilden ist, und legt dessen Zusammensetzung fest. Der GVPA ist ein Beteiligungsorgan, das alle Soldaten der Bundeswehr repräsentiert. Die Soldaten, die nach Kap. 2 SBG Vertrauenspersonen wählen, werden durch **35 Mitglieder** repräsentiert, jene Soldaten, die nach Kap. 4 SBG Personalvertretungen wählen, durch die **Soldatenvertreter im Hauptpersonalrat** beim BMVg, die als weitere Mitglieder hinzutreten. Letztere sind im Unterschied zum früheren Recht Vollmitglieder des GVPA mit allen Rechten und Pflichten.[141] Da sie dem GVPA aufgrund ihrer Eigenschaft als Mitglied des Hauptpersonalrats angehören, richtet sich ihre persönliche Rechtsstellung allerdings nach dem BPersVG. Unter den 35 nach Abs. 2, 3 und 6 zu wählenden Mitgliedern sollen die **Organisationsbereiche** (inzwischen: Heer, Luftwaffe, Marine, Zentraler Sanitätsdienst der Bundeswehr und Streitkräftebasis) nach **Laufbahngruppen** (Mannschaften, Unteroffiziere und Offiziere) und **Statusgruppen** (Berufssoldaten, Soldaten auf Zeit und Soldaten, die aufgrund des Wehrpflichtgesetzes Wehrdienst leisten) angemessen vertreten sein. Im Einzelnen ist die Sitzverteilung in § 20 SBGWV geregelt. 2

(Abs. 2, 3) Abs. 2 S. 1 bestimmt, dass die originären 35 Mitglieder des GVPA in **geheimer und unmittelbarer Wahl** gewählt werden. Der Grundsatz der unmittelbaren Wahl hat hier jedoch eine andere Bedeutung als bei der Wahl der Vertrauenspersonen nach § 2 Abs. 1 SBG sowie der Soldatenvertreter in den Personalvertretungen nach § 48 SBG i. V. m. § 19 Abs. 1 BPersVG. Das ergibt sich aus Abs. 2 S. 2, wonach nicht die in § 3 SBG aufgeführten Soldaten – also nicht die Repräsentierten –, sondern nur Vertrauenspersonen wahlberechtigt sind. Der Grundsatz der unmittelbaren Wahl verlangt, dass diese Wahlberechtigten ihre Stimme persönlich abzugeben haben. Das ist auch im Rahmen der **Briefwahl** möglich, die in § 21 SBGWV generell vorgesehen und in § 28 SBGWV näher ausgestaltet ist. 3

Wahlberechtigt sind nach Abs. 2 S. 2 alle Vertrauenspersonen, die sich 21 Kalendertage vor dem Wahltag im Amt befinden, im Unterschied zu § 2 Abs. 1 GVPAV aber nicht die Mitglieder des GVPA. Zum Kreis der Wahlberechtigten gehören auch die für die Dauer einer besonderen Auslandsverwendung nach § 2 Abs. 6 SBG gewählten zusätzlichen Vertrauens- 4

---
139 BGBl. I S. 523.
140 BGBl. I S. 558; abgedr. im KfdP, Anh. V C.
141 BT-Drs. 13/5740, S. 21, zu Nr. 33.

personen sowie die für die Dauer der besonderen Auslandsverwendung einer Vertrauensperson nach § 13 Abs. 2 und 3 SBG eingetretenen Stellvertreter oder gewählten Vertrauenspersonen mit befristeter Amtszeit.[142]

4a **Wählbar** sind nach dem mit § 2 Abs. 2 GVPAV inhaltlich übereinstimmenden Abs. 3 alle Wahlberechtigten – mit Ausnahme der Vertrauenspersonen eines Wahlbereichs, der nicht für mindestens drei Monate gebildet wurde – und die amtierenden Mitglieder des GVPA, auch wenn diese nicht wahlberechtigt sind.[143]

5 **(Abs. 4)** In Übereinstimmung mit § 1 Abs. 2 GVPAV bestimmt Abs. 4, dass die den fünf Organisationsbereichen (vgl. Rn. 2) angehörenden Mitglieder jeweils eine **Gruppe** bilden. Dabei handelt es sich um Gruppen eigener Art, die anders als die in § 5 BPersVG festgelegten personalvertretungsrechtlichen Gruppen nicht durch den Status des Beschäftigungsverhältnisses definiert sind. Zur Funktion der Gruppen im GVPA vgl. § 38 Abs. 4 und § 43 Abs. 3 SBG.

6 **(Abs. 5)** Nach Abs. 5 gelten die **Bestimmungen über die Versammlungen der Vertrauenspersonen** entsprechend, soweit es sich nicht um § 32 Abs. 7 und § 34 SBG handelt und soweit in den nachfolgenden Vorschriften über den GVPA nichts anderes bestimmt ist. Diese grundsätzliche Verweisung erstreckt sich demnach auf § 32 Abs. 1 bis 6 und 8 sowie § 33 SBG.

7 **(Abs. 6)** Für die Durchführung der Wahl des GVPA sieht Abs. 6 S. 1 die Bildung eines **zentralen Wahlvorstands** beim BMVg und **dezentraler Wahlvorstände** in den Organisationsbereichen vor. Während S. 2 die Zahl der Mitglieder des zentralen Wahlvorstands und deren Berufung festlegt, regelt § 18 Abs. 1 und 2 SBGWV die Einzelheiten der Bildung der dezentralen Wahlvorstände.

§ 36 Amtszeit, Rechtsstellung der Mitglieder des Gesamtvertrauenspersonenausschusses

(1) ¹Die Amtszeit des Gesamtvertrauenspersonenausschusses beginnt entsprechend § 9 Abs. 1 Satz 2 und beträgt regelmäßig vier Jahre. ²Sie verlängert sich um höchstens drei Monate. ³Der Zentrale Wahlvorstand lädt die Mitglieder des Gesamtvertrauenspersonenausschusses unverzüglich nach ihrer Wahl zur ersten Sitzung ein.

(2) ¹Die Mitgliedschaft im Gesamtvertrauenspersonenausschuß beginnt mit dessen Amtszeit. ²Sie erlischt

1. mit dem Ende der Amtszeit des Gesamtvertrauenspersonenausschusses,

---

142 *BVerwG* v. 21.7.09 – 1 WB 18.08 –, PersV 09, 413; vgl. auch § 2 SBG Rn. 8 u. § 13 SBG Rn. 3 f.
143 Krit. dazu *Gronimus*, § 35 Rn. 18.

Anhang V B § 36 SBG

2. durch Niederlegung des Amtes mit der Maßgabe, daß die Erklärung schriftlich gegenüber dem Gesamtvertrauenspersonenausschuß abzugeben ist,

3. bei Stellung eines Antrages auf Anerkennung als Kriegsdienstverweigerer,

4. durch Verlust der Fähigkeit, Rechte aus öffentlichen Wahlen zu erlangen,

5. durch Ausscheiden aus dem Wehrdienstverhältnis.

(3) ¹Die Amtszeit endet vorzeitig, wenn

1. die Gesamtzahl der Mitglieder auch nach Eintreten aller verfügbaren Ersatzmitglieder um mehr als ein Viertel der vorgeschriebenen Zahl gesunken ist oder

2. der Gesamtvertrauenspersonenausschuß mit der Mehrheit seiner Mitglieder seinen Rücktritt beschlossen hat oder

3. die Wahl angefochten und für ungültig erklärt wurde, mit Rechtskraft der gerichtlichen Entscheidung.

²In den Fällen des Satzes 1 führt der Gesamtvertrauenspersonenausschuß die Geschäfte weiter bis zur ersten Sitzung des neuen Gesamtvertrauenspersonenausschusses.

(4) ¹Auf Antrag des Bundesministeriums der Verteidigung oder mindestens eines Viertels der Mitglieder des Gesamtvertrauenspersonenausschusses kann das Bundesverwaltungsgericht ein Mitglied des Gesamtvertrauenspersonenausschusses abberufen, wegen grober Vernachlässigung seiner gesetzlichen Befugnisse, wegen grober Vernachlässigung seiner gesetzlichen Pflichten oder wegen eines Verhaltens, das geeignet ist, die vertrauensvolle Zusammenarbeit zwischen dem Bundesministerium der Verteidigung und dem Gesamtvertrauenspersonenausschuß ernsthaft zu beeinträchtigen. ²Das Bundesverwaltungsgericht entscheidet unter entsprechender Anwendung der Vorschriften der Wehrdisziplinarordnung.

(5) Auf die Mitglieder des Gesamtvertrauenspersonenausschusses finden die §§ 8, 12, 14, 16 entsprechende Anwendung.

(**Abs. 1**) Die Regelungen in Abs. 1 S. 1 und 2 über Beginn und Dauer der **Amtszeit** des GVPA sind ebenso strukturiert wie die für die Vertrauenspersonen geltenden Bestimmungen des § 9 Abs. 1 SBG. Während für den **Beginn** der Amtszeit § 9 Abs. 1 S. 2 SBG entsprechend gilt, ist die **regelmäßige Dauer** der Amtszeit nicht – wie vorher in § 19 Abs. 1 S. 1 GVPAV – auf drei, sondern auf vier Jahre festgelegt. Falls die Neuwahl des GVPA nicht rechtzeitig beendet ist, **verlängert** sie sich um höchstens drei Monate. In Anlehnung an § 34 Abs. 1 BPersVG weist Abs. 1 S. 3 dem 1

§ 36 SBG   **Anhang V B**

Zentralen Wahlvorstand die Befugnis zu, zur ersten Sitzung des GVPA einzuladen (vgl. § 40 Abs. 1 SBG).

2   **(Abs. 2, 3)** Der im Wesentlichen mit § 20 Abs. 1 und 2 GVPAV übereinstimmende Abs. 2 legt **Beginn und Ende der Mitgliedschaft** im GVPA fest. Der § 27 Abs. 2 und 3 BPersVG nachgebildete Abs. 3 regelt das **vorzeitige Ende der Amtszeit** und die Befugnis des GVPA zur **Weiterführung der Geschäfte**. Diese Befugnis besteht im Unterschied zum BPersVG auch, wenn die Wahl des GVPA aufgrund einer Wahlanfechtung insgesamt für ungültig erklärt worden ist.

3   **(Abs. 4)** Der sich sowohl von § 28 Abs. 1 BPersVG als auch von § 11 SBG unterscheidende Abs. 4 eröffnet die Möglichkeit zur **Abberufung eines Mitglieds** des GVPA – nicht jedoch zur Auflösung des GVPA – wegen grober Vernachlässigung gesetzlicher Befugnisse oder Pflichten oder wegen eines sonstigen Verhaltens (vgl. § 11 SBG Rn. 1). Über den vom BMVg oder von mindestens einem Viertel der Mitglieder des GVPA zu stellenden Antrag auf Amtsenthebung entscheidet das Bundesverwaltungsgericht (1. oder 2. Wehrdienstsenat), das dabei die Vorschriften der WDO entsprechend anzuwenden hat.

4   **(Abs. 5)** Abs. 5 regelt die **persönliche Rechtsstellung der Mitglieder** des GVPA, indem er die §§ 8, 12, 14 und 16 SBG für entsprechend anwendbar erklärt. Ein Beschwerderecht des **GVPA als Organ** ist nicht ausdrücklich vorgesehen.[144] Bei einer **Verletzung der Beteiligungsrechte** des GVPA steht diesem jedoch das **Beschwerderecht** entsprechend § 16 SBG und der damit verknüpfte gerichtliche Rechtsschutz nach § 17 Abs. 1 S. 1 und den §§ 21, 22 WBO zu. Damit ist nach erfolglosem Beschwerdeverfahren der **Rechtsweg zum Bundesverwaltungsgericht** – Wehrdienstsenate – gegeben.[145] Macht ein **Mitglied des GVPA** geltend, es sei in der Ausübung der ihm nach dem SBG eingeräumten Befugnisse **behindert** oder wegen seiner Tätigkeit **benachteiligt** worden, ist für den gerichtlichen Rechtsschutz nach erfolglos durchgeführtem Beschwerdeverfahren gem. den §§ 16 und 17 Abs. 1 WBO ebenfalls der **Rechtsweg zu den Wehrdienstgerichten** eröffnet[146] (vgl. § 16 SBG Rn. 1). Innerhalb dieses Rechtswegs liegt die **erstinstanzliche Zuständigkeit** nach § 17 Abs. 1 S. 1 WBO aber grundsätzlich bei den **Truppendienstgerichten**. Eine Zuständigkeit des **Bundesverwaltungsgerichts** besteht nur in den gesetzlich genannten Fällen, nämlich gem. § 21 oder 22 WBO gegen Entscheidungen oder Maßnahmen des BMVg bzw. gegen Entscheidungen der Inspekteure der Teilstreitkräfte und der Vorgesetzten in vergleichbaren Dienststellungen.[147]

---

144 BT-Drs. 13/5740, S. 21, zu Nr. 35 u. 36.
145 *BVerwG* v. 27. 8. 96 – 1 WB 28.96 –, NZWehrr 97, 39, u. v. 1. 11. 01 – 6 P 10.01 –, PersR 02, 73.
146 *BVerwG* v. 17. 2. 09 – 1 WB 17.08 –, PersV 09, 380.
147 *BVerwG* v. 18. 8. 09 – 1 WB 51.09 –, NZWehrr 10, 40.

Anhang V B § 37 SBG

§ 37 Arbeit des Gesamtvertrauenspersonenausschusses

(1) ¹Der Gesamtvertrauenspersonenausschuß wird bei Grundsatzregelungen des Bundesministeriums der Verteidigung im personellen, sozialen und organisatorischen Bereich angehört, soweit diese Soldaten betreffen. ²Er kann in diesen Angelegenheiten auch vor einer Anhörung Anregungen geben. ³Er hat bei Grundsatzregelungen ein Vorschlags- oder Mitbestimmungsrecht, soweit dieses Gesetz Vertrauenspersonen ein solches einräumt.

(2) Kommt in Mitbestimmungsangelegenheiten, die Soldaten betreffen, zwischen dem Bundesministerium der Verteidigung und dem Gesamtvertrauenspersonenausschuß eine Einigung nicht zustande, können diese dem Schlichtungsausschuß vorgelegt werden, der eine Empfehlung an das Bundesministerium der Verteidigung ausspricht, das sodann endgültig entscheidet.

(3) Der Schlichtungsausschuß besteht aus je drei vom Bundesministerium der Verteidigung und vom Gesamtvertrauenspersonenausschuß bestimmten Beisitzern sowie einem unparteiischen Vorsitzenden, der einvernehmlich berufen wird.

§ 37 SBG regelt die **Beteiligungsrechte** des GVPA. **1**

(**Abs. 1**) Abs. 1 S. 1 sieht ein **Anhörungsrecht** des GVPA bei Soldaten **2**
betreffenden **Grundsatzregelungen des BMVg** im personellen, sozialen und organisatorischen Bereich vor. Damit sind alle Regelungen gemeint, deren Bedeutung über den Einzelfall hinausgeht. Grundsatzregelungen des BMVg können sowohl von den in das Ministerium integrierten Führungsstäben der fünf Organisationsbereiche der Streitkräfte (vgl. § 35 SBG Rn. 2) als auch von dessen zivilen Abteilungen stammen. Abs. 1 S. 2 gibt dem GVPA das Recht, in den seiner Anhörung unterliegenden Angelegenheiten auch vor einer Anhörung bereits **Anregungen** zu geben. Darüber hinaus legt Abs. 1 S. 3 bei Grundsatzregelungen ein **Vorschlags- oder Mitbestimmungsrecht** des GVPA fest, soweit das SBG Vertrauenspersonen ein solches Beteiligungsrecht einräumt (vgl. § 21 SBG Rn. 1 u. § 22 SBG Rn. 1).

(**Abs. 2, 3**) Für den Fall, dass es in Mitbestimmungsangelegenheiten nicht **3**
zu einer Einigung zwischen BMVg und GVPA kommt, sieht Abs. 2 vor, dass beide Seiten den **Schlichtungsausschuss** anrufen können. Dieser hat – anders als bei der Mitbestimmung der Vertrauenspersonen nach § 22 Abs. 2 SBG – jedoch in keinem Fall die Befugnis zu einer die Beteiligten bindenden Entscheidung, sondern kann immer nur eine **Empfehlung** an das endgültig entscheidende BMVg aussprechen. Der dem § 71 Abs. 1 S. 2 BPersVG nachgebildete Abs. 3 regelt die **Zusammensetzung** des Schlichtungsausschusses.

§ 38 Pflichten des Bundesministeriums der Verteidigung

(1) ¹Das Bundesministerium der Verteidigung teilt dem Gesamtvertrauenspersonenausschuß die beabsichtigte beteiligungsbedürftige Maßnahme rechtzeitig mit. ²Dem Gesamtvertrauenspersonenausschuß ist Gelegenheit zu geben, binnen einer Frist von vier Wochen, die in dringenden Fällen auf zwei Wochen verkürzt werden kann, Stellungnahmen oder Anregungen abzugeben. ³Das Bundesministerium der Verteidigung soll diese bei seiner Entscheidung berücksichtigen. ⁴Berücksichtigt es die Stellungnahmen oder Anregungen nicht, teilt es die Gründe hierfür dem Ausschuß mit. ⁵Die Maßnahme gilt als gebilligt, wenn der Gesamtvertrauenspersonenausschuß nicht innerhalb der genannten Frist schriftlich Einwendungen erhebt.

(2) ¹Das Bundesministerium der Verteidigung kann bei Maßnahmen, die der Natur der Sache nach keinen Aufschub dulden, bis zur endgültigen Entscheidung vorläufige Regelungen treffen. ²Es hat dem Gesamtvertrauenspersonenausschuß die vorläufige Regelung mitzuteilen und zu begründen und unverzüglich das Verfahren nach Absatz 1 einzuleiten oder fortzusetzen. ³Die nach diesem Absatz durchzuführenden Maßnahmen sind mit Ausnahme der Anhörungstatbestände als vorläufige Regelungen zu kennzeichnen.

(3) Das Bundesministerium der Verteidigung stellt den Sprecher und gegebenenfalls weitere Mitglieder des Gesamtvertrauenspersonenausschusses von ihrer dienstlichen Tätigkeit frei, soweit es zur ordnungsgemäßen Aufgabenerfüllung erforderlich ist.

(4) ¹§ 7 des Bundespersonalvertretungsgesetzes gilt entsprechend. ²In Angelegenheiten, die nur eine Gruppe betreffen, ist der Ansprechpartner dieser Gruppe der jeweilige Inspekteur oder der Vorgesetzte, der diese Funktion ausübt. ³Dieser kann sich vertreten lassen.

1 (Abs. 1) Abs. 1 regelt das **Verfahren der Beteiligung** des GVPA durch das BMVg. Die Vorschriften in S. 1 bis 4 sind aus § 21 Abs. 1 GVPAV übernommen. Hinzu gekommen ist der dem § 69 Abs. 2 S. 5 BPersVG entsprechende S. 5, wonach die Billigung einer beabsichtigten beteiligungsbedürftigen Maßnahme fingiert wird, wenn der GVPA es versäumt, innerhalb der Äußerungsfrist von vier oder – in dringenden Fällen – zwei Wochen schriftlich Einwendungen zu erheben.

2 (Abs. 2) Die Regelung in Abs. 2 S. 1 und 2 über die Befugnis des BMVg, bei unaufschiebbaren Maßnahmen **vorläufige Regelungen** zu treffen, ist § 69 Abs. 5 BPersVG (vgl. dort Rn. 41–46) nachgebildet. Sie gilt unabhängig von der Art des Beteiligungsrechts für alle Beteiligungstatbestände.[148] Dagegen

---

148 Str.; vgl. KfdP-*Altvater*, Anh. V B § 38 SBG Rn. 2 m. N.

bezieht sich die in S. 3 festgelegte Verpflichtung, vorläufige Regelungen als solche zu kennzeichnen, nur auf Maßnahmen, bei denen dem GVPA ein Vorschlags- oder Mitbestimmungsrecht zusteht.

(Abs. 3) Die Regelung des Abs. 3 entspricht der des § 46 Abs. 3 S. 1 BPersVG. Während der Sprecher immer voll **freizustellen** ist, sind weitere Mitglieder des GVPA »gegebenenfalls«, d. h. nach Prüfung der Erforderlichkeit, ganz oder teilweise freizustellen. **3**

(Abs. 4) Abs. 4 S. 1 stellt durch den Verweis auf § 7 BPersVG klar, dass gegenüber dem GVPA für das BMVg grundsätzlich der Bundesminister der Verteidigung handelt.[149] Dieser kann sich in seiner Funktion als **Ansprechpartner** des GVPA entsprechend § 7 S. 2 bis 4 BPersVG vertreten lassen. Handelt es sich um Angelegenheiten, die nur eine Gruppe betreffen (vgl. dazu § 35 Abs. 4 SBG), ist – so Abs. 4 S. 2 – Ansprechpartner dieser Gruppe der jeweilige Inspekteur oder der Vorgesetzte, der diese Funktion ausübt. Abs. 4 S. 3 lässt es zu, dass die Ansprechpartner der Gruppen sich vertreten lassen. **4**

§ 39 Nachrücken

(1) ¹Scheidet ein Mitglied aus, rückt an dessen Stelle der Bewerber aus demselben Organisationsbereich und derselben Laufbahngruppe mit der nächstniedrigen Stimmenzahl nach. ²Der Sprecher teilt nach vorheriger Unterrichtung des Gesamtvertrauenspersonenausschusses dem betreffenden Bewerber den Beginn seiner Mitgliedschaft mit.

(2) ¹Scheidet ein Mitglied aus und stehen keine Soldaten zum Nachrücken nach Absatz 1 zur Verfügung, wird eine Vertrauensperson derselben Laufbahngruppe nachgewählt. ²Wahlberechtigt hierfür sind die Vertrauenspersonen der Brigade oder des vergleichbaren Befehlsbereichs, dem das ausgeschiedene Mitglied angehörte.

(3) ¹In den Fällen des Absatzes 2 teilt der Sprecher nach vorheriger Unterrichtung des Gesamtvertrauenspersonenausschusses dem Bundesministerium der Verteidigung unter Angabe von Name, Dienstgrad und Einheit oder Dienststelle des ausscheidenden Mitglieds mit, daß kein Bewerber zum Nachrücken zur Verfügung steht. ²Das Bundesministerium der Verteidigung läßt unverzüglich die Nachwahl nach Absatz 2 durchführen und teilt dem Gesamtvertrauenspersonenausschuß Name, Dienstgrad und Einheit oder Dienststelle des neuen Mitglieds mit.

(4) Beträgt zum Zeitpunkt des Ausscheidens eines Mitglieds die weitere regelmäßige Amtszeit des Gesamtvertrauenspersonenaus-

---

149 BT-Drs. 13/5740, S. 21, zu Nr. 35 u. 36.

§ 40 SBG   **Anhang V B**

schusses weniger als vier Monate, finden die Absätze 1 und 2 keine Anwendung.

1 Das SBG in der durch das 1. SBGÄndG geänderten Fassung sieht anders als die GVPAV in ihrem § 17 nicht vor, dass ein zeitweilig verhindertes Mitglied des GVPA durch ein Ersatzmitglied vertreten wird. Die Vorschriften des § 39 SBG treffen lediglich Regelungen für den Fall, dass ein Mitglied aus dem GVPA endgültig **ausscheidet**.

2 Abs. 1 sieht vor, dass an Stelle des ausgeschiedenen Mitglieds grundsätzlich der Wahlbewerber **nachrückt**, der in demselben Organisationsbereich und in derselben Laufbahngruppe die nächstniedrige Stimmenzahl erreicht hat. Ist ein derartiger Nachrücker nicht (mehr) vorhanden, ist nach Abs. 2 eine Vertrauensperson derselben Laufbahngruppe nachzuwählen, wobei wahlberechtigt die Vertrauenspersonen der Brigade oder des vergleichbaren Befehlsbereichs sind, dem das ausgeschiedene Mitglied angehörte. Vergleichbar ist ein Befehlsbereich, dessen Führer nach § 28 Abs. 1 S. 2 Nr. 3 WDO die Disziplinarbefugnis der dritten Stufe besitzt. Das bei der Nachwahl zu beachtende Verfahren ist in Abs. 3 geregelt.

3 Nach Abs. 4 sind sowohl das Nachrücken als auch die Nachwahl ausnahmsweise dann **ausgeschlossen**, wenn die weitere regelmäßige Amtszeit des GVPA zum Zeitpunkt des Ausscheidens eines Mitglieds weniger als vier Monate beträgt.

§ 40 Geschäftsführung

(1) ¹In der ersten Sitzung wählt der Gesamtvertrauenspersonenausschuß unter Leitung des Vorsitzenden des Zentralen Wahlvorstandes einen Sprecher und zwei Stellvertreter. ²Die Mitglieder aus den jeweiligen Organisationsbereichen wählen je einen Bereichssprecher. ³Bei Stimmengleichheit entscheidet das Los.

(2) ¹Der Sprecher führt die laufenden Geschäfte. ²Er vertritt die Beschlüsse des Gesamtvertrauenspersonenausschusses gegenüber dem Bundesministerium der Verteidigung. ³In Angelegenheiten, die nur einen Organisationsbereich betreffen, vertritt die Beschlüsse des Gesamtvertrauenspersonenausschusses der Sprecher gemeinsam mit dem jeweiligen Bereichssprecher.

(3) Der Gesamtvertrauenspersonenausschuß gibt sich eine Geschäftsordnung, die er mit der Mehrheit der Mitglieder beschließt.

1 (Abs. 1) Die erste Sitzung des GVPA, zu welcher der Zentrale Wahlvorstand nach § 36 Abs. 1 S. 3 SBG einlädt, dient der **Konstituierung** des GVPA durch die Vornahme der dazu erforderlichen Wahlen. Nach Abs. 1 S. 1 wählt der GVPA einen **Sprecher** und **zwei Stellvertreter**. Wählbar sind dabei nicht nur die gewählten Mitglieder i. S. d. § 35 Abs. 1 S. 1 SBG,

Anhang V B **§ 41 SBG**

sondern auch die als weitere Mitglieder nach § 35 Abs. 1 S. 3 SBG hinzugetretenen Soldatenvertreter im Hauptpersonalrat. Darüber hinaus wählen nach Abs. 1 S. 2 die jeweils eine Gruppe bildenden Mitglieder aus den fünf Organisationsbereichen (vgl. § 35 SBG Rn. 2 u. 5) aus ihrer Mitte je einen **Bereichssprecher**, wobei es sich im Hinblick auf die Regelung des Abs. 2 S. 3 zur Sicherung der Funktionsfähigkeit des GVPA empfiehlt, dass jede Gruppe mindestens einen stellvertretenden Bereichssprecher wählt. Für den Fall einer Stimmengleichheit sieht Abs. 1 S. 3 ebenso wie § 33 Abs. 1 S. 2 SBG einen **Losentscheid** vor.

(Abs. 2) Nach Abs. 2 obliegt es dem Sprecher, die **laufenden Geschäfte** 2 des GVPA zu führen und dessen Beschlüsse gegenüber dem BMVg zu **vertreten.** Handelt es sich um Beschlüsse in Angelegenheiten, die nur einen Organisationsbereich betreffen, steht die Vertretungsbefugnis dem Sprecher und dem jeweiligen Bereichssprecher gemeinsam zu. Das gilt im Unterschied zu § 32 Abs. 3 S. 2 BPersVG auch dann, wenn der Sprecher selbst der jeweiligen Gruppe angehört.

(Abs. 3) Von § 42 BPersVG und § 34 Abs. 4 SBG abweichend, lässt Abs. 3 3 eine **Geschäftsordnung** nicht nur zu, sondern schreibt eine solche zwingend vor. Ihre Beschlussfassung bedarf der Mehrheit aller Mitglieder des GVPA, also nicht nur der Mehrheit der gewählten Mitglieder i. S. d. § 35 Abs. 1 S. 1 SBG. In der Geschäftsordnung kann u. a. festgelegt werden, dass der Sprecher, seine zwei Stellvertreter und die Bereichssprecher ein dem **Vorstand** des Personalrats vergleichbares Gremium bilden.

§ 41 Einberufung von Sitzungen

(1) ¹Der Gesamtvertrauenspersonenausschuß soll regelmäßig alle zwei Monate zusammentreten. ²Der Sprecher legt den Zeitpunkt und die Tagesordnung für die Sitzung des Gesamtvertrauenspersonenausschusses fest. ³Die Sitzungen finden regelmäßig während der Dienstzeit statt. ⁴Der Sprecher hat die Mitglieder des Gesamtvertrauenspersonenausschusses zu den Sitzungen unter Bekanntgabe der Tagesordnung rechtzeitig zu laden und die Sitzungen zu leiten.

(2) Der Zeitpunkt und die Tagesordnung der Sitzungen sind dem Bundesministerium der Verteidigung rechtzeitig bekanntzugeben; dienstliche Belange sind bei der Terminierung zu berücksichtigen.

Der als Soll-Vorschrift gefasste Abs. 1 S. 1, der alle zwei Monate statt- 1 findende **regelmäßige Sitzungen** des GVPA vorsieht, ist an die Stelle des § 35 Abs. 2 S. 1 SBG 1991 getreten. Im Unterschied dazu regelt das Gesetz nicht, dass auf Antrag des BMVg oder eines Drittels der Mitglieder des GVPA **weitere Sitzungen** stattfinden. Es ist jedoch zulässig, in der nach § 40 Abs. 3 SBG zu beschließenden Geschäftsordnung vergleichbare Regelungen zu treffen und darüber hinaus vorzusehen, dass auch ohne einen entsprechenden Antrag im Bedarfsfall – v. a. wenn dies zur Einhal-

§ 43 SBG **Anhang V B**

tung der Fristen des § 38 Abs. 1 SBG erforderlich ist – weitere Sitzungen einberufen werden können.

2 Die in Abs. 1 und 2 im Übrigen enthaltenen Bestimmungen über die **Terminierung** der Sitzungen, die Festlegung und Bekanntgabe der **Tagesordnung**, die **Einladungen** und die **Sitzungsleitung** sind den entsprechenden Vorschriften des BPersVG (§ 34 Abs. 2 S. 13 u. § 35 S. 1 Hs. 2, S. 2 u. 3) inhaltlich nachgebildet.

§ 42 Nichtöffentlichkeit

[1]Die Sitzungen des Gesamtvertrauenspersonenausschusses sind nicht öffentlich. [2]Der Gesamtvertrauenspersonenausschuß kann den Bundesminister der Verteidigung oder Vertreter des Bundesministeriums der Verteidigung zu seinen Sitzungen einladen. [3]Auf Antrag eines Drittels der Mitglieder des Gesamtvertrauenspersonenausschusses können jeweils ein Beauftragter von Berufsorganisationen der Soldaten und deren Gewerkschaften an der Sitzung beratend teilnehmen.

1 S. 1, der den **Grundsatz** der Nichtöffentlichkeit der Sitzungen des GVPA festlegt, ist § 35 S. 1 Hs. 1 BPersVG nachgebildet. S. 2 weicht von § 34 Abs. 4 BPersVG und § 26 Abs. 2 GVPAV insoweit ab, als der **Bundesminister der Verteidigung** oder **Vertreter des BMVg** nur auf Einladung des GVPA an dessen Sitzungen teilnehmen können. Der mit § 36 BPersVG bedingt vergleichbare S. 3 ist aus § 28 GVPAV mit dem klarstellenden Zusatz übernommen, dass das von dem Antrag eines Drittels, also einer Minderheit der Mitglieder des GVPA abhängige Recht der beratenden Teilnahme jeweils eines Beauftragten von **Berufsorganisationen** der Soldaten sich auch auf die **Gewerkschaften** der Soldaten erstreckt.

2 Zu den Sitzungen des GVPA sollte entsprechend ZDv 10/2 Nr. 269 Abs. 2 auch die **Hauptschwerbehindertenvertretung** eingeladen werden (vgl. § 32 SBG Rn. 6 a. E.).

§ 43 Beschlußfassung

(1) Der Gesamtvertrauenspersonenausschuß ist beschlußfähig, wenn mindestens die Hälfte seiner Mitglieder anwesend ist.

(2) [1]Beschlüsse werden mit einfacher Stimmenmehrheit gefaßt. [2]Bei Stimmengleichheit ist der Antrag abgelehnt.

(3)[1] In Angelegenheiten der Organisationsbereiche wirken nur die Mitglieder der jeweiligen Gruppe mit. [2]Dies gilt nicht, wenn eine Gruppe nicht oder nicht mehr vertreten ist.

1 (Abs. 1, 2) Der GVPA kann Beschlüsse nur in einer förmlichen, ordnungsgemäß einberufenen **Sitzung** fassen, also z. B. nicht im Umlaufverfahren (vgl. § 37 BPersVG Rn. 1). Die dabei zu beachtenden Regelungen in Abs. 1 und 2 über die **Beschlussfähigkeit** und **Beschlussfassung** des GVPA stimmen inhaltlich mit § 34 Abs. 2 und 3 SBG überein. Anders als nach § 29 Abs. 2 GVPAV sind bei der Berechnung der für die Beschlussfähigkeit erforderlichen Hälfte der Mitglieder nicht nur die gewählten Mitglieder i. S. d. § 35 Abs. 1 S. 1 SBG, sondern alle Mitglieder mitzuzählen. Stimmenthaltungen bleiben bei der Berechnung der einfachen Stimmenmehrheit außer Betracht (str.; vgl. § 34 SBG Rn. 3).[150]

(**Abs. 3**) Abs. 3 entspricht § 38 Abs. 2 BPersVG. In **Angelegenheiten eines Organisationsbereichs** beschließen allein die Mitglieder der jeweiligen Gruppe. Ihrer Beschlussfassung geht jedoch eine gemeinsame Beratung im Plenum des GVPA voraus. Dies ist zwar nicht ausdrücklich festgelegt, ergibt sich aber daraus, dass § 43 SBG seiner Überschrift entsprechend nicht die Beratung, sondern nur die Beschlussfassung des GVPA regelt.

§ 44 Niederschrift

(1) ¹**Über jede Sitzung des Gesamtvertrauenspersonenausschusses ist eine Niederschrift aufzunehmen, die mindestens den Wortlaut der Anträge und Beschlüsse sowie das zahlenmäßige Stimmenverhältnis enthält.** ²**Die Niederschrift ist von dem Sprecher und einem weiteren Mitglied zu unterzeichnen; ihr ist eine Anwesenheitsliste beizufügen, in die sich jeder Teilnehmer einzutragen hat.**

(2) ¹**Haben der Bundesminister der Verteidigung, von ihm beauftragte Vertreter oder Beauftragte von Berufsorganisationen und Gewerkschaften an der Sitzung teilgenommen, ist ihnen der entsprechende Auszug der Niederschrift zuzuleiten.** ²**Einwendungen gegen die Niederschrift sind unverzüglich schriftlich zu erheben und dieser beizufügen.**

Die in § 44 SBG getroffene Regelung über die Sitzungsniederschrift ist § 41 BPersVG nachgebildet.

§ 45 Kosten, Geschäftsbedarf, Fortbildung

(1) ¹**Das Bundesministerium der Verteidigung hat die dem Gesamtvertrauenspersonenausschuß aus dessen Tätigkeit entstehenden Kosten zu tragen.** ²**Mitglieder des Gesamtvertrauenspersonenausschusses erhalten für Reisen, die zur Erfüllung ihrer Aufgabe notwendig sind, Reisekostenvergütung nach dem Bundesreisekostengesetz.**

(2) **Für die Geschäftsführung und die Sitzungen stellt das Bundes-**

---

150 Vgl. *Gronimus*, § 43 Rn. 6.

§ 46 SBG   Anhang V B

ministerium der Verteidigung in erforderlichem Umfang Räume, Geschäftsbedarf und Büropersonal zur Verfügung.

(3) Die Mitglieder des Gesamtvertrauenspersonenausschusses sind vom Bundesministerium der Verteidigung unverzüglich nach ihrer Wahl für ihre Aufgaben auszubilden.

1 (Abs. 1, 2) Die in Abs. 1 und 2 getroffenen Regelungen über die Übernahme der durch die Tätigkeit des GVPA entstehenden **Kosten** durch das BMVg und über die Bereitstellung von **Räumen, Geschäftsbedarf** und **Büropersonal** sind denen des § 44 Abs. 1 und 2 BPersVG nachgebildet.

2 (Abs. 3) Abs. 3, der das BMVg verpflichtet, die Mitglieder des GVPA unverzüglich nach ihrer Wahl für ihre Aufgaben **auszubilden**, orientiert sich an § 19 Abs. 4 SBG, geht jedoch darüber hinaus. Zum einen hat das BMVg die ihm obliegende Ausbildungsverpflichtung nicht nur alsbald nach der Wahl, sondern unverzüglich zu erfüllen, also ohne schuldhaftes Zögern (vgl. § 121 Abs. 1 S. 1 BGB). Zum anderen bezieht sich diese Verpflichtung nicht nur auf die erstmalig in ihr Amt gewählten Mitglieder, sondern auf alle Mitglieder und besteht unabhängig von dem Nachweis eines persönlichen Schulungsbedürfnisses.[151] Im Hinblick darauf, dass der Zweck der Ausbildung darin besteht, Kenntnisse zu vermitteln, die für die Tätigkeit im GVPA erforderlich sind, muss sich die Ausbildungsverpflichtung des BMVg auch auf die als weitere Mitglieder nach § 35 Abs. 1 S. 3 SBG hinzugetretenen Soldatenvertreter im Hauptpersonalrat erstrecken.[152]

§ 46 Beteiligung bei Verschlußsachen

[1]Soweit eine Angelegenheit, an der der Gesamtvertrauenspersonenausschuß zu beteiligen ist, als Verschlußsache mindestens des Geheimhaltungsgrades »VS-Vertraulich« eingestuft ist, tritt an dessen Stelle ein VS-Ausschuß mit fünf Mitgliedern. [2]Die Mitglieder des VS-Ausschusses werden aus der Mitte des Gesamtvertrauenspersonenausschusses gewählt und müssen ermächtigt sein, Kenntnis von Verschlußsachen des in Betracht kommenden Geheimhaltungsgrades zu erhalten.

Die Vorschriften des § 46 SBG sind denen des § 93 Abs. 1 S. 1 bis 3 BPersVG nachgebildet. Für den Schlichtungsausschuss nach § 37 Abs. 3 SBG enthält das Gesetz keine mit § 93 Abs. 3 BPersVG vergleichbare Sonderregelung.

---
151 *BVerwG* v. 17. 2. 09 – 1 WB 17.08 –, PersV 09, 380.
152 Zum **gerichtlichen Rechtsschutz** von Mitgliedern des GVPA in Bezug auf die Teilnahme an der Ausbildung vgl. *BVerwG* v. 28. 5. 08 – 1 WDS-VR 8.08 –, Buchh 310 § 123 Nr. 25, u. v. 30. 9. 09 – 1 WB 73.08 –, Buchh 449.7 § 45 Nr. 2.

Anhang V B § 47 SBG

§ 47 Anfechtung der Wahl

(1) Fünf Wahlberechtigte oder das Bundesministerium der Verteidigung können die Wahl zum Gesamtvertrauenspersonenausschuß innerhalb einer Frist von zwei Wochen, vom Tage der Bekanntmachung des Wahlergebnisses an gerechnet, beim Bundesverwaltungsgericht mit dem Antrag anfechten, die Wahl für ungültig zu erklären, wenn gegen wesentliche Vorschriften über das Wahlrecht, die Wählbarkeit oder das Wahlverfahren verstoßen worden und eine Berichtigung nicht erfolgt ist, es sei denn, daß durch den Verstoß das Wahlergebnis nicht verändert oder beeinflußt werden konnte.

(2) [1]Das Bundesverwaltungsgericht entscheidet unter entsprechender Anwendung der Verfahrensvorschriften der Wehrbeschwerdeordnung. [2]Anstelle der ehrenamtlichen Richter nach § 80 der Wehrdisziplinarordnung gehören jeweils ein ehrenamtlicher Richter aus den Laufbahngruppen der Offiziere, Unteroffiziere und Mannschaften dem Senat an, die aus der Mitte der Vertrauenspersonen zu berufen sind.

(**Abs. 1**) Abs. 1 stimmt im Wesentlichen mit § 5 Abs. 1 SBG überein, unterscheidet sich davon jedoch in zweifacher Hinsicht. Zum einen sind **anfechtungsberechtigt** nicht drei, sondern fünf Wahlberechtigte sowie nicht der Disziplinarvorgesetzte, sondern das BMVg. Zum anderen ist die Wahl des GVPA nicht beim Truppendienstgericht, sondern beim **Bundesverwaltungsgericht** anzufechten. Die für den Beginn der **Anfechtungsfrist** von zwei Wochen maßgebliche ordnungsgemäße **Bekanntmachung des Wahlergebnisses** umfasst die Bekanntgabe der Angaben nach § 31 Abs. 1 S. 2 SBGWV und der Namen der gewählten Mitglieder des GVPA.[153] Die Wahlanfechtung kann auf die Wahl in einem Organisationsbereich und in einer Laufbahngruppe **beschränkt** werden, wenn der geltend gemachte Verstoß das Wahlergebnis im Übrigen nicht beeinflussen konnte[154] (vgl. § 25 BPersVG Rn. 9 u. 14). 1

(**Abs. 2**) Ebenso wie das Truppendienstgericht nach § 5 Abs. 2 S. 1 SBG entscheidet das Bundesverwaltungsgericht nach Abs. 2 S. 1 unter entsprechender Anwendung der **Verfahrensvorschriften** der WBO.[155] Abs. 2 S. 2 trifft eine von § 80 WDO abweichende Regelung über die Besetzung des über den Anfechtungsantrag entscheidenden **Wehrdienstsenats**. Danach gehören dem Senat jeweils ein – aus der Mitte der Vertrauenspersonen zu berufender – ehrenamtlicher Richter aus den drei verschiedenen Lauf- 2

---

153 *BVerwG* v. 21.7.09 – 1 WB 18.08 –, PersV 09, 413.
154 Näher dazu *BVerwG* v. 21.7.09, a.a.O.; *TDG Nord* v. 11.12.95 – N 2 GL 26/95 –, NZWehr 96, 169.
155 Vgl. KfdP-*Altvater*, Anh. V B § 47 SBG Rn. 2.

bahngruppen an. Das führt dazu, dass der Senat in der Besetzung von drei Berufsrichtern und drei (nicht zwei) ehrenamtlichen Richtern entscheidet.

Kapitel 4
Beteiligung der Soldaten durch Personalvertretungen

§ 48 Geltungsbereich

¹**Für Soldaten gilt nach Maßgabe der §§ 48 bis 51 das Bundespersonalvertretungsgesetz.** ²**Insoweit werden die Streitkräfte der Verwaltung gleichgestellt.**

§ 48 SBG dehnt den Geltungsbereich des **BPersVG** auf **Soldaten** der Bundeswehr aus. Die **grundsätzliche Geltung** des BPersVG ist jedoch nach S. 1 durch jene **Maßgaben** abgewandelt, die nach dem Gesetzeswortlaut in den §§ 48 bis 51 SBG enthalten sein sollen, sich nach der Systematik des Kap. 4 aber wohl in den §§ 49 bis 52 SBG finden.[156] Soweit das BPersVG auf Soldaten in der Bundeswehr anzuwenden ist, sind die **Streitkräfte** nach S. 2 der **Verwaltung** gleichgestellt. Das hat Bedeutung für alle Vorschriften des BPersVG, die den Begriff der Verwaltung verwenden (vgl. z. B. §§ 1, 6, 53 und 82).

§ 49 Personalvertretung der Soldaten

(1) ¹**In anderen als den in § 2 Abs. 1 genannten Dienststellen und Einrichtungen wählen Soldaten Personalvertretungen.** ²**Hierzu zählen auch die Stäbe der Verteidigungsbezirkskommandos, der Wehrbereichskommandos, der Wehrbereichskommandos/Divisionen und regelmäßig der Korps sowie entsprechende Dienststellen.** ³**Abweichend von Satz 1 wählen Soldaten, die auf Grund des Wehrpflichtgesetzes Wehrdienst leisten, in diesen Dienststellen und Einrichtungen Vertrauenspersonen nach § 2, soweit diese Gruppe mindestens fünf Soldaten umfaßt.**

(2) ¹**Die in Absatz 1 Satz 1 genannten Soldaten bilden eine weitere Gruppe im Sinne des § 5 des Bundespersonalvertretungsgesetzes.** ²**Soldatenvertreter in Personalvertretungen haben die gleiche Rechtsstellung wie die Vertreter der Beamten, Angestellten und Arbeiter, soweit dieses Gesetz nichts anderes bestimmt.** ³**§ 38 des Bundespersonalvertretungsgesetzes findet mit Ausnahme von An-**

---

156 *BVerwG* v. 23. 6. 99 – 6 P 6.98 –, PersR 99, 451, v. 1. 11. 01 – 6 P 10.01 –, PersR 02, 73, v. 7. 1. 03 – 6 P 7.02 –, PersR 03, 153, v. 23. 9. 04 – 6 P 2.04 –, PersR 04, 476, u. v. 16. 3. 06 – 6 P 12.05 –, PersR 06, 303.

gelegenheiten nach der Wehrbeschwerdeordnung und der Wehrdisziplinarordnung Anwendung.

(3) Die Vertrauenspersonen nach Absatz 1 Satz 3 sind berechtigt, an den Sitzungen der Personalräte stimmberechtigt teilzunehmen, soweit Interessen ihrer Wählergruppe berührt sind.

(4) Erfüllt eine Dienststelle während der Amtszeit des Personalrats erstmals die Voraussetzungen des Absatzes 1 Satz 1, ist eine Nachwahl der Gruppe der Soldaten zulässig.

(Abs. 1) Abs. 1 regelt in S. 1, dass Soldaten in **anderen als den in § 2 Abs. 1 SBG genannten Dienststellen und Einrichtungen** Personalvertretungen wählen. § 2 Abs. 1 SBG legt die Wahlbereiche fest, in denen Soldaten Vertrauenspersonen wählen (vgl. dazu § 2 SBG Rn. 3f.). Da es sich dabei jedoch nur in den Fällen des § 2 Abs. 1 Nr. 1 bis 5 um Dienststellen und Einrichtungen handelt, in den Fällen des § 2 Abs. 1 Nr. 6 bis 8 dagegen um Sonderwahlbereiche – quasi »Enklaven« – innerhalb militärischer Dienststellen und Einrichtungen, ist § 49 Abs. 1 S. 1 SBG so zu verstehen, dass Soldaten nur dann Personalvertretungen wählen, wenn sie keinem der in § 2 Abs. 1 SBG genannten Wahlbereiche angehören.[157] Für die **Abgrenzung** dieser Wahlbereiche von den nach § 49 Abs. 1 S. 1 SBG (auch) für Soldaten personalratsfähigen Dienststellen und Einrichtungen sind Mobilität einerseits und administrativ-fachlicher Charakter der zu erfüllenden Aufgabe andererseits die entscheidenden Kriterien: Handelt es sich um **stationäre Einrichtungen mit administrativer, technischer oder sonstiger fachlicher Aufgabenstellung**, so fallen diese i. d. R. unter § 49 Abs. 1 S. 1 SBG[158] (vgl. § 2 SBG Rn. 3). **1**

In welcher Organisationseinheit jene Soldaten, die nicht gem. § 2 Abs. 1 SBG Vertrauenspersonen wählen, eine Personalvertretung wählen, ergibt sich aus **§ 6 BPersVG.** Der dort verwendete **Begriff »Dienststelle«** stimmt weder mit dem Begriffspaar »Dienststellen und Einrichtungen« noch mit dem Begriff »Wahlbereich« in § 2 Abs. 1 SBG überein. Deshalb ist es möglich, dass die innerhalb einer Dienststelle i. S. v. § 6 BPersVG tätigen Soldaten teilweise Vertrauenspersonen wählen und im Übrigen zum Personalrat wahlberechtigt sind.[159] **1a**

Abs. 1 S. 2 stellt **beispielhaft** klar, dass zu den Organisationseinheiten, in denen Soldaten Personalvertretungen wählen, auch die **Stäbe bestimmter Kommandobehörden** sowie entsprechende Dienststellen gehören.[160] **1b**

---

157 *BVerwG* v. 23. 6. 99 – 6 P 6.98 – u. v. 8. 10. 07 – 6 P 2.07 –, PersR 99, 451, u. 08, 165.
158 *BVerwG* v. 23. 1. 02 – 6 P 2.01 –, PersR 02, 205, v. 29. 10. 02 – 6 P 5.02 –, PersR 03, 71, v. 23. 9. 04 – 6 P 2.04 –, PersR 04, 476, v. 16. 3. 06 – 6 P 12.05 –, PersR 06, 303, u. v. 8. 10. 07, a. a. O.
159 *BVerwG* v. 8. 10. 07, a. a. O.
160 BT-Drs. 13/5740, S. 21 f., zu Nr. 37.

Diese Aufzählung lässt sich nach der Rspr. des *BVerwG*[161] in **drei Bereiche** aufteilen: erstens die Wehrbereichskommandos und Verteidigungsbezirkskommandos, zweitens die Korps und drittens die »entsprechenden Dienststellen«. **Wehrbereichskommandos** und **Verteidigungsbezirkskommandos** bildeten bis zur Umstrukturierung der Bundeswehr zusammen mit dem Heeresführungskommando die drei Ebenen der territorialen Wehrorganisation. Seit dem Jahr 2007 bilden die **Wehrbereichskommandos** und **Landeskommandos** zusammen mit dem Streitkräfteunterstützungskommando die drei Ebenen der Streitkräftebasis. Die Erwähnung der »Wehrbereichskommandos/Divisionen« soll besagen, dass die Divisionskommandos für Soldaten nur dann personalratsfähig sind, wenn sie mit einem Wehrbereichskommando fusioniert sind; die Stäbe der Divisionen als solche sind dagegen keine Dienststellen, in denen Soldaten Personalvertretungen wählen.[162] Die **Korps** sind die obersten Großverbände beim Heer. Ihre Stäbe sind (im Hinblick auf § 2 Abs. 1 Nr. 5 SBG) »regelmäßig« personalratsfähig, nicht aber die Stäbe der nachgeordneten Großverbände (Divisionen und Brigaden), weil nur die Stäbe der Korps wegen ihrer Stellung im obersten Bereich der militärischen Hierarchie mit zivilen Dienststellen vergleichbar sind. Die **»entsprechenden Dienststellen«** sind nur solche, die den ausdrücklich in Abs. 1 S. 2 genannten Dienststellen nach Führungsebene und Aufgabenstellung vergleichbar sind. Nach § 1 Abs. 5 SBGWV wählen auch Soldaten, die einer **Einheit** angehören, **deren Aufgabe die Unterstützung eines Stabes ist**, zum Personalrat des Stabes, wenn dieser eine Dienststelle i. S. d. § 49 SBG ist und die Soldaten ständig in diesem Stab eingesetzt sind (vgl. auch § 2 SBG Rn. 3).

1c Der Systematik des BPersVG und des SBG lässt sich nach der neueren Rspr. des *BVerwG*[163] der Grundsatz entnehmen, dass die Soldaten in den **obersten drei militärischen Befehlsebenen** Personalvertretungen wählen: im **Bundesministerium der Verteidigung**, in dem sich die oberste Befehlsebene befindet;[164] in den auf der zweithöchsten Befehlsebene an der **Spitze der fünf Organisationsbereiche** stehenden **Ämtern** (Heeresamt, Luftwaffenamt, Marineamt, Sanitätsamt der Bundeswehr und Streitkräfteamt) sowie **Führungskommandos** (Heeresführungskommando, Luftwaffenführungskommando, Flottenkommando, Sanitätsführungskommando sowie Streitkräfteunterstützungskommando und Einsatzführungskommando der Bundeswehr); in den auf der dritthöchsten Befehlsebene angesiedelten **Korps** (die in § 49 Abs. 1 S. 2 SBG mit der auf etwaige Wünsche der Bündnispartner Rücksicht nehmenden Einschränkung »regelmäßig« ausdrücklich genannt sind[165]) sowie in den ebenfalls auf der dritthöchsten Befehlsebene eingerichteten **»entsprechenden Dienststellen«**.

---

161 Beschl. v. 23. 1. 02 – 6 P 2.01 –, PersR 02, 205.
162 *BVerwG* v. 23. 9. 04 – 6 P 2.04 – u. – 6 P 5.04 –, PersR 04, 476 u. 481.
163 Beschl. v. 23. 9. 04 – 6 P 2.04 –, PersR 04, 476.
164 *BVerwG* v. 18. 5. 94 – 6 P 6.92 –, PersR 94, 459.
165 *BVerwG* v. 23. 1. 02 – 6 P 2.01 –, PersR 02, 205.

Angesichts der engen Verknüpfung von Bundeswehrverwaltung und Streitkräften ist anerkannt, dass zu den Dienststellen i. S. d. § 49 Abs. 1 S. 1 SBG nicht nur **Dienststellen der Streitkräfte** und das **BMVg**, sondern auch die dem BMVg unterstehenden **Dienststellen der Bundeswehrverwaltung** gehören, in denen Soldaten neben Beamten und Arbeitnehmern tätig sind.[166] Die Bestimmungen der §§ 48 bis 52 SBG über die Vertretung der Soldaten durch Personalvertretungen sind gem. § 86 Nr. 13 BPersVG auch im **Bundesnachrichtendienst** sowie gem. § 51 Abs. 4 SBG außerdem im Geschäftsbereich des **Auswärtigen Amtes** im Ausland anzuwenden. **1d**

Der **ZDv 10/2** v. 8.6.07 (vgl. Abschn. A § 35 SG Rn. 1) ist ein »Verzeichnis der Dienststellen und Einrichtungen der Streitkräfte im Sinne von § 49 SBG« als Anl. 4 beigefügt (zuletzt aktualisiert durch Änderung 2 v. 17.8.11). Die Gerichte sind an diesen **Katalog der für Soldaten personalratsfähigen Dienststellen** jedoch nicht gebunden. **1e**

Soldaten, die aufgrund des Wehrpflichtgesetzes Wehrdienst leisten, sind nach Abs. 1 S. 3 von der Wahl der Personalvertretung grundsätzlich ausgenommen. Seit der zum 1.7.11 erfolgten Aussetzung der Wehrpflicht durch das Wehrrechtsänderungsgesetz 2011[167] (vgl. §§ 2, 62 WPflG) sind das Frauen und Männer, die gem. Abschn. 7 WPflG (§§ 54 ff.) **freiwilligen Wehrdienst** leisten (FWDL). Sie wählen auch dann Vertrauenspersonen, wenn sie einer nach S. 1 und 2 für Soldaten personalratsfähigen Dienststelle zugeordnet sind, vorausgesetzt allerdings, dass ihre Gruppe mindestens fünf Soldaten umfasst (vgl. § 2 SBG Rn. 2). Besteht eine Laufbahngruppe (Mannschaften, Unteroffiziere oder Offiziere) dagegen aus einer geringeren Zahl von freiwilligen Wehrdienstleistenden, so werden auch diese Soldaten durch den Personalrat vertreten.[168] **2**

Die Personalvertretung der Soldaten ist an die der **zivilen Beschäftigten** gebunden. Die Wahl von Soldatenvertretern in den Personalrat hängt deshalb davon ab, ob die Soldaten einer Dienststelle i. S. v. § 6 BPersVG angehören (vgl. Rn. 1a), bei der die zivilen Beschäftigten nach § 12 BPersVG (ggf. i. V. m. § 91 Abs. 1 SG) einen **Personalrat** bilden.[169] Diesem **Grundsatz der Akzessorietät** entspricht die Regelung des § 50 SBG. **3**

Die Soldaten, die in Dienststellen der Bundeswehr örtliche Personalräte wählen, wählen auch Soldatenvertreter in den **Hauptpersonalrat** beim BMVg. Das gilt auch für Soldaten in Dienststellen, in denen sie nach § 50 SBG ausnahmsweise Vertrauenspersonen wählen. Außerdem wählen sie, wenn ihre Dienststelle zum Geschäftsbereich einer Dienststelle gehört, bei **4**

---

166 *BVerwG* v. 18.5.94 – 6 P 6.92 –, PersR 94, 459, u. (zu den Kreiswehrersatzämtern) v. 21.1.08 – 6 P 16.07 –, PersR 08, 367.
167 Vom 28.4.11, BGBl. I S. 678.
168 Vgl. *BVerwG* v. 21.1.08, a. a. O.
169 *BVerwG* v. 3.7.91 – 6 P 18.89 –, PersR 91, 413, v. 29.10.02 – 6 P 5.02 –, PersR 03, 71, u. v. 7.1.03 – 6 P 7.02 –, PersR 03, 153.

der ein Bezirkspersonalrat zu bilden ist (vgl. § 53 Abs. 2 SBG), Soldatenvertreter in den **Bezirkspersonalrat.** Sind Nebenstellen oder Teile einer Dienststelle, in der die Soldaten Personalvertretungen wählen, nach § 6 Abs. 3 BPersVG verselbständigt worden, so wählen die Soldaten der Hauptdienststelle und der verselbständigten Dienststellen auch Soldatenvertreter in den **Gesamtpersonalrat** bei der Hauptdienststelle.

5 **(Abs. 2)** Abs. 2 S. 1 bestimmt, dass die Soldaten, die nach Abs. 1 S. 1 Personalvertretungen wählen, eine – einheitliche, nicht nach Laufbahngruppen unterteilte – **weitere Gruppe** i. S. d. § 5 BPersVG bilden. Dadurch werden die Soldaten als Gruppe den Gruppen der Beschäftigten i. S. d. § 4 BPersVG, also den Beamten und Arbeitnehmern (bis 30. 9. 05: den Beamten, Angestellten und Arbeitern), gleichgestellt. Ihnen stehen im Verhältnis zur Personalvertretung grundsätzlich **die gleichen Rechte** zu wie den zivilen Beschäftigten. Sie können deshalb unter den gleichen Voraussetzungen wie die zivilen Beschäftigten beim Verwaltungsgericht nach § 25 BPersVG die Wahl des Personalrats anfechten oder nach § 28 Abs. 1 BPersVG den Ausschluss eines Mitglieds aus dem Personalrat oder die Auflösung des Personalrats beantragen. Die Soldaten bilden gemeinsam mit den Beamten und Arbeitnehmern die **Personalversammlung** und können nach § 49 Abs. 2 BPersVG die Einberufung einer Personalversammlung oder die Aufnahme eines bestimmten Beratungsgegenstands in die Tagesordnung der Personalversammlung verlangen.

6 Abs. 2 S. 2 stellt klar, dass **Soldatenvertreter in Personalvertretungen** die gleiche Rechtsstellung haben wie die Vertreter der zivilen Beschäftigten, es sei denn, dass das SBG etwas anderes bestimmt. Daraus folgt, dass die Soldatenvertreter im Personalrat als weitere Gruppe zu den Vertretern der zivilen Beschäftigten hinzutreten. Wie diese wählen sie nach § 32 Abs. 1 S. 2 und 3 BPersVG ein auf sie entfallendes **Vorstandsmitglied.** Das Plenum des Personalrats kann nach § 32 Abs. 2 S. 1 BPersVG bestimmen, dass das Vorstandsmitglied der Soldatengruppe den **Vorsitz** im Personalrat übernimmt. Die Soldatenvertreter haben die gleiche **persönliche Rechtsstellung** wie die zivilen Personalratsmitglieder.[170] Insbesondere sind die §§ 8, 46 und 47 BPersVG grundsätzlich auch auf sie anzuwenden (vgl. § 51 Abs. 3 S. 1 SBG u. dort Rn. 4).

7 Abs. 2 S. 3 schreibt vor, dass **§ 38 BPersVG** anzuwenden ist, soweit es sich nicht ausnahmsweise um Angelegenheiten nach der WBO oder der WDO handelt (vgl. § 52 Abs. 2 SBG u. dort Rn. 8). Über **gemeinsame Angelegenheiten**, also Angelegenheiten, die Beamte, Arbeitnehmer und Soldaten in gleicher Weise betreffen, wird im Personalrat von den Vertretern der zivilen Gruppen und denen der Soldaten **gemeinsam beraten und beschlossen.**[171] In Angelegenheiten, die außer den Soldaten lediglich die Angehörigen einer zivilen Gruppe betreffen, sind nach gemeinsamer Be-

---

170 *BVerwG* v. 19. 2. 87 – 6 P 11.85 –, PersR 87, 167.
171 Vgl. *BVerwG* v. 21. 12. 84 – 6 P 35.82 –, Buchh 238.3 A § 75 Nr. 35.

ratung im Personalrat nur die Vertreter der betroffenen zivilen Gruppe und die Soldatenvertreter zur Beschlussfassung berufen. (Zur Beratung und Beschlussfassung in Angelegenheiten, die nur die Soldaten betreffen, vgl. § 52 SBG Rn. 2 f.)

(Abs. 3) Abs. 3 sieht vor, dass die nach Abs. 1 S. 3 gewählten **Vertrauenspersonen der Soldaten, die aufgrund des Wehrpflichtgesetzes Wehrdienst leisten** (vgl. Rn. 2), das Recht haben, an den **Sitzungen der Personalräte** nicht nur beratend, sondern stimmberechtigt teilzunehmen, soweit Interessen ihrer Wählergruppen berührt sind. Diese Voraussetzung liegt jedenfalls dann vor, wenn in der gleichen Angelegenheit sowohl dem Personalrat als auch der Vertrauensperson ein Beteiligungsrecht zusteht. Die Vorschrift entspricht der des § 34 Abs. 5 SBG (vgl. dort Rn. 5). 8

(Abs. 4) Abs. 4 ermöglicht eine sofortige **Nachwahl der Soldatenvertreter**, sobald eine Dienststelle erstmals nach Abs. 1 S. 1 für Soldaten personalratsfähig geworden ist. Er ergänzt § 27 Abs. 4 BPersVG.[172] 9

§ 50 Dienststellen ohne Personalrat

In Dienststellen und Einrichtungen der Bundeswehr, in denen für die Beamten, Angestellten und Arbeiter auch im Falle einer Zuteilung zu einer benachbarten Dienststelle nach § 12 Abs. 2 des Bundespersonalvertretungsgesetzes ein Personalrat nicht gebildet ist, wählen die Soldaten Vertrauenspersonen nach § 2.

Kommt es in einer Dienststelle nicht zur Bildung einer Personalvertretung für die Zivilbeschäftigten, so kann ein **Personalrat allein für die Soldaten nicht** gebildet werden.[173] Wird allerdings eine nach § 12 Abs. 1 BPersVG nicht personalratsfähige **Kleindienststelle** nach § 12 Abs. 2 BPersVG einer benachbarten Dienststelle zugeteilt, dann wählen, wie § 50 SBG klarstellt, sowohl die Zivilbeschäftigten als auch die Soldaten der zugeteilten Dienststelle den Personalrat der Dienststelle mit, zu der die Zuteilung erfolgt ist. Andererseits folgt aus dem **Grundsatz der Akzessorietät** aber auch, dass die für eine **Verselbständigung** einer Nebenstelle oder eines Dienststellenteils i. S. d. § 6 Abs. 3 BPersVG erforderliche (ungeschriebene) Mindestvoraussetzung von in der Regel fünf Wahlberechtigten, von denen drei wählbar sind (vgl. § 6 BPersVG Rn. 6), nur von den Zivilbeschäftigten erfüllt werden kann.[174] 1

Wird – von dem Sonderfall der Zuteilung der Beschäftigten einer Kleindienststelle zu einer Nachbardienststelle abgesehen – in einer von § 49 Abs. 1 S. 1 oder 2 SBG erfassten Dienststelle (oder Einrichtung) der Bundeswehr ein Personalrat der Zivilbeschäftigten nicht gebildet, so wählen die 2

---

172 Vgl. BT-Drs. 13/5740, a. a. O.
173 *BVerwG* v. 7.1.03 – 6 P 7.02 –, PersR 03, 153.
174 *BVerwG* v. 7.1.03, a. a. O.

Soldaten dieser Dienststelle gem. § 50 SBG statt einer Personalvertretung **Vertrauenspersonen** nach § 2 SBG. Bei einer derartigen Dienststelle handelt es sich um einen **Wahlbereich** kraft Gesetzes, in dem für die Wahl der Vertrauenspersonen das **Laufbahngruppenprinzip** gilt. Das ergibt sich aus der Verweisung auf § 2 SBG. Sobald in einer solchen Dienststelle nach § 91 SG i. V. m. den §§ 6 und 12 BPersVG ein Personalrat (einschl. der nach § 51 Abs. 1 und 2 SBG zu wählenden Soldatenvertreter) gebildet ist, fällt der für diese Dienststelle bisher bestehende Wahlbereich weg und endet die Amtszeit der dort gewählten Vertrauenspersonen entsprechend § 9 Abs. 2 Nr. 7 SBG vorzeitig.

§ 51 Wahl und Rechtsstellung der Soldatenvertreter

(1) [1]Die Soldatenvertreter in Personalvertretungen nach § 49 werden gleichzeitig mit den Personalvertretungen der Beamten, Angestellten und Arbeiter, jedoch in einem getrennten Wahlgang, gewählt. [2]§ 20 Abs. 1 des Bundespersonalvertretungsgesetzes gilt für die Zusammensetzung des Wahlvorstandes mit der Maßgabe, daß sich die Zahl der Mitglieder auf fünf erhöht.

(2) [1]Die §§ 16 bis 18 des Bundespersonalvertretungsgesetzes gelten mit der Maßgabe, daß sich die in § 16 des Bundespersonalvertretungsgesetzes bestimmte Zahl der Sitze bei Personalräten, die auch Soldaten nach § 49 Abs. 1 vertreten, um ein Drittel erhöht. [2]Entfallen nach der vorstehenden Regelung auf die Beamten, Angestellten und Arbeiter weniger Sitze, als ihnen nach § 16 des Bundespersonalvertretungsgesetzes zustünden, erhöht sich die Zahl ihrer Sitze bis zu dieser Zahl; die Zahl der Soldatenvertreter erhöht sich um die gleiche Zahl. [3]Wenn eine Gruppe mindestens ebenso viele Beschäftigte zählt wie alle anderen Gruppen zusammen (§ 17 Abs. 4 des Bundespersonalvertretungsgesetzes), stehen dieser Gruppe weitere Sitze in der Weise zu, daß sie mindestens ebenso viele Vertreter erhält wie alle anderen Gruppen zusammen.

(3) [1]Die §§ 46, 47 und 91 des Bundespersonalvertretungsgesetzes sind anzuwenden. [2]§ 14 Abs. 2 und § 19 Abs. 4 gelten für Soldatenvertreter entsprechend.

(4) [1]Soldaten, die im Geschäftsbereich des Auswärtigen Amtes im Ausland Dienst leisten, sind zur Wahl des Personalrates ihrer Auslandsvertretung wahlberechtigt und wählbar. [2]Sie haben kein Wahlrecht zum Personalrat und zum Hauptpersonalrat des Auswärtigen Amtes. [3]Auf die in Satz 1 genannten Soldaten findet § 47 Abs. 2 des Bundespersonalvertretungsgesetzes keine Anwendung; § 2 Abs. 1 Nr. 8 ist nicht anzuwenden.

1 **(Abs. 1)** Nach Abs. 1 S. 1 werden die Soldatenvertreter in Personalvertretungen **gleichzeitig** mit den Personalvertretungen der Beamten und

Anhang V B § 51 SBG

Arbeitnehmer (bis 30.9.05: der Beamten, Angestellten und Arbeiter), jedoch in einem **getrennten Wahlgang**, gewählt. Dabei besteht die Möglichkeit zu einer gemeinsamen Wahl nach § 19 Abs. 2 BPersVG nur für die Gruppen der zivilen Beschäftigten (str.; vgl. § 19 BPersVG Rn. 4a). Die Festlegung der Gleichzeitigkeit der Wahl hat zur Folge, dass die Soldatenvertreter grundsätzlich immer dann (neu) zu wählen sind, wenn der Personalrat insgesamt innerhalb des Zeitraums der regelmäßigen Personalratswahlen nach § 27 Abs. 1 oder außerhalb dieser Zeit nach § 27 Abs. 2 BPersVG (neu) zu wählen ist. Unabhängig von der Wahl der Vertreter der Gruppen der zivilen Beschäftigten sind die Soldatenvertreter jedoch dann (neu) zu wählen, wenn eine Dienststelle während der Amtszeit des Personalrats erstmals für Soldaten personalratsfähig wird (§ 49 Abs. 4 SBG) oder wenn die Gruppe der Soldaten auch nach Eintreten aller Ersatzmitglieder nicht mehr im Personalrat vertreten ist (§ 27 Abs. 4 BPersVG). Für die **Wahlberechtigung**, die **Wählbarkeit**, das **Wahlverfahren** und die **Wahlanfechtung** gelten aufgrund der Verweisungsvorschrift des § 48 S. 1 SBG die Vorschriften des BPersVG und der aufgrund dieses Gesetzes ergangenen Wahlordnung, soweit sie nicht durch die in den §§ 49 bis 52 SBG festgelegten Maßgaben, insb. durch solche in § 49 Abs. 1 S. 2 und Abs. 2 SBG, abgewandelt sind. Die Vorschrift des **§ 25 BPersVG** über die Wahlanfechtung ist ohne Einschränkung anzuwenden.[175] Die Anfechtung kann auf die Gruppe der Soldaten beschränkt werden[176] (vgl. § 25 BPersVG Rn. 9a).

Im Unterschied zum früheren Recht ist die Wahl der Soldatenvertreter 2 nicht von einem eigens bestellten **Wahlvorstand** vorzubereiten und durchzuführen. Nach Abs. 1 S. 2 i. V. m. § 20 Abs. 1 BPersVG ist vielmehr ein für die Wahl des gesamten Personalrats zuständiger gemeinsamer Wahlvorstand zu bilden. Dieser Wahlvorstand, in dem jede in der Dienststelle vorhandene Gruppe – auch die der Soldaten – vertreten sein muss, besteht allerdings nicht nur aus drei, sondern aus fünf Wahlberechtigten (vgl. § 20 BPersVG Rn. 2c).

(Abs. 2) Nach Abs. 2 hat der Wahlvorstand die **Ermittlung der Zahl der** 3 **zu wählenden Personalratsmitglieder** und die **Verteilung der Sitze** wie folgt vorzunehmen:[177]

- Die Zahlen der in der Regel **beschäftigten Beamten und Arbeitnehmer sowie Soldaten** sind festzustellen und zu addieren. Ist die Gesamtzahl nicht höher als 50, sind außerdem die Zahlen der **wahlberechtigten Angehörigen aller Gruppen** festzustellen und zu addieren (§ 2 Abs. 1 BPersVWO).

- Anhand der Gesamtzahl der in der Regel beschäftigten – ggf. anhand der Gesamtzahl der wahlberechtigten – Angehörigen aller Gruppen ist die

---

175 Vgl. *BVerwG* v. 7.1.03 – 6 P 7.02 –, PersR 03, 153.
176 *BVerwG* v. 16.3.06 – 6 P 12.05 –, PersR 06, 303, m. w. N.
177 Vgl. *BVerwG* v. 7.1.03, a. a. O.

sich aus § 16 BPersVG ergebende **Zahl der zu wählenden Personalratsmitglieder** festzustellen (§ 5 Abs. 1 S. 1 BPersVWO).

- Die nach § 16 BPersVG ermittelte **Zahl der Sitze** ist nach Abs. 2 S. 1 **um ein Drittel zu erhöhen**. Bruchteile, die sich bei dieser Berechnung ergeben, sind abzurunden, wenn sie nicht höher sind als 0,5; andernfalls sind sie aufzurunden.[178] Die Höchstzahl nach § 16 Abs. 2 BPersVG erhöht sich dadurch von 31 auf 41.

- Ist ein Beschluss nach § **18 Abs. 1 BPersVG** über eine **abweichende Sitzverteilung** nicht gefasst worden, sind die Sitze gem. § **17 Abs. 2 BPersVG** nach dem **Höchstzahlverfahren** (d'Hondt'sches System) auf die einzelnen Gruppen zu verteilen (§ 5 Abs. 2 BPersVWO).

- Die nach dem Höchstzahlverfahren errechnete Verteilung der Sitze auf die Gruppen ist ggf. zu korrigieren, damit jede Gruppe (die keine Kleinstgruppe i. S. d. § 17 Abs. 5 BPersVG ist) die in § **17 Abs. 3 BPersVG** vorgeschriebene **Mindestzahl von Sitzen** erhält (§ 5 Abs. 3 BPersVWO).

- Entfallen nach den bisherigen Berechnungsschritten auf die Beamten und Arbeitnehmer insgesamt weniger Sitze, als ihnen nach § 16 BPersVG in einem Personalrat ohne Soldatenvertreter zustünden, ist nach Abs. 2 S. 2 die Zahl der Sitze der zivilen Beschäftigten bis zu der Zahl zu erhöhen, die sich aus § 16 BPersVG ergibt. Diese **Überhangsitze** sind so zu verteilen, dass die Gruppen der zivilen Beschäftigten die gleiche Zahl von Sitzen erhalten, die sie in einem Personalrat ohne Soldatenvertreter nach § 17 BPersVG erhalten würden. Damit die Mehrheitsverhältnisse zwischen den Vertretern der zivilen Beschäftigten einerseits und den Soldatenvertretern andererseits gewahrt bleiben, ist außerdem die Zahl der Sitze der Soldatenvertreter um die gleiche Zahl zu erhöhen, um die die Zahl der Sitze der Vertreter der zivilen Beschäftigten steigt (**Ausgleichssitze**). Die Höchstzahl der Personalratsmitglieder, die nach Abs. 2 S. 1 bereits auf 41 angehoben ist, kann dabei überschritten werden.

- Schließlich sind einer Gruppe, die mindestens ebenso viele Beschäftigte zählt wie alle anderen Gruppen zusammen, nach Abs. 2 S. 3 weitere Sitze in der Weise zuzuteilen, dass diese Gruppe mindestens ebenso viele Vertreter erhält wie alle anderen Gruppen zusammen. Diese dem **Schutz der Mehrheitsgruppe** dienende Regelung gilt trotz des auf § 17 Abs. 4 BPersVG verweisenden Klammerzusatzes, der auf einem Redaktionsversehen beruhen dürfte, unabhängig davon, wie hoch die bisher errechnete Gesamtzahl der Personalratsmitglieder ist. Auch dies führt ggf. zu einer Erhöhung der Gesamtzahl der Sitze des Personalrats.

Falls die Gruppe der Soldaten nach S. 1 des § 17 Abs. 5 BPersVG ausnahmsweise keine Vertretung im Personalrat erhält, kann sich nach dessen S. 2 jeder Soldat durch Erklärung gegenüber dem Wahlvorstand **einer anderen Gruppe anschließen** (vgl. § 17 BPersVG Rn. 9).

---

[178] BT-Drs. 13/5740, S. 22, l. Sp.

Anhang V B **§ 51 SBG**

(**Abs. 3**) Der durch Art. 11 Dienstrechtsneuordnungsgesetz (DNeuG) v. **4**
5. 2. 09[179] geänderte Abs. 3 S. 1 bestimmt, dass die §§ **46, 47 und 91
BPersVG** (nicht nur wie vorher die §§ 46 und 47 BPersVG) auch auf
die Soldatenvertreter im Personalrat anzuwenden sind. Die §§ 46 und 47
BPersVG enthalten (allgemeine) Vorschriften über die **Rechtsstellung der
Personalratsmitglieder**; die Verweisung darauf hat u. a. zur Folge, dass
die zur Wählerschaft der Soldatenvertreter gehörenden Soldaten bei der
Anwendung der Freistellungsstaffel des § 46 Abs. 4 BPersVG mitzuzählen
sind (vgl. § 46 BPersVG Rn. 9). § 91 BPersVG enthält Sondervorschriften
für **Dienststellen des Bundes im Ausland**. Durch die Ausdehnung der
Verweisung auf § 91 BPersVG wird die durch Art. 7 Nr. 6 DNeuG in § 91
Abs. 1 Nr. 4 BPersVG n. F. für Mitglieder von Personalräten im Status von
Beamten und Arbeitnehmern eingeführte **Beschränkung des besonderen Versetzungs- und Abordnungsschutzes in Auslandsdienststellen**
(vgl. § 91 BPersVG Rn. 7b) auch auf die Soldatenvertreter in Personalräten
in Dienststellen der Bundeswehr im Ausland erstreckt und damit eine
Angleichung der Rechtsstellung aller Statusgruppen bewirkt.[180]

Abs. 3 S. 2 legt fest, dass folgende Bestimmungen entsprechend gelten: die **4a**
des § **14 Abs. 2 SBG** über die Zuständigkeit für die disziplinare **Ahndung
von Dienstvergehen** der als Vertrauenspersonen amtierenden Soldaten
und die des § **19 Abs. 4 SBG** über die Pflicht des Disziplinarvorgesetzten,
erstmals gewählte Vertrauenspersonen für ihre Aufgaben auszubilden.
Durch diese Bezugnahme ist gewährleistet, dass die Soldatenvertreter in
Angelegenheiten nach dem SBG die gleiche **Schulung** erhalten wie die
Vertrauenspersonen. Hinzu kommen Ansprüche auf Teilnahme an Schu-
lungs- und Bildungsveranstaltungen nach § **46 Abs. 6 und 7 BPersVG**,[181]
wobei nach § 46 Abs. 6 BPersVG auch eine Spezialschulung zu Fragen des
Soldatenrechts und des Soldatenbeteiligungsrechts erforderlich ist.[182]

(**Abs. 4**) Die Vorschriften des Abs. 4 nähern den personalvertretungsrecht- **5**
lichen Status von Soldaten, die im **Geschäftsbereich des Auswärtigen
Amts im Ausland** Dienst leisten, an denjenigen der dort tätigen zivilen
Beschäftigten an. S. 1 sieht im Interesse einer besseren Integration der
Soldaten vor, dass diese zur Wahl des **Personalrats der Auslandsvertretung**, zu der sie entsandt sind, wahlberechtigt und wählbar sind. S. 2
schließt aber – anders als § 91 Abs. 1 Nr. 3 S. 1 und 2 BPersVG für die
zivilen Beschäftigten – ein weiter gehendes Wahlrecht nicht nur zum
Hauptpersonalrat, sondern auch zum Personalrat des Auswärtigen Amts
aus. Inhaltlich übereinstimmend mit § 91 Abs. 1 Nr. 3 S. 4 BPersVG legt
S. 3 Hs. 1 fest, dass der besondere **Versetzungs- und Abordnungsschutz**

---

179 BGBl. I S. 160.
180 BT-Drs. 16/7076, S. 176, zu Art. 11.
181 Vgl. BT-Drs. 13/5740, S. 22, l. Sp.
182 *VG München* v. 10. 5. 96 – M 14 P 95.2326 –, PersR 96, 322, u. *BayVGH* v.
25. 9. 96 – 18 P 96.2221 –, n. v.; vgl. auch *OVG NW* v. 25. 2. 98 – 1 A 4407/96.
PVB –, PersR 98, 243.

§ 52 SBG   **Anhang V B**

des § 47 Abs. 2 BPersVG für Soldatenvertreter in Personalräten in Auslandsvertretungen im Geschäftsbereich des Auswärtigen Amts nicht anzuwenden ist. Für Soldatenvertreter in Auslandsdienststellen im **Geschäftsbereich des BMVg** – oder gem. § 86 Nr. 13 BPersVG des **BND** – gilt nunmehr die in § 91 Abs. 1 Nr. 4 BPersVG n. F. geregelte Beschränkung des besonderen Versetzungs- und Abordnungsschutzes in Auslandsdienststellen (vgl. Rn. 4). S. 3 Hs. 2 bestimmt, dass die für die Wahl der Vertrauenspersonen geltende **Auffangvorschrift des § 2 Abs. 1 Nr. 8 SBG** auf Soldaten im Geschäftsbereich des Auswärtigen Amts im Ausland keine Anwendung findet (vgl. § 2 SBG Rn. 3 a).

§ 52 Angelegenheiten der Soldaten

(1) ¹**In Angelegenheiten, die nur die Soldaten betreffen, haben die Soldatenvertreter die Befugnisse der Vertrauensperson.** ²**§ 7 des Bundespersonalvertretungsgesetzes ist anzuwenden.**

(2) ¹**In Angelegenheiten eines Soldaten nach der Wehrdisziplinarordnung oder der Wehrbeschwerdeordnung nimmt die Befugnisse der Vertrauenspersonen der Offiziere, Unteroffiziere und Mannschaften derjenige Vertreter der Soldaten im Personalrat wahr, der der entsprechenden Laufbahngruppe angehört und der bei der Verhältniswahl in der Reihenfolge der Sitze die höchste Teilzahl, bei der Personenwahl die höchste Stimmenzahl erreicht hat.** ²**Im Falle seiner Verhinderung wird er in der Reihenfolge der erreichten Teilzahlen oder Stimmenzahlen durch den nächsten Soldatenvertreter der entsprechenden Laufbahngruppe vertreten.** ³**Ist ein solcher Vertreter der Soldaten nicht vorhanden, werden die Befugnisse der Vertrauensperson von dem Mitglied der Gruppe der Soldaten wahrgenommen, das nach § 32 des Bundespersonalvertretungsgesetzes in den Vorstand der Personalvertretung gewählt ist, im Falle seiner Verhinderung durch dessen Vertreter im Amt.**

1   § 52 SBG durchbricht den Grundsatz der gemeinsamen Personalvertretung. Dabei setzt die Regelung in Abs. 1 voraus, dass in militärischen Dienststellen, denen ausschließlich Soldaten angehören, Personalvertretungen nicht gebildet werden.[183] § 52 SBG ist **nur auf örtlicher Ebene** anwendbar.[184] In Angelegenheiten, die allein die Soldaten betreffen, sieht das SBG eine Beteiligung der Gruppe der Soldatenvertreter in Stufenvertretungen nicht vor.[185]

2   **(Abs. 1)** Nach Abs. 1 S. 1 haben die Soldatenvertreter in Angelegenheiten, die nur die Soldaten betreffen, die **Befugnisse der Vertrauensperson**.

---

183 *BVerwG* v. 7. 1. 03 – 6 P 7.02 –, PersR 03, 153.
184 *Gronimus*, § 52 Rn. 7 a.
185 *BVerwG* v. 28. 5. 08 – 1 WB 50.07 –, PersV 08, 428.

Anhang V B　　　　　　　　　　　　　　　　　　　　§ 52 SBG

Um welche Befugnisse es sich dabei im Einzelnen handelt, ergibt sich aus den Vorschriften der §§ 18 bis 31 SBG über die Beteiligung der Vertrauensperson, wobei jedoch die allgemeinen Vorschriften der §§ 18 und 19 SBG i. d. R. durch vorrangige Vorschriften des BPersVG überlagert werden. In den nur die Soldaten betreffenden Angelegenheiten nehmen die **Soldatenvertreter grundsätzlich gemeinsam** die Befugnisse der Vertrauensperson wahr (zu den Ausnahmen vgl. Rn. 8). Abs. 1 S. 2 legt fest, dass § 7 BPersVG anzuwenden ist, und stellt damit klar, dass auch in Angelegenheiten, die nur die Soldaten betreffen, der **Leiter der Dienststelle** Ansprechpartner des Personalrats und der Soldatenvertreter im Personalrat ist. Das gilt unabhängig davon, ob unterhalb dieser Ebene nachgeordnete Disziplinarvorgesetzte vorhanden sind,[186] und auch dann, wenn es in einer Dienststelle der **Bundeswehrverwaltung** um Maßnahmen in Personalangelegenheiten der dort beschäftigten Soldaten geht.[187] Auch bei **Verfahren nach der WDO und der WBO**, für die die Sonderregelung des Abs. 2 gilt (vgl. Rn. 8), ist allein der Dienststellenleiter die anhörungspflichtige Stelle.[188]

Als »**Angelegenheiten, die nur die Soldaten betreffen**«, sind im Bereich der **Beteiligung** solche Angelegenheiten anzusehen, in denen die Maßnahme des Dienststellenleiters ausschließlich die Interessen der Soldaten unmittelbar berührt. Das wird auch dann angenommen, wenn Soldaten und Zivilbeschäftigte zur Wahrung der Funktionsfähigkeit der Streitkräfte unterschiedlich behandelt werden.[189] In den nur die Soldaten betreffenden Angelegenheiten treten die **Beteiligungsrechte nach dem SBG** an die Stelle der Beteiligungsrechte nach dem BPersVG.[190] Demnach haben die Soldatenvertreter im Personalrat in den genannten Angelegenheiten nur die Befugnisse der Vertrauensperson.[191]　　**2a**

In Angelegenheiten, die nur die Soldaten betreffen, findet die Beteiligung　**3** in den **Fällen**, die in den §§ 23 bis 30 SBG im Einzelnen aufgeführt sind, nach den **Verfahrensvorschriften** der §§ 20 bis 22 SBG statt. Soweit es sich dabei nicht um Angelegenheiten eines Soldaten nach der WDO oder der WBO handelt (vgl. §§ 27, 28 u. 30 SBG), sind die Angelegenheiten im Verhältnis zwischen Dienststelle und Personalrat sowie innerhalb des Personalrats als **Gruppenangelegenheiten** zu behandeln. In den durch die §§ 20 bis 22 SBG geregelten Beteiligungsverfahren stehen sich der Dienst-

---

186　*BVerwG* v. 18.1.94 – 1 WB 14.93 –, NZWehrr 94, 117, u. v. 1.11.01 – 6 P 10.01 –, PersR 02, 73.
187　*BVerwG* v. 21.1.08 – 6 P 16.07 –, PersR 08, 367.
188　*BVerwG* v. 31.1.07 – 1 WB 16.06 –, NZWehrr 07, 162, u. v. 16.12.10 – 2 WDB 3.10 –, www.bverwg.de.
189　*BVerwG* v. 21.12.84 – 6 P 35.82 –, Buchh 238. A § 75 Nr. 35, u. v. 29.10.02 – 6 P 5.02 –, PersR 03, 71.
190　*BVerwG* v. 1.11.01 – 6 P 10.01 –, PersR 02, 73, u. v. 29.10.02, a. a. O.
191　*BVerwG* v. 10.2.00 – 2 A 4.99 –, Buchh 236.1 § 24 Nr. 18, zur demnach beteiligungsfreien Geltendmachung von Ersatzansprüchen.

stellenleiter und der Personalrat als solcher gegenüber. Die **Willensbildung innerhalb des Personalrats** vollzieht sich nach § 38 Abs. 2 BPersVG in der Weise, dass nach gemeinsamer Beratung im Plenum nur die Vertreter der Soldatengruppe an der Beschlussfassung teilnehmen. Im Rahmen der so gefassten Beschlüsse **vertritt der Vorsitzende des Personalrats**, wenn er nicht selbst der Gruppe der Soldaten angehört, nach § 32 Abs. 3 S. 2 BPersVG gemeinsam mit einem dieser Gruppe angehörenden Vorstandsmitglied den Personalrat (vgl. § 32 BPersVG Rn. 17).[192]

4 Ist die Beteiligung der Vertrauensperson **mehrstufig** angelegt und kommt eine Einigung zwischen Dienststellenleiter und Personalrat nicht zustande, wird das Verfahren nach § 21 Abs. 3 S. 1 bzw. § 22 Abs. 2 S. 1 SBG mit der **Anrufung des nächsthöheren Vorgesetzten** des Leiters der Dienststelle fortgesetzt. Wird im weiteren Mitbestimmungsverfahren der **Schlichtungsausschuss** einberufen, besteht dieser auf der Seite der Soldaten nach dem entsprechend anzuwendenden § 22 Abs. 2 S. 3 SBG aus dem nach § 32 Abs. 1 S. 3 BPersVG bestimmten Gruppenvorstandsmitglied der Soldaten und einem weiteren von der Gruppe benannten Soldatenvertreter.

5 Die der **Anhörung**, dem **Vorschlagsrecht** oder der **Mitbestimmung** nach den §§ 20 bis 22 SBG unterliegenden, nur die Soldaten betreffenden und als **Gruppenangelegenheiten** zu behandelnden Angelegenheiten ergeben sich aus § 23 Abs. 1 und 3, § 24, § 25 Abs. 3 und 4, § 26 und § 29 SBG. Als Gruppenangelegenheit ist auch die Benennung von Soldaten für die Mitgliedschaft in den **Ausschüssen** nach § 25 Abs. 1 und 2 SBG zu behandeln.

6 Auch die Mitwirkung in den **Versammlungen der Vertrauenspersonen** zählt zu den Angelegenheiten, die nur die Soldaten betreffen. Im Einzelnen ist sie in § 32 Abs. 4 SBG geregelt.

6a Streiten Dienststelle und Personalrat um Beteiligungsrechte in Angelegenheiten, die nur die Soldaten betreffen, so ist nach der Rspr. des BVerwG[193] nach erfolglosem **Beschwerdeverfahren** gem. § 16 SBG der **Rechtsweg zu den Wehrdienstgerichten** gegeben, weil das Beschwerderecht an die Beteiligungsrechte der Vertrauensperson anknüpft, die in den §§ 20 ff. SBG nach Form und Inhalt normiert sind (vgl. § 16 SBG Rn. 1). Im Streitfall kann (nur) der **Personalrat, vertreten durch seinen Vorsitzenden** (ggf. gemeinsam mit dem Sprecher der Gruppe der Soldaten) in Angelegenheiten, die ausschließlich Soldaten betreffen, deren Rechte im Beschwerdeverfahren nach § 16 SBG und im anschließenden gerichtlichen Antragsverfahren geltend machen[194] (vgl. Rn. 3).

7 Befugnisse der Vertrauensperson, die in den allgemeinen Vorschriften der

---

192 KfdP-*Altvater*, Anh. V B § 52 Rn. 4 m. N.
193 Beschl. v. 1.11.01 – 6 P 10.01 –, PersR 02, 73, v. 31.1.07 – 1 WB 16.06 –, NZWehrr 07, 162, u. v. 24.5.11 – 1 WB 60.10 –, www.bverwg.de.
194 *BVerwG* v. 28.10.09 – 1 WB 11.09 –, Buchh 449.7 § 16 Nr. 3.

§§ 18 und 19 SBG über die Grundsätze der Zusammenarbeit und die besonderen Pflichten des Disziplinarvorgesetzten normiert sind, stehen den Soldatenvertretern nur dann nach Abs. 1 S. 1 zu, wenn die für sie geltenden Vorschriften des BPersVG ihnen keine entsprechenden Befugnisse einräumen. Bei den in § 19 Abs. 2 bis 4 SBG getroffenen Regelungen trifft dies zu.

(Abs. 2) In den **Angelegenheiten eines Soldaten nach der WDO oder der WBO** nimmt wegen des höchstpersönlichen Charakters dieser Angelegenheiten nach der in Abs. 2 getroffenen Sonderregelung **nur einer der Soldatenvertreter** die Befugnisse der Vertrauensperson der Offiziere, der Unteroffiziere oder der Mannschaften nach § 27 Abs. 1 und 2, § 28 sowie § 30 Abs. 1 SBG wahr. Das ist nach S. 1 in erster Linie derjenige Soldatenvertreter im Dienstgrad eines Offiziers oder eines Unteroffiziers oder in einem Mannschaftsdienstgrad, der bei Verhältniswahl in der Reihenfolge der Sitze die höchste Teilzahl, bei Personenwahl die höchste Stimmenzahl erreicht hat. Nur für den Fall, dass ein entsprechender Soldatenvertreter nicht vorhanden ist, bestimmt S. 3, dass die Befugnisse der Vertrauensperson von dem nach § 32 BPersVG gewählten Vorstandsmitglied wahrgenommen werden, ohne dass es auf die Laufbahngruppe des Soldaten ankommt, um dessen Angelegenheit es sich handelt. Ist der nach S. 1 bestimmte Soldatenvertreter verhindert, wird er nach S. 2 durch den nächstplatzierten Soldatenvertreter derselben Laufbahngruppe vertreten. Das verhinderte Gruppenvorstandsmitglied wird dagegen nach S. 3 durch seinen Vertreter im Amt, also das entsprechende Ersatzvorstandsmitglied (vgl. § 32 BPersVG Rn. 5), vertreten. In den in Abs. 2 genannten Angelegenheiten ist die sonst nach § 38 Abs. 2 BPersVG vorgesehene **Beratung im Personalratsplenum ausgeschlossen.**[195]

8

Kapitel 5
Schlußvorschriften

§ 53   Rechtsverordnungen

(1) Das Bundesministerium der Verteidigung wird ermächtigt, durch Rechtsverordnung Vorschriften über die Wahlen nach diesem Gesetz zu erlassen, insbesondere zur Regelung

1. **der Abgrenzung der Wahlbereiche,**
2. **der Wahlvorbereitung, der Aufstellung der Bewerberliste, der Aufstellung des Wählerverzeichnisses,**
3. **der Stimmabgabe und der Bekanntgabe des Wahlergebnisses,**
4. **der Briefwahl und einem vereinfachten Wahlverfahren sowie**

---

195   *BVerwG* v. 1.11.01 u. v. 31.1.07, jew. a.a.O.

§ 53 SBG   **Anhang V B**

5. zur Feststellung des Wahlergebnisses und Bekanntgabe der Gewählten,

6. zur Aufbewahrung der Wahlunterlagen.

(2) Das Bundesministerium der Verteidigung wird ermächtigt durch Rechtsverordnung die den Behörden der Mittelstufe nach § 6 Abs. 2 Satz 2 des Bundespersonalvertretungsgesetzes entsprechenden militärischen Dienststellen zu bestimmen, bei denen Bezirkspersonalräte gebildet werden.

1   **(Abs. 1)** Aufgrund der in Abs. 1 enthaltenen Ermächtigung hat das BMVg die **Wahlverordnung zum Soldatenbeteiligungsgesetz (SBGWV)** v. 18.3.97[196] erlassen. Sie enthält in Abschn. 1 (§§ 1–16) Bestimmungen über die Wahl der Vertrauenspersonen und in Abschn. 2 (§§ 17–34) Bestimmungen über die Wahl des Gesamtvertrauenspersonenausschusses und regelt in Abschn. 3 – Schlussvorschriften – (§ 35) ihr Inkrafttreten. Die SBGWV ist seit dem 26.3.97 in Kraft. Der Text der SBGWV ist abgedruckt in: KfdP, Anh. V C.

2   **(Abs. 2)** Abs. 2 stimmt inhaltlich mit § 39 SBG 1991 überein. Er ermächtigt das BMVg, durch Rechtsverordnung diejenigen militärischen Dienststellen zu bestimmen, bei denen nach § 53 BPersVG **Bezirkspersonalräte** zu bilden sind. Die Vorschrift stellt klar, dass es sich dabei um solche militärischen Dienststellen handeln muss, die den **Behörden der Mittelstufe** nach § 6 Abs. 2 S. 2 BPersVG entsprechen. Bezirkspersonalräte können somit nur bei den der obersten Dienstbehörde unmittelbar nachgeordneten Behörden gebildet werden. In welchem Umfang das BMVg von der Verordnungsermächtigung Gebrauch macht, unterliegt seinem **pflichtgemäßen Ermessen**.[197]

3   Aufgrund des § 39 SBG 1991 hat das BMVg die **Verordnung über die Bildung von Bezirkspersonalräten bei militärischen Dienststellen** v. 8.2.91[198] erlassen. Sie ist durch die Verordnungen v. 8.4.92,[199] v. 15.3.94[200] und v. 28.8.01[201] geändert worden (in ihrer gegenwärtigen Fassung ist sie abgedr. in KfdP, Anh. V D). Danach werden Bezirkspersonalräte bei folgenden militärischen Dienststellen gebildet: Heeresführungskommando, Heeresamt, Luftwaffenführungskommando, Luftwaffenamt, Marineamt, Sanitätsführungskommando, Sanitätsamt der Bundeswehr, Streitkräfteunterstützungskommando und Streitkräfteamt, nicht dagegen bei dem ebenfalls als Behörde der Mittelstufe anzusehenden Flottenkommando. Drei in der Verordnung aufgeführte Kommandos (Heeresunterstützungskommando,

---

196   BGBl. I S. 558.
197   *BVerwG* v. 23.9.04 – 6 P 2.04 –, PersR 04, 476.
198   BGBl. I S. 424.
199   BGBl. I S. 864.
200   BGBl. I S. 567.
201   BGBl. I S. 2289.

Luftwaffenunterstützungskommando und Marineunterstützungskommando) sind im Rahmen der Umstrukturierung der Bundeswehr aufgelöst worden.

§ 54 Übergangsvorschrift

(1) Vertrauenspersonen, Sprecher von Versammlungen, Mitglieder des Gesamtvertrauenspersonenausschusses und Soldatenvertreter in Personalvertretungen sowie deren Stellvertreter bleiben bis zum Ablauf der Zeit, die sich auf Grund der Vorschriften dieses Gesetzes ergibt, im Amt.

(2) In Dienststellen, in denen Soldaten auf Grund dieses Gesetzes erstmals Personalvertretungen wählen, ist mit dem Inkrafttreten des Ersten Gesetzes zur Änderung des Soldatenbeteiligungsgesetzes die Nachwahl der Soldatenvertreter unmittelbar einzuleiten.

(3) Die Vorschriften über die Wahl der Vertrauenspersonen, Mitglieder des Gesamtvertrauenspersonenausschusses und Soldatenvertreter finden erstmals Anwendung auf Wahlen, die nach dem Inkrafttreten des Ersten Gesetzes zur Änderung des Soldatenbeteiligungsgesetzes eingeleitet und durchgeführt werden.

Die Vorschriften des SBG, die durch das **1. SBGÄndG** geändert oder ergänzt worden sind,[202] gelten in ihrer neuen Fassung von dem Zeitpunkt an, an dem das 1. SBGÄndG **in Kraft** getreten ist, es sei denn, dass sich aus den in § 54 SBG enthaltenen Übergangsvorschriften etwas anderes ergibt. Nach seinem Art. 5 ist das 1. SBGÄndG am **28.2.97** in Kraft getreten.   **1**

Die Übergangsvorschriften in Abs. 1 bis 3 sind inzwischen durch Zeitablauf gegenstandslos geworden.   **2**

---

[202] Vgl. Abschn. A § 35 SG Rn. 1.

Abschnitt C
Kooperationsgesetz der Bundeswehr (BwKoopG)

vom 30. Juli 2004 (BGBl. I S. 2027)

Gesetzestext mit Erläuterungen

Vorbemerkungen vor § 1

1 Am 6.8.04 ist das aus vier Artikeln bestehende »Gesetz zur Regelung von Rechtsfragen hinsichtlich der Rechtsstellung von Angehörigen der Bundeswehr bei Kooperationen zwischen der Bundeswehr und Wirtschaftsunternehmen sowie zur Änderung besoldungs- und wehrsoldrechtlicher Vorschriften« v. 30.7.04[1] in Kraft getreten. Es enthält in seinem Art. 1 das **Kooperationsgesetz der Bundeswehr (BwKoopG)**. Das Artikelgesetz mit dem BwKoopG beruht auf einem Gesetzentwurf der Bundesregierung.[2]

2 Die **Problematik** und die **Zielsetzung**, die dem BwKoopG zugrunde liegen, hat die Bundesregierung im Vorblatt zu ihrem Gesetzentwurf wie folgt zusammengefasst: »*Im Rahmen der Erneuerung der Bundeswehr von Grund auf setzt der Bund Beamtinnen und Beamte, Angestellte, Arbeiterinnen und Arbeiter der Bundeswehr sowie in Einzelfällen auch Soldatinnen und Soldaten unter Beibehaltung ihres Dienst- oder Arbeitsverhältnisses zum Bund in privaten Wirtschaftsunternehmen ein. Die Mitarbeiterinnen und Mitarbeiter werden neben der fortdauernden Zugehörigkeit zur Dienststelle in den Betrieb des Wirtschaftsunternehmens eingegliedert. Ihr Dienst- oder Arbeitsverhältnis bringt sie in zwei verschiedene Abhängigkeiten. Die gesetzlichen Beteiligungsrechte müssen die Interessen der Betroffenen in beiden Richtungen wahren.*«[3]

3 Die **Kooperation der Bundeswehr mit Wirtschaftsunternehmen** besteht darin, dass diese Unternehmen Teile der Aufgaben der Bundeswehrverwaltung sowie bestimmte Teilaufgaben der Streitkräfte übernehmen. Dabei wird so vorgegangen, dass unterschiedliche Unternehmen zu unterschiedlichen Zeitpunkten mit dem operativen Geschäft für die Bundeswehr beginnen und dass die Kooperationspartner dabei »*in unterschiedlichen Formen Personal der Bundeswehr für eine Übergangsphase oder längerfristig in ihren Betrieben einsetzen. Der Bund bleibt für diesen Personenkreis Dienstherr bzw. Arbeitgeber, während die Aufgabenerledigung im Kooperationsbetrieb nach Weisun-*

---

1   BGBl. I S. 2027.
2   BT-Drs. 15/2944.
3   BT-Drs. 15/2944, S. 1.

gen des dortigen Arbeitgebers erfolgt. Damit sind Beteiligungsrechte sowohl im Rahmen des Grundverhältnisses zur Dienststelle wie auch im Rahmen der Tätigkeit im Kooperationsbetrieb wahrzunehmen.«[4]

Durch die neuen Organisationsstrukturen der Bundeswehr und die Formen ihrer Zusammenarbeit mit Wirtschaftsunternehmen sollen die **gesetzlichen Beteiligungsrechte nicht unterlaufen oder geschmälert** werden.[5] Um dieses Ziel zu erreichen, wird ein **doppeltes Wahlrecht** zu einem Personalrat und zu einem Betriebsrat – das die Bundesregierung grundsätzlich für nicht wünschenswert hält – hier ausnahmsweise mit folgender Begründung als erforderlich anerkannt: *»Für die konkrete Ausgestaltung der gleichzeitigen Zugehörigkeit des im Rahmen der Kooperation eingesetzten Personals zur Bundeswehr und zu einem privatwirtschaftlich organisierten Betrieb ist aber ein Verlust an Beteiligungsrechten mit der zwangsläufigen Folge wesentlicher Beteiligungslücken nur vermeidbar, wenn dem betroffenen Personenkreis ein doppeltes Wahlrecht eingeräumt wird. Dies gilt entsprechend für das Wahlrecht zur Schwerbehindertenvertretung.«*[6]

§ 1 Geltungsbereich

Dieses Gesetz gilt für Beamtinnen, Beamte, Soldatinnen, Soldaten, Angestellte, Arbeiterinnen und Arbeiter des Geschäftsbereichs des Bundesministeriums der Verteidigung, soweit und solange ihnen unter Beibehaltung ihres Dienst- oder Arbeitsverhältnisses zum Bund eine Tätigkeit in einem Wirtschaftsunternehmen zugewiesen wurde, mit dem die Bundeswehr eine Kooperation eingegangen ist.

Die Vorschrift legt den Geltungsbereich des BwKoopG in sachlicher und persönlicher Hinsicht fest. Das Gesetz gilt für Personen, die als **Beamte** oder **Soldaten** in einem öffentlich-rechtlichen Dienstverhältnis oder als **Arbeitnehmer** (bis 30.9.05: als Angestellte oder Arbeiter) in einem privatrechtlichen Arbeitsverhältnis zum Bund stehen (vgl. § 4 BPersVG Rn. 4 f. u. 6 ff. sowie § 1 Abs. 1 SG) und die zum **Geschäftsbereich des Bundesministeriums der Verteidigung** – BMVg – (vgl. § 92 BPersVG Rn. 1) gehören, soweit und solange ihnen unter Beibehaltung ihres Dienst- oder Arbeitsverhältnisses zum Bund eine Tätigkeit in einem **Wirtschaftsunternehmen** zugewiesen wurde, mit dem die Bundeswehr eine **Kooperation** eingegangen ist. Eine solche Kooperation liegt dann vor, wenn Aufgaben der Bundeswehrverwaltung oder der Streitkräfte im Wege der Zusammenarbeit zwischen der Bundeswehr und einem Wirtschaftsunternehmen wahrgenommen werden, ohne dass es dabei auf die konkrete Ausgestaltung dieser Zusammenarbeit ankommt. Die Kooperation kann

---

4 BT-Drs. 15/2944, S. 8.
5 BT-Drs. 15/2944, S. 8.
6 Ebd.

bereits vor dem Inkrafttreten des BwKoopG am 6. 8. 04 eingegangen worden sein.

2 Die Zulässigkeit der **Zuweisung** einer Tätigkeit in einem kooperierenden Wirtschaftsunternehmen ist im BwKoopG nicht geregelt, sondern wird von ihm vorausgesetzt. Der in § 1 BwKoopG verwendete **Begriff** der Zuweisung ist nicht im engen rechtstechnischen Sinne zu verstehen; er meint vielmehr alle dienst- oder arbeitsrechtlichen Maßnahmen, aufgrund derer Beschäftigte der Bundeswehr unter Beibehaltung ihres Dienst- und Arbeitsverhältnisses zum Bund in einem Wirtschaftsunternehmen einer weisungsabhängigen Tätigkeit nachgehen.[7] **Dienst- bzw. arbeitsrechtliche Regelungen** über die Zuweisung finden sich für die **Beamten** in § 29 BBG (vormals § 123 a BRRG), für die **Arbeitnehmer** (auch hinsichtlich der Variante Personalgestellung) in § 4 Abs. 2 und 3 TVöD und in § 13 des Tarifvertrags über sozialverträgliche Begleitmaßnahmen im Zusammenhang mit der Umgestaltung der Bundeswehr v. 18. 7. 01 (i. d. F. des 3. ÄndTV v. 10. 12. 10). Die vom Bundesminister der Verteidigung kraft seiner Organisationsgewalt erlassenen »Bestimmungen über die Versetzung, den Dienstpostenwechsel und die Kommandierung der Soldaten« – ZDv 14/5 Teil B Nr. 171 – sehen in Nr. 7 vor, dass mit der **Kommandierung** des **Soldaten** dessen vorübergehende Dienstleistung auch bei einer nichtamtlichen Stelle angeordnet werden kann. Die Zuweisung ist eine Personalangelegenheit, die, wenn sie für eine Dauer von mehr als drei Monaten erfolgt, bei Beamten und bei Arbeitnehmern nach § 76 Abs. 1 Nr. 5 a bzw. § 75 Abs. 1 Nr. 4 a BPersVG der **Mitbestimmung des Personalrats** unterliegt (vgl. § 76 BPersVG Rn. 30 f. bzw. § 75 BPersVG Rn. 47 ff.). Die Kommandierung von Soldaten, die für mehr als drei Monate erfolgt, bedarf nach § 23 Abs. 1 Nr. 2 SBG der **Anhörung der Vertrauensperson** oder nach § 52 Abs. 1 S. 1 i. V. m. § 23 Abs. 1 Nr. 2 SBG der **Anhörung des Personalrats** (vgl. Anh. V B § 23 SBG Rn. 1 u. § 52 SBG Rn. 2 ff.).

§ 2 Aktives Wahlrecht zum Personalrat

Beamtinnen, Beamte, Angestellte, Arbeiterinnen und Arbeiter bleiben zum Personalrat ihrer Dienststelle wahlberechtigt.

1 Zugewiesene Beamte und Arbeitnehmer bleiben während der Dauer der Zuweisung aufgrund des fortbestehenden Dienst- bzw. Arbeitsverhältnisses zum zuweisenden Dienstherrn bzw. Arbeitgeber **Beschäftigte** i. S. d. § 4 BPersVG[8] (§ 4 BPersVG Rn. 2). Nach § 13 Abs. 2 S. 4 BPersVG führt eine Zuweisung allerdings grundsätzlich dazu, dass die zugewiesenen Beschäftigten die Wahlberechtigung zum Personalrat ihrer (alten) Dienststelle verlieren, sobald die Zuweisung länger als drei Monate gedauert hat (vgl. § 13 BPersVG Rn. 13). Davon abweichend bestimmt § 2 BwKoopG je-

---

7 *BVerwG* v. 14. 12. 09 – 6 P 16.08 –, PersR 10, 249.
8 Vgl. *BVerwG* v. 15. 5. 02 – 6 P 8.01 –, PersR 02, 434.

doch, dass zugewiesene Beamte und Arbeitnehmer i.S.d. § 1 BwKoopG zum Personalrat ihrer Dienststelle **wahlberechtigt** bleiben.

Das aktive Wahlrecht der Zugewiesenen gilt für den **Personalrat »ihrer« Dienststelle**. In der Regel ist das diejenige Dienststelle, der die Zugewiesenen vor der Zuweisung zuletzt angehört haben, also ihre bisherige **Beschäftigungsdienststelle**. Sie bleiben dort auch dann wahlberechtigt, wenn ihre Dienstposten in der bisherigen Dienststelle gestrichen und in einer anderen Dienststelle eingerichtet werden, die zur personalbearbeitenden Dienststelle bestimmt wird.[9] Wird die Beschäftigungsdienststelle **mit einer anderen Dienststelle zusammengelegt**, so ist die neue, vereinigte Dienststelle **Rechtsnachfolgerin** mit der Folge, dass die Wahlberechtigung nunmehr in dieser neuen Dienststelle besteht.[10] Wird die Beschäftigungsdienststelle **aufgelöst**, so erhalten die Betroffenen die Wahlberechtigung zum Personalrat der Dienststelle, der sie **dienstrechtlich zugeordnet** sind.[11] Die Zugewiesenen bleiben auch zum **Hauptpersonalrat** beim BMVg und ggf. zu dem **Bezirkspersonalrat** oder **Gesamtpersonalrat** wahlberechtigt, zu dessen Geschäftsbereich »ihre« Dienststelle gehört, weil die Nichtanwendbarkeit des § 13 Abs. 2 S. 4 BPersVG gem. § 53 Abs. 3 S. 1 und § 56 BPersVG für diese Personalvertretungen entsprechend gilt.[12] 2

Das fortbestehende aktive Wahlrecht der Zugewiesenen zu den Personalvertretungen berechtigt und verpflichtet die jeweilige Personalvertretung (Personalrat, Bezirkspersonalrat, Hauptpersonalrat oder Gesamtpersonalrat), nach Maßgabe der die **Beteiligung** regelnden Vorschriften der §§ 66 bis 82 BPersVG weiterhin auch die Interessen der Zugewiesenen gegenüber dem Leiter der Dienststelle zu vertreten, bei der die Personalvertretung gebildet ist. Gegenstand der Beteiligung sind dabei solche Angelegenheiten, die das »Grundverhältnis« der Zugewiesenen zum Dienstherrn bzw. Arbeitgeber Bund betreffen (vgl. vor § 1 BwKoopG Rn. 3 a.E.). Falls die bisherige Beschäftigungsdienststelle, zu deren Personalrat die Zugewiesenen wahlberechtigt sind, und die entscheidungsbefugte Dienststelle nicht identisch sind, sind die Regelungen in § 82 oder § 92 Nr. 1 BPersVG anzuwenden.[13] 3

Aufgrund ihrer fortbestehenden Wahlberechtigung zum Personalrat ihrer Dienststelle gehören die Zugewiesenen dort weiterhin zu den **»in der Regel (wahlberechtigten) Beschäftigten«**, deren Zahl u.a. für die Personalratsfähigkeit der Dienststelle nach § 12, für die Zahl der zu wählenden Personalratsmitglieder nach § 16 und deren Verteilung auf die Gruppen nach § 17 Abs. 1 bis 5 sowie die Zahl der ganz freizustellenden Personalratsmitglieder nach § 46 Abs. 4 BPersVG maßgeblich ist. 4

---

9   So (entgegen der Voraufl.) *BVerwG* v. 14.12.09 – 6 P 16.08 –, PersR 10, 249.
10 *BVerwG* v. 14.12.09, a.a.O.
11 So auch *BVerwG* v. 14.12.09, a.a.O.
12 Vgl. KfdP-*Altvater*, Anh. V E § 2 BwKoopG Rn. 2.
13 Vgl. *BVerwG* v. 14.12.09, a.a.O.

§ 3 Passives Wahlrecht zum Personalrat

¹Für die Wählbarkeit zum Personalrat der Dienststelle gilt § 14 des Bundespersonalvertretungsgesetzes. ²Als Beschäftigung im Sinne des § 14 Abs. 1 Satz 1 Nr. 2 des Bundespersonalvertretungsgesetzes gilt auch die Beschäftigung in einem Kooperationsbetrieb.

1 § 3 BwKoopG garantiert den **Fortbestand des passiven Wahlrechts zum Personalrat der Dienststelle** in Anknüpfung an die Wahlberechtigung in § 2 BwKoopG.[14] § 3 S. 1 BwKoopG stellt klar, dass die Wählbarkeit auch bei den zugewiesenen Beamten und Arbeitnehmern i. S. d. § 1 BwKoopG nach Maßgabe der **allgemeinen Wählbarkeitsvoraussetzungen** nach § 14 BPersVG besteht.[15] Für die Zugewiesenen gelten damit grundsätzlich die gleichen positiven und negativen Wählbarkeitsvoraussetzungen wie für alle anderen Wahlberechtigten (vgl. § 14 BPersVG Rn. 2). Das gilt gem. § 53 Abs. 3 S. 1 und § 56 BPersVG für die Wählbarkeit zum **Hauptpersonalrat** beim BMVg und ggf. zum **Bezirkspersonalrat** oder **Gesamtpersonalrat** entsprechend (vgl. § 2 BwKoopG Rn. 2).

2 Darüber hinaus bestimmt § 3 S. 2 BwKoopG, dass die **Wählbarkeitsvoraussetzung des § 14 Abs. 1 S. 1 Nr. 2 BPersVG**, seit einem Jahr in öffentlichen Verwaltungen oder von diesen geführten Betrieben tätig zu sein (vgl. § 14 BPersVG Rn. 4), auch durch die **Beschäftigung in einem Kooperationsbetrieb** erfüllt werden kann. Diese Vorschrift sichert damit das passive Wahlrecht auch für den Fall, dass der Wechsel in den Beschäftigungsbetrieb bereits kurz nach Einstellung in den öffentlichen Dienst erfolgt.[16]

§ 4 Sondervorschriften für Soldatinnen und Soldaten

(1) Gehören Soldatinnen und Soldaten einer Dienststelle an, in der sie nach den §§ 48 ff. des Soldatenbeteiligungsgesetzes einen Personalrat wählen, gelten für ihr aktives und passives Wahlrecht die §§ 2 und 3.

(2) Gehören Soldatinnen und Soldaten einem Wahlbereich für die Wahl einer Vertrauensperson im Sinne des § 2 Abs. 1 des Soldatenbeteiligungsgesetzes an, bleiben sie während ihrer Zugehörigkeit zu einem Kooperationsbetrieb bei der Wahl einer Vertrauensperson für ihren Wahlbereich wahlberechtigt, sind jedoch als Vertrauensperson nicht wählbar.

1 (Abs. 1) Für zugewiesene **Soldaten** i. S. d. § 1 BwKoopG, die vor ihrer

---

14 *BVerwG* v. 14.12.09, a. a. O.
15 Vgl. KfdP-*Altvater*, Anh. V E § 3 BwKoopG Rn. 1.
16 BT-Drs. 15/2944, S. 9.

Zuweisung einer Dienststelle angehört haben, in der Soldaten nach den §§ 48 ff. SBG einen **Personalrat** wählen (vgl. Abschn. B § 49 SBG Rn. 1 ff.), gelten die §§ 2 und 3 BwKoopG. Sie sind damit hinsichtlich ihres **aktiven und passiven Wahlrechts** den zugewiesenen Zivilbeschäftigten gleichgestellt. Das fortbestehende aktive Wahlrecht der Zugewiesenen legitimiert den Personalrat (ebenso wie ggf. den Bezirks-, Haupt- oder Gesamtpersonalrat) zur Wahrnehmung der im SBG geregelten **Beteiligungsrechte** in jenen Angelegenheiten, die das Grundverhältnis der Zugewiesenen zum Dienstherrn Bund betreffen (vgl. § 2 BwKoopG Rn. 3).

(Abs. 2) Eine dem Abs. 1 nur teilweise entsprechende Regelung gilt für zugewiesene **Soldaten**, die vor ihrer Zuweisung einem **Wahlbereich für die Wahl einer Vertrauensperson** i. S. d. § 2 Abs. 1 SBG angehört haben (vgl. Abschn. B § 2 SBG Rn. 3 f.). Sie bleiben während ihrer Zugehörigkeit zu einem Kooperationsbetrieb bei der Wahl einer Vertrauensperson für ihren Wahlbereich zwar **wahlberechtigt**, sind als Vertrauensperson jedoch **nicht wählbar**.[17] Das fortbestehende aktive Wahlrecht bei der Wahl einer Vertrauensperson legitimiert diese (ebenso wie ggf. die Gremien der Vertrauenspersonen) ebenfalls zur Wahrnehmung der im SBG geregelten **Beteiligungsrechte** in den das Grundverhältnis der Zugewiesenen zum Dienstherrn Bund betreffenden Angelegenheiten (vgl. Rn. 1).

§ 5 Schwerbehinderte Menschen

(1) Die Tätigkeit in einem Kooperationsbetrieb lässt die Rechtsstellung von schwerbehinderten Menschen bei der Anwendung des Teils 2 des Neunten Buches Sozialgesetzbuch im Geschäftsbereich des Bundesministeriums der Verteidigung unberührt.

(2) Schwerbehinderte Menschen gelten für die Anwendung der Vorschriften über die Schwerbehindertenvertretung im Kooperationsbetrieb als Beschäftigte.

(Abs. 1) Für die Anwendung des in Teil 2 SGB IX geregelten **Schwerbehindertenrechts im Geschäftsbereich des BMVg** stellt Abs. 1 klar, dass die auf der Beschäftigung in der Dienststelle beruhende Rechtsstellung schwerbehinderter Menschen durch die Tätigkeit in einem Kooperationsbetrieb (die auf einer Zuweisung i. S. d. § 1 BwKoopG beruht) nicht berührt wird. Dem Schutzzweck des Schwerbehindertenrechts entsprechend bezieht sich diese Klarstellung auf alle Menschen, die zu dem in § 68 SGB IX definierten geschützten Personenkreis gehören, also nicht nur auf **schwerbehinderte**, sondern auch auf diesen **gleichgestellte behinderte** Menschen. Die Klarstellung gewährleistet für diese Menschen die umfassende – das aktive und passive Wahlrecht zur Schwerbehindertenvertretung ein-

---

17 Vgl. dazu BT-Drs. 15/2944, S. 9.

schließende – Fortgeltung der in Teil 2 SGB IX enthaltenen Vorschriften im Bereich des BMVg und damit auch in der (alten) Dienststelle.[18]

2 (Abs. 2) Für die Anwendung der in Teil 2 SGB IX enthaltenen Vorschriften über die **Schwerbehindertenvertretung im Kooperationsbetrieb** bestimmt Abs. 2, dass schwerbehinderte Menschen, die zu den zugewiesenen Personen i. S. d. § 1 BwKoopG gehören, im Kooperationsbetrieb als Beschäftigte gelten. Diese gesetzliche Fiktion gilt ebenfalls für **schwerbehinderte** und diesen **gleichgestellte behinderte** Menschen (vgl. Rn. 1).

§ 6 Geltung arbeitsrechtlicher Vorschriften

(1) Die in § 1 genannten Personen gelten für die Anwendung der Vorschriften über die Vertretung der Arbeitnehmerinnen und Arbeitnehmer im Aufsichtsrat, für die Anwendung des Betriebsverfassungsgesetzes und des Sprecherausschussgesetzes als Arbeitnehmerinnen und Arbeitnehmer des Kooperationsbetriebs und sind als solche aktiv und passiv wahlberechtigt.

(2) Als leitende Angestellte im Sinne des § 5 Abs. 3 des Betriebsverfassungsgesetzes gelten auch die funktional vergleichbaren Beamtinnen, Beamten, Soldatinnen und Soldaten.

(3) Soweit der Kooperationsbetrieb Verpflichtungen, die ihm nach den Vorschriften über die Vertretung der Arbeitnehmerinnen und Arbeitnehmer im Aufsichtsrat, nach dem Betriebsverfassungsgesetz und dem Sprecherausschussgesetz sowie den Vorschriften über die Schwerbehindertenvertretung obliegen, deshalb nicht erfüllen kann, weil er nicht Dienstherr und Arbeitgeber der in § 1 genannten Personen ist, treffen diese Verpflichtungen deren jeweilige Dienststelle.

1 (Abs. 1) Der dem § 19 Abs. 1 DBGrG nachgebildete Abs. 1 bestimmt, dass die in § 1 BwKoopG genannten und damit zum Geltungsbereich dieses Gesetzes gehörenden Personen für die Anwendung der Vorschriften des **Unternehmensverfassungsrechts** über die Vertretung der Arbeitnehmer im Aufsichtsrat sowie der Vorschriften des **Betriebsverfassungsgesetzes** (BetrVG) und des **Sprecherausschussgesetzes** (SprAuG) als **Arbeitnehmer des Kooperationsbetriebs** gelten, und stellt dabei ausdrücklich klar, dass sie dementsprechend als solche auch **aktiv und passiv wahlberechtigt** sind. Damit sind die zugewiesenen Personen unabhängig von ihrem dienst- oder arbeitsrechtlichen Status als Beamte, Soldaten oder Arbeitnehmer den »eigenen« Arbeitnehmern des Kooperationsbetriebs in den Bereichen der betrieblichen und der Unternehmensmitbestimmung in jeder Hinsicht gleichgestellt.[19] Insoweit ist eine **umfassende Geltung der ein-**

---

18 Vgl. BT-Drs. 15/2944, S. 9.
19 Vgl. BT-Drs. 15/2944, S. 9.

Anhang V C § 6 BwKoopG

schlägigen arbeitsrechtlichen Vorschriften** festgelegt. Im Bereich der Betriebsverfassung sind die Zugewiesenen (mit Ausnahme der in Abs. 2 genannten leitenden Angestellten) deshalb nicht nur zum **Betriebsrat** des Kooperationsbetriebs wahlberechtigt und wählbar, sondern z. B. auch bei der Festlegung der Zahl der Betriebsratsmitglieder nach § 9 BetrVG und der Mindestfreistellungen nach § 38 Abs. 1 BetrVG mitzuzählen. Die umstrittene Rspr. des *BAG*,[20] wonach Leiharbeitnehmer und andere zur Arbeitsleistung überlassene Arbeitnehmer, die nach § 7 S. 2 BetrVG (nur) wahlberechtigt sind, bei der Ermittlung der Betriebsratsgröße nicht zu berücksichtigen sind, ist für die in § 1 BwKoopG genannten Personen ebenso wenig von Bedeutung wie (nach der im Jahr 2009 eingeführten Neuregelung in § 5 Abs. 1 S. 3 BetrVG) für sonstige Beamte, Soldaten und Arbeitnehmer des öffentlichen Dienstes, die in Betrieben privatrechtlich organisierter Unternehmen tätig sind (vgl. zu Letzterem § 13 BPersVG Rn. 13). Für die betriebliche **Jugend- und Auszubildendenvertretung** gilt Entsprechendes. Anders als für die Postnachfolgeunternehmen in § 26 Nr. 1 PostPersRG vorgesehen, bilden die **Beamten** – und auch die **Soldaten** – bei der Wahl zum Betriebsrat **keine eigene Wählergruppe**.

Dem Betriebsrat des Kooperationsbetriebs stehen hinsichtlich der zugewiesenen Beamten, Soldaten und Arbeitnehmer nach dem BetrVG wahrzunehmende **Beteiligungsrechte** in solchen Angelegenheiten zu, in denen der dortige Arbeitgeber weisungsbefugt ist. Auch wenn eine Personalvertretung im Bereich des BMVg (oder eine Vertrauensperson der Soldaten oder ein Gremium von Vertrauenspersonen) an einer das Grundverhältnis zum Dienstherrn bzw. Arbeitgeber Bund betreffenden beabsichtigten Personalmaßnahme zu beteiligen ist, ist der Betriebsrat darüber nach § 99 Abs. 1 BetrVG jedenfalls dann zu **unterrichten**, wenn sich diese Maßnahme auf die Gesamtbelegschaft des Kooperationsbetriebes auswirkt. Die erforderlichen Informationen hat die zuständige Dienststelle dem Kooperationsbetrieb nach Abs. 3 zur Verfügung zu stellen (vgl. Rn. 3). Bei innerbetrieblichen Versetzungen zugewiesener Personen hat der Betriebsrat nach § 99 Abs. 1 S. 1 BetrVG **mitzubestimmen**.[21]

1a

(Abs. 2) Der dem § 36 Abs. 2 PostPersRG entsprechende Abs. 2 legt fest, dass als **leitende Angestellte** i. S. d. § 5 Abs. 3 BetrVG auch die **funktional vergleichbaren Beamten und Soldaten** gelten. Sie gehören zum persönlichen Geltungsbereich des SprAuG und sind nach Abs. 1 wahlberechtigt und wählbar zu dem im Kooperationsbetrieb gebildeten **Sprecherausschuss** (vgl. auch Anh. IV § 36 PostPersRG Rn. 1 f.).

2

(Abs. 3) Der dem § 19 Abs. 2 DBGrG nachgebildete Abs. 3 geht davon aus, dass der Kooperationsbetrieb bestimmte **Verpflichtungen**, die ihm nach den Vorschriften über die Vertretung der Arbeitnehmer im Aufsichtsrat, nach dem BetrVG und dem SprAuG sowie dem Schwerbehinderten-

3

---

20 Beschl. v. 16. 4. 03 – 7 ABR 53/02 –, AP BetrVG 1972 § 9 Nr. 7.
21 *BAG* v. 4. 5. 11 – 7 ABR 3/10 –, NZA 11, 1373.

recht obliegen, deshalb nicht erfüllen kann, weil er nicht Dienstherr und Arbeitgeber der in § 1 BwKoopG genannten Personen ist, und legt fest, dass die »jeweilige Dienststelle« der Bundeswehr (vgl. dazu § 2 BwKoopG Rn. 2) derartige Verpflichtungen zu erfüllen hat. Dabei dürfte es sich insb. um Informationspflichten des Arbeitgebers handeln.

§ 7 Übergangsmandat

(1) ¹Der Personalrat der zuweisenden Dienststelle nimmt in dem Kooperationsbetrieb die Aufgaben eines Betriebsrats nach dem Betriebsverfassungsgesetz wahr, soweit die Voraussetzungen des § 1 Abs. 1 Satz 1 des Betriebsverfassungsgesetzes vorliegen und in dem Kooperationsbetrieb nicht bereits ein Betriebsrat besteht (Übergangsmandat). ²Der Personalrat hat im Rahmen seines Übergangsmandats insbesondere die Aufgabe, unverzüglich den Wahlvorstand zur Einleitung der Betriebsratswahl zu bestellen.

(2) Werden einem Kooperationsbetrieb Angehörige mehrerer Dienststellen zugewiesen, nimmt derjenige Personalrat das Übergangsmandat wahr, aus dessen Zuständigkeitsbereich die meisten der zugewiesenen Wahlberechtigten stammen.

(3) Das Übergangsmandat endet, sobald im Kooperationsbetrieb ein Betriebsrat gewählt und das Wahlergebnis bekannt gegeben worden ist, spätestens jedoch nach zwölf Monaten.

(4) Die Absätze 1 bis 3 gelten entsprechend für die Jugend- und Auszubildendenvertretung mit der Maßgabe, dass der das Übergangsmandat innehabende Personalrat unverzüglich einen Wahlvorstand zur Wahl der Jugend- und Auszubildendenvertretung zu bestellen hat.

(5) Die Absätze 1 bis 3 gelten entsprechend für die Schwerbehindertenvertretungen.

1 Um eine lückenlose betriebliche Interessenvertretung der in § 1 BwKoopG genannten Personen im Kooperationsbetrieb zu gewährleisten, sehen die Vorschriften des § 7 BwKoopG **Übergangsmandate** des Personalrats, der Jugend- und Auszubildendenvertretung und der Schwerbehindertenvertretung vor. Diese Regelungen sind v. a. deshalb sinnvoll, weil das Bestehen eines allgemein gültigen Übergangsmandats des Personalrats bei Privatisierungen bislang gesetzlich nicht ausdrücklich geregelt ist (vgl. § 1 BPersVG Rn. 17ff.).

2 (Abs. 1–3) Für den Fall, dass die in § 1 Abs. 1 S. 1 BetrVG bestimmten Voraussetzungen für die Bildung eines Betriebsrats im Kooperationsbetrieb vorliegen (weil es sich dabei um einen Betrieb mit in der Regel mindestens fünf ständigen Arbeitnehmern handelt, von denen drei wählbar sind) und dort nicht bereits ein Betriebsrat besteht, weist Abs. 1 S. 1 dem **Personal-**

Anhang V C § 9 BwKoopG

rat der zuweisenden Dienststelle ein Übergangsmandat zu, das darin besteht, in dem Kooperationsbetrieb die Aufgaben eines Betriebsrats nach dem BetrVG wahrzunehmen. Gehören die zugewiesenen Personen mehreren Dienststellen an, so erhält nach Abs. 2 derjenige Personalrat das Übergangsmandat, aus dessen Zuständigkeitsbereich **die meisten der zugewiesenen Wahlberechtigten** stammen. Die sich aus dem Übergangsmandat ergebenden **Aufgaben und Befugnisse** des Personalrats sind inhaltlich nicht eingeschränkt. Abs. 1 S. 2 betont die Pflicht des Personalrats, unverzüglich – d. h. ohne schuldhaftes Zögern (§ 121 Abs. 1 S. 1 BGB) – den **Wahlvorstand** zur Einleitung der Betriebsratswahl zu bestellen. Die **Dauer** des Übergangsmandats ist befristet. Nach Abs. 3 endet es, sobald im Kooperationsbetrieb ein Betriebsrat gewählt und das Wahlergebnis bekannt gegeben worden ist (vgl. § 18 Abs. 3 S. 1 BetrVG), spätestens jedoch zwölf Monate nach seinem Beginn.

(Abs. 4, 5) Die in Abs. 1 bis 3 enthaltenen Regelungen gelten nach Abs. 4 und 5 für das Übergangsmandat der **Jugend- und Auszubildendenvertretung** und der **Schwerbehindertenvertretung** entsprechend. Dabei ist klargestellt, dass die unverzügliche Bestellung eines Wahlvorstands zur Wahl der betrieblichen Jugend- und Auszubildendenvertretung zu den Aufgaben des Personalrats gehört, der nach Abs. 1 oder 2 das Übergangsmandat innehat. **3**

§ 8 Weitergeltung von Dienstvereinbarungen

Die in den Dienststellen im Zeitpunkt der Zuweisung geltenden Dienstvereinbarungen gelten im Kooperationsbetrieb für längstens zwölf Monate als Betriebsvereinbarungen weiter, soweit sie nicht durch andere Regelungen ersetzt werden.

Durch diese Vorschrift sollen zu Beginn der Kooperation Rechtsverluste oder Unklarheiten über die Geltung abgeschlossener Dienstvereinbarungen im Verhältnis zum Kooperationsbetrieb ausgeschlossen werden.[22] Da die **Dauer der Weitergeltung** der Dienstvereinbarungen auf längstens zwölf Monate befristet ist, kann es zum Schutz der zugewiesenen Personen je nach Sachlage sinnvoll sein, bereits frühzeitig gem. § 77 Abs. 2 BetrVG entsprechende **Betriebsvereinbarungen** abzuschließen. Diese Befugnis steht auch dem Personalrat zu, der das Übergangsmandat innehat (vgl. § 7 BwKoopG Rn. 2).

§ 9 Anhängige Verfahren

Auf förmlich eingeleitete Beteiligungsverfahren im Bereich der Dienststelle, Verfahren vor der Einigungsstelle beim Bundesministerium der Verteidigung oder personalvertretungsrechtliche Be-

---
22 BT-Drs. 15/2944, S. 9f.

schlussverfahren vor den Verwaltungsgerichten bleibt die Zuweisung von Beschäftigten an einen Kooperationsbetrieb ohne Einfluss.

Die Vorschrift geht davon aus, dass die in ihr aufgeführten, die Dienststelle betreffenden anhängigen Verfahren jedenfalls nicht wegen der Beschäftigung der oder des Betroffenen in einem Kooperationsbetrieb an rechtlicher Bedeutung verlieren. Das **Rechtsschutzinteresse** besteht kraft Gesetzes weiter.[23] Die einschränkende Rspr. des *BVerwG*[24] zu § 25 Abs. 2 PostPersRG ist deshalb für die Anwendung des anders formulierten § 9 BwKoopG ohne Bedeutung.

---

23 So ausdrücklich die Begründung des Gesetzentwurfs, BT-Drs. 15/2944, S. 10.
24 Beschl. v. 9.8.96 – 6 P 22.94 –, PersR 96, 496.

Anhang VI
Betriebsvertretungsrecht bei den Stationierungsstreitkräften der NATO

Unterzeichnungsprotokoll zu Artikel 56 Absatz 9 des Zusatzabkommens zum NATO-Truppenstatut

in der zuletzt durch die Abkommen vom 18. März 1993 und vom 16. Mai 1994 geänderten Fassung (BGBl. 1961 II S. 1313, BGBl. 1972 II S. 687, BGBl. 1973 II S. 1529, BGBl. 1975 II S. 914, BGBl. 1982 II S. 530, 838, BGBl. 1994 II S. 2594, 3710)

Text mit Erläuterungen

(1) [1]Dienststellen im Sinne des Bundespersonalvertretungsgesetzes vom 15. März 1974 (Bundesgesetzblatt 1974 Teil I S. 693) mit späteren Änderungen bis einschließlich der Änderung vom 16. Januar 1991 (Gesetz über die Beteiligung der Soldaten und der Zivildienstleistenden – BG – vom 16. Januar 1991, Bundesgesetzblatt 1991 Teil I S. 47) – im folgenden als das »Gesetz« bezeichnet – sind die einzelnen Verwaltungsstellen und Betriebe einer Truppe und eines zivilen Gefolges in der Bundesrepublik nach näherer Bestimmung durch die betreffende Truppe. [2]Mittelbehörden sind die der obersten Dienstbehörde einer Truppe verwaltungsmäßig unmittelbar unterstellten Behörden, denen verwaltungsmäßig weitere Dienststellen nachgeordnet sind. [3]Oberste Dienstbehörden sind die Hauptquartiere einer Truppe, wie sie von den entsprechenden Entsendestaaten näher bestimmt werden, und die die endgültige Entscheidung über Angelegenheiten haben, an denen die Betriebsvertretungen beteiligt sind. [4]Werden Entscheidungen oberhalb der Ebene der obersten Dienstbehörde getroffen, so sorgt die Truppe dafür, daß die Betriebsvertretung ohne Verzögerung unterrichtet wird.

NATO: Betriebsvertretungsrecht **Anhang VI**

(2) Für Dienstreisen der Mitglieder der Betriebsvertretungen werden Reisekosten nach den tariflichen Bestimmungen für Reisekosten der zivilen Angestellten der Truppe, mindestens nach der zweithöchsten Stufe gezahlt.

(3) Der Dienststellenleiter kann sich bei Besprechungen mit der Betriebsvertretung durch eine Person vertreten lassen, die in der Leitung der Dienststelle verantwortlich tätig und zur Verhandlung mit der Betriebsvertretung in dem gleichen Umfange wie der Dienststellenleiter bevollmächtigt ist.

(4) Von der Anwendung der Vorschriften des Gesetzes über die Wählbarkeit zu einer Betriebsvertretung, die die Dauer der Zugehörigkeit zu Dienststellen betreffen, kann Abstand genommen werden, soweit zwischen der Mehrheit der Arbeitnehmer und dem Arbeitgeber hierüber eine Verständigung herbeigeführt wird.

(5) [1]Der Dienststellenleiter ist nicht verpflichtet, Mitgliedern der Betriebsvertretung, dem Ausschuß nach § 93 des Gesetzes und der Einigungsstelle Unterlagen vorzulegen, soweit diese aus Gründen der Sicherheit Verschlußsachen darstellen; das gleiche gilt für Auskünfte daraus. [2]Zur Wahrnehmung ihrer Aufgaben kann die Betriebsvertretung, soweit erforderlich, Zugang zu Sicherheitsbereichen haben. [3]Soweit die Vorschriften der obersten Dienstbehörde der Truppe über die militärische Sicherheit einem solchen Zugang entgegenstehen oder ihn einschränken, erfolgt der Zugang unter den gleichen Bedingungen, unter denen auch zivilen Arbeitskräften der Zugang erlaubt ist.

(6) (a) (i) [1]Das im Gesetz vorgesehene Mitbestimmungsrecht kann, soweit im Einzelfall besonders schutzwürdige militärische Interessen entgegenstehen, in seinem Umfang beschränkt werden. [2]Die oberste Dienstbehörde hat die Gründe für die Beschränkung des Mitbestimmungsrechts schriftlich darzulegen und den Umfang der Beschränkung zu bezeichnen. [3]Sofern die Offenlegung der Gründe die Gefahr eines schweren Schadens für die Sicherheit des Entsendestaates oder seiner Truppe verursachen könnte, kann die oberste Dienstbehörde den Nachweis durch eine förmliche Erklärung bewirken, die durch den Präsidenten des Bundesarbeitsgerichts zu bestätigen ist.

(ii) [1]In Fällen, in denen die Liegenschaften an die Bundesregierung zurückgegeben werden, verhindert die Anwendung des Mitbestimmungsrechts nicht die Rückgabe dieser Liegenschaften zu dem vorgesehenen Zeitpunkt, der den zuständigen deutschen Behörden von der Truppe mitgeteilt wurde. [2]In diesen Fällen schließen die zuständigen deutschen Behörden besondere Vereinbarungen, um die Liegenschaften zu übernehmen, selbst wenn sie nicht völlig geräumt worden sind.

(iii) (aa) Das im Gesetz vorgesehene Mitbestimmungsrecht in bezug auf die Errichtung, Verwaltung und Auflösung von Sozialeinrichtungen ohne Rücksicht auf ihre Rechtsform findet nur auf Sozialeinrichtungen Anwendung, die ausschließlich für die zivilen Arbeitskräfte unterhalten werden.

(bb) Das im Gesetz vorgesehene Mitbestimmungsrecht in bezug auf die Gestaltung der Arbeitsplätze findet keine Anwendung, wenn sowohl Mitglieder der Truppe oder des zivilen Gefolges als auch zivile Arbeitskräfte in dieselbe Einrichtung oder dasselbe Programm einbezogen sind und die Zahl der betroffenen zivilen Arbeitskräfte nicht überwiegt.

(iv) Soweit der Inhalt von Personalfragebogen für Angestellte und Arbeiter Fragen der militärischen Sicherheit betrifft, findet anstelle der im Gesetz vorgesehenen Mitbestimmung das Mitwirkungsverfahren Anwendung.

(v) Das im Gesetz vorgesehene Mitbestimmungsrecht bei Zuweisung entsprechend § 123a des Beamtenrechtsrahmengesetzes findet keine Anwendung.

(vi) Angelegenheiten, soweit sie durch Gesetz oder Tarifvertrag geregelt sind oder üblicherweise gemäß Artikel 56 Absatz (5) Buchstabe (a) geregelt werden, unterliegen nicht der Mitbestimmung.

(vii) [1]Die Mitbestimmung findet keine Anwendung in bezug auf § 75 Absatz (1) Nummern 1 und 2, § 75 Absatz (3) Nummer 13 sowie § 76 Absatz (2) Nummern 5 und 7 des Gesetzes. [2]Dieser Ausschluß wird unmittelbar nach dem 31. Dezember 1994 überprüft werden.

(b) In Fällen, in denen die Mitbestimmungsrechte aufgrund des Buchstabens (a) keine Anwendung finden, gilt das Mitwirkungsverfahren.

(c) [1]Die im Mitbestimmungsverfahren vorgesehene Einigungsstelle besteht je aus einem von der obersten Dienstbehörde und von der bei ihr bestehenden zuständigen Betriebsvertretung bestellten Beisitzer sowie aus einem unparteiischen

NATO: Betriebsvertretungsrecht **Anhang VI**

Vorsitzenden, auf dessen Person sich beide Teile einigen. ²Kommt eine Einigung über die Person des Vorsitzenden nicht zustande, so bestellt ihn, soweit nicht einvernehmlich der Präsident des Bundesverwaltungsgerichts oder der Generalsekretär der Westeuropäischen Union um die Bestellung ersucht wird, der Generalsekretär der Nordatlantikvertragsorganisation. ³Die oberste Dienstbehörde kann verlangen, daß die Mitglieder der Einigungsstelle zum Umgang mit Verschlußsachen ermächtigt sind. ⁴Auf Ersuchen der betreffenden Truppe oder Betriebsvertretung können ständige oder Ad-hoc-Einigungsstellen eingesetzt werden, wenn die Umstände dies rechtfertigen.

(d) ¹Die Einigungsstelle entscheidet durch Beschluß. ²Sie kann den Anträgen der Beteiligten auch teilweise entsprechen. ³Der Beschluß wird mit Stimmenmehrheit gefaßt. ⁴Beschlüsse der Einigungsstelle erfolgen im Rahmen der Rechtsvorschriften einschließlich der Haushaltsgesetze und -vorschriften des Entsendestaates, die für die oberste Dienstbehörde der Truppe bindend sind.

(7) Der Dienststellenleiter legt der Betriebsvertretung Verwaltungsanordnungen vor deren Erlaß zur Mitwirkung gemäß § 78 des Gesetzes vor, außer in den Fällen, in denen § 72 Absatz (6) in Verbindung mit § 69 Satz 5 des Gesetzes Anwendung findet.

(8) [gestrichen]

(9) Soweit das Gesetz gerichtliche Entscheidungen vorsieht, entscheiden die deutschen Gerichte für Arbeitssachen in dem nach deutschem Recht vorgesehenen Verfahren (Beschlußverfahren), und die Bundesrepublik beteiligt sich im Namen einer Truppe oder eines zivilen Gefolges auf deren Antrag am Verfahren.

(10) Auf Ersuchen einer Truppe oder eines zivilen Gefolges beantragt die von der Bundesrepublik bestimmte Stelle die Strafverfolgung wegen Verletzung der Schweigepflicht nach Maßgabe des § 203 Absatz 2 Nummer 3 und des § 353b Absatz 1 Nummer 3 des Strafgesetzbuches.

1 Die Betriebsvertretung der zivilen Arbeitskräfte bei den Verwaltungen und Betrieben der in der Bundesrepublik Deutschland stationierten ausländischen Streitkräfte der NATO-Staaten richtet sich grundsätzlich nach dem BPersVG. **Art. 56 Abs. 9 des Zusatzabkommens** zu dem Abkommen zwischen den Parteien des Nordatlantikvertrages über die Rechtsstellung ihrer Truppen hinsichtlich der in der Bundesrepublik Deutschland stationierten ausländischen Truppen (ZA) v. 3.8.59[1] – geändert durch das

---

1 BGBl. 1961 II S. 1183, 1218.

Anhang VI   **NATO: Betriebsvertretungsrecht**

Abkommen v. 21.10.71,[2] die Vereinbarung v. 18.5.81[3] und das Abkommen v. 18.3.93[4] – verweist nämlich auf die für die zivilen Bediensteten bei der Bundeswehr maßgebenden Vorschriften des deutschen Rechts über die Personalvertretung. Das sind nach § **91 Abs. 1 SG** die Vorschriften des **BPersVG** und der auf seiner Grundlage erlassenen Rechtsverordnungen. Jedoch gilt die Verweisung auf das BPersVR nach Art. 56 Abs. 9 ZA nur insoweit, als in dem auf diesen Artikel Bezug nehmenden Abschnitt des **Unterzeichnungsprotokolls** (UP) nicht etwas anderes bestimmt ist. Das UP zu Art. 56 Abs. 9 ZA enthält zahlreiche Abwandlungen und Einschränkungen des BPersVG.

Die durch das UP zu Art. 56 Abs. 9 ZA abgewandelten Regelungen des   **2** BPersVR gelten nicht für das gesamte Personal der in der Bundesrepublik stationierten Streitkräfte, sondern nur für die »**zivilen Arbeitskräfte bei einer Truppe und einem zivilen Gefolge**«. Die »zivilen Arbeitskräfte« entsprechen den Beschäftigten i. S. d. § 4 BPersVG. »**Truppe**« ist grundsätzlich das zu den Land-, See- oder Luftstreitkräften gehörende Personal eines Entsendestaates, wenn es sich im Zusammenhang mit seinen Dienstobliegenheiten in dem Hoheitsgebiet einer anderen Vertragspartei innerhalb des Gebiets des Nordatlantikvertrags befindet. »**Ziviles Gefolge**« ist das die Truppe eines Entsendestaates begleitende Zivilpersonal, das bei den Streitkräften dieses Entsendestaates beschäftigt ist. Personen, die zur Truppe oder zum zivilen Gefolge gehören, sind keine zivilen Arbeitskräfte.[5]

Das für die zivilen Arbeitskräfte bei den Verwaltungen und Betrieben der   **3** Streitkräfte der Entsendestaaten geltende Betriebsvertretungsrecht gilt sinngemäß auch für die zivilen Arbeitskräfte der in der Bundesrepublik errichteten **internationalen militärischen Hauptquartiere der NATO** (Art. 8 Abs. 8 des Ergänzungsabkommens v. 13.3.67[6]) sowie von bestimmten »**nicht-deutschen Organisationen nichtwirtschaftlichen Charakters**« (Art. 71 ZA).[7]

Nach der Rspr. des *BVerfG* ist es **nicht verfassungswidrig**, dass das   **4** Betriebsvertretungsrecht bei den Stationierungsstreitkräften hinter dem PersVR bei der Bundeswehr zurückbleibt.[8] Die Benachteiligung der zivilen Arbeitskräfte bei den Stationierungsstreitkräften gegenüber den Zivilbeschäftigten bei der Bundeswehr ist zwar weder durch militärische Notwendigkeiten noch durch die Souveränität der die Streitkräfte entsendenden NATO-Staaten begründet und widerspricht deshalb dem allgemeinen

---

2 BGBl. 1973 II S. 1021.
3 BGBl. 1982 II S. 530.
4 BGBl. 1994 II S. 2594, 2598.
5 Näher dazu KfdP-*Altvater*, Anh. VII A Rn. 5–12.
6 BGBl. 1969 II S. 1997, 2009.
7 Vgl. dazu KfdP-*Altvater*, Anh. VII C u. VII A Rn. 7.
8 Beschl. v. 8.10.96 – 1 BvL 15/91 –, PersR 97, 74, ergangen auf Vorlage-Beschl. des *ArbG Kaiserslautern* v. 2.8.91 – 3 BV 11/91 –, PersR 92, 215.

Gleichheitssatz des Art. 3 Abs. 1 GG. Dieser Zustand ist jedoch – so das *BVerfG* – »mit Rücksicht darauf hinzunehmen, dass die Bundesrepublik beim Aushandeln der Stationierungsverträge beschränkt war und es ihr trotz fortlaufender Bemühungen nicht gelungen ist, die Beteiligungsrechte der Zivilangestellten bei den Stationierungsstreitkräften denen der Bundeswehr völlig anzugleichen«. Als politische Verträge, die eine besatzungsrechtliche Ordnung schrittweise abbauen, befinden sich die Stationierungsverträge mit dem Grundgesetz bereits deshalb im Einklang, weil »der durch sie geschaffene Zustand der Verfassung näher steht als der frühere« und weil »ein besseres Verhandlungsergebnis nicht erreicht werden konnte«.

5 Die am **18.5.81** unterzeichnete **Vereinbarung zur Änderung des Unterzeichnungsprotokolls** zum Zusatzabkommen[9] hat das UP zu Art. 56 Abs. 9 ZA mit Rückwirkung zum 1.4.74 geändert. Vor allem wurden in Abs. 1 S. 1 die Worte »des Personalvertretungsgesetzes vom 5. August 1955 (Bundesgesetzblatt Teil I Seite 477)« durch die Worte »des Bundespersonalvertretungsgesetzes vom 15. März 1974 (Bundesgesetzblatt Teil I Seite 693)« ersetzt. Damit wurde klargestellt, dass auch für die Arbeitnehmer bei den Stationierungsstreitkräften das – allerdings eingeschränkte – **BPersVG 1974 gilt**.[10]

6 Das **BAG** entschied aber mit **Urteil v. 14.1.93** – 2 AZR 387/92 –[11], dass Abs. 1 S. 1 UP keine dynamische, sondern eine **statische Verweisung auf das BPersVG 1974** enthalte und dass dieses Gesetz für das Betriebsvertretungsrecht bei den alliierten Stationierungsstreitkräften deshalb in seiner Urfassung gelte. Damit später erfolgte Änderungen des BPersVG 1974 auch im Bereich der Stationierungsstreitkräfte angewendet werden könnten, müsse das UP geändert werden. Dazu müssten die Parteien des NATO-Truppenstatuts entsprechende Abkommen abschließen und ratifizieren.

7 In der Folgezeit wurde das **UP** zu Art. 56 Abs. 9 ZA erneut **durch zwei Abkommen geändert:**

- erstens durch das am **18.3.93** unterzeichnete Abkommen zur Änderung des Zusatzabkommens v. 3.8.59 in der durch das Abkommen v. 21.10.71 und die Vereinbarung v. 18.5.81 geänderten Fassung zu dem Abkommen zwischen den Parteien des Nordatlantikvertrages über die Rechtsstellung ihrer Truppen hinsichtlich der in der Bundesrepublik Deutschland stationierten ausländischen Truppen[12] und

- zweitens durch das am **16.5.94** unterzeichnete Abkommen zur Änderung des Unterzeichnungsprotokolls zum Zusatzabkommen v. 3.8.59 in der durch das Abkommen v. 21.10.71 und die Vereinbarung v. 18.5.81 geänderten Fassung zu dem Abkommen zwischen den Parteien des Nord-

---

9 BGBl. 1982 II S. 530, 838.
10 Vgl. *BAG* v. 6.2.85 – 4 AZR 127/83 –, AP BPersVG § 75 Nr. 12.
11 PersR 93, 406.
12 BGBl. 1994 II S. 2594, 2598.

Anhang VI NATO: Betriebsvertretungsrecht

atlantikvertrages über die Rechtsstellung ihrer Truppen hinsichtlich der in der Bundesrepublik Deutschland stationierten ausländischen Truppen.[13]

Beide Abkommen bedurften der **Ratifikation** oder Genehmigung. Die Ratifikations- oder Genehmigungsurkunden waren von den Unterzeichnerstaaten bei der Regierung der Vereinigten Staaten von Amerika zu hinterlegen. Die Abkommen sind jeweils 30 Tage nach Hinterlegung der letzten Ratifikations- oder Genehmigungsurkunde **in Kraft** getreten: das Abkommen v. 18.3.93 nach der Bekanntmachung v. 30.6.98[14] am 29.3.98, das Abkommen v. 16.5.94 nach der Bekanntmachung v. 9.6.98[15] am 5.6.98.

Das **Abkommen v. 18.3.93** (Rn. 7) hat Art. 56 Abs. 9 ZA unverändert beibehalten. Durch Art. 37 dieses Abkommens ist aber das **UP** zu Art. 56 Abs. 9 ZA **weitgehend umgestaltet** worden. Insb. ist dabei die Zahl der Mitbestimmungstatbestände von bisher fünf auf nunmehr 27 erhöht worden. Die in § 75 Abs. 1 Nr. 1 und 2, Abs. 3 Nr. 13 sowie § 76 Abs. 2 Nr. 5 und 7 BPersVG enthaltenen Mitbestimmungstatbestände sind jedoch weiterhin ausgeschlossen. Abgesehen davon kann die Truppe eines Entsendestaats der Ausübung der übrigen, grundsätzlich anwendbaren Mitbestimmungsrechte besonders schutzwürdige militärische Interessen entgegensetzen. Diese und weitere **Einschränkungen des BPersVG** zeigen, dass das Betriebsvertretungsrecht der zivilen Arbeitnehmer bei den Stationierungsstreitkräften weiterhin in erheblichem Maße hinter dem PersVR der Zivilbeschäftigten bei der Bundeswehr zurückbleibt (zur Vereinbarkeit dieser Ungleichbehandlung mit dem Grundgesetz vgl. Rn. 4). 8

Das **Abkommen v. 16.5.94** (Rn. 7) hat Konsequenzen aus dem Urteil des *BAG* v. 14.1.93 – 2 AZR 387/92 – gezogen, nach dem das BPersVG 1974 im Bereich der Stationierungsstreitkräfte in seiner Urfassung anzuwenden war (vgl. Rn. 6). Der durch Art. 1 dieses Abkommens neugefasste Abs. 1 S. 1 UP hat die bisherige statische Verweisung auf das BPersVG 1974 allerdings nicht durch eine dynamische Verweisung auf das jeweils geltende BPersVG, sondern durch eine neue – aktualisierte – statische **Verweisung auf das BPersVG in seiner zuletzt durch das Beteiligungsgesetz v. 16.1.91 geänderten Fassung** ersetzt. Nach Inkrafttreten des Änderungsabkommens am 5.6.98 gelten damit im Bereich der Stationierungsstreitkräfte alle Änderungen des BPersVG bis einschl. der Änderung v. 16.1.91 (vgl. dazu die Übersicht vor § 1 BPersVG). **Alle danach ergangenen und ergehenden Gesetze** zur Änderung des BPersVG sind jedoch im Bereich der Stationierungsstreitkräfte auch künftig **nicht anwendbar**. 9

Im Einzelnen bestehen nach dem Inkrafttreten des Änderungsabkommens v. 16.5.94 (Rn. 7) zwischen der im Bereich der Stationierungsstreitkräfte geltenden Fassung des BPersVG und der ansonsten gegenwärtig geltenden Fassung des Gesetzes (unter Außerachtlassung der ausschließlich auf Beamte 10

---
13 BGBl. II S. 3710, 3712.
14 BGBl. II S. 1691.
15 BGBl. II S. 1568.

NATO: Betriebsvertretungsrecht   **Anhang VI**

bezogenen Vorschriften und der Vorschriften für besondere Verwaltungszweige) folgende **Abweichungen**:

- § 4 Abs. 1, 3 und 4 a. F. mit den Begriffsbestimmungen der **Beschäftigten** sowie der **Angestellten und Arbeiter** (geändert [Abs. 1 u. 3] bzw. aufgehoben [Abs. 4] durch Gesetz v. 14.9.05) gilt weiterhin mit folgendem Wortlaut:

  »(1) Beschäftigte im öffentlichen Dienst im Sinne dieses Gesetzes sind die Beamten, Angestellten und Arbeiter einschließlich der zu ihrer Berufsausbildung Beschäftigten ...« Der hier weggelassene zweite Halbsatz ist – da er sich auf Richter bezieht – für das Betriebsvertretungsrecht ohne Bedeutung.

  »(3) ¹Angestellte im Sinne dieses Gesetzes sind Beschäftigte, die nach dem für die Dienststelle maßgebenden Tarifvertrag oder nach der Dienstordnung Angestellte sind oder die als übertarifliche Angestellte beschäftigt werden. ²Als Angestellte gelten auch Beschäftigte, die sich in der Ausbildung zu einem Angestelltenberuf befinden.«

  »(4) Arbeiter im Sinne dieses Gesetzes sind Beschäftigte, die nach dem für die Dienststelle maßgebenden Tarifvertrag Arbeiter sind, einschließlich der zu ihrer Berufsausbildung Beschäftigten.«

- § 5 S. 1 a. F. über die Gliederung der Beschäftigten in **Gruppen** (geändert durch Gesetz v. 14.9.05) gilt weiterhin mit folgendem Wortlaut: *»Die Beamten, Angestellten und Arbeiter bilden je eine Gruppe.«* Damit besteht die betriebsvertretungsrechtliche Aufteilung der Arbeitnehmer in die Gruppen der Angestellten und Arbeiter fort. Da bei den Stationierungsstreitkräften jedoch keine Beamten beschäftigt werden, kann das aufgrund der statischen Verweisung in Abs. 1 S. 1 UP fortbestehende Gruppenprinzip dadurch gegenstandslos werden, dass für die zivilen Arbeitskräfte ein Tarifvertrag vereinbart wird, der nicht zwischen Angestellten und Arbeitern unterscheidet.[16]

- § 13 **Abs.** 2 S. 4 a. F. (geändert durch Gesetz v. 5.2.09) gilt weiterhin mit folgendem Wortlaut: *»Hinsichtlich des Verlustes des Wahlrechts bei der alten Dienststelle gelten die Sätze 1 und 3 entsprechend in Fällen einer Zuweisung nach § 123 a des Beamtenrechtsrahmengesetzes oder auf Grund entsprechender arbeitsvertraglicher Vereinbarung.«* (Zur Zuweisung vgl. Rn. 25.)

- § 14 **Abs.** 2 S. 1 a. F. (aufgehoben durch Gesetz v. 4.11.04) gilt weiterhin mit folgendem Wortlaut: *»Nicht wählbar sind Beschäftigte, die wöchentlich regelmäßig weniger als 18 Stunden beschäftigt sind.«*

- § 19 **Abs.** 2 S. 1 a. F. (geändert durch Gesetz v. 14.9.05) gilt weiterhin mit folgendem Wortlaut: *»Besteht der Personalrat aus mehr als einer Person, so wählen die Beamten, Angestellten und Arbeiter ihre Vertreter (§ 17) je in getrennten Wahlgängen, es sei denn, daß die wahlberechtigten Angehörigen jeder Gruppe vor der Neuwahl in getrennten geheimen Abstimmungen die gemeinsame Wahl beschließen.«*

---

16 Vgl. KfdP-*Altvater*, Anh. VII B Rn. 9.

Anhang VI **NATO: Betriebsvertretungsrecht**

- § 20 Abs. 1 S. 3 (eingefügt durch Gesetz v. 24.6.94) gilt nicht.
- In § 29 **Abs. 1 Nr. 5** (geändert durch Gesetz v. 24.6.94) fehlen die Worte *»mit Ausnahme der Fälle des § 14 Abs. 2 Satz 1«*. Daraus folgt, dass das Absinken der Wochenarbeitszeit unter 18 Stunden zum Erlöschen der Mitgliedschaft in der Betriebsvertretung führt.
- § 38 Abs. 1 a. F. (geändert durch Gesetz v. 14.9.05) gilt weiterhin mit folgendem Wortlaut: *»Über die gemeinsamen Angelegenheiten der Beamten, Angestellten und Arbeiter wird vom Personalrat gemeinsam beraten und beschlossen.«*
- § 44 Abs. 1 S. 2 (geändert durch Gesetz v. 26.5.05) gilt an sich in seiner ursprünglichen Fassung, also einschl. seines gestrichenen zweiten Halbsatzes (*»; die Reisekostenvergütungen sind nach den für Beamte der Besoldungsgruppe A 15 geltenden Bestimmungen zu bemessen«*) weiter. Dies hat jedoch keine praktische Bedeutung, weil für die Bemessung der Reisekosten der Mitglieder der Betriebsvertretungen anstelle des § 44 Abs. 1 S. 2 ohnehin die modifizierende Bestimmung des Abs. 2 UP gilt (vgl. Rn. 15).
- In § 51 S. 2 (geändert durch Gesetz v. 24.6.94) fehlen die Worte *»sowie Fragen der Frauenförderung und der Vereinbarkeit von Familie und Beruf«*.
- In § 60 **Abs. 1 S. 2** (geändert durch Gesetz v. 24.6.94) steht statt der Angabe *»§ 20 Abs. 1 Satz 3 und 4«* die Angabe *»§ 20 Abs. 1 Satz 3«*.
- § 67 **Abs. 1 S. 1 a. F.** (neugefasst durch Gesetz v. 14.8.06) gilt weiterhin mit folgendem Wortlaut: *»Dienststelle und Personalvertretung haben darüber zu wachen, daß alle Angehörigen der Dienststelle nach Recht und Billigkeit behandelt werden, insbesondere, daß jede unterschiedliche Behandlung von Personen wegen ihrer Abstammung, Religion, Nationalität, Herkunft, politischen oder gewerkschaftlichen Betätigung oder Einstellung oder wegen ihres Geschlechtes unterbleibt.«* Zwischen alter und neuer Fassung besteht indessen kein materieller Unterschied.
- § 68 **Abs. 1 Nr. 5 a** (eingefügt durch Gesetz v. 24.6.94) gilt nicht.
- § 71 **Abs. 1 S. 3 a. F.** (geändert durch Gesetz v. 14.9.05) hat für die Stationierungsstreitkräfte keine praktische Bedeutung, weil die Vorschriften des § 71 Abs. 1 S. 2 bis 4 über die Zusammensetzung der Einigungsstelle durch Abs. 6 Buchst. c. UP abgewandelt sind (vgl. Rn. 30).
- Der Eingangssatz des § 75 **Abs. 1 a. F.** (geändert durch Gesetz v. 14.9.05) gilt weiterhin mit folgendem Wortlaut: *»Der Personalrat hat mitzubestimmen in Personalangelegenheiten der Angestellten und Arbeiter bei …«*. Der Unterschied zwischen alter und neuer Fassung ist nur redaktioneller Natur, weil in den nachfolgenden Tatbeständen des § 75 Abs. 1 inhaltlich nicht zwischen Angestellten und Arbeitern differenziert wird.
- § 75 **Abs. 3 Nr. 6 a. F.** (geändert durch Gesetz v. 14.9.05) gilt weiterhin mit folgendem Wortlaut: *»Durchführung der Berufsausbildung bei Angestellten*

NATO: Betriebsvertretungsrecht **Anhang VI**

und Arbeitern«. Zwischen alter und neuer Fassung besteht nur ein redaktioneller Unterschied.

- **§ 75 Abs. 3 Nr. 7 a. F.** (geändert durch Gesetz v. 14. 9. 05) gilt weiterhin mit folgendem Wortlaut: *»Auswahl der Teilnehmer an Fortbildungsveranstaltungen für Angestellte und Arbeiter«.* Zwischen alter und neuer Fassung besteht nur ein redaktioneller Unterschied.

- **§ 75 Abs. 3 Nr. 8 a. F.** (geändert durch Gesetz v. 14. 9. 05) gilt weiterhin mit folgendem Wortlaut: *»Inhalt von Personalfragebogen für Angestellte und Arbeiter«.* Zwischen alter und neuer Fassung besteht nur ein redaktioneller Unterschied.

- **§ 75 Abs. 3 Nr. 9 a. F.** (geändert durch Gesetz v. 14. 9. 05) gilt weiterhin mit folgendem Wortlaut: *»Beurteilungsrichtlinien für Angestellte und Arbeiter«.* Zwischen alter und neuer Fassung besteht nur ein redaktioneller Unterschied.

- **§ 75 Abs. 3 Nr. 10 a. F.** (geändert durch Gesetz v. 14. 9. 05) gilt weiterhin mit folgendem Wortlaut: *»Bestellung von Vertrauens- oder Betriebsärzten als Angestellte«.* Zwischen alter und neuer Fassung besteht kein materieller Unterschied, weil eine Bestellung von Ärzten als Arbeiter arbeits- und sozialversicherungsrechtlich ausgeschlossen war und ist.

- **§ 76 Abs. 2 Nr. 10** (eingefügt durch Gesetz v. 24. 6. 94) gilt nicht.

- In **§ 77 Abs. 2 Nr. 1** (geändert durch Gesetz v. 24. 6. 94) fehlen die Worte *»den Frauenförderplan«.*

- **§ 79 Abs. 3 S. 1** (neugefasst durch Gesetz v. 20. 12. 93) gilt weiterhin in folgender Fassung:
»Vor fristlosen Entlassungen, außerordentlichen Kündigungen und vor der Beendigung des Arbeitsverhältnisses eines Arbeiters während der Probezeit ist der Personalrat anzuhören.«
Diese Bestimmung muss allerdings im Wege der verfassungskonformen Auslegung so interpretiert werden, dass sie auf die ordentliche Kündigung von **Auszubildenden für Arbeiterberufe** nicht anzuwenden ist.[17] Soll diesen Auszubildenden während der Probezeit ordentlich gekündigt werden, ist die Betriebsvertretung nach § 79 Abs. 1 zu beteiligen.

- **§ 81 Abs. 3** (neugefasst durch Gesetz v. 7. 8. 96) gilt weiterhin in folgender Fassung:
*»An den Besprechungen des Dienststellenleiters mit den Sicherheitsbeauftragten oder dem **Sicherheitsausschuss nach § 719 Abs. 3 der Reichsversicherungsordnung** nehmen vom Personalrat beauftragte Personalratsmitglieder teil.«*
Der vorstehend hervorgehobene Teil des Absatzes ist jedoch nicht mehr anwendbar, weil § 719 Abs. 4 RVO (der bereits aufgrund des Gesetzes v. 12. 12. 73[18] an die Stelle des § 719 Abs. 3 RVO getreten war) durch das

---

17 *BVerfG* v. 22. 2. 94 – 1 BvL 4/92 –, PersR 95, 126.
18 BGBl. I S. 1885.

Anhang VI   **NATO: Betriebsvertretungsrecht**

Unfallversicherungs-Einordnungsgesetz v. 7.8.96[19] aufgehoben und der bisherige Sicherheitsausschuss nicht in das SGB VII übernommen worden ist. Der Sache nach besteht zwischen der alten und der neuen Fassung des § 81 Abs. 3 deshalb kein Unterschied (vgl. § 81 BPersVG Rn. 11).

- In **§ 81 Abs. 5** (geändert durch Gesetz v. 7.8.96) stehen an Stelle der Wörter »*§ 193 Abs. 5 des Siebten Buches Sozialgesetzbuch*« weiterhin die Wörter »*§ 1552 der Reichsversicherungsordnung*«. Da jedoch § 1552 RVO aufgrund des Unfallversicherungs-Einordnungsgesetzes v. 7.8.96 durch § 193 Abs. 5 SGB VII ersetzt worden ist, besteht inhaltlich auch zwischen der alten und der neuen Fassung des § 81 Abs. 5 kein Unterschied (vgl. § 81 BPersVG Rn. 13).

Nach Inkrafttreten des Änderungsabkommens v. 16.5.94 ist die **Wahlordnung** zum Bundespersonalvertretungsgesetz (BPersVWO) v. 23.9.74[20] in ihrer durch die Verordnungen v. 20.7.88[21] und v. 25.10.89[22] geänderten Fassung anzuwenden.[23] Die späteren Änderungen der Wahlordnung gelten im Bereich der Stationierungsstreitkräfte dagegen bis auf Weiteres nicht.

Art. 1 des Abkommens v. 16.5.94 (Rn. 7) sieht vor, dass Abs. 1 S. 1 UP mit Wirkung v. 22.1.91 neugefasst wird. Diese von den Vertragsparteien **gewollte rückwirkende Geltung zum 22.1.91**, dem Tag des Inkrafttretens des Beteiligungsgesetzes v. 16.1.91, sollte sicherstellen, dass die seit diesem Zeitpunkt durchgeführten Maßnahmen, u.a. die im Jahre 1992 durchgeführten Wahlen zu den Betriebsvertretungen, eine solide Rechtsgrundlage haben.[24] Dabei hatte die Bundesregierung erwartet, dass das Abkommen aufgrund eines beschleunigten Ratifizierungsverfahrens so rechtzeitig in Kraft treten werde, dass die nächsten regelmäßigen **Wahlen** zu den Betriebsvertretungen ebenso wie die nächsten regelmäßigen Personalratswahlen nach § 1 Abs. 4 Amtszeiten-Gesetz in der Zeit vom 1.3. bis 31.5.96 würden stattfinden können (vgl. § 116b BPersVG Rn. 2). Diese Erwartung erfüllte sich jedoch nicht. Deshalb wurden in der Zeit vom 1.3. bis 31.5.95 sowie vom 1.3. bis 31.5.98 allgemeine Wahlen zu den Betriebsvertretungen durchgeführt. Wäre das Abkommen v. 16.5.94 – dem Willen der Vertragsparteien entsprechend – rückwirkend zum 22.1.91 wirksam geworden, so wäre damit rückwirkend der Turnus der regelmäßigen Personalratswahlen (1992, 1996, 2000 usw.) auch im Bereich der Stationierungsstreitkräfte rechtlich verbindlich geworden. Damit hätte festgestanden, dass nicht nur die im Frühjahr 1995, sondern auch die im Frühjahr 1998 durchgeführten allgemeinen Betriebsvertretungswahlen au-

11

---

19 BGBl. I S. 1254.
20 BGBl. I S. 2337.
21 BGBl. I S. 1073.
22 BGBl. I S. 1921.
23 Diese Fassung ist abgedruckt und kommentiert in: *Altvater/Bacher/Hörter/Sabottig/Schneider*, BPersVG, Kommentar für die Praxis, 3. Aufl. 1990, Anh. 1.
24 BT-Drs. 12/8018, S. 8, zu II.

NATO: Betriebsvertretungsrecht **Anhang VI**

ßerhalb des für die regelmäßigen (Personalrats- und) Betriebsvertretungswahlen festgelegten Zeitraums stattgefunden hätten mit der Folge, dass sich der Anschluss an die späteren regelmäßigen Betriebsvertretungswahlen nach § 27 Abs. 5 BPersVG gerichtet hätte und die Betriebsvertretungen deshalb im nächsten Zeitraum der regelmäßigen Personalratswahlen – also in der Zeit vom 1. 3. bis 31.5. 00 – neu zu wählen gewesen wären.

11a Die vorstehende Auffassung hat sich nicht jedoch durchgesetzt, weil das Abkommen v. 16.5. 94 (Rn. 7) entgegen der Erwartung der Bundesregierung erst am 5.6.98 und damit erst vier Jahre nach seinem Abschluss in Kraft getreten ist (vgl. Rn. 7). Das *LAG Düsseldorf*[25] hat deshalb zu Recht den von den Beteiligten gebilligten Standpunkt vertreten, dass das Abkommen v. 16. 5. 94 nicht rückwirkend seit dem 22. 1. 91 gilt, sondern dass seine **Wirkungen erst mit dem Tag seines Inkrafttretens am 5.6.98 begonnen** haben. Mangels einer die Zeit der nächsten regelmäßigen Wahlen der Betriebsvertretungen festlegenden Übergangsregelung enthalte das Abkommen eine planwidrige Regelungslücke. Da der mutmaßliche Wille der vertragschließenden Staaten insoweit nicht feststellbar sei und das Völkerrecht im Allgemeinen keine Analogieschlüsse kenne, sei eine analoge Anwendung des § 27 Abs. 5 BPersVG nicht möglich. Anzuwenden sei vielmehr § 116b BPersVG. Danach verlängerte sich die regelmäßige Amtszeit der in der Zeit vom 1. 3. bis 31.5.98 gewählten Betriebsvertretungen auf vier Jahre mit der Folge, dass danach **regelmäßige Wahlen der Betriebsvertretungen** im Frühjahr 2002, 2006 und 2010 durchgeführt wurden und weitere regelmäßige Wahlen jeweils im Frühjahr der Jahre 2014, 2018 usw. durchzuführen sind.

12 Die bei den Stationierungsstreitkräften zu bildenden Repräsentativorgane der zivilen Arbeitskräfte werden **Betriebsvertretungen** genannt (Art. 56 Abs. 9 ZA). Sie entsprechen den Personalvertretungen, die nach § 1 BPersVG im Bundesdienst gebildet werden. Die **Sprache** für die Kontakte der Dienststellen mit den bei ihnen gebildeten Betriebsvertretungen ist deutsch.[26]

13 **(Abs. 1)** Abs. 1 UP wandelt die Vorschriften des § 6 Abs. 1 und 2 BPersVG über den **Dienststellenbegriff** ab. Die Anwendung von § 6 Abs. 3 und § 12 Abs. 2 wird nicht ausgeschlossen. Das für die Stationierungsstreitkräfte geltende Betriebsvertretungsrecht geht wie das für die Personalvertretungen im Bundesdienst geltende PersVR von einem **dreistufigen Aufbau** der Dienststellen aus und unterscheidet oberste Dienstbehörden, Mittelbehörden und Dienststellen der unteren Stufe. Nach § 53 Abs. 1 BPersVG ist bei der obersten Dienstbehörde (Hauptquartier) eine **Hauptbetriebsvertretung** und bei der Mittelbehörde eine **Bezirksbetriebsvertretung** jeweils als Stufenvertretung zu bilden.

---

25 Beschl. v. 12.4.99 – 18 TaBV 97/98 –, PersR 99, 508.
26 *BAG* v. 14.4.88 – 6 ABR 28/86 –, PersR 88, 327.

Anhang VI   **NATO: Betriebsvertretungsrecht**

Abs. 1 S. 4 UP ist durch das Abkommen v. 18.3.93 (Rn. 7) angefügt worden. Dazu heißt es in der Denkschrift zu diesem Abkommen:[27]   **14**

*»… Die Vertragsnorm verpflichtet die Truppe eines Entsendestaates, die zuständige Betriebsvertretung über solche **Entscheidungen von Organen der Entsendestaaten** zu unterrichten, die **oberhalb der Ebene der obersten Dienstbehörde**, d. h. der Hauptquartiere (vgl. Absatz 1 Satz 3), getroffen worden sind. Die Regelung fußt auf der innerstaatlichen Rechtslage … Danach unterliegen Entscheidungen von staatlichen Organen oder Behörden, bei denen eine Personalvertretung nicht zu bilden ist, nicht der Mitbestimmung.*

Die Regelung eröffnet jedoch nicht die Möglichkeit, Mitbestimmungs- und Mitwirkungsrechte der Betriebsvertretungen dadurch auszuschließen, dass die endgültige Entscheidung über Angelegenheiten, an denen die Betriebsvertretungen beteiligt sind und diese Entscheidung daher von der obersten Dienstbehörde zu treffen ist (vgl. Absatz 1 Satz 3), durch ein Organ der Entsendestaaten oberhalb der Ebene der obersten Dienstbehörde erfolgt.«[28]

Zur förmlichen Beteiligung der (Haupt-)Betriebsvertretung an Maßnahmen, die auf Anordnung externer Stellen getroffen werden sollen, vgl. Rn. 36.

(Abs. 2) Auch Mitglieder der Betriebsvertretung erhalten bei Reisen, die zur Erfüllung ihrer Aufgaben notwendig sind, **Reisekostenvergütungen.** Diese werden abweichend von § 44 Abs. 1 S. 2 BPersVG nach den **tariflichen Bestimmungen** für Reisekosten der zivilen Angestellten – das sind die Bestimmungen im Anhang R des Tarifvertrags für die Arbeitnehmer bei den Stationierungsstreitkräften im Gebiet der Bundesrepublik Deutschland TVAL II – gezahlt, und zwar **mindestens nach der zweithöchsten Stufe.** Die im Anhang R TVAL II enthaltenen Bestimmungen über auswärtige Beschäftigung sehen seit dem 1.10.00 eine Zuordnung der Beschäftigten zu unterschiedlichen Reisekostenstufen allerdings nicht mehr vor.   **15**

(Abs. 3) Die Vorschriften des § 7 BPersVG über die **Vertretung des Leiters der Dienststelle** werden durch die spezielle Regelung in Abs. 3 UP abgewandelt. Diese Bestimmung gilt über ihren Wortlaut hinaus nicht nur für **Besprechungen** mit der Betriebsvertretung, sondern nach ihrem Zweck auch für die Einleitung und Durchführung der personalvertretungsrechtlichen **Beteiligungsverfahren.**[29] Abs. 3 UP ändert jedoch nichts daran, dass auch im Bereich der Stationierungsstreitkräfte für die Dienststelle grundsätzlich ihr Leiter handelt. Wer das im Einzelnen ist, hängt von der vom jeweiligen Entsendestaat vorgegebenen Organisation der Verwaltungsstellen und Betriebe einer Truppe oder eines zivilen Gefolges ab. Unabhängig davon, ob es sich um eine oberste Dienstbehörde, eine Mittel-   **16**

---

27   Hier u. im Folgenden zitiert nach BR-Drs. 670/93.
28   BR-Drs. 670/93, S. 71; *Hervorhebungen* hier u. im Folgenden durch die Verfasser.
29   *BAG* v. 20.10.99 – 7 ABR 54/98 –, ZTR 00, 331.

NATO: Betriebsvertretungsrecht **Anhang VI**

behörde oder eine sonstige Dienststelle handelt, kommt für die Vertretung des Dienststellenleiters nur eine Person in Betracht, die zum ersten in der Leitung der Dienststelle verantwortlich tätig ist und die zum zweiten zur Verhandlung mit der Betriebsvertretung in dem gleichen Umfange wie der Dienststellenleiter bevollmächtigt ist. Liegen diese Voraussetzungen vor, kann mit der Vertretung auch ein **dienststellenexterner Mitarbeiter** beauftragt werden.[30] Die Vertretung des Dienststellenleiters setzt keine Verhinderung voraus.[31] Durch Abs. 3 UP werden nicht nur S. 2 und 3, sondern auch der durch das Gesetz v. 10.7.89 (vgl. Übersicht vor § 1 BPersVG) angefügte S. 4 des § 7 BPersVG überlagert.

17 (Abs. 4) Nach Abs. 4 UP kann von der Anwendung der Vorschriften des BPersVG über die **Wählbarkeit** zu einer Betriebsvertretung, die die Dauer der Zugehörigkeit zu Dienststellen betreffen, Abstand genommen werden, soweit zwischen der Mehrheit der Arbeitnehmer und dem Arbeitgeber hierüber eine Verständigung herbeigeführt wird. Dadurch können die in § 14 Abs. 1 Nr. 1 und 2 BPersVG geregelten Wählbarkeitsvoraussetzungen ganz oder teilweise entfallen, auch wenn die Sondervorschriften des § 15 Abs. 1 oder 2 BPersVG nicht eingreifen. Dabei ist der Wille der Mehrheit der Arbeitnehmer mittels **Abstimmung** festzustellen, die in Anlehnung an die Regelungen in § 6 Abs. 3, § 18 Abs. 1 und § 19 Abs. 2 BPersVG geheim durchzuführen ist und an der sich entsprechend § 18 Abs. 1 BPersVG nicht nur die wahlberechtigten, sondern alle zivilen Arbeitskräfte beteiligen können.

18 (Abs. 5) Abs. 5 UP ist durch das Abkommen v. 18.3.93 (Rn. 7) neu gefasst worden. Abs. 5 S. 1 Hs. 1 UP schränkt das **Informationsrecht** der Mitglieder der Betriebsvertretung, des nach § 93 BPersVG gebildeten VS-Ausschusses und der Einigungsstelle ein. Der Dienststellenleiter ist ihnen gegenüber nicht zur **Vorlage von Unterlagen** verpflichtet, soweit diese aus Gründen der Sicherheit **Verschlusssachen** darstellen. Nach dem zur Klarstellung angefügten Hs. 2 gilt dies auch für **Auskünfte** aus Verschlusssachen. S. 2 und 3 regeln das der Betriebsvertretung zustehende **Zugangsrecht zu Arbeitsplätzen**, an denen zivile Arbeitnehmer beschäftigt werden. Dazu heißt es in Denkschrift:[32] »*Gegenüber der bisherigen Vertragsfassung ist als Grundsatz positiv festgelegt, dass der Betriebsvertretung, soweit erforderlich, Zugang auch zu Sicherheitsbereichen zu gewähren ist. Soweit Vorschriften der obersten Dienstbehörde eines Entsendestaates aus Gründen der militärischen Sicherheit einem Zugang der Betriebsvertretung entgegenstehen oder den Zugang einschränken, gilt die Regel: Ein Zugangsrecht der Betriebsvertretung besteht, soweit den zivilen Arbeitnehmern der Zugang gestattet ist, und zwar sowohl in räumlicher Beziehung als auch hinsichtlich bestimmter zu erfüllender Bedingungen. Die neue Vertragsregelung über den Zugang ist insbesondere auch im Falle von* **Unfallunter-**

---

30 *BAG* v. 20.10.99, a.a.O.
31 *BAG* v. 11.7.90 – 7 ABR 23/89 –, PersR 90, 364.
32 BR-Drs. 670/93, S. 71.

suchungen einschlägig, zu denen die Betriebsvertretung nach § 81 Abs. 2 Satz 1 BPersVG hinzuzuziehen ist. Die insofern im bisherigen Vertragstext bestehende – besondere – Einschränkung ... ist ersatzlos entfallen.«

(Abs. 6) Abs. 6 UP ist durch das Abkommen v. 18. 3. 93 (Rn. 7) neu gefasst worden. Dadurch ist die Mehrzahl der im BPersVG enthaltenen **Mitbestimmungstatbestände** auch im Bereich der Stationierungsstreitkräfte anwendbar, wobei allerdings die in Abs. 6 Buchst. a bis d vereinbarten Modifizierungen zu beachten sind. Die in § 76 Abs. 1 und Abs. 2 Nr. 1 bis 4 BPersVG genannten Mitbestimmungstatbestände sind bei den Stationierungsstreitkräften weiterhin gegenstandslos, weil sie sich (nur) auf Beamte beziehen.

Nach Abs. 6 Buchst. a Ziff. (i) UP kann das im BPersVG vorgesehene Mitbestimmungsrecht in seinem Umfang beschränkt werden, soweit im Einzelfall **besonders schutzwürdige militärische Interessen** entgegenstehen. Dazu heißt es in der Denkschrift[33] u. a.: *»Die Neuregelung folgt den nachstehenden Leitgedanken:*

- *Die zuständige Stelle des Entsendestaates kann sich auf besonders schutzwürdige militärische Interessen wie bisher nicht generell, sondern **nur im Einzelfall** berufen.*

- *Wenn der Mitbestimmung der Betriebsvertretung besonders schutzwürdige militärische Interessen entgegenstehen, hat diese Tatsache nicht zwangsläufig und stets einen vollständigen Ausschluß des Mitbestimmungsrechts zur Folge; es wird vielmehr ... der der Mitbestimmung unterliegende Regelungsfreiraum **nur in dem sachlich gebotenen Umfang** beschränkt. ...*

- *Die Beschränkung des Mitbestimmungsrechts erfolgt ... durch eine **schriftliche Erklärung**, die nur von der obersten Dienstbehörde der Stationierungsmacht abgegeben werden kann. Für den Inhalt dieser Erklärung gibt die Vertragsbestimmung ... in Satz 2 zwei Vorgaben: Es sind die **Gründe** für die Beschränkung des Mitbestimmungsrechts zu nennen, und es ist der **Umfang** der Beschränkung zu bezeichnen. Aus dieser Vertragsbestimmung folgt, daß die Beschränkung des Mitbestimmungsrechts der **Überprüfung durch die Gerichte für Arbeitssachen** in Verfahren gemäß Absatz 9 des Unterzeichnungsprotokolls unterliegt. ...*

- *Satz 3 ... trifft eine Regelung für den Fall, daß der Offenlegung der Gründe schwerwiegende Sicherheitsinteressen des Entsendestaates oder seiner Truppe entgegenstehen. Der Vertragstext fordert ... als Voraussetzung Situationen, in denen sich besonders schutzwürdige militärische Interessen zu der Gefahr eines schweren Schadens für die Sicherheit des Entsendestaates oder seiner Truppe »verdichtet« haben. Um in Situationen dieser Art die Geheimhaltungsinteressen des Entsendestaaten in militärischen Angelegenheiten zu respektieren, läßt die Vertragsnorm anstelle des gemäß Satz 2 erforderlichen Nachweises **eine förmliche Erklärung der obersten Dienstbehörde** zu. Diese Erklärung ist ... für die Beteiligten und*

---

33 BR-Drs. 670/93, S. 71 f.

die Gerichte bindend; sie bedarf zu ihrer Wirksamkeit jedoch der Bestätigung durch den Präsidenten des Bundesarbeitsgerichts. ...«

21 Abs. 6 Buchst. a Ziff. (ii) UP trifft eine Sonderregelung für die Anwendung des Mitbestimmungsrechts in den Fällen, in denen die **Liegenschaften**, die von den Stationierungsstreitkräften benutzt werden, an die Bundesrepublik Deutschland **zurückgegeben** werden. Dazu heißt es in der Denkschrift[34] u. a.:

*»Die Regelung ... knüpft an das nach § 75 Abs. 2 Nr. 2 BPersVG bestehende Mitbestimmungsrecht der Betriebsvertretung bei der **Zuweisung und Kündigung von Wohnungen** an. Die Vertragsbestimmung gilt nur in bezug auf Wohnungen von zivilen Arbeitnehmern bei den Stationierungsstreitkräften, die sich auf einer von diesen benutzten Liegenschaft befinden. Soweit derartige Liegenschaften ... an die Bundesrepublik Deutschland zurückgegeben werden sollen, stellt sich die Frage, ob die Mietverhältnisse mit den zivilen Arbeitnehmern zuvor zu beenden sind. ... Für Fälle dieser Art trifft Ziffer (ii) eine pragmatische Lösung, die das **Mitbestimmungsrecht** der Betriebsvertretung als solches **unberührt** läßt: Die Liegenschaft kann zu dem vorgesehenen Zeitpunkt an die zuständigen deutschen Behörden zurückgegeben werden ... Mit der Übernahme der Liegenschaft tritt die Bundesrepublik Deutschland oder ein etwaiger sonstiger Eigentümer in die Rechtsstellung ein, die der Entsendestaat zuletzt gegenüber den die Wohnung nutzenden Personen innegehabt hat. ...«*

22 Abs. 6 Buchst. a Ziff. (iii) Doppelbuchst. aa UP modifiziert das Mitbestimmungsrecht bei der Errichtung, Verwaltung und Auflösung von **Sozialeinrichtungen** (§ 75 Abs. 3 Nr. 5 BPersVG). Die Denkschrift[35] führt dazu u. a. aus:

»Für die Einrichtung, Verwaltung und Auflösung von Sozialeinrichtungen besteht ... ein Mitbestimmungsrecht der Betriebsvertretung nur dann, wenn die Sozialeinrichtung ausschließlich für die zivilen Arbeitnehmer unterhalten wird. Mit dieser Vertragsregelung behalten sich die Entsendestaaten die in § 75 Abs. 3 Nr. 5 BPersVG genannten Entscheidungen über Sozialeinrichtungen ..., die für die Truppe oder ein ziviles Gefolge unterhalten und von zivilen Arbeitnehmern lediglich mitbenutzt werden, vor.«

23 Abs. 6 Buchst. a Ziff. (iii) Doppelbuchst. bb UP wandelt das Mitbestimmungsrecht bei der **Gestaltung der Arbeitsplätze** (§ 75 Abs. 3 Nr. 16 BPersVG) ab. Die Denkschrift (BR-Drs. 670/93, S. 72) führt dazu u. a. aus:

»Das Mitbestimmungsrecht der Betriebsvertretung bei der Gestaltung der Arbeitsplätze wird für die Fälle eingeschränkt, daß sowohl zivile Arbeitnehmer als auch Angehörige der Truppe oder des zivilen Gefolges in derselben Einrichtung tätig oder in dasselbe Programm einbezogen sind. Diese Ausnahme vom deutschen Recht gilt jedoch nur dann, wenn die Zahl der betroffenen zivilen Arbeitnehmer in der jeweiligen ›Einrichtung‹ oder in dem jeweiligen Programm nicht überwiegt. Als

---

34 BR-Drs. 670/93, S. 72.
35 BR-Drs. 670/93, S. 72.

Anhang VI   **NATO: Betriebsvertretungsrecht**

›*Einrichtung*‹ *sind abgrenzbare Funktionseinheiten mit eigener Aufgabenstellung innerhalb von Verwaltungsstellen oder Betrieben einer Truppe oder eines zivilen Gefolges … anzusehen. Demgegenüber ist der Begriff* ›*Programm*‹ *als Erfüllung einer konkreten Arbeitsaufgabe außerhalb der normalen Organisationsstrukturen zu verstehen. …«*

Abs. 6 Buchst. a Ziff. (iv) UP stuft die Mitbestimmung über den Inhalt von **24** **Personalfragebogen** für Angestellte und Arbeiter (§ 75 Abs. 3 Nr. 8 BPersVG a. F. [vgl. Rn. 10]) zur Mitwirkung herab, soweit der Inhalt dieser Fragebogen Fragen der militärischen Sicherheit betrifft. Enthält ein Personalfragebogen weitere Fragen, bei denen diese Voraussetzung nicht vorliegt, bleibt es bei der im BPersVG vorgesehenen Mitbestimmung. Zum **Mitwirkungsverfahren** vgl. Rn. 28.

Abs. 6 Buchst. a Ziff. (v) UP stellt klar, dass die Mitbestimmung bei der **25** **Zuweisung entsprechend § 123 a BRRG** (§ 75 Abs. 1 Nr. 4 a BPersVG a. F.) nicht anzuwenden ist. Das gilt auch für die **Zuweisung entsprechend § 29 BBG**, die seit der Änderung des § 75 Abs. 1 Nr. 4 a BPersVG durch Gesetz v. 5. 2. 09 (vgl. Übersicht vor § 1 BPersVG) Gegenstand der Mitbestimmung des Personalrats ist.

Abs. 6 Buchst. a Ziff. (vi) UP legt fest, dass nicht nur alle Angelegenheiten, **26** die durch Gesetz oder Tarifvertrag geregelt sind, der Mitbestimmung nicht unterliegen (vgl. dazu die Eingangssätze von § 75 Abs. 3 und § 76 Abs. 2 BPersVG), sondern auch Angelegenheiten, die **üblicherweise** gem. **Art. 56 Abs. 5 Buchst. a ZA** geregelt werden. Art. 56 Abs. 5 ZA lautet wie folgt:

»*(5) Den deutschen Behörden obliegt es, im Einvernehmen mit den Behörden einer Truppe oder eines zivilen Gefolges*

(a) die als Grundlage für die einzelnen Arbeitsverträge dienenden Arbeitsbedingungen, einschließlich der Löhne, der Gehälter und der Einreihung der einzelnen Tätigkeitsarten in Lohn- und Gehaltsgruppen, festzusetzen und Tarifverträge abzuschließen und

(b) das Entlohnungsverfahren zu regeln.«

Abs. 6 Buchst. a Ziff. (vii) S. 1 UP schließt die Mitbestimmung bei folgen- **27** den Tatbeständen aus und stuft sie i. V. m. Abs. 6 Buchst. b UP insoweit zur **Mitwirkung** herab (vgl. dazu Rn. 28):

- **§ 75 Abs. 1 Nr. 1 BPersVG:**
  Einstellung;

- **§ 75 Abs. 1 Nr. 2 BPersVG:**
  Übertragung einer höher oder niedriger zu bewertenden Tätigkeit, Höher- oder Rückgruppierung, Eingruppierung;

- **§ 75 Abs. 3 Nr. 13 BPersVG:**
  Aufstellung von Sozialplänen einschl. Plänen für Umschulungen zum Ausgleich oder zur Milderung von wirtschaftlichen Nachteilen, die dem Beschäftigten infolge von Rationalisierungsmaßnahmen entstehen;

NATO: Betriebsvertretungsrecht   **Anhang VI**

- § 76 Abs. 2 Nr. 5 BPersVG:
  Maßnahmen zur Hebung der Arbeitsleistung und Erleichterung des Arbeitsablaufs;
- § 76 Abs. 2 Nr. 7 BPersVG:
  Einführung grundlegend neuer Arbeitsmethoden.

Abs. 6 Buchst. a Ziff. (vii) S. 2 UP bestimmt, dass der Ausschluss der vorgenannten Mitbestimmungsrechte unmittelbar nach dem 31.12.94 überprüft werden wird. Aufgrund dieser **Sonderrevisionsklausel**, von der die übrigen Regelungen des Abkommens v. 18.3.93 (Rn. 7) nicht berührt werden, hat die Bundesregierung zwar Überprüfungsverhandlungen mit den NATO-Entsendestaaten geführt. Diese waren jedoch bislang nicht bereit, den fehlenden Mitbestimmungsrechten volle Geltung zu verschaffen.[36]

28   Abs. 6 Buchst. b UP sieht vor, dass in den Fällen, in denen die im BPersVG vorgesehenen Mitbestimmungsrechte aufgrund des Abs. 6 Buchst. a UP keine Anwendung finden (vgl. Rn. 20–27), das **Mitwirkungsverfahren** gilt. Dieses richtet sich auch in den in § 75 Abs. 1 BPersVG aufgeführten Fällen ausschließlich nach § 72 BPersVG. Will die Betriebsvertretung **Einwendungen** gegen eine geplante mitwirkungsbedürftige personelle Maßnahme erheben, muss sie das zwar begründen, ist dabei jedoch nicht auf die **Gründe** beschränkt, auf die der Personalrat nach § 77 Abs. 2 BPersVG die Verweigerung seiner Zustimmung stützen muss.[37]

29   Das **Initiativrecht** der Betriebsvertretung besteht nach § 70 BPersVG nur in solchen Angelegenheiten, die der Mitbestimmung unterliegen, und kommt deshalb in den Fällen nicht in Betracht, in denen die im BPersVG vorgesehenen Mitbestimmungsrechte aufgrund des Abs. 6 Buchst. a UP (vgl. Rn. 20–27) keine Anwendung finden.

30   Abs. 6 Buchst. c UP wandelt die Vorschriften des § 71 Abs. 1 S. 2 bis 4 BPersVG über die **Zusammensetzung der Einigungsstelle** ab. Nach S. 1 besteht diese nicht aus sieben, sondern nur aus drei Mitgliedern. Je ein Beisitzer wird von der obersten Dienstbehörde, also vom jeweiligen Hauptquartier, und der bei ihr bestehenden zuständigen Betriebsvertretung bestellt. Nach S. 3 kann die oberste Dienstbehörde, auch wenn die Voraussetzungen des § 93 BPersVG nicht vorliegen, verlangen, dass die Mitglieder der Einigungsstelle zum Umgang mit Verschlusssachen ermächtigt sind. Durch das Änderungsabkommen v. 18.3.93 (Rn. 7) ist S. 2, der das Verfahren bei Nichteinigung der obersten Dienstbehörde und der zuständigen Betriebsvertretung über die Person des unparteiischen Vorsitzenden regelt, geändert sowie S. 4 angefügt worden. Dazu heißt es in der Denkschrift[38] u.a.:

»Neu ist die Einfügung in Satz 2, wonach im Falle der Nichteinigung über die Person

---

36 Vgl. BT-Drs. 13/5455, S. 12f.
37 *LAG RP* v. 26.2.88 – 6 Ta BV 27/87 –, PersR 88, 166; vgl. auch *BAG* v. 9.2.93 – 1 ABR 43/92 –, PersR 93, 326.
38 BR-Drs. 670/93, S. 72f.

*des **Vorsitzenden** der Einigungsstelle zunächst beide Seiten einvernehmlich den Präsidenten des Bundesverwaltungsgerichts oder den Generalsekretär der Westeuropäischen Union um die Bestellung des Vorsitzenden ersuchen können. Nur in dem Falle, daß Einvernehmen über ein gemeinsames Ersuchen nicht erzielt werden kann, obliegt ... dem Generalsekretär der Nordatlantikvertrags-Organisation die Bestellung des Vorsitzenden der Einigungsstelle. Der ferner neu angefügte Satz 4 übernimmt die innerstaatliche Auslegungsregel zum Bundespersonalvertretungsgesetz, wonach **auch permanente Einigungsstellen** eingerichtet werden können.«*

Soweit sich Abs. 6 Buchst. c S. 2 UP auf den Generalsekretär der Westeuropäischen Union (WEU) bezieht, ist er mit der Auflösung der WEU zum 30.6.11 gegenstandslos geworden.

Abs. 6 Buchst. d UP trifft eine die Vorschriften des § 71 Abs. 3 BPersVG abwandelnde Regelung über die **Beschlussfassung der Einigungsstelle.** Dazu heißt es in der Denkschrift[39] u. a.:

*»Die Vertragsregelung trägt der Tatsache Rechnung, daß die **haushaltsrechtlichen Bestimmungen** in den einzelnen Entsendestaaten sich teilweise nicht unerheblich von dem Haushaltsrecht der Bundesrepublik Deutschland unterscheiden. ... Die Vorschrift erkennt neben den Rechtsvorschriften und Haushaltsgesetzen der Entsendestaaten auch deren Haushaltsvorschriften, die für die oberste Dienstbehörde der Truppe bindend sind, die den Entscheidungsspielraum der Einigungsstelle begrenzende Wirkung im Sinne des § 71 Abs. 3 BPersVG zu. Die insofern maßgebenden Haushaltsvorschriften untergesetzlicher Art müssen somit von Stellen der Exekutive der Entsendestaaten erlassen sein, die über den obersten Dienstbehörden, also den Hauptquartieren der Stationierungsstreitkräfte, stehen.«*

Dienstvereinbarungen sind nach § 73 Abs. 1 S. 1 BPersVG auch in den Fällen von § 75 Abs. 3 und § 76 Abs. 2 BPersVG zulässig, in denen der Betriebsvertretung anstelle des Mitbestimmungsrechts lediglich das Mitwirkungsrecht zusteht (vgl. Rn. 24 u. 27).[40]

(Abs. 7) Die in § 78 Abs. 1 Nr. 3 bis 5 BPersVG genannten Mitwirkungstatbestände sind bei den Stationierungsstreitkräften **gegenstandslos**, weil sie sich auf Beamte beziehen. Der durch das Abkommen v. 18.3.93 (Rn. 7) neu gefasste Abs. 7 UP regelt die Mitwirkung der Betriebsvertretung vor dem Erlass von **Verwaltungsanordnungen.** Dazu heißt es in der Denkschrift[41] u. a.:

»Absatz 7 ... trifft ... eine Bestimmung für die Mitwirkung der Betriebsvertretung bei der Vorbereitung von Verwaltungsordnungen der Dienststelle gemäß § 78 Abs. 1 Nr. 1 BPersVG; sie ist lediglich klarstellender Natur, indem sie auf ... § 72 Abs. 6 in Verbindung mit § 69 Abs. 5 BPersVG (Maßnahmen, die der Natur der Sache nach keinen Aufschub dulden) hinweist.«

---

39 BR-Drs. 670/93, S. 73.
40 Zur Zulässigkeit »freiwilliger« Dienstvereinbarungen: *BVerwG* v. 6.10.10 – 6 PB 11.10 –, PersR 10, 503.
41 BR-Drs. 670/93, S. 73.

NATO: Betriebsvertretungsrecht **Anhang VI**

34 Die Mitwirkung bei der **Auflösung, Einschränkung, Verlegung oder Zusammenlegung von Dienststellen oder wesentlichen Teilen von ihnen** (§ 78 Abs. 1 Nr. 2 BPersVG) ist ebenso wie im Bereich der Bundeswehr durch § 91 Abs. 4 SG eingeschränkt (vgl. Anh. V A).

35 **(Abs. 8)** Abs. 8 UP a. F. ist durch das Abkommen v. 18.3.93 (Rn. 7) ersatzlos gestrichen worden.

35a Hat die Betriebsvertretung gegen eine beabsichtigte **ordentliche Kündigung** durch den Arbeitgeber nach § 79 Abs. 1 S. 3 BPersVG **Einwendungen** erhoben und ist dem Arbeitnehmer gleichwohl gekündigt worden, so hat dieser unter den Voraussetzungen des § 79 Abs. 3 BPersVG grundsätzlich Anspruch darauf, nach Ablauf der Kündigungsfrist bis zum rechtskräftigen Abschluss des Rechtsstreits bei unveränderten Arbeitsbedingungen **weiterbeschäftigt** zu werden. Der in Art. 56 Abs. 2 ZA a. F. vorgesehene Ausschluss der tatsächlichen Weiterbeschäftigung ist durch die im Änderungsabkommen v. 18.3.93 (Rn. 7) vorgenommene Neufassung dieser Vertragsbestimmung ersatzlos entfallen. Die vollstreckungsrechtliche Durchsetzung dieses Anspruchs ist jedoch problematisch.[42]

36 Sollen auf **Anordnung einer Dienststelle, die im Entsendestaat** ansässig und der obersten Dienstbehörde in Deutschland übergeordnet ist, an sich beteiligungspflichtige Maßnahmen durchgeführt werden, ohne dass den in Deutschland befindlichen Dienststellen ein eigener Entscheidungsspielraum belassen ist, sind die **Beteiligungsrechte** dadurch gleichwohl **nicht ausgeschlossen**.[43] Vielmehr ist die Betriebsvertretung bei derjenigen (in Deutschland bestehenden) Dienststelle zu beteiligen, die zur Entscheidung mit Außenwirkung befugt ist. Diese Beteiligung ist nicht dadurch entfallen, dass das Änderungsabkommen v. 18.3.93 (Rn. 7) mit der Vertragsbestimmung des Abs. 1 S. 4 UP eine ergänzende Regelung über die **Unterrichtungspflicht** der Truppe geschaffen hat.[44]

37 **(Abs. 9)** Abs. 9 UP stellt zunächst klar, dass für Streitigkeiten aus dem Betriebsvertretungsrecht die **deutsche Gerichtsbarkeit** gegeben ist. Das gilt auch dann, wenn über den Umfang des Mitbestimmungsrechts bei der Einstellung von Arbeitnehmern gestritten wird.[45] Außerdem bestimmt Abs. 9 UP, dass über solche Streitfragen nicht, wie in § 83 Abs. 1 BPersVG für die Personalvertretungen im Bundesdienst vorgesehen, die Verwaltungsgerichte, sondern die **Arbeitsgerichte** – und damit im dritten Rechtszug das Bundesarbeitsgericht – zu entscheiden haben. Anzuwendende Verfahrensart ist das **Beschlussverfahren**, das sich nach den §§ 80 bis 96a ArbGG richtet. Ob der Betriebsvertretung ein im Beschlussverfahren verfolgbares Recht zusteht, der Dienststelle die Durchführung be-

---

42 Vgl. *LAG BW* v. 22.12.99 – 12 Sa 58/99 –, AuR 00, 277 Ls.; KfdP-*Altvater*, Anh. VII B Rn. 56 m. w. N.
43 *BAG* v. 9.2.93 – 1 ABR 33/92 –, PersR 93, 373.
44 *BAG* v. 11.12.07 – 1 ABR 67/06 –, AP BPersVG § 75 Nr. 86.
45 *BAG* v. 7.11.00 – 1 ABR 55/99 –, PersR 01, 347.

stimmter mitbestimmungspflichtiger **Maßnahmen untersagen** zu lassen, ist in der arbeitsgerichtlichen Rspr. bisher nicht geklärt.[46]

(Abs. 10) Abs. 10 UP behandelt die **Strafverfolgung wegen Verletzung der Schweigepflicht** nach § 203 Abs. 2 Nr. 3 und § 353b Abs. 1 Nr. 3 StGB.[47]

38

---

46 Verneinend *LAG Düsseldorf* v. 30.11.00 – 11 TaBV 73/00 –, ZTR 01, 284 Ls.; zweifelnd *BAG* v. 28.5.02 – 1 ABR 35/01 –, PersR 03, 84; vgl. KfdP-*Altvater*, Anh. VII B Rn. 55 m.w.N.
47 Näher dazu KfdP-*Altvater*, Anh. VIII.

Stichwortverzeichnis

Bei Hinweisen auf das BPersVG bezeichnen die halbfett hervorgehobenen Angaben vor dem Komma den jeweiligen Paragrafen; die Angaben hinter dem Komma verweisen auf die jeweilige Randnummer der Kommentierung (Beispiel: **75**, 13 = § 75 BPersVG Rn. 13).

Bei Hinweisen auf in den Anhängen abgedruckte Bestimmungen bezeichnen die halbfett hervorgehobenen Angaben (römische Ziffern, Großbuchstaben und arabische Ziffern) vor dem Komma den jeweiligen Anhang, ggf. dessen Abschnitt und den jeweiligen Paragrafen; die Angaben hinter dem Komma verweisen wiederum auf die jeweilige Randnummer der Erläuterungen (Beispiel: **V B 24**, 1 = Anhang V Abschnitt B § 24 SBG Rn. 1 bzw. Anh. V B § 24 Rn. 1).

A
Abberufung 32, 6, 14; **33**, 2
Abmahnung 75, 142
Abordnung
– Beschäftigteneigenschaft **4**, 2
– besonderer Abordnungsschutz **47**, 22f.; **75**, 44; **76**, 28; **91**, 7ff.; **99**
– Dauer von mehr als drei Monaten **75**, 43; **76**, 28
– Entsendung **75**, 46; **76**, 29
– Kettenabordnungen **76**, 28
– mit dem Ziel der Versetzung **76**, 24
– Mitbestimmung bei Arbeitnehmern **75**, 43ff.
– Mitbestimmung bei Beamten **76**, 27ff.
– Richtlinien über die personelle Auswahl s. *Auswahlrichtlinien*
– Teilabordnung **13**, 12b; **76**, 27f.
– Überweisung von Beamten im Vorbereitungsdienst **76**, 27

– Verlust der Wählbarkeit **29**, 7
– Wahlberechtigung **13**, 12ff.
– zuständige Personalräte **75**, 45; **76**, 28

Abrufkräfte 4, 9; **75**, 13
Absehen von der Ausschreibung 69, 40; **75**, 137ff.; **77**, 8
Abstammung 67, 9
Abstrakt-funktionales Amt 76, 10
Abteilungsleiter für Personal und Verwaltung 7, 2; **13**, 2; **14**, 9; **19**, 11; **77**, 4; **88**, 9; **89**, 8
Akkord- und Prämiensätze 75, 98
Allgemeine Aufgaben der Personalvertretung 68, 2ff.
Allgemeine Wahl 19, 2b
Allgemeiner Gleichheitssatz 67, 6; **77**, 17
Allgemeines Antragsrecht 61, 2; **68**, 4ff.

Stichwortverzeichnis

Allgemeines Gleichbehandlungsgesetz 67, 7, 16; **68**, 16 a
Alter 67, 13
Ältere Personen 68, 16
Altersgrenze
- Weiterbeschäftigung über die – hinaus 75, 50

Altersteilzeit 13, 5; **29**, 6; **76**, 33
Amt (i. S. d. Beamtenrechts) **76**, 10
Amtsniederlegung 29, 3; **32**, 6, 14; **33**, 2
Amtsverhältnis (besonderer Art) 4, 4
Amtszeit 26, 1 ff.; **29**, 2; **32**, 6, 14; **33**, 2; **83**, 5
Änderungen des BPersVG (Übersicht) **vor 1**
Änderungen von Arbeitsverfahren und Arbeitsabläufen 78, 27
Änderungen von Dienststellen
- Änderungen durch Gesetz 78, 14
- Auflösung 78, 16
- Dienststellenbegriff 78, 15
- Einschränkung 78, 17
- Inhaberwechsel 78, 16
- militärische Dienststellen **V A** **91**, 4; **VI**, 34
- Mitwirkung 78, 13 ff.
- Privatisierung 78, 16
- Verlegung 78, 18
- wesentliche Dienstellenteile 78, 15 f.
- Zusammenlegung 78, 19

Änderungskündigung(en) 47, 3; **75**, 31; **79**, 9, 12
Anfechtung der Wahl 25, 1, 3 ff.; **60**, 5; **83**, 3; **V B 5**, 1 ff.; **V B 47**, 1 f.
Anfechtung des Arbeitsvertrags 79, 4
Angehörige der Dienststelle 67, 3
Angestellte 4, 1; **5**, 1
- leitende **III 19**; **IV 24**, 3, 5; **IV 36**, 1 ff.; **V C 6**, 1 f.

Anhörung s. auch Beteiligung der Personalvertretung
- Anhörungstatbestände 78, 1, 24 f.; **79**, 36 ff.
- Anhörungsverfahren 78, 4; **79**, 36 ff.
- außerordentliche Kündigung 79, 36 f., 39 ff.
- Äußerungsfrist 78, 4; **79**, 40
- Beendigung des Arbeitsverhältnisses während der Probezeit 79, 2
- fristlose Entlassung 79, 36, 38 ff., 42
- grundlegende Änderungen von Arbeitsverfahren und Arbeitsabläufen 78, 27
- Neu-, Um- und Erweiterungsbauten von Diensträumen 78, 26
- Personalanforderungen zum Haushaltsplan 78, 24
- Personalplanung 78, 25
- Verletzung des Anhörungsrechts 78, 5; **79**, 42, 43 f.

Anhörung bei außerordentlicher Kündigung 79, 36 f., 39 ff.; **108**, 3
- außerordentliche Kündigung 79, 37
- Fehler des Personalrats 79, 44
- fehlerhafte Beteiligung des Personalrats 79, 43; **108**, 3
- Nichtbeteiligung des Personalrats 79, 44; **108**, 3
- Kampfkündigungen 79, 37
- Umdeutung 79, 41
- Verfahren der 79, 39 f.

Anlernlinge 4, 13
Anordnungen zur Wohnungswahl 75, 51 f.; **76**, 31
Anregungen 61, 4; **68**, 14 f.; **81**, 7
Anschläge 44, 35; **62**, 5; **III 17**, 4 a
Anstalten des öffentlichen Rechts 1, 6; **69**, 37; **70**, 2; **72**, 18

Stichwortverzeichnis

Anstellung (von Beamten) **76**, 10
Antragsrecht
- allgemeines – **61**, 2; **68**, 4 ff.
- Initiativrecht *s. dort*

Arbeiter 4, 1; **5**, 1
Arbeitgebervereinigungen
2, 7 ff.; **52**, 1; **66**, 4, 16; **86**, 13; **87**, 3; **96**
Arbeitnehmer 4, 1, 6 ff.; **5**, 1; **11**, 3; **75**, 7, 9, 107, 110, 113, 116, 117; **84**, 4 ff., 9
- des öffentlichen Dienstes in privatrechtlichen Unternehmen **13**, 13

Arbeitnehmerähnliche Personen 4, 11; **90**, 15
Arbeitnehmererfindungen
75, 126
Arbeitnehmerüberlassung
4, 10 f.; **75**, 14 f.
Arbeitsablauf (-abläufe) **76**, 44, 47; **78**, 27
Arbeitsbereitschaft 75, 85;
s. auch Arbeitszeit
Arbeitsbeschaffungsmaßnahme
4, 9; **75**, 13
Arbeitsentgelt *s. auch Lohngestaltung*
- Auszahlung (Zeit, Ort, Art) **75**, 86
- Fortzahlung **46**, 4, 21, 31, 33; **50**, 2

Arbeitsgerichte
- personalvertretungsrechtliche Vorfragen **83**, 2
- Beschlussverfahren **83**, 1, 12, 14; **VI**, 37
- Betriebsvertretungen (NATO) **83**, 13; **VI**, 37
- Schwerbehindertenvertretung **83**, 12
- Urteilsverfahren **83**, 2, 6, 8
- Weiterbeschäftigung bei Kündigungsschutzklage **79**, 34
- Weiterbeschäftigung von Auszubildenden **9**, 14 a

Arbeitskampf 66, 12 ff.; **79**, 9
Arbeitsleistung
- Maßnahmen zur Hebung der – *s. dort*

Arbeitsmethoden *s. grundlegend neue Arbeitsmethoden*
Arbeitsorganisatorische Maßnahmen 75, 143 ff.; **76**, 44 ff., 47, 53 ff.; **78**, 27; **104**, 4
Arbeitsplatz *s. Gestaltung der Arbeitsplätze*
Arbeitsplatzbeschreibung
75, 115
Arbeitsplatzbesuche 68, 39 f.; **81**, 7; **VI**, 18
Arbeitsplatzüberprüfung(en)
69, 11; **80**, 1
Arbeitsrecht 94, 6, 10; **107**, 2 f.; **108**, 1
Arbeitsrechtlicher Gleichbehandlungsgrundsatz 67, 6; **77**, 17
Arbeitsrechtliches Gewohnheitsrecht 2, 6
Arbeitsschutz und Unfallverhütung *s. auch Maßnahmen zur Verhütung von Gesundheitsschädigungen*
- Anordnungen **81**, 10
- Arbeitsplatzbesuche **81**, 7
- Auflagen **81**, 10
- Befragungen von Beschäftigten **81**, 8
- Behörden für – **81**, 5
- Berichte **81**, 10
- Besichtigungen **81**, 8 f., 12
- Besprechungen **81**, 11
- Beteiligungsrechte außerhalb des BPersVG **81**, 3
- Betriebsärzte **75**, 117 ff.; **76**, 43; **V A 91**, 3
- Betriebsbegehungen **81**, 7
- Einsatz für die Durchführung **81**, 4, 7
- Fachkräfte für Arbeitssicherheit **75**, 124; **81**, 5

881

Stichwortverzeichnis

- »Fragen« **81**, 8 f.
- Gefährdungsbeurteilung **75**, 124; **81**, 8
- Nichtraucherschutz **81**, 7
- Niederschriften **81**, 12
- Sicherheitsbeauftragte **75**, 124; **81**, 5, 11
- spezielle Beteiligungsrechte **81**,1
- spezielle Informationsrechte **81**, 8
- Stellungnahmen **81**, 10
- Unfallanzeigen **81**, 13
- Unfalluntersuchungen **81**, 8 f., 12; **VI**, 18
- Unfallversicherungsträger **81**, 5
- Unterstützungsaufgabe **81**, 4 ff.
- Vertrauensärzte **75**, 117 ff.; **76**, 43; **V A 91**, 3
- Vorschriften über **81**, 2
- zuständige Stellen für **81**, 5
- zuständiger Personalrat **81**, 9

Arbeitstag 69, 16
Arbeitsunfähigkeit 13, 10
Arbeitsunfälle 75, 122; *s. auch Arbeitsschutz und Unfallverhütung*
Arbeitsverfahren 78, 27
Arbeitsverhältnis(se)
- faktisches – **4**, 12
- Sonderformen **4**, 9 ff.; **75**, 13 ff.

Arbeitszeit (Regelungen)
- Arbeitszeitbegriff **75**, 77
- Arbeitszeitgesetz (Abweichungen) **75**, 83
- Beginn und Ende der täglichen – **75**, 76
- Bereitschaften **75**, 85
- Dauer der regelmäßigen wöchentlichen – **75**, 78
- Dauer der Regelung **75**, 76
- Dauer der täglichen – **75**, 78
- flexible Arbeitszeitsysteme **75**, 81
- generelle Regelung **75**, 76
- Grundsätze für die Aufstellung der Dienstpläne **75**, 159 f.
- kollektiver Bezug (Tatbestand) **75**, 76, 84
- Kurzarbeit **75**, 84
- Mehrarbeit **75**, 84, 159 f.
- Mitbestimmung **75**, 76 ff., 159 f.
- Pausen **75**, 80
- tarifvertragliche Öffnungsklauseln **75**, 83
- Teilzeitbeschäftigung **75**, 78, 82, 84
- Überstunden **75**, 84, 159 f.
- unregelmäßige und kurzfristige Festsetzung der täglichen – **75**, 159 f.
- Varianten **75**, 81
- Verteilung auf die Wochentage **75**, 76, 79
- Vollzeitbeschäftigung **75**, 78

Arbeitszeitkonto 75, 83
Arbeitszeitkorridor 75, 81, 83
Arbeitszeitversäumnis 24, 10; **46**, 2 ff.
Aufgaben der Personalvertretung vor 66, 2
Aufhebungsvertrag 79, 4
Auflösung des Personalrats 27, 7; **28**, 1 ff.; **29**, 8; **31**, 6; **102**
Auflösung von Dienststellen 78, 13 ff., 16; **V A 91**, 4; **VI**, 34
Aufstieg 76, 13
Aufwandsentschädigung 46, 23
Ausbildungsverbund 75, 109
Ausbildungsverhältnis 4, 13; **75**, 13
Auskunftspersonen 34, 8; **35**, 1; **48**, 4; **66**, 4
Ausländische Beschäftigte 13, 2; **14**, 2; **68**, 20
Ausländische Staaten 1, 13
Auslandsdienststellen 91, 1 ff.
- Auslandsvertretungen *s. Auswärtiges Amt*
- Auswärtiges Amt *s. dort*
- Deutsches Archäologisches Institut **91**, 4, 6

Stichwortverzeichnis

- Dienststellen des Bundes im Ausland **91**, 1
- Nichtwählbarkeit in Stufenvertretung oder Gesamtpersonalrat im Inland **91**, 3
- Ortskräfte (Sonderstatus) **4**, 3 a; **91**, 2
- Stiftung DGIA **91**, 7 c, 8
- Vertrauensmann der Ortskräfte *s. dort*
- verwaltungsgerichtliche Zuständigkeiten **91**, 8
- Zusammenarbeit mit dem Vertrauensmann der Ortskräfte **91**, 11

Auslandsrundfunkgesetz 90, 1
Ausscheiden aus der Dienststelle 29, 6
Ausschluss aus dem Personalrat 28, 1 ff.; **29**, 8; **102**
Ausschluss der Mitbestimmung (in Personalangelegenheiten) **77**, 8 ff.
- Beamtenstellen von BesGr. A 16 an aufwärts **76**, 2; **77**, 9 f.
- politische Beamte **77**, 8

Ausschreibung von Dienstposten 69, 40; **75**, 137 ff.; **77**, 8
Außendienst 4, 9
Außenstehende Stellen (Anrufung) 66, 16; **81**, 6
Außertarifliche Arbeitnehmer 4, 7
Auswahlrichtlinien
- Abordnung **76**, 54, 56
- abstrakt-generelle Regelungen **76**, 53
- Einstellung **76**, 54, 56
- Entlassung von Beamten **76**, 54, 57 a
- Entscheidungskriterien **76**, 55 ff.
- Kündigung von Arbeitnehmern **76**, 54, 57
- Mitbestimmung **76**, 53 ff.
- personelle Einzelmaßnahmen für Arbeitnehmer und Beamte **76**, 54
- Übertragung einer anders bewerteten Tätigkeit **76**, 54, 56
- Umgruppierung **76**, 54, 56
- Umsetzung **76**, 54, 56
- Verfahrensregelungen **76**, 55
- Versetzung **76**, 54, 56
- Vorbild BetrVG **76**, 54
- Widerspruchsgrund **79**, 23
- Zustimmungsverweigerungsgrund **77**, 16
- Zweck **76**, 53

Auswahlverfahren für den Aufstieg 80, 1; *s. auch Prüfungen*
Auswärtiges Amt *s. auch Auslandsdienststellen, Vertrauensmann der Ortskräfte*
- Arbeitsschutz **81**, 5
- Auslandsvertretungen **91**, 4
- Deutsches Archäologisches Institut **91**, 4, 6
- Hauptpersonalrat **91**, 4, 6
- Personalrat **91**, 4
- Soldatenvertreter **91**, 7 a f.; **V B 49**, 1 d; **V B 51**, 5
- Versetzungen und Abordnungen **91**, 7; **V B 51**, 5
- Wahlberechtigung **91**, 4
- Zuständigkeiten der Personalvertretungen **91**, 5 f.

Auszahlung der Bezüge (Zeit, Ort, Art) **75**, 86
Auszubildende 4, 13; **9**, 1 ff.; **57**, 1 ff.; **63**, 1 ff.
- Übernahme von – *s. dort*

B

Baumaßnahmen 78, 26
Beamte 4, 1, 4 f.; **5**, 1; **76**, 6; **84**, 4 ff., 9
- auf Lebenszeit **4**, 4; **78**, 21
- auf Probe **4**, 4; **76**, 22, 27; **78**, 21; **79**, 38

Stichwortverzeichnis

- auf Widerruf **4**, 4; **76**, 22, 27; **78**, 21; **79**, 38
- auf Zeit **4**, 4; **77**, 5
- bei der Deutsche Bahn AG **III 12**, 1 ff.; **III 17**, 1; **III 19**, 1; **III 23**, 1
- bei kooperierenden Wirtschaftsunternehmen **13**, 13 a; **V C 1**, 1; **V C 6**, 1 ff.
- bei Postnachfolgeunternehmen **IV 2**, 1 ff.
- im Vorbereitungsdienst **13**, 14; **14**, 7; **47**, 32 f.; **58**, 2; **76**, 22, 27
- in privatrechtlichen Unternehmen **13**, 13
- Unfallfürsorge **11**, 1 f., 4; **109**, 1 f.

Beamte der Länder (Statusrechte und -pflichten) **94**, 6, 10; **107**, 2; **109**, 2

Beamtenrechtsrahmengesetz 4, 4

Beamtenstatusgesetz 4, 4; **94**, 6

Beamtenstellen von BesGr. A 16 an aufwärts 77, 9 f.

Beamtenvereinigungen 2, 7

Beauftragter für den Datenschutz 35, 1

Beendigung des Dienstverhältnisses 29, 4 ff.

Beförderung 76, 11 ff.
- Aufspaltung des Mitbestimmungsrechts **76**, 15
- Aufstieg **76**, 13
- Laufbahngruppenwechsel **76**, 13
- Laufbahnwechsel **76**, 14
- Übertragung eines anderen Amtes mit Amtszulage **76**, 12
- Übertragung eines anderen Amtes mit höherem Endgrundgehalt ohne Änderung der Amtsbezeichnung **76**, 12
- Übertragung eines Beförderungsdienstpostens zur Erprobung **76**, 15

Befristet Beschäftigte 4, 9; **13**, 6; **65**, 1 ff.

Begünstigungsverbot 8, 1 ff., 6 ff.; **46**, 1, 21 f.; **107**, 2; **V B 14**, 1

Behinderung
- Verbot der Benachteiligung wegen – **67**, 12

Behinderungsverbot (im Rahmen der Personalvertretung) **8**, 1 ff.; **99**; **107**, 2; **V B 14**, 1

Behörde(n) 1, 3; **6**, 2 a

Behörde(n) der Mittelstufe 6, 4 a; **7**, 2; **53**, 5; **85**, 3; **88**, 3; **89**, 4; **V A 91**, 2; **V B 53**, 2 f.

Beiträge (Verbot der Erhebung und Annahme) **45**, 1 f.

Bekanntmachungen 44, 35; **62**, 5; **III 17**, 4 a

Benachteiligungsverbot (im Rahmen der Personalvertretung) **8**, 1 ff., 6 ff.; **9**, 1; **44**, 4, 6, 13 b, 24; **46**, 1, 21 f.; **107**, 2; **V B 14**, 1

Benachteiligungsverbote (bezüglich der Angehörigen der Dienststelle) **67**, 6 ff.

Bereitschaftsdienst 75, 85; *s. auch Arbeitszeit*

Berlin-Klausel 118

Berufliche Umschulung 75, 108; **79**, 25

Berufsausbildung *s. auch Durchführung der Berufsausbildung*
- dem Vorbereitungsdienst entsprechende – **13**, 14 f.; **14**, 7; **47**, 32 f.; **58**, 2
- Mitbestimmung bei der Durchführung der – **75**, 107 ff.
- zu ihrer – Beschäftigte **4**, 13; **90**, 14

Beschäftigte 4, 1 ff.; **12**, 2; **85**, 4; **90**, 14 ff.; **91**, 2
- auf Produktionsdauer **90**, 15
- im Ausland eingesetzte – **90**, 17
- im Programmbereich **90**, 21

Stichwortverzeichnis

- in der Regel – **12**, 2
- maßgeblich an der Programmgestaltung beteiligte – **90**, 19, 28
- mit überwiegend wissenschaftlicher oder künstlerischer Tätigkeit **77**, 6; **90**, 22

Beschäftigungsarten 17, 1, 10; **59**, 2

Beschlüsse des Personalrats
- Abstimmungsverfahren **37**, 3
- Änderung **37**, 7
- Arbeitnehmervertreter **38**, 1 a, 10
- Aufhebung **37**, 7
- Aussetzung **39**, 1 ff.
- Beamtenvertreter **38**, 1 a, 10
- Befangenheit **37**, 6
- Beschlussfähigkeit **37**, 2; **38**, 7
- Beschlussfassung **37**, 1; **38**, 7
- Einspruch **39**, 1 ff.
- geheime Abstimmung **37**, 3
- gemeinsame Angelegenheiten **20**, 1 a; **37**, 4; **38**, 1, 3, 4, 9, 11; **47**, 17, 30
- Gruppenangelegenheiten **32**, 17; **37**, 2, 4; **38**, 1, 3, 5 ff., 9 ff.
- Nichtigkeit **37**, 8; **38**, 8
- Niederschrift **37**, 3 a; **41**, 1 ff.
- Soldatenvertreter **38**, 1 b, 10
- Stimmberechtigung **37**, 4; **38**, 7; **40**, 3, 68
- Stimmengleichheit **37**, 5
- Stimmenmehrheit **27**, 6; **37**, 5; **42**, 2
- Stimmenthaltung **37**, 5
- Unwirksamkeit **37**, 8; **38**, 8
- Wirksamwerden **37**, 7

Beschlussverfahren s. *Personalvertretungsrechtliches Beschlussverfahren*

Beschwerden 61, 4; **68**, 14 f.; **81**, 7

Beseitigungsansprüche 8, 5, 8

Besondere Personalvertretungen beim BEV
- Anwendbarkeit des BPersVG **III 17**, 4
- ausgegliederte Gesellschaften **III 17**, 1; **III 23**, 1 f.
- beamtenrechtliche Entscheidungen des BEV **III 17**, 5 f.
- Besondere Personalvertretungen (BesPV) bei regionalen Dienststellen **III 17**, 3
- Besonderer Hauptpersonalrat (BesHPR) beim Präsidenten **III 17**, 3
- Beteiligung gegenüber dem BEV **III 17**, 5, 7 f.
- Beteiligung gegenüber der DB AG s. *Mitbestimmung der Besonderen Personalvertretung beim BEV gegenüber der DB AG*
- Bildung von – **III 17**, 1 a
- Büropersonal **III 17**, 4 a
- Einigungsstelle bei Maßnahmen des BEV **III 17**, 8
- Geschäftsbedarf **III 17**, 4 a
- Kosten **III 17**, 4 a
- Mitbestimmungsverfahren bei Maßnahmen des BEV **III 17**, 8
- Plätze für Bekanntmachungen und Anschläge **III 17**, 4 a
- Räume **III 17**, 4 a
- Teilnahme an den Wahlen **III 17**, 18
- Wahlbereiche der BesPV **III 17**, 3
- Wahrnehmung der Mandate **III 17**, 18
- Zuständigkeitsabgrenzung zwischen BesPV und BesHPR **III 17**, 7

Besondere Verwaltungszweige 1, 8; **85–92**

885

Stichwortverzeichnis

Beteiligung der Personalvertretung
- Antrag des Beschäftigten auf – **vor 66**, 7; **72**, 2; **75**, 59; **76**, 2, 59; **77**, 2 ff.; **78**, 23; **90**, 22
- Arbeitskampf **66**, 15
- Auslegungsregeln **vor 66**, 3
- Begriff **vor 66**, 2
- besondere Beschäftigtengruppen **vor 66**, 7
- besondere Verwaltungszweige *s. dort*
- Beteiligungsformen *s. dort*
- Beteiligungsrechte außerhalb des BPersVG **vor 66**, 6
- Beteiligungstatbestände **vor 66**, 2
- Bundesministerium der Verteidigung **92**, 2, 3 ff., 7
- Bundesnachrichtendienst **86**, 10 ff.
- Einverständnis des Beschäftigten **vor 66**, 7
- kollektiver Bezug (Tatbestand) **75**, 69, 76, 84, 94; **76**, 35; **78**, 8
- Konkurrenz von Beteiligungsrechten **vor 66**, 12
- Rechtsgrundlagen **vor 66**, 2
- verfassungsrechtliche Vorgaben *s. Verfassung und Personalvertretung*
- Verletzung von Beteiligungsrechten **vor 66**, 13; **69**, 47 ff.; **72**, 21; **78**, 2, 5, 20; **79**, 42, 43 f.
- Verschlusssachen **93**, 1 ff.
- Verwirkung **vor 66**, 4
- Verzicht **vor 66**, 5
- zwingende gesetzliche Regelung **vor 66**, 2

Beteiligung der Vertrauenspersonen der Soldaten
- Ahndung von Dienstvergehen **V B 27**, 1 ff.; **V B 51**, 4a
- Anhörung **V B 20**, 1 ff.; **V B 23**, 1, 3; **V B 24**, 1, 5, 8; **V B 25**, 8; **V B 27**, 2 ff.; **V B 28**, 2 f.; **V B 29**, 1 f.; **V B 30**, 1 f.
- Antrag des Soldaten **V B 20**, 1; **V B 23**, 1b, 1c, 2; **V B 30**, 1
- Aufgabengebiete **V B 18**, 1a; **V B 23–31**
- Ausbildungsziele und -inhalte **V B 24**, 7
- Ausschluss der Beteiligung **V B 24**, 7
- Ausschluss der Mitbestimmung **V B 24**, 10; **V B 25**, 4
- Auszeichnungen **V B 29**, 1 f.
- Beförderungen mit Auswahlermessen **V B 23**, 3
- Belehrung des Soldaten **V B 23**, 1c, 5
- Berufsförderung **V B 26**, 1 ff.
- Beschwerdeverfahren **V B 30**, 1 f.; **V B 31**, 1 f.
- Betreuung und Fürsorge **V B 25**, 4 ff.
- Einsätze, Einsatzübungen **V B 24**, 7
- Empfehlung des Schlichtungsausschusses **V B 22**, 5
- Erörterung **V B 20**, 3; **V B 21**, 2; **V B 27**, 3
- fehlende (fehlerhafte) – **V B 20**, 4; **V B 23**, 5
- Formen **V B 18**, 1a; **V B 20–22**
- förmliche Anerkennungen **V B 28**, 1 ff.
- Gestaltung des Dienstbetriebs **V B 24**, 2 f.
- Initiativrecht **V B 22**, 3
- Katastrophen- und Nothilfe **V B 24**, 9
- Mitbestimmung **V B 22**, 1 ff.; **V B 24**, 9 ff.; **V B 25**, 4
- Mitgliedschaft in Ausschüssen **V B 25**, 2 f.
- Nachholen der – **V B 20**, 4; **V B 23**, 5

Stichwortverzeichnis

- Niederschrift **V B 4**, 5; **V B 20**, 3; **V B 23**, 2, 4; **V B 27**, 5; **V B 44**
- Personalangelegenheiten **V B 23**, 1 ff.; **V B 30**, 1
- Personalmaßnahme **V B 23**, 1 a
- Rechtsfolgen fehlender (fehlerhafter) – **V B 18**, 1 a; **V B 20**, 4; **V B 22**, 7; **V B 23**, 5
- Schlichtungsausschuss **V B 22**, 4 f.; **V B 52**, 4
- Soldatenvertreter im Personalrat **V B 52**, 1 ff.
- Soll-Vorschrift **V B 23**, 1 b
- Unterrichtung der personalbearbeitenden Stelle **V B 23**, 2
- Unterrichtung der Vertrauensperson **V B 18**, 3; **V B 20**, 2; **V B 22**, 2; **V B 23**, 1 c; **V B 27**, 4
- Verweis auf § 104 Satz 3 BPersVG **V B 22**, 5
- vorläufige Regelungen **V B 21**, 7; **V B 22**, 6
- Vorschlagsrecht **V B 21**, 1 ff.; **V B 22**, 3; **V B 24**, 4 ff.; **V B 25**, 3, 8; **V B 26**, 1; **V B 28**, 1
- Wehrdienstgerichte **V B 16**, 1
- Widerspruch des Soldaten **V B 20**, 1; **V B 27**, 1, 3
- Ziele der Beteiligung **V B 1**, 1 a; **V B 18**, 1
- Zusammenarbeit **V B 18**, 2

Beteiligung des Betriebsrats bei den Postnachfolgeunternehmen
- Angelegenheiten zugewiesener Beamter in Drittunternehmen **IV 28**, 5; **IV 29**, 4 a
- Anhörung vor fristlosen Entlassungen **IV 29**, 11
- Ausnahmen von der Beteiligung nach BPersVG **IV 29**, 4
- Aussetzung eines Beschlusses **IV 28**, 4
- Aussetzung mitwirkungspflichtiger Maßnahme **IV 29**, 10
- beamtenspezifische Personalangelegenheiten **IV 28**, 1; **IV 29** 1, 3 f., 8, 11
- Beschlussfassung bei Fehlen von Beamtenvertretern **IV 28**, 3
- Beschlussfassung durch die Beamtenvertreter **IV 28**, 2
- Beteiligung bei Entscheidungen des BMF **IV 31**, 1 ff.
- Beteiligung nach BetrVG **IV 29**, 2 f., 8 b
- Einigungsstelle nach PostPersRG **IV 29**, 6; **IV 30**, 1 ff.
- Einschaltung der BAnstPT **IV 1**, 4; **IV 29**, 8 a
- Einschaltung des Betriebsrats im Drittunternehmen **IV 28**, 5
- Entscheidung des BMF **IV 29**, 6
- Entscheidung des zuständigen Vorstandsmitglieds **IV 29**, 9
- gemeinsame Beratung **IV 28**, 2
- Mitbestimmung nach PostPersRG **IV 29**, 3 ff.
- Mitwirkung nach PostPersRG **IV 29**, 8 ff.
- Rechtsstreitigkeiten **83**, 11; **84**, 1; **IV 29**, 12
- Versagungskatalog des BPersVG **IV 29**, 4
- vorläufige Regelungen **IV 29**, 7, 8
- Willensbildung des Betriebsrats **IV 28**, 1 ff.
- Zustimmungsverweigerung nach PostPersRG **IV 29**, 5
- Zuweisung zu einem Drittunternehmen **IV 28**, 6

Beteiligungsformen
- Allgemeine Aufgaben **68**, 2 ff.
- Anhörung *s. dort*
- Beteiligungsrechte außerhalb des BPersVG **vor 66**, 6
- Initiativrecht *s. dort*
- Mitbestimmung *s. dort*

Stichwortverzeichnis

- Mitwirkung *s. dort*
- spezielle Beteiligungsrechte **vor 66**, 6

Betrieb(e) 1, 4; **6**, 2a

Betriebliche Altersversorgung 75, 97, 104

Betriebliche Interessenvertretung bei den Postnachfolgeunternehmen
- Anwendung des BetrVG **IV 24**, 1 ff.
- Arbeitgeber **IV 29**, 4b
- Beamte als Arbeitnehmer des Postnachfolgeunternehmens **IV 24**, 3
- Beamte als leitende Angestellte des Postnachfolgeunternehmens **IV 24**, 3; **IV 36**, 1 ff.
- beamtenspezifische Personalangelegenheiten **IV 28**, 1; **IV 29** 1, 3 f., 8, 11; **IV 32**, 5; **IV 33**, 2
- Beamtenvertreter im Gesamtbetriebsrat **IV 32**, 2 ff.
- Beamtenvertreter im Konzernbetriebsrat **IV 33**, 1
- Beteiligung des Betriebsrats bei den Postnachfolgeunternehmen *s. dort*
- Einigungsstelle **IV 29**, 6; **IV 30**, 1 ff.
- Gesamtbetriebsrat **IV 30**, 6; **IV 32**, 1 ff.
- Gesetzesvorrang **IV 35**
- Konzernbetriebsrat **IV 30**, 6; **IV 33**, 1 ff.
- Schwerbehindertenvertretung **IV 31**, 3; **IV 37**
- Sprecherausschuss **IV 36**, 1 ff.
- Tarifverträge **IV 24**, 1a
- Wahl des Betriebsrats bei den Postnachfolgeunternehmen *s. dort*
- zugewiesene Beamte als Arbeitnehmer des Drittunternehmens **IV 24**, 5
- zugewiesene Beamte als leitende Angestellte des Drittunternehmens **IV 24**, 5

Betriebliches Vorschlagswesen 75, 125 ff.
- Arbeitnehmererfindungen **75**, 126
- Dienstvereinbarung **75**, 128
- Grundsätze über die Bewertung von anerkannten Vorschlägen **75**, 127
- Ideenmanagement in der Bundesverwaltung **75**, 127a
- qualifizierte technische Verbesserungsvorschläge **75**, 126, 128
- Verbesserungsvorschläge **75**, 126

Betriebsärzte *s. Vertrauens- und Betriebsärzte*

Betriebsbegehungen 68, 39 f.

Betriebskrankenkassen 1, 15,

Betriebsrat
- Abordnung zum Betrieb **75**, 45
- Arbeitnehmer des öffentlichen Dienstes **13**, 13
- Beamte **13**, 13
- Deutsche Bahn AG **III 19**, 1 ff.
- kooperierende Wirtschaftsunternehmen *s. Kooperationsgesetz der Bundeswehr*
- Postnachfolgeunternehmen *s. Betriebliche Interessenvertretung bei den –*
- Soldaten **13**, 13
- Übergangsmandat des Personalrats **1**, 17; **2**, 2
- Zuweisung zum Betrieb **75**, 49a

Betriebsverfassungsgesetz 1, 15, 17 ff.; **13**, 13; **III 19**, 1 ff.; **IV 24**, 1 ff.; **V C 6**, 1

Betriebsversuch 69, 8; **75**, 69; **76**, 52

Betriebsvertretungen *s. auch* **Betriebsvertretungsrecht**
- Änderungen von Dienststellen **VI**, 34

Stichwortverzeichnis

- Anordnungen externer Stellen **VI**, 14, 36
- arbeitsgerichtliches Beschlussverfahren **83**, 13; **VI**, 37
- Auskünfte aus Verschlusssachen **VI**, 18
- Begriff der – **VI**, 12
- besonders schutzwürdige militärische Interessen **VI**, 20
- Bezirksbetriebsvertretung **VI**, 13
- deutsche Gerichtsbarkeit **VI**, 37
- deutsche Sprache **VI**, 12
- Dienststellen **VI**, 13
- Dienstvereinbarungen **VI**, 32
- dreistufiger Aufbau **VI**, 13
- Einigungsstelle **VI**, 30 f.
- Gestaltung der Arbeitsplätze **VI**, 23
- Hauptbetriebsvertretung **VI**, 13
- Initiativrecht **VI**, **29**
- Liegenschaften **VI**, 21
- Mitbestimmung **VI**, 19 ff.
- Mitbestimmungstatbestände **VI**, 19
- Mitwirkung statt Mitbestimmung **VI**, 27
- Mitwirkungsverfahren **VI**, 28
- Personalfragebogen **VI**, 24
- regelmäßige Wahlen **VI**, 11 f.
- Reisekosten **VI**, 15
- Sonderrevisionsklausel **VI**, **27**
- Sozialeinrichtungen **VI**, 22
- Strafvorschriften **VI**, 38
- Unfalluntersuchungen **VI**, 18
- Untersagungsanspruch **VI**, 37
- Vertretung des Dienststellenleiters **VI**, 16
- Verwaltungsanordnungen **VI**, 33
- Vorlage von Unterlagen **VI**, 18
- Vorrang gesetzlicher, tariflicher und tarifüblicher Regelungen **VI**, 26
- Wählbarkeit **VI**, 17
- Weiterbeschäftigung nach ordentlicher Kündigung **VI**, 35 a
- Wohnungen **VI**, 21
- Zugang zu Arbeitsplätzen **VI**, 18
- Zuständigkeit der Arbeitsgerichte **VI**, 37
- Zuweisung **VI**, 25

Betriebsvertretungsrecht s. auch Betriebsvertretungen
- Änderungen des UP **VI**, 5 ff.
- Denkschrift **VI**, 14
- eingeschränkte Geltung des BPersVG **VI**, 1, 4, 10
- internationale militärische Hauptquartiere **VI**, 3
- nicht-deutsche Organisationen nichtwirtschaftlichen Charakters **VI**, 3
- PersVR für Zivilbeschäftigte der Bundeswehr **VI**, 1
- statische Verweisung auf das BPersVG **VI**, 5, 9
- Truppe **VI**, 2
- Unterzeichnungsprotokoll zu Art. 56 Abs. 9 ZA **VI**, 1 ff.
- verfassungsrechtliche Problematik **VI**, 4
- Wahlordnung **VI**, 10
- zivile Arbeitskräfte **VI**, 2
- ziviles Gefolge **VI**, 2
- Zusatzabkommen zum NATO-Truppenstatut **VI**, 1

Betriebsverwaltungen 1, 4
Beurlaubung 4, 2; **13**, 10; **29**, 7; **76**, 33
- In-Sich-Beurlaubung **75**, 19; **IV 4**, 3

Beurteilung s. *dienstliche Beurteilung*

Beurteilungsrichtlinien s. auch dienstliche Beurteilung
- Beurteilungskriterien **76**, 40
- Beurteilungsverfahren **76**, 40
- Bewertungsmethoden **76**, 40
- ergänzende Bestimmungen **76**, 40
- Leistungskontrollen **76**, 40

Stichwortverzeichnis

- Mitbestimmung bei Arbeitnehmern **75**, 116
- Mitbestimmung bei Beamten **76**, 39 ff.
- Zielvereinbarungssysteme **76**, 41

Beurteilungsspielraum 44, 4, 6, 12, 25; **46**, 2, 29; **47**, 30; **71**, 31; **75**, 26

Bewerbungsunterlagen 68, 31

Bezirks-Jugend- und Auszubildendenvertretung 53, 7; **64**, 1 ff.

Bezirkspersonalrat s. auch Stufenvertretungen
- Behörden der Mittelstufe *s. dort*
- Bezirkswahlvorstand **53**, 13 f.
- Bildung **53**, 5
- Bundesagentur für Arbeit **88**, 3 f.
- Bundesbank **89**, 4
- Bundespolizei **85**, 3
- Sozialversicherung **88**, 3 f.
- Streitkräfte **V A 91**, 3; **V B 53**, 2 f.
- Wahl **53**, 9, 11 ff.

Bezirksschwerbehindertenvertretung 53, 8

Bruttolohn- und -gehaltslisten 68, 31

Bundesagentur für Arbeit 88, 1 ff.
- Agenturen für Arbeit **88**, 7
- Bezirkspersonalrat **88**, 3 f.
- Geschäftsführung als Dienststellenleiter **88**, 7
- Hartz-III-Gesetz **88**, 1, 5
- Hauptpersonalrat **88**, 3 f.
- Jobcenter **13**, 13 b; **47**, 26; **88**, 13 ff.
- Regionaldirektionen **88**, 3 f., 7
- TV-BA **75**, 22 a, 26 d, 34 a
- Vertretung der Geschäftsführung (des Vorstands) **88**, 8 f.
- Vorstand als Dienststellenleiter **88**, 7
- Vorstand als oberste Dienstbehörde **88**, 3 f., 10

- Zentrale **88**, 4

Bundesamt für Verfassungsschutz 87, 1 ff.

Bundesanstalt für Post und Telekommunikation Deutsche Bundespost (BAnstPT) IV 1, 4; **IV 29**, 8 a

Bundesbeamte 4, 4

Bundesbeamtengesetz 4, 4

Bundesbeauftragter für den Datenschutz und die Informationsfreiheit 66, 16

Bundesdatenschutzgesetz 10, 24; **68**, 37

Bundeseisenbahnvermögen (BEV) *s. auch Deutsche Bahn AG*
- allgemeine Personalvertretungen beim – **III 17**, 2
- Beamte des – bei der Deutsche Bahn AG **III 12**, 1 ff.; **III 17**, 1; **III 19**, 1; **III 23**, 1
- besondere Personalvertretungen beim – *s. dort*
- besondere Schwerbehindertenvertretungen beim – **III 17**, 19
- Verbesserung der personellen Struktur **IV 4**, 7

Bundesfreiwilligendienst 4, 14

Bundesgleichstellungsgesetz 52, 2 a; **67**, 16; **68**, 19; **76**, 61

Bundesgremienbesetzungsgesetz 71, 8

Bundesgrenzschutz (BGS) 85, 1; *s. auch Bundespolizei*

Bundeskanzler 6, 2 a

Bundeskanzleramt 86, 2, 9, 9 a

Bundesleistungsbesoldungsverordnung 75, 99

Bundesminister 6, 2 a; **82**, 22

Bundesministerien 6, 4; **75**, 127 a; **91**, 8

Bundesministerium der Finanzen 81, 5; **IV vor 1**, 1; **IV 1**, 5; **IV 2**, 5; **IV 3**, 1 f., 4 f.; **IV 29**, 4 b, 6; **IV 31**, 1 ff.

Stichwortverzeichnis

Bundesministerium der Verteidigung 92, 1 ff.; *s. auch Bundeswehr*
- Arbeitnehmer **92**, 1
- Arbeitsschutz **81**, 5
- Auslandsdienststellen **47**, 22; **91**, 7b
- Ausschüsse für Sozialeinrichtungen **92**, 7
- Ausschüsse für Wohnungen **92**, 7
- Beamte **92**, 1
- Beratung mit dem Mitglied einer Stufenvertretung **92**, 7
- Bezirkspersonalräte **V A 91**, 3; **V B 49**, 4; **V B 53**, 2 f.; **V C 2**, 2; **V C 3**, 2
- Bundeswehrdienstleistungszentrum **92**, 3
- Bundeswehrkommando USA/CA **4**, 3 a
- Bundeswehrverwaltung **1**, 4 a; **92**, 1; **V B 49**, 1 d
- Depot der Streitkräftebasis **92**, 3
- Hauptpersonalrat **92**, 3 ff., 7; **V B 35**, 2; **V B 49**, 4; **V C 2**, 2; **V C 3**, 2
- Maßgaben zur Anwendung des § 82 Abs. 5 BPersVG **92**, 2 ff.
- Maßnahmen für einzelne Beschäftigte einer nachgeordneten Dienststelle **92**, 6
- Maßnahmen für einzelne Beschäftigte einer nicht nachgeordneten Dienststelle **92**, 3 ff.
- militärische Beschäftigungsdienststellen **92**, 2 a, 3 f.
- Mitbestimmungsverfahren (Besonderheiten) **92**, 3 ff.
- Mitwirkungsverfahren (Besonderheiten) **92**, 3 ff.
- nächsthöhere Dienststelle **92**, 5 f., 7
- personalbearbeitende Dienststellen **92**, 2 a, 3 f.
- Personalrat der Beschäftigungsdienststelle **92**, 3
- Personalrat des BMVg **V B 49**, 1 c
- Soldaten *s. dort*
- Streitkräfte *s. dort*
- Versetzungs- und Abordnungsschutz (Besonderheiten) **47**, 22; **91**, 7b
- verwaltungsseitiges Einvernehmen **92**, 3

Bundesministerium des Innern 46, 24; 81, 5; 85, 1, 3; 87, 1

Bundesministerium für Bildung und Forschung 91, 7 c

Bundesministerium für Post und Telekommunikation IV 3, 1 f., 4

Bundesministerium für Verkehr, Bau und Stadtentwicklung 81, 5

Bundesnachrichtendienst 86, 1 ff.
- Beteiligung (Einschränkung der) **86**, 10 ff.
- Bundesverwaltungsgericht **86**, 15
- Chef des Bundeskanzleramts **86**, 2, 9, 9 a
- Dienststellen **86**, 2 f.
- Dienstvereinbarungen **86**, 10 b
- Einvernehmen **86**, 10 a
- Gesamtpersonalrat **86**, 2 f., 9 a
- Gewerkschaften **86**, 13
- Haupt-Jugend- und Auszubildendenvertretung **86**, 9
- Mitbestimmung **86**, 10
- Mitwirkung **86**, 10 f.
- Personalrat der Zentrale **86**, 2 f., 9 a
- Personalräte **86**, 2 f.
- Personalversammlungen **86**, 5 ff.
- Personalvertretungen **86**, 2
- Präsident **86**, 2 f., 4 f., 9 a, 11 a, 12
- Rechtsentwicklung **86**, 1

891

Stichwortverzeichnis

- Ruhen der Mitgliedschaft im Personalrat **86**, 3a
- Ruhen von Rechten und Pflichten der Personalräte **86**, 12
- Soldaten **86**, 3, 14; **V B 49**, **1d**
- Streitigkeiten **86**, 15
- Struktur **86**, 2
- Stufenvertretung **86**, 2f., 9a
- Teile und Stellen des BND **86**, 2
- Verschlusssachen **86**, 11a
- Wählbarkeit **86**, 3
- Wahlberechtigung **86**, 3
- Wahlvorstand **86**, 4, 8
- Zentrale des BND **86**, 2
- Zugangsverbot **86**, 10a
- Zulassung zu sicherheitsempfindlicher Tätigkeit **86**, 3a
- Zustimmung **86**, 10a

Bundesnetzagentur IV 2, 2

Bundesoberbehörde(n) 1, 3; **6**, 4a; **7**, 2

Bundespolizei (BPOL) 85, 1ff.
- allgemeine Personalvertretungen beim BMI **85**, 3
- Beschäftigte im – **85**, 4
- Bundespolizeibehörden **85**, 2
- Bundespolizeipersonalvertretungen s. dort
- Polizeivollzugsbeamte **85**, 4
- Vertrauensmann in der Bundespolizei s. dort

Bundespolizeipersonalvertretungen s. auch Vertrauensmann in der Bundespolizei
- Berufsförderung von Polizeivollzugsbeamten **85**, 10
- BPOL-Bezirkspersonalrat **85**, 3f.
- BPOL-Gesamtpersonalrat **85**, 2b
- BPOL-Hauptpersonalrat **85**, 3ff.
- BPOL-Personalrat **85**, 2a
- Dienststellenaufbau **85**, 2ff.
- Einsatz(-übungen) von Polizeivollzugsbeamten **85**, 9

- Einstellung von Polizeivollzugsbeamten **85**, 9
- Freistellungsstaffel **85**, 7
- Jugend- und Auszubildendenvertretung **85**, 8
- Polizeivollzugsbeamte in der Grundausbildung **85**, 5f.
- regelmäßige Personalratswahlen **85**, 4a
- Übergangspersonalräte **85**, 4a

Bundesregierung 1, 7; **4**, 4; **6**, 2a; **75**, 83; **82**, 22; **90**, 2f.; **115**, 1f.; **IV 3**, 5

Bundesreisekostengesetz 24, 10; **44**, 11, 13f., 20; **50**, 2; **63**, 9; **90**, 18

Bundesverfassungsgericht 1, 5; **2**, 6; **vor 66**, 9ff.; **94**, 11; **104**, 4ff.; **IV 29**, 1; **VI**, 4

Bundesverwaltungsgericht
s. auch Verwaltungsgerichte
- Einigungsstelle (Bestellung des Vorsitzenden) **71**, 11
- Personalvertretungssachen **83**, 1; **84**, 3; **86**, 15; **106**, 1; **107**, 3; **108**, 2
- Wehrbeschwerdesachen **V B 5**, 2; **V B 11**, 2; **V B 16**, 1; **V B 36**, 4; **V B 47**, 1f.

Bundeswehr 92, 1
- Beteiligungsrechte der Soldaten **V A 35**, 1f.; s. Soldatenbeteiligungsgesetz
- Bundesministerium der Verteidigung s. dort
- Bundeswehr-Dienstleistungszentrum **92**, 3
- Bundeswehrkommando USA/CA **4**, 3a
- Bundeswehrverwaltung **1**, 4a; **92**, 1; **V B 49**, **1d**
- Kooperationsgesetz der – s. dort
- Korps **V B 49**, 1b, 1c
- Landeskommando(s) **92**, 3; **V B 49**, 1b
- militärische Befehlsebenen **92**, 2a; **V B 49**, 1c

892

Stichwortverzeichnis

- militärische Dienststellen **V A 91**, 4; **V B 49**, 1 ff.; **VI**, 34
- militärische Organisationsbereiche **V B 35**, 2; **V B 49**, 1 c
- Personalvertretung der Beamten und Arbeitnehmer **V A 91**, 1 ff.
- Soldaten *s. dort*
- Soldatengesetz *s. dort*
- Streitkräfte *s. dort*
- Verteidigungsbezirkskommando(s) **V B 49**, 1 b
- Wehrbereichskommando(s) **V B 49**, 1 b

Bundeswehr-Dienstleistungszentrum 92, 3
Büropersonal 44, 34; **62**, 4; **III 17**, 4 a

D

Darlehen 75, 58; *s. auch soziale Zuwendungen*
Datenschutz 36, 8
- Beauftragter für den – **35**, 1
- Bundesbeauftragter für den – **66**, 16

Deklaratorische Entscheidungen 69, 8
Demokratisches Prinzip 104, 5
Deutsche Bahn AG *s. auch Bundeseisenbahnvermögen*
- Arbeitgeberpflichten des BEV **III 19**, 5
- arbeitsrechtliche Vorschriften **III 19**, 1 ff.
- ausgegliederte Gesellschaften **III 12**, 1; **III 17**, 1; **III 19**, 1; **III 23**, 1 f.
- Beamte als Arbeitnehmer **III 19**, 1, 4
- Beamte des BEV **III 12**, 1 ff.; **III 17**, 1; **III 19**, 1; **III 23**, 1
- besondere Personalvertretungen beim BEV *s. dort*
- besondere Schwerbehindertenvertretungen beim BEV **III 17**, 19
- Beteiligung des Betriebsrats **III 19**, 2 f.
- BetrVG **III 19**, 1 ff.
- beurlaubte Beamte **III 12**, 1 a
- DBAG-Zuständigkeitsverordnung **III 12**, 5
- Doppelrepräsentanz **III 19**, 2
- Eingruppierung **III 19**, 3
- entlassene Beamte **III 12**, 1 a
- Übertragung höher zu bewertender Tätigkeit **III 12**, 5
- unmittelbare Bundesbeamte **III 12**, 4
- Versetzung **III 19**, 2
- Wahlrecht zum Betriebsrat **III 19**, 1
- Weisungsrecht der – **III 12**, 4
- zugewiesene Beamte **III 12**, 2 f., 6; **III 19**, 1, 4

Deutsche Bahn Gründungsgesetz III vor 12, 12, 17, 19, 23
Deutsche Bundesbank 89, 1 ff.
- Behörden der Mittelstufe **89**, 4
- Bezirkspersonalräte **89**, 4
- Dienststellenleiter **89**, 7
- Einigungsstelle **89**, 6
- Filialen **89**, 2, 4
- Hauptpersonalrat **89**, 6
- Hauptverwaltungen **89**, 2, 4
- oberste Dienstbehörde **89**, 5
- Organisationsstruktur **89**, 2 f.
- Präsident der Bundesbank **89**, 2, 5 ff.
- Vertretung des Vorstands **89**, 8
- Vorstand **89**, 2, 5 ff., 8
- Zentrale **89**, 2, 7

Deutsche Bundespost 89 a; **IV 1**, 1
Deutsche Geisteswissenschaftliche Institute im Ausland *s.* **Stiftung DGIA**
Deutsche Post AG IV 1, 1; *s. auch Postnachfolgeunternehmen*

Stichwortverzeichnis

Deutsche Postbank AG IV 1, 1; *s. auch Postnachfolgeunternehmen*
Deutsche Rentenversicherung
– Arbeitsgruppe Personalvertretung **88**, 11
Deutsche Telekom AG IV 1, 1; *s. auch Postnachfolgeunternehmen*
Deutsche Welle 90, 1 ff.
– Anwendung des BPersVG **1**, 7; **90**, 2
– Ausschluss der Mitbestimmung **90**, 20
– Beschäftigte **90**, 14 ff.
– Beteiligung in Personalangelegenheiten **90**, 19 ff.
– Dienststellen **90**, 3 f.
– eingeschränkte Mitbestimmung auf Antrag **90**, 22
– Einigungsstelle **90**, 12, 22
– Gesamt-Jugend- und Auszubildendenvertretung **90**, 11
– Gesamtpersonalrat **90**, 5 ff.
– Intendant **90**, 12, 15
– Leiter der Dienststellen **90**, 12
– Mitwirkung statt Mitbestimmung **90**, 21
– oberste Dienstbehörde **90**, 12
– örtliche Personalräte **90**, 4
– Ortskräfte **90**, 16
– Reisekostenvergütungen **90**, 18
– Sitz **90**, 3, 9
– Vertretung des Dienststellenleiters **90**, 13
– Wählbarkeit **90**, 17
– Zuständigkeiten der Personalvertretungen **90**, 6 ff.
Deutsches Archäologisches Institut 91, 4, 6
Deutsches Richtergesetz 1, 10; **113**; **II**, 1 ff.; *s. auch Richter, Richterrat*
Deutschlandradio 1, 7; **71**, 12; **90**, 23, 26, 29
d'Hondt'sches Verfahren (bzw. System) **17**, 5; *s. auch Höchstzahlverfahren*

Dienstbereitschaft 75, 85; *s. auch Arbeitszeit*
Dienstbezüge
– Auszahlung (Zeit, Ort, Art) **75**, 86
– Fortzahlung **46**, 4, 21, 31, 33; **50**, 2
Dienstherr 4, 4
Dienstland 75, 67
Dienstliche Beurteilung *s. auch Beurteilungsrichtlinien*
– Beurteilung im Einzelfall **76**, 42
– Beurteilungsgespräche **68**, 36; **76**, 42
– Unterrichtung der Personalvertretung **68**, 34 ff.
Dienstordnung(en) 2, 6; **4**, 4, 8; **75**, 72 ff.; **76**, 35; **77**, 16
Dienstpläne 75, 81, 159 f.; *s. auch Arbeitszeit*
Diensträume 78, 26
Dienstrechtsneuordnungsgesetz 4, 4; **IV vor 1**, 1
Dienststelle(n)
– Änderungen von – *s. dort*
– Aufbau **6**, 3 ff.
– Auslandsdienststellen *s. dort*
– Auslandsvertretungen **91**, 4
– Begriff **6**, 1 ff.; **V B 49**, 1 a
– Bundesnachrichtendienst **86**, 2
– Bundespolizei **85**, 2 ff.
– Deutsche Welle **90**, 3 f.
– gemeinsame **6**, 8
– militärische **V A 91**, 4; **V B 49**, 1 ff.; **VI**, 34
– NATO **VI**, 13
– neue **15**, 2 f.
– personalratsfähige **12**, 1 ff.
– Rundfunk Berlin-Brandenburg **90**, 29
– Verselbständigung **6**, 5 ff.
– Zugehörigkeit zur – **13**, 3 ff.
Dienststellenleiter 7, 1 ff.
– Anordnungen **8**, 5 a
– Auflösung des Personalrats **28**, 2

Stichwortverzeichnis

- Ausschluss aus dem Personalrat 28, 2
- Begriff **7**, 1
- Bestellung des Wahlvorstands 22, 1 ff.
- Bundesagentur für Arbeit **88**, 7 f.
- Bundesbank **89**, 7
- Deutsche Welle **90**, 12
- dienstrechtlicher Status **7**, 1
- Eigenverantwortlichkeit **69**, 9
- Feststellung der Nichtwählbarkeit **29**, 9
- Gegenspieler **2**, 2
- monatliche Besprechungen **66**, 2 ff.
- Neutralität bei Wahlen **24**, 3
- Personalratssitzung **34**, 7, 11, 13; **35**, 4; **38**, 2
- Personalversammlung **20**, 5 f.; **21**, 1 ff.; **23**, 2; **49**, 2; **52**, 3 f.
- Prüfungsrecht **44**, 6; **46**, 14, 29; **69**, 27
- Repräsentant des Arbeitgebers **1**, 19; **2**, 2; **7**, 1
- Sitzungsniederschrift **41**, 4
- Sozialversicherung **88**, 6 ff.
- Sprechstunden **43**, 2
- ständiger Vertreter **7**, 2
- Verhinderung **7**, 2 f.
- Vertretung **7**, 2 ff.; **88**, 8 f.; **89**, 8; **90**, 13; **VI**, 16
- Wahlanfechtung **25**, 7
- Wählbarkeit **14**, 9
- Wahlberechtigung **13**, 2
- Wahlvorschlagsrecht **19**, 11
- Weisungsgebundenheit **69**, 8 f.; **82**, 4, 6 a

Dienststellenteil(e) 6, 5 ff.; **14**, 9; **15**, 2 f.
- Änderungen wesentlicher – **78**, 13 ff.; **V A 91**, 4; **VI**, 34

Dienstunfälle 75, 122; *s. auch Arbeitsschutz und Unfallverhütung*

Dienstvereinbarung(en)
- Abänderung **73**, 10
- Beendigung **73**, 14 ff.
- Begriff **73**, 1
- Bekanntmachung **73**, 7
- Beschluss der Einigungsstelle **73**, 6
- Bundesnachrichtendienst **86**, 10 b
- Durchführung **73**, 13
- einvernehmliche – **73**, 4
- ergänzende – **75**, 163
- Geltungsbereich **73**, 11
- Gesetzesvorrang **73**, 3, 14; **75**, 72 ff.; **76**, 35
- Günstigkeitsprinzip **73**, 9
- höherrangiges Recht **73**, 14
- Initiative zum Abschluss **70**, 4; **73**, 5
- Inkrafttreten **73**, 8
- Konkurrenzen **73**, 12
- Kündigung **73**, 15
- Nachwirkung **73**, 19
- Öffnungsklausel **75**, 163
- Privatisierung **73**, 17
- Rechtscharakter **73**, 1
- Rechtswirkungen **73**, 8 ff.
- Sperre durch tarifliche oder tarifübliche Regelung; **73**, 3, 14; **75**, 136, 161 ff.; *s. auch Vorrang des Tarifvertrags bei –*
- Streitigkeiten **83**, 8
- Tarifvorrang **73**, 3, 14; **75**, 72 ff.; **76**, 35
- Überwachungsgebot **68**, 9
- unmittelbare Wirkung **73**, 8
- Untergang der Dienststelle **73**, 16
- Verbot abweichender Regelung des PersVR **97**
- Vollzug **73**, 10
- Vorrang des Tarifvertrags bei – **73**, 3, 14; **75**, 161 ff.
- Wechsel des Rechtsträgers **73**, 17
- Weitergeltung im Kooperationsbetrieb **V C 8**
- Zulässigkeit **73**, 2; **75**, 71, 128, 161 ff.; **76**, 35; **86**, 10; **VI**, 32

Stichwortverzeichnis

- Zustandekommen **73**, 4 ff.
- Zustimmungsverweigerungsgrund **77**, 16
- Zweck **73**, 2
- zwingende Wirkung **73**, 8

Dienstvertrag 4, 11
Dienstweg 69, 31; **70**, 9; **72**, 14
Direktionsrecht 74, 1
Disziplinarklage 72, 22; **78**, 20, 23 a
Disziplinarverfahren 13, 5; **30**, 1
DO-Angestellte 4, 4, 8; **11**, 1, 3; **47**, 5; **75**, 10; **76**, 6; **79**, 5
Dotierungsrahmen 75, 93, 96, 105
Durchführung der Berufsausbildung
- Ausbildungsverbund **75**, 109
- Berufsausbildung **75**, 108
- berufliche Umschulung **75**, 108
- Mitbestimmung bei Arbeitnehmern **75**, 107 ff.

Durchführung von Entscheidungen 74, 1 ff.
Durchsetzung der tatsächlichen Gleichberechtigung
- Dienstvereinbarungen **76**, 61
- Gleichstellungsplan **76**, 61; **77**, 16
- Maßnahmen **76**, 61
- Zustimmungsverweigerung **77**, 16

E
EDV-Anlage 75, 151; *s. auch Technische Überwachungseinrichtungen*
Ehrenamt 46, 1; **100**
Eigenbetriebe 1, 15
Eigenverantwortlichkeit
- des Dienststellenleiters **69**, 9
- des Personalrats **1**, 19 b; **44**, 5, 35 f.; **69**, 47; **79**, 44

Eignungsbeurteilung
- und Zustimmungsverweigerung **77**, 19, 23
Ein-Euro-Kräfte 4, 9, 14; **75**, 17
Eingliederungsmanagement 68, 17
Eingriffe (Verbot einseitiger –) **74**, 5
Eingruppierung 75, 22 ff.
- außertarifliche – **75**, 25
- Einreihung in kollektives Entgeltschema **75**, 23, 25
- erstmalige – **75**, 23
- förderliche Berufstätigkeit (Anrechnung) **75**, 26 f.
- Funktionsstufe (nach TV-BA) **75**, 22 a, 26 d
- Gegenstand der Mitbestimmung **75**, 20, 27
- Mitbeurteilungsrecht **75**, 24
- Neueingruppierung **75**, 23, 27
- Richtigkeitskontrolle **75**, 24
- Stufenaufstieg **75**, 26 b f., 29, 95, 99
- Tarifautomatik **75**, 24
- tarifliche Bestimmungen **75**, 22
- tarifvertragliches Begriffsverständnis **75**, 22
- Überleitung in neues kollektives Entgeltsystem **75**, 23
- übertarifliche – **75**, 25
- Umsetzung **75**, 23, 27, 39
- Zuordnung zu einer Entgeltgruppe **75**, 23
- Zuordnung zu einer Stufe der Entgeltgruppe **75**, 26 ff.

Einheitsregelungen 68, 9
Einigungsstelle
- Anrufung **69**, 38 f.; **70**, 11; **IV 29**, 6
- Arbeitgeberbank **71**, 8
- Aufgabe **71**, 1
- Befangenheit des Vorsitzenden **71**, 10, 12 a
- bei der obersten Dienstbehörde **71**, 2

Stichwortverzeichnis

- beim obersten Organ **71**, 2
- Beisitzer **71**, 6 ff., 11 ff., 22
- Bildung **71**, 2 ff.
- Bildung auf Dauer **71**, 4, 8
- Bildung für konkreten Fall **71**, 4
- Bundesagentur für Arbeit **88**, 10
- Bundesamt für Verfassungsschutz **87**, 4
- Bundesbank **89**, 6
- Bundeseisenbahnvermögen **III 17**, 8
- Bundesgremienbesetzungsgesetz **71**, 8
- Deutsche Bahn AG **III 17**, 14 ff.
- Deutsche Welle **90**, 12, 22
- Deutschlandradio **71**, 12
- Dienstvereinbarung durch Beschluss der – **73**, 6
- Einigung der Beteiligten **69**, 38 a
- Entscheidung s. *Entscheidung der Einigungsstelle*
- Ersatzmitglieder **71**, 15
- Kosten **44**, 17; **71**, 18
- Mitglieder **71**, 6 ff.
- Mitteldeutscher Rundfunk **71**, 12
- NATO **VI**, 30 f.
- Norddeutscher Rundfunk **71**, 12
- Personalratsbank **71**, 9, 14
- Postnachfolgeunternehmen **IV 29**, 6; **IV 30**, 1 ff.
- Rahmenvorschriften **104**, 3 ff.
- Rechtsstellung der Mitglieder **71**, 13 ff.
- Rundfunk Berlin-Brandenburg **71**, 12
- Sozialversicherung **88**, 10
- Überhangfall **71**, 16
- Unabhängigkeit **71**, 1, 7
- Unparteilichkeit des Vorsitzenden **71**, 10, 12 a
- Verfahren **71**, 19 ff.
- Verschlusssachen **93**, 4
- Vorsitzender **71**, 10 ff.
- Wiederaufgreifen des Verfahrens **71**, 31
- Zusammensetzung **71**, 6 ff.
- Zuständigkeit (streitig) **71**, 5, 31; **83**, 6

Einschränkung von Dienststellen 78, 13 ff., 17; **V A 91**, 4; **VI**, 34

Einstellung (Arbeitnehmer) 75, 12 ff., 50
- Änderungen des Beschäftigungsverhältnisses **75**, 19
- Arbeitnehmerüberlassung **75**, 14 f.
- Arbeitsverhältnis **75**, 13
- Ausbildungsverhältnis **75**, 13
- Beschäftigungsverbot **75**, 21
- Bundesfreiwilligendienst **75**, 16
- ehrenamtlich Tätige **75**, 16
- Ein-Euro-Jobs **75**, 17
- Eingliederung **75**, 12
- freie Mitarbeiter **75**, 18
- Gegenstand der Mitbestimmung **75**, 20, 27
- Gestellungsvertrag **75**, 15
- Leiharbeitnehmer **75**, 14, 18 a

Einstellung (Beamte) 76, 9
Eintritt in den Ruhestand
- Hinausschieben des – **76**, 34

Einwendungen gegen Kündigung s. *Widerspruch gegen Kündigung*

Einzelverträge 68, 9
Eisenbahnneuordnungsgesetz III vor 12
Elektronische Kommunikation 44, 30 a, 36; **62**, 5
Elternzeit 4, 2; **13**, 10; **29**, 5 b, 7
Entlassung von Beamten 13, 5; **78**, 21; **79**, 36, 38 ff., 42
Entlohnungsgrundsätze 75, 95; s. auch *Lohngestaltung*
Entlohnungsmethoden 75, 95; s. auch *Lohngestaltung*
Entscheidung der Einigungsstelle s. auch *Einigungsstelle*
- Anträge der Beteiligten **71**, 24
- Aufhebung **71**, 31

Stichwortverzeichnis

- Beschlussfassung **71**, 23
- Bindungswirkung **71**, 29 ff.
- Dienstvereinbarung durch Beschluss der – **73**, 6
- Empfehlung **69**, 39 f.; **70**, 11; **71**, 26; **IV 29**, 6
- endgültige – **69**, 39; **70**, 11; **71**, 26
- Ermessens- oder Beurteilungsspielraum **71**, 31
- Form **71**, 27
- gerichtliche Überprüfung **71**, 31
- Haushaltsgesetz **71**, 25; **75**, 93, 96, 105, 133
- Inhalt **71**, 24 ff.
- Rahmen der geltenden Rechtsvorschriften **71**, 25, 30
- Unwirksamkeit **71**, 31
- Zustellung **71**, 28

Entsendung (zu öffentlichen zwischen- oder überstaatlichen Organisationen) **75**, 46; **76**, 29

Erforderliche Schulungsveranstaltungen (für Personalratsmitglieder) **44**, 19 ff.; **46**, 24 ff.
- Arbeitsrecht **46**, 25
- Arbeitsschutz **46**, 26 a
- Beamtenrecht **46**, 25
- Aufschlüsselung der Kosten **44**, 22
- Bundesreisekostengesetz **44**, 20
- Dauer **46**, 27
- Entsendungsbeschluss **46**, 29
- Erforderlichkeit **46**, 24 a ff.
- Ersatzmitglieder **46**, 28
- Fortzahlung der Bezüge **46**, 31
- Freistellung **46**, 30
- gewerkschaftliche Veranstalter **44**, 21
- gewerkschaftsnahe Veranstalter **44**, 21
- Grundschulungen **46**, 25
- Haushaltsmittel **44**, 23
- konkurrierende Schulungsangebote **46**, 28 b
- Kostentragung **44**, 19 ff.; **46**, 31
- Lohnausfallprinzip **46**, 31
- Personalvertretungsrecht **46**, 25
- Schulungsträger **46**, 28 a
- Spezialschulungen **46**, 26 ff.
- Verbot der Gegnerfinanzierung **44**, 21
- Verwaltungsvorschriften **44**, 20
- Wiederholungsschulungen **46**, 26 c

Erfüllungsansprüche 8, 5
Erfüllungsgehilfe 4, 11
Ergänzungsmitglied(er) 32, 4, 5, 11, 13; **33**, 1 ff.; **46**, 17 ff.
Erhebung der Disziplinarklage 78, 20, 23 a
Erholungsurlaub s. auch Urlaub
- zeitliche Lage für einzelne Beschäftigte **75**, 91

Erleichterung des Arbeitsablaufs
- Maßnahmen zur – **76**, 44, 47

Erlöschen der Mitgliedschaft (im Personalrat) **29**, 1 ff.

Ermessensentscheidungen 67, 5; **75**, 26, 26 c, 75, 134, 137 a; **77**, 19, 23; **78**, 5; **V B 23**, 1, 3; **V B 24**, 11

Ernennung 4, 5
Ersatzansprüche
- Geltendmachung von – s. dort

Ersatzmitglieder im Personalrat
- Begriff **31**, 1, 3
- Einsicht in Niederschrift **41**, 5 a
- Erlöschen der Anwartschaft **29**, 1
- Funktion **31**, 1, 3
- Nachrücken **31**, 4
- Personalratssitzung **34**, 7; **37**, 6
- Ruhen der Anwartschaft **30**, 2
- Schulung **46**, 28
- Schutzvorschriften **8**, 2; **9**, 10; **47**, 8, 11, 24
- ständiges Mitglied **31**, 3
- Stellvertreter **31**, 3
- Wechsel der Gruppenzugehörigkeit **31**, 5

Stichwortverzeichnis

Ersatzmitglieder im Wahlvorstand **20**, 2
Ersatzvorstandsmitglied(er) **32**, 5; **33**, 1
Erweiterungsbauten von Diensträumen **78**, 26
Erwerbsfähige Hilfebedürftige **4**, 9, 14; **75**, 17
Erzieherische Gründe **4**, 14
Erzieherische Einrichtungen **112**, 1 f.
Ethnische Herkunft **67**, 8
Europäische Gemeinschaft(en) **1**, 13; **2**, 6
Europäische Union **1**, 13

F
Fachkammern (bei den Verwaltungsgerichten) **83**, 1; **84**, 3 ff.; **IV 29**, 12
Fachkräfte für Arbeitssicherheit **75**, 124; **81**, 5
Fachliteratur **44**, 28, 31 ff.; **62**, 4
Fachsenate (bei den Oberverwaltungsgerichten) **83**, 1; **84**, 3 ff.; **IV 29**, 12
Faktisches Arbeitsverhältnis **4**, 2, 12
Familie und Beruf (Erwerbstätigkeit) **51**, 2; **68**, 19 a; **76**, 61
Föderalismusreform I: **94**, 2 f., 5 f., 8; **104**, 1; **107**, 1; **108**, 1; **109**, 1
Formulararbeitsverträge **68**, 9
Fortbildung (allgemeine Fragen) **76**, 48 ff.
– allgemeine Weiterbildung **76**, 48, 50
– Anpassungsfortbildung **76**, 49
– Aufstiegsfortbildung **76**, 49
– berufliche Fortbildung **76**, 48 f.
– Berufsbildungsrecht **76**, 49
– Einweisung **76**, 50
– fachliche Unterrichtung **76**, 49
– Freizeitausgleich **76**, 51

– generelle Regelungen **76**, 51
– Kostentragung **76**, 51
– Laufbahnrecht **76**, 49
– politische Weiterbildung **76**, 48, 50
– unmittelbare Regelungen **76**, 51
Fortbildungsveranstaltungen (Teilnehmerauswahl)
– Mitbestimmung bei Arbeitnehmern **75**, 110 ff.
– Mitbestimmung bei Beamten **76**, 36
Frauenförderung **51**, 2; **67**, 16; **68**, 19; **76**, 61; **77**, 16
Freie Mitarbeiter **4**, 11; **75**, 18; **90**, 15
Freie Wahl **19**, 2b; **24**, 1 ff.
Freistellung für Personalratsaufgaben **46**, 7 ff.
– Antrag des Personalrats **46**, 14
– Aufwandsentschädigung **46**, 23
– Auswahl der Freizustellenden **46**, 15 ff.
– beruflicher Werdegang **46**, 22
– Bundespolizei **85**, 7
– Dauer **46**, 14
– einvernehmliche Abweichungen **46**, 12
– Entpflichtung von der dienstlichen Tätigkeit **46**, 21
– Entscheidung der Dienststelle **46**, 14
– Erforderlichkeit **46**, 8
– Ersatzfreistellung **46**, 14
– fiktive Bewährungsfeststellung **46**, 22
– fiktive Laufbahnnachzeichnung **46**, 22
– Fortzahlung der Bezüge **46**, 21
– Freistellungsstaffel **46**, 7, 9 f.
– Freizeitausgleich **46**, 21
– Gruppenprivileg **46**, 16 f.
– in kleinen Dienststellen **46**, 13
– Listenprivileg **46**, 16 ff.
– Lohnausfallprinzip **46**, 21

Stichwortverzeichnis

- Prüfungsrecht der Dienststelle **46**, 14
- Reihenfolge **46**, 15 ff.
- Teilfreistellung **46**, 11
- Umfang **46**, 7 f.
- zusätzliche Freistellung **46**, 10, 12

Freistellung vom Dienst nach Beamtenrecht 76, 33

Freizeitausgleich 24, 10; **46**, 5 f., 21

Fremdfirmeneinsatz 4, 11

Fremdpersonal 4, 10 f.; **75**, 15

Friedenspflicht 51, 3; **66**, 9 ff.

Fristlose Entlassung 79, 36, 38 ff., 42

Funktionsstufe (nach TV-BA) **75**, 22 a, 26 d, 34 a

G

Gebärdensprachdolmetscher 35, 1

Geeignete Schulungsveranstaltungen (für Personalratsmitglieder) **46**, 32 ff.
- Anerkennung **46**, 32
- Antrag auf Freistellung **46**, 33
- Bundeszentrale für politische Bildung **46**, 32
- Dauer **46**, 32
- Fahrkostenübernahme **46**, 33
- Fortzahlung der Bezüge **46**, 33
- Freistellung durch die Dienststelle **46**, 33
- Geeignetheit **46**, 32
- Individualanspruch **46**, 32
- personalvertretungsrechtlicher Bezug **46**, 32

Gefährdungsbeurteilung 75, 124; **81**, 8

Gegenspieler des Personalrats 2, 2; **14**, 9 f.; **52**, 3; **77**, 4; *s. auch Dienststellenleiter*

Geheime Wahl 19, 2

Geheimhaltungspflicht s. **Schweigepflicht**

Gekündigte Arbeitnehmer 4, 12; **13**, 5; **14**, 87; **79**, 30 ff.

Geltendmachung von Ersatzansprüchen 76, 58 ff.
- Form der Geltendmachung **76**, 58
- Mitbestimmung auf Antrag des Beschäftigten **76**, 59
- Rückzahlung überzahlter Bezüge **76**, 58
- Schadensersatzansprüche **76**, 58
- vorläufige Regelung **76**, 60

Geltungsbereich des BPersVG 1, 1, 2 ff., 9 ff.; **4**, 1 ff.

Gemeinsame Angelegenheiten 20, 1 a; **37**, 4; **38**, 1, 3, 4, 9, 11; **47**, 17, 30; **75**, 120; **76**, 43; **V A 91**, 3

Gemeinsame Dienststelle(n) 6, 8

Gemeinsame Wahl 19, 4 ff., 12, 13 f.

Gemeinschaftliche Betriebe 1, 15

Gemeinschaftsunterkunft
- bei Polizeivollzugsbeamten **76**, 31

Gender Mainstreaming 51, 2; **68**, 19

Genetische Eigenschaften 67, 18 a

Gerichte 1, 5; **6**, 2 a; **II**, 1; *s. auch Arbeits-, Verwaltungs-, Wehrdienstgerichte*

Gerichtsverfassung und gerichtliches Verfahren 83, 1 ff.; **84**, 1 ff.; **94**, 10; **106**

Gesamt-Jugend- und Auszubildendenvertretung 56, 9; **64**, 6 ff.; **90**, 11

Gesamtpersonalrat
- allgemeine Vorschriften **56**, 1
- Amtszeit **56**, 7
- Bildung **6**, 7; **55**, 1 f.

Stichwortverzeichnis

- Bundesnachrichtendienst 55, 2; **86**, 2
- Bundespolizei **85**, 2b
- Deutsche Welle 55, 2; **90**, 5 ff.
- Funktion 55, 3
- Gesamtdienststelle 56, 2
- Gesamtwahlvorstand **56**, 3
- Geschäftsbereich 56, 2
- Geschäftsführung 56, 8
- Größe **56**, 3 f.
- Gruppen (Mindestvertretung) 56, 4
- konstituierende Sitzung **56**, 7
- Rechtsstellung 56, 8
- Wahl **56**, 2 ff.
- Zusammensetzung **56**, 3 f.

Gesamtschwerbehindertenvertretung 56, 9

Gesamtvertrauenspersonenausschuss
- Abberufung eines Mitglieds **V B 36**, 3
- Amtszeit **V B 36**, 1 f.
- Anfechtung der Wahl **V B 47**, 1 f.
- Ansprechpartner **V B 38**, 4
- Aus- und Fortbildung der Mitglieder **V B 45**, 2
- Bereichssprecher **V B 40**, 1 ff.
- Beschlussfassung **V B 43**, 1 f.
- Beschwerderecht **V B 36**, 4
- Beteiligungsrechte **V B 37**, 1 ff.
- Beteiligungsverfahren **V B 38**, 1
- Bildung beim BMVg **V B 35**, 2
- Bundesverwaltungsgericht (Wehrdienstsenate) **V B 36**, 4; **V B 45**, 2; **V B 47**, 1 f.
- Freistellungen **V B 38**, 3
- Geschäftsführung **V B 40**, 1 ff.
- Grundsatzregelungen des BMVg **V B 37**, 2
- Gruppen **V B 35**, 5
- Kosten **V B 45**, 1
- Laufbahngruppen **V B 35**, 2
- Letztentscheidung des BMVg **V B 37**, 3
- Nachrücken **V B 39**, 1 ff.
- Organisationsbereiche **V B 35**, 2
- Rechtsschutz **V B 36**, 4; **V B 45**, 2
- Rechtsstellung der Mitglieder **V B 36**, 4
- Schlichtungsausschuss **V B 37**, 3
- Sitzungen **V B 41**, 1 f.; **V B 42**, 1 f.; **V B 43**, 1 f.; **V B 44**
- Soldatenvertreter im Hauptpersonalrat **V B 35**, 2
- Sprecher **V B 40**, 1 ff.
- Statusgruppen **V B 35**, 2
- Stellvertreter des Sprechers **V B 40**, 1, 3
- Truppendienstgericht **V B 36**, 4
- Verschlusssachen **V B 46**
- vorläufige Regelungen **V B 38**, 2
- Wählbarkeit **V B 35**, 4 a
- Wahlberechtigung **V B 35**, 4
- Wahlgrundsätze **V B 35**, 3
- Wahlverfahren **V B 35**, 1, 3, 7
- Wahlverordnung zum SBG **V B 53**, 1
- Wehrdienstgerichte **V B 36**, 4; **V B 45**, 2
- Zusammensetzung **V B 35**, 2

Geschäftsbedarf 44, 25, 28; **62**, 4; **III 17**, 4 a

Geschäftsführung des Personalrats
- Beschlüsse des Personalrats *s. dort*
- Geschäftsordnung **42**, 1 ff.
- Konstituierung **32**, 2
- Kosten *s. dort*
- Personalratssitzung(en) *s. dort*
- Sprechstunden *s. dort*
- Weiterführung der Geschäfte **27**, 9

Geschlecht(er) 5, 2; **17**, 1, 11; **51**, 2; **59**, 2; **67**, 16; **69**, 19; **76**, 61; **77**, 16; **98**; **IV 26**, 3

Gesetz(e) 2, 6; **68**, 7; **77**, 16 ff.

901

Stichwortverzeichnis

Gesetzesvorbehalt 69, 10; **70**, 2: **73**, 3; **75**, 72 f., 75, 93, 109, 123, 134; **76**, 35; **IV** 35
Gesetzgebungskompetenzen 94, 2 ff., 10; **107**, 1
Gesetzliche Unfallversicherung 11, 3; **81**, 5; **109**, 3
Gestaltung der Arbeitsplätze 75, 143 ff.; **VI**, 23
Gestellungsvertrag 75, 15
Gesundheitsfachberufe
– Auszubildende für nichtakademische – **4**, 13; **9**, 2; **75**, 13; **79**, 37
Gesundheitsschutz s. *Arbeitschutz und Unfallverhütung*
Gesundheitszirkel 75, 124
Gewerkschaften 2, 7 ff., 10 ff.; **19**, 16 ff.; **20**, 3 f.; **22**, 1; **23**, 2; **24**, 3 f.; **25**, 7; **28**, 2; **29**, 9; **34**, 1, 7; **36**, 1 ff.; **38**, 2; **39**, 9; **41**, 4; **43**, 3; **44**, 21; **49**, 3; **52**, 1; **66**, 4, 13, 16; **67**, 6, 15, 26 ff., 30; **76**, 35; **78**, 10; **83**, 6; **84**, 5, 9; **86**, 13; **87**, 3; **96**; **V B** 42, 1
Gewerkschaftliche Betätigung (Recht auf –) **67**, 26 ff.
Gewerkschaftliche Betätigung oder Einstellung 66, 13; **67**, 15
GKV-Spitzenverband 88, 5, 7
Gleichbehandlungsgrundsätze 67, 6; **105**
Gleichberechtigte Partnerschaft 1, 19 b; **8**, 5 a; **69**, 2; **70**, 2
Gleiche Wahl 19, 2 b
Gleichstellung von Frauen und Männern 51, 2; **67**, 16; **68**, 19; **76**, 61; **77**, 16
Gleichstellungsbeauftragte 14, 2; **34**, 8; **35**, 1; **52**, 2 a; **66**, 4; **68**, 19
Gleichstellungsplan 76, 61; **77**, 16
Gleitende Arbeitszeit 75, 81; s. *auch Arbeitszeit*

Grundlegend neue Arbeitsmethoden
– Betriebsversuch **76**, 52
– Mitbestimmung bei der Einführung – **76**, 52
– Modellversuch **76**, 122
– Schutz des einzelnen Beschäftigten bei der Arbeit **76**, 52
Grundlegende Änderungen von Arbeitsverfahren und Arbeitsabläufen 78, 27
Grundrechte 1, 19 a, 20; **vor 66**, 8; **V B 1**, 4 a
Grundsicherung für Arbeitsuchende s. Jobcenter
Grundwehrdienst 13, 11
Gruppen 5, 1, 3; **98**
Gruppenangelegenheiten 32, 17; **37**, 2, 4; **38**, 1, 3, 5 ff., 9 ff.; **75**, 11; **76**, 8; **V B 52**, 3
Gruppenfremde Kandidatur 18, 5 ff.; **19**, 13 f.
Gruppenvertreter 17, 1 ff.; **18**, 1 ff.; **25**, 9 a, 14; **27**, 10, 11; **34**, 11; **36**, 2; **39**, 3
Gruppenvorstandsmitglied(er) 32, 4, 5, 11, 13; **46**, 17 ff.
Gruppenwahl 19, 3, 10
Gruppenzugehörigkeit 5, 1, 3; **29**, 10; **31**, 5

H

Hartz-III-Gesetz 88, 1, 5
Haupt-Jugend- und Auszubildendenvertretung 53, 7; **64**, 1 ff.
Hauptpersonalrat s. auch Stufenvertretungen
– Auswärtiges Amt **91**, 4, 6
– Bildung **53**, 5
– BPOL-Hauptpersonalrat **85**, 3
– Bundesagentur für Arbeit **88**, 3 f.
– Bundesbank **89**, 6
– Hauptwahlvorstand **53**, 13 f.

Stichwortverzeichnis

- oberste Dienstbehörde **6**, 4; **53**, 5
- Sozialversicherung **88**, 3 f.
- Wahl **53**, 9, 11 ff.

Hauptschwerbehindertenvertretung 53, 8
Haushaltsgesetz (-plan) 2, 6; **44**, 7 f., 23; **71**, 25; **75**, 93, 96, 105, 133; **78**, 24
Hausrecht 34, 9; **44**, 27; **48**, 3; **51**, 5; **52**, 4
Hebammengesetz 4, 13; **9**, 1 f., 4, 5 a; **57**, 4; **75**, 13; **79**, 4
Heimat 67, 9
Helfer im freiwilligen sozialen (ökologischen) Jahr 4, 14
Herkunft 67, 8 f.
Hilfebedürftige (erwerbsfähige) **4**, 9, 14; **75**, 17
Hilfsperson 35, 1
Hinausschieben des Eintritts in den Ruhestand 76, 34
Höchstzahlverfahren 17, 5; **46**, 18, 20; **65**, 4; **I 5**; **I 26**; **I 27**; **I 31**; **I 46**; **IV 26**, 3; **V B 51**, 3
Höher- oder Rückgruppierung 75, 22, 28 ff.
- Änderungskündigung **75**, 31; **79**, 9
- Höhergruppierung **75**, 28 ff.
- Richtigkeitskontrolle **75**, 28
- Rückgruppierung **75**, 28, 31; **79**, 26
- Stufenaufstieg **75**, 29, 95, 99
- Stufenzuordnung **75**, 30 a, 31
- Umgruppierung **75**, 28
- Zuordnung zu einer anderen Entgeltgruppe **75**, 28

Homepage des Personalrats 44, 30 a

I

Ideenmanagement (in der Bundesverwaltung) **75**, 127 a

Informations- und Kommunikationstechnik (des Personalrats) **44**, 28 ff.
Informationsrecht s. **Unterrichtung der Personalvertretung**
Informationsschriften 44, 36; **62**, 5
Initiativrecht
- Angelegenheiten **70**, 6, 12
- Anrufung der Einigungsstelle **70**, 11
- Bundesnachrichtendienst **86**, 10
- Dienstvereinbarung **70**, 4
- eingeschränktes – **70**, 1, 12 ff.; **75**, 3; **76**, 1
- Einzelmaßnahme **70**, 4
- Empfehlung der Einigungsstelle **70**, 11
- endgültige Entscheidung der Einigungsstelle **70**, 11
- endgültige Entscheidung der obersten Dienstbehörde **70**, 11, 15
- erstzuständige Personalvertretung **70**, 5
- generelle Regelung **70**, 4
- Gesetzes- und Tarifvertragsvorbehalt **70**, 2
- NATO **VI**, **29**
- personelle Einzelmaßnahmen **70**, 13 f.
- Reaktion des Dienststellenleiters **70**, 7 f.
- schriftlicher Vorschlag **70**, 6
- Stufenverfahren **70**, 9 f.
- uneingeschränktes – **70**, 1, 6 ff., **75**, 3
- Zweck **70**, 3

Inkrafttreten (des BPersVG) **119**
Innerdienstliche Angelegenheiten vor 66, 9; **78**, 16; **104**, 1, 5
In-Sich-Beurlaubung 75, 19; **IV 4**, 3
Integrationsvereinbarung 68, 17

Stichwortverzeichnis

Internationale Organisationen 1, 13
Internet 44, 30 f., 36; 62, 5
Intranet 44, 30 f., 36; 62, 5

J

Jobcenter 13, 13 b; 47, 26; 88, 13 ff.
Jugend- und Auszubildendenversammlung 63, 1 ff.
Jugend- und Auszubildendenvertretung(en)
- Amtszeit 57, 5 f.; 60, 6; 116 a, 1
- Anregungen 61, 4
- Anschläge 62, 5
- Antragsrecht 61, 2
- Aufgaben 61, 1 ff.
- Auflösung 60, 9
- Ausschluss 60, 10
- Ausschüsse 60, 12
- Beamte im Vorbereitungsdienst 58, 2
- Bekanntmachungen 62, 5
- berufliche Ausbildung 57, 4
- Beschwerden 61, 4
- Bildung von – 57, 3
- Bundespolizei 57, 1; 85, 8
- Büropersonal 62, 4
- Doppelmitgliedschaft 58, 3
- elektronische Kommunikation 62, 5
- Ersatzmitglied 60, 11; 62, 10
- Fachliteratur 62, 4
- Freistellung 62, 8
- Funktion 57, 2
- Geschäftsbedarf 62, 4
- Geschäftsführung 62, 1 ff.
- Größe 59, 1 f.
- Gruppenprinzip 57, 2
- in § 57 genannte Beschäftigte 57, 4
- Informationsschriften 62, 5
- jugendliche Beschäftigte 57, 4
- Kosten 62, 3
- Mitgliedschaft (Erlöschen, Ruhen) 60, 11
- monatliche Besprechungen 61, 7; 66, 3
- parteipolitische Betätigung 62, 9
- Personalratsbeschlüsse 37, 4; 38, 7; 39, 13; 40, 3; 61, 5
- Personalratssitzungen 34, 1, 7, 11; 37, 4; 38, 2; 40, 1 f.; 61, 5
- Rahmenvorschriften 95; 99
- Räume 62, 4
- Rechtsstellung 62, 1, 7 ff.
- Schulungs- und Bildungsveranstaltungen 62, 10 ff.
- Schutzvorschriften 62, 1, 13 f.
- Sitzungen 61, 8 ff.
- Sprechstunden 43, 3; 62, 2
- stellvertretender Vorsitzender 60, 12
- Übernahme von Auszubildenden s. dort
- Überwachungsaufgabe 61, 3
- Unterrichtung 61, 6
- Vorsitzender 60, 12
- Wahl der – s. dort
- Wegfall des Personalrats 57, 5
- Zusammenarbeit mit dem Personalrat 57, 2; 61, 5; 68, 21
- Zusammensetzung 59, 2

K

Karitative Beweggründe 4, 14
Karitative Einrichtungen 112, 1 f.
Kleindienststellen 12, 3 ff.
Koalitionsfreiheit 2, 12; 24, 3; 67, 6, 15, 26 ff., 30; 77, 17;
s. auch Gewerkschaften
Kollektiver Bezug (Tatbestand) 75, 69, 76, 84, 94; 76, 35; 78, 8
Kommunikation
- Arbeitsplatzbesuche 68, 39 f.; 81, 7; VI, 18
- außerhalb der Sprechstunden 43, 7

Stichwortverzeichnis

- Befragungen **81**, 8
- Bekanntmachungen **44**, 35; **62**, 5; **III 17**, 4a
- elektronische – **44**, 30a, 36; **62**, 5
- Informationsschriften **44**, 36; **62**, 5
- Sprechstunden *s. dort*

Konkret-funktionales Amt 76, 10

Konkurrenz von Beteiligungsrechten vor 66, 12; **75**, 6

Kooperationsgesetz der Bundeswehr V C; *s. auch Bundeswehr*
- anhängige Verfahren **V C 9**
- Anhörung vor Kommandierung **V C 1**, 2
- Arbeitgeberpflichten der Dienststelle im Kooperationsbetrieb **V C 6**, 3
- Arbeitnehmer des Kooperationsbetriebs **V C 6**, 1
- arbeitsrechtliche Vorschriften **V C 6**, 1
- Beschäftigte »ihrer« Dienststelle **V C 2**, 1 ff., 4
- Beteiligungsrechte **V C vor 1**, 4; **V C 1**, 2; **V C 2**, 3; **V C 4**, 1 f.; **V C 6**, 1a
- betriebliche Jugend- und Auszubildendenvertretung **V C 6**, 1; **V C 7**, 3
- Betriebsrat **V C 6**, 1; **V C 7**, 1 f.
- Dienstvereinbarungen (Weitergeltung) **V C 8**
- doppeltes Wahlrecht **V C vor 1**, 4
- Geltungsbereich **V C 1**, 1
- Kommandierung **V C 1**, 2
- kooperierende Wirtschaftsunternehmen **V C vor 1**, 3; **V C 1**, 1
- Mitbestimmung bei Zuweisung **V C 1**, 2
- Mitbestimmung des Betriebsrats **V C 6**, 1a
- Nichtwählbarkeit im Wahlbereich der Vertrauensperson **V B 4**, 1; **V C 4**, 2
- Problematik **V C vor 1**, 2 ff.
- Schwerbehindertenvertretung **V C 5**, 1 f.; **V C 7**, 3
- Übergangsmandate **V C 7**, 1 ff.
- Wählbarkeit zum Personalrat **14**, 4; **V C 3**, 1 f.; **V C 4**, 1
- Wahlberechtigung im Wahlbereich der Vertrauensperson **V B 3**, 1; **V C 4**, 2
- Wahlberechtigung zum Personalrat **13**, 13a; **V C 2**, 1 f.; **V C 4**, 1
- Zielsetzung **V C vor 1**, 2 ff.
- Zugewiesene als Arbeitnehmer des Kooperationsbetriebs **V C 6**, 1
- zugewiesene als leitende Angestellte des Kooperationsbetriebs **V C 6**, 2
- Zuweisung **V C 1**, 2

Körperschaften des öffentlichen Rechts 1, 6; **69**, 37; **70**, 2; **72**, 18

Kosten der Wahl 24, 8 ff.; **100**

Kosten des Personalrats 44, 1 ff.; **100**
- Abwägungsgesichtspunkte **44**, 4
- Anschläge **44**, 35
- Aufwandsentschädigung **46**, 23
- Bekanntmachungen **44**, 35
- Beratungskosten **44**, 17 f.
- Beurteilungsspielraum **44**, 4, 6, 12, 25
- Billigkeitszuwendung **44**, 24
- Bundeseisenbahnvermögen **III 17**, 4a
- Büropersonal **44**, 34
- Eigenverantwortlichkeit **44**, 5
- Einigungsstelle **44**, 17; **71**, 18
- elektronische Kommunikation **44**, 30a, 36

Stichwortverzeichnis

- Freistellungsanspruch **44**, 10
- Fremdbetreuung minderjähriger Kinder **44**, 23 b
- Haushalt **44**, 7 f., 23
- Informationsschriften **44**, 36
- Kosten von Personalratsmitgliedern **44**, 9 f.
- Notwendigkeit **44**, 4
- Personalversammlungen **48**, 1
- Prüfungsrecht des Dienststellenleiters **44**, 6
- Rechtsberatungskosten **44**, 17
- Rechtsverfolgungskosten **44**, 14 ff.
- Reisekostenvergütung **44**, 11 ff., 20; **90**, 18; **VI**, 15
- Sachaufwand des Personalrats s. dort
- Sachschäden **11**, 4; **44**, 24
- Schulungskosten **44**, 19 ff.
- Sparsamkeit **44**, 4
- Tagungskosten **44**, 23 a
- Tätigkeit des Personalrats **44**, 3
- Verhältnismäßigkeit **44**, 2, 4 f.; **46**, 28 b
- Zahlungsanspruch **44**, 10

Krankenpflegegesetz 4, 13; **9**, 1 f., 4, 5 a; **57**, 4; **75**, 13; **79**, 4, 37

Kündigung des Arbeitsverhältnisses
- absoluter Sozialwidrigkeitsgrund **79**, 3
- andere Beendigungsarten **79**, 4
- Anhörung bei außerordentlicher Kündigung s. dort
- DO-Angestellte **79**, 5
- Kündigung durch den Arbeitgeber **79**, 4
- Kündigungsschutz im Rahmen der Personalvertretung s. dort
- Mitbestimmung bei ordentlicher Kündigung **90**, 29
- Mitwirkung bei ordentlicher Kündigung s. dort
- Ortskräfte **79**, 6
- Richtlinien über die personelle Auswahl bei – s. *Auswahlrichtlinien*
- Schutzzweck der Beteiligung des Personalrats **79**, 3
- schwerbehinderte Menschen **79**, 8, 11
- Unwirksamkeit der Kündigung **79**, 43 f.; **108**, 3
- Wählbarkeit **14**, 2; **79**, 33
- Wahlberechtigung **13**, 5; **79**, 33

Kündigung des Berufsausbildungsverhältnisses 79, 4, 9, 37

Kündigungsschutz im Rahmen der Personalvertretung
- Änderungskündigung **47**, 3
- Ausnahmen **47**, 33
- Ausschlussfrist **47**, 16
- außerordentliche Kündigung **47**, 3, 5 ff., 10 ff. 14 ff., 19 f.; **108**, 2
- Bundesnachrichtendienst **86**, 10 a
- Ersatzmitglieder **47**, 8, 11
- Jugend- und Auszubildendenvertreter **47**, 6, 11; **108**, 2
- KSchG (2. Abschnitt, §§ 15, 16) **47**, 2 ff.
- Kündigungsschutzprozess **47**, 21
- modifizierter – **47**, 13
- nachwirkender – **47**, 10 ff.
- ordentliche Kündigung **47**, 3, 13; **108**, 2
- Personalvertretungsmitglieder **47**, 6, 11; **108**, 2
- Personenkreis (geschützter) **47**, 1, 5 ff., 33; **108**, 2
- Schutzzweck **47**, 4
- Stilllegung des Betriebs oder einer Betriebsabteilung **47**, 13
- unmittelbar für die Länder geltende Vorschrift **108**, 1 f.
- unwirksame außerordentliche Kündigung **47**, 18 a
- Varianten **47**, 2 a
- voller – **47**, 3 ff., 14 ff.

Stichwortverzeichnis

- Wahlbewerber **24**, 5 f.; **47**, 9, 12; **108**, 2
- Wahlvorstandsmitglieder **24**, 5 f.; **47**, 7, 12; **108**, 2
- zuständiger Dienststellenleiter **47**, 15; **108**, 2
- zuständiger Personalrat **47**, 15; **108**, 2
- Zustimmung des Personalrats **47**, 3, 14 ff.; **108**, 2
- Zustimmungsersetzung durch das Verwaltungsgericht **47**, 19 f.; **83**, 3; **108**, 2

Kündigungsschutzgesetz 114
- individueller Kündigungsschutz **79**, 3
- Kündigungsschutz im Rahmen der Personalvertretung *s. dort*

Künstlerisch tätige Beschäftigte **77**, 6; **90**, 22

Kurzarbeit 75, 84; *s. auch Arbeitszeit*

L
Länder
- Landespersonalvertretungsgesetze (Novellierungen) **104**, 7
- Rahmenvorschriften für die Landesgesetzgebung *s. dort*
- unmittelbar geltende Vorschriften für die – **94**, 4; **107**, 1; **108**, 1; **109**, 1

Landesbeamte 4, 4

Landeskommando 92, 3; **V B 49**, 1 b

Landwirtschaftliche Sozialversicherung
- Gemeinsame Personalvertretung des Spitzenverbandes **88**, 12

Laufbahngruppenwechsel **76**, 13

Laufbahnwechsel 76, 14

Laufende Geschäfte 32, 7 ff.; **69**, 22; **72**, 9

Leiharbeitnehmer 4, 10; **13**, 7; **14**, 8; **43**, 6; **48**, 2; **75**, 14, 18 a

Leistungsbezogene Entgelte **75**, 98 ff.

Leistungsbezogener Stufenaufstieg 75, 22, 26 c, 95, 99, 152

Leistungsprämien und -zulagen **68**, 31; **75**, 99

LeistungsTV-Bund 3, 2; **75**, 100

Leitende Angestellte III 19; IV 24, 3, 5; **IV 36**, 1 ff.; **V C 6**, 1 f.

Listenwahl 19, 6 f.

Lohnausfallprinzip 46, 4, 21, 31; **50**, 2

Lohngestaltung (innerhalb der Dienststelle) **75**, 92 ff.
- abstrakt-generelle Regelungen **75**, 95, 101
- Akkord- und Prämiensätze **75**, 98
- Besoldung der Beamten **75**, 92
- betriebliche Altersversorgung **75**, 97
- dienststellenübergreifende Regelung **75**, 94
- Dotierungsrahmen **75**, 93, 96
- Entlohnungsgrundsätze **75**, 95
- Entlohnungsmethoden **75**, 95
- freiwillige Leistungen **75**, 96
- Gesetzesvorrang **75**, 93
- innerbetriebliche Lohngerechtigkeit **75**, 92
- kollektiver Tatbestand **75**, 94
- leistungsbezogene Entgelte **75**, 98 ff.
- Lohn **75**, 92
- Lohngestaltung **75**, 95
- Strukturformen **75**, 95
- Tarifvorrang **75**, 93
- übertarifliche Zulagen **75**, 96
- Vergütung der Arbeitnehmer **75**, 92
- Vollzugsformen **75**, 95
- Zielvereinbarungssystem **75**, 99; **76**, 41

Losentscheid 17, 3; **32**, 3, 5

Stichwortverzeichnis

M
Maßnahme (Begriff) **69**, 8 ff.
Maßnahmen zur Erleichterung des Arbeitsablaufs 76, 44, 47
Maßnahmen zur Hebung der Arbeitsleistung 76, 44 ff.
- allgemeine Dienstanweisungen **76**, 46
- befristete – **76**, 46
- Einzelanordnungen **76**, 46
- Initiativrecht **76**, 45
- organisatorische Maßnahmen **76**, 46
- probeweise – **76**, 46
- Rationalisierungsschutz **76**, 44
- Schutz des einzelnen Beschäftigten bei der Arbeit **76**, 44
- technische Maßnahmen **76**, 46
- Zielgerichtetheit **76**, 45, 47
- Zwangsläufigkeit und Unausweichlichkeit **76**, 45

Maßnahmen zur Verhütung von Gesundheitsschädigungen 75, 121 ff.; *s. auch Arbeitsschutz und Unfallverhütung*
- allgemeine Regelungen **75**, 123
- Arbeitsunfälle **75**, 122
- Dienstunfälle **75**, 122
- Einzelmaßnahmen **75**, 123
- Gefährdungsbeurteilung **75**, 124; **81**, 8
- Gesetzesvorbehalt **75**, 123
- organisatorische Maßnahmen **75**, 124
- personelle Maßnahmen **75**, 124
- Schutzzweck der Mitbestimmung **75**, 121
- sonstige Gesundheitsschädigungen **75**, 122
- technische Maßnahmen **75**, 124
- verhaltensregelnde Maßnahmen **75**, 124
- Zielgerichtetheit **75**, 124

Medien 66, 17
Medizinische Gründe 4, 14

Mehrarbeit 75, 84, 159 f.; *s. auch Arbeitszeit*
Mehrheitswahl 19, 6, 8
Meinungsfreiheit 10, 4; **51**, 3
Militärische Dienststellen V A 91, 4; **V B 49**, 1 ff.; **VI**, 34
Militärische Organisationsbereiche V B 35, 2; **V B 49**, 1 c
Mitarbeitergespräche 75, 114, 142
Mitbestimmung *s. auch Beteiligung der Personalvertretung*
- auf Antrag des Beschäftigten *s. dort*
- ausgeschlossene Beschäftigte **75**, 4; **76**, 2; **77**, 8 ff.; **90**, 20
- besondere Verwaltungszweige **75**, 4; **76**, 2
- Bundesministerium der Verteidigung **92**, 2, 3 ff., 7
- Bundesnachrichtendienst **86**, 10
- deklaratorische Entscheidungen **69**, 8
- Deutsche Welle **90**, 19 ff.
- eingeschränkte – **69**, 2, 4, 39 f.; **75**, 2; **76**, 1; **104**, 5, 7
- in Personalangelegenheiten der Arbeitnehmer *s. dort*
- in Personalangelegenheiten der Beamten *s. dort*
- in sonstigen Angelegenheiten *s. dort*
- in sozialen Angelegenheiten *s. dort*
- Initiativrecht *s. dort*
- Konkurrenz von Beteiligungsrechten **vor 66**, 12; **75**, 6
- Mitbestimmungsverfahren *s. dort*
- Mitwirkung statt – **86**, 10; **90**, 21; **VI**, 27
- NATO **VI**, 19 ff.
- negative Entscheidungen **69**, 8
- normvollziehende Entscheidungen **69**, 10; **75**, 75
- verfassungsrechtliche Vorgaben *s. Verfassung und Personalvertretung*

Stichwortverzeichnis

- Verletzung des Mitbestimmungsrechts *s. dort*
- uneingeschränkte – **69**, 2, 4, 39 f.; **75**, 1; **104**, 5, 7
- Vorstand des Personalrats **75**, 59

Mitbestimmung auf Antrag des Beschäftigten 75, 59; **76**, 2, 59; **77**, 2 ff.; **90**, 22
- Antrag des Beschäftigten **77**, 3
- Beamte auf Zeit **77**, 5
- Deutsche Welle **90**, 22
- Ersatzansprüche (Geltendmachung) **76**, 59
- Gegenspieler **77**, 4
- künstlerisch tätige Beschäftigte **77**, 6
- mehrere Bewerber **77**, 7
- Personalangelegenheiten **77**, 3
- soziale Zuwendungen **75**, 59
- Unterrichtung des Beschäftigten **77**, 3
- wissenschaftlich tätige Beschäftigte **77**, 6

Mitbestimmung der Besonderen Personalvertretung beim BEV gegenüber der DB AG
- besondere Personalvertretung auf unterster Ebene **III 17**, 9
- Betriebsrat **III 17**, 10 f.
- Einigungsstelle **III 17**, 14 ff.
- endgültige Entscheidung des Präsidenten des BEV **III 17**, 15
- gerichtliche Entscheidungen **83**, 10; **III 17**, 17
- Tatbestände der – **III 17**, 9
- Versagungskatalog **III 17**, 12
- Zustimmungsverweigerung **III 17**, 13

Mitbestimmung in Personalangelegenheiten der Arbeitnehmer 75, 7 ff.
- Abordnung **75**, 43 ff.
- Arbeitnehmer **75**, 9
- arbeitsrechtliche Begriffe **75**, 8
- ausgeschlossene Personengruppen **77**, 8 ff.
- Deutsche Welle **90**, 19 ff.
- Dienststellenzugehörigkeit **75**, 9
- DO-Angestellte **75**, 10
- Eingruppierung **75**, 22 ff.
- Einstellung **75**, 12 ff.
- Entscheidungskompetenz der Einigungsstelle **75**, 2 f.; **104**, 3 ff.
- Folgemaßnahmen organisatorischer Entscheidungen **75**, 10 a
- Gruppenangelegenheiten **75**, 11
- Höher- oder Rückgruppierung **75**, 22, 28 ff.
- individuelle und kollektive Interessen **75**, 11
- Katalog **75**, 7
- Mitbestimmung auf Antrag des Beschäftigten *s. dort*
- Nebentätigkeit **75**, 53 ff.
- Übertragung einer anders zu bewertenden Tätigkeit **75**, 22, 32 ff.
- Umsetzung innerhalb der Dienststelle **75**, 39 ff.
- Versetzung zu einer anderen Dienststelle **75**, 36 ff.
- Weiterbeschäftigung über die Altersgrenze hinaus **75**, 50
- Wohnungswahl (Anordnungen) **75**, 51 f.
- Zustimmungsverweigerung *s. Versagungskatalog*
- Zuweisung **75**, 47 ff.

Mitbestimmung in Personalangelegenheiten der Beamten 76, 4 ff.
- Abordnung **76**, 27 ff.
- Anstellung **76**, 10
- ausgeschlossene Personengruppen **76**, 2; **77**, 8 ff.
- Beamte **76**, 6
- beamtenrechtliche Begriffe **76**, 5
- Beförderung **76**, 11 ff.
- beförderungsgleiche Maßnahmen **76**, 11 ff.
- Beurlaubung **76**, 33
- Dienststellenzugehörigkeit **76**, 6

Stichwortverzeichnis

- Einstellung **76**, 9
- Gruppenangelegenheiten **76**, 8
- Hinausschieben des Eintritts in den Ruhestand **76**, 34
- Individuelle und kollektive Interessen **76**, 8
- Katalog **76**, 4
- Mitbestimmung auf Antrag des Beschäftigten *s. dort*
- Nebentätigkeit **76**, 32
- Postnachfolgeunternehmen **76**, 7; **IV 29**, 3 ff.
- Übertragung einer anders zu bewertenden Tätigkeit **76**, 16 ff.
- Teilzeitbeschäftigung **76**, 33
- Umsetzung innerhalb der Dienststelle **76**, 26
- Versetzung zu einer anderen Dienststelle **76**, 22 ff.
- Wohnungswahl (Anordnungen) **76**, 31
- Zustimmungsverweigerung *s. Versagungskatalog*
- Zuweisung **76**, 30 f.

Mitbestimmung in sonstigen Angelegenheiten 75, 69 ff.; **76**, 35 ff.
- Anordnung des Dienststellenleiters **75**, 71
- Arbeitsablauf (Erleichterung) **76**, 44, 47
- Arbeitsleistung (Hebung) **76**, 44 ff.
- Arbeitsmethoden (grundlegend neue) **76**, 52
- Arbeitsplätze (Gestaltung) **75**, 143 ff.
- Arbeitszeit **75**, 76 ff., 159 f.
- Ausschreibung (Absehen von) **69**, 40; **75**, 137 ff.; **77**, 8
- Auswahlrichtlinien **76**, 53 ff.
- Auszahlung der Bezüge **75**, 86
- Berufsausbildung bei Arbeitnehmern **75**, 107 ff.
- betriebliches Vorschlagswesen **75**, 125 ff.
- Beurteilungsrichtlinien **75**, 116; **76**, 39 ff.
- Dienstvereinbarung **73**, 2; **75**, 71, 128, 161 ff.; **76**, 35
- Einzelmaßnahme des Dienststellenleiters **75**, 71
- Ersatzansprüche (Geltendmachung) **76**, 58 ff.
- Form der Ausübung **75**, 71
- formelle Arbeitsbedingungen **75**, 70
- Fortbildung (allgemeine Fragen) **76**, 48 ff.
- Fortbildungsveranstaltungen (Teilnehmerauswahl) **75**, 110 ff.; **76**, 36
- Gesetzesvorbehalt **75**, 72 f., 75; **76**, 35
- Gesundheitsschädigungen (Verhütung) **75**, 121 ff.
- Gleichberechtigung (Durchsetzung) **76**, 61
- kollektiver Bezug **75**, 69, 76, 84, 94; **76**, 35
- Lohngestaltung **75**, 92 ff.
- materielle Arbeitsbedingungen **75**, 70
- Ordnung in der Dienststelle **75**, 138 ff.
- Personalfragebogen **75**, 113 ff.; **76**, 37 f.
- probeweise Regelung **75**, 69; **76**, 46
- Reichweite **75**, 70
- Sozialeinrichtungen **75**, 102 ff.
- Sozialpläne **75**, 129 ff.
- Tarifvertragsvorbehalt **75**, 72, 74 f.; **76**, 35
- technische Überwachungseinrichtungen **75**, 147 ff.
- Urlaub **75**, 87 ff.
- Verhalten der Beschäftigten **75**, 138 ff.
- Vertrauens- und Betriebsärzte (Bestellung) **75**, 117 ff.; **76**, 43; **V A 91**, 3

Stichwortverzeichnis

- Vorrang des Tarifvertrags bei Dienstvereinbarungen *s. dort*

Mitbestimmung in sozialen Angelegenheiten 75, 56 ff.
- Dienst- und Pachtland **75**, 67
- soziale Zuwendungen **75**, 57 ff.
- Wohnungen **75**, 61 ff.

Mitbestimmungsverfahren 69, 1 ff.; *s. auch Einigungsstelle*
- Anhörung des Betroffenen **69**, 28
- Anrufung der Einigungsstelle **69**, 38 f.
- Antrag des Beschäftigten **75**, 59; **76**, 2, 59; **77**, 2 ff.; **90**, 22
- Ausgangsverfahren **69**, 12 ff.
- Äußerungsfrist des Personalrats **69**, 16 ff.
- beabsichtigte Maßnahme **69**, 8, 11
- Begründung der Maßnahme **69**, 14
- Bundesministerium der Verteidigung **92**, 1 ff.
- dienststelleninterne Willensbildung **69**, 11
- dringender Fall **69**, 20
- Einigung **69**, 29, 31, 33, 38 a
- Einleitung **69**, 12 ff.
- Empfehlung der Einigungsstelle **69**, 4, 39 f.
- Entscheidung der Einigungsstelle **69**, 4, 39
- Entscheidung der obersten Dienstbehörde **69**, 39 f.
- Entscheidung des Personalrats **69**, 22 ff.
- erstzuständige Personalvertretung **69**, 3 f.
- kein laufendes Geschäft **69**, 22
- mitbestimmungspflichtige Maßnahme **69**, 8 ff.
- neues Verfahren **69**, 32
- ordnungsgemäße Durchführung **69**, 39
- »Personalrat« **69**, 3
- Sozialversicherung **88**, 10
- Stufenverfahren *s. dort*
- Unterrichtung des Personalrats **69**, 13, 18
- Verletzung des Mitbestimmungsrechts *s. dort*
- vorläufige Regelungen *s. dort*
- Vorstand des Personalrats **69**, 22
- Wiederholung **69**, 32
- Zustimmung des Personalrats **69**, 4, 22 ff.
- Zustimmungserfordernis **69**, 4 ff.
- Zustimmungsersetzung **69**, 4
- Zustimmungsverweigerung des Personalrats **69**, 25 ff.

Mitdirektionsrecht 74, 1
Mittelbehörde(n) 6, 4 a; **7**, 2; **53**, 5; **85**, 3; **88**, 3; **89**, 4; **V A 91**, 2; **V B 53**, 2 f.; **VI**, 13
Mitteldeutscher Rundfunk 1, 7; **71**, 12; **90**, 23, 24, 28
Mittelstufe 1, 3; **6**, 4 a
Mitwirkung *s. auch Beteiligung der Personalvertretung*
- Angelegenheiten der Mitwirkung **72**, 2
- Art der Beteiligung **72**, 1
- auf Antrag des Beschäftigten **72**, 2; **78**, 23
- ausgeschlossene Beschäftigte **78**, 23
- Bundeseisenbahnvermögen *s. Besondere Personalvertretungen beim BEV*
- Bundesministerium der Verteidigung **92**, 2, 3 ff.
- Bundesnachrichtendienst **86**, 9 a, 10 f.
- Deutsche Welle **90**, 21
- Mitwirkungstatbestände *s. dort*
- Mitwirkungsverfahren *s. dort*
- Postnachfolgeunternehmen **78**, 3; *s. Beteiligung des Betriebsrats bei den Postnachfolgeunternehmen*

Stichwortverzeichnis

- Verletzung des Mitwirkungsrechts **72**, 21; **78**, 2, 5, 20; **79**, 43 f.

Mitwirkung bei ordentlicher Kündigung 79, 8 ff.
- Abschluss des Mitwirkungsverfahrens **79**, 19, 27
- Angaben über die Kündigung **79**, 11 ff.
- Anhörung des Betroffenen **79**, 17
- Arbeitnehmer in herausgehobener Position **79**, 8
- Arten der ordentlichen Kündigung **79**, 8 f.
- außerordentliche (Änderungs-) Kündigung unkündbarer Arbeitnehmer **79**, 10
- Ausspruch der Kündigung **79**, 27
- ehemalige Angehörige der Dienststelle **79**, 5 a
- Einwendungen des Personalrats **79**, 18 ff.; *s. auch Widerspruch gegen Kündigung*
- Meinungs- und Willensbildung des Personalrats **79**, 17
- Probezeitkündigung **79**, 9, 13 a
- Unterrichtung des Personalrats **79**, 11 ff.
- Verletzung des Mitwirkungsrechts **72**, 21; **78**, 2, 5, 20; **79**, 43 f.
- Wartezeitkündigung **79**, 8, 13 a
- Widerspruch des Personalrats *s. Widerspruch gegen Kündigung*
- zuständige Personalvertretung **79**, 16

Mitwirkungstatbestände
- Änderungen von Dienststellen **78**, 13 ff.
- Bundesnachrichtendienst **86**, 10 f.
- Deutsche Welle **90**, 21
- Entlassung von Beamten auf Probe oder auf Widerruf **78**, 21
- Erhebung der Disziplinarklage **78**, 20, 23 a
- ordentliche Kündigung durch den Arbeitgeber **79**, 8 ff.
- Verwaltungsanordnungen (Vorbereitung) **78**, 6 ff.
- vorzeitige Versetzung in den Ruhestand **78**, 22

Mitwirkungsverfahren
- Anhörung des Betroffenen **72**, 12
- Ausgangsverfahren **72**, 6 ff.
- Äußerungsfrist des Personalrats **72**, 7, 8, 10
- Aussetzung der beabsichtigten Maßnahme **72**, 19
- beabsichtigte Maßnahme **72**, 6
- Bundesministerium der Verteidigung **92**, 1 ff,
- Bundesnachrichtendienst **86**, 10 f.
- Einleitung **72**, 6
- Einwendungen **72**, 11; **78**, 23; **79**, 18 ff.
- Entscheidung der Dienststelle **72**, 13
- Entscheidung der obersten Dienstbehörde (des obersten Organs) **72**, 1
- Erörterung **72**, 7 ff.
- erstzuständige Personalvertretung **72**, 4
- Mitwirkungserfordernis **72**, 5
- »Personalrat« **72**, 4
- Sozialversicherung **88**, 10
- Stellungnahme des Personalrats **72**, 11 f.
- Stufenverfahren *s. dort*
- Unterrichtung des Personalrats **72**, 6
- Vorlage an übergeordnete Dienststelle(n) **72**, 14 ff.
- vorläufige Regelungen **72**, 20
- Widerspruchsverfahren (Nachholung der Mitwirkung) **72**, 5

Stichwortverzeichnis

Monatliche Besprechungen
61, 7; 66, 2 ff.; **II**, 4 b
Mutterschutz 13, 10

N
Nationalität 67, 10
NATO-Streitkräfte 1, 14; **V A**
91, 6; **VI** 1 ff.; *s. auch Betriebsvertretungen*
Nebenstelle(n) 6, 5 ff.; 14, 9;
15, 2 f.
Nebentätigkeit
– arbeitsrechtliche Bestimmungen
75, 53 f.
– beamtenrechtliche Vorschriften
76, 32
– Mitbestimmung bei Arbeitnehmern 75, 53 ff.
– Mitbestimmung bei Beamten
76, 37
Negative Entscheidungen 69, 8
Neu-, Um- und Erweiterungsbauten (von Diensträumen)
78, 26
Neutrale Amtsführung 67, 19,
28
Nichtigkeit der Wahl 25, 1 f.
Nichtigkeit des Arbeitsvertrags
79, 4
Nichtöffentlichkeit 35, 1; 48, 4;
66, 4; **101**; **V B 34**, 2; **V B 42**, 1
Nichtraucherschutz 81, 7
Nichtständig Beschäftigte 34, 7;
38, 2; 40, 5; 65, 1 ff.
Nichtverlängerungsanzeige
79, 4
Norddeutscher Rundfunk 1, 7;
71, 12; 90, 23, 25, 29
Normvollziehende Entscheidung 69, 10; 75, 75
Notdienstarbeiten 66, 15

O
Oberfinanzdirektion(en) 6, 8

Oberste Bundesbehörde(n) 1, 3
Oberste Dienstbehörde(n) 6, 4;
14, 3; 15, 2 f.; 53, 5; 69, 37;
70, 10 f., 15; 71, 2; 72, 1, 14, 16;
88, 3 f., 10; 89, 5; 90, 12;
IV 1, 2; **VI**, 13
Oberverwaltungsgerichte 83, 1;
84, 1 ff.; *s. auch Verwaltungsgerichte*
Objektive Amtsführung 67, 19,
28
Öffentliches Dienstrecht 94, 3
Ordnung in der Dienststelle
75, 138 ff.
– Arbeitsverhalten 75, 138
– Beispiele 75, 142
– Einzelmaßnahmen 75, 139
– generelle Regelungen 75, 139
– Ordnungsverhalten 75, 138
– Überwachung 75, 140
Ortskräfte 4, 3 a; 79, 6; 90, 16;
91, 2, 9 ff.

P
Pachtland 75, 67
Parteipolitische Betätigung
51, 4; 62, 9; 67, 20 ff.; **105**
Pausen 75, 76, 80; *s. auch Arbeitszeit*
Personalakten (Einsicht und
Auskunft) 10, 11; 68, 32 f.
Personalanforderungen (zum
Haushaltsplan) 78, 24
Personalangelegenheiten
– ausgeschlossene Beschäftigte
77, 8 ff.; 78, 23; 90, 19
– Beteiligung auf Antrag des Beschäftigten 77, 2 ff.; 78, 23;
90, 22
– Einwendungen im Mitwirkungsverfahren 78, 23; 79, 18,
20 ff.
– Entscheidungsbefugnis in –
13, 2; 14, 9; 19, 11; 77, 4

913

Stichwortverzeichnis

- Mitbestimmung in – der Beamten s. dort
- Mitbestimmung in – der Arbeitnehmer s. dort
- Mitbestimmungsverfahren in – **69**, 14, 25, 39 f.
- Mitwirkung in – **78**, 20 ff.; **79**, 8 ff.
- Versagungskatalog in – s. dort

Personalbedarfsberechnung **68**, 31

Personalcomputer 44, 30; **75**, 154

Personalfragebogen
- Inhalt von – **75**, 113
- Mitbestimmung bei Arbeitnehmern **75**, 113 ff.
- Mitbestimmung bei Beamten **76**, 37 f.
- Personalfragebogen (Begriff) **75**, 114 f.
- Mitarbeitergespräch **75**, 189
- NATO **VI**, 24
- Zielvereinbarungssystem **75**, 189

Personalgestellung 13, 13; **75**, 49

Personalplanung 78, 28

Personalrat
- Amtszeit **26**, 1 ff.; **29**, 2; **116 b**, 1 f.
- Auflösung **27**, 7; **28**, 1 ff.; **29**, 8; **31**, 6
- Ausschluss aus dem – **28**, 1 ff.
- Ausschüsse **32**, 9; **81**, 4
- Auswärtiges Amt **91**, 4 f.
- Beauftragte **32**, 9
- Beschäftigungsarten im – **17**, 1, 10
- Beschlüsse des – s. dort
- Bildung **12**, 1 ff.
- Erlöschen der Mitgliedschaft **29**, 1 ff.
- Ersatzmitglieder **31**, 1 ff.
- Geschäftsführung des – s. dort
- Geschlechter im – **17**, 1, 11
- Größe **16**, 1 ff.
- Grundrechtsfähigkeit **1**, 19 a
- Gruppen im – **17**, 1 ff.; **18**, 1 ff.
- laufende Geschäfte **32**, 7 ff.
- Mitglieder s. *Personalratsmitglieder*
- Restmandat **26**, 9
- Rücktritt **27**, 6
- Schutzvorschriften **1**, 19 b
- Sitzungen des – s. *Personalratssitzungen*
- Sitzverteilung **17**, 1 ff.; **18**, 1 ff.
- Soldatenvertreter **16**, 3; **17**, 1; **19**, 4 a; **20**, 1 b, 2 a; **32**, 4, 12, 13, 17; s. auch *Personalvertretungen der Soldaten*
- Teilrechtsfähigkeit **1**, 19 a
- Übergangsmandat **1**, 17; **2**, 2; **26**, 8
- Unabhängigkeit **1**, 19 b
- Unterlagen des – **34**, 6, 10; **41**, 5 f.
- Vermögensfähigkeit (partielle) **1**, 19 a
- Vertretung des – **32**, 16 f.; **69**, 12, 18
- Vorsitzender des – s. dort
- Vorstand des – s. dort
- Wahl s. *Personalratswahl*
- Weiterführung der Geschäfte **27**, 9
- Zahl der Mitglieder **16**, 1 ff.
- Zusammensetzung **17**, 1 ff.

Personalratsfähigkeit 12, 1 ff.

Personalratsmitglieder
- Ablauf der Amtszeit **29**, 2
- Antragsrecht der Mehrheit einer Gruppe **34**, 11; **36**, 2; **39**, 3
- Antragsrecht eines Viertels der – **34**, 11; **36**, 2
- Auflösung des Personalrats **29**, 8
- Ausscheiden aus dem Personalrat **31**, 2
- Ausscheiden aus der Dienststelle **29**, 6
- Ausschluss aus dem Personalrat **28**, 1 ff.; **29**, 8
- Beendigung des Dienstverhältnisses **29**, 4 ff.

- Einsichtsrechte **34**, 6, 10; **41**, 5 f.
- Einwendungen gegen Niederschrift **41**, 6
- Erlöschen der Mitgliedschaft **29**, 1 ff.
- Feststellung der Nichtwählbarkeit **29**, 9
- Niederlegung des Amtes **29**, 3
- Rechtsstellung der – *s. dort*
- Ruhen der Mitgliedschaft **30**, 1 f.; **47**, 33; **86**, 3 a
- Verhinderung **31**, 2
- Verlust der Wählbarkeit **29**, 7
- Wechsel der Gruppenzugehörigkeit **29**, 10
- Zahl der – **16**, 1 ff.

Personalratssitzung(en)
- Anberaumung **34**, 1, 4, 11; **35**, 3 f.
- Anwesenheitsliste **41**, 3
- auf Antrag **34**, 11 f.
- Auskunftspersonen **34**, 8; **35**, 1
- Beauftragter für den Datenschutz **35**, 1
- Beschlüsse des Personalrats *s. dort*
- Dienststellenleiter **34**, 7, 11, 13; **35**, 3 f.
- Einberufung **34**, 1, 4, 11
- einzuladende Beschäftigte **34**, 8; **35**, 1
- einzuladende Teilnehmer **34**, 7
- Ersatzmitglieder **34**, 7; **37**, 6
- Gebärdensprachdolmetscher **35**, 1
- Gewerkschaften **34**, 1, 7; **36**, 1 ff.; **38**, 2
- Gleichstellungsbeauftragte **34**, 8; **35**, 1
- Hausrecht **34**, 9
- Hilfsperson **35**, 1
- Informationen **34**, 6, 10
- Jugend- und Auszubildendenvertretung **34**, 1, 7, 11; **37**, 4; **38**, 2; **40**, 1 ff.; **61**, 5
- konstituierende – **32**, 2; **34**, 1 ff.
- Leitung **34**, 2, 3, 9
- monatliche Besprechungen **66**, 6
- Nichtöffentlichkeit **35**, 1; **101**
- Niederschrift **41**, 1 ff.
- Richterrat **34**, 7; **37**, 4; **38**, 2; **40**, 6
- Sachverständige **34**, 8; **35**, 1
- Schreibhilfe **35**, 1
- Schriftführer **35**, 1
- Schwerbehindertenvertretung **34**, 1, 7, 11; **38**, 2; **40**, 4, 6
- Sprecher der Versammlung der Vertrauenspersonen der Soldaten **34**, 7; **37**, 4; **38**, 2; **40**, 8
- Tagesordnung **34**, 1, 5; **37**, 1
- Unterlagen **34**, 6, 10; **41**, 5 f.
- Vertrauensmann der Zivildienstleistenden **34**, 7; **38**, 2; **40**, 9
- Vertrauensmann in der Bundespolizei **34**, 7; **37**, 4; **38**, 2, 7; **40**, 7; **85**, 18
- Vertrauenspersonen der Soldaten gem. WPflG **34**, 7; **37**, 4; **38**, 2; **40**, 8
- Vertreter der nichtständig Beschäftigten **34**, 7; **38**, 2; **40**, 5
- weitere – **32**, 2; **34**, 4 ff.
- Zeitpunkt **35**, 2

Personalratswahl
- allgemeine Wahl **19**, 2 b
- Anfechtung **25**, 1, 3 ff.
- einstweilige Verfügung **25**, 1, 15
- freie Wahl **19**, 2 b; **24**, 1 ff.
- geheime Wahl **19**, 2
- gemeinsame Wahl **19**, 4 ff., 12, 13 f.
- gleiche Wahl **19**, 2 b
- Gruppenwahl **19**, 3, 10
- Listenwahl **19**, 6 f.
- Mehrheitswahl **19**, 6, 8
- Neuwahl der Vertreter einer Gruppe **27**, 10
- Neuwahl des Personalrats **27**, 2 ff.
- Nichtigkeit **25**, 1 f.
- Personenwahl **19**, 6, 8

Stichwortverzeichnis

- regelmäßige Wahlen **27**, 1, 11; **116**; **116b**, 1f.
- Soldaten **19**, 1, 4a; **V B 51**, 1ff.; s. auch Personalvertretungen der –
- Streitigkeiten **25**, 1, 15; **83**, 5
- unmittelbare Wahl **19**, 2a
- Verhältniswahl **19**, 6f.
- Vorabstimmung(en) **6**, 7; **18**, 2ff.; **19**, 5
- Wählbarkeit **14**, 1ff.; **15**, 1ff.; **VI**, 17
- Wahlbeeinflussung **24**, 2, 4; **25**, 15
- Wahlbehinderung **24**, 2, 4; **25**, 15
- Wahlberechtigung **13**, 1ff.
- Wahlbewerber s. dort
- Wahlgrundsätze **19**, 2ff.
- Wahlkosten **24**, 8ff.
- Wahlniederschrift **23**, 3
- Wahlrechtsbeschränkung **24**, 2, 4
- Wahlverfahren **19**, 1ff.
- Wahlvorschläge **19**, 9ff.
- Wahlvorstand s. dort
- Wahlwerbung **24**, 3
- Wahlzeiten **27**, 1ff.

Personalversammlung(en)
- Anträge **51**, 1a, 1b
- Arbeitgebervereinigung **52**, 1
- Arbeitszeit **50**, 1ff.
- Aufgaben **51**, 1ff.
- außerordentliche – **49**, 2
- Befugnisse **51**, 1ff.
- Beschlüsse **51**, 1a, 1b; **52**, 4
- Bundesamt für Verfassungsschutz **87**, 2
- Bundesnachrichtendienst **86**, 5ff.
- Dauer **50**, 1b
- Dienstbefreiung **50**, 2
- Dienststellenleiter **49**, 2; **52**, 3f.
- Durchführung **48**, 1, 3ff.
- Einberufung **48**, 1
- Fahrkosten **50**, 2
- Fortzahlung der Bezüge **50**, 2
- Friedenspflicht **51**, 3
- Gesamtpersonalrat **52**, 2
- Gewerkschaften **49**, 3; **52**, 1
- Gleichstellungsbeauftragte **52**, 2a
- Hausrecht **48**, 3; **51**, 5; **52**, 4
- Kosten **48**, 1
- Leitung **48**, 3
- Meinungsfreiheit **51**, 3
- Nichtöffentlichkeit **48**, 4
- Niederschrift **41**, 1
- ordentliche – **49**, 1ff., 3
- parteipolitische Betätigung **51**, 4f.
- Presse **48**, 4
- Räumlichkeiten **44**, 25ff.; **48**, 1
- Referenten **48**, 4
- Richter **48**, 2; **II**, 4a
- Soldaten **48**, 2; **V B 49**, 5
- Stellungnahmen **51**, 1a, 1b
- Stufenvertretung **52**, 2
- Tagesordnung **48**, 1; **49**, 1b; **52**, 4
- Tätigkeitsbericht **49**, 1ff.; **51**, 2
- Teilnehmer **48**, 2, 4; **52**, 1ff.
- Teilversammlungen **48**, 5; **50**, 1
- Themen **51**, 2, 5
- Viertel der Wahlberechtigten **49**, 2
- Vollversammlung **48**, 5; **50**, 1
- Wahl des Wahlvorstands **20**, 5f.; **21**, 1ff.; **23**, 2

Personalvertretungen
- Arten **1**, 18a
- Beurteilungsspielraum **44**, 4, 6, 12, 25; **46**, 2, 29
- Bildung von – **1**, 18ff.
- der Soldaten s. dort
- Eigenverantwortlichkeit **1**, 19b; **44**, 5, 35f.; **69**, 47; **79**, 44
- Funktion **1**, 19
- Grundrechtsfähigkeit **1**, 19a
- Interessenvertretung **1**, 19; **2**, 2
- Rechtsnatur **1**, 19a
- Schutzvorschriften **1**, 19b

Stichwortverzeichnis

- Teilrechtsfähigkeit **1**, 19a; **44**, 9, 15
- Unabhängigkeit **1**, 19b
- verfassungsrechtliche Stellung **1**, 20
- Vermögensfähigkeit (partielle) **1**, 19a

Personalvertretungen der Soldaten
- Angelegenheiten eines Soldaten nach WDO oder WBO **V B 52**, 2, 8
- Angelegenheiten nur der Soldaten **V B 52**, 1 ff.
- Anwendung des BPersVG **V B 48**
- Auslandsdienststellen der Bundeswehr **V B 51**, 4
- Auslandsvertretungen im Geschäftsbereich des Auswärtigen Amts **V B 49**, 1 d; **V B 51**, 5
- Befugnisse der Vertrauensperson **V B 52**, 2 ff.
- Beschwerdeverfahren **V B 52**, 6a
- Beteiligungsrechte nach dem SBG **V B 52**, 2 a ff.
- Bezirkspersonalrat **V B 49**, 4
- Bundesministerium der Verteidigung **V B 49**, 1 d
- Bundesnachrichtendienst **86**, 14; **V B 49**, 1 d
- Bundeswehrverwaltung **V B 2**, 3 a; **V B 49**, 1 d
- Dienststellen ohne Personalrat **V B 50**, 1 ff.
- Dienststellen und Einrichtungen **V B 49**, 1 ff.
- freiwilligen Wehrdienst Leistende **V B 49**, 2, 8
- gemeinsame Angelegenheiten **V B 49**, 7
- Gesamtpersonalrat **V B 49**, 4
- Gruppe im Personalrat **V B 49**, 5
- Hauptpersonalrat **V B 49**, 4
- Kleindienststellen **V B 50**, 1
- Nachwahl der Soldatenvertreter **V B 49**, 9
- Personalrat für die zivilen Beschäftigten **V B 49**, 3
- Personalversammlung **V B 49**, 5
- Rechtsstellung der Soldatenvertreter **V B 49**, 6; **V B 51**, 4 f.
- Soldatenvertreter im Personalrat **V B 49**, 6
- Streitkräfte als Verwaltung i. S. d. BPersVG **V B 48**
- Verselbständigung von Dienststellen **V B 50**, 1
- Versetzungs- und Abordnungsschutz **91**, 7 a f.; **V B 51**, 4, 5
- Vertrauenspersonen der Soldaten gem. WPflG *s. dort*
- Wahl der Soldatenvertreter **V B 51**, 1 ff.
- Wehrdienstgerichte **V B 52**, 6a
- Zahl der Personalratsmitglieder **V B 51**, 3
- Zahl der Soldatenvertreter **V B 51**, 3

Personalvertretungsrechtliche Schweigepflicht 10, 1 ff.; **101**
- Ausnahmen **10**, 10 ff., 22 f.
- Aussagegenehmigung **10**, 21
- Bedeutung von Angelegenheiten **10**, 23
- Beschäftigte der Dienststelle **10**, 6, 19 f.
- Datengeheimnis **10**, 24
- Dienststellenleiter **10**, 17
- Gegenstand **10**, 8 ff.
- Gewerkschaft **10**, 18
- Interna der Personalvertretung **10**, 15
- Nichtöffentlichkeit **10**, 15
- Offenkundigkeit **10**, 22
- Öffentlichkeit **10**, 19
- Personalakten **10**, 11; **68**, 32
- personalvertretungsrechtlicher Verkehr **10**, 12 ff.
- Personenkreis (verpflichteter) **10**, 6 f.

Stichwortverzeichnis

- Pflichtverletzung **10**, 25
- Schutzzweck **10**, 5
- soziale Angelegenheiten **10**, 11
- Strafbarkeit **10**, 25; *s. auch Strafvorschriften*
- Umfang **10**, 8 ff.
- Verschlusssachen **10**, 11; **93**, 5
- Zeugnisverweigerungsrecht **10**, 21

Personalvertretungsrechtliches Beschlussverfahren 83, 1, 3, 10, 11, 14; *s. auch Verwaltungsgerichte*

Personenwahl 19, 6, 8

Persönliche Angelegenheiten 78, 16

Petitionsrecht 66, 16; **V B 1**, 5

Pflegezeit 29, 5 b

Politische Beamte 77, 8

Politische Betätigung oder Einstellung 67, 14

Polizeivollzugsbeamte 76, 31; **85**, 4, 5 f., 9 ff.

Postnachfolgeunternehmen
- Abordnung **IV 4**, 5
- Aktiengesellschaften **IV 1**, 1
- amtsangemessene Beschäftigung **IV 4**, 1
- Arbeitsdirektor **IV 1**, 5; **IV 29**, 9
- Arbeitszeit (bei begrenzter Dienstfähigkeit) **IV 1**, 4
- Arbeitszeitvorschriften **IV 3**, 4
- Beamte (Rechtsverhältnisse) **IV 2**, 1 ff.
- beamtenrechtliche Regelungen **IV 4**, 1 ff.
- Beleihung **IV 1**, 1; **IV 2**, 3
- Beschäftigung der Beamten **IV 2**, 1 ff.
- Beschwerden **IV 2**, 5
- betriebliche Interessenvertretung bei den – *s. dort*
- Deutsche Post AG **IV 1**, 1
- Deutsche Postbank AG **IV 1**, 1
- Deutsche Telekom AG **IV 1**, 1
- Dienst i. S. d. Beamtenrechts **IV 4**, 1
- Dienstbehörde (oberste; unterhalb des Vorstands) **IV 1**, 2; **IV 3**, 2
- dienstrechtliche Begriffe **IV 1**, 2
- dienstrechtliche Zuständigkeiten der – **IV 1**, 1 ff.
- dienstrechtliche Zuständigkeiten des BMF **IV 3**, 1 ff.
- Dienstvorgesetzter (oberster; unterhalb des Vorstands) **IV 1**, 2; **IV 3**, 2
- disziplinarrechtliche Entscheidungen **IV 1**, 4
- Eingaben **IV 2**, 5
- Einschaltung der BAnstPT **IV 1**, 4; **IV 29**, 8a
- Entlassungen von Beamten **IV 1**, 4
- Ernennung und Entlassung (Befugnisse) **IV 3**, 3
- Geschäftsbereich des BMF **IV 3**, 5
- In-Sich-Beurlaubung **IV 4**, 3
- Jubiläumszuwendung **IV 3**, 4
- Laufbahnvorschriften **IV 3**, 4
- nachgeordnete Stelleninhaber **IV 1**, 3
- Sonderurlaub **IV 4**, 4
- unmittelbare Bundesbeamte **IV 2**, 3
- Verbesserung der personellen Struktur **IV 4**, 7
- Versetzung **IV 4**, 2, 5
- Verwaltung i. S. d. Beamtenrechts **IV 4**, 2
- Vorbehalt beamtenrechtlicher Entscheidungen **IV 3**, 5
- Vorgesetzter (oberster) **IV 1**, 2
- Vorstand **IV 1**, 2
- Zurruhesetzungen wegen Dienstunfähigkeit **IV 1**, 4
- Zuweisung zu anderen Unternehmen **IV 4**, 5 f.; **IV 24**, 5; **IV 28**, 6

Stichwortverzeichnis

Postneuordnungsgesetz
IV vor 1
Postpersonalrechtsgesetz
IV vor 1, 1–4, 24–37
– Erstes Gesetz zur Änderung des –
IV vor 1, 1; IV 24, 1
Praktikanten 4, 13
Präsidialrat II, 1
Presse- und Informationsamt der Bundesregierung 53, 5
Privatisierung 1, 17 ff.; **73**, 17; **78**, 16
Probezeitkündigung 79, 9, 13 a
Prüfungen
– abnehmende Dienststelle **80**, 2
– Beratungsrecht **80**, 3
– Prüfungsbegriff **80**, 1 f.
– Teile der Prüfung **80**, 1 a
– zuständiger Personalrat **80**, 2 a

Q
Qualifizierte technische Verbesserungsvorschläge 75, 126, 128

R
Rahmenvorschriften für die Landesgesetzgebung 94–106
– Abordnungsschutz **99**
– Änderungen des BPersVG **94**, 1
– Änderungen des Grundgesetzes **94**, 2
– Arbeitgebervereinigungen **96**
– Arbeitsrecht **94**, 6, 10; **107**, 2 f.; **108**, 1
– Auflösung der Personalvertretung **102**
– Ausschluss aus der Personalvertretung **102**
– Beamtenstatusgesetz **4**, 4; **94**, 6
– Behinderungsverbot **99**
– Beteiligungsrechte **104**, 1 ff.
– Bundesverfassungsgericht (Normenkontrolle) **94**, 11
– Dienstvereinbarung (Verbot abweichender Regelung des PersVR) **97**
– Ehrenamt **100**
– Einigungsstelle **104**, 3 ff.
– Ersetzung durch Landesrecht **94**, 9; **104**, 1
– Föderalismusreform I **94**, 2 f., 5 f., 8; **104**, 1
– gerichtliche Entscheidungen **106**
– Gerichtsverfassung und gerichtliches Verfahren **94**, 10
– Geschlechter **98**
– Gesetzgebungskompetenzen des Bundes **94**, 2 ff., 10
– Gewerkschaften **96**
– Gleichbehandlungsgrundsatz **105**
– Gruppen **98**
– Informationsrecht **101**
– innerdienstliche Angelegenheiten **104**, 1 a
– Jugend- und Auszubildendenvertretungen **95**
– Kollision von Bundes- und Landesrecht **94**, 11
– Kostentragung **100**
– Lehrveranstaltungen im Rahmen des Vorbereitungsdienstes **104**, 4
– Letztentscheidungsrecht **104**, 3 ff.
– Minimum beteiligungsbedürftiger Angelegenheiten **104**, 2
– Neuwahl **102**
– öffentliches Dienstrecht **94**, 3
– organisatorische Angelegenheiten **104**, 4
– Personalvertretungen (Bildung) **95**
– personelle Angelegenheiten **104**, 1 a, 4, 5
– personelle Angelegenheiten der Arbeitnehmer **104**, 5
– personelle Angelegenheiten der Beamten **104**, 4, 5
– politische Betätigung **105**

Stichwortverzeichnis

- Rahmenvorschriften (Ausfüllung) **94**, 4, 10
- Schutzvorschriften **99**
- Schweigepflicht **101**
- Schwerbehindertenvertretung **95**
- sittenwidrige Beeinflussung (Verbot) **99**
- Sitzungen (Nichtöffentlichkeit) **101**
- Sonderregelungen **95**
- soziale Angelegenheiten **104**, 1a
- Statusrechte und -pflichten der Beamten der Länder **94**, 6, 10; **107**, 2
- Tarifvertrag (Verbot abweichender Regelung des PersVR) **3**, 1 ff.; **97**
- Übergangsvorschriften **94**, 8 ff.; **104**, 1; **107**, 2 f.; **108**, 1; **109**, 1
- Überwachungspflicht **103**
- unmittelbar geltende Rechtsvorschriften **94**, 4; **107**, 1; **108**, 1; **109**, 1
- Unterlagen **101**
- verfassungsrechtliche Grenzen der Mitbestimmung **104**, 4 ff.
- Versetzungsschutz **99**
- Verwaltungsgerichte **106**
- wirtschaftliche Nachteile (Verbot) **100**
- Wahlgrundsätze **98**

Rahmenzeit 75, 83; *s. auch Arbeitszeit*

Rasse 67, 8

Rationalisierungsmaßnahmen 75, 129 f.; **76**, 44; *s. auch Sozialpläne*

Räume 44, 27; **III 17**, 4a

Recht und Billigkeit 67, 5, 7

Rechts- und Verwaltungsvorschriften (zugunsten der Beschäftigten) **68**, 6 ff.

Rechtsberatung 43, 4

Rechtsstellung der Personalratsmitglieder
- Arbeitszeitversäumnis **46**, 2 ff.
- Aufwandsentschädigung **46**, 23
- Befreiung von der Arbeitspflicht **46**, 3
- Begünstigungsverbot **8**, 1 ff., 6 ff.; **46**, 1, 21 f.; **107**, 2
- Benachteiligungsverbot **8**, 1 ff., 6 ff.; **9**, 1; **44**, 4, 6, 13b, 24; **46**, 1, 21 f.; **107**, 2
- berufliche Entwicklung **8**, 7; **46**, 22
- Dienstbefreiung für Tätigkeit außerhalb der Arbeitszeit **46**, 5 f., 21
- Ehrenamt **46**, 1
- Fortzahlung der Bezüge **46**, 4, 21, 31, 33
- Freistellung für Personalratsaufgaben *s. dort*
- Freistellung für Schulungsveranstaltungen *s. erforderliche bzw. geeignete Schulungsveranstaltungen*
- Freizeitausgleich **46**, 5 f., 21
- Kündigungsschutz im Rahmen der Personalvertretung *s. dort*
- Lohnausfallprinzip **46**, 4, 21, 31
- Unfallschutz **11**, 1 ff.
- Versetzungs-, Abordnungs- und Umsetzungsschutz im Rahmen der Personalvertretung *s. dort*

Rechtsverordnung(en) 2, 6; **68**, 7; **77**, 16 f.

Referenten 48, 4

Regiebetriebe 1, 15

Reisekosten 24, 10; **44**, 11 ff.; **90**, 18; **VI**, 15

Religion 67, 11

Religionsgemeinschaften 1, 16; **112**, 1 f.

Religiöse Beweggründe 4, 14

Restmandat 26, 9; **85**, 4a

Richter 1, 10; **4**, 3; **5**, 3; **11**, 1; **48**, 2

Stichwortverzeichnis

Richterrat (gemeinsame Aufgaben von – und Personalvertretung)
- Aussetzung von Beschlüssen 39, 14; **II**, 4
- Beschlussfähigkeit **II**, 4
- Einigungsstelle **II**, 6
- Entsendung von Richtern **II**, 3
- gemeinsame Aufgaben **II**, 2
- gemeinsame Beratung 37, 4; 38, 2; **II**, 4
- gemeinsame Beschlussfassung 37, 4; 38, 7; **II**, 4
- Hauptpersonalrat **II**, 5
- monatliche Besprechung 66, 3; **II**, 4b
- Personalratssitzung 34, 7; 37, 4
- Personalversammlung **II**, 4a
- Rechtsstreitigkeiten **II**, 7
- Schwerbehindertenvertretung der Richter 34, 7; 38, 2; 39, 14; **II**, 4
- Stufenverfahren **II**, 6

Richtervertretungen II, 1

Richtlinien über die personelle Auswahl s. **Auswahlrichtlinien**

Rote-Kreuz-Schwestern 4, 14

Rückgruppierung s. *Höher- oder Rückgruppierung*

Rücktritt des Personalrats 27, 6, 9

Rückzahlung überzahlter Bezüge 76, 58

Rufbereitschaft 75, 85; *s. auch Arbeitszeit*

Ruhen der Mitgliedschaft (im Personalrat) 30, 1 f.; **47**, 33; 86, 3a

Ruhen des Arbeitsverhältnisses 13, 10

Ruhestand
- Hinausschieben des Eintritts in den – 76, 34
- vorzeitige Versetzung in den – 78, 22

Ruhestandsbeamte 4, 4

Rundfunkanstalten 1, 7; 90, 1 ff.

Rundfunk Berlin-Brandenburg 1, 7; **71**, 12; **90**, 23, 27, 29

Sachaufwand des Personalrats 44, 25 ff.
- Beurteilungsspielraum 44, 25
- Entscheidungssammlungen 44, 33a
- Erforderlichkeit 44, 25
- Fachliteratur 44, 28, 31 ff.
- Fachzeitschrift 44, 33
- Geschäftsbedarf 44, 25, 28; **III** 17, 4a
- Gesetzestexte 44, 31
- Informations- und Kommunikationstechnik 44, 28 ff.
- Internet 44, 30 f.
- Intranet 44, 30 f.
- Kommentare 44, 32
- Laptop 44, 30
- laufende Geschäftsführung 44, 26
- Notebook 44, 30
- Personalcomputer 44, 30
- Personalversammlung 44, 26; 48, 1
- Räume 44, 27; **III** 17, 4a
- Sitzungen 44, 26
- Sprechstunden 44, 26
- Telefax 44, 29
- Telefon 44, 29
- Überlassungsanspruch 44, 25
- Verhältnismäßigkeit 44, 25

S

Sachverständige 34, 8; **35**, 1; **44**, 18; **48**, 4; **66**, 4

Satzung(en) 2, 6; **68**, 7

Schadensersatzansprüche 7, 8; **9**, 7; **76**, 58

Schichtarbeit 75, 81; *s. auch Arbeitszeit*

Schriftform 9, 5, 8; **34**, 5; **42**, 3; **69**, 22; **70**, 6; **71**, 27 f.; **72**, 13, 16; **73**, 4, 6; **79**, 21, 40; **85**, 5;

Stichwortverzeichnis

III 17, 13; **IV 29**, 5, 6;
IV 30, 11; **V B 10**, 2; **V B**
23, 1 c, 5; **V B 38**, 1; **VI**, 20

Schulungsveranstaltung(en)
- erforderliche – für Jugend- und Auszubildendenvertreter **62**, 10 f.
- erforderliche – für Personalratsmitglieder *s. dort*
- für Wahlvorstandsmitglieder **24**, 8
- geeignete – für Jugend- und Auszubildendenvertreter **62**, 12
- geeignete – für Personalratsmitglieder *s. dort*

Schutzbedürftige Personen **68**, 16 f.

Schutzzweckgrenze 104, 5

Schweigepflicht
- arbeitsvertragliche – **10**, 1
- beamtenrechtliche – **10**, 1
- personalvertretungsrechtliche – *s. dort*

Schwerbehinderte Menschen **68**, 16 ff.; **77**, 17; **79**, 8, 11

Schwerbehindertenvertretung **34**, 1, 7, 11; **38**, 2; **39**, 13, 14; **40**, 4, 6; **43**, 3; **53**, 8; **56**, 9; **66**, 3; **68**, 17; **83**, 12; **95**; **II**, 4; **III** 17, 19; **IV 31**, 3; **IV 37**; **V B 32**, 1, 6; **V C 5**, 1 f.; **V C 7**, 3

Sexuelle Belästigung 67, 17

Sexuelle Identität 67, 18

Sicherheitsbeauftragte 75, 124; **81**, 5, 11

Sittenwidrige Beeinflussung **24**, 2, 4; **25**, 15; **99**

Sitzungsniederschrift 41, 1 ff.

Soldaten 1, 4 a, 11; **4**, 3; **5**, 3; **12**, 1; **16**, 3; **17**, 1; **19**, 1, 4 a; **20**, 1 b, 2 c, 6; **32**, 4, 12, 13, 17; **34**, 7; **37**, 4; **38**, 2, 7; **47**, 23; **48**, 2; **83**, 7; **86**, 3, 14; **91**, 6 a; **92**, 1; **V B 1–54**
- aufgrund des WPflG Wehrdienst leistende – **4**, 3; **13**, 11; **V B 6**, 3; **V B 23**, 1; **V B 35**, 2; **V B 49**, 2
- in privatrechtlichen Unternehmen **13**, 13

Soldatenbeteiligungsgesetz V B; *s. auch Bundeswehr*
- Anwendung der §§ 48–52 SBG im BND **86**, 14
- Auslandssachverhalte **V B 1**, 1
- Beteiligungsorgane **V B 1**, 2, 4 a
- Gesamtvertrauenspersonenausschuss *s. dort*
- Grundrechte der Organe **V B 1**, 4 a
- individuelles Petitionsrecht **V B 1**, 5
- Nebeneinander von Beteiligungsorganen **V B 1**, 3
- Personalvertretungen der Soldaten *s. dort*
- Rechtsverordnungen **V B 53**, 1 ff.
- Übergangsvorschrift **V B 54**, 1 f.
- Unfallschutz **V B 14**, 3
- verfassungsrechtliche Zulässigkeit **V B 1**, 4
- Versammlungen der Vertrauenspersonen der Soldaten *s. dort*
- Vertrauenspersonen der Soldaten *s. dort*
- Vertrauenspersonen der Soldaten gem. WPflG *s. dort*
- Verweisungen **V A 35**, 2
- Ziele der Beteiligung **V B 1**, 1 a

Soldatengesetz V A 35, 91; *s. auch Bundeswehr*
- Änderungen von Dienststellen **V A 91**, 4
- Bestellung von Soldaten zu Vertrauens- oder Betriebsärzten **V A 91**, 3

Stichwortverzeichnis

- Beteiligungsrechte der Soldaten **1**, 11; **V A 35**, 1 f.; *s. auch Soldatenbeteiligungsgesetz*
- Bezirkspersonalräte **V A 91**, 2; **V B 53**, 2 f.
- militärische Dienststellen **V A 91**, 1
- Personalvertretung der Beamten und Arbeitnehmer **V A 91**, 1 ff.

Sonderurlaub 13, 10; **75**, 46; **76**, 29

Sonstige Beauftragte des Dienststellenleiters 7, 3; **13**, 2; **14**, 9; **19**, 11; **88**, 9; **89**, 8

Soziale Angelegenheiten 75, 56 ff.; **78**, 10; **104**, 1

Soziale Zuwendungen 75, 57 ff.
- Darlehen **75**, 58
- »entsprechende soziale Zuwendungen« **75**, 58
- Mitbestimmung nur auf Antrag **75**, 59
- Mitbestimmung nur des Vorstands **75**, 59
- Überblick über – **75**, 60
- Unterstützungen **75**, 58
- Vorschüsse **75**, 58

Sozialeinrichtungen 75, 102 ff.
- Auflösung **75**, 105
- Ausschüsse für – im BMVg-Bereich **92**, 7
- Ausübungsformen der Mitbestimmung **75**, 106
- Begriff **75**, 102
- Beispiele **75**, 104
- Dotierungsrahmen **75**, 105
- Errichtung **75**, 105
- NATO **VI**, 22
- Personenkreis (begünstigter) **75**, 103
- Rechtsform **75**, 102
- soziale Vorteile **75**, 103
- Verwaltung **75**, 105 f.
- Wirkungsbereich **75**, 103

Sozialplan (-pläne) 75, 129 ff.
- Dienstvereinbarung **75**, 136
- frühzeitige Beteiligung **75**, 135
- Haushaltsplan **75**, 133
- Gesetzesvorrang **75**, 134
- Inhalte **75**, 131
- Personenkreis (erfasster) **75**, 131
- Rationalisierungsmaßnahme(n) **75**, 129 f.
- Restmandat **26**, 9
- Tarifvorrang **75**, 134
- Umschulungspläne **75**, 132
- Volumen **75**, 133

Sozialstaatsprinzip 1, 20; **vor 66**, 8

Sozialversicherung 88, 1 ff.
- Behörden der Mittelstufe **88**, 3 f.
- Besprechungen mit ehrenamtlichem Vorstand **88**, 6
- Bezirkspersonalrat **88**, 3 f.
- Bundesverbände **88**, 2
- Deutsche Rentenversicherung **88**, 11
- Dienststellenbegriff **88**, 4
- Dienststellenleiter **88**, 6 ff.
- ehrenamtlicher Vorstand **88**, 5 f.
- Geschäftsführer(-führung) **88**, 5 f., 9
- hauptamtlicher Vorstand **88**, 7
- Hauptpersonalrat **88**, 3 f.
- Hauptverwaltungsstelle **88**, 3 f.
- Kassenärztliche(-zahnärztliche) Bundesvereinigung **88**, 2, 5, 7
- Mitbestimmungsverfahren **88**, 10
- oberste Dienstbehörde **88**, 3 f., 10
- Sozialversicherungsträger **88**, 2
- Spitzenverband Bund der Krankenkassen **88**, 5, 7
- Spitzenverband der landwirtschaftlichen Sozialversicherung **88**, 12
- Vertretung des Vorstands **88**, 8 f.
- Verwaltungsaufbau **88**, 4

Spezielle Gleichheitssätze 67, 6; **77**, 17

923

Stichwortverzeichnis

Spitzenorganisationen der Gewerkschaften 78, 6
Spitzenverband Bund der Krankenkassen 88, 5, 7
Spitzenverband der landwirtschaftlichen Sozialversicherung
– Gemeinsame Personalvertretung 88, 12
Sprache 67, 18 a
Sprecherausschuss III 19; IV 36, 1 ff.; **V C 6**, 1
Sprechstunden
– Abhaltung 43, 3
– Arbeitszeitversäumnis 43, 5, 9
– Aufsuchen 43, 5 ff.
– Einladung 43, 5 a
– Einrichtung 43, 1 ff.
– Einvernehmen mit dem Dienststellenleiter 43, 2
– Gegenstand 43, 4
– Gewerkschaftsbeauftragte 43, 3
– Jugend- und Auszubildendenvertreter 43, 3; 62, 2
– Kosten 43, 8 f.: 44, 2 ff., 25 ff.
– Leiharbeitnehmer 43, 6
– Ort 43, 2
– Rechtsberatung 43, 4
– Sachaufwand 43, 8; 44, 25 ff.
– Vertrauensperson der Schwerbehinderten 43, 3
– Zeit 43, 2
Stammbehörde 13, 14
Ständiger Vertreter 7, 2; 13, 2; 14, 9; 19, 11; 89, 8
Statusrechtliches Amt 76, 10
Stellenausschreibung 69, 40; 75, 137 ff.; 77, 8
Stellenplan 68, 31
Stiftung DGIA 91, 7 c
Stiftungen des öffentlichen Rechts 1, 6; 69, 37; 70, 2; 72, 18
Strafvorschriften 110, 111; **VI**, 38

Streitkräfte 1, 4 a; 16, 3; 17, 1; 92, 1 ff.; **V A 91**, 5; **V B 48**; **V B 49**, 1 ff.; *s. auch Bundeswehr*
Stufenaufstieg 75, 22, 26 b f., 29, 95, 99
Stufenverfahren *s. auch Mitbestimmungsverfahren und Mitwirkungsverfahren*
– erstes Stufenverfahren 69, 29 ff.; 72, 14 ff.
– Körperschaften, Anstalten und Stiftungen 69, 37; 72, 18
– zweites Stufenverfahren 69, 36; 72, 17
Stufenvertretung(en)
– allgemeine Vorschriften 54, 1
– Amtszeit 54, 2
– Ausscheiden aus dem Geschäftsbereich 29, 6 a
– Behörden der Mittelstufe 6, 4 a; 53, 5
– Bezirkspersonalrat *s. dort*
– Bundesagentur für Arbeit 88, 3 f.
– Bundesbank 89, 4, 6
– Bundesministerium des Innern 85, 3
– Bundesnachrichtendienst 86, 9
– Bundespolizei 85, 3
– Funktion 53, 1 f.; 54, 1
– Geschäftsbereich 53, 5, 9 f.
– Geschäftsführung 54, 2
– Größe 53, 11,
– Gruppen (Mindestvertretung) 53, 15
– Hauptpersonalrat *s. dort*
– Jugend- und Auszubildendenstufenvertretung(en) 53, 7; 64, 1 ff.
– konstituierende Sitzung 54, 3
– mehrstufige Verwaltungen 53, 3 f.
– oberste Dienstbehörden 6, 4; 53, 5
– Rechtsstellung 54, 2
– Schwerbehindertenvertretung(en) 53, 8

Stichwortverzeichnis

- Sozialversicherung **88**, 3 f.
- Wahl **53**, 9 ff.
- Wahlvorstände **53**, 13 f.
- Zusammensetzung **53**, 11, 15

Supranationale Organisationen 1, 13

T

Tarifvertrag(-verträge) 2, 6; **73**, 3, 14; **IV 35**
- keine abweichende Regelung des PersVR durch – **3**, 1 ff.; **97**
- Öffnungsklausel für Dienstvereinbarungen **75**, 83, 161 ff.
- Tarifgebundenheit **67**, 15
- Vorrang des Tarifvertrags bei Dienstvereinbarungen *s. dort*
- Zustimmungsverweigerungsgrund **77**, 16

Tarifvertragsvorbehalt 70, 2; **73**, 3, 14; **75**, 72, 74 f., 93, 134; **76**, 35

Technische Überwachungseinrichtungen 75, 147 ff.
- Abschaffung **75**, 155
- Änderung der Anwendung **75**, 155
- Anwendung **75**, 155
- Aufzeichnen von Informationen **75**, 152
- Auswerten von Informationen **75**, 152
- Beispiele **75**, 154
- Betriebsdaten **75**, 148
- »dazu bestimmt … zu überwachen« **75**, 150
- Dienstvereinbarung **75**, 158
- EDV-Anlagen **75**, 151
- Einführung **75**, 155
- Initiativrecht **75**, 156
- kollektiver Bezug **75**, 155
- Leistungsdaten **75**, 148
- Mitbestimmungsrecht **75**, 147
- objektiv »geeignet« zur Überwachung **75**, 150
- Sammeln von Informationen **75**, 152
- Schutzzweck der Mitbestimmung **75**, 147
- Statusdaten **75**, 148
- technische Einrichtungen **75**, 149
- Unterrichtung des Personalrats **75**, 157
- Verhaltensdaten **75**, 148
- Zuordnung zu einzelnen Beschäftigten **75**, 153

Technische Verbesserungsvorschläge 75, 126, 128

Teilabordnung 13, 12 b; **76**, 27

Teilkündigung 79, 9

Teilrechtsfähigkeit (des Personalrats) **1**, 19 a

Teilzeitbeschäftigung (-beschäftigte) 4, 9; **14**, 6; **75**, 78, 82, 84; **76**, 33

Teilzuweisung 13, 13 c

Telearbeit (-beschäftigte) 4, 9; **13**, 8; **75**, 144, 154

Telefondaten 8, 4

Textform 34, 5; **69**, 22

Topfwirtschaft 76, 16 d, 18; **77**, 9

Truppendienstgerichte 1, 5; **V B 5**, 1 ff.; **V B 11**, 1 ff.; **V B 12**, 3; **V B 16**, 1; **V B 32**, 10; **V B 32**, 10; **V B 52**, 6 a

TV-BA 75, 22 a, 26 d, 34 a

TVöD 3, 2; **4**, 1, 7; **10**, 1; **13**, 10; **75**, 22 f., 26 ff., 43, 48 f., 51, 54, 83, 100

TVÜ-Bund 75, 22 ff.

U

Übergangsmandat 1, 17; **2**, 2; **26**, 8; **85**, 4 a

Übernahme von Auszubildenden
- Abschlussprüfung **9**, 4
- Anrufung des Verwaltungsgerichts **9**, 11 ff.; **83**, 3; **107**, 3

Stichwortverzeichnis

- Arbeitgeber **9**, 5, 12
- geschützter Personenkreis **9**, 2 ff., 10
- Mitteilungspflicht des Arbeitgebers **9**, 5 ff., 19
- Schutzzweck **9**, 1, 9
- unmittelbare Geltung für die Länder **107**, 3
- Unzumutbarkeit der Weiterbeschäftigung **9**, 15 ff.
- vorläufige Weiterbeschäftigung **9**, 13 a
- Weiterbeschäftigungsverlangen **9**, 8 ff.

Überstunden 75, 84, 159 f.; s. auch Arbeitszeit

Übertarifliche Arbeitnehmer 4, 7

Übertragung einer anders zu bewertenden Tätigkeit bei Arbeitnehmern 75, 22, 32 ff.
- Funktionsstufe (nach TV-BA) **75**, 34 a
- Höher- oder Rückgruppierung s. dort
- höher zu bewertende Tätigkeit **75**, 34
- niedriger zu bewertende Tätigkeit **75**, 35
- Richtlinien über die personelle Auswahl s. Auswahlrichtlinien
- Tätigkeitsebene (nach TV-BA) **75**, 34 a
- Tätigkeitsmerkmale einer anderen Entgeltgruppe **75**, 32
- vorübergehende – **75**, 33

Übertragung einer anders zu bewertenden Tätigkeit bei Beamten 76, 16 ff.
- Dauer der Übertragung **76**, 21
- Erprobung **76**, 16 c
- Richtlinien über die personelle Auswahl s. Auswahlrichtlinien
- Schutzzweck der Mitbestimmung **76**, 17
- Standardfälle **76**, 16 d

- Topfwirtschaft **76**, 16 d, 18; **77**, 9
- Übertragung einer höher zu bewertenden Tätigkeit **76**, 16 c, 18
- Übertragung einer niedriger zu bewertenden Tätigkeit **76**, 19 f.
- Vergleichsgröße **76**, 16 b, 16 d
- Vorauswahlentscheidungen **76**, 16 a

Übertragung eines anderen Amtes
- mit Amtszulage **76**, 12
- mit höherem Endgrundgehalt ohne Änderung der Amtsbezeichnung **76**, 12

Übertragung eines Beförderungsdienstpostens zur Erprobung 76, 15

Überwachungsgebote 67, 2 ff.; **68**, 6 ff.; **103**

Überzahlte Bezüge (Rückzahlung) **76**, 58

Umbauten von Dienstäumen 78, 26

Umgruppierung 75, 22, 28 ff.; **76**, 54, 56; s. auch Höher- oder Rückgruppierung

Umschulung 75, 108; **79**, 25

Umschulungspläne 75, 132; s. auch Sozialpläne

Umsetzung von Arbeitnehmern
- Begriff **75**, 39 f.
- besonderer Umsetzungsschutz **47**, 22 ff.; **75**, 41
- Dauer **75**, 40
- Einzugsgebiet **75**, 39
- Kündigung **79**, 24 ff.
- Mitbestimmung **75**, 39 ff.
- Neueingruppierung **75**, 23, 27, 39
- Richtlinien über die personelle Auswahl s. Auswahlrichtlinien
- Teilumsetzung **75**, 39
- Wechsel der Dienststelle i. S. d. PersVR **75**, 42

Stichwortverzeichnis

- Wechsel des Dienstorts **75**, 39
- **Umsetzung von Beamten**
- besonderer Umsetzungsschutz **47**, 22 ff.
- Mitbestimmung **76**, 26
- Richtlinien über die personelle Auswahl *s. Auswahlrichtlinien*
- **Unabhängigkeit** (des Personalrats) **1**, 19 b
- **Unfallfürsorge 11**, 1 f., 4; **71**, 17; **109**, 2
- **Unfallverhütung** *s. Arbeitsschutz und Unfallverhütung*
- **Unfallverhütungsvorschriften 61**, 3; **68**, 7; **77**, 16; **81**, 2
- **Unmittelbar für die Länder geltende Vorschriften 94**, 4; **107**, 1; **108**, 1; **109**, 1
- **Unmittelbare Wahl 19**, 2 a
- **Unterlagen des Personalrats**
- Einsichts- und Lesrechte **34**, 6, 10; **41**, 5 f.
- **Unterlassungsansprüche 8**, 5, 8; **46**, 22; **69**, 49; **IV 29**, 2 a
- **Unterrichtung der Personalvertretung 68**, 22 ff.; **101**
- Anhörungsverfahren **78**, 4; **79**, 39 f.
- Arbeitsschutz **81**, 8
- Datenschutz **68**, 37
- dienstliche Beurteilungen **68**, 34 ff.
- erforderliche Unterrichtung **68**, 22, 29
- Mitbestimmungsverfahren **69**, 13, 18
- Mitwirkungsverfahren **72**, 6
- Personalakten (Einsicht und Auskunft) **10**, 11; **68**, 32 f.; **101**
- rechtzeitige Unterrichtung **68**, 26
- Selbstinformation **68**, 38
- Sondervorschriften **68**, 23 f.
- soziale Zuwendungen **75**, 60
- umfassende Unterrichtung **68**, 27
- Vorlage von Unterlagen **68**, 28 ff.; **79**, 15; **93**, 6; **101**; **VI**, 18
- **Unterstufe 1**, 3; **6**, 4 b
- **Unterstützungen 75**, 58; *s. auch soziale Zuwendungen*
- **Unterzeichnungsprotokoll** (zu Art. 56 Abs. 9 des Zusatzabkommens zum NATO-Truppenstatut) **VI**, 1 ff.; *s. auch Betriebsvertretungen*
- **Urlaub 75**, 87 ff.
- allgemeine Urlaubsgrundsätze **75**, 89
- Betriebsferien **75**, 90
- Beurlaubung *s. dort*
- Erholungsurlaub für einzelne Beschäftigte **75**, 91
- Urlaubsplan **75**, 87 f.
- Urlaubssperre **75**, 90

V

- **Verantwortungsgrenze 104**, 5
- **Verbot der Führung der Dienstgeschäfte 30**, 1
- **Verbot wirtschaftlicher Nachteile 100**
- Arbeitszeitversäumnis *s. dort*
- Freistellung für Personalratsaufgaben *s. dort*
- Freizeitausgleich *s. dort*
- Schulungsveranstaltungen *s. dort*
- **Vereinigungsfreiheit 67**, 30; *s. auch Koalitionsfreiheit*
- **Verfassung und Personalvertretung**
- Bundesverfassungsgericht (Entscheidungen) **vor 66**, 8 ff.; **104**, 4 ff.
- Bundesverwaltungsgericht (Entscheidungen) **vor 66**, 11; **69**, 40; **75**, 2, 117, 137 b, 147; **104**, 4, 7
- demokratisches Prinzip **104**, 5
- Entscheidungsspielraum des Gesetzgebers **104**, 2, 5

Stichwortverzeichnis

- Grundrechte der Beschäftigten **1**, 19a, 20; **vor 66**, 8
- Kritik der Rechtsprechung **104**, 6f.
- Legitimationsniveaus **104**, 5
- Mitbestimmung (Grundlagen und Grenzen) **vor 66**, 8ff.; **69**, 39f.; **104**, 4ff.; **IV 29**, 1; **V B 22**, 5
- NATO **VI**, 4
- parlamentarische Verantwortlichkeit der Regierung **104**, 4ff.
- Schutzzweckgrenze **104**, 5
- Sozialstaatsprinzip **1**, 20; **vor 66**, 8
- staatsrechtlicher Ansatz **vor 66**, 9; **104**, 5f.
- Verantwortungsgrenze **104**, 5
- verfassungskonforme Auslegung **vor 66**, 3
- Wahlgrundsätze **19**, 2ff.
- **Verhalten der Beschäftigten 75**, 138ff.; *s. auch Ordnung in der Dienststelle*
- **Verhältniswahl 19**, 6f.
- **Verlegung von Dienststellen 78**, 13ff., 18; **V A 91**, 4; **VI**, 34
- **Verletzung des Anhörungsrechts 78**, 5; **79**, 42, 43f.
- **Verletzung des Mitbestimmungsrechts**
  - Fehler der Dienststelle **69**, 47
  - Fehler des Personalrats **69**, 47
  - Nachholung des Mitbestimmungsverfahrens **69**, 49f.
  - Rechtsfolgen für die Beschäftigten **69**, 48
  - Rechtsfolgen für die Personalvertretung **69**, 49f.
  - Rückgängigmachung fehlerhafter Maßnahmen **69**, 49
- **Verletzung des Mitwirkungsrechts 72**, 21; **78**, 2, 5, 20; **79**, 43f.
- **Verlust durch Richterspruch**
  - der Wählbarkeit **14**, 5
- des Stimmrechts **13**, 9
- **Vermögensfähigkeit**
  - partielle – des Personalrats **1**, 19a
- **Verordnung(en) 2**, 6; **68**, 7; **77**, 16
- **Versagungskatalog** (in Personalangelegenheiten) **69**, 25ff.; **70**, 13; **75**, 11; **77**, 11ff.; **III 17**, 12; **IV 29**, 4
  - Auswahlrichtlinie **77**, 16
  - Benachteiligung **77**, 20ff.
  - Besorgnis **77**, 21, 25
  - Dienstvereinbarung **77**, 16
  - Eignungsurteil **77**, 19, 23
  - Ermessensentscheidung **77**, 19
  - Gleichstellungsplan **77**, 16
  - gerichtliche Entscheidung **77**, 16
  - Gesetz **77**, 16ff.
  - Rechtswidrigkeit der Maßnahme **77**, 15ff.
  - Störung des Friedens in der Dienststelle **77**, 25
  - Verordnung **77**, 16f.
  - Tarifvertrag **77**, 16
  - Verwaltungsanordnung **77**, 16
  - Zustimmungsverweigerung **77**, 12ff.
- **Versammlung(en) der Vertrauenspersonen der Soldaten**
  - Ansprechpartner **V B 32**, 8f.
  - Aufgaben der – **V B 32**, 10
  - Auslandseinsätze **V B 32**, 1a, 8a
  - Beschlussfassung **V B 34**, 3
  - Beschwerderecht **V B 32**, 10; **V B 33**, 2
  - Beteiligungsrechte **V B 32**, 10
  - Bildung von – **V B 32**, 1a
  - dreistufiges System von – **V B 32**, 1
  - erstmaliges Zusammentreten **V B 32**, 7
  - Feldlager im Auslandseinsatz **V B 32**, 3a
  - Feldlagerkommandant **V B 32**, 8a

Stichwortverzeichnis

- Fortbildungsveranstaltungen **V B 32**, 11
- Führer des Verbandes **V B 32**, 8
- Geschäftsführung **V B 33**, 3
- Kasernenbereich **V B 32**, 1, 3 ff.
- Kasernenkommandant **V B 32**, 8
- Kasernenversammlung **V B 32**, 1, 3 ff.
- konstituierende Sitzung **V B 32**, 7
- monatliche Besprechungen des Personalrats 66, 4
- Personalratssitzungen (Teilnahme- und Stimmrecht des Sprechers) 34, 7; 37, 4; 38, 2, 7; 40, 8; **V B 34**, 5
- Personalratsvorsitzender (Teilnahme- und Stimmrecht an –) **V B 32**, 2; **V B 34**, 5
- Rechtsfolgen fehlender (fehlerhafter) Beteiligung **V B 32**, 10
- Schlichtungsausschuss **V B 32**, 10
- Sitzungen **V B 34**, 1 ff.
- Soldatenvertreter in Personalräten **V B 32**, 1, 6; **V B 52**, 6
- Sprecher **V B 33**, 1 ff.
- Standortältester **V B 32**, 8
- Standortversammlung **V B 32**, 1, 5
- Stellvertreter **V B 33**, 1
- Verbandsversammlung **V B 32**, 1, 2 f.
- Wehrdienstgerichte **V B 32**, 10; **V B 33**, 2

Verschlusssachen (VS) 93, 1 ff.
- Begriff der – 93, 1
- Bundesamt für Verfassungsschutz 87, 4
- Bundesnachrichtendienst 86, 11 a
- Einigungsstelle (Zusammensetzung) 93, 4
- In-camera-Verfahren 93, 6
- NATO **VI**, 18
- Nichtanwendbarkeit von Vorschriften 93, 5
- Nichterteilung von Auskünften 93, 6
- Nichtvorlage von Unterlagen 93, 6
- Schweigepflicht 10, 11; 93, 2
- VS-Ausschuss (Bildung, Funktion) 93, 2
- VS-Ausschuss der Stufenvertretung (Ersatzzuständigkeit) 93, 3
- verwaltungsgerichtliche Nachprüfbarkeit 93, 6

Verselbständigung (von Nebenstellen) 6, 5 ff.

Versetzung in den Ruhestand 13, 5; 78, 22

Versetzung von Arbeitnehmern
- Begriff 75, 36
- besonderer Versetzungsschutz 47, 22 ff.; 75, 37; 91, 7, 7 b
- Erlöschen der Mitgliedschaft im Personalrat 29, 6
- Kündigung 79, 24 ff.
- Mitbestimmung 75, 36 ff.
- Richtlinien über die personelle Auswahl s. *Auswahlrichtlinien*
- zuständige Personalräte 75, 38

Versetzung von Beamten
- Abordnung mit dem Ziel der Versetzung 76, 24
- besonderer Versetzungsschutz 47, 22 ff.; 76, 24; 91, 7, 7 b
- Dienststellenwechsel 76, 22 f., 25
- Erlöschen der Mitgliedschaft im Personalrat 29, 6
- Mitbestimmung 76, 19, 22 ff.
- Richtlinien über die personelle Auswahl s. *Auswahlrichtlinien*
- statusmindernde – 76, 19, 22
- Teilversetzung 76, 23
- Überweisung von Beamten im Vorbereitungsdienst 76, 22
- Versetzungsbegriffe 76, 22
- vorzeitige – in den Ruhestand 78, 22
- zu einer anderen Dienststelle 76, 22 ff.

Stichwortverzeichnis

- zuständige Personalräte **75**, 25
Versetzungs-, Abordnungs- und Umsetzungsschutz im Rahmen der Personalvertretung 47, 22 ff.; **99**
- Abordnungen **47**, 26
- Auslandsvertretungen **47**, 22; **91**, 7 f.; **V B 51**, 5
- Auswärtiges Amt **91**, 7 f.; **V B 51**, 5
- BMVg-Geschäftsbereich im Ausland **47**, 22; **91**, 7 b
- BND **47**, 22; **86**, 10 a
- Bundespolizei (Vertrauensmann) **47**, 22; **85**, 16
- Ersatzmitglieder **47**, 24
- gegen den Willen des Betroffenen **47**, 26
- Jugend- und Auszubildendenvertreter **47**, 22, 24
- Personalvertretungsmitglieder **47**, 22, 24
- Personenkreis (geschützter) **47**, 22 ff., 33
- Rahmenvorschriften **99**
- Schutzzweck **47**, 25
- Soldatenvertreter **47**, 23
- Umsetzungen **47**, 26
- Unvermeidbarkeit aus wichtigen dienstlichen Gründen **47**, 28
- Versetzungen **47**, 26
- Wahlbewerber **24**, 7; **47**, 22, 24
- Wahlvorstandsmitglieder **24**, 7; **47**, 22, 24
- Zustimmung des Personalrats **47**, 29 ff.
- Zuweisungen **47**, 26
Vertrauens- oder Betriebsärzte
- Abberufung **75**, 120
- Bestellung **75**, 120
- Bestellung von Soldaten zu – **76**, 43; **V A 91**, 3
- Bestellung von – als Arbeitnehmer **75**, 117 ff.
- Bestellung von – als Beamte **76**, 43

- Begriff Betriebsärzte» **75**, 119
- Begriff Vertrauensärzte» **75**, 118
- gemeinsame Angelegenheit **75**, 120; **76**, 43; **V A 91**, 3
Vertrauensarbeitszeit 75, 81; s. auch Arbeitszeit
Vertrauensmann der Ortskräfte s. auch Auslandsdienststellen
- Amtszeit **91**, 9
- Aufgaben und Befugnisse **91**, 10
- Geschäftsführung **91**, 12
- Rechtsstellung **91**, 12
- Streitigkeiten **83**, 9; **91**, 9
- Wahl **91**, 9
- Zusammenarbeit mit dem Personalrat **91**, 11
Vertrauensmann der Zivildienstleistenden 1, 12
Vertrauensmann in der Bundespolizei s. auch Bundespolizei
- Amtszeit **85**, 15
- Anhörungsrecht **85**, 17
- Aufgaben **85**, 17
- Befugnisse **85**, 17
- Dienstleistende **85**, 19
- Einheiten **85**, 11
- Geschäftsführung **85**, 16
- Personalratssitzungen (Teilnahme- und Stimmrecht) **34**, 7; **37**, 4; **38**, 2, 7; **40**, 7; **85**, 18
- Polizeivollzugsbeamte ohne Wahlrecht zu den BPOL-Personalvertretungen **85**, 11
- Rechtsstellung **85**, 16
- Streitigkeiten **83**, 9
- Versammlung der Wahlberechtigten **85**, 14
- Wahl des Vertrauensmanns **85**, 11, 14
- Wahl in jeder Einheit **85**, 11
- Wahl von zwei Stellvertretern **85**, 11, 14
- Wählbarkeit **85**, 12
- Wahlberechtigung **85**, 12
- Wahlverfahren **85**, 14
- Wahlvorstand **85**, 13

Stichwortverzeichnis

- Zusammenarbeit mit dem BPOL-Personalrat **85**, 6, 18

Vertrauenspersonen der Soldaten *s. auch Soldatenbeteiligungsgesetz*
- Abberufung **V B 9**, 2; **V B 11**, 1 f.; **V B 12**, 3
- Amtszeit **V B 9**, 1 ff.; **V B 13**, 4
- Arbeitsgruppen von Soldaten **V B 18**, 3
- Arbeitsplatzbesuche **V B 18**, 3
- Ausbildung **V B 19**, 4; **V B 51**, 4 f.
- Ausgleich bei Aufgabenerfüllung über die Dienstzeit hinaus **V B 6**, 3
- Auslandseinsatz (Beendigung) **V B 15**, 2
- Bataillonskommandeure **V B 19**, 3
- Begünstigungsverbot **V B 14**, 1
- Behinderungsverbot **V B 14**, 1
- Benachteiligungsverbot **V B 14**, 1
- Beschwerden gegen die – **V B 17**, 1 f.
- Beschwerderecht der – **V B 16**, 1 f.
- besondere Pflichten des Disziplinarvorgesetzten **V B 19**, 1 ff.
- Besprechungen mit Disziplinarvorgesetzten **V B 19**, 3
- Beteiligung der – *s. dort*
- Beurteilung **V B 7**, 1 ff.
- Dienstbefreiung (anlassbezogen) **V B 6**, 3
- disziplinare Ahndung von Dienstvergehen **V B 14**, 2
- Disziplinarvorgesetzter **V B 5**, 1; **V B 7**, 1 f.; **V B 10**, 2; **V B 11**, 1; **V B 18**, 2 f.; **V B 19**, 1 ff.
- Ehrenamt **V B 6**, 2
- Eintritt des Stellvertreters **V B 13**, 1 ff.
- Einweisung der – und ihrer Stellvertreter **V B 19**, 2
- Fachliteratur **V B 6**, 5
- Freistellung (generell) **V B 6**, 3
- Gesamtvertrauenspersonenausschuss *s. dort*
- Geschäftsführung **V B 6**, 1 ff.
- Kommandierungen **V B 15**, 1 f.
- Kosten **V B 6**, 5
- nächster Disziplinarvorgesetzter **V B 7**, 1 f.; **V B 14**, 2; **V B 21**, 2, 5, 6; **V B 23**, 1 c; **V B 24**, 1; **V B 27**, 3; **V B 29**, 2
- nächsthöherer Disziplinarvorgesetzter **V B 7**, 1 f.; **V B 14**, 2; **V B 17**, 1; **V B 21**, 4 f.
- Niederlegung des Amtes **V B 10**, 1 f.
- Ruhen des Amtes **V B 12**, 1 ff.; **V B 13**, 1
- Schutz **V B 9**, 3; **V B 14**, 1 ff.; **V B 15**, 1 f.
- Schweigepflicht **V B 8**, 1 f.
- Sprechstunden **V B 6**, 4
- Stellvertreter (Rechtsstellung) **V B 7**, 3; **V B 13**, 3; **V B 14**, 2; **V B 15**, 1; **V B 17**, 3; **V B 19**, 2, 4
- Tätigkeit während/außerhalb der Dienstzeit **V B 6**, 3
- Truppendienstgericht **V B 11**, 1 f.; **V B 12**, 3
- Unterrichtung der Soldaten **V B 19**, 1
- Unterrichtung der – **V B 18**, 3
- Unterstützung der – **V B 18**, 3
- Vermittler **V B 31**, 1 f.
- Versammlungen der – *s. dort*
- Versammlungen der Wählergruppe **V B 18**, 3
- Versetzungen **V B 15**, 1 f.
- Wahl der – *s. dort*
- Wehrbeauftragter (Eingabe) **V B 16**, 2

931

Stichwortverzeichnis

Vertrauenspersonen der Soldaten gem. WPflG *s. auch Soldatenbeteiligungsgesetz*
- Ausschluss der freiwilligen Wehrdienst Leistenden von der Personalratswahl **V B 49**, 2
- monatliche Besprechungen des Personalrats **66**, 4
- Personalratssitzungen (Teilnahme- und Stimmrecht) **34**, 7; **37**, 4; **38**, 2, 7; **40**, 8; **V B 49**, 8

Vertrauensvolle Zusammenarbeit 2, 1 ff.; **66**, 1

Vertreter des Bundesinteresses 84, 1

Vertreter des öffentlichen Interesses 84, 1

Vertretung der nichtständig Beschäftigten 34, 7; **38**, 2; **40**, 5; **65**, 1 ff.

Vertretung des Personalrats 32, 16 f.; **69**, 12, 18

Verwaltungen
- Aufbau der – **1**, 3; **6**, 3 ff.
- Begriff der – **1**, 3 ff.
- Beschäftigung in – **14**, 4; **15**, 4

Verwaltungsanordnungen 68, 10; **77**, 16
- Mitbestimmung bei – **78**, 11
- Mitwirkung bei – **78**, 6 ff.; **VI**, 33

Verwaltungsgerichte
- allgemeines Verfahren **83**, 2, 6, 8
- Berufsrichter **84**, 4, 9
- Beschlussverfahren **83**, 1, 3, 10, 11, 14
- Bundesverwaltungsgericht *s. dort*
- dritter Rechtszug **83**, 1; **107**, 3; **108**, 2
- ehrenamtliche Richter **84**, 4 ff.
- Fachkammern **83**, 1; **84**, 3 ff.; **IV 29**, 12
- Fachsenate **83**, 1; **84**, 3 ff.; **IV 29**, 12
- Gerichtsorganisation **84**, 1 ff.
- In-camera-Verfahren **86**, 15; **93**, 6
- Oberverwaltungsgericht **83**, 1; **84**, 1 ff.
- Rechtszüge **83**, 1; **107**, 3; **108**, 2
- Vertreter des öffentlichen Interesses **84**, 1
- Verwaltungsgericht **83**, 1; **84**, 1 ff.
- Verwaltungsgerichtshof **84**, 2
- Zuständigkeit der – *s. dort*

Verwaltungsgerichtshof 84, 2; *s. auch Oberverwaltungsgerichte*

Verwaltungsgewohnheitsrecht 2, 6

Verwaltungsstellen 6, 2 a

Verweisungen (in anderen Vorschriften) **117**

Volontäre 4, 13; **90**, 14

Vorabstimmung(en) 6, 7; **18**, 2 ff.; **19**, 5

Vorläufige Dienstenthebung 30, 1

Vorläufige Regelungen
- formal-rechtliche Anforderungen **69**, 58
- materiell-rechtlich Voraussetzungen **69**, 42 ff.
- Mitbestimmungsangelegenheiten **69**, 41 ff.
- Mitteilung und Begründung **69**, 46
- Mitwirkungsangelegenheiten **72**, 20
- Unaufschiebbarkeit **69**, 42
- Vorläufigkeit **69**, 43 f.
- Zeitpunkt **69**, 45

Vorrang des Tarifvertrags bei Dienstvereinbarungen
- Abweichung vom BetrVG **75**, 161
- Arbeitsentgelt **75**, 162
- ergänzende Dienstvereinbarungen **75**, 163
- Funktionsfähigkeit der Tarifautonomie **75**, 161
- »geregelt« durch Tarifvertrag **75**, 162

Stichwortverzeichnis

- Schutzzweck 75, 161
- sonstige Arbeitsbedingungen 75, 162
- tarifliche Öffnungsklausel 75, 163
- »üblicherweise geregelt« durch Tarifvertrag 75, 162

Vorschüsse 75, 58; *s. auch soziale Zuwendungen*

Vorsitzender des Personalrats
- Abberufung 32, 14
- Amtsniederlegung 32, 14
- Amtszeit 32, 14
- Freistellung 46, 17a
- Stellvertreter 32, 10, 12f., 18
- Vertretung des Personalrats 32, 16f.; 69, 12, 18
- Wahl 32, 10f., 14

Vorstand des Personalrats
- erweiterter – 33, 1 ff.
- Geschäftsverteilungsplan 32, 8
- laufende Geschäfte 32, 7 ff.
- Mitglieder *s. Vorstandsmitglieder*
- Wahlen 32, 2f., 6; 33, 1 ff.; 34, 3

Vorstandsmitglieder
- Abberufung 32, 6; 33, 2
- Amtsniederlegung 32, 6; 33, 2
- Amtszeit 32, 6; 33, 2
- Ergänzungsmitglied(er) 32, 4, 5, 11, 13; 33, 1 ff.; 46, 17
- Ersatzvorstandsmitglied(er) 32, 5; 33, 1
- Gruppenvorstandsmitglied(er) 32, 4, 5, 11, 13; 33, 3; 46, 17
- Rechtsstellung 32, 11, 13
- Schutz von Minderheitenlisten 33, 4 ff.
- Vorsitzender des Personalrats *s. dort*
- Zahl der – 32, 4; 33, 1

Vorstellungsgespräche 69, 11; 80, 1

Vorzeitige Versetzung in den Ruhestand 78, 22

W

Wahl der Jugend- und Auszubildendenvertretung
- regelmäßige Wahlen 60, 7f.; 116a, 2; 116b, 2
- Wahlanfechtung 60, 5
- Wählbarkeit 58, 2f.
- Wahlberechtigung 58, 1f.
- Wahlvorschriften 60, 1ff., 5ff.
- Wahlvorstand 60, 1ff.
- Wahlzeiten 60, 7f.

Wahl der Vertrauenspersonen der Soldaten
- Anfechtung V B 5, 1 ff.
- besondere Auslandsverwendung V B 2, 8; V B 3, 2; V B 13, 4
- Dienststellen und Einrichtungen V B 2, 3f.
- Dienststellen ohne Personalrat V B 50, 1 ff.
- Kosten V B 4, 4
- Laufbahngruppen V B 2, 2
- Mannschaften V B 2, 2
- Mindestzahl von Soldaten V B 2, 2
- Offiziere V B 2, 2, 4
- örtlich weit entfernt eingesetzte Soldaten V B 2, 6
- Personenwahl V B 4, 2
- Schutz V B 4, 6
- Sonderwahlbereiche V B 2, 3a
- Truppendienstgericht V B 5, 2ff.
- Unteroffiziere V B 2, 2, 5
- Unteroffiziere mit/ohne Portepee V B 2, 5
- Wahl je eines Vertrauensmanns V B 2, 2
- Wahl von je zwei Stellvertretern V B 2, 2
- Wählbarkeit V B 4, 1
- Wahlberechtigung V B 3, 1f.
- Wahlbereiche V B 2, 3f.
- Wählergruppen V B 2, 2
- Wahlgrundsätze V B 2, 2; V B 4, 2, 6

Stichwortverzeichnis

- Wahlverordnung zum SBG **V B 53**, 1
- Wahlvorstand **V B 4**, 3, 5
- Zuteilung zu anderem Wahlbereich **V B 2**, 7

Wahl des Betriebsrats bei den Postnachfolgeunternehmen
- Beamte als eigene (Wähler-)Gruppe **IV 26**, 1
- Ersatzmitglieder **IV 26**, 9
- gemeinsame Wahl **IV 26**, 4
- Geschlecht in der Minderheit **IV 26**, 3
- gruppenfremde Kandidatur **IV 26**, 6
- Gruppenwahl **IV 26**, 4
- keine Beamtenvertretung im Betriebsrat **IV 26**, 2
- Mehrheitswahl **IV 26**, 5
- Sondervorschriften für das Wahlverfahren **IV 26**, 1; **IV 34**
- vereinfachtes Wahlverfahren **IV 26**, 4, 5
- Verhältniswahl **IV 26**, 5
- Verteilung der Sitze auf die Gruppen **IV 26**, 3
- Verzicht auf eigene (Wähler-)Gruppe **IV 26**, 2
- WahlO Post **IV 26**, 1; **IV 34**
- Wahlvorschläge **IV 26**, 7
- Wahlvorstand **IV 26**, 8

Wahl des Personalrats s. Personalratswahl

Wahlalter 13, 2; **58**, 1

Wahlanfechtung 25, 1, 3 ff.; **60**, 5; **83**, 3; **V B 5**, 1 ff.; **V B 47**, 1 f.

Wählbarkeit 14, 1 ff.; **15**, 1 ff.; **29**, 7, 9; **58**, 2 f.; **83**, 4; **86**, 3; **90**, 17; **91**, 3 f.; **V B 4**, 1; **V B 35**, 4; **V C 3**, 1 f.; **V C 4**, 1 f.; **VI**, 17

Wahlbeeinflussung 24, 2, 4; **25**, 15; **99**

Wahlbehinderung 24, 2, 4; **25**, 15; **99**

Wahlberechtigte
- Antragsrecht von einem Viertel der – **28**, 2; **49**, 2 –
- Antragsrecht von mindestens drei – **20**, 5; **22**, 1; **23**, 2; **25**, 7; **29**, 9

Wahlberechtigung 13, 1 ff.; **58**, 1 f.; **83**, 4; **85**, 12; **86**, 3; **91**, 4; **V B 3**, 1 f.; **V B 35**, 4; **V C 2**, 1 f.; **V C 4**, 1 f.

Wahlbewerber
- Doppelkandidatur **19**, 15
- Schutzvorschriften **24**, 5 ff.; **47**, 9, 12, 22, 24

Wahlgrundsätze 19, 2 ff.; **98**; **V B 2**, 2

Wahlkosten 24, 8 ff.

Wahlniederschrift 23, 3

Wahlordnung zum BPersVG 115, 1 ff.; **I 1–54**; **VI**, 10

Wahlrechtsbeschränkung 24, 2, 4

Wahlschutz 24, 1 ff.

Wahlverfahren 19, 1 ff.

Wahlvorschläge 19, 9 ff.

Wahlvorstand
- Amtszeit **20**, 2b
- Aufgaben **20**, 1; **23**, 1 ff., 2a
- Beginn des Amtes **20**, 2b
- Bekanntgabe des Wahlergebnisses **23**, 3
- Bestellung bei Bestehen eines Personalrats **20**, 1 ff.
- Bestellung bei Fehlen eines Personalrats **21**, 1 ff.
- Bestellung durch den Dienststellenleiter **20**, 7; **21**, 2a; **22**, 1 ff.
- Bestellung durch den Personalrat **20**, 1 ff.; **21**, 1
- Bundesnachrichtendienst **86**, 4, 8
- Einleitung der Wahl **23**, 1a
- Einsetzung durch das Verwaltungsgericht **21**, 1; **28**, 6
- Ende des Amtes **20**, 2b; **23**, 2a; **34**, 2

Stichwortverzeichnis

- Erlass des Wahlausschreibens 23, 1 a
- Ersatzmitglieder 20, 2
- Gewerkschaftsbeauftragte 20, 3 f.
- konstituierende Sitzung des Personalrats 34, 1 f.
- Mitglieder 20, 2, 2 c; *s. auch Wahlvorstandsmitglieder*
- Sitzungen 20, 3 f.
- Soldaten im – 20, 1 b, 2 c
- Stimmenauszählung 23, 3
- Vorsitzender 20, 2 f., 6
- Wahl durch die Personalversammlung 20, 5 f.; 21, 1 ff.; 23, 2
- Wahlniederschrift 23, 3
- Zusammensetzung 20, 2 ff.

Wahlvorstandsmitglieder 20, 2, 2 c
- Arbeitszeitversäumnis 24, 10
- Freizeitausgleich 24, 10
- Personalratsmitglieder als – **20**, 2
- Reisekosten 24, 10
- Schulung 24, 8
- Schutzvorschriften 24, 5 ff.; 47, 7, 12, 22, 24
- Wählbarkeit 14, 2
- Wahlbewerber als – **20**, 2
- Wahlvorschlag (Unterzeichnung) 19, 11

Wahlwerbung 24, 3
Wahlzeiten 27, 1 ff.; **102**
Wartezeitkündigung 79, 8, 13 a
Wechsel der Laufbahngruppe 76, 13
Wehrdienstgerichte 83, 7; **V B 5**, 1 ff.; **V B 9**, 2; **V B 11**, 1 f.; **V B 12**, 3; **V B 16**, 1; **V B 33**, 2; **V B 33**, 2; **V B 36**, 4; **V B 47**, 1 f.; **V B 52**, 6 a
Wehrdienstleistende 4, 3; **13**, 11
Wehrpflichtgesetz
- Soldaten, die aufgrund des WPflG Wehrdienst leisten **4**, 3; **13**, 11; **66**, 4
- Vertrauenspersonen der Soldaten gem. WPflG *s. dort*

Weisungsgebundenheit 69, 8 f.; **75**, 14; **82**, 4, 6 a
Weiterbeschäftigung bei Kündigungsschutzklage 79, 30 ff.; **VI**, 35 a; *s. auch Widerspruch gegen Kündigung*
- Beendigung der Pflicht zur – **79**, 35
- Durchsetzung der – **79**, 32
- Entbindung von der Pflicht zur – **79**, 34
- unveränderte Arbeitsbedingungen **79**, 33
- Voraussetzungen der – **79**, 30
- Weiterbeschäftigungsverlangen **79**, 31

Weiterbeschäftigung über die Altersgrenze hinaus 75, 50
Weiterbildung *s. Fortbildung (allgemeine Fragen)*
Weltanschauung 67, 11
Werkvertrag 4, 11
Widerspruch gegen Kündigung 79, 20 ff.; *s. auch Mitwirkung bei ordentlicher Kündigung*
- Abschrift der Stellungnahme an Arbeitnehmer **79**, 28 f.
- anderer Arbeitsplatz **79**, 24
- Auswahlfehler **79**, 22
- Auswahlrichtlinien **79**, 23
- bisheriger Arbeitsplatz **79**, 24
- Fortbildung **79**, 25
- geänderte Vertragsbedingungen **79**, 26
- Herabgruppierung **79**, 26
- ordnungsgemäßer Widerspruch **79**, 21
- Umschulung **79**, 25
- Umsetzung **79**, 24 ff.
- Versetzung **79**, 24 ff.
- Weiterbeschäftigung bei Kündigungsschutzklage *s. dort*
- Widerspruchsgründe **79**, 22 ff.
- zuletzt beteiligte Personalvertretung **79**, 29

Stichwortverzeichnis

Wirtschaftliche Nachteile 100
- Rationalisierungsfolgen *s. Sozialplan*
- Verbot von – *s. dort*

Wissenschaftlich tätige Beschäftigte 77, 6; **90**, 22

Wohnungen
- Anordnungen zur Wohnungswahl 75, 51 f.; **76**, 31
- Ausschüsse im BMVg-Bereich 92, 7
- Begriff 75, 61
- Dienstwohnungen 75, 52, 61
- Gemeinschaftsunterkunft bei Polizeivollzugsbeamten 76, 31
- Kündigung 75, 64; **VI**, 21
- Mitbestimmung 75, 51 f., 61 ff.; **76**, 31
- NATO **VI**, 21
- Nutzungsbedingungen 75, 65
- Sozialeinrichtung 75, 66
- Verfügungsbefugnis der Dienststelle 75, 62
- Werkdienstwohnungen 75, 61
- Zuweisung 75, 52, 63

Wohnungswahl
- Anordnungen zur – 75, 51 f.; **76**, 31

Z

Zensur 44, 35 f.

Zentralstelle für Arbeitsschutz 81, 5

Zentralstufe 1, 3; **6**, 4, 4 a

Zielvereinbarungssysteme 75, 99, 114, 142; **76**, 41

Zivildienstleistende 1, 12; **4**, 3; **13**, 11

Zivildienstvertrauensmann-Gesetz 1, 12

Zugangsrecht (der Gewerkschaften) 2, 10 ff.

Zusammenarbeit (von Dienststelle und Personalvertretung)
- monatliche Besprechungen *s. dort*
- vertrauensvolle – **2**, 1 ff.

Zusammenlegung von Dienststellen 78, 13 ff., 19; **V A 91**, 4; **VI**, 34

Zusatzabkommen (zum NATO-Truppenstatut) **VI**, 1; *s. auch Betriebsvertretungen*

Zusätzliche Altersversorgung 75, 97, 104

Zuständige Personalvertretungen
- Angelegenheiten einzelner Beschäftigter 82, 10
- Angelegenheiten einzelner Dienststellen 82, 10
- Anhörung des Personalrats 82, 9 ff., 15, 20
- Anordnung mit Außenwirkung 82, 4, 6 a
- Auffangzuständigkeit der Stufenvertretung 82, 17 ff.
- Auswärtiges Amt **91**, 5 f.
- Befugnisse der Personalvertretung **82**, 16
- Bundesgrenzschutz 82, 17
- Bundesministerium der Verteidigung 82, 17; **92**, 2, 3 ff., 7
- Bundesnachrichtendienst 86, 9 a
- Deutsche Welle 82, 15; **90**, 6 ff.
- Entscheidungsbefugnis der (örtlichen) Dienststelle 82, 4
- Entscheidungsbefugnis der übergeordneten Dienststelle 82, 5 ff.
- Ersatzzuständigkeit **82**, 8
- Erstzuständigkeit **82**, 1
- Hauspersonalrat **82**, 3, 8
- Instanzenzug **82**, 1
- Kabinettsvorlage **82**, 22
- Partnerschaftsgrundsatz **82**, 3
- Pflichten der Personalvertretung **82**, 16

Stichwortverzeichnis

- Repräsentationsgrundsatz **82**, 3
- ressortexterne(-übergreifende) Maßnahmen **82**, 22
- Richterrat und Personalvertretung **II**, 1 ff.
- Selbsteintritt **82**, 4
- Verdoppelung (Verdreifachung) der Fristen **82**, 14
- Verschlusssachen **93**, 1 ff.
- Zuständigkeit der Stufenvertretung **82**, 5 ff.
- Zuständigkeit des Gesamtpersonalrats **82**, 15; **90**, 6 ff.
- Zuständigkeit des (örtlichen) Personalrats **82**, 3 f.; **90**, 8

Zuständigkeit der Verwaltungsgerichte 83, 2 ff.; **84**, 3; **94**, 10; **106**
- Amtszeit der Personalvertretungen **83**, 5
- Auflösung des Personalrats **28**, 1 ff., 6; **83**, 3
- Auslandsdienststellen **91**, 8
- Ausschluss aus dem Personalrat **28**, 1 ff., 6; **83**, 3
- Bundesnachrichtendienst **86**, 15
- Deutsche Bahn AG **83**, 10; **III 17**, 17
- Dienstvereinbarungen **83**, 8
- Einigungsstelle **71**, 5, 31; **83**, 6
- Generalklausel **83**, 6
- Geschäftsführung der Personalvertretungen **83**, 6
- Gewerkschaften **83**, 6
- Jugend- und Auszubildendenvertretungen **83**, 5 f.
- örtliche Zuständigkeit **84**, 3
- Postnachfolgeunternehmen **83**, 11; **IV 29**, 12
- Rahmenvorschrift **94**, 10; **106**
- Rechtsstellung der Personalvertretungen **83**, 6
- Richterrat **II**, 7
- sachliche Zuständigkeit **83**, 2 ff.
- Schwerbehindertenvertretung **83**, 12
- Übernahme von Auszubildenden **9**, 11 ff.; **83**, 3; **107**, 3
- Verschlusssachen **93**, 6
- Vertrauensmann der Ortskräfte **83**, 9
- Vertrauensmann in der Bundespolizei **83**, 9
- Vertreter der nichtständig Beschäftigten **83**, 5 f.
- Vorfragenkompetenz anderer Gerichte **83**, 2
- Wahl der Personalvertretungen **25**, 1, 3 ff., 9, 15; **83**, 3
- Wählbarkeit **29**, 9; **83**, 4
- Wahlberechtigung **83**, 4
- Zusammensetzung der Personalvertretungen **83**, 5
- Zuständigkeit der Personalvertretungen **83**, 6
- Zustimmungsersetzung bei außerordentlicher Kündigung **47**, 19 ff.; **83**, 3; **108**, 2

Zustimmungsverweigerung des Personalrats **69**, 25 ff.; **77**, 11 ff.

Zuweisung (einer Tätigkeit)
- besonderer Zuweisungsschutz **47**, 26
- Deutsche Bahn AG **III 12**, 2 f.
- Mitbestimmung bei Arbeitnehmern **75**, 47 ff.; **VI**, 25
- Mitbestimmung bei Beamten **76**, 30 f.
- Personalgestellung **75**, 49
- Postnachfolgeunternehmen **IV 4**, 5 f.; **IV 28**, 6
- Teilzuweisung **13**, 13 c
- Verlust der Wählbarkeit **29**, 7
- Wahlberechtigung **13**, 13 ff.

Zuweisung (einer Wohnung) **75**, 52, 63

Zweites Gleichberechtigungsgesetz 51, 2; **76**, 61

Kompetenz verbindet

Dieter Hummel / Daniel Köhler / Dietrich Mayer

BDG
Bundesdisziplinargesetz und materielles Disziplinarrecht

Kommentar für die Praxis
5., überarbeitete und aktualisierte Auflage
2012. 592 Seiten, gebunden
€ 98,–
ISBN 978-3-7663-6120-2

Der Kommentar bietet einen kompletten Überblick über das Bundesdisziplinarrecht und erleichtert den Umgang mit der komplexen Rechtsmaterie.

Die Neuauflage bringt Literatur und Rechtsprechung des Bundesverwaltungsgerichts und der Oberverwaltungsgerichte auf den aktuellen Stand. Berücksichtigt sind die ersten Entscheidungen zum neu gefassten Beamtenrecht, aber auch die neue Rechtsprechung zum Beamtenstreikrecht auf der Basis der Rechtsprechung des Europäischen Gerichtshofs für Menschenrechte.

Zu beziehen über den gut sortierten Fachbuchhandel oder direkt beim Verlag unter E-Mail: kontakt@bund-verlag.de

Bund-Verlag

Kompetenz verbindet

Christiane Nollert-Borasio / Martina Perreng

Allgemeines Gleichbehandlungsgesetz (AGG)

Basiskommentar zu den arbeitsrechtlichen Regelungen
3., überarbeitete und aktualisierte Auflage
2011. 290 Seiten, kartoniert
€ 29,90
ISBN 978-3-7663-6001-4

Der Basiskommentar bietet eine komprimierte Darstellung des gesamten Antidiskriminierungsrechts. Die dritte Auflage berücksichtigt die Rechtsänderungen bis Oktober 2010 und gibt einen umfassenden Überblick über die neueste Rechtsprechung des EuGH, des Bundesarbeitsgerichts und der Landesarbeitsgerichte.

Das Bundesarbeitsgericht hat in einigen Grundsatzentscheidungen zahlreiche offene Rechtsfragen geklärt – so unter anderem zur Berücksichtigung der Benachteiligungsverbote im Kündigungsschutzrecht, zur Bedeutung des Lebensalters bei der Sozialauswahl und zur Bemessung der Höhe der Entschädigung. Einen groflen Einfluss im Antidiskriminierungsrecht haben auch die Entscheidungen des Europäischen Gerichtshofs.

Das Werk bietet Interessenvertretungen und deren Beratern, aber auch den Betroffenen selbst eine Hilfe im Umgang mit Diskriminierungsfällen.

Bund-Verlag

Kompetenz verbindet

Michael Kittner

Arbeits- und Sozialordnung

Gesetzestexte • Einleitungen • Anwendungshilfen
37., aktualisierte Auflage
2012. 1.722 Seiten, kartoniert
€ 26,90
ISBN 978-3-7663-6144-8

Gesetze plus Erläuterungen – das ist die Erfolgsformel der jährlich neu aufgelegten »Arbeits- und Sozialordnung«. Die solide Grundlage bilden über 100 für die Praxis relevante Gesetzestexte im Wortlaut oder in wichtigen Teilen – natürlich auf dem neuesten Stand. Die Ausgabe 2012 ist weiter optimiert durch eine allgemeine Einführung in die Arbeits- und Sozialordnung sowie 80 Checklisten und Übersichten zur praxisgerechten Anwendung und raschen Orientierung über komplexe Gesetzesinhalte. Bei wichtigen Gesetzen erklären Übersichten die seit der Vorauflage publizierte höchstrichterliche Rechtsprechung – mit Verweis auf eine Fundstelle.

Fazit: Der »Kittner« ist unerlässlich für alle, die über das Arbeits- und Sozialrecht auf aktuellem Stand informiert sein wollen.

Zu beziehen über den gut sortierten Fachbuchhandel oder direkt beim Verlag unter E-Mail: kontakt@bund-verlag.de

Bund-Verlag